首届向全国推荐优秀古籍整理图书

文選

〔南朝梁〕蕭統 編
〔唐〕李善 注

第一册
第一卷至第十卷

上海古籍出版社

圖書在版編目(CIP)數據

文選 /（南朝梁）蕭統編;（唐）李善注. —上海：上海古籍出版社，2019. 11（2024.4重印）
（中國古典文學叢書）
ISBN 978-7-5325-9358-3

Ⅰ. ①文…　Ⅱ. ①蕭… ②李…　Ⅲ. ①古典文學—作品集—中國—南朝時代　Ⅳ. ①I211

中國版本圖書館 CIP 數據核字(2019)第 213786 號

中國古典文學叢書
文　選
（全六册）
〔南朝梁〕蕭統　編
〔唐〕李善　注
上海古籍出版社出版發行
（上海市閔行區號景路159弄1-5號A座5F　郵政編碼201101）
（1）網址：www. guji. com. cn
（2）E-mail：guji1@guji. com. cn
（3）易文網網址：www. ewen. co
上海展强印刷有限公司印刷
開本 850×1168　1/32　印張 86. 75　插頁 31　字數 1,458,000
2019 年 11 月第 2 版　2024 年 4 月第 5 次印刷
印數：8,151—10,250
ISBN 978-7-5325-9358-3
I・3429　平裝定價：360. 00 元
如有質量問題，請與承印公司聯繫
電話：66366565

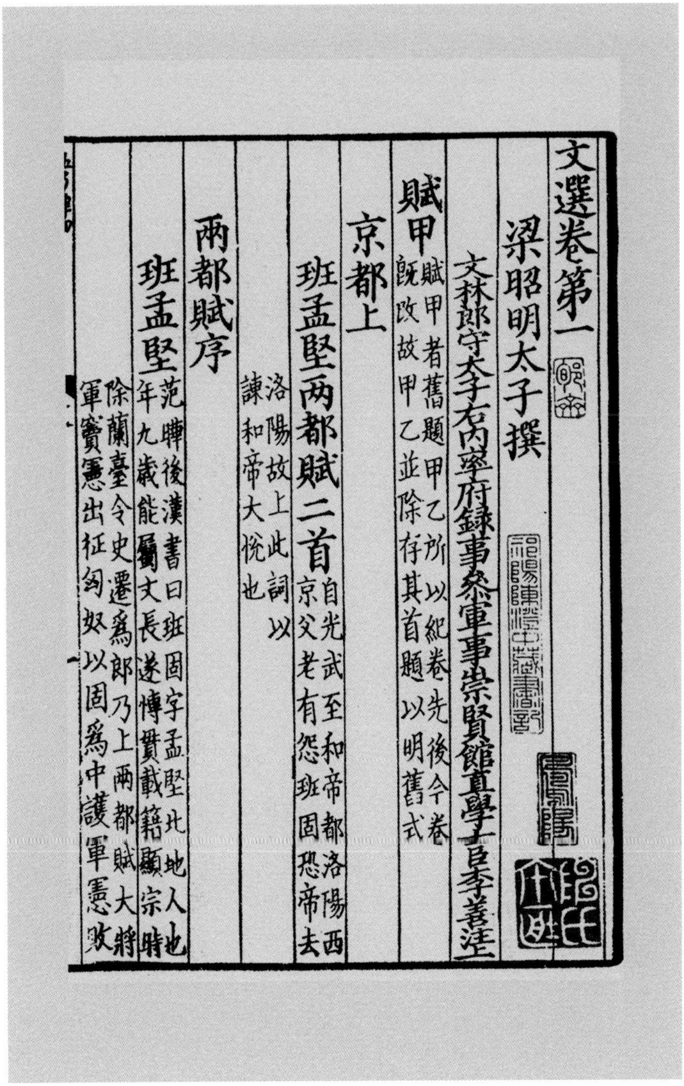

文選卷第一

梁昭明太子撰

文林郎守太子右内率府録事參軍事崇賢館直學士臣李善注

賦甲 賦甲者舊題甲乙所以紀卷先後今卷既改故甲乙並除存其首題以明舊式

京都上

班孟堅兩都賦二首 自光武至和帝都洛陽西京父老有怨班固恐帝去洛陽故上此詞以諫和帝大悅也

兩都賦序

班孟堅 范曄後漢書曰班固字孟堅北地人也年九歲能屬文長遂博貫載籍顯宗時除蘭臺令史遷爲郎乃上兩都賦大將軍竇憲出征匈奴以固爲中護軍憲敗

宋尤袤刻本《文選》書影

（《中華再造善本》據南宋淳熙八年池陽郡齋刻本影印）

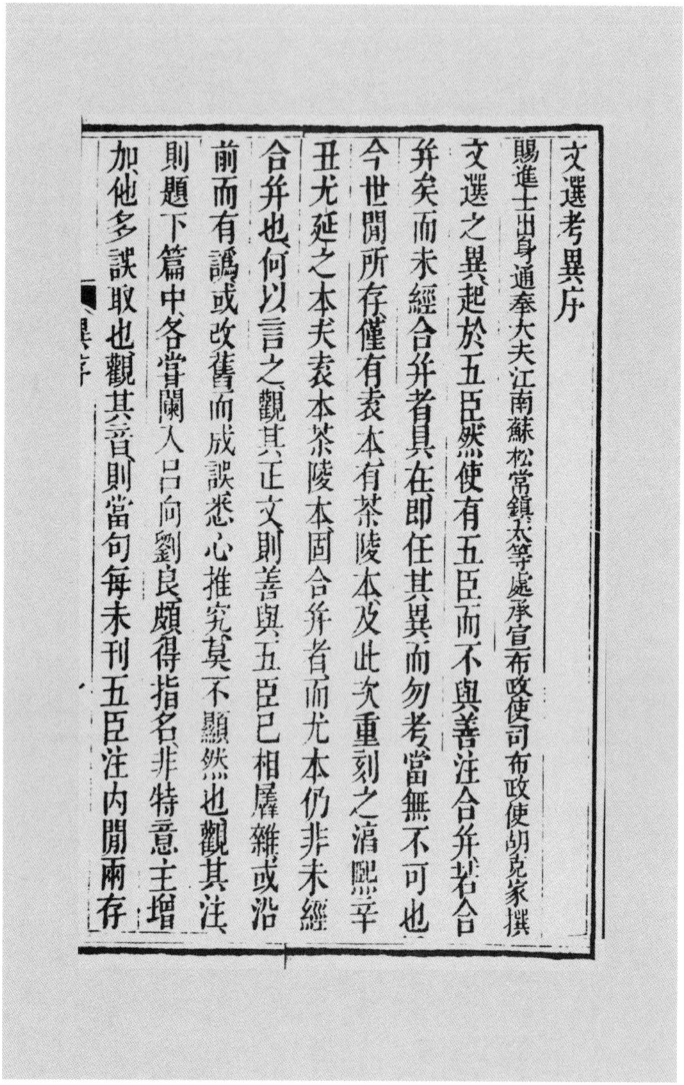
文選考異序
賜進士出身通奉大夫江南蘇松常鎮太等處承宣布政使司布政使胡克家撰
文選之異起於五臣然使有五臣而不與善注合并若合并矣而未經合并者具在即任其異而勿考當無不可也今世間所存僅有袁本有茶陵本及此次重刻之淳熙辛丑尤延之本夫袁本茶陵本固合并者而尤本仍非未經合并也何以言之觀其正文則善與五臣已相羼雜或沿前而有譌或改舊而成誤悉心推究莫不顯然也觀其注則題下篇中各嘗闌入呂向劉良頗得指名非特意主增加他多誤取也觀其音則當句每未刊五臣注內間兩存

清嘉慶刊本胡克家《文選考異》書影

出版説明

文選是南朝梁昭明太子蕭統（五〇一——五三一）主持下一些著名文人共同編選的，也稱昭明文選。它選録了先秦至梁八九百年間、一百多個作者、七百餘篇各種體裁的文學作品，是我國現存編選最早的詩文總集。

蕭統，字德施，南蘭陵（今江蘇常州西北）人，武帝蕭衍長子。武帝天監元年（五〇二），立爲太子。著有文集二十卷、正序十卷、文章英華二十卷，都已失傳，後人輯有昭明太子集。他是一個很淵博的學者，招集著名文士，商榷古今，聚書近三萬卷，研讀不倦。梁書昭明太子傳記述當時盛況説：「名才並集，文學之盛，晉、宋以來未之有也。」文選就是在這種情況下依靠集體力量編成的。這部書選録詩文辭賦，除了史書中少數讚、論、序、述被蕭統認爲是文學作品以外，一般不收經、史、子等學術著作。作品入選的標準是「事出於沈思，義歸乎翰藻」（蕭統文選序），就是説，入選的作品必須情義與辭采内外並茂，偏於一面的概不録取。蕭統有意識地把文學作品和學術著作區別開來，給文學作品和非文學作品之間劃出了一條界綫。這反映了當時對文學作品的特色和範圍認識日趨明確，是有一定的進步意義的。

正由於當時具備如此有利的編著條件和明確的選擇標準，才能够使文選成爲一部規模宏大、選擇嚴格的詩文總集，使蕭統以前正統派的文章精華，基本上總結在這部書裏。其中比較精審地選録了在思想上和藝術上各種有代表性的文學作品，同時能够兼顧到各種體裁，各種流派，各種内容，在一定程度上反映了梁以前各個封建朝代的文學面貌，爲以後文學研究提供了重要的資料。如班固的兩都賦、張衡的二京賦以及王延壽的魯靈光殿賦等，保存了古代都市建築規模的資料。左思三都賦、木華海賦、郭璞江賦，等於三部自然、人文及經濟地理著作。潘岳西征賦、孫綽遊天台山賦，則是韻文的遊記。幾篇關於音樂舞蹈的賦，就是古代音樂舞蹈的寫實。陸機文賦是極精湛的文學批評作品。其他不少的賦，寫景抒情，各有獨特的造詣，很少雷同。因此可以說，文選的前半部等於梁以前具有代表性的賦的結集，除了時間稍後、不及選入的名篇庾信哀江南賦以外，幾乎使人無遺珠可採。此外，它所選雖以辭賦和駢體文爲主，但同時也選録了其他文體，在詩歌方面，較多入選了漢魏以來如曹氏父子及阮籍、嵇康、左思、顔延之、鮑照、謝靈運、謝脁等代表作家的名篇；散文方面，有賈誼過秦論、司馬遷報任少卿書、諸葛亮出師表等名篇；學術和歷史論文方面，有卜子夏毛詩序、孔安國尚書序、杜預春秋左氏經傳集解序、干寶晉紀總論等代表作。就連歷來爲人所傳誦的陶潛歸去來辭，也是文選最早選入才被後世的古文選家所重視的。

由於文選是一部具有代表性的大型詩文總集，其中選録了很多辭藻華美的文章，因而後代文人學習前代作品時都要經過閲讀文選的階段，它對唐代及以後的文學産生了深遠的影響。唐、宋之世的學者，幾於人手一編，大詩人杜甫教導兒子説要「熟精文選理」，甚至流傳有「文選爛，秀才半」的諺語（陸游老學菴筆記）。所謂「選學」既見重於時，於是訓注家先後繼起。最早始於蕭統姪子蕭該的文選音，陳、隋以後的注家大都失傳，唐顯慶年間，李善爲之作注，改分原書三十卷爲六十卷。唐開元六年（七一八），吕延祚將五臣（吕延濟、劉良、張銑、吕向、李周翰）注文選進表呈上，從此文選就有兩種不同的注釋本流傳下來。後人又將兩注合爲一書，并加删編，稱「六臣注」。李善注釋文選經多次易稿方才完成，搜集材料最多，徵引古籍達數百種，其中有的今已失傳。他的注釋，不僅有助於理解詞義典故，而且是文字訓詁和校勘輯佚的重要參考資料。後人對它評價很高，是一部和文選本書不可分割的集大成的學術著作。其缺點是偏重於釋事和辭藻的溯源，而忽略對文意的析解。

自文選六臣注盛行以後，李善注原書被埋没了，今天所見到的文選李善注，都是後人從六臣注中輯録出來的。李注和五臣注經過合而又分，使輯録出來的李注，有的地方羼入了其他注釋，有的又被誤認爲其他注釋而删去了。我們細讀清人的校記和用敦煌石室發現的舊抄本文選殘卷相校，就不難理解這種錯亂複雜的情況。就是李善注本身，原來也存在着不少引書和注釋的錯誤。這一方面，清乾、嘉以後治「選學」的學者，做了大量的考證工作，并取得了顯著的成績。

清嘉慶年間，胡克家據南宋尤袤所刻文選李善注本覆刻，改正了尤刻本明顯的錯誤數百處之多（胡刻文選考異所糾正的還不包括在內），並根據幾種不同的版本作成文選考異十卷，成爲校刊較好和最通行的文選李善注本。現即以胡克家重刊本爲底本標點整理出版。胡克家的考異十卷，則分別附在所屬篇章之後，以便讀者查考。在整理過程中，并參校一九七四年中華書局影印尤袤原刊本，改正了胡刻本的一些明顯錯誤。

本書由李培南、李學穎、高延年、欽本立、黄宇齊、龔炳孫同志標點整理，並由龔炳孫同志通讀全稿。另編製篇目及著者索引附於卷末，以備查檢。

上海古籍出版社

一九八〇年四月

文選序

梁昭明太子撰

式觀元始，眇覿玄風。冬穴夏巢之時，茹毛飲血之世，世質民淳，斯文未作。逮乎伏羲氏之王去聲天下也，始畫八卦，造書契，以代結繩之政，由是文籍生焉。易曰：「觀乎天文，以察時變；觀乎人文，以化成天下。」文之時義遠矣哉！若夫椎直追輪爲人輅音路之始，大輅寧有椎輪之質；增冰爲積水所成，積水曾作能微增冰之凜力錦。何哉？蓋踵音腫其事而增華，變其本而加厲；物既有之，文亦宜然。隨時變改，難可詳悉。

嘗試論之曰：詩序云：「詩有六義焉：一曰風，二曰賦，三曰比，四曰興去聲，五曰雅，六曰頌。」至於今之作者，異乎古昔，古詩之體，今則全取賦名。荀宋表之於前，賈馬繼之於末。自茲以降，源流寔繁。述邑居則有「憑虛」、「亡音無是」之作，戒畋遊則有長楊羽獵之制。若其紀一事，詠一物，風雲草木之興去聲，魚蟲禽獸之流，推而廣之，不可勝載矣！又楚人屈原，含忠履潔，君匪從流，臣進逆耳，深思遠慮，遂放湘南。耿介之意既傷，壹鬱之懷靡愬。臨淵有懷沙之志，吟澤有憔悴之容。騷人之文，自茲而作。

詩者，蓋志之所之也，情動於中而形於言。關雎七余麟趾音止，正始之道著；桑間濮音卜上，亡國之音表。故風雅之道，粲然可觀。自炎漢中葉，厥塗漸異。退傅有「在鄒」之作，降下江將著「河梁」之篇；四言五言，區以別入聲矣。又少則三字，多則九言，各體互興，分鑣彼嬌並驅丘遇。頌者，所以游揚德業，褒讚成功。吉甫有「穆音目若」之談，季子有「至矣」之歎。舒布爲詩，既言如彼；總成爲頌，又亦若此。次則箴音針興於補闕，戒出於弼匡。論去聲則析洗激反理精微，銘則序事清潤。美終則誄發，圖像則讚興。又詔誥教令之流，表奏牋記之列，書誓符檄胡激之品，弔祭悲哀之作，答客指事之制，三言八字之文，篇辭引以進反序，碑碣誌狀，衆制鋒起，源流間去聲出。譬陶匏蒲包異器，並爲入耳之娛；黼黻不同，俱爲悅目之玩。作者之致，蓋云備矣！

余監音緘撫餘閑，居多暇日，歷觀文囿，泛覽辭林，未嘗不心遊目想，移晷音軌忘倦。自姬漢以來，眇焉悠邈，時更平聲七代，數去聲逾千祀。詞人才子，則名溢於縹匹沼囊；飛文染翰，則卷盈乎緗音相帙。自非略其蕪穢，集其清英，蓋欲兼功，太半難矣！若夫姬公之籍，孔父之書，與日月俱懸，鬼神爭奧，孝敬之准式，人倫之師友，豈可重去聲以芟音衫夷，加之剪截？老莊之作，管孟之流，蓋以立意爲宗，不以能文爲本，今之所撰，又以略諸。若賢人之美辭，忠臣之抗直，謀夫之話下快反，辨士之端，冰釋泉涌，金相玉振。所謂坐狙七余丘，議稷下，仲連之却秦軍，食音異其音譏之下齊國，留侯之發八難，曲逆之吐六奇，蓋乃事美一時，語流千載。概古害見墳籍，旁出子史，若斯之流，又亦繁博，雖傳之簡牘，而事異篇章，今之所集，亦所不取。至於記事之史，繫年之書，所以褒貶是非，紀別入聲異同，方之篇翰，亦已不同。若其讚論去聲之綜作宋緝此立辭采，序述之錯比避文華，事出於沈思，義歸乎翰藻，故與夫篇什，雜而集之。遠自周室，迄于聖代，都爲三十卷，名曰文選云耳。

凡次文之體，各以彙于貴聚。詩賦體既不一，又以類分；類分之中，各以時代相次。

唐李崇賢上文選注表

文林郎守太子右内率府録事参軍崇賢館直學士臣李善

臣善言：竊以道光九野，縟景緯以照臨；德載八埏，麗山川以錯峙。垂象之文斯著，含章之義聿宣。協人靈以取則，基化成而自遠。故羲繩之前，飛葛天之浩唱；媯簧之後，掞叢雲之奥詞。步驟分途，星躔殊建；球鍾愈暢，舞詠方滋。楚國詞人，御蘭芬於絶代；漢朝才子，綜鞶帨於遥年。虚玄流正始之音，氣質馳建安之體。長離北度，騰雅詠於圭陰；化龍東鶩，煽風流於江左。爰逮有梁，宏材彌劭。昭明太子，業膺守器，譽貞問寢。居肅成而講藝，開博望以招賢。搴中葉之詞林，酌前修之筆海。周巡緜嶠，品盈尺之珍；楚望長瀾，搜徑寸之寶。故撰斯一集，名曰文選。後進英髦，咸資準的。

伏惟陛下，經緯成德，文思垂風。則大居尊，耀三辰之珠璧；希聲應物，宣六代之雲英。孰可撮壤崇山，導涓宗海。臣蓬衡蕞品，樗散陋姿。汾河委筴，夙非成誦；崇山墜簡，未議澄心。

握玩斯文，載移涼燠；有欣永日，實昧通津。故勉十舍之勞，寄三餘之暇，弋釣書部，願言注緝，合成六十卷。殺青甫就，輕用上聞。享帚自珍，緘石知謬。敢有塵於廣内，庶無遺於小説。謹詣闕奉進，伏願鴻慈，曲垂照覽。謹言。顯慶三年九月日上表。

宋刻原序

貴池在蕭梁時寔爲昭明太子封邑，血食千載，威靈赫然，水旱疾疫，無禱不應。廟有文選閣，宏麗壯偉，而獨無是書之板，蓋缺典也。往歲邦人嘗欲募衆力爲之，不成。今是書流傳於世，皆是五臣注本。五臣特訓釋旨意，多不原用事所出。獨李善淹貫該洽，號爲精詳。雖四明贛上各嘗刊勒，往往裁節語句，可恨。袤因以俸餘鋟木，會池陽袁史君助其費，郡文學周之綱督其役，踰年乃克成。既摹本藏之閣上，以其板寘之學宮，以慰邦人所以尊事昭明之意云。淳熙辛丑上巳日晉陵尤袤題。

重刻宋淳熙本文選序

賜進士出身通奉大夫江南蘇松常鎮太等處承宣布政使司布政使胡克家撰

文選於孟蜀時，毋昭裔已爲鏤板，載五代史補。然其所刻何本，不可考也。宋代大都盛行五臣，又并善爲六臣，而善注反微矣。淳熙中，尤延之在貴池倉使，取善注讎校鋟木。厥後單行之本，咸從之出。經數百年轉展之手，譌舛日滋，將不可讀。恭逢國家文運昭回，聖學高深，苞函藝府。受書之士，均思熟精選理，以潤色鴻業。而佳本罕覯，誦習爲難，寧非缺事歟。往歲顧千里、彭甘亭見語，以吴下有得尤槧者，因即屬兩君遴手影摹，校刊行世。踰年工成，雕造精緻，勘對嚴審，雖尤氏真本，殆不是過焉。從此讀者開卷快然，非敢云是舉即崇賢功臣，抑亦學海文林之一助已。

其善注之并合五臣者，與尤殊別。凡資參訂，既所不廢；又尋究尤本，輒有致疑。鉤稽探索，頗具要領，宜諗來者。撰次爲考異十卷，詳著義例，附列於後，而别爲之敘云。嘉慶十四年二月既望序。

文選考異序

賜進士出身通奉大夫江南蘇松常鎮太等處承宣布政使司布政使胡克家撰

文選之異，起於五臣。然使有五臣而不與善注合并，若合并矣，而未經合并者具在，即任其異而勿考，當無不可也。

今世間所存，僅有袁本，有茶陵本，及此次重刻之淳熙辛丑尤延之本。夫袁本、茶陵本固合并者，而尤本仍非未經合并也。何以言之，觀其正文，則善與五臣已相羼雜，或沿前而有譌，或改舊而成誤，悉心推究，莫不顯然也。觀其注，則題下篇中，各嘗闌入吕向、劉良，頗得指名，非特意主增加，他多誤取也。觀其音，則當句每未刊五臣，注内間兩存善讀，割裂既時有之，删削殊復不少。崇賢舊觀，失之彌遠也。然則數百年來徒據後出單行之善注，便云顯慶勒成，已爲如此，豈非大誤。即何義門、陳少章齗齗於片言隻字，不能挈其綱維，皆繇有異而弗知考也。

余夙昔鑽研，近始有悟，參而會之，徵驗不爽。又訪於知交之通此學者，元和顧君廣圻、鎮洋彭君兆蓀，深相剖晰，僉謂無疑。遂廼條舉件繫，編撰十卷，諸凡義例，反覆詳論，幾於二十萬言。苟非體要，均在所略。不敢祕諸篋衍，用貽海内好學深思之士，庶其有取於斯。嘉慶十四年二月下旬序。

文選目録

第一卷

賦甲

京都上

第二卷

第三卷

賦乙

京都中

第四卷

第五卷

賦丙

京都下

第六卷

第十七卷

第十八卷

第十九卷

第二十一卷

詩乙

詠史

百一

遊仙

第二十二卷

招隱

反招隱

遊覽

第二十三卷

第二十四卷

第二十九卷

第三十卷

第三十八卷

表下

第三十九卷

上書

第四十卷

第四十一卷

第四十二卷

第四十六卷

第四十七卷

第四十八卷

第五十八卷

第五十九卷

第六十卷

文選第一册目録

（第一卷至第十卷）

賦

京都

郊祀

耕藉

紀行

畋獵

文選卷第一

賦甲 賦甲者，舊題甲乙，所以紀卷先後。今卷既改，故甲乙並除，存其首題，以明舊式。

京都上

兩都賦二首 自光武至和帝都洛陽，西京父老有怨。班固恐帝去洛陽，故上此詞以諫。和帝大悦也〔一〕。

班孟堅 范曄後漢書曰：班固，字孟堅，北地人也。年九歲，能屬文，長遂博貫載籍。顯宗時，除蘭臺令史，遷爲郎，乃上兩都賦。大將軍竇憲出征匈奴，以固爲中護軍。憲敗，固坐免官，遂死獄中。

兩都賦序

或曰：賦者，古詩之流也。毛詩序曰：詩有六義焉，二曰賦。故賦爲古詩之流也。諸引文證，皆舉先以明後，以示作者必有所祖述也。他皆類此。**昔成康没而頌聲寢，王澤竭而詩不作。**言周道既微，雅頌並廢也。史記曰：周武王太子誦立，是爲成王。成王太子釗立，是爲康王。毛詩序曰：頌者，以其成功告於神明者也。樂稽耀嘉曰：仁義所生爲王。毛詩序曰：止乎禮義，先王之澤也。然則作詩稟乎先王之澤，故王澤竭而詩不作。作，興也。孟子曰：王者之跡息而詩亡。**大漢初定，日不暇給。**漢書曰：高祖，姓劉氏，立爲漢王，滅項羽，即皇帝位。荀悦曰：諱邦，字季。史記曰：雖受命，而日有不暇給也。**至於武宣之世，乃崇禮官，考文章，**漢書曰：孝武皇帝，景帝中子。荀悦曰：諱徹。漢書曰：孝宣帝，武帝曾孫，戾太子孫。荀悦曰：諱詢，字次卿。**内設金馬石渠之署，外興樂府協律之事，**史記曰：金馬門者，宦者署門，傍有銅馬，故謂之曰金馬門。三輔故事曰：石渠閣在大祕殿北，以閣祕書。漢書曰：武帝定郊祀之禮，乃立樂府，以李延年爲協律都尉。**以興廢繼絶，潤色鴻業。**言能發起遺文，以光讚大業也。論語，子曰：興滅國，繼絶世。然文雖出彼而意微殊，不可以文害意。他皆類此。論語，子曰：東里子産潤色之。劇秦美新曰：制成六經，洪業也。**是以衆庶悦豫，福應尤盛，白麟赤鴈芝房寶鼎之歌，薦於郊廟。**漢書武紀曰：行幸雍，獲白麟，作白麟之歌。又曰：行幸東海，獲赤鴈，作朱鴈之歌。又曰：甘泉宫内産芝，九莖連葉，作芝房歌。又曰：得寶鼎后土祠傍，作寶鼎之歌。

神雀五鳳甘露黃龍之瑞，以爲年紀。漢書宣紀曰：神雀元年。應劭曰：前年神雀集長樂宮，故改年也。又曰：五鳳元年。應劭曰：先者，鳳皇五至，因以改元。又甘露元年，詔曰：乃者，鳳皇至，甘露降，故以名元年。又曰：黃龍元年。應劭曰：先是黃龍見新豐，因以改元焉。故言語侍從之臣，若司馬相如虞丘壽王東方朔枚皐王褒劉向之屬，朝夕論思，日月獻納；漢書曰：司馬相如，字長卿，爲武騎常侍。又曰：虞丘壽王，字子贛，以善格五召待詔，遷爲侍中中書。又曰：東方朔，字曼倩，上書自稱舉，上偉之，令待詔公車，後拜爲太中大夫給事中。又曰：枚皐，字少孺，上書北闕，自稱枚乘之子，上得大喜，召入見待詔，拜爲郎。又曰：王褒，字子淵，上令褒待詔，褒等數從獵，擢爲諫大夫。又曰：劉向，字子政，爲輦郎，遷中壘校尉。而公卿大臣，御史大夫倪寬、太常孔臧、太中大夫董仲舒、宗正劉德、太子太傅蕭望之等，時時間作。漢書曰：倪寬，脩尚書，以郡選詣博士孔安國，射策爲掌固，遷侍御史。孔臧集曰：臧，仲尼之後，少以才博知名，稍遷御史大夫，辭曰：臣代以經學爲家，乞爲太常，專脩家業。武帝遂用之。漢書曰：董仲舒以脩春秋爲博士，後爲中大夫。又曰：劉德，字路叔，少脩黃老術，武帝謂之千里駒，爲宗正。又曰：蕭望之，字長倩，以射策甲科爲郎，遷太子太傅。或以抒下情而通諷諭，廣雅曰：抒，渫也。抒，食與切。諷，方鳳切。毛詩序曰：吟詠情性，以諷其上。楚詞曰：抒中情而屬詩。或以宣上德而盡忠孝，國語，泠州鳩曰：夫律，所以宣布哲人之令德。雍容揄揚，著於後嗣，抑亦雅頌之亞也。説文曰：揄，引也，以珠切。孔安國尚書傳曰：揚，舉也。毛詩序曰：言天下之事，形四方之風，謂之雅。故孝成之世，論而録之，漢書曰：孝成皇帝，元帝太子也。荀悦曰：諱驁，字太孫。蓋奏御者千有餘篇，而後大漢之文章，炳焉與三代同風。蒼頡篇曰：炳，著明也，彼皿切。論語，子曰：三代之所以直道而行。馬融曰：三代，夏、殷、周。

且夫道有夷隆，學有麤密，因時而建德者，不以遠近易則。故臯陶歌虞，奚斯頌魯，同見采於孔氏，列于詩書，其義一也。尚書，臯陶歌曰：元首明哉，股肱良哉，庶事康哉。韓詩魯頌曰：新廟奕奕，奚斯所作。薛君曰：奚斯，魯公子也。言其新廟奕奕然盛。是詩，公子奚斯所作也。稽之上古則如彼，考之漢室又如此。斯事雖細，然先臣之舊式，國家之遺美，不可闕也。臣竊見海内清平，朝廷無事，蔡邕獨斷，或曰：朝廷亦皆依違尊者，都舉朝廷以言之〔二〕，諸釋義或引後以明前，示臣之任不敢專。他皆類此。京師脩宫室，浚城隍，起苑囿，以備制度。公羊傳曰：京師者，天子之居也。京者何？大也。師者何？衆也。天子之居，必以衆大之辭言也。説文曰：城池無水曰隍。周禮曰：囿遊之獸。鄭玄曰：囿，今之苑。西土耆老，咸懷怨思，冀上之睠顧，而盛稱長安舊制，有陋雒邑之議〔三〕。長安在西，故曰西土。尚書曰：西土有衆。故臣作兩都賦，以極衆人之所眩曜，折以今之法度。其詞曰。

文選考異

〔一〕兩都賦二首注「自光武至和帝都洛陽」下至「和帝大悦也」　何屺瞻焯校曰：案後漢書班固

傳，則兩都賦明帝世所上，注和帝誤。陳少章景雲校曰：賦作於明帝之世，注中「故上此以諫，和帝大悦」，語未詳所據。今案：此一節，非善注也。善下引後漢書「顯宗時除蘭臺令史，遷爲郎，乃上兩都賦」，不得有此注甚明。即五臣銑注亦言明帝云云。然則并非五臣注也。且此是卷首所列子目，其下本不應有注，決是後來竄入。凡善注失舊，有竄入五臣注者，有并非五臣注而亦竄入者，説詳在後。

〔二〕兩都賦序注「亦皆依違尊者都舉朝廷以言之」　吴郡袁氏翻雕六臣本，茶陵陳氏刻增補六臣本，「都」上有「所」字，「舉」上有「連」字。案：此尤延之校改之也。袁本五臣居前、善次後，茶陵本善居前、五臣次後，皆取六家以意合并如此。凡各本所見善注，初不甚相懸，逮尤延之多所校改，遂致迥異，説見每條下。

〔三〕有陋雒邑之議　袁本、茶陵本「雒」作「洛」。案：二本不著校語，詳賦正文及注俱用「洛」字，其後漢書所載賦亦作「洛」，蓋善自作「洛」也。

西都賦〔一〕

有西都賓問於東都主人曰：「蓋聞皇漢之初經營也，嘗有意乎都河洛矣。輟而弗康，寔用西遷，作我上都。主人聞其故而覩其制乎？」孝經鉤命決曰：道機合者稱皇。尚書曰：厥既得吉卜，乃經營。東都有河南洛陽，故曰河洛也。鄭玄論語注曰：輟，止也，張衛切。孔安國尚書傳曰：

康，安也。穀梁傳曰：葬我君桓公。我君，接上下也。主人曰：「未也。願賓攄懷舊之蓄念，發思古之幽情。博我以皇道，弘我以漢京。」廣雅曰：攄，舒也。孔安國尚書傳曰：蓄，積也。論語，顏淵曰：夫子博我以文。賓曰：「唯唯。禮記曰：父召，無諾，唯而起。

「漢之西都，在於雍州，寔曰長安。漢書曰：秦地於禹貢時跨雍、梁二州，漢興，立都長安。左據函谷二崤之阻，表以太華終南之山。戰國策，蘇秦曰：秦，東有殽、函之固。鹽鐵論曰：秦左殽、函。漢書音義，韋昭曰：函谷關。左氏傳曰：崤有二陵，其南陵夏后臯之墓，其北陵文王所避風雨也。表，標也。山海經曰：華首之山西六十里曰太華之山。毛詩曰：終南何有？有條有枚。毛萇曰：終南，周之名山中南也。右界褒斜隴首之險，帶以洪河涇渭之川。衆流之隈，汧涌其西〔二〕。長楊賦曰：命右扶風發人，西自褒斜。梁州記曰：萬石城泝漢上七里有褒谷，南口曰褒，北口曰斜，長四百七十里。鹽鐵論曰：秦右隴阺。漢書，幸雍白麟歌曰：朝隴首，覽西垠。尚書曰：導河自積石，南至于華陰。山海經曰：涇水出長城北。尚書曰：導渭自鳥鼠同穴。華實之毛，則九州之上腴焉；防禦之阻，則天地之隩區焉。春秋文耀鉤曰：春致其時，華實乃榮。左氏傳，君子曰：澗溪沼沚之毛。漢書曰：秦地，九州膏腴。楊雄衛尉箴曰：設置山險，盡爲防禦。說文曰：隩，四方之土可定居者也，於報切。是故橫被六合，三成帝畿。周以龍興，秦以虎視。漢書音義，文穎曰：關西爲橫。孔安國尚書傳曰：被，及也。呂氏春秋曰：神通乎六合。高誘曰：四方上下爲六合。三成帝畿，謂周、秦、漢也。樂稽嘉耀曰〔三〕：德象天地爲帝。周禮曰：方千里曰王畿。史記曰：周后稷，名弃，堯、舜時爲農師，號后稷，姓姬氏。至孫公劉，周之道興，至文王徙都豐，武王滅紂。孔安國尚書序曰：漢室龍興。史記曰：秦之先，帝顓頊之苗裔，至孝公作咸陽，政并六國，稱皇帝。周易曰：虎視眈眈，其欲逐逐。及至大漢受命而都之也，仰悟東井之精，俯協河圖之靈。漢書曰：漢元年十月，五星聚于東井，沛公至霸上。又曰：以歷推之，從歲星也。此高祖受命之符。尚書雒書曰：河圖，命紀也。然五經緯，皆河圖也。春秋漢含孳曰：劉季握卯金刀，在軫北，字季，天下服。卯在東方，陽所立，仁且明。金在西方，陰所立，義成功。刀居右，字成章。刀擊秦，枉矢東流，水神哭祖龍。然則成功在西〔四〕，故都長安。奉春建策，留侯演成。漢書曰：高祖西都洛陽，戍卒婁敬求見，説上曰：陛下都洛不便，不如入關，據秦之固。上問張良，良因勸上。是日車駕西都長安，拜婁敬爲奉春君，賜姓劉氏。又曰：封張良爲留侯也。蒼頡篇曰：演，引也。天人合應，以發皇明。乃眷西顧，寔惟作京。天，謂五星也。人，謂婁敬也。皇，謂高祖也。四子講德論曰：天人並應。毛詩曰：乃眷西顧，此惟與宅。於是睎秦嶺，睋北阜。挾灃灞〔五〕，據龍首。説文曰：睎，望也，呼衣切。秦嶺，南山也。漢書曰：秦地有南山。睋，視也，五哥切。北阜，山也。漢書，文帝曰：以北山石爲槨。張揖上林賦注曰：豐水出鄠南山豐谷。漢書曰：灞水出藍田谷。山海經曰：華山之西，龍首之山也。圖皇基於億載，度宏規而大起〔六〕。長楊賦曰：規億載。孔安國尚書傳曰：十萬曰億。爾雅曰：載，年也。小雅曰：羌，發聲也。度與羌，古字通。度或爲慶也〔七〕。肇自高而終平，世增飾以崇麗。歷十二之延祚，故窮泰而極侈。高，高祖。漢書〔八〕，張晏曰：爲功最高〔九〕，而爲漢帝太祖〔一〇〕，故特起名焉。漢書，孝平皇帝，元帝庶孫。荀悦曰：諱衎。漢自高祖至于孝平，凡十二帝也。國語曰：天地之所祚。賈逵曰：祚，禄也。建金城而萬雉，呀周池而成淵。鹽鐵論曰：秦四塞以爲固，金城千里。鄭玄周禮注曰：雉，長三丈，高一丈。字林曰：呀，大空貌，火家切。説文曰：

城有水曰池。披三條之廣路，立十二之通門。周禮曰：匠人營國，方九里，旁三門。鄭玄曰：天子十二門，通十二子也。內則街衢洞達，閭閻且千。九市開場，貨別隧分。人不得顧，車不得旋。闤城溢郭，旁流百廛。紅塵四合，煙雲相連。說文曰：街，四通也，音佳。爾雅曰：四達謂之衢。字林曰：閭，里門也。閻，里中門也。漢宮闕疏曰：長安立九市，其六市在道西，三市在道東。鄭玄周禮注曰：金玉曰貨。薛綜西京賦注曰：隧，列肆道也，音遂。鄭玄禮記注曰：填，滿也。填與闐同，徒堅切。又曰：廛，市物邸舍也，除連切。李陵詩曰：紅塵塞天地，白日何冥冥。於是既庶且富，娛樂無疆。都人士女，殊異乎五方。遊士擬於公侯，列肆侈於姬姜。論語曰：子適衛，冉有僕。子曰：庶矣哉！冉有曰：既庶矣，又何加焉？曰：富之。毛詩曰：惠我無疆。又曰：彼都人士。又曰：彼君子女。漢書曰：秦地五方雜錯，富人則商賈爲利。列侯貴人，車服僭上。衆庶倣效，羞不相及。鄭玄周禮注曰：肆，市中陳物處也。左氏傳，君子曰：詩云：雖有姬姜，無棄憔悴也。鄉曲豪舉，遊俠之雄。節慕原嘗，名亞春陵。連交合衆，騁騖乎其中。莊子曰：治州閭鄉曲。史記，魏公子無忌曰：平原之遊，徒豪舉耳。文子曰：智過十人謂之豪。漢書曰：秦地豪桀，則游俠通姦。史記曰：平原君趙勝者，趙之諸公子也。諸子中勝最賢，賓客蓋至者數千人。又曰：孟嘗君，名文，姓田氏。孟嘗君在薛，招致諸侯賓客，食客數千人。又曰：春申君者，楚人也，名歇，姓黃氏。考烈王以歇爲相，封春申君，客三千餘人。又曰：魏公子無忌者，魏安釐王弟也。安釐王封公子爲信陵君，致食客三千。楚辭曰：朝騁騖乎江皋。說文曰：騁，直馳也。又曰：騖，亂馳也，音務。若乃觀其四郊，浮遊近縣，則南望杜霸，北眺五陵。名都對郭，邑居相承。英俊之域，紱冕所興。冠蓋如雲，七相五公。鄭玄周禮注曰：王國百里爲郊。漢書曰：宣帝葬杜陵，文帝葬霸陵，高帝葬長陵，惠帝葬安陵，景帝葬陽陵，武帝葬茂陵，昭帝葬平陵。文子曰：智過萬人謂之英，千人謂之俊。蒼頡篇曰：紱，綬也。説文曰：冕，大夫以上冠也。毛詩曰：有女如雲。相，丞相也。漢書，韋賢爲丞相，徙平陵。車千秋爲丞相，徙長陵。黄霸爲丞相，徙平陵。平當爲丞相，徙平陵。魏相爲丞相，徙平陵。公，御史大夫、將軍通稱也。漢書曰：張湯爲御史大夫，徙杜陵。杜周爲御史大夫，徙茂陵。蕭望之爲前將軍，徙杜陵。馮奉世爲右將軍，徙杜陵。史丹爲大將軍，徙杜陵。然其餘不在七相之數者，並以罪國除故也。

與乎州郡之豪傑，五都之貨殖。三選七遷，充奉陵邑。蓋以強幹弱枝，隆上都而觀萬國也〔一一〕。

文子曰：智過百人謂之傑，十人謂之豪。漢書曰：王莽於五都立均官〔一二〕，更名雒陽、邯鄲、臨淄、宛、城都市長安〔一三〕皆爲五均司市師〔一四〕。三選，謂選三等之人。七遷，謂遷於七陵也。漢書曰：徙吏二千石、高訾富人及豪傑兼并之家於諸陵，蓋亦以強幹弱枝，非獨爲奉山園也。又元帝詔曰：往者，有司緣臣子之義，奏徙郡國人以奉園陵。自今所爲陵者，勿置縣邑。然則元帝始不遷人陪陵。自元以上，正有七帝也。春秋漢含孳曰：強幹弱流，天之道。宋均曰：流，猶枝也。左傳曰：魯諸大夫曰：禹會諸侯於塗山，執玉帛者萬國。

「封畿之内，厥土千里。逴躒諸夏，兼其所有。

漢書曰：雒邑與宗周通封畿，爲千里。又曰：秦地沃野千里，人以富饒。逴躒，猶超絶也〔一五〕。逴，音卓。躒，吕角切。論語，子曰：夷狄之有君，不如諸夏之亡也。

其陽則崇山隱天，幽林穹谷。陸海珍藏，藍田美玉。

上林賦曰：崇山嵸巃崔嵬。楊雄蜀都賦曰：蒼山隱天。韓詩曰：皎皎白駒，在彼空谷〔一六〕。薛君曰：穹谷，深谷也。漢書，東方朔曰：漢興，去三河之地，止灞、滻以西，都涇、渭之南，北謂天下陸海之地〔一七〕。范子計然曰：玉英出藍田。

商洛緣其隈，鄠杜濱其足。

源泉灌注，陂池交屬。漢書，弘農郡有商縣、上雒縣。扶風有鄠縣、杜陽縣。說文曰：隈，水曲也，於回切。孔安國尚書傳曰：濱，涯也。又曰：澤鄣曰陂，停水曰池。竹林果園，芳草甘木。郊野之富，號爲近蜀。言秦境富饒，與蜀相類，故號近蜀焉。漢書曰：秦地南有巴、蜀、廣、漢山林竹木蔬食果實之饒。爾雅曰：邑外曰郊，郊外曰野。其陰則冠古亂以九嵕子紅，陪以甘泉，乃有靈宮起乎其中。秦漢之所極觀古亂，淵雲之所頌歎，於是乎存焉。漢書，谷口縣九嵕山在西。戰國策，范睢說秦王曰：大王之國，北有甘泉谷口。漢書，公孫卿曰：仙人好樓居。於是上令甘泉作延壽館、通天臺。漢宮闕疏曰：甘泉林光宮，秦二世造。漢書曰：王子淵爲甘泉頌。又曰：楊子雲奏甘泉賦。下有鄭白之沃，衣食之源。提封五萬，疆埸綺分。溝塍刻鏤，原隰龍鱗。決渠降雨，荷插成雲。五穀垂穎，桑麻鋪棻。史記曰：韓聞秦之好興事，欲罷，無令東伐。迺使水工鄭國間説秦，令鑿涇水，自中山西抵瓠口爲渠，並北山東注洛，溉舄鹵之地四萬餘頃。收皆畝税一鍾。命曰鄭國渠。又曰：趙中大夫白公，復奏穿渠引涇水，首起谷口，尾入櫟陽，注渭，溉田四千餘頃，因曰白渠。人得其饒，歌之曰：田於何所？池陽谷口。鄭國在前，白渠起後。舉插爲雲，決渠爲雨。涇水一石，其泥數斗。且溉且糞，長我禾黍。衣食京師，億萬之口。天子畿方千里，提封百萬井。臣瓚案：舊説云，提，撮凡也。言大舉頃畝也。韋昭曰：積土爲封限也。毛詩曰：疆埸有瓜。周禮曰：十夫有溝。鄭玄曰：遂，廣深各二尺，溝倍之。説文曰：塍，稻田之畦也，音繩。爾雅曰：高平曰原，下濕曰隰。周禮曰：以五穀養病。漢書音義，韋昭曰：黍、稷、菽、麥、稻也。毛詩曰：實穎實栗。毛萇曰：穎，垂穎也。小雅曰：禾穗謂之穎。爾雅曰：鋪，布也，普胡切。王逸楚辭注曰：紛，盛貌也。棻與紛，古字通。東郊則有通溝大漕，潰渭洞河。汎舟山東，控引淮湖，與海通波。言通溝大漕，既達河渭，又可以汎舟山東，控引淮、湖之流，而與海通其波瀾。漢書武紀曰：穿漕渠道渭〔一八〕。如淳曰：水轉曰漕。蒼頡篇曰：潰，旁決也，胡對切。説文曰：洞，疾流也。國語曰：秦汎舟於河，歸糴於晉。史記曰：滎陽下引河東南爲鴻溝，以與淮、泗會也。西郊則有上囿禁苑，林麓藪澤，陂池連乎蜀漢。繚以周墻，四百餘里。離宮別館，三十六所。神池靈沼，往往而在。上囿禁苑，即林苑也。羽獵賦曰：開禁苑。穀梁傳曰：林屬於山爲麓。鄭玄周禮注曰：澤無水曰藪。漢書有蜀都漢中郡〔一九〕。繚，猶繞也。三輔故事曰：上林連緜，四百餘里。繚，力鳥切。離，別，非一所也。上林賦曰：離宮別館，彌山跨谷。三秦記曰：昆明池中有神池，通白鹿原。毛詩曰：王在靈沼。其中乃有九真之麟，大宛之馬。黄支之犀，條支之鳥〔二〇〕。踰崑崙，越巨海。殊方異類，至于三萬里。漢書，宣帝詔曰：九真獻奇獸。晉灼漢書注曰：駒形，麟色，牛角。又武紀曰：貳師將軍廣利斬大宛王首，獲汗血馬。又曰：黄支自三萬里貢生犀。又曰：條枝國臨西海，有大鳥，卵如甕。山海經曰：帝之下都，崑崙之墟，高萬仞。河圖括地象曰：崑崙在西北，其高萬一千里。子虛賦曰：東注巨海也。

「其宮室也，體象乎天地，經緯乎陰陽。據坤靈之正位，倣太紫之圓方。七略曰：王者師天地，體天而行。是以明堂之制，内有太室，象紫微宮；南出明堂，象太微。春秋元命苞曰：紫之言此也，宮之言中也。言天神圖法，陰陽開閉，皆在此中也。周易曰：坤，地道也。楊雄司命箴曰〔二一〕：普彼坤靈，侔天作制。春秋合誠圖曰：太微，其星十二，四方。又曰：紫宮，大帝室也。樹中天之華闕，豐冠山之朱堂。因瓌材而究奇，抗應龍之虹梁。列棼橑以布翼，荷棟桴而高驤。列子曰：周穆王築臺，號曰中天之臺。

漢書曰：蕭何立東闕、北闕。周易曰：豐其屋。漢書曰：蕭何作未央宮。潘岳關中記曰：未央宮殿，皆疏龍首山土作之。然殿居山上，故曰冠云。埤蒼曰：瓌瑋，珍琦也。應龍虹梁，梁形似龍而曲如虹也。廣雅曰：有翼曰應龍。爾雅曰：蝃蝀，虹也。蝃，音帝。蝀，音董。虹，音紅。説文曰：棼，複屋棟也，扶云切。又曰：橑，椽也，梁道切。又曰：翼，屋榮也。爾雅曰：棟謂之桴，音浮。雕玉瑱以居楹，裁金璧以飾璫。言彫刻玉礩，以居楹柱也。爾雅曰：玉謂之彫〔二二〕。郭璞曰：治玉名也。廣雅曰：碵，礩也。瑱與碵，古字通，並徒年切。説文曰：楹，柱也。上林賦曰：華榱璧璫。韋昭曰：裁金爲璧以當榱頭。發五色之渥彩，光爓音艷朗以景彰。毛詩曰：顔如渥丹。鄭玄曰：渥，厚漬也，烏學切。字林曰：爓，火貌也。於是左墄右平，重軒三階。閨房周通，門闥洞開。列鍾虡於中庭，立金人於端闈。七略曰：王者宮中，必左墄而右平。摯虞決疑要注曰：凡太極乃有陛，堂則有階無陛也。左墄右平，平者，以文塼相亞次也；墄者，爲陛級也，言階級勒墄然〔二三〕，七則切。王逸楚辭注曰：軒，樓板也。周禮，夏后氏世室九階。鄭玄曰：南面三，三面各二也。爾雅曰：宮中門謂之闈，小者謂之閨。毛萇詩傳曰：闥，門内也。史記曰：始皇大收天下兵器，聚之咸陽，銷以爲鍾鐻，鑄金人十二，重各千斤，置宮中。徐廣曰：鐻，音巨。毛詩曰：設業設虡。毛萇曰：植曰虡，與鐻古字通也。三輔黄圖曰：秦營宮殿，端門四達，以則紫宮。闥，他曷切。仍增崖而衡閾，臨峻路而啓扉。爾雅曰：仍，因也。仍或爲岌，非也。孔安國論語注曰：閾，門限也，胡洫切。又曰：峻，高大也。爾雅曰：闔謂之扉。徇以離宮别寢，承以崇臺閒館。煥若列宿，紫宮是環。孔安國尚書傳曰：徇，循也。爾雅曰：室無東西廂，有室曰寢。又曰：四方而高曰臺。春秋合誠圖曰：紫宮，大帝室，太一之精也。漢書曰：中宮天極星，環之匡衛十二星，藩臣。皆曰紫宮也。

清涼宣温，神仙長年。金華玉堂，白虎麒麟。區宇若茲，不可殫論。三輔黄圖曰：未央宫有清涼殿、宣室殿、中温室殿、金華殿、太玉堂殿、中白虎殿、麒麟殿，長樂宫有神仙殿。孔安國尚書傳曰：殫，盡也。長年亦殿名。增盤崔嵬，登降炤爛。殊形詭制，每各異觀。乘茵步輦，惟所息宴。毛萇詩傳曰：崔，高大也，茲瑰切。王逸楚辭注曰：嵬，高也，才迴切。廣雅曰：炤，明也，音照。爛，亦明也，力旦切。應劭漢官儀曰：皇后、婕妤乘輦，餘皆以茵，四人輿以行。鄭玄禮記注曰：茵，蓐也，於申切。周易曰：君子以鄉晦入宴息也。後宫則有掖庭椒房，后妃之室。合歡增城〔二四〕，安處常寧。茝若椒風，披香發越。蘭林蕙草，鴛鸞飛翔之列。漢書曰：詔掖庭養視。應劭曰：掖庭，宫人之官。漢官儀曰：婕妤以下皆居掖庭。三輔黄圖曰：長樂宫有椒房殿。漢書曰：班婕妤居增城舍。桓子新論曰：董賢女弟爲昭儀，居舍號曰椒風。漢宫閣名，長安有合歡殿、披香殿、鴛鸞殿、飛翔殿。餘亦皆殿名。昭陽特盛，隆乎孝成。屋不呈材，牆不露形。裛以藻繡，絡以綸連。隨侯明月，錯落其間。金釭銜璧，是爲列錢。翡翠火齊，流耀含英。懸黎垂棘，夜光在焉。漢書曰：孝成趙皇后弟絶幸，爲昭儀，居昭陽舍。其璧帶，往往爲黄金釭，函藍田璧，明珠翠羽飾之。音義曰：謂璧中之横帶也。引漢書注云音義者，皆失其姓名，故云音義而已。説文曰：釭，轂鐵也。列錢，言金釭銜璧，行列似錢也。釭，古雙切。説文曰：裛，纏也，於劫切。又曰：綸，糾青絲綬也。淮南子曰：隨侯之珠，和氏之璧，得之而富，失之而貧。高誘曰：隨侯，漢中國姬姓諸侯也〔二五〕。隨侯見大蛇傷斷，以藥傳而塗之，後蛇於夜中銜大珠以報之，因曰隨侯之珠。蓋明月珠也。李斯上書曰：有隨、和之寶，垂明月之珠。張揖上林賦注曰：翡翠大小如爵，雄赤曰翡，雌青曰翠。韻集曰：玫瑰，火齊珠也。戰國策，應侯謂秦王曰：梁有懸黎，楚有和璞，而爲天下名器。左氏傳曰：晉荀息請以垂棘之璧，假道於虞以伐虢。許慎淮南子注曰：夜光之珠，有似明月，故曰明月也。高誘以隨侯爲明月。許慎以明月爲夜光。班固上云隨侯明月，下云懸黎垂棘，夜光在焉。然班以夜光非隨珠明月矣。以三都合爲一寶，經典不載夜光本末，故説者參差矣。西京賦曰：流懸黎之夜光。吴都賦曰：隨侯於是鄙其夜光。鄒陽云：夜光之璧。劉琨云：夜光之珠。尹文子曰：田父得寶玉徑尺，置於廡上，其夜明照一室。然則夜光爲通稱，不繫之於珠璧也。於是玄墀釦砌，玉階彤庭。碝碱綵緻，琳珉青熒。珊瑚碧樹，周阿而生。漢書曰：昭陽舍中庭彤朱，而殿上髹漆，砌皆銅沓，黄金塗，白玉階。然墀以髹漆，故曰玄也。釦砌，以玉飾砌也。説文曰：釦，金飾器，枯後切。廣雅曰：砌，阯也，且計切。説文曰：碝，石之次玉也，如兗切。碱，碝類也，音戚。鄭玄禮記注曰：緻，密也。郭璞上林賦注：珉，玉名也。張揖上林賦注曰：珉，石次玉也。廣雅曰：珊瑚，珠也。淮南子曰：崑崙山有碧樹在其北。高誘曰：碧，青石也。韓詩曰：曲景曰阿。然此阿，庭之曲也。紅羅颯纚，綺組繽紛。精曜華燭，俯仰如神。薛綜西京賦注曰：颯纚，長袖貌也。颯，思合切。纚，山綺切。説文曰：綺，文繒也。孔安國尚書傳曰：組，綬也。楚辭曰：佩繽紛其繁飾。王逸曰：繽紛，盛貌也。繽，匹人切。戰國策，張儀謂楚王曰：彼鄭國之女，粉白黛黑，立於衢閭，非知而見之者以爲神。後宫之號，十有四位。窈窕繁華，更盛迭貴。處乎斯列者，蓋以百數。漢書曰：大星正妃，餘三星後宫。又贊曰：漢興，因秦之稱號，帝正適稱皇后，妾皆稱夫人，號凡十四等云。昭儀位視丞相，婕妤視上卿，娙娥視中二千石，傛華視真二千石〔二六〕，美人視二千石，八子視千石，充依視千石〔二七〕，七子視八百石，良人視七百石，長使視六百石，少使視四百石，五官視三百石，順常視二百石，無涓、共和、娱靈、保林、良使、夜者，皆視百石。毛詩曰：窈窕淑女，君子好逑。史記，華陽夫人姊説夫人曰：不以繁華時樹本。方言曰：迭，代也，徒結切。娙，音刑。左右庭中，朝堂百寮之位。蕭曹魏邴，謀謨乎其上。尚書曰：百寮師師。漢書曰：蕭何，沛人。漢王即皇帝位，拜何爲相國。又曰：曹參，沛人也，代蕭何爲相國。又曰：魏相，字弱翁，濟陰人也。宣帝即位，代韋賢爲丞相。又曰：邴吉，字少卿，魯國人也。宣帝即位，代魏相爲丞相。孔安國尚書傳曰：謀，謨也。佐命則垂統，輔翼則成化。流大漢之愷悌，盪亡秦之毒螫。李陵報蘇武書曰：其餘佐命立功之士。易乾鑿度曰：代者赤兑；黄，佐命。宋衷曰：此赤兑者，謂漢高帝也。黄者，火之子，故佐命，張良是也。孟子曰：君子創業垂統，爲可繼也。禮記曰：保者慎其身以輔翼之。長楊賦曰：今朝廷出凱悌，行簡易。四子講德論曰：秦之時，處位任政者並施螫毒。説文曰：螫，行毒也，舒亦切。故令斯人揚樂和之聲，作畫一之歌。功德著乎祖宗，膏澤洽乎黎庶。孔叢子曰：孔子曰：古之帝王，功成作樂。其功善者其樂和，樂和則天下且由應之，況百獸乎？漢書曰：蕭何薨，曹參代之。百姓歌之曰：蕭何爲法，較若畫一。曹參代之，守而勿失。載其清淨，人以寧一。又景帝詔曰：謌者，所以發德；舞者，所以立功。申屠嘉奏曰：高皇帝宜爲太祖，孝文帝宜爲太宗。史記，太史公曰：成王作頌，沐浴膏澤，而歌詠勤苦。孟子曰：膏澤下於民。孔安國尚書傳曰：黎，衆也。又有天禄石渠，典籍之府。命夫惇誨故老，名儒師傅。講論乎六蓺，稽合乎同異。三輔故事曰：天禄閣在大殿北〔二八〕，以閣秘書。石渠，已見上文。然同卷再見者，並云已見上文，務從省也。他皆類此。爾雅曰：惇，勉也。孔安國尚書傳曰：誨，教也。周禮曰：六蓺：禮、樂、射、御、書、數。孔安國尚書傳曰：稽，考也。又有承明金馬，著作之庭。大雅宏達，於兹爲羣。元元本本，殫見洽聞。啓發篇章，校理秘文。漢書曰：嚴助爲會稽太守，帝賜書曰：君猷承明之廬。張晏曰：承明廬在石渠門外。金馬，已見上文。大雅，謂有大雅之才者。詩有大雅，故以立稱焉。漢書，武帝曰：司馬相如之倫，皆辨智閎達。元元本本，謂得其元本也。孔叢子曰：萇弘曰：仲尼治聞強記。孝經鉤命決曰：丘撥秘文。周以鉤陳之位，衛以嚴更之署。總禮官之甲科，羣百郡之廉孝。樂汁圖曰：鉤陳，後宮也。服虔甘泉賦注曰：紫宮外營，勾陳星也。然王者亦法之。薛綜西京賦注曰：嚴更，督行夜鼓也。漢書曰：奉常掌禮儀，屬官有五經博士。又曰：匡衡射策甲科，除太常掌故〔二九〕。又曰：秦分天下爲郡縣。又曰：興廉舉孝也。虎賁贅衣，閹尹閽寺。陛戟百重，各有典司。尚書，周公曰：綴衣虎賁。公羊傳曰：贅，猶綴也。贅，之鋭切。周禮曰：内小臣奄，上士，又有閽人、寺人。漢書曰：太后盛服，坐武帳，武士陛戟，陳列殿下也。周廬千列，徼道綺錯。史記，衛令曰：周廬設卒甚謹。漢書音義，張晏曰：直宿曰廬。漢書曰：中尉掌徼循京師。如淳曰：所謂遊徼循禁，備盜賊也。輦路經營，脩除飛閣。輦路，輦道也。上林賦曰：輦道纚屬。如淳曰：輦道，閣道也。司馬彪上林賦注曰：除，樓陛也。自未央而連桂宮，北彌明光而亘長樂。凌隥道而超西墉，掍建章而連外屬。設璧門之鳳闕，上觚稜而棲金爵。漢書曰：高祖至長安，蕭何作未央宮。三輔舊事曰：桂宮内有明光殿。毛萇詩傳曰：彌，終也。方言曰：亘〔三〇〕，竟也。亘與絙古字通。漢書曰：高祖修長樂宮。薛綜西京賦注曰：隥，閣道也，丁鄧切。毛萇詩傳曰：墉，城也。方言曰：掍，同也，音義與混同，胡本切。漢書曰：建章宮，其東則鳳闕，高二十餘丈，其南有璧門之屬。漢書音義，應劭曰：觚，八觚有隅者也，音孤。説文曰：稜，柧也，柧與觚同。稜，落登切。三輔故事曰：建章宮闕上有銅鳳皇。然金爵則銅鳳也。内則別風之嶕嶢〔三一〕，眇麗巧而聳擢。張千門而立萬户，順陰陽以開闔。

爾乃正殿崔嵬，層構厥高，臨乎未央。經駘盪而出馺娑，洞枍詣以與天梁。上反宇以蓋戴，激日景而納光。三輔故事曰：建章宮東有折風闕。關中記曰：折風，一名別風。廣雅曰：嶕嶢，高也。嶕，兹堯切。漢書曰：建章宮度爲千門萬户，前殿度高未央。然前殿則正殿也。長門賦曰：正殿嵬以造天，其高臨乎未央。高之甚也。崔嵬，高貌也。關中記曰：建章宮有馺娑、駘盪、枍詣、承光四殿。馺，素合切。娑，蘇可切。駘，音殆。枍，烏詣切。天梁，亦宮名也。爾雅曰〔三二〕：蓋戴，覆也。激日景而納光，言宮殿光輝，外激於日，日景下照，而反納其光也。神明鬱其特起，遂偃蹇而上躋。軼雲雨於太半，虹霓迴帶於棼楣。雖輕迅與僄狡，猶愕眙而不能階。漢書曰：孝武立神明臺。王逸楚辭注曰：偃蹇，高貌也。公羊傳曰：躋者何？躋，升也。三蒼曰：軼，從後出前也，餘質切。漢書音義，韋昭曰：凡數三分有二爲太半。尸子曰：虹霓爲析翳。棼，已見上文。爾雅曰：楣謂之梁，靡飢切。方言曰：僄，輕也，芳妙切。鄭玄禮記注曰：狡，疾也，古飽切。字書曰：愕，驚也，五各切。字林曰：眙，驚貌，勑吏切。攀井幹而未半，目眴轉而意迷。舍櫺檻而卻倚，若顛墜而復稽。魂怳怳以失度，巡迴塗而下低。漢書曰：武帝作井幹樓，高五十丈，輦道相屬焉。幹，音寒。司馬彪莊子注曰：井幹，井欄也。然積木有若欄也。蒼頡篇云：眴，視不明也，侯遍切。說文，櫺，楯間子也，力丁切。王逸楚辭注曰：檻，楯也，胡黯切。說文曰：稽，留止也。長門賦曰：神怳怳而外淫。王逸楚辭注曰：怳，失意也，況往切。既懲懼於登望，降周流以徬徨。步甬道以縈紆，又杳窱而不見陽。廣雅曰：懲，恐也。楚辭曰：寤從容以周流，聊逍遥而自恃。毛詩序曰：徬徨不忍去。淮南子曰：甬道相連。高誘曰：甬道，飛閣複道也。說文，縈紆，猶回曲也。又曰：杳，杳窱也。廣雅曰：窈窕〔三三〕，深也。窈與杳同，烏鳥切。窱，他弔切。毛萇詩傳曰：陽，明也。排飛闥而上出，若遊目於天表，似無依而洋洋。廣雅曰：排，推也，簿階切。闥，門闥也。楚辭曰：忽反顧而遊目。王逸楚辭注曰：洋洋，無所歸貌。前唐中而後太液，覽滄海之湯湯。揚波濤於碣石，激神岳之嶈嶈〔三四〕。濫瀛洲與方壺，蓬萊起乎中央。漢書曰：建章宮，其西則有唐中數十里，其北沼太液池，漸臺高二十餘丈，名曰太液，池中有蓬萊、方丈、瀛州、臺梁〔三五〕，象海中仙山。如淳曰：唐，庭也。尚書曰：湯湯洪水方割。蒼頡篇曰：濤，大波。尚書曰：夾右碣石入於河。孔安國曰：海畔山也。毛詩曰：應門將將。説文曰：濫，泛也，力暫切。列子，渤海之中有大壑，其中有山，一曰岱輿，二曰員嶠，三曰方壺，四曰瀛州，五曰蓬萊。於是靈草冬榮，神木叢生。巖峻崷崒，金石崢嶸。神木、靈草，謂不死藥也。史記曰：三神山，仙人不死藥皆在焉。杜預左氏傳注曰：巖，險也。説文曰：峻，峭高也。峻，思俊切。崷，高貌也，慈由切。爾雅曰：崒者，厜㕒也，慈恤切。郭璞方言注曰：崢嶸，高峻也。崢，力耕切。嶸，胡萌切。抗仙掌以承露，擢雙立之金莖。軼埃堨之混濁，鮮顥氣之清英。言承露之高也。漢書曰：孝武又作柏梁、銅柱、承露仙人掌之屬矣。方言曰：擢，抽也，達卓切。金莖，銅柱也。王逸楚辭注曰：埃，塵也。許慎淮南子注曰：堨〔三六〕，埃也，堨與壒同，於害切。鮮，絜也。楚辭曰：天白顥顥。説文曰：顥，白貌，胡暠切。鮮，或爲鱻，非也。騁文成之丕誕，馳五利之所刑。庶松喬之羣類，時遊從乎斯庭。實列仙之攸館，非吾人之所寧。漢書曰：齊人李少翁以方術見上，拜少翁爲文成將軍。言上即欲與神通，宮室被服非象神物不至。乃作甘泉宮，中爲臺，畫天、地、泰一諸鬼神，而置祭具以致天神。又曰：欒成侯登上書言欒大，天子見大悅。曰：臣之師，有不死之藥可得，仙人可致。乃拜大爲五利將軍。毛萇詩傳曰：刑，法也。列仙傳曰：赤松子者，神農時雨師也。服水玉以教神農。又曰：王子喬者，周靈王太子晉也。道人浮丘公，接以上嵩高山。

「爾乃盛娛游之壯觀，奮泰武乎上囿。因兹以威戎夸狄，耀威靈而講武事。史記，相如封禪書曰：斯事天下之壯觀。禮記曰：西方曰戎，北方曰狄。又曰：孟冬之月，天子乃命將帥講武習射御。毛詩序曰：有常德以立武事。命荆州使起鳥，詔梁野而驅獸。毛羣内闐，飛羽上覆。接翼側足，集禁林而屯聚。尚書曰：荆及衡陽惟荆州。又曰：華陽黑水惟梁州。然則南方多獸，故命使之。枚乘兔園賦曰：翺翔羣熙，交頸接翼。水衡虞人，修其營表。種别羣分，部曲有署。周禮，水衡〔三七〕。鄭玄曰：川，流水也；衡，平其大小也。周禮曰：虞人萊所田之野爲表。鄭司農曰：表，所以識正行列也。司馬彪續漢書曰：將軍皆有部，大將軍營五部，部有校尉一人，部下有曲，曲有軍候一人。罘網連紘，籠山絡野。列卒周匝，星羅雲布。鄭玄禮記注曰：獸罟曰罘，扶流切。紘，罘之網也〔三八〕，胡萌切。方言曰：絡，繞也，來各切。羽獵賦曰：涣若天星之羅。韓子曰：雲布風動。於是乘鑾輿〔三九〕，備法駕，帥羣臣。披飛廉，入苑門。蔡雍獨斷曰：天子至尊，不敢渫瀆言之，故託於乘輿也。又曰：天子出，車駕次第，謂之鹵簿，有法駕。司馬彪曰：法駕，六馬也。漢書武紀曰：長安作飛廉館。遂繞酆鄗，歷上蘭。六師發逐，百獸駭殫。震震爚爚，雷奔電激。草木塗地，山淵反覆。蹂躪其十二三，乃拗怒而少息。世本曰：武王在酆、鄗。杜預左氏傳注曰：酆，在始平鄠東〔四〇〕，孚宫切。説文曰：鎬，在上林苑中。鎬與鄗同，胡道切。三輔黄圖曰：上林有上蘭觀。尚書曰：司馬掌邦政，統六師。又曰：百獸率舞。震震爚爚，光明貌也。震，之人切。字指曰：儵爚，電光也，弋灼切。說文曰：電，陰陽激耀也。漢書曰：一敗塗地。廣雅曰：塗，汙也。反覆，猶傾動也。字林曰：蹂，踐也，汝九切。說文曰：蹸，轢也。躪與蹸同，力振切。抝，猶抑也，於六切。爾乃期門佽飛，列刃鑽鍭，要趹追蹤。鳥驚觸絲，獸駭值鋒。機不虛掎，弦不再控。矢不單殺，中必疊雙。漢書，武帝與北地良家子期諸殿門，故有期門之號。又曰：佽飛，掌弋射。佽，音次。蒼頡篇曰：攢，聚也。鑽與攢同，作官切。爾雅曰：金鏃箭羽，謂之鍭，胡溝切。廣雅曰：趹，奔也，古穴切。孔安國尚書傳：機，弩牙也。說文曰：掎，偏引也，居蟻切。又曰：匈奴名引弓曰控。控，引也。颮颮紛紛，矰繳相纏。風毛雨血，灑野蔽天。颮颮紛紛，衆多之貌也。說文曰：颮，古飇字也，俾姚切。周禮曰：矰，矢也。鄭玄曰：結繳於矢謂之矰。矰，高也。說文曰：繳，生絲縷也，之若切。又曰：灑，所買切。平原赤，勇士厲，猨狖失木，豺狼懾窟。郭璞山海經注曰：猨，似獼猴而大，臂長便捷，色黑。蒼頡篇曰：狖，似狸，與救切。爾雅曰：豺，狗足。郭璞曰：腳似狗也。說文曰：狼，似犬，銳頭白頰。淮南子曰：猨狖顛蹶而失木。鄭玄毛詩箋曰：懾，懼也，章涉切。爾乃移師趨險，並蹈潛穢。窮虎奔突，狂兕觸蹶。爾雅曰：潛，深也。愼子曰：獸伏就穢。字書曰：穢，蕪也。爾雅曰：兕，似牛。廣雅曰：蹶踶，跳也。蹶，居衞切。踶，徒帝切。跳，達彫切。許少施巧，秦成力折。掎僄狡，扼猛噬。脫角挫脰，徒搏獨殺。許少、秦成，未詳。說文曰：捉，搤也。搤與扼，古字通，於責切。王弼周易注曰：噬，齧也，音誓。鄭玄禮記注曰：挫，折也，祖過切。何休公羊傳曰：脰〔四一〕，頸也，徒鏤切。爾雅曰：暴虎，徒搏也。郭璞曰：空手執曰搏，補洛切。挾師豹，拖熊螭。曳犀犛，頓象羆。超洞壑，越峻崖。蹶嶄巖，鉅石隤。松栢仆，叢林摧。草木無餘，禽獸殄夷。爾雅曰：狻猊，如虦貓，食虎豹。郭璞曰：即師子也。狻，先丸切。猊，五奚切。虦，音棧。貓，音苗。説文曰：拖，曳也，徒可切。熊，獸，似豕，山居，冬蟄。歐陽尚書説曰：螭，猛獸也，勑離切。郭璞山海經注曰：犀，似水牛而豬頭，黑色，有三蹄三角，一在頂上，一在額上，一在鼻上。又曰：犛，黑色，出西南徼外，力之切。又曰：象，獸之最大者也，長鼻，大者牙長一丈。爾雅曰：羆，似熊而黃色。毛萇詩傳曰：嶄巖，高峻之貌也〔四二〕，七咸切。説文曰：仆，頓也。爾雅曰：殄，盡也。杜預左氏傳注曰：夷，殺也。

於是天子乃登屬玉之館，歷長楊之榭。覽山川之體勢，觀三軍之殺獲。原野蕭條，目極四裔。禽相鎮壓，獸相枕藉。漢書宣紀曰：行幸長楊宮屬玉觀〔四三〕。服虔曰：以玉飾，因名焉。三輔黃圖曰：上林有長楊宮。爾雅曰：闍謂之臺〔四四〕，有木謂之榭，辭夜切。羽獵賦曰：三軍忙然〔四五〕。楚辭曰：山蕭條而無獸。左氏傳曰：投諸四裔，以禦螭魅。

然後收禽會衆，論功賜胙。陳輕騎以行炰，騰酒車以斟酌。割鮮野食，舉烽命釂。左氏傳曰：歸胙于公。毛詩曰：炰之燔之。毛萇曰：以毛曰炰，薄交切。子虛賦曰：割鮮染輪。孔安國尚書傳曰：鳥獸新殺曰鮮。方言曰：烽，虞，望也。郭璞曰：今烽火是也。説文曰：釂，飲酒盡，子曜切。饗賜畢，勞逸齊。大路鳴鑾，容與徘徊。禮記，大路者，天子之車也。白虎通曰：天子大路。周禮曰：巾車掌玉輅。凡馭輅儀，以鑾和爲節。鄭玄曰：鑾在衡，和在軾，皆以金鈴也。集乎豫章之宇，臨乎昆明之池。左牽牛而右織女，似雲漢之無涯。茂樹蔭蔚，芳草被隄。蘭茝發色，曄曄猗猗。若摛錦布繡〔四六〕，爛燿乎其陂。三輔黃圖曰：上林有豫章觀。漢書曰：武帝發謫吏穿昆明池。漢宮闕疏曰：昆明池有二石人，牽牛、織女象。毛詩曰：倬彼雲漢。蒼頡篇曰：蔚，草木盛貌。説文曰：隄，塘也，都奚切。爾雅曰：芹茝，蘼蕪。郭璞曰：香草也。茝，齒改切。漢書曰：華曄曄，固靈根。説文曰：曄，草木白華貌。毛詩曰：瞻彼淇澳，緑竹猗猗。毛萇曰：猗猗，美貌。説文曰：摛，舒也，勑離切。楊雄蜀都賦曰：麗靡摛燭，若揮錦布繡。鳥則玄鶴白鷺〔四七〕，黄鵠鵁鶄，鶬鴰鴇鶂，鳧鷖鴻鴈。朝發河海，夕宿江漢。沈浮往來，雲集霧散。上林賦曰：鸏玄鶴。爾雅曰：鷺，舂鋤。郭璞曰：白鷺也。説文曰：鵠，黄鵠也。爾雅曰：鳽，頭鵁。郭璞曰：似鳧。鳽，鳥絞切。鵁，呼交切。毛萇詩傳曰：鸛，水鳥也。爾雅曰：鶬，麋鴰也。鴰，音括。郭璞曰：即鶬鴰也。郭璞上林賦注曰：鴇，似鴈，無後指。鴇，音保。杜預左氏傳注曰：鶂，水鳥也，五激切。爾雅曰：舒鳧，鶩。毛萇詩傳曰：鳧，水鳥。鄭玄詩箋曰：鷖，鳧屬也。毛萇詩傳曰：大曰鴻，小曰鴈。孝經鉤命決曰：雲委霧散。於是後宮乘輚輅，登龍舟，張鳳蓋，建華旗。祛黼帷，鏡清流。靡微風，澹淡浮。埤蒼曰：輚，卧車也，士眼切。淮南子曰：龍舟鷁首，浮吹以虞。桓子新論曰：乘車，玉爪華芝及鳳皇三蓋之屬。上林賦曰：乘法駕，建華旗。高誘淮南子注曰：祛，舉也。劉歆甘泉賦曰：章黼黻之文帷。澹淡，蓋隨風之貌也。澹，達濫切。淡，徒敢切。櫂女謳，鼓吹震。聲激越，謍厲天。鳥羣翔，魚窺淵。方言曰：楫謂之櫂，直教切。説文曰：謳，齊歌也，於侯切。漢武帝秋風辭曰：簫鼓鳴兮發櫂歌。爾雅曰：越，揚也。聲類曰：謍，音大也，呼宏切。韓詩曰：翰飛厲天。薛君曰：厲，附也。説文曰：翔，回飛也。方言曰：窺，視也，缺規切。招白鷴，下雙鵠。揄文竿，出比目。西京雜記曰：閩越王獻高帝白鷴、黑鷴各一雙。爾雅曰：下，落也。戰國策，更嬴曰：臣能虚發而下鳥。説文曰：揄〔四八〕，引也，音頭。文竿，竿以翠羽爲文飾也。毛詩曰：籊籊竹竿。爾雅曰：東方有比目魚焉，不比不行，其名謂之鰈，他合切。撫鴻罝，御繒繳。方舟並騖，俛仰極樂。爾雅曰：繴謂之罝。罝，罬也，竹劣切。郭璞曰：繴，音壁。爾雅曰：大夫方舟。郭璞曰：併兩船。莊子曰：俛仰之間。杜預左氏傳注曰：俛，俯也，音免。遂乃風舉雲搖，浮遊溥覽。前乘秦嶺，後越九嵕。東薄河華，西涉岐雍。宮館所歷，百有餘區，行所朝夕，儲不改供。孔安國尚書傳曰：薄，迫也。河，黄河也。華，華山也。漢書，右扶風美陽縣有岐山。又右扶風有雍縣也。禮上下而接山川，究休祐之所用。采遊童之讙謠，第從臣之嘉頌。尚書曰：並告無辜于上下神祇。又曰：望于山川。列子曰：昔堯理天下五十年，不知天下治歟？亂歟？堯乃微服遊於康衢，聞兒童謡曰：立我蒸人，莫匪爾極，不識不知，順帝之則。漢書曰：宣帝頗好儒術，王褒與張子僑等並待詔，所幸宮館，輒爲歌頌，第其高下，以差賜帛也。于斯之時，都都相望，邑邑相屬。國藉十世之基，家承百年之業。士食舊德之名氏，農服先疇之畎畝。商循族世之所鬻〔四九〕，工用高曾之規矩。粲乎隱隱，各得其所。周易曰：食舊德，貞厲終吉。漢書音義，如淳曰：今隴西俗，麻田歲歲糞種，爲宿疇也。尚書曰：濬畎澮。孔安國曰：廣尺深尺曰畎，古犬切。淮南子曰：古者至德之時，賈便其肆，農安其業，大夫安其職，而處士循其道〔五〇〕。穀梁傳曰：古者有士人，有商人，有農人，有工人。

「若臣者，徒觀迹於舊墟，聞之乎故老。十分而未得其一端，故不能徧舉也。」

文選考異

〔一〕西都賦　案：賦下當有「一首」二字。東都賦下有，袁本、茶陵本無。蓋五臣每題俱無也。

又上兩都賦序下，以三都賦序例之，亦當有。又東京賦、南都賦、吴都賦下同。

〔二〕衆流之隈汧涌其西　何云後漢書無此二句。陳云善此八字無訓釋，疑與范書同。案：各本皆有，恐五臣多此二句，合併六家，失著校語，尤以之亂善也。凡袁本、茶陵本所失著校語者，説具每條下，其尤本無誤，多不復出。

〔三〕注「樂稽嘉耀曰」　案：「嘉耀」當作「耀嘉」。各本皆倒。

〔四〕注「然則成功在西」　案：「則」字不當有。各本皆衍。凡「然則」，善例祇云「然」，全書盡同。其或衍者，當依此求之，不具出也。

〔五〕挾澧灞　案：「澧灞」當作「豐霸」。「豐」字注可證。必善「豐霸」，五臣「澧灞」而亂之。「霸」字説見後。今注中亦作「灞」，非善舊也。餘依此求之。後漢書作「酆霸」，「豐」「酆」同字。

〔六〕度宏規而大起　案：「度」當作「慶」，必善「慶」，五臣「度」。袁、茶陵二本所載五臣銑注云「度大規矩」，作「度」無疑。各本失著校語，尤以之亂善也。注亦失舊，見下。

〔七〕注「度與羌古字通度或爲慶也」　陳云「度」當作「慶」，是也。各本皆誤，下同。「慶」當作「度」。案：云「慶與羌古字通」者，正文作「慶」，與所引小雅廣言之「羌」古字通也，云「慶」或爲「度」者，此賦作「慶」，或本爲「度」，如今後漢書之作「度」也。五臣因此改「慶」爲「度」，後來合并，又倒此注以就之，而不可通矣。今特訂正。

〔八〕注「高高祖漢書」　袁本、茶陵本此五字作「漢書高祖」四字，是也。案：此尤校改之，下同。

〔九〕注「爲功最高」 袁本、茶陵本「爲」上有「以」字，是也。

〔一〇〕注「而爲漢帝太祖」 袁本、茶陵本「太」作「之」，是也。

〔一一〕而觀萬國也 袁本、茶陵本無「也」字，何云後漢書無。

〔一二〕注「王莽於五都立均官」 茶陵本「於」下有「長安及」三字，「均官」作「五均」，袁本與此同。

〔一三〕注「城都市長安」 袁本「城」作「成」，茶陵本亦誤「城」。陳云「長」下衍「安」字，是也。各本皆衍。

〔一四〕注「司市師」 茶陵本「市」下有「稱」字，袁本與此同。

〔一五〕注「逴躒猶超絶也」 茶陵本此六字作「卓犖或作逴躒」，袁本與此同。案：茶陵乃校語錯入注也。正文，善「逴躒」，後漢書「逴犖」，五臣「卓犖」。二本作「卓犖」者亂之。尤所見未誤，袁此注亦未誤。

〔一六〕注「在彼空谷」 何校「空」改「穹」，陳同，是也。各本皆譌。案：陸機苦寒行注引正作「穹」。

〔一七〕注「北謂天下陸海之地」 陳云「北」當作「此」，是也。各本皆譌。

〔一九〕注「穿漕渠道渭」 袁本、茶陵本「道」作「通」，是也。

〔一九〕注「漢書有蜀都漢中郡」 袁本、茶陵本「都」作「郡」，是也。

〔二〇〕條支之鳥 袁本、茶陵本「支」作「枝」，是也。注中字各本皆作「枝」，後漢書亦是「枝」字。

〔二一〕注「楊雄司命箴曰」 何校「命」改「空」，陳云據范書注當作「空」，是也。各本皆誤。

〔二二〕注「玉謂之彫」　袁本、茶陵本「彫」作「雕」，是也。

〔二三〕注「言階級勒墄然」　茶陵本「階」作「陛」，是也。袁本亦誤「階」。

〔二四〕合歡增城　何校「城」改「成」，注同，是也。後漢書亦是「成」字。

〔二五〕注「漢中國姬姓諸侯也」　陳云「中」當作「東」，是也。各本皆誤。

〔二六〕注「傛華視真二千石」　袁本、茶陵本「傛」作「容」。案：此尤校改之也。

〔二七〕注「充依視千石」　袁本、茶陵本「依」作「衣」。案：此尤校改之也。

〔二八〕注「天禄閣在大殿北」　何校「大」下添「祕」字，是也。各本皆脱。

〔二九〕注「除太常掌故」　袁本、茶陵本「故」作「固」。案：此尤校改之也。上序注，孔安國「射策爲掌固」，茶陵「固」，袁「故」，尤亦未改。「固」即「故」字耳。凡尤改每未必是。

〔三〇〕注「方言曰亘竟也」　案：「亘」當作「絚」，觀下注可見。各本皆誤。此所引在第六卷中，今本正作「絚」，後答賓戲引作「緪」，緪，即「絚」字也。

〔三一〕内則別風之嶕嶢　袁本、茶陵本無「之」字。案：後漢書有，或尤依彼添耳。

〔三二〕注「爾雅曰蓋戴覆也」　案：「爾」當作「小」。各本皆誤。此所引廣詁文。又章懷注後漢書所引，今本亦誤「小」爲「爾」，皆不知小雅者改也。

〔三三〕注「窈窕深也」　陳云「窕」當作「篠」，是也。各本皆誤。

〔三四〕激神岳之嶈嶈　案：善引毛詩「應門將將」爲注，似其本但作「將將」，袁、茶陵二本所載五臣濟注云「將將，水激山之聲」，或各本所見，皆以五臣亂善。後漢書作「將將」，章懷無注，而此與彼不必全同也。

〔三五〕注「臺粱」 何校「臺」改「壺」，陳同，是也。各本皆譌。

〔三六〕注「堨埃也」 案：「堨」當作「壒」，觀下注可見。各本皆誤。

〔三七〕注「周禮水衡」 茶陵本「水」作「川」，是也。袁本亦誤「水」。

〔三八〕注「紘罘之網也」 案：「網」當作「綱」。各本皆譌。

〔三九〕於是乘鑾輿 案：「鑾」字衍也。注引獨斷以解乘輿，中間不得有「鑾」字甚明。考後漢書，章懷注引獨斷與此同，亦不得有「鑾」字。今本皆衍耳。上林賦曰：「於是乘輿弭節徘徊。」甘泉賦曰：「於是乘輿乃登夫鳳皇兮。」句例相似，孟堅之所出也。袁、茶陵二本「鑾」作「鸞」，詳五臣濟注，仍言「乘輿」，是其本初無「鸞」字，各本之衍，當在其後。讀者罕察，今特訂正。又東都賦「乘輿乃出」注云：「乘輿，已見上文。」指謂此，可借證。

〔四〇〕注「酆在始平鄠東」 袁本、茶陵本「鄠」下有「縣」字，是也。

〔四一〕注「何休公羊傳曰脰」 陳云「傳」下脱「注」字，是也。各本皆脱。

〔四二〕注「嶄巖高峻之貌也」 袁本、茶陵本「高」上有「石」字，是也。

〔四三〕注「行幸長楊宮屬玉館」 陳云「長」當作「萯」。案：所校最是。「長楊」，別注在下。各本皆誤。此所引文，在甘露二年。

〔四四〕注「閣謂之臺」　何校「閣」改「闍」，陳同，是也。各本皆誤。

〔四五〕注「三軍忙然」　何校「忙」改「芒」，是也。各本皆譌。

〔四六〕若摛錦布繡　袁本、茶陵本「錦」下有「與」字。案：後漢書無，或尤依彼删耳。

〔四七〕鳥則玄鶴白鷺　何云：後漢書無「鳥則」二字，今據文義，當以後漢書爲是。案：各本蓋傳寫衍。

〔四八〕注「説文曰揄」　袁本、茶陵本「説」上有「投與揄同」四字。案：此尤校删之也。疑本云「揄與投同」，故五臣因此改正文作「投」，二本誤互易「揄」「投」二字耳。删者未必是。

〔四九〕商循族世之所鬻　袁本、茶陵本「循」作「脩」。案：後漢書亦是「脩」字。

〔五〇〕注「而處士循其道」　何校「循」改「脩」，陳同，是也。各本皆譌。案：章懷注後漢書所引正作「脩」。

東都賦

東都主人喟然而歎曰：「痛乎風俗之移人也！子實秦人，矜夸館室，保界河山，信識昭襄而知始皇矣，烏睹大漢之云爲乎？論語曰：夫子喟然歎曰：吾與點也。漢書曰：人有剛柔緩急，音聲不同，繫水土之風氣，故謂之風。好惡取舍，動静嗜欲，故謂之俗。鄭玄禮記注曰：矜，謂自尊大也。漢書，田肯曰〔一〕：秦帶河阻山。史記曰：秦武王卒，無子，立異母弟，是爲昭襄王。又曰：莊襄王卒，子政立，是爲始皇帝也。夫大漢之開元也，奮布衣以登皇位，由數朞而創萬代，蓋六籍所不能談，前聖靡得言焉〔二〕。漢書，高祖曰：吾以布衣提三尺劍取天下。高祖五年誅項羽，故曰數朞也。孔安國尚書傳曰：帀四時曰朞。六籍，六經也。封禪書曰：六經載籍之傳。左氏傳曰：籍談司晉之典籍。當此之時，功有横而當天，討有逆而順民。故婁敬度勢而獻其説，蕭公權宜而拓其制。時豈泰而安之哉？計不得以已也。婁敬，已見上文。凡人姓名，皆不重見。餘皆類此。漢書曰：蕭何脩未央宫，上見其壯麗，甚怒。何曰：天下方未定，故可因遂就宫室。且夫天子以四海爲家，非壯麗無以重威，且毋令後代有以加也。上説之。吾子曾不是睹，顧曜後嗣之末造，不亦暗乎？言吾子不覩度勢權宜之由，反以後嗣末造而自眩曜，不亦暗乎，言暗之甚也。儀禮曰：願吾子教之。鄭玄曰：吾子，相親辭也。吾，我也。子，男子美稱。今將語子以建武之治，永平之事。監于太清，以變子之惑志。東觀漢記曰：建武，光武年號也。永平，孝明年號也。淮南子曰：太清之化也，和順以寂漠，質直以素樸。高誘曰：人清，無爲之化。

「往者王莽作逆，漢祚中缺。天人致誅，六合相滅。漢書曰：王莽，字巨君，王皇后之弟子也。初居攝，後即天子位。賈逵國語注曰：祚，位也。尚書曰：我則致天之罰。六合，已見上文。于時之亂，生人幾亡，鬼神泯絶。壑無完柩，郛罔遺室。原野厭人之肉，川谷流人之血。秦項之災猶不克半，書契以來未之或紀。尚書曰：生人保厥居。杜預左氏傳注曰：幾，近也，渠機切。周禮，大宗伯掌天神人鬼之祀。禮記曰：在牀曰尸，在棺曰柩。杜預左氏傳注曰：郛，郭也，芳倶切。楊子法言，秦將白起長平之戰，四十萬人死，原野厭人之肉，川谷流人之血。史記曰：周孝王分非子土爲附庸，邑秦，至始皇初并天下。又曰：項籍，下相人，自立爲西楚伯王。周易曰：上古結繩，後代聖人易之以書契。故下人號而上訴，上帝懷而降監。乃致命乎聖皇。尚書曰：並告無辜于上下神祇。孔安國曰：言百姓兆人，訴天地也。毛詩曰：皇矣上帝。又曰：天命降監，下人有嚴。命于下國，封建厥福。於是聖皇乃握乾符，闡坤珍。披皇圖，稽帝文。赫然發憤，應若興雲。霆擊昆陽，憑怒雷震。謂光武也。東觀漢記曰：光武皇帝，諱秀。王莽末，荆州下江平林兵起，王匡、王鳳爲之渠率，上遂率舂陵子弟隨之。王莽懼，遣大司徒王尋、大司空王邑將兵來征。上入昆陽，城中兵下，昆陽穀少，留王鳳令守城。夜出城南門，二公兵到，遂還昆陽城。時上遂選精兵三千人奔陳，二公大奔北，殺王尋。昆陽城中兵亦出，中外並擊，二公大衆遂潰亂奔走，赴水溺死以萬數，滍水爲之不流。爾雅曰：疾雷爲霆。左氏傳，吳子之弟蹶由謂楚子曰：今君奮焉，震雷憑怒(三)。遂超大河，跨北嶽。立號高邑，建都河洛。東觀漢記曰：聖公爲天子，以上爲大司馬，遣之河北，安集百姓。尚書曰：至于北岳。東觀漢記曰：諸將請上尊號皇帝，於是乃命有司設壇場于鄗之陽千秋亭五成陌。皇帝即位，改鄗爲高邑。又曰：建武元年十月，車駕入洛陽，遂定都焉。春秋漢含孳曰：天子受符，以辛日立號也。紹百王之荒屯，因造化之盪滌。禮記曰：百王之所同，古今之所一也。淮南子，大丈夫恬然無爲，與造化逍遥。高誘曰：造化，天地也。樂緯曰：殷湯改制易正，蕩滌故俗。體元立制，繼天而作。左氏傳，元年春正月，公即位。春秋元命苞曰：元年者何，元宜爲一。謂之元何，曰君之始年也。杜預左氏傳注曰：凡人君即位，欲其體元以居正。穀梁傳曰：爲天下主者，天也；繼天者，君也。周易曰：神農氏作。系唐統，接漢緒。茂育羣生，恢復疆宇。勳兼乎在昔，事勤乎三五。爾雅曰：系，繼也，奚計切。漢書，劉向高祖頌曰：漢帝本系出自唐帝。孔安國尚書傳曰：堯以唐侯升爲天子。東觀漢記曰：光武皇帝，高祖九葉孫。漢書，王太后詔曰：奉天地而成施，化羣生而茂育。漢書曰：羣生嗤嗤。音湛。國語曰：古曰在昔，昔曰先人。史記，楚子西曰：孔丘述三、五之法，明周、召之業。春秋元命苞曰：伏羲、女媧、神農爲三皇。史記五帝本紀曰：黄帝、顓頊、帝嚳、帝堯、帝舜也。豈特方軌並跡，紛綸后辟，治近古之所務，蹈一聖之險易云爾哉〔四〕？險易，喻治亂也。周易曰：辭有險易也。且夫建武之元，天地革命。四海之内，更造夫婦，肇有父子。君臣初建，人倫寔始。斯乃伏犧氏之所以基皇德也。周易曰：天地革而四時成。又曰：湯、武革命。爾雅曰：九夷、八蠻、六戎、五狄，謂之四海。周易曰：有天地然後有萬物，有萬物然後有男女，有男女然後有夫婦，有夫婦然後有父子，有父子然後有君臣。毛詩序曰：厚人倫。禮含文嘉曰：伏犧德洽上下，始畫八卦。分州土，立市朝，作舟輿，造器械，斯乃軒轅氏之所以開帝功也。漢書曰：昔在黄帝，畫野分州。周易曰：神農氏日中爲市，致天下之人，聚天下之貨。黄帝、堯、舜氏刳木爲舟，剡木爲楫。禮記曰：聖人殊徽號，異器械。鄭玄曰：器械，禮樂之器及兵甲也。史記曰：黄帝名軒轅。龔行天罰，應天順人，斯乃湯武之所以昭王業也。尚書，武王曰：今予惟龔行天之罰。周易曰：湯、武革命，應乎天而順乎人。禮含文嘉曰：湯、武順人心應於天。史記曰：天乙立，是爲成湯。湯伐夏桀，桀奔于鳴條，湯踐天子位。又曰：文王太子發之立，是爲武王。伐殷紂，紂走，自燔死。武王革殷，受天明命。毛詩序曰：七月，陳王業也。遷都改邑，有殷宗中興之則焉；尚書曰：盤庚遷於殷。史記，盤庚之時，殷已都河北。盤庚渡河南，復居成湯之故都，行湯之政，然後殷復興也。謂盤庚爲宗，班之誤歟？即土之中，有周成隆平之制焉。尚書召誥曰：王來紹上帝，自服于土中。孔安國曰：今來居洛邑，地勢之中也。春秋命歷序曰：成、康之隆，醴泉踊出。孝經鉤命決曰：俱在隆平，優劣殊跡。不階尺土一人之柄，同符乎高祖。孟子曰：紂之去武丁未久也，尺地莫非其有也，一人莫非其臣也。又曰：舜、文王相去千有餘歲，若合符節也。克己復禮，以奉終始，允恭乎孝文。論語，顏回問仁，子曰：克己復禮爲仁。孫卿子曰：生，人之始也；死，人之終也。終始俱善，人道必矣。尚書曰：允恭克讓。漢書曰：孝文皇帝，高帝中子也。荀悦曰：諱恒。憲章稽古，封岱勒成，儀炳乎世宗。司馬彪續漢書曰：建武三十二年，上齋，讀河圖會昌符，言九葉封禪。禮記曰：仲尼憲章文、武。尚書云：粵若稽古帝堯。漢書武紀曰：上登封泰山。又宣紀曰：尊孝武皇帝廟爲世宗廟。案六經而校德，眇古昔而論功，仁聖之事既該，而帝王之道備矣。

「至乎永平之際〔五〕，重熙而累洽。盛三雍之上儀，脩衮龍之法服。鋪鴻藻，信景鑠。揚世廟，正雅樂〔六〕。人神之和允洽，羣臣之序既肅。東觀漢記曰：孝明皇帝，光武中子也，以東海王爲皇太子。光武崩，皇太子即位。永平二年正月，上宗祀光武皇帝於明堂，祀畢，登靈臺。二月，上初臨辟雍，行大射禮。漢書曰：武帝時，河間獻王來朝，對三雍宮。應劭曰：辟雍、明堂、靈臺也。東觀漢記，永平二年，上及公卿列侯始服冕冠衣裳。周禮曰：王之吉服，享先王，即衮冕。鄭玄曰：衮，卷龍衣也。續漢書曰：明帝爲光武起廟，號世祖廟。東觀漢記，孝明詔曰：璇璣鈐曰：有帝漢出，德洽作樂名雅〔七〕，會明帝改〔八〕其名郊廟樂曰太予樂，正樂官曰太予樂官〔九〕，以應圖讖。乃動大輅，遵皇衢。省方巡狩，躬覽萬國之有無〔一〇〕。考聲教之所被，散皇明以燭幽。東觀漢記曰：永平二年十月，西巡幸長安。周易曰：風行地上，觀。先王以省方觀民設教也。禮記逸禮曰：王者以巡狩之禮，尊天重人也。巡狩者何？巡者，循也；狩，牧也。謂天子巡行守牧也。有無，謂風俗善惡也。尚書曰：東漸于海，西被于流沙，朔南暨聲教。然後增周舊，脩洛邑。扇巍巍，顯翼翼。光漢京于諸夏，總八方而爲之極。論語，子曰：巍巍乎舜、禹之有天下也。毛詩曰：商邑翼翼，四方之極。諸夏，已見西都賦。其異篇再見者，並云已見某篇。他皆類此。於是皇城之内〔一一〕，宫室光明，闕庭神麗。奢不可踰，儉不能侈。言奢儉合禮，故奢者不可而踰，儉者不能更侈。外則因原野以作苑，填流泉而爲沼。發蘋藻以潛魚，豐圃草以毓獸。制同乎梁鄒，誼合乎靈囿。順流泉而爲沼，不更穿之也。昭明諱順，故改爲填。毛詩曰：魚在在藻。蘋，亦水草，故連言之。説文曰：潛，藏也。韓詩曰：東有圃草。薛君曰：圃，博也。有博大茂草也。毓與育，音義同。毛詩傳曰〔一二〕：古有梁鄒。梁鄒者，天子之田也。毛詩曰：王在靈囿，麀鹿攸伏。若乃順時節而蒐狩，簡車徒以講武。則必臨之以王制，考之以風雅。左氏傳，臧僖伯曰：春蒐、夏苗、秋獮、冬狩，皆於農隙以講事也。又曰：大閱，簡車馬。講武，已見上文。禮記王制曰：天子諸侯無事，則歲三田。田不以禮曰暴天物。風，國風，騶虞、駟鐵是也。雅，小雅，車攻，吉日是也。歷騶虞，覽駟鐵〔一三〕。嘉車攻，采吉日。禮官整儀，乘輿乃出。毛詩序曰：騶虞，蒐田以時，仁如騶虞也。又曰：駟鐵，美襄公也，始命有田狩之事。又曰：車攻，宣王復會諸侯於東都，因田獵而選車徒焉。又曰：吉日，美宣王也，能慎微接下，無不自盡以奉其上焉。漢書：景帝詔曰：禮官具禮儀。乘輿，已見上文。於是發鯨魚，鏗華鐘。尚書大傳曰：天子左五鐘，天子將出則撞黃鐘，右五鐘皆應。薛綜西京賦注曰：海中有大魚曰鯨，海邊又有獸名蒲牢。蒲牢素畏鯨，鯨魚擊蒲牢，輒大鳴。凡鐘欲令聲大者，故作蒲牢於上，所以撞之者，爲鯨魚。鐘有篆刻之文，故曰華也。登玉輅，乘時龍。鳳蓋棽麗，龢鑾玲瓏。天官景從，寢威盛容。輅，已見西都賦。周易曰：時乘六龍。鳳蓋，已見上文。劉歆七略曰：羽蓋棽麗，紛循悠悠。説文曰：棽，大枝條〔一四〕。棽，音林。麗，音離。和鑾，已見上文。埤蒼曰：玲瓏，玉聲也。玲，力經切。瓏，力東切。蔡雍獨斷，百官小吏曰天官。焦貢易林曰：龍渴求飲，黑雲景從。寢威，寢其威武也。寢或爲侵〔一五〕。龢與和，音義通。山靈護野，屬御方神。雨師汎灑〔一六〕，風伯清塵。山靈，山神也。屬御，屬車之御也。方神，四方之神也。韓子曰：師曠謂晉平公曰：黃帝合鬼神於太山之上，風伯進掃，雨師灑道。風俗通曰：雨師，畢星也；風伯，箕星也。千乘雷起，萬騎紛紜。元戎竟野，戈鋋彗雲。羽旄掃霓，旌旗拂天。蔡雍獨斷曰：大駕，備千乘萬騎。毛詩曰：元戎十乘，以先啓行。説文曰：鋋，小矛也，音澶。又曰：彗，掃竹也，蘇類切。左氏傳曰：晉人假羽旄於鄭。焱焱炎炎，揚光飛文。吐爓生風，欱野歕山。日月爲之奪明，丘陵爲之搖震。説文曰：焱，火華也，弋劍切。字林曰：炎，火光，于拑切。説文曰：欱，啜也，火合切。歕，吹氣也，敷悶切。公羊傳曰：地震者何？地動也。震，協韻音真。遂集乎中囿，陳師按屯〔一七〕。騈部曲，列校隊。勒三軍，誓將帥。毛詩曰：陳師鞠旅。漢書音義，臣瓚曰：律説云：勒兵而守曰屯。部曲，已見上文。騈，猶併也，步田切。漢書曰：從胡人大校獵。如淳曰：合軍聚衆，有幡校擊鼓也。杜預左氏傳注曰：百人爲一隊，徒對切。然後舉烽伐鼓，申令三驅。輶車霆激〔一八〕，驍騎電騖。毛詩曰：鉦人伐鼓。鉦，之成切。

孔安國尚書傳曰：師出以律，三申令之，重難之義。周易曰：王用三驅，失前禽也。毛詩曰：輶車鑾鑣。毛萇曰：輶，輕也。說文曰：驍，良馬也。由基發射，范氏施御。弦不睼禽，轡不詭遇。飛者未及翔〔一九〕，走者未及去。左氏傳曰：養由基蹲甲而射之，徹七札焉。括地圖曰：夏德盛，二龍降之。禹使范氏御之，以行經南方。孟子曰：趙簡子使王良與嬖奚乘，終日不獲一禽。反曰：天下賤工也。王良請復之，一朝而獲十。反曰：良工也。簡子曰：吾使汝掌乘。王良曰：不可，吾爲範我驅馳，終日不獲一焉。爲之詭遇，一朝而獲十。劉熙曰：橫而射之曰詭遇。說文曰：睼，視也，音遞。指顧倏忽，獲車已實。樂不極盤，殺不盡物。馬踠餘足，士怒未渫。先驅復路，屬車案節。倏忽，疾也。高唐賦曰：舉功先得，獲車已實。鄭玄禮記注曰：極，盡也。爾雅曰：盤，樂也。踠，屈也，於遠切。先驅，則前驅也。周禮曰：王出入，則自左馭而前驅。漢書音義曰：大駕，車八十一乘〔二〇〕，作三行。子虛賦曰：案節未舒也。於是薦三犧，效五牲。禮神祇，懷百靈。左氏傳，鄭子大叔曰：爲五牲三犧。杜預曰：五牲，麋、鹿、麏、狼、兔。三犧，祭天、地、宗廟三者之犧也。周禮曰：大宗伯掌天神地祇之禮。然天神曰神，地神曰祇也。毛詩曰：懷柔百神。覲明堂，臨辟雍。揚緝熙，宣皇風。登靈臺，考休徵。東觀漢記曰：永平三年正月〔二一〕，上宗祀光武皇帝於明堂，禮畢，升靈臺。三月，上初臨辟雍，行大射禮。周書曰：明堂者，明諸侯之尊卑也。故周公建焉，而朝諸侯於明堂之位，制禮樂，頒度量。禮記曰：天子辟雍。毛詩曰：維清緝熙，文王之典。鄭玄毛詩箋曰：天子有靈臺，所以觀祲象，察氣之妖祥也。尚書曰：休徵。孔安國曰：敍美行之驗也。俯仰乎乾坤，參象乎聖躬。周易曰：庖犧氏仰則觀象於天，俯則觀法於地，近取諸身，遠取諸物。目中夏而布德，瞰四裔而抗稜。禮記曰：布德和令。字書曰：瞰，望也，苦暫切。漢書，詔曰：投諸四裔。又曰：威稜憺乎鄰國。李奇曰：神靈之威曰稜。西盪河源，東澹海漘。北動幽崖，南耀朱垠。漢書曰：漢使張騫窮河源。案：古圖書名河所出曰崑崙墟。毛詩曰：寘之河之漘兮。毛萇曰：漘，厓也。尚書曰：宅朔方，曰幽都。朱垠，南方也。甘泉賦曰：南煬丹崖。殊方別區，界絶而不鄰。自孝武之所不征，孝宣之所未臣。莫不陸讋水慄，奔走而來賓。孝武耀威，匈奴遠懾。孝宣脩德，呼韓入臣。舉前代之盛猶不如今。説文曰：讋，失氣也，章涉切。遂綏哀牢，開永昌。東觀漢記曰：以益州徼外哀牢王率衆慕化，地曠遠，置永昌郡也。春王三朝，會同漢京。是日也，天子受四海之圖籍，膺萬國之貢珍。内撫諸夏，外綏百蠻。漢書，董仲舒策曰：春秋之文，正次王，王次春。春者，天之所爲也。正者，王之所爲也。三朝，歲首朔日也。漢書，谷永上書曰：今年正月朔，日有蝕之於三朝之會。周禮曰：時見曰會，殷覜曰同。賈逵國語注曰：膺，猶受也。諸夏，已見上文。其事煩已重見及易知者，直云已見上文，而它皆類此。毛詩曰：因時百蠻也。爾乃盛禮興樂，供帳置乎雲龍之庭。陳百寮而贊羣后，究皇儀而展帝容。漢書成紀曰：三輔長無供帳繇役之勞。張晏曰：帳，帷帳也。洛陽宮舍記有雲龍門。百僚，已見上文。尚書曰：班瑞于羣后。於是庭實千品，旨酒萬鍾。列金罍，班玉觴。嘉珍御，太牢饗。左氏傳，孟獻子言於公曰：臣聞聘而獻物，於是有庭實旅百。毛詩曰：我有旨酒。説文曰：鍾，酒器也。孔叢子曰：堯飲千鍾。毛詩曰：我姑酌彼金罍。漢書音義曰：觴，爵也。珍，八珍也。大戴禮曰：牛曰太牢。爾乃食舉雍徹，太師奏樂。陳金石，布絲竹。鐘鼓鏗鎗，管絃燁煜。蔡雍禮樂志曰：漢樂有四品。一，天子樂〔二二〕，郊祀陵廟殿中諸會食舉也。禮記曰：客出以雍徹。周禮曰：太師，下大夫。又曰：播之以八音：金、石、土、革、絲、木、匏、竹。鄭玄曰：金，鐘鎛也。石，磬也。土，塤也。革，鼓鼗也。絲，琴瑟也。木，柷敔也。匏，笙也。竹，管簫也。禮記曰：子夏曰：鐘聲鏗。鏗，苦耕切。鍧，亦聲也，呼萌切。燁煜，聲之盛。煜，由鞫切。**抗五聲，極六律。歌九功，舞八佾。韶武備，泰古畢。**左氏傳曰：子曰〔二三〕：五聲六律。杜預曰：五聲，宮、商、角、徵、羽也。六律，黄鐘、太蔟、姑洗、蕤賓、夷則、無射。陽爲律，陰爲吕。此十二月之氣也。尚書禹貢曰：水、火、金、木、土、穀惟修，正德、利用、厚生惟和，九功惟敘，九序惟歌。穀梁傳曰：舞夏，天子八佾。馬融論語注曰：佾，列也。八人爲列，八八六十四人也。論語曰：子謂韶盡美矣，又盡善也。謂武盡美矣，未盡善也。泰古，泰古之樂也。**四夷間奏，德廣所及。僸侏兜離，罔不具集。**孔安國尚書傳曰：間，迭也，古莧切。毛萇詩傳曰：儛四夷之樂，大德廣所及也。孝經鉤命決曰：東夷之樂曰侏，南夷之樂曰任，西夷之樂曰株離，北夷之樂曰僸。毛萇詩傳曰：東夷之樂曰韎，南夷之樂曰任，西夷之樂曰朱離，北夷之樂曰禁。然説樂是一，而字並不同，蓋古音有輕重也。僸，音禁。侏，莫芥切。兜，丁侯切。**萬樂備，百禮暨。皇歡浹，羣臣醉。降烟煴，調元氣。**毛詩曰：烝畀祖妣，以洽百禮。周易曰：天地絪緼，萬物化醇。春秋命歷序曰：元氣正，則天地八卦孳也。**然後撞鐘告罷，百寮遂退。**撞，猶擊也。尚書大傳曰：天子將入，則撞蕤賓之鐘，左五鐘皆應之。

「於是聖上覩萬方之歡娛，又沐浴於膏澤，懼其侈心之將萌，而怠於東作也〔二四〕，孝經曰：故得萬國之歡心。沐浴膏澤，已見西都賦。尚書曰：分命羲叔〔二五〕，平秩東作。**乃申舊章，下明詔。命有司，班憲度。昭節儉，示太素。去後宮之麗飾，損乘輿之服御。抑工商之淫業，**

興農桑之盛務。遂令海内棄末而反本，背僞而歸真。女脩織紝，男務耕耘。器用陶舊章不可忘也。漢書曰：文帝躬節儉素也。漢書，詔曰：農，天下之大本也，而人或不務本而事末，故生不遂。左氏傳，季桓子曰：曰：本，農也；末，賈也。淮南子曰：守道順理者，不免於飢寒之患；而欲民之去末反本，是猶發其源而壅其流也。李奇匏，服尚素玄。恥纖靡而不服，賤奇麗而弗珍。捐金於山，沈珠於淵。禮記曰：女織紝組紃。杜預左氏傳注曰：織紝，紃繒布也〔二六〕。毛萇詩傳曰：耘，除草也。禮記曰：器用陶匏，尚禮殺也。莊子曰：捐金於山，藏珠於淵，不利貨財，不尚富貴也。於是百姓滌瑕盪穢，而鏡至清。形神寂漠，耳目弗營。嗜欲之源滅，廉恥之心生。莫不優游而自得，玉潤而金聲。楊雄集曰：滌瑕盪穢而猶若然。毛萇詩傳曰：瑕，猶過也。字書曰：穢，不絜清也。淮南子曰：鏡大清者視大明。又曰：形者生之舍也，神者生之制也。又曰：和順以寂漠。尚書曰：弗役耳目，百度惟貞。淮南子曰：至人之治也，除其嗜欲，優游委縱。又曰：吾所謂有天下者，自得而已。禮記，孔子曰：君子比德於玉焉，溫潤而澤仁也。尚書傳曰〔二七〕：天下諸侯，受命於周，莫不磬折，玉音金聲。是以四海之内，學校如林，庠序盈門。獻酬交錯，俎豆莘莘。下舞上歌，蹈德詠仁。漢書曰：平帝立學官。郡國曰學，縣道侯國曰校，鄉曰庠，聚曰序。韋昭曰：小於鄉曰聚。尚書曰：受率其旅若林。毛詩曰：韓侯顧之，爛其盈門。又曰：獻酬交錯。論語，孔子曰：俎豆之事，則嘗聞之矣。毛萇詩傳曰：莘莘，衆多也。莘，所巾切。禮記曰：歌者在上，匏竹在下，貴人聲也。詩序曰：嗟嘆之不足，故詠歌之；詠歌之不足，不知手之舞之，足之蹈之也。登降飫宴之禮既畢，因相與嗟歎玄德，讜言弘說。咸含和而吐氣，頌曰：盛哉乎斯世！毛詩曰：儐爾籩豆，飲酒之飫。毛萇曰：不脱屨升堂謂之飫。薛君韓詩章句曰：飲酒之禮，下跣而上坐者謂之宴。尚書曰：玄德升聞，乃命以位。字林曰：讜，美言也，音黨。淮南子曰：故聖人執中含和，不下廟堂而行于四海。

「今論者但知誦虞夏之書，詠殷周之詩。講羲文之易，論孔氏之春秋。罕能精古今之清濁，究漢德之所由。尚書有虞書、夏書。毛詩有周詩、商頌。周易曰：古者，庖犧氏始作八卦，以通神明之德，以類萬物之情。又曰：易之興也，其當殷之末世，周之盛德邪，當文王與紂之事邪？史記，孔子曰：吾道不行矣。乃因史記作春秋。唯子頗識舊典，又徒馳騁乎末流。温故知新已難，而知德者鮮矣！班固漢書游俠傳論曰：不入於道德，苟放縱於末流。論語曰：温故而知新，可以爲師矣。又曰：由，知德者鮮矣！且夫僻界西戎，險阻四塞，脩其防禦。孰與處乎土中，平夷洞達，萬方輻湊？史記曰：秦僻在雍州。毛詩序，秦風曰：襄公能備其兵甲以討西戎。戰國策，蘇秦説孟嘗君曰〔二八〕：秦，四塞之國也。高誘曰：四面有山關之固，故曰四塞之國。防禦，已見上文。文子曰：羣臣輻湊。張湛曰：如衆輻之集於轂。漢書，上曰：智略輻湊。秦嶺九嵕則工切，涇渭之川。曷若四瀆五嶽，帶河泝洛，圖書之淵？爾雅曰：江、河、淮、濟爲四瀆。又曰：泰山爲東岳，霍山爲南岳，華山爲西岳，恒山爲北岳，嵩山爲中岳。周易曰：河出圖，洛出書，聖人則之。建章甘泉，館御列仙。孰與靈臺明堂，統和天人？建章、甘泉，已見上文。禮含文嘉曰：天子靈臺，以考觀天人之際，法陰陽之會也。太液昆明，鳥獸之囿。曷若辟雍海流，道德之富？白虎通曰：天子立辟雍者何？所以宣德化也。壅以水，象教化流行也。三輔黃圖曰：辟雍，水四周於外，象四海也。游俠踰侈，犯義侵禮。孰與同履法度，翼翼濟濟也？游俠，已見上文。漢帝年紀曰：禁踰侈。爾雅曰：翼翼，恭也。毛詩曰：濟濟多士。毛萇曰：多威儀也。子徒習秦阿房之造天，而不知京洛之有制也；識函谷之可關，而不知王者之無外也。」史記曰：秦皇上林苑中作阿房宮，未成，欲更擇令名。作宮阿房，故天下謂之阿房宮。公羊傳曰：天王出居于鄭。王者無外，此其言出何？不能乎母弟也。

主人之辭未終，西都賓矍然失容。逡巡降階，惵然意下，捧手欲辭。主人曰：「復位，今將授子以五篇之詩。」說文曰：矍，驚視貌也，許縛切。公羊傳，趙盾逡巡北面再拜。郭璞爾雅注曰：逡巡，却去也。周書曰：臨攝以威而氣惵〔二九〕。惵，猶恐懼也，徒頰切。孔子三朝記曰：孔子受業而有疑，捧手問之，不當避席。賓既卒業，乃稱曰：「美哉乎斯詩！義正乎楊雄，事實乎相如。匪唯主人之好學，蓋乃遭遇乎斯時也。小子狂簡，不知所裁。既聞正道，請終身而誦之。」楊雄、相如，辭賦之高者，故假以言焉。非唯主人好學而富乎辭藻，抑亦遭遇太平之時，禮文可述也。論語，子曰：吾黨之小子狂簡，斐然成章，不知所以裁之。又曰：不忮不求，何用不臧，子路終身誦之。其詩曰〔三〇〕：

明堂詩

於昭明堂，明堂孔陽。毛詩曰：於昭于天。又曰：我朱孔陽。聖皇宗祀，穆穆煌煌。孝經曰：宗祀文王於明堂，以配上帝。毛詩曰：穆穆皇皇，宜君宜王。上帝宴饗，五位時序。漢書曰：天神之貴者太一，其佐曰五帝。河圖曰：蒼帝神名靈威仰，赤帝神名赤熛怒，黃帝神名含樞紐，白帝神名白招拒，黑帝神名汁光紀。楊雄河東賦曰：靈祇既饗，五位時序。誰其配之，世祖光武。東觀漢記曰：明帝宗祀五帝於明堂，光武皇帝配之。左氏傳，輿人誦：子産若死，其誰嗣之？普天率土，各以其職。毛詩曰：普天之下，莫非王土。率土之濱〔三〕，莫非王臣。孝經，子曰：四海之内，各以其職來祭。猗歟緝熙，允懷多福。毛詩曰：猗歟那歟！緝熙，已見上文。尚書曰：兆人允懷。又曰：永膺多福。

辟雍詩

乃流辟雍，辟雍湯湯。孔安國尚書傳曰：湯湯，流貌。聖皇莅止，造舟爲梁。毛詩曰：方叔涖止。又曰：造舟爲梁。皤皤國老，乃父乃兄。説文曰：皤，老人貌也，蒲河切。禮記曰：養國老於上庠。孝經援神契曰：天子尊事三老，兄事五更。應劭漢官儀曰：天子父事三老。抑抑威儀，孝友光明。毛詩：威儀抑抑。爾雅曰：善事父母爲孝，善事兄弟爲友。於赫太上，示我漢行。毛詩曰：於赫湯孫。漢書，上令薄昭與淮南厲王書曰：王欲以親戚之意，望於太上。如淳曰：太上，天子也。毛詩曰：示我顯德行。洪化惟神，永觀厥成。文子曰：執玄德於心，化馳如神。毛詩曰：我客戾止，永觀厥成。

靈臺詩

乃經靈臺，靈臺既崇。毛詩曰：經始靈臺，經之營之。帝勤時登，爰考休徵。東觀漢記曰：永平二年，詔曰：登靈臺，正儀度。休徵，已見上文。三光宣精，五行布序。淮南子曰：夫道，紘宇宙而章三光。高誘曰：三光，日、月、星也。尚書曰：五行：一曰水，二曰火，三曰木，四曰金，五曰土也。習習祥風，祁祁甘雨。毛詩曰：習習谷風。禮斗威儀曰：君乘火而王，其政頌平，則祥風至。宋均曰：即景風也，其來長養萬物。毛詩曰：興雨祁祁。尚書考靈燿曰：熒惑順行，甘雨時也。百穀蓁蓁，庶草蕃音繁廡音武。韓詩曰：帥時農夫，播厥百穀。薛君曰：穀類非一，故言百也。又曰：蓁蓁者莪。薛君曰：蓁蓁，盛貌也。尚書曰：庶草蕃廡。屢惟豐年，於皇樂胥。毛詩曰：綏萬國，屢豐年。又曰：於皇時周。又曰：君子樂胥。

寶鼎詩

嶽脩貢兮川效珍，吐金景兮歊浮雲。說文曰：歊，氣上出貌，呼朝切。寶鼎見兮色紛縕〔三二〕。煥其炳兮被龍文。東觀漢記曰：永平六年，廬江太守獻寶鼎，出王雒山。漢書曰：武帝爲人祠后土營旁，得鼎，有黃雲焉。公卿大夫議尊寶鼎，有司曰：今鼎至甘泉，光潤龍變，承休無疆也。登祖廟兮享聖神。昭靈德兮彌億年。東觀漢記，明帝曰：太常其以初祭之日〔三三〕，陳鼎於廟，以備器用。尚書曰：公其以予萬億年，敬天之休。

白雉詩

啓靈篇兮披瑞圖，獲白雉兮效素烏。范曄後漢書曰：永平十年，白雉所在出焉。東觀漢記，章帝詔曰：乃者白烏神雀屢臻，降自京師也。嘉祥阜兮集皇都〔三四〕。發皓羽兮奮翹英，容絜朗兮於純精〔三五〕。楚辭曰：砥室翠翹絓曲瓊。王逸曰：翹，羽名。彰皇德兮侔周成。永延長兮膺天慶。韓詩外傳曰：成王之時，越裳氏獻白雉於周公。河圖曰：謀道吉，謀德吉，能行此大吉，受天之慶也。

文選考異

〔一〕注「田肯曰秦帶河阻山」　袁本、茶陵本「田肯」作「婁敬」。案：二本非也，此所引高帝紀文，非婁敬傳之「秦地被山帶河」也。下注所云「婁敬已見上文」者，謂見西都奉春建策注。二本蓋因下注致誤。何、陳校皆據之改爲「婁敬」，殊失之矣。凡二本有誤，及何、陳校之非者，多不復出。附辨一二，以爲舉例，餘準是求之。

〔二〕前聖靡得言焉　袁本、茶陵本「得」下有「而」字。案：後漢書亦有。

〔三〕注「震雷憑怒」　袁本「雷」作「電」，是也。茶陵本亦誤「雷」。

〔四〕蹈一聖之險易云爾哉　茶陵本無「哉」字，云五臣有「而已哉」字。袁本有「而已哉」。案：袁用五臣也，失著校語，非。後漢書無「而已」有「哉」，或尤依彼添耳。

〔五〕至乎永平之際　袁本「乎」作「于」，茶陵本作「於」。案：後漢書作「于」，似「乎」字非也。

〔六〕正雅樂　案：「雅」當作「予」。後漢書作「予」。章懷注「正予樂」，謂依讖文改「太樂」爲「太予樂」也。困學紀聞曰：文選李善注亦引「太予」，五臣乃解爲「正樂」。今本作「雅樂」，誤，蓋五臣本改爲「雅」。王伯厚此説最是。善既引「太予」，則作「予」自甚明。袁本、茶陵本所載五臣銑注云：「雅樂，正樂也。」其作「雅」亦甚明。各本所見正文，皆以五臣亂善而失著校語耳。凡如此例者，全書不少，詳見每條下。

〔七〕注「作樂名雅」　案：「雅」當作「予」，各本皆誤。此因誤改正文，又并誤改注也。後漢書明帝紀章懷注所引正是「予」字。

〔八〕注「會明帝改」　袁本「明」作「昌」，「改」作「九」，是也。茶陵本誤與此同。案：「會昌帝九」以四字爲一句，何於此節注，不得其讀，多所紛更。非，今不論。

〔九〕注「正樂官曰太予樂官」　案：「正」下當有「太」字。各本皆脱。顏延之曲水詩序「太予協樂」注引此詔有，可證。

〔一〇〕躬覽萬國之有無　袁本、茶陵本「躬」作「窮」。案：後漢書亦是「窮」字。

〔一一〕於是皇城之内　袁本、茶陵本「於是」作「是以」，案：後漢書亦作「是以」。

〔一二〕注「毛詩傳曰古有梁鄒」　何校「毛」改「魯」，案：所校是也。章懷注所引正是「魯」字。各本皆誤。又張載魏都賦注引，亦可證。

〔一三〕覽駟鐵　袁本「駟鐵」作「四驖」，茶陵本作「駟驖」。今案：袁、茶陵二本所載五臣銑注作「四驖」，其善注中作「駟鐵」，必善「駟鐵」，五臣「四驖」，失著校語也。茶陵及此「駟」字未相亂，何云後漢書作「驖」。今考此與彼仍不必全同。范書「駟驖」與善「駟鐵」、五臣「四驖」互異，但當各依其本。

〔一四〕注「棽大枝條」　袁本、茶陵本「條」下有「棽灑也」三字，是也。

〔一五〕注「寢或爲侵」　袁本、茶陵本「侵」作「祲」，是也。

〔一六〕雨師汎灑　袁本、茶陵本「汎」作「泛」，案：後漢書作「汎」，或尤依彼改耳。

〔一七〕陳師按屯　茶陵本「按」作「案」，云五臣作「按」。袁本作「按」，用五臣也。後漢書亦是「案」字。此以五臣亂善，非。

〔一八〕輶車霆激　袁本、茶陵本「輶」作「輕」，後漢書亦是「輕」字。案：此尤因善注引毛詩「輶車」而改之。其實善下引傳「輕也」，作「輕車」之注自通。二本無校語，未必非。善亦作「輕」，尤改蓋非。

〔一九〕飛者未及翔　袁本、茶陵本「未」作「不」，下句同。案：後漢書此二字皆作「未」，或尤依之改耳。

〔二〇〕注「大駕車八十一乘」　案：「車」上當有「屬」字。各本皆脱。

〔二一〕注「永平三年正月」　案：「三」當作「二」。各本皆譌。

〔二二〕注「一天子樂」　何校「天子」改「太予」，云後漢注引作「太予」，陳同，是也。各本皆譌。

〔二三〕注「左氏傳曰子曰」　何校「子」上添「晏」字，陳同。案：上「曰」字當作「晏」。各本皆誤。

〔二四〕而怠於東作也　袁本、茶陵本無「也」字。案：後漢書有，或尤依彼添耳。下「翼翼濟濟也，而不知京、洛之有制也，而不知王者之無外也」三「也」字同。

〔二五〕注「分命羲叔」　袁本「叔」作「仲」，是也。茶陵本亦誤「叔」。

〔二六〕注「織絍紃繒布也」　袁本、茶陵本「紃」作「織」，是也。

〔二七〕注「尚書傳曰天下諸侯」　何校「傳」上添「大」字，是也。各本皆脱。

〔二八〕注「蘇秦説孟嘗君曰」　何校「孟嘗君」改「秦惠王」。案：何校誤也。章懷注所引亦是「孟嘗君」。此齊策孟嘗君將入秦章文。今本高注具存，姚宏跋戰國策，曾指此條爲今本所無，其失檢與何正同，附訂正之。

〔二九〕注「面氣惏」　何校「面」改「而」，陳同，是也。各本皆譌。

〔三〇〕其詩曰　袁本、茶陵本「詩」作「辭」。案：後漢書作「詩」。

〔三一〕注「率土之濱」　袁本「濱」作「賓」，是也。茶陵本誤與此同。案：説見後。

〔三二〕寶鼎見兮色紛緼　袁本、茶陵本「緼」作「紜」。案：後漢書作「緼」。

〔三三〕注「太常其以初祭之日」　何校「初」改「礿」，陳同，是也。各本皆譌。

〔三四〕嘉祥阜兮集皇都　何云後漢書無此句，陳同。案：各本皆有。袁、茶陵不著校語，今無可考也。凡疑而未能明者，俱載之，以俟再詳，此其例也。

〔三五〕容絜朗兮於純精　袁本、茶陵本「純」作「淳」，是也。案：後漢書亦是「淳」字。

文選卷第二

京都上

西京賦

張平子　善曰：范曄後漢書曰：張衡，字平子，南陽西鄂人也，少善屬文。時天下太平日久，自王侯以下，莫不踰侈。衡乃擬班固兩都，作二京賦，因以諷諫。十年乃成。安帝雅聞衡善術學，公車徵拜郎中。出爲河間相。乞骸骨，徵拜尚書，卒。楊泉物理論曰：平子二京，文章卓然。

薛綜注　善曰：舊注是者，因而留之，並於篇首題其姓名。其有乖繆，臣乃具釋，並稱臣善以別之。他皆類此。

有憑虛公子者，憑，依託也。虛，無也。言無有此公子也。善曰：博物志曰：王孫公子，皆古人相推敬之辭。憑，皮兵切。心奓體忲〔一〕奓、忲，言公子生於貴戚，心志奓溢，體安驕泰也。泰或謂忲習之忲，言習於麗好也。善曰：聲類曰：奓，侈字也，昌氏切。小雅曰：狃，忲也。雅好博古，學乎舊史氏，言公子雅性好博知古事，故學於舊史。舊史，太史掌圖典者也。是以多識前代之載。善曰：劉向七言曰：博學多識與凡殊。小雅曰：載，事也。言於安處先生公子爲先生言也。安處，猶烏處，若言何處，亦謂無此先生也。鄭玄禮記注曰：先生，老人教學者。曰：「夫人在陽時則舒，在陰時則慘，此牽乎天者也。陽謂春夏，陰謂秋冬。牽，猶繫也。善曰：春秋繁露曰：春之言猶偆也，偆者，喜樂之貌也。秋之言猶湫也，湫者，憂悲之狀也。偆，充尹切。湫，子由切。處沃土則逸，處瘠土則勞，此繫乎地者也。善曰：國語，公甫文伯之母曰：沃土之人不材，淫也；瘠土之人莫不向義，勞也。韋昭曰：磽埆爲瘠。沃，肥美也。慘則尠於驩，勞則褊於惠，能違之者寡矣。違，猶易也。言人慘戚則不能以驩逸，勞苦則不能以施惠，少有能易此者。善曰：尠，少也，與鮮通也。廣雅曰：褊，狹也，卑緬切。小必有之，大亦宜然。小，謂庶人。大，謂王者。善曰：庶人因沃瘠而勞逸殊，王者亦因險易而彊弱異也。故帝者因天地以致化，兆人承上教以成俗。言帝王必欲順陽時〔二〕，居沃土，歡逸其人，使下承而化之，以成奢泰之俗。善曰：管子曰：君據法而出令，百姓順上而成俗。化俗之本，有與推移。言化之本，還與沃瘠相隨逐推移也。善曰：淮南子曰：法其所以爲法，與化推移也。何以覈諸？覈，驗也，胡革切〔三〕。秦據雍而彊，周即豫而弱。高祖都西而泰，光武處東而約。政之興衰，恒由此作。作，起也〔四〕。善曰：過秦論曰：秦孝公據雍州之地。呂氏春秋曰：河、漢之間爲豫州也。按雍州厥土惟黃壤，厥田惟上上，是沃土也。故云秦據雍而彊，高祖都西而泰。荆、河惟豫州，厥土惟墳壚，厥田惟中上，是瘠土也。故云周即豫而弱，光武處東而約。左傳，晉叔向曰：存亡之道，恒由此興。周禮曰：夫筋之所由幨〔五〕，恒由此作。先生獨不見西京之事歟？請爲吾子陳之。善曰：鄭玄禮記注曰：吾子，相親之辭也。

「漢氏初都，在渭之涘。涘，涯也。善曰：漢書，東方朔曰：漢都涇、渭之南。毛詩曰：在渭之涘。秦里其朔，寔爲咸陽。里，居也。朔，北也。寔，是也。秦地居其北，是曰咸陽。善曰：史記曰：秦孝公作咸陽，徙都之。左有崤函重險，桃林之塞。崤及函谷關、桃林皆在長安東，故言左。善曰：殽、函，已見西都賦。左氏傳曰：以守桃林之塞。按桃林，弘農，在閿鄉南谷中。綴以二華，巨靈贔屓，高掌遠蹠，以流河曲，厥跡猶存。華，山名也。巨靈，河神也。巨，大也。古語云：此本一山，當河水過之而曲行，河之神以手擘開其上，足蹋離其下，中分爲二，以通河流。手足之跡，于今尚在。贔屓，作力之貌也。善曰：賈逵國語注曰：綴，連也。山海經曰：太華之西，少華之山。遁甲開山圖曰：有巨靈胡者，偏得坤元之道，能造山川，出江河。楊雄河東賦曰：河靈矍踼，掌華蹈襄。贔，扶祕切。屓，許備切。蹠，之石切。矍，居縛切。踼，丑略切。右有隴坻之隘，隔閡華戎。善曰：漢書音義，應劭曰：天水有大阪曰隴。坻，丁禮切。廣雅曰：隘，狹也。説文曰：隔，塞也。小雅曰：閡，限也，五代切。岐梁汧雍，説文曰：岐山在長安西美陽縣界，山有兩岐，因以名焉。善曰：漢書，右扶風好時縣有梁山。又汧山在扶風汧縣西。汧，音牽。陳寶鳴雞在焉。善曰：漢書曰：秦文公獲若石，于陳倉北坂城祠之〔六〕。其神光輝若流星，從東方來，集于祠城，則若雄雉，其聲殷殷云〔七〕，野雞夜鳴。以一太牢祠之，名曰陳寶。應劭曰：時以寶瑞作陳寶祠，在陳倉，故曰陳寶。**於前則終南太一，**二山名也〔八〕。善曰：尚書曰：終南惇物，至于鳥鼠〔九〕。漢書曰：太一山，古文以爲終南。五經要義曰：太一，一名終南山，在扶風武功縣。此云終南、太一，不得爲一山明矣〔一〇〕。蓋終南，南山之總名；太一，一山之別號耳。**隆崛崔崒，隱轔鬱律。**山形容也〔一一〕。善曰：埤蒼曰：崛，特起也，魚勿切。崔，徂回切。崒，情律切。轔，怜軫切。**連岡乎嶓冢，**善曰：爾雅曰：山脊曰岡。尚書曰：導嶓冢至于荆山。嶓，音波。**抱杜含鄠**音户，杜陵、鄠縣，言終南、太一含裹之〔一二〕。**欱灃吐鎬，**善曰：灃、鎬，二水名也，已見西都賦。説文曰：欱，歠也，呼合切。歠，昌悦切。**爰有藍田珍玉，是之自出。**藍田，弘農縣也。善曰：爾雅曰：爰有寒泉〔一三〕。范子計然曰：玉英出藍田。是之自出，謂玉出自藍田之中也。**於後則高陵平原，據渭踞涇。**善曰：爾雅曰：大阜曰陵。又曰：高平曰原。毛萇詩傳曰：據，依也。大戴禮曰：獨坐不踞然。踞，却倚也，音據。**澶漫靡迤，作鎮於近。**澶漫靡迤，陵原之形，爲作近鎮也。善曰：子虚賦曰：登降迤靡，案衍澶漫。澶，徒旦切。漫，莫半切。**其遠則九嵕甘泉〔一四〕，涸陰沍寒。日北至而含凍，此焉清暑。**九嵕甘泉，其處常陰寒。日北至，謂夏至時猶沍寒而有凍。帝或避暑於甘泉宮，故云清暑。善曰：左氏傳，申豐曰：涸陰沍寒。沍，胡故切。漢書曰：夏至于東井，北近極，故晷短爲温暑。上林賦曰：盛夏含凍裂地。**爾乃廣衍沃野，厥田上上，**善曰：鄭玄周禮注，下平曰衍。漢書曰：秦地沃野千里。尚書，雍州曰厥田惟上上。**寔惟地之奧區神皋〔一五〕。**神皋，接神之聲。善曰：漢書曰：自古以雍州積高，神明之隩，故立畤郊上帝，諸神祠皆聚之。廣雅曰：臯，局也，謂神明之界局也。昔者大帝説秦繆公而覲之，饗以鈞天廣樂。帝有醉焉，乃爲金策。錫用此土，而翦諸鶉首。大帝，天也。翦，盡也。善曰：山海經曰：浪風之山，或上倍之，是謂玄圃；或上倍之，是謂大帝之居。史記曰：趙簡子疾，扁鵲視之，曰：昔繆公常如此，七日而寤。寤之日，告公孫支曰：我之帝所甚樂。帝告我，晉國且大亂。今主君之疾與之同。二日，簡子寤曰：我之帝所甚樂，與百神遊于鈞天，廣樂九奏萬舞，不類三代之樂，其聲動心。虞喜志林曰：喭曰：天帝醉，秦暴金誤隕石墜。謂秦繆公夢天帝奏鈞天樂，已有此喭。列仙傳讚曰：秦繆公受金策，祚世之業。漢書曰：自井至柳謂之鶉首之次，秦之分也。盡取鶉首之分，爲秦之境也。是時也，並爲彊國者有六，韓、魏、燕、趙、齊、楚。然而四海同宅西秦，豈不詭哉？宅，居也。詭，異也。初繆公夢，然後六國竟滅，秦果并而居之，豈不異哉？

「自我高祖之始入也，五緯相汁，以旅于東井。善曰：五緯，五星也〔一六〕。漢書曰：漢元年〔一七〕十月，五星聚于東井，沛公至霸上。又曰：此高祖受命之符。已見西都賦。方言曰：汁，叶也，之十切。郭璞曰：叶，和也。婁敬委輅，幹非其議。善曰：漢書，婁敬脱輓委輅曰：臣願見上言便宜。又説上曰：陛下都洛陽，不如入關中。言婁敬貧乏人，不合干上，妄議其説，允合帝心。漢書音義，應劭曰：輅，謂以木當胸以輓輦也。輅，胡格切。幹，音干。薛君韓詩章句曰：幹，正也。謂以其議非而正之。天啓其心，人惎之謀。惎，教也，謂婁敬之謀。善曰：惎，音忌。及帝圖時，意亦有慮乎神祇。宜其可定以爲天邑。言高帝圖此居之時，意亦以慮於天地陰陽，而思可宜定以爲天邑。善曰：爾雅曰：圖，謀也。尚書曰：肆予敢求爾于天邑商〔一八〕。豈伊不虔思于天衢？伊，惟也。虔，敬也。言此時豈惟不敬思居天氣四交之處邪？謂東京也。豈伊不懷歸于枌榆？懷，思也。枌榆，豐社，高祖所起也。豈惟不思歸處枌榆社之域，都於洛邑也？善曰：漢書曰：高祖禱豐枌榆社。張晏曰：枌，白榆也。社在豐東北一十五里，是也。天命不滔，疇敢以渝！渝，易也。天使都長安，謂五星聚于東井也。善曰：左氏傳，子高曰：天命不滔〔一九〕。滔與謟，音義同。於是量徑輪，考廣袤。南北爲徑，東西爲廣。善曰：周禮，大司徒掌九州之地，廣輪之數。鄭玄曰：輪，縱也。説文曰：南北曰袤。莫又切。經城洫，營郭郛。洫，域池也〔二〇〕。善曰：周禮曰：廣八尺、深八尺謂之洫。呼域切。公羊傳曰：郛者何？域外大郭也。芳俱切。取殊裁於八都，豈啓度於往舊？裁，制也。八都，猶八方也。啓，開也。言采取八方異制，以爲宫室之巧，非復遵往日之故法也。乃覽秦制〔二一〕，跨周法。跨，越也。因秦制，故曰覽。比周勝，故曰跨之也。狹百堵之側陋，增九筵之迫脅。詩曰：築室百堵。今以爲陋。周禮，明堂九筵。今又增之也。善曰：以九筵爲迫脅，故增廣之。周禮曰：明堂度九筵，東西九筵各九尺。正紫宫於未央，表嶢闕於閶闔。天有紫微宫，王者象之。紫微宫門名曰閶闔。宫門立闕以爲表。嶢者，言高遠也。善曰：辛氏三秦記曰：未央宫，一名紫微宫。然未央爲總稱，紫宫其中别名。疏龍首以抗殿，狀巍峩以岌嶪。抗，舉也。善曰：三輔黄圖曰：日營未央，因龍首以制前殿。上林賦曰：嵯峨嶕嶫。此之謂也。亘雄虹之長梁，亘，徑度也。虹，蝃蝀也。謂殿梁皆徑度，朱畫五色如蝃蝀。蝃蝀有雌雄，雄者色鮮好也。善曰：楚辭曰：建雄虹之采旄。亘，古鄧切。結棼橑以相接。善曰：棼橑，已見西京賦〔二二〕。蔕倒茄於藻井，披紅葩之狎獮。茄，藕莖也。以其莖倒殖於藻井，其華下向反披。狎獵，重接貌。藻井，當棟中交木方爲之，如井幹也。善曰：聲類曰：蔕，果鼻也。蔕，音帝。孔安國尚書傳曰：藻，水草之有文者也。風俗通曰：今殿作天井，井者，東井之像也。菱，水中之物，皆所以厭火也。説文曰：葩，華也，普華切。飾華榱與璧璫，華榱，畫其榱也。善曰：璧璫，已見西都賦也。流景曜之韡曄。曜，光也。韡曄，言明盛也。善曰：景，光景也。雕楹玉碣〔二三〕，善曰：西都賦曰：彫玉瑱以居楹。説文曰：楹，柱也。廣雅曰：碣，礩也。碣與舄，古字通。繡栭雲楣。栭，斗也。楣，梁也。皆雲氣畫如繡也。善曰：王襃甘泉頌曰：采雲氣以爲楣。三階重軒，鏤檻文梍。檻，蘭也。皆刻畫。又以大板廣四五尺加漆澤焉，重置中間蘭上，名曰軒。善曰：西都賦曰：重軒三階。王襃甘泉頌曰：編瑇瑁之文梍。聲類曰：梍，屋連緜也，婢祇切。右平左城，城，限也。謂階齒也。天子殿高九尺，階九齒，各有九級。其側階各中分左右，左有齒，右則滂沱平之，令輦車得上。善曰：西都賦曰：左城右平也。青瑣丹墀。善曰：漢書曰：赤壁青瑣。音義曰：以青畫户邊鏤中。王逸楚辭注曰：文如連瑣。漢官典職曰：丹漆地，故稱丹墀。刊層平堂，設切厓隒。刊，削也。善曰：郭璞山海經注曰：層，重也。宋衷太玄經注曰：堂，高也。切與砌，古字通。説文曰：隒，厓也，和檢切。坻崿鱗眴，棧齴巉嶮。殿基之形勢也。善曰：廣雅曰：山坻，除也〔二四〕。文字集略曰：崿，崖也。埤蒼曰：眴，音荀。棧，士眼切。齴，音眼。巉，助奄切。嶮，魚檢切。鱗眴，無涯也。棧、嶮，皆高峻貌。襄岸夷塗，脩路陖險。襄，謂高也。夷，平也。陖，陡也〔二五〕。險，危也。重門襲固，姦宄是防。姦，邪也。竊寶曰宄。善曰：周易曰：重門擊柝，以待暴客。淮南子曰：闉門重襲，以避姦賊。郭璞爾雅注曰：襲，重也。孔安國尚書傳曰：寇賊在外曰姦，在内曰宄。仰福帝居〔二六〕，陽曜陰藏。帝居，謂太微宫，五帝所居。福，猶同也。太微宫陽時則見，陰時則藏。言今長安宫，上與之同法矣。洪鐘萬鈞，猛虡趪趪。洪，大也。猛，怒也。三十斤曰鈞。縣鐘格曰筍，植曰虡。趪趪，張設貌。言大鐘乃重三十萬斤，虡力猛怒，故能勝之焉。善曰：周禮曰：梟氏寫獸之形，大聲有力者，以爲鐘虡。虡，音巨。趪，音黄。負筍業而餘怒，乃奮翅而騰驤。當筍下爲兩飛獸以背負，又以板置上，名爲業。騰，超也。驤，馳也。言獸負此筍業已重，乃有餘力奮其兩翼，如將超馳者矣。朝堂承東，温調延北。西有玉臺，聯以昆德。皆殿與臺名也。善曰：爾雅曰：延，陳也。說文注曰〔二七〕：聯，連也。嵯峩崨嶫，形勢也。罔識所則。不能名其所法則也。若夫長年神僊，宣室玉堂。四殿之名。善曰：並見西都賦。麒麟朱鳥，龍興含章。善曰：龍興、含章，皆殿名也。漢宫闕名有麒麟殿、朱鳥殿。譬衆星之環極，極，北極也。環，猶繞也。言宫觀臺榭樓閣之周於正殿，如衆星之繞北極也。善曰：中宫天極星，環之筐十二星，藩臣。西都賦曰：奐若列宿，紫宫是環。叛赫戲以煇煌。叛，猶焕也。赫戲，炎盛也。煇煌，光耀也。善曰：淮南子曰：焜昱錯眩，照耀煇煌。叛，音判。戲，音羲。煇，音輝。煌，音皇。正殿路寢，用朝羣辟。周曰路寢，漢曰正殿。羣辟，謂王侯公卿大夫士也。大夏耽耽〔二八〕，九户開闢。屋之四下者爲夏。耽耽，深邃之貌也。都南切。善曰：三輔三代故事曰：大夏殿，始皇造銅人十枚在殿前。大戴禮曰：明堂者，古有之，凡九室。鄭玄禮記注曰：天子路寢，制如明堂。然則既有九室〔二九〕，室有一户也。說文曰：闢，開也。嘉木樹庭，芳草如積。善曰：韓詩曰：緑蕣如蕡。蕡，積也。薛君曰：蕡〔三〇〕，緑蕣盛如積也。蕣，音竹。高門有閌，列坐金狄。善曰：毛詩曰：皋門有伉。與閌同。鄭玄禮記注曰：皋之言高也。金狄，金人也。史記曰：始皇收天下兵，銷以爲金人十二，各重千斤，致於宮中。內有常侍謁者，常侍，閹官。謁者，寺人也。奉命當御。善曰：奉傳詔命而遞當進也。左傳，子朱曰〔三一〕：朱也當御。蔡邕獨斷曰：御，進也。凡進皆曰御也。蘭臺金馬〔三二〕，遞宿迭居。蘭臺，臺名。善曰：金馬，已見西都賦序。爾雅曰：遞，迭也。小雅曰：迭，更也，徒結切。次有天禄石渠，校文之處。善曰：天禄、石渠，已見上文。重以虎威章溝，嚴更之署。虎威、章溝，未聞其意。嚴更，督行夜鼓。署，位也。徼道外周，千廬內附。衛尉八屯，警夜巡晝。衛尉帥吏士周宮外，於四方四角立八屯士，士則傳宮外向爲廬舍，晝則巡行非常，夜則警備不虞也。徼，音叫。善曰：西都賦曰：徼道綺錯。漢書曰：衛尉掌門衛屯兵。孔安國尚書傳曰：警，戒也。植鎩懸瞂，用戒不虞。植，柱也。善曰：說文曰：鎩，鈹有鐔也。一曰鋋，似兩刃刀。方言曰：盾或謂之瞂。周易曰：君子以治戎器，戒不虞。鈹，芳皮切。鎩，山例切。瞂，音伐。

「後宮則昭陽飛翔，增成合驩。蘭林披香，鳳皇鴛鸞。皆後宮別名。善曰：皆殿名，已見西都賦。漢宮闕名有鳳皇殿。羣窈窕之華麗，嗟內顧之所觀〔三三〕。觀，視也。謂內顧所視，皆盛好也。善曰：窈窕，已見西都賦。小雅曰：嗟，發聲也。三略曰：將內顧則士卒慕之也。故其館室次舍，善曰：周禮曰：宮正掌宮中次舍。鄭玄禮記注曰：次，自循止之處。采飾纖縟。采，五色也。纖，細也。善曰：說文曰：縟，繁采飾也，音辱。裛以藻繡，文以朱綠。善曰：西都賦曰：裛以藻繡。傅毅七激曰：楹桷雕藻，文以朱緑也。翡翠火齊，絡以美玉。善曰：翡翠，鳥名也。火齊，玫瑰珠也。六韜曰：紂作瓊室、鹿臺，飾以美玉。列子曰：穆王爲中天之臺，絡以珠玉。齊，才計切。流懸黎之夜光，綴隨珠以爲燭。明月，大珠，夜則有光如燭也。善曰：懸黎、夜光、隨珠，已見西都賦。金戺玉階，彤庭煇音渾煇。彤，赤也。煇煇，赤色貌。善曰：廣雅曰：戺，砌也，音俟。西都賦曰：玉階彤庭。珊瑚琳碧，瓀珉璘彬。璘彬，玉光色雜也。善曰：珊瑚瓀珉，已見西都賦。璘，力神切。彬，方珉切。珍物羅生，焕若崑崙。珍美之物，羅列布見，焕焉如崑崙之所生者。善曰：山海經云崑崙之墟有珠樹、文玉樹。雖厥裁之不廣，侈靡踰乎至尊。謂其裁制，雖事事狹小於至尊，然其靡麗之好，乃過之也。善曰：喪服傳曰：天子至尊。裁，才再切。於是鉤陳之外，閣道穹隆。善曰：鉤陳，已見西都賦。穹隆，長曲貌。屬長樂與明光，徑北通乎桂宮。長樂、桂宮，皆宮名。明光，殿名也。漢書武帝故事〔三四〕，上起明光宮、桂宮、長樂宮，皆輦道相屬，懸棟飛閣，北度從宮中西上城至神明臺。命般爾之巧匠，般，魯般，一云公輸之子，魯哀公時巧人。爾，王爾，皆古之巧者也。善曰：淮南子曰：魯般以木爲鳶而飛之。般，音班。又曰：王爾無所錯其剞劂。盡變態乎其中。變，奇也。態，巧也。後宮不移〔三五〕，樂不徙懸。善曰：上林賦曰：庖廚不徙，後宮不移。劉向新序曰：孟獻子聘於晉，韓宣子止而觴之，飲三徙，鐘石之懸，不移而具也。門衛供帳，官以物辨〔三六〕。善曰：供帳，已見東都賦。門衛，已見上。恣意所幸，下輦成燕。窮年忘歸，猶弗能徧。善曰：孫卿子曰：知物之理，没世窮年不能徧也。瑰異日新，殫所未見。瑰，奇也〔三七〕。殫，盡也。言奇異之好，日日變易，皆所未嘗目見之物也。

「惟帝王之神麗，懼尊卑之不殊。雖斯宇之既坦，心猶憑而未攄。坦，大也。憑，滿也。攄，舒也。思比象於紫微，恨阿房之不可廬。廬，居也。時阿房已壞，故不得居也。覛往昔之遺館，獲林光於秦餘。覛，視也。善曰：漢書音義，瓚曰：林光，秦離宮名也。覛，亡狄切。處甘泉之爽塏，乃隆崇而弘敷。甘泉，山名。應劭曰：甘泉在馮翊雲陽縣。爽，明也。隆崇，高也。弘敷，猶延蔓也。善曰：左氏傳曰：齊景公欲更晏子之宅，曰：請更諸爽塏者。杜預曰：就高燥也。既新作於迎風，增露寒與儲胥。善曰：漢書曰：武帝因秦林光宮，元封二年增通天、迎風、儲胥、露寒。託喬基於山岡，直墆霓以高居。墆霓，高貌也。善曰：墆，徒結切。霓，五結切。通天訬以竦峙，通天，臺名。武帝元封二年作。漢書舊儀云〔三八〕：高三十丈，望見長安城。訬，高也。竦，立也。峙，住也。善曰：訬，音眇。徑百常而莖擢。徑，度也。倍尋曰常。莖，特也。擢，獨出貌也。上辬華以交紛，下刻陗其若削。辬華，敷大也。刻陗，升高也〔三九〕。善曰：辬，音斑，又音葩。陗，七笑切。翔鶤仰而不逮，況青鳥與黃雀。鶤，大鳥。青鳥、黃雀，皆小鳥。翔，高飛也。善曰：穆天子傳曰：鶤雞飛八百里。郭璞曰：鶤即鵾鷄也。鵾與鶤同，音昆。左氏傳曰：青鳥氏司啓者也。杜預曰：青鳥，鶬鴳也。戰國策，莊辛曰：黃雀俯啄百粒。伏櫺檻而頫聽，聞雷霆之相激。伏，猶憑也。櫺，臺上蘭也。頫，低頭也。蒼頡篇曰：霆，霹靂也。言臺之高，於上低頭聽，雷聲乃在下。善曰：頫，古字〔四〇〕，音府。柏梁既災，越巫陳方。建章是經，用厭火祥。善曰：漢書曰：柏梁災。越俗有火災，復起屋，必以大，用勝服之。於是作建章宮。漢武故事曰：以香柏爲之，香聞數十里。厭，於冉切。營宇之制，事兼未央。兼，猶倍也。所以順巫言也。善曰：漢書曰：劉向上疏曰：項籍燔其宮室營宇。圜闕竦以造天，若雙碣之相望。善曰：字書曰：圜，亦圓字也。甘泉賦曰：直嶢嶢以造天。音操。孔安國尚書傳曰：造，至也。又曰：碣石，海畔山也。又曰：三山，言相望也。鳳騫翥於甍標，咸遡風而欲翔。甍，棟也。標，末也。遡，向也。謂作鐵鳳凰，令張兩翼，舉頭敷尾，以函屋上〔四一〕，當棟中央，下有轉樞，常向風如將飛者焉。善曰：楚辭曰：鳳騫翥而飛翔。説文曰：騫，飛貌也。騫，許言切。翥，之庶切。閶闔之内，別風嶕嶢。善曰：閶闔，已見上文。別風，已見西都賦。何工巧之瑰瑋，交綺豁以疏寮。瑰瑋，奇好也。疏，刻穿之也。善曰：交結綺文，豁然穿以爲寮也。説文曰：綺，文繒也。廣雅曰：豁，空也。然此刻鏤爲之。蒼頡篇曰：寮，小窗也。古詩曰：交疏結綺窗。干雲霧而上達，狀亭亭以苕苕。亭亭、苕苕，高貌也。干，犯也。神明崛其特起，井幹疊而百增。崛，高貌。善曰：廣雅曰：增，重也。神明、井幹，已見西都賦。跱遊極於浮柱，結重欒以相承。跱，猶置也。三輔名梁爲極，作遊梁置浮柱上。欒，柱上曲木，兩頭受櫨者。廣雅曰〔四二〕：曲枅曰欒。釋名曰：欒，體上曲拳也。累層構而遂隮，望北辰而高興。隮，升也，子奚切。北辰，北極也。善曰：山海經曰〔四三〕：層，重也。消雰埃於中宸，集重陽之清澂。消，散也。雰埃，塵穢也。宸，天地之交宇也。言神明臺高，既除去下地之埃穢，乃上止於天陽之宇，清澂之中。上爲清陽，又爲陽〔四四〕，故曰重陽。善曰：楚辭曰：集重陽而入帝宮兮，造旬始而觀清都。雰，音氛。宸，音辰。瞰宛虹之長鬐，察雲師之所憑。鬐，脊也。雲師，畢星也。臺高悉得視之。善曰：鬐，渠祇切。廣雅曰：瞰，視也。如淳漢書注曰：宛，虹也。小雅曰：

憑，依也。廣雅曰：雲師謂之豐隆。上飛闥而仰眺，正睹瑶光與玉繩。飛闥，突出方木也。善曰：春秋運斗樞曰：北斗七星，第七曰瑶光。春秋元命苞曰：玉衡北兩星爲玉繩。將乍往而未半，怵悼慄而慫兢。怵，恐也。悼，傷也。慄，憂戚也。言恐墮也。善曰：廣雅曰：乍，暫也。方言曰，慫，慄也，先拱切。怵，音黜。慄，音栗。非都盧之輕趫，孰能超而究升？善曰：漢書曰：自合浦南有都盧國。太康地志曰：都盧國，其人善緣高。説文曰：趫，善緣木之士也，綺驕切。騴娑駘盪，燾奡桔桀。枍詣承光，睽罛庨豁。騴娑、駘盪、枍詣、承光，皆臺名。燾奡、桔桀，睽罛、庨豁，皆形貌。善曰：燾，徒到切。奡，五告切。桔，音吉。睽，呼圭切。罛，計狐切。庨，呼交切。橧桴重棼〔四五〕，鍔鍔列列。善曰：鍔鍔、列列，皆高貌。反宇業業，飛檐轍轍。凡屋宇皆垂下向，而好大屋飛邊頭瓦皆更微使反上，其形業業然。檐，板承落也。轍轍，高貌。善曰：西都賦曰：上反宇以蓋戴。轍，魚桀切。流景内照，引曜日月。言皆朱畫華采，流引日月之光，曜於宇内。天梁之宮，寔開高闈。天梁，宮名。宮中之門謂之闈。此言特高大。旗不脱扃，結駟方蘄。爾雅曰：能虎爲旗。扃，關也。謂建旗車上，有關制之，令不動摇曰扃。每門解下之。今此門高，不復脱扃，結駕駟馬，方行而入也。蘄，馬銜也。善曰：左氏傳曰：楚人惎之脱扃。古熒切。蘄，巨衣切。楚辭曰：青驪結駟齊千乘。轢輻輕騖〔四六〕，容於一扉。馭車欲馬疾，以箠轢於輻，使有聲也。長廊廣廡，途閣雲蔓。謂閣道如雲氣相延蔓也。善曰：許慎淮南子注曰：廊，屋也。説文曰：廡，堂下周屋也，無宇切。閈汗庭詭異，門千户萬。善曰：蒼頡篇曰：閈，垣也，胡旦切。説文曰：詭，違也。西都賦曰：張千門而立萬户。重閨幽闥，轉相踰延。

移賤切。宮中之門小者曰闥。言互相周通。望窅窱以徑廷，眇不知其所返。窅窱、徑廷，過度之意也。言入其中皆迷惑不識還道也。善曰：窱，他弔切。廷，他定切。返，方萬切。既乃珍臺蹇産以極壯，墱道邐倚以正東。蹇産，形貌也。墱，閣道也。邐倚，一高一下，一屈一直也。乃從建章館踰西城，東入於正宮中也。善曰：甘泉賦曰：珍臺閑館。西都賦曰：凌墱道而超西墉。墱，都亘切。邐，力氏切。倚，其綺切。似閬風之遐坂，横西洫而絶金墉。閬風，崑崙山名也。洫，城池也。墉，謂城也。絶，度也。言閣道似此山之長遠，横越西池而度金城也。西方稱之曰金。善曰：東方朔十洲記，崑崙其北角曰閬風之巔。洫，已見上文。城尉不弛柝，而内外潛通。弛，廢也。潛，嘿也。言城門校尉不廢擊柝之備，内外已自嘿通也。善曰：弛，詩紙切。鄭玄周禮注曰：欜，戒夜者所擊也。柝與欜同音。

「前開唐中，彌望廣潒。彌，遠也。善曰：唐中，已見西都賦。漢書曰：五侯大治第室，連屬彌望。彌，竟也。言望之極目〔四七〕。字林曰：潒，水潒瀁也〔四八〕，大朗切。顧臨太液，滄池漭沆。漭沆，猶洸潒，亦寬大也。善曰：太液，已見西都賦。漭，莫朗切。沆，胡朗切。漸臺立於中央，赫昈昈以弘敞。善曰：漸臺，高二十餘丈，已見西都賦。埤蒼曰：昈，赤文也，音户。清淵洋洋，神山峩峩。列瀛洲與方丈，夾蓬萊而駢羅。上林岑以壘嶵，下嶄巖以喦齬。三山形貌也。峩峩，高大也。善曰：三輔三代舊事曰：建章宮北作清淵海。毛詩曰：河水洋洋。三山，已見西都賦。駢，猶並也。壘，魯罪切。嶵，音罪。嶄，士咸切。齬，音吾。長風激於别隯，起洪濤而揚波。水中之洲曰隯，音島。善曰：高唐賦曰：長風至而波起。浸石菌於重涯，濯靈芝以朱柯。石菌、靈芝，皆海中神山所有神草名，仙之所食者。浸，濯也。重涯，池邊也。朱柯，芝草莖赤色也。善曰：菌，芝屬也。抱朴子曰：芝有石芝。菌，求隕切。海若游於玄渚，鯨魚失流而蹉跎。海若，海神。鯨，大魚。善曰：楚辭曰：令海若舞馮夷。又曰：臨沅、湘之玄淵。薛君韓詩章句曰：水一溢而爲渚。三輔舊事曰：清淵北〔四九〕，有鯨魚，刻石爲之，長三丈。楚辭曰：驥垂兩耳，中坂蹉跎。廣雅曰：蹉跎，失足也。於是采少君之端信，庶欒大之貞固。善曰：史記曰：李少君亦以祠竈穀道却老方見上，上尊之。少君者，故深澤侯舍人主方。欒大，見西都賦。凡人姓名及事易知而別卷重見者，云見某篇，亦從省也。他皆類此。立脩莖之仙掌，承雲表之清露。屑瓊蕊以朝飱，必性命之可度。善曰：漢書曰：孝武作柏梁、銅柱、承露仙人掌之屬。三輔故事曰：武帝作銅露盤，承天露，和玉屑飲之，欲以求仙。楚辭曰：屑瓊蕊以爲糧。王逸曰：糜，屑也。美往昔之松喬，要羨門乎天路。善曰：松、喬，已見西都賦。史記曰：始皇之碣石，使燕人盧生求羨門。韋昭曰：羨門，古仙人也。枚乘樂府詩曰：美人在雲端，天路隔無期。要，烏堯切。想升龍於鼎湖，豈時俗之足慕？善曰：史記曰：齊人公孫卿曰：黃帝采首山銅，鑄鼎於荆山下。鼎既成，龍垂胡髯下迎黃帝，黃帝騎龍乃上去。名其處鼎湖。天子曰：嗟乎，誠得如黃帝，吾視去妻子如脫屣耳。若歷世而長存，何遽營乎陵墓？善曰：言若歷代而不死，何急營於陵墓乎？

「徒觀其城郭之制，則旁開三門，參塗夷庭。方軌十二，街衢相經。街，大道也。經，歷也。一面三門，門三道，故云參塗。塗容四軌，故方十二軌。軌，車轍也。夷，平也。庭，猶正也。善曰：方，言九軌之塗，凡有十二也。周禮曰：營國方三門。鄭玄儀禮注曰：方，併也。周禮曰：國中營途九軌。西都賦曰：立十二之通門。廛里端直，甍宇齊平。都邑之空地曰廛。甍，棟也。善曰：周禮曰：以廛任國中之地〔五〇〕。北闕甲第，當道直啓。第，館也。甲，言第一也。善曰：漢書曰：贈霍光甲第一區。音義曰：有甲乙次第，故曰第也。北闕，當帝城之北也。程巧致功，期不陁陊。言皆程擇好匠，令盡致其功夫，既牢又固，不傾陊也。善曰：方言曰：陁，壞也。陁，式氏切。説文曰：陁，落也〔五一〕，直氏切。木衣綈錦，土被朱紫。言皆采畫如錦繡之文章也。善曰：説文云：綈，厚繒也。朱、紫，二色也。武庫禁兵，設在蘭錡。錡，架也。武庫，天子主兵器之官也。善曰：劉逵魏都賦注曰〔五二〕：受他兵曰蘭，受弩曰錡，音蟻。匪石匪董，疇能宅此？善曰：漢書曰：石顯，字君房，少坐法腐刑，爲黄門中尚書。元帝被疾，不親政事，事無大小，因顯口決。又曰：董賢，字聖卿。哀帝悦其儀貌，拜爲黄門郎。詔將作監爲賢起大第北闕下。土木之功，窮極技巧，柱檻衣以綈錦，武庫禁兵，盡在董氏。爾乃廓開九市，通闤帶闠。廓，大也。闤，市營也。闠，中隔門也。崔豹古今注曰：市牆曰闤，市門曰闠。善曰：九市，已見西都賦。蒼頡篇曰：闤，市門，胡關切。旗亭五重，俯察百隧。旗亭，市樓也。善曰：史記，褚先生曰：臣爲郎，與方士會旗亭下。隧，已見西都賦。周制大胥，今也惟尉。善曰：周禮曰：司市胥師二十人〔五三〕。然尊其職，故曰大。漢書曰：京兆尹，長安四市皆屬焉。與左馮翊、右扶風爲三輔。然市有長丞而無尉，蓋通呼長丞爲尉耳。瓌貨方至，鳥集鱗萃。瓌，奇貨也。方，四方也。奇寶有如鳥之集、鱗之萃也。鬻者兼贏，求者不匱。鬻，賣也。兼，倍也。贏，利也。匱，乏也。爾乃商賈百族，裨販夫婦。坐者爲商，行者爲賈。裨販，買賤賣貴以自裨益。裨，必彌切。善曰：周禮曰：大市，日仄而市，百族爲主。朝市，朝時而市，商賈爲主。夕市，夕時爲市，裨販夫婦爲主〔五四〕。鬻良雜苦，蚩眩邊鄙。良，善也。先見良物，價定，而雜與惡物，以欺惑下土之人。善曰：周禮曰：辨其苦良而買之。鄭玄曰：苦讀爲盬。蒼頡篇曰：蚩，侮也。廣雅曰：眩，亂也。杜預左氏傳注曰：鄙，邊邑也。何必昏於作勞，邪贏優而足恃。昏，勉也。邪，僞也。優，饒也。言何必當勉力作勤勞之事乎，欺僞之利自饒足恃也。善曰：尚書曰：不昏作勞。彼肆人之男女，麗美奢乎許史。言長安市井之人，被服皆過此二家。善曰：漢書曰：孝宣許皇后，元帝母。帝封外祖父廣漢爲平恩侯。又曰：衛太子史良娣，宣帝祖母也，兄恭。宣帝立，恭已死，封恭長子高爲樂陵侯。若夫翁伯濁質，張里之家。擊鍾鼎食，連騎相過。東京公侯，壯何能加？善曰：漢書食貨志曰：翁伯以販脂而傾縣邑。濁氏以胃脯而連騎。質氏以洗削而鼎食。張里以馬醫而擊鍾。晉灼曰：胃脯，今大官以十日作〔五五〕沸湯燖羊胃，以末椒薑坋之訖，曝使燥者也。燖，在鹽切。坋，步寸切。如淳曰：洗削，謂作刀劍削也〔五六〕。張里，里名也。都邑游俠，張趙之倫。齊志無忌，擬跡田文。善曰：漢書曰：長安宿豪大猾箭張回、酒市趙放，皆通邪結黨。一云，張子羅、趙君都，其長安大俠。具游俠傳。輕死重氣，結黨連羣。寔蕃有徒，其從如雲。寔，實也。蕃，多也。徒，衆也。善曰：尚書曰：寔繁有徒。毛詩曰：齊子歸止，其從如雲。茂陵之原，陽陵之朱。趫悍虓豁，如虎如貙。善曰：原，原涉也。朱，朱安世也。史記曰：誅獟猂。獟與趫同，欺譙切。說文曰：悍，勇也，户旦切。毛詩曰：闞如虓虎。呼交切。爾雅曰：貙獌，似貍。貙，敕珠切。睚眦蠆芥，屍僵路隅。僵，仆也。善曰：漢書曰：原涉，字巨先，自陽翟徙茂陵。涉外温仁内隱忍，好殺，睚眦於塵中，觸死者甚衆。廣雅曰：睚，裂也。説文曰：眥，目匡也。淮南子曰：瞋目裂眥。睚，五解切。眥，在賣切。張揖子虚賦注曰：蔕介，刺鯁也。蠆與蔕同，並丑介切。丞相欲以贖子罪，陽石汙而公孫誅。善曰：漢書曰：公孫賀爲丞相，子敬聲爲太僕，擅用北軍錢千九百萬，下獄。是時詔捕陽陵朱安世。賀請逐捕，以贖敬聲罪。後果得安世。安世遂從獄中上書曰：敬聲與陽石公主私通。遂父子俱死獄中也。陽石，北海縣名也。若其五縣遊麗，辯論之士。街談巷議，彈射臧否。剖析毫氂，擘肌分理。善曰：五縣，謂五陵也。長陵、安陵、陽陵、武陵〔五七〕、平陵，五陵也。已見西都賦。毛詩曰：未知臧否。聲類曰：毫，長毛也。漢書音義曰：十毫爲氂，力之切。鄭玄周禮注曰：擘，破裂也，補革切。説文曰：肌，肉也。所好生毛羽，所惡成創痏。毛羽，言飛揚。創痏，謂瘢痕也。善曰：蒼頡曰〔五八〕：痏，毆傷也，胡軌切。郊甸之内，鄉邑殷賑。五十里爲之郊〔五九〕，百里爲甸師。殷賑，謂富饒也。善曰：尚書曰：五百里甸服。爾雅曰：賑，富也，之忍切。五都貨殖，既遷既引。遷，易也。引，致也。善曰：五都，已見西都賦。遷謂徙之於彼，引謂納之於此。商旅聯槅，隱隱展展。言賈人多，車梔相連屬。隱隱展展，重車聲也〔六〇〕，丁謹切。善曰：説文曰：槅，大車梔也，居責切。冠帶交錯，方轅接軫。冠帶，猶搢紳，謂吏人也。善曰：楊雄蜀都賦曰：方轅齊轂，隱隱軫軫。枚乘兔園賦曰：車馬接軫相屬，方輪錯轂。説文曰：軫，車後横木也。封畿千里，統以京尹。善曰：毛詩曰：封畿千里，惟民所止。漢書曰：内史，周官，武帝更名京兆尹。張晏曰：地絶高曰京，十億曰兆。尹，正也。郡國宫館，百四十五。離宫別館在諸郡國者。

善曰：三輔故事曰：秦時殿觀百四十五所。右極盩厔，并卷酆鄠。盩厔，山名，因名縣。善曰：漢書曰：右扶風有盩厔縣。盩，張流切。厔，張栗切。左暨河華，遂至虢土。暨言及也。華陰縣故屬京兆。善曰：漢書，右扶風有虢縣。

「上林禁苑，跨谷彌阜。跨，越也。彌，猶掩也。大陵曰阜。上林，苑名。禁，禁人妄入也。東至鼎湖，邪界細柳。鼎湖、細柳，皆地名也。鼎湖在華陰東，細柳在長安西北。掩長楊而聯五柞，長楊宮在盩厔。五柞亦館名，云有五株柞樹。善曰：鄭玄毛詩箋曰：掩，覆也。繞黃山而款牛首。繞，裹也。款，至也。善曰：漢書，右扶風槐里縣有黃山宮。三輔黃圖曰：甘泉宮中有牛首山。繚垣緜聯〔六一〕，四百餘里。植物斯生，動物斯止。繚垣，猶繞了也。緜聯，猶連蔓也。四百餘里，苑之周圍也。善曰：今並以亘爲垣。西都賦曰：繚以周牆。三輔故事曰：北有甘泉、九嵕，南至長楊、五柞，連緜四百餘里也。植物，草木。動物，禽獸〔六二〕。善曰：周禮曰：動物宜毛物也，植物宜皁物也。衆鳥翩翻，羣獸駓騃。皆鳥獸之形貌也。善曰：薛君韓詩章句曰：趨曰駓，行曰騃。駓，音鄙。騃，音俟。散似驚波，聚以京峙。京，高也。水中有土曰峙。言禽獸散走之時，如水驚風而揚波；聚時如水中之高土也。善曰：峙，直里切。伯益不能名，隸首不能紀。善曰：列子曰：北海有魚名鯤，有鳥名鵬，大禹行而見之，伯益知而名之，夷堅聞而志之〔六三〕。世本曰：隸首作數。宋衷曰：隸首，黃帝史也。林麓之饒，于何不有？木叢生曰林。善曰：穀梁傳曰：林屬於山曰麓。注曰：麓，山足也〔六四〕。木則樅栝椶柟，梓棫楩楓。樅，松葉柏身也。栝，柏葉松身。梓，如栗而小。棫，白蕤也。楓，香木也。善曰：郭璞山海經注曰：椶，一名并閭。爾雅曰：梅，柟〔六五〕。郭璞曰：柟木似水楊。又曰：棫，白桵。樅，七容切。栝，古活切。椶，子公切。柟，音南。梓，音姊。棫，音域。郭璞上林賦注曰：楩，杞也，似梓。楩，鼻緜切。楓，音風。嘉卉灌叢，蔚若鄧林。嘉，猶美也。灌叢、蔚若，皆盛貌也。善曰：山海經曰：夸父與日競走，渴飲河、渭，不足，北飲大澤，未至，道渴死，棄其杖，化爲鄧林。鬱蓊蔆薱，橚爽櫹槮。皆草木盛貌也。善曰：薱，徒對切。橚，音肅。櫹，音簫。槮，音森。吐葩颺榮，布葉垂陰。葩，華也。草則葴莎菅蒯，薇蕨荔芁。善曰：爾雅曰：葴，馬藍。郭璞曰：今大葉冬藍，音針。爾雅曰：薃，侯莎。又曰：白華，野菅。郭璞曰：菅，茅屬，古顏切。聲類曰：蒯，草中爲索，苦怪切。毛萇詩傳曰：薇，菜也。爾雅曰：蕨，虌也。説文曰：荔，草似蒲，音隸。爾雅曰：芁，東蠡。郭璞曰：未詳。芁，胡郎切。王芻莔臺，戎葵懷羊。善曰：爾雅曰：菉，王芻。郭璞曰：今菉蓐也。爾雅曰：莔，貝母。郭璞曰：似韭，武行切。爾雅曰：臺，夫須。又曰：菺，戎葵。郭璞曰：今蜀葵。菺，音眉。戎，音戎。爾雅曰：瘣，懷羊。郭璞曰：未詳。苯蕁蓬茸，彌皐被岡。彌，猶覆也。言草木熾盛，覆被於高澤及山岡之上也。善曰：苯，音本。蕁，子本切。篠簜敷衍，編町成篁。篠，竹箭也。簜，大竹也。敷，布也。衍，蔓也。編，連也。町謂畎畝。篁，竹墟名也。善曰：尚書曰：瑶琨篠簜既敷。町，音挺。山谷原隰，泱漭馬黨切無疆。泱漭，無限域之貌。言其多無境限也。善曰：泱，烏朗切。迺有昆明靈沼，黑水玄阯。小渚曰阯。善曰：漢書曰：武帝穿昆明池。黑水玄阯，謂昆明靈沼之水沚也〔六六〕。水色黑，故曰玄阯也。周以金堤，樹以柳杞。金堤，謂以石爲邊陳，而多種杞柳之木。善曰：金堤，言堅也。子虛賦曰：上金堤。杞，即梗木也。山海經曰：杞，如楊，赤理。豫章珍館，揭焉中峙。皆豫章木爲臺館也。善曰：三輔黃圖曰：上林有豫章觀。説文曰：揭，高舉也，渠列切。牽牛立其左，織女處其右。善曰：已見西都賦。日月於是乎出入，象扶桑與濛汜。善曰：言池廣大，日月出入其中也。淮南子曰：日出暘谷〔六七〕，拂于扶桑。楚辭曰：出自陽谷，入于濛汜。汜，音似。其中則有黿鼉巨鼈，鱣鯉鱮鮦。鮪鯢鱨魦〔六八〕，脩額短項。大口折鼻，詭類殊種。自鱨魦以上，皆魚名也。脩額至折鼻，皆魚形也。詭類殊種，多雜物也。善曰：郭璞山海經曰〔六九〕：鼉，似蜥蜴，徒多切。郭璞爾雅注曰：鱣，似鱏，知連切。鄭玄詩箋曰：鱮，似魴，翔與切。爾雅曰：鱧，鮦也〔七〇〕，音童。毛萇詩傳曰〔七一〕：鮪，似鮎〔七二〕。鮪，乎軌切。鮎，奴謙切。又曰〔七三〕：鱨，揚也。魦，鮀也。鱨，音嘗。鳥則鷫鷞鴰鴇，駕鵝鴻鶤。善曰：高誘淮南子注曰：鷫鷞，長脛緑色，其形似鴈。張揖上林賦注曰：駕鵝，野鵝。又曰：鶤雞，黃白色，長頷赤喙。鴰鴇，已見西都賦。凡魚鳥草木，皆不重見。他皆類此。鷫，音肅。駕，音加。鶤，音昆。上春候來，季秋就温。善曰：周禮曰：上春生穜稑之種。禮記曰：孟春鴻來〔七四〕。鄭玄曰：鴈自南方來，將北反其居也。又曰：季秋之月，鴻鴈來賓。鄭玄曰：來賓，止而未去也。列子曰：禽獸之智，違寒就温。南翔衡陽，北棲鴈門。善曰：尚書曰：荆及衡陽惟荆州。孔安國曰：衡山之陽。漢書有鴈門郡。奮隼歸鳧〔七五〕，沸卉軿訇。奮，迅聲也〔七六〕。隼，小鷹也。善曰：周易曰：射隼高墉之上。軿，芳耕切。訇，火宏切。衆形殊聲，不可勝論。論，説也。善曰：廣雅曰：勝，舉也。

「於是孟冬作陰，寒風肅殺。寒氣急殺於萬物。孟冬十月，陰氣始盛，萬物彫落。善曰：禮記曰：孟秋天氣始肅，仲秋殺氣浸盛。雨雪飄飄，冰霜慘烈。飄飄，雨雪貌。慘烈，寒也。善曰：李陵書曰：邊土慘烈。百卉具零，剛蟲搏摯。草木零落，陰氣盛殺，鷹犬之屬，可摯擊也。善曰：毛詩曰：百卉具腓。禮記曰：季秋，豺祭獸戮禽也。爾乃振天維，衍地絡。維，綱也。絡，網也。謂其大如天地矣。振，整理也。衍，申布也。善曰：衍，以善切。蕩川瀆，簸林薄。林薄，草木叢生也。蕩，動也。簸，揚也。謂驅獸也。鳥畢駭，獸咸作。草伏木棲，寓居穴託。謂禽獸驚走，得草則伏，遇木則棲，非其常處，苟寄而居，值穴而託。爲人窮迫之意。起彼集此，霍繹紛泊。謂爲彼人所驚，而來集此人之前。霍繹紛泊，飛走之貌。在彼靈囿之中，前後無有垠鍔。言禽獸之多，前却顧視，無復齊限也。善曰：靈囿，已見東都賦。淮南子曰：出於無垠鄂之門。許慎曰：垠鍔，端崖也。虞人掌焉，爲之營域。虞人，掌禽獸之官。善曰：周禮曰：山虞，若大田獵，則萊山之野。焚萊平場，柞木翦棘。善曰：周禮曰：牧師贊焚萊。毛萇詩傳曰：萊，草也。賈逵國語曰〔七七〕：槎，邪斫也。柞與槎同，仕雅切。左氏傳曰：翦其荆棘。結罝音嗟百里，迒杜蹊塞。罝，網也。迒，道也。蹊，徑也。皆以網杜塞之也。善曰：迒，公郎切。小雅曰：杜，塞也。麀鹿麌麌，駢田偪仄。鹿牝曰麀。麌麌，形貌。駢田偪仄，聚會之意。善曰：毛詩曰：麀鹿攸伏。麀，於牛切。麌，魚矩切。天子乃駕彫軫，六駿駮。彫，畫也。天子駕六馬。駮，白馬而黑畫爲文如虎者。戴翠帽，倚金較。翠羽爲車蓋，黄金以飾較也。古今注曰：車耳重較，文官青，武官赤。或曰：車蕃上重起如牛角也。善曰：毛詩曰：猗重較兮〔七八〕。音角。説文曰：較，車輢上曲鉤也。較，工卓切。輢，一伎切。瑲弁玉纓，遺光儵音叔爚。弁，馬冠也。又髦〔七九〕以瑲玉作之。纓，馬鞅也。以玉飾之。遺，餘也。儵爚，有餘光也。爚，音藥。建玄弋，樹招摇。玄弋，北斗第八星名，爲矛頭，主胡兵。招摇，第九星名，爲盾。今鹵簿中畫之於旗，建樹之以前驅。善曰：禮記曰：招摇在上，急繕其怒。鄭玄曰：繕讀曰勁。畫招摇星於其上，以起軍堅勁，軍之威怒，象天帝也。棲鳴鳶，曳雲梢。禮記曰：前有塵埃，則載鳴鳶。棲，謂畫其形於旗上。雲梢，謂旌旗之流，飛如雲也。善曰：高唐賦曰：建雲旆。弧旌枉矢，虹旃蜺旄。弧，星名。通帛爲旃。雄曰虹，雌曰蜺。善曰：周禮曰：弧旌枉矢，以象牙飾〔八〇〕。楚辭曰：建雄虹之采旄。上林賦曰：拖蜺旌也。華蓋承辰，天畢前驅。華蓋星覆北斗，王者法而作之。畢，網也，象畢星也，前驅載之。善曰：劉歆遂初賦曰：奉華蓋於帝側。韓詩曰：伯也執殳，爲王前驅。千乘雷動，萬騎龍趨。善曰：東都賦曰：千乘雷起，萬騎紛紜。屬車之簉，載獫獥獢〔八一〕。大駕最後一乘懸豹尾，以前爲省中侍御史載之。簉，副也。善曰：古今注曰：豹尾車，同制也〔八二〕，所以象君豹變。言尾者謹也。屬車，已見東都賦。毛詩曰：輶車鸞鑣，載獫猲獢。毛萇曰：獫、猲獢，皆田犬也。長喙曰獫，短喙曰獥獢。簉，初遘切。獫，吕驗切。獢，許喬切。匪唯翫好，乃有祕書。小説九百，本自虞初。小説，醫巫厭祝之術，凡有九百四十三篇。言九百，舉大數也。善曰：漢書曰：虞初周説九百四十三篇。初，河南人也〔八三〕。武帝時以方士侍郎〔八四〕，乘馬，衣黄衣，號黄車使者。小説家者流，蓋出於稗官〔八五〕。應劭曰：其説以周書爲本。從容之求，寔俟寔儲。持此祕術，儲以自隨，待上所求問，皆常具也。善曰：尚書曰：從容以和。爾雅曰：俟，待也。説文曰：儲，具也。

於是蚩尤秉鉞，奮鬣被般。善曰：山海經曰：蚩尤作兵，伐黃帝。史記曰：黃帝與蚩尤戰於涿鹿之野。蒼頡篇曰：鉞，斧也。毛萇曰：鬣〔八六〕般，虎皮也。上林賦曰：被班文。般與班，古字通。禁禦不若，以知神姦。螭魅魍魎，莫能逢旃。善曰：左氏傳曰：王孫滿謂楚子曰：昔夏鑄鼎象物，使人知神姦。故人入川澤，不逢不若，螭魅魍魎，莫能逢旃。杜預曰：若，順也。說文曰：螭，山神，獸形。魅，怪物。魍魎，水神。毛萇詩傳曰：旃，之也。陳虎旅於飛廉，正壘壁乎上蘭。陳，列也。善曰：周禮，虎賁，下大夫。旅賁氏，中士也。飛廉、上蘭，已見西都賦。結部曲，整行伍。善曰：司馬彪續漢書曰：大將軍營五部，部有校尉一人，部下有曲，曲有軍候一人。左傳曰：行出犬雞。杜預云：二十五人爲行，行亦卒之行列也。周禮曰：五人爲伍。燎京薪，駴雷鼓。積高爲京。燎謂燒之。善曰：周禮曰：鼓皆駴。鄭玄曰：雷擊鼓曰駴。駴與駭同。縱獵徒，赴長莽。莽，草。長，謂深且遠也。方言曰：草，南楚之間謂之莽。迾卒清候，武士赫怒。善曰：鄭玄禮記注曰：迾，遮也。迾，旅結切。清候，清道候望也。鄭玄毛詩箋曰：赫，怒意也。緹衣韎韐，睢盱拔扈。善曰：緹衣韎韐，武士之服。字林曰：緹，帛丹黃色，他迷切。毛詩曰：韎韐有奭。毛萇曰：韎者，茅蒐染也。字林曰：睢，仰目也。盱，張目也。睢，火隹切。盱，火于切。毛詩曰：無然畔援。鄭玄曰：畔換，猶拔扈〔八七〕。拔與跋，古字通。光炎燭天庭，囂聲震海浦。燭，照也。海浦，四瀆之口。善曰：解嘲曰：未仰天庭。鄭玄周禮注曰：囂，讙也，許朝切。河渭爲之波盪，吴嶽爲之陁雉堵。波盪，搖動也。陁，落也。善曰：漢書曰：自華西名山七，一曰吴山。郭璞云：吴、岳，别名。百禽㥄遽，騤瞿奔觸。㥄，猶怖也。遽，促也。騤瞿，走貌。

奔觸，唐突也。善曰：羽獵賦曰：虎豹之陵遽。白虎通曰：禽，鳥獸之總名，爲人禽制。倰，音陵。遽，渠庶切。騤，音逵。瞿，巨駒切。**喪精亡魂，失歸忘趨。投輪關輻，不邀自遇。**言禽獸亡失精魂，不知所當歸趨也。反關入輪輻之間，不須邀逐，往自得之。趣，向也〔八八〕。邀，遮也。**飛罕潚箾，流鏑㩧㩮。**潚箾，罕形也。㩧㩮，中聲也。善曰：説文曰：罕，網也。潚，音肅。箾，音朔。㩧，普麥切。㩮，芳邈切。**矢不虛舍，鋋不苟躍。**舍，放也。躍，跳也。矢鋋跳躍，必有獲矣。善曰：説文曰：鋋，小戈也。**當足見蹍，值輪被轢。**音歷。足所蹈爲碾，車所加爲轢。善曰：蹍，女展切。**僵禽斃獸，爛若磧**七亦切**礫。**僵，仆也。石細者曰礫。謂所獲禽鳥，爛然如聚細石也。**但觀罝羅之所羂結，竿殳之所揘畢。**羂，縊也。結，縛也。竿，竹也。殳，杖也。八稜長丈二無刃，或以木爲之，或以竹爲之。揘畢，謂撞㧙也。善曰：羂，古犬切。揘，音橫。畢，于筆切，又音筆。**叉蔟之所攙捔，徒搏之所撞㧙。**攙捔，貫刺之。撞㧙，猶揘畢也。善曰：蔟，楚角切。攙，士銜切。捔，助角切。撞，直江切。㧙，房結切。**白日未及移其晷〔八九〕，已獮**思衍切**其什七八。**晷，景也。獮，殺也。言日景未移，禽獸什已殺七八矣。善曰：漢書，張竦曰：日不移晷，霍然四除。

「若夫游鷮高翬，絶阬踰斥。雉之健者爲鷮，尾長六尺。詩云：有集唯鷮。翬，翬飛也〔九〇〕。斥，澤崖也。善曰：鷮，舉喬切。阬，音剛。斥，音尺。**㲋兔聯猭，陵巒超壑。**㲋，狡兔也。聯猭，走也。巒，山也。壑，阬谷也。自游鷮至此，皆説禽獸輕狡難得也。善曰：毛詩曰：趯趯㲋兔。音讒。猭，勑緣切。**比諸東郭，莫之能獲。**善曰：戰國策，淳于髡曰：夫韓國盧，天下之駿狗也；東郭逡，海內之狡兔也。環山三，騰岡五，韓盧不能及之。鄭玄禮記注曰：比，猶比方也。孔安國尚書傳曰：諸，之也。乃有迅羽輕足，尋景追括。迅羽，鷹也。輕足，好犬也。括，箭括之御弦者〔九一〕。鳥不暇舉，獸不得發。舉，飛也。發，駭走也。善曰：高唐賦曰：飛鳥未及起，走獸未及發。青骹摯於韝下，韓盧噬於緤末。青骹，鷹青脛者善。曰〔九二〕韓盧犬，謂黑色毛也。摯，擊也。噬，齧也。緤，攣也。韝，臂衣。鷹下韝而擊，犬攣末而齧，皆謂急搏不遠而獲。善曰：說文曰：骹，脛也。戰國策，淳于髡曰：韓國盧者，天下之駿狗也〔九三〕。骹，苦交切。緤，音薛。禮記曰：犬則執緤。鄭玄注曰：緤、紖、靮，皆所以繫制之者。守犬、田犬問名，畜養者當呼之名，謂若韓盧、宋鵲之屬〔九四〕。及其猛毅髬髵，隅目高匡。髬髵，作毛鬛也。隅目，角眼視也。高匡，深瞳子也。皆謂猛獸作怒可畏者。善曰：髬，普悲切。髵，音而。威懾兕虎，莫之敢伉。兕，水牛類也。伉，當也。謂獸猛，兕虎且猶畏之，人無敢當之者。善曰：鄭玄毛詩箋曰：懾，恐懼也。伉，古郎切。迺使中黃之士，育獲之儔，朱鬕鬣髽〔九五〕，植髮如竿。絳帕額，露頭髻，植髮如竿，以擊猛獸，能服之也。善曰：尸子曰：中黃伯曰：余左執泰行之獶，而右搏雕虎。戰國策，范睢說秦王曰：烏獲之力焉而死，夏育之勇焉而死。說文曰：鬕，帶髻頭飾也。通俗文曰：露髻曰鬣，以麻雜爲髻，如今撮也。鬕，莫亞切。髽，士瓜切。鬣，作計切。袒裼戟手，奎踽盤桓。奎踽，開足也。盤桓，便旋也。善曰：毛詩曰：袒裼暴虎。左傳曰：戟其手。廣雅曰：盤桓，不進也。奎，欺棰切。踽，去禹切。鼻赤象，圈巨狿。象鼻赤者怒。巨狿，麠也。怒走者爲狿。謂能戾象鼻，又穿麠以著圈。善曰：說文曰：圈，畜閑也，其兗切。狿，音延。摣狒猬，批窳狻。狒，獸身人面，身有毛，被髮迅走，食人。猬，其毛如刺。窳，窫窳也，類貙虎，亦食人〔九六〕。狻，狻猊也，一曰師子。摣、批，皆謂戟撮之。善曰：摣，子加切。狒，房沸切。猬，音謂。批，側倚切。窳，音庾。狻，音酸。猊，五奚切。揩枳落，突棘藩。善曰：字林曰：揩，摩也，口階切。說文曰：枳，木似橘，居紙切。杜預左氏傳注曰：藩，籬也。落，亦籬也。梗林爲之靡拉，樸叢爲之摧殘。靡拉、摧殘，言揩突之，皆擗碎毁拆也。拉，郎答切。善曰：方言曰：凡草木刺人爲梗，古杏切。毛萇詩傳曰：樸，包木也，補木切。輕鋭僄狡趫捷之徒，輕鋭，謂便利捷疾也。言如此者多也。赴洞穴，探封狐。陵重巘，獵昆駼。洞穴，深且通也。探，取也。封，大也。陵，猶升也。山之上大下小者曰巘。昆駼，如馬，跂蹄，善登高。言能升重巘之嶺，而獵取昆駼之獸。善曰：巘，言免切。駼，音途。杪木末，擭獑猢。杪，猶表也。獑猢，猨類而白，腰以前黑，在木表。擭，謂掘取之也。善曰：杪，音眇。擭，於白切。獑，在銜切。猢，音胡。超殊榛，摕飛鼯。殊，猶大也。榛，木也。摕，捎取之也。善曰：爾雅曰：鼯鼠，夷由。郭璞曰：狀如小狐，肉翅，飛且乳。摕，大結切。鼯，音吾。

「是時後宮嬖人昭儀之倫，嬖，幸也。昭儀，後宮官也。常亞於乘輿。亞，次也。乘輿，天子所乘車。慕賈氏之如皋，樂北風之同車。善曰：左氏傳曰：賈大夫惡，取妻三年不言不笑。御以如皋，射雉獲之，其妻始笑而言。杜預曰：賈國之大夫。詩北風曰：惠而好我，攜手同車。盤于游畋，其樂只且。盤，樂也。善曰：尚書曰：不敢盤于游畋。毛詩曰：其樂只且。辭也〔九七〕，子余切。於是鳥獸殫，目觀窮。殫，盡也。窮，極也。所觀畢也。善曰：國語，伍舉曰：若周於目觀。遷延邪睨，集乎長楊之宮。遷延，退旋也。善曰：高唐賦曰：遷延引身也。說文曰：睨，斜視也，魚計切。息行夫，展車馬。息，休也。善曰：左氏傳曰：子反令軍吏，繕甲兵，展車馬。鄭玄禮記注曰：展，整也，張輦切。收禽舉胔，數課衆寡。胔，死禽獸將腐之名也。數，計。課，録。校所得多少。善曰：胔取肉名，不論腐敗也。置互擺牲，頒賜獲鹵。互，所以挂肉。擺，謂破磔懸之。頒，謂以所鹵獲之禽獸賜士衆也。善曰：擺，芳皮切。漢書音義曰：鹵與虜同。割鮮野饗，犒勤賞功。謂饗食士衆於廣野中，勞勤苦，賞有功。善曰：子虛賦曰：割鮮染輪。杜預左氏傳曰〔九八〕：犒，勞也。犒，苦到切。五軍六師，千列百重。善曰：漢官儀，漢有五營。五軍，即五營也。周禮，天子六軍。六師，即六軍也。尚書曰：張皇六師。千列，列千人也。酒車酌醴，方駕授饔。酒肴皆以車布之。善曰：鄭玄儀禮注曰：方，併也。杜預左氏傳注曰：熟曰饔。升觴舉燧，既釂鳴鐘。燧，火也。謂行酒舉烽火以告衆也。以釂，鳴鍾鼓也。善曰：升，進也。説文曰：釂，飲酒盡也，焦曜切。膳夫馳騎，察貳廉空。膳夫，宰夫也。察、廉，皆視也。貳爲兼重也。空，減無也〔九九〕。言宰人騎馬行視，肴有兼重及減無者。善曰：禮記曰：御同於長者，雖貳不辭。鄭玄曰：貳，重也。肴，膳也。炙炰夥，清酤㚉。皇恩溥，洪德施〔一〇〇〕。詩有炰鼈。清酤，美酒也。善曰：史記曰：楚人謂多爲夥。音禍。毛詩曰：既載清酤。音户。廣雅曰：㚉，日多也〔一〇一〕，音支。皇，皇帝。普，博施也。徒御悦，士忘罷。善曰：毛詩曰：徒御不驚。毛萇曰：徒，輦者也。御，御馬也。罷，音皮。巾車命駕，迴旆右移。巾車，主車官也。回車右轉，將旋也。善曰：孔叢子，歌曰：巾車命駕，將適唐都。鄭玄周禮注曰：巾猶衣也。相羊乎五柞之館，旋憩乎昆明之池。相羊，仿羊也。池，即所謂靈沼也。善曰：楚辭曰：聊逍遥以相羊。憩，息也。登豫章，簡矰紅。豫章，池中臺也。簡，省也。繳，射矢，長八寸，其絲名矰。音曾。蒲且發，弋高鴻。善曰：列子，蒲且子之弋，弱矢纖繳，射乘風而振之，連雙鶬於青雲也。且，子余切。挂白鵠，聯飛龍。挂，矢絲挂鳥上也。飛龍，鳥名也。磻不特絓，往必加雙。沙石膠絲爲磻。非徒獲一而已，必雙得之。善曰：説文曰：磻，似石著繳也〔一〇二〕。磻，音波。絓，音卦。

「於是命舟牧，爲水嬉。舟牧，主舟官。嬉，戲也。善曰：禮記曰：舟牧覆舟。琴道，雍門周曰：水嬉則艕龍舟。浮鷁首，翳雲芝。船頭象鷁鳥，厭水神，故天子乘之。翳，覆也。爲畫芝草及雲氣以爲船覆飾也。善曰：淮南子曰：龍舟鷁首。甘泉賦曰：登夫鳳皇而翳華芝。垂翟葆，建羽旗。謂垂羽翟爲葆蓋飾，建隼羽爲旌旗也。善曰：琴道，雍門周曰：水嬉則建羽旗。齊栧女，縱櫂歌。善曰：栧女，鼓栧之女。漢書音義，韋昭曰：栧，楫也，楊至切。櫂歌，引櫂而歌也。西都賦曰：櫂女謳。漢武帝秋風辭曰：發櫂歌。方言曰：楫或謂之櫂。郭璞曰：今云櫂歌也，直教切。發引和，校鳴葭。奏淮南，度陽阿。發引和，言一人唱，餘人和也。葭，更校急之乃鳴。和，胡卧切。杜摯葭賦曰：李伯陽入西戎所造。漢書曰〔一〇三〕：有淮南鼓員四人。謂舞人也。淮南子曰：足蹀陽阿之舞。感河馮，懷湘娥。善曰：感，動也。莊子曰：馮夷得道，以潛大川。説文曰：懷，念思也。楚辭曰：帝子降兮北渚。王逸曰：言堯二女娥皇、女英，隨舜不及，墮湘水中，因爲湘夫人。驚蝄蜽，憚蛟蛇。蝄蜽，水神。蛟，龍類。驚、憚，謂皆使駭怖也。善曰：楊雄蜀都賦曰：其深則有水豹蛟蛇也。然後釣魴鱧，纚鰋鮋。纚，網如箕形，狹後廣前。魴、鱧、鰋、鮋，皆魚名。善曰：纚，所買切。鮋，長由切。摭紫貝，搏耆龜。搏、摭，皆拾取之名。耆，老也。龜之老者神。善曰：相貝經曰：赤電黑雲謂之紫貝。楚辭曰：耆蔡兮踊躍。王逸曰：蔡，龜也。摭，之石切。搤水豹，馽潛牛。水豹、潛牛，皆謂水處也。善曰：説文曰：搤，捉也。楊雄蜀都賦曰：水豹蛟蛇。説文曰：馽，絆馬也。上林賦曰：沈牛鹿麋。南越誌：潛牛，形角似水牛。搤，音厄。馽，中立切。澤虞是濫，何有春秋？澤虞，主水澤官。濫，施罛罔也。言不順時節，常設之也。善曰：周禮曰：澤虞掌國澤之政。國語曰：魯宣公濫於泗流。擿漻澥，搜川瀆。布九罭〔一〇四〕，設罜麗。漻澥，小水別名。擿、搜，謂一一周索也。善曰：毛詩曰：九罭之魚鱒魴。爾雅曰：九罭，魚網。國語，里革曰：罝禁罜麗〔一〇五〕。韋昭曰：罜麗，小網也。擿，土狄切。漻，音了。澥，音蟹。罭與緎，古字通。罭，音域。罜，音獨。麗，音鹿。摷昆鮞，殄水族。昆，魚子。鮞，細魚〔一〇六〕族類也。摷、殄，言盡取之。摷，責交切。善曰：國語，里革曰：魚禁鯤鮞。鯤，音昆。鮞，音而。蘧藕拔，蜃蛤剥。蘧，芙蕖。蜃，蛤蚌也。善曰：蜃，音腎。逞欲畋魰，效獲麑䴠。逞，極也。鹿子曰麑，麋子曰䴠。善曰：左氏傳，季良曰：今民餒而君逞欲。廣雅曰：逞，快也。孔安國尚書傳曰：田，獵也。田與畋同。説文曰：魰，捕魚也，音魚。國語曰：獸長麑䴠。麑，音迷。䴠，烏老切。摎蓼浶浪，所求偏也。善曰：摎，古巧切。蓼，音老。浶，音勞。浪，音郎也。乾池滌藪。善曰：孔安國尚書傳曰：滌，除也。鄭玄禮記注曰：藪，大澤。上無逸飛，下無遺走。擭胎拾卵，蚳蝝盡取。善曰：國語曰：鳥翼鷇卵，蟲舍蚳蝝。韋昭曰：蚳，蟻子也，可以爲醢。蝝，復陶也，可食。未乳曰卵。蚳，直尸切。蝝，音緣。取，蒼苟切。取樂今日，遑恤我後？皇，暇也。言且快今日之苟樂，焉能復顧後日之長久也。善曰：毛詩曰：我躬不閲，遑恤我後。既定且寧，焉知傾陁？天下已定，貴在安樂，極意恣心，何能復顧後日傾壞也。陁，音雉。

「大駕幸乎平樂，張甲乙而襲翠被。平樂館，大作樂處也。襲，服也。李尤樂觀賦曰〔一〇七〕：設平樂之顯觀，處金商之維限。善曰：班固漢書贊曰：孝武造甲乙之帳，襲翠被，馮玉几。音義曰：甲乙，帳名也。左氏傳曰：楚子翠被。杜預曰：翠羽飾被。披義切。攢珍寶之玩好，紛瑰麗以奓靡。攢，聚也。紛，猶雜也。瑰，奇也。麗，美也。奓靡，奢放也。臨迥望之廣場，程角觝之妙戲。程，謂課其技能也。善曰：漢書曰：武帝作角觝戲。文穎曰：秦名此樂爲角觝。兩兩相當，角力技藝射御，故名角觝也。烏獲扛鼎〔一〇八〕，都盧尋橦。善曰：史記曰：秦武王有力士烏獲、孟説，皆大官。王與孟説舉鼎。説文曰：扛，横開對舉也〔一〇九〕。扛與舡同〔一一〇〕，古龙切。漢書曰：武帝享四夷之客，作巴俞、都盧。音義曰：體輕善緣。橦，直江切。衝狹鷰濯，胸突銛鋒。卷簟席，以矛插其中，伎兒以身投從中過。鷰濯，以盤水置前，坐其後，踊身張手跳前，以足偶節踰水，復却坐，如鷰之浴也。善曰：漢書音義曰：銛，利也，息廉切。跳丸劍之揮霍，走索上而相逢。揮霍，謂丸劍之形也。索上，長繩繫兩頭於梁，舉其中央，兩人各從壹頭上，交相度，所謂儛絙者也。跳，都彫切。華嶽峩峩，岡巒參差。神木靈草，朱實離離。華山爲西嶽。峩峩，高大貌。參差，低仰貌。神木，松柏靈壽之屬。靈草，芝英朱赤也。離離，實垂之貌。善曰：西都賦曰：靈草冬榮，神木叢生。毛詩曰：其桐其椅，其實離離。毛萇曰：離離，垂也。總會僊倡，戲豹舞羆。白虎鼓瑟，蒼龍吹篪。仙倡，僞作假形，謂如神也。羆豹熊虎〔一一一〕，皆爲假頭也。女娥坐而長歌，聲清暢而蜲蛇。蜲蛇，聲餘詰曲也。善曰：女、娥，娥皇、女英也。洪涯立而指麾，被毛羽之襳襹。洪涯，三皇時伎人。倡家託作之，衣毛羽之衣。襳，衣毛形也〔一一二〕。善曰：纖，所炎切。纚，史宜切。度曲未終，雲起雪飛。初若飄飄，後遂霏霏。飄飄、霏霏，雪下貌。皆巧僞作之。善曰：班固漢書曰：元帝自度曲。瓚曰：度曲歌終，更授其次，謂之度曲。毛詩曰：雨雪霏霏。複陸重閣，轉石成雷。複陸，複道閣也。於上轉石，以象雷聲。礔礰激而增響，磅磕象乎天威。增響，委聲也〔一三〕。磅磕，雷霆之音，如天之威怒。善曰：礔，敷赤切。磅，怖萌切。磕，古蓋切。巨獸百尋，是爲曼延去聲。作大獸，長八十丈，所謂蛇龍曼延也。善曰：漢書曰：武帝作漫衍之戲也。神山崔巍，欻從背見。欻之言忽也。僞所作也。獸從東來，當觀樓前。背上忽然出神山崔巍也。欻，許律切。熊虎升而拏攫，猨狖超而高援。皆僞所作也。善曰：拏攫，相搏持也。拏，奴加切。攫，居縛切。怪獸陸梁，大雀踆踆。皆僞所作也。陸梁，東西倡佯也。踆踆，大雀容也。七輪切。善曰：尸子曰：先王豈無大鳥怪獸之物哉？然而不私也。白象行孕，垂鼻轔囷。僞作大白象，從東來，當觀前，行且乳，鼻正轔囷也。善曰：轔，音鄰。囷，巨貧切。海鱗變而成龍，狀蜿蜿以蝹蝹。海鱗，大魚也。初作大魚，從東方來，當觀前，而變作龍。蜿蜿、蝹蝹，龍形貌也。善曰：蜿，於袁切。蝹，於君切。含利颬颬，化爲仙車。驪駕四鹿〔一四〕，芝蓋九葩。含利，獸名。性吐金，故曰含利。颬颬，容也。驪，猶羅列駢駕之也。以芝爲蓋，蓋有九葩之采也。善曰：颬，呼加切。蟾蜍與龜，水人弄蛇。作千歲蟾蜍及千歲龜，行舞於前也。水人，俚兒，能禁固弄蛇也。善曰：蟾，昌詹切。蜍，市余切。奇幻儵忽，易貌分形。儵忽，疾也。易貌分形，變化異也。善曰：幻，下辦切。吞刀吐火，雲霧杳冥。善曰：西京雜記曰：東海黃公，立興雲霧。漢官典職曰：正旦作樂，漱水成霧。楚辭曰：杳冥兮晝晦。畫地成川，流渭通涇。善曰：西京雜記曰：東海黄公，坐成山河。又曰：淮南王好方士，方士畫地成河。東海黄公，赤刀粤祝音呪。東海有能赤刀禹步，以越人祝法厭虎者，號黄公。又於觀前爲之。冀厭白虎，卒不能救。善曰：西京雜記曰：東海人黄公，少時能幻，制蛇御虎，常佩赤金刀。及衰老，飲酒過度，有白虎見於東海，黄公以赤刀往厭之，術不行，遂爲虎所食。故云不能救也。皆僞作之也。挾邪作蠱，於是不售。蠱，惑也。售，猶行也。謂懷挾不正道者，於是時不得行也。爾乃建戲車，樹脩旃。樹，植也。旃，謂旛也。建之於戲車上也。侲僮程材，上下翩翻。侲之言善。善童，幼子也。程，猶見也。材，伎能也。翩翻，戲橦形也。善曰：史記，徐福曰：海神云，若侲女即得之矣。侲，之刃切。突倒投而跟絓，譬隕絶而復聯。突然倒投，身如將墜，足跟反絓橦上，若已絶而復連也。善曰：投，他豆切。説文曰：跟，足踵也，音根。百馬同轡，騁足並馳。於橦子作其形狀。善曰：陸賈新語曰：楚平王增駕，百馬同行也。橦末之伎，態不可彌。彌，猶極也。言變巧之多，不可極也。彎弓射乎西羌，又顧發乎鮮卑。彎，挽弓也。鮮卑，在羌之東，皆於橦上作之。善曰：魏書曰：鮮卑者，東胡之餘也。别保鮮卑山，因號焉。

「於是衆變盡，心醒醉。盤樂極，悵懷萃。醒，飽也。萃，猶至也。於是游戲畢，心飽於悦樂，悵然思念所當復至也。善曰：孟子曰：盤游飲酒，馳騁田獵。陰戒期門，微行要屈。要或爲徼。善曰：期門，已見西都賦。漢書曰：武帝微行所出。張晏曰：騎出入市里，不復警蹕，若微賤之所爲，故曰微行。要屈，至尊同乎卑賤也。降尊就卑，懷璽藏紱。天子印曰璽。紱，綬也。懷藏之自同卑者也。便旋閭閻，周觀郊遂。

善曰：閭，里門也。閻，里中門也。郊，已見西都賦。周禮有六遂也。若神龍之變化，章后皇之爲貴。龍出則昇天，潛則泥蟠，故云變化。章，明也。天子稱元后。皇，漢帝稱也。善曰：管子曰：龍被五色，欲小則如蠶蠋，欲大函天地也。然後歷掖庭，適驩館。掖庭今官〔一五〕，主後宮，擇所驩者乃幸之。捐衰色，從嬿婉。嬿婉，美好之貌。善曰：毛詩序曰：華落色衰。韓詩曰：嬿婉之求。嬿婉，好貌。嬿，於見切。婉，於萬切。捐，棄也。促中堂之陿坐，羽觴行而無筭。中堂，中央也。善曰：楚辭曰：瑤漿蜜勺實羽觴。漢書音義曰：羽觴，作生爵形。儀禮曰：無筭爵。鄭玄曰：筭，數也。祕舞更奏，妙材騁伎。祕，言希見爲奇也。更，遞也。奏，進也。妖蠱豔夫夏姬，美聲暢於虞氏。善曰：左氏傳，子産曰：在周易，女惑男謂之蠱。音古。又左氏傳曰：楚莊王欲納夏姬。杜預曰：夏姬，鄭穆公女，陳大夫御叔妻。七略曰：漢興，善歌者魯人虞公，發聲動梁上塵。暢，條暢也，勑亮切。蠱，媚也。始徐進而羸形，似不任乎羅綺。嚼清商而却轉，增嬋蜎以此豸音雉。清商，鄭音。嬋蜎、此豸，恣態妖蠱也。善曰：宋玉笛賦曰：吟清商，追流徵。嬋，音蟬。蜎，於緣切。紛縱體而迅赴，若驚鶴之羣罷〔一六〕。縱體，舞容也。迅疾赴節相越也。相鶴經曰：後七年學舞，又七年舞應節。振朱屣於盤樽，振，猶掉也。朱屣，赤絲履也。奮長袖之颯纚。舞人特作長袖。颯纚，長貌也。善曰：韓子曰：長袖善舞。颯，素合切。纚，所倚切。要紹修態，麗服颺菁。要紹，謂娟嬋作姿容也。修，爲也。態，嬌媚意也。菁，華英也。善曰：楚辭曰：夸容脩態。要，於妙切。菁，音精。眳藐流眄，一顧傾城。眳，眉睫之間。藐，好視容也。流眄，轉眼貌也。眳，亡井切。善曰：漢書，李延年歌曰：北方有佳人，絕世而獨立。

一顧傾人城，再顧傾人國。展季桑門，誰能不營？善曰：國語曰：臧文仲聞柳下惠之言。韋昭曰：柳下，展禽之邑。季，字也。家語曰：昔有婦人，召魯男子，不往，婦人曰：子何不若柳下惠？然嫗不逮門之女也，國人不稱其亂焉。桑門，沙門也。東觀漢記，制楚王曰：以助伊蒲塞桑門之盛饌。説文曰：營，惑也。列爵十四，競媚取榮。後宮官從皇后以下凡十四等，競爭邪媚求榮愛也。善曰：列爵十四，見西都賦也。盛衰無常，唯愛所丁。善曰：爾雅曰：丁，當也。衛后興於鬒髮，飛燕寵於體輕。善曰：漢書曰：孝武衛皇后，字子夫。漢武故事曰：子夫得幸，頭解，上見其美髮，悦之。毛詩云：鬒髮如雲。之忍切。荀悦漢紀曰：趙氏善舞，號曰飛燕，上説之。事由體輕而封皇后也。爾乃逞志究欲，窮身極娱。逞，娱也。娱，樂也。善曰：楚辭曰：逞志究欲，心意安之也。鑒戒唐詩，他人是媮。唐詩，刺晉僖公不能及時以自娱樂，曰：子有衣裳，弗曳弗婁，宛其死矣，他人是媮。言今日之不極意恣嬉亦如此也。善曰：國語曰：鑒戒而謀。賈逵曰：鑒，察也。自君作故，何禮之拘？善曰：國語，魯侯曰：君作故事〔一七〕。韋昭曰：君所作則爲故事也。商君書曰：賢者更禮，不肖者拘焉。增昭儀於婕妤，賢既公而又侯。善曰：漢書曰：孝成帝趙皇后有女弟，爲婕妤，絶幸，爲昭儀。又曰：孝元帝傅婕妤有寵，乃更號曰婕妤，在昭儀上，尊之也。又曰：封董賢爲高安侯，後代丁明爲大司馬，即三公之職也。許趙氏以無上，思致董於有虞。善曰：漢書曰：成帝謂趙昭儀曰：趙氏故不立許氏，使天下無出趙氏上者。王閎争於坐側，漢載安而不渝。渝，易也。善曰：漢書曰：上置酒麒麟殿，視董賢而笑曰：吾欲法堯禪舜，何如？王閎曰：天下乃高帝天下，非陛下有之。統業至重，天子無戲言。

「高祖創業，繼體承基。暫勞永逸，無爲而治。善曰：劇秦美新曰：漢祖創業蜀、漢。漢書，平當曰：今漢繼體承基三百餘年。又楊雄曰：不一勞者不久佚。論語曰：無爲而治，其舜也歟？耽樂是從，何慮何思？善曰：尚書曰：惟耽樂之從。周易曰：天下何思何慮？多歷年所，二百餘朞。朞，一帀也。從高祖至于王莽，二百餘年。善曰：尚書曰：殷禮配天，多歷年所。徒以地沃野豐，百物殷阜。沃，肥也。豐，饒也。殷，盛也。阜，大也。巖險周固，衿帶易守。謂左崤、函，右隴坻，前終南，後高陵。善曰：左氏傳曰：制，巖邑也。李尤函谷關銘曰：衿帶咽喉。管子曰：地形險阻，易守難攻。得之者強，據之者久。流長則難竭，柢深則難朽。故奢泰肆情，馨烈彌茂。言土地險固，故得放心極意而夸泰之，馨烈益以茂盛。鄙生生乎三百之外，傳聞於未聞之者。鄙生，公子自稱，謙辭也。三百，自高祖以下至作賦時也。善曰：孔叢子，子高謂魏王曰：君聞之於耳邪？聞之於傳邪？者，之與切。曾髣髴其若夢，未一隅之能睹。善曰：甘泉賦曰：猶髣髴其若夢。説文曰：彷佛，相似，見不諦也。論語曰：子曰：舉一隅而示之。此何與於殷人屢遷，前八而後五？居相圮耿，不常厥土。盤庚作誥，帥人以苦。善曰：廣雅曰：與，如也。言欲遷都洛陽，何如殷之屢遷乎？言似之也。尚書曰：自契至成湯〔一八〕八遷。尚書序曰〔一九〕：盤庚五遷。又曰：河亶甲居相，祖乙圮于耿。孔安國曰：河水所毀曰圮。盤庚遷于殷〔二〇〕，殷人弗適有居，率籲衆慼，出矢言。圮，平鄙切。方今聖上同天，號於帝皇，天稱皇天。帝，今漢天子號。皇帝兼同之。善曰：方今，猶正今也。尚書刑德放曰：帝者，天號也。天有五帝。春秋元命苞曰：皇者，煌煌也。掩四海而爲家，掩，覆也。善曰：禮記，孔子曰：大道既隱，天下爲家。又曰：聖人能以天下爲一家也。富有之業，莫我大也。三皇以來，無大於漢者。善曰：周易曰：富有之謂大業也。徒恨不能以靡麗爲國華，善曰：國語，季文子曰：吾聞以德爲國華。韋昭曰：爲國光華也。獨儉嗇以齷齪，忘蟋蟀之謂何？儉嗇，節愛也。蟋蟀，唐詩刺儉也。言獨爲節愛，不念唐詩所刺邪？漢書注曰：齷齪〔三〕，小節也。王逸楚辭注曰：謂，說也。何休公羊傳注曰：謂據疑〔三〕問所不知者曰何也。豈欲之而不能，將能之而不欲歟？蒙竊惑焉，言我不解何故，反去西都從東京，置奢逸即儉嗇也。善曰：蒙，謙稱也。周易曰：匪我求童蒙也。願聞所以辯之之說也。」說，猶分別解說。

文選考異

〔一〕心奓體忲　案：「忲」當作「泰」。注「奓、忲」同。薛注云「體安驕泰」者，其本作「泰」，而如字解之也。又云「泰或謂忲習之忲」者，讀「泰」爲「忲」，又一解也。善引小雅曰「狃，忲也」者，爲薛後解申說也。然則善本必同薛作「泰」，今各本作「忲」，蓋不知者誤改之。

〔二〕注「言帝王必欲順陽時」　袁本、茶陵本無「陽」字。案：此尤校添也。

〔三〕注「覈驗也胡革切」　袁本、茶陵本無此六字，何校去。

〔四〕注「作起也」　袁本、茶陵本無此三字，何校去。

〔五〕注「夫筋之所由憎恒由此作」　袁本、茶陵本無「之所由憎」四字。案：此尤校添也。

〔六〕注「于陳倉北坂城祠之」　袁本、茶陵本無「北」字。案：此尤校添也。

〔七〕注「云野雞夜鳴」　袁本、茶陵本無「云」字。案：此尤校添也。

〔八〕注「二山名也」　袁本、茶陵本此四字作「終南太一二名也」七字。案：二本是也。「二名也」者，謂一山有二名，觀下注可見，尤校改非。

〔九〕注「至于鳥鼠」　袁本、茶陵本無此四字。案：無者是也。

〔一〇〕注「此云終南太一不得爲一山明矣」　袁本、茶陵本無「不得爲一」四字。案：二本有脱文，今無以補之。尤所校添，未必闇同善舊也。

〔一一〕注「山形容也」　袁本、茶陵本「山」上有「隆崛之類皆」五字。案：尤校删，非。

〔一二〕注「音户杜陵鄠縣言終南太一含裹之」　袁本、茶陵本無此十四字。

〔一三〕注「善曰爾雅曰爰有寒泉」　袁本、茶陵本無「善曰」二字。案：各本皆有，誤也。「爾雅曰」與「爰有寒泉」，不相承接，今無以訂之。尤校添「善曰」，仍未爲得善舊也。

〔一四〕其遠則九嵕甘泉　袁本、茶陵本「則」下有「有」字。案：此無以考也。

〔一五〕實惟地之奥區神皋　袁本、茶陵本「惟」作「爲」。案：此無以考也。

〔一六〕注「善曰五緯五星也」　茶陵本「善曰」在「也」字下，袁本與此同。案：似茶陵是也。

〔一七〕注「漢書曰漢元年」　袁本、茶陵本「曰」作「高紀」二字。

〔一八〕注「尚書曰肆予敢求爾于天邑商」　袁本、茶陵本「曰」上有「王」字，無「肆予」二字。

〔一九〕注「天命不滔」　案：「滔」當作「謟」，觀下注可見。各本皆譌。

〔二〇〕注「洫域池也」　案：「域」當作「城」，後「横西洫而絶金墉」句注可證。下「郛者何域外大郭也」，何校「域」改「城」，是也。各本皆譌。

〔二一〕乃覽秦制　袁本、茶陵本「乃」上有「爾」字。案：此無以考也。

〔二二〕注「棼橑已見西京賦」　何校「京」改「都」，陳同，是也。袁本亦誤，茶陵本複出前注，更非。凡茶陵例改已見爲複出，故其首題增補二字，以後悉放此。

〔二三〕雕楹玉碣　案：「碣」當作「舄」。善引廣雅「碣」而云「碣」與「舄」古字通，謂賦文之「舄」與廣雅之「碣」通也，其作「舄」甚明。各本所見，蓋皆誤。

〔二四〕注「山坻除也」　袁本、茶陵本無「山」字。案：此初亦無，後脩添之而誤耳。

〔二五〕注「陖陡也」　袁本「陡」作「斗」是也，茶陵本作「升」，即「斗」字之譌。

〔二六〕仰福帝居　何校「福」改「福」，云顔氏匡謬正俗云：副貳之字本爲「福」，從衣，畐聲。西京賦「仰福帝居」傳寫譌舛，轉「衣」爲「示」，讀者便呼爲「福禄之福」，失之遠矣。今案：所校是也，凡從「衣」之字，每與從「示」混，各本傳寫之誤，與顔云云正同，善自作「福」，不作「福」也。

〔二七〕注「説文注曰」　案：「注」字不當有，各本皆衍。

〔二八〕大夏耽耽　袁本、茶陵本「夏」作「廈」。案：此疑善「夏」、五臣「廈」而失著校語。又二本注中字盡作「廈」，亦涉五臣亂之。

〔二九〕注「然則既有九室」　袁本、茶陵本無「既有」二字。案：「則」字亦衍。

〔三〇〕注「蕡積也薛君曰蕡」　案：當作「薛君曰蕡積也」六字。各本皆誤。

〔三一〕注「左傳子朱曰」　袁本、茶陵本「左」下有「氏」字，無「子朱」二字，是也。

〔三二〕蘭臺金馬　袁本、茶陵本「蘭」上有「外有」二字。案：此無以考也。疑善、五臣之異，二本失著校語，尤所見獨未誤耳。

〔三三〕嗟内顧之所觀　案：「嗟」當作「羌」，注同。善引小雅廣言「羌，發聲」爲注，是其本作「羌」甚明。袁、茶陵二本所載五臣良注云「嗟，歎聲」，是其本改作「嗟」亦甚明。各本所見，以五臣亂善，又并注中字改爲「嗟」，益不可通。特訂正之。

〔三四〕注「漢書武帝故事」　案：「漢」上當有「善曰」二字，茶陵本此作善注，其薛注「長樂桂宮」至「殿名也」十二字在上，別以「綜曰」冠之，最是。尤本自此至末三十七字錯入薛注，袁本「長樂」云云十二字錯入善注，皆大誤也。又何校去「書」字，陳同，各本皆衍。

〔三五〕後宮不移　袁本、茶陵本「後」上有「於是」二字。案：此無以考也。

〔三六〕官以物辨　袁本、茶陵本「辨」作「辦」。案：此疑善、五臣之異也。

〔三七〕注「瑰奇也」　袁本自此至末二十四字作善注，茶陵本與此同。案：似茶陵是也。

〔三八〕注「漢書舊儀云」陳云「書」字衍，是也。各本皆衍。

〔三九〕注「刻陗升高也」袁本「升」作「斗」，是也。茶陵本亦誤「升」。

〔四〇〕注「頫古字」陳云「古」下疑當有「俯」字，是也。各本皆脱。

〔四一〕注「以函屋上」袁本、茶陵本「函」作「臿」，是也。

〔四二〕注「廣雅曰曲枅曰欒」案：「廣」上當有「善曰」二字，茶陵本此作善注，最是。袁本與此同，皆非。

〔四三〕注「山海經曰」陳云「經」下脱「注」字，是也。各本皆脱。

〔四四〕注「上爲清陽又爲陽」袁本、茶陵本「清陽」作「陽清」，是也。

〔四五〕橧桴重棼　袁本、茶陵本「橧」作「增」。案：此尤誤。

〔四六〕轢輻輕鶩　袁本、茶陵本「轢」作「櫟」。案：此尤誤，注作「櫟」，未改也。

〔四七〕注「彌竟也言望之極目」袁本、茶陵本無此八字。案：無者是也。袁本複衍「唐中已見西都賦」七字，亦非。

〔四八〕注「水潒瀁也」袁本、茶陵本「瀁」作「潒」，是也。

〔四九〕注「三輔舊事曰清淵北」袁本、茶陵本「輔」作「代」。案：此當「三輔」「三代」重有。三輔三代舊事屢引，尤校添而又脱「三代」耳。

〔五〇〕注「以廛任國中之地」案：「廛」下當有「里」字。各本皆脱。此載師職文也。

〔五一〕注「説文曰陁落也」　案：「陁」當作「陊」。各本皆誤。

〔五二〕注「劉逵魏都賦注曰」　案：此有誤也。吴都有「蘭錡内設」，魏都有「附以蘭錡」，今善於兩賦舊注中，皆不更見。此所引語，無以決其當爲「劉逵吴都賦注曰」，或當爲「張載魏都賦注曰」也。凡善各篇所留舊注，均非全文。

〔五三〕注「司市胥師二十人」　案：「十」下當有「肆則一」三字。各本皆脱。此地官序官文也。

〔五四〕注「裨販夫婦爲主」　袁本、茶陵本無「裨」字，「夫」下有「販」字。

〔五五〕注「今大官以十日作」　案：「日」當作「月」。各本皆譌。

〔五六〕注「謂作刀劍削也」　袁本、茶陵本無「謂削也」三字，下有「晉灼曰」三字。案：漢書顔注引如淳曰「作刀劍削」者，尤依之校改也。「晉灼曰」三字誤去。

〔五七〕注「武陵」　何校「武」改「茂」，袁本亦作「武」，茶陵本所複出作「茂」。「茂」字是也。

〔五八〕注「蒼頡曰」　何校「頡」下添「篇」字，陳同，是也。各本皆脱。

〔五九〕注「五十里爲之郊」　袁本、茶陵本「之」作「近」，是也。

〔六〇〕注「重車聲也」　袁本、茶陵本無「車」字，是也。

〔六一〕繚垣緜聯　陳云，善曰：今並以「亘」爲「垣」。案：據此則正文及薛注中「垣」皆當作「亘」。案：所説是也。善但出「垣」字於注，其正文必同。薛作「亘」，至五臣銑注直云「垣墻」，是其本乃作「垣」，各本所見非。

〔六二〕注「植物草木動物禽獸」　袁本、茶陵本此八字在上文薛注之下。案：依尤本當以正文「植物斯生」二句別爲節，而係以此注及下「善曰云云」也。

〔六三〕注「夷堅聞而志之」　袁本、茶陵本無此六字。

〔六四〕注「注曰麓山足也」　袁本、茶陵本無此六字。

〔六五〕注「爾雅曰梅柟」　袁本、茶陵本「爾」上有「楠亦作柟」四字。案：此校語錯入注也。二本正文作「楠」，蓋善「柟」、五臣「楠」而著此耳。

〔六六〕注「謂昆明靈沼之水沚也」　案：「沚」當作「阯」。各本皆譌。

〔六七〕注「日出暘谷」　案：「暘」當作「湯」。下「出自陽谷」，「陽」亦當作「湯」。各本皆誤。

〔六八〕鮪鯢鱨魦　袁本、茶陵本「魦」作「鯋」，案：此尤誤。

〔六九〕注「郭璞山海經曰」　何校「經」下添「注」字，陳同，是也。各本皆脱。

〔七〇〕注「鮦也」　案：「鮦」上當有「郭璞曰」三字。各本皆脱。説見下。

〔七一〕注「毛萇詩傳曰」　案：此五字當作「又曰」二字。各本與下互誤。説見下。

〔七二〕注「鮪似鮎」　案：「鮪」下當有「鱣屬鯢」三字。各本皆脱。説見下。

〔七三〕注「又曰」　案：此二字當作「毛萇詩傳曰」五字。各本與上互誤。此節注所引「郭璞曰鮦也」在釋魚，所引「又曰鮪鱣屬鯢似鮎」亦在釋魚；所引「毛萇詩傳曰」云云在魚麗首章。今脱落顛倒，絶不可通，爲之訂正如此。

〔七四〕注「孟春鴻來」　袁本、茶陵本「鴻」下有「鴈」字，是也。

〔七五〕奮隼歸鳧　袁本「奮」作「集」，校語云善作「奮」。茶陵本校語云五臣作「集」。案：各本所見，皆非也。薛自作「集」，「集隼」與「歸鳧」對文，承上四句而言，猶楊子雲以「鴈集」與「鳧飛」對文也。善必與薛同，則與五臣亦無異，傳寫譌「奮」耳。二本校語，但據所見而爲之。凡如此例者，全書不少，詳見每條下。

〔七六〕注「奮迅聲也」　袁本、茶陵本無此四字。案：無者最是。詳袁、茶陵所載五臣濟注有「沸卉砰訇，鳥奮迅聲」之語，既不得於「奮」字讀斷，亦不得移作上句之解。尤不察所見正文「奮」爲「集」之誤，乃割取五臣增多薛注以實之，斯誤甚矣。

〔七七〕注「賈逵國語曰」　何校「語」下添「注」字，陳同，是也。各本皆脱。

〔七八〕注「猗重較兮」　袁本、茶陵本「猗」作「倚」，是也。

〔七九〕注「馬冠也又髦」　案：「又」當作「叉」。各本皆譌。

〔八〇〕注「弧旌枉矢以象牙飾」　案：「牙飾」當作「弧也」。各本皆誤。

〔八一〕載獫獥獢　案：「獥」當作「猲」。茶陵本作「猲」，校語云五臣作「獥」。袁本作「獥」，用五臣也。二本注中字，善「猲」，五臣「獥」，皆不誤。袁但正文失著校語。尤注中上二字「猲」，末一字并改爲「獥」，歧出，非也。「猲」、「獥」同字。凡善、五臣之異，不必其字不可通也。各還所本來，而同字亦較然分別矣。全書例如此。

〔八二〕注「同制也」何校「同」改「周」，陳同，是也。各本皆譌。

〔八三〕注「虞初周説九百四十三篇初河南人也」袁本、茶陵本此十五字作「虞初者洛陽人明此醫術」十字。

〔八四〕注「以方士侍郎」袁本、茶陵本無此五字。

〔八五〕注「小説家者流蓋出於稗官」袁本、茶陵本「小」上有「周説九百四十三篇」八字，無「流」字、「於」字。案：此節注，初同二本，後尤脩改也。

〔八六〕注「毛萇曰鬣」案：「萇」當作「長」。各本皆譌。以四字爲一句也。

〔八七〕注「猶拔扈」袁本、茶陵本「扈」下有「也」字，是也。「拔」疑「跋」之誤，正文作「拔」，下云「拔」與「跋」古字通，似善引箋作「跋」也。否則正文作「跋」，爲與五臣無異。乃與此注相應耳。

〔八八〕注「趣向也」案：「趣」當作「趨」。各本皆誤。

〔八九〕白日未及移其晷 袁本、茶陵本無「其」字。案：此尤衍。

〔九〇〕注「翬翬飛也」茶陵本不重「翬」字，袁本與此同。案：似重者是。

〔九一〕注「括箭括之御弦者」陳云「御」當作「銜」。案：「之」字不當有。各本皆誤。

〔九二〕注「鷹青脛者善曰」袁本無「曰」字，茶陵本與此同。案：袁本最是。「善」字屬上讀，以五字爲一句，下文注「象鼻赤者怒」句例正同。自此下盡「不遠而獲」，皆薛注也。尤、茶陵甚誤。

〔九三〕注「戰國策」下至「天下之駿狗也」　案：依善例，當作「韓盧已見上文」，此十七字不當有。各本皆誤。此類不盡出。

〔九四〕注「禮記曰犬」下至「謂若韓盧宋鵲之屬」　袁本、茶陵本無此四十二字。

〔九五〕朱鬘鬣髽　案：「鬣」當作「鬣」。廣韻十三祭「鬣，露髻」，即出此。善注引通俗文「露髻曰鬣」及善音「作計切」也。各本所見，皆傳寫誤。

〔九六〕注「虎亦食人」　案：「亦」當作「爪」。各本皆誤。

〔九七〕注「其樂只且辭也」　袁本、茶陵本重「且」字，是也。

〔九八〕注「杜預左氏傳曰」　何校「傳」下添「注」字，是也。各本皆脱。

〔九九〕注「空滅無也」　袁本、茶陵本「滅」作「滅」，下同。案：此尤改之也。

〔一〇〇〕皇恩溥洪德施又注「皇皇帝普博施也」　茶陵本正文下校語云善無此二句。袁本有，無校語。尤初亦無，後脩改添入。注七字，袁、茶陵皆無。案：善魏都賦注引西京賦曰「皇恩溥」似無者，但傳寫脱其注七字，未審何出也。

〔一〇一〕注「敍日多也」　案：「日」字不當有。各本皆衍。

〔一〇二〕注「似石著繳也」　何校「似」改「以」，陳同，是也。各本皆譌。

〔一〇三〕注「漢書曰有淮南鼓員」　案：「曰」字不當有。各本皆衍。

〔一四〕布九罭　案：「罭」當作「緎」。善注「罭」與「緎」古字通，謂引毛詩、爾雅之「罭」與正文之「緎」通也。蓋善「緎」、五臣「罭」，而各本亂之。

〔一五〕注「罝禁罜麗」　案：「罝」字不當有。各本皆衍。此蓋有依國語記「罝」字於「罜」旁者，而誤在「禁」上也。

〔一六〕注「鯆細魚」　袁本「鯆」作「鱬」，茶陵本亦作「鯆」，下同。案：「鱬」即「鯆」別體字，蓋袁所見正文是「鱬」也。

〔一七〕注「李尤樂觀賦曰」　案：「樂」上當有「平」字。各本皆衍。陳云別本有，今未見。

〔一八〕烏獲扛鼎　案：「扛」當作「舡」。善注云「扛」與「舡」同，謂引説文之「扛」與正文之「舡」同也。蓋善「舡」、五臣「扛」，而各本亂之。

〔一九〕注「橫開對舉也」　案：「開」當作「關」。各本皆譌。

〔二〇〕注「扛與舩同」　袁本、茶陵本「舩」作「舡」。案：此尤改之也。

〔二一〕注「羆豹熊虎」　案：「熊」當作「龍」。各本皆誤。

〔二二〕注「纖衣毛形也」　案：「衣」當作「襹」。各本皆誤。

〔二三〕注「委聲也」　袁本、茶陵本「委」作「重」，是也。案：此與上注「重聲也」可互證，皆尤改之而誤。

〔二四〕驪駕四鹿　案：「驪」當作「麗」。薛注云「驪猶羅列駢駕之也」。「驪」亦當作「麗」。唯薛正文作「麗」，故如此注之。若作「驪」不可通。善必與薛同。袁、茶陵二本所載五臣濟注云「仍以驪馬駕之」，是其本乃作「驪」。各本以之亂善而失著校語，又并薛注中字改爲「驪」，甚非。

〔二五〕注「掖庭今官」 陳云「今」當作「令」，是也。各本皆譌。

〔二六〕若鷩鶴之羣罷 袁本、茶陵本「罷」作「羆」，下「音媿美切」。案：此疑善「罷」、五臣「羆」也。「媿美切」，蓋善「罷」字之音。凡善音，合并六家，多所割裂失舊，尤又删削不全。俱詳在後。

〔二七〕注「君作故事」 案：「事」字不當有，各本皆衍。

〔二八〕注「尚書曰自契至成湯」 案：「書」下當有「序」字。各本皆脱。

〔二九〕注「尚書序曰」 案：此四字不當有。各本皆衍。

〔三〇〕注「盤庚遷于殷」 陳云「盤」上脱「尚書曰」三字，是也。各本皆脱。

〔三一〕注「漢書注曰齷齪」 茶陵本「漢」上有「善曰」二字。案：有者最是。袁本連上作薛注，誤與此同。

〔三二〕注「謂據疑」 袁本、茶陵本「謂」作「諸」，是也。

文選卷第三

京都中

京都有三卷，此卷居中，故曰京都中。

東京賦

東京謂洛陽，其賦意與班固東都賦同〔一〕。

張平子

薛綜注

安處先生於是似不能言，憮亡禹〔二〕然有間，有間，謂有頃之間也。先生聞公子稱西京奢泰之事，心怪其所貴者，謂違禮失道，故愕然有頃乃能言也。善曰：安，猶烏也。處，處也。言何處有此先生，蓋虛假之也。論語曰：孔子似不能言者。孟子曰：夷子憮然爲間也。趙岐曰：憮然，猶悵然也。乃莞爾而笑曰：「若客所謂，末學膚受，貴耳而賤目者也！莞爾，舒張面目之貌也。末學，謂不經根本。膚受，謂皮膚之不經於心胸。貴耳謂東京〔三〕，先生笑公子以西京爲貴，以東爲賤也。善曰：論語曰：莞爾而笑。又曰：膚受之愬。桓子新論曰：世咸尊古卑今，貴所聞，賤所見。苟有胸而無心，不能節之以禮，苟，猶誠也。言賓誠信胸臆之所聞，而心不能以禮節度其可否也。善曰：韓詩曰：鄙野之人，僻陋無心也。論語曰：不以禮節之。賈逵國語注曰：節，制也。宜其陋今而榮古矣！言人不能以禮節度其事情者，固宜薄陋今日之事，而以此所聞古事爲榮貴也。善曰：夫尊古而卑今，學者之流也。由余以西戎孤臣，而悝苦灰〔四〕繆穆公於宮室，孤臣，謂孤陋之臣也。善曰：史記曰：由余本晉人，亡入西戎，相戎王，使來聘秦，觀秦之強弱。穆公示以宮室，引之登三休之臺。由余曰：臣國土階三尺，茅茨不翦，寡君猶謂作之者勞，居之者淫。此臺若鬼爲之，則神勞矣；使人爲之，則人亦勞矣。於是穆公大慚。鄭玄禮記注曰：凡穆或作繆。悝，猶嘲也。如之何其以温故知新，研覈是非，近於此惑？如，奈也。覈，實也。研，審也。先生言由余但西戎孤陋之臣耳，尚知非秦宮室之大，如何公子雅好博古，温故知新之德，當審實事理之是非，而返惑於此事？論語曰：温故知新，可以爲師矣。王褒責鬚奴曰：研覈否臧。

「周姬之末，不能厥政，政用多僻。姬，周姓也。末，謂幽、厲二主。周末世之王多邪僻之政也。善曰：毛詩曰：民之多僻也。始於宮鄰，卒於金虎。鄰，近也。謂幽王近於宮室，惑於褒姒，卒有禍敗也。金虎，西方白虎神王金。金，白也。善曰：應劭漢官儀曰：不制之臣，相與比周。比周者，宮鄰金虎。宮鄰金虎，言小人在位，比周相進，與君爲鄰，貪求之德堅若金，讒謗之言惡若虎也。嬴氏搏音附翼，擇肉西邑。嬴，秦姓也。周書曰：無爲虎搏翼，將飛入邑，擇人而食也。搏翼，謂著翼也〔五〕。是時也，七雄並争，競相高以奢麗。七雄，謂韓、魏、燕、趙、齊、楚、秦也。争，謂各強盛而競相高以奢溢，將爲國好，不復顧於禮法也。善曰：答賓戲曰：七雄虓闞。史記，張釋之曰：秦以苛察相高。尚書曰：弊俗奢麗也。楚築章華於前，趙建叢臺於後。左氏傳曰：楚子成章華之臺於乾谿，一朝叛之。於前，在春秋之時。史記曰：趙武靈王起叢臺，太子圍之三月。於後，在六國之時。善曰：鄒陽上書曰：全趙之時，武力鼎士，袨服叢臺之下。臣瓚曰：在邯鄲城内也。秦政利觜長距，終得擅場，言秦以天下爲大場，喻七雄爲鬬雞。利喙長距者，終擅一場也。史記曰：秦始皇，秦襄王子〔六〕，名政。說文曰：擅，專也。思專其侈，以莫己若。莫，無也。若，如也。言始皇所以思專擅其奢侈者，以天下之君無如於我也。廼構阿房，起甘泉，三輔故事：秦始皇上林苑中作離宮別觀一百四十六所，不足以爲大會羣臣。二世胡亥起阿房殿，東西三里，南北三百步，下可建五丈旗。在山之阿，故號阿房也。甘泉，山名也。戰國策，范雎曰：秦北有甘泉宮。謂其下有甘泉水，因以名之。善曰：阿房、甘泉，已見上文。結雲閣，冠南山。結，連也。雲閣，閣名也，高如雲，故言雲。三輔故事曰：秦二世胡亥起雲閣，欲與山齊。冠，覆也。終南山在長安南。征稅盡，人力殫。言征稅之賦，盡於奢泰之用，天下之力，盡於長城與宮室也。殫，盡也。善曰：鄭玄禮記注曰：征，稅也。毛萇詩傳曰：稅，斂也。然後收以太半之賦，威以參夷之刑。漢書，伍被曰：秦作阿房宮，收太半之賦。韋昭曰：凡數，三分有二爲太半。言秦造宮室奢麗，費用不足，乃復收其太半之賦，百姓賦稅不得者，誅其三族。漢書曰：秦用商鞅之法，造參夷之誅。參，三也。謂滅三族也。其遇民也，若薙氏之芟所銜草，遇，逢遇也。周禮，有薙氏掌山澤，芟除草菅。毛詩：載芟載柞也。既蘊崇之，又行火焉！左氏傳曰：周任有言曰：若農夫之務去草，芟夷蘊崇之。杜預曰：芟，殺。蘊，積也。崇，聚也。言秦始皇酷虐百姓，如芟草積而放火焉。惏惏徒頰切黔首，豈徒跼局高天，蹐籍厚地而已哉？乃救死於其頸！史記曰：秦皇更名民曰黔首，謂黑頭無知也。踽蹐，恐懼之貌也。毛詩曰：謂天蓋高，不敢不踽。踽，傴僂也。謂地蓋厚，不敢不蹐。蹐，累足也。謂此時之民，非徒踽高天，蹐厚地而已，乃晝夜畏死其頸。善曰：豈，非也。老子曰：聖人在，天下怵怵焉。國語，單襄公曰：兵在其頸，不可久也。毆以就役，唯力是視，謂不復知民有緩急與飢寒，唯趍毆令作力而已。善曰：左氏傳曰：除君之惡，唯力是視。言所觀者，唯力是求，餘無所顧也。百姓弗能忍，是用息肩於大漢而欣戴高祖。忍，堪也。言秦天下之民，若檐重物，不得休息，今來歸漢，得息肩膊。善曰：左氏傳曰：鄭成公疾，子駟請息肩於晉。杜預曰：以負檐喻也。國語曰：祭公謀父曰：商王大惡，庶民不忍，欣戴武王。賈逵曰：戴，奉也。

「高祖膺籙受圖，順天行誅，杖朱旗而建大號。膺籙，謂當五勝之籙。受圖，卯金刀之語。順天，謂順天命而起。又悟神姥之言，舉朱旗而大呼，天下之英雄，與其定事也。善曰：春秋命歷引曰：五德之運徵符合，膺〔七〕籙次相代。周易曰：順乎天。漢書，高祖立爲沛公，旗幟皆赤，故曰朱也。周易曰：渙汗其大號。鄭玄曰：號，令也。所推必亡，所存必固。言高祖所推擊者，使之亡，所存者，使之堅固。善曰：尚書曰：推亡固存，邦乃其昌。掃項軍於垓下，紲子嬰於軹紙〔八〕塗。掃，除也。項，項羽也。垓，地名。漢王圍項羽於垓下。羽聞四面有楚歌，乃與數百騎走。高祖使灌嬰追之，斬羽東城。紲，猶繫也。子嬰，秦子嬰也。善曰：史記，秦王子嬰乘素車白馬，繫頸以組降於軹道旁也。蘇林曰：軹，亭名，在長安城東十三里。因秦宮室，據其府庫。因，仍也。據，就也。府、庫，謂官吏所止爲府，車馬器械所居曰庫也。作洛之制，我則未暇。作洛，謂造洛邑也。我，我高祖也。謂天下新造草創，不暇改作如制禮也〔九〕。是以西匠營宮，目翫阿房。西匠，謂秦之舊匠也。目，視也。翫，習也。阿房，宮名也。漢書曰：梧齊侯，陽城人，名延〔一〇〕，爲少府，作長樂、未央宮也。規摹踰溢，不度入不臧。規，圖也。踰，越也。溢，過也。度，法也。臧，善也。謂西匠所圖越過，不得禮法，皆言不善也。善曰：聲類曰：摹，法也。損之又損之〔一一〕，然尚過於周堂。損，減也。言高祖雖數損減其制度，猶過於周家之堂。善曰：老子曰：損之又損之，以至於無爲也。觀者狹而謂之陋，帝已譏其泰而弗康。觀，視也。陋，小也。康，安也。言觀者習見秦之夸麗，睹今日之減小，皆以爲陋，然高祖猶已譏其泰而不安也。謂七年冬，上自將擊韓王信，蕭丞相留長安，營起未央宮，立東闕、前殿、武庫、太倉，高祖見其壯麗，怒曰：何修宮室之過也！

「且高既受命建家，造我區夏矣。高，高祖也。區，區域也。夏，華夏也。言高祖受上天之命，建立國家，制造區夏。善曰：毛詩曰〔一二〕：文王受命作周也。鄭玄曰：受天命以王天下。尚書盤庚曰：永建乃家，用肇造我區夏。文又躬自菲薄，治致升平之德。文，文帝也。躬自菲薄，謂儉約。漢書曰：文帝欲作露臺，召匠計直百金，曰：吾奉先帝宮室，常恐太奢，何用臺爲？故文、景之際，號爲升平。升平，謂國太平也。善曰：禹菲薄飲食。孝經鉤命決曰：明王用孝，升平致譽。武有大啓土宇，紀禪肅然之功。武，武帝也。漢書武紀曰：定越地爲南海七郡，北置朔方等五郡，故云大啓土宇。啓，開也。紀，記也。肅，敬也。謂登封太山，升禪肅然。善曰：尚書曰：建邦啓土，毛詩曰：大啓爾宇。宣重直用威以撫和，戎狄呼韓來享。宣，宣帝也。漢書宣紀曰：呼韓邪單于款五原塞，願奉國珍。毛詩曰：自彼氐、羌，莫敢不來。享，享獻也。撫，安也。戎、狄、呼韓，並國名也。左氏傳曰：子教寡人和戎、狄。言宣帝能和戎、狄。咸用紀宗存主，饗祀不輟，咸，皆也。紀，録也。宗，太宗，文帝廟號也。主，木主，言刻木爲人主神，置廟中而祭之。輟，止也。凡天子五世則廢。今廟不遷毀其主，各四時祭祀，無止絶時。善曰：漢書景紀曰：高皇帝爲太祖廟，文皇帝爲太宗廟，言天子宜世世獻祖宗之廟也。鄭玄論語注曰：輟，止也。銘勳彝器，歷世彌光。彝，常也。宗廟之器稱彝。勳，功也。歷，經也。彌，益也。銘，勒也。勒銘於宗廟之器于鐘鼎〔一三〕，萬祀彌益光明。善曰：左氏傳，臧武仲曰：夫以大伐小，取所得彝器，銘其功烈，以示子孫也。字林曰：銘，題勒也。今捨純懿而論爽德，爾雅曰：純，大。懿，美也。爽，差也。今公子反舍四帝純大懿美之德，而專論説爽差之過失者也。善曰：國語曰：實有爽德。賈逵曰：爽，貳也。以春秋所諱而爲美談，春秋諱國之惡，今公子反以爲美談也。善曰：公羊傳曰：大惡諱之，小惡書之。又云：魯人至今以爲美談也。宜無嫌於往初，故蔽善而揚惡，祇吾子之不知言也。宜之言義也。無，猶不也。祇，是也。今公子之義，不嫌於蔽國之善，揚國之惡，是公子之不知言也。善曰：説苑，楚文侯曰：邑中豪好蔽善而揚惡，可親問之。論語，子曰：不知言，無以知人也。毛萇詩傳曰：祇，適也。必以肆奢爲賢，則是黄帝合宮，有虞總期，固不如夏癸之瑶臺，殷辛之瓊室也。肆，放也。賢，善也。謂黄帝明堂以草蓋之，名曰合宮。舜之明堂，以草蓋之，名曰總章。言難公子：黄帝等造此是守儉也。善曰：尸子曰：欲觀黄帝之行於合宮，觀堯、舜之行於總章。章、期，一也。汲冢古文曰：夏桀作傾宮瑶臺，殫百姓之財，殷紂作瓊室，立玉門也。湯武誰革而用師哉？湯，謂殷湯。武，謂武王。革，改也。言誰遣革改殷紂、夏桀而用師哉？以其奢侈淫放，所以湯、武順天命而行罰之。此譏西京公子也。善曰：湯、武革命，已見東都賦。孔叢子曰：舜、禹揖讓，湯、武用師，非相詭，乃時也。盍合亦覽東京之事以自寤乎？盍，猶何不也。覽，視也。自寤，自覺寤也。言公子何不視東京之行事，心自覺痦耶？

「且天子有道〔一四〕，守在海外。淮南子曰：若天下無道，守在四夷。天下有道，守在海外。言四夷皆爲臣僕。善曰：鄭玄禮記注曰：道，謂仁義也。守位以仁〔一五〕綜作人〔一六〕，不恃隘害。仁，謂衆庶也〔一七〕。隘，險也。言要須擇任賢臣，不以隘害爲牢固。善曰：周易曰：何以守位？曰：仁也〔一八〕。苟民志之不諒，何云巖險與襟帶？苟，誠也。諒，信也。公子稱巖險周固，襟帶易守，故今答曰：誠使人心不信，何用周固反易守乎〔一九〕？善曰：李尤函谷關銘曰：襟帶，咽喉也。秦負阻於二關，卒開項而受沛。負，恃也。卒，終也。言負二關以爲牢固，終受二人所入也。二人，謂高祖從武關入，項羽從函谷關入。善曰：漢書曰：沛公使兵守函谷關，項羽使黥布攻破之，至戲下。又云：沛公攻武關入秦。應劭曰：武關，秦南關。彼偏據而規小，豈如宅中而圖大。彼，謂秦也。據，依也。言彼秦偏據關西，所規近在二關之內，故云小也。豈如東京居天地之中，所圖者四海之外。善曰：尚書曰：自服于土中。孔安國曰：洛邑，地勢之中。孔叢子曰：子貢謂東郭亢曰：今子位卑而圖大。

「昔先王之經邑也，先王，謂周成王也。邑，洛邑也。善曰：毛萇詩傳曰：經，度也。掩觀九隩，靡地不營。掩，猶及也。九隩，謂九州之內也。靡地不營，謂徧求之，卜瀍、澗及黎水，皆不吉。善曰：新序曰：營，度也。九隩，合道四海也。土圭測景，不縮不盈。鄭玄曰：土，度也〔二〇〕。縮，短也。盈，長也。謂圭長一尺五寸，夏至之日，豎八尺表，日中而度之，圭影正等，天當中也。若影長於圭，則太近北。圭長於影，則太近南。近北多寒，近南多暑，近東多風，近西多雨。總風雨之所交，然後以建王城。總，猶括也。王城，今河南也。周禮曰：土圭之法，測土深正日景，以求地中四時之所交，風雨之所會，陰陽之所和，乃建王國也。審曲面勢，審，度也。謂審察地形曲直之勢，而建王都。善曰：周禮曰：或審曲面勢，以飭五材，以辨民器。鄭司農曰：察五材曲直方面形勢之宜也。泝素洛背河，左伊右瀍。泝，向也。洛，洛水。河，黃河。伊，伊水。瀍，瀍水。善曰：尚書曰：予朝至于洛師，卜澗水東，瀍水西，惟洛食。孔安國曰：洛出上洛山，伊出陸渾山，瀍出河南北山。西阻九阿，東門于旋。謂東有旋門，在成皐西南十數里。阪形周屈，故曰于旋。善曰：穆天子傳曰：天子西升九阿。郭璞曰：旋，今新安縣十里有九坂。阻，險也。阿，曲也。盟津達其後，太谷通其前。孟津，四瀆之長，故武王爲諸侯約誓於其上。尚書曰：東至于盟津。盟津，地名，在洛北。都道所湊，古今以爲津。太谷在輔氏北、洛陽西也。洛陽記曰：太谷，洛城南五十里，舊名通谷。迴行道乎伊闕，邪徑捷乎轘轅。伊闕，山名也。轘轅，阪名也。迴，曲也。捷，邪也。謂大道迂曲，乃當伊闕之外，邪徑趣疾，當歷轘轅。善曰：賈逵國語注曰：道，由也。史記，吴起曰：桀之居伊闕。王逸楚辭注曰：捷，疾也。左氏傳注曰：捷，邪出也。漢書曰：沛公從轘轅。薛綜曰：轘轅坂十二曲，道將去復還，故曰轘轅〔三〕。臣瓚曰：在緱氏東南。大室作鎮，揭竭以熊耳。大室，嵩高別名也。揭，猶表也。言以嵩高之嶽，爲國之鎮也。復表以熊耳之山。善曰：郭璞山海經注曰：大室在陽城縣西。羽獵賦曰：揭以崇山。熊耳，山名也。尚書傳曰：熊耳山在宜陽之西也。底柱輟流，鐔徒南以大岯。底柱，山名也，在河東縣東，南向，居河中，猶柱然也。輟，止也。善曰：尚書曰：導河至於底柱，東過大岯。韻集曰：鐔，劍口也。言大岯之險，同乎劍口也。莊子曰：天子之劍，以周宋爲鐔。温液湯泉，黑丹石緇。言泉水如湯，浴之可以除病，在河南梁縣界中也。黑丹石緇，謂黑石雜色也。言温液即湯泉之流，黑丹石緇之所出。善曰：孝經援神契曰：德至于山陵，則出黑丹。張揖子虛賦注曰：玄厲黑石，可用磨也。王鮪岫居，能奴來鼈三趾。山有穴曰岫也。王鮪，魚名也，居山穴中。長老言：王鮪之魚，由南方來，出此穴中，入河水，見日目眩，浮水上，流行七八十里，釣人見之，取之以獻，天子用祭。其穴在河南小平山。善曰：周禮曰：春獻鮪。鄭玄曰：王鮪，魚之大者。山海經曰：陽狂水西南流，注于伊水中，有三足鼈。爾雅曰：鼈三足曰能。宓妃攸館，神用挺紀。攸，所也。館，舍也。傳曰：成王遷九鼎於洛邑，卜年七百，卜世三十，後皆如其言，故云神所挺紀。謂告年紀之處也。善曰：楚辭曰：迎宓妃於伊、洛。王逸曰：宓妃，神女，蓋伊、洛之水精。龍圖授羲，龜書畀姒。尚書傳曰：伏羲氏王天下，龍馬出河，遂則其文，以畫八卦，謂之河圖。又曰：天與禹，洛出書。謂神龜負文而出，列於背。善曰：爾雅曰：畀，賜也。史記，禹姓姒氏。召伯相宅，卜惟洛食。相，視也。宅，居也。惟，有也。食，謂吉兆。善曰：尚書曰：召公既相宅，卜惟洛食。孔安國曰：卜必先墨畫龜，然後灼之，兆順食墨，吉也。周公初基，其繩則直。謂初造洛邑。言召公先相宅，卜之吉，周公繩度之，合於制度。善曰：尚書曰：周公初基，作新大邑于東國洛。毛詩曰：其繩則直。毛萇曰：言不失繩直之宜也。萇直良弘魏舒，是廓是極。萇弘，周大夫也。魏舒，晉大夫獻子也。廓，猶規也。極，致也。謂二人率諸侯曰，敬以致功，規度王城，三旬而立之。善曰：國語曰：敬王十年，劉文公與萇弘欲城周，爲之告晉。左氏傳曰：晉魏舒合諸侯之大夫以城周也。經途九軌，城隅九雉。南北爲經。途，道也。軌，車轍也。善曰：周禮：國中經途九軌。鄭玄曰：塗容九軌，謂轍廣也。又周禮曰：王城隅之制九雉。鄭玄云：雉，度也。謂高一丈，長三丈爲雉。度徒洛堂以筵，度室以几。堂，明堂也。筵，席也，長九尺。几，爼也，長七尺。善曰：周禮曰：室中度以几，堂上度以筵。京邑翼翼，四方所視。京，大也。大邑，謂洛陽也。翼翼，禮儀盛貌。言常爲四方觀，翼翼然也。善曰：毛詩曰：商邑翼翼，四方之極。漢初弗之宅〔二二〕，故宗緒中圮痞。緒，統也。圮，絶也。漢家不居於洛，故宗廟之統，中途廢絶也。

「巨猾間去聲釁許覲，竊弄神器。巨，王莽字巨君也。猾，狡也。間，候也。釁，隙也。神器，帝位也。言王莽因成、哀無嗣，元后秉政，漢祚微弱，篡處高位。善曰：老子曰：天下神器，不可爲也，爲者敗之。韋昭漢書注曰：神器，天子璽也。歷載三六，偷安天位。載，年也。三六，十八年。謂王莽篡位一十八年也。天位，帝位也。善曰：尚書曰：天位艱哉。于時蒸民，罔敢或貳。于，於也。蒸，衆也。罔，無也。言是時衆民無敢有二心於莽者。毛詩曰：于時言言。尚書，蒸民乃粒。其取威也重矣！威，畏也。重，猶多也。謂爲天下所畏已者多矣。善曰：左氏傳，先軫曰：報施救患，取威定霸。我世祖忿之，世祖，光武也。忿，恚。疾王莽威重如此也。乃龍飛白水，鳳翔參所今墟。白水，謂南陽白水縣也，世祖所起之處也。初爲更始大司馬，討王郎於河北，北爲參、虚分野〔二三〕。龍飛鳳翔，以喻聖人之興也。善曰：周易曰：飛龍在天，大人造也。授鉞四七，共工是除。授，與也。鉞，斧鉞也。四七，二十八將也。共工，霸天下者，以喻王莽也。六韜曰：凡國有難，君召將以授斧鉞。漢書曰：顓頊有共工之陣，以定水災。欃槍旬始，羣凶靡餘。欃槍，星名也。謂王莽在位，如妖氣之在天。世祖除之，凶惡無餘。爾雅曰：彗星，爲欃槍也。旬始，妖氣也。史記曰：旬始，狀如雄雞也。靡，無也。今言世祖除凶賊，無有遺餘也。區宇乂寧〔二四〕，思和求中。天地之内稱寓。言海内既已乂安，思求陰陽之和，天地之中而居之。睿哲玄覽，都兹洛宫。睿，聖也。玄，通也。言通見此洛陽宫也。善曰：尚書曰：睿作聖，明作哲。老子曰：滌除玄覽。河上公曰：心居玄冥之處，覽知萬物，故謂之玄覽。王弼曰：玄，物之極也。廣雅曰：玄，遠也。曰止曰時，昭明有融。曰，辭也。時，是也。融，長也。言當止居是洛邑，必有昭明之德，長久之道也。善曰：毛詩曰：曰止曰時，昭明有融〔二五〕。既光厥武，仁洽道豐。止戈曰武。謚法曰：功格天下曰光，尅定禍亂曰武。洽，合也。豐，盛也。世祖既能止戈，故謚光武。言仁義之道大豐盛也。善曰：洽，霑也。登岱勒封，與黄比崇。登，上也。岱，泰山也。謂王者功成作樂，治定制禮，故封泰山，勒功於石，以紀號也。黄，黄帝也。史記曰：崇，高也。言世祖與黄帝比其尊號。善曰：史記曰：黄帝封泰山，禪云、亭。司馬彪續漢書曰：建武三十二年，乃封禪。孔安國尚書傳曰：崇，尊也。

「逮至顯宗，六合殷昌。逮，及也。殷，盛也。昌，熾也。顯宗，明帝號也。六合，天地四方也。善曰：吕氏春秋曰：神通乎六合。高誘曰：四方上下爲六合也。乃新崇德，遂作德陽。崇德、德陽，皆殿名也。崇德在東，德陽在西，相去五十步。啓南端之特闈，立應門之將將。啓，開也。端門，南方正門。應門，中門也。善曰：爾雅曰：宫中門謂之闈。洛陽宫舍記曰：洛陽有端門。毛詩曰：應門將將。毛萇曰：將將，嚴正之貌。昭仁惠於崇賢，抗義聲於金商。崇賢，東門名也。金商，西門名也。謂東方爲木，主仁，如春以生萬物，昭天子仁惠之德，故立崇賢門於東也。西爲金，主義，音爲商，若秋氣之殺萬物，抗天子德義之聲，故立金商門於西。善曰：漢書曰：角爲木爲仁，商爲金爲義也。飛雲龍於春路，屯神虎於秋方。德陽殿東門稱雲龍門，德陽殿西門稱神虎門。神虎，金獸也。秋方，西方也。飛，飛龍也。易曰：雲從龍，爲水獸〔二六〕。春路，東方道也。善曰：漢書曰：東宮蒼龍。又曰：東方於時爲春。宮殿簿，北宮有雲龍門。王逸楚辭注曰：屯，陳也。漢書曰：西宮白虎。又曰：西方於時爲秋。宮殿簿，北宮有神虎門。建象魏之兩觀，旌六典之舊章。象魏，闕也，一名觀也。旌，表也。言所以立兩觀者，欲表明六典舊章之法。謂懸書于象魏，浹日而斂之。善曰：周禮曰：太宰掌建邦之六典：一曰治典，二曰教典，三曰禮典，四曰政典，五曰刑典，六曰事典。舊章，法令條章也〔二七〕。左傳曰：舊章不可忘。其内則含德章臺，天禄宣明。温飭迎春，壽安永寧。八殿皆以休令爲名，美時君之德，在應門之内也。飛閣神行，莫我能形。言閣道相通，不在於地，故曰飛人。不見行往，故曰神形。謂天子之形容，言我無能説其形狀也。濯龍芳林，九谷八溪。洛陽圖經曰：濯龍，地名，故歌曰：濯龍望如海，河橋渡似雷。芳林，苑名。九谷八溪，養魚池。芙蓉覆水，秋蘭被涯音宜。芙蓉，荷華也。秋蘭，香草，生水邊，秋時盛也。善曰：楚辭曰：秋蘭兮青青。鄭玄注周易曰：蘭，香草也。被，亦覆也。渚戲躍魚，淵游龜蠵音惟。渚，水渚也。戲，游也。躍，跳也。毛詩曰：王在靈沼，於牣魚躍。蠵，龜類也。凡此物謂取有時，非時則恣之游戲，不驚動也。永安離宮，脩竹冬青。永安，宮名也。脩，長也。冬青，謂不彫落也。陰池幽流，玄泉洌清。水稱陰。幽流，謂伏溝，從地下流通於河也。水黑色，故曰玄泉。洌，清澄貌。善曰：楚辭曰：臨沅、湘之玄淵。毛詩曰：洌彼下泉。鵯匹鶋居秋棲，鶻骨鵃竹交春鳴。爾雅曰：鷽斯〔二八〕，鵯鶋。郭璞曰：鵯鶋，匹鳥，腹下白也。又曰：鶌鳩，鶻鵃。郭璞曰：鶻鵃，似山鵲，頭尾青黑色〔二九〕。秋棲、春鳴，謂各得其性也〔三〇〕。鵙七余鳩麗離黃，關關嚶嚶。爾雅曰：鵙鳩，王鵙也。郭璞曰：鵙，鶻鵃類也〔三一〕。又曰：鶬鶊，鵹黃也。郭璞曰：鸝，黃黑也。關關嚶嚶，謂音聲和也〔三二〕。於南則前殿靈臺〔三三〕，龢驩安福。前殿，露寢也。靈臺，臺名也。龢驩、安福，二殿名，並在德陽殿之南。謻直移門曲榭，邪阻城洫。謻門，冰室門也。臺有木曰榭。阻，依也。洫，城下池。冰室門及榭皆屈曲邪行，依城池爲道也。奇樹珍果，鉤盾垂允所職。奇，異也。珍，貴也。鉤盾，今官〔三四〕主小苑。善曰：鉤盾，五丞也。爾雅曰：職，主也。西登少華，亭候修敕。登，升也。並有亭有候也。修，治也。敕，整也。謂西園中有少華之山。九龍之内，寔曰嘉德。九龍，本周時殿名也。門上有三銅柱，柱有三龍相糺繞，故曰九龍。嘉德，殿名，在九龍門内也。西南其户，匪雕匪刻。毛詩曰：西南其户，不雕不刻〔三五〕。尚質也。言殿舍之多，其户或西或南也。我后好約，乃宴斯息。我后，謂明帝也。宴，安也。息，止也。善曰：周易曰：君子以嚮晦入宴息也。於東則洪池清籞〔三六〕語，渌水澹澹徒敢。内阜川禽，外豐葭菼。洪，池名也，在洛陽東三十里。阜，多也。豐，饒也。内多魚鼈，外饒蘆薍也。善曰：漢書音義：應劭曰：籞，在池水上作室，可用棲鳥，鳥入則捕之〔三七〕。高唐賦曰：水澹澹而盤紆。説文曰：澹澹，水摇貌也。爾雅曰：葭，葦也。菼，薍也。薍，五患切。獻鼈蜃與龜魚，供蝸古花蠯蒲佳與菱芡。蝸，螺也。菱，芰也。芡，雞頭也。善曰：周禮曰：春獻鼈蜃，秋獻龜魚，祭祀供蜱蠯。鄭玄曰：蜃，大蛤也。杜子春曰：蜃，蜯也。蜱與蠯同。禮記曰：蝸，醢而苽食。周禮曰：加籩豆之實〔三八〕，有菱芡也〔三九〕。其西則有平樂都場，示遠之觀。平樂，觀名也。都，謂聚會也。爲大場於上以作樂，使遠觀之，謂之平樂。在城西也。龍雀蟠盤蜿紆元，天馬半漢。龍雀，飛廉也。天馬，銅馬也。蟠蜿、半漢，皆形容也。善曰：華嶠後漢書曰：明帝至長安，迎取飛廉并銅馬，置上西門平樂觀也。瑰異譎詭，燦爛炳煥。瑰，奇也。譎詭，變化也。燦爛炳煥，絜白鮮明之貌。奢未及侈〔四〇〕，儉而不陋。言皆合於禮，故奢不至侈，故儉不至陋也〔四一〕。規遵王度，動中得趣〔四二〕。規，摹也。遵，循也。趣，意也。度，先王之法度，舉動合禮之意也。家語，孔子曰：公甫之婦，動中得趣。

「於是觀禮，禮舉儀具〔四三〕。具，足也。言觀王之光明禮儀皆備具也。善曰：左氏傳曰：諸侯宋、魯於是觀禮。經始勿亟居力，成之不日。勿，猶不也。亟，急也。成之不日，言不用一日即成之。善曰：毛詩曰：經始勿亟，庶人子來。毛萇曰：經，度也。又曰：庶民攻之，不日成之。猶謂爲之者勞，居之者逸。勞，苦也。逸，樂也。善曰：賈子曰：翟王使使者之楚，楚王饗客於章華之臺。楚王曰：翟亦有臺乎？使者曰：翟王茅茨不剪，采椽不斲。猶以作者大勞，居者大逸也。慕唐虞之茅茨，思夏后之卑室。唐，唐堯也。虞，虞舜也。夏后，夏禹也。善曰：墨子曰：堯、舜茅茨不剪，采椽不刊。説文曰：茅茨，蓋屋也。論語云：禹卑宮室，而盡力於溝洫也。乃營三宮，布教頒班常。三宮，明堂、辟雍、靈臺。頒，布也。常，舊典也。所以行教化，布典禮之宮也。複福廟重屋，八達九房。複廟，重覆也。重屋，重棟也。謂明堂廟屋，前後異制。善曰：禮記曰：複廟、重檐，達鄉，謂天子廟飾也。大戴禮曰：明堂九室而有八牖，然九室，則九房也，八牖，八達也。規天矩地，授時順鄉。謂宮室之飾，圓者象天，方者則地也。鄉，方也，言頒政賦教，常〔四四〕隨時月而居其方。月令曰：孟春，居蒼龍左个。善曰：大戴禮曰：明堂者，上圓下方。范子曰：天者，陽也，規也；地者，陰也，矩也。三輔黃圖曰：明堂方象地，圓象天。又曰：明堂順四時行令也。造舟清池，惟水泱泱央。造舟，以舟相比次爲橋也。毛詩曰：造舟爲梁。泱泱，水流貌。善曰：毛詩曰：瞻彼洛矣，惟水泱泱。左制辟雍，右立靈臺。言德陽殿東有辟雍，於西有靈臺。謂於其上班教令者曰明堂，大合樂射鄉者曰辟雍〔四五〕，司歷紀候節氣者曰靈臺也。因進距衰，表賢簡能。進，善也。衰，老也。言因其進則舉而用之，衰減者拒而退之。謂擇賢以大射，所以表明德行，簡録其能否，謂辟雍也。善曰：尸子曰：治國有四術：一忠愛，二無私，三用賢，四簡能。爾雅曰：簡，猶擇也。馮皮冰相息亮觀祲浸，祈褫絲禳災。善曰：周禮曰：春官宗伯，馮相氏掌歲日月星辰之位，辨其災祥，以爲時候。鄭玄曰：馮，乘也。相，視也。祲，謂陰陽氣相浸漸以成災也。祈，求福也。禳，除也。災，禍也。謂求祈福而除災害也。爾雅曰：褫，福也。鄭玄周禮曰〔四六〕：却變異曰禳。

「於是孟春元日，羣后旁戾。尚書曰：正月元日，舜格于文祖。孟春，正月也。元日，正日也。羣后，公卿之徒也。旁，四方也。戾，至也。言諸侯正月一日從四方而至，各來朝亨天子也。百僚師師，于斯胥洎。尚書曰：百僚師師。百僚，謂百官也。師師，謂相師法也。胥，相也。洎，及也。言元日百官於此相連及而來朝賀也。藩國奉聘，要荒來質。綜曰〔四七〕：謂王侯藩稱國也。言要荒之外，所奉聘令者盡來朝見。善曰：周禮曰：鎮服外五百里曰藩服。魏相上封曰〔四八〕：顯明功臣，以鎮藩國。鄭司農周禮注曰：衆來曰頫，寡來曰聘。尚書曰：五百里要服，又五百里荒服。漢書曰：樓蘭王遣子質漢也。具惟帝臣，獻琛執贄。具之言俱也。獻，貢也。琛，寶也。執，持也。贄，禮也。言藩國來貢者，謂隨土所出實而貢之也。善曰：萬邦黎獻〔四九〕，具惟帝臣。毛詩曰：來獻其琛。封禪書曰：百蠻執贄。周禮曰：以六禽作六贄。鄭玄曰：贄之言至也，所執以自致也。當覲乎殿下者，蓋數萬以二。覲，見也。言於此之時，當入見於殿下者可數萬人，分於闕下夾道爲二部。爾乃九賓重，臚廬人列。言鴻臚所主，羌胡之人，皆羅列於朝廷也。善曰：漢書曰：羣臣朝十月儀，大行人設九賓，臚句傳。韋昭曰九賓，則周禮曰九儀，謂公、侯、伯、子、男、孤、卿、大夫、士也。臚，傳也，次以傳上令也。蘇林曰：上傳語告下爲臚，下傳告上句。臚，猶行也。二訓雖殊，皆以行上語爲臚也。崇牙張，鏞庸〔五〇〕鼓設。崇牙，栒虡上板作劍鍔者。橫曰栒，植曰虡。張，謂樹之以縣鍾鼓也。善曰：毛詩曰：崇牙樹羽。又曰：鏞鼓有斁。毛萇詩傳，大曰鏞。郎將司階，虎戟交鎩殺。言虎賁中郎將主夾階而立。虎賁，或執戟，或持鎩而相對也。交鎩，謂交加而設兵器也。善曰：漢書曰：儀兵郎中夾階。説文曰：鎩，鈹有鐔。龍輅充庭，雲旗拂霓。馬八尺曰龍。輅，天子之車也，故曰龍輅。充，滿也。庭，朝廷〔五一〕。旗，謂熊虎爲旗，爲高至雲，故曰雲旗也。楚辭曰：載雲旗之逶夷。拂，至也。霓，天邊氣也。夏正三朝，庭燎晢晢。夏家建寅之正，漢家所用也。三朝，歲月日朝。晢晢，大光明也。善曰：東都賦曰：春王三朝。三朝，歲首朔日也〔五二〕。毛詩曰：夜如何其？夜未艾，庭燎晣晣。撞洪鍾，伐靈鼓，撞，鏗也。伐，擊也。靈鼓，六面鼓也。善曰：周禮曰：靈鼓靈鼗。旁震八鄙，軯普耕磕苦代隱訇火宏。旁，四方也。震，驚也。八鄙，四方與四角也。軯磕隱訇，鍾鼓之聲也。若疾霆轉雷而激迅風也。霆，霹靂也。迅，疾也。言鍾鼓之聲，又若雷霆之相轉，亦如急風之迅疾也。

「是時稱警蹕已下雕輦於東廂。警，謂清道也。輦，人挽車。彫，謂有彫飾也〔五三〕。殿東西次爲廂。善曰：漢書儀注曰：皇帝輦動，則左右侍帷幄者稱警。孔安國尚書傳曰：雕，刻鏤也。冠通天，佩玉璽，通天，冠名也。佩，帶也。玉璽，天子印也。蔡雍獨斷曰：天子冠通天。紆皇組，要干將。紆，垂也。皇，大也。組，綬也。干將，劍名也。越絶書曰：楚王令歐冶子、干將爲鐵劍三枚，一曰龍淵，二曰太阿，三曰工市也。吴越春秋曰：干將者，吴人，造劍二枚，一曰干將，二曰莫耶。負斧扆，次席紛純，白與黑謂之斧。扆，屏風，樹之坐後也。次席，竹席也。紛純，謂以組爲緣。善曰：禮記曰：天子負斧扆，南向而立。鄭玄曰：負之言背也。周禮曰：大朝覲，王設黼依，設莞席紛純，次席黼純，左右玉几。次席紛純，謂二席俱設，互言之。左右玉几〔五四〕而南面以聽矣。周禮曰：天子左右玉几。鄭玄曰：左右有几，優至尊也。善曰：周易曰：離者，明也，南方之卦也。聖人南面聽天下，嚮明而治。蓋取於此也。然後百辟乃入，司儀辨等，百辟，諸侯也。司，主也。儀，法也。辨，別也。言百官有分別者，謂司主之次也。善曰：百辟其刑之〔五五〕。周禮曰：司儀主禮，掌九儀之賓客，分別五等之諸侯。左傳，臧僖伯曰：明貴賤，辯等差。尊卑以班，璧羔皮帛之贄既奠，班，位次也。謂尊卑有等差也。善曰：國語曰：班爵貴賤以列之。周禮曰：子執穀璧，孤執皮帛，卿執羔，大夫執鴈，士雉，各有次第。奠，置也。天子乃以三揖之禮禮之。善曰：周禮曰：王土揖庶姓，時揖異姓，天揖同姓。鄭玄曰：庶姓，無親者也。土揖，推手小下之也。異姓，昏姻也。時揖，平推手也。天揖，推手小舉之。又曰：諸侯，心平手禮。伯男，手在心下禮。外國君，在心上禮。穆穆焉，皇皇焉，濟濟焉，將將焉，信天下之壯觀也。壯觀，言天下之人壯大觀覽也。禮記曰：天子穆穆，諸侯皇皇，大夫濟濟，士將將。鄭玄曰：威儀容止之貌。史記曰：天下之壯觀也。乃羨公侯卿士，登自東除，羨，延也。登，進也。謂命之上殿也。天子從中階，諸侯從東西階。善曰：東除，堦也。

訪萬機，詢朝政，尚書曰：一日二日萬機〔五六〕。言機微之事，日有萬種。詢，謀也，謂與謀朝政，有所先後者也。勤恤民隱，而除其眚。恤，憂也。隱，痛也。眚，病也。言有隱痛不安者，今憂恤之也〔五七〕。善曰：國語，祭公謀父曰：勤恤民隱，而除其害也。人或不得其所，若己納之於隍。隍，城下坑無水者。善曰：孟子曰：伊尹思天下之民，匹夫匹婦不與被堯舜之澤者，若己推而納之於溝中也。鄭玄毛詩箋曰：納，內也。說文曰：城池無水曰隍〔五八〕。荷天下之重任，匪怠皇以寧靜。荷，負也。怠，懈也。皇，暇也。言無有懈怠於寧靜者，謂常有所憂也。善曰：孫卿子曰：國者，天下之大器也，重任也，可不善擇而後錯之？毛詩曰：不敢怠遑〔五九〕。發京倉，散禁財。發，開也。京，大也。禁，藏也。善曰：尚書曰：散鹿臺之財，發鉅橋之粟。毛詩曰：曾孫之庾，如坻如京。賚皇寮，逮輿臺。賚，賜也。皇寮，百官也。逮，及也。言天子散發禁庫之財，無問貴賤，皆賜及之。善曰：左氏傳曰：人有十等：王臣公，公臣大夫，大夫臣士，士臣皁，皁臣輿，輿臣隸，隸臣寮，寮臣僕，僕臣臺。漢書，公卿言曰：陛下出禁錢以振元元。應劭曰：少府掌山澤陂池之稅，名曰禁錢，以給私養。命膳夫以大饗，饔餼浹乎家陪。周禮曰：膳夫，主食之官。熟曰饔，腥曰餼。浹，徧也。家陪，謂公卿大夫之家。善曰：毛詩曰：牲牢饔餼〔六〇〕。論語曰：陪臣執國命。春醴惟醇，燔炙芬芬。醇，厚也。燔炙，謂炙肉也。芬芬，香氣盛也。善曰：毛詩曰：爲此春酒。又曰：燔炙芬芬。呂氏春秋曰：厚酒肥肉。君臣歡康，具醉熏熏。康，樂也。具，俱也。熏熏，和説貌。言君臣皆歡樂而和説也。善曰：毛詩曰：公尸來止熏熏。毛萇曰：熏，和悅也。千品萬官，已事而踆七旬。已，止也。踆，退也。謂品秩官僚等，並止事而退還也。善曰：國語曰：觀射父曰：百姓、千品、萬官、億醜。管仲曰：有司已事而竣。踆與竣同也。勤屢省昔井，懋乾乾。屢，數也。省，察也。懋，勉也。乾乾，敬也。善曰：尚書曰：屢省乃成。周易曰：君子終日乾乾也。清風協於玄德，淳化通於自然。協，同也。淳，厚也。玄，天也。自然，通神明也。言帝如此清惠之風，同於天德，淳厚之化，通於神明也。善曰：孔安國尚書傳曰：風，教也。老子曰：爲而不持，長而不宰〔六一〕，是謂玄德。王弼曰：玄德者，皆有德不知其至，出于幽冥者也。老子曰：天法道，道法自然。王弼曰：自然者，無稱之言，窮極之辭。憲先靈而齊軌，必三思以顧諐。憲，法也。先靈，先聖之神靈，即謂堯、舜也。諐，過也。齊，同也。軌，迹也。言有事能思，信與先聖同軌迹也。善曰：論語曰：季文子三思而後行。招有道於側陋，開敢諫之直言。招，明也。有道〔六二〕，言使郡國於側陋之中，舉有道之士而用之也。直言，謂直諫者也。善曰：尚書曰：明明揚側陋。漢書曰：舉能直言極諫者。聘丘園之耿絜，旅束帛之戔戔。耿，清也。旅，陳也。謂有清絜者也。言丘園中有隱士，貞絜清白之人，聘而用之。束帛，謂古招士必以束帛加璧於上。周易曰：六五〔六三〕，賁于丘園，束帛戔戔。王肅云：失位無應，隱處丘園。蓋蒙闇之人，道德彌明，必有束帛之聘也。戔戔，委積之貌也。上下通情，式宴且盤。上謂君，下謂臣。式，用也。盤，樂也。言君情通於下，臣情達於上，故能國家安，而君臣歡樂也。善曰：墨子曰：古者，聖王惟能審以尚同，是故上下通情。毛詩曰：嘉賓式宴以樂也。

「及將祀天郊，報地功，善曰：將，欲也。白虎通曰：祭天必在郊者，天體至清，故祭必於郊，取其清絜也。周禮以正月上辛，郊祀告于上帝，祭天而郊，以報去年土地之功。京房易占曰：立秋報地功。祈福乎上玄，思所以爲虔。祈，求也。玄，天也，玄黃天地。言天子祭天地之際，思念所以盡其忠敬。善曰：禮記曰：共皇天上帝之神，以爲人祈福。周易曰：天玄而地黃也。肅肅之儀盡，穆穆之禮殫。殫，盡也。善曰：毛詩頌曰：至止肅肅。禮記曰：天子穆穆〔六四〕。然後以獻精誠，奉禋祀，曰：『允矣，天子者也。』獻，進也。允，信也。天子，言是天帝之子也。善曰：國語曰：精意以享謂之禋祀。周禮曰：以禋祀祀昊天上帝。毛詩曰：允矣君子。乃整法服，正冕帶。整，理也。冕，所謂平天冠也。言天子素帶朱裏，謂三皇已來始冕，制有數種。鄭玄曰：長一尺七寸，廣八寸，前圓後方，以珠玉飾之也。法服，謂衣服並有法度。善曰：孝經曰：非先王之法服不敢服。珩行紞丁敢紘宏綖，玉笄綦其會。笄，簪也，謂以玉飾之。善曰：左氏傳曰：珩紞紘綖，昭其度也。杜預曰：珩，維持冠者。紘，纓從下上者。紞，冠之垂者也。綖，冠上覆者。周禮曰：王之五冕，玉笄也。又曰：王之皮弁，會五采玉琪。鄭玄曰：會，縫中。琪如綦〔六五〕。綦，謂結皮弁於縫中，每貫結五采玉十二以爲飾，謂之綦會。火龍黼黻，藻繂律鞶厲。善曰：左氏傳曰：火龍黼黻，昭其文也。藻繂鞞鞛，鞶厲斿纓，昭其數也。杜預曰：火，畫火也。龍，畫龍也。白與黑謂之黼黻，兩己相戾也。藻繂，以韋爲之，所以藉玉。鞞，佩刀削上飾；鞛，下飾。鞶厲，紳帶之垂者。斿，旌旗之斿。纓，在馬膺前。結飛雲之袷輅，樹翠羽之高蓋。袷輅，次車也，次車樹翠羽爲蓋，如雲飛也。今世謂之羽蓋車也。善曰：高唐賦曰：翠爲蓋。建辰旒之太常，紛焱一作飆〔六六〕悠以容裔。辰，謂日、月、星也。畫之於旌旗，垂十二旒，名曰太常，上畫三辰〔六七〕，以象天明也。謂天子十二旒，諸侯九旒，大夫三旒。紛，盛也。悠，從風貌。容裔，高低之貌。焱，火花也。言風鼓動旌旗，紛紜盛亂如火花之飛起。善曰：周禮曰：日月爲常。左氏傳曰：三辰旂旗，昭其明也。六玄虬之弈弈，齊騰驤而沛艾。

六，六馬也。玄，黑也。天子駕六馬。騰驤，趣走也。弈弈，光明。沛艾，作姿容貌也。善曰：甘泉賦曰：六玄虯。毛詩曰：四牡弈弈。司馬相如大人賦曰：沛艾赳螑。龍輈華轙，金鍐亡犯鏤鍚。輈，車轅，轅端上刻作龍頭也。華，采畫也。善曰：爾雅曰載轡謂之轙。郭璞曰：在軾上，環轡所貫也。蔡雍曰：金鍐者，馬冠也。高廣各五寸，上如玉華形，在馬髦前。鏤，彫飾也，當顱刻金爲之〔六八〕。毛詩曰：鉤膺鏤鍚。方釳乞左纛，鉤膺玉瓖音襄。方釳，謂轅旁以五寸鐵鏤鍚，中央低〔六九〕，兩頭高，如山形，而貫中以翟尾，結著之轅兩邊，恐馬相突也。左纛，以旄牛尾大如斗，置騑馬頭上，以亂馬目，不令相見也，鉤膺，當胸也。瓖，馬帶玦，以玉飾也。善曰：廣雅曰：釳，許乞切。鑾聲噦噦，和鈴鉠鉠於良切。鑾在衡，和在軾，皆以金爲鈴也。噦噦，和鳴聲。鉠鉠，小聲。善曰：毛詩曰：鑾聲噦噦，和鈴鉠鉠。重輪貳轄，疏轂飛軨零〔七〇〕。蔡雍獨斷曰〔七一〕：乘輿重轂外復有一轂，副轄其外，乃復設轄。然重輪即重轂也。飛軨，以緹紬廣八尺〔七二〕，長柱地，畫左青龍，右白虎，繫軸頭，取兩邊飾。蔡雍月令章句曰：疏，鏤也。羽蓋威蕤，葩瑵爪曲莖。羽蓋，以翠羽覆車蓋也。威蕤，羽貌。葩爪，悉以金作華形。莖皆曲，蔡雍獨斷曰：凡乘輿車皆羽蓋金華。爪與瑵同〔七三〕。順時服而設副，咸龍旂而繁纓。五時之服，各隨其車，車各一色，以爲副貳。副車各一乘，今謂之五帝車也。龍旂者，交龍爲旂也。鞶，今之馬大帶也。纓，馬鞅也。善曰：毛詩曰：龍旗陽陽。周禮曰：玉路鍚樊纓。鄭玄曰：樊，讀如鞶，謂今之馬大帶也。繁與鞶古字通。立戈迆戛，農輿輅木。戈，謂木勾矛戟也〔七四〕。戛，長矛也。矛，置車上，邪柱之，是謂戎輅。農輿無蓋〔七五〕，所謂耕根車也。言耕稼於藉田，乘馬無飾，故稱木。善曰：迆，邪也〔七六〕。屬車九九，乘軒並轂。副車曰屬。言相連也。屬〔七七〕車有藩者曰軒。皆在後爲三行，故曰並轂。善曰：漢雜事曰：諸侯貳車九乘，秦滅九國，兼其車服，故大駕屬車八十一乘。珽伏〔七八〕弩重旃，朱旄青屋。通帛曰旃。朱旄，旄牛尾赤色者也。青屋，青作蓋裏也。善曰：說文曰：珽，車蘭間皮筐以安其弩也。徐廣車服志曰：輕車置弩於軾上，載以屬車，然置弩於珽，曰珽弩。奉引既畢，先輅乃發。奉引，謂引道者，言引道之次已定，前車乃發。善曰：漢官儀曰：大駕則公卿奉引。尚書曰：先路在左塾之前。鑾旗皮軒，通帛精旆。鑾旗，謂以象鑾鳥也。皮軒，以虎皮爲之。善曰：蔡邕車服志曰：鑾旗俗人名曰雞翹。上林賦曰：前皮軒，後道斿。通帛曰旗。國語曰：分魯公以少帛綪茷。韋昭曰：綪茷，大赤也〔七九〕。雲罕九斿，闟戟轇膠輵葛。雲罕，旌旗之別名也。九斿，亦旗名也。闟，鋋也。轇輵，雜亂貌。善曰：上林賦曰：載雲罕。說文曰：斿，旌旗流也。史記曰：趙良謂衛鞅曰：君之出也，操闟戟者旁車而趨。王逸楚辭注曰：轇輵，參差縱横也〔八〇〕。髶而利髦被繡，虎夫戴鶡。髶髦，髦頭茸騎也。善曰：漢書羿爲髦頭。應劭曰：繡衣，在天子乘輿之前。鶡，鷙鳥也。鬭至死乃止，令武士戴之，取猛也。司馬彪續漢書曰：虎賁騎皆鶡冠。駙承華之蒲梢，飛流蘇之騷殺桑葛。駙，副馬也。承華，廄名也。言取華廄之蒲梢，以爲副馬也。漢官儀有承華廄。善曰：後宮〔八一〕蒲梢汗血之馬。流蘇，五采毛雜之，以爲馬飾而垂之。續漢書曰：駙馬赤珥流蘇。摯虞決疑要注曰：凡下垂爲蘇。騷殺，垂貌。總輕武於後陳，奏嚴鼓之嘈囐才達。後陳者，謂北軍五營兵在後陳列。嘈囐，鼓聲。善曰：漢書曰：隤銅丸以擿鼓〔八二〕，聲中嚴鼓之節。晉灼曰：疾擊鼓。戎士介而揚揮，戴金鉦而建黃鉞。戎，兵也。士，士卒也。介，甲也。揮，爲肩上絳幟，如燕尾者也。金鉦，鐲鐃之屬也。黃鉞，以黃金飾之。善曰：左氏傳，廚人濮曰：揚徽者，公徒也。徽與揮古字通。蔡邕獨斷曰：乘輿後有金鉦黃鉞。清道案列，天行星陳。清道，謂蹕止行者。列，猶次也。言天子行如上天之星行，羅列有次。善曰：司馬相如上疏曰：清道而後行。周易曰：天行健。尚書大傳曰：明明上天，爛然星陳。肅肅習習，隱隱轔轔。肅肅，敬貌。習習，行貌。隱隱，衆多貌。轔轔，車聲也。殿坫未出乎城闕，旆已反乎郊畛〔八三〕諸鄰。殿，後軍也。旆，前軍也。郊畛，謂郊界也。言從之多後猶未出城闕，前已迴於郊界也。善曰：論語曰：孟之反不伐，奔而殿。宋衷太玄經注曰：畛，界也〔八四〕。盛夏后之致美，爰敬恭於明神〔八五〕。盛，猶嘉也。夏后，禹也。言今嘉欲行禹之事，爰布恭敬於神明也。善曰：論語曰：惡衣服而致美於黻冕，菲飲食而致孝於鬼神。毛詩曰：恭敬明神也〔八六〕。

「爾乃孤竹之管，雲和之瑟。孤竹，國名，出竹。善曰：周禮曰：孤竹之管，雲龢之瑟。和與龢古字通。鄭玄曰：孤竹，特生者也。雲和，山名也。出美木，用爲瑟，其聲清亮也。雷鼓鼝鼝，六變既畢。雷鼓，八面鼓也。凡樂六變爲一成，則更奏。畢，盡也。善曰：周禮曰：雷鼓路鼗奏之，若樂六變，一變，川澤之神見；二變，山林之神見；三變，丘陵之神見；四變，墳衍之神見；五變，地神見；六變，天神見。毛詩，鼓鼝鼝〔八七〕。冠華秉翟，列舞八佾。冠華，以鐵作之，上闊下狹，以翟雉尾飾之，舞人頭戴。一行羅列八人，八八六十四人。謂今麥策花也。穀梁傳曰：舞夏天子八佾。善曰：蔡邕獨斷曰：大樂郊祀，舞者冠建華冠。毛詩曰：右手秉翟。馬融論語注曰：佾，列也〔八八〕。元祀惟稱，羣望咸秩。元，大也。祀，祭也。稱，舉也。謂大祭天地之禮既舉，羣岳衆神望以祭祀之，皆有秩次。善曰：尚書曰：咸秩無文。王肅曰：秩，序也。左氏傳曰：乃有事于羣望。孔安國尚書傳曰：在遠者望而祭之。颺槱由燎之炎煬樣，致高煙乎太一〔八九〕。颺，飛颺也。槱之言聚也。謂聚薪焚之，揚其光炎，使上達於天也。太一，天之尊神也，曜魄寶也。善曰：周禮曰：以槱燎祀司中司命。郭璞方言注曰：火熾猛爲煬。説文曰：致，送也。漢書曰：中宮天極星，其一明者，太一常居也。神歆馨而顧德，祚靈主以元吉。歆，饗也。顧，眷也。祚，報也。靈，明也。元，大也。吉，福也。言天神覩人主之明肅，顧饗其馨香之祭，故報之以大福。尚書曰：明德惟馨。周易曰：黄裳元吉。然後宗上帝於明堂，推光武以作配。宗，尊也。上帝，太微中五帝也。配，對也。言尊祭五帝於明堂，以光武配之。漢書曰：明帝宗祀五帝於明堂，光武皇帝配之。辯方位而正則，五精帥而來摧徂回切。辯，别也。方位，謂四方中央之位也。則，法也。五精，五方星也。帥，循也。摧，至也。言五帝總集至明堂。善曰：漢書曰：祀五帝於明堂，坐位各處其方。孝經鈎命決曰：宗祀文王於明堂，以配上帝五精之神。爾雅曰：摧，至也。尊赤氏之朱光，四靈懋而允懷。赤氏，謂漢火德所統，赤帝熛怒也。河圖曰：四靈，蒼帝神名靈威仰，赤帝神名赤熛怒，黄帝神名含樞紐，白帝神名白招拒，黑帝神名協光紀。今五云四靈，謂除赤，餘有四。懋，悦也。懷，安也。善曰：尚書曰：民其允懷。孔安國曰：民信歸之。於是春秋改節，四時迭代。改，易也。迭，更也。代，謝也。言感四時之謝，而欲享祀也。善曰：易乾鑿度，孔子曰：天地有春秋冬夏節，故生四時。又曰：五行迭終，四時更廢。蒸蒸之心，感物曾思。廣雅曰：蒸蒸，孝也〔九〇〕。感物，謂感四時之物，即春韭卵，夏麥魚，秋黍肫，冬稻鴈。孝子感此新物，則思祭先祖也。善曰：尚書曰：

虞舜蒸蒸。廣雅曰：感，傷也。躬追養於廟祧吐堯，奉蒸嘗與禴祠。言祭皆追感孝養之道，故躬自爲之。躬，猶身也。善曰：禮緯曰：祭者，所以追養繼孝也。禮記曰：遠廟爲祧。毛詩曰：禴祠蒸嘗。公羊傳曰：春曰祠，夏曰禴，秋曰嘗，冬曰蒸。物牲辯徧省，設其楅衡。物牲，謂祭祀之牲物，皆徧省視之也。横木於牲角端，以備抵觸，謂之楅衡。善曰：周禮曰：牧六牲而阜蕃其物，以供祭祀。凡祭祀，飾其牛牲，設其楅衡。杜子春曰：楅衡，所以持令不得抵觸人也。毛炰炮豚胉博，亦有和羹。善曰：鄭玄曰：周禮注曰：毛炰者，豚〔九一〕胉去其毛〔九二〕而炰之，以備八珍。毛詩曰：毛炰胾羹。周禮曰：飲食之豆〔九三〕，其實豚胉。杜子春曰：以胉爲膊，謂脅也〔九四〕。毛詩曰：亦有和羹。滌濯静嘉，禮儀孔明。滌濯，謂洗滌也。静，絜也。嘉，善也。孔，甚也。言禮儀甚鮮明也。善曰：周禮曰：大祭祀，眡滌濯。鄭玄曰：滌，溉祭器也。毛詩曰：籩豆静嘉。又曰：禮儀既備。又曰：祀事孔明。萬舞奕奕，鍾鼓喤喤。萬舞，干也。奕奕，舞形也。喤喤，鼓聲也。善曰：毛詩曰：萬舞奕奕，鍾鼓喤喤。靈祖皇考，來顧來饗平聲。靈、皇，神名，謂先帝也。言先帝之神顧悉子孫，享其食也。神具醉止，降福穰穰。神，謂先神也。具，俱也。止，已。降，下也。穰穰，衆多也。善曰：毛詩曰：神具醉止，降福穰穰。

「及至農祥晨正，土膏脉起。農祥，天駟，即房星也。晨時，正中也，謂正月初也。善曰：國語曰：虢文公曰：太史順時視土〔九五〕，農祥晨正，土乃脉發。太史告稷曰：土膏其動。韋昭曰：農祥，房星也。晨正，謂立春之日，晨中於午也。脉，理也。膏，土潤也。乘鑾輅而駕蒼龍，善曰：禮記曰：孟春之月，乘鑾輅，駕蒼龍。鄭玄曰：鑾輅，有虞氏之車也，有鑾和之飾，而飾之以青輪。春，東方色青也。馬八尺爲龍。介馭間以剡以冉〔九六〕

耜。天子車，帝在左，御在中，介處右。善曰：禮記曰：天子祈穀于上帝，親載耒耜，措之於參保介之御間。鄭玄曰：保介，車右，置耒耜於車右與御者之間，明以勸農。又使勇士衣甲而參乘，備非常也。保，猶衣也。毛詩曰：以我覃耜。毛萇曰：覃，利也。鄭玄禮記注曰：耜，耒之金也。覃與剡同。躬三推於天田，修帝籍之千畝。善曰：東觀漢記曰：永明四年，詔書曰：朕親耕于籍田，以祈農事。禮記曰：躬耕帝籍，天子三推，爲籍千畝。楊雄上林苑箴曰：芒芒天田，芃芃作穀。供禘郊之粢盛，必致思乎勤己。禘郊，謂祭天於南郊也。言天子籍田千畝，必須親耕者，爲敬其祖考，用充宗廟之粢盛，故云勤己。善曰：禮記曰：王者禘其祖之所自出。鄭玄曰：禘，大祭也。又曰：天子籍田千畝。以事天地，以爲齊盛。毛萇詩傳曰：器實曰粢，在器曰盛。鄭玄禮記注曰：致之言至也。兆民勸於疆場亦，感懋力以耘耔音子。兆民，謂百姓也。疆，田畔也。耘，去草。耔，壅本也。善曰：毛詩曰：疆場有瓜，或耘或耔。爾雅曰：懋，勉也。春日載陽，合射辟雍。陽，暖也。言春三月之時，與諸侯合射辟雍，行禮教。善曰：毛詩曰：春日載陽。鄭玄曰：載之言則也。東觀漢記，永平三年三月，上初臨辟雍，行大射禮。〔九七〕設業設虡，宮懸金鏞。設，施也。業，栒上板刻爲鴈齒，捷業然，植者爲虡，橫者爲栒，以施設懸之宮中也。鏞，大鍾也。善曰：毛詩曰：設業設虡。周禮曰：正樂懸之位，王宮懸。鄭司農曰：宮懸，四面也。鏞，已見上文。鼖鼓路鼗，樹羽幢幢。鼖，大鼓也。鼗，小鼓也。幢幢，羽貌。善曰：周禮曰：以鼖鼓鼓軍事。又曰：路鼓路鼗。〔九八〕毛詩曰：崇牙樹羽。毛萇曰：置羽於栒上，以爲飾也。於是備物，物有其容。言備具也。物，禮物也。射之禮物並有容飾也。善曰：左氏傳，屠蒯曰：事有其物，物有其容。伯夷起而相儀，后夔坐而爲工。伯夷，唐虞時明禮儀之官也。后夔，舜臣，掌樂之官。言禮以行施，故云起；樂以靜陳，故曰坐。善曰：左氏傳曰：孟僖子不能相儀。又曰：昔玄妻，樂正后夔取之。儀禮曰：大射工六人。張大侯，制五正。善曰：毛詩曰：大侯既抗。毛萇曰：大侯，君侯也。周禮曰：王射三侯五正。鄭司農曰：王張五采之侯，即五正之侯也。謂天子五正，諸侯三正，大夫、士二正。以布畫取五方正色於大侯之上也。設三乏，厞司旌。言大射張三侯，故設三乏。乏以革爲之，護旌者之禦矢也。司旌，謂執旌司射，中當舉之。周禮曰：服不氏，射則以旌居乏而待獲。杜子春曰：乏，音爲匱乏之乏〔九九〕。爾雅曰：厞，隱也，音翡。并夾既設，儲乎廣庭。并夾，鉗矢者。周禮曰：射則取矢也。言侯高則以并夾取之也。儲，待也。廣，大也。謂張設於大庭，以待天子也。於是皇輿夙駕，軰於東階，軰之言却也。謂却於東階下，天子未乘之時也。善曰：毛詩曰：皇輿夙駕〔一〇〇〕。軰，音柴。以須消啓明。掃朝霞，登天光於扶桑。須，俟也。消，不見也。掃，滅也。言晨時啓明先見，尚有餘光，日出乃不見。霞，日邊赤氣也。謂天子須啓明光消霞滅，日上扶桑，乃就乘輿也。禮：天子日出乃視朝。善曰：毛詩曰：東有啓明，西有長庚。淮南子曰：登于扶桑，爰始將行，是謂朏明也。天子乃撫玉輅，時乘六龍。玉輅，謂玉飾之也。鄭玄禮記注曰：撫，猶據也。東都賓曰：登玉輅，乘時龍。善曰：周易曰：時乘六龍。此謂各隨其時而乘之。發鯨魚，鏗華鍾。發，舉也。鏗，猶擊也。華鐘，謂有篆刻文，故言華也。善曰：東都賦曰：發鯨魚，鏗華鐘。大丙弭節，風后陪乘。善曰：淮南子曰：若夫鉗且、大丙之御也，馬莫使之而自走。高誘曰：二人，太一之御也。楚辭曰：吾令羲和弭節兮。王逸曰：弭，按節徐行也。史記曰：黃帝舉風后以理人。

鄭玄曰：風后，黄帝三公也。應劭漢官儀曰：常伯任侍中，出即陪乘也。攝提運衡，徐至於射宮。攝提有六星。玉衡，北斗中星，主迴轉。並飾於車上，徐行至於射宮。射宮，謂辟雍也。善曰：漢書曰：攝提失方。音義曰：攝提隨斗杓所建十二月也。杓，匹遥切。春秋保乾圖曰：斗節運衡。何休公羊傳曰〔一〇〕：運，轉也。禮事展，樂物具。展，謂舒陳器物也。物具，謂器物皆具備也。王夏闋，騶側留虞奏。王夏，樂名也，天子初出奏也。闋，終也。善曰：周禮曰：出入則奏王夏。又曰：凡射，王奏騶虞之樂。決拾既次，彫弓斯彀古候。決，以象骨著右手巨指，所以鈎弦也。拾，韝捍著左臂也。彫弓，謂有刻畫也。彀，張也。善曰：毛詩曰：決拾既次。鄭玄曰：次，謂手指相比也。達餘萌於暮春，昭誠心以遠喻。昭，明也。誠心，謂天子之心也。善曰：禮記曰：季春，勾者畢出，萌者盡達。白虎通曰：天子所以親射何？助陽氣達萬物也。名之爲侯者何？明諸侯不朝者，則當射之。然則射者，帝誠心遠喻於下也。文子曰：誠心可以懷也。進明德而崇業，滌饕叨餮他結之貪慾。射義曰：射所以觀德也。崇，猶興也。業，射業也。滌，蕩去也。言有貪婪嗜慾者，皆滌蕩去之也。善曰：漢書，明帝詔曰：親射泰侯，蓋選士威惡，助微達陽也。周易曰：君子進德修業。杜預左氏傳注曰：貪財曰饕，貪食曰餮。仁風衍而外流，誼方激而遐騖。衍，布也。方，道也。激，感也。遐，遠也。騖，馳也。善曰：典引曰：仁風翔乎海表。禮記曰：射者，仁道也。又曰：古諸侯之射，所以明君臣之義也。廣雅曰：方，正也。日月會於龍狵〔一一〕鬪，恤民事之勞疚。狵，尾也。日月會於尾，謂十月時也。疚，病也。民勞病於歲事，到此月乃終也，故天子悉恤勞來之。善曰：國語云：日月會於龍狵，國家於是乎蒸嘗也。賈逵曰：狵，龍尾也。月令，孟冬日在尾。漢書曰：東宮蒼龍。因休力以息勤，致歡忻於春酒。謂田事畢，休民力，息勤勞也。善曰：禮記曰：孟冬之月，勞農以休息。春酒，謂春時作，至冬始熟也。毛詩曰：春酒惟淳〔一〇三〕。執鑾刀以袒割，奉觴豆於國叟。言天子親執鑾刀，袒右膊而割牲，以示敬也。善曰：東觀漢記曰：永明二年，詔曰：十月元日，始尊事三老，兄事五更，朕親袒割牲。毛詩曰：執其鑾刀。孝經援神契曰：天子親臨辟雍，袒割。禮記曰：食三老五更於太學，天子袒而割牲，執醬而饋，執爵而酳。降至尊以訓恭，送迎拜乎三壽。降，下也。至尊，天子也。三壽，三老也。言天子尊而養此三老者，以教天下之敬，故來拜迎，去拜送焉。善曰：左傳曰：享以訓恭儉。蔡邕獨斷曰：天子事三老，使者安車輭輪送迎而至家，天子獨拜。毛詩曰：三壽作朋也。敬慎威儀，示民不偷以朱反，協韻。敬，宜也。儀，禮也。毛詩曰：敬慎威儀，視民不恌。毛萇曰：恌，偷也。我有嘉賓，其樂愉愉。嘉賓，謂三老、五更也。愉愉，和悅之貌也。善曰：毛詩曰：我有嘉賓。聲教布濩〔一〇四〕護，盈溢天區。布濩，猶散被也。天區，謂四方上下也。言天子教愛及之。尚書曰：聲教訖于四海〔一〇五〕。

「文德既昭，武節是宣。既，已也。昭，明也。宣，猶發也。言文武之教，無處不臨。善曰：尚書曰：誕敷文德。漢書，武帝詔曰：躬秉武節。三農之隙，曜威中原。隙，閒也。曜威，謂治兵也。善曰：國語曰：三時務農，一時講武。韋昭曰：三時，春夏秋。西都賦曰：曜威而講武事也。歲惟仲冬，大閱西園。西園，上林苑也。善曰：周禮曰：仲冬，教大閱。公羊傳曰：大閱者何？簡車馬也。後漢書曰：先帝左開鴻池，右作上林苑。虞人掌焉，先期戒事。先期，謂期日〔一〇六〕敕戒羣吏脩獵具也。善曰：周禮，虞人掌山澤之官，度知禽獸多少。戒，猶告也。悉率百禽，鳩諸靈囿。悉，盡也。率，歛也。鳩，聚也。囿，苑也。囿，謂集禽獸於靈囿之中〔一〇七〕。善曰：毛詩曰：悉率左右，以燕天子。毛萇曰：驅禽獸於王之左右。鄭玄曰：率，循也。悉率驅禽獸，順其左右之宜，以安待王之射。毛詩曰：王在靈囿〔一〇八〕。獸之所同，是謂告備。同，亦聚也。備，具也。言禽獸皆已合聚，田物具備也。善曰：毛詩曰：獸之所同。禮曰：告備于王〔一〇九〕。乃御小戎，撫輕軒。毛詩曰：小戎俴收。謂小戎之車輕便宜田獵。鄭玄曰：輕車，驅逆之車。中畋四牡，既佶其栗且閑。中畋馬，謂調良馬可用獵者。佶，健也。閑，習也。毛詩曰：四牡既佶，既佶且閑。戈矛若林，牙旗繽紛。若林，言多也。繽紛，風吹貌。兵書曰：牙旗者，將軍之旌。謂古者天子出，建大牙旗，竿上以象牙飾之，故云牙旗。迄上林，結徒營〔一一〇〕。迄，至也。結，止也。徒，衆也。營，域也。上林，苑名。善曰：説文曰：營，市居也。次一作敍〔一一一〕和樹表，司鐸授鉦。次，比也。和，軍之正門爲和也。表，門表也。司，主也。鉦鐸，所以爲軍節。善曰：周禮曰：大閲，虞人爲表，以旌爲左右和門。又曰：教振旅，辨鼓鐸鐲鐃之用也。坐作進退，節以軍聲。言聲中進退，取鍾鼓旌之節。善曰：周禮曰：司馬執鐸，以教坐作進退疏數之節。三令五申，示戮斬牲。示，教也。言三令五申，示衆人畢。有不用命者，斬之若牲也。善曰：尹文子曰：將戰，有司讀誥誓，三令五申之，既畢，然後即敵。史記曰：孫子約束既布，三令五申之。周禮曰：大閲，斬牲以徇陣，曰：不用令者斬之。陳師鞠旅，教達禁成。陳師，猶列師衆也。鞠之言告也。教達，謂三令五申，禁令已行，軍法成也。善曰：毛詩曰：陳師鞠旅。火列具舉，武士星敷。具，俱也。敷，布也。言武士獵徒如星之布也。善曰：毛詩曰：火列具舉。毛萇曰：列，人持火也。鵝鸛灌魚麗離，箕張翼舒。鵝、鸛、魚麗，並陣名也。謂武士發於此而列行，如箕之張，如翼之舒也。善曰：左氏傳曰：晉荀吴與華氏戰于赭丘，鄭翩願爲鸛，其御願爲鵝。左氏傳曰：王伐鄭，鄭原繁爲魚麗之陣。軌塵掩迒岡，匪疾匪徐。掩，覆也。迒，迹也。謂車軌之塵，適自覆跡，言得遲疾之中也。善曰：穀梁傳曰：蒐于紅，車軌塵，馬候蹄也。馭不詭遇，射不翦毛。孟子曰：爲之詭遇，一朝而獲十。劉熙曰：横而射之曰詭遇〔一二〕。毛萇詩傳曰：面傷不獻，翦毛不獻。升獻六禽，時膳四膏。升，進也。四膏者，禮記曰：牛膏香，犬膏臊，雞膏腥，羊膏羶。善曰：周禮曰：庖人掌供六禽。鄭司農曰：六禽，鴈、鶉、鷃、雉、鳩、鴿也。馬足未極，輿徒不勞。極，盡也。輿，衆也。勞，罷勞也。善曰：韋昭漢書注曰：輿，車士也。成禮三毆一作驅，解罘伏侯放麟。大鹿曰麟。解，散也。罘，罔也。周易曰：王用三毆，失前禽也。毆與驅同。善曰：穀梁傳曰：四時之田用三焉，一曰乾豆，二曰賓客，三曰充君之庖。不窮樂以訓儉，不殫物以昭仁。窮，極也。訓，教也。殫，盡也。物，謂禽獸也。言殺禽獸不盡，即昭明人君行仁之道，謂崇儉故也。善曰：列女傳曰：周宣王姜后曰：好奢必樂，窮樂者亂之所興。左傳曰：享以訓躬儉〔一三〕。慕天乙之弛罟，因教祝以懷民。天乙，殷湯名也。弛，廢也。善曰：吕氏春秋曰：湯見罔置四面，湯拔其三面，置其一面，祝曰：昔蛛蝥作罔，今之人學紓，欲高者高，欲下者下，吾取其犯命者。漢南之國聞之曰：湯德至禽獸，三十國歸之。高誘曰：紓，緩也。毛萇詩傳曰：懷，來也。儀姬伯之渭陽，失熊羆而獲人。儀，則也。姬伯，文王爲西伯也。善曰：史記曰：太公望吕尚，東海人，以漁釣干周西伯。西伯將出獵，卜曰：所獲非龍，非彲，非虎，非羆，所獲霸王之輔。西伯獵，果遇太公渭之陽，與語大說。文王勞之，太公曰：臣聞君子樂其志，小人樂其事。遂載與俱歸。澤浸昆蟲，威振八寓。浸，潤也。八寓，八方區宇也。善曰：毛詩序曰：文王德及鳥獸昆蟲焉。鄭玄禮記注曰：昆，明也。明蟲者，陽而生，陰而藏也。蒼頡篇曰：宇，邊也。說文曰：寓，籀文宇字。好樂無荒，允文允武。允，信也。無荒，言不好荒淫之樂。信與文王、武王等其功德也。善曰：毛詩曰：好樂無荒，允文允武，昭假烈祖。薄狩于敖，既璅璅一作瑣〔一四〕焉。敖，鄭地，今之河南滎陽也。謂周王狩也。璅璅，小也。言鄙陋不足說也〔一五〕。詩曰〔一六〕：建旐設旄，薄獸于敖。岐陽之蒐，又何足數。岐陽，岐山之陽，謂成王所狩之地，亦以小不足可數也。善曰：左氏傳曰：成王有岐陽之蒐〔一七〕。

「爾乃卒歲大儺奴何，敺除羣厲。卒，終，謂一歲之終。儺，逐疫鬼。善曰：漢舊儀曰：昔顓頊氏之有三子，已而爲疫鬼，一居江水爲瘧鬼；一居若水爲罔兩蜮鬼；一居人宮室區隅，善驚人，爲小鬼。於是以歲十二月，使方相氏蒙虎皮，黄金四目，玄衣丹裳，執戈持盾，帥百隸及童子而時儺，以索室中而敺疫鬼也。方相秉鉞，巫覡胡激操茢音例。善曰：周禮曰：方相氏，黄金四目，玄衣朱裳，執戈揚盾也。國語曰：在男謂之覡，在女謂之巫也。說文曰：操，把持也。左傳曰：襄公乃使巫以桃茢先祓殯。杜預曰：茢，乃黍穰也。侲震子萬童，丹首玄製。侲子，童男童女也。朱，丹也。玄製，皁衣也。善曰：續漢書曰：大儺，謂逐疫。選中黄門子弟十歲以上十二以下百二十人爲侲子，皆赤幘皁製，以逐惡鬼于禁中。桃弧棘矢，所發無臬牛列切。飛礫雨散，剛癉亶必斃。桃弧，謂弓也。棘，矢箭也。癉，難也。言鬼之剛而難者皆盡死也。善曰：漢舊儀，常以正歲十二月，命時儺，以桃弧葦矢且射之，赤丸五穀播灑之，以除疾殃。左氏傳曰：桃弧棘矢，以除其災。説文曰：臬，射埻的也〔一八〕。

煌火馳而星流，逐赤疫於四裔。煌，火光也。馳，競也。赤疫，疫鬼惡者也。四裔，謂四海也。星流，謂羣鬼競走。煌煌然如火光之與星流也。善曰：續漢書曰：儺持火炬，送疫出端門外，騶騎傳炬出宮〔一九〕。五營騎士，傳火棄洛水中。星流，言疾也。左氏傳曰：投諸四裔，以禦魑魅。然後凌天池，絕飛梁。凌，升也。善曰：莊子曰：北溟者，天池也。如淳漢書注曰：直渡曰絕。甘泉賦曰：歷倒景而絕飛梁。捎所交切魑魅，斮側角獝其筆〔二〇〕狂。魑魅，山澤之神。獝狂，惡戾之鬼名。捎，殺也。斮，擊也。善曰：諸鬼之説者各異，今隨所釋而載之，不改易也。斬蜲紆危蛇移〔二一〕，腦方良。方良，草澤之神也。腦，陷其頭也。善曰：莊子，蜲蛇之狀，其大若轂，其長若轅，紫衣而朱冠也。囚耕父於清泠零，溺女魃蒲葛〔二二〕於神潢黃。清泠，水名，在南陽西鄂山上。神潢，亦水名，未知所在。善曰：山海經曰：有神耕父處豐山，常游清泠之淵，出入有光。又曰：大荒之中，有山名不勾，有人衣青衣，名曰黄帝女魃，所居不雨。殘夔魖虛與罔像〔二三〕，殪煙計野仲而殲子廉游光。殘，猶殺也。夔，木石之怪，如龍有角，鱗甲光如日月，見則其邑大旱。説文曰：魖，耗鬼也。罔象，木石之怪。殪，殺也。殲，滅也。野仲、游光，惡鬼也，兄弟八人，常在人間作怪害。八靈爲之震慴之涉，況鬾巨宜〔二四〕蜮域〔二五〕與畢方。鬾，小兒鬼。畢方，老父神，如鳥兩足一翼者，常銜火在人家作怪災也。善曰：楚辭曰：合五嶽與八靈。王逸曰：八靈，八方之神也。爾雅曰：震慴，懼也。漢舊儀曰：魊，鬼也。魊與蜮古字通。度朔作梗哽，守以鬱壘。神荼副焉，對操七刀索葦。東海中度朔山有二神，一曰神荼，二曰鬱壘，領衆鬼之惡害者，執以葦索而用食虎。善曰：風俗通曰：黃帝書，上古時有神荼、鬱壘昆弟二人，性能執鬼。度朔山上有桃樹，下〔三六〕常簡閱百鬼，鬼無道理者，神荼與鬱壘，持以葦索，執以飼虎。是故縣官常以臘祭夕，飾桃人垂葦索，畫虎於門，以禦凶也。毛詩傳曰：梗，病也。謂爲人作梗病者。目察區陬子侯〔三七〕，司執遺鬼。察，觀也。區陬，隅隈之閒也。司，主也。謂於度朔山主執遺餘之鬼也。京室密清，罔有不韙。密，靜也。清，潔也。罔，無也。韙，善也。謂無復疫癘，皆得安善也。

「於是陰陽交和，庶物時育。庶，衆也。漢書曰：陰陽和，風雨時，言疫癘既無，陰陽乃和，衆物育養也。卜征考祥，終然允淑。征，巡行也。考，問也。祥，吉也。允，信也。淑，善也。善曰：左氏傳，石臭曰：先王卜征五年，而歲卜其祥，祥習則行。周易曰：視履考祥。毛詩曰：終然允臧也。乘輿巡乎岱嶽，勸稼穡於原陸。乘輿，天子也。岱，泰山也。種曰稼，收曰穡。謂春勑東方諸侯，課民以耕種，故尚書云：二月東巡狩，至於岱宗，柴〔三八〕。同衡律而壹軌量，齊急舒於寒燠於六。衡，稱也。軌，法也。寒燠，猶苦樂。同、壹、齊，皆使中不參差也。善曰：尚書曰：同律度量衡。又曰：謀恒寒若〔三九〕，豫恒燠若。省幽明以黜陟，乃反旆而迴復。省，察也。幽，闇也。黜，退也。陟，昇也。謂有功者進，無功者退也。故尚書曰：三載考績，黜陟幽明也。反旆，謂迴還也。望先帝之舊墟，慨長思而懷古！先帝，先神也。舊墟，長安也。慨，歎息也。古，往也。謂前漢初也。俟閶風而西遐，致恭祀乎高祖。俟，待也。閶風，秋風也。祠，謂祭祀，高祖廟也。遐，逝也。善曰：東觀漢記曰：永明二年十月，幸長安祠高廟。周書曰：恭明祠，專明刑。易說曰：秋，閶闔風至。既春游以發生，啓諸蟄於潛户。春游，謂仲春巡行岱嶽，是時蟄蟲皆開户，帝乃東巡，助宣氣也。善曰：爾雅曰：春爲發生。禮記曰：仲春之月，蟄蟲咸動，啓户始出。度秋豫以收成，觀豐年之多稌他杜〔三〇〕。秋行曰豫。謂秋行禮高祖廟，此時萬物始成。善曰：晏子曰：吾王不游，吾曷以休？吾王不豫，吾曷以助？一游一豫，爲諸侯度。爾雅曰：秋爲收成。毛詩曰：豐年多稌〔三一〕。毛萇曰：稌，稻也。嘉田畯之匪懈，行致賚于九扈。嘉，善也。畯，主田官也。九扈，農正，知田事。扈，正也。言天子行慶福，致賚於九扈，使民不淫放。善曰：毛詩曰：田畯至喜。又曰：夙夜匪懈，左氏傳曰：郯子曰：九扈爲九農正。杜預曰：扈有九種也：春扈鳻鶞〔三二〕，夏扈竊玄，秋扈竊藍，冬扈竊黄，棘扈竊丹，行扈唶唶，宵扈嘖嘖，桑扈竊脂，老扈鷃鷃，以九扈爲九農之號，各隨其宜，以教人事也。左瞰暘谷〔三三〕，右睨玄圃。暘谷，日出之處。玄圃，在崑崙山上。瞰，望也。睨，視也。善曰：淮南子曰：日出于暘谷，浴于咸池也。又曰：懸圃在崑崙閶闔之中。玄與懸古字通。眇天末以遠期，規萬世而大摹莫補，叶韻。眇，視也。摹，法也。言帝之巡狩，眇然以天末爲遠期，規欲以爲萬代之大法也。善曰：劇秦美新曰：創億兆，規萬世。且歸來以釋勞，膺多福以安悆羊主。悆，寧也。歸，謂西征旋，乃釋吏士之劬勞，祭祀受多福，以安寧也。善曰：尚書曰：永膺多福〔三四〕。總集瑞命，備致嘉祥。總，會也。集，聚也。祥，神也，即騶虞、澤馬之屬也。瑞，應也，即鸞鳳之屬也。善曰：墨子曰：禹親抱天之瑞命也。孝經鉤命決曰：帝王起緯合宿，嘉瑞貞祥。圄林氏之騶鄒虞，擾澤馬與騰黄。圄，牢養也。林氏，山名也。騶虞，義獸也。善曰：山海經曰：林氏有珍獸，大若虎，五采畢具，尾長於身，其名騶吾，乘之日行千里。劉芳詩義疏曰：騶虞或作吾。應劭漢書注曰：擾音柔。擾，馴也。陰嬉讖曰：聖人爲政，澤出馬。山海經曰：大封國有文馬，縞身朱鬣，名曰吉良，乘之壽千歲。瑞應圖曰：騰黃，神馬，一名吉光。然吉良、騰黃，一馬而異名也。鳴女牀之鸞鳥，舞丹穴之鳳皇。女牀，山名，在華陰西六百里。山海經曰：女牀之山有鳥焉，其狀如鶴，五色文，名曰鸞鳥，見即天下安寧。又曰：丹穴之山有鳥焉，其狀如鵠，五采，名曰鳳皇。是鳥也，飲食自歌自舞，見則天下安寧。植華平於春圃，豐朱草於中唐。植，猶種也。華平，瑞木也。天下平其華則平；有不平處，其華則向其方傾。中唐，堂塗也。善曰：孝經援神契曰：德至於地，則華平盛也。瑞應圖曰：木名也。宮閣記有春王圃。鶡冠子曰：聖王之德，下及萬靈，則朱草生。抱朴子曰：朱草長三尺，枝葉皆赤，莖似珊瑚也。如淳漢書注曰：唐，庭也。毛詩曰：中唐有甓。惠風廣被，澤洎幽荒。惠，恩也。洎，及也。幽荒，九州外，謂四夷也。北燮素頰丁令，南諧越裳。燮、諧，皆和也。越裳，南蠻，今九真是也。丁令，國名。善曰：漢書曰：匈奴北服丁令也。韓詩外傳曰：成王之時，越裳氏重九譯而至，獻白雉於周公〔三五〕。西包大秦，東過樂浪音郎〔三六〕。善曰：司馬彪續漢書曰：大秦國名犂鞬鞬，在西海之西。漢書有樂浪郡。重舌之人九譯，僉稽首而來王。重舌，謂曉夷狄語者。九譯，九度譯言始至中國者也。善曰：國語曰：夫戎狄坐諸門外，而使舌人體委與之。韋昭曰：舌人能達異方之志，象胥之官也。韓詩外傳曰：成王之時，越裳氏重九譯而至，獻白雉於周公。晉灼漢書注曰：遠國使來，因九譯言語乃通也。說文曰：譯，傳四夷之語者。尚書曰：禹拜稽首，四夷來王。

「是以論其遷邑易京，則同規乎殷盤。京，京師也。規，法也。盤庚，殷王之名也。改奢即儉，則合美乎斯干。斯干，謂周宣王儉宮室之詩也。今漢光武改西京奢華，而就儉約，合斯干之美。善曰：韓詩曰：宋襄公去奢即儉。登封降禪，則齊德乎黃軒。登，謂上泰山封土。降，謂下禪梁父也。言光武登上泰山，下禪梁父，則與黃帝軒轅齊其功德。善曰：黃帝封泰山〔三七〕。爲無爲，事無事，永有民以孔安。爲，作也。事，業也。永，長也。孔，甚也。以無爲爲功，以無事爲業，澹然不煩瀆也。善曰：老子曰：爲無爲，事無事，我無爲而民自化，我無事而民自富。遵節儉，尚素樸。遵，循也。樸，質也。言遵循節儉，尚其樸素也。善曰：漢書曰：文帝躬節儉。莊子曰：同乎無欲，是謂素樸。思仲尼之克己，履老氏之常足。孔子曰：克己復禮。馬融曰：克己，約身。善曰：老子曰：知足常足也。將使心不亂其所在，目不見其可欲。善曰：老子曰：不見可欲，使心不亂。河上公曰：放鄭聲，遠美人，使心不亂，不邪淫也。賤犀象，簡珠玉。簡，猶略也。善曰：長楊賦曰：賤瑇瑁而疏珠璣。藏金於山，抵紙璧於谷。藏、抵，皆謂不取之，謂儉故也。善曰：莊子曰：藏金於山，藏珠於淵。説文曰：抵，側擊也〔三八〕。翡翠不裂，瑇瑁不蔟音族。翡翠，鳥名也。瑇瑁，珍名。不裂，不折其羽以爲玩飾也。不蔟，不叉蔟取之爲器也。所貴惟賢，所寶惟穀。善曰：尚書曰：所寶惟賢，則邇人安。范子計然曰：五穀者，萬人之命，國之重寶。民去末而反本，咸懷忠而抱慤若角切。詐僞爲末，忠信爲本。善曰：淮南子云：守道順理者，不免於飢寒之患，而欲人之去末反本，是猶發其原而壅其流也。説文曰：慤，謹也。于斯之時，海內同悅，曰：『吁！漢帝之德，侯其禕於離而！』言於此之時，皆同歡樂也。于，於也。悅，樂也。吁，驚也。禕，美也。蓋蓂莢爲難蒔神志也，故曠世而不覿。覿，見也。蓂莢，瑞應之草。王者賢聖，太平和氣之所生。生於階下，始一日生一莢，至月半生十五莢；十六日落一莢，至晦日而盡，小月則一莢厭不落。王者以證知月之小大。堯時夾階生之謂不世見，故云難蒔也。善曰：田俅子曰：堯爲天子，蓂莢生於庭，爲帝成歷。范曄後漢書，班固議曰：漢興以來，曠世歷年。**惟我后能殖之，以至和平，方將數**所主**諸朝階。**后，帝也。惟我帝有至和之德，故必能殖之，方當生於朝陛，得以數知月之大小也。謂上文蓂莢也。善曰：鄭玄毛詩箋曰：方，直也〔三九〕。**然則道胡不懷，化胡不柔？**胡，何也。懷，來也。柔，安也。言皆安之也。**聲與風翔，澤從雲游。**翔、游，皆行也。風者，天之號令；雲雨者，天之膏潤，故聲教與風皆翔，恩澤與雲俱行也。**萬物我賴，亦又何求？**我賴，賴我也。言萬物皆賴帝之恩惠以得所，無復他求也。**德寓天覆**赴**，輝烈光燭。**寓，猶蓋也。帝之德蓋如天之覆，日月之光輝照於遠近也。善曰：國語，勃鞮曰：君之德宇何不寬裕也。寓與宇同。禮記，孔子曰：天無私覆。**狹三王之趢**祿**起**七木**，軼五帝之長驅。**狹，謂陋也。趢起，局小貌也。軼，過也。驅，馳也。言以三王禮法爲局小狹陋，過五帝而遠馳，則繼三皇之跡也。善曰：戰國策曰：樂毅長驅至齊。**踵二皇之遐武，誰謂駕遲而不能屬？**踵，繼也。二皇，伏羲、神農也。遐，遠也。武，迹也。屬，逮也。誰敢謂今所駕者遲而不能逮。言必能逮也。**東京之懿未罄，値余有犬馬之疾，不能究其精詳。**懿，美也。罄，盡也。先生言東京之美未盡，遇我有疾，故不能究其美事也。善曰：孔叢子謂魏王曰：臣有犬馬之疾，不任國事。毛萇詩傳曰：詳，審也。**故粗爲賓言其梗槩如此。**粗，猶略也。賓，西京也。梗槩，不纖密，言粗舉大綱如此之言也。

「若乃流遁忘反，放心不覺，樂而無節，後離其戚，言若流情放心，不自反寤，恣意所爲，淫樂無禮以無節，終後卒當罹其憂禍，即秦皇、王莽是也。善曰：淮南子曰：凡亂之所由生，皆在流遁。廣雅曰：遁，去也。孟子曰：人有放心，不知求學問之道也。一言幾渠衣於喪國，我未之學也。幾，近也。先生責公子云：取樂今日，皇恤我後，言今非之也。善曰：論語曰：一言可以喪邦乎？且夫挈苦結缾之智，守不假器。言挈缾之小智耳，尚不妄以假人也。善曰：左氏傳曰：人有言曰，雖有挈缾之智，守不假器，禮也。況纂祖管帝業，而輕天位。纂，繼也。今如公子言，皆淫心放意之事，此乃輕居天王之尊位，而禪於董賢。善曰：長楊賦曰：恢帝業。尚書曰：天位艱哉〔一四〇〕。瞻仰二祖，厥庸孔肆。庸，功也。孔，甚也。肆，勤也。言瞻望高祖，功庸甚勤苦而得之也。常翹翹以危懼，若乘奔而無轡。言居天子之位，常若奔馬而無轡，履冰而負重也。善曰：毛詩曰：予室翹翹。毛萇曰：翹翹，危也。鄧析曰：明君之御民，若乘奔而無轡。白龍魚服，見困豫且子余切。說苑曰：吳王欲從民飲，伍子胥曰：昔白龍下清泠之淵，化爲魚，豫且射中目。白龍不化，豫且不射。君今棄萬乘之位，而從於臣，恐有豫且之患。此言先生責公子陰戒期門，微行要屈。雖萬乘之無懼，猶怵惕於一夫〔一四一〕。萬乘，天子也，即秦始皇也，高祖也。昔秦始皇東游，爲張良所擊，中其副車。漢高祖於栢人亭，殆爲貫高所中。善曰：尚書曰：怵惕惟厲。孔安國曰：怵惕，悚懼也。方言曰：戒，備也。過秦論曰：一夫作難。惕，驚也〔一四二〕。終日不離其輜重〔一四三〕，獨微行其焉如？輜重，車也。焉，言安也。如，往也。公子說微行要屈，故先生問之，言欲何往也。善曰：老子曰：終日行不離輜重。張揖曰：輜重，有衣車也。漢書曰：武帝微行始出也。夫君人者，黈纊塞耳，車中不內顧〔一四四〕。黈纊，言以黃綿大如丸，懸冠兩邊當耳，不欲妄聞不急之言也。

内顧，謂不外視臣下之私也。善曰：大戴禮，孔子曰：黈纊塞耳，所以塞聰也。魯論語曰：車中不内顧。崔駰車左銘曰：正位授綏，車中不顧〔四五〕。塵不出軌，鸞以節步。珮以制容，鑾以節塗。珮爲行容，鑾爲車節。善曰：禮記曰：君子在車則聞鑾和之聲，行則鳴珮玉也。行不變玉，駕不亂步。行合容則玉聲應，馬步齊則鑾和響。並謂君之禮法。却走馬以糞車，何惜騕烏皎褭寧少與飛兔。却，退也。老子曰：天下無道，戎馬生於郊。天下有道，却走馬以糞。河上公曰：糞者，糞田也。兵甲不用，却走馬以務農田。然今言糞車者，言馬不用，而車不敗，故曰糞車也。何惜，言不愛之也。善曰：吕氏春秋曰：飛兔騕褭，古之駿馬。方其用財取物，常畏生類之殄也。方，將也。生類，謂天下萬物之類也。殄，盡也。賦政任役，常畏人力之盡也。謂任役使人，常畏人力盡也。取之以道，用之以時。論語曰：敬事而信，節用而愛人，使民以時，此之謂也。善曰：毛萇詩傳曰：太平而微物衆多，取之有時，用之有道。山無槎仕假枿五葛，畋不麑烏夭胎。斜斫曰槎。斬而復生曰枿。不麑胎者，言不如公子所道。擭胎拾卵，校獲麑麇也。漢書曰：昔先王山不槎蘖，畋不殺胎。草木蕃廡，鳥獸阜滋。蕃，滋也。廡，盛也。阜，大也。滋，益也。善曰：尚書曰：庶草蕃廡。班固漢書序曰：蕃阜庶物。民忘其勞〔四六〕，樂輸其財。民，謂百姓也〔四七〕。言民不以力役爲勞苦，不以財賦爲損費，故文王有子來之人。武帝時卜式入錢，以助官也。善曰：周易曰：悦以使人，人忘其勞也。百姓同於饒衍，上下共其雍熙。言富饒是同，上下咸悦，故能雍和而廣也。論語曰：百姓足，君孰與不足。善曰：尚書曰：黎民於變時雍。又曰：庶績咸熙。洪恩素蓄，民心固結。洪，大也。蓄，積也。固，牢固也。謂高祖已下，積恩施惠，人心固結。

故王莽之時，皆謳吟而思漢也。善曰：四子講德論曰：洪恩所潤，不可究陳。國語，甯莊子曰：民無結，不可以固。孫子曰：吾將固其結也。執誼顧主，夫懷貞節。夫，猶人人也。言執禮義之心，顧思漢德，人懷貞正之志分也。楚辭曰：原生受命于貞節。忿姦慝之干命，怨皇統之見替音鐵，叶韻。慝，惡也。統，嗣也。替，廢也。謂忿王莽之逆命，怨漢統之替廢也。玄謀設而陰行，合二九而成譎。玄，神也。譎，變也。謂王莽之謀，陰行十八年而成變計也。登聖皇於天階，章漢祚之有秩。聖皇，光武也。章，明也。秩，常也。言明漢家之常秩也。善曰：甘泉賦曰：聖皇穆穆。東都賦曰：漢祚中缺。若此，故王業可樂焉。若，如此也。言如此即王業之可樂也。善曰：毛詩曰：致王業之艱難〔四八〕。

「今公子苟好勦子小〔四九〕民以媮逾樂，忘民怨之爲仇也；勦，盡也。媮，猶僥倖也。仇，讎也。今公子所言，苟好盡人以僥倖須臾之樂，不知人好共怨己〔五〇〕，當成大讎也。善曰：左氏傳，晉桓子曰：無及於鄭而勦民。杜預曰：勦，勞也。左氏傳，師服曰：怨耦曰仇。好殫物以窮寵，忽下叛而生憂也。殫，盡也。寵，驕也。忽，忘也。生憂，謂生己之憂患也。言好盡人之財，以寵極驕逸之樂，忘人叛己之爲大患也。漢書，谷永曰：財竭則下叛，下叛則上亡。夫水所以載舟，亦所以覆舟。覆，敗也。善曰：孫卿子曰：君者，舟也。人者，水也。所以載舟所以覆舟。堅冰作於履霜，尋木起於蘖魚竭栽。言事皆從微至著，不可不慎之於初。所以尋木起於牙蘖，洪波出於涓泉。善曰：周易曰：履霜，堅冰至。説文曰：尋，八尺也。山海經曰：尋木長千里。枚乘上書曰：十圍之木，始生而蘖。孔安國尚書傳曰：用生枿栽。韋昭曰：株生曰蘖。鄭玄禮記注曰：栽，植也。蘖與枿古字同。昧旦丕顯，後世猶怠。昧，早也。丕，大也。顯，明也。怠，懈也。謂起行大明之道，後世子孫猶尚懈怠。善曰：左氏傳，讒鼎之銘曰：昧旦丕顯，後世猶怠。況初制於甚泰，服者焉能改裁去聲，叶韻？譬如爲人裁衣，始制之洪大，服者得而衣之，何能更小之乎？善曰：賈逵國語注曰：裁，制也。故相如壯上林之觀，楊雄騁羽獵之辭。雖系計以隤牆塡塹七念，亂以收罝嗟解罘浮。系，繼也。亂，理也。司馬相如上林賦，其卒曰：乃命有司，隤牆塡塹，使山澤之人得至焉。楊雄羽獵賦，其末曰：放雉兔，收罝罘也。卒無補於風規，衹以昭其愆尤。規，猶諫也。衹，適也。愆，短也。尤，過也。言不能補其愆過。臣濟奓以陵君，濟，謂度也。度於奢侈，謂僭也。陵踰君法，若季氏八佾舞於庭。左氏傳，萇弘曰：毛得以濟侈於王都。忘經國之長基。言尊卑所以爲國，今反陵之，故非所以經國。故函谷擊柝託於東，西朝顛覆而莫持。柝，守夜所擊木也。顛，隕也。持，扶也。謂王莽之兵，猶擊柝守函谷關，而三輔兵已自入長安宮，朝廷顛隕無復扶持也。東謂函谷，在京之東，西朝，則京師也。善曰：周易曰：重門擊柝。凡人心是所學，體安所習。所習，爲心所好愛者即學。善曰：尚書曰：夫常人〔一五一〕安於俗學，溺於所聞。鮑肆不知其臰一作臭〔一五二〕，翫其所以先入。翫，習也。先入，言久處其俗也。善曰：家語，孔子曰：入善人之室，如入芝蘭之室，久而不知其香；入不善之室，如入鮑魚之肆，久而不知其臰。皆猶體所習，故今言公子以長安爲好亦然也。咸池不齊度於䵷烏瓜〔一五三〕咬烏交〔一五四〕，而衆聽或疑〔一五五〕。齊，同也。咸池，堯樂也。䵷咬，淫聲也。言咸池之音本不與䵷咬同，而衆聽者乃有疑惑。善曰：樂動聲儀曰：黃帝樂曰咸池。賓戲曰〔一五六〕：淫䵷而不可聽者，非寵宴之樂也。李奇曰：淫䵷，不正也。傅毅琴賦曰：絕激哇之淫。法言曰：哇則鄭。李軌曰：哇，邪也。舞賦曰：吐哇咬則發皓齒。然哇與鄭同。咬亦不正之聲也。咬或作蛟，非也。能不惑者，其唯子野乎？」子野，師曠字，曉音曲者，以喻安處先生也。言西京奢泰肆情，不依禮度，東京儉約，依禮行事。衆人觀之，謂是其一，唯安處先生得知其指也。善曰：左氏傳，叔向曰：子野之言君子哉！

客既醉於大道，飽於文義。客斥公子，謂聞東京文義之道，若醉飽焉。勸德畏戒，喜懼交爭。勸德，謂公子見先生説東京禮法，自勸勉行其道德，又畏懼先生之戒也。罔然若酲，朝罷夕倦，奪氣褫魄之爲者，罔然，猶惘惘然也。酲，病酒也。朝罷夕倦，曉夜不卧，惘然如神奪其精氣。又若魂魄亡離其身，今公子亦如之也。善曰：説文曰：褫，奪也〔一五七〕。忘其所以爲談，失其所以爲夸。公子本以奢侈爲美談，今見先生述東京之德，所以忘美失夸也。良久乃言曰：「鄙哉予乎！習非而遂迷也，良久，頃乃復能言也。自鄙其迷惑所學者非正也。善曰：論語曰：荷蕢曰：鄙哉硜硜乎。廣雅曰：鄙，固陋不惠。楊子法言曰：習非之勝是，況習是之勝非乎？幸見指南於吾子。言己之惑，不知南北，今先生指以示我，我則足以三隅反也。善曰：桓譚上便宜曰：管仲，桓公之指南。若僕所聞，華而不實；若，如也。公子言：如僕所聞西京之事，蓋是虚華而無實録。善曰：左氏傳，甯嬴曰〔一五八〕：晉陽處父華而不實，怨之所聚。先生之言，信而有徵。先生，安處先生也。徵，驗也。言先生之言，信有徵驗也。善曰：左氏傳，叔向曰：君子之言，信而有徵。鄙夫寡識，而今而後，乃知大漢之德馨，咸在於此。公子重自鄙曰：如今日後日，乃知大漢之德在於此耳。善曰：論語曰：鄙夫不可以事君。尚書曰：明德惟馨。昔常恨三墳五典既泯。三墳，三皇之書也。五典，五帝之書也。泯，滅也。善曰：左氏傳，楚子曰：左史倚相能讀三墳、五典、八索、九丘也。仰不睹炎帝帝魁之美，睹，見也。炎帝，神農後也。帝魁，神農名，並古之君號也。善曰：管子曰：管仲對桓公曰：神農封泰山，炎帝封泰山。孝經鉤命訣曰：佳已感龍生帝魁。鄭玄曰：佳已，帝魁之母也。魁，神名。宋衷春秋傳曰：帝魁，黄帝子孫也。得聞先生之餘論。則大庭氏何以尚茲？先生，安處先生也。大庭，古國名也。尚，高也。善曰：子虛賦曰：願聞先生之餘論。莊子曰：昔容成氏、大庭氏結繩而用之，若此時則至治也。茲，此也〔五九〕。走雖不敏，庶斯達矣。走，公子自稱走使之人，如今言僕矣。不敏，猶不達也。公子言我雖不敏於大道，庶幾先生之說遂達矣。善曰：司馬遷書曰：太史公牛馬走。孝經，曾子曰：參不敏。

文選考異

〔一〕京都中注「京都」下至「故曰京都中」又東京賦注「東京」下至「與班固東都賦同」　案：此二節，非善注也。袁、茶陵二本不冠注家名於首，恐并非五臣注，但後來竄入耳。

〔二〕注「亡禹」　袁本作「憮亡禹切」。在注末，是也。茶陵本無，非也。

〔三〕注「貴耳謂東京」　陳云「耳」下脱「謂西京賤目」五字，是也。各本皆脱。

〔四〕注「苦灰」　袁本作「枯灰切」三字，在注末，是也。茶陵本無，非也。

〔五〕注「謂著翼也」　袁本、茶陵本此下有「搏與附同」四字，是也。

〔六〕注「秦襄王子」　案：「秦」下當有「莊」字，各本皆脱。

〔七〕注「徵符合膺」　袁本、茶陵本「膺」作「應」，是也。

〔八〕注「紙」　袁本、茶陵本作「軹音紙」三字，在注末，是也。

〔九〕注「如制禮也」　袁本、茶陵本「制禮」作「禮制」，是也。

〔一〇〕注「陽城人名延」　何校「城」改「成」，去「人名」二字，是也。各本皆誤。案：所引功臣表文「人名」二字，乃或記於旁而竄入者，善注失舊，於此等可見矣。

〔一一〕損之又損之　袁本、茶陵本無下「之」字。案：無者是也。此初亦無，與二本同，脩改誤添之。

〔一二〕注「善曰毛詩曰」　陳云「詩」下脱「序」字，是也。各本皆脱。

〔一三〕注「勒銘於宗廟之器于鐘鼎」　茶陵本無「于」字，袁本有，何校去，陳同。

〔一四〕且天子有道　袁本、茶陵本「且」下有「夫」字。案：此善有以否，無可考也。

〔一五〕守位以仁　案：「仁」當作「人」。薛注作「人」。善必與薛同，其注亦自可證，見下。蓋五臣「仁」各本所見亂之。

〔一六〕注「綜作人」　袁本無此三字，茶陵本有。案：於茶陵爲校語，此誤存之也。

〔一七〕注「仁謂衆庶也」　袁本、茶陵本「仁」作「人」，是也。此所改甚非。

〔一八〕注「何以守位曰仁也」　案：「仁」當作「人」，各本皆誤。考經典釋文云「曰人」。王肅、卞伯玉、桓元明、僧紹作「仁」。然則王弼本周易自作「人」，今本作「仁」者非。善亦必作「人」，乃與薛注相應，不知者妄改之，絕不可通，所當訂正。

〔一九〕注「何用周固反易守乎」　案：「反」當作「及」，各本皆譌。

〔二〇〕注「土度也」　何校「土」改「測」。今案：此疑「土」下有脱，各本皆同，無以補也。

〔二一〕注「薛綜曰轘轅坂」下至「故曰轘轅」　袁本、茶陵本無此十八字。案：無者最是。

〔二二〕漢初弗之宅　袁本、茶陵本「宅」下有「也」字。案：此善有以否，無可考也。

〔二三〕注「北爲參虛分野」　何校「北」上添「河」字。今案：此疑衍「北」字也。

〔二四〕區宇乂寧　何校「宇」改「寓」。案：所改是也。此薛注字作「寓」。下文「威振八寓」、「德寓天覆」，正文皆作「寓」。善此無注者，詳在彼也。各本所見皆非。

〔二五〕注「昭明有融」　案：「昭」上當有「又曰」二字。各本皆脱。善例如此，餘不具出。

〔二六〕注「爲水獸」　袁本、茶陵本「水」作「木」，是也。

〔二七〕注「舊章法令條章也」　袁本、茶陵本無此七字。案：無者最是。

〔二八〕注「爾雅曰鷽斯」　何校「爾」上添「善曰」二字，陳同。下節首「爾雅曰鶌鳩」上亦然。今案：所校是也。袁本、茶陵本此二節亦作薛注，皆誤。凡賦多誤善注爲薛，其引書爲薛注所不及見，如此爾雅郭璞注之類，較然易辨。又有疑無以明者，難於輒定，當俟再詳。

〔二九〕注「頭尾青黑色」　袁本、茶陵本「頭」作「短」，是也。

〔三〇〕注「謂各得其性也」　袁本「也」下有「鶤音匹鶻音骨鵃竹交切」十字。茶陵本與此同。案：袁本乃真善音之舊，尤所見與茶陵皆誤。

〔三一〕注「鵯鶻鵃類也」　袁本、茶陵本「鶻鵃」作「鳩鵰」，是也。

〔三二〕注「謂音聲和也」　袁本「也」下有「鴛麗古字通音離」七字。茶陵本有「鴛麗古字通」五字。案：袁是也。鴛下仍當有「與」字，蓋脱。

〔三三〕於南則前殿靈臺　茶陵本「靈」下校語云五臣「雲」，袁本作「雲」。案：此南宫雲臺也。德陽殿西有靈臺，别在下文，「靈」但傳寫誤耳。薛注「靈」亦「雲」字誤。下文靈臺，薛亦别有注，可見此薛與善並非「靈」字。

〔三四〕注「鉤盾令官」　陳云「令」當作「令」，是也。各本皆誤。

〔三五〕注「不雕不刻」　袁本「雕」作「彫」，是也。茶陵本亦誤「雕」。案：此正文及下「雕」輦，皆「彫」之誤也。

〔三六〕則洪池清蘌　茶陵本「蘌」作「籞」，注同。袁本皆作「蘌」。何校改「籞」。案：「蘌」即「籞」别體字耳。

〔三七〕注「則捕之」　袁本、茶陵本「之」下有「音圉」二字，是也。

〔三八〕注「周禮曰加籩豆之實」　何校去「豆」字，是也。案：「曰」字亦不當有。各本皆衍。

〔三九〕注「有蔆芡也」　袁本、茶陵本「也」下有「音儉」二字，是也。

〔四〇〕奢末及侈　袁本「侈」作「奓」，茶陵本與此同。案：「奓」字是也。二本薛注作「奓」可證。尤并改作「侈」，甚非。

〔四一〕注「故儉不至陋也」　茶陵本無「故」字，是也。袁本亦衍。

〔四二〕動中得趣　案：「趣」當作「趨」。注中此字兩見，袁、茶陵二本皆作「趨」，是薛與善自是「趨」字，蓋五臣作「趣」而亂之。尤并改注中盡作「趣」，甚非。

〔四三〕禮舉儀具　袁本、茶陵本「儀」作「義」，注同。案：此無以考也。

〔四四〕注「言頌政賦教常」　袁本、茶陵本無「教」字，是也。

〔四五〕注「大合樂射鄉者曰辟雍」　陳云「鄉」當作「饗」，是也。各本皆誤。

〔四六〕注「鄭玄周禮曰」　何校「禮」下添「注」字，陳同，是也。各本皆脱。

〔四七〕注「綜曰」　案：此二字不當有。此初無，後脩改誤添。袁、茶陵二本每節有之，不可相證。

〔四八〕注「魏相上封曰」　何校「封」下添「事」字，是也。各本皆脱。

〔四九〕注「善曰萬邦黎獻」　何校「曰」下添「尚書曰」三字，陳同。各本皆脱。

〔五〇〕注「庸」　袁本作「音庸」二字，在注末，是也。茶陵本與此同，非。

〔五一〕注「庭朝廷」　袁本、茶陵本「廷」作「也」，是也。

〔五二〕注「東都賦曰」下至「歲首朔日也」　袁本此十五字作「三朝已見東都賦」，是也，茶陵本複出，非。

〔五三〕注「謂有彫餙也」 茶陵本「餙」作「飾」，是也。袁本亦誤「餙」。

〔五四〕左右玉几 袁本、茶陵本「几」下有「穆穆」二字。此初同，一本有，脩改無。案：不當有也，蓋尤校改正之。

〔五五〕注「善曰百辟其刑之」 何校「曰」下添「毛詩曰」三字，陳同。各本皆脱。

〔五六〕注「尚書曰一日二日萬機」 袁本、茶陵本此九字作善注，是也。當在薛注下，而首有「善曰」二字。

〔五七〕注「今憂恤之也」 陳云「今」當作「令」，是也。各本皆譌。

〔五八〕注「説文曰城池無水曰隍」 袁本此八字作「隍已見東都賦」，是也。茶陵本複出，非。

〔五九〕注「不敢追遑」 案：「追」當作「怠」。各本皆譌。陳云别本作「怠」，今未見。但陳所云别本，似即茶陵耳。其不合者，恐有誤，亦不具論。

〔六〇〕注「毛詩曰牲牢饔餼」 案：「詩」下當有「序」字。各本皆脱。

〔六一〕注「爲而不持長而不宰」 袁本、茶陵本無「而不持長」四字。

〔六二〕注「招明也有道」 案：此「有」誤也。陳云「有」上似脱「明」，但「招」本不訓，「明」詳下注，蓋訓爲「舉」，陳所説未是，今無以訂之。

〔六三〕注「周易曰六五」 案：「周」上當有「善曰」二字。各本皆脱。何云：綜以赤烏六年卒，安得見王肅易注而引用之？指此注下文也。其説是矣。但因而疑綜注假托則非。蓋何未悟其自是善注耳。善演連珠注，亦引此王肅注也。

〔六四〕注「禮記曰天子穆穆」　袁本此七字作「穆穆已見上」，是也。茶陵本複出，非。

〔六五〕注「琪如綦」　案：「如」上當有「讀」字。各本皆脱。

〔六六〕注「一作飆」　袁本無此三字，正文作「飇」。茶陵本作「五臣作飇」四字。案：此校語之誤存者也。

〔六七〕注「垂十二旒名曰太常上畫三辰」　袁本、茶陵本「名曰太」三字作「也」。案：此尤校改之耳。

〔六八〕注「當顱刻金爲之」　陳云「當」上疑脱「鍚」字，是也。各本皆脱。

〔六九〕注「鏤鍚中央低」　陳云「鍚」字疑衍，是也。各本皆衍。

〔七〇〕注「零」　袁本、茶陵本作「軨音零」三字，在注末，是也。

〔七一〕注「蔡雍獨斷曰」　陳云此注及下注凡三引蔡雍説，其上疑並脱「善曰」二字，以「然重輪即重轂」語觀之，自是李氏文體，與薛注不類。今案：所説是也，當以正文「重輪貳轄」別爲節，而注「善曰」至「即重轂也」於下。

〔七二〕注「廣八尺」　案：「尺」當作「寸」。續漢書輿服志注引可證。各本皆誤。

〔七三〕注「與瑵同」　袁本「同」下有「祖狡切」三字，是也。茶陵本無，非。

〔七四〕注「謂木勾矛戟也」　陳云「木」字衍。「矛」當作「孑」，是也。各本皆誤。案：續漢書輿服志注引無「木」字。

〔七五〕注「農輿無蓋」何校「無」改「三」，依續漢志，是也。各本皆誤。案：志注引正作「三」。

〔七六〕注「迤邪也」袁本「也」下有音「弋氏切」三字，是也。茶陵本無，非。

〔七七〕注「言相連也屬」案：「也屬」當作「屬也」。各本皆倒。續漢書輿服志注引可證。

〔七八〕注「伏」袁本作「音伏」二字。在注末，是也。茶陵本與此同，非。

〔七九〕注「綪茷大赤也」袁本、茶陵本「也」下有「茷音旆」三字，是也。

〔八〇〕注「參差縱横也」袁本「也」下有「轇音膠輵音葛」六字，是也。茶陵本無，非。

〔八一〕注「善曰後宮」陳云「後」上脱「漢書曰」三字，是也。各本皆脱。

〔八二〕注「以撾鼓」何校「撾」改「擿」，是也。各本皆譌。

〔八三〕旆已反乎郊畛　茶陵本「反」作「迴」，云五臣「反」，袁本「反」無校語。案：此蓋以五臣亂善。

〔八四〕注「畛界也」袁本「也」下有「諸鄰切」三字，是也。茶陵本無，非。

〔八五〕爰敬恭於明神　袁本、茶陵本「敬恭」作「恭敬」。案：二本是也，蓋尤誤因注而改。善注之例，但取意同，不拘語倒，如引「敬恭明神」以注此「恭敬於明神也」。不知者，凡屬此例，多所改易，俱失其意，條見於後。

〔八六〕注「恭敬明神也」何校乙「恭敬」二字，是也，各本皆倒。

〔八七〕注「毛詩鼓鼘鼘」　袁本、茶陵本「詩」下有「曰」字。是也。又袁本末有「音淵」二字，是也。茶陵本無，非也。
〔八八〕注「馬融論語注曰佾列也」　袁本此九字作「八佾已見東都賦」，是也。茶陵本複出，非。
〔八九〕致高煙乎太一　茶陵本「乎」下校語云善作「於」。袁本作「於」。蓋善「乎」、五臣「於」，校語有倒錯也。上文當覲乎殿下者。袁、茶陵亦作「於」，不著校語，似失之耳。
〔九〇〕注「廣雅曰蒸蒸孝也」　案：「廣雅曰」三字，不當有。各本皆衍。此非薛注所得引，乃或記於旁而竄入者。
〔九一〕注「鄭玄曰周禮注曰毛炰者豚」　案：「周」上衍「曰」字。「者豚」當作「豚者」，各本皆誤。下注「杜子春曰」，各本亦衍「曰」字也。
〔九二〕注「胉去其毛」　案：「胉」當作「爓」，各本皆誤。此所引在地官封人也。
〔九三〕注「飲食之豆」　案：「飲」當作「饋」，各本皆誤。此所引天官醢人文。
〔九四〕注「謂脇也」　袁本、茶陵本「也」下有「方薄切」三字，是也。案：凡此爲真善音，其正文下「博」字，乃五臣音耳。全書中俱依此例求之。
〔九五〕注「太史順時視土」　案：「視」當作「覛」，各本皆譌。
〔九六〕注「以冉」　袁本作「以冉切」三字，在注末，是也。茶陵本與此同，非。
〔九七〕注「東觀漢記」下至「行大射禮」　袁本此十九字作「合射辟雍已見東都賦」，是也。茶陵本複出，非。

〔九八〕注「路鼓路鼗」 袁本「鼗」下有「鼖扶云切鼗音逃」七字，是也。茶陵本無，非。

〔九九〕注「乏音爲匱乏之乏」 案：「音」當作「讀」，各本皆誤。

〔一〇〇〕注「皇輿夙駕」 何校「皇輿」改「星言」，陳同，是也。各本皆誤。

〔一〇一〕注「何休公羊傳曰」 何校「傳」下添「注」字，陳同，是也。各本皆脱。

〔一〇二〕日月會於龍狵 袁本、茶陵本「狵」作「豵」，注同，是也。又袁本注末有「豵丁遘反」四字，是也。茶陵本無，非。

〔一〇三〕注「毛詩曰春酒惟淳」 何校改「春酒惟淳」作「爲此春酒」。陳云，因此賦上文有「春酒惟醇」之語，傳寫錯誤。案：此當有誤，但何陳所改未見必然，蓋無以訂也。

〔一〇四〕聲教布濩 案：「濩」當作「護」。茶陵本作「護」，云五臣作「濩」。袁本作「濩」，用五臣也，但失著校語。尤以五臣亂善，非。其薛注中俱是「護」字，尤并改作「濩」，更非。南都賦「布濩」，善無注，各本皆作「濩」，似亦以五臣亂善而失著校語。此及彼「濩」下皆音護，即五臣音耳。凡諸家用字，互有不同，其一家之中而復歧異，即恐有誤，餘不悉出，準此例求之。

〔一〇五〕注「尚書曰聲教訖于四海」 袁本此九字作「聲教已見東都賦」，是也。茶陵本複出，非。

〔一〇六〕注「先期謂期日」 袁本、茶陵本無「謂期」二字，是也。

〔一〇七〕注「囿謂集禽獸於靈囿之中」 案：「謂」上「囿」字不當有，各本皆衍。

〔一〇八〕注「毛詩曰王在靈囿」　袁本此七字作「靈囿已見上文」，是也。茶陵本複出，非。

〔一〇九〕注「禮曰告備于王」　案：「禮」上當有「周」字，各本皆脱。此所引小宗伯職文也。

〔一一〇〕迄上林結徒營　袁本、茶陵本「迄」下有「于」字。「徒」下有「爲」字。茶陵校語云，善無「于」字「爲」字。袁無校語，何云匡謬正俗作「迄于上林結徒爲營」。今案：依文義，善亦當有，或但所見傳寫脱耳。

〔一一一〕注「一作敍」　袁本無此三字，正文作「敍」。茶陵本作「五臣作敍」四字。案：此校語之誤存者也。

〔一一二〕注「孟子曰」下至「曰詭遇」　袁本此二十二字，作「詭遇已見東都賦」，是也。茶陵本複出，非。

〔一一三〕注「左傳曰享以訓躬儉」　袁本此八字作「訓儉已見上文也」，是也。茶陵本複出，非。

〔一一四〕注「一作瑣」　袁本無此三字。茶陵本作「綜作璅」。正文皆作「瑣」。案：此校語之誤存者也。

〔一一五〕注「言鄙陋不足説也」　袁本、茶陵本無「陋」字，是也。

〔一一六〕注「詩曰」　袁本「詩」作「善」。茶陵本「詩」上有「善曰」二字。案：似茶陵是也。

〔一一七〕注「成王有岐陽之蒐」　何校去「王」字，是也。各本皆衍。

〔一一八〕注「臬射埻的也」　袁本、茶陵本「也」下有「臬牛列切埻之尹切」八字，是也。

〔一九〕注「駘騎傳炬出宮」　案：「駘」當作「騶」，各本皆誤。所引禮儀志文也。

〔二〇〕注「側角」又注「其筆」　袁本作「斮側略切獝其出切」八字，在注末，是也。茶陵本無，非。此去注末善音，存正文下，五臣音與茶陵同而誤。

〔二一〕注「紆危」又注「移」　袁本作「蜲紆危切蛇音移」七字，在注末，是也。茶陵本無，非。此移善音於正文下，與茶陵正文下五臣音不同而亦誤。

〔二二〕注「蒲葛」　袁本作「扶葛切」三字，在注末，是也。茶陵本與此同，非。

〔二三〕殘夔魖與罔像　袁本、茶陵本「像」作「象」。案：「象」是也，注正是「象」字。

〔二四〕注「巨宜」　袁本、茶陵本作「魃巨宜切」四字，在注中「魖鬼也」下，是也。

〔二五〕注「域」　袁本作「音域」二字，在注末是也。茶陵本與此同，非。

〔二六〕注「有桃樹下」　茶陵本「樹」下有「二人於樹」四字，是也。袁本亦脱。

〔二七〕注「子侯」　袁本作「善曰陬音子侯切」七字。茶陵本作「善曰陬子侯切」六字，在注末。案：茶陵是也。

〔二八〕注「至於岱宗柴」　袁本、茶陵本無「柴」字。

〔二九〕注「謀恒寒若」　袁本、茶陵本「謀」作「急」，是也。

〔三〇〕注「他杜」　袁本、茶陵本作「他杜切」三字，在注末，是也。

〔三一〕注「豐年多稌」　案：「多」下當有「黍多」二字。各本皆脱。

〔三二〕注「春扈頒鶥」　袁本、茶陵本「頒」作「鳻」，是也。

〔三三〕左瞰暘谷　案：「暘」當作「湯」。注同。蜀都賦「汩若湯谷之揚濤」，注云「湯谷已見東京賦」，即指此，可證也。吴都賦「包湯谷之滂沛」，善「湯」、五臣「暘」，此賦亦然。各本所見以五臣亂善而失著校語。

〔三四〕注「尚書曰永膺多福」　袁本此七字作「多福已見東都賦」，是也。茶陵本複出，非。

〔三五〕注「韓詩外傳曰」下至「獻白雉於周公」　袁本此二十三字作「越裳見下句」，是也。茶陵本誤與此同。

〔三六〕注「音郎」　袁本、茶陵本此在注末，是也。

〔三七〕注「黄帝封泰山」　袁本「山」下有「已見上文」四字，是也。茶陵本複出，非。

〔三八〕注「抵側擊也」　袁本、茶陵本「也」下有「征氏切」三字，是也。

〔三九〕注「方直也」　陳云「直」當作「且」，是也，各本皆誤。

〔四〇〕注「尚書曰天位艱哉」　袁本此七字作「天位已見上文」，是也。茶陵本複出，非。

〔四一〕猶怵惕於一夫　案：「怵惕」當作「惕戒」。善引尚書以注「惕」，引方言以注「戒」，引過秦論以注「一夫」，循其次序有「戒」字在「惕」下「一夫」上，甚明。又其下「惕驚也」三字，乃薛注。若如今本不容去「怵」注「惕」，可見正文無「怵」字，但有「惕」字，亦甚明，不知何人誤認善注中「怵惕」以爲正文如此而改之，其實與注轉不相應，非也。各本所見皆誤，今特訂正。

〔四二〕注「愓驚也」 案：此乃薛注，當在善曰上。各本皆誤贅於善注下，甚非。凡薛注與善注舛錯失舊者，多此例也。

〔四三〕終日不離其輜重 袁本、茶陵本「其」作「於」。案：此無可考也。

〔四四〕車中不内顧 案：「不」字不當有。薛注無「不」字，可證也。各本所見皆衍。又善注「魯論語曰車中不内顧」，亦不當有「不」字。考論語釋文云「車中不内顧」，魯讀「車中内顧」，然則各本衍「不」字，甚明。近盧學士文弨鍾山札記曾舉正此條云：漢書成帝紀贊，顔注云：今論語「車中内顧」。内顧者，説者以爲「前視不過衡軛，旁視不過輢轂」云云。其説是矣。但失引證釋文耳。

〔四五〕注「車中不顧」 案：「不」當作「内」。各本皆誤。古文苑載此銘，作「車不内顧」。「不」當作「中」，皆或記「不」字於旁，此誤以改「内」，彼誤以改「中」，可互訂也。鍾山札記引彼，又載「車右銘内顧自勅車後銘望衡顧轂」爲證，而不言此銘「内」字，彼未誤，蓋據誤本古文苑也。

〔四六〕民忘其勞 袁本「民」作「人」。茶陵本校語云善作「人」，下「民心固結」同。案：此尤以五臣亂善。

〔四七〕注「民謂百姓也」 袁本作「人謂民也」。茶陵本與此同。案：此當作「人謂百姓也」。薛注作「民」。唐諱改「人」。袁本蓋誤。

〔一四八〕注「毛詩曰致王業之艱難」　何校，「詩」下添「序」字。陳同，是也。各本皆脱。

〔一四九〕注「子小」　袁本作「子小切」三字，在注中「勦勞也」下，是也。茶陵本與此同，非。

〔一五〇〕注「不知人好共怨己」　陳云「好」字衍，是也。各本皆衍。

〔一五一〕注「尚書曰夫常人」　案：「尚」當作「商君」二字。各本皆誤。此所引在更法篇也。

〔一五二〕注「一作臭」　袁本、茶陵本無此三字。案：此校語也，二本正文作「臭」，可借證。蓋尤所見有而誤存之。

〔一五三〕注「烏瓜」　袁本作「烏佳切」三字，在注中「淫繩不正也」下，是也。茶陵本與此同，非。

〔一五四〕注「烏交」　袁本、茶陵本作「烏交切」三字，在注中「或作蛟」上，是也。

〔一五五〕而衆聽或疑　袁本、茶陵本「聽」下有「者」字。案：此無可考。

〔一五六〕注「賓戲曰」　茶陵本「賓」上有「答」字，是也。袁本亦脱。

〔一五七〕注「褫奪也」　袁本、茶陵本「也」下有「直氏切」三字，是也。

〔一五八〕注「甯嬴曰」　案：「嬴」當作「嬴」。各本皆譌。

〔一五九〕注「玆此也」　袁本、茶陵本無此三字。

文選卷第四

京都中

南都賦

張平子

摯虞曰：南陽郡治宛，在京之南，故曰南都。

於烏顯樂都，既麗且康！毛萇詩傳曰：於，歎辭〔一〕。詩曰：適彼樂國。陪京之南，居漢之陽。京，謂洛陽也。尚書曰：嶓冢導漾，東流爲漢。鄭玄曰：漾水至武都爲漢。割周楚之豐壤，跨荆豫而爲疆。西京賦曰：周即豫而弱。吕氏春秋曰：河、漢之間爲豫州也〔二〕。漢書地理志注曰：南陽屬荆州。又曰：荆州，楚故都。體爽塏以閑敞，紛郁郁其難詳。爽塏，已見西京賦。楊雄豫州箴曰，郁郁京河〔三〕，伊、洛是經也。

爾其地勢，則武闕關其西，桐柏揭竭其東。武闕山爲關在西也〔四〕。漢書音義，文穎曰：武闕山爲關而在西，弘農界也。漢書曰：南陽之平陽縣有桐柏山。流滄浪而爲隍，廓方城而爲墉。尚書曰：漢水又東爲滄浪之水。左氏傳，屈完曰：楚國方城以爲城，漢水以爲池。説文曰：城池無水曰隍。毛萇詩傳曰：墉，城也〔五〕。湯谷涌其後，淯育水盪其胸。盛弘之荆州記曰：南陽郡城北有紫山，紫山東有一水，無所會通，冬夏常温，因名湯谷。山海經曰：攻離之山，淯水出焉。南流注于漢。郭璞曰：今淯水在淯陽縣南。盪，他浪切〔六〕。

推淮引湍，三方是通。淮水自此而去，故曰推。湍水自彼而來，故曰引。説文曰：推，排也。山海經曰：翼望之山，湍水出焉。郭璞曰：湍，鹿摶切。今湍水逕南陽穰縣而入淯也。三方，東西及南也。

其寶利珍怪，則金彩玉璞，隨珠夜光。彩，金之彩也。璞，玉之未理者。淮南子曰：隨侯之珠，和氏之璧，得之而富，失之而貧。高誘曰：隨侯，漢中國姬姓諸侯也。隨侯見大蛇傷斷，以藥傅而塗之，後蛇於夜中銜大珠以報之，因曰隨侯之珠，蓋明月珠也。鄒陽曰夜光之璧，劉琨云夜光之珠。尹文子曰：田父得寶玉徑尺，置於廡上，其夜明照一室。然則夜光爲通稱，不繫之於珠璧也〔七〕。銅錫鉛鍇苦駭，赭堊惡〔八〕流黄。鄭玄周禮注曰：錫，鑞也。説文曰：鉛，青金。又曰：九江謂鐵爲鍇。山海經曰：陸郈之山，其下多堊；若之山，其上多赭。郭璞曰：赭，赤土也。堊似土，白色也。郈，音跪。本草經曰：石流黄生東海牧陽山谷中。本草言其所出，此亦兼而有之。博物志曰：雄黄似石流黄。緑碧紫英，青雘烏郭丹粟。廣志曰：碧有縹碧，有緑碧。本草經曰：紫石英生太山之谷。山海經曰：景山之西曰驕山，其下多青雘。郭璞曰：雘，黝屬，音瓠。山海經曰：荆山之首曰景山，睢水出焉。其中多丹粟。郭璞曰：細沙如粟。太一餘糧，中黄穀角玉。本草經曰：太一禹餘糧，一名石腦，生山谷。博物志曰：石中黄子黄石脂。又曰：欲得好穀玉，用合漿，於襄鄉縣舊穴中鑿取，大者如魁斗，小者如雞子。松子神陂，赤靈解角。習鑿齒襄陽耆舊記曰：神陂在蔡陽縣界，有松子亭，下有神陂也。赤靈，赤龍也。解角，脱角也。事未詳。耕父揚光於清泠之淵，游女弄珠於漢皐之曲。山海經曰：有神耕父處豐山，常游清泠之淵，出入有光〔九〕。韓詩外傳曰：鄭交甫將南適楚，遵波漢皐臺下，乃遇二女，佩兩珠，大如荆雞之卵。

其山則崆口江峣五江巀苦葛嵑五葛，嵣大朗峔莽嶚遼剌力割。崆、峣、巀、嵑，山石高峻之貌。字書曰：崆，山貌也。嵣峔，山石廣大之貌也〔一〇〕。嶚，山高而相戾也。廣雅曰：嶚，高也〔一一〕。説文曰：剌，戾也。岝仕白峉額嶵祚迴嵬五迴，嶔香金巇許宜屹魚乞𡾋五結。埤蒼曰：岝峉，山不齊也〔一二〕。説文曰：嶵嵬，山石崔嵬，高而不平也〔一三〕。嶔巇，山相對而危險之貌也。屹𡾋，斷絶之貌也。幽谷嶜岑吟，夏含霜雪。毛詩曰：出自幽谷。楊雄蜀都賦曰：玉石嶜岑。又曰：夏含霜雪。嶜岑，高峻之貌也〔一四〕。或峮丘筠嶙鄰而纚力氏連，或豁爾而中絶。峮嶙，相連之貌〔一五〕。鞠九六〔一六〕巍巍其隱天，俯而觀乎雲霓五結。鞠，高貌也。班孟堅西都賦曰：其陽則蒼山隱天。楊雄蜀都賦曰：蒼山隱天〔一七〕。

若夫天封大狐，列仙之陬子侯。天封，未詳，或曰山名也。南郡圖經曰：大胡山，故縣縣南十里。張衡云：天封，大胡也。薛綜注曰：區陬，隅隙之間也〔一八〕。上平衍而曠蕩，下蒙籠而崎溪嶇區。孫子兵法曰：草樹蒙籠。廣雅曰：崎嶇，傾側也〔一九〕。坂坻遲巀在結嶭五結而成巘魚勉，谿壑錯繆謬而盤紆。郭璞上林賦注曰：坻，岸也。又曰：巀嶭，高峻也〔二〇〕。毛萇詩傳曰：巘〔二一〕，小山，別大山也〔二二〕。錯繆，雜亂貌也。芝房菌奇殞〔二三〕蠢生其隈，玉膏滵密〔二四〕溢流其隅。芝房，芝生成房也。菌蠢，是芝貌也。山海經曰：密山，丹水出焉，其中多白玉，是有玉膏。滵溢，流貌。崑崙無以奓，閬浪風不能踰。東方朔十州記曰：崑崙其北角曰閬風之巔〔二五〕。

其木則檉敕貞松楔更黠櫻即，槾萬柏杻橿疆。檉似柏而香。爾雅曰：楔曰荆桃。郭璞曰：櫻桃也〔二六〕。郭璞山海經注曰：櫻似松柏有刺〔二七〕。槾，荆也〔二八〕。又曰：杻似桑而細葉。又曰：橿，中車材〔二九〕。楓柙櫨櫪，帝女之桑。爾雅曰：楓，欇。楓，音風。欇，之涉切。劉逵吳都賦注曰：柙，香木。智甲切〔三〇〕。郭璞上林賦注：櫨，橐。櫨，力胡切。櫪與櫟同，來的切。山海經曰：宣山有桑焉，其枝四衢，名帝女之桑。郭璞曰：婦人主蠶，因以名桑也。楈胥枒邪栟并櫚閭，柍於兩柘檍憶檀。郭璞上林賦注曰：楈枒似栟櫚，皮可作索〔三一〕。張揖注上林賦曰：栟櫚，椶也，皮可以爲索〔三二〕。柍，未詳〔三三〕。爾雅曰：杻，檍。郭璞曰：似桑〔三四〕。蒼頡篇曰：檀，木名。結根竦本，垂條嬋蟬媛袁。結，猶同也。廣雅曰：竦，上也。嬋媛，枝相連引也。布緑葉之萋萋，敷華蘂之蓑蓑素回反。毛萇詩傳曰：萋萋，茂盛貌。王逸楚辭注曰：蘂，實貌也。劉淵林蜀都賦注曰：蘂，一曰花頭點也〔三五〕。蓑蓑，下垂貌。玄雲合而重陰，谷風起而增哀。淮南子曰：玄雲素朝。毛詩曰：習習谷風。攢在官立叢駢，青冥盰瞑音眠。言林木攢羅，衆色幽昧也。楚辭曰：遠望兮芊眠。王逸曰：芊眠，遥視闇未明也。芊眠與盰瞑音義同。杳藹蓊鬱於谷底，森蓴蓴祖本而刺天。皆茂盛貌也。司馬相如弔二世曰：衆樹之蓊鬱兮。虎豹黄熊游其下，豰呼穀玃居縛猱奴刀㹅廷戲其巔。六韜曰：散宜生得黃熊而獻之紂。説文曰：豰，類犬，腰以上黃，以下黑〔三六〕。爾雅曰：貜父喜顧。郭璞曰：似獮猴而大，蒼黑色。鄭玄禮記注曰：猱，獮猴也。張載吴都賦注曰〔三七〕：狿，猨屬。鸞鷟岳鵷鶵翔其上，騰猨飛蠝壘棲其間〔三八〕。國語曰：周之興也，鸑鷟鳴於岐山。賈逵曰：鸑鷟，鳳之別名也。山海經曰：南禺之山有鵷鶵。郭璞曰：鳳屬也。上林賦曰：蜼玃飛蠝。張揖曰：蠝，飛鼠也。蠝與猵同，並音壘。其竹則籦鍾籠龍䈽謹篾銘決，篠蘇了簳幹箛孤箠追。戴凱之竹譜曰：籦籠，竹名也。伶倫吹以爲律。竹菫皮白如霜〔三九〕，大者宜爲篙。篠，出魯郡山，堪爲笙。孔安國曰：篾，桃枝也。簳，小竹也。宋玉笛賦曰：奇簳〔四〇〕。箛、箠，二竹名〔四一〕，其形未詳。緣延坻遲阪，澶徒幹漫陸離。陸離，猶參差也〔四二〕。阿烏可那奴可蓊烏孔茸如涌，風靡雲披。阿那，柔弱之貌。説文曰：蓊，竹貌也〔四三〕。埤蒼曰：茸，竹頭有文也。風靡雲披，言隨風而靡，如雲之披也。

爾其川瀆，則滍雉〔四四〕澧灤藥濜自吝〔四五〕，發源巖穴。水經曰：滍水出南陽縣西堯山。山海經曰：澧水出雅山。郭璞曰：今出南陽〔四六〕。字書曰：灤水出泚陽。泚，音此。酈善長水經注曰：濜水出襄鄉縣東北陽中山。潛㔸於臘洞出，没滑骨瀎蔑〔四七〕潏決。㔸，山傍穴也，言水洞山此穴。没滑瀎潏，疾流之貌也〔四八〕。布濩户漫汗，漭莽沆胡朗洋溢。言廣大也〔四九〕。漭沆，已見西京賦。總括趨欱呼答，箭馳風疾。言江海欱受諸水，故總括而趨之。説文曰：欱，歠也〔五〇〕。慎子曰：西河下龍門，其流敵於竹箭。孫子曰：其疾如風。流湍投濈戢，砏普貧汃八輣普耕軋烏八。許慎淮南子注曰：湍，水行疾也〔五一〕。埤蒼曰：濈，水行出也〔五二〕。砏汃輣軋，波相激之聲也。埤蒼曰：砏，大聲也〔五三〕。長輸遠逝，漻流淚力計淢域汩爲筆反。廣雅曰：輸，寫也。韓詩外傳曰：漻〔五四〕，清貌也。淮南子曰：水淚破舟〔五五〕。説文曰：淢，疾流也〔五六〕。王逸楚辭注曰：汩，去貌。其水蟲則有蠳龜鳴蛇，潛龍伏螭。抱朴子曰：蠳龜噉蛇。山海經曰：鮮水多鳴蛇，其狀如蛇，四翼，其音如磬，見則其邑大旱。説文曰：螭若龍而黄也。鱏尋鱣張連鰅隅鰫，黿鼉鮫鰝以規反。鱏、鱣，已見上文。郭璞上林賦注曰：鰅魚有文采〔五七〕。鰫似鰱而黑〔五八〕。山海經注曰：鮫，鯌屬也，皮有班文而堅。鮫鰝已見東京賦。

巨蜯函含珠，駮剥瑕委蛇。楊雄蜀都賦曰：蜯函珠而擘裂。蜯與蚌同〔五九〕，函與含同。郭璞爾雅注曰：蝦大者長一二丈。委蛇，長貌。瑕與蝦古字通〔六〇〕。

於其陂澤〔六一〕，則有鉗盧玉池，赭陽東陂。杜預表曰：所領部曲，皆居南鄉界，所近鉗盧大陂，下有良田。舊説曰：玉池在宛也。貯知旅〔六二〕水渟亭洿汙，亘望無涯宜。説文曰：貯，積也。廣雅曰：渟，止也。説文曰：洿，濁水不流也。方言曰：亘，竟也。上林賦曰：察之無涯。其草則藨平表苧直吕蘋煩莞〔六三〕，蔣將蒲孤蒹葭。説文曰：藨，蒯之屬〔六四〕。又曰：苧可以爲索。郭璞山海經注曰：蘋，青蘋，似莎而大〔六五〕。鄭玄毛詩箋曰：莞，小蒲也〔六六〕。説文曰：蔣，菰蔣也〔六七〕。爾雅曰：蒹，薕也。葭，蘆也。藻茆卯菱芡渠儼，芙蓉含華。從風發榮，斐披芬葩。藻，已見西京賦。爾雅曰：茆，鳧葵〔六八〕。菱芡、芙蓉，並見東京賦。其鳥則有鴛鴦鵠鷖烏兮，鴻鴇保鴐加鵝。䴋苦札〔六九〕鶂雅札鸊步覓鷉吐雞〔七〇〕，鷫肅鷞所良鵾昆鸕盧。毛詩曰：鴛鴦于飛。班孟堅西都賦曰：黄鵠鵁鶄，鳧鷖鴻鴈。張平子西京賦曰：鷫鷞鵠鴇，鴐鵝鴻鶤〔七一〕。説文曰：䴋鶂，鳧屬。方言曰：野鳧，甚小而好没水中者，南楚之外，謂之鸊鷉。鵾與鶤同。蒼頡篇曰：鸕鷀似鶂而黑。

鶿，音磁〔七二〕。嚶嚶鳥耕和鳴，澹徒濫淡徒敢隨波。言自恣也。毛詩曰：鳥鳴嚶嚶。爾雅曰：關關嚶嚶，聲之和也。上林賦曰：隨風澹淡。其水則開竇灑所蟹〔七三〕流，浸彼稻田。鄭玄周禮注曰：竇，孔穴也，音豆。漢書音義曰：灑，分也。毛詩曰：浸彼稻田。溝澮脉連，隄塍繩相輑丘筠反。爾雅曰：水注溝曰澮。韋昭國語注曰：脉，理也。隄塍已見西都賦。輑，相連之貌。朝雲不興，而潢潦老〔七四〕獨臻。左氏傳曰：潢汙行潦之水。説文曰：潢，積水池也。潦，雨水。決渫薛則暵罕，爲溉古愛爲陸。冬稌肚夏穱側角，隨時代熟。説文曰：渫，去除也〔七五〕。又曰：暵，乾也〔七六〕。又曰：溉，灌也。稌，已見東京賦。楚辭曰：稻粢穱麥挐黃粱。其原野則有桑漆麻苧直旅〔七七〕，菽麥稷黍。百穀蕃廡武，翼翼與與。説文曰：苧，麻屬。鄭玄毛詩箋曰：菽，大豆也。百穀蕃廡，並已見東京賦。毛詩曰：我黍與與，我稷翼翼。

若其園圃，則有蓼了蕺側立蘘而羊荷，藷之餘蔗薑䕰煩，菥析蓂覓〔七八〕芋瓜。説文曰：蓼，辛菜也〔七九〕。風土記曰：蕊，香菜〔八〇〕，根似茆根，蜀人所謂蒩香。蕊與蕺同。説文曰：蘘荷，葍蒩也。葍，普卜切。蒩，子余切。漢書音義曰：藷蔗，甘柘也。字書曰：䕰，小蒜也。爾雅曰：菥蓂大薺。乃有櫻梅山柿，侯桃梨栗。漢書音義曰：櫻桃，含桃也。郭璞爾雅注曰：梅似杏，實酸。説文曰：柿，赤實果也。曹毗魏都賦注曰：侯桃，山桃。子如麻子。梬郢棗若留，穰橙鄧橘。説文曰：梬棗，似㮕，如兖切。廣雅曰：石留，若榴也。漢書，南陽郡有穰縣、鄧縣。説文曰：橙，橘屬也〔八一〕。其香草則有薜萍計荔力計蕙若，薇蕪蓀萇。王逸楚辭注曰：薜荔，香草也。郭璞山海經注曰：蕙，香草也，若，杜若也。本草經曰：靡蕪一名薇蕪。陶隱居注曰〔八二〕：蕙葉似蛇牀而香。王逸楚辭注曰：蓀，香草也。萇，萇楚也。爾雅曰：蓀楚，銚戈也〔八三〕。銚，音遥。晻於感曖愛蓊烏揔蔚，含芬吐芳。言草木闇暝而茂盛也。說文曰：晻，不明貌。王逸楚辭注曰：曖，闇昧貌。

若其廚膳，則有華薌重秬渠舉，滍秩履臯香秔公行反。華薌，鄉名也。毛萇詩傳曰：秬，黑黍，一稃二米，故曰重也。稃，音敷〔八四〕。滍臯，滍水之澤也。廣雅曰：秔，秈也。秈，音仙。歸鴈鳴鶪陟滑〔八五〕，黃稻鱻魚，以爲芍張略藥音略。鴈能候時去來，故曰歸。史記曰：楚人有以弱弓微繳，加歸鴈之上。爾雅曰：鶪鳩，寇雉。郭璞曰：鶪，大如鴿，羣飛，出北方沙漠。聲類曰：鱻，小魚也〔八六〕。子虛賦曰：芍藥之和具而後進也。文穎曰：五味之和。酸甜滋味，百種千名。說文曰：甜，美也〔八七〕。春卵夏筍，秋韭冬菁音精〔八八〕。爾雅曰：筍，竹萌也。廣雅曰：韭，其華謂之菁。蘇蔱殺紫薑，拂徹羶尸然〔八九〕腥。爾雅曰：蘇，桂荏。字書曰：蔱，茱萸也。司馬彪上林賦注曰：紫薑，紫色之薑也。杜預左氏傳注曰：徹，猶去也。酒則九醖於問〔九〇〕甘醴，十旬兼清。醪敷徑寸，浮蟻若蓱。魏武集，上九醖酒，奏曰：三日一釀，滿九斛米止。廣雅曰：醖，投也。韓詩曰：醴，甜而不泲也。十旬，蓋清酒百日而成也。鄭玄周禮注曰：清酒，今之中山冬釀接夏而成也。漢書音義，晉灼曰：百日之末酒也。說文曰：醪，汁滓酒也。徑寸，蓋酒膏之徑寸也。釋名曰：酒有汎齊，浮蟻在上，汎汎然如蓱之多者。其甘不爽，醉而不醒。老子曰：五味令人口爽。廣雅曰：爽，傷也。毛萇詩傳曰：病酒曰醒。

及其糺宗綏族，禴祠蒸嘗。左氏傳曰：召公思周德之不類，故糺合宗族于成周。爾雅曰：綏，安也。毛詩曰：禴祠蒸嘗，于公先王〔九一〕。以速遠朋，嘉賓是將。揖讓而升，宴于蘭堂。儀禮曰：速賓。鄭玄曰：速，召也。論語曰：有朋自遠方來。毛詩曰：我有嘉賓，鼓瑟吹笙；吹笙鼓簧〔九二〕，承筐是將。儀禮曰：若四方賓燕，則揖讓而升。賈逵國語注曰：不脱屨升堂〔九三〕。漢書曰：被蘭堂。珍羞琅玕，充溢圓方。爾雅曰：珍，美也。方言曰：羞，熟。以羞之美，故喻於玉也。圓方，器也。尚書曰：厥貢琅玕。又曰：惟辟玉食。琢琱狎獵，金銀琳琅。爾雅曰：玉謂之琱〔九四〕。琱與彫古字通也。爾雅曰：理玉曰琢，都角切。狎獵，飾之貌，胡甲切。獵，士甲切。尚書曰：厥貢球琳琅玕。侍者蠱媚，巾㡗鮮明。蠱，已見西京賦。毛萇詩傳曰：綦巾，女服也。字書曰：㡗，上衣。被服雜錯，履躡華英。雜錯，非一也。華英，光耀也。被，皮義切。儇才齊敏，受爵傳觴。方言曰：儇，急疾也，呼緣切。齊，在雞切。毛萇詩傳曰：敏，疾也。獻酬既交，率禮無違。毛詩曰：獻酬交錯。左氏傳，晉侯曰：魯侯自郊勞至于贈賄，禮無違者。東觀漢記曰：朱浮上疏曰：陛下率禮無違。彈琴擫籥，流風徘徊。言樂聲之結風也。説文曰：擪，一指按也。擪與擫同，烏牒切。鄭玄周禮注曰：籥，舞者所吹也，如篴三孔。籥，音藥。篴，音敵。清角發徵，聽者增哀。言既奏清角而又發徵聲，故增哀也。韓子，師曠曰：清徵之聲，不如清角。許慎淮南子注曰：清角絃急，其聲清也。客賦醉言歸，主稱露未晞。毛詩曰：鼓咽咽，醉言歸。又曰：湛湛露斯，匪陽不晞。厭厭夜飲，不醉無歸。接歡宴於日夜，終愷樂之令儀。毛詩曰：愷樂飲酒。又曰：莫不令儀。

於是暮春之禊，元巳之辰，方軌齊軫，祓于陽瀕。毛詩曰：惟暮之春。史記曰：武帝禊霸上。續漢書曰：三月上巳，宮人皆禊於東流水上，祓除宿垢疢也。周禮曰：女巫掌歲時祓除。楊雄蜀都賦曰：相與如乎陽瀕。朱帷連網〔九五〕，曜野映雲。網，維網也。男女姣服，駱驛繽紛。駱驛繽紛，往來衆多貌。致飾程蠱，便紹便娟。廣雅曰：程，示也。便娟，則嬋娟也。蠱及便紹便娟，已見西京賦。微眺流睇，蛾眉連卷。鄭玄禮記注曰：睇，傾視也，徒計切。毛詩曰：螓首蛾眉。郭璞爾雅注曰：蠶蛾也。連卷，曲貌。卷，音權。

於是齊僮唱兮列趙女。齊、趙，二國名也。楊惲書曰：婦，趙女也。坐南歌兮起鄭舞。白鶴飛兮繭曳緒。呂氏春秋曰：禹行水見塗山之女，禹未之遇，而省南土，塗山之女乃令其妾往候禹于塗山之陽，女乃作歌曰：候人猗兮！實始爲南音。周公、召公取風焉。高誘曰：取南音以爲樂歌也。楚辭曰：二八齊容起鄭舞。王逸曰：鄭國舞也。白鶴飛兮繭曳緒，皆舞人之容。脩袖繚繞而滿庭，羅襪躡蹀而容與。繚繞，袖長貌。躡蹀，小步貌。說文曰：躡，蹈也，徒頰切。許慎淮南子注曰：蹀，蹈也，蘇協切。翩緜緜其若絶，眩將墜而復舉。毛萇詩傳曰：緜緜，長而不絶貌。國語曰：觀美而眩。賈逵曰：眩，惑也。翹遥遷延，蹩躃蹁躚。翹遥，輕舉貌。遷延，却退貌。上林賦曰：便跚嫳屑。蹩，蒲結切。躃，素結切。蹁，步先切。躚，素田切。結九秋之增傷，怨西荆之折盤。古樂府有歷九秋妾薄相行歌，辭曰：齊謳楚舞紛紛，歌聲上徹青雲。西荆，即楚舞也。折盤，舞貌。張衡有七盤舞賦，咸以折盤爲七盤也〔九六〕。彈箏吹笙，更爲新聲。毛詩曰：吹笙鼓簧。史記曰：衞靈公見晉平公曰，今者未聞新聲，請奏之。更，古衡切。寡婦悲吟，鶤雞哀鳴。寡婦曲，未詳。古相和歌有鶤雞之曲。坐者悽欷，蕩魂傷精。楚辭曰：憯悽增欷，傷精神也。神女賦曰：精神相依憑。

於是羣士放逐，馳乎沙場。逐，馳逐也。騄驥齊鑣，黄間機張。騄、驥，駿馬之名也。穆天子傳，八駿有赤驥、騄耳。音録。説文曰：鑣，馬銜也，彼驕切。漢書曰：李廣以大黄射其裨將。鄭氏曰：黄間，弩淵中黄牙。尚書曰：若虞機張。孔安國曰：機，弩牙。足逸驚飈，鏃析毫芒。言馬疾而矢利。析，音錫。俯貫魴鱮，仰落雙鶬音倉。魴鱮，已見西京賦。列子曰：蒲且子連雙鶬於青雲之上。鶬，已見西都賦。魚不及竄，鳥不暇翔。言急遽也。高唐賦曰：飛鳥未及起，走獸未及發。爾乃撫輕舟兮浮清池，亂北渚兮揭南涯。浮，已見西都賦。爾雅曰：水正絶流曰亂。説文曰：揭，高舉也〔九七〕。汏太瀺仕減灂仕角兮船容裔，陽侯澆兮掩鳧鷖。楚辭曰：齊吴榜以激汏。王逸曰：汏，水波也〔九八〕。上林賦曰：瀺灂隕隊〔九九〕。戰國策曰：塞漏舟而輕陽侯之波，則舟覆矣。淮南子曰：武王伐紂，渡于孟津，陽侯之波，逆流而擊之。高誘曰：陽侯，陽國侯也，溺死於水，其神能爲大波。王逸楚辭注曰：回波爲澆〔一〇〇〕。毛詩曰：鳧鷖在潨。追水豹兮鞭蝄蜽，憚丁達夔龍兮怖蛟螭。水豹，已見西京賦。説文曰：蝄蜽，山川之精物也。蛟螭，若龍而黄〔一〇一〕。國語曰：木石之怪夔，水之怪龍。韋昭曰：木石爲山也。夔一足也。

於是日將逮昏〔一〇二〕，樂者未荒。毛詩曰：好樂無荒。收驩命駕，分背迴塘。孔叢子曰：巾車命駕。廣雅曰：塘，堤也。車雷震而風厲，馬鹿超而龍驤。雷震，言多也。風厲，言疾也。毛詩曰：戎車啍啍，如霆如雷。毛萇詩傳曰：雷出地奮，震驚百里。古詩曰：涼風率已厲。杜預左氏傳注曰：厲，猛也。韓子曰：馬如鹿者千金。鄒陽上書曰：蛟龍驤首。舞賦曰：龍驤横舉，揚鑣飛沫。周禮曰：凡馬八尺已上爲龍。夕暮言歸，其樂難忘。此乃游觀之好，耳目之娱。未睹其美者，焉足稱舉。言此游觀耳目之樂，非極美也。

夫南陽者，真所謂漢之舊都者也〔一〇三〕。遠世則劉后甘厥龍醢海，視魯縣而來遷〔一〇四〕。左氏傳曰：劉累學擾龍于豢龍氏，以事孔甲。龍一雌死，潛醢以食夏后，夏后饗之，既又使求之，懼而遷於魯縣。漢書曰：南陽郡魯陽縣即御龍氏所遷。奉先帝而追孝，立唐祀乎堯山。先帝，謂堯也。皇甫謐曰：堯始封於唐，今中山唐縣是也。後徙晉陽。及爲天子，都平陽，於詩爲唐國。是堯以唐侯升爲天子也〔一〇五〕。水經曰：南陽縣西堯山。酈元曰：魯縣立堯祠於西山，謂之堯山也。固靈根於夏葉，終三代而始蕃音繁。言劉氏植根於夏葉，終三代而始蕃昌也。毛萇詩傳曰：葉，世也。三代，已見班固兩都序。非純德之宏圖，孰能揆求癸〔一〇六〕而處旃！孔安國尚書傳曰：揆，度也。鄭玄毛詩箋曰：旃，之也。

近則考侯思故，匪居匪寧。穢長沙之無樂，歷江湘而北征。東觀漢記曰：春陵節侯，長沙定王中子買。節侯生戴侯，戴侯生考侯。考侯仁以春陵地勢下濕，難以久處，上書願徙南陽守墳墓，元帝許之，於是北徙。考或爲孝，非也。曜朱光於白水，會九世而飛榮。朱光，火德也。已見東京賦。東觀漢記曰：考侯仁徙封南陽白水鄉。又曰：世祖光武皇帝，高祖九世孫，承文、景之統，出自長沙定王。榮，光榮也。封禪書曰：發號榮。察茲邦之神偉〔一〇七〕，啓天心而寤靈。言考侯既察此都之神偉，且啓上天之心，又寤先靈之意，使之而王也。説文曰：偉，奇也。

於其宮室，則有園廬舊宅，隆崇崔嵬。說文曰：崔〔一〇八〕，高大也。御房穆以華麗，連閣煥其相徽。御房，帝舊房也。相徽，言俱美。孔安國尚書傳曰：徽，美也。聖皇之所逍遥，靈祇之所保綏。聖皇，謂光武也。逍遥，謂潛龍之日。韓詩外傳曰：逍遥也〔一〇九〕。靈祇，天地之神也。毛詩曰：神保是饗。又曰：綏以多福也。章陵鬱以青葱，清廟肅以微微。東觀漢記曰：建武中，更名舂陵爲章陵。光武過章陵，祠園廟。爾雅曰：青謂之葱，林木茂盛之貌。微微，幽静貌。皇祖歆而降福，彌萬祀而無衰。毛詩曰：獻之皇祖。説文曰：歆，神食氣也。毛詩曰：降福孔夷。爾雅曰：彌，終也。又曰：祀，年也。帝王臧其擅美，詠南音以顧懷。帝王，光武也。顧懷，過章陵祠園廟之時也。爾雅曰：臧，善也。説文曰：擅，専也。左氏傳，楚鍾儀囚於晉，與之琴，操南音。劇秦美新曰：后土顧懷。且其君子，弘懿明叡，允恭温良。容止可則，出言有章。進退屈伸，與時抑揚。班固説東平王蒼曰：體弘懿之姿。叡，哲也。已見東京賦。尚書曰：允恭克讓。論語，子貢曰：夫子温、良、恭、儉、讓。孝經曰：容止可觀，進退可度。毛詩曰：其容不改，出言有章。周易曰：往者屈也，來者伸也，屈伸相感，而利害生焉。班固漢書，叔孫通述曰：叔孫奉常，與時抑揚。方今天地之睢虛惟刺力達，帝亂其政，豺虎肆虐，真人革命之秋也。漢書音義曰：方，向也。謂高祖之時。蒼頡篇曰：今，時辭也，謂光武。天地，猶天下也。睢刺，喻禍亂也，謂秦二葉也。淮南子曰：萬物盱睢。楚辭曰：獨乖刺而無當。王逸曰：刺，邪也〔一一〇〕。帝謂高祖也。馬融論語注曰：亂，理也。豺狼貪殘，謂王莽也。真人，光武也。文子曰：得天地之道，故謂之真人。革命，已見東都賦。爾其則有謀臣武將，皆能攫九縛戾執猛，破堅摧剛。排揵件陷扃古熒〔二一〕，蹴蹈咸陽。蒼頡篇曰：攫，搏也。説文曰：揵，距門也。又曰：扃，外閉之關也。高祖階其塗，光武攬其英。漢書曰：沛公圍宛城，南陽守齮降，引兵西，無不下者。爾雅曰：階，因也。齮音蟻。東觀漢記曰：鄧禹、吴漢並南陽人。三略曰：主將之體，務在攬英雄之心。是以關門反距，漢德久長。言居西而距東，居東而距西，故言反也。杜篤論都賦曰：是時山東翕然狐疑，意聖朝之西都，懼關門之反距。及其去危乘安，視人用遷。去危乘安，謂太平也。視人用遷，謂觀人所安而設教。周召之儔，據鼎足焉，以庀匹婢王職。史記曰：周公旦者，周武王弟也，輔武王。又召公奭，姓姬氏。成王時，召公爲三公。漢書曰：夫三公，鼎足之輔也。賈逵國語注曰：庀，由理也。縉紳之倫，經綸訓典，賦納以言。漢書音義，臣瓚曰：縉，赤白色。紳，大帶也。周奇曰〔二二〕：搢，插笏於大帶。周易曰：君子以經綸。國語曰：修其訓典。尚書曰：敷納以言也。是以朝無闕政，風烈昭宣也。春秋考異郵曰：後雖殊世，風烈猶合於持方。宋均曰：持方，受命者名。於是乎鯢齒眉壽，鮐背之叟，皤皤然被黄髮者，毛詩曰：以介眉壽。毛萇曰：眉壽，毫眉也。爾雅曰：黄髮、鯢齒、鮐背、耇老，壽也。皤皤，已見東京賦。喟然相與歌曰：「望翠華兮葳蕤，建太常兮裶裶音霏。上林賦曰：建翠華之旗。葳蕤，翠華貌。太常已見東京賦。上林賦曰：紛紛裶裶〔二三〕。駟飛龍兮騤騤逵，振和鸞兮京師〔二四〕。飛龍，言疾也。周易曰：飛龍在天。毛詩曰：四牡騤騤。鄭玄禮記注曰：鑾輅，有虞氏之車也。有鑾和之節〔二五〕。總萬乘兮徘徊，按平路兮來歸。」萬乘，見東京賦。毛萇詩傳曰：迴，遲也。然徘徊即遲遲也。毛詩曰：行道遲遲。南陽舊居，故曰來歸。毛詩曰：來歸自鎬。豈不思天子南巡之辭者哉！遂作頌曰：毛詩曰：豈不爾思。尚書曰：五月南巡狩。

皇祖止焉，光武起焉。皇祖，高祖也。周易曰：庖犧氏没，神農氏作〔二六〕。據彼河洛，統四海焉。河、洛，謂東都也。西都賦曰：嘗有意乎都河、洛。本枝百世，位天子焉。毛詩曰：文王子孫〔二七〕，本枝百世。永世克孝，懷桑梓焉。毛詩曰：永世克孝。又曰：維桑與梓，必恭敬止。真人南巡，覩舊里焉。東觀漢記曰：光武征秦豐，幸舊宅。酈元水經注曰：光武征秦豐，張衡以爲真人南巡，觀舊里焉。

文選考異

〔一〕注「於歎辭」　袁本、茶陵本辭下有「於孤切」三字，是也。其正文下「烏」字乃五臣音也。凡合併六家之本，於正文下載五臣音，於注中載善音，而善音之同於五臣者每被節去。袁、茶陵二本，又各多寡不齊，蓋合併不一，故所節去不一耳。至尤本於正文下五臣音，往往未嘗區別刊正，而注中善音，則節去彌甚，其失善舊，亦彌甚矣。今取二本善音之可考者，悉皆訂正。其二本已節去在前，則末由考之。間有可借正文下五臣音推知崖略者，然既非明文，難以稱説，當俟再詳。全書善音之例，均準此。

〔二〕注「西京賦曰」下至「爲豫州也」　袁本此二十二字作「周居豫州已見西京賦」，是也。茶陵本複出，非。

〔三〕注「郁郁京河」袁本、茶陵本「京」作「荆」，是也。

〔四〕注「武闕山爲關在西也」茶陵本無此八字。袁本有，何、陳校皆去。觀下注，似不當有。

〔五〕注「説文曰」下至「墉城也」袁本此十七字作「隍已見上文墉已見西京賦」，是也。茶陵本複出，非。

〔六〕注「盪他浪切」袁本、茶陵本無此四字。茶陵有「淯音育」三字，袁亦無。案：茶陵是也。

〔七〕注「淮南子曰隨侯之珠」下至「不繫之於珠璧也」袁本、茶陵本無此一百十七字。袁有「隨珠夜光已見西都賦」九字，茶陵有「隨珠夜光見西都注」八字，案：袁本是也。茶陵例改，已見爲複出，此條其遺漏者，尚屬善舊。尤乃複出，甚非。

〔八〕注「惡」袁本、茶陵本作「堊音惡」三字，在注中「郈音跪」下，是也。

〔九〕注「山海經曰」下至「出人有光」袁本此二十一字作「耕父已見東京賦」，是也。茶陵本複出，非。

〔一〇〕注「嵣峔山石廣大之貌也」袁本、茶陵本此下有「嵣音蕩峔音莽」六字，是也。

〔一一〕注「嶚高也」袁本、茶陵本此下有「力彫切」三字，是也。

〔一二〕注「峌嵲山不齊也」袁本、茶陵本此下有「峌仕革切」四字，是也。

〔一三〕注「高而不平也」袁本、茶陵本此下有「嵬咋迴切嵬牛迴切」八字，是也。

〔一四〕注「高峻之貌也」 袁本、茶陵本此下有「嶜士林切」四字，是也。

〔一五〕注「相連之貌」 袁本、茶陵本此下有「岩丘貧切嶙音鄰纚力是切」十一字，是也。

〔一六〕注「九六」 袁本、茶陵本作「九六切」三字，在注中「鞠高貌也」下，是也。

〔一七〕注「班孟堅」下至「蒼山隱天」 袁本此二十四字作「隱天已見西都賦」，是也。茶陵本複出，非。

〔一八〕注「薛綜注曰區陬隅隙之間也」 袁本此十一字作「陬已見西京賦」，是也。茶陵本複出，非。

〔一九〕注「傾側也」 袁本、茶陵本此下有「崎丘宜切嶇丘嵎切」八字，是也。

〔二〇〕注「巀嶭高峻也」 袁本、茶陵本此下有「巀在結切」四字，是也。

〔二一〕注「毛萇詩傳曰巘」 袁本「巘」作「獻」，茶陵本亦作「巘」。案：各本皆非也。當作「甗」，乃與正文相應。茶陵本校語云善作「甗」，否則善當有「巘」、「甗」異同之注，今删削不全。又案：西京賦「陵重巘」，正文及注皆作「巘」，而毛詩皇矣正義所引則爲「甗」字，恐彼亦善「甗」、五臣「巘」，各本亂之。如袁本之此正文作「巘」，而失著校語也。

〔二二〕注「小山別大山也」 袁本、茶陵本此下有「魚蹇切」三字，是也。

〔二三〕注「奇殞」 袁本作「其殞切」三字，在注中「是芝貌也」下，是也。茶陵本與此同，非。

〔二四〕注「密」 袁本「滵音密」三字在注末，是也。茶陵本與此同，非。

〔二五〕注「東方朔」下至「閶風之顛」　袁本此十七字作「崑崙閶風已見西京賦」，是也。茶陵本複出，非。

〔二六〕注「櫻桃也」　袁本、茶陵本此下有「革黠切」三字，是也。

〔二七〕注「有刺」　袁本、茶陵本此下有「子力切」三字，是也。

〔二八〕注「荆也」　袁本、茶陵本此下有「音萬」二字，是也。

〔二九〕注「中車材」　袁本、茶陵本此下有「音姜」二字，是也。

〔三〇〕注「智甲切」　袁本作「音甲」二字，茶陵本無。案：似袁本是也。

〔三一〕注「皮可作索」　袁本此下有「楈音胥枒以奢切」七字，是也。茶陵本無「楈音胥」，非。

〔三二〕注「皮可以爲索」　袁本此下有「栟音并櫚音驢」六字，是也。茶陵本無，非。

〔三三〕注「柍未詳」　袁本、茶陵本此下有「於良切」三字，是也。

〔三四〕注「似桑」　袁本此下有「檍音憶」三字，是也。茶陵本無，非。

〔三五〕注「花頭點也」　案：「花」下當有「鬚」字。各本皆脱。又袁本、茶陵本此下有「而體切」三字，是也。「體」當作「髓」。

〔三六〕注「以下黑」　袁本、茶陵本此下有「縠呼木切」四字，是也。

〔三七〕注「張載吴都賦注曰」　案：張載當作「劉逵」。各本皆誤。

〔三八〕騰猨飛蠝棲其間　茶陵本「蠝」作「獵」，袁本作「玃」。案：「獵」字是也。注云：「蠝」與

「𤢻」同，謂正文之「𤢻」，可證也。

〔三九〕注「竹菫皮白如霜」　案：「竹菫」當作「𥴵」，蓋一字誤分爲二。袁本亦誤。茶陵本改「菫」爲「𥴵」，非。

〔四〇〕注「宋玉笛賦曰奇簳」　袁本、茶陵本此下有「古罕切」三字，是也。案：古文苑載此賦云「奇篠異幹」，此疑脫。彼「幹」即「簳」字耳。

〔四一〕注「二竹名」　袁本、茶陵本此下有「箛公都切箠竹隨切」八字，是也。

〔四二〕注「陸離猶參差也」　袁本無此六字，茶陵本有。案：此六字，袁在所載五臣向注中，無者是也。

〔四三〕注「蓊竹貌也」　袁本此下有「於孔切」三字，是也。茶陵本無，非。

〔四四〕注「雉」　袁本、茶陵本作「音雉」，二字在注中「堯山」下，是也。

〔四五〕注「自各」　袁本、茶陵本作「瀘自各切」四字，在注末，是也。

〔四六〕注「今出南陽」　袁本此下有「音禮」二字，是也。茶陵本無，非。

〔四七〕注「骨」又注「薉」　袁本作「滑音骨濊音薉」六字，在注末，是也。

〔四八〕注「言水洞出此穴没滑濊潏疾流之貌也」　袁本無「言水洞出此穴疾之」八字，是也。茶陵本并善入五臣，與此同誤。

〔四九〕注「言廣大也」　袁本、茶陵本無此四字，是也。案：二本在所載良注中。

〔五〇〕注「説文曰欲歠也」　袁本此六字作「欲已見上文」，是也。茶陵本複出，非。

〔五一〕注「水行疾也」　袁本、茶陵本此下有「他鸞切」三字，是也。

〔五二〕注「水行出也」　袁本、茶陵本此下有「俎立切」三字，是也。

〔五三〕注「大聲也」　茶陵本此下有「汎普八切」四字。袁本無。案：茶陵是也。

〔五四〕注「韓詩外傳曰漻」　案：「外」字不當有。各本皆衍。凡本篇引韓詩外傳曰「鄭交甫」云云一條，韓詩曰「醴甜而不泲也」一條，韓詩外傳曰「逍遥也」一條，及此一條，皆當作「韓詩傳曰」，如東都賦注引「魯詩傳曰」之例。傳者蓋所謂内傳。其「逍遥也」句有脱，各本皆同，無以補之。

〔五五〕注「水淚破舟」　袁本、茶陵本此下有「音戾」二字，是也。

〔五六〕注「疾流也」　袁本此下有「音域」二字，是也。茶陵本無，非。

〔五七〕注「鰅魚有文采」　袁本、茶陵本此下有「音禺」二字，是也。

〔五八〕注「似鱷而黑」　袁本、茶陵本此下有「鱷音連」三字，是也。

〔五九〕注「蜯與蚌同」　袁本、茶陵本此下有「步項切」三字，是也。

〔六〇〕注「古字通」　袁本、茶陵本此下有「胡加切」三字，是也。

〔六一〕於其陂澤　袁本無「於」字，何校去。茶陵初刻無，脩者有。案：無者是也。

〔六二〕注「知旅」　袁本、茶陵本作「知旅切」三字，在注中「積也」下，是也。

〔六三〕其草則蔗芧蘋莞　袁本、茶陵本「則」下有「有」字，案：有者是也。

〔六四〕注「葥之屬」　何校「葥」改「蔽」。案：當作「蒯」，「蒯」即「蔽」字也。

〔六五〕注「似莎而大」　袁本、茶陵本此下有「扶袁切」三字，是也。

〔六六〕注「小蒲也」　袁本、茶陵本此下有「胡官切」三字，是也。

〔六七〕注「菰蔣也」　袁本、茶陵本此下有「蔣子詳切菰音孤」七字，是也。案：「菰音孤」善自音注中字耳，正文「蒲」下「孤」乃因此竄入，誤之甚者也。

〔六八〕注「茆鳧葵」　袁本、茶陵本此下有「茆亡絞切」四字，是也。

〔六九〕注「苦朼」　袁本作「苦朼切」，在注中「鳧屬」下，是也。茶陵本與此同，非。

〔七〇〕注「步冕」又注「吐雞」　袁本作「鷿步冕切鵜土鷄切」八字，在注中「謂之鷿鵜」下，是也。茶陵本與此同，非。

〔七一〕注「班孟堅」下至「駕鵝鴻鶤」　袁本此三十字作「餘已見上注」，是也。茶陵本複出，非。

〔七二〕注「鷀音磁」　袁本、茶陵本「鷀」上有「鸕良都切」四字，是也。

〔七三〕注「所蟹」　袁本、茶陵本作「所蟹切」三字，在注中「灑分也」下，是也。

〔七四〕注「老」　袁本、茶陵本作「音老」二字，在注末，是也。

〔七五〕注「去除也」　袁本、茶陵本此下有「息列切」三字，是也。

〔七六〕注「乾也」　袁本、茶陵本此下有「呼但切」三字，是也。

〔七七〕注「直旅」　袁本、茶陵本作「直旅切」三字，在注中「麻屬」下，是也。

〔七八〕注「之餘」又注「煩」又注「析」又注「覓」　袁本、茶陵本作「藷之餘切」四字，在注中「甘柘也」下，「音煩」二字在「小蒜也」下，「菥音析蓂音覓」六字在末，是也。

〔七九〕注「蓼辛菜也」　袁本、茶陵本此下有「力鳥切」三字，是也。

〔八〇〕注「蕊香菜」　案：「蕊」當作「蘁」，下同。各本皆譌。集韻廿六緝云「蘁，香菜」，即本此。

〔八一〕注「橘屬也」　袁本此下有「除耕切」三字，是也。茶陵本無，非。

〔八二〕注「陶隱居注曰」　袁本、茶陵本無「注」字，是也。

〔八三〕注「蓀楚銚戈也」　何校「蓀」改「萇」，陳同，是也。「戈」當作「弋」，各本皆誤。又袁本此下有「萇音長」三字，是也。茶陵本無，非。

〔八四〕注「稃音敷」　袁本「稃」上有「秬音巨」三字，是也。茶陵本無，非。

〔八五〕注「陟滑」　袁本、茶陵本作「鵽陟滑切」四字，在注中「寇雉」下，是也。

〔八六〕注「鱻小魚也」　袁本「也」下有「與鮮同」三字，茶陵本有「胥連切」三字。案：此當兩有「與鮮同胥連切」六字。

〔八七〕注「甜美也」　袁本、茶陵本此下有「徒兼切」三字，是也。

〔八八〕注「音精」　袁本、茶陵本此在注末，是也。

〔八九〕注「殺」又注「尸然」　袁本、茶陵本作「音殺」二字，在注中「茱萸也」下，「羶尸然切」四字在注末。是也。

〔九〇〕注「於問」　袁本、茶陵本作「於問切」三字，在注中「醞投也」下，是也。

〔九一〕注「于公先王」　袁本、茶陵本「于公」作「祭于」。案：此尤所校改也。

〔九二〕注「鼓瑟吹笙吹笙鼓簧」　袁本、茶陵本無「吹笙吹笙」四字。茶陵「簧」作「琴」，袁亦作「簧」。案：此尤所校改也。

〔九三〕注「不脱履升堂」　案：下當有「曰宴」二字，各本皆脱。

〔九四〕注「玉謂之琱」　案：「琱」當作「彫」，觀下注可見。各本皆誤。

〔九五〕朱帷連網　案：「網」當作「綱」。注「網維網也」，二「網」字亦當作「綱」。茶陵本云五臣作「綱」。袁本云善作「網」。各本所見皆非也。

〔九六〕注「咸以折盤爲七盤也」　案：「咸」當作「或」，各本皆譌。

〔九七〕注「揭高舉也」　袁本、茶陵本此下有「丘別切」三字，是也。

〔九八〕注「水波也」　袁本、茶陵本此下有「徒蓋切」三字，是也。

〔九九〕注「瀺灂隕隊」　袁本、茶陵本此下有「瀺士減切」四字，是也。

〔一〇〇〕注「回波爲澆」　袁本、茶陵本此下有「公堯切」三字，是也。

〔一〇一〕注「説文曰蝄蜽」下至「若龍而黄」　袁本此十七字作「蝄蜽蛟螭已見西京賦」，是也。茶陵本複出，與此不同，皆非。

〔一〇二〕於是日將逮昏　袁本、茶陵本「逮」下校語云善作「遥」。案：「遥」但傳寫誤，此蓋尤校改正之也。

〔一〇三〕真所謂漢之舊都者也　袁本、茶陵本無「者」字，是也。

〔一〇四〕視魯縣而來遷　案：「視」當作「覛」。袁本云善作「視」。茶陵本云五臣作「覛」。各本所見皆非，善亦當作「覛」，但傳寫誤「視」耳。

〔一〇五〕注「皇甫謐曰」下至「升爲天子也」　袁本此四十二字作「堯以唐侯升爲天子已見上文」，是也。茶陵本複出，非。

〔一〇六〕注「求癸」　袁本、茶陵本作「求癸切」三字，在注中「揆度也」下，是也。

〔一〇七〕察茲邦之神偉　袁本云善作「邦」。茶陵本云五臣作「都」。案：注中仍云此「都」，似善亦作「都」也。

〔一〇八〕注「説文曰崔」　袁本、茶陵本無此四字，是也。

〔一〇九〕注「逍遥也」　何校「遥」下添「遊」字，陳同。案：各本皆無，未審其所據也。

〔一一〇〕注「刺邪也」　袁本、茶陵本此下有「睢許規切」四字，是也。

〔一一一〕注「古熒」　袁本、茶陵本作「古熒切」三字，在注末，是也。

〔一一二〕注「周奇曰」　陳云「周」當作「李」，是也。各本皆誤。

〔一一三〕注「衯衯裶裶」　袁本、茶陵本此下有「芳非切」三字，是也。

〔一四〕振和鸞兮京師　袁本、茶陵本「鸞」作「鑾」，是也。

〔一五〕注「鄭玄禮記注曰」下至「有鑾和之節」　袁本此十九字作「和鑾已見上文」，是也。茶陵本複出，非。

〔一六〕注「神農氏作」　陳云下有脱文。今案：當連引注「作起也」，以注正文「起焉」，而各本脱去。乾「聖人作」，釋文載鄭云「起也」。但未審善果引何家耳。

〔一七〕注「文王子孫」　案：「子孫」當作「孫子」。各本皆倒。

三都賦序

左太沖　善曰：臧榮緒晉書曰：左思，字太沖，齊國人。少博覽文史，欲作三都賦，乃詣著作郎張載，訪岷、邛之事。遂構思十稔，門庭藩溷，皆著紙筆，遇得一句，即疏之。徵爲秘書。賦成，張華見而咨嗟，都邑豪貴，競相傳寫。三都者，劉備都益州，號蜀；孫權都建業，號吳；曹操都鄴，號魏。思作賦時，吳、蜀已平，見前賢文之是非，故作斯賦以辨衆惑〔一〕。

劉淵林注　三都賦成〔二〕，張載爲注魏都，劉逵爲注吳、蜀，自是之後，漸行於俗也。

蓋詩有六義焉，其二曰賦。善曰：子夏詩序文也。楊雄曰：「詩人之賦麗以則。」善曰：法言文也。班固曰：「賦者，古詩之流也。」善曰：兩都賦序文。先王采焉，以觀土風。善曰：禮記曰：命太師陳詩，以觀民風。鄭玄曰：陳詩，謂采其詩以觀視之。見「綠竹猗猗」於宜，則知衛地淇澳於六之産；善曰：毛詩衛風曰：瞻彼淇澳，緑竹猗猗。見「在其版屋」，則知秦野西戎之宅。善曰：毛詩秦風曰：在其版屋，亂我心曲。毛萇曰：西戎版屋也。故能居然而辨八方。善曰：河圖龍文曰：鎮星光明，八方歸德。難蜀父老曰：六合之内，八方之外。然相如賦上林而引「盧橘夏熟」，楊雄賦甘泉而陳「玉樹青葱」，班固賦西都而歎以出比目，張衡賦西京而述以遊海若。凡此四者，皆非西京之所有也。假稱珍怪，以爲潤色，若斯之類，匪啻失至于兹。善曰：兹，此也，假稱珍怪也。若斯珍之流，不啻於此多。尚書曰：不啻如自其口出。考之果木，則生非其壤；校之神物，則出非其所。於辭則易爲藻飾，於義則虚而無徵。蓋韓非所謂畫鬼魅易爲好，畫狗馬難爲工之類。且夫玉巵紙移無當去聲，雖寶非用；巵，一名觶，酒器也。當，底也。善曰：韓子，堂溪公謂韓昭侯曰：今有白玉之巵無當，有瓦巵有當，君寧何取？曰：取瓦巵也。侈言無驗，雖麗非經。善曰：劉廙答丁儀刑禮書曰：崇飾侈言，欲其往來。而論去聲者莫不詆丁禮訐斤謁其研精，作者大氏音旨〔三〕舉爲憲章。善曰：墨子曰：雖有詆訐之人，無所依矣。説文曰：詆，訶也。訐，面相序罪也〔四〕。尚書序曰：研精覃思。司馬遷書曰：詩三百篇，大氏賢聖發憤之所爲也。禮記曰：憲章文武。積習生常，有自來矣。傳曰：習實生常。善曰：左傳，叔孫曰：叔出季處，有自來矣。

余既思摹莫蒲二京而賦三都，其山川城邑則稽之地圖，其鳥獸草木則驗之方志。善曰：周禮曰：外史掌四方之志。鄭玄曰：志，記也。風謡歌舞，各附其俗；魁梧忤〔五〕長者，莫非其舊。善曰：漢書音義，應劭曰：魁梧，丘墟壯大之意也。韓子曰：重厚自尊，謂之長者。何則？發言爲詩者，詠其所志也；善曰：毛詩序曰：詩者，志之所之，在心爲志，發言爲詩。升高能賦者，頌其所見也。善曰：毛萇詩傳曰：升高能賦，可以爲大夫。美物者貴依其本，讚事者宜本其實。善曰：釋名曰：稱人之美曰讚。匪本匪實，覽者奚信？且夫任土作貢，虞書所著；辯物居方，周易所愼。虞書曰〔六〕：禹别九州，任土作貢。定其肥磽之所生也，而著九州貢賦之法也。周易曰：君子以愼辯物居方。聊舉其一隅，攝其體統，歸諸詁訓焉。

文選考異

〔一〕注「三都者」下至「以辨衆惑」　袁本無此四十六字，有「偏于海内」四字，是也。茶陵本并五臣入善，與此同，非。

〔二〕注「三都賦成」　袁本「三」上有「臧榮緒晉書曰」六字，是也。茶陵本與此同，非。

〔三〕注「音旨」　袁本、茶陵本作「氏音旨」三字，在注末，是也。

〔四〕注「面相序罪也」　案：「序」當作「斥」，各本皆譌。陳云别本作「斥」，今未見。

〔五〕注「忤」　袁本、茶陵本作「音忤」，在注中「丘墟壯大之意也」下，是也。

〔六〕注「虞書曰」　陳云「書」下脱「序」字，是也。各本皆脱。

蜀都賦

有西蜀公子者，言於東吴王孫，善曰：聖主得賢臣頌曰：今臣僻在西蜀。史記，武王得仲雍曾孫周章，封之東吴。漢書曰：漂母謂韓信曰：吾哀王孫而進食。蘇林曰：如言公子也。博物志曰：王孫、公子，皆相推敬之辭。曰：「蓋聞天以日月爲綱，地以四海爲紀。九土星分，萬國錯跱。崤胡交函有帝皇之宅，河洛爲王者之里。非日月無以觀天文，非四海無以著地理，故聖人仰觀俯察，窮神盡微者，必須綱紀也。崤，東、西崤也。函，函谷關也。賈生過秦曰：以崤、函爲宮。里，居也。言周、漢皆以河、洛爲都邑。善曰：越絶書，范蠡曰：天貴持盈，不失日月星辰之綱紀。毛詩曰：滔滔江、漢，南國之紀。周禮曰：以星土分辨九州之地所封域。尚書曰：萬國咸寧〔一〕。張衡靈憲曰：星體生於地，列居錯峙。崔駰河南尹箴曰：唐、虞、商、周，河、洛是居。吾子豈亦曾聞蜀都之事歟？請爲左右揚搉古學而陳之。韓非有揚搉篇。班固曰：揚搉古今，其義一也。善曰：許慎淮南子注曰：揚搉，粗略也。

「夫蜀都者，蓋兆基於上世，開國於中古。廓靈關以爲門，包玉壘而爲宇。帶二江之雙流，抗峨眉之重阻。楊雄蜀王本紀曰：蜀王之先，名蠶叢、拍濩、魚鳬、蒲澤、開明。是時人萌椎髻左言，不曉文字，未有禮樂。從開明上到蠶叢，積三萬四千歲，故曰兆基於上代也。秦惠王討滅蜀王，封公子通爲蜀侯。惠王二十七年，使張若與張儀築成都城。其後置蜀郡，以李冰爲守。地理志曰：蜀守李冰鑿離堆，穿兩江，爲人開田，百姓饗其利。是時蜀人始通中國，言語頗與華同，故言開國於中古也。靈關，山名，在成都西南漢壽界〔二〕。在前，故曰門也。玉壘，山名也，湔水出焉，在成都西北岷山界。在後，故曰宇也。江水出岷山，分爲二江，經成都南，東流經之，故曰帶也。楊雄蜀都賦曰：兩江珥其前。峨眉，山名也，在成都南犍爲界。面之，故曰抗也。水陸所湊，兼六合而交會焉；豐蔚所盛，茂八區而菴(烏覽)藹焉。八區，四方四隅也。地理志曰：巴、蜀土地肥美，有山林菓實之饒。班固西都賦曰：郊野之富，號爲近蜀。美其豐盛。善曰：六合，已見西都賦。長楊賦曰：洋溢八區。

「於前則跨躡犍(乾)牂(臧)，枕(之鴆)輢交趾。經途所亘，五千餘里。山阜相屬，含谿懷谷。崗巒糺紛，觸石吐雲。阜，大山也。巒，山長而狹也。一曰山小而鋭也。水注川曰谿，注壑曰谷。善曰：漢書志有犍爲郡、牂牁郡，並屬益州，又有交趾郡，屬交州。輢，寄也，於蟻切。春秋元命包曰：山有含精藏雲，故觸石而出也。鬱葐(汾)蒕(於文)以翠微，崛(魚物)巍巍以峨峨。干青霄而秀出，舒丹氣而爲霞。翠微，山氣之輕縹也。霞，赤雲也。嚴夫子哀時命曰：紅霓紛其朝霞。山澤氣通，故曰舒丹氣以爲霞也。善曰：甘泉賦曰：騰青霄而軼浮景。河圖曰：崑崙山有五色水，赤水之氣，上蒸爲霞而赫然也。龍池澩(胡角)瀑(步角)濆(扶刎)〔三〕其隈，漏江伏流潰(胡内)其阿。汨(骨)若湯谷之揚濤，沛(普賴)若濛汜(似)之涌波。龍池在朱堤南十里〔四〕，地周四十七里。漏江在建寧，有水道，伏流數里復出。故曰漏江。湯谷，日所出也。濛汜，日所入也。善曰：澩瀑，水沸之聲也。公羊傳曰：濆泉者何，涌泉也。淮南子曰：日出丁湯谷，浴于咸池。楚辭云：日出于陽谷，入于濛汜〔五〕。濛汜，見西京賦。於是乎邛竹緣嶺，菌桂臨崖。旁挺龍目，側生荔枝。布緑葉之萋萋，結朱實之離離。迎隆冬而不凋，常曄曄以猗猗。邛竹出興古盤江以南，竹中實而高節，可以作杖。神農本草經曰：菌桂出交阯，圓如竹，爲衆藥通使。一曰：菌，薰也，葉曰蕙，根曰薰。南裔志曰：龍眼，荔枝，生朱提南廣縣，犍爲僰道縣。隨江東至巴郡江州縣，往往有荔枝樹，高五六丈，常以夏生，其變赤可食。龍眼似荔枝，其實亦可食。邛竹、菌桂、龍眼、荔枝，皆冬生不枯，鬱茂於山林。善曰：王逸荔枝賦曰：緑葉蓁蓁。又曰：朱實叢生。孫卿子曰：松柏經隆冬而不凋，蒙霜雪而不變。曄曄、猗猗，已見西都賦。孔翠羣翔，犀象競馳。白雉朝雊，猩猩夜啼。金馬騁光而絶景，碧鷄倏忽而曜儀。火井沈熒於幽泉，高爓飛煽於天垂。孔，孔雀也。翠，翠鳥也。孔雀特出永昌南涪縣。翡翠常以二月、九月羣翔興古十餘〔六〕。白雉出永昌。猩猩生交趾封溪，似猨，人面，能言語，夜聞其聲，如小兒啼。春秋傳曰：豕人立而啼。服子慎曰：啼，呼也。淮南子曰：猩猩知往。地理志曰：金馬、碧雞，在越巂青蛉縣禺同山。漢宣帝時，方士言益州有金馬、碧鷄之神，可以醮祭而置也〔七〕。宣帝使諫議大夫王褒持節而求之，褒道病卒，竟不能致也。蜀郡有火井，在臨邛縣西南。火井，鹽井也。欲出其火，先以家火投之，須臾許，隆隆如雷聲，爓出通天，光輝十里，以筩盛之，接其光而無炭也。煽，熾也。善曰：廣雅曰：熒，光也。説文曰：爓，火焰也，音艷〔八〕。天垂，天四垂也。其間則有虎珀丹青，江珠瑕英。金沙銀礫〔九〕歷，符采彪筆尤炳，暉麗灼酌爍舒藥切。永昌博南縣出虎珀。牂牁有白曹山，出丹青、曾青、空青也。本草經云：皆出越巂郡。瑕，玉屬也。楊雄蜀都賦云：瑕英江珠。永昌有水出金，如糠在沙中。興古盤町山出銀。符采，玉之横文也。灼爍，艷色也。善曰：博物志曰：虎珀，一名江珠。

「於後則却背華容，北指崑崙。緣以劍閣，阻以石門。華容，水名，在江由之北。崑崙，山名也。楊雄蜀都賦曰：北屬崑崙。劍閣，谷名，自蜀通漢中道，一由此，背有閣道，在梓潼郡東北。石門，在漢中之西，褒中之北。此二處，蜀之險隘於是在焉。流漢湯湯傷，驚浪雷奔。望之天迴，即之雲昏。水物殊品，鱗介異族。或藏蛟螭勑知，或隱碧玉。嘉魚出於丙穴，良木攢於褒谷。有鱗曰蛟螭。蛟螭，水神也，一曰雌龍也，一曰龍子也。相如上林賦曰：蛟龍赤螭。碧玉，謂水玉也。尸子曰：龍淵生玉英。丙穴，在漢中沔陽縣北，有魚穴二所，常以三月取之。丙，地名也，褒中縣南口斜谷，水源在北，南流經褒中，故北口曰斜，南口曰褒，同一谷耳，長四百七十里。褒、斜出良材。漢書曰：斜谷之木，不足爲我械。善曰：枚乘七發曰：波湧而濤起，橫奔似雷行。任豫益州記曰：嘉魚，鱗似鱒魚。其樹則有木蘭梫寑〔一〇〕桂，杞櫹蕭椅於其桐，椶枒邪楔耕八樅七松。楩頻縣柟南幽藹於谷底，松柏蓊鬱於山峯。木蘭，大樹也，葉似長生，冬夏榮。常以冬華，其實如小柿，甘美，南人以爲梅，其皮可食。楊雄蜀都賦曰：樹以木蘭。梫桂，木桂也。傳曰：杞梓之木。櫹，大木也。詩曰：其桐其椅。椶枒出蜀，其皮可作繩履。楔，似松有刺也。樅，柏葉松身。楩、柟，二樹名，皆大木也。擢脩幹，竦長條。扇飛雲，拂輕霄。羲和假道於峻歧，陽烏迴翼乎高標。言山木之高也。善曰：楚辭曰：吾令羲和弭節兮。廣雅曰：日御謂之羲和。左傳曰：假道於虞。春秋元命包曰：陽成於三，故日中有三足烏。烏者，陽精。巢居栖翔，聿兼鄧林。穴宅奇獸，窠宿異禽。鄧林，林名也。窠，鳥巢也。善曰：鄧林，已見西京賦。熊羆咆步交其陽，鵰鶚鴥聿其陰。猨狖弋狩騰希而競捷，虎豹長嘯而永吟。鶚，其形如鵰，皆鷙鳥也。枚乘曰：鷙鳥累百，不如一鶚。鴥，疾貌也。善曰：楚辭曰：虎豹鬭兮熊羆咆。説文曰：咆，嘷也〔一一〕。毛詩曰：鴥彼晨風。春秋元命包曰：猛虎嘯，谷風起。杜篤連珠曰：長吟永嘯。

「於東則左緜巴中，百濮音卜所充。濮，夷也。傳曰：麇人率百濮。今巴中七姓有濮也。外負銅梁於宕徒浪渠，内函要害於膏腴。銅梁，山名。宕渠，縣名。銅梁在巴東，宕縣在巴西〔一二〕，出鐵。要害，地險隘也。膏腴，土地肥沃也。其中則有巴菽巴戟，靈壽桃枝。樊以蒩資覩〔一三〕圃，濱以鹽池。巴菽，巴豆也。巴戟，巴戟天也。靈壽，木名也，出涪陵縣。桃枝，竹屬也，出墊江縣。二者可以爲杖。樊，藩也。詩曰：營營青蠅，止于樊。蒩，草名也，亦名土茄，葉覆地而生，根可食，人飢則以繼糧。鹽池，出巴東北新井縣，水出地〔一四〕如湧泉，可煮以爲鹽。善曰：埤蒼曰：蒩，菹也。菹，側及切。蛂必滅蛦音啼山棲，黿元龜水處〔一五〕。潛龍蟠於沮子預澤，應鳴鼓而興雨。蛂蛦，鳥名也，如今之所謂山鷄，其雄色班，雌色黑，出巴東。黿，大龜也〔一六〕。譙周異物志曰：涪陵多大龜，其甲可以卜，其緣中又〔一七〕似瑇瑁，俗名曰靈。又沮，有菜澤也。巴東有澤水，人謂有神龍，不可鳴鼓，鳴鼓其傍，即便雨也。善曰：李尤七嘆曰〔一八〕：龍鼉水處。方言曰：未升天龍，謂之蟠龍。綦母邃孟子注曰：澤生草言蒩。沮與蒩同。丹沙赩許力熾昌志〔一九〕出其坂，蜜房郁毓被其阜。山圖采而得道，赤斧服而不朽。涪陵、丹興二縣出丹砂。丹砂出山中，有穴。尚書禹貢曰：厥土赤埴〔二〇〕。巴西漢昌縣多野蜂蜜蠟。山圖，隴西人也。隨道士之名山採藥，身輕不食，莫知所如。赤斧，巴人也，能煉丹砂與消石，服之身體毛髮盡赤。皆古仙者也。見列仙傳。善曰：毛萇詩傳曰：赩，赤貌也。鄭玄尚書注曰：熾，赤也。班固終南頌曰：蜜房溜其巔。郁毓，盛多也。若乃剛悍汗生其方，風謡尚其武。奮之則賨在宗〔二一〕旅，翫之則渝舞。鋭氣剽於中葉，蹻綺驕容世於樂府。善曰：廣雅曰：悍，勇也。應劭風俗通曰：巴有賨人，剽勇，高祖爲漢王時，閬中人范目説高祖募取賨人，定三秦，封目爲閬中慈鳧鄉侯；并復除目所發賨人，盧、朴、沓、鄂、度、夕、龔七姓，不供租賦。閬中有渝水，賨人左右居，鋭氣喜舞。高祖樂其猛鋭，數觀其舞，後令樂府習之。楊雄荆州箴曰：風飄以悍，氣鋭以剛。毛詩曰：昔在中葉。漢書曰：武帝樂府〔二二〕。

「於西則右挾故蝶岷山，涌瀆發川。陪以白狼，夷歌成章。江水出岷山也。白狼夷在漢壽西界〔二三〕，漢明帝時，作詩三章以頌漢德，益州刺史朱輔驛傳其詩奏之〔二四〕。語在輔傳也。坰野草昧，林麓黝於糾儵式六。交讓所植，蹲存鴟所伏。交讓，木名也。兩樹對生，一樹枯則一樹生，如是歲更，終不俱生俱枯也。出岷山，在安都縣〔二五〕。蹲鴟，大芋也，其形類蹲鴟，故卓王孫曰：吾聞岷山之下沃野，下有蹲鴟，至死不飢。善曰：黝儵，茂盛貌。百藥灌叢，寒卉冬馥。異類衆夥禍，于何不育？其中則有青珠黄環，碧砮芒消。或豐緑荑啼，或蕃伐元丹椒。蘪蕪布濩護於中阿〔二六〕，風連莚餘戰蔓萬於蘭皋。紅葩紫飾，柯葉漸苞。敷蘂葳蕤，落英飄颻。青珠，出蜀郡平澤。黄鐶，出蜀郡。碧石生越巂郡無會縣〔二七〕。砮可作箭鏃。禹貢，梁州厥貢砮石。芒消出蜀郡廣陽山。緑荑、辛夷、蘪蕪，皆香草也。蘪蕪出岷山替陵山〔二八〕。風連出岷山，一曰出廣都山〔二九〕。岷山特多藥草，其椒尤好，異於天下。漸苞，相苞裹而同長也。書曰：草木漸苞。蘂者，或謂之華，或謂之實。一曰花鬚頭點也。楚辭曰：採薜荔之落英。神農是嘗，盧跗是料聊。芳追氣邪，味蠲癘痟音消。扁鵲，盧人，古良醫。楊雄法言曰：扁鵲，盧人，而醫多盧。癘氣，不和之氣也。痟，亦頭病也。周禮，四時皆有癘疾，春多痟首之疾，漢書，相如常有痟病。善曰：淮南子曰：神農乃始教人播種五穀，嘗百草之滋味。史記曰：虢中庶子謂扁鵲曰：臣聞上古之時，醫有俞跗，醫病不以湯液。其封域之内，則有原隰墳衍，通望彌博。演以潛沫武蓋〔三〇〕，浸以緜雒。禹貢梁州云：沱、潛既道。有水從漢中沔陽縣南流至梓潼漢壽縣〔三一〕入穴中，通岡山下，西南潛出，今名複水。舊説云：禹貢潛水也。又有水出岷山之西，東流過漢壽〔三二〕，南流有高山上合下開，水經其中曰沫水。水潛行曰演。此二水伏流，故曰演以潛、沫。緜水在緜竹縣，出紫巖山。雒水在上雒縣，出桐柏山〔三三〕。周禮曰：揚州，其浸五湖，言益州之有緜、雒，猶揚州之有五湖，故曰浸以緜、雒也。潛、沫、緜、雒四水所經，本皆蜀郡，故皆謂之封域之内也。溝洫脈散，疆里綺錯。黍稷油油，稉古衡稻莫莫。指渠口以爲雲門，灑滮扶彪池而爲陸六澤。雖星畢之滂普郎沲度羅〔三四〕，尚未齊其膏液。廣深四尺爲溝，倍溝爲洫。左氏傳曰：先王疆理天下。謂地勢縱横之宜也。莫莫，茂也。李冰於湔山下造大堋以壅江水，分散其流，溉灌平地。故曰指渠口以爲雲門也。滮，流貌。詩曰：滮池北流，浸彼稻田。蔡邕曰：凝雨曰陸。尚書洪範曰：星有好雨。月失道而入畢，則多雨。詩曰：月離于畢，俾滂沲矣。善曰：鄭玄周禮注曰：黄帝樂曰雲門，言黄帝之德，如雲之出門也。然此唯取雲門之名，不取樂也。爾乃邑居隱賑之忍，夾江傍山。棟宇相望，桑梓接連。家有鹽泉之井，户有橘柚之園。隱，盛也。賑，富也。梓，木名，可以爲琴瑟。蜀都臨邛縣〔三五〕、江陽漢安縣皆有鹽井。巴西充國縣有鹽井數十。大曰柚，小曰橘。犍爲南安縣出黄甘橘。地理志曰：蜀都嚴道、巴郡朐忍魚複二縣出橘，有橘官。善曰：楊雄蜀都賦曰：夾江緣山。又曰：西有鹽泉鐵冶，橘林銅陵。其園則有林檎枇杷，橙柿梬郢楟亭〔三六〕。榹心移桃函含列，梅李羅生。皆菓名也。林檎實，似赤柰而小，味如梨。枇杷，冬華黄實，本出蜀。蜀有給客橙，冬夏華實相繼。張揖曰：楟，山梨。善曰：爾雅曰：榹桃，山桃也。百果甲宅坼，異色同榮。朱櫻春熟，素柰夏成。善曰：周易曰：百果草木皆甲坼〔三七〕。鄭玄曰：木實曰果。皆讀如人倦之解，解〔三八〕謂坼呼，皮曰甲，根曰宅。宅，居也。呼，火亞切。漢書，叔孫通曰：古有春嘗果，令櫻桃熟〔三九〕可嘗也。素柰，白柰也。王逸荔枝賦曰：酒泉白柰。若乃大火流，涼風厲列。白露凝，微霜結。詩曰：七月流火。禮記月令，孟秋涼風至。善曰：毛萇詩傳曰：火，大火也。流，下也。毛詩曰：白露爲霜。楚辭曰：微霜結兮眇眇。紫梨津潤，樼側鄰栗罅呼亞發。蒲陶亂潰胡對，若榴競裂。甘至自零，芬芬酷苦毒烈〔四〇〕。詩云：樹之榛栗。傳曰：榛栗棗脩。罅發，栗皮坼罅而發也。甘至，言熟也。善曰：西京雜記曰：上林有紫梨。郭璞□上林賦注曰〔四一〕：蒲陶似燕薁，可作酒。馬融西第頌曰：紫房潰漏。又曰：胡桃自零若榴，已見兩都賦〔四二〕。上林賦曰：酷烈淑郁。榛與樼同〔四三〕。其園則有蒟俱宇蒻弱茱萸〔四四〕，瓜疇芋于句區。甘蔗之夜辛薑，陽蓲許于〔四五〕陰敷。蒟，蒟醬也。緣樹而生，其子如桑椹，熟時正青，長二三寸，以蜜藏而食之，辛香，温調五臟〔四六〕。蒻，草也，其根名蒻，頭大者如斗，其肌正白，可以灰汁，煮則凝成，可以苦酒淹食之。蜀人珍焉。茱萸，一名藙也。疇者，界埒小畔際也。楊雄太元經曰〔四七〕：陽蓲萬物。言陽氣蓲煦生萬物也。陰敷，薑生於陰也。日往菲薇，月來扶疎。任土所麗，衆獻而儲。任土，任其土地所生也。尚書所謂任土作貢也。易曰：百穀草木麗乎土。其沃瀛盈〔四八〕則有攢在官蔣將叢蒲，緑菱紅蓮。雜以蘊藻，糅女又以蘋蘩。楚辭曰：倚沼畦瀛。王逸云：瀛，澤中也。班固以爲畦。蔣，菰名也。蘊、藻、蘋、蘩，皆水草也。蘊，叢也。總莖梶梶乃禮，裛於業葉蓁蓁臻。蕡墳〔四九〕實時味，王公羞焉。梶梶、蓁蓁，盛茂貌也。詩曰：爾肴既將〔五〇〕。傳曰：苟有明信，澗、谿、沼、沚之毛，蘋、蘩、蘊、藻之菜，可薦於鬼神，可羞於王公。善曰：毛詩曰：敦彼行葦，維葉梶梶。又曰：桃之夭夭，其葉蓁蓁。又曰：桃之夭夭，有蕡其實。其中則有鴻儔鵠侶，鷘鷺鴺徒兮鶘胡〔五一〕。晨鳧旦至，候鴈銜蘆。皆水鳥名。鴻鵠多羣飛，故言侶儔也。鷘鷺、鴺鶘，二鳥名也。晨鳧，常以晨飛也。鴈，候時南北，故曰候鴈。銜蘆以禦繒繳，令不得截其翼也。淮南子曰：鴈銜蘆而翔，以備繒繳。善曰：毛詩曰：振鷺于飛。爾雅曰：鴺，洿澤也。郭璞曰：即鴺鶘也。説苑曰：魏文侯嗜晨鳧。吕氏春秋曰：季秋之月，候鴈來。木落南翔，冰泮北徂。雲飛水宿，哢吭胡剛〔五二〕清渠。其深則有白黿命鼈，玄獺上祭。鱣陟連鮪于鬼鱒在本魴，鮷啼鱧禮魦鱨。木落者，葉落也。木葉落，秋時也。冰泮，春時也。善曰：淮南子曰：木葉落而長年悲。家語曰：冰泮而農桑起。爾雅曰：吭，鳥嚨。禮記月令，孟春，獺祭魚，將食之，先以祭也。鱣，鮔鱛也〔五三〕。鮷，似鰌。魦，似鮒。鱒、魴，皆見詩也。楚辭曰：乘白黿兮逐文魚。張衡應問曰〔五四〕：黿鳴而鼈應。命，呼也。差鱗次色，錦質報章。躍濤戲瀨，中流相忘。莊周云：泉涸，魚相與處陸。相煦以濕，相濡以沫，不若相忘於江湖。善曰：毛詩曰：終日七襄，不成報章。

「於是乎金城石郭，兼帀中區。既麗且崇，實號成都。金石，言堅也。故朝錯曰：神農之教，雖有金城湯池也。闢二九之通門，畫方軌之廣塗。營新宮於爽塏愷，擬承明而起廬。漢武帝元鼎二年，立成都十八門。周禮，經塗九軌。畫，言端直也。爽塏，高明也。善曰：左氏傳曰：齊景公欲更晏子之宅，曰：請更諸爽塏者。杜預曰：就高燥也。漢書曰：嚴助爲會稽太守，帝賜書曰：君猒承明之廬。張晏曰：承明廬在石渠門外〔五五〕。結陽城之延閣，飛觀榭乎雲中。開高軒以臨山，列綺窗而瞰苦檻江。陽城〔五六〕，蜀門名也。善曰：淮南子曰：延閣棧道。高軒，堂左右長廊之有窗者。張載魯靈光殿賦注曰：軒檻，所以開明也。古詩曰：交疏結綺窗。內則議殿爵堂，武義虎威。宣化之闥，崇禮之闈。議殿、爵堂，殿堂名也。武義、虎威，二門名也。宣化、崇禮，皆闈闥之名也。華闕雙邈，重門洞開。金鋪交映，玉題相暉。金鋪，門鋪首以金爲之。玉題，以玉爲之。孟子曰：榱題數尺。楊雄曰：旋題玉英。善曰：西都賦曰：樹中天之華闕。長門賦曰：擠玉户而撼金鋪。外則軌躅直録八達，里閈汗對出。比屋連甍，千廡音武萬室。閈，里門也。管子曰：閭閈不可以無闔。盧綰與高祖同里。班固曰：綰自同閈。廡，庌也。蘇秦説魏襄王曰：廬廡之數也。善曰：漢書，班嗣與桓生書曰：伏孔氏之軌躅。音義曰：三輔説牛蹄處爲躅。爾雅曰：八達謂之崇期。孫炎曰：崇，多也。多道會期於此。亦有甲第，當衢向術。壇徒蘭〔五七〕宇顯敞，高門納駟。術，道也。楚辭九章曰：燕雀烏鵲，巢堂壇兮。王逸曰：壇，猶堂也。漢于公高其門，使容駟馬高蓋。此言甲第高門，可以納駟。善曰：西京賦曰：北闕甲第，當道直啓。李尤高安館銘曰：增臺顯敞，禁室静幽。庭扣苦后鍾磬，堂撫琴瑟。匪葛匪姜，疇能是恤。疇，誰也。善曰：蜀志曰：諸葛亮爲丞相。又曰：姜維初爲亮倉曹掾，稍遷爲大將軍。

「亞以少城，接乎其西。市廛所會，萬商之淵。列隧百重，羅肆巨千。賄呼罪貨山積，纖麗星繁。少城，小城也，在大城西，市在其中也。都人士女，袨縣服靚才姓糚。賈音古貿莫構墆直例鬻，舛兗錯縱橫。異物崛詭，奇於八方。布有橦華，麪有桄光榔郎〔五八〕。邛杖傳節於大夏之邑，蒟句醬流味於番潘禺愚之鄉。蘇林曰：袨服，謂盛服也。張揖曰：靚謂粉白黛黑也。墆，貯也。橦華者，樹名橦，其花柔毳，可績爲布也，出永昌。桄榔，樹名也，木中有屑如麪，可食，出興古。張騫傳曰：臣在大夏時，見邛竹杖、蜀布，問安得此？大夏國人曰：吾賈人往市之身毒國。身毒國在大夏東南，可數千里。南越傳曰：使唐蒙諷曉南越，食蒙以蒟醬，蒙問所從來？答曰：西北牂牁江廣數里，出番禺城下。故漢書曰：感蒟醬、竹杖，則開牂牁、越巂也。邛竹杖以節爲奇，故曰傳節也。善曰：都人士女。已見西都賦。漢書曰：富商大賈，或壃財八方，已見上三都序。

輿輦雜沓徒合，冠帶混并。累轂疊跡，叛衍相傾。諠譁鼎沸，則哤莫江聒公達〔五九〕宇宙；囂許驕塵張陟亮天，則埃壒烏蓋曜靈。叛，亂也。莊周曰：何貴何賤，是謂叛衍。善曰：蔡邕月令章句曰：冠，首飾也。帶，大帶，所以束身也。司馬彪莊子注曰：叛衍，猶漫衍也。國語，管子曰：四人雜處，則其言哤。說文曰：聒，讙語也。文子曰：四方上下曰宇。說文曰：宙，舟輿所極覆也。西都賓曰：軼埃壒之混濁。楚辭曰：角宿未旦，耀靈焉藏。廣雅曰：耀靈，白日也〔六〇〕。

闤闠之裏，伎巧之家。百室離房，機杼相和。貝錦斐成，濯色江波。黃潤比毗二筒，籝盈金所過。闤，市巷也。闠，市外内門也。貝錦，錦文也。譙周益州志云：成都織錦既成，濯於江水，其文分明，勝於初成；他水濯之，不如江水也。黃潤，謂筒中細布也。司馬相如凡將篇曰：黃潤纖美宜制襌〔六一〕。楊雄蜀都賦曰：筒中黃潤，一端數金。籝，幐也。韋賢傳曰：黃金滿籝。善曰：毛詩曰：百室盈止。古詩曰：札札弄機杼。毛詩曰：萋兮斐兮，成是貝錦也。

侈侈隆富，卓鄭埒劣名。公擅山川，貨殖私庭。藏鏹九兩巨萬〔六二〕，鎃浦覓〔六三〕摫規兼呈。亦以財雄，翕習邊城。漢書貨殖傳曰：蜀卓氏之臨邛，公擅山川銅鐵，上爭王者之利，下錮齊人之業，富至僮八百人。程鄭亦冶鑄，富埒卓氏。司馬相如傳云：臨邛富人程鄭，僮亦數百人。鏹，錢貫也。殖貨志曰〔六四〕：藏鏹千萬。楊雄方言云：

鉟、搣，裁也。梁、益之間，裁木爲器曰鉟，裂帛爲衣曰搣。兼呈者，皆有常課，至擬於王者。亦以財雄，猶班壹以財雄邊城也。漢書班氏敍傳，當孝惠、高后時，以財雄邊，出入弋獵，旌旗鼓吹。以臨邛是蜀郡之邊縣，故云邊城。善曰：藏鏹，管子之文也。三蜀之豪，時來時往。養交都邑，結儔附黨。三蜀，蜀郡、廣漢、犍爲也。本一蜀國，漢高祖分置廣漢，漢武帝分置犍爲。善曰：孫卿子曰：偷合苟容，以持祿養〔六五〕。劇談戲論，扼腕抵紙掌〔六六〕。出則連騎，歸從百兩。劇，甚也。鬼谷先生書有抵戲篇。桓譚七說曰〔六七〕：戲談以要譽。張儀傳曰：天下之士，莫不扼腕以言。戰國策曰：蘇秦説趙王：華屋之下，抵掌而言，皆談説之客也。百兩，百乘也。詩云：之子于歸，百兩御之。善曰：漢書曰：楊雄口吃不能劇談。連騎，已見西京賦。若其舊俗，終冬始春。吉日良辰，置酒高堂，以御嘉賓。楊雄蜀都賦曰：其俗迎春送冬，百金之家，千金之公。善曰：楚辭曰：吉日兮良辰〔六八〕。曹植箜篌引曰：置酒高殿上。毛詩曰：以御賓客，且以酌醴。金罍中坐，肴槅四陳。觴以清醥，鮮以紫鱗。羽爵執競，絲竹乃發。巴姬彈弦，漢女擊節。鮮，魚鱠也。詩云：炰鱉鱠鯉。巴姬，漢之美人，猶衞之雅質〔六九〕，蔡之幼女。善曰：毛詩曰：肴核維旅。鄭玄曰：肴，菹醢也。核，桃梅之屬也。左氏傳，楚共王有巴姬。槅與核義同。起西音於促柱，歌江上之飄寮厲。紆長袖而屢舞，翩躚躚以裔裔。昔周昭王涉漢，中流而隕，其右辛遊靡拯王，遂卒不復還。周乃侯其子于西翟，實爲長公。楚徙宅西河，長公思故處〔七〇〕，始作西音。長公繼是音以處西山，秦國之風，蓋取乎此。見呂氏春秋。韓子曰：長袖善舞。詩曰：屢舞躚躚。合樽促席，引滿相罰。樂飲今夕，一醉累月。言頻飲也。善曰：東方朔六言詩曰：合樽促席相娱。漢書曰：趙、李侍中，皆引滿擧白。毛詩曰：今夕何夕。又曰：一醉日富。

「若夫王孫之屬，郤却戟公之倫。從禽于外，巷無居人。並乘驥子，俱服魚文。玄黄異校，結駟繽紛。王孫，卓王孫也。貨殖傳曰：卓王孫田宅射獵之樂，擬於人君。郤公，豪俠也。楊雄蜀都賦曰：若其漁弋郤公之徒，相與如乎巨野，羅車百乘，觀者萬堤〔七一〕。服，箙服。詩云：象弭魚服。善曰：周易曰：即鹿無虞，以從禽也。毛詩曰：叔于田，巷無居人。桓子新論曰：善相馬者曰薛公，得馬，惡貌而正走，名驥子。周禮，六厩成校，校有左右。楚辭曰：青驪結駟齊千乘。西踰金隄，東越玉津。朔別期晦〔七二〕，匪日匪旬。金隄在岷山都安縣西，隄有左右口，當成都西也。璧玉津在犍爲之東北，當成都之東也。楊雄羽獵賦，前曰邪界虞淵，後曰浮彭蠡。張衡羽獵，前曰逐息崑崙，後曰勞許公于箕隅。道里遼迥，非一日所遊。金堤、玉津，東西分行，所欲經營，亦非一所。其間悠遠，故曰朔别晦期也。若云一月之中，乃能周徧，不以旬日者也。蹴秋六蹈蒙籠，涉躐寥廓。鷹犬倏眒勝胤，罻尉羅絡幕。倏眒，疾速也。罻羅，鳥獸網也。絡幕，施張之貌也。善曰：蒙籠，已見南都賦。桓譚新論曰：道路皆蒿草，寥廓狼籍。子雲賦曰：倏眒倩浰。毛羣陸離，羽族紛泊匹各〔七三〕。翕響揮霍，中網林薄。毛羣，獸也。羽族，鳥也。陸離，分散也。紛泊，飛薄也。翕響揮霍，奄忽之間也。屠麖京麋，翦旄麈。帶文蛇，跨彫虎。皆獵之所得也。麖麋體大，故屠之；旄麈有尾，故翦之；蛇虎可畏，而帶跨之。言其勇也。尸子曰：中黄伯云：余左執太行之獶，而右搏彫虎。善曰：越人衣文蛇〔七四〕。志未騁，時欲晚。追輕翼，赴絶遠。出彭門之闕，馳九折之坂。經三峽之崢嶸，躡五屼兀之蹇滻。岷山都安縣有兩山，相對立如闕，號曰彭門。楊雄蜀都賦曰：彭門鴻氿〔七五〕。九折坂在漢壽嚴道縣邛萊山。三峽，巴東永安縣有高山相對，相去可二十丈左右，崖甚高，人謂之峽，江水過其中。五氿，山名也。一山有五重，在越嶲，當犍爲南安縣之南也。楊雄蜀都賦曰：五氿參差。善曰：楚辭曰：下峥嵘兮無地。子虛賦曰：蹇滻溝瀆。戟食鐵之獸，射噬毒之鹿。皛胡了切。當爲拍。拍，普格切。貙丑于氓於葽於堯草，彈言鳥於森木。貊獸，毛黑白臆，似熊而小，以舌舐鐵，須臾便數十斤，出建寧郡也。有神鹿兩頭，主食毒草，名之食毒鹿，出雲南郡。此二事，魏完南中志所記也〔七六〕。易曰：噬腊肉，遇毒。貙氓，謂貙人也。言鳥，鸚鵡之屬。皆出南中。文立蜀都賦：虎豹之人〔七七〕。善曰：方言曰：噬，食也。博物志曰：江、漢有貙人，能化爲虎。説文曰：拍，拊也〔七八〕。漢書音義曰：葽，盛貌〔七九〕。拔象齒，戾歷結犀角。鳥鎩所札翮，獸廢足。鎩翮不能飛，廢足不能行也。善曰：淮南子曰：飛鳥鎩羽，走獸廢足。許慎曰：鎩，殘也。

「殆而朅綺列來相與，第如滇丁田池〔八〇〕，集于江洲。試水客，艤音蟻〔八一〕輕舟。娉江斐，與神遊。朅，去也。第，且也。相如傳曰：第如臨邛。譙周異物志曰：滇池在建寧界，有大澤水，周二百餘里。水乍深廣，乍淺狹，似如倒池，故俗云滇池。江洲在巴郡。楊雄蜀都賦曰：分川並注，合乎江洲。滇池、江洲非一處也，今連之者，説或有在滇池時，或有在江洲時，無有常也。應劭曰：艤，正也。一曰南方俗謂正船迴濟處爲艤〔八二〕。項羽傳曰：烏江亭長艤船待羽。江斐二女，遊於江濱，逢鄭交甫挑之，不知其神女也。遂解珮與之，交甫悦，受珮而去。數十步，空懷無珮，女亦不見。語在列仙傳。罨奄翡翠，釣鰋偃鮋長流。下高鵠，出潛虯。鰋鮋，魚名。吹洞簫，發櫂宅孝謳。感鱏尋魚，動陽侯。洞簫，長簫無底也，王褒所頌者也。漢元帝能吹洞簫。擢謳，鼓櫂而歌也。鱏魚出江中，頭與身正半，口在腹下。淮南子曰：瓠巴鼓琴，鱏魚出聽。善曰：擢謳，已見西都賦。陽侯已見南都賦。騰波沸涌，珠貝汜浮。若雲漢含星，而光耀洪流。管子曰：若江湖之人，求珠貝者不舍也。言魚駭波動，珠貝浮見也。善曰：相貝經曰：素質紅裏，謂之珠貝。將饗獠力召者，張帟幕，會平原。酌清酤户〔八三〕，割芳鮮。飲御酣，賓旅旋。車馬雷駭，轟轟闐闐。若風流雨散，漫乎數百里間〔八四〕。獠，獵也。帟，平帳也。周禮曰：田則張幕設帟。月令曰：躬耕帝籍，反乃執爵。命曰勞酒，言以宴羣臣也。鮮，新殺者也，一曰生肉也。善曰：既載清酤。毛萇詩曰〔八五〕：酤，酒也。斯蓋宅土之所安樂，觀聽之所踴躍也。焉獨三川，爲世朝市？

「若乃卓犖吕角奇譎，倜儻罔已。一經神怪，一緯人理。遠則岷山之精，上爲井絡。天帝運期而會昌，景福肸喜筆饗而興作。碧出萇弘之血，鳥生杜宇之魄。妄變化而非常，羌見偉於疇昔。張儀曰：争名者於朝，争利者於市。今三川周室，天下之朝市也。河圖括地象曰：岷山之地〔八六〕，上爲井絡，帝以會昌，神以建福。上爲天井，言岷山之地，上爲東井維絡，岷山之精，上爲天之井星也〔八七〕。昌，慶也。言天帝於此會慶建福也。莊周曰：萇弘死於蜀，藏其血，三年化爲碧。蜀記曰：昔有人姓杜名宇，王蜀，號曰望帝。宇死，俗説云宇化爲子規。子規，鳥名也。蜀人聞子規鳴，皆曰望帝也。善曰：降丘宅土〔八八〕。劉向雅琴賦曰：觀聽之所至，乃知其美也。漢書音義，韋昭曰：有河、洛、伊，故曰三川。上林賦曰：肸饗布寫。近則江漢炳丙靈，世載其英。蔚若相如，皭在爵〔八九〕若君平。王褒韡曄而秀發，揚雄含章而挺生。幽思絢呼絹道德，摛勑離藻掞傷豔天庭。考四海而爲儁俊，當中葉而擅名。是故遊談者以爲譽，造作者以爲程也。相如，司馬長卿也。君平，嚴遵也。王褒，字子淵。楊雄，字子雲。皆蜀人。君平作老子指歸，子雲作太玄、法言，故曰幽思絢道德也。鄭玄曰：文章成謂之絢。漢武帝讀相如子虛賦而善之，吾獨不得與此人同時哉！元帝善王褒所作甘泉洞簫頌，令後宮貴人左右皆誦之。楊雄奏羽獵賦，天子異焉。又云：班固述雄傳曰：初擬相如，獻賦黄門，故曰摛藻掞天庭也。漢書禮樂志曰：長麗前掞光耀明。善曰：史記曰：屈原浮游於塵埃之外，皭然泥而不滓者也。徐廣曰：皭，疎净之貌也。周易曰：含章可貞。馮衍德誥曰：沈情幽思，引六經之精微。毛詩曰：昔在中葉。戰國策，蘇秦曰：外客遊談之士，無敢自進於前也。至乎臨谷爲塞，因山爲障。峻岨塍繩埒劣長城，豁險吞若巨防。蘇秦曰：齊南有太山，東有琅邪，北有渤海，西有清河，所謂四塞之國也。史遷述蒙恬傳曰：據河爲塞。大曰隄，小曰塍。云峻岨之嚴，視長城若塍埒也。豁，深貌也。戰國策曰：齊有長城巨防，足以爲塞也。一人守隘，萬夫莫向。善曰：淮南子曰：一人守隘，千夫莫向。公孫躍馬而稱帝，劉宗下輦而自王。善曰：范曄後漢書曰：公孫述，字子陽，扶風人也。王莽時，爲導江卒正，更始立，述恃其地險衆附，遂自立爲天子。蜀志曰：先主姓劉，諱備，漢靖王勝後也〔九〇〕。益州牧劉璋使人迎先主，令討張魯，先主遂進圍成都。璋出降，先主即皇帝位。備漢後，故曰宗。由此言之，天下孰尚？故雖兼諸夏之富有，猶未若兹都之無量也。」論語曰：夷狄之有君，不如諸夏之亡。周易曰：富有之謂大業也。又論語曰：惟酒無量。

文選考異

〔一〕注「尚書曰萬國咸寧」　袁本此七字作「萬國已見上」，是也。茶陵本複出，非。

〔二〕注「在成都西南漢壽界」　案：「壽」當作「嘉」，謂漢嘉郡也。各本皆誤。下所言在成都西北岷山界，謂岷山郡，晉書地理志之汶山郡也。「岷」、「汶」二字，古每通用。所言在成都南犍爲界，謂犍爲郡，句例正同。

〔三〕注「胡角」又注「步角」又注「扶舠」　袁本作「濩胡角切瀑步角切」八字，在注中「水沸之聲也」下，「潰扶舠切」四字，在「涌泉也」下，是也。茶陵本有「濩呼角切」四字，餘無，皆刪削也。但「胡」作「呼」爲是。

〔四〕注「在朱堤南十里」　陳云「堤」當作「提」。下「生朱堤南廣縣」，何改「提」，陳同，是也。各本皆譌。

〔五〕注「淮南子曰」下至「入于濛汜」　袁本此二十五字作「湯谷已見東京賦」，是也，茶陵本複出，非。

〔六〕注「羣翔興古十餘」　陳云「餘」下疑脱「日」字，是也。各本皆脱。

〔七〕注「可以醮祭而置也」　陳云「置」當作「致」，是也。各本皆脱。

〔八〕注「火焰也音艷」　袁本、茶陵本「焰」作「爓」，又袁「艷」下有「煽音扇」三字，是也。茶陵無，非也。

〔九〕金沙銀礫　茶陵本「礫」作「鑠」，云五臣作「礫音歷」。袁本作「礫」，用五臣也。尤以五臣亂善，非。下「歷」亦五臣音耳。

〔一〇〕注「寢」　袁本、茶陵本作「善曰梫音寢」五字，在劉注之下，是也。

〔一一〕注「咆嘷也」　袁本、茶陵本此下有「步包切」三字，是也。

〔一二〕注「宕渠縣名銅梁在巴東宕縣在巴西」　袁本、茶陵本無「名銅梁在巴東宕縣」八字。案：此尤校添之。劉昭注續漢書郡國志引銅梁山在巴東也。下「縣」當作「渠」。

〔一三〕注「資覩」　袁本、茶陵本作「葙資覩切」四字，在注中「葙蕺也」下，是也。

〔一四〕注「出巴東北新井縣水出地」　案：「新」字當在「縣」字下。「北井」二字當連文，縣名也。晉太康以前屬巴東郡，見華陽國志。「出巴東北井縣」爲一句，「新水出地」爲一句。

〔一五〕黿鼂水處　案：「黿」當作「元」。茶陵本作「黿」，云五臣作「元」。袁本作「元」，無校語。此當是茶陵、尤所見因劉注中「元鼂」二字誤爲「黿」字，而改正文者耳。袁所見正文及注，皆是「元鼂」字，爲不誤也。又正文下有「元」字，乃割裂所見之校語以爲音。茶陵亦尚無之。恐讀者不察，將致執此音以定善字，特爲訂正焉。

〔一六〕注「黿大鼂也」　袁本「黿」作「元鼂」二字，是也。茶陵本與此同，非。案：說已見上。劉以「大」解「元」，益顯然可知也。

〔一七〕注「其緣中又」　案：「又」當作「叉」，下「靈叉」同。見華陽國志涪陵郡下。

〔一八〕注「李尤七嘆曰」　袁本、茶陵本「嘆」作「歎」。案：各本皆非也，當作「款」。

〔一九〕注「昌志」　袁本、茶陵本作「昌志切」三字，在注「熾赤也」下，是也。

〔二〇〕注「厥土赤埴」　案：「埴」當作「熾」，觀正文及下善注可見。各本皆誤。又尚書徐、鄭、王皆讀曰「熾」，見釋文，亦其證也。

〔二一〕注「在宗」　袁本、茶陵本作「賨在宗切」四字，在注中「氣鋭以剛」下，是也。

〔二二〕注「武帝樂府」　何校「帝」下添「立」字，陳同，是也。各本皆脱。

〔二三〕注「在漢壽西界」　案：「壽」當作「嘉」。各本皆誤，説見前。下注「九折坂在漢壽嚴道縣」云云，「壽」亦當作「嘉」也。

〔二四〕注「驛傳其詩奏之」　案：「驛」當作「譯」。各本皆誤。事在范書西南夷傳也。

〔二五〕注「出岷山在安都縣」　案：「在」字不當有，「安都」當作「都安」。各本皆誤。下注「金堤在岷山都安縣西」，又「岷山都安縣有兩山相對立如闕」，皆可證。晉書地理志汶山郡有都安縣也。

〔二六〕蘪蕪布濩於中阿　袁本、茶陵本「蘪」作「蘼」。案：注中作「蘼」，「蘼」、「蘪」古通用。或太沖自用「蘪」字。

〔二七〕注「生越巂郡無會縣」　案：「無會」當作「會無」。各本皆倒。

〔二八〕注「出岷山替陵山」　案：「替」當作「蠶」，「山」字不當有。各本皆誤。晉書地理志汶山郡有鼃陵縣也。此注三言岷山，皆謂汶山郡。

〔二九〕注「一曰出廣都山」 案：「山」字不當有。各本皆衍。晉書地理志廣都屬蜀郡也。

〔三〇〕注「武蓋」 袁本、茶陵本作「善曰沫武蓋切」六字，在劉注之後，是也。

〔三一〕注「有水從漢中沔陽縣南流至梓橦漢壽縣」 案：「漢中」二字不當有，「沔」當作「江」，「漢」當作「晉」。各本皆誤。續漢書郡國志犍爲郡江陽，劉昭注引賦此注「從縣南流」云云，當據之訂正。江陽，晉書地理志屬江陽郡，或「漢中」亦「江陽」之誤。水經潛水注引庾仲雍云：墊江有別江出晉壽縣，即潛水也。晉書地理志晉壽屬梓潼郡，當據之訂正。又袁本「橦」作「潼」，是也。茶陵本亦誤「橦」。

〔三二〕注「過漢壽南流」 案：「壽」當作「嘉」。各本皆誤。水經沬水注云過漢嘉郡，可證。

〔三三〕注「雒水在上雒縣出桐柏山」 案：「上」字、「桐」字衍，「出」下當有「漳山一曰在梓潼縣出」九字。水經江水注曰：洛水出洛縣漳山，一言出梓潼縣柏山，即本此。當據之訂正。「洛」即「雒」字。漢書地理志「漳」作「章」。「漳」即「章」字，何駁善此注，恐誤。蓋未知水經注有其證，故不悟各本皆脱衍，而善自不誤也。

〔三四〕注「扶彪」又注「六」又注「普郎」又注「度羅」 袁本、茶陵本作「滮扶彪切陸音六滂普忙切淹度羅切」十五字，在注末，是也。

〔三五〕注「蜀都臨邛縣」 案：「都」當作「郡」，各本皆譌。下「蜀都嚴道」同。

〔三六〕注「亭」　袁本作「楟音亭」三字，在注中「善曰」下，是也。茶陵本與此同，非。

〔三七〕注「百果草木皆甲坼」　袁本「坼」作「宅」。茶陵本亦作「坼」。案：作「宅」最是。善讀「宅」如字，觀下注所引「根曰宅宅居也」可知。五臣乃音「宅」爲「坼」，今竄「坼」音入正文下，又改此注「宅」爲「坼」以就之，俱大誤也。

〔三八〕注「皆讀如人倦之解解」　案：「之解」當作「解之」。各本皆倒。「皆」字複舉下以七字爲一句也。

〔三九〕注「令櫻桃熟」　陳云「令」當作「今」。各本皆譌。

〔四〇〕芬芬酷烈　袁本、茶陵本下「芬」字作「芳」字，是也。案：此尤本譌字。

〔四一〕注「郭璞□上林賦注曰」　袁本、茶陵本空格有「曰」字，此初亦衍，後脩去。

〔四二〕注「若榴已見兩都賦」　陳云「兩」當作「南」，是也。袁本亦譌「兩」，茶陵本複出，非。

〔四三〕注「榛與槈同」　袁本、茶陵本此下有「側鄰切鎒呼亞切」七字，是也。

〔四四〕其園則有蒟蒻茱萸　袁本云善作「園」。茶陵本云五臣作「圃」。案：各本皆非也，「園」但傳寫譌耳。

〔四五〕注「俱宇」又注「許于」　袁本作「善曰蒟俱羽切蘆許于切」十字，在劉注之後，是也。茶陵本無「蒟俱羽切」，非。

〔四六〕注「温調五臟」　袁本、茶陵本「臟」作「藏」，是也。

〔四七〕注「楊雄太元經曰」　何云「元」避諱。陳云宋人避當時諱改。袁本、茶陵本不改，尤所改僅此一處。凡宋人諱字每不畫一也。

〔四八〕注「盈」　袁本、茶陵本作「善曰瀛音盈」五字，在劉注之後，是也。

〔四九〕注「乃禮」又注「墳」　袁本、茶陵本作「乃禮切」三字，在「維葉柅柅」下，「扶云切」三字在注末，是也。「墳」是五臣音。

〔五〇〕注「爾肴既將」　袁本「將」作「時」，是也。茶陵本亦誤「將」。

〔五一〕注「徒兮」又注「胡」　袁本、茶陵本作「鵜乃兮切鶘音胡」七字，在注末，是也。

〔五二〕注「胡剛」　袁本作「胡剛切」三字，在注中「吭烏嚨」下，是也。茶陵本「剛」作「江」，非。

〔五三〕注「鱣鮔鱛也」　案：「鱣」當作「鮪」，各本皆誤。吴都賦「筌鮔鱛」善注「鮔鱛鮪也」，可借證。

〔五四〕注「張衡應問曰」　案：「問」當作「閒」。各本皆譌。

〔五五〕注「左氏傳曰」下至「在石渠門外」　袁本此六十字作「爽塏已見上文承明已見西都賦」，是也。茶陵本複出，非。

〔五六〕注「陽城蜀門名也」　袁本「城」作「成」，茶陵本亦作「城」。案：「門名」不俟更言「城」，必「成」字也。以此訂之，正文亦當作「成」。今各本皆有誤。

〔五七〕注「徒蘭」　袁本、茶陵本作「壇徒蘭切」四字，在注末，是也。

〔五八〕注「縣」又注「直例」又注「光」又注「郎」　袁本作「袨音縣墆音直例切桄音光榔音郎」十四字，在注末，是也。茶陵本無「袨音縣」，非。

〔五九〕注「莫江」又注「公達」　袁本、茶陵本作「莫江切」三字，在注中「則其言哤」下，「公達切」三字在「讙語也」下，是也。

〔六〇〕注「白日也」　案：「白」字不當有，各本皆衍。

〔六一〕注「黄潤纖美宜制禪」　茶陵本「禪」作「襌」，袁本亦作「襌」。案：似「襌」字是也。

〔六二〕藏鏹巨萬　案：「鏹」當作「繦」，注同。漢書食貨志作「繦」，劉引之可證。廣韻云「繦」俗作「鏹」。太沖時未必有此俗字也。

〔六三〕注「九兩」又注「浦覓」　袁本、茶陵本作「鏹九兩切鎃普覓切」在注末，是也。茶陵本無，非。

〔六四〕注「殖貨志曰」　何校「殖」改「食」，陳同。袁本亦誤「殖」。茶陵本作「貨殖」，更非。

〔六五〕注「以持禄養」　案：「養」下當有「交」字。各本皆脱。此所引臣道篇文也。

〔六六〕扼腕抵掌　案：「抵」當作「扺」，注同。袁本善注末有「扺音紙」三字，最是。茶陵本割裂「紙」字入正文下，非。尤又改「紙」爲「紙」，益非。廣韻四紙：扺，扺掌。説文云：側手擊聲也。與十一薺之「抵」，迥然有別。甚明。西征賦、爲蕭揚州作薦士表、廣絶交論用「扺掌」者，放此。今皆作「抵」，蓋誤由五臣而各本亂之。集韻，「扺」下重文有「抵」，云或作「扺」，可見其不分別久矣。其羣書此字之誤，不悉數。

〔六七〕注「桓譚七説曰」　案：「譚」當作「麟」。各本皆誤。後漢書本傳章懷注：案摯虞文章志，麟文見在者七説一首云云，後七命注、祭屈原文注皆引桓麟七説，可證。

〔六八〕注「吉日兮良辰」　陳云「良辰」當乙，是也。各本皆倒。

〔六九〕注「猶衞之雅質」　案：「雅」當作「稚」。各本皆譌。

〔七〇〕注「楚徙宅西河長公思故處」　案：「楚」當作「整」，「長公」二字不當有。各本皆誤。此音初文。今本作「殷整甲徙居西河猶思故處」，此引多節也。

〔七一〕注「觀者萬堤」　案：「萬」當作「方」。各本皆誤。

〔七二〕朔别期晦　茶陵本「期晦」作「晦期」，袁本與此同。案：注「故曰朔别晦期也」，所複舉如此，知正文作「晦期」爲是。

〔七三〕注「匹各」　袁本、茶陵本作「善曰泊匹各切」六字，在劉注之後，是也。

〔七四〕注「善曰越人衣文蛇」　案：「善曰」下當有脱文。各本皆同，無以補之。

〔七五〕注「彭門鴻屼」　案：「屼」當作「峣」。各本皆譌。

〔七六〕注「魏完南中志所記也」　袁本、茶陵本「完」作「宏」，是也。

〔七七〕注「文立蜀都賦虎豹之人」　袁本、茶陵本無「立」至「人」八字。茶陵本「文」作「又」，袁本亦作「文」，皆與下「錣翮」相接連。尤分節不當有「又」，蓋并衍也。晉有文立，劉並時人，決非所引，尤添甚誤。

〔七八〕注「説文曰拍拊也」　袁本、茶陵本「説」上有「鼂當爲拍」四字，「也」下有「鼂胡了切拍普格切鏂丑于切」十二字。案：此善注之斷不容割裂者，尤誤甚矣。

〔七九〕注「蔓盛貌」　袁本、茶陵本此下有「於堯切」三字，是也。

〔八〇〕相與第如滇池　袁本「第」作「弟」，茶陵本亦作「第」。案：袁五臣注中作「弟」，劉注中作「第」，仍不著校語。「第」即「弟」俗字，似劉亦作「弟」，但傳寫作「第」耳。袁所見五臣本不誤，茶陵所見亦改爲「第」矣。

〔八一〕注「音蟻」　袁本、茶陵本作「善曰艤音蟻」五字，在劉注之後，是也。

〔八二〕注「俗謂正船迴濟處爲艤」　案：「迴」當作「向」。各本皆誤。

〔八三〕注「户」　袁本、茶陵本作「音户」二字，在注末，是也。

〔八四〕漫乎數百里間　袁本、茶陵本「間」上有「之」字。案：此似善、五臣之異也，今無以考之。

〔八五〕注「善曰既載清酤毛萇詩曰」　袁本、茶陵本無「詩」字，陳云「善曰」下當有「詩曰」二字。各本皆脱。

〔八六〕注「河圖括地象曰岷山之地」　案：「地」當作「精」。各本皆誤。水經江水注引作「精」也。

〔八七〕注「上爲天井言岷山之地上爲東井維絡岷山之精上爲天之井星也」　袁本、茶陵本無「絡」字。案：此注各本皆有誤，今無以訂之。

〔八八〕注「善曰降丘宅土」　何校「善曰」下添「尚書曰」三字。陳云脱，是也。各本皆脱。

〔八九〕注「在爵」　袁本、茶陵本作「在爵切」三字，在注中「皭疎浄之貌也」下，是也。

〔九〇〕注「漢靖王勝後也」　陳云「靖」上當有「中山」二字，是也。各本皆脱。

文選卷第五

京都下

吴都賦〔一〕

吴都者，蘇州是也。後漢末，孫權乃都於建業，亦號吴〔二〕。

左太沖　　劉淵林注

東吴王孫囅然而咍〔三〕，囅，人笑貌。莊周云：齊桓公囅然而笑。楚人謂相笑爲咍。楚辭曰：衆兆所咍。善曰：囅，勑忍切。咍，呼來切。曰：「夫上圖景宿，辨於天文者也。下料聊物土，析於地理者也。謂天垂其象，而分野形；地以别土，而區域殊。料，度也。善曰：文子曰：天道爲文，地道爲理。古先帝代，曾覽八紘之洪緒。一六合而光宅，翔集遐宇。鳥策篆素，玉牒石記〔四〕。烏聞梁岷有陟方之館、行宫之基歟？淮南子曰：九州外有八澤，方千里。八澤之外，有八紘，亦方千里，蓋八索也。一六合而光宅者，并有天下而一家也。說文曰：牒，札也。石記，刻石書傳記也。烏，安也。梁，梁州也；岷，岷山，皆蜀地也。書云：舜陟方，謂南巡守也。光武紀云：濟陽有武帝行過宫。善曰：吕氏春秋曰：神通乎六合。高誘曰：四方上下爲六合〔五〕。尚書序曰：光宅天下。鳥策，鳥書於策也。春秋運斗樞曰：黄龍負圖出，置帝前。鳥文，漢書音義曰：大篆，蟲書、鳥書是也。鄭玄禮記注曰：筴，簡也。篆素，篆書於素也。楊雄書曰：齎油素四尺。東觀漢記曰：封禪其玉牒文，秘天子事也。說文曰：諜，記也。牒與諜同。孝經鉤命訣曰：封禪，刻石紀號也。天子行所立名曰行宫。陟，升也。方，道也。巡狩，謂舜也〔六〕。而吾子言蜀都之富，禺同之有。瑋其區域〔七〕，美其林藪。矜巴漢之阻，則以爲襲險之右。徇蹲鴟之沃，則以爲世濟陽九。齷齪而筭〔八〕，顧亦曲士之所歎也〔九〕。旁魄而論都〔一〇〕，抑非大人之壯觀也。吾子，謂西蜀公子。言蜀地富饒及禺同之所有也。瑋，美也。蜀都賦云：左綿、巴中，百濮所充；緣以劍閣，阻以蜀門。矜夸其險也。徇，營也。亡身從物曰徇，夸物示人亦曰徇。卓王孫曰：吾聞岷山之野，下有蹲鴟，至死不飢。三年不收，其形如蹲鴟，故號也〔一一〕。越嶲郡蜻蛉縣禺山〔一二〕有金馬、碧雞之神。巴、漢之阻，巴郡之扞關也。漢中廣漢，其路由於劍閣，褒、斜也。易無妄曰：災氣有九。陽阨陰阨，四合爲九〔一三〕，一元之中，四千六百一十七歲，各以數至陽阨，故云百六之會。王孫言公子徇其土地，自生蹲鴟，可以救代飢儉，度陽九之厄〔一四〕。漢書律歷志具有其事。齷齪，好苛局小之貌。曲，謂僻也。言筭量蜀地，亦是曲僻之士。旁魄，取寬大之意。王孫謂寬大之意論西都也。善曰：楊雄城門校尉箴曰：盤石唐芒，襲險重固。漢書，酈食其曰：其將齷齪好苛禮。齪，楚角切。文子曰：曲士不可言至道。莊子曰：將旁礴萬物以爲一。司馬彪曰：旁礴，猶混同也。礴與魄同。鵩鳥賦曰：大人不曲。何則？土壤不足以攝生，山川不足以周衛。公孫國之而破，諸葛家之而滅。茲乃喪亂之丘墟，顛覆之軌轍。安可以儷戾王公而著風烈也〔一五〕？攝，持也。老子曰：善攝生。漢書，公孫述，王莽末時王蜀，爲光武將吴漢破之。魏志曰：漢末諸葛亮輔劉備而爲臣，都於蜀，終於魏將鄧艾所平。麗，著也〔一六〕。凡天下存亡，唯繫乎人。然強弱有常勢，利害有常地，必有不可守之土，不可興之國矣。易曰：六五之吉，麗王公也。善曰：漢武柏梁臺衞尉詩曰〔一七〕：周衞交戟禁不時。毛詩曰：喪亂弘多。呂氏春秋，燭過曰：子胥諫而不聽，故吴爲丘墟。毛詩序曰：閔周室之顛覆。奢，靡也。尚書，周公曰：弊化奢麗。風烈，已見南都賦。翫其磧礫而不窺玉淵者，未知驪龍之所蟠也。習其弊邑而不覩上邦者，未知英雄之所躔也。磧礫，淺水見沙石之貌。玉淵，水深之處，美玉所出也。尸子曰：龍淵生玉英。莊子曰：千金之珠，在九重之淵，驪龍頷下。故曰，不窺玉淵者，不知驪龍之蟠也。善曰：上林賦曰：下磧礫之坻。説文曰：磧，水渚有石也，且歷切。驪音離。左氏傳曰：衞州吁曰：弊邑與陳、蔡從。上邦，猶上國也。方言曰：躔，歷行也。

「子獨未聞大吴之巨麗乎？且有吴之開國也，造自太伯，宣於延陵。蓋端委之所彰，高節之所興。建至德以剏洪業，世無得而顯稱。由克讓以立風俗〔一八〕，輕脱躧於千乘。若率土而論都，則非列國之所觖望也。戰國策曰：黑齒、彫題，大吴之國也。昔周太伯三以天下讓，延陵季子辭國而不處，遂化荆蠻之方，與華夏同風，二人所興。左氏傳曰：太伯端委以治。端委，禮衣委貌。謂冠袖長而裳齊委至地也。孔子曰：太伯三以天下讓，人無得而稱焉。善曰：端委、至德，大伯也。高節、克讓，延陵也。左傳曰：吴子諸樊既除喪，將立季札，札曰：聖達節，次守節，下失節，爲君非吾節也。遂讓不受。史記曰：壽夢欲立季札，讓不可，乃立諸樊也。漢書，武帝曰：吾去妻子如脱躧耳。聲類曰：躧，或爲韃。説文曰：韃，鞮屬也，亦所解切。諸侯，故言千乘之國。論語曰：導千乘之國。漢書曰：上欲王盧綰，爲羣臣觖望。臣瓚曰：觖，謂相觖而怨望也。觖，音決。故其經略〔一九〕，上當星紀。拓音託土畫疆，卓犖吕角兼并。包括干越〔二〇〕，跨躡蠻荆。左傳曰：天子經略土地，定城國，制諸侯。略，分界也。一曰遠界爲經略也。爾雅曰：星紀，斗、牽牛，吴分野。斗者，日月五星之所經始，故謂之星紀。意者斗爲星紀，則其分域亦所以能爲綱維，故曰卓犖兼并也。越，今之蒼梧、鬱林、合浦、交阯、九真、南海、日南，皆越地，吴之所并也。荆蠻，吴所得。荆州四郡：零陵、桂陽、長沙、武陵。善曰：漢書曰：戎狄之與干越，不相入也。音義曰：干，南方越名也。春秋曰：干越入吴。杜預注曰：干，越人發語聲。詩曰：蠢爾蠻荆。婺女寄其曜，翼軫寓其精。指衡岳以鎮野，目龍川而帶坰。婺女越分，翼、軫楚分，非吴分，故言寄曜寓精也〔二一〕。善曰：漢書曰：越地婺女之分野，楚地翼、軫之分野。周禮曰：正南曰荆州，其鎮衡山。漢書：南海有龍川縣。南越志，縣北有龍穴山。舜時有五色龍，乘雲出入此穴〔二二〕。爾雅曰：林外謂之坰。

「爾其山澤，則嵬嶷嶢屼，嵺冥鬱岪。潰渱泮汗，滇㴔淼漫。或涌川而開瀆，或吞江而納漢。磈磈𡾊𡾊，滮滮㵐㵐。礆碒乎數州之間，灌注乎天下之半。山之大者衡嶽，澤之大者彭蠡。地理志曰：彭蠡澤在豫章彭澤西，會稽餘姚縣蕭山，瀵水所出〔二三〕。嵬嶷，高大貌。嵺冥鬱岪，山氣暗昧之狀。潰渱泮汗，謂直望無崖也。滇㴔淼漫，山水闊遠無崖之狀〔二四〕。錢塘縣，武林水所出龍川〔二五〕，故曰涌川。九江經廬山而東，故曰開瀆。禹貢曰：三江既入，震澤厎定，故曰吞江。又曰：漢水東爲滄浪，南入于江，故曰納漢。磈磈，石在山中之貌。㵐㵐，水流行聲勢也。礆碒，山深險連延之狀〔二六〕。荆、揚、交、廣數州之間〔二七〕，土地闊遠，故曰天下之半。善曰：嶷，魚力切。字指曰：屼，禿山也，五骨切。埤蒼曰：岪，鬱山貌，扶勿切。渱，胡東切。滇，通見切。㴞，莫見切。淼，水貌，音眇。磈，胡罪切。硊，力罪切。㵎，古旦切。百川派別，歸海而會。控清引濁，混濤并瀨。濆薄沸騰，寂寥長邁。濞焉洶呼恭切洶，隱焉磕磕。字說曰：水別流爲派。濤，大波也。瀨，急湍也。長邁，不回之意〔二八〕。磕，苦蓋切。善曰：尚書大傳曰：百川趨于海。洶洶、磕磕，皆水聲也。出乎大荒之中，行乎東極之外。經扶桑之中林，包湯谷之滂沛。潮波汩起，迴復萬里。歊霧漨浡，雲蒸昏昧。大荒，謂海外也。爾雅曰：孤竹、北户、西王母、日下，謂之四荒。孤竹在北，北户在南，日下在東，西王母在西，皆四方荒昏之國也。又曰：東至大遠，西至邠國，南至濮鉛，北至祝栗，謂之四極。謂四方之極。極，遠也，言大荒、東極、扶桑、湯谷者，謂海外彌廣，無所不連也。潮波汩起，言水彌廣汩急疾，無所不至。歊霧，水霧之氣，似雲蒸昏暗不明也〔二九〕。善曰：扶桑、湯谷，已見上文。漨，薄工切。浡，蒲昧切。泓澄奫潫，澒溶沆户朗瀁余兩。莫測其深，莫究其廣。澶湉漠而無涯，惣有流而爲長。瓌異之所叢育，鱗甲之所集往。善曰：說文曰：泓，下深大也。澄，湛也。奫潫〔三〇〕，迴復之貌。皆水深廣闊也。奫〔三一〕，於旻切。潫，於權切。澒，胡孔切。溶，余腫切。澶湉，安流貌。澶，音纏。湉，音恬。瓌異、龜魚，皆在水中生長〔三二〕。

「於是乎長鯨吞航，修鯢吐浪。躍龍騰蛇，鮫鯔琵琶。王鮪偉鯸鮐，鮣印龜鱕鯌。烏賊擁劍，𪓰古侯鼊辟鯖鰐。涵泳乎其中。航，舡之別名〔三三〕。異物志云：鯨魚，長者數十里，小者數十丈〔三四〕，雄曰鯨，雌曰鯢，或死於沙上，得之者皆無目，俗言其目化爲明月珠。鄧析子曰：釣鯢者不於清池。一說曰：鯨猶言鳳，鯢猶言皇也。異物志曰：朱厓有水蛇，鮫魚出合浦，長二三尺，背上有甲，珠文堅強，可以飾刀，口可以爲鱸。鯔魚形如鯇，長七尺，吴、會稽、臨海皆有之。琵琶魚無鱗，其形似琵琶，東海有之。鯸鮐，魚狀如科斗，大者尺餘，腹下白，背上青黑，有黄文。性有毒，雖小，獺及大魚不敢餤之。蒸煮餤之肥美，豫章人珍之。鯽魚長三尺許，無鱗，身中正四方如印。扶南俗云：諸大魚欲死，鯽魚皆先封之。鱕鯌有横骨在鼻前，如斤斧形，東人謂斧斤之斤爲鱕〔三五〕，故謂之鱕鯌。魚二十餘種，此其尤異者。此魚所擊，無不中斷也。有出入鯌子，朝出求食，暮還入母腹中，皆出臨海。烏賊魚腹中有藥〔三六〕。擁劍，蟹屬也，從廣二尺許，有爪，其螯偏大，大者如人大指，長二寸餘，色不與體同，特正黄而生光明，常忌護之如珍寶矣，利如劍〔三七〕，故曰擁劍。其一螯尤細，主取食，出南海、交趾。鼅鼊，龜屬也，其形如笠，四足縵胡無指，其甲有黑珠，文采如瑇瑁，可以飾物，肉如龜肉，肥美可食。鯖魚出交趾、合浦諸郡。鰐魚長二丈餘，有四足，似鼉，喙長三尺，甚利齒，虎及大鹿渡水，鰐擊之皆中斷。生則出在沙上乳卵，卵如鴨子，亦有黄白，可食。其頭琢去齒，旬日間更生，廣州有之。涵，沉也。楊雄方言曰：南楚謂沉爲涵。泳，潛行也，見爾雅。言已上魚龍，潛没泳其中〔三八〕。善曰：莊子曰：吞舟之魚，蕩而失水。周易曰：見龍在田，或躍在淵。楚辭曰：騰蛇兮後從。文子曰：騰蛇無足而騰。鯔，音菑。鮐，音夷。鱕，甫袁切。鯌，甫亦切。鰐，五洛切。涵，音含。葺七入鱗鏤甲，詭類舛錯。泝素洄順流，噞喁沈浮。葺，累也。甲，謂龜甲也。楚辭曰：魚葺鱗以自別。噞喁，魚在水中羣出動口貌。善曰：毛詩曰：泝洄從之，道阻且長。淮南子曰：水濁則魚噞喁〔三九〕。噞，牛檢切。喁，魚凶切。鳥則鶡鷄鸀燭鳿玉，鸘霜鵠鷺鴻。鶢爰鶋居避風，候鴈造七報江。鸂鶒鷛鸈，鶄鶴鶖鶬。鸛鷗鷁七激鸕，氾濫乎其上。鶡鷄，鳥也，好鳴〔四〇〕。鸀鳿，水鳥也。鶖，如鷺而大，長頸赤目，其毛辟水毒，丹陽、鄱陽皆有之。鶢鶋，鳥也，似鳳。左傳曰：海鳥爰居，止魯東門外三日，臧文仲使國人祭之，不知其鳥，以爲神也。鸂鶒，水鳥也，色黄赤，有斑文，食短狐蟲，在水中，無毒，江東諸郡皆有之。鷛鸈，似鴨而鷄足。鶄鶴，出南海、桂陽諸郡。善曰：候鴈，已見南都賦。毛詩曰：有鶖在梁。毛萇詩傳曰：秃鶖也。蒼頡篇曰：鷗大如鳩。郭璞山海經注曰：鷗，水鴞也。鷛，音庸。鸈，音渠。鶖，音秋。湛淡羽儀，隨波參差。理翮整翰，容與自翫。彫啄蔓藻，刷盪漪瀾。湛淡，迅疾貌。漪瀾，水波也。彫啄，鳥食貌。蔓藻，海藻之屬也。善曰：説文曰：刷，刮也。漪，蓋語辭也〔四一〕。毛詩曰：河水清且漣漪。爾雅曰：大波爲瀾。魚鳥聱耴，萬物蠢昌允生。芒芒黖黖，慌呼廣罔奄欻許勿，神化翕忽，函幽育明。窮性極形，盈虚自然。蚌蛤珠胎，與月虧全。巨鼇贔備屓許器，首冠靈山。大鵬繽翻，翼若垂天。振盪汪流，雷抃重淵。殷上聲動宇宙，胡可勝原！蠢，動也。黖黖，絶遠貌。奄欻，去來不定之意。翕忽，疾貌〔四二〕。函幽育明，皆謂珠玉光耀之狀也。窮性極形，物皆極之也〔四三〕。吕氏春秋曰：月望則蚌蛤實，月晦則蚌蛤虚。列仙傳曰：鼇負蓬萊山而抃滄海之中。贔屓，用力壯貌。莊子曰：北溟有魚名鵾，化爲鵬，怒而飛，翼若垂天之雲。鵬之將徙於南溟，水擊三千里，搏扶摇而上九萬里。示振盪之狀也。汪流，水深貌，其聲勢之不可勝盡也。淮南子曰：虚廓生宇宙，宇宙生天地者也。善曰：聱耴，衆聲也。埤蒼云：聱，不聽也，魚幽切。耴，牛乙切。杜篤論都賦曰：蠢生萬類。黖黖，不明貌，許既切。春秋保乾圖曰：日以圓照，月以虧全。宋均曰：全，十五日時也。列子，夏革曰：渤海之東曰歸墟，其中有五山焉。帝命禺強使巨鼇十五舉首而戴五山，峙而不動。玄中記曰：鼇，巨龜也。西京賦曰：巨靈贔屓。王逸楚辭注曰：擊手曰抃，音下。

「島嶼序緜邈，洲渚馮平隆崇。曠瞻迢遞，迥眺冥蒙。珍怪麗，奇隙充。徑路絶，風雲通。洪桃屈盤，丹桂灌叢。瓊枝抗莖而敷蘂，珊瑚幽茂而玲瓏。島，海中山也。嶼，海中洲，上有山石。魏武蒼海賦曰：覽島嶼之所有。綿邈，廣遠貌〔四四〕。水中可居曰洲，小洲曰渚。曠瞻迢遞，謂島嶼也。馮隆，高貌。迢遞，遠貌〔四五〕。迥眺冥蒙，謂洲渚〔四六〕深奥之貌。言珍怪之物，麗於島嶼之中〔四七〕。徑路絶者，人道斷絶，風雲通者，唯風雲能交通也。意者謂奇怪之徒，因風雲以交通。水經曰：東海中有山焉，名曰度索，上有大桃，屈盤三千里。桂生蒼梧、交趾、合浦以南山中，所在叢聚，無他雜木也，其枝葉皆辛。木叢生曰灌。瓊樹生，其華蘂仙人所食〔四八〕，令人長生。楚辭曰：精瓊蘂以爲糧。蓬萊三山，神仙所居，故宜有焉。漢書〔四九〕，歌曰：上蓬萊，咀瓊英。珊瑚樹赤色，有枝無華〔五〇〕。扶南傳曰：漲海中有盤石，珊瑚生其上。玲瓏，明貌〔五一〕。善曰：後漢黎陽山碑曰：山河馮隆，有精英兮。朱稱鬱金賦曰〔五二〕：丹桂植其東。莊子曰：南方積石千里，名瓊枝，高百二十仞。增岡重阻，列真之宇。玉堂對霤，石室相距。藹藹翠幄，嫋嫋素女。江斐於是往來，海童於是宴語。斯實神妙之響象，嗟難得而覼縷〔五三〕！玉堂、石室，仙人居也。海童，海神童也。吴歌曲曰：仙人齎持何，等前謁海童。爾雅曰：嗟，楚人發語端也。善曰：馮衍爵銘曰：富如江海，壽配列真。道書曰：上曰神，次曰仙人，下曰真人〔五四〕。楚辭曰：紫貝闕兮玉堂。鄭玄禮記注曰：堂前有承霤。列仙傳曰：赤松子常止西王母石室中。藹藹，盛貌〔五五〕。徐幹齊都賦曰：翠幄浮遊。埤蒼曰：嫋嫋，美也，奴鳥切。史記曰：泰帝使素女鼓五十絃瑟。神異經曰：西海有神童，乘白馬，出則天下大水〔五六〕。王延壽王孫賦曰：嗟難得而覼縷。覼，力戈切。

「爾乃地勢坱圠，卉木镺蔓。遭藪爲圃，值林爲苑。異荂蓲蘛育，夏曄于輒冬蒨。方志所辨，中州所羡。坱圠，莽沕也，高下不平貌也。卉，百草總名，楚人語也。有木曰苑，有草曰圃。言林藪非一，所在皆爲苑圃，有國有家者，因天地之自然，不復假人功爲園圃也。爾雅曰：荂，榮也。蓲，華也〔五七〕。敷蘛，華開貌。南土草木通□冬生〔五八〕，故曰蒨。善曰：鵩鳥賦曰：坱圠無垠。坱，烏朗切。圠，烏八切。廣雅曰：跃，長也，烏老切。荂，枯瓜切。爾雅曰：蕍，榮也。郭璞曰：蕍猶敷蕍，亦草之貌也。蘛與蕍同，庾俱切。蓲與敷同，無俱切。

草則藿蒳豆蔻，薑彙非一。江蘺之屬，海苔之類。綸組紫絳，食葛香茅莫侯。石帆水松，東風扶留。異物志曰：藿香，交趾有之。豆蔻生交趾，其根似薑而大，從根中生，形似益智，皮殼小厚，核如石榴，辛且香。蒳，草樹也，葉如栟櫚而小，三月採其葉，細破，陰乾之，味近苦而有甘，并雞舌香食之，益美。薑彙，大如累，氣猛，近於臭，南土人擣之以爲虀。蓤，一名廉薑，生沙石中，薑類也。其累大，辛而香，削皮以黑梅并鹽汁漬之則成也，始安有之。彙，類也。易曰：拔茅連茹，以其彙，征吉。所謂薑彙非一也。江蘺，香草也。楚辭曰：扈江蘺。海苔，生海水中，正青，狀如亂髮，乾之亦〔五九〕鹽藏，有汁，名曰濡苔，臨海出之。爾雅曰：綸似綸，組似組，東海有之。紫，紫菜也。生海水中，正青，附石生，取乾之，則紫色，臨海常獻之。絳，絳草也，出臨賀郡，可以染食。葛，蔓生，與山葛同，根特大，美於芋也，豫章間種之。香茅生零陵。石帆生海嶼石上，草類也，無葉，高尺許，其華離婁相貫連〔六〇〕，雖無所用，然異物也。死則浮水中，人於海邊得之，希有見其生者。水松，藥草，生水中，出南海交趾。東風，亦草也，出九真。扶留，藤也，緣木而生，味辛，可食〔六一〕。檳榔者，斷破之，長寸許，以合石賁灰〔六二〕，與檳榔并咀之，口中赤如血，始興以南皆有之。善曰：蒳，音納。蔻，火豆切。彙，音謂。綸，古頑切。

布濩皋澤，蟬聯陵丘。夤緣山嶽之岊，羃歷江海之流。扤白蔕，銜朱蕤。鬱兮𦺍茂，曄兮菲菲。光色炫晃，芬馥肸蠁。職貢納其包匭，離騷詠其宿莽。布濩，遍滿貌。蟬聯，不絕貌。夤緣，布藤上貌。羃歷，分布覆被貌〔六三〕。許氏記字曰：岊，陬隅而山之節也。扤，搖也。蔕，花本也。菲菲，花美貌也〔六四〕。方言曰：凡草生而初達謂之𦺍。芬馥，色盛香散狀〔六五〕。包，裹也。匭，猶結也。尚書禹貢曰：包匭菁茅。菁茅生桂陽，可以縮酒，給宗廟，異物也，重之，是故既包裹而又纏結之。一曰，匭，柙也。爾雅曰：卷施草，拔其心不死。江、淮間謂之宿莽。屈原嘉之以其志，故離騷曰：夕覽洲之宿莽。善曰：毛萇詩傳曰：抏，動也。淮南子曰：草木之勾萌，銜翠載實。說文曰：蕤，草木華垂貌。肸蠁，已見蜀都賦。夤緣，出也。岊，音節。莌，以稅切。蕤，汝誰切。木則楓柙甲櫲樟〔六六〕，栟櫚枸古候椵。緜杬杶櫨，文欀楨橿薑。平仲桾櫏〔六七〕，松梓古度。楠榴之木〔六八〕，相思之樹。楓、柙，皆香木名也。櫲樟，木也。異物志曰：栟櫚，椶也，皮可作索。枸椵，樹也，直而高，其用與栟櫚同。栟櫚出武陵山，枸椵出廣州。木緜樹高大，其實如酒杯，皮薄，中有如絲綿者，色正白，破一實得數斤，廣州、日南、交趾、合浦皆有之。杬，大樹也，其皮厚，味近苦澀，剝乾之，正赤，煎訖以藏衆果，使不爛敗，以增其味，豫章有之。杶、櫨，二木名。文，文木也，材密緻無理，色黑如水牛角，日南有之。欀木，樹皮中有如白米屑者，乾擣之，以水淋之，可作餅，似麵，交趾盧亭有之。楨、橿，二木名。劉成曰：平仲之木，實白如銀。君遷之樹，子如瓠形。松、梓，二木名，古度，樹也，不華而實，子皆從皮中出，大如安石榴，正赤，初時可煮食也，廣州有之。楠榴，木之盤結者，其盤節文尤好〔六九〕，可以作器；建安所出最大長也。相思，大樹也，材理堅，邪斫之則文，可作器；其實如珊瑚，歷年不變，東冶有之。善曰：椵，音郎。杬，音元。杶，勑倫切。欀，音襄。楨，音貞。宗生高岡，族茂幽阜。擢本千尋，垂蔭萬畝。攢柯挐莖，重葩殗葉。輪囷虯蟠，埇㙐鱗接。榮色雜糅，綢繆縟繡。宵露霮徒感䨴徒外，旭日晻烏感䁠。與風飆搖颺様，颮瀏颼飀。鳴條律暢，飛音響亮。蓋象琴筑竹并奏，笙竽俱唱。宗生，宗類而生於高山之脊，故名宗生。族茂，言種族繁多也。擢本，高聳貌。八尺曰尋。言婆娑覆萬畝之地〔七〇〕。莊子曰〔七一〕：匠石見樹百圍，其臨千仞，而後有枝，此大樹之屬也。善曰：許慎淮南子注曰：挐，亂也，女居切。殗，重也，葉重疊貌〔七二〕，於劫切。鄒陽上書曰：輪囷離奇。輪囷，謂屈曲貌。蚪蟠，謂樹如龍蛇之盤屈相糾也〔七三〕。⿰土臿⿰土㬎，枝柯相重疊貌〔七四〕。⿰土臿，楚立切。⿰土㬎，除立切。縟繡，言草木花光似繡文。綢繆，花采密貌。霮䨴，露垂貌〔七五〕。毛詩曰：旭日始旦。⿰日孛，亦闇也，房妹切。⿰風幽瀏，風聲也。⿰風幽，於酉切。瀏，力久切。颼，所求切。飀，音留。律，謂籟也，殷仲文所謂幽律是也。言木枝葉與風搖蕩作聲，如律呂之暢〔七六〕。説文曰：筑似箏，五絃之樂也。世本曰：隨作竽。鄭玄周禮注曰：三十六簧也。其上則猨父哀吟〔七七〕，獐子長嘯。狖鼯吾猓古火然，騰趠飛超。争接縣垂〔七八〕，競游遠枝。驚透沸亂，牢落翬散。吳越春秋曰：越有處女，出於南林之中，越王使使聘問以劍戟之事。處女將北見於越王，道逢老翁，自稱素袁公，問處女：吾聞子善爲劍術，願一觀之。女曰：妾不敢有所隱，唯公試之。於是袁公即跳於林竹，槁折墮地，處女即接末，袁公操本以刺處女，女應節入，三入，因舉枝擊之，袁公即飛上樹，化爲白猿，遂引去。獐子，猿類，猿身人面，見人嘯〔七九〕。異物志曰：狖，猿類，露鼻，尾長四五尺，居樹上〔八〇〕，雨則以尾塞鼻，建安臨海北有之。鼯，大如猿，肉翼，若蝙蝠，其飛善從高集下，食火煙，聲如人號，一名飛生，飛生子故也，東吾諸郡皆有之〔八一〕。猓然，猿狖之類，居樹，色青赤有文，日南、九真有之。楊雄方言曰：透，驚也。善曰：山海經曰：獄法之山有獸，狀如犬，人面，見人則笑，名獐。獐，胡奔切。枚乘兔園賦曰：上涌雲亂葉翬散〔八二〕。狖，余幼切。趠，吐教切。超，士弔切。其下則有梟羊麡儕狼，猰貐貙勑俱象。烏菟之族，犀兕之黨。鉤爪鋸牙，自成鋒穎。精若燿星，聲若震霆。名載於山經，形鏤於夏鼎。爾雅曰：梟羊，一名⿱巛禺⿱巛禺，如人，面長脣黑，身有毛及踵，見人則笑，左手操管。海南經所云也。異物志云：麡狼，大如麇，角前向，有枝下出反向上，長者四五尺，廣州有之，常居平地，不得入山林。山海經曰：南海之外有猰貐，狀如貙，龍首，食人。貙，虎屬也，或曰能化爲人也。象生九真、日南山中，大者其牙鼻長一丈。於菟，虎也，江、淮間謂虎爲於菟〔八三〕。犀，狀如水牛，頭似豬，四足類象，倉黑色，一角當額上，鼻上角亦墮也，又有小角長五寸，不墮，性好食棘，口中灑血，武陵已南山中有之。兕，獸也，似牛。左傳曰：昔夏之方有德也，遠方圖物，貢金九牧，鑄鼎象物，而爲之備，使人知神姦，故人入山澤林藪，不逢不若，魑魅魍魎〔八四〕，莫能逢之。故曰形鏤於夏鼎。善曰：麢，在西切。猰，於八切。貐，以主切。淮南子曰：勾爪鋸牙，於是摯矣。禮記曰：刀却刃授穎。鄭玄曰：穎，鋒也〔八五〕。摯伯陵答司馬遷書曰：有能見鋒穎之狀。

「其竹則篔簹箖箊〔八六〕於，桂箭射筒。柚由梧有篁〔八七〕，篻簩有叢。皆竹名也。異物志曰：篔簹，生水邊，長數丈，圍一尺五六寸，一節相去六七尺，或相去一丈，廬陵界有之。始興以南，又多小桂，夷人績以爲布葛。箖箊，是袁公所與越女試劍竹者也。桂竹，生於始興小桂縣，大者圍二尺，長四五丈。箭竹細小而勁實，可以爲箭，通竿無節，江東諸郡皆有之。射筒竹，細小通長，長丈餘，亦無節，可以爲射筒。筒及由梧竹〔八八〕皆出交趾、九真。篻竹，大如戟槿，實中勁強，交趾人銳以爲矛，甚利。簩竹，有毒，夷人以爲觚，刺獸中之則必死。篔，于君切。篻，芳眇切。簩，音勞。苞筍抽節，往往縈結。綠葉翠莖，冒霜停雪。橚矗蓄森萃，蓊茸而勇蕭瑟。檀欒蟬蜎，玉潤碧鮮。梢雲無以踰，嶰谷弗能連。鸑鷟食其實，鵷鶵擾其間。苞筍，冬筍也。出合浦，其味美於春夏時筍也。見馬援傳。漢書天文志曰：見梢雲。其說，梢如樹也。嶰谷，崑崙北谷也。漢書律歷志〔八九〕，黄帝詔伶倫爲音律，伶倫乃之崑崙山之陰、嶰谷之中，取竹斬之，以其厚均者吹之〔九〇〕，以爲黄鍾之管。鸑鷟，鳳鶵也〔九一〕。鵷鶵，周本紀曰〔九二〕：鳳類也，非梧桐不棲〔九三〕，非竹實不食。黄帝時，鳳集東園，食帝竹實，終身不去。馴，擾善也〔九四〕。善曰：橚矗，長直貌。蓊茸〔九五〕，茂盛貌。蕭瑟，聲也〔九六〕。冒，犯也。嬋娟，言竹妍雅也〔九七〕。橚，所六切。矗，丑六切。枚乘兔園賦曰：脩竹檀欒，夾水碧鮮。言竹似之也。梢雲，山名，出竹〔九八〕。其果則丹橘餘甘，荔枝之林。檳榔無柯，椰葉無陰。龍眼橄欖，棎榴禦霜〔九九〕。結根比景之陰，列挺衡山之陽。薛瑩荆揚已南異物志曰：餘甘，如梅李，核有刺，初食之，味苦，後口中更甘，高涼建安皆有之。荔枝樹生山中，葉緑色，實赤，肉正白，味大甘美〔一〇〇〕。檳榔樹，高六七丈，正直無枝，葉從心生，大如楯，其實作房，從心中出，一房數百實，實如鷄子皆有殼，肉滿殼中，正白，味苦澀，得扶留藤與古賁灰合食之，則柔滑而美，交趾、日南、九真皆有之。椰樹似檳榔無枝條，高十餘尋，葉在其末，如束蒲，實大如瓠，繫在樹頭，如掛物也。實外有皮如胡桃，核裏有膚，膚白如雪，厚半寸，如豬膏〔一〇一〕，味美如胡桃，膚裏有汁升餘，清如水，美如蜜，飲之可以愈渴，核作飲器也。龍眼，如荔枝而小，圓如彈丸，味甘勝荔枝，蒼梧、交趾、南海、合浦皆獻之，山中人家亦種之。橄欖，生山中，實如雞子，正青，甘美，味成時食之益善。始興以南皆有之，南海常獻之。棎，棎子樹也。生山中，實似梨，冬熟，味酸，丹陽諸郡皆有之。榴，榴子樹也。出山中，實亦如梨，核堅，味酸美，交趾獻之。善曰：橄，音敢。欖，音覽。棎，市瞻切。漢書音義，如淳曰：比景，日中於頭上，景在己下，故名之比景。比，方利切。一作北景，云漢武時日南郡置北景縣，言在日之南，向北看日，故名〔一〇二〕。宋玉笛賦曰：余嘗觀於衡山之陽。素華斐，丹秀芳。臨青壁，系紫房。鷓鴣南翥而中留，孔雀綷羽以翱翔。山雞歸飛而來棲，翡翠列巢以重行。鷓鴣，如雞，黑色，其鳴自呼。或言此鳥常南飛不北，豫章已南諸郡處處有之。孔雀，尾長六七尺，緑色有華彩，朱崖、交趾皆有之，在山草中。山雞，如雞而黑色，樹棲晨鳴。今所謂山雞者，鷩蛦也，合浦有之。翡翠，巢於樹顛生子，夷人稍徙下其巢，子大未飛，便取之。皆出於交趾鬱林郡。其琛賂則琨瑤之阜，銅鍇之垠。火齊之寶，駭雞之珍。赬丹明璣，金華銀樸。紫貝流黃，縹碧素玉。隱賑崴褢，雜插幽屏必井。精曜潛穎，皙陊直氏山谷。碕岸爲之不枯，林木爲之潤黷。隋侯於是鄙其夜光，宋王於是陋其結緑。琛，寶也。賂，貨也。詩曰：來獻其琛，大賂南金。琨、瑶，皆美石也。鍇，金屬也。禹貢，揚州貢金三品，謂金、銀、銅也。異物志曰：火齊，如雲母，重沓而可開，色黄赤，似金，出日南。赬，赤也。丹，丹砂也。出山中，有穴。禹貢，荆州貢丹。璣，珠屬也。朱崖出珠。金華，采者〔一〇三〕。銀樸，銀之在石者。紫貝，以色言之。流黄，土精也。淮南子曰：夏至而流黄澤。縹碧素玉者，亦以色言也。皙者，言其如皙擿〔一〇四〕而陊落山谷者。淮南子曰：積疊琁玉，以純脩碕。張衡南都賦曰：隋珠夜光。張禄先生曰：宋有結緑。隋侯、宋王於此各鄙其寶也。善曰：尚書曰：瑶琨篠蕩。孝經援神契曰：神靈滋液，則犀駭雞。宋衷曰：角有光，鶏見而駭驚也〔一〇五〕。劉欣期交州記曰：金華出珠崖，謂金有華采者。埤蒼曰：崴褢，不平也，又重累貌〔一〇六〕。崴，烏乖切。褢，故乖切。幽屏，謂生處也。潛穎，謂潛深而有光穎〔一〇七〕。説文，皙，擿空青珊瑚墮之，珠玉潛伏土石間，隨四時長，故皙毁陊落山谷之土石也。潤，膩也。黷，黑茂貌〔一〇八〕。皙，勑列切。孫卿子曰：言無小而不聲，行無隱而不形。玉在山而木潤，淵生珠而崖不枯。許慎淮南子注曰：碕，長邊也，巨依切。

「其荒陬子侯譎決詭，則有龍穴内蒸，雲雨所儲。陵鯉若獸，浮石若桴。雙則比目，片則王餘。窮陸飲木，極沈水居。泉室潛織而卷綃，淵客慷慨而泣珠。開北户以向日，齊南冥於幽都。陬，四隅，謂邊遠也〔一〇九〕。湘東新平縣有龍穴，穴中黑土，天旱，人人便共以水沾穴〔一一〇〕，則暴雨應之，常以此請雨也。陵鯉，有四足，狀如獺，鱗甲似鯉，居土穴中，性好食蟻。楚辭曰：陵魚曷止。王逸曰：陵魚，陵鯉也。浮石，體虚輕浮，在海中，南海有之。桴，舟也〔一一一〕。比目魚，東海所出。王餘魚，其身半也。俗云：越王鱠魚未盡，因以殘半棄水中〔一一二〕爲魚，遂無其一面，故曰王餘也。朱崖海中有渚，東西五百里，南北千里，無水泉，有大木，斬之，以盆甕承其汁而飲之。水居，鮫人水底居也。俗傳鮫人從水中出，曾寄寓人家，積日賣綃，綃者，竹孚俞也。鮫人臨去，從主人索器，泣而出珠滿盤，以與主人。日南人北户，猶日北人南户也。善曰：尚書曰：宅朔方曰幽都。謂日既在北，則南冥與幽都同。王餘、泉客，皆見博物志。窮陸，見後漢書。史記曰：秦始皇地南至北向户，北據河爲塞。其四野，則畛畷無數，膏腴兼倍。原隰殊品，窊隆異等。象耕鳥耘，此之自與。穱捉秀菰孤穗詞翠切，於是乎在。畛畷，謂地廣道多也。舊井田間有徑有畛〔一三〕。善曰：鄭玄毛詩箋曰：畛，舊田有徑路也，之引切。説文曰：畷，兩陌間道也，知衞切，又陟劣切。説文曰：窊，汙邪，下也，於瓜切。越絶書曰：舜葬蒼梧，象爲之耕；禹葬會稽，鳥爲之耘。左傳曰：生人之道，於是乎在。煮海爲鹽，採山鑄錢。國税再熟之稻，鄉貢八蠶之緜。善曰：史記曰：吴有豫章郡銅山，吴王濞則招致天下亡命者，盜鑄錢，煮海爲鹽，國用富饒。異物志，交趾稻夏熟，農者一歲再種。劉欣期交州記曰：一歲八蠶繭，出日南也。

「徒觀其郊隧之内奥，都邑之綱紀。霸王之所根柢帝，開國之所基趾。郛郭周匝，重城結隅。通門二八，水道陸衢。所以經始，用累千祀〔一四〕。憲紫宫以營室，廓廣庭之漫漫。寒暑隔閡五蓋於邃宇，虹蜺回帶於雲館。所以跨跱煥炳萬里也。爾雅曰：柢，本也。吴與周並，世世稱王。自泰伯至闔閭二十五世矣。夫差益強大，得爲盟主〔一五〕。故曰霸王之所根柢也。越絶書曰：吴郭周匝六十八里六十步，大城周匝〔一六〕四十七里二百一十步。水門八，陸門八，其二有樓名門者，車船並入。昌門今見在，銅柱石填地。大城中有小城，周十二里，亦有水陸門，皆〔一七〕闔閭宫，在高平里。言經營造作之始，使子孫累代保居也。漫漫，長遠貌〔一八〕。寒暑所閡，謂冬温夏涼。善曰：西都賦曰〔一九〕：虹蜺迴帶於棼楣。造姑蘇之高臺，臨四遠而特建，帶朝夕之濬池，佩長洲之茂苑。窺東山之府，則壞寶溢目；覸海陵之倉，則紅粟流衍。姑蘇，吴臺名也。善曰：越絶書曰：吴王夫差〔二〇〕起姑胥之臺，五年乃成，高見三百里。史記曰：越伐吴，敗之姑蘇。漢書，伍被曰：子胥云，見麋鹿遊姑蘇之臺。然姑胥即姑蘇也。漢書，枚乘上書曰：夫漢諸侯方輸，□錯出〔二一〕其珍怪，不如東山之府；轉粟西向，不如海陵之倉；修治上林，圈守禽獸，不如長洲之苑；遊曲臺，臨上路，不如朝夕之池。蔡邕月令章句〔二二〕，穀藏曰倉。蒼頡篇曰：覸，索視之貌，師蟻切。漢書，太倉之粟，紅腐而不可食。起寢廟於武昌，作離宮於建業。闡闔閭之所營，采夫差之遺法。抗神龍之華殿，施榮楯而捷獵。崇臨海之崔巍，飾赤烏之韡曄。吴志曰：前吴都武昌，在豫章〔二三〕；後都建業，在丹陽。孫權自會稽徙治丹陽，建業人皆不樂徙，故爲歌曰：寧飲建業水，不向武昌居〔二四〕。言離宮者，明非吴舊都也。神龍，建業正殿名。臨海、赤烏，皆建業吴大帝所太初宮〔二五〕殿名也。捷獵，高顯貌〔二六〕。越絶書曰：昔越王勾踐欲伐吴，大夫種〔二七〕對以九術。於是作榮楯，嬰以白璧，鏤以黄金，狀類龍蛇，以獻吴王夫差，夫差大悦〔二八〕。子胥諫曰：王勿受也。王不聽，遂受之以飾殿也〔二九〕。闔閭造吴城郭宮室，其子〔三〇〕夫差嗣，增崇侈靡。孫權移都建業，皆學之〔三一〕，故曰闡闔閭之所營，采夫差之遺法，而施榮楯也。春秋左氏傳曰：夫差，次有臺榭陂池焉！玩好必從，歡樂是務。東西膠葛，南北峥嶸。房櫳對櫎晃，連閣相經。閽闥譎詭，異出奇名。左稱彎碕，右號臨硎。善曰：膠葛，長遠貌〔三二〕。峥嶸，深邃貌〔三三〕。魯靈光殿賦曰：洞膠葛其無垠。説文曰：櫳，房室之疏也。又曰：櫎，帷屏屬。然則門牕之廡，通名櫎。櫎，音槐〔三四〕，音義同。彎碕、臨硎，閽闥名也。吴後主起昭明宮於太初之東，開彎碕、臨硎二門。彎碕，宮東門；臨硎，宮西門。碕，巨依切〔三五〕。硎，口耕切。彫欒鏤楶，青瑣丹楹。圖以雲氣，畫以仙靈。雖兹宅之夸麗，曾未足以少寧。思比屋於傾宮，畢結瑤而搆瓊。梁，栭也。瑣，户兩邊以青畫爲瑣文。楹，柱也〔三六〕。汲郡地中古文册書曰：桀築傾宮，飾瑶臺。紂作瓊室，立玉門。言其夸麗。善曰：鄭玄禮記注曰：栭，謂之楶，音節。左氏傳曰：丹桓宮楹。杜預曰：楹，柱也。高闈有閌，洞門方軌。朱闕雙立，馳道如砥。樹以青槐，亘以緑水。玄蔭眈眈，清流亹亹。善曰：李尤德陽殿賦曰：朱闕巖巖。漢書音義，應劭曰：馳道，天子之道。毛詩曰：周道如砥。言其平直也。漢書，賈山上書曰：秦爲馳道，樹以青松。然古之表道，或松或槐也。亘，引也。眈眈，樹陰重貌〔三七〕。韓詩曰：亹，水流進貌〔三八〕。列寺七里，俠棟陽路。屯營櫛比，解署棊布。横塘查下，邑屋隆夸。長干延屬，飛甍舛互。吴自宫門南出苑路，府寺相屬〔三九〕，俠道七里也。解，猶署也。吴有司徒大監，諸署，非一也。横塘在淮水南，近家渚，緣江築長堤，謂之横塘。北接栅塘查下。查浦在横塘，西隔内江。自山頭南上十里，至查浦。建業南五里有山崗，其間平地，吏民雜居。東長干〔四〇〕中有大長干、小長干，皆相連〔四一〕。大長干在越城東，小長干在越城西，地有長短，故號大、小相干〔四二〕。韓詩曰：考盤在干。地下而黄曰干。櫛比，喻其多也。藏官物曰公廨。醫巫所居曰署。飛甍舛互，言室屋之多相連下之貌〔四三〕。善曰：應劭風俗通曰：今尚書、御史、謁者所止，皆曰寺。俠棟，棟相俠也。古洽切。陽路，路陽也。毛詩曰：其崇如墉，其比如櫛。

「其居則高門鼎貴，魁岸豪傑。虞魏之昆，顧陸之裔。歧嶷繼體，老成弈世。躍馬疊跡，朱輪累轍。陳兵而歸，蘭錡内設。冠蓋雲蔭，閭閻闐噎。魁岸，大度也。漢書曰：江充爲人魁岸。又于公高門以待封。又賈捐之傳曰：石顯方鼎貴〔四四〕。應劭曰：鼎，始也。乃祖乃父已來皆貴，故曰鼎貴也。虞，虞文秀。魏，魏周。顧，顧榮。陸，陸遜。隆吳之舊貴也〔二四五〕。昆、裔，皆後世也。岐嶷，謂有識知也。老成德之人，養之乞言〔二四六〕。躍馬，騰躍之謂，言富貴也〔二四七〕。蔡澤傳曰：躍馬肉食。西京賦曰：武庫禁兵，設在蘭錡。閭閻闐噎，言人物遍滿之貌〔二四八〕。善曰〔二四九〕：毛詩曰：克岐克嶷。又曰：雖無老成人。謝承後漢書曰：王公位二千石，弈世相襲。楊惲書曰：方家隆盛時，乘〔二五〇〕朱輪者十人。

其鄰則有任俠之靡，輕訬之客。締交翩翩，儐從弈弈。出躡珠履，動以千百。里讌巷飲，飛觴舉白。翹關扛鼎，拚射壺博。鄱陽暴謔，中酒而作。靡，美也。楊子法言曰：聶政、荆軻，刺客之靡。締，結也。賈誼過秦論曰：締交。白，罰爵名也。漢書曰：引滿舉白。鄱陽人俗性暴急。何晏云：鄱陽惡戲，難與曹也。鄱陽本豫章縣。善曰：漢書曰：季布爲任俠。如淳曰：相與信爲任，同是非爲俠。漢書述曰：江都輕訬〔二五一〕。謂輕薄爲訬也〔二五二〕。締，結也。翩翩，往來貌。弈弈，輕靡之貌〔二五三〕。高誘淮南子注曰：訬，輕利急疾也。訬，音眇。史記曰：趙平原君使人於楚，楚相春申君處〔二五四〕趙使欲夸楚，爲玳瑁簪，刀劍室皆以珠飾之。請春申君。春申君客三千餘人，其上客皆躡珠履而迎之，趙〔二五五〕使大慙。翹關扛鼎，皆逞壯力之勁，能招門開也〔二五六〕。列子曰：孔子勁，能招國門之關，而不肯以力聞。招與翹同。扛，舉也。漢書曰：項羽力能扛鼎。又〔二五七〕漢書贊曰：元帝時覽拚射。孟康曰：手搏爲拚。壺，投壺也。禮有投壺。論語曰：不有博弈者乎。

「於是樂只衎而歡飫無匱，都輦殷而四奧來暨。水浮陸行，方舟結駟。唱櫂轉轂，昧旦永日。昧旦，清晨也。左傳曰：昧旦丕顯。善曰：毛詩曰：其樂只且。又曰：嘉賓式宴以衎。飫，已見上文。輦，王者所乘，故京邑之地，通曰輦焉。漢書曰：殺身靡骨，死事輦轂下。四隩來暨，言四方之人皆來。唱櫂轉轂，言遠人唱歌擿船，乘車轉轂，以向吳都〔二五八〕。楚辭曰：青驪結駟齊千乘。漢書曰：轉轂百數。毛詩曰：且以永日。衎，苦旦切。飫，一據切。開市朝而並納〔一五九〕，横闤闠而流溢。混品物而同廛，并都鄙而爲一。士女佇眙，商賈駢坒。紵衣絺服，雜沓從萃〔一六〇〕。輕輿按轡以經隧，樓船舉颿帆而過肆。果布輻湊而常然，致遠流離與珂苦何珬。混，同也。佇眙，立視也。今市聚人，謂之立眙。南方多絺葛，故曰紵衣絺服也。樓船，船有樓也。颿者，船帳也。地理志曰：越多犀象、玳瑁、珠璣、銅銀、果布之湊。黄支國多異物，入海市明珠流離。果，橘柚之屬。布，箋紵之屬。近海多寶物。湊，會處也。珬，老鵰化西海爲珬，已裁割若馬勒者謂之珂；珬者，珂之本，璞也。日南郡出珂珬。善曰：楚辭曰：覽涕而佇眙。許慎淮南子注曰：坒，相連也，扶必切。羽獵賦曰：萃從流溶。埤蒼曰：從，走貌，先鞏切。隧，向市路。肆，市路也〔一六一〕。漢書有樓船將軍。珬音戌。緐賄紛紜，器用萬端。金鎰磊砢〔一六二〕力可，珠琲步對闌干。桃笙象簟，韜於筒中；蕉葛升越，弱於羅紈。緐，蠻夷貨名也。扶南傳曰：緐貨布帛曰賄。金二十四兩爲鎰。史記曰：趙孝成王一見虞卿〔一六三〕，賜黄金百鎰。磊砢，衆多貌。琲，貫也，珠十貫爲一琲。闌干，猶縱横也〔一六四〕。桃笙，桃枝簟也，吴人謂簟爲笙。又折象牙以爲簟也〔一六五〕。蕉葛，葛之細者。升越，越之細者。緐，音捷。㒩譶嬲嫪〔一六六〕，交貿相競。諠譁喤呷，芬葩蔭映。揮袖風飄而紅塵晝昬，流汗霢脈霂沐而中逵泥濘。善曰：㒩，所立切。蒼頡篇曰：譶，不止也，佇立切。嬲嫪，衆相交錯之貌。嬲，胡巧切。方言曰：嫪，猥也，奴巧切。方言曰：諠，吁横切。諠，通也〔一六七〕。説文曰：呷，吸也，呼甲切。紛葩，謂舒張貿物使覆映〔一六八〕。史記，蘇秦説齊王，舉袂成帷，揮汗成雨。毛萇詩傳曰：小雨謂之霢霂〔一六九〕。杜預左氏傳注曰：濘，泥也，奴定切。

「富中之甿，貨殖之選。乘時射利，財豐巨萬。競其區宇，則并疆兼巷；矜其宴居，則珠服玉饌。越絶書曰：富中，大唐中也，勾踐治以爲田〔一七〇〕，肥饒，故謂之富中。珠服，珠襦之屬，以珠飾之也。玉饌者，尚書曰：惟辟玉食〔一七一〕。言富中之食，貨殖之選者各利〔一七二〕，所以能豐其財也。并疆，踰田畝也。兼巷，踰里閭也。言農人之富，自相夸競〔一七三〕。善曰：説文曰：甿，田人也。孔安國尚書曰：自賢曰矜。射，賓亦切。

趫起喬材悍壯，此焉比廬。捷若慶忌，勇若專諸。危冠而出，竦劍而趨。扈帶鮫函，扶揄屬鏤力駒切。秦零陵令上書曰：荆軻挾匕首，卒刺陛下，陛下以神武，扶揄長劍以自救〔一七四〕。韓非子曰：解其長劍，免其危冠。離騷曰：扈江離。楚人謂被爲扈。鮫函，鮫魚甲，可爲鎧。淮南子曰：鮫革犀兕爲甲冑也。周禮曰：燕無函。孟子曰：矢人豈不仁於函人哉。左傳曰：吴賜子胥屬鏤〔一七五〕以死。凡此皆其器用之事義，亦其土俗所能出，有嘉服用也。善曰：成公綏洛禊賦曰：趫才逸態，習水善浮。吕氏春秋曰：吴王欲殺王子慶忌，謂要離曰：吾常以馬逐之江上而不能及，射之，矢左右滿抱而不能中。高誘曰：慶忌，吴王僚之子也。走追奔獸，接及飛鳥〔一七六〕。左傳曰：吴公子光享王，鱄諸寘劍於全魚中〔一七七〕以進，抽劍刺王，遂殺闔閭〔一七八〕。

藏鍦於人，去戟自閭。家有鶴膝，户有犀渠。軍容蓄用，器械兼儲。吴鉤越棘，純鈞湛盧。戎車盈於石城，戈船掩乎江湖。鍦，矛也。楊雄方言曰：吴、越以矛爲鍦。戟，楯也。鶴膝，矛也。矛骹如鶴脛，上大下小〔一七九〕，謂之鶴膝。犀渠，楯也，犀皮爲之〔一八〇〕。國語曰：奉父犀渠〔一八一〕。軍容，軍之容表，言矛劍等也。司馬法曰：古者軍容不入國，國容不入軍。軍容入國，則人德麄；國容入軍，則人德弱。越絶書曰：闔閭既重莫耶，乃復命國中作金鉤，有人貪王賞之重，殺其兩兒，以血釁鉤，遂成二鉤，獻之闔閭，詣官求賞。王曰：爲鉤者衆多，而子獨求賞，何以異於衆人之鉤乎？曰：我之作鉤也，殺二子成兩鉤。王曰：舉鉤以示之，何者是也？於是鉤師向鉤而哭，呼其兩子之名吴鴻、扈稽，曰：我在此，王不知汝之神也。聲未絶於口，兩鉤俱飛著於父之背。吳王大驚，曰：嗟乎！寡人誠負子。迺賞之百金，遂服其鉤。爾雅曰：鍊，戟也。純鈞、湛盧，劍名也。越絶書曰：昔越王勾踐有寶劍五，聞於天下，客有能相劍者，名薛燭，王召而問之，對曰：歐冶子因天地之精，悉其伎巧，一曰純鈞，二曰湛盧，三曰莫耶，四曰豪曹，五曰巨闕。石城，石頭隖也，在建業西，臨江，其中有庫，藏軍儲。戈船，船下有戈也。江、湖，二水名也。善曰：禮記曰：越棘大弓，天子之戎器也。鄭玄曰：越，國名也。考工記曰：越鐵利，可以爲戟〔八二〕。環濟吳紀曰：建安十七年，城石頭。越絶書，伍子胥船有戈。

「露往霜來，日月其除。草木節解，鳥獸腯膚。觀鷹隼，誡征夫。坐組甲，建祀姑。命官帥而擁鐸，將校獵乎具區。詩曰：今我不樂，日月其除。國語曰：本見而草木節解。本，氐也。謂霜降之後，生氣既衰，草木枝葉，皆節理解落也〔八三〕。腯，肥也。左氏傳曰：肥腯，謂畜之碩大蕃滋也。漢書曰：鷹隼未擊，矰弋不施於蹊隧，於此時也，可以戒戎夫。左氏傳曰：裹糧坐甲。又曰：組甲三千。馬融曰：組甲，以組爲甲。祀姑，幡名，麾旗之屬也。國語曰：吳王夫差出軍，與晉爭長，昏乃戒，夜中令服兵擐甲，陳王卒〔八四〕，官帥擁鐸，建祀姑。此吳軍容之舊制也。鐸，施號令而振之也〔八五〕。周禮，校人中大大，掌王田獵之馬，一校千二百九十六匹〔八六〕。具區，澤名也，在吳之西。善曰：爾雅曰：吳、越之間有具區。烏滸怱古狼𦠆呼光，夫南西屠。儋都含耳黑齒之酋自由，金鄰象郡之渠。驫駥飍矞，靸霅警捷，先驅前塗。異物志曰：烏滸，南夷別名也，其落在深山之中。其種族爲人所殺，則居其死所，且伺殺主，若有過之者，是與非則仇而食之。狼𦠆人，夜齅金，知其良不〔八七〕。夫南，特有才巧，不與衆夷同。西屠，以草染齒，染白作黑。儋耳人，鏤其耳匡。夫南之外，有金鄰國，去夫南可二千餘里，土地出銀，人衆多，好獵大象，生得，其死則取其牙。酋、渠，皆豪帥也。象郡，今日南郡也，又有象林郡〔一八八〕。善曰：驫駥飍矞，衆馬走貌。驫，必幽切。駥，呼橘切。飍，香幽切。矞，以出切。靸霅，走疾貌。靸，素合切。霅，徒合切。俞騎騁路，指南司方。出車檻檻，被練鏘鏘。吳王乃巾玉輅，軺翊焦驌驦。旂魚須，常重光。攝鳥頰烏號，佩干將。羽旄揚蕤，雄戟耀芒。貝胄象弭，織文鳥章。六軍袀翊遵服，四騏龍驤。管子曰：桓公北征孤竹，見人長尺，而人物具焉。冠而右祛衣，走馬。管仲曰：登山之神，有俞兒者，長尺，人物具焉。霸王之君興，登山之神見，且走馬前導也。祛衣，示前有水也。右祛衣，從右方涉也。至卑耳之溪，有贊水者，從左方涉，其深及冠；從右方涉，其深至膝，已涉大濟也。指南，指南車也。鬼谷子曰：鄭人取玉，必載司南之車，爲其不惑也。鏘鏘，行步貌也。左傳曰：被練三千。馬融曰：被練，爲甲者所服也。玉輅，以玉飾車也。驌驦，馬也。左氏傳曰：唐成公如楚，有兩驌驦馬，子常欲之，不與。三年止之，唐人竊馬而獻子常，子常歸唐侯。馬融曰：驌驦，鳥也，馬似之。旂，旌旗之屬。周禮有巾車官。又〔一八九〕交龍爲旂，以魚須爲柄也。日月爲常，重光。謂日月畫於旂上也。攝，持也〔一九〇〕。烏號，柘名，以爲弓。淮南子曰：烏號之弓，不能〔一九一〕無弦而射。列女傳曰：柘枝體動，烏集其上，被即舉彈，烏乃哀號，故號之〔一九二〕。干將，劍名。胄，兜鍪，以貝飾之。弭，弓末，以象飾之。鳥章，染絲織鳥，畫爲文章，置於旌旗也〔一九三〕。左氏傳曰：袀服振振。袀，同也〔一九四〕。騏，馬名〔一九五〕。善曰：毛詩曰：大車檻檻。子虛賦曰：靡魚須之橈旃。史記，趙良曰：屈盧之勁矛，干將之雄戟。又曰：胄貝朱綅。又曰：象弭魚服。又曰：織文鳥章。又曰：乘其四騏。南都賦曰：馬鹿超而龍驤。峭格周施，罿罻普張。罼罕瑣結，罠蹏連綱。阹以九疑，禦以沅湘。輶軒蓼擾，彀騎煒煌〔一九六〕。莊子曰：峭格羅絡。謂張網周遍〔一九七〕。罿罻、罼罕，皆鳥網也。瑣結，似瑣連結也。連綱，言不絕也〔一九八〕。罠，麋網。蹏，兔網〔一九九〕。周易曰〔二〇〇〕：蹄所以在兔，得兔而忘蹄。阹，闌也。因山谷以遮獸也。禦，禁也。謂因沅、湘爲藩落也〔二〇一〕。楊雄羽獵賦曰：禦自汧、渭。九疑，山名。沅、湘，水名。輶，輕也。詩云：輶車鑾鑣。彀騎，張弓弩之騎也。峭，七肖切。罿，音衝。罻，音尉。罼，音畢。罠，無貧切。阹，音祛。禦，音語。彀，古候切。**袒裼徒搏，拔距投石之部。猿臂骿脅**〔二〇二〕**，狂趭獷猤。鷹瞵鶚視，趻䟫狣䟿。若離若合者，相與騰躍乎莽罠之野。**爾雅曰：袒裼，肉袒也。詩云：袒裼暴虎。拔距，謂兩人以手相案，能拔引之也。超，踰躍也。投石，舉石以投擿也。王翦傳曰：投石拔距。猿臂，通肩也。漢書，李廣猿臂，爲武騎常侍。骿脅，今駢幹也。骿、駢通〔二〇三〕。史記商君傳，趙良謂鞅曰：君之出，多力而駢脅者參乘。左傳曰：晉文公駢脅。趭，走也。鷹瞵鶚視，言勇士似之也〔二〇四〕。善曰：司馬相如大人賦曰：騰而狂趭。子召切。說文曰：犬獷不可附也〔二〇五〕。子猛切。猤，壯勇之貌，其翠切。說文曰：瞵，目精也，力辰切。趻䟫狣䟿，相隨驅逐，衆多貌。趻，七感切。狣，力答切。䟿，徒合切。莽罠，廣大貌。莽，莫浪切。罠，音浪〔二〇六〕。**干鹵殳鋋，暘**以良切**夷勃盧之旅。長殺短兵，直髮馳騁。儇**許緣**佻坌並，銜枚無聲。悠悠旆旌者，相與聊浪**郎**乎昧莫之坰。**干，鹵，皆楯也。越絕書曰：越王身披暘夷之甲，扶勃盧之矛。短兵，刀劍也。尚書曰：稱爾干〔二〇七〕。過秦論曰：流血漂鹵。廣雅曰：殺，矛也，呼狄切。楚辭曰：車錯轂兮短兵接。史記曰：荆軻怒髮直衝冠〔二〇八〕。方言曰：儇佻，疾也。佻，他弔切。漢書曰：相如弔二世曰：坌入曾宮之嵯峨。音義曰：坌，並也，步寸切。周禮，銜枚氏下士。鄭玄曰：止言語囂讙也。枚，大如箸，橫銜之。毛詩曰：有聞無聲。又曰：蕭蕭馬鳴，悠悠旆旌。悠悠，流貌。昧莫，廣大貌。聊浪，放曠貌。**鉦**征**鼓疊山，火烈熛林。飛爓浮煙，載霞載陰。菈擸雷硠，崩巒弛**直氏**岑。鳥不擇木，獸不擇音。**疊，振疊也。熛，火爓也〔二〇九〕。左傳曰：鳥則擇木。又曰：鹿死不擇音。鹿得美草，呦呦而鳴，至於困迫將死，不暇復擇出音。急之至也。凡閑暇而有好聲，逼急不擇音，獸皆然，非唯鹿也。莊子亦曰：獸死不擇音。以雷硠之至，故云鳥不擇木，獸不擇音〔二〇〕。善曰：說文曰：鉦，鐃也。菈擸雷硠，崩弛之聲。菈，朗答切。擸，音獵。硠，音郎。爾雅曰：巒山墮。山小而高曰岑。虣甝虪，⿰糹頁麋麖。驀六駮，追飛生。彈鸞鶁，射猱狿。白雉落，黑鴆零。陵絕嶛寮嶕茲遥，聿越巉鋤咸險。跇踰竹柏，𤢻猭杞柟。封狶䝔，神螭掩。剛鏃祖祿潤，霜刃染。⿰糹頁，絆前兩足也。莊子曰：連之羈⿰糹頁。音聳。麖，大麋也。桂林有麋〔二一〕。山海經曰：駮，如馬，白身黑尾，一角，鋸牙，虎爪，音如鼓，能食虎也〔二二〕。詩曰：隰有六駮。飛生，鼯也。師曠曰：南方有鳥曰羌鶁，黃頭赤目，五色備也。猱，似猿，奴刀切。狿，音亭〔二三〕。鴆鳥，一名雲白〔二四〕，黑色，長頸赤喙，食蝮蛇，體有毒，古人謂之鴆毒，江東諸大山中皆有之。左氏傳曰：叔牙飲酖酒而死。聿越，豹走貌〔二五〕。霜刃，言其殺利也。善曰：毛詩曰：不敢暴虎。毛萇曰：暴虎，空手以搏也。虣與暴同。爾雅曰：甝，白虎，明甘切。虪，黑虎，音叔。說文曰：驀，上馬也。鶁，音京。史記曰：跇萬里。如淳曰：跇，超踰也，恥曳切。埤蒼曰：𤢻猭，逃也。𤢻，丑珍切。猭，恥傳切。淮南子，申包胥曰：吳爲封狶脩蛇。方言曰：南楚人謂豬爲狶，虛豈切。䝔，狶聲，呼學切。

「於是弭節頓轡，齊鑣駐蹕。徘徊倘佯，寓目幽蔚。覽將帥之拳勇〔二六〕，與士卒之抑揚〔二七〕。羽族以觜距爲刀鈹披，毛羣以齒角爲矛鋏古業，皆體著池著而應卒倉忽。所以挂扢而爲創瘡痏，衝踤而斷筋骨。莫不衂銳挫芒，拉捭摧藏。雖有石林之岝蹟崿，請攘臂而靡之；雖有雄虺之九首，將抗足而跐之。離騷曰：抑志弭節。蹕，止行者也。王者出入警蹕。徜徉，猶翱翔。言吳之將帥，皆有拳勇〔二八〕。羽族，鳥屬也。毛羣，獸屬也。鈹，兩刃小刀也。鋏，刀身劍鋒，有長鋏短鋏。體著者，著體而生也。楚辭天問篇曰：烏有石林。此本南方楚圖畫，而屈原難問之。於義，則石林當在南也。楚辭招魂曰：南方不可以止，雄虺九首，往來儵忽。雖有石林，雖有雄虺者，蓋張誕之云，非必臨時所遇。善曰：左氏傳曰：得臣寓目焉。毛詩曰：無拳無勇。拳與權同。楚辭曰：帶長鋏之陸離。廣雅曰：扢，摩也。公紇切。蒼頡篇曰：痏，歐傷也，爲軌切。說文曰：踤，觸也，材律切。蚓，折傷也，女六切。拉，頓折也〔二九〕。捭，兩手擊絶也〔三〇〕，布買切。靡，碎也〔三一〕。廣雅曰：跐，蹋也，且爾切。顛覆巢居，剖破窟宅。仰攀鵽鶵，俯蹴七六豺獏。刦剞几熊羆之室，剽掠虎豹之落。猩猩啼而就禽，𡿺𡿺笑而被格。屠巴蛇，出象骼。斬鵬翼，掩廣澤。山海經曰：猩猩，豕身人面。異物志曰：出交阯，封溪有猩猩，夜聞其聲，如小兒啼也。𡿺𡿺，梟羊也，已解上章矣。梟羊善食人，大口，其初得人喜而笑，却脣上覆額，移時而後食之。人因爲筒貫於臂上，待執人，人即抽手從筒中出，鑿其脣於額而得禽之〔三二〕。張衡玄圖曰：梟羊喜獲，先笑後愁。山海經曰：巴蛇食象，三歲而出其骨。骼，骨也。其爲蛇，青黃赤黑。鵬翼，大垂天也。善曰：許慎淮南子注曰：鵽鶵，鶩雉也。鵽，思俊切。鶵，音儀。爾雅曰：獏，白豹，音陌。剞，亦刦也〔三三〕。廣雅曰：落，居也。𡿺，扶沸切。骼，音格。輕禽狡獸，周章夷猶。狼跋乎紭横中，忘其所以睒睗，失其所以去就。魂褫氣慴之葉而自踢跌者，應弦飲羽〔三四〕，形僨景僵者，累積而增益，雜襲錯繆。傾藪薄，倒岬岫。巖穴無豜豵，翳薈無麢鷚。思假道於豐隆，披重霄而高狩。籠烏兔於日月，窮飛走之栖宿。周章，謂章皇周流也〔三五〕。楚辭曰：君不行兮夷猶。王逸曰：夷猶，猶豫也。紭，網綱也。踢跌，促遽貌〔三六〕。踢跌，皆頓伏也。飲羽，謂所射箭没其箭羽也。闞子曰：宋景公以弓人之弓，升虎圈之臺，東向而射，箭集彭城之東，其餘力逸勁，猶飲羽於石梁。雜襲，重疊也。錯繆，聊亂貌。薄，不入之叢。藪，澤別名〔二七〕。言欲假道豐隆，非實事也。然欲窮高極遠，究變化，備幽明之故，設此云。善曰：毛詩曰：狼跋其胡。說文曰：睒，暫視也，式冉切。睗，疾視也，式亦切。褫，奪也，直示切。聲類曰：踢，跌也，徒郎切。漢書音義曰：跌，崩也，蒲北切。爾雅曰：僨，僵也，方問切。許慎淮南子注曰：岬，山旁，古押切。爾雅曰：山有穴曰岫。毛萇詩傳曰：獸三歲曰豣，公妍切。爾雅曰：豕生三子曰豵，子公切。說文曰：麢，麛也。音須。又曰：鸓，鳥大鶵也，力幼切。楚辭曰：吾令豐隆乘雲兮。王逸曰：豐隆，雲師也〔二八〕。春秋元命苞曰：日月〔二九〕兩設，以蟾蠩與兔者陰雙居。月中有兔，已見蜀都賦。

「嶰澗閴，岡岵童。罾罘滿，效獲衆。迴靶乎行邪，睨〔三〇〕觀魚乎三江。汎舟航於彭蠡，渾萬艘而既同。閴，空也。易曰：閴其無人。爾雅曰：山多草木曰岵。岡，山脊也。童，無草木也，若童無角。靶，轡革也。彭蠡，澤名。善曰：爾雅曰：小山別大山曰嶰，山夾水曰澗。毛萇詩傳曰：太平，山不童，澤不竭。聖主得賢臣頌曰：王良執靶。左氏傳曰：公觀魚于棠。尚書曰：三江既入，震澤底定，彭蠡既豬。說文曰：艘，船惣名。衆，一作潀。潀，水會也。嶰，古買切。航，船別名〔三一〕。弘舸連舳，巨檻接艫。飛雲蓋海，制非常模。疊華樓而島跱，時髣髴於方壺。比鷁首而有裕，邁餘皇於往初。楊雄方言曰：江湖凡大船曰舸。舳，船前也。艫，船後也。船上下四方施板者曰檻也〔三二〕。飛雲、蓋海，吳樓船之有名者，皆彫鏤采畫，有軒櫎華檻之船也。島峙，謂似方壺、蓬萊二山有宮闕。左氏傳曰：楚敗吳師，獲其乘舟餘皇，吳子光請於衆曰：喪先君之乘舟，豈唯光罪，衆亦有焉。善曰：釋名曰：上下重牀曰艦。江表傳曰：孫權乘飛雲大船。吳志曰：賀齊所乘船，彫刻丹鏤，望之若山。方壺，已見上文。張組幃，構流蘇。開軒幌，鏡水區。槁工檝師〔三三〕，選自閩禺。習御長風，狎翫靈胥。責千里於寸陰，聊先期而須臾。流蘇，謂翦繒綵垂於彫文之樓也。水區，河中也。言開文軒，光輝如鏡照川也。閩，越名也。秦并天下，以其地爲閩中郡。班固述兩越傳曰：悠悠外宇，閩越東甌。禺，番禺也。其彼地人便水。方言云：刺船曰槁。檝，橈也。淮南子曰：來溪谷之流以象禺。長風，遠風也。靈胥，伍子胥神也。昔吴王殺子胥於江，沈其尸於江，後爲神〔三四〕，江海之間莫不尊畏子胥。將濟者，皆敬祠其靈，以爲性命，舟檝之師，獨能狎翫之也。千里，路之長也。寸陰，晷之短也。言水靈輯睦，浪濤弭息，取長路於短景，獨能先期而到，故有須臾之暇也。善曰：西京賦曰：長風激於別島。越絶書曰：子胥死，王使捐於大江口，乃發憤馳騰，氣若奔馬，乃歸神大海，蓋子胥水仙也。櫂謳唱，簫籟鳴。洪流響，渚禽驚。弋磻波放，稽鶂鶋。虞機發，留鵁鶄。弋，繳射也〔三五〕。鶂鶋，鳥也。楚辭曰：從玄鶴與鶂鶋。尚書曰：若虞機張。鄭氏注曰：虞主田獵之地者也。機，弩牙也。鵁鶄，鳥也，似鳧，頭上揔毛羽。善曰：櫂謳，已見西都賦。説文曰：籟，三孔籥也。磻，已見西京賦。鉤餌縱横，網罟接緒。術兼詹公，巧傾任父。筌魱亘鰽，鱺鮹魦〔三六〕。罩勑教兩魪，罺側梢鰝鰕。乘鱟胡豆黿鼉，同眾共羅。沈虎潛鹿，馽縶徿僒束。徽鯨輩中於羣犗，攙搶暴出而相屬。雖復臨河而釣鯉，無異射鮒附於井谷。易曰：結繩而爲網罟，以畋以漁。詹公，詹何也。任父，任公子也。莊周曰：任公子爲大鉤巨緇，五十犗牛以爲餌，蹲會稽，投竿東海。已而大魚食巨鉤，鉤没而下，鶩揚奮鬐，白波若山，海水震蕩。任公子得若魚，離餌之，制河以東，蒼梧以西，莫不猒此魚者。筌，捕魚器。今之斗回也〔三七〕。筌，所以得魚也。莊子曰：得魚而忘筌。罩，籗也。編竹籠魚者也。詩云：南有嘉魚，烝然罩罩。魪，左右魪，一目，所謂比目魚也。云須兩魚並合乃能游，若單行，落魄著物，爲人所得，故曰兩魪，丹陽、吳會有之。翼，抑魚之器也。鱟，形如惠文冠，青黑色，十二足，似蟹，足悉在腹下，長五六寸，雌常負雄行，漁者取之必得其雙，故曰乘鱟，南海、朱崖、合浦諸郡皆有之。罛，魚網也。詩云：施罛濊濊。虎魚，頭身似虎，或云變而成虎。鹿頭魚，有角似鹿。同罛共羅，言皆爲網罟所制獲也。縶巃儵束者，陷網罟之中，見倨束也。徽鯨，魚之有力者也。魚大者莫若鯨也，故曰徽鯨也。攙搶，星也〔三八〕。淮南子曰：鯨魚死而彗星出。易井卦曰：九二，井谷射鮒。鄭玄云：九二，坎爻也，坎爲水，上直魚。生一〔三九〕，艮爻也，艮爲山，山下有井。必因谷水所生魚無大魚，但多鮒魚耳。言微小也〔四〇〕。夫感動天地，此魚之至大，射鮒井谷，此魚之至小，故以相況。善曰：列子曰：詹何，楚人也，以獨繭絲爲綸，芒針爲鉤，荆篠爲竿，剖粒爲餌，引盈車之魚，於百仞之淵。䱭鰽，鮪也。䱭，古贈切。鰽魦，已見西京賦。魪，音介。爾雅曰：鰝，大魚。鰕，音遐〔四一〕。鱟，音候。罼，已見西京賦。又曰：巃，兼有也〔四二〕，力公切。鵬鳥賦曰：儵若囚。拘，求殞切。徽，音輝。說文曰：犗，騬牛也。犗，古邁切。騬，以陵切。

「結輕舟而競逐，迎潮水而振緡密巾。想萍實之復形，訪靈夔於鮫人。精衛銜石而遇繳，文鰩夜飛而觸綸。北山亡其翔翼，西海失其遊鱗。繳，弋綸也。緡、綸，皆鈞繳也。詩曰：其釣惟何〔四三〕，惟絲伊緡。善曰：家語曰〔四四〕：楚昭王渡江，得物如斗，入王舟中，王怪之，使問孔子〔四五〕。孔子曰：此爲萍實，可剖而食之〔四六〕，其甘如蜜。唯王者能獲此吉祥也。云先時童謠曰：楚王渡江，得萍實，大如斗，赤如日，剖而食之，甘如蜜。引此事，言今乘江流，想復遇斯事也。山海經曰：東海中有獸如牛，蒼身無角，一足，入水則風，其聲如雷，以其皮冒鼓，聞五百里，名曰夔。鮫人居水中，故訪之。北山經曰：發鳩之山有鳥，狀如烏而文首，白喙，赤足，名精衛，其鳴自呼。赤帝之女，姓姜，遊於東海，溺而死，不反；常取西山木石，以填東海。西山經曰：秦器之山，濩水出焉，是多鰩魚，狀如鯉，魚身而鳥翼，蒼文而白首，赤喙，常行西海，而遊於東海，夜飛而行。言吳之綸繳得此鳥魚〔二四七〕，故西海、北山失其鱗翼也。戰國策曰〔二四八〕：夏水浮輕舟。楊雄蜀都賦曰：行舟競。雕題之士，鏤身之卒。比飾虬龍，蛟螭與對。簡其華質，則虬費錦績會。料遼其虓勇，則鶥悍狼戾。善曰：水經云：雕題國在鬱林水南。漢書曰：昔少康之庶子，封於會稽，文身斷髮，以避蛟龍之害。蛟螭，龍子也〔二四九〕。虬費，錦文貌。於既切。詩曰：闞如虓虎。火交切。戰國策曰：趙王狼戾無親。戾，力計切。相與昧潛險，搜瓌奇。摸蝳蝐，捫觜蠵。剖巨蚌於回淵，濯明月於漣漪。昧，冒也。巨蚌，育明珠者。列仙傳曰：高后時，會稽朱仲獻三寸四寸珠，此非回淵巨蚌不出之也〔二五〇〕。風行水成文曰漣漪。詩曰：河水清且漣漪。明月珠，珠之至光者。清且漣漪者，水極麗也。濯光珠於麗水，蓋美之。善曰：回淵，水也〔二五一〕。觜，子規切。蠵，呼圭切，大龜也。言天下川澤魚鳥蟲獸瑰奇之物，隱翳之處，搜索使盡也。說文曰：昧，目不明也，門撥切。謂之潛隱之穴也〔二五二〕。

「畢天下之至異，訖無索而不臻。谿壑爲之一罄，川瀆爲之中去聲貧。哂澹臺之見謀，聊襲海而徇珍。載漢女於後舟，追晉賈而同塵。徇，求也。襲，入也〔二五三〕。干寶搜神記曰：澹臺子羽齎璧渡河，風波忽起，兩龍夾舟，子羽奮劍斬龍，波乃止。登岸投璧於河，河伯三歸之。子羽毀璧而去。漢女，賈大夫，已見西京賦。老子曰：和其光，同其塵。汩乘流以砰宕，翼颸風之颲颲。直衝濤而上瀨，常沛沛以悠悠。汔可休而凱歸，揖天吳與陽侯。汩，疾也。砰宕，舟擊水貌。颲颲，風初貌〔二五四〕。颸，疾風。瀨，水大波。沛沛，行貌。悠悠，亦行貌。離騷曰：溘颸風兮上征。班固曰：颸，疾也。凱，樂也。左氏傳曰：振旅凱入于晉。山海經曰：朝陽之谷神爲天吳，是水伯。揖之者，辭水靈而歸。善曰：詩曰：汔可小康。

鄭玄曰：汔，幾也，虚乞切。陽侯，見南都賦。指包山而爲期，集洞庭而淹留。數軍實乎桂林之苑，饗戎旅乎落星之樓。置酒若淮泗，積肴若山丘。飛輕軒而酌緑酃，方雙轡而賦珍羞。班固曰：洞庭，澤名。王逸曰：太湖在秣陵東，湖中〔二五五〕有包山，山中有如石室，俗謂洞庭。吴有桂林苑、落星樓，樓在建鄴東北十里。左傳曰：以數軍實。外傳曰：射不過講軍實。鄭氏曰：軍所以討獲曰實〔二五六〕。善曰：周處風土記曰：陽羡太湖中有包山。左傳，晉穆子曰：有酒如淮，有肉如坻。史記云紂爲肉山也。湘州記曰：湘州臨水縣有酃湖，取水爲酒，名曰酃酒。車騎行酒肉，已見西京賦。飲烽起，鼉鼓震真。士遺倦，衆懷欣。幸乎館娃烏佳之宫，張女樂而娱羣臣。羅金石與絲竹，若鈞天之下陳。吴俗謂好女爲娃。楊雄方言曰：吴有館娃宫。善曰：飲烽、鼉鼓、鈞天，並見西京賦。左傳曰：女樂二八。登東歌，操南音。胤陽阿，詠韎莫介任。荆豔楚舞，吴愉越吟。翕習容裔，靡靡愔愔。晏子春秋曰：桀作東歌。南音，徵引也，南國之音也。左氏傳曰：鍾儀在晉，使與之琴〔二五七〕，操南音。商、角、徵、羽各有引。鍾儀，楚人，思在楚，故操南音。吕氏春秋曰：禹行水，見塗山之女，未之遇而南省南土。塗山之女乃令其妾往候禹于塗山之陽。女乃作歌曰：候人猗。實始作爲南音，周公、召公取風焉。胤，繼也。吕氏春秋曰：陽阿，古樂曲。周禮曰：韎，東樂名。任，南樂名〔二五八〕。豔，楚歌也。漢書，四面楚歌也。愉，吴歌也，楚辭曰：吴歈蔡謳〔二五九〕。翕習容裔，音樂之狀。靡靡愔愔，言樂容與閑麗也〔二六〇〕。善曰：韎，任，已見東都賦。曹植妾薄相行曰：齊謳楚舞紛紛。登樓賦曰：莊舄顯而越吟。史記曰：紂作靡靡之樂。左傳曰：楚右尹子革曰，祈招之詩曰：祈招之愔愔。

「若此者，與夫唱和之隆響，動鍾鼓之鏗耾橫。有殷坻丁禮頽於前，曲度難勝。皆與謡俗汁協，律吕相應。其奏樂也，則木石潤色；其吐哀也，則淒風暴興。或超延露而駕辯，或踰緑水而采菱。軍馬弭髦而仰秣，淵魚竦鱗而上升。詩曰：唱予和女〔二六一〕。解嘲曰：聲若坻穨。坻穨，崩聲也。天水之大坂，名曰隴坻，因爲隴坻之曲〔二六二〕。楚辭曰：伏羲駕辯。伏羲作琴，始造此曲。淮南子曰：瓠巴鼓琴〔二六三〕，鱏魚出聽，伯牙鼓琴，駟馬仰秣。善曰：戰國策，司馬喜曰：臣觀人萌謡俗。列子曰：鄭師文鼓琴，當春而叩商弦，以召南吕，涼風至，草木實。及秋叩角絃，以激夾鍾，温風徐迴，草木發榮。衘子曰：皆與謡俗協。言雖遐方異樂，皆上合律吕，下應謡俗，故能奏和樂之音，則木石潤色也。淮南子曰：夫歌采菱，發陽阿，鄙人聽之，不若延露以和。高誘曰：延露，鄙曲也〔二六四〕。淮南子曰：互會緑水之趣。高誘曰：緑水，古詩也。趣，節也。鏗耾，大聲。汁，猶愜也〔二六五〕。酣湑思與半，八音并。歡情留，良辰征。魯陽揮戈而高麾〔二六六〕，迴曜靈於太清。將轉西日而再中，齊既往之精誠。酣，酒洽也。湑，樂也。辰，時也。爾雅曰：不辰，不時也。楚辭曰：日吉兮辰良〔二六七〕。淮南子曰：魯陽公，楚將也〔二六八〕。與韓遘〔二六九〕，戰酣，日暮，援戈而麾之，日爲之反三舍。太清，謂天也。此言酣飲與音樂，蓋是其中半并會之際，歡情之所以留連，良辰之所以覺也〔二七〇〕。故追述魯陽迴日之意，而將轉西日於中盛之時，以適己之盛觀也〔二七一〕。昔光武合呼沱水，鄒衍有隕霜之應，精誠之感通天地，人神以相應。魯陽公麾日，抑亦此之謂也。苟日可麾而迴，則精誠可庶而幾，故曰齊精誠於既往。蓋是酣樂之至，逼時之晏者，所以慷慨髣髴，是故引而況焉。善曰：曜靈，已見蜀都賦。鶡冠子曰：上及太清，下及太寧也。

「昔者夏后氏朝羣臣於兹土，而執玉帛者以萬國。蓋亦先王之所高會，而四方之所軌則。春秋之際，要盟之主。闔閭信其威，夫差窮其武。內果伍員之謀，外騁孫子之奇。勝彊楚於柏舉，棲勁越於會稽。闕掘溝乎商魯，爭長於黃池。左傳曰：禹會諸侯於塗山，執玉帛而朝者〔二七二〕萬國。先王，謂舜等也。信，讀爲申〔二七三〕。國語曰：吳王夫差起軍，與齊、晉爭衡，晉文踐土之盟，齊桓邵陵之會，奮其威强，未能過也。伍員，楚大夫，出仕於吳，吳王因其謀伐楚。孫武，吳人，善用兵，作書號孫子兵書〔二七四〕。北征闕池，爲深溝於商、魯之間，北屬之濟，以會晉定公於黃池。吳、晉爭長，吳先歃，晉惡之〔二七五〕。善曰：左傳曰：楚師陳于柏舉，闔閭之弟夫槩王先擊楚子常，楚師大敗。國語曰：越王勾踐棲於會稽之上。難蜀父老曰：南馳使以誚勁越。徒以江湖嶮陂，物産殷充。繞霤李救未足言其固，鄭白未足語其豐。士有陷堅之銳，俗有節概蓋之風。睚五賣眦助賣則挺劍，喑廕鳴烏故則彎弓。漢書，王莽策命前將軍曰：繞霤之固，南當荆楚。鄭、白，二渠名。意者謂吳江湖之阻，洞庭之嶮，土地之沃，物産之豐，雖關中所謂繞霤之固，鄭、白之豐，未足以爲言也。凡天下言豐者，皆多稱關中，故引焉。韓信曰：項羽喑鳴叱吒。善曰：太公陰符經曰：無堅不陷也。楊惲曰：西河魏土，凜然皆有節槩。睚眥，已見西京賦。家語，孔子曰：公良儒者，有勇力，挺劍而令衆也。孟子曰：越人彎弓而射我。擁之者龍騰，據之者虎視。麾城若振槁，搴旗若顧指。雖帶甲一朝，而元功遠致。雖累葉百疊，而富彊相繼。樂湑衎苦旱其方域，列仙集其土地。桂父練形而易色，赤須蟬蛻稅而附麗。賈誼傳曰：權制天下，顧指如意。叔孫通列傳曰：斬將搴旗之士。顧指，諭疾且易也。葉，猶世也〔二七六〕。列仙傳曰：桂父，象林人也，常服桂葉，以龜腦和之，顏色如童〔二七七〕，時黑時白時赤，南海人尊事之累世。赤須子，豐人也，豐中傳世見之，秦穆公之主魚吏也，數道豐界災異水旱，十不失一。食柏實石脂，絶穀，齒落更生，細髮復出，後去之吳山。言此人等仙，如蟬之脱殼〔二七八〕。爾雅曰：麗，附也。莊子曰：附離不以膠漆。赤須子本非吳人，故言附麗也。夫土地險固以致彊，豐沃以致盛，而天下之美皆歸焉，霸王之功皆存焉。故賦者既舉其富彊之業，而載其神仙之事。善曰：長楊賦曰：麾城摲邑。商君曰：秦師至鄢、郢，舉若振槁。槁，葉落〔二七九〕。漢書曰：吳晉爭長，吳爲帶甲三萬。史記曰：維祖元功，輔臣股肱。新序曰：齊侯相管仲，國既富強。楚辭曰：濟江海兮蟬蜕。淮南子曰：蟬飲而不食，三十日而蜕。

中夏比焉，畢世而罕見，丹青圖其珍瑋〔二八〇〕，貴其寶利也。舜禹游焉，没齒而忘歸，精靈留其山阿，翫其奇麗也。

中夏貴其珍寶而不能見，徒以丹青畫其象類也。楚辭九歌曰：九疑繽兮並迎。謂舜神在九疑山也。言聖帝明王，存亡而淹留於是者，貴其奇麗也。書曰：舜南巡狩陟方死〔二八一〕。山海經曰：南方蒼梧之丘，有九疑山焉，舜之所葬。吳越春秋，禹老，嘆曰：吾年壽將盡，止死斯乎！乃命羣臣葬我於會稽之山。論語曰：管仲奪伯氏駢邑，没齒無怨言也。

剖判庶士，商搉角萬俗。國有鬱鞅而顯敞，邦有湫子小阸烏介而踡拳跼。伊兹都之函弘，傾神州而韞櫝。仰南斗以斟酌，兼二儀之優渥。

湫，下也。阸，小也。函弘，寬大也。左氏傳，齊景公欲更晏子之宅，曰：子宅湫隘〔二八二〕，不可以居。禹所受地説書曰：崑崙東南方五千里，名曰神州，帝王居之〔二八三〕。楚辭曰：八柱何以東南傾。吳國在地勢所傾寫，故曰傾神州而韞櫝也。論語曰：韞櫝而藏諸。廣雅曰：商，度也。搉，粗略也。言商度其粗略。天官星占曰：南斗主爵禄，其宿六星。春秋説題辭曰：南斗爲吳。詩曰：既優既渥。

「蹊此而揆之，西蜀之於東吳，小大之相絶也，亦猶棘林螢燿，而與夫樳木龍燭也〔二八四〕。否泰之相背也，亦猶帝之懸解，而與桎梏疏屬也〔二八五〕。庸可共世而論巨細，同年而議豐确胡角乎？崔寔政論云：使賢不肖相去如日月之與螢火，雖頑嚚之人猶察。山海經曰：檮木長千里。又曰：鍾山之神，名曰燭龍，視爲晝，瞑爲夜。莊子曰：老子死，秦失弔之，三號而出。弟子曰：非子之交耶？曰：然。然弔若是可乎？曰：始也，吾以其人也，而今非也。適爲夫子時也〔二八六〕，適去夫子順也。安時而處順，憂樂不能入也。古者謂是帝之懸解。莊子曰：有繫謂之懸，無謂之解。郭璞曰：懸絶曰解〔二八七〕。山海經曰：二負殺猰貐，帝乃梏之疏屬之山，桎其右足，反縛兩手。漢宣帝時，擊磻石於上郡，陷得石室，其中有反縛械人，劉向曰：此二負之臣也。帝曰：何以知之？以山海經對。帝，天也，人生稟命於天，受拘俗之性，憂虞終身不解，此乃自終執縛，爲天所繫。夫安時處順，憂樂不能入，此自然放肆爲天所解也。天在上者，故曰帝之懸解，性之永放者也。桎梏疏屬，形之永拘者也，相背之甚，故以相況焉。凡物安於所守，思不易方，處窮塞而不識天下之通塗，亦如此也。善曰〔二八八〕：棘聚而成林。郭象玄莊子注曰：生曰懸，死曰解。過秦論曰：不可同年而語矣。确，薄也。暨其幽遐獨邃，寥廓閑奧。耳目之所不該，足趾之所不蹈。倜儻之極異，譎君屈詭之殊事〔二八九〕，藏理於終古，而未寤於前覺也。若吾子之所傳，孟浪之遺言，略舉其梗概，而未得其要妙也。」俶儻，譎詭，皆謂非常詭異之事。終古，猶永古也。周禮考工記曰：輪已崇，則人不能登也。輪已庳〔二九〇〕，則終古登阤。離騷曰：吾焉能忍此終古。孟子曰：伊尹云：天之生斯人也，使先知覺後知，先覺覺後覺也。予，天民之先覺者也。孟浪，猶莫絡也，不委細之意〔二九一〕。莊子曰：夫子以爲孟浪之言，我以爲妙道之行。善曰：司馬彪莊子注曰：孟浪，鄙野之語。東京賦曰：粗謂賓言其梗槩〔二九二〕。梗槩，粗言也〔二九三〕。

文選考異

〔一〕吴都賦　袁本、茶陵本此下有「左太沖劉淵林注」七字，是也。尤脱「左太沖」三字，「劉淵林注」四字倒錯入上行，非。

〔二〕注「吴都者蘇州是也後漢末孫權乃都於建業亦號吴」　案：此一節非善注也。袁、茶陵二本不冠注家名於首，説已見前。

〔三〕東吴王孫囅然而咍　何校「囅」改「䩞」。陳云「囅」當作「䩞」，注同，是也。各本皆譌。

〔四〕玉牒石記　案：「牒」當作「諜」。茶陵本云五臣作「諜」。袁本作「諜」，無校語。「牒」但傳寫誤，茶陵校語非。劉注「説文曰牒札也」六字，當作「諜札也」三字。後注毘引説文稱爲許氏記字，此非劉元文明甚。善注「説文曰諜記也」，「諜記」當作「牒札」，因劉以「札」注「諜」，而「諜」乃間諜字，故引説文「牒」以明之。下云「牒」與「諜」同，正謂所引之「牒」與賦及劉注之「諜」同。各本皆誤，絶不可通。

〔五〕注「吕氏春秋曰」下至「爲六合」　袁本此二十字作「六合已見兩都序」，是也。茶陵本複出，非。

〔六〕注「陟升也」下至「謂舜也」　袁本、茶陵本無此十一字。案：無者是也。説見下。

〔七〕瑋其區域　茶陵本「瑋」作「偉」，云五臣作「瑋」。袁本作「瑋」。案：袁用五臣也，失著校語，此以五臣亂善，皆非。

〔八〕齷齪而筭　案：「齷」當作「握」。茶陵本云善作「握」。此以五臣亂善，非。袁本失著校語，而善注引漢書作「握」，未誤，此并改「齷」，益非。

〔九〕顧亦曲士之所歎也　袁本、茶陵本「顧」作「固」，陳云當作「固」。案：似「固」字是也。

〔一〇〕旁魄而論都　何校稱潘稼堂耒云「都」字衍，涉下「論都」而誤。今案：所説是也。「旁魄而論」與上「握齪而筭」偶句，各四字，不當偏贅一字。

〔一一〕注「吾子謂西蜀公子」下至「其形如蹲鴟故號也」　袁本、茶陵本無此九十三字。案：無者最是。尤延之初刻亦無，後乃添入，故脩改之迹，至今尚存。凡此等語，皆五臣以後，不知何人記在行間者，尤校此書，意主改舊，遂悉取以增多，而讀者相沿，罕能辨正。幸袁、茶陵二本均未嘗誤，各得反覆推驗，決知其非，特詳載之，用俟刊正。以下盡同此也。

〔一二〕注「蜻蛉縣禺山」　案：「蜻」當作「青」，「禺」下當有「同」字。各本皆誤。續漢書郡國志可證。

〔一三〕注「四合爲九」　袁本、茶陵本無此四字。

〔一四〕注「各以數至」下至「度陽九之厄」　袁本、茶陵本無此三十六字，有「有九厄陽厄五陰厄四合爲九」十二字。案：二本最是。此所增多，繆戾不可讀。

〔一五〕安可以儷王公而著風烈也　案：「儷」當作「麗」，「著」當作「奢」。劉注引「麗王公也」，「麗」

字之證。善注「奢，靡也」，尚書曰「弊化奢麗」，「奢」字之證。袁、茶陵二本所載五臣銑注云云，作「儷」作「著」。各本皆以五臣亂善，與注不相應，甚非。

〔一六〕注「王莽末時王蜀」下至「麗著也」 袁本、茶陵本無此四十一字，有「王此土而亡諸葛亮相此國而敗」十三字。案：二本最是。

〔一七〕注「漢武柏梁臺衞尉詩曰」 袁本、茶陵本無「衞尉」二字。

〔一八〕由克讓以立風俗 茶陵本云五臣有「俗」字，袁本無校語。案：此與「建至德以刱洪業」偶句，「俗」似傳寫脱，尤校改正之也。

〔一九〕故其經略 茶陵本「故」下校語云「善作固」，袁本無校語。案：「固」似傳寫誤，尤校改正之也。

〔二〇〕包括干越 袁本「干」作「于」，注同。茶陵本作「干」，與此同，注亦作「干」。今案：正文當作「干」。善引漢書及音義當作「干」，引春秋杜預注當作「于」。「春秋曰」上當有「一曰」二字。今注或盡作「于」，或盡作「干」，皆未是。

〔二一〕注「婺女越分翼軫楚分非吴分故言寄曜寓精也」 袁本、茶陵本作「越楚地皆割屬吴故言婺女翼軫寄曜寓精也」。案：二本最是，尤改甚非。

〔二二〕注「南越志」下至「出入此穴」 袁本、茶陵本無此二十一字。

〔二三〕注「會稽餘姚縣蕭山潩水所出」 何校「姚」改「暨」，「潩」改「潘」，陳同。案：據漢書地理志,校是也。各本皆譌。劉昭注續漢書郡國志引賦此注。今本「潘」作「潘」。考顏師古「潘音甫元反」,然則「瀵」、「潛」皆非。

〔二四〕注「嵬嶷高大貌」下至「山水闊遠無崖之狀」　袁本、茶陵本無此三十七字。

〔二五〕注「武林水所出龍川」　袁本、茶陵本作「武陵龍川出其坰」。案:各本皆非也,當作「武林水出其山」,謂漢書地理志錢唐之武林山,武林水所出也。二本涉上節正文而誤。尤所校改未是。

〔二六〕注「魂魂」下至「山深險連延之狀」　袁本、茶陵本無此二十五字。

〔二七〕注「數州之間」　袁本、茶陵本「數」上有「故曰」二字,是也。

〔二八〕注「長邁不回之意」　袁本、茶陵本無此六字。

〔二九〕注「潮波汩起」下至「昏暗不明也」　袁本、茶陵本無此二十九字。

〔三〇〕注「𣽊瀿」　袁本、茶陵本無「瀿」字。

〔三一〕注「皆水深廣闊也𣽊」　袁本、茶陵本無此七字。

〔三二〕注「瓌異鼊魚皆在水中生長」　袁本、茶陵本無此十字。

〔三三〕注「航舡之別名」　袁本、茶陵本無此五字。

〔三四〕注「長者數十里小者數十丈」　袁本、茶陵本「數」上有「有」字,「十」作「千」,無「小者數十丈」五字。

〔三五〕注「東人謂斧斤之斤爲鱕」案：「鱕」當作「鐇」。各本皆譌。

〔三六〕注「烏賊魚腹中有藥」袁本、茶陵本無「腹」字、「有」字。案：「中藥」最是。

〔三七〕注「如珍寶矣利如劍」袁本、茶陵本「矣」作「以」，是也。「以」字下屬。

〔三八〕注「言已上魚龍潛没泳其中」袁本、茶陵本無此十字。

〔三九〕注「淮南子曰水濁則魚噞喁」袁本、茶陵本「淮南」作「文」。案：二本是也。「喁」字不當有。此善自引文子，尤以淮南子主術訓改之，其兩見皆無「喁」。各本涉正文而衍。

〔四〇〕注「鶡鷄鳥也好鳴」袁本、茶陵本無此六字。

〔四一〕注「漪蓋語辭也」袁本、茶陵本「漪」作「猗」，下同。案：二本是也。劉注爲「漪」，善注爲「猗」，尤并改善作「漪」，甚非。

〔四二〕注「黖黖」下至「疾貌」袁本、茶陵本無此十七字。

〔四三〕注「物皆極之也」袁本、茶陵本「之」作「大」，是也。

〔四四〕注「緜邈廣遠貌」袁本、茶陵本無此五字。

〔四五〕注「馮隆高貌迢遞遠貌」袁本、茶陵本無此八字。

〔四六〕注「謂洲渚」袁本、茶陵本「渚」下有「也」字，是也。

〔四七〕注「深奥之貌」下至「麗於島嶼之中」袁本、茶陵本無此十五字。

〔四八〕注「生其華蘂仙人所食」袁本、茶陵本「生」作「食」，無「仙人所食」四字。

〔四九〕注「漢書歌曰」　袁本、茶陵本無「書」字。

〔五〇〕注「無華」　袁本、茶陵本無此二字。

〔五一〕注「玲瓏明貌」　袁本、茶陵本無此四字。

〔五二〕注「朱稱鬱金賦曰」　案：「稱」當作「穆」。各本皆譌。魯靈光殿賦注引作「穆」，不誤。

〔五三〕嗟難得而覼縷　案：「嗟」當作「羌」，注同。袁本皆作「羌」，是也。茶陵本亦誤「嗟」。又案：劉注：「爾雅曰：嗟，楚人發語端也。」爾雅無此文，疑「爾」當作「小」，即西都賦善注所引之「小雅曰：羌，發聲也」耳。又案：蜀都賦「羌見偉於疇昔」，劉氏不注，五臣改爲「嗟」，此未改。魯靈光殿賦「羌瓌譎而鴻紛」，張載有注，五臣亦未改。前説善「羌」、五臣「嗟」，乃其大槩，仍不可執一爲例有如此。

〔五四〕注「道書曰」下至「下曰真人」　袁本、茶陵本無此十四字。

〔五五〕注「藹藹盛貌」　袁本、茶陵本無此四字。

〔五六〕注「神異經曰」下至「出則天下大水」袁本、茶陵本無此十八字。

〔五七〕注「藟華也」　袁本、茶陵本無此三字。

〔五八〕注「通□冬生」　袁本、茶陵本「□」作「曰」。案：疑「曰冬」當作「冬日」也。

〔五九〕注「乾之亦」　袁本、茶陵本「亦」作「赤」，是也。以三字爲一句。

〔六〇〕注「其華離婁相貫連」　袁本、茶陵本「婁」作「樓」，是也。

〔六一〕注「可食檳榔者」陳云「食」下脱一「食」字。今案：此蓋當衍「可」字耳。各本皆衍。

〔六二〕注「以合石賁灰」案：「石」當作「古」，見下注。各本皆譌。

〔六三〕注「布濩」下至「分布覆被貌」袁本、茶陵本無此二十三字。

〔六四〕注「蔕花本也菲菲花美貌也」袁本、茶陵本無此十字。

〔六五〕注「芬馥色盛香散狀」袁本、茶陵本無此七字。

〔六六〕木則楓柙櫲樟　袁本、茶陵本「櫲樟」作「豫章」，注同，是也。案：此尤誤改。

〔六七〕平仲桾櫏　袁本、茶陵本作「君遷」，是也。案：此尤誤改，注仍作「君遷」未改，可證。字書雖有「桾櫏」字，但劉既不從「木」，善又與劉同，不得取而改之。凡今所論是非，意皆專主善何作。

〔六八〕楠榴之木　案：「楠」當作「南」，注中作「南」，各本皆同。袁、茶陵二本「楠」下有「南」音，蓋五臣「楠」而亂之。「南榴」複二字，爲一木名，與「柟」之別體作「楠」無涉，五臣誤也。

〔六九〕注「尤好可以作器」袁本、茶陵本無「好」字，是也。

〔七〇〕注「宗生」下至「覆萬畝之地」袁本、茶陵本無此四十字。

〔七一〕注「莊子曰」袁本、茶陵本「子」作「周」，是也。

〔七二〕注「葉重疊貌」袁本、茶陵本無此四字。

〔七三〕注「輪囷謂屈曲貌」下至「相糾也」袁本、茶陵本無此十九字。

〔七四〕注「枝柯相重疊貌」 袁本、茶陵本無「枝柯」二字，「疊」作「之」。

〔七五〕注「縟繡」下至「露垂貌」 袁本、茶陵本無此二十一字。

〔七六〕注「言木枝葉」下至「如律吕之暢」 袁本、茶陵本無此十五字。

〔七七〕其上則猨父哀吟 袁本、茶陵本「則」下有「有」字，「猨」作「猿」，是也。

〔七八〕爭接縣垂 茶陵本「接縣」作「縣接」，云五臣作「爭接縣垂」。袁本作「接縣」，用五臣也。此蓋亦尤改耳。

〔七九〕注「⿰犭軍子」下至「見人嘯」 袁本、茶陵本無此十一字。

〔八〇〕注「居樹上」 袁本、茶陵本作「樹上居」，是也。

〔八一〕注「東吾諸郡皆有之」 案：「東吾」當作「江東」。各本皆誤。下注「箭」亦有此句，是其證也。

〔八二〕注「上涌雲亂葉翬散」 袁本、茶陵本「上」作「騰」，是也。陳云「亂」下有「枝」字，案：古文苑所載有，陳據之校耳。

〔八三〕注「於菟虎也江淮間謂虎爲於菟」 袁本二「菟」字皆作「塗」。茶陵本初刻同，後改「菟」。案：「塗」是也。依此則正文當是「塗」字。袁、茶陵二本「菟」下有「徒」音，蓋五臣「菟」而各本亂之矣。

〔八四〕注「魑魅魍魎」 袁本「魑」作「螭」，是也。茶陵本亦誤「魑」。

〔八五〕注「穎鋒也」　案：「鋒」當作「鐶」。各本皆誤。

〔八六〕則篔簹箖箊　袁本、茶陵本「箖」作「林」，注同，是也。案：此尤誤改。

〔八七〕柚梧有篁　案：「柚」當作「由」，注中作「由」，各本皆同。「柚」下「由」乃五臣音，蓋五臣「柚」而亂之。

〔八八〕注「可以爲射筒筒及由梧竹」　案：「射筒」當作「筒射」。各本皆倒。「筒」句絶，「射」下屬。詳劉注意，篔簹也，林箊也，桂也，箭也，射筒也，由梧也，篻也，簩也，凡八竹，此但可以爲「筒」耳，非單名筒也。

〔八九〕注「漢書律歷志」　袁本、茶陵本無此五字。

〔九〇〕注「伶倫乃之崑崙山之陰嶰谷之中取竹斬之以其厚均者吹之」　袁本、茶陵本此二十四字作「伶倫乃之崑崙陰取嶰谷之竹斬其厚均者而吹之」二十字，是也。

〔九一〕注「鳳鷚也」　袁本、茶陵本無此三字。

〔九二〕注「周本紀曰」　袁本、茶陵本無此四字，有「皆」字，屬下。

〔九三〕注「非梧桐不棲」　袁本、茶陵本無此五字。

〔九四〕注「馴擾善也」　案：當作「擾馴也」。各本皆譌。

〔九五〕注「長直貌蓊茸」　袁本、茶陵本無此五字。

〔九六〕注「蕭瑟聲也」　袁本、茶陵本無此四字。

〔九七〕注「嬋娟言竹妍雅也」 袁本、茶陵本無此七字。

〔九八〕注「碧鮮」下至「出竹」 袁本、茶陵本無此十三字。

〔九九〕棎榴禦霜 茶陵本「榴」下校語云善作「劉」。袁本作「榴」，用五臣也。此蓋亦尤改耳。各本注中皆作「榴」，疑注字有譌，而尤誤據之。

〔一〇〇〕注「味大甘美」 袁本、茶陵本無「大」字、「美」字。

〔一〇一〕注「如猪膏」 袁本、茶陵本「膏」作「脂」，是也。

〔一〇二〕注「一作北景」下至「故名」 袁本、茶陵本無此二十六字。

〔一〇三〕注「金華采者」 案：此各本皆有脱，無可補。何、陳校添「金有華」於「采」上，云別本。今未見，恐誤涉下善注耳。

〔一〇四〕注「言其如晢擿」 袁本「如」上有「有」字，是也。茶陵本亦脱。

〔一〇五〕注「鷄見而駭驚也」 袁本、茶陵本無「驚」字。

〔一〇六〕注「又重累貌」 袁本、茶陵本無此四字。又下「崴烏乖切裹故乖切」八字，亦無。案：下八字當有。凡音各本不同，二本删耳。

〔一〇七〕注「潛穎謂潛深而有光穎」 茶陵本二「穎」字，皆作「頴」。袁本亦作「穎」。案：依文義「頴」字爲是。依此則正文當是「頴」字。茶陵校語云五臣作「頴」，與尤所見皆傳寫誤。袁本作「頴」，用五臣，唯無校語，或所見未譌歟？

〔一〇八〕注「珠玉潛伏土石」下至「黷黑茂貌」　袁本、茶陵本無此二十九字。又下「哲勑列切」四字亦無。案：下四字當有，二本刪者，因正文下有「勑列」二字也。下放此，不更出。

〔一〇九〕注「四隅謂邊遠也」　袁本、茶陵本無「謂邊遠」三字。

〔一一〇〕注「沾穴」　袁本、茶陵本「沾」下有「此」字。

〔一一一〕注「桴舟也」　袁本、茶陵本無此三字。

〔一一二〕注「因以殘半棄水中」　袁本、茶陵本「殘」作「其」，「水中」作「之」，是也。

〔一一三〕注「眕䁰」下至「有徑有眕」　袁本、茶陵本無此十六字。

〔一一四〕用累千祀　袁本、茶陵本「祀」下有「也」字。茶陵云善無。袁無校語。案：此與下文「煥炳萬里也」偶句，恐無者傳寫脱。

〔一一五〕注「二十五世矣夫差益強大得爲盟主」　袁本、茶陵本「矣夫差益強大得」七字作「益強夫差」四字。

〔一一六〕注「大城周匝」　袁本、茶陵本無「匝」字。

〔一一七〕注「亦有水陸門皆」　案：「皆」下當有「有樓」二字。各本皆脱。

〔一一八〕注「言經營造作之始」下至「長遠貌」　袁本、茶陵本無此二十字。

〔一一九〕注「西都賦曰」　袁本、茶陵本「賦」作「賓」，是也。

〔一二〇〕注「越絶書曰吳王夫差」　袁本、茶陵本無「夫差」二字。

〔二一〕注「夫漢諸侯方輸□錯出」袁本、茶陵本「□」作「謂」。此初亦衍，而後去之。

〔二二〕注「蔡邕月令章句」袁本、茶陵本「句」下有「曰」字。又「漢書」下同。袁「邕」作「雍」。茶陵本作「邕」。案：疑善盡作「雍」，今「雍」、「邕」錯見，乃後人改之。

〔二三〕注「前吳都武昌在豫章」袁本、茶陵本「前吳」作「吳前」，無「在豫章」三字。

〔二四〕注「在丹陽孫權自會稽」下至「不向武昌居」袁本、茶陵本無此三十三字。何云「不樂徙乃孫皓時事」。是矣，但未悟非劉注。案：此不知何人謬記云云，尤乃取以增多，誤之甚者也。

〔二五〕注「皆建業吳大帝所太初宮」袁本、茶陵本無此十字，有「二」字屬下。案：此增多云「吳大帝」，上下增多云「孫權」，一人之稱，乖剌如此，誤中之誤，不勝辨正。凡今於二本所無當刊削者，譌誤亦不復論。

〔二六〕注「捷獵高顯貌」袁本、茶陵本無此五字。

〔二七〕注「大夫種」袁本、茶陵本「種」下有「蠡」字。案：此尤刪，似是也。

〔二八〕注「以獻吳王夫差夫差大悅」袁本、茶陵本無「夫差夫差」四字，有「王」字。

〔二九〕注「以飾殿也」袁本、茶陵本無此四字。

〔三〇〕注「其子」袁本、茶陵本無此二字。

〔三一〕注「孫權移都建業皆學之」袁本、茶陵本無此九字。

〔三二〕注「長遠貌」袁本、茶陵本「貌」上有「之」字。

〔三三〕注「峥嶸深邃貌」袁本、茶陵本無此五字。

〔三四〕注「櫎音榥」茶陵本「音」作「與」，是也。袁本亦誤「音」。

〔三五〕注「吴後主」下至「碕巨依切」袁本、茶陵本無此三十三字。

〔三六〕注「梁栖也」下至「爲瑣文楹柱也」袁本、茶陵本無此十六字。

〔三七〕注「亘引也眈眈樹陰重貌」袁本、茶陵本無此九字。

〔三八〕注「亹水流進貌」袁本、茶陵本作「亹進也」。案：此當作「亹亹進也」，二本脱重「亹」字。所引當是「亹亹文王」之傳或章句文，尤改大誤，後來考韓詩者從而認爲「鳧鷖在亹」，誤中之誤也。

〔三九〕注「吴自宫門南出苑路府寺相屬」袁本、茶陵本此十二字作「建業宫前宫寺」六字。

〔四〇〕注「横塘在淮水南」下至「吏民雜居東長干」袁本、茶陵本無此六十二字，有「横塘查下皆百姓所居之區名江東謂山岡間爲干建鄴之南有山其間平地吏民居之故號爲干」三十八字。

〔四一〕注「皆相連」袁本、茶陵本「連」作「屬」，是也。

〔四二〕注「大長干」下至「故號大小相干」袁本、茶陵本此二十四字作「疑是居稱干也」六字。

〔四三〕注「櫛比」下至「相連下之貌」袁本、茶陵本無此三十二字。

〔四四〕注「魁岸大度也」下至「石顯方鼎貴」袁本、茶陵本無此三十三字。

〔四五〕注「虞虞文秀魏魏周顧顧榮陸陸遜隆吴之舊貴也」　袁本、茶陵本作「虞魏顧陸吴之舊姓也」。案：二本最是，何陳校改云云，皆未悟非劉注，今不取。

〔四六〕注「歧嶷」下至「養之乞言」　袁本、茶陵本無此十六字，有「賈捐之傳石顯方鼎貴」九字。案：此九字疑亦後人添之。

〔四七〕注「言富貴也」　袁本、茶陵本無「言富貴」三字，「也」屬上。

〔四八〕注「閭閻閴噎言人物遍滿之貌」　袁本、茶陵本無此十一字。

〔四九〕注「善曰」　袁本、茶陵本此下有「後漢書云江充爲人魁岸」。案：「後」字衍，「云」當作「曰」。尤延之移入劉注，非。

〔五〇〕注「方家隆盛時乘」　袁本、茶陵本無此六字。

〔五一〕注「江都輕訬」　案：「輕訬」當作「訬輕」。各本皆倒。

〔五二〕注「謂輕薄爲訬也」　袁本、茶陵本無「謂輕訬」三字。案：此不當有，見下。

〔五三〕注「締結也翩翩往來貌弈弈輕靡之貌」　案：此三句，亦不當有。上引景十三王述，下引淮南高注，相連接解「輕訬」，後人添之，隔截其間，非。凡尤本誤取增多之外，袁、茶陵二本亦有失善舊者，如此是矣。

〔五四〕注「使人於楚楚相春申君處」　袁本、茶陵本無「楚楚相處」四字。

〔五五〕注「而迎之趙」　袁本、茶陵本無此四字。

〔一五六〕注「翹關扛鼎」下至「能招門開也」　袁本、茶陵本無此十五字。

〔一五七〕注「漢書曰項羽力能扛鼎又」　袁本此十字作「扛鼎已見西京賦」，是也。茶陵本所複出，不同，亦非。

〔一五八〕注「四隩來暨」下至「以向吴都」　袁本、茶陵本無此三十字。

〔一五九〕開市朝而並納　袁本、茶陵本「並」作「普」。案：此蓋善「並」、五臣「普」，二本失著校語。

〔一六〇〕雜沓從萃　袁本、茶陵本「從」作「縱」。案：此蓋善「從」、五臣「縱」，二本失著校語。又二本注中亦作「縱」，非。

〔一六一〕注「隧向市路肆市路也」　袁本、茶陵本無此八字。

〔一六二〕金鎰磊砢　袁本、茶陵本「鎰」作「溢」，注同，是也。案：此尤誤改耳。

〔一六三〕注「史記曰趙孝成王一見虞卿」　袁本、茶陵本「記」下有「虞卿傳」三字，「見」下無「虞卿」二字。

〔一六四〕注「闌干猶縱横也」　袁本、茶陵本無此六字。

〔一六五〕注「又折象牙以爲簟也」　袁本、茶陵本無「折」字。

〔一六六〕㒚譶澩漻　袁本、茶陵本「㒚」作「漝」。案：此蓋善「㒚」，五臣「漝」，二本失著校語。琴賦「紛㒚譶以流漫」，廣韻二十六緝「㒚言不止」，皆可借證也。又考集韻云「謵譶言不止」，疑五臣「漝」，又「謵」之譌耳。

〔一六七〕注「諻吁横切諻通也」　袁本二「諻」字皆作「喤」。茶陵本作「喤通也」無「吁横切諻」四字。案：各本皆非也。方言有「諻音也」，在十二卷，别無「諻通也」。此當作「諻音也吁横切諻與喤通」。今所誤不可讀。

〔一六八〕注「紛葩謂舒張貨物使覆映」　袁本、茶陵本無此十字。

〔一六九〕注「謂之霢霂」　袁本、茶陵本「霂」下有「霢音脉」三字，是也。

〔一七〇〕注「富中大塘中也句踐治以爲田」　袁本、茶陵本「塘」下無「中也」二字，「田」上有「義」字，是也。案：此所引記地傳文。

〔一七一〕注「尚書曰惟辟玉食」　袁本、茶陵本無「惟辟」二字。

〔一七二〕注「言富中之食貨殖之選者各利」　案：「食」當作「人」。陳云「各利」當有脱文。各本皆同，無可補也。以意揣之，似當云「各乘其時而射利」。

〔一七三〕注「言農人之富自相夸競」　袁本、茶陵本無此九字。

〔一七四〕注「以自救」　袁本、茶陵本「救」下有「謂此也」三字。

〔一七五〕注「左傳曰吴賜子胥屬鏤」　袁本、茶陵本無「左」字，是也。

〔一七六〕注「走追奔獸接及飛鳥」　袁本、茶陵本無此八字。

〔一七七〕注「鱄諸寘劍於全魚中」　袁本、茶陵本無「全」字。

〔一七八〕注「遂殺闔閭」　袁本「闔閭」作「王僚」，是也。茶陵本亦誤「闔閭」。

〔一七九〕注「上大下小」　袁本、茶陵本無此四字，有「者」字，屬上。

〔一八〇〕注「犀皮爲之」　袁本、茶陵本無此四字。

〔一八一〕注「奉父犀渠」　案：「父」當作「文」。各本皆譌。此所引吳語文，今本「犀」下有「之」字，疑亦脱也。

〔一八二〕注「考工記曰越鐵利可以爲戟」　袁本、茶陵本無此十一字。

〔一八三〕注「皆節理解落也」　袁本、茶陵本無「落」字。

〔一八四〕注「陳王卒」　袁本、茶陵本「王」作「士」，是也。

〔一八五〕注「鐸施號令而振之也」　袁本、茶陵本無此八字。

〔一八六〕注「一校千二百九十六匹」　袁本、茶陵本無「一」字，是也。案：此節鄭注而引之，乃五種合之數，尤所添甚誤。

〔一八七〕注「狼牻人夜鶂金知其良不」　袁本、茶陵本無「人夜其不」四字。

〔一八八〕注「又有象林郡」　案：「又」字不當有。「郡」當作「縣」。各本皆誤。晉書地理志云：交州日南郡，秦置象郡，漢武帝改名焉。統縣五，象林云云，可證也。

〔一八九〕注「周禮有巾車官又」　袁本、茶陵本無此七字。

〔一九〇〕注「日月爲常重光謂日月畫於旂上也攝持也」　袁本，茶陵本此十七字作「有日月爲常重光謂日月重光也」十三字。

〔一九一〕注「不能」　袁本、茶陵本無此二字。

〔一九二〕注「列女傳曰」下至「故號之」　袁本、茶陵本無此二十三字。

〔一九三〕注「染絲織鳥畫爲文章置於旌旗也」　袁本、茶陵本此十三字作「鳥爲章也」四字。

〔一九四〕注「袀同也」　案：當作「袀服，阜服也」。各本皆涉五臣謂「下同服」而脱誤。劉昭注續漢書輿服志引賦此注，云「袀，阜服也」，可證，但彼「袀」下仍當有「服」字耳。

〔一九五〕注「騏馬名」　袁本、茶陵本無此三字。

〔一九六〕轂騎煒煌　袁本、茶陵本「煒」作「焆」。案：此蓋亦尤改耳。

〔一九七〕注「謂張網周遍」　袁本、茶陵本無此五字。

〔一九八〕注「瑣結」下至「言不絶也」　袁本、茶陵本無此十三字。

〔一九九〕注「蹏兔網」　袁本、茶陵本無此三字。

〔二〇〇〕注「周易曰」　何校「易」下添「略例」二字，陳同，是也。各本皆脱。

〔二〇一〕注「禦禁也謂因沅湘爲藩落也」　袁本、茶陵本「禁」下有「苑」字，無「因沅湘」三字。

〔二〇二〕猿臂骿脅　袁本、茶陵本「猿」作「猨」，「骿」作「騈」。案：此尤誤改也。

〔二〇三〕注「骿脅今騈幹也骿騈通」　袁本、茶陵本無此九字。

〔二〇四〕注「鷹瞵鶚視言勇士似之也」　袁本、茶陵本無此十字。

〔二〇五〕注「犬獷不可附也」　案：「犬獷」當作「獷犬」。各本皆倒。今説文「獷，犬獷獷不可附也」，蓋善節引。

〔二〇六〕注「説文曰瞵」下至「罠音浪」 袁本脱此注，非。茶陵本無「玁猍莽罠」四音，刪也。

〔二〇七〕注「尚書曰稱爾干」 案：「尚」上當有「善曰」二字。各本皆脱。袁本、茶陵本「干」下衍「戈」字，益非。又此節注，二本無「佻，他弔切，又步寸切」兩音，刪也。

〔二〇八〕注「史記曰荆軻怒髮直衝冠」 袁本、茶陵本無此十字。

〔二〇九〕注「熛火燗也」 袁本、茶陵本無此四字，有「鳥擇木而棲」五字。

〔二一〇〕注「故云鳥不擇木獸不擇音」 袁本無此十字，茶陵本有。案：袁本有脱誤，茶陵、尤所補亦未是。

〔二一一〕注「麖大麋也桂林有麋」 茶陵本二「麋」字作「麋」，袁本亦作「麋」。案：各本皆非也，當作「庚」。

〔二一二〕注「如馬」又注「鋸牙」又注「能食虎也」 袁本、茶陵本無此八字。

〔二一三〕注「猱似猿奴刀切猱音亭」 袁本、茶陵本無此九字。案：二本刪音也。「似猿」二字，尤增。

〔二一四〕注「一名雲白」 案：「白」當作「日」。各本皆譌。羣書或言「運日」，或言「暉日」，或言「鴆日」。「運」、「暉」、「鴆」與此「雲」皆同字。

〔二一五〕注「左氏傳曰」下至「豹走貌」 袁本、茶陵本無此十六字。

〔二六〕覽將帥之拳勇　陳云據注「拳」當作「權」。案：所説是也。善注毛詩曰「無拳無勇」，「拳」與「權」同，謂引詩之「拳」與此賦之「權」同也。疑五臣以此改正文爲「拳」，但於注無明文耳。

〔二七〕與士卒之抑揚　何校「抑揚」改「揚抑」。陳云「抑叶韻」。各本皆同，蓋倒也。

〔二八〕注「言吴之將帥皆有拳勇」　袁本、茶陵本無此九字。又此節注茶陵以下多脱，不具論。

〔二九〕注「女六切拉頓折也」　袁本、茶陵本無此七字。案：二本删音也。下四字，尤增。

〔三〇〕注「捭兩手擊絶也」　袁本、茶陵本無「絶」字。

〔三一〕注「靡碎也」　袁本、茶陵本無此三字。

〔三二〕注「人因爲筒」下至「而得禽之」　袁本、茶陵本無此二十八字。又此上「梟羊善食人」下至「而後食之」二十五字，袁有，茶陵無。

〔三三〕注「剞亦刲也」　袁本此下有「居綺切」三字，是也。茶陵本無，非。

〔三四〕應弦飲羽　袁本、茶陵本「飲」上有「而」字。案：此上自「魂褫氣懾」下及「雜襲錯繆」，似各本皆有誤，今無以訂之也。又後文自「若此者」下及「曲度難勝」亦然，附出於此，以俟再詳。

〔三五〕注「周章謂章皇周流也」　袁本、茶陵本無此八字。

〔三六〕注「踶跂促遽貌」　袁本、茶陵本無此五字。

〔三七〕注「雜襲」下至「澤別名」　袁本、茶陵本無此十九字。

〔二八〕注「王逸曰豐隆雲師也」 茶陵本有此八字，袁本無。

〔二九〕注「春秋元命苞曰日月」 案：「日」字不當有。各本皆衍。

〔三〇〕迴靶乎行邪睨 袁本、茶陵本無「邪」字。案：此蓋尤取西京賦之「遷延邪睨」改「行」爲「邪」，仍未去「行」字，而兩有「行」、「邪」耳。

〔三一〕注「説文曰艘」下至「船別名」 袁本、茶陵本無此二十三字。

〔三二〕注「船上下四方施板者曰艦也」 袁本此十一字作「艦大船也」四字。茶陵本此節注多脱。

〔三三〕槁工檝師 袁本、茶陵本「槁」作「篙」，注同。案：尤取方言改「篙」爲「⿰木篙」，而又譌成「槁」也。

〔三四〕注「昔吴王」下至「後爲神」 袁本、茶陵本無此十六字。

〔三五〕注「弋繳射也」 袁本、茶陵本無此四字。

〔三六〕鱺鰽魦 案：「鱺」字誤也。劉、善皆無注。袁、茶陵二本下音「所買」。西京賦「纚鰋鮋」薛注云「纚網如箕形，狹前廣後」；善曰「纚，所買切」。蓋此賦字本與彼同，故善不更注。「所買」即善音，二本割裂入正文下，尤删削之。善音失舊，每如此也。又江賦云「箭灑連鋒」，善引舊説曰「箭、灑，皆釣名也。灑，所蟹切」。彼「灑」亦即「纚」也。或爲網，或爲釣，説之者有不同耳。可證「鱺」字各本所見皆傳寫誤。

〔三七〕注「筌捕魚器今之斗回也」 袁本、茶陵本無此九字。

〔三八〕注「攙搶星也」　袁本、茶陵本無此四字。

〔三九〕注「上直魚生一」　袁本、茶陵本「魚」作「巽」，「一」作「三」，是也。案：「生」當作「九」。各本皆誤。

〔四〇〕注「言微小也」　袁本、茶陵本無此四字。

〔四一〕注「鰝大魚鰕音遐」　案：「魚」字不當有，「鰕」屬上讀。袁本、茶陵本無「鰕音遐」三字，乃刪音而誤於衍字絶其句也。又上「鮒」下「犗」兩音，二本無，亦刪。

〔四二〕注「又曰龕兼有也」　案：「又」當作「説文」二字，各本皆脱誤。

〔四三〕注「其釣惟何」　袁本、茶陵本「惟」作「伊」。案：此尤改，非是。

〔四四〕注「善曰家語曰」　袁本無此五字。案：無者最是，説見下。茶陵本亦無，但移此下「楚昭王云云」入後善注中，而依家語改其文，大誤。

〔四五〕注「使問孔子」　袁本無「使」字，是也。

〔四六〕注「可剖而食之」　袁本「可」作「令」，是也。

〔四七〕注「得此鳥魚」　袁本、茶陵本無「魚」字。案：此尤補也。下注「失其鱗翼也」，「失」上似各本脱「亡」字。

〔四八〕注「戰國策曰」　袁本「戰」上有「善曰萍實見家語」七字。案：有者最是。茶陵本亦有「善曰」，但改「萍實見家語」爲「家語楚昭王云云」，大誤，説在上。

〔二四九〕注「蛟螭龍子也」　袁本、茶陵本無此五字。

〔二五〇〕注「不出之也」　袁本、茶陵本「之」下有「珠」字。

〔二五一〕注「善曰回淵水也」　案：當作「善曰説文曰淵回水也」。各本皆脱誤。魏都賦「回淵漼」善注可證也。

〔二五二〕注「大龜也」下至「目不明也門撥切謂之濳隱之穴也」　袁本、茶陵本無此四十三字。案：此尤所添，最誤。劉注「昧冒也」，與目不明之「眛」迥不相涉，又於賦文義難通。「門撥切」一音，乃尤并添，不在善音二本删之例。

〔二五三〕注「徇求也襲入也」　袁本、茶陵本無此六字。案：無者是也，但當有「善曰」二字，觀下注可見。袁、茶陵作「劉曰」，「劉」即「善」字之誤也。

〔二五四〕注「風初貌」　案：「初」當作「利」。各本皆譌。

〔二五五〕注「太湖在秣陵東湖中」　袁本、茶陵本「在秣陵東」四字作「也」字，「湖」下有「水」字。

〔二五六〕注「軍所以討獲曰實」　袁本、茶陵本作「軍實所獲也」五字。

〔二五七〕注「鍾儀在晉使與之琴」　袁本、茶陵本無此八字。

〔二五八〕注「允繼也」下至「任南樂名」　袁本、茶陵本無此二十四字。

〔二五九〕注「吴歈蔡謳」　袁本、茶陵本「歈」作「愉」，是也。

〔二六〇〕注「翕習容裔」下至「容與閑麗也」　袁本、茶陵本無此十九字。

〔二六一〕注「詩曰唱予和女」　袁本、茶陵本無此六字。

〔二六二〕注「坻頹崩聲也」下至「因爲隴坻之曲」　袁本、茶陵本無此十九字。

〔二六三〕注「匏巴鼓琴」　袁本、茶陵本「匏」作「瓠」，是也。

〔二六四〕注「鄙曲也」　袁本、茶陵本無「鄙」字。

〔二六五〕注「汁猶愜也」　茶陵本「愜」作「叶」，是也。袁本作「叶猶汁也」，誤。

〔二六六〕魯陽揮戈而高麾　何校「揮」改「援」。案：以「揮」、「麾」文複言之，蓋是也。各本皆誤耳。

〔二六七〕注「楚辭曰日吉兮辰良」　袁本、茶陵本無此八字。

〔二六八〕注「楚將也」　袁本、茶陵本無此三字。

〔二六九〕注「與韓遘」　何校「遘」下添「難」字，陳同，是也。各本皆脱。

〔二七〇〕注「良辰之所以覺也」　袁本、茶陵本「也」作「速」，是也。

〔二七一〕注「以適己之盛觀也」　袁本、茶陵本「觀」作「歡」，是也。

〔二七二〕注「執玉帛而朝者」　袁本、茶陵本無「而朝」二字。

〔二七三〕注「先王謂舜等也信讀爲申」　袁本、茶陵本無此十字。

〔二七四〕注「與齊晉爭衡」下至「號孫子兵書」　袁本、茶陵本無此五十五字。案：無者最是。上文「起軍」，下文「北征」，四字爲句，盡「晉亞之」，皆引吴語文。五十五字在其間，誤甚矣。可見凡增多者之決不當有也。

〔二七五〕注「晉惡之」袁本、茶陵本「惡」作「亞」，是也。

〔二七六〕注「叔孫通列傳曰」下至「猶世也」袁本、茶陵本無此二十三字。

〔二七七〕注「如童」袁本、茶陵本無此二字。

〔二七八〕注「山言此人等仙如蟬之脱殼」袁本、茶陵本無此十一字。

〔二七九〕注「槁葉落」袁本、茶陵本無此三字。

〔二八〇〕畢世而罕見丹青圖其珍瑋　袁本、茶陵本無「而」字，其下有「象」字。案：此尤添删之，觀下文偶句，蓋是也。詳劉注云「象類」者，解上文「比焉」之「比」，非正文有「象」，或誤認而衍之耳。

〔二八一〕注「書曰舜南巡狩陟方死」袁本、茶陵本無此九字，有「善曰」二字。案：二本最是。

〔二八二〕注「子宅湫隘」袁本、茶陵本「隘」作「阸」，茶陵脩改亦作「隘」。案：此蓋劉引，自作「阸」。

〔二八三〕注「帝王居之」袁本、茶陵本無此四字。

〔二八四〕而與夫樳木龍燭也　袁本、茶陵本「樳」作「尋」，注同。案：此蓋亦尤改之耳。

〔二八五〕而與桎梏疏屬也　袁本、茶陵本「與」下有「夫」字。案：此尤本脱耳。

〔二八六〕注「適爲夫子時也」袁本、茶陵本「爲」作「來」，是也。

〔二八七〕注「莊子曰有繫」下至「懸絶曰解」袁本、茶陵本無此十九字。

〔二八八〕注「亦如此也善曰」袁本、茶陵本「也」下有「确薄也」三字。善注末無此三字，是也。

〔二八九〕詘詭之殊事　袁本、茶陵本「詘」作「崫」，注同。案：此蓋亦尤改之耳。

〔二九〇〕注「輪已崇則人不能登也輪已庳」　袁本「登也輪」三字作「升」字，二「已」皆作「以」。案：袁本是也。劉引自如此，茶陵本與此同，皆取考工記改之耳。

〔二九一〕注「不委細之意」　袁本、茶陵本無此五字。

〔二九二〕注「粗謂賓言其梗槩」　案：「謂」當作「爲」。各本皆誤。陳云別本「爲」。今未見。

〔二九三〕注「梗槩粗言也」　袁本、茶陵本無此五字。

文選卷第六

京都下

魏都賦

左太沖〔二〕

魏曹操都鄴，相州是也。太沖賦三都，以吳、蜀遞相頓折，以魏都依制度〔一〕。

魏國先生有睟其容，乃盱衡而誥曰：「异乎交益之士，孟子曰：君子所性，仁義禮智根於心，其生色睟然見於面，不言而喻。趙岐曰：睟，潤澤貌也。眉上曰衡。盱，舉眉大視也。异，異也。尚書堯典，四岳曰：异哉！善曰：漢書曰：武帝置交州；又改梁曰益，有益州。又曰：公盱衡厲色，振揚武怒。音義曰：眉上曰衡，謂舉眉揚目也。字林曰：盱，張目也。爾雅曰：誥，告也。蓋音有楚夏者，土風之乖也；善曰：孫卿子曰：人居楚而楚，居夏而夏，非天性也，積靡使然也。史記曰：淮北沛、陳、汝南、南郡，此西楚也。潁川、南陽，夏人之居，故至今謂之夏人。情有險易者，習俗之殊也。論語曰：性相近，習相遠也。善曰：周易曰：辭有險易。

春秋説題辭曰：中國之性，習俗常操。雖則生常，固非自得之謂也。傳曰：習實生常。善曰：孟子曰：使自得之。趙岐曰：使自得其本善性也。昔市南宜僚弄丸，而兩家之難解。聊爲吾子復翫德音，以釋二客競于辯囿者也。莊子曰：市南宜僚弄丸，而兩家之難解。又曰：公孫龍，辯者之徒，飾人之心，易人之意，能勝人之口，不能服人之心，辯者之囿也。善曰：毛詩曰：德音孔昭。

「夫泰極剖判，造化權輿。善曰：周易曰：易有太極，是生兩儀。史記曰：鄒衍稱引天地剖判以來。淮南子曰：大丈夫無爲，與造化逍遥。爾雅曰〔三〕：權輿，始也。劇秦美新序曰〔四〕：權輿天地未袪也。班固漢書述曰：彰其剖判〔五〕。體兼晝夜，理包清濁。善曰：列子曰：昏明之分察，故一晝一夜。又曰：夫有形者生於無形，清輕者上爲天，濁重者下爲地。流而爲江海，結而爲山嶽。善曰：班固終南山賦曰：流澤遂而成水，停積結而爲山。列宿分其野，荒裔帶其隅。巖岡潭淵，限蠻隔夷，峻危之竅也。潭，淵也。屈平卜居曰：横江潭而漁。善曰：漢書曰：秦地於天官東井、輿鬼之分野。楊雄交州箴曰〔六〕：交州荒裔，水與天際。方言曰：竅，空也。蠻陬夷落，譯導而通，鳥獸之氓也。陬、落，蠻夷之居處名也。一名聚居爲陬。善曰：廣雅曰：落，居也。杜篤通邊論曰：親録譯導，緩步四來〔七〕。論衡曰：四夷入諸夏，因譯而通。説文曰：譯，傳四夷之語者。漢書，賈捐之上書曰：駱越之人，與禽獸無異。毛萇詩傳曰：氓，民也。正位居體者，以中夏爲喉，不以邊垂爲襟也〔八〕。易曰：正位居體，美在其中，而暢於四支。善曰：喉、衿，以身及衣爲喻也。戰國策，頓子曰：韓，天下之喉咽也；魏，天下之胸腹也。李尤函谷關銘曰：衿帶咽喉。聲類曰：衿，衣交領也。

長世字甿者，以道德爲藩，不以襲險爲屏也。善曰：左氏傳，北宮文子曰：有其國家，令問長世。周書，成王曰：朕不知字民之道，敬問伯父。說文曰：甿，田民也。東方朔集曰：文帝以道德爲籬，以仁義爲藩。毛萇詩傳曰：藩，屏也。楊雄城門校尉箴曰：盤石唐芒，襲險重固。毛萇詩傳曰：屏，蔽也。而子大夫之賢者，尚弗曾庶翼等威，附麗皇極。思稟正朔，樂率貢職。善曰：言不曾與衆庶翼戴上者，等其威儀，而附著於大中之道也〔九〕。國語，越王勾踐曰：苟聞子大夫之言。賈逵曰：親而近之，故曰子大夫。尚書曰：庶明厲翼。孔安國曰：衆庶皆明其教而自勉厲，翼戴上命。左氏傳曰：士會曰：貴有常尊，賤有等威。莊子曰：附麗不以膠漆。王弼周易注曰：麗，著也。尚書曰：皇極，皇建其有極。孔安國曰：皇，大；極，中也。謂大中之道也。又曰：稟，受也。論語比考讖曰：正朔所加，莫不歸義。又撰考讖曰：穿胸儋耳，莫不貢職〔一〇〕。漢書曰：單于非正朔所加。東觀漢記曰：百蠻貢職〔一一〕。而徒務於詭隨匪人〔一二〕，宴安於絶域。榮其文身，驕其險棘。善曰：詭隨匪人，言詭善隨惡〔一三〕，同於匪人，又自宴安於其絶域也。毛詩曰：無縱詭隨，以謹無良。毛萇曰：詭隨，詭人之善，隨民之惡〔一四〕。毛詩曰：獨爲匪民。左氏傳，管仲曰：宴安酖毒，不可懷也。李陵書曰：出征絶域。漢書曰：少康之庶子，封於會稽，文身斷髮。蔡雍樊陵碑曰：進路孔夷，人情險棘。毛萇詩傳曰：棘，急也。繆默語之常倫，牽膠言而踰侈。飾華離以矜然，假倔渠屈彊巨兩而攘臂。非醇粹之方壯，謀踳舛駮於王義。孰愈尋靡蓱於中逵，造沐猴於棘刺。李剋書曰：言語辯聰之說，而不度於義者，謂之膠言。周官曰：形方氏掌制邦國之地域，而正其封彊，無華離之地。班固云：不變曰醇，不雜曰粹。莊子曰：惠施多方，其書五車，其道踳駮。言惡也〔一五〕。楚辭天問曰：靡蓱九逵，枲華安居。韓子曰：燕王好微巧，衛人曰：臣能以棘刺之端爲母猴。王悅之，養以五乘之奉。王曰：吾請觀客爲棘刺之母猴。衛人曰：臣爲棘刺之母猴也，人主欲觀之，必半歲不入宮，不飲酒食肉，雨霽日出，視之晏陰之間，而棘刺之母猴乃可見。燕王因養衛人，而不能觀母猴。鄭人有臺下之治者，謂王曰：臣爲削者，諸微巧必以削削之，所削必大於削。今棘刺之端不容削，王試觀客之削，則能與不能可知也。王曰：客爲棘刺之母猴，何以理之？曰：以削。王曰：吾欲觀客之削也。客曰：臣請取之。因逃。治人謂王曰：上之無度量，言談之士，多棘刺之説也。善曰：周易曰：君子或默或語。廣雅曰：膠，欺也。鄭玄禮記注曰：矜，謂自尊大也。毛萇詩傳曰：然，是也。漢書，伍被曰：倔彊江、淮間。孟子曰：馮婦善搏虎，攘臂下車，衆皆悅之。楚辭曰：王色頩以開顔，精純粹而始壯。華，口哇反。司馬彪莊子注曰：踦，讀曰舛。舛，乖也。駮，色雜不同也。頩，普丁反。王逸楚辭注曰：寧有莽草蔓衍於九逵之道？靡，蔓也。劍閣雖嶛，憑之者蹶，非所以深根固蔕也。善曰：劍閣，蜀境也。酈元水經注曰：小劍戍去大劍〔一六〕，飛閣通衢，故謂之劍閣。廣雅曰：嶛巢，高也，力彫反。又曰：蹶，敗也。善曰〔一七〕：老子曰：有國之母，可以長久。是謂深根固蔕，長生久視之道。聲類曰：蔕，果鼻也。洞庭雖濬，負之者北，非所以愛人治國也。善曰：洞庭，吳境也。史記，吳起曰：三苗氏，左洞庭而右彭蠡，恃此險也，禹滅之。毛萇詩傳曰：濬，深也。鄭玄周禮注曰：負，性恃也。漢書音義，服虔曰：師敗曰北，南北之北。老子曰：愛人治國，能無知乎？彼桑榆之末光，踰長庚之初輝。善曰：東觀漢記，光武曰：失之東隅，收之桑榆。毛詩曰：東有啓明，西有長庚。況河冀之爽塏苦改，與江介之湫子小湄。善曰：左氏傳，齊景公欲更晏子之宅，曰：子之宅，湫隘囂塵，請更諸爽塏。楚辭曰：長江介之遺風。薛君韓詩章句曰：介，界也。毛萇詩傳曰：水草交曰湄。故將語子以神州之略，赤縣之畿。魏都之卓犖呂角，六合之樞機。鄒衍以爲儒者所謂中國者，於天下八十一分居一耳。中國名赤縣神州，赤縣神州内自有九州〔一八〕，禹之所敘九州也，是以不得爲州數。中國外，若赤縣神州者九，所謂九州者也。范雎説秦王曰：魏、韓，中國處而天下之樞也。善曰：河圖括地象曰：崑崙，謂東南〔一九〕地方五千里，名曰神州，帝王居之。小雅曰：略，界也。周禮曰：方千里曰王畿。西都賦曰：卓躒諸夏。卓犖與卓躒音義同。呂氏春秋曰：神通乎六合。

「于時運距陽九，漢綱絶維。姦回内贔備，兵纏紫微。翼翼京室，眈耽眈帝宇，巢焚原燎，變爲煨燼，故荆棘旅庭也。殷殷寰内，繩繩八區，鋒鏑縱横，化爲戰場，故麋鹿寓城也。不飲酒而怒曰贔。詩曰：内贔于中國。漢室之亂，起於閹官，故曰内贔也。紫微宫在南城下，于時兵所圍繞〔二〇〕。光熹元年四月，靈帝崩。八月，大將軍何進入省見太后，黄門張讓、郭進等斬進。進部曲將兵突入尚書閣，閣閉。虎賁中郎將袁術等攻閣。日暮，術等起火燒閣。初平元年十二月，董卓遷都長安，其夜燒洛陽南北宫。易曰：鳥焚其巢。尚書曰：若火之燎于原。春秋穀梁傳曰：寰内諸侯，非天子之命，不得出會。尹更始曰：天子以千里爲寰。伍被謂淮南王曰：昔伍子胥諫吴王，吴王不用，乃曰：臣今見麋鹿遊姑蘇臺也。臣今見宫中荆棘〔二一〕露沾衣也。善曰：春秋保乾圖曰：五運七變，各以類驚。宋衷曰：五運，五行用事之運也。孔安國尚書傳曰：距，至也。漢書，陽九厄曰：初入，百六，陽九。音義曰：易傳所謂陽九之厄。漢書曰：漢興，禁網疎闊。管子曰：國有四維，四維不張則滅。王逸楚辭注曰：維，紘也。尚書曰：崇信姦回。毛詩曰：商邑翼翼。漢書，客謂陳涉曰：夥，涉之爲王沈沈者。應劭曰：沈沈，宫室深邃之貌〔二二〕。沈，長含切〔二三〕，與眈音義同。謝承後漢書曰：陽球爲司隸校尉，虎視帝宇。廣雅曰：煨，燼也，烏瓌反。廣雅曰：煨，煙也〔二四〕。杜預左氏傳注曰：燼，火之餘木也，似進反。毛萇詩傳曰：殷，衆也。毛詩曰：子孫繩繩兮。長楊賦曰：洋溢八區。言廣大也。説文曰：鋒，兵端也。又曰：矢，鋒也〔二五〕。戰國策曰：綴甲厲兵，效勝於戰場。伊洛榛曠，崤函荒蕪。善曰：服虔漢書注曰：榛，木叢生也。賈逵國語注曰：蕪，穢也。臨菑牢落，鄢郢丘墟。善曰：漢書，齊郡有臨菑縣。牢落，猶遼落也。洞簫賦曰：翩連綿以牢落〔二六〕。東觀漢記曰：第五倫自度仕宦牢落。漢書，南郡有故鄢縣。吕氏春秋，燭過曰：子胥諫而不聽，故吴爲丘墟。而是有魏開國之日，締構之初。萬邑譬焉，亦獨犨昌由麋之與子都〔二七〕。培塿之與方壺也。善曰：周易曰：開國承家。廣雅曰：締，結也。犨麋，古之醜人也。吕氏春秋曰：陳有惡人焉，曰敦洽犨麋，椎顙廣額，色如漆赭〔二八〕，陳侯悦之。毛詩曰：不見子都。子都，美丈夫也〔二九〕。左氏傳曰：太叔曰：培塿無松栢。培，步苟反。塿，路苟反。方壺，二山名，已見上文〔三〇〕。

「且魏地者，畢昴之所應，虞夏之餘人。先王之桑梓，列聖之遺塵。考之四限，則八埏延之中；測之寒暑，則霜露所均〔三一〕。卜偃前識而賞其隆，吴札聽歌而美其風。雖則衰世，而盛德形於管絃；雖踰千祀，而懷舊藴於遐年。詩譜云：魏地，畢昴之分野，虞舜及禹所都之地，在禹貢冀州，雷首之北，析城之西，周以封同姓。其後晉獻公滅魏，以封大夫畢萬。在晉之南河曲，故其詩云：彼汾一曲，寘之河之干。限，猶隅也。鄒衍曰：四限不静。司馬相如封禪文曰：下泝八埏。國語曰：卜偃云：魏，大名也，以是始賞，天啓之矣。左傳曰：吴公子札來聘，使工爲之歌魏，曰：美哉，大而婉，儉而易，行以德輔，此則爲明主也〔三二〕。善曰：毛詩曰：惟桑與梓，必恭敬止。王逸楚辭注曰：考，校也。周禮曰：以土圭測日影，以求地中，日南多暑，日北多寒。禮記曰：日月所照，霜露所墜。左氏傳，史趙曰：盛德必百世祀。吴越春秋，樂師曰：君王之德，可記之於管絃。毛詩序曰：懷其舊俗。方言曰：藴，積也。爾其疆域，則旁極齊秦，結湊冀道。

開胸殷衞，跨躡燕趙。山林幽峡烏朗切，川澤迴繚。恒碣碪碍於青霄，河汾浩沔而皓溔。南瞻淇澳於六，則緑竹純茂；北臨漳滏父，則冬夏異沼。神鉦迢遞於高巒，靈響時驚於四表。温泉毖秘涌而自浪，華清蕩邪而難老。善曰：史記〔三三〕，蘇秦説魏襄王曰〔三四〕：南有鴻溝，東有淮潁，西有長城，北有河外。地理志曰：魏，觜觿、參之分野也，自高陵以東，河東、河内，南有陳〔三五〕及汝南之邵陵、隱強、新汲、西華、長平，潁川舞陽、郾、許、鄢陵〔三六〕，河南之開封、中牟、陽武、酸棗、卷，皆魏分也。魏武皇帝初封魏公，南得河内、魏郡，北得趙國、中山、常山、鉅鹿、安平、甘陵，東得平原，西得東平，凡十郡，以此爲魏之本國，蓋冀州之地。恒山，北岳也。碣石，山名也。詩云：瞻彼淇澳，緑竹猗猗。漢書溝洫志曰：下淇園之竹。漳、滏，二水名，經鄴西北。滏水熱，故曰滏口。水有寒有温，故曰冬夏異沼也。冀州圖，鄴西北鼓山，山上有石鼓之形，俗言時自鳴。劉邵趙都賦曰：神鉦發聲。俗云：石鼓鳴，則天下有兵革之事。詩云：毖彼泉水。温水，在廣平都易縣〔三七〕，俗以治疾洗百病。華清，井華水也。善曰：王逸楚辭注曰：湊，聚也。冀、道，亦二國名也。爾雅曰：兩河間曰冀州。左氏傳曰：江、黄、道、柏，方睦於齊。杜預曰：道國在汝南。胸，猶前也。南都賦曰：涓水蕩其胸〔三八〕。漢書地理志曰：河内本殷舊都，周分爲邶、鄘、衞。碪碍，高貌。碪，五感反。鄭玄周禮注曰：汾水出汾陽縣。浩，古老切。沔，古旦反。上林賦曰：灝溔潢漾。廣雅曰：浩溔，大也。皓，故老反。溔，餘眇反。山海經曰：少山，清漳水出焉。郭璞曰：至武安南入濁漳。山海經曰：神囷山，滏水出焉。郭璞曰：經鄴西北入漳。説文曰：泌，水駃流也。泌與毖同，音秘。魚豢典略曰：浪井者，弗鑿而成。毛詩曰：永錫難老。墨井鹽池，玄滋素液。厥田惟中，厥壤惟白。原隰畇畇，墳衍斥斥。或嵬壘力罪而複陸，或黋苦光朗而拓落。乾坤交泰而絪緼，嘉祥徽顯而豫作。是以兆朕振古，萌柢疇昔。藏氣讖緯，閟象竹帛。迴時世而淵默，應期運而光赫。暨聖武之龍飛，肇受命而光宅。

鄴西高陵西伯陽城西有石墨井，井深八丈。河東猗氏南有鹽池，東西六十四里，南北七十里。尚書禹貢，冀州厥土惟白壤，厥田惟中中。閟，閉也。詩云：閟宮有洫〔三九〕。善曰：周禮曰：辨其墳衍原隰之名。鄭玄曰：水厓曰墳，下平曰衍。毛詩曰：畇畇原隰。以純反。斥斥，廣大之貌也。蒼頡篇曰：斥，大也。嵬壘，不平之貌。嵬，烏罪切。爣朗，光明之貌。拓落，廣大之貌〔四〇〕。周易曰：天地交泰。又曰：天地絪緼。西京賦曰：備致嘉祥。文帝荅曹植詔曰：所獻詩二篇，徽顯成章。兆，猶機事之先見者也。淮南子曰：欲與物接而未成朕兆者也。許慎曰：朕，兆也，直軫反。毛詩曰：振古如茲。毛萇曰：振，自也。廣雅曰：萌，始也。爾雅曰：柢，本也，丁計反。禮記曰：余疇昔之夜夢。鄭玄曰：疇，發語聲也。説文曰：讖，驗也。河、洛所出書曰讖。毛萇詩傳曰：閟，閉也。墨子曰：以其所書於竹帛，傳於後代子孫。春秋説題辭曰：尚書者，所以推期運、明命授之際。魏志曰：太祖武皇帝，姓曹諱操，爲丞相，封魏王。文帝受禪，追尊曰武皇帝。東京賦曰：世祖乃龍飛白水。毛詩序曰：文王受命作周也。鄭玄曰：受天命而王天下也。東京賦曰：漢初弗之宅。

「爰初自臻，言占其良。謀龜謀筮，亦既允臧。修其郛郭，繕其城隍。經始之制，牢籠百王。畫雍豫之居，寫八都之宇。鑒茅茨於陶唐，察卑宮於夏禹。古公草創，而高門有閌苦浪；宣王中興，而築室百堵。兼聖哲之軌，并文質之狀。商豐約而折中，准當年而爲量。思重爻，摹大壯。覽荀卿，采蕭相。僝拱木於林衡，授全模於梓匠〔四一〕。

謀龜謀筮〔四二〕，猶周公之卜都洛邑也。毛詩云：爰契我龜。又曰：卜云其吉，終然允臧。重爻，易爻也。

大壯，易卦名也。易曰：上古穴居而野處，後世聖人易之以宮室，上棟下宇，以禦風雨。蓋取諸大壯，謂壯觀也。荀卿曰：宮室臺榭，以避燥濕〔四三〕。養德，别輕重也，非爲夸泰，將以明人之大通仁順也。春秋左傳曰：山林之木，衡鹿守之。治木器曰梓。尚書有梓材之篇也。善曰：尚書曰：謀及卜筮。淮南子曰：太一者，牢籠天地。雍，西京也。豫，東京也。西京賦曰：取殊裁於八都。墨子曰：堯、舜茅茨不翦。論語，子曰：禹卑宮室。毛詩美古公亶父曰：高門有閌。又美宣王曰：築室百堵。説文曰：僝，具也，饌勉反。又曰：僝，取也，子軟切〔四四〕。孟子曰：梓匠輪輿，能與人規矩，不能使人巧。趙岐曰：梓匠，木工也。

遐邇悦豫而子來，工徒擬議而騁巧。闡鉤繩之筌緒，承二分之正要。揆日晷，考星耀。建社稷，作清廟。築曾宮以迴匝，比岡隒魚檢而無陂。造文昌之廣殿，極棟宇之弘規。崣若崇山崫起以崔嵬，髟徒感若玄雲舒蜺以高垂。二分，春秋之中者也。詩，定之方中〔四五〕，作爲楚宮。揆之以日，作爲楚室。定，營室星。營室中可以興土功也。陂，傾也。易曰：無平不陂。文昌，正殿名也。蜺，龍形而五色。善曰：難蜀父老曰：遐邇一體。豫或爲務。西都賦序曰：衆庶悦豫。毛詩曰：庶人子來。周易曰：擬之而後言，議之而後動，擬議以成其變化。甘泉賦曰：王爾投其鉤繩。杜預左傳注：銓，次也，與筌同。周禮曰：匠人建國，晝參諸日中之景，夜考之極星，以正朝夕。鄭玄曰：極星，北辰也。周禮曰：左宗廟，右社稷。説文曰：隒，崖也。鄭玄禮記注曰：陂，傾也。周易曰：上棟下宇，以避風雨。崣，高貌也。景福殿賦曰：若仰崇山而戴垂雲。髟，垂貌也。淮南子曰：玄雲素朝。

瓌材巨世，𡍲楚洽𡒃除立參差。棼音汾橑音老複結，欒櫨疊施。丹梁虹申以並亘，朱桷森布而支離。綺井列疏以懸蔕，華蓮重葩而倒披。齊龍首而涌霤，時梗概於滮被尤池。爾雅曰：桷謂之榱。善曰：西都賦曰：因瓌材而究奇，抗應龍之虹梁〔四六〕。廣雅曰：曲枅謂之欒。説文曰：欂櫨，柱枅也。然欒、櫨一也，有曲直之殊耳。西京賦〔四七〕，蔕倒茄於藻井，披紅葩之狎獵。又曰：疏龍首以抗殿〔四八〕。齊龍首而涌霤，謂畫爲龍首於椽〔四九〕，承檐四隅，而以寫霤也。説文曰：霤，屋水流也。東京賦曰：其梗概如此。毛詩曰：滮池北流也。旅楹閑列，暉鑒抰烏浪振〔五〇〕。榱題黮䨴，階陏嶙峋〔五一〕。長庭砥平，鍾簴夾陳。風無纖埃，雨無微津。詩云：旅楹有閑。抰，中央也。振，屋宇穩也。文昌殿前有鍾簴，其銘曰：惟魏四年，歲在丙申，龍次大火，五月丙寅，作蕤賓鍾，又作無射鍾。建安二十一年七月，始設鍾簴於文昌殿前，所以朝會四方也。善曰：鄭玄毛詩箋曰：旅楹，衆也。薛君韓詩章句曰：閑，大也，謂閑然大也。暉鑒，言楹柱光輝遠照。抰，振也。廣雅曰：鑒，照也。聲類曰：黮，深黑色也〔五二〕，直感反。䨴，亦黑也，徒對反。應劭上林賦注曰：楯，闌横也。西京賦曰：抵崿嶙峋〔五三〕。埤蒼曰：嶙峋，山崖之貌也。毛詩曰：風雨攸除。墨子曰：聖王作爲宮室，邊足以御風寒，上足以待露。巖巖北闕，南端逌遵。竦峭雙碣，方駕比輪。西闢延秋，東啓長春。用覲羣后，觀享頤賓。文昌殿前值端門。端門之前，南當南止車門，又有東西止車門。端門之外，東有長春門，西有延秋門。文昌殿所以朝會賓客，享四方。善曰：德陽殿賦曰〔五四〕：朱闕巖巖。凡南方正門，皆謂之端。春秋説題辭曰：血書魯端門。西京賦曰：圓闕竦以造天，若雙闕之相望〔五五〕。毛萇詩傳曰：覲，見也。尚書曰：肆覲羣后。周易曰：觀頤，觀其所養也。頤養，亦享也，故曰觀享頤賓。許兩切。

「左則中朝有赩，聽政作寢。匪樸匪斲，去泰去甚。木無彫鎪所留，土無綈題錦。玄化所甄，國風所稟。中朝，内朝也。漢氏大司馬、侍中、散騎諸吏爲中朝，丞相六百石以下爲外朝也。文昌殿東有聽政殿，内朝所在也〔五六〕。墨子曰：堯之爲君，采椽不斲。晏子春秋曰：明堂之制，下之濕潤不能及也，上之寒暑不能入也。土事不文，木事不鏤，示民知節也。老子曰：去甚去泰。爾雅曰：鏤，鎪也。善曰：毛萇詩傳曰：赩，赤貌也。尚書曰：既勤樸斲。孔安國曰：樸，治；斲，削也。西京賦曰：木衣綈錦。説文曰：綈，厚繒也。蔡雍陳留太守頌曰〔五七〕：玄化洽矣，黔首用寧。漢書音義，如淳曰〔五八〕：陶人作瓦器，謂之甄。吉然反。毛詩序曰：一國之事，繫一人之本，謂之風。於前則宣明顯陽，順德崇禮。重闈洞出，鏘鏘濟濟。珍樹猗猗，奇卉萋萋。蕙風如薰〔五九〕，甘露如醴。聽政殿聽政殿門〔六〇〕，聽政門前升賢門〔六一〕，升賢門左崇禮門，崇禮門右順德門〔六二〕，三門並南向。升賢門前宣明門，宣明門前顯陽門，顯陽門前有司馬門〔六三〕。闈，守門也。周官，閽人守王門〔六四〕。爾雅曰：宮中之門謂之闈。洞，達也。南北外内、東西左右掖門，皆洞達相通。善曰：禮記曰：大夫濟濟，庶士鏘鏘。毛萇詩傳曰：猗猗，萋萋，茂盛貌也。音此禮切，叶韻。東京賦曰：惠風横被〔六五〕。邊讓帝臺賦曰〔六六〕：惠風如春施。家語，舜曰：南風之薰兮。王肅曰：薰，風至之貌也。論衡曰：甘露味如飴蜜，王者太平則降。鄭玄周禮注曰：醴，今甜酒。禁臺省中，連闥對廊。直事所繇，典刑所藏。藹藹列侍，金蜩齊光。詰朝陪幄，納言有章。亞以柱後，執法内侍。符節謁者，典璽儲吏。膳夫有官，藥劑有司。肴醳亦順時，腠理則治。升賢門内聽政闥，向外〔六七〕東入有納言闥，尚書臺。宣明門内升賢門，升賢門外〔六八〕東入有内醫署。顯陽門内宣明門外，東入最南有謁者臺閣，次中央符節臺閣，最北御史臺閣，三臺並别西向。符節臺東有丞相諸曹。善曰：魏武集，荀欣等曰：漢制，王所居曰禁中，諸公所居曰〔六九〕省中。淮南子曰：連闥通房，人所安也。直事，若今之當直也。蔡邕獨斷曰：直事尚書一人，典刑。周禮六典八刑也。建安十八年，始置侍中、中尚書〔七〇〕、御史、符節、謁者。金蜩，金蟬。蔡邕獨斷曰：侍中、常侍皆冠惠文，加貂附蟬。左氏傳曰：詰朝將見。杜預曰：詰朝，平旦也。周禮曰：幕人掌幄帟〔七一〕。鄭玄曰：王所居之帳也。尚書舜典曰：龍，命汝作納言。應劭漢書注曰：納言，如今尚書官，王之喉舌也。毛詩曰：出言有章。漢書音義曰：柱後，以鐵爲柱，今法冠是。如淳曰：御史冠也。符節掌璽，故云典璽。漢有尚符璽。謁者受事，故曰儲吏。漢書，謁者掌讚受事。周禮：膳夫，上士。又曰：醫師掌毒藥，共醫事。鄭玄周禮注曰：劑，和也。又禮記注曰：舊醳之酒，謂昔酒也。吕氏春秋：伊尹曰：用新去陳，腠理遂通。高誘曰：腠理，肌脈也。於後則椒鶴文石，永巷壼術。楸梓木蘭，次舍甲乙。西南其户，成之匪日。丹青焕炳〔七二〕，特有温室。儀形宇宙，歷像賢聖。圖以百瑞，綷以藻詠。芒芒終古，此焉則鏡。有虞作繪，兹亦等競。近世王者後宫，以椒房爲通稱。聽政殿後有鳴鶴堂、楸梓坊、木蘭坊、文石室，後宫所止也。壼，宫中巷也。術，道也。鳴鶴堂之前，次聽政殿之後，東西二坊之中央有温室，中有畫像讚。尚書，咎繇薦〔七三〕，舜曰：予欲觀古人之象，日月星辰，山龍華蟲，作繪粉米。永巷，掖庭之别名。善曰：列女傳曰：姜后待罪永巷。周禮曰：正宫掌宫中次舍〔七四〕。甲乙謂次舍之名，以甲乙紀之也〔七五〕。毛詩曰：築室百堵，西南其户。又曰：不日成之。藻詠，文藻頌詠也〔七六〕。綷，子對切。芒芒，遠貌也。楚辭曰：長無絶兮終古。廣雅曰：鑒謂之鏡，照也。鄭玄論語注曰：繪，畫也。

「右則踈圃曲池，下畹高堂。蘭渚莓莓，石瀨湯湯。弱葼係實，輕葉振芳。奔鼲躍魚，有睽吕梁。馳道周屈於果下，延閣胤宇以經營。飛陛方輦而徑西，三臺列峙以峥嶸。亢陽臺於陰基〔七七〕，擬華山之削成。上累棟而重霤，下冰室而沍冥。文昌殿西有銅爵園，園中有魚池堂皇〔七八〕。班固曰：畹，三十畝也。離騷曰：既滋蘭之九畹〔七九〕。石瀨，湍也。水激石間，則怒成湍。葼，木之細枝者也。楊雄方言曰：青、齊、兖、豫之間謂之葼，故傳曰：慈母怒子，折葼而笞之，其惠存焉。子紅切。係，古計切。莊子曰〔八〇〕：吕梁懸水三十仞，流沫三十里，黿鼉魚鼈之所不能遊也〔八一〕。漢廄舊有樂浪所獻果下馬，高三尺，以駕輦車。銅爵園西有三臺，中央有銅爵臺，南則金虎臺，北則冰井臺，有屋一百一間〔八二〕。金虎臺有屋一百九間。冰井臺有屋〔八三〕百四十五間〔八四〕，上有冰室。三臺與法殿〔八五〕皆閣道相通，直行爲徑，周行〔八六〕爲營。建安十五年作銅雀臺。山海經曰：太華之山，削成四方。沍，堅也。春秋左氏傳曰：固陰沍寒。善曰：楚辭曰：坐堂伏檻臨曲池。曹植責躬詩曰：夕宿蘭渚。左氏傳曰：原田莓莓。杜預曰：若原田之草莓莓然。莓，莫來反。楚辭曰：石瀨兮淺淺。説文曰：瞭，察也，千例反。漢書曰：太子不敢絶馳道。應劭曰：天子道也，若今之中道。延，相連延也。淮南子曰：延樓棧道。魯靈光殿賦注：飛陛，揭孽；方輦，言廣也。甘泉賦曰：似紫宮之峥嶸〔八七〕。魯靈光殿賦曰〔八八〕：榭而高大謂之陽，基在小故曰陰基。

周軒中天，丹墀臨猋。增搆峩峩，清塵彯彯。習步頓以雲雀踶甍而矯首，壯翼摛鏤於青霄。雷雨窈冥而未半，皦日籠光於綺寮。升降，御春服而逍遥。八極可圍於寸眸，萬物可齊於一朝。

丹墀，以丹與蔣離合用塗地也。爾雅曰：扶摇謂之猋。猋，上也，風從下升也。班固西都賦説鳳闕曰：上觚稜而栖金雀。凡鳥之柄也，羽翼戢弭，以今揆古，言栖非所覩之形也。張衡西京賦曰：鳳騫翥於甍標，感愬風而欲翔。此鳳之有定有住，尚向風而無一方〔八九〕，則不宜言愬風也。但鳥跱則形定翼住，飛則斂足絶據，踶則舉羽翮用勢，若將飛而尚住，故言雲雀踶甍而矯首也。踶，音提。王吉傳曰：進退步趨以實下。言人不行則膝脛以下虚弱不實也。眸，眸子也〔九〇〕。王褒甘泉賦曰：十分未升其一，增惶懼而目眩；若播岸而臨坑，登木末以闚泉。楊雄甘泉賦説臺曰：鬼魅不能自逮，半長途而下顛。班固西都賦説臺曰〔九一〕：攀井幹而未半，目眩轉而意迷。舍靈檻而却倚，若顛墮而復稽。張衡西京賦説臺曰：將乍往而未半，怵悼慄而竦矜，非都盧之輕蹻，孰能超而究升？此四賢所以説臺榭之體，皆危峴悚懼，雖輕捷與鬼神，由莫得而自逮也。非夫王公大人，聊以雍容升高，彌望得意之謂也〔九二〕。異乎老子曰若春升臺之爲樂焉〔九三〕，故引習步頓以實下，稱八方之究遠，適可以圍於徑寸之眸子，言其理曠而當情也。莊子有齊物之論。善曰：軒，長廊之有牕也。列子曰：周穆王築臺，號中天臺。漢典職儀曰：以丹漆地，故稱丹墀。西都賦曰：正殿崔嵬曾構。七發曰：蒙清塵。毛萇詩傳曰：壯，健也。摛，摛布其彫鏤也。説文曰：窈窕，深遠也。冥，幽昧也。毛詩曰：有如皦日。西京賦曰：交綺豁以疏寮。論語：曾點曰：春服既成。毛詩曰：於焉逍遥。淮南子曰：八紘之外，乃有八極。趙岐孟子章句曰：眸，目童子也。長塗牟首，豪徼古弔互經。晷漏肅唱，明宵有程。附以蘭錡魚九，宿以禁兵。司衛閑邪，鉤陳罔驚。牟者，閣道有説者也。霍光傳，説昌邑王輦道牟首，鼓吹歌舞。豪，徼道也。晷漏，漏刻也〔九四〕。善曰：説文曰：晷，景〔九五〕，故曰晷漏。漢書，房中歌曰：肅倡和聲。字書，倡，亦唱字也，充向反。程，猶限也。程，與呈通。西京賦曰：武庫禁兵，設在蘭錡。建安二十二年，初置衛尉。漢書曰：衛尉掌宫門衛屯兵。周易曰：閑邪存其誠。樂汁圖曰〔九六〕：鉤陳，後宫也。服虔甘泉注曰〔九七〕：紫宫外營鉤陳星。於是崇墉濬洫，嬰堞帶涘。四門䡾䡾魚竭，隆厦重起〔九八〕。憑太清以混成，越埃壒烏害而資始。藐藐標危，亭亭峻趾。臨焦原而不怳，誰勁捷而無猥？與岡岑而永固，非有期乎世祀。陽靈停曜於其表，陰祇濛霧於其裏。墉，城也。濬，深也。洫，城溝也。張衡西京賦曰：經城洫。堞，城上女牆也。賈誼曰：翟伐衛，寇俠城堞〔九九〕。涘，厓也。毛詩云：夏屋渠渠〔一〇〇〕。又曰：既成藐藐。尸子曰：莒國有石焦原者，廣尋長五十步〔一〇一〕，臨百仞之谿，莒國莫敢近也。有勇以見莒子者，獨却行齊踵焉，所以服莒國也。善曰：薛綜西京賦注曰：巘巘，高貌也。鶡冠子曰：上及太清，下及太寧。老子曰：有物混成，先天地生。西都賦曰：軼埃壒之混濁。周易曰：萬物資始。王逸楚辭注曰：藐藐，遠也。説文曰：標，末也。鄭玄禮記注曰：危，棟上也。西京賦曰：狀亭亭以苕苕。説文曰：阯，基也。論語曰：慎而無禮則葸。愢與葸同，思子反。陽靈，天神也。甘泉賦曰：齊乎陽靈之宮。周禮曰：掌地祇之禮也。

苑以玄武，陪以幽林。繚了垣開囿，觀宇相臨。碩果灌叢，圍木竦尋。篁篠懷風，蒲陶結陰〔一〇二〕。回淵漼，積水深。蒹葭贙〔一〇三〕，雚胡官蒻弱森。丹藕凌波而的皪，綠芰泛濤而浸七心潭以心。羽翮頡頏，鱗介浮沈。栖者擇木，雊者擇音。若咆步交渤澥與姑餘〔一〇四〕，常鳴鶴而在陰。表清籞，勒虞箴。思國卹，忘從禽。樵蘇往而無忌，即鹿縱而匪禁。

玄武苑在鄴城西，苑中有魚梁釣臺竹園，蒲陶諸果。詩曰：集于灌木。春秋左氏傳曰：鳥則擇木。又曰：鹿死不擇音。皆自得之謂也。雊者，擧雉兔之類，不傷其時，況其巨者乎！楊雄曰：勃澥之島。淮南子曰：軼鶤雞於姑餘。易曰：鳴鶴在陰，其子和之。張衡東京賦曰：江池清籞〔一〇五〕。虞箴，虞人之箴也，事見春秋。其辭曰：芒芒禹跡，畫爲九州，經啓九道。人有寢廟，獸有茂草，各有攸處，德用不擾。在帝夷羿，冒于原獸，忘其國恤，思其麀牡。武不可重，是用不恢于夏家。獸臣司原，敢告僕夫。周易曰：即鹿無虞，往從禽也。孟子，齊宣王問曰：文王之囿方七十里，有諸？孟子對曰：於傳有之。曰：若是其大乎？答曰：民猶以爲小也。曰：寡人之囿方四十里〔一〇六〕，民猶以爲大，何也？答曰：文王之囿方七十里，芻蕘者往焉，雉兔者往焉，與民同之。民以爲小，不亦宜乎？臣始至於境，問國之大禁，然後敢入。臣聞郊關之内有囿方四十里，殺其麋鹿者〔一〇七〕如殺人之罪。則是四十里爲阱於國中〔一〇八〕。民以爲大，不亦宜乎？言樵蘇往而無忌，即鹿縱而匪禁者，蓋同乎周文之德，異乎齊宣之意。善曰：西都賦曰：幽林穹谷。西京賦曰：繚垣緜連。周易曰：碩果不食。莊子曰：見巨木其絜百圍。孫子曰：水深則回。説文曰：淵，回水也。毛詩曰：有漼者泉。文子曰：積水成海。説文曰：釁，分別也，胡犬反。本草曰：藕，一名水芝。爾雅曰：荷，芙蕖，其根藕。此文云淩波而的皪，即藕爲偏名，非唯根矣。的皪，光明也。上林賦曰：的皪江靡。鄭玄周禮注曰：陵，茇也。説文曰：白濤，大波也〔一〇九〕。浸潭，漸漬也，隨波之貌〔一一〇〕。洞簫賦曰：玉液浸潭而承其根。毛萇詩傳曰：飛而上曰頡，飛而下曰頏〔一一一〕。周禮曰：川澤宜鱗物，墳衍宜介物。鄭玄曰：鱗，魚龍之屬。介，龜鼈之屬，水居陸生者也。漢書音義，晉灼曰：樵，取薪也；蘇，取草也。

腜腜坰野，奕奕菑畝。甘荼伊蠢，芒種斯阜。西門溉其前，史起灌其後。墱流十二，同源異口。畜爲屯雲，泄爲行雨。水澍粳古衡稌徒五，陸蒔稷黍。黝黝桑柘，油油麻紵。均田畫疇，蕃廬錯列。薑芋充茂，桃李蔭翳音咽，叶韻。家安其所，而服美自悦。邑屋相望武方，而隔踰奕世。

腜腜，美也。詩云：周原腜腜，堇荼如飴。爾雅曰：田一歲曰菑。詩云：薄言采芑，于此菑畝。周官曰：澤草所生，種之芒種。鄭司農曰：芒種，稻麥也。今鄴下有十二墱天井偃〔一一二〕，在城西南，分爲十二墱〔一一三〕。丁鄧切。微子麥秀之歌曰：黍苗油油。漢制，列侯、公主田無過三十頃者，其餘各以官次。哀帝時，董賢賜田猥多，王嘉上疏：均田之制，從此隳壞。疇者，界也。埒，畔際也〔一一四〕。詩云：中田有廬。孟子曰：五畝之宅，樹之以桑。故曰蕃廬錯列。老子曰：甘其食，美其服，樂其俗，安其居。鄰里相望，雞犬之聲相聞，人至老死不相與往來。善曰：韓詩曰：周原腜腜。莫來反。毛詩曰：奕奕梁山，維禹甸之。賈逵國語曰〔一一五〕：阜，長也。河渠書〔一一六〕曰：西門豹引漳水溉鄴，以富魏之河内。漢書曰〔一一七〕：史起爲鄴令，遂引漳水溉鄴，人歌之曰：鄴有賢令兮爲史公，决漳水兮灌鄴旁。終古舄鹵兮〔一一八〕生稻粱。水陸，謂高下之田也。二渠之利，下則澍生粳稌，高則植立稷黍也。説文曰：澍，時雨，所以澍生萬物者也。之樹反。方言曰：蒔，更也〔一一九〕。郭璞曰：謂更種也〔一二〇〕。時吏切。爾雅曰：黑謂之黝。郭璞曰：黝，黑貌也。聲類曰：油油，麻肥也。莊子曰：治邑屋，曷嘗不法聖人哉！謝承後漢書曰：王翁位二千石，奕世相襲。

「內則街衝輻輳，朱闕結隅。石杠飛梁，出控漳渠。疏通溝以濱路，羅青槐以蔭塗。比滄浪平而可濯，方步櫩以占而有踰。習習冠蓋，莘莘所巾蒸徒。斑白不提，行旅讓衢。設官分職，營處署居。夾之以府寺，班之以里閭。鄴城內諸街〔二一〕，有赤闕黑〔二二〕闕正當東西南北城門，最是其通街也。石竇橋在宮東，其水流入南北里。爾雅曰：石杠謂之倚。郭璞曰：石橋，音江〔二三〕。疏，通也。魏武帝時堰漳水，在鄴西十里，名曰漳渠堰。東入鄴城，經宮中東出，南北二溝夾道，東行出城，所經石竇者也。楚辭曰：滄浪之水清，可以濯吾纓。善曰：杜預左氏傳注曰：衢，交道也，齒容反。文子曰：羣臣輻湊。李尤德陽殿賦曰：朱闕巖巖。晉灼漢書注曰：飛梁，浮道之橋。小雅曰：控，引也。步櫩，長廊也。楚辭曰：曲屋步櫩宜擾畜。上林賦曰：步櫩周流，長途中宿。蔡雍胡億碑曰：祁祁我君，習習冠蓋。毛萇詩傳曰：莘莘，衆多也。禮記曰：斑白者不提挈。鄭玄曰：雜色曰斑。家語曰：虞、芮二國爭田，入文王境，行者讓路。周禮曰：設官分職，以爲民極。小雅曰：班，次也。其府寺則位副三事，官踰六卿。奉常之號，大理之名。厦屋一揆，華屏齊榮。肅肅階𨵦，重門再扃。師尹爰止，毗代作楨。當司馬門南出，道西最北東向相國府，第二南行御史大夫府，第三少府卿寺。道東最北奉常寺，次南大農寺。出東掖門正東，道南西頭太僕卿寺，次中尉寺。出東掖門，宮東北行北城下，東入大理寺。宮內大社西郎中令府。城南有五營。魏武帝爲魏王時，太常號奉常，廷尉號大理。建安十八年，始置侍中、尚書、御史、符節、謁者、郎中令、太僕〔二四〕、大理、大農、少府、中尉。二十一年，大理鍾繇爲相國，始置太常宗正。二十二年，以軍師華歆爲御史大夫。初置衞尉時，武帝爲魏王，置相國、御史大夫，故云位副三事。置卿近九，故曰官踰六卿。善曰：毛詩曰：三事大夫，莫肯夙夜。夏屋，已見上注。鄭玄禮記注曰：畫，華也。爾雅曰：屏謂之樹。鄭玄禮記注曰：榮，屋翼也。爾雅曰：兩階間曰䦣，許亮反。周易曰：重門擊柝。說文曰：扃，門之關也。毛詩曰：赫赫師尹。毛萇曰：太師，周之三公也。尹氏爲太師。毛詩曰：天子是毗。又曰：王國克生，維周之楨。毛萇曰：楨，幹也。其閭閻則長壽吉陽，永平思忠。亦有戚里，寘宮之東。閈出長者，巷苞諸公。都護之堂，殿居綺窗。輿騎朝猥，蹀歛其中。長壽、吉陽、永平、思忠，四里名也。長壽、吉陽二里在宮東，中當石竇。吉陽南入〔二五〕，長壽北入，皆貴里。都護者，將軍曹淵也。漢書萬石君傳曰：徙其家長安戚里，以姊爲美人故。善曰：古詩云：交疏結綺窗。廣雅曰：猥，衆也，烏罪反。聲類曰：蹀，躡也，徒協反。說文曰：歛，嘔也，丘知反。營客館以周坊，餝賓侶之所集。瑋豐樓之閈閎，起建安而首立。葺牆冪室，房廡雜襲。剞居綺劂罔掇，匠斲積習。廣成之傳無以疇，槀街之邸不能及。鄴城南有都亭，城東亦有都道，北有大邸〔二六〕，起樓門臨道，建安中所立也。古者重客館，故舉年號也。春秋左傳曰：高其閈閎，繕完葺牆，以待賓客。圬人以時冪館宮室。子産曰：僑聞文公之爲盟主也，宮室卑埤，以崇大諸侯之館，館如公寢。爾雅曰：閎，巷門也。一曰：閎，門中所從出入也。葺，覆也。圬人，塗人也。冪，墁也。館宮室，諸侯傳也。史記，藺相如奉璧西入秦，秦舍相如廣城傳〔二七〕。善曰：說文曰：廡，堂下周屋也。許慎淮南子注曰：剞劂，曲刀也。劂，九月反。鄭玄論語注曰：輟，止。掇，古字通〔二八〕。張晏漢書注曰：疇，等也。漢書曰：郅支首懸槀街蠻夷邸間。晉灼曰：黄圖，在長安城内也。廓三市而開廛，籍平逵而九達。班列肆以兼羅，設闤闠以襟帶。濟有無之常偏，距日中而畢會。抗旗亭之嶢嶭五結，侈所規之博大〔二九〕。周禮，大市，日昃而市；朝市，朝時而市；夕市，日夕而市。此三市之謂也。逵〔三〇〕，已見上章。傳曰：逵市在達之上。易曰：日中爲市，致天下之人，聚天下之貨，交易而退，各得其所。善曰：有無，謂貨物之多少也。二者常偏，此能濟之也。孟子曰：古之爲市也，以其所有，易其所無。西京賦注曰：旗亭，市樓也。嶢嶭，高峻之貌。爾雅曰：覜，視也，他吊反。百隧轂擊，連軫萬貫。憑軾捶馬，袖幕紛半。壹八方而混同，極風采之異觀。質劑子遺平而交易，刀布貿而無筭。軾，車橫覆膝，人所憑也。周官曰：聽賣買以質劑。又曰〔三一〕：以質劑結信而止訟。鄭玄曰：質劑，謂兩書一札而別之也，若今下手書，保物要還矣。質，大賈也。劑，小賈也。刀布，錢刀之謂。荀卿書曰：省刀布之斂。善曰：西京賦曰：俯察百隧。史記，蘇秦曰：臨菑之塗，車轂擊，人肩摩，連衽成帷，舉袂成幕。左傳曰：楚子玉謂晉侯曰：君憑軾而觀之。説文曰：捶，擊也。河圖龍文曰：八方歸德。淮南子曰：采俗者，所以一羣生之短脩，明九夷之風采。高誘曰：風，俗。采，事也。財以工化〔三二〕，賄以商通。難得之貨，此則弗容。器周用而長務，物背窳而就攻。不鬻邪而豫賈古，著馴風之醇醲。周官曰：百工飭貨八材，商賈阜通貨賄。漢書貨殖傳曰：桓、文之後，禮義大壞，上下相冒，於是商通難得之貨，工作無用之器。攻者，堅也。詩曰：我車既攻。通物曰商，居賣曰賈。禮記王制曰：器用不中度，不鬻於市；布帛精麤不中數，幅廣狹不中量，不鬻於市；姦色亂正色，不鬻於市；禽獸魚鼈不中殺，不鬻於市。此皆不鬻邪之義。史記曰：子產治鄭，不鬻賈〔三三〕。周官曰：平肆展成。鄭玄曰：展，整也。成，平也〔三四〕。市者使定物賈，防誑豫也。善曰：廣雅曰：財，貨也。財與材古字通。爾雅曰：賄，財也。廣雅曰：長，常也。言常習之。史記曰：舜居河濱〔三五〕，器不苦窳。晉灼曰：窳，病也，餘乳反。淮南子曰：黄帝治天下，市不豫賈。周易曰：馴致其道。仲長子昌言曰：淑清穆和之風既宣〔三六〕，醇醲之化既浹。孔安國尚書傳曰：醇，粹也。説文曰：醲，厚酒也，女龍切。優渥〔三七〕，然以酒之醲以喻政厚也。白藏平之藏去，富有無隄。同賑大内，控引世資，賨𧶣積墆，琛幣充牣仞。關石之所和鈞，財賦之所底慎。燕弧盈庫而委勁，冀馬填廄救而駔駿。白藏庫在西城下，有屋一百七十四間。爾雅曰：秋爲白藏，因以爲名也。大内，京邑都内實藏也。漢書，淮南王安上疏曰：越人貢財之奉，不輸大内。食貨志曰：或墆財。夏書曰：關石和鈞，王府則有。此夏之逸書。禹貢曰：庶土交正，厎慎財賦，咸則三壤。鄴城西下有乘黄廄。燕，幽州也。弧，弓也。爾雅曰：北方之美者，有幽都之筋角焉。春秋左傳曰：冀之北土，馬之所生。善曰：周易曰：富有之謂大業。漢書，東方朔曰：不足以危無隄之輿。蘇林曰：隄，限也。爾雅曰：賑，富也。風俗通曰：槃瓠之後，輸布一匹二丈，是謂賨布。廩君之巴氏〔三八〕，出𧶣布八丈。賨，在宗反。𧶣音稼。墆音滯。賈逵國語注曰：關，通也。鄭玄儀禮注曰：和，調也。孔安國尚書傳曰：金鐵曰石，供民器用，通之使和平。子虚賦曰：充仞其中。説文曰：駔，壯馬也，子朗反。

「至乎勍敵糾紛，庶土罔寧。聖武興言，將曜威靈。介冑重襲，旍旗躍莖。弓珧以焦解檠巨景，矛鋋飄英。三屬之甲，縵莫韓胡之纓〔三九〕。控絃簡發，妙擬更平嬴。建安十九年五月，立魏公〔四〇〕，位諸侯王上，赤紱，遠遊冠。二十一年，進爵爲王。二十二年，得設天子旍旗，出警入蹕，賜朱冠，冕十二旒，金根車，駕六馬，建太常，設五時副車。爾雅曰：弓以蜃者謂之珧。蜃，骨也。檠，弓柙也。詩云：二矛重英。漢書刑法志曰：魏氏武卒，衣三屬之甲。趙惠文王好劍，劍士夾門而客者三千人。趙太子悝謂莊周曰：吾王所見劍士，皆蓬頭突鬢，垂冠縵胡之纓，短後之衣，瞋目而語難者，王乃悦之。戰國策，更嬴謂魏王曰：臣能虚發而下鴈。魏王曰〔四一〕：然則射可至於此乎？更嬴曰：可。有鴈從南方來，更嬴虚發而鴈下。善曰：左氏傳曰：子魚曰：勍敵之人，隘而不成列。杜預曰：勍，強也。尚書曰：庶土交正。毛詩曰：庶土有揭。又曰〔四二〕：興言出宿。長楊賦曰：以露威靈。金匱曰：良弓非勍檠不張。説文曰：鋋，小矛。史記曰：冒頓自立爲單于，控弦之士三十萬。班固漢書李廣述曰：控弦貫石，威動北鄰。爾雅曰：簡，擇也。謂擇處而發也。齊被練而銛息廉戈，襲偏裂以讀會列。畢出征而中律，執奇正以四伐。碩畫精通，目無匪制。推鋒積紀，鋌氣彌鋭。三接三捷，既晝亦月。剋翦方命，吞滅咆白交烋虚交。雲撤叛換，席卷虔劉。祲子鴆威八紘，荒阻率由。洗兵海島，刷馬江洲〔四三〕。振旅輷輷〔四四〕，反旆悠悠。凱歸同飲，疏爵普疇。朝無刓五官印，國無費留。春秋左傳曰：被練三千。馬融曰：練爲甲裘。史記，蘇代曰：强弩在前，銛戈在後。司馬法曰：師多則讀。孫武曰：奇正還相生，若環之無端。莊子曰：庖丁爲文惠君屠牛〔四五〕，手之所觸，莫不中音，合於桑林之舞。文君曰：善哉技！庖丁對曰：臣好者道，進乎技矣。臣始解牛時，所見無非牛者。三年之後，未嘗見全牛也。今臣以神遇而不以目視也。良庖歲更刀，割也；族庖月更刀，折也。今臣刀十九年矣，所解數千牛也。而刀刃若新發於硎。若彼節者有間，而刀刃者無厚；以無厚入有間，恢乎其於遊刃必有餘地矣。文君曰：善。吾聞丁之言，得養生焉。一紀，十二年。推鋒積紀，謂魏武帝從初平元年起兵，至建安二十五年〔四六〕，軍無不尅，抑亦庖丁用刀十九年之義也。孫武曰：避其鋭氣。謂鋭氣之利甚於鋒刃也。易曰：晉，康侯用錫馬蕃庶，晝日三接。詩云：一月三捷。既晝亦月者，蓋取其頻繁之數，或日或月也。方命，放棄工命也。尚書曰：咈哉方命。尅翦方命者，謂始起兵誅董卓之首亂漢室也。咆烋，猶咆哮也，自矜健之貌也。詩云：咆烋于中國。吞滅咆烋者，剋默韓暹〔四七〕、楊奉之專用王命也。叛換，猶恣睢也。漢書曰：項氏叛換。雲撤換叛者，謂討破袁紹，猶勝項羽也。虔劉，殺也。春秋左傳，呂相絶秦曰：虔劉我邊陲。席卷虔劉者，謂擒呂布於徐州，剋袁術於揚州，平韓約、馬超於雍州，降劉表於荊州之屬也〔四八〕。祲威八紘、荒阻率由者，謂北羈單于于白屋〔四九〕，東懷孫權於吳會，西攝劉備於巴蜀也。刷，小嘗也。司馬相如梨賦曰：嘲嗽其漿。史記，蘇秦曰：輷輷殷殷，若三軍之衆。穀梁傳曰：入曰振旅，兵事以嚴終也〔五〇〕。春秋左傳曰：凡公行，告於宗廟，反行飲至。漢書曰：疏爵而貴之。疏爵普疇，疇其爵邑者。刓印，印角刓也。韓信傳曰：項王有功當封爵，印刓忍不能與。孫子兵法曰：戰勝而不脩其賞者凶，命曰費留。善曰：國語曰：公使申生伐東山。韋昭注曰：東山，皐落氏也〔五一〕。衣之偏裻之衣。韋昭注曰：裻在中，左右異，故曰偏裻，音督。說文曰：讚列，中止也。然讚列，或止或列。周易曰：師出以律。漢書，楊雄上疏曰：石畫之臣甚衆。史記曰：秦穆公與晉惠公戰於韓地，秦人見穆公窘，亦皆推鋒爭死。尚書曰：方命圮族。春秋感精符曰：楚圖宋，更相吞滅。春秋推誠圖曰：諸侯冰散席卷，各爭恣妄。西都賦〔五二〕曰：祲威盛容。淮南子曰：八澤之外，乃有八紘。尚書曰：率由典常，以藩王室。魏武兵接要曰：大將將行，雨濡衣冠，是謂洗兵。刷，猶飲也，所劣切〔五三〕。劉劭七華曰：潄馬河源，遊目崑崙。蒼頡篇曰：輷輷，衆車聲也，呼萌切。今爲輷字，音田。毛詩曰：悠悠旆旌。魏武孫子注曰：賞不以時，但留費也。

「喪亂既弭而能宴，武人歸獸而去戰。蕭斧戢柯以柙刃，虹旍攝麾以就卷。斟洪範，酌典憲。觀所恒，通其變。上垂拱而司契，下緣督而自勸。道來斯貴，利往則賤。囹圄寂寥，京庾流衍。

尚書曰：往伐歸獸。桓譚新論，雍門周說孟嘗君曰：以強秦之勢伐弱燕〔五四〕，譬猶礰蕭斧以伐朝菌也。馬融廣成頌曰：建雄虹之長旍。洪範，箕子陳政術之篇也。易曰：觀其所恒，而天地萬物之情可見矣。又曰：通其變，使人不倦。老子曰：聖人執左契而不責於人，有德司契，無德司徹。善曰：毛詩曰：喪亂既平〔五五〕，周公攝政，弘化弭亂。司馬法曰：以戰去戰，雖戰可也。柙，胡甲反。尚書曰：垂拱而天下治。莊子曰：緣督以爲經，可以保身，可以全生。司馬彪曰：緣，順也。督，中也。順守道中，以爲常也。禮記曰：仲春省囹圄。文子曰：法寬刑緩，囹圄空虛。毛詩曰：曾孫之庾，如坻如京。鄭玄曰：庾，露積穀也。於時東鯷即序，西傾順軌。荆南懷憓惠，朔北思韙偉。緜緜迥塗，驟山驟水。襁負賮贄，重譯貢篚。髽首之豪，鐻耳之傑。服其荒服，斂衽而審魏闕。置酒文昌，高張宿設。其夜未遽，庭燎晣晣。有客祁祁，載華載裔入聲，協韻。岌岌冠縰所綺，纍纍辮髮。清酤户如濟，濁醪如河。凍醴流澌，温酎躍波。豐肴衍衍〔一五六〕，行庖皤皤。愔愔醧一據讌，酣湑無譁呼瓜反。地理志曰：會稽海外，有東鯷人〔一五七〕，分爲二十餘國，以歲時獻見。尚書禹貢曰：織皮西傾，因桓是來。織皮，西戎國也。憓，順也。司馬相如封禪書曰：義征不憓。淮南子曰：三苗髽首。賮，禮贄也。周官曰：九州之外，謂之藩國，世一見，各以其所貴寶爲贄。孟子曰：將有遠行，行者必以賮。蒼頡篇曰：賮，財貨也〔一五八〕。建安二十一年，匈奴南單于呼韓廚泉將其名王大人來朝，待以客禮。張衡南都賦曰：九醖甘醴，十旬兼清。蘇秦曰：齊有清濟濁河。楚辭小招魂曰〔一五九〕：挫糟凍飲酎清涼。王逸曰：凍，冷也。酎，三重釀醇酒也。韓詩云：賓爾籩豆，飲酒之醧。能者飲，不能者已，謂之醧。許氏曰：醧，酒美也。善曰：尚書曰：西戎即序。尸子曰：荆者非無東西也，而謂之南，其南者多也〔一六〇〕。杜預左氏傳注曰：韙，是也。論語曰：襁負其子。博物志曰：織縷爲之，以約小兒於背上。尚書曰：厥貢漆絲，厥篚織文。山海經曰：青要之山，魋武羅司之，穿耳以鐻。郭璞曰：鐻，金銀之器名。魋，音神。鐻，音渠。漢書曰：高張四縣。晉灼曰：樂四縣也。周禮曰：凡樂事宿縣。毛詩〔一六一〕曰：夜未央。鄭玄曰：未渠央也。毛詩曰：庭燎晣晣。又曰：采蘩祁祁〔一六二〕。楚辭曰：高余冠之岌岌。鄭玄禮記注曰：纚，今之幘也。纚與縰同。漢書曰：諸侯纍纍從楚。又，終軍曰：解辮髮，削左衽。毛詩曰：既載清酤。説文曰：澌，流冰也。周易曰：鴻漸于磐，飲食衎衎。王肅曰：衎衎，寬饒之貌也。皤皤，豐多貌也。韓詩曰：愔愔夜飲。薛君曰：愔愔，和悦之貌也。孔安國尚書傳曰：樂酒曰酣。毛詩曰：迨我暇矣，飲此湑矣。毛詩曰〔六三〕：湑，莤也。鄭玄曰：泲〔六四〕，莤之也。一曰：湑，樂也。醧，乙據反。延廣樂，奏九成。冠韶夏，冒六莖〔六五〕。僸響起，疑震霆。天宇駭，地廬驚。億若大帝之所興作，二嬴之所曾聆。善曰：賈逵國語注曰：延，陳也。尚書曰：簫韶九成，鳳凰來儀。樂動聲儀曰：帝嚳樂曰六英，帝顓頊曰五莖，舜曰大韶，禹曰大夏。宋衷曰：六英，能爲天地四時六合也。五莖，能爲五行之道，立根本也。漢書曰：顓頊作六莖。夏，大承二帝也。韶，繼堯也。僸與曹古字通。西京賦曰：大帝説秦穆公而覲之，饗以鈞天廣樂。史記曰：趙簡子病，扁鵲視之曰：昔秦穆公〔六六〕嘗如此，七日而寤。寤之日，告公孫支曰：我之帝所甚樂〔六七〕。帝告我晉國且大亂。今主君之疾與之同。二日，簡子寤曰〔六八〕：我之帝所甚樂，與百神遊於鈞天，廣樂九奏萬舞，不類三代之樂。又曰：趙氏之先，與秦同祖。然則秦、趙同姓，故曰二嬴也。博雅曰：聆，聽也。金石絲竹之恒韻，匏土革木之常調。干戚羽旄之飾好去，清謳微吟之要妙。世業之所日用，耳目之所聞覺。雜糅紛錯，兼該泛博。鞮鞻所掌之音，韎邁昧任而金禁金之曲。以娱四夷之君，以睦八荒之俗。鞮鞻，周掌樂官名也。周官，鞮鞻氏掌四夷之樂與其聲歌。韓詩内傳曰：王者舞六代之樂，舞四夷之樂，大德廣之所及。善曰：周禮曰：播之以八音：金、石、土、革、絲、木、匏、竹。禮記□曰〔六九〕：干戚羽旄謂之樂。鄭玄曰：干，盾也。戚，斧也。武舞所執。羽，翟羽也。旄，旄牛尾。文舞所執。魏文帝樂府曰：短歌微吟不能長。孔叢子曰：世業不替。周易曰：百姓日用而不知。鄭玄周禮注曰：鞮鞻，四夷舞者扉也。鞮，都泥反。鞻，俱具反。毛萇詩傳曰：東夷之樂曰韎。孝經鈎命决曰：東夷曰昧，南夷曰任，西夷之樂曰株離，北夷之樂曰禁。然韎、昧皆東夷之樂，而重用之，疑誤也。甘泉賦曰：八荒協兮萬國諧。

「既苗既狩，爰遊爰豫。藉田以禮動，大閱以義舉。備法駕，理秋御。顯文武之壯觀，邁梁騶之所著。夏獵曰苗，冬獵曰狩。建安二十一年三月，魏武帝親耕藉田于鄴城東。建安二十二年十月甲午，治兵，上親執金鼓，以詔進退。大閱，講武也。魯詩傳曰：古有梁騶。梁騶，天子獵之田曲也〔七〇〕。善曰：孟子，夏諺曰〔七一〕：吾王不遊，吾何以休？吾王不豫，吾何以助？一遊一豫，爲諸侯度。禮記曰：天子爲藉田千畝。公羊傳曰：大閱者何？簡車馬也。蔡邕獨斷曰：天子有法駕。莊子曰：尹需學御三年而無所得，夜夢受秋駕於其師。明日往朝其師，其師望而謂之曰：吾非獨愛道也，恐子之未可與也。今將教子以秋駕。司馬彪曰：秋駕，法駕也。史記曰：此天下之壯觀也。林不槎枿，澤不伐夭。斧斨以時，罾罛以道。德連木理，仁挺芝草。皓獸爲之育藪，丹魚爲之生沼。矞雲翔龍，澤馬亍阜。山圖其石，川形其寶。莫黑匪烏，三趾而來儀。莫赤匪狐，九尾而自擾。嘉穎離合以蓴蓴，醴泉涌流而浩浩。顯禎祥以曲成，固觸物而兼造。蓋亦明靈之所酬酢，休徵之所偉兆。草木未成曰夭。斨，方銎斧也〔七二〕。詩曰：取彼斧斨，以伐遠揚。延康元年，木連理，芝草生於樂平郡，白鹿白麞見於郡國，赤魚見於太原郡。黄初元年十一月，黄龍高四五丈，出雲中。張口正赤。矞雲者，外赤内青也。楊雄太玄經曰〔七三〕：紫霓矞雲。澤馬見於上黨郡。瑞石靈圖出於張掖之柳谷，始見於建安，形成於黄初，文備於大和，周圍七尋，中高一仞，旁厚一里，蒼質素章，龍馬鳳凰仙人之象，粲然盛著，是以有魏詩雲鳥之書。黄初〔七四〕二年，醴泉出，河内郡玉璧一枚。延康元年，三足烏、九尾狐見於郡國，嘉禾生，醴泉出。易曰：顯道而神德行〔七五〕。是故可與酬酢，可與佑神矣。賓主俱飲，主人先舉，名曰酬。客酌主人酒，名曰酢。酢者，報也。行道德，宇神明，而祥瑞皆至。此蓋明靈感應之理，其與人事交報之義也，故曰蓋亦明靈酬酢也。善曰：國語，里革曰：山不槎蘖，澤不伐夭。槎，士雅切。枿，五割切。夭，烏老切。斨，七羊切。罾，子能切。文子曰：鷹隼未擊，羅罔不得張谷；草木未落，斤斧不得入山林。孝經援神契曰：德至草木，則木連理。古瑞命記曰：王者慈仁，則芝草生。説文曰：亍，步也〔一七六〕，丑赤反。毛詩曰：莫赤匪狐，莫黑匪烏。尚書曰：鳳凰來儀。應劭漢書曰：擾，音擾〔一七七〕，馴也。説文曰：穎，穗也。蓴，茂盛貌，子本切。蒼頡篇曰：禎，善也。周易曰：曲成萬物而不遺。尚書，有休徵。孔安國曰：序美行之驗也。説文曰：偉，大也。

「旼旼率土，遷善罔匱。沐浴福應，宅心醰徒南粹。餘糧栖畝而弗收，頌聲載路而洋溢。河洛開奥，符命用出。翩翩黄鳥，銜書來訊叶韻，音悉。人謀所尊，鬼謀所秩。劉宗委馭，巽其神器。闕玉策於金縢，案圖籙於石室。考歷數之所在，察五德之所莅。量寸旬，涓吉日。陟中壇，即帝位。改正朔，易服色。繼絶世，脩廢職。徽幟以變，器械以革。顯仁翌明，藏用玄默。菲言厚行，陶化染學。讎校篆籀，篇章畢覿。優賢著於揚歷，匪孽形於親戚。河、洛開奥，河出圖，洛出書也。黄初元年，黄鳥銜丹書，晝見河尚臺。易曰：人謀鬼謀，百姓與能。玉策，玉牒也。尚書曰：納策于金縢。縢，緘也。楊雄遺劉歆書曰：得觀書於石室。莅，臨也。詩曰：方叔莅止。司馬法曰：明不寶咫尺之玉，而愛寸陰之旬。旬，時也。禮記曰：聖人南面而治天下，改正朔，易服色，殊徽號，異器械。易曰：顯諸仁，藏諸用。讎校，所爲讎校者也。魏文帝好書，作皇覽，諸文章辭藻，多奏御，故曰讎校。尚書盤庚曰：優賢揚歷。歷，試也。善曰：封禪書曰：旼旼穆穆。周易曰：君子見善則遷，有過必改。史記，太史公曰：成王作頌，沐浴膏澤。尚書曰：宅山阜猥積。醰，美也。廣雅曰：粹，純也。淮南子曰：昔容成之時，置餘糧於畝首。蔡雍胡廣碑曰：餘糧栖于畎畝。公羊傳曰：古者什一而籍，而頌聲作矣。毛詩曰：厥聲載路。毛萇曰：路，大也。七略曰：鄒子有終始五德，從所不勝，木德繼之，金德次之，火德次之，水德次之。魏志曰：文帝諱丕，字子桓，武帝太子，爲魏王。漢帝以衆望在魏，遂禪位，乃爲壇於繁陽。王升壇即阼，改元爲黄初。尚書曰：將遜于位。遜與巽同。涓，擇也，古玄切。淮南子曰：君人之道，儼然玄默〔七八〕。馬融論語注曰：菲，薄也。論語曰：君子薄於言而厚於行〔七九〕。風俗通曰：案劉向別録，讎校，一人讀書，校其上下得繆誤，爲校；一人持本，一人讀書，若怨家相對。漢書音義曰〔八〇〕：周宣王太史大篆也〔八一〕。籀，音冑。漢書，鼂錯曰：今陛下不孽諸侯。應劭曰：接之以禮，不以庶孽畜之也。本枝別幹，蕃屏皇家。勇若任城，才若東阿。抗旍則威噞秋霜，摛翰則華縱春葩。英喆知列雄豪，佐命帝室。相兼二八，將猛四七。赫赫震震，開務有謐。故令斯民覩泰階之平，可比屋而爲一。建安二十三年，代郡烏丸反，魏武帝以鄢陵侯彰爲北中郎將，行驍騎將軍。入涿郡界，叛胡數千騎卒至，彰唯有步卒千人，騎數百疋，身自搏戰，追胡，大破之，斬首五千餘級。二八者，八元八凱也。四七者，漢光武二十八將也。黄帝泰階六符經曰：泰階者，天之三階也。上階，上星爲天子，下星爲女主。中階，上星爲諸侯三公，下星爲卿大夫。下階，上星爲元士，下星爲庶人。三階平，則陰陽和，風雨時，歲大登，民人息，天下平，是謂太平。善曰：毛詩曰：本支百世。説文曰：幹，本也。左氏傳，富辰曰：封建懿親，以蕃屏周。蔡邕述行賦曰：皇家赫而天居。彰後爲任城王，植爲東阿王。漢書，終軍曰：驃騎抗旌，昆耶左衽。噞，猶猛也，魚贍反。荀悦申鑒曰：人主怒如秋霜。答賓戲曰：摛藻如春華。易乾鑿度曰：代者赤兑黄佐命。應劭漢官儀曰：帝室，猶古言王室。毛詩曰：赫赫師尹〔八二〕。周易曰：夫易開物成務。爾雅曰：謐，静也，音密。尚書大傳曰：周人可比屋而封。

「筭祀有紀，天禄有終。傳業禪祚，高謝萬邦。皇恩綽矣，帝德沖矣。讓其天下，臣至公矣。榮操行之獨得，超百王之庸庸。追亘卷領與結繩，睠留重華而比蹤。尊盧赫胥，羲農有熊。雖自以爲道，洪化以爲隆〔八三〕。世篤玄同，奚遽不能與之踵武而齊其風？淮南子曰：古者有督而卷領以王天下，其爲德，生而不殺。莊周曰：昔者軒轅氏、赫胥氏、尊盧氏、虙戲、神農氏，當是時，人結繩而用之。若此之時，則至治也。黄帝一號有熊氏。踵，繼也。武，迹也。楚辭曰：及前王踵之武〔八四〕。善曰：幽通賦曰：旦筭祀于契龜。音義曰：筭，數也。尚書曰：天禄永終。王逸楚辭注曰：謝，去也。西京賦曰：皇恩溥。尚書曰：帝德廣運。老子曰：大滿若沖。字書曰：沖，虛也。魏志曰：陳留王奂即皇帝位，後禪位于晉嗣王。魏世譜曰：魏封帝爲陳留王。臣至公，謂帝爲臣於晉，至公之道也。仲長子昌言曰：人主臨之以至公。司馬相如弔二世文曰：操行之不得。班固曰：漢承百王之弊。馮衍顯志賦曰：非庸庸之所識。庸，謂凡常無奇異也。史記曰：舜字重華。高誘淮南子注曰：隆，盛也。老子曰：知者不言，言者不知，是謂玄同。韓子曰：雖厚愛之，奚遽不亂。是故料聊其建國，析其法度。諮其考室，議其舉厝。復之而無斁，申之而有裕。非疏糲魯葛之士所能精，非鄙俚之言所能具。詩云：斯干，宣王考室也。疏糲，麤也。韓非曰：糲糧之飲，黎藿之羹。斁，猒也。漢書司馬遷傳曰：質而不俚。俚，鄙也。善曰：説文曰：析，量也。爾雅曰：諮，謀也。陳琳檄吴將校曰：豈輕舉厝也哉！毛詩曰：無斁於人斯。又曰：綽綽有裕。

「至於山川之倬詭，物産之魁殊。或名奇而見稱，或實異而可書。生生之所常厚，洵美之所不渝。其中則有鴛鴦交谷，虎澗龍山。掘鯉之淀，蓋節之淵。狋狋精衞，銜木償怨。常山平干〔八五〕，鉅鹿河間。列真非一，往往出焉。昌容練色，犢配眉連。玄俗無影，木羽偶仙。琴高沈水而不濡，時乘赤鯉而周旋。師門使火以驗術，故將去而林燔。老子曰：人之輕死，以其生生之厚也。謂適生生之情〔八六〕以自厚也。交谷水在鄴南。虎澗在鄴西南。龍山在廣平沙縣〔八七〕。掘鯉淀在河間莫縣之西。淀者，如淵而淺也。蓋節淵在平原鬲縣北。山海經曰：發鳩之山有鳥，狀如烏，文首，白喙，赤足，名曰精衞。赤帝之女，名曰女娃。女娃遊於海，溺而不反。精衞〔八八〕常取西山之木石，以堙東海焉。列真，謂列仙也。列仙傳，昌容者，常山道人也，自稱殷王女。食蓬累根二百餘年，而顔色如年二十人。故曰鍊色。犢子者，鄴人也。時壯時老，時好時醜，乃知其仙人也。陽都女者，生而連眉，耳細而長，衆以爲異，俗皆言此天人也。會犢子來過都女，都女悦之，遂留相奉侍，出門共牽犢耳而走，莫能追之。玄俗者，自言河間人也。餌巴豆雲英，賣藥於市，七丸一錢，治百病。王病瘕，服藥，用下蚍十餘頭。王家老舍人自言，父甘見俗〔八九〕，俗形無影。王呼俗著日中，實無影。河間，故趙也，文帝三年以爲國。木羽者，鉅鹿南和人也。母貧賤，常助産婦，兒生，自下唼母，母大怖。暮，夢見大冠赤幘守兒，言此兒司命君也，當報汝恩，使子與木羽俱仙。母陰信識之，後兒生，字之爲木羽。兒至年十五，夜有車馬來迎之，呼：木羽木羽，爲我御來。遂俱去。琴高者，趙人也。浮遊冀州二百餘年，後辭入碭水中〔九〇〕，取龍子，與諸弟子期。期日皆絜齊待於傍，設屋祠，果乘赤鯉來，出坐祠中。留一月，復入水去。師門者，嘯父弟子，亦能使火，爲孔甲龍師。孔甲不能修其心意，殺而埋之外野。一旦，風雨迎之，訖，則山木皆燔。孔甲祠而禱之，未還而道死。嘯父，冀州人也，在曲周市上〔九一〕。曲周屬廣平郡，漢武帝征和二年，嘗爲平干國，故曰常山平干也。師門者，本嘯父弟子，故附冀州。善曰：廣雅曰：倬，絶也。薛綜西京賦注曰：詭，異也。王逸楚辭注曰：魁，大也。鄭玄周禮注曰：生，猶養也。劉瓛周易義曰：自無出有曰生。毛詩曰：洵美且仁。鄭玄曰：洵，信也。毛詩曰：舍命不渝。毛萇曰：渝，變也。淀，音殿。説文曰：翍，亦翅字。翼，翅也，叔豉切，今音祇。翍，飛貌〔九二〕。馮衍爵銘曰：壽配列真。劉歆移曰：天下衆書，往往頗出。左傳，太史尅曰：奉以周旋。易陽壯容，衛之稚質。邯鄲躧步，趙之鳴瑟。真定之梨，故安之栗。醇酎中山，流湎千日。淇洹之筍，信都之棗。雍丘之粱，清流之稻。錦繡襄邑，羅綺朝歌。緜纊房子，縑總清河。若此之屬，繁富夥禍夠古侯。非可單究，是以抑而未罄也。枚乘兔園賦曰：易陽之容。淮南子曰：蔡之幼女，衛之稚質。史遷記曰：趙中山鼓鳴瑟，跕躍躧〔九三〕。真定屬中山郡，出御梨。故安屬范陽，出御栗。楊雄幽州箴曰：蕩蕩幽州，惟冀之别。禹貢無幽州，故安今見屬中山郡。中山出好酎酒，其俗傳云：昔有人曰玄石者，從中山酒家酤酒，酒家與之千日之酒，語其節度，比歸數百里〔九四〕可至於醉。如其言飲之，至家而醉。其家不知其醉，以爲死也，棺斂而葬之。中山酒家計向千日，憶曰：玄石前來酤酒，其醉向解也。遂往問其鄰人，曰：玄石死來三年，服已闋矣。於是與其家至玄石冢上，掘而開其棺，玄石於是醉始解，起於棺中。其俗語曰：玄石飲酒，一醉千日。信都屬安平，出御棗。雍丘屬陳留也。地理志曰：魏，參之分野，南有陳留。桓斌曰：雍丘之糧。清流鄴西，出御稻。襄邑屬陳留，舊有服官。中都賦曰：朝歌羅綺。又，房子出御緜。清河出縑總。清河一名甘陵也。善曰：漢書音義，臣瓚曰：跕爲躧〔九五〕。跕，都牒反。躧，所解反。薛君韓詩章句曰：均衆謂之流，閉門不出容〔九六〕謂之湎。淇園，已見上文。杜預左氏傳注曰：水出洹汲郡〔九七〕。汲，即衛地也。洹或爲園。洹，音垣。孔安國尚書傳曰：纊，細緜。廣雅曰：總，絹也。廣雅曰：夠，多也〔九八〕。蓋比物以錯辭，述清都之閑麗。雖選言以簡章，徒九復而遺旨。覽大易與春秋，判殊隱而一致〔九九〕。未上林之隤牆，本前脩以作系胡計切。逸詩：九變復貫，知言之選。擇來比物，謂屬變而還復舊貫，則知言之選，擇來〔一〇〇〕比物錯辭，物土之敍也。屈原遠遊曰：造句始，觀清都。言雖選言簡章，徒至九復，而猶遺其精旨也。春秋推見以至隱，易本隱以之顯，所言雖殊，其合德一也，故曰末上林之隤牆，本前脩以作系也。前脩，謂前賢也。離騷，謇吾法夫前脩。司馬相如上林賦曰：頹牆填壍，使山澤之人得至。楊雄羽獵賦後曰：放雉兔，收罝罘，與百姓共之。亂者，理也。傳曰：有亂臣十人。此皆二賦以其後居正之義，理其前過甚之事也。張衡東京賦曰：相如壯上林之觀，楊雄騁羽獵之辭，雖系以隤牆填壍，亂以收其罝罘，卒無補於風規。蓋易有系辭之義，而以本於前脩以爲系亂之意也。系者，胤也。且易之系，述而辨，至於相如初壯上林之觀，後説隤牆之事，首尾相劚，非本系辭之流也。而張衡云系以隤牆，謂爲系辭同音〔一〇一〕，於義有未安焉。諸文賦之後亂者，與本絶。於隤牆，收罝罘，雖不與本文絶義，張氏同諸系辭之別，可知也。善曰：韓子曰：連類比物。列子曰：周穆王暨及化人之宮〔一〇二〕，王以爲清都紫微。班固漢書司馬相如贊文曰：推見至隱。言大易、春秋隱顯殊而合德若一，故觀覽而法則之。上林則頹牆填壍，雖本前修而作系，所謂勸百而諷一，故輕末而鄙賦。

「其軍容弗犯，信其果毅。糾華綏戎，以戴公室。元勳配管敬之績，歌鍾析邦君之肆。則魏絳之賢有令聞也。國語曰：鄭伯納女樂二八，歌鐘二肆。公錫魏絳女樂一八，歌鍾一肆，曰：子教寡人和戎狄而政諸華，於今八年，七合諸侯，寡人無不得志，與子共之。管敬仲相桓公九合諸侯，魏絳輔晉悼公七合諸侯，故謂之元勳配管敬之績也。悼公得二肆而賜魏絳一肆，故諸侯歌鍾析邦君之肆也〔一〇三〕。善曰：司馬法曰：古者國容不入軍，軍容不入國。禮記曰：介胄有不可犯。鄭玄禮記注曰：信，讀如屈伸之伸，假借字也。左氏傳，君子曰：殺敵爲果，致果爲毅。班固漢書述曰：太祖元勳，啓立輔臣。毛詩曰：令問令望。閑居隘巷，室邇心遐。富仁寵義，職競弗羅。千乘爲之軾廬，諸侯爲之止戈。則干木之德自解紛也。呂氏春秋曰：段干木者，魏文侯敬之，過其廬而軾之。其僕曰：干木，布衣耳，而君軾其廬，不亦過乎？文侯曰：干木不趣俗役，懷君子之道，隱處窮巷，聲馳千里之外，未肯以己易寡人也。寡人光乎勢，干木富於義。勢不如德尊，財不如義高，吾安敢不軾乎？秦欲攻魏，而司馬康諫曰：段干木，賢者，而魏禮之，天下皆聞，無乃不可加乎兵〔三〇四〕。秦君以爲然，乃止。干木寂然不競於俗，故曰職競弗羅也。逸詩云：兆云詢多，職競弗羅。善曰：漢書曰：司馬相如稱疾閑居。毛詩曰：誕寘之隘巷。又曰：其室則邇。老子曰：解其紛也。貴非吾尊，重士踰山。親御監門，嗛嗛同軒。搦女格秦起趙，威振八蕃。則信陵之名若蘭芬也。史記曰：魏有隱士曰侯嬴，年七十，家貧，爲大梁夷門監者。公子方置酒大會賓客。坐定，從車騎，虛左，自迎侯生。秦兵圍邯鄲。公子姊爲平原君夫人，平原使使讓公子。公子數請王，及賓客辯士説王萬端。王畏秦，終不聽公子。公子用侯生策，使朱亥椎殺將軍晉鄙，而奪其軍，進擊秦軍。秦軍解去，邯鄲遂存。秦兵伐魏，公子駕歸，救魏王，魏王以上將授公子。公子使徧告諸侯，諸侯各進兵救魏。公子率五國之兵破秦，至函谷關，秦兵不敢出。當是之時，公子威振天下。善曰：史記曰：侯生直上載，欲以觀公子。公子執轡愈恭。然親御，謂身自爲御也。監門，即侯嬴也。周易曰：謙謙君子，卑以自牧。嗛，古謙字。説文曰：搦，按也〔三〇五〕。英辯榮枯，能濟其厄。位加將相，窒知逸隙之策。四海齊鋒，一口所敵，張儀〔三〇六〕、張祿亦足云也。史記，張儀者，魏人也。始嘗與蘇秦俱事鬼谷先生學術，蘇秦自以不及張儀。儀以學而遊説諸侯。嘗從楚相飲，楚相亡璧。楚相門下意張儀，曰：儀貧無行，此必盜相君璧。共執儀，掠笞數百，不服，釋之。張儀相秦，使於諸侯，皆説之，散其合從之謀。秦封儀爲武信君。爲秦將取陝，築上郡塞。范雎者，魏人也。遊説欲事魏王，家貧無以自資，乃事魏中大夫須賈。賈怨范雎，以告魏將魏齊，笞擊折脅摺齒。雎佯死，即盛以簀中。范雎謂守者曰：公能出我，我必厚謝公。守者乃請棄簀中死人。遂伏匿，更名張祿先生，隨秦謁者王稽入秦，謂昭王曰：臣居山東時，聞齊有田單，而不聞其有王也。聞秦有太后、穰侯，不聞其有王也。今太后擅行不顧，穰侯出使不報，華陽、涇陽專斷不請。四貴備而國不危者，未之有也。昭王懼，乃疑穰侯，收其印，而相張禄，爲應侯。應侯之相秦，蔡澤説曰：今君相秦，計不下席，謀不出廊廟，坐制諸侯，六國不得合從，使天下皆畏秦也。善曰：曹植輔臣論曰：英辯博通。張升及論曰〔二〇七〕：嘘枯則冬榮。解嘲曰：窒隙蹈瑕，而無所屈也。

「摧惟庸蜀與鴝鵲同窠〔二〇八〕，句吴與鼃黽同穴。善曰：許慎淮南子注曰：摧，揚摧，略也。尚書曰：及庸蜀人。孔安國曰：庸在江、漢之南。左氏傳曰：鸜鴿株株。鸜，具瑜反。株，音誅。世本曰：吴孰姑徙句吴。注：孰姑，壽夢也。句吴，太伯始所居地名句吴。句，音溝。説文曰：鼃，蝦蟇也，胡蝸反。鄭玄周禮注曰：黽，蝦蟇屬也。黽，莫耿切。一自以爲禽鳥，一自以爲魚鼈。善曰：漢賈捐之上書曰：駱越之人，譬猶魚鼈，何足貪也！鍾會蒭蕘論曰〔二〇九〕：吴之玩水若魚鼈，蜀之便山若禽獸。山阜猥積而踦區，泉流迸集而咉咽。隰壤瀸漏而沮洳，林藪石留力又而蕪穢。山阜猥積，蜀也。泉流迸集，吴也。戰國策：段規謂韓王曰：分地必取成皋，韓王曰：成皋石留之地，無所用之也。石留之地，喻土地多石，猶人物之有留結也。一曰：壤漱而石也。或作溜字。善曰：廣雅曰：踦區，傾側也。字書曰：迸，散走也〔二一〇〕。咉咽，流不通也。咉，烏朗反。公羊傳曰：瀸者何？漬也。作廉反。周易曰：甕敝漏。然漏猶滲也。滲，所禁反。毛詩曰：彼汾沮洳。毛萇曰：沮洳，其漸洳也。漢書楊惲曰：蕪穢不治。窮岫泄雲，日月恒翳。宅土熇暑，封疆障癘。吴、蜀皆暑濕，其南皆有瘴氣。善曰：泄，猶出也。埤蒼曰：熇，熱貌，許妖切。蔡莽螫適刺力割，昆蟲毒噬。蔡莽螫刺，多毒草也。昆蟲毒噬，蝮蛇鴆鳥之屬也。善曰：王逸楚辭注曰：蔡，草莽也。方言曰：莽，草也，南楚曰莽。鄭玄禮記注曰：昆，明也。明蟲者，陽而生，陰而藏。詩序曰：文王德及鳥獸昆蟲〔二一〕。漢罪流禦，秦餘徙帑。楊雄蜀都賦曰：秦、漢之徙，充以山東。貨殖傳曰：秦破趙，遷卓氏於蜀。漢時，日南、北景、合浦、九真亦皆有徙者，息夫躬、孫寵之屬焉。善曰：左氏傳：舜流四凶族，以禦螭魅。廣雅曰：帑，餘也，力制反。宵貌蕞陋，稟質遳脆蔣衛。巷無杍直呂首，里罕耆耋。地理志曰：江南卑濕，丈夫多夭。巴、蜀輕易淫泆，柔弱褊阸。漢書曰：人宵天地之貌。方言曰：燕記曰：豐人杍首。杍首，長首也。燕謂之杍。交、益之人，率皆弱陋，故曰無杍首也。善曰：左氏傳曰：蕞爾小國。杜預曰：蕞爾，小貌也。廣雅曰：質，軀也。遳，亦脆也，七戈反。說文曰：脆，少耎易斷也。左氏傳曰：王使宰孔謂齊侯曰：伯舅耋老。杜預曰：七十曰耋。或魋直追髻而左言，或鏤膚而鑽髮。或明發而燿歌，或浮泳而卒歲。楊雄蜀記曰：蜀之先代，人椎結左語，不曉文字。燿，謳歌〔二二〕，巴土人歌也。何晏曰：巴子謳歌，相引牽連手而跳歌也。潛行為泳。詩曰：漢之廣矣，不可泳思。善曰：漢書，淮南王曰：越鑽髮文身之人。張揖以為古翦字也，子踐反。文身，即鏤膚也。毛詩曰：明發不寐。爾雅曰：燿燿契契〔二三〕，愈遐急也。郭璞曰：賦役不均，賢人憂歎，遠急切也。佻或作燿，音葦苕，一音徒了反〔二四〕。毛詩曰：何以卒歲？風俗以韰果為嫿，人物以戕害為藝。善曰：楊雄反騷曰：何文肆而質韰。應劭曰：韰，狹也，下介切。方言曰：惈，勇也。果與惈古字通。說文曰：嫿，静好也，音畫。左氏傳曰：自內害其君曰殺，自外曰戕。七良反。威儀所不攝，憲章所不綴。禮記曰：孔子憲章文、武。善曰：毛詩曰：朋友攸攝，攝以威儀。賈逵國語注曰：綴，連也。由重山之束阸烏介，因長川之裾勢〔二五〕。距遠關以闚闇俞，時高櫟而陛制。重山束阸，謂蜀也。長川裾勢，謂吴也。漢書曰：形束壤制。善曰：束扼，拘束其民〔二六〕，由於湫戹也。据勢，依据川之形勢也。闕闠，望尊位也〔二七〕。陛制，亦以高欒之陛，而能約制其民也。漢書音義，言其土地形勢〔二八〕足以束制其人也。据，古據字，九御切。薄戍緜冪，無異蛛蝥之網；弱卒瑣甲，無異螳蜋之衛。善曰：緜冪，微貌。吕氏春秋，湯祝曰：蛛蝥作罔罟，今之人學之。蛛，音株。蝥，莫侯反。莊子，蘧伯玉謂顏闔曰：汝不知夫螳蜋乎？怒其臂以當車轍，不知其不勝任也。

「與先世而常然，雖信險而勦絶。揆既往之前迹，即將來之後轍。成都迄已傾覆，建鄴則亦顛沛〔二九〕。善曰：尚書曰：天用勦絶其命。勦，子小反。左傳，吕相絶秦曰：傾覆我社稷。論語曰：顛沛必於是。馬融曰：顛沛，僵仆也。顧非累卵於疊棊，焉至觀形而懷怛！善曰：言其危懼易見，不俟觀形也。説苑曰，晉靈公造九層臺，孫息聞之，求見曰：臣能累十二博棊，加九雞子其上。公曰：子作之。孫息以棊子置下，加九雞子于其上。靈公曰：危哉！孫息曰：是不危，復有危於此者。九層之臺，三年不成，鄰國將欲興兵，社稷亡滅，君欲何望？公即壞臺。賈逵國語注曰：怛，懼也。權假日以餘榮，比朝華而菴藹。善曰：權，猶苟且也。楚辭曰：聊假日以須時。説文曰：木堇，朝華暮落。覽麥秀與黍離，可作謠於吴會。」善曰：尚書大傳曰：微子將□朝周〔三〇〕，過殷之墟，見麥秀之蘄蘄，曰：此父母之國，宗廟社稷所立也。志動心悲，欲哭則爲朝周，俯泣則婦人，推而廣之，作雅聲。毛詩序曰：黍離，閔宗周。大夫行役，過故宗廟宫室，盡爲禾黍，而作是詩。

先生之言未卒，吴蜀二客，矆焉相顧〔三一〕，䁱焉失所〔三二〕。有靦瞢容，神惢形茹。

㢮氣離坐，㥏墨而謝。矆，懼也。左傳曰：駟氏矆懼。毛詩曰：有靦面目。瞢，愧也。左傳曰：亦無瞢焉。楊雄方言曰：慙也，荊楊之間曰㥏。善曰：張以愯，先壠反。今本並爲矆。矆，大視，呼縛反。說文曰：𥉻，失意視〔三三〕，他狄反。字書曰：蘂，垂也，謂垂下也。惢，與蘂同，而髓切〔三四〕。說文曰：惢，心疑也，亦而髓反〔三五〕。呂氏春秋曰：以茹魚驅蠅，蠅愈至而不可禁。然茹，臭敗之義也，如舉反。廣雅曰：㢮，釋也，施紙反。㥏，勑典反。杜預左氏傳注曰：墨，色下也。說文曰：謝，辭也。曰：「僕黨清狂，怵迫閩濮卜。習蓼蟲之忘辛，翫進退之惟谷。非常寐而無覺，不覩皇輿之軌躅。漢書，昌邑王賀傳曰：賀清狂不慧。注〔三六〕，色理清徐而心不慧，故曰清狂也。賈誼鵩鳥賦曰：怵迫之徒，或趣西東。善曰閩，已見吳都賦。孔安國尚書注曰：濮國在江、漢之南。楚辭注曰：蓼蟲不知從乎葵藿。王逸曰：蓼蟲處辛刺，食苦惡，不從葵藿食甘美。毛詩曰：人亦有言，進退惟谷。又曰：尚寐無覺。楚辭曰：恐皇輿之敗〔三七〕。班固漢書，班嗣曰：伏周、孔氏之軌躅。音義曰：躅，迹〔三八〕也。過以仉剽之單慧〔三九〕，歷執古之醇聽。楊雄方言曰：仉剽，輕也。善曰：鄭玄禮記注曰：過，猶誤也。王逸楚辭注曰：歷，逢也。老子曰：執古之道。仉，敷劍切。剽，匹妙反。兼重一龍反悂以貤繆，偭辰光而罔定。善曰：言既重其悂而又累其繆也。廣倉曰：悂，用心并誤也，方奚反。說文曰：貤，重次第物也，弋豉反。漢書音義應劭曰：偭，背也，音面。國語曰：次序三辰。賈逵曰：日月星也。先生玄識，深頌靡測。得聞上德之至盛，匪同憂於有聖。老子曰：古之士微妙玄通，深不可識。夫惟不可識，故強爲之頌，故曰先生玄識，深頌靡測。又曰：上德無爲而無不爲。易曰：顯諸仁，藏諸用，鼓萬物而不與聖人同憂，盛德大業，至矣哉！夫聖人親憂其事，然後能立。易體無爲而無不爲，自然動物，而不與聖人同憂。蓋謂治合造化，出於形器之表者，聖人無所復聞，無復恤也，故曰鼓萬物而不與聖人同憂。其上賦中云顯仁翌明，藏用玄默，故下覆報言之也。善曰：王弼周易注曰〔三〇〕：不與聖人之憂〔三一〕，憂君子之道不長，小人之道不消，黍稷之不茂，荼蓼之蕃殖。至於乾坤，簡易是常，無偏於生養，無擇於人物，不能委曲與彼聖人，同此憂之。抑若春霆發響，而驚蟄飛競。潛龍浮景，而幽泉高鏡。善曰：二客聞言，朗然心悟，猶春霆響，驚蟄紛然而競飛，龍彩幽泉，煥然而照也。呂氏春秋曰：聞春始雷，則蟄蟲動矣。詩推度客曰〔三二〕：震起而驚蟄睹。周易曰：潛龍勿用也。雖星有風雨之好，人有異同之性。庶覿蔀家與剥廬，非蘇世而居正。尚書洪範曰：庶人惟星，星有好風，星有好雨，言人心之不同如星之所好異。易曰：豐其屋，蔀其家，小人剥廬。楚辭九章曰：蔀也必獨立。春秋公羊傳曰：君子大居正。善曰：言己因此幸見蔀家剥廬之凶，非謂悟世而居正道也。爾雅曰：庶，幸也。王弼周易注曰：蔀，覆曖鄣光明之物也。既豐其屋，又覆其家，屋厚家覆，闇之甚也。王逸楚辭注曰：蘇，寤之也。且夫寒谷豐黍，吹律暖之也。昬情爽曙，箴規顯之也。劉向别録曰：鄒衍在燕，有谷，地美而寒，不生五穀。鄒子居之，吹律而温至黍生，今名黍谷。善曰：孔安國尚書注：爽，明也。説文曰：曙，旦明也。雖明珠兼寸，尺璧有盈。曜車二六，三傾五城，未若申錫典章之爲遠也。太史書曰：田敬仲世家傳曰〔三三〕：齊威王二十四年，與魏惠王會田於郊。魏王問曰：王亦有寶乎？曰：無有也。魏王曰：若寡人小國也，尚有徑寸之珠，照車前後十二乘者十枚，奈何以萬乘之國而無寶乎！善曰：尹文子曰：田父得寶玉徑寸，置於廡上，其夜照一室。史記曰：趙惠文王得楚和璧，秦昭王聞之，願以十五城請易璧。毛詩曰：申錫無疆。

「亮曰：日不雙麗，世不兩帝。天經地緯，理有大歸。安得齊給守其小辯也哉！」三客自言安能守此者自晦也〔三四〕。荀卿子曰：辯説譬論，齊給便利，而不愼義，謂之姧説。善曰：禮記曰：天無二日，主無二王。漢書文帝賜尉他書云：兩帝並立。新序單襄公曰：經之以天，緯之以地，經緯不爽，天之象也。家語，孔子曰：小辨害義，小言破道也。

文選考異

〔一〕魏都賦注「魏曹操都鄴」下至「以魏都依制度」　袁本、茶陵本無此一節注，是也。案：此二本亦尚未竄入，其并非五臣注更明。

〔二〕左太沖　茶陵本此下有「劉淵林注」四字，袁本無。案：各本皆非也，當有「張載注」三字。何云前注「張載爲注魏都」，陳云賦末「善曰張以㑩先隴反云云」，則知卷首本題張孟陽注，與前合，後來誤作劉淵林耳。所説是也。袁、茶陵賦中每節注首「劉曰」，皆非，蓋合併六家時已誤其題矣。

〔三〕注「爾雅曰權輿」　袁本、茶陵本無「爾雅曰」三字。

〔四〕注「劇秦美新序曰」　案：「序」字不當有。各本皆衍。

〔五〕注「班固漢書述曰彰其剖判」　袁本、茶陵本無此十字。

〔六〕注「楊雄交州箴曰」　袁本、茶陵本無「交」字。案：漢書曰「作州箴」，餘所引有「某州箴者」，疑皆後人所添而此爲是也。

〔七〕注「杜篤通邊論曰親録譯導綏步四來」 袁本、茶陵本無「通録四來」四字。案：尤校添之也。

〔八〕以中夏爲喉不以邊垂爲襟也 袁本、茶陵本「喉」下有「舌」字，「襟」下有「帶」字。案：詳注皆不當有，二本非。又「襟」依注字善作「衿」，蓋五臣「襟」而各本亂之。

〔九〕注「而附著於大中之道也」 袁本、茶陵本「而」作「又不」，無「於」字。

〔一〇〕注「莫不貢職」 袁本、茶陵本「貢職」作「來貢」。案：尤校改之也。

〔一一〕注「漢書曰單于」下至「百蠻貢職」 袁本、茶陵本無此十九字。

〔一二〕而徒務於詭隨匪人 茶陵本「人」作「民」，云五臣作「人」。袁本作「人」，無校語。案：「民」字是也。尤以五臣亂善，又并注「同於匪民」亦改「人」，皆非。

〔一三〕注「詭隨匪人言詭善隨惡」 袁本、茶陵本「詭隨匪人言」五字作「徒務於」三字。

〔一四〕注「詭隨詭人之善隨民之惡」 袁本、茶陵本無上「詭隨」二字，「惡」下有「者也」二字。

〔一五〕注「言惡也」 袁本、茶陵本無此三字。

〔一六〕注「小劍戍去大劍」 袁本、茶陵本無「戍」字。案：此尤校添「戍」字而譌耳。

〔一七〕注「蹶敗也善曰」 袁本、茶陵本無「善曰」二字。案：有者非也。

〔一八〕注「名赤縣神州赤縣神州内自有九州」 袁本、茶陵本無下「赤縣神州」四字。

〔一九〕注「崑崙謂東南」 袁本無「謂」字，是也。茶陵本亦衍。

〔一〇〕注「于時兵所圍繞」　袁本、茶陵本「繞」作「也」，是也。

〔一一〕注「臣今見宮中荆棘」　袁本、茶陵本「荆」上有「生」字。

〔一二〕注「宮室深邃之貌」　袁本、茶陵本無「宮」字。

〔一三〕注「沈長含切」　袁本、茶陵本「切」作「反」。案：「反」字是也。凡善本云「反」，合併以後改爲「切」，其僅存者皆不當改也。

〔一四〕注「廣雅曰煨燼也烏壞反廣雅曰煨煙也」　案：此有誤也。考廣雅並無「煨，燼也」。又其下不當又云「廣雅曰」。各本皆同，無以訂之。唯釋詁云「煨，煴也」，下「煙」必「煴」之誤。

〔一五〕注「又曰矢鋒也」　陳云「矢」上脱「鏑」字，是也。各本皆脱。

〔一六〕注「牢落」下至「翩連緜以牢落」　袁本、茶陵本無此十六字。

〔一七〕亦獨犨麋之與子都　袁本、茶陵本「獨」作「猶」。案：「猶」字是也。尤誤。

〔一八〕注「色如漆赭」　袁本、茶陵本無「赭」字。

〔一九〕注「子都美丈夫也」　袁本、茶陵本無此六字。

〔二〇〕注「二山名已見上文」　袁本、茶陵本無「已見上文」四字。案：「二」當作「三」。各本皆誤。

〔二一〕則霜露所均　茶陵本「均」作「鈞」，云五臣作「均」。袁本作「均」，無校語。案：袁用五臣也。尤蓋以五臣亂善。

〔二二〕注「則爲明主也」　袁本無「爲」字，是也。茶陵本無上「左傳」至此，脱。

〔三三〕注「善曰史記」 袁本、茶陵本作「劉曰當魏襄王時」。案：一本最是。「當魏襄王時」者，上數所賦以前也，尤改誤。又二本每節首有「劉曰」，於此例當去，改爲「善曰」，更誤。

〔三四〕注「蘇秦説魏襄王曰」 袁本、茶陵本無「襄」字。

〔三五〕注「南有陳」 何校「陳」下添「留」字，是也。各本皆脱。

〔三六〕注「潁川舞陽郾許鄢樊陵」 袁本、茶陵本無「樊」字。案：無者是也。「川」下當依漢志補「之」字，各本皆脱。潁川，郡也。舞陽以下，皆縣也。潁川郡屬縣有鄢陵，尤添「樊」字於其間，甚誤。

〔三七〕注「温水在廣平都易縣」 何校「都」改「郡」，「易」下添「陽」字，是也。各本皆誤。晉書地理志之廣平郡易陽縣也。陳云别本「都」作「郡」，今未見。

〔三八〕注「涓水蕩其胸」 案：「涓」當作「湇」。各本皆譌。

〔三九〕注「閟宮有洫」 袁本「洫」作「侐」。茶陵本亦作「洫」。案：「侐」是也。

〔四〇〕注「蒼頡篇斥」下至「廣大之貌」 袁本、茶陵本無此二十九字。

〔四一〕授全模於梓匠 袁本校語云善作「令模」。茶陵本作「全模」，校語但云五臣作「謨」。案：尤所見與茶陵同，注無明文，未審善果何作。

〔四二〕注「謀龜謀筮」 袁本、茶陵本作「尚書曰謀及卜筮」。案：蓋各本皆非也。載注但當有「謀及卜筮」四字。下文善注首「尚書曰謀及卜筮」七字，茶陵本無，非也；袁有，是也。如下節載注「陂，傾也」，善注鄭玄禮記注曰「陂，傾也」，可以例此。

〔四三〕注「以避燥濕」　袁本、茶陵本「燥濕」作「温涼」。案：此尤以今荀子校改之，孟陽引不必同，改者未是。

〔四四〕注「又曰僝取也子軟切」　袁本、茶陵本無此八字。

〔四五〕注「詩定之方中」　袁本、茶陵本「詩」下有「云」字，是也。

〔四六〕注「西都賦曰因瓌材而究奇抗應龍之虹梁」　袁本、茶陵本無此十六字。

〔四七〕注「西京賦」　袁本、茶陵本「西」上有「西都賓曰抗應龍之虹梁」十字。

〔四八〕注「又曰疏龍首以抗殿」　袁本、茶陵本無此八字。案：彼賦「龍首」與此敻然不涉，尤增多，誤甚。

〔四九〕注「謂畫爲龍首於椽」　袁本、茶陵本無「畫於椽」三字。

〔五〇〕暉鑒抰振　案：「抰振」當作「柍桭」，注同。各本皆譌。柍桭見甘泉賦，太沖用其語，彼不誤，可證也。

〔五一〕階陏嶙峋　案：「陏」當作「楯」，善引應劭上林賦「宛虹杝於楯軒」句注可證。袁、茶陵二本所載五臣翰注云「階陏，階道上處」。蓋五臣改爲「陏」，而各本亂之。茶陵本並善注中字亦改爲「陏」，大誤。

〔五二〕注「深黑色也」　袁本、茶陵本無「深」字、「黑」字。

〔五三〕注「抵鍔嶙峋」 茶陵本「抵」作「柢」，袁本與此同。案：各本皆非也，當作「坻」。

〔五四〕注「德陽殿賦曰」 何校「德」上添「李尤」二字，是也。各本皆脱。

〔五五〕注「西京賦曰」下至「若雙闕之相望」 袁本、茶陵本無此十六字。

〔五六〕注「内朝所在也」 袁本、茶陵本「所在」作「存」。案：此尤改也。

〔五七〕注「蔡雍陳留太守頌曰」 袁本、茶陵本「蔡」上有「玄化自此陶甄而成國風於是有稟承也」十六字。案：有者是也。尤誤脱去。

〔五八〕注「漢書音義如淳曰」 袁本、茶陵本作「如淳漢書注曰」。案：此亦尤改也。

〔五九〕蕙風如薰 何引潘校「蕙」改「惠」。案：所校是也，善注可證。袁、茶陵二本所載五臣銑注云「蕙，香草」，是五臣改爲「蕙」而各本亂之。

〔六〇〕注「聽政殿聽政殿門」 袁本、茶陵本此七字作「聽政殿前」四字。案：各本皆非也。當作「聽政殿前聽政闥」七字爲一句。

〔六一〕注「聽政門前升賢門」 案：上「門」字當作「闥」，下節注云「升賢門内聽政闥外」，與此相承接，各本皆譌。

〔六二〕注「崇禮門右順德門」 案：「崇禮門」三字不當有，乃誤複上文。各本皆衍。

〔六三〕注「顯陽門前有司馬門」 袁本、茶陵本無「顯陽」二字。

〔六四〕注「闈守門也」下至「守王門」 袁本、茶陵本無此十一字。

〔六五〕注「音此禮切」下至「惠風横被」袁本、茶陵本無此十四字。

〔六六〕注「邊讓帝臺賦曰」何校「帝」改「章華」二字，陳同，是也。各本皆誤。

〔六七〕注「聽政闥向外」袁本、茶陵本無「向」子。案：無者最是，四字爲一句。

〔六八〕注「宣明門内升賢門升賢門外」案：「升賢門」三字不當重。「宣明門内」四字爲一句，與上之「升賢門内」、下之「顯陽門内」句例同也。「升賢門外」四字爲一句，與上之「聽政闥外」、下之「宣明門外」句例同也。又袁本上「升賢門」下有「而」字，茶陵本有「内」字。何校云然此四字疑衍，陳同，是矣。

〔六九〕注「禁中諸公所居曰」袁本、茶陵本無此七字。

〔七〇〕注「始置侍中中尚書」袁本、茶陵本無下「中」字。

〔七一〕注「幕人掌幄帟」袁本、茶陵本作「帟人掌幄」。案：當作「幕人掌幄」，此無取「帟」也。尤改未是。

〔七二〕丹青焕炳　袁本、茶陵本「焕炳」作「炳焕」。案：此疑善、五臣之異，今無以考之也。

〔七三〕注「咎繇薦舜曰」何云「薦」疑作「薔」。陳云當作「薔」，是也。各本皆誤。

〔七四〕注「周禮曰正宫掌宫中次舍」袁本、茶陵本無此十字。

〔七五〕注「謂次舍之名以甲乙紀之也」袁本、茶陵本「名」作「處」，「紀」作「緣」。案：此亦尤改也。

〔七六〕注「文藻頌詠也」　袁本、茶陵本「頌」上有「而」字。
〔七七〕亢陽臺於陰基　袁本、茶陵本「臺」下校語云善作「高」。案：此以五臣亂善，非。
〔七八〕注「文昌殿西有銅爵園園中有魚池堂皇」　袁本、茶陵本無上「有」字，不重「園」字。
〔七九〕注「既滋蘭之九畹」　袁本、茶陵本無「既」字、「之」字。
〔八〇〕注「莊子曰」　袁本、茶陵本「子」作「周」。案：二本最是，此稱莊周，舊注例也；若稱莊子，善注例也。餘舊注誤者準此，不更出。
〔八一〕注「流沫三十里黿鼉魚鼈之所不能遊也」　袁本、茶陵本「三」作「四」，無「魚鼈」二字。
〔八二〕注「有屋一百一間」　袁本、茶陵本「有」上有「銅雀臺」三字，是也。
〔八三〕注「一百九間冰井臺有屋」　此九字袁本、茶陵本無。案：尤校添者，是也，蓋依水經濁漳水注。凡二本之誤，多不具論。唯此等經尤延之而改正，讀者所當知，故詳出之。
〔八四〕注「百四十五間」　袁本、茶陵本「四」作「三」。案：水經注作「四」，尤依校改。
〔八五〕注「上有冰室三臺與法殿」　袁本、茶陵本「上」上有「冰室臺」三字，「室三臺」作「三室」。案：尤校改者，是也。水經注云「上有冰室」。詳賦云「下冰室而沍冥」，「上」字必皆「下」字之譌。
〔八六〕注「爲徑周行」　此四字袁本、茶陵本無。案：二本脱也。
〔八七〕注「魯靈光殿賦曰」下至「似紫宫之峥嶸」　袁本、茶陵本無此二十五字。

〔八八〕注「魯靈光殿賦曰」　袁本、茶陵本「賦」下有「注」字。

〔八九〕注「此鳳之有定有住尚向風而無一方」案：此當作「此鳳之住有定向」七字爲一句，「而風無一方」五字爲一句。各本皆誤，絶不可通，今訂正之。

〔九〇〕注「眸眸子也」　袁本、茶陵本無此四字。

〔九一〕注「班固西都賦説臺曰」　袁本、茶陵本無「説臺曰」三字。

〔九二〕注「彌望得意之謂也」　袁本、茶陵本「得意之謂」作「意之得」。

〔九三〕注「若春升臺之爲樂焉」　袁本、茶陵本無「春」字。

〔九四〕注「晷漏漏刻也」　袁本、茶陵本下「漏」作「之」。又「也」下有「西上東門北漏有刻屋也」十字。案：有者是也。尤誤脱去。「上東」當作「止車」，前注「南當南止車門」，又有「東西止車門」。袁、茶陵「止車」皆作「上東」。考水經注説「長明溝南逕止車門下」，然則「上東」非也，此亦當同彼矣。「屋」當作「室」。

〔九五〕注「晷景」　案：「景」下當有「也」字。各本皆脱。

〔九六〕注「樂汁圖曰」　案：「圖」下當有「徵」字。各本皆脱。

〔九七〕注「服虔甘泉注曰」　何校「泉」下添「賦」字，陳同，是也。各本皆脱。

〔九八〕隆厦重起　案：「厦」當作「夏」。載注引詩「夏屋」，善必與之同。蓋五臣「厦」而各本亂之。下文「厦屋一揆」，亦如此。

〔九九〕注「寇俠城堞」 袁本、茶陵本無「堞」字。案：此尤校添也。

〔一〇〇〕注「毛詩云夏屋渠渠」 袁本、茶陵本無「毛」字。案：無者最是。此稱詩，舊注例也；若稱毛詩，善注例也。其有不合者，非。餘各本皆誤者準此，不更出。凡劉淵林、張孟陽諸人之注，皆未必是毛詩，觀下「牒牒坰野」句注，即可知矣。

〔一〇一〕注「廣尋長五十步」 袁本、茶陵本無「長」字。案：此尤校添也。

〔一〇二〕蒲陶結陰 茶陵本「蒲」下校語云善作「蒱」。袁本無校語。案：此尤改未必是也。袁本載注，字亦作「蒱」。然則所見與茶陵同，失著校語耳。尤并注改作「蒲」，非。

〔一〇三〕蒹葭贙 袁本、茶陵本「贙」作「贙」，注同，是也。「贙」俗字耳，廣韻所謂倒一虎者，非是矣。

〔一〇四〕若咆渤澥與姑餘 案：「渤」當作「勃」，載注引楊雄曰「勃澥之鳥」，善必與之同。蓋五臣「渤」而各本亂之。

〔一〇五〕注「江池清籞」 袁本、茶陵本「江」作「淵」。案：尤依東京賦改「淵」作「洪」，而又誤其字耳。

〔一〇六〕注「方四十里」 袁本、茶陵本「里」下有「耳」字。案：此尤依今孟子改也，下同。

〔一〇七〕注「殺其麋鹿者」 袁本無「鹿」字，茶陵本有。

〔一〇八〕注「爲阱於國中」 袁本、茶陵本無「於」字。

〔一〇九〕注「鄭玄周禮注」下至「大波也」 袁本、茶陵本無此十七字。

〔一〇〕注「隨波之貌」　袁本、茶陵本無此四字。

〔一一〕注「飛而下曰頏」　袁本、茶陵本無此五字。案：此二本脱，而尤添之，是也。

〔一二〕注「今鄴下有十二蹬天井優」　案：「優」當作「堰」，水經濁漳水注有「天井堰」，可證也。各本皆誤。

〔一三〕注「分爲十二蹬」　袁本、茶陵本「蹬」下有「者也」二字。

〔一四〕注「界也埒畔際也」　案：上「也」字不當有。各本皆衍。「界埒畔際也」五字爲一句。

〔一五〕注「賈逵國語曰」　案：「語」下當有「注」子。各本皆脱。陳云别本有。

〔一六〕注「河渠書」　袁本、茶陵本作「史記曰」。案：此尤改也。

〔一七〕注「漢書曰」　袁本、茶陵本作「又曰」。案：此尤改也。

〔一八〕注「終古潟鹵兮」　袁本、茶陵本「潟」作「寫」。案：「寫」乃「舄」字之譌，尤改未爲是也。

〔一九〕注「蒔更也」　袁本、茶陵本「更」作「植立」二字，是也。

〔二〇〕注「郭璞曰謂更種也」　袁本、茶陵本無此七字。

〔二一〕注「鄴城内諸街」　袁本、茶陵本「鄴」上有「言」字，「街」作「衛」。案：此亦尤改也。

〔二二〕注「有赤闕黑」　案：「黑」當作「里」。各本皆誤。「有赤闕里」四字爲一句。

〔二三〕注「謂之倚郭璞曰石橋音江」　袁本、茶陵本作「謂石橋也」四字。案：以四字爲一句，二本最是。載注不得引郭景純爾雅，尤增多，甚誤。

〔二四〕注「侍中尚書御史符節謁者郎中令太僕」　袁本、茶陵本無此十五字。案：此亦尤添也。「侍中」至「謁者」在前「符節謁者」劉注中，此無取其事，蓋皆未是也。

〔二五〕注「長壽吉陽二里在宫東中當石竇吉陽南入」　此十七字袁本、茶陵本無。案：此蓋二本脱。

〔二六〕注「鄴城南有都亭城東亦有都道北有大邸」　袁本、茶陵本「南」作「東」。案：各本皆有誤。此節賦「邸」，注必説「邸」可知。然則當作「鄴城東有都亭邸」爲一句。「東城下有都道」爲一句，「道北有大邸」爲一句。尤改「東」爲「南」，欲以通之，而彌不可讀，今訂正。此賦前注有「北城下」，後注有「西城下」，可證此之「東城下」也。

〔二七〕注「秦舍相如廣城傳」　茶陵本「城」作「成」，是也。袁本亦誤「城」。

〔二八〕注「輟止掇古字通」　案：「止」下當有「也輟與」三字。各本皆脱。

〔二九〕侈所覝之博大　袁本、茶陵本「覝」作「眺」，注同。案：此疑太沖自用「眺」字，故善以爾雅「眺」解之，「眺」即「覝」耳。善引書之例有如此者，尤延之因爾雅作「覝」改，未必是也。

〔三〇〕注「達已見上章」　案：「達」當作「逵」，下同。各本皆譌。

〔三一〕注「聽賣買以質劑又曰」　袁本、茶陵本無此八字。

〔三二〕財以工化　案：「財」當作「材」。茶陵本校語云五臣作「材」，袁本作「材」，詳載注。善注並作「材」，但傳寫誤作「財」也。

〔三三〕注「史記曰子産治鄭不鬻賈」 袁本、茶陵本無此十字。

〔三四〕注「成平也市者」 袁本、茶陵本無「也」字。

〔三五〕注「舜居河濱器不苦窳」 袁本、茶陵本無「舜居」二字。

〔三六〕注「淑清穆和之風既宣」 袁本、茶陵本無此八字。

〔三七〕注「優渥」 袁本、茶陵本無此二字。案：無者是也。又茶陵删此上「女龍切」、此下「然」，皆非。

〔三八〕注「是謂賨布廩君之巴氏出幏布」 袁本、茶陵本「賨布廩君之」作「廩君之賨」。案：此尤校改也，蓋據後漢書南蠻傳。

〔三九〕縵胡之纓 案：「縵」當作「漫」。袁本、茶陵本載注中字作「漫」，此并改作「縵」，非。其五臣銑注中字作「縵」，然則乃各本亂之而失著校語。今莊子作「曼」，釋文引司馬彪云「曼胡之纓謂麤纓無文理也，漫曼同字」，可借爲證。

〔四〇〕注「立魏公位諸侯王上」 袁本、茶陵本無「立」字。

〔四一〕注「臣能虚發而下鴈魏王曰」 袁本、茶陵本無此十字。案：二本有脱。考楚策，尤所添亦未是。

〔四二〕注「庶士有揭又曰」 袁本、茶陵本無此六字。案：無者最是。陳云注必有誤，未悟爲增多耳。

〔四三〕刷馬江州　案：「刷」當作「唰」，注同。載注引「唰嗽」爲注，是其本作「唰」，善必與之同。五臣向注作「刷」，云乃「洗刷兵馬」云云，各本亂之而失著校語。又案：善赭白馬賦「旦刷幽燕」注引作「刷」，必太沖集别本，與張孟陽注者不同。此之謂各隨所用而引之。善固已自舉其例矣。

〔四四〕振旅輷輷　案：「輷輷」當作「輷輷」。善注有明文，其云「今爲輷字音田」者，猶西京賦注之「今並以亘爲垣」耳。五臣因此改，故正文下有「田」字音，各本亂之而失著校語。集韻「轟」字重文有「輷」，即本此，亦可證。載注、善注兩見「輷輷」，皆同。

〔四五〕注「庖丁爲文惠君屠牛」　袁本、茶陵本無「君」字。案：下文兩云「文君」，疑此本亦云「文君」耳。

〔四六〕注「建安二十五年」　袁本、茶陵本無「五」字。案：此尤添也。

〔四七〕注「剋默韓暹楊奉之專用王命也」　袁本「默」作「黜」，是也。茶陵本亦誤「默」。

〔四八〕注「降劉表於荆州之屬也」　袁本、茶陵本無「之屬」二字，是也。何校「表」改「琮」，陳同。各本皆作「表」，或此本云「表」耳。

〔四九〕注「北羈單于于白屋」　案：「于」字不當重有。各本皆衍。説見後九錫文下。

〔五〇〕注「兵事以嚴終也」　袁本、茶陵本「兵」作「無」，「終」作「衆」。案：此亦尤改也。

〔五一〕注「韋昭注曰東山皐落氏也」　袁本、茶陵本無此十字。

〔五二〕注「楊雄上疏曰」下至「西都賦」　袁本、茶陵本無此七十六字。案：二本以上「漢書」，下接「曰祲威盛容」，當有脱，尤所添，但亦未是。

〔五三〕注「刷猶飲也所劣切」　袁本、茶陵本無此七字。

〔五四〕注「伐弱燕」　袁本、茶陵本「燕」作「韓」，是也。

〔五五〕注「毛詩曰喪亂既平」　袁本、茶陵本無此七字。案：下「周公攝政」，陳云「上脱引書名」，是也。各本皆同，無以補之。

〔五六〕豐肴衍衍　何云「衍衍」據善注當作「衎衎」。陳同。案：所説是也。袁、茶陵二本所載五臣向注字作「衎」，或各本亂之。

〔五七〕注「有東鯷人」　袁本、茶陵本無「東」字。案：此亦尤添也。

〔五八〕注「蒼頡篇曰賫財貨也」　袁本、茶陵本無此八字。善注「以約小兒於背上」句下有「蒼頡篇曰賫財貨」七字，是也。

〔五九〕注「楚辭小招魂曰」　茶陵本無「魂」字。袁本無「曰」字。案：茶陵是也。「小招」者，對「大招」之言也。

〔六〇〕注「其南者多也」　袁本、茶陵本「多」作「分」，是也。

〔六一〕注「高張四縣」下至「毛詩曰」　袁本、茶陵本無此二十二字。案：二本以上「漢書曰」下接「夜未央」，當有脱。尤所添，但亦未是。

〔二六二〕注「又曰采蘩祁祁」 袁本、茶陵本無此六字。

〔二六三〕注「毛詩曰湑」 案：「詩」當作「萇」。各本皆誤。

〔二六四〕注「沛茜之也」 案：「沛」當作「泲」。各本皆譌。

〔二六五〕冒六莖 袁本、茶陵本「六莖」作「六英五莖」，云善無「六英」二字。何云以韶夏例之，當作「英」、「莖」，陳同。案：其説是也。各本皆非。

〔二六六〕注「昔秦穆公」 袁本作「昔繆公言」。茶陵本作「昔繆公嘗言」。案：蓋袁本是也。

〔二六七〕注「嘗如此」下至「甚樂」 袁本、茶陵本無此二十一字。

〔二六八〕注「簡子寤曰」 袁本、茶陵本「寤」下有「之」字。案：依趙世家訂之，疑「語」字之誤。

〔二六九〕注「禮記□曰」 袁本、茶陵本空格作「注」。案：此初與二本同衍而脩去之也。

〔二七〇〕注「天子獵之田曲也」 袁本、茶陵本無「獵之曲」三字。案：無者是也。東京賦善注引作「天子之田也」可證，尤誤添。

〔二七一〕注「孟子夏諺曰」 袁本、茶陵本「子」下有「曰」字。

〔二七二〕注「方銎斧也」 袁本、茶陵本無「銎」字。案：此尤添也。

〔二七三〕注「楊雄太玄經曰」 袁本、茶陵本無「經」字。

〔二七四〕注「文備於大和」下至「是以有魏詩雲鳥之書黄初」 袁本、茶陵本無此四十四字。案：疑此乃記三國志注文於旁。尤取以增多而又有譌誤也。

〔七五〕注「顯道而神德行」　茶陵本無「而」字，是也。袁本亦衍。

〔七六〕注「亍步也」　袁本、茶陵本「步」上有「小」字，是也。

〔七七〕注「應劭漢書曰擾音擾」　何校下「擾」字改「柔」，陳同。又云「書」下當有「注」字，是也。各本皆脱誤。

〔七八〕注「詩曰方叔莅止」下至「儼然元墨」　此三百七字袁本、茶陵本無。案：此初無，與二本同，脩改添之。蓋無者脱，而尤得之，計當時存本尚衆，或有不失善舊者，惜尤延之未能精擇，每誤取增多，若準此條，固無嫌耳。何校改「宅山阜猥積」爲「宅心知訓」，陳同。又「讎校所爲讎校者也」句亦有譌，無以正之。

〔七九〕注「論語曰君子薄於言而厚於行」　此十二字袁本、茶陵本無。案：蓋二本脱。

〔八〇〕注「讎校」下至「漢書音」　此三十一字袁本、茶陵本無。案：蓋二本脱。又案：「若怨家相對」下當有「爲讎」二字。

〔八一〕注「大篆也」　袁本、茶陵本「大」上有「作」字。

〔八二〕注「毛詩曰赫赫師尹」　袁本、茶陵本無此七字。

〔八三〕雖自以爲道洪化以爲隆　何云下「以爲」二字，傳寫誤加。陳云「道洪化隆」中間不當有「以爲」二字。案：所説是也。各本皆非。

〔八四〕注「及前王踵之武」　案：「踵之」當作「之踵」。各本皆倒。

〔八五〕常山平干　袁本、茶陵本「干」作「于」，注同。案：二本是也。

〔八六〕注「謂適生生之情」　袁本、茶陵本「適」作「通」，「情」作「精」。案：此亦尤改也。

〔八七〕注「在廣平沙縣」　袁本、茶陵本「沙」作「涉」。案：二本是也。晉書地理志廣平郡有涉縣，可證。

〔八八〕注「溺而不反精衞」　陳云「反」下當有「化爲」二字，是也。各本皆脱。

〔八九〕注「自言父甘見俗」　袁本、茶陵本「甘」作「世」，是也。

〔九〇〕注「後辭入碣水中」　袁本、茶陵本「碣」作「碭」。案：此亦尤改也。

〔九一〕注「在曲周市上」　袁本、茶陵本「周」作「州」，下同。案：此亦尤改也。

〔九二〕注「𤝞飛貌」　案：「𤝞」字當重有。各本皆脱。

〔九三〕注「跐躧躧」　袁本、茶陵本無「躧」字。案：此尤改「躍」爲「躧」，而兩存也。所引貨殖列傳文，今本云「跕屣」，漢書地理志作「跕躧」，顔注「躧」字與「屣」同，是「跕躍」二字乃「跕躧」二字之誤。

〔九四〕注「比歸數百里」　袁本、茶陵本無「數」字。

〔九五〕注「臣瓚曰跕爲躧」　案：此當作「躡跟爲跕，挂指爲躧」。各本皆脱，絶不可通。依漢書顔注引如此也。

〔九六〕注「閉門不出容」　案：「容」當作「客」。各本皆譌。陳云別本「客」，今未見。

〔九七〕注「水出洹汲郡」　案：「水出洹」當作「洹水出」。各本皆倒。

〔九八〕注「够多也」　袁本此下有「古侯切」三字，是也。茶陵本脱此注，非。

〔九九〕判殊隱而一致　何校「判殊」改「殊顯」。案：以「判殊」意複言之，蓋是也。各本皆誤耳。

〔一〇〇〕注「知言之選擇來比物謂屬變而還復舊貫則知言之選擇來」　案：此皆誤也。當作「知言之選」爲一句，「選擇采也」爲一句，「謂屢變而還復舊貫」爲一句，「則知言之擇采」爲一句。各本譌舛，絶不可通，今訂正。

〔一〇一〕注「謂爲系辭同音」　案：「音」當作「旨」。各本皆誤。

〔一〇二〕注「周穆王曁及化人之宫」　袁本、茶陵本無「及」字。

〔一〇三〕注「故諸侯歌鍾析邦君之肆也」　陳云「諸侯」當作「謂之」。袁本亦誤。茶陵本脱此注，非。

〔一〇四〕注「無乃不可加乎兵」　案：「乎兵」當作「兵乎」。各本皆倒。陳云别本「兵乎」，今未見。

〔一〇五〕注「説文曰搦按也」　袁本、茶陵本無此六字。

〔一〇六〕張儀張禄　袁本、茶陵本句上有「則」字，是也。案：此尤本脱。

〔一〇七〕注「張升及論曰」　袁本「及」作「反」，是也。茶陵本亦誤「及」。

〔一〇八〕摧惟庸蜀與鴝鵲同窠　案：「鴝」當作「鸜」。善注中字作「鸜」，可證。袁、茶陵二本所載五臣良注字作「鴝」。各本皆以五臣亂善而失著校語。

〔一〇九〕注「鍾會蒭蕘論曰」　袁本、茶陵本無「蒭蕘」二字。案：此尤添之也。

〔二〇〕注「迸散走也」　袁本、茶陵本無此四字。

〔二一〕注「詩序曰文王德及鳥獸昆蟲」　袁本、茶陵本無此十一字。

〔二二〕注「嬥謳歌巴土人歌也」　袁本無「謳」字，是也。茶陵本無「嬥」字，非也。

〔二三〕注「嬥嬥契契」　案：「嬥嬥」當作「佻佻」。各本皆誤。陳云別本「佻」，今未見。

〔二四〕注「一音徒了反」　袁本、茶陵本無此五字。案：袁本正文下有「徒了」音，茶陵有「徒召」音，疑此或尤取五臣音添，非如其餘真善音被删者也。

〔二五〕因長川之裾勢　何校「裾」改「据」，注同。案：所校是也。善「据」，五臣「裾」，此及袁、茶陵二本所載五臣向注皆有明文，各本亂之，而失著校語。

〔二六〕注「拘束其民」　袁本、茶陵本無「拘」字。

〔二七〕注「闚窬望尊位也」　袁本、茶陵本無此六字。

〔二八〕注「而能約制其民也漢書音義言其土地形勢」　袁本、茶陵本無「也漢書音義言其土」八字。案：此節注各本皆有誤，今無以正之。尤所添非。

〔二九〕建鄴則亦顛沛　袁本、茶陵本「鄴」作「業」，是也。案：此尤本誤也。前吴都賦注中亦有「業」作「鄴」者，放此不更出。

〔三〇〕注「微子將□朝周」　袁本、茶陵本空格作「相」。案：此與二本同衍而脩去之也。

〔三一〕矎焉相顧　陳云「矎」當作「慺」，注同。案：所説是也。袁本、茶陵本云善作「慺」。載注

「春秋傳曰駟氏㦼」，各本作「駟氏矆懼」，甚誤。説文心部「㦼」下引左氏「駟氏㦼」，集韻二腫載「愯」「㦼」「悚」三形，「㦼」字即本此，可爲證也。尤以五臣亂善，非。又二本載注云云，亦誤與此同，於其校語不相應，甚非，不更出。

〔二二〕𥉈焉失所　案：「𥉈」當作「䁞」。善「䁞」、五臣「𥉈」，各本皆以五臣亂善也。説見下。

〔二三〕注「説文𥉈失意視」　袁本「𥉈」作「䁞」，茶陵本亦作「𥉈」。案：「䁞」字最是也。所引目部文依此，是善自作「䁞」。袁、茶陵二本所載五臣向注字乃作「𥉈」。茶陵、尤因正文之誤，并改此注，甚非。

〔二四〕注「而髓切」　袁本、茶陵本「而」上有「並」字，是也。

〔二五〕注「説文曰惢心疑也亦而髓反」　袁本、茶陵本無此十一字。

〔二六〕注「賀清狂不慧注」　袁本、茶陵本無「注」字。

〔二七〕注「恐皇輿之敗」　袁本、茶陵本「敗」下有「績」字。案：「績」之譌也。尤删，非。

〔二八〕注「音義曰躅迹」　袁本、茶陵本無此五字，下「也」字屬上。

〔二九〕過以仉剽之單慧　袁本、茶陵本「仉」作「汎」，注同。案：此尤延之依今方言改「汎」爲「仉」也。今方言「剽」作「僄」，仍未改。「汎剽」與「仉僄」同字。孟陽在景純之前，其所見方言蓋爲「汎剽」，太沖讀方言蓋亦爲「汎剽」耳。尤改非。

〔三〇〕注「王弼周易注曰」　袁本「弼」作「肅」，茶陵本亦作「弼」。案：「肅」字最是。陳云今本周易王注中無此文，乃未知善固引肅注耳。

〔三一〕注「不與聖人之憂」　案：「不與」二字不當有。各本皆衍。

〔三二〕注「詩推度客曰」　案：「客」當作「災」。各本皆誤。

〔三三〕注「太史書曰田敬仲世家傳曰」　案：「書」上當有「公」字，下當無「曰」字。又「家」下當無「傳」字。各本皆誤。以此推之，疑凡載注皆稱「太史公書」，今多失其舊也。

〔三四〕注「二客自言安能守此者自晦也」　袁本、茶陵本無此十二字。案：無者最是也。在二本所載五臣向注中，此以五臣注竄入載注，甚誤。

文選卷第七

郊祀　耕藉　畋獵上

郊祀

祭天曰郊，郊者言神交接也。祭地曰祀，祀者敬祭神明也。郊天正於南郊。郭外曰郊。

甘泉賦　并序

楊子雲　善曰：漢書曰：楊雄，字子雲，蜀郡成都人也〔一〕。雄少好學，年四十餘，自蜀來遊京師，大司馬王音召以爲門下史，薦雄待詔，歲餘，爲郎中，給事黄門，卒。桓譚新論曰：雄作甘泉賦一首，始成，夢腸出，收而内之，明日遂卒〔二〕。然舊有集注者並篇内具列其姓名，亦稱臣善以相别。佗皆類此。

孝成帝時，客有薦雄文似相如者，善曰：雄答劉歆書曰：雄作成都城四隅銘，蜀人有楊莊者，爲郎，誦之於成帝，以爲似相如，雄遂以此得見。上方郊祀甘泉泰畤、汾陰后土，以求繼嗣，善曰：上謂成帝也。漢書曰：武帝幸甘泉，令祠官具太乙祠壇，太一所用，如雍畤物〔三〕。又立后土於汾陰脽上。孟康曰：畤，音止，神靈之所止也。脽，音誰。召雄待詔承明之庭。善曰：諸以材術見知，直於承明，待詔即見，故曰待詔焉。承明，已見上文。正月，從上甘泉還，奏甘泉賦以風。善曰：漢書曰：永始四年正月，行幸甘泉。七略曰：甘泉賦，永始三年正月，待詔臣雄上。漢書三年無幸甘泉之文，疑七略誤也。毛詩序曰：下以風刺上。音諷。不敢正言謂之諷。其辭曰：

惟漢十世，將郊上玄，善曰：惟，有也，是也。十世，成帝也。上玄，天也。定泰畤，雍神休，尊明號，晉灼曰：雍，祐也。休，美也。言見祐護以休美之祥也。明號，下同符三皇也。善曰：言將祭泰畤，冀神擁祐之以美祥，因尊己之明號也。廣雅曰：將，欲也。雍，音擁。同符三皇，録功五帝，文穎曰：符，合也。善曰：言同符契於三皇，録功勤於五帝也。卹胤錫羨，拓迹開統。應劭曰：卹，憂也。胤，續也。錫，與也。羨，饒也。拓，廣也。時成帝憂無繼嗣，故修祠泰畤、后土。言神明饒與福祥，廣迹而開統也。李奇曰：統，緒也。善曰：羨，弋戰反。於是乃命羣僚，歷吉日，協靈辰，善曰：爾雅曰：命，告也。楚辭曰：歷吉日吾將行。郭璞上林賦注曰：歷，選也。爾雅注曰：辰，時也。星陳而天行。善曰：星陳、天行，已見西京賦。詔招搖與太陰兮〔四〕，伏鉤陳使當兵。張晏曰：禮記曰：招搖在上，急繕其怒。太陰，歲後三辰也。服虔曰：鉤陳，神名也，紫微宮外營陳星也。善曰：句陳，已見上文。鄭玄禮記注曰：當，主也。主，謂典領也。屬堪輿以壁壘兮，捎夔魖而抶獝狂。張晏曰：堪輿，天地總名也。孟康曰：木石之怪曰夔，如龍有角，人面。魖，耗鬼也。獝狂，亦惡鬼也。今皆捎而去之。善曰：杜預左氏傳注曰：屬，託也。淮南子曰：堪輿行雄以知雌。許慎曰：堪，天道也。輿，地道也。說文曰：抶，擊也，丑乙切。八神奔而警蹕兮，振殷轔而軍裝。服虔曰：自招搖遊神之屬也。張晏曰：堪輿至獝狂，八神也。善曰：言上諸神各有職役，夔、魖之屬，又捎去之，故令八方之神，奔走而警蹕，殷轔之盛而以軍裝也。轔，栗忍切。漢書武帝紀曰：用事八神。文穎曰：八方之神也。薛君韓詩章句曰：振，奮也。殷轔，言盛多也。軍裝，如軍戎之裝者也。蚩尤之倫帶干將而秉玉戚兮，飛蒙茸而走陸梁。張晏曰：玉戚，以玉爲戚柲也。晉灼曰：飛者蒙茸而亂，走者陸梁而跳，謂猛士之輩。善曰：蚩尤，已見西京賦。干將，已見東京賦。禮記曰：朱干玉戚。鄭玄曰：戚，斧也。又考工記注曰：柲，猶柄也，音祕。茸，而恭反。齊總總以撙撙，其相膠轕兮〔五〕，猋駭雲迅〔六〕，奮以方攘。晉灼曰：方攘，半散也。善曰：王逸楚辭注曰：總總撙撙，束聚貌也。膠葛，已見上文。鄭玄禮記注曰：奮，迅也。撙，子本切。迅，音信。攘，人羊切。駢羅列布，鱗以雜沓兮，柴虒參差，魚頡而鳥䀏。善曰：駢，猶併也。張揖上林賦注曰：柴虒，不齊也。頡䀏，猶頡頏也。柴，初蟻切。虒，音豸。頡，胡結切。䀏，胡剛切。翕赫曶霍，霧集而蒙合兮，半散昭爛，粲以成章。善曰：翕赫，盛貌。曶霍，疾貌。爾雅曰：天氣下，地氣不應曰霿。霿與蒙同〔七〕。曶，音忽。於是乘輿迺登夫鳳皇兮而翳華芝，韋昭曰：鳳皇爲車飾也。翳，隱也。服虔曰：華芝，華蓋也。

善曰：言以華蓋自翳也。駟蒼螭兮六素虯，蠖略蕤綏，灕虖襂纚。善曰：高唐賦曰：乘玉輿兮駟蒼螭。上林賦曰：乘鏤象，六玉虯。説文曰：虯，龍無角者。春秋命歷序曰：皇伯駕六龍。蠖略蕤綏，龍行之貌也。灕虖襂纚，龍翰下垂之貌也。蠖，於钁切。灕，音離。襂，音森。纚，所宜切。帥爾陰閉，霅然陽開，晉灼曰：帥，聚也。霅，散也。善曰：文子曰：與陰俱閉，與陽俱開。霅，於甲切。騰清霄而軼浮景兮，夫何旟旐郅偈之旖旎也！張晏曰：軼過雲與倒景也。服虔曰：旖旎，從風柔弱貌。善曰：薛君韓詩章句曰：騰，乘也。何休公羊傳注曰：軼，過也〔八〕。浮景，流景也。神女賦曰：夫何神女之妖麗。何休公羊傳注曰：據疑問所不知者曰何。周禮曰：鳥隼爲旟，龜蛇爲旐。郅偈，竿之貌也。郅，音質。偈，音桀。旖，於綺切。旎，女氏切。流星旄以電爥兮，咸翠蓋而鸞旗。善曰：言星旄之流，如電之光也。周書曰：樓煩星旄者，羽旄也。鄭玄曰：可以爲旌旗也。高唐賦曰：蜺爲旌，翠爲蓋。蔡邕獨斷曰：天子出，前驅有鸞旗者，編羽毛，列繫橦傍。敦萬騎於中營兮，方玉車之千乘。善曰：敦與屯同。王逸楚辭注曰：屯，陳也。鄭玄儀禮注曰：方，併也。玉車，以玉飾車也。聲駍隱以陸離兮，輕先疾雷而馺遺風。善曰：廣雅曰：陸離，參差也。方言曰：馺，馳也。郭璞曰：馺，疾也。聖主得賢臣頌曰：追奔電，逐遺風。駍，普萌切。馺，先合切。凌高衍之嵱嵸兮，超紆譎之清澄。孟康曰：衍，無崖岸也。紆譎，曲折也。李奇曰：嵱，音踊。嵸，音竦。如淳曰：嵱嵸，上下衆多貌。登椽欒而羾天門兮，馳閶闔而入凌兢。服虔曰：椽欒，甘泉南山也。凌兢，恐懼貌也。李奇曰：羾，音貢。蘇林曰：羾，至也。善曰：楚辭曰：令帝閽開閶闔而望予〔九〕。王逸曰：閶闔，天門也。兢，鉅陵切。

是時未轃夫甘泉也，迺望通天之繹繹。善曰：轃與臻同。至也〔一〇〕。通天，臺名，已見上文。薛君韓詩章句曰：繹繹，盛貌。下陰潛以慘廩兮，上洪紛而相錯。善曰：慘廩，寒貌也。廩，來感切。直嶢嶢以造天兮，厥高慶而不可乎彌度。善曰：七發曰：條上造天。孔安國尚書傳曰：造，至也。爾雅曰：彌，終也。言高不可終竟而度量也。慶，音羌。度，大各切。彌或爲彊。平原唐其壇曼兮，列新雉於林薄。鄧展曰：唐，道也。服虔曰：新雉，香草也。雉、夷聲相近。善曰：子虛賦曰：案衍壇曼。新雉，辛夷也。本草：辛夷，一名辛引。廣雅曰：草蘩生曰薄。壇，徒旦切。曼，莫旦切。攢并閭與茇葀兮，紛被麗其亡鄂。善曰：蒼頡篇曰：攢，聚也。并櫚〔一一〕，椶也。茇葀，草名也。被麗，分散貌也。風賦曰：被麗披離。鄂，垠鄂也。茇，步末切。葀，音括。被，皮義切。麗，音隸。崇丘陵之駊騀兮，深溝嶔巖而爲谷。蘇林曰：駊騀，音叵我。善曰：駊騀，高大貌也。嶔岩，深貌也。嶔，口銜切。迣迣離宮般以相燭兮，封巒石關施靡乎延屬。應劭曰：言秦離宮三百，武帝復往往脩理之也。善曰：説文曰〔一二〕：迣，古文往字也。往往，言非一也。般，布也，與班同。三輔黄圖曰：甘泉有石關觀、封巒觀。施靡，相連貌也。施，弋爾切。鄭玄喪服傳注曰：屬，連也。屬，之欲切。於是大廈雲譎波詭，摧嗺而成觀。孟康曰：言廈屋變巧，乃爲雲氣水波相譎詭也。摧嗺，林木崇積貌也〔一三〕。善曰：言大廈之高，而成觀闕也。摧，子罪切。嗺，子水切。觀，工喚切。仰撟首以高視兮，目冥眴而亡見。善曰：王逸楚辭注曰：撟，舉也。撟與矯同。冥眴，昏亂之貌。冥，莫見切。眴，音縣。正瀏濫以弘惝兮，指東西之漫漫。孟康曰：瀏，清也。服虔曰：惝，大貌也，音敞。善曰：瀏濫，猶言清淨而汎濫也。漫漫，無厓際之貌也。瀏，音劉。徒徊徊以徨徨兮，魂眇眇而昏亂〔一四〕。善曰：言迷惑也。據軨軒而周流兮，忽坱圠而亡垠。韋昭曰：軨，欄也。軒，檻板也。善曰：軨與櫺同。周流，流行周遍也。軮軋〔一五〕，廣大貌也。服鳥賦曰：軮軋無垠。軨，音零。坱，烏朗切。圠，烏黠切。翠玉樹之青葱兮，璧馬犀之瞵㻞。善曰：漢武帝故事曰：上起神屋，前庭植玉樹，珊瑚爲枝，碧玉爲葉。璧馬犀，言作馬及犀爲璧飾也。埤蒼曰：瞵㻞，文貌也。應劭曰：瞵，音隣。晉灼曰：㻞，音豳。金人仡仡其承鍾虡兮，嵌巖巖其龍鱗。善曰：孔安國尚書傳曰：仡仡，壯勇之貌也。嵌，開張之貌也。龍鱗，似龍之鱗也。仡，魚乞切。嵌，火敢切。揚光曜之燎爥兮，垂景炎之炘炘。晉灼曰：景，大也。善曰：廣雅曰：炘，熱也，音欣。配帝居之縣圃兮，象泰壹之威神。服虔曰：曾城、縣圃、閬風，崑崙之山三重也，天帝神在其上。善曰：春秋合誠圖曰：紫宮帝室，太一之精〔一六〕。洪臺崛其獨出兮〔一七〕，㰏北極之嶟嶟。應劭曰：崛，特貌也。㰏，至也。晉灼曰：嶟嶟，概緻也。善曰：爾雅曰：北極謂之北辰。崛，其勿切。㰏，竹指切。嶟，千旬切。列宿迺施於上榮兮，日月纔經於柍桭。韋昭曰：榮，屋翼也。服虔曰：柍，中央也。桭，屋梠也。善曰：施，式支切。柍，於兩切。振音辰。雷鬱律於巖窔兮，電儵忽於牆藩。善曰：鬱律，小聲也。上林賦曰：巖窔洞房。釋名曰：窔，幽也。儵忽，疾貌也。藩，籬也。窔，一吊切。鬼魅不能自逮兮，半長途而下顛。善曰：逮，及也。爾雅曰：顛，隕也。歷倒景而絶飛梁兮，浮蠛蠓而撇天。張揖曰：陵陽子明經曰：倒景，氣去地四千里，其景皆倒在下〔一八〕。如淳郊祀志注曰：在日月之上，日月返從下照，故其景倒。又曰：絕，度也〔一九〕。服虔曰：浮，高貌也。晉灼曰：飛梁，浮道之橋也。善曰：孫炎爾雅曰〔二〇〕：蛾蠓，蟲，小於蚊。張揖三蒼注曰：撇，拂也。蠓，莫孔反。撇，匹列反。

左欃槍而右玄冥兮，前熛闕而後應門。晉灼曰：大人賦曰：攬欃槍以爲旗。又曰：左玄冥而右黔雷。雄擬相如，故云爾也。熛闕，赤色之闕也。南方之帝曰赤熛怒。應門，正門，在熛闕之内也。善曰：應劭曰〔二一〕：大人賦注曰：欃槍，奔星也。張揖曰：玄冥，北方黑帝佐也。熛，必遥切。蔭西海與幽都兮，涌醴汩以生川。如淳曰：言闕之高，乃蔭西海也。善曰：山海經曰：北海之内，有山名曰幽都，黑水出焉。涌醴，醴泉涌出也。方言曰：汩，疾也，于筆切。蛟龍連蜷於東厓兮，白虎敦圉乎崑崙。善曰：連蜷，長曲貌也。敦圉，盛怒貌也。春秋漢含孳曰：天一之帝居，左青龍，右白虎。服虔曰：象崑崙山在甘泉宫中也。蜷，音拳。敦，徒昆切〔二二〕。覽樛流於高光兮，溶方皇於西清。服虔曰：高光，宫名也。晉灼曰：樛流，猶繚繞。善曰：樛流，高曲之貌也。溶，盛貌也。方皇，即彷徨，觀名也。漢書曰：甘泉有高光、旁皇。旁，音傍。西清，西廂清淨之處也。上林賦曰：象輿僾蹇於西清。前殿崔巍兮，和氏玲瓏〔二三〕。晉灼曰：以黄金爲璧帶，含藍田璧。玲瓏，明見貌也。善曰：前殿，正殿也，諸宫皆有之。漢書曰：未央宫立前殿。炕浮柱之飛榱兮，神莫莫而扶傾。善曰：炕，舉也。舉浮柱之飛榱，言檐宇高峻，若神清淨而扶其傾危也。炕與抗古字同。毛詩曰：君婦莫莫。毛萇曰：莫莫，清淨也。閌閬閬其寥廓兮，似紫宫之峥嶸。善曰：閌，高也。說文曰：閬閬，高大之貌也。寥廓，虚靜貌。紫宫及峥嶸，並已見上文。閬，音浪。寥，音僚。駢交錯而曼衍兮，峩嵂隗乎其相嬰。善曰：駢，列也〔二四〕。曼衍，分布也。埤蒼曰：崿，山長貌。嵔隗，高貌。嬰，繞也。衍，弋戰切。崿，他賄切。嵔，音皋。隗，五賄切。乘雲閣而上下兮，紛蒙籠以棍成。服虔曰：蒙籠，膠葛貌。棍成，言自然也。善曰：雲閣，言高連雲也。老子曰：有物混成。棍與混同。曳紅采之流離兮，颺翠氣之宛延。善曰：言宮觀之高，故紅采翠氣，流離宛延，在其側而曳颺之〔二五〕。襲琁室與傾宫兮，若登高眇遠，亡國〔二六〕肅乎臨淵。服虔曰：襲，繼也。桀作琁室，紂作傾宫，以此微諫也。應劭曰：登高遠望，當以亡國爲戒，若臨深淵也。善曰：晏子春秋曰：夏之衰也，其王桀作爲琁室；殷之衰也，其王紂作爲傾宫。

回猋肆其碭駭兮，翍桂椒而鬱栘楊。服虔曰：回猋，回風也。善曰：毛萇詩傳曰：肆，疾也。碭，過也。廣雅曰：駭，起也。翍與披同。說文曰：鬱，木聚生也。爾雅曰：棠棣，栘也。楊，楊樹也。言回風碭駭，披散桂椒，又鬱梟栘楊也〔二七〕。碭，徒浪切。栘，音移。香芬茀以穹隆兮，擊薄櫨而將榮。善曰：言香氣芬茀，穹隆而盛，乃拂擊薄櫨，而及屋榮也。說文曰：薄櫨，柱上枅也。薛君韓詩章句曰：將，辭也。茀，房物切。薄，房隔切。櫨，力都切。薌呹肸以棍批兮，聲駍隱而歷鍾。善曰：薌，亦香字也。禮記曰：燔燎羶薌。呹，疾貌也。說文曰：肸，蠁布也。司馬彪上林賦注曰：肸，過也〔二八〕。棍，同也。批，擊也。歷鍾，經歷至鍾也。呹，余日切。肸，許一切。棍，下本切。批，薄結切。駍，普耕切。排玉户而颺金鋪兮，發蘭蕙與芎藭。李奇曰：鋪，門鋪首也。善曰：言風飄香氣，既排玉户而颺金鋪，又發揚蕙蘭與芎藭也。長門賦曰：擠玉户以撼金鋪。司馬注子虛賦曰：芎藭，似槀本〔二九〕。帷弸環其拂汨兮，稍暗暗而靚深。善曰：弸環，風吹帷帳之聲也。

拂汨，鼓動之貌。暗暗，深空之貌。靚，即静字耳。磞，普萌切。𤨏，音宏。汨，于密切。暗，烏感切。陰陽清濁穆羽相和兮，若夔牙之調琴。張晏曰：聲細不過羽，穆然相和也。善曰：莊子：黄帝曰：一清一濁，陰陽調和。尚書曰：夔典樂，教胄子。列子曰：伯牙善鼓琴。般倕棄其剞劂兮，王爾投其鉤繩。應劭曰：剞，曲刀也。劂，曲鑿也。善曰：尚書曰：倕，汝作共工〔三〇〕。般，魯般也。爾，土爾也。並已見西京賦。般與班同。倕，音垂。雖方征僑與偓佺兮，猶彷彿其若夢。晉灼曰：方，常也。征，行也。言宫觀之高峻，雖使仙人行其上〔三一〕，恐遽不識其形觀，猶髣髴若夢也。善曰：鄭玄毛詩箋曰：方，且也。征僑，姓征名僑也。司馬相如大人賦曰：厮征伯僑。漢書曰正伯僑，並同也。餘依晉説。列仙傳曰：偓佺，槐里采藥父也。食松實，形體生毛數寸，能飛行逮走馬。説文曰：彷彿，相似視不諟也。楚辭曰：時彷彿以遥見。諟即諦字，音帝。

於是事變物化，目駭耳回，善曰：蒼頡篇曰：駭，驚也。回，謂回皇也。蓋天子穆然，珍臺閒館，琁題玉英，蜎蜎蠖濩之中。應劭曰：題，頭也。榱椽之頭，皆以玉飾，言其英華相燭也。張晏曰：蜎蜎蠖濩，刻鏤之形也。善曰：范子曰：玉英出藍田。孝經援神契曰：玉英，玉有英華之色。閒，音閑。蜎，音淵。蜎，於緣切。蠖，烏郭切。濩，胡郭切。惟夫所以澄心清魂，儲精垂恩，善曰：鄭玄毛詩箋曰：惟，思也。文子曰：澄心清意。言儲蓄精神，冀神垂恩也。感動天地，逆釐三神者；服虔曰：釐，福也。韋昭曰：逆，迎也，迎受福釐也。善曰：三神，天地人也。釐，音熙。迺搜逑索偶臯伊之徒，冠倫魁能，韋昭曰：搜，擇也。逑，匹也。索，求也。偶，對也。應劭曰：冠其羣倫魁桀也。善曰：臯，臯繇，堯臣也。伊，伊尹，湯臣也。函甘棠之惠〔三二〕，挾東征之意，善曰：毛詩序曰：甘棠，美邵伯也。又曰：東山，周公東征也。相與齊乎陽靈之宮。善曰：韓康伯周易注曰：洗心曰齊。齊，側皆反。祭天之所，故曰陽靈。靡薜荔而爲席兮，折瓊枝以爲芳。善曰：靡，謂偃靡之，藉地而爲席也。楚辭曰：折瓊枝以繼佩。吸清雲之流瑕兮〔三三〕，飲若木之露英。善曰：淮南子曰：志厲青雲，非夸矜也。司馬相如大人賦曰：呼吸沆瀣餐朝霞。霞與瑕古字通。山海經曰：灰野之山，有赤樹青葉，名曰若木。露英，英之含露者。集乎禮神之囿，登乎頌祇之堂。善曰：禮神，謂祭天也。晉灼曰：后土，歌祭之處也。善曰：爲歌頌以祭地祇。建光燿之長旓兮，昭華覆之威威。服虔曰：昭，明也。華覆，華蓋也。善曰：埤蒼曰：旓，旌旗斿也。旓，所交切。威，猶葳蕤也。攀琁璣而下視兮，行遊目乎三危。善曰：漢書曰：北斗七星，所謂琁璣玉衡。楚辭曰：忽反顧以游目。尚書曰：導黑水至于三危。陳衆車於東阬兮，肆玉軑而下馳。如淳曰：東阬，東海也，苦庚切。晉灼曰：軑，車轄也。韋昭曰：軑，徒計切。善曰：賈逵國語注曰：肆，恣也。楚辭曰：齊玉軑而並馳。軑，音大。漂龍淵而還九垠兮，窺地底而上回。應劭曰：龍淵在張掖。服虔曰：九垠，九重也。善曰：言從東阬下馳，遂浮龍淵而繞其九重，乃窺地底而上歸也。說文曰：漂，浮也。莊子曰：千金之珠，在九重之淵驪龍頷下。廣雅曰：垠，厓也，厓亦重之義也。還，音旋。風傱傱而扶轄兮〔三四〕，鸞鳳紛其銜蕤〔三五〕。善曰：傱傱，疾貌也，音竦。晉灼曰：蕤，綏也。梁弱水之濎濙兮，躡不周之逶蛇。服虔曰：崑崙之東有弱水，渡之若濎濙耳。善曰：濎濙，小水貌也。字林曰：濙，絶小水也。廣雅曰：躡，履也。山海經曰：西海之外，有山不合，名曰不周。逶蛇，欲平貌也。濎，吐定切。濙，音熒。蛇，音移。想西王母欣然而上壽兮，屏玉女而却宓妃。善曰：言既臻西極，故想王母而上壽，乃悟好色之敗德，故屏除玉女而及宓妃，亦以此微諫也。山海經曰：玉山，西王母所居也。神異經曰：東荒中有大石室，東王公居之，常與玉女共投壺。宓妃，已見東京賦。玉女亡所眺其清矑兮，宓妃曾不得施其蛾眉。服虔曰：矑，目童子也。善曰：毛詩曰：螓首蛾眉。方攬道德之精剛兮，侔神明與之爲資。晉灼曰：等大地之計量也。善曰：說文曰：攬，撮持也，音覽。精剛，精微剛強也。

於是欽柴宗祈，善曰：恭敬燔柴，尊崇所祈也。尚書曰：至于岱宗，柴。燎薰皇天，應劭曰：牲玉之香也。皐摇泰壹〔三六〕。如淳曰〔三七〕：皐，挈皐也。積柴於挈皐頭，置牲玉於其上，舉而燒之，欲近天也。張晏曰：招摇，泰一，皆神名。善曰：摇與遥同。舉洪頤，服虔曰：洪頤，旌名也。應劭曰：旌旆布也。樹靈旗。李奇曰：欲伐南越，告禱太一，畫旗樹太一壇上，名靈旗，以指所伐之國也。見漢書郊祀志。樵蒸焜上，配藜四施。張晏曰：配藜，披離也。善曰：言燔燎之盛，故樵蒸之光同上，而披離四布也。周禮曰：共祭祀之薪蒸。鄭玄曰：麄曰薪，細曰蒸。說文曰：昆，同也。昆或爲焜。字書曰：焜，煌火貌。東燭滄海，西耀流沙。北熿幽都，南煬丹厓。服虔曰：丹水之厓也。善曰：尚書曰：弱水餘波入于流沙，幽都，已見吴都賦。熿與晃，音義同。方言曰：煬，炙也。玄瓚觩䚪，秬鬯泔淡。服虔曰：以玄玉飾之，故曰玄瓚。張晏曰：瓚受五升，口徑八寸，以大圭爲柄，用灌鬯。觩䚪，其貌也。應劭曰：泔淡，滿也。善曰：孔安國尚書傳曰：黑黍曰秬，釀以鬯草。觩，音求。䚪，力幽切。泔，胡敢切。淡，大敢切。肸蠁豐融，懿懿芬芬。善曰：言秬鬯分布，芬芳盛美也。

肸蠁，已見上文。炎感黄龍兮〔三八〕，熛訛碩麟。韋昭曰：碩，大也。善曰：言炎熛熾盛，感動神物也。字林曰：炎，火光也。説文曰：熛，火飛也。毛萇詩傳曰：訛，動也。熛，必遥切。選巫咸兮叫帝閽，開天庭兮延羣神。服虔曰：令巫祝叫呼天門也。善曰：山海經曰：大荒中有靈山，巫咸從此升降。王逸楚辭注曰：巫咸，古神巫也。楚辭曰：吾令帝閽闢開兮〔三九〕。鄭玄禮記注曰：延，導也。儐暗藹兮降清壇，瑞穰穰兮委如山。張晏曰：儐，贊也。善曰：鄭玄周禮注曰：接賓曰儐，然謂贊禮者也。暗藹，衆盛貌也。委，積也。暗，烏感切。

於是事畢功弘，迴車而歸，度三巒兮偈棠黎〔四〇〕。晉灼曰：黄圖無三巒，相如傳有封巒觀。善曰：三巒即封巒觀也。漢書曰：甘泉有封巒、棠黎。韋昭曰：偈，息也，音憩。天閫決兮地垠開，八荒協兮萬國諧。善曰：鄭玄禮記注曰：閫，門限也。決，亦開也。言門決以出德澤，故八荒萬國，俱協諧也。登長平兮雷鼓磕，天聲起兮勇士厲。如淳曰：長平，坂名，在池陽南。善曰：字指曰：磕，大聲也，口蓋切。天聲，如天之聲，言其大也。杜預左氏傳注曰：厲，猛也。雲飛揚兮雨滂沛，于胥德兮麗萬世。善曰：言恩澤之多，若雲行雨施，君臣皆有聖德，故華麗至于萬世也。毛詩曰：于胥樂兮。鄭玄曰：于，於也。胥，皆也。麗，光華也〔四一〕。

亂曰：善曰：王逸楚辭注曰：亂，理也，所以發理辭指，總撮所要也。崇崇圜丘，隆隱天兮。善曰：崇崇，高貌也。廣雅曰：圜丘，大壇祭天也。登降峛崺，單埢垣兮。善曰：登降，上下也。峛崺，邪道也。單，大貌。埢垣，圜貌。峛，力爾切。崺，弋爾切。單，音蟬。埢，音拳。增宫嵾差，駢嵯峨兮。善曰：嵾與參同，初林切。骿，步千切。嵯，材何切。峨，音俄。岭嶒嶙峋，洞無厓兮。善曰：埤蒼曰：岭嶒嶙峋，深無厓之貌。岭，音零。嶒，音熒。嶙，音鄰。峋，音旬。上天之縡，杳旭卉兮。善曰：縡，事也。杳，深遠也。旭卉，幽昧之貌〔四二〕。毛詩曰：上天之載，無聲無臭。縡與載同。聖皇穆穆，信厥對兮。李奇曰：對，配也，能與天相對配也。善曰：詩曰：帝作邦作對。徠祗郊禋〔四三〕，神所依兮。善曰：言來郊禋而甚敬，故爲神祇之所依也。徠，古來字。徘徊招搖，靈迉迡兮〔四四〕。善曰：招搖，猶彷徨也。迉迡，即棲遲也。毛萇詩傳曰：棲遲，遊息也。招，必遥切。迉，音棲。迡，大夷反。光煇眩燿，降厥福兮。子子孫孫，長無極兮。

文選考異

〔一〕注「蜀郡成都人也」　袁本、茶陵本無「成都」二字。

〔二〕注「明日遂卒」　何云據班書，非新論本然也。今案：此蓋「卒」字有誤。文賦注引新論作「及覺，病喘悸少氣」，或「卒」當作「病」。

〔三〕注「如雍時物」　袁本、茶陵本無「物」字。

〔四〕詔招搖與太陰兮　茶陵本云「太」善作「泰」，袁本作「太」，用五臣也。漢書正作「泰」。

〔五〕其相膠輵兮　案：「輵」當作「葛」。注云「膠葛已見上文」，謂見吳都賦「東西膠葛」也。蓋善作「葛」，五臣作「輵」，各本亂之。漢書正作「葛」。羽獵賦「從横膠輵」，漢書作「輵」，善及顔皆音葛。此及彼，皆同漢書耳。

〔六〕猋駭雲迅　茶陵本云「迅」善作「訊」。袁本作「迅」，用五臣也。漢書正作「訊」。

〔七〕注「地氣不應曰霧霧與蒙同」　陳云别本兩「霧」字並作「雺」。案：今未見。考爾雅釋文，「雺」或作「霧」，字同，亡公、亡侯二反。善引即「或作」而讀「亡公反」也。

〔八〕注「何休公羊傳注曰軼過也」　袁本、茶陵本無此十字。

〔九〕注「令帝閽開閶闔而望予」　案：「令」上當有「吾」字，「開」下當有「關兮倚」三字。各本皆脱。

〔一〇〕注「至也」　袁本、茶陵本無此二字，有「或作轃」三字，乃校語錯入注。

〔一一〕注「并櫚椶也」　袁本、茶陵本「櫚」作「閭」，是也。

〔一二〕注「説文曰」　袁本、茶陵本無此三字，有「往往作迣」四字，乃校語錯入注。

〔一三〕注「林木崇積貌也」　案：「林」當作「材」，漢書注可證。各本皆譌。

〔一四〕魂眇眇而昏亂　袁本、茶陵本「魂」下有「魄」字，云善本去「魂」作「魄固」。案：漢書作「魂固」，蓋善自作「魂固」。袁、茶陵所見「魂」作「魄」者，非。尤本誤涉五臣脱「固」字，益非。

〔一五〕注「軮軋」　袁本、茶陵本「軮軋」作「坱圠」，下「軮軋無垠」同。案：二本是也。正文善「坱圠」及音，皆可證。

〔一六〕注「善曰春秋」下至「太一之精」　袁本、茶陵本無此十六字。

〔一七〕洪臺崛其獨出兮　茶陵本云「崛」善作「掘」。袁本作「崛」，用五臣也。漢書正作「掘」。

〔一八〕注「其景皆倒在下」 袁本、茶陵本無此六字。

〔一九〕注「又曰絶度也」 袁本、茶陵本無此五字，有「在下」二字。

〔二〇〕注「孫炎爾雅曰」 何校「曰」上添「注」字，是也。陳云別本有。

〔二一〕注「應劭曰大人賦注曰」 案：「劭」下當去「曰」字。各本皆衍。

〔二二〕注「敦徒昆切」 袁本、茶陵本此下有「與屯同」三字，是也。

〔二三〕和氏玲瓏 袁本作「瓏玲」，云善作「玲瓏」。茶陵本云五臣作「瓏玲」。案：各本所見皆非也。陳云漢書作「瓏玲」，此韻脚，不容同異，當乙。其説是矣。凡袁、茶陵皆據所見爲校語，非必善真如此，每有牴牾，詳見各條下。注「玲瓏，明見貌也」，亦當乙。漢書注可證。太玄、法言皆有「瓏玲」，亦可互證。法言「玲」作「瓗」，同字也。

〔二四〕注「善曰騈列也」 袁本無「列也」二字，有「已見上文」四字。案：尤本此處脩改，必初刻同。袁本謂「騈猶併也，已見上注」也。茶陵本複出之，亦可證所改之非。

〔二五〕注「而曳颸之」 袁本、茶陵本無此四字。

〔二六〕若登高眇遠亡國 袁本「眇」下有「而」字，「遠」下無「亡國」二字，云善正文作「登高眇遠亡國」。茶陵本云五臣作「若登高眇而遠」。陳云漢書無「亡國」二字。今案：各本所見皆非也。注應劭曰「當以亡國爲戒」者，但説賦意，非舉賦文也。傳寫善本因注引應而誤添正文。又五臣衍「而」字，漢書亦無。

〔二七〕注「又鬱衆移楊也」 案：「衆」當作「聚」，漢書注「而移楊鬱聚也」可證。陳云別本「聚」。

〔二八〕注「司馬彪上林賦注曰肸過也」 袁本、茶陵本無此十一字。

〔二九〕注「長門賦曰」下至「穹藭似槀本」 袁本、茶陵本無此二十三字。

〔三〇〕注「倕汝作共工」 袁本、茶陵本「倕」上有「咨」字，無「作」字。

〔三一〕注「雖使仙人行其上」 案：「行」上當有「常」字，漢書注可證。各本皆脱。

〔三二〕函甘棠之惠 袁本、茶陵本云「惠」善作「恩」，蓋所見不同也。漢書作「惠」。

〔三三〕吸清雲之流瑕兮 茶陵本「吸」作「噏」，云五臣作「吸」。袁本作「吸」，用五臣也。漢書正作「噏」。

〔三四〕風潨潨而扶轄兮 袁本云「潨」善作「從」。茶陵本作「從」，云五臣作「潨」。案：茶陵是也。尤誤以五臣亂善，非也。漢書作「傱」。集韻二腫有「傱」「傱」，云「傱傱，疾貌，或从人」。上字據此，下字據漢書也。袁本當云善作「從」，今有誤。羽獵賦「萃從沇溶」，五臣亦作「潨」，可互證。

〔三五〕鸞鳳紛其銜蕤 陳云「銜」漢書作「御」，顏注或作「銜」，俗妄改也。今案：五臣注作「銜」，有明文，善注不見此字，或未必與五臣同，但無可考。袁、茶陵二本亦不著校語也。

〔三六〕皋搖泰壹 案：「皋」當作「招」，茶陵本作「皋」，云五臣作「招」。今考漢書作「招」，善與之同，故如淳解讀作「皋」，張晏解「招如字」，而兩引之。不知者但據如解改爲「皋」，而張解不可通矣。袁本作「招」，不著校語，可知非五臣與善異，所見當未誤。
〔三七〕注「如淳曰」 袁本、茶陵本「曰」下有「招作皐」三字。案：有者是也，説已見上。尤因所見賦誤「招」爲「皐」，遂删此注，以就正文，失之矣。
〔三八〕炎感黄龍兮 案：「炎」當作「焱」。據善注云「言焱熛熾盛，感動神物也」。字林曰：「焱，火光也」云云，作「焱」甚明。其五臣注作「炎」，各本亂之。漢書作「炎」，則與此不必全同也。
〔三九〕注「吾令帝閽闢開兮」 袁本、茶陵本無「闢」字。案：當於「開」下添「闢」字。各本皆譌。
〔四〇〕偈棠黎 茶陵本「黎」作「棃」，云五臣作「黎」。袁本作「黎」，用五臣也。漢書正作「棃」。案：此尤本以五臣亂善，非也。
〔四一〕注「麗光華也」 袁本、茶陵本無此四字。
〔四二〕注「幽昧之貌」 袁本、茶陵本作「難知也」三字，是也。
〔四三〕徠祇郊禋 茶陵本「祇」作「祗」，云善作「祇」。案：茶陵所見及尤本非也。顔注漢書與善此注皆以「敬」解「祗」，其非異字可知。袁本作「祗」而不著校語，所見當未誤。
〔四四〕靈迟迡兮 茶陵本「迟迡」作「棲遲」，云善作「迟迡」。案：茶陵所見及尤本皆非也。袁本云「棲遲」善作「屖迡」；其載善音則云「屖音棲」。漢書作「遲迡」，顔注「遲音栖」。考集韻十二齊有「屖」「遲」，别無「迟」字重出其下。然則但傳寫誤耳。當依袁所見訂正。陳云「迡」當作「迟」，從漢書校也。

耕藉

臣瓚漢書注曰：景帝詔曰：朕親耕。本以躬親爲義。藉，謂蹈藉之也。

藉田賦

臧榮緒晉書曰：泰始四年正月丁亥，世祖初藉于千畝，司空掾潘岳作藉田頌也。

潘安仁

臧榮緒晉書，潘岳，字安仁，滎陽中牟人。總角辯惠，摛藻清豔，鄉邑稱爲奇童。弱冠辟司空太尉府，舉秀才，高步一時，爲衆所疾。然藉田、西征咸有舊注，以其釋文膚淺，引證疏略，故並不取焉。

伊晉之四年正月丁未，皇帝親率羣后藉于千畝之甸，禮也。晉書曰：丁亥藉田，戊子大赦。今爲丁未，誤也。千畝，已見西京賦。禮記曰：天子籍田千畝〔一〕。於是乃使甸帥清畿，野廬掃路。周禮曰：甸師掌帥其屬，而耕耨王籍。鄭玄曰：師，猶長也。然師而爲帥者，避晉景帝諱也。周禮曰：野廬氏，掌達國之道路也。封人壝宮，掌舍設枑。周禮曰：封人，掌設王之社壝，爲畿封而樹之。鄭玄曰：聚土曰封。壝，謂壇及堳埒也。周禮曰：掌舍，掌王之會同之舍，設梐枑再重〔二〕。杜子春讀爲梐枑。梐枑，行馬也。壝，以委切〔三〕。枑，音互。青壇蔚其嶽立兮，翠幕黕以雲布。國語，虢文公曰：古者，王命司空，除壇于藉。楊脩許昌宮賦曰：華殿炳而嶽立。鄭玄周禮注曰：帷覆上曰幕。魏文帝愁霖賦曰：玄雲黕其四塞。黕，黑貌也。封禪書曰：雲布霧散。黕，丁敢切。結崇基之靈阯兮，啓四塗之廣阼。崇基，謂壇也。於壇四面而爲階也。

說文曰：阯，基也。又曰：阼，主階也。沃野墳腴，膏壤平砥。墳腴、平砥，已見上文。史記曰：京師膏壤，沃野千里。毛詩曰：周道如砥〔四〕。清洛濁渠，引流激水。子虛賦曰：激水推移。遐阡繩直，邇陌如矢。史記曰：秦孝公壞井田，開阡陌。風俗通曰：南北曰阡，東西曰陌。繩直，已見上文。詩曰：其直如矢。緫犗服于縹軛兮，紺轅綴於黛耜。緫犗，帝耕之牛也。說文曰：緫，帛青色，音葱。犗牛，已見吳都賦。又曰：縹，帛青白色。轅軛，犂轅軛也。鄭玄周禮注曰：轅端壓牛領曰軛，於革切。說文曰：紺，染青而揚赤色也。鄭玄禮記注曰：耜，耒之金。儼儲駕於廛左兮，俟萬乘之躬履。駕牛儼然在於廛左，以待天子躬親履之，耕以儲畜，故曰儲駕也。說文曰：儼，好貌也。晉灼漢書曰〔五〕：廛，一百畝也。然古耕以耒而今以牛者，蓋晉時創制，不沿於古也。百僚先置，位以職分。百僚，已見上文。羽獵賦曰：先置乎白楊之南。漢書曰：六卿各有徒屬職分也。自上下下，具惟命臣。周易曰：自上下下，其道大光。西京賦曰：具惟帝臣。鄭玄儀禮注曰：命者，加爵服之名。襲春服之萋萋兮，接游車之轔轔。司馬彪上林賦注曰：襲，服也。禮記曰：孟春衣青衣。春服，已見魏都賦。薛君韓詩章句曰：萋萋，盛也。文穎漢書注曰：天子出，游車九乘。毛詩曰：有車轔轔。微風生於輕幰，纖埃起於朱輪。幰，車幰也。釋名曰：車幰，所以御熱也。朱輪，見吳都賦。森奉璋以階列，望皇軒而肅震。森，盛貌也。毛詩曰：奉璋峨峨，髦士攸宜。階，爵之次也。爾雅曰：震，懼也。若湛露之晞朝陽，似衆星之拱北辰也〔六〕。毛詩曰：湛湛露斯，匪陽不晞。毛萇曰：晞，乾也。言露見日而乾，以喻諸侯承命而施敬也。論語：子曰：爲政以德，譬如北辰，居其所，而衆星共之。

於是前驅魚麗，屬車鱗萃。周禮曰：王出入，則自左馭而前驅。鄭玄曰：前驅，如今導引也。魚麗，已見東京賦。屬車，已見西京賦。子虛賦曰：珍怪鳥獸，萬端鱗萃。閶闔洞啓，參塗方駟。洛陽宮舍記曰：洛陽有閶闔門。西京賦曰：旁開三門，參塗夷庭。羽獵賦曰：方駕千駟〔七〕。常伯陪乘，太僕秉轡。尚書曰：左右常伯。應劭曰：漢官儀曰〔八〕：侍中，周成王常伯任侍中，殿下稱制，出即陪乘。鄭玄周禮注曰：陪乘，參乘也。漢舊儀曰：漢乘輿大駕儀，公卿奉引，太僕御也。后妃獻穜稑之種，司農撰播殖之器。周禮曰：上春，詔王后帥六宮之人，而生穜稑之種，而獻于王。鄭司農曰：先種後熟謂之穜，後種先熟謂之稑。漢書曰：大農令，武帝更名大司農。孔安國論語注曰：撰，具也。史記曰：后稷播植百穀〔九〕。孔安國尚書傳曰：播，布也。蒼頡篇曰：殖，種也。挈壺掌升降之節，宮正設門閭之蹕。周禮有挈壺氏。周禮曰：宮正，凡邦之事蹕宮中。鄭玄曰：正，長也，宮中之長也。鄭司農曰：蹕，謂止行者清道，若今時警蹕。天子乃御玉輦，蔭華蓋。臧榮緒晉書曰：大駕鹵簿有大輦，華蓋，中道。玉輦，大輦也。華蓋，已見西京賦。衡牙錚鎗，綃紈綷縩。禮記曰：凡帶必有佩，佩玉有衡牙。鄭玄曰：衡牙〔一〇〕，居中央，以前後觸也。錚鎗，玉聲也。錚，乂耕切。鎗，乂行切。鄭玄禮記注曰：綃，綺屬也。許慎淮南子注曰：紈，素也。漢書班婕妤賦曰：紛綷縩兮紈素聲。綃，思樵切。紈，音丸。綷，七悴切。縩，七大切。金根照耀以烱晃兮，龍驥騰驤而沛艾。司馬彪續漢書曰：漢承秦制，御爲乘輿，金根安車，五采文畫輈。西京賦曰：乃奮翅而騰驤。龍驥、沛艾，已見上文。表朱玄於離坎，飛青縞於震兑。中黄曄以發揮，方綵紛其繁會。謂鹵簿之儀，車騎旌旗，各依方色。表，猶摽也。周易曰：

離，南方之卦也；坎者，正北方之卦也；震者，東方；兑，正西秋也。周禮曰：東方謂之青，南方謂之赤，西方謂之白，北方謂之黑。毛萇詩傳曰：縞，白色也。縞，古老切。周禮曰：地謂之黄。臧榮緒晉書，鹵簿，曰青立車、青安車、赤立車、赤安車、黄立車、黄安車、白立車、白安車、黑立車、黑安車，合十乘，並駕駟，建旗十二，如車色。五輅鳴鑾〔一一〕，九旗揚旆。周禮曰：王之五路：一曰玉路，二曰金路，三曰象路，四曰革路，五曰木路。又曰：掌九旗之物名：日月爲常，蛟龍爲旂，通帛爲旃；雜帛爲物，熊虎爲旗，鳥隼爲旟，龜蛇爲旐，全羽爲旞，析羽爲旌。瓊鈒入蘂，雲罕晻藹。臧榮緒晉書曰：雲罕車駕駟，戟車載〔一二〕。闟與鈒音義同也。蒼頡篇曰：蘂，聚也。楚辭曰：揚雲霓之晻藹。鈒，音吸。晻，音烏感切。簫管嘲哳以啾嘈兮，鼓鞞硡隱以砰磕。簫管，已見上文。楚辭曰：鵾鷄嘲哳而悲鳴。蒼頡篇曰：啾，衆聲也。嘈，已見上文。周禮曰：鍾師掌鞞。鄭玄曰：擊鞞以和樂。字林曰：鼙，小鼓也。鞞與鼙同，步迷切。硡與訇音義同，火宏切。字書曰：砰，大聲也。字指曰：磕，大聲也。砰，披萌切。磕，苦蓋切。筍簴嶷以軒翥兮，洪鍾越乎區外。筍簴、軒翥，已見西京賦。天子之行，擊左右鍾，已見西都賦。震震填填〔一三〕，塵鶩連天，以幸乎藉田。震震，盛也。郭璞爾雅注曰：闐闐，羣行聲也。東觀漢記曰：王邑旗幟蔽野，埃塵連天。鶩或爲霧，非也。蟬冕頗以灼灼兮，碧色肅其千千〔一四〕。蟬冕，已見魏都賦。千千，碧貌。似夜光之剖荆璞兮，若茂松之依山巔也。

於是我皇乃降靈壇，撫御耦。降，謂臨幸也。應劭漢官儀曰：天子東耕之日，天子升壇，上空無祭〔一五〕，天子耕於壇，舉耒三推而已。論語曰：長沮、桀溺耦而耕。鄭玄曰：耜廣五寸，二耜爲耦。王逸楚辭注曰：

撫，持也。坻場染屨，洪縻在手。方言曰：坻，場也。蚍蜉犂鼠之場謂之坻。場，浮壤之名也，音傷。說文曰：縻，牛轡也，忙皮反。三推而舍，庶人終畝。三推，已見上文。國語，虢文公曰：王耕一墢，班三之，庶人終于千畝。韋昭曰：一墢，一耜之墢也。班，次也。三之，下各三其上。王一，公三，卿九，大夫二十七，庶人盡耕也。既云以牛而又言推者，蓋沿古成文，不可以文而害實也。墢，扶發切。然國語與禮記不同，而潘雜用之。貴賤以班，或五或九。禮記曰：帝藉，三公五推，卿諸侯九推。于斯時也，居靡都鄙，民無華裔。都，謂京邑也。杜預左傳注：鄙，邑也〔一六〕。左傳，孔子曰：裔不謀夏，夷不亂華。王肅家語注曰：裔，邊裔也。長幼雜還以交集，士女頒斌而咸戾。雜還，衆多貌也。頒斌，相雜之貌也。爾雅曰：戾，至也。被褐振裾，垂髫總髮〔一七〕，老子曰：被褐而懷玉。杜預左氏傳注曰：振，整也。說文曰：褐者，粗衣也。爾雅曰：衱，謂之裾。郭璞曰：衣後裾也，衱，音劫。魏志，毛玠曰：臣垂髫執簡。埤蒼曰：髫，髦也，大聊切。毛詩曰：總角之宴。毛萇曰：總角，結髮也。躡踵側肩，掎裳連襼。說文曰：躡，追也。躡其踵，所以爲追逐也。聲類曰：踵，足根也。史記：馮驩曰：夫朝趣市者，側肩爭門而入。賈逵國語注曰：從後牽曰掎。方言曰：複襦，江湖之間或謂之籥襼。郭璞方言注曰：襼，即袂字也。說文曰：袂，袖也。黄塵爲之四合兮，陽光爲之潛翳。山陽公載記曰：賈詡鳴鼓雷震，黄塵蔽天。西都賦曰：紅塵四合。動容發音而觀者，莫不抃儛乎康衢，謳吟乎聖世。列子曰：一里老幼，喜躍抃儛。康衢，已見上文。吾丘壽王〔一八〕驃騎論功曰：遊童牧豎，詠德謳吟。情欣樂於昏作兮，慮盡力乎樹蓺。昏作，已見西京賦。韓詩外傳曰：子路治蒲，孔子曰：我入其境，田疇甚易，草萊甚辟，故其人盡力也。周禮曰：正月之吉，頒職事，二曰樹蓺。鄭玄毛詩箋曰：蓺，猶樹也。靡誰督而常勤兮，莫之課而自厲。說文曰：誰，何也，謂責問之也。字書曰：督，察也。王逸楚辭注曰：課，試也。躬先勞以説使兮，豈嚴刑而猛制之哉〔一九〕！周易曰：説以使民，民忘其勞。史記曰：秦繁法嚴刑，而天下不振。

有邑老田父，或進而稱曰：蓋損益隨時，理有常然。周易曰：損益盈虛，與時偕行。又曰：隨時之義大矣哉！晏子春秋曰：物有必至，事有常然，古之道也。高以下爲基，民以食爲天。老子曰：貴必以賤爲本，高必以下爲基。漢書，酈食其曰：王者以人爲天，而民以食爲天。正其末者端其本，善其後者慎其先。言治國之道，以商爲末而農爲本，以貨爲後而食爲先也。陸賈新語注曰：治末者調其本。李奇漢書注曰：本，農也。末，賈也。漢書，詔曰：農，天下之本也，而人或不務本而事末，故生不遂。禮記曰：善終者如始。尚書大傳曰：八政何以先食。傳曰：食者萬物之始，人事之本也，故八政先食。夫九土之宜弗任，四人之務不壹。國語，展禽曰：共工氏之子曰后土，能平九土。韋昭曰：九土，九州之土。尚書曰：禹別九州，任土作貢。管子曰：士農工商四民者，國之正民也。孔安國尚書傳曰：壹，專一也。野有菜蔬之色，朝靡代耕之秩。禮記曰：三年耕，必有一年食，雖有凶旱水溢，人無菜色。又曰：夫祿足以代其耕。無儲穡以虞災，徒望歲以自必。言無儲穡以度荒災，空自必望於歲也。崔寔四民月令曰：十月，五穀既登，家有儲穡。禮記曰：國無九年之蓄曰不足。韋昭曰：虞，度也。左氏傳，王曰：余一人閔閔焉，如農夫之望歲也。三季之衰，皆此物也。國語：郭偃曰：夫三季王之亡，宜也。韋昭曰：季，末也。三季王，桀、紂、幽王也。今聖上昧旦丕顯，夕惕若慄。昧旦不顯，已見東京賦。周易曰：君子夕惕若厲。爾雅曰：慄，懼也。圖匱於豐，防儉於逸。言常節約以戒不虞，故圖乏者必於豐殷，禦儉者在於奢逸也。廣雅曰：儉，少也。欽哉欽哉，惟穀之卹〔二〇〕。尚書曰：欽哉欽哉，惟刑之恤哉！展三時之弘務，致倉廩於盈溢。國語，虢文公曰：三時務農，一時講武。韋昭曰：三時，春、夏、秋也。管子曰：倉廩實則知禮節。蔡邕月令章句曰：穀藏曰倉，米藏曰廩。固堯湯之用心，而存救之要術也。漢書，董仲舒對策曰：陛下親耕籍田，以爲農先，此亦堯舜之用心也。若乃廟祧有事，祝宗諏日。廟祧，已見西京賦。禮記曰：宗祝在廟。鄭玄曰：宗，宗人也。祝，接神者也。毛詩箋曰：后稷既爲郊祀之酒，則諏謀其日。應劭漢書注曰：諏，謀也。簠簋普淖，則此之自實。周禮曰：舍人，凡祭祀，共簠簋，實之陳之。儀禮曰：孝孫某敢用嘉薦〔二一〕。鄭玄曰：普淖，黍稷也。普，大也。淖，和也。德能大和，乃有黍稷，故以爲號云。淖，乃孝切。縮鬯蕭茅，又於是乎出。左氏傳，管仲曰：爾貢苞茅不入，王祭不供，無以縮酒。周禮曰：鬯人，釀秬以爲酒。又曰：甸師，祭祀共蕭茅。杜子春曰：蕭，香蒿也。鄭玄曰：既薦，然後爇蕭合馨香，茅以縮酒。國語，虢文公曰：上帝之粢盛，於是乎出。黍稷馨香，旨酒嘉栗。左氏傳，季良奉酒醴以告曰：嘉栗旨酒。謂其上下皆有嘉德而無違心，所謂馨香無讒慝。杜預曰：栗，謹敬也。宜其民和年登，而神降之吉也〔二二〕。左氏傳，季梁奉粢盛以告曰：潔粢豐盛。謂其三時不害，而人和年豐也。鄭玄周禮注曰：登，成也。左氏傳曰：致其禋祀，於是乎人和而神降之福。古人有言曰：聖人之德，無以加於孝乎！夫孝，天地之性，人之所由靈也。孝經，曾子曰：敢問聖人之德，無以加於孝乎？子曰：天地之性人爲貴，人之行莫大於孝。夫聖人之德，又何以加於孝乎？漢書曰：人，有生之最靈者也。昔者明王以孝治天下〔二三〕，其或繼之者，鮮哉希矣！孝經，子曰：昔者明王之以孝理天下也。論語，子曰：其或繼周者，雖百世可知也。逮我皇晉，實光斯道。鄭玄毛詩箋曰：光，明也。斯道，謂孝道也。儀刑孚于萬國，愛敬盡於祖考。毛詩曰：儀刑文王，萬國作孚。毛萇曰：孚，信也。孝經，子曰：愛敬盡於事親，而德教加於百姓。故躬稼以供粢盛，所以致孝也。尚書大傳曰：王者躬耕，所以供粢盛。五經要義曰：天子藉田千畝，所以先百姓而致孝敬也。勸穡以足百姓，所以固本也。西京賦曰：勸穡於原陸。論語，孔子曰：百姓足，君孰與不足？尚書曰：民惟邦本，本固邦寧。何晏論語注曰：本，基也。能本而孝，盛德大業至矣哉！周易曰：盛德大業至矣哉。此一役也，而二美具焉。一役，謂籍田也。二美，謂能本而孝也。左氏傳，陰飴甥曰：此一役也，秦可以霸。不亦遠乎，不亦重乎！論語文也。敢作頌曰：

思樂甸畿，薄采其茅〔二四〕。茅，即上甸師之所供者。毛詩曰：思樂泮水，薄采其芹。毛萇曰：薄，辭也。大君戾止，言藉其農。周易曰：大君有命。毛詩曰：魯侯戾止，言觀其旂。毛萇曰：戾，來也。止，至也。其農三推，萬方以祗。禮記曰：耕藉，然後諸侯知所以敬。爾雅曰：祗，敬也。耨我公田，實及我私。鄭玄周禮注曰：耨，耘耔也，奴豆切。毛詩曰：雨我公田，遂及我私。我簠斯盛，我簋斯齊。禮記曰：天子藉田，以事天地山川，以爲齊盛。毛萇詩傳曰：器實曰齊，在器曰盛。齊，音資。我倉如陵，我庾如坻。

毛詩曰：我倉既盈，我庾惟億。又曰：曾孫之庾，如坻如京。鄭玄曰：庾，露積穀也。坻，水中高地。念兹在兹，永言孝思。言念此黍稷，在此祭祀也。尚書，禹曰：念兹在兹。毛詩曰：永言孝思。人力普存，祝史正辭。左氏傳，季梁曰：上思利人，忠也。祝史正辭，信也。故奉牲以告曰：博碩肥腯，謂人力之普存也。神祇攸歆，逸豫無期。左氏傳，楚子曰：能歆神人。杜預曰：歆，享也。毛詩曰：爾公爾侯，逸豫無期。一人有慶，兆民賴之。尚書，王曰：一人有慶，兆民賴之。

文選考異

〔一〕注「禮記曰天子籍田千畝」　袁本、茶陵本無此九字。

〔二〕注「設柣栢再重」　何校「栢」改「柜」，陳同。各本皆譌。

〔三〕注「壝以委切」　袁本、茶陵本「委」作「季」，是也。

〔四〕注「毛詩曰周道如砥」　袁本、茶陵本無此七字。

〔五〕注「晉灼漢書曰」　陳云「書」下當有「注」字。各本皆脱。

〔六〕似衆星之拱北辰也　袁本、茶陵本無「似」字，晉書無。又上句末及「輕𧆛階列離坎發揮」下有「兮」字，袁本、茶陵本「離坎」下無，餘同。案：此等或善、五臣不同，但不著校語，無可考。

〔七〕注「方駕千駟」　袁本、茶陵本「駕」作「馳」，是也。

〔八〕注「應劭曰漢官儀曰」　陳云上「曰」字衍，是也。各本皆衍。

〔九〕注「后稷播植百穀」　袁本、茶陵本「植」作「殖」，是也。

〔一〇〕注「鄭玄曰衡牙」　袁本、茶陵本無此五字。

〔一一〕五輅鳴鑾　案：「輅」當作「路」。各本善注中字皆作「路」。袁本所載向注則作「輅」。蓋善「路」、五臣「輅」而亂之也。晉書正作「路」。

〔一二〕注「戟車載」　茶陵本「戟車」作「闟」。尤本「戟車」二字處脩改，袁本亦然。案：此當云「闟戟車載戟」，各本皆脱誤。晉書輿服志云「闟戟車，長戟邪偃向後」，是其義。「闟」、「闟」亦同字。

〔一三〕震震填填　案：「填填」當作「闐闐」。各本善注中字皆作「闐」，袁、茶陵二本所載良注則作「填」，蓋善「闐」、五臣「填」而亂之也。晉書作「填」，與五臣所據同。

〔一四〕碧色肅其千千　袁本、茶陵本作「芊芊」。案：尤本是也。高唐賦「肅何千千」，安仁用其語。袁、茶陵作「芊芊」者，五臣字如此，所載向注可考。彼賦善「千」、五臣「芊」，正有明文。晉書作「芊」，與五臣所據同。又二本皆脱去善此節注，亦非。

〔一五〕注「上空無祭」　袁本「上」作「壇」。案：「壇」字是也。茶陵本亦誤「上」。

〔一六〕注「都謂京邑也杜預左傳注鄙邑也」　袁本、茶陵本無此十二字。

〔一七〕垂髫總髮　袁本、茶陵本「髮」作「髫」，云善作「髮」，晉書作「髫」。案晉書、五臣非也。「髮」字去聲，協霽、祭諸韻之字。魏都賦「纍纍辮髮」或「鏤膚而鑽髮」，兩見皆然，不知韻者改之耳。或有謂「髫」是「髮」非者誤，附訂於此。

〔一八〕注「吾丘壽王」　袁本、茶陵本「吾」作「虞」。案：「虞」字是也。「虞」「吾」雖通，但此自爲「虞」耳。

〔一九〕豈嚴刑而猛制之哉　袁本、茶陵本無「之」字，晉書無。案：此尤所見衍。

〔二〇〕惟穀之卹　袁本、茶陵本「卹」作「恤」，晉書作「恤」。案：各本注中引尚書字皆作「恤」，或注有譌也。

〔二一〕注「敢用嘉薦」　何校下添「普淖」二字，陳同。今案：當乙下文「普淖」二字於此。

〔二二〕而神降之吉也　何云「吉」字後人誤改，「福」字本協。今案：各本及晉書盡同，何因注引左傳而云然也。考賦自「四人之務不壹」至「旨酒嘉栗」，所用皆質、術韻之字。「福」字古音「別」，協職、德韻。又案：西征賦以此句與日、室、一協，夏侯常侍誄以此句與秩、疾、卒協，是安仁自作「吉」。善彼二注亦引左傳，皆是注「神降之」，而不取「福」字。善注如此例者甚多，何説非是。

〔二三〕以孝治天下　袁本、茶陵本「治」作「理」，云善作「治」，晉書作「治」。案：注中引孝經字作「理」。考「治」字，唐諱也。李濟翁資暇録曰：李氏依舊本不避國朝廟諱，五臣易而避之，宜矣。其有李本本作「泉」及「年代」字云云，是在當時已錯出不一也。今全書中經五臣以後迴改者又不少矣，皆不復具論。

〔二四〕薄采其茅　袁本「茅」作「芳」，云善作「茅」。茶陵本云五臣作「芳」，晉書作「芳」。案：晉書、五臣非也。賦文作「茅」，觀善注及上文「縮𦊅藋茅」句注，灼然可知。何云「茅音蒙」，其説甚是。凡「茅」聲之字，協東韻者多矣。或乃疑此，故附辨之。凡晉書此賦與善異者每誤，不詳論也。

畋獵上

鄭玄禮記注曰：田者，所以供祭祀庖廚之用。王制曰：天子諸侯無事則歲三田。馬融曰：取獸曰畋。

子虚賦

善曰：漢書曰：相如遊梁，乃著子虚賦。後蜀人楊得意爲狗監，侍上。上讀子虚賦，曰：朕獨不得與此人同時哉！得意曰：臣邑人司馬相如自言爲此賦。上乃召相如。相如曰：此乃諸侯之事，未足觀，請爲天子遊獵之賦。以子虚，虚言也，爲楚稱；烏有先生，烏有此事也，爲齊難；亡是公者，亡是人也，欲明天子之義。故虚藉此三人爲辭，以風諫焉。

司馬長卿　善曰：漢書曰：司馬相如，字長卿，蜀郡人。少好讀書，爲武騎常侍，後拜文園令，病卒。

郭璞注

楚使子虛使於齊，王悉發車騎與使者出畋。司馬彪曰：畋，獵也。善曰：家語曰：孔子在齊，齊侯出畋。本或云境内之士，備車騎之衆，非也。畋罷，子虛過奼烏有先生　張揖曰：奼，誇也，丑亞切，字當作詫。亡是公存焉。坐定，烏有先生問曰：「今日畋樂乎？」子虛曰：「樂。」「獲多乎？」曰：「少。」「然則何樂？」對曰：「僕樂齊王之欲夸僕以車騎之衆，而僕對以雲夢之事也。」張揖曰：楚藪也，在南郡華容縣。善曰：廣雅曰〔一〕：僕，謂附著於人，然自卑之稱也。夢，莫諷切。曰：「可得聞乎？」

子虛曰：「可。王車駕千乘，選徒萬騎，畋於海濱。郭璞曰：濱，涯也。列卒滿澤，罘網彌山。郭璞曰：彌，覆也。善曰：罘，已見上文。掩兔轔鹿，射麋脚麟。司馬彪曰：轔，轢也，音厷。韋昭曰：脚，謂持其脚也。善曰：鄭玄毛詩箋曰：掩者，覆也。鶩於鹽浦，割鮮染輪。張揖曰：海水之厓，多出鹽也。李奇曰：鮮，生也。染，擩也。切生肉，擩車輪，鹽而食之也。善曰：擩，揾也。擩，而緣切。揾，一頓切。射中獲多，矜而自功，郭璞曰：伐其功也。善曰：鄭玄禮記注曰：矜，自尊大也。顧謂僕曰：『楚亦有平原廣澤游獵之地，饒樂若此者乎？楚王之獵孰與寡人乎？』郭璞曰：與，猶如也。僕下車對曰：郭璞曰：下車，謙也。『臣，楚國之鄙人也。爾雅曰：鄙，小也。幸得宿衛十有餘年，時從出游，游於後園，覽於有無，然猶未能徧覩也，善曰：覽於有無，謂或有所見，或復無也。又焉足以言其外澤乎？』齊王曰：『雖然，略以子之所聞見而言之。』

「僕對曰：『唯唯。臣聞楚有七澤，嘗見其一，未覩其餘也。臣之所見，蓋特其小小者耳。郭璞曰：特，獨也。名曰雲夢。雲夢者，方九百里，其中有山焉。其山則盤紆岪鬱，隆崇嵂崒。郭璞曰：隆崇，竦起也。善曰：岪，音佛。岑崟參差，日月蔽虧。張揖曰：高山擁蔽，日月虧缺半見也。善曰：崟，音吟。交錯糾紛，上干青雲。郭璞曰：言相摎結而峻絶也。善曰：孔安國尚書傳曰：干，犯也。罷池陂陀，下屬江河。郭璞曰：言旁頽也。屬，連也。罷，音疲。陂，音婆。陀，音駝。文穎曰：南方無河也。冀州凡水大小皆謂之河，詩賦通方言耳。晉灼曰：文章假借協陀之韻也。其土則丹青赭堊，雌黄白坿，錫碧金銀。張揖曰：丹，丹沙也。青，青雘也。赭，赤土也。堊，白土也。蘇林曰：白坿，白石英也。坿，音附。善曰：高誘淮南子注曰：碧，青石也。衆色炫耀，照爛龍鱗。郭璞曰：如龍之鱗彩也。其石則赤玉玫瑰，琳瑉昆吾。張揖曰：琳，珠也。瑉者，石之次玉者。昆吾，山名也，出美金。尸子曰：昆吾之金。晉灼曰：玫瑰，火齊珠也。郭璞曰：琳，玉名。瑊玏玄厲，張揖曰：瑊玏，石之次玉者。玄厲，黑石可用磨也。如淳曰：瑊，音緘。玏，音勒。碝石碔砆。張揖曰：碝石、碔砆，皆石之次玉者。碝石，白者如冰，半有赤色。碔砆，赤地白采，葱蘢白黑不分。郭璞曰：碝，而兖切。善曰：管子曰：陰山碝珉。戰國策曰：白骨疑象，碔砆類玉。其東則有蕙圃，衡蘭芷若，芎藭菖蒲〔二〕。張揖曰：蕙圃，蕙草之圃也。衡，杜衡也。其狀若葵，其臭如蘼蕪。芷，白芷也。若，杜若也。司馬彪曰：芎藭，似藁本。善曰：薛綜西京賦注曰：蘭，香草也。芷若下或有射干，非也。茳蘺蘼蕪〔三〕，諸柘巴苴。張揖曰：江蘺，香草也。蘼蕪，蘄芷也，似蛇床而香。諸柘，甘柘也。郭璞曰：江蘺，似水薺。文穎曰：巴苴，草名，一名巴蕉。善曰：苴，子余切。其南則有平原廣澤，登降陁靡，案衍壇曼。司馬彪曰：陁靡，邪靡也。案衍，窊下也。壇曼，平博也。善曰：陁，弋爾切。衍，弋戰切。壇，徒旦切。曼，莫幹切。緣以大江，限以巫山。張揖曰：巫山在南郡巫縣。其高燥則生葴菥苞荔，張揖曰：葴，馬藍也。菥，似燕麥也。苞，藨也〔四〕。荔，馬荔也。蘇林曰：菥，斯歷切。善曰：葴，之林切。苞，音包。荔，音隸。藨，皮表切。薛莎青薠。張揖曰：薛，藾蒿也。莎，蒿侯也。青薠，似莎而大，生江湖，鴈所食。善曰：薠，音煩。其埤濕則生藏莨蒹葭，郭璞曰：藏莨，草名，中牛馬芻。張揖曰：蒹，薕；葭，蘆也。善曰：埤，音婢。莨，音郎。東蘠彫胡。張揖曰：東蘠，實可食。彫胡，菰米也。蓮藕觚盧，張揖曰：蓮，荷之實也，其根藕。張晏曰：觚盧，扈魯也。菴閭軒于。張揖曰：菴閭，蒿也，子可醫疾。軒于，蕕草也，生水中，揚州有之。善曰：菴，音淹。蕕，音猶。衆物居之，不可勝圖。郭璞曰：圖，畫也。其西則有湧泉清池，激水推移。郭璞曰：波抑揚也。外發芙蓉菱華，内隱鉅石白沙。應劭曰：芙蓉，蓮花也。其中則有神龜蛟鼉，瑇瑁鼈黿。張揖曰：蛟狀魚身而蛇尾，皮有珠也。其北則有陰林，其樹楩枏豫章。服虔曰：陰林，山北之林也。善曰：尸子曰：水積則生吞舟之魚，土積則生楩柟豫章。本或林下有巨字〔五〕，樹下有則字，非也。桂椒木蘭，檗離朱楊。郭璞曰：木蘭，皮辛可食。張揖曰：檗，皮可染者。離，山梨也。郭璞曰：朱楊，赤莖柳也。善曰：蓋山之國，東有樹〔六〕，赤皮幹，名曰朱木楊柳也。樝梨梬栗，橘柚芬芳。張揖曰：樝，似梨而甘也。梬，梬棗也。善曰：説文曰：梬棗似柿而小，名曰梬，而兗切。蘇林曰：梬，音郢都之郢。然諸説雖殊而木一也。今依蘇音。其上則有鵷鶵孔鸞，騰遠射干。張揖曰：孔，孔雀也。鸞，鸞鳥也。射干，似狐能緣木。服虔曰：騰遠，獸名也。善曰：射，弋舍切。其下則有白虎玄豹，蟃蜒貙犴。郭璞曰：蟃蜒，大獸，似貍，長百尋。貙，似貍而大。犴，胡地野犬也，似狐而小。蟃，音萬。善曰：山海經曰：鳥鼠同穴之山，其上多白虎。又曰：幽都之山，其上有玄豹。郭璞曰：黑豹也。

「『於是乎乃使剸諸之倫，手格此獸。善曰：剸諸，已見吴都賦。楚王乃駕馴駮之駟，張揖曰：馴，擾也。駮，如馬，白身黑尾，一角鋸牙，食虎豹，擾而駕之，以當駟馬也。乘彫玉之輿。郭璞曰：刻玉以飾車也。靡魚須之橈旃，張揖曰：以魚須爲旃柄，驅馳逐獸也。橈，靡也〔七〕。善曰：橈，女教切。曳明月之珠旗。張揖曰：以明月珠綴飾旗也。善曰：孝經援神契曰：蛟珠旗。宋均曰：蛟魚之珠有光耀，可以飾旗。建干將之雄戟，張揖曰：干將，韓王劍師也。雄戟，胡中有鉅者，干將所造也。善曰：雄戟，已見吴都賦。鉅，音巨。左烏號之雕弓，張揖曰：黄帝乘龍上天，小臣不得上，挽持龍髯，髯拔，墮黄帝弓，臣下抱弓而號，名烏號也。郭璞曰：雕，畫也。右夏服之勁箭。服虔曰：服，盛箭器也。夏后氏之良弓名繁弱，其矢亦良，即繁弱箭服，故曰夏服也。陽子驂乘，孅阿爲御。張揖曰：陽子，伯樂字也，秦繆公臣，姓孫名陽。郭璞曰：孅阿，古之善御者，見楚辭。孅，音纖。善曰：楚辭曰：孅阿不御焉。案節未舒，即陵狡獸。司馬彪曰：案節，行得節。未舒，馬足未舒也。狡獸，狡健之獸也。善曰：天文志曰：案節徐行。服虔曰：謂行遲也。蹵蛩蛩，轔距虛。張揖曰：蛩蛩，青獸，狀如馬。距虛，似贏而小。善曰：說苑，孔子曰：蛩蛩、距虛，見人將來，必負蟨以走。二獸者，非性心愛蟨也，爲得甘草而貴之故也。軼野馬，轊陶駼。張揖曰：軼，過也。野馬，似馬而小。海外經曰：北海内有獸，狀如馬，名陶駼。郭璞曰：轊，車軸頭也。善曰：軼、轊，言車之疾能過野馬及陶駼也。軼不言車，轊不言過，互文也。轊，音衛。陶，音逃。駼，音塗。乘遺風，射游騏。張揖曰：遺風，千里馬也。吕氏春秋曰：遺風之乘。爾雅曰：嶲，如馬，一角；不角者騏。嶲，音攜。儵眒倩浰，張揖曰：皆疾貌。善曰：儵，式六切。眒，式刃切。倩，千見切。浰，音練。雷動猋至，星流霆擊。郭璞曰：霆，劈歷。弓不虛發，中必決眦。李奇曰：射之巧妙，決於目眦。善曰：說文曰：眥，目匡也。眦、眥，俱同。洞胸達掖，絶乎心繫。張揖曰：自左射之，貫胸通右髃，中絶系也〔八〕。善曰：說文曰：髃，肩前也，五口切，一音五俱切。繫，音系。獲若雨獸，揜草蔽地。善曰：言所在衆多〔九〕，若天之雨獸。雨，于具切。毛萇詩傳曰：揜，覆也。於是楚王乃弭節徘徊，翱翔容與。郭璞曰：弭，猶低也。節，所仗信節也〔一〇〕。翱翔容與，言自得也。善曰：王逸楚辭注曰：弭，案也。覽乎陰林，觀壯士之暴怒，與猛獸之恐懼。徼谻受詘，郭璞曰：谻，疲極也。谻，音劇。司馬彪曰：徼谻，遮其倦者。善曰：受屈，取其力屈也。詘與屈同，丘勿切。殫覩衆物之變態。郭璞曰：殫，盡也。變態，姿貌也。

「『於是鄭女曼姬，如淳曰：鄭女，夏姬也。曼姬，楚武王夫人鄧曼也。被阿緆〔一一〕，揄紵縞。張揖曰：阿，細繒也。緆，細布也。揄，曳也。司馬彪曰：縞，細繒也。善曰：列子曰：鄭、衛之處子，衣阿緆。戰國策：魯連曰：君後宮皆衣紵縞。緆與錫古字通。雜纖羅，垂霧縠。司馬彪曰：纖，細也。張揖曰：縠細如霧，垂以爲裳也。善曰：神女賦曰：動霧縠以徐步。襞積褰縐〔一二〕，紆徐委曲〔一三〕，鬱橈谿谷。張揖曰：襞積，簡齰也。褰，縮也。縐，裁也。其縐中文理弟鬱，有似於谿谷也。善曰：襞，必亦切。縐，側救切。齰，許白切。衯衯裶裶，揚衪戌削，郭璞曰：衯衯、裶裶，皆衣長貌也。張揖曰：揚，舉也。衪，衣袖也。戌削，裁制貌也。善曰：裶，音非。衪，弋爾切。戌，音卹。蜚纖垂髾。司馬彪曰：纖，袿飾也。髾，燕尾也。善曰：纖與燕尾，皆婦人袿衣之飾也。蜚，古飛字也。纖，音纖。髾，所交切。扶輿猗靡，張揖曰：扶持楚王車輿相隨也。善曰：猗，於綺切。翕呷萃蔡。張揖曰：翕呷，衣起張也。萃蔡，衣聲也。善曰：呷，火甲切。萃，音翠。下靡蘭蕙，上拂羽蓋。善曰：垂髾飛纖，飄揚上下，故或摩蘭蕙〔一四〕，或拂羽蓋。錯翡翠之威蕤，張揖曰：錯其羽毛以爲首飾也。繆繞玉綏。張揖曰：楚王車之綏以玉飾之也。郭璞曰：綏，登車所執。言手纏絞之。眇眇忽忽，若神仙之髣髴〔一五〕。郭璞曰：言其容飾奇豔，非世所見也。若神，已見上文。

「『於是乃相與獠於蕙圃，善曰：說文曰：獠，獵也，力笑切。媻姍教窣，上乎金隄。韋昭曰：媻姍教窣，匍匐上也。司馬彪曰：金隄，隄名也。善曰：媻，音盤。姍，先安切。窣，先忽切。揜翡翠，射鵕鸃。善曰：方言曰：揜，取也。鵕鸃，已見上文。微矰出，孅繳施。善曰：矰繳，已見上文。弋白鵠，連駕鶃〔一六〕。善曰：言既弋白鵠，而因連駕鶃也。雙鶬下，玄鶴加。善曰：雙鶬，見上注。爾雅曰：下，落也。戰國策，更嬴曰：臣能虛發而下鳥〔一七〕。淮南子注曰：加，制也。列子曰：蒲且子連雙鶬於青雲之上〔一八〕。戰國策，莊辛曰：黄鵠不知射者修矰繳，將加己也。怠而後發，游於清池。郭璞曰：怠，倦也。浮文鷁，張揖曰：鷁，水鳥也，畫其象於船首也。揚旌枻。張揖曰：揚，舉也。析羽爲旌，建於船上也。郭璞曰：枻，船舷，樹旌於上。善曰：枻，依郭説。枻，音曳。張翠帷，建羽蓋。郭璞曰：施之船上也。善曰：翠帷羽蓋，謂以翠羽飾帷蓋。罔瑇瑁，鉤紫貝。郭璞曰：紫貝，紫質黑文也。善曰：瑇瑁、紫貝，已見西京賦。摐金鼓，韋昭曰：摐，擊也，音窻。郭璞曰：金鼓，鉦也。吹鳴籟。張揖曰：籟，簫也。榜人歌，張揖曰：榜，船也。月令曰：命榜人。榜人，船長也，主唱聲而歌者也。善曰：榜，方孟切。聲流喝。郭璞曰：言悲嘶也。善曰：喝，一介切。嘶，蘇奚切。水蟲駭，波鴻沸。郭璞曰：魚鼈躍，濤浪作。涌泉起，奔揚會。郭璞曰：暴溢激相鼓薄也。善曰：溢，普頓切。礧石相擊，硠硠礚礚。善曰：礧，力對切。若雷霆之聲，聞乎數百里之外。

『將息獠者，擊靈鼓，起烽燧。文穎曰：靈鼓，六面鼓。車按行，騎就隊。應劭曰：按，按次第也。善曰：服虔左氏傳注曰：隊，部也。行，胡郎切。隊，大内切。纚乎淫淫，般乎裔裔。司馬彪曰：皆行貌也。善曰：纚，音屣。般，音盤。於是楚王乃登雲陽之臺，孟康曰：雲夢中高唐之臺，宋玉所賦者，言其高出雲之陽。怕乎無爲，憺乎自持。郭璞曰：養神氣也。善曰：老子曰：我獨怕然而未兆。説文曰：怕，無爲也。廣雅曰：憺怕，静也。神女賦曰：頩薄怒以自持。憺與澹同，徒濫切。怕與泊同，蒲各切。勺藥之和具，而後御之。服虔曰：具，美也。或以芍藥調食也。文穎曰：五味之和也。晉灼曰：南都賦曰歸鴈鳴鷃，香稻鮮魚，以爲芍藥，酸恬滋味，百種千名之説是也〔一九〕。善曰：服氏一説〔二〇〕，以芍藥爲藥名，或者因説今之煮馬肝，猶加芍藥，古之遺法。晉氏之説，以勺藥爲調和之意。枚乘七發曰：勺藥之醬。然則和調之言，於義爲得。韋昭曰：勺，丁削切。藥，旅酌切。不若大王終日馳騁，曾不下輿。脟割輪焠，自以爲娱。韋昭曰：焠，謂割鮮焠輪也。郭璞曰：焠，染也。善曰：脟，音臠。焠，七内切。臣竊觀之，齊殆不如。』善曰：毛萇詩傳曰：殆，近也。於是齊王無以應僕也。」

烏有先生曰：「是何言之過也！足下不遠千里，來貺齊國，郭璞曰：言有惠賜也。善曰：戰國策，秦王謂蘇秦曰：今先生不遠千里而庭教。高誘曰：不以千里之道爲遠。王悉發境内之士，備車騎之衆，與使者出畋，善曰：家語曰：越悉起境内之士三千人助吴。乃欲戮力致獲〔二一〕，以娱左右，晉灼曰：謙不斥言，故云左右，言使者左右也。善曰：國語曰：戮力一心。賈逵曰：戮，并力也。何名爲夸哉！問楚地之有無者，願聞大國之風烈，先生之餘論也。善曰：風烈，已見上文。先生，謂子虚也。張晏曰：願聞先賢之遺談美論也。今足下不稱楚王之德厚，而盛推雲夢以爲高，郭璞曰：以爲高談。奢言淫樂而顯侈靡，郭璞曰：顯，明也。奢，闊也。竊爲足下不取也。必若所言，固非楚國之美也。無而言之，是害足下之信也。彰君惡，傷私義，善曰：史記，樂毅與燕惠王書曰〔二二〕：恐傷先王之明，有害足下之義。彰君惡，害私義〔二三〕，非楚國之美，彰君惡也；害足下之信，傷私義也。本或云有而言之，是彰君之惡者，非也。二者無一可，而先生行之，必且輕於齊而累於楚矣。文穎曰：必見輕於齊，輕易於齊也。善曰：使者失辭，爲輕於齊；使非其人，爲累於楚也。累，力瑞切。且齊東陼鉅海，南有琅邪。蘇林曰：小洲曰陼。司馬彪曰：齊東臨大海爲渚也。張揖曰：琅邪，臺名也，在渤海間。善曰：吕氏春秋：辛寬曰：太公望封於營丘，渚海阻山也。聲類曰：陼，或作渚。觀乎成山，張揖曰：觀，闕也。成山在東萊掖縣〔二四〕，於其上築宮闕也。射乎之罘。晉灼曰：之罘山在東萊腄縣，獵其上也。善曰：腄，直瑞切。浮渤澥，應劭曰：渤澥，海别枝也。澥，音蟹。游孟諸。文穎曰：宋之大澤也，故屬齊。邪與肅慎爲隣，郭璞曰：肅慎，國名，在海外，北接之。右以湯谷爲界。司馬彪曰：湯谷，日所出也，以爲東界也。善曰：言爲東界，則右當爲左字之誤也。秋田乎青丘，服虔曰：青丘國在海東三百里。善曰：山海經曰：青丘，其狐九尾。傍徨乎海外。善曰：毛詩曰：海外有截。吞若雲夢者八九，於其胸中曾不蔕芥。善曰：蔕芥，已見西京賦。若乃俶儻瑰瑋，異方殊類。郭璞曰：俶儻，猶非常也。善曰：廣雅曰：瑰瑋，琦玩也。俶，佗歷切。珍怪鳥獸，萬端鱗崪。善曰：高唐賦曰：珍怪奇偉，不可稱論。張揖曰：崪與萃同，集也。充牣其中，不可勝記。禹不能名，卨不能計。張揖曰：禹爲堯司空，辨九州名山，别草木。卨爲堯司徒，敷五教，率萬事。應劭曰：契善計也〔二五〕。善曰：廣雅曰：充牣，滿也。然在諸侯之位，不敢言游戲之樂，苑囿之大。先生又見客，如淳曰：見賓客，禮待故也。善曰：言見先生是客也。是以王辭不復，司馬彪曰：復，答也。何爲無以應哉！」

〔一〕注「廣雅曰僕謂附著於人」：案：「雅」當作「蒼」。各本皆譌。樊恭廣倉見隋志。上林賦注引「若蹈足貌」。茶陵本亦譌「蒼」爲「雅」也。

〔二〕䓖藭菖蒲　袁本、茶陵本「䓖」作「芎」。案：注中字作「芎」。考説文艸部「营藭，香艸也」。重文「芎」，司馬相如説「营」或从「弓」，謂凡將如此。史記、漢書作「穹」者，假借也。字書別未載「䓖」字，當是尤延之以改「芎」爲「穹」，遂成此形耳。甘泉賦「發蘭蕙與䓖藭」，正文及注皆誤。

〔三〕茳蘺蘪蕪　案：「茳」當作「江」，注中「江」字兩見，皆不從艸，史記、漢書亦作「江」。考上林賦「被以江蘺」，茶陵本云五臣作「茳」，袁本無校語。蓋此賦亦善「江」、五臣「茳」而亂之，故袁、茶陵二本皆不著校語。何校改作「江」，據史、漢。陳云別本作「江」，未詳其何本也。

〔四〕注「苞麄也」　案：「麄」當作「麃」。史記、漢書注可證。各本皆譌。下「麄皮表切」，茶陵本未誤。

〔五〕注「本或林下有巨字」　案：「有」當作「作」，謂「林」下「其」字作「巨」也。不云「其」作「巨」者，因正文有兩「其」字，以此分別之。史記、漢書及五臣同，或本作「巨」。

〔六〕注「善曰蓋山之國東有樹」　袁本、茶陵本「蓋」上有「有」字，無「東」字。案：二本是也。此所引大荒西經文，依善例「曰」下當有「山海經曰」四字，二本仍皆脱。

〔七〕注「驅馳逐獸也橈靡也」　案：上「也」當作「正」，漢書注可證，以八字爲一句也。各本皆譌。

〔八〕注「中絶系也」　袁本、茶陵本「中」下有「心」字。案：漢書注正有，此脱。

〔九〕注「言所在衆多」　袁本「所在」下有「射獲」二字。茶陵本脱此注。

〔一〇〕注「弭猶低也節所仗信節也」　袁本無此十字，茶陵本亦無。案：漢書注有之。考史記索隱引郭璞曰「言頓轡也」，集解引郭璞曰「或云節，今之所仗信節也」，善此注引王逸「弭，案也」，意謂即上文「案節未舒」，與郭「頓轡」之解相近，無取或云也。尤延之從漢書注添，未是。

〔一一〕被阿緆　案：「緆」當作「錫」。注云「緆與錫古字通」，必善作「錫」，故有此語。今各本皆作「緆」者，以五臣作「緆」而亂之，遂不可通，非也。史記、漢書皆作「錫」。袁、茶陵并削善此注，益非。

〔一二〕襞積褰縐　袁本、茶陵本「積」作「襀」，音積。案：史記、漢書皆作「積」，袁、茶陵二本善注中引張揖字仍作「積」，蓋善「積」、五臣「襀」而音「積」，袁、茶陵所見亂之，故不著校語。尤本獨未誤。

〔一三〕紆徐委曲　何校云漢書無此四字，無者爲勝。案：以李注引張揖詳之，本無此四字。今史記有。而集解引漢書音義，索隱引小顏、孟康，似二家史記亦與漢書同，並不當有。唯五臣向注云「紆徐委曲，裙下垂貌」。蓋五臣較多四字而亂之也。各本皆非。

〔一四〕注「故或摩蘭蕙」　案：善正文作「靡」，此「摩」字誤。五臣作「摩」，袁、茶陵二本有明文。今史記、漢書作「摩」，而張守節正義及顏注中仍作「靡」，「靡」者古「摩」字之通用，恐亦「靡」是「摩」非也。

〔一五〕若神仙之髣髴　袁本、茶陵本云善無「仙」字。案：詳注意，善不當有甚明。尤本此處脩改添入，乃其誤也。漢書無，今史記亦誤衍，并正義所引戰國策末亦贅以「仙」字，誤之甚矣。凡史記與此同誤，皆後人所改耳。

〔一六〕連駕鵝　茶陵本云「駕」，善作「駕」。案：注云「而因連駕鵝也」，字正作「駕」，史記、漢書亦皆作「駕」。考「駕」者，「鳴」之假借。左傳「榮駕鵝」，唐石經、宋槧本下皆從「馬」，古今人表所載亦然。相如此賦用字古矣。唯中山經「是多駕鳥」，郭注未詳也。或曰「駕」宜爲「駕」，駕鵝也。然則「駕」字晉代不復行用之。袁本正文及注並改爲「駕」，而不著校語。又上林賦「駕鵝屬玉」，各本作「駕」，皆誤，以五臣亂善，非也。西京賦「駕鵝鴻鶤」，平子用「駕」字，是爲異人用字不同之例。全書此類極多，皆不更著。

〔一七〕注「戰國策更嬴曰臣能虛發而下鳥」　袁本無此十三字，有「見西都賦高誘」六字。茶陵本例改已見者爲複出，故亦有。尤本脩改添入，未是。又「高誘」二字屬下，不當删之也。

〔一八〕注「列子曰蒲且子連雙鶬于青雲之上」　袁本無此十四字，茶陵本有。案：尤本脩改添入，未是。説在上條。

〔一九〕注「之説是也」　案：「之」當作「文」，漢書注可證。各本皆譌。

〔二〇〕注「服氏一説」　案：「一」當作「之」。各本皆譌。

〔二一〕乃欲戮力致獲　袁本、茶陵本「戮」作「勠」。案：史記、漢書皆作「戮」，蓋善「戮」五臣「勠」，二本所見亂之，而不著校語。「戮」「勠」同字耳。劇秦美新曰：「戮力咸陽。」餘同此者，不更出。

〔二二〕注「善曰史記樂毅與燕惠王書曰」　袁本、茶陵本無「史記惠」三字。

〔二三〕注「彰君惡害私義」　袁本、茶陵本無此六字。

〔二四〕注「成山在東萊掖縣」　案：漢書注引「掖」作「不夜」，史記集解徐廣亦曰「在東萊不夜縣」。考史記封禪書、漢書武帝紀、郊祀志、地理志，「不夜」是，「掖」非。各本皆譌也。

〔二五〕注「契善計也」　袁本此下有「契卨同」三字，茶陵本無。案：有者是也。

文選卷第八

畋獵中

上林賦

司馬長卿　郭璞注

亡是公听然而笑善曰：説文曰：听，笑貌也，牛隱切。曰：「楚則失矣〔一〕，而齊亦未爲得也。夫使諸侯納貢者，非爲財幣，所以述職也〔二〕；郭璞曰：諸侯朝於天子曰述職。善曰：尚書大傳曰：古者諸侯之於天子，五年一朝見，述其職。述職者，述其所職也。封疆畫界者，非爲守禦，所以禁淫也。郭璞曰：天下有道，守在四夷。立境界者，欲以杜絶淫放耳。善曰：小雅曰：淫，過也。今齊列爲東藩，而外私肅慎，郭璞曰：私與通也。捐國踰限，越海而田，其於義固未可也。且二君之論，不務明君臣之義〔三〕，正諸侯之禮，徒事爭於游戲之樂，苑囿之大，欲以奢侈相勝，荒淫相越，此不可以揚名發譽，而適足以㕣君自損也〔四〕。晉灼曰：㕣，古貶字也。善曰：鄧析子曰：因勢而發譽。毛萇詩傳曰：秖，適也。

「且夫齊楚之事又烏足道乎？君未覩夫巨麗也，獨不聞天子之上林乎？左蒼梧，右西極。文穎曰：蒼梧郡屬交州，在長安東南，故言左。爾雅曰：至于豳國，爲西極，在長安西，故言右也。丹水更其南，應劭曰：丹水出上洛冢領山，東南至析縣入汋水。更，公衡切。紫淵徑其北。文穎曰：河南穀羅縣〔五〕有紫澤，在縣北〔六〕，於長安爲在北也。終始灞滻，出入涇渭。張揖曰：灞、滻二水終始盡於苑中，不復出也。涇、渭二水從苑外來，又出苑去也。酆鎬潦潏，紆餘委蛇，經營乎其内。張揖曰：酆水出鄠縣南山酆谷，北入渭。鎬在昆明池北。善曰：潦，即澇水也。說文曰：澇水出鄠縣，北入渭。潏水出杜陵，今名沇水〔七〕，自南山黄子陂〔八〕西北流經至昆明池〔九〕入渭。郭璞曰：經營其内，周旋苑中也〔一〇〕。蕩蕩乎八川分流，相背而異態。郭璞曰：變態不同也。善曰：潘岳關中記曰：涇、渭、灞、滻、酆、鄗、潦、潏，凡八川。東西南北，馳騖往來。郭璞曰：言更相錯涉也。來，盧代切。出乎椒丘之闕，服虔曰：丘名也。兩山俱起，象雙闕者也。善曰：楚辭曰〔一一〕：馳椒丘兮焉且。且，止也，音昌呂切〔一二〕。行乎洲淤之浦。張揖曰：淤，漫也。浦，水崖也。淤，於庶切。善曰：方言曰：水中可居者曰洲。三輔謂之淤也。經乎桂林之中，張揖曰：桂林，林名也。南海經曰：桂林八樹在番禺東也。過乎泱漭之壄。張揖曰：山海經所謂大荒之野。如淳曰：大貌也。泱，烏朗切。汩乎混流，順阿而下，蘇林曰：楊雄方言曰：汩，遥疾也。汩，于筆切。郭璞曰：混，并也。阿，大陵也。赴隘陿之口。郭璞曰：夾岸間爲陿。隘，於懈切。陿，音狹。觸穹石，激堆埼，張揖曰：穹石，大石也。埼，曲岸頭也。郭璞曰：堆，沙堆也，丁回切。埼，巨依切。沸乎暴怒，郭璞曰：沸，水聲也，音拂。洶涌彭湃。司馬彪曰：洶涌，跳起也。彭湃，波相戾也。洶，許勇切。湃，蒲拜切。滭弗宓汩，蘇林曰：滭，音畢。宓，音密。司馬彪曰：畢弗〔一三〕，盛貌也。宓汩，去疾也。汩，于筆切。偪側泌瀄。郭璞曰：泌瀄，音筆櫛。司馬彪曰：偪側，相迫也。泌瀄，相揳也。偪字與逼同。揳，先結切。横流逆折，轉騰潎洌。司馬彪曰：逆折，旋回也，孟康曰：轉騰，相過也。潎洌，相潎也。潎，匹列切。洌，音列。滂濞沆溉，司馬彪曰：滂濞，水聲也。沆溉，徐流也。郭璞曰：滂，音匹亨切。濞，匹祕切。溉，胡慨切。韋昭曰：沆，胡郎切。穹隆雲橈，郭璞曰：龍起回窊也。善曰：雲橈，如雲屈橈也。橈，女教切。宛潬膠盭。司馬彪曰：宛潬，展轉也。膠盭，邪屈也。宛，音婉。潬，音善。盭，古戾字。踰波趨浥，涖涖下瀨。司馬彪曰：踰波，後波凌前波也。趍浥，輸於淵也。涖涖，水聲也。浥，於俠切。涖，音利。批巖衝擁，奔揚滯沛。司馬彪曰：擁，曲隈也。善曰：説文曰：批，擊也。滯沛，奔揚之貌也。滯，直制切。沛，蒲蓋切。臨坻注壑，瀺灂霣墜。鄧展曰：坻，水中山也。坻，音遲。善曰：字林曰：瀺灂，小水聲也。霣，即隕字也。墜，直類切。沈沈隱隱，砰磅訇礚。善曰：沈沈，深貌也。隱隱，盛貌也。司馬彪曰：砰磅訇礚，皆水聲也。砰，普冰切。磅，普萌切。潏潏淈淈，湁潗鼎沸。善曰：説文曰：潏，水湧出也。淈，水出貌〔一四〕。周成雜字曰：湁潗，水沸貌也。淈，音骨。湁，勑立切。潗，子入切。馳波跳沫，汩濦漂疾〔一五〕，司馬彪曰：汩濦，水聲也。韋昭曰：濦，許及切。善曰：汩，于筆切。漂，匹姚切。悠遠長懷。郭璞曰：懷亦歸，變文耳。寂漻無聲，肆乎永歸。善曰：説文曰：漻，清深也〔一六〕。漻，音聊。杜預左氏傳注曰：肆，放也。言水奔放而長歸於淵海也。然後灝溔潢漾，郭璞曰：皆水無涯際貌也。灝，音皓。溔，弋少切。潢，胡廣切。漾，弋丈切。安翔徐回。郭璞曰：言運轉也。翯乎滈滈，郭璞曰：水白光貌也。翯，胡角切。滈，音鎬。東注太湖，郭璞曰：太湖在吴縣，尚書所謂震澤也。衍溢陂池。郭璞曰：其形狀而出也〔一七〕。陂池，江旁小水。於是乎蛟龍赤螭，文穎曰：龍子爲螭。張揖曰：赤螭，雌龍也。䱍鰽漸離。李奇曰：周洛曰鮪，蜀曰䱍鰽，出鞏山穴中。司馬彪曰：漸離，魚名也。張揖曰：其形狀未聞〔一八〕。䱍，音亘。鰽，音慒。鰅鰫鰬魠，郭璞曰：鰅，魚有文彩。鰫，似鰱而黑。鰬，似鱓。魠，鱤，一名黃曰頰〔一九〕。鰅，音顒。鰫，嘗容切。鰬，音乾。魠，音托。鱓，音善。鱤，音感。禺禺魼鰨。郭璞曰：禺禺魚，皮有毛，黃地黑文。魼，比目魚，狀似牛脾，細鱗紫色，兩相合得乃行〔二〇〕。鰨，鯢魚也，似鮎，有四足，聲如嬰兒。禺，音顒。魼，音榻。鰨，奴榻切。揵鰭掉尾，振鱗奮翼，郭璞曰：揵，舉也。鰭，背上鬣也。善曰：高唐賦曰：振鱗奮翼。揵，巨言切。掉，徒釣切。潛處乎深巖。郭璞曰：隱岸坻也〔二一〕。魚鼈讙聲，萬物衆夥。善曰：小雅曰：夥，多也。明月珠子，的皪江靡，應劭曰：靡，邊也。明月珠子，生於江中，其光耀乃照於江邊也。張揖曰：靡，厓也。善曰：説文曰：玓瓅，明珠光也。玓瓅與的皪音義同。蜀石黃碝，水玉磊砢。張揖曰：蜀石，石次玉者也。郭璞曰：碝，碝石，黄色。水玉，水精也。磊砢，魁礨貌也。善曰：山海經曰：常庭之山〔二二〕其上多水玉。碝，如兗切。砢，洛可切。磷磷爛爛，采色澔汗，郭璞曰：皆玉石符采映耀也。磷，音吝。澔，音皓。藂積乎其中。鴻鷫鵠鴇，駕鵝屬玉。張揖曰：鴻，大鴈也。郭璞曰：鷫，鷫鷞也。屬玉，似鴨而大，長頸赤目，紫紺色者。交精旋目，郭璞曰：交精，似鳧而脚高，有毛冠，辟火災。司馬彪曰：旋目，鳥名也。煩鶩庸渠。郭璞曰：煩鶩，鴨屬也。庸渠，似鳧，灰色而雞脚，一名章渠。鶩，音木。箴疵鵁盧，張揖曰：箴疵，似魚虎而倉黑色。鵁，鵁頭鳥。郭璞曰：盧，鸕鷀也。箴，音鍼。疵，音資。鷀，音慈也。羣浮乎其上。汎淫泛濫，隨風澹淡。郭璞曰：皆鳥任風波自縱漂貌也。汎，音馮。泛，敷劍切。與波摇蕩，奄薄水渚。張揖曰：奄，覆也。郭璞曰：薄，猶集也。唼喋菁藻，咀嚼菱藕。郭璞曰：菁，水草也。善曰：通俗文曰：水鳥食謂之啑，與唼同，所甲切。喋，丈甲切。咀，才汝切。嚼，才削切。

「於是乎崇山矗矗，巃嵸崔巍。郭璞曰：皆高峻貌也。巃，力孔切。嵸，音揔。深林巨木，嶄巖嵾嵳。郭璞曰：皆峯嶺之貌也。嶄，仕銜切。嵾，楚林切。嵳，楚宜切。九嵕巀嶭，南山峩峩。郭璞曰：巀嶭，高峻貌也。善曰：九嵕、南山，已見西都賦。巀，音截。嶭，音齧。峩，音娥。巖陁甗錡，摧崣崛崎〔二三〕。司馬彪曰：陁，靡也。甗，甑也。錡，欹也。上大下小，有似欹甑也。張揖曰：摧崣，高貌也。崛崎，斗絶也。摧，作罪切。崣，卒鄙切。郭璞曰：崛，音掘。崎，音錡。振溪通谷，蹇産溝瀆。張揖曰：振，拔也〔二四〕。水注川曰谿，注谿曰谷。蹇産，詰曲也。郭璞曰：自溪及瀆，皆水相通注也。善曰：言山石收斂溪水而不分泄。谽呀豁閜，阜陵別隝。司馬彪曰：谽呀，大貌。豁閜，空虛也。郭璞曰：隝，水中山也。谽，呼含切。呀，呼加切。閜，呵下切。隝，音擣。崴磈嵔廆，丘虛堀礨。郭璞曰：皆其形勢也。崴，於鬼切。磈，魚鬼切。嵔，惡罪切。廆，胡罪切。虛，音袪。堀，音窟。礨，音磊。隱轔鬱壘，登降施靡，郭璞曰：隱轔鬱壘〔二五〕，堆壟不平貌。轔，洛盡切。壘，音壘。施，式氏切。陂池貏豸。郭璞曰：陂池，旁頹貌也。陂，音皮。貏，音被。豸，直爾切。善曰：貏豸，漸平貌。沇溶淫鬻，張揖曰：水流谿谷之間也。沇，以水切。溶，音容。淫，以舟切。鬻，音育。散渙夷陸。司馬彪曰：布平地也。亭皋千里，靡不被築。服虔曰：皋，澤也。隄上十里一亭。郭璞曰：皆築地令平也。被，皮義切。揜以綠蕙，被以江離。張揖曰：掩，覆也。綠，王芻也。蕙，薰草也。郭璞山海經曰〔二六〕：蕙，香草，蘭屬也。糅以蘪蕪，雜以留夷。張揖曰：留夷，新夷也。善曰：王逸楚辭注曰：留夷，香草。布結縷，郭璞曰：結縷，蔓生，如縷相結。攢戾莎，司馬彪曰：戾莎，莎名也。揭車衡蘭，應劭曰：揭車，一名艺輿，香草也。揭，去竭切。艺，巨乞切。槀本射干。郭璞曰：槀本，槀茇也。方末切。司馬彪曰：射干，香草也。射，弋舍切。茈薑蘘荷，張揖曰：茈薑，子薑也。茈，音紫。蘘，人羊切。葴持若蓀。如淳曰：葴，音鍼。韋昭曰：持，音懲。張揖曰：葴持，闕。若，杜若。郭璞曰：蓀，香草也。鮮支黃礫，司馬彪曰：鮮支，支子也。張揖曰：皆香草也。蔣苧青薠〔二七〕。張揖曰：蔣，菰也。苧，三稜也。郭璞曰：苧，音杼。布濩閎澤，延曼太原。郭璞曰：布濩，猶布露也。善曰：閎，大也。濩，音護。延，弋戰切。離靡廣衍，善曰：離靡，離而邪靡，不絕之貌也。孟康甘泉賦注曰：衍，无厓岸也。離，力爾切。應風披靡，吐芳揚烈，善曰：

烈，酷烈，香氣盛也。披，不蟻切。郁郁菲菲。衆香發越，郭璞曰：香氣射散也。菲，音妃。肸蠁布寫，晻薆咇茀。司馬彪曰：肸，過也。芬芳之過，若蠁之布寫也。郭璞曰：香氣盛馝馞也。善曰：説文曰：肸，蠁布也。馝馞、咇茀，音義同。説文曰〔二八〕：馣馤，香氣奄藹也。馣與晻，馤與薆，音義同。晻，音奄。咇，步必切。茀，音勃。

「於是乎周覽泛觀，縝紛軋芴，孟康曰：縝紛，衆盛也。軋芴，緻密也。縝，丑人切。芴，音勿。芒芒怳忽。郭璞曰：言眼亂也。芒，莫朗切。視之無端，察之無涯。日出東沼，入乎西陂。張揖云：日朝出苑之東池，暮入於苑西陂中。善曰：漢宮殿簿曰：長安有西陂池、東陂池。其南則隆冬生長，涌水躍波。張揖曰：其苑南陽煖，則盛冬十月，草木生長也。郭璞曰：躍波，言不凍也。善曰：孫卿子曰：松柏經隆冬而不彫。其獸則㺎旄獏犛，沈牛麈麋。郭璞曰：㺎，似牛，領有肉堆也。音容。張揖曰：旄，旄牛也，其狀如牛而四節毛。獏，白豹。犛牛，黑色，出西南徼外。沈牛，水牛也，能沈没水中。麈，似鹿而大。善曰：南越志曰：潛牛，形角似水牛，一名沈牛也。赤首圜題，窮奇象犀。張揖曰：題，額也。窮奇，狀如牛而蝟毛，其音如嘷狗，食人者也。其北則盛夏含凍裂地，涉冰揭河。司馬彪曰：揭，舉衣也。善曰：尸子曰：寒凝冰裂地。其獸則麒麟角端，騊駼橐駝。郭璞曰：麒，似麟而無角。角端，似貊，角在鼻上，中作弓。韋昭曰：背上有肉似橐，故曰橐駝也。蛩蛩驒騱，駃騠驢驘。郭璞曰：驒騱，駏驉類也。駃騠，生三日而超其母。驒，音顛。騱，音奚。駃，音玦。騠，音提。騾、驘同〔二九〕。

「於是乎離宮別館，彌山跨谷。善曰：鄭玄周禮注曰：彌，徧也。高廊四注，重坐曲閣。司馬彪曰：廊廡上級下級皆可坐，故曰重坐。曲閣，閣道委曲也。華榱璧璫，輦道纚屬。韋昭曰：裁金爲璧，以當榱頭也。如淳曰：輦道，閣道也。司馬彪曰：纚屬，連屬也。張揖曰：纚，力爾切。屬，之欲切。步櫚周流，長途中宿。善曰：步櫚，步廊也。周流，周徧流行也。楚辭曰：曲屋步櫚。郭璞曰：中途〔三〇〕，樓閣間陛道。司馬彪曰：中宿，乃至其上。夷嵕築堂，累臺增成，如淳曰：嵕，山也。張揖曰：平此山以作堂者也。重累而成之，故曰增成。嵕，子公切。巖窔洞房。郭璞曰：言於巖窔底爲室，潛通臺上也。善曰：窔，一吊切。頫杳眇而無見，仰𠦬橑而捫天。善曰：聲類曰：頫，古文俯字。説文曰：頫，低頭也。楚辭曰：遂倏忽而捫天。晉灼曰：𠦬，古攀字也。捫，摸也。橑，音老。捫，音門。奔星更於閨闥，宛虹扡於楯軒。善曰：奔，流星也，行疾，故曰奔。如淳曰：宛虹，屈曲之虹也。應劭曰：楯，欄檻也。司馬彪曰：軒，楯下版也。更，工衡切。青龍蚴蟉於東葙〔三一〕，郭璞曰：蚴蟉，龍行貌也。善曰：孫炎爾雅注曰：葙，夾室前堂也。蚴，一糾切。蟉，力糾切。象輿婉僤於西清。張揖曰：山出象輿，瑞應車也。西清者，葙中清淨處也。善曰：婉僤，動貌也。僤，音善。靈圄燕於閒館，張揖曰：靈圄，衆仙之號也。楚辭曰：坐靈圄而來謁。閒，讀曰閑。偓佺之倫暴於南榮。郭璞曰：偓佺，仙人也。暴，謂偃卧日中也。榮，屋南檐也。醴泉涌於清室，通川過於中庭。郭璞曰：醴泉，瑞水也。善曰：言醴泉於室中涌出，而通流爲川，而過中庭。盤石振崖〔三二〕，李奇曰：振，整也。以石整頓池水之涯也。振，之刃切。嶔巖倚傾，郭璞曰：嶔巖，攲貌也。嶔，口銜切。倚，於綺切。嵯峨嶕嶫，刻削峥嶫。郭璞曰：言自然若彫刻也。司馬彪曰：峥嶫，深貌也。善曰：嵥，音捷。嶫，音業。玫瑰碧琳，珊瑚叢生。善曰：並已見上文。瑉玉旁唐，玢豳文鱗。郭璞曰：旁唐，言磐礴也。玢豳，文理貌也，音紛彬。善曰：宋玉笛賦曰：其處磅磄千仞〔三三〕。赤瑕駮犖，雜臿其間，張揖曰：赤瑕，赤玉也。郭璞曰：言雜廁崖石中。駮犖，采點也。犖，洛角切。晁采琬琰，和氏出焉。司馬彪曰：晁采，玉名。善曰：晁，古朝字。尚書曰：弘璧琬琰在西序。

「於是乎盧橘夏熟〔三四〕，應劭曰：伊尹書曰：箕山之東，青鳥之所，有盧橘夏熟。晉灼曰：此雖賦上林，博引異方珍奇，不係於一也。盧，黑也。黄甘橙楱。郭璞曰：黄甘，橘屬而味精。楱，亦橘之類也，音湊。張揖曰：楱，小橘也，出武陵。善曰：説文曰：橙，橘屬也。枇杷橪柿，楟奈厚朴〔三五〕。張揖曰：枇杷，似斛樹，長葉，子如杏。亭，山梨也。厚朴，藥名也。郭璞曰：橪，橪支木也。橪，音煙。朴，步角切。梬棗楊梅，張揖曰：楊梅，其實似穀子〔三六〕而有核，其味酸，出江南也。櫻桃蒲陶。善曰：櫻桃，蒲陶，見南都賦。隱夫薁棣，張揖曰：隱夫，未詳。薁，山李也。郭璞曰：棣，實似櫻桃也。薁，於六切。棣，徒計切。荅遝離支。張揖曰：荅遝，似李，出蜀。晉灼曰：離支，大如雞子，皮麁，剥去皮，肌如雞子中黄，味甘多酢少。遝，音沓。離，力智切。羅乎後宫，列乎北園。貤丘陵，下平原。司馬彪曰：貤，延也，羊氏切。揚翠葉，扤紫莖。張揖曰：扤，摇也，音兀。發紅華，垂朱榮。煌煌扈扈，照曜鉅野。郭璞曰：言其光采之盛也。煌，音皇。沙棠櫟櫧，張揖曰：沙棠，狀如棠，黄華赤實，其味如李，無核。吕氏春秋曰：果之美者，沙棠之實。櫧，似柃，葉冬不落。應劭曰：櫟，採木也〔三七〕。櫧，音諸。柃，音零。採，音采。華楓枰櫨。張揖曰：華，皮可以爲索。楓，攝也，脂可以爲香。郭璞曰：枰，平仲木也。櫨，已見南都賦。華，胡化切。留落胥邪，仁頻并閭。郭璞曰：留，未詳。落，樓也，中作器。胥邪，似并閭，皮可作索。孟康曰：仁頻，椶也。善曰：仙藥録曰：檳榔，一名椶，然仁頻即檳榔也。胥邪、并閭，已見南都賦。樓，音鏤。欃檀木蘭，孟康曰：欃檀，檀别名也。欃，音讒。豫章女貞。張揖曰：女貞木，葉冬不落。長千仞，大連抱。司馬彪曰：七尺曰仞。夸條直暢，實葉葰楙。郭璞曰：夸，張布也。司馬彪曰：葰，大也。葰，音峻。攢立叢倚，連卷欐佹。司馬彪曰：欐佹，支重累也。倚，於綺切。卷，巨專切。欐，力爾切。佹，音詭。善曰：蒼頡篇曰：攢，聚也。崔錯癹骩，郭璞曰：崔錯，交雜。癹骩，蟠戾也〔三八〕。崔，千賄切。癹，步葛切。骩，古委字。坑衡閜砢。郭璞曰：坑衡，徑直貌。閜砢，相扶持也〔三九〕。坑，口庚切。閜，烏可切。砢，來可切。垂條扶疏，落英幡纚。善曰：説文曰：扶疏，四布也。吕氏春秋曰：樹肥無使扶疏。英，謂華也〔四〇〕。張揖曰：幡纚，飛揚貌也。纚，山爾切。紛溶箾蔘，猗狔從風。郭璞曰：紛溶箾蔘，支竦擢也。張揖曰：猗狔，猶阿那也。溶，音容。箾，音蕭。蔘，音森。猗，憶靡切。狔，女爾切。藰莅芔歙，司馬彪曰：衆聲貌也。藰，音劉。莅，音利，芔，古卉字。歙，音翕。蓋象金石之聲，管籥之音。善曰：金石、管，已見上文。籥，已見南都賦。偨池茈虒，旋還乎後宫。張揖曰：偨池，參差也。茈虒，不齊也。如淳曰：茈，音此。虒，音豸。郭璞曰：還，繞也。偨，音差。雜襲絫輯，郭璞曰：相重被也。善曰：絫，古累字。輯與集同。被山緣谷，循阪下隰，視之無端，究之無窮。

「於是乎玄猨素雌，蜼玃飛蠝〔四一〕，張揖曰：蜼，似母猴，卬鼻而長尾。玃，似獮猴而大。飛蠝，鼠也〔四二〕，其狀如兔而鼠首，以其髯飛。郭璞曰：蠝，鼯鼠也，毛紫赤色，飛且生，一名飛生。蜼，音遺。蠝，音誄。善曰：玄猨，言猨之雄者玄色也。素雌，猨之雌者素色也。玃，音钁。蛭蜩蠼猱，司馬彪曰：山海經曰：不咸之山，飛蛭四翼。蜩，蟬也。蠼猱，獮猴也。郭璞曰：蛭蜩，未聞。如淳曰：蛭，音質。猱，奴刀切。獑胡豰蛫，張揖曰：獑胡，似獮猴，頭上有髦，要以後黑。郭璞曰：豰，似鼬而大，要以後黃，一名黃要，食獮猴。蛫，未聞也。獑，音讒。豰，呼谷切。蛫，音詭。棲息乎其間。長嘯哀鳴，翩幡互經，郭璞曰：互經，互相經過也。夭蟜枝格，偃蹇杪顛。郭璞曰：皆獮猴在樹暴戲姿態也〔四三〕。夭蟜，頻申也。善曰：埤蒼曰：格，木長貌也。說文曰：杪，末也〔四四〕。廣雅曰：顛，末也。蟜，音矯。隃絶梁，騰殊榛，郭璞曰：梁，石絶水也。張揖曰：殊榛，異枏也。善曰：隃字與踰同。榛，仕人切。枏，五曷切。捷垂條，掉希間。張揖曰：捷持懸垂之條，掉往著稀疏無支之間也。郭璞曰：掉，懸擿也，託釣切。牢落陸離，郭璞曰：羣奔走也。善曰：牢落，猶遼落也。廣雅曰：陸離，參差也。爛漫遠遷。郭璞曰：崩騰羣走貌也。

「若此者數百千處，娛遊往來〔四五〕，宮宿館舍。善曰：說文曰：娛，戲也，許其切。郭璞曰：皆離宮別館，出入所幸也。庖廚不徙，後宮不移，百官備具。郭璞曰：言所在有也。

「於是乎背秋涉冬，天子校獵。李奇曰：以五校兵出獵也。乘鏤象，六玉虯。張揖曰：鏤象，象路也，以象牙疏鏤其車輅。六玉虯，謂駕六馬，以玉飾其鑣勒，有似虯〔四六〕。龍也無角〔四七〕曰虯也。郭璞曰：韓子曰：黄帝駕象軍，六蛟龍。善曰：此依古成文而假言之，非謂似也。今依郭説。**拖蜺旌，靡雲旗。**張揖曰：析羽毛，染以五采，綴以縷爲旌，有似虹蜺之氣也。畫熊虎於旒爲旗，似雲氣也。善曰：此亦假言也。高唐賦曰：蜺爲旌。雲旗，已見東京賦。**前皮軒，後道游。**文穎曰：皮軒，以虎皮飾車。天子出，道車五乘，游車九乘，在乘輿車前，賦頌爲偶辭耳。善曰：言皮軒最居前，而道游次皮軒之後，此爲前後相對爲偶辭耳，非謂道游在乘輿之後。**孫叔奉轡，衛公參乘。**李善曰〔四八〕：孫叔者，太僕公孫賀也，字子叔。衛公者，大將軍衛青也。大駕，太僕御，大將軍參乘。**扈從横行，出乎四校之中。**晉灼曰：扈，大也。張揖曰：跋扈縱横，不案鹵簿也。文穎曰：凡五校，今言四者，中一校隨天子乘輿也。**鼓嚴簿，縱獵者。**張揖曰：鼓，嚴鼓也。簿，鹵簿也。善曰：言擊嚴鼓簿鹵之中也〔四九〕。**河江爲阹**〔五〇〕，**泰山爲櫓。**郭璞曰：因山谷遮禽獸爲阹。櫓，望樓。**車騎靁起，殷天動地。**郭璞曰：殷，猶震也。善曰：靁，古雷字。殷，音隱。**先後陸離，離散别追。**郭璞曰：各有所逐也。善曰：廣雅曰：陸離，參差。**淫淫裔裔，緣陵流澤，雲布雨施。**郭璞曰：言徧山野也。善曰：韓子曰：雲布風動。周易曰：雲行雨施也。**生貔豹，搏豺狼。**韋昭曰：生，謂生取之也〔五一〕。郭璞曰：貔，執夷，虎屬，音毗。**手熊羆，足壄羊。**張揖曰：熊，犬身，人足，黑色。羆，如熊，黄白色。壄羊，麢羊也，似羊而青。郭璞曰：足，謂踏也。**蒙鶡蘇，**孟康曰：鶡，鶡尾也。蘇，析羽也。張揖曰：鶡，似雉，鬭死不卻。善曰：蒙，謂蒙覆而取之。鶡以蘇爲奇，故特言之以成文耳。鶡，音曷。**絝白虎。**郭璞曰：絝，謂絆絡之也〔五二〕。善曰：絝，音袴。**被班文，**善曰：班文，虎豹之皮也。司馬彪漢書曰〔五三〕：虎賁騎皆虎文單衣。**跨壄馬。**善曰：跨，謂騎之也。

陵三嵕之危，善曰：漢書音義曰：陵，上也。郭璞三倉注曰：三嵕山在聞喜。下磧歷之坻。張揖曰：磧歷，不平也。坻，下阪道也。坻，音遲。徑峻赴險，越壑厲水。郭璞曰：厲，以衣渡水。椎蜚廉〔五四〕，弄獬豸。郭璞曰：飛廉，龍雀也，鳥身鹿頭。張揖曰：獬豸，似鹿而一角，人君刑罰得中則生於朝廷，主觸不直者，今可得而弄也。獬，音蟹。豸，文介切。格蝦蛤，鋋猛氏。孟康曰：蝦蛤、猛氏，皆獸名。郭璞曰：今蜀中有獸，狀如熊而小，毛淺有光澤，名猛氏。蝦，音遐。蛤，音閤。善曰：説文曰：鋋，小矛也，市延切。羂騕褭，射封豕。張揖曰：騕褭，馬金喙赤色，一日行萬里者。郭璞曰：封豕，大豬也。善口：聲類曰：羂，係取也，工犬切。左氏傳：申包胥曰：吴爲封豕長蛇。箭不苟害，解脰陷腦。弓不虚發，應聲而倒。張揖曰：脰，項也。善曰：脰，音豆。史記：陷，苦念切。

「於是乘輿弭節徘徊，翱翔往來。郭璞曰：言周旋也。善曰：楚辭曰：颾弭節而高厲。睨部曲之進退，覽將帥之變態。善曰：部曲，已見上文。然後侵淫促節，郭璞曰：言疾驅也。善曰：侵淫，漸進之貌。儵敻遠去。郭璞曰：儵忽，長逝也。善曰：曹大家幽通賦注曰：敻，遠也。流離輕禽，蹴履狡獸。張揖曰：流離，放散也。輕禽，飛鳥也。晉灼曰：輕小之禽。善曰：張説是也。轊白鹿，捷狡兔。郭璞曰：狡兔健跳，故曰捷耳。捷，音接。軼赤電，遺光耀。張揖曰：軼，過也。郭璞曰：皆妖氣爲變怪，游光之屬也。追怪物，出宇宙。張揖曰：怪物，奇禽也。彎蕃弱，滿白羽。文穎曰：彎，牽也。蕃弱，夏后氏良弓之名。引弓盡箭鏑爲滿。以白羽爲箭〔五五〕，故言白羽也。善曰：左氏傳，衛子魚曰：分魯公以封父之繁弱。蕃與繁古字通。國語曰：吴素甲白羽之矰，望之如荼。射游梟，櫟蜚遽。張揖曰：梟，惡鳥也，故射之。櫟，梢也。飛遽，天上神獸也，鹿頭而龍身。郭璞曰：梟羊也。善曰：高誘淮南子注，梟羊，山精也，似遽類。高説是也。梟，工聊切。遽，音鉅。擇肉而后發，先中而命處。郭璞曰：言必如所志也。善曰：廣雅曰：命，名也。弦矢分，藝殪仆。文穎曰：所射準的爲藝，壹發死爲殪。善曰：説文曰：仆，頓也。殪，音翳。仆，音赴。

「然后揚節而上浮，郭璞曰：言騰游也。善曰：楚辭曰：鳥託乘而上浮。凌驚風，歷駭猋，乘虚無，與神俱。張揖曰：郭璞老子經注曰〔五六〕：虚無寥廓，與元通靈〔五七〕，言其所乘氣之高，故能出飛鳥之上而與神俱者也。躪玄鶴，亂昆雞。張揖曰：昆雞，似鶴，黄白色。郭璞曰：躪，踐也。亂者，言亂其行伍也。遒孔鸞，促鵕鸃。郭璞曰：遒、促，皆迫捕貌。遒，才由切。拂翳鳥，張揖曰：山海經曰：九疑之山有五采之鳥，名曰翳鳥。捎鳳凰。捷鵷鶵，揜焦明。張揖曰：焦明，似鳳，西方之鳥也。善曰：方言曰：揜，取也。樂汁圖〔五八〕，焦明，狀似鳳皇。宋衷曰：水鳥也。

「道盡途殫，迴車而還。消摇乎襄羊，降集乎北紘。司馬彪曰：消摇，逍遥也。張揖曰：淮南子云：八澤之外，乃有八紘，北方之紘曰委羽。郭璞曰：襄羊，猶彷徉也。率乎直指，郭璞曰：率，徑馳去也〔五九〕。晻乎反鄉。郭璞曰：忽然疾歸貌。蹷石闕〔六〇〕，歷封巒。過鳷鵲，望露寒。郭璞曰：蹷，蹋也，音厥。張揖曰：此四觀，武帝建元中作，在雲陽甘泉宫外。鳷，音支。下棠梨，息宜春，張揖曰：棠梨，宫名，在雲陽東南三十里。郭璞曰：宜春，宫名，在渭南杜縣東。西馳宣曲，張揖曰：宣曲，宫名也，在昆明池西。

濯鷁牛首。張揖曰：牛首，池名，在上林苑西頭。善曰：漢書曰：鄧通以濯舡爲黄頭郎。音義曰：善濯舡於池中也。一説能持櫂行船也。韋昭曰：櫂，今棹也，並直孝切。登龍臺，張揖口：觀名也，在豐水西北，近渭也。掩細柳。郭璞曰：觀名也，在昆明池南。善曰：方言曰：掩者，息也。觀士大夫之勤略，司馬彪曰：略，巡行也。均獵者之所得獲。郭璞曰：平其多少也。徒車之所轥轢，郭璞曰：徒，步也。轢，輾也。善曰：輾，女展切。步騎之所蹂若，人臣之所蹈籍。善曰：廣倉曰：若，蹈足貌。與其窮極倦谻，驚憚讋伏。郭璞曰：窮極倦谻，疲憊者也。驚憚讋伏，怖不動貌也。谻，音劇。憚，丁曷切。讋，之涉切。不被創刃而死者，他他籍籍。郭璞曰：言交横也。他，徒河切。填阬滿谷，掩平彌澤。善曰：廣雅曰：大野曰平。

「於是乎遊戲懈怠，置酒乎顥天之臺，張揖曰：臺高上干顥天也。張樂乎膠葛之寓。郭璞曰：言曠遠深貌也。撞千石之鍾，張揖曰：千石，十二萬斤也。立萬石之虡。張揖曰：虡，獸，重百二十萬斤，以俠鍾旁。建翠華之旗，樹靈鼉之鼓，張揖曰：以翠羽爲葆也，以鼉皮爲鼓也。郭璞曰：華，葆也。奏陶唐氏之舞，如淳曰：舞咸池也。善曰：尚書曰：惟彼陶唐。孔安國曰：陶唐，堯氏也。聽葛天氏之歌。張揖曰：葛天氏，三皇時君號也。其樂，三人持牛尾，投足以歌八曲：一口載民，二曰玄鳥，三曰育草木，四曰奮五穀，五曰敬天常，六曰徹帝功，七曰依地德，八曰總禽獸之極。韋昭曰：葛天氏，古之王者，其事見吕氏春秋。善曰：吕氏春秋云：葛天氏之樂，以歌八闋：一曰載民〔六一〕，三曰遂草木，六曰建帝功。今注以闋爲曲，以民爲氏，以遂爲育，以建爲徵，皆誤。千人唱，萬人和。山陵爲之震動，川谷爲之蕩波。郭璞曰：波浪起也。巴渝宋蔡，淮南干遮〔六二〕，郭璞曰：巴西閬中有渝水，獠居其上，皆剛勇〔六三〕好舞。初高祖募取以平三秦，後使樂府習之，因名巴渝舞也。張揖曰：樂記曰：宋音燕女溺志。蔡人謳員三人，淮南鼓員四人。干遮，曲名。文成顛歌。文穎曰：文成，遼西縣名也。其縣人善歌。顛，益州顛縣，其人能作西南夷歌也。顛與滇同也。族居遞奏，金鼓迭起。張揖曰：族，聚也。郭璞曰：遞，迭也，徒結切。鏗鎗闛鞈，洞心駭耳。善曰：鏗鎗，鍾聲也。闛鞈，鼓音也。毛詩曰：擊鼓其鏜。字書曰：鞨，鼓聲。闛與鏜，鞨與鞈，古字通。闛，託郎切。鞈，音榻。荆吳鄭衛之聲，郭璞曰：皆淫哇也。善曰：禮記曰：鄭衛之音，亂世之音也。韶濩武象之樂，文穎曰：韶，舜樂也。濩，湯樂也。大武，武王樂也。張揖曰：象，周公樂也。南人服象，爲虐於夷，成王命周公以兵追之，至於海南，乃爲三象樂。陰淫案衍之音。郭璞曰：流沔曲也。衍，弋戰切。鄢郢繽紛，激楚結風。李奇曰：鄢，今宜城縣也。郢，楚都也。繽紛，舞也。張揖曰：楚，歌曲也。文穎曰：衝激，急風也〔六四〕；結風，亦急風也〔六五〕。楚地風氣既自漂疾，然歌樂者猶復依激結之急風爲節也，其樂促迅哀切也。俳優侏儒，狄鞮之倡，善曰：三蒼曰：俳，倡也。優，樂也。禮記曰：夫新樂及優侏儒。郭璞曰：狄鞮，西戎樂名也。鞮，丁奚切。所以娛耳目樂心意者，麗靡爛漫於前，郭璞曰：言恣所觀也。靡曼美色。張揖曰：靡，細也。曼，澤也。善曰：言作樂於前者，皆是靡曼美色也。下或云〔六六〕於後，非也。

「若夫青琹宓妃之徒，伏儼曰：青琹，古神女也。如淳曰：宓妃，伏羲氏女，溺死洛，遂爲洛水之神。

絶殊離俗，郭璞曰：離俗，無雙也。妖冶嫺都。善曰：字書曰：妖，巧也。説文曰：嫺，雅也，或作閑。小雅曰：都，盛也。靚糚刻飾，便嬛綽約。郭璞曰：靚糚，粉白黛黑也。刻，刻畫鬋鬢也。便嬛，輕利也。綽約，婉約也。善曰：莊子曰：綽約若處子。嬛，音翾。靚，音淨。柔橈嫚嫚〔六七〕，嫵媚孅弱。郭璞曰：柔橈嫚嫚，皆骨體耎弱長豔貌也。孅弱，弱顔也。善曰：埤蒼曰：嫵媚，悦也。孅弱，謂容體孅細柔弱也。方言曰：自關而西，凡物小謂之孅。橈，女教切。嫚，於圓切。嫵，音武。孅，即纖字。曳獨繭之褕絏，眇閻易以衈削。張揖曰：褕，襜褕也。絏，袖也。郭璞曰：獨繭，一繭之絲也。閻易，衣長大貌也。衈削，言如刻畫作之也。善曰：褕，音踰。絏，音曳。易，弋示切。便姍嫳屑，與俗殊服。郭璞曰：衣服婆娑貌。善曰：便，步千切。姍，音先。嫳，步結切。芬芳漚鬱，酷烈淑郁。皓齒粲爛，宜笑的皪。郭璞曰：香氣盛也。漚，一候切。又曰〔六八〕：鮮明貌也。善曰：楚辭曰：美人皓齒嫮以姱〔六九〕。又曰：嫮目宜笑娥眉曼。皪，音礫。長眉連娟，微睇緜藐。郭璞曰：連娟，言曲細也。緜藐，遠視貌。善曰：娟，一全切。睇，大計切。藐，音邈。色授魂與，心愉於側。張揖曰：彼色來授，我魂往與接也。愉，音踰。

「於是酒中樂酣，郭璞曰：中，半也，中仲切。天子芒然而思，似若有亡，司馬彪曰：亡，喪也。曰：『嗟乎，此大奢侈！朕以覽聽餘閒，無事棄日。善曰：言聽政既有餘暇，無事而虚棄時日也。閒，音閑。順天道以殺伐，郭璞曰：因秋氣也。善曰：家語，孔子曰：啓蟄不殺，則順天道也。時休息於此。郭璞曰：謂苑囿中也。恐後葉靡麗，遂往而不返，非所以爲繼嗣創業垂統也。』郭璞曰：

言不可以示將來也。善曰：爲，于僞切。孟子曰：君子創業垂統，爲可繼也。於是乎乃解酒罷獵，而命有司曰：『地可墾闢，悉爲農郊，以贍萌隸，張揖曰：邑外謂之郊。郊，田也。詩曰：稅于農郊。韋昭曰：萌，民也。司馬彪曰：隸，小臣也。善曰：爾雅曰：命，告也。蒼頡篇曰：墾，耕也。小雅曰：贍，足也。隤墻填塹，使山澤之人得至焉。郭璞曰：芻蕘者往也，雉兔者往也。實陂池而勿禁，虛宮館而勿仞。司馬彪曰：養魚鼈滿陂池，而不禁民取也。郭璞曰：虛，言不聚人衆其中也。仞，滿也。發倉廩以救貧窮，補不足。善曰：蔡邕月令章句曰：穀藏曰倉，米藏曰廩。孟子：齊景公興發補不足。趙岐曰：興惠政，發倉廩，以振貧而補不足也。恤鰥寡，存孤獨。出德號，省刑罰。郭璞曰：號，號令也。改制度，郭璞曰：變宮室車服。易服色。郭璞曰：衣尚黑。革正朔，郭璞曰：更以十二月爲正〔七〇〕，平旦爲朔。與天下爲更始。』郭璞曰：新其事。

「於是歷吉日以齋戒，張揖曰：歷，筭也。善曰：周易曰：聖人以此齋戒。韓康伯曰：洗心曰齋，防患曰戒。襲朝服，乘法駕，司馬彪曰：襲，服也。法駕，六馬也。建華旗，鳴玉鸞，郭璞曰：鸞，鈴也。善曰：楚辭曰：鳴玉鸞之啾啾。游于六藝之囿，馳騖乎仁義之塗。郭璞曰：六藝：禮、樂、射、御、書、數也。論語曰：游於藝。塗，道也。善曰：藝，六經也。覽觀春秋之林，如淳曰：春秋義理繁茂，故比之於林藪也。射貍首，兼騶虞。郭璞曰：貍首，逸詩篇名，諸侯以爲射節。騶虞，召南之卒章，天子以爲射節也。弋玄鶴，舞干戚。郭璞曰：干，楯也。戚，斧也。善曰：言古者舞玄鶴以爲瑞，令弋取之而舞干戚也。尚書大傳曰：

舜樂歌曰和伯之樂，舞玄鶴。公羊傳曰：朱干玉戚，以舞大夏。載雲罕，揜羣雅。張揖曰：罕，畢也，前有九流雲罕之車。揜，捕也。詩小雅之材七十四人，大雅之材三十一人，故曰羣雅也。善曰：先用雲罕以獵獸，今載之於車而捕羣雅之士也。悲伐檀，張揖曰：其詩刺賢者不遇明王也。樂樂胥。善曰：毛詩曰：君子樂胥，受天之祜。言王者樂得材智之人使在位，故天與之福禄也。胥，先吕切。脩容乎禮園，郭璞曰：禮，所以整威儀自脩飾也。翺翔乎書圃。郭璞曰：尚書，所以疏通知遠者，故遊涉之。述易道，郭璞曰：脩絜静精微之術。放怪獸。張揖曰：苑中奇怪之獸，不復獵。登明堂，坐清廟。郭璞曰：明堂者，所以朝諸侯處。清廟，太廟也。善曰：禮記月令曰：天子居太廟太室。鄭玄曰：太廟太室，中央室也。次羣臣，奏得失。四海之内，靡不受獲。善曰：得恩德也。於斯之時，天下大説，鄉風而聽，隨流而化，芔然興道而遷義。郭璞曰：芔，猶勃也，許貴切。刑錯而不用，德隆於三王〔七一〕，而功羡於五帝。善曰：包咸論語注曰：錯，置也，千故切。司馬彪曰：羡，溢也。若此，故獵乃可喜也。

「若夫終日馳騁，勞神苦形。罷車馬之用，抏士卒之精。郭璞曰：精，鋭也。抏，損也，音翫。費府庫之財，而無德厚之恩。善曰：管子曰：國雖盛滿，無德厚以安之，國非其國也。務在獨樂，不顧衆庶。善曰：鄭玄毛詩曰〔七二〕：顧，念也。忘國家之政，貪雉兔之獲。則仁者不繇也。郭璞曰：繇，道也，音由。從此觀之，齊楚之事，豈不哀哉！地方不過千里，而囿居九百，是草木不得墾辟，而人無所食也。善曰：蒼頡篇曰：墾，耕也。薛君韓詩章句曰：辟，除也。夫以諸侯之細，而樂萬乘之侈〔七三〕，僕恐百姓被其尤也。」

於是二子愀然改容，超若自失，郭璞曰：愀然，變色貌也，材誘切。善曰：禮記曰：孔子愀然作色而對也。逡巡避廗，善曰：公羊傳曰：逡巡北面再拜。廣雅曰：逡巡，却退也。孝經曰：曾子避席。廗與席古字通。曰：「鄙人固陋，不知忌諱，善曰：廣雅曰：鄙，小也。乃今日見教，謹受命矣。」

文選考異

〔一〕曰楚則失矣　茶陵本有校語云善作「是」，蓋所見本「楚」譌爲「是」也。袁本無。史記、漢書皆作「楚」。

〔二〕所以述職也　茶陵本云善無「也」字。袁本無校語。史記、漢書皆有。

〔三〕不務明君臣之義　袁本、茶陵本云善無「臣」字。史記、漢書皆有。

〔四〕而適足以甹君自損也　案：「甹」當作「导」，各本皆譌。其字上「臼」下「寸」，在說文巢部。今漢書作「导」，亦譌也。史記作「貶」，與五臣同。

〔五〕注「河南穀羅縣」　陳云「河南」漢書注作「西河」爲是。案：史記正義引亦作「西河」。今漢書地理志「西河郡穀羅，武澤在西北」。依文穎此注，似其本「武」作「紫」也。

〔六〕注「在縣北」　案：「北」上當有「西」字，漢書注可證，地理志亦可證，各本皆脫。

〔七〕注「今名沇水」　陳云「沇」當作「沈」，詳漢書顏注。今案：陳説非也，當作「汎」。史記索隱引姚氏云「今名汎水」，善全取彼文與顏注「此即今所謂沈水」迥異。

〔八〕注「黄子陂」　袁本、茶陵本「黄」作「皇」案：史記索隱引姚氏正作「皇」，「皇」字是也。漢書注亦作「皇」，陳校依漢注。

〔九〕注「經至昆明池」　袁本、茶陵本無「經」字。案：史記索隱引姚氏云「注昆明池」，漢書顏注云「經昆明池」。此尤延之校改「至」作「經」，因誤兩存也。

〔一〇〕注「周旋苑中也」　袁本、茶陵本「周」上有「言」字。

〔一一〕注「善曰楚辭曰」　袁本、茶陵本無「善曰」二字，有「郭璞曰椒丘見」六字。今案：當作「郭璞曰椒丘見楚辭善曰楚辭曰」十三字，各本皆脱。

〔一二〕注「馳椒丘兮焉且且止也音昌呂切」　袁本、茶陵本無「焉且且止也」五字，袁本有「且且」二字，茶陵本有「焉且且」三字。案：各本皆譌，當作「馳椒丘且焉止息也且音昌呂切」。此離騷經文。

〔一三〕注「司馬彪曰畢弗」　案：「畢」當作「滭」，史記索隱引可證。各本皆譌。

〔一四〕注「淈水出貌」　袁本、茶陵本無此四字。

〔一五〕汩濦漂疾　袁本「濦」作「潝」，云善作「濦」。茶陵本云五臣作「潝」。案：各本所見皆非也。史記、漢書皆作「潝」。善引韋昭曰「潝，許及切」，即漢書音正作「潝」可知。彼載晉灼「華給反」，郭璞「許立反」，史記索隱同，諸家無作「濦」者。又各本注中亦譌「濦」。

〔一六〕注「説文曰漻清深也」　袁本、茶陵本無此七字。

〔一七〕注「其形狀而出也」　袁本、茶陵本「其形狀」作「言溢」。漢書注作「言溢溢」。陳云别本作「言溢」爲是。

〔一八〕注「張揖曰其形狀未聞」　袁本、茶陵本無「其形狀」三字。

〔一九〕注「魠鰅一名黄曰頰」　袁本、茶陵本無「曰」字。案：依漢書注無「曰」字，鰅下當有「也」字。

〔二〇〕注「兩相合得乃行」　袁本、茶陵本無「合」字。案：漢書注有，蓋尤依彼添。陳云「得乃」當從漢書注作「乃得」。

〔二一〕注「隱岸坻也」　袁本、茶陵本「坻」作「底」，漢書注作「底」。案：當以尤爲是，即海賦云「巖坻之隈」者也，二本及漢書注皆傳寫譌耳。

〔二二〕注「常庭之山」　袁本、茶陵本「常」作「重」。案：今本山海經作「堂」，一作「常」，疑善引自異。

〔二三〕摧崣崛崎　袁本、茶陵本「摧」作「摧」，史記、漢書皆作「摧」。案：此尤本之誤，注同。

〔二四〕注「振拔也」　袁本、茶陵本「拔」作「收」。何云下言「收斂溪水」，當從「收」。今案：漢書注、史記索隱引皆作「拔」。

〔二五〕注「隱轔鬱壘」　茶陵本「壘」作「壨」，袁本與此同。案：下云「壨音壘」，蓋茶陵本是也。今本漢書亦正文「壨」、注「壘」，歧誤正同此。

〔二六〕注「郭璞山海經曰」　何校「經」下添「注」字，陳同。各本皆脫。

〔二七〕蔣苧青薠　案：「苧」當作「芋」，史記、漢書皆作「芋」，各本及注中俱譌，五臣作「芋」，云句切」，大誤。又案：玉篇「芋」、「苧」同，與此賦之「芋」迥別，彼乃説文所云「草可以爲繩」者，此張揖解爲「三稜」。三稜類詳見政和經史證類本草，實異名同，不可援以相證，決爲譌字無疑。

〔二八〕注「説文曰⿰龠奄⿰龠曷」　案：此「口」下有脱也。各本皆同，無以補之。或因此謂説文有「⿰龠奄⿰龠曷」，非。羣書引説文而未見者，皆不必今本脱去也。

〔二九〕注「騾驘同」　案：當作「驘騾同」，誤倒也。正文，五臣作「騾」，史記亦作「騾」。凡五臣每取善注以改字或取他書，皆此類。漢書作「驘」。袁本、茶陵本删此注，非。

〔三〇〕注「中途樓閣閒陛道」　案：「中」字不當有。史記集解引無。各本皆衍。

〔三一〕青龍蚴蟉於東葙　案：「葙」當作「箱」。史記、漢書皆作「箱」，善與之同。今各本作「葙」，凡偏旁「竹」「艹」每相混耳。五臣改作「廂」，非也。

〔三二〕盤石振崖　案：「振」當作「裖」，注同。史記、漢書皆作「裖」。高唐賦「裖陳磑磑」，善注云「裖，已見上林賦」。彼五臣作「振」，然則此賦亦爲五臣亂之，而失其校語也。

〔三三〕注「其處磅磄千仞」　案：此下當有「磅磄與旁唐音義同」一句，各本皆無，蓋脱也。

〔三四〕盧橘夏熟　袁本、茶陵本云「熟」善作「熱」。案：二本所見誤也。史記、漢書皆作「孰」，善與之同。「孰」即「熟」字。

〔三五〕楟柰厚朴　「楟」當作「亭」，注引張揖曰「亭山梨也」，蓋善作「亭」，五臣作「楟音亭」，而各本亂之也。漢書作「亭」，史記作「楟」，善此賦大略文同漢書者較多。

〔三六〕注「其實似穀子」　袁本、茶陵本「穀」作「穀」，無「子」字。案：「穀」，亦譌也。此字從「木」不從「禾」，楮也。漢書注、史記索隱皆云「穀子」，尤依添，但「穀」字益譌。

〔三七〕注「採木也」　何校「採」改「棌」，下「採音采」同。漢書注作「采音菜」。

〔三八〕注「崔錯交雜登骫蟠戾也」　袁本、茶陵本作「錯相樛也」四字。考史記索隱引郭璞云「崔錯登骫者，蟠戾相樛也」。袁、茶陵二本有脱，尤所添改，在今漢書顔注，亦未是，當作「蟠戾相樛也」五字。

〔三九〕注「郭璞曰坑衡徑直貌閜砢相扶持也」　袁本、茶陵本無「閜砢相扶持」五字。案：史記索隱引郭璞云「坑衡、閜砢者，揭孽傾欹貌也」，尤所添，在今漢書顔注，亦未是。或「坑衡徑直貌也」一句，係善注誤連爲郭耳。

〔四〇〕注「英謂華也」　袁本、茶陵本無此四字。案：在今漢書顔注。

〔四一〕蜼玃飛蠝　茶陵本「蠝」作「蝠」。案：注中三見，下二字不從「土」，漢書作「蝠」，史記作

「鸓」，單行本索隱仍作「蝙」。考集韻五旨，「鸓」下重文有六，而不載「蝙」，可證其非。袁本正文作「蠝」，注皆作「蝙」，以南都賦互證，疑五臣本之誤，而又相亂也。

〔四二〕注「飛蠝鼠也」　案「鼠」上當有「飛」字。案漢書注、史記集解、索隱有。陳云別本有，各本皆脱。南都賦注引「蝙，飛鼠也」，脱上「飛」字，當互訂。

〔四三〕注「在樹暴戲姿態也」　陳云「暴」當作「共」。案：漢書注、史記正義引作「共」。各本皆誤。

〔四四〕注「説文曰杪末也」　袁本、茶陵本無此六字。

〔四五〕娯遊往來　案：「娯」當作「娭」。各本皆譌。注引説文「娭，許其切」，非「娯」甚明。史記作「嬉」，「娭」、「嬉」同字也。今本漢書及注誤與此同。又見羽獵賦。

〔四六〕注「有似虬」　何校引徐七來惇復曰：「似」下脱「玉」字，據漢書注校，是也。各本皆脱。

〔四七〕注「龍也無角」　何校引徐曰「子」誤「也」，據漢書注校。袁本「無」作「有」，茶陵本亦作「無」。案：漢書注作「有」。説文「虬，龍子有角者」，稚讓所本，故其廣雅亦云「有角曰蘢龍，蘢即虬，上廿者，角也」，此注決不當自爲兩解。唯王逸注離騷「有角曰龍，無角曰虬」。善彼注仍之，所以各存異説，或不知者用彼以改此也。

〔四八〕注「李善曰孫叔者」　袁本、茶陵本「李善」作「鄭玄」。案：「玄」當作「氏」，漢書注作「氏」，最是。「鄭氏」，見顔師古敍例臣瓚云「鄭德」者也。

〔四九〕注「言擊嚴鼓簿鹵之中也」　袁本、茶陵本「簿鹵」作「鹵簿」，是也。陳云別本二字乙。

〔五〇〕河江爲陸　茶陵本作「江河」，云善作「河江」。袁本作「江河」，無校語。史記、漢書皆作「江河」。

〔五一〕注「生謂生取之也」袁本、茶陵本「謂生取」三字作「抗」字。案：尤所添改，在今漢書顏注，亦未是。「抗」當作「執」，「生執之也」四字一句讀。五臣向注「生，生執」，即襲韋，可借爲證。

〔五二〕注「絝謂絆絡之也」　袁本、茶陵本無「謂絆之」三字。案：史記集解引有此三字。尤延之蓋依彼添。

〔五三〕注「司馬彪漢書曰」　何校「漢」上添「續」字，陳同。各本皆脱。

〔五四〕椎蜚廉　案：「椎」史記、漢書皆作「推」。顏注云「推，亦謂弄之也」，其字從「手」。今流俗讀作「椎擊之椎」，失其義矣。考五臣銑注「椎謂擊殺」，其本作「椎」之明文。善既不注此字，袁、茶陵二本又俱無校語，未審何作也。凡偏傍「扌」「木」每相混。

〔五五〕注「以白羽爲箭」　袁本、茶陵本「爲」作「羽」。案：重「羽」最是。上「羽」言體，下「羽」言用。漢書注、史記正義引皆可證。

〔五六〕注「郭璞老子經注曰」　陳云此七字衍。張氏乃曹魏時人，不當引郭語。老子又無郭注。其説是矣。各本皆衍。

〔五七〕注「與元通靈」　陳云「元」當作「天」，漢書注可據。今案：漢書注譌也。史記正義正作「元」。鄭禮記注引孝經説曰「上通元莫」，即此「元」字之義。

〔五八〕注「欒汁圖」　案：「圖」下當有「徵」字。史記索隱引有。各本皆脱。

〔五九〕注「率徑馳去也」　袁本、茶陵本「徑」作「然」。案：考漢書顏注曰「率然直去意」，或尤改「馳」爲「徑」而誤去「然」字。

〔六〇〕蹷石闕　袁本、茶陵本「闕」作「關」，而不著校語。案：依此善與五臣同作「關」也。漢書作「關」，史記作「闕」，善引張揖漢書注則作「關」，未爲非。恐此是尤延之依史記改。前卷及漢書楊雄傳俱作「關」字。

〔六一〕注「一曰載民」　案：「民」當作「氏」。各本皆譌，下有明文。漢書注誤與此同。

〔六二〕淮南干遮　何云「干」史、漢作「于」。案：善及小司馬皆引張揖漢書注，不當有異文，蓋今各本作「于」並譌耳。

〔六三〕注「皆剛勇」　袁本、茶陵本無此三字。案：史記索隱引無，集解有，尤蓋依彼添。

〔六四〕注「衝激急風也」　袁本、茶陵本「衝」上有「激」字，單行本索隱有，舞賦及七發注有，七命注「衝激」作「激衝」，脱下「激」字，當互訂。

〔六五〕注「結風亦急風也」　案：單行本索隱「結風」下有「回風」二字，舞賦、七發、七命注皆有，依文義，有者是也。各本此注脱。

〔六六〕注「皆是靡曼美色也下或云」　袁本、茶陵本「美色也」三字作「也色」二字。案：「也」句絶，「色」屬下，尤添改失之。

〔六七〕柔橈嫚嫚　案：「嫚嫚」當作「嬽嬽」，漢書作「嬽」，可證也。善注「於圓切」，正爲「嬽」字作音，或五臣誤爲「嫚」，而各本亂之耳。史記作「嬛」，亦「嬽」字之譌。徐廣曰「音娟」。「嬽」即「娟」字，古人每以同字爲音也。小司馬引廣雅「嬽嬽，容也」。今索隱盡作「嬛」，大誤。

〔六八〕注「香氣盛也漚一候切又曰」　袁本、茶陵本無此十字。

〔六九〕注「嫮以姱」　袁本、茶陵本「嫮」作「奼」。案：此尤校改也。

〔七〇〕注「更以十二月爲正」　何校引徐曰「二」當作「三」。案：所校是也。漢書武紀「太初元年以正月爲歲首」。師古曰：「謂建寅之月爲正也。」郭取彼事爲義。「夏以十三月爲正」，原出緯書，不知者誤改之。

〔七一〕德隆於三王　茶陵本云五臣作「皇」，袁本云善作「王」。案：各本所見皆非也。史記、漢書皆作「皇」，善自與之同，傳寫譌耳。

〔七二〕注「鄭玄毛詩曰」　案：「詩」下當有「箋」字。各本皆脱。

〔七三〕而樂萬乘之侈　袁本「之」下有「所」字，云善無。茶陵本云五臣有「所」，漢書有。何云「萬乘之所侈，謂天子猶謂此太奢侈者也」。今案：史記亦有，或各本所見脱之。

羽獵賦〔一〕并序　楊子雲

孝成帝時羽獵，服虔曰：士卒負羽也。善曰：高唐賦曰：傳言羽獵。雄從。以爲昔在二帝三王，應劭曰：堯、舜、夏、殷、周也。善曰：春秋説題辭曰：尚書者，二帝之迹，三王之義，所以推期運，明命授之際。宮館臺榭，沼池苑囿，林麓藪澤，財足以奉郊廟，御賓客，充庖廚而已，善曰：財與纔同。毛萇詩傳曰：御，進也。禮記曰：天子無事，歲三田：一爲乾豆，二爲賓客，三爲充君之庖也。不奪百姓膏腴穀土桑柘之地。女有餘布，男有餘粟，善曰：孟子曰：以羨補不足，則農有餘粟，女有餘布也。國家殷富，上下交足。故甘露零其庭，醴泉流其唐，善曰：禮記曰：天降膏露，地出醴泉。孝經援神契曰：甘露，一名膏露。應劭曰：爾雅曰：廟中路，謂之唐也。鳳凰巢其樹，黄龍游其沼，麒麟臻其囿，神爵棲其林。善曰：禮記曰：鳳皇麒麟，皆在郊藪，龜龍在宮沼。漢書注曰：神雀，大如鷃，斑文。昔者禹任益虞而上下和，草木茂，善曰：尚書，帝曰：疇若予上下草木。禹曰：益哉。帝曰：汝作朕虞。孔安國曰：上謂山，下謂澤也。成湯好田而天下用足，善曰：吕氏春秋曰：湯見網置四面，湯拔其三面也。文王囿百里，民以爲尚小；齊宣王囿四十里，民以爲大：裕民之與奪民也。善曰：孟子：齊宣王問孟子曰：文王之囿方七十里，有諸？曰：有之。若是其大乎？答曰：民猶以爲小也。寡人之囿方四十里耳，民猶以爲大，何也？答曰：文王之囿，與人同之，民以爲小，不亦宜乎？王之囿四十里，殺其麋鹿，如殺人之罪，人以爲大，不亦宜乎？孫卿子曰：足國之道，節用裕民，而善藏其餘。不知節用裕民，雖好取侵奪，猶將寡獲也。武帝廣開上林，東南至宜春〔二〕鼎湖御宿昆吾，晉灼曰：鼎湖宮，黄圖以爲在藍田。昆吾，地名，上有亭。善曰：宜春，已見上文。三秦記曰：樊川，一名御宿。旁南山西，至長楊五柞，善曰：漢書曰：盩厔有長楊、五柞宮。旁，步浪切。北繞黃山，濱渭而東〔三〕，善曰：漢書曰：槐里有黃山之宮。濱，涯也。言循渭水之涯而東也。公羊傳，濤塗曰：濱海而東。濱與賓同音也。周袤數百里。善曰：說文曰：南北曰袤。穿昆明池，象滇河，瓚曰：西南夷有昆明國，又有滇池，故作昆明池以象之，以習水戰。營建章鳳闕神明馺娑，孟康曰：馺娑，殿名也。善曰：鄭玄毛詩箋曰：營，治也。建章，宮名也。神明，臺名也。漸臺泰液，象海水周流方丈瀛洲蓬萊。善曰：漢書曰：建章，其北治太液池，漸臺高二十餘丈，名曰泰液，中有蓬萊、方丈、瀛洲，象海中仙山。服虔曰：海中三山名，法效象之。游觀侈靡，窮妙極麗。雖頗割其三垂以贍齊民，善曰：三垂，謂西方、南方、東方。武帝侵三垂以置郡，故謂之割。漢書：杜鄴上書曰：三垂蠻夷。又雄上書曰：北狄，中國之堅敵，三垂比之縣矣。爾雅曰：邊，垂也。如淳曰：齊，等也。無有貴賤，故謂之齊人，若今言平人矣。晉灼曰：中國被教齊整之民。然至羽獵甲車戎馬器械儲偫禁禦所營，善曰：說文曰：儲偫，待也。應劭曰：禦，禁也，謂禁止往來。營，謂造作也。即賦云禦自汧、渭，經營酆、鄗。甲或爲田，非也。尚泰奢麗誇詡，善曰：毛萇詩傳曰：詡，大也，許羽切。非堯舜成湯文王三驅之意也。善曰：三驅，已見西都賦。又恐後世復脩前好，不折中以泉臺〔四〕，服虔曰：魯莊公築臺〔五〕，非禮也，至文公毀之。公羊譏云：先祖爲之而毀之，勿居而已。今楊雄以宮觀之盛，非成帝所造，勿脩而已，當以泉臺爲折中也。韋昭曰：制或爲折也。故聊因校獵賦以風之。善曰：七略曰：羽獵，永始三年十二月上。校獵，已見上文。其辭曰：

或稱羲農，豈或帝王之彌文哉？善曰：假爲或人之意〔六〕，言古之樸素而合禮者，咸稱羲、農，是則豈或謂後代帝王彌加文飾而不合禮哉。故論者答之於下。論者云否，各以並時而得宜〔七〕，奚必同條而共貫？善曰：論者，雄自謂也。言帝王文質各並時而得宜，何必同條而共貫乎？言必不然也。尚書大傳曰：否，不也。漢書，武帝制曰：帝王之道，豈不同條共貫也？則泰山之封，焉得七十而有二儀？孟康曰：封禪各言異也〔八〕。善曰：管子曰：古之封太山禪梁父者七十二家，而夷吾所記者，十有二焉。是以創業垂統者俱不見其爽，遐邇五三孰知其是非？張晏曰：爽，差也。不差其優劣，誰知其賢愚也。善曰：言創業垂統者，各隨時立制，皆不見其差爽，故五帝、三王，誰知其是非乎？但文質不同，明無是非也。廣雅曰：爽，差也。遂作頌曰：麗哉神聖，處於玄宮。富既與地乎侔訾，貴正與天乎比崇。善曰：玄，北方也。禮記月令曰：季冬，天子居玄堂右个。蔡邕月令章句曰：玄，黑也，其堂尚玄。莊子曰：夫道，顓頊得之以處玄宮。又曰：莫神於天，莫富於地，莫大於帝王，故曰帝王之德配天地。齊桓曾不足使扶轂，楚嚴未足以爲驂乘。狹三王之阸僻，嶠高舉而大興。善曰：史記曰：齊公子小白立，是爲桓公。又曰：楚穆王卒，子莊王侶立。春秋感精記曰：黄池之會，重吴子，滕、薛夾轂，魯、衛驂乘。鄭氏曰：阸僻，陋小也。王逸楚辭注曰：嶠，舉也。嶠，音矯。歷五帝之寥廓，涉三皇之登閎。善曰：寥廓，高遠也。韋昭曰：登，高也。閎，大也。建道德以爲師，友仁義與之爲朋。於是玄冬季月，天地隆烈，善曰：北方水色黑，故曰玄冬。隆烈，陰氣盛。萬物權輿於內，徂落於外，善曰：爾雅曰：權輿，始也。大戴禮曰：孟春，百草權輿。帝將惟田于靈之囿，開北垠，受不周之制，善曰：薛君韓詩章句曰：惟，辭也。孟康曰：西北爲不周風，謂冬時也。以奉終始顓頊玄冥之統〔九〕。應劭曰：顓頊、玄冥，皆北方之神，主殺戮者。廼詔虞人典澤，東延昆鄰，西馳閶闔。善曰：孔安國尚書傳曰：虞，掌山澤之官。又曰：延，及也。張晏曰：東至昆明之邊也。善曰：閶闔，已見上文。儲積共偫，戍卒夾道。善曰：郭舍人爾雅注曰〔一〇〕：共，具物也。偫，具事也。漢書曰：廷中陳車騎戍卒衛官也。斬叢棘，夷野草。善曰：杜預左氏傳注曰：夷，殺也。禦自汧渭，經營酆鎬。善曰：孔安國尚書傳曰：經營，規度也。章皇周流，出入日月，天與地沓。善曰：章皇，猶彷徨也。周流，周匝流行也。出入日月，言其廣大，日月似在其中出入也。張晏曰：日出扶桑，入湯谷。應劭曰：沓，合也。爾廼虎路三嵕以爲司馬，圍經百里而爲殿門。晉灼曰：路，音落。落，纍也〔一一〕。服虔曰：以竹虎落此山也。應劭曰：外門爲司馬門，殿門在內也。善曰：三嵕，已見上文。外則正南極海，邪界虞淵。應劭曰：虞淵，日所入也。善曰：爾雅曰：極，至也。淮南子曰：至于虞淵，是謂黃昏。鴻濛沆茫，揭以崇山。韋昭曰：鴻濛沆茫，水草廣大貌也。善曰：薛綜東京賦注曰：揭，猶表也。鴻，胡孔切。濛，莫孔切。沆，胡朗切。茫，音莽。揭，音竭也。營合圍會，然後先置乎白楊之南，昆明靈沼之東。張晏曰：先置供具於前也。服虔曰：白楊，觀名也。善曰：三秦記曰：昆明池中有靈沼神池。賁育之倫，蒙盾負羽，杖鏌邪而羅者以萬計。善曰：說苑曰：勇士孟賁，水行不避蛟龍，陸行不避虎狼。育，夏育也，已見西京賦。說文曰：鏌邪，大戟也。鏌，音莫。邪，弋奢切。其餘荷垂天之畢，張竟壄之罘。善曰：言畢之大，垂天之邊也。靡日月之朱竿，曳彗星之飛旗。善曰：朱竿，太常之竿也。周禮：日月爲太常，王建太常。穆天子傳曰：日月之旗，七星之文。河圖曰：彗星者，天地之旗也。楚辭曰：攬彗星以爲旗。青雲爲紛，紅蜺爲繯，屬之乎崑崙之虚。韋昭曰：紛，旗旒也。繯，旗上繫也。善曰：鄭玄喪服傳注曰：屬，連也。爾雅曰：河出崑崙虚。繯，下犬切。屬，之欲切。虚，音墟。涣若天星之羅，浩如濤水之波。善曰：天星之羅，言光明也。濤水之波，言廣大也。淫淫與與，前後要遮。善曰：淫淫與與，皆行貌也。欃槍爲闉，明月爲候。孟康曰：闉，戰鬭自障蔽，如城門外女垣也。善曰：杜預左傳注曰：候，望敵者。熒惑司命，天弧發射。張晏曰：熒惑法〔一二〕使司命不祥〔一三〕。天弧，虚上二星。善曰：樂緯稽耀嘉曰：熒惑主命。禮記曰：凡生於天地之間者，皆曰命。漢書曰：狼下有四星曰弧。鮮扁陸離，駢衍佖路。服虔曰：鮮扁，戰鬭軍陣貌也。駢衍，軍壘駢衍也。晉灼曰：佖，滿也。善曰：扁，音篇。佖，頻一切。徽車輕武，鴻絅緁獵。晉灼曰：徽，疾貌也，音揮。善曰：爾雅曰：武，健也。鴻絅，相連貌也。緁獵，相次貌也。鴻，胡弄切。絅，徒弄切。緁，音捷。殷殷軫軫，被陵緣岅。窮夐極遠者，相與列乎高原之上。善曰：殷軫，盛貌也。夐或爲冥。殷，音隱。羽騎營營，昈分殊事。韋昭曰：騎負羽也。蘇林曰：昈，明也。善曰：毛萇詩傳曰：營營，往來貌。昈分，謂羽騎明白分别，各殊其事也。昈，音户。繽紛往來，轠轤不絶。若光若滅者，布乎青林之下。孟康曰：轠轤，連屬貌也。如淳曰：轠，音雷。轤，音盧。

於是天子乃以陽晁始出乎玄宫，善曰：陽朝，陽明之朝〔一四〕。晁，古字同也。撞鴻鍾，建九

旒，善曰：尚書大傳曰：天子將出，則撞黃鍾之鍾。禮記曰：龍旗，九旒也。六白虎，載靈輿。善曰：杜業奏
事曰〔一五〕：輬車駕白虎四。白虎，馬名。服虔曰：靈輿，天子輿也。蚩尤並轂，蒙公先驅。善曰：韓子曰：
黃帝駕象車，異方並轂，蚩尤居前。楚辭曰：選衆以並轂。漢書音義曰：蒙公，蒙恬也。如淳曰：蒙公，髦頭也。晉
灼曰：此多説天子事，如説是。並，步浪切。立歷天之旂，曳捎星之旃。韋昭曰：歷，干也。捎，拂也。霹
靂烈缺，吐火施鞭。應劭曰：霹靂，雷也。烈缺，閃隙也。火，電照也。善曰：言威德之盛，役使百神，故霹靂
烈缺，吐火施鞭，而爲衛也。閃，失染切。萃從沇溶，淋離廓落，戲八鎮而開關。應劭曰：四方四隅爲
八鎮。如淳曰：不言九者，一鎮在中，天子居之故也。善曰：埤蒼曰：從，走貌也。沇溶，盛多之貌也。上林賦曰：
沇溶淫鬻。從，先勇切。沇，以永切。溶，音容。戲，音麾。飛廉雲師，吸嚊潚率，鱗羅布烈〔一六〕，攢以
龍翰。善曰：楚辭曰：後飛廉使奔屬。王逸曰：飛廉，風伯也。雲師，已見吴都賦。説文曰：吸，喘息也〔一七〕。埤
蒼曰：嚊，喘息聲也。潚率，吸嚊之貌。鱗羅，若鱗之羅也。攢以龍翰，若龍翰之聚也。鄭玄尚書大傳注曰：翰，毛之
長大者。嚊，普利切。潚，音肅。啾啾蹌蹌，入西園，切神光。善曰：郭璞三蒼解詁曰：啾啾，衆聲也。啾
或爲秋。蹌蹌，行貌。楚辭曰：鳴玉鸞之啾啾。張晏曰：切，近也。神光，宮名也。望平樂，徑竹林。張揖
曰：平樂，館名。晉灼曰：在上林中也。蹂蕙圃，踐蘭唐。善曰：蕙圃，已見子虛賦。服虔曰：蘭唐，蘭生唐
中也。舉熢烈火，轡者施技，善曰：轡者，執轡之人也。方馳千駟，狡騎萬帥。晉灼曰：狡健之騎
也。善曰：鄭玄毛詩箋曰：方，併也。虒虎之陳，從橫膠輵。猋拉雷厲，驞駍駖磕。服虔曰：虒音

哮。鄧展曰：拉，音獵。善曰：毛詩曰：嗷如虓虎。拉，風聲也。哮，火交切。轕，音葛。驞，疋人切。駍，普萌切。岋，駖，力莖切。洶洶旭旭，天動地岋。善曰：洶洶旭旭，鼓動之聲也。韋昭曰：岋，動貌也。洶，旭勇切。岋，五合切。羨漫半散，蕭條數千里外。善曰：羨，戈戰切。

若夫壯士忼慨，殊鄉别趣。善曰：鄉，音向。毛萇詩傳曰：趣，趨也。東西南北，騁耆奔欲。善曰：言各隨其耆欲而奔騁也。耆，音嗜。拖蒼豨，跋犀犛〔一八〕，蹶浮麋。韋昭曰：跋，蹋也。應劭曰：蹶，頓也。善曰：廣雅曰：拖，引也，音他。浮麋，過麋也。跋，步末切。蹶，居月切。斮巨狿，搏玄猨。韋昭曰：斮，斬也，側略切。服虔曰：巨狿，獸名也。善曰：廣雅曰：搏，擊也。狿，已見上林賦。騰空虚，距連卷。張晏曰：連卷，木也。善曰：距，古岠字也。孔安國尚書傳曰：距，至也。卷，音拳。踔夭蟜，娭澗間。張晏曰：踔夭蟜之枝也。善曰：三蒼詁訓曰：踔，踰也，丑孝切。莫莫紛紛，山谷爲之風猋，林叢爲之生塵。善曰：莫莫紛紛，風塵之貌也。及至獲夷之徒，蹶松柏，掌蒺藜〔一九〕。服虔曰：獲夷，能獲夷狄者。善曰：蹶，踏也。掌，以掌擊之也。爾雅曰：茨，蒺藜。獵蒙蘢，轔輕飛。善曰：蒙蘢，已見上文。輕飛，輕獸飛禽也。屨般首，帶脩蛇。如淳曰：般，音班。班首，虎之頭也。善曰：屨，謂踐履之也。淮南子曰：吴爲封豕長蛇。鉤赤豹，摼象犀。韋昭曰：摼，扼也。善曰：摼，古牽字。跐巒阬，超唐陂。如淳曰：跐，超踰也。音義曰：巒，山小而鋭。阬，大坂也。車騎雲會，登降闇藹。善曰：闇藹，衆盛貌。闇，烏感切。泰華爲旒，熊耳爲綴。張晏曰：旒，幡，綴旌也。善曰：綴，亦旒也。司馬相如大人賦曰：垂絳幡之素蜺。張揖曰：

以赤氣爲幡，綴以白氣也。木仆山還，漫若天外。如淳曰：還，音旋，言山爲之回旋也。善曰：宋玉大言賦曰：長劍耿介倚天外。儲與乎大浦，聊浪乎宇内。服虔曰：儲與，相羊貌也。浦，水涯也。善曰：淮南子曰：陰陽儲與。聊浪，放蕩也。與，音餘。浦，音普。浪，音琅。

於是天清日晏，善曰：許慎淮南子注曰：晏，無雲之處也。逢蒙列眥，羿氏控弦。善曰：吴越春秋曰：黄帝作弓，後有楚狐父以其道傳羿，羿傳逢蒙。説文曰：匈奴名引弓曰控弦。皇車幽輵，光純天地，服虔曰：皇車，君車也。李奇曰：純，緣繞也。善曰：幽輵，車聲也。方言曰：純，文也。輵，一轄切。純，之允切。望舒彌轡，服虔曰：望舒，月御也。如淳曰：楚辭曰：前望舒使先驅。善曰：彌轡，按行貌也。彌與弭古字通。彌，莫爾切。翼乎徐至於上蘭。晉灼曰：上蘭觀在上林中也。移圍徙陣，浸淫蹵部。善曰：部，軍之部伍也。毛萇詩傳曰：蹵，促也。蹵，古字通，子育切。曲隊堅重，各按行伍〔二〇〕。善曰：隊，徒内切。行，胡郎切。壁壘天旋，神抶電擊，善曰：言威之盛也。埤蒼曰：抶，笞擊也。逢之則碎，近之則破。善曰：六韜：太公曰：當之者破，近之者亡。鳥不及飛，獸不得過。善曰：高唐賦曰：飛鳥未及起，走獸未及發。軍驚師駭，刮野掃地。善曰：言殺獲皆盡，野地似乎掃刮也。宋衷春秋緯注曰：驚，動也。廣雅曰：駭，起也。刮，古滑切。掃，先早切。及至罕車飛揚，武騎聿皇。善曰：罕，畢罕也〔二一〕。聿皇，輕疾貌。蹈飛豹，羂嘄陽。善曰：嘄陽，即狒狒也，已見上文。羂，工犬切。追天寶，出一方。應劭曰：天寶，陳寶也。晉灼曰：天寶雞頭而人身。應駍聲，擊流光。野盡山窮，囊括其雌雄。如淳曰：陳寶神來下時，駍然有聲，又有光精。應劭曰〔二二〕：下時窮極山川天地之間，然後得其雌雄也。善曰：太康記曰：秦文公時，陳倉人獵得獸，若彘，而不知其名，道逢二童子，曰：此名爲羵弗述。羵弗述亦語曰：彼二童子名爲寶鷄，得雄者王，得雌者霸。陳倉人舍羵弗述，逐二童子，化爲雉，雄止陳倉化爲石，雌如楚止南陽也。羵，浮謂切。沇沇溶溶，遥噱乎紘中。晉灼曰：口之上下名爲噱。言禽獸奔走倦極，皆遥張噱吐舌於紘綱之中也。善曰：噱，其略切。三軍芒然，窮冘閼與。孟康曰：冘，行也。閼，止也。言三軍之盛，窮閼禽獸，使不得逸漏也。善曰：孟康之意，言窮其行止，皆無逸漏。如淳曰：窮，音穹。冘者，懈怠也。晉灼曰：閼與，容貌也。如、晉之意，言三軍芒然懈倦，容貌閼與而舒緩也。今依如、晉之説也。芒，莫郎切。冘，音淫。閼，於庶切。與，音豫。亶觀夫剽禽之紲隃，犀兕之抵觸。韋昭曰：亶，音但。善曰：古但字。紲與跇同，已見上文。文子曰：兕牛之動，以抵觸也。熊羆之挐玃，虎豹之凌遽。韋昭曰：挐玃，惶遽也。善曰：説文曰：凌，越也。遽，窘也。徒角槍題，注蹴竦讋。怖魂亡魄〔二三〕，觸輻關脰。晉灼曰：徒，但也。服虔曰：獸以角觸地也。善曰：蹴與蹙同。爾雅曰：竦、慴，懼也。讋與慴同。觸輻關脰，言觸車輻因關其頸也。槍，七羊切。蹴，子育切。脰，音豆。妄發期中，進退履獲。善曰：言矢雖妄發而期於必中，進退之際，必踐履而獲之也。韓子曰：新砥礪殺矢，彀弩而射，雖冥而妄發，其端未嘗不中秋毫者也。創淫輪夷，丘累陵聚。張晏曰：淫，過也。夷，平也。言獸被創過大，血流與車輪平也〔二四〕。音義曰：創血流平於車輪也。善曰：丘累陵聚，言積獸之多也。

於是禽殫中衰，善曰：中，竹仲切。相與集於靖冥之館，以臨珍池。晉灼曰：靖冥，深閑之館也。服虔曰：珍池，山下之流。灌以岐梁，溢以江河。晉灼曰：梁，梁山。善曰：尚書曰：治梁及岐。孔安國曰：治山通水，故以山名。東瞰目盡，西暢無崖。善曰：目盡，盡目而望也。無崖，廣遠也。隨珠和氏，焯爍其陂。善曰：焯，古灼字。爍，式藥切。玉石嶜崟，眩燿青熒。善曰：玉石，玉之與石也。李彤單行字曰：嶜崟，高大貌。青熒，光明貌。漢女水潛，怪物暗冥，不可殫形。應劭曰：漢女，鄭交甫所逢二女也。善曰：不可殫形，不能盡其形也。高唐賦曰：曾不可殫形也。玄鸞孔雀，翡翠垂榮。善曰：榮，光榮也。王雎關關，鴻鴈嚶嚶。羣娛乎其中〔二五〕，噍噍昆鳴。善曰：毛詩曰：關關雎鳩。毛萇曰：雎鳩，王雎也。又曰：鳥鳴嚶嚶。噍與啾同，子由切。説文曰：昆，同也。鳧鷖振鷺，上下砰磕，聲若雷霆。善曰：言鳥飛上下，翅翼之聲若雷霆也。乃使文身之技，水格鱗蟲。服虔曰：文身，越人也，能入水取物也。淩堅冰，犯嚴淵，探巖排碕，薄索蛟螭。善曰：嚴，言可畏也。巖，岸側嶔巖之處也。孔安國尚書傳曰：薄，迫也。賈逵國語注曰：索，求也。嶔，口銜切。蹈獱獺，據黿鼉，善曰：郭璞三蒼解詁曰：獱，似狐，青色，居水中，食魚。服虔曰：音賓。善曰：廣雅曰：據，引也。抾靈蠵。鄭玄曰〔二六〕：抾，音袪，韋昭曰：抾，捧也。服虔曰：蠵，觜蠵。入洞穴，出蒼梧。晉灼曰：洞穴，禹穴也。善曰：郭璞山海經注曰：吴縣南太湖，中有包山，山下有洞庭道也。言潛行水底，無所不通也。乘巨鱗，騎京魚。善曰：京魚，大魚也，字或爲鯨。鯨亦大魚也。浮彭蠡，目有虞。應劭曰：彭蠡，大澤，在豫章。善曰：有虞，謂舜也。方椎夜光之流離，剖明月之珠胎，善曰：鄭玄毛詩箋曰：方，且也。明月珠，蚌子珠，爲蚌所懷，故曰胎。椎，直追切。鞭洛水之宓妃，餉屈原與彭胥。鄭玄曰：彭咸也。晉灼曰：胥，伍子胥也。皆水没也。善曰：楚辭曰：願依彭咸之遺制〔二七〕。王逸曰：殷賢大夫自投水而死。宓妃，已見上。子胥，已見吴都賦。

於兹乎鴻生鉅儒，俄軒冕，雜衣裳，韋昭曰：俄，印也。車有蕃曰軒。冕，大冠也。善曰：管子曰：先王制軒冕，足以章貴賤。雜衣裳，言衣裳殊色也。脩唐典，匡雅頌，揖讓於前。昭光振耀，蠁曶如神。善曰：蠁曶，疾也。蠁與蠁同。曶與忽同。仁聲惠於北狄，武誼動於南鄰。善曰：南鄰，南方之邑。是以旃裘之王，胡貉之長，移珍來享，抗手稱臣。如淳曰：以物與人曰移。善曰：周禮曰：職方掌九貉。鄭司農曰：北方曰貉。犍爲舍人爾雅注曰：獻珍物曰珍，獻食物曰享。毛詩曰：自彼氐羌〔二八〕，莫敢不來享。爾雅曰：享，獻也。抗手，舉手而拜者也。貉，莫白切。前入圍口，後陳盧山。孟康曰：單于南庭山〔二九〕。羣公常伯陽朱墨翟之徒〔三〇〕，善曰：常伯，侍中也，已見籍田賦。陽朱、墨翟，取古賢以爲喻。列子曰：陽朱南游沛，逢老聃。高誘吕氏春秋注以爲宋人〔三一〕。喟然並稱曰：「崇哉乎德，雖有唐虞大夏成周之隆，何以侈兹！善曰：周易曰：先王以作樂崇德。樂録圖曰：成、康之隆，妖孽滅也。夫古之覲東嶽，禪梁基，舍此世也，其誰與哉？」善曰：東嶽，泰山也；梁，梁父也，已見上文。

上猶謙讓而未俞也，張晏曰：俞，然也。方將上獵三靈之流，下決醴泉之滋。如淳曰：三靈，日、月、星垂象之應也。服虔曰：受福流也。善曰：賈逵國語注曰：獵，取也。發黄龍之穴，窺鳳凰之巢，臨麒麟之囿，幸神雀之林。奢雲夢，侈孟諸。善曰：言以雲夢、孟諸爲奢侈而非之也。雲夢，楚藪澤名也。左氏傳曰：楚靈王與鄭伯田于江南之雲夢。孟諸，宋藪澤也。又曰：楚穆王欲伐宋，昭公導以田孟諸也。非章華，是靈臺。善曰：言以楚章華爲非，而以周之靈臺爲是。左傳：楚子成章華之臺。罕徂離宮而輟觀游。善曰：罕徂，言希往也。土事不飾，木功不彫，善曰：晏子曰：土事不文，木事不鏤。丞民乎農桑，勸之以弗怠，善曰：聲類曰：丞，亦拯字也。說文曰：拯，上舉也。儕男女使莫違。善曰：杜預左氏傳注曰：儕，等也。莫違，謂以時爲婚，無違於期也。毛詩序曰：男女多違。儕，士階切。恐貧窮者不偏被洋溢之饒，開禁苑，散公儲，創道德之囿，弘仁惠之虞。善曰：虞與娛古字通。馳弋乎神明之囿，覽觀乎羣臣之有亡。善曰：言馳弋神明之囿，冀以齊其聖德，觀其有無而加恩施。放雉兔，收罝罘。麋鹿芻蕘與百姓共之，善曰：毛萇詩傳曰：芻蕘，薪采者也。蓋所以臻茲也。於是醇洪鬯之德，豐茂世之規。善曰：鬯與暢同。暢，通也。加勞三皇，勗勤五帝，不亦至乎！乃祗莊雍穆之徒，善曰：祗，敬也。雍，和也。立君臣之節，崇賢聖之業，未遑苑囿之麗，游獵之靡也。因回軫還衡，背阿房，反未央。善曰：麗，光華也。鄭玄禮記注曰：靡，奢侈也。

文選考異

〔一〕羽獵賦　案：賦下當有「一首」二字，後每題盡同。袁、茶陵本無。說見前。又前第七、八，後第十三、十四、十六各卷首子目亦放此。

〔二〕東南至宜春　何云漢書無「東」字，疑衍。案：據史文，此云「南至」，下云「西至」，又下云「北繞」，又下云「頗割其三垂」，故何云即指「上林之三垂」而言，是也。其東濱渭，則云「濱渭而東」而已，無所開廣，亦無所割，此句不得有「東」字。但善解「三垂」爲武帝侵西南東三方以置郡，豈所見漢書有「東」字與下「濱渭而東」相接連，以上林爲不僅有三垂耶？然所解實未安。

〔三〕濱渭而東　案：「濱」當作「賓」。注云「濱」與「賓」同音也。蓋善正文作「賓」，所引公羊作「濱」，故有此語。今各本以五臣作「濱」而亂之。難蜀父老「率土之濱」注「本或作賓」，可爲此作「賓」之證。今漢書作「瀕」，又異本耳。袁、茶陵二本無注「濱與賓同音也」六字，誤謂此專發音，與五臣「濱音賓」重複而削去，益非。

〔四〕不折中以泉臺　案：「折」當作「制」，善引韋昭曰「制或爲折也」，是其證矣。蓋五臣作「折」，而各本亂之。顔注漢書作「折」，即韋所云「或爲」耳。

〔五〕注「魯莊公築臺」　陳云「築」下當有「泉」字，是也。各本皆脱。

〔六〕注「假爲或人之意」　袁本、茶陵本「爲」下有「人也」二字。

〔七〕各以並時而得宜　袁本、茶陵本「以」作「亦」，案：漢書作「尒」，此疑尤本誤也。

〔八〕注「封禪各言異也」　陳云别本「言」字在「封」上爲是。案：今未見，但漢書注如此。

〔九〕以奉終始顓頊玄冥之統　袁本、茶陵本無「奉」字。案：漢書無，疑尤本誤。

〔一〇〕注「郭舍人爾雅注曰」　陳云爾雅郭注，與所引不同，則知非景純也。下文「移珍來享」句，又引犍爲舍人爾雅注。今案：其説是也。爾雅犍爲郡文學卒史臣舍人注三卷，見陸氏釋文敍例。必「犍爲」二字各本誤改作「郭」。

〔一一〕注「落纍也」　袁本、茶陵本無此三字。案：在今漢書顏注。

〔一二〕注「熒惑法」　案：「法」上當有「執」字。「熒惑或謂之執法」，見廣雅。各本及今漢書注皆脱。

〔一三〕注「使司命不祥」　案：「命」字不當有。各本皆衍。漢書注無。

〔一四〕注「陽朝陽明之朝」　案：上「朝」字當作「晁」，此善以「朝」解「晁」，故下云「晁古字同也」。各本皆譌。

〔一五〕注「杜業奏事曰」　袁本、茶陵本無「奏事」二字。案：此文今在漢書霍光傳注中，云「杜延年奏載霍光柩以輼車」云云，非「杜業」明甚。宋孝武宣貴妃誄「晨輼解鳳」注所引云云，亦在霍光傳注。然則當作「杜延年奏曰」。各本皆誤。

〔一六〕鱗羅布烈　茶陵本云五臣作「列」，袁本云善作「烈」。今案：各本所見皆非也。漢書作「列」，善自與之同，但傳寫譌耳。又案上文「霹靂烈缺」，二本校語亦云然，彼漢書仍作「列」，而以應劭「閃隙」之義求之，作「烈」自通，善、顏亦不盡同也。恐此涉彼而加「火」。

〔一七〕注「吸喘息也」　袁本、茶陵本「喘」作「内」。案：二本是也，「喘」字誤。

〔一八〕跋犀犛　袁本、茶陵本云善無「犀」。案：二本所見非也。漢書有，尤本獨未譌。

〔一九〕掌蒺藜　茶陵本「藜」作「蔾」，注同。袁本正文「藜」，注「蔾」。案：漢書作「疾梨」。考字書「藜」、「蔾」二字有分別，據此知「蒺蔾」乃變體加「卄」，非借「藜藿」字。當依茶陵本。

〔二〇〕各按行伍　袁本、茶陵本云「伍」善作「五」。案：漢書作「伍」，或善作古字也。⿱鹿是部注「軍之部伍也」，當同此。

〔二一〕注「罼罕也」　袁本、茶陵本「罼」作「畢」。案：「畢」字是也。上「荷垂天之罼」，漢書作「畢」。或善「畢」、五臣「罼」而亂之。尤并此亦改爲「罼」，未是。「太元畢格，禽鳥之貞」，用「畢」字，亦可證。

〔二二〕注「應劭曰下時」　袁本、茶陵本無「劭曰」二字。案：漢書注有。

〔二三〕魂亡魄　袁本、茶陵本下有「失」字，云善無。案：各本所見皆非也。漢書有，善自與之同，傳寫脱耳。陳云上當以「徒角槍題注」爲句，而「蹴竦讋怖」、「魂亡魄失」各以四字爲句也。

〔二四〕注「言獸被創過大血流與車輪平也」　袁本、茶陵本無「大血流車」四字。案：無者是也。言「獸被創過」，解「創淫」；「與輪平也」，解「輪夷」，即謂獲獸平輪耳。張此解與下引音義迥別，尤所添改複沓，非是。

〔二五〕羣娛乎其中　袁本、茶陵本「娛」作「嬉」，云善作「娛」。案：所見皆非也。漢書作「娭」，音許其反，説見上林賦「娭遊往來」下。又案：上文「娭澗間」，袁、茶陵本亦云善作「娛」，此本獨未譌，或尤延之依漢書校正。

〔二六〕注「鄭玄曰抾音祛」　案：「玄」當作「氏」。各本皆誤。又下注「鄭玄曰：彭咸也」之「玄」，亦當作「氏」。「鄭氏」説見上林賦内。

〔二七〕注「願依彭咸之遺制」　案：「制」當作「則」。各本皆譌。陳云別本作「則」，今未見。

〔二八〕注「自彼氐羌」　袁本、茶陵本無此四字。

〔二九〕注「單于南庭山」　袁本、茶陵本「南庭」作「庭南」。案：「庭南」是也。今本漢書注亦誤倒。

〔三〇〕陽朱墨翟之徒　袁本、茶陵本「陽」作「楊」，注同。案：「陽」蓋尤本之譌，漢書作「楊」。

〔三一〕注「高誘吕氏春秋注以爲宋人」　袁本、茶陵本無此十一字。

文選卷第九

畋獵下　紀行上

畋獵下

長楊賦　并序

楊子雲

明年，上將大誇胡人以多禽獸。善曰：明年，謂作羽獵賦之明年，即校獵之年也。班欲敍作賦之明年。漢書成紀曰：元延二年冬，幸長楊宫，縱胡客大校獵，是也。七略曰：羽獵賦，永始三年十二月上。然永始三年去校獵之前，首尾四載，謂之明年，疑班固誤也。又七略曰：長楊賦，綏和元年上。綏和在校獵後四歲，無容元延二年校獵，綏和二年賦，又疑七略誤。蔡邕曰：上者，尊位所在。吕忱曰：誇，大言也。説文曰：誇，誕也。

秋，命右扶風發民〔一〕入南山，善曰：冬將校獵，故秋先命之也。爾雅曰：命，告也。漢書曰：武帝以右內史更名右扶風。扶風，在涇州界〔二〕。南山，終南山也。西自褒斜，東至弘農，南敺漢中，善曰：褒斜，谷名，已見上。漢書，有弘農郡，武帝置；又有漢中郡，秦置。張羅罔罝罘，捕熊羆豪猪虎豹狖玃狐兔麋鹿，善曰：山海經曰：竹山有獸，其狀如豚，白毛，毛大如笄而黑端，以毛射物，名豪。豪，彘也〔三〕。廣雅曰：狖，蜼也，尾長四五尺。郭璞爾雅曰〔四〕：玃，似獼猴。豹，形如虎而圓文。鄭玄曰：鳥罟曰羅。狖，弋又切。玃，九縛切。載以檻車，善曰：劉熙釋名曰：檻車，上施欄檻以格猛獸，亦因禁罪人之車也。漢書音義曰：或曰檻車，有封檻也。輸長楊射熊館。善曰：三輔黃圖曰：長楊宮有射熊館，在盩厔。以網爲周阹，李奇曰：阹，遮禽獸圍陣也。阹，音祛。縱禽獸其中，令胡人手搏之，自取其獲，上親臨觀焉。服虔曰：令胡客自取其得也。善曰：廣雅曰：搏，擊也。是時，農民不得收斂。雄從至射熊館，還，上長楊賦，聊因筆墨之成文章，故藉翰林以爲主人，子墨爲客卿以風。韋昭曰：翰，筆也。善曰：翰林，文翰之多若林也。詩大雅曰：有壬有林。君也。此云林，即文翰林，猶儒林之義也。胡廣云：博士爲儒雅之林，是也。說文曰：毛長者曰翰。詩序曰：下以風刺上〔五〕。其辭曰：

子墨客卿問於翰林主人曰：「蓋聞聖主之養民也，仁霑而恩洽，動不爲身。今年獵長楊，先命右扶風，左太華而右褒斜，顏師古曰〔六〕：動不爲身，言憂百姓也。山海經曰：松梁之山西六十里曰太華山，今在弘農縣華陰西也。長安東，故言左。高五千仞，廣十里。善曰：太華，已見西都賦。椓嶻嶭而爲弋，紆南山以爲罝。服虔曰：巀嶭，山名也。孟康曰：在池陽北。顔師古曰：巀嶭，即今謂嵳峩也。善曰：説文曰：弋，橜也。又曰：紆，詘也。椓，音卓。巀，音截。嶭，音齧。羅千乘於林莽，列萬騎於山隅。帥軍踤阹，錫戎獲胡。漢書音義曰：踤，聚也。顔監曰：踤，足蹴也。善曰：錫戎獲胡，言以禽獸錫戎，令胡自獲之。胡、戎一也，變文耳。踤，音崒。方言曰：踤，蹴蹋也。搤熊羆，拖豪豬。善曰：搤，拖，已見西都賦。木擁槍纍，以爲儲胥。顔師古曰：胥，須也。言有儲畜〔七〕以待所須也。蘇林曰：木擁柵其外，又以竹槍纍爲外儲胥也。韋昭曰：儲胥，蕃落之類也。槍，七羊切。纍，力委切。此天下之窮覽極觀也。雖然，亦頗擾于農人。三旬有餘，其廑至矣，而功不圖，善曰：古今字詁曰，廑，今勤字也。爾雅曰：圖，謀也。凡人之所爲，皆有所圖，今則百姓甚勞而無所圖〔八〕。言勞而無益也。慎子曰：無法之勞，不圖於功。恐不識者，外之則以爲娱樂之游，内之則不以爲乾豆之事，豈爲民乎哉！善曰：禮記曰：天子無事歲三田，一爲乾豆也。且人君以玄默爲神，澹泊爲德，善曰：玄默，謂幽玄恬默也。玄默，已見魏都賦。澹泊與憺怕同，已見子虚賦。今樂遠出以露威靈，善曰：露，暴露也。數摇動以罷車甲，本非人主之急務也，蒙竊惑焉。」善曰：周易曰：蒙者，蒙也。韓康伯曰：蒙昧，幼少之象也。前年獵長楊，故言數。

翰林主人曰：「吁，客何謂之兹耶〔九〕！善曰：孔安國尚書傳曰：吁，疑怪之辭也。若客，所謂知其一未睹其二，見其外不識其内也。善曰：莊子曰：識其一，不知其二；治其内，而不治其外。

僕嘗倦談，不能一二其詳，善曰：毛萇詩傳曰：詳，審也。請略舉其凡，而客自覽其切焉。」善曰：廣雅曰：都，凡也。顔監曰：凡，大指也。張晏曰：切，近也。覽其近於義也。

客曰：「唯，唯。」主人曰：「昔有彊秦，封豕其土〔一〇〕，窫窳其民，鑿齒之徒相與摩牙而争之。應劭淮南子注云〔一一〕：堯之時，窫窳、封豕、鑿齒，皆爲人害。窫窳，類貙，虎爪，食人。服虔曰：鑿齒，齒長五尺，似鑿，亦食人。李奇曰：以喻秦貪婪，殘食其人也。晉灼曰：鑿齒之徒，謂六國。窫，烏黠切。窳，音庾。豪俊麋沸雲擾，羣黎爲之不康。善曰：如麋之沸，若雲之擾，言亂之甚也。廣雅曰：麋，饘也。毛詩曰：羣黎百姓。爾雅曰：康，安也。於是上帝眷顧高祖，高祖奉命，順斗極，運天關。服虔曰：隨天斗極運轉也。善曰：毛詩曰：乃睠西顧。孔安國尚書傳曰：奉天成命。春秋元命苞曰：命者，天之令。雒書曰：聖人受命，必順斗極。宋均尚書中候注曰：順斗機爲政也。爾雅曰：北極謂之北辰。天官星占曰：北辰一名天關。又星經曰：牽牛神一名天關。横鉅海，漂昆侖。善曰：横度大海也。漂，摇蕩之也，匹昭切。提劍而叱之，所過麾城摲邑，下將降旗。顔監曰：摲，舉手擬也〔一二〕。蒼頡篇曰：摲，拍取也。善曰：鄭玄禮記注曰：摲之言芟也。字林曰：摲，山檻切。一日之戰，不可殫記。當此之勤，頭蓬不暇梳，飢不及餐。善曰：頭蓬，髮亂如蓬也。鞮鍪生蟣蝨，介冑被霑汗。善曰：説文曰：鞮鍪，首鎧也。韓子曰：攻戰無已，甲冑生蟣蝨。鄭玄禮記注曰：介，被甲也。孔安國尚書傳曰：冑，兜鍪也。鞮鍪，即兜鍪也。鞮，丁奚切。鍪，音牟。蟣，居綺切。蝨，所乙切。以爲萬姓請命乎皇天。善曰：淮南子曰：高皇帝奮袂執鋭，以爲百姓請命于皇天。家語曰：孔子曰：分於道謂之命。王肅曰：分於道，始得爲人也。廼展人之所詘，振人之所乏。善曰：方言曰：展，申也。詘，古屈字也。賈逵國語注曰：振，救也。規億載，恢帝業。善曰：杜預左氏傳注曰：恢，大也。七年之間而天下密如也。善曰：高祖五年誅羽，自六年至十二年崩，凡七載。爾雅曰：密，静也。

「逮至聖文，隨風乘流，方垂意於至寧。善曰：隨風乘流，言順從高祖之風流也。躬服節儉，綈衣不弊，革鞜不穿。善曰：言不穿不弊，不更爲也。漢書，東方朔曰：孝文皇帝身衣弋綈之衣，履革舄。六韜曰：堯衣履不弊盡，不更爲。服虔曰：鞜，舄也，音沓。大厦不居，木器無文。善曰：晏子曰：土事不文，木事不鏤。於是後宫賤瑇瑁而疏珠璣，善曰：廣雅曰：疏，亦賤也。字書曰：疏，遠也〔一三〕。璣，小珠也，音祈。却翡翠之飾，除彫琢之巧。善曰：爾雅曰：玉謂之琱。又曰：治玉曰琢也。惡麗靡而不近，斥芬芳而不御，善曰：廣雅曰：斥，推也。抑止絲竹晏衍之樂，憎聞鄭衛幼眇之聲，善曰：禮記曰：絲竹，樂之器也。晏衍，邪聲也。禮記曰：鄭、衛之音，亂世之音也。衍，弋戰切。幼，一笑切。眇，音妙。是以玉衡正而太階平也。韋昭曰：玉衡，北斗也。善曰：春秋運斗樞曰：北斗七星，第五曰玉衡〔一四〕。元命苞曰：常一不易，玉衡正，太階平。出黄帝六符經。

「其後熏鬻作虐，東夷横畔。服虔曰：熏鬻，堯時匈奴也。東夷，東越也。一云：呂嘉殺其國王立，國人殺嘉也。善曰：横，自縱也，胡孟切。羌戎睚眥，閩越相亂。晉灼曰：睚眥，瞋目貌也，又猜忌不和貌。

善曰：漢書曰：立無諸爲閩越王。又曰：武帝建元四年，尉佗孫胡爲南越王，閩越王郢興兵擊南越邊邑。遐眠爲之不安〔一五〕，中國蒙被其難。韋昭曰：眠，音萌。萌，人也。於是聖武勃怒，爰整其旅。善曰：毛詩曰：王赫斯怒，爰整其旅。迺命驃衛，應劭曰：驃，驃騎霍去病也。衛，衛青也。善曰：漢書曰：霍去病爲驃騎將軍，凡六出擊匈奴。又曰：衛青字仲卿，爲大將軍，凡七出擊匈奴。汾沄沸渭，雲合電發。善曰：汾沄沸渭，衆盛貌也。汾，音紛。沄，音雲。猋騰波流，機駭蠭軼。善曰：爾雅曰：扶摇謂之飈。機駭蠭軼，言其疾也。猋與飈古字通也。疾如奔星，擊如震霆。碎轒轀，破穹廬。應劭曰：轒轀，匈奴車也。音義曰：穹廬，旃帳也。服虔曰：轒轀，百二十步兵車，或可寢處。善曰：轒，扶云切。轀，於云切。腦沙幕，髓余吾。服虔曰：破其頭腦，塗沙幕也。余吾，水名。北山經曰：北鮮之山，多馬，鮮水出焉，而北經余吾水。應劭曰：在朔方北。鄭氏曰：折其骨，使髓膏水也。通俗文曰：骨中脂曰髓，古髓字。遂躐乎王庭。孟康曰：匈奴王庭。善曰：王逸楚辭注曰：躐，踐也。敺橐駝，燒熐蠡。張晏曰：熐蠡，乾酪母〔一六〕，燒之，壞其養生之具也。張揖曰：熐蠡，山名。熐，音覓。蠡，來戈切。分剺單于，磔裂屬國。韋昭曰：剺，割也，音如梨。顏師古曰〔一七〕：凡言屬國者，存其國號而屬朝。善曰：單于，匈奴王號。漢書曰：單于，廣大之貌也，言其象天單于然也。廣雅曰：磔，張也。漢書曰：置屬國以處匈奴降者。韋昭曰：外國，羌胡，來屬漢者也。夷阬谷，拔鹵莽，刊山石。善曰：毛詩傳曰：夷，平也。鹵莽中生草莽也〔一八〕。說文曰：鹵，西方鹹地也。鄭玄禮記注曰：刊，削也。拔莽削石以通道。蹂屍輿廝，係累老弱。服虔曰：蹂尸，踐尸也。顏師古曰：死則蹂踐其尸，破傷者，輿而行。如淳曰：輿廝，輪踐其廝徒也。善曰：賈逵國語注曰：係，繫也。杜預左氏傳注曰：累，係也。吮鋋瘢耆〔一九〕、金鏃淫夷者數十萬人，如淳曰：吮，括也。孟康曰：瘢耆，馬脊耆創瘢處。善曰：如氏之說，以爲箭括及鋋所中，皆爲創瘢於馬耆。孟氏以爲耆被金鏃過傷者甚衆也。服虔曰：耆，鬣。傷者或矛穳內未出，其瘡如含，然或箭插其項未拔，蓁若鬣焉。孔安國尚書傳曰：淫，過也。杜預左氏傳注曰：夷，傷也。吮，辭兖切。皆稽顙樹頷，扶服蛾伏。如淳曰：叩頭時項下向〔二〇〕，則頷樹上向也。韋昭曰：頷，音蛤。善曰：說文曰：匍匐，手行也。扶服與匍匐音義同。蛾伏，如蟻之伏也。蛾，古蟻字。二十餘年矣，尚不敢惕息。善曰：漢書曰：漢不復出兵擊匈奴。三年，武帝崩。前此者漢兵深入窮邊〔二一〕二十餘年，匈奴極苦之，單于常欲和親。賈逵國語注曰：惕，疾也。說文曰：息，喘也。夫天兵四臨，幽都先加。善曰：天兵，言兵威之盛如天也。尚書曰：宅朔方，曰幽都。迴戈邪指，南越相夷。善曰：漢書曰：南越王胡上書曰：今東越擅興兵侵臣。天子爲興師往討閩越，閩越王弟餘善殺郢以降。廣雅曰：夷，滅也。靡節西征，羌僰東馳。服虔曰：僰，夷名也。善曰：漢書音義曰：節，所杖信節也。僰，蒲北切。是以遐方疏俗，殊鄰絕黨之域。善曰：絕，遠也。自上仁所不化，茂德所不綏。善曰：尚書曰：有夏先后，方楙厥德。莫不蹻足抗首〔二二〕，請獻厥珍。服虔曰：蹻，舉足也，音矯。使海內澹然，善曰：廣雅曰：澹，安也，徒濫切。永亡邊城之災，金革之患。善曰：史記，士蔿曰：邊城少寇。禮記，子夏曰：三年之喪卒，金革之事〔二三〕無避也，禮歟？

「今朝廷純仁，遵道顯義，并包書林，聖風雲靡。英華沈浮，洋溢八區。善曰：英華，草木之美者，故以喻帝德焉。沈浮，言多也。禮斗威儀曰：帝者得其英華〔二四〕，王者得其根荄。八區，八方之區也。普天所覆，莫不沾濡。善曰：禮記曰：天之所覆。難蜀父老曰：羣生霑濡矣。士有不談王道者則樵夫笑之。意者以爲事罔隆而不殺，物靡盛而不虧。善曰：廣雅曰：意，疑也。鄭玄周禮注曰：殺，減也。文子曰：物盛則衰。故平不肆險，安不忘危。服虔曰：肆，弃也。顔監云：肆，放也。不放心於險也。善曰：孫卿子曰：平則慮險，安則慮危。迺時以有年出兵，整輿竦戎。善曰：言時不常也〔二五〕。穀梁傳曰：有年，五穀皆熟爲有年。方言曰：西秦之間，相勸曰聳。竦與聳古字通。振師五柞，習馬長楊。善曰：杜預左氏傳注曰：振，整也。盩厔有五柞宫也。柞，音作。簡力狡獸，校武票禽。善曰：爾雅曰：簡，擇也。賈逵國語注曰：簡，習也。廣雅曰：狡，健也。賈逵國語注曰：校，考也。票禽，輕疾之禽也，匹妙切。迺萃然登南山，瞰烏弋。晉灼曰：萃，集也。服虔曰：三十六國，烏弋最在西。西域傳曰：去長安萬二千二百里，其地暑熱莽平，近日所入。善曰：廣雅曰：瞰，視也。西厭月窟，東震日域。服虔曰：窟，音窟，月所生也。善曰：何休公羊傳注曰：厭，服也。爾雅曰：震，懼也。日域，日出之域也。厭，一涉切。又恐後代迷於一時之事，常以此爲國家之大務，淫荒田獵，陵夷而不禦也。顔監曰：禦，止也。善曰：漢書，張釋之曰：秦陵夷至于二世，天下土崩。韓詩曰：無矢我陵。薛君章句曰：四平曰陵。爾雅曰：禦，禁也。是以車不安軔，日未靡旃。從者彷彿，骫屬而還。韋昭曰：不暇税駕支車也。張晏曰：從者彷彿，委釋而迴旋。善曰：王逸楚辭注曰：軔，支輪木。日未靡旃，言日未移旌旗之影也。委屬而還，謂委釋其事，連屬而迴還也。張以釋爲委。軔，如振切。彷彿，或作髣髴，骫，古委字也。屬，之欲切。亦所以奉太尊之烈，遵文武之度。善曰：太尊，高祖也。爾雅曰：烈，業也。復三王之田，反五帝之虞。善曰：三王之田，文王三驅是也。已見上文。尚書，帝曰：益，汝作朕虞。使農不輟耰，工不下機。韋昭曰：耰，所以覆種，音憂。顏監曰：摩田器也。晉灼云：以耒推塊曰耰。善曰：工，女功也。漢書，酈食其曰：農夫釋耒，工女下機。婚姻以時，男女莫違。善曰：毛詩序曰：婚姻失時，男女多違也。出凱弟，行簡易。善曰：毛詩曰：愷悌君子，人之父母。周易曰：乾以易知，坤以簡能，易則易知，簡則易從，易簡而天下之理得矣。矜劬勞，休力役。善曰：毛萇詩傳曰：矜，憐也。毛詩曰：之子于征，劬勞于野。孫卿子曰：罕興力役，無奪農時。見百年，存孤弱。善曰：禮記曰：百年者就見之。說文曰：存，恤問也。春秋說題辭曰：存恤幼孤。帥與之，同苦樂。然後陳鐘鼓之樂，鳴鞀磬之和，建碣磍之虡。孟康曰：碣磍之簴，刻猛獸爲之，故其形碣磍而盛怒也。善曰：鄭玄禮記注曰：鞀，如鼓而小，有柄，賓至搖之以奏樂。碣，一轄切。磍，音轄。鞀，徒刀切。拮隔鳴球，掉八列之舞。韋昭曰：拮，擽也。鳴球，玉磬也。古文隔爲擊〔二六〕。善曰：賈逵國語注曰：掉，搖也。八列，八佾也。拮，居黠切。球，音求。掉，徒釣切。酌允鑠，肴樂胥。張揖曰：允，信也。鑠，美也。言酌信美以當酒，帥禮樂以爲肴。善曰：毛詩曰：允矣君子，展也大成。又曰：於鑠王師。又曰：君子樂胥。聽廟中之雍雍，受神人之福祜。善曰：毛詩曰：雍雍在宮，肅肅在廟。又曰：受天之祜。爾雅曰：祜，福也，音怙。歌投頌，吹合雅。服虔曰：聲之相投也。其勤若此，故真神之所勞也。張揖曰：詩云，愷弟君子，神所勞矣。方將俟元符，晉灼曰：元符，大瑞也。以禪梁甫之基，增泰山之高。史記，管子曰：古者禪梁父〔二七〕。善曰：難蜀父老曰：增太山之封，加梁甫之事。延光于將來，比榮乎往號。張晏曰：往號，三、五也。善曰：李軌法言注曰：五帝三王，延光至今不絶也。豈徒欲淫覽浮觀，馳騁秔稻之地，周流梨栗之林，蹂踐芻蕘，誇詡衆庶，盛狖玃之收，多麋鹿之獲哉！善曰：孔安國尚書傳曰：浮，過也。説文曰：秔，稻屬也。聲類以爲秔，不黏稻也。漢書，東方朔曰：涇、渭之南，又有秔稻梨栗之饒。芻，馬草也。禮記曰：蹴路馬芻。説文曰：蕘，草薪也。毛萇詩傳曰：詡，大也。且盲者不見咫尺，而離婁燭千里之隅；善曰：莊子，南榮趎曰：盲者不能自見。賈逵國語注曰：八寸曰咫。孟子曰：離婁之明。趙岐曰：古之明目者也，蓋黄帝時人。趎，音樞。客徒愛胡人之獲我禽獸，曾不知我亦已獲其王侯。」善曰：説文曰：曾，辭之舒也。

言未卒，墨客降席再拜稽首曰：「大哉體乎！允非小人之所能及也。善曰：體，猶法也。廼今日發矇，廓然已昭矣！」善曰：禮記曰：昭然若發蒙矣。矇與蒙古字通。廓，除貌。

文選考異

〔一〕命右扶風發民　袁本、茶陵本云善無「發民」二字。案：今本漢書有，蓋尤依之添也。

〔二〕注「在涇州界」　陳云「涇」，「雍」誤，是也。各本皆誤。

〔三〕注「名豪豪彘也」　袁本、茶陵本不重「豪」字。

〔四〕注「郭璞爾雅曰」　袁本、茶陵本「曰」上有「注」字。

〔五〕注「詩序曰下以風刺上」　袁本、茶陵本無此八字。案：無者是也。注具甘泉賦，下羽獵賦已不更出，此亦當爾矣。

〔六〕注「顏師古曰動不爲身」　袁本、茶陵本「師古」二字作「監」，下再見皆同。案：此尤本誤改。

〔七〕注「言有儲畜」　袁本、茶陵本「言有」作「高其」，是也。案：今本漢書注與此同誤。

〔八〕注「而無所圖」　袁本、茶陵本無「所」字。

〔九〕客何謂之兹耶　袁本、茶陵本無「之」字，尤本此處脩改。案：今本漢書作「謂之兹耶」，詳顏注云「謂兹邪猶言何爲如此也」，仍當有「何」字、無「之」字。蓋漢書傳寫譌，尤延之據添，非也。袁、茶陵二本所見與未脩改正同，是矣。又案：難蜀父老曰「烏謂此乎」。烏，何也；此，兹也；乎，邪也。子雲好擬相如，此亦用彼語，不當衍「之」字甚明。

〔一〇〕封豕其土　袁本「土」作「士」。何云漢書作「士」。案：「士」是也。茶陵本作「土」，與尤所見同，非也。

〔一一〕注「應劭淮南子注云」　案：「劭」下當有「曰」字，「子」下當衍「注」字，漢書注可證。各本皆誤。

〔一二〕注「顏監曰摲舉手擬也」　案：顏漢書正文字作「擀」，上引李奇音車幰之幰而解云「擀，舉手擬之也」。蓋其字音義與左氏傳乃掀公之掀相近。善文選正文作「撕」，與顏不同，别引鄭氏禮記注釋義，字林釋音，乃所以改顏也。傳寫者并顏注亦爲「撕」，失之矣。又「蒼頡篇曰撕拍取也」八字，非漢書注，乃善引以證顏者，字亦當是「摲」也。又漢書注「擬」下有「之」字，此無，似亦脱。

〔一三〕注「疏亦賤也字書曰疏遠也」　袁本、茶陵本作「疏遠也字書曰」六字。案：此亦尤增多之誤也。

〔一四〕注「春秋運斗樞曰北斗七星第五曰玉衡」　袁本、茶陵本無此十五字，袁本注末多「已見魏都賦」五字。案：袁本是也。此亦尤增多之誤，茶陵本注末複出「魏都賦注云云」可爲證。

〔一五〕遐眠爲之不安　袁本、茶陵本「眠」作「氓」。案：此皆非也。正文當作「萌」，注當作「韋昭曰萌音氓萌人也」。今作「眠音萌」，誤倒。漢書作「萌」，善自與之同。蓋五臣作「氓」而各本亂之，因又改韋注也。上林賦「以贍萌隸」注「韋昭曰：萌，民也」。張景陽七命「羣萌反素」，袁、茶陵皆有校語云五臣作「氓」，最可證。又如顏延年侍遊蒜山作詩「留滯感遺萌」，亦善「萌」、五臣「氓」相亂，彼二本仍云五臣作「氓」，唯此爲各本所見皆誤，故無校語耳。

〔一六〕注「乾酪母」　何校「酪」下添「也以爲酪」四字。案：依漢書注，是也。各本皆脱。

〔一七〕注「顔師古曰」　何校「師古」改「監」。各本皆譌。下「顔師古曰死則云云」，同。

〔一八〕注「鹵莽中生草莽也」　袁本「中」上有「鹵」字，末無「也」字，是也。茶陵本亦脱衍。

〔一九〕唴鋋瘀者　茶陵本云五臣作「吪辭兖切」，袁本作「吪」。案：茶陵及尤所見非也，蓋此賦有作「吮」、作「兗」兩本，小顔以作「兗」爲是，故今本漢書字如此。善以作「吮」爲是，故最後引服虔云「其瘡如含然」，乃訓吮爲含也。「唴」字他無所見，恐是或改「吮」爲「兖」而誤成此形耳。袁本無校語，其所見善正文自是「吮」字，尤本注末音云「吮，辭兖切」，不作「唴」，亦其一證。又臣佖校漢書以爲「銃」，與顔、李二家迥異，恐屬臆説，難以爲證。

〔二〇〕注「項下向」　袁本、茶陵本「項」作「頂」。案：「頂」是也。今本漢書注與此同誤。

〔二一〕注「漢兵深入窮邊」　案：「邊」當作「追」。各本皆譌。

〔二二〕莫不蹻足抗首　茶陵本云五臣作「手」，袁本云善作「首」。今案：所見皆非也，漢書作「手」，羽獵賦「抗手稱臣」善「抗手」注具彼下，此不更出，非作「首」也。

〔二三〕注「卒金革之事」　案：「卒」下當有「哭」字。各本皆脱。

〔二四〕注「帝者得其英華」　袁本、茶陵本「英華」作「華英」，是也。

〔二五〕注「言時不常也」　袁本、茶陵本「言時」作「時言」，是也。

〔二六〕注「古文隔爲擊」　袁本、茶陵本此上有「韋昭戛擊爲拮隔」，乃校語錯入注，因正文用五臣「戛擊」，故云然。案：此云古文者，韋所見之古文尚書也，意謂「隔者擊也」耳。子雲用「拮隔」，漢書及史記樂書俱有其證，楊倞注荀子亦極明晰。五臣乃援東晉古文改竄，荒陋甚矣。宋人校語以「拮隔」屬韋，更繆。尤本無之，是矣。

〔二七〕注「史記管子曰古者禪梁父」　袁本、茶陵本無此十字。

射雉賦

潘安仁　善曰：射雉賦序曰：余徙家于琅邪，其俗實善射，聊以講肄之餘暇，而習媒翳之事，遂樂而賦之也。

徐爰注　媒者，少養雉子，至長狎人，能招引野雉，因名曰媒。翳者，所隱以射者也。晉邦過江，斯藝乃廢。歷代迄今，寡能厥事。嘗覽兹賦，昧而莫曉，聊記所聞，以備遺忘。

涉青林以游覽兮，樂羽族之羣飛。樂羽翮之類，或羣或飛，飲啄恣性也。善曰：七發曰：游涉乎雲林，薛君韓詩章句曰：青，静也。鸚鵡賦曰：羽族之可貴者。聿采毛之英麗兮，有五色之名翬。聿，述也。述序羽族之中，采飭英麗〔一〕，莫過翬也。翬，雉也。伊、洛以南，素質五采皆備成章曰翬。英者，雄果之目。名者，聲聞之稱也。一本聿作偉。善曰：翬見爾雅。厲耿介之專心兮，奓雄豔之姱姿。厲，嚴整也。耿介，專一也。奓，豐也。姱，好也。美色曰豔，言雉嚴整其不羣之性，奮揚其雄豔之貌，見敵必戰，不容他雜，此之謂英麗也。奓，赤氏切。姱，苦瓜切。善曰：薛君韓詩章句曰：雉，耿介之鳥也。巡丘陵以經略兮，畫墳衍而分畿。巡，行也。言周行丘陵，因其墳衍以爲疆界，分而護之，不相侵越也。青、幽之間，土高且。大者，通之曰墳，雉一界之内，要以一雄爲主，餘者雖衆，莫敢鳴鴝也。此以上言雉之形性也。善曰：左傳，楚無宇曰：天子經略。廣雅曰：巡略，行也。孔安國尚書傳曰：分其圻界，圻與畿同。

於時青陽告謝，朱明肇授。時四月也。善曰：爾雅曰：春爲青陽，夏爲朱明。楚辭曰：青春受謝。王逸曰：謝，去也。靡木不滋，無草不茂。草木具榮。初莖蔚其曜新，陳柯槭以改舊〔二〕。蔚然，初生之莖，曜其新暉。槭然陳宿之柯，變其舊色，言新舊咸茂也。槭，彫柯貌也。所膈切。天泱泱以垂雲，泉涓涓而吐溜。涓涓，清新之色。泱，音英。涓，古玄切。善曰：毛詩曰：英英白雲。毛萇曰：英英，白雲貌。泱與英古字通。家語，金人銘曰：涓涓不壅，終爲江河。溜，水流貌也。麥漸漸以擢芒，雉鷕鷕而朝鴝。漸漸，含秀之貌也。微子曰：麥秀漸漸。鷕鷕，雉聲也。又云：雉之朝鴝，尚求其雌。雌雉不得言鴝。顏延年以潘爲誤用也。案：詩有鷕雉鳴，則云求牡，及其朝鴝，則云求雌。今云鷕鷕朝鴝者，互文以舉雄雌皆鳴也。此以上序節物氣候，雉可射之時也。鷕，以少切。眄箱籠以揭驕，睨驍媒之變態。揭驕，志意肆也。箱籠竹器，盛媒者也。凡竹器，箱方而密，籠圓而疎，盛媒器，籠形者，養鳥宜圓也。箱密者，不欲令見明也。言感辰景之韶淑，樂山梁之榮茂，悟翬雉之奮逸，思騁藝之肆志，顧視箱籠，詳察驍媒，恣睢揭驕，意願得也。楚辭揭驕字作拮矯。揭，居桀切。睨，音詣。善曰：楚辭曰：意恣睢以拮矯。王逸曰：縱心肆志，所意願高也。奮勁骹以角槎，瞵悍目以旁睞。骹，脛也。角，邪也。槎，斫也。悍，戾也。瞵，視貌。睞，視也。奮其堅勁之脛，以利距邪斫；瞵其剛戾之目，以旁視其敵也。骹，苦交切。槎，千荷切。瞵，力新切。睞，力代切。善曰：曹植鬬雞詩曰：悍目發朱光。鸎綺翼而䞓撾，灼繡頸而衮背。鸎，文章貌也。詩云：有鸎其羽，翼如綺文。䞓則赤也。撾，肶也。灼，盛貌也。頸毛如繡，背如衮章，言五采備也。䞓，勑呈切。撾，都瓜切。善曰：肶，音陛。鬱軒翥以餘怒，思長鳴以效能。鬱，暴怒也。軒，起望也。方言云：翿，舉也。鬱然暴怒，軒舉長鳴，思見野敵，效其才能也。此以上言媒之形勢。能，怒代切。

爾乃攣場拄翳，停僮葱翠。攣者，開除之名也。今傖人通有此語。射者聞有雉聲，便除地爲場，拄翳於草。停僮，翳貌也。葱翠，翳色也。攣，步何切。拄，株庾切。善曰：廣雅曰：攣，除也。绿柏參差，文翮鱗次。蕭森繁茂，婉轉輕利。翳，上加木枝，衣之以葉。上則蕭森，下則繁茂而實。綢繆，輕利也。婉轉，綢繆之稱。衷料戾以徹鑒，表厭躡以密緻。料戾，小而撤也。厭躡，重而密也。翳外觀密緻，與草木無別，内視洞徹，多所覩見也。此以上序翳之形飾。厭，於輒切。恐吾游之晏起，慮原禽之罕至。游，雉媒名。江、淮間謂之游，游者，言可與游也。言既芟場拄翳，又恐媒起不早，野雉希至。原禽，雉也。雉不處下濕，故曰原禽也。甘疲心於企想，分倦目以寓視。企想雉出，專視草際，心爲之疲，目爲之倦也。此以上言拄翳之後，遲獲之意也。善曰：説文曰：企，舉踵也。左氏傳楚子玉曰：得臣與寓目焉。杜預曰：寓，寄也。何調翰之喬桀，邈疇類而殊才。調翰，謂媒也。媒性調良，故謂調翰。喬桀，俊逸也，言邈絶疇類，殊異才氣也。善曰：何，疑問之辭也。候扇舉而清叫，野聞聲而應媒。扇，布也，形如手巾。叫，鳴也。將欲媒雊，振布令有聲，媒便清叫，野雉聞即應而出也。褰微罟以長眺，已踉蹡而徐來。褰，開也。罟，網也。古者當以細網，掩翳窗上，視外處，其制未聞也，今則以板矣。言聞野雉應媒之聲，知其必出，開翳户長視，已見踉蹡徐來也。踉蹡，乍行乍止，不迅疾之貌也。善曰：踉蹡，欲行也。廣雅曰：蹡，走也。踉音亮。蹡，七亮切。摛朱冠之赩赫，敷藻翰之陪鰓。艴赫，赤色貌。陪鰓，奮怒之貌也。善曰：廣雅曰：摛，舒也。藻翰，翰有華藻也。摛，勑知切。艴，許力〔三〕。首葯緑素，身拕黼繪。方言曰：葯，纏也，猶纏裹也。言雉首緑色，頸葯素也。黼，繡也。繪，畫文也。身采如繪也。葯，烏角切。青鞦莎靡，丹臆蘭綷。鞦，夾尾間也。莎，草名。楚辭曰：青莎雜樹，則莎色青也。言雉尾間青毛如莎草之靡也。臆，膺也，膺色如秋蘭之色也。綷，同也。宋、衛之間，謂混爲綷也。鞦，音秋。善曰：小雅曰：雜采曰綷。音最。或蹶或啄，時行時止。皆得意之形容也。善曰：賈逵曰：蹶，走也。鄭玄曰：蹶，行遽貌。字林曰：啄，鳥食也。莊子曰：澤雉十步一啄，百步一飲也。蹶，居衛切。周易曰：時止則止，時行則行。廣雅曰：蹶，踶跳〔四〕。班尾揚翹，雙角特起。雄壯之勢也。此以上言野雉之狀貌也。善曰：説文曰：翹，尾之長毛也。

良遊呃喔，引之規裏。良遊，媒也。言媒呃喔其聲，誘引令入可射之規内也。呃，於隔切。喔，於角切。應叱愕立，擢身竦峙。峙，立也。既入可射之内，來迅不止，因便叱之，雉聞叱即驚，竦身而立者也。善曰：杜子春周禮注曰：愕，驚也。捧黄間以密彀，屬剛罫以潛擬。捧，舉也。黄間，弩名也。張衡云：黄間機張。一名黄肩。善曰：説文曰：彀，張弓弩也。屬，謂注矢於弦也。剛罫，弩矢鏃也。以鐵爲之，形如十字，各長三寸，方似罔罫，故曰罫焉。罫，古買切，挂同。倒禽紛以迸落，機聲振而未已。射應也。禽被箭，躍起而反落，弩聲猶未歇，言其矢來疾也〔五〕。山鷩悍害，猋迅已甚。鷩雉，似山雞而小，冠背毛黄，腹下赤，項緑色，其性悍戾憨害，飛走如風之猋也。爾雅曰：扶搖謂之猋，謂暴風從下上也。善曰：字書曰：憨，愚也。呼甘切。越壑淩岑，飛鳴薄廩。鷙性悍憋，聞媒聲便越澗淩岑，且飛且鳴，逕來翳前也。廩，翳中盛飲食處，今俗呼翳名曰倉也。善曰：薄，至也。方言曰：憋，惡也。裨列切。鯨牙低鏃，心平望審。鯨，當作擎，舉也。舉弩牙低矢鏑以射之。善曰：禮記曰：心平體正，持弓矢審固也。毛體摧落，霍若碎錦。雉當不止〔六〕，於飛中射之，毛體披散，如錦之分碎也。逸羣之儁，擅場挾兩。逸羣儁異之雉，不但欲擅一場而已，又挾兩雌也。善曰：西京賦曰〔七〕：秦政利觜長距，終得擅場。説文曰：擅，專也。櫟雌妬異，倏來忽往。櫟，擊搏也。聞他雄鳴，擊搏其雌。倏忽往來，無時暫止也。善曰：楚辭曰：荷衣兮蕙帶，倏而來兮忽而逝。六韜曰：倏然而往，忽然而來。忌上風之饕切，畏映日之儻朗。饕切，微動之聲。儻朗，不明之狀。言其忌聲而畏光也。饕音鐵。屏發布而累息，徒心煩而技懩。屏除其布，不敢散氣，意者恐微有所聞，便驚而逝，既無由使媒鳴，欲射則紛紜不定，空心煩而技懩。有伎藝欲逞曰技懩也。音養。善曰：難蜀父老曰：心煩於慮。應劭風俗通曰：高漸離變姓易名，庸保於宋子之家。久作苦，聞其家堂客擊筑，伎養不能毋出言也。伊義鳥之應敵，啾擭地以厲響。義鳥，媒也。爲人致敵，故名曰義媒。見野雉紛紜難中，啾然擭地而鳴，引令來鬭。埤蒼曰：擭地〔八〕，爪持也。三蒼曰：啾，聲也。彼聆音而逕進，忽交距以接壤。彼野雉聞媒聲，便逕來鬭，交距蹶地，土壤相接。善曰：廣雅曰：壤，塵也。彤盈窗以美發，紛首頹而臆仰。彤，赤也。盈，滿也。言其光彩滿當於窗，美取其意而發矢。又曰：既與媒戰，形當翳窗，發弩極美，正射其頸，首頹向後，臆仰却斃也。

或乃崇墳夷靡，農不易壠。墳，大防，今呼爲塘也。夷，靡也。頹，弛也〔九〕。易，脩也。農不脩壠，此言田塘荒廢也。善曰：毛詩曰：禾易長畝。稊菽藳糅，蘙薈菶茸。稊，稗類也。菽，豆也。謂勞豆之屬野生也。田既荒廢，雜草繁茂。蘙薈菶茸，深概貌。菶，蒲動切。茸，如隴切。善曰：孫子兵法曰：林木翳薈。西京賦曰：萃蕣菶茸。鳴雄振羽，依于其冢。冢，山巔也。爾雅曰：山頂曰冢。言野之雄雉，振其羽翼，鳴鴝高墳之上。善曰：毛詩曰：莎雞振羽。㨼降丘以馳敵，雖形隱而草動。㨼，疾貌也。言雉鴝於高丘之頂，㨼然降下向敵，不見其形，而見草動也。㨼，一本或作撊。㨼，尸黯切。撊，而專切。善曰：尚書，是降丘宅土。瞻挺穟之傾掉，意淰躍以振踊。挺穟，草莖也。掉，動也。覩草莖傾動，冀雉將出，意淰躍踊逸也。善曰：淰，失冉切。躍，失藥切。暾出苗以入場，愈情駭而神悚。暾，漸出貌也。楚辭曰：暾將出兮東方，向覩草動，冀雉當至，暾然而出，果其所願，情神愈驚動。望鶠合而翳皛，雉脥肩而旋踵。言雉出苗，望諸處鶠然闇合，唯翳皛然獨顯，仍歛翼旋反也。人歛身謂之脥肩。鶠，烏簟切。善曰：說文曰：皛，顯也。漢書，公孫貜曰：脅肩低首。呂氏春秋，管仲曰：車不結軌，士不旋踵。皛，胡了切。脥，許結切。攸余志之精銳，擬青顱而點項。雉既反歸，乃從後射，正中項也。顱，頭也。攸音欣。亦有目不步體，邪眺旁剔。目不步體，視與體違也。邪眺旁剔，視瞻不正，常驚惕也。善曰：國語，單襄公曰：晉侯目不在體，而足不步目。說文曰：惕，驚也。剔與惕古字通。靡聞而驚，無見自鷲〔一〇〕。鷲，音脉。字亦從脉。方言云：脉，俗謂黠爲鬼脉。言雉性驚鬼黠。周環回復，繚繞磐辟。皆回從往復〔一一〕，不正之貌也。善曰：漢書曰：何武所舉者，磐辟雅拜。戾翳旋把，縈隨所歷。戾，轉也。把，翳內所執處也。言轉翳回旋〔一二〕，隨雉所趣，取其便也。善曰：戾，力結切。彳亍中輟，馘焉中鏑。彳亍，止貌也。輟，止也。鏑，矢鏃也。馘，中鏃聲也。彳，丑亦切。亍，丑録切。馘，被逼切。善曰：今本並云彳亍中輒。張衡舞賦曰：蹇兮宕往，彳兮中輒。以文勢言之，徐氏誤也〔一三〕。前剌重膺，傍截疊翮。正橫射也。剌，割也。前割重膺，傍斷兩翮也。剌，魯跌切。若夫多疑少決，膽劣心狷。雉性怯而多疑，膽劣而心戾者。善曰：說文曰：狷，急也。古縣切。內無固守，出不交戰。內，心也。固，堅也。心無堅守，外無鬬意也。善曰：管子曰：民無恥，外不可以應敵，內不可以固守。賈逵國語注曰：交，共也。來若處子，去如激電。處子，處女也。莊周云：藐姑射之山，有神人居，綽約若處子。來若處女之畏人，去若激電之迅疾也。善曰：司馬兵法曰：始如處女。答賓戲曰：風颺電激〔一四〕。闚閄蠲葉，幎歷乍見。蠲，麥䅌也。謂在麥田中蠲葉間，闚閄於外，乍見乍隱，不敢出場也。閄，丑占切。善曰：蠲與䅌並同，古玄切。幎，音覓。於是筭分銖，商遠邇。分銖，弩牙後刻畫，定矢所至遠近之處也。雉既不出，將就草射之，故計其分銖，商其遠近也。揆懸刀，騁絶技。懸刀，弩牙後刀也。一名機。揆，度也。籌量可發而發，故言騁絶技也。善曰：釋名曰：弩牙，外曰郭，下曰懸刀，其形然也。西京賦曰：妙材騁伎。薛君韓詩章句曰：騁，施也。如轋如軒，不高不埤。言至平也。善曰：毛詩曰：如輊如軒。輊與轋同。鄭玄周禮注曰：埤〔一五〕，短也。埤與庳古字通。轋，竹二切。埤，貧美切。當咮值胸，裂膆破觜。射面也，膆喉受食處也。觜，喙也。裂喉破喙也。字書曰：咮，鳥口也。咮，竹秀切。膆，音素。夷險殊地，馴麤異變。地有平險之殊，雉有馴麤之異，隨變而應，不可爲一准也。昊不暇食，夕不告勸。言樂之者忘飢倦也。昔賈氏之如皋，始解顔於一箭。善曰：左氏傳曰：昔賈大夫惡，取妻三年，不言不笑，御以如皋射雉，獲之，其妻始笑始言。列子曰：列子師老商氏，五年之後，夫子始一解顔而笑也。醜夫爲之改貌，憾妻爲之釋怨。妻所以愁恨者，怨其夫之醜也。今見獲雉而言笑，則是斯藝能使醜夫變貌、恨妻釋忿者也。憾，胡闇切。彼遊田之致獲，咸乘危以馳騖。騖，疾也。田，獵也。言遊獵馳車騁馬，飛鷹走犬，陵山越澗，常乘危險也。何斯藝之安逸，羌禽從其己豫。善曰：言斯藝極安，從禽最逸。豫，言禽來就己，故豫不勞。清道而行，擇地而住。人多則雉驚，故僻除人從〔一六〕，清道而行，擇善地而住爲場也。善曰：司馬相如上疏曰：清道而後行。班固漢書贊曰：馮參鞠射履方〔一七〕，擇地而行。尾飾鑣而在服，肉登俎而永御。豈唯皁隸，此焉君舉！舉，音據。善曰：説文曰：鑣，馬銜也。董巴輿服志曰：馬並以黄金爲叉髦，插以翟尾，先多用雉尾。周禮，王后六服，有褕翟闕翟。儀禮，上大夫庶羞，有雉兔鶉鴽。左氏傳，臧僖伯曰：鳥獸之肉，不登於俎，則公不射，若夫山林川澤之實，皁隸之事，非君所及。又曹劌曰：君舉必書。

若乃耽槃流遁，放心不移。槃，樂也。善曰：東京賦曰：若乃流遁忘返，於心不覺也〔一八〕。忘其身恤，司其雄雌。恤，憂也。司，主也。善曰：左氏傳，虞人箴曰：忘其國恤，思其麀牡。樂而無節，端操或虧。善曰：東京賦曰：樂而無節。楚辭曰：内惟省以端操。此則老氏所誡，君子不爲〔一九〕。老子曰：馳騁畋獵，令人心發狂。善曰：歸田賦曰：感老氏之遺誡。孫卿子曰：此小人之所務，而君子之所以不爲也。

文選考異

〔一〕注「采飭英麗」　袁本、茶陵本「飭」作「飾」，是也。

〔二〕陳柯械以改舊　袁本、茶陵本「械」作「摵」，注同。案：此從「扌」「木」二字並通，未審善果何作？餘如此者，不盡出。

〔三〕注「艴許力」　案：「力」下當有「反」字。各本皆脱。

〔四〕注「廣雅曰蹶踶跳」　案：「踶」字當衍，「跳」下當有「也」字。各本皆譌。廣雅釋詁「二跳也」條，共釋十字，有「蹶」無「踶」，可證。

〔五〕注「言其矢來疾也」　袁本、茶陵本無「矢」字。案：蓋尤校改「來」爲「矢」，遂兩有也。

〔六〕注「雉當不止」　袁本、茶陵本「當」作「尚」，是也。

〔七〕注「西京賦曰秦政」　茶陵本「西」作「東」，袁本作「西」。案：「西」乃「兩」之譌也。餘注放此者，不更出。

〔八〕注「埤蒼曰擭地」　案：「地」字當去。各本皆衍，因正文云「擭地」而誤耳。又案：韻會舉要「攫」下引説文「扟也，爪持也」，今徐鼎臣本無下三字。然則「擭」即「攫」之異文，故五臣改正文爲「攫」，亦可證此注不常有「地」字。

〔九〕注「夷靡也頹弛也」　袁本、茶陵本無上「也」字。此處尤本脩改。案：「夷靡」乃複出正文，不得有「也」字，尤所據添者，誤本耳。

〔一〇〕無見自鷙　案：「鷙」當作「鷶」，注同。徐云「鷶音脉，字亦從脉」者，謂「鷶」之或體字作「鷙」也；云方言云「脉」者，謂此賦之「鷶」即方言之「脉」也；云俗謂「黠爲鬼脉」者，方言注云然也。此必五臣用徐注改正文作「鷙」，後遂以亂善。於是賦及注中各本皆不見「鷶」字，而徐爰所云絶不可通矣。唯集韻二十一麥載「鷙」字從「脉」，二十三錫載「鷶」字從「脈」，皆云「鳥驚視」，其所據此賦未誤也。凡此等全失善舊，所宜訂正。

〔一一〕注「皆回從往復」　袁本「從」作「旋」，是也。茶陵本亦誤「從」。

〔一二〕注「言轉翳回旋」　袁本、茶陵本「回旋」作「旋回」，是也。

〔一三〕注「徐氏誤也」　袁本，茶陵本「也」作「之」。案：「之」是也。謂以文勢言，當爲彳兮，而並云彳亍，非潘賦本然，由徐乃爾耳。

〔一四〕注「風颺電激」　茶陵本「颺」作「颮」，袁本作「颺」。案：「颮」是也。又江賦注引此。各本皆譌，不更出。

〔一五〕注「埤短也」　案：「埤」當作「庳」。各本皆譌。

〔一六〕注「故僻除人從」　案：「僻」當作「辟」。各本皆譌。

〔一七〕注「馮参鞠射履方」　陳云「射」當作「躬」。各本皆譌。

〔一八〕注「於心不覺也」　茶陵本「於」作「放」，是也。袁本亦誤「於」。

〔一九〕此則老氏所誡君子不爲　袁本、茶陵本「氏」下有「之」字，「子」下有「之所」二字。案：此疑善、五臣之異，但二本無校語，今不可考，當各仍其舊。此類亦未全出。

紀行上

北征賦　流别論曰：更始時，班彪避難涼州，發長安，至安定，作北征賦也。

班叔皮　漢書曰：班彪，字叔皮，扶風安陵人也。性好莊、老。祖況，成帝時爲越騎校尉。父稚，哀帝時爲廣平太守。彪年二十，遭王莽敗，劉聖公立未定，乃去京師，往天水郡，歸隗囂。囂時據隴擁衆。囂不禮彪。彪後知囂必敗，乃避地於河西，就大將軍竇融，勸融歸光武。光武問融曰：比來文章所奏誰作？答云：班彪也。融知彪有才，舉茂才，爲徐令，卒。亦爲望都長。

余遭世之顛覆兮，罹填塞之阸災。毛詩序曰：閔周室之顛覆。孔安國尚書傳曰：罹，被也。王道不通，故曰填塞。廣雅曰：填，塞也。王逸楚辭注曰：險阸，傾危也。舊室滅以丘墟兮，曾不得乎少留。吕氏春秋，燭過曰：子胥諫而不聽，故吴爲丘墟。楚辭曰：欲少留此靈瑣。遂奮袂以北征兮，超絶迹而遠遊。淮南子曰：奮袂執鋭。莊子曰：絶迹易。廣雅曰：絶，滅也。楚辭曰：願輕舉而遠遊。

朝發軔於長都兮，夕宿瓠谷之玄宫。楚辭曰：朝發軔於天津兮，夕余至乎西極。長都，長安也。晉灼漢書注曰：有宫觀故稱都。楚辭曰：夕宿兮帝郊。爾雅曰：周有焦穫。郭璞曰：音護。今扶風池陽縣瓠中是也。按瓠谷、玄宫皆地名，在長安西。羽獵賦曰：處於玄宫。歷雲門而反顧，望通天之崇崇。雲陽古縣在池陽西北，屬右扶風。雲門即雲陽縣門也。漢書，左馮翊有雲陽縣。楚辭曰：忽反顧而遊目。通天，臺名，已見上文。乘陵崗以登降，息郇邠之邑鄉。漢書，右扶風栒縣有豳鄉。詩，豳國〔一〕，公劉所治邑也。栒與郇同。豳與邠同。應劭曰：左傳云：畢、原、豐、郇，文之昭也。郇侯賈伯伐晉是也。臣瓚曰：按汲郡古文，晉武公滅郇以賜大夫原黯，是爲郇叔。又云：文公城郇。然則當在晉之境内，不得在右扶風之界也。今河東有郇城，即古郇國也。廣雅曰：乘，陵也。爾雅曰：大阜曰陵。郇音荀。邠與豳同，方旻切。慕公劉之遺德，及行葦之不傷。尚書曰：公劉克篤前烈。孔安國曰：公，爵。劉，名也。莊子，盜跖曰：此父母之遺德也。毛詩序曰：行葦，忠厚也。詩曰：敦彼行葦，牛羊勿踐履。彼何生之優渥，我獨罹此百殃〔二〕？毛詩曰：既優既渥。鄭玄禮記注曰：殃，禍惡也。毛詩曰：我生之後，逢此百殃。故時會之變化兮，非天命之靡常。故時會者，言此乃時君不能修德致之，故使傾覆，非天命無常也。時，亦世也〔三〕。言人吉凶乃時會之變化，豈天之命無常乎？爾雅曰：時，會也。毛詩曰：侯服于周，天命靡常。天命，上天之命也。

登赤須之長坂，入義渠之舊城。赤須坂，在北地郡。義渠，城名，在北地，王莽改爲義溝。酈善長水經注曰：赤須水出赤須谷，西南流注羅水，然坂因水以得名也。漢書，北地郡有義渠道。忿戎王之淫狡，穢宣后之失貞。嘉秦昭之討賊，赫斯怒以北征。史記秦本紀曰：昭襄王母，楚人，姓芈氏，號宣太后。秦昭王時〔四〕，義渠戎王與宣太后亂，有二子。宣太后詐而殺義渠戎王於甘泉，遂起兵伐滅義渠而得其地〔五〕。杜預左氏傳注曰：狡，猾也。赫怒，已見上注。紛吾去此舊都兮，騑遲遲以歷茲。杜預左氏傳注曰：紛，亂也，謂心緒亂也。楚辭曰：紛吾乘兮玄雲。舊都，北地郡也。説文曰：驂，傍馬也。毛詩曰：行道遲遲。楚辭曰：喟憑心而歷茲。

遂舒節以遠逝兮〔六〕，指安定以爲斯。舒節，將行，舒其志節也。淮南子曰：縱志舒節，以馳大區。漢書，安定郡，武帝元鼎三年置，在涇、渭之間，去長安三百五十里。涉長路之緜緜兮，遠紆回以樛流。毛萇詩傳曰：緜緜，長不絶貌也。劉歆遂初賦曰：路脩遠而緜辟。説文曰：紆，屈也。樛流，曲折貌也。樛音糾。過泥陽而太息兮，悲祖廟之不脩。漢書，北地郡有泥陽縣。漢書曰：班壹，始皇之末，避地於樓煩，故泥陽有班氏之廟也。泥，奴雞切。釋余馬於彭陽兮，且弭節而自思。孝武帝傷李夫賦曰〔七〕：釋余馬於椒丘。楚辭曰：步余馬於蘭皋。漢書，安定郡有彭陽，即今彭原是也。楚辭曰：吾令羲和弭節兮。司馬彪上林賦注曰：弭節，安志也。日晻晻其將暮兮，覩牛羊之下來。楚辭曰：日晻晻下而頽。説文曰：晻，不明也，於感切。毛詩云：日之夕矣，牛羊下來〔八〕。君子行役，如之何勿思。寤曠怨之傷情兮〔九〕，哀詩人之歎時。思君子爲怨曠，嗟行役爲歎時。毛詩序曰：大天久役，男女怨曠。廣雅曰：歎，傷也。

越安定以容與兮，遵長城之漫漫。楚辭曰：遵赤水而容與。又曰：路曼曼其脩遠。漫與曼古字通。劇蒙公之疲民兮，爲彊秦乎築怨。説文曰：劇，甚也。史記曰：蒙恬，齊人也。爲秦將，拜爲内史。

秦使蒙恬築長城。劉歆遂初賦曰：劇彊秦之暴虐兮。舍高亥之切憂兮，事蠻狄之遼患。不耀德以綏遠〔一〇〕，顧厚固而繕藩。言不光耀道德，以綏遠方，反爲厚固繕藩而已。廣雅曰：切，近也。史記曰：周穆王將征犬戎，祭公謀父諫曰：不可，昔我先王耀德不觀兵。杜預左氏傳注曰：繕，脩也。首身分而不寤兮，猶數功而辭詧。何夫子之妄説兮，孰云地脉而生殘。史記曰：趙高者，諸疏遠屬也〔一一〕。爲中車府令，事公子胡亥。始皇崩，高得幸胡亥，欲立爲太子。太子已立，遣使以罪賜蒙恬死。蒙恬喟然太息，我何罪於天，無過而死。良久徐曰：恬罪固當死矣。起臨洮，屬之遼東，城塹萬餘里，此其中不能毋絶地脉哉？乃恬之罪也。吞藥自殺。

登鄣隧而遥望兮〔一二〕，聊須臾以婆娑。蒼頡篇曰：障，小城也。漢書，武帝謂狄山曰：使居一障間。説文曰：隧，塞上亭，守烽火者也，篆文從火，古字通，詞醉切。班固漢書贊曰：不脩障隧。其義並同。隧或爲墜。説文曰：墜〔一三〕，古文地字也。須臾，少時也。楚辭曰：何須臾而忘反。婆娑，容與之貌也。毛詩曰：市也婆娑。閔獯鬻之猾夏兮，弔尉卬於朝那。史記文紀曰：匈奴謀入邊爲寇，攻朝那塞，殺北地都尉卬。徐廣曰：姓孫。尚書曰：蠻夷猾夏。漢書曰：安定郡有朝那縣。姚察曰：卬姓段。從聖文之克讓兮，不勞師而幣加。惠父兄於南越兮，黜帝號於尉他。聖文，文帝也〔一四〕。尚書曰：允恭克讓。幣加，加之幣帛也。史記文紀曰：南越王尉他自立爲武帝，上召他兄弟，以德報之，他遂去帝稱臣。又曰：南越王尉他者，真定人，姓趙氏，爲南海尉。然爲尉，故曰尉他。又云：他，秦時爲龍川令，使南越王〔一五〕，值秦亂，遂不歸，自立爲越王。降几杖於藩國兮，折吴濞之逆邪。史記曰：吴王濞，高帝兄劉仲之子也。高祖立爲吴王。孝文時，稍失藩臣之禮，稱病不朝，天子賜吳王几杖，老不朝，其謀亦益不解也。惟太宗之蕩蕩兮，豈曩秦之所圖。言文帝知加幣以懷邊，豈如彊秦繕藩而禦遠也。史記，承相申屠嘉議曰：孝文皇帝廟宜爲帝者太宗之廟。尚書曰：王道蕩蕩。曩，猶向時也。

隮高平而周覽，望山谷之嵯峨。漢書，安定有高平縣。高唐賦曰：周覽九土。野蕭條以莽蕩，迥千里而無家。楚辭曰：山蕭條而無獸，爾雅曰：迥，遠也。劉歆遂初賦曰：迥百里而無家。風猋發以漂遥兮，谷水灌以揚波。言水灌注且以揚波也。管子曰：山水之溝，命曰谷水。列女傳津吏女歌曰：水揚波兮杳冥冥。飛雲霧之杳杳，涉積雪之皚皚。楚辭曰：眴兮杳杳。王逸曰：杳杳，深冥貌也。說文曰：皚皚，霜雪，白之貌也，牛哀切。劉歆遂初賦曰：漂積雪之皚皚，涉凝露之隆霜。鴈邕邕以羣翔兮，鶤雞鳴以嚌嚌。毛詩曰：雍雍鳴鴈。楚辭曰：鶤雞啁哳而悲鳴。嚌嚌，衆聲也，音嗜。

遊子悲其故鄉，心愴悢以傷懷。漢書，高祖曰：遊子悲故鄉。廣雅曰：愴愴悢悢，悲也。悢，力上切。毛詩曰：嘯歌傷懷。蒼頡篇曰：懷，抱也。撫長劍而慨息，泣漣落而霑衣。左氏傳曰：晉子朱怒撫劍從之。說文曰：慨，太息也。周易曰：泣血漣如。古詩曰：淚下霑衣裳。攬余涕以於邑兮，哀生民之多故。楚辭曰：思美人兮攬涕而竚眙。又曰：氣於邑而不可止。又曰：哀生人之長勤。國語，桓公問於史伯曰：王室多故。夫何陰曀之不陽兮，嗟久失其平度。陰曀，喻昏亂也。楚辭曰：欲俟時而須臾，日陰曀其將暮。毛萇詩傳曰：陰而風曰曀。於計切。諒時運之所爲兮，永伊鬱其誰愬？爾雅曰：諒，信也。宋衷春秋緯注曰：五運，五行用事之運也。楚辭曰：獨鬱結其誰語。説文曰：愬，亦訴字。

亂曰：夫子固窮遊藝文兮，樂以忘憂惟聖賢兮；論語，子曰：君子固窮。又曰：遊於藝。又曰：樂以忘憂。達人從事有儀則兮，行止屈申與時息兮；毛詩曰：我從事獨賢。莊子曰：形體保神，各有儀則。周易曰：時止則止，時行則行，動静不失，其道光明。家語，孔子曰：君子之行己也，可以屈則屈，可以伸則伸。周易曰：天地盈虚，與時消息是也。君子履信無不居兮，雖之蠻貊何憂懼兮！周易曰：履信思乎順。論語曰：子張問行，子曰，言忠信，行篤敬，雖蠻貊之邦行矣。

文選考異

〔一〕注「栒縣有豳鄉詩豳國」袁本、茶陵本作「有栒縣豳國」五字。案：此尤延之據地理志改補，是也。注「又云文公城郇」袁本、茶陵本無「文」字。案：此亦據志，是也。

〔二〕我獨罹此百殃　茶陵本「罹」作「離」，云五臣作「罹」字。袁本云善作「離」。案：此尤本以五臣亂善，非也。五臣以「離」是古「罹」字，故從而改之，其實班自用「離」字矣。

〔三〕注「時亦世也」袁本、茶陵本無「亦」字。

〔四〕注「秦昭王時」袁本「秦」上有「又匈奴列傳曰」六字。茶陵本與尤同。説見下。

〔五〕注「而得其地」袁本作「於是秦有隴西北地上郡築長城以拒胡」十六字。茶陵本與尤同。案：此及上條，皆茶陵、尤所見，非。袁本是也，匈奴列傳可證。

〔六〕遂舒節以遠逝兮　茶陵本無「兮」字，云五臣有。袁本有。又下文「過泥陽而太息兮」句，袁、茶陵二本皆無「兮」字，但不著校語。

〔七〕注「傷李夫賦曰」　袁本、茶陵本「夫」下有「人」字。案：有者是也。

〔八〕注「牛羊下來」　案：「牛羊」當作「羊牛」，此因正文云「牛羊」，因依以改注耳。凡引古但取義同，不嫌語倒。善每知此。各本皆非。

〔九〕寤曠怨之傷情兮　袁本、茶陵本「曠怨」作「怨曠」。案：注複舉正文云「思君子爲怨曠」，蓋尤本誤倒。

〔一〇〕不耀德以綏遠　袁本、茶陵本下有「兮」字，亦不著校語。下文「隮高平而周覽」、「遊子悲其故鄉」、「撫長劍而慨息」三句同。

〔一一〕注「諸疏遠屬也」　案：「諸」下當有「趙」字，蒙恬列傳文也。各本皆脱。陳云別本有「趙」字。

〔一二〕登鄣隧而遥望兮　袁本、茶陵本「鄣」作「障」。茶陵本有校語云善作「鄣」。案：注中「障」字三見，皆不作「鄣」，疑校語未是。

〔一三〕注「或爲墜説文曰墜」　袁本、茶陵本二「墜」字皆作「隧」。案：「隧」是也。

〔一四〕注「聖文文帝也」　袁本、茶陵本無此五字，而所載五臣濟注有之。案：此蓋尤所見有也。

〔一五〕注「使南越王」　袁本、茶陵本無「王」字。

東征賦

大家集曰：子穀爲陳留長，大家隨至官，作東征賦。流別論曰：發洛至陳留，述所經歷也。

曹大家 范曄後漢書曰：扶風曹世叔妻者〔一〕，同郡班彪之女也，名昭，字惠姬〔二〕。年十四，娉世叔。和帝數召入宮〔三〕，令皇后、貴人師事焉，號曰大家。兄固修漢書，不終而死，大家續之。時馬融受業於大家。

惟永初之有七兮，余隨子乎東征。惟，是也。東觀漢記曰：和帝年號永初。時孟春之吉日兮，撰良辰而將行。禮記曰：孟春之月，日在營室。鄭玄禮記注曰：撰，猶擇也。楚辭曰：吉日兮良辰〔四〕。毛萇詩傳曰：辰，時也。乃舉趾而升輿兮，夕予宿乎偃師。左氏傳曰：鬬伯比曰：莫敖舉趾高。杜預注曰：趾，足也。漢書，河南郡有偃師縣，在洛陽東三十里。洛陽故事云：帝嚳所都，後爲西亳，即古之易亭。周、秦之世，爲偃師，盤庚所遷處也。遂去故而就新兮，志愴悢而懷悲！楚辭曰：愴怳懭悢兮，去故而就新。明發曙而不寐兮，心遲遲而有違。毛詩曰：明發不寐。又曰：行道遲遲，中心有違。酌鐏酒以弛念兮，喟抑情而自非。漢書，東方朔曰：銷憂者莫若酒。廣雅曰：弛，絶也。爾雅曰：念，思也。諒不登櫟而椓蠡兮，得不陳力而相追。登櫟椓蠡，謂上古未有君臣，又無宮室，不知火化之時也。言信不能同於上古登櫟而椓蠡，得不陳力就列而相追乎。禮記曰：昔者未有宮室，夏則居橧巢〔五〕。韓子曰：上古之世，人民少而禽獸衆，人不勝禽獸蟲蛇，聖人作，構木爲巢以羣居，天下號曰有巢氏。民食果蓏蚌蛤，腥臊惡臭，聖人作，鑽燧取火，以化腥臊，天下號曰燧人氏。鄭玄周禮註曰：椓，擊也。淮南子曰：古者人茹草飲水，食蠃蚌之肉。陳思王遷都賦曰：覽乾元之兆域兮，本人物乎上世，紛混沌而未分，與禽獸乎無别。椓蠡蟄而食疏，摭皮毛以自蔽。然陳思之言蓋出於此也。尸子曰：卵生曰琢，胎生曰乳。琢與椓，蠡與蠃，古字通。蠡，力戈切。蟄，力兮切。蚌，蒲講切。論語，子謂冉有曰：周任有言，陳力就列，不能者止。且從衆而就列兮，聽天命之所歸。論語曰：吾從衆。就列，已見上注。墨子曰：貧富治亂，固有天命，不可損益也。遵通衢之大道兮，求捷徑欲從誰？楚辭曰：夫唯捷徑以窘步。王逸曰：徑，邪道也。乃遂往而徂逝兮，聊游目而遨魂！楚辭曰：忽反顧而游目。韓詩曰：聊樂我魂。薛君曰：魂，神也。

歷七邑而觀覽兮，遭鞏縣之多艱。史記曰：秦莊襄王滅東、西周。徐廣曰：周比亡之時，凡七縣：河南、洛陽、穀城、平陸、偃師、鞏、緱氏。漢書河南郡有鞏縣。楚辭曰：路脩遠以多艱。鞏，居勇切。望河洛之交流兮，看成皋之旋門。郭璞曰：山海經注曰〔六〕：洛水東至河南鞏縣入河。廣雅曰：交，合也。漢書河南郡有成皋縣。旋門，已見東京賦。成皋縣，今虎牢是也。既免脱於峻嶮兮，歷滎陽而過卷〔七〕。漢書，河南郡有滎陽縣。應劭曰：卷故號國，今號亭是也。卷，丘圓切。食原武之息足，宿陽武之桑間。漢書河南郡有原武縣、陽武縣。涉封丘而踐路兮〔八〕，慕京師而竊歎！漢書，陳留郡有封丘縣。應劭曰：即春秋所謂敗狄於長丘。史記曰：紂醢九侯，西伯聞之竊歎也。小人性之懷土兮，自書傳而有焉。論語，子曰：君子懷德，小人懷土。孔安國曰：懷，安也。遂進道而少前兮，得平丘之北邊。家語曰：孔子適齊，驅而少前。漢書陳留郡有平丘縣。入匡郭而追遠兮，念夫子之厄勤。彼衰亂之無道兮，乃困畏乎聖人。論語，子畏於匡。又曰：慎終追遠。史記曰：孔子將適陳，過匡，匡人聞之，以爲魯之陽虎。虎嘗暴於匡人，匡人遂止孔子。悵容與而久駐兮，忘日夕而將昏。神女賦曰：時容與以微動。漢書，門卒謂韓延壽曰：明府久駐未出。蒼頡篇曰：駐，主也〔九〕。到長垣之境界，察農野之居民。漢書，陳留郡有長垣縣也。睹蒲城之丘墟兮，生荆棘之榛榛。丘墟，已見上文。漢書，伍被曰：臣見宮中生荆棘〔一〇〕。惕覺寤而顧問兮，想子路之威神。衛人嘉其勇義兮，訖于今而稱云。長門賦曰：惕寤覺而無見。韓詩外傳曰：周公無所顧問。史記徐廣注曰：長垣縣有匡城蒲鄉。史記曰：子路爲蒲邑大夫。論語，子曰：君子有勇而無義爲亂。又曰：民到于今稱之，稱或爲祠。蘧氏在城之東南兮，民亦尚其丘墳。蘧氏，蘧瑗也。陳留風俗傳曰：長垣縣有蘧鄉，有蘧伯玉冢。廣雅曰：墳，高也。春秋説題辭曰：丘者，墓也。唯令德爲不朽兮，身既没而名存。毛詩曰：顯顯令德。左氏傳，穆叔曰：太上有立德，此之謂不朽。論語曰：文王既没。

惟經典之所美兮，貴道德與仁賢。老子曰：莫不尊道而貴德。尹文子曰〔一一〕：親疏係乎勢利，不係乎不肖與仁賢也。吴札稱多君子兮，其言信而有徵。左氏傳曰：吴季札適衛，説蘧瑗、史狗、史鰌、公子荆、公叔發，謂公子朝曰：衛多君子，未有患也。又叔向曰：君子之言信而有徵。後衰微而遭患兮，遂陵遲而不興。史記衛世家曰：成侯貶號曰侯〔一二〕。平侯子嗣君更貶號曰君〔一三〕。朝魏〔一四〕，魏殺懷君。至君角，秦二世廢爲庶人，衛絶祀。孫卿子曰：百仞之山，而豎子憑而游焉，陵遲故也。今夫世之陵遲亦久矣，而能使勿踰乎？漢書，劉向上書曰：周室多禍，遂陵夷不能復興。王肅家語注曰：陵遲，猶陂陀也。知性命之在天，由力行而近仁。論語，子夏曰：死生有命，富貴在天。家語，孔子曰：形於一謂之性。王肅曰：人各受陰陽剛柔之性，故曰形於一也。命已見上文。禮記，子曰：好學近乎知，力行近乎仁。勉仰高而蹈景兮，盡忠恕而與人。毛詩曰：高山仰止，景行行止。論語，子貢問曰：有一言而終身行之者乎？子曰：其恕乎？己所不欲，勿施於人。老子曰：天道無親，常與善人。好正直而不回兮，精誠通於明神。毛詩曰：靖恭爾位，好是正直，神之聽之，介爾景福。又曰：求福不回。鄭玄曰：不違先祖之道也。文子曰：精誠通於形〔一五〕，動氣於天。庶靈祇之鑒照兮，祐貞良而輔信。楚辭曰：招貞良與明智。

亂曰：君子之思，必成文兮。盍各言志，慕古人兮。楊子法言曰：君子言則成文，動則成德。論語曰：顔淵、季路侍，子曰：盍各言爾志。先君行止，則有作兮。雖其不敏，敢不法兮。先君，謂彪也。有作，謂北征賦也。論語，顔淵曰：回雖不敏，請事斯語矣。貴賤貧富，不可求兮。正身履道，以俟時兮。論語，子曰：富而可求，雖執鞭之士，吾亦爲之；如不可求，從吾所好。周易曰：履道坦坦。孫卿子曰：君子博學深謀，脩身端行，以俟其時。脩短之運，愚智同兮。靖恭委命，唯吉凶兮。靖恭，已見上注。鶡冠子曰：縱軀委命。敬慎無怠，思嗛約兮。清静少欲，師公綽兮。毛詩曰：敬慎威儀。尚書曰：無怠無荒。周易曰：人道惡盈而好謙。嗛與謙音義同，苦兼切。封禪書曰：上猶嗛讓而未俞也。老子曰：清淨爲天下正。論語曰：子路問成人子曰：若公綽之不欲。馬融曰：孟公綽也。

文選考異

〔一〕注「曹世叔妻者」　袁本無「者」字。茶陵本脱此注。

〔二〕注「名昭字惠姬」　袁本「惠」下有「班一名」三字。茶陵本脱此注。

〔三〕注「和帝數召入宮」　袁本無「和」字。茶陵本脱此注。

〔四〕注「吉日兮良辰」　案：「良辰」當作「辰良」，此亦引古不嫌語倒。各本皆非。

〔五〕注「禮記曰」下至「夏則居橧巢」　袁本、茶陵本無此十四字。

〔六〕注「郭璞曰山海經注曰」　陳云上「曰」字衍。各本皆譌。

〔七〕歷滎陽而過卷　袁本、茶陵本「卷」上有「武」字。案：二本非也。善引應劭曰「卷，故號國」，不云「武卷」，唯五臣向注乃云「滎陽、武卷皆縣名」。今考漢書地理志，河南郡有卷，無武卷，五臣讀誤本而望文爲解耳。袁、茶陵不著善無「武」字校語，失之。唯尤本爲未誤。

〔八〕涉封丘而踐路兮　茶陵本云五臣有「兮」。袁本有。

〔九〕注「駐主也」　陳云「主」疑「止」。各本皆譌。

〔一〇〕注「丘墟」下至「臣見宮中生荆棘」　袁本、茶陵本無此十八字。

〔一〕注「尹文子曰」　袁本、茶陵本無「尹」字。

〔二〕注「成侯貶號曰侯」　袁本、茶陵本無下「侯」字。案：尤依世家校添。

〔三〕注「平侯子嗣君更貶號曰君」　袁本、茶陵本無「子嗣君」三字。案：尤依世家校添。

〔四〕注「朝魏」　案：「朝」上依世家當有「子懷君」三字。各本皆脱，尤亦失校添也。

〔五〕注「精誠通於形」　袁本、茶陵本無「通」字。

文選卷第十

紀行下

西征賦 臧榮緒晉書曰：岳爲長安令，作西征賦，述行歷，論所經人物山水也。

潘安仁 岳，滎陽中牟人。晉惠元康二年，岳爲長安令，因行役之感而作此賦。岳家在鞏縣東，故言西征。

歲次玄枵許喬，月旅蕤賓。丙丁統日，乙未御辰。岳傷弱子序曰：元康二年五月，余之長安。以歷推之，元康二年，歲在壬子，乙未，五月十八日也。爾雅曰：太歲在子曰困敦。左氏傳，梓慎曰：歲在星紀，而淫於玄枵。杜預曰：歲，歲星也。玄枵在子，虚危之次也。然玄枵，歲星所歷；困敦，太歲所次。今論太歲而曰玄枵，疑誤也。鄭玄周禮注曰：旅，猶處也。禮記曰：仲夏之月，律中蕤賓。鄭玄曰：中，猶應也。仲夏氣至，則蕤賓律應也。吕氏春秋曰：仲夏，其日丙丁。高誘曰：丙丁，火日也。然夏爲火德，故以丙丁統夏也。左氏傳云：日月之會是謂辰，故以配日。杜預曰：一歲，日月十二會，所會謂之辰。配日，謂子丑配甲乙也，然其日值乙未也。鄭玄禮記注曰：御，猶主也。潘子憑軾西征，自京徂秦。潘子，岳自謂也。馮衍揚節賦曰：馮子耕於酈山之阿。憑軾，已見魏都賦。爾雅曰：徂，往也。廼喟然歎曰：論語，夫子喟然歎曰：吾與點也。

古往今來，邈矣悠哉！寥廓惚怳，化一氣而甄三才。寥廓惚怳，未分之貌也。鵩鳥賦曰：寥廓忽荒。列子曰：太易者，未見氣也。易變而爲一。又曰：一者，形變之始也。輕清者上爲天，重濁者下爲地，中和之氣者爲人。張湛曰：所謂易者，窈冥惚怳，不可變也。一氣恃之而作化，故寄名變耳。甄，已見魏都賦。易曰：兼三才而兩之。漢書音義曰：陶人作瓦器謂之甄〔一〕。此三才者，天地人道。唯生與位，謂之大寶。周易曰：天地之大德曰生，聖人之大寶曰位。生有脩短之命，位有通塞之遇。鬼神莫能要，聖智弗能豫。東征賦曰：脩短之運，愚智同。通塞，猶窮達也。班固覽海賦曰：運之脩短，不豫期也。

當休明之盛世，託菲薄之陋質。左氏傳，王孫滿曰：德之休明。楚辭曰：質菲薄而無由。馬融論語注曰：菲，薄也。納旌弓於鉉台，讚庶績於帝室。臧榮緒晉書曰：岳弱冠辟太尉府掾。孟子曰：夫招士以旍，大夫以旌。左氏傳，陳敬仲曰：詩云，翹翹車乘，招我以弓。周易曰：鼎金鉉。鄭玄曰：金鉉，喻明道能舉君之官職也。鄭玄尚書注曰：鼎，三公象也。春秋漢含孳曰：三公在天，法三台也。尚書曰：庶績其凝。應劭漢官儀曰：帝室，猶言王室者也。嗟鄙夫之常累，固既得而患失。無柳季之直道，佐士師而一黜。臧榮緒晉書曰：岳遷廷尉平，爲公事免官。論語，子曰：鄙夫不可與事君，其未得之，患得之；既得之，患失之。

又曰：柳下惠爲士師，三黜。人曰：子未可以去乎？曰：直道而事人，焉往而不三黜。**武皇忽其升遐，八音遏於四海。**臧榮緒晉書武紀曰：帝諱炎，字世安，崩，謚曰武。禮記曰：天王崩，告喪曰：天王登遐。尚書曰：帝乃徂落，三載，四海遏密八音。孔安國尚書傳曰：遏，絶；密，静也。**天子寢於諒闇，百官聽於冢宰。**臧榮緒晉書惠紀曰：帝諱衷，字正度。武帝崩，太子即皇帝位。禮記曰：高宗諒闇，三年不言。干寶晉紀曰：楊駿爲太傅，百官總己以聽於駿。尚書曰：百官總己，以聽於冢宰。**彼負荷之殊重，雖伊周其猶殆。**伊尹之相太甲，致桐宫之師；周旦之輔成王，有流言之謗。左氏傳曰：子産曰：其父析薪，其子弗克負荷。爾雅曰：殆，危也。**窺七貴於漢庭，譸一姓之或仕？**七姓，謂吕、霍、上官、趙、丁、傅、王也。庾亮表曰：向使西京七族，皆非姻黨，從而悉全〔二〕，決不盡敗。聲類曰：譸，亦疇字也。爾雅曰：疇，誰也。**無危明以安位，祗居逼以示專。陷亂逆以受戮，匪禍降之自天**〔三〕**。**言無見危之明以安其位，祗爲逼主以示己專也。干寶晉紀曰：駿被誅。禮記曰：明於順，然後能守危。鄭玄曰：能守自危之道。周易曰：危者，安其位者也。毛詩曰：亂匪降自天，生自婦人。**孔隨時以行藏，蘧與國而舒卷。苟蔽微以繆章，患過辟之未遠。**言孔、蘧有知微知章之鑒，故隨否泰而行藏，與治亂而舒卷。中庸之流，苟蔽繆於斯術，故患此過常之辟，未遠其身也。周易曰：隨時之義大矣哉！論語，子謂顔淵曰：用之則行，舍之則藏，唯我與爾有是夫！又曰：君子哉蘧伯玉。邦有道，則仕；邦無道，可卷而懷之。周易注曰：君子知微謂幽昧，知章謂明顯也。爾雅曰：辟，罪〔四〕。未遠，不離其身也。辟，匹亦切。**悟山潛之逸士，卓長往而不反。**班固漢書，贊曰：山林之士，往而不能反。陋吾人之拘攣，飄萍浮而蓬轉。言己闕行藏之明，而有蔽繆之累，故悟山濳之爲是，陋拘攣之蹇非。謝承後漢書，鄭玄戒子書曰：黄巾爲害，萍浮南北。東觀漢記，太史官曰：票駭蓬轉，因遇際會。寮位儡其隆替，名節漼以隳落。危素卵之累殼，甚玄鷰之巢幕。心戰懼以兢悚，如臨深而履簿。說文曰：儡，壞敗之貌，洛罪切。漼亦壞貌，七罪切。累卵，已見魏都賦。左氏傳，吴公子札曰：夫子在此，猶鷰巢幕上也。杜預曰：夫子，孫文子也。毛詩曰：戰戰兢兢，如臨深淵，如履薄冰。殼，苦角切。夕獲歸於都外，宵未中而難作。王隱晉書曰：潘岳爲楊駿府主簿，駿被誅日，岳取急，對人朱振代夷三族。匪擇木以棲集，尠林焚而鳥存。擇木，已見魏都賦。爾雅曰：尠，寡也。遭千載之嘉會，皇合德於乾坤。聖主得賢臣頌曰：上下懽然交欣，千載一會。周易曰：亨者，嘉之會也。乾坤，天地也。張超宣尼頌曰：合量乾坤。周易曰：大人者，與天地合其德。弛秋霜之嚴威，流春澤之渥恩。韋昭漢書注曰：弛，廢也。荀悦申鑒曰：人主怒如秋霜。漢書，孫寶勑侯文曰：今鷹隼始擊，當從天氣取姦惡，以成嚴霜之威。古□長歌行曰〔五〕：陽春布德澤，萬物生光輝。洞簫賦曰：蒙聖主之渥恩。甄大義以明責，反初服於私門。宋均尚書緯注曰：甄，表也。楚辭曰：進不入以離尤兮，退將復脩吾初服。戰國策，蘇子説魏王曰：破公家而成私門。皇鑒揆余之忠誠，俄命余以末班。末班，謂長安令也。楚辭曰：皇鑒揆余於初度。何休公羊傳注曰：俄者，須臾之間。牧疲人於西夏，攜老幼而入關。周禮曰：以嘉石平疲民。陳思王述征賦曰：恨西夏之不綱。戰國策曰：薛人攜老幼迎孟嘗君道中。丘去魯而顧歎，季過沛而涕零。伊故鄉之可懷，疚聖達之幽情。韓詩外傳曰：孔子去魯，遲遲乎其行也。漢書曰：上過沛，留，置酒沛宮，乃起舞，忼慨傷懷〔六〕，泣下數行，謂沛父老曰：遊子悲故鄉。爾雅曰：疚，病也。舞賦曰：幽情形而外揚。矧匹夫之安土，邈投身於鎬京。爾雅曰：矧，況也。漢書，元帝詔曰：安土重遷，黎人之性。毛詩序曰：王居鎬京。猶犬馬之戀主，竊託慕於闕庭。曹植責躬表曰：不勝犬馬戀主之情。東都賦曰：闕庭神麗。眷鞏洛而掩涕，思纏緜於墳塋。鞏、洛，二縣名也〔七〕。河南郡圖經曰：潘岳父冢，鞏縣西南三十五里。楚辭曰：長太息以掩涕。張升與任彥堅書曰：纏緜恩好，庶蹈高蹤。漢書音義，如淳曰：塋，冢田也，音營。

爾乃越平樂，過街郵。秣馬皐門，稅駕西周。平樂，館名也。酈善長水經注曰：梓澤西，有一原，古舊亭處，即街郵也。石卷瀆口，高三丈，謂之皐門橋。左氏傳曰：秣馬利兵。毛萇詩曰〔八〕：秣，粟也。韓子曰：衞靈公至濮水之上，稅馬而牧。法言曰：仲尼之駕，稅矣。李軌曰：稅，舍也，失銳切。西周，見下注解。遠矣姬德，興自高辛。思文后稷，厥初生民。率西水滸，化流岐豳。祚隆昌發，舊邦惟新。左氏傳，劉子曰：美哉禹功，明德遠矣。史記曰：帝嚳高辛者〔九〕，黃帝曾孫也。姜嫄爲帝嚳元妃，生弃，號曰后稷，别姓姬氏。毛詩曰：思文后稷，克配彼天。又曰：厥初生人，時維姜嫄。又曰：古公亶父，來朝走馬，率西水滸，至於岐下。史記曰：后稷之孫慶節立國於邠。後古公爲戎狄攻之，遂去邠，止於岐下。公季卒，子昌立，曰文王。文王崩，太子發立，是爲武王。毛詩曰：周雖舊邦，其命惟新。俈與嚳同。邠與豳同。旋牧野而歷茲，愈守柔以執競。尚書曰：武王與受戰于牧野。茲，此也，謂此周也。北征賦曰：騑遲遲兮歷茲。老子曰：守柔曰強。毛詩曰：

執競武王，無競維烈。鄭玄曰：競，強也。能材強道者〔一〇〕，惟有武王爾。夜申旦而不寐，憂天保之未定。楚辭曰：獨申旦而不寐。史記曰：武王望商邑，至于周，自夜不寐。周公旦曰：曷爲不寐？王曰：我未定天保，何暇寐也。惟泰山其猶危，祀八百而餘慶。言武王滅商〔一一〕，雖有泰山之固，尚以爲危，故能載祀八百，猶有餘慶也。郭璞爾雅注曰：惟，發語辭也。戰國策，呂不韋曰：周凡三十七王，八百六十七年。然今言八百，舉全數也。周易曰：積善之家，必有餘慶。鑒亡王之驕淫，竄南巢以投命。坐積薪以待然，方指日而比盛。亡王，謂桀也〔一二〕。言武王居安而慮危，而桀處險而逾泰也。尚書曰：成湯放桀於南巢。范曄後漢書，趙壹曰：奚異涉海之失柂，坐積薪而待然。尚書大傳曰：伊尹入告於王曰：大命之去有日矣。王曰：天之有日，猶吾之有人，日有亡哉？日亡吾亦亡。鄭玄曰：自比於天，言常在也。比於日，言去復來也。人度量之乖舛，何相越之遼迥！人，謂武王與桀也。安危異情，故曰乖舛也。喻巴蜀檄曰：人之度量相越，豈不遠哉！乖舛，不齊也。爾雅曰：迥，遠也。今協韻，爲呼瞑切。

考土中于斯邑，成建都而營築。既定鼎于郟鄏，遂鑽龜而啓繇。尚書曰：成王欲宅洛邑，周公曰：王來紹上帝，自復于土中。毛詩曰：考卜惟王。鄭玄曰：考，稽也。東都賦曰〔一三〕：建都河、洛。左氏傳曰：王孫滿曰：成王定鼎於郟鄏，卜世三十，卜年七百。杜預左氏傳注曰：繇，卜兆辭也。平失道而來遷，繫二國而是祐。史記曰：平王東遷于雒邑。二國，晉、鄭也。左氏傳，桓公曰：我周之東遷，晉、鄭焉依？杜預左氏傳注曰：繫，語助也。豈時王之無僻？賴先哲以長懋。言周末之王，豈無邪僻之行，但賴前聖之德，所以長茂也。左傳，韓厥曰：三代之令王，皆數百年保天之禄，夫豈無僻王，賴前喆以免也。漢書策詔曰：大禹能亡失德，夏以長懋。説文曰：懋，盛也。望圉北之兩門，感虢鄭之納惠。討子頹之樂禍，尤闕西之効戾。言鄭伯以子頹樂及徧舞爲樂禍而討之。既尤之矣，及乎享王闕西，備樂，是乃効其爲戾也。左氏傳曰：初王姚嬖于莊王，生子頹。子頹有寵。及惠王即位，衛師、燕師伐周，立子頹。享五大夫，樂及徧舞。鄭伯聞之，見虢叔曰：寡人聞之，哀樂失時，殃咎必至。今王子頹歌舞不倦，樂禍也，盍納王乎？虢公曰：寡人之願也，同伐王城。鄭伯將王自圉門入，虢叔自北門入，殺子頹。鄭伯享王于闕西辟，樂備。原伯曰：鄭伯効尤，其亦將有咎〔一四〕。包咸論語注曰：尤，過也。爾雅曰：戾，罪也。重戮帶以定襄，弘大順以霸世。左氏傳曰：太叔帶以狄師伐周，襄王出，適鄭。晉侯迎王，王入于城，取太叔於温，殺之。鄭玄毛詩箋曰：弘，廣也。重，晉文侯重耳。靈壅川以止鬬，晉演義以獻説。國語曰：靈王二十二年，穀、洛二水鬬，欲毀王宫。王欲壅之，太子晉諫曰：不可。晉聞古之長人，不隳山，不防川。今吾執政實有所辟，而禍夫二川之神。賈逵曰：鬬者，兩會似於鬬。小雅曰：演，廣遠也。咨景悼以迄丐，政凌遲而彌季。俾庶朝之構逆，歷兩王而干位。孔安國尚書傳曰：咨，嗟也。左氏傳曰：王子朝有寵於景王。王崩，子朝因舊官之喪職秩者以作亂。單子逆悼王於莊宫以歸，子朝奔京。王子猛卒，敬王即位。王子朝入于尹。劉子以王如劉，王子朝入於王城。單子如晉告急，晉智躒帥師納王。子朝奔楚。王人殺子朝于楚。杜預曰：悼，王子猛也。敬，王子猛母弟子丐也。賈逵國語注曰：子朝，景王之長庶子也。爾雅曰：迄，至也。呼乞切。丐，音蓋。毛詩序曰：禮義凌遲。左氏傳，晏子曰：此季世也。毛詩曰：我日構禍。毛萇曰：構，成也。左氏傳，衛彪奚曰：魏子干位，以令大事。踰十葉以逮赧，邦分崩而爲二。竟横噬於虎口，輸文武之神器。史記曰：景王崩，子悼王立。崩，弟敬王立。崩，子元王立。崩，子定王立。崩，子哀王立。弟殺哀王自立爲思王。弟殺思王自立爲考王。崩，子威烈王立。崩，子安王立。崩，子烈王立。崩，弟立爲顯王。崩，子慎靚王立。崩，子赧王立。東、西周分治，王赧徙都西周。初，考王封其弟于河南。桓公卒，威公立。卒，子惠公立，乃封其少子于鞏，以奉王，號東周惠公。秦莊襄王滅東、西周。爾雅曰：逮，及也。論語，子曰：邦分崩離析。虎口，喻秦也。漢書曰：秦二世拜叔孫通爲博士，通出曰：我幾不免虎口。老子曰：天下神器，不可爲也，爲者敗之。

澡孝水而濯纓，嘉美名之在兹。澡，水經注作濟〔一五〕。字林曰：孝水，在河南郡。酈元曰：在河南城西十餘里。楚辭曰：滄浪之水清，可以濯吾纓。毛萇詩傳曰：濯，滌也。夭赤子於新安，坎路側而瘗之。亭有千秋之號，子無七旬之期。雖勉勵於延吴，實潛慟乎余慈。傷弱子序曰：三月壬寅，弱子生。五月之長安。壬寅，次于新安之千秋亭。甲辰而弱子夭，乙巳瘗于亭東。廣雅曰：夭，折也。書曰：若保赤子。字書曰：瘗，埋也，猗例切。禮記曰：延陵季子適齊，於其反也，其長子死，葬於嬴、博之間，其坎深不至於泉。列子曰：魏有東門吴者，子死而不憂。其相室曰：公之愛子也，天下無有。子死而不憂者，何也？東門吴曰：吾嘗無子之時〔一六〕，不憂。今子死，乃與向無子時同，吾奚憂也？戰國策以吴爲吾。

眄山川以懷古，悵攬轡於中塗。虐項氏之肆暴，坑降卒之無辜。激秦人以歸德，成劉后之來蘇。事回泬而好還，卒宗滅而身屠。東都賦曰：慨長思而懷古。楚辭曰：攬騑轡而下節。杜預左氏傳注曰：肆，極也。史記曰：章邯降項王，秦吏卒多竊言曰：今能入關破秦，大善；即不能，秦必盡誅吾父母妻子。諸將聞其計，以告項羽。於是楚軍夜擊，坑秦卒二十餘萬新安城南。後羽敗垓下，至烏江自剄。尚書曰：后來其蘇。韓詩曰：謀猷回泬。薛君曰：回，邪僻也〔一七〕。老子曰：其事好還。

經澠池而長想，停余車而不進。漢書弘農郡有澠池縣。舞賦曰：遠思長想。**秦虎狼之彊國，趙侵弱之餘燼。超入險而高會，杖命世之英藺。**戰國策，楚王曰：秦，虎狼之國也。左氏傳，齊賓媚人曰：請收合餘燼，背城借一。杜預曰：燼，火餘之木也。高會，已見吴都賦。孟子曰：五百年必有王者興，其間必有命世者。廣雅曰：命，名也。李陵書曰：命世之才。**恥東瑟之偏鼓，提西缶而接刃。辱十城之虛壽，奄咸陽以取儁。**史記曰：趙王與秦王會於澠池，秦王曰：寡人聞趙王好音，請奏瑟。趙王鼓瑟。相如前曰：趙王竊聞秦王善爲秦聲，請奏缶。秦王怒，不許。相如曰：請得以頸血濺大王矣。左右欲刃相如，相如叱之，皆靡。秦王不懌，爲一擊缶。秦之羣臣請以趙十五城爲秦王壽。藺相如亦曰：請以秦咸陽爲趙王壽。秦王終不能加勝於趙〔一八〕。爾雅曰：盎謂之缶。呂氏春秋曰：兵不接刃，而人人服化。説文曰：奄，覆也。取儁，自取雄儁也。**出申威於河外，何猛氣之咆勃。入屈節於廉公，若四體之無骨。**河外，謂之澠池。史記曰：秦王使使告趙王爲好會於西河外澠池。咆勃，怒貌也。史記曰：廉頗曰：我爲趙將，有攻城野戰之功，而藺相如徒以口舌爲勞，而位居我上。我見相如，必辱之。相如出，見廉頗，引車避匿〔一九〕。荀悦申鑒曰：高祖申威於秦、項。宋玉笛賦曰：悲猛氣兮飄疾。家語，子夏曰：今夫子欲屈節以救父母之國。論語，丈人曰：四體不勤。尸子曰：徐偃王有筋而無骨也。**處智勇之淵偉，方鄙吝之忿悁。雖改日而易歲，無等級以寄言。**智勇，相如也。忿悁，廉頗也。言以相如之比廉頗，雖以一日之促，方一歲之永，猶未足以寄言。言相去遠也。史記，繆賢曰：臣舍人藺相如，勇士，有智謀。太史公曰：其處智勇，可謂兼之矣。范曄後漢書，陳蕃曰：鄙吝之萌，復存乎心。戰國策，張儀曰：秦忿悁含怒之日久也。

當光武之蒙塵，致王誅于赤眉。異奉辭以伐罪，初垂翅於回谿。不尤眚以掩德，終奮翼而高揮。東觀漢記曰：馮異，字公孫，拜爲征西將軍，與赤眉相距。上命諸將士屯澠池，爲赤眉所乘，反走，上回谿阪。異復合兵追擊，大破之殽底。璽書勞異曰：垂翅回谿，奮翼澠池。左氏傳，臧文仲曰：天子蒙塵于外。東都賦曰：天人致誅。東觀漢記曰：樊崇欲與王莽戰，恐其衆與莽兵亂，乃皆朱其眉，以相別識，由是號曰赤眉。尚書曰：奉辭伐罪。左傳，秦穆公曰〔一〇〕：吾不以一眚掩大德。西京賦曰：遊鷁高翬。薛綜曰：翬，飛也。揮與翬古字通。建佐命之元勳，振皇綱而更維。佐命，已見西都賦。答賓戲曰：廓帝紘，恢皇綱。鄭玄周禮注曰：維，猶連結也〔一一〕。

登崤坂之威夷，仰崇嶺之嵯峨。韓詩曰：周道威夷。薛君曰：威夷，險也。嵯峨，已見上文。臯記墳於南陵〔一二〕，文違風於北阿。蹇哭孟以審敗，襄墨縗以授戈。曾隻輪之不反，綜三帥以濟河。左氏傳曰：秦穆公召孟明、西乞、白乙，使出師襲鄭。蹇叔之子與師，哭而送之曰：晉人禦師必於殽。殽有二陵焉，其南陵，夏后臯之墓也；其北陵，文王之所避風雨也。必死是間，余收爾骨焉。秦師還，晉文公子墨縗絰〔一三〕敗秦師于殽，獲百里孟明視、西乞術、白乙丙以歸。文嬴請三帥，公許之。杜預曰〔一四〕：公未葬，故襄公稱子。公羊傳曰：晉人敗秦師于殽，匹馬隻輪而無反者〔一五〕。值庸主之矜愎，殆肆叔於朝市。任好綽其餘裕，獨引過以歸己。明三敗而不黜，卒陵晉以雪恥。豈虚名之可立，良致霸其有以。言若值庸主，矜而愎諫，殆戮三帥，陳之市朝，而賴任好綽然寬裕，故直引過而歸諸己。爾雅曰：庸，常也。鄭玄禮記注曰：矜，自尊大也。左氏傳曰：慶鄭曰：愎諫違卜。杜預曰：愎，戾也。論語，子服景伯曰：吾力猶能肆諸市朝。鄭玄曰：陳其尸曰肆。史記，秦繆公曰任好。孟子曰：吾進退豈不綽然有餘裕哉？左氏傳曰：秦伯不廢孟明，曰：孤之罪也。又曰：秦孟明視伐晉，晉侯禦之，戰于彭衙〔二六〕，秦師敗績。又曰：晉先且居伐秦，取汪、彭衙而還，以報彭衙之役，斯三敗矣〔二七〕。又曰：秦伯伐晉，取王官及郊，晉人不出，封殽尸而還，遂霸西戎，用孟明也〔二八〕。然止二敗，言三，未詳。史記，秦穆公謂三將曰：子其悉雪恥〔二九〕。古詩曰：虚名復何益。楚辭曰：名不可以僞立。毛詩曰：何其久也，必有以也。鄭玄曰：必以有功德也。卒或爲雜，非也。

降曲崤而憐虢〔三〇〕，託與國於亡虞。貪誘賂以賣鄰，不及臘而就拘。垂棘反於故府，屈産服于晉輿。德不建而民無援，仲雍之祀忽諸。劉澄之地理書曰：肴有純石，或謂石肴。如淳漢書注曰：相與友善爲與國。與，黨與也。左氏傳曰：晉荀息請以屈産之乘，垂棘之璧，假道於虞以伐虢，虞公許之。宫之奇曰：虞不臘矣。晉滅虢，虢公醜奔京師，還館於虞，遂襲虞，滅之。穀梁傳曰：後晉舉虞，荀息牽馬操璧而前曰：璧猶是，馬齒加長矣。燕丹子，夏扶曰：馬無服輿之伎，則未可與決良。左氏傳曰：臧文仲聞六與蓼滅，曰：皋陶庭堅，不祀忽諸，德之不建，人之無援，哀哉！杜預曰：忽然而亡也。史記曰：武王求仲雍之後，得虞仲，封於周之北，故夏墟之地。

我徂安陽，言陟陝郛。行乎漫瀆之口，憩乎曹陽之墟。漢書，弘農郡有陝縣。酈善長水經注曰：橐水出橐山，北流出谷，謂之漫澗。與安陽溪水合，又西經陝縣故城南，又合一水，謂之瀆谷水。漫澗水北有逆旅亭，謂之漫口客舍。弘農郡圖經曰：曹陽，桃林縣東十二里。美哉邈乎！兹土之舊也，固乃周邵之所分，二南之所交。麟趾信於關雎，騶虞應乎鵲巢。公羊傳曰：自陜以東，周公主之；自陜以西，召公主之。毛詩序曰：關雎、麟趾之化，王者之風也，故繫之周公。鵲巢、騶虞之德，諸侯之風也，故繫之邵公。周南、邵南，正始之道，王化之基。

愍漢氏之剥亂，朝流亡以離析。卓滔天以大滌，劫宮廟而遷迹。俾萬乘之盛尊，降遥思於征役。顧請旋於傕汜，既獲許而中惕。追皇駕而驟戰，望玉輅而縱鏑。魏志曰：董卓，字仲穎，隴西人，爲相國。卓以山東豪傑並起，乃徙天子都長安，燔燒洛陽宫室。卓至西京，吕布誅卓。卓將李傕、郭汜擅朝政。傕質天子於營。傕將楊奉叛傕，傕衆稍衰，天子乃得出，至新豐。楊奉、董承以天子還洛陽。傕、汜悔遣天子，復相與追及天子於弘農之曹陽，大戰，奉兵敗。左氏傳，子朝曰：單旗、劉狄，剥亂天下。毛詩曰：民卒流亡。離析，已見上注。孔安國尚書傳曰：滌，除也。左氏傳，晉趙括謂楚曰：寡君使羣臣遷大國之迹於鄭。淮南子曰：雖有盛尊之親。萬乘，已見上文。痛百寮之勤王，咸畢力以致死。分身首於鋒刃，洞胸腋以流矢。有褰裳以投岸，或攘袂以赴水。傷桴檝之褊小，撮舟中而掬指。華嶠後漢書曰：李傕等大戰弘農，百官士卒死者不可勝數。董承率衆擊傕，大破之，乘輿乃得進。承先具舟船，帝以絹挽而下，餘人匍匐岸側，或自投死。范曄後漢書，獻帝下登船，諸不得渡者皆争攀船，船上人刃擽其指，舟中之指可掬。左氏傳，狐偃曰：求諸侯莫如勤王。東觀漢記，太史曰：忠臣畢力。尉繚子曰：未有不能得其力而致其死。北征賦曰：首身分而不寤。子虚賦曰：洞胸達腋。禮記曰：流矢在白肉。毛詩曰：褰裳涉洧。又曰：攘袂而興〔三一〕。左氏傳曰：晉中軍、下軍争舟，舟中之指可掬。

升曲沃而惆悵，惜兆亂而兄替。枝末大而本披，都偶國而禍結。左氏傳曰：晉穆侯之夫人姜氏，以條之役生太子，命之曰仇；其弟以千畝之戰生，命之曰成師。師服曰：今君命太子曰仇，弟曰成師，始兆亂矣。兄其替乎？復封桓叔于曲沃。師服曰：吾聞國家之立也，本大而末小，是以能固。天子建國，諸侯立家。今晉，甸侯也，本既弱矣，其能久乎？後曲沃莊伯伐翼，殺孝侯。曲沃武公伐翼，獲翼侯。然孝侯、翼侯，仇之後也；莊伯、武公，桓叔、成師之後也。翼，晉都也。曲沃在河東聞喜縣。酈善長水經注曰：春秋，晉侯使詹嘉〔三二〕守桃林之塞，處此以備秦，時以曲沃之官守之，故有曲沃之名。然此曲沃在西，因彼曲沃而得名。今因名而說彼。楚辭曰：惆悵而私自憐。爾雅曰：替，廢也。左氏傳，申無宇曰：末大必折。漢書曰：田蚡曰：枝大於幹，脛大於股，不折必披。或云：枝本大而末披。左氏傳，辛伯曰：大都偶國，亂之本也。臧札飄其高厲，委曹吳而成節。何莊武之無恥，徒利開而義閉〔三三〕！左氏傳曰：吳子諸樊將立季札，季札辭曰：曹宣公之卒也，諸侯與曹人不義曹君，將立子臧，子臧去之，遂不爲也，以成曹君。君子曰：能守節矣。君，義嗣也，誰敢奸君？有國非吾節也。札雖不才，願附於子臧，以無失節。王逸楚辭注曰：委，弃也。范曄後漢書，李固奏記梁商曰：夫義路閉則利門開，利門開則義路閉。躡函谷之重阻，看天險之衿帶。迹諸侯之勇怯，筭嬴氏之利害。廣雅曰：躡，履也。函谷，已見西都賦。鸚鵡賦曰：崎嶇重阻。周易曰：天險不可升也。險，山川丘陵。衿帶，已見上文。孫卿子曰：勇怯，勢也。或開關以延敵，競遯逃以奔竄。言其利也。過秦論曰：諸侯以百萬之衆，叩關而攻秦，秦人開關延敵。九國之師遯逃而不敢進也。有噤門而莫啓，不窺兵於山外。言其害也。戰國策，范雎謂秦王曰：秦今反閉關而不敢窺兵於山東者，穰侯爲國謀不忠，大王計有所失也。楚辭曰：噤閉而不言。然噤亦閉也。

噤，巨蔭切。連雞互而不棲，小國合而成大。言小國異乎連雞也。戰國策，秦惠王謂寒泉子曰：蘇秦約于諸侯，諸侯之不可一，猶連雞之不能俱止棲亦明矣。豈地勢之安危，信人事之否泰！言崤、函之險，未嘗暫改，或開關延敵，或噤門莫啓，明此不徒在地勢，亦由在人也。湯曰〔三四〕：吾欲因其地勢所有而敵之〔三五〕。否、泰，周易二卦名也。周易曰：泰，上下交而其志同也；否，上下不交而天下無邦。

漢六葉而拓畿，縣弘農而遠關。六葉，武帝也。難蜀父老曰：德茂存乎六世。應劭漢書注曰：拓，廣也。漢書，元鼎三年，徙函谷關於新安，以故關爲弘農縣也。厭紫極之閑敞，甘微行以遊盤。長傲賓於柏谷，妻覩貌而獻餐。疇匹婦其已泰，胡厥夫之繆官！紫極，星名。王者爲宮以象之〔三六〕。曹植上表曰：情注于皇居，心在乎紫極。南都賦曰：體爽塏以閑敞。蒼頡篇曰：敞，高顯也。漢武帝故事曰：帝即位，爲微行，嘗至柏谷，夜投亭長宿。亭長不納，乃宿逆旅。逆旅翁要少年〔三七〕十餘人，皆持弓矢刀劍，令主人嫗出遇客。婦謂其翁曰：吾觀此丈夫，非常人也。且有備，不可圖也。天寒，嫗酌酒，多與其夫。夫醉，嫗自縛其夫。諸少年皆走。嫗出謝客，殺雞作食。平旦上去。還宮，乃召逆旅夫妻見之，賜嫗金千斤，擢其夫爲羽林郎。疇，猶訓也。昔明王之巡幸，固清道而後往。懼銜橛之或變，峻徒御以誅賞。東觀漢記曰：西巡幸長安，司馬相如上疏曰：夫清道而後行，猶將有銜橛之變。漢書音義，張揖曰：銜，勒也。司馬彪莊子注曰：橛，騑馬口中長銜也。橛，巨月切。淮南子曰：陗法刻刑。許慎曰：陗，峻也〔三八〕。毛詩曰：徒御不驚。彼白龍之魚服，挂豫且之密網。輕帝重于天下，奚斯漸之可長？白龍，已見東京賦。帝重，帝位之重也。言輕帝位之重於天下，此乃陵上之漸，何可長乎。弔戾園於湖邑，諒遭世之巫蠱。探隱伏於難明，委讒賊之趙虜。加顯戮於儲貳，絶肌膚而不顧。作歸來之悲臺，徒望思其何補？漢書曰：戾太子據與江充有隙。會巫蠱事起，充遂至太子宫，掘得桐木人。太子無以自明，乃斬江充。與丞相劉屈氂戰，兵敗，東至湖邑，自縊而死。車千秋訟太子冤。上憐太子無辜，乃作思子宫，爲歸來望思之臺於湖。宣帝即位，謚曰戾，以湖邑閿鄉爲戾園。又太子罵充曰：趙虜乃亂吾父子也。蒼頡篇曰：委，任也。尚書，王曰：弗迪有顯戮。漢書，疏廣曰：太子，國儲副君。宋均元命包注曰：儲君，副主。言設以待之。王命論曰：高四皓之名，刻肌膚之愛〔三九〕。幽通賦曰：雖覆醢其何補？

紛吾既邁此全節，又繼之以盤桓。問休牛之故林，感徵名於桃園〔四〇〕。言吾紛然行此全節之野，又繼之以盤桓而不前。楚辭曰：紛吾乘兮玄雲。北征賦曰：紛吾去此舊都，騑遲遲而歷兹。爾雅曰：邁，行也。全節，即漢書全鳩里〔四一〕，戾太子死處。圖經曰：全節，閿鄉縣東十里鳩澗西〔四二〕。廣雅曰：盤桓，不進也。周易曰：初九，盤桓。尚書武成曰：放牛於桃林之野，示天下弗服。東征記曰：全節，地名，其西名桃原，古之桃林也。發閿鄉而警策，愬黄巷以濟潼。眺華岳之陰崖，覿高掌之遺蹤。漢書，湖，縣名，今虢州閿鄉、湖城二縣皆其地也〔四三〕。曹子建應詔詩曰：僕夫警策。鄭玄周禮注曰：警，敕戒之也。薛綜西京賦注曰：愬，向也〔四四〕。愬與遡古字通。獻帝春秋曰：興平二年十一月丙寅，車駕東行，到黄巷亭；庚午到弘農。述征記曰：河自關北東流，水側有坂〔四五〕，謂之黄巷坂。雍州圖經曰：潼水在華陰縣界。水經曰：北流注河。西京賦曰：綴以二華，巨靈贔屓，高掌遠蹠，以流河曲。閿，音聞。憶江使之反璧，告亡期於祖龍。史記曰：秦始皇帝三十六年，鄭使者從關東來，至華陰之野，有持與使者璧曰：爲我遺鎬池君。因言曰：明年祖龍死。置璧而去，忽不見。始皇使人視璧，乃二十八年渡江所沈璧也。蘇林曰：祖，始也；龍，人君之象。謂始皇也。不語怪以徵異，我聞之於孔公。論語曰：子不語怪力亂神。慍韓馬之大憝，阻關谷以稱亂。何晏論語注曰：慍，怒也。魏志曰：建安十六年，關中諸將馬超、韓遂等反。超等屯潼關。尚書曰：元惡大憝。孔安國曰：憝，惡也。杜預左氏傳注曰：阻，恃也。關、谷，潼關、函谷也。尚書曰：敢行稱亂。孔安國曰：稱，舉也。魏武赫以霆震，奉義辭以伐叛。彼雖衆其焉用，故制勝於廟筭。魏志曰：曹公西征，與超等夾關爲戰，大破之。尚書曰：奉辭伐罪。左氏傳，隨武子曰：伐叛，刑也；柔服，德也。又屈完曰：雖君之衆，無所用之。孫子曰：水因地而制行，兵因敵而制勝。又曰：夫未戰而廟勝，得筭之多者也。漢書，楊雄即趙充國圖畫而頌之曰：料敵制勝〔四八〕。砰揚桴以振塵，繣瓦解而冰泮。超遂遁而奔狄，甲卒化爲京觀。字書曰：砰，大聲也。魏志曰：韓遂、馬超走涼州。楚辭曰：揚桴兮拊鼓。左氏傳曰：援枹而鼓。説文曰：枹，鼓椎也。東觀漢記，馮衍説吴漢曰：得道之兵，鼓不振塵。鄭玄禮記注曰：振，動也。繣，破聲也，呼麥切。春秋運斗樞曰：不能宣德，天下瓦解。漢書曰：徐樂上書曰：何謂瓦解？吴、楚、齊、趙之兵是也。當此之時，安土樂俗之人衆，故諸侯無境外之助，此之謂瓦解。淮南子曰：冰泮而農桑起。左氏傳，潘黨曰：君盍收晉尸以爲京觀。杜預曰：積尸封土其上，謂之京觀。砰，普耕切。

倦狹路之迫隘，軌踦𨇾以低仰。倦，極也。司馬相如大人賦曰：區中之隘狹。廣雅曰：踦𨇾，傾側也。蹈秦郊而始闢，豁爽塏以宏壯。黄壤千里，沃野彌望。華實紛敷，桑麻條暢。班固高紀述曰：粤蹈秦郊。尚書曰：雍州，厥土惟黄壤。杜篤論都賦曰：沃野千里，原隰彌望，保植五穀，桑麻條暢。春秋文耀鉤曰：春致其時，華實乃榮。洞簫賦曰：標紛敷以扶疏。廣雅曰：暢，長也。邪界褒斜，右濱汧隴，褒、斜、汧、隴，並已見上文。寶雞前鳴，甘泉後涌。寶雞、甘泉，並已見上文。面終南而背雲陽，跨平原而連嶓冢。漢書，武功山有太一，古文以爲終南。此賦下云太一，明與終南別山。西京賦曰：於前則終南、太一。二山明矣。漢書，左馮翊有雲陽縣。西京賦曰：後則高陵、平原。又曰：連崗乎嶓冢。九嵕巀嶭，太一巃嵸。並已見上文。吐清風之飂戾，納歸雲之鬱蓊。孔叢子，孔子曰：夫山者，興吐風雲，以通乎天地之間。四子講德論曰：虎嘯而風寥戾。思玄賦曰：馮歸雲而遐逝。楚辭曰：望谿谷兮滃鬱。南有玄灞素滻，湯井温谷。玄、素，水色也。灞、滻，二水名也。楚辭曰：臨沅、湘之玄淵。又曰：舍素水而蒙深。湯井，温湯也。雍州圖曰：温湯在新豐縣界。温谷，即温泉也。雍州圖曰：温泉在藍田縣界。北有清渭濁涇，蘭池周曲。毛萇詩傳曰：涇、渭相入而清濁異。三輔黄圖曰：蘭池觀在城外。長安圖曰：周氏曲，咸陽縣東南三十里，今名周氏陂，陂南一里，漢有蘭池宫。浸決鄭白之渠，漕引淮海之粟。鄭玄周禮注曰：浸者，可以爲陂灌溉者〔四七〕。鄭白，已見上文。西都賦曰：通溝大漕，控引淮、湖，與海通波也。林茂有鄠之竹，山挺藍田之玉。並已見上文。班述陸海珍藏，張敍神臯隩區。此西賓所以言於東主，安處所以聽於憑虚也，可不謂然乎？西都賦曰：陸海珍藏。西京賦曰：寔惟地之奥區神臯。

勁松彰於歲寒，貞臣見於國危。論語，子曰：歲寒然後知松柏之後凋。老子曰：國家昏亂有貞臣。入鄭都而抵掌〔四八〕，義桓友之忠規。竭股肱於昏主，赴塗炭而不移。世善職於司徒，緇衣弊而改爲。史記曰：鄭桓公友者，周厲王少子也。犬戎殺幽王於酈山下，并殺桓公。鄭人共立其子爲武公。抵掌，已見蜀都賦。左氏傳，荀息曰：竭其股肱之力。尚書，帝曰：臣作股肱。又曰：民墜塗炭。毛詩序曰：緇衣，美武公也。父子並爲周司徒，善於其職。詩曰：緇衣之宜兮，敝予又改爲兮。

履犬戎之侵地，疾幽后之詭惑。舉僞烽以沮衆，淫嬖褒以縱慝。軍敗戲水之上，身死驪山之北。赫赫宗周，威爲亡國。史記，宣王崩，子幽王宮湦立。幽王嬖愛褒姒，竟廢申后及太子，而以褒姒爲后。褒姒不好笑，幽王爲烽燧大鼓，有寇至，舉烽火。諸侯悉至，至而無寇，褒姒乃大笑。幽王悅之，爲數舉烽火。其後不信，諸侯益亦不至。廢后之父申侯，乃與西夷犬戎共攻幽王。幽王舉烽火徵兵，兵莫至。遂殺幽王驪山下。毛萇詩傳曰：沮，止也。又曰：慝，邪也。國語，里革曰：厲流于彘，幽滅于戲。毛詩曰：赫赫宗周，褒姒威之。毛萇曰：威〔四九〕，呼滅切。

又有繼於此者，異哉秦始皇之爲君也！傾天下以厚葬，自開闢而未聞。匠人勞而弗圖，俾生埋以報勤。外罹西楚之禍〔五〇〕，内受牧豎之焚。漢書，劉向上疏曰：秦始皇葬驪山之阿，石槨爲遊館，生埋工匠。後項籍燔其宮室營宇。其後牧兒亡羊入其鑿中，牧者持火照求羊，失火，燒其藏槨。自古至今，葬未有盛始皇也，數年之間，外被項籍之災，内離牧豎之禍，豈不哀哉！尚書考靈耀曰：天地開闢，勞而不圖。言匠人勞苦，而不圖謀其賞。生埋報勤，謂反以生埋之事，以報其功勤也。語曰：行無禮必自及。此非其効與？左氏傳，君子曰：志有之，所謂行無禮，必自及者也。

乾坤以有親可久，君子以厚德載物。周易曰：乾以易知，坤以簡能。易知則有親，易從則有功。有親則可久，有功則可大。可久則賢人之德，可大則賢人之業。又曰：君子以厚德載物，方論高祖之德，故以乾坤爲喻焉。觀夫漢高之興也，非徒聰明神武、豁達大度而已也。漢書班固高紀述曰：寔天生德，聰明神武。漢書曰：高祖仁愛，意豁如也，常有大度。乃實慎終追舊，篤誠款愛。澤靡不漸，恩無不逮。論語曰：慎終追遠。左氏傳，季孫行父曰：明允篤誠。廣雅曰：款，誠也。說苑，晏子謂景公曰：今君愛老，而恩無不逮也。率土且弗遺〔五一〕，而況於隣里乎？況於卿士乎〔五二〕？

于斯時也，乃摹寫舊豐，制造新邑。故社易置，枌榆遷立。街衢如一，庭宇相襲。渾雞犬而亂放，各識家而競入。三輔舊事曰：太上皇不樂關中，思慕鄉里。高祖徙豐、沛屠兒酤酒煮餅商人，立爲新豐。西京雜記曰：高祖既作新豐，并徙舊社，放犬羊雞鴨於通途，亦競識其家。孟子曰：變置社稷。趙岐曰：更置立之。漢書曰：高祖禱豐枌榆社。張晏曰：枌，白榆。社在豐東北十五里。尚書曰：欲遷其社。孔安國尚書傳曰：襲，因也。渾，胡本切。

籍含怒於鴻門，沛跼蹐而來王。范謀害而弗許，陰授劍以約莊。撛白刃以萬舞，危冬葉之待霜。履虎尾而不噬，寔要伯於子房。漢書曰：項羽欲西入關，聞沛公已定關中，大怒，遂至戲，於是饗士，旦日合戰。羽季父項伯素善張良，夜馳見良，具告事實。良與項伯俱見沛公，沛公曰：吾豈敢反，願伯明言，不敢背德。戒沛公早自來謝。沛公旦見羽鴻門，因留沛公飲。范曾數目羽擊沛公，羽不應。范曾起出，謂項莊曰：汝入以劍舞，因擊沛公殺之。不者，女屬且爲所虜。莊拔劍起舞，項伯亦起舞，常翼蔽沛公。周書，武王曰：吾含怒深矣。毛詩曰：謂天蓋高，方敢不跼；謂地蓋厚，不敢不蹐。尚書曰：四夷來王。毛詩曰：莫敢不來王。撛，挺也，力刃切。周易曰：履虎尾，不咥人，亨。鄭玄注本爲噬。噬，齧也，音誓。樊抗憤以巵酒，咀彘肩以激揚。漢書曰：樊噲聞事急，乃持楯撞入。項羽目之，問之爲誰，張良曰：沛公參乘樊噲。項羽曰：壯士！賜之巵酒彘肩。噲飲酒，拔劍切肉食之。項羽曰：能復飲乎？曰：臣死且不辭，豈特巵酒乎？又谷永上疏曰：贊命之臣，靡不激揚也。忽蛇變而龍攄，雄霸上而高驤。曾遷怒而橫撞，碎玉斗其何傷？史記曰：褚先生曰：丈夫龍變。傳曰：蛇化爲龍，不變其文；家化爲國，不變其姓。漢書曰：元年十月，沛公至霸上。鄒陽上書曰：蛟龍驤首奮翼。漢書曰：沛公獻璧，羽受之。又獻玉斗於范曾，曾怒，撞其斗，曰：吾屬今爲沛公虜矣！論語曰：不遷怒。又曰：何傷乎？

嬰罝組於軹塗，投素車而肉袒。漢書曰：秦王子嬰素車白馬，係頸以組，降軹道傍（五三）。軹塗，已見東京賦。左氏傳曰：鄭伯肉袒牽羊以逆。杜預曰：肉袒，示服爲臣僕也。疎飲餞於東都，畏極位之盛滿。漢書曰：疏廣，字仲翁，爲太子太傅，兄子受爲少傅。廣謂受曰：吾聞知足不辱，知止不殆。今官成名立不去，懼有後悔。遂上疏乞骸骨，上皆許之。故人邑子爲設祖道，供帳東都門外（五四）。蘇林曰：長安東門也。毛詩曰：飲餞于禰。毛萇曰：祖而舍軷，飲酒於其側曰餞。漢書曰：劉德妻死，霍光欲以女妻之，德不敢取，畏盛滿也。金塘鬱其萬雉，峻嵃峭以繩直。西京賦曰：橫西洫而絶金墉。西都賦曰：建金城而萬雉。嵃，謂棧嵃，巘貌也。繩直，已見東京賦。戾飲馬之陽橋，踐宣平之清閾。爾雅曰：戾，至也。長安圖曰：漢時七里渠有飲馬橋。夏侯嬰冢在橋南三里。陽，橋之陽也。三輔黄圖曰：長安東出北頭第一城門名宣平門。清，謂華而且清也。都中雜遝，戶千人億。華夷士女，駢田逼側。展名京之初儀，即新館而莅職。勵疲鈍以臨朝，勗自強而不息。長安舊都，故曰名京。潘子初臨，故曰新館。蒞職，謂釐政也。毛萇詩傳曰：蒞，臨也。孔安國尚書傳曰：勵，勉也。又曰：勗，勉也。周易曰：君子以自強不息。於是孟秋爰謝，聽覽餘日。楚辭曰：青春爰謝〔五五〕。王逸曰：謝，去也。上林賦曰：聽覽餘閑。舞賦曰：餘日怡蕩。巡省農功，周行廬室。街里蕭條，邑居散逸。營宇寺署，肆廛管庫，蕞芮於城隅者，百不處一。言今之寺署，蕞芮在於城隅。方之昔時，雖復百分不能處一也。漢書，劉向上疏曰：項籍燔其宮室營宇。風俗通曰：今尚書、御史、謁者所止，皆曰寺。漢書百官表，少府有諸僕射署。鄭玄周禮注曰：肆，市中陳物處。鄭司農周禮注曰：廛，市中空地。禮記曰：管庫之士。鄭玄曰：管，管鍵也。庫，物所藏也。字林曰：蕞，聚貌也，音在外切。説文曰：芮，小貌，而鋭切。處一，或爲一處，非也。所謂尚冠脩成，黄棘宣明。建陽昌陰，北焕南平。皆夷漫滌蕩，亡其處而有其名。皆里名也。漢書曰：宣帝舍長安尚冠里。又曰：武帝同母姊金王孫女，號脩成君。餘未詳。爾乃階長樂，登未央。汎太液，凌建章。縈馺娑而款駘盪，轥枍詣而轢承光。徘徊桂宮，惆悵柏梁。已上並見西京賦。鷙雉雊於臺陂，狐兔窟於殿傍。何黍苗之離離，而余思之芒芒！鷙雉，已見射雉賦。黍苗，已見魏都賦。尚書曰：予思日孜孜〔五六〕。洪鍾頓於毀廟，乘風廢而弗縣。史遊急就章曰：乘風縣鍾華祠樂〔五七〕。禁省鞠爲茂草，金狄遷於灞川〔五八〕。如淳漢書注曰：本名禁中。漢儀注，孝元皇后父名禁，避之，故曰省。毛詩曰：踧踧周道，鞠爲茂草。毛萇曰：鞠，窮也。潘岳關中記曰：秦爲銅人十二，董卓壞以爲錢，餘二枚，魏明帝欲徙詣洛，載到霸城，重不可致〔五九〕。今在霸城次道南〔六〇〕。銅人，即金狄也。懷夫蕭曹魏邴之相，並已見西都賦。辛李衞霍之將。漢書曰：辛慶忌，字子真，爲左將軍。匈奴西域親附，敬其威信。本狄道人。又曰：李廣，隴西人也，爲右北平太守。匈奴號曰漢飛將軍，避之。數歲不入界。衞、霍，已見長楊賦。銜使則蘇屬國，震遠則張博望。漢書，孫寶銜命奉使，職在刺舉。又曰：蘇武字子卿，杜陵人也。武以中郎將，使持節送匈奴使留在漢者。匈奴乃徙武北海上。武杖漢節牧羊。武留匈奴凡十九歲，乃還，拜爲典屬國。又曰：張騫，漢中人也。以郎應募，使月氏，去十三年，得還。騫以校尉從大將軍擊匈奴，知水草處，軍得以不乏。封騫爲博望侯。教敷而彝倫敍，兵舉而皇威暢。敷教，蕭、曹也。舉兵，衞、霍也。尚書曰：彝倫攸敍。臨危而智勇奮，投命而高節亮。臨危，張騫也。智勇，已見上文。投命，蘇武也〔六一〕。吴子曰：一人投命，足懼千人。杜預左氏傳注曰：投，弃命也。史記曰：魯連好持高節。暨乎秺侯之忠孝淳深，小雅曰：暨，及也。漢書曰：金日磾，字翁叔，本匈奴休屠王太子也。武帝拜爲侍中駙馬都尉。莽何羅矯制發兵。明旦，上卧未起，何羅從外入。日磾奏廁心動，立入坐内户下。何羅褎白刃從東廂上，日磾抱何羅呼曰：何羅反！得禽縛之。繇是著忠孝節，封爲秺侯。音妒。陸賈之優游宴喜〔六二〕。漢書曰：陸賈，楚人也。高祖拜賈爲太中大夫，有五男。分其子，子二百金，令爲生産。賈常乘安車駟馬，從歌鼓瑟侍者十人。謂其子曰：與女約，過女，女給人馬酒食。後陳平乃以奴婢百人、車馬五十乘、錢五百萬遺賈爲食飲費。賈以此游漢庭公卿間，名聲籍甚。答賓戲曰：陸子優游，新語以興。毛詩曰：吉甫燕喜，既多受祉。長卿淵雲之文，子長政駿之史。司馬長卿、王子淵、楊子雲也〔六三〕。史記曰：司馬遷字子長，爲太史令。修史記，歷黄帝以來至太初，凡百三十篇。漢書曰：劉向字子政，元帝擢爲宗正。著疾讒、擿要、救危及世頌，凡八篇；又著五行傳、列女傳、新序、説苑。又曰：劉歆字子駿，爲中壘校尉。爲七略。趙張三王之尹京，定國釋之之聽理。漢書曰：趙廣漢，字子都，涿郡人，守京兆大尹，發姦擿伏如神。又曰：張敞，字子高，河東人也。守京兆尹，枹鼓稀鳴，市無偷盜。又曰：王遵，字子貢，涿郡人也。爲諫大夫，守京輔都尉，行京兆尹事，旬月間，盜賊清。又曰：王章，字仲卿，泰山人也。章以選爲京兆尹。又曰：王駿，琅邪人也，爲京兆尹。趙廣漢、張敞、王章至駿，皆有能名，故京師稱曰前有趙、張，後有三王。又曰：于定國，字曼倩，東海人也。爲廷尉，其決疑平法，務在哀鰥寡，罪疑惟輕，朝廷稱之。又曰：張釋之，字子季，南陽人也，爲廷尉。周亞夫見釋之持議平，乃結爲親友，繇此天下稱之也。汲長孺之正直，鄭當時之推士。漢書曰：汲黯，字長孺，濮陽人也，爲主爵都尉，數直諫。又曰：鄭當時，字莊，陳人也，爲大司農，每朝，候上間説，未嘗不言天下長者；聞人之善，進之上唯恐後。班固贊曰：汲黯之正直，鄭當時之推賢。終童山東之英妙，賈生洛陽之才子。漢書曰：終軍，字子雲，濟南人也，年十八選爲博士弟子。上書言事，武帝異其文，拜爲謁者。死時年二十餘，故世謂之終童。又曰：賈誼，雒陽人也，年十八，以能誦詩屬書稱於郡中。文帝召以爲博士，時年二十餘。曹植自試表曰：終軍以妙年使越。飛翠緌，拖鳴玉，以出入禁門者衆矣。鄭玄禮記注曰：緌，纓之飾也。禮記曰：君子行則鳴珮玉。東觀漢記，杜詩上書曰：伏湛宜出入禁門，補缺拾遺是也。或被髮左袵，奮迅泥滓。謂日磾也。論語曰：吾其被髮左袵矣。凡人沈於卑賤，故曰泥滓。東觀漢記曰：趙喜奮迅行伍。李陵與蘇武書曰：言爲瑕穢，動增泥滓。説文曰：滓，澱也。或從容傅會，望表知裏。謂陸賈也。班固漢書贊曰：陸賈從容平、勃之間，附會將相。尚書大傳，孔子謂子夏曰：子見表，未見其裏。或著顯績而嬰時戮，謂廣漢之屬也。或有大才而無貴仕。謂賈誼之屬也。皆揚清風於上列，垂令聞而不已。想珮聲之遺響，若鏗鏘之在耳。胡廣曰〔六四〕：建鴻德，流清風。毛詩曰：令聞令望。左氏傳，穆嬴曰：今君雖終，言猶在耳。當音鳳恭顯之任勢也，乃熏灼四方，震耀都鄙。漢書曰：王鳳與元后同母，爲大司馬大將軍，用事。上遂謙讓無所專。鳳薨，從弟音代鳳爲司馬車騎將軍。又曰：弘恭，沛人，坐法腐刑。爲中尚書，明習法令故事。石顯，已見西京賦。漢書，谷永曰：許、班之貴，熏灼四方。范曄後漢書曰：鄧騭寵靈顯赫，光震都鄙。而死之日，曾不得與夫十餘公之徒隸齒。才難，不其然乎？論語曰：齊景公死之日，民無德而稱焉。十餘公之徒，謂蕭、曹之屬也。張湛列子注曰：隸，猶羣輩也。一云，徒隸，賤人也。漢書，賈誼曰：握重權大官，而有徒隸無恥之心乎？高誘吕氏春秋注曰：齒，列也。論語，子曰：才難，不其然乎？

望漸臺而扼腕，梟巨猾而餘怒。漢書曰：更始兵從宣平城門入，王莽之漸臺上，商人杜吴殺莽，取其綬。史記曰：天下之士，莫不扼腕而言。西京賦曰：巨猾間釁。漢書音義曰：懸首於木上曰梟。揖不疑於北闕，軾樗里於武庫。漢書曰：雋不疑字曼倩，勃海人也，爲京兆尹。有一男子乘黄犢車詣北闕，自謂衛太子。公車以聞，丞相、二千石至者莫敢發言。不疑後到，叱從吏收縛，曰：昔蒯聵違命出奔，輒距而不納，春秋是之。衛太子得罪先帝，亡不即死，今來自詣，此罪人也。遂送詔獄。史記曰：樗里子者，名疾，秦惠王之弟也，卒葬于渭南章臺之東。曰：後百歲，當有天子之宮夾我墓。至漢興，長樂宮在其東，未央宮在其西，武庫正直其墓也。酒池鑒於商辛，追覆車而不寤。漢書贊曰：武帝設酒池肉林。賈逵國語注曰：鑒，察也。六韜，太公曰：桀、紂王天下之時，積糟爲阜，以酒爲池，脯肉爲山林。晏子春秋曰：諺曰：前車覆，後車戒。賈誼過秦曰：三主惑而終身不寤也。曲陽僭於白虎，化奢淫而無度。漢書曰：王根爲曲陽侯。五侯大脩第室，起土山漸臺，洞門高廓〔六五〕。百姓歌之曰：五侯初起，曲陽最怒。壞決高都，連竟外杜。土山漸臺，象西白虎。毛詩序曰：遊蕩無度。命有始而必終，孰長生而久視？家語，孔子曰：命者，性之始也；死者，生之終也。有始必有終矣。老子曰：長生久視之道。武雄略其焉在，近惑文成而溺五利。文成將軍李少翁，五利將軍欒大，皆方術士，説武帝作宮觀以延神仙。帝耽溺之，其雄才大略亦何在也〔六六〕。伻造化以制作，窮山海之奧秘。淮南子曰：大丈夫無爲，與造化逍遥。靈若翔於神島，奔鯨浪而失水。爆鱗骼於漫沙，隕明月以雙墜。擢仙掌以承露，干雲漢而上至。西都賦曰：抗仙掌以承露，擢雙立之金莖。西京賦曰：干雲霧以上達〔六七〕。致邛蒟其奚難，惟余欲而是恣。縱逸遊於角觝，絡甲乙以珠翠。忍生民之減半，勒東岳以虛美。班固漢書西域贊曰：孝武之時，感蒟醬邛竹杖，則開牂柯、越巂。漢書曰：武帝作角抵戲。又東方朔曰：甲乙之帳。臣瓚曰：興造甲乙之帳，絡以隋珠和璧〔六八〕。漢書贊曰：孝武奢侈，海内虛耗，户口減半。漢書曰：武帝登封泰山。封禪書曰：勒功中岳〔六九〕。續漢書曰：羣臣上言，宜封泰山。詔曰：遠遣吏上壽，盛稱虛美。餘並已見上文。超長懷以遐念，若循環之無賜。尚書大傳曰：三王之統，若循連環，周則復始，窮則反本。方言曰：賜，盡也。

較面朝之煥炳，次後庭之猗靡。言先明面朝，次至後庭也。廣雅曰：較，明也。周禮曰：面朝後市。子虛賦曰：飛纖垂髾，扶輿猗靡。較，音校。壯當熊之忠勇，深辭輦之明智。漢書曰：孝元馮昭儀，上幸虎圈鬬獸，熊佚出圈，攀檻欲上殿，左右貴人、傅昭儀皆走，馮婕妤直前，當熊而立。左右格殺熊。上問：人情驚懼〔七〇〕，何故當熊？婕妤對曰：猛獸得人而止，妾恐熊至御坐，故身當之。元帝嗟嘆，以此倍敬重焉。傅昭儀等皆慚〔七一〕。又曰：成帝遊於後庭，嘗欲與班婕妤同輦載。婕妤辭曰：觀古圖畫，賢聖之君，皆有名臣在側。三代末主，乃有嬖女。今欲同輦，得無近似之乎？楚辭曰：招貞良與明智。衛鬒髮以光鑒，趙輕體之纖麗。漢武故事曰：衛子夫得幸，頭解，上見其美髮，悦之〔七二〕。左傳，叔向母曰：昔有仍氏生女，黰黑而甚美，光可以鑑。廣雅曰：鑑，照也。荀悦漢紀曰：趙氏善舞，上悦之，事由體輕〔七三〕。咸善立而聲流，亦寵極而禍侈。以奇見幸，故曰聲流。緣廢自裁，故曰禍侈。

津便門以右轉，究吾境之所暨。漢書武帝紀曰：三年，作便門橋。杜預左氏傳注曰：暨，至也。

掩細柳而撫劍〔七四〕，快孝文之命帥。周受命以忘身，明戎政之果毅。距華蓋於壘和，案乘輿之尊轡。肅天威之臨顔，率軍禮以長揖。輕棘霸之兒戲，重條侯之倨貴。方言曰：掩，止也。掩與揜同。漢書曰：孝文後六年，匈奴大入邊，遣宗正劉禮軍霸上，祝茲侯徐厲軍棘門，河内守周亞夫軍細柳。帝勞軍至霸上、棘門，直馳入；而之細柳軍，軍士吏被甲持滿，上至，不得入。於是上使使詔將軍曰：吾欲勞軍。亞夫乃傳言開壁。壁門士謂車騎曰：將軍約，軍中不得驅馳。天子乃案轡徐行，至中營，亞夫持兵揖曰：介冑之士不拜，請以軍禮見。文帝曰：嚮者，霸上、棘門軍如兒戲，至於亞夫，可得而犯耶？左氏傳曰：子朱怒，撫劍從之。六韜曰：爲將者，受命忘家，當敵忘身。左氏傳，君子曰：殺敵爲果，致果爲毅。華蓋，已見上文。壘，營也。和，軍營之正門也。左氏傳，齊侯曰：天威不違顔咫尺。説文曰：擅，拜舉手下也，因利切。漢書曰：丞相條侯，至貴倨也。杜預左傳注曰：倨，傲也。

索杜郵其焉在，云孝里之前號。惘輟駕而容與，哀武安以興悼。争伐趙以徇國，定廟筭之勝負。扞矢言而不納，反推怨以歸咎。未十里於遷路，尋賜劍以刎首。嗟主闇而臣嫉，禍於何而不有？杜郵，亭名，在咸陽西，今謂之孝里。辛氏三秦記曰：畢陌西北有孝里，畢陌西有白起墓。惘，猶罔罔，失志之貌也。楚辭曰：遵赤水而容與。史記曰：白起者，郿人也，善用兵，事秦昭王，爲武安君。秦使王陵攻趙邯鄲，少利。秦王欲使武安君代陵將，武安君曰：邯鄲未易攻也。王自命不行，乃使應侯請之，終不肯行〔七五〕。秦圍邯鄲，弗能拔。武安君曰：不聽臣言〔七六〕，今何如矣。秦王聞之怒，遣白起不得留咸陽中。既行，出咸陽西門十里至杜郵。秦王乃使使者賜之劍，自殺。昭王，昭襄王也〔七七〕。廟筭，已見上文。尚書曰：率籲衆慼，出矢言。何休公羊注曰：刎，割也。孫卿子曰：主闇於上，臣詐於下，俱害之道。杜篤弔比干文曰：闇主之在上，豈忠諫之是謀〔七八〕。西京賦曰：林麓之饒，于何不有？

窺秦墟於渭城，冀闕緬其堙盡。覓陛殿之餘基，裁岥岮以隱嶙。聲類曰：墟，故所居也。史記曰：秦孝公作爲咸陽，築冀闕。緬，盡貌也，亡衍切。岥岮，頹貌也。司馬相如哀二世曰：登岥岮之長岅。隱嶙，絶起貌。想趙使之抱璧，瀏睨楹以抗憤。史記曰：秦王得趙璧，無意償趙城。相如曰：璧有瑕，請指示王。王授璧。相如因持璧却立倚柱，曰：臣觀大王無償趙王城邑〔七九〕，故臣復取璧。大王必欲急臣，臣頭今與璧俱碎於柱矣。相如持其璧睨柱，欲以擊柱〔八〇〕，秦王乃辭謝。瀏睨，目清貌也。燕圖窮而荆發，紛絶袖而自引。史記曰：荆軻獻燕督亢之地圖，圖窮匕首見。因左手把秦王之袖，而右手持匕首揕之。未至身，秦王驚，自引而起，袖絶。以其匕首揕秦王，不中。揕，丁鴆切。筑聲厲而高奮，狙潛鉛以脱臏。史記曰：荆軻之客高漸離，變名姓爲人庸保，以擊筑聞於秦始皇。始皇召見，人有識者，乃高漸離。秦帝矐其目，使擊筑。稍益近之，高漸離乃以鉛置筑中，舉筑扑秦皇帝，不中，遂誅。論衡曰：高漸離舉筑擊秦王，中臏。秦王病瘡死。蒼頡篇曰：狙，伺候也，七豫切。尚書刑德放曰：臏者，脱去人之臏也。郭璞三蒼解詁曰：臏，膝蓋。矐，音各，一音格字。據天位其若兹，亦狼狽而可愍！尚書曰：伊尹曰：天位艱哉！文字集略曰：狼狽，猶狼跋也。孔叢子曰：吾於狼狽，見聖人之志。荀悦漢紀論曰：周勃狼狽失據，塊然囚執。狽，音貝。簡良人以自輔，謂斯忠而鞅賢。寄苛制於捐灰，矯扶蘇於朔邊。史記曰：商君者，衛之諸庶孽子也，名鞅，姓公孫氏。商君之法，刑弃灰於道者。又曰：李斯者，上蔡人也。始皇以斯爲丞相。始皇長子扶蘇監兵上郡。始皇崩，與趙高謀，詐爲受始皇命，立子胡亥爲太子，爲書賜長子扶蘇曰：扶蘇不孝，其賜劍以自裁。扶蘇爲人仁，即自殺。賈逵國語注曰：苛，煩也。鄭玄周禮注曰：矯，稱詐以爲是。儒林填於坑穽，詩書煬而爲煙。史記曰：盧生爲始皇求仙藥，亡去，始皇大怒，使御史案問諸生。諸生犯禁者四百六十四人，皆坑之咸陽。又曰：李斯曰：臣請非博士官所職，天下敢有藏詩書百家語，詣守尉雜燒之。廣雅曰：穽，阬也，才性切〔八一〕。郭璞方言注曰：今江東呼火熾猛爲煬，余亮切。國滅亡以斷後，身刑轘以啓前〔八二〕。商法焉得以宿，黄犬何可復牽？史記曰：秦孝公卒，太子立，公子虔之徒告商君反。商君亡至關下，欲舍客舍，人不知其是商君，曰：商君之法，舍人無驗者坐之。商君喟然嘆曰：嗟乎！爲法之獘，一至於此哉！秦惠王車裂商君。鄭玄周禮注曰：車裂曰轘。史記曰：李斯具五刑，出獄，與其中子俱執，顧謂其子曰：吾欲與若復牽黄犬俱出上蔡東門，逐狡兔，可得乎？遂夷三族。商鞅、李斯各有食邑，故曰國也。刑轘之辟，二人爲首，故曰啓前。野蒲變而成脯，苑鹿化以爲馬。風俗通曰：秦相趙高指鹿爲馬，束蒲爲脯，二世不覺。史記曰：趙高欲爲亂，恐羣臣不聽，乃先驗，持鹿於二世曰：馬也。二世笑曰：丞相誤耶？謂鹿爲馬也。假讒逆以天權，鉗衆口而寄坐。春秋元命苞曰：赤受命，持天權。莊子曰：鉗墨翟之口。兵在頸而顧問，何不早而告我？顧黔黎其誰聽，惟請死而獲可。國語，單襄公曰：兵在其頸，不可久。東征賦曰：惕覺寤而顧問〔八三〕。史記曰：趙高恐二世怒，誅及其身，與其女壻閻樂謀易置上，樂遂斬衛令。二世怒，召左右，皆惶擾，不鬭。傍有宦者一人侍，不敢去。二世入内謂曰：公何不蚤告我？宦者曰：臣不敢言，故得全；使臣蚤言，皆已誅，安得至今。閻樂前，即告二世曰：足下其自爲計。二世曰：吾願得郡〔八四〕爲王。弗許。又曰：願爲萬户侯。弗許。願與妻子爲黔首。弗許。閻樂麾其兵陵二世，乃自殺。兵在頸，已見東京賦。健子嬰之果決，敢討賊以紓禍。勢土崩而莫振，作降王於路左。史記曰：趙高立公子嬰爲秦王，子嬰與其子二人謀曰：今使我齋見廟，此欲因廟中殺我。我稱病不行，丞相必自來，來則殺之。高果自往，子嬰遂刺殺高於齋宫。廣雅曰：果，能也。杜預左氏傳注曰：紓，除也。漢書，徐樂上書曰：臣聞天下之患，在於土崩，秦之末世是也。人困而主不恤，下怨而上不知，此之謂土崩。賈逵國語注曰：振，救也。子嬰降，已見上文。蕭收圖以相劉，料險易與衆寡。史記，沛公至咸陽，蕭何獨先入，收秦丞相、御史圖書藏之。漢所以具知天下阨塞、户口多少者，以何具得秦圖書也。説文曰：料，量也。孫卿子曰：地者遠近險易〔八五〕。又曰：識衆寡之用者勝也。羽天與而弗取，冠沐猴而縱火。史記曰：客有説張耳曰：天與不取，反受其咎。又曰：或説項王，關中可都。項王見秦皆已燒殘破，又心懷思欲東歸。説者曰：人言楚人沐猴而冠耳，果然。張晏曰：沐猴，獼猴也。漢書曰：羽屠咸陽〔八六〕，燒其宮室。楚辭曰：若縱火於秋蓬。貫三光而洞九泉，曾未足以喻其高下也。鄧析子曰：賢愚之相覺，若九地之下與重天之顛。淮南子曰：大道含吐陰陽而章三光。許慎曰：三光，日、月、星也。燕丹子曰：死懷恨入於九泉。

感市閭之菆井，歎尸韓之舊處。丞屬號而守闕，人百身以納贖。豈生命之易投，誠惠愛之洽著。訐望之以求直，亦余心之所惡。思夫人之政術，實幹時之良具。苟明法以釋憾，不愛才以成務。弘大體以高貴，非所望於蕭傅。漢書曰：韓延壽，字長公，燕人也，爲東郡太守，爲天下最，代蕭望之爲左馮翊。望之遷御史大夫。延壽在東郡時，放散官錢千餘萬。會御史問事東郡，望之因令并問之，延壽知，即案劾望之在馮翊時，廩犧官錢，放散百餘萬。上令窮竟所考，望之卒無事實，而延壽竟坐弃市。吏民數千人送至渭城，百姓莫不流涕〔八七〕。説文曰：菆，麻蒸也，阻留切。然菆井即渭城，賣蒸之市也。延壽被誅，丞屬無守闕者，而趙廣漢就戮，則有之。恐潘誤。毛詩曰：如可贖兮，人百其身。論語，子貢曰：賜也，亦有惡乎？惡訐以爲直者。説文曰：訐，面相斥罪。左氏傳，穆叔曰：齊人釋憾於弊邑之地。又，魏犨，公欲殺之，而愛其材。周易曰：開物成務。莊子曰：襄公之應司馬曰夷〔八八〕，知大體者也。漢書曰：蕭望之左遷太子太傅。

造長山而慷慨，偉龍顔之英主。胸中豁其洞開，羣善湊而必舉。漢書曰：高祖隆準而龍顔。又曰：高祖葬長陵。三秦記曰：秦名天子冢曰長山〔八九〕，漢曰陵，故通名山陵。漢書曰：高祖意豁如也。王命論曰：英雄陳力，羣冊畢舉，此高祖之大略也。潘元茂九錫文曰：羣善必舉也。存威格乎天區，亡墳掘而莫禦。臨揜坎而累抃，步毁垣以延佇。尚書，周公曰：時則有若伊尹，格于皇天。范曄後漢書曰：赤眉焚西京宫室，發掘園陵。又光武詔曰：脩復西京園陵。爾雅曰：揜，蓋也。郭璞曰：謂覆蓋。王逸楚辭注曰：擊手曰抃。楚辭曰：結幽蘭而延佇。

越安陵而無譏，諒惠聲之寂寞。漢書曰：惠帝葬安陵。穀梁傳曰：公會齊侯于讙，無譏乎？楚辭曰：欲寂漠而絶端。薛君韓詩章句曰：寂，無聲之貌也。漠，静也。弔爰絲之正義，伏梁劍於東郭。漢書曰：爰盎字絲，楚人也，爲楚相，病免家居。梁孝王欲求爲嗣，盎進説，王以此怨盎，使人刺殺盎安陵郭門外。盎，烏浪切。訊景皇於陽丘，奚信譖而矜謔？隕吴嗣於局下，蓋發怒於一博。成七國之稱亂，飜助逆以誅錯。恨過聽而無討，兹沮善而勸惡。廣雅曰：訊，問也。何休公羊傳注曰：如其事曰訊，加誣曰譖。爾雅曰：戲，謔也。漢書曰：景帝葬陽陵。又景帝爲太子，吴太子侍飲博弈，争道不恭。皇太子引博局提吴太子殺之。景帝即位，晁錯説上，令削吴地。及書至，吴王起兵，誅漢吏二千石以下。膠西、膠東、淄川、濟南、楚、趙亦皆反。七國反書聞，爰盎曰：吴、楚相遺書，言賊臣晁錯擅迫諸侯，削奪之地，以故反爲名，而共誅錯。方今計獨斬錯，發使赦七國，則兵可無血刃。上從其議，遂斬錯。又，鄧公謂上曰：錯患諸侯強大，請削之地，計畫始行，卒受大戮，内杜忠臣之口，外爲諸侯報仇。帝曰：公言善，吾亦恨之。又曰：晁錯，潁川人，爲御史大夫。錯，七故切。今協韻，七各切。漢書，成帝曰：過聽將作大匠解萬年〔九〇〕言，昌陵三年可成。無討，謂不誅盎也。左氏傳，子鮮曰：賞罰無章，何以沮勸？沮，才與切。漢書，谷永曰：虧德沮善。毛萇詩傳曰：沮，止也。

呰孝元於渭塋，執奄尹以明貶。漢書曰：元帝葬渭陵。奄尹，謂弘恭、石顯也。班固漢書述曰：閹尹之咎，穢我明德。韋昭曰：咎，病也，疾移切。鄭玄禮記注曰：咎，毀也，子爾切。何休公羊傳注曰：貶，損也。褒夫君之善行，廢園邑以崇儉。褒，猶贊美也。夫君，元帝也。漢書曰：元帝罷衞思園及戾園。又詔曰：初陵勿置縣邑。

過延門而責成，忠何辜而爲戮？陷社稷之王章，俾幽死而莫鞠。漢書曰：成帝葬延陵。爾雅曰：辜，罪也。漢書曰：成帝時，日有蝕之。王章奏封事，召見，言王鳳不可任用。帝謂章曰：微京兆直言，吾不聞社稷計。後上不忍退鳳，章遂爲鳳所陷，章罪至大逆，死獄中。爾雅曰：俾，使也。漢書曰：趙王幽死。張晏漢書曰：鞠〔九一〕，窮也，謂窮問囚情也。一曰鞫。毛萇詩傳注曰：鞫，告也〔九二〕。忲淫嬖之匈忍，勦皇統之孕育。小雅曰：狃，忲也。淫嬖，謂趙飛燕也。漢書曰：司隸解光奏言：許美人及宫史曹宫，皆御幸孝成皇帝，産子，隱不見。又掖庭中，御幸生子者輒死。又飲藥傷惰者無數。左氏〔九三〕，楚令尹子上曰：蜂目而豺聲，忍人也。杜預曰：忍，行不義也。尚書曰：天用勦絶其命。孔安國曰：勦，截也。截絶其命，是也。張舅氏之姦漸，貽漢宗以傾覆。廣雅曰：張，開也。舅氏，諸王也。爾雅曰：貽，遺也。左氏傳，吕相曰：傾覆我國家。

刺哀主於義域，僭天爵於高安。欲法堯而承羞，永終古而不刊。漢書曰：哀帝葬義陵。王莽奏曰：王者父事天，故爵稱天子〔九四〕。又曰：封董賢爲高安侯。已見西京賦。論語曰：不恒其德，或承之羞。楚辭曰：長無絶兮終古。鄭玄禮記注曰：刊，削也。瞰康園之孤墳，悲平后之專絜。殃厥父之篡逆，蒙漢恥而不雪。激義誠而引決，赴丹爓以明節。投宫火而焦糜，從灰熛而俱滅。漢書曰：平帝葬康陵。又曰：孝平王皇后，莽女也。及漢兵誅莽，燔燒未央宫，后曰：何面目以見漢家！自投火中而死。后不合葬，故曰孤墳。

鶩橫橋而旋軫，歷敝邑之南垂。潘岳關中記曰：秦作渭水橫橋。橫，音光。雍州圖曰：在長安北二里橫門外也。門磁石而梁木蘭兮，構阿房之屈奇。疏南山以表闕，倬樊川以激池。役鬼傭其猶否，矧人力之所爲？工徒斲而未息，義兵紛以交馳。宗祧汙而爲沼，豈斯宇之獨隳？三輔黄圖曰：阿房前殿，以木蘭爲梁，磁石爲門。懷刃者止之。史記曰：始皇南山之巔〔九五〕以爲闕。毛萇詩傳曰：倬，大也。三秦記曰：長安正南秦嶺，嶺根水流爲秦川，一名樊川。漢武上林，唯此爲盛。史記，由余曰：役鬼爲之，則神怒矣；使人爲之，則人亦苦矣。鄭玄周禮注曰：傭與庸通。漢書，高祖曰：吾以義兵誅殘賊。禮記曰：遠廟爲祧。又邾婁定公曰：臣弑君，殺其人，壞其室，洿其宮而瀦焉。汙與洿古字通，音烏。方言曰：隳，壞也。

由僞新之九廟，夸宗虞而祖黄。驅吁嗟而妖臨，搜佞哀以拜郎。漢書，王莽下書曰：定有天下，號曰新。又王莽九廟：一曰黄帝，二曰虞帝，三曰陳王，四曰齊敬王，五曰濟北惠王，六曰濟南伯王，七曰元城孺王，八曰陽平頃王，九曰新都顯王。又曰：鄧曄，于匡起兵南鄉，莽愈憂不知所出。崔發曰：周禮，國有大災，則哭以厭之。莽乃率羣臣至南郊，搏心大哭。諸生甚悲哀，及能誦策文，除以爲郎巾。誦六藝以飾姦，焚詩書而面牆。心不則於德義，雖異術而同亡。漢書曰：王莽立樂經，徵天下通一藝，皆詣公車。焚詩書，已見上文。尚書曰：不學牆面。左氏傳，富辰曰：心不則德義之經爲頑。班固漢書王莽贊曰：昔秦焚詩書，以立私義；莽誦六藝，以文姦言，同歸殊塗，俱用滅亡。

宗孝宣於樂游，紹衰緒以中興。漢書音義，應劭曰：宣帝廟曰樂游。又宣紀贊曰：可謂中興，侔德殷宗、周宣矣。不獲事于敬養，盡加隆於園陵。兆惟奉明，邑號千人。訊諸故老，造自帝詢。隱王母之非命，縱聲樂以娛神。漢書，孝武衞皇后生戾太子，太子納史良娣，產子男進，號曰史皇孫。太子敗，皆遇害。太子遺孫一人，史皇孫子，王夫人男，是爲孝宣。帝即位，乃葬衞后，追謚曰思后，故太子謚曰戾，史良娣曰戾夫人，史皇孫曰悼，母曰悼后。悼園稱奉明園。潘岳關中記曰：宣帝父曰悼皇考，母曰悼夫人，墓曰奉明園，后曰思后。以倡優雜伎千人樂思后園，今所謂千人鄉者是也。兆，塋也。詢，宣帝名也。毛詩曰：召彼故老，訊之占夢。毛萇詩傳曰：隱，痛也。王母，思后也。爾雅曰：父之妣爲王母。雖靡率於舊典，亦觀過而知仁。爾雅曰：率，循也。尚書曰：舊典時式。論語，子曰：人之過也，各於其黨；觀過，斯知仁矣。

憑高望之陽隈，體川陸之汙隆。廣雅曰：憑，登也。長安圖曰：高望堆，延興門南八里。隈，厓也。鄭玄周禮注曰：體，分也。漢書音義，或曰：汙，下也。開襟乎清暑之館，游目乎五柞之宮。曹植閑居賦曰：愬寒風而開襟。清暑，謂甘泉也。西都賦曰：九嵕甘泉，固陰沍寒。日北至而含凍，此焉清暑。楚辭曰：忽反顧而游目。五柞在盩厔〔九六〕。交渠引漕，激湍生風，漕渠，已見上文。乃有昆明池乎其中。漢書，武帝發謫穿昆明池〔九七〕。其池則湯湯汗汗，滉瀁瀰漫，浩如河漢。西都賦曰：集乎豫章之宇，臨乎昆明之池，左牽牛而右織女，似雲漢之無涯。古詩曰：皎皎河漢女〔九八〕。日月麗天，出入乎東西，旦似湯谷，夕類虞淵。周易曰：日月麗乎天。西京賦曰：日月於乎出，象扶桑與濛汜。淮南子曰：日出湯谷。又曰：日入虞淵之汜，曙於濛谷之浦〔九九〕。昔豫章之名宇，披玄流而特起。三輔黃圖曰：上林有豫章觀。西京賦曰：神池靈沼，黑水玄沚，豫章珍館，揭焉中峙〔一〇〇〕。儀景星於天漢，列牛女以雙峙。儀，謂法象之也。毛萇詩傳曰：京，大也。大戴禮曰：漢，天漢。宮閣疏曰：昆明池有二石，牽牛、織女象也〔一〇一〕。圖萬載而不傾，奄摧落於十紀。孔安國尚書傳曰：十二年曰紀。武帝元狩三年，穿昆明池。至王莽之敗，凡一百一十三年。今云十紀，言其大數耳。擢百尋之層觀，今數仞之餘趾。鄭玄周禮注曰：八尺曰尋。包咸論語注曰：七尺曰仞。說文曰：趾，基也〔一〇二〕。振鷺于飛，鳧躍鴻漸。毛詩曰：振鷺于飛。周易曰：鴻漸于干〔一〇三〕。乘雲頡頏，隨波澹淡〔一〇四〕。毛萇詩傳曰：飛而上曰頡，飛而下曰頏。上林賦曰：浮淫汎濫，隨波澹淡〔一〇五〕。瀺灂驚波，唼喋蔆芡。瀺灂，出没之貌。高唐賦曰：巨石溺以瀺灂。西京賦曰：散似驚波。上林賦曰：唼喋菁藻〔一〇六〕。華蓮爛於淥沼，青蕃蔚乎翠瀲。說文曰：蕃，草茂也，夫袁切。瀲，波際也，力奄切。

伊茲池之肇穿，肆水戰於荒服。志勤遠以極武〔一〇七〕，良無要於後福。釋穿池之意也。言志在勤於遠略，以極武功，良無要於已後之福也。福，謂水物之利。漢書曰：越欲與漢用船戰，遂乃脩昆明池。賈逵國語注曰：肆，習也。左氏傳，周宰孔曰：齊侯不務德而勤遠略。鍾會檄曰：窮武極戰。杜預左氏傳注曰：要，邀也。而菜蔬芼實，水物惟錯，乃有贍乎原陸。在皇代而物土，故毀之而又復。西都賓曰：華實之毛。尚書曰：海物惟錯。字書曰：贍，足也。皇代，謂晉也。言在皇代，物其土宜，故前毀之，而今又復。左氏傳，賓媚人曰：先王疆理天下物土之宜。杜預曰：播殖之物，各從土宜。凡厥寮司，既富而教。咸帥貧惰，同整檝櫂。收罟課獲，引繳舉效。鰥夫有室，愁民以樂。論語，冉有曰：既富矣，又何加焉？曰：教之。廣雅曰：課，第也，謂品第也。謂品第其所獲也[一〇八]。杜預左氏傳曰[一〇九]：效，致也。謂其舉所致多少也。**徒觀其鼓枻迴輪，灑釣投網[一一〇]，垂餌出入，挺叉來往。**言欲迴輪必先鼓枻也。郭璞方言曰[一一一]：今江東人呼枻爲軸。舊説曰：輪，釣輪也。謂爲車以收釣緡也。輪或爲綸。毛萇詩傳曰：緡，綸也。灑，亦投也。挺，拔也。叉，取魚叉也。西京賦曰：叉蔟之所攙捔。**纖經連白，鳴桹厲響。貫鰓罥尾，掣三牽兩。**纖經連白，網也。連白，以白羽連綴，網經其上於水中，二人對引之。説文曰：桹，高木也。以長木叩舷爲聲。言曳纖經於前，鳴長桹於後，所以驚魚，令入網也。淮南子曰：魚者扣舟。罥，猶擊也，音的。字書曰：掣，牽也。**於是弛青鯤於網鉅[一一二]，解赬鯉於黏徽。**杜預左氏注曰：弛，解也。鯉、鯤，二魚名。孔安國論語注曰：網者，爲大網，以繳繫鉤羅屬著網。鉅，鉤也。説文曰：黏，相著也，女廉切。又曰：徽，大索也。言魚黏於網，故曰黏徽也。**華魴躍鱗，素鱮揚鬐。**鬐，已見子虛賦。**雍人縷切[一一三]，鸞刀若飛。應刃落俎，靃靃霏霏。**周禮曰：内饔中士。鄭玄曰：饔者，割烹煎和之稱也。鸞刀，已見東京賦。**紅鮮紛其初載，賓旅竦而遲御。既餐服以屬厭，泊恬静以無欲。迴小人之腹，爲君子之慮。**傅毅七激曰：膾其鯉魴，積如委紅。張衡七辨曰：鞏、洛之鱒，割以爲鮮。薛君韓詩章句曰：載，設也。毛萇詩傳曰[一一四]：南方有魚，遲之也；然遲，思待之也。毛詩曰：以御賓客。左氏傳曰：梗陽有獄，其大宗賂以女樂，魏子將受，閻没女寬將諫，饋入三歎曰：始至，恐其不足，是以歎。中置自咎曰，豈將軍食之而有不足，是以再歎。及饋之畢，願以小人之腹，爲君子之心，屬厭而已。獻子辭梗陽人賂[一一五]。廣雅曰：恬，泊静也。老子曰：我好静而民自正，我无欲而民自朴。

爾乃端策拂茵，彈冠振衣。言將還也。許慎淮南子注曰[一一六]：策，杖也[一一七]。茵，車中蓐也。毛詩曰：文茵暢轂。楚辭曰：新沐者必彈冠，新浴者必振衣。徘徊酆鎬〔二八〕，如渴如飢。心翹懃以仰止，不加敬而自祗。酆、鄗，周所居也。孔叢子，子思曰：君若飢渴待賢。企佇也〔二九〕。毛詩曰：高山仰止。禮記曰：宗廟之中，未施敬而人敬。豈三聖之敢夢，竊十亂之或希。琴操曰：崇侯譖文王於紂曰：西伯昌，聖人也。長子發、中子旦，皆聖。三聖合謀，將不利於君。論語，孔子曰：吾不復夢見周公。尚書曰：予有亂臣十人。馬融論語注曰：周公旦、召公奭、太公望、畢公、榮公、太顛、閎夭、散宜生、南宮适。其一人謂文母也。廣雅曰：希，庶也。經始靈臺，成之不日。惟酆及鄗，仍京其室。庶人子來，神降之吉。積德延祚，莫二其一。靈臺，已見上文。毛詩曰：作邑於酆。又曰：宅是鎬京。左氏傳，季梁曰：人和而神降之福。史記曰：古公積德行義，國人皆戴之。漢書，翼奉上書曰：永世延祚，不亦優乎？莫二其一，謂周祚延之長，唯有其一，莫能爲二。蔡邕胡黄公頌曰〔三〇〕：參其二也〔三一〕。永惟此邦，云誰之識？越可略聞，而難臻其極。言誰之識，言難識也。馬融廣成頌曰：三、五以來，越可略聞。周禮嘉量銘曰：允臻其極。子嬴鋤以借父，訓秦法而著色。耕讓畔以閑田，沾姬化而生棘。蘇張喜而詐騁，虞芮愧而訟息。漢書，賈誼曰：商君遺禮義，秦俗日敗，借父耰鋤，慮有德色。音義曰：假與父鋤而德之。尚書傳曰：虞人與芮人質其成於文王，入文王之境，則見其人萌讓爲士大夫，入其國，則見士大夫讓爲公卿。二國相謂曰：此其君亦讓以天下而不居也。讓其所爭，以爲閑田。毛萇詩傳曰：耕者讓畔，行者讓路。蘇秦、張儀，已見上文。由此觀之，土無常俗，而教有定式。上之遷下，均之埏埴。漢書，董仲舒曰：上之化下，下之從上，猶泥之在鈞，唯甄者之所爲。

如淳曰：陶家作器於鈞上。杜預左氏傳注曰：均，平也。老子曰：埏埴以爲器。河上公曰：埏，和也。埴，土也。謂和土以爲器也。埏，失然切。埴，市力切。五方雜會，風流溷淆。惰農好利，不昏作勞。密邇獫狁，戎馬生郊。漢書曰：秦地五方雜錯，風俗不純，富人則商賈爲利。説文曰：溷，亂也。溷或爲渾。尚書曰：惰農自安，不昏作勞。左氏傳曰：以魯國之密邇仇讎。毛詩曰：獫狁孔熾。老子曰：天下無道，戎馬生郊。而制者必割，實存操刀。言在於化也。漢書，賈誼曰：黄帝云，操刀必割。左氏傳，子産曰：大官大邑，而使學者制焉，猶未能操刀而使之割。人之升降，與政隆替。杖信則莫不用情，無欲則賞之不竊。左氏傳，子展曰：杖德莫如信，杖信以待晉，不亦可乎？論語，子曰：上好信，則人莫敢不用情。又曰：季康子患盜，孔子曰：苟子之不欲，雖賞之不竊也。雖智弗能理，明弗能察；信此心也，庶免夫戾〔二〕。言己雖無才能，然任其才信無欲之心〔三〕，庶足以理。左氏傳，太史克曰：庶幾免於戾乎？戾下或有劣字，非。如其禮樂，以俟來哲。論語，冉求曰：如其禮樂，以俟君子。幽通賦曰：訊來哲以通情。

文選考異

〔一〕注「易曰兼三才而兩之漢書音義曰陶人作瓦器謂之甄」　袁本「易」上有「周」字，「曰」下有「有天道焉有地道焉有人道焉」十二字，無「漢書音義」以下十三字。茶陵本同，唯上注「甄已見魏都賦」作「如淳漢書注曰陶人作瓦器謂之甄」十四字。案：此尤本脩改之誤也。茶陵例以已見者複出，尤本、袁本俱不然，其不當更贅十三字明矣，因此而删善引易，益非。

〔二〕注「從而悉全」陳云「從而」當作「縱不」，是也。各本皆譌。

〔三〕匪禍降之自天　袁本、茶陵本「禍降」作「降禍」，不著校語，無可考也。

〔四〕注「爾雅曰辟罪」　案：「罪」下當有「也」字。各本皆脱。

〔五〕注「古□長歌行曰」　袁本、茶陵本「古」下有「今」字。案：此尤知其字衍，脩改去之，是也。

〔六〕注「忼慷傷懷」　案：「慷」當作「慨」。各本皆譌。

〔七〕注「鞏洛二縣名也」　袁本、茶陵本無此六字，所載五臣翰注有之。案：蓋尤所見有。

〔八〕注「毛萇詩曰」　陳云「詩」下當有「傳」字，是也。各本皆脱。

〔九〕注「史記曰帝嚳高辛者」　袁本「嚳」作「俈」。案：「俈」是也，後注「俈與嚳同」可證。茶陵本亦誤「嚳」。又下云「姜嫄爲帝嚳元妃」，「嚳」亦當作「俈」。各本皆誤。

〔一〇〕注「能材強道者」　袁本、茶陵本無「材強」二字，陳云別本「材」作「持」。案：考詩箋是「持」字，無者益非。

〔一一〕注「言武王滅商」　袁本、茶陵本「滅商」二字作「基」。案：「基」是也。

〔一二〕注「亡王謂桀也」　袁本、茶陵本無此五字，所載五臣向注有之。案：蓋尤所見有。

〔一三〕注「東都賦曰」　袁本、茶陵本「賦」作「主人」二字。案：前注「東都賦曰：闕庭神麗」，二本「賦」亦作「主人」。考今注中有「西都賓」、「東都主人」，亦有「東都賦」、「西都賦」，疑作「賦」

者皆後人所改。

〔一四〕注「左氏傳曰初」下至「其亦將有咎」　此一百二十六字袁本、茶陵本無，蓋因五臣同善而節去也。尤本有者是。

〔一五〕注「㶟水經注作濟」袁本、茶陵本無此六字。案：尤本此處脩改，未知其爲别本如此，抑或有記水經注之異於旁者，而尤延之取以入注也。

〔一六〕注「吾嘗無子之時」　袁本重「無子」二字。案：重者是也。尤本此處脩改，蓋誤依五臣向注删。茶陵本全删此注，益非。

〔一七〕注「回邪僻也」　案：「僻」上當有「泬」字，曹大家注幽通賦可證。彼「泬」作「穴」，同字也。各本皆脱。

〔一八〕注「史記曰趙王」下至「終不能加勝於趙」　此一百二十字袁本、茶陵本無，蓋因五臣同善而節去也。尤本有者是。

〔一九〕注「史記曰廉頗曰」下至「引車避匿」　此四十九字袁本、茶陵本無，蓋因五臣同善而節去也。尤本有者是。

〔二〇〕注「左傳秦穆公曰」　袁本、茶陵本無「秦穆公」三字。

〔二一〕注「維猶連結也」　袁本、茶陵本「也」作「之」。

〔二二〕皐記墳於南陵　袁本、茶陵本「記」作「託」，云善作「記」。案：此善亦作「託」，但傳寫譌爲

「記」，二本校語及尤所見皆非。

〔一三〕注「晉文公子墨縗絰」 陳云「晉文」二字當在後「杜預曰」下，「公」字衍。各本皆誤。

〔一四〕注「杜預曰公未葬」 案：「曰」下脱字，見上。

〔一五〕注「而無反者」 陳云「而」字衍，是也。各本皆衍。

〔一六〕注「戰于彭衙」 袁本、茶陵本無此四字。

〔一七〕注「又曰晉先且居伐秦」下至「斯三敗矣」 袁本、茶陵本無此二十四字。案：無者是也。善明云「止二敗，言三未詳」，更不得有此。當是或駁善注而記於其旁，尤延之不審，取以入注耳。考此役，秦未嘗及晉師戰，其非孟明將而敗，無待言，故難數之以足三也。於此可知善義例之精矣。

〔一八〕注「封殽尸而還」下至「用孟明也」 袁本、茶陵本無此十三字。

〔一九〕注「子其悉雪恥」 袁本、茶陵本「恥」下有「又曰穆公遂霸西戎」八字。案：此一節注皆當以袁本茶陵本爲是也。尤所添刪俱失善意。

〔二〇〕降曲崤而憐虢 案：注引劉澄之地理書「肴有純石，或謂石肴」。今正文未見當引此爲注之處，疑「曲崤」善作「石肴」也。五臣良注曰「曲崤，地名」，或其本亂善耳。

〔二一〕注「又曰攘袂而興」 陳云「又」字當作「七啓」二字，是也。各本皆誤。

〔二二〕注「晉侯使詹嘉」 袁本、茶陵本無「侯」字。

〔三三〕徒利開而義閉　茶陵本「徒」作「徙」，云五臣作「徒」。袁本云善作「徙」。案：「徙」但傳寫譌也。

〔三四〕注「湯曰」　陳云別本「湯」上有「周書」二字。案：此周書王會解文，有者是。但今未見其本耳。

〔三五〕注「而敵之」　案：「敵」當作「獻」，王會解可證。各本皆譌。

〔三六〕注「紫極星名王者爲宮以象之」　袁本、茶陵本無此十一字。

〔三七〕注「乃宿逆旅逆旅翁要少年」　袁本、茶陵本不重「逆旅」二字，「要」作「惡」。

〔三八〕注「淮南子曰」下至「陗峻也」　袁本、茶陵本無此十四字。

〔三九〕注「刻肌膚之愛」　陳云「刻」當作「割」，是也。各本皆譌。

〔四〇〕感徵名於桃園　何云「園」疑作「原」。案：何校據善注「其西名桃原」而云然，五臣銑注云桃園則桃林也，疑善與五臣之異，但袁、茶陵二本不著校語。又水經注河水四引此賦亦作「園」，然則未當改也。

〔四一〕注「即漢書全鳩里」　陳云別本「全」作「泉」。案：今未見，戾太子傳是「泉」字。

〔四二〕注「閿鄉縣東十里鳩澗西」　何校「十」下添「五」字，「鳩」上添「泉」字。案：何校據戾太子傳顏注云：「泉鳩水今在閿鄉縣東南十五里」而添也。此注各本盡同，未審善有以否。

〔四三〕注「漢書湖縣名今虢州閿鄉湖城二縣皆其地也」　袁本、茶陵本此十八字作「漢書湖有閿鄉」六字。案：二本是也。但此六字實續漢書郡國志文，疑「漢」上脱「續」字，善以注正文「閿鄉」，尤延之取顔戾太子傳之注「湖」者添改，不知此正文並無「湖」字，甚非。

〔四四〕注「愬向也」 案：「愬」當作「遡」。各本皆譌。

〔四五〕注「水側有坂」 袁本、茶陵本「坂」上有「長」字。案：有者是也。匡謬正俗所謂「過此長巷」者也。

〔四六〕注「漢書楊雄」下至「料敵制勝」 袁本、茶陵本無此十八字。

〔四七〕注「鄭玄周禮注曰浸者可以爲陂灌漑者」 袁本、茶陵本無此十五字。

〔四八〕入鄭都而抵掌 案：「抵」當作「扺」。各本皆非也，説見前。

〔四九〕注「毛萇曰威」 袁本、茶陵本無此四字。陳云下當有「滅」也。案：此尤延之添改而仍脱誤。

〔五〇〕外罹西楚之禍 袁本、茶陵本「罹」作「離」。案：「離」是也。

〔五一〕率土且弗遺 袁本、茶陵本「且」下有「猶」字。案：此亦無可考也。

〔五二〕況於卿士乎 袁本作「而況於卿士乎矣」，云善無七字。茶陵本作「而況於卿士乎」，亦云善無六字。尤本此處脩改乃取五臣五字以亂善，非也。

〔五三〕注「漢書曰」下至「降軹道旁」 此十九字袁本、茶陵本無。案：有者是。

〔五四〕注「漢書曰疎廣」下至「東都門外」 此六十八字袁本無，因五臣同善而節也。茶陵本亦有。

有者是。

〔五五〕注「青春爰謝」　案：「爰」當作「受」。此大招文也。正文云「孟秋爰謝」，善引此及王逸注者，但取「謝」字耳。其楚詞之「春受」，潘賦之「秋爰」，各自爲義。五臣乃改賦作「孟春受謝」，不知岳以仲夏憑軾，及此莅職，初不改歲，何言春乎？各本又因善正文之「爰」迴改注「受」字，亦爲失之。其他篇注誤爲「爰」者，不盡出。

〔五六〕注「尚書曰予思日孜孜」　袁本、茶陵本無此八字。

〔五七〕注「乘風懸鍾華祠樂」　案：「祠」當作「洞」。袁本茶陵本作「獨」，亦誤。

〔五八〕金狄遷於灞川　袁本、茶陵本「灞」作「霸」。案：「霸」是也。注中皆作「霸」。

〔五九〕注「潘岳關中記」下至「重不可致」　此三十六字袁本、茶陵本無，因五臣同善而節也。有者是。

〔六〇〕注「次道南」　袁本、茶陵本「次」作「大」，是也。

〔六一〕注「臨危」下至「蘇武也」　此十六字袁本、茶陵本無。案：有者是。

〔六二〕陸賈之優游宴喜　何校「宴」改「燕」。案：據注引毛詩也。其實「宴」、「燕」同字，亦未當改。廣絶交論「陸大夫宴喜西都」注正引此。

〔六三〕注「司馬長卿王子淵楊子雲也」　此十一字袁本、茶陵本無。案：有者是。

〔六四〕注「胡廣曰」　案：「廣」下當有「書」字。後屢引。各本皆脱。

〔六五〕注「洞門高廓」陳云「廓」別本作「廊」。案：今未見。外戚傳是「廊」字。

〔六六〕注「文成將軍李少翁」下至「亦何在也」此一節注四十字，袁本係「五臣良曰」下，其善注作「班固漢書贊曰如武帝有雄才大略文成已見上文」二十字。案：此尤本所見，以五臣語當善，反失真善注，誤甚，幸袁本訂正之。但袁「文成」下尚少「五利」二字，引漢書「有」當作「之」，爲小誤。茶陵本載善注上十四字與袁同，下「文成」、「五利」悉複出，亦非。

〔六七〕注「西都賦曰抗仙掌」下至「干雲霧以上達」袁本無此二十六字，其善注作「並已見上文」。案：袁本是也。茶陵本悉複出，與此全異，亦非。

〔六八〕注「漢書曰武帝作角抵戲」下至「絡以隋珠和璧」袁本無此三十三字。案：不當有也。善下注所謂「餘並已見上文」，即指此等耳。茶陵本悉複出，仍與此不同，亦非。

〔六九〕注「漢書曰武帝」下至「勒功中岳」袁本、茶陵本無此十七字。案：不當有也。説在上條。

〔七〇〕注「人情驚懼」袁本、茶陵本無此四字。

〔七一〕注「傅昭儀等皆慚」袁本、茶陵本無此六字。

〔七二〕注「漢武故事曰衞子夫」下至「悦之」袁本無此十九字。其善注作「衞趙已見西京賦」。案：袁本是也。茶陵本有，乃取西京賦注而複出也。彼全書於善云已見者例如此，蓋尤所見本亦然，而誤依添耳。

〔七三〕注「廣雅曰鑑照也」下至「事由體輕」袁本無此二十二字。案：袁本是也。茶陵本有，仍與此不同。説在上條。唯「廣雅曰鑑照也」六字，非取西京注，或當有。

〔七四〕掩細柳而撫劍　案：注云「方言曰掩止也掩與揜同」，蓋善「揜」、五臣「掩」而亂之。袁、茶陵二本不著校語，及尤所見，皆非。

〔七五〕注「終不肯行」　袁本、茶陵本「肯」作「可」，是也。

〔七六〕注「不聽臣言」　袁本、茶陵本「言」作「計」，是也。

〔七七〕注「昭王昭襄王也」　袁本作「暗主昭王也」。案：袁本最是。正文云「主暗」而注云「暗主」者，如上注云「敷教舉兵」，正文云「教敷兵舉」之例也。茶陵本全删此注，益非。

〔七八〕注「杜篤弔比干文曰」下至「豈忠諫之是謀」　袁本、茶陵本無此十八字。

〔七九〕注「無償趙王城邑」　袁本「邑」作「色」。案「色」是也。茶陵本亦誤「邑」。

〔八〇〕注「欲以擊柱」　袁本、茶陵本無「柱」字。

〔八一〕注「廣雅曰穽阬也才性切」　袁本、茶陵本無此九字。案：蓋尤所見有。

〔八二〕身刑轘以啓前　袁本云善作「先」，茶陵本作「先」，云五臣作「前」。案：二本與尤所見不同也。但各本於注中皆云「故曰啓前」，似善自作「前」字也。

〔八三〕注「國語單襄公曰」下至「惕覺寤而顧問」　袁本無此二十三字，茶陵本有。案：袁是也。善明云「兵在頸已見東京賦」，茶陵複出，尤增多，皆於注末，所云不可通。

〔八四〕注「吾願得郡」　袁本、茶陵本「郡」上有「一」字。案：有者是也，史記文。

〔八五〕注「地者遠近險易」袁本「者遠近」作「有近遠」。案：袁本是也。茶陵本作「者近遠」，「者」亦「有」之誤。

〔八六〕注「羽屠咸陽」袁本「羽」下有「因」字，茶陵本有「西」字。案：有「西」字是也，史記文。

〔八七〕注「漢書曰韓延壽」下至「莫不流涕」此一百十八字袁本、茶陵本無，因五臣同善而節去也。尤本有者是。

〔八八〕注「襄公之應司馬曰夷」陳云「曰」當作「目」，是也。各本皆譌。

〔八九〕注「秦名天子冢曰長山」案：「長」字當去。各本皆衍。水經注渭水下所引無，可證也。

〔九〇〕注「過聽將作大匠解萬年」袁本、茶陵本無「解」字。案：無者是也。

〔九一〕注「張晏漢書曰鞠」案：「曰」上脱「注」字，見下，「鞠」當作「鞫」。各本皆譌。

〔九二〕注「一曰勒毛萇詩傳注曰勒告也」陳云「注」字當在上。「張晏漢書」下兩「勒」字，並當作「鞠」，所引乃采芑三章傳，是也。各本皆譌。

〔九三〕注「左氏」陳云下當有「傳」字，是也。各本皆脱。

〔九四〕注「王莽奏曰」下至「故爵稱天子」袁本、茶陵本無此十四字。

〔九五〕注「始皇南山之巔」陳云「南」上當有「表」字，是也。袁本亦脱。茶陵本全删此注，益非。

〔九六〕注「五柞在盩厔」袁本作「五柞已見上文」。案：袁本是也。茶陵本複出，亦非。

〔九七〕注「漢書武帝發謫穿昆明池」袁本無此十字，正文不另分節。

〔九八〕注「西都賦曰集乎豫章之宇」下至「皎皎河漢女」　袁本無此三十七字，其善注作「並已見上文」，詳下。

〔九九〕注「周易曰日月麗乎天」下至「曙於濛谷之浦」　袁本無此四十五字，其善注作「並已見上文」，詳下。

〔一〇〇〕注「三輔黃圖曰」下至「揭焉中峙」　袁本無此三十一字，正文不另分節。

〔一〇一〕注「毛萇詩傳曰」下至「牽牛織女象也」　袁本無此三十一字，其善注作「餘並已見上西京賦」。案：以上各條皆袁本是也。善注例自如此，尤增多，茶陵本複出，互有不同，皆非。

〔一〇二〕注「鄭玄周禮注曰」下至「趾基也」　袁本無此二十六字，正文并在上節。案：袁本是也。

〔一〇三〕注「毛詩曰」下至「鴻漸于干」　袁本無此十四字，正文不另分節。

〔一〇四〕隨波澹淡　袁本、茶陵本「波」作「流」。案：尤此處皆脩改，蓋「流」字是。

〔一〇五〕注「毛萇詩傳曰飛而上」下至「隨波澹淡」　袁本無此二十七字，正文不另分節。

〔一〇六〕注「瀺灂出没之貌」下至「唼喋菁藻」　袁本無此三十二字，其善注作「並已見上文」。案：皆袁本是也。茶陵本所複出，互有不同，亦非。

〔一〇七〕志勤遠以極武　袁本、茶陵本云「勤」，善作「懃」。案：此處尤本皆脩改，下文「心翹懃以仰止」，亦五臣「勤」、善「懃」，二本所見是矣。

〔一〇八〕注「謂品第也謂品第其所獲也」　茶陵本無「也謂品第」四字，是也。袁本亦衍。

〔一九〕注「杜預左氏傳曰」 袁本重「曰」字，茶陵本「左」上有「春秋」二字。案：皆非也。陳云「傳」下當有「注」字。

〔二〇〕灑釣投網 袁本云善作「罔」。茶陵本作「罔」，云五臣作「網」。案：二本所見是也。

〔二一〕注「郭璞方言曰」 陳云「言」下脱「注」字，是也。各本皆脱。

〔二二〕於是弛青鯤於網鉅 袁本作「綱」，云善作「網」。茶陵本亦作「網」，無校語。案：所見皆非也。善作「綱」，故引孔安國論語注，必「子釣而不綱」之注也。今并注中三「綱」字盡譌爲「網」。尤及茶陵遂不見「綱」字，袁本又以「綱」轉屬之五臣，全失善意。

〔二三〕雍人縷切 袁本云善作「雍」。茶陵本云五臣作「饔」。案：各本注中皆作「饔」，疑善自作「饔」字。

〔二四〕注「毛萇詩傳曰南方有魚」 陳校「毛萇傳」改「鄭玄箋」。案：此節箋文也。但善引毛、鄭每不甚分別，蓋其時傳、箋久并，故致如此耳。陳校悉以爲誤而改之。當仍其舊。他條亦不更出。

〔二五〕注「獻子辭梗陽人賂」 袁本無「賂」字，是也。茶陵本删「陽」以添「賂」，益誤。

〔二六〕注「許慎淮南子注曰」 袁本、茶陵本無此七字。

〔二七〕注「策杖也」 袁本、茶陵本「杖」作「馬檛」二字。

〔二八〕徘徊酆鎬 袁本云善作「鎬」。茶陵本作「鎬」，云五臣作「鄗」。案：各本注中皆作「鄗」，似善自作「鄗」字。下文「惟鄚及鄗」，亦各本俱作「鄗」。

〔二九〕注「企佇也」　陳云「企」上脱「翹」字。案：爲正文「翹」字作注也。各本皆脱。

〔三〇〕注「蔡邕胡黄公頌曰」　案：「公」上當有「二」字，皇太子釋奠會作詩注所引可證。

〔三一〕注「參其二也」　案：「參」上當有「莫」字，皇太子釋奠會作詩注所引可證。今後漢書胡廣傳注及蔡中郎集皆作「莫與爲二」，更誤。

〔三二〕庶免夫戾　何校「夫」改「大」，陳云别本作「大」。案：何、陳所言皆誤。「夫」是，「大」非。今各本亦未見有作「大」者。

〔三三〕注「然任其才信無欲之心」　陳云「才」當作「材」，是也。各本皆譌。

文選

〔南朝梁〕蕭　統　編
〔唐〕李　善　注

第　二　册

第十一卷至第十九卷

上海古籍出版社

文選第二册目録

（第十一卷至第十九卷）

賦

遊覽

宫殿

江海

物色

情

文選卷第十一

遊覽　宮殿

遊覽

登樓賦　盛弘之荆州記曰：當陽縣城樓，王仲宣登之而作賦。

王仲宣　魏志曰：王粲，字仲宣，山陽人。獻帝西遷，粲從至長安。以西京擾亂，乃之荆州，依劉表。後太祖辟爲右丞相掾。魏國建，爲侍中，卒。

登茲樓以四望兮，聊暇古雅〔一〕日以銷憂。馮衍顯志賦曰：伏朱樓而四望，采三秀之華英。孫卿子曰：多暇日者，其出入不遠也。賈逵國語注曰：暇，閑也。暇或爲假。楚辭曰：遷逡次而勿驅，聊假日以消時。邊讓章華臺賦曰：冀彌日以銷憂。漢書，東方朔曰：銷憂者莫若酒。覽斯宇之所處兮，實顯敞而寡仇。說文曰：屋宇邊，謂樓之宇也〔二〕。西京賦曰：雖斯宇之既坦。李尤高安館銘曰：增臺顯敞，禁室靜幽。蒼頡篇曰：敞，高顯也。爾雅曰：仇，匹也。挾清漳之通浦兮，倚曲沮之長洲。挾，猶帶也。山海經曰：荆山，漳水出焉，而東南注于睢。漢書地理志曰：漢中房陵東山，沮水所出，至郢入江。睢與沮同。背墳衍之廣陸兮，臨皐隰之沃流。杜預左氏傳注曰：陸，道也。孟康漢書注曰：沃，灌溉也。北彌陶牧，西接昭丘。爾雅曰：彌，終也，謂終極也。盛弘之荆州記曰：江陵縣西有陶朱公冢，其碑云是越之范蠡而終於陶。爾雅曰：郊外曰牧。荆州圖記曰：當陽東南七十里有楚昭王墓，登樓則見，所謂昭丘。華實蔽野，黍稷盈疇。春秋文耀鉤曰：春致其時，華實乃榮。說文曰：疇，耕治之田也。賈逵國語注曰：一井爲疇。雖信美而非吾土兮，曾何足以少留？楚辭曰：雖信美而無禮。北征賦曰：曾不得乎少留。說文曰：曾，謂辭之舒也。

遭紛濁而遷逝兮，漫踰紀以迄今。紛濁，喻代亂也。楚辭曰：吸精粹而吐紛濁。孔安國尚書傳曰：十二年曰紀。毛詩曰：以迄于今。毛萇曰：迄，至也。情眷眷而懷歸兮，孰憂思之可任？韓詩曰：眷眷懷顧。毛詩曰：豈不懷歸。毛萇曰：懷，思也。杜預左氏傳注曰：任，當也。憑軒檻以遥望兮，向北風而開襟。言感北風逾增鄉思也。小雅曰：馮，依也。漢書曰：天子自軒檻上隤銅丸。韋昭曰：軒檻，殿上欄軒上板也。風賦曰：有風颯然而至，王乃披襟而當之。平原遠而極目兮，蔽荆山之高岑。楚辭曰：目極千里傷春心。漢書，臨沮縣，荆山在東北也。爾雅曰：山小而高曰岑。路逶迤而脩迥兮，川既漾以上〔三〕而濟深。逶迤，長貌也。爾雅曰：迥，遠也。韓詩曰：江之漾矣，不可方思。薛君曰：漾，長也。毛詩曰：濟有深涉。爾雅曰：濟，渡也。悲舊鄉之壅隔兮，涕橫墜而弗禁。楚辭曰：忽臨睨夫舊鄉。漢中山王勝曰〔四〕：不知涕泣之橫集。昔尼父之在陳兮，有歸歟之歎音。左氏傳曰：孔丘卒，公誄之曰：尼父，無自律。論語，子在陳曰：歸歟！歸歟！鍾儀幽而楚奏兮，莊舄顯而越吟。左氏傳曰：晉侯觀于軍府，見鍾儀問曰：南冠而縶者誰也？有司對曰：鄭人所獻楚囚也。使稅之，問其族，對曰：伶人也。使與之琴，操南音。公曰：樂操土風，不忘舊也。史記曰：陳軫適楚，秦惠王曰：子去寡人之楚，亦思寡人不？陳軫對曰：昔越人莊舄仕楚執珪，有頃而病。楚王曰：舄，故越之鄙細人也，今仕楚執珪，富貴矣，亦思越不？對曰〔五〕：凡人之思故，在其病也。彼思越則越聲，不思越則且楚聲。人往聽之，猶尚越聲也。今臣雖棄逐之楚，豈能無秦聲者哉！人情同於懷土兮，豈窮達而異心？窮，謂鍾儀。達，謂莊舄。論語，子曰：小人懷土。孔安國曰：懷，思也。呂氏春秋曰：道德於此〔六〕，窮達一也。

惟日月之逾邁兮，俟河清其未極。尚書云：日月逾邁，若弗云來。左氏傳，鄭子駟曰：周詩有之，俟河之清，人壽幾何？杜預曰：逸詩也。爾雅曰：極，至也。冀王道之一平兮，假高衢而騁力。賈逵國語注曰：覬，望也。冀與覬同。尚書曰：王道正直。孔安國曰：王道平直也。高衢，謂大道也。薛君韓詩章句曰：騁，馳也。懼匏瓜之徒懸兮，畏井渫之莫食。論語，子曰：吾豈匏瓜也哉，焉能繫而不食！鄭玄曰：我非匏瓜，焉能繫而不食者，冀往仕而得祿。周易曰：井渫不食，爲我心惻。鄭玄曰：謂已浚渫也，猶臣脩正其身以事君也。張璠曰：可爲惻然，傷道未行也，然不食以被任用也。步棲遲以徙倚兮，白日忽其將匿。毛詩曰：衡門之下，可以棲遲。楚辭曰：步徙倚而遥思。杜預左氏傳注曰：匿，藏也。風蕭瑟而並興兮，天慘慘而無色。楚辭曰：蕭瑟兮草木摇落而變衰。通俗文曰：暗色曰黲。慘與黲古字通。獸狂顧以求羣兮，鳥相鳴而舉翼。楚辭曰：狂顧南行。王逸曰：狂，猶遽也。大戴禮夏小正曰：鳴也者，相命也。原野闃其無人兮，征夫行而未息。原野闃無農人，但有征夫而已。周易曰：闚其户，闃其無人。埤蒼曰：闃，静也。毛詩曰：駪駪征夫。心悽愴以感發兮，意忉怛丁達〔七〕而憯七感切惻。廣雅曰：感，傷也。毛詩曰：勞心忉忉。毛萇曰：憂勞也〔八〕。又曰：勞心怛怛。毛萇曰：怛怛，猶忉怛也〔九〕。循堦除而下降兮，氣交憤於胸臆於力切〔一〇〕。司馬彪上林賦注曰：除，樓階也。杜預左氏傳注曰：交，戾也。王逸楚辭注曰：憤，懣也。説文曰：臆，胸也。夜參半而不寐兮，悵盤桓以反側。方言曰：參，分也。韓子曰：衛靈公泊濮水〔一一〕，夜分而聞有鼓瑟者〔一二〕。毛詩曰：耿耿不寐。易曰：初九，盤桓，利居貞。廣雅曰：盤桓，不進也。毛詩曰：展轉反側。

文選考異

〔一〕注「古雅」袁本、茶陵本無此二字，注末有「假古雅切」四字。案：二本是也。此音注「或爲假」之「假」，不當移入正文「暇」字下。

〔二〕注「説文曰屋宇邊謂樓之宇也」袁本、茶陵本無此十三字。案：有者蓋誤衍。

〔三〕注「以上」袁本、茶陵本作「漾以上切」，在注末，是也。

〔四〕注「漢中山王勝曰」陳云「漢」下當有「書」字。各本皆脱。案：謂景十三王傳也。

〔五〕注「對曰凡人之思」何校「對」上添「中謝」二字，是也。此陳軫傳文，各本皆脱。

〔六〕注「道德於此」陳云「德」當作「得」，是也。各本皆譌。

〔七〕注「丁達」袁本、茶陵本作「怛丁達切」，在注末，是也。

〔八〕注「憂勞也」袁本、茶陵本此下有「音刀」二字，是也。

〔九〕注「猶怮怛也」案：「怛」當作「怮」，各本皆譌。此齊風甫田傳文。猶者，猶上章。

〔一〇〕注「於力切」袁本、茶陵本在注末，是也。

〔一一〕注「衛靈公泊濮水」案：「泊」當作「宿」，各本皆譌。王正長雜詩注引有其證。

〔一二〕注「而聞有鼓瑟者」袁本、茶陵本「瑟」作「琴」。案：「琴」是也。此韓子十過文，又載史記樂書，亦是「琴」字。

遊天台山賦 并序 支遁天台山銘序曰：余覽内經山記云：剡縣東南有天台山。

孫興公 何法盛晉中興書曰：孫綽，字興公，太原人也。爲章安令，稍遷散騎常侍，領著作郎，尋轉廷尉卿，卒。于時才筆之士，綽爲其冠。

天台山者，蓋山嶽之神秀者也〔一〕。廣雅曰：秀，異也。涉海則有方丈蓬萊，登陸則有四明天台。方丈、蓬萊，皆海中名山也。爾雅曰：高平曰陸。謝靈運山居賦注曰：天台、四明相接連。四明方石四面，自然開窗。皆玄聖之所遊化，靈仙之所窟宅。名山略記曰：天台山，即是定光寺諸佛所降葛仙公山也。夫其峻極之狀，嘉祥之美，毛詩曰：嵩高維嶽，峻極于天。東京賦曰：備致嘉祥。窮山海之瓌富，盡人神之壯麗矣。埤蒼曰：瑰瑋，珍琦也。所以不列於五嶽，闕載於常典者，爾雅曰：太山爲東嶽，華山爲西嶽，衡山爲南嶽，常山爲北嶽，嵩山爲中嶽。常典，五經之流也。豈不以所立冥奧，其路幽迴。冥奧者，冥冥深奧也。幽迴，遐遠也。或倒景於重溟，或匿峯於千嶺。重溟，謂海也。山臨水而影倒，故曰倒景也。始經魑魅之塗，卒踐無人之境。杜預左氏傳注曰：魑，山神。魅，怪物。莊子曰：其道幽遠而無人。舉世罕能登陟，王者莫由禋祀。劉兆穀梁注曰：舉，盡也。楚辭曰：舉世皆然將誰告。孔安國尚書傳曰：精意以享謂之禋。故事絶於常篇，名標於奇紀。廣雅曰：絶，滅也。篇，即常典也。廣雅曰：標，書也。奇紀，即內經山記。

然圖像之興，豈虛也哉！非夫遺世翫道，絶粒茹芝者，烏能輕舉而宅之？列仙傳曰：赤松子好食松實，絶穀。孔安國尚書傳曰：米食曰粒，音立。列仙傳讚曰：呑水須，茹芝莖，斷食休糧，以除穀氣。廣雅曰：茹，食也，讓慮切。楚辭曰：願輕舉而遠遊。非夫遠寄冥搜，篤信通神者，何肯遥想而存之？言非寄情遐遠，搜訪幽冥，篤信善道，通神感化者，何肯存之也。余所以馳神運思，晝詠宵興，俛仰之間，若已再升者也。莊子，老聃謂崔瞿曰：其疾也哉，俛仰之間，再撫四海之外也。王弼周易注曰：若，辭也。臞，音劬。方解纓絡，永託兹嶺。方，猶將也。纓絡以喻世網也。說文曰：嬰，繞也。纓與嬰通。郭璞山海經注曰：絡，繞也。不任吟想之至，聊奮藻以散懷。歸田賦曰：揮翰墨以奮藻。

太虚遼廓而無閡，運自然之妙有，太虚，謂天也。自然，謂道也。無閡，謂無名。妙有，謂一也。言大道運彼自然之妙一而生萬物也。管子曰：虚而無形謂之道。鵩鳥賦曰：寥廓忽荒。老子曰：天法道，道法自然。鍾會曰：莫知所出，故曰自然。王弼曰：自然，無義之言，窮極之辭也。又曰：妙者，極之微也〔二〕。老子曰：道生一。王弼曰：一數之始，而物之極也。謂之爲妙有者，欲言有，不見其形，則非有，故謂之妙；欲言其〔三〕物由之以生，則非無，故謂之有也。斯乃無中之有，謂之妙有也。阮籍通老子論曰：道者自然，易謂之太極，春秋謂之元，老子謂之道也。融而爲川瀆，結而爲山阜。老子曰：三生萬物。鍾會曰：散而爲萬物也。融，猶銷也。班固終南山賦曰：流澤遂而成水，停積結而爲山。嗟台嶽之所奇挺，寔神明之所扶持。廣雅曰：挺，出也。魯靈光殿賦序曰：豈非神明依憑支持者也。蔭牛宿以曜峯，託靈越以正基。天台，越境，故云牛宿也。漢書曰：越地，牽牛之分野。結根彌於華岱，直指高於九疑。結，猶固也。南都賦曰：結根竦本。華、岱、九疑皆山名也。劉瓛周易義曰：彌，廣也。應配天於唐典，齊峻極於周詩。配，猶對也。左氏傳，周史謂陳侯曰：姜，太嶽之後也。山嶽則配天。杜預曰：姜姓之先，爲堯四嶽，故曰唐典也。

邈彼絶域，幽邃窈窕。王逸楚辭注曰：邈，遠也。絶，遠也。魯靈光殿賦曰：琁室㛹娟以窈窕，洞房叫窱而幽邃。王逸曰：邃，深也。近智以守見而不之〔四〕，之者以路絶而莫曉。近智，猶小智也。爾雅曰：之，往也。言近智守所見而不之，假有之者，以其路斷絶，莫之能曉也。方言曰：曉，知也。哂夏蟲之疑冰，整輕翮而思矯。言淺近小智，同乎夏蟲，今既哂之，故整翮思矯也。馬融論語注曰：哂，笑也。莊子，北海若謂河伯曰：夏蟲不可以語於冰者，篤於時也。司馬彪曰：厚信其所見之時也。方言曰：矯，飛也。理無隱而不彰，啓二奇以示兆。劉向列女傳曰：名無細而不聞，行無隱而不彰。二奇，赤城、瀑布也。賈逵國語注曰：兆，形也。赤城霞起而建標，卑遥〔五〕，瀑布飛流以界道。支遁天台山銘序曰：往天台當由赤城山爲道徑。孔靈符會稽記曰：赤城山名色皆赤〔六〕，狀似雲霞。懸霤千仞，謂之瀑布。飛流灑散，冬夏不竭。天台山圖曰：赤城山，天台之南門也。瀑布山，天台之西南峯。水從南巖懸注，望之如曳布。建標立物，以爲之表識也。戰國策曰：舉標甚高。界道，謂爲道疆界也。法華經曰：黄金爲繩，以界八道。

覩靈驗而遂徂，忽乎吾之將行。仍羽人於丹丘，尋不死之福庭。楚辭曰：仍羽人於丹丘兮，留不死之舊鄉。王逸曰：因就衆仙於明光也。丹丘，晝夜常明。山海經有羽人之國，不死之民。苟台嶺之可攀，亦何羨於層城？薛君韓詩章句曰：羨，願也。淮南子曰：掘崐崘墟以下，地中有層城九重是也。釋域中之常戀，暢超然之高情。老子曰：域中有四大。漢書音義曰：暢，通也。老子曰：雖有榮觀，宴處超然。被毛褐之森森，振金策之鈴鈴。七啓曰：余好毛褐，未暇此服也。金策，錫杖也。鈴鈴，策聲。披荒榛之蒙蘢，陟峭崿之崢嶸。高誘淮南子注曰：叢木曰榛。孫子曰：草樹蒙蘢。文字集略曰：崿，崖也。字林曰：崢嶸，山高貌。濟楢由溪而直進，落五界而迅征。顧愷之啓蒙記注曰：之天台山，次經油溪。

謝靈運山居賦曰：凌石橋之莓苔，越楢溪之縈紆。注曰：所居往來，要經石橋、過楢溪，人迹不復過此。楢字雖殊，並酉留切。落，邪行也。五界，五縣之界。孔靈符會稽記曰：此山舊名，五縣之餘地。五縣：餘姚、鄞、句章、剡、始寧。服虔漢書注曰：鄞，音銀。跨穹隆之懸磴丁鄧〔七〕，臨萬丈之絶冥。穹隆，長曲貌。西京賦曰：閣道穹隆。懸磴，石橋也。顧愷之啓蒙記曰〔八〕：天台山石橋，路逕不盈尺，長數十步，步至滑，下臨絶冥之澗。冥，幽深也。踐莓苔之滑石，搏壁立之翠屏。莓苔，即石橋之苔也。翠屏，石橋之上石壁之名也。異苑曰：天台山石〔九〕有莓苔之險。孔靈符會稽記曰：赤城山上，有石橋懸度，有石屏風横絶橋上，邊有過逕，纔容數人。仲長子昌言曰：斧帳翠屏之不坐。莓，音梅。攬樛居求木之長蘿，援葛藟力鬼〔一〇〕之飛莖。顧愷之啓蒙記注曰：濟石橋者，搏巖壁，援女蘿葛藟之莖。毛詩曰：南有樛木，葛藟纍之。毛萇曰：木下曲曰樛。爾雅曰：女蘿，兔絲。賈逵國語注曰：援，引也。雖一冒於垂堂，乃永存乎長生。漢爰盎諫上曰：臣聞千金之子，坐不垂堂。老子曰：長生久視之道。東方朔十洲記曰：桂英流丹，服之長生。必契誠於幽昧，履重嶮而逾平。幽昧，謂道也。鍾會老子注曰：幽冥晦昧，故稱爲玄。

既克隮於九折，路威夷而脩通。言其道嶮，曲折有九也。杜篤首陽山賦曰：九折萎崔而多艱。韓詩曰：道威夷者也〔一一〕。恣心目之寥朗，任緩步之從容。列子曰：晏平仲問養生於管夷吾曰：恣目之所欲視，恣意之所欲行。寥朗，謂心虚目明也。説文曰：寥，虚空也。毛萇詩傳曰：朗，明也。列子曰：子華之容，緩步闊視。尚書曰：從容以和。藉萋萋之纖草，蔭落落之長松。以草薦地而坐曰藉。楚辭曰：春草生兮萋萋。杜篤首陽山賦曰：長松落落，卉木蒙蒙。覿翔鸞之裔裔，聽鳴鳳之嗈嗈。裔裔，飛貌也。爾雅曰：嗈嗈，和也，謂聲之和也。過靈溪而一濯，疏煩想於心胸。靈溪，溪名也。廣雅曰：濯，洗也。賈逵國語注曰：疏，除也。蕩遺塵於旋流，發五蓋之遊蒙。因一濯而假言也。六塵虛假而能不住，故曰蕩。雖遺而未能盡，故曰遺。中論曰：六塵，色、聲、香、味、觸、法。高誘淮南子注曰：旋流，深淵也。身意皆淨而能不離，故曰發。五蓋非真而蔽己善行，故曰遊。大智度論曰：五蓋，貪欲、瞋恚、睡眠、調戲、疑悔。禮記曰：昭然發蒙。五蓋或爲神表。追羲農之絶軌，躡二老之玄蹤。羲、農，伏羲、神農也。廣雅曰：軌，跡也。又曰：躡，履也。二老，老子、老萊子也。史記曰：老子者，楚苦縣人，名耳，字聃，姓李氏。見周之衰，乃遂去。西至關，關令曰：子將隱矣，強爲我著書。乃著上下二篇，言道德之意。又曰：老萊子，亦楚人也。著書十五篇，言道家之用，脩道而養壽也。劉向別録曰：老萊子，古之壽者。

陟降信宿，迄于仙都。毛詩曰：陟降廷止。毛萇曰：陟降，上下。左氏傳曰：凡師一宿爲舍，再宿爲信。爾雅曰：迄，至也。十洲記曰：滄浪海島中有石室，九老仙都治處，仙官數萬人。雙闕雲竦以夾路，瓊臺中天而懸居。朱闕玲瓏於林間，玉堂陰映于高隅。顧愷之啓蒙記注曰：天台山列雙闕於青霄中，上有瓊樓、瑶林、醴泉，仙物畢具。十州記曰：承淵山金臺玉樓，流精之闕，瓊華之室，西王母之所治，真官仙靈之所宗也。晉灼漢書注曰：玲瓏，明見貌〔一二〕。彤雲斐亹亡匪〔一三〕以翼櫺，皦公鳥日烱晃於綺疏。斐亹，文貌。翼，猶承也。櫺，窗間子也。毛詩曰：有如皦日。烱晃，光明也。李尤東觀銘曰：房闥内布，綺疏外陳。薛綜西京賦注曰：疎，刻穿之也。然刻爲綺文，謂之綺疎也。八桂森挺以凌霜，五芝含秀而晨敷。山海經曰：桂林八樹，在賁隅東。郭璞曰：八樹成林，言其大也。賁隅音番禺。神農本草經曰：桂葉冬夏常青不枯。又曰：赤芝一名丹芝，黄芝一名金芝，白芝一名玉芝，黑芝一名玄芝，紫芝一名木芝。馮衍顯志賦曰：食五芝之茂英。

惠風佇芳於陽林，醴泉涌溜於陰渠。邊讓章華臺賦曰：惠風春施。宁，猶積也。佇與宁同〔一四〕。毛萇詩傳曰：山南曰陽。鄭玄周禮注曰：陽林生於山南〔一五〕。史記曰：崑崙山上有醴泉。白虎通曰：醴泉者美泉，狀如醴。陰渠，山北之渠。建木滅景於千尋，琪樹璀璨而垂珠。淮南子曰：建木在廣都，衆帝所自上下。日中無景，呼而無響，蓋天地之中也。山海經曰：神人之丘，有建木，百仞無枝。又曰：崐崘之墟，北有珠樹、文玉樹、玗琪樹。璀璨，珠垂貌。玗，羽俱切。璀，七罪切。王喬控鶴以沖天，應真飛錫以躡虛。列仙傳曰：王子喬者，周靈王太子晉也。道人浮丘公接以上嵩高山。三十餘年後，人於山上見之。告我家於七月七日待我於緱氏山頭。果乘白鶴駐山頭。毛萇詩傳曰：控，引也。史記，楚莊王曰：有鳥不蜚，蜚乃沖天。百法論曰：并及八輩應真僧。然應真，謂羅漢也。大智度論曰：菩薩常應二時，頭陀常用錫杖、經傳、佛像。騁神變之揮霍，忽出有而入無。言衆仙既登正道，故能騁其神變，出於衆有而入無爲也。淮南子曰：出於無有，入於無爲。

於是遊覽既周，體静心閑。王逸楚辭注曰：閑，静也。害馬已去，世事都捐。莊子曰：黄帝將見大隗于具茨之山，適遇牧馬童子。黄帝曰：請問爲天下？小童曰：夫爲天下者，亦奚以異乎牧馬者哉？亦但去其害馬者而已矣！郭璞曰：馬以過分爲害。歸田賦曰：與世事乎長辭。投刃皆虚，目牛無全。莊子曰：庖丁爲文惠君屠牛。文惠君曰：善哉技。庖丁對曰：臣好者道，進乎技矣。臣始解牛時，所見無非牛者，三年之後，未嘗見全牛也。今臣以神遇，而不以目視也。凝思幽巖，朗詠長川。廣雅曰：凝，止也。朗，猶清徹也。爾乃羲和亭午，遊氣高褰。楚辭曰：吾令羲和弭節兮。王逸曰：羲和，日御也。午，日中。徐爰射雉賦注曰：

褰，開也。法鼓琅以振響，衆香馥以揚煙。法華經曰：擊大法鼓。又曰：燒衆名香。肆覲天宗，爰集通仙。天宗，謂老君也。通仙，謂衆仙也。其通猶通侯也。尚書曰：肆覲羣后。孔安國曰：肆，遂也。挹以玄玉之膏〔一六〕，嗽以華池之泉。毛萇詩傳曰：挹，斟也〔一七〕。山海經曰：密山是生玄玉，玉膏之所出。郭璞曰：言玉膏中又出黑玉。史記曰：崑崙其上有華池。散以象外之説，暢以無生之篇。象外，謂道也。周易曰：象者，像也。荀粲列傳〔一八〕，粲答兄俣云：立象以盡意，此非通乎象外者也。象外之意，故蘊而不出矣。無生，謂釋典也。維摩詰曰：是天女所願具足，得無生忍。俣，牛矩切。悟遣有之不盡，覺涉無之有間；言道釋二典，皆以無爲宗。今悟有爲非而遣之，遣之而不盡，覺無爲是而涉之，涉之而有間，言皆滯於有也。説文曰：悟，覺也。小雅曰：間，隙也。泯色空以合跡，忽即有而得玄。言有既滯有，故釋典泯色空以合其跡。道教忽於有而得於玄。郭象莊子注曰：泯，平泯也。又曰：本末内外，暢然俱得，泯然無跡。維摩經，喜見菩薩曰：色色空爲二，色即是空，非色滅空，色性自空，如是受想行識。識空爲二，識即是空，非識性自空，於其中通而達者，爲入不二法門。有，謂有形也。王弼老子注曰：凡有皆始於無。又曰：有之所始，以無爲本。然王以凡有皆以無爲本，無以有爲功，將欲寤無，必資於有。故曰，即有而得玄也。王弼又曰：玄，冥嘿無有也。釋二名之同出，消一無於三幡。釋，謂解説令散也。二名，即有名物始，無名物母也。言二名雖異，釋之令同出於道也。老子曰：無名天地之始，有名萬物之母。故常無欲以觀其妙，常有欲以觀其徼。此兩者，同出而異名，同謂之玄。王弼曰：兩者謂始與母也，同出於玄也。異名，所施不同也，在首則謂之始，終則謂之母也。訓暢令盡也。三幡，色一也。色空二也，觀三也。言三幡雖殊，消令爲一，同歸於無也。郤敬輿與謝慶緒書論三幡義曰：近論三幡，諸人猶多欲，既觀色空，別更觀識，同在一有，而重假二觀，於理爲長。然敬輿之意，以色空及觀爲三幡，識空及觀亦爲三幡。恣語樂以終日，等寂默於不言。夫言從道生，道因言暢。道之因言，理歸空一，故終日語樂，等乎不言。莊子曰：言而足，則終日言而盡道也。又曰：言無言，終身未嘗言，終身不言，未嘗不言。渾萬象以冥觀，兀同體於自然。妙悟玄宗，則蕩然都遣，不知己之是己，不見物之爲物，故渾齊萬像以冥觀，兀然同體於自然。孝經鉤命決曰：地以舒形，萬象咸載。冥，昧也，言不顯視也。兀，無知之貌也。自然，已見上文。

文選考異

〔一〕蓋山嶽之神秀者也　袁本、茶陵本無「者」字。

〔二〕注「老子曰天法道」下至「極之微也」　此四十三字袁本、茶陵本無。案：此以尤所校添爲是。

〔三〕注「欲言其」　袁本、茶陵本「其」下有「無」字。案：有者是也。

〔四〕近智以守見而不之　袁本、茶陵本「智」下有「者」字。案：二本不載校語，無可考也。

〔五〕注「卑遥」　袁本、茶陵本作「卑遥切」，在注中「舉標甚高」下，是也。

〔六〕注「名色皆赤」　案：「名」當作「石」。各本皆譌而屬上，非也。

〔七〕注「丁鄧」　袁本、茶陵本作「磴丁鄧切」，在注中「下臨絶冥之澗」下，是也。

〔八〕注「顧愷之啓蒙記曰」　袁本、茶陵本「記」下有「注」字，是也。

〔九〕注「異苑曰天台山石」　何校「石」下添「橋」字。各本皆脱。

〔一〇〕注「居求」又注「力鬼」　袁本、茶陵本作「居虯切」，「藟，力鬼切」，在注中「木下曲曰樛」下，是也。

〔一一〕注「道威夷者也」　陳云別本「道」上有「周」字，無「者也」。案：此脱「周」字，衍「者」字。別本今未見。

〔一二〕注「玲瓏明見貌」　案：「玲瓏」當作「瓏玲」，此楊雄傳「和氏瓏玲」注也。善取同義，不拘語倒。其例全書盡然，不知者依正文乙轉，非也。

〔一三〕注「亡匪」　袁本、茶陵本作「亹亡匪切」，在注中「文貌」下，是也。

〔一四〕注「宁猶積也佇與宁同」　陳云「宁」當作「貯」，是也。各本皆譌。

〔一五〕注「陽林生於山南」　案：「林」當作「木」，此「地官山虞」注也。善以「陽木」注「陽林」，不知者依正文改字，非也。

〔一六〕挹以玄玉之膏　案：「挹」當作「揖」。乃善「揖」、五臣「挹」而亂之，説見下。

〔一七〕注「挹斟也」　袁本、茶陵本此下有「揖與挹同」四字。案：二本有者最是也。善引詩傳「挹」以注「揖」，故有是語，五臣因改爲「挹」。袁、茶陵皆正文用五臣亂善而不載校語。尤本并删此注，幾莫可考，甚非。

〔一八〕注「荀粲列傳」　案：「列」當作「別」。各本皆誤。三國魏志荀彧傳注有其證也。

蕪城賦

四言〔一〕集云：登廣陵故城〔二〕。漢書曰：廣陵國，高帝十一年屬吴，景帝更名江都，武帝更名廣陵。江都易王非、廣陵厲王胥皆都焉。

鮑明遠 沈約宋書：鮑昭，字明遠，文辭贍逸。世祖時，昭爲中書舍人，上好爲文章，自謂物莫能及，昭悟其旨，爲文多鄙言累句，當時咸謂昭才盡，實不然也。臨海王子瑱爲荆州，昭爲前軍〔三〕掌書記之任。子瑱敗，爲亂兵所殺。

瀰弭池以爾平原，瀰，相連漸平之貌也。廣雅曰：池，斜也。平原，即廣陵也。南馳蒼梧漲張海，北走去聲紫塞鴈門。南馳、北走，言所通者遠也。漢書有蒼梧郡。謝承後漢書曰：陳茂常渡漲海。如淳漢書注曰：走，音奏，趨也。崔豹古今注曰：秦所築長城土色皆紫，漢塞亦然，故稱紫塞。漢書有鴈門郡。柂以漕渠〔四〕，軸以崑崗。廣雅曰：柂，引也。漕渠，邗溝也。左氏傳曰：吴城邗溝，通江、淮。杜預曰：通糧道。説文曰：漕，水轉轂也。又曰：軸，持輪也。崑崗，廣陵之鎮平也，類車軸之持輪。河圖括地象曰：崑崗之山，横爲地軸。柂或爲陁，軸或爲袖。重江複關之隩，四會五達之莊。南臨江曰重，濱帶江南曰複〔五〕。蒼頡篇曰：隩，藏也。洛陽記曰：銅駞二枚在四會道頭。爾雅曰：五達謂之康，六達謂之莊。當昔全盛之時，車挂轊衛，人駕肩。全盛，謂漢時也。史記，蘇秦説齊王曰：臨菑之塗，車轂擊，人肩摩。説文曰：轊，車軸端。杜預左氏傳注曰：駕，陵也，謂相迫切也。廛閈撲卜地，歌吹沸天。鄭玄周禮注曰：廛，民居區域之稱。説文曰：閈，閭也。方言曰：撲，盡也。郭璞曰：今種物皆生，云撲地出也。孳貨鹽田〔六〕，鏟利銅山。聲類曰：孳，蕃也。孳、滋古字通也。海賦曰：陸死鹽田。蒼頡篇曰：鏟，削平也，初產切。史記曰：吳有豫章郡銅山，吳王濞盜鑄錢，煮海水爲鹽。才力雄富，士馬精妍。班固傳贊曰：材力有餘，士馬強盛。范曄後漢書曰：王元說隗囂曰：今天水完富，士馬最強。故能奓秦法，佚周令。聲類曰：奓，侈字也。軼，過也。佚與軼通。西都賦曰：覽秦制，跨周法。劃崇墉，刳濬洫，圖脩世以休命。字林曰：佳刀曰劃〔七〕。刳，謂除消其土也。周易曰：刳木爲舟。薛綜西京賦注：墉，謂城；洫，池也。左氏傳，北宮文子曰：其有國家，令問長世。尚書曰：俟天休命。春秋元命苞曰：命者，天之命也。

是以板築雉堞之殷，井幹寒烽櫓之勤。郭璞曰：三蒼解詁曰〔八〕：板，築牆上下板。築，杵頭鐵沓也。鄭玄周禮注曰：雉，長三丈，高一丈。杜預左氏傳注曰：堞，女牆也。殷，盛也。淮南子曰：大構架，興宮室，雞棲井幹。許慎曰：皆屋構飾也。郭璞上林賦注曰：櫓，望樓也。格高五嶽，袤廣三墳。蒼頡篇曰：格，量度也。五嶽，已見天台賦。南北曰袤。三墳未詳，或曰：毛詩曰，遵彼汝墳。又曰：鋪敦淮墳。爾雅曰：墳莫大於河墳。此蓋三墳。崪慈聿若斷岸，矗丑六似長雲。崪，高峻也。矗，齊平也。製磁石以禦衝，糊赬壤以飛文。三輔黃圖曰：阿房宮以磁石爲門，懷刃者止之。廣雅曰：衝，突也。字書曰：糊，黏也，户徒切。毛萇詩傳曰：赬，赤也。七啓曰：燿飛文。觀基扃之固護，將萬祀而一君。說文曰：扃，外閉之關也。凡文士之言基扃，汎論城闕，猶車稱軫，舟謂之艫耳，非獨指扃也。固護，言牢固也。出入三代五百餘載，竟瓜剖而豆分！王逸廣陵郡圖經曰：郡城，吴王濞所築。然自漢迄于晉末，故云出入三代五百餘載也。漢書，賈誼上疏曰：高帝瓜分天下，王功臣也。

澤葵依井，荒葛罥塗。王逸楚辭注曰：風萍，水葵，生於池中。罥，猶絓也。壇羅虺吁鬼蜮羽逼，階鬬麏居筠鼯。王逸楚辭注曰：壇，堂也。毛詩曰：爲鬼爲蜮。毛萇曰：蜮，短狐也。公羊傳曰：有麇而角。劉兆曰：麇，麞也。麏與麇音義同。鼯，鼯鼠也。木魅莫隗山鬼，野鼠城狐。説文曰：魅，老物精也，莫愧切。楚辭九歌有祭山鬼。漢書曰：蘇武掘野鼠草實而食之。魏明帝長歌行曰：久城育狐兔，高墉多鳥聲。風嘷雨嘯，昏見晨趨。左氏傳曰：豺狼所嘷也。胡高切。飢鷹厲吻，寒鴟嚇雛。厲，摩也。鄭玄周禮注曰：吻，口邊也，亡粉切。鄭玄毛詩箋曰：口拒人曰嚇，火嫁切。郭璞爾雅注曰：雛生而能自食者，謂鳥子也。伏虣藏虎，乳血飡膚。字書曰：虣，古文暴字，蒲到切。虣或爲虦。爾雅曰：虦，白虎。虦，户甘切。

崩榛塞路，峥嶸古馗。服虔漢書注曰：榛，木叢生也。廣雅曰：峥嶸，深冥也。韓詩曰：肅肅兔罝，施于中馗。薛君曰：中馗，馗中九交之道也。仇悲切。白楊早落，塞草前衰。崔豹古今注曰：白楊葉圓。李陵書曰：涼秋九月，塞外草衰。塞或爲寒。稜稜霜氣，蔌蔌風威。稜稜霜氣，嚴冬之貌。蔌蔌風聲，勁疾之貌。蔌，素鹿切。孤蓬自振，驚砂坐飛。無故而飛曰坐飛。灌莽杳而無際，叢薄紛其相依。廣雅曰：灌，叢也。王逸楚辭注曰：草木交曰薄。通池既已夷，峻隅又已頹。通池，城濠也。峻隅，城隅也。

直視千里外，唯見起黄埃。王逸楚辭注曰：埃，塵也。凝思寂聽，心傷已摧。天台山賦曰：凝思高巖。

若夫藻扃黼帳，歌堂舞閣之基。璇淵碧樹，弋林釣渚之館。藻扃，扃施藻畫也。司馬相如美人賦曰：芳香芬烈，黼帳高張。璇淵，玉池也。碧樹，玉樹也。吴蔡齊秦之聲，魚龍爵馬之玩。楚辭曰：吴歈、蔡謳。漢書藝文志有齊歌、秦歌。西京賦曰：海鱗變而成龍。又曰：大雀踆踆。又曰：爵馬同轡〔九〕。皆薰歇燼滅，光沉響絶。杜預左氏傳注曰：薰，香草也。又曰：燼，火之餘木。東都妙姬，南國麗人。蕙心紈質，玉貌絳脣。陸機擬東城一何高曰：京洛多妖麗，玉顔侔瓊蕤。然京洛即東都也。曹子建詩曰：南國有佳人，華容若桃李。左九嬪武帝納皇后頌曰：如蘭之茂。好色賦曰：腰如束素。蘭蕙同類，紈素兼名，文士愛奇，故變文耳。宋玉笛賦曰：頩顔臻，玉貌起。楊雄蜀都賦曰：姚朱顔，離絳脣。莫不埋魂幽石，委骨窮塵。委，猶積也。豈憶同輿之愉樂，離宫之苦辛哉！魏志曰：明帝悼毛皇后有寵，出入與帝同輦。長門賦曰：期城南之離宫。

天道如何？吞恨者多！抽琴命操，爲蕪城之歌。韓詩外傳曰：孔子抽琴按軫〔一〇〕，以授子貢。廣雅曰：命，名也。琴道曰：琴有伯夷之操。夫遭遇異時，窮則獨善其身，故謂之操。歌曰：邊風急兮城上寒，井逕滅兮〔一一〕丘隴殘。周禮曰：九夫爲井。又曰：夫間有遂，遂上有徑。千齡兮萬代，共盡兮何言！莊子曰：化窮數盡謂之死。

文選考異

〔一〕蕪城賦注「四言」　袁本無此二字。案：無者是也。凡四言、五言，皆詩題下注，賦不得有。茶陵本亦衍，與尤所見同誤。或連之於下注「集云」讀更誤。集者，鮑明遠集。茶陵本於「集云」上隔以「善曰」二字，則雖衍而未嘗以爲「四言集」也。今鮑集正有所云，亦可證。

〔二〕注「登廣陵故城」　陳云下當有「作」字。案：此依集校，是也。各本皆脱。

〔三〕注「昭爲前軍」　何校下添「行參軍」三字。陳云當有，是也。各本皆脱。

〔四〕柂以漕渠　袁本、茶陵本云「柂」，善作「弛」。案：二本及尤所見，皆非也。考善注引廣雅「拖引也」，必作「拖」字。其五臣濟注「柂舟具也」，乃改之使配下句「軸」耳。不當以亂善，亦不得謂善别作「弛」也。注中「拖」字，尤、茶陵亦誤「柂」。袁本尚未譌，可據以訂正。

〔五〕注「南臨江曰重濱帶江南曰複」　袁本、茶陵本「臨」下有「二」字，「帶」上無「濱」字。案：二本是也。又案：據此注似集云「重關複江」者，恐是誤倒。何校正文取之，非矣。

〔六〕孶貨鹽田　案：「孶」當作「滋」，注云：「孶，蕃也，孶、滋古字通也。」善必作「滋」字，故有是語。五臣因改爲「孶」。各本所見以之亂善，袁、茶陵又不載校語，皆非。下文「奓秦法」，善「奓」、五臣「侈」。尤自不誤，而二本亦無校語，正同此誤。

〔七〕注「佳刀曰劃」　茶陵本「佳」作「注」。案：皆誤也。當作「錐」，説文如此。陳云别本作「錐」。

袁本仍作「佳」，亦誤。

〔八〕注「郭璞曰三倉解詁曰」　陳云上「曰」字衍，是也。各本皆衍。

〔九〕注「爵馬同轡」　案：「爵」當作「百」，此因正文云「爵馬」而誤，不知「爵」字上引「大雀踆踆」，已注訖，此但注「馬」字也。各本皆誤。

〔一〇〕注「孔子抽琴按軫」　袁本「按」作「去」。案：「去」字是也。茶陵本亦誤「按」。

〔一一〕井逕滅兮　袁本、茶陵本「逕」作「徑」。案：「徑」字是也。

宮殿

魯靈光殿賦　并序

王文考　范曄後漢書曰：王逸，字叔師，南郡宜城人也。子延壽，字文考，有儁才，遊魯作靈光殿賦。後蔡邕亦造此賦，未成，及見延壽所爲，甚奇之，遂輟翰而止。後溺水死，時年二十餘。

張載注

魯靈光殿者，蓋景帝程姬之子恭王餘之所立也。善曰：漢書景帝十三王傳曰：程姬生魯恭王餘。初，恭王始都下國，好治宮室，善曰：漢書曰：恭王徙魯，好治宮室。毛詩曰：命于下國。韋昭國語注曰：曲沃在絳下，故曰下國。然以天子爲上國，故諸侯爲下國。遂因魯僖基兆而營焉。昔魯僖公使大夫公子奚斯，上新姜嫄之廟，下治文公之宫，故曰遂因魯僖基兆而營焉。善曰：史記，季友奉公子申立，是爲釐公。釐與僖同。爾雅曰：兆，域也。遭漢中微，盜賊奔突，突，唐突也。詩云：昆夷突矣。自西京未央建章之殿，皆見隳壞，未央、建章，西京二殿之名。杜預左氏傳注曰：隳，毁也。而靈光巋丘軌〔一〕然獨存。巋然，高大堅固貌也。善曰：孔叢子，孔子曰：夫山者巋然高。意者豈非神明依憑支持以保漢室者也。善曰：廣雅曰：意，疑也。然其規矩制度，上應星宿音秀，亦所以永安也。善曰：上應星宿，謂觜陬也。賦曰：規矩應天，上憲觜陬。予客自南鄙，觀蓺於魯，南鄙，荆州也。廣雅曰：鄙，國也。蓺，六經也。魯有周公、孔子在焉。覩斯而眙丑吏切。愕視曰眙。本爲蓺而來，見此驚也。曰：嗟乎！詩人之興，感物而作。見可嗟之物，爲作詩作賦。故奚斯頌僖，歌其路寢，而功績存乎辭，德音昭乎聲。善曰：韓詩曰：新廟奕奕，奚斯所作。薛君曰：奚斯，魯公子也。言其新廟弈弈然盛。是詩公子奚斯所作也。左氏傳，司馬侯曰：先王務脩德音，以享神人。毛詩曰：我有嘉賓，德音孔昭。物以賦顯，事以頌宣，匪賦匪頌，將何述焉？遂作賦曰：

粤若稽古帝漢，祖宗濬哲欽明。若，順也。稽，考也。言能順天地，考行古之道者，帝也。濬，深也。哲，智也。又有深知欽明。詩云：濬哲維商。書云：放勳欽明。善曰：書曰：粤若稽古帝堯。又曰：濬哲文明。殷五代之純熙，紹伊唐之炎精。善曰：殷，盛也。五代，周、殷、夏、唐、虞也。言漢盛於五代純熙之道。而紹帝堯火德之運。毛詩曰：時純熙矣。爾雅曰：純，大也。孔安國尚書傳曰：熙，廣也。爾雅曰：紹，繼也。詩含神務曰：慶都生伊堯。孔安國尚書傳曰：堯以唐侯升爲天子。李尤德陽殿賦曰：若炎唐〔二〕稽古作先。東觀漢記序曰：漢以炎精布耀，或幽而光。又馮衍説鮑永曰：社稷復存，炎精更輝。荷天衢以元亨，廓宇宙而作京。衢，道也。易曰：荷天之衢，道大行也。元，善之長也。亨，嘉之會也。天所覆爲宇，中所由爲宙也。善曰：方言曰：張小使大謂之廓。鄭玄周易注曰：人君在上位，負荷天之大道。敷皇極以創業，協神道而大寧。皇極，皇建其有極，謂得中也。協和神明之道，而天下大寧，皆謂初漢之盛時也。善曰：孟子曰：君子創業垂統，謂可繼也。周易曰：聖人以神道設教。於是百姓昭明，九族敦序，乃命孝孫，俾侯于魯。善曰：尚書曰：百姓昭明。又曰：敦叙九族。孔安國曰：九族，高祖玄孫之親也。爾雅曰：命，告也。毛詩曰：孝孫有慶。又曰：建爾元子，俾侯于魯。錫介珪以作瑞，宅附庸而開宇。介，大也。圭長尺二寸謂之介。瑞，信也。諸侯錫大圭以爲瑞信，又以爲寶。申伯之封云：錫爾介圭，以作爾寶。古者附庸百里，魯五百里之封也。成王以周公有大功，錫二十四等附庸，方七百里，以是開居也。善曰：毛詩曰：錫之山川，土田附庸。又曰：大啓爾宇，爲周室輔。乃立靈光之秘殿，配紫微而爲輔。詩云：秘宫有侐。紫微至尊宫，斥京師也。善曰：毛萇詩傳曰：秘，神也。西京賦曰：思比象於紫微。春秋合誠圖曰：北辰，其星七，在紫微中。承明堂於少陽，昭列顯於奎之分野。善曰：言承漢明堂而在少陽之位，其光昭列，顯於奎之分野也。爾雅曰：分，次也〔三〕。漢書曰：泰山郡奉高縣有明堂，武帝造。又曰：少陽，東方也。又曰：魯地，奎、婁之分野也。一曰春秋説題辭曰：心爲天，明堂以布政教，言靈光承天之明堂，在少陽之地。

瞻彼靈光之爲狀也，則嵯峨嶵罪嵬隗，峞巍𡾊㟪。皆其形也。善曰：皆高峻之貌。峞，羌軏切。巍，五軏切。𡾊，盧罪切。㟪，枯罪切。吁！可畏乎其駭人也。駭，驚也，故覩斯而眙。孔安國尚書傳曰：吁〔四〕，疑怪之辭。迢嶢倜儻，豐麗博敞，洞轇轕乎其無垠也。又其形也。博，廣也。敞，高平也。善曰：迢嶢，高貌也。倜儻，非常也。上林賦曰：張樂乎膠葛之寓。郭璞曰：言曠遠深邈貌。邈希世而特出，羌瓌譎而鴻紛。羌，辭也。羌，亦乃也。善曰：瑰，異。譎，詭也。甘泉賦曰：上洪紛而相錯。屹魚乙山峙以紆鬱，隆崛魚勿岉勿乎青雲。屹，猶孽也，高大貌。詩云：臨衝弗弗，崇墉屹屹。隆屈也〔五〕。西京賦曰：終南太一，隆屈崔崒。崛岉乎青雲，言此物上逮青雲。善曰：廣雅曰，峙，止也。鬱坱軮圠烏黠以嶒七耕峵宏，崱助力繒綾陵〔六〕而龍鱗。崱，崱嶷然皆其形也。善曰：坱圠，無齊限之貌。嶒峵，深空貌。繒綾，不平貌。甘泉賦曰：嵌巖其龍鱗〔七〕。汩于筆磑磑五哀以璀璨，赫燡燡亦而爥坤。皆其形貌光輝也。善曰：汩，浄貌。磑磑，高貌。璀璨，衆材飾貌。燡，光明貌。爥坤，光照下土。狀若積石之鏘鏘〔八〕，又似乎帝室之威神。威神，言尊嚴也。善曰：積石，山名。西都賦曰：激神岳之嶈嶈。帝室，天帝之室。春秋合誠圖曰：紫宮，太帝室也。崇墉岡連以嶺屬，朱闕巖巖而雙立。墉，牆也。善曰：李尤德陽殿賦曰：朱闕巖巖。高門擬于閶闔，方二軌而並入。閶闔，天門也。王者因以爲門。善曰：二軌，謂容兩車也。鄭玄儀禮注曰：方，併也。周禮曰：應門二轍。鄭玄周禮注曰：軌，謂轍廣。

於是乎乃歷夫太階，以造其堂。俯仰顧眄，東西周章。造其堂、觀其狀而賦之。善曰：孔安國尚書傳曰：造，至也。彤彩之飾，徒何爲乎？澔澔涆涆，流離爛漫。善曰，澔澔涆涆，光明盛貌。澔，古老切。涆，古旦切。流離爛漫，分散遠貌。皓壁暠曜以月照，丹柱歙赩而電烻。霞駮雲蔚，若陰若陽。其色狀也。善曰：暠，白也，古老切。崔駰七依曰：丹柱彫牆，烻光盛起。烻，弋戰切。瀖濩燐亂，煒煒煌煌。善曰：采色衆多，眩曜不定也。瀖，音霍。濩，音穫。隱陰夏以中處，霐寥窲以崢嶸。善曰：陰夏，向北之殿也。韋仲將景福殿賦曰：陰夏則有望舒涼室。亦與此同。霐寥窲、崢嶸，皆幽深之貌。霐，烏宏切。寥，魚夭切。窲，音巢。鴻爌炾以爣閬，飂蕭條而清泠。鴻，大也。爌炾、爣朗〔九〕，皆寬明也。善曰：飂蕭條，清涼之貌。爌，苦晃切。炾，呼廣切。爣，土黨切。閬，音朗。動滴瀝以成響，殷雷應其若驚。善曰：言簷垂滴瀝，纔成小響，室內應之，其聲似雷之驚也。說文曰：滴瀝，水下滴瀝之也。耳嘈嘈以失聽，目矎矎而喪精。言炫燿也。矎矎，目不正也〔一〇〕。善曰：埤蒼曰，嘈嘈，聲衆也。廣雅曰：矎，視也。洞簫賦曰：愍眸子之喪精。矎，火縣切。駢密石與琅玕，齊玉璫與璧英。琅玕，珠也，似玉。尚書曰：球琳琅玕。善曰：李軌法言注曰，駢，並也。國語曰：天子之室，加密石焉。韋昭曰：密，密理，謂砥也。然彼以密石磨琢，此亦爲飾也。西都賦曰：裁金璧以飾璫。璧英，璧玉之英也。孝經援神契曰：玉英，玉有英華之色。

遂排金扉而北入，宵藹藹而晻曖〔一一〕。言深邃也。宵，冥也。旋室㛹娟以窈窕，洞房叫窱而幽邃。善曰：淮南子曰：傾宮、旋室，在崐崘閶闔之中。徐幹七喻曰：連觀飛榭，旋室迴房。旋室，曲屋也。㛹娟，迴曲貌。楚辭曰：姱容脩態亘洞房。西京賦曰：望叫窱以經廷。西廂踟蹰以閑宴，西廂，西序也。踟蹰，連閣傍小室也。閑，清閑也，可以燕會。踟或移字〔一二〕。善曰：踟蹰，相連貌。毛萇傳曰：宴，安也，言安静也。東序重深而奥祕。東序，東廂也。互言之，文相避耳。爾雅曰：東西廂謂之序。善曰：廣雅曰：奥，藏也。字書曰：祕，密也。屹鏗瞑以勿罔，屑黶翳以懿濞。寂寞之形也。善曰：瞑，莫耕切。魂悚悚其驚斯，心猥猥而發悸。驚斯，於此驚也。善曰：蘇林漢書注曰：葸葸，懼貌。猥與葸同。説文曰：悸，心動也，渠季切。悸或爲欷。

於是詳察其棟宇，觀其結構。欲安心定意〔一三〕審其事也。善曰：高誘吕氏春秋注曰：結，交也。構，架也。規矩應天，上憲觜陬。應天文星宿也。憲，法也。善曰：爾雅曰：觜陬之星，營室東壁也。毛詩曰：定之方中，作爲楚宫。毛萇曰：定，營室也。觜，子移切。陬，子瑜切。倔佹雲起，嶔崟離摟〔一四〕。善曰：甘泉賦曰：大夏雲譎波詭。離摟，衆木交加之貌。長門賦曰：羅丰茸之遊樹，離摟梧而相撐。倔，渠物切。佹，君委切。摟，力朱切。三間四表，八維九隅。室每三間，則有四表。四角四方爲八維，并中爲九。萬楹叢倚，磊砢相扶。楹，柱也。善曰：磊砢，壯大之貌。浮柱岹嵽以星懸，漂嶢峴而枝拄〔一五〕。枝柱，言無根而倚立也。善曰：甘泉賦曰：抗浮柱之飛榱。漂，輕貌。嶢峴，不安之貌。峴，五結切。蒼頡篇曰：柱，枝也，誅僂切。飛梁偃蹇以虹指，揭蘧蘧而騰湊。善曰：甘泉賦：歷倒景而絶飛梁。西都賦曰：抗應龍之虹梁。崔駰七依曰：夏屋蘧蘧。高也，音渠。王逸楚辭注曰：湊，聚也。層櫨磥垝以岌峩，曲枅要紹而環句。善曰：説文曰：欂櫨，柱上枅。蒼頡篇曰：枅，柱上方木。然枅櫨爲一，此重言之。蓋有曲直之殊爾。要紹，曲貌。芝栭欑羅以戢孴，枝掌杈枒而斜據〔一六〕。芝栭，山節，方小木爲之。掌，眉梁之上也。各長三尺。掌或作棖字。善曰：説文曰：栭，枅上梁。蒼頡篇曰：欑，聚也。戢孴，衆貌。孴，乃立切。説文曰：掌，柱也，恥孟切。杈枒，參差之貌。杈，楚加切。枒，音牙。毛萇詩傳曰：據，依也。傍夭蟜以横出，互黝糾而搏負。善曰：夭蟜、黝糾，特出之貌。蟜，巨表切。黝，於糾切。搏負，負荷而攢搏也。下岪蔚以璀錯，上崎嶬而重注。善曰：岪蔚，特起貌。璀錯，衆盛貌。岪，扶弗切。崎嶬，危嶮貌。崎，音綺。嶬，音蟻。注，猶屬也。捷獵鱗集，支離分赴。善曰：捷獵，相接貌。支離，分散也。縱横駱驛，各有所趣。善曰：縱横，四散也。駱驛，不絶。

爾乃懸棟結阿，天窗綺疎。天窗，高窗也。綺，文也。疎，刻鏤也。善曰：周書曰：明堂咸有四阿，屋四垂也。綺疎，已見上文。圓淵方井，反植荷蕖。反植者，根在上而葉在下。爾雅曰：荷，芙蕖，種之於員淵方井之中，以爲光輝。善曰：鄭玄周禮注曰：植，根生之屬。發秀吐榮，菡萏披敷。緑房紫菂，窋咤垂珠〔一七〕。緑房，芙蕖之房，刻繒爲之〔一八〕，緑色。紫菂，菂中芍也。爾雅曰：其中菂。珠，珠之實窋咤也〔一九〕。善曰：爾雅曰：荷，其華菡萏。菡，胡感切。萏，徒感切。菂與芍同音的。説文曰：窋，物在穴中貌，張滑切。咤亦窋也，竹亞切。雲楶藻棁，龍桷雕鏤。雲節〔二〇〕，畫雲氣爲山節也。棁，梁上楹，又畫水草之文。龍桷，畫椽爲龍。善曰：爾雅曰：栭謂之節。郭璞曰：節，櫨也。楶與節同。論語曰：山節藻棁。包咸曰：棁者，梁上楹，畫爲藻文。鄭玄禮記注曰：栭謂之梁〔二一〕。楚辭曰：仰觀刻桷畫龍蛇。飛禽走獸，因木生姿。爲之形也。善曰：

高唐賦曰：狀似走獸，或象飛禽。奔虎攫挐以梁倚〔二二〕，仡奮亹而軒鬐。善曰：攫挐，相搏持也。羽獵賦曰：熊羆之挐攫。張揖漢書注曰：梁倚，相著也。仡，舉頭也。郭璞曰：鬐，背上鬣也。杜預左氏傳注曰：亹，動也。虯龍騰驤以蜿蟺，頷若動而躨跜。善曰：杜預左氏傳注曰：頷，摇頭也，牛感切。李尤辟雍賦曰：萬騎躨跜以攫挐。躨跜，動貌。躨音逵。跜音尼。朱鳥舒翼以峙衡，騰虵蟉虯而遶榱。榱，亦椽也。有三名，一曰椽，二曰桷，三曰榱。善曰：春秋漢含孳曰：太一之常居前朱鳥。衡，四阿之長衡也。淮南子曰：桁題不枅。文字曰：騰〔二三〕，蟉虯，曲貌。蟉，力鳥切。虯，巨繞切。白鹿孑蜺於欂櫨，蟠螭宛轉而承楣。善曰：古王子喬辭曰：王子喬，參駕白鹿雲中遨。孑蜺，延首之貌。孑，甄熱切。蜺，詣結切。方言曰：未升天龍，謂之蟠龍。狡兔跧伏於柎側，猨狖攀椽而相追。善曰：説文曰：跧，蹴也，壯欒切。柎，音父。玄熊䑙舑以齗齗，却負載而蹲跠。跠，踞也。善曰：䑙舑，吐舌貌。䑙，吐玷切。舑，吐暫切。蒼頡篇曰：齗，齒根也，牛斤切。廣雅曰：蹲跠，踞也。齊首目以瞪眄，徒脈脈而狋狋。齊首目以瞪眄，駢頭而相觀視。脈脈、狋狋，視貌。善曰：埤蒼曰：瞪，直證切。爾雅曰：脈，相視也，莫革切。説文曰：狋，大怒貌，牛飢切。胡人遥集於上楹，儼雅跽而相對。仡欺猥以鵰䀏，䴌顤顟而睽睢。狀若悲愁於危處，憯嚬蹙而含悴。皆胡、夷之畫形也。人尊於鳥獸，故著在上楹。儼雅而相對〔二四〕，言敬恭也。善曰：儼雅，跽貌。説文曰：跽，長跪也，奇几切。欺猥，大首也。鵰䀏，如鵰之視也。聲類曰：矞，驚視也。䀏與矞同，呼穴切。䴌顤顟，大首深目之貌。䴌，烏交切。顤，呼交切。顟，力交切。睽睢，張目貌。孟子曰：嚬蹙而言。嚬蹙，憂貌。神仙岳岳於棟間，玉女闚窗而下視。神女之人，又彌高也。善曰：岳岳，立貌。李尤函谷關銘曰：玉女流眄而下視。忽瞟眇以響像，若鬼神之髣髴。善曰：瞟眇，視不明之貌。説文曰：瞟，瞭也〔二五〕。廣雅曰：眇，莫也。響像，猶依俙，非正形聲也。説文曰：彷佛相似，視不諟也。諟與諦同。

圖畫天地，品類羣生。雜物奇怪，山神海靈。寫載其狀，託之丹青。千變萬化，事各繆形。隨色象類，曲得其情。言委曲得情也。善曰：列子曰：千變萬化，不可窮極。繆形，形不同也。淮南子曰：以鏡視形，曲得其情。上紀開闢，遂古之初。更畫太古開闢之時帝王之君也。善曰：尚書考靈耀曰：天地開闢，曜滿舒光。楚辭曰：遂古之初，誰傳道之。五龍比翼，人皇九頭。善曰：春秋命歷序曰：皇伯、皇仲、皇叔、皇季、皇少五姓，同期俱駕龍，周密與神通，號曰五龍。又曰：人皇九頭，提羽蓋，乘雲車，出暘谷，分九河。宋均曰：九頭，九人也。提羽蓋，鳥之羽。伏羲鱗身，女媧蛇軀。女媧，亦三皇也。善曰：列子曰：伏羲、女媧，蛇身而人面，有大聖之德。玄中記曰：伏羲龍身，女媧蛇軀。鴻荒朴略，厥狀睢盱。鴻，大也。朴，質也。略，野略。上古之世，爲鴻荒之世也。畫其形亦質而略。睢盱，質朴之形。善曰：法言曰：鴻荒之世，聖人惡之。尚書璇璣鈐曰：帝嚳以上朴略，有象難傳。西京賦曰：睢盱跋扈。字林曰：睢，仰目也。盱，張目也。煥炳可觀，黄帝唐虞。至於煥炳可觀，唯黄帝、堯、舜以來。易曰：黄帝、堯、舜垂衣裳而天下治。善曰：尚書璇璣鈐曰：帝堯煥炳，隆興可觀。軒冕以庸，衣裳有殊。車曰軒，冠曰冕。庸，用也。作此車服，以賜有功，章有德。書曰：車服以庸。上曰衣，下曰裳。有功者賞，無功者否，故曰殊也。下及三后，婬妃亂主。皆畫其形也。三后，夏、殷、周也。善曰：國語，史蘇曰：昔夏桀，妺嬉有寵而亡夏；殷辛，妲己有寵而亡殷；周幽，褒姒有寵，周於是乎亡。忠臣孝子，烈士貞女。忠臣，屈原、子胥之等。孝子，申生、伯奇之等。烈士，豫讓、聶政之等。貞女，梁寡、昭姜之等。賢愚成敗，靡不載敘。善曰：列子曰：但伏羲以來，賢愚好醜，成敗是非，無不消滅也。惡以誡世，善以示後。善曰：家語曰：孔子觀於明堂，覩四墉有堯、舜、桀、紂之象，而各有善惡之狀，興廢之誡焉。孔叢子，子思曰：古者則有國史，書之以示後也。善以爲示，惡以爲誡也。

於是乎連閣承宮，馳道周環。馳道，馳馬之道，旋宮而帀。毛萇詩傳曰：年不順成，馳道不脩。善曰：馳道，人君所行之道也。君必乘車馬，故以馳爲名也。陽榭外望，高樓飛觀。大殿無内室，謂之榭。春秋傳曰：宣榭災。榭而高大，謂之陽〔二六〕。長途升降，軒檻曼延。長途升降，閣道上下也。軒檻所以開明也。善曰：上林賦曰：長途中宿。郭璞曰：途，樓閣間陛道。漸臺臨池，層曲九成。善曰：言重高九層也。呂氏春秋曰：有娀氏有二佚女，爲九成之臺也。屹然特立，的爾殊形。高徑華蓋，仰看天庭。高徑，所徑高亢，上至華蓋也。善曰：楚辭曰：登華蓋兮乘暘谷。答賓戲曰：未仰天庭而覩白日。飛陛揭孽，緣雲上征。善曰：揭孽，高貌。中坐垂景〔二七〕，頫視流星。言臺之高，自中坐而乘日景也。楚辭曰：流星墜兮成雨。千門相似，萬户如一。千門萬户，言衆多也。相似如一，言皆好也。善曰：漢書曰：建章宫度爲千門萬户。巖突洞出〔二八〕，逶迤詰屈。善曰：子虛賦曰：巖突洞房。周行數里，仰不見日。或二或三爲數，非正之辭也。論語，孔子曰：加我數年，可以學易。何宏麗之靡靡，咨用力之妙勤。善曰：小雅曰：

靡靡，細也〔二九〕。郭璞方言注曰：靡靡，細好也。妙勤，精妙功勤也。非夫通神之俊才，誰能剋成乎此勳？善曰：移太常博士曰：聖上德通神明。漢書曰：益州刺史王襄，聞王褒有俊才。爾雅曰：勳，功也。據坤靈之寶勢，承蒼昊之純殷。易曰：地勢坤。蒼、昊，皆天之稱也。春爲蒼天，夏爲昊天。純，大；殷，中也。言魯承天之大中也。包陰陽之變化，含元氣之烟熅。烟熅，天地之蒸氣也。善曰：孫卿子曰：陰陽大化。周易曰：四時變化。春秋命歷序曰：元氣正則天地八卦孳。周易曰：天地絪縕，萬物化醇。玄醴騰涌於陰溝，甘露被宇而下臻。醴泉出地，故曰陰溝也。善曰：春秋元命包曰：天樞得則醴泉出。孝經援神契曰：德至天則甘露降。朱桂黝儵於南北，蘭芝阿那於東西。黝儵、阿那，皆茂盛之貌。善曰：尚書大傳曰：德光地序，則朱草生。禮斗威儀曰：君乘金而王，其政平，則蘭芝常生。鄭玄曰：主調和也。伏儼子虛賦注曰：芍藥，以蘭桂調食也。然蘭既爲瑞，桂亦宜同。春秋運斗樞曰：摇光得陵黑芝〔三〇〕。朱穆鬱金賦曰：丹桂植其東。祥風翕習以颯灑，激芳香而常芬。風之散物，如灑颯然，及激溉草木，出其芳滋，故云翕習以灑颯。善曰：禮斗威儀曰：君乘火而王，其政平，則祥風至。翕習，盛貌。颯，素合切。神靈扶其棟宇，歷千載而彌堅。善曰：甘泉賦曰：神莫莫而扶傾。爾雅曰：彌，益也。永安寧以祉福，長與大漢而久存。實至尊之所御，保延壽而宜子孫。善曰：喪服傳曰：天子至尊。高唐賦曰：延年益壽千萬歲。毛詩曰：宜爾子孫振振兮。苟可貴其若斯，孰亦有云而不珍？毛萇詩傳曰：云，言也。爾雅曰：珍，美也。

亂曰：彤彤靈宮，巋嶵穹崇，紛庬鴻兮。善曰：皆高大之貌。嶵，助軌切。庬，莫董切。鴻，胡董切。崱屴嵫釐，岑崟崰嶷，駢巃嵸兮。善曰：皆峻嶮之貌。崱，助力切。屴，音力。嵫，音兹。釐，音貍。崰，音菑。嶷，音疑。連拳偃蹇，崘菌踡嵼，傍欹傾兮。善曰：皆特起之貌。崘，音倫。菌，巨貧切。踡，巨免切。嵼，音産。歇欻幽藹〔三一〕，雲覆霮䨴，洞杳冥兮。善曰：皆幽邃之貌。歇，許乞切。欻，許勿切。霮，杜咸切。䨴，杜對切。葱翠紫蔚，礧碨瓌瑋，含光晷兮。善曰：蔚，文貌。埤蒼曰：礧，碨礧也。礧，力罪切。碨，於賄切。郭璞山海經注曰：磊硌，大石也，音洛。埤蒼曰：瓌瑋，珍琦也。窮奇極妙，棟宇已來，未之有兮。善曰：周易曰：上棟下宇，以庇風雨。神之營之，瑞我漢室，永不朽兮。

文選考異

〔一〕注「丘軌」 袁本、茶陵本作「巋丘軌切」，在注末，是也。

〔二〕注「若炎唐」 案：「若」上當有「粤」字。各本皆脱。

〔三〕注「爾雅曰分次也」 袁本「爾」作「小」。案：「小」，是也。茶陵本亦誤「爾」。今廣詁「次也」條，脱此字。

〔四〕注「孔安國尚書傳曰吁」 袁本、茶陵本此在善注。案：二本是也。尤本上脱去「善曰」二字，甚非。凡東晉尚書傳，盡善所引耳。又案：上注「杜預左氏傳注曰：隳，毁也」、「廣雅曰：鄙，國也」，下注「楚辭曰：流星墜兮成雨」。疑亦善引而係之於載注者，各本皆然，恐失其舊。

〔五〕注「隆屈也」　陳云「屈也」二字誤，或有脱文。今案：此當重「隆」字。「隆屈也」解「隆」，猶下注以「崱嶷然」解「崱」也。各本皆譌。

〔六〕注「陵」　袁本、茶陵本作「繒如字，綾音陵」，在注末，是也。

〔七〕注「嵌巖其龍鱗」　袁本重「巖」字，是也。茶陵本亦脱。

〔八〕狀若積石之鏘鏘　何校「鏘」改「將」。陳云當作「將將」。案：皆據注引「西都將將」校也。考彼賦蓋當作「將將」。後漢書作「將將」。此五臣翰注作「鏘鏘」。未審善果何作。

〔九〕注「爌炾爣朗」　案：正文各本皆作「閬」，善注末云「閬音朗」。茶陵本載善「音朗」。此注似有誤，蓋當爲「閬」也。集韻三十七蕩有「閬云爣閬寬明貌」，即取此，亦是一證。其射雉賦云「畏映日之儻朗」，則安仁用字不同也。

〔一〇〕注「言炫燿也矘矘目不正也」　袁本、茶陵本作「矘矘言炫燿而目不正也」。案：二本是也。

〔一一〕霄靄靄而晻曖　袁本、茶陵本「霄」作「宵」。案：「宵」是也。

〔一二〕注「踟或移字」　茶陵本作「踟或作移」。袁本有「字」無「作」，與此同。案：各本皆非也。當云：「踟或作移字」，互有脱耳。下注「掌或作棖字」，是其例。又案：爾雅曰「連謂之簃」，郭注今呼之「簃廚」，「簃」即「移」也。此賦蓋本是「移廚」，亦又爲「踟廚」，故張載以爲「連閣傍小室」。李善云「相連貌」，五臣不解，妄云「緩步不進」，然則「廚」字有「足」旁，乃今善本爲所亂也，并訂之如此。

〔一三〕注「欲安心定意」　袁本、茶陵本「欲」上有「詳謂」二字。案：有者是也。

〔一四〕嶔崟離摟　袁本、茶陵本「摟」作「樓」，注同。案：「樓」字是也。長門賦可證。

〔一五〕漂嶢嵲而枝拄　袁本、茶陵本「拄」作「柱」。案：「柱」字是也。此本注中亦皆作「柱」。

〔一六〕枝牚杈枒而斜據　袁本、茶陵本「杈枒」作「扠抈」，注同。案：此或善、五臣有異，但不著校語，無可考也。

〔一七〕窋咤垂珠　袁本、茶陵本「咤」作「窊」，注同。案：「窊」字是也。

〔一八〕注「刻繒爲之」　案：「繒」當作「繪」，言刻爲房及菂，繪爲緑及紫也。各本皆譌。景福殿賦注云「謂繪五彩於刻鏤之中」，此「刻繪」之明證。

〔一九〕注「珠珠之實窋咤也」　陳云「珠之」似當作「菂之」，是也。各本皆誤。

〔二〇〕注「雲節」　案：「節」當作「楶」，此複舉正文，不當改字。下乃以「節」解之，如上以「芍」解「菂」之例，各本皆誤。

〔二一〕注「栭謂之梁」　案：「梁」當作「楶」。各本皆譌。此禮器注文，今本作「節」，蓋善引自不同。

〔二二〕奔虎攫挐以梁倚　袁本云善作「玃」，注中皆爲「玃」字。案：袁本是也。羽獵賦可證。茶陵本作「攫」，云五臣作「钁」，依袁本「钁」者五臣音「攫」之字也。其所見必誤。

〔二三〕注「文字曰騰」　袁本、茶陵本此下有「蛇無足而騰」五字。案：有者是也。何校「字」改「子」。陳云見第十五卷思玄賦注。各本皆誤。

〔二四〕注「儼雅而相對」　案：「雅」下當有「跽」字。此複舉正文，全句如上「齊首目以瞪眄」之例也，各本皆脱。

〔二五〕注「瞟睽也」　案：「睽」當作「睽」。各本皆譌。

〔二六〕陽榭外望高樓飛觀又注「大殿無内室謂之榭春秋傳曰宣榭災榭而高大謂之陽」　袁本校語云善無「陽榭外望高樓飛觀」二句。今茶陵本有，改校語小字而升之爲正文耳，其初亦無也。注二十二字袁、茶陵皆無。案：善魏都賦注引此賦注曰「榭而高大謂之陽」，然則正文當有「陽榭」云云，似無者爲傳寫脱也。其注「大殿」至「宣榭災」，未審尤何所出。

〔二七〕中坐垂景　案：注云「自中坐而乘日景」，是「垂」當作「乘」。各本皆誤。蓋五臣作「垂」也。又案：甘泉賦「垂景炎之炘炘」，漢書「垂」作「乘」，亦恐善「乘」、五臣「垂」，但善彼無注，又各本不著校語，無以考之。

〔二八〕巖突洞出　案：「突」當作「突」，注同。各本皆誤。上林賦作「突」，「突」與「突」同字也，一弔切。史記司馬相如傳可證。今漢書亦作「突」，皆傳寫之譌。又此注引「上林」作「子虚」，或善誤記耳。

〔二九〕注「小雅曰靡靡細也」　案：「靡」字不當重。此廣言文也。各本皆衍。

〔三〇〕注「摇光得陵黑芝」 袁本、茶陵本「陵」下有「出」字。案：有者是也。

〔三一〕歇欸幽藹 茶陵本「藹」作「靄」，云五臣作「藹」，袁本作「譪」。案：此尤所見以五臣亂善也。

景福殿賦 洛陽宫殿簿曰：許昌宫景福殿七間。

何平叔 典略曰：何晏，字平叔，南陽人也。尚金鄉公主。有奇才，頗有材能〔一〕，美容貌。魏明帝將東巡，恐夏熱，故許昌作殿，名曰景福。既成，命人賦之，平叔遂有此作。平叔爲散騎常侍，遷尚書主選。後曹爽反，爲司馬宣王斬於東市。

大哉惟魏，世有哲聖。武創元基，文集大命。武，武帝。文，文帝。並見魏都賦。毛詩曰：世有哲王。尚書，伊尹曰：天監厥德，用集大命。孔安國曰：集王命於其身。皆體天作制，順時立政。東都賦曰：體元立制，順時立政。謂依月令而行也。禮記曰：凡舉事必順其時。尚書有立政篇。至于帝皇，遂重熙而累盛。魏志曰：明皇帝諱叡，字元仲，文帝太子也。生數歲而有岐嶷之姿，武皇異之〔二〕。文帝崩，即皇帝位。東都賦曰：至乎永平之際，重熙而累洽也。遠則襲陰陽之自然，近則本人物之至情。周易曰：一陰一陽之謂道。阮籍通老子論曰：道法自然。漢書晁錯對策曰〔三〕：計安天下，莫不本於人情也。上則崇稽古之弘道，下則闡長世之善經。稽古，已見靈光殿賦。尚書序曰：謂之三墳，言大道也。左氏傳曰：北宮文子曰：有其國家，令問長世。又隨武子曰：兼弱攻昧，武之善經。庶事既康，天秩孔明。尚書，咎繇曰：庶事康哉。又曰：天秩有禮。毛詩曰：祀事孔明。故載祀二三，而國富刑清。歲三月，東巡狩，至于許昌。魏志明紀曰：大和六年三月，行幸東巡。四月，行幸許昌宮。春秋説題辭曰：國富民康。周易曰：聖人以順動，則刑罰清。班固漢書述曰：國富刑清。尚書曰：歲二月，東巡狩至于岱宗，柴。望祠山川，考時度方。存問高年，率民耕桑。禮記王制曰：歲二月，東巡狩，望祠山川，問百年者，就見之，考時月，定禮樂制度，衣服，正之。史記曰：撫萬民，度四方。王齊曰：隔定四方〔四〕而安撫之。司馬彪續漢書曰：凡郡國掌治民，常以春行所至縣，勸民農桑。越六月既望，林鍾紀律，大火昬正。桑梓繁廡，大雨時行。尚書曰：惟五月既望。孔安國曰：十五日，日月相望也。又越，於也。禮記曰：季夏之月，昏火中。又曰：律中林鍾，是月也，大雨時行。尚書曰：庶草蕃廡。三事九司，宏儒碩生。三事，三公也。毛詩曰：三事大夫，莫肯夙夜。九司，九卿也。春秋漢含孳曰：九卿象河海。劇秦美新曰：耆儒碩老。爾雅曰：宏、碩，大也。感乎溽暑之伊鬱，而慮性命之所平。禮記曰：季夏，是月也，土潤溽暑。伊鬱，煩熱貌。周易曰：乾道變化，各正性命。家語，孔子對魯哀公曰：分於道謂之命，形於一謂之性。王肅曰：分於道始得爲人也。各受陰陽剛柔之性，故曰形於一。惟岷越之不靜，寤征行之未寧。岷、越，吳、蜀二境也。尚書曰：西土人亦不靜也。

乃昌言曰：「昔在蕭公，暨于孫卿。皆先識博覽，明允篤誠。尚書曰：禹拜昌言。蕭公，何也。荀卿子曰：宮室臺榭，以避燥濕，養德別輕重也。長笛賦序曰：博覽典雅。左氏傳曰：高陽氏有才子，明允篤誠。莫不以爲不壯不麗，不足以一民而重威靈。不飭不美〔五〕，不足以訓後而永厥成。漢書曰：蕭何治未央宮，上見其壯麗，甚怒。何曰：天子以四海爲家，非令壯麗，亡以重威；且亡令後世有以加也。賈逵連珠曰：夫君人者，不飾不美，不足以一民。國語，屈建曰：不可以訓後嗣，不可以私欲干國。毛詩曰：我客戾止，永觀厥成。故當時享其功利，後世賴其英聲。杜預左氏傳注曰：享，受也。史記司馬季曰：助上養下，多其功利。封禪書曰：飛英聲。且許昌者，乃大運之攸戾，圖讖之所旌。獻帝紀曰：太史丞許芝奏故白馬令李雲上書曰：許昌氣見於當塗高者，昌於許。當塗高者，魏也。今魏基昌於許，漢微絶於許。春秋元命包曰：許昌爲周當塗。春秋説題辭曰：大運在五。雒書摘亡辭曰：五德之運。杜預左氏傳注曰：戾，定也。賈逵國語注曰：旌，表也。苟德義其如斯，夫何宮室之勿營？」帝曰：「俞哉！」廣雅曰：何，問也。尚書，帝曰：俞。孔安國曰：俞，然也。玄輅既駕，輕裘斯御。禮記曰：孟冬之月，天子乘玄輅。又曰：是月也，天子始裘。論語，子曰：衣輕裘。蔡邕月令章句曰：凡衣服加於身曰御。乃命有司，禮儀是具。禮記曰：乃命有司。漢書，景帝詔曰：禮官具禮儀。審量日力，詳度費務。漢書曰：王延世功費約省，用日力寡。孫子曰：必先筭其費務。鳩經始之黎民，輯農功之暇豫。左氏傳，郯子曰：以鳩其氏。爾雅曰：鳩，聚也。毛詩曰：經始靈臺。孔安國尚書傳曰：黎，衆也。又輯，集也。左氏傳，吕相絶秦曰：芟夷我農功。國語，優施曰：我教暇豫之事君。韋昭曰：暇，閒也。豫，樂也。因東師之獻捷，就海孽之賄賂。魏志，明帝六年九月，脩許昌宮。十月，田豫討大將〔六〕周賀於成山，殺賀。東師獻捷，蓋謂此也。左氏傳曰：齊侯來獻戎捷。漢書曰：蟲豸之妖謂之孽。以吴僻居海曲而稱亂，故曰海孽。魚列切。爾雅曰：賄，財也。立景福之秘殿，備皇居之制度。魏志，明紀曰：脩許昌宮，起景福殿。魯靈光殿賦曰：立靈光之秘殿。爾乃豐層覆之耽耽，建高基之堂堂。西京賦曰：大廈耽耽。史記曰：楚國，堂堂之大也。羅疏柱之汨王筆越，肅坻直夷鄂五各之鏘鏘。羅，列也。疏柱，畫柱也。汨越，光明貌。坻，殿基也。鄂，垠鄂也。西京賦曰：坻鍔鱗峋。飛櫚翼以軒翥，反宇巘魚桀以高驤。西京賦曰：反宇業業，飛櫚巘巘。又曰：鳳騫翥於甍標。西都賦曰：荷棟桴而高驤。流羽毛之威蕤，垂環玭之琳琅。言宮室以羽毛爲飾。又垂環玭及琳琅也。西都賦曰：翡翠火齊。威蕤，羽毛之貌。爾雅曰：肉好若一謂之環。說文曰：玭，珠也。蒲眠切。參旗九旒，從風飄揚。周禮曰：熊旗六斿以象伐。毛萇詩傳曰：參，伐也。然伐一星〔七〕，以旗象參，故曰參旗。周禮曰：龍旗九旒。今云參旗九旒，蓋一指旗名，一言旒數，可以相明也。皓皓旰旰，丹彩煌煌。旰旰、煌煌，皆盛貌。故其華表，則鎬鎬杲鑠鑠，赫奕章灼，若日月之麗天也。華表，謂華飾屋外之表也。鎬鎬鑠鑠，赫奕章灼，皆謂光顯昭明也。周易曰：日月麗乎天。鎬，古皓切。鑠，舒藥切。其奧秘則蘙蔽曖昧，髣髴退概，若幽星之纚連也。魯靈光殿賦曰：西序重深而奧秘。蘙蔽曖昧、髣髴退概，皆謂幽深不明也。幽，猶夜也。曖，音愛。概，古愛切。纚，相連之貌，力氏切。既櫛比明逸而攢集，又宏璉以豐敞。毛詩曰：其比如櫛。璉，未詳。一曰宏連，大連衆木也。王逸楚辭注曰：橫木關柱爲連。璉與連古字通。兼苞博落，不常一象。博落，謂所繞者廣也。郭璞山海經注曰：絡，繞也。落與絡古字通。遠而望之，若摛朱霞而耀天文；迫而察之，若仰崇山而戴垂雲。廣雅曰：摛，舒也。宋衷易緯注曰：天文者謂三光。王褒甘泉賦曰：却而望之，鬱乎似積雲；就而察之，䨴乎若太山。羌瓌瑋以壯麗，紛彧彧其難分，此其大較角也。南都賦曰：紛郁郁其難詳。大較，猶大略也。孔安國尚書傳曰：大較三品也。若乃高甍萌崔嵬，飛宇承霓。薛綜西京賦注曰：甍，棟也。鯀鸞黮徒感䨴徒會，隨雲融泄。韓詩曰：鯀鸞黃鳥。薛君曰：鯀鸞，文貌。黮䨴，黑貌。黮，徒感切。䨴，徒對切。融泄，動貌也。鳥企山峙，若翔若滯。言屋形高竦，如鳥之企，如山之竦。若翔若滯，山鳥之貌。毛詩曰：如鳥斯企。説文曰：企，舉踵也，去跂切。魯靈光殿賦曰：屹山峙以紆鬱。峨峨嶫業嶫，罔識所屆。西京賦曰：嵯峨捷業，罔識所則。雖離朱之至精，猶眩曜而不能昭晰也。趙岐孟子章句曰：離朱，即離婁也。淮南子曰：離朱之明，察箴末於百步之外。箴，古針字。王逸楚辭注曰：眩曜，惑亂貌。説文曰：昭晰，明也。晰，之逝切。

爾乃開南端之豁達，張筍虡之輪豳。凡正門皆謂之端門。春秋説題辭曰：血書魯端門。豁達，門通之貌。輪豳，其形也。華鍾杌其高懸，悍獸仡以儷陳。言端門之内爲筍以懸華鍾。又植悍獸爲虡以負之，仡然相對而陳列之。東都賦曰：鏗華鍾，獸負鍾。已見西京賦。何休公羊傳注曰：仡然，壯勇貌。賈逵國語注曰：儷，偶也。儷，力計切。體洪剛之猛毅，聲訇普安磤其若震音真。毛詩傳曰：磤，雷聲也，於謹切。爰有遐狄，鐐質輪菌。遐狄，即長狄也。以鐐爲質。輪菌然也。爾雅曰：白金謂之銀，美者謂之鐐。郭璞曰：音遼。廣雅曰：質，軀也。輪，音倫。菌，其旻切。坐高門之側堂，彰聖主之威神。言爲金狄坐於高門側堂之中，以明聖主之有威神。晏子曰：景公坐於堂側。芸若充庭，槐楓被宸。禮記曰：仲冬之月，芸始生。鄭玄曰：芸，香草也。若，杜若也。何休公羊傳注曰：充，滿也。槐、楓，二木名。説文曰：宸，屋宇也，音辰。綴以萬年，綷以紫榛。賈逵國語注曰：綴，連也。晉宫閣銘曰〔八〕：華林園萬年樹十四株。綷，猶雜也。毛詩曰：山有紫榛〔九〕。毛萇曰：榛，木名。或以嘉名取寵，或以美材見珍。萬年，嘉名之屬。紫榛，美材之屬。結實商秋，敷華青春。禮記曰：孟秋之月，其音商。楚辭曰：青春爰謝。王逸曰：青，東方爲春位，其色青。藹藹萋萋，馥馥芬芬。爾其結構，則脩梁彩制，下褰上奇。脩梁跨迴，故曰褰。衆彩殊制，故曰奇。徐爰射雉賦注曰：褰，開也。説文曰：奇，異也。桁梧複疊，勢合形離。桁，梁上所施也。桁與衡同。梧，柱也，音悟。赩如宛虹，赫如奔螭。宛虹、奔螭，梁上之飾也。如淳漢書注曰：宛虹，屈虹也。南距陽榮，北極幽崖宜。任重道遠，厥庸孔多。言椽栱交結，南自陽榮而北至幽崖，故云任重道遠，其功甚多。多當爲趍。廣雅曰：趍，多也〔一〇〕，紙移切。郭璞上林賦注曰：榮，屋南簷也。在南曰陽。論語曰：任重而道遠。

於是列髹休彤之繡桷，垂琬琰之文璫。言桷以髹漆飾之而爲藻繡，以琬琰之玉而爲文璫。漢書曰：殿上髹。周禮曰：王之喪車髹飾。鄭玄曰：赤多黑少謂之髹。韋昭曰：刷漆爲髹。尚書曰：弘璧琬琰在西序。上林賦曰：華榱璧璫。蝹於云若神龍之登降，灼若明月之流光。神龍，繡桷也。明月，文璫也。薛綜西京賦注曰：蝹，龍貌。爰有禁楄補沔，勒分翼張。楄，附陽馬之短桷也。説文曰：楄〔一一〕，署也。扁從户册者，署門户也。桷、署雖殊，爲文之義則一也。扁與楄同，一音必緜切。册，楚責切。勒分翼張，言如獸勒之分，鳥翼之張。釋名曰：勒與肋古字通。承以陽馬，接以員方。陽馬，四阿長桁也。禁楄列布，承以陽馬，衆材相接，或員方也。馬融梁將軍西第賦曰：騰極受檐，陽馬承阿。斑間賦白，疎密有章。廣雅曰：斑，分也。毛萇詩傳曰：賦，布也。考工記曰：畫繢之事，赤與白謂之章。飛枊鳥踊，雙轅是荷。飛枊之形，類鳥之飛。又有雙轅任承檐，以荷衆材。今人名屋四阿栱曰櫼枊也。劉梁七舉曰：雙轅覆井，芰荷垂英。枊，吾郎切。赴險凌虚，獵捷相加。其衆材相加，或凌虚赴嶮。獵捷，相接之貌。皎皎白間，離離列錢。白間，青瑣之側，以白塗之，今猶謂之白間。列錢，金釭也。西京賦曰：金釭銜璧，是爲列錢。晨光内照，流景外烻。晨光，日景也。日光照於室中，而流景外發而延起也。西都賦曰：激日景而納光。烻，起貌，式延切。烈若鉤星在漢，焕若雲梁承天。言宫殿烈然光明，若鉤星之在河漢。焕然高廣，又似雲梁而承於天也。廣雅曰：辰星，或謂之鉤星。雲梁，以雲爲梁也。騧徙增錯，轉縣成郛。騧或爲蝸，言合衆板上爲井欄，而形文錯若蝸之徙，遞轉縣之，各成郛郭。茄蔤倒植，吐被芙蕖。爾雅曰：荷芙蕖，其莖茄，其本蔤。郭璞曰：莖下曰藕，在泥中者。蔤音密。蒼頡篇曰：植，種也。繚了以藻井，編以綷子會疏；紅葩鞈胡甲鞢且甲，丹綺離婁力俱反。廣雅曰：繚，繞纏也。西京賦曰：蔕倒茄於藻井，披紅葩之狎獵。又曰：何工巧之瑰瑋，交綺豁以疏寮。綷疏，謂繪五彩於刻鏤之中。離婁，刻鏤之貌。劉向熏爐銘曰：彫鏤萬獸，離婁相加。菡萏赩翕〔二〕，纖縟紛敷。菡萏，已見上文。萮與菡同。説文曰：縟，采飾也。繁飾累巧，不可勝書。廣雅曰：勝，舉也。言不可勝而書。於是蘭栭積重，窶數矩設。蘭，木蘭也。以木蘭爲栭，言蘭栭重疊交互以相承，有似窶數，故借其名焉。蘇林漢書注曰：寠數，四股鉤。寠，其矩切。數，所柱切。櫼子兼櫨各落以相承，欒栱夭蟜而交結。櫼，即枊也。櫼，子廉切。說文曰：櫨，柱上枅也。薛綜西京賦注曰：欒，柱上曲木，兩頭受櫨者。栱，欒類而曲也。夭蟜，欒栱長壯之貌。蟜，其夭切。金楹齊列，玉舄承跋。金楹，金柱也，而以玉礩承柱之跋也。西京賦曰：彫楹玉舄。廣雅曰：碣，礩也。禮記曰：燭不見跋。鄭玄曰：跋，本也，方末切。青瑣銀鋪，是爲閨闥。言以青瑣銀鋪，是爲閨闥之飾。漢書曰：赤墀青瑣。銀鋪，以銀爲鋪首也。長門賦曰：擠玉户而撼金鋪。雙枚既脩，重桴乃飾。雙枚，屋内重檐也。重桴，重棟也。在内謂之雙枚，在外謂之重桴。言重檐既長，因達于外而爲重棟，以施采飾也。枚，莫回切。梍梠緣邊，周流四極。言以梍梠緣屋邊隅，周帀流移至於四極。說文曰：梍梠，秦名屋緜聯，楚謂之梠也。梍，頻移切。侯衛之班，藩服之職。言梍梠之居四極，若五服之鎮外藩也。周書有侯衛藩服。小雅曰：班，次也。温房承其東序，涼室處其西偏。温房、涼室，二殿名。卞蘭許昌宮賦曰：則有望舒涼室，羲和温房。然卞、何同時，今引之者，轉以相明也。他皆類此。開建陽則朱炎豔，啓金光則清風臻。建陽門在東，金光在西。白虎通曰：炎者太陽。韋伯將景福殿賦曰：昭剛義於金光，崇柔惠於建陽。爾雅曰：臻，至也。故冬不淒寒，夏無炎燀。言寒暑猶門，故無寒燀之患。毛萇詩傳曰：淒，寒風也。國語，太子晉曰：水無沉氣，火無炎燀。韋昭曰：燀，炎起貌，昌延切。鈞調中適，可以永年。吕氏春秋曰：衷也者，適也。高誘曰：適，中也。舞賦曰：永年之術。墉垣碭基，其光昭昭。爾雅曰：牆謂之墉。說文曰：碭，文石也，徒浪切。昭，之紹切。周制白盛，今也惟縹。墉之色也。周禮曰：掌蜃共白盛之蜃。鄭玄注曰：盛，猶成也，謂飾墉使白之蜃也。今東萊用蛤，謂之义灰。劉梁七舉曰：丹墀縹壁，紫柱紅梁。落帶金釭，此焉二等。落帶，壁帶也。而交落之，上施金釭而爲二等。漢書曰：昭陽舍，其壁帶往往爲黄金釭，函藍田璧。明珠翠羽，往往而在。漢書曰：昭陽舍，往往明珠翠羽飾之。欽先王之允塞，悦重華之無爲。尚書曰：重華濬哲文明，温恭允塞。孔安國曰：舜有深智、文明、温恭之德，信充塞四表上下也。論語曰：無爲而治者其舜也歟。命共工使作繢〔一三〕，明五采之彰施。尚書，帝曰：垂，命汝作共工。又曰：予欲觀古人之象，作會宗彝，以五采彰施于五色，作服汝明。鄭玄曰：繢，讀曰繪〔一四〕，凡畫者爲繪，胡對切。圖象古昔，以當箴規。韋昭國語注曰：箴，箴刺王闕。鄭玄毛詩箋曰：規，正圓之器，以思親正君〔一五〕曰規也。椒房之列，是準是儀。漢舊儀曰：皇后稱椒房。詩曰：椒聊之實，蔓延盈升。美其繁興也。觀虞姬之容止，知治國之佞臣。列女傳曰：齊虞姬者，名損之，齊威王之姬也。威王即位，諸侯並侵之，其佞臣周破胡專權擅勢，嫉賢妬能，即墨大夫賢而日毁之；阿大夫不肖反日譽之。虞姬謂王曰：破胡諛讒之佞臣也，不可不退。齊有北郭先生者，賢明於道，可置左右。王乃封即墨大夫以萬户，烹阿大夫與周破胡，遂收故侵地，齊國大治。見姜后之解珮，寤前世之所遵。列女傳曰：周宣王姜后者，齊侯之女，宣王之后也。宣王嘗夜卧而晏起，后夫人不出於房。姜后既出，乃脱簪珥待罪於永巷，使其傅母通言於王曰：妾不才，妾之淫心見矣，致君王失禮而晏朝。注云：永巷，堂塗是也。賢鍾離之讜言，懿楚樊之退身。列女傳曰：鍾離春者，齊無鹽邑之女也，爲人極醜，自詣宣王，願乞一見。宣王召見之，乃舉手拊膝曰：殆哉！殆哉！宣王曰：願聞命。對曰：今西有横秦之患，南有强楚之讎，春秋四十，壯勇不立〔一六〕，此一殆也。漸臺五層，萬民疲困，此二殆也。賢者伏匿山林，諂諛強於左右，此三殆也。酒漿沉湎〔一七〕，以夜繼日，女樂俳優，縱橫大笑，此四殆也。宣王喟然而歎，寡人之殆幾不全。拜無鹽君以爲王后。漢書，成帝曰：久不見班生，今日復聞讜言。聲類曰：讜，善言也。列女傳曰：楚莊王樊姬者，楚莊王之夫人也。王嘗聽朝而罷晏。樊姬曰：何罷之晏也？王曰：今旦與賢者語。樊姬曰：王之所謂賢者，諸侯之客與？將國中士也？王曰：虞丘子也。樊姬揜口而笑曰：妾幸得充後宮，妾所進者九人，今賢於妾者二人，與妾同列者七人。今夫虞丘子之相楚十餘年矣，其所薦者非其子孫則族昆弟，未嘗聞其進賢而退不肖，夫知賢而不進，是不忠也；若不知賢，是無知也，豈可謂賢哉？嘉班妾之辭輦，偉孟母之擇鄰。漢書曰：成帝遊於後庭，嘗與班婕妤同輦。婕妤辭曰：三代末主，乃有嬖女，今欲同輦，得無近似之？列女傳曰：孟軻母者，即孟子母也，號曰孟母。其舍近墓。孟子之少也，嬉戲爲墓間之事，踊躍築埋。孟母曰：此非所以居處子也。乃去。舍市傍，其子嬉戲爲賈。又曰：此非所以居處子也。乃舍學宮之傍。其子遊戲，乃設俎豆，揖讓進退。曰：此可以居子。遂居。及孟子長，學六藝，卒成大儒。故將廣智，必先多聞。文子曰：聰明廣智，守以愚；多聞博辯，守以儉。國語曰：晉公使趙衰爲卿，辭曰：胥臣多聞，臣不若也。多聞多雜，多雜眩真。楊子曰：雜乎雜。人病多知爲雜，惟聖人爲不雜。賈逵國語注曰：眩，惑也。不眩焉在，在乎擇人。左氏傳：士文伯謂晉侯曰：務三而已，一曰擇人。杜預曰：擇賢人也。故將立德，必先近仁。言將欲立德，必先近於仁賢也。左氏傳，穆叔曰：太上立德。禮記曰：力行近乎仁也。欲此禮之不諐去乾，是以盡乎行道之先民。大戴禮記曰〔一八〕：禮義之不諐，何恤人言。禮記，孔子曰：行道之人。國語曰：古曰在昔，昔曰先民也。朝觀夕覽，何與書紳？言朝夕觀覽圖畫，何如書紳之事乎。論語曰：子張書諸紳。

若乃階除連延，蕭曼雲征。蕭曼，蕭條曼延，言高遠也。西京賦曰：途閣雲曼。魯靈光殿賦曰：飛陛揭孽，緣雲上征。欞檻邳張，鉤錯矩成。西京賦曰：伏欞檻而頫聽。薛綜曰：欞檻，臺上欄也。邳或爲丕。孔安國尚書傳曰：丕，大也。鉤以正曲，矩以正方也。莊子曰：曲者不以鉤，方者不以矩。錯猶治也。楯類騰蛇，槢音習似瓊英。桀楯彫鏤，形類騰蛇。梟槢文采，又似瓊英。越絶書曰：越王句踐欲伐吴，大夫文種於是作桀楯，嬰以白璧，鏤以黄金，狀類龍蛇，以獻吴王。一曰，應劭漢書注曰：楯，欄横也。司馬彪莊子注曰：槢，械楔也。瓊英，玉英也。此既施之於欞檻，然凡楔皆謂之槢，辭立切。楔，先結切。如螭之蟠，如虯之停。廣雅曰：無角曰螭龍，有角曰虯龍。蟠，已見上文。玄軒交登，光藻昭明。司馬彪上林賦注曰：軒楯，下板也，上加漆，故曰玄軒。楯，階除之欄，故曰交登。鄭玄周禮注曰：登，升也。騶虞承獻，素質仁形。言爲騶虞以乘軒板，狀軒軒然。毛萇詩傳曰：騶虞，白虎黑文。毛詩序曰：仁如騶虞，則王道成矣。劉熙孟子注曰：獻，猶軒，軒在物上之稱也。廣雅曰：質，地也。彰天瑞之休顯，照遠戎之來庭。司馬相如封禪書騶虞頌曰：厥塗靡從，天瑞之徵。王褒四子講德論曰：南郡獲白虎，是以北狄賓也。陰堂承北，方軒九户。在北，故曰陰堂也。方軒，併窗也。西京賦曰：九户開闢。右个清宴，西東其宇。杜預左氏傳注曰：个，東西廂也。清宴，殿名。韋誕景福殿賦曰：離殿别館，粲如列星，安昌延休，清宴永寧。連以永寧，安昌臨圃。洛陽宫殿簿曰：許昌宫永寧殿七間，安昌殿十間。臨圃，殿名。遂及百子，後宫攸處。韋誕景福殿賦曰：美百子之持居，嘉休祥之令名。鄭玄毛詩箋曰：大姒十子，衆妾則宜百子。其殿之名，蓋取於此。處之斯何，窈窕淑女。毛詩曰：窈窕淑女，君子好仇。思齊徽音，聿求多祜。毛詩曰：思齊大任，文王之母。又曰：大姒嗣徽音，則百斯男。又曰：靡有不克〔一九〕，自求伊祜。其祜伊何，宜爾子孫〔二〇〕。宜爾子孫，已見上文。克明克哲，克聰克敏。蔡邕橋玄碑曰：克明克哲，實叡實聰。毛詩曰：農夫克敏。永錫難老，兆民賴止。錫之以難老，令其壽考。毛詩曰：既飲旨酒，永錫難老。尚書曰：一人有慶，兆民賴之。於南則有承光前殿，賦政之宮。洛陽宮殿簿曰：許昌宮承光殿七間。納賢用能，詢道求中。西京賦曰：表賢簡能。毛萇詩傳曰：親戚之謀爲詢也。疆理宇宙，甄陶國風。左氏傳，齊賓媚人謂晉人曰：先王疆理天下。楊子法言曰：甄陶天下，其在和乎。李聃曰〔二一〕：埏埴爲器曰甄陶，王者亦甄陶其民也。埏，失然切。雲行雨施，品物咸融。周易曰：雲行雨施，品物流形。融，猶通也。其西則有左城右平，講肆之場。七略曰：蹵鞠者，傳言黃帝所作。王者宮中，必左城而右平。城，猶國也。言有國當治之也。蹵鞠亦有治國之象，左城而右平。侯權景福殿賦曰〔二二〕：乃造彼鞠室。講肆，謂習武也。賈逵國語注曰：肆，習也。二六對陳，殿翼相當。二六蓋鞠室之數，而室有一人也。李尤鞠室銘曰：圓鞠方牆，放象陰陽，法月衝對，二六相當。卞蘭許昌宮賦曰：設御坐於鞠域，觀奇材之曜暉。二六對而講功，體便捷其若飛。僻脱承便，蓋象戎兵。言相僻脱似承敵人之便，以象戎兵習戰之術也。七略曰：蹋鞠，兵勢也。漢書音義曰：捽胡，若今相僻卧輪之類。僻，匹赤切。察解言歸，譬諸政刑。將以行令，豈唯娱情。言察之既解，而各言歸，斯實譬之政刑，非爲戲樂而已。七略曰：蹋鞠，其法律多微意，皆因嬉戲以講練士，至今軍士羽林無事，使得蹋鞠。歸田賦曰：聊以娛情。鎮以崇臺，寔曰永始。永始，臺名，倉廩所居也。韋仲將景福殿賦曰：時襄羊以劉覽〔二三〕，步華輦於永始，知稼穡之艱難，壯農夫之克敏。複閣重闈，猖狂是俟。莊子曰：猖狂，妄行也。京庾之儲，無物不有。毛詩曰：曾孫之庾，如坻如京。鄭玄曰：庾，露積穀也。西京賦曰：于何不有。不虞之戒，於是焉取。言有不虞之戒，取京庾以給之。周易曰：君子以除戎器，戒不虞。

爾乃建凌雲之層盤，浚虞淵之靈沼。凌雲，層，盤名也，爲之以承甘露也。虞淵，靈沼名也。韋仲將景福殿賦曰：虞淵靈沼，淥水泱泱。毛詩曰：王在靈沼。清露瀼瀼，淥水浩浩。清露，層盤之露也。毛詩曰：零露瀼瀼。而羊切。尚書曰：浩浩滔天。樹以嘉木，植以芳草。西京賦曰：嘉木樹庭，芳草如積。悠悠玄魚，皠皠白鳥。孔叢子，孔子歌曰：黃河洋洋，悠悠之魚。毛詩曰：白鳥翯翯。毛萇曰：翯翯，肥澤也。翯與皠音義同。沈浮翱翔，樂我皇道。言魚鳥得所。若乃蚪龍灌注，溝洫交流。言爲蚪龍之形，吐水灌注，以成溝洫，交横而流〔二四〕。東征賦曰：望河、洛之交流。陸設殿館，水方輕舟。爾雅曰：大夫方舟。郭璞曰：併兩船。篁棲鶤鷺，瀨戲鰋鮋。音由。服虔漢書注曰：篁，叢竹也。鶤、鷺，二鳥名。鰋、鮋，二魚名。豐侔淮海，富賑山丘。字林曰：侔，齊等也〔二五〕。馮衍爵銘曰：富如江海。孫卿子曰：節用裕民，且有富厚丘山之積矣。爾雅曰：賑，富〔二六〕。叢集委積，焉可殫籌？鄭玄周禮注曰：少曰委，多曰積。儀禮注曰：籌，筭也。雖咸池之壯觀，夫何足以比讎？春秋漢含孳曰：咸池主五穀。宋均曰：咸池，取池水灌注生物以爲名也。元命包曰：其星五者各有職，以蓄積爲作恃五穀〔二七〕。爾雅曰：𪗋，匹也，視周切。

於是碣以高昌崇觀，表以建城峻廬。薛綜東京賦注曰：高昌、建城，二觀名也〔二八〕。韋仲將景福殿賦曰：北看高昌，邪睨建城。碣，揭同〔二九〕。岧嶤岑立，崔嵬巒居。爾雅曰：山小而高曰岑。又曰：巒，山墮。郭璞曰：山形長狹者，荆州謂之巒。飛閣干雲，浮堦乘虛。西都賦曰：脩塗飛閣。西京賦曰：干雲霧而上達。浮堦，飛陛也。遥目九野，遠覽長圖。謂建城也。淮南子曰：上通九天，下貫九野。高誘曰：九天，八方中央，九野亦如之。周禮曰：遂人掌邦之野，以土地之圖經田野。頫眺三市，孰有誰無？謂高昌也。韋仲將景福殿賦曰：踐高昌以北眺，臨列隊之京市。周禮曰：大市，日仄而市。朝市，朝時爲市。夕市，夕時爲市。孟子曰：古之爲市，以其所有，易其所無。睹農人之耘耔，亮稼穡之艱難。惟饗年之豐寡，思無逸之所歎。毛詩曰：或耘或耔〔三〇〕，黍稷薿薿。尚書無逸，周公曰：嗚呼，君子所其無逸，先知稼穡之艱難乃逸。又曰：我聞在昔，殷王中宗享國七十有五年，高宗之享國五十有九年。自是厥後立王，生則逸，或五六年，或四三年。感物衆而思深，因居高而慮危。謂三市也。感，猶思也。周易曰：日中爲市，聚天下之貨。又曰：君子安而不忘危。惟天德之不易，懼世俗之難知。周易曰：用九，天德不可爲首也。尚書曰：爾亦弗知天命不易也。觀器械之良窳以主，察俗化之誠僞。文子曰：器械不惡，而職事不慢也。鄭玄禮記曰〔三一〕：器械，禮樂之器及兵甲也。史記曰：舜陶河濱，器不苦窳。晉灼曰：窳，病也。班固漢書贊曰：孝宣之治，至於器械。自元、成間鮮能及之，亦足以知吏稱其職，民安其業。瞻貴賤之所在，悟政刑之夷陂。晏子春秋，景公謂晏子曰：子之宅近市，則識貴賤乎？對曰：既竊利之，敢不識乎？公曰：何貴何賤？是時也，景公繁於刑。晏子對曰：踊貴而屨賤。公是以省刑。孔安國尚書傳曰：夷，平也。陂，險也。亦所以省風助教，豈惟盤樂而崇侈靡？省風，觀器械也。國語，伶州鳩曰：天子省風以作樂助教，察政刑也。班固漢書述曰：威實輔德，刑亦助教。子虛賦曰：奢言淫樂而顯侈靡也。屯坊列署〔三二〕，三十有二。星居宿陳，綺錯鱗比。聲類曰：坊，別屋也。方與坊古字通。釋名曰：坊，別屋名。星，散也。列位，布散也。宿，星宿也。比，比相次也。扶至切。辛壬癸甲，爲之名秩。辛壬癸甲，十干之名，今取以題坊署，以別先後也。房室齊均，堂庭如一。出此入彼，欲反忘術。廣雅曰：術，道也。惟工匠之多端，固萬變之不窮。楚辭曰：亦多端而膠加。又曰：萬變之情，豈其可盡。物無難而不知，乃與造化乎比隆。列子曰：穆王見偃師歎曰：人之巧，乃與造化同功。造化，已見東都賦注。讎天地以開基，並列宿而作制。制無細而不協於規景〔三三〕，作無微而不違於水臬〔三四〕五結切。無細不合，皆言合也〔三五〕。無微而違，言不違也。周禮，匠人建國，水地以縣，置槷以縣，眡其景，爲規識日出之景與日入之景。鄭玄曰：於四角立植，而縣以水，望其高下，高下既定，乃爲位而平地也。槷，古文臬，假借字也。於所平之地，中樹八尺之臬，以縣正之，眡之其景，將以正四方也。故其增構如積，植木如林。區連域絕，葉比枝分。離背別趣，騈田胥附。離背別趣，各有所施也。騈田胥附，羅列相著也。縱横踰延，各有攸注。公輸荒其規矩，匠石不知其所斲。墨子曰：公輸般爲雲梯。鄭玄禮記注曰：公輸若，匠師也。般，若之族多技巧也。孔安國尚書傳曰：荒，廢也。莊子曰：匠石之齊，見櫟社樹。觀者如市，匠伯不顧。司馬彪曰：匠石字伯。説文曰：斲，竹句切。既窮巧於規摹，何彩章之未殫。爾乃文以朱緑，飾以碧丹。言既極規摹之巧，而未盡采章之盛，故文之以朱緑，而飾之以碧丹也。傅毅七激曰：文以朱緑。殫下或有駮字。非也。點以銀黄，爍以琅玕。黄謂黄金。漢書曰：楊僕懷銀黄也。光明熠以入爚藥，文彩璘班〔三六〕。説文曰：熠，盛光也〔三七〕。爚，火光也。埤蒼曰：璘[王扁]，文貌。清風萃而成響，朝日曜而增鮮。雖崑崙之靈宫，將何以乎侈旃。穆天子傳曰：天子升於崑崙之丘，觀黄帝之宫。規矩既應乎天地，舉措又順乎四時。太玄經曰：天道成規，地道成矩。文子曰：舉措廢置，不可不審。順乎四時，即順時立政也。是以六合元亨，九有雍熙。吕氏春秋曰：神通乎六合。高誘曰：四方上下爲六合。元亨，已見上文。毛詩曰：方命厥后，奄有九有。毛萇曰：九有，九州也。東京賦曰：上下共其雍熙。尚書曰：黎民於變時雍。又曰：庶績咸熙。家懷克讓之風，人詠康哉之詩。尚書曰：允恭克讓。又：咎繇乃歌曰：元首明哉，股肱良哉，庶事康哉。莫不優游以自得，故淡泊而無所思。毛詩曰：優哉游哉。鄭玄曰：優游，自安止也。東都主人曰：莫不優游而自得，玉潤而金聲。淮南子曰：所謂有天下者，自得而已。老子曰：道之出口，淡乎其無味。説文曰：泊，無爲也。莊子曰：知反於帝宫，見黄帝而問焉，曰：何思何慮則知道？黄帝曰：無思無慮則知道也。歷列辟而論功，無今日之至治。直之反。封禪書曰：歷選列辟。李尤平樂觀賦曰：披典籍以論功，蓋罔及乎大漢。莊子曰：容成氏、大庭氏，若此時至治也。彼吴蜀之湮滅，固可翹足而待之。封禪書曰：湮滅而不稱。新序，趙良謂商君曰：君亡可翹足而待也。廣雅曰：翹，舉也。然而聖上猶孜孜靡忒，求天下之所以自悟。孟子曰：鷄鳴而起，孳孳爲善者，舜之徒也。孳與孜同。鄭玄毛詩箋曰：忒，變也。家語，魯君曰：微夫子，寡人無由自悟也。招忠正之士，開公直之路。漢書，谷永上書曰：崇諫争之官，廣開忠直之路。想周公之昔戒，慕咎繇之典謨。周公昔戒，謂無逸也。咎繇典謨，謂康哉之歌也。除無用之官，省生事之故。史記曰：吳起如楚，捐不急之官。漢書，蕭望之曰：生事於外夷，漸不可長。公羊傳曰：遂者何，生事也。何休曰：生，猶造也。賈逵國語注曰：故，謀也。絶流遁之繁禮，反民情於太素。淮南子曰：凡亂之所由生者，皆在流遁。流遁之所生者五，或遁於木，或遁於水，或遁於土，或遁於金，或遁於火。此五者一足以亡天下也。説文曰：遁，遷也。尚書曰：禮煩即亂。太素，樸素也。東都賦曰：昭節儉，示太素。故能翔岐陽之鳴鳳，納虞氏之白環。國語，周内史過曰：周之興也，鸑鷟鳴於岐山。世本曰：舜時，西王母獻白環及珮。蒼龍覿於陂塘，龜書出於河源。魏志文紀曰：青龍見於摩陂〔三八〕。魏略文紀曰：神龜出於靈池。東京賦曰：龜書畀姒。班固漢書贊曰：漢使窮河源也。醴泉涌於池圃，靈芝生於丘園。魏志曰：延康元年，醴泉出，芝草生於樂平郡。總神靈之貺祐〔三九〕，集華夏之至歡。王逸楚辭注曰：總，合也。春秋元命包曰：通三靈之貺。長楊賦曰：受神人之福祐。爾雅曰：貺，賜也。祐，福也。尚書曰：華夏蠻貊。方四三皇而六五帝，曾何周夏之足言！鄭玄毛詩箋曰：方，且也。燕丹子，夏扶謂荆軻曰：何以教太子？軻曰：高欲令四三王，下欲令六五霸，於君何如也。

文選考異

〔一〕注「頗有材能」　茶陵本無此四字。袁本以此上此下注係之於「五臣銑曰」，而無「散騎常侍遷曹爽反」等字。其善注作「典略曰何晏字平叔南陽人也尚金鄉公主頗有材能爲散騎常侍遷尚書主選及曹爽反誅晏并收斬東市」四十二字。案：袁本是也。茶陵例於大略相同，便稱某同某注，其實文句非全同也。此并銑於善耳。尤所見者亦然，又將他本善注「頗有材能」四字校添，益不可通。

〔二〕注「生數歲」下至「武皇異之」　袁本、茶陵本無此十三字。

〔三〕注「晁錯對策曰」　袁本、茶陵本「晁錯」作「董仲舒」。案：此尤校改者是。

〔四〕注「王齊曰隔定四方」　案：「齊」當作「肅」，「隔」當作「商」。此所引家語五帝德注也。史記集解亦載其語可證。各本皆誤。

〔五〕不飭不美　袁本、茶陵本「飭」作「飾」。案：「飾」字是也。

〔六〕注「田豫討大將」　袁本「大」作「吴」，是也。茶陵本亦誤「大」，何校據改。

〔七〕注「然伐一星」　案：「然」下當有「参」字。各本皆脱。

〔八〕注「晉宫閣銘曰」　案：「銘」當作「名」。各本皆譌。

〔九〕注「山有紫榛」　案：「紫」字不當有。各本皆衍。

〔一〇〕注「多當爲趨廣雅曰趨多也」　案：二「趨」字皆當作「趍」。今廣雅釋詁三作「敍」，兩京賦「清酤敍」注亦引廣雅「敍，多也」。「趍」與「敍」同字耳。

〔一一〕注「説文曰㮼署也」　案：「㮼」當作「扁」，下文可證。各本皆譌。

〔一二〕菡萏艶翕　案：「菡」當作「蓞」。注云「菡萏已見上文」者，謂魯靈光殿賦「菡萏披敷」也。云「蓞」與「菡」同者，謂此賦之「蓞」字與彼賦之「菡」字同也。善正文必是「蓞」字無疑，五臣乃改爲「菡」，各本亂之而失著校語。

〔一三〕命共工使作繢　案：「繢」當作「繪」。注引鄭尚書注可證。「繪」字通作「繢」，蓋五臣改之，各本正文皆以亂善而不著校語。

〔一四〕注「繢讀曰繪」　袁本「繢」作「會」。案：「會」字是也。茶陵本亦誤「繢」，蓋校者初欲以「繢」改下「繪」字，而誤改「會」字也。

〔一五〕注「以思親正君」　陳云別本「思」作「恩」。案：「恩」是也。此沔水箋文，但今未見其本耳。

〔一六〕注「壯勇不立」　案：「勇」當作「男」。各本皆譌。

〔一七〕注「酒漿沈湎」　袁本、茶陵本「沈」作「流」，是也。何校據改。

〔一八〕注「大戴禮記曰」　袁本「記」作「詩」。茶陵本「記曰」作「引詩」。案：袁本是也。

〔一九〕注「靡有不克」　案：「克」當作「孝」。各本皆譌。

〔二〇〕宜爾子孫　袁本作「孫子」，云善作「子孫」。茶陵本云五臣作「孫子」。案：各本所見皆非也。注云「宜爾子孫已見上文」者，謂毛詩已引在魯靈光殿賦也。詩之「子孫」與賦之「孫子」，語倒而意不異，無嫌取證，不知者遂依注以改正文，乃失其韻矣。

〔二一〕注「李聃曰」　案：「聃」當作「軌」，謂李軌，注：法言也。各本皆誤。

〔二二〕注「侯權景福殿賦曰」　案：「侯」上當有「夏」字，「權」上當有「稚」字。各本皆脱。安陸昭王碑注引作「夏侯稚」，當互訂。稚權名惠，見魏志夏侯淵傳注。

〔二三〕注「時襄羊以劉覽」　陳云「劉」當作「瀏」，「瀏覽」與西征賦「瀏睨」同義。其説是也。各本皆譌。

〔二四〕注「言爲虯龍之形吐水灌注以成溝洫交横而流」　袁本無此十八字。茶陵本無「之形吐水注以成」七字。案：此所見不同也。

〔二五〕注「服虔漢書注曰篁叢竹也鶋鷺二鳥名鰋鮋二魚名」又注「字林曰侔齊等也」　袁本無此二十七字。茶陵本無兩「名」字。案：此所見不同也。

〔二六〕注「賑富」　案：「富」下當有「也」字，各本皆脱。

〔二七〕注「爲作恃五穀」　袁本、茶陵本「作恃」作「天持」，是也。

〔二八〕注「薛綜東京賦注曰高昌建城二觀名也」　袁本、茶陵本無此十五字。案：此所見不同。袁、茶陵是，而尤非也。何云東京賦無此語，謂賦文既無「高昌建城」，則薛注自不得有矣。其説最是。凡尤校此書，專主增多，故往往并他本衍文而取之。

〔二九〕注「碣揭同」 袁本、茶陵本無此三字。案：蓋五臣以此改正文「碣」爲「揭」，而二本去此注耳。

〔三〇〕注「毛詩曰或耘或耔」 袁本此注首有「謂九野也」四字，最是。茶陵本無，尤所見與之同，皆誤脱。

〔三一〕注「鄭玄禮記曰」 案：「記」下當有「注」字。各本皆脱。

〔三二〕屯坊列署 袁本、茶陵本「坊」作「方」。案：二本是也。

〔三三〕制無細而不協於規景 案：當衍「而」字。説見下。

〔三四〕作無微而不違於水臬 案：當衍「不」字。注云：「無細不合，皆言合也；無微而違，言不違也。」正文上句無「而」字，下句無「不」字，甚明白易知。各本皆誤衍。又案：考五臣濟注云「無微不違，言不違」，當是。其本乃衍。袁、茶陵二本不著校語，則所見皆以五臣亂善也。

〔三五〕注「無細不合皆言合也」 案：上「合」當作「協」，「皆言」當倒。各本皆誤。

〔三六〕文彩璘班 袁本「班」作「瑸」，云善作「班」。茶陵本云五臣作「瑸」。案：注引埤蒼作「瑸」，疑校語未是。

〔三七〕注「熠盛光也」 袁本、茶陵本無「盛」字。案：此尤依説文校添。

〔三八〕注「魏志文紀曰青龍見於靡陂」 何校「文」改「明」，「靡」改「摩」，陳同。案：依魏志校也。各本皆譌。

〔三九〕總神靈之貺祐 案：「祐」當作「祜」，注同。各本皆然，但傳寫譌耳。

文選卷第十二

江海

海賦

木玄虛　今書七志曰：木華，字玄虛。華集曰：爲楊駿府主簿。傅亮文章志曰：廣川木玄虛爲海賦，文甚儁麗，足繼前良。

昔在帝嬀古爲巨唐之代〔一〕，帝嬀，謂舜也。尚書序曰：昔在帝堯。尚書曰：釐降二女于嬀汭。孔安國曰：舜所居嬀水之汭也。左氏傳，季文子使太史克對宣公曰：舜臣堯，舉八愷使主后土。杜預曰：爲堯臣也。天綱浡蒲没潏以出，爲凋爲瘵側界反。言水之廣大，爲天綱紀。浡潏，沸涌貌。桓子新論曰：夏禹之時，鴻水浡潏。説文曰：潏，水涌出也。又説文曰：凋，半傷也。爾雅曰：瘵，病也。尚書曰：湯湯洪水方割。孔安國曰：割，害也。洪濤瀾汗，萬里無際。瀾汗，長貌。西京賦曰：起洪濤而揚波。長波涾徒答湤杜我，迆羊氏涎延〔二〕八裔。涾湤，相重之貌。迆涎，邐迆相連也。八裔，猶八方也。於是乎禹也，乃鏟臨崖之阜陸，決陂潢而相湲〔三〕。孟子曰：當堯之時，洪水橫流，氾濫天下。堯獨憂之，舉舜，舜使禹疏九河，瀹濟〔四〕、漯。蒼頡篇曰：鏟，削平也。淮南子曰：禹有洪水之患，陂塘之事。高誘曰：陂，畜也；塘，堤也。說文曰：潢，積水池也。湲，灌也。啓龍門之岝嶺，墾陵巒而嶄七咸鑿。尚書琁璣鈐曰：禹開龍門，導積石。鄭玄注曰：龍門，山名也。岝嶺，高貌。岝，助格切。嶺，五格切。廣雅曰：墾，治也。墾與墾音義同。廣雅曰：鐫謂之鏨，仕咸切。鏨與嶄古字通。羣山既略，百川潛渫息列切。孔安國尚書傳曰：治山通水，故以山名。尚書曰：嵎夷既略。孔安國曰：用功少曰略。周書曰：禹渫七十川，大利天下。尚書大傳曰：百川趨於海。爾雅曰：潛，深也。說文曰：渫，除去也。泱思朗漭莫廣澹徒敢泞，騰波赴勢。泱漭，廣大也。澹泞，澄深也。泞，音紵。江河既導，萬穴俱流。尚書曰：岷山導江，又曰：導河積石。淮南子曰：溏有萬穴。掎居蟻拔五嶽，竭涸九州。掎拔，竭涸，言水既除，掎拔而出，竭涸而乾也。掎，引也。廣雅曰：拔，出也。五嶽：泰、華、霍、恒、嵩。賈逵國語注曰：涸，竭也。尚書序曰：禹別九州。瀝滴滲淫七林〔五〕，薈烏外蔚雲霧。涓流泱烏黨瀼乃朗〔六〕，莫不來注。說文曰：瀝滴，水下滴瀝也。滲淫，小水津液也。滲，音侵。薈蔚，雲霧霑潤也。毛詩曰：薈兮蔚兮，南山朝隮。涓流，小流也。泱瀼，渟淤也。漢書，杜欽曰：屯氏河羨溢，有填淤反瀼之害。說文曰：注，灌也。於廓靈海，長爲委輸。毛萇詩傳曰：於，歎辭也。爾雅曰：廓，大也。孟子曰：舜使禹疏九河，瀹濟、漯，而注諸海。禮記曰：三王之祭川也，或源或委。鄭玄曰：委流所聚。淮南子曰：河水九折注海，而流不絕者，崑崙之輸也。

其爲廣也，其爲怪也，宜其爲大也。爾其爲狀也，則乃潎由湙亦㵿力冉灩以冉，浮天無岸。潎湙，流行之貌。㵿灩，相連之貌。玄中記曰：天下之多者水焉，浮天載地。説文曰：浮，汎也。沖沖瀜沆胡廣瀁余兩，渺眇瀰彌淼炭漫。沖瀜沆瀁，深廣之貌。渺瀰淼漫，曠遠之貌〔七〕。波如連山，乍合乍散。莊子曰：白波若山。嘘噏許急百川，洗滌淮漢。嘘噏，猶吐納也。百川，已見上文。淮漢之流小而且穢，故洗滌之。襄陵廣舄，瀏交濄葛浩汗。尚書曰：懷山襄陵。又曰：海濱廣斥。史記曰：斥爲舄〔八〕，古今字也。瀏濄，廣深之貌。若乃大明㩠彼苗〔九〕轡於金樞之穴，言月將夕也〔一〇〕。大明，月也。周易曰：懸象著明，莫大乎日月。㩠，猶攬也。月有御，故言轡。金，西方也。河圖帝覽嬉曰：月者金之精，月有窟，故言穴。伏韜望清賦曰〔一一〕：金樞理轡，素月告望。義出於此。翔陽逸駭於扶桑之津。言日初出也。翔陽，日也。淮南子曰：日，陽之主也。日中有烏，故言翔。逸駭，言出疾也。廣雅曰：駭，起也。山海經曰：湯谷上有扶木者，扶桑也，十日所浴。彯匹遥沙礐苦角石，蕩颺以出島濱。言此二時風尤疾也。易通卦驗曰：巽風不至〔一二〕，則大風發屋揚沙。説文曰：礐，石聲也。春秋命歷序曰：大風飄石。颺，風疾貌。説文曰：島，海中往往有山可居曰島。於是鼓怒，溢浪揚浮。言風既疾，而波鼓怒也。上林賦曰：沸乎暴怒。更相觸搏，飛沫起濤。蒼頡篇曰：濤，大波也。狀如天輪，膠戾而激轉；呂氏春秋曰：天地如車輪，終則復始。高誘曰：輪，轉也。上林賦曰：宛潬膠盭。又似地軸，挺拔而争迴。河圖括地象曰：地下有四柱，廣十萬里，有三千六百軸。廣雅曰：挺，出也。岑嶺飛騰而反覆，五嶽鼓舞而相磓丁迴反〔一三〕。岑嶺、五嶽，言波濤之形，遞相觸激，故或反覆，故或相磓也。爾雅曰：山小而高曰岑。五嶽，已見上文。磓，猶激也。渭謂濆淪而滀丑六漯他答，鬱沏切迭而隆頹。渭，亂貌。濆淪，相糾貌。滀漯，攢聚貌。鬱，盛貌。沏迭，疾貌。隆頹，不平貌〔一四〕。盤盓乙于〔一五〕激而成窟，消七笑沸土含〔一六〕濼桀而爲魁。盤盓，旋遶也。消沸，峻波也。毛萇詩傳曰：傑，特立也。濼與傑同〔一七〕。賈逵國語注曰：川阜曰魁。潤失冉泊匹帛栢而迆以爾颺余諒，磊洛罪匒答〔一八〕匌苦合而相豗呼迴反。潤，疾貌。泊栢，小波也。迆颺，邪起也。磊，大貌。匒匌，重疊也。相豗，相擊也。驚浪雷奔，駭水迸集，七發曰：波湧而濤起，横奔似雷。字書曰：迸，散也。開合解會，瀼瀼傷濕濕。瀼瀼濕濕，開合之貌。葩華踧子六汨女六，溭頂濘奴冷〔一九〕潗側立潛女及反。葩華，分散也。踧汨，蹙聚也。溭濘，沸貌。潗潛，沸聲。

若乃霾莫排曀一計潛銷，莫振莫竦。爾雅曰：風而雨土爲霾，陰而風爲曀。霾，音埋〔二〇〕。説文曰：潛，藏也。廣雅曰：振，動也。竦，亦動也。輕塵不飛，纖蘿不動。爾雅曰：唐蒙，女蘿。猶尚呀呼加呷，餘波獨湧。言風雖静而餘波猶壯。呀呷，波相呑吐之貌〔二一〕。澎匹宏濞灪於勿𥗽烏埋，碨烏罪磊山壟。澎濞，水聲。洞簫賦曰：澎濞，慷慨。灪𥗽，高峻貌。碨磊，不平貌。爾其枝岐潭以審瀹藥，渤蕩成汜音似。管子，管仲對桓公曰：水，别於他水，入於大水及海者，命曰枝。穆天子傳曰：飲于枝洔之中。郭璞曰：水岐成詩。詩，小渚也，音止。潭淪，動摇之貌。毛詩曰：江有汜。毛萇曰：決復入爲汜也。乖蠻隔夷，迴互萬里。若乃偏荒速告，王命急宣。列子曰：殊方偏國。張湛曰：偏，邊也。毛詩曰：肅肅王命。飛駿鼓楫，汎海淩山。爾雅曰：駿，速也。郭璞曰：駿，猶迅速，亦疾也。方言曰：楫，謂之橈。東方朔對詔曰：淩山越海，窮天乃止。於是候勁風，揭桀百尺。廣雅曰：揭，舉也。百尺，帆檣也。維長綃所交，挂帆席。綃，今之帆綱也，以長木爲之，所以挂帆也。劉熙釋名曰：隨風張幔曰帆，或以席爲之，故曰帆席也。望濤遠決，冏九永然鳥逝。蒼頡篇曰：冏，光也。鷸聿如驚鳧之失侶，倏如六龍之所掣充制反〔二二〕。鷸，疾貌。蘇武答李陵書曰：雖乘雲附景，不足以比速，晨鳧失羣，不足以喻疾。春秋命歷序曰：皇伯登出扶桑日之陽，駕六龍以上下。説文曰：掣，引而縱也。一越三千，不終朝而濟所届。左氏傳曰：子文訓兵於睽，終朝而畢。爾雅曰：濟，度也。孔安國尚書傳曰：届，至也。

若其負穢臨深，虚誓愆祈。負穢，言身有罪，若負荷然。尚書曰：負罪引慝。杜預左氏傳注曰：愆，失也。鄭玄周禮注曰：祈，禱也。則有海童邀路，馬銜當蹊。吴歌曰：仙人齎持何等，前謁海童。爾雅曰：邀，遮也。陸綏海賦圖云：馬銜，其狀馬首一角而龍形。杜預左氏傳注曰：蹊，徑也。天吴乍見而髣髴〔二三〕，蝄像〔二四〕暫曉而閃式染〔二五〕屍。山海經曰：朝陽之谷，神爲天吴，爲水伯。説文曰：髣髴〔二六〕，見不諟也。楚辭曰：時彷佛以遥見。國語，仲尼曰：丘聞之，水之怪龍罔象，木之怪夔魍魎。韋昭曰：罔象食人。閃屍，暫見之貌。羣妖遘迕，眇䁂余沼冶夷。爾雅曰：遘，遇也。小雅曰：迕，犯也。眇䁂，視貌。冶夷，妖媚之貌。決帆摧橦直江，戕風起惡去聲。橦，百尺也。杜預左氏傳注曰：戕，卒暴之名也。起惡，起爲暴惡也。廓如靈變，惚怳幽暮。廓，猶開也，言廓然暫開，如神之變，惚怳之頃，而又幽暮也。鄭玄禮記注曰：幽闇者，不明也。氣似天霄，靉愛靅費雲布。言海神吐氣，類於天霄。靉靅，昏闇貌。韓子曰：雲布風動。䨴叔昱絶電，百色妖露。䨴昱，疾貌。妖露，爲妖而呈露也。呵嗽許勿掩鬱，矆居縛睒失冉無度。呵嗽掩鬱，不明貌。説文曰：矆，大視也。又曰：睒，暫視也。飛澇勞〔二七〕相磢楚爽，激勢相沏楚櫛反。言戕風迅疾而波浪相衝也。澇，大波也。郭璞方言注曰：漺，錯也。漺與磢同。沏，摩也，楚乙切〔二八〕。崩雲屑雨，浤浤火宏汩汩。屑雨，飛灑之貌，言波浪飛灑，似雲之崩，如雨之屑也。李尤辟雍賦曰：興雲動雷，飛屑風雨。浤浤汩汩，波浪之聲也。浤，音宏。踸勑甚踔丑角湛以甚灤藥，沸潰渝溢。踸踔湛灤，波前却之貌。潰，亂流也。渝，亦溢也。瀖霍泋卉濩鑊〔二九〕渭，蕩雲沃日。瀖泋濩渭，衆波之聲。於是舟人漁子，徂南極東。言風起而浪驚，故漂浮而無定。毛萇詩傳曰：極，至也。或屑没於黿鼉之穴，或挂罥於岑嶅敖〔三〇〕之峯。言被漂溺死，非一所也。屑，猶碎也。禮記曰：屑桂與薑。聲類曰：罥，係也。爾雅曰：山多小石曰嶅。或掣充制掣洩余制洩於裸人之國，或汎汎悠悠於黑齒之邦。掣掣洩洩，任風之貌。汎汎悠悠，隨流之貌。淮南子曰：自西南至東南，有裸人國，黑齒民。許慎曰：其民不衣也，其人黑齒也〔三一〕。或乃萍流而浮轉，或因歸風以自反。謝承後漢書，鄭玄戒子書曰：黄巾爲害，萍浮南北。徒識觀怪之多駭，乃不悟所歷之近遠。蒼頡篇曰：駭，驚也。説文曰：悟，覺也。

爾其爲大量也〔三二〕，則南澰斂朱崖，北灑天墟音虛。廣雅曰：澰，漬也。東都主人曰：南燿朱垠。垠亦崖也。爾雅曰：北陸虛也〔三三〕。東演析木，西薄青徐。說文曰：演，長流也。言流至析木之境。爾雅曰：析木謂之天津，海在青、徐之東，故云西薄。小雅曰：薄，迫也。尚書曰：海、岱惟青州。又曰：海、岱及淮惟徐州。經途瀴烏泠溟莫泠〔三四〕，萬萬有餘。鄭玄周禮注曰：經，謂里數也。瀴溟，猶絶遠杳冥也。吐雲霓，含龍魚。淮南子曰：四海之雲湊。隱鯤鱗，潛靈居。鯤鱗，或爲昆山。昆山，方壺之屬也。靈居，衆仙所處也。豈徒積太顛之寶貝，與隨侯之明珠。琴操曰：紂徒文王於羑里，擇日欲殺之，於是太顛、散宜生、南宫适之屬，得水中大貝以獻紂，立出西伯。墨子曰：和氏之璧，隋侯之珠。將世之所收者常聞，所未名者若無。言世之所收者，常聞其名，其或未名者，若本無也。且希世之所聞，惡烏〔三五〕審其名？言希世乃一聞之，故不能審其名。魯靈光殿賦曰：邈希世而特出。故可仿像其色，靉於愷靉虛氣其形。仿像、靉靅，不審之貌。

爾其水府之内，極深之庭。劉劭趙都賦曰：其東則有天浪水府，百川是理。則有崇島巨鼇，峌庭結峴五結孤亭。崇島，五嶽也。巨鼇，大鼇也。列仙傳曰：巨鼇負蓬萊山而抃滄海之中。列子曰：渤海之東，名曰歸墟，其中有五山，帝命禺強使巨鼇十五，舉首載五山，峙而不動。説文曰：海中往往有山可依止曰島。峌峴，高貌。山居海中，故云孤亭。擘洪波，指太清。峻極際天，故云指。鄭衆周禮注曰：擘，破裂也。東方朔十洲記曰：冥海洪波百丈。鶡冠子曰：上及泰清，下及太寧。竭磐石，栖百靈。鄭玄禮記注曰：竭，猶載也。聲類曰：磐，大石也。百靈，衆仙。颺凱風而南逝，廣莫至而北征。言巨鼇多力，遡風而行也。呂氏春秋曰：南方曰凱風，北方曰廣莫風。其垠銀則有天琛水怪，鮫人之室。天琛，自然之寶也。尚書曰：天球在東序。水怪奇石，生乎水濱也。尚書曰：鈆松怪石。曹子建七啓曰：戲鮫人。劉淵林吴都賦注曰：鮫人，水底居。瑕石詭暉，鱗甲異質。說文曰：瑕，玉之小赤色者也。詭暉，別色。說文曰：詭，變也。異質，殊形也。廣雅曰：質，軀也。若乃雲錦散文於沙汭之際，綾羅被光於螺蚌之節。言沙汭之際，文若雲錦；螺蚌之節，光若綾羅也。毛萇詩傳曰：芮，崖也，芮與汭通。曹植齊瑟行曰：蚌蛤被濱崖，光采如錦紅。繁采揚華，萬色隱鮮。說文曰：隱，蔽也。陽冰不冶，陰火潛然。言其陽則有不冶之冰，其陰則有潛然之火也。晏子春秋曰：陰冰凝，陽冰厚五寸。說文曰：冶，銷也。熺許眉炭重燔煩，吹炯古永九泉。熺炭，炭之有光也。廣雅曰：熺，熾也。重燔，猶重然也。吹，猶然也。漢書，趙氏無吹火焉。說文曰：炯，光也，言火之光下照九泉。地有九重，故曰九泉。朱燉焰緑煙，腰一眇眇蟬蜎一緣反。腰眇蟬蜎，煙豔飛騰之貌。燉與燗同。

魚則橫海之鯨，突扤孤遊〔三六〕。弔屈原曰：橫江湖之鱣鱏。郭璞山海經注曰：橫，塞也。突扤，高貌。戛巖嶅，偃高濤。戛，猶櫟也。茹鱗甲，吞龍舟。廣雅曰：茹，食也。莊子曰：吞舟之魚，碭而失水。高誘淮南子注曰：龍舟，大舟。噏虚及波則洪漣踧蹜，吹澇則百川倒流。劉劭趙都賦曰：巨鼇冠山，陵魚吞舟，吸潦吐波，氣成雲霧。蹜，蹙聚貌。踧，子六切。蹜，所六切。或乃蹭七鄧蹬鄧〔三七〕窮波，陸死鹽田。蹭蹬，失勢之貌。鹽田，海邊也。張揖上林賦注曰：海水之崖，多出鹽也。巨鱗插雲，鬐鬣刺天〔三八〕。郭璞上林賦注曰：鰭，魚背上鬣也。南都賦曰：森蕁蕁而刺天。顱盧〔三九〕骨成嶽，流膏爲淵。廣雅曰：顱謂之顳顬。魏武四時食制曰：東海有魚如山，長五六里，謂之鯢，時死岸上，膏流九頃。春秋元命包曰：積骨成山，流血成淵。

若乃巖坻直夷之隈，沙石之嶔音欽。郭璞上林賦注曰：坻，岸巾。說文曰：隈，水曲也。嶔，沙石嶔岑也。毛翼産彀苦候，剖卵成禽。爾雅曰：生哺彀。郭璞曰：鳥子須母食也。剖，猶破也。鳧雛離褷所宜，鶴子淋滲所今反。西京雜記曰：太液池，其間鳧雛、鶴子，布滿充積。離褷、淋滲，毛羽始生之貌。羣飛侶浴，戲廣浮深。翔霧連軒，洩余世洩淫淫。軒，舉也。洩洩淫淫，飛翔之貌。翻動成雷，擾翰爲林。翻，動貌。漢書，趙王曰：聚蚊成雷。孔安國尚書傳曰：擾，亂也。王弼周易注曰：翰，高飛貌。更相叫嘯，詭色殊音。詭，異也〔四〇〕。

若乃三光既清，天地融朗。淮南子曰：夫道，紘宇宙而章三光。杜預左氏傳注曰：融，朗也。不汎陽侯，乘蹻去喬絶往。淮南子曰：武王渡于孟津，陽侯之波，逆流而擊。曹植苦寒行曰：乘蹻追術士，遠在蓬萊山。抱朴子曰：乘蹻可以周流天下。蹻道有三法，一曰龍蹻，二曰氣蹻，三曰鹿盧蹻。覿安期於蓬萊，見喬山之帝像〔四一〕。列仙傳曰：安期先生謂始皇曰：後千歲求我蓬萊山下。史記曰：武帝祭黄帝冢橋山。上曰：吾聞黄帝不死，今有冢，何也？或對曰：黄帝已仙上天，羣臣葬其衣冠也。羣仙縹匹妙眇〔四二〕，餐玉清涯音宜。縹眇，遠視之貌。魯靈光殿賦曰：忽瞟眇以響像。列仙傳曰：赤松子服水玉。履阜鄉之留舄，被羽翮之褷所今纚所宜反。列仙傳曰：安期先生，琅邪阜鄉人，自言千歲。秦始皇與語，賜金數千萬於阜鄉亭，皆置去，留書以赤玉舃一量爲報。言仙人以羽翮爲衣。漢書曰：天道將軍衣羽衣。褷纚，羽垂之貌。翔天沼，戲窮溟。莊子曰：窮髮之北有溟海者，天池也。甄古然有形於無欲，永悠悠以長生。言衆仙雖表有形而無情欲，故能久視長生也。鄭玄尚書緯注曰：甄，表也。淮南子曰：有形之類，莫尊於水。莊子曰：同乎無欲。老子曰：常無欲以觀其妙。又曰：長生久視之道。

且其爲器也，包乾之奧，括坤之區。周易曰：乾爲天，坤爲地。孔安國尚書傳曰：奧，内也。又曰：區，域也。惟神是宅，亦祇是廬。神祇，衆靈之通稱，非惟天地而已。禮記曰：有天下者，祭百神也。何奇不有？何怪不儲？説文曰：儲，積也。芒芒積流〔四三〕，含形内虛。班彪覽海賦曰：余有事於淮浦，觀滄海於茫茫。孫卿子曰：不積小流，無以成河海。含形内虛，言水能含衆形，内虛，似乎謙也。孫卿子曰：水清則見物之形。周易曰：君子以虛受人。曠哉坎德，卑以自居。周易曰：坎爲水。家語，金人銘曰：江海雖左長百川，以其卑也。周易曰：謙謙君子，卑以自牧。管子曰：夫人皆赴高，水獨赴下，卑也，而水以爲都居也。弘往納來，以宗以都。自海而往，弘之而令大，自外而來，納之而不逆。尚書曰：江、漢朝宗于海。山海經曰：和山實惟河之九都。郭璞曰：九水所潛，故曰九都。品物類生，何有何無！言諸品物以類相生，何所不有，何者而無。言其多也。韓詩外傳曰：夫水，羣物以生，品物以正。李尤翰林論曰〔四四〕：木氏海賦，壯則壯矣，然首尾負揭，狀若文章，亦將由未成而然也。

〔一〕巨唐之代　袁本「巨」作「臣」，云善作「巨」。茶陵本云五臣作「臣」。案：各本所見皆非也。陳云觀此注中「臣堯」之解，則善本亦作「臣」也，「巨」乃傳寫之誤，其説最是。

〔二〕注「延」　袁本、茶陵本作「涎音延」三字，在注末，是也。

〔三〕決陂潢而相湲　案：「湲」當作「沃」，注「湲灌也」同。茶陵本云善作「湲」，袁本云善作「湲」，所見皆誤也。「沃」與下句「鑿」協，字譌而失其韻。

〔四〕注「踰濟漯」　陳云「踰」別本作「淪」，下注引同。案：茶陵脩改本如此，袁本仍皆作「踰」，似善讀孟子不同也。

〔五〕注「七林」　陳云二字似當在「滲」字下，袁、茶陵二本正如此。今案：此衍字也。袁、茶陵有者，爲五臣「滲」字音，其善「滲音侵」自在注中，尤所見因誤在「淫」字下，遂兩存之，正以「七林」當「淫」字音耳。又案：凡善音各本，多失其舊，今於其可考者，悉加訂正。

〔六〕注「烏黨」又注「乃朗」　茶陵本作「泱烏黨反瀼乃蕩切」，在注中「有填淤反瀼之害」下。袁本但有「泱烏黨反」四字。又案：凡善音皆云反，今本作切者，後人所改，此則改而未盡者也。餘準此，不悉出。

〔七〕注「曠遠之貌」　袁本、茶陵本此下有「瀜音融」三字，是也。

〔八〕注「史記曰斥爲舄」　案：「曰」當作「以」，各本皆譌。西征賦注云「戰國策以吴爲吾」，其句例也。

〔九〕注「彼苗」　袁本、茶陵本作「攈彼苗切」，在注末，是也。

〔一〇〕注「言月將夕也」　袁本、茶陵本「月」作「日」。又此五字在「大明月也」下。其下節注作「翔陽日也」，言日初出也。案：此蓋尤本誤倒。

〔一一〕注「伏韜望清賦曰」　何校「韜」改「滔」，「清」改「濤」，各本皆譌。

〔一二〕注「巽風不至」　案：「風」當作「氣」，各本皆誤。舞鶴賦注引正作「氣」字。

〔一三〕注「丁迴反」　袁本、茶陵本在注末，是也。「反」作「切」，非。

〔一四〕注「不平貌」　袁本、茶陵本此下有「潿音謂漯音累迭徒結切」十字，是也。

〔一五〕注「乙于」　案：此五臣音。袁本、茶陵本有「湸音洿」三字，在注末，是也。尤存此删彼，非。

〔一六〕注「土含」　茶陵本云「吐甘切」五臣作「土含切」，袁本作「土含」。案：茶陵校語是也。袁本用五臣，尤與之同，非。

〔一七〕注「滐與傑同」　袁本、茶陵本無此四字。案：所見不同也，似有者是矣。

〔一八〕注「荅」　案：此五臣音，袁本有「峕直合切」四字，在注中「重叠也」下，是也。茶陵本并此節注「於翰而去」四字，尤與之同，非。

〔一九〕注「奴冷」　袁本作「濘奴冷反」四字，在注中「沸貌」下，是也。茶陵本亦誤去，説見上。

〔二〇〕注「霾音埋」　袁本、茶陵本無此三字。案：無者非也。此善音，正文下「莫排」二字，乃五臣音，尤所見未檢照而兩存，然足訂二本之失。凡善音各本皆非其舊，或袁、茶陵非而尤是，此條其例也。

〔二一〕注「波相呑吐之貌」　袁本、茶陵本此下有「呷呀甲切」四字。案：「呀」當作「呼」，此善「呷」字之音也，尤誤删。

〔二二〕注「充制反」　袁本、茶陵本在注末，是也。「反」作「切」，非。

〔二三〕天吴乍見而髣髴　案：「髣髴」當作「彷彿」。善注可證。見下甘泉賦「猶彷彿其若夢」注「彷彿」亦引説文、楚辭。彼五臣作「髣髴」，有明文，此亦各本亂之而不著校語。

〔二四〕蝄像　案：「蝄像」當作「罔象」，善注可證。考袁本、茶陵本於善注字則作「罔象」，於五臣向注字則作「蝄像」，截然有别，無可疑也。唯正文不著校語，爲以五臣亂善，而讀者乃不辨耳。

〔二五〕注「式染」　袁本、茶陵本作「閃式染切」，在注末，是也。

〔二六〕注「説文曰髣髴」　袁本、茶陵本作「彷彿」。案：二本是也。尤所改非，下引楚詞仍未改可證，説見上。又甘泉賦，漢書作「仿佛」，二注所引説文字亦在「亻」部，但善引説文多不合，未必與顔同作「仿佛」也。

〔二七〕注「勞」　袁本作「音勞」二字，在注中「澇大波也」下，是也。茶陵本誤，與此同。

〔二八〕注「楚乙切」　袁本無此三字。茶陵本在「沏摩也」上作「楚兩切」。案：茶陵本最是也。此善「𥕚」字之音，正文下「楚爽」二字，乃五臣音，尤本誤倒入下文，改「兩」爲「乙」，失之矣。

〔二九〕注「鑊」　袁本、茶陵本作「濩音鑊」，在注末，是也。

〔三〇〕注「敖」　案：此五臣音，茶陵本有「牛高切」，在注末「嶅」字下，乃善音。袁本亦誤去，與尤本皆非。

〔三一〕注「其人黑齒也」　茶陵本「黑齒」作「齒黑」，無「也」字。案：「齒黑」是也。袁本亦誤與此同。

〔三二〕爾其爲大量也　袁本、茶陵本無「爲」字。案：此無可考也。

〔三三〕注「虛也」　袁本、茶陵本作「天墟」，下有「音區」二字，正文下無「音虛」二字。案：此尤用今爾雅改，其實非善意也。今爾雅郭讀「虛」如字，不得引以注此賦，必他家讀爲「墟域」之「墟」，故曰「音區」。又「天」字，善因是釋天文而增之，如下引「析木謂之天津」，「天」字亦本文所無，何云注誤，未得其解。

〔三四〕注「莫泠」　袁本、茶陵本作「溟莫泠切」，在注末，是也。

〔三五〕注「烏」　袁本、茶陵本作「惡音烏」，在注末，是也。

〔三六〕突扤孤遊　袁本、茶陵本「扤」作「杌」，是也。注同。

〔三七〕注「七鄧」又注「鄧」　袁本、茶陵本作「蹭七鄧切蹬音鄧」，在注中「失勢之貌」下，是也。

〔三八〕鬐鬣刺天　案：「鬐」當作「鰭」。考善注引上林賦注，各本皆作「鰭」，而袁本、茶陵本於所載五臣濟注則作「鬐」，截然有别，唯不著校語，爲以五臣亂善，尤本所見亦然，皆非也。又江賦「揚鰭掉尾」正文不誤，而注引上林爲「鬐」，亦因二本用五臣作「鬐」相涉，而轉輾致譌也。

〔三九〕注「盧」　袁本、茶陵本作「音盧」二字，在注中「謂之顬顖」下，是也。

〔四〇〕注「詭異也」　袁本、茶陵本無此三字。案：無者是也。以二本考之，乃五臣銑注，尤本誤係之於善耳。

〔四一〕見喬山之帝像　案：「喬」當作「橋」。考善注引史記，各本皆作「橋」，而袁本、茶陵本於所載五臣良注則作「喬」，截然有别，唯不著校語，爲以五臣亂善，尤本所見亦然也。

〔四二〕羣仙縹眇　何校「縹」改「瞟」，注同。案：所改是也。善作「瞟」，注「瞟眇，遠視之貌」，引魯靈光殿賦「瞟眇」證之。五臣作「縹」，向注「縹眇，高遠貌」。各本皆以五臣亂善而不著校語，唯注引「忽瞟眇」句未譌也。

〔四三〕芒芒積流　袁本、茶陵本「芒芒」作「茫茫」，是也。

〔四四〕注「李尤翰林論曰」　陳云：案「尤」當作「充」，見晉書文苑傳，與東漢李尤時代敻殊。今案：所校是也。李尤遠在木前，亦不撰翰林論。各本皆譌。

江賦　釋名曰：江者，公也，出物不私，故曰公也。風俗通曰：江者，貢也，爲其出物可貢。晋中興書曰：璞以中興，三宅江外，乃著江賦，述川瀆之美。

郭景純　臧榮緒晋書曰：郭璞，字景純，河東人。璞性放散，不脩威儀，爲佐著作。後轉王敦記室參軍。敦謀逆，爲敦所害。又云：有人見其睡形變鼉，云是鼉精也。

咨五才之並用〔一〕，寔水德之靈長。左氏傳，宋子罕曰：天生五材，人並用之，廢一不可。杜預曰：金、木、水、火、土也。淮南子曰：夫水者，大不可極，深不可測，無公無私，水之德也。惟岷山之導江，初發源乎濫觴。惟，發語之辭也。岷山導江，東別爲沱〔二〕。南都賦曰：發源巖穴。家語，孔子謂子路曰：夫江始於岷山，其源可以濫觴。及其至於江津，不舫舟，不避風，則不可以涉。王肅曰：觴，所以盛酒者，言其微也。聿經始於洛沫昧，攏萬川乎巴梁。薛君韓詩章句曰：聿，辭也。漢書，廣漢郡雒縣有漳山，雒水所出，入湔。雒與洛通。湔，音煎。說文曰：沫〔三〕水出蜀西塞外，東南入江。沫，武蓋切。攏，猶括束也。巴，郡名也。梁，州名也。衝巫峽以迅激，躋江津而起漲。盛弘之荆州記曰：信陵縣西二十里〔四〕有巫峽。方言曰：躋，登也。酈元水經注曰：馬頭崖北對大岸，謂之江津。漲，水大之貌。極泓烏宏量而海運，狀滔天以淼茫。鄭玄禮記注曰：極，窮也。莊子曰：大鵬海運，則將徙南溟。司馬彪曰：運，轉也。尚書曰：浩浩滔天。總括漢泗，兼包淮湘。并吞沅澧禮，汲引沮七余漳。南都賦曰：總括趨歙。郭璞山海經注曰：泗水出魯國卞縣，至臨淮下相縣入淮。孟子曰：禹決汝、漢，排淮、泗，而注之江。景福殿賦曰：兼苞博落。郭璞山海經注曰：湘水出酃陵營道縣陽朔山。過秦論曰：并吞八荒之心。山海經曰：沅水出象郡而東注江，合洞庭中。應劭漢書地理志曰〔五〕：武陵郡充縣歷山，澧水所出，入沅，水經云入江。説文曰：汲，引水也。山海經曰：景山，睢水出焉，南注于沔江。又曰：荆山，漳水出焉，而東南流注于睢。沮與睢同。源二分於崌居峽來，流九派乎潯陽。山海經曰：岷山東北百四十里崍山，江水出焉；又東百五十里崌山，江水出焉，而東流注于大江。郭璞曰：崍山，中江所出也，崌山，北江所出也。水別流爲派。尚書曰：荆州，九江孔殷。應劭漢書注曰：江自廬江潯陽，分爲九也。漢書，廬江郡有潯陽縣。鼓洪濤於赤岸，淪餘波乎柴桑。洪濤，已見海賦。七發曰：凌赤岸。或曰：赤岸在廣陵興縣〔六〕。廣雅曰：淪，没也。餘波，濤之餘波也，言濤之餘波至柴桑而盡也。尚書曰：餘波入于流沙。漢書，豫章郡有柴桑縣。綱絡羣流，商搉苦角涓古玄澮古外反。廣雅曰：商，度也。許慎淮南子注曰：揚搉粗略也。涓澮，小流也。爾雅曰：注溝曰澮也。表神委於江都，混流宗而東會。委及宗並見上文。漢書曰：廣陵國有江都縣，東會于海。尚書曰：東會于泗、沂。注五湖以漫漭，灌三江而漰普萌沛普會反。墨子曰：禹治天下，南爲江、漢、淮、汝，東流之，注五湖之處，以利荆、楚、干、越之民。史記，太史公曰：余登姑蘇，望五湖。張勃吴録曰：五湖者，太湖之別名也，周行五百餘里。尚書曰：三江既入，震澤底定。孔安國曰：自彭蠡，江分爲三，入震澤。又曰：震澤，吴南太湖名也。滈胡道汗六州之域，經營炎景之外。六州，益、梁、荆、江、揚、徐。臧榮緒晉書曰：華陽黑水惟梁州，部巴東郡。益州，梁州之南地，部蜀郡。江州，本荆州之東界，揚州之南境也。海、岱及淮惟徐州，部廣陵郡。上林賦曰：經營于其内。南方火，故曰炎景。所以作限於華裔，壯天地之嶮介。言江波之濬，既作限於華夷，天地嶮介，因之益壯也。吴録曰：魏文帝臨江嘆曰：天所以隔南北也！周易曰：天嶮不可升。地嶮，山川丘陵。郭璞爾雅注曰：介，閡也。

呼吸萬里，吐納靈潮。自然往復，或夕或朝。呼吸萬里，言其疾也。抱朴子曰：麋氏云朝者，據朝來也，言夕者，據夕至也。激逸勢以前驅，乃鼓怒而作濤。峨嵋爲泉陽之揭，玉壘作東別之標。峨嵋、玉壘，二山名也。泉陽，即陽泉也。顧野王輿地志云：益州陽泉縣，蜀分緜竹立。揭、標，皆表也。水經曰：江水又東別爲沲，開明之所鑿。尚書曰：岷山導江，東別爲沲。戰国策曰：舉標甚高。衡霍磊落以連鎮，巫廬嵬魚鬼崫危勿而比嶠。周禮曰：荆州之鎮山曰衡山。鄭玄曰：在湘水南，鎮山名，安地德者也〔七〕。爾雅曰：霍山爲南岳。郭璞曰：今在廬江西。漢書曰：南郡巫縣，巫山在西南。釋慧遠廬山記曰：山在江州潯陽之南。爾雅曰：山鋭而高曰嶠，其廟切，協韻，音橋。協靈通氣，濆忿薄相陶。流風蒸雷，騰虹揚霄。莊子曰：川谷通氣，故飄風。老子曰：陰陽陶冶萬物。韋昭國語注曰：蒸，升也。出信陽而長邁，淙悰〔八〕大壑與沃焦。信陽即信陵之陽也。臧榮緒晉書曰：建平郡有信陵縣。吴都賦曰：寂寥長邁。説文曰：淙，水聲也。列子曰：渤海之東，不知幾萬億里，有大壑，無底之谷，其下無底，名歸墟。玄中記曰：天下之大者，東海之沃焦焉，水灌之而不已。沃焦，山名也，在東海南方三萬里。

若乃巴東之峽，夏后疏鑿。盛弘之荆州記，古歌曰：巴東三峽巫峽長，猨鳴三聲淚沾裳。禹疏三江，已見上文。絶岸萬丈，壁立赮駮。赮駮，如赮之駮也。赮，古霞字。虎牙嵥桀豎樹以屹魚乙崒慈聿，荆門闕竦而磐礴。盛弘之荆州記曰：郡西泝江六十里南岸有山，名曰荆門，北岸有山，名曰虎牙，二山相對，楚之西塞也。虎牙，石壁紅色，間有白文，如牙齒狀。荆門上合下開，開達山南〔九〕，有門形，故因以爲名。嶸，特立貌。屹崒，高峻貌。闕竦，如闕之竦也。西京賦曰：圜闕竦以造天。磐礴，廣大貌。圓淵九回以懸騰，湓普寸流雷呴呼后而電激。淮南子曰：藏志九旋之淵。許慎曰：九旋之淵至深。説文曰：騰，水涌也。蒼頡篇曰：湓，水聲也。聲類曰：呴，嗥也。答賓戲曰：遊説之徒，風颮電激。駭浪暴灑，驚波飛薄。灑，散也。飛薄，飛騰蕩薄也。迅澓扶福增澆，涌湍疊躍。澓，澓流也，音伏〔一〇〕。王逸楚辭注曰：洄波爲澆，古堯切。砯普冰巖鼓作，漰普萌湱呼陌澩胡角灂仕角反。砯，水激巖之聲也。漰湱澩灂，皆大波相激之聲也。爾雅曰：夏有水、冬無水曰澩，音學〔一一〕。㵾蒲冰㶓蒲拜瀇火宏㵧呼拜，潰濩穫泧呼活漷呼郭反。皆水勢相激洶湧之貌。潏胡決湟皇淴烏骨泱烏朗，㴔叔潣失冉瀾舒感瀹始灼反。皆水流漂疾之貌。漩旋澴許玄滎於營瀯營，渨紆鬼灅誄濆忿瀑步角反。皆波浪回旋濆涌而起之貌也。溭助側淢域濜助謹涓于宥，龍鱗結絡。溭淢濜涓，參差相次也。龍鱗結絡，如龍之鱗，連結交絡也。潘岳金谷詩曰：濫泉龍鱗瀾。碧沙瀢杜罪㴹徒可而往來，巨石硉洛骨矹五骨以前却。瀢㴹、硉矹，沙石隨水之貌。潛演胤之所汩淈胡骨，奔溜之所磢楚爽錯。説文曰：潛，藏也。又曰：演，水脈行地中，弋刃切。蒼頡篇曰：淈，水通貌。磢，已見海賦。廣雅曰：錯，摩也。厓隒魚檢爲之泐勒嵃魚免，碕嶺爲之喦崿。説文曰：隒，厓也。周禮曰：石有時以泐。鄭司農曰：泐，謂石解散也。嵃，猶嶮也。楚辭曰：觸石碕而横逝。許慎淮南子注曰：碕，長邊也。幽㵎積岨，礐力隔硞客〔一二〕礐盧角確苦角反。爾雅曰：山夾水曰澗。礀與澗同。礐碻礐確，皆水激石嶮峻不平之貌。若乃曾潭之府，靈湖之淵。鄭玄毛詩箋曰：曾，重也。王逸楚辭注曰：楚人名淵曰潭府〔一三〕。澄澹汪洸烏宏，瀇烏廣滉胡廣囦泫音玄。皆水深廣之貌。説文曰：汪，廣也，烏黄切。泓汯宏〔一四〕泂烏猛澋胡猛，涒紆筠鄰圝彎潾力銀反。皆水勢回旋之貌。混瀚音翰灝呼見渙，流映揚焆音涓。水勢清深而澄澈光映也。蒼頡篇曰：焆，明也。溟莫令漭渺湎莫翦，汗汗沺田沺。皆廣大無際之貌。察之無象，尋之無邊。氣滃烏孔渤蒲没以霧杳，時鬱律其如煙。滃渤，霧出貌。鬱律，煙上貌。成公綏天河賦曰：氣蓬勃以霧蒸。説文曰：杳，冥也。類胚普抔渾之未凝，象太極之構天。言雲氣杳冥，似胚胎渾混〔一五〕，尚未凝結，又象太極之氣，欲構天也。淮南子曰：孕婦三月而胚胎〔一六〕。春秋命歷序曰：冥莖無形，濛鴻萌兆，渾渾混混。宋均曰：渾渾混混，雖卵未分也。周易曰：是故易有太極，是生兩儀。韓康伯曰：太極者，無稱之稱，不可得名也。長波浹子叶渫牒，峻湍崔嵬。埤蒼曰：浹渫，水滂溏也。小雅曰：峻，高也。盤渦烏和谷轉，凌濤山頽。渦，水旋流也。廣雅曰：淩，馳也。王粲遊海賦曰：洪濤奮蕩，大浪踊躍〔一七〕，山隆谷窳，宛亶相搏。陽侯砐五合硪我以岸起，洪瀾涴宛演而雲迴。陽侯，已見海賦。砐硪，搖動貌。涴演，迴曲貌。沂銀淪溛烏華瀤烏懷，乍浥烏甲乍堆。沂淪，回旋之貌。溛瀤，不平之貌。豃呼檻如地裂，豁若天開。豃，豁開貌。易緯曰：天下愁，地裂山崩。漢書曰：孝惠二年，天開東北，廣十餘丈。觸曲厓以縈繞叫〔一八〕，駭崩浪而相礧。相礧，相擊也，音雷。鼓㕁苦合窟以漰普萌渤蒲没，乃溢普寸湧而駕隈。㕁，亦窟之類也。漰渤，水聲也〔一九〕。小雅曰：駕，凌也。

魚則江豚徒昆海狶喜，叔鮪于軌王鱣音亶。南越志曰：江豚似豬。臨海水土記曰〔二〇〕：海狶，豕頭，身長九尺。郭璞山海經注曰：今海中有海狶，體如魚，頭似豬。爾雅曰：鮥，鮛鮪。郭璞曰：鮪屬〔二一〕，大者王鮪，小者叔鮪。王鱣之大者〔二二〕，猶曰王鮪。鮥音洛。⿰魚骨骨鯟練鰧特登鮋直流，鯪陵鰩遥鯩鰱音連。山海經曰：⿰魚骨魚，其狀如魚而鳥翼，出入有光，其音如鴛鴦。郭璞曰：音滑。舊説曰：鯟，似纚〔二三〕。山海經曰：鰧，其狀如鱖。居逵切，蒼文赤尾。郭璞曰〔二四〕：舊説曰：鮋，似鱓。楚辭曰：鯪魚何所出。王逸曰：鯪魚，鯪鯉也。山海經曰：鰩魚，狀如鯉。又曰：鯩魚，黑文，狀如鮒，食之不腫。郭璞曰：音倫。廣雅曰：鰱，鱮也。或鹿觡格象鼻，或虎狀龍顔。臨海異物志曰：鹿魚，長二尺餘，有角，腹下有脚，如人足。郭璞山海經注曰：麋鹿角曰觡。又曰：今海中有虎鹿魚，體皆如魚，而頭似虎鹿。龍顔，似龍也。鱗甲鏙七罪錯，焕爛錦斑。鏙錯，間雜之貌。揚鰭掉尾，噴普悶浪飛唌似延反。上林賦曰：揵鰭掉尾。説文曰：噴，吒也；唌，沫也。排流呼哈乎合，隨波遊延。或爆蒲角采以晃淵，或嚇呼厄鰓乎巖間。説文曰：爆，灼也，今以爲曝曬也〔二五〕。曝，步木切。廣雅曰：晃，暉也。嚇，猶開也。介鯨乘濤以出入，鯼祖洪鮆薺順時而往還。爾雅曰：介，大也。字林曰：鯼魚，出南海，頭中有石，一名石首。郭璞山海經注曰：鮆，狹薄而長，頭大者長尺餘，一名刀魚，常以三月八月出，故曰順時。

爾其水物怪錯，則有潛鵠魚牛，虎蛟鉤蛇。怪錯，奇怪雜錯也。舊説曰：潛鶴，似鵠而大。山海經曰：魚牛，其狀如牛，陵居，蛇尾，有翼。又曰：虎蛟，其狀魚身而蛇尾，有翼，其音如鴛鴦。郭璞山海經注曰：今永昌郡有鉤蛇，長數丈，尾歧〔二六〕，在水中鉤取斷岸人及牛馬啖之。蜦倫蜳團鮆候蝞媚，鱝扶粉鼊鳥郎鼉迷䰽音麻。說文曰：蜦，蛇屬也，黑色，潛於神泉之中，能興雲致雨。山海經曰：蜳魚，其狀如鮒而彘尾。郭璞曰：音團，如扇之團〔二七〕。廣志曰：鮆魚，似便面，雌常負雄而行，失雄則不能獨活，出交阯南海中。臨海水土物志曰：蝞，似蝦，中食，益人顏色，有愛媚。又曰：鱝魚，如圓盤，口在腹下，尾端有毒。又曰：初寧縣多鼊，龜形薄頭，喙似鵞指爪。又鼊䰽與鼉辟相似，形大如蘧，生乳海邊曰沙中〔二八〕，肉極好，中啖。王珧姚海月，土肉石華。郭璞山海經注曰：珧，亦蚌屬也。臨海水土物志曰：海月，大如鏡，白色，正圓，常死海邊，其柱如搔頭大，中食。又曰：土肉，正黑，如小兒臂大，長五寸，中有腹，無口目，有三十足，炙食。又曰：石華，附石生，肉中啖。三蝬子工〔二九〕蚄流江，鸚螺力戈蜁旋蝸古花反。臨海水土物志曰：三蝬，似蛤。舊說曰：蚄江，似蟹而小，十二脚。南州異物志曰：鸚鵡螺，狀如覆杯，頭如鳥頭，向其腹視，似鸚鵡，故以爲名也。舊說曰：蜁蝸，小螺也。璅蛣詰腹蟹，水母目蝦遐。南越志曰：璅蛣，長寸餘，大者長二三寸，腹中有蟹子，如榆莢，合體共生，俱爲蛣取食。又曰：海岸間頗有水母，東海謂之蛇，正白，濛濛如沫，生物有智識，無耳目，故不知避人。常有蝦依隨之，蝦見人則驚，此物亦隨之而沒。蛇，音蜡，二字並除嫁切。紫蚢胡岡如渠，洪蚶呼甘〔三〇〕專車。爾雅曰：大貝曰蚢。漢書曰：尉佗獻紫貝五百。尚書大傳曰：文王囚於羑里，散宜生之江、淮之浦，而得大貝，如車渠，以獻紂。鄭玄曰：渠，罔也。臨海水土物志曰：蚶則徑四尺，背似瓦壟，有文。國語，孔子曰：防風氏其骨節專車。賈逵曰：專，滿也。瓊蚌晞曜以瑩珠，石蚨居葉應節而揚葩。異物志曰：蚌似車螯，絜白如玉。晞曜，向日也。楊雄蜀都賦曰：蚌含珠而擘裂。南越志曰：石蚨，形如龜脚，得春雨則生花，花似草華。廣雅曰：葩，花也。蚨，音劫。蜛居蝫諸森衰以垂翹，玄蠣力滯磈苦罪磥力罪而碨烏懷碰烏遐反。南越志曰：蜛蝫，一頭，尾有數條，長二三尺，左右有脚，狀如鼃，可食。森衰，垂貌。翹，尾也。臨海水土物志曰：蠣，長七尺。南越志曰：蠣，形如馬蹄。磈磥、碨碰，不平之貌。或泛瀲辟豔於潮波，或混淪乎泥沙。字書曰：瀲，泛也，水波上及也。混淪，輪轉之貌。廣雅曰：混，轉也。混，乎本切。淪，力本切。

若乃龍鯉一角，奇鶬倉九頭。山海經曰：龍鯉，陵居，其狀如鯉。或曰：龍魚一角也。劉駒駼玄根賦曰：一足之夔，九頭之鶬。有鼈三足，有龜六眸莫侯反。山海經曰：三足鼈，歧尾。爾雅曰：鼈三足曰能。郭璞曰：今吴興郡陽羨縣山上有池，池中出三足鼈，又有六眼龜。赬蟞胏扶廢躍而吐璣，文魮毗〔三〕磬鳴以孕璆。山海經曰：珠蟞之魚，其狀如胏而有目，六足，有珠。郭璞曰：蟞音鼈。南越志曰：珠鼈吐珠。山海經曰：文魮之魚，其狀如覆銚，鳥首而翼，魚尾，音如磬之聲，是生珠玉。郭璞曰：音毗。鯈條鳙庸拂翼而掣充制耀，神蜧麗蝹於粉蜦力殞以沉遊。山海經曰：鯈鳙，狀如黄蛇，魚翼，出入有光。郭璞曰：音條容。説文曰：蜧，蛇屬也。許慎淮南子注曰：黑蜧，神蛇也。潛於神泉。蝹蜦，行貌。䮝蒲没馬騰波以噓蹀牒，水兕雷呴薄交乎陽侯。山海經曰：䮝馬，牛尾，白身，一角，其音如虎。郭璞曰：音勃。黄伯仁龍馬賦曰：噓天慷慨。南越志曰：西鞏縣東暨于海，其中多水兕，形似牛。説文曰：呴，嘷也。淵客築室於巖底，鮫人構館于懸流。吴都賦曰：淵客慷慨而泣珠。鮫人，已見海賦。雹布餘糧，星離沙鏡。雹布、星離，言衆多也。本草經曰：禹餘糧，生東海池澤。傅玄擬楚篇曰：光滅星離。舊説曰：沙鏡，似雲母也。青綸競糾，縟組爭映。爾雅曰：綸似綸，組似組，東海有之。糾，繚也。縟，繁采也。紫菜熒曄以叢被，綠苔鬖所咸髿沙乎研上。紫菜，色紫，狀似鹿角菜而細，生海中。熒曄，光明貌。南越志曰：海藻，一名海苔，生研石上。風土記曰：石髮，水苔也，青綠色，皆生於石。通俗文曰：髮亂曰鬖髿。說文曰：研〔三二〕，滑石也，研與硯同，五見切。菜，或爲莢。石帆蒙籠以蓋嶼序，萍實時出而漂泳音詠。劉逵吳都賦注曰：石帆，生海嶼石上，草類也。又曰：嶼，海中洲，上有山石。家語曰：楚昭王渡江，中流有物，大如斗，員而赤，直觸王舟，舟人取之，王大怪，使聘魯，問孔子。孔子曰：此所謂萍實也，可剖而食之，吉祥也。唯霸者爲能得焉。王肅曰：萍，水草也。說文曰：漂，浮也。爾雅曰：泳，游也。

其下則金礦丹礫歷，雲精爓銀。說文曰：礦，銅、鐵璞也。古猛切。丹礫，丹砂也。異物志曰：雲母，一曰雲精，入地萬歲不朽。穆天子傳曰：乃披圖視典，曰：天子之寶，璿珠爓銀。郭璞曰：銀有精光如爓也。珕麗珋留璿瑰古回，水碧潛瑉美巾反。說文曰：珕，蜃屬，力計切。又曰：珋，石之有光者。山海經曰：大荒之中，有西王母之山，爰有璿瑰。郭璞曰：璿瑰，亦玉名也。旋回兩音。山海經曰：耿山多水碧。郭璞曰：亦水玉類也。潛瑉，亦水玉也。鳴石列於陽渚，浮磬肆乎陰濱。山海經曰：共水多鳴石。郭璞曰：晉永康元年，襄陽郡上鳴石，似玉，色青，撞之，聲聞七八里。尚書曰：泗濱浮磬。孔安國尚書傳曰：肆，陳也。或頳古迴彩輕漣，或焆涓曜崖鄰〔三三〕。焆，已見上文。說文曰：鄰，水崖間鄰鄰然也〔三四〕。力因切。林無不溽，岸無不津。孫卿子曰：玉在山而木潤，淵生珠而崖不枯。廣雅曰：溽，濕也。鄭玄周禮注曰：津，潤也。

其羽族也，則有晨鵠天雞，鴢於絞鶖敖鷗䲷。山海經曰：大鶚音如晨鵠。郭璞曰：晨鵠，猶晨鳧也。爾雅曰：韓，天雞。孫炎曰：黑身，一名莎雞。山海經曰：鴢，其狀如鳧，青身而朱目，赤尾。郭璞曰：音窈窕之窈。山海經曰：鶖，青黃，其所集者其國亡。郭璞曰：音敖。山海經曰：䲷，其狀如鳧。郭璞曰：音鉗鈦之鈦，徒計切。陽鳥爰翔，于以玄月。尚書曰：彭蠡既瀦，陽鳥攸居。爾雅曰：九月爲玄。郭璞曰：國語云：至于玄月也。千類萬聲，自相喧聒。說文曰：聒，讙語也。濯翮疏風，鼓翅䎗許聿翙許月反。疏，理也。禮記曰：鳳以爲畜，故鳥不獝；麟以爲畜，故獸不狘。鄭玄曰：獝狘，飛走之貌。䎗與獝同〔三五〕。揮弄灑珠，拊拂瀑沫。洞簫賦曰：揚素波而揮連珠。說文曰：瀑，賁也，蒲到切。集若霞布，散如雲豁。產毻他積羽，往來勃碣其列反。字書曰：毤，落毛也。毤與毻同，音唾。竹書曰：穆王北征，行流沙千里，積羽千里。漢書曰：燕地勃、碣之間，一都會也。伏琛齊地記曰：勃海郡東有碣石，謂之勃碣也。

橉力刃杞稹之忍薄於潯涘，栛槤連森嶺而羅峯。橉、杞，二木名也。字林曰：稹，稠概也。薄，叢生也。淮南子曰：南遊江潯。許慎注曰：潯，水涯也，音尋。栛、槤，亦二木名也。栛，音隸。桃枝篔筠簹當，實繁有叢。劉淵林蜀都賦注曰：桃枝，竹屬也，可爲杖。又吳都賦注曰：篔簹竹，生水邊，長數丈。葭蒲雲蔓，纓以蘭紅。雲蔓，言多而無際也。纓，采色相映也。蘭，澤蘭也。爾雅曰：紅，蘢舌〔三六〕。揚皜杲毦二〔三七〕，擢紫茸而容反。皜，白也。毦與茸〔三八〕，皆草花也。蔭潭隩於六，被長江。爾雅曰：隩，限也。郭璞曰：今江東呼爲浦隩，於到切。繁蔚尉芳蘺，隱藹水松。蘺，江蘺，香草也，似水薺。水松，藥草名也。涯灌芊千見莍力見，潛薈烏外葱蘢郎公反。涯灌則叢生也〔三九〕。潛薈，水中茂盛也。芊莍、葱蘢，皆青盛貌也。鯪陵鯥六跻日眉踽具側〔四〇〕於垠銀隒魚儉，獱頻獺聅失冉瞲呼穴乎厱去聲空。鯪魚，已見同篇〔四一〕。山海經曰：有魚狀如牛，陵居，蛇尾，其名曰鯥。埤蒼曰：跻躧，跳也，求悲切。聲類曰：偏舉一足曰踽蹄也，渠俱切。郭璞三蒼解詁曰：獱，似青狐，居水中，食魚。山海經曰：鼇山，潚潚之水出焉，有獸，名曰獺，其狀如獳〔四二〕，其毛如彘鬣。郭璞曰：音蒼頡之頡，與獺同〔四三〕。獳，如珠切。聅，暫視也。聲類曰：瞲，驚視上也，呼穴切。厱，岸側空處也，去巖切。迅蜼聿季臨虚以騁巧，孤玃居縛登危而雍容。蜼，狖也。玃，似獼猴也。夔𤙖呼口翹踛六於夕陽，鴛雛弄翮乎山東。山海經曰：岷山多夔牛。郭璞曰：今蜀山中有大牛，重數千斤，名爲夔牛。又爾雅注曰：今青州呼犢爲𤙖〔四四〕，𤙖，夔牛之子也〔四五〕。𤙖與𤙅同，火口切。莊子曰：齕草飲水，翹尾而踛，此馬之真性也。司馬彪曰：踛，跳也。廣雅曰：翹，舉也。山海經曰：南禺之山有鵷鶵。郭璞曰：鵷鶵，鳳屬也。爾雅曰：山西曰夕陽，山東曰朝陽。

因岐成渚，觸澗開渠。岐，已見上文。漱所遘壑生浦，區別作湖。周禮曰：善爲溝者水漱之。鄭玄曰：漱，齧也。論語曰：區以別矣。磴土登之以瀿煩瀵翼，渫息列之以尾閭。磴，猶益也，土登切。淮南子曰：莫鑒於流潦，而鑒於澄水。許慎曰：楚人謂水暴溢爲瀿，扶園切。淮南子曰：潦水，旬月不雨，則涸而枯，澤受瀵而無源者也。許慎曰：瀵，湊漏之流也。瀵，昌即切。莊子，海若曰：天下之水，莫大於海，萬川歸之而不盈，尾閭渫之而不虚。司馬彪曰：尾閭，水之從海出也。標之以翠翳，泛之以遊菰。標，猶表識也。翳，草之翳薈也。菰，菰蔣也，浮於水上，故曰遊也。播匪藝之芒種，挺自然之嘉蔬。孔安國尚書傳曰：播，布也。鄭玄毛詩箋曰：蓺，猶樹也。鄭司農周禮注曰：芒種，稻麥也。禮記曰：凡祭廟之禮，稻曰嘉蔬。鄭玄曰：嘉，善也。稻，苽蔬之屬。**鱗被菱荷，攢布水蓏**力果反。鱗被，如鱗之被，言多也。蒼頡篇曰：攢，聚也。應劭漢書注曰：木實曰果，草實曰蓏。**翹莖瀵**芳問**蘂，濯穎散裹。**説文曰：瀵，水浸也，匹問切。廣雅曰：蘂，華也。穎，穗也。裹，謂草實也。高唐賦曰：緑葉紫裹。**隨風猗萎**於危，**與波潭沲。**猗萎，隨風之貌。潭沲，隨波之貌。潭，音覃。沲，徒我切。**流光潛映，景炎**羊染**霞火**〔四六〕。言草之華蘂流耀，潛映波瀾，景色外發，炎於赮火。赮與霞同。

其旁則有雲夢雷池，彭蠡青草，雲夢，澤名也。吴録曰：雷池，在皖。尚書曰：彭蠡既瀦。孔安國曰：澤名也。吴録曰：巴陵縣有青草湖。**具區洮**姚**滆**翮，**朱滻丹瀷。**具區，亦澤名也。風土記曰：陽羨縣西有洮湖。水經注曰：中江東南左合滆湖。音核。又曰：朱湖在溧陽。又曰：沔水又東得滻湖，水周三四百里。丹湖在丹陽，瀷湖在居巢。瀷，祖了切。**極望數百，沆**胡朗**瀁**余兩**皛**胡杳**溔**余少反。七發曰：極望成林。鄭玄禮記注曰：極，盡也。沆瀁，廣大之貌。皛溔，深白之貌。**爰有包山洞庭，巴陵地道。潛逵傍通，幽岫窈窕。**郭璞山海經注曰：洞庭地穴，在長沙巴陵。吴縣南太湖中有苞山，山下有洞庭穴道，潛行水底，云無所不通，號爲地脈。逵，水中穴道交通者。**金精玉英瑱**他見**其裏，瑤珠怪石琗其表。**穆天子傳，河伯曰：示汝黄金之膏。郭璞曰：金膏，其精汋也。汋，音綽。孝經援神契曰：玉英，玉有英華之色也。孫卿子曰：旋玉瑤珠不知佩。山海經曰：荀林之山多怪石。郭璞曰：怪石，似玉也。瑱、琗，謂文采相雜。小雅曰：雜采曰綷，琗與綷同。

瑱，徒見切。琗，字憒切。驪虬渠幽摎居由其址止，梢雲冠其㟽必眇反。驪虬，驪龍也，在於九重之泉，故云摎其址也。莊子曰：千金之珠，在九重之淵，而驪龍頷下。宋衷太玄經注曰：摎，猶糾也。孫氏瑞應圖曰：梢雲，瑞雲。人君德至則出，若樹木梢梢然也。㟽，山巔也，方眇切。海童之所巡遊，琴高之所靈矯。海童，已見上文。列仙傳曰：琴高浮遊冀州二百餘年，後入碭水中，乘赤鯉魚來，出泊一月，復入水去。方言曰：矯，飛也，言飛而去來其中。冰夷倚浪以傲睨五計，江妃含嚬而矊彌延眇〔四七〕。山海經曰：從極之川，唯冰夷恒都焉。冰夷，人面而乘龍。郭璞曰：冰夷，馮夷也。莊子曰：獨與天地精神往來，而不傲睨於萬物。傲睨，自寬縱不正之貌。列仙傳曰：江斐二女。出遊江濱，鄭交甫所挑者。孟子注，嚬蹙而言。嚬蹙，憂貌。矊眇，遠視貌。法言曰：眇緜作炳矊。矊，音緜〔四八〕。撫淩波而鳧躍，吸翠霞而夭矯。鄭玄禮記注曰：撫，以手按之也。廣雅曰：淩，馳也。上林賦曰：馳波跳沫。廣雅曰：吸，飲也。陵陽子明經曰：春食朝霞。朝霞者，日始出之赤氣。夭矯，自得之貌。

若乃宇宙澄寂，八風不翔。文子曰：四方上下謂之宇。說文曰：宙，舟車所極覆。淮南子曰：天有八風：條風，明庶風，清明風，景風，涼風，閶闔風，不周風，廣莫風。洞簫賦曰：翔風蕭蕭而逕其末。舟子於是搦女角棹，涉人於是檥魚綺榜〔四九〕補郎反。毛詩曰：招招舟子，人涉卬否。搦，捉也。應劭漢書注曰：檥，止也。王逸楚辭注曰：榜，船櫂也，補孟切。一曰：榜，併船也〔五〇〕。漂飛雲，運艅艎。劉淵林吳都賦注曰：飛雲，吳樓船之有名者。左氏傳曰：楚敗吳師，獲其乘舟艅艎。杜預曰：艅艎，舟名也。舳艫相屬，萬里連檣。說文曰：舳，舟尾也。艫，船頭也。埤蒼曰：檣，帆柱也，才羊切。泝洄沿流，或漁或商。毛詩曰：泝洄從之。毛萇曰：逆流而上曰遡洄。孔安國尚書傳曰：順流而下曰沿。列子曰：中國之人，或農或商，或佃或漁。赴交益，投幽浪平聲。交、益，二州名也。周禮曰：東北曰幽州。漢書有樂浪郡也。竭南極，窮東荒。淮南子曰：章亥自北極步至南極。山海經有東荒經。爾乃䁘雺紛祲子蔭於清旭許玉，覘勑詹五兩之動靜。方言曰：䁘，視也，音隷。杜預左氏傳曰〔五一〕：氛，氣也。説文曰：雺，亦氛字也。鄭玄禮記注曰：祲，陰陽氣相浸漸以成災也。毛萇詩傳曰：旭，日始出也。鄭玄禮記注曰：覘，闚視也，勑廉切。兵書曰：凡候風法，以雞羽重八兩，建五丈旗，取羽繫其巔，立軍營中。許慎淮南子注曰：綄，候風也，楚人謂之五兩也。綄，音桓。長風颹于鬼以增扇，廣莫飀麗而氣整。高唐賦曰：長風至而波起。颹，大風貌，音輩。廣莫風已見上文。郭璞山海經注曰：飀飀，急風貌，音戾。徐而不䬐烏回，疾而不猛。埤蒼曰：䬐，風遲也，音隈。鼓帆平迅越，趠陌漲截洞音迴。帆，已見上文。趠，猶越也。截，直度也。漲、洞，皆深廣之貌。淩波縱柂，電往杳溟覓冷反。楊雄方言曰：船後曰舳。郭璞曰：今江東柂呼爲舳也。王逸荔枝賦曰：飛匡上下，電往景還。匡，勤往切。䨴如晨霞孤征，眇若雲翼絶嶺。䨴，征貌，徒對切。晨霞，朝霞也。莊子曰：大鵬翼若垂天之雲，故曰雲翼，言廣大也。倏忽數百，千里俄頃。楚辭曰：往來倏忽。何休公羊傳注曰：俄者，須臾之間。司馬彪莊子注曰：頃，久也。王肅家語注曰：俄，有頃也。飛廉無以睎其蹤，渠黄不能企其景。史記曰：飛廉善走。廣雅曰：睎，視也。穆天子傳曰：天子之八駿曰渠黄。毛詩曰：跂予望之。鄭玄曰：舉足，則望見之。企與跂同〔五二〕。於是蘆人漁子，擯落江山，謂採蘆捕魚之子也。擯落，謂被斥擯而漂落也。司馬彪莊子注曰：擯，棄也。衣則羽褐，食惟蔬鱻思延切。鄭玄毛詩箋曰：褐，毛布也。聲類曰：鱻，小魚也。栫寂見澱廷見爲涔，夾潨在公羅筌。說文曰：栫，以柴木壅水也。劉淵林吳都賦注曰：淀，如淵而淺。澱與淀古字通。爾雅曰：槮謂之涔。郭璞曰：今作槮，叢木於水中，魚得寒，入其裏，以薄捕取之也。槮，蘇感切。涔，字廉切。說文曰：潨，小水入大水也。筌，捕魚之器，以竹爲之，蓋魚笱屬。筩灑連鋒，罾子僧罍雷比船。舊說曰：筩、灑，皆釣名也。罾、罍，皆網名也。灑，所蟹切。或揮輪於懸碕奇，或中瀨而橫旋。輪，釣輪也。埤蒼曰：碕，曲岸頭也。忽忘夕而宵歸，詠採菱以叩舷。淮南子曰：夫歌採菱，發陽阿。楚辭曰：漁父鼓枻而去。王逸曰：叩船舷也。傲自足於一嘔，尋風波以窮年。字書曰：傲，倨也。嘔與謳同。楚辭曰：順風波以南北兮，霧宵晦以紛紛。西京賦曰：窮年忘歸，猶不能徧也。

爾乃域之以盤巖，豁之以洞壑，疏之以沲度河汜似，鼓之以朝夕。尚書曰：沲、潛既導。孔安國曰：沲，江別名也。汜，已見上文。漢書，枚乘上書曰：游曲臺，臨上路，不如朝夕之池也。川流之所歸湊，雲霧之所蒸液。王逸，楚辭注曰：湊，聚也。琴賦曰：蒸靈液以播雲。淮南子曰：山雲蒸而柱礎潤。珍怪之所化產，傀奇之所窟宅。高唐賦曰：珍怪奇偉。子虛賦曰：珍怪鳥獸。說文曰：傀，偉也。又曰：奇異也。納隱淪之列真，挺異人乎精魄。桓子新論曰：天下神人五：一曰神仙，二曰隱淪，三曰使鬼物，四曰先知，五曰鑄凝。馮衍爵銘曰：富如江海，壽配列真。說文曰：真，仙人變形也。班固公孫弘贊曰：異人並出。孝經援神契曰：五岳之精雄，四瀆之精仁。左氏傳樂祁曰：心之精爽，是謂魂魄。播靈潤於千里，越岱宗之觸石。公羊傳曰：曷爲祭大山河海？山川有能潤乎百里者，天子秩而祭之，觸石而出，膚寸而合，不崇朝而徧雨天下者，唯太山雲爾，海潤于千里〔五三〕。何休曰：雲氣觸石理而出爲雨，無膚寸之地而不徧也。河海興雲，雨及千里。及其譎變儵怳，符祥非一。動應無方，感事而出。孔安國尚書傳曰：神妙無方。鄭玄論語注曰：方，常也。經紀天地，錯綜人術。言以綜爲喻也〔五四〕。符祥上則經紀天地，下則錯綜人術。漢書五行志曰：厥風絶經紀。如淳曰：壞絶匹帛之屬。周易曰：錯綜羣數。王肅曰：錯，交也，綜，理事也。仲長子昌言曰：錯綜人情。妙不可盡之於言，事不可窮之於筆。

若乃岷精垂曜於東井，陽侯遁形乎大波〔五五〕。河圖括地象曰：岷山之地，上爲井絡。史記曰：五星聚于東井。陽后，陽侯也。高誘淮南子注曰：楊國侯〔五六〕溺死於水，其神能爲大波。莊子曰：其死，登遐三年而形遯。奇相去得道而宅神，乃協靈爽於湘娥。廣雅曰：江神謂之奇相。西京賦曰：懷湘娥。王逸楚辭注曰：堯二女墜湘水之中，因爲湘夫人也。駭黄龍之負舟，識伯禹之仰嗟。吕氏春秋曰：禹南省，方濟乎江，黄龍負舟，舟中之人，五色無主，禹仰視天而嘆曰：吾受命於天，竭力以養民。生，性也〔五七〕，死，命也，余何憂於龍焉！龍俛耳曳尾而逃。壯荆飛之擒蛟，終成氣乎太阿。吕氏春秋曰：荆有佽飛者，得寶劍於干遂，反涉江至于中流，有兩蛟夾繞其舡，佽飛拔寶劍曰：此江中腐肉朽骨也。赴江刺蛟，殺之。荆王聞之，仕以執珪。高誘曰：干遂，吴邑。越絶書曰：歐冶子作鐵劍二，曰太阿。悍要離之圖慶，在中流而推戈。廣雅曰：悍，勇也。吕氏春秋曰：要離走往見王子慶忌於衛，慶忌喜，要離曰：請與王子往奪之國。王子慶忌與要離俱涉於江，拔劍以刺王子慶忌，捽而投之於江，浮出，又取而投之於江，如此者三。其卒曰：汝天下之國士也，幸汝以成名。要離不死。歸吴矣。悲靈均之任石，嘆漁父之櫂歌。楚辭曰：名余曰正則，字余曰靈均。又曰：望大河之洲渚，悲申徒之抗直，驟諫君而不聽，重任石之何益。又曰：懷沙礫而自沉兮，不忍見君之蔽壅。史記曰：屈原作懷沙賦，懷石自投汨羅。懷沙，即任石也，義與王逸不同。楚辭曰：漁父鼓枻而歌曰：滄浪之水清，可以濯吾纓。想周穆之濟師，驅八駿於黿鼉。紀年曰：周穆王三十七年征伐，大起九師，東至于九江，叱黿鼉以爲梁。列子曰：周穆王遠遊，命駕八駿之乘：驊騮、緑耳、赤驥、白儀、渠黄、踰輪、盜驪、山子。張湛曰：儀，古義字。感交甫之喪珮〔五八〕，愍神使之嬰羅。廣雅曰：感，傷也。韓詩内傳曰：鄭交甫遵彼漢皋臺下，遇二女，與言曰：願請子之珮。二女與交甫，交甫受而懷之，超然而去，十步循探之，即亡矣。迴顧二女，亦即亡矣。莊子曰：宋元君夜半夢人被髮而窺阿門曰：予自宰露之泉，爲清江使河伯之所，漁者豫且得予。元君覺，召占夢者占之曰：此神龜也，元君乃刳龜以卜，七十鑽而無遺策。司馬彪曰：鑽，命卜以所卜事而灼之。煥大塊之流形，混萬盡於一科。莊子曰：夫大塊載我以形，勞我以生。司馬彪曰：大塊，自然也。周易曰：品物流形，混萬盡於一科。言混萬物盡歸於一科也。孟子曰：水〔五九〕源泉混混，不舍晝夜，盈科而後進，放乎四海。趙岐曰：科，坎也。保不虧而永固，禀元氣於靈和。春秋元命包曰：水者，五行始焉，元氣之湊液也。考川瀆而妙觀，實莫著於江河。班固漢書贊曰：中國川原以百數，莫著於四瀆，而河爲宗也。

文選考異

〔一〕咨五才之並用　案：「才」當作「材」。善注中引左傳，各本皆作「材」可證也。袁本所載五臣向注作「才」，茶陵本已删。度其所删，亦必是「才」耳。皆不著校語，與尤本同爲以五臣亂善。

〔二〕注「東别爲沱」 袁本作「已見上文」，是也。茶陵本複出，與尤同誤。

〔三〕注「説文曰沫」 案：考説文此字從「末」，但善難蜀父老音「妹」，顔師古音漢書亦然。又索隱云音「妹」，又音「末」，唯小司馬又音爲從「末」耳。然則在當時往往從「未」作矣。善引説文多不合，當仍其舊。又案：蜀都賦善音「武蓋反」，亦從「未」也。

〔四〕注「信陵縣西二十里」 案：「信」當作「江」，郡國志所載荆州南郡江陵縣也。各本皆譌。

〔五〕注「應劭漢書地理志曰」 何校「志」下添「注」字，陳同。今案：此下所引皆班志文，蓋善元作「應劭漢書地理志注曰：沅水出牂柯，漢書地理志曰」云云，今各本脱「注」下十二字而不可通也。引應「沅水出牂柯」，與上引「山海經出象郡」異説，正下文「入沅，水經云入江」之例。

〔六〕注「在廣陵興縣」 何校「興」改「輿」，是也。各本皆譌。

〔七〕注「山名安地德者也」 案：「山名」當作「名山」，各本皆倒。

〔八〕注「悰」 案：此五臣音，茶陵本有「昨宗切」，在注中「水聲也」下，乃善音。袁本亦誤去，與尤本皆非。

〔九〕注「開達山南」 何校改「開」作「闓」，是也。各本皆譌。陳云一作「闓」，今未見。

〔一〇〕注「音伏」　袁本、茶陵本無此二字。案：無者非也。説見前。

〔一一〕注「音學」　袁本、茶陵本無此二字。案：無者非也。説見前。凡以後放此者，不悉出。

〔一二〕注「客」　案：此五臣音也。茶陵本云五臣作「硌音客」，袁本作「硌音客」，用五臣也。云善作「硞」。考集韻二十一麥有「硞克革切」，云「礐硞」，水激石不平貌。然則上「力隔」二字，乃真善「硞」字音，必本是注末有「硞力隔切」云云也。各本皆誤係之於「礐」字下，而尤本又以五臣「硌」字音音「硞」，益不可通。

〔一三〕注「楚人名淵曰潭府」　袁本「府」下有「已見上文」四字。案：此尤誤删也。潭，句絶，「府已見上文」五字爲一句，謂海賦「水府之内」引劉劭趙都爲注也。茶陵本亦誤與此同。

〔一四〕注「宏」　袁本、茶陵本作「浤音宏」三字，在注末，是也。

〔一五〕注「似胚胎渾混」　袁本、茶陵本「混」作「沌」，下皆同，是也。陳云當作「沌」。

〔一六〕注「孕婦三月而胚胎」　袁本、茶陵本無「胎」字。案：此精神訓文也。今本作「三月而胎」，必善所引者作「胚」，尤延之校改，遂誤兩存。

〔一七〕注「大浪踊躍」　袁本、茶陵本「踊」作「踽」，是也。

〔一八〕注「叫」　案：此五臣音。茶陵本云五臣作「澆音叫」。袁本作「澆音叫」，用五臣也。又云善作「繞」。蓋善不爲「繞」字作音，尤衍，甚非。

〔一九〕注「瀬渤水聲也」　袁本、茶陵本此下有「渤蒲没切」四字，是也。

〔二〇〕注「臨海水土記曰」　袁本、茶陵本無「臨海」二字。案：以下所引皆作「臨海水土物志」，疑「記曰」當作「物志」二字也。
〔二一〕注「鮪屬」　陳云別本「屬」上有「鱣」字。案：今未見，考爾雅注當有。
〔二二〕注「王鱣之大者」　案：「鱣」字當重，各本皆脱。
〔二三〕注「鰊似繩」　袁本、茶陵本「似」下有「鱦音」二字，是也。
〔二四〕注「郭璞曰」　茶陵本此下有「鰧音滕」三字。案：此在中山經注，今本作「螣音騰」，字與善引不同，然可借證其當有。
〔二五〕注「𪕟也」　袁本、茶陵本此下有「爆蒲角切」四字，是也。
〔二六〕注「尾跂」　袁本「跂」作「岐」，茶陵本亦作「跂」。案：此亦在中山經注，今本作「岐」，或善引不同。
〔二七〕注「音團如扇之團」　案：「團如」當作「如團」，此在南山經注，今本不誤。
〔二八〕注「生乳海邊曰沙中」　袁本、茶陵本無「曰」字，是也。
〔二九〕注「子工」　案：此五臣音。茶陵本有「螋子公反」四字，在注中「三螋似蛤」下，乃善音。袁本亦誤去。
〔三〇〕注「呼甘」　袁本、茶陵本作「呼甘切」三字，在注中「有文」下，是也。
〔三一〕注「𣬉」　案：此五臣音也。善自引郭璞曰「音𣬉」，在注末，五臣襲之耳。各本皆誤兩存。

後凡放此者，不更出。

〔三二〕注「説文曰研」　袁本「研」作「硯」，是也。茶陵本亦誤「研」。

〔三三〕或焆曜崖鄰　案：「鄰」當作「粼」。善引説文可證，見下。五臣乃作「鄰」，向注云「畔也」，是其明文。各本皆作「鄰」，又不著校語，以五臣亂善，非也。

〔三四〕注「鄰水崖間鄰鄰然也」　袁本三「鄰」字皆作「粼」。案：此「粼」之別體字，最是。茶陵本亦皆作「鄰」，與此同誤。

〔三五〕注「翻與獝同」　案：當作「翻䎀與獝狘同」，各本皆脱。

〔三六〕注「紅蘢舌」　案：「舌」當作「古」，各本皆譌。

〔三七〕注「二」　案：此五臣音。茶陵本有「毦耳利切」四字，在注中「皆草花也」下，乃善音。袁本亦誤去。

〔三八〕注「毦與茸」　袁本、茶陵本無「與」字，是也。

〔三九〕注「涯灌則叢生也」　袁本、茶陵本則作「厓側」二字，是也。

〔四〇〕注「日眉」又注「具側」　案：此正文五臣作「踦嶇」，故「踦」下音「巨眉」，「嶇」下音「具俱」。袁、茶陵可證，但不著校語，爲以五臣亂善耳。善作「跻踽」，音義具在注中，尤本依而改正，是矣，但仍贅此音而又誤其字，則失之。陳有校語，殊誤，今不取。又「踽」、「跔」同字，載集韻。陳云別本作「跔」，注同，今未見其本。

〔四一〕注「已見同篇」　袁本「同篇」作「上文」。案：善注例云「上文」，是也。茶陵本改爲複出，其所見仍當是「上文」耳。

〔四二〕注「名曰獺其狀如鱬」　陳云「獺」當作「獱」，「鱬」當作「獳」，是也。案：此引中山經注文。下「鱬」同。

〔四三〕注「與獺同」　案：「與」上當有「獱」字。各本皆脱。

〔四四〕注「呼犢爲䮑」　案：「䮑」當作「㸬」，下文云「䮑與㸬同」，謂引此「㸬」與正文「䮑」同也。今爾雅正作「㸬」。

〔四五〕注「䮑虁牛之子也」　袁本此上有「然此」二字，是也。茶陵本全删此三字，益非。又案：此「䮑」亦當作「㸬」。

〔四六〕景炎霞火　陳云據注「霞」當作「赮」。案：所校是也。前「壁立赮駮」，袁、茶陵二本有校語云善作「赮」，五臣作「霞」，此必同彼，但失其校語耳。後「吸翠霞而夭矯」，亦當有誤。

〔四七〕江妃含嚬而矊眇　案：「妃」當作「斐」，注引列仙傳作「斐」，可證。各本皆以五臣作「妃」而亂之。吴都賦「江斐於是往來」，五臣作「妃」，此同彼也。

〔四八〕注「矊矊音緜」　袁本、茶陵本無此四字。案：此蓋「矊與緜同」之誤，或其下仍有「音緜」二字。

〔四九〕涉人於是檥榜　袁本、茶陵本「檥」作「艤」，是也。注同。

〔五〇〕注「併船也」　袁本、茶陵本此下有「補浪切」三字，是也。

〔五一〕注「杜預左氏傳曰」　案：「傳」下當有「注」字。各本皆脱。

〔五二〕注「企與跂同」　袁本、茶陵本「同」作「通」，是也。

〔五三〕注「海潤于千里」　何校「海」上添「河」字，陳同。各本皆脱。

〔五四〕注「言以綜爲喻也」　袁本、茶陵本「綜」作「織」，是也。

〔五五〕陽侯遯形乎大波　陳云據注「侯」當作「后」。案：所校是也。善作「后」，五臣作「侯」。袁本所載翰注「陽侯，波神」，各本皆以五臣亂善而不著校語，非也。

〔五六〕注「楊國侯」　案：「楊」當作「陽」。各本皆譌。此覽冥訓注也。今本云「陽侯，陵陽國侯也」。蓋善節引之。

〔五七〕注「生性也」　袁本、茶陵本無此三字。案：此尤所校添。

〔五八〕感交甫之喪珮　案：「喪」當作「愆」。袁本作「喪」，有校語云善作「愆」，可證。茶陵本亦作「喪」，而無校語，與此皆爲以五臣亂善。

〔五九〕注「孟子曰水」　陳云別本無「水」字。案：茶陵本如此，袁本仍有。

文選卷第十三

物色　鳥獸上

物色

四時所觀之物色而爲之賦。又云：有物有文曰色。風雖無正色，然亦有聲。詩注云：風行水上曰漪。易曰：風行水上，渙。渙然即有文章也。

風賦

劉熙釋名云：風者，汎也，爲能汎博萬物。又云：風者，放也，動氣放散。曾子書曰：陰陽偏則風。物理志曰：陰陽擊發氣也。

宋玉　史記曰：楚有宋玉、景差之徒，皆好辭而以賦見稱。王逸楚辭序曰：宋玉，屈原弟子。

楚襄王游於蘭臺之宫，史記曰：楚懷王薨，太子橫立爲頃襄王。又曰：楚有謂頃襄王曰：王綪繳蘭臺。徐廣曰：綪，縈也，七見切。宋玉景差侍。有風颯然而至，景差，亦楚大夫。説文曰：颯，風聲。楚辭曰：風颯颯兮木蕭蕭。王廼披襟而當之曰：「快哉此風！寡人所與庶人共者邪？」宋玉對曰：「此獨大王之風耳，庶人安得而共之？」王曰：「夫風者，天地之氣，溥暢而至，不擇貴賤高下而加焉，河圖帝通紀曰：風者，天地之使也。五經通義曰：陰陽散爲風，風氣無根也。管子曰：風，漂物者也，風之所漂，不避貴賤美惡。今子獨以爲寡人之風，豈有説乎？」宋玉對曰：「臣聞於師，枳句來巢，空穴來風。枳，木名也。枳句，言枳樹多句也。説文曰：句，曲也，古侯切，似橘屈曲也。考工記曰：橘踰淮爲枳。莊子曰：騰猿得枳棘枳句之間，振動悼慄。又曰：空閲來風，桐乳致巢，此以其能苦其性者。司馬彪曰：門户孔空，風善從之。桐子似乳，著其葉而生，其葉似箕，鳥喜巢其中也。其所託者然，則風氣殊焉。」者下或有因字，非也。

王曰：「夫風始安生哉？」宋玉對曰：「夫風生於地，起於青蘋之末。莊子曰：大塊噫氣，其名爲風。爾雅曰：萍，其大者曰蘋。郭璞曰：水萍也。侵淫谿谷，盛怒於土囊之口。春秋元命包曰：陰陽怒而爲風。侵淫，漸進也。土囊，大穴也。盛弘之荆州記曰：宜都佷山縣有山，山有穴，口大數尺，爲風井。土囊，當此之類也。緣泰山之阿，舞於松柏之下。阿，曲也。飄忽淜滂，激颺熛怒。淜滂，風擊物聲。淜，疋冰切。熛怒，如漂之聲。説文曰：熛，火飛也。俾堯切。滂，普郎切。耾耾雷聲，迴穴錯迕。耾，侯萌切。埤蒼曰：耾耾，風聲。廣雅曰：耾，聲也。十洲記曰：玄洲在北海上，有風聲，響如雷，上對天之西北門也。

凡事不能定者迴穴，此即風不定貌。錯迕，雜錯交迕也。蹷石伐木，梢殺林莽。蹶，動也。伐，擊也。漢書音義，應劭曰：蹷，頓也。韋昭曰：梢，擊也。至其將衰也〔一〕，被麗披離，衝孔動楗，被麗披離，四散之貌也。字林曰：楗，拒門也。眴煥粲爛，離散轉移。眴，呼縣切。眴煥粲爛，鮮明貌。故其清涼雄風，則飄舉升降。乘凌高城，入于深宮。邸華葉而振氣，説文曰：邸，觸也。邸與抵古字通。徘徊於桂椒之間，翱翔於激水之上，將擊芙蓉之精。廣雅曰：菁，華也。精與菁古字通。獵蕙草，離秦衡。獵，歷也。秦，香草也。衡，杜衡也。又云：秦，木名也。范子計然曰：秦衡出於隴西天水，芳香也。槩新夷，被荑楊。楚詞曰：露甲新夷飛林薄〔二〕，顏師古曰：新夷，一名留夷。即上林賦雜以留夷也。易曰：枯楊生稊。王弼曰：稊者，楊之秀也。稊與荑同。徒奚切。迴穴衝陵，蕭條衆芳。然後倘常佯羊中庭，北上玉堂。倘佯，猶徘徊也。躋于羅帷，經于洞房。迺得爲大王之風也。説苑，雍門周説孟嘗君曰：下羅帷，來清風。楚辭曰：姱容修態亘洞房。故其風中人狀，直憯悽惏慄，清涼增欷。素問曰：若汗出逢虚，風其中人也。楚詞曰：憯悽增欷。鄭玄曰：憯，憂也。説文曰：憯，痛也，錯感切。惏，寒貌。毛萇詩傳曰：慄洌，寒氣也。慄，理吉切。欷，欣既切。清清泠泠，愈病析酲。清清泠泠，清涼之貌也。愈，猶差也。漢書曰：泰尊柘漿析朝酲。應劭曰：酲，酒病。析，解也。發明耳目，寧體便人。此所謂大王之雄風也。」

王曰：「善哉論事！夫庶人之風，豈可聞乎？」宋玉對曰：「夫庶人之風，塕然起於窮巷之間，堀堁課揚塵。塕然，風起之貌也，一孔切。堀堁，風動塵也。廣雅曰：堀，突也。淮南子曰：

揚堁而弭塵。許慎曰：堁，塵塺也。塺，莫迴切。勃鬱煩冤，衝孔襲門。勃鬱煩寃，風迴旋之貌。司馬彪莊子注曰：襲，入也。動沙堁，吹死灰。堁或爲塸，非也〔三〕。駭溷濁，揚腐餘。廣雅曰：駭，起也。言風之來，既起溷濁之處，又舉揚腐臭之餘。家語，孔子曰：惜其腐餘，而務施仁人之偶也。溷，胡困切。腐，扶甫切。邪薄入甕牖，至於室廬。禮記，孔子曰：儒有蓬户甕牖。故其風中人狀，直憞溷鬱邑，毆温致濕。憞，徒對切。孔安國尚書傳曰：憞，惡也。言此風入於人身體令惡也。憞溷，煩濁之貌。字林曰：溷，亂也。王逸楚詞注曰：鬱邑而憂也。毆，古驅字。素問曰：冬傷於寒，春必病温。又曰：中央生濕，濕生土也。言此風毆温濕氣來，令致濕病也。中心慘怛，生病造熱。慘怛，憂勞也。慘，錯感切。方言曰：怛，痛也。素問，黄帝問岐伯曰：人傷於寒，而轉爲熱，何也？曰：夫寒盛則生於熱也。中脣爲胗軫，得目爲蔑〔四〕。説文曰：胗，脣瘍也。吕氏春秋曰：氣鬱處目則爲蔑〔五〕爲盲。高誘曰：蔑，眵也。蔑與矆古字通，亡結切。眵，充支切。啗齰嗽獲，死生不卒。啗齰嗽獲，中風人口動之貌〔六〕。風疾既甚，言死而未即死，言生而又有疾也。故云不卒。説文曰：啗，食也。齰，齧也，士白切。嗽，吮也，山角切。聲類曰：嚄，大唤也，宏麥切。獲與嚄古字通。卒，七忽切。此所謂庶人之雌風也。」

文選考異

〔一〕至其將衰也　袁本、茶陵本校語云善無此五字。案：尤本初無，是也；後脩改增多，非也。

陳云別本無，今未見。

〔二〕注「露甲新夷飛林薄」　案：「甲」當作「申」，「飛」當作「死」。各本皆誤。所引涉江文也。

〔三〕注「塜或爲堀非也」　袁本、茶陵本「塜」下有「烏卧切」三字。案：有者最是。又袁本脱「或爲堀非也」五字。

〔四〕得目爲蔑　袁本、茶陵本「蔑」作「矆」。案：此所見不同，二本非而尤是也。注引吕氏春秋者盡數篇文，彼作「矆」，今本不誤。善云「蔑與矆古字通」者，謂玉賦「蔑」與彼「矆」通也。蓋五臣因此改賦爲「矆」，後以之亂善，又改注中字以就之，所當訂正。

〔五〕注「則爲蔑」　案：「蔑」當作「矆」，下「蔑眵也」同。各本皆誤。説見上。

〔六〕注「中風人口動之貌」　袁本、茶陵本無「人」字。案：此誤取五臣濟注中字增多，非也。

秋興賦　并序

潘安仁　劉熙釋名曰：秋，就也。言萬物就成也。興者，感秋而興此賦。故因名之。

晉十有四年，余春秋三十有二，始見二毛。十四年，晉武帝太始十四年也。左氏傳，宋襄公曰：不禽二毛。杜預曰：二毛，頭白有二色也。以太尉掾兼虎賁中郎將，寓直于散騎之省。臧榮緒晉書云：賈充爲太尉。又曰：岳爲賈充掾。漢書曰：期門僕射，秩比千石，平帝更名虎賁郎，置中郎將。寓，寄也。世説曰：桓玄既篡，將改置直館，問左右：虎賁中郎將省合在何處？有人答云：無省。當時殊迕旨。問：何以知無？答曰：潘岳秋興賦敍云：兼虎賁中郎將，寓直於散騎之省。玄咨嗟稱善。劉謙之晉紀云：玄欲復虎賁中郎將，疑，訪之僚屬，咸莫能定，參軍劉荀之對，昔潘岳秋興賦敍云：兼虎賁中郎將，寓直於散騎之省，以言之，是也。玄從之。高閣連雲，陽景罕曜，言閣之高而且深，故曰罕曜其中。珥蟬冕而襲紈綺之士，此焉游處。珥，猶插也。蔡邕獨斷曰：侍中、中常侍加貂附蟬。鄭玄禮記注曰：襲，重衣也。漢書曰：班伯與王、許子弟爲羣，在於綺襦紈袴之間。鸚鵡賦曰：感平生之遊處。僕野人也，偃息不過茅屋茂林之下，禮記曰：唯饗野人皆酒。呂氏春秋，田替曰：若夫偃息之義，則未聞也。范曄後漢書曰：王霸隱居，止茅屋蓬户。論衡曰：山種棗栗，名曰茂林。談話不過農夫田父之客，説文曰：話，會合善言也，胡快切。毛詩曰：帥時農夫，播厥百穀。禮記曰：上農夫食九人。尹文子曰：魏田父有耕於野者。攝官承乏，猥廁朝列，左氏傳，韓厥謂齊侯曰：敢告不敏，攝官承乏。蒼頡篇曰：廁，次也，雜也。禮記曰：爵禄有列於朝。夙興晏寢，匪遑底寧。毛詩曰：夙興夜寐。又曰：不遑寧處。譬猶池魚籠鳥，有江湖山藪之思，於是染翰操紙，慨然而賦。翰，筆毫也。説文曰：慨，太息也。字林曰：慨，壯士不得志也，許既切。于時秋也，故以秋興命篇。鄭玄周禮注曰：興者，記事於物〔一〕。其辭曰：

四時忽其代序兮〔二〕，萬物紛以迴薄。莊子，黄帝曰：陰陽四時，運行各得其序。楚辭曰：日月忽其不淹兮，春與秋兮代序。鵩鳥賦曰：萬物迴薄。覽花蒔之時育兮，察盛衰之所託。字林曰：蒔，更別種，上吏切。周易曰：時育萬物。感冬索而春敷兮，嗟夏茂而秋落。孔安國尚書傳曰：索，盡也。又曰：敷，布也。又曰：已布而生也。吕氏春秋曰：春氣至則草木産，秋氣至則草木落。雖末士之榮悴兮，伊人情之美惡。舞賦曰：慢末士之骫曲。文子曰：有榮悴者〔三〕必末愁悴。善乎宋玉之言曰：「悲哉秋之爲氣也！王逸注曰：寒氣聊戾，歲將暮也。颾瑟兮〔四〕陰氣促急，風暴疾也〔五〕。草木摇落花葉隕落，肥潤去也。而變衰。形體易色，枝枯槁也。憀了〔六〕慄兮息念卷戾心自傷。若在遠行，遠出之他方。登山臨水升高遠望，視江河也。送將歸。」族親别，還故鄉，已上宋玉九辯之文。夫送歸懷慕徒之戀兮，言懷思慕戀。徒，侣也。遠行有羇旅之憤。左氏傳，陳敬仲曰：羇旅之臣。杜預曰：羇，寄旅客。臨川感流以歎逝兮，登山懷遠而悼近。論語曰：子在川上曰：逝者如斯夫，不舍晝夜。包曰：逝，往也。言凡往者如川之流也。晏子春秋曰：景公遊於牛山，臨齊國，乃流涕而歎曰：奈何去此堂堂之國而死乎，使古而無死，不亦樂乎？左右皆泣，晏子獨笑曰：夫盛之有衰，生之有死，天之數也。物有必至，事有當然〔七〕，曷有悲老而哀死，古無死古之樂也，君何有焉。懷遠悼近，齊景之謂也。彼四慼之疚心兮，遭一塗而難忍。毛詩曰：既來既往〔八〕，使我心疚。鄭玄曰：疚，病也。嗟秋日之可哀兮，諒無愁而不盡。野有歸燕，隰有翔隼。楚辭曰：燕翩翩其辭歸。鷙擊之鳥，通呼曰隼，一曰鷂，春化爲布穀。文子曰：鷹隼未擊，羅網不得張。游氛朝興，槁葉夕殞。杜預左氏傳注曰：氛，氣也。鄭玄毛詩箋曰：木葉槁，得風乃落。

於是廼屏輕箑，所甲。釋纖絺。吕氏春秋曰：冬不用箑，非愛箑也，清有餘也。高誘曰：箑，扇也。孔安國尚書傳曰：纖，細也。絺，細葛也。藉莞蒻若，御袷衣。鄭玄毛詩箋曰：莞，小蒲席也，胡官切。説文曰：

蒻，蒲子以爲華蓆也〔九〕。又曰：袷，衣無絮也，古洽切。庭樹槭以灑落兮，勁風戾而吹帷。槭，枝空之貌，所隔切。戾，勁疾之貌。蟬嘒嘒而寒吟兮〔一〇〕，鴈飄飄而南飛。毛詩曰：菀彼柳斯，鳴蜩嘒嘒。毛萇詩曰：嘒嘒，小聲也。飄飄，飛貌。楚辭曰：鴈雝雝而南游。天晃朗以彌高兮，日悠陽而浸微。言秋日天氣高朗。晃朗，明貌。悠陽，日入貌。杜篤弔王子比干曰：霞霏尾而四除，言晃朗而高明〔一一〕。楚辭曰：天高而氣清。禮記曰：仲秋殺氣浸盛，陽氣日衰。何微陽之短晷，覺涼夜之方永。尚書曰：日短星昴，以正仲冬。毛詩曰：夏之日，冬之夜。毛萇曰：言長也。月朣朧以含光兮，露淒清以凝冷。埤蒼曰：朣朧，欲明也。朣，徒東切。朧，力東切。熠燿粲於階闥兮，蟋蟀鳴乎軒屏。毛詩曰：熠燿宵行。毛萇曰：熠燿，燐也。燐，螢火也。毛詩曰：蟋蟀在堂。毛萇曰：蟋蟀，蛬也。崔豹古今注曰：熠燿，燐也。一曰燿夜，腐草爲之，食蚊蚋。又曰：蟋蟀名蛬，初秋生，得寒則鳴噪，濟南謂之嬾婦也。聽離鴻之晨吟兮，望流火之餘景。毛詩曰：七月流火。毛萇曰：大火也。流，下也。宵耿介而不寐兮，獨展轉於華省。王逸楚辭注曰：耿介，執節守度。毛詩曰：耿耿不寐，如有隱憂。又曰：悠哉悠哉，展轉反側。悟時歲之遒盡兮，慨俛首而自省。楚辭曰：歲忽忽而遒盡。毛萇詩傳曰：遒，終也。廣雅曰：遒，急也。列子曰：師曠俛首而聽之。曾子曰：君子旦就業，夕而自省也。斑鬢髟以承弁兮，素髮颯以垂領。服虔通俗文曰：髮垂而髟，方料切。說文曰：白黑髮雜而髟。字林亦同。周禮曰：士弁服。白虎通曰：皮弁，冠名。仰羣儁之逸軌兮，攀雲漢以游騁。登春臺之熙熙兮，珥金貂之炯炯。高閣連雲，升之以攀雲漢也。言羣儁自致高遠。老子曰：衆人熙熙，如享太牢，如登春臺〔一二〕。漢書，谷永對詔曰：戴金貂之飾，執常伯之職也。董巴輿服志曰：侍中冠金璫，附蟬爲文，貂尾爲飾。廣雅曰：烱烱，光也。苟趣舍之殊塗兮，庸詎識其躁静。六韜，太公曰：夫人皆有性，趣舍不同。司馬遷書曰：趣舍異路。莊子，王倪曰：吾庸詎知吾所謂知非不知邪？司馬彪曰：庸，猶何用也。老子曰：重爲輕根，静爲躁君。聞至人之休風兮，齊天地於一指。莊子曰：不離於真，謂之至人。又曰：以指喻指之非指，不若以非指喻指之非指也。以馬喻馬之非馬，不若以非馬喻馬之非馬也。天地一指也。萬物一馬也。郭象曰：夫自是而非彼，我之常情也。故以我指喻彼指，則彼指於我指獨爲非指矣。此以喻指之非指也〔一三〕。若覆以彼指還喻我指，則我指於彼指復爲非指矣。此以非指喻指之非指也。將明無是無非，莫若反覆相喻；反覆相喻，則彼之與我既同於自是，又均於相非；均於相非，則天下無是；同於自是，則天下無非。何以明其然邪？是若果是，則天下不得復有非之者也。非若果非，亦不得復有是之者也。今是非無主，紛然殽亂，明此區區，各信其偏見，而同於一致耳。仰觀俯察，莫不皆然。是以至人知天地一指也，萬物一馬也，故浩然大寧，而天下萬物各當其分，同於自得而無是無非也。彼知安而忘危兮，故出生而入死。周易曰：安不忘危，存不忘亡。老子曰：出生入死。韓子曰：人始於生而卒於死，始之謂出，卒之謂入，故曰出生入死也。行投趾於容跡兮，殆不踐而獲底。闕側足以及泉兮，雖猴猨而不履。言人之行，投趾在乎容跡之地，近不踐而獲安，若以足外爲無用，欲闕之及泉，雖則捷若猴猨，亦不能履也。莊子，惠子謂莊子曰：子言無用。莊子曰：知無用而可與言用矣。夫地非不廣且大也，人之所用容足耳。然則側足而墊之致黄泉，人尚有用乎？惠子曰：無用。莊子曰：然則無用之爲用也亦明矣。郭璞爾雅注曰：底，止也。龜祀骨於宗祧兮，思反身於緑水。莊子曰：莊子釣於濮水，楚王使二大夫往聘莊子，曰：願以境内累子。莊子持竿不顧，曰：吾聞楚有神龜，死已三千歲矣。王巾笥而藏之廟堂之上，此龜者寧其死爲留骨而貴乎？寧其生而曳尾塗中乎？二大夫曰：寧生而曳尾塗中。莊子曰：往矣，吾將曳尾於塗中矣。

且斂衽以歸來兮，忽投紱以高厲。衽，襟也。字林曰：紱，綬也。楚辭曰：颯弭節而高厲。耕東皐之沃壤兮，輸黍稷之餘稅。水田曰皐，東者取其春意。漢書，鄭明曰〔一四〕：將歸延陵之皐，修農圃之疇。張晏曰：隱耕皐澤之中。阮籍奏記曰：將耕東皐之陽，輸黍稷之稅。説文曰：稅，租也。泉涌湍於石間兮，菊揚芳於崖澨〔一五〕。禮記曰：仲秋菊有黄華。澡秋水之涓涓兮，玩游鯈之潎潎。莊子曰：秋水時至，百川灌河。金人銘曰：涓涓不壅，將成江河。莊子曰：莊子與惠子遊於濠梁上，莊子曰：鯈魚出遊從容，是魚樂也。惠子曰：子非魚，安知魚樂？莊子曰：子非我，安知我不知魚之樂也？潎潎，遊貌也，匹曳切。逍遥乎山川之阿，放曠乎人間之世。莊子有逍遥遊篇。司馬彪曰：言逍遥無爲者，能游大道也。又有人間世篇。司馬彪曰：言處人間之宜，居亂世之理，與人羣者，不得離人，然人間之事故，世世異宜，唯無心而不自用者，爲能唯變所適而何足累。優哉游哉，聊以卒歲。家語，孔子歌曰：優哉游哉，聊以卒歲。王肅曰：言優游以終歲也。

文選考異

〔一〕注「興者記事於物」　茶陵本「記」作「託」，是也。袁本亦誤記。

〔二〕四時忽其代序兮　袁本、茶陵本「時」作「運」。案：不著校語，無以考也。

〔三〕注「有榮悴者」 案：「悴」當作「華」。各本皆譌。

〔四〕飂瑟兮 袁本、茶陵本「飂」作「蕭」。案：楚辭作「蕭」，似二本是也。

〔五〕注「風暴疾也」 案：「暴疾」當作「疾暴」。各本皆倒，後三十三卷可證。又下「息念卷戾」當作「思念暴戾」。「遠出」當作「遠客出去」。「族親別」下當有「逝」字，倣此。又楚辭亦可證也。

〔六〕注「了」 袁本、茶陵本作「憀音了」，在注末，是也。

〔七〕注「事有當然」 袁本、茶陵本「當」作「常」，是也。

〔八〕注「既來既往」 茶陵本「來往」二字互易，是也。袁本亦誤。

〔九〕注「以爲華蓆也」 案：「華」當作「苹」。各本皆誤。今説文作「平」。「苹」、「平」同字。

〔一〇〕蟬嘒嘒而寒吟兮 袁本、茶陵本「而」作「以」。案：此亦兩通，無以考也。

〔一一〕注「杜篤」下至「言晃朗而高明」 袁本、茶陵本無此二十字。

〔一二〕注「如登春臺」 袁本「登春」作「春登」，是也。茶陵本亦誤倒。

〔一三〕注「此以喻指之非指也」 何校「以」下添「指」字，是也。各本皆脱。陳云别本有，今未見。

〔一四〕注「漢書鄭明曰」 陳云「明」當作「朋」，是也。各本皆譌。所引蕭望之傳文。

〔一五〕菊揚芳於崖澨 袁本、茶陵本「於」作「乎」。案：此亦兩通，無以考也。

雪賦

說文曰：雪，凝雨也。釋名曰：雪，媛也。水下遇寒而凝，媛媛然下也。曾子曰：陰氣凝而爲雪。五經通訓曰：春洩氣爲雨，寒凝爲雪。

謝惠連　沈約宋書曰：謝惠連，陳郡陽夏人也。幼而聰敏，年十歲能屬文，族兄靈運，深加知賞，本州辟主簿，不就，後爲司徒彭城王法曹。爲雪賦，以高麗見奇，年二十七卒。

歲將暮，時既昏。毛詩曰：歲亦暮止。劉向七言曰：時將昏暮白日午。昏，冥也。寒風積，愁雲繁。莊子曰：風積不厚，則其負大翼也無力。傅玄詩曰：浮雲含愁色，悲風坐自嘆。班婕妤擣素賦曰：佇風軒而結睇，對愁雲之浮沈。然疑此賦非婕妤之文，行來已久，故兼引之。梁王不悅，游於兔園。此假主客以爲辭也。漢書曰：梁孝王，文帝子也。西京雜記曰：梁孝王好宮室苑囿之樂，築兔園也。迺置旨酒，命賓友。召鄒生，延枚叟。漢書，梁孝王待士，鄒陽從孝王游。又曰：枚乘爲弘農都尉，去官游梁。相如末至，居客之右。漢書曰：相如客游梁。又曰：田叔等十人，漢廷臣無能出其右者。俄而微霰零，密雪下。莊子曰：俄而死。王肅家語注曰：俄，有頃也。王迺歌北風於衛詩，詠南山於周雅。毛詩衛風曰：北風其涼，雨雪其滂。又小雅信南山曰：上天同雲，雨雪雰雰。授簡於司馬大夫，言大夫，尊之也。國語，越王勾踐曰：苟聞子大夫之言。爾雅曰：簡謂之畢也。郭璞曰：今簡札也。曰：「抽子秘思，騁子妍辭，侔色揣稱，爲寡人賦之。」鄭玄周禮注曰：侔，等也，莫侯切。說文曰：揣，量也，初委切。爾雅曰：稱，好也。老子曰：王公自謂孤寡不穀。

相如於是避席而起，逡巡而揖。孝經曰：曾子避席。公羊曰：逡巡，北面再拜也。廣雅曰：逡巡，却退也。曰：臣聞雪宫建於東國，雪山峙於西域。孟子曰：齊宣王見孟子於雪宫。劉熙曰：雪宫，離宫之名也。漢書西域傳曰：天山冬夏有雪。岐昌發詠於來思，姬滿申歌於黄竹。岐，周所居；昌，文王名也。毛詩曰：昔我往矣，楊柳依依；今我來思，雨雪霏霏。姬，周姓也。滿，穆王名，昭王子也。孔安國尚書傳曰：申，重也。穆天子傳曰：天子遊黄臺之丘，大寒，北風雨雪。天子作詩三章，以哀人夫：我徂黄竹員閟寒。乃宿於黄竹。曹風以麻衣比色，楚謡以幽蘭儷曲。毛詩曹風曰：蜉蝣掘閱，麻衣如雪。宋玉諷賦曰：臣嘗行至，主人獨有一女，置臣蘭房之中，臣援琴而鼓之〔一〕，爲幽蘭、白雪之曲。賈逵曰：儷，偶也。盈尺則呈瑞於豐年，袤丈則表沴於陰德。左氏傳曰：凡平地尺爲大雪。毛萇詩傳曰：豐年之冬，必有積雪。金匱曰：武王伐紂，都洛邑未成，雨雪十餘日，深丈餘。漢書曰：氣相傷謂之沴。沴，臨莅不和意也。春秋潛潭巴曰：大雪甚厚，後必有女主，天雪連月陰作威。宋均曰：雪爲陰，臣道也。雪之時義遠矣哉！請言其始。

若迺玄律窮，嚴氣升。禮記曰：季冬之月，日窮於次，月窮於紀。又曰：孟冬之月，天地始肅。鄭玄曰：肅，嚴急之氣也。孟冬之月，天氣上騰。夏侯孝若寒雪賦曰：嚴氣枯殺，玄澤閉凝。焦溪涸，湯谷凝。酈元水經注曰：焦泉發于天門之左，南流成溪，謂之焦泉〔二〕。盛弘之荆州記曰：南陽郡城北有紫山，東有一水，冬夏常温，因名湯谷也。火井滅，温泉冰。博物志曰：臨邛火井，諸葛亮往視，後火轉盛，以盆貯水煑之，得鹽。

後人以火投井，火即滅，至今不燃。又曰：西河郡鴻門縣亦有火井祠，火從地出。張衡温泉賦曰：遂適驪山觀温泉。

沸潭無湧，炎風不興。酈元水經注曰：以生物投之，須臾即熟。又曰：曲阿季子廟前，井及潭常沸，故名井曰沸井，潭曰沸潭。炎風在南海外，常有火風。夏日則蒸殺其過鳥也。吕氏春秋曰：何謂八風，東北曰炎風。高誘曰：一曰融風。北户墐扉，裸胡卦壤垂繒。毛詩曰：穹窒熏鼠，塞向墐户。毛萇曰：向，北出牖也。墐，塗也。東夷傳曰：倭國東四千餘里，裸人國也。字林曰：繒，帛揔名也。於是河海生雲，朔漠飛沙。淮南子曰：四海之雲湊。又曰：八澤之雲，以雨九州。公羊傳曰：河海潤千里。何休曰：河海興雲，雨及千里。説文曰：北方流沙。漢書，李陵歌曰：徑萬里兮度沙漠。范曄後漢書，袁安議曰：今朔漠既定。楊泉物理論曰：風怒則飛沙揚礫。

連氛累靄，揜日韜霞〔三〕。文字集略曰：靄，雲狀。又曰：靄，亦靄也。一大切。毛萇詩傳曰：揜，覆也。於儼切。杜預左氏傳曰〔四〕：韜，藏也，吐刀切。霰淅瀝而先集，雪粉糅女又而遂多。韓詩曰：先集惟霰。薛君曰：霰，霙也，音英。夏侯孝若寒雪賦曰：集洪霰之淅瀝，焕摧磊以纚索。楚辭曰：雪紛糅其增加。鄭玄禮記注曰：糅，雜也。

其爲狀也，散漫交錯，氛氲蕭索。王逸楚辭注曰：氛氲，盛貌。藹藹浮浮，瀌瀌弈弈。毛詩曰：雨雪浮浮。又曰：雨雪瀌瀌。方遥切。廣雅曰：藹藹弈弈，盛貌。聯翩飛灑，徘徊委積。始緣甍而冒棟，終開簾而入隙。杜預曰：甍，屋棟也。毛詩曰：下土是冒。傳曰：冒，覆也。字林云：隙，壁際孔，從阜傍，二小夾日也。初便娟於墀廡，末縈盈於帷席。便娟、縈盈，雪迴委之貌。楚辭曰：嬋娟修竹。王逸曰：嬋娟，好貌。説文曰：廡，堂下周屋也。釋名曰：大屋曰廡。既因方而爲珪，亦遇圓而成璧。眄隰則萬頃同縞，瞻山則千巖俱白。於是臺如重璧，逵似連璐。廣雅曰：縞，練也。穆天子傳曰：爲盛姬築臺，是曰重璧之臺。劉公幹清廬賦曰：蹈琳珉之塗。然即逵也。許慎淮南子注曰：璐，美玉也，音路。庭列瑶階，林挺瓊樹。瑶階，玉階也，已見西京賦。説文曰：挺，拔也，達鼎切〔五〕。莊子曰：南方積石千里，樹名瓊枝。皓鶴奪鮮，白鷴失素。相鶴經云：鶴千六百年，形定而色白。復二千年，大毛落，茸毛生，色雪白。白鷴，鳥名也。西都賦曰：招白鷴。紈袖慙冶，玉顔掩姱〔六〕。説文曰：紈，素也。冶，妖也。范子，紈素出齊〔七〕。古詩曰：燕、趙多佳人，美者顔如玉。楚辭曰：美人皓齒。嫮與姱同，好貌〔八〕。

若迺積素未虧，白日朝鮮，爛兮若燭龍，銜耀照崑山。山海經曰：赤水之北，有章尾山，有神，人面蛇身，其瞑乃晦，其視乃明，是燭九陰，是謂燭龍。楚辭曰：日安不飛〔九〕，燭龍何照。王逸曰：言天西北有幽冥無日之國，有龍銜燭而照之。山海經曰：鍾山之神，名曰燭陰。郭璞曰：即燭龍也。詩含神務曰：天不足西北，無有陰陽，故有龍銜火精以照天門中也。崑山，已見上文。爾其流滴垂冰，緣霤承隅。王逸楚辭注曰：霤，屋宇也。粲兮若馮夷，剖蚌列明珠。莊子曰：夫道，馮夷得之以遊大川。抱朴子釋鬼篇曰：馮夷，華陰人，以八月上庚日度河溺死，天帝署爲河伯。説文曰：蚌，蜃也。司馬彪以爲明月珠蚌蛤也。蜀志：秦宓奏記曰：剖蚌求珠。至夫繽紛繁鶩之貌，皓旰皦絜之儀。迴散縈積之勢，飛聚凝曜之奇。固展轉而無窮，嗟難得而備知〔一〇〕。

若迺申娱翫之無已，夜幽静而多懷。風觸楹而轉響，月承幌而通暉。包氏論語注曰：棁者，梁上楹也。說文曰：楹，柱也。承，上也。文字集略曰：幌，以帛明牕也。酌湘吴之醇酎，御狐貉之兼衣。吴録曰：湘川酃陵縣水，以作酒，有名。吴興烏程縣若下酒有名。醇酎，已見魏都賦。論語曰：狐貉之厚以居。晏子春秋曰：景公時，雨雪三日，公被狐白之裘，晏子入，公曰：怪哉！雨雪三日不寒。晏子曰：古之賢者，飽而知飢，温而知寒。公曰：善。出裘發粟以與飢人。夏侯孝若寒雪賦曰：既增覆而累鎮，又加裘而兼衣。對庭鵾之雙舞，瞻雲鴈之孤飛。西京雜記曰：公孫乘月賦曰：鵾雞舞於蘭渚，蟋蟀鳴於西堂。踐霜雪之交積，憐枝葉之相違。馳遥思於千里，願接手而同歸。杜篤衆瑞頌曰：千里遥思，展轉反側。毛詩曰：攜手同歸。鄒陽聞之，懣然心服。莊子曰：子貢懣然慙。又曰：使人以心服而不敢忤。說文曰：懣，煩也。蒼頡曰：悶也。莫本切。有懷妍唱，敬接末曲。於是迺作而賦積雪之歌。

歌曰：攜佳人兮披重幄，援綺衾兮坐芳縟。燎薫鑪兮炳明燭，酌桂酒兮揚清曲。漢武帝秋風辭曰：攜佳人兮不能忘。劉向有薫鑪銘。楚辭曰：奠桂酒兮椒漿。薫，火煙上出也，字從黑。又續而爲白雪之歌。歌曰：曲既揚兮酒既陳，朱顔酡兮思自親。楚辭曰：美人既醉朱顔酡。王逸曰：酡，著也，面著赤色也，徒何切。願低帷以昵枕，念解珮而褫紳。昵，近也。褫，奪衣也。孔安國論語注曰：紳，大帶也。怨年歲之易暮，傷後會之無因。君寧見階上之白雪，豈鮮耀於陽春。楚辭曰：無衣裘以御冬，恐死不得見乎陽春。歌卒。王迺尋繹吟翫，撫覽扼腕。毛萇詩傳曰：繹，悦也。方言曰：繹，理也。說文曰：扼，把也。鄭玄曰：腕，掌後節也。史記曰：天下之士，莫不扼腕以言。顧謂枚叔，起而爲亂。亂者，理也。總理一賦之終也。

亂曰：白羽雖白，質以輕兮。白玉雖白，空守貞兮。孟子曰：白羽之白也，猶白雪之白也歟？白雪之白也，猶白玉之白也歟？劉熙曰：孟子以爲白羽之白性輕，白雪之性消，白玉之性堅，雖俱白，其性不同。問告子，告子以爲三白之性同。未若茲雪，因時興滅。言隨時行藏也。玄陰凝不昧其潔，太陽曜不固其節。蔡雍述行賦曰：玄靈黤以凝結，零雨集之溱溱。正歷曰：日，太陽也。節豈我名，潔豈我貞。憑雲陞降，從風飄零。值物賦象，任地班形。任，猶因也。素因遇立，污隨染成。污，猶相染污也。縱心皓然，何慮何營？歸田賦曰：苟縱心於城外。孟子曰：我善養吾浩然之氣〔三〕。敢問何謂浩然之氣？曰：難言也，其爲氣也，至大至剛，以直養而無害，則塞於天地之間。鴻安丘嚴平頌曰〔四〕：無營無欲，澹爾淵清。

文選考異

〔一〕注「臣授琴而鼓之」　案：「授」當作「援」。各本皆譌。

〔二〕注「謂之焦泉」　案：「泉」當作「溪」。各本皆誤。

〔三〕揜日韜霞　袁本、茶陵本「揜」作「掩」，注同。案：此蓋亦尤校改之也。

〔四〕注「杜預左氏傳曰」　陳云傳下脱「注」字，是也。各本皆脱。

〔五〕注「已見西京賦説文曰挺拔也達鼎切」　袁本、茶陵本無此十四字。有「瓊亦玉也瓊樹恐誤也」九字。案：「亦」當作「赤」，説文玉部文也。瓊赤雪白，故善以正惠連之誤。此注疑兩有，以九字承「達鼎切」之下。袁、茶陵二本皆脱十四字，尤據别本校補之，但誤去九字，大非。

〔六〕玉顔掩姱　袁本、茶陵本「姱」作「嫮」。案：二本是也。今注有脱誤，尤據之改正文，大非。説見下。

〔七〕注「范子紈素出齊」　袁本、茶陵本無此六字。

〔八〕注「嫮與姱同好貌」　袁本、茶陵本「好」上有「姱」字。案：各本皆非也。當作「嫭以姱嫮與嫭同嫮姱好貌」十一字。「嫭以姱」連上「美人皓齒」，大招文也。「嫮」與「嫭」同，賦作「嫮」，大招作「嫭」也。「嫮姱好貌」，王逸之注也。傳寫脱誤不可讀，尤延之遂誤改正文爲「姱」字，今特訂正之。

〔九〕注「日安不飛」　茶陵本「飛」作「到」，是也。袁本亦誤「飛」。

〔一〇〕嗟難得而備知　袁本「嗟」作「羌」，茶陵本亦作「嗟」。案：此必善「羌」、五臣「嗟」，各本失著校語而亂之。

〔一一〕注「我善養吾浩然之氣」　案：「浩」當作「皓」，下同。各本皆誤。説見後答賓戲下。

〔一二〕注「鴻安丘嚴平頌曰」　案：「鴻」上當有「梁」字。各本皆脱。補亡詩引有。

月賦

周易曰：坎爲月，陰精也。鄭玄曰：臣象也。廣雅云，夜光謂之月，月御謂之望舒。説文曰：月者，太陰之精。釋名曰：月，闕也，言有時盈有時闕也。

謝希逸　沈約宋書曰：謝莊，字希逸。陳郡陽夏人也。太常弘微子也。年七歲能屬文，仕至光禄大夫。泰初二年卒，時年三十六〔一〕，謚曰憲子。所著文章四百餘首，行於代。

陳王初喪應劉，端憂多暇。假設陳王、應、劉，以起賦端也。陳王，曹植也。應、劉，應瑒、劉楨也。魏文帝書曰：徐、陳、應、劉，一時俱逝。孫卿子曰：其爲人也，多暇日者其出入不遠。緑苔生閣，芳塵凝榭。言無復娱遊，故緑苔生而芳塵凝也。高誘注淮南子曰：蒼苔，水衣。庾闡楊都賦曰：結芳塵於綺疎。郭璞爾雅注曰：榭，臺上起屋也。悄焉疚懷，不怡中夜。毛詩曰：憂心悄悄。悄悄，憂貌。七小切。爾雅曰：疚，病也。怡，樂也。家語，孔子云：日出聽政，至于中夜。廼清蘭路，肅桂苑。蘭路，有蘭之路。桂苑，有桂之苑。楚辭曰：臯蘭被徑。王逸曰：徑，路也。劉淵林吴都賦注曰：吴有桂林苑。騰吹寒山，弭蓋秋阪。王逸楚辭注曰：騰，馳也。禮記曰：季秋入學，習吹。王逸楚辭注曰：弭，按也。臨濬壑而怨遥，登崇岫而傷遠。于時斜漢左界，北陸南躔。大戴禮曰：七月漢案户。漢，天漢也。案户，直户也。李陵詩曰：天漢東南馳。左傳，申豐曰：日在北陸而藏冰。杜預曰：陸，道也。漢書曰：冬則南，夏則北。漢書音義，韋昭曰：躔，處也，亦次也。方言曰：日運爲躔。躔，歷行也。白露曖空，素月流天。長歌行曰〔二〕：昭昭素明月，輝光燭我牀。沈吟齊章，殷勤陳篇。楚辭曰：意欲兮沈吟。毛詩齊風曰：東方之月兮，彼姝者子，在我闥兮。又陳風曰：月出皦兮，佼人憭兮。抽毫進牘，以命仲宣。此假王仲宣也。毫，筆毫也。文賦曰：或含毫而邈然。說文曰：牘，書版也。

仲宣跪而稱曰：聲類曰：跪，跽也。跪，渠委切。跽，奇几切。臣東鄙幽介，長自丘樊，仲宣，山陽人，故云東鄙。戰國策，范睢謂秦王曰：臣東鄙賤人。爾雅曰：樊，藩也。郭璞曰：藩，籬也。昧道懵學，孤奉明恩。說文曰：懵，目不明也。莫瞢切。臣聞沈潛既義，高明既經。尚書曰：沈潛剛克，高明柔克。孔安國曰：沈潛謂地，高明謂天。左氏傳，子太叔曰：子產云：禮，天之經，地之義。日以陽德，月以陰靈。春秋說題辭曰：陽精爲日。易辯終備曰：日之既，陽德消。鄭玄曰：日既蝕，明盡也。春秋感精符云：月者陰之精。擅扶光於東沼，嗣若英於西冥。扶光，扶桑之光也。東沼，湯谷也。若英，若木之英也。西冥，昧谷也。月盛於東，故曰擅，始生於西，故曰嗣。山海經曰：湯谷有扶木，九日居下枝，一日居上枝。又曰：灰野之山，有赤樹青葉，名曰若木。日之所入處。郭璞曰：扶木，扶桑也。尚書曰：宅西曰昧谷。孔安國曰：昧，冥也。淮南子曰：日出於湯谷，拂於扶桑。又曰：若木末有十日，其華照下地。高誘曰：若木端有十日，狀如蓮華。引玄兔於帝臺，集素娥於后庭。張衡靈憲曰：月者，陰精之宗，積成爲獸，象兔形。春秋元命苞曰：月之爲言闕也，兩說蟾蠩與兔者，陰陽雙居，明陽之制陰，陰之倚陽。張泉觀象賦曰：漸臺可升。自注曰：漸臺，天臺之名。四星在織女東。淮南子曰：羿請不死之藥於西王母，常娥竊而奔月。注曰：常娥，羿妻也。歸藏曰：昔常娥以不死之藥犇月。論語曰：皇皇后帝。張泉觀象賦曰：寥寥帝庭。自注云：帝庭謂太微宮也。春秋元命苞曰：太微爲天庭。朒朓警闕，朏魄示沖。説文曰：朒，朔而月見東方，縮朒然。朓，晦而月見西方也。朏，月未成光。魄，月始生魄然也。尚書五行傳曰：晦而月見西方謂之朓，朓則王侯奢也。朔而月見東方謂之側匿，側匿則王侯肅。鄭玄曰：朓，條達行疾貌也。警闕，謂朒朓失度，則警人君有所闕德。示沖，言朏魄得所，則表示人君有謙沖，不自盈大也。禮記注曰：月三日而成魄，是以禮有三讓也。朒，女六切。朓，大鳥切。朏，芳尾切。順辰通燭，從星澤風。辰，十二辰。言月順之以照天下也。淮南子曰：正月建寅，月從左行十二辰。許慎曰：歷十二辰而行。尚書曰：月之從星，則以風以雨。孔安國尚書傳曰：月經于箕則多風，離于畢則多雨。然澤則雨也。增華台室，揚采軒宮。台室，三公位。軒宮，軒轅之宮。史記曰：中宮文昌，魁下六星，兩兩相比，名曰三能。能，古台字也。齊色則君臣和也。淮南子曰：軒轅者，帝妃之舍。高誘曰：軒轅，星名。委照而吳業昌，淪精而漢道融。吳録曰：長沙桓王名策。武烈長子，母吳氏有身，夢月入懷。漢書，元后母李親夢月入懷而生后，遂爲天下母。昌，盛也。融，明也。

若夫氣霽地表，雲斂天末。説文曰：霽，雨止也。西京賦曰：眇天末以遠期。霽，才計切。洞庭始波，木葉微脱。楚辭曰：洞庭波兮木葉下。菊散芳於山椒，鴈流哀於江瀨。禮記曰：仲秋菊有黄華。王逸楚辭注曰：土高四墮曰椒〔三〕。漢書，武帝傷李夫人賦曰：釋予馬於山椒。山椒，山頂也。説文曰：瀨，水流沙上也。升清質之悠悠，降澄輝之藹藹。楚辭曰：白日出兮悠悠。長門賦曰：望中庭之藹藹，若季秋之降霜。列宿掩縟，長河韜映。楚辭曰：若列宿之錯置。説文曰：縟，繁采飾也。毛詩曰：倬彼雲漢。毛萇曰：雲漢，天河也。柔祇雪凝，圓靈水鏡。柔祇，地也。圓靈，天也。連觀霜縞，周除冰净。觀，宮觀也。徐幹七喻曰：連觀飛榭。説文曰：除，殿陛也。君王迺猒晨懽，樂宵宴。收妙舞，弛清縣。

邊讓章華臺賦曰：妙舞麗於陽阿。長笛賦曰：磬襄弛縣。周禮曰：大憂弛縣。鄭玄曰：弛，釋也。字林曰：弛，解也。韋昭曰：弛，廢也。去燭房，即月殿。芳酒登，鳴琴薦。

若迺涼夜自淒，風篁成韻。篁，竹叢生也。風篁，風吹篁也。親懿莫從，羈孤遞進。親懿，懿親也。左氏傳，富辰曰：兄弟雖有小忿，不廢懿親。杜預曰：懿，美也。羈孤，羈客孤子也。言親懿不從遊，而羈旅之孤更進也。聆皋禽之夕聞，聽朔管之秋引。詩曰：鶴鳴九皋。皋禽，鶴也。抱朴子曰：峻槩獨立，而皋禽之響振也。朔管，羌笛也。説文曰：管，十二月位在北方，故云朔。秋引，商聲也。於是紘桐練響，音容選和。紘桐，琴也。埤蒼曰：練，擇也。練與揀音義同。桓譚新論曰：神農始削桐爲琴，練絲爲紘。侯瑛箏賦曰〔四〕：察其風采，揀其聲音。鄭玄禮記注曰：選，可選擇也。徘徊房露，惆悵陽阿。防露，蓋古曲也〔五〕。文賦曰：寤防露與桑間，又雖悲而不雅。房與防古字通。淮南子曰：夫歌采菱，發陽阿，鄙人聽之，不若延露以和也〔六〕。聲林虛籟，淪池滅波。此言風將息也。聲林而籟管虛，淪池而大波滅。牽秀相風賦曰：幽林絶響，巨海息波。莊子曰：子綦謂子游曰：夫大塊噫氣，其名曰風，是以無作，作則萬竅怒號，泠風則小和，飄風則大和，厲風濟則衆竅爲虛。子游曰：地籟則衆竅是已。郭象曰：烈風作則衆竅實，及其止則衆竅虛。薛君韓詩章句曰：從流而風曰淪。淪，文貌。説文曰：波，水涌也。情紆軫其何託，愬皓月而長歌。楚辭曰：鬱結紆軫兮，離慜而長鞠。王逸曰：紆，曲；軫，痛也。毛詩曰：如彼愬風。毛萇曰：愬，鄉之也。

歌曰：美人邁兮音塵闕，隔千里兮共明月。楚辭曰：望美人兮未來。陸機思歸賦曰：絶音塵於江介，託影響乎洛湄。淮南子曰：道德之論，譬如日月馳騖，千里不能改其處也。臨風歎兮將焉歇〔七〕，川路長兮不可越。楚辭曰：臨風怳兮浩歌。歌響未終，餘景就畢。滿堂變容，迴遑如失。說文曰：滿堂飲酒。莊子，子貢曰：夫子見之變容失色。范曄後漢書曰：戴良見黃憲反歸，罔然若有失也。又稱歌曰：月既没兮露欲晞，歲方晏兮無與歸。楚辭曰：歲既晏兮孰與歸。佳期可以還，微霜霑人衣！楚辭曰：與佳人期兮夕張。又曰：微霜兮夜降。魏文帝善哉行曰：谿谷多悲風，霜露霑人衣。

陳王曰：「善。」迺命執事，獻壽羞璧。左氏傳，原成叔曰〔八〕：敢私於執事。史記曰：平原君以千金爲魯連壽。韓詩外傳曰：楚襄王遣使持白璧百雙聘莊子。敬佩玉音，復之無斁。毛詩曰：無金玉爾音。尚書曰：我有周無斁。爾雅曰：斁，猒也。

文選考異

〔一〕注「時年三十六」 何校「三」改「四」。陳云「三」當作「四」。案：所校是也。本傳可證。各本皆誤。

〔二〕注「長歌行曰」 陳云「長」當作「傷」，是也。各本皆誤。

〔三〕注「王逸楚辭注曰土高四墮曰椒」 袁本、茶陵本無此十二字。

〔四〕注「侯瑛箏賦曰」 案：「瑛」當作「瑾」。各本皆譌。茶陵本「侯」作「吴」，更誤。何、陳校據之，非也。説詳後陸士衡猛虎行。

〔五〕注「防露蓋古曲也」　茶陵本「防」作「房」，是也。袁本亦誤「防」。

〔六〕注「郢人聽之不若延露以和也」　袁本、茶陵本無此十一字。

〔七〕臨風歎兮將焉歇　茶陵本云五臣作「焉」。袁本云善作「烏」。案：「烏」字傳寫譌，此尤延之校改正之也。

〔八〕注「原成叔曰」　案：「原」當作「厚」。各本皆誤。此所引襄十四年傳文。幽憤詩注作「后」，九錫文注作「厚」，「厚」即「后」也。善引羣書，其字或不畫一，例如此矣。

鳥獸上

爾雅曰：兩足而羽謂之禽，四足而毛謂之獸。禽，即鳥也。

鵩鳥賦　并序

賈誼　漢書曰：賈誼，洛陽人也。年十八，屬文稱於郡中。河南太守吴公聞其秀才，召置門下，甚幸愛。後文帝召爲博士，爲絳、灌、馮敬之屬害之，於是天子疏之，以爲長沙王傅。然賈生英特，弱齡秀發，縱横海之巨鱗，矯沖天之逸翰，而不參謀棘署，贊道槐庭，虚離謗缺，爰傅卑土，發憤嗟命，不亦宜乎？而班固謂之未爲不達，斯言過矣！

誼爲長沙王傅，漢書云：誼爲長沙王太傅，三年，鵩入誼舍。又云：後歲餘，文帝思誼，徵拜爲梁王傅，然文帝之世，王長沙者，唯有吳芮之子孫耳。經史不載其謚號，故難得而詳也。又，景帝十三王傳曰：長沙定王發母唐姬無寵，故王卑濕國。三年，有鵩鳥飛入誼舍，止於坐隅，鵩似鴞，不祥鳥也。晉灼曰：巴蜀異物志曰：有鳥小如雞，體有文色，上俗因形名之曰鵩。不能遠飛，行不出域。鴞，于妖切。誼既以讁居長沙〔一〕，韋昭曰：謫，譴也。長沙卑濕，誼自傷悼，以爲壽不得長，廼爲賦以自廣。自廣，自寬也。其辭曰：

單閼之歲兮，四月孟夏。爾雅曰：太歲在卯曰單閼。徐廣曰：文帝六年歲在丁卯。庚子日斜兮，鵩集予舍。李奇曰：日西斜時也。止于坐隅兮，貌甚閑暇。閑暇，不驚恐也〔二〕。異物來萃兮，私怪其故。萃，集也。發書占之兮，讖言其度。說文曰：讖，驗也。有徵驗之書，河、洛所出書曰讖。曰：野鳥入室兮，主人將去。請問于鵩兮，予去何之？善曰：讖于鵩鳥也〔三〕。吉乎告我，凶言其災。淹速之度兮，語予其期。淹，遲也。速，疾也。謂死生之遲疾也。鵩廼歎息，舉首奮翼，口不能言，請對以臆。請以臆中之事以對也。

萬物變化兮，固無休息。莊子曰：已化而生，又化而死。鶡冠子曰：固無休息〔四〕。斡流而遷兮，或推而還。如淳曰：斡，轉也。善曰：鶡冠子曰：斡流遷徙，固無休息。形氣轉續兮，變化而嬗。韋昭曰：而，如也。蘇林曰：轉續，相傳與也。嬗，音蟬，如蜩蟬之蛻化也；或曰：嬗，相連也。沕穆無窮兮，胡可勝言。沕穆，不可分別也。顏師古曰〔五〕：沕穆，微深也。鶡冠子曰：變化無窮，何可勝言。沕，亡筆切。禍兮福所倚，福兮禍所伏。鶡冠子曰：禍乎福之所倚，福乎禍之所伏。老子注曰：倚，因也。聖人遭禍而能悔過，責己脩善則禍去福來也。中人得福而爲驕恣，則福去而禍來也。憂喜聚門兮，吉凶同域。鶡冠子曰：憂喜聚門，吉凶同域。或作最，亦聚也。董仲舒云：弔者在門，慶者在廬。今言皆在門者好惡，故言同域也。彼吳強大兮，夫差以敗。越棲會稽兮，句踐霸世。鶡冠子曰：失反爲得，成反爲敗。吳大兵強，夫差以困；越棲會稽，句踐霸世。史記曰：越王句踐，其先允常，與吳王闔閭戰而相怨伐〔六〕。允常卒，子句踐立，是爲越王。闔閭聞允常死，乃興師伐越。越王句踐使士挑戰，射傷吳王闔閭，闔閭且死〔七〕，告其子夫差曰：必無忘越。三年，句踐聞吳王夫差日夜勒兵，且以報越，欲先吳未發往伐之，范蠡諫曰：不可。王曰：已決之矣。遂興師〔八〕。吳王聞之，悉精兵以伐越，敗之夫椒。越王乃以甲兵五千人，棲於會稽。吳師追而圍之。越王謂范蠡曰：以不聽子，故至於此，爲之奈何！蠡對曰：持滿者與天，定傾者與人，節事者以地〔九〕，卑辭厚禮以遺之，不許〔一〇〕，而身與之市。句踐曰：諾。乃令大夫種行成於吳，膝行頓首曰：君王亡臣句踐，使陪臣種〔一一〕敢告下執事〔一二〕，句踐請爲臣，妻爲妾。吳王將許〔一三〕，子胥言於吳王曰：天以越賜吳，勿許也。吳王不聽，卒許越平。句踐自會稽歸，拊循其士民伐吳，大破吳，因留圍之三年。越遂棲吳王於姑蘇山。吳王謝曰：吾老矣，不能事君王。遂自殺〔一四〕。乃蔽面曰〔一五〕：吾無以見子胥也。高誘淮南子注云：山處曰棲。越滅吳稱霸。斯游遂成兮，卒被五刑。應劭曰：李斯西游於秦，身登相位，二世時，爲趙高所讒，身被五刑。傅說胥靡兮，迺相武丁。尚書曰：高宗夢得說，使百工營求諸野，得諸傅巖，爰立作相。孔安國曰：傅氏之巖，通道所經，有澗水壞道，使胥靡刑人築護此道，說賢而隱，代胥靡築之。

莊子曰：夫道，傅説得之以相武丁。夫禍之與福兮，何異糾纆。字林曰：糾，兩合繩。纆，三合繩。應劭曰：禍福相與爲表裏，如糾纆索相附會也。臣瓚曰：糾，絞也。纆，索也。鶡冠了曰：禍與福如糾纆也。命不可説兮，孰知其極。鶡冠子曰：終則有始，孰知其極。老子道德經曰：孰知其極。河上公注曰：禍福更相生死，孰知其窮極時也。顔監曰：極，止也。水激則旱兮，矢激則遠。萬物迴薄兮，振盪相轉。言矢飛水流，各有常度，爲物所激，或旱或遠，斯則萬物變化，烏有常則乎？鶡冠子曰：水激則悍，矢激則遠，精神迴薄，振蕩相轉。悍與旱同，並户但切。吕氏春秋曰：激矢遠，激水旱。雲蒸雨降兮，糾錯相紛。黄帝素問曰：地氣上爲雲，天氣下爲雨。韋昭國語注曰：蒸，升也。大鈞播物兮，坱圠無垠。如淳曰：陶者作器於鈞上，此以造化爲大鈞。應劭曰：陰陽造化，如鈞之造器也，其氣坱圠非有限齊也。善曰：坱，烏黨切。圠，烏黠切。天不可預慮兮，道不可預謀。鶡冠子曰：天不可預謀，道不可預慮。遲速有命兮，焉識其時。鶡冠子曰，遲速止息，必中參伍。焉識其時，見下文也。

且夫天地爲鑪兮，造化爲工。莊子，子黎曰：今一以天地爲大鑪，以造化爲大冶，惡乎往而不可哉？陰陽爲炭兮，萬物爲銅。合散消息兮，安有常則。莊子曰：人之生也，氣之聚也，聚爲生，散爲死。鶡冠子曰：同合消散，孰識其時。千變萬化兮，未始有極。列子曰：千變萬化，不可窮極。莊子曰：若人之形者，萬化而未始有極。司馬彪曰：當復化而爲無。忽然爲人兮，何足控摶〔一六〕。控摶，愛生之意也〔一七〕。孟康曰：控，引也。摶，持也。言人生忽然，何足引持自貴惜也。如淳曰：摶，音團，或作揣。晉灼曰：許慎云：揣，量也。度商曰揣，言何足度量己之年命長短而惜之乎。按史記英布傳云果如薛公揣之，陳平云生揣我何念，皆訓爲量，與晉灼説同，音初毁切，又丁果切。但字者滋也，不可膠柱，在此賦訓摶爲量，義似未是。至於合韻，全復參差，且史記揣作摶字，如淳、孟康義爲是也。善曰：鶡冠子曰〔一八〕：彼時之至，安可復還，安可控摶也。**化爲異物兮，又何足患。**師古曰：患，音還〔一九〕。言人皆死變化，我何足患之。莊子曰：假於異物，託於同體。郭璞曰〔二〇〕：假，因也。今死生聚散，變化無方，皆異物也。**小智自私兮，賤彼貴我。**列子曰：小智自私怨之府。莊子，北海若曰：以道觀之，無貴無賤。以物觀之，自貴而相賤。鶡冠子曰：小智立趣，好惡自懼。**達人大觀兮，物無不可。**鶡冠子曰：達人大觀，乃見其符。莊子曰：物故有所然，物故有所可，無物不然，無物不可。**貪夫殉財兮，烈士殉名。**列子云：胥士之殉名，貪夫之殉財，天下皆然，不獨一人。司馬彪曰：殉，營也。瓚曰：以身從物曰殉。**夸者死權兮，品庶每生。**善曰：鶡冠子曰：夸者死權，自貴矜容殉名。司馬彪莊子注曰：夸，虚名也。孟康曰：每，貪也。莊子曰：貪生失理。**怵迫之徒兮，或趨東西**〔二一〕。孟康曰：怵，爲利所誘怵也。迫，迫貧賤也。東西趨利也。趨，音娶。怵，音戌。**大人不曲兮，意變齊同。**大人者，與天地〔二二〕合其德。**愚士繫俗兮，窘若囚拘**〔二三〕。莊子曰：不肖繫俗。窘，囚拘之貌，求殞切。**至人遺物兮，獨與道俱。**莊子曰：不離於真謂之至人。又孔子謂老聃曰：形體若槁木，似遺物而立於獨也。鶡冠子曰：聖人捐物。又曰：至人不遺，動與道俱。**衆人惑惑兮，好惡積億。**李奇曰：惑惑，東西也。所好所惡，積之萬億也。鶡冠子曰：衆人惑惑，迫於嗜慾。**真人恬漠兮，獨與道息。**文子曰：得天地之道，故謂之真人也。莊子曰：虚静恬淡、寂漠無爲者，道德之至也。釋智遺形兮，超然自喪。莊子云：仲尼問於顔回曰：何謂坐忘？回曰：墮支體，黜聰明，離形去智，同於大道，此謂坐忘。司馬彪曰：坐而自忘其身。老子曰：燕處超然。莊子曰：南伯子綦曰：嗟乎！我悲人之自喪。寥廓忽荒兮，與道翺翔。寥廓忽荒，元氣未分之貌。廣雅曰：寥，深也。廓，空也。鶡冠子曰：與道翺翔。乘流則逝兮，得坻則止〔二四〕。孟康曰：易，坎爲險，遇險難而止也。張晏曰：坻，水中小洲也。坻或爲坎。又曰：易明夷則仕〔二五〕，險難則隱。鶡冠子曰：乘流以逝。縱軀委命兮，不私與己。鶡冠子曰：縱軀委命，與時往來。

其生兮若浮，其死兮若休。莊子曰：其生若浮，其死若休。澹乎若深泉之静，泛乎若不繫之舟。莊子，老聃曰：其居也，淵而静，其唯人心乎。鶡冠子曰：泛泛乎若不繫之舟。不以生故自寶兮，養空而浮。鄧展曰：自寶，自貴也。鄭氏曰：道家養空，虚若浮舟也。莊子曰：汎若不繫之舟，虚而遨遊。德人無累〔二六〕，知命不憂。莊子，苑風曰：願聞德人。淳芒曰：德人者，居無思，行無慮也。又曰：聖人循天之理，故無天災，故無物累。周易曰：樂天知命，故不憂。細故蔕芥，何足以疑。鶡冠子曰：細故袃薊，奚足以疑。袃薊與蔕芥，古字通。張揖子虚賦注曰：蔕芥，刺鯁也。

文選考異

〔一〕誼既以讁居長沙　袁本、茶陵本「讁」作「謫」。案：「謫」字是也。注引韋昭作「謫」可證。

史記、漢書皆作「適」，或以「適」改「謫」而爲「謫」也。

〔二〕注「閑暇不驚恐也」　袁本、茶陵本「閑」上有「李奇曰」三字，與「萃集也」連在「私怪其故」句下，是。此及下條亦李奇注，尤皆誤也。

〔三〕注「識于鵬鳥也」　袁本「識」作「問」，是也。茶陵本亦誤「識」。

〔四〕注「鶡冠子曰固無休息」　茶陵本無此八字，是也。袁本有，亦非。

〔五〕注「顔師古曰」　袁本、茶陵本「師古」作「監」，是也。

〔六〕注「而相怨伐」　袁本、茶陵本無「伐」字。

〔七〕注「射傷吴王闔閭闔閭且死」　袁本、茶陵本不重「闔閭」。

〔八〕注「已決之矣遂興師」　袁本、茶陵本無「決之矣遂興師」六字。

〔九〕注「持滿者」下至「以地」　袁本、茶陵本無此十五字。

〔一〇〕注「以遺之不許」　袁本、茶陵本無此五字。

〔一一〕注「使陪臣種」　袁本、茶陵本無此四字。

〔一二〕注「敢告下執事」　袁本、茶陵本無「下」字。

〔一三〕注「吴王將許」　袁本、茶陵本「許」下有「之」字。

〔一四〕注「謝曰」下至「遂自殺」　袁本、茶陵本無此十三字。

〔一五〕注「乃蔽面曰」　袁本、茶陵本「乃」下有「自」字。案：此節各條，尤所校改，皆未是也。

〔一六〕何足控摶　案：「摶」當作「揣」，漢書作「揣」，選文與之同，故善注有「且史記揣作摶字」之語，若自作「摶」，於注全不可通，必五臣因此改正文作「摶」，後來以之亂善耳。幽通賦注引作「揣」，亦其一證也。又注中控揣，愛生之意也。孟康曰：揣，持也。如淳曰：揣，音團，或作摶。在此賦訓揣爲量。今各本於正文既誤之後，改「揣」作「摶」，改「摶」作「揣」，皆不可通，所當訂正。

〔一七〕注「控摶愛生之意也」　袁本、茶陵本「控」上有「善曰」二字，是也。案：此一節蓋皆善注。

〔一八〕注「善曰鶡冠子曰」　袁本、茶陵本無「善曰」二字，是也。説見上。又袁本「鶡」上有「又」字，「子」下有「亦」字，是也。茶陵本無，非。

〔一九〕注「師古曰患音還」　袁本、茶陵本無「師古曰」三字。案：無者是也。

〔二〇〕注「郭璞曰」　案：「璞」當作「象」。各本皆誤。所引大宗師篇文之注也。

〔二一〕或趨東西　袁本、茶陵本「東西」作「西東」。案：二本是也。尤誤倒。史記、漢書皆作「西東」。其孟康注云：「東西」者，即不拘語倒耳。

〔二二〕注「大人者與天地」　袁本、茶陵本「大」上有「文子曰」三字，是也。

〔二三〕窘若囚拘　案：「窘」當作「僒」，注同。漢書作「僒」，選文與之同，故善云「囚拘之貌」。其五臣良注「窘困也」。乃作「窘」耳。各本皆以五臣亂善。史記索隱云漢書作「僒音去殞反」，與善讀求殞反正合。

〔二四〕得坻則止　案：「坻」當作「坎」。漢書作「坎」，選文與之同。觀善引孟康注於首可見。其下復引張晏兼廣異本，必五臣因此改「坎」爲「坻」，故僅取張「小洲」之語作注也。各本皆以五臣亂善。

〔二五〕注「易明夷則仕」　茶陵本「明」上有「大」字，無「夷」字，袁本作「明夷」，與此同。案：各本皆誤也。「易明夷」當作「謂夷易」，漢書顏注引可證也。陳云别本作「明夷易」，亦誤。

〔二六〕德人無累　袁本、茶陵本「累」下有「兮」字，下「細故蔕芥」句同。案：此不著校語，無以考也。

鸚鵡賦 并序

山海經曰：黄山有鳥，其狀如鴞，青羽赤喙，人舌能言，名鸚鵡也。注曰：舌似小兒舌，脚指前後各兩。鵡，一作䳇，莫口切。

禰正平

范曄後漢書曰：禰衡，字正平，平原人也。少有才辯而尚氣慠。曹操欲見之，不肯往，操懷忿，而以才名，不欲殺之，送劉表。後復侮慢於表，表不能容，以江夏太守黄祖性急，故送衡與之。祖長子射爲章陵太守，尤善於衡。射大會賓客，人有獻鸚鵡者，射舉札於衡前曰：願先生賦之。衡攬筆而作，辭彩甚麗。後黄祖殺之，時年二十六。

時黄祖太子射亦賓客大會，有獻鸚鵡者，舉酒於衡前曰：「禰處士，應劭風俗通曰：處士者，隱居放言也。今日無用娱賓，竊以此鳥自遠而至，明慧聰善，羽族之可貴，典引曰：來儀集羽族於觀魏〔一〕。願先生爲之賦，使四坐咸共榮觀，不亦可乎？」老子曰：雖有榮觀，燕處超然。

衡因爲賦，筆不停綴，文不加點。其辭曰：

惟西域之靈鳥兮〔二〕，挺自然之奇姿。體金精之妙質兮，合火德之明煇。西域，謂隴坻出此鳥也。老子曰：以輔萬物之自然。河上公曰：輔萬物自然之性也。西方爲金，毛有白者，故曰金精。南方爲火，觜有赤者，故曰火德。歸藏殷筮曰：金水之子，其名曰羽蒙，是生百鳥。蔡邕月令章句曰：天官五獸，前有朱雀，鶉火之體也。性辯慧而能言兮，才聰明以識機。禮記曰：鸚鵡能言，不離飛鳥。王弼周易注曰：幾者，事之微也〔三〕。故其嬉游高峻，栖跱幽深。説文曰：嬉，樂也。跱，立也。飛不妄集，翔必擇林。紺趾丹觜，緑衣翠衿。説文曰：紺，深青而揚赤也。采采麗容，咬咬好音。韓詩曰：采采衣服。薛君曰：采采，盛貌也。韻略曰：咬咬，鳥鳴也，音交。毛詩曰：睍睆黄鳥，載好其音。雖同族於羽毛，固殊智而異心。配鸞皇而等美，焉比德於衆禽。

於是羨芳聲之遠暢，偉靈表之可嘉。命虞人於隴坻，詔伯益於流沙。漢書音義，應劭曰：天水有大阪曰隴坻。尚書，帝曰：益，汝作朕虞。孔安國曰：伯益也，掌山澤官也。尚書曰：導弱水，餘波入于流沙。跨崑崙而播弋，冠雲霓而張羅。雖綱維之備設，終一目之所加。文子曰：有鳥將來，張羅而待之。得鳥者羅之一目也，今爲一目之羅，即無以得鳥也。且其容止閑暇，守植安停。鵩鳥賦曰：

貌甚閑暇。王逸楚辭注曰：植，志也。逼之不懼，撫之不驚。鶡冠子曰：迫之不懼，定以知勇。寧順從以遠害，不違迕以喪生。毛詩序曰：君子全身遠害。故獻全者受賞，而傷肌者被刑。

爾迺歸窮委命，離羣喪侶。委命，已見上文。禮記曰：離羣索居。閉以雕籠，翦其翅羽。淮南子曰：天下以爲之籠，又何失鳥之有乎？然籠所以盛鳥。説文曰：翅，翼也。流飄萬里，崎嶇重阻。埤蒼曰：崎嶇，不平也。崎，去奇切。嶇，音驅。踰岷越障，載罹寒暑。岷、障，二山名，續漢書曰：岷山在蜀郡五道西〔四〕，障縣屬隴西，蓋因山立名也。毛詩曰：二月初吉，載離寒暑。一曰，障，亭障也。女辭家而適人，臣出身而事主。有以託意也。時爲曹操所迫，故寄意以申情。家語曰：女十五許嫁，有適人之道。漢書，郅都曰：已背親而出身，固當奉職也。彼賢哲之逢患，猶棲遲以羇旅。毛詩曰：衡門之下，可以棲遲。女適人，臣事君，逢禍患，尚棲遲羇旅也。羇旅，已見上文。矧禽鳥之微物，能馴擾以安處。薛君韓詩章句曰：鳥，微物也。説文曰：馴，順也。漢書音義，應劭曰：擾，馴也。眷西路而長懷，望故鄉而延佇。楚辭曰：情慨慨而長懷〔五〕。又曰：結幽蘭而延佇。忖陋體之腥臊，亦何勞於鼎俎。毛詩曰：予忖度之。七本切。國語，舅犯對晉侯曰：偃之肉腥臊，將焉用之。孔安國尚書傳曰：腥，臭也。

嗟禄命之衰薄，奚遭時之險巇？禮斗威儀曰：夭其禄命，不得極其數。楚辭曰：何周道之平易，然蕪穢而險巇。王逸曰：險巇，顛危也。豈言語以階亂，將不密以致危？周易，孔子曰：亂之所生，則言語以爲階也。君不密則失臣，臣不密則失身。痛母子之永隔，哀伉儷之生離。左氏傳曰：施氏之婦怨施氏曰：己不能庇其伉儷。杜預曰：儷，偶也。伉，敵也。楚辭曰：悲莫悲兮生别離。匪餘年之足惜，慜衆雛之無知。爾雅曰：生噣，雛。謂鳥子初生，能自啄食，總名曰雛也。背蠻夷之下國，侍君子之光儀。毛詩曰：命于下國。非天子之國，故曰下也。懼名實之不副，恥才能之無奇。莊子，許由曰：名者實之賓。羨西都之沃壤，識苦樂之異宜。西都，長安也。鸚鵡言長安樂，自古有之，未詳所見。懷代越之悠思，故每言而稱斯。斯，此也。此，長安也。言類彼鳥馬，而懷代、越之思，故亦每言而稱此。古詩曰：代馬依北風，越鳥巢南枝。

若廼少昊司辰，蓐收整轡。禮記曰：孟秋之月，其帝少昊，其神蓐收。嚴霜初降，涼風蕭瑟。楚詞曰：冬又申之以嚴霜。長吟遠慕，哀鳴感類。毛詩曰：哀鳴嗷嗷。音聲悽以激揚，容貌慘以顦顇。漢書，谷永上疏曰：贊命之臣，靡不激揚。答賓戲曰：夕而顦顇也。聞之者悲傷，見之者隕淚。毛詩曰：涕既隕之。毛萇曰：隕，墜也。放臣爲之屢歎，棄妻爲之歔欷。放臣、棄妻，屈原、哀姜之徒。王逸楚詞注曰：歔欷，啼聲。

感平生之游處，若壎篪之相須。論語曰：君子久要不忘平生之言。毛詩曰：伯氏吹壎，仲氏吹篪。毛萇曰：土曰壎，竹曰篪。何今日之兩絶〔六〕，若胡越之異區？淮南子曰：自異者視之，肝膽胡、越也。高誘曰：胡、越喻遠。順籠檻以俯仰〔七〕，闚户牖以踟蹰。説文曰：櫳，房室之疏也；楯，欄檻也。王逸楚詞注曰：從曰檻，横曰楯。説文曰：牖，穿壁以爲牎也。韓詩曰：搔首踟蹰。薛君曰：踟蹰，躑躅也。踟，腸知切。

蹶，腸誅切。想崑山之高嶽，思鄧林之扶疏。班固漢書贊，禹本紀云：崑崙山高二千五百餘里。山海經曰：夸父與日競走，渴死，棄其杖化爲鄧林。上林賦曰：垂條扶疏。顧六翮之殘毁，雖奮迅其焉如？韓詩外傳，蓋乘曰：夫鴻鵠一舉千里，所恃者六翮耳。心懷歸而弗果，徒怨毒於一隅〔八〕。毛詩曰：豈不懷歸。廣雅曰：毒，痛也。苟竭心於所事，敢背惠而忘初？左氏傳，子犯曰：背惠食言。楚詞曰：不敢忘初之厚德。託輕鄙之微命，委陋賤之薄軀。楚詞曰：蜂蛾微命力何固。期守死以報德，甘盡辭以效愚。論語，子曰：守死善道。毛詩曰：欲報之德。司馬遷書曰：效其癡愚。恃隆恩於既往，庶彌久而不渝。渝，變也。感恩久不變也。

文選考異

〔一〕注「典引曰來儀集羽族於觀魏」　袁本、茶陵本無此十一字。

〔二〕惟西域之靈鳥兮　袁本、茶陵本無「兮」字，下「體金精之妙質兮」同。案：此亦無以考也。

〔三〕注「幾者事之微也」　袁本、茶陵本「幾」作「機」，是也。

〔四〕注「在蜀郡五道西」　何校「五」改「湔氐」二字，陳同，是也。各本皆誤。

〔五〕注「情慨慨而長懷」　茶陵本上「慨」字作「慷」，是也。袁本亦誤「慨」。

〔六〕何今日之兩絶　案：「兩」當作「雨」。考贈蔡子篤「一别如雨」注云：「鸚鵡賦曰『何今日以雨絶』。陳琳檄吴將校曰『雨絶于天』。然諸人同有此言，未詳其始。」善自作「雨」甚明，此及陳檄皆無注者，以具注在彼詩也。袁、茶陵二本所載，五臣良注云「何今日兩相隔絶，各在一方」。是五臣乃作「兩」，各本以之亂善而失著校語。

〔七〕順籠檻以俯仰　茶陵本「籠」作「櫳」，云五臣作「籠」。袁本作「籠」。案：袁本用五臣也，失著校語，非；尤以五臣亂善，益非。

〔八〕徒怨毒於一隅　袁本「怨」下校語云善作「寃」。案：袁所見是也。五臣翰注自爲「怨」字。茶陵本云五臣作「寃」，必校語有倒錯耳。此以五臣亂善。

鷦鷯賦　并序

毛詩曰：肇允彼桃蟲。詩義疏曰：桃蟲，今鷦鷯，微小黄雀也。鷦，音焦。鷯，音遼。又方言曰：桑飛。郭璞注曰：即鷦鷯也。自關而東，謂之工雀，又云女工，一云巧婦，又云女匠。

張茂先

臧榮緒晉書曰：張華，字茂先，范陽人也，少好文義，博覽墳典。爲太常博士，轉兼中書郎。雖栖處雲閣，慨然有感，作鷦鷯賦。後詔加右光禄大夫，封壯武郡公，遷司空，爲趙王倫所害。

鷦鷯，小鳥也，生於蒿萊之間，長於藩籬之下，翔集尋常之内，而生生之理足矣。漢書音義，應劭曰：八尺曰尋，倍尋曰常。老子曰：人之輕死，以其生生之厚。易繫辭曰：生生之謂易。韓康伯曰：

陰陽轉易，以化成生也。色淺體陋，不爲人用，形微處卑，物莫之害，呂氏春秋曰：高節厲行，物莫之害。繁滋族類，乘居匹游，列女傳，姜后曰：雎鳩之鳥，猶未常見其乘居而匹遊。翩翩然有以自樂也〔一〕。翩翩，自得之貌。毛詩曰：翩翩者鵻。彼鷲鶚鶡鴻，孔雀翡翠，說文曰：鷲，黃頭赤目，五色皆備。鶚，鵰也。山海經曰：景山多鷲，黑色多力。鶡，狀如鶴而文。漢書音義，應劭曰：雄曰翡，雌曰翠。異物志曰：翡，赤色，大於翠。顏監曰：鳥各別異，非雄雌異名也。或淩赤霄之際，或託絶垠之外，絶垠，天邊之地也。楚辭曰：載赤霄而淩太清。又曰：踔絶垠于寒門。翰舉足以沖天，觜距足以自衛，王弼周易注曰：翰，高飛也。史記，楚莊王曰：有鳥三年不蜚，蜚乃沖天。蜚與飛同。字書曰：沖，中也。呂氏春秋曰：凡人之性，爪牙不足以自守衛。西京賦曰：觜距爲刀鈹〔二〕。然皆負矰嬰繳，羽毛入貢。何者？有用於人也〔三〕。繳繫，箭線也。尚書曰：厥貢齒革羽毛。夫言有淺而可以託深，類有微而可以喻大，故賦之云爾。

何造化之多端兮，播羣形於萬類。易曰：天地造生〔四〕，萬物咸成。又曰：造化，道也。淮南子曰：大丈夫無爲，與造化逍遥。楚辭曰：多端膠加。老子曰：道生萬物。河圖曰：地有九州，以包萬類。惟鷦鷯之微禽兮，亦攝生而受氣。老子曰：善攝生者不然。莊子，北海若曰：吾受氣於陰陽。育翩翾之陋體，無玄黃以自貴。字林曰：翩，疾飛也。說文曰：翾，小飛也。呼緣切。毛弗施於器用，肉弗登於俎味。左氏傳，臧僖伯曰：皮革、齒牙、骨角、毛羽不登於器，鳥獸之肉不登於俎，則公不射，古之制也。鷹鸇過猶俄翼，尚何懼於罿衝罻尉。左氏傳，然明曰：見不仁者誅之，如鷹鸇之逐鳥雀也。爾雅曰：晨風，鸇也。廣雅曰：俄，邪也。毛詩曰：側弁之俄。箋云：俄，傾貌。罿、罻，皆網也。鸇，之然切。翳薈蒙籠，是焉游集。孫子兵法曰：林木翳薈，草樹蒙籠。飛不飄颺，翔不翕習。翕習，盛貌。其居易容，其求易給。巢林不過一枝，每食不過數粒。莊子曰：鷦鷯巢林，不過一枝。孔安國尚書傳曰：米食曰粒。棲無所滯，游無所盤。爾雅曰：盤，樂也。匪陋荆棘，匪榮茝蘭。動翼而逸，投足而安。委命順理，與物無患。委命，已見上文。淮南子曰：守道順理。

伊茲禽之無知，何處身之似智。莊子曰：鳥高飛以避矰弋之害，鼷鼠深穴乎神丘之下，以避熏鑿之患，而曾二蟲之無知也。不懷寶以賈害，不飾表以招累。左氏傳曰：虞叔有玉，虞公求之，弗獻，既悔之曰：周任有言，匹夫無罪，懷璧其罪，吾焉用此，以賈其害。杜預曰：賈，賣也。靜守約而不矜，動因循以簡易。文子曰：約其所守即察。尚書曰：汝惟不矜。孔安國曰：自賢曰矜。淮南子曰：因循而任下。周易曰：簡易而天下之理得矣。任自然以爲資，無誘慕於世僞。自然，已見上文。文子曰：去其誘慕，除其嗜欲。張湛曰：遺其衒尚，爲害真性。傅毅七激曰：排挫禮學，譏讁世僞。鵰鶡介其觜距，鵠鷺軼於雲際。穆天子傳曰：青鵰，執犬羊，食豕鹿。郭璞曰：今鵰亦能食麕鹿。山海經曰：煇諸之山多鶡。郭璞曰：似雉而大，青色有角，鬭死乃止，出上黨。言因觜距而爲人用也。鵾鷄竄於幽險，孔翠生乎遐裔。彼晨鳧與歸鴈，又矯翼而增逝。說苑曰：魏文侯嗜晨鳧。史記曰：楚人有好以弱弓微繳加歸鴈之上。解嘲曰：矯翼厲翮。淮南子曰：鳳皇曾逝萬仞之上。咸美羽而豐肌，故無罪而皆斃。文子曰：羽翼美者傷其骨骸。司馬相如美人賦曰：弱骨豐肌。徒銜蘆以避繳，終爲戮於此世。淮南子曰：鴈銜蘆而翔，以備矰繳。抱朴子曰：智禽銜蘆以避網，水牛結陣以却虎。史記，太史公曰：英布不克於身，爲世大戮。蒼鷹鷙而受緤，鸚鵡惠而入籠。李陵詩曰：有鳥西南飛，熠燿似蒼鷹。王逸楚詞注曰：緤，繫也。鸚鵡賦曰：性辯惠而能言。又曰：閉以雕籠。屈猛志以服養，塊幽縶於九重。淮南子曰：塊然獨處。苦對切。楚辭曰：君之門兮九重。變音聲以順旨，思摧翮而爲庸。戀鍾岱之林野〔五〕，慕隴坻之高松。鍾、岱二山，鷹之所產。漢書曰：趙地鍾、岱，迫近胡寇。如淳曰：鍾，所在未聞，漢有代郡，故代國也。東方朔十洲記曰：北海外有鍾山。鸚鵡賦曰：命虞人於隴坻。雖蒙幸於今日，未若疇昔之從容。左氏傳曰：羊斟云：疇昔之羊，子爲政。杜預曰：疇昔，猶前日也。尚書曰：從容以和。

海鳥鶢鶋〔六〕居，避風而至。國語曰：海鳥曰爰居，止於魯東門外。展禽曰：今茲海其有災乎？夫廣川之鳥獸，常知而避其災。是歲海多大風。條枝巨雀，踰嶺自致。漢書曰：條枝國，臨西海，有大鳥。提挈萬里，飄颻逼畏。漢書曰：左提右挈。夫唯體大妨物，而形瓌足瑋也。陰陽陶蒸，萬品一區。文子，老子曰：陰陽陶冶萬物。蒸，氣出貌。巨細舛錯，種繁類殊。鷦螟巢於蚊睫，大鵬彌乎天隅。晏子春秋，景公曰：天下有極細者乎？對曰：有，東海有蟲，巢於蚊睫，再飛而蚊不爲驚，臣不知其名，而東海有通者，命曰鷦螟。莊子曰：北溟有魚，其名曰鵾，化而爲鵬，怒而飛，翼若垂天之雲。將以上方不足，而下比有餘。莊子曰：長者不爲有餘，短者不爲不足。普天壤以遐觀，吾又安知大小之所如〔七〕？莊子，北海若曰：以差觀之，因其所大而大之，則萬物莫不大。因其所小而小之，則萬物莫不小。則差數覩矣。歸田賦曰：安知榮辱之所如？

文選考異

〔一〕有以自樂也　案：「樂」當作「得」。袁本云善作「得」。茶陵本云五臣作「樂」。此以五臣亂善。

〔二〕注「西京賦曰觜距爲刀鈹」　案：此有誤也。文在吴都賦，或善誤記耳。

〔三〕有用於人也　袁本無「有」字。茶陵本有。案：此亦無以考也。

〔四〕注「易曰天地造生」　袁本、茶陵本「易」下有「注」字，是也。

〔五〕戀鍾岱之林野　何校「岱」改「代」，注同。案：善引漢書爲注，今地理志作「代」，何據之校也。晉書所載作「岱」。

〔六〕海鳥鶢鶋　案：「鶢鶋」當依晉書所載作「爰居」。善引國語爲注，亦是「爰居」字。袁、茶陵二本五臣翰注乃作「鶢鶋」字。蓋善「爰居」、五臣「鶢鶋」，各本亂之耳。正文下「袁居」二字，即五臣音也。

〔七〕吾又安知大小之所如　袁本、茶陵本「知」下有「其」字，「大小」作「小大」。案：此亦無以考也。晉書作「大小」，無「其」字。

文選卷第十四

鳥獸下　志上

鳥獸下

赭白馬賦 并序

劉芳毛詩義證曰：彤白雜毛曰駮。彤，赤也，即赭白也。

顏延年

沈約宋書曰：顏延之，字延年，琅邪人也。好讀書，無所不覽，文章之美，冠絕當時。吴國内史劉柳以爲行軍參軍，後爲祕書監，太常，卒〔一〕。

驥不稱力，馬以龍名，論語曰：驥不稱其力，稱其德。周禮曰：凡馬八尺已上爲龍。豈不以國尚威容，軍駙音伏，馬名。趫迅而已，傅玄乘輿馬賦曰：用之軍國，則文武之功顯。又曰：文榮其德，武耀其威。庾中丞昭君辭曰：聯雪隱天山，崩風盪河澳，朔障裂寒笳，冰原嘶代馱〔二〕。顏、庾同時，未詳所見。毛詩曰：四牡有蹻。毛萇曰：蹻，壯貌。趫與蹻同，並綺嬌切。實有騰光吐圖，疇德瑞聖之符焉。尚書中候曰：帝堯即政七十載，脩壇河、洛，仲月辛日，禮備。至于日稷，榮光出河，龍馬銜甲，赤文綠色，臨壇吐甲圖。宋均曰：稷，側也。黃伯仁龍馬賦曰：或有奇貌絶足，蓋爲聖德而生。疇，昔也。是以語崇其靈，世榮其至。我高祖之造宋也，沈約宋書曰：高祖武皇帝諱裕，字德輿，彭城縣人，後封宋王，受晉禪。五方率職，四隩入貢。禮記曰：中國、蠻、夷、戎、狄五方之人。魏都賦曰：樂率職貢〔三〕。尚書曰：四隩既宅。孔安國曰：四方之宅可居。四隩，四方之隱處也。漢書曰：古者諸侯以時入貢。祕寶盈於玉府，文駟列乎華廐。周禮曰：玉府掌王之金玉玩好。尚書曰：王府則有〔四〕。周書曰：犬戎文馬，赤鬣白身。左氏傳曰：宋人以馬百駟〔五〕贖華元。漢舊儀有承華廄。乃有乘輿赭白，特稟逸異之姿，妙簡帝心，用錫聖皁。潘安仁夏侯湛誄曰：妙簡邦良。論語曰：簡在帝心。崔駰武賦曰：假皇天兮簡帝心。用錫，見下文。司馬彪莊子注曰：皁，櫪也。服御順志，馳驟合度，韓子曰：造父御駟馬，馳驟周旋而恣於馬者，轡策制之。齒歷雖衰，而藝美不忒。穀梁傳曰：馬齒加長矣。爾雅曰：歷，數也。毛詩曰：其儀不忒。襲養兼年，恩隱周渥，賈逵國語注曰：襲，受也。周書曰：小人無兼年之食。國語注曰：隱，私也。毛萇詩傳曰：渥，厚也。歲老氣殫，斃于内棧。說文曰：殫，盡也。棧，櫪也。呂氏春秋曰：取之内皁而著之外皁。莊子，伯樂曰：我善治馬，編之以皁棧。司馬彪曰：棧若欞牀，施之濕地也。少盡其力，有惻上仁，韓詩外傳曰：昔者田子方出見老馬於道，問其御者：此何馬也？曰：公家畜也，疲而不用，故出之。子方喟然嘆曰：少盡其力，老棄其身，仁者不爲也。束帛而贖之。長楊賦曰：自上仁所不化。乃詔陪侍，奉述中旨。末臣庸蔽，敢同獻賦。其辭曰：崔瑗胡公碑曰：唯我末臣，頑蔽無聞。

惟宋二十有二載，盛烈光乎重葉。宋文帝十七年也。沈約宋書曰：文帝諱義隆，武帝第三子也。烈，業也。自武至文，故曰重葉。毛萇詩傳曰：葉，世也。武義粤其肅陳，文教迄已優洽。羽獵賦曰：武義動於南鄰。尚書曰：偃武脩文。孔安國曰：脩文教也。泰階之平可升，興王之軌可接。泰階，已見上。國語曰：興王賞諫臣。訪國美於舊史，考方載於往牒。兩都賦序曰：國家之遺美。西京賦曰：學乎舊史氏。方載，四方之事。漢書，柱下方書。音義曰：四方之文書。説文，札，牒也。昔帝軒陟位，飛黄服皁。春秋命歷序曰：帝軒受圖雒授歷。尚書曰：汝陟帝位。淮南子曰：黄帝治天下，於是飛黄服皁。高誘曰：飛黄如狐，背上有角，乘之壽三千歲也。后唐膺籙，赤文候日。后唐，謂堯也。膺籙，已見東京賦。赤文候日，即至于日稷也。已見上注。漢道亨而天驥呈才，杜預左氏傳注曰：亨，通也。天馬歌曰：天馬來，從西極。漢書曰：武帝元鼎四年，馬生渥洼水中。李斐曰：南陽新野有暴利長，武帝時遭刑，屯田燉煌界，數於水旁見羣野馬，中有奇異者，與凡馬異，來飲此水。利長先作土人，持勒絆於水旁，後馬翫習久之，代土人持勒絆，收得其馬，獻之。欲神異此馬，云從水中出，作天馬歌。魏德楙而澤馬効質。説文曰：楙，盛也。魏志曰：文帝黄初中，於上黨得澤馬。魏都賦曰：澤馬于阜。伊逸倫之妙足，自前代而間出。公孫弘贊曰：異人間出。并榮光於瑞典，登郊歌乎司律。瑞典，吐圖也。作天馬歌，歌之以郊祀，合于司律也。所以崇衛威神，扶護警蹕。魯靈光殿賦曰：又似帝室之威神。漢儀曰：皇帝輦動，則左右侍帷幄者稱警，出則傳蹕，止行人，清道也。精曜協從，靈物咸秩。協，合也。論語撰考讖曰：下學上達，知我者其天乎！通精曜也。尚書曰：龜筮協從。又曰：咸秩無文。秩，序也。暨明命之初基，罄九區而率順。爾雅曰：暨，及也。明命，謂高祖也。九區，九服也。尚書：伊尹曰：先王顧諟天之明命。劉騊駼郡太守箴曰：大漢遵周，化洽九區。有肆險以稟朔，或踰遠而納賫。肆險，人慕化也。長楊賦曰：故平不肆險。魏都賦曰：思稟正朔。孟子曰：有遠行者必以賫。蒼頡篇曰：賫，財貨也。説文曰：賫，會禮也。聞王會之阜昌，知函夏之充牣。阜，盛也。周書王會曰：成周之會。鄭玄曰：王城既成，大會諸侯及四夷也。漢書，郊祀歌曰：敷華就實，既阜既昌。楊雄河東賦曰：函夏之大〔六〕。服虔曰：函諸夏也。漢書音義，蘇林曰：充牣，喻多也。如淳曰：牣，滿也。總六服以收賢，掩七戎而得駿。收賢，取賢善之馬也。周禮曰：王畿外侯服、甸服、男服、采服、衛服、蠻服，斯爲六服。爾雅曰：九夷、八狄、七戎、六蠻，謂之四海。郭璞曰：七戎在西。蓋乘風之淑類，實先景之洪胤。崔駰七依曰：服飛兔之中乘，騁華騠之驂輪，蹠虚騰雲，乘風度津。漢書，楊雄河東賦曰：六先景之乘。劉邵魏明帝誄曰：先皇嘉其誕受洪胤。故能代驂象輿，歷配鉤陳。鄭玄毛詩箋曰：在旁曰驂。韓子曰：黄帝合鬼神於泰山，駕象車。張揖曰：德流則山出象車，山之精瑞也。上林賦曰：象輿婉嬋於西清。鉤陳，已見上文。齒筭延長，聲價隆振。鄭玄儀禮注曰：筭，數也。風俗通曰：張伯坐養聲價。信聖祖之蕃錫，留皇情而驟進。祖，高祖也。皇，文帝也。蕃錫，已見魏都賦。

徒觀其附筋樹骨，垂梢植髮。相馬經曰：良馬可以筋骨相也。梢，尾之垂者。髮，額上毛也。尾欲梢而長。梢，所交切。張敞集曰：蒼蠅託驥之髮也。傅玄乘輿馬賦曰：頭似削成，尾如植髮。雙瞳夾鏡，兩權協月。相馬經曰：目成人者行千里。注云：成人者，視童子中，人頭足皆見，言目中清明如鏡。或云：兩目中央旋毛爲鏡。權，頰權也。相馬經曰：頰欲圓如懸璧，因謂之雙璧，其盈滿如月，異相之表也。黄伯仁龍馬頌曰：雙璧似月。異體峯生，殊相逸發。峯生，若山而生峯也。超攄絶夫塵轍，驅騖迅於滅没。劉歆遂初賦曰：馬龍騰以超攄。列子，秦穆公謂伯樂曰：子之年長矣，子之姓有可使求馬者乎？伯樂對曰：良馬可以形容筋骨相也。天下之馬者，若滅若没，若亡若失，若此者絶塵弭轍。臣之子皆下才也，可告以良馬，不可告天下之馬也。李尤馬鞍銘曰：驅騖馳逐，騰踊覆踐。簡偉塞門，獻狀絳闕。塞，紫塞也，已見蕪城賦。有關故曰門。塞，或爲寒，非也。傅玄北都賦曰：巍巍絳闕。旦刷幽燕，晝秣荆越。說文曰：刷，刮也。魏都賦曰：刷馬江州。毛詩曰：言秣其馬。杜預曰：以粟飯馬曰秣。幽、燕、荆、越，四地名也。教敬不易之典，訓人必書之舉。孝經曰：聖人因嚴以教敬。國語，虢文公曰：王其監農不易。左氏傳曰：訓人事君。又曹劌諫曰：君舉必書。惟帝惟祖，爰游爰豫。孟子曰：一游一豫，爲諸侯度。飛輶軒以戒道，環轂騎而清路。輶，輕也。吴都賦曰：輶軒蓼擾，轂騎煒煌。杜篤迎鍾文曰：必令河伯戒道。道，先也。清路，已見射雉賦。勒五營使按部，聲八鑾以節步。漢書，王尋勑諸營皆按部。薛綜東京賦注曰：馬步齊則鑾聲和。應劭漢官儀曰：大駕鹵簿。五營校尉在前，名曰填衛。毛詩曰：四牡彭彭，八鸞鏘鏘。具服金組，兼飾丹雘倚瓠切〔七〕。金組，二甲也。蔡雍女琰詩曰：卓衆來東下，金甲耀日光。左氏傳曰：組甲三千。馬融曰：組甲，以組爲甲也。丹臒，二色也。郭璞山海經曰：臒，黝屬。寶鉸星纏，鏤章霞布。鉸，裝飾也。章，采文也。袁宏酎宴賦曰：朱帷赫以霞布。進迫遮迾，却屬輦輅。服虔通俗文曰：天子出，虎賁伺非常，謂之遮迾。漢書音義：晉灼曰：迾，古列字。欻聳擢以鴻驚，時濩略而龍翥。薛綜西京賦注曰：欻，忽也。説文曰：欻，有所吹起也。傅玄乘輿馬賦曰：形便飛燕，勢越驚鴻。甘泉賦曰：迺濩略綏蕤。張景陽七命曰：虯踊螭騰，麟超龍翥。弭雄姿以奉引，婉柔心而待御。東京賦曰：奉引既畢，先輅乃發。

至於露滋月肅，霜戾秋登。禮記曰：孟秋之月，天地始肅。爾雅曰：戾，至也。又曰：登，成也。王于興言，闡肄威稜。毛詩曰：王于興師。漢書，武帝報李廣曰：威稜憺乎鄰國〔八〕。又曰：興言出宿。聲類曰：闡，大開也。賈逵國語注曰：肄，習也。臨廣望，坐百層。地理書，洛陽故宮曰廣望觀，臨金市。劉梁七舉曰：鴻臺百層，干雲參差。料武藝，品驍騰。字林曰：料，量也。夏侯淳馳射賦曰：參武藝以遊遨。説文曰：驍，良馬也。廣雅曰：騰，奔也。流藻周施，和鈴重設。流藻，周流藻畫也。應瑒馳射賦曰：藻飾齊明。和鈴，已見上。睨影高鳴，將超中折。相馬經曰：馬有眄影而視者。分馳迴場，角壯永埒。南都賦曰：羣士放逐，馳乎沙場。曹毗馬射賦曰：脩埒坦其平舒。別輩越羣，絢火縣練夐絶。絢練，疾貌也。夐絶，迥絶也。捷趫夫之敏手，促華鼓之繁節。廣雅曰：蹻，健也。孔安國尚書傳曰：敏，疾也。言射有常儀，鼓有常節，今以馬馳之疾，故加捷促也。應瑒馳射賦曰：膾動鼓震，讚聲雷潰。魏略，司馬景王與許允書曰：震華鼓，建朱節。經玄蹄而雹散，歷素支而冰裂。玄蹄，馬蹄也；素支，月支也，皆射帖名也。言馬既良，射者亦中，故玄蹄雹散，素支冰裂也。邯鄲淳藝經曰：馬射左邊，爲月支二枚，馬蹄三枚也。膺門沫赭，汗溝走血。相馬經曰：膺門欲開，汗溝欲深。漢書，天馬歌曰：霑赤汗，沫流赭。應劭曰：大宛馬汗血霑濡也，流沫如赭也。如淳曰：沫，或作頮，音悔。踠迹回唐，畜怒未洩。方言曰：洩，歇也。南都賦曰：收驪命駕，分背回唐。東都主人曰：馬踠餘足，士怒未洩。乾心降而微怡，都人仰而朋悅〔九〕。乾，喻文帝也。周易曰：乾爲天。都人，已見西都賦。妍變之態既畢，凌遽之氣方屬。凌遽，已見西京賦。鄭玄喪服注曰：屬，連也。踾鑣轡之牽制，隘通都之圈束。字林曰：踾踧，行不申也。得通都馳騁，猶爲圈束。司馬遷書曰：通邑大都。說文曰：圈，養畜閑也。眷西極而驤首，望朔雲而蹀足。漢書，天馬歌曰：天馬來，從西極。又曰：武帝得烏孫馬，名天馬，後更名西極馬。鄒陽上書曰：交龍驤首。曹顏遠感舊賦曰：胡馬仰朔雲，越鳥巢南樹。又圍棊賦曰：良馬蹀足，輕車結輪。將使紫燕駢衡，緑虵衛轂。尸子曰：我得而民治，則馬有紫燕、蘭池。劉邵趙都賦曰：良馬則飛兔、奚斯、常驪、紫燕。衡，車衡也。尚書中候曰：龍馬，赤文緑色。鄭玄曰：赤文而緑地也〔一〇〕。纖驪接趾，秀騏齊亍。李斯上書曰：乘纖離之馬〔一一〕。尸了曰：馬有秀騏逢騩。毛萇詩傳曰：騏，綦文也，音其。騩，京媚切。覲王母於崑墟，要帝臺於宣嶽。史記曰：造父取驥之乘匹，與桃林盜驪、驊騮、騄駬，獻之繆王，繆王使造父爲御，西巡狩見王母，樂之忘歸。列仙傳，西王母在崑崙山。山海經曰：鼓鍾之山，帝臺之所以觴百神也。郭璞曰：帝臺，神人名。山海經有宣山。跨中州之轍迹，窮神行之軌躅。司馬相如大人賦曰：世有大人，在乎中州。列子曰：黄帝夢游華胥氏之國，其國乘空如履實，山谷而不躓其步，神行而已。轍迹，穆王也，見下文。軌躅，已見魏都賦。

然而般于遊畋〔二〕，作鏡前王。尚書曰：文王不敢盤于遊畋。孟子曰：詩云：殷鑑不遠，在夏后之世。趙岐曰：以前代善惡爲明鏡。肆於人上，取悔義方。肆，敢也。左氏曰：師曠諫晉悼公曰：天之愛人甚矣，豈使一人肆於人上。杜預曰：肆，恣也。庾元規表曰：爲國取悔。左氏傳，石碏曰：臣聞愛子，教之義方。天子乃輟駕迴慮，息徒解裝。孔叢子曰：孔子歌曰：喟然回慮，題彼泰山。嵇康贈秀才詩曰：息徒蘭圃。王逸荔枝賦曰：裝不及解。許慎淮南子注曰：裝，束也。鑒武穆，憲文光。左氏傳，右尹子革曰：周穆王欲肆其心，周行天下，將皆有車轍馬迹焉。漢書，武帝好大宛馬，使者相望於道。又賈捐之曰：孝文皇帝時，有獻千里馬者，詔曰：鸞旗在前，屬車在後，吉行日三十，凶行日五十，朕乘千里之馬，獨先安之？於是乃還其馬。東觀漢記光武紀曰：是時名都王國，有獻名馬，駕鼓車。振民隱，脩國章。小雅曰：振，救也。國語，祭公謀父曰：勤恤民隱而除其害。韋昭曰：隱，痛也。戒出豕之敗御，惕飛鳥之跱衡。韓子曰：王子期爲趙簡子御，取道争千里之表。其始發也，彘伏溝中，王子期齊轡策而進之，彘突出於溝中，馬驚敗駕。古文周書曰：穆王田，有黑鳥若鳩，翩飛而跱於衡，御者斃之以策，馬佚，不克止之，躓於乘，傷帝左股。案漢明帝起居注云：帝向太山，至滎陽，有鳥鳴軛，中郎將王吉引弓射殺之，將以示帝，曰：鳥鳴軛，彎弓射，洞胸腋，陛下壽萬歲，臣受二千石。乃賜帛二百匹。東觀漢記，朱勃上書理馬援曰：飛鳥跱衡，馬驚觸虎，物類相生，亦無不有。故祗慎乎所常忽，敬備乎所未防。周書，芮良夫曰：惟禍發於人之倏忽。王弼周易注曰：敬慎防備，可以不敗。輿有重輪之安，馬無泛駕之佚。重輪，已見東京賦。漢書曰：夫泛駕之馬，亦在御之而已。應劭曰：泛，覆也〔一三〕。處以濯龍之奧，委以紅粟之秩。盧植集曰：詔給濯龍廄馬三百匹。鄭玄尚書注曰：奥，内也。廣雅曰：委，累也，言累加之也。鄭玄周禮注曰：秩，禄稟也。紅粟，已見吴都賦。服養知仁，從老得卒。鸜鵒賦曰：屈猛志以服養。嵇康養生論曰：從白得老，從老得終。加弊帷，收仆質。禮記，孔子曰：弊帷不弃，爲埋馬也。天情周，皇恩畢。魏都賦曰：皇恩畢〔一四〕。

亂曰：惟德動天，神物儀兮。尚書，益贊于禹曰：惟德動天。春秋合誠圖曰：黄帝先致白狐白虎，諸神物乃下。於時駔駿，充階街佳兮。説文曰：駔，壯也。言駔駿之馬充於階街也。魏都賦曰：冀馬填廄而駔駿。王逸楚詞注曰：駔駿，馬名也。稟靈月駟，祖雲螭兮。春秋考異記云〔一五〕：地生月精爲馬。漢書曰：漢中星爲天駟。黄伯仁龍馬賦曰：資玄螭之表像，似靈虯之矩則。郭璞遊仙詩曰：雲螭非我駕。雄志倜儻，精權奇兮。漢書，天馬歌曰：志俶儻，精權奇。廣雅曰：倜儻，卓異也。既剛且淑，服鞿羈兮。周禮曰〔一六〕：師曠見太子，太子曰：詩云：馬之剛矣，轡之柔矣。楚詞曰：余雖好脩姱以鞿羈兮。王逸曰：韁在口曰鞿，絡在頭曰羈。效足中黄，殉驅馳兮。曹植與陳林書曰：驥騄不常步，應良御而効足。漢書舊儀曰〔一七〕：中黄門駙馬。又，大宛馬、汗血馬、乾河馬、天馬。曹植令曰：今皇帝損乘車之副，竭中黄之府。願終惠養，蔭本枝兮。漢書，疎廣曰：此金者，聖主所以惠養老臣。毛詩曰：本枝百世。竟先朝露，長委離兮。朝露至危，而又先之，言甚速也。漢書，李陵謂蘇武曰：人生如朝露。曹子建自試表曰：常恐先朝露。楚詞曰：遂萎絶而離異。

禮記曰：哲人其萎乎！家語爲委，萎與委古字通。

文選考異

〔一〕注「後爲祕書監太常卒」 袁本、茶陵本無「太常」二字，「卒」下有「官」字。案：此尤延之校改也。

〔二〕注「冰原嘶代馱」 袁本、茶陵本「馱」下有「以韻言之蓋馬名也」八字。正文下但有「伏」字，無「音伏馬名」四字。案：二本是也。尤删移甚非。又案：「之」下「蓋」上，仍當有「音伏」二字。二本因與正文下五臣音複而節去，亦非，當補正。

〔三〕注「樂率職貢」 案：「職貢」當作「貢職」，各本皆誤。

〔四〕注「尚書曰王府則有」 陳云「王」「玉」互異，必有誤。今案：各本皆同，無以訂也。

〔五〕注「宋人以馬百駟」 案：「以」下當有「文」字，各本皆脱。陳云别本有，今未見。

〔六〕注「函夏之大」 案：「大」下當有「漢」字，各本皆脱，餘屢引有。

〔七〕注「倚瓠切」 袁本、茶陵本此三字在注末，是也。

〔八〕注「漢書武帝報李廣曰威稜憺乎鄰國」 案：此十四字當在「肆習也」下，各本皆倒。陳云别本「王于興師」下接「又曰」至「習也」廿二字，再接「漢書」，今未見。

〔九〕都人仰而朋悦 茶陵本云五臣作「朋」。袁本云善作「明」。案：此尤校改正之也。

〔一〇〕注「赤文而緑地也」 袁本作「赤文緑色，緑虵也」。茶陵本與此同。案：蓋袁本是。

〔一〕注「乘纖離之馬」袁本、茶陵本「離」作「驪」。案：尤依今史記校改之也。「驪」即「離」字，加偏旁耳。

〔二〕然而般于遊畋袁本、茶陵本「般」作「盤」，是也。

〔三〕注「泛覆也」袁本、茶陵本此下有「如淳曰方腫切」六字，是也。

〔四〕注「魏都賦曰皇恩畢」茶陵本「畢」作「綽矣」二字，是也。袁本亦誤「畢」。

〔五〕注「春秋考異記云」案：「記」當作「郵」，各本皆誤。後「長安有狹邪行」注亦誤記。

〔六〕注「周禮曰師曠見太子」案：「禮」當作「書」，各本皆誤。

〔七〕注「漢書舊儀曰」陳云「書」字疑衍。是也。各本皆衍。

舞鶴賦

鮑明遠

散幽經以驗物，偉胎化之仙禽。相鶴經者，出自浮丘公。公以自授王子晉〔一〕。崔文子者，學仙於子晉，得其文，藏於嵩高山石室。及淮南八公採藥得之，遂傳於世。鶴經曰：鶴，陽鳥也。因金氣，依火精，火數七，金數九，故十六年小變，六十年大變，千六百年形定而色白。又云：二年落子毛，易黑點，三年頭赤，七年飛薄雲漢，又七年學舞，復七年應節，晝夜十二鳴。六十年大毛落，茸毛生，色雪白，泥水不能污。百六十年雄雌相見，目精不轉，孕千六百年，飲而不食。食於水故喙長，軒於前故後短；棲於陸故足高而尾凋，翔於雲故毛豐而肉疎。行必依洲嶼，止必集林木。蓋羽族之宗長，仙人之騏驥也。隆鼻短口則少眠，露眼赤精則視遠，頭鋭身短則喜鳴，四翎亞膺則體輕，鳳翼雀毛則善飛，龜背鼈腹則能産，軒前垂後則善舞，洪髀纖趾則能行。鍾浮曠之藻質，抱清迥之明心。曹植九詠章句曰：鍾，當也。指蓬壺而翻翰，望崑閬而揚音。蓬壺、崑閬見上。帀日域以迴騖〔二〕，窮天步而高尋。相鶴經曰：一舉千里，不崇朝而徧四方者也〔三〕。長楊賦曰：東震日域。毛詩曰：天步艱難。陸機擬古詩曰：粲粲光天步。然文雖出彼而意並殊，不以文害意也。踐神區其既遠，積靈祀而方多。一舉千里，故云既遠。壽踰千歲，故云方多。精含丹而星曜，頂凝紫而烟華。相鶴經曰：露目赤精則視遠。引員吭之纖婉，頓脩趾之洪姱。吭，已見吴都賦。相鶴經曰：高脚疎節則多力。王氏楚詞注曰：姱，好也〔四〕。疊霜毛而弄影，振玉羽而臨霞。閔鴻羽扇賦曰：同皦素於凝霜。江逌扇賦曰：瓊澤冰鱗。瓊，亦玉也。朝戲於芝田，夕飲乎瑶池。十洲記曰：鍾山在北海之中，地仙家數千萬，耕田種芝草，課計頃畝也。穆天子傳曰：天子觴王母于瑶池之上。厭江海而游澤，掩雲羅而見羈。新序曰：晉文公出田，漁者曰：鴻鵠保河海之中，厭而徙之小澤，必有矰弋之憂。鸚鵡賦曰：冠雲霓而張羅。去帝鄉之岑寂，歸人寰之喧卑。莊子曰：乘彼白雲，至于帝鄉。岑寂，猶高静也。人寰，已見魏都賦。歲峥嶸而愁暮，心惆悵而哀離。廣雅曰：峥嶸，高貌。歲之將盡，猶物之高。楚詞曰：惆悵而私自憐。

於是窮陰殺節，急景凋年。禮記曰：季冬之月，日窮于次。神農本草經曰：秋冬爲陰。禮記曰：仲秋之月，殺氣浸盛。凉沙振野，箕風動天。易卦通驗曰：巽氣至〔五〕則大風揚沙。春秋緯曰：月失其行，離於箕者，風。易緯曰：箕風飄，石折樹。嚴嚴苦霧，皎皎悲泉。冰塞長河，雪滿羣山。海賦曰：羣山既略。既而氛昏夜歇，景物澄廓。廣雅曰：廓，空也。星翻漢迴，曉月將落。魏文帝雜詩曰：天漢迴西流。感寒雞之早晨，憐霜鴈之違漠。漠，已見雪賦。臨驚風之蕭條，對流光之照灼。傅休奕雜詩曰：一紀如流光。唳清響於丹墀，舞飛容於金閣。唳，鶴聲也。八王故事，陸機歎曰：欲聞華亭鶴唳，不可復得。力計切。丹墀，已見魏都賦。相鶴經云：七年飛薄雲漢，復七年學舞，又七年舞應節。始連軒以鳳蹌，終宛轉而龍躍。海賦曰：翔霧連軒。相鶴經曰：鳳翼則善飛。尚書曰：鳥獸蹌蹌。龍躍，已見吳都賦。躑躅徘徊，振迅騰摧。或飛騰，或摧折。驚身蓬集，矯翅雪飛。如蓬之集，如雪之飛。相鶴經曰：大毛落，茸毛生，色雪白。離綱別赴，合緒相依。綱、緒，謂舞之行列也。言或離而別赴，或合而相依。將興中止，若往而歸。颯沓矜顧，遷延遲暮。颯沓，羣飛貌。矜顧，矜莊相顧也。遷延，徐退也。高唐賦曰：遷延引身。楚詞曰：恐美人之遲暮。王逸曰：暮，晚也。逸翮後塵，翱翥先路。言飛之疾，塵起居鶴之後，鶴飛在路之先。楚詞曰：吾導夫先路〔六〕。指會規翔，臨岐矩步。會，四會之道。岐，岐路也。四會，已見蕪城賦。爾雅曰：二達謂之岐〔七〕。郭璞曰：岐道傍出。態有遺妍，貌無停趣。奔機逗徒鬬節，角睞力代分形。機節，舞之機節。奔，獨赴也〔八〕。説文曰：逗，止也。角，猶競也。廣雅曰：睞，視也。長揚緩騖，並翼連聲。輕迹淩亂，浮影交横。相淩而交横。衆變繁姿，參差洊在見密。傅玄乘輿馬賦曰：繁姿屢發。字書曰：洊，仍也。煙交霧凝，若無毛質。毛羽與煙霧同色，故云若無。風去雨還，不可談悉。風雨既除而色愈浄，故難悉也。既散魂而盪目，迷不知其所之。韓詩曰：聊樂我魂。薛君注曰：魂，神也。忽星離而雲罷，整神容而自持。星離，分散也。雲罷，俱止也〔九〕。韓子曰：雲罷霧濟，而龍與螾蟻同矣。自持，自整持也。神女賦曰：頩薄怒而自持。仰天居之崇絶，更惆悵以驚思。蔡邕述行賦曰：皇家赫赫而天居〔一〇〕。崇絶，高而懸絶。

當是時也，燕姬色沮，巴童心恥。左氏傳曰：齊侯伐北，燕人歸燕姬。巴童，巴渝之童也。毛萇詩傳曰：沮，猶壞也。巾拂兩停，丸劍雙止。沈約宋書曰：晉初有公莫舞，今之巾舞也。相傳云項莊劍舞，項伯以袖隔之。今之用巾，蓋像項伯衣袖之遺式。又：江左初有拂舞，舊云拂舞，吴舞。西京賦曰：跳丸劍之揮霍。雖邯鄲其敢倫，豈陽阿之能擬。漢書有邯鄲鼓員。古樂府曰：黄金爲君門，白璧爲君堂，上有雙樽酒，使作邯鄲倡。陽阿，已見上。入衛國而乘軒，出吴都而傾市。左氏傳曰：衛懿公好鶴，鶴有乘軒者。注云：軒，大夫車也。吴越春秋曰：吴王闔閭有小女，王與夫人女會食蒸魚，王嘗半，女怨曰：王食魚辱我，不忍久生，乃自殺。闔閭痛之，葬於邦西閶門外。鑿池積土爲山，石爲槨，金鼎玉盃銀樽珠襦之寶以送女，乃舞白鶴於吴市中，萬人隨觀，遂使男女與鶴俱入墓門，因塞之以送死。守馴養於千齡，結長悲於萬里。養生要曰：鶴壽有千百之數。阮籍詠懷詩曰：鴻鵠相隨飛，隨飛適荒裔，雙翮浸長風，須臾萬里逝。

文選考異

〔一〕注「以自授王子晉」案：「自」當作「目」，各本皆譌。

〔二〕帀日域以迴鶩　袁本「日」下有校語云善作「目」。茶陵本無。案：袁所見非。
〔三〕注「而徧四方者也」　袁本、茶陵本「方」作「海」，是也。
〔四〕注「媨好也」　袁本、茶陵本此下有「吭胡浪切」四字，是也。
〔五〕注「巽氣至」　案：「氣」下當有「不」字，各本皆脱。
〔六〕注「吾導夫先路」　茶陵本「吾」上有「來」字，是也。袁本亦脱。
〔七〕注「二達謂之歧」　案：「歧」下當有「旁」字。各本皆脱。
〔八〕注「奔獨赴也」　案：「獨」當作「猶」。各本皆譌。
〔九〕注「雲罷俱止也」　袁本、茶陵本無「俱」字，是也。
〔一〇〕注「皇家赫赫而天居」　案：「赫」字不當重。各本皆衍。

志上

幽通賦

漢書曰：班固作幽通賦以致命遂志。賦云：覿幽人之髣髴。然幽通，謂與神遇也。

班孟堅

系高頊之玄胄兮，曹大家曰：系，連也。胄，緒也。高，高陽氏也。頊，帝顓頊也。言己與楚同祖，俱帝顓頊之子孫也。水北方黑行故稱玄也。家語，孔子曰〔一〕：顓頊者，黄帝之孫，昌意之子也。曰高陽，配水也〔二〕。氏中葉之炳靈。應劭曰：中葉，謂令尹子文也。乳虎故曰炳靈〔三〕。漢書，班氏之先，與楚同姓，令尹子文之後。子文初生，弃於夢澤中，虎乳之，楚人謂虎班，其子以爲號。秦滅楚，遷晉、代之間，因氏焉。毛詩曰：昔在中葉。飆颽風而蟬蜕兮，雄朔野以颺聲。曹大家曰：飆，飄飆也。南風曰颽風。朔，北方也。言己先人自楚徙北至朔方也，如蟬蜕之剖，後爲雄桀揚其聲。淮南子曰：蟬飲而不食，三十日而蜕。漢書曰：始皇之末，班懿避地於樓煩，當孝惠、高后時，以財雄北邊。皇十紀而鴻漸兮，有羽儀於上京。晉灼曰：皇，漢皇也。應劭曰：紀，世也。鴻，鳥也。漸，進也。言先人至漢十世始進仕，有羽翼於京師也。成帝之初，班況女爲婕妤，父子並在長安。周易曰：鴻漸于陸，其羽可用爲儀。巨滔天而泯夏兮，考遘愍以行謡。應劭曰：王莽字巨君。曹大家曰：滔，漫也。泯，滅也。夏，諸夏也。考，父也。言父遭亂，猶行歌謡，意欲救亂也。詩云：我歌且謡，象恭滔天〔四〕。行謡，言憂思也。終保己而貽則兮，里上仁之所廬。終，猶竟也。言考能自保己，又遺我法則也。莊子曰：聖人其於人也，樂物之通而保己焉。曹大家曰：貽，遺也。里，廬，皆居處名也。言我父早終，遺我善法則也。何謂善法則乎？言爲我擇居處也。孔子曰：里仁爲美。懿前烈之純淑兮，窮與達其必濟。曹大家曰：懿，美也。前烈，先祖也。言己先祖，窮遭王莽，達則必富貴，濟渡民人，惠利之風，有令名於後世也。孟子曰：窮則獨善其身，達則兼善天下。吕氏春秋曰：古之得道者，窮亦樂，達亦樂。非窮達異也，道得於此，窮達一也。咨孤蒙之眇眇兮，將圮皮義〔五〕絶而罔階。曹大家曰：蒙，童蒙也。眇，微也。圮，毁也。言己孤生童，微陋鄙薄，將毁絶先祖之迹，無階路以自成也。豈余身之足殉兮，違世業之可懷。項岱曰：殉，營也。曹大家曰：違，恨也。懷，思也。違，或作愇。愇，亦恨也。孔叢子曰：仲尼大聖，自茲以降，世業不替也。靖潛處以永思兮，經日月而彌遠。曹大家曰：言己安静長思，不欲毁絶先人之功跡，日月不居，忽復大遠。匪黨人之敢拾兮，庶斯言之不玷。應劭曰：拾，更也。自謙不敢與鄉人更進也。曹大家曰：庶此異行不玷先人之道也。毛詩曰：斯言之玷，不可爲也。拾，巨業切。

魂熒熒與神交兮，精誠發於宵寐。曹大家曰：言人之晝所思想，夜爲之發夢，乃與神靈接也。夢登山而迴眺兮，覿幽人之髣髴。項岱曰：覿，見也。張晏曰：幽人，神人也。曹大家曰：登山遠望，見深谷之中，有人髣髴欲來也。攬葛藟而授余兮，眷峻谷曰越〔六〕勿墜。曹大家曰：言夢臨深谷欲墜，見神持葛來授我也。昒韋昭曰：音昧，又音忽〔七〕。昕寤而仰思兮，心矇矇猶未察。曹大家曰：昒昕，晨旦明也。言己旦仰思此夢，心中矇矇，未知其吉凶。黄神邈而靡質兮，儀遺讖以臆對。應劭曰：黄，黄帝也，作占夢書。邈，遠也。言黄神邈遠，無所質問，依其遺讖文，以胸臆爲對也。淮南子曰：黄神嘯吟。遺讖，謂夢書也。曰乘高而遻神兮，道遐通而不迷。曹大家曰：遻，遇也。言己緣高而遇神，道術將通，不迷惑之象也。葛緜緜於樛木兮，詠南風以爲綏。曹大家曰：詩周南國風曰：南有樛木，葛藟纍之。樂只君子，福履綏之。此是安樂之象也。蓋惴惴之臨深兮，乃二雅之所祗。曹大家曰：祗，敬也。大雅曰：人亦有言，進退維谷。小雅曰：惴惴小心，如臨于谷。此皆敬慎之戒也。既訊爾以吉象兮，又申之以炯戒。爾雅曰：訊，告也。曹大家曰：炯，明也。登高爲吉象，深谷爲明戒也。盍孟晉以迨羣兮，辰倏忽其不再。

盍，何不也〔八〕。曹大家曰：孟，勉也。晉，進也。迨，及也。倏，過也。言何不勉進而及羣時，早得進用，日月倏忽，將復過去。楚辭曰：時不可兮再得。

承靈訓其虛徐兮，竚盤桓而且俟。曹大家曰：靈，神靈也。虛徐，狐疑也。竚，立也。盤桓，不進也。俟，待也。詩曰：其虛其徐。周易曰：初九，盤桓，利居貞。惟天地之無窮兮，鮮生民之晦在。曹大家曰：鮮，少也。晦，亡幾也。言天地無窮極，民在其間，上壽一百二十年，少者亡幾耳。莊子曰：天與地無窮，人死有時晦。紛屯亶與蹇連兮，何艱多而智寡。漢書音義曰：世艱多智少，故遇禍也。曹大家曰：屯蹇，皆難也。周易曰：屯如亶如。又曰：往蹇來連。上聖迕而後拔兮〔九〕，雖羣黎之所禦〔一〇〕。曹大家曰：迕，觸也。禦，止也。言上聖之人，舜有焚廩填井，湯囚夏臺，文王拘羑里，孔子畏匡，在陳絶粮，皆觸艱難然後自拔。張晏曰：豈衆人之所能預自防止耶！曹大家以寤爲迕也。毛詩有曰：羣黎百姓。昔衞叔之御音訝，迎也〔一一〕。昆兮，昆爲寇而喪予。公羊傳曰：叔武讓國，奈何文公逐衞侯而立叔武，叔武立，治反衞侯。衞侯得反，曰：叔武篡我。終殺叔武。何休曰：叔武訟治於晉，文公令白王者反衞侯，使還國也。管彎弧欲斃讎兮，讎作后而成己。讎，謂桓公也。左氏傳曰：吕郤將殺晉侯，寺人披請見，公使讓之，對曰：齊桓公置射鉤，而使管仲相之。變化故而相詭兮，孰云預其終始！曹大家曰：詭，反也。事變如此，誰能預知其始終吉凶也。雍造怨而先賞兮，丁繇惠而被戮。漢書曰：六年春，正月上巳日，封功臣二十餘人。上居南宮，從複道上見諸將往往偶語，以問張良。良曰：陛下與此屬共取天下，今已爲天子，所封皆故人所愛，所誅皆平生仇怨。

今軍吏計功，以天下爲不足徧封，而恐以過失誅，故相聚謀反。上曰：爲之奈何？良曰：取上素所不快，羣臣共知最甚者一人，先封，以示羣臣。上曰：雍齒與我有故，數窘我。張良曰：今急先封雍齒，羣臣見雍齒先封，則人人自堅矣。於是封雍齒爲什方侯。什，音十。又丁公爲項羽將，逐窘漢王。漢王謂丁公曰：兩賢豈相阨哉！丁公引兵而還。及項王滅，丁公謁見漢王，漢王曰：丁公爲臣不忠。遂斬之。栗取弔于逌所也，音由〔一二〕。吉兮，王膺慶於所感。應劭曰：孝景栗姬也。孝景立栗姬男爲太子，栗姬妬而廢太子爲臨江王，栗姬愈恚，以憂死。又曰：孝宣王皇后，初爲婕妤。許后薨，上憐太子蚤失母，乃選後宫素謹慎而無子者，立王婕妤爲皇后，令母養太子。叛迴穴其若兹兮，北叟頗識其倚伏。曹大家曰：叛，亂也。迴，邪也。穴，僻也。禍福相反。韓詩曰：謀猶迴穴。淮南子曰：塞上之人有善馬者，其馬無故亡而入胡，人皆弔之，其父曰：此何遽不爲福？居數月，其馬將胡駿馬而歸。人皆賀之，其父曰：何遽不爲禍乎？家富馬，其子好騎，墮而折髀，人皆弔之，其父曰：此何遽不爲福乎？居一年，胡人大出，丁壯者控弦而戰，塞上之人死者十九，此獨以跛足故，父子相保。故福之爲禍，禍之爲福，變化不可測。鶡冠子曰：禍乎福所倚，福乎禍所伏。單治裏而外凋兮，張脩褾博而内逼。曹大家曰：治裏，謂導氣也。褾，表也。莊子曰：田開謂周成公曰：魯有單豹者，巖居而水飲，行年七十，而猶嬰兒之色，不幸遇餓虎殺而食之。有張毅者，高門懸薄，無不趣義也，行年四十，而有内熱之病以死。豹養其内，而虎食其外；毅養其外，病攻其内。聿中龢爲庶幾兮，顔與冉又不得。曹大家曰：聿，惟也。顔，顔淵也。冉，冉伯牛也。二子居中履和，庶幾聖賢。然淵早夭，伯牛被疾，俱不得其死也。論語，孔子曰：有顔回者好學，不幸短命死矣，今也則亡〔一三〕。又曰：伯牛有疾。溺招路以從己兮，謂孔氏猶未可。曹大家曰：溺，桀溺也。謂孔子爲避人之士，未可與安身；自謂避世者，招子路從己隱也。論語曰：長沮、桀溺耦而耕，孔子過之，使子路問津焉。桀溺曰：孔丘之徒歟？對曰：然。曰：滔滔者天下皆是也，而誰以易之。且與其從避人之士，豈若從避世之士哉！安慆慆而不茈肥兮，卒隕身乎世禍。曹大家曰：慆慆，亂貌。茈，避也。言子路不避慆慆之亂，終隕身於世之禍也。遊聖門而靡救兮，雖覆醢其何補？曹大家曰：子路遊學聖師之門，無救禍防患之助，既身死於衛，覆醢不食，何補益乎？禮記曰：孔子哭子路於中庭，引使者而問其故，使者曰：醢之矣。遂命覆醢。固行行胡朗其必凶兮，免盜亂爲賴道。應劭曰：子路得免盜與亂，聞道於仲尼也。論語曰：子路，行行如也。子曰：若由也不得其死然。又曰：君子有勇而無義爲亂，小人有勇而無義爲盜。形氣發於根柢帝兮，柯葉彙胃而零茂。韋昭曰：柢，本也。應劭曰：彙，類也。曹大家曰：零，落也。張晏曰：言人稟氣於父母，吉凶夭壽，非獨在人。譬諸草木，華葉盛與零落，由本根也。恐魍魎之責景兮〔一四〕，羌未得其云已。應劭曰：諸子以顏、冉、季路逢災蹈害，或疑其身，或非其師，是由魍魎問景，乃未得有已也。言罔兩責景之無操，不知景之行止而有待；或非三子之行，殊不知吉凶之由命也。故云恐罔兩之責景，羌未得其實言也。莊子曰：罔兩問景曰：曩子行，今子止，曩子坐，今子起，何其無特操與！景曰：吾有待而然者也。郭象爲罔兩，司馬彪爲罔浪。罔浪，景外重陰也。

黎淳耀于高辛兮，羋亡氏彊大於南汜。重黎有大明之德於高辛之世，而德流子孫，故楚彊大於南汜也。國語曰：史伯對鄭桓公曰：夫黎爲高辛氏火正，以淳耀敦大，光照四海。夫成天地之大功者，其子孫未嘗不章。韋昭曰：淳，大也。耀，明也。章，顯也。史記曰：楚之先祖，出自重黎。毛詩曰：江有汜。曹大家曰：羋，楚姓。汜，涯也。嬴取威於伯儀兮〔一五〕，姜本支乎三趾。應劭曰：嬴，秦姓，伯益之後。伯益在唐虞爲〔一六〕

有儀鳥獸百物之功，秦所由取威於六國也。姜，齊姓也。趾，禮也。齊，伯夷之後。伯夷爲虞舜典天地人鬼之禮也。既仁得其信然兮，仰天路而同軌。劉德曰：人道既然，仰視天道，又同法也。仁，謂求仁而得仁也。馮衍顯志賦曰：惟天路之同軌。東鄰虐而殲仁兮，王合位乎三五。曹大家曰：東鄰，謂紂也。殲，盡也。仁，謂三仁也。周易曰：東鄰殺牛。國語曰：泠周鳩〔一七〕對景王曰：昔武王伐殷，歲在鶉火，月在天駟，日在析木之津，辰在斗柄，星在天黿。星與日辰之位在北維，顓頊之所建也，帝嚳受之。我姬氏出自天黿及析木者，有建星及牽牛焉，則我皇妣大姜之姪，伯陵之後，逢公所馮神也。歲之所在，則我有周之分野。月之所在，辰馬農祥也。五位，歲日月星辰也。三年，逢公所馮〔一八〕，周分野所在，后稷所經緯者也。戎女烈而喪孝兮，伯徂歸於龍虎。曹大家曰：戎女，驪姬也。烈，酷也。孝子，申生也。左氏傳曰：晉獻公娶驪姬爲夫人，生奚齊。姬謂太子曰：君夢齊姜，速祭之。太子祭，歸胙于公。姬寘毒，公祭之地，地墳；與犬，犬斃。姬泣曰：賊由太子。太子縊于新城。姬譖諸公子曰：皆知之。重耳奔蒲。應劭曰：伯，文公也。孟康曰：歲在卯出，歷十九年過一周，歲在酉入。卯，東方爲龍，酉，西方爲虎也。國語，晉侯問簡子曰：吾其濟乎？對曰：公以辰出而以參入，皆晉祥也，必伯諸侯也。發還師以成命兮，重醉行而自耦。曹大家曰：發，武王名也。項岱曰：重，晉文公重耳也。應劭曰：與天時耦會也。成命，以成天命也。周書，武王觀兵于孟津，諸侯皆曰：帝紂可伐矣！武王曰：汝未知天命，未可也。乃還師。左氏傳曰：晉公子及齊，桓公妻之，公子安之，姜與子犯醉而遣之。震鱗漦仕緇于夏庭兮，匝三正而滅姬。應劭曰：震爲龍，鱗蟲之長。漦，沫也。曹大家曰：三正，謂夏、殷、周也。史記曰：夏后氏之衰也，有二龍止於夏庭而言曰：余，褒之二君也。於是幣而册告之。龍亡而漦在，櫝而藏之〔一九〕，比三代莫敢發之。至厲王發而觀之，漦流于庭，化爲玄黿〔二〇〕，童妾而遭之，既笄而孕生子，懼而棄之。有收之奔褒，褒人有罪，入棄子以贖罪，謂之褒姒。幽王廢申后，立褒姒爲后。廢后父申侯怒，攻幽王，遂殺幽王驪山下。巽羽化于宣宫兮，彌五辟而成災。曹大家曰：易巽卦爲雞，雞羽蟲之屬，故言羽也。應劭曰：宣帝時，未央宫路軨中雌雞化爲雄，元后時始爲太子妃，至平帝歷五葉而莽篡也。五辟，謂王后，元帝也，成帝也，哀帝也，平帝也。辟，君也。故云終五辟而成災也。道脩長而世短兮，夐冥默而不周。曹大家曰：夐，遠邈也。周，至也。言天道長遠，人世促短，當時冥默，不能見微應之所至也。劉德曰：冥默玄深，不可通至。胥仍物而鬼諏兮，乃窮宙而達幽。應劭曰：胥，須也。仍，因也。諏，謀也。易曰：人謀鬼謀，百姓與能。往古來今曰宙。聖人須因卜筮，然後謀鬼神，極古今，通幽微也。嬀巢姜於孺筮兮，旦筭祀于契龜。應劭曰：嬀，陳姓也。巢，居也。姜，齊姓也。旦，周公名也。孺，小也。音義曰：筭，數也。祀，年也。左氏傳曰：陳公子完奔齊。又曰：敬仲其少也。周史有以周易見陳侯，筮之，遭觀之否，曰：是謂觀國之光，利用賓于王，此其代陳有國乎〔二一〕？不在此，其在異國；非此其身，在其子孫。若異國，必姜姓也。又曰：懿氏卜妻敬仲，其妻占之曰：有嬀之後，將育于姜。杜預曰：敬仲，陳公子完也。左氏傳，王孫滿曰：周卜世三十，卜年七百，天所命也。毛詩曰：爰契我龜。宣曹興敗於下夢兮，魯衛名諡於銘謡。曹大家曰：宣，周宣王也。毛詩曰：牧人乃夢，衆維魚矣。大人占之，衆維魚矣，實維豐年。宣王竟中興。左氏傳曰：初，曹人或夢衆君子立於社宫而謀亡曹，曹叔振鐸請待公孫强，許之。及曹伯陽即位，公孫强爲政，背晉而奸宋，宋人伐之，執曹伯陽以歸，殺之。又曰：師己曰：吾聞文、成之世，童謡有之：裯父喪勞，宋父以驕。杜預曰：裯父，昭公；宋父，定公也。應劭曰：昭公死于野井，定公即位而驕也。莊子曰：衛靈公卜葬沙丘而吉，掘之數仞，得石槨焉。有銘曰：不馮其子。靈公奪而理之〔二二〕，靈之爲靈久矣夫。姒聆呱而劾何弋石兮〔二三〕，許相理而鞫條。應劭曰：姒，叔向母；石，叔向子。字林曰：呱，子啼聲也。左氏傳曰：叔向娶申公巫臣氏，生伯石。姑視之，及堂，聞其聲而還，曰：是豺狼之聲，非是莫喪羊舌氏。杜預曰：姑，叔向之母也。應劭曰：刻其必滅羊舌氏。本或爲劾。項岱曰：舉罪曰劾。漢書曰：周亞夫爲河内守，許負相之曰：縱理入口，此餓死法也。後亞夫封條侯，爲丞相。人上變告子，事連亞夫，亞夫詣廷尉，不食五日，歐血而死。毛萇詩傳曰：鞫，告也。道混成而自然兮，術同原而分流。曹大家曰：大道神明，混沌而成，言人生而心志在内，聲音在外，骨體有形，事變有會，更相爲表裏，合成一體，此自然之道。至於術學，論其成敗，考其貧賤，觀其富貴，各取一槩，故或聽聲音，或見骨體，或占色理，或視威儀，或察心志，或省言行，或考卜筮，或本先祖，如水同原而分流也。老子曰：有物混成，先天地生。又曰：道法自然也。神先心以定命兮，命隨行以消息。曹大家曰：言人之行，各隨其命，命者，神先定之，故爲徵兆於前也。雖然，亦在人消息而行之。斡流遷其不濟兮，故遭罹而嬴縮。項岱曰：斡，轉也。遷，徙也。嬴，過也。縮，不及也。遭，遇也。罹，憂也。言人受先祖善惡之迹，轉徙流行，故有遭遇福禍相及也。三欒同於一體兮，雖移易而不忒。應劭曰：晉大夫欒書，書子黶，黶子盈。書賢而覆黶，黶惡而害盈。曹大家曰：天命祐善災惡，非有差也。然其道廣大，雖父子百葉，猶若一體也。左氏傳，秦伯問士鞅曰：晉大夫誰先亡？對曰：其欒氏乎！黶忲虐已甚，猶可以免其身，禍在盈也。欒黶死，盈之善未能及人，武子之施没矣，而黶之惡實彰，將於是乎在。後晉果滅欒氏。洞參差其紛錯兮，斯衆兆之所惑。曹大家曰：衆，庶也。兆，人也。報應參差不齊，紛亂錯繆，故迷惑不信天道也。楚辭曰：衆兆之所咍。周賈盪而貢憤兮，齊死生與禍福。曹大家曰：周，莊周。賈，賈誼也。貢，潰也。憒，亂也。盪，盪不知所守也。莊周、賈誼有好智之才，而不以聖人爲法，潰亂於善惡，遂爲放盪之辭。莊周曰：生爲徭役，死爲休息。賈誼曰：忽然爲人，何足控揣？化爲異物，又何足患？抗爽言以矯情兮，信畏犧而忌鵩。項岱曰：抗極過差之言，以矯枉其情耳。莊子曰：或聘莊子，莊子應其使曰：子見犧牛乎？衣以文繡，食以蒭菽，及其牽入于太廟，雖欲爲孤犢，其可得乎？鵩鳥，已見上文。所貴聖人至論兮，順天性而斷誼。曹大家曰：至論，謂五經六藝，所以貴之者，順天之性也，亦當以義斷之，不可貪苟生而失名。物有欲而不居兮〔二四〕，亦有惡而不避。論語，子曰：富與貴，是人之所欲，不以其道得之，不處也；貧與賤，是人之所惡，不以其道得之，不去也。守孔約而不貳兮，乃輶德而無累。曹大家曰：孔，甚也。輶，輕也。言聖人所守甚約，而無二端，則平心立而思慮輕矣。輶德，德輕而易行也。毛詩曰：德輶如毛，民鮮克舉之。曹大家曰：以乃爲内〔二五〕。晉灼曰：與萬物無害累也。三仁殊於一致兮，夷惠舛而齊聲。項岱曰：三人所行各異，俱至於仁也。曹大家曰：柳下惠以不去辱身爲善，伯夷以高逝爲賢，言去留適等也。論語曰：微子去之，箕子爲之奴，比干諫而死。孔子曰：殷有三仁焉。又，子曰：不降其志，不辱其身，伯夷、叔齊與？謂柳下惠降志辱身也。木偃息以蕃魏兮，申重繭以存荆。木，段干木也。蕃魏，已見魏都賦。吕氏春秋曰：田贊説荆王曰：若夫偃息之義，則未之識也。高誘曰：段干木偃息以安魏也。淮南子曰：申包胥重繭，七日七夜，至于秦庭，以見秦王曰：使下臣告急。秦王乃發軍擊吳，果大破之，以存楚國。高誘戰國策注曰：重繭，累胝也。繭，古典切。胝，竹遲切。紀焚躬以衛上兮，皓頤志而弗傾。漢書曰：項羽圍漢滎陽，將軍紀信曰：事急矣，臣請誑楚，可以間出。信乃乘王車，曰：食盡，漢王降楚。皆之城東觀紀信，王得與數十騎出遁。羽見信，問漢王安在，曰：已去矣。羽燒殺信。項岱曰：皓，四皓也。頤，養也。漢書曰：袁公、綺里季、夏黄公、角里先生，當秦之世，避而入商雒深山。俟草木之區别兮，苟能實其必榮。曹大家曰：俟，候也。項岱曰：苟，誠也。張晏曰：苟能有仁義之道，必有榮名也。論語，子夏曰：君子之道，譬諸草木，區以别矣。要没世而不朽兮，乃先民之所程。論語，子曰：君子疾没世而名不稱焉。左氏傳，穆叔曰：魯有先大夫臧文仲，既殁，其言立，此之謂不朽。毛詩曰：匪先人是程。毛萇曰：程，法也。觀天網之紘覆兮，實棐諶而相訓。曹大家曰：棐，輔也。忱，誠也。相，助也。訓，教也。項岱曰：天網大覆人上，非不信也，誠欲有誠實於世間，亦當相輔助教也。尚書曰：天威棐忱。諶與忱古字通也。訓，或爲順。謨先聖之大猷兮，亦鄰德而助信。曹大家曰：謨，謀也。猷，道也。言人常當謨先聖人之道，亦當爲鄰人所助也。孔子曰：天所助，順也；人所助，信也。孔子曰：德不孤，必有鄰。毛詩曰：匪大猷是經。或作繇字，誤也。虞韶美而儀鳳兮，孔忘味於千載。尚書曰：簫韶九成，鳳皇來儀。論語曰：子在齊聞韶，三月不知肉味。素文信而厎麟兮，漢賓祚于異代。應劭曰：厎，致也。孔子作春秋素王之文，以明示禮度之信而致麟〔二六〕，封其後爲紹嘉公係殷〔二七〕，爲二代之客也。春秋緯曰：麟出周亡，故立春秋，制素王，授當興也。精通靈而感物兮，神動氣而入微。曹大家曰：言人參於天地，有生之最神靈也，誠能致其精誠，則通於神靈，感物動氣而入微者矣。養流睇而猨號兮，李虎發而石開。曹大家曰：睇，眄也。淮南子曰：楚有白猨，王自射之，則搏矢而顧，使養由基射之，始調弓矯矢，未發，而猨抱樹號矣。流，或爲由，非也。漢書曰：李廣居右北平，獵，見草中石，以爲虎而射之，中石没矢，視之，石也。他日射之，終不能入。非精誠其焉通兮，苟無實其孰信？曹大家曰：非精誠所感，誰能若斯。操末技猶必然兮，矤耽躬於道真。項岱曰：矤，况。耽，樂也。言由基、李廣奮精誠於末技，感獸而開石，豈况乃能推至精耽身於大道之中乎？莊子曰：道之真，以持身也。登孔昊而上下兮，緯羣龍之所經。應劭曰：昊，太昊也。孔，孔子也。羣龍，喻羣聖也。自伏羲下訖孔子，經緯天道備矣。孟康曰：聖人作經，賢者緯之。朝貞觀而夕化兮，猶諠己而遺形。應劭曰：貞，正也。諠，忘也。易曰：天地之道，貞觀者也。張晏曰：言朝聞大道而夕死可也。論語曰：朝聞道，夕死可矣。鵩鳥賦曰：釋智遺形。若胤彭而偕老兮，訴來哲而通情。言人若欲胤彭祖之年，偕老聃之壽，當訊之來哲〔二八〕，與之通情，非己所慕也。列仙傳曰：彭祖，殷賢大夫，歷夏至商末，號年七百。老已見遊天台山賦。

亂曰：天造草昧，立性命兮。曹大家曰：亂，理也。天道始造，萬物草創於冥昧之中，皆立其性命也。周易曰：天造草昧。復心弘道，惟聖賢兮〔二九〕。曹大家曰：明道在人身，誠能復心而弘之，達於天地之性也。周易曰：復其見天地之心乎。孔子曰：人能弘道，非道弘人。渾元運物，流不處兮。曹大家曰：渾，大也。元，氣；運，轉也。物，萬物也。言元氣周行，終始無已，如水之流，不得獨處也。保身遺名，民之表兮。曹大家曰：言人生能保其身，死有遺名，民之表也。莊子曰：可以保身，可以全生。家語，孔子曰：凡上者民之表。舍生取誼，以道用兮〔三〇〕。孟子曰：生〔三一〕我所欲也，義亦我所欲也，二者不可得兼，舍生而取義也。應劭曰：舍，置也。憂傷夭物，忝莫痛兮。曹大家曰：忝，辱也。横夭於物，憂辱傷生，耻辱不過於是。皓爾太素，曷渝色兮。曹大家曰：皓，白也。素，質也。渝，變也。言人能篤信好學，守死善道，不漸染於流俗，是爲白爾，天質何有渝變之色也。尚越其幾，淪神域兮。曹大家曰：大素不染〔三二〕，神色不變，則庶幾於神道之幾微，而入於神明之域矣。子曰：知幾其神乎。

文選考異

〔一〕注「家語孔子曰」袁本「家」上有「善曰」二字，是也。茶陵本移每節注首，尤删去，皆非。下注「漢書曰班氏之先」上，「淮南子曰蟬」上，「成帝之初」上，「孟子曰窮」上，「孔叢子曰仲尼大聖」上，「毛詩曰斯言之玷」上，「淮南子曰黄神吟嘯」上，「楚辭曰時不可乎再得」上，「周易曰初九」上，「莊子曰天與地無窮」上，「曹大家以寤爲迕也」上，「孝景立栗姬男」上，「韓詩曰謀猶迴穴」上，「莊子曰田開」上，「論語孔子曰」上，「論語曰長沮桀溺」上，「禮記曰孔子哭子路」上，「論語子路行行如也」上，「言罔兩責景之無操」上，「仁謂求仁」上，「周易曰東鄰殺牛」上，「左氏傳曰晉獻公」上，「國語晉侯問簡子曰」上，「成命以成天命也」上，「史記曰夏后氏之衰也」上，「左氏傳曰陳公子完」上，「毛詩曰牧人乃夢」上，「左氏傳曰叔向」上，「老子曰有物混成」上，「左氏傳秦伯問士鞅曰」上，「楚辭曰衆兆之所咍」上，「莊子曰或聘莊子」上，「論語子曰富與貴」上，「輶德德輕而易行也」上，「論語曰微子」上，「論語子夏曰」上，「尚書曰天威棐忱」上，「毛詩曰匪大猷是經」上，「春秋緯曰麟出」上，「淮南子曰楚有白猨」上，「莊子曰道之真」上，「論語曰朝聞道」上，「周易曰天造草昧」上，「莊子曰可以保身」上，同。又篇中每節首凡非舊注者，亦同，不具出。

〔二〕注「曰高陽配水也」　案：「曰」上當有「又」字，各本皆脱。

〔三〕注「乳虎故曰炳靈」　何校「乳虎」改「虎乳」。陳云當從漢書注作「虎乳」。案：所校是也。各本皆倒。

〔四〕注「象恭滔天」　茶陵本「象」上有「尚書曰」三字。袁本有「善曰」二字。案：此當兩有「善曰尚書曰」五字。

〔五〕注「皮義」　袁本、茶陵本作「平鄙」，五臣音也。注末袁本有「善曰圮皮義切」六字。茶陵本有「圮皮義切」四字，善音也。尤删移，非。

〔六〕注「越」　袁本作「善曰曰音越」，在注末，是也。茶陵本無，尤删移，皆非。

〔七〕注「韋昭曰音昧又音忽」　袁本作「鄧展曰昒音昧一音忽」在注末，是也。茶陵本脱「昧一音」三字，尤移改，皆非。

〔八〕注「盍何不也」　袁本、茶陵本「盍」上有「應劭曰」三字，是也。

〔九〕上聖迕而後拔兮　袁本云善作「迕」，茶陵本云五臣作「寤」。案：各本所見皆非也。善亦作「寤」，故曰曹大家以「寤」爲「迕」；若作「迕」，此注不可通。漢書作「寤」，師古如字解之，義異文同也。

〔一〇〕雖羣黎之所御　袁本、茶陵本「雖」作「豈」，是也。案：漢書作「豈」。

〔一一〕注「音訝迎也」　袁本、茶陵本作「韋昭曰御音訝訝迎也」，在注末，是也。尤删移，非。

〔一二〕注「所也音由」　袁本、茶陵本作「孔安國尚書傳曰逌所也」，在注末，是也。尤删移，又以五臣「由」作「逌」音，皆非。

〔一三〕注「今也則亡」　袁本、茶陵本無此四字。

〔一四〕恐魍魎之責景兮　案：「魍魎」當作「罔兩」，應劭注同。袁、茶陵二本所載五臣翰注作「魍魎」，各本善注作「罔兩」，蓋正文以五臣亂善。漢書作「罔㒳」，與此小異。顔注引莊子仍作「兩」。

〔一五〕嬴取威於伯儀兮　袁本、茶陵本「伯」作「百」，是也。案：漢書作「百」。

〔一六〕注「伯益在唐虞爲」　案：「虞爲」當作「爲虞」，各本皆倒。漢書顔注引作「伯益爲虞」，無「在唐」二字。

〔一七〕注「泠周鳩」　何校「周」改「州」，陳同，是也。各本皆誤。

〔一八〕注「三年逢公所馮」　案：「年」當作「所」。各本皆誤，此韋昭周語注也。漢書顔注亦可證。

〔一九〕注「櫝而藏之」　袁本「藏」作「去」，是也。茶陵本亦誤「藏」。運命論注引作「去」。

〔二〇〕注「化爲玄黿」　案：「黿」當作「黿」，各本皆譌。運命論注引作「黿」。

〔二一〕注「此其代陳有國乎」　袁本、茶陵本無「代陳」二字。案：此尤校添之也。

〔二二〕注「靈公奪而理之」　袁本「理」作「埋」，是也。茶陵本亦誤「理」。案：此引則陽文也，釋文「奪而里」一本作「奪而埋之」可證。

〔二三〕妣聆呱而刻石兮　案：「刻」當作「刻」，注引應劭曰「刻其必滅羊舌氏」，本或爲「刻」云云可證也。袁、茶陵二本所載五臣濟注云「刻，刻也」，蓋取或爲之本改成「刻」字，二本正文下「何弋」亦五臣音也，各本皆以之亂善而失著校語。漢書作「刻」，引應注云「刻知其後必滅羊舌氏」，字與善同矣。

〔二四〕物有欲而不居兮　袁本「兮」下有校語云善作「乎」。茶陵無。案：袁所見非。漢書作「兮」。

〔二五〕注「曹大家曰以乃爲內」　陳云「曰」字衍，是也。各本皆衍。

〔二六〕注「以明示禮度之信而致麟」　案：「以明示禮度」當依漢書顏注引作「有視明禮脩」。各本皆誤。「視明禮脩」之解，詳具羣籍，茲不具論。

〔二七〕注「封其後爲紹嘉公係殷」　何校「封」上添「漢」字，「殷」下添「後」字；陳云當有，並見漢書注，是也。各本皆脫。顏引「爲」下有「哀成及」三字，亦脫。

〔二八〕注「當訊之來哲」　袁本、茶陵本「訊」作「訴」，是也。

〔二九〕惟聖賢兮　袁本云善作「聖賢」。茶陵本云五臣作「賢聖」。案：各本所見皆非也。「聖賢」但傳寫倒，漢書作「賢聖」，以「聖」「命」協韻。

〔三〇〕以道用兮　袁本、茶陵本「以」作「亦」。案：二本是也。漢書作「亦」。

〔三一〕注「孟子曰生」　袁本有「應劭曰」三字，在「孟」上，其「舍置也」上無。案：袁本是也。漢書顏注引可證。茶陵本改并入五臣，更誤。

〔三二〕注「曹大家曰大素不染」　袁本「曰」下有「尚庶幾也越於也」七字。案：袁本最是。茶陵本改并入五臣而删去，非。尤同其誤也。

文選卷第十五

志中

思玄賦

張平子　平子，名衡，南陽西鄂人也。漢和帝時爲侍中。順、和二帝之時，國政稍微，專恣内豎，平子欲言政事，又爲奄豎所讒蔽，意不得志；欲游六合之外，勢既不能，義又不可。但思其玄遠之道而賦之，以申其志耳。系曰〔一〕：回志朅來從玄謀，獲我所求夫何思，玄而已〔二〕。老子曰：玄之又玄，衆妙之門〔三〕。

舊注〔四〕善曰：未詳注者姓名。摯虞流别題云衡注。詳其義訓，甚多疏略，而注又稱愚以爲疑，非衡明矣。但行來既久，故不去。

仰先哲之玄訓兮，雖彌高而弗違。訓，教也。彌，終也。違，避也。善曰：論語，顏回曰：仰之彌高。匪仁里其焉宅兮，匪義迹其焉追？里、宅，皆居也。焉，猶安也。善曰：論語曰：里仁爲美。潛服膺以永靚兮，緜日月而不衰。緜，連也。善曰：禮記曰：服膺拳拳。方言曰：靖，思也。靖與靚同。字林曰：靖，審也。伊中情之信脩兮，慕古人之貞節。脩，善也。貞，誠也。善曰：楚詞曰：苟中情其好脩。又曰：原生受命于貞節。竦余身而順止兮，遵繩墨而不跌。竦，立也。止，禮也。善曰：楚詞曰：遵繩墨而不頗。廣雅曰：跌，差也。志摶摶以應懸兮，誠心固其如結。摶摶，垂貌。善曰：戰國策，楚王曰：寡人心摇摇然如懸旌。毛詩曰：勞心團團，憂勞也。又曰：心之憂矣，如或結之。旌性行以製珮兮，佩夜光與瓊枝。旌，明也。製，裁也。善曰：白虎通曰：所以必有珮者，表德見所能也。楚辭曰：折瓊枝以繼珮。纗幽蘭之秋華兮，又綴之以江離。纗，系也。幽，深也。善曰：楚辭曰：結深蘭之亭〔五〕。又曰：扈江離與薜芷兮，紉秋蘭以爲珮。説文曰：繫幃曰纗幃，一名縭。爾雅曰：婦人之幃謂之縭，今之香囊。在男曰幃，在女曰縭。然則纗者，即繫囊之繩也。説文曰：纗，網中繩。纗，音擕。美襞積以酷烈兮，允塵邈而難虧。襞積，衣縫也。允，信也。塵，久也。邈，遠也。虧，歇也。善曰：子虛賦曰：襞積褰縐。上林賦曰：酷烈淑郁。楚辭曰：芳菲菲兮難虧。既姱麗而鮮雙兮，非是時之攸珍。姱，大也。麗，好也。鮮，寡也。攸，所也。奮余榮而莫見兮，播余香而莫聞。奮，動也。播，散也。幽獨守此仄陋兮，敢怠遑而舍勤。怠，懈也。遑，暇也。勤，勞也。善曰：楚辭曰：幽獨處乎山中。尚書，帝曰〔六〕：明明揚仄陋。毛詩曰：不敢怠遑。

左氏傳曰：人生在勤。幸二八之遌虞兮，嘉傳說之生殷。二八，八愷、八元也。遌，遇也。傳姓，說名也，武丁相也。善曰：左氏傳，季孫行父曰：昔高辛氏有才子八人：伯奮、仲堪、叔獻、季仲、伯虎、仲熊、叔豹、季貍。言此八人忠肅恭懿，宣慈惠和，天下之民謂之八元。元，善也，長也。八愷者，高陽氏有才子八人：倉舒、隤愷〔七〕、檮戭、大臨、尨降、庭堅、仲容、叔達。言此八人齊聖廣淵，明允篤誠，天下之民謂之八愷。尚書曰：高宗夢得說，使百工營求諸野，得諸傅巖。尚前良之遺風兮，恫後辰而無及。尚，庶幾也。良，善也。恫，痛也。言我後時，將無及也。恫，他公切。善曰：楚辭曰：竊慕詩人之遺風。何孤行之煢煢兮，孑不羣而介立。煢煢，獨也。介，特也。善曰：毛詩曰：獨行煢煢。楚辭曰：既惸獨而不羣。感鸞鷖之特棲兮，悲淑人之希合。鸞、鷖，皆鳥名。淑，善也。善曰：鸞鷖，喻君子也。毛詩曰：淑人君子，其儀不忒。山海經曰：蛇山有鳥，五色，飛蔽日，名鷖鳥。廣雅曰：鷖，鳳屬也。

彼無合而何傷兮，患衆僞之冒真。無合，猶不遇也。冒，覆也。旦獲讟于羣弟兮，啓金縢而後信。善曰：尚書曰：武王既喪，管叔乃流言於國曰：公將弗利於孺子。秋大熟，未穫，天大雷電以風，王啓金縢之書，乃得周公代武王之說。王執書以泣曰：其勿穆卜。乃信周公。覽烝民之多僻兮，畏立辟以危身。覽，觀也。烝，衆也。僻，邪也。辟，法也。毛詩曰：民之多僻，無自立辟。善曰：毛萇傳曰：辟，法也。民之行多爲邪辟，此言無遺爲法也〔八〕。尚書曰：烝民乃粒。楚辭曰：寧正言不諱以危身。增煩毒以迷惑兮，羌孰可爲言己？善曰：楚辭曰：獨便悁而煩毒，焉發憤而舒情。又曰：中瞀亂兮迷惑。私湛憂而深懷兮，思繽紛而不理。湛，深也。懷，思也。繽紛，亂貌。善曰：宋玉笛賦曰：武毅發，沈憂結。願竭力以守誼兮，雖貧窮而不改。竭，盡也。執彫虎而試象兮，阽焦原而跟趾。彫虎象，獸名也。尸子，中黄伯曰：余左執太行之獿，而右搏彫虎，唯象之未與，吾心試焉。有力者則又願爲牛，欲與象鬬以自試。今二三子以爲義矣，將惡乎試之？夫貧窮，太行之獿也；疏賤，義之彫虎也。而吾曰遇之〔九〕，亦足以試矣。阽，臨也。焦，石名也。跟，踵也。尸子又曰：莒國有石焦原者，廣五十步，臨百仞之谿，莒國莫敢近也。有以勇見莒子者，獨卻行齊踵焉，所以稱於世。夫義之爲焦原也亦高矣，賢者之於義，必且齊踵，此所以服一時也。善曰：彫虎以喻貧，試象以喻竭力，焦原以喻義。言己以執彫虎之貧窮，願竭試象之力，而守焦原之義。上句爲此張本。漢書曰：賈誼曰：安天下阽危若是，而上不驚者。臣瓚曰：安臨危曰阽〔一〇〕。庶斯奉以周旋兮，惡既死而後已〔一一〕。善曰：左氏傳，太史克曰：奉以周旋，不敢失墜。論語，子曰：死而後已，不亦遠乎？俗遷渝而事化兮，泯規矩之員方。遷，移也。渝，變也。泯，滅也。規，圓也。矩，方也。善曰：楚辭曰：因時俗之工巧兮，滅規矩而改錯。寶蕭艾於重笥兮，謂蕙茝之不香。蕭艾，草名也。蕙茝，香草也。禮記曰：簞笥問人者並盛食器，員曰簞，方曰笥。案：盛衣亦曰笥，後漢作珍，蓋珫字相似誤耳〔一二〕。斥西施而弗御兮，縶騕褭以服箱。斥，却也。西施，越之美女也。御，幸也。縶，羈也。服，服轅也。箱，大車也。善曰：楚辭曰：西施斥於北宫兮。漢書音義，應劭曰：騕褭，古之駿馬也，赤喙玄身，日行五千里。毛詩曰：睆彼牽牛，不可以服箱。馽，中立切，今賦作縶字〔一三〕。行頗僻而獲志兮，循法度而離殃。頗，傾也。離，遭也。殃，咎也。蕭該音本作陂，布義切。禮記曰：商亂曰陂。鄭玄曰：陂，傾也。周易曰：无平不陂。廣雅曰：陂，邪也〔一四〕。惟天地之無窮兮，何遭遇之無常！鄭玄曰：惟，思也。善曰：楚辭曰：惟天地之無窮，哀人生之長勤。不抑操而苟容兮，譬臨河而無航。航，舡也。善曰〔一五〕：賈逵曰：抑，止也。孫卿子曰：偷合苟容以持禄。周書陰符曰：四輔不存，若濟河無舟矣。楚辭曰：昔余夢登天兮，魂中道而無航。欲巧笑以干媚兮，非余心之所嘗。干，求也。嘗，行也。善曰：楚辭曰：處濁世而顯榮，非余心之所樂。襲温恭之黻衣兮，被禮義之繡裳。襲，衣也。黻，黼也。五色備曰繡。善曰：毛詩曰：君子至止，黻衣繡裳。辮貞亮以爲鞶兮，雜伎藝以爲珩。辮，交織也。鞶，所以帶珮也。手伎曰伎。體才曰藝。珩，珮也。善曰：説文曰：辮，交也。又曰：鞶，覆衣大巾也，從巾，般聲，或以爲首飾。字林曰：鞶，帶也〔一六〕。禮記曰：男鞶革。鄭玄曰：鞶，巾囊，盛帨巾者。説文曰：珩，所行也，從玉，行聲。字林曰：珩，珮玉，所以節行〔一七〕。大戴禮曰：下車以珮玉爲度，上有雙衡，下有雙璜。珩與衡音義同。昭綵藻與琱琭兮〔一八〕，璜聲遠而彌長。綵，文綵也。藻，華藻也。字林曰：半璧曰璜。善曰：董巴輿服志曰：古者君佩玉，尊卑有序。及秦以采組連結於璲，謂之綬。漢承秦制，用而弗改。淹棲遲以恣欲兮，耀靈忽其西藏。耀靈，日也。善曰：毛詩曰：衡門之下，可以棲遲。楚辭曰：耀靈曄而西征。廣雅曰：朱明、曜靈、東君，日也。恃己知而華予兮，鶗鴂鳴而不芳。鶗鴂，鳥名也，以秋分鳴。善曰：楚辭曰：歲既晏兮孰華予。又曰：恐鶗鴂之先鳴，使夫百草爲之不芳。臨海異物志曰：鶗鴂，一名杜鵑，至三月鳴，晝夜不止，夏末乃止〔一九〕。服虔曰：鶗鴂，一名鵙，伯勞。順陰陽氣而生〔二〇〕，賊害之鳥也。王逸以爲春鳥，繆也〔二一〕。冀一年之三秀兮，遒白露之爲霜。説文曰：遒，迫也。善曰：楚辭曰：采三秀於山間。王逸曰：三秀，謂芝草也。毛詩曰：蒹葭蒼蒼，白露爲霜。爾雅曰：苬，芝。郭璞曰：芝一歲三華，瑞草〔二二〕。時亹亹而代序兮，疇可與乎比伉？咨姤嫮之難竝兮〔二三〕，想依韓以流亡。亹亹，進貌。疇，誰也。伉，儷也。咨，嗟也。嫮，好也。韓衆獲道輕舉，故思依之以流亡也。善曰：楚辭曰：時亹亹而過中。又曰：恐天時之代序。又曰：羨韓衆之流得一〔二四〕。又曰：寧溘死以流亡。姤，惡也。恐漸冉而無成兮，留則蔽而不彰。漸，進也。善曰：楚辭曰：漸冉而不自知兮。又曰：蹇淹留而無成。

心猶豫而狐疑兮，即岐阯而攄情〔二五〕。即，就也。岐，山名也。攄，陳也。善曰：楚辭曰：欲從靈氛之吉占兮，心猶豫而狐疑。孟子曰：昔文王之治岐也。仕者世禄。攄，力於切。文君爲我端蓍兮，利飛遁以保名。文君，文王也。遁，卦名也。上九曰：飛遁無不利。謂去而還也。九師道訓曰：遁而能飛，吉孰大焉。此筮得遁之咸，其遁卦艮下乾上。上九爻辭云：肥遁〔二六〕，最在卦上，居無位之地，不爲物所累，矰繳所不及，遁之最美，故名肥遁。處陰長之時而獨如此，故曰：利飛遁而保名。史記曰：蓍百莖一根。劉向曰：蓍百年而一本生百莖。歷衆山以周流兮，翼迅風以揚聲。從初至三爲艮。艮爲山，故曰歷衆山。從二至四爲巽。巽爲風，故曰翼迅風。善曰：謂遁卦也。楚辭曰：歷衆山而日遠。又曰：聊浮遊於山陿〔二七〕。又曰：步周流於江畔。幽通賦曰：雄朔野以揚聲。遁下體是艮，説卦云：爲山假言衆爾。下互體得巽。巽爲風，故曰揚聲〔二八〕。二女感於崇岳兮，或冰折而不營。崇，高也。岳，五岳也。遁上九變爲咸。咸，感也。巽，長女；兑，少女，故曰二女。從三至五爲乾。乾爲冰，故曰冰折而不營。遁上九變爲兑。説卦云：巽爲長女，兑爲少女也，俱在艮上。艮即是山，故云感二女於崇岳。岳即山也。説卦曰：乾爲冰而變爲兑，故曰冰折物也。毁折不可經營，故曰不營〔二九〕。天蓋高而爲澤兮，誰云路之不平！互體四至乾變爲兑，兑爲澤。天爲澤〔三〇〕，言天高尚爲澤，雖復險戲，世路可知〔三一〕，誰言其路不通者乎？欲其行也。善曰：周易曰：乾爲天，兑爲澤。勔自強而不息兮，蹈玉堦之嶢崢。勔，勉也。乾爲玉，故曰蹈玉階。玉階，天子階也。言我雖欲去，猶戀玉階不思去，言尚欲進忠賢〔三二〕。勔，亡衍切。善曰：周易曰：天行健，君子以自強不息。方言曰：嶢崢，高貌也。懼筮氏之長短兮，鑽東龜以觀禎。長短，謂卜筮也。左氏傳曰：筮短龜長。周禮曰：東龜長。又曰：東曰龜，甲屬〔三三〕。善曰：爾雅曰：龜左睨不煩。郭璞曰：行顯左睨也。今江東所謂左食以甲卜審〔三四〕。鄭玄周禮注曰：東龜青。説文曰：禎，祥也。遇九皐之介鳥兮，怨素意之不逞。介，大也。逞，快也。善曰：言卜而遇大鳥之卦也。素意不逞，謂繇辭也。毛詩曰：鶴鳴于九皐。字林曰：逞，盡也〔三五〕。遊塵外而瞥天兮，據冥翳而哀鳴。瞥，裁見也。善曰：莊子曰：彷徨塵垢之外。説文曰：遠也〔三六〕。瞥，匹洩切。鵰鶚競於貪婪兮，我脩絜以益榮。競，逐也。善曰：鵰鶚，惡鳥，喻小人也。楚辭曰：皆競進以貪婪兮。婪，力含切。子有故於玄鳥兮，歸母氏而後寧。善曰：此假卜者之辭也。玄鳥，謂鶴也。母氏，喻道也。言子有故於玄鳥，唯歸於道而後獲寧也。古文周書曰：周穆王姜后晝寢而孕，越姬嬖，竊而育之，斃以玄鳥二七，塗以彘血，寘諸姜后，遽以告王，王恐，發書而占之，曰：蜉蝣之羽，飛集于户。鴻之戾止，弟弗克理。皇靈降誅，尚復其所。問左史氏，史豹曰：蟲飛集户，是日失所，惟彼小人，弗克以育君子。史良曰：是謂闕親，將留其身。歸于母氏，而後獲寧。册而藏之，厥休將振。王與令尹册而藏之於櫝。居三月，越姬死，七日而復，言其情曰：先君怒予甚，曰：爾夷隸也，胡竊君之子不歸母氏，將寘而大戮，及王子於治〔三七〕。老子曰：天下有始以爲天下母。既得其母，又知其子。河上公曰：道爲天下物母也。韓子解老曰：母者，道也。

占既吉而無悔兮，簡元辰而俶裝。俶，始也。裝，束也。周易曰：同人于郊無悔。旦余沐於清源兮，晞余髮於朝陽。晞，乾也。山東曰朝陽。善曰：楚辭曰：朝濯髮於暘谷，夕晞余身乎九陽。漱飛泉之瀝液兮，咀石菌之流英。善曰：楚辭曰：吸飛泉之微液兮，懷琬琰之華英。瀝，流也。菌，芝也。説文曰：漱，蕩口也，從水，欶聲，所右切。字林曰：液，汁也〔三八〕。石菌，石芝也。蒼頡篇曰：咀，噍也。翾鳥舉而魚躍兮，將往走乎八荒。廣雅曰：翾，飛也。淮南子曰：四海之外有八澤，八澤之外曰八埏，八埏之外曰八荒。善曰：走，音奏。過少皞之窮野兮，問三丘于句芒。少皞金天氏，居窮桑，在魯北。三丘，謂蓬萊、方丈、瀛洲。句芒，木正也。左氏傳曰：少皞氏有四子，曰重，曰該，曰修，曰熙，實能金木及水。使重爲句芒，木正；該爲蓐收，金正；修及熙爲玄冥，二子相代爲水正也。世不失職，遂濟窮桑。此其三祀也。杜預曰：窮桑，少皞氏之號也。四子能治其官，使不失職，濟成少皞之功，死皆爲民所祀也。史記云：蓬萊、方丈、瀛州，此三神山傳在海中，去人不遠，及到，三山反在水下。何道真之淳粹兮，去穢累而飄輕〔三九〕。不澆曰淳。不雜曰粹。穢，德之累也。善曰：幽通賦曰：矧躭躬於道真。楚辭曰：昔三后之淳粹。又曰：除穢累而反真。登蓬萊而容與兮，鼇雖抃而不傾。抃，手搏也。善曰：列仙傳曰：巨鼇負蓬萊山而抃於滄海之中。留瀛洲而采芝兮，聊且以乎長生。瀛洲，海中山也〔四〇〕。善曰：玄中記曰：東南之大者巨鼇焉，以背負蓬萊山，周迴千里。列子曰：

勃海之東有大壑，其山一曰岱輿，二曰員嶠，三曰方壺，四曰瀛洲，五曰蓬萊。山高下周圍三萬里，其頭平地九千里。五山之根，無所連着，常隨潮流上下。帝命封禺使巨龜十五舉頭而載之，迭爲三番，六萬歲一交。龍伯國人一釣而連六龜，於是岱輿、員嶠沉於大海〔四一〕。楚辭曰：飲沆瀣〔四二〕。馮歸雲而遐逝兮，夕余宿乎扶桑。馮，依也。遐，遠也。逝，往也。善曰：傅毅七激曰：仰歸雲，翺遊風。淮南子曰：日出暘谷〔四三〕，拂於扶桑。海外東經曰：黑齒國北暘谷上有扶桑〔四四〕。十洲記曰：扶桑葉似桑樹，又如椹樹，長丈〔四五〕大二千圍，兩兩同根生，更相依倚，是以名之扶桑。飲青岑之玉醴兮，飡沆瀣以爲粻；青岑，山名。上高者曰岑。沆瀣，夕霞也。粻，糧也。廣雅曰：沆瀣，常氣也。善曰：楊雄太玄經曰〔四六〕：茹芝英以禦飢兮，飲玉醴以解渴。楚辭曰：飡六氣而飲沆瀣兮，漱正陽而食朝霞。陵陽子經曰：夏飡沆瀣，北方夜半氣。發昔夢於木禾兮，穀崑崙之高岡。昔日夢至木禾，今親往，是發昔日之夢也。穀，生也。善曰：淮南子曰：崑崙之上有木禾焉，其穗長五尋。山海經曰：帝之下都崑崙之墟，高萬仞，上有木禾，長五尋，大五圍。郭璞曰：木禾，穀類也。説文曰：嘉穀也。二月生，八月熟，得中和，故曰禾。木王而生，木衰而死，故曰木禾。朝吾行於湯谷兮，從伯禹乎稽山。湯谷，日所出。嘉羣神之執玉兮，疾防風之食言。食，僞也。善曰：國語曰：吴伐越，墮會稽，獲骨節專車。吴之使來問之，仲尼曰：丘聞之，昔禹致羣臣於會稽之山〔四七〕，防風後至，禹乃殺而戮之，其骨節專車，此爲大矣。韋昭曰：羣神，謂主山川之君，爲羣神之主，故謂之神。防風，汪芒氏君之名也，違命後至，故禹殺之，陳尸爲戮。左氏傳曰：禹合諸侯於塗山，執玉帛者萬國。尚書曰：朕不食言。

指長沙之邪徑兮，存重華乎南鄰。重華，舜也。善曰：尚書曰：重華協于帝。山海經曰：南方蒼梧之川，其中九疑山，舜之所葬，在長沙界中。説文曰：存，恤也。哀二妃之未從兮，翩繽處彼湘濱〔四八〕。二妃，堯之二女娥皇、女英，舜妻也。善曰：禮記曰：舜葬蒼梧之野。蓋二妃未之從也。鄭玄曰：離騷所謂歌湘夫人也。舜南巡狩，死於蒼梧，二妃留江、湘之間。濱，水湄也。山海經曰：洞庭之山多黄金，其下多銀鐵。帝之二女，是常游江川澧、沅之側，交游瀟湘之淵，在九江之間，出入必以飄風暴雨。郭璞曰：今長沙巴陵縣西入洞庭而通江水。離騷曰：邅吾道兮洞庭，洞庭風兮木葉下，皆謂此也。天帝之女，而處江爲神，即列仙傳云江妃二女，離騷所謂湘夫人，稱帝子者是也。而河圖玉版曰：聞之堯二女舜妻也而喪此。傳云二妃死於江、湘之間，俗謂之湘君，鄭司農亦以舜妃爲湘君。説者皆以舜陟方而死，二妃從之，俱死於江，湘，遂號爲湘夫人也〔四九〕。流目眺夫衡阿兮，覩有黎之圮墳。眺，視也。衡，山名也。阿，山下也。黎，高辛氏之火正，謂祝融也。圮，毀也。楚靈王之世，衡山崩，而祝融之墓壞，中有營丘九頭圖矣。善曰：馮衍顯志賦序曰：遊情宇宙，流目八紘。左氏傳，昭十九年，顓頊氏有子曰黎，爲祝融〔五〇〕。圮，房鄙切。痛火正之無懷兮，託山阪以孤魂。託，寄也。善曰：杜預曰：黎爲火正。懷，歸也。愁鬱鬱以慕遠兮，越印州而遊遨。印州，正南州名也。四海圖曰：交、廣南有印州，其處極熱。善曰：楚辭曰：愁鬱鬱之無快。印，五郎切。躋日中于昆吾兮，憩炎火之所陶。鄭玄曰：躋，升也。善曰：淮南子曰：日出于暘谷，至于昆吾，是謂正中。高誘曰：昆吾，南方。爾雅：憩，息也。山海經曰：西海之南，其外有炎火之山。爾雅曰：再成曰陶丘。揚芒熛而絳天兮，水泫沄而涌濤。熛，風熾也。泫沄，沸貌。濤，水波也。善曰：爾雅曰：沄，沉也〔五一〕。芒，光芒也。熛，火飛也。楊雄冀州箴曰：冀土麋沸，泫沄如湯。温風翕其增熱兮，惄鬱悒其難聊。説文曰：翕，熾也。善曰：淮南子曰：南方之極，自北户之外〔五二〕，南至委火、炎風之野，萬二千里。高誘曰：北户、孤竹〔五三〕，國名也。爾雅曰：惄，思也，乃的切。楚辭曰：心鬱悒余侘傺。賈逵曰：聊，賴也，協韻爲勞。顝羈旅而無友兮，余安能乎留兹？顝，獨也。羈，寄也。旅，客也。善曰：左氏傳，陳敬仲曰：羈旅之臣。楚辭曰：廓落兮羈旅而無友。顝，苦骨切。

顧金天而歎息兮，吾欲往乎西嬉。金天，少昊位也。善曰：家語，孔子曰：生爲明主，死配五行。少皞配金。説文曰：嬉，樂也。前祝融使舉麾兮，纚朱鳥以承旗。尚書曰：右秉白旄以麾。案：執旄以指撝也。秦、漢以來，即以所執之旌名曰麾，謂麾幢曲蓋者也。善曰：楚辭曰：飛朱鳥使先驅。又曰：鳳皇翼其承旗。躔建木於廣都兮，摭若華而躊躇。躔，息也。摭，拾也。若華，樹名也。善曰：方言曰：日建爲躔。躔，行也〔五四〕。淮南子曰：建木在廣都，若木在建木西，末有十日，其華照下地。韓詩曰：愛而不見，搔首躊躇。薛君曰：躊躇，躑躅也。廣雅曰：躊躇，猶豫也〔五五〕。方言曰：摭，取也。躊，直由切。躇，直於切。超軒轅於西海兮，跨汪氏之龍魚。聞此國之千歲兮，曾焉足以娱余？善曰：海外西山經曰：軒轅之國，在窮山之際，不壽者八百歲〔五六〕。龍魚陵居，在北，狀如狸。在汪野北，其爲魚也如狸。汪氏國在西海外，此國足龍魚也。

思九土之殊風兮，從蓐收而遂徂。九土，九州。蓐收，金正該也。徂，往也。善曰：好色賦曰：周覽九土。山海經曰：濛山神西望日之所入，其氣員，神光之所司。郭璞曰：蓐收，金神也，人面虎身，右手執鉞。欻神化而蟬蜕兮，朋精粹而爲徒。欻，輕舉貌。善曰：楚辭曰：濟江海兮蟬蜕。又曰：吸精粹而吐氛濁。漢書音義，韋昭曰：蟬蜕出於皮殼也。蹶白門而東馳兮，云台行乎中野。漢書音義，韋昭曰：蹶，蹋也。

爾雅曰：台，我也。善曰：淮南子曰：八極西南方曰偏駒之山，曰白門。高誘注曰：金氣白，故曰白門。楚辭曰：行中野而散之。台，音夷。亂弱水之潺湲兮，逗華陰之湍渚。爾雅曰：絶流曰亂。郭璞注曰：直横渡也。書曰：亂于河。逗，止也。華，太華也。山北曰陰。善曰：山海經曰：崑崙之丘，其下有弱水之川環之。郭璞曰：其水不勝鴻毛。字林曰：潺湲，流貌〔五七〕。漢書，京兆有華陰縣。號馮夷俾清津兮，櫂龍舟以濟予。號，呼也。青令傳曰：河伯，華陰潼鄉人也，姓馮氏，名夷，浴於河中而溺死，是爲河伯。太公金匱曰：河伯姓馮名脩。裴氏新語謂爲馮夷〔五八〕。淮南子曰：馮夷服夷石而水仙。注曰：馮夷，河伯也，華陰潼鄉隄首人，服八石而水仙〔五九〕。俾，使也。淮南子曰：天子〔六〇〕龍舟鷁首。予，合韻，音夷渚切〔六一〕。會帝軒之未歸兮，悵徜徉而延佇。黄帝葬於西海橋山，神未東歸也。應劭曰：上郡周陽縣有黄帝冢也。悵徜徉，思貌。春秋命歷序曰，帝軒受圖，雒授歷。楚辭曰：且徜徉而氾觀。延佇，見上注。怬河林之蓁蓁兮，偉關雎之戒女。怬，息也。偉，異也。詩曰：關關雎鳩，在河之洲。窈窕淑女，君子好逑。善曰：中山經曰：北望河林，其狀如蒨。郭璞注曰：説者云：蒨，木名也。毛萇詩傳曰：蓁蓁，至盛也。怬，許吏切，又虚祕切。

黄靈詹而訪命兮，樛天道其焉如。黄靈，黄帝也。詹，至也。訪，謀也。樛，求也。如，之也。曰近信而遠疑兮，六籍闕而不書。六籍，六經。神逵昧其難覆兮，疇克謀而從諸？九交道曰逵。覆，審也。疇，誰也。克，能也。謀，察也。諸，之也。牛哀病而成虎兮，雖逢昆其必噬。牛哀，魯人牛哀也。昆，兄也。噬，食也。淮南子曰：牛哀病七日而化爲虎，其兄啓户而入，哀搏而殺之，不自知爲虎也。廣雅曰：噬，嚙也。鼈令殪而尸亡兮，取蜀禪而引世。鼈令，蜀王名也。殪，死也。禪，傳也。引，長也。善曰：蜀王本紀曰：望帝治汶山下邑曰郫。積百餘歲，荆地有一死人，名鼈令，其尸亡隨江水上至郫，與望帝相見。望帝以鼈令爲相，以德薄不及鼈令，乃委國授之而去。死生錯其不齊兮，雖司命其不晰。晰，昭晰也。善曰：禮記曰：王立七祀曰司命。鄭玄曰：司命主督察三命。史記，扁鵲曰：疾在骨髓，雖司命無奈之何。晰，之曳切。東方朔曰：司命之神總鬼録者。竇號行於代路兮，後膺祚而繁廡。善曰：漢書曰：孝文竇皇后，景帝母也。吕太后出宫人以賜諸王，竇姬與在行中，家在清河，願如趙近家，請其主遣宦者吏，必置趙籍之伍中。宦者忘之，誤置代籍伍中。當行，竇姬涕泣怨其宦者，不欲往，相強乃肯行。至代，代王獨幸竇姬，生景帝，後立爲皇后。王肆侈於漢庭兮，卒銜恤而絶緒。善曰：漢書曰：孝平王皇后，莽女也。莽秉政，以女配帝，遣劉歆奉乘輿法駕迎后于莽第。及莽即真，后常稱疾不朝。會莽誅，自投火中死。國語曰：肆侈不違。韋昭曰：肆，恣也。毛詩曰：出則銜恤。尉尨眉而郎潛兮，逮三葉而遘武。尉，官名也。尨，蒼也。善曰：漢武故事曰：顔駟，不知何許人，漢文帝時爲郎。至武帝，嘗輦過郎署，見駟尨眉皓髮，上問曰：叟何時爲郎？何其老也？答曰：臣文帝時爲郎。文帝好文而臣好武，至景帝好美而臣貌醜，陛下即位好少而臣已老，是以三世不遇，故老於郎署。上感其言，擢拜會稽都尉。董弱冠而司衮兮，設王隧而弗處。善曰：漢書曰：董賢年二十二爲三公。哀帝崩，賢自殺，家惶恐，夜葬之。莽疑其詐死。有司奏賢造冢墓不異王制。賢既見發，贏診其尸，因埋獄中。禮記曰：人生二十曰弱冠。周禮曰：三公自衮冕而下。左氏傳曰：晉侯請隧。杜預曰：掘地通路曰隧，王葬禮也。夫吉凶之相仍兮，恒反仄而靡所。仍，因也。恒，常也。

穆届天以悦牛兮，豎亂叔而幽主。善曰：孔安國尚書傳曰：届，至也。左氏傳曰：穆，叔孫穆子，名豹，魯大夫，有罪走向齊〔六二〕，及庚宗，遇婦人通之。有子在齊〔六三〕，夢天壓己，不勝，顧而見人，黑而上僂，深目而豭喙，號之曰：牛助余。乃勝之。旦而瞻其徒，無之。後穆子還過庚宗，婦人獻雉，穆子問之曰：女有子乎？曰：余子已能捧雉而從我矣〔六四〕。而見之，則所夢也，未問其名，號之曰牛，曰：唯。使爲豎。牛欲亂其室而有之。叔孫疾，牛詐謂外人〔六五〕曰：夫子疾病，不欲見人。使寘饋于介而退。牛不進叔孫，覆器空而還之，示君已食。穆子遂餓而死〔六六〕。

文斷袪而忌伯兮，閹謁賊而寧后。善曰：國語曰：初，獻公使寺人勃鞮伐文公於蒲城，文公踰垣，勃鞮斬其袪。及入，勃鞮求見。於是吕甥、冀芮畏逼，悔納公，謀作亂，伯楚知之，故求見公，公遽見之，伯楚以吕、郤之謀告公。韋昭曰：寺人，掌内人。袪，袂也。勃鞮字伯楚。

通人闇於好惡兮，豈昬惑而能剖？剖，分明也。

嬴擿讖而戒胡兮，備諸外而發内。蒼頡篇，讖書，河洛書也。説文曰：讖，驗也。秦語曰：秦三十二年，燕人盧生奏籙圖曰：亡秦者胡也。始皇乃使將軍蒙恬將兵三十萬北擊胡，取河南地，遂築長城以爲塞。三十六年，始皇南游，還至平原津，病，始皇惡言死，無復言死事。病甚，乃璽書賜蒲蘇，使與喪會咸陽而葬。以書付行符璽令趙高，未授使者。丙寅，始皇崩於沙丘，惟少子胡亥從。丞相李斯恐天下有變，不敢發喪，棺載還咸陽。趙高素與亥善，留所賜蒲蘇書，密謂胡亥曰：上崩，無詔封王諸子，而獨賜蒲蘇書，蒲蘇即位爲皇帝，太子無尺寸之地。胡亥曰：爲將奈何？高曰：非與丞相謀，事不能成。乃謂李斯曰：蒲蘇即位，必召蒙恬爲相，於君不亦疎乎？於是李斯然趙高言，乃許受始皇詔，立胡亥爲太子。更作書賜蒲蘇曰：朕巡天下，禱祀名山，以延年壽，而數上書非我所爲，日夜怨望，不得爲人子，不孝，其賜自裁。將軍恬與蘇居，不匡正，宜知其謀，爲人臣不知，亦賜死。蒲蘇爲人仁，得書泣，即死。胡亥即位，爲二世，葬始皇酈山〔六七〕。善曰：史記曰：盧生使人奏籙圖曰：亡秦者胡也。使將軍蒙恬北擊胡，略取河南地。又曰：始皇崩，李斯與趙高謀，詐受始皇詔，立胡亥爲太子也。

或輦賄而違車兮，孕行産而爲

對。車，人名也。孕，懷子也。昔有周犨者，家甚貧〔六八〕，夫婦夜田。天帝見而矜之，問司命曰：此可富乎？司命曰：命當貧，有張車子財可以假之。乃借而與之期，曰：車子生，急還之。田者稍富，致貲巨萬。及期，忌司命之言〔六九〕，夫婦輦其賄以逃，與行旅者同宿〔七〇〕。逢夫妻寄車下宿，夜生子，問名於夫，夫曰：生車間，名車子也。從是所向失利，遂便貧困〔七一〕。鄭玄曰：孕，任子也〔七二〕。善曰：見鬼神志及搜神記。慎竈顯以言天兮，占水火而妄訊。慎者，魯大夫梓慎；竈者，鄭大夫裨竈〔七三〕。訊，告也。善曰：左氏傳，昭公二十四年五月乙未朔，日有食之。梓慎曰：將水。叔孫昭子曰〔七四〕：旱也，日過分而陽猶不剋，剋必甚，能無旱乎？秋八月，大雩，旱也。叔孫之言驗也，則梓慎之言不驗〔七五〕。又昭公十八年夏五月，火始昏見。丙子，風。裨竈言于子産曰：宋、衛、陳、鄭將同火，若我用瓘斝玉瓚禳之，鄭必不火。子産不予〔七六〕。裨竈曰：不用吾言，鄭又將火。鄭人請用之。子産曰：天道遠，人道邇，非爾及也，何以知之？竈焉知天道？遂不與〔七七〕，亦不復火。今言梓慎、裨竈，是顯明天道之人，占於水火，亦有妄爲，言事之難知也〔七八〕。占，謂自隱度而言也。訊，息對切。梁叟患夫黎丘兮，丁厥子而剚刃。善曰：呂氏春秋曰：梁國之北，地名黎丘，有奇鬼焉，善効人之子姪昆弟之狀〔七九〕。邑丈人有之市而醉歸者〔八〇〕，黎丘之鬼効其子之狀，扶而道苦之。丈人歸，酒醒而誚其子曰：吾爲汝父也，豈謂不慈哉？我醉，汝道苦我，何故〔八一〕？其子泣而觸地曰：孽矣！無此事也〔八二〕。昔也往責於東邑人，可問也〔八三〕。其父信之曰：譆！是必奇鬼，固嘗聞之矣〔八四〕。明日復於市，欲遇而刺殺之〔八五〕。明旦之市〔八六〕而醉，其真子恐其父之不能反也，遂往迎之〔八七〕，丈人望見之〔八八〕，拔劍而刺之。丈人智惑於似其子者，而殺於真子。高誘曰：誚，讓也。漢書，蒯通曰：不敢剚刃公之腹者，畏秦法也。韋昭曰：北方人呼插物地中爲剚，側吏切。爾雅曰：丁，當也〔八九〕。親所睼而弗識兮，矧幽冥之可信？

睼，視也。矧，況也。毋緜攣以倖己兮〔九〇〕，思百憂以自疹。毋，勿也。緜攣，係貌。倖，引也。疹，疾也。善曰：毛詩曰：我生之後，逢此百憂。倖，胡泠切。

彼天監之孔明兮，用棐忱而祐仁。監，視也。孔，甚也。棐，輔也。忱，誠也。祐，助也。善曰：尚書曰：天監厥德。又曰：周公若〔九一〕天威棐忱。

湯蠲體以禱祈兮，蒙厖褫以拯民。湯，帝乙也。蠲，絜也。拯，濟也。善曰：淮南子曰：湯時大旱七年，卜用人祀天。湯曰：我本卜祭爲民，豈乎自當之。乃使人積薪，翦髮及爪，自潔，居柴上，將自焚以祭天。火將然，即降大雨〔九二〕。呂氏春秋曰：湯剋夏，大旱七年，乃以身禱於桑林，自以爲犧牲〔九三〕，用祈於上帝，民乃甚悦，雨乃大至。爾雅曰：厖，大也。褫，福也。祈或爲祊，非。

景三慮以營國兮，熒惑次於他辰。景，謚也。慮，謀也。熒惑，火星也。次，舍也。善曰：呂氏春秋曰：宋景公有疾，司星子韋曰：熒惑守心，心，宋之分野，君當之。若祭，可移於相。公曰：相，寡人之股肱。豈可除心腹之疾〔九四〕，移於股肱可乎？曰：可移於民。公曰：民者國之本，國無民〔九五〕，何以爲國？如何傷本而救吾身乎〔九六〕？曰：可移於歲。公曰：歲所以養民，歲不登何以蓄民？子韋曰：君善言三，熒惑必退三舍，延命二十一年。視之信。一舍七度，三七二十一，當更壽二十一年。

魏顆亮以從治兮，鬼亢回以斃秦。善曰：左氏傳曰：初，魏武子有嬖妾，武子有疾，命顆曰：必嫁是妾。疾病，則曰：必以殉。及卒，顆嫁之。及輔氏之役，顆見老人結草以抗杜回，回躓而顛，故獲之。夜夢曰：余乃所嫁婦人之父也。傳，宣公十五年秋七月〔九七〕，秦桓公伐晉，次于輔氏，輔氏即晉地。使魏顆敗秦師于輔氏，獲杜回，秦之力人也。魏顆所以敗秦師者，專由魏嬖妾之父也。他年，魏武子，武子即犨也，有嬖妾，無子，武子疾病，命顆曰：必嫁是妾。及武子疾甚困，則更命顆曰：必殺以爲徇葬。及武子卒，顆嫁之，不殺徇葬，曰：

疾病則心情亂，吾從其治時也。及今年有輔氏之役，顆領兵拒秦師之曰，忽見一人在前結草以亢禦杜回，杜回遂躓而顛，故獲杜回，於是秦師遂敗。獲杜回之夜，夢曰：余汝所嫁婦人之父也。爾用先人之治命，余是以報也。**咎繇邁而種德兮，樹德懋于英六。**邁，行也。英、六，國也。楚末乃滅。善曰：尚書，禹曰：咎繇邁種德。史記曰：帝禹封臯陶之後於英、六。**桑末寄夫根生兮，卉既凋而已育。**桑末，木名也。根生，寄生也。卉，草木凡名也。育，生也。凋，落也。善曰：舊注之意，以卉即桑末也。言桑末寄夫根生，桑末既凋，而寄生已茂。以喻臯繇之後，封於英、六，衆國已滅，而英、六獨存，言積德之後，必有餘慶也。**有無言而不酬兮，又何往而不復？**復，返也。善曰：邁德行仁，必貽後慶，如有言必酬，有往必復也。毛詩曰：無言不酬，無德不報。禮記曰：往而不來，非禮也。周易曰：無平不陂，無往不復。**盍遠迹以飛聲兮，孰謂時之可蓄？**善曰：言何不遠迹以飛聲，遊六合而訪道，誰謂時之可蓄，而不可行乎？言時易逝也。鄭玄論語注曰：盍，何不也。孔安國尚書傳曰：蓄，積也。

仰矯首以遥望兮，魂惝惘而無儔。儔，匹也。善曰：甘泉賦曰：仰矯首以高視。楚辭曰：悵惝惘兮永思。王逸曰：惝惘，惆悵失望，志錯越也〔九八〕。**逼區中之隘陋兮，將北度而宣遊。**賈逵曰：逼，迫也。爾雅曰〔九九〕：宣，徧也。善曰：司馬相如大人賦曰：悲世俗之逼隘。楚辭曰：宣遊兮列宿，順極兮彷徨。**行積冰之磑磑兮，清泉沍而不流。**沍，凍也。善曰：淮南子曰：八紘，北方曰積冰。高誘曰：北方寒冰所積，名積冰也。方言曰：磑磑，堅也〔一〇〇〕，牛哀切。方言：磑，堅也。左氏傳曰：固陰沍寒。杜預曰：沍，閉也。**寒**

風凄其永至兮，拂穹岫之騷騷。凄，寒貌。說文曰：拂，擊也。爾雅曰：穹，大也。毛詩傳曰：騷，動也〔一〇一〕。善曰：騷騷，風勁貌。王逸曰：騷，愁也，合韻，所流切〔一〇二〕。玄武縮于殼中兮，騰蛇蜿而自糾。龜與蛇交曰玄武。殼，甲也。春秋漢含孳曰：太一常居後玄武。蔡雍月令章句曰：北方玄武，介蟲之長。爾雅曰：騰蛇，龍類，能興雲霧而遊其中〔一〇三〕。文子曰：騰〔一〇四〕，無足而騰也。淮南子曰：奔蛇。廣雅曰〔一〇五〕：蜿，曲也。魚矜鱗而并凌兮，鳥登木而失條。凌，冰也。善曰：矜，寒貌。凌，力證切。坐太陰之庰室兮〔一〇六〕，慨含唏而增愁。善曰：楚辭曰：選見神於太陰兮。漢書曰：以陰陽言之，太陰者，北方也。說文曰：庰，蔽也。慨，太息也。屏與庰古字通。又曰：不泣曰唏。何休曰：欷，悲也，火既切。怨高陽之相寓兮，伷顓頊而宅幽。高陽，帝顓頊也。相，視也。寓，居也。伷，小貌也。善曰：家語，孔子曰：顓頊者，黃帝之孫，昌意之子〔一〇七〕，高陽配水。山海經曰：北海之內有山，名幽都之山，黑水出焉。伷，去鳳切。庸織路於四裔兮，斯與彼其何瘳？瘳，愈也。南至炎火，鬱邑無聊，北至積冰，含欷增愁，此與彼何以相愈乎？庸，勞也。織曰緯。善曰：言涉路東西，有似於織也。望寒門之絶垠兮，縱余緤乎不周。善曰：楚辭曰：踔絶垠乎寒門。又曰：登閬風而緤馬。王逸曰：緤，繫也。楚辭曰：路不周以左轉。王逸曰：不周，山名也，在崑崙西北。漢書，司馬相如大人賦曰：軼先驅於寒門。注：寒門，天北門也。左氏傳曰：臣負羈緤。緤，馬絆也。大荒經：西北海之外，大荒隅有山而不合，名曰不周。淮南子曰：昔共工與顓頊爭爲帝，共工怒而觸不周山，天維絶，地柱折，故令此山缺壞不周。迅焱潚其媵我兮，鶩翩飄而不禁。潚，疾貌。媵，送也。翩，飄疾貌。潚，音肅。善曰：爾雅曰：

風飆謂之猋。字林曰：潚，深清也〔一〇八〕。越谽㗿之洞穴兮，漂通川之碄碄。經重㾓乎寂漠兮，慜墳羊之深潛〔一〇九〕。谽㗿，大貌。漂，浮也。碄碄，深貌。重陰，地下也。寂寞，静貌。㾓，古陰字〔一一〇〕。墳羊，土精怪也。善曰：上林賦曰：通川過於中庭。春秋外傳〔一一一〕國語曰：季桓子穿井，獲如土缶，中有羊焉。使問仲尼曰：吾聞穿井得狗，何也？對曰：以丘所聞，墳羊也。丘聞木石之怪夔罔兩，水之怪龍罔象，土之怪墳羊。唐固云：墳羊，雌雄未成者也。淮南子曰：水生罔象，木生畢方，井生羵羊。廣雅曰：羊，土神〔一一二〕。谽，火含切。㗿，火加切。碄，音林。

追荒忽於地底兮，軼無形而上浮。善曰：荒忽，幽昧貌。甘泉賦曰：窺地底於上回。楚辭曰：覽方物之荒忽。春秋説題辭曰：元氣以爲天，混沌無形。出石密之闇野兮，不識蹊之所由。蹊，路也。由，自也。善曰：山海經曰：密山是生玄玉，黄帝取密山之玉策，而投之鍾山之陰。然下既有鍾山，此石密疑是密山。速燭龍令執炬兮，過鍾山而中休。速，徵也。善曰：楚辭曰：日安不到，燭龍何照？山海經曰：鍾山之神，人面蛇身而赤身，長千里，其眠乃晦，其視乃明，不食不寢不息，風雨是謁，是燭九陰〔一一三〕，是謂燭陰〔一一四〕。郭璞曰：即燭龍也。瞰瑶谿之赤岸兮，弔祖江之見劉。瞰，瞻也。瑶谿赤岸，謂鍾山東瑶岸也。祖江，人名也。劉，殺也。善曰：山海經曰：鍾山有子曰敷，其狀人面而龍身〔一一五〕。欽䲹殺祖江于崑崙之陽，帝乃戮之於鍾山之東，曰瑶岸，欽䲹化爲大鶚。郭璞曰：䲹，音丕。鶚，音愕。聘王母於銀臺兮，羞玉芝以療飢。王母，西王母也。銀臺，王母所居。羞，進也。療，愈也。善曰：史記曰：三神山仙人在焉，黄金白銀爲宫闕。王母，仙者，故假言之。本草經曰：白芝一名玉芝。戴勝慭其既歡兮，又誚余之行遲。戴勝，謂西王母也。慭，笑貌。

誚，讓也。善曰：字林曰：憖，謹敬也〔一六〕。山海經曰：西海之南，流沙之濱，赤水之後，黑水之前，有大山名曰昆侖之丘，其下有弱水之淵環之。有人戴勝，虎齒豹尾，穴處，名王母，又曰〔一七〕：西王母，其狀如人，戴勝，是司天之厲。郭璞曰：勝，玉勝。憖，魚覲切。載太華之玉女兮，召洛浦之宓妃。浦，涯也。善曰：列仙傳曰：毛女者，字玉姜，在華陰山中，體生毛，所止巖中有鼓琴聲。楚辭曰：迎宓妃，下伊浦。咸姣麗以蠱媚兮，增嫮眼而蛾眉。説文曰〔一八〕：姣，好也。廣雅曰：嫮，好也。善曰：楚辭曰：嫮目冥笑眉曼〔一九〕。舒訬婧之纖腰兮，揚雜錯之袿徽。訬婧，細腰貌。善曰：方言曰：袿謂之裾〔二〇〕。劉熙釋名曰：婦人上服謂之袿，青絳爲之緣。袿，古攜切。爾雅曰：婦人之徽謂之縭。郭璞曰：即今香纓也。訬，音眇。説文曰：婧，妍婧也，財性切，一音精。離朱脣而微笑兮，顔的礫以遺光。離，開也。的礫，明貌。善曰：神女賦曰：朱脣的其若丹。上林賦曰：宜笑的礫。礫，音歷。獻環琨與琛縭兮，申厥好以玄黄。環，珠也。琨，璧也。琛，寶也。縭，今之香纓。玄黄，玉石之色〔二一〕。善曰：白虎通曰：所以必有珮者，表惪見所能也。故循道無窮則佩環，能本道德則佩琨。薛君韓詩章句曰：縭，帶也。尚書曰：厥篚玄黄。琨，音昆。縭，音離。雖色豔而賂美兮，志皓蕩而不嘉。豔，美色也。善曰：賂美，謂環琨玄黄也。楚辭曰：怨靈脩之皓蕩。雙材悲於不納兮，並詠詩而清歌。善曰：雙材，謂玉女、宓妃也。劉歆列女傳頌曰：材女脩身，廣觀善惡。歌曰：天地烟熅，百卉含葩。烟熅，和貌。葩，華也〔二二〕。善曰：周易曰：天地烟熅，萬物化醇。廣雅曰：絪緼，元氣也。毛萇詩傳曰：卉，草也。郭璞曰：草，物名也。説文曰：蘤，古花字。本誤作蘤，音爲詭切，非此之用也〔二三〕。嗚鶴交頸，鴡鳩相和。善曰：周易曰：鳴鶴在陰。詩曰：關關鴡鳩。處子懷春，精魂回移。善曰：莊子曰：藐姑射之山，有神人居焉，婥約若處子。毛詩曰：有女懷春。如何淑明，忘我實多。淑，善也。淑明，謂衡也。玉女、宓妃言忘棄我實多〔二四〕。善曰：論語擿輔像曰：仲弓淑明清理，可以爲卿〔二五〕。毛詩曰：如何如何，忘我實多。將答賦而不暇兮，爰整駕而亟行。爰，於是也。亟，疾也。善曰：毛詩曰：爾之亟行，皇脂爾車。瞻崑崙之巍巍兮，臨縈河之洋洋。巍巍，高貌。縈，紆也。言河之曲也。善曰：史記，太史公曰：禹本紀言河出崑崙。毛詩曰：河水洋洋。毛萇曰：洋洋，盛大也。伏靈龜以負坻兮，亘螭龍之飛梁。坻，所以止船也。善曰：楚辭曰：麾蛟龍以梁津兮，詔西皇使涉予。登閬風之層城兮，搆不死而爲牀。閬風，崑崙山名也。善曰：淮南子曰：崑崙虛有三山：閬風、桐版、玄圃，層城九重。禹云：崑崙有此城，高一萬一千里〔二六〕。十洲記曰：崑崙北角曰閬風之顛。山海經曰：崑崙開明北有不死樹，食之長壽〔二七〕。郭璞曰：言常生也。古今通論曰：不死樹在層城西〔二八〕。屑瑶蕊以爲糇兮，𣂏白水以爲漿。屑，碎也。糇，糒也。𣂏，酌也。善曰：瑶蕊也〔二九〕。說文曰：糇，乾食糧也。楚辭曰：精瓊靡以爲粻。王逸曰：靡，屑也。毛萇詩傳曰：糇，食也。又曰：𣂏，挹也。爾雅曰：𣂏，酌也〔三〇〕。楚辭曰：朝吾將濟於白水兮。王逸：淮南言白水〔三一〕在崑崙之源也。蘂，而髓切。𣂏，居于切。抨巫咸作占夢兮〔三二〕，乃貞吉之元符。抨，使也。善曰：言我昔夢木禾，今令巫咸占之。楚辭曰：巫咸將夕降兮，懷椒糈而要之。王逸曰：巫咸，古神巫也，當殷中宗之時也。抨，甫耕切。滋令德於正中兮，含嘉秀以爲敷。滋，繁也。不華而實謂之秀。善曰：言己有令德，類禾之有嘉秀也。尚書曰：

惟爾令德孝恭。既垂穎而顧本兮，亦要思乎故居。穎，穗也。善曰：言禾垂穎以顧本，猶人之思故居也。淮南子曰：孔子見禾三變，始於粟，生於苗，成於穗，乃歎曰：我其首禾乎？高誘曰：禾穗向根，故君子不忘本也。安和靜而隨時兮，姑純懿之所廬。懿〔一三三〕，美也。廬，居也。善曰：韓詩曰：靜，貞也〔一三四〕。周易曰：隨時之義大矣哉。杜預曰：姑，且也〔一三五〕。

戒庶僚以夙會兮，僉供職而並訝。庶僚即下豐隆、列缺等也。訝，迎也。言戒誓令夙早而會，皆供職而來迎我也〔一三六〕。善曰：孔安國尚書傳曰：僉，皆也。豐隆軯其震霆兮，列缺曄其照夜。豐隆，雷公也。軯，聲貌。震霆，霹靂也。列缺，電也。曄，光貌。善曰：楚辭曰：吾令豐隆乘霆兮。羽獵賦曰：霹靂列缺，吐火施鞭。軯，普耕切。雲師䨴以交集兮，涷雨沛其灑塗。雲師，雨師也。䨴，陰貌。涷雨，暴雨也，巴郡謂暴雨爲涷雨。沛，雨貌。塗，路也。善曰：諸家之説，豐隆皆曰雲師，此賦別言雲師，明豐隆爲雷也，故留舊説以廣異聞。爾雅曰：暴雨謂之涷。注曰：今江東人呼夏月大暴雨爲涷雨〔一三七〕。楚辭曰：使涷雨兮灑塵。䨴，徒感切。轙琱輿而樹葩兮，擾應龍以服路。善曰：爾雅曰：載轡謂之轙。郭璞曰：轙，車軛上環，轡所貫也。琱輿，琱玉之輿。爾雅曰：玉謂之琱。葩，蓋之金華也。獨斷曰：乘輿車皆羽蓋金華爪。擾，馴也。廣雅曰：有翼曰應龍。路，車也。百神森其備從兮，屯騎羅而星布。森，聚貌〔一三八〕。屯，聚也。善曰：楚辭曰：百神翳其備降。

振余袂而就車兮，脩劍揭以低昂。揭，卬貌。冠咢咢其映蓋兮，珮綝纚以煇煌。綝纚，盛貌。咢咢，冠貌。煇煌，珮光貌。善曰：咢，五咸切。綝，音林。纚，音離。僕夫儼其正策兮，八乘騰而超驤。僕夫，謂御車人也〔一三九〕。儼，敬也。八乘，公上得從車八乘〔一四〇〕。善曰：楚辭曰：僕夫懷余心悲。又曰：撰余轡而正策。又曰：駕八龍之蜿蜿。又曰：超驤。氛旄溶以天旋兮，蜺旌飄以飛颺。旄，羽旄也〔一四一〕。善曰：氛旄，氛氣爲旄也。楚辭曰：連五宿兮建旄，揚氛氳以爲旌。字林曰：溶，水盛貌，今取盛意〔一四二〕。宋玉笛賦曰：天旋少陰，白日西靡。高唐賦曰：蜺爲旌。溶，音勇。撫軨軹而還睨兮，心勺藥其若湯。勺藥，熱貌。善曰：説文曰：無輻曰軨。軹，車輪小穿也。又曰：睨，邪視也。楚辭曰：忽臨睨夫舊鄉。又曰：心涫沸其若湯。軨，音零。軹，之氏切。勺，市灼切。涫，音換。羨上都之赫戲兮，何迷故而不忘？羨，欲也。赫戲，盛貌。迷，惑也。何惑舊故而不忘新，愚以爲當去己之迷故之心也。善曰：言己願上都之赫戲，是何迷己之故而不能忘。謂不忘上都也。楚辭曰：陟登皇之赫戲兮。左青琱之揵芝兮，右素威以司鉦。青琱，青文龍也。素威，白虎威也。善曰：芝，小蓋也。禮記曰：君行左青龍而右白虎也。説文曰：揵，豎也。鉦，鐃也。揵，巨偃切。前長離使拂羽兮，後委衡乎玄冥〔一四三〕。長離，朱鳥也。委，屬也。水衡，官名也。善曰：司馬相如大人賦曰：前長離，後矞皇。如淳曰：長離，朱鳥也。禮記曰：前行朱鳥，而後玄武。又曰：鳴鳩拂其羽。家語，季康子曰：吾聞玄冥爲水正，此即五行之主也。司馬相如大人賦曰：左玄冥而右黔雷。屬箕伯以函風兮，懲淟涊而爲清〔一四四〕。函，含也。懲，騰也。清，静也。善曰：風俗通曰：風師者，箕星也，主簸物〔一四五〕，能致風氣也。易曰：巽爲長女，長者伯之，故曰風伯也。楚辭曰：切淟涊之流俗兮。王逸曰：淟涊，垢濁也。曳雲旗之離離兮〔一四六〕，鳴玉鸞之嚶嚶。鸞，鸞鑣也。嚶嚶，聲也。善曰：楚辭曰：載雲旗之委蛇。又曰：鳴玉鸞之啾啾。

嘼，古嚶字。涉清霄而升遐兮，浮蠛蠓而上征。霄，微雲也。善曰：楚辭曰：涉青雲而汜濫兮。甘泉賦曰：騰清霄而軼浮景。又曰：浮蠛蠓而撇天。淮南子曰：蠛蠓磑而雨，春而風。言羣而上下至疾〔四七〕。曰：溢埃風而上征。紛翼翼以徐戾兮，猋回回其揚靈。戾，至也。回回，光明貌。善曰：説文曰：猋，火華也。言光之盛如火之華。楚辭曰：皇剡剡其揚靈。王逸曰：揚其光靈也。叫帝閽使闢扉兮，覿天皇于瓊宮。叫，呼也。閽，主門也。闢，開也。扉，宮門闔也。覿，見也。天皇，天帝也。善曰：楚辭曰：吾令帝閽開關兮。楊雄甘泉賦曰：選巫咸兮叫帝閽。聆廣樂之九奏兮，展洩洩以彤彤；聆，聽也。廣樂，樂名也。展，信也。洩洩、彤彤，皆樂貌。善曰：史記曰：趙簡子病，二日而寤，曰：我之帝所甚樂，與百神遊于鈞天，廣樂九奏萬舞。左氏傳曰：鄭莊公入而賦：大隧之中，其樂也彤彤〔四八〕。姜出而賦：大隧之外，其樂也洩洩。杜預云：融融，和也。洩洩，舒散也。融與彤古字通。考治亂於律均兮，意建始而思終。律，十二律。均，所均聲也。建，立也。善曰：琴道曰：琴七絲，足以通萬物而考治亂也。樂汁圖徵曰：聖人往承天助以立五均。均者，亦律調五聲之均也。宋均曰：均長八尺，施絃以調六律五聲。惟般逸之無斁兮，懼樂往而哀來。孔安國尚書傳注曰〔四九〕：斁，猒也。善曰：莊子曰：樂未畢也，哀又繼之。素女撫絃而餘音兮，太容吟曰念哉。建始念終也。素，素女也。太容，黄帝樂師也。高誘淮南子注曰〔五〇〕：素女，黄帝時方術之女也。善曰：史記曰：泰帝使素女鼓五十絃瑟。舊注本素下無女字，今本有之。尚書曰：帝念哉。既防溢而靖志兮，迨我暇以翺翔。靖，静也。迨，及也。廣雅曰：翺翔，浮游也。善曰：字林曰：靖，立也〔五一〕。毛詩曰：迨我暇矣。又曰：將翺將翔。出紫宮之肅肅兮，集太微之閬閬。天文志曰：中宮太極星，其一明者，泰一常居也，旁三星三公，後句曲四星，一星正妃，餘三星後宮之屬也。環衛十二星，藩臣。皆曰紫宮。善曰：紫宮、太微，二星名也。春秋合誠圖曰：紫宮，帝太宮也。又曰：太微，其星十二。字林曰：閬，高貌。甘泉賦曰：閬閬其寥廓〔五二〕。閬，音郎。命王良掌策駟兮，踰高閣之將將。善曰：春秋元命苞曰：漢中四星，天騎，一曰天駟，旁一星王良，主天馬也。漢書天文志曰：王良，車騎，古善馭者〔五三〕。漢書曰：營室爲清廟。又曰：離宮、閣道。建罔車之幕幕兮，獵青林之芒芒。善曰：罔車，畢星也。青林，天苑也。河圖曰：桐柏山上爲掩畢，三危山上爲天苑。彎威弧之拔剌兮，射嶓冢之封狼。彎，引也。威弧，星名也。拔剌，彎弓貌。善曰：楊雄河東賦曰：玃天狼之威弧。漢書曰：狼下有四星曰弧。淮南子曰：琴戒撥剌。高誘曰：撥剌，不正也。河圖曰：嶓冢，山名。此山之精〔五四〕，上爲星，名封狼〔五五〕。拔，方割切。剌，力達切。觀壁壘於北落兮，伐河鼓之磅硠。壁，營壁也。壘，中壘也。北落，星名也。伐，擊也。河鼓，星名也。磅硠，聲也。善曰：漢書曰：羽林天軍西爲壘，或曰鉞。傍一大星曰北落。爾雅曰：河鼓謂之牽牛。今荆人呼牽牛星爲檐鼓。檐者，荷也。乘天潢之汎汎兮，浮雲漢之湯湯。天潢，天津也。汎汎，流貌也。雲漢，天河也。湯湯，水流也。善曰：樂緯曰：商爲五潢。宋均曰：五潢，天津之别名也。毛詩曰：倬彼雲漢。倚招摇攝提以低佪劉流兮，察二紀五緯之綢繆遹皇。二紀，日月也。五緯，五星也。攝提，星名，形似車。禮記曰：以日星爲紀〔五六〕。善曰：漢書，杓端有兩星，一內爲矛，爲招摇。孟康曰：近北斗者招摇。劉流，繚繞也。漢書曰：攝提直斗柄所指，以建時節，故曰攝提。越絶書，范蠡曰：天貴持盈，不失日月星辰紀綱。易乾鑿度曰：五緯順軌，四時和粟。宋均曰：和粟，氣和而嚴正。綢繆，連緜也。遹皇，往來貌也。偃蹇夭矯娩以連卷兮，説文曰：生子二人俱出爲娩〔五七〕。纂要曰：齊人謂生子曰娩。善曰：偃蹇，驕傲之貌也。夭矯，自縱恣貌也。娩，跳也。連卷，長曲貌。娩，匹萬切。

雜沓叢顇颯以方驤。善曰：衆多之貌。顇，音悴。

戫汩飂淚沛以罔象兮，善曰：皆疾貌。罔象，即仿像也。楚辭曰：沛罔象而自浮。戫，一六切。飂，力凋切。淚，音戾。

爛漫麗靡藐以迭逿。分布遠馳之貌[一五八]。善曰：爛漫，分散貌。藐，遠貌。迭，過也。逿，突也。逿，音唐。

凌驚雷之砊礚兮，弄狂電之淫裔。凌，乘也。淫裔，電貌。善曰：楚辭曰：凌驚雷軼駭電兮。砊礚，雷聲也。上林賦曰：淫淫裔裔。砊，音苦郎切[一五九]。

踰痝鴻於宕冥兮，貫倒景而高厲。痝鴻宕冥，皆天之高氣也。善曰：孝經援神契曰：天度痝鴻孳萌。宋均曰：痝鴻，未分之象也。楚辭曰：貫蒙鴻以東揭兮。説文曰：宕，過也。冥，窈也。凌陽明經曰：倒景氣，去地四千里，其景皆倒在下。楚辭曰：颯弭節而高厲。痝，莫孔切。鴻，胡孔切。宕，徒浪切。

廓盪盪其無涯兮，乃今窺乎天外。宋玉大言賦曰：長劍耿耿倚天外。

據開陽而頫眡兮，臨舊鄉之暗藹。善曰：春秋運斗樞曰：北斗七星，第六開陽也。楚辭曰：忽臨睨夫舊鄉兮。

悲離居之勞心兮，情悁悁而思歸。楚辭曰：將以遺夫離居。字林曰：悁，忿恨也。善曰：毛詩曰：勞心悁悁。烏玄切。

魂眷眷而屢顧兮，馬倚輈而徘徊。輈，車轅也。善曰：韓詩曰：眷眷懷顧。毛詩曰：屢顧爾僕。

雖遊娛以媮樂兮，豈愁慕之可懷。善曰：楚辭曰：聊假日而媮樂兮。

出閶闔兮降天途，乘焱忽兮馳虛無[一六〇]。閶闔，天門也。降，下也。善曰：楚辭曰：倚閶闔而望兮[一六一]。又曰：乘迴風而遠遊。服虔甘泉賦注曰：焱，風也。上林賦曰：凌驚風，歷駭焱，乘虛無，與神俱。焱，必遥切。雲菲菲兮繞余輪，風眇眇兮震余旟。楚辭曰：雲菲菲而承宇。眇眇，遠貌。周禮曰：鳥隼爲旟。爾雅曰：錯鳥隼爲旟。此謂合剥鳥皮毛置之竿頭，即禮記所謂載鴻及鳴鳶也〔一六二〕。繽連翩兮紛暗曖，儵眩眃兮反常閭。蒼頡篇曰：眩眃，目視不明貌。善曰：眩，音懸。眃，音云。

收疇昔之逸豫兮，卷淫放之遐心。善曰：左氏傳，羊斟曰：疇昔之羊，子爲政。毛詩曰：逸豫無期。楚辭曰：神要眇以淫放。毛詩曰：無金玉爾音而有遐心。修初服之娑娑兮，長余佩之參參。善曰：楚辭曰：退將復修吾初服。又曰：長余佩之陸離。文章奂以粲爛兮，美紛紜以從風。御六藝之珍駕兮，遊道德之平林。周禮曰：六藝，禮、樂、射、御、書、數。毛詩曰：依彼平林。結典籍而爲罟兮，敺儒墨以爲禽。儒家者，述聖道之書也，以仁義爲本，以禮樂爲用。墨家者，強本節用之書也，以貴儉尚賢爲用。善曰：敺，音驅。墨，墨家流也。玩陰陽之變化兮，詠雅頌之徽音。善曰：孫卿子曰：四時代御，陰陽交化。周易曰：四時變化。毛詩曰：大姒嗣徽音。嘉曾氏之歸耕兮，慕歷阪之嶔崟。善曰：琴操曰：歸耕者，曾子之所作也。曾子事孔子十有餘年，晨覺，眷然念二親年衰，養之不備，於是援琴鼓之曰：歔欷歸耕來兮！安所耕歷山盤兮！恭夙夜而不貳兮，固終始之所服。不貳，不差貳也。服，所服事也。善曰：毛詩曰：夙夜在公。楚辭曰：事君而無貳。夕惕若厲以省諐兮〔一六三〕，懼余身之未勑。勑，整也。善曰：周易曰：君子夕惕若厲，無咎。苟中情之端直兮，莫吾知而不恧。善曰：楚辭曰：苟余情之端直。又曰：國無人兮莫我知。小雅曰：小愧爲恧，女六切。默無爲以凝志兮，與仁義乎逍遥。善曰：老子曰：上德無爲。楚辭曰：超無爲以志清。上林賦曰：馳鶩乎仁義之塗。不出户而知天下兮，何必歷遠以劬勞〔一六四〕？善曰：老子曰：不出户而知天下，不窺牖而見天道。河上公曰：聖人以己身知人身，以己家知人家，所以見天下矣。毛詩曰：之子于征，劬勞于野。

系曰：系，繫也。言繫一賦之前意也〔一六五〕。天長地久歲不留，善曰：老子曰：天長地久〔一六六〕。天地所以長且久者，以其不自生，故能長生〔一六七〕。俟河之清秪懷憂。秪，適也。善曰：左氏傳，子駟曰：周諺有之，曰：俟河之清，人壽幾何。杜預曰：逸詩也，言人壽促而河清遲也。京房易傳曰：河千年一清〔一六八〕。願得遠渡以自娱，上下無常窮六區。善曰：楚辭曰：遠度世以忘歸〔一六九〕。六區，上下四方也。周易曰：上下無常，非爲邪也。超踰騰躍絶世俗，飄遥神舉逞所欲。説文曰：逞，極也〔一七〇〕。天不可階仙夫稀，善曰：周髀曰：天不可階而升。柏舟悄悄吝不飛。柏舟，詩篇名也。注：慍，怨也。悄悄，憂貌。羣小，衆小人在君側也。吝，恨也〔一七一〕。其詩曰：憂心悄悄，慍于羣小。又曰〔一七二〕：静言思之，不能奮飛。注：不如鳥奮翼而飛去〔一七三〕。臣不遇於君，猶不忍去，厚之至也〔一七四〕。松喬高跱孰能離，松，赤松子；喬，王喬。離，附也。結精遠遊使心攜。攜，離也。善曰：楚辭曰：願輕舉而遠遊。公羊傳曰：攜其妻子。何休曰：攜，猶提將也〔一七五〕。迴志朅來從玄謀〔一七六〕，朅，去也。善曰：劉向七言曰：朅來歸耕永自疎。獲我所求夫何思！夫，復也〔一七七〕。

文選考異

〔一〕注「平子名衡」下至「系曰」袁本、茶陵本作「玄道也德也其作此賦以脩道德志意不可遂願輕舉歷遠遊六合之外勢既不能義又不可故退而思自反其系曰」四十五字。

〔二〕注「夫何思玄而已」　袁本、茶陵本重「思」字。

〔三〕注「衆妙之門」　袁本、茶陵本此下有「平子時爲侍中諸常侍惡直醜正危衡故作思玄非時俗」三十二字。案：此節注脩改，蓋初與二本同也。未詳尤所據。凡本卷以下增多，皆倣此。

〔四〕舊注　袁本、茶陵本「舊」上有「張平子」三字。案：有者是也。此每篇下所標作人姓名。

〔五〕注「結深蘭之亭」　袁本、茶陵本重「亭」字，是也。

〔六〕注「尚書帝曰」　袁本、茶陵本無「帝」字，是也。

〔七〕注「隤愷」　袁本、茶陵本「愷」作「敳」，是也。

〔八〕注「毛萇傳曰」下至「此言無遺爲法也」　袁本、茶陵本無此二十一字。

〔九〕注「而吾曰遇之」　袁本「曰」作「日」，是也。茶陵本亦誤「曰」。

〔一〇〕注「漢書曰賈誼曰」下至「曰阽」　袁本、茶陵本無此二十六字。

〔一一〕惡既死而後已　何校「惡」改「要」。陳云范書作「要」。袁本、茶陵本作「要」，云善作「惡」。案：各本所見，傳寫誤也。

〔一二〕注「禮記曰簞笥」下至「蓋瑶字相似誤耳」　袁本、茶陵本作「員曰簞方曰笥並盛食器也」，無上八字、下十七字。

〔一三〕注「畢中立切今賦作㩻字」　袁本、茶陵本無此九字。

〔一四〕注「蕭該音本作陂」下至「陂邪也」　袁本、茶陵本無此三十五字。

〔一五〕注「善曰賈逵曰」　袁本、茶陵本無「賈逵曰」三字。

〔一六〕注「説文曰辮」下至「鞶帶也」　袁本、茶陵本無此二十九字。

〔一七〕注「説文曰珩」下至「所以節行」　袁本、茶陵本無此二十一字。

〔一八〕昭綵藻與琱琭兮　陳云「琱琭」，范書作「雕琢」。袁本云善作「琱琭」。茶陵本云五臣作「雕琢」。案：「琱」即「雕」字，善不注「琭」，恐傳寫誤。

〔一九〕注「夏末乃止」　袁本、茶陵本無此四字。

〔二〇〕注「順陰陽氣而生」　案：「陽」字不當有。各本皆衍。

〔二一〕注「賊害之鳥也」下至「繆也」　袁本、茶陵本無此十三字。

〔二二〕注「爾雅曰茵芝」下至「瑞草」　袁本、茶陵本無此十五字。

〔二三〕咨姤嫮之難竝兮　何校「姤」改「妬」。陳云范書作「妬」。袁本云善作「姤」。茶陵本云五臣作「妬」。案：各本所見，皆傳寫誤。善注云：「妬，惡也。」章懷注後漢書曰：「言嫉妬者，憎惡美人，故難與並也。」善意正如此，作「妬」無疑，若作「姤」，與「惡也」之訓不復可通。各本并注中亦誤作「姤」字，遂以爲與五臣有異，其實非也。作「妬」字誤而爲「姤」，已見顏氏家訓，是此二字多混。

〔二四〕注「羨韓衆之流得一」 案：「流」字不當有。各本皆衍。此引遠游文。

〔二五〕即岐阯而臚情 袁本、茶陵本「臚」作「臚」，注同，是也。何、陳皆云後漢書作「攄」，詳舊注云「陳也」，善云「力於切」，選文不作「攄」，與范書異也。

〔二六〕注「上九爻辭云肥遁」 案：「肥」當作「飛」，下「故名肥遁」同。各本皆誤。正文作「飛」，何云後漢書作「飛」。陳云七啓有「飛遁離俗」語，上注亦作「飛」，此不知者改之耳。

〔二七〕注「又曰聊浮遊於山陿」 袁本、茶陵本無此八字。

〔二八〕注「遁下體是艮」下至「故曰揚聲」 袁本、茶陵本無此二十六字。

〔二九〕注「遁上九變爲兑」下至「故曰不營」 袁本、茶陵本無此六十四字。

〔三〇〕注「天爲澤」 袁本、茶陵本「天」上有「故曰」二字。

〔三一〕注「雖復險戲世路可知」 袁本、茶陵本無此八字。

〔三二〕注「玉階天子階也」下至「言尚欲進忠賢」 袁本、茶陵本無此二十四字。

〔三三〕注「東龜長又曰東曰龜甲屬」 袁本、茶陵本無「長又曰東曰龜」六字。案：「甲」當作「果」，各本皆譌。

〔三四〕注「爾雅曰龜」下至「以甲卜審」 袁本、茶陵本無此二十七字。

〔三五〕注「字林曰湜盡也」 袁本、茶陵本無此六字。

〔三六〕注「説文曰遠也」 袁本、茶陵本無此五字。

〔三七〕注「古文周書曰」下至「及王子於治」　袁本、茶陵本無此一百七十六字。案：二本最是也。善注自上文「母氏喻道也」，其下云「唯歸於道」，其下引「老子至母者道也」，一意承接，中間不得有此段，與上下異解，必或記於旁，尤延之誤取以增多無疑。餘條亦往往類此。

〔三八〕注「從水軟聲」下至「液汁也」　袁本、茶陵本無此十三字。

〔三九〕去穢累而飄輕　袁本、茶陵本「飄」作「彯」。案：後漢書作「票」。善不注，未審果何作。

〔四〇〕注「海中山也」　袁本、茶陵本「山」上有「神」字。

〔四一〕注「玄中記曰」下至「沉於大海」　袁本、茶陵本無此一百二十六字。

〔四二〕注「飲沆瀣」　袁本、茶陵本此下有「以長生」三字。

〔四三〕注「日出暘谷」　案：「暘」當作「湯」。各本皆誤。

〔四四〕注「海外東經曰」下至「有扶桑」　袁本、茶陵本無此十五字。

〔四五〕注「又如椹樹長丈」　袁本、茶陵本無「又如椹樹」四字，「長」下有「數千」二字。

〔四六〕注「楊雄太玄經曰」　案：「經」當作「賦」。各本皆誤。此賦古文苑載之。

〔四七〕注「昔禹致羣臣於會稽之山」　陳云「臣」當作「神」，是也。各本皆誤。

〔四八〕翩繽處彼湘濱　案：「繽」後漢書作「儐」。章懷注「翩，連翩也；儐，弃也」。善不注，未審果何作。其五臣翰注云「翩繽，美貌」，恐非善意。其字固不必作「繽」也，蓋涉下文「繽連翩兮紛暗曖」而誤，五臣因輒以「美貌」解之耳。

〔四九〕注「山海經曰洞庭之山」下至「遂號爲湘夫人也」　袁本、茶陵本無此一百八十三字。

〔五〇〕注「左氏傳」下至「爲祝融」　袁本、茶陵本無此十七字。

〔五一〕注「善曰爾雅曰沄沉也」　袁本、茶陵本無此八字。

〔五二〕注「自北户之外」　袁本、茶陵本「户」下有「孫」字。

〔五三〕注「北户孤竹」　袁本、茶陵本「孤竹」作「孫」。

〔五四〕注「方言曰」下至「躔行也」　袁本、茶陵本無此十字。

〔五五〕注「廣雅曰躊躇猶豫也」　袁本、茶陵本無此八字。

〔五六〕注「不壽者八百歲」　何校「不」改「下」，陳云「不」當依范書注作「下」，是也。各本皆譌。

〔五七〕注「字林曰潺湲流貌」　袁本、茶陵本無此七字。

〔五八〕注「太公金匱曰」下至「謂爲馮夷」　袁本、茶陵本無此十九字。

〔五九〕注「注曰馮夷」下至「而水仙」　袁本、茶陵本無此二十字。

〔六〇〕注「淮南子曰天子」　袁本、茶陵本此六字，作「又曰」二字。

〔六一〕注「予合韻音夷渚切」　袁本、茶陵本無此七字。

〔六二〕注「穆叔孫穆子」下至「走向齊」　袁本、茶陵本此十五字作「初穆子去叔孫氏」七字。

〔六三〕注「通之有子在齊」　袁本、茶陵本無「通之有子」四字。「在」作「適」。

〔六四〕注「旦而瞻其徒」下至「而從我矣」　袁本、茶陵本此三十八字作「魯人召之所宿庚宗之婦人獻以雉曰余子長」十八字。

〔六五〕注「詐謂外人」 袁本、茶陵本無此四字。

〔六六〕注「覆器」下至「而死」 袁本、茶陵本此十六字作「不食而卒」四字。

〔六七〕注「蒼頡篇讖書」下至「葬始皇酈山」 袁本、茶陵本無此三百三十七字。案：此亦非舊注也。若有之，善不煩於下更注矣。凡增多未是者，以此推之。

〔六八〕注「家甚貧」 袁本、茶陵本無「甚」字。

〔六九〕注「致貲巨萬及期忌司命之言」 袁本、茶陵本此十一字作「利及期」三字。

〔七〇〕注「與行旅者同宿」 袁本、茶陵本此六字作「同宿路」三字。

〔七一〕注「遂便貧困」 袁本，茶陵本無「便」字。

〔七二〕注「鄭玄曰孕任子也」 袁本，茶陵本無此七字。

〔七三〕注「慎者」下至「裨竈」 袁本、茶陵本無此十四字。

〔七四〕注「叔孫昭子曰」 袁本、茶陵本無「叔孫」二字。

〔七五〕注「叔孫之言」下至「不驗」 袁本、茶陵本無此十三字。

〔七六〕注「裨竈言于子産曰」下至「子産不予」 袁本、茶陵本無此三十一字。

〔七七〕注「遂不與」 袁本、茶陵本「遂」上有「是亦多言矣豈不或信」九字。

〔七八〕注「今言梓慎裨竈」下至「爲言事之難知也」 袁本、茶陵本無此二十七字。

〔七九〕注「善効人之子姪昆弟之狀」袁本、茶陵本「之狀」作「好扶邑丈人而道苦之」。

〔八〇〕注「邑丈人有之市而醉歸者」袁本、茶陵本「邑」作「黎丘」，無「有」字，「而醉」作「醉而」。

〔八一〕注「曰吾爲汝父也」下至「何故」袁本、茶陵本無此十九字。

〔八二〕注「孽矣無此事也」袁本、茶陵本無「矣」字，「此事」作「若」。

〔八三〕注「昔也」下至「可問也」袁本、茶陵本無此十一字。

〔八四〕注「是必奇鬼固嘗聞之矣」袁本、茶陵本「必」下有「夫」字，「鬼」下有「也我」二字，無「嘗」字、「矣」字。

〔八五〕注「復於市欲遇而刺殺之」袁本、茶陵本「復」下有「飲」字，無「殺」字。

〔八六〕注「明旦之市」袁本、茶陵本無「之市」二字。

〔八七〕注「遂往迎之」袁本、茶陵本無「往」字。

〔八八〕注「丈人望見之」袁本、茶陵本「見之」二字作「其真子」三字。

〔八九〕注「爾雅曰丁當也」袁本、茶陵本無此六字。

〔九〇〕毋緜攣以倖己兮　何校「倖」改「涬」，注同。茶陵本有校語云善作「倖」，袁本無。案：後漢書作「涬」。章懷引衡集注云「涬，引也」，與此舊注正合，恐善亦作「涬」，茶陵及尤所見「倖」字，傳寫誤也。

〔九一〕注「又曰周公若」袁本、茶陵本無「周公若」三字。

〔九二〕注「淮南子曰湯時」下至「即降大雨」　袁本、茶陵本無此五十五字。
〔九三〕注「自以爲犧牲」　袁本、茶陵本無「牲」字。
〔九四〕注「豈可除心腹之疾」　袁本、茶陵本無「豈可」二字。
〔九五〕注「民者國之本國無民」　袁本、茶陵本「者國之本」四字作「所以爲」三字。
〔九六〕注「如何傷本而救吾身乎」　袁本、茶陵本無此九字。
〔九七〕注「傳宣公十五年秋七月」下至「余汝所嫁婦人之父也」　袁本、茶陵本無此一百八十四字。何校乙去，云複雜不成文理。陳云別本無，當從之，削去爲是。案：所校是也。此等皆尤延之增多而誤者。
〔九八〕注「王逸曰」下至「志錯越也」　袁本，茶陵本無此十三字。
〔九九〕注「賈逵曰逼迫也爾雅曰」　袁本、茶陵本無「賈逵曰爾雅曰」六字。
〔一〇〇〕注「方言曰磑磑堅也」　袁本、茶陵本無「方言曰」三字。「堅也」作「高貌」。
〔一〇一〕注「説文曰拂」下至「騷動也」　袁本、茶陵本無此十九字。
〔一〇二〕注「王逸曰騷愁也合韻所流切」　袁本、茶陵本無此十一字，有「音脩」二字。
〔一〇三〕注「爾雅曰」下至「而遊其中」　袁本、茶陵本無此十五字。
〔一〇四〕注「文子曰騰」　袁本、茶陵本「騰」下有「蛇」字。
〔一〇五〕注「淮南子曰奔蛇廣雅曰」　袁本、茶陵本無此九字。

〔〇六〕坐太陰之屏室兮　袁本、茶陵本「屏」作「屛」。後漢書作「屛」。案：「屛」字是也。注中引説文「屏」，袁、茶陵誤作「屛」，尤校改正之，但誤并改正文耳。
〔〇七〕注「顓頊者黄帝之孫昌意之子」　袁本、茶陵本無此十一字。
〔〇八〕注「字林曰潚深清也」　袁本、茶陵本無此七字。
〔〇九〕慜墳羊之深潛　袁本云善作「深潛」。茶陵本云五臣作「潛深」，後漢書作「潛深」。陳云當作「潛深」。今案：「潛」字自協，似當仍其舊。
〔一〇〕注「瘖古陰字」　茶陵本此四字在注末。案：蓋善語也。凡移入舊注。袁本删之，皆非。又案：考舊注，凡引魏、晉以來書者，恐皆善注，舛誤各本所同，無以訂正，附著以俟更詳。
〔一一〕注「春秋外傳」　袁本、茶陵本無此四字。
〔一二〕注「淮南子曰」下至「土神」　袁本、茶陵本無此二十二字。
〔一三〕注「人面蛇身」下至「是燭九陰」　袁本、茶陵本無此三十二字。
〔一四〕注「是謂燭陰」　袁本、茶陵本「是謂」二字作「曰」。
〔一五〕注「鍾山有子」下至「而龍身」　袁本、茶陵本無此十三字。
〔一六〕注「字林曰慭謹敬也」　袁本、茶陵本無此七字。
〔一七〕注「西海之南」下至「又曰」　袁本、茶陵本無此四十九字。
〔一八〕注「説文曰姣好也廣雅曰」　袁本、茶陵本無此九字。

〔一九〕注「嫮目冥笑眉曼」　何校「冥」改「宜」，「眉」上添「蛾」字，陳同，是也。各本皆誤。

〔二〇〕注「方言曰袿謂之裾」　袁本無「方言曰之」四字。茶陵本無此七字。

〔二一〕注「環珠也下至「玉石之色」　袁本、茶陵本無此二十字。

〔二二〕注「葩華也」　袁本、茶陵本無此三字。

〔二三〕注「廣雅曰絪緼」下至「非此之用也」　袁本、茶陵本無此四十三字。

〔二四〕注「玉女宓妃言忘棄我實多」　袁本、茶陵本無此十字。

〔二五〕注「可以爲卿」　袁本、茶陵本無此四字。

〔二六〕注「淮南子曰崑崙虛」下至「高一萬一千里」　袁本、茶陵本無此三十三字。

〔二七〕注「食之長壽」　袁本、茶陵本無此四字。

〔二八〕注「古今通論曰不死樹在層城西」　袁本、茶陵本無此十二字。

〔二九〕注「瑶蘂也」　案：此有誤也，各本皆同，無以正之。

〔三〇〕注「爾雅曰斠酌也」　袁本、茶陵本無此六字。

〔三一〕注「王逸淮南言白水」　袁本、茶陵本「逸」下有「曰」字。

〔三二〕抨巫咸作占夢兮　袁本、茶陵本「作」作「使」，後漢書作「以」。

〔三三〕注「懿美也」　袁本、茶陵本「懿」上有「姑且也」三字。

〔三四〕注「韓詩曰静貞也」　袁本、茶陵本無此六字。

〔三五〕注「杜預曰姑且也」袁本、茶陵本無此六字。
〔三六〕注「言戒誓」下至「而來迎我也」袁本、茶陵本無此十六字。
〔三七〕注「爾雅曰暴雨」下至「爲涷雨」袁本、茶陵本無此二十三字。
〔三八〕注「森聚貌」袁本、茶陵本「聚」作「衆」，是也。
〔三九〕注「僕夫謂御車人也」袁本、茶陵本無此七字。
〔四〇〕注「八乘公上得從車八乘」袁本、茶陵本無此九字。
〔四一〕注「旌羽旒也」袁本、茶陵本無此四字。
〔四二〕注「字林曰溶水盛貌今取盛意」袁本、茶陵本無「字林曰水今取盛意」八字。
〔四三〕後委衡乎玄冥　袁本、茶陵本「衡」上有「水」字。袁校語云善有「後」字。茶陵校語云五臣無「後」字。陳云范書無「後」字。案：後漢書有「水」字，尤誤脱去。
〔四四〕懲澳涊而爲清　陳云「懲」范書作「澂」。袁、茶陵二本作「澄」，注同。案：蓋五臣作「澄」也。尤作「懲」，疑所見不同。舊注云「懲，騰也」，未詳其義，恐未必是。「澂」、「澄」字，今無以定之。
〔四五〕注「主簸物」袁本、茶陵本「物」作「揚」，是也。
〔四六〕拽雲旗之離離兮　袁本、茶陵本「拽」作「曳」，是也。後漢書作「曳」。
〔四七〕注「淮南子曰」下至「至疾」袁本、茶陵本無此十九字，有「楚辭」二字，屬下是也。

〔四八〕注「其樂也肜肜」　案：「肜肜」當作「融融」，觀下注可見。各本皆誤。

〔四九〕注「孔安國尚書傳注曰」　袁本、茶陵本無此八字。

〔五〇〕注「高誘淮南子注曰」　袁本、茶陵本無「高誘注」三字。

〔五一〕注「字林曰靖立也」　袁本、茶陵本無此六字。

〔五二〕注「閬閬其寥廓」　案：「閬」上當有「閌」字。各本皆脱。

〔五三〕注「漢書」下至「古善馭者」　袁本、茶陵本無此十四字。

〔五四〕注「山名此山之精」　袁本、茶陵本無此六字。

〔五五〕注「上爲星名封狼」　袁本、茶陵本「爲」下無「星名封」三字，「狼」下有「星」字。

〔五六〕注「禮記曰以日星爲紀」　袁本、茶陵本無此八字。

〔五七〕注「説文曰」下至「爲娩」　袁本、茶陵本無此十一字。

〔五八〕注「分布遠馳之貌」　袁本、茶陵本無此六字。

〔五九〕注「砊音苦郎切」　袁本、茶陵本「苦郎切」三字作「康」。

〔六〇〕乘焱忽兮馳虛無　袁本云善作「焱」。茶陵本云五臣作「猋」。案：各本所見皆非也。以善引甘泉賦服注及「上林歷駭猋」證之，不得作「焱」，正文及注皆傳寫誤。後漢書作「飈」。「猋」、「飈」同字，上文「迅猋潚其媵我兮」及注，同此。

〔六一〕注「倚閶闔而望兮」　案：「兮」當作「予」，各本皆誤。

〔六二〕注「爾雅曰鍇鳥隼」下至「及鳴鳶也」　袁本、茶陵本無此三十字。

〔六三〕夕惕若厲以省諐兮　茶陵本「諐」作「𠎝」，後漢書作「𠎝」，是也。袁本亦誤「𠎝」。長門賦同此。

〔六四〕何必歷遠以劬勞　袁本、茶陵本云善無「必」字。案：後漢書有「必」字，疑二本所見傳寫脱。

〔六五〕注「言繫一賦之前意也」　袁本無「言」字、「前」字。茶陵本「言」作「重」。

〔六六〕注「老子曰天長地久」　袁本「子」下有「德經」二字，「久」下有「篇」字。茶陵本無。案：「曰」似當作「有」，篇謂章也。

〔六七〕注「天地」下至「故能長生」　袁本、茶陵本無此十七字。

〔六八〕注「京房易傳曰」下至「一清」　袁本、茶陵本無此十字。

〔六九〕注「遠度世以忘歸」　袁本、茶陵本「度」作「渡」。案：二本正文校語云善「渡」、五臣「度」。後漢書作「度」。或「渡」字傳寫誤，未必是也。

〔七〇〕注「説文曰逞極也」　袁本、茶陵本無此六字。

〔七一〕注「注慍怨也」下至「忞恨也」　袁本、茶陵本無此二十字。

〔七二〕注「又曰」　袁本、茶陵本無此二字。

〔七三〕注「注不如鳥奮翼而飛去」　袁本、茶陵本作「悄悄憂貌吝恨也言怨小人在朝恨不如鳥奮翼而去」。

〔一四〕注「臣不遇於君」下至「厚之至也」　袁本、茶陵本無此十三字。

〔一五〕注「公羊傳曰」下至「猶提將也」　袁本、茶陵本無此十六字。

〔一六〕迴志朅來從玄謀　何校「謀」改「諆」，云後漢書作「諆」。今案：章懷注云「諆」或作「謀」。善不注此字，未必作「諆」，且「謀」字自協，當依其舊。陳云別本作「諆」，今未見，必誤涉後漢書耳。

〔一七〕注「夫復也」　袁本、茶陵本無此三字。

歸田賦

張平子　歸田賦者，張衡仕不得志，欲歸於田，因作此賦。凡在曰朝，不曰歸田〔一〕。

遊都邑以永久，無明略以佐時。徒臨川以羨魚，俟河清乎未期。都，謂京都。永，長也。久，滯也。言久淹滯於京都，而無知略以匡佐其時君也。字林曰：羨，貪欲也〔二〕。淮南子曰：臨河羨魚，不如歸家織網。高誘曰：羨，願也。易乾鑿度曰：天降嘉應，河清，清三日，變爲赤，赤變三日。鄭玄曰：聖王爲政治平之所致〔三〕。感蔡子之慷慨，從唐生以決疑。史記曰：蔡澤，燕人，遊學于諸侯，不遇，從唐舉相，舉熟視而笑曰：先生偈鼻戴肩，魋頤蹙頞，顜頤膝攣〔四〕。吾聞聖人不相，殆先生乎？澤知舉戲之，乃曰：富貴吾所自取，吾不知者壽也，願聞之。舉曰：先生之壽，從今以往者四十三歲。澤笑而謝去，謂御者曰：吾持粱刺齒肥，躍疾驅，懷黃金之印，結紫綬於腰，揖讓人主之前，食肉富貴，四十一年足矣！及入秦，昭王召見與語，大説，拜爲客卿，遂代范睢爲秦相〔五〕。説文曰：慷慨，壯士不得志於心也。諒天道之微昧，追漁父以同嬉。諒，信也。微昧，幽隱〔六〕。司馬遷悲士不遇賦曰：天道悠昧。楚辭曰：屈原既放，漁父見而問之曰：子非三閭大夫歟？漁父悠爾而笑，鼓枻而去〔七〕。王逸楚辭序曰：漁父避世隱身，釣魚江湖，欣然而樂。漁父歌曰：滄浪之水清，可以濯吾纓；滄浪之水渌〔八〕，可以濯吾足。嬉，樂也。超埃塵以遐逝，與世事乎長辭。世務紛濁，以喻塵埃。莊子曰：遊乎塵埃之外。

於是仲春令月，時和氣清。儀禮曰：令月，吉日。鄭玄曰：令，善也。原隰鬱茂，百草滋榮。王雎鼓翼，鶬鶊哀鳴〔九〕。雎鳩，王鳩也。郭璞曰：雕類也。爾雅曰：倉庚，黃鸝也。鸝，音利。交頸頡頏，關關嚶嚶。頡頏，上下也〔一〇〕。毛萇詩傳曰：飛而上曰頡，飛而下曰頏。爾雅曰：關關噰噰〔一一〕，音聲和也。釋訓曰：丁丁嚶嚶，相切直也。注：嚶嚶，兩鳥鳴也〔一二〕。於焉逍遥，聊以娱情。毛詩曰：於焉逍遥。廣雅曰：逍遥，儴徉也〔一三〕。爾乃龍吟方澤，虎嘯山丘。言己從容吟嘯，類乎龍虎。春秋元命苞曰：杓星高則羣龍吟。淮南子曰：龍吟而景雲至〔一四〕，虎嘯而谷風臻〔一五〕。仰飛纖繳，俯釣長流。觸矢而斃，貪餌吞鉤。觸矢，射也。吞鉤，釣也〔一六〕。楚辭曰：知貪餌而近斃。落雲間之逸禽，懸淵沈之魦鰡。列子曰：詹何以獨繭爲綸，芒針爲鉤，引盈車之魚於百仞之淵。楚王問其故，詹何曰：蒲且子之弋，弱弓纖繳，連雙鶬於青雲之際。臣因學釣五年，始盡其道。毛萇詩傳曰：魦，鮀也。字指曰：鰡，魦屬。于時曜靈俄景，係以望舒。廣雅曰：曜靈，日也。王逸楚辭注曰：望舒，月御也。俄，斜也。極般遊之至樂，雖日夕而忘劬。尚書曰：般遊無度。感老氏之遺誡，將迴駕乎蓬廬。老子曰：馳騁田獵，令人心發狂。注曰：精神安静，馳騁呼吸，精散氣亡，故發狂。劉向雅琴賦曰：潛坐蓬廬之中，巖石之下。彈五絃之妙指，詠周孔之圖書。五絃，琴也。禮記曰：舜作五絃之琴，以歌南風。鄭玄注曰：南風，長養之風也。毛詩曰：南風之薰兮，可以解吾民之愠兮〔一七〕。蔡邕琴操曰：伏羲氏作琴，絃有五者，象五行也。周，周公；孔，孔子也。揮翰墨以奮藻，陳三皇之軌模。賈逵國語注曰：軌，法也。鄭玄毛詩箋曰：模，法也，莫奴切。苟縱心於物外，安知榮辱之所如？班固漢書述賈、鄒、枚、路曰：榮如辱如，有機有樞。劉德曰：易曰：樞機之發，榮辱之主也。張晏曰：乍榮乍辱。如，辭也〔一八〕。

文選考異

〔一〕注「歸田賦者」下至「不曰歸田」　袁本、茶陵本無此二十六字。

〔二〕注「都謂京都」下至「羡貪欲也」　袁本、茶陵本無此三十五字。

〔三〕注「易乾鑿度曰」下至「治平之所致」　袁本無此三十三字，有「河清已見上」。茶陵本所複出，與此全異，亦非。

〔四〕注「顙頤膝攣」　袁本、茶陵本無此四字。

〔五〕注「謂御者曰」下至「爲秦相」　袁本、茶陵本無此六十一字。

〔六〕注「諒信也微味幽隱」袁本、茶陵本無此七字。

〔七〕注「楚辭曰」下至「鼓枻而去」袁本、茶陵本無此三十一字。

〔八〕注「滄浪之水渌」袁本、茶陵本「渌」作「濁」。案：「渌」字大誤。

〔九〕鶬鶊哀鳴　袁本、茶陵本「鶬鶊」作「倉庚」。案：二本是也，注中字作「倉庚」可證。

〔一〇〕注「頡頏上下也」袁本、茶陵本無此五字。

〔一一〕注「關關嚶嚶」袁本、茶陵本「嚶嚶」作「嚶嚶」。案：此尤校改，但疑善别據爾雅異本引之也。

〔一二〕注「釋訓曰」下至「兩鳥鳴也」袁本、茶陵本無此十八字。

〔一三〕注「廣雅曰逍遥儴徉也」袁本、茶陵本無此八字。

〔一四〕注「龍吟而景雲至」袁本、茶陵本無此六字。

〔一五〕注「而谷風轃」袁本、茶陵本「轃」作「至」。案：尤校添上句并改也。

〔一六〕注「觸矢射也吞鉤釣也」袁本、茶陵本無此八字。

〔一七〕注「鄭玄注曰」下至「可以解吾民之愠兮」袁本、茶陵本無此二十七字。

〔一八〕注「劉德曰」下至「如辭也」袁本、茶陵本無此二十四字。

文選卷第十六

志下　哀傷

志下

閑居賦并序　閑居賦者，此蓋取於禮篇不知世事閑静居坐之意也。

潘安仁　晉武帝時人也。

岳嘗讀汲黯傳，至司馬安四至九卿，而良史書之，題以巧宦之目〔一〕，未嘗不慨然廢書而歎。漢書汲黯傳曰：黯姊子司馬安，文深善巧宦〔二〕，四至九卿，以河南太守卒。班固司馬遷贊曰：遷有良史之才。李陵書曰：能不慨然。史記，太史公曰：始齊之蒯通讀樂毅報燕王書，未嘗不廢書而泣。漢書，司馬安，黯姊子也。與長孺同傳。爲人謟佞，善事上下，故四至九卿之位。班固曰：安文善巧，故每讀其傳而歎息〔三〕。黠，於滅切。字林曰〔四〕：慨，仕不得志〔五〕。許既切。曰：嗟乎！巧誠有之，拙亦宜然。言誠有巧宦之理，拙固有之〔六〕。西京賦曰：小必有之，大亦宜然。顧常以爲士之生也，非至聖無軌微妙玄通者，鄭玄毛詩箋曰：顧，念也。周易曰：用無常道，事無軌度。廣雅曰：軌，迹也。老子曰：善行無轍跡。又曰：古之善爲士者，微妙玄通，深不可識。河上公曰：玄，天也。言其節志精微，與天通也。則必立功立事，効當年之用。漢書，平當書曰：建功立事，可以永年。延篤與張奐書曰：烈士殉名，立功立事也。杜預左氏傳注曰：効，致也。是以資忠履信以進德，脩辭立誠以居業。周易曰：履信思乎順。又曰：君子進德脩業，忠信所以進德也，脩辭立誠所以居業也。

僕少竊鄉曲之譽，燕丹子，夏扶曰：士無鄉曲之譽，則未可與論行也。忝司空太尉之命，所奉之主，即太宰魯武公其人也，舉秀才爲郎。臧榮緒晉書曰：賈充，字公閭，封魯公，爲司空，轉太尉，薨，贈太宰，謚武公。又曰：岳弱冠，太尉舉秀才。爾雅曰：忝，辱也。命，謂舉命之。爾雅曰：命，告也。凡尊者之言曰命。孝經曰：則周公其人也。逮事世祖武皇帝，臧榮緒晉書武紀曰：帝諱炎，字安世〔七〕。崩，上號世祖。禮記曰：逮事父母。爲河陽懷令，臧榮緒晉書曰：岳出爲河陽令，轉懷令。漢書，河内郡有懷縣、河陽縣也。尚書郎，廷尉平。臧榮緒晉書：岳頻宰二邑，勤於政績，調補尚書郎，遷廷尉平，爲公事免官。漢書曰：宣帝初置廷尉左右平，秩皆六百石。平，皮命切。今天子諒闇之際，天子，惠帝也。諒闇，今謂凶廬裏寒涼幽闇之處，故曰諒闇〔八〕。領太傅主簿。府主誅，除名爲民。臧榮緒晉書曰：楊駿爲太傅，輔政，高選吏佐，引岳爲太傅主簿。駿誅，除名。俄而復官，除長安令。何休公羊傳注曰：俄者，須臾之間也。漢書音義，如淳曰：凡言除者，除故官就新官也。遷博士，未召拜，親疾，輒去官免。自弱冠涉乎知命之年，禮記曰：二十曰弱冠。論語，子曰：五十而知天命。孔安國曰：知天命之終始〔九〕。八徙官而一進階，再免，一除名，一不拜職，遷者三而已矣。八徙官，謂舉秀才，爲郎，河陽令，懷令，尚書郎，廷尉平，領太傅主簿，長安令，遷博士也。一除名謂太傅主簿，府誅，除名爲民也。一不拜職，謂遷博士未召拜，親疾，輒去官也〔一〇〕。一進階，謂從懷令爲尚書郎也。再免，謂任廷尉平，以公事免，遷博士以去官免也。三遷，謂廷尉平，領太傅主簿，及遷博士也。雖通塞有遇，抑亦拙者之効也。周易曰：不出户庭，知通塞也。漢書，楊雄曰：以爲遇不遇命也。廣雅曰：効，驗也。昔通人和長輿之論余也，固謂拙於用多。論衡曰：博覽古今者爲通人。臧榮緒晉書曰：和嶠，字長輿。莊子謂惠子曰：夫子固拙於用大。尚書，周公曰：予多才多藝〔一一〕。稱多則吾豈敢，言拙信而有徵。論語，孔子曰：若聖與仁，則吾豈敢。左氏傳，叔向曰：君子之言，信而有徵。方今俊乂在官，百工惟時，方今，猶正今也。廣雅曰：方，正也〔一二〕。尚書曰：俊乂在官。又曰：百工惟時。孔安國曰：百工皆是言政無非〔一三〕。拙者可以絶意乎寵榮之事矣。太夫人在堂，有羸老之疾，漢書曰：列侯太夫人。如淳曰：列侯之妻稱夫人。列侯死，子復爲列侯，乃得稱太夫人。左氏傳，荀罃曰：余羸老矣〔一四〕。王隱晉書曰：岳母寒以數戒焉〔一五〕。尚何能違膝下色養，而屑屑從斗筲之役乎。孝經曰：故親生之膝下，以養父母日嚴。

論語，子夏問孝，子曰：色難。左氏傳，晉侯謂汝叔齊曰：魯侯善禮。叔齊曰：而屑屑焉習儀以亟。方言曰：屑屑，不靜也。論語，子曰：噫，斗筲之人，何足筭也。鄭玄曰：筲，竹器也，容斗二升〔一六〕。袁宏後漢紀，郭林宗曰：大丈夫焉能久處斗筲之役乎。

於是覽止足之分，庶浮雲之志，老子曰：知足不辱，知止不殆。注：知足之人，絶利去欲，不辱於身也。知可止則止，則財利不累於身，聲色不亂於耳目，終身不危殆也〔一七〕。論語，孔子曰：不義而富且貴，於我如浮雲。班固答賓戲曰：仲尼抗浮雲之志。築室種樹，逍遥自得。毛詩曰：築室百堵。漢書，景帝詔曰：藝種樹可衣食物。莊子，善卷曰：余日出而作，日入而息，逍遥於天地之間，而心意自得。家語曰：原憲衣弊衣冠，衎然有自得之志。池沼足以漁釣，春税足以代耕。説文曰：税，租也。禮記曰：夫禄足以代其耕。灌園粥蔬〔一八〕，以供朝夕之膳；列女傳曰：於陵子仲〔一九〕爲人灌園。字書曰：粥，賣也。粥與鬻音義同。説文曰：膳，具食也。牧羊酤酪，以俟伏臘之費。鄭玄周易注曰：牧，養也。廣雅曰：酤，賣也。古護切。釋名曰：酪，乳汁所作也。漢書，秦德公作伏祠。孟康曰：六月伏日。歷忌釋曰：伏者何也，金氣伏藏之日也。四時代謝，皆以相生。立春木代水，水生木。立夏火代木，木生火。立冬水代金，金生水。至於立秋，以金代火。金畏火，故至庚日必伏，庚者金故也。臘者，風俗通禮傳曰：夏曰嘉平，殷曰清祀，周曰大蜡，漢改爲臘。臘，獵也，言獵取禽獸以祭其先祖，故曰臘也。秦孝公始置伏，始皇改臘曰嘉平〔二〇〕。孝乎惟孝，友于兄弟，此亦拙者之爲政也。論語，或謂孔子曰：子奚不爲政？子曰：書云：孝乎，惟孝友于兄弟，施于有政，是亦爲政，奚其爲爲政。包氏曰：孝乎惟孝，美大孝之辭也。友于兄弟，善於兄弟也。施，行也。所行有政道，即與爲政同也〔二一〕。乃作閑居賦，以歌事遂情焉。韓詩序曰：勞者歌其事。聲類曰：遂，從意也。其辭曰：傲墳素之場圃〔二二〕，步先哲之高衢。左氏傳，楚靈王曰：左史倚相能讀三墳、五典、八索、九丘。賈逵曰：三墳，三皇之書。五典，五帝之典。八索，素王之法。九丘，亡國之戒。墳，大也，言三皇之大道。孔子作春秋，素王之文也〔二三〕。上林賦曰：翱翔乎書圃。登樓賦曰：假高衢而騁力。雖吾顔之云厚，猶内媿於甯蘧。有道吾不仕，無道吾不愚。尚書曰：顔厚有忸怩。楚漢春秋，韓信曰：臣内媿於心。論語，子曰：甯武子，邦有道則智，邦無道則愚。其智可及也，其愚不可及也〔二四〕。又曰：君子哉蘧伯玉。邦有道則仕，邦無道則卷而懷之。何巧智之不足，而拙艱之有餘也。管子曰：巧者有餘而拙者不足。

於是退而閑居，于洛之涘。楊佺期洛陽記曰：城南七里，名曰洛水。蔡邕祓禊文曰：自求多福，在洛之涘。毛萇詩傳曰：涘，猶涯也。身齊逸民，名綴下士。論語，子曰：逸民伯夷、叔齊、虞仲、夷逸、朱張、柳下惠、少連。注：逸民者，節行超逸也。禮記王制，禄爵，公、侯、伯、子、男，凡五等〔二五〕。禮記曰：諸侯之上大夫卿、下大夫、上士、中士、下士，凡五等。陪京泝伊，面郊後市。南都賦曰：陪京之陽。薛綜東京賦注曰：泝，向也。楊佺期洛陽記曰：洛水之南，名曰伊水。周禮曰：面朝後市。鄭玄儀禮注曰：面，前也。陸機洛陽記曰：洛陽凡三市：大市名曰金市，公觀之西；城中馬市，在大城之東；洛陽縣市在大城南。然此市，洛陽縣也。浮梁黝以徑度，靈臺傑其高峙。河南郡縣境界簿曰：城南五里，洛水浮橋。方言曰：造舟謂之浮梁。郭璞曰：即今浮橋。爾雅曰：地謂之黝。説文曰：黝，微青黑色，於糾切〔二六〕。楚辭曰：不能淩波以徑度。陸機洛陽記曰：靈臺在洛陽南，去城三里。毛萇詩傳曰：傑，特立也。思玄賦曰：松喬高跱孰能離。徐爰射雉賦注曰：峙，立也。闕天文之祕奧，究人事之終始。日、月、五星，天之文也。陸賈新語曰：楚王作乾谿之臺，闕天文。謝承後漢書曰：姚俊尤明圖緯祕奧。字書曰：祕，密也。廣雅曰：奧，藏也。禮含文嘉曰：禮，天子靈臺，以考觀天人之際，法陰陽之會。易曰：歸妹，人之終始也。其西則有元戎禁營，玄幙緑徽。其西，宅之西也。元戎，兵車也。詩曰：元戎十乘，以先啓行。禁營，謂五營也。陸機洛陽記曰：五營校尉，前後左右將軍府，皆在城中，陸機既不言所處，難得而詳也。鄭玄禮記注曰：徽，旌旗之名也。谿子巨黍，異絭同機。史記，蘇秦説韓王曰：谿子、巨黍者，皆射六百步之外。許慎曰：南方谿子蠻夷柘弩，皆善材也。孫卿子曰：繁弱巨黍，古之良弓。異絭同機，言弩絭雖異而同一機也。漢書音義，張晏曰：連弩三十絭共一臂。然絭，弩弓也。李奇曰：絭，弓也。字林曰：絭，音卷。孔安國尚書傳曰：機，弩牙也。本或爲異卷同歸，誤也。礮石雷駭，激矢虻飛。礮石，今之拋石也，皆匹孝切。廣雅曰：駭，起也。吕氏春秋曰：激矢遠。法言曰：羿激矢。范蠡兵法，飛石重二十斤，爲機發行三百步。東觀漢記，光武作飛虻箭以攻赤眉。廣雅曰：虻，飛箭名也。方言曰：凡箭三鎌，謂之羊頭。三鎌長六尺，謂之飛虻。郭璞曰：此謂今之射箭也。鎌，稜也。以先啓行，耀我皇威。詩曰：元戎十乘，以先啓行。西都賦曰：耀皇威而講武事。其東則有明堂辟廱，清穆敞閑。陸機洛陽記曰：辟廱，在靈臺東，相去一里，俱魏武所徙。三輔黄圖，大司徒宫奏曰：明堂、辟廱，其實一也。毛詩曰：於穆清廟。洞簫賦曰：又足樂乎，其敞閑也。環林縈映，圓海迴淵。三輔黄圖曰：明堂、辟廱，水四周於外，象四海也。仲長昌言曰：溝池自周，竹木自環。白虎通曰：天子立辟廱者，所以行禮樂，宣教化。辟者，象璧圓以法天；廱者，擁之以水，象教化流行也。班固東都賦曰：曷若辟雍海流〔二七〕。聿追孝以嚴父，宗文考以配天。毛萇詩傳曰：聿，述也。南都賦曰：奉先祖而追孝。孝經曰：孝莫大於嚴父，嚴父莫大於配天。又曰：宗祀文王於明堂，以配上帝。文考，謂晉文王也。尚書曰：惟予文考。祇聖敬以明順，養更老以崇年。言尊祖父以配天，所以明順也。養三老五更，所以崇年也。韓詩曰：湯降不遲，聖敬日躋。言湯聖敬之道，上聞於天。白虎通曰：禮三老於明堂，所以教諸侯孝也。禮五更於太學，所以教諸侯弟也。

若乃背冬涉春，陰謝陽施。七發曰：於是背秋涉冬。神農本草曰：春夏爲陽，秋冬爲陰。楚辭曰：青春爰謝。王逸曰：謝，去也。莊子曰：隨四時之施。漢書曰：陰陽之施化，萬物之終始。施，猶布也。天子有事于柴燎，以郊祖而展義。左氏傳，宰孔曰：天子有事於文武。杜預曰：有祭事也。爾雅曰：祭天曰燔柴。郭璞曰：既祭，積薪燒之。周禮曰：以禋祀祀昊天上帝，以實柴祀日月星辰，以槱燎祀司中司命。鄭司農曰：三祀皆積柴，實牲體焉。燔燎而生煙，以報陽也。禮記曰：周人禘嚳而郊稷。鄭玄曰：禘郊祖宗，謂祀祭以食也。左氏傳曰：天子非展義不巡狩。張鈞天之廣樂，備千乘之萬騎〔二八〕。史記，趙簡子曰：我之帝所，與百神遊於鈞天，廣樂九奏萬舞。蔡邕獨斷曰：大法駕，備千乘萬騎。服振振以齊玄，管啾啾而並吹。左氏傳，卜偃曰：童謠云，袀服振振，音真。服虔曰：袀服，黑服也。杜預曰：振振，威貌也。説文曰：袀，玄服也，音均。風俗通曰：竹曰管。郭璞爾雅注曰：管長尺圍寸，併吹之，有底。賈氏以爲如篪六孔。風俗通曰：漢帝時，零陵文學奚景仲於泠道舜祠下得玉管，後人易之以竹〔二九〕。王逸楚辭注曰：啾啾，鳴聲也。煌煌乎，隱隱乎，蒼頡篇曰：煌煌，光明也。上林賦曰：煌煌扈扈。隱隱，盛也。又曰：沈沈隱隱。一作殷殷，音義同。兹禮容之壯觀，而王制之巨麗也。春秋考異郵曰：飾禮容，成文法。史記曰：孔子陳俎豆，設禮容。漢書，龔遂曰：坐則誦詩、書，立則習禮容。史記曰：天下之壯觀。上林賦曰：君未覩夫巨麗。兩學齊列，雙宇如一。郭緣生述征記曰：國學在辟廱東北五里，太學在國學東二百步。魯靈光殿賦曰：萬户如一。右延國胄，左納良逸。爾雅曰：延，進也。國學教胄子，太學招賢良。太學在國學東〔三〇〕。尚書曰：夔教胄子。李尤明堂銘曰：夏進賢良。祁祁生徒，濟濟儒術。安革猛詩曰〔三一〕：祁祁我徒。毛詩曰：來假祁祁。又曰〔三二〕：濟濟多士。班固公孫弘贊曰：蕭望之以儒術進。或升之堂，或入之室。家語，衛將軍文子問於子貢曰：吾聞孔子之施教也，成之以文德，蓋入室升堂七十餘人。教無常師，道在則是。尚書曰：德無常師，主善爲師。蔡邕勸學篇曰：人無貴賤，道在則尊。論語，叔孫武叔曰：吾亦何常師之有，道在則是。言有道則可以爲師〔三三〕。故髦士投紱，名王懷璽。言棄紱藏璽，咸來學也。毛詩曰：髦士攸宜。爾雅曰：髦，俊也。漢書曰：匈奴單于遣名王奉獻。西京賦曰：懷璽藏紱。訓若風行，應如草靡。論語，孔子曰：君子之德風，小人之德草，草上之風必偃。此里仁所以爲美，論語曰：里仁爲美。鄭玄曰：里者，人之所居也。居於仁者之里，是爲善也。孟母所以三徙也。列女傳曰：孟母舍近墓，孟子嬉戲爲墓間之事。孟母曰：此非所以居子處也。乃去，舍市旁，其子嬉戲爲賈衒。孟母又曰：此非所以居子處也。乃舍學宫之旁，其子嬉戲乃設俎豆，進退揖讓。孟母曰：此真可以居子矣。遂居之。及孟子長，學六藝，卒成大儒。爰定我居，築室穿池。毛詩曰：築室百堵〔三四〕。莊子，孔子曰：魚相造于水者，穿池而養給。長楊映沼，芳枳樹籬。馮衍顯志賦曰：揵六枳而爲籬。游鱗瀺灂，菡萏敷披。瀺灂，出没貌。高唐賦曰：

巨石溺之瀺灂。毛萇詩傳曰：菡萏，荷華。竹木蓊藹，靈果參差。張公大谷之梨，梁侯烏椑之柿，廣志曰：洛陽北芒山有張公夏梨，甚甘〔三五〕，海内唯有一樹。大谷，未詳。西京雜記曰：上林苑有烏椑木。廣志曰：梁國侯家有烏椑，甚美，世罕得之〔三六〕。椑，方彌切。周文弱枝之棗，房陵朱仲之李，西京雜記曰：上林苑有弱枝棗。廣志曰：周文王時有弱枝之棗，甚美，禁之不令人取，置樹苑中〔三七〕。王逸荔枝賦曰：房陵縹李。荆州記曰：房陵縣有好棗，甚美，仙人朱仲來竊〔三八〕。大山肅亦稱學問，讀岳賦周文弱枝之棗，爲杖策之杖。世本容成造歷，爲碓磨之磨〔三九〕。靡不畢殖。蒼頡篇曰：殖，種也。三桃表櫻胡之別，二柰曜丹白之色。漢書音義曰：櫻桃，含桃也。爾雅曰：荆桃，今櫻桃也。冬桃子，冬熟也。榹桃，山桃也，實似桃而小，不解核〔四〇〕。西京雜記曰：上林苑有胡桃，出西域。廣志曰：張掖有白柰，酒泉有赤柰。石榴蒲陶之珍，磊落蔓衍乎其側。石榴，即若榴也。蒲陶，似燕薁。磊落，實貌。蔓衍，長也。博物志曰：張騫使大夏，得石榴。李廣利爲貳師將軍，伐大宛，得蒲陶。梅杏郁棣之屬，繁榮麗藻之飾。郁，今之郁李。棣，實似櫻桃也〔四一〕。張揖上林賦注曰：薁，山李也。郁與薁音義同。郭璞上林賦注曰：棣，實似櫻桃。華實照爛，言所不能極也。春秋文耀鉤曰：春致其時，華實乃榮。菜則葱韭蒜芋，青筍紫薑。菫薺甘旨，蓼荾芬芳〔四二〕。毛詩曰：菫荼如飴。毛萇曰：菫，菜也，居隱切。鄭玄儀禮注曰：葰，廉薑也〔四三〕。韻略曰：荾，香菜也，相惟切，與葰同〔四四〕。蘘荷依陰，時藿向陽。崔豹古今注曰：蘘荷，菜似薑〔四五〕，宜陰翳地，依陰而生也。鄭玄儀禮注曰：藿，豆葉也。曹子建求親表曰〔四六〕：葵藿之傾葉太陽。綠葵含露，白薤負霜。

於是凜秋暑退，熙春寒往。楚辭曰：竊獨悲此凜秋。字書曰：凜，寒也。左氏傳，張趯曰：火星中而寒暑乃退〔四七〕。老子曰：衆人熙熙，如登春臺。河上公注：熙熙，淫情欲也。熙春，陰陽交通，萬物感動，登臺觀之志意淫，故曰熙春。廣雅曰：熙，熾也〔四八〕。易曰：暑往則寒來。微雨新晴，六合清朗。呂氏春秋曰：神通乎六合。太夫人乃御版輿，升輕軒，禮記曰：諸侯曰夫人。注：夫之言扶也，言能以禮自扶。版輿，車名。傅暢晉諸公贊曰：傅祗以足疾，版輿上殿。版輿，一名步輿。周遷輿服雜事記曰：步輿方四尺，素木爲之，以皮爲襻，掆之，自天子至庶人通得乘之。遠覽王畿，近周家園。周禮曰：方千里曰王畿。體以行和，藥以勞宣。爾雅釋言曰：宣，徇偏也。郭璞注曰：皆周偏也〔四九〕。杜預左傳注曰：宣，散也。常膳載加，舊痾有痊。說文曰：痾，病也。莊子曰：今余病少痊。司馬彪曰：痊，除也。席長筵，列孫子。柳垂陰，車結軌。曹子建名都篇曰：列坐竟長筵。言屈軌不行也〔五〇〕。司馬相如難蜀父老曰：結軌還轅。張揖曰：結，猶屈也〔五一〕。陸摘紫房，水挂頳鯉。馬融高第頌曰：黄果揚芳，紫房潰漏。張載安石榴賦曰：紫房獨熟。毛萇詩傳曰：頳，赤也。或宴于林，或禊于汜。史記曰：武帝禊灞上。續漢書曰：三月上巳，宫人皆禊於東流水上，自洗濯，拂除宿疾垢也。風俗通曰：禊者，絜也。仲春之時，於水祓除，故事取於清絜也。爾雅曰：窮瀆曰汜。郭璞注曰：水無所通也。爾雅曰：水決復入曰汜。昆弟班白，兒童稚齒。王隱晉書曰：兄御史釋，弟燕令豹〔五二〕。禮記曰：班白不提挈。爾雅曰：幼，稚也。方言曰：稚，小也。稱萬壽以獻觴，咸一懼而一喜。毛詩曰：萬壽無疆。史記曰：武安君起爲壽。如淳曰：上酒爲稱壽。黄香天子頌曰：獻萬年之玉觴。論語，子曰：父母之年，不可不知，一則以喜，一則以懼。孔安國曰：見其壽則喜，見其衰老則懼〔五三〕。**壽觴舉，慈顏和。**舞賦曰：嚴顏和而怡懌。**浮杯樂飲，絲竹駢羅。**說苑曰：公承不仁舉大白浮君。廣雅曰：浮，罰也。漢書曰：陳平厚具樂飲太尉。風俗通曰：絲曰絃，竹曰管〔五四〕。西京賦曰：蓬萊而駢羅〔五五〕。**頓足起舞，抗音高歌。**楊惲報孫會宗書曰：奮袖低卬，頓足起舞。傅武仲儛賦曰：抗音高歌，爲樂之方〔五六〕。**人生安樂，孰知其佗？**佗，謂榮貴也。國語曰：晉文公適齊，齊侯妻之女，甚善焉。文公曰：人生安樂，孰知其佗。

退求己而自省，信用薄而才劣。論語，孔子曰：君子求諸己。曾子曰：旦就業，夕而自省。**奉周任之格言，敢陳力而就列。**論語，孔子曰：周任有言曰：陳力就列，不能者止。論語考比讖，賜問曰：格言成法，亦可以次序也。**幾陋身之不保，尚奚擬於明哲。**爾雅曰：幾，近也。孟子曰：士庶人不仁，不保四體。毛詩曰：既明且哲，以保其身。此安仁不自保，何更擬於昔之哲人，而登官位于世也〔五七〕。**仰衆妙而絕思，終優遊以養拙。**老子曰：玄之又玄，衆妙之門。毛詩曰：優哉游哉，亦是戾矣。鄭玄曰：戾，止也。優游自安止，言思不出其位。

文選考異

〔一〕而良史書之題以巧宧之目　袁本、茶陵本「書之題」三字作「題之」二字，「題」下校語云善作「書」。晉書作「書之題」，蓋尤延之依彼改也。

〔二〕注「文深善巧宦」　袁本、茶陵本作「巧善宦」三字。

〔三〕注「漢書司馬安」下至「而歎息」　袁本、茶陵本無此四十四字。

〔四〕注「字林曰」　袁本、茶陵本無此三字。

〔五〕注「仕不得志」　袁本、茶陵本無此四字。

〔六〕注「言誠有巧宦之理拙固有之」　袁本、茶陵本無此十一字。

〔七〕注「諱炎字安世」　袁本、茶陵本無此五字。

〔八〕注「諒闇」下至「故曰諒闇」　袁本無此十七字，有「及諒闇並已見西京賦」。案：袁本是也，但「京」當作「征」耳。茶陵本所複出，與此全異，皆非。

〔九〕注「孔安國曰知天命之終始」　袁本、茶陵本無此十字。

〔一〇〕注「八徙官」下至「輒去官也」　袁本、茶陵本無此六十四字。

〔一一〕注「周公曰予多才多藝」　袁本、茶陵本無此八字。

〔一二〕注「方今」下至「方正也」　袁本、茶陵本無此十二字。

〔一三〕注「孔安國曰」下至「言政無非」　袁本、茶陵本無此十二字。

〔一四〕注「余羸老矣」　袁本、茶陵本「矣」作「也」，是也。

〔一五〕注「王隱晉書曰岳母寒以數戒焉」　袁本、茶陵本無此十二字。

〔一六〕注「鄭玄曰」下至「容斗二升」　袁本、茶陵本無此十一字。

〔一七〕注「注知足之人」下至「終身不危殆也」　袁本、茶陵本無此三十九字。

〔一八〕灌園粥蔬　袁本、茶陵本「粥」作「鬻」，是也。晉書作「鬻」。

〔一九〕注「於陵子仲」　袁本、茶陵本「仲」作「曰終」二字。案：「終」字是也，「曰」字衍耳。此所引賢明傳文，尤改誤。

〔二〇〕注「故曰臘也」下至「改臘曰嘉平」　袁本、茶陵本無此十七字。

〔二一〕注「奚其爲爲政」下至「即與爲政同也」　袁本、茶陵本無此四十一字。

〔二二〕傲墳素之場圃　陳云：「傲」，晉書作「遨」，爲是。袁本、茶陵本「場」作「長」，晉書作「長」。案：二本所載五臣銑注云「以爲長圃嘯傲其中矣」，是其本作「傲」字、「長」字，善注未有明文，無以考也。

〔二三〕注「墳大也」下至「素王之文也」　袁本、茶陵本無此十九字。

〔二四〕注「其智」下至「不可及也」　袁本、茶陵本無此十一字。

〔二五〕注「虞仲夷逸」下至「子男凡五等」　袁本、茶陵本無此三十四字。何、陳校但去「禮記至凡五等」十四字，未是。

〔二六〕注「爾雅曰地」下至「於糾切」　袁本、茶陵本無此十八字，有「黝長貌」三字。今案：二本是也。「黝」者「坳」之同字也，玉篇長部有「坳」，云「於皎切」。「坳趆」，長不勁。廣韻二十九篠同。故善云長貌。安仁以之與下文「傑」字偶句。「坳」言梁之長，猶「傑」言臺之高，於地謂之幽，夐乎無涉。不知何人誤認，輒記於旁。尤延之不察，取而改之，讀者莫辨矣。又二本正文下有「於糾」二字，向注云「黝，橋貌」，蓋五臣不取長爲訓，而如字讀之，善義既全異，音亦未必同也。

〔二七〕注「仲長昌言曰」下至「曷若辟雍海流」　袁本、茶陵本無此六十三字。

〔二八〕備千乘之萬騎　何云「之」字疑。今案：各本皆同，晉書亦作「之」，無以考也。

〔二九〕注「郭璞爾雅注曰」下至「後人易之以竹」　袁本、茶陵本無此五十三字。

〔三〇〕注「太學在國學東」　茶陵本無此六字，袁本亦有。案：無者是也。上節注引述征記有斯語，不當再出。

〔三一〕注「安革猛詩曰」　案：「安」字衍，「革猛」當作「韋孟」。各本皆誤。依錢少詹大昕十駕齋養新録載海寧陳仲魚鱣説訂正。

〔三二〕注「來假祁祁又曰」　袁本、茶陵本無此六字。

〔三三〕注「言有道則可以爲師」　袁本、茶陵本無此八字。

〔三四〕注「毛詩曰築室百堵」　袁本作「築室已見上」，是也。茶陵本複出，非。

〔三五〕注「甚甘」　袁本無此二字。茶陵本此節多脱誤。案：凡二本之誤，多不更論。

〔三六〕注「廣志曰」下至「世罕得之」　袁本、茶陵本無此十六字。

〔三七〕注「廣志曰」下至「置樹苑中」　袁本、茶陵本無此二十字。

〔三八〕注「荆州記」下至「仙人朱仲來竊」　袁本、茶陵本無此十七字，有「周文朱仲未詳」六字。案：二本是也。此等皆尤增改之誤。

〔三九〕注「大山肅」下至「爲碓磨之磨」　袁本、茶陵本無此三十二字。案：無者是也。此見顔氏家訓勉學篇，必或記於旁，而尤誤取以增多者。彼「肅」上有「羊」字，記者失去，遂成誤中之誤。

〔四〇〕注「爾雅曰荆桃」下至「不解核」　袁本、茶陵本無此二十八字。案：二本是也。安仁自以桃、櫻桃、胡桃爲三桃。善注但有櫻桃、胡桃者，桃不須注耳。不知者乃記爾雅於旁，尤取之最誤。若善果引此，是荆冬山胡而四，并桃成五，與正文乖戾甚矣。凡增多之誤多此類。

〔四一〕注「棣實似櫻桃也」　袁本、茶陵本「實似」二字作「山」。案：「山」字是也。「實似」誤涉下。

〔四二〕蓼荾芬芳　袁本、茶陵本「荾」作「葰」，注同。案：二本是也。晉書作「葰」，「葰」「荾」同字。

〔四三〕注「鄭玄儀禮注曰蔆廉薑也」　袁本、茶陵本無此十字。此亦或記於正文及注旁，而尤誤取之者。

〔四四〕注「與蔆同」　袁本、茶陵本無此三字。

〔四五〕注「菜似薑」　袁本、茶陵本無此三字。

〔四六〕注「曹子建求親表曰」　何校「求」下添「通親」二字，陳同，是也。各本皆脱。

〔四七〕注「火星中而寒暑乃退」　袁本、茶陵本無「星」字、「而」字。

〔四八〕注「河上公注」下至「熙熾也」　袁本、茶陵本無此三十七字。

〔四九〕注「爾雅釋言曰」下至「皆周徧也」　袁本、茶陵本無此十七字。
〔五〇〕注「言屈軌不行也」　袁本、茶陵本「言」上有「結猶屈也」四字。
〔五一〕注「張揖曰結猶屈也」　袁本、茶陵本無此七字。
〔五二〕注「王隱晉書曰兄御史釋弟燕令豹」　袁本、茶陵本無此十三字。
〔五三〕注「孔安國曰」下至「則懼」　袁本、茶陵本無此十五字。
〔五四〕注「竹曰管」　袁本、茶陵本無此三字。
〔五五〕注「蓬萊而駢羅」　袁本、茶陵本「蓬」上有「夾」字。
〔五六〕注「爲樂之方」　袁本、茶陵本無「之」字。案：二本是也。彼賦善自無「之」字。
〔五七〕注「此安仁不自保」下至「而登官位于世也」　袁本、茶陵本無此二十一字。

哀傷

長門賦　并序

司馬長卿

孝武皇帝陳皇后時得幸，頗妒。別在長門宮，愁悶悲思。外戚傳曰：陳皇后者，長公主嫖女也。曾祖嬰，與項羽起，後歸漢，爲唐邑侯。傳子至孫午，午尚長公主，生女。初，武帝得立爲太子，長公主有力，取主女爲妃。及帝即位，立爲皇后，擅寵驕貴，十餘年而無子。聞衞子夫得幸，幾死者數焉。元光五年，坐女子楚服等爲皇后巫蠱祠祭呪詛，罷退歸長門宮。嫖，匹妙切。聞蜀郡成都司馬相如天下工爲文，奉黄金百斤〔一〕爲相如文君取酒，漢書曰：卓氏女文君既奔相如，相如與俱之臨邛賣酒舍，文君當壚，相如身自滌器於市。因于解悲愁之辭。鄭玄儀禮注曰：于，爲也。而相如爲文以悟主上，説文曰：悟，覺也。陳皇后復得親幸。字林曰：幸吉而免凶也〔二〕。其辭曰：

夫何一佳人兮，步逍遥以自虞。神女賦曰：夫何神女之妖麗。何休公羊傳注曰：據疑問不知者曰何。佳人，謂陳皇后也。楚辭曰：聞佳人兮召予。説文曰：佳，善也〔三〕。廣雅曰：佳，好也。爾雅曰：虞，度也。郭璞曰：謂測度也。言忖所爲被退在長門宮之事〔四〕。魂踰佚而不反兮，形枯槁而獨居。言精魂踰佚，形體枯槁，悲悴之甚也。蒼頡篇曰：佚，揚也。楚辭曰：神儵忽而不反兮，形枯槁而獨留。槁，古老切。言我朝往而暮來兮，飲食樂而忘人。我，武帝也。言帝昔許朝往暮來，幸臨於己。今以飲食恣樂而忘於爲人〔五〕。人，后自謂也。心慊移而不省故兮〔六〕，交得意而相親。鄭玄周禮注曰：慊，絶也。言帝心絶移，不省故舊，交在得意相親而已。慊字或從火，非〔七〕。爾雅曰：省，察也。慊，理兼切。

伊予志之慢愚兮，懷貞慤之懽心。蒼頡篇曰：懷，抱也。説文曰：慤，謹也〔八〕。鄭玄禮記注曰：慤，愿也，空角切。願賜問而自進兮，得尚君之玉音。願君問己，因而自進也。尚，猶奉也。毛詩曰：無金玉爾音。奉虛言而望誠兮，期城南之離宮。言奉君虛言而望爲誠實。離宮，即長門宮也，在城南。脩薄具而自設兮，君曾不肯乎幸臨。薄具，肴饌也〔九〕。史記曰：臨，親也。廓獨潛而專精兮，天漂漂而疾風。楚辭曰：悲愁窮慼兮獨處〔一〇〕。禮記曰：祥而廓然。鄭玄曰：憂悼在心之貌。登蘭臺而遥望兮，神怳怳而外淫。王逸楚辭注曰：怳，失意也。又曰：不安之意也〔一一〕。韓子曰：神不淫放則身全。廣雅曰：淫，游也。蘭臺，臺名。浮雲鬱而四塞兮，天窈窈而晝陰。毛萇詩傳曰：鬱，積也。楚辭曰：日窈冥兮羌晝晦。說文曰：窈，深遠也。雷殷殷而響起兮，聲象君之車音。言似君之車音也〔一二〕。毛詩曰：殷其雷。殷，音隱。飄風迴而起閨兮，舉帷幄之襜襜。楚辭曰：裳襜襜以含風。王逸曰：襜襜，搖貌。桂樹交而相紛兮，芳酷烈之誾誾。酷烈、誾誾，香氣盛也。誾，魚斤切。孔雀集而相存兮，玄猨嘯而長吟。說文曰：存，恤問也。翡翠脅翼而來萃兮，鸞鳳翔而北南〔一三〕。脅，斂也。萃，集也〔一四〕。

心憑噫而不舒兮，邪氣壯而攻中。憑噫，氣滿貌。字林曰：噫，飽出息也，乙戒切〔一五〕。管子曰：邪氣襲內，玉色乃衰。攻中，言攻其中心〔一六〕。下蘭臺而周覽兮，步從容於深宮。好色賦曰：周覽九土。尚書曰：從容以和。正殿塊以造天兮，鬱並起而穹崇。孔安國尚書傳曰：造，至也。郭璞方言注曰：鬱，壯大也。穹，崇高貌。間徙倚於東廂兮，觀夫靡靡而無窮。高誘呂氏春秋注曰：間，頃也，謂下蘭臺少頃也。郭璞方言注曰：靡靡，細好也。擠玉户以撼金鋪兮，聲噌吰而似鍾音。字林曰：擠，排也，子計切。説文曰：撼，摇也，胡感切。金鋪，以金爲鋪首也。噌吰，聲也。噌，音曾，吰，音宏。

刻木蘭以爲榱兮，飾文杏以爲梁。木蘭似桂木。文杏亦木名〔一七〕。羅丰茸之遊樹兮，離樓梧而相撑。丰茸，衆飾貌。遊樹，浮柱也。離樓，攢聚衆木貌。漢書音義，臣瓚曰：邪柱爲梧。字林曰：撑，柱也，直庚切。施瑰木之欂櫨兮，委參差以槺梁。方言曰：櫨，栱也〔一八〕。言以瑰奇之木，以爲欂櫨，委積參差，以承虚梁。説文曰：欂櫨，柱上枅也。方言曰：㝩，虚也。㝩與槺同，音康。時仿佛以物類兮，象積石之將將。楚辭曰：時仿佛而不見〔一九〕，心淳熱其若湯〔二〇〕。説文曰：髣髴，見不審諟也〔二一〕。尚書曰：導河積石。將，七羊切。五色炫以相曜兮，爛耀耀而成光。埤蒼曰：炫，光貌。廣雅曰：曜，照也。賈逵國語注曰：耀，明也。緻錯石之瓴甓兮，象瑇瑁之文章。鄭玄禮記注曰：緻，密也。錯石，雜衆石也。言累衆石令之密緻，以爲瓴甓。采色間雜，象瑇瑁之文章也。爾雅曰：瓴甋謂之甓。郭璞注曰：今江東呼甓爲甗甎〔二二〕。張羅綺之幔帷兮，垂楚組之連綱。尚書曰：荆州厥篚，玄纁璣組。孔安國曰：組，綬類也。周禮曰：幕人掌帷綬之事。鄭司農注曰：組綬所以繫帷也。

撫柱楣以從容兮，覽曲臺之央央。爾雅曰：楣謂之梁。三輔黄圖曰：未央東有曲臺殿。央央，廣貌。白鶴噭以哀號兮，孤雌跱於枯楊。廣雅曰：噭，鳴也。日黄昏而望絶兮，悵獨託於空堂。説文曰：悵，望恨也〔二三〕。懸明月以自照兮，徂清夜於洞房。楚辭曰：姱容脩態亘洞房。援雅琴以變調兮，奏愁思之不可長。宋玉風賦曰：援琴而鼓之。七略曰：雅琴，琴之言禁也，雅之言正也，君子守正以自禁也。賈逵國語注曰：援，引也。案流徵以却轉兮，聲幼妙而復揚。宋玉笛賦曰：吟清商，追流徵。幼，音要。貫歷覽其中操兮，意慷慨而自卬。言依曲次第，貫穿而歷覽之，志其中操也〔二四〕。中操，操之中也。論語曰：吾道一以貫之。琴道曰：琴有伯夷之操。窮則獨善其身，不失其操，故謂之操。自卬，激厲也〔二五〕。漢書，王章妻謂章曰：不自激卬。如淳注曰：激厲，抗揚之意也。卬，五郎切。左右悲而垂淚兮，涕流離而從横。自眼出曰涕〔二六〕。流離，涕垂貌。舒息悒而增欷兮，蹝履起而彷徨。息，歎息也。悒，於悒也。楚辭曰：憯悽增欷。蒼頡篇曰：欷，泣餘聲也。臣瓚漢書注曰：躡跟爲跕，挂趾爲蹝。説文曰：蹝，履也。一曰：鞮，鞮屬。鞮，革履也。蒼頡篇曰：躧，徐行貌〔二七〕。蹝與躧音義同。揄長袂以自翳兮，數昔日之諐殃。説文曰：揄，引也。爾雅曰：諐，過也。殃，咎也〔二八〕。無面目之可顯兮，遂頽思而就牀。廣雅曰：頽，壞也。言壞其思慮而就牀。摶芬若以爲枕兮，席荃蘭而茝香。芬、若、荃、蘭，皆香草也。言以爲枕席〔二九〕，冀君來而幸臨也。廣雅曰〔三〇〕：摶，著也，段丸切。

忽寢寐而夢想兮，魄若君之在旁。琴操，聶政之妻曰：聶政出遊，七年不歸，吾常夢想思見之。惕寤覺而無見兮〔三一〕，魂迋迋若有亡。迋迋，恐懼之貌，狂往切。楚辭曰：魂迋迋而南行。王逸曰：迋迋，惶遽貌〔三二〕。莊子曰：君惝然若有亡。衆雞鳴而愁予兮，起視月之精光。楚辭曰：目眇眇兮愁予。觀衆星之行列兮，畢昴出於東方。言將曉也。淮南子曰：西方其星昴畢，今出東方，謂五月、六月也。爾雅曰：噣謂之畢。又曰：大梁昴也〔三三〕。望中庭之藹藹兮，若季秋之降霜。藹藹，月光微闇之貌。禮記曰：季秋之月，霜始降。**夜曼曼其若歲兮，懷鬱鬱其不可再更。**楚辭曰：終長夜之曼曼。又曰：望孟夏之短夜，何明晦之若歲。曼曼，長也，一作漫漫〔三四〕。又曰：心鬱鬱之憂思兮，獨永歎而增傷。鄭玄周禮注曰：鬱，不舒散也。越絶書，計倪曰：會稽之飢，不可再更。更，歷也〔三五〕。**澹偃蹇而待曙兮，荒亭亭而復明。**説文曰：澹，摇也。李奇曰：澹，猶動也。偃蹇，佇立貌也。楚辭曰：思不眠而極曙。王逸曰：曙，明也。莊子：廣成子謂黄帝曰：自汝治天下，日月之光，益以荒矣。然荒，欲明貌。亭亭，遠貌。云將至之意〔三六〕。**妾人竊自悲兮，究年歲而不敢忘。**管子，婦對桓公曰：妾人聞之，非有内憂，必有外患。不敢忘，不敢忘君也。

文選考異

〔一〕奉黄金百斤　袁、茶陵校語云善無「黄」字。案：此尤校添之也。

〔二〕注「字林曰幸吉而免凶也」　袁本、茶陵本無此九字。

〔三〕注「説文曰佳善也」　袁本、茶陵本無此六字。

〔四〕注「言忖所爲被退在長門宫之事」　袁本、茶陵本無此十二字。

〔五〕注「而忘於爲人」　袁本、茶陵本無「爲」字。

〔六〕心慊移而不省故兮　袁本、茶陵本「慊」作「熑」，注同。案：二本是也。此尤誤改，説見下。

〔七〕注「慊字或從火非」　袁本、茶陵本「慊」作「移」。案：二本最是。考玉篇火部云「熑炵，火不絶」，廣韻五支同。是當時賦本有作「炵」者，善作「移」，從如字解之，故辨「炵」爲非也。

不知何時此注誤「移」爲「慊」，尤延之乃改正文之不誤者以就其誤，失之甚矣。「嫌」「慊」同字。

〔八〕注「説文曰愨謹也」　袁本、茶陵本無此六字。

〔九〕注「薄具肴饌也」　袁本、茶陵本無「薄」字，是也。

〔一〇〕注「悲愁窮慼兮獨處」　案：「處」下當有「廓」字。各本皆脱。此所引九辨文。

〔一一〕注「又曰不安之意也」　袁本、茶陵本無此七字。

〔一二〕注「言似君之車音也」　袁本、茶陵本無此七字。

〔一三〕鸞鳳翔而北南　袁本、茶陵本「翔」作「飛」。案：二本不著校語，無以考也。

〔一四〕注「脅斂也萃集也」　袁本、茶陵本無此六字。

〔一五〕注「字林曰」下至「乙戒切」　袁本、茶陵本無此十一字。

〔一六〕注「攻中言攻其中心」　袁本、茶陵本無此七字。

〔一七〕注「木蘭」下至「亦木名」　袁本、茶陵本無此十字。

〔一八〕注「方言曰櫨栱也」　袁本、茶陵本無此六字。

〔一九〕注「時仿佛而不見」　袁本、茶陵本「不」作「遥」，是也。

〔二〇〕注「心淳熱其若湯」　袁本、茶陵本無此六字。

〔二一〕注「見不審諟也」　袁本、茶陵本無「審」字，是也。

〔二二〕注「今江東呼甓爲甗甎」 袁本、茶陵本無「今江東呼甓爲」六字，「甎」下有「也」字。
〔二三〕注「説文曰悵望恨也」 袁本、茶陵本無此七字。
〔二四〕注「志其中操也」 袁本、茶陵本「志」作「至」，是也。
〔二五〕注「自卬激厲也」 袁本、茶陵本無此五字。
〔二六〕注「自眼出曰涕」 袁本、茶陵本無此五字。
〔二七〕注「臣瓚漢書注曰」下至「徐行貌」 袁本、茶陵本無此三十七字，有「蹝履足指挂履也」七字。
〔二八〕注「殃咎也」 袁本、茶陵本無此三字。
〔二九〕注「言以爲枕席」 袁本、茶陵本無「以」字。
〔三〇〕注「廣雅曰」 袁本、茶陵本無此三字。
〔三一〕魄若君之在旁惕寤覺而無見兮 袁本、茶陵本「魄」作「魂」，「寤」作「寐」。案：二本不著校語，無以考也。
〔三二〕注「楚辭曰」下至「惶遽貌」 袁本、茶陵本無此十七字。
〔三三〕注「爾雅曰」下至「昴也」 袁本、茶陵本無此十三字。
〔三四〕注「曼曼長也一作漫漫」 袁本、茶陵本無此八字。
〔三五〕注「更歷也」 袁本、茶陵本無此三字。
〔三六〕注「一云將至之意」 袁本、茶陵本無此六字。

思舊賦 并序

向子期 臧榮緒晉書曰：向秀，字子期，河内懷人也。始有不羈之志，與嵇康、吕安友〔一〕。康既被誅，秀應本州計，入洛。太祖問曰：聞有箕山之志，何以在此？秀曰：以爲巢、許未達堯心，是以來見。反，自役作思舊賦，後爲黄門郎，卒。

余與嵇康吕安居止接近，臧榮緒晉書曰：嵇康爲竹林之遊，預其流者向秀、劉靈之徒。吕安，字仲悌，東平人也。其人並有不羈之才。鄒陽上梁孝王書曰：使不羈之士，與牛驥同皁。然嵇志遠而疎，吕心曠而放，其後各以事見法。干寶晉書曰：嵇康，譙人。吕安，東平人。與阮籍、山濤及兄巽友善。康有潛遯之志，不能被褐懷寶，矜才而上人。安，巽庶弟，俊才，妻美，巽使婦人醉而幸之。醜惡發露，巽病之，告安謗己。巽於鍾會有寵，太祖遂徙安邊郡。遺書與康：昔李叟入秦，及關而歎，云云。太祖惡之，追收下獄。康理之，俱死。魏氏春秋曰：康寓居河内之山陽，鍾會爲大將軍所昵，聞而造之，乘肥衣輕，賓從如雲，康方箕踞而鍛，會至，不爲禮，會深恨之。康與東平吕昭子巽友，弟安親善。會巽婬安妻徐氏，而誣安不孝，囚之。安引康爲證，義不負心，保明其事。安亦至烈，有濟世志。鍾會勸大將軍因此除之，殺安及康。康臨刑，自援琴而鼓，既而曰：雅音於是絶矣！時人莫不哀之〔二〕。説文曰：法，刑也。嵇博綜技藝，於絲竹特妙。王肅周易注曰：綜，理事也。臨當就命，顧視日影，索琴而彈之。國語曰：先人就世。方言曰：就，終也。文士傳曰：嵇康臨死，顔色不變，謂兄曰：向以琴來不？兄曰：已來。康取調之，爲太平引。曲成，歎息曰：太平引絶於今日邪？康別傳，臨終曰：袁尼嘗從吾學廣陵散，吾每靳固之，不與〔三〕，廣陵散於今絶矣！就死，命也。曹嘉之晉紀曰：康刑於東市，顧日影，援琴而彈〔四〕。余逝將西邁，經其舊廬。言昔逝將西邁，今返經其舊廬。毛詩曰：逝將去汝。于時日薄虞淵，寒冰淒然！淮南子曰：日入于虞淵之汜。淒，冷也〔五〕。鄰人有吹笛者，發聲寥亮。追思曩昔遊宴之好，感音而歎，故作賦云：

將命適於遠京兮，遂旋反而北徂。論語曰：將命者出〔六〕。鄭玄曰：將命，傳辭者。鄭玄毛詩箋曰：將，奉也。徂，行也。毛詩曰：不能旋反。爾雅曰：適，往也。濟黄河以汎舟兮，經山陽之舊居。國語曰：秦汎舟於河。漢書，河内郡有山陽縣。瞻曠野之蕭條兮，息余駕乎城隅。西都賦曰：原野蕭條。列子曰：孔子自衞反魯，息駕乎河梁。毛詩曰：俟我乎城隅。踐二子之遺跡兮，歷窮巷之空廬。二子，謂吕安、嵇康也。風賦曰：起於窮巷之間。歎黍離之愍周兮，悲麥秀於殷墟。毛詩序，黍離，閔宗周也。周大夫行役，過故宗周，見周墟盡爲禾黍，故歌黍離之詩。毛詩正義曰：過故宗廟宮室，盡爲禾黍。又，方禾黍油油〔七〕。尚書大傳曰：微子將朝周，過殷之故墟，見麥秀之蔪蔪，此父母之國，志動心悲，作雅聲曰：麥秀漸兮，黍米䁵䁵。彼狡僮兮，不我好〔八〕。惟古昔以懷今兮，心徘徊以躊躇。方言曰：惟，思也。説文曰：懷，念也。韓詩曰：搔首躊躇。棟宇存而弗毁兮，形神逝其焉如。家語，孔子謂魯哀公曰：君仰視榱桷，其器皆存，而不覩其人也。孔安國尚書傳曰：如，往也。昔李斯之受罪兮，歎黄犬而長吟。史記曰：李斯者，楚上蔡人也。年少時，爲郡小吏，見吏舍廁中鼠，食不絜，近人犬，數驚恐之。斯入倉，觀倉中鼠，食積粟，居大廡下，不見人犬之憂。斯乃歎曰：人之賢、不肖，譬如鼠矣，在所自處耳！乃從荀卿學帝王之術。已成，度楚王不足事，六國皆弱，無可爲建功者。欲西入秦，辭卿曰：今秦王欲吞天下，此布衣馳騖之時，而遊説者之秋也。故斯將説秦矣。乃拜斯爲客卿。卒用其計謀，官至廷尉。二十餘年，竟并天下。以斯爲丞相。二世立，用趙高之言，以屬中郎令，趙高按治斯。斯居囹圄中，仰天歎曰：嗟乎！不道之君，何可爲計哉！今反者已有天下之半，而心未寤，而以趙高爲佐，吾必見寇至咸陽。趙高治斯，榜掠千餘，不勝痛，自誣服。斯所以不死，自負其辯，有功，實無心反。二世乃具斯五刑，論要斬咸陽〔九〕。斯出獄，與其中子三川守由俱執〔一〇〕，顧謂其子曰：吾欲與若復牽黄犬，出上蔡東門，逐狡兔，豈可得乎〔一一〕？遂父子相哭，夷三族。拜高爲中丞相，事無大小，輒決於高〔一二〕。悼嵇生之永辭兮，顧日影而彈琴。託運遇於領會兮，寄餘命於寸陰。運遇，五行運轉，遇人所遇之吉凶也〔一三〕。領會，冥理相會也。鄭玄禮記注曰：領，理也。司馬彪曰：領會，言人運命如衣領之相交會，或合或開〔一四〕。淮南子曰：聖人不貴尺之璧，而重寸之陰。時難得而易失也。聽鳴笛之慷慨兮，妙聲絶而復尋。洞簫賦曰：其妙聲則清浄猒瘱。長門賦曰：聲幼妙而復揚。停駕言其將邁兮，遂援翰而寫心。言駕將邁，遂停不行。毛詩曰：駕言出遊。廣雅曰：將，欲也。胡廣弔夷齊文曰：援翰録弔以舒懷兮。毛詩曰：我心寫兮。

文選考異

〔一〕注「與嵇康吕安友」袁本、茶陵本無此六字。

〔二〕注「干寶晉書曰嵇康」下至「時人莫不哀之」袁本、茶陵本無此二百四十二字，有「臧榮緒晉書曰安妻甚美兄巽報之巽内慙誣安不孝啓太祖徙安遠郡即路與康書惡之收安付廷尉與康俱死見法謂被法也」五十字，是也。茶陵本「惡之」上又有「太祖見而」四字，袁本無，蓋脱。

〔三〕注「康別傳臨終曰」下至「不與」袁本、茶陵本無此二十二字，有「干寶晉紀曰」五字。

〔四〕注「就死命也」下至「援琴而彈」袁本、茶陵本無此二十二字。

〔五〕注「淒冷也」袁本、茶陵本無此三字。

〔六〕注「將命者出」茶陵本「出」下有「户」字，是也。袁本亦脱。

〔七〕注「周大夫行役」下至「又方禾黍油油」袁本、茶陵本無此四十三字。

〔八〕注「作雅聲曰」下至「不我好」袁本、茶陵本無此十九字。

〔九〕注「李斯者」下至「論要斬咸陽」袁本、茶陵本無此二百六十三字。

〔一〇〕注「斯出獄與其中子三川守由俱執」袁本、茶陵本「斯」上有「李」字，無「與其」至「俱執」十字。

〔一一〕注「出上蔡東門逐狡兔豈可得乎」袁本、茶陵本「出」上有「俱」字，「可」上無「豈」字。

〔一二〕注「遂父子相哭」下至「輒決於高」袁本、茶陵本無此二十二字。案：此一節，尤延之增多者，皆甚誤。

〔一三〕注「五行運轉遇人所遇之吉凶也」袁本、茶陵本無「人所遇之」四字。

〔一四〕注「司馬彪曰」下至「或合或開」　袁本、茶陵本無此二十一字。

歎逝賦 并序

陸士衡　王隱晉書曰：陸機，字士衡，吴郡人也。少爲牙門將軍。吴平，太傅楊駿辟爲祭酒〔一〕，轉太子洗馬。後成都王穎以機爲司馬，參大將軍軍事〔二〕，遂爲穎所害，臨刑，年四十有三。歎逝者，謂嗟逝者往也。言日月流邁，人世過往，傷歎此事而作賦焉〔三〕。

昔每聞長老追計平生同時親故，論語曰：久要不忘平生之言。孔安國曰：平生，少時也。或凋落已盡，或僅有存者。何休曰：僅，方也〔四〕。賈逵國語注曰：僅，猶言纔能也。余年方四十，而懿親戚屬，亡多存寡；左氏傳，富辰曰：兄弟雖有小忿，不廢懿親。昵交密友，亦不半在。爾雅曰：昵，近也。孫林曰：親之近也〔五〕。長笛賦曰：密友近賓。或所曾共遊一塗，同宴一室，十年之外，索然已盡。索，盡貌。以是思哀，哀可知矣！家語，孔子謂哀公曰：君以此思哀，則哀可知矣。乃作賦曰〔六〕：

伊天地之運流，紛升降而相襲。伊，惟也。升降，謂天地氣上下也〔七〕。禮記曰：地氣上齊，天氣下降，而百化興焉。鄭玄曰：齊，讀曰躋。躋，升也。孔安國尚書傳曰：襲，因也。日望空以駿驅，節循虛而警立。警，猶驚也。言日月望空駿驅而去，時節循虛驚動而立〔八〕。嗟人生之短期，孰長年之能執？

能執，言不能執持得長年也〔九〕。素問，雷公曰：請問短期。黃帝曰：在經論中。管子曰：導血氣而求長年。時飄忽其不再，老晼晚其將及。楚辭曰：時不可兮再得。思玄賦曰：辰倏忽其不再。楚辭曰：白日晼晚其將入。晼晚，言日將暮也〔一〇〕。對瓊蘂之無徵，恨朝霞之難挹。字林曰：對，怨也。西京賦曰：屑瓊蘂以朝飡，必性命之可度。楚辭曰：嗽正陽而含朝霞。毛萇詩傳曰：挹，斠也。挹，音揖。斠，音俱。望湯谷以企予，惜此景之屢戢。山海經曰：湯谷上於扶桑，一日方至〔一一〕，一日方出。郭璞曰：上於扶桑，在上也。一日至，一日出，言交會相代也。毛詩曰：誰謂宋遠〔一二〕，跂予望之。鄭玄曰：跂足則可望見之。企與跂同。字林曰：企，舉踵也。賈逵國語注曰：惜，痛也。戢，藏也。

悲夫！川閱水以成川，水滔滔而日度。高誘淮南子注曰：閱，總也。毛詩曰：滔滔江漢。世閱人而爲世，人冉冉而行暮。夫世之得名，緣於君上。人之父子相繼，亦取其名。故以一代之人，通呼爲世〔一三〕。暮，言人之年老也〔一四〕。楚辭曰：老冉冉而逾絶。廣雅曰：冉冉，進也。人何世而弗新，世何人之能故。言皆滅亡而不能故。野每春其必華，草無朝而遺露。野每春其必華，喻人何世而弗新。草無朝而遺露，喻世何人之能故。夫露之在草，無一朝有餘；以喻人之居世，無一時而能故也。王逸楚辭注曰：遺，餘也。經終古而常然，率品物其如素。楚辭曰：長無絶兮終古。周易曰：品物咸亨。鄭玄禮記注曰：素，故也。譬日及之在條，恒雖盡而弗瘁。言命之行逝，譬乎日及，雖至於盡而不能瘁。爾雅曰：椵，木槿；櫬，木槿。郭璞注曰：別二名，似李樹。棗朝生夕隕，可食，或呼爲日及，一曰王蒸〔一五〕。潘尼朝菌賦曰：朝菌者，世謂之木槿，或謂之日及。雖不瘔其可悲〔一六〕，心惆焉而自傷！廣雅曰：惆，痛也。亮造化之若茲，吾安取夫久長？爾雅曰：亮，信也。淮南子曰：大丈夫無爲，與造化逍遥。痛靈根之夙隕，怨具爾之多喪。靈根，祖禰也。具爾，兄弟也。南都賦曰：固靈根於夏葉。毛詩曰：戚戚兄弟，莫遠具爾。箋曰：莫，無也。具，猶俱也。爾，謂進之也。王與族人燕，兄弟之親，無遠無近，王俱揖而進之〔一七〕。悼堂搆之隤瘁，愍城闕之丘荒。尚書曰：厥子乃弗肯堂，矧肯搆。瘁，猶毁也。毛詩曰：在城闕兮。親彌懿其已逝，交何戚而不忘。咨余今之方殆，何視天之芒芒。爾雅曰：咨，嗟也。芒芒，猶夢夢也。毛詩曰：民今方殆，視天夢夢。鄭玄曰：夢夢，亂也。爾雅曰：殆，危也。傷懷悽其多念，戚貌瘁而尠歡〔一八〕。蒼頡篇曰：瘁〔一九〕，憂也。瘁與悴古字通。爾雅曰：尠，少也。幽情發而成緒，滯思叩而興端。舞賦曰：幽情形而外揚。慘此世之無樂，詠在昔而爲言。毛詩曰：自古在昔。

居充堂而衍宇，行連駕而比軒。彌年時其詎幾，夫何往而不殘。充滿於堂，盈衍於宇。何往而不殘，殘，毁也〔二〇〕。爾雅曰：彌，終也。或冥邈而既盡，或寥廓而僅半半，平聲，協韻。說文曰：冥，窈也。廣雅曰：寥，深也。廓，空也。信松茂而柏悦，嗟芝焚而蕙歎。毛詩曰：如松之茂。淮南子曰：巫山之上，順風縱火，紫芝與蕭艾俱死。柏悦蕙歎，蓋以自喻。苟性命之弗殊，豈同波而異瀾。言人之性命，脆促不殊，譬水同波，而無異瀾也。瞻前軌之既覆，知此路之良難。此路，即死路也〔二一〕。晏子春秋曰：前車覆，後車戒。啓四體而深悼，懼茲形之將然。論語曰：曾子有疾，召門弟子曰：啓予足，啓

予手。毒娛情而寡方，怨感目之多顏。廣雅曰：毒，痛也。歸田賦曰：聊以娛情。方，術也。多顏，謂亡
者既多，而非一狀也。日思往没之人，多在顏也〔二二〕。
諒多顏之感目〔二三〕，神何適而獲怡。爾雅曰：怡，樂也。尋平生於響像，覽前物而懷
之。夫響以應聲，像以寫形，今形聲既亡，故尋其響像。魯靈光殿賦曰：忽瞟眇以響像。步寒林以悽惻，翫
春翹而有思。翹，茂盛貌。毛詩曰：翹翹錯薪。觸萬類以生悲，歎同節而異時。言春秋與往同，然
存亡異時〔二四〕。河圖曰：地有九州，以包萬類。魏文帝與吴質書曰：節同時異。年彌往而念廣，塗薄暮而
意迮。楚辭曰：年洋洋而日往。史記，伍子胥曰：日暮塗遠，故倒行而逆施之。聲類曰：迮，迫也，阻格切。親
落落而日稀，友靡靡而愈索。落落，稀貌。靡靡，盡貌。索，協韻，所格切。顧舊要於遺存，得十
一於千百。舊要，猶久要也。遺，餘也。言顧久要於遺存之中。得十一於千百之内，十一者，謂通千百而計之，十
分而得其一，言亡多而存寡也。久要，已見上注。樂隤心其如忘，哀緣情而來宅。忘，失也。宅，居
也〔二五〕。言樂易失而哀易居也。薛君韓詩章句曰：隤，猶遺也。託末契於後生，余將老而爲客。言我將
欲老死，與汝爲客也〔二六〕。説文曰：契，約也。論語，子曰：後生可畏。古詩曰：人生天地間，忽如遠行客。
然後弭節安懷，妙思天造。楚辭曰：夕弭節于北渚。王逸曰：弭，安也。論衡曰：孔子作春秋，妙思
自出胸中。周易曰：天造草昧。精浮神淪，忽在世表。表，外也。言精神不定。世表，在世之表也〔二七〕。寤
大暮之同寐，何矜晚以怨早。寤，覺也〔二八〕。大暮，猶長夜也。原夫生死之理，雖則長短有殊，終則同歸一

揆。言覺斯理，則晚死者何足矜，早夭者何傷也。繆熙伯挽歌曰：大暮安可晨。寐，猶死也。古詩曰：潛寐黃泉下。指彼日之方除，豈兹情之足攪？言既寤之，則彼死日之方除，豈能亂我情乎？言不足亂也〔二九〕。毛詩曰：日月其除。又曰：秖攪予心。毛萇曰：攪，亂也。感秋華於衰木，瘁零露於豐草。在殷憂而弗違，夫何云乎識道。言達人之志，混齊死生。今反感木衰之秋華，悲豐草之零露，是乃在殷憂而不去，何云識道乎？言未識也〔三〇〕。毛詩曰：零露團兮。又曰：在彼豐草。韓詩曰：耿耿不寐，如有殷憂。毛萇曰：違，去也。法言曰：委大聖而好乎諸子者，惡覩其識道也。殷，深也。將頤天地之大德，遺聖人之洪寶。言將養生而遺榮也。爾雅曰：頤，養也。遺，棄也〔三一〕。周易曰：天地之大德曰生，聖人之大寶曰位。解心累於末迹，聊優遊以娛老。末迹，喻老。言解世俗之心累於末，聊優游卒歲以娛老年〔三二〕。莊子曰：解心之繆，去德之累。容動色治氣意六者，繆心者也；惡欲喜怒哀樂六者，累德者也。累，猶負也。優遊，已見上文。班固漢書述曰：疏克有終，散金娛老。

文選考異

〔一〕注「太傅楊駿辟爲祭酒」袁本、茶陵本「爲祭酒」三字作「機」。

〔二〕注「參大將軍軍事」袁本、茶陵本無此六字。

〔三〕注「臨刑」下至「而作賦焉」袁本、茶陵本無此三十三字。

〔四〕注「何休曰僅方也」袁本、茶陵本無此六字。

〔五〕注「孫林曰親之近也」陳云「林」疑當作「炎」，是也。各本皆誤。

〔六〕乃作賦曰　案：「作」當作「爲」。袁本、茶陵本無「作」字。校語云善有「爲」字。

〔七〕注「伊惟也」下至「上下也」　袁本、茶陵本無此十二字。

〔八〕注「言日月望空」下至「驚動而立」　袁本、茶陵本無此十七字。

〔九〕注「能執」下至「得長年也」　袁本、茶陵本無此十一字。

〔一〇〕注「晼晚言日將暮也」　袁本、茶陵本無此七字。

〔一一〕注「一日方至」　袁本、茶陵本無此四字。

〔一二〕注「誰謂宋遠」　袁本、茶陵本無此四字。

〔一三〕注「通呼爲世」　袁本、茶陵本「世」下有「人」字。

〔一四〕注「暮言人之年老也」　袁本、茶陵本無此七字。

〔一五〕注「爾雅曰」下至「一曰王蒸」　袁本、茶陵本無此三十五字。

〔一六〕雖不寤其可悲　袁本、茶陵本校語云善作「悟」。案：本篇前後皆不作「悟」，二本但據所見爲校語，未必是。

〔一七〕注「箋曰莫無也」下至「俱揖而進之」　袁本、茶陵本無此三十三字。

〔一八〕戚貌瘁而尠歡　袁本、茶陵本「戚」作「慼」，校語云善作「戚」。案：此亦但據所見爲校語，未必是。

〔一九〕注「蒼頡篇曰瘁」　案：「瘁」當作「悴」，觀下注可見。各本皆誤。

〔二〇〕注「何往而不殘殘毁也」　袁本、茶陵本無「何往而不殘」五字，有「皆」字。

〔二一〕注「即死路也」　袁本、茶陵本無「即」字。

〔二二〕注「日思往没之人多在顔也」　袁本、茶陵本無此十字。

〔二三〕諒多顔之感目　袁本云善作「諒」，茶陵本云五臣作「亮」。案：本篇「亮造化之若兹」，不作「諒」。二本據所見爲校語，未必是。

〔二四〕注「言春秋與往同然存亡異時」　袁本、茶陵本無此十一字。

〔二五〕注「忘失也宅居也」　袁本、茶陵本無此六字。

〔二六〕注「言我將欲老死與汝爲客也」　袁本、茶陵本無此十一字。

〔二七〕注「言精神不定世表在世之表也」　袁本、茶陵本無此十二字。

〔二八〕注「寤覺也」　袁本、茶陵本無此三字。

〔二九〕注「言既寤之」下至「言不足亂也」　袁本、茶陵本無此二十二字。

〔三〇〕注「言未識也」　袁本、茶陵本無此四字。

〔三一〕注「遺棄也」　袁本、茶陵本無此三字。

〔三二〕注「末迹喻老」下至「以娱老年」　袁本、茶陵本無此二十二字。

懷舊賦 并序 懷舊賦者，懷，思也，謂思於親舊而賦也。

潘安仁

余十二而獲見于父友東武戴侯楊君，臧榮緒晉書曰：岳父芘，琅邪内史。潘岳楊肇碑曰：肇字秀初，滎陽人，封東武伯，薨，謚曰戴。芘，音毗。始見知名，遂申之以婚姻，言岳有名譽，爲肇所知。漢書曰：官皇帝知名者。賈弼之山公表注曰：楊肇女適潘岳。左氏傳，晉吕相絶秦曰：相好，勠力同心，申之以婚姻。爾雅曰：壻之父母相謂爲昏姻〔一〕。而道元公嗣，亦隆世親之愛。賈弼之山公表注曰：肇生潭，字道元，太中大夫。次韶，字公嗣，射聲司馬。臣松之注魏志引劉曄傳曰：楊曁，字肇，晉荆州刺史。子潭，字道源。次韶，字公嗣〔二〕。不幸短命，父子凋殞。論語，哀公問孔子弟子孰爲好學〔三〕，孔子曰：有顔回者，不幸短命死矣，今也則亡〔四〕。余既有私艱，且尋役于外，私艱，謂家難也。毛詩曰：未堪家多難，余又集于蓼。尋役，謂之任也。王充論衡曰：充罷州役。不歷嵩丘之山者，九年于兹矣。陸機洛陽記曰：嵩高在洛陽東南五十里。今而經焉，慨然懷舊而賦之曰：

啓開陽而朝邁，濟清洛以徑渡。洛陽記曰：大興在開陽門外。應劭漢官儀曰：開陽門始成，未有名。夜有一柱來樓上。琅邪開陽縣上言：南門一柱飛去。光武使視之，因刻記其年月日，以名門焉。楚辭曰：不能復陵波以徑渡〔五〕。晨風淒以激冷，夕雪暠以掩路。埤蒼曰：暠，白也。掩，覆也〔六〕。轍含冰以滅軌，水漸軔以凝沍。顏延年纂要解曰：車跡曰軌。車輪謂之軔〔七〕。王逸楚辭注曰：軔，支輪木也。廣雅曰：漸，漬也。字林曰：凝，冰也。杜預曰：沍，閉也。塗艱屯其難進，日晼晚而將暮。周易曰：屯，難。楚辭曰：白日晼晚其將暮〔八〕。仰睎歸雲，俯鏡泉流。傅毅七激曰：仰歸雲，遡遊風。西都賦曰：鏡清流。前瞻太室，傍眺嵩丘。山海經曰：太室之山。郭璞曰：即中嶽嵩高山也，今在陽城縣西。漢書曰：太室，嵩高也。戴延之西征記曰：嵩高，中嶽也。東謂太室，西謂少室，總名嵩也。小説曰：昔傅亮北征，在河中流，或人問之曰：潘安仁作懷舊賦曰：前瞻太室，傍眺嵩丘。嵩丘、太室一山，何云前瞻傍眺哉？亮對曰：有嵩丘山去太室七十里，此是寫書誤耳。河南郡圖經曰：嵩丘在縣西南十五里〔九〕。東武託焉，建塋啓疇。如淳漢書注曰：塋，冢田也。賈逵國語注曰：一井爲疇。巖巖雙表，列列行楸。崔豹古今注曰：堯設誹謗之木，今華表也，以橫木交柱頭，古人亦施之於墓。爾雅曰：檟大而皵，楸。郭璞曰：老乃皮麤皵者爲楸。望彼楸矣，感于予思。尚書曰：予思日孜孜。既興慕於戴侯，亦悼元而哀嗣。墳壘壘而接壟，柏森森以攢植。古樂府詩曰：還望故鄉鬱何壘。廣雅曰：壘，重也。説文曰：壟，丘也。仲長子昌言曰：古之葬，植松柏梧桐以識其墳。鄭玄周禮注曰：植，根生之屬。森森，一作榛榛。壘，平聲〔一〇〕。何逝没之相尋，曾舊草之未異。禮記曰：朋友之墓，有宿草而不哭焉。鄭玄曰：宿草陳根。

余總角而獲見，承戴侯之清塵。毛詩曰：總角丱兮。孔安國尚書傳曰：承，奉也。楚辭曰：聞赤松之清塵。名余以國士，眷余以嘉姻。史記，豫讓曰：智伯以國士遇我，我故以國士報之。自祖考而隆好，逮二子而世親。歡攜手以偕老，庶報德之有鄰。毛詩曰：君子偕老。家語，孔子曰：詩云，皇皇上帝，其命不忒。天之與人，必報有德。論語，孔子曰：德不孤，必有鄰。今九載而一來，空館闃其無人。周易曰：闚其户，闃其無人。埤蒼曰：闃，静也。陳荄被于堂除，舊圃化而爲薪。鄭玄禮記注曰：宿草，陳根也。方言曰：荄，根也，音皆。説文曰：除，殿堦也。步庭廡以徘徊，涕泫流而霑巾。説文曰：廡，堂下周屋。禮記曰：孔子泫然流涕。張平子四愁詩曰：側身北望涕霑巾。泫，胡犬切。宵展轉而不寐，騤長歎以達晨。毛詩曰：展轉伏枕。漢書曰：劉向或夜觀星宿，不寐達旦。獨鬱結其誰語，聊綴思於斯文。楚辭曰：遭沈濁而污穢兮，獨鬱結其誰語。

文選考異

〔一〕注「爾雅曰」下至「爲昏姻」　袁本、茶陵本無此十二字。

〔二〕注「臣松之注魏志」下至「字公嗣」　袁本、茶陵本無此三十字。陳云按魏志田豫傳，中領軍楊暨舉豫。注云：臣松之案暨事見劉曄傳。暨字子肇，晉荆州刺史，云云。劉曄傳中無「暨子肇」以下諸語，注微誤。案：此或記於旁而其人讀裴注未諦，尤延之輒取以增多耳。陳不知今所行選注，經尤校改，每非善舊，故尚不加遽斥，其實善無是語也。

〔三〕注「哀公問孔子弟子孰爲好學」　袁本、茶陵本無此十一字。

〔四〕注「死矣今也則亡」袁本、茶陵本無此六字。

〔五〕注「楚辭曰不能復陵波以徑渡」袁本此十一字作「徑度已見上文」，是也。茶陵本複出，非。

〔六〕注「掩覆也」袁本、茶陵本無此三字。

〔七〕注「車輪謂之軔」袁本、茶陵本「車」作「軌並」二字。案：此亦尤校改耳。

〔八〕注「楚辭曰白日晼晚其將暮」袁本此十字作「晼晚已見上文」，是也。茶陵本複出，非。

〔九〕注「河南郡圖經曰」下至「十五里」袁本、茶陵本無此十五字。

〔一〇〕注「森森一作榛榛壘平聲」袁本、茶陵本無此九字。

寡婦賦 并序

潘安仁

無夫曰寡。

寡婦者，任子咸之妻也。子咸死，安仁序其寡孤之意，故有賦焉。少而

樂安任子咸賈弼之山公表注曰：任護字子咸，奉車都尉。有韜世之量，與余少而歡焉！廣雅曰：韜，藏也。言度之大，包藏一世也。雖兄弟之愛，無以加也。范曄後漢書曰：姜肱與二弟仲海、季江，友愛天至。不幸弱冠而終，不幸、弱冠，並已見上。良友既没，何痛如之！毛詩曰：伐木丁丁，鳥鳴嚶

嚶。雖有兄弟，不如友生〔一〕。孫卿子曰：夫人必將擇良友而友之。其妻又吾姨也，賈弼之山公表注曰：楊肇次子適任護。爾雅曰：妻之姊妹，同出爲姨。郭璞曰：同出，謂俱已嫁也〔二〕。毛詩曰：邢侯之姨。左氏傳曰：蔡哀侯娶於陳，息侯亦娶焉。息嬀將歸過蔡，蔡侯曰：是吾姨也。杜預注曰：妻之姊妹曰姨。少喪父母，適人而所天又殞，家語曰：女年十五，有適人之道。適，謂往嫁也。杜預左氏傳注曰：婦人在室，則父天，出則夫天〔三〕。喪服傳曰：父者子之天，夫者婦之天。蔡伯喈女賦曰：當三春之嘉月，將言歸於所天。孤女藐焉始孩，潘岳集任澤蘭哀辭曰：澤蘭者，任子咸之女也，涉三齡，未没喪而殞。余聞而悲之，遂爲其母辭〔四〕。左氏傳，晉獻公使荀息侍奚齊，公疾召之〔五〕曰：以是藐諸孤，辱大夫，其若之何？注曰：言其幼稚，與諸子縣藐。廣雅曰：藐，小也。字林曰：小兒笑也〔六〕。孟子，孩提之童，無不知愛其親者。趙岐曰：孩提，謂二三歲之間，始孩笑可提抱者。禮記内則曰：子生三月孩而名〔七〕。斯亦生民之至艱，而荼毒之極哀也。尚書曰：不忍荼毒。孔安國曰：荼毒，苦也。昔阮瑀既殁，魏文悼之，並命知舊作寡婦之賦。魏文帝寡婦賦序曰：陳留阮元瑜，與余有舊，薄命早亡，故作斯賦，以敍其妻子悲苦之情，命王粲等並作之。余遂擬之以敍其孤寡之心焉。其辭曰：

嗟予生之不造兮，哀天難之匪忱。毛詩曰：閔予小子，遭家不造。天難匪忱，言天行禍難，不由誠信也。爾雅曰：忱，信也。少伶俜而偏孤兮，痛怛以摧心。伶俜，單孑貌。偏孤，謂喪父也。古猛虎行曰：少年惶且怖，伶俜到他鄉。伶，力丁切。俜，匹成切。毛詩曰：勞心怛怛。又曰：勞心怛怛。毛萇曰：怛怛，憂勞也。又怛怛，猶怛怛也。覽寒泉之遺歎兮，詠蓼莪之餘音。寒泉，謂母存也。蓼莪，謂父母俱亡也。

毛詩曰：爰有寒泉，在浚之下。有子七人，母氏勞苦。又曰：蓼蓼者莪，匪莪伊蒿。哀哀父母，生我劬勞。蓼，音陸。莪，音俄。

情長慼以永慕兮，思彌遠而逾深。長笛賦曰：長慼慼不能閑居兮〔八〕。曹子建應詔詩曰：長懷永慕。

伊女子之有行兮，爰奉嬪於高族。毛詩曰：女子有行，遠父母兄弟。箋曰：行，道也。婦人生而有適人之道〔九〕。尚書曰：嬪于虞。孔安國曰：奉行婦道於虞氏。

承慶雲之光覆兮，荷君子之惠渥。慶雲，喻父母也。史記曰：若煙非煙，若雲非雲，郁郁紛紛，蕭索輪囷，是謂慶雲。楚辭注曰：慶雲，喻尊顯。君子，謂夫也。毛詩曰：既見君子，不我遐棄。詩傳曰：渥，厚也。

顧葛藟之蔓延兮，託微莖於樛木。葛、藟，二草名也。言二草之託樛木，喻婦人之託夫家也。毛詩曰：南有樛木，葛藟纍之。毛萇曰：木下曲曰樛。纍，猶蔓也。藟，力水切。樛，居虬切。纍，力追切。

懼身輕而施重兮，若履冰而臨谷。曹植鸚鵡賦曰：怨身輕而施重，恐往惠之中虧。丁儀妻寡婦賦曰：恐施厚而德薄，若履冰而臨淵。毛詩曰：惴惴小心，如臨于谷。又曰：戰戰兢兢，如履薄冰。

遵義方之明訓兮，憲女史之典戒。蔡邕袁公夫人碑曰：義方之訓，如川之流。毛萇詩傳曰：古者后夫人必有女史。

奉蒸嘗以效順兮，供洒掃以彌載。禮記曰：天子諸侯宗廟之祭，春礿夏禘，秋嘗冬蒸。又曰：女於大夫，曰備掃灑。毛萇詩傳曰：灑，掃也。又曰：教成之祭，牲用魚，芼之以蘋藻，所以成婦順也。毛萇詩傳曰：洒、灑同。班婕妤自傷賦曰：供灑掃於帷幄，永終死以爲期。爾雅曰：彌，終也。

彼詩人之攸歎兮，徒願言而心痗。毛詩曰：願言思伯，使我心痗。毛萇傳曰：痗，病也，音妹。

何遭命之奇薄兮，遘天禍之未悔。魏文帝善哉行曰：自惜奇薄，少離凶殃。爾雅曰：遘，遇也。言夫之早隕者，遇天未悔禍之時〔一〇〕。言天降禍于己，未有悛悔之心也。左氏傳曰：天其悔禍于我。榮華曄其始茂兮，良人忽以捐背。丁儀妻寡婦賦曰：榮華曄其始茂，所將奄其俱泯。楚辭曰：及榮華之未落。王逸曰：榮華，喻顔色也。孟子曰：齊人有一妻一妾而處室者，其良人出，必猒酒肉而後反。劉熙曰：婦人稱夫曰良人。孔安國曰：捐，棄也。靜闔門以窮居兮，塊煢獨而靡依。丁儀妻寡婦賦曰：靜閉門以却掃，塊孤惸以窮居。易錦茵以苫席兮，代羅幬以素帷。丁儀妻寡婦賦曰：刷朱闕以白堊，易玄帳以素幬。桓子新論曰：吾謂楊子曰：君數見乘輿，錦繡茵席。禮記曰：父母之喪，寢苫枕塊。爾雅曰：蓋謂之苫。注：茅苫也，江東呼爲蓋〔一一〕。楚辭曰：蒻阿拂壁羅幬張。爾雅曰：幬，謂之帳。纂要曰：在上曰帳，在旁曰帷，單帳曰幬〔一二〕。幬，丈尤切。命阿保而就列兮，覽巾箑以舒悲。列女傳曰：齊孝孟姬曰：后妃下堂，必從傅母保阿。就列，就其房列之位也〔一三〕。箑，扇也。口嗚咽以失聲兮，淚横迸而霑衣。韓詩外傳曰：嗚，歎聲也。毛萇詩傳曰：咽，憂不能息也。家語曰：公父文伯卒，其妻妾行哭失聲。丁儀妻寡婦賦曰：涕流迸以淋浪。字書曰：迸，散走也，波諍切。愁煩冤其誰告兮，提孤孩於坐側。誰告，言告誰也。丁儀妻寡婦賦曰：含慘悴其何訴，抱弱子以自慰。王粲寡婦賦曰：提孤孩兮出户，與之步兮東箱。坐側，靈坐之側也。

時曖曖而向昏兮，日杳杳而西匿。楚辭曰：時曖曖其將罷。王逸曰：曖曖，昏昧貌。楚辭曰：日杳杳而西頽。丁儀妻寡婦賦曰：時翳翳而稍陰，日亹亹以西墜。曹植贈白馬王詩曰：白日忽西匿。雀羣飛而赴楹兮，雞登棲而斂翼。秦嘉贈婦詩曰：啾啾雞雀，羣飛赴楹。丁儀妻寡婦賦曰：雞斂翼以登棲，雀分散以赴羣。爾雅曰：雞棲於弋爲榤，鑿垣而棲爲塒。棲，雞宿處〔一四〕。歸空館而自怜兮，撫衾裯以歎息。楚辭曰：私自怜兮何極。毛詩曰：抱衾與裯，寔命不猶〔一五〕。毛萇詩傳曰：衾，被也。裯，單被也。思纏緜以瞀亂兮，心摧傷以愴惻。張昇與任彦堅書曰：纏緜恩好，庶蹈高蹤。楚辭曰：中瞀亂兮迷惑。又曰：心悶瞀之屯屯。王逸曰：瞀，亂也〔一六〕。瞀，莫遘切。

曜靈曄而遄邁兮，四節運而推移。楚辭曰：耀靈曄而西征。廣雅曰：曜靈，日也〔一七〕。易乾鑿度，孔子曰：天有春秋冬夏之節，故主四時。顔延年曰：春夏秋冬曰四時，時名一節，故言四時。遄，速也〔一八〕。古歷九秋篇曰：寒暑推移。遄，速也〔一九〕。天凝露以降霜兮，木落葉而隕枝。毛萇詩傳曰：隕，墜也。仰神宇之寥寥兮，瞻靈衣之披披。曹植九詠曰：葛蔓滋兮冒神宇。廣雅曰：寥，深也。空廓，寥廓也〔二〇〕。楚辭曰：靈衣兮披披。退幽悲於堂隅兮，進獨拜於牀垂。楚辭曰：日暮黄昏羌幽悲。王粲神女賦曰：登筵對兮倚牀垂。耳傾想於疇昔兮，目仿佛乎平素。左氏傳，羊斟曰：疇昔之羊，子爲政。杜預曰：疇昔，猶前日也。楚辭曰：時髣髴以遥見。曹植任城王誄曰：目想宫城，心存平素。字林曰：仿，相似也。佛，不審也。素，昔也。言平生昔日之時也〔二一〕。雖冥冥而罔覿兮，猶依依以憑附。冥冥，幽昧也。蘇武詩曰：胡馬失其羣，思心常依依。依依，思戀之貌。小雅曰：憑，依也。痛存亡之殊制兮，將遷神而安厝。丁儀妻寡婦賦曰：痛存亡之異路，將遷靈以大行。厝，置也。孝經曰：下其宅兆，而安厝之。龍轜儼其星駕兮，飛旐翩以啓路。丁儀妻寡婦賦曰：駕龍轜於門側，旐繽紛以飛揚。爾雅曰：緇廣充幅長尋曰旐〔二二〕。禮記有龍輀。鄭玄注曰：龍輀，畫轅爲龍也。説文曰：轜，喪車也，音而。毛詩曰：星言夙駕。禮記曰：孔子之喪，公西爲志焉〔二三〕。設旐，夏也；然旐，喪柩之旌也〔二四〕。爾雅曰：廣幅曰旐。凶幡，即今之旒旐〔二五〕。楚辭曰：前飛廉以啓路。輪按軏以徐進兮，馬悲鳴而跼顧。李陵詩曰：轅馬顧悲鳴。楚辭曰：僕夫悲余懷兮，馬〔二六〕踡局而不行。局與跼古字並通，渠足切。潛靈邈其不反兮，殷憂結而靡訴。殷憂，見上文。毛詩曰：心之憂矣，如或結之。靡訴，言無所告訴也。睎形影於几筵兮，馳精爽於丘墓。家語曰：俯察机筵，其器存而不覩其人。説文曰：睎，望也。廣雅曰：睎，視也。左氏傳，樂祁曰：心之精爽，是謂魂魄。

自仲秋而在疚兮，踰履霜以踐冰。丁儀妻寡婦賦曰：自銜恤而在疚，履春冬之四節。韓詩曰：惸惸余在疚。凡人喪曰疚〔二七〕。鄭玄毛詩箋曰：在憂病之中。周易曰：履霜堅冰至。雪霏霏而驟落兮，風瀏瀏而夙興。丁儀妻寡婦賦曰：風蕭蕭而日勁，雪翩翩以交零。毛詩曰：雨雪霏霏。楚辭曰：秋風瀏以蕭蕭。王逸曰：瀏，風疾貌。霤泠泠以夜下兮，水溓溓以微凝。丁儀妻寡婦賦曰：霜淒淒而夜降，水溓溓而晨結。説文曰：霤，屋水流也。又曰：溓溓，薄冰也，力檢切。意忽怳以遷越兮，神一夕而九升。老子曰：惚兮怳兮，其中有象。楚辭曰：惟郢路之遼遠，魂一夕而九逝。庶浸遠而哀降兮，情惻惻而彌甚。東觀漢記，上賜東平王蒼書曰：歲月鶩過，山陵浸遠。願假夢以通靈兮，目炯炯而不寢。陳琳神女賦曰：儀營魄於髣髴，託嘉夢以通精。楚辭曰：夜炯炯而不寐。炯，公冷切。夜漫漫以悠悠兮，寒淒淒以凛凛。夜漫漫，已見上文。楚辭曰：去白日之昭昭，襲長夜之悠悠。毛詩曰：秋日淒淒。説文曰：凛凛，寒也。氣憤薄而乘胸兮，涕交橫而流枕。丁儀妻寡婦賦曰：氣憤薄而交縈，撫素枕而歔欷。長笛賦曰：泣血泫然，交橫而下。亡魂逝而永遠兮，時歲忽其遒盡。丁儀妻寡婦賦曰：神爽緬其日永，歲功忽其已成。楚辭曰：歲忽忽而遒盡。毛萇詩傳曰：遒，終也。廣雅曰：遒，忽也。容貌僴以頓顇兮，左右悽其相愍。家語曰：僴乎若喪家之狗。禮記曰：喪容僴僴。鄭玄曰：僴，羸貌〔二八〕。鸚鵡曰〔二九〕：容貌慘以顦顇。丁儀妻寡婦賦曰：顧顏貌之艴艴〔三〇〕，對左右而掩涕。洞簫賦曰：桀跖鬻博僴頓顇。說文曰：僴，敗也，洛罪切。艴，普楹切。感三良之殉秦兮，甘捐生而自引。毛詩秦風曰：黃鳥，哀三良也。國人刺穆公以人從死，而作是詩。左氏傳，文公六年〔三一〕，秦穆公卒，以子車氏之三子奄息、仲行、鍼虎爲殉，皆秦之良也。杜預曰：以人從葬爲殉。妻言願亦如三良死從於夫也〔三二〕。自引，自殺也。漢書，主簿謂王嘉曰：君侯宜引決。鞠稚子於懷抱兮，羌低徊而不忍。王粲寡婦賦曰：欲引刃以自裁，顧弱子而復停。史記曰：楚懷王稚子蘭。毛詩曰：母兮鞠我，出入腹我。毛萇曰：鞠，養也。鄭玄曰：腹，懷抱也。獨指景而心誓兮，雖形存而志隕。韓詩曰：謂余不信，有如皎日。楚辭曰：辭靈脩而隕志。

重曰：仰皇穹兮歎息，私自憐兮何極！皇穹，天也。省微身兮孤弱，顧稚子兮未識。如涉川兮無梁，若陵虛兮失翼。周易曰：利涉大川。楚辭曰：江河廣而無梁。丁儀妻寡婦賦曰：鳥淩虛以徘徊。上瞻兮遺象，下臨兮泉壤。象，謂形像也。以其已化，故謂之遺也。窈冥兮潛翳，心存兮目想。魏太祖祭橋玄文曰：幽靈潛翳，心存目想。奉虛坐兮肅清，愬空宇兮曠朗。愬，亦訴字。廓孤立兮顧影，塊獨言兮聽響。楚辭曰：廓抱影而獨倚。丁儀妻寡婦賦曰：賤妾煢煢，顧影爲儔。顧影兮傷摧，聽響兮增哀。遥逝兮逾遠，緬邈兮長乖。國語，聲子曰：椒舉奔鄭，緬然引領南望。賈逵曰：緬，思貌也。

四節流兮忽代序，歲云暮兮日西頹。楚辭曰：日月忽其不淹，春與秋兮代序〔三三〕。毛詩曰：歲聿其暮〔三四〕。古詩曰：凜凜歲云暮。説文曰：頹，墜也。霜被庭兮風入室，夜既分兮星漢迴。韓子曰：衛靈至濮水，夜分而聞有鼓琴者。魏文帝雜詩曰：天漢迴西流。夢良人兮來遊，若閶闔兮洞開。楚辭曰：倚閶闔而望兮。王逸曰：閶闔，天門。怛驚悟兮無聞，超慠怳兮慟懷。方言曰：怛，痛也。悟，覺也。莊子曰：君慠然若有〔三五〕。怳，已見上文。慟懷兮奈何，言陟兮山阿。爾雅曰：大陵曰阿。墓門兮肅肅，脩壟兮峨峨。毛詩曰：墓門有棘。方言曰：無墳謂之墓。秦、晉之間，或謂冢爲壟。孤鳥嚶兮悲鳴，長松萋兮振柯。楚辭曰：秋風兮蕭蕭，舒芳兮振條。廣雅曰：振，動也〔三六〕。哀鬱結兮交集，淚横流兮滂沲；楚辭曰：鬱結紆軫兮。又曰：涕流交集。班婕妤自傷賦曰：雙淚下兮横流。毛詩曰：涕泗滂沲。蹈恭姜兮明誓，詠柏舟兮清歌。毛詩序曰：柏舟，恭姜自誓也。衛世子早死，其妻守義，父母欲奪而嫁之，誓而不許。終歸骨兮山足，存憑託兮餘華。班婕妤自傷賦曰：願歸骨於山足，依松柏之餘休。要吾君兮同穴，之死矢兮靡佗。毛詩曰：柏舟，恭姜自誓也。衛世子恭伯早死，其妻守義，父母欲奪而不許。注：恭伯，僖侯之世子也。曹植文帝誄曰：願投骨於山足，報恩養於下庭〔三七〕。毛詩曰：穀則異室，死則同穴。又曰：髧彼兩髦，實維我儀，之死矢靡佗。毛萇曰：矢，誓也。之，至也。言至己之死，信無佗心。

文選考異

〔一〕注「毛詩曰」下至「不如友生」　袁本、茶陵本無此十九字。

〔二〕注「爾雅曰」下至「謂俱已嫁也」　袁本、茶陵本無此二十一字。

〔三〕注「杜預左氏傳注曰」下至「則夫天」　袁本、茶陵本無此十八字。

〔四〕注「潘岳集」下至「遂爲其母辭」　袁本、茶陵本無此三十六字。

〔五〕注「使荀息侍奚齊公疾召之」　袁本、茶陵本無此十字。

〔六〕注「辱大夫」下至「小兒笑也」　袁本、茶陵本無此三十一字。

〔七〕注「禮記内則曰」下至「孩而名」　袁本、茶陵本無此十二字。

〔八〕注「長慼慼不能閑居兮」　案：下「慼」當作「之」，「兮」當作「焉」。各本皆誤。

〔九〕注「箋曰行」下至「而有適人之道」　袁本、茶陵本無此十四字。

〔一〇〕注「言夫之早隕者遇天未悔禍之時」　袁本、茶陵本此十三字作「天禍未悔」四字。

〔一一〕注「爾雅曰」下至「江東呼爲蓋」　袁本、茶陵本無此十六字。

〔一二〕注「纂要曰」下至「曰幬」　袁本、茶陵本無此十五字。

〔一三〕注「就列就其房列之位也」　袁本、茶陵本無此九字。

〔一四〕注「爾雅曰」下至「棲雞宿處」　袁本、茶陵本無此十九字。

〔一五〕注「寔命不猶」　袁本、茶陵本無此四字。

〔一六〕注「又曰」下至「瞀亂也」　袁本、茶陵本無此十四字。

〔一七〕注「廣雅曰曜靈日也」　袁本、茶陵本無此七字。

〔一八〕注「顔延年曰」下至「遄速也」　袁本、茶陵本無此二十二字。

〔一九〕注「遄速也」　袁本、茶陵本無此三字。案：此於上所增多爲複，乃誤中之誤。

〔二〇〕注「空廓寥廓也」　袁本、茶陵本下「廓」字作「寥」。案：陳云「廓」，「寥」誤，即據別本也。

〔二一〕注「字林曰仿」下至「言平生昔日之時也」　袁本、茶陵本無此二十二字。

〔二二〕注「爾雅曰」下至「曰旐」　袁本、茶陵本無此十一字。

〔二三〕注「公西爲志焉」　茶陵本「西」下有「赤」字，是也。袁本亦脱。

〔二四〕注「喪柩之旌也」　茶陵本「喪」作「表」，袁本亦作「喪」。案：陳云「喪」，「表」誤，亦據別本也。

〔二五〕注「爾雅曰」下至「即今之旒旐」　袁本、茶陵本無此十四字。案：此於上所增多，亦爲複，皆誤中之誤也。

〔二六〕注「僕夫悲余懷兮馬」　袁本、茶陵本「馬」在「余」字下，是也。此所引離騷文。

〔二七〕注「凡人喪曰疢」　袁本、茶陵本無此五字。

〔二八〕注「家語曰」下至「偏羸貌」　袁本、茶陵本無此二十三字。

〔二九〕注「鸚鵡曰」　袁本「鵡」下有「賦」字，是也。茶陵本亦脱。

〔三〇〕注「顧顔貌之艴艴」　茶陵本「顔」作「頳」，是也。袁本「頳」上衍「⿰魚頁」字，亦非。

〔三一〕注「文公六年」　袁本、茶陵本無此四字，有「曰」字。

〔三二〕注「妻言願亦如三良死從於夫也」　袁本、茶陵本無此十二字。

〔三三〕注「春與秋兮代序」　何校「兮」改「其」。案：「兮」字當在上句末。各本皆誤。

〔三四〕注「毛詩曰歲聿其暮」　袁本、茶陵本無此七字。

〔三五〕注「君憿然若有」　茶陵本「有」下有「亡」字，是也。袁本亦脱。

〔三六〕注「楚辭曰秋風兮」下至「振動也」　袁本、茶陵本無此十九字。

〔三七〕注「毛詩曰柏舟」下至「報恩養於下庭」　袁本、茶陵本無此五十五字。案：恭姜、柏舟、歸骨山足，善均於上注訖，何得更有云云。觀此可知尤增多之，無足取也。

恨賦

意謂古人不稱其情，皆飲恨而死也〔一〕。

江文通

劉璠梁典曰：江淹，字文通，濟陽考城人〔二〕。祖躭，丹陽令。父康之，南沙令。淹少而沉敏〔三〕，六歲能屬詩。及長，愛奇尚異，自以孤賤，厲志篤學。洎於強仕，漸得聲譽。嘗夢郭璞謂之曰：君借我五色筆，今可見還。淹即探懷以筆付璞，自此以後，材思稍減。前後二集，並行於世。卒贈醴泉侯，謚憲子〔四〕。宋桂陽王舉秀才。齊興，爲豫章王記室。天監中，爲金紫光禄大夫，卒。

試望平原，蔓草縈骨，拱木斂魂。爾雅曰：試，用也〔五〕。毛詩曰：野有蔓草。左氏傳，秦伯謂蹇叔曰：中壽，爾墓之木拱矣。注：兩手曰拱〔六〕。古蒿里歌曰：蒿里誰家地，聚斂魂魄無賢愚。人生到此，天道寧論！

於是僕本恨人，心驚不已。列女傳，趙津吏女歌曰：誅將加兮妾心驚。直念古者，伏恨而死。至如秦帝按劍，諸侯西馳。説苑曰：秦始皇帝太后不謹，幸郎嫪毐，茅焦上諫〔七〕，始皇按劍而坐。戰國策，蘇代曰：伏軾而西馳。削平天下，同文共規。禮記曰：書同文，車同軌。華山爲城，紫淵爲池。過秦論曰：踐華爲城，因河爲池。上林賦曰：丹水更其南〔八〕，紫淵徑其北。雄圖既溢，武力未畢。方架黿鼉以爲梁，巡海右以送日。鄭玄毛詩箋曰：方，且也。紀年曰：周穆王三十七年〔九〕，伐紂〔一〇〕，大起九師〔一一〕，東至于九江，叱黿鼉以爲梁。列子曰：穆王駕八駿之乘，乃西觀日所入。一旦魂斷，宮車晚出。史記，王稽謂范睢曰：宮車一日晏駕，是事之不可知三也〔一二〕。韋昭曰：凡初崩爲晏駕者，臣子之心，猶謂宮車當駕而晚出。風俗通曰：天子夜寢早作，故有萬機。今忽崩隤，則爲晏駕〔一三〕。若乃趙王既虜，遷於房陵。淮南子曰：趙王遷流房陵，思故鄉作山木之嘔，聞者莫不隕涕。高誘曰：趙王，張敖〔一四〕。秦滅趙，虜王，遷徙房陵。房陵在漢中〔一五〕。山木之嘔，歌曲也。薄暮心動，昧旦神興。楚辭曰：薄暮雷電。高唐賦曰：使人心動。左氏傳曰：昧旦丕顯。別豔姬與美女，喪金輿及玉乘。杜預左氏傳注曰：美色曰豔。史記曰：爲之金輿錽衡，以繁其飾。玉乘，玉輅也。置酒欲飲，悲來填膺。漢書曰：上置酒沛宮。鄭玄禮記注曰：填，滿也。

千秋萬歲，爲怨難勝。戰國策，楚王謂安陵君曰：寡人萬歲千秋之後，誰與樂此也。

至如李君降北，名辱身冤，漢書，武帝天漢二年〔一六〕，李陵爲騎都尉，領步卒三千，出居延〔一七〕，至浚稽山，與匈奴相值，戰敗，弓矢並盡，陵遂降〔一八〕。孫卿子曰：功廢而名辱，社稷必危。拔劍擊柱，漢書曰：漢高已併天下，尊爲皇帝〔一九〕。羣臣飲，争功，醉〔二〇〕，或妄呼，拔劍擊柱。弔影慙魂。曹子建表曰：形影相弔。晏子春秋曰：君子獨寢，不慙於魂。情往上郡，心留鴈門。漢書有上郡、鴈門郡，並秦置。裂帛繫書，誓還漢恩。漢書曰：常惠教漢使者謂單于，言天子射上林中，得鴈，足有係帛書，蘇武等在某澤中。李陵書曰：欲如前書之言，報恩於國主耳。朝露溘至，握手何言？漢書，李陵謂蘇武曰：人生如朝露，何久自苦如此。楚辭曰：寧溘死以流亡。王逸曰：溘，奄也。史記，繆賢曰：燕王私握臣手曰，願結交。潘岳邢夫人誄曰：臨命相決，交腕握手。

若夫明妃去時，仰天太息。漢書，元帝竟寧元年春正月，呼韓邪單于來朝，詔掖庭王嬙爲閼氏。應劭曰：王嬙，王氏之女，名嬙，字昭君。文穎曰：本南郡人也〔二一〕。琴操曰：王昭君者，齊國王襄女也。年十七，獻元帝。會單于遣使請一女子，帝謂後宮，欲至單于者起，昭君喟然而嘆，越席而起，乃賜單于。石崇曰：王明君本爲王昭君，以觸文帝諱改之。戰國策曰：樊於期仰天太息流涕。紫臺稍遠，關山無極。紫臺，猶紫宮也。古樂府相和歌有度關山曲。搖風忽起，白日西匿。爾雅曰：颫颻謂之飈。颫，音扶。颻與搖同。登樓賦曰：白日忽其西匿。潘岳寡婦賦曰：日杳杳而西匿。隴鴈少飛，代雲寡色〔二二〕。漢書曰：凡望雲氣，勃碣、海代之間，氣皆黑。

望君王兮何期，終蕪絶兮異域。鬻子曰：君王欲緣五常之道而不失，則可以長矣。李陵書曰：生爲異域之人。

至乃敬通見抵，罷歸田里。東觀漢記曰：馮衍，字敬通，明帝以衍才過其實，抑而不用。漢書曰：高后怨趙堯，乃抵堯罪。馮衍説陰就書曰：衍冀先事自歸，上書報歸田里。漢書曰：時多上書言便宜，輒下蕭望之問狀，下者或罷歸田里。閉關却掃，塞門不仕。司馬彪續漢書曰：趙壹閉關却掃，非德不交。吳志曰：張昭稱疾不朝，孫權恨之，土塞其門。左對孺人，顧弄稚子。禮記曰：天子之妃曰后，大夫妻曰孺人。稚子，見寡婦賦。脱略公卿，跌宕文史。杜預左氏傳注曰：脱，易也。賈逵國語注曰：略，簡也。楊雄自敘曰：雄爲人跌宕。齎志没地，長懷無已。馮衍説陰就書曰：懷抱不報，齎恨入冥。鸚鵡賦曰：眷西路而長懷。毛萇詩傳曰：懷，思也。及夫中散下獄，神氣激揚。臧榮緒晉書曰：嵇康拜中散大夫，東平吕安家事繫獄，亹閱之始〔二三〕，安嘗以語康，辭相證引，遂復收康。王隱晉書曰：嵇康妻，魏武帝孫穆王林女也〔二四〕。淮南子曰：古之人神氣不蕩乎外。漢書，谷永上疏曰：贊命之臣，靡不激揚。濁醪夕引，素琴晨張。嵇康與山巨源書曰：濁醪一盃，彈琴一曲。又贈秀才詩曰：習習谷風，吹我素琴。秋日蕭索，浮雲無光。鄭玄禮記注曰：索，散也。鬱

青霞之奇意，入脩夜之不暘。青霞奇意，志言高也。曹毗臨園賦曰：青霞曳於前阿，素籟流於森管。漢書，武帝李夫人賦曰：釋輿馬於山椒，奄脩夜之不暘。張衡司徒吕公誄曰：玄室冥冥，脩夜彌長〔二五〕。孔安國尚書傳曰：暘，明也，音陽。

或有孤臣危涕，孽子墜心。孟子曰：孤臣孽子，其操心也危，其慮思也深。登樓賦曰：涕横墜而弗

禁。字林曰：孽子，庶子也〔二六〕。然心當云危，涕當云墜。江氏愛奇，故互文以見義。遷客海上，流戍隴陰。漢書曰：匈奴乃徙蘇武北海上無人處，使牧羝羊。史記曰：婁敬，齊人也，戍隴西。此人但聞悲風汨起，血下霑衿。琴道，雍門周説孟嘗君曰：幼無父母，壯無妻子，若此人者，但聞秋風鳴條，則傷心矣。毛詩曰：鼠思泣血。尸子曰：曾子每讀喪禮，泣下霑衿。亦復含酸茹歎，銷落湮沈。廣雅曰：茹，食也。又曰：湮，没也。銷，猶散也。若迺騎疊跡，車屯軌，此言榮貴之子，車騎之多也。吴都賦曰：躍馬疊跡。楚辭曰：屯余車其千乘。王逸曰：屯，陳也。黄塵帀地，歌吹四起。山陽公載記曰：賈詡鳴鼓雷震，黄塵蔽天。李陵書曰：邊聲四起。無不煙斷火絶，閉骨泉裏。煙斷火絶，喻人之死也。王充論衡曰：人之死也，猶火之滅。火滅而耀不照，人死而智不慧。

已矣哉！孔安國尚書傳曰：已，發端歎辭。春草暮兮秋風驚，秋風罷兮春草生。綺羅畢兮池館盡，琴瑟滅兮丘壟平。琴道，雍門周曰：高臺既已傾，曲池又已平。墳墓生荆棘，狐兔穴其中。自古皆有死，莫不飲恨而吞聲。論語，子曰：自古皆有死。穆天子傳，七萃之士曰：古有死生〔二七〕。張奂與崔元始書曰：匈奴若非其罪，何肯吞聲。

文選考異

〔一〕恨賦注「意謂古人」下至「而死也」　袁本、茶陵本無此十四字。

〔二〕注「濟陽考城人」袁本、茶陵本無「考城」二字。

〔三〕注「祖躭」下至「淹少而沉敏」袁本、茶陵本無此十六字。

〔四〕注「自以孤賤」下至「謚憲子」袁本、茶陵本無此六十五字。

〔五〕注「爾雅曰試用也」袁本、茶陵本無此六字。

〔六〕注「注兩手曰拱」袁本、茶陵本無此五字。

〔七〕注「茅焦上諫」袁本、茶陵本無此四字。

〔八〕注「丹水更其南」袁本、茶陵本無此五字。

〔九〕注「三十七年」袁本、茶陵本無此四字。

〔一〇〕注「伐紂」陳云「伐紂」當作「征伐」。案：所校是也。各本皆誤。江賦注引正作「征伐」。

〔一一〕注「大起九師」袁本、茶陵本無此四字。

〔一二〕注「是事之不可知三也」袁本、茶陵本無「之」字、「三」字。

〔一三〕注「風俗通曰」下至「則爲晏駕」袁本、茶陵本無此二十二字。

〔一四〕注「趙王張敖」袁本、茶陵本無此四字。

〔一五〕注「徙房陵房陵在漢中」袁本、茶陵本作「徙漢中房陵」五字。

〔一六〕注「武帝天漢二年」袁本、茶陵本無此六字。

〔一七〕注「爲騎都尉」下至「出居延」袁本、茶陵本無此十二字。

〔一八〕注「弓矢並盡陵遂降」　袁本、茶陵本無「弓矢並盡陵」五字。

〔一九〕注「漢高已併天下尊爲皇帝」　袁本、茶陵本無此十字。

〔二〇〕注「羣臣飲争功醉」　袁本、茶陵本無「飲」字、「醉」字。

〔二一〕注「漢書元帝」下至「本南郡人也」　袁本、茶陵本無此四十八字。

〔二二〕代雲寡色　袁本、茶陵本「代」作「岱」。陳云「代」，「岱」誤。注同。今案：二本不著校語，袁本善注中字作「代」，茶陵本亦作「岱」。今漢書天文志是「岱」字。

〔二三〕注「疊閲之始」　陳云「閲」當作「閱」，是也。各本皆誤。

〔二四〕注「王隱晉書」下至「穆王林女也」　袁本、茶陵本無此十七字。

〔二五〕注「張衡」下至「脩夜彌長」　袁本、茶陵本無此十六字。

〔二六〕注「字林曰孽子庶子也」　袁本、茶陵本無此八字。

〔二七〕注「穆天子傳」下至「古有死生」　袁本、茶陵本無此十三字。

别賦

江文通

黯然銷魂者，唯别而已矣！黯，失色將敗之貌〔一〕。言黯然魂將離散者，唯别而然也。夫人魂以守形，魂散則形斃。今别而散，明恨深也。説文曰：黯，深黑也〔二〕。楚辭曰：魂魄離散。家語，孔子曰：黯然而黑。

賈逵曰：唯，獨也〔三〕。況秦吳兮絶國，復燕宋兮千里。言秦、吳、燕、宋四國，川塗既遠，別恨必深，故舉以爲況也。文子曰：爲絶國殊俗，立諸侯以教誨之。或春苔兮始生，乍秋風兮暫起。言此二時，別恨逾切。是以行子腸斷，百感悽惻。鮑昭東門行曰：野風吹秋木，行子心腸斷。風蕭蕭而異響，雲漫漫而奇色。荆軻歌曰：風蕭蕭兮易水寒。尚書大傳，帝唱曰：卿雲爛兮，體漫漫兮。舟凝滯於水濱，車逶遲於山側。楚辭曰：船容與而不進，淹迴水以凝滯。廣雅曰：凝，止也。毛詩曰：周道逶遲。毛萇曰：逶遲，歷遠貌。櫂容與而詎前，馬寒鳴而不息。楚辭曰：檝齊揚以容與。掩金觴而誰御，横玉柱而霑軾。韋誕詩曰：旨酒盈金觴，清顔發朱華。毛萇詩傳曰：御，進也。論曰：鼓琴者於絃設柱，然琴有柱，以玉爲之〔四〕。袁叔正情賦曰〔五〕：解蘊麝之芳衾，陳玉柱之鳴箏。楚辭曰：涕潺湲兮霑軾。居人愁卧，怳若有亡。鮑昭東門行曰：居人掩閨卧。莊子曰：君惝然若有亡〔六〕。日下壁而沈彩，月上軒而飛光。軒，檻版也。見紅蘭之受露，望青楸之離霜。巡曾楹而空揜，撫錦幕而虚涼。曾，高也。空，息也〔七〕。掩，掩涕也。涼，悲涼也。典略曰：衞夫人南子在錦帷中。廣雅曰：帷幙，帳也。纂要曰：帳曰幕〔八〕。知離夢之躑躅，意別魂之飛揚。説文曰：蹢躅，住足也。蹢與躑同，馳戟切。躅，馳録切。曹植悲命賦曰：哀魂靈之飛揚。

故別雖一緒，事乃萬族。孔安國尚書傳曰：族，類也。至若龍馬銀鞍，朱軒繡軸。周禮曰：馬八尺已上爲龍。後漢書，明德馬皇后曰：前過濯龍門上，見外家問起居者，車如流水，馬如遊龍。辛延年羽林郎詩曰：銀鞍何煒爚，翠蓋空踟躕。尚書大傳曰：未命爲士，不得朱軒。鄭玄曰：軒，輿也，士以朱飾之。軒，車通稱也。魯連子門客謂陳無宇曰：君車衣文繡。帳飲東都，送客金谷。漢書曰：高祖過沛，帳飲三日。又漢書曰：疎廣，字仲翁，東海蘭陵人也。廣兄子受，字公子。廣爲太子太傅，公子爲少傅，甚見器重，朝庭爲榮〔九〕。廣謂受曰：吾聞知足不辱，知止不殆，功成身退，天之道也。廣遂退稱疾篤〔一〇〕，上疏乞骸骨。上以其年老，皆許之。加賜黃金二十斤，皇太子賜五十斤，公卿大夫、故人邑子，爲設祖道供帳東都門外，送車數千兩，辭決而去。蘇林曰：長安東都門也〔一一〕。石崇金谷詩序曰：余元康六年，從太僕卿出爲使持節青徐諸軍事、征虜將軍，有別廬在河內縣〔一二〕金谷澗中。時征西將軍祭酒王詡當還長安，余與衆賢共送澗中。琴羽張兮簫鼓陳，燕趙歌兮傷美人。琴羽，琴之羽聲。說苑曰：雍門周以琴見孟嘗君，微揮角羽。張晏甘泉賦注曰：聲細不過羽。漢武帝秋風辭曰：簫鼓鳴兮發櫂歌。古詩曰：燕、趙多佳人，美者顏如玉。珠與玉兮豔暮秋，羅與綺兮嬌上春。驚駟馬之仰秣，聳淵魚之赤鱗。言樂之盛也。韓詩外傳曰：昔伯牙鼓琴而淵魚出聽，瓠巴鼓琴而六馬仰秣。成公綏琴賦曰：伯牙彈而駟馬仰，子野揮而玄鶴鳴。造分手而銜涕，感寂漠而傷神。謝宣遠送王撫軍詩曰：分手東城闉。呂氏春秋曰：聖人不以感私傷神。

乃有劍客慙恩，少年報士。漢書，李陵曰：臣所將屯邊者，奇材劍客也。又曰：郭解以軀藉友報仇，少年慕其行，亦輒爲報讎。韓國趙厠，吳宮燕市。史記曰：聶政者，軹深井里人也。濮陽嚴仲子事韓哀侯，與韓相俠累有郄。嚴仲子告聶政，而言臣有仇，聞足下高義，故進百金，以交足下之驩。聶政拔劍至韓，直入上階，刺殺俠累。又曰：豫讓者，晉人也。事智伯，智伯甚尊寵之。趙襄子滅智伯，讓乃變姓名爲刑人，入宮塗廁，欲刺襄子，故言趙廁。又曰：專諸者，棠邑人也。吴公子光具酒請王僚，酒既酣，使專諸置匕首魚炙之腹中而進，既至王前，專諸以匕首刺王僚，王僚立死。又曰：荆軻者，衛人也。至燕，與高漸離飲於燕市，旁若無人〔一三〕。後荆軻爲燕太子丹獻燕地圖，圖窮匕首見，因以匕首揕秦王。割慈忍愛，離邦去里。瀝泣共訣，抆血相視。伏虔通俗文曰：與死者辭曰訣〔一四〕。史記曰：今太子請辭訣矣。鄭玄毛詩箋曰：往矣，決别之辭。訣與決音義同。廣雅曰：抆，拭也。泣血，已見恨賦。抆，武粉切。驅征馬而不顧，見行塵之時起。史記曰：荆軻遂發，就車不顧。方銜感於一劍，非買價於泉裏。言銜感恩遇，故効命於一劍，非買價於泉壤之中也。尉繚子，吴起曰：一劍之任，非將軍也。金石震而色變，骨肉悲而心死。燕丹太子曰〔一五〕：荆軻與武陽入秦，秦王陛戟而見燕使。鼓鍾並發〔一六〕，羣臣皆呼萬歲。武陽大恐，面如死灰色。戰國策曰：武陽色變。史記曰：聶政刺韓相俠累死，因自皮面決眼屠腹而死，莫知其誰。韓取政尸暴於市，能知者與千金，久之莫知。政姊曰：何愛妾之身而不揚吾弟之名於天下哉！乃之韓市，抱尸而哭曰：此妾弟軹深井里聶政。自殺於尸旁。晉、楚、齊聞之曰：非獨政之賢，乃其姊亦烈女。莊子，仲尼謂顔回曰：夫哀莫大於心死。

或乃邊郡未和，負羽從軍。司馬相如檄蜀文曰：邊郡之士，聞烽舉燧燔。漢書曰：有障徼，曰邊郡。服虔曰：士負羽〔一七〕。楊子雲羽獵賦曰：蒙楯負羽，杖鏌邪而羅者以萬計。遼水無極，鴈山參雲。水經曰：遼山在玄兔高句麗縣，遼水所出。海内西經曰：大澤方百里，鳥所生在鴈山，鴈出其間。孟子曰〔一八〕：大山之高，參天入雲。謝承後漢書，劉詡曰：程夫人〔一九〕富貴參雲。閨中風暖，陌上草薰。薰，香氣也。日出天而耀景，露下地而騰文。鏡朱塵之照爛，襲青氣之烟熅。楚辭曰：經堂入奥，朱塵筵些。王逸曰：朱畫承塵也。或曰：朱塵，紅塵〔二〇〕。楚辭曰：芳菲菲兮襲人。易通卦驗曰：震，東方也，主春分日出。青氣出震，此正氣也。司馬彪注曰：襲，入也〔二一〕。攀桃李兮不忍別，送愛子兮霑羅裙。言當盛春之時，而分別不忍也。左氏傳，趙盾曰：括，君姬氏之愛子。杜預曰：括，趙盾異母弟。趙姬，文公女也。

至如一赴絶國，詎相見期？琴道曰：雍門周以琴見孟嘗君，孟嘗君〔二二〕曰：先生鼓琴，亦能令悲乎？對曰：臣之所能令悲者，無故生離〔二三〕，遠赴絶國，無相見期。臣爲一揮琴而太息，未有不悽愴而流涕者。絶國，絶遠之國。視喬木兮故里，決北梁兮永辭。王充論衡曰：睹喬木，知舊都。孟子曰：故國者，非爲喬木，有世臣也。孟子見齊宣王曰：所謂故國，世臣之謂。注，非但見其木，當有累世脩德之臣也〔二四〕。楚辭曰：濟江海兮蟬蛻，決北梁兮永辭。左右兮魂動，親賓兮淚滋。蘇武詩曰：淚爲生別滋。可班荆兮贈恨，唯罇酒兮敘悲。左氏傳曰：楚聲子與伍舉俱楚人，舉將奔晉〔二五〕，聲子將如晉，遇之於鄭郊，班荆而坐〔二六〕，相與食。蘇武詩曰：我有一罇酒，欲以贈遠人。願子留斟酌，敘此平生親。值秋鴈兮飛日，當白露兮下時。怨復怨兮遠山曲，去復去兮長河湄。毛詩曰：居河之湄。爾雅曰：水草交曰湄。

又若君居淄右，妾家河陽，漢書有淄川國。又河内郡有河陽縣。淄，或爲塞。同瓊珮之晨照，共金爐之夕香。毛詩曰：有女同車，顔如蕣華。將翺將翔，佩玉瓊琚。司馬相如美人賦曰：金爐香薰，黼帳周垂。君結綬兮千里，惜瑶草之徒芳。結綬，將仕也。顔延年秋胡詩曰：脱巾千里外，結綬登王畿〔二七〕。漢書曰：蕭育與朱博友，長安語曰：蕭朱結綬。宋玉高唐賦曰：我帝之季女，名曰瑶姬，未行而亡，封于巫山之臺，精魂爲草，寔曰靈芝。山海經曰：姑瑶之山，帝女死焉，名曰女尸，化爲䔄草，其葉胥成，其花黄，其實如兔絲，服者媚於人。郭璞曰：瑶與䔄並音遥，然䔄與瑶同。黮幽閨之琴瑟，晦高臺之流黄。張載擬四愁詩曰：佳人贈我筒中布，何以報之流黄素。環濟要略曰：間色有五，紺、紅、縹、紫、流黄也。春宫閟此青苔色，秋帳含兹明月光。毛詩曰：閟宫有侐〔二八〕。毛萇詩傳曰：閟，閉也。班婕妤自傷賦曰：應門閉兮玉階苔。劉休玄擬古詩曰：羅帳延秋月。夏簟清兮晝不暮，冬釭凝兮夜何長！張儼席賦曰：席爲冬設，簟爲夏施。夏侯湛釭燈賦曰：秋日既逝，冬夜悠長。織錦曲兮泣已盡，迴文詩兮影獨傷。織錦迴文詩序曰：竇韜秦州，被徙沙漠，其妻蘇氏。秦州臨去别蘇，誓不更娶，至沙漠便娶婦，蘇氏織錦端中，作此迴文詩以贈之。符國時人也。儻有華陰上士，服食還山〔二九〕。列仙傳，脩芈者，魏人也。華陰山下石室中有龍石，臥其上，取黄精食之，後去，不知所之〔三〇〕。術既妙而猶學，道已寂而未傳。方言曰：寂，安静也。守丹竈而不顧，鍊金鼎而方堅〔三一〕。南越志曰：長沙郡瀏陽縣東有王喬山，山有合丹竈。不顧，不顧於世也。鍊金鼎，鍊金爲丹之鼎也。抱朴子曰：鄭君唯見授金丹之經。又曰：九轉丹内神鼎中。史記曰：黄帝采首山銅鑄鼎，鼎成，龍下迎黄帝也。方堅，其志方堅也。駕鶴上漢，驂鸞騰天。列仙傳曰：王子晉吹笙作鳳鳴，遊伊、洛之間，道士浮丘公接上嵩高。三十餘年後，上見桓良曰：告我家，七月七日，待我緱氏山頭。果乘白鶴住山下，望之不能得到，舉手謝世人。數日去，祠於緱山下。雷次宗豫章記曰：洪井西鸞崗、鶴嶺，舊説洪崖先生與子晉乘鸞鶴憩於此〔三二〕。張僧鑒豫章記曰：洪井有鸞岡，舊説云，洪崖先生乘鸞所憩處也。鸞岡西有鶴嶺，王子喬控鶴所經過處。蹔遊萬里，少別千年。神仙傳曰：若士者，仙人也。燕人盧敖者，秦時遊北海而見若士，曰〔三三〕：一舉而千里，吾猶未之能，今子始至於此，乃語窮，豈不陋哉？馬明先生隨神女還岱，見安期生，語神女曰：昔與女郎遊於安息、西海之際，憶此未久，已二千年矣。惟世間兮重別，謝主人兮依然。説文曰：謝，辭也。下有芍藥之詩，佳人之謌。詩溱洧章，刺亂也。兵革不息，男女相棄，淫風大行，莫之能救。云〔三四〕：維士與女，伊其相謔，贈之以芍藥。注，芍藥，香草也。箋曰：伊，因也。士女往觀，因相與戲謔，行夫婦之事，其別則送與芍藥，結恩情也〔三五〕。漢書，李延年歌曰，北方有佳人，絶世而獨立。桑中衛女，上宫陳娥。衛、陳，二國名也。毛詩桑中章〔三六〕曰：期我乎桑中，要我乎上宫，送我於淇之上。注：桑中、淇上、上宫，所期之地。箋云：此思孟姜之愛厚己也。此我期於桑中，要我於上宫，期我於淇水之上。又竹竿章，衛女思歸，適異國而不見答，思而能以禮也。女子有行，遠父母兄弟。箋云：行，道也。女子之道，當嫁耳，不以答違婦道也。又燕燕章，衛莊姜送歸妾也。注：莊姜無子，陳女戴嬀生子名完，莊姜以爲己子。莊公薨，完立而州吁殺之，戴嬀於是大歸，莊姜送於野，作詩以見己志〔三七〕。方言曰：秦、晉之間，美貌謂之娥。春草碧色，春水淥波。送君南浦，傷如之何！楚辭曰：子交手兮東行，送美人兮南浦。至乃秋露如珠，秋月如珪。陸雲芙蓉詩曰：盈盈荷上露，灼灼如明珠。遁甲開山圖曰：禹遊於東海，得玉珪，碧色，圓如日月，以自照，目達幽冥。明月白露，光陰往來。與子之別，思心徘徊。

是以別方不定，別理千名。千名，言多也。南都賦曰：百種千名。有別必怨，有怨必盈。蔡琰詩曰：心吐思兮胸憤盈。使人意奪神駭，心折骨驚。亦互文也。左氏傳，衛太子禱曰：無折骨。雖淵雲之墨妙，嚴樂之筆精。漢書曰：王褒，字子淵。楊雄，字子雲〔三八〕。漢書曰：嚴安，臨淄人也。徐樂，燕無終人也。上疏言時務，上召見，乃拜樂、安皆爲郎中。金闈之諸彦〔三九〕，蘭臺之羣英。金闈，金馬門也〔四〇〕。史記曰：金門，宦者署，承明、金馬，著作之庭。東方朔曰：公孫弘等待詔金馬門。蘭臺，臺名也。傅毅、班固等爲蘭臺令史是也。論衡曰：孝明好文人，並徵蘭臺之官，文雄會聚。賦有淩雲之稱，辯有雕龍之聲。史記，荀卿，趙人。年五十，始來游學於齊。鄒衍之術，迂大而閎辯，奭也，文難施。齊人爲諺曰：談天衍。劉向別録曰：鄒衍之所言，五德終始，天地廣大，書言天事，故曰談天〔四一〕。彫龍赫，赫修鄒衍之術〔四二〕。文飾之若彫鏤龍文，故曰彫龍赫。誰能摹暫離之狀，寫永訣之情者乎？

文選考異

〔一〕注「失色將敗之貌」　袁本、茶陵本無「將敗之」三字。

〔二〕注「説文曰黯深黑也」　袁本、茶陵本無此七字。

〔三〕注「賈逵曰唯獨也」　袁本、茶陵本無此六字。

〔四〕注「論曰鼓琴者」下至「以玉爲之」　袁本、茶陵本無此十七字。

〔五〕注「袁叔正情賦曰」　茶陵本「叔」作「淑」，是也。袁本亦誤。

〔六〕注「莊子曰君惝然若有亡」　袁本此九字作「若有亡已見上文注」八字，是也。茶陵本複出而誤。

〔七〕注「曾高也空息也」　袁本、茶陵本無此六字。
〔八〕注「纂要曰帳曰幕」　袁本、茶陵本無此六字。
〔九〕注「甚見器重朝庭爲榮」　袁本、茶陵本無此八字。
〔一〇〕注「功成身退」下至「稱疾篤」　袁本、茶陵本無此十四字。
〔一一〕注「送車數千兩」下至「長安東都門也」　袁本、茶陵本無此十八字。
〔一二〕注「在河内縣」　陳云「内」當作「南」。案：此據金谷集詩注引校也。
〔一三〕注「旁若無人」　袁本、茶陵本無此四字。
〔一四〕注「伏虔通俗文曰」下至「曰訣」　袁本、茶陵本無此十二字。
〔一五〕注「燕丹太子曰」　陳云「太」字衍，是也。各本皆衍。
〔一六〕注「鼓鍾並發」　袁本、茶陵本「鼓」上有「既」字。
〔一七〕注「服虔曰士負羽」　袁本、茶陵本無此六字。
〔一八〕注「孟子曰」　袁本、茶陵本「曰」上有「注」字，是也。又送應氏詩注引各本皆無「注」字，蓋脱。
〔一九〕注「程夫人」　案：「夫」當作「大」，各本皆誤。范書蔡邕傳「程大人」，即此也。
〔二〇〕注「或曰朱塵紅塵」　袁本、茶陵本無此六字。
〔二一〕注「司馬彪注曰襲入也」　袁本、茶陵本無此八字。

〔二二〕注「以琴見孟嘗君孟嘗君」　袁本、茶陵本無此九字。

〔二三〕注「先生鼓琴」下至「無故生離」　袁本、茶陵本無此二十二字。

〔二四〕注「孟子見齊宣王」下至「脩德之臣也」　袁本、茶陵本無此三十字。

〔二五〕注「楚聲子與伍舉俱楚人舉將奔晉」　袁本、茶陵本無「聲子與俱楚人舉」七字。

〔二六〕注「班荆而坐」　袁本、茶陵本無「而坐」二字。

〔二七〕注「顔延年」下至「結綬登王畿」　袁本、茶陵本無此十七字。

〔二八〕注「毛詩曰閟宫有侐」　袁本、茶陵本無此七字。

〔二九〕儻有華陰上士服食還山　袁本、茶陵本「山」作「仙」。校語云善無此二句。案：此不當無，傳寫脱也。或尤即以所見五臣補之，故與二本「山」、「仙」不同。

〔三〇〕注「列仙傳脩芊者」下至「不知所之」　袁本、茶陵本無此三十三字。案：此亦尤增多也。蓋本并脱正文與注一節，而所謂真善注云何，無由知矣。

〔三一〕鍊金鼎而方堅　案：「鍊」當作「練」，蓋善「練」、五臣「鍊」而亂之。注中兩見。此字茶陵本作「練」，是也。袁盡作「鍊」，非。

〔三二〕注「列仙傳曰王子晉」下至「憇於此」　袁本、茶陵本無此一百四字。

〔三三〕注「而見若士曰」　袁本、茶陵本重「若士」二字，是也。

〔三四〕注「詩溱洧章」下至「莫之能救云」　袁本、茶陵本無此二十四字，有「毛詩曰」三字。

〔三五〕注「注芍藥香草也」下至「結恩情也」　袁本、茶陵本無此三十六字。

〔三六〕注「桑中章」　袁本、茶陵本無此三字。

〔三七〕注「送我於淇之上」下至「作詩以見己志」　袁本、茶陵本無此一百五十二字。陳云注引燕燕、竹竿二詩，並與本事無涉，蓋誤解也，云云。亦因不知此非善注耳。

〔三八〕注「漢書曰」下至「字子雲」　袁本、茶陵本無此十三字，有「淵王褒也雲楊雄也」八字。

〔三九〕金閨之諸彥　袁本、茶陵本「閨」下校語云善作「門」。案：此尤以五臣亂善也。

〔四〇〕注「金閨金馬門也」　袁本、茶陵本無此六字。案：尤增多此注，以就正文之誤，甚非。

〔四一〕注「史記荀卿」下至「故曰談天」　袁本、茶陵本無此六十三字，有「漢書曰司馬相如既奏大人賦天子大悅飄飄有凌雲之氣七略曰鄒赫子齊人也齊人爲諺曰」三十七字。

〔四二〕注「赫修鄒衍之術」　袁本、茶陵本「赫」上有「言」字。

文選卷第十七

論文　音樂上

論文

文賦　并序

陸士衡　臧榮緒晉書曰：機字士衡，吴郡人。祖遜，吴丞相。父抗，吴大司馬。機少襲領父兵，爲牙門將軍。年二十而吴滅，退臨舊里，與弟雲勤學，積十一年。譽流京華，聲溢四表，被徵爲太子洗馬，與弟雲俱入洛。司徒張華，素重其名，舊相識以文。華呈天才綺練，當時獨絶，新聲妙句，係蹤張、蔡〔一〕。機妙解情理，心識文體，故作文賦。

余每觀才士之所作，竊有以得其用心。作，謂作文也。用心，言士用心於文〔二〕。莊子，堯曰：此吾所用心。夫放言遣辭，良多變矣，夫作文者，放其言，遣其理，多變，故非一體〔三〕。妍蚩好惡，可得而言。文之好惡，可得而言論也〔四〕。范曄後漢書，趙壹刺世疾邪曰：孰知辯其妍蚩。廣雅曰：妍，好也。說文曰：妍，慧也。釋名曰：蚩，癡也。聲類曰：蚩，騃也。然妍蚩亦好惡也。每自屬文，尤見其情，論衡曰：幽思屬文，著記美言。屬，綴也。杜預左氏傳曰：尤，甚也。士衡自言，每屬文，甚見爲文之情〔五〕。恒患意不稱物，文不逮意，爾雅曰：逮，及也。蓋非知之難，能之難也。尚書曰：非知之艱，行之惟艱。故作文賦，以述先士之盛藻，因論作文之利害所由，利害由好惡〔六〕。孔安國尚書傳曰：藻，水草之有文者，故以喻文焉。佗日殆可謂曲盡其妙。言既作此文賦，佗日而觀之，近謂委曲盡文之妙理〔七〕。論語，鯉曰：它日又獨立。趙岐孟子章句曰：它日，異日也。至於操斧伐柯，雖取則不遠，此喻見古人之法不遠〔八〕。毛詩曰：伐柯伐柯，其則不遠。注：則，法也。伐柯必用其柯，大小長短近取法於柯，謂不遠也〔九〕。若夫隨手之變，良難以辭逮，言作之難也。文之隨手變改，則不可以辭逮也〔一〇〕。莊子，輪扁謂桓公曰：斲徐則甘而不固，疾則苦而不入，不疾不徐，得於手而應於心，口不能言也，有數存焉。蓋所能言者，具於此云。蓋所言文之體者，具此賦之言〔一一〕。

佇中區以玄覽，頤情志於典墳。漢書音義，張晏曰：佇，久俟待也。中區，區中也。字書曰：玄，幽遠也〔一二〕。老子曰：滌除玄覽。河上公曰：心居玄冥之處，覽知萬物，故謂之玄覽。幽通賦曰：皓頤志而不傾。左氏傳，楚子曰：左史倚相能讀三墳、五典。遵四時以歎逝，瞻萬物而思紛。遵，循也，循四時而歎其逝往之事，攬視萬物盛衰而思慮紛紜也〔一三〕。淮南子曰：四時者，春生，夏長，秋收，冬藏。悲落葉於勁秋，喜柔條於芳春〔一四〕，秋暮衰落故悲，春條敷暢故喜也〔一五〕。淮南子曰：木葉落，長年悲。心懔懔以懷霜，志眇眇而臨雲。懔懔，危懼貌。眇眇，高遠貌〔一六〕。懷霜、臨雲，言高潔也。説文曰：懔懔，寒也。孔融薦禰衡表曰：志懷霜雪。舞賦曰：氣若浮雲，志若秋霜。詠世德之駿烈，誦先人之清芬。言歌詠世有俊德者之盛業。先民，謂先世之人，有清美芬芳之德而誦勉〔一七〕。毛詩曰：王配于京，世德作求。又曰：在昔〔一八〕先民有作。遊文章之林府，嘉麗藻之彬彬。論語曰：文質彬彬，然後君子。孔安國注曰〔一九〕：彬彬，文質見半之貌〔二〇〕。慨投篇而援筆，聊宣之乎斯文。韓詩外傳曰：孫叔敖治楚三年而國霸，楚史援筆而書之於策。尚書中候曰：玄龜負圖出洛，周公援筆以寫也〔二一〕。

其始也，皆收視反聽，耽思傍訊，收視反聽，言不視聽也。耽思傍訊，静思而求之也。毛萇詩傳曰：耽樂之久。廣雅曰：訊，問也。精騖八極，心遊萬仞。精，神爽也。八極、萬仞，言高遠也。淮南子曰：八紘之外，乃有八極。包咸論語注曰：七尺曰仞。其致也，情曈曨而彌鮮，物昭晣而互進。爾雅曰：致，至也〔二二〕。埤蒼曰：曈曨，欲明也。説文曰：昭晣，明也。傾羣言之瀝液，漱六藝之芳潤。楊子法言曰：或問羣言之長，曰羣言之長，德言也。宋衷曰：羣，非一也。周禮曰：六藝，禮、樂、射、御、書、數也。浮天淵以安流，濯下泉而潛浸。言思慮之至，無處不至。故上至天淵於安流之中，下至下泉於潛浸之所〔二三〕。劇秦美新曰：盈塞天淵之間。楚辭曰：使江水兮安流。毛詩曰：洌彼下泉，浸彼苞稂。於是沈辭怫悅，若遊魚銜鉤，而出重淵之深；佛悅，難出之貌。浮藻聯翩，若翰鳥纓繳，而墜曾雲之峻。聯翩，將墜貌。王弼周易注曰：翰，高飛也。説文曰：繳，生絲縷也，謂縷繫矰矢而以弋射。收百世之闕文，採千載之遺韻。論語，子曰：吾猶及史之闕文。謝朝華於已披，啓夕秀於未振。華、秀，以喻文也。已披，言已用也。觀古今於須臾〔二四〕，撫四海於一瞬。高唐賦曰：須臾之間。司馬遷曰：卒卒無須臾之間〔二五〕。莊子，老聃曰：俛仰之間，再撫四海之外。呂氏春秋曰：萬世猶一瞬。説文曰：開闔，目數搖也。尸閏切。

然後選義按部，考辭就班。小雅曰：班，次也。抱暑者咸叩〔二六〕，懷響者畢彈。言皆擊擊而用〔二七〕。或因枝以振葉，或沿波而討源。孔安國尚書傳曰：順流而下曰沿。源，水本也。或本隱以之顯，或求易而得難。言或本之於隱而遂之顯，或求之於易而便得難。之或爲末，非也。或虎變而獸擾，或龍見而鳥瀾。周易曰：大人虎變，其文炳也。言文之來，若龍之見煙雲之上，如鳥之在波瀾之中。應劭曰〔二八〕：擾，馴也。莊子曰：君子尸居而龍見。大波曰瀾。或妥帖而易施，或岨峿而不安。妥帖，易施貌。公羊傳曰：帖，服也。廣雅曰：帖，靜也〔二九〕。王逸楚辭序曰：義多乖異，事不妥帖。岨峿，不安貌。楚辭曰：圜鑿而方枘兮，吾固知其鉏鋙而難入。妥，他果切。帖，吐協切。岨，助舉切。峿，魚呂切。罄澄心以凝思，眇衆慮而爲言。周易曰：神也者，妙萬物〔三〇〕而爲言者也。籠天地於形內，挫萬物於筆端。淮南子曰：太一者，牢籠天地也。説文曰：挫，折也。韓詩外傳曰：辟文士之筆端，辟武士之鋒端，辟辯士之舌端。始躑躅於燥吻，終流離於濡翰。廣雅曰：躑躅〔三一〕，跢跦也。鄭玄毛詩箋云：志往謂踟蹰也。蹢與躑同，跢跦與踟跦同〔三二〕。蒼頡篇曰：吻，脣兩邊也，莫粉切。字林曰：吻，口邊〔三三〕。流離，津液流貌。劉公幹詩曰：敍意於濡翰。毛萇詩傳曰：濡，漬也。濡，如娛切。漢書音義，韋昭曰：翰，筆也，協韻，音寒。理扶質以立幹，文垂條而結繁。言文之體必須以理爲本。垂條，以樹喻也〔三四〕。廣雅曰：幹，本也。鄭玄禮記注曰：繁，盛也。信情貌之不差，故每變而在顔。楚辭曰：情與貌其不變。思涉樂其必笑，方言哀而已歎。或操觚以率爾，或含毫而邈然。觚，木之方者，古人用之以書，猶今之簡也。史由〔三五〕急就章曰：急就奇觚。觚，木簡也〔三六〕。論語先進篇，子路帥爾而對〔三七〕。毫，謂筆毫也。王逸楚辭注曰：鋭毛爲毫也。毛詩曰：聽我藐藐。毛萇曰：藐藐然不入。

伊兹事之可樂，固聖賢之所欽。兹事，謂文也。左氏傳，仲尼曰：志有之，言足以志，文足以言，不言誰知其志，言而不文，行之不遠〔三八〕。課虛無以責有，叩寂寞而求音。春秋説題辭曰：虛生有形。淮南子曰：寂寞，音之主也。函緜邈於尺素，吐滂沛乎寸心。毛萇詩傳曰：函，含也。古詩曰：中有尺素書。列子，文摯謂叔龍曰：吾見子之心矣，方寸之地虛矣。言恢之而彌廣，思按之而逾深。杜預左氏傳注曰：恢，大也。按，抑按也。言思慮一發，愈深恢大〔三九〕。播芳蕤之馥馥，發青條之森森。説文曰：蕤，草木華垂貌。纂要曰：草木華曰蕤。字林曰：森，多木長貌。以喻文采若芳蕤之香馥，青條之森盛也〔四〇〕。粲風飛而猋豎，鬱雲起乎翰林。爾雅曰：飆飄謂之猋。長楊賦曰：翰林以爲主人。

體有萬殊，物無一量。文章之體有萬變之殊，中衆物之形，無一定之量也〔四一〕。淮南子曰：斟酌萬殊。紛紜揮霍，形難爲狀。紛紜，亂貌。揮霍，疾貌。西京賦曰：跳丸劍之揮霍。辭程才以效伎，意司契而爲匠。衆辭俱湊，若程才效伎，取捨由意，類司契爲匠。老子曰：有德司契。論衡曰：能雕琢文書謂之史匠也。在有無而僶俛，當淺深而不讓。毛詩曰：何有何無，僶俛求之。俛僶，由勉強也〔四二〕。論語，子曰：當仁不讓於師。雖離方而遯員，期窮形而盡相。方圓，謂規矩也。言文章在有方圓規矩也〔四三〕。故夫夸目者尚奢，愜心者貴當。其事既殊，爲文亦異。故欲夸目者爲文尚奢，欲快心者爲文貴當。愜，猶快也，起頰切。言窮者無隘，論達者唯曠。言其窮賤者，立說無非湫隘；其論通達者，發言唯存放曠。詩緣情而綺靡，賦體物而瀏亮。詩以言志，故曰緣情；賦以陳事，故曰體物。綺靡，精妙之言。瀏亮，清明之稱。漢書，甘泉賦曰：瀏，清也。字林曰：清瀏，流也〔四四〕。碑披文以相質，誄纏緜而悽愴。碑以敍德，故文質相半；誄以陳哀，故纏緜悽慘〔四五〕。銘博約而温潤，箴頓挫而清壯。博約，謂事博文約也。銘以題勒示後，故博約温潤；箴以譏刺得失，故頓挫清壯。頌優遊以彬蔚，論精微而朗暢。頌以襃述功美，以辭爲主，故優遊彬蔚。論以評議臧否，以當爲宗，故精微朗暢。彬蔚，已見上文。漢書音義曰：暢，通也。奏平徹以閑雅，說煒曄而譎誑。奏以陳情敍事，故平徹閑雅；說以感動爲先〔四六〕，故煒曄譎誑。雖區分之在茲，亦禁邪而制放。要辭達而理舉，故無取乎冗長。論語，子曰：辭達而已矣。文穎漢書注曰：冗，散也，如勇切。言文章體要，在辭達而理舉也〔四七〕。

其爲物也多姿，其爲體也屢遷。萬物萬形，故曰多姿。文非一則，故曰屢遷。琴賦曰：既豐贍以多姿。周易曰：爲道也屢遷。其會意也尚巧，其遣言也貴研。暨音聲之迭代，若五色之相宣。言音聲迭代而成文章，若五色相宣而爲繡也。爾雅曰：暨，及也。又曰：迭，更也。論衡曰：學士文章，其猶絲帛之有五色之功。杜預左氏傳注曰：宣，明也。雖逝止之無常，固崎錡而難便。言雖逝止無常，唯情所適，以其體多變，固崎錡難便也。逝止，由去留也。崎錡，不安貌。楚辭曰：嶔岑崎錡。崎，音綺。錡，音蟻。苟達變而識次，猶開流以納泉。言其易也。如失機而後會，恒操末以續顛。言失次也。謬玄黄之袟敍，故淟涊而不鮮。言音韻失宜類繡之玄黄謬敍，故淟涊垢濁而不鮮明也。禮記曰：朱緑之，玄黄之，以爲黼黻文章。楚辭曰：切淟涊之流俗。王逸曰：淟涊，垢濁也。

或仰逼於先條，或俯侵於後章。廣雅曰：條，科條也。凡爲文之體，先後皆須意別，不能者則有此累〔四八〕。或辭害而理比，或言順而義妨。周易曰：比，輔也。説文曰：妨，害也。離之則雙美，合之則兩傷。考殿最於錙銖，定去留於毫芒。漢書音義，項岱曰：殿，負也。最，善也。韋昭曰：第一爲最，極下曰殿。又曰〔四九〕：下功曰殿，上功曰最。鄭玄禮記注曰：八兩爲錙。漢書曰：黄鍾之一龠，容千二百黍，重十二銖，然百黍重一銖也。應劭漢書注曰：十黍爲一絫，十絫爲一銖〔五〇〕。賓戲曰〔五一〕：鋭思毫芒之内。音義曰：芒，稻芒。毫，兔毫。苟銓衡之所裁，固應繩其必當。言銓衡所裁，苟有輕重，雖應繩墨，須必除之。聲類，蒼頡篇曰：銓，稱也〔五二〕。曰銓，所以稱物也，七全切。漢書曰：衡，平也，平輕重也。尚書曰：惟木從繩則正。

莊子曰：匠石治木，直者應繩。或文繁理富，而意不指適。極無兩致，盡不可益。言其理既極，而無兩致；其言又盡，而不可益。立片言而居要，乃一篇之警策。以文喻馬也。言馬因警策而彌駿，以喻文資片言而益明也。夫駕之法，以策駕乘，今以一言之好，最於衆辭，若策驅馳，故云警策〔五三〕。論語，子曰：片言可以折獄。左氏傳，繞朝贈士會以馬策〔五四〕。曹子建應詔詩曰：僕夫警策。鄭玄周禮注曰：警，敕戒也。雖衆辭之有條，必待茲而效績。必待警策之言，以效其功也。家語，公父文伯之母曰：男女效績，愆則有辟。亮功多而累寡，故取足而不易。言其功既多，爲累蓋寡，故以取足而不改易其文〔五五〕。

或藻思綺合，清麗千眠。説文曰：謂文藻思如綺會〔五六〕。千眠，光色盛貌。炳若縟繡，悽若繁絃。説文曰：縟、繁，彩色也。又繡，五色彩備也。蔡邕琴賦曰：繁絃既抑，雅音復揚。必所擬之不殊，乃闇合乎曩篇。言所擬不異，闇合昔之曩篇〔五七〕。爾雅曰：曩，久也，謂久舊也。雖杼軸於予懷，怵佗人之我先。杼軸，以織喻也。雖出自己情，懼佗人先己也。毛詩曰：杼軸其空。苟傷廉而愆義，亦雖愛而必捐。言他人言我雖愛之，必須去之也〔五八〕。王逸楚辭注曰：不受曰廉。説文曰：捐，棄也。

或苕發穎豎，離衆絶致。苕，草之苕也。言作文利害，理難俱美，或有一句同乎苕發穎豎，離於衆辭，絶於致思也。毛詩傳曰：苕，陵苕也〔五九〕。孫卿子曰：蒙鳩爲巢，繫之葦苕。小雅曰：禾穗謂之穎。形不可逐，響難爲係。言方之於影而形不可逐，譬之於聲而響難係也。鶡冠子曰：影之隨形，響之應聲。塊孤立而特峙，非常音之所緯。文之綺麗，若經緯相成，一句既佳〔六〇〕，塊然立而特峙，非常音所能緯也。心牢落而無偶，意徘徊而不能擿。牢落，猶遼落也。言思心〔六一〕牢落，而無偶擿之意，徘徊而未能也。蔡邕瞽師賦曰：時牢落以失次，粤綷蹇而陽絶。説文曰：擿，取也，他狄切。協韻他帝切，或爲禘。禘，猶去也〔六二〕。石韞玉而山輝，水懷珠而川媚。雖無佳偶，因而留之，譬若水石之藏珠玉，山川爲之輝媚也。尸子曰：水中折者有玉，圓折者有珠〔六三〕。孫卿子曰：玉在山而木潤，淵生珠而岸不枯。高氏注：玉，陽中之陰，故能潤澤草；珠，陰中之陽，有明故岸不枯。廣雅曰：韞，裹也〔六四〕。彼榛楛之勿翦，亦蒙榮於集翠。榛楛，喻庸音也。以珠玉之句既存，故榛楛之辭亦美。毛詩曰：榛楛濟濟。郭璞山海經注曰：榛，小栗。楛，木可以爲箭。綴下里於白雪，吾亦濟夫所偉。言以此庸音而偶彼嘉句，譬以下里鄙曲綴於白雪之高唱，吾雖知美惡不倫，然且以益夫所偉也。宋玉對楚王問曰：客有歌於郢中者，其始曰下里。宋玉笛賦曰：師曠爲白雪之曲。淮南子曰：師曠奏白雪，而神禽下降。白雪，五十絃瑟樂曲名。下里，俗之謡歌〔六五〕。説文曰：偉，猶奇也，協韻，禹貴切。或託言於短韻，對窮迹而孤興。短韻，小文也。言文小而事寡，故曰窮迹；迹窮而無偶，故曰孤興。俯寂寞而無友，仰寥廓而莫承。言事寡而無偶，俯求之則寂寞而無友，仰應之則寥廓而無所承。譬偏絃之獨張，含清唱而靡應。言累句以成文，猶衆絃之成曲。今短韻孤起，譬偏絃之獨張；絃之獨張，含清唱而無應。韻之孤起，藴麗則而莫承也。毛萇詩傳曰：靡，無也。應，於興切。或寄辭於瘁音，徒靡言而弗華〔六六〕。瘁音，謂惡辭也。靡，美也，言空美而不光華也〔六七〕。班固漢書贊曰：纖微憔悴之音作，而民思憂。薛君韓詩章句曰：靡，好也。混妍蚩而成體，累良質而爲瑕。妍謂言靡，蚩謂瘁音，既混妍蚩共爲一體，翻累良質而爲瑕也。禮記曰：玉，瑕不掩瑜。鄭玄曰〔六八〕：瑕，玉之病也，胡加切。象下管之偏疾，故雖應而不和。言其音既瘁，其言徒靡，類乎下管，其聲偏疾，升歌與之間奏，雖復相應而不和諧。杜預左氏傳注曰：象，類也。禮記曰：升歌清廟，下管象武〔六九〕。王肅家語注曰：下管，堂下吹管。象，武舞也。或遺理以存異，徒尋虛以逐微。言寡情而鮮愛，辭浮漂而不歸。漂，猶流也。不歸，謂不歸於實。猶絃么而徽急，故雖和而不悲。説文曰：么，小也，於遥切。淮南子曰：鄒忌一徽琴，而威王終夕悲。許慎注曰〔七〇〕：鼓琴循絃謂之徽，悲雅俱有，所以成樂，直雅而無悲則不成〔七一〕。或奔放以諧合，務嘈囋而妖冶。埤蒼曰：嘈啈，聲貌，啈與囋及囐同，才曷切。徒悦目而偶俗，固高聲而曲下。言聲雖高而曲下〔七二〕。張衡舞賦曰：既娱心以悦目。廣雅曰：耦，諧也，耦與偶古字通。寤防露與桑間，又雖悲而不雅。防露，未詳。一曰：謝靈運山居賦曰：楚客放而防露作。注曰：楚人放逐，東方朔感江潭而作七諫。然靈運有七諫〔七三〕，有防露之言，遂以七諫爲防露也。禮記曰：桑間濮上之音，亡國之音也。鄭玄曰：濮水之上地有桑間，先〔七四〕亡國之音於此水上〔七五〕。或清虛以婉約，每除煩而去濫。左氏傳，君子曰：臣除煩而去惑。闕大羹之遺味，同朱絃之清氾。雖一唱而三歎，固既雅而不豔。言作文之體，必須文質相半，雅豔相資。今文少而質多，故既雅而不豔，比之大羹而闕其餘味，方之古樂而同清氾，言質之甚也。餘味，謂樂羹皆古，不能備其五聲五味，故曰有餘也。禮記曰：清廟之瑟，朱絃而疏越，一唱而三歎，有遺音者矣。大饗之禮，尚玄酒而俎腥魚〔七六〕，大羹不和，有遺味者矣。鄭玄曰：朱絃，練朱絃也，練則聲濁。越瑟底孔畫疏之，使聲遲。唱，發歌句者。三歎，三人從而歎之。大羹，肉湆不調以鹽菜也。遺，猶餘也。然大羹之有餘味，以爲古矣，而又闕之，甚甚之辭也〔七七〕。

若夫豐約之裁，俯仰之形。廣雅曰：約，儉也。因宜適變，曲有微情。毛萇詩傳曰：適，之也。楚辭曰：結微情以陳辭。説文曰：微，妙也。或言拙而喻巧，或理朴而辭輕。或襲故而彌新，或沿濁而更清。孔安國尚書傳曰：襲，因也。禮記曰：明王以相沿。鄭玄曰：沿，猶因述也。或覽之而必察，或研之而後精。譬猶舞者赴節以投袂，歌者應絃而遣聲。王粲七釋曰：邪睨鼓下，亢音赴節。左氏傳曰：投袂而起。杜預曰：投，振也。是蓋輪扁所不得言，故亦非華説之所能精〔七八〕。莊子曰：桓公讀書於堂上，輪扁斵輪於堂下，釋椎鑿而上問桓公：敢問公之所讀者何言也？公曰：聖之言。曰：聖人在乎？公曰：死矣。輪扁曰：然則君之所讀者，聖人之糟魄耳。公曰：寡人讀書，輪人安得議乎！有説則可，無説則死。輪扁曰：臣也，以臣之事觀之，斵輪徐則甘而不固矣，疾則苦而不入矣，不徐不疾，得於手而應於心，口不能言也，有數存焉。於其間，臣不能以喻臣之子，臣之子亦不能受之於臣，是以行年七十，而老斵輪。郭子玄云：言物各有性効，學之無益也。李頤曰：齊桓公也。扁，音篇，又扶緬切。斵，丁角切。謂斵輪之人，扁其名也。魄，音普莫切。李頤曰：酒滓曰糟。司馬彪曰：爛食曰魄。甘，緩也。苦，急也。李曰：數，術也〔七九〕。王充論衡曰：虛談竟於華葉之言，無根之深，安危之際，文人不與，徒能華説之効也。

普辭條與文律，良余膺之所服。尚書，帝曰：律和聲。孔安國曰：律，六律也。禮記，子曰：回得一善，則拳拳服膺不失之。練世情之常尤，識前脩之所淑。纏子，董無心曰：罕得事君子，不識世情尤非也。楚辭曰：謇吾法夫前脩，非時俗之所服。淑，善也。雖濬發於巧心，或受㰦於拙目〔八〇〕。言文之難不能無累，雖復巧心濬發，或於拙目受蚩。欰，笑也，欰與蚩同〔八一〕。彼瓊敷與玉藻，若中原之有菽。瓊敷、玉藻，以喻文也。毛詩曰：中原有菽，庶人采之。毛萇曰：中原，原中也〔八二〕。菽，藿也。力采者得之〔八三〕。同橐籥之罔窮，與天地乎並育。老子曰：天地之間，其猶橐籥乎。虛而不屈，動而愈出〔八四〕。河上公曰：橐籥，中空虛，故能育聲氣也。王弼曰：橐，排橐。籥，樂器。按：橐，冶鑄者用以吹火使炎熾。説文曰〔八五〕：橐，囊也〔八六〕，音託。籥，音藥。雖紛藹於此世，嗟不盈於予掬〔八七〕。毛詩曰：終朝采綠，不盈一掬。毛萇曰：綠，王芻。兩手曰掬。患挈缾之屢空，病昌言之難屬。挈瓶，喻小智之人，以注在上。何休曰：提，猶挈也〔八八〕。左氏傳曰：雖有挈瓶之智，守不假器。論語曰：回也屢空。尚書，帝曰：禹亦昌言。孔安國曰：昌，當也〔八九〕。王逸楚辭注曰：屬，續也。故踸踔於短垣〔九〇〕，放庸音以足曲。廣雅曰：踸踔，無常也。今人以不定爲踸踔，不定亦無常也。莊子曰：夔謂蚿曰：吾以一足踸踔而行，爾無如矣。謂脚長短也〔九一〕。踸，勑甚切。踔，勑角切。國語曰：有短垣，君不踰〔九二〕。爾雅曰：庸，常也。恒遺恨以終篇，豈懷盈而自足。言才恒不足也〔九三〕。答賓戲曰：孔終篇於西狩。懼蒙塵於叩缶，顧取笑乎鳴玉。缶，瓦器而不鳴，更蒙之以塵，故取笑乎玉之鳴聲也。文子曰：蒙塵而欲無眯，不可得也。李斯上書曰：擊甕叩缶。

若夫應感之會，通塞之紀。紀，綱紀也〔九四〕。周易曰：不出户庭知通塞也。來不可遏，去不可止。莊子曰：其來不可却，其去不可止。毛詩傳曰：遏，止也。孔安國曰：遏，絶〔九五〕。藏若景滅，行猶響起。枚乘上書曰：景滅迹絶。王命論曰：趣時如響起。方天機之駿利，夫何紛而不理。莊子，蚿曰：

今予動吾天機。司馬彪曰：天機，自然也。又大宗師曰：其耆欲深者，其天機淺也。劉障曰：言天機者，言萬物轉動，各有天性，任之自然，不知所由然也〔九六〕。思風發於胸臆，言泉流於脣齒。論衡曰：吾言潏淈而泉出。紛威蕤以馺遝，唯毫素之所擬。威蕤，盛貌。馺遝，多貌〔九七〕。封禪書曰：紛綸葳蕤。毫，筆也。纂文曰：書縑曰素。楊雄書曰：齎紬素四尺。文徽徽以溢目，音泠泠而盈耳。延篤仁孝論曰：焕乎爛兮，其溢目也。論語曰：洋洋乎盈耳哉。及其六情底滯，志往神留。春秋演孔圖曰：詩含五際六情，絶於申。宋均曰：申，申公也。仲長子昌言曰：喜怒哀樂好惡，謂之六情。國語曰：夫人氣縱則底，底則滯。韋昭曰：底，著也。滯，廢也。兀若枯木，豁若涸流。莊子曰：形固可使如枯木，心固可使如死灰。郭象注莊子曰：遺身而自得，雖掞然而不持，坐忘行忘而爲之，故行若曳枯木，止若聚死灰，是以云其神凝也。向秀曰：死灰、枯木，取其寂漠無情耳。爾雅曰：涸，竭也。國語，泉涸而成梁〔九八〕。涸，水盡也。攬營魂以探賾，頓精爽於自求。自求於文也〔九九〕。楚辭曰：營魂而升遐。周易曰：探賾索隱，鉤深致遠。左氏傳，樂祁曰：心之精爽，是謂魂魄。孟子曰：使自求之。理翳翳而愈伏，思乙乙其若抽。方言曰：翳，奄也。乙，抽也。乙，難出之貌。説文曰：陰氣尚強，其出乙乙然。乙，音軋。新論曰：桓譚嘗欲從子雲學賦，子雲曰：能讀千賦，則善爲之矣。譚慕子雲之文，嘗精思於小賦，立感發病，彌日瘳。子雲説成帝祠甘泉，詔雄作賦，思精苦，困倦小臥，夢五藏出外，以手收而內之。及覺，病喘悸少氣。士衡與弟書曰：思苦生疾。是以或竭情而多悔，或率意而寡尤。左氏傳，趙武曰：范會言於晉國，竭情無私。淮南子曰：人輕小害，至於多悔。論語，子曰：言寡尤，行寡悔。包曰：尤，過也。雖茲物之在我，非余力之所勠。物，事也。勠，并也。言文之不來，非予力之所并〔一〇〇〕。國語曰：勠力一心。賈逵曰：勠力，併力也〔一〇一〕。故時撫空懷而自惋，吾未識夫開塞之所由。開，謂天機駿利。塞，謂六情底滯。伊茲文之爲用，固衆理之所因。恢萬里而無閡，通億載而爲津。言文能廓萬里而無閡，假令億載而今爲津〔一〇二〕。法言曰：著古昔之昬昬，傳千里之忞忞者莫如書。軌曰〔一〇三〕：昬昬，目所不見；忞忞，心所不了。小雅曰：閡，限也。俯貽則於來葉，仰觀象乎古人。葉，世也〔一〇四〕。幽通賦曰：終保己而貽則。尚書曰：予恐來世。又曰：予欲觀古人之象。濟文武於將墜，宣風聲於不泯。論語，子貢曰：文武之道，未墜於地。尚書畢命曰：彰善癉惡，樹之風聲。毛詩曰：靡國不泯。毛萇曰：泯，滅也。爾雅曰：泯，盡也〔一〇五〕。塗無遠而不彌，理無微而弗綸。法言曰：彌綸天地之事，記久明遠者莫如書。周易曰：易與天地準，故能彌綸天地之道。王肅曰：彌綸，纏裹也。配霑潤於雲雨，象變化乎鬼神。論衡曰：山大者雲多，太山不崇朝，辨雨天下。然則賢聖有雲雨之智，彼其吐文萬牒以上。賈子曰：神者，變化而無所不爲也。被金石而德廣，流管絃而日新。金，鍾鼎也。石，碑碣也。言文之善者，可被之金石，施之樂章。禮記曰：金石絲竹，樂之器也。漢書曰：聖王已没，鍾鼓管絃之聲未衰〔一〇六〕。吴越春秋，樂師謂越王曰：君王德可刻之於金石，聲可託之於管絃。毛詩曰：漢廣〔一〇七〕，德廣所及也。周易曰：日新之謂盛德。

文選考異

〔一〕注「機字士衡」下至「係蹤張蔡」袁本、茶陵本無此一百字，有「陸機」二字。案：士衡自於歎逝賦下注訖，增多全非。

〔二〕注「作謂作文也用心言士用心於文」　袁本、茶陵本無此十二字。

〔三〕夫放言遣辭良多變矣又注「夫作文者」下至「故非一體」　袁本、茶陵本「夫」下有「其」字。云善無此二句。案：尤以五臣亂善也。二本無注，十六字尤幷增多以就之，甚非。

〔四〕注「文之好惡可得而言論也」　袁本、茶陵本無此十字。

〔五〕注「士衡」下至「爲文之情」　袁本、茶陵本無此十三字。

〔六〕注「利害由好惡」　袁本、茶陵本無此五字。

〔七〕注「言既作此文賦」下至「盡文之妙理」　袁本、茶陵本無此二十字，有「言知之易也」五字。案：善於此注「言知之易也」，於下注「言作之難也」，可謂精當。尤誤去其一句，甚非。至於增多之注，膚庸乖舛，亦其易辨，固不假詳論矣。餘條同此。

〔八〕注「此喻見古人之法不遠」　袁本、茶陵本無此九字。

〔九〕注「則法也」下至「謂不遠也」　袁本、茶陵本無此二十三字。

〔一〇〕注「文之隨手變改則不可以辭逮也」　袁本、茶陵本無此十三字。

〔一一〕注「蓋所言文之體者具此賦之言」　袁本、茶陵本無此十二字。

〔一二〕注「漢書音義」下至「幽遠也」　袁本、茶陵本無此二十四字。

〔一三〕注「遵循也」下至「而思慮紛紜也」　袁本、茶陵本無此二十五字。

〔一四〕喜柔條於芳春　袁本、茶陵本「喜」下校語云善作「嘉」。案：「嘉」字傳寫誤，下有「嘉麗藻之彬彬」，必相回避無疑。

〔一五〕注「秋暮衰落」下至「故喜也」　袁本、茶陵本無此十三字。

〔一六〕注「懍懍危懼貌眇眇高遠貌」　袁本、茶陵本無此十字，有「眇眇遠貌」四字，在此節注之末。

〔一七〕注「言歌詠」下至「而誦勉」　袁本、茶陵本無此二十八字。

〔一八〕注「又曰在昔」　何校「在」上添「自古」二字，是也。各本皆脱。

〔一九〕注「論語曰」下至「孔安國注曰」　袁本、茶陵本無此十六字，有「包咸論語注曰」六字。

〔二〇〕注「文質見半之貌」　袁本、茶陵本「見」作「相」，是也。

〔二一〕注「尚書中候曰」下至「周公援筆以寫也」　袁本、茶陵本無此十八字。

〔二二〕注「爾雅曰致至也」　袁本、茶陵本無此六字。

〔二三〕注「言思慮之至」下至「於潛浸之所」　袁本、茶陵本無此二十八字。

〔二四〕觀古今於須臾　袁本、茶陵本「於」下校語云善作「之」。案：此無可考也。

〔二五〕注「司馬遷曰卒卒無須臾之間」　袁本、茶陵本無此十一字。

〔二六〕抱暑者咸叩　袁本、茶陵本「暑」作「景」，云善作「暑」。案：「暑」但傳寫誤。

〔二七〕注「言皆擊擊而用」　袁本、茶陵本無此六字。

〔二八〕注「言文之來」下至「應劭曰」　袁本、茶陵本無此二十三字。

〔二九〕注「公羊傳曰」下至「帖静也」　袁本、茶陵本無此十三字。

〔三〇〕注「妙萬物」　案：「妙」當作「眇」。各本皆譌。

〔三一〕注「廣雅曰躑躅」　何校「躑」改「蹢」，是也。各本皆誤。

〔三二〕注「與踟跦同」　陳云「跦」，「蹰」誤，是也。各本皆誤。

〔三三〕注「字林曰吻口邊」　袁本、茶陵本無此六字。

〔三四〕注「言文之體」下至「以樹喻也」　袁本、茶陵本無此十六字。

〔三五〕注「史由」　袁本、茶陵本無此二字。

〔三六〕注「觚木簡也」　袁本、茶陵本無此四字。

〔三七〕注「子路帥爾而對」　袁本、茶陵本「帥」作「率」，是也。

〔三八〕注「兹事謂文也」下至「行之不遠」　袁本、茶陵本無此三十六字。

〔三九〕注「按抑按也」下至「恢大」　袁本、茶陵本無此十三字。

〔四〇〕注「纂要曰」下至「青條之森盛也」　袁本、茶陵本無此三十二字。

〔四一〕注「文章之體」下至「無一定之量也」　袁本、茶陵本無此二十字。

〔四二〕注「俛僶由勉強也」　袁本、茶陵本無此六字。

〔四三〕注「言文章在有方圓規矩也」　袁本、茶陵本無此十字。

〔四四〕注「漢書甘泉賦曰」下至「清瀏流也」　袁本、茶陵本無此十六字。

〔四五〕注「故纏緜悽慘」 袁本、茶陵本「慘」作「愴」，是也。
〔四六〕注「說以感動爲先」 袁本、茶陵本「動」作「物」，是也。
〔四七〕注「言文章體要在辭達而理舉也」 袁本、茶陵本無此十二字。
〔四八〕注「凡爲文之體」下至「則有此累」 袁本、茶陵本無此十八字。
〔四九〕注「項岱曰」下至「又曰」 袁本、茶陵本無此二十二字。
〔五〇〕注「應劭漢書注曰」下至「爲一銖」 袁本、茶陵本無此十六字。
〔五一〕注「賓戲曰」 袁本、茶陵本「賓」上有「答」字，是也。
〔五二〕注「蒼頡篇曰銓稱也」 袁本、茶陵本無此七字。案：上「聲類」下「曰」爲句，增多在其間，誤中之誤。
〔五三〕注「夫駕之法」下至「故云警策」 袁本、茶陵本無此二十六字。
〔五四〕注「左氏傳繞朝贈士會以馬策」 袁本、茶陵本無此十一字。
〔五五〕注「而不改易其文」 袁本、茶陵本「易其文」作「也」。
〔五六〕注「說文曰謂文藻思如綺會」 袁本、茶陵本無此十字。
〔五七〕注「言所擬不異闇合昔之曩篇」 袁本、茶陵本無此十一字。
〔五八〕注「言他人言我雖愛之必須去之也」 袁本、茶陵本無「他人言我雖愛之須」八字。又茶陵本「言」上有「必捐」二字，袁本無。

〔五九〕注「毛詩傳曰苕陵苕也」　袁本、茶陵本無此八字。
〔六〇〕注「一句既佳」　袁本、茶陵本「一」作「言斯」。
〔六一〕注「言思心」　袁本、茶陵本「思」下有「之」字。
〔六二〕注「或爲褅褅猶去也」　陳云兩「褅」字並當作「褫」，五臣本可據。案：所校最是。各本皆誤。
〔六三〕注「尸子曰」下至「有珠」　袁本、茶陵本無此十四字。
〔六四〕注「高氏注玉」下至「襄也」　袁本、茶陵本無此三十字。
〔六五〕注「淮南子曰」下至「俗之謡歌」　袁本、茶陵本無此二十九字。
〔六六〕徒靡言而弗華　袁本、茶陵本「徒靡言」作「言徒靡」。案：二本不著校語，蓋尤誤倒也。
〔六七〕注「瘁音」下至「而不光華也」　袁本、茶陵本無此十七字。
〔六八〕注「禮記曰玉瑕不掩瑜鄭玄曰」　袁本、茶陵本此十一字作「鄭玄禮記注曰」六字。
〔六九〕注「下管象武」　袁本、茶陵本無「武」字，是也。案：明堂位文。
〔七〇〕注「淮南子曰鄒忌一徽琴而威王終夕悲許慎注曰」　袁本、茶陵本此十九字作「許慎淮南子注曰」七字。
〔七一〕注「悲雅俱有」下至「則不成」　袁本、茶陵本無此十六字。
〔七二〕注「言聲雖高而曲下」　袁本、茶陵本無此七字。
〔七三〕注「然靈運有七諫」　何校「有」改「以」，是也。各本皆誤。

〔七四〕注「地有桑間先」何校「先」改「者」，是也。各本皆誤。

〔七五〕注「於此水上」何校「上」改「出」，是也。各本皆誤。

〔七六〕注「尚玄酒而俎腥魚」袁本、茶陵本無此七字。

〔七七〕注「甚甚之辭也」茶陵本無下「甚」字，袁本有。案：各本皆非，當重「之」字耳。

〔七八〕故亦非華説之所能精　茶陵本無「故」字，「亦」下校語云五臣作「故」。袁本「故」下校語云善有「亦」。案：有即作之誤，尤因此而兩有，非也。

〔七九〕注「莊子曰桓公」下至「數術也」　袁本無此二百三十七字，有「輪扁已見上注」六字。茶陵本亦不複出，此增多甚非。

〔八〇〕或受欰於拙目　袁本「欰」作「嗤」。校語云善作「蚩」。茶陵本作「欰」，與此同。校語云五臣作「嗤」。案：袁本所見，是也。士衡自用「蚩」字，善以「蚩」字本不訓「笑」，故取「欰」字爲注，如詠懷詩「噭噭今自蚩」之注也。説詳在下。尤、茶陵所見非。

〔八一〕注「欰笑也欰與蚩同」　案上「欰」上當有「説文云」三字。兩「欰」字，皆當作「欰」。詠懷詩注曰：説文云：嗤，笑也。「嗤」與「蚩」同。考説文無「嗤」字，有「欰」字。云欰欰，戲笑貌，從欠㞢聲。蓋兩注本同，此脱「説文云」，彼誤「欰」爲「嗤」，當互訂正。

〔八二〕注「中原原中也」　袁本、茶陵本無此五字。

〔八三〕注「力采者得之」　袁本、茶陵本無此五字。

〔八四〕注「虛而不屈動而愈出」　袁本、茶陵本無此八字。

〔八五〕注「按橐」下至「説文曰」　袁本、茶陵本無此十五字。

〔八六〕注「囊也」　袁本、茶陵本無此二字。

〔八七〕嗟不盈於予掬　案：「嗟」當作「羌」。凡「羌」字，五臣多改作「嗟」字，此必各本以五臣亂善。

〔八八〕注「挈瓶」下至「提猶挈也」　袁本、茶陵本無此十八字。

〔八九〕注「孔安國曰昌當也」　袁本、茶陵本無此七字。

〔九〇〕故踸踔於短垣　袁本、茶陵本「垣」作「韻」，不著校語。案：注中「短垣」語，二本亦無之，恐尤改未必是也。

〔九一〕注「謂脚長短也」　袁本、茶陵本無此五字。

〔九二〕注「國語曰有短垣君不踰」　袁本、茶陵本無此九字。

〔九三〕注「言才恒不足也」　袁本、茶陵本無此六字。

〔九四〕注「紀綱紀也」　袁本、茶陵本無此四字。

〔九五〕注「毛詩傳曰」下至「遏絶」　袁本、茶陵本無此十三字。

〔九六〕注「又大宗師曰」下至「不知所由然也」　袁本、茶陵本無此四十一字。

〔九七〕注「威蕤盛貌騶還多貌」　袁本、茶陵本無此八字。

〔九八〕注「郭象注莊子曰」下至「而成粱」　袁本、茶陵本無此六十九字。

〔九九〕注「自求於文也」袁本、茶陵本無此五字。

〔一〇〇〕注「物事也」下至「非予力之所并」袁本、茶陵本無此十七字。

〔一〇一〕注「併力也」袁本、茶陵本「也」下有「力周切」三字。

〔一〇二〕注「言文」下至「而今爲津」袁本、茶陵本無此十七字。

〔一〇三〕注「軌曰」袁本、茶陵本「軌」上有「李」字。

〔一〇四〕注「葉世也」袁本、茶陵本無此三字。

〔一〇五〕注「爾雅曰泯盡也」袁本、茶陵本無此六字。

〔一〇六〕注「禮記曰」下至「未衰」袁本、茶陵本無此二十六字。

〔一〇七〕注「毛詩曰漢廣」袁本、茶陵本「詩」下有「序」字。

音樂上

樂記曰：凡音之起由人心生也；心之動，物使之然也。感於物而動，故形於聲；聲相應，故生變；變成方，謂之音。比音而樂之，及干戚羽旄，謂之樂。注曰：方，猶文章也。又曰：聲成文謂之音。

洞簫賦

漢書音義，如淳曰：洞者，通也〔一〕。簫之無底者，故曰洞簫〔二〕。釋名：簫，肅也，言其聲肅肅然清也〔三〕。大者二十三管，長三尺四寸；小者十六管。一名籟〔四〕。

王子淵 漢書曰：王褒，字子淵，蜀人也。宣帝時〔五〕爲諫議大夫。帝太子體不安，苦忽忽不樂，詔使褒等皆之太子宮娛侍太子，朝夕誦書奇文，及自所造作。疾平復，乃歸。太子嘉褒所爲甘泉及洞簫頌，令後宮貴人左右皆誦讀之〔六〕。益州有金馬碧雞之寶，使褒祀焉。於道病卒。

原夫簫幹之所生兮，于江南之丘墟。廣雅曰：原，本也。江圖曰：慈母山，此山竹作簫笛，有妙聲。丹陽記曰：江寧縣慈母山臨江生簫管竹。王褒賦云：于江南之丘墟，即此處也。其竹圓，異衆處〔七〕。自伶倫採竹嶰谷後，見此奇。故歷代常給樂府，而呼鼓吹山。幹，小竹也。王逸楚辭注曰：幹，體也〔八〕。洞條暢而罕節兮，標敷紛以扶疎。條暢，條直通暢也。罕，稀也，言竹節稀疎而相去。標，竹之末也〔九〕。宋玉笛賦曰：奇篠異幹，罕節簡支，敷紛茂盛，扶疎四布。徒觀其旁山側兮，則嶇嶔巋崎，倚巇迆𡾰，誠可悲乎其不安也！嶇嶔巋崎，皆山險峻之貌。迆𡾰，邪平之貌，言竹生其旁，故欹側不安〔一〇〕。𡾰，音靡。彌望儻莽，聯延曠盪，又足樂乎其敞閑也。儻莽、曠盪，寬廣之貌。儻，佗朗切。敞，大貌，言竹生敞閒之處，又足樂也〔一一〕。託身軀於后土兮，經萬載而不遷。左氏傳，晉大夫謂秦伯曰：君履后土而戴皇天。后土，地也，言竹託生於地，經歷萬載不易其貞萃也〔一二〕。吸至精之滋熙兮，稟蒼色之潤堅。周易曰：精氣爲物。滋熙，潤悅貌。孔安國尚書傳曰：稟，受也。周易曰：震爲蒼莨竹。感陰陽之變化兮，附性命乎皇天。孫卿子曰：陰陽大化。周易曰：四時變化。翔風蕭蕭而逕其末兮，迴江流川而溉其山。風賦曰：翱翔乎激水之上。荆軻歌曰：風蕭蕭兮易水寒。言風蕭蕭徑過其末。回江，謂江回曲也〔一三〕。說文曰：溉，猶灌也。言江之流注灌漑其山也〔一四〕。揚素波而揮連珠兮，聲礚礚而澍淵。呂忱曰：波，水涌也〔一五〕。漢武帝秋風辭曰：橫中流兮揚素波。杜預左氏傳注曰：揮，湔也。湔，音贊。字指曰：礚，大聲也〔一六〕。說文曰：注，灌也，澍與注古字通。朝露清泠而隕其側兮，玉液浸潤而承其根。說文曰：液，津也，夷石切。孤雌寡鶴，娛優乎其下兮，春禽羣嬉，翺翔乎其顛〔一七〕。說文曰：嬉，樂也。秋蜩不食，抱樸而長吟兮〔一八〕，玄猨悲嘯，搜索乎其閒。爾雅曰：蜩，蜋蜩。方言曰：楚謂蟬爲蜩。家語，子夏曰：蟬飲露而不食〔一九〕。蜩，徒凋切。抱，音附。蒼頡篇曰：朴，木皮也。上林賦曰：玄猨素雌。搜索，往來貌。搜，所求切。索，所白切。處幽隱而奧庰兮〔二〇〕，密漠泊以㺜猭。廣雅曰：奧，藏也。說文曰：屏，蔽也〔二一〕，庰與屏同。嵮岶，竹密貌〔二二〕。㺜猭，相連延貌。字書，獵猭，獸逃走也〔二三〕。漠與嵮同，浦百切。泊與岶同，亡百切。㺜，敕陳切。猭，勑員切。惟詳察其素體兮，宜清靜而弗諠。方言曰：素，本也。言審視竹之本體，清而不讙譁也〔二四〕。幸得謚爲洞簫兮，蒙聖主之渥恩。謚，號也，實二切。言得謚爲簫而恒施用之，豈非蒙聖王之厚恩也〔二五〕。可謂惠而不費兮，因天性之自然。論語，子曰：因人所利而利之，斯不亦惠而不費乎。家語，孔子曰：器用陶匏，以象天地之性也，萬物無可以稱之者，故其自然之體。

於是般匠施巧，夔妃准法。墨子曰：公輸爲雲梯。鄭玄曰：般，伎巧者。莊子曰：匠石之齊，見櫟社樹，匠伯不顧。司馬彪曰：匠石，字伯。尚書，帝曰：夔，命汝典樂，教胄子。妃，未詳也，一云夔。列子曰：孔子就師襄學琴〔二六〕。帶以象牙，掍其會合。帶，猶飾也。方言曰：掍，同也，言以象牙飾其會合之際，言巧密也。掍，胡本切。鎪鏤離灑，絳脣錯雜。爾雅曰：鏤，鎪也〔二七〕。離灑，鎪鏤之貌。絳脣，謂簫孔以朱飾之。灑，所宜切。鄰菌繚糾，羅鱗捷獵。言簫之形也。鄰菌繚糾，相著貌如羅魚鱗布列也。捷獵，參差也。膠緻理比，挹抐擫𢶉。膠緻理比，言細密也。挹抐擫𢶉，言中制也。比，扶至切。挹，於泣切。抐，女立切。擫，於頰切。𢶉，奴協切。於是乃使夫性昧之宕冥，生不覩天地之體勢，闇於白黑之貌形。性昧、宕冥，謂天性闇昧過於幽冥也。説文曰：宕，過也。生，初生也。淮南子曰：夫盲者不能別晝夜，分白黑矣。憤伊鬱而酷䀊，愍眸子之喪精。鄭玄禮記注曰：憤，怒氣充實也。伊鬱，不通。酷，猶甚也。蒼頡篇曰：䀊，憂貌，奴谷切。廣雅曰：眼珠子謂之眸〔二八〕。趙岐孟子注曰：眸子，目瞳子也。寡所舒其思慮兮，專發憤乎音聲。言冥生之人而絕所見，思慮無所，故得專意發憤在於音聲〔二九〕。論語，子曰：發憤忘食。故吻吮值夫宮商兮，龢紛離其匹溢。言口吻所吮，皆遇宮商。紛離、匹溢，聲四散也。字林曰：吻，口邊也〔三〇〕。説文曰：吮，嗽也，似兖切。形旖旎以順吹兮，瞋㖤㗅以紆鬱。言簫聲既發，形旖旎以隨之。漢書音義，張揖曰：旖旎，猶阿那也。司馬相如賦曰：又猗狔以招搖〔三一〕。説文曰：顄，頤也。釋名曰：㗅，咽下垂也，言氣之盛而㖤㗅，類瞋也。楚辭曰：鬱結紆軫。王逸曰：紆，曲也。㖤與顄劉〔三二〕並音含。㗅，音胡。氣旁迕以飛射兮，馳散渙以逫律。旁迕，言氣競旁出，遞相逆迕也。飛射，氣出迅疾也〔三三〕。散渙，分布也。逫律，出遲貌。逫，張律切。趣從容其勿述兮，騖合遝以詭譎。勿述，無所逆誤之貌。合遝，盛多貌。封禪書曰：奇物譎詭。詭譎，猶奇怪也。或渾沌而潺湲兮，獵若枚折〔三四〕。聲或渾沌，不分潺湲〔三五〕，或復其聲模無似枚之折也〔三六〕。雜字曰：潺湲，水流貌。獵，聲也。詩曰：伐其條枚〔三七〕。毛萇詩傳曰：枚，幹也。廣雅曰：獵，折也〔三八〕。或漫衍而駱驛兮，沛焉競溢。漫衍，流溢貌。駱驛，相連延貌。沛，多貌。惏慄密率，掩以絶滅。惏慄，寒貌，恐懼也〔三九〕。風賦曰：憯悽惏慄。密率，安静也。掩，止息貌。⿰口霅霵曄踕，跳然復出。⿰口霅霵曄踕，衆聲疾貌。説文曰：跳，躍也。⿰口霅，胡急切。霵或爲驟，同助急切。跳，徒彫切。

若乃徐聽其曲度兮，廉察其賦歌。廉，亦察也。啾咇嘟而將吟兮，行鍖銋以龢囉。啾，衆聲也。咇嘟，聲出貌。行，猶且也，胡庚切。鍖銋，聲不進貌。龢囉，聲迭蕩〔四〇〕相雜貌。咇，音筆。嘟，音櫛。鍖，湯錦切。銋，奴錦切。風鴻洞而不絶兮，優嬈嬈以婆娑。鴻洞，相連貌。嬈嬈，柔弱也。婆娑，分散貌。廣雅曰：嬈，奇也〔四一〕。翩緜連以牢落兮，漂乍棄而爲他。説文曰：漂，浮也，芳妙切。他，謂奇聲也，言聲漂結而去〔四二〕，棄其舊調，而更爲奇聲。要復遮其蹊徑兮，與謳謡乎相龢。謳謡已發，簫聲於其蹊徑要復而遮之，與之相和也。龢，古和字。故聽其巨音，則周流汜濫，并包吐含，若慈父之畜子也。韓詩曰：夫爲人父者，必懷慈仁之愛，以畜養其子也。含，下闇切。其妙聲，則清静厭瘱，順敍卑迖，若孝子之事父也。妙聲，聲之微妙也。厭，安静貌。曹大家列女傳注曰：瘱，深邃也，音翳。字林曰：迖，滑也。迖，佗戾切。科條譬類，誠應義理，澎濞慷慨，一何壯士！言聲之慷慨如壯士〔四三〕。澎濞，波浪相激之聲。説文曰：慷慨，壯士不得志於心也。優柔温潤，又似君子。大戴禮曰：優之柔之。禮記曰：温潤而澤。故其武聲，則若雷霆輘輷，佚豫以沸憒。輘輷，大聲也。埤蒼曰：沸憒，不安貌。輘，力萌切。輷，呼萌切。沸或爲潰，扶味切。愲，音謂。其仁聲，則若颻風紛披，容與而施惠。呂氏春秋曰：南方曰颻風。颻風長物，故曰施惠。容與，寬裕之貌。或雜遝以聚斂兮，或拔掇以奮棄。雜遝，衆多貌。拔掇，分散也。何休公羊傳注曰：側手擊曰掇。拔，扶割切。掇，蘇割切。悲愴怳以惻惐兮，時恬淡以綏肆。楚辭曰：愴怳懭悢兮。惻惐，傷痛也。廣雅曰：恬，静也。説文曰：淡，安也。綏，遲也。王肅尚書注曰：肆，緩也。被淋灑其靡靡兮，時横潰以陽遂。孔安國尚書傳曰：被，及也。淋灑，不絶貌。靡靡，聲之細好也〔四四〕。横潰，旁決貌。陽遂，清通貌。言其聲或盛壯而細密，時復横潰而清通也。横，音于孟切。鄭玄周禮注曰：陽，清也。又禮記注曰：遂，達也。哀悁悁之可懷兮，良醰醰而有味。毛詩曰：中心悁悁。説文曰：憂，煩悁邑憂貌。字林曰：悁，含怒也〔四五〕，於玄切。又曰：醰，甜同，長味也，大含切。

故貪饕者聽之而廉隅兮，狼戾者聞之而不懟。尚書曰：叨懫曰欽。孔安國曰：貪饕急懫。禮記曰：儒者有砥礪廉隅。戰國策曰：張儀云：趙王狼戾無親。爾雅曰：懟，怨也。剛毅彊虣反仁恩兮，嘽唌逸豫戒其失。字書曰：虣，古文暴字也。嘽唌逸豫，舒緩自放縱〔四六〕之貌。嘽，吐誕切。唌，音誕。鍾期牙曠悵然而愕兮，杞梁之妻不能爲其氣。呂氏春秋曰：伯牙鼓琴，志在太山。鍾子期曰：善哉，巍巍乎若太山。須臾志在流水。子期曰：善哉，洋洋若流水。子期死，伯牙破琴絶絃，終身不復鼓琴，以爲世無人爲鼓琴者。按列女傳，齊杞殖妻也。齊莊公襲莒，殖戰死，杞梁之妻無子，内外無五屬之親，即非所歸，乃就其夫之屍於其城下而哭之，内誠動人，道路過者，莫不爲之揮涕，十日而城爲之崩。杞梁字，殖名也。鄭玄注禮，魯襄公二十九年，齊侯襲莒是也〔四七〕。列子曰：伯牙善鼓琴，鍾子期善聽。左氏傳曰：師曠侍於晉侯。杜預曰：師曠，晉樂太師。字書曰：愕，驚也。琴操曰：杞梁妻嘆者〔四八〕，齊邑芑梁殖之妻所作也。殖死，妻嘆曰：上則無父，中則無夫，下則無子，將何以立，吾亦死而已。援琴而鼓之，曲終遂自投水而死。芑與杞同也。師襄嚴春不敢竄其巧兮，浸淫叔子遠其類。家語曰：孔子學鼓琴於師襄。七略，有莊春言琴。宋玉笛賦曰：於是天旋少陰，白日西靡，命嚴春。使叔子。浸淫，猶漸冉，相親附之意也。毛萇詩傳曰：昔顔叔子獨處于室，隣之嫠婦又獨處室。夜暴風雨至，屋壞，婦人趨而至，叔子納之，而使執燭，放於平旦，蒸盡搐屋而繼之，自爲避嫌不審矣。趙岐孟子章句曰：放，至也，方往切。嚚頑朱均惕復惠兮，桀跖鬻博儡以頓顇〔四九〕。左氏傳，富辰曰：心不則德義之經爲頑，口不道忠信之言爲嚚。史記曰：堯子丹朱不肖，舜子商均亦不肖。復惠，復黠慧也〔五〇〕。桀，夏桀也。跖，盜跖也。莊子曰：施及三王，天下大駭矣，下有桀、跖，上有曾、史。鬻，夏育也。古字同。博，申博也，未詳其始。陸機夏育贊曰：夏育之猛，千載所希；申博角勇，臨頷奮椎。儡，羸疾貌。顇，即愁顇也。吹參差而入道德兮，故永御而可貴。楚辭曰：吹參差兮誰思。王逸曰：參差，洞簫。

時奏狡弄，則彷徨翱翔，埤蒼曰：彷徨，猶彷徉也〔五一〕。或留而不行，或行而不留。言逝止無常。狡，急也。弄，小曲也。愺恅瀾漫，亡耦失疇。埤蒼曰：啅嘐，寂静也。啅嘐與愺恅音義同。愺，麤老切。恅，間草切。瀾漫，分散也。上林賦曰：瀾漫遠遷。薄索合沓，罔象相求。薄，迫也。索，求也。合沓，重沓也。罔象，虚無罔象然也。莊子曰：黄帝遊赤水之北，遺其玄珠，罔象求之而得。故知音者樂而悲之，不知音者怪而偉之，故聞其悲聲〔五二〕，則莫不愴然累欷，擎涕抆淚。説文曰〔五三〕：擎，拭也，匹結切。廣雅曰：歔欷，悲也〔五四〕。拉，亦拭也，亡粉切。其奏歡娛，則莫不憚漫衍凱，阿那腲腇者已。憚漫衍凱，歡樂貌。阿那腲腇，舒遲貌。埤蒼曰：腲腇，肥貌〔五五〕。腲，一罪切。腇，乃罪切。是以蟋蟀蚸蠖，蚑行喘息。言所感深。爾雅曰：蟋蟀，蛬也。郭璞曰：促織也。爾雅曰：蠖，蚇蠖也。郭璞曰：今蝍蠘也〔五六〕。周書曰：蚑行喘息。説文曰：蚑，徐行，凡生類之行皆曰蚑。蚑，音奇。説文曰：喘，疾息也〔五七〕。螻蟻蝘蜓，蠅蠅翊翊。方言曰：南楚謂螻蛄爲括螻，力侯切。爾雅曰：蚍蜉，大螘。螘與蟻同。爾雅曰：蜥蜴，蝘蜓。蝘，於典切。蜓，徒典切。蠅蠅翊翊，遊行貌。遷延徙迤，魚瞰雞睨。皆蟲之形也。遷延徙迤，却退貌。魚目不瞑，雞好邪視，故取喻焉。瞰，視也。睨，邪視也。垂喙蛩轉，瞪瞢忘食。韓詩外傳曰：蕤賓有聲，倮介之蟲，無不延頸以聽。説文曰：喙，口也，許穢切，或爲咮，鳥口也，都遘切。蛩，轉動貌。埤蒼曰：瞪，直視也，直耕切。瞢，視不審諦也，莫耕切。況感陰陽之龢，而化風俗之倫哉！家語曰：人也者，天地之德，陰陽之交。

亂曰：狀若捷武，超騰踰曳，迅漂巧兮。狀，聲之狀也。捷武言捷巧〔五八〕。曳，亦踰也，或爲跇。鄭德曰：跇，度也〔五九〕，弋制切。漂，疾也，妨妙切。又似流波，泡溲汎淁，趨巇道兮。泡溲，盛多貌。汎淁，微小貌，又云波急之聲〔六〇〕。方言曰：泡，盛也，薄交切。溲，所求切。汎，房法切。埤蒼曰：淁，裁有水也，所獵切。巇道，崟巇之道。哮呷呟喚，躋躓連絶，淈殄沌兮。言其聲之大，哮呷呟喚，或躋或躓，時連時絶，淈然相亂，殄沌不分也。埤蒼曰：哮嚇，大怒也，呼交切。杜預左氏傳注曰：躋，升也，將雞切。漢書音義，韋昭曰：躓，頓也，竹利切。淈，胡忽切。沌，徒損切。攪搜㶁捎，逍遥踊躍，若壞頽兮。攪搜㶁捎，水聲也。壞頽，言如物崩壞頹毁也。攪，胡卯切。搜，所卯切。漻，胡角切。捎，所學切。優游流離，躊躇稽詣，亦足耽兮。韓詩曰：搔首躊躇。稽詣，言聲稽留如有所詣也。蒼頡篇曰：詣，至也。頹唐遂往，長辭遠逝，漂不還兮。頹唐，隕墜貌。本或無此十二字。賴蒙聖化，從容中道，樂不淫兮。中於道德，雖樂不荒。左氏傳曰：吳公子札來聘，爲之歌頌曰：遷而不淫，樂而不荒。條暢洞達，中節操兮。言聲有條貫，通暢洞達，而中於節操。終詩卒曲，尚餘音兮。言簫中次詩，而曲將盡，尚有餘音也〔六一〕。吟氣遺響，聯緜漂撇，生微風兮。漂撆，餘響少騰相擊之貌〔六二〕。漂，匹遥切。撆，匹曳切。連延駱驛，變無窮兮。

文選考異

〔一〕洞簫賦注「漢書音義如淳曰洞者通也」袁本、茶陵本此十一字作「如淳漢書注曰洞簫」八字。

〔二〕注「故曰洞簫」袁本、茶陵本無此四字。

〔三〕注「清也」袁本、茶陵本無此二字。

〔四〕注「一名籟」袁本、茶陵本「籟」下有「漢書曰元帝爲太子嘉褒所爲洞簫頌令後宮貴人皆誦讀之」二十四字。

〔五〕注「宣帝時」袁本、茶陵本無此三字。

〔六〕注「帝太子體不安」下至「皆誦讀之」　袁本、茶陵本無此六十三字。

〔七〕注「其竹圓異衆處」　袁本、茶陵本無此六字。

〔八〕注「王逸楚辭注曰幹體也」　袁本、茶陵本無此九字。

〔九〕注「罕稀也」下至「竹之末也」　袁本、茶陵本無此十六字。

〔一〇〕注「言竹生其旁故欹側不安」　袁本、茶陵本無此十字。

〔一一〕注「言竹生敞閒之處又足樂也」　袁本、茶陵本無此十一字。

〔一二〕注「后土地也」下至「不易其貞萃也」　袁本、茶陵本無此二十字。

〔一三〕注「言風蕭蕭」下至「謂江回曲也」　袁本、茶陵本無此十五字。

〔一四〕注「言江之流注灌溉其山也」　袁本、茶陵本無此十字。

〔一五〕注「呂忱曰波水涌也」　袁本、茶陵本無此七字。

〔一六〕注「字指曰礚大聲也」　袁本、茶陵本無此七字。

〔一七〕翺翔乎其顛　茶陵本「翺」作「翱」。袁本校語云善作「翱」。案：「翱」乃「翱」之誤也。「皐」別體作「睪」，故「翺」別體作「翱」耳。尤以正字改之，遂與二本校語不合。舞賦「若翱若行」仍未改。

〔一八〕抱樸而長吟兮　案：「樸」當作「朴」，注引蒼頡篇「朴，木皮也」，可證。否則，尚有「樸」「朴」異同之注，而删削不全耳。

〔一九〕注「蟬飲露而不食」　袁本、茶陵本無「露」字，是也。

〔二〇〕處幽隱而奧庰兮　案：「庰」當作「屏」。袁本云善作「庰」。茶陵云五臣作「屏」。各本所見皆非。賦作「屏」，善以「屏」字本不訓「蔽」，故取「庰」字爲注。正如思玄賦「坐太陰之屏室兮」也。説在彼下。

〔二一〕注「説文曰屏蔽也」　案：「屏」當作「庰」。各本皆誤。所引广部文也。正文改「屏」爲「庰」，而復改此注「庰」爲「屏」以就之，大非。思玄賦注亦可證。

〔二二〕注「竹密貌」　袁本、茶陵本無「竹」字，是也。

〔二三〕注「字書獵豖獸逃走也」　袁本、茶陵本無此八字。

〔二四〕注「言審視竹之本體清而不讙譁也」　袁本、茶陵本無此十三字。

〔二五〕注「言得謚爲簫」下至「豈非蒙聖王之厚恩也」　袁本、茶陵本無此十九字。

〔二六〕注「一云夔」下至「學琴」　袁本、茶陵本無此十三字。

〔二七〕注「爾雅曰鏤鎪也」　袁本、茶陵本無此六字。

〔二八〕注「廣雅曰眼珠子謂之眸」　袁本、茶陵本無此九字。

〔二九〕注「言冥生之人」下至「在於音聲」　袁本、茶陵本無此二十三字。

〔三〇〕注「字林曰吻口邊也」　袁本、茶陵本無此七字。

〔三一〕注「司馬相如賦曰又猗狔以招搖」　袁本、茶陵本無此十二字。

〔三二〕注「哂與頤劉」袁本，茶陵本「劉」作「同」。案：二本最是。陳云「劉」字衍，非也。

〔三三〕注「氣出迅疾也」袁本、茶陵本無「氣出」二字。

〔三四〕獵若枚折　陳云「獵」當作「擸」，注同。袁本云善作「獵」，茶陵本云五臣作「擸」。今案：善注「獵聲也」，未見必用「擸」字。廣雅一條又本非善注，此爲善「獵」、五臣「擸」無疑。陳欲以五臣改善，殊非。

〔三五〕注「聲或渾沌不分潺湲」袁本、茶陵本無「聲或」二字，「潺湲」作「之貌」。

〔三六〕注「或復其聲模無似枚之折也」袁本、茶陵本無此十一字。

〔三七〕注「詩曰伐其條枚」袁本、茶陵本無此六字，有「枚折似枚之折也」七字。

〔三八〕注「廣雅曰獵折也」袁本、茶陵本無此六字。

〔三九〕注「恐懼也」袁本、茶陵本無此三字。

〔四〇〕注「聲迭蕩」袁本、茶陵本無此三字。

〔四一〕注「廣雅曰嬈奇也」袁本、茶陵本無此六字。

〔四二〕注「言聲漂結而去」袁本、茶陵本無「聲漂結而去」五字，「言」屬下句首。

〔四三〕注「言聲之慷慨如壯士」袁本、茶陵本無此八字。

〔四四〕注「聲之細好也」袁本、茶陵本無「聲之」二字。

〔四五〕注「字林曰悁含怒也」袁本、茶陵本無此七字。

〔四六〕注「自放縱」　袁本、茶陵本無此三字。
〔四七〕注「吕氏春秋曰伯牙」下至「齊侯襲莒是也」　袁本、茶陵本無此一百五十六字。
〔四八〕注「杞梁妻嘆者」　案：「杞」當作「芑」，觀下文可見。茶陵本誤同。袁本「杞」上有「范」字，蓋改「芑」爲「杞」而兩存，又誤「芑」爲「范」耳。
〔四九〕桀跖鸑博偏以頓頳　袁本、茶陵本云善無「以」字。案：此尤以五臣亂善也。寡婦賦注引此正無「以」字，亦其一證。
〔五〇〕注「復惠復黠慧也」　袁本、茶陵本無此六字。
〔五一〕注「埤蒼曰彷徨猶仿佯也」　袁本、茶陵本無此九字。
〔五二〕故聞其悲聲　案：「聞其」二字當作「爲」。袁本作「其爲悲聲」，云善無「其」。茶陵本云五臣有「其」。此既以五臣亂善，又誤去下「爲」字，添上「聞」字，乃誤中之誤也。
〔五三〕注「説文曰」　袁本、茶陵本無此三字。
〔五四〕注「歔欷悲也」　袁本、茶陵本無此四字。
〔五五〕注「埤蒼曰腲腇肥貌」　袁本、茶陵本無此七字。
〔五六〕注「爾雅曰蟋蟀」下至「今蝍蟟也」　袁本、茶陵本無此二十七字。
〔五七〕注「説文曰喘疾息也」　袁本、茶陵本無此七字。
〔五八〕注「狀聲之狀也捷武言捷巧」　袁本、茶陵本無此十字。

〔五九〕注「鄭德曰蹝度也」　袁本、茶陵本無此六字。
〔六〇〕注「又云波急之聲」　袁本、茶陵本無此六字。
〔六一〕注「言簫中次詩」下至「尚有餘音也」　袁本、茶陵本無此十四字。
〔六二〕注「相擊之貌」　袁本、茶陵本無「相擊之」三字，「貌」屬上句末。

舞賦　并序

按周禮，舞師、樂師掌教舞。有兵舞，有干舞，有羽舞，有旄舞。呂氏春秋曰：堯時陰氣滯伏，陽氣閉塞，使人舞蹈以達氣。舞者，音聲之容也〔一〕。

傅武仲　范曄後漢書曰：傅毅，字武仲，扶風茂陵人也〔二〕。少博學。建初中〔三〕，肅宗博召文學之士，以毅〔四〕爲蘭臺令史。少逸氣〔五〕，亦與班固爲竇憲府司馬〔六〕。早卒。

楚襄王既遊雲夢，使宋玉賦高唐之事。高唐賦序曰：楚襄王與宋玉遊於雲夢之臺，望高唐之觀。將置酒宴飲，謂宋玉曰：雲夢，藪名，在南郡華容縣。高唐，觀名。此並假設爲辭〔七〕。「寡人欲觴羣臣〔八〕，何以娛之？」左氏傳曰：欒盈觴曲沃人。杜預曰：飲酒於曲沃。玉曰：王曰：試爲寡人賦之。「臣聞歌以詠言，舞以盡意。尚書曰：歌詠言。孔安國曰：歌詠其義，以長其言。毛萇詩序曰：言之不足，故嗟嘆之；嗟嘆之不足，故詠歌之；詠歌之不足，不知手之舞之，足之蹈之。説苑曰：聲樂易良而合於歌情，盡舞意。是以論其詩，不如聽其聲；謂言之不足，故詠歌之。聽其聲，不如察其形。謂詠歌之不足，故手舞足蹈也。言不如視其舞形。鄭玄注樂記曰：宮、商、角、徵、羽，雜比曰聲，單曰音〔九〕。激楚結風，陽阿之舞，張晏曰：激楚，歌曲也。列女傳曰：聽激楚之遺風。結風，亦曲名。上林賦曰：鄢、郢繽紛，激楚、結風。文穎曰：激，衝激，急風也。結風，迴風，亦急風也。楚地風既自漂疾，然歌樂者猶復依激結之急風爲節。楚辭曰：宮庭震驚，發激楚兮。淮南子曰：夫足蹀陽阿之舞。又曰：歌采菱，發陽阿，鄭人聽之曰：不若延露以和。非歌者拙也，聽者異也〔一〇〕。高誘曰：陽阿，古之名倡也。材人之窮觀，天下之至妙。噫，可以進乎？」孔安國尚書傳曰：噫，恨辭也。鄭玄注禮記曰：噫，弗寤之聲〔一一〕。王曰：「如其鄭何？」樂記曰：鄭、衞之音，亡國之音也。恐其同於鄭舞，當如之何？楚辭曰：二八齊容起鄭舞。王逸曰：鄭國舞也。玉曰：「小大殊用，鄭雅異宜，韓詩曰：舞則纂兮。薛君曰：言其舞應雅樂也。弛張之度，聖哲所施。禮記，孔子曰：一張一弛，文、武之道。是以樂記干戚之容，雅美蹲蹲之舞，禮記曰：干戚羽旄謂之樂。鄭玄曰：干，楯也。戚，斧也。武舞所執也。毛詩小雅曰：坎坎鼓我，蹲蹲舞我。一本或云旄旄之舞。禮設三爵之制，頌有醉歸之歌。禮記曰：君子飲酒也，禮三爵而油油以退。鄭玄曰：油油，悦敬貌。毛詩魯頌曰：振振鷺，鷺于飛〔一二〕，鼓咽咽，醉言歸，于胥樂兮。夫咸池六英，所以陳清廟、協神人也。樂動聲儀曰：黄帝樂曰咸池，顓項樂曰五莖〔一三〕，帝嚳樂曰六英。宋均曰：能爲天地四時六合之英華也。毛詩曰：清廟，祀文王也。尚書曰：八音克諧，神人以和。鄭衞之樂，所以娱密坐、接歡欣也。禮記曰：鄭、衞之音，亂世之音〔一四〕。餘日怡蕩，非以風民也，其何害哉！」餘日，聽覽之餘日也。怡蕩，怡悦放蕩也。爾雅曰：怡，樂也。毛詩序曰：風，教也。

王曰：「試爲寡人賦之。」玉曰：「唯唯〔一五〕。」

夫何皎皎之閑夜兮，明月爛以施光〔一六〕。古詩曰：明月何皦皦。楚辭曰：夜皎皎兮既明。朱火曄其延起兮，耀華屋而熺洞房。古詩曰：朱火然其中，青煙颺其間。廣雅曰：熺，熾也，虛疑切。楚辭曰：姱容脩態絙洞房。黼帳袪而結組兮，鋪首炳以焜煌。司馬相如美人賦曰：黼帳周垂。袪，猶舉也。長門賦曰：張羅綺之幔帳兮，垂楚組之連綱。漢書曰：鋪首鳴。說文曰：鋪，著門抪首。陳茵席而設坐兮，溢金罍而列玉觴。毛詩曰：文茵暢轂〔一七〕。鄭玄注曰：茵，蓐也。詩曰〔一八〕：我姑酌彼金罍。鄭玄曰：君黃金罍〔一九〕。玉觴，玉爵也。周禮曰：朝覲有玉几玉爵〔二〇〕。騰觚爵之斟酌兮，漫既醉其樂康。儀禮曰：騰觚于賓。又曰：小臣請媵爵。鄭玄曰：今文媵皆作騰。禮記禮器篇〔二一〕注曰：凡觴，一升曰爵，二升曰觚。毛詩曰：既醉以酒。楚辭曰：君欣欣兮樂康。毛萇詩傳曰：康，樂也。嚴顔和而怡懌兮，幽情形而外揚。爾雅曰：懌，樂也。文人不能懷其藻兮，武毅不能隱其剛。言皆欲騁其材，能效其技也〔二二〕。左氏傳曰：致果爲毅。簡惰跳踃，般紛挐兮。淵塞沈蕩，改恒常兮。言失度也。簡惰，疎簡怠惰也。埤蒼曰：踃，跳也，先聊切。紛挐，相著牽引也〔二三〕。毛詩曰：其心塞淵。毛萇曰：塞，實也。淵，深也。於是鄭女出進，二八徐侍。楚辭曰：二八齊容起鄭舞。淮南子曰：鼓舞，或作鄭舞。高誘注曰：鄭褒也，楚王之幸姬，善歌儛，名曰鄭舞。楚辭曰：二八迭奏，女樂羅些〔二四〕。姣服極麗，姁媮致態。姁媮，和悅貌，態，謂姿態也〔二五〕。姁，況于切。媮，以朱切。貌嫽妙以妖蠱兮，紅顔曄其揚華。毛萇詩傳曰：嫽，好貌，理紹切。

妖蠱，淑豔也。揚華，揚其光華。眉連娟以增繞兮，目流睇而橫波。連娟，細貌。繞，謂曲也。言眉細而益曲也。上林賦曰：長眉連娟。橫波，言目邪視，如水之橫流也。神女賦曰：望余幬而延視兮，若流波之將瀾。珠翠的皪而炤燿兮，華袿飛髾而雜纖羅。珠翠，珠及翡翠也。說文曰：的皪，珠光也。劉熙釋名曰：婦人上服謂之袿。上林賦曰：飛纖垂髾。司馬彪曰：髾，燕尾也，衣上假飾〔二六〕。子虛賦曰：雜纖羅，垂霧縠〔二七〕。司馬彪曰：纖，細也。顧形影，自整裝。順微風，揮若芳。裝，服也。揮，動也。若，杜也。美人佩以爲芳香也。七發曰：揄流波，雜杜若。動朱脣，紆清陽。動朱脣，將歌也。神女賦曰：朱脣的其若丹。毛詩曰：有美一人，清陽婉兮。毛萇曰：清陽，眉目之間。亢音高歌爲樂方。杜預左氏傳注曰：方，法也。

歌曰：攄予意以弘觀兮，繹精靈之所束。攄，散也。弘，大也。言精靈有所窘束，今將舒繹之也。方言曰：繹，理也。弛緊急之絃張兮，慢末事之骫曲。言將觀舞，故緊急之絃先已張者，今廢弛之；末事之骫曲者，今輕慢之。周禮曰：弛，懸也。鄭玄曰：弛，釋下也。說文曰：緊，纏絲急也。蒼頡篇曰：骫，曲也，於詭切。言鄭、衞之末事，而委曲順君之好無益，故廢而慢之。舒恢炱之廣度兮，闊細體之苛縟。恢炱，廣大之貌。苛縟，煩數之貌。言度之恢炱者，更令舒緩；體之煩數者，使之疎闊。楚辭曰：收恢台之孟夏兮。炱與台古字通。賈逵國語注曰：苛，煩也，賀多切。鄭玄喪服注曰：縟，數也。言舒廣大之度，則細體之事，不利於德者，疎而闊之。嘉關雎之不淫兮，哀蟋蟀之局促。毛詩序曰：關雎，樂得淑女，以配君子，憂在進賢，不淫其色。毛詩曰：蟋蟀，刺晉僖公也，儉不中禮。蟋蟀在堂，歲聿云暮，今我不樂，日月其除。古詩曰：蟋蟀傷局促。

小見之貌。啓泰真之否隔兮，超遺物而度俗。太真，太極真氣也。否隔，不通也。言所否閉隔絶使通之。吕氏春秋曰：陶唐氏之時，陰多滯伏，陽道壅塞，乃作舞宣導之。莊子：孔子謂老聃曰：先生似遺物離人。揚激徵，騁清角。激徵、清角，皆雅曲名。琴操曰：伯牙鼓琴，作激徵之音。韓子，師曠曰：清徵之聲，不如清角。贊舞操，奏均曲。舞操而奏操也〔二八〕。琴道曰：琴有伯夷之操。樂汁圖徵曰：聖人立五均。均者，亦律調五聲之均也〔二九〕。宋均曰：長八尺施絃。形態和，神意協。從容得，志不劫。雍容閑雅，得其大體，不相迫劫也。協，和也。鄭玄禮記注曰：劫，脅也。

於是躡節鼓陳，舒意自廣。言舞人躡鼓以爲節，此鼓既陳，故志意舒廣。遊心無垠，遠思長想。莊子曰：乘物以遊心。晉灼曰：垠，崖也。其始興也，若俯若仰，若來若往。雍容惆悵，不可爲象。象，形象也。謂停節之間，形態頓乏，如惆悵失志也。其少進也，若翱若行，若竦若傾。兀動赴度，指顧應聲。兀然而動，赴其節度，手指目顧，皆應聲曲。羅衣從風，長袖交横。王孫子曰：衛靈公侍御數百，隨珠照日，羅衣從風。韓子曰：長袖善舞。駱驛飛散，颯擖合并。駱驛，不絶貌。颯擖，屈折貌；與曲度相合并也。鶣䴋燕居，拉揩鵠驚。鶣䴋，輕貌。拉揩，飛貌。鶣，音篇。拉，音臘。綽約閑靡，機迅體輕。綽約，美貌。閑美〔三〇〕，閑緩而柔美。赴曲機疾，體自輕少。上林賦曰：便娟綽約。莊子曰：綽約若處子。埤蒼曰：嫺，雅也。機迅體輕，言舞之回折如弩機之發迅〔三一〕。姿絶倫之妙態，懷慤素之絜清。神女賦曰：懷貞亮之絜清。説文曰：慤，貞也。薛君韓詩章句曰：素，質也。脩儀操以顯志兮，獨馳思乎杳冥。脩治儀容志操，以自顯心志〔三二〕。杳冥，謂遠而出冥也。對問曰：翺翔乎杳冥之上。在山峨峨，在水湯湯。與志遷化，容不虛生。列子曰：伯牙鼓琴，志在登高山，鍾子期曰：善哉，峨峨乎若太山。志在流水，鍾子期曰：善哉，湯湯然若江河。伯牙所念，鍾子期必得之。言舞人與志遷化，亦如此者，容不虛生，必有所象〔三三〕也。湯，音洋。明詩表指，喟息激昂。歌中有詩，舞人表而明之，指而合節。表，明也。韓詩外傳曰：魯哀公嘳然太息。説文曰：嘳，太息也。嘳與喟同。漢書，王章妻謂章曰：今在困厄，不自激卬。如淳曰：激厲抗揚之意也。卬，我郎切。氣若浮雲，志若秋霜。言既高且絜也。觀者增歎，諸工莫當〔三四〕。工，樂師也。

於是合場遞進，按次而俟。遞，迭也。俟，待也。言待次第而出也。埒材角妙，夸容乃理。晉灼漢書注曰：埒，等。言鬬巧妙也。夸，猶美也。理，謂裝飾也。軼態橫出，瑰姿譎起。眄般鼓則騰清眸，吐哇咬則發皓齒。瑰，美也。譎，異也。般鼓之舞，載籍無文，以諸賦言之，似舞人更遞蹈之而爲舞節。古新成安樂宮辭曰：般鼓鍾聲，盡爲鏗鏘。張衡七盤舞賦曰：歷七盤而屣躡。又曰：般鼓煥以駢羅。王粲七釋曰：七盤陳於廣庭，疇人儼其齊俟；揄皓袖以振策，竦并足而軒跱。邪睨鼓下，伉音赴節，安翹足以徐擊，馺頓身而傾折。卞蘭許昌宮賦曰：振華足以却蹈，若將絶而復連，鼓震動而不亂，足相續而不并。婉轉鼓側，蜲蛇丹庭，與七盤其遞奏，覲輕捷之翾翾。義並同也。説文曰：哇，諂聲也，於佳切。咬，淫聲也，烏交切。楚辭曰：美人皓齒，嫮以姱兮。摘齊行列，經營切儗。指摘行列，使之齊整。經營，往來之貌。摘，佗歷切，相摩切也〔三五〕。鄭玄禮記注曰：儗，猶比也，魚里切。扱，引也。言舞人舉引，皆有所比擬也。廣雅曰：扱，引也〔三六〕。彷彿神動，迴翔竦峙。

子虛賦曰：若神仙之彷彿〔三七〕。說文曰：彷彿，見不審也。擊不致筴〔三八〕，蹈不頓趾。蹈鼓而足趾不頓，言輕且疾也。翼爾悠往，闇復輟已。言翼然而往，闇而復止〔三九〕。闇，猶奄也。古人呼闇殆與奄同。方言曰：奄，遽也。及至迴身還入，迫於急節。已輟止，復迴身旋入舞場，逼迫於曲之急節也。浮騰累跪，跗蹋摩跌。言舞者之容也。浮騰，跳躍也。累跪，進跪貌。跗蹋摩跌，或反足跗以象蹈，或以足摩地而揚跌也。鄭玄禮記注曰：跗，足趾也，方于切。字書曰：跌，失蹠也〔四〇〕。徒結切。紆形赴遠，漼似摧折。言要之曲折，漼然以摧折〔四一〕，紆曲其形，以踴其身也。漼，折貌，七罪切。纖縠蛾飛，紛猋若絶。纖縠，細縠也。蛾飛，如蛾之飛也。紛猋，飛揚貌。上林賦曰：垂霧縠。大戴禮曰：食桑者有絲而蛾。郭璞爾雅注曰：蠶蛾也。超趫鳥集，縱弛殟殁。殟殁，舒緩貌。言舞勢超趫，如鳥疾速飛集也；縱弛之際，又且舒緩弛捨也。字林曰：鳥趫，跳也〔四二〕。殟，烏骨切。殁，音没。蜲蛇姌嫋，雲轉飄曶。說文曰：委蛇，邪行去也。姌嫋，長貌。蜲與逶同，於危切。蛇，音移。姌，如劍切；嫋，音弱；如雲轉之疾也。飄忽，如風之疾也。毛萇詩傳曰：迴風爲飄，曶與忽同，呼没切。體如遊龍，袖如素蜺。遊龍，素蜺，喻美麗也。宋玉神女賦曰：蜿若遊龍，從風翱翔。司馬相如大人賦曰：垂絳幡之素蜺。黎收而拜，曲度究畢。言舞將罷，徐收斂容態而拜，曲度於是究畢。蒼頡篇曰：邌，徐也，邌與黎同，力奚切。曹憲曰〔四三〕：瞭眑而拜，上音戾，下居虯反。今檢玉篇日部，無此二字。遷延微笑，退復次列。舞畢退次行列也。好色賦曰：遷延引身。觀者稱麗，莫不怡悅。

於是歡洽宴夜，命遣諸客。言懽情已洽，而宴迫於夜，故命遣諸客也。擾躟就駕〔四四〕，僕夫正策。埤蒼：躟，疾行貌。史記曰：天下躟躟〔四五〕。僕夫，執駕者。策，轡也。大戴禮曰：驪駒在門，僕夫具存。車騎並狎，蘢蓯逼迫。狎，謂多而相排也。蘢蓯，聚貌。蘢，力董切。蓯，音揔。良駿逸足，蹌捍凌越。駿，馬也。逸，疾也。爾雅曰：蹌，動也〔四六〕。蹌捍，馬走疾之貌。言馬駿逸奔突而走相凌越也。龍驤橫舉，揚鑣飛沫。鄒陽上書曰：蛟龍驤首。鑣，馬勒旁鐵也。馬舉首而橫走，動鑣則飛馬口之沫也。馬材不同，各相傾奪。傾奪，謂馳競也。或有踰埃赴轍，霆駭電滅。列子，伯樂曰：天下之馬，絶塵弭轍。言馬踰越於塵埃之前以赴，車轍如雷霆之聲，忽驚忽滅也。蹠地遠羣，闇跳獨絶。許慎淮南子注曰〔四七〕：蹠，踏也。遠出於羣，言疾速之甚也。鄭玄尚書五行傳曰：闇跳，行疾貌〔四八〕。闇跳獨絶，言行急無比也。或有宛足鬱怒，般桓不發。言馬按足緩步。鬱怒，氣遲留不發也。周易曰：初九，盤桓，利居貞。後往先至，遂爲逐末。言逸材之馬，雖後往而能先至，遂爲馳逐者之末也。逐者，以發足爲本。或有矜容愛儀，洋洋習習。鄭玄毛詩注曰：洋洋，莊敬貌。又詩箋云：習習，和調貌。遲速承意，控御緩急。言遲速任意也。毛詩曰：又良御忌，抑磬控忌。毛萇曰：止馬曰控。忌，辭也，音冀。家語，孔子曰：御者同是車馬，其所爲進退緩急異也。車音若雷，騖驟相及。長門賦曰：雷隱隱而響起，聲象君之車音。言車聲隱隱，如遠雷之音相連屬也。駱漠而歸，雲散城邑。駱漠，駱驛紛漠奔馳之貌。中夜車皆歸城邑之中，寂然而空，有同雲散也。天王燕胥，樂而不泆〔四九〕。毛詩曰：籩豆有且，侯氏燕胥。胥，皆也，皆來相與燕也。孝經曰：滿而不溢。娛神遺老，永年之術。優哉游哉，聊以永日。家語，孔子歌曰：優哉游哉，聊以卒歲。毛詩曰：且以喜樂，且以永日。

文選考異

〔一〕舞賦注「按周禮」下至「音聲之容也」袁本、茶陵本無此五十一字。

〔二〕注「扶風茂陵人也」袁本無「茂陵」二字。

〔三〕注「建初中」袁本無此三字。

〔四〕注「以毅」袁本無此二字。

〔五〕注「少逸氣」袁本無此三字。

〔六〕注「亦與班固爲竇憲府司馬」袁本此十字作「遷竇憲司馬」五字。茶陵本此節注并入五臣全非，不具出。

〔七〕注「雲夢藪名」下至「此並假設爲辭」袁本、茶陵本無此二十字。

〔八〕寡人欲觴羣臣 茶陵本「觴」作「䣼」，云五臣作「觴」。袁本云善作「䣼」。案：「䣼」即「觴」別體字，尤以正字改之。又注引左傳各本皆作「觴」。此等所言善作某字，皆據所見耳。

〔九〕注「言不如視其舞形」下至「單曰音」袁本、茶陵本無此二十五字。

〔一〇〕注「又曰歌采萸」下至「聽者異也」袁本、茶陵本無此二十八字。

〔一一〕注「鄭玄注禮記曰噫弗寤之聲」袁本、茶陵本無此十一字。

〔一二〕注「振振鷺鷺于飛」袁本、茶陵本無此六字。

〔一三〕注「顓頊樂曰五莖」　袁本、茶陵本無此六字。

〔一四〕注「禮記曰鄭衞之音亂世之音」　袁本、茶陵本無此十一字。

〔一五〕玉曰唯唯　袁本、茶陵本以此上爲序，其下「夫何」提行另起。案：此賦恐無所謂序，今題下有「并序」二字及提行，未必善如此也。

〔一六〕明月爛以施光　茶陵本云五臣作「爛」。袁本云善作「列」。案：此尤校改也。

〔一七〕注「毛詩曰文茵暢轂」　袁本、茶陵本無此七字。

〔一八〕注「鄭玄注曰茵蓐也詩曰」　袁本、茶陵本「注」上有「禮記」二字，「詩」上有「毛」字。

〔一九〕注「鄭玄曰君黄金罍」　袁本、茶陵本無此七字。

〔二〇〕注「周禮曰朝覲有玉几玉爵」　袁本、茶陵本無此十字。

〔二一〕注「禮器篇」　袁本、茶陵本無此三字。

〔二二〕注「言皆欲騁其材能效其技也」　袁本、茶陵本無此十一字。

〔二三〕注「相著牽引也」　袁本、茶陵本無「牽引」二字。

〔二四〕注「淮南子曰鼓舞」下至「女樂羅些」　袁本、茶陵本無此四十字。

〔二五〕注「態謂姿態也」　袁本、茶陵本無此五字。

〔二六〕注「衣上假飾」　袁本、茶陵本無此四字。

〔二七〕注「垂霧縠」　袁本、茶陵本無此三字。

〔二八〕注「而奏操也」　何校「而」上添「舞」字，是也。各本皆脱。

〔二九〕注「亦律調五聲之均也」　何校「亦」改「六」是也。各本皆譌。

〔三〇〕注「閑美」　陳云「美」，「靡」誤，是也。各本皆誤。

〔三一〕注「埤蒼曰嫺」下至「如弩機之發迅」　袁本、茶陵本無此二十一字。

〔三二〕注「脩治儀容志操以自顯心志」　袁本、茶陵本無此十一字。

〔三三〕注「必有所象」　袁本、茶陵本無此四字。

〔三四〕諸工莫當　袁本、茶陵本「莫」下校語云善作「共」。案：此尤校改也。

〔三五〕注「相摩切也」　袁本、茶陵本「相」上有「切」字，是也。

〔三六〕注「扱引也」下至「扱引也」　袁本、茶陵本無此二十字。

〔三七〕注「若神仙之彷彿」　案：「仙」字不當有。各本皆衍。説詳前。此正文「神動」，亦初不云「仙」也。

〔三八〕擊不致筴　茶陵本「筴」作「爽」。案：此無可考也。袁本校語仍云善作「筴」，與尤所見同。

〔三九〕注「言翼然而往闇而復止」　袁本、茶陵本無此九字。

〔四〇〕注「跌失蹠也」　袁本、茶陵本「失」作「足」，是也。

〔四一〕注「言要之曲折濯然以摧折」　袁本、茶陵本無此十字。

〔四二〕注「字林曰鳥趨跳也」　袁木、茶陵本無此七字。

〔四三〕注「曹憲曰瞭眑」下至「無此二字」　袁本、茶陵本無此二十二字。

〔四四〕擾躟就駕　袁本、茶陵本「躟」作「攘」。案：此疑尤誤改耳。

〔四五〕注「埤蒼」下至「天下躟躟」　袁本、茶陵本無此十三字，有「擾攘争貌」四字。

〔四六〕注「爾雅曰蹌動也」　袁本、茶陵本無此六字。

〔四七〕注「許慎淮南子注曰」　袁本、茶陵本無此七字。

〔四八〕注「闇跳行疾貌」　袁本、茶陵本無「闇」字。

〔四九〕樂而不泆　何校「泆」改「溢」。袁本云善作「泆」。茶陵本云五臣作「溢」。案：何據注引孝經「滿而不溢」，定從「溢」字也。

文選卷第十八

音樂下

長笛賦 并序

周禮，笙師掌教吹笛〔一〕。説文曰：笛七孔，長一尺四寸，今人長笛是也〔二〕。風俗通曰：笛，滌也。蕩滌邪志，納之雅正。

馬季長

范曄後漢書曰：馬融，字季長，扶風茂陵人也。將作大匠嚴之子。爲人美容貌〔三〕，有俊才，好吹笛。爲校書郎。順帝時〔四〕，遷南郡太守，免。與馬皇后親〔五〕，坐高堂，施絳帳，前授生徒，後列女樂。鄭玄、盧植皆其弟子。後拜議郎，卒。

融既博覽典雅，精核數術，仲長子昌言曰：精核是非，議之嘉也。説文曰：覈，考實事也。核與覈古字通。漢書曰：術數者，皆羲和卜史之職。韋昭曰：歷數，占術也。又性好音，能鼓琴吹笛，而爲督郵，無留事，韋昭釋名曰：督郵，主諸縣罰負殿，糾攝之也。辨位曰：言督郵書掾者。郵，過也。此官不自造書，主督上官所下、所過之書也〔六〕。史記，齊威王語即墨大夫曰：自子之居即墨，無留事。獨臥郿平陽鄔中。有雒客舍逆旅，漢書右扶風有郿縣。平陽鄔，聚邑之名也。鄔，烏古切。毛詩曰：王餞于郿。毛萇曰：地名。說文曰：鄔，小障也，一曰庳城。在阜部〔七〕。服虔通俗文曰：營居曰鄔。左氏傳，荀息曰：今虢爲不道，保於逆旅。吹笛爲氣出精列相和。歌録曰：古相和歌十八曲，氣出一，精列二。魏武帝集有氣出、精列二古曲。融去京師，京師，謂洛陽也〔八〕。踰年，蹔聞，甚悲而樂之。追慕王子淵枚乘劉伯康傅武仲等簫琴笙頌，唯笛獨無，王子淵作洞簫賦。枚乘未詳所作，以序言之，當爲笙賦。文章志曰：劉玄，字伯康，明帝時，官至中大夫，作簧賦。傅毅，字武仲，作琴賦。故聊復備數，作長笛賦〔九〕。其辭曰：

惟籦籠之奇生兮，于終南之陰崖。字林曰：惟，有也〔一〇〕。戴凱之竹譜曰：籦籠，竹名。毛詩曰：終南何有。毛萇曰：周之山名。尚書大傳曰：觀乎南山之陰，謂山北。託九成之孤岑兮，臨萬仞之石磎。山海經曰：桓山四成。郭璞曰：成，亦重也。言九者，數之多也。爾雅曰：山小高曰岑。孔安國曰：八尺曰仞。包氏曰：七尺曰仞。爾雅曰：山瀆無所通，谿〔一一〕。尸子曰：焦原者，臨萬仞之谿。特箭槀而莖立兮，獨聆風於極危。箭，槀，二竹名也〔一二〕。言似二竹〔一三〕，或生而莖立，或生於極危。爾雅曰：東南之美者，會稽之竹箭焉。郭璞方言注曰：箭者，竹名也。鄭玄周禮注曰：箭幹謂之槀。尚書曰：惟箘簵楛。鄭玄曰：箘簵。蒼頡篇曰：聆，聽也〔一四〕，音零。秋潦漱其下趾兮，冬雪揣封乎其枝。說文曰：潦，雨水也。鄭玄周禮注曰：湫，揫也。爾雅曰：趾，足也。鄭玄毛詩箋曰：團，聚貌。揣與團古字通，徒歡切。漢書音義，孟康曰：揣，持也〔一五〕。巔根跱之槷刖兮，感迴飈而將頹。巔根，根生於巔也。作顛，根將顛墜也〔一六〕。槷刖，危貌。感，觸也。爾雅曰：飈飄謂之猋。猋與飈同。頹，落也。槷，吾結切。刖，五刮切。夫其面旁則重巘增石，簡積頵砡。面，前也。爾雅曰：重巘，隒。郭璞曰：謂山形如累巘。巘曰甑，山狀似之，因以名也〔一七〕。又曰：簡，大也。説文曰：頵，頭落也〔一八〕，五隕切。字林曰：砡，齊頭也，牛六切。兀嶁狋鬐，傾昊倚伏。兀嶁狋鬐，嶔峻之貌。嶁，力于切。狋，助緇切。鬐，魚飢切。庨窌巧老，港洞坑谷。庨窌巧老，深空之貌。港洞，相通也。庨，苦交切。窌，郎交切。巧老，依字。港，胡貢切。嶰壑澮峵，𡼏窞巖𥨐。爾雅曰：小山別大山曰嶰，又兩山夾澗也〔一九〕。澮峵，嶰壑深平之貌。鄭玄曰：澮，所以通水於川也〔二〇〕。峵，音兑。𡼏：即坎也。周易曰：入於坎窞，凶。王弼曰：最處𡼏底也〔二一〕。説文曰：窞，坎中小坎也，徒感切。巖，深巖也。説文曰：巖，岸也。巖𥨐，不平也〔二二〕。廣雅曰：𥨐，窟也，字從穴從復，扶福切。運裛窏洝，岡連嶺屬。運裛，迴旋相纏也。窏洝，卑曲不平也〔二三〕。屬，連也。窏，於孤切。洝，音按。林簫蔓荆，森槮柞樸。説文曰：篠，小竹也。簫與篠通。本草經曰：蔓荆，實味苦。森槮，木長貌〔二四〕。鄭玄毛詩箋曰：柞，櫟也，了落切。樸，包木也，補木切。於是山水猥至，渟涔障潰。廣雅曰：猥，衆也。埤蒼曰：渟，水止也。薛君韓詩章句曰：涔，漁池也〔二五〕，音岑。賈逵國語注曰：障，防也。字林曰：潰，旁決也。顄淡滂流，碓投瀺穴。顄淡，水摇蕩貌。顄，胡感切。淡，徒敢切。碓投，似碓之所投也。説文曰：碓，舂也，都隊切。瀺，水注聲也〔二六〕。字林曰：流水行也〔二七〕。瀺穴，瀺注隙穴也，士咸切。争湍苹縈，汩活澎濞。許慎淮南子注曰：湍，水疾也。苹縈，迴旋之貌。汩活，疾貌。字林曰〔二八〕：澎濞，水瀑至聲也〔二九〕。苹，芳耕切。汩，古没切。活，古活切〔三〇〕。波瀾鱗淪，窊隆詭戾。爾雅曰：大波爲瀾。郭璞曰：言藴淪也〔三一〕。鱗淪，相次貌。説文曰：窊，邪下也〔三二〕。窊隆，高下貌。詭戾，乖違貌。窊，烏瓜切。潏瀑噴沫，犇遯碭突。潏瀑，沸湧貌。噴沫，跳沫也。碭，徒郎切。揺演其山，動杌其根者，歲五六而至焉。説文曰：揺，動也〔三三〕。賈逵國語注曰：演，引也。張揖注漢書上林賦曰：杌，揺也。字林曰：至，到也〔三四〕。是以間介無蹊，人迹罕到。孟子曰：山徑之蹊間，介然用之而成路。趙岐曰：介然人用之不止，則蹊成爲路。杜預注左氏傳曰：介，猶間也。間、介一也。蹊，徑也。言山間隔絶，無有蹊徑也〔三五〕。漢書曰：舟車所不至，人迹所不及。猨蜼晝吟，鼯鼠夜叫。爾雅曰：蜼，卬鼻而長尾〔三六〕。張揖上林賦注曰：蜼似獼猴而大〔三七〕。郭璞爾雅注曰：鼯鼠一名夷蝹，狀如小狐，似蝙蝠，肉翅，亦謂之飛生，聲如人呼。寒熊振頷，特麚昏髟。振，動也。方言曰：頷，頤也，胡感切。爾雅曰：鹿，牡麚、牝麀也〔三八〕。昏，視。髟，蓑髦也〔三九〕。言或顧視，或振髦。昏，昌夷切。髟，方妙切。山雞晨羣，壄雉晁雊〔四〇〕。毛詩曰：雉之朝雊，尚求其雌。説文曰：雄雞之鳴爲雊。壄，古野字。晁，古朝字〔四一〕。求偶鳴子，悲號長嘯。由衍識道，噍噍讙譟〔四二〕。由衍，行貌。羽獵賦曰：噍噍昆鳴。噍，子由切。鄭玄周禮注曰：譟，讙也。經涉其左右，哤聒其前後者，無晝夜而息焉。左右，謂林之左右〔四三〕。國語、管子曰：四民雜處，則其言哤。哤聒，雜聲也。説文曰：聒，讙語也。夫固危殆險巇之所迫也，險巇，猶傾側也。衆哀集悲之所積也。故其應清風也，纖末奮蕱，錚鐄謍嗃。方言曰：捎，動也。蕱與捎同，所交切。謍嗃，並謂其仿聲也〔四四〕。錚鐄，聲也〔四五〕。錚，士庚切。説文曰：錚，金聲〔四六〕。鐄與鍠同，音宏。字林曰：謍，小聲也，呼盲切。埤蒼曰：嗃，大呼也，呼交切。若絙瑟促柱，號鍾高調。淮南子曰：張瑟者小絃絙，大絃緩。高氏注曰：絙，急也〔四七〕。楚辭曰：絙瑟兮交鼓。又曰：破伯牙之號鍾。王逸曰：絙，急張絃也。博物志曰：鑑脅〔四八〕、號鍾，善琴名〔四九〕。

於是放臣逐子，棄妻離友。彭胥伯奇，哀姜孝己。彭，彭咸。胥，伍子胥也〔五〇〕。琴操曰：尹吉甫，周上卿人也，有子伯奇。伯奇母死，更娶後妻，生伯邦。乃譖伯奇於吉甫曰：見妾有美色，然有邪心。吉甫曰：伯奇爲人慈仁，豈有此也？妻曰：試置空房中，君登樓而察之。後妻知伯奇仁孝，乃取毒蜂綴衣領，伯奇前持之。於是吉甫大怒，放伯奇於野。宣王出遊，吉甫從。伯奇乃作歌感之於宣王。宣王曰：此放子辭。吉甫乃求伯奇，射殺後妻〔五一〕。左傳曰：魯哀公夫人姜氏歸於齊，將行，哭而過市，曰：天乎！仲爲不道，殺適立庶。市人皆哭。魯人謂之哀姜〔五二〕。帝王世紀曰：高宗有賢子孝己，其母早死。高宗惑後妻之言，放之而死，天下哀之。尸子曰：孝己事親，一夜而五起，視衣厚薄，枕之高下也〔五三〕。家語曰：曾子遺妻，告其子曰：高宗以後妻殺孝己，尹吉甫以後妻放伯奇，吾上不及高宗，中不及吉甫，庸知得免於非乎？攢乎下風，收精注耳。收精，不窺。注耳，專聽。靁歎頹息，掐膺擗摽〔五四〕。歎聲若雷，息聲若頹也〔五五〕。楚辭曰：吒增歎兮如雷。靁與雷，古今字也。爾雅曰：焚輪謂之頹。郭璞曰：暴風從上下也。埤蒼曰：掐，爪也。説文曰：膺，胸也〔五六〕。國語曰：無掐膺。韋昭曰：掐，叩也，苦洽切。魏書程昱傳曰：昱於魏武前忿爭，聲氣忿高，邊人掐之乃止〔五七〕。毛詩曰：寤擗有摽。毛萇曰：擗，摽，拊心貌。泣血泫流，交横而下。毛詩曰：鼠思泣血。禮記曰：高子皋之執親之喪，泣血三年，未嘗見齒〔五八〕。

楚辭曰：橫垂涕兮泫流。通旦忘寐，不能自禦。淮南子曰：病疵瘕者，通旦不寐。鄭玄周禮注曰：禦，禁也。於是乃使魯般宋翟，構雲梯，抗浮柱。魯、宋，二國名也。淮南子曰：魯般，古之巧人。注：公輸班也〔五九〕。爲木鳶而飛。論衡曰：魯班刻木爲鳶，飛三日不下〔六〇〕。爲母作木車〔六一〕，木人爲御，機關一發，遂去不還，人謂班母亡。翟，墨子之名也。墨子曰：公輸般爲雲梯，垂成，大山四起，所謂善攻具也〔六二〕，必取宋。於是墨子見公輸般而止之。張湛列子注曰：雲梯可以凌虛。甘泉賦曰：抗浮柱之飛榱。按墨子削竹以爲鵲，鵲三日不行。韓子云：爲木鳶三年不飛，一日而敗。抱朴子曰：墨子名翟，宋人。或云孔子時人，或云在後。今案：其人在七十弟子後也〔六三〕。蹉纖根，跋篾縷。言以足蹉蹋纖根，又跋蹋細縷也。蹉，七何切，一作搓。埤蒼曰：搓，擲也〔六四〕。方言曰：篾，小也。縷，言細似縷也。上林賦曰：布結縷。顏監注：蔓生着地之處皆生細根如相結，故名縷。今俗呼鼓箏草，而幼童對銜之，手鼓中央，則聲如箏，因以名〔六五〕。彼雖草名，抑亦義兼似縷也。膺陗陁，腹陘阻。言以膺服於陗陁，而腹突於陘阻也。淮南子曰：岸陗者必陁。許慎曰：陗，峻也，七笑切。陁，落也，直紙切。字林曰：陁，小崩也〔六六〕。爾雅曰：山絶陘。郭璞曰：連山中斷也。陘，音刑。逮乎其上，匍匐伐取。挑截本末，規摹彠矩。聲類曰：挑，抉也〔六七〕。鄭玄毛詩箋曰：挑，支落之，佗堯切。說文曰：摹，規也，莫奴切。彠，亦矱字。王逸楚辭注曰：矱，度也。矩，法也。彠，於縛切。夔襄比律，子壄協呂〔六八〕。尚書，帝曰：夔，命汝典樂，教胄子。家語，孔子學琴於師襄。鄭玄周禮注曰：比，次也。周禮，大師掌六律六呂。六律，陽聲，黃鍾、太簇、姑洗、蕤賓、夷則、無射；六呂，陰聲，大呂、應鍾、南呂、林鍾、中呂、夾鍾〔六九〕。左氏傳曰：師曠侍於晉侯。杜預曰：曠，晉樂太師子野也。孟子曰：師曠之聰，不以六律，不能正五音。十二畢具，黃鍾爲主。呂氏春秋曰：黃帝命伶倫爲律。伶倫制十二籥〔七〇〕，聽鳳鳥之鳴，以別十二律，以比黄鍾之宫。故黄鍾宫，律之本也。高誘曰：六律六吕，各有管也，故曰十二籥。漢書，律歷志曰：十二，陽六爲律，陰六爲吕。律者，黄帝之所作也。黄帝使伶倫自大夏之西，昆侖之陽，取竹解谷生其薄厚均者，斷兩節間吹之，以爲黄鍾之律本，氣至則應。六律六吕者，述十二月之音氣也。黄鍾，律吕之長，故曰爲主〔七一〕。撟揉斤械，剸掞度擬。蒼頡篇曰：撟，正也。鄭玄周禮注曰：揉謂以火撟也〔七二〕，如酉切。説文曰：斤，斫木〔七三〕。又曰：械，治也。字林曰：剸，裁也，大丸切。又曰：剡，鋭也。周易曰：掞木爲矢。掞與剡音義同。度擬，量度比擬也。鏓硐隤墜，程表朱裏。説文曰：鏓，大鑿中木也。然則以木通其中皆曰鏓也，蘇董切。廣雅曰：硐，磨也，音動。説文曰：隤，墜也，徒雷切。爾雅曰：墜，落也。説文曰：程，示也。張晏漢書注曰：表，猶外也。定名曰笛，以觀賢士。以其滌穢，故可觀士。陳於東階，八音俱起。儀禮大射禮曰：樂人宿縣于階東。周禮曰：播之以八音。孔安國注曰：八音：金、石、絲、竹、匏、土、革、木〔七四〕。食舉雍徹，勸侑君子。食舉，謂進食於天子而設樂，食竟，奏詩之樂以徹食。徹，去也〔七五〕。蔡雍禮樂志曰：天子中樂，殿中食舉樂也。周禮曰：及徹而歌徹。鄭玄曰：歌之者，歌雍也。周禮曰：王以樂侑食。鄭玄曰：侑，助也。然後退理乎黄門之高廊。漢書音義，如淳曰：今樂家五日一習〔七六〕，爲理樂。桓譚新論曰：漢之三主，内置黄門工倡。重丘宋灌，名師郭張。漢書曰：平原郡有重丘縣。名師，有名師也。宋、灌、郭、張，皆其姓也。工人巧士，肄業脩聲。工，樂人也。巧，伎巧也。賈逵國語注曰：肄，習也。於是遊閒公子，暇豫王孫，史記曰：宛孔氏有遊閒公子之名。國語，優施曰：我教暇豫之事君。韋昭曰：閒，暇也。服虔曰：諸公閒遊戲。若依服解，閒，當工莧切。韋昭曰：優游閒暇也。按史記貨殖傳：有遊閑公子，飾冠劍，連車騎。此則韋説勝。閒，音閑〔七七〕。豫，樂也。心樂五聲之和，耳比八音之調，左氏傳曰：五聲六律。杜預曰：五聲，宮、商、角、徵、羽。乃相與集乎其庭。詳觀夫曲胤之繁會叢雜，何其富也。胤，亦曲也，字或爲引。蔡雍琴操，有思歸引，衞女之所作。富，謂聲之富也〔七八〕。紛葩爛漫，誠可喜也。紛葩，盛多貌。波散廣衍，實可異也。毛萇詩傳曰：衍，溢也。掌距劫遌〔七九〕，又足怪也。言聲之相逆遌也。説文曰：掌，柱也。鄭玄禮記注曰：劫，脅也。郭璞穆天子傳注曰：遌，觸也，五故切。啾咋嘈啐，似華羽兮，絞灼激以轉切。蒼頡篇曰：啾，衆聲也。鄭玄周禮注曰：咋，咋然，聲大也，仕白切。埤蒼曰：嘈啐，聲貌。嘈，音曹。啐，才喝切。鶡冠子曰：南方萬物華羽焉，故調以羽。絞灼激，聲相繞激也。切，猶磨切也。震鬱怫以憑怒兮，耾碭駭以奮肆。楚辭曰：怫鬱兮弗陳。王逸曰：蘊積也。怫，扶弗切。左氏傳，蹶由曰：今君震電憑怒。杜預曰：憑，大也。埤蒼曰：耾，聲貌。碭，突也。杜預左氏傳注曰：肆，放也。氣噴勃以布覆兮，乍跱蹠以狼戾。蒼頡篇曰：噴，吒也，普寸切；或作憤，防粉切。勃，盛貌。布覆，周布四覆也。跱蹠，言其聲跱立，如有所蹠蹋也。狼戾，乖背也。戰國策，張儀曰：趙王狼戾無親。靁叩鍛之岌峇兮，正瀏溧以風冽〔八〇〕。言音如靁之叩鍛，岌峇爲聲也。蒼頡篇曰：鍛，椎也，都亂切。岌，苦協切。峇，苦合切。漢書音義，孟康曰：瀏，清也。毛萇詩傳曰：溧，寒也。説文曰：冽，清也〔八一〕。瀏溧，清涼貌。冽，寒貌。薄湊會而凌節兮〔八二〕，馳趣期而赴躓。凌，乘也。節，曲節也。趣，向也。期，會也。躓，謂顛仆也。

爾乃聽聲類形，狀似流水，又象飛鴻。列子曰：伯牙鼓琴，志在流水。鍾子期曰：洋洋乎若江河。琴道曰：伯夷操，似鴻鴈之音。氾濫溥漠，浩浩洋洋。氾濫，任波摇蕩之貌。説文曰：氾，濫也〔八三〕。上林賦曰：汎淫氾濫。溥漠，以翩撫水之貌，謂飛鴻之狀也。長讚遠引，旋復迴皇。孟康漢書注曰：讚，視也，莫干切。廣雅曰：引，伸也。李尤七疑曰〔八四〕：迴皇競集。充屈鬱律，瞋菌碨抰。皆衆聲鬱積競出之貌。屈，音掘。瞋，尺鄰切。菌，去倫切。碨，於迴切。抰，烏郎切。酆琅磊落，駢田磅唐。衆聲宏大四布之貌。酆，普耕切。琅，力耕切。磅唐，廣大盤礴也。宋玉笛賦曰：磅唐千仞。取予時適，去就有方。莊子曰：去就取予，能知六者，塞道者也。高誘吕氏春秋注曰：適，中適也。毛萇詩傳曰：方，則也。洪殺衰序，希數必當。鄭玄周禮注曰：殺，減也，所屆切。左氏傳，魏獻子曰：遲速衰序。杜預曰：衰，差；序，次也。衰，楚危切。微風纖妙，若存若亡。老子曰：若存若亡。藎滯抗絶，中息更裝。方言曰：藎，餘也。藎與燼同，在進切。喪服子夏傳曰：抗，極也。許慎淮南子注曰：裝，束也。調更裝而奏之。奄忽滅没，曄然復揚。方言曰：奄，遽也。曄，盛貌。或乃聊慮固護，專美擅工。聊慮固護，精心專一之貌。説文曰：擅，專也。漂凌絲簧，覆冒鼓鍾。漂凌，謂漂蕩凌駕也。覆冒，謂掩覆冠冒也。風俗通曰：簧，笙中簧也。大笙謂之簧。或乃植持縼纆〔八五〕，佁儗寬容。言聲或植立，而相牽引持，似於縼纆也。説文曰：縼，以長繩繫牛也，徐絹切。漢書音義，張晏曰：二股謂之糾，三股謂之纆〔八六〕。佁儗，寬容之貌。佁，勑吏切。儗，五吏切。簫管備舉，金石並隆。毛詩曰：既備乃奏，簫管備舉。漢書曰：石曰磬，金曰鍾。鄭玄禮記注曰：隆，盛也。無相奪倫，以宣八風。尚書曰：八音克諧，無相奪倫。吕氏春秋曰：舜以夔爲樂正，於是正六律，和均五聲，以通八風。

杜預左氏傳注曰：八風，八方之風。金乾主磬，其風不周；石坎主鼓，其風廣莫；革艮主笙，其風明庶；匏震主簫，其風條；竹巽主柷敔，其風清明；木離主瑟琴，其風景；絲坤主鍾，其風涼；土兑主壎，其風閶闔〔八七〕。律呂既和，哀聲五降。左氏傳，醫和對晉平公〔八八〕曰：先王之樂，中聲以降，五降之後，不容彈矣。杜預曰：聲成五降而息也。降，罷退也。曲終闋盡，餘絃更興。鄭玄禮記注曰：闋，終也，苦穴切。繁手累發，密櫛疊重。左氏傳，醫和曰：於是有煩手淫聲，慆堙心耳，乃忘平和，君子不聽也。手煩不已，則雜聲並奏，記傳所謂鄭、衞之聲，謂此也。樂記曰：鄭、衞之音，亂世之音也。又雜樂姦聲，以濫溺而不止。鄭音好濫淫志，衞音促速煩志，言鄭、衞之聲煩手雜也〔八九〕。密櫛，密如櫛也。毛詩曰：其比如櫛。踾踧攢仄，蜂聚蟻同。踾踧，迫蹙貌。攢仄，攢聚貌。埤蒼曰：踾，蹋地聲也。字林曰：踧踖不進〔九〇〕。踾，音複。踧，子六切。衆音猥積，以送厥終。

然後少息蹔怠，雜弄間奏。易聽駭耳，有所摇演。言變易人之視聽也。摇，動也。演，引也。言有所動引於心。安翔駘蕩，從容闡緩。毛萇詩傳曰：間，代也。莊子曰：惠施之材，駘蕩而不得。駘蕩，安翔貌。蒼頡篇曰：闡，開也〔九一〕。漢書曰：闡諧慢易之音作。惆悵怨懟，窳圔窴䆿。字林曰：懟，怨也。窳圔，聲下貌。圔，於洽切。窴䆿，聲緩也。窴，恥聾切。䆿，女善切。聿皇求索，乍近乍遠。聿皇，疾貌。臨危自放，若頹復反。蚡緼繙紆，緸冤蜿蟺。蚡緼繙紆，聲相糾紛貌。蚡，扶云切。緼，於文切。緸冤蜿蟺，盤屈摇動貌。鄭玄曰：蜿，委也〔九二〕。緸，音因。蜿，於阮切。蟺，音善。笢箹抑隱，行入諸變。笢箹抑隱，手循孔之貌。毛萇詩傳曰：行，往也。鄭玄周禮注曰：變，猶更也。樂成則更奏。絞槩汩湟，五音代轉。絞槩汩湟，音相切摩貌，言聲相絞槩，如水之聲。汩湟，水流貌〔九三〕。絞，古巧切。槩，古愛切。汩，于筆切。湟，音黃。挼挐捘搣，遞相乘邅。説文曰：挼，摧也，奴迴切。蒼頡篇曰：挐，捽也，引也〔九四〕，奴家切。廣雅曰：捘，按之也〔九五〕，子潰切。搣，猶抑也。邅，邅迴也，張連切。一云邅當爲蹍。司馬彪莊子注曰：蹍，蹈也，女展切。反商下徵，每各異善。反商，猶變商也。淮南子曰：變宮生徵，變徵生商，變商生羽。琴道曰：下徵七絃，總會樞極。沈約宋書曰：下徵調法，林鍾爲宮，南吕爲商。注云：第三孔也，本正聲黄鍾之羽，今爲下徵之商也。故聆曲引者，觀法於節奏，察變於句投〔九六〕，以知禮制之不可踰越焉。廣雅曰：聆，聽也。引，亦曲也。蔡邕琴操曰：思歸引者，衞女之所作也〔九七〕。琴引者，秦時倡屠門高之所作也。禮記曰：文采節奏，聲之飾也。説文曰：逗，止也。投與逗古字通，音豆。投，句之所止也。聽簉弄者，遥思於古昔，虞志於怛惕，以知長戚之不能閒居焉。簉弄，蓋小曲也。説文曰：簉，倅字如此〔九八〕。毛萇傳曰：怛怛惕惕，憂勞也。閒，音閑。故論記其義，協比其象：徬徨縱肆，曠瀁敞罔〔九九〕，老莊之槩也。老子，已見遊天台賦。史記曰：莊子者，蒙人也，名周。其要本歸於老子之言，其言汪洋自恣，其適己也。曠，若廣切。敞罔，大貌。槩，猶節也。温直擾毅〔一〇〇〕，孔孟之方也〔一〇一〕。尚書曰：皋陶曰：擾而毅，直而温。言正直而有温和也〔一〇二〕。温和正直，柔而能毅也。史記曰：孔子名丘，字仲尼，姓孔氏，魯昌平鄉陬邑人。又曰：孟軻，鄒人也。序詩，書，述仲尼之意。激朗清厲，隨光之介也。激切明朗，清而能厲。厲，列也〔一〇三〕。莊子曰：湯將伐桀，因卞隨而謀之。卞隨曰：非吾事也。湯又因瞀光而謀之。瞀光曰：非吾事也。湯伐桀，克之，以讓卞隨。隨曰：再來漫我以其辱行，乃自投桐水而死。湯又讓瞀光。曰：無道之世，不踐其土，況尊我乎？乃負石而自沈廬水。高士傳曰：湯伐桀，求道于卞隨，隨不應。及滅，讓於卞隨。隨曰：君以我爲食天下。遂投瀘水而死。湯又讓務光，光亦投水而死〔一〇四〕。劉熙孟子注曰：介，操也。牢剌拂戾，諸、賁之氣也。牢剌，牢落乖剌也。説文曰：剌，戾也。左氏傳曰：吴公子光享王，鱄諸抽劍刺王。説苑曰：勇士孟賁，水行不避蛟龍，陸行不避虎狼。節解句斷，管商之制也。史記曰：管仲夷吾者，潁上人也。任政於齊。又曰：商君者，衛之諸庶孽子也，名鞅，姓公孫氏，好刑名之學。秦封之於商，號商君。條決繽紛〔一〇五〕，申韓之察也。言科條能分決，繽紛能整理也。史記曰：申不害者，京人也，學本於黄、老而主刑名。又曰：韓非者，韓之諸公子也，喜刑名法術之學。見韓稍弱，數以書諫韓王，王不能用，乃觀王者得失之變，作孤憤、五蠹、説林十萬言。秦王見其書曰：嗟乎！寡人得見，與之游，死不恨〔一〇六〕！繁縟駱驛，范蔡之説也。辭旨繁縟，又相連續也。説文曰：縟，彩飾也。范雎、蔡澤，並辯士也〔一〇七〕。范雎，已見西京賦，蔡澤，見歸田賦。蒡櫟銚𢡄，皙龍之惠也。蒡櫟銚𢡄，皆分别節制之貌。蒡，音梨。櫟，音歷。銚，他堯切。𢡄，胡麥切。左氏傳曰：鄭駟歂殺鄧皙而用其竹刑。杜預曰：鄧皙，鄭大夫也。史記曰：公孫龍，趙人〔一〇八〕，爲堅白同異之辨。晉太康地記曰：汝南西平縣有淵水，可用淬刀劍特利，故有堅白之論，云，黄以爲堅，白以爲利也。或辯之曰：白所以爲不堅，黄所以爲不利也〔一〇九〕。上擬法於韶箾南籥，左氏傳，昭二十九年，吴公子札來聘，魯人爲奏四代樂〔一一〇〕。見舞韶箾者，曰：德至哉！杜預曰：舜樂也，音簫。又曰：見舞象箾、南籥者，曰：美哉！杜預曰：象箾，舞者所執。南籥，舞也，文王樂也〔一一一〕。南，言文王化自北而南，謂從岐周被江、漢也。爾雅釋樂曰：大籥謂之産。注：籥，如笛，三孔而短小。廣雅曰：七孔〔一一二〕。箾，音簫〔一一三〕。中取度於白雪淥水，宋玉諷賦曰：臣援琴而鼓之，作幽蘭、白雪之曲。淮南子曰：手會淥水之趣。高誘曰：淥水，古詩。下采制於延露巴人。淮南子曰：歌采菱，發陽阿，鄙人聽之，不若延露以和。宋玉對問曰：客有歌於郢中者，其始曰下里巴人。是以尊卑都鄙，賢愚勇懼。毛萇詩傳曰：子都，世之美好者。鄙，陋也。吕氏春秋曰：愚智勇懼，可得而知。魚鼈禽獸，聞之者莫不張耳鹿駭。熊經鳥申，鴟眎狼顧。拊譟踴躍，鹽鐵論曰：邊境無鹿駭狼顧之憂。淮南子曰：鴟視而狼顧，熊經而鳥申，此養形之人也。莊子音義曰：熊經，若熊之舉樹而引氣也。各得其齊。人盈所欲，禮記曰：樂者，樂也。君子樂得其道，小人樂得其欲。齊，分限也，在細切。皆反中和，以美風俗。禮記曰：喜怒哀樂之未發謂之中，發而皆中節謂之和。漢書，王尊曰：廣教化，美風俗。屈平適樂國，介推還受禄。言各反其常性也。屈平，屈原也。必適樂國而求仕，不沈湘流以殞身也。史記，屈原者，名平，楚人同姓，爲懷王左司徒。爲上官大夫心害其能，讒平。及懷王卒，襄王立，又爲令尹子蘭使上官大夫短屈原於襄王，王怒而遷之。原至江南，乃作懷沙賦，於是懷石因投汨羅以死也。今言屈平聞此笛聲，即還之楚國，不投汨羅而死。下他皆放此〔二四〕。毛詩曰：適彼樂國。左氏傳，僖二十四年〔二五〕，晉侯賞從亡者。介之推不言禄，禄亦不及。推曰：獻公之子九人，唯君在矣。惠、懷無親，内外弃之。天未絶晉，必將有主。主晉祀者，非君而誰？而二三子以爲己力，不亦誣乎？其母曰：盍亦求之，以死誰懟？曰：尤而效之，其又甚焉。其母曰：能如是乎？與汝皆隱。遂死。而晉侯求之不獲，以綿上爲之田〔二六〕。澹臺載尸歸，皋魚節其哭。博物志曰：澹臺滅明之子溺死於江，弟子欲收而葬之，明止之曰：螻蟻何親？魚鼈何仇？弟子曰：何夫子之不慈乎？對曰：生爲吾子，死非吾鬼。遂不收葬。韓詩外傳曰：孔子出行，聞有哭聲甚悲，則皋魚也，披褐擁劍，哭於路左。孔子下車而問其故，對曰：吾少好學，周流天下，以後吾親死〔二七〕，一失也；高尚其志，不事庸君，而晚仕無成，一失也；少擇交遊，寡親友，而老無所託，三失也。夫樹欲静而風不止，子欲養而親不待。往而不可反者，年也；逝而不可追者，親也。吾於是辭矣。立哭而死。孔子謂弟子曰：識矣！於是門人辭歸養親者一十三人。長萬輟逆謀，渠彌不復惡。左傳曰：莊十二年，長萬，南宮萬也，弑宋閔公於蒙澤。蒙澤，宋地，梁國有蒙縣。南宮，氏；長萬，名也。左傳曰：桓十二年傳云：初〔一一八〕，鄭伯將以高渠彌爲卿，昭公惡之，固諫不聽。昭公立，懼其殺己。辛卯〔一一九〕，殺昭公而立公子亹。君子謂：昭公知所惡矣。公子達曰：高伯其爲戮乎！復惡已甚矣。注曰：公子達，魯大夫。復，重。本爲昭公所惡，而復殺君，重也。昭公，鄭莊公子忽。姓高，渠彌，名也，鄭家大將，欲爲卿〔一二〇〕。蒯聵能退敵，不占成節鄂。左傳曰：定十四年，衞靈公逐太子蒯聵，太子奔宋。至哀公二年，衞靈公卒，而立蒯聵之子輒爲衞侯，晉趙鞅乃納蒯聵于戚。至哀三年，衞石姑帥師圍之。父子争國，爲讎敵也〔一二一〕。韓詩外傳云：不占，陳不占也，齊人〔一二二〕。崔杼弑莊公，陳不占〔一二三〕聞君有難，將往赴之。食則失哺，上車失軾。其僕曰：敵在數百里外，而懼怖如是，雖往其益乎？占曰〔一二四〕：死君之難，義也；無勇，私也。乃驅車而奔之，至公門之外，聞鼓戰之聲〔一二五〕，遂駭而死。君子謂不占無勇而能行義，可謂志士矣。愕，直也。從邑者，乃地名也，非此所施也〔一二六〕。字林曰：鄂〔一二七〕，直言也。謂節操蹇鄂而不怯懦也。王公保其位，隱處安林薄。楚辭曰：露新夷〔一二八〕，死林薄。王逸曰：草木交曰薄。宦夫樂其業，士子世其宅。淮南子曰：古者至德之時，農安其業，大夫安其職，而處士脩其道。鱏魚喁於水裔，仰駟馬而舞玄鶴。韓詩外傳曰：昔伯牙鼓琴，而淫魚出聽〔一二九〕；瓠巴鼓琴，而六馬仰沫。淮南子，瓠巴鼓瑟而淫魚出聽。注曰：瓠巴，楚人也，亦善於瑟，淫魚出頭於水而聽之。淮南子，水濁則魚噞喁，政苛則人亂。注：楚人噞〔一三〇〕喁，魚出頭也〔一三一〕。淮南子，伯牙鼓琴而鳴馬仰秣。即頭去謂馬笑。韓子，師曠援琴一奏，有玄鶴二八來集，再奏而列，三奏延頸而鳴，舒翼而舞〔一三二〕。尚書大傳曰：虞舜歌樂曰，和伯之樂舞玄鶴。

于時也〔三三〕，緜駒吞聲，伯牙毀絃。孟子，淳于髡曰：昔緜駒處高唐，而齊右善歌〔三四〕。伯牙，已見上。瓠巴輒柱，磬襄弛懸。列子曰：瓠巴鼓琴，而鳥舞魚躍。孫卿子曰：昔瓠巴鼓琴，潛魚出聽。江邃文釋曰：瓠巴，齊人也〔三五〕。説文曰：輒，安也，丁篋切。論語曰：擊磬襄入于海。周禮曰：大憂令弛懸，鄭玄曰：弛，釋下也。懸，鍾格也〔三六〕。留眎瞸眙，累稱屢讚。字林曰：瞸，直視貌〔三七〕。蒼頡篇曰：瞸，直下視貌〔三八〕，丑庚切。字林曰：眙，驚貌，敕吏切。失容墜席，搏拊雷抃。廣雅曰：搏，擊也。説文曰：抃，撫手也〔三九〕。雷抃，聲如雷也。僬眇睢維，涕洟流漫。僬眇睢維，目開合之貌。僬，子小切。方言曰〔四〇〕：眇，小也。亡小切。聲類曰：睢，大視也。字林曰：睢，仰目也〔四一〕，許惟切。字林曰：維，持也〔四二〕。周易曰：齎咨涕洟。王弼曰：齎咨，嗟嘆之聲也。説文曰：洟，鼻液也，敕計切。是故可以通靈感物，寫神喻意。喻，曉也。禮記曰：樂和故萬物皆化。言可以通於神靈，感致萬物，舒寫精神，曉喻志意也〔四三〕。致誠効志，率作興事。致，極也。効，驗也。尚書，咎繇曰：率作興事，慎乃憲，欽哉〔四四〕！孔安國曰：憲，法也〔四五〕。天子率臣下爲起治事，當慎汝法度，敬其職也〔四六〕。溉盥汙濊，澡雪垢滓矣。毛萇詩傳曰：溉，滌也，古載切，本或爲槩，音義同。禮記曰：食於賓者〔四七〕盥，亦滌也，公緩切。説文曰：濊，水多也。澡，洗手也〔四八〕。莊子曰：澡雪而精神。高誘淮南子注曰：雪，拭也。説文曰：滓，澱也。滓，壯里切。澱，音殿。

昔庖羲作琴，神農造瑟。庖羲即伏羲也。琴操曰：昔伏羲氏之作琴，所以修身理性，反天真也。淮南子曰：神農之初作瑟，以歸神反望，及其天心也。女媧制簧，暴辛爲塤。禮記曰：女媧之笙簧。世本曰：女媧作簧，暴辛爲塤。宋均曰：女媧，黄帝臣也。暴辛，周平王時諸侯，作塤，有三孔。郭璞爾雅注曰：塤，燒土爲之，大如雞卵。塤，虚袁切。倕之和鐘，叔之離磬。禮記曰：垂之和鐘，叔之離磬。鄭玄曰：垂，堯之共工也。世本曰：叔，舜時人〔四九〕。和離，謂次序其聲縣也。或鑠金礱石，華晥切錯。皆理器之名也。樂汁圖徵曰：鑠金爲鐘，四時九乳。鑠金雖出樂緯，此金謂黄金，揔飾衆器，非止鐘也。賈逵注傳曰：消，鑠也〔五〇〕。説文曰：金有五色，黄爲長。鑠與爍同。國語，張老曰：天子之室，斲其椽而礱之，加密石焉。韋昭曰：礱，磨也，力東切。禮記曰：華而晥，大夫之簀與。鄭玄曰：華，畫也。説者以晥爲刮節目也。晥，胡綰切。爾雅曰：骨謂之切，犀謂之剒〔五一〕。毛萇詩傳曰：治骨曰切。尚書曰：錫貢磬錯。孔安國曰：治玉曰錯。丸梴彫琢，刻鏤鑽笮。韓詩曰：松柏丸丸。薛君曰：取松與柏。然則丸，取也。漢書音義，如淳曰：梴，擊也，舒連切，一作埏。老子曰：埏埴以爲器。河上公注曰：埏，和也。埴，土也。和土爲食飲之器也。淮南子曰：陶人克埏埴。許重曰：埏，抒也。埴，土爲也〔五二〕。爾雅，玉謂之彫，石謂之琢〔五三〕。郭璞曰：治玉石也。爾雅曰：金謂之鏤，木謂之刻。郭璞曰：治器之名也。説文曰：鑽，所以穿也。又曰：鑿，穿木也。國語，臧文仲曰：中刑用刀鋸，其次用鑽笮。韋昭注爲笮，而賈逵注爲鑿，然笮與鑿音義同也。鑽，子丸切。窮妙極巧，曠以日月。然後成器，其音如彼。解嘲曰：曠以日月。

唯笛因其天姿〔五四〕，不變其材。伐而吹之，其聲如此。天姿，天然之姿也。蓋亦簡易之義，賢人之業也。周易曰：乾以易知，坤以簡能。易則易知，簡則易從。易知則有親，易從則有功。有親則可久，有功則可大。可久則賢人之德，可大則賢人之業。此言簡易，不煩劇也。若然，六器者，猶以二皇聖哲黈益。六器：琴、瑟、簧、塤、鐘、磬。淮南子曰：二皇鳳至於庭。高誘曰：二皇，伏羲、神農也。聖哲，謂女媧、暴辛、垂、叔之流〔一五五〕。黈，猶演也，佗斗切。況笛生乎大漢，而學者不識其可以裨助盛美，忽而不讚，悲夫！說文曰：裨，益也，婢移切。有庶士丘仲言其所由出，而不知其弘妙。尚書曰：庶邦庶士。風俗通曰：笛，武帝時丘仲所作。其辭曰：

近世雙笛從羌起，羌人伐竹未及已。風俗通曰：笛元羌出，又有羌笛。然羌笛與笛，二器不同，長於古笛，有三孔，大小異，故謂之雙笛〔一五六〕。龍鳴水中不見已，截竹吹之聲相似。見，胡鍊切。已，謂龍也。剡其上孔通洞之，裁以當簻便易持。麤者曰撾〔一五七〕，細者曰枚。言裁笛以當簻，故便而易持也。簻，馬策也，竹瓜切。裁，或爲材。易京君明識音律，故本四孔加以一。君明所加孔後出，是謂商聲五音畢。漢書曰：京房字君明，漢武帝時人也。修易，尤好鐘律，知五聲。然京房修易，故曰易京。笛本四孔，京加一孔於下，爲商聲，故謂五音畢〔一五八〕。沈約宋書曰：笛，京房備其五音。言易京者，猶如莊周蒙人，謂蒙莊，及磬襄、宋翟之比〔一五九〕。

文選考異

〔一〕長笛賦注「周禮笙師掌教吹笛」　袁本、茶陵本無此八字。

〔二〕注「今人長笛是也」　袁本、茶陵本無此六字。

〔三〕注「將作大匠嚴之子爲人美容貌」　袁本、茶陵本無此十二字。
〔四〕注「順帝時」　袁本、茶陵本無此三字。
〔五〕注「與馬皇后親」下至「皆其弟子」　袁本、茶陵本無此二十七字。
〔六〕注「辨位曰」下至「所下所過之書也」　袁本、茶陵本無此二十九字。
〔七〕注「毛詩曰」下至「在阜部」　袁本、茶陵本無此二十六字。
〔八〕注「京師謂洛陽也」　袁本、茶陵本無此六字。
〔九〕作長笛賦　袁本、茶陵本「賦」作「頌」。案：善無注，二本不著校語，無以考也。
〔一〇〕注「字林曰惟有也」　袁本、茶陵本無此六字。
〔一一〕注「爾雅曰山小高」下至「山豄無所通谿」　袁本、茶陵本無此三十二字。
〔一二〕注「箭稾二竹名也」　袁本、茶陵本無此六字。案：善以「箭稾」爲一竹，下注云「二竹」者，并「聆風」數之增多。大誤。
〔一三〕注「言似二竹」　茶陵本「似」作「此」，是也。袁本亦誤「似」。
〔一四〕注「蒼頡篇曰聆聽也」　袁本、茶陵本無「蒼頡篇曰」四字，「聽」作「風」。案：二本最是。韋昭注地理志，「箘簬」亦云一名「聆風」，見尚書釋文，與鄭注正合，尤增多及改，皆大誤。
〔一五〕注「漢書音義孟康曰揣持也」　袁本、茶陵本無此十字。
〔一六〕注「作顛根將顛墜也」　袁本、茶陵本無此七字。

〔一七〕注「郭璞曰」下至「因以名也」 袁本、茶陵本無此二十字。

〔一八〕注「頵頭落也」 茶陵本「落」作「頵」。袁本無此字。案：今説文作「頵，頭頵，頵大也」。疑各本皆誤。

〔一九〕注「又兩山夾澗也」 袁本、茶陵本無此六字。

〔二〇〕注「鄭玄曰澮所以通水於川也」 袁本、茶陵本無此十一字。

〔二一〕注「凶王弼曰最處峪底也」 袁本、茶陵本無此九字。

〔二二〕注「巖寢不平也」 袁本、茶陵本無此五字。

〔二三〕注「卑曲不平也」 袁本、茶陵本「曲不平」三字作「下」。

〔二四〕注「木長貌」 袁本、茶陵本無「木」字。

〔二五〕注「漁池也」 袁本、茶陵本無「漁」字。

〔二六〕注「水注聲也」 袁本、茶陵本無「聲」字。

〔二七〕注「字林曰流水行也」 袁本、茶陵本無此七字。

〔二八〕注「字林曰」 袁本、茶陵本無此三字。

〔二九〕注「水瀑至聲也」 袁本、茶陵本「水瀑至」作「波」。

〔三〇〕注「古活切」 袁本「活」作「括」，是也。茶陵本亦誤「活」。

〔三一〕注「爾雅曰」下至「言蘊淪也」 袁本、茶陵本無此十四字。

〔三三〕注「說文曰窊邪下也」 袁本、茶陵本無此七字。

〔三四〕注「說文曰搖動也」 袁本、茶陵本無此六字。

〔三五〕注「張揖注漢書」下至「至到也」 袁本、茶陵本無此十八字。

〔三六〕注「杜預注左氏傳曰」下至「無有蹊徑也」 袁本、茶陵本無此二十八字。

〔三七〕注「爾雅曰」下至「而長尾」 袁本、茶陵本無此九字。

〔三八〕注「而大」 袁本、茶陵本無此二字。

〔三八〕注「爾雅曰」下至「麀也」 袁本、茶陵本無此九字。

〔三九〕注「萇髦也」 案：「萇」當作「長」。各本皆誤。

〔四〇〕壄雉晁雊 袁本、茶陵本「壄」作「野」，「晁」作「朝」。案：此未審善果何作。

〔四一〕注「說文曰」下至「晁古朝字」 袁本、茶陵本無此十七字。

〔四二〕噍噍讙譟 袁本、茶陵本「讙」下校語云善作「嚾」。案：此似尤改之也。

〔四三〕注「左右謂林之左右」 袁本、茶陵本無此七字。

〔四四〕注「謍嗃並謂其仿聲也」 袁本、茶陵本無此八字。

〔四五〕注「錚鐄聲也」 袁本、茶陵本「聲」上有「皆大」二字。

〔四六〕注「說文曰錚金聲」 袁本、茶陵本無此六字。

〔四七〕注「淮南子曰」下至「絙急也」 袁本、茶陵本無此二十字。

〔四八〕注「博物志曰鑑脅」　袁本、茶陵本無此六字。

〔四九〕注「善琴名」　袁本無「善」字。　茶陵本并删「王逸曰」以下至此，非。

〔五〇〕注「彭彭咸胥伍子胥也」　袁本、茶陵本此八字，作「羽獵賦曰餉屈原與彭胥鄭氏曰彭彭咸也胥灼曰胥子胥也」二十四字。案：各本皆非也，依善例當云「彭胥已見羽獵賦」七字。

〔五一〕注「琴操曰」下至「射殺後妻」　茶陵本此一百三十三字作「琴操曰伯奇者尹吉甫之子也吉甫聽後妻之言疑其孝子伯奇自傷無罪投河而死」三十三字，是也。　袁本無，非。

〔五二〕注「左傳曰魯哀公」下至「魯人謂之哀姜」　茶陵本此四十字作「左氏傳曰夫人姜氏歸于齊將行哭而過市魯人謂之哀姜」二十三字，是也。　袁本無，非。

〔五三〕注「帝王世紀曰」下至「枕之高下也」　袁本、茶陵本無此五十四字。

〔五四〕掐膺擗摽　袁本、茶陵本「掐」作「搯」。案：二本注中祇有國語一條，亦無「苦洽切」之音，恐善自爲「掐」字，五臣乃作「搯」，故正文下有「苦合」二字耳。　尤改作「掐」，未必是。　凡各本音蓋皆失善舊，但今無可考，故多不出。

〔五五〕注「歎聲若雷息聲若頹也」　袁本、茶陵本無此九字。

〔五六〕注「爾雅曰焚輪」下至「膺胸也」　袁本、茶陵本無此二十九字。

〔五七〕注「魏書程昱傳曰」下至「乃止」　袁本、茶陵本無此二十三字。

〔五八〕注「禮記曰」下至「未嘗見齒」　袁本、茶陵本無此十九字。

〔五九〕注「古之巧人注公輸班也」袁本、茶陵本無此九字。

〔六〇〕注「刻木爲鳶飛三日不下」袁本、茶陵本無此九字。

〔六一〕注「木車」袁本、茶陵本無此二字。

〔六二〕注「垂成大山四起所謂善攻具也」袁本、茶陵本無此十二字。

〔六三〕注「按墨子削竹」下至「在七十弟子後也」袁本、茶陵本無此五十八字。

〔六四〕注「一作搓埤蒼曰搓擨也」袁本、茶陵本無此九字。

〔六五〕注「顔監注」下至「因以名」袁本、茶陵本無此四十二字。

〔六六〕注「字林曰阤小崩也」袁本、茶陵本無此七字。

〔六七〕注「聲類曰挑決也」袁本、茶陵本無此六字。

〔六八〕子壄協吕　袁本、茶陵本「壄」作「野」。案：已見上。

〔六九〕注「周禮大師」下至「夾鍾」袁本、茶陵本無此四十一字。

〔七〇〕注「伶倫制十二簫」陳云「簫」當作「筩」，下同，是也。各本皆誤。案：所引仲夏紀古樂文也，今作「筒」，即「筩」字。

〔七一〕注「漢書律歷志曰」下至「故曰爲主」袁本、茶陵本無此八十八字。

〔七二〕注「矯正也」又注「謂以火撟也」陳云「矯」，「撟」誤。案上「矯」下「撟」二字當互易。各本皆誤。今考工記注作「槁」。釋文云：劉，苦老反；沈，居趙反。蓋劉「槁」，沈「矯」。善引與沈讀同矣。

〔七三〕注「斤斫木」 袁本、茶陵本「木」下有「也」字。

〔七四〕注「孔安國」下至「匏土革木」 袁本、茶陵本無此十五字。

〔七五〕注「食舉」下至「徹去也」 袁本、茶陵本無此二十三字。

〔七六〕注「五日一習」 袁本、茶陵本「習」下有「樂」字。

〔七七〕注「閒暇也服虔曰」下至「閒音閑」 袁本、茶陵本「閒暇」作「暇閑」，無「也」字以下至「音閑」五十一字。案：二本最是。「暇閑」連下注「豫樂也」五字，皆韋語，不得增多於其中也。

〔七八〕注「富謂聲之富也」 袁本、茶陵本無此六字。

〔七九〕掌距劫遌 袁本、茶陵本「掌」下校語云善作「掌」。案：二本所見非。此尤校改正之也。

〔八〇〕正瀏凓以風冽 袁本、茶陵本「凓」作「漂」，注同。案：此似尤改之也。

〔八一〕注「漢書音義」下至「冽清也」 袁本、茶陵本無此二十四字。

〔八二〕薄湊會而凌節兮 茶陵本「薄」上有「寒」字，校語云五臣無「寒」。袁本校語云善有「寒」。案：此似尤刪之，善不注，無以考也。

〔八三〕注「説文曰氾濫也」 袁本、茶陵本無此六字。

〔八四〕注「李尤七疑曰」 案：「疑」當作「欵」。各本皆譌。范書文苑傳可證。七命注、答東阿王牋注作「歎」，亦譌也。他不悉出。

〔八五〕或乃植持縼纆　茶陵本云五臣作「纆」。袁本云善作「纏」。案：此尤誤以五臣亂善也。注中解「纆」字語本非善所有。見下。

〔八六〕注「漢書音義」下至「謂之纆」　袁本、茶陵本無此十七字。

〔八七〕注「金乾主磬」下至「其風誾闔」　袁本、茶陵本無此六十三字。

〔八八〕注「對晉平公」　袁本、茶陵本無此四字。

〔八九〕注「慆堙心耳」下至「手雜也」　袁本、茶陵本無此六十三字。

〔九〇〕注「埤蒼曰蹁」下至「踧踖不進」　袁本、茶陵本無此十五字。

〔九一〕注「駘蕩安翔貌」下至「開也」　袁本、茶陵本無此十二字。

〔九二〕注「鄭玄曰蜿委也」　袁本、茶陵本無此六字。

〔九三〕注「言聲相絞槩」下至「水流貌」　袁本、茶陵本無此十四字。

〔九四〕注「蒼頡篇曰捽捽也引也」　袁本、茶陵本作「又曰捽索持也」六字。

〔九五〕注「廣雅曰捘按之也」　袁本、茶陵本作「又曰捘推也」五字。

〔九六〕察變於句投　袁本、茶陵本「變」作「度」。案：此似尤改之也，但「度」是，「變」非。

〔九七〕注「思歸引者衞女之所作也」　袁本、茶陵本無此十字。

〔九八〕注「説文曰篷倅字如此」　袁本、茶陵本無此八字。

〔九九〕曠瀁敞罔　袁本、茶陵本「瀁」作「瀁」，下有「余兩」二字。案：此尤本譌耳。但善應有音，今注中不見，然則善音失舊甚明。

〔一〇〇〕温直擾毅　袁本、茶陵本「擾」作「優」。案：此似尤改之也。

〔一〇一〕孔孟之方也　案：「方」字必誤。上「槩」下「介」、「氣」、「制」、「察」、「説」、「惠」皆韻，不應八句中獨此不協也。五臣濟注「方比也」云云，是其本乃作「方」，各本皆以之亂善而失著校語，遂無可考，以意揣之，疑或當作「大」歟？

〔一〇二〕注「尚書曰」下至「而有温和也」　袁本、茶陵本無此二十字。

〔一〇三〕注「厲列也」　茶陵本「列」作「烈」，是也。袁本亦誤「列」。

〔一〇四〕注「高士傳曰」下至「光亦投水而死」　袁本、茶陵本無此四十七字。

〔一〇五〕條決繽紛　案：「紛」當作「理」。袁本云善作「紛」。茶陵本云五臣作「理」。案：各本所見皆非也。善以「科條能分決」注「條決」，以「繽紛能整理」注「繽理」。作「理」不作「紛」明甚。

〔一〇六〕注「見韓稍弱」下至「死不恨」　袁本無此五十字。茶陵本此節注自史記以下全無，非。

〔一〇七〕注「范睢蔡澤並辯士也」　袁本、茶陵本無此八字。

〔一〇八〕注「趙人」　袁本、茶陵本無此二字。

〔一〇九〕注「晉太康地記曰」下至「所以爲不利也」　袁本、茶陵本無此五十四字。

〔一一〇〕注「昭二十九年」下至「魯人爲奏四代樂」　袁本、茶陵本無此十八字，有「曰延陵季子」五字。

〔一一一〕注「舞也文王樂也」　袁本、茶陵本「舞」上有「以籥」二字，「文」上有「皆」字。

〔一二〕注「南言文王」下至「七孔」　袁本、茶陵本無此四十一字。

〔一三〕注「箾音簫」　袁本、茶陵本「簫」作「朔」，是也。案：釋文云「徐音朔」，可證。

〔一四〕注「史記屈原者」下至「他皆放此」　袁本、茶陵本無此一百一字。

〔一五〕注「僖二十四年」　袁本、茶陵本無此五字，有「曰」字。

〔一六〕注「推曰獻公之子」下至「爲之田」　袁本、茶陵本無此九十四字，有「遂隱而死」四字。

〔一七〕注「以後吾親死」　袁本、茶陵本無「以後」二字。

〔一八〕注「左傳曰莊十二年」下至「桓十二年傳云初」　袁本、茶陵本無此四十六字，有「左氏傳曰南宮長萬弑閔公於蒙澤杜預曰宋大夫也又曰」二十三字。

〔一九〕注「辛卯」　袁本、茶陵本無此二字。

〔二〇〕注「公子達曰」下至「欲爲卿」　袁本、茶陵本無此五十七字。案：此注疑袁、茶陵有脱，但尤增多者，決非善舊耳。又袁本此下有「亹音尾」三字，茶陵本在上「亹」字之下。

〔二一〕注「左傳曰定十四年」下至「爲讎敵也」　袁本無此六十六字，有「蒯聵衛太子也左氏傳曰衛太子登鐵丘望見鄭師衆懼自投於車下」二十七字。茶陵本脱「蒯聵衛太子也」六字，餘同袁。此所改大誤。

〔二二〕注「不占陳不占也齊人」　袁本、茶陵本作「陳不占齊人也」六字。

〔二三〕注「陳不占」　袁本、茶陵本無「陳」字。

〔二四〕注「占曰」袁本、茶陵本「占」上有「不」字。

〔二五〕注「聞鼓戰之聲」袁本、茶陵本「鼓戰」作「鍾鼓」。

〔二六〕注「愕直也」下至「非此所施也」袁本、茶陵本無此十五字。

〔二七〕注「字林曰鄂」袁本、茶陵本「林」作「書」。

〔二八〕注「露新夷」案：「露」下當有「申」字，各本皆脱。

〔二九〕注「而淫魚出聽」袁本、茶陵本「淫」作「游」。

〔三〇〕注「淮南子瓠巴」下至「楚人喻」袁本、茶陵本無此五十字。

〔三一〕注「喁魚出頭也」袁本、茶陵本「出頭」二字作「口上見」三字。

〔三二〕注「淮南子伯牙」下至「舒翼而舞」袁本、茶陵本無此四十七字。

〔三三〕于時也　袁本、茶陵本「于」下有「斯」字。案：此無以考也。琴賦亦有「于時也」句，或叔夜本此，則無「斯」字者是。

〔三四〕注「而齊右善歌」袁本「右」作「后」，是也。茶陵本亦誤「右」。

〔三五〕注「孫卿子曰」下至「齊人也」袁本、茶陵本無此二十三字。

〔三六〕注「懸鍾格也」袁本、茶陵本無此四字。

〔三七〕注「字林曰𥈠直視貌」袁本、茶陵本無此七字。

〔三八〕注「直下視貌」袁本、茶陵本無「下」字。

〔三九〕注「廣雅曰搏」下至「撫手也」　袁本、茶陵本無此十三字。

〔四〇〕注「方言曰」　袁本、茶陵本無此三字。

〔四一〕注「字林曰睢仰目也」　袁本、茶陵本無此七字。

〔四二〕注「字林曰維持也」　袁本、茶陵本無此六字。

〔四三〕注「言可以通於神靈」下至「曉喻志意也」　袁本、茶陵本無此二十字。

〔四四〕注「慎乃憲欽哉」　袁本、茶陵本無此五字。

〔四五〕注「憲法也」　袁本、茶陵本無此三字。

〔四六〕注「當慎汝法度敬其職也」　袁本、茶陵本無此九字。

〔四七〕注「禮記曰食於質者」　案：此有誤也。各本皆同，無以訂之。

〔四八〕注「説文曰濊水多也澡洗手也」　袁本、茶陵本無此十一字。

〔四九〕注「世本曰叔舜時人」　袁本、茶陵本此七字作「叔未聞」三字。案：二本最是。此鄭明堂位注，尤所改，大誤也。世本決無其語；若有之，鄭何得云未聞？孔穎達撰正義，何得不申説？善自決無其語矣。

〔五〇〕注「賈逵注傳曰消鑠也」　袁本、茶陵本無此八字。

〔五一〕注「爾雅曰骨謂之切犀謂之剒」　袁本、茶陵本無此十一字。

〔五二〕注「一作埏」下至「埴土爲也」　袁本、茶陵本無此四十九字。

〔五三〕注「玉謂之彫石謂之琢」　袁本、茶陵本無「玉謂之石」四字。案：尤所增，大誤。

〔五四〕唯笛因其天姿　袁本、茶陵本云善無「其」字。案：此尤以五臣亂善也。

〔五五〕注「暴辛垂叔之流」　袁本無此六字。案：此尤添之，但無所謂「之流」，未必合於善舊也。茶陵本此節注多删，無以相校。

〔五六〕注「長於古笛」下至「故謂之雙笛」　袁本、茶陵本無此十五字。

〔五七〕注「麤者曰樀細者曰枚言」　袁本、茶陵本無此九字。

〔五八〕注「聲故謂五音畢」　袁本、茶陵本無此六字。

〔五九〕注「言易京者」下至「宋翟之比」　袁本、茶陵本無此二十字。案：「易京」上已注訖，此所增大誤。

琴賦

并序　尸子曰：舜作五絃之琴，以歌南風：南風之薰兮，可以解吾人之愠。是舜歌也。白虎通曰：琴者，禁也。禁人邪惡，歸於正道，故謂之琴〔一〕。

嵇叔夜　臧榮緒晉書曰：嵇康，字叔夜，譙國人。幼有奇才，博覽無所不見。拜中散大夫。以吕安事誅。

余少好音聲，長而翫之。杜預左氏傳注曰：翫，習也。以爲物有盛衰，而此無變；文子曰：夫物盛則衰。滋味有猒，而此不勌。莊子曰：聲色滋味之於人心，不待學而樂之。左氏傳，閻没，女寬曰：及饋之畢，願以小人之腹，爲君子之心，屬猒而已。説文曰：猒，從甘，田犬，會意字也〔二〕。可以導養神氣，宣和情志，管子曰：導血氣而求長年。淮南子曰：古之人，神氣不蕩乎外。處窮獨而不悶者，莫近於音聲也。孟子曰：柳下惠遺佚而不怨，阨窮而不憫〔三〕。是故復之而不足，則吟詠以肆志；吟詠之不足，則寄言以廣意。毛詩序曰：言之不足，故詠歌之；詠歌之不足，不知手之舞之。杜預左氏傳注曰：肆，申也。尚書曰：詩言志。然八音之器，歌舞之象，歷世才士，並爲之賦頌。其體制風流，莫不相襲。淮南子曰：晚世風流俗敗，禮義廢〔四〕。仲長子昌言：乘此風順此流而下走，誰復能爲此限者哉？孔安國尚書傳曰：襲，因也。稱其材幹，則以危苦爲上；賦其聲音，則以悲哀爲主；美其感化，則以垂涕爲貴。麗則麗矣，然未盡其理也。高誘戰國策注曰：麗，美麗也。推其所由，似元不解音聲，覽其旨趣〔五〕，亦未達禮樂之情也。趣，意也。禮記曰：故知禮樂之情者能作。衆器之中，琴德最優，桓譚新論曰：八音廣博，琴德最優〔六〕。馬融琴賦曰：曠三奏而神物下降，何琴德之深哉。故綴敍所懷，以爲之賦。其辭曰：

惟椅梧之所生兮，託峻嶽之崇岡。毛詩曰：椅桐梓漆，爰伐琴瑟。毛萇曰：椅，梓屬也。史記曰：龍門有桐樹，高百尺，無枝，堪爲琴〔七〕。披重壤以誕載兮，參辰極而高驤。披，開也。重壤，謂地也。泉壤稱九，改曰重也。毛萇詩傳曰：誕，大也。載，生也。爾雅曰：北極，北辰也。孔安國尚書傳曰：襄，上也。

驤與襄同。含天地之醇和兮，吸日月之休光。謂包含天地醇和之氣，引日月光明也〔八〕。周易曰：天地絪緼，萬物化醇。鬱紛紜以獨茂兮，飛英蕤於昊蒼。說文曰：蕤，草木花貌，汝誰切。夕納景于虞淵兮，旦晞幹於九陽。納，藏也。淮南子曰：日入于虞淵之汜。又曰：入于虞淵，是謂黄昏。高誘曰：視物黄也〔九〕。晞，乾也。幹，本也。楚辭曰：夕晞余身乎九陽。王逸曰：九陽，謂九天之崖也。經千載以待價兮，寂神跱而永康。論語，子曰：我待價者也。價者，物之數也〔一〇〕。康，安也。

且其山川形勢，則盤紆隱深，嶊嵬岑嵓。盤，曲。紆，屈。隱，幽。深，邃也。崔嵬，高峻之貌。岑嵓，危嶮之形。字林曰：嵒，山巖也〔一一〕。互嶺巉巖〔一二〕，岞崿嶇崯〔 皆山石崖巘〔一三〕嶮峻之勢。丹崖嶮巇，青壁萬尋。若乃重巘增起，偃蹇雲覆，偃蹇，高貌〔一四〕。言高在上，偃蹇然如雲覆下也。邈隆崇以極壯，崛巍巍而特秀。巍巍，高大貌〔一五〕。廣雅曰：秀，出也。蒸靈液以播雲，據神淵而吐溜。蒸，氣上貌。言山能蒸出雲，以沾潤萬物〔一六〕。播，布也。孔子曰：夫山者興吐風雲，以通乎天地之間。說文曰：津，液也〔一七〕。溜，水流也。爾乃顛波奔突，狂赴争流。觸巖觝隈，鬱怒彪休。觝，至也。隈，水曲也〔一八〕。彪休，怒貌。洶涌騰薄，奮沫揚濤。瀄汩澎湃，蜿蟺相糾。瀄汩，去疾貌。澎湃，相戾之形也。蜿蟺，展轉也。糾，繚也。蜿，於阮切。蟺，音善。糾，已虯切。放肆大川，濟乎中州。肆，猶縱也。中州，猶中國也。安回徐邁，寂爾長浮。安回，波静遠去象〔一九〕。上林賦曰：安翔徐回。又曰：寂漻無聲。澮乎洋洋，縈抱山丘。說文曰：澮，水摇也。詳觀其區土之所産毓，奧宇之所寶殖。廣雅曰：

奧，藏也。毛萇詩傳曰：宇，居也。珍怪琅玕，瑶瑾翕赩。高唐賦曰：珍怪奇偉。尚書曰：球琳琅玕，皆美玉名〔二〇〕。説文：瑾，玉名〔二一〕。翕赩，盛貌〔二二〕。詩傳曰：赩，赤色貌〔二三〕。叢集累積，奐衍於其側。蒼頡篇曰〔二四〕：奐，散貌。衍，溢也。若乃春蘭被其東，沙棠殖其西。楚辭曰：春蘭兮秋菊。山海經曰：崑崙之丘有木焉，其狀如棠而黄華赤實，其味如李而無核，名曰沙棠，御水人食之使不溺。涓子宅其陽，玉醴涌其前。列仙傳曰：涓子者，齊人，好餌朮，著天地人經三十八篇。釣於澤，得符鯉魚中〔二五〕。隱於宕山，能致風雨。造伯陽九山法。淮南王少得文，不能解其音旨〔二六〕。其琴心三篇有條理焉。楊雄泰玄賦曰：茹芝英以禦飢〔二七〕，飲玉醴以解渴。宋玉笛賦曰：丹水涌其左，醴泉流其右。玄雲蔭其上，翔鸞集其巔。清露潤其膚〔二八〕，惠風流其間。邊讓章華臺賦曰：惠風春施。竦肅肅以静謐，密微微其清閑。爾雅曰：謐，静也。微微，幽静也。夫所以經營其左右者，固以自然神麗，而足思願愛樂矣。東都主人曰：闕庭神麗。

於是遯世之士，榮期綺季之疇，周易曰：遯世無悶。列子曰〔二九〕：孔子遊於泰山，見榮啓期行乎郕之野〔三〇〕，鹿裘帶索，鼓琴而歌。孔子曰：先生何以爲樂？曰：天地萬物，惟人爲貴，吾得爲人，一樂也；男貴女賤，吾得爲男，二樂也；生有不見日月，不充繦褓者，吾年九十，是三樂也。貧者士之常，死者人之終，處常得終，復何憂乎？孔子曰：能自寬也〔三一〕。班固漢書曰〔三二〕：漢興，有東園公、綺季、夏黄公、角里先生。當秦之時，避世而入商洛深山，以待天下之定。即四皓也。皇甫謐高士傳曰：四皓皆河内軹人，一曰在汲〔三三〕。乃相與登飛梁，越幽壑，飛梁，橋也。甘泉賦曰：歷側景而絶飛梁。援瓊枝，陟峻崿，以遊乎其下。莊子曰：南方生樹名瓊枝。周旋永望，邈若凌飛。言若鳥之凌飛〔三四〕。左氏傳，史克曰：奉君以周旋〔三五〕。邪睨崑崙，俯闞海湄。說文曰：睨，邪視也。崑崙，山名也。闞，視也。毛萇詩傳曰：水草交曰湄。指蒼梧之迢遞，臨迴江之威夷。漢書有蒼梧郡。山海經曰：南方蒼梧之丘，其中有九嶷山，舜之所葬，在長沙零陵界。洞簫賦曰：迴江流川而溉其山。韓詩曰：周道威夷。悟時俗之多累，仰箕山之餘輝。高士傳曰：堯讓位於許由，由辭曰：鷦鷯巢在深林，不過一枝；偃鼠飲河，不過滿腹。隱乎沛澤。堯讓不已。於是遁於中岳潁水之陽，箕山之下。死因葬於箕山之巔十五里，堯因就封其墓，號曰箕公。子仲武，陽城槐里人也〔三六〕。呂氏春秋曰：昔堯朝許由於沛澤之中，曰：請屬天下於夫子。許由遂之箕山之下。羨斯嶽之弘敞，心慊慨以忘歸〔三七〕。西京賦曰：赫昈昈以弘敞。爾雅曰：愷慊，樂也。史記曰：穆天子見西王母，樂之忘歸。情舒放而遠覽，接軒轅之遺音。軒轅，黃帝也。遺音，謂琴也。慕老童於騩隅，欽泰容之高吟。山海經曰：騩山，神耆童居之，其音常如鐘磬音。郭璞曰：耆童，老童也。顓頊之子。山海經曰：顓頊生老童。思玄賦曰：太容吟曰念哉。騩山，在三危西九十里。顧茲梧而興慮，思假物以託心。莊子曰：不以身假物。乃斲孫枝，准量所任。說文曰：斲，斫也。張衡應問曰〔三八〕：可剖其孫枝。鄭玄周禮注曰：孫竹，枝根之末生者也〔三九〕。蓋桐孫亦然。至人攄思，制爲雅琴。莊子曰：不離於真，謂之至人。又曰：至人無己，神人無功。郭象曰：無己故順物，順物而至〔四〇〕。劉向有雅琴賦。乃使離子督墨，匠石奮斤。孟子曰：離婁，黃帝時人。黃帝亡其玄珠，使離婁索之，能視百里之外，見秋毫之末(四一)。離子，離朱也。淮南子曰：離朱之明，察鍼末於百步之外。按慎子爲離珠。周禮，禁督逆祀者。鄭玄曰：督，正也(四二)。字書曰：督，察也。莊子曰：匠石之齊，見櫟社樹，觀者如市，匠石不顧。司馬彪曰：匠石，字伯。夔襄薦法，般倕騁神(四三)。夔及師襄、班、垂，並已見上文。鎪會裛厠，朗密調均。鎪會，謂鎪鏤其縫會也。裛厠，謂裛纏其填厠之處也。説文曰：裛，纏也。廣雅曰：厠，間也(四四)。華繪彫琢，布藻垂文。孔安國尚書傳曰：繪，會五彩也，胡憒切。錯以犀象，藉以翠緑。犀、象，二獸名。翠、緑，二色也。絃以園客之絲，徽以鍾山之玉。列仙傳曰：園客者，濟陰人也。常種五色香草，積數十年，食其實。一旦有五色神蛾止香樹末，客收而薦之以布，生桑蠶焉。時有好女夜至，自稱我與君作(四五)妻，道蠶狀。客與俱蠶，得百頭，繭皆如甕。繅繭六十日乃盡。訖則俱去，莫知所如。淮南子曰：譬若鍾山之玉。許慎曰：鍾山，北陸無日之地，出美玉。爰有龍鳳之象，古人之形。西京雜記曰：趙后有寶琴曰鳳凰，皆以金玉隱起爲龍螭、鸞鳳、古賢、列女之像。伯牙揮手，鍾期聽聲。廣雅曰：揮，動也。吕氏春秋曰：伯牙鼓琴，鍾子期聽之，志在泰山。鍾子期曰：善哉！巍巍乎若太山。須臾，志在流水，子期曰：湯湯乎若流水。子期死，伯牙破琴絶絃，終身不復鼓琴，以爲世無賞音(四六)。列子曰：伯牙善鼓琴。鍾子期聽伯牙鼓琴，每奏，鍾期輒窮其趣。伯牙捨琴而嘆曰：善哉子之聽。夫志相象，猶吾心也，吾於何逃聲哉？華容灼爚，發采揚明。何其麗也！説文曰：灼，明也。又曰：爚，火光也。伶倫比律，田連操張。漢書曰：黄帝使伶倫自大夏之西，崑崙之陰(四七)，取竹之嶰谷，斷兩節間而吹之，以爲黄鍾之宮，制十二籥，以聽鳳凰之音，以比黄鍾之宮，皆可以生之，是爲律本。韓子曰：田連、成竅，天下善鼓琴者也。然而田連鼓上，成竅擫下，而不成曲。或曰：成連，古之善音者。琴操：伯牙學琴於成連先生，先生曰：吾能傳曲而不能移情。吾師有方子春，善於琴，能作人之情，今在東海上，子能與我同事之乎？伯牙曰：夫子有命，敢不敬從。乃相與至海上見子春受業焉〔四八〕。進御君子，新聲憀亮。何其偉也！憀亮，聲清徹貌。亦與聊字義同。及其初調，則角羽俱起，宫徵相證。王逸楚辭注曰：證，驗也。參發並趣，上下累應。踸踔磥硌，美聲將興。廣雅曰：踸踔，無常也。磥硌，壯大貌。磥與磊同，力罪切。固以和昶而足耽矣。廣雅曰：昶，通也，勑兩切。爾乃理正聲，奏妙曲。揚白雪，發清角。淮南子曰：師曠奏白雪而神禽下。白雪，五十弦瑟樂曲，未詳。韓子曰：昔衛公之晉，於濮水上宿。夜有鼓新聲者，召師涓撫琴寫之。公遂之晉，晉平公曰：試聽之。師曠援琴，一奏有玄鶴二八來舞，再奏而列，三奏延頸鳴，舒而舞。音中宫商。師曠曰：不如清角。師曠奏之，有雲從西北方起之，大風起，天雨隨之。此言感天地，清角爲勝〔四九〕。宋玉對問曰：其爲陽春白雪。韓子，師曠曰：清徵之聲，不如清角。紛淋浪以流離，奂淫衍而優渥。粲奕奕而高逝，馳岌岌以相屬。廣雅曰：奕奕，盛貌。王逸楚辭注曰：岌岌，高貌。沛騰遌而競趣，翕韡曄而繁縟。韡曄，盛貌。繁縟，聲之細也〔五〇〕。郭璞爾雅注曰：遌，相觸遌也。狀若崇山，又象流波。浩兮湯湯，鬱兮峩峩。列子曰：伯牙鼓琴，志在登高山。鍾子期曰：善哉！峩峩兮若泰山。志在流水，已見上文。怫愲煩冤，紆餘婆娑。怫愲煩冤，聲蘊積不安貌。怫，扶味切。愲，音滑。風賦曰：勃鬱煩冤。上林賦曰：紆餘委蛇。陵縱播逸，霍濩紛葩。言聲陵縱播布而起，霍濩然似水聲。紛葩，開張貌〔五一〕。霍濩，盛貌。魯靈光殿賦曰：霍濩燐亂。檢容授節，應變合度。兢名擅業，安軌徐步。洋洋習習，聲烈遐布。含顯媚以送終，飄餘響乎泰素。含顯媚之聲，以送曲終也。列子曰：太素者，質之始也。若乃高軒飛觀，廣夏閑房；軒，長廊之有窻。冬夜肅清，朗月垂光。新衣翠粲，纓徽流芳。子虛賦曰：翕呷翠粲。張揖曰：翠粲〔五二〕，衣聲也。班婕妤自傷賦曰：紛翠粲兮〔五三〕紈素聲。洛神賦曰：披羅衣之璀粲。字雖不同，其義一也。爾雅曰：婦人之徽謂之縭。郭璞曰：今之香纓也。於是器冷絃調〔五四〕，心閑手敏。毛萇詩傳曰：閑，習也。觸攙如志，唯意所擬。說文曰：批，反手擊也，與攙同；蒲結切。如志，謂如其志意〔五五〕。初涉淥水，中奏清徵。淥水，已見上文。韓子曰：師曠奏清徵，有玄鶴二八集廊門。雅昶唐堯，終詠微子。七略，雅暢第十七曰：琴道曰：堯暢逸。又曰：達則兼善天下〔五六〕，無不通暢，故謂之暢。昶與暢同。又曰：微子操，微子傷殷之將亡，終不可奈何，見鴻鵠高飛，援琴作操。寬明弘潤，優遊躇跱。躇跱，躊躇竦跱。拊絃安歌〔五七〕，新聲代起。楚辭曰：翔江州而安歌。王逸曰：安意歌吟也。漢書曰：李延年善歌，爲新變之聲。謌曰：凌扶搖兮憩瀛洲，要列子兮爲好仇。爾雅曰：扶搖，風也〔五八〕。莊子曰：扶搖而上者九萬里。史記曰：瀛洲，海中神山也〔五九〕。列子曰：勃海之中有山曰瀛洲。莊子：列子御風泠然者，風仙也〔六〇〕。劉向上列子表曰：列子者，鄭人，與鄭繆公同時。漢書曰：列子，名禦寇，先莊子，莊子稱之。毛詩曰：窈窕淑女〔六一〕，君子好仇。餐沆瀣兮帶朝霞，眇翩翩兮薄天遊。鄭玄曰：餐，夕食也。說文曰：餐，吞也〔六二〕。楚辭曰：餐六氣而飲沆瀣兮，漱正陽而食朝霞。凌陽子明經曰：夏食沆瀣。沆瀣，北方夜半氣也。廣雅曰：薄，至也。齊萬物兮超自得，委性命兮任去留。莊子有齊物篇。楚辭曰：漠靈靜以恬愉，澹無爲而自得。服鳥賦曰：縱軀委命，不私與己。激清響以赴會，何絃歌之綢繆！會，節會也〔六三〕。論語曰：子之武城，聞絃歌之聲。毛詩傳曰：綢繆，猶纏緜也。

於是曲引向闌，衆音將歇。引，亦曲也。半在半罷謂之闌〔六四〕。改韻易調，奇弄乃發。揚和顏，攘皓腕，舞賦曰：嚴顏和而怡懌。洛神賦曰：攘皓腕於神滸。飛纖指以馳騖，紛儮譶以流漫。儮譶，聲多也〔六五〕。儮，不及也，師立切。説文曰：譶，疾言也，徒合切〔六六〕。或徘徊顧慕，擁鬱抑按。盤桓毓養，從容祕翫。廣雅曰：盤桓，不進貌。從容，舉動也〔六七〕。毓與育同。闥爾奮逸，風駭雲亂。闥，疾貌。七發曰：波湧而雲亂。牢落凌厲，布濩半散。牢落，猶遼落也。洞簫賦曰：翩緜連以牢落。劉歆遂初賦曰：過句注而凌厲。上林賦曰：布濩宏澤。甘泉賦曰：半散照爛，粲以成章。豐融披離，斐韡奐爛。豐融，盛貌。風賦曰：被麗披離。斐韡，明貌。斐，敷尾切。韡，于鬼切。風賦曰：眴奐粲爛。英聲發越，采采粲粲。廣雅曰：英，美也。或間聲錯糅，狀若詭赴。言其狀若詭詐而相赴也〔六八〕。鄭玄禮記注曰：糅，雜也。　雙美並進，駢馳翼驅。駢，併也。翼，疾貌。蒼頡篇曰：隨後曰驅〔六九〕。初若將乖，後卒同趣。或曲而不屈，直而不倨。左傳，吴公子季札聞歌頌曰：直而不倨，曲而不屈。杜預曰：倨，傲也，居預切。或相凌而不亂，或相離而不殊。左氏傳曰：武城人斷其後之木而不殊。漢書音義曰：殊，猶絶也。時劫掎以慷慨，或怨嫭而躊躇。説文曰：掎，偏引也。嫭，嬌也，子庶切，或作姐，古字通，假借也。姐，子也切。韓詩曰：愛而不見，搔首躊躇。躊躇，猶躑躅也〔七〇〕。忽飄颻以輕邁，乍留聯而扶疏。言扶疏四布也〔七一〕。或參譚繁促，複疊攢仄。參譚，相隨貌。參，七感切。譚，徒感切。一音並依字。攢仄，聚聲〔七二〕。長笛賦曰：踾踧攢仄。從横駱驛，奔遯相逼。魯靈光殿賦曰：從横駱驛。拊嗟累讚，間不容息。淮南子曰：時之反側，間不容息。高誘曰：不容氣息，促之甚也。瓌豔奇偉，殫不可識。高唐賦曰：譎詭奇偉，不可究陳。

若乃閑舒都雅，洪纖有宜。説文曰：閑，雅也。毛萇詩傳曰：都，閑也。清和條昶，案衍陸離。案衍，不平貌。上林賦曰：陰淫案衍之音。衍，弋戰切。廣雅曰：陸離，參差也。穆温柔以怡懌，婉順敍而委蛇。毛萇傳曰：婉然，美貌。委蛇，聲長貌〔七三〕。鄭玄毛詩箋曰：委蛇，委曲自得之貌。或乘險投會，邀隙趨危。會，節會也。邀，要也。嚶若離鵾鳴清池，翼若游鴻翔曾崖。蒼頡篇曰：嚶嚶，鳥聲也。琴道曰：操似鴻鴈詠之聲〔七四〕。張衡舞賦曰：含清哇而吟詠，若離鵾鳴姑耶。紛文斐尾，慊縿離纚。紛文斐尾，文彩貌。慊縿離纚，羽毛貌。微風餘音，靡靡猗猗。靡靡，順風貌。猗猗，衆盛貌。或摟捤擽捋，縹繚潎冽。摟捤擽捋，皆手撫絃之貌。爾雅曰：摟，牽也〔七五〕。劉熙孟子注曰：摟，牽也，力頭切。説文曰：捤，反手擊也。廣雅曰：擽，擊也。毛詩曰：薄言捋之。傳曰：捋，取也〔七六〕。縹繚潎冽，聲相糾激之貌。説文曰：繚，纏也〔七七〕。上林賦曰：轉騰潎冽。潎冽，水波浪貌，言聲似也〔七八〕。輕行浮彈，明嫿暩慧〔七九〕。説文曰：嫿，静好也。暩，察也，七祭切。疾而不速，留而不滯。左氏傳，吴公子札觀頌曰：處而不底，行而不流。淮南子曰：流而不滯。翩緜飄邈，微音迅逝。遠而聽之，若鸞鳳和鳴戲雲中；迫而察之，若衆葩敷榮曜春風。古本葩字爲此芫，郭璞三蒼爲古花字。今讀音于彼切。字林，音于彼切。張衡思玄賦曰：天地烟熅，百卉含蘤，鳴鶴交頸，雎鳩相和。以韻推之，所以不惑〔八〇〕。既豐贍以多姿，又善始而令終。字書曰：贍，足也。封禪書曰：豈不善始善終哉。毛詩曰：高朗令終。令，善也〔八一〕。嗟姣妙以弘麗，何變態之無窮！西京賦曰：盡變態乎其中。

若夫三春之初，麗服以時。班固終南山賦曰：三春之季，孟夏之初。纂要曰：一時三月謂之三春，九十日謂之九春〔八二〕。西京賦曰：麗服揚菁。乃攜友生，以遨以嬉。毛詩曰：雖有兄弟，不如友生。又曰：以遨以遊。說文曰：嬉，樂也。涉蘭圃，登重基。春秋運斗樞曰：山者地之基。背長林，翳華芝。甘泉賦曰：登夫鳳皇而翳華芝。臨清流，賦新詩。楚辭曰：竊賦詩之所明。王逸曰：賦，鋪也。嘉魚龍之逸豫，樂百卉之榮滋。樂動聲儀，孔子曰：風雨動魚龍，仁義動君子。歸田賦曰：百卉滋榮。理重華之遺操，慨遠慕而長思。重華，謂舜也。琴道曰：舜操者，昔虞舜聖德玄遠，遂升天子，喟然念親，巍巍上帝之位不足保，援琴作操。

若乃華堂曲宴，密友近賓。蘭肴兼御，旨酒清醇。邊讓章華臺賦曰：蘭肴山竦，椒酒淵流。毛詩曰：旨酒思柔。醇，厚也〔八三〕。進南荆，發西秦。南荆即荆豔，楚舞也。古妾薄命行歌曰：齊謳楚舞紛紛。漢書有秦倡員。紹陵陽，度巴人。宋玉對問曰：既而曰陵陽白雪，國中唱而和之者彌寡。然集所載與文選不同，各隨所用而引之。又對曰：客有歌於郢中者，始曰巴人〔八四〕。變用雜而並起，竦衆聽而駭神。

料殊功而比操，豈笙籥之能倫？

若次其曲引所宜，則廣陵止息，東武太山。廣陵等曲今並猶存，未詳所起。應璩與劉孔才書曰：聽廣陵之清散。傅玄琴賦曰：馬融譚思於止息。魏武帝樂府有東武吟。曹植有太山梁甫吟。左思齊都賦注曰：東武、太山，皆齊之土風謡歌，謳吟之曲名也。然引應及傅者，明古有此曲，轉以相證耳，非嵇康之言出於此也。佗皆類此。飛龍鹿鳴，鵾雞遊絃。漢書曰：房中樂有飛龍章。毛詩序曰：鹿鳴，宴羣臣也。蔡邕琴操曰：鹿鳴者，周大臣之所作也。王道衰，大臣知賢者幽隱，故彈絃風諫。古相和歌者有鵾雞曲。遊絃，未詳。更唱迭奏，聲若自然。高唐賦曰：更唱迭和。流楚窈窕，懲躁雪煩。言流行清楚窈窕之聲，足以懲止躁競，雪蕩煩懣也。懲，直陵切。下逮謡俗，蔡氏五曲。歌録曰：空侯謡俗行，蓋亦古曲，未詳本末。俗傳蔡氏五曲：遊春、淥水、坐愁、秋思、幽居也。王昭楚妃，千里別鶴。猶有一切承間簉乏，亦有可觀者焉。琴操曰：王襄女，漢元帝時獻入後宮，以妻單于。昭君心念鄉土，乃作怨曠之歌。歌録曰：石崇楚妃歎歌辭曰：楚妃歎莫知其所由。楚之賢妃能立德著勳，垂名於後，唯樊姬焉，故令歎詠聲永世不絶，疑必爾也。相鶴經曰：鶴一舉千里。蔡邕琴操曰：商陵牧子娶妻五年，無子，父兄欲爲改娶，牧子援琴鼓之，歎別鶴以舒其憤懣，故曰別鶴操。鶴一舉千里，故名千里別鶴也。崔豹古今注曰：別鶴操，商陵牧子所作也。牧子娶妻五年，無子，父母將爲之改娶。妻聞之，中夜起，聞鶴聲，倚户而悲。牧子聞之，愴然歌曰：將乖比翼隔天端，山川悠遠路漫漫。攬衣不寢食。後人因以爲樂章也〔八五〕。漢書音義曰：一切，權時也。簉，已見上文。然非夫曠遠者，不能與之嬉遊；非夫淵静者，不能與之閑止；莊子，老聃曰：其居也，淵而静。非夫放達者〔八六〕，不能與之無恡；

說文曰：厺，亦貪惜也。非夫至精者，不能與之析理也。周易曰：非天下之至精，其孰能與於此。莊子曰：判天下之美，析萬物之理。

若論其體勢，詳其風聲。器和故響逸，張急故聲清。說苑曰：應侯與賈子坐，聞有鼓瑟之聲。應侯曰：今瑟一何怨也？賈子曰：張急調下，使之怨也。夫張急者，良材也；調下者，官卑也。取良材而卑官之，能無怨乎〔八七〕？蔡邕月令章句曰：凡絃之緩急爲清濁，琴緊其絃則清，縵則濁。間遼故音庳，絃長故徽鳴。間遼，謂絃間遼遠也。絃長，謂徽闊而絃長也。阮籍樂論曰：琵琶、箏、笛，間促而聲高；琴、瑟之體，間遼而音埤。義與此同。鄭玄周禮注曰：庳，短也，音婢。傅毅雅琴賦曰：時促均而增徽，接角徵而控商。性絜靜以端理，含至德之和平。禮記曰：絜靜精微，易教也。孝經曰：昔者先王有至德要道。禮記曰：樂行血氣和平。誠可以感盪心志，而發洩幽情矣。說文曰：泄，除去也。舞賦曰：幽情形而外揚。是故懷戚者聞之，莫不憯懔慘悽，愀愴傷心。字林曰：慘，毒也。漢書音義，郭璞曰：愀，變色貌。說文曰：愴，傷也〔八八〕。憯，七感切。慘，七敢切。愀，七小切。含哀懊咿，不能自禁。字林曰：懊咿，内悲也。列子曰：喜懽抃舞〔八九〕，不能自禁。懊，於六切。咿，音伊。其康樂者聞之，則欨愉懽釋，抃舞踊溢。說文曰：欨，笑貌也，況于切。留連瀾漫，嗢噱終日。服虔〔九〇〕通俗篇曰：樂不勝謂之嗢噱。嗢，烏没切。噱，巨略切。若和平者聽之，則怡養悅悆，淑穆玄真。廣雅曰：養，樂也。恬虛樂古，棄事遺身。莊子曰：虚靜恬惔者，道德之至也。又曰：棄事則形不勞。是以伯夷以之廉，顏回以之仁，論語，子曰：伯夷叔齊餓於首陽之下。又曰：顏回問仁，子曰：克己復禮爲仁。列子，子夏問孔子曰：顏回之爲仁奚若？子曰：回之仁賢於丘。比干以之忠，尾生以之信。論語曰：比干諫而死。莊子，盜跖曰：尾生與女子〔九一〕不來，水至不去，抱柱而死。高誘注淮南子曰：尾生，魯人，與婦人期於梁下，不至而水溺死〔九二〕。惠施以之辯給，萬石以之訥慎。莊子曰：惠施多方，其書五車。高誘曰：惠施，宋人，仕魏，爲惠王相。漢書曰：萬石君奮，恭謹，舉朝無比。奮長子建，次甲，次乙、慶，皆以馴行孝謹，官至二千石。景帝曰：石君及四子皆二千石〔九三〕，人臣尊寵〔九四〕，廼舉集其門，凡號奮爲萬石君〔九五〕。建郎中令奏下，建讀之，驚恐曰：書馬者，與尾而五，今廼四，不足一，譴死矣。其爲謹，雖佗皆如是。服虔曰：作馬字下四而爲五，建上書奏，誤作四。慶爲太僕，御出，上問車中幾馬，慶策數馬，舉手曰：四馬。孔安國曰：訥，遲鈍也〔九六〕。其餘觸類而長，所致非一。同歸殊途，或文或質。周易曰：引而伸之，觸類而長之。又曰：天下同歸而殊途，一致而百慮。禮記曰：虞、夏之質，殷、周之文，至矣。總中和以統物，咸日用而不失。禮記曰：樂者，天地之命，中和之紀。周易曰：百姓日用而不知。其感人動物，蓋亦弘矣！禮記曰：樂其感人深。

于時也，金石寢聲，匏竹屏氣。孔安國曰：屏，除也〔九七〕。王豹輟謳，狄牙喪味。孟子，淳于髡曰：昔王豹處淇，而河西善謳。說文曰：謳，齊歌也〔九八〕。淮南子曰：淄、澠之水合，狄牙嘗而知之。天吳踊躍於重淵，王喬披雲而下墜。山海經曰：朝陽之谷，有神名曰天吳，是爲水伯，其形首足尾並人面而色青〔九九〕。楚辭曰：譬若王喬之乘雲兮，載赤霄而凌太清。舞鸑鷟於庭階，游女飄焉而來萃。說文曰：

鸑鷟，鳳屬，神鳥也。國語曰：周文王時，鸑鷟鳴於岐山〔一〇〇〕。韓詩曰：漢有游女，不可求思。薛君曰：游女，漢神也，言漢神時見，不可求而得之。列女傳曰：游女，漢水神。鄭大夫交甫於漢皋見之。聘之橘柚。張衡南都賦曰：游女弄珠於漢皋之曲〔一〇一〕。感天地以致和，況蚑行之衆類。禮記曰：聖人作樂以應天，制禮以應地，此則樂者天之和也。洞簫賦曰：蟋蟀蚸蠖，蚑行喘息，垂喙蜿轉，瞪瞢忘食。説文曰：蚑，行也，凡生之類行皆曰蚑。嘉斯器之懿茂，詠茲文以自慰。永服御而不厭，信古今之所貴。懿，美也。傅毅雅琴賦曰：明仁義以厲己，故永御而密親。

亂曰：愔愔琴德，不可測兮。劉向雅琴賦曰：遊予心以廣觀，且德樂之愔愔。韓詩曰：愔愔，和悦貌。聲類曰：和靜貌〔一〇二〕。體清心遠，邈難極兮。良質美手，遇今世兮。紛綸翕響，冠衆藝兮。識音者希，孰能珍兮。古詩曰：不惜歌者苦，但傷知音希。能盡雅琴，唯至人兮。賈逵曰：唯，獨也〔一〇三〕。

文選考異

〔一〕琴賦注「尸子曰」下至「故謂之琴」袁本、茶陵本無此四十九字。

〔二〕注「説文曰猒」下至「會意字也」袁本、茶陵本無此十二字。

〔三〕注「而不惘」袁本、茶陵本「惘」作「悶」，下有「也」字。

〔四〕注「淮南子曰」下至「禮義廢」袁本、茶陵本無此十三字。

〔五〕似元不解音聲覽其旨趣　袁本、茶陵本云善作「音聲者覽」。案：此少者字，或尤本脱耳。

〔六〕注「桓譚新論曰」下至「琴德最優」　袁本、茶陵本無此十三字。

〔七〕注「史記曰」下至「堪爲琴」　袁本、茶陵本無此十六字。

〔八〕注「謂包含」下至「光明也」　袁本、茶陵本無此十五字。

〔九〕注「又曰」下至「視物黄也」　袁本、茶陵本無此十七字。

〔一〇〕注「價者物之數也」　袁本、茶陵本無此六字。

〔一一〕注「盤曲紆屈」下至「山巖也」　袁本、茶陵本無此二十八字，有「盤紆詰屈也崔嵬岑嵓高峻之貌也」十四字。

〔一二〕互嶺巉巖　袁本、茶陵本「互」作「元」。案：此無可考也，或尤本字譌。

〔一三〕注「崖巘」　袁本、茶陵本無此二字。

〔一四〕注「偃蹇高貌」　袁本、茶陵本無此四字。

〔一五〕注「巍巍高大貌」　袁本、茶陵本無此五字。

〔一六〕注「言山能蒸出雲以沾潤萬物」　袁本、茶陵本無此十一字。

〔一七〕注「説文曰津液也」　袁本、茶陵本無此六字。

〔一八〕注「觝至也隈水曲也」　袁本、茶陵本無此七字。

〔一九〕注「安回波静遠去象」　袁本、茶陵本無此七字。

〔二〇〕注「皆美玉名」　茶陵本無此四字。袁本有。

〔二一〕注「説文瑾玉名」　袁本、茶陵本無此五字。

〔二二〕注「翕艴盛貌」　袁本無此四字。茶陵本有。

〔二三〕注「詩傳曰艴赤色貌」　袁本、茶陵本無此七字。

〔二四〕注「蒼頡篇曰」　袁本、茶陵本無此四字。

〔二五〕注「著天地人經」下至「得符鯉魚中」　袁本、茶陵本無此十七字。

〔二六〕注「造伯陽九山法」下至「不能解其音旨」　袁本、茶陵本無此十八字。

〔二七〕注「茹芝英以禦飢」　袁本、茶陵本無此六字。

〔二八〕清露潤其膚　袁本、茶陵本云「露」善作「霧」。案：此尤改之，蓋以五臣亂善。

〔二九〕注「列子曰」　袁本、茶陵本「列子」作「新序」。案：二本最是。

〔三〇〕注「行乎郲之野」　袁本、茶陵本無此五字。

〔三一〕注「孔子曰先生」下至「能自寬也」　袁本、茶陵本無此八十字。

〔三二〕注「班固漢書曰」　袁本、茶陵本「書」下有「贊」字。

〔三三〕注「皇甫謐」下至「在汲」　袁本、茶陵本無此十八字。

〔三四〕注「言若鳥之淩飛」　袁本、茶陵本無此六字。

〔三五〕注「奉君以周旋」　陳云「君」字衍，是也。各本皆衍。

〔三六〕注「高士傳曰堯」下至「陽城槐里人也」袁本、茶陵本無此八十三字。

〔三七〕心慷慨以忘歸　案：「慷慨」當作「愷慷」。善引爾雅「愷慷，樂也」，「慷」即「康」字，是其本作「愷慷」甚明。袁、茶陵二本所載五臣翰注，乃云「慷慨，歎聲也」，乃誤作「慷慨」，大違嵇賦之意。各本以五臣亂善，失著校語，更誤。今特訂正之。

〔三八〕注「張衡應問曰」　何校「問」改「閒」，陳同，是也。各本皆譌。

〔三九〕注「孫竹枝根之未生者也」　袁本「未」作「末」，是也。茶陵本亦誤「未」。陳云「枝」上脱「竹」字。今案：「枝」當作「竹」耳，各本皆誤。

〔四〇〕注「又曰至人」下至「順物而至」　袁本、茶陵本無此二十二字。

〔四一〕注「孟子曰」下至「見秋毫之末」　袁本、茶陵本無此三十一字。

〔四二〕注「按慎子」下至「督正也」　袁本、茶陵本無此十九字。

〔四三〕般倕騁神　茶陵本「般」作「班」，云五臣作「般」。袁本云善作「般」。案：尤所見蓋與袁同也。

〔四四〕注「廣雅曰廁間也」　袁本、茶陵本無此六字。

〔四五〕注「我與君作」　袁本、茶陵本無此四字。

〔四六〕注「廣雅曰揮」下至「以爲世無賞音」　袁本、茶陵本無此七十二字。

〔四七〕注「自大夏之西崑崙之陰」　袁本、茶陵本無此九字。

〔四八〕注「或曰成連」下至「見子春受業焉」　袁本、茶陵本無此八十二字。

〔四九〕注「淮南子曰師曠」下至「清角爲勝」　袁本、茶陵本無此一百二十四字。

〔五〇〕注「韡曄盛貌繁縟聲之細也」　袁本、茶陵本無此十字。

〔五一〕注「言聲陵縱」下至「開張貌」　袁本、茶陵本無此十九字。

〔五二〕注「翕呷翠粲張揖曰翠粲」　案：「翠粲」皆當作「萃蔡」，順正文而誤改也。説詳下。

〔五三〕注「紛翠粲兮」　案：「翠粲」當作「綷縩」。順正文而誤改。善下文云「字雖不同」，正謂此所引「萃蔡」、「綷縩」與正文「翠粲」及下引「璀粲」各不同也。

〔五四〕於是器泠絃調　案：「泠」當作「泠」。袁、茶陵二本云善作「泠」，此以五臣亂善。

〔五五〕注「如志謂如其志意」　袁本、茶陵本無此七字。

〔五六〕注「達則兼善天下」　袁本、茶陵本「達」作「堯」。案：尤未必是也。

〔五七〕拊絃安歌　袁本、茶陵本云「拊」善作「持」。案：此尤改之。

〔五八〕注「爾雅曰扶搖風也」　袁本、茶陵本無此七字。

〔五九〕注「史記曰瀛洲海中神山也」　袁本、茶陵本無此十字。

〔六〇〕注「莊子」下至「風仙也」　袁本、茶陵本無此十二字。

〔六一〕注「窈窕淑女」　袁本、茶陵本無此四字。

〔六二〕注「鄭玄曰」下至「吞也」　袁本、茶陵本無此十三字。

〔六三〕注「會節會也」　袁本、茶陵本無此四字。

〔六四〕注「半在半罷謂之闌」 袁本、茶陵本此七字作「闌亦歇也」四字。

〔六五〕注「聲多也」 袁本、茶陵本此三字作「疾貌」二字。

〔六六〕注「傮不及也」下至「徒合切」 袁本、茶陵本無此十七字。案：二本正文「傮」下音「蘇合」，「嘈」下音「徒合」，此與增多間雜，無以審真善音若何也。

〔六七〕注「廣雅曰」下至「舉動也」 袁本、茶陵本無此十三字。

〔六八〕注「言其狀若詭詐而相赴也」 袁本、茶陵本無此十字。

〔六九〕注「蒼頡篇曰隨後曰驅」 袁本、茶陵本無此八字。

〔七〇〕注「韓詩曰」下至「猶躑躅也」 袁本、茶陵本無此十七字。

〔七一〕注「言扶疏四布也」 袁本、茶陵本無此六字。

〔七二〕注「攢仄聚聲」 袁本、茶陵本無此四字。

〔七三〕注「毛萇傳曰」下至「聲長貌」 袁本、茶陵本無此十三字。

〔七四〕注「蒼頡篇曰」下至「詠之聲」 袁本、茶陵本無此十九字。又袁有「似鴈之音已見上文」八字，在注末。茶陵複出，非。尤本倒在上，益非。

〔七五〕注「爾雅曰摟牽也」 袁本、茶陵本無此六字。

〔七六〕注「説文曰捲」下至「捋取也」 袁本、茶陵本無此二十六字。

〔七七〕注「説文曰繚纏也」 袁本、茶陵本無此六字。

〔七八〕注「潋洌水波浪貌言聲似也」　袁本、茶陵本無此十字。

〔七九〕明嫿睩慧　袁本、茶陵本「慧」作「惠」。案：此似尤改之也。

〔八〇〕注「古本葩字」下至「所以不惑」　袁本、茶陵本無此五十七字。

〔八一〕注「令善也」　袁本、茶陵本無此三字。

〔八二〕注「纂要曰」下至「謂之九春」　袁本、茶陵本無此十八字。

〔八三〕注「醇厚也」　袁本、茶陵本無此三字。

〔八四〕注「又對曰」下至「巴人」　袁本無此十四字，有「巴人已見上文」六字，是也。茶陵本複出，非。

〔八五〕注「崔豹古今注曰」下至「後人因以爲樂章也」　袁本、茶陵本無此七十九字。

〔八六〕非夫放達者　袁本、茶陵本無「夫」字，下「非夫至精者」，同。案：此似尤添之也。

〔八七〕注「説苑曰應侯」下至「能無怨乎」　袁本、茶陵本無此五十九字。

〔八八〕注「字林曰慘」下至「愴傷也」　袁本、茶陵本無此二十三字。

〔八九〕注「喜懽抃舞」　案：「懽」當作「躍」。各本皆譌。

〔九〇〕注「服虔」　袁本、茶陵本無此二字。

〔九一〕注「與女子」　袁本、茶陵本「子」下有「期於梁下女子」六字。

〔九二〕注「高誘注淮南子曰」下至「而水溺死」　袁本、茶陵本無此二十四字。

〔九三〕注「奮長子建」下至「官至二千石」袁本、茶陵本無此二十字。
〔九四〕注「人臣尊寵」袁本、茶陵本無此四字。
〔九五〕注「廼舉集其門凡號奮爲萬石君」袁本、茶陵本無「舉」字、「奮」字。
〔九六〕注「建郎中令」下至「遲鈍也」袁本、茶陵本無此八十三字。
〔九七〕注「孔安國曰屏除也」袁本、茶陵本無此七字。
〔九八〕注「説文曰謳齊歌也」袁本、茶陵本無此七字。
〔九九〕注「其形」下至「而色青」袁本、茶陵本無此十一字。
〔一〇〇〕注「國語曰」下至「鳴於岐山」袁本、茶陵本無此十三字。
〔一〇一〕注「列女傳曰」下至「於漢皐之曲」袁本、茶陵本無此三十八字。
〔一〇二〕注「韓詩曰」下至「和静貌」袁本、茶陵本無此十四字。
〔一〇三〕注「賈逵曰唯獨也」袁本、茶陵本無此六字。

笙賦

周禮，笙師掌教笙。鄭衆曰：笙十三簧〔一〕。爾雅曰：大笙謂之簧。郭璞曰：列管匏中，施簧管端。白虎通曰：笙者，太簇之氣，衆物之生也〔二〕。

潘安仁

河汾之寶，有曲沃之懸匏焉。河、汾，二水名也。漢書曰：汾水出汾陽北山。又曰：河東郡聞喜縣，故曲沃也。崔豹古今注曰：匏，瓠也。有柄曰縣匏，可爲笙，曲沃者尤善。鄒魯之珍，有汶陽之孤篠焉。漢書，魯國有鄒縣，有汶陽縣。杜預曰：汶水，太山出萊蕪縣。説文曰：篠，小竹〔三〕。戴凱之竹譜曰：篠出魯郡，堪爲笙也。若乃緜蔓紛敷之麗，浸潤靈液之滋，隅隈夷險之勢，禽鳥翔集之嬉，鄭玄毛詩箋曰：隅，角也。説文曰：隈，曲也。固衆作者之所詳，余可得而略之也。賈逵國語注曰：略，猶簡也。徒觀其制器也，則審洪纖，面短長。周禮曰：審曲面勢，以飭五材〔四〕。鄭司農曰：察五材曲直方面形勢之宜。剫生簳，裁熟簧。剫，割也。設宮分羽，經徵列商。泄之反謐，厭焉乃揚。鄭玄毛詩箋曰：泄，出也。厭，猶揜也，於頰切。亦作擫，謂指擫也〔五〕。管攢羅而表列，音要妙而含清。長門賦曰：聲幼要而復揚。各守一以司應，統大魁以爲笙。言其管各守一聲，以主相應統物也〔六〕。鄭玄禮記注曰：魁，猶首也。大魁，謂匏首插定所也。苦回切。今古怪切。基黄鍾以舉韻，望鳳儀以擢形。毛萇詩傳曰：基，本也。漢書，黄帝使伶倫取竹，斷兩節間而吹之，以爲黄鍾之宮。黄鍾，律吕之長，故言基也〔七〕。説文曰：笙十三簧，象鳳之身。尚書曰：鳳皇來儀〔八〕。寫皇翼以插羽，摹鸞音以厲聲。列管以象鳳翼也。列仙傳曰：王子喬好吹笙，作鳳鳴。鸞，鳳類，故通言之。如鳥斯企，翾翾歧歧。司馬彪曰：企，望也〔九〕。景福殿賦曰：鳥企山峙。翾翾，字林，翾翾，初起也〔一〇〕。歧歧，飛行貌。漢書音義曰：歧歧，將行貌〔一一〕。咮，若銜若垂。郭璞爾雅注曰：咮，鳥口也〔一二〕，音晝。脩櫎内辟，餘簫外逶。脩櫎，長管也。辟，開也。餘簫，衆管也。逶，逶迤漸邪之貌。駢田獦攦，𩶛鰷參差。駢田，聚也〔一三〕。獦攦，不齊也。攦，音歷。𩶛鰷，裝飾重疊貌〔一四〕。鉀，音押。穌，助甲切。於是乃有始泰終約，前榮後悴。激憤於今賤，永懷乎故貴。杜預左氏傳注曰：泰，奢也。約，儉也。家語，孔子曰：激憤厲之志始。桓子新論琴道曰：雍門周見孟嘗君，孟嘗君曰：先生鼓琴，亦能令人悲乎？對〔一五〕曰：臣之所能令悲者，先貴而後賤，故富而今貧。於是雍門揮琴，而孟嘗君流涕〔一六〕。衆滿堂而飲酒，獨向隅以掩淚。說苑曰：古人於天下，譬一堂之上。今有滿堂飲酒，有一人獨索然向隅泣，則一堂之人皆不樂。韓詩外傳曰：衆或滿堂而飲酒，有人向而悲泣，則一堂爲之不樂。王者之於天下也，有一物不得其所，則爲之悽愴心傷，盡祭不舉樂焉〔一七〕。援鳴笙而將吹，先嗢噦以理氣。言將欲吹笙，咽中先噦而理氣也。說文曰：嗢，咽也。又曰：噦氣，氣悟也〔一八〕。嗢，於忽切。噦，紆月切。嗢噦，或爲温穢。謂先温煖去其垢穢，調理其氣也〔一九〕。初雍容以安暇，中佛鬱以怫悁。埤蒼曰：佛鬱〔二〇〕，不安貌。終嵬峩以蹇愕〔二一〕，又颮遝而繁沸。蹇愕，正直之貌。罔浪孟以惆悵，若欲絶而復肆。罔及浪孟，皆失志之貌。又云：孟浪，虚誕之聲也。肆，放也。言聲將絶而復放〔二二〕。懰檄糴以奔邀，似將放而中匱。檄糴，疾貌。埤蒼，懰，宿留也〔二三〕。檄，音激。愀愴惻淢，虺韡煜熠。愀愴惻淢，悲傷貌。虺韡熠〔二四〕，盛多貌。淢與惐同，況逼切。廣雅曰：煜，熾也，音育。說文曰：熠，盛光也〔二五〕。熠，以入切。汎淫氾豔，霅曄岌岌。汎淫氾豔，自放縱貌。霅曄，急疾貌。霅，素合切。曄，于怯切。或桉衍夷靡，或竦踴剽急〔二六〕。夷靡，平而漸靡也。或既往不反，或已出復入。徘徊布濩，渙衍葺襲。葺襲，重貌。舞既蹈而中輟，節將撫而弗及。言以笙聲爲主，故舞者足蹈中止而待之，歌者將撫節而恐不及。樂聲發而盡室歡，悲音奏而列坐泣。列子，秦青曰：昔韓娥爲曼聲哀哭，一里老幼悲愁垂涕相對；復爲曼聲長歌，一里老幼喜躍抃舞，不能自禁。擫纖翮以震幽簧，越上筩而通下管。擫，指捻也，奴協切。翮，管也。其形類羽，故曰翮也。周易曰：震，動也。呂氏春秋曰：伶倫制十二筩〔二七〕。説文曰：筩，斷竹也，徒東切。應吹噏以往來，隨抑揚以虛滿。噏，虛及切。虛滿，謂隨氣虛滿也〔二八〕。勃慷慨以憀亮，顧躊躇以舒緩。憀亮，聲清也。聲類曰：憀，且也，音留。廣雅曰：躊躇，猶豫也〔二九〕。輟張女之哀彈，流廣陵之名散。閔洪琴賦曰：汝南鹿鳴，張女羣彈。然蓋古曲，未詳所起。詠園桃之夭夭，歌棗下之篡篡。魏文帝園桃行曰：夭夭園桃，無子空長。虛美難假，偏輪不行。古咄唶歌曰〔三〇〕：棗下何攢攢，榮華各有時。棗欲初赤時，人從四邊來。棗適今日賜，誰當仰視之。攢，聚貌。篡與攢古字通。歌曰：棗下篡篡，朱實離離。毛詩曰：其實離離。毛萇曰：離離，垂也。宛其落矣〔三一〕，化爲枯枝。毛詩曰：宛其死矣。毛萇曰：宛，死貌。人生不能行樂，死何以虛謚爲！楊惲與孫會宗書曰：人生行樂耳。謚法曰：謚者，行之迹也。爾乃引飛龍，鳴鵾雞。雙鴻翔，白鶴飛。飛龍、鵾雞，已見上文。古樂府有飛來雙白鶴篇。子喬輕舉，明君懷歸。荆王喟其長吟，楚妃歎而增悲。歌録曰：吟歎四曲：王昭君、楚妃歎、楚王吟、王子喬，皆古辭。荆王、子喬，其辭猶存。夫其悽戾辛酸〔三二〕，嚶嚶關關，若離鴻之鳴子也；爾雅曰：關關嚶嚶，音和也。含啁嘽諧，雍雍喈喈，若羣鶵之從母也。洞簫賦曰：瞋啯啁以紆鬱。禮記，嘽諧慢易，繁文簡節之音作，而民康樂。爾雅曰：雍雍，和也。毛萇詩傳曰：喈喈，和聲遠聞也。歌録，步出夏門行古辭歌曰：鳳凰鳴啾啾，一母從九鶵。郁捋劫悟，泓宏融裔，郁捋，口循孔貌。劫悟，氣相衝激。泓宏，聲大貌〔三三〕。融裔，聲長貌。說文曰：泓，下深也〔三四〕。哇咬嘲啁，一何察惠。舞賦曰：吐哇咬則發皓齒。說文曰：哇，諂聲也。咬，淫聲也。楚辭曰：鵾雞嘲哳而悲鳴。哇咬嘲哳，聲繁細貌。訣厲悄切，又何磬折。訣厲，謂決斷清冽也。悄，切憂貌。磬折，言其聲若磬形之曲折也。

若夫時陽初暖，臨川送離。神農本草曰：春夏爲陽。莊子曰：暖然似春。楚辭曰：登山臨水送將歸。酒酣徒擾，樂闋日移。漢書音義，應劭曰：不醒不醉曰酣〔三五〕。擾，謂擾攘裝飾也。鄭玄曰：闋，終也〔三六〕。疎客始闌，主人微疲。韓子曰：穰歲之秋，疎客畢食。文穎漢書注曰：闌言希也。謂飲酒半罷半在謂之闌。弛絃韜籥，徹塤屏篪。杜預左氏傳注曰：弛，解也。韜，藏也。絃，謂琴瑟也〔三七〕。孔安國論語注曰：徹，去也。屏，除也。廣雅曰：長琴三尺六寸六分，五絃。瑟二十七弦也。爾雅曰：大籥謂之産。郭璞注曰：籥，如笛，三孔而狹小。廣雅曰：七孔大塤謂之嘂。郭璞注曰：燒土爲之，大如鵝子，鋭上平底，形似稱錘，六孔。小者如雞子。大䶵謂之䶲。郭璞曰：䶵，竹爲也，尺四寸，圍三寸，一孔上出三寸分，右翹，橫吹之，小者尺二寸。廣雅曰：六七孔也〔三八〕。

爾乃促中筵，攜友生。解嚴顏，擢幽情。舞賦曰：嚴顏和而怡懌，幽情形而外揚。披黄包以授甘〔三九〕，傾縹瓷以酌酃。尚書曰：厥包橘柚。說文曰：縹，青白色。字林，瓷白瓶長頸，大禺切〔四〇〕。鄱陽酒賦曰：醪醴既成，緑瓷既啓。又曰：其品類則沙洛淥酃，鄔鄉若下，齊公之情〔四一〕。吴録地理志曰：湘東酃以爲酒有名〔四二〕。光歧儼其偕列，雙鳳嘈以和鳴。光，華飾也。歧，衆管也。以其分別，故謂之歧。或作伎，謂光華之伎也。西京雜記曰：成帝侍郎善鼓琴，能爲雙鳳之曲。晉野悚而投琴，況齊瑟與秦箏。子野，師曠字，晉人，故曰晉野。杜預左氏傳注曰：悚，懼也。史記，蘇秦説齊王曰：臨菑其民無不吹竽鼓瑟。歌録有美人篇、齊瑟行。風俗通曰：箏，蒙恬所造。楚辭曰：扶秦箏而彈徽。新聲變曲，奇韻横逸。縈纏歌鼓，網羅鍾律。爛熠爚以放豔，鬱蓬勃以氣出。熠爚，光明貌。蓬勃，泰出貌〔四三〕。秋風詠於燕路，天光重乎朝日。魏文帝燕歌行曰：秋風蕭瑟天氣涼。傅玄長簫歌有天光篇。魏文帝善哉行有朝日篇。言既奏天光，又奏朝日，故曰重也。重，逐龍切。大不踰宫，細不過羽。鄭玄〔四四〕月令注曰：大不過宫，細不過羽。國語，泠州鳩對景王曰：臣聞琴尚宫，鍾尚羽，大不踰宫，細不過羽。唱發章夏，導揚韶武。樂動聲儀曰：堯樂曰大章。禮記曰：大章，章之也。鄭玄曰：言堯德章明也。樂動聲儀曰：舜樂曰大韶〔四五〕，禹曰大夏，武曰大武。協和陳宋，混一齊楚。樂動聲儀曰：樂者移風易俗。所謂聲俗者，若楚聲高，齊聲下；所謂事俗者，若齊俗奢陳俗利巫也。又曰：先魯後殷，新周故宋。然宋，商俗也。張衡舞賦曰：移風易俗，限一齊、楚〔四六〕。邇不逼而遠無攜，聲成文而節有敍。左氏傳，昭公二十九年〔四七〕，吴公子札來聘，魯人爲奏四代樂〔四八〕爲之歌頌。季札歎曰：至矣哉！邇而不偪，遠而不攜，節有度，守有敍。凡人邇近者，好在逼迫，此樂中乃有不逼之聲；凡人相遠者，好在攜離，此頌中乃有遠不攜離之音〔四九〕。毛詩序曰：聲成文謂之音。

彼政有失得，而化以醇薄。呂氏春秋曰：其治厚者其樂厚，其治薄者其樂薄。樂所以移風於善，亦所以易俗於惡。孝經曰：移風易俗，莫善於樂。故絲竹之器未改，而桑濮之流已作。禮記曰：絲竹，樂之器也。又曰：桑間濮上之音，亡國之音。鄭玄注曰：濮水之上，地有桑間者，亡國之音於此水出。惟簧也，能研羣聲之清；惟笙也，能總衆清之林。言衆若林能總之〔五〇〕。禮記曰：唱和清濁，遞相爲經。鄭玄曰：清，謂蕤賓至應鍾；濁，謂黃鍾至仲呂。衛無所措其邪，鄭無所容其淫。禮記曰：鄭、衛之音，亂世之音。非天下之和樂，不易之德音，其孰能與於此乎！禮記曰：順氣成象而和樂興焉。又曰：德音之謂樂。周易曰：非天下至精，其孰能與於此。

文選考異

〔一〕笙賦注「周禮」下至「十三簧」　袁本、茶陵本無此十四字。

〔二〕注「白虎通曰」下至「衆物之生也」　袁本、茶陵本無此十五字。

〔三〕注「杜預曰汶水」下至「小竹」　袁本、茶陵本無此十七字。

〔四〕注「以飾五材」　案：「飾」當作「飭」，各本皆譌。

〔五〕注「亦作撳謂指撳也」　袁本、茶陵本無此七字。

〔六〕注「統物也」　茶陵本「物」作「揔」，是也。袁本亦誤「物」。

〔七〕注「黄鍾律吕之長故言基也」　袁本、茶陵本無此十字。
〔八〕注「尚書曰鳳皇來儀」　袁本、茶陵本無此七字。
〔九〕注「司馬彪曰企望也」　袁本、茶陵本無此七字。
〔一〇〕注「字林翾翾初起也」　袁本、茶陵本無此七字。
〔一一〕注「漢書音義曰歧歧將行貌」　袁本、茶陵本無此十字。
〔一二〕注「郭璞爾雅注曰味鳥口也」　袁本、茶陵本此十字作「咮亦喙也」四字。
〔一三〕注「駢田聚也」　袁本、茶陵本無此四字。
〔一四〕注「重疊貌」　袁本、茶陵本「重疊」二字作「衆」。
〔一五〕注「見孟嘗君」下至「亦能令人悲乎對」　袁本、茶陵本無此十九字。
〔一六〕注「於是雍門」下至「流涕」　袁本、茶陵本無此十二字。
〔一七〕注「韓詩外傳曰」下至「不舉樂焉」　袁本、茶陵本無此五十二字。
〔一八〕注「氣氣悟也」　袁本、茶陵本不重「氣」字。
〔一九〕注「謂先温煖」下至「調理其氣也」　袁本、茶陵本無此十三字。
〔二〇〕注「埤蒼曰佛鬱」　袁本、茶陵本「埤蒼」作「字林」。
〔二一〕終嵬峩以蹇愕　案：「愕」當作「諤」，注同。袁本云善作「諤」。茶陵本云五臣作「愕」，此以五臣亂善，非。

〔二二〕注「又云孟浪」下至「而復放」　袁本、茶陵本無此十九字。

〔二三〕注「埤蒼㶄宿留也」　袁本、茶陵本無此六字。

〔二四〕注「颮韡熠」　袁本、茶陵本「熠」上有「煜」字。

〔二五〕注「廣雅曰煜」下至「盛光也」　袁本、茶陵本無此十五字。案：此蓋音與增多間雜者。

〔二六〕或竦踴剽急　袁本、茶陵本云「剽」善作「影」。案：此尤改之，亦以五臣亂善也。

〔二七〕注「吕氏春秋曰伶倫制十二筩」　袁本、茶陵本無此十一字。

〔二八〕注「虚滿謂隨氣虚滿也」　袁本、茶陵本無此八字。

〔二九〕注「憀亮」下至「猶豫也」　袁本、茶陵本無此二十一字。案：此蓋音與增多間雜者。

〔三〇〕注「古咄喑歌曰」　何校「喑」改「喑」，陳同，是也。各本皆譌。

〔三一〕宛其落矣　茶陵本云五臣作「落」。袁本云善作「死」。案：此尤改也。

〔三二〕夫其悽戾辛酸　袁本、茶陵本「戾」作「唳」。案：此尤改。

〔三三〕注「聲大貌」　袁本，茶陵本無此三字。

〔三四〕注「聲長貌」下至「下深也」　袁本、茶陵本此十字作「聲大且長貌」五字。

〔三五〕注「漢書音義」下至「曰酣」　袁本、茶陵本無此十三字。

〔三六〕注「鄭玄曰闋終也」　袁本、茶陵本無此六字。

〔三七〕注「絃謂琴瑟也」　袁本、茶陵本無此五字。

〔三八〕注「廣雅曰長琴」下至「六七孔也」　袁本、茶陵本無此一百十八字。

〔三九〕披黄包以授甘　袁本、茶陵本「包」作「苞」，注同。案：此尤改。

〔四〇〕注「説文曰縹」下至「大禺切」　袁本、茶陵本此十七字作「縹緑色也瓷瓶也」七字。

〔四一〕注「齊公之情」　案：「情」當作「清」。各本皆譌。

〔四二〕注「吴録」下至「以爲酒有名」　袁本、茶陵本無此十四字。

〔四三〕注「蓬勃泰出貌」　袁本、茶陵本「泰」作「氣」。

〔四四〕注「鄭玄」下至「不過羽」　袁本、茶陵本無此十四字。

〔四五〕注「舜樂曰大韶」　袁本、茶陵本「大」作「簫」。

〔四六〕注「限一齊楚」　袁本、茶陵本「限」作「混」。

〔四七〕注「昭公二十九年」　袁本、茶陵本無此六字。

〔四八〕注「魯人爲奏四代樂」　袁本、茶陵本無此七字。

〔四九〕注「凡人邇近者」下至「不攜離之音」　袁本、茶陵本無此三十八字。

〔五〇〕注「言衆若林能總之」　袁本、茶陵本無此七字。

嘯賦

鄭玄毛詩箋曰：嘯，蹙口而出聲也。籀文爲歗，在欠部。毛詩曰：其嘯也歌〔一〕。

成公子安　臧榮緒晉書曰：成公綏，字子安，東郡人也。少有俊才，辭賦壯麗。徵爲博士，歷中書郎。

逸羣公子，體奇好異。傲世忘榮，絶棄人事。文子曰：傲世賤物，不汙於俗。漢書曰：張良願棄人間事，欲從赤松子遊。睎高慕古，長想遠思。謝承後漢書曰：陳謙睎高視遠，清舉矯俗。馮衍顯志賦曰：獨耿介而慕古。舞賦曰：遠思長想。將登箕山以抗節，浮滄海以游志。箕山，已見上文。論語，子曰：道不行，乘桴浮於海，從我者其由歟〔二〕。於是延友生，集同好。尚書序曰：與我同好。精性命之至機，研道德之玄奧。周易曰：乾道變化，各正性命。管子曰：虚無無形謂之道，化育萬物謂之德。應德璉馳射賦曰：窮百氏之玄奧。愍流俗之未悟，獨超然而先覺。禮記曰：不從流俗。老子曰：雖有榮觀，燕處超然。孟子，伊尹曰：天生斯民，使先知覺後知，使先覺覺後覺也。狹世路之阨僻，仰天衢而高蹈。史記曰：不從流俗，王之阨僻〔三〕。羽獵賦曰：狹三王之阨僻。孔融薦禰衡表曰：龍躍天衢。左氏傳，齊人歌曰：魯人之臯，使我高蹈。邈姱俗而遺身，乃慷慨而長嘯。琴賦曰：弃事遺身。遺身謂其身事〔四〕。楚辭曰：臨深水而長嘯。

于時曜靈俄景，流光濛汜。廣雅曰：耀靈，日也。俄，邪也〔五〕。歸田賦曰：於時曜靈俄景。楚辭曰：出自湯谷，次于濛汜。淮南子，濛汜，日所入處〔六〕。逍遥攜手，踟跦步趾。廣雅曰：蹢躅，跢跦也。跢跦與踟蹰古字通。左氏傳，蔿啓強〔七〕謂魯侯曰：今君若步玉趾。發妙聲於丹脣，激哀音於皓齒。神女賦曰：朱脣的其若丹。楚辭曰：美人皓齒嫮以姱。響抑揚而潛轉，氣衝鬱而熛起。言聲在喉中而轉，故曰潛也〔八〕。熛起，言疾。字林曰：熛，飛火也〔九〕。協黄宫於清角，雜商羽於流徵。黄宫，謂黄鍾宫聲〔一〇〕。清角，已見上文。宋玉笛賦曰：吟清商，追流徵。飄遊雲於泰清，集長風乎萬里。言所感幽深，有同龍虎。聖主得賢臣頌曰：虎嘯而風冽，龍興而致雲。泰清，天也。鶡冠子曰：上及泰清，下及泰寧。曲既終而響絶，遺餘玩而未已。良自然之至音，非絲竹之所擬。是故聲不假器，用不借物。近取諸身，役心御氣。周易曰：近取諸身。動脣有曲，發口成音。觸類感物，因歌隨吟。大而不洿，細而不沈。洿，漫也。琴道曰：大聲不震譁而流漫，細聲不湮滅而不聞。清激切於竽笙，優潤和於瑟琴。玄妙足以通神悟靈，精微足以窮幽測深。老子曰：玄之又玄，衆妙之門。禮記曰：夫禮樂通乎鬼神，窮高遠而測深厚。精微，已見上文。收激楚之哀荒，節北里之奢淫。楚辭曰：宫庭震驚發激楚。王逸曰：激楚，清聲也。史記曰：紂使師涓作淫聲，北里之舞，靡靡之樂。濟洪災於炎旱，反亢陽於重陰。言有洪水之災，濟之以炎旱；有亢陽之災，反之於重陰。説苑曰：湯時大旱七年，煎沙爛石。靈寶經曰：禪黎世界，墜王有女，字姓音。生仍不言。年至四歲，王怪之，乃棄女於南浮桑之阿，空山之中。女無粮，常日咽氣，引月服精，自然充飽。忽與神人會於丹陵之舍，柏林之下。姓音右手題赤石之上。語姓音：汝雖不能言，可憶此文也。遺朱宫靈童，下教姓音治災之術，授其采書八字之音，於是能言。於山出，還在國中。國中大枯旱，地下生火，人民焦燎，死者過半。穿地取水，百丈無泉。王悕懼，女顯其真，爲王仰嘯，天降洪水至十丈。於是化形隱景而去〔一一〕。唱引萬變，曲用無方。鄭玄論語注曰：方，常也。和樂怡懌，悲傷摧藏。摧藏，自抑挫之貌。言悲傷能挫於人〔一二〕。琴操，王昭君歌曰：離宫絶曠，身體摧藏。時幽散而將絶，中矯厲而慨慷。矯，舉也。徐婉約而優遊，紛繁鶩而激揚。情既思而能反，心雖哀而不傷。毛詩序曰：關雎哀而不傷。總八音之至和，固極樂而無荒。毛詩曰：好樂無荒。

若乃登高臺以臨遠，披文軒而騁望。新語曰：高臺百仞，文軒彫窗。楚辭曰：白蘋兮騁望。喟仰抃而抗首，嘈長引而憀亮。憀亮，已見上文。或舒肆而自反，或徘徊而復放。孔安國尚書傳曰：肆，緩也。或冉弱而柔撓，或澎濞而奔壯。説文曰：冉弱，長貌。上林賦曰：柔撓嫚嫚。横鬱嗚而滔涸，冽飄眇而清袓〔一三〕。滔涸，如水之滔漫或竭涸也。飄眇，聲清長貌。眇，他鳥切。爾雅曰：涸，竭也。字林曰：冽，寒貌〔一四〕。逸氣奮湧，繽紛交錯。列列飈揚，啾啾響作。奏胡馬之長思，向寒風乎北朔。古詩曰：胡馬思北風。又似鴻鴈之將鶵，羣鳴號乎沙漠。似鴈之音，已見琴賦。字林曰：嗚，聲也。大曰鴻，小曰鴈。武帝元朔六年，衛青將六將軍絶幕。應劭曰：幕，匈奴之南界。傅瓚，沙土曰幕。今案：決幕漫也。西域傳曰：難睨國以銀爲錢，文爲騎馬，幕爲人面。如淳曰：幕，音漫。韋昭曰：幕，錢背也。然則漫、幕同義。古詩曰：此匈奴中沙漫地也，崔浩謂之河底。故李陵歌曰：徑萬里兮度沙漠，是也。猶今人呼帳幔亦曰幕。可依字讀義無爽。今書或作漠，音訓同〔一五〕。説文曰：漠，北方流沙。故能因形創聲，隨事造曲。應物無窮，機發響速。怫鬱衝流，參譚雲屬。怫，扶勿切。淮南子曰：通古之風氣，以貫譚萬物之理。譚，猶着也。參譚，不絶。又曰〔一六〕：龍舉而景雲屬。若離若合，將絶復續。飛廉鼓於幽隧，猛虎應於中谷。楚辭曰：後飛廉使奔屬。王逸曰：飛廉，風伯也。毛詩曰：人風有隧。春秋元命苞曰：猛虎嘯，谷風起，類相動也。南箕動於穹蒼，清飈振乎喬木。毛詩曰：維南有箕。春秋緯曰：月失其行，離于箕者，風。爾雅曰：穹蒼，蒼天也。毛詩曰：南有喬木。散滯積而播揚，蕩埃藹之溷濁〔一七〕。國語，泠州鳩曰：太蔟所以金奏贊陽出滯也。姑洗所以脩絜百物，考神納賓〔一八〕。鄭玄儀禮注曰：播，散也。風賦曰：駭溷濁，揚腐餘。説文曰：溷，亂也〔一九〕。變陰陽之至和，移淫風之穢俗。禮記曰：夫禮樂行乎陰陽。又曰：移風易俗。鄭玄曰：樂用之則正人〔二〇〕，和陰陽。

若乃遊崇崗，陵景山。臨巖側，望流川。坐盤石，漱清泉。景山，大山也〔二一〕。聲類曰：盤，大石也。説文曰：漱，蕩口也。藉臯蘭之猗靡，蔭脩竹之蟬蜎。楚辭曰：臯蘭被徑斯路漸。猗靡，隨風之貌。楚辭曰：嬋娟之脩竹。枚乘兔園賦曰：脩竹檀欒。乃吟詠而發散，聲駱驛而響連。駱驛，不絶貌。舒蓄思之悱憤，奮久結之纏緜。論語，子曰：不憤不啓，不悱不發。字書曰：悱，心誦也〔二二〕，芳匪切。纏緜，已見上注。心滌蕩而無累，志離俗而飄然。莊子曰：聖人無天災，無物累。淮南子曰：單豹背世離俗。

若夫假象金革，擬則陶匏。孔安國尚書傳曰：象，法也。禮記曰：器用陶匏，尚禮然也。衆聲繁奏，若笳若簫。硼硍震隱，訇礚唧嘈〔二三〕。字林曰：礚，大聲也〔二四〕。硼，芳宏切。硍，音郎。唧，音勢。嘈，音曹。發徵則隆冬熙蒸，騁羽則嚴霜夏凋。動商則秋霖春降，奏角則谷風鳴條。列子曰：鄭師文學琴於師襄。師襄曰：子之琴何如？師文曰：請嘗試之。於是當春而叩商絃，以召南吕，涼風總至，草木成實；及秋而叩角絃，以激夾鍾，温風徐迴，草木發榮；當夏而叩羽絃，以召黄鍾，霜雪交下，川池暴沍；及冬而叩徵絃，以激蕤賓，陽光熾烈，堅冰立散。師襄曰：雖師曠之清角，鄒衍之吹律，無以加之。張湛曰：商，金音，屬秋。南吕，八月律。角，木音，屬春。夾鍾，二月律。羽，水音，屬冬。黄鍾，十一月律。徵，火音，屬夏。蕤賓，五月律。鄭玄禮記注曰：喜，蒸也。聲類曰：喜，熙字。音均不恒，曲無定制〔二五〕。均，古韻字也。鶡冠子曰：五聲不同均，然其可喜一也。晉灼子虚賦注曰：文章假借，可以協韻。均與韻同。行而不流，止而不滯。已見上文。隨口吻而發揚，假芳氣而遠逝。音要妙而流響，聲激嚁而清厲。激嚁，清疾貌〔二六〕。嚁，音翟。信自然之極麗，羌殊尤而絶世。杜預左氏傳注曰：尤，異也。越韶夏與咸池，何徒取異乎鄭衛。樂動聲儀曰：黄帝樂曰咸池。韶、夏、鄭、衛，已見上文。

于時緜駒結舌而喪精，王豹杜口而失色。孟子曰：王豹處淇而善謳，綿駒處唐而齊右善歌。言二人以歌謳化齊、衛之國〔二七〕。鄧析子曰：左右結舌。西京賦曰：喪精亡魄。漢書，鄧公曰：内杜忠臣之口。莊子曰：見夫子之失色。虞公輟聲而止歌，甯子檢手而歎息。晏子春秋：虞公善歌，以新聲惑景公。晏子退朝而拘之。漢興，又有虞公，即劉向別録曰：有人歌賦楚，漢興以來，善雅歌者，魯人虞公，發聲清哀，遠動梁塵。其世學者莫能及。淮南子曰：甯戚欲干齊桓公，窮困無以自達。於是爲商於齊，宿于郭門之外。桓公郊迎，閉門辟任車，爝火甚盛，從者甚衆。戚飯牛車下，望桓公而悲，擊牛角，而疾商歌曲。甯戚，衞人。商金聲清，故以爲曲。歌曰：出東門兮厲石班，上有松柏兮青且蘭。麤布衣兮緼縷，時不遇兮堯、舜。牛兮努力食細草。大臣在爾側，吾當與爾適楚國。應劭曰：齊桓夜迎客，甯戚疾擊其角，商歌曰：南山崖峩白石爛，生不遭堯與舜禪，短布單衣適至骭。從昏飯牛薄夜半，長夜瞑瞑何時旦〔二八〕。七略曰：漢興，善歌者魯人虞公，發聲動梁上塵。吕氏春秋曰：甯戚至齊，暮宿於郭門之外。桓公郊迎客，夜至關門。甯戚飯牛，望桓公而悲，擊牛角疾歌。桓公聞之：歌者非常人也。命後車載之。史記，春申君曰：秦、楚臨韓，韓必斂手〔二九〕。**鍾期棄琴而改聽，孔父忘味而不食。**論語曰：子在齊聞韶，三月不知肉味。孔安國曰：不圖於韶樂之至於斯。周生烈曰：孔子在齊，聞韶樂之盛，故忽忘肉味。王肅曰：不圖作韶樂之至於此。此，齊也〔三〇〕。**百獸率舞而抃足，鳳皇來儀而拊翼。**尚書，夔曰：於予擊石拊石，百獸率舞，簫韶九成，鳳皇來儀。孔安國曰：雄曰鳳，雌曰皇，靈鳥也。儀，有容儀也。備樂九奏而致鳳皇也〔三一〕。**乃知長嘯之奇妙，蓋亦音聲之至極。**晉書，阮籍，字嗣宗，陳留尉氏人。容貌瓌傑，志氣宏放，尤好莊、老，嗜酒能嘯。籍嘗於蘇門山遇孫登，與商略終古，栖神道氣之術，登皆不應，籍因長嘯而退至於半嶺，聞有聲若鸞鳳之音，響乎巖谷，乃登之嘯也〔三二〕。

文選考異

〔一〕嘯賦注「籀文」下至「其嘯也歌」　袁本、茶陵本無此十四字。

〔二〕注「從我者其由歟」　袁本、茶陵本無此六字。
〔三〕注「史記曰不從流俗王之阨僻」　袁本、茶陵本無此十一字。
〔四〕注「遺身謂其身事」　袁本、茶陵本無此六字。
〔五〕注「廣雅曰」下至「邪也」　袁本、茶陵本無此十字。
〔六〕注「淮南子濛汜日所入處」　袁本、茶陵本無此九字。
〔七〕注「蔦啓強」　茶陵本「蔦」作「薳」，「強」作「彊」，是也。袁本誤與此同。
〔八〕注「言聲在喉中而轉故曰潛也」　袁本、茶陵本無此十一字。
〔九〕注「字林曰熛飛火也」　袁本、茶陵本無此七字。
〔一〇〕注「黄宮謂黄鍾宮聲」　袁本、茶陵本無此七字。
〔一一〕注「説苑曰湯時」下至「於是化形隱景而去」　袁本、茶陵本無此一百八十六字。
〔一二〕注「言悲傷能挫於人」　袁本、茶陵本無此七字。
〔一三〕冽飄眇而清昶　袁本、茶陵本「飄眇」作「繚眺」，注同。案：晉書作「繚眺」，尤改恐誤。
〔一四〕注「爾雅曰」下至「寒貌」　袁本、茶陵本無此十二字。
〔一五〕注「字林曰鳴」下至「音訓同」　袁本、茶陵本無此一百四十字。
〔一六〕注「通古之風氣」下至「又曰」　袁本、茶陵本無此二十二字。
〔一七〕蕩埃藹之溷濁　袁本、茶陵本「蕩」作「流」，「藹」作「靄」。案：晉書作「蕩」字、「靄」字，未審善果何作?

〔一八〕注「姑洗」下至「考神納賓」 袁本、茶陵本無此十二字。

〔一九〕注「説文曰溷亂也」 袁本、茶陵本無此六字。

〔二〇〕注「樂用之則正人」 袁本、茶陵本無「之」字。案:樂記注無「之」字,「人」下有「理」字。各本皆脱。

〔二一〕注「景山大山也」 袁本、茶陵本無此五字。

〔二二〕注「字書曰悱心誦也」 袁本、茶陵本無此七字。

〔二三〕訇礚嘞嘈 袁本、茶陵本「嘞」善作「啷」。案:「啷」不可通,二本所見非也。晉書亦是「嘞」。

〔二四〕注「字林曰礚大聲也」 袁本、茶陵本「字林曰礚」四字作「皆」。

〔二五〕音均不恒曲無定制 袁本、茶陵本云善無「恒」字,有二「曲」字。案:二本所見不可通,非也。晉書亦有「恒」,不重「曲」。

〔二六〕注「清疾貌」 袁本、茶陵本無「清」字。

〔二七〕注「孟子曰」下至「化齊衛之國」 袁本此三十字作「緜駒王豹已見上文」八字,最是。茶陵本複出,與此異,亦非。

〔二八〕注「晏子春秋虞公」下至「長夜瞑瞑何時旦」 袁本、茶陵本無此二百四十一字。案:凡若此者，複雜已甚，增多之非，固不難辨耳。

〔二九〕注「韓必斂手」　袁本、茶陵本「斂」作「檢」。案：今春申君傳作「斂」，蓋善所據作「檢」也。「檢」、「斂」古字通。

〔三〇〕注「孔安國曰」下至「此齊也」　袁本、茶陵本無此四十六字。

〔三一〕注「孔安國曰」下至「而致鳳皇也」　袁本、茶陵本無此二十七字。

〔三二〕注「晉書阮籍」下至「乃登之嘯也」　袁本、茶陵本無此七十九字。

文選卷第十九

情

易曰：利貞者，性情也。性者，本質也；情者，外染也。色之别名，事於最末〔一〕，故居於癸。

高唐賦 并序

宋玉

漢書注曰：雲夢中高唐之臺。此賦蓋假設其事，風諫淫惑也〔二〕。

昔者楚襄王與宋玉遊於雲夢之臺，史記曰：楚懷王薨，太子橫立，爲頃襄王〔三〕。漢書音義，張揖曰：雲夢，楚藪也，在南郡華容縣，其中有臺館。望高唐之觀。其上獨有雲氣，崒兮直上，忽兮改容，須臾之間，變化無窮。爾雅曰：崒者，厜㕒。注謂山峯頭巉喦然。言雲氣形似於山。王問玉曰：「此何氣也？」玉對曰：「所謂朝雲者也。」王曰：「何謂朝雲？」玉曰：「昔者先王嘗遊高唐，怠而晝寢，鄭玄曰：寢，卧息也〔四〕。夢見一婦人曰：『妾巫山之女也，襄陽耆舊傳曰：赤帝女曰姚姬，未行而卒，葬於巫山之陽，故曰巫山之女。楚懷王遊於高唐，晝寢，夢見與神遇，自稱是巫山之女。王因幸之。遂爲置觀於巫山之南，號爲朝雲。後至襄王時復遊高唐。爲高唐之客。自言爲高唐之客〔五〕。聞君遊高唐，願薦枕席。』薦，進也。欲親進於枕席〔六〕，求親昵之意也。王因幸之。去而辭曰：『妾在巫山之陽，高丘之阻，山南曰陽，土高曰丘。漢書注曰：巫山在南郡巫縣。阻，險也。旦爲朝雲，暮爲行雨。朝雲、行雨，神女之美也。朝朝暮暮，陽臺之下。』旦朝視之如言。故爲立廟，號曰『朝雲』。」王曰：「朝雲始出，狀若何也？」玉對曰：「其始出也，⿰日對兮若松榯。⿰日對，茂貌，如曋⿰日對也〔七〕，徒對切。榯，直豎貌，音時。其少進也，晣兮若姣姬。揚袂鄣日，而望所思。晣，昭晣，謂有光明美色。揚袂，舉袖也。如美人之舉袖，望所思也。忽兮改容，偈兮若駕駟馬，建羽旗。韓詩曰〔八〕：偈，桀侹也〔九〕，疾驅貌。周禮曰：析羽爲旍。謂破五色鳥羽爲之也。言氣變改或如駕馬建旗也。建，立也。偈，居竭切。湫兮如風，淒兮如雨。風止雨霽，雲無處所。」湫兮，涼貌。詩曰：風雨淒淒。爾雅曰：濟謂之霽。郭璞注曰：今南陽人呼雨止爲霽，音薺。王曰：「寡人方今可以遊乎？」玉曰：「可。」方今，猶正今也。廣雅曰：方，正也。王曰：「其何如矣？」玉曰：「高矣顯矣，臨望遠矣！廣矣普矣，萬物祖矣！廣，閒也。普，徧也。祖，始也。言萬物皆祖宗生此土〔一〇〕，爲萬物神靈之祖，最有異也。上屬於天，下見於淵，珍怪奇偉，不可稱論。」王曰：「試爲寡人賦之。」玉曰：

「唯唯。」禮記曰：父召無諾，先生召無諾，唯而起。鄭玄曰：應唯恭於諾也。皇偘曰：唯謂今之爾，是也。

惟高唐之大體兮，殊無物類之可儀比。巫山赫其無疇兮，道互折而曾累。言殊異於常，無物可儀比。比，類也。赫然，盛貌。道路交互曲折。曾，重也。謂横斜而上。登巉巖而下望兮，巉巖，石勢，不生草木。臨大阺之稸水。説文曰：秦謂陵阪曰阺，丁兮切。周禮曰：以瀦畜水。字林曰：稸，積也，與畜同，抽六切。遇天雨之新霽兮，觀百谷之俱集。濞洶洶其無聲兮，潰淡淡而並入。百谷者，衆谷雜水集至山之下。字林曰：濞，水暴至聲也。説文曰：洶洶，涌也，謂水波騰貌。洶，詡鞏切。潰，水相交過也。淡，以冉切，安流平滿貌〔一一〕。滂洋洋而四施兮，蓊湛湛而弗止。長風至而波起兮，若麗山之孤畝。蓊然，聚貌。湛湛，深貌。弗止，謂不常静或行。郭象莊子注曰：麗，著也。爾雅曰：如畝畝丘。郭璞曰：丘有隴界如田畝〔一二〕。素問：岐伯對黄帝曰：卒風暴雨，風吹水勢，波落而隴起。言風吹水勢，浪文如孤壟之附山。勢薄岸而相擊兮，隘交引而卻會。廣雅曰：隘，陿也〔一三〕。言水之勢，既薄岸而相激，至迫隘之處，其流交引而卻相會。謂水口急陿，不得前進，則却退，復會於上流之中止〔一四〕。崪中怒而特高兮，若浮海而望碣石〔一五〕。崪，聚也。謂兩浪相合聚而中高也。言水怒浪如海邊之望碣石。孔安國注尚書曰：碣石，海畔山也〔一六〕。礫磥磥而相摩兮，巆震天之磕磕。相摩，言水急石流，自相摩礪，聲動徹天。説文曰：礫，小石也。磥磥，衆石貌。巆，聲也，火宏切。字林曰：磕，大聲也。巨石溺溺之瀺灂兮，沫潼潼而高厲。巨石，大石也。溺溺，没也。瀺灂，石在水中出没之貌。沫，水高低貌。潼潼，高貌。厲，起也。埤蒼曰：瀺灂，水流聲貌〔一七〕。水澹澹而盤紆兮，洪波淫淫之溶潏。說文曰：澹澹，水搖也。紆，回也。淫淫，去遠貌。溶潏，猶蕩動也，音容裔。奔揚踊而相擊兮，雲興聲之霈霈。言水之奔揚踊起而相擊，其狀若雲，又興聲霈霈然。上林賦曰：穹隆雲橈，義出於此。纂文曰：雲若大波。霈，浦大切。猛獸驚而跳駭兮，妄奔走而馳邁。虎豹豺兕，失氣恐喙。雕鶚鷹鷂，飛揚伏竄，妄，謂不覺東西漫走。竄，走也。說文曰：鷂，鷙鳥也，與照切。字林曰：竄，逃也，七外切。非關協韻。一音七玩切〔一八〕。股戰脅息，安敢妄摯。股戰，猶股慄也。脅息，猶翕息也。

於是水蟲盡暴，乘渚之陽。水蟲，魚鼈之屬，驚而陸處。方言曰：曬，暴也，蒲卜切。巫山所臨之渚，陽，水北也，暖故魚鼈游焉。黿鼉鱣鮪，交積縱橫。振鱗奮翼，蜲蜲蜿蜿。中阪遥望，謂張其鱗甲。翼，魚腮邊兩鬣也。蜲蜲蜿蜿，龍蛇之貌。上言水中蟲盡暴，總色説之。中，阪之中，猶未至山頂。蜲，於危切。蜿，於袁切。玄木冬榮。煌煌熒熒，奪人目精。爛兮若列星，曾不可殫形。榛林鬱盛，葩華覆蓋。雙椅垂房，糾枝還會。煌煌熒熒，草木花光也。榛林，栗林也。葩，花。栗花長與葉間生，自相覆蓋也。雙椅，椅，桐屬也。垂房，花作房生也。房，椅實也。還會，交相也〔一九〕。糾枝，枝曲下垂也。毛詩曰：其桐其椅。注：椅，梧屬。爾雅曰：下句曰糾〔二〇〕。徙靡澹淡，隨波闇藹。徙靡，言枝往來靡靡然。澹淡，水波小文也。闇藹者，言木蔭水波，闇藹然也。東西施翼，猗狔豐沛。東西施翼者，謂樹枝四向施布，如鳥翼然。言東西，則南北可知，其林木多也。猗狔，柔弱下垂貌〔二一〕。漢書，大人賦：猗狔以招搖〔二二〕。猗，於宜切。狔，於危切。

緑葉紫裹，丹莖白蔕〔二三〕。裹，猶房也，古卧切。纖條悲鳴，聲似竽籟。清濁相和，五變四會。左氏傳，晏子曰：先王和五聲也，清濁小大以相濟也。吹小枝則聲清，吹大枝則聲濁。五變，五音皆變也。禮記曰：聲相應故生變，變成方謂之音。四會，四懸俱會也。又云：與四夷之樂聲相會也。感心動耳，迴腸傷氣。孤子寡婦，寒心酸鼻。言上諸聲能迴轉人腸，傷斷人氣。禮記王制曰：小而無父謂之孤。寒心，謂戰慄也。酸鼻，鼻辛酸淚欲出也。長吏隳官，賢士失志。尚書曰：股肱惰哉，萬事〔二四〕隳哉。孔安國曰：隳，廢也，許規切。失其本志，不知所爲。愁思無已，歎息垂淚。

登高遠望，使人心瘁。登高心瘁。此下謂至山上高處，未至觀也。瘁，病也。盤岸巑岏，裖陳磑磑。王逸楚辭注曰：巑岏，山鋭貌。裖，已見上林賦〔二五〕，音振。李奇曰〔二六〕：裖，整也。陳，列也。磑磑，高貌。方言曰：磑，堅也〔二七〕。磐石險峻，傾崎崕隤。埤蒼曰：崎嶇不安也〔二八〕。廣雅曰：隤，壞也。説文曰：墜下也。巖嶇參差，從横相追。勢如相追。陬互横啎，背穴偃蹠。廣雅曰：陬，角也，側溝切。啎，五故切。偃蹠，言山石之形，背穴偃蹇，如有所蹈也。許慎淮南子注曰：蹠，蹈也。啎，逆也。路有横石逆當其前。背，卻也。穴，孔也。卻又當山之孔穴。交加累積，重疊增益。交加者，言石相交加累其上，別有交加。石之勢在巑岏崕上，重益其高。狀若砥柱，在巫山下。砥柱，山名，在水中如柱然。此崕岸在巫山下者，似砥柱山然。仰視山巔，肅何千千，炫燿虹蜺。説文曰：俗〔二九〕，望山谷芊芊青也〔三〇〕。千、芊古字通。言山高如虹蜺炫燿其上。俯視崝嶸，窐寥窈冥。廣雅曰：崝嶸，深直貌〔三一〕。窐寥，空深貌。崝，士耕切。嶸，音宏。窐，苦交切。寥，音勢。不見其底，虛聞松聲。言山下杳遠不見，但空聞松聲。傾岸洋洋，立而熊經。言岸既將傾，水流又迅，故立者恐懼而似熊經。傾岸之勢，其水洋洋，避立之處，如熊之在樹〔三二〕。久而不去，足盡汗出。謂傾岸之勢，阻險之處，人所懼見，心自戰懼，足下流汗而出也。悠悠忽忽，怊悵自失。悠悠，遠貌。忽忽，迷貌。言人神悠悠然遠，迷惑不知所斷。楚辭曰：怊悵而自悲。王逸曰：悵，恨貌〔三三〕。怊，恥驕切。使人心動，無故自恐。動，驚也。言無有，故對此而驚恐。賁育之斷，不能爲勇。孟賁、夏育，決斷之士，今見此嶮阻，亦不能爲勇也。斷，丁亂切。卒愕異物，不知所出。卒，七忽切。爾雅曰：遌，見也，午故切。愕與遌同。言卒然復有驚愕之異物，從旁而出，不知所從來。縰縰莘莘，若生於鬼，若出於神。縰縰莘莘，衆多之貌。説文曰：纚，冠織也。縰與纚同，所綺切。詩曰：魚在在藻，有莘其尾。毛萇曰：莘，衆多也。莘，所巾切，字或作甡，往來貌，若出於神〔三四〕。狀似走獸，或象飛禽。譎詭奇偉，不可究陳。上至觀側，地蓋底平。箕踵漫衍，芳草羅生。自此已前，並述山勢也。杜預左氏傳注曰：底，平也。箕踵，前闊後狹似箕。衍，平貌。言山勢如簸箕之踵也。秋蘭茝蕙，江離載菁。廣雅曰：菁，華也。載，則也。青荃射干，揭車苞并。見本草。夜干，一名烏扇，今江東爲烏蓮，史記爲射干。漢書音義曰〔三五〕：揭車，香草也。苞并，叢生也。薄草靡靡，聯延夭夭。越香掩掩，靡靡，相依倚貌。夭夭，少長也。越香，言氣發越。掩掩，同時發也。掩，同也。衆雀嗷嗷。雌雄相失，哀鳴相號。雀，鳥之通稱。毛詩曰：鴻鴈于飛，哀鳴嗷嗷。王雎鸝黃，正冥楚鳩。姊歸思婦，垂雞高巢。其鳴喈喈，爾雅曰：王雎。郭璞曰：鵰類。今江東通呼爲鶪。詩云：鳥摯而有別者，一名王鶪。鸝黃，郭璞曰：其色黧黑而黃，因名之。一曰鶬鶊〔三六〕。方言曰：或謂稚黃爲楚雀。廣雅曰：楚鳩一名嘷啁。爾雅曰：嶲周。郭璞曰：子嶲鳥出蜀中。或曰：即子規，一名姊歸。嶲，胡圭切。思婦，亦鳥名也。地理志曰：夷通鄉北過仁里有覿山，故老相傳云：昔有婦登北山〔三七〕，絶望愁思而死，因以爲名。垂雞，未詳。高巢，巢高也。當年遨遊。一本云：子當千年萬世。遨遊，未詳。更唱迭和，赴曲隨流。赴曲者，鳥之哀鳴，有同歌曲，故言赴曲。隨流者，隨鳥類而成曲也。

有方之士，羨門高谿。史記曰：方士皆掩口。杜預左氏傳注曰：方，法術也。史記曰：秦始皇使燕人盧生求羨門高誓。谿疑是誓字。漢書郊祀志曰：充尚、羨門高最後，皆燕人，爲方令道，形辭銷化玉。充尚、羨門高，二人〔三八〕。上成鬱林，公樂聚穀。蓋亦方士也。未詳所見。又鬱然仙人盛多如林木。公，共也。人在山上作巢〔三九〕。穀，食也。聚食於山阿。進純犧，禱琁室。進，謂祭也。禱，祭也。尚書曰：神祇之犧牷牲用。孔安國曰：色純曰犧。淮南子曰：崑崙之山，有傾宮琁室。高誘曰：以玉飾宮也〔四〇〕。醮諸神，禮太一。醮，祭也，子肖切。史記曰：宜立太一，而上親郊之。傳祝已具，言辭已畢。工乃乘玉輿，駟倉螭。垂旒旌，旆合諧。紬大絃而雅聲流，洌風過而增悲哀。傳祝已具，神之語已具。言辭，即祝所傳辭也。畢，竟也。旒旌，謂建太常十二旒。雅聲，正不淫邪。字林曰〔四一〕：洌，寒風也。紬，引也，音抽。於是調謳，令人惏悷憯悽，脅息增欷。並悲傷貌。脅息，縮氣也。增，益也。惏，力甚切。悷，力計切。於是乃縱獵者，基趾如星。傳言羽獵，銜枚無聲。相傳言語，偏告衆士。漢書音義，李奇曰：羽林騎士。張晏曰：

以應玃負羽。周禮：銜枚氏，軍旅田役令。鄭玄以爲枚止言語囂讙也。枚狀如箸，横銜之〔四二〕。弓弩不發，罘罕不傾。涉漭漭，馳苹苹。漭漭，水廣遠貌。爾雅曰：苹，藾蕭。郭璞曰：今藾蒿也，邪生亦可食〔四三〕。説文曰：苹苹，草貌，音平。飛鳥未及起，走獸未及發。何節奄忽，蹄足灑血？何，問辭也。言何節奄忽之間，而獸之蹄足已皆灑血。節，所執之節也。舉功先得，獲車已實。

王將欲往見，必先齋戒，差時擇日。毛萇詩傳曰：差，擇也。簡輿玄服，建雲旆，蜺爲旌，翠爲蓋。冬王水，水色黑，故衣黑服。簡，略也，省也。翠，翡翠也。以羽飾蓋〔四四〕。風起雨止，千里而逝。蓋發蒙，往自會。素問，黄帝曰：發蒙解惑，未足以論也。會，與神女相會。思萬方，憂國害。開賢聖，輔不逮。開導賢聖，令其進仕，用其謀策，輔己不逮。此又陳諫於王也。九竅通鬱，精神察滯〔四五〕。文子曰：九竅者，精神之户牖。氣者，五藏之使候〔四六〕。吕氏春秋曰：凡人九竅五藏惡之精氣鬱。高誘曰：鬱滯，不通也。延年益壽千萬歲。

文選考異

〔一〕情注「事於最末」　袁本、茶陵本「事於」作「於是」。何校改「於事」。

〔二〕高唐賦注「漢書注曰」下至「風諫淫惑也」　袁本、茶陵本無此二十三字。

〔三〕注「史記曰」下至「爲頃襄王」　袁本、茶陵本無此十五字。

〔四〕注「鄭玄曰寢臥息也」袁本、茶陵本無此七字。

〔五〕爲高唐之客及注「自言爲高唐之客」袁本無此正文五字、注七字。茶陵本有。案：此蓋善有，五臣無，而失著校語者。

〔六〕注「欲親進於枕席」袁本、茶陵本無「進」字。案：「親」當作「進」。尤校改「親」爲「進」，因誤兩存耳。

〔七〕注「如曋暡也」袁本、茶陵本無此四字。陳云「曋暡」二字疑。今案：無四字是也。字書不見「曋暡」。考五臣云「如松栽也」，或誤入，但亦非「曋暡」。袁、茶陵二本爲不誤。

〔八〕注「韓詩曰」何校「詩」下添「章句」二字，陳同。今案：此所脱無以訂之。

〔九〕注「偈桀侹也」袁本此下有「居竭切」三字。案：是也。尤改入注末，作「偈居竭切」，非。茶陵本删去，益非。讀者因是皆誤連下文「疾驅貌」於此句，而不可通矣。

〔一〇〕注「生此土」袁本「生」下有「乎」字，是也。茶陵本無。又其下此注不完，皆非。

〔一一〕注「安流平滿貌」袁本、茶陵本無「安流」二字。

〔一二〕注「爾雅曰如畝畝丘郭璞曰丘有隴界如田畝」袁本、茶陵本作「郭璞爾雅注曰有隴界如畝」十一字。

〔一三〕注「廣雅曰隘陿也」袁本、茶陵本無此六字。

〔一四〕注「謂水口急陿」下至「復會於上流之中止」袁本、茶陵本無此二十字。

〔一五〕若浮海而望碣石　案：「碣」當斷句，「會」、「碣」、「磕」、「厲」及以下皆相協，無容失其一韻，「石」字當屬下句首。「石礫磥磥」二句，言小石也；「巨石溺溺」二句，言大石也。其善注則云「碣石者」，以「碣石」解正文之「碣」，非其讀正文於「石」爲句，必五臣不察，乃誤分節如此，後善爲所亂，而各本不著校語也。又五臣誤改下文「磥磥」作「碨磈」，由不知「磥磥」與「溺溺」相對爲文，亦可證。

〔一六〕注「孔安國注尚書曰碣石海畔山也」　袁本作「碣石山名也已見上注」，是也。茶陵本全複出，皆非。

〔一七〕注「埤蒼曰瀺灂水流聲貌」　袁本、茶陵本無此九字。

〔一八〕注「字林曰竄逃也七外切非關協韻一音七玩切」　袁本、茶陵本無此十八字。案：袁、茶陵似非也。此卷善音，二本多所删去耳。

〔一九〕注「交相也」　案：「交相」當作「相交」。各本皆倒。

〔二〇〕注「毛詩曰」下至「下句曰糾」　袁本、茶陵本無此十八字。

〔二一〕注「柔弱下垂貌」　袁本、茶陵本無「下垂」二字。

〔二二〕注「漢書大人賦猗狔以招搖」　袁本、茶陵本無此十字。

〔二三〕丹莖白蔕　何校云「丹」一作「朱」，陳同。案：袁本、茶陵本「丹」作「朱」也。

〔二四〕注「惰哉萬事」　袁本、茶陵本無此四字。案：此二本脱。

〔二五〕注「裖已見上林賦」　茶陵本作「振」字當作「裖」字，袁本作「振」當作「裖」字，皆校語錯入注，又誤改善作，當以尤所見爲是。

〔二六〕注「李奇曰」　袁本、茶陵本無此三字。

〔二七〕注「方言曰磑堅也」　袁本、茶陵本無此六字。

〔二八〕注「埤蒼曰崎嶇不安也」　袁本、茶陵本無此八字。

〔二九〕注「說文曰谷」　案：「谷」當作「谸」，此所引谷部文。各本皆譌。下文「千芊古字通」，「芊」亦「谸」字之誤。

〔三〇〕注「望山谷芊芊青也」　袁本、茶陵本「芊芊」作「千千」。案：今本說文作「谸谸」。

〔三一〕注「深直貌」　案：「直」當作「冥」。各本皆譌。此在釋訓。

〔三二〕注「傾岸之勢」下至「如熊之在樹」　袁本、茶陵本無此十七字。

〔三三〕注「楚辭曰怊悵而自悲王逸曰悵恨貌」　袁本、茶陵本作「王逸楚辭注曰怊悵恨貌」十字。

〔三四〕注「說文曰纚」下至「若出於神」　袁本、茶陵本無此四十六字，有「言不可測知」五字。案：此尤添四十六字於「言不可測知」上，而傳寫者因遺落其元有之五字也，但所添不當。凡尤意專主增多，每類此。陳但謂「若出於神」四字衍，未是。

〔三五〕注「見本草」下至「漢書音義曰」　袁本無此二十五字，有「射干江東爲烏蓮」七字。茶陵本作「射干烏蓮草也」六字。案：「蓮」當作「萐」。廣雅：烏萐，射干也。曹憲音所夾。今本亦作「蓮」，其誤正同此。

〔三六〕注「爾雅曰王雎」下至「一曰鶻鵃」　袁本無此四十七字，有「王鴡鶚黄已見上」七字，最是。茶陵本所複出不同，皆非。

〔三七〕注「昔有婦登北山」　袁本、茶陵本「婦」上有「思」字。陳云「北」當作「此」。各本皆譌。

〔三八〕注「漢書郊祀志曰」下至「充尚羨門高二人」　袁本、茶陵本無此三十二字。案：二本最是。此或駮善注「羨門高誓」之解而記於旁。尤延之誤取之也。

〔三九〕注「人在山上作巢」　袁本、茶陵本「人」下有「共」字。又案：此解正文「公樂」，當云「人共在山上作樂」。各本「樂」譌爲「巢」也。

〔四〇〕注「以玉飾宫也」　袁本、茶陵本「以」上有「琁宫」二字。案：無者非也。又二「宫」字皆「室」之誤。

〔四一〕注「字林曰」　袁本、茶陵本無此三字。

〔四二〕注「漢書音義李奇曰」下至「横銜之」　袁本無此四十七字。有「羽獵已見上銜枚見吴都賦」十一字，最是。茶陵本所複出不同，皆非。

〔四三〕注「爾雅曰苹」下至「亦可食」　袁本、茶陵本無此十八字。

〔四四〕注「以羽飾蓋」　袁本、茶陵本無此四字。

〔四五〕九竅通鬱精神察滯　袁本云善有「滯」字，茶陵本云五臣無「滯」字。案：各本所見皆非也。

詳注意，善並無「滯」字。「察」字韻上「逮」下「歲」自協，以七字爲一句，但傳寫者誤，因注中「鬱滯不通也」妄添於下。袁、茶陵據之作校語，尤延之亦不審，而讀者皆誤認爲善有、五臣無矣。

〔四六〕注「氣者五藏之使候」　袁本、茶陵本無此七字。

神女賦 并序

宋玉

楚襄王與宋玉遊於雲夢之浦，使玉賦高唐之事。其夜王寢〔一〕，果夢與神女遇〔二〕，其狀甚麗。王異之，明日以白玉。玉曰：「其夢若何？」王曰〔三〕：「晡夕之後，精神怳忽，若有所喜。紛紛擾擾，未知何意。晡，日昳時也。怳忽，不自覺知之意。所喜，忽然喜悦。紛擾，喜也〔四〕。目色髣髴，乍若有記。見一婦人，狀甚奇異。寐而夢之，寤不自識。罔兮不樂，悵然失志。於是撫心定氣，復見所夢。」王曰〔五〕：「狀何如也？」如有可記識也。髣髴，見不審也〔六〕。罔，憂也。撫，覽也。見神女也。玉曰〔七〕：「茂矣美矣！諸好備矣！盛矣麗矣！難測究矣！上古既無，世所未見。瑰姿瑋態，不可勝贊。勝，盡也。贊，明也〔八〕。其始來也，耀乎若白日初出照屋梁。韓詩曰：東方之日。薛君曰：詩人所説者顔色美盛若東方之日。

少進也，皎若明月舒其光。毛詩曰：月出皎兮。毛萇曰：喻婦人有美白晳也。須臾之間，美貌橫生。曄兮如華，溫乎如瑩。毛詩曰：有女同車，顏如蕣華。又曰：尚之以瓊瑩乎而。注：瓊瑩，石似玉也，音榮〔九〕。逸論語曰：如玉之瑩。說文曰：瑩，玉色也，爲明切。曄，盛貌。五色並馳，不可殫形。詳而視之，奪人目精。其盛飾也，則羅紈綺繢盛文章。馳，施也。綺，五色也。蒼頡篇曰：繢，似纂，色赤，胡憒切。極服妙采照萬方。振繡衣，被袿裳。劉熙釋名曰：婦人上服謂之袿。襛不短，纖不長。說文曰：襛，衣厚貌，如恭切。步裔裔兮曜殿堂。忽兮改容，婉若遊龍乘雲翔。嫷被服，侻薄裝。裔裔，行貌。毛萇詩傳曰〔一〇〕：婉，美貌。方言曰：嫷，美也，他卧切。說文曰：侻〔一一〕，好也，與娧同〔一二〕。他外切。又：侻，可也。言薄裝正相堪可。沐蘭澤，含若芳。性和適，宜侍旁。順序卑，調心腸。」沐，洗也。以蘭浸油澤以塗頭。旁，宜侍王旁〔一三〕。卑，柔弱也。王曰：「若此盛矣！試爲寡人賦之。」玉曰：「唯唯。」

夫何神女之姣麗兮，含陰陽之渥飾。言神女得陰陽厚美之飾。被華藻之可好兮，若翡翠之奮翼。其象無雙，其美無極。毛嬙鄣袂，不足程式。西施掩面，比之無色。慎子曰：毛嬙、先施，天下之姣也。衣之以皮倛，則見者皆走，易之以玄錫，則行者皆止。先施，西施一也。嬙，音牆。近之既妖〔一四〕，遠之有望。骨法多奇，應君之相。視之盈目，孰者克尚。近看既美，復宜遠望。孰，誰也。克，能也。誰者能尚，言無有也。私心獨悅，樂之無量。交希恩疏，不可盡暢。他人莫覩，王覽其狀。其狀峩峩，何可極言。貌豐盈以莊姝兮，苞温潤之玉顔。暢，申也。未可申暢己志也。豐盈，肥滿也。莊，嚴也。方言曰：姝，好也〔一五〕。毛萇詩傳曰，姝，美色也。禮記曰：玉温潤而澤，仁也。眸子炯其精朗兮，瞭多美而可觀。字林曰：瞭，明也〔一六〕。鄭玄周禮注曰：瞭，明目也，力小切。眉聯娟以蛾揚兮，朱脣的其若丹。聯娟，微曲貌〔一七〕。素質幹之醲實兮，志解泰而體閑。既姽嫿於幽静兮，又婆娑乎人間。言志操解散，奢泰多閑，不急躁也。謂在人中最好無比也。婆娑，猶盤姗也。說文曰：姽，靖好貌〔一八〕，五累切。廣雅曰：嫿，好也〔一九〕，音畫。說文，静，審也。韓詩，静，貞也〔二〇〕。宜高殿以廣意兮，翼放縱而綽寬。動霧縠以徐步兮，拂墀聲之珊珊。珊珊，聲也。翼，放縱貌。如鳥之翼，隨意放縱。縠，今之輕紗，薄如霧也。

望余帷而延視兮，若流波之將瀾。流波，目視貌。言舉目延視，精若水波將成瀾也。奮長袖以正衽兮，立躑躅而不安。說文曰：衽，衣衿也。自矜嚴也。澹清静其愔嫕兮，性沈詳而不煩。澹，静貌。愔，和也。嫕，淑善也。言志度静而和淑也。不煩，不躁也。聲類曰〔二一〕：愔，見魏都賦，嫕，已見洞簫賦，和静貌。韓詩曰：嫕，悦也。說文曰：嫕，静也。蒼頡篇曰：嫕，密也〔二二〕。時容與以微動兮，志未可乎得原。意似近而既遠兮，若將來而復旋。原，本也。其意欲似近，而心静不測，是復爲遠也。將來可親之意更遠也，謂復更遠也。字林曰：旋，回也〔二三〕。褰余幬而請御兮，願盡心之惓惓。鄭玄毛詩箋曰：幬，牀帳也。懷貞亮之絜清兮，卒與我兮相難。陳嘉辭而云對兮，吐芬芳其若蘭。精交接以來往兮，心凱康以樂歡。神獨亨而未結兮，魂煢煢以無端。含然諾其不分兮，喟揚音而哀歎。頩薄怒以自持兮，曾不可乎犯干。精，神也。結猶未相著〔二四〕，煢煢然無有端次，不知何計分當也。言神女之意，雖含諾，猶不當其心。廣雅曰：頩，色也，匹零切。方言曰：頩，怒色青貌。切韻，匹迥切〔二五〕。歛容也。蒼頡篇曰：薄，微也。捉顔色而自矜持也。

於是搖珮飾，鳴玉鸞。整衣服，歛容顔。顧女師，命太傅。古者皆有女師，教以婦德。今神女亦有教也。毛詩序曰：尊敬師傅，可以歸寧父母。漢書音義曰：婦人年五十無子者爲傅。歡情未接，將辭而去。遷延引身，不可親附。似逝未行，中若相首。遷延，却行去也。廣雅曰：首，向也，舒救切。目略微眄，精彩相授。志態橫出，不可勝記。意離未絶，神心怖覆。禮不遑訖，辭不及究。願假須臾，神女稱遽。目略輕看，精神光采相授與也，猶未即絶。怖覆，謂恐怖而反覆也。左氏傳，豎頭須曰：沐則心覆，心覆則圖反。遽，急也。言去不住也。徊腸傷氣，顛倒失據。毛萇詩傳曰：據，依也。闇然而暝，忽不知處。情獨私懷，誰者可語。惆悵垂涕，求之至曙。

文選考異

〔一〕其夜王寢　陳云「王寢」「白玉」諸字當如沈存中、姚令威之説。案：何校亦云然，謂「玉」「王」互譌也。説載筆談及西溪叢語。今考互譌始於五臣，見下。

〔一〕果夢與神女遇　袁本、茶陵本無「果」字，是也。案：尤本所見又五臣以後之誤者。

〔二〕王曰　袁本、茶陵本「王」下有「對」字，是也。案：此「玉對曰」，五臣「玉」作「王」，仍存「對」字。尤本所見又五臣以後之誤者。

〔四〕注「紛擾喜也」　袁本、茶陵本無此四字。

〔五〕王曰　袁本、茶陵本「王」作「玉」。案：此二本失著校語。

〔六〕注「髣髴見不審也」　袁本、茶陵本無此六字。

〔七〕玉曰　袁本、茶陵本「玉」作「王」，云善作「玉」。案：二本與尤正同，然則善、五臣「王」「玉」互换，此其明驗也。自「王寢」以下，及後「王覽其狀」，皆當如此。二本校語不備，尤本亦多以五臣亂善，賴存此一處，可以推知致譌之由，爲沈存中、姚令威疏通而證明之，讀者亦可以無疑矣。

〔八〕注「勝盡也贊明也」　袁本、茶陵本無此六字。

〔九〕注「又曰尚之以瓊瑩乎而注瓊瑩石似玉也音榮」　袁本、茶陵本無此十八字。

〔一〇〕注「毛萇詩傳曰」　袁本、茶陵本無此五字。

〔一一〕注「説文曰侻」　案：「侻」當作「娧」。各本皆譌。此女部文也。

〔一二〕注「與娧同」　案：「娧」當作「侻」。各本皆譌。

〔一三〕注「旁宜侍王旁」　案：首不當有「旁」字，蓋此注在「宜侍旁」句下，後并上爲一節，而標此字爲識。各本因皆衍。

〔一四〕近之既妖　案：「妖」當作「姣」。上文「姣麗」，五臣作「妖」，善作「姣」。袁、茶陵二本有校語，此以五臣亂善，各本皆非。善注言「近看既美」，是作「姣」之證。

〔一五〕注「方言曰姝好也」　袁本、茶陵本無此六字。

〔一六〕注「字林曰瞭明也」　袁本、茶陵本無此六字。

〔一七〕注「聯娟微曲貌」　袁本、茶陵本無此五字，其所載五臣濟注有之。案：二本是也。此尤所見誤衍。

〔一八〕注「靖好貌」　袁本、茶陵本作「閑體行也」。案：二本是也。此女部文。今本「閑體行娩娩也」，而善節引之。

〔一九〕注「廣雅曰嫿好也」　袁本、茶陵本作「嫿靜好也」四字。案：二本是也。此亦女部文，非引廣雅。尤所見誤衍。

〔二〇〕注「音畫説文静審也韓詩静貞也」　袁本、茶陵本無此十二字。案：或仍當有「音畫」二字。以下皆誤衍耳。

〔二一〕注「聲類曰」　袁本、茶陵本無此三字。

〔二二〕注「和静貌」下至「嫕密也」　袁本、茶陵本無此二十二字。

〔二三〕注「字林曰旋回也」　袁本、茶陵本無此六字。

〔一四〕注「結猶未相著」　袁本、茶陵本「結」上有「未」字，是也。

〔一五〕注「方言曰頩怒色清貌切韻匹迥切」　袁本、茶陵本無此十二字。

登徒子好色賦　并序　此賦假以爲辭，諷於婬也〔一〕。

宋玉

大夫登徒子侍於楚王，短宋玉曰：大夫，官也。登徒，姓也。子者，男子之通稱。戰國策曰：孟嘗君至楚，楚獻象牀，登徒送之。高誘淮南子注曰：短，説其罪闕也。「玉爲人，體貌閑麗，口多微辭，又性好色。閑，静也。麗，美也。微，妙也。公羊傳曰：定、哀多微辭。論語，子曰：吾未見好德如好色者也。願王勿與出入後宮。」王以登徒子之言問宋玉，玉曰：「體貌閑麗，所受於天也；口多微辭，所學於師也；至於好色，臣無有也。」王曰：「子不好色，亦有説乎？遣自解説也。有説則止，無説則退。」玉曰：「天下之佳人莫若楚國，楚國之麗者莫若臣里，臣里之美者莫若臣東家之子。東家之子，增之一分則太長，減之一分則太短，著粉則太白，施朱則太赤。眉如翠羽，肌如白雪，莊子曰：藐姑射之山有神人居焉，肌膚若冰雪。腰如束素，齒如含貝。莊子，孔子謂盜跖曰：將軍齒如齊貝。貝，海螺，其色白。嫣然一笑，惑陽城，迷下蔡。王逸楚辭注曰：嫣，笑貌。廣雅曰：嘕嘕，欯欯，喜也〔二〕。陽城、下蔡，二縣名，蓋楚之貴介公子所封，故取以喻焉。然此女登牆闚臣三年，至今未許也。字林曰：窺，傾頭門内視也。又小視也。登徒子則不然。其妻蓬頭攣耳，齞脣歷齒。莊子曰：蓬頭突鬢。爾雅曰：攣，病也，力專切。説文曰：齞，張口見齒也，牛善切。歷，猶疎也。旁行踽僂，又疥且痔。踽僂，傴僂也。廣雅曰：傴僂，曲貌。傴，央矩切。僂，力主切。説文曰：疥，瘙也。痔，後病也。登徒子悦之，使有五子。王孰察之，誰爲好色者矣。」是時，秦章華大夫在側，因進而稱曰：「今夫宋玉盛稱鄰之女，以爲美色，愚亂之邪！臣自以爲守德，謂不如彼矣。章華，楚地名。大夫，楚人入仕於秦，時使襄王。一云食邑章華，因以爲號〔三〕。愚，鈍也。亂，昬也。邪，僻也。言昬鈍邪僻之臣。章華大夫自謙不如彼之登徒所説也。言宋玉之所説鄰女美色，愚臣守德，猶不如登徒之説，況宋玉乎？臣，章華大夫自謂。且夫南楚窮巷之妾，焉足爲大王言乎？若臣之陋，目所曾覩者，未敢云也。」王曰：「試爲寡人説之。」大夫曰：「唯唯〔四〕。」

「臣少曾遠遊，周覽九土，足歷五都。九土，九州之土。五都，五方之都。出咸陽，熙邯鄲。從容鄭衛溱洧之間。熙，戲也。廣雅曰：從容，舉動也〔五〕。毛詩曰：溱與洧，方涣涣兮。毛萇曰：溱、洧，鄭兩水名。洧，于軌切。是時向春之末，迎夏之陽。鶬鶊喈喈，羣女出桑。毛詩曰：倉庚喈喈。又曰：十畝之間兮，桑者閑閑兮。此郊之姝，華色含光。體美容冶，不待飾裝。臣觀其麗者，因稱詩曰：遵大路兮攬子祛，此郊，即鄭衛之郊〔六〕。毛詩曰：静女其姝。又曰〔七〕：遵大路兮，摻執子之祛兮。大路，詩篇名也。遵，循也。路，道也。謂道路逢子之美，願攬子之袂與俱歸也〔八〕。稱此詩者，此本鄭詩，故稱以感動。贈以芳華辭甚妙。折芳草之華以贈之，爲辭甚妙。於是處子怳若有望而不來，忽若有來而不見，意密體疏，俯仰異觀，含喜微笑，竊視流眄。謂折芳草之花以贈之，欲贈芳華，恐不受，故先與妙辭以進之。處女，未嫁者。怳，失意貌。體疏，相離殊遠。謂異於未贈花前所視。復稱詩曰：寤春風兮發鮮榮。絜齋俟兮惠音聲。贈我如此兮不如無生。司馬彪注漢書子虛賦曰：復，答也。顔師古注：復，音伏〔九〕。寤，覺也。鮮榮，華也，喻少年之盛。齋，莊也，言自絜貌，矜莊而待惠音聲。如此，謂贈以芍藥，欲結恩情，而女不受。毛詩曰：知我如此，不如無生。鄭玄曰：則己之生，不如不生。無生，恨之辭也。因遷延而辭避，蓋徒以微辭相感動，精神相依憑，目欲其顔，心顧其義，揚詩守禮，終不過差，故足稱也。」微辭，謂向所陳辭甚妙者。若即折登徒言多微詞。

於是楚王稱善，宋玉遂不退。宋玉雖不逮大夫之顧義，而不同登徒之好色，故不退。

文選考異

〔一〕登徒子好色賦注「此賦假以爲辭諷於婬也」　袁本、茶陵本無此十字。

〔二〕注「廣雅曰嗎嗎故故喜也」　袁本、茶陵本無此九字。

〔三〕注「一云食邑章華因以爲號」　袁本、茶陵本無此十字。

〔四〕唯唯　案：此下各本皆提行，非也。考此賦本無所謂序，今題下有「并序」二字，而於此提行，謂以上是序，以下是賦，善必不應如是大誤，未詳其何時始爾也。

〔五〕注「廣雅曰從容舉動也」　袁本、茶陵本無此八字。

〔六〕注「此郊即鄭衞之郊」　袁本、茶陵本無此七字。

〔七〕注「静女其姝又曰」　袁本、茶陵本無此六字。

〔八〕注「大路詩篇名也」下至「與俱歸也」　袁本、茶陵本無此二十八字。

〔九〕注「司馬彪注漢書子虚賦曰復答也顏師古注復音伏」　袁本、茶陵本無此二十字，有「復報也」三字。案：二本是也。凡此等尤所添皆非是。

洛神賦　并序　漢書音義，如淳曰：宓妃，宓羲氏之女，溺死洛水，爲神。

曹子建　記曰：魏東阿王，漢末求甄逸女，既不遂。太祖回與五官中郎將。植殊不平，晝思夜想，廢寢與食。黄初中入朝，帝示植甄后玉鏤金帶枕，植見之，不覺泣。時已爲郭后讒死。帝意亦尋悟，因令太子留宴飲，仍以枕賚植。植還，度轘轅，少許時，將息洛水上，思甄后。忽見女來，自云：我本託心君王，其心不遂。此枕是我在家時從嫁前與五官中郎將，今與君王。遂用薦枕席，懽情交集，豈常辭能具。爲郭后以糠塞口，今被髮，羞將此形貌重覩君王爾！言訖，遂不復見所在。遣人獻珠於王，王答以玉珮，悲喜不能自勝，遂作感甄賦。後明帝見之，改爲洛神賦〔一〕。

黄初三年，余朝京師，還濟洛川。黄初，文帝丕年號。京師，洛陽也。洛川，洛水之川也，洛水出洛山。濟，度也〔二〕。古人有言，斯水之神，名曰宓妃。感宋玉對楚王神女之事，遂作斯賦。其辭曰：

余從京域言歸東藩。魏志曰：黄初三年，立植爲鄄城王。四年，徙封雍丘。其年朝京師。又文紀曰：黄初三年，行幸許。又曰：四年三月，還雒陽宫。然京域謂雒陽，東蕃即鄄城。魏志及諸詩序並云四年朝，此云三年，誤。一云魏志三年不言植朝，蓋魏志略也〔三〕。背伊闕，越轘轅。伊闕、轘轅，已見東都賦〔四〕。經通谷，陵景山。華延洛陽記曰：城南五十里有大谷，舊名通谷。河南郡圖經曰：景山，緱氏縣南七里。日既西傾，車殆馬煩。爾廼税駕乎蘅皐，秣駟乎芝田。蘅，杜蘅也。皐，澤也。嵩高山記曰：山上神芝〔五〕。十洲記曰：鍾山仙家耕田種芝草。容與乎陽林〔六〕，流眄乎洛川。於是精移神駭，忽焉思散。俯則未察，仰以殊觀。覩一麗人，于巖之畔。廼援御者而告之曰：「爾有覿於彼者乎？彼何人斯，若此之豔也？」陽林，一作楊林〔七〕，地名，生多楊，因名之。移，變也。情思消散，如有所悦。未察，猶未的審所觀殊異。毛詩曰：彼何人斯。御者對曰：「臣聞河洛之神，名曰宓妃，然則君王所見，無廼是乎？其狀若何？臣願聞之。」

余告之曰：「其形也，翩若驚鴻，婉若遊龍。邊讓章華臺賦曰：體迅輕鴻，榮曜春華。神女賦曰：婉若遊龍乘雲翔。翩翩然若鴻鴈之驚，婉婉然如遊龍之升。榮曜秋菊，華茂春松。朱穆鬱金賦曰：比光榮於秋菊，齊英茂於春松。髣髴兮若輕雲之蔽月，飄颻兮若流風之迴雪。遠而望之，皎若太陽升朝霞；正歷曰：太陽，日也。迫而察之，灼若芙蕖出淥波。襛纖得衷，脩短合度。神女賦曰：襛不短，纖不長。肩若削成，腰如約素〔八〕。削成，已見魏都賦。登徒子好色賦曰：腰如束素。束素，約素，謂圓也。延頸秀項，皓質呈露。楚辭曰：小腰秀項若鮮卑。説文曰：項，頸也。司馬相如美人賦曰：皓質呈露。呈，見也。延、秀，皆長也。芳澤無加，鉛華弗御。楚辭曰：粉白黛黑施芳澤。鉛華，粉也。博物志曰：燒鉛成胡粉。張平子定情賦曰：思在面爲鉛華兮，患離塵而無光。雲髻峩峩，脩眉聯娟。毛詩曰：鬒髮如雲。神女賦曰：眉聯娟以蛾揚。峩峩，高如雲也。脩，長曲而細也。丹脣外朗，皓齒内鮮。明眸善睞，靨輔承權。神女賦曰：眸子炯其精朗。離騷曰：靨輔奇牙宜笑嘕。王逸曰：美人頰有靨輔也。權，兩頰。睞，旁視也。瓌姿豔逸，儀静體閑。神女賦曰：瓌姿瑋態。又曰：志解泰而體閑。儀静，安静也。體閑，謂膚體閑暇也。柔情綽態，媚於語言。奇服曠世〔九〕，骨像應圖。柔，弱也。綽，寬也。神女賦曰：骨法多奇，應君之相。應圖，應畫圖也。披羅衣之璀粲兮，珥瑶碧之華琚。璀粲，衣聲。山海經曰：沃人之國爰有璿瑰瑶碧。郭璞曰：名玉也。又曰〔一〇〕：和山其上多瑶碧。毛詩曰：投我以木瓜〔一一〕，報之以瓊瑶〔一二〕。毛萇曰：琚，佩玉名，音居。戴金翠之首飾，綴明珠以耀軀。司馬彪續漢書曰：太皇后花勝上爲金鳳，以翡翠爲毛羽，步摇貫白珠八。劉騊駼玄根賦曰：戴金翠，珥珠璣。劉熙釋名曰：皇后首飾曰副。踐遠遊之文履，曳霧綃之輕裾。繁欽定情詩曰：何以消滯憂，足下雙遠遊。有此言，未詳其本。神女賦曰：動霧縠以徐步。綃，輕縠也〔一三〕。微幽蘭之芳藹兮，步踟蹰於山隅。

「於是忽焉縱體，以遨以嬉。左倚采旄，右蔭桂旗。芳藹，芳香晻藹也。楚辭曰：建雄虹之采旄。又曰：辛夷車兮結桂旗。攘皓腕於神滸兮，采湍瀨之玄芝。爾雅曰：岸上曰滸。郭璞曰：厓上地也〔一四〕。毛詩曰：在河之滸。毛萇曰：滸，水厓也。漢書音義，應劭曰：瀨，水流沙上也。傅瓚曰：瀨，湍也〔一五〕。本草曰：黑芝一名玄芝。余情悦其淑美兮，心振蕩而不怡。無良媒以接懽兮，託微波而通辭。毛詩曰：子無良媒。願誠素之先達兮，解玉佩以要之。嗟佳人之信脩，羌習禮而明詩。抗瓊珶以和予兮，指潛淵而爲期。要，屈也。佳人信脩整，習禮謂立德，明詩謂善言辭。古人指水爲信，如有如白水之類也。珶，玉也，徒帝切。潛淵，謂所居也。執眷眷之款實兮，懼斯靈之我欺。感交甫之弃言兮，悵猶豫而狐疑。神仙傳曰：切仙一出遊於江濱，逢鄭交甫，交甫不知何人也，目而挑之，女遂解佩與之。交甫行數步，空懷無佩，女亦不見〔一六〕。爾雅曰：猶如麂，善登木。此獸性多疑慮，常居山中。忽聞有聲，則恐人來害之，每預上樹，久久無度復下，須臾又上。如此非一。故不決者稱猶焉。一曰：隴西俗謂犬子，隨人行，每預前，待人不得，又來迎候，故言猶豫也。狐之爲獸，其性多疑，每渡冰行且聽且渡。故疑者稱狐疑。收和顔而静志兮，申禮防以自持。説文曰：静，審也。韓詩曰：静，貞也〔一七〕。申，展也。子建自防持也。

「於是洛靈感焉，徙倚傍徨。謝靈運山居賦注曰：河靈，河伯也，東阿所謂洛靈。神光離合，乍陰乍陽。竦輕軀以鶴立，若將飛而未翔。陰去陽來也。邊讓章華臺賦曰：縱輕軀以迅赴，若離鵠之失羣。言如鶴鳥之立望。踐椒塗之郁烈，步蘅薄而流芳。椒塗、蘅薄，言芳香也。郁烈，香氣之甚。超長吟以永慕兮，聲哀厲而彌長。

「爾迺衆靈雜遝，命儔嘯侶。或戲清流，或翔神渚。或采明珠，或拾翠羽。從南湘之二妃，攜漢濱之游女。厲，急也。雜遝，衆貌。二妃已見上文。毛詩曰：漢有游女，不可求思。注：漢上游女，無求思者〔一八〕。歎匏瓜之無匹兮，詠牽牛之獨處。史記曰：四星在危南。匏瓜。牽牛爲犧牲。其北織女。織女，天女孫也。天官星占曰：匏瓜一名天雞，在河鼓東。牽牛一名天鼓，不與織女值者，陰陽不和。曹植九詠注曰：牽牛爲夫，織女爲婦。織女、牽牛之星，各處河鼓之旁〔一九〕。七月七日，乃得一會。阮瑀止慾賦曰：傷匏瓜之無偶，悲織女之獨勤。俱有此言。然無匹之義，未詳其始。揚輕袿之猗靡兮，翳脩袖以延佇。體迅飛鳧，飄忽若神。陵波微步，羅襪生塵。陵波而襪生塵，言神人異也。洛靈即神，而言若者，夫神萬靈之總稱，言若所以類彼，非謂此爲非神也。淮南子曰：聖足行於水〔二〇〕，無跡也；衆生行於霜，有跡也。説文曰：襪，足衣也。動無常則，若危若安。進止難期，若往若還。轉眄流精，光潤玉顏。神女賦曰：苞温潤之玉顏。含辭未吐，氣若幽蘭。神女賦曰：吐芬芳其若蘭。華容婀娜，令我忘飡〔二一〕。張衡七辯曰：蝤齊之領，阿那宜顧。杜篤禊祝曰：懷季女使不飱。婀，烏可切。娜，奴可切。

「於是屏翳收風，川后静波。王逸楚辭注曰：屏翳，雨師名。虞喜志林曰：韋昭云：屏翳，雷師。喜云雨師，然説屏翳者雖多，並無明據。曹植詰洛文曰〔二二〕：河伯典澤，屏翳司風。植既皆爲風師，不可引他説以非之。川后，河伯也，已見上文。馮夷鳴鼓，女媧清歌。馮夷、女媧，並已見上文。騰文魚以警乘，鳴玉鸞以偕逝。騰，升也。文魚有翅能飛，故使警乘。警，戒也。楚辭曰：文魚兮上瀨。又曰：將騰駕兮皆逝。玉鸞已見上文。六龍儼其齊首，載雲車之容裔。春秋命歷序曰：有神人右耳蒼色大肩，駕六龍出輔，號曰神農。儼，矜莊貌。春秋命歷序曰：人皇乘雲車出谷口。博物志曰：漢武帝好道，西王母七月七日漏七刻，王母乘紫雲車來〔二三〕。鯨鯢踊而夾轂，水禽翔而爲衛。

「於是越北沚，過南岡。紆素領，迴清陽。北海魚非洛川所有，然神仙之川亦有。爾雅曰：水中渚曰沚。孔安國尚書注曰：山脊曰岡〔二四〕。毛詩曰：領如蝤蠐。又曰：有美一人，清陽婉兮。動朱脣以徐言，陳交接之大綱。恨人神之道殊兮，怨盛年之莫當。抗羅袂以掩涕兮，淚流襟之浪浪。盛年，謂少壯之時不能得當君王之意。此言微感甄后之情。楚辭曰：攬茹蕙以掩涕兮，沾予襟之浪浪。淚下貌〔二五〕。悼良會之永絶兮，哀一逝而異鄉。無微情以效愛兮，獻江南之明璫。良會，夫婦之道。鄉，猶方也。淮南子曰：禮豐不足以效愛。服虔通俗文曰：耳珠曰璫。雖潛處於太陰，長寄心於君王。太陰，衆神之所居。忽不悟其所舍，悵神宵而蔽光。漢書音義，孟康曰：宵，化也。

「於是背下陵高，足往神留。遺情想像，顧望懷愁〔二六〕。楚辭曰：思舊故而想像。傅毅七激曰：無物可樂，顧望懷愁。冀靈體之復形，御輕舟而上遡。浮長川而忘反，思緜緜而增慕。夜耿耿而不寐，霑繁霜而至曙。遡，逆流向上也。緜緜，密意也。毛詩曰：耿耿不寐。又曰：正月繁霜。命僕夫而就駕，吾將歸乎東路。攬騑轡以抗策，悵盤桓而不能去。」說文曰：騑，驂駕也。毛萇詩傳曰：騑騑，行不止之貌。廣雅曰：盤桓，不進也〔二七〕。

文選考異

〔一〕注「記曰」下至「改爲洛神賦」　此二百七字袁本、茶陵本無。案：二本是也。此因世傳小説有感甄記，或以載於簡中，而尤延之誤取之耳。何嘗駁此説之妄，今據袁、茶陵本考之，蓋實非善注。又案：後注中「此言微感甄后之情」，當亦有誤字也。

〔二〕注「黄初文帝丕年號」下至「濟度也」　袁本、茶陵本無此二十七字。

〔三〕注「一云魏志三年不言植朝蓋魏志略也」　袁本、茶陵本無此十五字。案：此亦尤延之誤取，或駮善注之記於旁者。

〔四〕注「已見東都賦」　陳云「都」當作「京」，是也。袁、茶陵二本複出，皆非。案：複出不合善例，凡袁亦誤者不悉出。

〔五〕注「山上神芝」　袁本、茶陵本神上有「有」字，是也。

〔六〕容與乎陽林　袁本、茶陵本「陽」作「楊」，云五臣作「陽」。案：二本是也。尤所見以五臣亂善。

〔七〕注「陽林一作楊林」　袁本、茶陵本無「陽林一作」四字。案：二本是也。此尤所見蓋有「陽林」，善作「楊林」，乃校語錯入注，因改善作「一」以就之耳。

〔八〕腰如約素　袁本、茶陵本云「約」善作「束」。案：二本校語是也。注云「束素，約素」，以「約」解「束」。五臣因改正文作「約」，尤所見以之亂善，非也。

〔九〕奇服曠世　袁本、茶陵本云「世」善作「代」。案：此以五臣亂善。

〔一〇〕注「沃人之國」下至「名玉也又曰」　袁本、茶陵本無此十八字。

〔一一〕注「投我以木瓜」　袁本、茶陵本無此五字。

〔一二〕注「報之以瓊瑶」　何校「瑶」改「琚」，是也。各本皆譌。

〔一三〕注「綃輕縠也」　案：此當作「綃已見吴都賦」。袁、茶陵二本所複出者其證也。

〔一四〕注「爾雅曰」下至「厓上地也」　袁本、茶陵本無此十四字。

〔一五〕注「漢書音義應劭曰」下至「瀨湍也」　袁本、茶陵本無此十九字。

〔一六〕注「神仙傳曰切仙一出」下至「女亦不見」　袁本、茶陵本此注作「韓詩内傳曰鄭交甫遵彼漢臯臺下遇二女與言曰願請子之珮二女與交甫交甫受而懷之超然而去十步循探之即亡矣迴顧二女亦即亡矣」。案：皆非也。依善例求之，當云「交甫已見江賦」。袁、茶陵其所複出也。

〔一七〕注「説文曰」下至「静貞也」　袁本、茶陵本無此十二字。

〔一八〕注「二妃已見上文毛詩曰」下至「無求思者」　案：「二妃」下當有「游女並」三字，依善例求之如此。謂「二妃」注在思玄賦，「游女」注在琴賦。袁本、茶陵本所複出皆非，然即其證也。

「毛詩曰」以下二十字，尤本誤衍，袁、茶陵無。

〔一九〕注「各處河鼓之旁」　袁本、茶陵本無「鼓」字，是也。

〔二〇〕注「聖足行於水」　袁本、茶陵本「足」作「人」，是也。

〔二一〕令我忘飡　袁本、茶陵本「飡」作「餐」。案：疑善「飡」、五臣「餐」而失著校語也。「飡」、「餐」古亦同字，俗譌爲「飡」。他皆放此。又案：注「使不飧」，「飧」當爲「飡」。

〔二二〕注「曹植詰洛文曰」　案：「洛」當作「咎」。各本皆譌。文今載集中。袁本、茶陵本「詰」譌「結」，陳云當作「禊」，大非。王伯厚嘗言：曹子建詰咎文，假天帝之命，以詰風伯、雨師。名篇之意顯然矣。

〔二三〕注「王母乘紫雲車來」　袁本、茶陵本「來」上有「而」字，是也。

〔二四〕注「爾雅曰」下至「山脊曰岡」　袁本、茶陵本無此十九字。

〔二五〕注「淚下貌」　袁本、茶陵本無此三字。

〔二六〕顧望懷愁　案：袁本、茶陵本此下校語云善作「怨」，其所見非也。此韻脚非有異同，尤本未誤。

〔二七〕注「説文曰騑」下至「盤桓不進也」　袁本、茶陵本無此二十七字。

文選

〔南朝梁〕蕭 統編
〔唐〕李 善注

第三册
第十九卷續至第三十一卷

上海古籍出版社

文選第三冊目錄

（第十九卷續至三十一卷）

詩

補亡

述德

勸勵

獻詩

公讌

祖餞

詠史

百一

遊仙

招隱

反招隱

游覽

詠懷

哀傷

贈答

行旅

軍戎

郊廟

樂府

挽歌

雜歌

雜詩

雜擬

文選卷第十九續

詩甲

補亡　述德　勸勵

補亡

補亡詩六首　四言　并序　補亡詩序曰：晳與司業疇人肄脩鄉飲之禮，然所詠之詩，或有義無辭，音樂取節，闕而不備，於是遥想既往，存思在昔，補著其文，以綴舊制。

束廣微 王隱晉書曰：束皙，字廣微，平陽陽干人也。父惠，馮翊太守；兄璆，與皙齊名。嘗覽古詩，惜其不補，故作詩以補之。賈謐請爲著作郎〔一〕。

南陔，孝子相戒以養也。毛詩序曰：有其義而亡其辭。子夏序曰：南陔廢則孝友缺矣。聲類曰〔二〕：陔，隴也。

循彼南陔，言采其蘭。采蘭以自芬香也。循陔以采香草者，將以供養其父母，喻人求珍異以歸〔三〕。眷戀庭闈，心不遑安。庭闈，親之所居。眷戀，思慕也。言我思歸供養，心不暇安。彼居之子，罔或游盤。居，謂未仕者。言在家之子〔四〕，無有縱樂，須供養。此相戒之辭也〔五〕。尚書曰：乃盤游無度。馨爾夕膳，絜爾晨飡。馨，芬香也。絜，鮮静也。教其朝晚供養之方〔六〕。循彼南陔，厥草油油。草油油而從風，喻己亦當柔色以承親。史記，微子之歌曰：麥秀之漸漸，禾黍之油油。鄭玄禮記注曰：油然，物始生好貌。彼居之子，色思其柔〔七〕。言承望父母顏色須其柔順也。論語，子夏問孝，子曰：色難。色難，謂承順父母顏色乃爲難也。眷戀庭闈，心不遑留。馨爾夕膳，絜爾晨羞。羞，有滋味者。有獺有獺，在河之涘。禮記曰：孟春之月，魚上冰，獺祭魚。獺將食之，先以祭。又曰〔八〕：獺祭魚，然後虞人入澤梁。此喻孝子循陔如求珍異，歸養其親也〔九〕。凌波赴汩，噬魴捕鯉。字林曰：汩，深水也，于筆切。廣雅曰：噬，齧也。爾雅曰：魴，魾也。郭璞曰：今呼魴魚爲鯿〔一〇〕。嗷嗷林烏，受哺于子。小雅曰：純黑而反哺者，烏也。毛詩曰〔一一〕：相彼反哺，尚在翔禽。養隆敬薄，惟禽之似。孟子曰：食而不愛，豕畜之〔一二〕；愛而不敬，獸畜之。

劉熙曰：愛而不敬，若人畜禽獸，但愛而不能敬也。言鳥亦能報恩，但不知禮敬耳。今人雖有供養而無禮敬，禽獸何異乎？勗增爾虔，以介丕祉。鄭玄毛詩箋云：介，助也。毛萇詩傳曰：祉，福也。

白華，孝子之絜白也。言孝子養父母，常自絜，如白華之無點汙也。子夏序曰：白華廢則廉恥缺矣。

白華朱萼，被于幽薄。毛詩曰：鄂不韡韡〔一三〕。鄭玄曰：承華者，鄂也。纂要曰：草叢生曰薄。此喻兄弟比於華萼〔一四〕，在林薄之中，若孝子之在衆雜，方於華萼，自然鮮絜。粲粲門子，如磨如錯。毛詩曰：粲粲衣服。周禮曰：正室謂之門子。鄭玄曰：正室適子，將代父當門者。毛詩曰：如切如瑳，如琢如磨。石曰磨。爾雅曰：謂之剒〔一五〕。終晨三省，匪惰其恪。論語，曾子曰：吾日三省吾身：爲人謀而不忠乎？與朋友交而不信乎？傳不習乎？陳思王魏德論曰：位冠萬國，不惰厥恪。白華絳趺，在陵之陬。鄭玄毛詩箋曰：跗，鄂足也。跗與趺同。陬，山足也。蒨蒨士子，涅而不渝。蒨蒨，鮮明貌。論語，子曰：不曰白乎？涅而不緇。渝，變也。竭誠盡敬，亹亹忘劬。毛萇詩傳曰：亹亹，勉勉也，亡匪切。白華玄足，在丘之曲。堂堂處子，無營無欲。論語，曾子曰：堂堂乎張也。處子，處士也。已見鸚鵡賦。梁鴻安丘嚴平頌曰：無營無欲，澹爾淵清。鮮侔晨葩，莫之點辱。孝經鉤命決曰：名毀行廢，玷辱先人。王逸楚辭注曰：點，汙也。點與玷古字通。

華黍，時和歲豐，宜黍稷也。子夏序曰：華黍廢則畜積缺矣。

黮黮重雲，輯輯和風〔一六〕。黮黮，雲色不明貌〔一七〕，徒感切。輯輯，風聲和也〔一八〕。毛詩曰：習習谷風。毛萇曰：習習，和舒之貌。輯與習同。黍華陵巔，麥秀丘中。毛詩曰：黍稷方華。微子有麥秀之歌。鄭玄曰：高田宜黍稷，下田宜稻麥。靡田不播，九穀斯豐。尚書曰：播厥百穀。周禮曰：三農生九穀。鄭玄曰：九穀〔一九〕，稷、黍、秫、稻、麻、大小豆、大小麥也。奕奕玄霄，濛濛甘霤。鄭玄毛詩箋曰：奕奕，光也。玄，黑也。霄，雲也。毛萇詩傳曰：濛濛，雨貌。凡水下流曰霤。黍發稠華，亦挺其秀。蒼頡篇曰：稠，衆也〔二〇〕。廣雅曰：稠，概也，直留切。概，居致切。毛詩曰：實發實秀。靡田不殖，九穀斯茂。無高不播，無下不殖。芒芒其稼，參參其穡。芒芒，多貌。參參，長貌。種曰稼，斂曰穡。參，所今切。穡我王委，充我民食。公羊傳曰：君子之爲國也，必有三年之委。尚書，八政，一曰食。玉燭陽明，顯猷翼翼。爾雅曰：四氣和謂之玉燭。郭璞曰：道光照也〔二一〕。廣雅曰：翼翼，明貌。猷，道也。

由庚，萬物得由其道也。由，從也。庚，道也。言物並得從陰陽道理而生也。子夏序曰：由庚廢則陰陽失其道理矣。

蕩蕩夷庚，物則由之。尚書曰：王道蕩蕩。毛萇詩傳曰：夷，常也。萬物由之以生也。喻王者之德，羣生仰之以安也。蠢蠢庶類，王亦柔之。毛萇詩傳曰：蠢，動也。國語曰：夏禹能平水土以品處庶類。孔安國尚書傳曰：柔，安也。道之既由，化之既柔。木以秋零，草以春抽。言萬物既由於道，羣黎又安於化，故草木遂性而零茂隨四時也。獸在于草〔二二〕，魚躍順流。言皆得其時也。四時遞謝，八風代扇。淮南子曰：四時者，春生，夏長，秋收，冬藏。八風，已見上〔二三〕。纖阿案晷，星變其躔。淮南子曰：纖阿，月御也。顏延年纂要曰：景曰晷。吕氏春秋曰：月躔二十八宿。漢書曰：日月初躔星之紀。音義曰：躔，舍也。五是不逆，六氣無易。尚書云：曰雨、曰暘、曰燠、曰風、曰時〔二四〕，五是來備，各以其序，庶草蕃廡。左氏傳，秦醫和謂晉侯曰：天有六氣，陰陽風雨晦明。易，改也。謂不改其常行也。愔愔我王，紹文之跡。左氏傳，右尹革曰：祈昭之愔愔。杜預曰：愔愔，安和貌。我王，成王也。此詩成王時也。文，周文王也。言能繼文王之跡也。

崇丘，萬物得極其高大也。崇丘，高丘也。言萬物生長於高丘〔二五〕，皆遂其性，得極其高大也。子夏序曰：崇丘廢則萬物不遂其性矣。

瞻彼崇丘，其林藹藹。植物斯高，動類斯大。藹藹，茂盛貌。周禮曰：山林植物。鄭玄曰：物，根生之屬〔二六〕。周風既洽，王猷允泰。周，周室也。毛詩曰：王猷允塞。猶猷古字通〔二七〕。漫漫方輿，回回洪覆。淮南子曰：以天爲蓋，以地爲輿。曾子曰：天道曰員，地道曰方。何類不繁，何生不茂。物極其性，人永其壽。易乾鑿度曰：統者在上，方物常在，五位應時，羣物遂性。漢書，公孫弘對策曰：故形和則無疾，無疾則不夭。恢恢大圓，芒芒九壤。老子曰：天網恢恢。九壤，九州也。左氏傳曰：芒芒九土。資生仰化，于何不養。資，取也。言取生者皆仰德而化也。易曰：至哉坤元，萬物資生。言物盡其性，咸生長也。人無道夭，物極則長。老子曰：終天年而不中道夭者，是智之盛也。年未三十而死曰夭，言無夭折之道也。易曰：小人道消，君子道長。言物極則歸長也〔二八〕。

由儀，萬物之生，各得其儀也。言萬物之生，各由其道，得其所儀也。毛萇詩傳曰：儀，宜也。蒼頡篇曰：宜，得所也。子夏序曰：由儀廢則萬物失其道理矣。

肅肅君子，由儀率性。爾雅曰：肅肅，敬也。郭璞曰：容儀謹敬也。禮記曰：率性之謂道。明明后辟，仁以爲政。爾雅曰：明明，察也。郭璞曰：聰明鑒察也。爾雅曰：后辟，君也。魚游清沼，鳥萃平林。毛詩曰：依彼平林，有集維鷮。濯鱗鼓翼，振振其音。賓寫爾誠，主竭其心。賓，謂羣臣也。時之和矣，何思何脩。時既和平矣，何所思慮，何所脩治。易曰：天下何思何慮。王弼曰：一以貫之，不慮而盡也。莊子，老聃曰：至人之於德也，若天之自高，地之自厚，夫何脩之爲。文化内輯，武功外悠。輯，和也。言以文化輯和於内，用武德加於外遠也。悠，遠也。

文選考異

〔一〕注「王隱晉書曰」下至「賈謐請爲著作郎」此四十九字袁本、茶陵本無，所載五臣翰注亦引王隱書而文大異，蓋并善於五臣之誤。以尤所見爲是。

〔二〕注「聲類曰」袁本、茶陵本無此三字。

〔三〕注「采蘭以自芬香也」下至「喻人求珍異以歸」袁本、茶陵本此二十八字作「言蘭芬芳以之故己循陔以采之喻己當自身盡心以養也」二十三字。

〔四〕注「言在家之子」　袁本、茶陵本無此五字。

〔五〕注「無有縱樂須供養此相戒之辭也」　袁本、茶陵本「縱樂」作「游盤」，無「須供養此」四字。

〔六〕注「馨芬香也」下至「教其朝晚供養之方」　袁本、茶陵本此十六字作「言相戒盡心以養也」八字。

〔七〕彼居之子色思其柔　陳云二句當在「心不遑留」下，如首章例。案：所校是也。各本皆誤倒。

〔八〕注「孟春之月」下至「先以祭又曰」　袁本、茶陵本無此十九字。

〔九〕注「此喻孝子循陔如求珍異歸養其親也」　袁本、茶陵本無此十五字。

〔一〇〕注「廣雅曰噬」下至「今呼魴魚爲鯿」　袁本、茶陵本無此二十一字。

〔一一〕注「毛詩曰」　案：「毛」字誤。各本皆同，無以訂之。

〔一二〕注「豕畜之」　袁本、茶陵本「畜」作「交」，是也。

〔一三〕注「鄂不韡韡」　袁本、茶陵本「鄂」作「萼」，下同。案：二本非也。此善注當有「鄂與萼同」，如下注「跗與趺同」之例，因順正文改字而删去之也。尤依毛詩校正，但未補所脱。

〔一四〕注「此喻兄弟比於華萼」　案：「兄弟比於」四字不當有，因下引「常棣」而誤添也。各本皆衍。

〔一五〕注「爾雅曰謂之蔮」　袁本、茶陵本無此六字。

〔一六〕輯輯和風　案：「輯輯」當作「揖揖」。袁本、茶陵本校語云善作「揖揖」，可證。此必尤延之所改。二本注云「揖與習同」，尤亦改「揖」爲「輯」，甚非。

〔一七〕注「雲色不明貌」　袁本、茶陵本「雲色不明」四字作「黑」字。

〔一八〕注「輯輯風聲和也」袁本、茶陵本無此六字。

〔一九〕注「鄭玄曰九穀」袁本、茶陵本無此五字。

〔二〇〕注「蒼頡篇曰稠衆也」袁本、茶陵本無此七字。

〔二一〕注「郭璞曰道光照也」袁本、茶陵本無此七字。

〔二二〕獸在于草　案：「于」當作「在」。袁本、茶陵本校語云善作「在在」，可證。尤所見誤以五臣亂善。何云當作「在」，陳同，蓋據二本校。

〔二三〕注「淮南子曰四時者春生夏長秋收冬藏八風已見上」袁本作「四時八風並已見上」，是也。茶陵本脱。

〔二四〕注「曰風曰時」　案：當作「曰寒曰風」。章懷太子注後漢書李雲傳所引史記如此，蓋尚書亦然也。今以東晉古文添「曰時」二字，而誤去「曰寒」二字。各本皆譌。何校添「曰寒」，陳同，皆仍衍「曰時」，未是。

〔二五〕注「崇丘高丘也言萬物生長於高丘」袁本、茶陵本無首六字，末有「者」字。

〔二六〕注「周禮曰山林」下至「根生之屬」袁本無此十五字。茶陵本此節無善注。

〔二七〕注「猶猷古字通」袁本、茶陵本無此五字。案：此或所見不同，若有之，當如何校改，上引詩「王猷」作「猶」，乃相應。

〔二八〕注「易曰」下至「則歸長也」袁本、茶陵本無此十七字。

述德

述祖德詩二首　五言

陳郡謝録曰：玄字幼度，領徐州牧。苻堅傾國大出，玄爲前鋒，射傷苻堅，臨陣殺苻融，封康樂公。靈運述祖德詩序曰：太元中，王父龕定淮南，負荷世業，尊主隆人。逮賢相徂謝，君子道消，拂衣蕃岳，考卜東山，事同樂生之時，志期范蠡之舉。

謝靈運　沈約宋書曰：謝靈運，陳郡人也。博覽羣書，文章之美，江左莫逮。初辟琅邪王大司馬行參軍，後爲臨川郡守。爲有司所糾，徙付廣州，遂令趙欽等要合鄉里健兒，於三江口篡取謝，要不及，有司奏依法收罰，詔於廣州行棄市刑。

達人貴自我，高情屬天雲。呂氏春秋曰：陽朱貴己。高誘曰：輕天下而重己也。天雲，言高也。曹植七啟曰：獨馳思乎天雲之際。兼抱濟物性，而不纓垢氛。纓，繞也。垢，滓也。氛，氣也。謂世事呰惡，不相纓繞，不雜塵霧。嵇康書曰：子文三登令尹，是君子思濟物之意也。段生蕃魏國，展季救魯人。段生，干木也，已見上。展季，柳下惠也。劉向列女傳曰：柳下惠妻誄之曰：蒙恥救人，德彌大兮。遂謚曰惠。弦高犒晉師，仲連卻秦軍。春秋僖公二十六年，齊孝公伐魯北鄙，公使展喜犒師。齊侯未入境，喜從之。公曰：魯人恐乎？對曰：小人則恐，君子則否。齊侯曰：野無青草，室如懸磬，何恃而不恐？對曰：恃先王之命。昔周公、太公股肱周室，夾輔成王，成王賜之盟曰：世世子孫，不相侵害。齊侯乃還。公使展喜犒師，使受命於展禽〔一〕。呂氏春秋曰：秦將興師伐鄭，賈人弦高遇之，曰：此必襲鄭。乃矯鄭伯之命以勞之曰：寡君使臣犒勞以璧，膳以十二牛。秦三帥對曰：寡君使丙也、術也、視也，於邊候晉之道也，迷惑陷入大國之地。再拜受之。高誘曰：晉，國名也，音晉。今爲晉字之誤也。漢書音義，服虔曰：以師枯槁故饋之，猶食勞苦謂之勞也。廣雅曰：犒，勞也。史記曰：魯仲連，齊人也。趙孝成王時，秦使白起圍趙。魏王使將軍新垣衍説趙尊秦昭王爲帝，仲連責而歸之，新垣衍起再拜請出。秦將聞之，爲卻十五里。臨組乍不緤，對珪寧肯分。史記曰：平原君欲封魯連，連不肯受。左太冲詠史詩曰：臨組不肯緤，對珪不肯分。説文曰：組，綬屬也。王逸楚辭注曰：緤，繫也。據仲連文雖不見分珪之事，古者封爵，皆隨其爵之輕重而賜之珪璧，執以爲瑞信。今仲連不受齊趙之封爵，明其不肯分珪也。惠物辭所賞，勵志故絶人。恩惠及物，而不受賞賜，言勉其志不與衆同，故言絶人也。孔安國尚書傳曰：勵，勉也。苕苕歷千載，遥遥播清塵。清塵竟誰嗣，明哲時經綸。明哲，謂祖玄也。清塵已見懷舊賦。經綸見南都賦。委講綴道論，改服康世屯。漢書曰：太史公習道論於黄子。左氏傳，齊侯謂韓厥曰：服改矣。杜預曰：朝戎異服。周易曰：屯，難也。屯難既云康，尊主隆斯民。莊子曰：語大功，立大名，此朝廷之士，尊主強國之人也。魏志，詔曰：翻然改節，以隆斯民。

中原昔喪亂，喪亂豈解已。晉中興書曰：中原亂，中宗初鎮江東。中原，謂洛陽也。晉懷、愍帝時，有石勒、劉聰等賊破洛陽，懷帝没於平陽。崩騰永嘉末，逼迫太元始。王隱晉書曰：懷帝即位，年號永嘉。孝武即位，年號太元。河外無反正，江介有蹶圮。河外，西晉也〔二〕。公羊傳曰：撥亂反正，莫近於春秋。江介，東晉也〔三〕。左氏傳曰：以敝邑褊小，介於大國。杜預曰：介，間也〔四〕。毛詩曰：今也蹙國百里〔五〕。爾雅曰：圮，敗覆也。萬邦咸震懾，横流賴君子。懾，懼也。謝靈運山居賦自注曰：余祖車騎建大功，淮、肥左右，得免横流之禍。孟子曰：洪水横流，氾濫於天下。拯溺由道情，龕暴資神理。拯，濟也。溺，没也。孟子曰：天下溺則援之以道。莊子曰：夫道有情有信。孔安國尚書傳曰：龕，勝也〔六〕。曹植武帝誄曰：人事既關，聰鏡神理。秦趙欣來蘇，燕魏遲文軌。尚書曰：徯予后，后來其蘇。文軌，已見恨賦。賢相謝世運，遠圖因事止。賢相，即太傅也。山居賦注曰：太傅既薨，遠圖已輟。左傳，榮成伯曰：遠圖者忠也。曹大家上疏謂兄曰〔七〕：上損國家累世劬勞遠圖之功。高揖七州外，拂衣五湖裏。山居賦注曰：便求解駕東歸，以避君側之亂。舜分天下爲十二州，時晉有七，故云七州也。張勃吴録曰：五湖者，太湖之别名，周行五百餘里〔八〕。隨山疏濬潭，傍巖蓺枌梓。山居賦注曰：選神麗之所，申高栖之意。疏，開也。濬，深也。楚人謂深水爲潭。蓺，樹也〔九〕。遺情捨塵物，貞觀丘壑美。貞，正也。觀，視也。言亍見丘壑之美。

文選考異

〔一〕注「春秋僖公二十六年」下至「使受命於展禽」袁本、茶陵本無此一百十一字。案：二本是也，此實非善注。

〔二〕注「西晉也」　袁本作「已見西征賦」，是也。茶陵本複出，亦可證。

〔三〕注「東晉也」　袁本作「已見魏都賦」，是也。茶陵本複出，亦可證。

〔四〕注「左氏傳曰以敝邑」下至「介間也」　袁本、茶陵本無此十九字。

〔五〕注「今也蹙國百里」　袁本、茶陵本也下有「日」字。案：陳云脱。

〔六〕注「孔安國尚書傳曰龕勝也」　袁本、茶陵本無此十字。

〔七〕注「曹大家上疏謂兄曰」　袁本、茶陵本「謂」作「諸」。陳云「諸」當作「請」。

〔八〕注「張勃吴録曰」下至「周行五百餘里」　袁本無此十九字，有「五湖已見江賦」六字，是也。茶陵本複出，與此皆非。

〔九〕注「蓺樹也」　袁本、茶陵本無此三字。

勸勵

勸者，進善之名。勵者，勗己之稱。

諷諫　四言　并序

韋孟　善曰：漢書曰：韋賢，魯國鄒人也。其先韋孟，家本彭城，爲楚元王傅。

孟爲元王傅，傅子夷王及孫王戊。戊荒淫不遵道，作詩諷諫。曰：善曰：漢書曰：楚元王交，字遊，高祖同父少弟也。高祖即位，立交爲楚王。薨，子郢客嗣，是爲夷王。薨，子戊嗣。

肅肅我祖，國自豕韋。應劭曰：左氏傳曰：在商爲豕韋氏。杜預曰：國名。東郡白馬縣南有韋城。黼衣朱韍，四牡龍旂。善曰：應劭曰：黼衣，衣上畫爲斧形，而白與黑爲采。龍旂，旗上畫龍爲之〔一〕。朱韍，上廣一尺，下廣二尺，長三尺，以皮爲之，古者上公服之。毛詩曰：朱韍斯皇。又曰：四牡翼翼。又曰：龍旂承祀。彤弓斯征，撫寧遐荒。言受彤弓之賜，於此得專征伐〔二〕。善曰：毛詩曰：彤弓弨兮。荒，荒服也。揔齊羣邦，以翼大商。迭彼大彭，勳績惟光。應劭曰：國語曰：大彭、豕韋爲商伯。迭，互也〔三〕。言豕韋與大彭互爲伯於商也。至于有周，歷世會同。顏師古曰：繼爲諸侯，預盟會之事也。善曰：會同，已見東京賦。王赧聽譖，寔絶我邦。應劭曰：王赧，周末王，聽讒受譖潤，絶豕韋氏。劉兆曰：旁言曰譖〔四〕。善曰赧王已見西征賦。我邦既絶，厥政斯逸。應劭曰：自絶豕韋之後，政教逸漏，不由王者。臣瓚曰：逸，放也。管子曰：令不行謂之放。顏師古曰〔五〕：瓚説是也。賞罰之行，非繇王室。善曰：尚書曰：以蕃王室〔六〕。繇與由古字通。庶尹羣后，靡扶靡衛。顏師古曰：庶尹，庶官之長也。羣后，諸侯也。善曰：尚書曰：庶尹允諧。又曰：肆覲羣后。尹，正也。羣后，天下諸侯也。五服崩離，宗周以墜。應劭曰：五服，謂甸服、侯服、綏服、要服、荒服也。墜，失也，真魏切〔七〕。善曰：論語，子曰：邦分崩離析。宗周，已見西征賦。我祖斯微，遷于彭城。顏師古曰：言我先祖遂微。善曰：漢書曰：楚國有彭城縣。在予小子，勤唉厥生。應劭曰：小兒啼聲唉唉〔八〕。顏師古曰：唉，歎聲。善曰：方言曰：唉，歎辭也，許其切。阨此嫚秦，耒耜斯耕。顏師古曰：言遭秦暴嫚，無有列位，躬耕于野。悠悠嫚秦，上天不寧。乃眷南顧，授漢于京。顏師古曰：高祖起在豐、沛，於秦爲南，故曰南顧。言以秦之京邑授與漢也。於赫有漢，四方是征。顏師古曰：於，讀爲烏。烏，歎辭也。赫，明貌。此詩中諸歎稱於者，其音皆同。靡適不懷，萬國攸平。顏師古曰：懷，思也，來也〔九〕。言漢兵所往，無不歸懷，故萬國所以皆平。乃命厥弟，弟謂元王也，元王封於楚國〔一〇〕。建侯于楚。俾我小臣，惟傅是輔。矜矜元王，恭儉靜一。善曰：孔安國尚書傳曰：矜矜，戒慎。恭，敬，靜，守；一，道也。惠此黎民，納彼輔弼。享國漸世，垂烈于後。應劭曰：元王立二十七年而薨，垂遺業於後嗣〔一一〕。漸世，没世也。善曰：漸，没也。廼及夷王，克奉厥緒〔一二〕。夷王名郢客，元王子〔一三〕。咨命不永，惟王統祀。善曰：夷王立四年薨，戊乃嗣，故言不永。統祀〔一四〕，纂統宗祀也。左右陪臣，斯惟皇士。顏師古：大雅曰：皇，正也。善曰：毛詩曰：思皇多士。皇士，美士也。如何我王，不思守保。不惟履冰，以繼祖考。顏師古曰：惟，亦思也。言不思念敬慎如履薄冰之義，用繼祖考之業也。善曰：守其富貴，保其社稷。履冰，已見寡婦賦。邦事是廢，逸游是娱。犬馬悠悠〔一五〕，是放是驅。顏師古曰：繇與悠同，行貌。放，放犬；驅，驅馬也。務此鳥獸，忽此稼苗。烝民以匱，我王以媮。善曰：馳騁犬馬，悠悠然遠也。媮與愉同，樂也。人失稼穡，以致困匱〔一六〕，而王反以爲樂也。所弘匪德，所親匪俊。唯囿是恢，唯諛是信。顏師古曰：恢，大也。諛，諂言也。睮睮諂夫，諤諤黃髮。如淳曰：睮踰，目媚貌。史記曰：不如周舍之咢咢。咢與諤同。踰，以朱切。諤諤，正直貌。黄髮，老人髮落，更生黄者。如何我王，曾不是察。既藐下臣，追欲縱逸。應劭曰：藐，遠也。言疏遠忠賢之輔，追情欲，縱逸遊也。臣瓚曰：藐，陵藐也。善曰：儀禮曰：凡自稱於君士大夫，則曰下臣。嫚彼顯祖，輕此削黜。善曰：尚書曰：昭乃顯祖。

嗟嗟我王〔一七〕，漢之睦親。顔師古曰：睦，密也。言服屬近。善曰：我王，戊也〔一八〕。尚書曰：九族既睦。曾不夙夜，以休令聞。善曰：尚書曰：舊有令聞。穆穆天子，照臨下土。善曰：毛詩曰：天子穆穆。又曰：明明上天，照臨下土。明明羣司，執憲靡顧。顔師古曰：靡，無也。言執天子之法，無所顧望。讀如古，協韻。正遐由近，殆其兹怙〔一九〕。善曰：兹，此，謂此親也。言欲正遠人，先從近親始，而王怙恃漢戚，不自勗慎〔二〇〕，以致危殆。嗟嗟我王，曷不斯思？匪思匪監，嗣其罔則。善曰：言王不思鑒鏡之義〔二一〕，是令後嗣無所法則。彌彌其逸，岌岌其國。應劭曰：彌彌，猶稍稍也。罪過滋甚。岌，欲毁壞之意。顔師古曰：岌岌，危動貌，五答切。又，鄧展曰岋。孟子曰：天下殆哉岌乎！司馬彪以爲岋岋，危也〔二二〕。致冰匪霜，致墜匪嫚。應劭曰：易曰，履霜堅冰至。言非一日之寒也。晉灼曰：致冰無不先由微霜，致墜無不先由驕慢。瞻惟我王，時靡不練。善曰：時，是也。練，委也。言王於上所言之事，無不委練也。興國救顛，孰違悔過？善曰：言欲興其邦國，救其顛墜，誰能違於悔過乎？追思黄髮，秦繆以霸。顔師古曰：秦繆公伐鄭，爲晉所敗而歸，乃作秦誓。善曰：尚書，秦穆公曰：詢兹黄髮，則罔所愆。歲月其徂，年其逮耉。顔師古曰：逮，及也。耇者，老人面色如耇。善曰：徂，往也。言日月徂逝，年將及老，悔過自新，理宜在速。爾雅曰：耇，老壽也。於赫君子〔三〕，庶顯于後。顔師古曰：於，歎辭也。昔之君子，庶幾善道，所以能光顯於後代也。我王如何，曾不斯覽。顔師古：覽，視也。叶韻，音濫。黄髮不近，胡不時鑒！顔師古曰：黄髮不近者，斥遠耇老之人。近，音其靳切。善曰：歎美昔之君子，能庶幾自悔，故光顯于後。

文選考異

〔一〕注「應劭曰黼衣」下至「旗上畫龍爲之」袁本無此二十五字，有「黼衣已見上」五字。茶陵本有「杜預曰白與黑謂之黼」九字。

〔二〕注「言受彤弓之賜於此得專征伐」袁本、茶陵本無此十二字。案：無者是也。此或以漢書顔注記於旁，尤延之誤取之。陳云「言」上當有「顔師古曰」四字，不知其非善引也。以下凡「顔師古曰」各條，皆不當有。袁、茶陵二本俱無者最是。今不悉出。其所有誤中之誤，亦不更論。

〔三〕注「迭互也」袁本、茶陵本此三字在注末。案：尤誤依顔注移。

〔四〕注「劉兆曰旁言曰譜」袁本、茶陵本無此七字。

〔五〕注「顔師古曰」袁本、茶陵本無此四字。案：尤延之添耳。

〔六〕注「尚書曰以蕃王室」袁本、茶陵本無此七字。

〔七〕注「墜失也真魏切」 袁本、茶陵本無此六字。案：此即顔注而竄入善者。

〔八〕注「應劭曰小兒啼聲唉唉」 袁本、茶陵本無此并下顔注，共十六字。

〔九〕注「顔師古曰懷思也來也」 袁本、茶陵本無此九字，有「善曰」二字。案：二本是也。以下皆善注，而此爲顔注竄入者。

〔一〇〕注「弟謂元王也元王封於楚國」 袁本、茶陵本無此十一字。

〔一一〕注「元王立二十七年而薨垂遺業於後嗣」 袁本、茶陵本無此十五字，有「即位且三十年」六字。案：二本最是，此亦顔注竄入。

〔一二〕克奉厥緒 袁本云「緒」善作「次」。茶陵本云五臣作「緒」。案：此所見不同，漢書作「緒」，或當是也。

〔一三〕注「夷王名郢客元王子」 袁本、茶陵本無此八字。

〔一四〕注「戊乃嗣故言不永統祀」 袁本、茶陵本無此九字。案：上七字顔注竄入。

〔一五〕犬馬悠悠 陳云據注當作「繇繇」。今案：其説誤也。顔注竄入，非善所引。善注「悠悠然遠也」在下，可證其與顔不同也。尤延之所誤取，複沓歧互，不相比次，讀者多不審。

〔一六〕注「以致困匱」 袁本、茶陵本作「以困乏」三字。案：二本是也。「以致困匱」，乃尤依顔注改耳。

〔一七〕嗟嗟我王 袁本、茶陵本不提行，是也。

〔一八〕注「我王戊也」　袁本、茶陵本無此四字。

〔一九〕殆其兹怙　袁本云善作「兹怙」。茶陵本云五臣作「怙兹」。案：各本所見皆非也。此但傳寫誤倒，非善獨作「兹怙」。何云當從漢書作「怙兹」，於韻乃協。陳同。

〔二〇〕注「不自勗慎」　袁本、茶陵本無此四字。案：二本是也。此亦顏注竄入。

〔二一〕注「言王不思鑒鏡之義」　袁本、茶陵本「思」下有「之不」二字，無「義」字。案：二本是也。尤誤依顏注改。

〔二二〕注「又鄧展曰岋」下至「危也」　袁本、茶陵本無此二十三字。又上顏注十二字亦無。說具於前。

〔二三〕於赫君子　案：「赫」當作「昔」，此善作「昔」，五臣作「赫」。故善注云「歎美昔之君子」。袁本、茶陵本所載五臣翰注云「於赫美也」。各本皆以五臣亂善，所當訂正。考漢書作「昔」，五臣誤耳。唯此節下顏注仍爲誤取竄入，不相比次。說具於前。

勵志　四言　　張茂先

廣雅曰：勵，勸也。此詩茂先自勸勸學〔一〕。

大儀斡運，天迴地游。大儀，太極也。以生天地謂之大，成形之始謂之儀。鄭玄曰：極中之道，淳和未分之氣也。斡，轉也。春秋元命包曰：天左旋，地右動。河圖曰：地有四游，冬至地上行，北而西三萬里；夏至地下行，南而東三萬里。春秋二分，是其中矣。地常動不止而人不知，譬如閉舟而行，不覺舟之運也。四氣鱗次，寒暑環周。禮記曰：四氣之和，以著萬物之理。李尤辟雍賦曰：攢羅鱗次，差池雜遝。范子曰：度如環無有端，周迴如循環，未始有極。星火既夕，忽焉素秋。星火，火星也，已見上。爾雅曰：秋爲白藏，故云素秋。涼風振落，熠燿宵流。其一。涼風，已見上。毛詩傳曰：熠燿，燐也〔二〕。吉士思秋，寔感物化。思，悲也。謂鴻鴈來賓，雀入大水爲蛤之類。毛詩曰：有女懷春，吉士誘之。淮南子曰：春女悲，秋士哀，而知物化矣。日與月與，荏苒代謝。毛詩曰：日居月諸。淮南子曰：二者代謝而踳馳。顏延年曰：一寒一暑，一往一復〔三〕爲代。去者爲謝。逝者如斯，曾無日夜。論語曰：子在川上曰，逝者如斯夫，不捨晝夜〔四〕。嗟爾庶士，胡寧自舍？其二。言逝川之流，不舍日夜，亦當感之以勵志，何得晏然自舍哉？仁道不遐，德輶如羽。求焉斯至，衆鮮克擧。論語，子曰：仁遠乎哉？我欲仁，斯仁至矣。毛詩曰：德輶如毛，人鮮克擧〔五〕。大猷玄漠，將抽厥緒。毛詩曰：秩秩大猷。說文曰：玄，幽遠也。又曰：漠，寂也。廣雅曰：漠，泊也。說文曰：漠，無爲也。言大道玄遠幽漠，知之猶從小引其端緒，而至於可知。先民有作，貽我高矩。其三。毛詩曰：自古在昔，先民有作。又，匪先民是經。先民，周公、孔子也〔六〕。雖有淑姿，放心縱逸。田般于游〔七〕，居多暇日。孫卿子曰：其爲人也多暇日者，其出入不遠也。如彼梓材，弗勤丹漆。雖勞朴斲，終負素質。其四。尚書曰：若作梓材，既勤樸斲，惟其塗丹雘。養由矯矢，獸號于林。淮南子曰：楚恭王遊于林中，有白猨緣木而矯，王使左右射之，騰躍避矢不能中。於是使由基撫弓而眄，猨乃抱木而長號。何者？誠在於心，而精通於物〔八〕。蒲盧縈繳，神感飛禽。蒲盧，舊説云，即蒲且也。已見西京賦。汲冢書曰：蒲且子見雙鳧過之，其不被弋者亦下。故言感也。末伎之妙，動物應心。研精躭道，安有幽深？其五。物，獸與禽也。尚書序曰：研精覃思。答賓戲曰：浮英華，躭道德。安心恬蕩，棲志浮雲。體之以質，彪之以文。莊子曰：恬淡寂漠，道德之篤也。淮南子曰：使神恬蕩而不失其充。答賓戲曰：促尼抗浮雲之志。説文曰：彪，虎文貌。如彼南畝，力耒既勤。蘸蓘至功，必有豐殷。其六。以農喻也。左氏傳，趙文子謂祁午曰：譬如農夫，是薦是蓘，雖有饑饉，必有豐年。杜預曰：薦，耘也。壅苗爲蓘。水積成淵，載瀾載清。土積成山，歊蒸鬱冥。荀卿子曰〔九〕：土積成山，風雨興焉；水積成川，蛟龍生焉；種善德〔一〇〕而神明自得，聖心循焉。尸子曰：土積成岳，則楩柟豫章出焉；水積成川，則吞舟之魚生焉。夫學之積也，亦有所出也。傅毅顯宗頌曰：蕩蕩川瀆，既瀾且清。張揖字詁曰：歊，氣上出貌。山不讓塵，川不辭盈。管子曰：海不辭水，故能成其大；山不辭土，故能成其高；士不猒學，故能成其聖。勉爾含弘〔一一〕，以隆德聲。其七。周易曰：含弘光大。蔡邕袁喬碑曰：于兹德聲，發聞遐邇。高以下基，洪由纖起。老子曰：高必以下爲基。又曰：合抱之木，生於毫末。川廣自源，成人在始。禮記曰：王者之祭川也，皆先河而後海，或源也，或委也。鄭玄曰：始於一勺，卒成不測。論衡曰：自源發流，安得不廣？國語，晉趙武冠，見韓獻子，獻子曰：戒之，此謂成人。成人在始興善，敬之哉〔一二〕。累微以著，乃物之理。孫卿子曰：盡小者大，積微者著。纆牽之長，實累千里。其八。凡言物之大，必資於小；故此言若輕於小，亦累於大。戰國策，段干越謂韓相新城君曰：昔王良弟子駕千里之馬，過京父之弟子。京父之弟子曰：馬，千里之馬也；服，千里之服也；而不能取千里，何也？曰：子纏牽長，故纏牽於事萬分之一也，而難千里之行。今臣雖不肖，於秦亦萬分之一也，而相國見臣不懌者，是纏牽長也。千里之馬，繫以長索，則爲累矣。人雖有容貌，不脩德，如千里馬也。復禮終朝，天下歸仁。論語，顔淵問仁〔一三〕，子曰：克己復禮爲仁〔一四〕。一日克己復禮，天下歸仁焉。孔安國曰：復，及也。身能及禮，則爲仁也。馬融曰：一日猶見歸，況於終身〔一五〕。若金受礪，若泥在鈞。大戴禮曰：君子學不可以已矣，是故金就礪則利。在鈞，已見西征賦，謂陶家泥輪以能成器也。老子曰：埏埴以爲器〔一六〕。進德脩業，暉光日新。易曰：君子進德脩業，欲及時也〔一七〕。又曰：君子之光暉吉〔一八〕。又曰：日新之謂盛德。隰朋仰慕，予亦何人？其九。莊子曰：管仲有病，桓公往問之：仲父之病病矣！寡人惡乎屬國而可？對曰：隰朋可〔一九〕。其爲人也，愧不若黄帝，而哀不己若者。朋慕管之德，華言隰朋猶慕德，我是何人，而不慕乎？

文選考異

〔一〕注「廣雅曰勵」下至「自勸勤學」袁本、茶陵本無此十四字。

〔二〕注「毛詩傳曰熠燿燐也」袁本無此八字，有「熠燿已見秋興賦」七字，是也。茶陵本所複出，與此皆誤。

〔三〕注「一寒一暑一往一復」袁本、茶陵本無此八字，有「來者」二字，是也。何校添「來者」於「復」字下，陳同，仍衍八字。

〔四〕注「論語曰」下至「不舍晝夜」　袁本無此十七字，有「逝者已見秋興賦」七字，是也。茶陵本所複出，與此皆非。
〔五〕注「人鮮克舉」　茶陵本下有「之」字，袁本無。陳云引詩脱「之」字，是也。
〔六〕注「又匪先民是經先民周公孔子也」　袁本、茶陵本無此十三字。
〔七〕田般於游　袁本、茶陵本「田」作「出」。何校依之改，陳同。案：此尤本譌耳。
〔八〕注「淮南子曰楚恭王」下至「而精通於物」　袁本無此五十八字，有「養由已見幽通賦」七字，是也。茶陵本所複出，與此皆非。
〔九〕注「荀卿子曰」　案：「荀」當作「孫」，各本皆譌。
〔一〇〕注「種善德」　茶陵本「種」作「積」，「善」下有「成」字，是也。袁本誤與此同。
〔一一〕勉爾含弘　袁本、茶陵本「爾」作「志」。案：此亦尤本譌也。
〔一二〕注「成人在始興善敬之哉」　茶陵本「興」作「與」，無「敬之哉」三字，是也。袁本無「興善敬之哉」五字，非。
〔一三〕注「顔淵問仁」　袁本、茶陵本無此四字。
〔一四〕注「克己復禮爲仁」　袁本、茶陵本無此六字。
〔一五〕注「孔安國曰復」下至「況於終身」　袁本、茶陵本無此二十七字。
〔一六〕注「老子曰埏埴以爲器」　袁本、茶陵本無此八字。

〔一七〕注「易曰君子進德脩業欲及時也」 袁本無此十二字，有「進德脩業已見閑居賦」九字，是也。茶陵本所複出，與此皆非。

〔一八〕注「暉吉」 茶陵本「暉」上有「其」字，是也。袁本亦脱。

〔一九〕注「隰朋可」 袁本、茶陵本「隰」上有「則」字，是也。

文選卷第二十

獻詩　公讌　祖餞

獻詩

上責躬應詔詩表魏志曰：黄初四年，植朝京都，上疏并獻詩二首。

曹子建

臣植言：臣自抱釁歸藩，植集曰：植抱罪，徙居京師，後歸本國，而魏志不載，蓋魏志略也。杜預左氏傳注曰：釁，瑕隙也。賈逵國語注曰：釁，兆也，謂罪萌兆也。刻肌刻骨，孝經鉤命决曰：削肌刻骨，挈挈勤思。追思罪戾，晝分而食，夜分而寢。爾雅曰：戾，罪也。韓子曰：衛靈公至濮水，夜分，聞有鼓琴者。誠以天網不可重罹，聖恩難可再恃，老子曰：天網恢恢。洞簫賦曰：蒙聖主之渥恩。竊感相鼠之篇，無禮遄市專〔一〕死之義，感，猶思也。毛詩曰：相鼠有體，人而無禮；人而無禮，胡不遄死？爾雅曰：遄，速也。形影相弔，五情愧赧，奴簡切。文子曰：昔者中黃子曰：色有五章，人有五情。説文曰：赧，面慙也。以罪棄生，則違古賢夕改之勸；曾子曰：君子朝有過，夕改，則與之；夕有過，朝改，則與之。忍垢苟全，則犯詩人胡顏之譏。即上胡不遄死之義也。孔安國尚書傳曰：胡，何也。毛詩謂何顏而不速死也〔二〕。殷仲文表曰：亦胡顏之厚。義出於此。伏惟陛下，應劭曰：陛，升堂之階。王者必有執兵陳於階陛之側，臣與至尊言，不敢指斥，故呼在陛者而告之，因卑以達尊之意也。若稱殿下、閤下、侍者、執事，皆此類也。德象天地，恩隆父母，漢書曰：孝文皇帝德厚侔天地。尚書曰：天子作民父母。施暢春風，澤如時雨。漢書音義曰：暢，通也。蘇順陳公誄曰：化侔春風，澤配甘雨。風賦曰：不擇貴賤高下而加焉。吕氏春秋曰：甘露時雨，不私一物。是以不别荆棘者，慶雲之惠也；史記曰：若煙非煙，若雲非雲，郁郁紛紛，蕭索輪囷，是謂慶雲。七子均養者，鳲鳩之仁也；毛詩曰：鳲鳩在桑，其子七兮。毛萇曰：鳲鳩之養其子，旦從上下，暮從下上，其均平如一。舍罪責功者，明君之舉也；矜愚愛能者，慈父之恩也。孔安國尚書傳曰：矜，憐也。論衡曰：父母之於子恩等，豈爲貴賢加意，賤愚不察乎？是以愚臣徘徊於恩澤，而不敢自棄者也。左氏傳，士貞伯曰：鄭伯其死乎！自棄也已。前奉詔書，臣等絶朝，心離志絶，自分黄耇，永無執珪之望。分，謂甘愜也。毛詩序曰：尊事黄耇。珪者，古之諸侯所執。周禮曰：上公之禮執桓圭，諸侯之禮執信圭。史記，陳軫曰：越人莊舃仕楚執珪。不圖聖詔，猥垂齒召。猥，猶曲也。尚書曰：降霍叔于庶人，三年不齒。孔安國曰：三年之後，乃齒録之。至止之日，馳心輦轂，毛詩曰：至止肅肅。胡廣漢官解詁注曰：轂下喻在輦轂之下，京城之中。僻處西館，未奉闕庭，東京賦曰：闕庭神麗。踊躍之懷，瞻望反側，毛詩曰：踊躍用兵。又曰：瞻望不及。又曰：展轉反側。不勝犬馬戀主之情。史記，丞相青翟曰：臣不勝犬馬之心。謹拜表并獻詩二篇，詞旨淺末，不足采覽，貴露下情，冒顏以聞。臣植誠惶誠恐，頓首頓首，死罪死罪。漢書音義，張晏曰：人臣上書，當昧犯死罪而言也。

文選考異

〔一〕注「市專」 袁本、茶陵本作「市專切」，在注末，是也。

〔二〕注「毛詩謂何顏而不速死也」 袁本、茶陵本「謂」作「曰」。案：考毛詩傳箋，皆無此文。蓋「毛」字傳寫有誤，此所引或在三家詩傳耳。五臣向注乃云「詩無此句，而以表言詩爲誤。」果爾，豈子建誤稱，善又從而誤注耶？五臣鹵莽每類此。

責躬詩 四言

曹子建

於穆顯考，時惟武皇。毛詩曰：於穆清廟。禮記曰：王立七廟，曰顯考廟。毛詩曰：時惟鷹揚。武皇，謂曹操也。受命于天，寧濟四方。毛詩序曰：文王受命作周也。鄭玄曰：受天命而王天下也。傅毅明帝頌，表曰：體天統物，寧濟蒸民。朱旗所拂，九土披攘。李陵與蘇武書曰：雷鼓動天，朱旗翳日。登徒子好色賦曰：周覽九土。漢火德，操爲漢臣，故建朱旗也。時獻帝在故。玄化滂流，荒服來王。廣雅曰：玄，道也。謂道德之化也。蔡邕陳留太守頌曰：玄化洽矣。尚書曰：四夷來王。超商越周，與唐比蹤。商、周用師，故云超越；唐、虞禪讓，故云比蹤。篤生我皇，奕世載聰。我皇，文帝也。毛詩曰：篤生武王。國語，祭公謀父曰：奕世載德。武則肅烈，文則時雍。毛詩曰：相土烈烈。毛萇曰：相土，契孫也。鄭玄曰：威武之盛，烈烈然也。尚書曰：黎民於變時雍。孔安國曰：雍，和也。受禪于漢，君臨萬邦。魏受漢禪，已見魏都賦。尚書曰：君臨周邦。又曰：協和萬邦。萬邦既化，率由舊則。毛詩曰：不愆不忘，率由舊章。鄭玄曰：率，循也。廣命懿親，以藩王國。爾雅曰：命，告也。尊君令謂之命。左氏傳，富辰諫王曰：昔周公封建親戚，以藩屏周，不廢懿親。毛詩曰：生此王國。帝曰爾侯，君茲青土。魏志曰：建安十九年，植封臨淄侯。臨淄屬齊郡，舊青州之境。尚書，帝曰爾諧。漢書，封齊王曰：受茲青土。奄有海濱，方周于魯。毛詩曰：奄有龜蒙。毛萇曰：奄，大也。尚書曰：青州海濱廣斥。孔安國曰：濱，涯也。論語注曰：方，比方也。毛詩曰：建爾元子，俾侯于魯。車服有輝，旗章有敘。尚書曰：車服以庸。國語曰：爲車服旗章以旌之。毛詩曰：庭燎有煇〔一〕。禮記曰：以爲旗章，以別貴賤。鄭玄曰：章，幟也。應劭漢官典職，楊喬曰：威儀有序。濟濟儁乂，我弼我輔。毛詩曰：濟濟多士。尚書曰：儁乂在官。尚書大傳曰：天子有四鄰，左輔右弼。伊余小子，恃寵驕盈。毛詩曰：閔予小子。班固漢書景十三王述曰：膠東不亮，常山驕盈。舉挂時網，動亂國經。家語，孔子曰：治天下國家有九經，其所以行者一也。作蕃作屏，先軌是隳。孔安國尚書傳曰：隳，廢也。傲我皇使，犯我朝儀。魏志曰：黄初二年〔二〕，植就國。使者灌均希旨，奏植醉酒勃逆，劫脅使者。有司請治罪，帝以太后故，貶爵安鄉侯。國有典刑，我削我黜。植集曰：博士等議，可削爵士，免爲庶人。尚書曰：象以典刑。韋孟諷諫詩曰：輕此削黜。將寘于理，元兇是率。魏志曰：有司請罰植罪。廣雅曰：將，欲也。周易曰：寘于叢棘。毛萇詩傳曰：寘，致也。司馬遷書曰：遂下于理。鄭玄禮記注曰：理，治獄之官。儀禮曰〔三〕：率，導也。明明天子，時惟篤類。魏志，詔云：植，朕之同母弟，骨肉之親，舛而不殊〔四〕，其改封植。毛詩曰：明明天子，令問不已。又曰：孝子不匱，永錫爾類。鄭玄曰：長以與汝之族類也。不忍我刑，暴之朝肆。殺人陳其尸曰肆。論語，子服景伯曰：吾力猶能肆諸市朝。杜預左氏傳注曰：肆，市列也。違彼執憲，哀予小臣。韋孟諷諫詩曰：明明羣司，執憲靡顧。楊雄交州箴曰：牧臣司交，敢告執憲。儀禮曰：小臣正辭。改封兖邑，于河之濱。魏志曰：帝以太后故，貶爵安鄉侯。又曰：黄初二年，改封鄄城，屬東郡，舊兖州之境。尚書曰：濟河惟兖州。植表曰：行至延津，受安鄉印綬。股肱弗置，有君無臣。尚書大傳曰：股肱惟臣。荒淫之闕，誰弼予身？韋孟諷諫詩序曰：王戊荒淫不遵道，作諷諫詩。煢煢僕夫，于彼冀方。植集曰：詔云，知到延津，遂復來。求出獵表曰：臣自招罪舋，徙居京師，待罪南宮。然植雖封安鄉侯，猶住冀州也。時魏都鄴，鄴，冀州之境也。一云時魏以雒爲京師，比堯之冀方也。大戴禮曰：驪駒在門，僕夫具存。毛萇詩傳曰：于，往也。尚書，五子之歌曰：惟彼陶唐，有此冀方。嗟余小子，乃罹斯殃。赫赫天子，恩不遺物。謂至京師，蒙恩得還也。植求習業表曰：雖免大誅，得歸本國。毛詩曰：赫赫在上。周易曰：曲成萬物而不遺。冠我玄冕，要我朱紱。周禮曰：王之五冕，皆玄冕朱裏。毛詩曰：朱芾斯皇。芾與紱同。禮記曰：諸侯佩山玄玉而朱組綬。蒼頡篇曰：紱，綬也。魏志曰：朱紱光大〔五〕。光光大使，我榮我華。楊雄侍中箴曰：光光常伯，儵儵貂璫。文子曰：有榮華必有愁悴。剖符受土，王爵是加。魏志曰：黄初三年，立爲鄄城王。四年，封雍丘王。喻巴蜀檄曰：剖符而封，析珪而爵。仰齒金璽，俯執聖策。左氏傳，羽父曰：寡人若朝于薛，不敢與諸任齒。杜預曰：齒，列也。漢書曰：諸侯王皆金璽。史記曰：高祖封三王，皆以策書。皇恩過隆，祗承怵惕。西京賦曰：皇恩溥。尚書曰：祗承于帝。又曰：怵惕惟厲。咨我小子，頑凶是嬰。説文曰：嬰，繞也。逝慙陵墓，存愧闕庭。匪敢傲德，寔恩是恃。威靈改加，足以没齒。班固漢書述曰：震我威靈，五世來服。四子講德論曰：聖德隆盛，威靈外覆。論語，子曰：管仲奪伯氏駢邑三百，没齒無怨言。孔安國曰：齒，年也。昊天罔極，生命不圖。言生之夭壽，不可預謀也。毛詩曰：欲報之德，昊天罔極。家語，孔子曰：分於道謂之命。毛詩傳曰：不慮不圖〔六〕。嘗懼顛沛，抱罪黄壚。論語曰：顛沛必於是。馬融曰：顛沛，僵仆也。淮南子曰：上際九天，下契黄壚。高誘曰：泉下有壚山。願蒙矢石，建旗東嶽。左氏傳曰：荀偃親受矢石。東嶽鎮吴之境。子建詩曰：我心常怫鬱，思欲赴太山。與此義同。庶立毫氂，微功自贖。漢書音義曰：十毫爲氂。班超上疏曰：冀立微功，以自陳効。危軀授命，知足免戾。論語，子曰：見危授命，亦可以爲成人矣。左氏傳，太史克曰：庶幾免於戾乎。甘赴江湘，奮戈吴越。天啓其衷，得會京畿。左氏傳，吕相曰：天誘其衷。杜預曰：衷，中也。遲奉聖顔，如渴如飢。遲，猶思也。張奂與許季師書曰：不面之闊，悠悠曠久，飢渴之念，豈當有忘。毛詩曰：憂心烈烈，載飢載渴。心之云慕，愴矣其悲。天高聽卑，皇肯照微。史記，子韋謂宋景公曰：天高聽卑。爾雅曰：皇，君也。又曰：肯，可也。班固説東平王蒼曰：願隆照微之明，信日昊之聽。

文選考異

〔一〕注「庭燎有煇」　袁本「煇」作「輝」。案：正文作「輝」，「輝」、「煇」同字，袁本是也。茶陵本亦作「煇」，蓋皆依今詩字改也。

〔二〕注「魏志曰黄初二年」　陳云「志」當作「書」。此王沈魏書，見國志注。案：所校是也。各本皆譌。

〔三〕注「儀禮曰」　案：「禮」下當有「注」字。各本皆脱。

〔四〕注「舛而不殊」　何校「舛」改「舍」，「殊」改「誅」。陳云國志作「捨而不誅」。細尋恐如李注所引爲得，謂植雖有過，不忍遽絶耳。又「骨肉之親，析而不殊」，漢宣帝封海昏侯詔中語也。今案：陳校是也。考求通親親表云：「骨肉之恩，爽而不離。」李彼注引漢書「粲而不殊」。如淳曰「粲」或爲「散」，此「舛」與「爽」、「粲」、「散」、「析」互異而義皆同。漢書宣紀作「粲」，武五子傳作「析」，當各依其舊。今國志蓋誤，而何據之，非矣。又荀悦漢紀，宣帝詔作「捨而不誅」，亦後人所改。

〔五〕注「魏志曰朱紱光大」　袁本、茶陵本無此七字。案：二本是也。考國志下文「光光大使，我榮我華」，作「朱紱光大，使我榮華」。然則「朱紱光大」乃「光光大使」句之異，不應以注此明甚矣。必或記於旁，而尤延之誤取耳。又案：善下文注引「光光常伯」，是選本無誤。今國志自不與善同，何、陳皆用國志校者，亦非。當各依本書。餘所有異同，準此。

〔六〕注「毛詩傳曰不慮不圖」　陳云「傳」當作「箋」。案：「雨無正，弗慮弗圖」，箋云「而不慮不圖」，此引之以注「不圖」也。

應詔詩　四言

曹子建

肅承明詔，應會皇都。爾雅曰：肅，敬也。東都賦曰：下明詔。又曰：春王三朝，會同漢京。會，朝會也。星陳夙駕，秣馬脂車。毛詩曰：星言夙駕。又曰：言秣其馬。又曰：既脂爾車。命彼掌徒，肅我征旅。鄭玄禮記注曰：肅，戒也。朝發鸞臺，夕宿蘭渚。鸞臺、蘭渚，以美言之。漢宮闕名曰：長安有鶯鸞殿。公孫乘月賦曰：鵾雞舞於蘭渚。芒芒原隰，祁祁士女〔一〕。毛詩曰：宅殷土芒芒。又曰：采蘩祁祁。經彼公田，樂我稷黍。毛詩曰：雨我公田。又曰：我黍與與，我稷翼翼。爰有樛木，重陰匪息。毛詩曰：爰有寒泉。又曰：南有樛木。又曰：南有喬木，不可休息。雖有糇糧，飢不遑食。毛詩曰：乃裹糇糧。毛萇曰：糇糧，食也〔二〕，音侯。吴越記，采葛婦人詩曰：飢不遑食四體疲。望城不過，面邑不遊。鄭玄周禮注曰：面，猶向也。僕夫警策，平路是由。舞賦曰：僕夫正策。鄭玄周禮注曰：警，勑戒之。玄駟藹藹，揚鑣漂沫。廣雅曰：藹藹，盛也。舞賦曰：龍驤横舉，揚鑣飛沫。流風翼衡，輕雲承蓋。甘泉賦曰：風漎漎而扶轄〔三〕。楚辭曰：雲霏霏而承宇。涉澗之濱，緣山之隈。孔安國尚書傳曰：濱，涯也。説文曰：隈，曲也。遵彼河滸，黄坂是階。毛詩曰：在河之滸。毛萇曰：小崖曰滸。爾雅曰：階，因也。西濟關谷，或降或升。陸機洛陽記曰：洛陽有西關，南伊闕。谷，即大谷也。騑驂倦路，再寢再興。韓詩曰：兩驂鴈行。薛君曰：兩驂，左右騑驂。毛詩曰：言念君子，再寢再興。將朝聖皇，匪敢晏寧。弭節長騖，指日遄征。楚辭曰：吾令羲和弭節兮。司馬彪上林賦注曰：弭節，安志也。蔡琰詩曰：遄征日遐邁。毛萇詩傳曰：遄，疾也。前驅舉燧，後乘抗旍。毛詩曰：伯也執殳，爲王前驅。西京賦曰：升觴舉燧。薛綜曰：燧，火也。漢書，終軍曰：驃騎抗旍，昆邪右衽。周禮曰：析羽爲旍。輪不輟運，鑾無廢聲。毛詩曰：鑾聲鏘鏘。鄭玄周禮注曰：鑾在衡，以金爲鈴。爰暨帝室，税此西墉。毛詩曰：召伯所税。毛萇曰：税，猶舍也。又曰：墉，城也。嘉詔未賜，朝覲莫從。毛萇詩傳曰：覲，見也。仰瞻城閾，俯惟闕庭。説文曰：閾，門榍也。長懷永慕，憂心如酲。楚辭曰：情慨而長懷〔四〕。毛詩曰：憂心如酲，誰秉國成。

文選考異

〔一〕祁祁士女　袁本、茶陵本有校語云善作「女士」。案：二本所見，傳寫倒也。此「女」字協韻，非與五臣有不同。尤本不倒，蓋改正之矣。

〔二〕注「粻糧食也」　陳云「糧」字衍，此引小雅伐木三章傳文，是也。各本皆衍。

〔三〕注「風㵍㵍而扶轄」　袁本「㵍㵍」作「從從」。案：當作「從從」。説已見前。茶陵本作「㵍㵍」，與此皆誤。

〔四〕注「情慨而長懷」　袁本、茶陵本重「慨」字，是也。

關中詩 四言

岳上詩表曰：詔臣作關中詩，輒奉詔竭愚作詩一篇。案漢記，孝明時，護羌校尉竇林上降羌顛岸，以爲羌豪。岸兄顛吾復降，問事狀，林對前後兩屈，坐誣調，下獄死。齊萬年編户隸屬爲日久矣，而死生異辭，必有詭謬，故引證喻，以懲不悋。

潘安仁

於皇時晉，受命既固。毛詩曰：於皇時周。又曰：天立厥配，受命既固。鄭玄曰：受命，受天命以王天下也。三祖在天，聖皇紹祚。臧榮緒晉書曰：宣帝追號曰高祖，文帝號曰太祖，武帝號曰世祖。聖皇，惠帝也。毛詩曰：三后在天，王配于京。爾雅曰：紹，繼也。德博化光，刑簡枉錯。周易曰：善世而不伐，德博而化。又曰：後得主而有常，含萬物而化光。尚書曰：五辭簡孚，正于五刑。潛夫論曰：簡刑薄威，此德之上。論語曰：舉直錯諸枉。微火不戒，延我寶庫。其一。王隱晉書曰：惠帝元康五年十月，武庫災，焚累代之寶。蠢爾戎狄，狡焉思肆。毛詩曰：蠢爾蠻荆。傅暢諸公讚曰：北地盧水胡馬蘭羌因此爲亂，推齊萬年爲主。左氏傳，申公巫臣曰：夫狡焉思啓其封疆。賈逵國語注曰：肆，恣也。謂思恣凶逆也。虞我國眚，窺我利器。左氏傳，莒子曰：孰以我爲虞。杜預曰：虞，度也。孔安國尚書傳曰：眚，過也。老子曰：國之利器，不可以示人。國語曰：利其器用。韋昭曰：器，兵甲。岳牧慮殊，威懷理二。尚書曰：内有百揆四岳，外有州牧侯伯。左氏傳，魏絳曰：戎、狄事晉，諸侯威懷。又曰：晉郤缺言於趙宣子曰：叛而不討，何以示威？服而不柔，何以示懷？非威非懷，何以示德？無德何以主盟？將無專策，兵不素肆以寘切。其二。賈逵國語注曰：素，預也。又曰：肆，習也。翹翹趙王，請徒三萬。朝議惟疑，未逞斯願。傅暢晉諸公讚曰：司馬倫，字子彝，咸熙中封趙王，進征西假節都督雍、梁、晉諸軍事〔一〕。倫誅羌大酋數十人，胡遂反，朝議召倫還。朱鳳晉書曰：宣帝桓夫人生趙王倫，位至相國。倫請三萬人往平齊萬年，朝議不許。司馬相如美人賦曰：恒翹翹而西顧。賈逵國語注曰：逞，快也。桓桓梁征，高牙乃建。干寶晉紀曰：梁王肜爲征西大將軍，西討氐。尚書曰：勗哉夫子尚桓桓。牙，牙旗也。兵書曰：牙旗，將軍之旗。旗蓋相望，偏師作援。其三。漢書曰：冠蓋相望。左氏傳，韓獻子曰：以偏師陷，罪孰大焉。又曰：要結大援。援，助也。虎視眈眈，威彼好畤。干寶晉紀曰：肜爲大都督，督關中諸軍，屯好時。易曰：虎視眈眈，其欲逐逐。素甲日曜，玄幕雲起。楚漢春秋，趙中大夫曰：臣聞越王句踐素甲三千。曹植辨問曰：赫然而日曜之。漢書五行志曰：雲起於山中。誰其繼之？夏侯卿士。王隱晉書曰：齊萬年帥羌胡圍涇陽，遣安西將軍夏侯駿西討氐、羌。左氏傳曰：子産爲政，輿人誦之；子産若死，誰其嗣之？又曰：楚伐吳，子魚先死，楚師繼之。毛詩曰：皇甫卿士〔二〕。惟系惟處，列營棊跱。其四。王隱晉書曰：解系，字少連，濟南人，爲雍州刺史。又曰：周處，字子隱，吳興人，朝廷以處忠烈，欲遣討氐，乃拜建威將軍。謝承後漢書曰：西夷蠢動，姦雄棊跱。夫豈無謀，戎士承平。漢書，師丹曰：今累世承平。守有完郛，戰無全兵。孫子兵法曰：凡用師以全兵爲上。鋒交卒奔，孰免孟明？杜篤衆瑞頌曰：猛將與虜交鋒。左氏傳曰：楚師車馳卒奔。又曰：子墨衰絰，敗秦師于殽，獲百里孟明視、西乞術、白乙丙以歸。飛檄秦郊，告敗上京。其五。王隱晉書曰：周處、解系與賊戰於六陌，軍敗。漢書，高祖曰：吾以羽檄徵天下兵。應劭曰：以雞毛系檄。魏武奏事云：邊有警，輒露插羽以檄，急之意也。左氏傳曰：王師敗績于茅戎。又曰：王人來告敗。邊讓章華臺賦曰：聲肅恭乎上京。周殉師令，身膏氐斧。周處別傳曰：氐賊齊萬年爲亂，處仰天歎曰：古者將受命，鑿凶門以出，蓋有進無退，我爲大臣，以身殉國，不亦可乎！遂戰死。臧榮緒晉書曰：氐，西戎別名。人之云亡，貞節克舉。毛詩曰：人之云亡，邦國殄瘁。楚辭曰：原生受命于貞節。盧播違命，投畀朔土。孫盛晉陽秋曰：振威盧播伐萬年。王隱晉書曰：盧播詐論功，免爲庶人，徙北平。廣雅曰：違，背也。毛詩曰：投畀有北。爾雅曰：朔，北方也。爲法受惡，誰謂荼苦？其六。左氏傳，孔子曰：趙宣子爲法受惡。毛詩曰：誰謂荼苦？其甘如薺。哀此黎元，無罪無辜。孝經鉤命決曰：天有顧呴之義，受圖于黎元。孔安國尚書傳曰：黎，衆也。高誘戰國策注曰：元元，善也。毛詩曰：無罪無辜，讒口嗸嗸。肝腦塗地，白骨交衢。檄蜀文曰：肝腦塗中原。漢書曰：一敗塗地。古出夏北門行曰：白骨不覆，疫癘淫行。魏許昌碑表曰：白骨既交，横於曠野。夫行妻寡，父出子孤。鄭玄孝經注曰：五十無夫曰寡。禮記曰：少而無父謂之孤。俾我晉民，化爲狄俘芳于切。其七。詩曰：覆俾我悖。賈逵國語注曰：伐國取人曰俘。亂離斯瘼，日月其稔。言亂離之道，於此將散，論其日月，爲惡又熟，言必亡也。韓詩曰：亂離斯莫，爰其適歸。薛君曰：莫，散也。毛詩曰：亂離瘼矣。毛萇曰：瘼，病也。今此既引韓詩，宜爲莫字。左氏傳曰：周毛得殺毛伯過。萇弘曰：毛得必亡，是昆吾稔之日也。杜預曰：稔，熟也。天子是矜，旰古旦〔三〕食晏寢。孔安國尚書傳曰：矜，憐也。左氏傳，伍奢曰：楚君、大夫其旰食乎！杜預曰：旰，晏也。主憂臣勞，孰不祗懍。史記，范睢曰：臣聞主憂臣辱，主辱臣死。周書曰：君憂臣勞，主辱臣死。孔安國尚書傳曰：懍，危也。愧無獻納，尸素以甚。其八。兩都賦序曰：朝夕獻納。薛君韓詩章句曰：何謂素飡？素飡者，質人但有質朴，而無治民之材，名曰素飡。尸禄者，頗有所知，善惡不言，默然不語，苟欲得禄而已，譬若尸焉。皇赫斯怒，爰整精鋭。毛詩曰：王赫斯怒，爰整其旅。戰國策，季良謂魏王曰：恃兵之精鋭而欲攻邯鄲也。命彼上谷，指日遄逝。王隱晉書曰：孟觀，字叔時，稍遷至積弩將軍，封上谷郡公。及關中氐反，諸將敗退，乃遣觀也。曹植應詔詩曰：指日遄征。親奉成規，稜威遐厲。孫資别傳曰：成規之畫〔四〕，資皆管之。漢書，武帝與李廣書曰：威稜憺乎鄰國。王逸楚辭注曰：厲，烈也。

廣雅曰：厲，惡也。首陷中亭，揚聲萬計。其九。孫盛晉陽秋曰：孟觀爲建威將軍，擊氐、羌於中亭，大破之。陷，猶敗也。萬計，謂所誅之數。羽獵賦曰：仗鏌邪而羅者以萬計。兵固詭道，先聲後實。言觀揚聲合於詭道也。司馬兵法曰：兵者詭道，故能而示之不能。漢書，廣武君謂韓信曰：兵固有先聲後實。聞之有司，以萬爲一。言有司疑觀之詐，故觀言誅萬，有司以之爲一。紂之不善，我未之必。以紂喻觀也，言觀雖妄聲，而同紂之不善，我未以爲必然。疑有司抑之太甚也。論語，子貢曰：紂之不善，不如是之甚也。虛皛胡皎反湳奴感德，謬彰甲吉。其十。說文曰：皛，顯也。蒼頡篇曰：皛，明也。孔安國尚書傳曰：彰，明也。湳、甲，二羌號也，德、吉，其名也。言觀虛明誅二羌之功，此觀之過也。虛皛繆彰，其義一耳，但交相避〔五〕。東觀漢記曰：金城、隴西卑湳、勒姐種羌反出塞外。說文曰：湳水出西河美稷縣，故羌人因水爲姓。漢沖帝時，羌湳孤奴歸化，是其先也。左氏傳曰：晉人滅赤狄甲氏。杜預注曰：甲氏，赤狄別種。雍門不啓，陳汧危逼。漢書，右扶風有雍縣、陳倉縣、汧縣。左氏傳曰：申、息之北門不啓。觀遂虎奮，感恩輸力。王隱晉書曰：孟觀身當大敵，功蓋一時。左氏傳，欒盈曰：昔陪臣輸力於王室。重圍克解，危城載色。晉中興書曰：觀從中亭北出，何惲領二萬人以繼之。雍圍解。班固耿恭守疏勒城賦曰：日兮月兮阨重圍。毛詩曰：載色載笑。毛萇曰：色溫潤也。豈曰無過？功亦不測。其十一。過謂虛皛湳德，功謂重圍克解。毛詩曰：豈曰無衣。黃石公記序曰：慮若源泉，深不可測。情固萬端，于何不有？范曄後漢書，鄧禹曰：變故萬端。西京賦曰：林麓之饒，于何不有。紛紜齊萬，亦孔之醜。謂爭萬年也。王隱晉書曰：初，夏侯駿上言斬氐帥齊萬年，及孟觀至，大戰數十，生送萬年。

紛紜，亂貌。長楊賦曰：紛紜沸渭。毛詩曰：日有食之，亦孔之醜。曰納其降，曰梟其首。二曰皆語辭也。觀曰納降，駿曰梟首。漢書音義曰：懸首於木上曰梟。疇真可掩？孰僞可久？其十二。言誰爲真事而可蔽掩，誰行僞事而可久施乎？言真僞之理立即可明，觀言爲真，駿言爲僞。爾雅曰：疇，孰誰也。楚辭曰：孰虚僞之可長。既徵爾辭，既蔽爾訟。謂有司考驗之也。左氏傳，子犯曰：盟徵其辭。周禮曰：司寇斷獄蔽訟，則以五刑之法。鄭司農曰：蔽，斷其獄訟。當乃明實，否則證空。其言當者，明示以事實；其理否者，顯告之狀空。鄭玄毛詩箋曰：否，不通也。說文曰：證，告也。好爵既靡，顯戮亦從。言賞罰之法，在乎功過，當者既靡之以好爵，否者亦從之以顯戮。周易曰：我有好爵，吾與爾靡之。尚書，王曰：不迪有顯戮。不見竇林，伏尸漢邦！其十三。此喻駿也。東觀漢記曰：護羌竇林奉使，羌顛岸降，詣林，林欲以爲功，劾奏言大豪。後顛岸兄顛吾復詣林〔六〕，林言其第一豪。問事狀，林對前後兩屈。林以誣罔詣獄，上不忍誅，免官。後涼州刺史奏林贓罪，復收繫羽林監，遂死獄中。周人之詩，寔曰采薇。北難玁狁，西患昆夷。毛詩序曰：采薇，遣戍役也。文王西有昆夷之患，北有玁狁之難。鄭玄曰：昆夷，西戎也。玁狁，今匈奴也。晉灼曰：堯曰葷粥，周曰玁狁，秦曰匈奴。舊說疏曰：黄帝曰葷粥，唐舜曰蠻夏，殷曰鬼方，周曰匈奴，秦曰胡。以古況今，何足曜威？言古弱而患，今彊而勝之，抑亦常理，何足以曜威乎？西都賦曰：曜威而講武事。徒愍斯民，我心傷悲。其十四。不足曜威，而爲詩者爲愍斯民，故言之也。毛詩曰：王事靡盬，我心傷悲。斯民如何？荼毒于秦。毛詩曰：生民如何？尚書曰：不忍荼毒。孔安國曰：荼毒，苦也。師旅既加，饑饉是因。論語，子曰〔七〕：加之以師旅，因之以饑饉。疫癘淫行，荆棘成榛。元康七年正月，周處死。七月，雍州疫，大旱，關中飢，米斛萬錢。詔骨肉相贖者不禁。鄭玄周禮注曰：癘疫，氣不和之疾也。古出夏北門行曰：疫癘淫行。老子曰：師之所處，荆棘生焉。絳陽之粟，浮于渭濱。其十五。謂運絳陽之粟以賑關中也。漢書，河東郡有絳縣。酈善長水經注曰：絳則絳陽也，蓋在絳、澮之陽。左氏傳，重耳曰：余從狄君，以田渭濱。明明天子，視民如傷。明明，已見上文。左氏傳，逢滑曰：國之興也，視民如傷。申命羣司，保爾封疆。尚書曰：申命羲叔。韋孟諷諫詩曰：明明羣司。左氏傳，知罃曰：而帥偏師，以修封疆〔八〕。靡暴于衆，無陵于強。誡羣司也。言無以衆而暴寡，無以強而陵弱。韓子曰：其理國也，使強不陵弱，衆不暴寡。蒼頡篇曰：陵，侵也。惴惴寡弱，如熙春陽。其十六。謂關中民也。羣司既整，寡弱免於陵暴，心皆慕義，如悦春陽。毛詩曰：惴惴其慄。毛萇曰：惴惴，懼也。寡弱，已見上文。爾雅曰：熙，興也。説文曰：興，悦也。神農本草曰：春爲陽，陽温生萬物。惴惴或喣嘘〔九〕。

文選考異

〔一〕注「都督雍梁晉諸軍事」　陳云「晉」當作「秦」，是也。各本皆譌。

〔二〕注「毛詩曰皇甫卿士」　袁本、茶陵本無此七字。

〔三〕注「古旦」　袁本、茶陵本作「旰古旦切」，在注末，是也。

〔四〕注「成規之畫」　陳云「之」字疑。今案：國志注所引作「外規廟勝之畫」，或此傳寫譌脱也。

〔五〕注「虚皛謬彰其義一耳但交相避」袁本、茶陵本無此十二字。案：此當是二本脱。「交」當作「文」，傳寫譌耳。

〔六〕注「林欲以爲功」下至「復詣林」袁本、茶陵本無此十九字。案：此當是二本傳寫脱。范蔚宗書在西羌傳，文句小異。

〔七〕注「論語子曰」何校「子」下添「路」字，陳同。各本皆脱。

〔八〕注「尚書曰申命羲叔」下至「以修封疆」袁本、茶陵本無此三十一字。案：此當是二本脱去一節注也。

〔九〕注「惴惴或呴噓」袁本、茶陵本「噓」下有「也」字。案：此當云「煦或作呴。呴，噓也」。各本皆誤。五臣銑注云「煦猶呴也」，即襲善此注爲之，可借爲證。

公讌

公讌詩　五言

曹子建　贈答雜詩，子建在仲宣之後，而此在前，疑誤。

公子敬愛客，終宴不知疲。公子，謂文帝，時武帝在，謂五官中郎也〔一〕。清夜遊西園，飛蓋相追隨。明月澄清景，列宿正參差。字書曰：澄，湛也。説文曰：景，光也。楚辭曰：宣遊兮列宿。秋蘭被長坂，朱華冒緑池。朱華，芙蓉也。毛萇詩傳曰：冒，猶覆也。潛魚躍清波，好鳥鳴高枝。神飈接丹轂，輕輦隨風移。解嘲曰：客徒欲朱丹吾轂。飄颻放志意，千秋長若斯。古詩曰：蕩滌放情志。戰國策曰：犀首爲張儀千秋之祝。

文選考異

〔一〕注「謂五官中郎也」 案：「謂」當作「爲」，「也」當作「將」。各本皆譌。

公讌詩 五言

王仲宣

昊天降豐澤，百卉挺葳蕤。爾雅曰：夏爲昊天。毛詩曰：百卉具腓。字林曰：卉，草摠名也。楚辭曰：上葳蕤以防露。王逸注曰：葳蕤，草木初生貌。涼風撤蒸暑，清雲却炎暉。孔安國論語注曰：撤，去也。蒸，熱氣也。南方爲火而主夏，火性炎上，故謂夏日爲炎暉也。高會君子堂，並坐蔭華榱。漢書曰：漢王置酒高會。毛詩曰：既見君子，並坐鼓瑟。上林賦曰：華榱璧璫。嘉肴充圓方，旨酒盈金罍。毛詩曰：嘉肴脾臄。南都賦曰：珍羞琅玕，充溢圓方。毛詩曰：旨酒思柔。又曰：我姑酌彼金罍。管絃發徽音，曲度清且悲。孔安國尚書傳曰：徽，美也。合坐同所樂，但愬杯行遲。愬與訴同。常聞詩人語，不醉且無歸。毛詩曰：厭厭夜飲，不醉無歸。今日不極懽，含情欲待誰？漢書曰：田蚡卒飲，極懽而去。含情，謂含其歡情而不暢也。古樂府歌曰：今日尚不樂，當復待何時？見眷良不翅升豉〔一〕，守分豈能違。言上見恩遇，不翅過於本望，己守常分，豈敢違越乎？言不敢也。家語，子曰：愛人之謂德教，何翅惠哉！不翅，猶過多也。論語摘襃聖承進讖曰〔二〕：徐衍守分身亡。古人有遺言，君子福所綏。左氏傳，正常曰：夫子有遺言。夫子，謂魯季桓子。毛詩曰：樂只君子，福履綏之。願我賢主人，與天享巍巍。主人，謂太祖也。論語，子曰：巍巍乎，惟天爲大，惟堯則之。杜預左氏傳注曰：享，受也。克符周公業，奕世不可追。史記曰：周公旦輔翼武王，用事居多。奕世，已見上文。此詩侍曹操讌。

文選考異

〔一〕注「升豉」袁本、茶陵本作「翅升豉切」，在注中「不翅猶過多也」下，是也。

〔二〕注「論語摘襃聖承進讖曰」袁本、茶陵本「襃」作「衺」，是也。

公讌詩 五言

劉公幹 魏志曰：東平劉楨，字公幹，少有學，太祖辟丞相掾屬。太子嘗請諸文學，酒酣，命甄氏出拜，坐中皆伏，楨獨平視。太祖聞之，收楨，減死輸作〔一〕。著文賦數十篇。卒。

永日行遊戲，懽樂猶未央。永日，長日也。尚書曰：日永星火。毛詩曰：且以永日。毛萇曰：永，引也。古詩曰：遊戲宛與洛。蘇武詩曰：懽樂殊未央。遺思在玄夜，相與復翺翔。秦嘉贈婦詩曰：遺思致款誠。毛詩曰：河上乎翺翔。輦車飛素蓋，從者盈路傍。古詩曰：日出東南行〔二〕，觀者滿道傍。月出照園中，珍木鬱蒼蒼。新語曰：楩梓豫章，立則爲衆木之珍。風俗通曰：太山松鬱鬱蒼蒼。清川過石渠，流波爲魚防。周禮曰：以防止水。鄭玄曰：堰豬，畜流水之陂。防，豬旁隄也。芙蓉散其華，菡萏溢金塘。毛萇詩傳曰：菡萏，荷華也。金塘，猶金堤也。靈鳥宿水裔，仁獸遊飛梁。假美名以言之。楚辭曰：蛟何爲兮水裔？思玄賦曰：亘螭龍之飛梁。華館寄流波，豁達來風涼。生平未始聞，歌之安能詳？毛萇詩傳曰：詳，審也。投翰長歎息，綺麗不可忘。翰，筆毫也。

文選考異

〔一〕注「少有學」下至「減死輸作」　袁本、茶陵本無此四十二字，有「爲司空軍謀祭酒掾屬轉爲平原侯庶子後爲五官將有文學」二十四字。案：二本是也。

〔二〕注「古詩曰日出東南行」　案：此當作「古日出東南隅行曰」。各本皆誤。

侍五官中郎將建章臺集詩 五言 魏志曰：建安十六年正月，天子命公世子丕爲五官中郎將。

應德璉 魏志曰：汝南應瑒，字德璉，太祖辟爲丞相掾屬。後爲五官將文學，卒〔一〕。

朝鴈鳴雲中，音響一何哀！以鴈自喻也。毛詩曰：鴻鴈于飛，哀鳴嗸嗸。問子遊何鄉？戢翼正徘徊。毛詩曰：鴛鴦在梁，戢其左翼。鄭玄曰：戢，斂也。言我寒門來，將就衡陽棲。淮南子曰：北極之山曰寒門。高誘曰：積寒所在，故曰寒門。西京賦曰：南翔衡陽，北棲鴈門。尚書曰：荆及衡陽惟荆州。往春翔北土，今冬客南淮。管子曰：夫鴻鵠春北而秋南，不失時者也。遠行蒙霜雪，毛羽日摧頹。東觀漢記曰：世祖蒙犯霜雪。古臨高臺辭曰：我欲負之，毛衣摧頹。常恐傷肌骨，身隕沈黄泥。簡珠墯沙石，何能中自諧？簡珠，喻賢人也。沙石，喻羣小也。淮南子曰：周之簡珪，産於垢土。爾雅曰：簡，大也。又曰：諧，和也。欲因雲雨會，濯翼陵高梯。樂動聲儀曰：風雨感魚龍，仁義動君子。范曄後漢書，鄧騭上疏曰：披雲雨之渥澤。高梯，喻尊位也。賈逵國語注曰：梯，猶階也。良遇不可値，伸眉路何階？漢書曰：左馮翊薛宣爲書曉高陵令楊湛曰：君自圖進退，可復伸眉於後。公子敬愛客，樂飲不知疲。漢書曰：陳平厚具樂飲太尉。和顔既以暢，乃肯顧細微。鄭玄禮記注曰：暢，充也。鬼谷子曰：以識細微。贈詩見存慰，小子非所宜。孔叢子，衞君謂子思曰：猶步玉趾而慰存之。鄭玄周禮注曰：存，省也。毛萇詩傳曰：慰，猶安存之也。爲且極歡情，不醉其無歸。不醉無歸，已見上文。凡百敬爾位，以副飢渴懷。毛詩曰：凡百君子，各敬爾儀。孔叢子，子思謂魯穆公曰：君若飢渴待賢。

文選考異

〔一〕注「後爲五官將文學卒」　袁本、茶陵本「官」下有「中郎」二字，是也。

皇太子讌玄圃宣猷堂有令賦詩　四言

王隱晉書曰：愍懷太子遹，字熙祖，惠帝即位，立爲皇太子。楊佺期洛陽記曰：東宮之北曰玄圃園。

陸士衡

三正迭紹，洪聖啓運。三正，夏、殷、周也。周建子爲正月，殷建丑爲正月，夏建寅爲正月。尚書大傳曰：正色三而復者也。春秋合誠圖曰：赤受天運。宋均曰：運，録運也。自昔哲王，先天而順。尚書曰：在昔殷先哲王。周易曰：大人者先天而天弗違。又曰：湯武革命，順乎天而應乎人。羣辟崇替，降及近古。國語，藍尹亹曰：吾聞君子唯獨居思念前世崇替。韋昭曰：崇，終也。替，廢也。班固漢書項羽讚曰：近古以來，未嘗有也。黄暉既渝，素靈承祜。魏爲土德曰黄。晉爲金行曰素。干寶搜神記曰：魏推五德之運，以土承漢。又程猗説石圖曰〔一〕：金者晉之行也。建安五年初，桓帝時，有黄星見於楚、宋之分野。遼東殷馗善天文，言後五十歲，當有真人起於譙、沛之間，其鋒不可當。至此凡五十年，而公破紹，天下莫敵矣。晉世祖武皇帝姓司馬，名炎，字安世，受魏陳留王禪，以金德王，都洛陽。金於西方爲白，故曰素靈。爾雅曰：渝，變也。祜，福也。乃眷斯顧，祚之宅土。毛詩曰：乃眷西顧，惟此與宅〔二〕。左氏傳，衆仲曰：胙之以土，而命之氏。尚書曰：降丘宅土。三后始基，世武丕承。三后，謂宣、景、文也。世武，世祖武皇帝也。國語，太子晉曰：自后稷始基静民。尚書，伊尹曰：肆嗣王，丕承基緒。協風傍駭，天晷仰澄。國語曰：虞幕能聽協風，以成樂生物者也。韋昭曰：協，和也。廣雅曰：駭，起也。説文曰：晷，日景也。言日澄清也〔三〕。謂不薄蝕。淳曜六合，皇慶攸興。國語，史伯對鄭桓公曰：夫黎爲高辛氏火正，以淳曜敦大，光照四海。吕氏春秋曰：神通乎六合。自彼河汾，奄齊七政。晉在河、汾之陽。毛詩曰：自彼氐、羌。尚書曰：璿璣玉衡，以齊七政。孔安國曰：七政，日月五星各異政也。時文惟晉，世篤其聖。周禮，㮚氏量銘曰：時文思索。鄭玄曰：言是文德之君，思求可以爲民立法者。尚書曰：世篤忠貞。毛萇詩傳曰：篤，厚也。欽翼昊天，對揚成命。尚書曰：欽若昊天。毛萇詩傳曰：翼，敬也。毛詩曰：對揚王休。又曰：昊天有成命，二后受之。九區克咸，讌歌以詠。劉騊駼郡太守箴曰：大漢遵周，化洽九區。尚書，夔曰：戛擊鳴球，搏拊琴瑟〔四〕，以詠祖考來格。皇上纂隆，經教弘道。皇上，惠帝也。爾雅曰：纂，繼也。經，猶理也。論語曰：人能弘道。于化既豐，在工載考。毛詩曰：在宗載考。鄭玄曰：考，成也。俯釐庶績，仰荒大造。尚書曰：允釐百工，庶績咸熙。孔安國曰：釐，理也。毛萇詩傳曰：荒，大也。左氏傳，吕相曰：我有大造于西也。杜預曰：造，成也。儀刑祖宗，妥綏天保。毛詩曰：儀刑文王。又曰：天保定爾。篤生我后，克明克秀。我后，謂太子也。機爲洗馬，故稱我后。毛詩曰：篤生武王。又曰：克明克類。體輝重光，承規景數。尚書曰：昔先君文王、武王宣重光。爾雅曰：景，大也。尚書，周公曰：王嗣無疆，大歷服。又，舜曰：天之歷數在爾躬。茂德淵沖，天姿玉裕。尚書曰：有夏先后，方懋厥德。家語，齊大夫子輿見孔子曰：今知海淵之爲大。字書曰：沖，虚也。桓子新論曰：聖人天然之姿，所以絶人遠者也。應劭漢官儀曰：太子有玉質。廣雅曰：裕，容也。蕞爾小臣，邈彼荒遐。左氏傳，子産曰：諺云蕞爾小國。儀禮曰：小臣正辭〔五〕。韋孟諷諫詩曰：撫寧遐荒。弛厥負檐，振纓承華。臧榮緒晉書曰：楊駿誅，徵機爲太子洗馬。左氏傳，陳公子完曰：弛於負檐。杜預左氏傳注曰：振，整也。洛陽記曰：太子宫在大宫東，中有承華門。匪願伊始，惟命之嘉。左氏傳，周子曰：孤始願不及此。爾雅曰：嘉，善也。

文選考異

〔一〕注「又程猗説石圖曰」袁本、茶陵本「又」下有「曰」字，是也。

〔二〕注「惟此與宅」陳云「惟此」二字當乙。各本皆倒。

〔三〕注「言日澄清也」袁本、茶陵本但有「澄」字，無上「言日」、下「清也」四字。陳云「言日」當據左太沖詩注作「方言曰」。案：此或尤延之校添，而又脱誤耳。

〔四〕注「搏拊琴瑟」袁本、茶陵本無此四字。案：此亦尤延之校添。

〔五〕注「儀禮曰小臣正辭」袁本作「小臣已見上文」，是也。茶陵本亦複出，皆非。

大將軍讌會被命作詩 四言

臧榮緒晉書曰：成都王穎，字章度。趙王倫篡位，穎與齊王冏誅之，進位大將軍。

陸士龍 王隱晉書曰：陸雲，字士龍，少與兄機齊名，號曰二陸。爲吳王郎中令，出宰浚儀，有惠政。機被收，并收雲。

皇皇帝祐，誕隆駿命。毛詩曰：皇皇后帝。又曰：既受帝祉。又曰：受天之祜。薛君韓詩章句曰：誕，信也。毛詩曰：宜監于殷，駿命不易。毛萇曰：駿，大也。四祖正家，天禄保定。四祖，宣、景、文、武也。尚書周易曰：正家而天下定。尚書曰：天禄永終。保定即天保定爾，已見上文。睿哲惟晉，世有明聖。尚書曰：明作哲，睿作聖。毛詩曰：世有哲王。如彼日月，萬景攸正。其一。尚書曰：惟我文考，若日月之照臨。傅玄歌詩曰：日中萬影正，夕中萬景傾。義與此同。巍巍明聖，道隆自天。巍巍，已見上文。禮記，子思曰：道隆則從而隆。毛詩曰：有命自天，命此文王。則明分爽，觀象洞玄。孝經曰：則天之明。孔安國尚書傳曰：爽，明也。周易曰：仰則觀象於天。又曰：天玄而地黃。陵風協紀〔一〕，絶輝照淵。言風教上升，協於辰極，光炎絶遠，下照深淵。廣雅曰：陵，乘也。然乘亦升也。孝經鉤命決曰：皇德協極。注曰：極，北辰也。封禪書曰：末光絶炎。劇秦美新曰：炎光飛響，盈塞天淵。肅雍往播，福禄來臻。其二。毛詩曰：肅雍顯相。杜預左氏傳注曰：播，揚也。毛詩曰：福禄攸降。爾雅曰：臻，至也。在昔姦臣，稱亂紫微。姦臣，謂趙王倫也。法言曰：上失其政，姦臣竊國命。尚書曰：敢行稱亂。紫微，喻帝位也。春秋合誠圖曰：北辰，其星七，在紫微中。又曰：紫宫，大帝室也。神風潛駭，有赫兹威。毛詩曰：皇矣上帝，臨下有赫。靈旗樹旆，如電斯揮。甘泉賦曰：樹靈旗。楚辭曰：靈旗兮電騖。韓康伯周易注曰：揮者，散也。致天之届，于河之沂。臧榮緒晉書曰：成都王穎遣趙驤爲前鋒，倫遣孫會等前驅，未及温十餘里，大戰，孫會先退，諸軍相次奔潰，穎尋過河入于京師。毛詩曰：致天之届。毛萇曰：届，極也。文穎漢書注曰：沂，水上橋也。有命再集，皇輿凱歸。其三。趙王倫廢帝於金墉城。既敗倫於温，帝復還，故曰再集。毛詩曰：天監在下，有命既集。楚辭曰：恐皇輿之敗績。周禮曰：師有功則凱樂。頹綱既振，品物咸秩。説文曰：振，舉也。周易曰：品物咸亨。神道見素，遺華反質。周易曰：聖人以神道設教。素，樸素也。莊子曰：同乎無欲，是謂素樸。鄭玄禮記注曰：凡物無飾曰素。華謂采章，質謂淳樸也。遺，棄也。辰晷重光，協風應律。國語曰：次序三辰。賈逵曰：日月星也〔二〕。漢書，倪寬云：宣重光。張晏曰：重光，謂日月也。協風，已見上文。應律，應律而至也。函夏無塵，海外有謐。其四。楊雄河東賦曰：函夏之大漢。東觀漢記曰：祭肜爲遼東太守，胡、夷皆來内附，野無風塵。毛詩曰：海外有截。爾雅曰：謐，静也。芒芒宇宙，天地交泰。左氏傳曰：芒芒禹跡。淮南子曰：虚廓生宇宙，宇宙生天地。周易曰：天地交泰。王在華堂，式宴嘉會。毛詩曰：王在靈囿。又曰：嘉賓式宴以敖。周易曰：嘉會足以合禮。玄暉峻朗，翠雲崇靄。玄，天色也。冕弁振纓，服藻垂帶。其五。尚書曰：藻火粉米。鄭玄孝經注曰：大夫服藻火。毛詩曰：彼都人士，垂帶而厲。祁祁臣僚，有來雍雍。祁祁，已見上文。毛詩曰：有來雍雍。薄言載考，承顏下風。毛詩曰：薄言采之。載考，已見上文。漢書，雋不疑曰：乃今承顏接辭。孔叢子曰：伋願在下風。俯覿嘉客，仰瞻玉容。毛詩曰：我有嘉客，亦不夷懌。曹植罷朝表曰：覲玉容而慶薦，奉懽宴而慈潤。施己唯約，于禮斯豐。魏文帝典論曰：君子謹乎約己，弘乎接物。淮南子曰：禮豐不足以效愛。天錫難老，如嶽之崇。其六。言賜之難老，合壽考也〔三〕。毛詩曰：永錫難老。又曰：如南山之壽。

文選考異

〔一〕陵風協紀　案：「紀」當作「極」。袁本云善作「紀」。茶陵本云五臣作「極」。詳善引孝經鉤命決注「協極」，是善亦作「極」，不作「紀」。各本所見皆非。

〔二〕注「國語曰次序三辰賈逵曰日月星也」　袁本、茶陵本無此十四字。

〔三〕注「合壽考也」　陳云「合」當作「令」，是也。各本皆譌。

晉武帝華林園集詩　四言

洛陽圖經曰：華林園在城内東北隅。魏明帝起名芳林園，齊王芳改爲華林。干寶晉紀曰：泰始四年二月，上幸芳林園，與羣臣宴，賦詩觀志。孫盛晉陽秋曰：散騎常侍應貞詩最美。

應吉甫 文章志曰：應貞〔一〕，字吉甫，少以才聞，能談論。晉武帝爲撫軍將軍，以貞參軍。晉室踐祚，遷太子中庶子、散騎常侍。卒。

悠悠太上，民之厥初。毛萇詩傳曰：悠悠，遠貌。太上，太古也。老子曰：太上下知有之。淮南子曰：太上之道，生萬物而不有。毛詩曰：厥初生民。皇極肇建，彝倫攸敷。尚書曰：建用皇極。又曰：天乃錫禹洪範九疇，彝倫攸敍。孔安國曰：皇，大；極，中也。五德更運，膺籙受符。七略曰：鄒子有終始五德。言土德從所不勝，木德繼之，金德次之，火德次之，水德次之。春秋命歷序曰：五德之運，同徵合符，膺籙次相代。春秋漢含孳曰：天子受符，以辛日立號。陶唐既謝，天歷在虞。其一。説文解字云：陶丘再成也，在濟陰。夏書曰：東至陶丘。陶丘有堯城，堯嘗居之，故號陶唐氏。天歷，天之歷數也，已見上文。虞謂舜也。於時上帝，乃顧惟眷。孔安國尚書傳曰：時，是也。毛詩曰：皇矣上帝。又曰：乃眷西顧，此惟與宅。光我晉祚，應期納禪。魏禪晉，已見魏都賦。范曄後漢書：伏隆檄張步曰：皇天祐漢，聖哲應期。尚書刑德放曰：河圖，帝王終始存亡之期。位以龍飛，文以虎變。周易曰：飛龍在天，利見大人。又曰：大人虎變，其文炳也。玄澤滂流，仁風潛扇。玄澤，聖恩也。曹子建責躬詩曰：玄化滂流。典引曰：仁風翔于海表。區內宅心，方隅回面。其二。尚書曰：宅心知訓。孔安國曰：常以居心也。劇秦美新曰：回面内嚮喁喁然。天垂其象，地曜其文。周易曰：天垂象，聖人則之。韓詩外傳曰：天見其象，地見其形，聖人則之。春秋元命苞曰：天質地文。鳳鳴朝陽，龍翔景雲。毛詩曰：鳳凰鳴矣，于彼高岡；梧桐生矣，于彼朝陽。注曰：山東曰朝陽。孝經援神契曰：王者德至山陵，則景雲出。孫柔之曰：一名慶雲。文子曰：景雲光潤。嘉禾重穎，蓂莢載芬。孝經援神契曰：王者德至地，則嘉禾生。東觀漢記曰：濟陽縣嘉禾生，一莖九穗。田俅子曰：堯爲天子，蓂莢生于庭，爲帝成歷。率土咸序，人胥悦欣。其三。胥，相也。毛詩曰：率土之濱，莫非王臣。恢恢皇度，穆穆聖容。老子曰：天網恢恢，疏而不失。禮記曰：天子穆穆。言思其順，貌思其恭。在視斯明，在聽斯聰。尚書曰：言曰從，貌曰恭，視曰明，聽曰聰。注曰：是則可從。恭，嚴恪也。明必精審，聰必微諦。論語曰：君子視思明，聽思聰，貌思恭，言思忠。登庸以德，明試以功。其四。尚書，帝曰：若時登庸。又曰：明試以功，車服以庸。其恭惟何？昧旦丕顯。左氏傳，讒鼎之銘曰：昧旦丕顯，後世猶怠。無理不經，無義不踐。行捨其華，言去其辯。禮記曰：理發乎外而衆莫不順。鄭玄曰：理，謂言行也。陸賈新語曰：義者德之經，履之者聖也。老子曰：處其實不處其華。尚書曰：君無以辯言亂舊政。辯，捷也。口捷給則數爲人所憎。故云去其辯。游心至虚，同規易簡。嵇康書曰：游心于寂寞。老子曰：致虚極。王弼曰：言至虚之極也。管子曰：虚無形謂之道。周易曰：乾以易知，坤以簡能；易則易知，簡則易從；簡易而天下之理得矣。六府孔修，九有斯靖。其五。尚書曰：四海會同，六府孔修。毛詩曰：奄有九州（二）。澤靡不被，化罔不加。聲教南暨，西漸流沙。尚書曰：東漸于海，西被于流沙，朔南暨聲教。孔安國曰：漸，入也。幽人肆險，遠國忘遐。毛萇詩傳曰：幽，遠也。長楊賦曰：故平不肆險。服虔曰：肆，棄也。越裳重譯，充我皇家。其六。尚書大傳曰：成王之時，越裳重譯而來朝。曰道路悠遠，山川阻深，恐使之不通，故重三譯而朝也。

鄭玄曰：欲其轉相曉也。何休公羊傳注曰：充，滿也。典引曰：盛哉皇家。峩峩列辟，赫赫虎臣。毛詩曰：奉璋峩峩。典引曰：德臣列辟。毛詩曰：進厥虎臣。内和五品，外威四賓。尚書，帝曰：五品不遜。孔安國曰：五品，謂五常也。又曰：四夷咸賓。脩時貢職，入覲天人。周禮曰：施貢分職，以任邦國。毛詩曰：以其介圭，入覲于王。莊子曰：皆原於一，不離於宗，謂之天人。備言錫命，羽蓋朱輪。其七。毛詩曰：備言燕私。又序曰：不能錫命以禮。尚書大傳曰：古諸侯之於天子有功者，天子賜其車服，號曰命諸侯。鄭玄儀禮注曰：命，加爵服之名。子虛賦曰：建羽蓋。楊惲書曰：乘朱輪者十人。貽宴好會，不常厥數。史記曰：秦王告趙王，欲爲好會。數，猶禮也。左氏傳，張趯曰：吾得聞此數。神心所受，不言而喻。范曄後漢書，鄧騭上疏曰：聖策定於神心。孟子曰：君子所性，仁義禮智信，根於心，施於四體，不言而喻。於時肆射，弓矢斯御。吕氏春秋曰：天子講武肄射。毛詩曰：弓矢斯張。毛萇曰：御，進也。發彼五的，有酒斯飫。其八。毛詩曰：發彼有的，以祈爾爵。毛萇曰：的，射質也。鄭玄曰：發，發矢也。周禮曰：王射三侯五正。毛詩曰：君子有酒，酌言嘗之。又曰：飲酒之飫。杜預左氏傳注曰：飫，厭也。文武之道，厥猷未墜。論語，子貢曰：文、武之道，未墜於地，在人也〔三〕。在昔先王，射御兹器〔四〕。示武懼荒，過亦爲失。周易曰：弓矢者器也，用之過，亦爲失也。凡厥羣后，無懈于位。其九。毛詩曰：不懈于位〔五〕，民之攸塈。

文選考異

〔一〕注「文章志曰應貞」　袁本、茶陵本「貞」作「禎」，下同。案：今晉書文苑傳作「貞」。又上所引晉陽秋，各本皆作「貞」。蓋諸文互異，善各從其本。尤延之據晉書校改而一之耳。

〔二〕注「奄有九州」　陳云「州」當作「有」。各本皆誤。

〔三〕注「在人也」　袁本、茶陵本「在人」二字作「是」。案：此尤延之校改。

〔四〕射御茲器　茶陵本云「射」五臣作「躬」。袁本云善作「射」。何校云五臣作「躬」，是也。今案：注無明文，二本校語非可全據。善果何作，莫可考，晉書亦作「射」，仍不當竟改，何校未是也。

〔五〕注「不懈于位」　袁本、茶陵本「不」作「匪」。案：此亦尤延之校改。

九日從宋公戲馬臺集送孔令詩　五言

蕭子顯齊書曰：宋武帝爲宋公，在彭城，九日出項羽戲馬臺，至今相承以爲舊準。沈約宋書曰：孔靖，字季恭，宋臺初建，以爲尚書令，讓不受，辭事東歸，高祖餞之戲馬臺，百寮咸賦詩以述其美。

謝宣遠　宋書七志曰〔一〕：謝瞻，字宣遠，東郡人也〔二〕。幼能屬文。宋黄門郎。以弟晦權貴，求爲豫章太守，卒。高祖遊戲馬臺，命僚佐賦詩，瞻之所作冠于時〔三〕。

風至授寒服，霜降休百工。禮記曰：孟秋之月涼風至。又曰：仲秋之月盲風至，命有司〔四〕衣服有量，必脩其故〔五〕。鄭玄曰：盲風，疾風也。毛詩曰：七月流火，九月授衣。禮記曰：季秋之月，霜始降，則百工休。繁林收陽彩，密苑解華叢。巢幕無留鷰，遵渚有來鴻。左氏傳曰：吴公子札聘于上國，宿于戚，聞孫林父擊鍾，曰：夫子之在此，猶鷰之巢幕上。杜預曰：夫子，孫文子也。毛詩曰：鴻飛遵渚。禮記曰：九月之節，鴻鴈來賓。輕霞冠秋日，迅商薄清穹。迅商，商風之迅疾也。楚辭曰：商風肅而害之，百草育而不長。王逸曰：商風，西風也。秋氣起則西風疾。又曰：薄，附也。爾雅曰：穹蒼，蒼天也。聖心眷嘉節，揚鑾戾行宫。孫卿子曰：積善德而聖心備焉。左氏傳曰：錫鑾和鈴。爾雅曰：戾，至也。東觀漢記曰：濟陽有武帝行過宫。四筵霑芳醴，中堂起絲桐。儀禮曰：旨酒令芳。西京賦曰：促中堂之密坐。史記曰：鄒忌以鼓琴見齊威王，忌曰：夫理國家而彌人倫，皆在其中。王曰：夫理國家，又何爲乎〔六〕絲桐之間？扶光迫西汜，歡餘讌有窮。淮南子曰：日出暘谷〔七〕，拂于扶桑。楚辭曰：出自暘谷，次于濛汜。逝矣將歸客，養素克有終。歸客，謂靖也。嵇康幽憤詩曰：養素全真。王隱晉書，周馥教曰：參軍杜夷，優遊養素。周易曰：謙亨君子有終吉。班固漢書述曰：疏克有終，散金娱老。臨流怨莫從，歡心歎飛蓬。言己牽於時役，未果言歸，臨流念鄉，已結莫從之怨，而以侍宴暫歡之志，重歎飛蓬之遠也。楚辭曰：臨流水而太息。王逸曰：念舊鄉也。曹植應詔詩曰：朝覲莫從。列子，宋元君曰：適值寡人有懽心。商君書曰：夫飛蓬遇飄風而行千里，乘風之勢。

文選考異

〔一〕注「宋書七志曰」　袁本「宋」作「今」。茶陵本亦作「宋」。陳云注引今書七志處甚多；又證以王文憲集序，「宋」字之誤無疑。案：所説是也。

〔二〕注「東郡人也」　袁本、茶陵本「東」作「陳」，是也。

〔三〕注「冠于時」　袁本、茶陵本「時」上有「一」字，是也。

〔四〕注「命有司」　袁本、茶陵本「命」上有「乃」字。案：「有司」當作「司服」。

〔五〕注「必脩其故」　袁本、茶陵本「脩」作「循」，是也。

〔六〕注「又何爲乎」　袁本、茶陵本此四字作「何在」二字。案：凡此類皆尤延之改。

〔七〕注「日出暘谷」　袁本「暘」作「陽」，下同。茶陵本亦皆作「暘」。案：當作「湯」。各本皆譌。「湯谷」，如蜀都、吴都、西征等賦，皆有其證，不具出。

樂遊應詔詩　五言

丹陽郡圖經曰：樂遊苑，宫城北三里，晉時藥園也。

范蔚宗　沈約宋書曰：范曄，字蔚宗，順陽人。少好學，爲高祖相國掾〔一〕，稍遷至太子詹事。坐謀反誅。

崇盛歸朝闕，虛寂在川岑。方言曰：寂，安静也。山梁協孔性，黄屋非堯心。論語，子曰：山梁雌雉，時哉時哉！何晏曰：言山梁雌雉得時。鄭玄毛詩箋曰：梁，石絶水之梁也。漢書曰：紀信乃乘王車，黄屋左纛。李斐曰：天子車以黄繒爲裹。堯以位禪務光、許由，故非堯心所悦。郭象注莊子曰：徒見聖人載黄屋，佩玉璽，便謂足以纓紱其心矣。軒駕時未肅，文囿降照臨。言未戒軒駕而訪道，且降文囿而愛物也。莊子曰：黄帝將見大隗，方明爲御，昌寓參乘。鄭玄禮記注曰：肅，戒也。孟子，齊宣王問曰：文王之囿方七十里。毛詩曰：王在靈囿。鄭玄曰：文王親至靈囿，言愛物也。毛詩曰：明明上天，照臨下土。流雲起行蓋，晨風引鑾音。原薄信平蔚，臺澗備曾深。王逸楚辭注曰：草木交曰薄處〔一〕。蘭池清夏氣，脩帳含秋陰。三輔黄圖曰：蘭池觀在城外。漢書成紀曰：三輔長無供帳之勞。張晏曰：帳，帷帳也。遵渚攀蒙密，隨山上嶇嶔。遵渚，已見上文。尚書曰：隨山濬川。洞簫賦曰：嶇嶔巋崎。睇目有極覽，遊情無近尋。廣雅曰：睇，視也。王弼老子注曰：滌除邪飾，至于極覽。鄭玄禮記注曰：極者，盡也。聞道雖已積，年力互頹侵。莊子，南郭子綦問于女偊曰：子之年長矣，而色若孺子，何也？曰：吾聞道矣。偊音禹。陸機應嘉賦曰：悲來日之苦短，恨頹年之方促。探己謝丹黻，感事懷長林。毛詩曰：赤芾在股。毛萇曰：諸侯赤芾。鄭玄曰：芾，太古蔽膝之象。黻與芾古字通。江賦曰：感事而出。

文選考異

〔一〕注「沈約宋書曰」下至「爲高祖相國掾」　茶陵本「善曰」下無此二十二字，有「與彭城王義康」

六字，其五臣「銑曰」下有之。袁本但載銑注，末云「善注同」。案：此并「五臣」於善，而各本皆失善之舊，無可訂正也。

〔二〕注「草木交曰薄處」　陳云「處」字當在「交」字下。案：「處」衍字耳。各本皆譌。今楚辭注「交」下有錯字，善引不備。登廬山香爐峯詩注亦如此。

九日從宋公戲馬臺集送孔令詩　五言

謝靈運

季秋邊朔苦，旅鴈違霜雪。列子曰：禽獸之智，違寒就温。孔安國尚書傳曰：違，避也。淒淒陽卉腓，皎皎寒潭絜。韓詩曰：秋日淒淒，百卉俱腓。薛君曰：腓，變也。俱變而黄也。腓音肥。毛萇曰：痱，病也。今本作腓字，非〔一〕。良辰感聖心，雲旗興暮節。楚辭曰：吉日兮良辰。東征賦曰：撰良辰而將行。爾雅曰：感，動也。楚辭曰：載雲旗兮逶迤。鳴葭戾朱宮，蘭巵獻時哲。魏文帝書曰：從者鳴笳以啓路。傅玄西都賦曰：彤彤朱宮。漢書曰：百末旨酒布蘭生。晉灼曰：芬芳布列，若蘭之生。應劭曰：巵，鄉飲酒禮器也，受四升。鄭玄毛詩箋曰：主人酌賓爲獻。餞宴光有孚，和樂隆所缺。薛君韓詩章句曰：送行飲酒曰餞。周易曰：有孚飲酒無咎。毛詩序曰：鹿鳴廢則和樂缺矣。在宥天下理，吹萬羣方悦。莊子曰：聞在宥天下，不聞在治天下也。司馬彪曰：在，察也。宥，寬也。郭象曰：宥使自在則治也。莊子，南郭子綦曰：夫吹萬不同而使其自已也。司馬彪曰：言天氣吹煦，生養萬物，形氣不同。已，止也。使各得其性而止。**歸客遂海嵎〔二〕，脱冠謝朝列。**廣雅曰：遂，往也。尚書曰：至于海隅蒼生。凡仕則冕弁，謝職故曰脱冠。閑居賦序曰：猥厠朝列。**弭棹薄枉渚，指景待樂闋。**杜預左氏傳注曰：弭，息也。楚辭曰：朝發枉渚。王逸曰：枉，曲也。指景，指日也，已見上文。禮記曰：有司告以樂闋。鄭玄曰：闋，終也。**河流有急瀾，浮驂無緩轍。**言彼去河有急瀾而不止，已旋驂無緩轍而不留。言相背之疾也。孔安國尚書傳曰：浮，行也。**豈伊川途念，宿心愧將别。**孔以養素爲榮，而已以戀位爲辱，故云愧也。周禮曰：兩山之間，必有川焉；大川之間〔三〕，必有塗焉。趙壹報羊陟書曰：惟君明睿，平其宿心。嵇康幽憤詩曰：内負宿心。**彼美丘園道，喟焉傷薄劣。**毛詩曰：彼美孟姜。周易曰：六五，賁于丘園，束帛戔戔。王肅曰：失位無應，隱處丘園。閑居賦曰：信用薄而才劣。

文選考異

〔一〕注「毛萇曰痱病也今本作腓字非」　案：「痱」「腓」二字當互易，詳文義。謝詩作「痱」，善引韓及毛皆作「腓」，而訂之曰「今本作痱字，非也」。考鮑明遠苦熱行「渡瀘寧具腓」注引毛詩「百卉具腓」。毛萇曰：「腓，病也」。則此不得爲「痱，病也」明甚。蓋五臣因之，改正文爲「腓」，後以亂善，遂復倒此二字使相就，不知其不可通也。

〔二〕歸客遂海嵎　案：「嵎」當作「隅」。袁、茶陵二本校語云善從「山」。詳善引尚書注「海隅」，是善亦作「隅」。各本所見皆非。

〔三〕注「大川之間」何校「間」改「上」，陳同。各本皆譌。

應詔讌曲水作詩 四言

水經注曰：舊樂遊苑，宋元嘉十一年，以其地爲曲水，武帝引流〔一〕轉酌賦詩。裴子野宋略曰：文帝元嘉十一年三月丙申，禊飲于樂遊苑，且祖道江夏王義恭、衡陽王義季，有詔，會者賦詩。

顏延年

道隱未形，治彰既亂。老子曰：大象無形。又曰：道隱無名。王弼曰：有形則亦有分，有分者不温則涼，故象者〔二〕非大象也。又曰：夫道，物以之成而不見形，故隱而無名也。河上公曰：道潛隱，使人無能名也。太玄經曰：亂不極則治不形。賈逵國語注曰：彰，著也。帝迹懸衡，皇流共貫。春秋合誠圖曰：黄帝有迹，必稽功務法。宋均曰：迹，行迹，謂功績也。申子曰：君必有明法正義，若懸權衡以稱輕重，所以一羣臣也。長楊賦曰：逮至孝文，隨風乘流。孔安國尚書傳曰：萬國共貫。惟王創物，永錫洪筭。周禮曰：智者創物。毛詩曰：永錫難老。鄭玄儀禮注曰：筭，數也。謂年數。仁固開周，義高登漢。其一。毛詩序曰：周家忠厚，仁及草木。漢書曰：五星聚于東井，此高祖受命之符，當以義取天下。祚融世哲，業光列聖。爾雅曰：融，長也。毛詩曰：世有哲王。魏都賦曰：列聖之遺塵。太上正位，天臨海鏡。太上，謂文帝也。漢書，薄昭書曰：欲以親戚之意，望於太上。如淳曰：太上，天子也。周易曰：女正位于內，男正位于外。潘岳魯公詩曰：如地之載，如天之臨。孫綽望海賦曰：因湛亮以静鏡，俯遊目於淵庭。制以化裁，樹之形性。周易曰：化而裁之謂之變。莊子曰：流動而生物，物成生理謂之形，形體保神，各有儀則謂之性。惠浸萌生，信及翔泳。其二。史記，文帝詔曰：萬物之萌生。翔泳，謂魚鳥也。周易曰：豚魚吉，信及豚魚。薛君韓詩章句曰：文王聖德，上及飛鳥，下及魚鱉。崇虚非徵，積實莫尚。言崇尚虚假，諒非有徵，積累成實，則莫能尚也。演連珠曰：積實雖微，必動於物，崇虚雖廣，不能移心。杜預左氏傳注曰：尚，亦上也。豈伊人和，寔靈所貺。言化之所感，豈止人和乎？實亦受天貺。左氏傳，季良曰：於是人和而神降之福。春秋元命苞曰：通三靈之貺，交錯同端也。日完其朔，月不掩望。漢書曰：天下太平，日不蝕朔，月不掩望。航琛越水，輦賮踰障〔三〕。其三。言遠夷納貢也。毛萇詩傳曰：琛，寶也。孟子曰：將有遠行，行者必以賮。爾雅曰：上正，嶂也。郭璞曰：山上平。帝體麗明，儀辰作貳。言太子附帝，故有明德也。帝體，謂太子也。沈約宋書曰：文帝立皇子劭爲太子。喪服傳曰：長子正體於上。周易曰：黄離，元吉。鄭玄曰：離，南方之卦，離爲火，土託位焉。土色黄，火之子，喻子有明德，能附麗於父之道，文王之子發、旦是也。毛萇詩傳曰：儀，匹也。辰，北辰也。典引曰：辰居其位。齊王攸太子箴曰：尊以弘道，固以貳己。君彼東朝，金昭玉粹。東朝，東宫也。潘岳贈陸機詩曰：纏綿東朝。高誘吕氏春秋注曰：東宫，太子所居。詩曰：東宫之妹。又曰：金玉其相。廣雅曰：粹，純也。德有潤身，禮不愆器。禮記，曾子曰：富潤屋，德潤身。又曰：禮器。鄭玄曰：禮器，言禮使人成器，如耒耜之爲用也〔四〕。柔中淵映，芳猷蘭祕。其四。周易曰：其用柔中。陸機宣猷堂詩曰：茂德淵沖。字書曰：祕者〔五〕，謂蘭芳之幽密。昔在文昭〔六〕，今惟武穆。言昔者在高祖之子爲王，同於文王之昭；今帝之子爲王，又同武王之穆，言其成也〔七〕。左氏傳，富辰曰：畢、原、酆、郇，文之昭也。杜預曰：皆文王子也。邘、晉、應、韓，武之穆也。杜預曰：皆武王子也。漢書，韋玄成議曰：父爲昭，子爲穆，孫復爲昭，昭穆父子之迭號，千祀而一也。晉文王諱昭，改爲韶。於赫王宰，方旦居叔。王宰，謂王爲宰輔，比之周旦而亦居叔也。沈約宋書曰：彭城王義康爲司徒。毛詩曰：於赫湯孫。韓詩外傳，周公誡伯禽曰：吾，成王叔父也。有睟睿蕃，爰履奠牧。謂諸王者蕃也〔八〕。孟子曰：仁義禮智根於心，其生色也，睟然於面。二蕃，謂江夏、衡陽二王也。爰履奠牧，謂於所履之地，能鎮定其郊牧也。爾雅曰：爰，於也。左氏傳，管仲曰：賜我先君履。杜預曰：履，所履之界也。諸侯得祀名山大川，故曰奠牧。尚書曰：奠高山大川。爾雅曰：郊外謂之牧。寧極和鈞，屏京維服。其五。和鈞，謂王宰也。屏京，謂蕃封也。尚書曰：關石和鈞。周禮曰：三曰禮典，以和邦國，四曰政典，以均萬民。又曰：凡邦國大小相維。朏魄雙交，月氣參變。朏魄雙交，謂三日也。凡朏魄之交，皆在月三日之夕。今月未夕，故以前之文〔九〕唯止有二，故曰雙也。孔安國尚書傳曰：朏，明也。月三日明生之名。説文曰：魄，月始生魄然也。月氣參變，謂三月也。月氣每月一變，故曰參也。周書曰：凡四時成歲，各有孟仲季，以名十有二月，月有中氣，以著時應。開榮灑澤，舒虹爍電。言時候也。禮記曰：季春之月，桐始華。又曰：時雨將降。又曰：虹始見。又曰：仲春之月始電。化際無間，皇情爰眷。言既太平，故眷斯嘉節。解嘲曰：纖者入無間。杜預左氏傳注曰：間，隙也。伊思鎬飲，每惟洛宴。其六。楚辭曰：伊思兮往古。毛詩曰：王在在鎬，飲酒樂豈。東陽無疑齊諧記，束皙對武帝曰：昔周公卜洛邑，因流水以汎酒，故逸詩曰：羽觴隨流波。郊餞有壇，君舉有禮。餞，已見上文。左氏傳，曹劌曰：君舉必書。幙帷蘭甸，畫流高陛。廣雅曰：幙，帳也。蘭甸，蘭生于甸，猶蘭皋也。畫流，分流也。分庭薦樂，析錫〔一〇〕波浮醴。莊子曰：分庭抗禮。豫同夏諺，事兼出濟。其七。孟子，夏諺曰：吾王不豫，吾何以助？毛詩曰：出宿于濟。仰閱豐施，降惟微物。閱，猶數也。微物，自謂也。薛君韓詩章句曰：鳥，微物也。三妨儲隸，五塵朝黻。沈約宋書曰：高祖受命，延年補太子舍人，徙尚書儀曹郎，太子中舍人，轉正員外郎，徙員外常侍，出爲始安太守，徵中書侍郎，轉太子中庶子。途泰命屯，恩充報屈。泰、屯，二卦名。周易曰：泰者通也。又曰：屯如邅如。有悔可悛，滯瑕難拂。其八。周易曰：盱豫有悔，位不當也。孔安國尚書傳曰：悛，改也。廣雅曰：瑕，穢也。毛萇詩傳曰：拂，去也〔一一〕。拂亦作弗，古字通。

文選考異

〔一〕注「武帝引流」　何校「武」改「文」，陳同。各本皆譌。

〔二〕注「故象者」　袁本、茶陵本「象」下有「者形」二字。案：此當作「故象而形者」。二本誤「而」作「者」，尤因其不可通，輒刪二字，非。今本王弼注老子不誤。

〔三〕輦賁踰障　袁本、茶陵本「障」作「嶂」，是也。

〔四〕注「如耒耜之爲用也」　袁本、茶陵本無此七字。

〔五〕注「字書曰祕者」陳云「祕者」下脱「密也蘭祕」四字。今案：當在「祕」下「者」上。各本皆誤。

〔六〕昔在文昭 陳云「昭」五臣作「韶」。據善注亦當作「韶」。今案：茶陵本云五臣作「韶」，與尤所見皆非也。袁本作「韶」，不著校語，或所見善亦作「韶」爲不誤耳。

〔七〕注「言其成也」何校「成」改「盛」，陳同。各本皆譌。

〔八〕注「謂諸王者蕃也」何校「者」改「睿」，陳同。各本皆譌。

〔九〕注「故以前之文」何校「文」改「交」，陳同。各本皆譌。

〔一〇〕注「錫」袁本、茶陵本作「析音錫」，在注末，是也。

〔一一〕注「拂去也」陳云此「拂」字當作「弗」，引毛生民首章傳也。下句「拂」亦作「弗」者，言顏詩亦有别本作「弗」耳。案：所校是也。各本皆譌。

皇太子釋奠會作詩 四言 顏延年

裴子野宋略曰：文帝元嘉二十年三月，皇太子劭释奠于國學。禮記曰：凡學，春官釋奠于先師，秋冬亦如之。鄭玄曰：官，謂禮、樂、詩、書之官。周禮曰：凡有道者有德者使教焉，死則以爲樂祖，祭於瞽宗，此之謂先師也。若漢，禮有高堂生，樂有制氏，詩有毛公，書有伏生。釋奠者，設薦饌酌奠而已，無迎尸之事。

國尚師位，家崇儒門。漢書，元帝詔曰：國之將興，尊師而重傅。鄭玄禮記注曰：尊師授道焉，不使處臣位也。漢書儒林傳曰：嚴彭祖、顔安樂各專門教授。稾道毓德，講藝立言。王粲贈文叔良詩曰：温温恭人，稾道之極。周易曰：君子以振民毓德。西都賦曰：講論乎六藝。左氏傳，范宣子曰：其次立言。浚明爽曙，達義兹昏〔一〕。以日喻道也。大明之道，既以爽曙；道達之義，於此彌昏也。尚書曰：夙夜浚明有家。馬融曰：浚，大也。魏都賦曰：昏情爽曙，箴規顯之。毛萇詩傳曰：爽，差也。然義與魏都賦微異，不以文害意也。禮記曰：先王修道以達義。桓子新論曰：學者既多蔽暗，而師道又復缺然，此所以滋昏也。永瞻先覺，顧惟後昆。其一。言大義漸乖，永瞻先覺之意，顧思後昆以正之。孟子，伊尹曰：天生斯人，使先覺覺後覺。予，天人之先覺者也。尚書曰：垂裕後昆。大人長物，繼天接聖。周易曰：利見大人，君德也。尸子曰：天地之道，莫見其所以長物而物長，聖人之道亦然。漢書曰：庖羲繼天而王，爲百王先首。時屯必亨，運蒙則正。周易曰：屯，元亨，利貞。王弼曰：剛柔始交，是以屯也，不交則否，故屯乃大亨也。運，録運也。周易曰：蒙，亨，利貞。王弼曰：蒙之所利，乃利正也。偃閉武術，闡揚文令。尚書曰：王來自商，至于豐，乃偃武修文。孔安國曰：闡修文教。賈逵國語注曰：偃，息也。庶士傾風，萬流仰鏡。其二。尚書曰：庶邦庶事。嵇康高士傳，孔子問項槖曰：居何在？曰：萬流屋是也。注曰：言與萬物同流匹也。雒書曰：秦失金鏡。鄭玄曰：金鏡，喻明道也。虞庠飾館，睿圖炳睟。禮記曰：有虞氏養國老於上庠。睿圖，孔聖之圖畫也。炳，丹青色也。睟，已見上文。懷仁憬九永〔二〕集，抱智麕丘殞〔三〕至。懷抱，謂包韞也。禮記曰：君子有禮，故物無不懷仁。又曰：儒有戴仁而行，抱義而處。毛詩曰：憬彼淮夷。毛萇曰：憬，遠行貌。左氏傳，蔿啓疆謂楚子曰：求諸侯而麕至。杜預曰：麕，羣也。踵門陳書，躡蹻獻器。莊子曰：有孫休者，踵門而詫扁子。司馬彪曰：踵，至也。陳書，謂陳列其書而進之也。史記曰：虞卿躡蹻檐簦。器，謂樂也。漢書曰：河間獻王修學好古，或有先祖舊書，多奉與獻王。來朝，獻樂器也。澡身玄淵，宅心道祕。其三。禮記曰：儒有澡身而浴德。王逸妍敖蚩曰〔四〕：窮聖人之祕奥，測六義之淵玄。宅心，已見上文。伊昔周儲，聿光往記。禮記曰：文王之爲世子，朝於王季，日三。鷄初鳴而衣服，至寢門外，問内豎之御者曰：今日安否？何如？内豎曰：安。文王乃喜。及日中又至，亦如之。及暮又至，亦如之。其有不安，則内豎以告文王，文王色憂，行不正履。王季復膳，然後亦復初。漢書，疎廣曰：太子國儲副君。孔安國尚書傳曰：聿，述也。思皇世哲，體元作嗣。毛詩曰：思皇多士。東都賦曰：體元立制，繼天而作。鄭玄禮記注曰：上嗣，君之適長子。資此夙知，降從經志。資，猶藉也。毛詩曰：誰夙知而暮成。禮記曰：一年視離經辨志。逷彼前文，規周矩值。其四。爾雅曰：逷，遠也〔五〕。尚書大傳曰：聖人與聖也，猶規之相周，矩之相襲。值，當也。正殿虚筵，司分簡日。正殿，前殿也。長門賦曰：正殿塊以造天。虚筵，以待賢也。左氏傳，郯子曰：玄鳥氏，司分者也。爾雅曰：簡，擇也。尚席函杖，丞疑奉帙。漢書音義，晉灼曰：舊有五尚，有尚席。禮記曰：席間函丈。鄭玄曰：函，容也。丞疑，疑丞也。禮記曰：虞、夏、商〔六〕有師保，有疑丞。侍言稱辭，惇史秉筆。馮衍德誥曰：仲尼言語不習，則子貢侍。禮記曰：有善記之爲惇史。國語，士茁謂襄子曰：臣秉筆事君。妙識幾音，王載有述。其五。周易曰：知幾其神乎！尚書曰：熙帝之載。王肅曰：載，事也。孔叢子曰：使談者有述焉，爲之奈何！肆議芳訊，大教克明。演連珠曰：肆議芳訊，非庸聽所善。

孔安國尚書傳曰：肆，陳也。鄭玄毛詩箋曰：訊，言也。敬躬祀典，告奠聖靈。禮記曰：非此族也，不在祀典。又曰：凡人之始立學者，先釋奠于先聖先師。禮屬觀盥，樂薦歌笙。周易曰：觀盥而不薦。王弼曰：可觀者莫盛乎宗廟，宗廟之可觀者，莫盛於觀盥也。儀禮曰：歌南有嘉魚，笙崇丘也。昭事是肅，俎實非馨。其六。左氏傳曰：以昭事神。尚書，成王曰：黍稷非馨，明德惟馨。獻終襲吉，即宮廣讌。獻終，祭畢也。尚書曰：乃卜三龜，一襲吉。孔安國曰：襲，因也。禮記，孔悝鼎銘曰：即宮于宗周。堂設象筵，庭宿金懸。劉楨瓜賦曰：更鋪象牙之席。吳都賦曰：桃笙象簟。周禮曰：宿懸於阼階，其南鍾。然鍾則金也。台保兼徽，皇戚比彥。春秋漢含孳曰：三公在天，法三能。能與台同。保，太保也。皇戚，皇家之戚也。爾雅曰：美士爲彥。肴乾酒澄，端服整弁。其七。禮記曰：酒清人渴而不敢飲，肉乾人飢而不敢食。杜預左氏傳曰：肴乾而不食。淮南子曰：酒澄而不飲。六官眡命，九賓相儀。六官，六卿也。周禮曰：典命掌諸侯之五儀，其衣服禮儀各眡其命之數。漢書曰：羣臣朝十月儀，大行設九賓臚句傳。東京賦曰：伯夷起而相儀。纓笏帀序，巾卷充街。纓笏，垂纓秉笏也。皆朝臣之服，故舉服以明人。爾雅曰：東西牆謂之序。巾，巾箱也，所以盛書。都莊雲動，野馗風馳。爾雅曰：六達謂之莊。劇秦美新曰：雲動風偃。韓詩曰：施于中馗。薛君曰：中馗，馗中九交之道也。四子講德論曰：風馳雨集，雜襲並至。倫周伍漢，超哉邈猗。其八。鄭玄禮記注曰：倫，比也。說文曰：伍，相參伍也。蔡邕胡黄二公頌曰：超哉邈猗，莫參其二。清暉在天，容光必照。清暉，喻日、喻帝也。孟子云：日月有明，容光必照。趙岐曰：容光小隙。物性其情，理宣其奧。周易曰：乾元者，始而亨者也。利貞者，性情也。王弼曰：不爲乾元，何能通物之始？不性其情，何能久行其正？是故始而亨者，必乾元也。利而貞者，必性情也。此意性情者正也。言人君在上，以道被物，各存其性，僞情矯志，不入於心。老子曰：道者萬物之奧。廣雅曰：奥，藏也。安先國胄，側聞邦教。沈約宋書曰：元嘉中，延之遷國子祭酒、司徒左長史。尚書曰：命汝典樂，教胄子。賈誼弔屈原曰：側聞先生。尚書曰：司徒掌邦教。徒愧微冥，終謝智効。其九。微冥，微賤而闇冥也。家語，哀公曰：寡人愚冥。莊子曰：智効一官。

文選考異

〔一〕達義兹昏　何校云據注「兹」當作「滋」，陳同。案：所校是也。善作「滋」，故引新論注「滋昏」。五臣作「兹」，故濟注云「亦猶是焉」。各本所見，皆以五臣亂善，而袁、茶陵不著校語。古「兹」字雖與「滋」同義，然非此之用。

〔二〕注「九永」　袁本、茶陵本作「九永切」，在注中「憬遠行貌」下，是也。

〔三〕注「丘殞」　袁本、茶陵本作「丘殞切」，在注末，是也。

〔四〕注「王逸姸敖蚩曰」　袁本、茶陵本無「敖」字。案：無者是也。後五君詠注所引亦無「敖」字，可證。

〔五〕注「爾雅曰逷遠也」　袁本、茶陵本無此六字。

〔六〕注「虞夏商」　袁本、茶陵本「商」下有「周」字，是也。

侍讌樂遊苑送張徐州應詔詩　五言　劉璠梁典曰：張謖，字公喬，齊明帝時爲北徐州刺史。謖，霜六切。

丘希範　梁史曰：丘遲，字希範，吴興人。八歲能屬文，及長，辟徐州從事。高祖踐祚，拜中書郎，遷司徒從事中郎。卒。集題曰：兼中書侍郎丘遲上。

詰去質旦閶闔開，馳道聞鳳吹。左氏傳曰：詰朝將見。杜預曰：詰朝，平旦也。西京賦曰：表嶢闕於閶闔。薛綜曰：紫微宫門曰閶闔。漢書曰：太子不敢絶馳道。應劭曰：道，天子道也。吕氏春秋曰：伶倫制十二筩，聽鳳鳥之鳴，以别十二律。蔡邕月令章句曰：吹者，所以通氣也。管、簫、竽、笙、塤、篪，皆以鳴吹者也。輕荑承玉輦，細草藉龍騎。毛詩曰：自收歸荑。毛萇曰：荑，茅始生也。藉田賦曰：天子御玉輦。服虔漢書注曰：藉，薦也。周禮曰：馬八尺以上爲龍。風遲山尚響，雨息雲猶積。集本作漬。巢空初鳥飛，荇杏〔一〕亂新魚戲。毛詩曰：參差荇菜。寔惟北門重，匪親孰爲寄？史記，齊威王曰：吾吏有黔夫者，使守徐州，則燕人祭北門。裴駰曰：齊之北門也。史記，田肯謂上曰：非親子弟莫使王齊。參差别念舉，肅穆恩波被。荀悦漢紀曰：大會羣臣於長樂宫，成禮而罷，莫不肅穆。小臣信多幸，投生豈酬義。左氏傳，羊舌職曰：諺曰，人之多幸，國之不幸。西征賦曰：豈生命之易投。

〔一〕注「杏」　袁本、茶陵本作「荇音杏」，在注末，是也。

應詔樂遊苑餞吕僧珍詩　五言

梁書曰：吕僧珍，字元瑜，爲左衛將軍。天監四年冬，大舉北伐。

沈休文　劉璠梁典曰：沈約，字休文，吴興人。少爲蔡興宗所知，引爲安西記室。梁興，稍遷至侍中，丹陽尹，建昌侯。薨，謚曰隱。

丹浦非樂戰，負重切君臨。六韜曰：堯與有苗戰于丹水之浦。高誘吕氏春秋注曰：丹水在南陽。浦，崖也。莊子曰：兵革之士樂戰。鄧析子曰：明君之御人，若履冰而負重。孟子曰：舜竊負而逃，遵海濱而處。左氏傳，子囊曰：赫赫楚國，而君臨之。我皇秉至德，忘己用堯心。穀梁傳曰：我君接上下。論語曰：周之德可謂至德矣。莊子，堯謂舜曰：吾不敖無告，不廢窮民，此吾用心也。愍兹區宇内，魚鳥失飛沈。言失常也。東京賦曰：區宇乂寧。大戴禮曰：魚游于水，鳥飛于雲。推轂二崤岨，揚旆九河陰。漢書，馮唐曰：臣聞上古王者遣將也，跪而推轂曰：閫以内，寡人制之；閫以外，將軍制之。閫，魚列切。西都賦曰：左據函谷二崤之阻。藉田賦曰：九旗揚旆。尚書曰：九河既道。穀梁傳曰：水南曰陰。超乘盡三屬，選士皆百金。左氏傳曰：秦師過周北門，超乘者三百乘。韋昭國語注曰：超乘者，跳躍上車也。漢書曰：魏氏武卒衣三屬之甲。如淳曰：上身一、髀褌一、脛繳一，凡三屬也。顧野王曰：屬，猶接也。史記曰：李牧，趙之良將也。匈奴入，牧選百金之士五萬擊之。漢書音義，服虔曰：良士直百金。言重故也〔一〕。戎車出細柳，餞席樽上林。尚書曰：武王戎車三百兩。漢書曰：匈奴大入邊，遣内史周亞夫軍細柳。餞，已見上文。命師誅後服，授律緩前禽。公羊傳曰：何喜于服楚？楚有王者則後服，無王者則先強。周易曰：王用三驅，失前禽也。函轘方解帶，嶤武稍披襟。函，函谷也。轘，轘轅也。解帶披襟，言將降附也。漢書音義，應劭曰：嶤山之闕也。李奇曰：在上洛北。文穎曰：武關在洛西。李尤函谷關銘曰：函谷險要，襟帶咽喉。伐罪芒山曲，弔民伊水潯。尚書曰：奉辭伐罪。郭緣生述征記曰：北芒，洛陽北芒嶺，靡迤長阜，自滎陽山連嶺脩亘，暨于東垣。孟子曰：湯始征自葛，誅其君，弔其民。伊，水名也。許慎淮南子注曰：潯，涯也。將陪告成禮，待此未抽簪。尚書曰：柴望，大告武成也。謂武王誅紂而還，燔柴郊天，望祀山川，大告以武功成也。鍾會遣榮賦曰：散髮抽簪，永縱一壑。通俗文曰：幘道曰簪〔二〕。

文選考異

〔一〕注「言重故也」　袁本、茶陵本無「故」字，是也。

〔二〕注「幘道曰簪」　案：「道」當作「連」，謂連幘於髮也。释名有其證。各本皆譌。

祖餞

崔寔四民月令曰：祖，道神也。黄帝之子，好遠遊，死道路，故祀以爲道神，以求道路之福。

送應氏詩二首 五言

曹子建

步登北芒坂，遥望洛陽山。北芒，已見上文。洛陽何寂寞，宮室盡燒焚。説文曰：寂，無人聲也。獻帝紀曰：車駕至洛陽，宮室盡燒。垣牆皆頓擗，荆棘上參天。漢書，伍被曰：臣今見宮中生荆棘。孟子曰：太山之高，參天入雲。不見舊耆老，但覩新少年。側足無行徑，荒疇不復田。東觀漢記，馬援曰：隗囂側足無所立。國語曰：田疇荒蕪。賈逵曰：一井爲疇。遊子久不歸，不識陌與阡。中野何蕭條，千里無人煙。漢書，高祖曰：遊子悲故鄉。風俗通曰：南北曰阡，東西曰陌。劉歆遂初賦曰：野蕭條而寥廓。東觀漢記曰：北夷作寇，千里無煙火。念我平常居，氣結不能言。古詩曰：悲與親友別，氣結不能言。

清時難屢得，嘉會不可常。李陵與蘇武書曰：策名清時。又詩曰：嘉會難再逢。天地無終極，人命若朝霜。莊子曰：天與地無窮，人死者有時。漢書，李陵謂蘇武曰：人生如朝露。願得展嬿婉，我友之朔方。毛詩曰：嬿婉之求。又曰：我友敬矣。又曰：城彼朔方。親昵並集送，置酒此河陽。爾雅曰：昵，近也。漢書曰：上過沛，置酒沛宮。中饋豈獨薄，賓飲不盡觴。周易曰：在中饋。王弼曰：婦人職中饋，儀禮有饋食之禮。鄭玄周禮注曰：進物於尊者曰饋。愛至望苦深，豈不愧中腸！言恩愛至情之極，所望悲苦愈深也。漢書，杜鄴說王音曰：愛至者其求詳。鄭玄注禮記曰：病愧，謂罪苦也〔一〕。山川阻且遠，別促會日長。毛詩曰：山川悠遠。又曰：道阻且長。願爲比翼鳥，施翮起高翔。古詩曰：願爲雙鳴鳥，奮翼起高飛。

文選考異

〔一〕注「謂罪苦也」　案：「苦也」當作「咎之」，各本皆譌。此引表記注。

征西官屬送於陟陽候作詩　五言

孫子荆　臧榮緒晉書曰：孫楚，字子荆，太原人也。征西扶風王駿與楚舊好，起爲參軍，梁令、衞軍司馬，爲馮翊太守。卒。

晨風飄歧路，零雨被秋草。李陵與蘇武詩曰：欲因晨風發，送子以賤軀。毛詩曰：零雨其濛。傾城遠追送，餞我千里道。傾，猶盡也。三命皆有極，咄丁忽嗟安可保？養生經，黃帝曰：上壽百二十，中壽百年，下壽八十。鄭玄禮記注曰：司命主督察三命。蒼頡篇曰：咄，啐也。說文曰：啐，驚也。倉憒切〔一〕。王弼周易注曰：嗟，憂嘆之辭。莫大於殤子，彭聃猶爲夭。莊子，南郭子綦曰：天下莫大於秋毫之末，而太山爲小；莫壽於殤子，而彭祖爲夭。郭象曰：夫以形相對，則太山大於秋毫。若各據其性分，物冥其極，則形大未爲有餘，形小未爲不足。苟各安其性，則秋毫不獨小其小，太山不獨大其大矣。若以性足爲大，則天下之足，未有過於秋毫也；若性不足者非大，則雖太山亦可稱小矣。故曰：莫大於秋毫之末，而太山爲小。太山爲小，則天下無大矣。秋毫爲大，則天下無小矣。無大無小，無壽無夭，是以蟪蛄不羡大椿而欣然自得，斥鷃不貴天池而榮願已足。列仙傳曰：彭祖，殷賢大夫，歷夏至商末，號年七百。史記曰：老子字聃。列仙傳曰：李耳生於殷時，爲周守藏吏，積八十餘年。後之流沙，莫知所終。蓋百六十餘歲，或言二百餘歲。吉凶如糾纆，憂喜相紛繞〔二〕。漢書音義，應劭曰：禍福相爲表裏，如糾纆索相附會也。按糾纆，索也。糾，兩股索。纆，三股索。言禍福之相糾如此。鵩鳥賦曰：禍之與福，何異糾纆。又曰：憂喜聚門，吉凶同域。神女賦曰：紛紛擾擾，未知何意。天地爲我爐，萬物一何小？言天地爲爐，陶冶萬物，居其間一何微小。言不足自愛也。鵩鳥賦曰：天地爲鑪，萬物爲銅。達人垂大觀，誡此苦不早。此謂愛生也。達人大觀，死生若一，故戒此愛生，苦于不早。言能早戒之不以經慮也。鶡冠子曰：達人大觀，乃見其理。古詩曰：立身苦不早。乖離即長衢，惆悵盈懷抱。楚辭曰：惆悵兮私自憐。王孫子曰：仲叔諫衛靈公曰：百姓乖離。孰能察其心？鑒之以蒼昊。齊契在今朝，守之與偕老。說文曰：契，大約也。毛詩曰：君子偕老。

文選考異

〔一〕注「倉憒切」　袁本、茶陵本「倉」上有「咄丁忽切啐」五字，無正文「咄」下「丁忽」二字，是也。案：今善音割裂失理，皆此類。

〔二〕憂喜相紛繞　茶陵本云五臣作「擾」，袁本云善作「繞」。案：各本所見皆非也。善注引神女賦「紛紛擾擾」，是亦作「擾」不作「繞」，但傳寫譌耳。

金谷集作詩　五言

酈元水經注曰：金谷水出河南太白原，東南流，歷金谷，謂之金谷水。東南流，經石崇故居。

潘安仁

王生和鼎實，石子鎮海沂。石崇金谷詩序曰：余以元康六年，從太僕卿出爲使，持節監青、徐諸軍事，有別廬在河南縣界金谷澗。時征西大將軍祭酒王詡當還長安，余與衆賢共送澗中，賦詩以敍中懷。應劭漢官儀曰：太尉、司空、司徒長史，號爲毗佐三台，助鼎和味。尚書曰：海岱惟青州。又曰：徐州，淮沂其乂。蔡邕陳琳碑曰〔一〕：遠鎮南裔。親友各言邁，中心悵有違。毛詩曰：還車言邁。又曰：行道遲遲，中心有違。何以敍離思？攜手游郊畿。曹子建雜詩曰：離思故難任。朝發晉京陽，夕次金谷湄。晉京，洛陽也。

爾雅曰：水草交爲湄。迴谿縈曲阻，峻阪路威夷。七發曰：依絶區兮臨迴谿。韓詩曰：周道威夷。薛君曰：威夷，險也。緑池汎淡淡，青柳何依依。東京賦曰：渌水澹澹。澹與淡同。韓詩曰：昔我往矣，楊柳依依。薛君曰：依依，盛貌。濫泉龍鱗瀾，激波連珠揮。爾雅曰：濫泉正出。正出，湧出也。酈元水經注曰：允街谷水文成蛟龍。允音沿。街音牙。洞簫賦曰：揚素波而揮連珠。前庭樹沙棠，後園植烏椑。上林賦曰：沙棠櫟儲〔一〕。西京雜記曰：上林有烏椑沙棠樹。靈囿繁若榴，茂林列芳梨。毛詩曰：王在靈囿。廣雅曰：石榴，若榴也。西京雜記曰：上林有芳梨。飲至臨華沼，遷坐登隆坻。毛詩曰：舍其坐遷。鄭玄詩箋曰：坻，水中之高地。玄醴染朱顔，但愬杯行遲。邊讓章華臺賦曰：激玄醴於清池。楚辭曰：美人既醉朱顔酡。王仲宣公讌詩曰：但愬杯行遲。揚桴撫靈鼓，簫管清且悲。楚辭曰：揚桴兮撫鼓。毛詩曰：簫管備舉。王仲宣公讌詩曰：管絃發徽音，度曲清且悲。春榮誰不慕？歲寒良獨希！春榮喻少，歲寒喻老也。周易陰符，太公曰：春道生，萬物榮。論語曰：歲寒然後知松柏之後凋。投分寄石友，白首同所歸。阮瑀爲魏武與劉備書曰：披懷解帶，投分託意。分，猶志也。史記，蘇秦謂齊王曰：此棄仇讎而得石交者也。漢書曰：石建老白首，萬石君尚無恙。易曰：殊途而同歸。世説曰：孫秀既恨石崇不與緑珠，又憾潘岳昔遇之不以禮。後秀爲中書令，岳於省内謂秀曰：孫令〔二〕憶疇昔周旋不？秀曰：中心藏之，何日忘之！岳於是始知不免。後收石崇，同日取岳。石先送市，亦不相知。潘後至，石謂潘曰：安仁，卿亦復爾邪？潘曰：可謂白首同所歸。岳金谷集詩乃成其讖。王隱晉書曰：岳父文德，爲琅邪太守，孫秀時爲小吏給岳，岳於秀不以仁遇也。

文選考異

〔一〕注「蔡邕陳琳碑曰」何校「琳」改「球」，陳同。各本皆譌。

〔二〕注「沙棠櫟儲」袁本「儲」作「櫧」，是也。茶陵本亦誤「儲」。

〔三〕注「岳於省内謂秀曰孫令」袁本、茶陵本作「岳省内見之因喚孫令」，是也。案：此亦尤誤改。

王撫軍庾西陽集別〔一〕時爲豫章太守庾被徵還東〔二〕五言　沈約宋書曰：王弘爲豫州之西陽新蔡諸軍事、撫軍將軍、江州刺史。庾登之爲西陽太守，入爲太子庶子。集序曰：謝還豫章，庾被徵還都，王撫軍送至湓口南樓作。

謝宣遠　瞻時爲豫章太守。

祇召旋北京，守官反南服。言庾被召而旋帝京，已守官而莅南服也。左氏傳，仲尼曰：守道不如守官。南服，南方五服也。方舟新舊知〔三〕，對筵曠明牧。爾雅曰：大夫方舟。郭璞注曰：方舟，並兩船也。楊仲武誄曰：惟我與爾，對筵接几。蒼頡篇曰：疎，曠也。舊知，庾也。明牧，王撫軍也。舉觴矜飲餞，指途念出宿。劉琨答盧諶詩序曰：舉觴對膝。毛詩曰：出宿于濟，飲餞于禰。陸士衡贈弟詩曰：指塗悲有餘。來晨無定端，別晷有成速。頹陽照通津，夕陰曖平陸。楚辭曰：日晻晻而下頹。榜人理行艫，輶軒命歸僕。張揖子虛賦注曰：月令曰：命榜人。榜人，舡長也。説文曰：艫，船頭也。吴都賦曰：輶軒蓼擾。毛詩曰：輶車鑾鑣。楊雄答劉歆書曰：嘗聞先代輶軒之使。分手東城闉因〔四〕，發櫂西江隩。説文曰：闉，城曲重門也。爾雅曰：隩，隈也。郭璞曰：今江東人呼浦爲隩。離會雖相親，逝川豈往復。言離而復會，雖有相親之理，但逝川之流，豈有往復之義。嗟年命之速而會難也。呂氏春秋曰：離則復合，合則復離。親或爲雜，非也。誰謂情可書？盡言非尺牘。周易曰：書不盡言，言不盡意。杜篤弔比干文曰：敬申弔于比干，寄長懷於尺牘。説文曰：牘，書版也。

文選考異

〔一〕王撫軍庾西陽集別　袁本、茶陵本此下有「作」字，是也。

〔二〕時爲豫章太守庾被徵還東　袁本、茶陵本無此十一字，是也。案：此必或記於旁而尤延之誤取之。

〔三〕方舟新舊知　袁本、茶陵本「新」作「析」，是也。

〔四〕注「因」　袁本、茶陵本作「音因」二字，在注中「城曲重門也」下，是也。

鄰里相送方山詩 五言

沈約宋書曰：少帝出靈運爲永嘉郡守。丹陽郡圖經曰：方山在江寧縣東五十里，下有湖水。舊揚州有四津，方山爲東，石頭爲西。

謝靈運

祗役出皇邑，相期憩甌越。役，所莅之職也。王充論衡曰：充罷州役。曹子建詩曰：清晨發皇邑。毛萇詩傳曰：憩，息也。史記曰：東越王摇都東甌，時俗號東甌王。徐廣曰：今之永寧也。解纜力蹔〔一〕及流潮，懷舊不能發。吴志曰：更增舸纜。然纜，維船索也。西都賦曰：攄懷舊之蓄念。析析就衰林，皎皎明秋月。含情易爲盈，遇物難可歇。王仲宣公讌詩曰：含情欲待誰？古詩曰：所遇無故物。積痾謝生慮，寡欲罕所闕。説文曰：痾，病也。老子曰：少思寡欲〔二〕。資此永幽棲，豈伊年歲别。郭璞山海經曰〔三〕：山居爲棲。各勉日新志，音塵慰寂蔑。周易曰：日新其德。陸機思歸賦曰：絶音塵於江介。荀組七哀詩曰：轍兮轍兮，何其寂蔑。蔑一作滅。

文選考異

〔一〕注「力蹔」袁本、茶陵本作「力蹔切」，三字在注中「維船索也」下，是也。

〔二〕注「少思寡欲」案：「思」當作「私」，各本皆譌。

〔三〕注「郭璞山海經曰」，案：「經」下當有「注」字，各本皆脫。

新亭渚別范零陵詩 五言 十洲記曰〔一〕：丹陽郡新亭在中興里，吴舊亭也。梁書曰：范雲，齊世爲零陵郡内史。

謝玄暉 蕭子顯齊書曰：謝朓〔二〕，字玄暉，陳郡人也。少有美名，文章清麗。解褐豫章王行參軍，稍遷至尚書吏部郎，兼知衛尉事。江祏等謀立始安王遥光，朓不肯。祏白遥光，遥光收朓，下獄死。

洞庭張樂地，瀟湘帝子遊。莊子，北門成問於黄帝曰：帝張咸池之樂於洞庭之野，吾始聞之懼，復聞之怠。山海經曰：洞庭之山，帝之二女居之，是常遊於江淵，澧、沅，風交瀟、湘之川。郭璞曰：言二女游戲江之淵府，則能鼓動五江，令風波之氣共相交通，言其靈響也。楚辭湘君曰：帝子降兮北渚。王逸曰：帝謂堯也。娥皇、女英隨舜不反，死於湘水，因爲湘夫人。雲去蒼梧野，水還江漢流。歸藏啓筮曰：有白雲出自蒼梧，入于大梁。尚書曰：江、漢朝宗于海。停驂我悵望，輟棹子夷猶。鄭玄毛詩注曰：驂，兩騑也。蔡邕初平詩曰：暮宿河南悵望，天陰雨雪滂滂。楚辭曰：君不行兮夷猶。王逸曰：夷猶，猶豫也。廣平聽方籍，茂陵將見求。言范同廣平而聲聽方向籍，己當居茂陵之下，將於彼而見求。王隱晉書曰：鄭袤，字林叔，爲中郎散騎常侍。會廣平太守缺，宣帝謂袤曰：賢叔大匠渾垂，稱於平陽，魏郡蒙惠化〔三〕，且盧子家、王子邕繼踵此郡，欲使世不乏賢，故復相屈。在郡先以德化，善爲條教，百姓愛之。鄭玄毛詩箋曰：方，向也。漢書曰：司馬相如既病免，家居茂陵。心事俱已矣，江上徒離憂。楚辭曰：思公子兮徒離憂。

文選考異

〔一〕注「十洲記曰」陳云：案東方朔十洲記皆記仙山異境，非其他地志之比，安得載丹陽古蹟？況觀「新亭」、「吴舊亭」語，乃三國以後人所記，書名之誤，更易辨也。今案：其説是也，「洲」當作「州」，善屢引之，必當日别有其書也，不知者改之耳。各本皆誤。餘詳每條下。

〔二〕注「謝眺」何校「眺」改「朓」，陳云注「眺」並當作「朓」，各本皆譌。以下放此，不悉出。

〔三〕注「垂稱於平陽魏郡蒙惠化」何校「平陽」改「陽平」，「蒙」上添「百姓」二字，陳同。各本皆誤。

別范安成詩 五言　梁書曰：范岫，字懋賓，齊代爲安成内史。

沈休文

生平少年日，分手易前期。言春秋既富，前期非遠，分手之際，輕而易之。言不難也。漢書灌夫傳曰：生平慕之。論語，子曰：久要不忘平生之言。孔安國曰：平生，少時也。賈充上與李夫人書曰：每至當别，未嘗以爲易。及爾同衰暮，非復别離時。言年壽衰暮，死日將近，交臂相失，故曰非時也。蜀志曰：宋預聘吴，孫權捉預手曰：今君年長，孤亦老，恐不復相見也。勿言一樽酒，明日難重持。蘇武詩曰：我有一樽酒，將以贈遠人。夢中不識路，何以慰相思？繆襲嘉夢賦曰：心灼爍其如陽〔一〕，不識道之焉如？韓非子曰：六國時，張敏與高惠二人爲友，每相思不能得見，敏便於夢中往尋，但行至半道，即迷不知路，遂回，如此者三。

文選考異

〔一〕注「心灼爍其如陽」　案：「陽」當作「湯」。各本皆譌。

文選卷第二十一

詠史　百一　遊仙

詠史

詠史詩　五言

王仲宣

自古無殉死，達人共所知。禮記曰：陳乾昔寢疾，屬其子曰：如我死，使吾二婢子夾我。乾昔死，其子曰：殉葬非禮也。杜預左氏傳注曰：以人從葬爲殉。鶡冠子曰：達人大觀。秦穆殺三良，惜哉空爾爲。左氏傳曰：秦伯任好卒，以子車氏三子奄息、仲行、鍼虎爲殉，皆秦之良也。毛萇詩傳曰：三良，三善臣。賈逵國語注曰：惜，痛也。鄭玄禮記注曰：爾，語助也。結髮事明君，受恩良不訾。漢書曰：霍光以結髮内侍。又，王生謂蓋寬饒曰：用不訾之軀。良，信也。賈逵國語注曰：訾，量也。臨殁要之死，焉得不相隨？劉德漢書注曰：黄鳥之詩，刺秦穆公要之從死。妻子當門泣，兄弟哭路垂。臨穴呼蒼天，涕下如綆古杏縻。美悲切。垂，邊也。毛詩曰：臨其穴，惴惴其慄。彼蒼者天，殲我良人。鄭玄曰：穴，謂塚壙也。説文曰：綆，汲井綆也。縻，牛轡也。人生各有志，終不爲此移。同知埋身劇，心亦有所施。説文曰：劇，甚也。包咸論語注曰：施，行也。生爲百夫雄，死爲壯士規。毛詩曰：維此奄息，百夫之特。鄭玄曰：百夫之中最雄俊者也。漢書，項羽謂樊噲曰：壯士也。黄鳥作悲詩，至今聲不虧。毛詩序曰：黄鳥，哀三良也。王逸楚辭注曰：虧，歇也。

三良詩　五言

曹子建

功名不可爲，忠義我所安。言功立不由於己，故不可爲也。吕氏春秋曰：功名之立，天也。鄭玄禮記注曰：名，令聞也。孝經注曰：死君之難爲盡忠。謚法曰：能制命曰義。我，謂三良也。秦穆先下世，三臣皆自殘。列女傳，柳下惠妻誄曰：愷悌君子，永能厲兮。吁嗟惜哉！乃下世兮。賈逵國語注曰：没身爲殘。生時等榮樂，既没同憂患。應劭漢書注曰：秦穆與羣臣飲酒，酒酣，公曰：生共此樂，死共此哀。奄息等許諾。

及公薨，皆從死。誰言捐軀易？殺身誠獨難。說文曰：捐，棄也。攬涕登君墓，臨穴仰天歎。楚辭曰：美人兮攬涕而竚。臨穴，已見上文。說文曰：歎，太息也。長夜何冥冥？一往不復還。李陵詩曰：嚴父潛長夜〔一〕，慈母去中堂。東觀漢記，鄧太后報鄧閶曰：長歸冥冥，往而不反。黄鳥爲悲鳴，哀哉傷肺肝！禮記曰：親始死，惻怛之心，傷腎、乾肝、焦肺。古歌曰：大憂摧人肺肝心。

文選考異

〔一〕注「嚴父潛長夜」袁本、茶陵本「潛」作「憯」，是也。

詠史八首 五言

左太沖

弱冠弄柔翰，卓犖觀羣書。禮記曰：人生二十曰弱冠。王粲車渠椀賦曰：援柔翰以作賦。孔融薦禰衡表曰：英才卓躒。躒與犖同。班固漢書司馬遷贊曰：劉向、楊雄，博極羣書。著論準過秦，作賦擬子虛。賈誼作過秦論。司馬相如作子虛賦〔一〕。邊城苦鳴鏑，羽檄飛京都。長楊賦曰：永無邊城之災。漢書曰：冒頓乃作爲鳴鏑，習勒騎射。音義曰：箭鏑也，如今鳴箭也。漢書，高祖曰：吾以羽檄徵天下兵。雖非甲胄士，疇昔覽穰苴。尚書曰：善敹乃甲胄。左氏傳，羊斟曰：疇昔之羊，子爲政。史記曰：司馬穰苴者，田完之苗裔也。齊景公以爲將軍，將兵扞燕、晉之師。其後田和因自立爲齊威王，用兵行威，大放穰苴之法，而諸侯朝齊。威王使大夫追論古者司馬法，而附穰苴其中，因號曰司馬穰苴兵法。**長嘯激清風，志若無東吴。**楚辭曰：臨深水而長嘯。王逸楚辭注曰：激，感也。東吴，謂孫氏也。**鉛刀貴一割，夢想騁良圖。**東觀漢記，班超上疏曰：臣乘聖漢威神，冀俲鉛刀一割之用。韓君章句曰〔一〕：騁，施也。**左眄澄江湘，右盼定羌胡。**廣雅曰：眄，視也。方言曰：澄，清也。馬融論語注曰：盼，動目貌。**功成不受爵，長揖歸田廬。**漢書曰：酈食其長揖不拜。毛詩曰：中田有廬。漢書，疏廣曰：吾自有舊田廬。

鬱鬱澗底松，離離山上苗。古詩曰：鬱鬱園中柳。毛萇詩傳曰：離離，垂貌。**以彼徑寸莖，蔭此百尺條。**史記，魏王曰：寡人有徑寸之珠。七發曰：高百尺而無枝。**世胄躡高位，英俊沈下僚。**韓詩内傳曰：所以爲世子何？言世世不絶。孔安國尚書傳曰：胄，長子也。謂卿大夫子弟也。廣雅曰：躡，履也。西都賦曰：英俊之域。爾雅曰：僚，官也。**地勢使之然，由來非一朝。**周書，湯曰：吾欲因地勢所有而獻之。列子，俞氏曰：病非一朝一夕之故，其所由來漸矣。**金張籍舊業，七葉珥漢貂。**班固漢書金日磾贊曰：夷狄亡國，羈虜漢庭。七葉内侍，何其盛也。七葉，自武至平也。又張湯傳贊曰：張氏之子孫相繼，自宣、元已來，爲侍中、中常侍者凡十餘人。功臣之後，唯有金氏、張氏，親近貴寵，比於外戚。珥，插也。董巴輿服志曰：侍中、中常侍冠武弁，貂尾爲飾。**馮公豈不偉？白首不見招。**漢書，馮唐以孝著，爲郎中署長，事文帝。帝輦過，問唐曰：父老何自爲郎？説文曰：偉，奇也。荀悦漢紀曰：馮唐白首，屈於郎署。

吾希段干木，偃息藩魏君。廣雅曰：希，庶也。干木，已見魏都賦。幽通賦曰：干木偃息以藩魏〔三〕。吾慕魯仲連，談笑却秦軍。史記曰：魯仲連好奇偉倜儻，畫策而不肯仕官任職。趙孝成王時，秦使白起圍趙，魏王使將軍新垣衍説趙尊秦昭王爲帝。魯連適遊趙，謂平原君曰：梁客新垣衍安在？吾請爲君責而歸之。乃見新垣衍，垣衍起再拜謝曰：吾請出，不敢復言。秦將聞之，爲却五十里。當世貴不羈，遭難能解紛。功成不受賞，高節卓不羣。史記曰：秦軍引去，平原君欲封魯連，魯連辭謝，終不肯受。平原君乃置酒，酒酣起前，以千金遺魯連，魯連笑曰：所貴於天下之士者，爲人排患、釋難、解紛，而不取也。即有取者，是商賈之事，而連不忍爲也。遂辭平原君而去。班固説東平王蒼曰：光名宣於當世。鄒陽上書曰：不羈之士，與牛驥同皁。史記曰：魯仲連好持高節，遊於趙。論語，顔回曰：如有所立卓爾。臨組不肯緤，對珪不肯分。説文曰：組，綬屬也。王逸楚辭注曰：緤，繫也。禮稽命徵曰：諸侯執珪。解嘲曰：析人之珪。連璽燿前庭，比之猶浮雲。將加之官，必授之以印。後仲連爲書遺燕將，燕將自殺，田單欲爵之，仲連逃海上。再封，故言連璽。鄭玄周禮注曰：璽，印也。論語，子曰：不義而富且貴，於我如浮雲。

濟濟京城内，赫赫王侯居。毛詩曰：濟濟多士。毛萇曰：濟濟，多威儀也。吴質書曰：陳威發憤〔四〕，思入京城。毛詩曰：赫赫師尹。毛萇曰：赫赫，顯盛貌。冠蓋蔭四術，朱輪竟長衢。西都賦曰：冠蓋如雲。廣雅曰：術，道也。楊惲書曰：乘朱輪者十人。古詩曰：長衢夾巷〔五〕。朝集金張館，暮宿許史廬。漢書，蓋寬饒曰：上無許、史之屬，下無金、張之託。金、張，已見上文。漢書，孝宣許皇后，元帝母。元帝封外祖父廣漢爲平恩侯。又曰：史良娣，宣帝祖母也。兄恭，宣帝立，恭已死，封恭長子高爲樂陵侯。南鄰擊鐘磬，北里吹笙竽。左氏傳曰：鄭伯有夜飲酒，擊鐘焉。呂氏春秋曰：帝嚳令人擊磬。墨子曰：彈琴瑟，吹笙竽，磬或爲鼓。寂寂楊子宅，門無卿相輿。說文曰：寂寂，無人聲也。漢書，楊雄自敍曰：雄家素貧，嗜酒，人希至其門。寥寥空宇中，所講在玄虛。廣雅曰：寥，深也。空，廓也。楚辭曰：閔空宇之孤子。漢書曰：雄方草創太玄，有以自守。老子曰：玄之又玄，衆妙之門。管子曰：虛無無形謂之道。言論準宣尼，辭賦擬相如。漢書曰：時有人問雄者，雄常用法應之，譔爲十三卷，象論語，號曰法言。又曰：先是時，蜀有司馬相如，作賦甚弘麗溫雅。雄心壯之，每作賦，常擬以爲式。悠悠百世後，英名擅八區。論語曰：其或繼周者，雖百世可知也。魏志，程昱曰：劉備有英名。說文曰：擅，專也。解嘲曰：天下之士，咸營於八區。

皓天舒白日，靈景耀神州。廣雅曰：皓，明也。傅玄三都賦曰：白日舒靈景於天。地理書曰：崐崘東南地方五千里，名曰神州。列宅紫宮裏，飛宇若雲浮。西京賦曰：正紫宮於未央。桓寬鹽鐵論曰：梓匠營宮室，上成雲氣，下成山林。峩峩高門內，藹藹皆王侯。廣雅曰：峩峩，容也。〔六〕峩與娥同，古字通。漢書，鮑宣曰：豈徒欲使臣重高門之地哉。毛詩曰：藹藹王多吉士。廣雅曰：藹藹，盛也。自非攀龍客，何爲欻來遊？揚子法言曰：攀龍鱗，附鳳翼。薛綜西京賦注曰：欻者，言忽也。被褐出閶闔，高步追許由。家語，子路曰：有人於此，被褐而懷玉，何如？子曰：國無道，隱者可也。晉宮闕名曰：洛陽城閶闔門西向。皇甫謐高士傳曰：許由，武陽城槐里人也。隨沖虛〔七〕學于齧缺。許由爲堯所讓，由是退隱遯，耕於中嶽下。振衣千仞崗，濯足萬里流。王粲七釋曰：濯身乎滄浪，振衣乎高嶽。

荊軻飲燕市，酒酣氣益振〔八〕。孔安國尚書傳曰：樂酒曰酣。毛萇詩傳曰：震，猶威也。**哀歌和漸離，謂若傍無人。**史記曰：荊軻之燕，與屠狗及高漸離飲於燕市，酒酣以往，高漸離擊筑，荊軻和而歌於市中，相樂也，已而相泣，旁若無人。**雖無壯士節，與世亦殊倫。高眄邈四海，豪右何足陳？**臣瓚漢書注曰：邈，緜邈也。張衡四愁詩序曰：豪右兼并之家。**貴者雖自貴，視之若埃塵。賤者雖自賤，重之若千鈞。**埃塵言輕，千鈞喻重也。列子，楊朱曰：貴非所貴，賤非所賤，齊貴齊賤。漢書曰：十六兩爲一斤，三十斤爲一鈞。**主父宦不達，骨肉還相薄。**史記，或説主父偃曰：太横。主父偃曰：臣結髮游學四十年，身不得遂，親不以爲子，昆弟不收。杜預左氏傳注曰：宦，仕也。吕氏春秋曰：父母之於子也，子之於父母也，此之謂骨肉之親。薄，輕鄙之也。史記曰：君薄淮陽邪？**買臣困采樵，伉儷不安宅。**漢書曰：朱買臣家貧，常刈薪樵，賣以給食。檐束薪，行且誦書。妻亦負戴相隨，數止買臣無謳歌道中，買臣愈益疾歌，妻羞之，求去，買臣笑曰：我年五十當富貴也，今已四十餘矣。汝苦日久，待我富貴，報汝功力。妻恚怒曰：如公等終餓死溝中耳，能何富貴？買臣不能留，即聽去。左氏傳曰：施氏之婦怒施氏曰：已不能庇其伉儷。杜預曰：儷，偶也。伉，敵也。**陳平無産業，歸來翳負郭。**漢書曰：陳平家貧，好讀書，負郭窮巷，以席爲門，然門外多長者車轍。方言曰：翳，薆也。郭璞曰：謂蔽薆也，音愛。鄭玄禮記注曰：負之言背也。**長卿還成都，壁立何寥廓。**史記曰：卓文君奔司馬相如，相與馳歸成都，居徒四壁立。郭璞曰：貧窮也。楚辭曰：嗟寥廓而無處。廣雅曰：廓，空也。**四賢豈不偉？遺烈光篇籍。**班固説東平王蒼曰：遺烈著於無窮。漢書曰：吴起、商鞅，垂著篇籍。**當其未遇時，憂在填**

溝壑。孟子曰：志士不忘在溝壑。英雄有屯邅，由來自古昔。周易曰：屯如邅如。國語曰：古曰在昔。何世無奇才？遺之在草澤。孫子曰：何世之無才？何才之無施？習習籠中鳥，舉翮觸四隅。説文曰：習習，數飛也。鶡冠子曰：籠中之鳥，空籠不出。鄭玄毛詩箋云：隅，角也。落落窮巷士，抱影守空廬。落落，疎寂貌。言士之居窮巷，若鳥之在籠中也。風賦曰：廓抱影而獨倚〔九〕。出門無通路，枳棘塞中塗。王仲宣七哀詩曰：出門無所見。孔叢子，孔子山陵之歌曰：枳棘充路，陟之無緣。計策棄不收，塊若枯池魚。東方朔六言曰：計策棄捐不收。王逸楚辭注曰：塊，獨處貌。外望無寸禄，内顧無斗儲。國語，叔向曰：絳之富商而無尋尺之禄。鄭玄毛詩箋曰：迴首曰顧。古出東門行曰：盎中無斗米儲，還視架上無懸衣。説文曰〔一〇〕：儲，蓄也。謂蓄積以待用也。親戚還相蔑，朋友日夜疎。鄭玄毛詩箋曰：蔑，輕也。莊子曰：親友益疎。蘇秦北遊説，李斯西上書。俛仰生榮華，咄嗟復彫枯。史記曰：蘇秦乃西至秦，説惠王，王方誅商鞅，疾辯士弗用。乃東之趙，遂説六國，蘇秦爲從約長，并相六國。後去趙之燕，陽爲得罪於燕而亡，自燕之齊，齊宣王以爲客卿。後齊大夫多與蘇秦争寵者，而使人刺蘇秦。又曰：李斯西入秦，説秦王，後秦王以斯爲客卿。又曰：始皇以斯爲丞相，二世下斯吏，斯就五刑。莊子曰：其疾也俛仰之間。文子曰：身有榮華，心有愁悴。蒼頡篇曰：咄，咤也。説文曰：咤，驚也。王弼周易注曰：嗟，憂歎之辭。咄，丁忽切。咤，倉憒切。飲河期滿腹，貴足不願餘。巢林棲一枝，可爲達士模。莊子曰：鷦鷯巢林，不過一枝；偃鼠飲河，不過滿腹。

〔一〕注「賈誼作過秦論司馬相如作子虛賦」　此一節注袁本、茶陵本係「五臣翰曰」下。案：二本是也。尤本誤以五臣竄入善注，殊誤，當削去之。

〔二〕注「韓君章句曰」　陳云「韓」下脱「詩薛」二字，是也。各本皆誤。

〔三〕注「干木偃息以藩魏」　案：「干」字不當有。各本皆衍。

〔四〕注「陳威發憤」　何校「威」改「咸」，陳同。各本皆譌。

〔五〕注「長衢夾巷」　陳云「衢」下當有「羅」字。各本皆脱。

〔六〕注「峩峩容也」　案：「峩峩」當作「娥娥」。各本皆譌。今廣雅可證。

〔七〕注「武陽城槐里人也隨沖虛」　袁本、茶陵本「也隨」作「修道」，是也。案：「武」，依今本高士傳當是「字武仲」三字之脱。

〔八〕酒酣氣益振　袁本、茶陵本「振」作「震」，是也。

〔九〕注「風賦曰廓抱影而獨倚」　案：「曰」下當有「起於窮巷之間楚辭曰」九字。各本皆脱。所引楚辭「在哀時命」，可證也。

〔一〇〕注「盎中無斗米儲還視架上無懸衣說文曰」　袁本、茶陵本無「儲還視」三字，「曰」下有「顧還視也」四字。案：此蓋所見不同。

詠史　五言

張景陽　臧榮緒晉書曰：張協，字景陽，載弟也。兄弟並守道不競，以屬詠自娛。少辟公府，後爲黄門侍郎。因託疾，遂絶人事，終於家〔一〕。

昔在西京時，朝野多歡娱。漢書，劉向上疏曰：衆賢和於朝，萬物和於野。孟子曰：霸者之民，驩虞如也。王逸楚辭注曰：娱，樂也。娱與虞古字通用。藹藹東都門，羣公祖二疏。毛詩曰：仲山甫出祖。鄭玄曰：祖者，行犯軷之祭也。朱軒曜金城，供帳臨長衢。尚書大傳曰：未命爲士，不得朱軒。鹽鐵論曰：秦金城千里。供帳，見下注。長衢，已見上文。達人知止足，遺榮忽如無。鍾會有遺榮賦。抽簪解朝衣，散髮歸海隅。鍾會遺榮賦曰〔二〕：散髮抽簪，永絶一丘。倉頡篇曰：簪，笄也，所以持冠也。孟子曰：如以朝衣朝冠坐於塗炭也。尚書曰：至于海隅蒼生。行人爲隕涕，賢哉此丈夫！漢書，楊宣上書曰：行道之人，爲之隕涕。毛詩曰：心之憂矣，涕既隕之。揮金樂當年，歲暮不留儲。韓康伯周易注曰：揮，散也。歲暮，喻年老也。詩曰：蟋蟀在堂，歲聿其暮。薛君曰：暮，晚也。言君之年歲已晚也。顧謂四坐賓，多財爲累愚。說文曰：顧，還視也。古詩曰：四坐莫不歎。漢書曰：疏廣，字仲翁，東海人也。明春秋，爲太子太傅。兄子受，字公子，亦以賢良爲太子家令。廣謂受曰：吾聞知足不辱，知止不殆。今仕至二千石，功成名立，如此不去，懼有後悔。豈如父子相隨出關，歸老故鄉，以壽命終，不亦善乎？遂上疏乞骸骨。上以其年篤老，皆許之，加賜黄金二十斤，皇太子賜五十斤。公卿大夫故人邑子爲設祖道供帳東都門外，送車數百兩，辭訣而去。道路觀者曰：賢哉二大夫！或歎息爲之下泣。廣既歸鄉里，日令家共具設酒食，請族人故舊賓客，與相娛樂。居歲餘，廣子孫竊謂其昆弟老人廣所愛信者曰：子孫幾及君時頗立産業基址，今日飲食費且盡，宜從丈人所勸説君買田宅。老人即以閑暇時爲廣言此計。廣曰：吾豈老誖不念子孫哉？賢而多財，則損其志；愚而多財，則益其過。金者，聖主所以惠養老臣也，故樂與鄉黨宗族，共饗其賜，以盡吾餘日，不亦可乎！於是族人悦服，皆以壽終。累，猶負也。累愚，爲愚者之累也。**清風激萬代，名與天壤俱。**胡廣書曰：建鴻德，流清風。史記，魯仲連與燕將書曰：業與三王争流，名與天壤俱弊。**咄此蟬冕客，君紳宜見書。**説文曰：咄，相謂也。蔡邕獨斷曰：太尉已下冠惠文，侍中加貂蟬。論語曰：子張問行，子曰：言忠信，行篤敬。子張書諸紳。

文選考異

〔一〕注「終於家」袁本、茶陵本無此三字，有「協見朝廷貪禄位者衆故詠此詩以刺之」十六字。案：此當以尤所見爲是，二本并五臣於善而誤也。何、陳皆取以添改，非。凡題下意揣作者之旨，均屬五臣語，前後可以例推而得者。

〔二〕注「鍾會有遺榮賦」又注「鍾會遺榮賦曰」袁本、茶陵本不另分節，作「鍾會有遺榮賦曰」七字。案：此亦所見不同。

覽古 五言

盧子諒

徐廣晉紀曰：盧諶，字子諒，范陽人也。有才理。顯宗徵爲散騎常侍。段末波愛其才，託以道險，終不遣之。末波死，諶依石季龍。冉閔誅石氏，諶隨閔軍，遇害。

趙氏有和璧，天下無不傳。蔡邕琴操曰：楚明光者，楚王大夫也。昭王得瑀氏璧，欲以貢於趙王，於是遣明光奉璧之趙。瑀，古和字。史記，秦王曰：和氏璧，天下共傳寶也。**秦人來求市，厥價徒空言。**史記曰：趙惠王得和氏璧，秦昭王聞之，使人遺趙王書，願以十五城易璧。史記，漢王曰：空言虛語，非所守也。價或作償。**與之將見賣，不與恐致患。簡才備行李，圖令國命全。**史記曰：趙王得秦王書，與大將軍廉頗諸大臣謀，欲與秦璧，城恐不可得而見欺；欲勿與，即患秦兵之來。計未定，求令報秦者未得。毛萇詩傳曰：將，且也。見賣，謂將賣己也。爾雅曰：簡，擇也。左氏傳，燭之武謂秦伯曰：行李之往來，供其乏困。杜預曰：行李使人。孫卿子曰：人之命在天，國之命在禮。**藺生在下位，繆子稱其賢。**史記曰：宦者令繆賢曰：臣舍人藺相如可使。王召見，問藺相如。周易曰：在下位而不憂。家語曰：顏回以德行著名，孔子稱其賢。**奉辭馳出境，伏軾逕入關。**史記曰：趙王遂令相如奉和璧西入秦。尚書曰：奉辭罰罪。鄭玄禮記注曰：辭，言語也。莊子曰：宣尼伏軾而歎曰：由之難化也。**秦王御殿坐，趙使擁節前。**史記曰：秦王坐章臺見相如，相如奉璧奏秦王，秦王大喜〔一〕。毛萇詩傳曰：御，進也。鄭玄禮記注曰：節所以明信，輔君命也。令趙使者擁節也。**揮袂睨**

金柱，身玉要俱捐。説文曰：揮，奮也。史記曰：相如視秦王無意償趙城，乃前曰：璧有瑕，請指示王。王授璧相如，相如持璧却立倚柱，怒髮上衝冠，曰：臣觀大王無償趙城意，故臣復取璧。大王必欲急臣，臣頭今與璧俱碎於柱矣。相如持其璧睨柱，欲以擊柱。秦王恐其破璧，乃辭謝，請以十五都與趙〔二〕。燕丹子曰：荆軻拔匕首擿秦王，決耳，入銅柱，火出。然銅有金，故稱曰金柱。連城既僞往，荆玉亦真還。史記曰：相如度秦王特以詐僞爲與趙城，實不可得。乃使從者衣褐，裹其璧，從徑道亡，歸璧于趙。秦乃不以城與趙，趙亦終不與璧。爰在澠池會，二主克交歡。爾雅曰：爰，曰也。史記曰：秦王欲爲好會於澠池，趙王遂與秦王會澠池。又曰：嚴仲子謂聶政曰：故進百金者，得以交足下懽。漢書曰：郭解入關，賢豪交歡。昭襄欲負力，相如折其端。史記曰：秦武王死，無子，立異母弟，是爲昭襄王。列子曰：不猶愈於負其力乎？漢書曰：秦王政負力怙威。鄭玄周禮注曰：負，恃也。方言曰：端，緒也。眥血下霑衿，怒髮上衝冠。説文曰：眥，目眶也。列士傳曰：朱亥瞋目視虎，眥裂血出濺虎。髮上衝冠，已見上注。西缶終雙擊，東瑟不隻彈。西缶、東瑟，已見西征賦。捨生豈不易，處死誠獨難。幽通賦曰：捨生取誼。史記，太史公曰：非死者難，言處死者難也。稜威章臺顛，彊禦亦不干。漢書，武帝報李廣曰：威稜憚于鄰國。毛詩曰：不畏彊禦。孔安國尚書傳曰：干，犯也。屈節邯鄲中，俛首忍迴軒。史記曰：趙王以相如功大，拜爲上卿，位在廉頗之右。廉頗曰：相如素賤人，吾羞不忍爲之下，我見相如必辱之。相如聞，不肯與會。出望見廉頗，相如引車避匿。家語，子貢曰：夫子欲屈節以救父母之國。節，猶操也。廉公何爲者？負荆謝厥諐。史記曰：於是舍人相與諫相如曰：今君與廉君同列，廉君宣惡言而君畏匿，且庸人尚羞之。相如曰：相如雖駑，獨畏廉將軍哉？顧吾念之，彊秦所以不敢加兵於趙者，徒以吾兩人在也。今兩虎自鬬，其勢必不俱生。吾所以爲此也〔三〕，以先國家之急而後私讎也。廉頗聞之，肉袒負荆，因賓客至藺相如門謝罪，曰：鄙賤之人，不如將軍寬之至也〔四〕。卒相與歡，爲刎頸之交。晉灼漢書注曰：以辭相告曰謝。尚書曰：思免厥愆。孔安國尚書傳曰：愆，過也。智勇蓋當代，弛張使我歎。史記，太史公曰：相如其處智勇，可謂兼之矣。禮記，孔子曰：一張一弛，文、武之道也。鄭玄曰：張弛，以弓弩喻人也。説文曰：歎，吟也。謂情有所悦，吟歎而歌詠。

文選考異

〔一〕注「史記曰」下至「秦王大喜」　此二十二字袁本、茶陵本無。案：并善注於五臣而脱也。

〔二〕注「史記曰」下至「請以十五都與趙」　此一百五字袁本、茶陵本無。案：并善注於五臣而脱也。

〔三〕注「吾所以爲此也」　袁本、茶陵本「也」作「者」，是也。

〔四〕注「不如將軍寬之至也」　袁本、茶陵本「如」作「知」，是也。

張子房詩　五言

沈約宋書曰：姚泓新立，關中亂。義熙十三年正月，公以舟師進討，軍頓留項城，經張良廟也。

謝宣遠　王儉七志曰：高祖遊張良廟，並命僚佐賦詩，瞻之所造，冠于一時。

王風哀以思，周道蕩無章。毛詩序曰：關雎、麟趾之化，王者之風。又曰：亡國之音哀以思。毛詩曰：顧瞻周道。又序曰：厲王無道，天下蕩蕩，無綱紀文章。卜洛易隆替，興亂罔不亡。尚書曰：予朝至于洛師，卜〔一〕惟洛食。韋昭國語注曰：替，廢也。漢書，婁敬説高祖曰：昔成王即位，乃營成周，都洛，以爲此天下中，有德則易以王，無德則易以亡。又劉向上疏曰：自古及今，未有不亡之國也。力政吞九鼎，苛慝暴三殤。力政，謂秦也。墨子曰：反天意者，力政也。如淳漢書注曰：王室微弱，諸侯以力爲政，相攻伐也。史記曰：秦取周九鼎寶器而遷西周。禮記曰：孔子過泰山側，婦人哭於墓者而哀，夫子式而聽之，使子貢問之曰：子之哭也，一似重有憂者。而曰：然。昔者吾舅死於虎，吾夫又死焉，今吾子又死焉。夫子曰：何不去也？曰：無苛政。夫子曰：小子識之，苛政猛於虎也。苛，猶虐也。息肩纏民思，靈鑒集朱光。東京賦曰：百姓不能忍，是用息肩於漢。毛詩曰：天鑒在下，有命既集。曹植離友詩曰：靈鑒無私。賈逵國語注曰：鑒，察也。南都賦曰：輝朱光於白水。伊人感代工，聿來扶興王。伊人，謂張良也。毛詩曰：所謂伊人。感，猶應也。尚書，咎繇曰：無曠庶官，天工人其代之。毛詩曰：聿來胥宇。孔安國尚書傳曰：聿，遂也。陸機遂志賦曰：扶興王以成命，延哀期乎天禄。婉婉幙中畫，輝輝天業昌。婉婉，和順貌也。漢書，高祖曰：運籌帷幄之中，吾不如子房。易巛靈圖曰：攝天之業使之理。鄭玄曰：天業得其理。鴻門消薄蝕，垓下殞欃搶。漢書曰：亞父范增説項羽急擊沛公。項伯素善張良，夜馳見良，具告事實。良乃與項伯見沛公曰：早自來謝。沛公翌日從百餘騎見羽鴻門，羽因留沛公飲。范增數目羽擊沛公，羽不應。有頃，公從間道走軍，使張良留謝。又口：漢王追羽至陽夏，不會，謂張良曰：

諸侯不從，柰何？用良計，諸侯皆會，圍羽垓下。薄蝕、攙搶，皆喻羽也。京房易飛候曰：凡日蝕皆於晦朔，不於晦朔蝕者名曰薄。爾雅曰：彗星爲攙搶。爵仇建蕭宰，定都護儲皇。爵仇，謂封雍齒也。已見幽通賦。漢書曰：良從上出奇計，及立蕭相國。音義曰：何時未爲相國，勸高祖立之。漢書，婁敬説上曰：陛下都洛陽，不如入關。上問良，良因勸上。是日車駕西都長安。又曰：欲廢太子，立戚夫人子趙王如意。呂后恐，不知所爲。或謂呂后：留侯善畫計。呂后乃使建成侯呂澤劫良。良曰：顧上有所不能致者四人。令太子爲書，卑辭安車，請以爲客，令上見之，則一助也。於是太子迎四人至。上破黥布歸，愈欲易太子。及置酒，太子侍，四人從。上乃驚曰：吾求公，公逃避我，今公何自從吾兒遊乎？煩公幸卒調護太子。竟不易。不易太子者〔二〕，良本招此四人之力也。又疏廣曰：太子，國儲副君也。肇允契幽叟，翻飛指帝鄉。言初即合契幽叟，晚乃遊心帝鄉。漢書曰：良從容步下邳圯上，有一老父，衣褐至良所，曰：孺子可教，後五日與我可期此。良夜半往，有頃，父亦來，喜，出一編書曰：讀是則爲王者師。旦視其書，乃太公兵法。又曰：願棄人間事，欲從赤松子遊耳。廼學道欲輕舉。莊子曰：華封人謂堯曰：千歲厭世，去而上僊，乘彼白雲，至于帝鄉。毛詩曰：肇允彼桃蟲，翻飛維鳥〔三〕。鄭玄曰：肇，始也。允，信也。薛君韓詩章句曰：翻，飛貌。惠心奮千祀，清埃播無疆。周易曰：有孚惠心，勿問元吉。清埃，猶清塵也。李尤武功歌曰：清埃飛，連日月。毛詩曰：惠我無疆。神武睦三正，裁成被八荒。神武，謂宋高祖也。尚書，益曰：帝德廣運，乃聖乃神，乃武乃文。孔安國尚書傳曰：睦，和也。漢書曰：三正：子爲天正，丑爲地正，寅爲人正。周易曰：后以財成天地之道，輔相天地之宜。漢書曰：監八方，被八荒。明兩燭河陰，慶霄薄汾陽。明兩、慶霄，皆喻宋高祖。燭，幽明也〔四〕。薄，猶輕易也。河陰、汾陽，堯、舜二帝所居也。言以高祖譬舜，則高祖光明；又以方堯，則堯可輕薄也。周易曰：明兩作離，大人以繼明照于四方〔五〕。鄭玄曰：明兩者，取君明上下以明德相承，其於天下之事無不見也。孟子曰〔六〕：舜避丹朱於南河之南。然河南則河陰也。慶霄，即慶雲也。王逸楚辭注曰：海内之政〔七〕，見四子〔八〕藐姑射之山，汾水之陽，窅然喪其天下也〔九〕。鑾旍歷頽寢，飾像薦嘉嘗。宋略曰：大軍九月次彭城。鑾旍，鑾旗也。公羊傳：秋祭曰嘗。聖心豈徒甄，惟德在無忘。大戴禮曰：神明自得，聖心備矣。鄭玄尚書緯注曰：甄，表也。陸機高祖頌曰：念功惟德。鄭玄毛詩箋曰：惟，思也。逝者如可作，揆子慕周行。逝謂死也。死者可起之而令仕，度子之志亦慕此周行。周行，喻宋也。國語曰：趙文子與叔譽遊於九原，曰：死者若可作也，吾誰與歸？毛詩曰：嗟我懷人，寘彼周行。毛萇曰：行，列也。周之列位。濟濟屬車士，粲粲翰墨場。漢書音義曰：大駕屬車八十乘〔一〇〕。歸田賦曰：揮翰墨以奮藻。賓戲曰：婆娑乎術藝之場。項岱曰：場圃，講經藝之所。瞽夫違盛觀，竦踊企一方。瞽夫，宣遠自謂也。毛萇詩傳曰：違，離也。莊子，叔連曰：瞽者無以與乎文章之觀。説文曰：企，舉踵也。毛詩曰：相怨一方。四達雖平直，蹇步愧無良。禮記曰：周道四達。尚書曰：王道正直。孔安國曰：王道平直也。説文曰：蹇，跛也。左氏傳曰：孟縶之足，不良能行〔一一〕。毛萇詩傳曰：良，善也。飡和忘微遠，延首詠太康。莊子曰：聖人其於人也，故或不言，而飲人以和。郭象曰：各自得斯飲和矣，豈待言哉！微遠，亦自謂也。阮瑀止欲賦曰：飲延首以極視。魏明帝野田黄雀行曰：四夷重譯貢，百姓謳吟詠。太康，琴操，伍子胥歌曰：庶此太康，皆吾力兮。

文選考異

〔一〕注「予朝至於洛師卜」 袁本「卜」下有「澗水瀍水」四字。茶陵本有「澗水東瀍水西」六字。

案：茶陵本爲是。

〔二〕注「竟不易不易太子者」　袁本不重「不易」二字，何校去。陳云衍，是也。茶陵本全删此節注，非。

〔三〕注「翻飛維鳥」　茶陵本「翻」作「飜」，下同。案：茶陵本正文下有校語云善作「飜」，則注中二字皆作「飜」爲是。袁本亦作「翻」，誤與此同。後謝宣遠答靈運詩「翻飛各異槩」，注作「飜」，正文作「翻」。疑正文誤，但彼無校語耳。凡此等，皆舉其例而不勝一一出之者。

〔四〕注「燭幽明也」　茶陵本「幽」作「猶」，是也。袁本亦作「幽」，誤與此同。

〔五〕注「周易曰」下至「照于四方」　此十六字袁本、茶陵本脱。

〔六〕注「孟子曰」　袁本、茶陵本起此至末五十四字脱。

〔七〕注「王逸楚辭注曰海内之政」　何校「王逸楚辭注曰」六字改作「莊子堯治天下之民平」九字，非也。陳云「楚辭注曰」下脱「慶雲喻尊顯也莊子堯治天下之民平」共十五字，是也。

〔八〕注「見四子」　何校「見」上添「往」字，陳同，是也。

〔九〕注「喪其天下也」　何校「也」改「焉」，陳同，是也。袁本、茶陵本所脱止此。

〔一〇〕注「屬車八十乘」　案：「十」下當有「一」字。各本皆脱。

〔一一〕注「不良能行」　何校「能」改「於」，陳同。各本皆譌。

秋胡詩 五言

列女傳曰：魯秋胡潔婦者，魯秋胡子之妻。秋胡子既納之，五日，去而官於陳，五年乃歸。未至其家，見路傍有美婦人方採桑，秋胡子悦之，下車謂曰：今吾有金，願以與夫人。婦人曰：嘻！夫採桑奉二親，吾不願人之金。秋胡子遂去。歸至家，奉金遺其母。其母使人呼其婦，婦至，乃向採桑者也。秋胡子見之而慙。婦曰：束髮脩身，辭親往仕，五年乃得還，當見親戚。今也乃悦路旁婦人，而下子之裝，以金與之，是忘母，不孝也。妾不忍見不孝之人。遂去而走，自投河而死。

顏延年

椅梧傾高鳳，寒谷待鳴律。毛詩曰：其桐其椅，其實離離。又曰：鳳皇鳴矣，于彼高岡；梧桐生矣，于彼朝陽。司馬紹統贈山壽詩曰：昔也植朝陽，傾枝俟鸞鷟。劉向別録曰：鄒衍在燕，有谷寒不生五穀，鄒子吹律而温至生黍也。影響豈不懷，自遠每相匹。言椅梧佇鳳鳥之來儀，寒谷資吹律而成煦，類乎影響，豈不相思！故夫婦之儀，自遠相匹。尚書曰：惠迪吉，從逆凶，惟影響。鶡冠子曰：影則隨形，響則應聲。毛萇詩傳曰：懷，思也。婉彼幽閑女，作嬪君子室。毛萇詩傳曰：婉然美貌。又曰：窈窕，幽閑也。爾雅曰：嬪，婦也。峻節貫秋霜，明豔侔朝日。貫，猶連也。傅玄有女篇曰：容華既以豔，志節擬秋霜。鄭玄周禮注曰：侔，等也。詩曰：東方之日〔一〕，彼姝者子，在我室兮。薛君曰：詩人言所説者顏色盛美，如東方之日。嘉運既我從，欣願自此畢。其一。陸機從梁陳詩曰：在昔蒙嘉運。燕居未及好，良人顧有違。毛詩曰：或燕燕居息。又曰：妻子好合。孟子曰：良人出，必厭酒肉。劉熙曰：婦人稱夫曰良人。毛詩曰：行道遲遲，中心有違。鄭玄毛詩箋曰：顧，念也。脱巾千里外，結綬登王畿。巾，處士所服。綬，仕者所佩。今欲官於陳，故脱巾而結綬也。東觀漢記曰：江革養母，幅巾屐履。漢書，蕭育與朱博爲友，長安諺曰：蕭朱結綬。言其相薦達也。秋胡仕陳而曰王畿。詩緯曰：陳，王者所起也。戒徒在昧旦，左右來相依。易歸藏曰：君子戒車，小人戒徒。左氏傳曰：讒鼎之銘曰：昧旦丕顯。驅車出郊郭，行路正威遲。古詩曰：驅車策駑馬。毛詩曰：四牡騑騑，周道倭遲。毛萇曰：倭遲，歷遠貌。韓詩曰：周道威夷，其義同。倭，於危切。存爲久離別，没爲長不歸。其二。蘇武詩曰：生當復來歸，死當長相思。嗟余怨行役，三陟窮晨暮。毛詩曰：嗟予子行役，夙夜無已。又曰：陟彼崔嵬，我馬虺隤。又曰：陟彼高岡，我馬玄黄。又曰：陟彼砠矣，我馬瘏矣。嚴駕越風寒，解鞍犯霜露。楚辭曰：嚴車駕兮戲遊。鄭玄禮記注曰：越，躐也。漢書，李廣令曰：下馬解鞍。左氏傳，太叔曰：跋涉山川，蒙犯霜露。原隰多悲涼，迴飈卷高樹。宋均春秋緯注曰：涼，愁也。離獸起荒蹊，驚鳥縱横去。阮籍詠懷詩曰：離獸東南下。悲哉遊宦子，勞此山川路。其三。漢書，薄昭與淮南王書曰：亡之諸侯，遊宦事人。毛詩曰：山川悠遠，維其勞矣。超遥行人遠，宛轉年運徂。楚辭曰：超逍遥兮今焉薄。又曰：愁脩夜而婉轉。莊子，老聃曰：予年運而往矣，將何以戒我哉？良時爲此別，日月方向除。李陵詩曰：良時不再至，離別在須臾。毛詩曰：昔我往矣，日月方除。毛萇曰：除陳生新曰除。鄭玄曰：四月爲除。廣雅曰：方，始也。孰知寒暑積，僶俛見榮枯。僶俛，猶俯俛也。程曉女典曰：春榮冬枯，自然之理。歲暮臨空房，涼風起座隅。陸機青青河畔草詩曰：空房來悲風。鵩鳥賦曰：止于坐隅。寢興日已寒，白露生庭蕪。其四。毛詩曰：言念君子，載寢載興。宋玉諷賦曰：主人女歌曰：歲已暮兮日已寒。爾雅曰：蕪，草也〔一〕。勤役從歸願，反路遵山河。昔辭秋未素〔二〕，今也歲載華。蠶月觀時暇，桑野多經過。毛詩曰：蠶月條桑。又曰：蜎蜎者蠋，烝在桑野。阮籍詠懷詩曰，趙李相經過。佳人從此務，窈窕援高柯。楚辭曰：聞佳人兮召予。薛君韓詩章句曰：窈窕，貞專貌。說文曰：援，引也。傾城誰不顧，弭節停中阿。其五。漢書，李延年歌曰：北方有佳人，絶世而獨立，一顧傾人城，再顧傾人國。寧知傾城國，佳人不再得！楚辭曰：吾令羲和弭節兮。鄭玄毛詩箋曰：中阿，阿中也，大陵曰阿。王逸曰：弭，安也。年往誠思勞，事遠闊音形。楚辭曰：年洋洋而日往。曹子建答楊德祖書曰：思子爲勞。陸機贈顧彦先詩曰：形影曠不接，所説聲與音，聲音日夜闊，何以慰吾心？雖爲五載別，相與昧平生。廣雅曰：昧，闇也。五載之別雖久，論情無容不識，直爲先昧平生，所以致謬。孔安國論語注曰：平生，猶少時也。捨車遵往路，鳧藻馳目成。周易曰：舍車而徒，義弗乘也。往路，所來從之路也。李陵詩曰：行人懷往路。班彪冀州賦曰：感鳧藻以進樂兮。楚辭曰：滿堂兮美人，忽獨與予兮目成。王逸曰：獨與我睨而相親。成，爲親也。南金豈不重？聊自意所輕。毛詩曰：元龜象齒，大賂南金。鄭玄毛詩箋曰：聊，且略之辭也。義心多苦調，密比金玉聲。其六。潘岳從姊誄曰：義心清尚，莫之與鄰。調，猶辭也。毛詩曰：無金玉爾音，而有遐心。高節難久淹，朅來空復辭。列女傳曰：齊母乃作詩以砥礪女之心，高其節。劉向七言曰：朅來歸耕永自疎。王逸楚辭注曰：朅，去也。遲遲前塗盡，依依造門基。上堂拜嘉慶，入室問何之？閑居賦曰：太夫人在堂。蘇亥織女詩曰：時來嘉慶集。室，妻之所居。女史箴曰：正位居室。楚辭曰：浮雲兮容與，導余兮何之？日暮行采歸，物色桑榆時。物色桑榆，言日晚也。東觀漢記，光武曰：日出之東隅〔四〕，收之桑榆。美人望昏至，慙歎前相持。其七。楚辭曰：美人皓齒嫮以姱。有懷誰能已？聊用申苦難。毛詩曰：有懷于衞，靡日不思。鄭玄箋曰：已，止也。離居殊年載，一別阻河關。楚辭曰：折疎麻兮瑶華，將以遺兮離居。史記曰：魏王豹至國，即絶河、關。春來無時豫，秋至恒早寒。爾雅曰：豫，樂也。明發動愁心，閨中起長歎。毛詩曰：明發不寐。曹子建美女篇曰：中夜起長歎。慘悽歲方晏，日落遊子顔。其八。言情之慘悽，在乎歲之方晏，日之將落，愈思遊子之顔。楚辭曰：歲既晏兮孰華〔五〕？鄭玄毛詩箋曰：方，向也。漢書，高祖曰：遊子悲故鄉。高張生絶弦，聲急由調起。高張生於絶弦，以喻立節，期於效命。聲急由乎調起，以喻辭切，興於恨深。揚雄解嘲曰：弦者高張急徽。物理論曰：琴欲高張，瑟欲下聲。演連珠曰：繁會之音，生乎絶弦。説苑曰：應侯與賈子坐，聞有琴聲，應侯曰：今日琴一何悲？賈子曰：夫張急調下，故使悲矣。調，猶韻也，謂音聲之和。自昔枉光塵，結言固終始。繁欽與魏文帝牋曰：冀事速訖，旋侍光塵。公羊傳曰：結言而退。楚辭曰：解佩纕以結言。周易曰：歸妹，人之終始也。如何久爲別，百行愆諸己？孔臧與從弟書曰：學者，所以飭百行也。杜預左氏傳注曰：愆，失也。論語曰：君子求諸己。君子失明義，誰與偕没齒？家語，孔子曰：淫亂者生於男女。男女無别，則夫婦失義。昬禮聘享者，所以别男女，明夫婦之義也。論語曰：没齒無怨言。愧彼行露詩，甘之長川汜。其九。貞女不犯霜露而違禮，而我貪生以棄義，比之爲劣，故有愧焉。毛詩曰：厭浥行露，豈不夙夜？謂行多露。鄭玄曰：豈不知當早夜成婚禮，謂道中之露太多，故不行耳。爾雅曰：水決復入河爲汜。

文選考異

〔一〕注「詩曰東方之日」　案：「詩」上當有「韓」字。各本皆脱。

〔二〕注「爾雅曰蕪草也」　案：「爾」當作「小」。各本皆譌。小雅載漢藝文志，今孔叢子之第十一也。此所引廣言文。

〔三〕昔醉秋未素　袁本、茶陵本「醉」作「辭」，有校語云善作「醉」。案：各本所見皆非也。「醉」但傳寫譌，非善、五臣有異。

〔四〕注「日出之東隅」　案：「日出」二字當作「失」。各本皆誤。

〔五〕注「歲既晏兮孰華」　案：「華」下當有「予」字。各本皆脱。

五君詠五首 五言

沈約宋書曰：顔延年領步兵，好酒疎誕，不能斟酌當時。劉湛言於彭城王義康，出爲永嘉太守。延年甚怨憤，乃作五君詠，以述竹林七賢。山濤、王戎以貴顯被黜。詠嵇康曰：鸞翮有時鎩，龍性誰能馴？詠阮籍曰：物故不可論，途窮能無慟？詠阮咸曰：屢薦不入官，一麾乃出守。詠劉伶曰〔一〕：韜精日沈飲，誰知非荒宴？此四句蓋自序也。

顔延年

阮步兵

袁宏竹林名士傳曰：阮籍以步兵校尉缺，廚中有數斛酒，乃求爲校尉。大將軍甚奇愛之。

阮公雖淪跡，識密鑒亦洞。廣雅曰：淪，没也。識，心之別言。湛然不動謂之心，分別是非謂之識。廣雅曰：鑒，照也。洞，深也。沈醉似埋照，寓辭類託諷。臧榮緒晉書曰：籍拜東平相，不以政事爲務，沈醉日多。善屬文論，初不苦思，率爾便成。作五言詩詠懷八十餘篇，爲世所重。班固漢書述曰：寓言淫麗，託諷終始。長嘯若懷人，越禮自驚衆。魏氏春秋曰：籍少時常遊蘇門山，有隱者，莫知姓名，籍從與談太古無爲之道，及論五帝三王之義，蘇門生蕭然曾不經聽，籍乃對之長嘯，清韻響亮，蘇門生逌爾而笑。籍既降，蘇門生亦嘯，若鸞鳳之音焉。毛詩曰：嗟我懷人。孫盛晉陽秋曰：阮籍嫂嘗歸家，籍相見與別。或以禮譏之，籍曰：禮豈爲我設邪？嵇康司馬長卿讚曰：長卿慢世，越禮自放。賈逵國語注曰：越，踰也。物故不可論，途窮能無慟？臧榮緒晉書曰：

阮籍雖放誕不拘禮教，發言玄遠，口不評論臧否人物。魏氏春秋曰：籍時率意獨駕，不由徑路，車跡所窮，輒慟哭而返。

嵇中散

中散不偶世，本自餐霞人。孫盛晉陽秋曰：嵇康性不偶俗。呂氏春秋曰：沈君筮謂孫叔敖曰：耦世接俗，子不如我。飡霞，謂仙也。楚辭曰：漱正陽而含朝霞。司馬相如大人賦曰：呼吸沆瀣飡朝霞。形解驗默仙，吐論知凝神。顧凱之嵇康讚曰：南海太守鮑靚，通靈士也。東海徐寧師之。寧夜聞靜室有琴聲，怪其妙而問焉，靚曰：嵇叔夜。寧曰：嵇臨命東市，何得在茲？靚曰：叔夜迹示終而實尸解。桓子新論曰：聖人皆形解仙去，言死，示民有終。孫綽嵇中散傳曰：嵇康作養生論，入洛，京師謂之神人。向子期難之，不得屈。莊子曰：藐姑射之山，有神人居焉，其神凝。郭象曰：行若曳枯木，心若聚死灰，是其神凝也。廣雅曰：疑，定也。立俗迕流議，尋山洽隱淪。竹林七賢論曰：嵇康非湯、武，薄周、孔，所以迕世。爾雅曰：迕，逆犯也，五故切。非有先生論曰：欲聞流議。神仙傳曰：王烈年已二百三十八歲，康甚愛之，數與共入山遊戲採藥。桓子新論曰：天神人五〔二〕，二曰隱淪。鸞翮有時鎩，龍性誰能馴？嵇康別傳曰：康美音氣，好容色，龍章鳳姿，天質自然。淮南子曰：飛鳥鎩羽。許慎曰：鎩，殘羽也。左氏傳曰：劉累學擾龍于豢龍氏。服虔漢書注曰：擾，馴也。鎩，所例切。

劉參軍

袁宏竹林名士傳曰：劉靈爲建威參軍。

劉靈善閉關，懷情滅聞見。言道德內充，情欲俱閉，既無外累，故聞見皆滅。臧榮緒晉書曰：靈潛嘿少言。老子曰：善閉者無關鍵而不可開。王弼曰：因物自然，不設不施，故不用關鍵繩約而不可開解。説文曰：懷，藏也。莊子，廣成子曰：目無所見，耳無所聞，汝神遊守形〔三〕，形乃長生。鼓鍾不足歡，榮色豈能眩？夫鍾鼓以悦耳，榮色以悦目，今聞見既滅，聲色俱喪，故鼓鍾不足以爲歡，豈榮色之能眩也。賈逵國語注曰：眩，惑也，户徧切。韜精日沈飲，誰知非荒宴？廣雅曰：韜，藏也。賈逵國語注曰：精，明也。臧榮緒晉書曰：靈常乘鹿車，攜一壺酒。尚書曰：羲和沈湎于酒。孔安國曰：沈，謂醉冥也。毛詩曰：好樂無荒。鄭玄曰：荒，廢亂也。頌酒雖短章，深衷自此見。頌酒，即酒德頌也。衷，謂中心也。蒼頡篇曰：衷，別外之辭也。

阮始平

袁宏竹林名士傳曰：阮咸，字仲容，籍之兄子也。與籍俱爲竹林之遊。官止始平太守。

仲容青雲器，實稟生民秀。青雲，言高遠也。史記，太史公曰：夫閭巷之人，欲砥行立名者，非附青雲之士，惡能施於後代哉！禮記曰：人者五行之秀。廣雅曰：秀，美也。達音何用深？識微在金奏。傅暢晉諸公贊曰：中護軍長史阮咸唱議，荀勖所造樂，聲高則悲〔四〕，亡國之音哀以思，今聲不合雅，懼非德政中和之善，必古今長短之所致。後掘地得古銅尺，歲久欲腐壞，以此尺度於勖，今尺短四分，時人明咸爲解。班固匈奴傳贊曰：遠見識微。周官曰：鍾師掌金奏，凡樂事以鍾鼓奏九夏。杜預左氏傳注曰：擊鍾而奏樂。郭奕已心醉，山公非虚覯。名士傳曰：阮咸哀樂至〔五〕過絶於人，太原郭奕見之心醉，不覺歎服。列子曰：有神巫自齊而來，處於鄭，命曰季咸，列子見之而心醉。向秀曰：迷惑其道也。山濤啓事曰：咸若在官之職，必妙絶於時。鄭玄毛詩箋曰：覯，見也。屢薦不入官，一麾乃出守。曹嘉之晉紀曰：山濤舉咸爲吏部郎，三上，武帝不能用也。尚書曰：學古入官。麾，指麾也。言爲勖所指麾也。傅暢諸公讚曰：勖性自矜，因事左遷咸爲始平太守。

向常侍

向秀甘淡薄，深心託豪素。説文曰：淡薄，味也。文賦曰：唯豪素之所擬。探道好淵玄，觀書鄙章句。謂注莊子也。世説曰：初注莊子者數十家，莫能究其指要。向秀於舊注外爲解義，妙析奇致，大暢玄風。王逸妍蚩曰：窮聖人之祕奧，測六義之淵玄。王逸楚辭注曰：鄙，恥也。漢書曰：費直治易，長於卦筮，無章句。交呂既鴻軒，攀嵇亦鳳舉。向秀别傳曰：秀常與嵇康偶鍛於洛邑，與呂子灌園於山陽，收其餘利以供酒食之費。王仲宣贈蔡子篤詩曰：歸鴈載軒。軒，飛貌。張衡髑髏賦曰：星迴日運，鳳舉龍驤。流連河裏遊，惻愴山陽賦。漢書，班伯曰：式號式謼，大雅所以流連也。服虔曰：荒，樂也。魏氏春秋曰：康寓居河内之山陽，與河内向秀相友善，遊於竹林。思舊賦曰：濟黄河以汎舟，經山陽之舊居。

文選考異

〔一〕注「詠劉伶曰」　案：「伶」當作「靈」。各本皆誤。袁、茶陵二本後正文亦作「伶」，詳其注中凡所載五臣曰則爲「伶」字，而善注三見，仍皆爲「靈」字。然則必五臣「伶」、善「靈」而失著校語。尤所見正文獨不誤，此處因向同善注而亂耳。又案：二本酒德頌注，亦善是「靈」字，五臣是「伶」字。

〔二〕注「天神人五」　陳云「神」上脱「下」字，是也。各本皆脱。

〔三〕注「汝神遊守形」　袁本、茶陵本「遊」作「將」，是也。

〔四〕注「聲高則悲」　何校「高」下添「聲高」二字，陳同，茶陵本有。案：尤本此處脩改，以字數計之，蓋初刻重二「高」字，是也。袁本無，與脩改者同。

〔五〕注「阮咸哀樂至」袁本、茶陵本「至」下有「到」字，是也。

詠史 五言

鮑明遠

五都矜財雄，三川養聲利。漢書曰：王莽於五都立均官，更名雒陽、邯鄲、臨淄、宛、成都市長，皆爲五均司市師。鄭玄尚書大傳注曰：矜，夸也。漢書曰：班壹當孝惠、高后時，以財雄邊。戰國策云：張儀曰：争名於朝，争利於市。今三川周室，天下之朝市。韋昭曰：有河、洛、伊，故曰三川。百金不市死，明經有高位。史記，陶朱公曰：吾聞千金之子，不死於市。漢書夏侯勝常謂諸生曰：士病不明經，經術苟明，其取青紫如俯拾地芥。京城十二衢，飛甍各鱗次。西都賦曰：立十二之通門。吴都賦曰：飛甍舛互。李尤辟雍賦曰：攢羅鱗次。仕子彯華纓，遊客竦輕轡。七啓曰：華組之纓。楚辭曰：竦余駕乎八冥。廣雅曰：竦，上也。明星晨未稀，軒蓋已雲至。毛詩曰：明星有爛。鄭玄曰：明，爛然也。説文曰：希，疎也。希與稀通。説苑曰：翟璜乘車載華蓋，田子方怪而問之，對曰：吾禄厚，得此軒蓋。尚書中候曰：青雲浮至。賓御紛颯沓，鞍馬光照地。孔安國尚書傳曰：御，侍也。吴質答東阿王書曰：情踊躍於鞌馬。寒暑在一時，繁華及春媚。周易曰：日月運行，一寒一暑。應璩與曹長思書曰：春生者，繁華也。君平獨寂漠，身世兩相棄。言身棄世而不仕，世棄身而不任。漢書曰：蜀有嚴君平，卜於成都市，日閲數人，得百錢足自養，則閉肆下簾而授老子。楚辭曰：

野寂寞其無人〔一〕。莊子曰：夫欲勉爲形者，莫如棄世，棄世則無累矣。

文選考異

〔一〕注「野寂寞其無人」　案：「寞」當作「漠」，正文作「漠」，後赴洛詩「寂漠聲必沈」，袁、茶陵二本云善作「漠」，五臣作「寞」，是其大較也。此正文二本皆作「寞」，而不著校語，非。

詠霍將軍北伐　五言

虞子陽

虞羲集序曰：羲字子陽，會稽人也。七歲能屬文。後始安王引爲侍郎，尋兼建安征虜府主簿功曹，又兼記室參軍事。天監中卒。

擁旄爲漢將，汗馬出長城。班固涿邪山祝文曰：仗節擁旄，鉦人伐鼓。漢書公孫弘曰：臣愚駑無汗馬之勞。史記曰：秦使蒙恬築長城。長城地勢嶮，萬里與雲平。涼秋八九月，虜騎入幽并。宋子候詩曰：高秋八九月，白露變爲霜。飛狐白日晚，瀚海愁陰生。漢書，酈食其曰：距飛狐之口。臣瓚曰：飛狐在代郡西南，塞名。漢書曰：霍去病率師登臨瀚海。如淳曰：瀚海，海名。說文曰：陰雲覆日。羽書時斷絶，刁斗晝夜驚。羽書，即羽檄也。楚漢春秋曰：黥布反，羽書至，上人怒。漢書曰：李廣行無部曲，不擊刁斗自衞。孟康曰：以銅作鐎，受一斗，晝炊飲食，夜擊持行，名曰刁斗，今在滎陽庫中。刁音彫。鐎音遥。乘墉揮寶劍，蔽日引高旍。周易曰：乘其墉，弗克攻。杜預左氏傳注曰：乘，登也。廣雅曰：揮，動也。越絶書曰：楚王使風湖子〔一〕、歐冶子、干將作劍，曰太阿。晉、鄭聞而求之，不得，圍楚之城，三年不解。於是楚王引太阿之劍，登城而麾之，三軍爲之破敗。史記曰：陸賈寶劍直百金。楚辭曰：旌蔽日兮敵若雲。雲屯七萃士，魚麗六郡兵。陸機從軍行曰：胡馬如雲屯。穆天子傳曰：天子賜七萃之士。郭璞曰：萃，聚也。亦猶傳有七輿大夫，皆衆聚集有智力者爲王爪牙也。左氏傳曰：王伐鄭，鄭原繁爲魚麗之陣。漢書曰：趙充國以六郡良家子善騎射，補羽林。服虔曰：金城、隴西、天水、安定、北地、上郡也。胡笳關下思，羌笛隴頭鳴。李陵書曰：胡笳互動。沈約宋書有胡漢舊箏笛録，有曲不記所出。長笛賦曰：近世雙笛從羌起。骨都先自讋，日逐次亡精。漢書，匈奴有骨都侯。又曰：匈奴讋焉。文穎曰：恐，懼也。讋，之涉切。漢書，匈奴有日逐王。西京賦曰：喪精亡魂。玉門罷斥候，甲第始修營。漢書曰：龍勒有玉門關。又曰：李廣遠斥候，未嘗遇害。又曰：賜霍光甲第一區。又曰：上爲霍去病治第，令視之，對曰：匈奴未滅，臣無以家爲！位登萬庾積，功立百行成。論語曰：子華使於齊，冉子爲其母請粟，子曰：與之庾。包咸曰：十六斗爲庾。百行，已見上文。天長地自久，人道有虧盈。老子曰：天長地久。莊子曰：天與地無窮，人死者有時。爾雅曰：虧，毁也。未窮激楚樂，已見高臺傾。楚辭曰：宮庭震驚發激楚。王逸曰：激楚，清聲也。言樂衆並會，復作激楚之聲也。桓子新論琴道：雍門周説孟嘗君曰：千秋萬歲後，高臺既已傾，曲池又已平。當令麟閣上，千載有雄名！漢書，甘露三年，單于始入朝，上思股肱之美，乃圖畫其人於麒麟閣，法其形貌，敍其姓名。

〔一〕注「楚王使風湖子」　陳云别本「湖」作「胡」。案：今未見七命注引作「胡」。考越絶書今本作「胡」，吴越春秋作「湖」，他書所引互有出入耳。

百一

百一詩　五言

張方賢楚國先賢傳曰：汝南應休璉作百一篇詩，譏切時事，徧以示在事者，咸皆怪愕，或以爲應焚棄之，何晏獨無怪也。然方賢之意，以有百一篇，故曰百一。李充翰林論曰：應休璉五言詩百數十篇，以風規治道，蓋有詩人之旨焉。又孫盛晉陽秋曰：應璩作五言詩百三十篇，言時事頗有補益，世多傳之。據此二文，不得以一百一篇而稱百一也。今書七志曰：應璩集謂之新詩，以百言爲一篇，或謂之百一詩。然以字名詩，義無所取。據百一詩序云：時謂曹爽曰：公今聞周公巍巍之稱，安知百慮有一失乎？百一之名，蓋興於此也。

應璩

文章録曰：璩字休璉，博學好屬文，明帝時歷官散騎侍郎。曹爽多違法度，璩爲詩以諷焉。典著作，卒。文章志曰：璩，汝南人也。詩序曰：下流，應侯自誨也。

下流不可處，君子慎厥初。論語曰：紂之不善，不如是之甚也，是以君子惡居下流，天下之惡皆歸焉。尚書，仲虺曰：慎厥終，惟其始。名高不宿著，易用受侵誣。韓子曰：説之以名高。史記曰：灌夫亦得竇嬰通列侯宗室爲名高。三略曰：侵誣下民，國内諠譁。前者隳官去，有人適我閭。高唐賦曰：長吏隳官，賢士失志。田家無所有，酌醴焚枯魚。漢書，楊惲書曰：田家作苦。蔡邕與袁公書曰：酌麥醴，燔乾魚，欣然樂在其中矣。問我何功德，三入承明廬。璩初爲侍郎，又爲常侍，又爲侍中，故云三入。陸機洛陽記曰：吾常怪謁帝承明廬，問張公，張公云：魏明帝在建始殿，朝會皆由承明門。然直廬在承明門側。所占於此土，是謂仁智居。言今所占之土，是謂仁智之所居乎？亦問者之辭也。爾雅曰：隱，占也。郭璞曰：隱度之也。占，之鹽切。論語曰：智者樂水，仁者樂山。文章不經國，筐篋無尺書。典論論文曰：文章經國之大業。新序，孫叔敖曰：府庫之藏金玉，筐篚之橐簡書。説文曰：筐篋，笥也〔一〕，口頰切。漢書曰：廣武君曰：奉咫尺之書以使燕。用等稱才學，往往見歎譽？言文章既不經國，筐篋又無尺書，乃用何等而稱才學，往往而見譽？問者之辭也。避席跪自陳，賤子實空虛。孝經曰：曾子避席。漢書曰：王邑請召賓，邑稱賤子。宋人遇周客，慙愧靡所如。言己妄竊崇班，心常懷恥，類宋人之遇周客，慙愧而無所如。闞子曰：宋之愚人，得燕石於梧臺之側，藏之以爲大寶。周客聞而觀焉。主人齋七日，端冕玄服以發寶，革匱十重，巾十襲，客見免而掩口〔二〕，盧胡而笑曰：此特燕石也，其與瓦甓不殊。主人大怒曰：商賈之言，醫匠之心。藏之愈固，守之彌謹。杜預左氏傳曰：如，從也。

〔一〕注「筐篋笥也」案：「筐」字不當有。後任彦昇哭范僕射、謝惠連擣衣注引皆無，可證。各本皆衍。

〔二〕注「免而掩口」袁本、茶陵本「免」作「俛」，是也。

遊仙

遊仙詩 五言

何敬宗〔一〕臧榮緒晉書曰：何劭，字敬宗，陳國人也。博學多聞，善屬篇章。初爲相國掾，稍遷尚書左僕射，薨。

青青陵上松，亭亭高山柏。古詩曰：青青陵上柏。劉公幹贈從弟詩曰：亭亭山上松。亭亭，高貌。光色冬夏茂，根柢無凋落。莊子曰：受命於地，唯松柏獨在，冬夏青青。爾雅曰：柢，本也。焦貢易林曰：温山松柏，常茂不凋落。吉士懷貞心，悟物思遠託。揚志玄雲際，流目矚巖石。尚書曰：庶常吉士。七啓曰：抗志雲際。思玄賦曰：流目眺夫衡阿。羨昔王子喬，友道發伊洛。迢遞陵峻岳，連翩御飛鶴。列仙傳曰：王喬者，周靈王太子晉也，好吹笙作鳳鳴，遊伊、洛之間，道人浮丘公接以上嵩高山，三十餘年後，求之於山上，見桓良曰：告我家，七月七日，待我於緱山頭。果乘白鶴駐山頭，望之不得到，舉手謝時人，數日而去。立祠緱氏山下〔二〕。文子曰：三皇五帝，輕天下，細萬物，上與道爲友，下與化爲人。張湛曰：上能友於道。友或爲反。呂氏春秋曰：君子反道以修德。思玄賦曰：續連翩兮紛暗曖。說文曰：御，使馬也。抗跡遺萬里，豈戀生民樂？廣雅曰：抗，舉也。楚辭曰：悲申屠之抗跡。長懷慕仙類，眩然心緜邈〔三〕。王逸楚辭注曰：緜緜，細微之思也。又曰：邈，遠也。

文選考異

〔一〕何敬宗　袁本、茶陵本「宗」作「祖」，注同。案：此似所見不同，然「祖」字是也。贈張華詩雜詩皆作「祖」。傅長虞贈詩序亦作「祖」，皆可證。

〔二〕注「列仙傳曰」下至「立祠緱氏山下」　此一百字袁本無。茶陵本有。案：蓋善自作「王子喬已見遊天台山賦」，袁脱去此一句耳。茶陵例複出，未可爲據。

〔三〕眩然心緜邈　案：「眩」當作「眇」。袁本、茶陵本作「眇」，云善作眩。今詳善注非有明文，「眩」字於義無取，當是傳寫之譌耳。各本所見皆非。

遊仙詩七首 五言

凡遊仙之篇，皆所以滓穢塵網，錙銖纓紱，飡霞倒景，餌玉玄都。而璞之制，文多自敍，雖志狹中區，而辭無俗累〔一〕，見非前識，良有以哉！

郭景純

京華遊俠窟，山林隱遯棲。西京賦曰：都邑遊俠，張、趙之倫。莊子曰：徐無鬼見魏武侯，武侯曰：先生居山林久矣。郭璞山海經注曰：山居爲棲。又曰：遯者，退也。周易曰：龍德而隱，遯世無悶〔二〕。朱門何足榮？未若託蓬萊。東方朔十洲記曰：臣故捨韜隱而赴王庭，藏養生而侍朱門矣。史記曰：李少君謂武帝曰：臣常遊海上，見安期生仙者，通蓬萊中也。臨源挹清波，陵岡掇丹荑。毛萇詩傳曰：挹，㪺也。又曰：掇，拾也，都活切。本草經曰：赤芝，一名丹芝，食之延年。凡草之初生，通名曰荑，故曰丹荑。靈谿可潛盤，安事登雲梯。靈谿，谿名也。庾仲雍荆州記曰：大城西九里有靈谿水。雲梯，言仙人昇天，因雲而上，故曰雲梯。墨子曰：公輸般爲雲梯，必取宋。張湛列子注曰：班、輸爲梯，可以陵虛。漆園有傲吏，萊氏有逸妻。史記曰：莊子者，蒙人也，名周，嘗爲蒙漆園吏。楚威王聞莊周賢，使使厚幣迎，許以爲相。莊周笑謂楚使者曰：亟去，無污我。列女傳曰：萊子逃世，耕於蒙山之陽。或言之楚，楚王遂駕至老萊之門。楚王曰：守國之孤，願變先生。老萊曰：諾。妻曰：妾之居亂世〔三〕，爲人所制，能免於患乎？妾不能爲人所制！投其畚而去。老萊乃隨而隱。進則保龍見，退爲觸藩羝。進，謂求仙也；退，謂處俗也。周易曰：九二，見龍在田，龍德而正中者也。又曰：羝羊觸藩，羸其角不能退，不能遂無攸利。高蹈風塵外，長揖謝夷齊。左氏傳曰：魯人之皐，使我高蹈。莊子曰：孔子彷徨塵垢之外。説文曰：謝，辭别也。史記曰：伯夷、叔齊，孤竹君之子也。父欲立叔齊，及卒，叔齊讓伯夷，伯夷曰：父命也。遂逃去。叔齊亦不肯立而逃。義不食周粟，隱於首陽山。

青谿千餘仞，中有一道士。庾仲雍荆州記曰：臨沮縣有青溪山，山東有泉，泉側有道士精舍。郭景純嘗作臨沮縣，故遊仙詩嗟青溪之美。雲生梁棟間，風出窗户裏。借問此何誰？云是鬼谷子。史記曰：蘇秦東事師於齊而習於鬼谷先生。徐廣曰：潁川陽城有鬼谷。鬼谷子序曰：周時有豪士隱於鬼谷者，自號鬼谷子，言其自遠也。然鬼谷之名，隱者通號也。翹迹企潁陽，臨河思洗耳。廣雅曰：翹，舉也。吕氏春秋曰：昔堯朝許由於沛澤之中，請屬天下於夫子，許由遂之潁川之陽。琴操曰：堯大許由之志，禪爲天子。由以其言不善，乃臨河而洗其耳。閶闔西南來，潛波涣鱗起。閶闔風已見西京賦。高誘曰：兑爲閶闔風。周易曰：風行水上涣。靈妃顧我笑，粲然啓玉齒。靈妃，宓妃也。毛詩曰：顧我則笑。鄭玄曰：顧，猶視也。穀梁傳曰：軍人粲然皆笑。莊子曰：女商謂徐無鬼曰：吾所以説君者，吾未嘗啓齒。司馬彪曰：啓齒，笑也。蹇脩時不存，要之將誰使？楚辭曰：吾令豐隆乘雲兮，求宓妃之所在；解佩纕以結言兮，吾令蹇脩以爲理。王逸曰：古賢蹇脩而媒理也〔四〕。廣雅曰：將，欲也。

翡翠戲蘭苕，容色更相鮮。言珍禽芳草，遞相輝映，可悦之甚也。蘭苕，蘭秀也。緑蘿結高林，蒙籠蓋一山。陸機毛詩草木疏曰：松蘿蔓松而生，枝正青。毛詩曰：蔦與女蘿，施于松柏。毛萇曰：女蘿，松蘿也。中有冥寂士，静嘯撫清絃。冥，玄默也。放情陵霄外，嚼蘂挹飛泉。楚辭曰：放遊志乎雲中。淮南子曰：大丈夫乘雲陵霄，與造化逍遥。魏文帝典論曰：飢飡瓊蘂，渴飲飛泉。赤松臨上遊，駕鴻乘紫煙。列仙傳曰：赤松子者，神農時雨師也。服水玉，教神農，能入火不燒。至崑崙山上，常止西王母石室中，隨風雨上下。漢武内傳，王母侍者歌曰：遂乘萬龍椿，馳騁眄九野。嵇康答難曰：偓佺以柏實方目，赤松以水玉乘煙。古白鴻頌曰：兹亦耿介，矯翮紫煙。左挹浮丘袖，右拍洪崖肩。列仙傳曰：浮丘公接王子喬以上嵩高山。説文曰：拍，拊也，普白切。西京賦曰：洪崖立而指麾。神仙傳曰：衛叔卿與數人博，其子度曰：向與博者爲誰？叔卿曰：是洪崖先生。借問蜉蝣輩，寧知龜鶴年？大戴禮夏小正曰：蜉蝣朝生而暮死。養生要論曰：龜鶴壽有千百之數，性壽之物也。道家之言，鶴曲頸而息，龜潛匿而噎，此其所以爲壽也。服氣養性者法焉。

六龍安可頓，運流有代謝。楚辭曰：貫鴻濛以東朅兮，維六龍於扶桑。王逸曰：結我車轡於扶桑以留日，幸得延年壽也。莊子，黄帝曰：陰陽四時運行，各得其序。淮南子曰：二者代謝舛馳。高誘曰：代，更也。謝，敍也。時變感人思，已秋復願夏。爾雅曰：感，動也。淮海變微禽，吾生獨不化。國語，趙簡子歎曰：雀入于海爲蛤，雉入于淮爲蜃，黿鼉魚鼈，莫不能化，唯人不能，哀夫！雖欲騰丹谿，雲螭非我駕。魏文帝典論曰：夫生之必死，成之必敗。然而惑者，望乘風雲，冀與螭龍共駕，適不死之國。國即丹谿，其人浮遊列缺，翱翔倒景，然死者相襲，丘壟相望，逝者莫反，潛者莫形，足以覺也。愧無魯陽德，迴日向三舍。淮南子曰：魯陽公與韓遘難，戰酣日暮，援戈而麾之，日爲之反三舍〔五〕。許慎曰：二十八宿，一宿爲一舍。臨川哀年邁，撫心獨悲吒。論語，子在川上曰：逝者如斯。尚書曰：日月逾邁。孔安國曰：如日月之並過。儀禮曰：婦人拊心不哭。吒，歎聲也。楚辭曰：憂不暇兮寢食，吒增歎兮如雷。逸翮思拂霄，迅足羨遠遊。逸、迅、思、拂霄及遠遊，以喻仙者願輕舉而高蹈。清源無增瀾，安得運吞舟？清源不能行運吞舟之魚，以喻塵俗不足容乎仙者。劉公幹贈徐幹詩曰：方塘含清源。楚辭曰：谿谷嶄巖水增波。韓詩外傳，孟子曰：夫吞舟之魚，不居潛澤；度量之士，不居污世。珪璋雖特達，明月難闇投。珪璋、明月，皆喻仙也。言珪璋雖有特達之美，而明月皆喻難闇投〔六〕，以喻仙者雖有超俗之譽，非無捕影之譏。禮記，孔子曰：珪璋特達，德也。鄒陽上書曰：明月之珠，夜光之璧，以闇投人於道，衆莫不案劍相眄者。潛穎怨青陽，陵苕哀素秋。言世俗不娛求仙，而怨天施之偏，又歎浮生之促，類潛穎怨青陽之晚臻，陵苕哀素秋之早至也。潛穎，在幽潛而結穎也。鄒潤甫遊仙詩曰：潛穎隱九泉，女蘿緣高松。義與此同。爾雅曰：春爲青陽。又曰：苕，陵苕也。素秋已見上文。悲來惻丹心，零淚緣纓流。悲俗遷謝，故惻心流涕。周易曰：謂我心惻。諸葛亮與李平教曰〔七〕：詳思斯戒，明吾丹心。淮南子曰：雍門子以哭見孟嘗君，流涕霑纓。

雜縣寓魯門，風煖將爲災。國語曰：海鳥曰爰居，止於魯東門外三日，臧文仲使國人祭之。展禽曰：越哉臧文仲之爲政也。今海鳥至，已不知而祀之，以爲國典，難以言仁且知矣。今玆海其有災乎？夫廣川之鳥獸，常知風而避其災也。是歲也，海多大風，冬煖。文仲曰：信吾過也。賈逵注曰：爰居，雜縣也。吞舟涌海底，高浪駕蓬萊。神仙排雲出，但見金銀臺。吞舟之魚，已見上文。漢書，齊威、宣、燕昭使人入海，求蓬萊、方丈、瀛州。此三神山者，仙人及不死之藥皆在焉，而黄金白銀爲宫闕，未至望之如雲。陵陽挹丹溜，容成揮玉杯。列仙傳曰：陵陽子明者，銍鄉人也。好釣魚。於涎溪釣得白魚，腸中有書，教子明服食之法。子明遂上黄山，採玉石脂服之。三年，龍來迎去。抱朴子曰：流丹者，石芝赤精，蓋石流黄之類也。事見太一玉英。列仙傳曰：容成公者，自稱黄帝師，見於周穆王，能善補導之事，髮白復黑，齒落復生。事老子，亦云老子師。揮，謂以手揮之。神仙傳曰：茅君學道於齊，不見使人，金案玉杯，自來人前。姮娥揚妙音〔八〕，洪崖頷其頤。淮南子曰：羿請不死之藥於西王母，常娥竊而奔月。許慎曰：常娥，羿妻也。逃月中。蓋虚上大人是也。史記，蘇秦曰：妙音美人，以充後宫。洪崖，已見上。列子曰：頷其頤則歌合律。廣雅曰：頷，動也，五感切。升降隨長煙，飄颻戲九垓。列仙傳曰：甯封子者，黄帝時人也。積火自燒，而隨煙上下。淮南子曰：盧敖游乎北海，至于蒙穀之上，見一士焉。盧敖仰視之，乃與語曰：唯敖爲背羣離黨，窮觀於六合之外者，非敖而已。今卒覩夫子，於是始可與敖爲交乎？士笑曰：今子遊始於此，而語窮六合，豈不亦遠哉！然子處矣，吾與汗漫期於九垓之上，吾不可以久居。士舉臂而竦身，遂入雲中。盧敖視之，弗見乃止。奇齡邁五龍，千歲方嬰孩。鄭玄禮記注曰：齡，年也。遁甲開山圖，榮氏解曰：五龍，皇后君也。昆弟五人，皆人面而龍身。長曰角龍，木仙也；次曰徵龍，火仙也；次曰商龍，金仙也；次曰羽龍，水仙也；次曰宫龍，土仙也。父與諸子同得仙，治在五方。孔安國論語注曰：方，比方也。釋文曰：八初生曰嬰兒。説文曰：孩，小兒笑也。燕昭無靈氣，漢武非仙才。燕昭使人入海求蓬萊，已見上文。漢武内傳，西王母曰：劉徹好道，然形慢神穢。雖當語之以至道，殆恐非仙才也〔九〕。

晦朔如循環，月盈已見魄。説文曰：朔，月一日始也。晦，月盡也。尚書大傳曰：三王之統，若循連環。禮記曰：四時和而後月生，是以三五而盈，三五而闕。尚書曰：惟三月哉生魄。孔安國曰：十六日明消而魄生也。**蓐收清西陸，朱羲將由白。**禮記曰：孟秋之月，其神蓐收。司馬彪續漢書曰：日行北陸謂之冬，西陸謂之秋。朱羲，日也。楚辭曰：吾令羲和弭節兮。王逸曰：羲和，日御也。河圖曰：立秋、秋分，月從白道。漢書云：月有九行，立秋、秋分，西從白道。左傳曰：分同道，謂春分、秋分，日月同道也。**寒露拂陵苕，女蘿辭松柏。**淮南子曰：斗指辛則寒露。陵苕，已見上文。毛詩曰：蔦與女蘿，施于松柏。毛萇曰：蔦，寄生也。女蘿，松蘿也。**蕣榮不終朝，蜉蝣豈見夕？**潘岳朝菌賦序曰：朝菌者，時人以爲蕣華，莊生以爲朝菌。其物向晨而結，絶日而殞。毛萇詩傳曰：蜉蝣朝生夕死。**圓丘有奇草，鍾山出靈液。**外國圖曰：圓丘有不死樹，食之乃壽。東方朔十州記曰：北海外有鍾山，自生千歲芝及神草。靈液，謂玉膏之屬也。曹植苦寒行曰：靈液飛波，蘭桂參天。**王孫列八珍，安期鍊五石。**王孫列八珍以傷生，安期鍊五石以延壽，言優劣殊也。漢書，漂母謂韓信曰：吾哀王孫而進食。周禮曰：食醫掌和王八珍之齊。列仙傳曰：安期生自言千歲。抱朴子曰：五石者，丹砂、雄黄、白礬石、曾青、磁石也。**長揖當塗人，去來山林客。**當塗，即當仕路也。漢書，武帝制曰：守文法〔一〇〕以戴翼其世者甚衆。山林，已見上文。孟子曰：公孫丑問曰：夫子當路於齊，管、晏之功，可復許乎？趙岐曰：當仕路也。

文選考異

〔一〕注「而辭無俗累」　案：「無」當作「兼」。各本皆譌。

〔二〕注「郭璞山海經注曰山居爲棲又曰遯者退也周易曰龍德而隱遯世無悶」　陳云「又曰遯者退也」此六字當在「遯世無悶」下，「郭璞山海經注曰山居爲棲」此十一字又當在「退也」句下。案：所校是也。各本皆倒。蓋「周易曰」十一字與「郭璞」云云十一字，互换其處耳。

〔三〕注「妾之居亂世」　袁本、茶陵本「之」作「聞」，是也。

〔四〕注「而媒理也」　何校「而」改「爲」，陳同。各本皆譌。

〔五〕注「淮南子曰」下至「日爲之反三舍」　此二十六字袁本、茶陵本作「魯陽麾日見淮南子」八字。

〔六〕注「而明月皆喻難闇投」　袁本、茶陵本「皆喻」作「之珠」，是也。

〔七〕注「與李平教曰」　陳云「平」下當有「子豐」二字。據蜀志注、通鑑校，是也。各本皆脱。

〔八〕姮娥揚妙音　陳云「姮」當作「恒」。今案：善注引淮南子「常娥」爲注，其下不云「常娥」之即「恒娥」，似善自爲「常」字。袁本、茶陵本所載五臣良注云「姮娥」，是五臣乃爲「姮」字，而各本亂之也。陳改「恒」，未是。

〔九〕注「漢武内傳」下至「殆恐非仙才也」　此三十字袁本作「漢武非仙才見漢武内傳」。茶陵本與此同。

〔一〇〕注「守文法」　陳云「文」下脱「之君當塗之士欲則先王之」一一字，是也。各本皆脱。

文選卷第二十二

招隱　遊覽

招隱

招隱詩二首　五言　韓子曰：閑静安居謂之隱。

左太沖　雜詩左居陸後，而此在前，誤也。

杖策招隱士，荒塗横古今。魯連子曰：連却秦軍，平原君欲封之，遂杖策而去。説文曰：杖，持也。方言曰：木細枝曰策。董仲舒士不遇賦曰：懼荒塗之難踐。鄭玄周禮注曰：荒，蕪也。郭璞山海經注曰：横，塞也。

巖穴無結構，丘中有鳴琴。結構，謂交結構架也。魯靈光殿賦曰：觀其結構。尚書大傳，子夏曰：弟子受書於夫子者不敢忘，雖退而巖居河、濟之間，深山之中作壤室，尚彈琴其中，以歌先王之風，則可以發憤矣。白雪停陰岡，丹葩曜陽林。尚書大傳曰：相與觀乎南山之陰。高誘戰國策注曰：山北曰陰。爾雅曰：山脊曰岡。鄭玄周禮注曰：陽木生於山南也。石泉漱瓊瑤，纖鱗亦浮沈。楚辭曰：飲石泉兮蔭松柏。漱，猶盪也。毛萇詩傳曰：瓊瑤，美玉也。非必絲與竹，山水有清音。禮記曰：絲竹，樂之器也。何事待嘯歌，灌木自悲吟。毛詩曰：其嘯也歌。又曰：集于灌木。毛萇詩傳曰：灌，叢也。南都賦曰：寡婦悲吟。秋菊兼糇糧，幽蘭間重襟。楚辭曰：朝飲木蘭之墜露，夕餐秋菊之落英。毛詩曰：乃裹糇糧。毛萇曰：糇，食也。楚辭曰：紉秋蘭以爲佩。然蘭可爲佩，故以間襟也。躊躇足力煩，聊欲投吾簪。言世務勞促，故足力煩殆也。韓詩曰：搔首躊躇。阮嗣宗奏記曰：負薪疲病，足力不彊。鄭玄毛詩箋曰：聊，且略之辭。蒼頡篇曰：簪，笄也，所以持冠也。

經始東山廬，果下自成榛。王隱晉書曰：左思徙居洛城東，著經始東山廬詩。毛詩曰：經始靈臺。高誘淮南子注曰：叢木曰榛。小栗小棘曰榛。前有寒泉井，聊可瑩心神。周易曰：井洌寒泉〔一〕。廣雅曰：瑩，磨也。峭蒨青蔥間，竹柏得其真。峭蒨，鮮明貌。孫卿子曰：桃李蒨粲於一時，時至而後殺。至於松柏，經隆冬而不彫，蒙霜雪而不變，可謂得其真矣。弱葉棲霜雪，飛榮流餘津。爵服無常玩，好惡有屈伸。言爵服之榮，理無常玩，時有好惡，隨之屈伸。管子曰：將立朝廷者，則爵服不可不貴也。爵服加於不義，則人賤爵服矣。家語，孔子曰：君子之行己也，可以屈則屈，可以伸則伸。東征賦曰：行止屈伸，與時息兮。結綬生纏牽，彈冠去埃塵。言人出仕非一途，或結綬以生纏牽之憂，或彈冠而去埃塵之累。漢書曰：蕭育與陳咸、朱博爲友，著聞當世。往者有王陽、貢禹，故長安語曰：蕭、朱結綬，王、貢彈冠。言其相薦達也。說文曰：纏，繞也。淮南子曰：王喬、赤松，去塵埃之間，離羣物之紛，可謂養生矣。惠連非吾屈，首陽非吾仁。論語曰：謂柳下惠、少連降志辱身矣。史記曰：伯夷、叔齊隱於首陽山。論語，子貢問曰：伯夷、叔齊何人也？子曰：古之賢人也。曰：怨乎？曰：求仁而得仁，又何怨！又，子曰：我則異於是，無可無不可。相與觀所尚，逍遥撰良辰。趙岐孟子章句曰：各崇所尚，則義不虧矣。廣雅曰：尚，高也。謂中心之所高尚也。莊子曰：逍遥乎無事之業。東征賦曰：撰良辰而將行。

文選考異

〔一〕注「井洌寒泉」 何校「泉」下添「食」字，陳同。各本皆脱。

招隱詩 五言

陸士衡

明發心不夷，振衣聊躑躅。毛詩曰：明發不寐。楚辭曰：心蛩蛩而不夷。王逸曰：夷，悦也。新序曰：古老振衣而起。杜預左氏傳注曰：振，整也。說文曰：躊躅，住足也。躊與躑同。躑躅欲安之，幽人在浚谷。周易曰：履道坦坦，幽人貞吉。幽通賦曰：眷浚谷而勿墜。朝採南澗藻，夕息西山足。毛詩曰：于以采蘋，南澗之濱；于以采藻，于彼行潦。史記，伯夷、叔齊詩曰：登彼西山兮，採其薇。毛萇詩傳曰：麓，山足也。輕條象雲構，密葉成翠幄。劉公幹詩曰：大夏雲構。又齊都賦曰：翠幄浮遊。杜預左氏傳注曰：幄，帳也。激楚佇蘭林，回芳薄秀木。上林賦曰：激楚結風。楚辭曰：遊蘭皐與蕙林。王逸楚辭注曰：薄，附也。廣雅曰：秀，美也。山溜何泠泠，飛泉漱鳴玉。枚乘上書曰：泰山之霤穿石。楚辭曰：吸飛泉之微液。鳴玉，亦瓊瑶也，見上注。哀音附靈波，頹響赴曾曲。至樂非有假，安事澆醇樸？莊子曰：天下有至樂無有哉？老聃曰：夫得是至美，至樂也。得至美而遊乎至樂之謂至人。又曰：唐、虞始爲天下，澆淳散朴。許慎淮南子注曰：澆，薄也。澆與澆同。富貴苟難圖，税駕從所欲。論語，子曰：富而可求也，雖執鞭之士，吾亦爲之；如不可求，從吾所好。税駕，喻辭榮也。史記，李斯曰：當今人臣之位，無居上者，可謂富貴極矣，吾未知所税駕也。方言曰：舍車曰税。脱與税古字通〔一〕。

文選考異

〔一〕注「脱與税古字通」　案：「脱」「税」二字當乙，謂正文及史記、方言之「税」即「脱」也。各本皆倒。袁本改「吾未知所税駕也」作「脱」以就之，大誤。

反招隱詩 五言

王康琚 古今詩英華題云：晉王康琚，然爵里未詳也。

小隱隱陵藪，大隱隱朝市。伯夷竄首陽，老聃伏柱史。史記曰：老子，名耳，字聃。列仙傳曰：李耳，字伯陽，生於殷時，爲周柱下史。又曰：武王平殷，伯夷、叔齊恥之，義不食周粟，隱於首陽山。昔在太平時，亦有巢居子。皇甫謐逸士傳曰：巢父，堯時隱人，常山居，不營世利。年老，以樹爲巢，而寢其上，故時人號曰巢父。今雖盛明世，能無中林士？解嘲曰：遭盛明之世。毛萇詩傳曰：中林，林中也。班固漢書序曰：山林之士，往而不能反。放神青雲外，絕迹窮山裏。琴操曰：許由云：吾志在青雲，何乃劣劣爲九州伍長乎？莊子曰：絕迹易，無行地難。郭象曰：不行則易也。王隱晉書，李重奏曰：陳原絕迹窮山，韞櫝道藝。鵾鷄先晨鳴，哀風迎夜起。楚辭曰：鵾雞嘲哳而悲鳴。崔琦七蠲曰：再奏致哀風。凝霜凋朱顏，寒泉傷玉趾。楚辭曰：漱凝霜之雰雰。又曰：容則秀稚朱顏。毛詩曰：爰有寒泉。左氏傳，楚太宰薳啓彊謂魯侯曰：今君若步玉趾，辱見寡君。周才信衆人，偏智任諸己。以出仕爲周才，隱居爲偏智。傅子曰：君子周才難。論語，子曰：君子求諸己。推分得天和，矯性失至理。劉向列子目録曰：至於力命篇，一推分命。莊子曰：夫明白於天地之德者，此之謂太平大宗與天和者也。淮南子曰：顏回夭死，季由葅於衞，皆迫性命之情，而不得天和者也。列子，公孫朝曰：矯性命以招名，弗若死矣。又曰：均天下之至理。張湛曰：物事皆均，則理無不至。郭象莊子注曰：至理盡於自得。歸來安所期？與物齊終始。莊子有齊物論。又曰：萬物一齊，孰短孰長？又曰：遊乎萬物之所始。孫卿子曰：生，人之始也；死，人之終也。

遊覽

芙蓉池作 五言

魏文帝 魏志曰：文帝諱丕，字子桓，太祖太子也，爲五官中郎將。太祖薨，嗣位爲丞相魏王。受漢禪，即皇帝位。

乘輦夜行遊，逍遥步西園。吕氏春秋曰：乘輦于宫中。毛萇詩傳曰：乘，升也。雙渠相溉灌，嘉木繞通川。西京賦曰：嘉木樹庭。上林賦曰：通川過於中庭。卑枝拂羽蓋，脩條摩蒼天。子虛賦曰：上拂羽蓋。東方朔七言曰：折羽翼兮摩蒼天。驚風扶輪轂，飛鳥翔我前。張衡羽獵賦曰：風翊翊其扶輪。丹霞夾明月，華星出雲間。法言曰：明星皓皓，華藻之力也。上天垂光采，五色一何鮮！壽命非松喬，誰能得神仙？列仙傳曰：赤松子者，神農時雨師也。喬，王子喬，即周靈王太子晉也，道人浮丘公接以上嵩高山。遨遊快心意，保己終百年。莊子曰：聖人其於人也，樂物之通而保己焉。養生經，黃帝曰：中壽百年。

南州桓公九井作 五言 水經注曰：淮南郡之于湖縣南，所謂姑孰，即南州矣。庾仲雍江圖曰：姑孰至直瀆十里，東通丹陽湖，南有銅山，一名九井山，山有九井，井與江通。何法盛桓玄録曰：桓玄，字敬道，出姑孰，大築府第。

殷仲文 檀道鸞晉陽秋曰〔一〕：殷仲文，字仲文〔二〕，陳郡人也，爲驃騎行參軍。以桓玄之姊夫，玄僭立，用爲長史。帝反正，出爲東陽太守，愈益憤怒。後照鏡不見其面，數日禍及。

四運雖鱗次，理化各有準。莊子，黃帝曰：陰陽四時，運行各得其序。李尤辟雍賦曰：攢羅鱗次。字書曰：準，平也。獨有清秋日，能使高興盡。潘安仁有秋興賦。鄭玄周禮注曰：興者，託事於物也。景氣多明遠，風物自淒緊。緊，猶實也。言欲成也。爽籟警幽律，哀壑叩虛牝。言風之疾也，激爽籟而起其幽律，衝哀壑而叩其虛牝也。爾雅曰：爽，差也。簫管非一，故言爽焉。莊子，南郭子綦謂子游曰：汝聞地籟。子游曰：地籟則衆竅是已。郭象曰：人籟，簫也。夫簫管參差，宮商異律，故有長短高下萬殊之聲。鄭玄禮記注曰：警，起也。孔安國論語注曰：叩，擊也。大戴禮曰：丘陵爲牡，谿谷爲牝。歲寒無早秀，浮榮甘夙殞。爾雅曰：不榮而實謂之秀。賈逵國語注曰：浮，輕也。何以標貞脆，薄言寄松菌。松，貞；菌，脆也。松菌殊質，故貞脆異性也。毛詩曰：薄言采之。毛萇曰：薄，辭也。論語，子曰：歲寒然後知松柏之後凋。莊子曰：朝菌不知晦朔。哲匠感蕭晨，肅此塵外軫。匠，謂桓玄也。蕭晨，言秋晨也，言秋晨蕭瑟。鄧析子曰：聖人逍遥一世之間，宰匠萬物之形。廣雅曰：感，傷也。鄭玄禮記注曰：肅，戒也。莊子曰：孔子彷徨塵垢之外，逍遥無爲之業。郭象曰：所謂塵垢之外，非伏於山林而已。鄭玄考工記注曰：軫，輿後横木也。言軫，所以明車也。廣筵散汎愛，逸爵紆勝引。論語，子曰：汎愛衆而親仁。説文曰：紆，屈也。勝引，勝友也；引，猶進也，良友所以進己，故通呼曰勝引。伊余樂好仁，惑袪吝亦泯。左氏傳，曰族穆子曰〔三〕：請立起也，與田蘇遊而曰好仁。杜預曰：蘇，晉賢人也，蘇言韓起好仁也。范曄後漢書黄叔度傳，陳蕃、周舉常相謂曰：時月之間，不見黄生，則鄙吝之萌，復存乎心。薛君韓詩章句曰：袪，去也。爾雅曰：泯，盡也。猥首阿衡朝，將貽匈奴哂。阿衡，喻玄也。言己以凡猥，妄首朝端，匈奴聞之，理將見哂。許慎淮南子注：猥，猶凡也。尚書曰：惟嗣王不惠于阿衡。孔安國曰：阿，倚也。衡，平也。漢書曰：車千秋以一言寤意，旬月取宰相。後漢使至匈奴，單于問曰：聞漢新拜丞相，何用得之？使者曰：上書言事故。單于曰：苟如是，漢置丞相非用賢也，妄一男子上書即得之矣！爾雅曰：貽，遺也。馬融論語注曰：哂，笑也。

文選考異

〔一〕注「檀道鸞晉陽秋曰」　陳云「晉」上當有「續」字，是也。各本皆脱。餘同此，不悉出。

〔二〕注「字仲文」　袁本、茶陵本無此三字。

〔三〕注「左氏傳曰族穆子曰」　案：上「曰」字當作「公」。各本皆譌。

遊西池 五言

謝叔源 臧榮緒晉書曰：謝混少有美譽，善屬文，爲尚書左僕射。以黨劉毅誅。沈約宋書曰：混字叔源〔一〕。西池，丹陽西池。混思與友朋相與爲樂也〔二〕。

悟彼蟋蟀唱，信此勞者歌。聲類曰：悟，心解也。毛詩曰：蟋蟀在堂，歲聿云暮。今我不樂，日月其除。韓詩曰：伐木廢，朋友之道缺。勞者歌其事。詩人伐木，自苦其事，故以爲文。有來豈不疾，良遊常蹉跎。陸雲歲暮賦曰：年有來而棄予，時無筭而非我。劉楨黎陽山賦曰：良遊未厭，白日潛暉。楚辭曰：驥垂兩耳，中坂蹉跎。逍遥越城肆，願言屢經過。說文曰：越，度也。鄭玄禮記注曰：肆，市中陳物處也。毛詩曰：願言思子。阮籍詠懷詩曰：趙、李相經過。回阡被陵闕，高臺眺飛霞。廣雅曰：被，加也，言加大阜而通城闕也。惠風蕩繁囿，白雲屯曾阿。邊讓章華臺賦曰：惠風春施。廣雅曰：屯，聚也。景昃鳴禽集，水木湛清華。蒼頡篇曰：湛，水不流也。褰裳順蘭沚，徙倚引芳柯。毛詩曰：褰裳涉溱。鄭玄曰：揭衣度溱水也。潘岳河陽詩曰：歸鴈映蘭洔。沚與洔同。楚辭曰：步徙倚而遥思。美人愆歲月，遲暮獨如何？楚辭曰：惟草木之零落兮，恐美人之遲暮。王逸曰：遲，晚也。愆，謂過期也。無爲牽所思，南榮誡其多。莊子，庚桑楚謂南榮趎曰：全汝形，抱汝生，無使汝思慮營營。趎，處朱切。

文選考異

〔一〕注「沈約宋書曰混字叔源」　袁本、茶陵本無此九字，上「臧榮緒晉書曰謝混」下有「字叔源」三字。案：此各本并五臣於善而失其舊，無可訂正也。

〔二〕注「混思與友朋相與爲樂也」　案：此十字係五臣語也。袁、茶陵二本合并六家，往往有之，前後例可推。此本既單行善注，不應竄入，乃尤延之仍舊誤而未知校正者。

泛湖歸出樓中翫月　五言

謝惠連

靈運山居賦注曰：大小巫湖。

日落泛澄瀛，星羅游輕橈。楚辭曰：倚沼畦瀛兮遥望博。王逸曰：楚人名池澤中曰瀛。羽獵賦曰：涣若天星之羅。楚辭曰：荃橈兮蘭旌。王逸曰：橈，小楫也。憩榭面曲汜，臨流對迴潮。毛萇詩傳曰：憩，息也。爾雅曰：決出復入爲汜。韓詩外傳，阿谷之女曰：阿谷之豫〔一〕，隱曲之汜。輟策共駢筵，並坐相招要。李弘軌法言注曰〔二〕：駢，並也。哀鴻鳴沙渚，悲猨響山椒。漢武帝李夫人賦曰：釋予馬於山椒。孟康曰：山椒，山陵名。廣雅曰：土高四墮曰椒丘。亭亭映江月，瀏瀏出谷飈。亭亭，迴貌。王逸楚辭注曰：瀏，風疾貌。寡婦賦曰：風瀏瀏而夙興。斐斐氣幕岫，泫泫露盈條。斐斐，輕貌。泫泫，垂貌。

近矚祛幽藴，遠視盪諠囂。李奇漢書注曰：祛，開散也。王逸楚辭注曰：藴，積也。鄭玄禮記注曰：聞諠囂則人意動作。悟言不知罷，從夕至清朝。毛詩曰：彼美淑姬，可與晤言。鄭玄曰：晤，對也。悟與晤同。

文選考異

〔一〕注「阿谷之豫」案：「豫」當作「隊」。各本皆譌。

〔二〕注「李弘軌法言注曰」案：「弘」字不當有。各本皆衍。軌，字弘範。蓋或記於旁而錯入一字耳。善引李軌法言注甚多，皆可證。

從遊京口北固應詔 五言 水經注曰：京口，丹徒之西鄉也。又曰：京城西北有別嶺入江，三面臨水，高數十丈，號曰北固。

謝靈運

玉璽戒誠信，黄屋示崇高。言聖人佩玉璽所以儆戒誠信，居黄屋所以顯示崇高。鄧析子曰：爲之符璽以信之。蔡邕獨斷曰：璽，印也，信也。古者尊卑共之，秦以來，天子獨以印稱璽，又獨以玉也。漢書曰：紀信乘王車，黄屋左纛。事爲名教用，道以神理超。言上二事乃爲名教之所用，而其至道，實神理而超然也。文子曰：聖人所由曰道，所爲曰事。三國名臣頌序曰：名教束物也。周易曰：聖人以神道設教而天下服。曹植武帝誄曰：聰竟神理。方言曰：超，遠也。昔聞汾水游，今見塵外鑣。莊子曰：堯見四子藐姑射之山，汾水之陽。塵外，已見上文。説文曰：鑣，馬銜也。言鑣以明馬，猶軫以表車。嗚笳發春渚，税鑾登山椒。魏文帝書曰：從者鳴笳以啓路。税鑾，猶税駕也。山椒，已見上文。張組眺倒景，列筵矚歸潮。吴都賦曰：張組帷，構流蘇。遊天台山賦曰：或倒景於重溟。王彪之遊仙詩曰：遠遊絶塵霧，輕舉觀滄溟。蓬萊陰倒景，崐崘罩曾城。並以山臨水而影倒，謂之倒景。遠巖映蘭薄，白日麗江皐。蘭薄，即蘭林也。楚辭曰：朝騁鶩兮〔一〕，蘭薄户樹，瓊木籬些。然此意微與王逸注異，不可以王義非之。楚辭曰：朝騁鶩兮江皐。王逸曰：澤曲曰皐。原隰荑緑柳，墟囿散紅桃。大戴禮夏小正曰：正月柳稊。稊者，發孚也，桃則華。荑與稊音義同。廣雅曰：墟，居也。皇心美陽澤，萬象咸光昭。莊子，舜謂堯曰：昔者十日並出，萬物皆照。司馬彪曰：言陽光麗天，則無不鑒。孝經鉤命決曰：地以舒形，萬物咸載。顧己枉維縶，撫志慙場苗。鄭玄毛詩箋曰：顧，念也。毛詩曰：皎皎白駒，食我場苗；縶之維之，以永今朝。工拙各所宜，終以反林巢。吕氏春秋曰：至治之世，賢不肖各反其質，若此則工拙愚智可得而知矣。巢，已見上文。曾是縈舊想，覽物奏長謡。毛詩曰：曾是在位。舊想，謂隱居之志也。歎逝賦曰：覽前物而懷之。劉琨答盧諶詩曰：引領長謡。

文選考異

〔一〕注「朝騁鶩兮」何校去此四字。陳云注前「朝騁鶩兮」衍。案：各本皆涉下而誤也。

晚出西射堂 五言 永嘉郡射堂。

謝靈運

步出西城門，遥望城西岑。劉公幹贈徐幹詩曰：步出北寺門，遥望西苑園。爾雅曰：山小而高曰岑。連鄣疊巘崿，青翠杳深沈。爾雅曰：山正，鄣〔一〕。巘崿，崖之別名。爾雅曰：重巘，隒。文字集略曰：崿，崖也。王逸楚辭注曰：杳，深冥也。曉霜楓葉丹，夕曛嵐氣陰。楚辭曰：與曛黄而爲期。王逸曰：黄昏時也。夏侯湛山路吟曰：道逶迤兮嵐氣清。埤蒼曰：嵐，山風也。嵐，禄含切。節往戚不淺，感來念已深。羈雌戀舊侶，迷鳥懷故林。七發曰：暮則羈雌，迷鳥宿焉。毛萇詩傳曰：懷，思也。含情尚勞愛，如何離賞心？言鳥含情，尚知勞愛，况乎人而離於賞心也。撫鏡華緇鬢，攬帶緩促衿。孫綽子曰：撫明鏡則好醜之貌可見。陸機東宮詩曰：柔顔收紅藻，玄鬢吐素華。古詩曰：衣帶日已緩。安排徒空言，幽獨賴鳴琴。言安排之事，空有斯言；幽獨不悶，唯賴鳴琴而已。莊子曰：仲尼謂顔回曰：安排而去化，乃入於寥天一。郭象曰：安於推移，而與化俱去，故乃入於寂寥，而與天惟一也。楚辭曰：幽獨處乎山中。琴賦曰：處窮獨而不悶者，莫近於音聲也。

文選考異

〔一〕注「山正鄣」 陳云「山」當作「上」。各本皆譌。案：此釋山文。今爾雅云「上正章」，「章」、

「郭」同字耳。

登池上樓 五言 永嘉郡池上樓。

謝靈運

潛虯媚幽姿，飛鴻響遠音。薄霄愧雲浮，棲川怍淵沈。虯以深潛而保真，鴻以高飛而遠害，今已嬰俗網，故有愧虯鴻也。説文曰：虯，龍有角者。淮南子曰：蛟龍水居。又曰：鳥飛於雲。穀梁傳，孔子曰：聽遠音者，聞其疾而不聞其舒。王逸楚辭注曰：泊，止也。薄與泊同，古字通。馬融論語注曰：怍，慙也。進德智所拙，退耕力不任。周易，子曰：君子進德脩業，欲及時也。尸子曰：爲令尹而不喜，退耕而不憂，此孫叔敖之德也。徇祿反窮海，臥痾對空林。趙岐孟子注曰：徇，從也。窮海，謂永嘉郡也。説文曰：痾，病也。傾耳聆波瀾〔一〕，舉目眺嶇嶔。禮記曰：傾耳而聽之。廣雅曰：聆，聽也。李陵書曰：舉目言笑。洞簫賦曰：嶇嶔巋崎。初景革緒風，新陽改故陰。楚辭曰：款秋冬之緒風。王逸曰：緒，餘也。神農本草曰：春夏爲陽，秋冬爲陰。池塘生春草，園柳變鳴禽。祁祁傷豳歌，萋萋感楚吟。毛詩豳風曰：春日遲遲，采蘩祁祁。楚辭曰：王孫遊兮不歸，春草生兮萋萋。索居易永久，離羣難處心。禮記，子夏曰：吾離羣索居，亦已久矣。詩曰：我行永久。穀梁傳曰：鄭伯之處心積慮，成於殺也。持操豈獨古，無悶徵在今。莊子，罔兩責影曰：曩子坐，今子起，何其無持操與？周易曰：遯世無悶。

〔一〕傾耳聆波瀾　此句上袁本、茶陵本有「衾枕昧節候，褰開暫窺臨」，云善無此兩句，何校添，陳同。案：詳文義當有，各本所見，或傳寫脱之也。

遊南亭　五言　永嘉郡南亭。

謝靈運

時竟夕澄霽，雲歸日西馳。淮南子曰：季夏之月，大雨時行。高誘曰：是月有時雨也。説文曰：霽，雨止也。曹子建詩曰：朝雲不歸山，霖雨成川澤。然雨則雲出，晴則雲歸也。密林含餘清，遠峯隱半規。吕氏春秋曰：冬不用箑，清有餘也。張載歲夕詩曰：白日隨天迴，噉噉員如規。久痗昏墊苦，旅館眺郊岐。毛萇詩傳曰：痗，病也。尚書，禹曰：洪水滔天，下民昏墊。孔安國曰：言天下民昏瞀墊溺，皆困水災也。杜預左氏傳注曰：旅，客會也〔一〕。澤蘭漸被逕，芙蓉始發池。楚辭曰：皋蘭被逕兮斯路漸。廣雅曰：漸，稍也。楚辭曰：芙蓉始發雜芰荷。王逸曰：芙蓉，蓮華也。未厭青春好，已覩朱明移。楚辭曰：青春受謝白日昭。爾雅曰：夏爲朱明。慼慼感物歎，星星白髮垂。楚辭曰：愁鬱鬱之無快，居戚戚而不解〔二〕。古長歌行曰：感物懷所思。左思白髮賦曰：星星白髮，生於鬢垂。藥餌情所止，衰疾忽在斯。餌藥既止，故有衰病。蒼頡篇曰：餌，食也。逝將候秋水，息景偃舊崖。毛詩曰：逝將去汝。莊子，罔兩問影曰：向也坐而今也起，向也行而今也止，何也？影曰：火與日吾屯也，陰與夜吾代也，彼吾所以有待也，而況乎以有待者乎？彼來則我與之來，彼往則我與之往。司馬彪曰：屯，聚也。火日明而影見，故曰吾聚也；陰闇則影不見，故曰吾代也。夜代，謂使得休息也。我志誰與亮？賞心惟良知。毛萇詩傳曰：亮，信也。尚書曰：時惟良顯哉！

文選考異

〔一〕注「旅客會也」　何校「會」改「舍」，陳同，是也。各本皆譌。

〔二〕注「居戚戚而不解」　茶陵本「戚戚」作「慼慼」。袁本與此同。案：正文作「慼慼」，茶陵是，袁非也。蓋善「慼」、五臣「戚」，其大槩矣。餘倣此，不悉出。

遊赤石進帆海　五言

謝靈運

靈運遊名山志曰：永寧、安固二縣中，路東南便是赤石，又枕海。

首夏猶清和，芳草亦未歇。爾雅曰：首，始也。歸田賦曰：仲春令月，時和氣清。楚辭曰：芳以歇而不比。杜預左氏傳注曰：歇，盡也。水宿淹晨暮，陰霞屢興没。河圖曰：崐崘山有五色水，赤水之氣，上蒸爲霞，陰而赫然。周覽倦瀛壖，況乃陵窮髮。登徒子好色賦曰：周覽九土。史記，騶衍曰：區中者乃有一州，如此者九，乃有大瀛海環之。漢書曰：盡河壖棄地。韋昭曰：謂緣河邊地。鄭玄禮記注曰：陵，躐也。顧啓期婁地記曰：浪山海中南極之觀嶺，窮髮之人，舉帆揚越，以爲標的。川后時安流，天吴静不發。洛神賦曰：川后静波。楚辭曰：使江水兮安流。山海經曰：朝陽之谷，神曰天吴，是水伯也，其獸也八首八足八尾，背黄青。揚帆采石華，挂席拾海月。臨海志曰：石華附石，肉可啖。又曰：海月大如鏡，白色。揚帆、挂席，其義一也。海賦：維長綃〔一〕，挂帆席。溟漲無端倪，虚舟有超越。莊子曰：北溟有魚，其名曰鯤，海運則圖於南溟。李弘範曰：廣大窈冥，故以溟爲名。謝承後漢書曰：陳茂常度漲海。莊子，孔子曰：反覆終始，不知端倪。音義曰：倪音崖。莊子曰：有虚舟來觸舟。孔安國尚書傳曰：越，遠也。仲連輕齊組，子牟眷魏闕。言仲連輕齊組而之海上，明海上可悦。既悦海上，恐有輕朝廷之譏，故云子牟眷魏闕。史記曰：田單攻聊城不下，魯連乃爲書，約之矢以射城中，遺燕將。燕將得書，乃自殺。遂屠聊城。歸而言魯仲連，欲爵之，魯連逃隱於海上。吕氏春秋曰：中山公子牟謂詹子曰：身在江海之上，心居魏闕之下。柰何？高誘曰：子牟，魏公子。一説，魏，象魏也。言身在江海之上，心乃在王室也。矜名道不足，適己物可忽。韓子，白圭曰：宋君，少主也，而務矜名。郭象莊子注曰：德之所以流蕩，矜名故也。史記曰：莊子，其言汪洋自恣以適己。請附任公言，終然謝天伐。莊子曰：孔子圍於陳，太公任往弔之，曰：直木先伐，甘泉先竭。子其意者飾智以驚愚，脩身以明污，昭昭若揭日月而行，故不免也。孔子曰：善。乃逃大澤之中。入獸不亂羣，入鳥不亂行，鳥獸不惡，而況人乎！王逸楚辭注曰：謝，去也。

文選考異

〔一〕注「維長絹」 陳云「絹」當作「綃」，是也。各本皆譌。

石壁精舍還湖中作 五言

精舍，今讀書齋是也。謝靈運遊名山志曰〔一〕：湖三面悉高山，枕水渚山，溪澗凡有五處。南第一谷，今在所謂石壁精舍。

謝靈運

昏旦變氣候，山水含清暉。清暉能娛人，遊子憺忘歸。楚辭曰：羌聲色兮娛人，觀者憺兮忘歸。王逸曰：娛，樂也。憺，安也。出谷日尚早，入舟陽已微。左氏傳，趙宣子將朝，尚早。正曆曰：日，太陽也。楚辭曰：陽杲杲其朱光。鄭玄毛詩箋曰：微，不明也。林壑斂暝色，雲霞收夕霏。霏，雲飛貌。芰荷迭映蔚，蒲稗相因依。杜預左氏傳注曰：稗，草之似穀者，薄懈切。阮籍詠懷詩曰：寒鳥相因依。披拂趨南逕，愉悅偃東扉。莊子曰：雲者風起北方，一西一東，孰居無事而披拂是。爾雅曰：悅、愉，樂也。賈逵國語注曰：偃，息也。慮澹物自輕，意愜理無違。淮南子曰：澹然無慮。許慎曰：澹猶足也。孫卿子曰：內省則外物輕矣。廣雅曰：愜，可也。寄言攝生客，試用此道推。楚辭曰：願寄言於三島。老子曰：善攝生者不然。劉淵林吳都賦注曰：攝，持也。左氏傳，劉子曰：民受天地之中以生，所爲命〔二〕。說文曰：推，排也。爲推排以求也。

文選考異

〔一〕注「謝靈運遊名山志曰」 案：「謝」字不當有，前後所引可證也。各本皆衍。又後登臨海嶠詩兩引皆衍，不更出。

〔二〕注「所爲命」 陳云「爲」當作「謂」，是也。各本皆譌。

登石門最高頂 五言

靈運遊名山志曰：石門澗六處，石門遡水上，入兩山口，兩邊石壁，右邊石巖，下臨澗水。

謝靈運

晨策尋絶壁，夕息在山棲。江賦曰：絶岸萬丈，壁立霞駮。郭璞遊仙詩曰：山林隱遯棲。疏峯抗高館，對嶺臨迴溪。廣雅曰：疏，治也。西京賦曰：疏龍首以抗殿。廣雅曰：抗，舉也。長林羅户穴，積石擁基階。連巖覺路塞，密竹使徑迷。來人忘新術，去子惑故蹊。景福殿賦曰：欲反忘術。魏武帝苦寒行曰：迷惑失故路。活活夕流駛，噭噭夜猨啼。毛詩曰：河水洋洋，北流活活。楚辭曰：聲噭噭以寂寥。廣雅曰：噭，鳴也。沈冥豈別理，守道自不攜。漢書曰：蜀嚴湛冥，久幽而不改其操。孟康注曰：蜀郡嚴君平，沈深玄默無欲。言幽深難測也。尸子曰：守道固窮，則輕王公。賈逵國語注曰：攜，離也。心契九秋幹，目翫三春荑。古樂府有歷九秋妾薄相行〔一〕。班固終南山賦曰：三春之季，孟夏之初。九秋，已見南都賦。居常以待終，處順故安排。新序，榮啓期曰：貧者士之常，死者人之終，居常待終，何憂哉！莊子曰：老聃死，秦失弔之，曰：適來，夫子時也；適去，夫子順也。安時而處順，憂樂不能入也。安排，已見上文。惜無同懷客，共登青雲梯。陸機詩曰：感念同懷子。郭璞遊仙詩曰：安事登雲梯。張湛列子注曰：雲梯可以陵虛。

文選考異

〔一〕注「古樂府有歷九秋妾薄相行」　案：此十一字不當有，觀下注云「九秋已見南都賦」可知。各本皆衍。

於南山往北山經湖中瞻眺　五言

謝靈運

靈運山居賦曰：若乃南北兩居，水通陸阻。又曰：永歸其路，廼界北山。注曰：兩居，謂南北兩處，南山是開創卜居之處也。又曰：大小巫湖，中隔一山。然往北山經巫湖中過。

朝旦發陽崖，景落憩陰峯。尚書大傳曰：相與觀于南山之陽。舍舟眺迴渚，停策倚茂松。

側逕既窈窕，環洲亦玲瓏。曹攄贈石荆州詩曰：轗軻石行難，窈窕山道深。甘泉賦曰：和氏玲瓏〔一〕。晉灼曰：明貌。俛視喬木杪，仰聆大壑灇。毛詩曰：南有喬木。楚辭曰：聽大壑之波聲。薛綜西京賦注曰：壑，坑谷也。毛詩曰：鳧鷖在潀。毛萇曰：潀，水會也。灇與潀同。石横水分流，林密蹊絶蹤。解作竟何感，升長皆丰容。周易曰：天地解而雷雨作，雷雨作而百果草木皆甲坼。爾雅曰：感，動也。周易曰：地中有木升。丰容，悦茂貌。郭璞曰：丰，容也，音蜂。初篁苞緑籜，新蒲含紫茸。服虔漢書注曰：篁，叢竹也。籜，竹皮也。蒼頡篇曰：茸，草貌。然此茸謂蒲華也。江賦曰：擢紫茸茸〔二〕。海鷗戲春岸，天雞弄和風。南越志曰：江鷗，一名海鷗，漲海中隨潮上下。爾雅曰：鶾，天雞。毛詩曰：習習谷風。毛萇曰：習習，和舒貌。撫化心無厭，覽物眷彌重。郭象莊子注曰：聖人遊於變化之塗，萬物萬化，亦與之萬化。覽物，已見上文。眷，猶戀也。不惜去人遠，但恨莫與同。言獨在山中，無人共遊。人謂古人也。孤遊非情歎，賞廢理誰通？言己孤遊，非情所歎，而賞心若廢，玆理誰爲通乎？

文選考異

〔一〕注「和氏玲瓏」案：「玲瓏」當乙，説見前。又正文「玲瓏」，注「瓏玲」，説在遊天台山賦注。各本皆誤。

〔二〕注「擢紫茸茸」案：此下當有「而容切」三字。袁、茶陵二本正文下有此音，合并六家，因複出而删。尤仍其誤。於是「茸而容切」，本以四字爲句者，僅存一「茸」字，而不可通矣。凡善音多割裂删削，無以全復其舊，依此等例推之。

從斤竹澗越嶺溪行　五言　靈運遊名山志曰：神子溪，南山與七里山分流，去斤竹澗數里。

謝靈運

猨鳴誠知曙，谷幽光未顯。元康地記云：猨與獮猴不共山宿，臨旦相呼。説文曰：曙，旦明也。巖下雲方合，花上露猶泫。廣雅曰：方，始也。逶迤傍隈隩，苕遞陟陘峴（一）。説文曰：隈，山曲也。爾雅曰：隩，隈也。郭璞曰：今江東呼爲浦。隩，於到切，又於六切。爾雅曰：山絶曰陘。郭璞曰：連山中斷曰陘。陘，胡庭切。聲類曰：峴，山嶺小高也。峴與現同，賢典切。過澗既厲急，登棧亦陵緬。毛詩曰：深則厲。毛萇曰：以衣涉水爲厲。通俗文曰：板閣曰棧。漢書曰：張良説漢王燒絶棧道。廣雅曰：陵，乘也。韋昭國語注曰：緬，猶邈也。川渚屢逕復，乘流翫迴轉。楚辭曰：川谷逕復流潺湲。鵩鳥賦曰：乘流則逝。蘋萍泛沈深，菰蒲冒清淺。毛萇詩傳曰：蘋，大蓱也。又曰：冒，覆也。企石挹飛泉，攀林擿葉卷。説文曰：企，舉踵也。毛萇詩傳曰：挹，㪺也，猶今言酌也。飛泉，已見上文。想見山阿人，薜蘿若在眼。楚辭曰：若有人兮山之阿，披薜荔兮帶女蘿。握蘭勤徒結，折麻心莫展。靈運南樓中望所知遲客詩曰：瑤華未堪折，蘭茝已屢摘。路阻莫贈問，云何慰離析。然握蘭摘茝，咸以相贈問也。楚辭曰：被石蘭兮帶杜衡，折芳馨兮遺所思。王逸曰：石蘭，香草也。棗據逸民賦曰：沐甘露兮餘滋，握春蘭兮遺芳。楚辭曰：折疎麻兮瑶華，將以遺兮離居。王逸曰：疎麻，神麻也。司馬彪莊子注曰：展，申也。又漢家侍中握蘭。情用賞爲美，事昧竟誰辨？言事無高翫，而情之所賞，即以爲美，此理幽昧，誰能分別乎？觀此遺物慮，一悟得所遺。淮南子曰：吾獨慷慨遺物而與道同出，是故有以自得也。郭象莊子注曰：將大不類，莫若無心，既遣是非，又遣其所遣，遣之以至於無遣，然後無所不遣，而是非去也。

文選考異

〔一〕苕遞陟陘峴　案：「峴」當作「現」。善注引聲類「峴」云「峴與現同」，可知正文自爲「現」字。今各本皆作「峴」，必五臣改爲「峴」，而後來以之亂善也。集韻二十七銑有「現」「峴」二文云「胡典切」，或作「峴」，當即出於此，可爲證。

應詔觀北湖田收 五言

丹陽郡圖經曰：樂遊苑，晉時藥園，元嘉中築隄壅水，名爲北湖。集曰：元嘉十年也。太祖改景平十二年〔一〕爲元嘉。

顏延年

周御窮轍跡，夏載歷山川。左氏傳，右尹子革對楚王曰：昔周穆王欲肆其心，周行天下，將皆有車轍馬跡焉。尚書，禹曰：予乘四載，隨山栞木。孔安國曰：所載者四，謂水乘舟，陸乘車，泥乘輴，山乘樏。樏，力追切。

蓄軫豈明懋，善遊皆聖仙。蓄軫不行，豈是欽明懋德之后；善遊天下，皆是睿聖神仙之君。孔安國尚書傳曰：蓄，積也。范曄後漢書，劉安奏曰〔一〕：安皇帝聖德明懋。聖謂夏禹，仙謂周穆。帝暉膺順動，清蹕巡廣廛。周易曰：聖人以順動而民服。漢儀注曰：皇帝輦動，出則傳蹕，止人清道。漢書曰：楊雄有田一廛。晉灼曰：廛，一百畝也。樓觀眺豐潁，金駕映松山。孔安國尚書傳曰：潁，穗也。金駕，金輅也。言上樓看穗也。映，猶蔽也。飛奔互流綴，緹轂代迴環。飛奔，車也。陸景典語曰：飛車策馬，横騰超進。越絶書曰：車奔馬騰。緹轂，騎也。續漢書曰：緹騎一百人〔二〕，屬執金吾。吳都賦曰：轂騎煒煌。神行埒浮景，争光溢中天。列子，黄帝夢遊華胥國，其神行而已。孟康漢書注曰：埒，等也。張孟陽七哀詩曰：浮景忽西沈。史記曰：與日月争光可也。列子曰：穆王築臺，號曰中天之臺。開冬眷徂物，殘悴盈化先。言開冬而視徂落之物，雖已殘悴，而尚盈於殘悴之先，言可觀也。開冬，猶開春、開秋也。楚辭曰：開春發歲。羽獵賦曰：玄冬季月，萬物徂落於外。孔安國尚書傳曰：眷，視也。白虎通曰：春，萬物始生。鄭玄禮記注曰：化，猶生也。陽陸團精氣，陰谷曳寒煙。吳越春秋，越王曰：崐崘乃天地之鎮柱也，五帝處其陽陸。賈逵國語注曰：精，明也。山北曰陰。攢素既森藹，積翠亦葱仟。廣雅曰：攢，聚也。息饗報嘉歲，通急戒無年。禮記曰：蜡者，索也。歲十二月合聚萬物而索饗之，黄衣黄冠，息田夫也。又曰：國無六年之畜曰急。三年耕，必有一年之食。九年耕，必有三年之食。以三十年之通，雖有凶旱水溢，人無菜色。周禮曰：無年則公旬用一日焉。鄭玄曰：無歲，無羸儲也。急，要也。通百姓之急者，預戒於無年之時。温渥浹輿隸，和惠屬後筵。説文曰：温，仁也。毛萇詩傳曰：渥，厚也。字書曰：浹，洽也。左氏傳曰：人有十等，皁臣輿，輿臣隸。孔安國尚書傳曰：屬，逮也。觀風久有作，陳詩愧未妍。禮記曰：歲二月東巡狩，命太師陳詩以觀民風。疲弱謝淩遽，取累非纆牽。言己才疲弱而謝急遽，其所取累，非由纆牽。西京賦曰：百禽淩遽。戰國策，段干越謂新城君曰：王良子弟駕千里之馬，過京父之弟子，曰：駕千里之馬，而不能取千里何？京父弟子曰：纆牽長。故纆牽於事，萬分之一也，而難千里之行。

文選考異

〔一〕注「太祖改景平十二年」　案：「十」字不當有。各本皆衍。

〔二〕注「劉安奏曰」　案：「安」當作「光」，此引順帝紀文也。袁本亦譌「安」，茶陵本删「劉安奏」三字，更誤。

〔三〕注「緹騎一百人」　袁本「一」作「二」。案：劉昭注引漢官，亦云「二百人」，可證「二」是，「一」非也。茶陵本亦作「一」，誤與此同。

車駕幸京口侍遊蒜山作 五言

顔延年

劉楨京口記曰〔一〕：蒜山無峯嶺北臨江。集曰：元嘉二十六年也。蒜山在潤州西二里，京口在潤州。

元天高北列，日觀臨東溟。莊子曰：闕弈之隸，與殷翼之孫，遏氏之子，三士相與謀致人於造物，共之元天之上。元天者，其高四見列星。司馬彪曰：元天，山名也。漢書儀曰〔二〕：泰山東南日觀者，雞一鳴時，見日始欲出，長三丈，所言日觀者，望見長安，其高如視浮雲。孫綽答許詢詩曰：倒景淪東溟。元天山最高，在東北，日出即見〔三〕。入河起陽峽，踐華因削成。史記曰：秦使蒙恬築長城，制險塞，起臨洮至遼東，於是度河據陽山。王逸楚辭注曰：陘，山側。峽與陘通。過秦論曰：踐華爲城。山海經曰：泰華之山，削成四方。巖險去漢宇，衿衛徙吳京。言巖險之固，去彼漢宇；衿帶周衛，徙此吳京。宋都吳地，故曰吳京也。西京賦曰：巖險周固，衿帶易守。吴都賦曰：山川不足以周衛。流池自化造，山關固神營。鄭玄周禮注曰：能生非類曰化。魯靈光殿賦曰：神之營之。園縣極方望，邑社揔地靈。園縣，廟園之縣也。邑社，陵邑之社也。漢書，元帝詔曰：徙人以奉園陵，今所爲陵者，勿置縣邑。然陵傍置園起縣邑也。公羊傳曰：天子有方望之事，無所不通。何休曰：方望，謂郊時所望，祭四方羣神日月星辰及五岳四瀆也。廣雅曰：揔，皆也。大戴禮天地祝曰：皇皇上天，照臨下土，集地之靈，降甘風雨。宅道炳星緯，誕曜應神明。孔安國尚書傳曰：宅，居也。道，經界也。郭璞南郊賦曰：宅是星紀，奄有衡霍。吴都賦曰：固其經略，上當星紀。誕曜，浮曜也。禮斗威儀曰：君乘水而王，辰星揚光。尚書曰：洪範五行傳曰〔四〕：辰星者，北方水精也。宋爲水德，故云應也。睿思纏故里，巡駕帀舊坰。爾雅曰：林外謂之坰。陟峯騰輦路，尋雲抗瑶甍。薛君韓詩章句曰：騰，乘也。西都賦曰：輦路經營。喪服傳曰：抗，極也。羊祜請伐吴表曰：高山尋雲霓。杜預左氏傳注曰：甍，屋棟也。春江壯風濤，蘭野茂稊英。宣遊弘下濟，窮遠凝聖情。楚辭曰：宣遊兮列宿，順極兮彷徨。周易曰：天道下濟而光明。晉中興書，孝武詔曰：躬儉以弘下濟之惠。嶽濱有和會，祥習在卜征。國語曰：齊桓公，嶽濱諸侯莫不來服。尚書曰：新作大邑于東國洛，四方人大和會。左氏傳，鄭太宰石㚟曰：先王卜征五年，歲卜其祥，祥習則行。周南悲昔老，留滯感遺氓〔五〕。昔老，謂司馬談也。遺氓，自謂也。言帝方卜征以登封，而己巖耕以謝職，不獲預觀盛禮，所以悲同昔人。漢書曰：天子始建漢家之封，而太史公留滯周南，不得與從事，曰：今天子接千歲統，封泰山，而予不得從行，是命也。如淳曰：周南，洛陽也。空食疲廊肆，反税事巖耕。空食，猶素餐也。王逸楚辭注曰：不空食禄而曠官也。廊，巖廊，朝廷所在也。文穎漢書注曰：巖廊，殿下小屋。杜預左氏傳注曰：肆，列肆也。説文曰：税，租也。楊子法言曰：谷口鄭子真，不詘其志，耕於巖石之下，名震乎京師。

文選考異

〔一〕注「劉楨京口記曰」案：「楨」當作「損」。隋書經籍志曰：「京口記二卷，宋太常卿劉損撰。」即此。各本皆誤。

〔二〕注「漢書儀曰」 案：「書」當作「舊」。各本皆譌。

〔三〕注「元天山最高在東北日出即見」 案：此十二字決非善注，各本皆同，恐係五臣語而竄入也。

〔四〕注「尚書曰洪範五行傳曰」 陳云「書」下「曰」字衍，是也。各本皆衍。

〔五〕留滯感遺氓 案：「氓」當作「萌」。茶陵本「氓」作「萌」，云五臣作「氓」。袁本作「氓」，云善作「萌」。尤所見誤以五臣亂善，説詳前長楊賦中。又二本注中皆作「萌」，此亦誤改爲「氓」。

車駕幸京口三月三日侍遊曲阿後湖作 五言

水經注曰：晉陵郡之曲阿縣下，陳敏引水爲湖，水周四十里，號曰曲阿後湖。集曰：元嘉二十六年也。

顔延年

虞風載帝狩，夏諺頌王遊。尚書，虞書曰：歲二月，東巡狩。載，謂載之於策也。孟子，夏諺曰：吾王不遊，吾何以休？春方動辰駕，望幸傾五州。禮記曰：東方曰春。論語，子曰：爲政以德，譬如北辰。故謂天子爲辰也。司馬相如封禪文曰：太山粱父，設壇望幸。尚書有十二州，宋得其七，故謂北境云五州。山祇蹕嶠路，水若警滄流。山祇，山神也。管子曰：登山之神有俞兒者，長尺，人物具焉。霸王之君興，登山之神見，且走馬前導也。爾雅曰：山銳而高曰嶠。楚辭曰：使湘靈鼓瑟兮，令海若舞。王逸曰：海若，海神名。神御出瑤軫，天儀降藻舟。瑤軫，玉輅也。藻舟，畫舟也。王符羽獵賦曰：天子乘碧瑤之彫軫，建曜天之華旗。東觀漢記曰：東平王蒼上疏曰：賜奉朝請，咫尺天顏。萬軸胤行衛，千翼汎飛浮。萬軸，謂車也。千翼，謂舟也。越絕書，伍子胥水戰兵法內經曰：大翼一艘，廣一丈五尺二寸，長十丈；中翼一艘，廣一丈三尺五寸，長五丈六尺〔一〕；小翼一艘，廣一丈二尺，長九丈。彫雲麗琁蓋〔二〕，祥飈被綵斿。天台山賦曰：彫雲斐亹以翼欞。桓子新論曰：乘車玉爪蓋。禮緯曰：君政頌平則祥風至。斿，旌旗之旒也。江南進荆豔，河激獻趙謳。吳都賦曰：荆豔楚舞。列女傳曰：趙津女娟者，趙河津吏之女也。初簡子南擊楚，將渡河，用楫者少一人，娟攘袂操楫而請，簡子簉之，遂與渡。中流爲簡子發河激之歌，其辭曰：升彼河兮而觀清，水揚波兮杳冥冥。禱求福兮醉不醒，誅將加兮妾心驚，罰既釋兮瀆乃清。妾持楫兮操其維，交龍助兮主將歸，呼來櫂兮行勿疑。簡子大悅，以爲夫人。金練照海浦，笳鼓震溟洲。金練，金甲組練也。蔡邕女琰詩曰：卓衆來東下，金甲耀日光。左氏傳曰：被練三千。西京賦曰：囂聲震海浦。列子曰：北極之北有溟海。藐盼覯青崖，衍漾觀綠疇。藐盼，窈藐顧盼也。衍漾，遊衍漂漾也。杜預左氏傳注曰：並畔爲疇。人靈騫都野，鱗翰聳淵丘。騫、聳，皆驚懼之意也。都野，民靈所居；淵丘，鱗翰所處也。曾子曰：陰之精氣爲靈。德禮既普洽，川嶽徧懷柔。尚書曰：道洽政治，澤潤生民。孔安國曰：道至普洽，其德惠施，乃浸潤生民。毛詩曰：以洽百禮。鄭玄曰：洽，合也。毛詩曰：懷柔百神，及河喬嶽。毛萇曰：懷，來也。柔，安也。喬，高也。鄭玄曰：王行狩來安羣神也。

文選考異

〔一〕注「長五丈六尺」　案：「五」當作「九」。各本皆誤。七命注所引可證。

〔二〕彫雲麗琁蓋　案：「彫」當作「彤」，注「彫雲斐亹而翼櫺」，亦當作「彤」。各本所見皆誤，據遊天台山賦訂正之。考袁、茶陵二本所載五臣濟注云「雕鏤雲氣」，然則五臣乃作「彫」，後來以之亂善，又并注中改爲「彫」字，非。孫興公賦別有作「彫」之本，而善於此引之也。彼賦五臣亦仍爲「彤」。

行藥至城東橋　五言

鮑明遠

雞鳴關吏起，伐鼓早通晨。史記曰：關法，雞鳴出客。嚴車臨迥陌，延瞰歷城闉。楚辭曰：嚴車駕兮戲遊。神女賦曰：望余帷而延視。廣雅曰：瞰，視也。毛萇詩傳曰：闉，城曲也。蔓草緣高隅，脩楊夾廣津。隅，城隅也。迅風首旦發，平路塞飛塵。楚辭曰：軼迅風於清涼。又曰：爲余先乎平路。擾擾遊宦子，營營市井人。枚乘七發曰：擾擾若三軍之騰装。漢書，薄昭與淮南王書曰：遊宦事人。列子，林類曰：吾又安知營營而求生之非惑乎？莊子，仲尼曰：商賈旦於市井以求其贏。司馬彪曰：九夫爲井，井有市。懷金近從利，撫劍遠辭親。范曄後漢書，耿弇曰：懷金玉者，至不生歸。抱朴子曰：夫程鄭、王孫、羅裒之徒，乘肥衣輕，懷金挾玉者，爲之倒屣。説文曰：懷，藏也。左氏傳曰：子朱怒，撫劍從之。列女傳，秋胡子妻謂秋胡曰：子辭親往仕。争先萬里塗，各事百年身。王羲之答許詢詩曰：争先非吾事，静照在忘求。百年，已見上文。開芳及稚節，含采吝驚春。以草喻人也。草之開芳，宜及少節，既以含彩，理惜驚春。夫草之驚春，花葉必盛，盛必有衰，固所當惜也。陸機桑賦曰：豐稚節以夙茂，蒙勁風而後凋。曹毗治城賦曰：含彩可以賓珍。孔安國尚書傳曰：吝，惜也。尊賢永昭灼，孤賤長隱淪。説苑曰：子賤至單父，請耆老尊賢與之共治。范曄後漢書，黄香上疏曰：江、淮孤賤，愚矇小生。隱淪，謂幽隱沈淪也。容華坐消歇，端爲誰苦辛？陸機長歌行曰：容華宿夜零，無故自消歇。古詩曰：轗軻長苦辛。

遊東田 五言

謝玄暉 朓有莊在鍾山東，遊還作。

慼慼苦無悰，攜手共行樂。慼慼，已見上文。漢書，廣陵王胥歌曰：出入無悰爲樂亟。韋昭曰：悰，樂也。魏文帝折楊柳行曰：端居苦無悰，駕遊博望山。悰，裁宗切。楊惲報孫會宗書曰：人生行樂耳，須富貴何時？尋雲陟累榭，隨山望菌閣。尋雲，已見上文。楚辭曰：層臺累榭臨高山。王逸曰：層、累，皆重也。尚書曰：隨山刊木。楚辭曰：菌閣兮蕙樓。遠樹曖仟仟，生煙紛漠漠。廣雅曰：芊芊，盛也。仟與芊同。魚戲新荷動，鳥散餘花落。不對芳春酒，還望青山郭。言野外昭曠，取樂非一，若不對兹春酒，還則望彼青山。魏武帝短歌行曰：對酒當歌。陸機悲行曰〔一〕：遊客芳春林。毛詩曰：爲此春酒。

文選考異

〔一〕注「陸機悲行曰」　案：「悲」下當有「哉」字。各本皆脱。

從冠軍建平王登廬山香爐峯　五言　沈約宋書曰：建平王景素爲冠軍將軍，湘州刺史。劉璠梁典曰：江淹年二十，以五經授宋建平王景素，待以客禮。遠法師廬山記曰：山東南有香爐山，孤峯秀起，游氣籠其上，即樊蘊若煙氣。

江文通

廣成愛神鼎，淮南好丹經。神仙傳曰：廣成子者，古之仙人也，居崆峒之山石室中。抱朴子曰：服九轉丹，内神鼎中，夏至之後暴之。神仙傳曰：淮南王劉安者，漢高皇之孫也，好道術之士，於是八公乃往，遂授以丹經。此山具鸞鶴，往來盡仙靈。張僧鑒豫州記曰〔一〕：洪井西有鸞崗，舊説云洪崖先生乘鸞所憩處也。鸞崗西有鶴嶺，云王子喬控鶴所經處也。東方朔十洲記曰：崐崘山正東曰天墉城，其北户出承淵山，西王母之所治，真官仙靈之所宗也。瑶草正翕赩，玉樹信葱青。瑶草，玉芝也。本草經曰：白芝，一名玉芝。琴賦曰：瑶瑾翕赩。甘泉賦曰：翠玉樹之青葱。絳氣下縈薄，白雲上杳冥。王逸楚辭注曰：草木交曰薄。楚辭曰：杳杳冥冥而薄天。中坐瞰蜿虹，俛伏視流星。西京賦曰：瞰蜿虹之長鬐。魯靈光殿賦曰：中坐垂景，頫視流星。不尋遐怪極，則知耳目驚。言未盡尋遐怪，則知其至此，耳目必驚也。鄭玄禮記注曰：極，盡也。日落長沙渚，曾陰萬里生。曾，重也。蔡邕月令章句曰：陰者，密雲也。藉蘭素多意，臨風默含情。多意，多佳意也。含情，情未申也。隱顯交慮，所以未申。嘯賦曰：藉皋蘭之猗靡。楚辭曰：臨風怳兮浩歌〔二〕。王仲宣公讌詩曰：今日不極歡，含情欲待誰？臨風，已見月賦。方學松柏隱，羞逐市井名。方，猶將也。言將隱而棄榮利也。楚辭曰：山中人兮芳杜若，飲石泉兮蔭松柏。市井，已見上文。幸承光誦末，伏思託後旍。光誦，猶華篇也。後旍，猶後乘也。

文選考異

〔一〕注「張僧鑒豫州記曰」　陳云「州」，「章」誤，是也。各本皆譌。

〔二〕注「楚辭曰臨風怳兮浩歌」　案：此九字不當有，觀下注云「臨風已見月賦」可知，各本皆衍。

鍾山詩應西陽王教 五言

徐爰釋問略曰：建康北十里有鍾山。裴子野宋略曰：孝武封皇子子尚爲西陽王。

沈休文

靈山紀地德，地險資嶽靈。說苑，齊景公曰：天不雨，寡人欲祠靈山可乎？鄭玄周禮注曰：鎮名山安地德者也。周易曰：地險山川丘陵。王隱晉書，荀晞曰：淮陽之地，北阻塗山，南枕靈嶽。終南表秦觀，少室邇王城。毛詩曰：終南何有？有條有枚。史記曰：始皇表南山巔以爲闕。南山則終南也。爾雅曰：觀謂之闕。戴延之西征賦曰〔一〕：嵩，中嶽也，東謂太室，西謂少室，相去十七里。嵩高，總名也。漢武帝作登仙臺，在少室峯下。東京賦曰：然後以建王城。翠鳳翔淮海，衿帶繞神坰。鳳翔淮海，喻宋之興也。東京賦曰：龍飛白水，鳳翔參墟。李斯上書曰：今陛下建翠鳳之旗。然但引翠鳳之文，不取旗義也。衿帶、神坰，並見上文。北阜何其峻，林薄杳葱青。其一。北阜，鍾山也。西都賦曰：睋北阜。陸機擬古詩曰：西山何其峻。又赴洛詩曰：林薄杳阡眠。發地多奇嶺，干雲非一狀。子虛賦曰：其山則交錯糾紛，上干青雲。合沓共隱天，參差互相望。謝靈運登廬山詩曰：巒隴有合沓。楊雄蜀都賦曰：蒼山隱天。子虛賦曰：岑崟參差。尚書曰：終南、惇物至于鳥鼠。孔安國注曰：三山名，言相望也。鬱律構丹巘，崚嶒起青嶂〔二〕。西京賦曰：隱轔鬱律。巘，已見上文。魯靈光殿賦曰：崱繒綾而龍鱗。勢隨九疑高，氣與三山壯。其二。楚辭曰：道幽谷於九疑。山海經曰：南山崑崙，其氣魂魂。漢書曰：蓬萊、方丈、瀛州，此三神山者，僊人在焉。九疑山在長沙零陵，三山在海中。即事既多美，臨眺殊復奇。即事，即此山中之事也。列子曰：周之尹氏有老役夫，晝則呻呼即事。南瞻儲胥觀，西望昆明池。儲胥觀、昆明池皆在西京，此皆假言之。山中咸可悦，賞逐四時移。春光發壟首，秋風生桂枝。其三。多值息心侶，結架山之足。大灌頂經曰：息心達本源，故號爲沙門。山足，已見上文。八解鳴澗流，四禪隱巖曲。維摩經曰：八解之浴池，定水湛然滿。大品經曰：初禪、二禪、三禪、四禪〔三〕。山海經曰：和山五曲。郭璞曰：曲，迴也。窈冥終不見，蕭條無可欲。老子曰：窈兮冥，其中有精。王弼曰：窈冥，深遠貌。深遠不可得而見，然而萬物由之，不可得見，以定其真，故曰：窈兮冥，其中有精。老子曰：不見可欲，使心不亂。所願從之遊，寸心於此足。其四。家語，孔子曰：無聲之樂，所願志從。莊子曰：魯有兀者王駘，從之遊者與仲尼相若。列子，文摯謂叔龍曰：吾見子之心矣，方寸之地虛矣。君王挺逸趣，羽旆臨崇基。説文曰：挺，拔也。旆，旐旗之垂者。旂旗以羽爲飾，故云羽旆。陸機樂府詩曰：羽旗棲瓊鸞。崇基，山也。春秋運斗樞曰：山者，地基也。白雲隨玉趾，青霞雜桂旗。玉趾，已見上文。曹毗臨園賦曰：青霞曳於前阿。楚辭曰：辛夷車兮結桂旗。淹留訪五藥，顧步佇三芝。楚辭曰：攀桂枝兮聊淹留。周禮鄭玄曰：五藥：草、木、蟲、石、穀也。日出東南隅行曰：顧步咸可懽。蒼頡篇曰：顧，旋也。王逸楚辭注曰：步，徐行也。抱朴子曰：參成芝、木渠芝、建實芝，此三芝得而服之，白日升天。於焉仰鑣駕，歲暮以爲期。其五。歲暮，喻年老也。韓詩曰：蟋蟀在堂，歲聿其暮。薛君曰：暮，晚也。

言君之年歲已晚。

文選考異

〔一〕注「戴延之西征賦曰」　陳云「賦」當作「記」，是也。各本皆譌。

〔二〕崚嶒起青嶂　案：注引魯靈光殿賦「崱繒綾而龍鱗」，疑善作「繒綾」，五臣作「崚嶒」，合并六家，失著校語。否則善元有注「繒綾」與「崚嶒」異同之語，而今失去之也。

〔三〕注「維摩經曰」下至「四禪」　此二十六字袁本、茶陵本無，其所載翰注有之，當是并善於五臣而删也。尤所見爲是。

宿東園　五言

沈休文

陳王鬭雞道，安仁采樵路。陳思王名都篇曰：鬭雞東郊道，走馬長楸間。潘岳詩曰：東郊，歎不得志也。出自東郊，憂心摇摇，遵彼萊田，言采其樵。東郊豈異昔，聊可閑余步。七啓曰：雍容閑步。野徑既盤紆，荒阡亦交互。子虚賦曰：其山則盤紆岪鬱。槿籬疎復密，荆扉新且故。謝靈運詩曰：插槿當列墉。鄭玄禮記注曰：蓽門，荆竹織門也。殷仲堪誄曰：荆門晝掩〔一〕。樹頂鳴風飇，草根積霜露。

驚麏去不息，征鳥時相顧。毛詩曰：野有死麏。今以江東人呼鹿曰麏。吕氏春秋曰：征鳥厲號〔二〕。高誘曰：征，猶飛也。鄭玄毛詩箋曰：迴首曰顧。茅棟嘯愁鵾，平崗走寒兔。任預雪詩曰：寒鳶嚮雲嘯，悲鴻竟夜嗷。夕陰帶曾阜，長煙引輕素。飛光忽我遒，寧止歲云暮。古董桃行曰〔三〕：年命冉冉我遒。毛詩曰：歲聿云暮。若蒙西山藥，頹齡儻能度。魏文帝詩曰：西山一何高？高高殊無極。上有兩仙童，不飲亦不食。與我一丸藥，光輝有五色。服藥四五日，胸臆生羽翼。陸機應詔曰：悲來日之苦短，悵頹年之方侵。

文選考異

〔一〕注「荆門盡掩」 陳云「盡」，「晝」誤，是也。各本皆譌。

〔二〕注「征鳥厲號」 袁本、茶陵本「號」作「疾」，是也。今季冬紀是「疾」字。

〔三〕注「古董桃行曰」 案：「桃」當作「逃」。各本皆譌。

遊沈道士館 五言

沈休文

秦皇御宇宙，漢帝恢武功。過秦論曰：始皇振長策而御宇内。漢書曰：武帝征討四夷，鋭志武功。

懽娱人事盡，情性猶未充。何休公羊傳注曰：充，滿也。銳意三山上，託慕九霄中。銳意，已見上注。西征賦曰：切託慕於闕庭。潘岳書曰：長自絶於埃塵，超遊身乎九霄。既表祈年觀，復立望仙宮。廟記曰：祈年宮在城外，秦穆公所造。望仙宮在華陰，漢武帝所造。寧爲心好道，直由意無窮。漢武内傳曰：帝好長生之道。曰余知止足，是願不須豐。老子曰：知足不辱，知止不殆。周易曰：豐，多也。遇可淹留處，便欲息微躬。淹留，已見上文。山嶂遠重疊，竹樹近蒙籠。開衿濯寒水，解帶臨清風。曹子建閑居賦曰：愬寒風而開衿。所累非外物，爲念在玄空。慎子曰：夫德精微而不見，聰明而不發，是故外物不累其内。廣雅曰：玄，道也。然道體無形，故曰空。朋來握石髓，賓至駕輕鴻。袁彦伯竹林名士傳曰：王烈服食養性。嵇康甚敬信之，隨入山。烈嘗得石髓，柔滑如飴，即自服半，餘半取以與康，皆凝而爲石。郭璞遊仙詩曰：駕鴻乘紫煙。都令人逕絶，唯使雲路通。吴都賦曰：逕路絶，風雲通。張衵華山堂闕銘曰：必雲霄之路，可升而起。一舉陵倒景，無事適華嵩。漢書，谷永曰：及言世有仙人，服食不終之藥，遥興輕舉，登遐倒景。如淳曰：在日月之上，日月反從下照，故其景倒。廣雅曰：陵，乘也。列仙傳曰：呼子先者，漢中闕下卜師也，壽百餘年，夜有仙人持二竹竿來至，呼子先，子騎之，乃龍也，上華陰山。又曰：王子喬好笙，浮丘公接以上嵩山。寄言賞心客，歲暮爾來同。歲暮，已見上文。

古意酬到長史溉登琅邪城詩　五言　何之元梁典曰：到溉，字茂灌，爲司徒長史。沈約宋書曰：南琅邪郡琅邪國人，隨晉元帝過江。大興三年，立懷德縣，隸丹楊，無土地。成帝咸康元年，桓溫領郡，鎮江乘，縣境立郡鎮〔一〕。輿地圖曰：梁武改南琅邪爲琅邪郡，在潤州江寧縣西北十八里。

徐敬業　何之元梁典曰：徐勉第三息悱，字敬業，晉安内史，有學業，最知名。卒於郡府。

甘泉警烽候，上谷拒樓蘭。漢書，楊雄上疏曰：孝文時匈奴侵暴北邊，候騎至雍，烽火通甘泉。又曰：上谷郡，秦置。又曰：鄯善國本名樓蘭，王治杅泥城。杅音烏。此江稱豁險，玆山復鬱盤。蜀都賦曰：豁險吞若巨防。子虛賦曰：其山則盤紆茀鬱。表裏窮形勝，襟帶盡巖巒。左氏傳，咎犯曰：表裏山河，必無害也。漢書，田肯賀上曰：秦，形勝之國也。衿帶，已見上文。説文曰：巒，小山而高。脩篁壯下屬〔二〕，危樓峻上干。子虛賦曰：下屬江河。上干，已見上注。登陴起遐望，迴首見長安。左氏傳曰：鄭子産授兵登陴。杜預曰：陴，城上睥睨也。王仲宣七哀詩曰：南登霸陵岸，迴首望長安。金溝朝灞滻，甬道入鴛鸞。戴延之西征記曰：御溝引金谷水從閶闔門入。灞、滻，二水名也。雍州圖經曰：金谷水出藍田縣西終南山，西入灞水。小水入大水曰朝。尚書曰：江漢朝宗于海。甬道，閣道也。淮南子曰：甬道相連。潘岳關中記曰：未央殿東有鴛鸞殿。鮮車騖華轂，汗馬躍銀鞍。范曄後漢書曰：蜀地饒富，吏民鮮車駕馬，以財貨自達。漢書，劉向上封事曰：今王氏一姓，乘朱輪華轂者二十三人。又公孫弘曰：臣愚駑無汗馬之勞。辛延年羽林郎詩曰：銀鞍何煜爚，翠蓋空踟躕。少年負壯氣，耿介立衝冠。漢書音義曰：負，恃也。韓子曰：耿介之士。史記曰：藺相如怒髮上衝冠。懷紀燕山石，思開函谷丸。范曄後漢書曰：竇憲爲車騎將軍，與北單于戰于稽落山，破之，遂登燕然山，刻石勒功，紀威德。又曰：隗囂據天水，王元説囂曰：東收三輔之地，案秦舊迹，表裏山河，元請以一丸泥爲大王東封函谷關，此萬世一時也。豈如霸上戲，羞取路傍觀。漢書曰：匈奴入邊，遣宗正劉禮軍霸上，帝勞軍直馳入，帝曰：鄉者霸上軍如兒戲。古樂府日出東南隅行曰：兄弟兩三人，中子侍中郎。黄金絡馬頭，觀者滿路傍。寄言封侯者，數奇良可歎！漢書，李廣與望氣王朔語曰：自漢擊匈奴，廣未嘗不在其中，而諸將校尉以軍功取侯者數十人，廣不爲人後，然終無尺寸之功以得封邑者，何也？豈吾相不當侯耶！又曰：大將軍衛青陰受上旨，以爲李廣數奇。孟康曰：奇，隻不耦也。如淳曰：數爲匈奴所敗。數，所具切。奇，居宜切。

文選考異

〔一〕注「鎮江乘縣境立郡鎮」　案：「縣」上脱「即」字，「郡」下衍「鎮」字。「鎮江乘」爲一句，「即縣境立郡」爲一句。各本皆誤。

〔二〕脩篁壯下屬　何校云「篁」疑作「隍」。案：其説是也。善不注此字，而以「下屬江河」注「下屬」，然則「隍」之爲城池可知也。偶句云「危樓峻上干」，「危」則「峻」也，「脩」則「壯」也。隍在城下，樓在城上，於義極協。唯五臣銑注云「竹叢曰篁」云云，合并六家，遂以亂善，所當訂正。

文選卷第二十三

詠懷　哀傷　贈答

詠懷

詠懷詩十七首 五言

顔延年曰：說者阮籍在晉文代常慮禍患，故發此詠耳。

阮嗣宗 臧榮緒晉書曰：阮籍，字嗣宗，陳留尉氏人也，容貌瑰傑，志氣宏放。蔣濟辟爲掾，後謝病去，爲尚書郎，遷步兵校尉卒。

顔延年　沈約等注

夜中不能寐，起坐彈鳴琴。薄帷鑒明月，清風吹我衿。廣雅曰：鑑，照也。孤鴻號外野，朔鳥鳴北林。廣雅曰：號，鳴也。徘徊將何見？憂思獨傷心。嗣宗身仕亂朝，常恐罹謗遇禍，因茲發詠，故每有憂生之嗟。雖志在刺譏，而文多隱避。百代之下，難以情測，故粗明大意，略其幽旨也。

二妃遊江濱，逍遥順風翔。交甫懷環珮，婉孌有芬芳。猗靡情歡愛，千載不相忘。列仙傳曰：江妃二女〔一〕出游江濱，交甫遇之。餘與韓詩内傳同，已見南都賦。王逸楚辭注曰：在衣曰懷。毛萇詩傳曰：婉孌，少好貌。子虚賦曰：扶輿猗靡。傾城迷下蔡，容好結中腸。漢書，李延年歌曰：一顧傾人城。登徒子好色賦曰：臣東家之子，嫣然一笑，惑陽城，迷下蔡。感激生憂思，諼草樹蘭房。膏沐爲誰施？其雨怨朝陽。趙岐孟子章指曰：千載聞之，猶有感激。毛詩曰：焉得諼草，言樹之背。又曰：豈無膏沐，誰適爲容？又曰：其雨其雨，杲杲出日。鄭玄曰：人言其雨其雨，杲杲然日復出，猶我言伯且來，伯且來，則復不來也。伯且，君子字〔二〕。如何金石交，一旦更離傷？沈約曰：婉孌則千載不忘，金石之交，一旦輕絶，未見好德如好色。善曰：漢書曰，楚王使武涉説韓信曰：足下雖自以爲與漢王爲金石交，然今爲漢王所禽矣。

嘉樹下成蹊，東園桃與李。顔延年曰：左傳，季孫氏有嘉樹。善曰：班固漢書李廣贊曰：諺曰：桃李不言，下自成蹊。秋風吹飛藿，零落從此始。沈約曰：風吹飛藿之時，蓋桃李零落之日，華實既盡，柯葉又彫，無復一毫可悦。善曰：説文曰：藿，豆之葉也。楚辭曰：惟草木之零落。繁華有憔悴，堂上生荆杞。言無常也。文子曰：有榮華者必有愁悴。班固答賓戲曰：朝爲榮華，夕爲憔悴。山海經曰：雩夕之山，下爲荆杞。郭璞曰：杞，枸杞。驅馬舍之去，去上西山趾。西山，夷、齊所居，言欲從之以避世禍。一身不自保，何況戀妻子？沈約曰：榮悴去就，此人本無保身之術，況復妻子者乎！凝霜被野草，歲暮亦云已。沈約曰：歲暮風霜之時，徒然而已耳。善曰：繁霜已凝，歲亦暮止。野草殘悴，身亦當然。楚辭曰：漱凝霜之紛紛。字書曰：凝，冰堅也。毛詩曰：歲聿云暮。蒼頡篇曰：已，畢也。

昔日繁華子，安陵與龍陽。史記，華陽夫人姉説夫人曰：不以繁華時樹本。説苑曰：安陵君纏，得寵於楚恭王。江乙謂纏曰：吾聞以財事人者，財盡則交絶；以色事人者，華落則愛衰。子安得長被幸乎？會王出獵，江渚有火若雲蜺，兕從南方來，正觸王驂，善射者射之，兕死於車下。王謂纏曰：萬歲後，子將誰與樂？纏泣下沾衣曰：大王萬歲後，臣將殉。恭王乃封纏車下三百户。故江乙善謀，安陵善知時。龍陽君釣十餘魚而棄，因泣下。王曰：有所不安乎？對曰：無。王曰：然則何爲涕出。對曰：臣始得魚甚喜，後得益多，而又欲棄前之所得也。今以臣兇惡而得拂枕席，今爵至人君，走人於庭，避人於塗，四海之内，其美人甚多矣，聞臣之得幸於王，畢褰裳而趍王。臣亦曩之所得魚也，亦將棄矣，安得無涕出乎！王乃布令：敢言美人者族。夭夭桃李花，灼灼有輝光。毛詩曰：桃之夭夭，灼灼其華。悦懌若九春，磬折似秋霜。春秋元命苞曰：陽氣數成於三，故時别三月；陽數極於九，故三月一時九十日。宋衷曰：四時皆象此類，不唯春也。尚書大傳曰：諸侯來受命，周公莫不磬折。流盼發姿媚，言笑吐芬芳。神女賦曰：陳嘉辭而云對，吐芬芳其若蘭。攜手等歡愛，宿昔同衣裳。廣雅曰：宿，夜也。願爲雙飛鳥，比翼共翱翔。建安中無名詩曰：中有雙飛鳥，自名爲鴛鴦。丹青著明誓，永世不相忘。以財助人者，財盡則交絶；以色助人者，色盡則愛弛。是以嬖女不弊席，嬖男不弊輿。安陵君所以悲魚也〔三〕，亦豈能丹青著誓，永代不忘者哉！蓋以俗衰教薄，方直道喪，攜手笑言，代之所重者，乃足傳之永代，非止恥會一時。故託二子以見其意，不在分桃斷袖，愛嬖之懽。丹青不渝，故以方誓。善曰：東觀漢記〔四〕，光武詔曰：明設丹青之信，廣開束手之路。

天馬出西北，由來從東道。漢書曰：天馬來，從西極；涉流沙，九夷服。天馬來，歷無草；經千里，循東道。張晏曰：馬從西而來東也。沈約云：由西北來東道也。春秋非有託〔五〕，富貴焉常保？沈約曰：春秋相代，若環之無端，天道常也。譬如天馬本出西北，忽由東道；況富之與貧，貴之與賤，易至乎？善曰：鄭玄禮記注曰：託，止也。清露被皐蘭，凝霜霑野草。迅疾也。楚辭曰：皐蘭被徑兮斯露漸。凝霜，已見上文。古詩曰：白露沾野草。朝爲媚少年，夕暮成醜老。自非王子晉，誰能常美好？王子晉，已見上文。

登高臨四野，北望青山阿。應劭風俗通曰：葬於郭北北首，求諸幽之道。松柏翳岡岑，飛鳥鳴相過。仲長子昌言曰：古之葬，植松柏梧桐以識其墳。感慨懷辛酸，怨毒常苦多。蒼頡篇曰：懷，抱也。史記，太史公曰：怨毒之於人甚矣哉！廣雅曰：毒，痛也。李公悲東門，蘇子狹三河。求仁自得仁，豈復歎咨嗟！沈約曰：河南、河東、河北，秦之三川郡。古人呼水皆爲河耳。蘇子以兩周之狹小，不足逞其志力，故去佩六國相印也。云二子豈不知進趨之近禍敗哉？常以交利貨賒禍，故冒而行之，所謂求仁得仁也。松柏岡岑，丘墓所在也。古有皆死之義，莫有免者焉。達者安小大之涯，各遂分內之樂，委天任命，以至於俱爲一丘之土，夫何異哉！故因此望山阿而發此句，明徂謝之理雖同，夭逝之途則異也。感慨之來，誠逝者所不免，至於顛沛逆天〔六〕，怨毒求生，蘇子、李斯張本也。善曰：李斯，已見西征賦。蘇秦，已見左太沖詠史詩。漢書，東方朔曰：漢興，去三河之地，止霸、產以西。論語，子貢曰：伯夷、叔齊何人也？子曰：古之賢人。曰：怨乎？曰：求仁而得仁，又何怨！

開秋兆涼氣，蟋蟀鳴牀帷。開秋，秋初開也。楚辭曰：開春發歲兮。四子講德論曰：蟋蟀候秋吟。毛詩曰：十月蟋蟀，入我牀下。感物懷殷憂，悄悄令心悲。古詩曰：感物懷所思。韓詩曰：耿耿不寐，如有殷憂。毛詩曰：憂心悄悄，愠于羣小。多言焉所告，繁辭將訴誰？沈約曰：重言之，猶云懷哉！懷哉！善曰：論衡曰：甘議繁辭，終不見信。微風吹羅袂，明月耀清暉。晨雞鳴高樹，命駕起旋歸。樂録曰：雞鳴高樹顛。古辭。孔叢子，孔子歌曰：巾車命駕，將適唐都。毛詩曰：薄言旋歸。

平生少年時，輕薄好絃歌。論語曰：久要不忘平生之言。范曄後漢書曰：光武曰：孝孫素謹，輕薄兒誤之。孝孫，劉嘉字。西遊咸陽中，趙李相經過。顔延年曰：趙，漢成帝趙后飛燕也；李，武帝李夫人也。並以善歌妙舞幸於二帝也。善曰：史記曰：秦作咸陽，徙都也。娱樂未終極，白日忽蹉跎。驅馬復來歸，反顧望三河。黄金百溢盡，資用常苦多。北臨太行道，失路將如何？少年之日，志好絃歌，及乎歲晚旋歸，路失財盡，同乎太行之子，當如之何乎？戰國策曰：魏王欲攻邯鄲，季梁聞之，中道而反，衣焦不信，頭塵不浴，往見王曰：今者臣來，見人於太行，乃北面而持其駕，告臣曰：我欲之楚。臣曰：之楚將奚爲北面？曰：吾馬良。臣曰：雖良，此非楚之道也。曰：吾用多。臣曰：雖多，此非之楚之路也。曰：吾善御。此數者逾善，而離楚逾遠耳。今王動欲成霸王，舉欲信於天下，恃王國之大，兵之精鋭，而欲攻邯鄲，以廣地尊名，王之動逾數，而離王逾遠耳！猶至楚而北行也。高誘曰：面，向也。駕，馬也。之，至也。用，資也。賈逵國語注曰：一溢，二十四兩。

昔聞東陵瓜，近在青門外。連軫距阡陌，子母相拘帶。五色曜朝日，嘉賓四面會。軫當爲畛。宋衷太玄經注曰：畛，界也。説文曰：畛，井田間陌也。孔安國尚書傳曰：距，至也。子母、五色，俱謂瓜也。史記曰：邵平者，故秦東陵侯。秦破，爲布衣，貧，種瓜於長安城東。瓜美，故時俗謂之東陵瓜，從邵平始也。漢書曰：霸城門，民間所謂青門也。毛詩曰：我有嘉賓。膏火自煎熬，多財爲患害。布衣可終身，寵禄豈足賴。沈約曰：當東陵侯侯服之時，多財爵貴；及種瓜青門，匹夫耳。寔由善於其事，故以味美見稱，連軫距陌，五色相照，非唯周身贍己，乃亦坐致嘉賓。夫得固易失，榮難久恃，膏以明自煎，人以財興累；布衣可以終身，豈寵禄之足賴哉！善曰：莊子曰：山木自寇也，膏火自煎也。漢書，疎廣曰：愚而多財，則益其過。左氏傳曰：石碏曰：四者之來，寵禄過也。又宋華元曰：不能治官，敢賴寵乎？

步出上東門，北望首陽岑。河南郡圖經曰：東有三門，最北頭曰上東門。河南郡境界簿曰：城東北十里首陽山，上有首陽祠一所。下有采薇士，上有嘉樹林。沈約曰：夷齊尚不食周粟，況取之以不義者乎？善曰：史記曰：武王平殷，伯夷、叔齊恥之，義不食周粟，隱於首陽山，采薇而食之。顔延之曰〔七〕：史記龜策傳曰：無蟲曰嘉林。良辰在何許？凝霜霑衣襟。寒風振山岡，玄雲起重陰。沈約曰：良辰何許，言世路險薄，非良辰也。風霜交至，凋殞非一；玄雲重陰，多所擁蔽；是以寄言夷、齊，望首陽而歎息。善曰：東征賦曰：撰良辰而將行。王仲宣詩曰：白露沾衣〔八〕。鳴鴈飛南征，鶗鴂發哀音。沈約曰：此鳥鳴則芳歇也。芬芳歇矣，所存者臯腐耳。善曰：楚辭曰：鴈邕邕而南遊。又曰：恐鶗鴂之先鳴，使夫百草爲之不芳。素質遊商聲，悽愴傷我心。沈約曰：致此彫素之質，由於商聲用事秋時也。遊字應作由，古人字類無定也。善曰：禮記曰：孟秋之月，其音商。鄭玄曰：秋氣和則音聲調〔九〕。

昔年十四五，志尚好書詩。論語，子曰：吾十有五而志于學。杜預左氏傳注曰：尚，上之耳。被褐懷珠玉，顏閔相與期。家語，子路問於孔子曰：有人於此，被褐而懷玉，何如？子曰：國無道可也，國有道則衮冕而執玉也。顏回，已見幽通賦。史記曰：閔損，字子騫。開軒臨四野，登高望所思。丘墓蔽山岡，萬代同一時。方言曰：冢大者爲丘。王逸楚辭注曰：小曰丘〔一〇〕。千秋萬歲後，榮名安所之？乃悞羨門子，噭噭今自蚩。沈約曰：自我以前，徂謝者非一，雖或税駕參差，同爲今日之一丘，夫豈異哉！故云萬代同一時也。若夫被褐懷玉，託好詩書；開軒四野，昇高永望；志事不同，徂没理一，追悟羨門之輕舉〔一一〕，方自笑耳。善曰：戰國策曰：楚王謂安陵君曰：寡人萬歲千秋之後，誰與樂此矣？淮南子曰：死有遺業，生有榮名。薛綜西京賦注曰：安，焉也。史記曰：始皇使燕人盧生求羨門。韋昭曰：古仙人也。説文云：嗤，笑也。嗤與蚩同。

徘徊蓬池上，還顧望大梁。漢書地理志曰：河南開封縣東北有蓬池，或曰即宋蓬澤也。又陳留郡有浚儀縣，故大梁也。緑水揚洪波，曠野莽茫茫。毛詩曰：率彼曠野。楚辭曰：莽茫茫之無涯。毛萇曰：茫茫，廣大貌。走獸交横馳，飛鳥相隨翔。是時鶉火中，日月正相望。左氏傳曰：晉侯伐虢，公問卜偃曰：吾其濟乎？對曰：剋之，其九月、十月之交乎？鶉火中，必是時也。杜預曰：夏之九月、十月也。尚書曰：惟二月既望。孔安國曰：十五日，日月相望也。朔風厲嚴寒，陰氣下微霜。爾雅曰：朔，北方也。杜預左氏傳注曰：厲，猛也。曾子曰：陰氣騰則凝爲霜。羈旅無疇匹，俛仰懷哀傷。左氏傳曰：陳敬仲曰：羈旅之臣也。小人計其功，君子道其常。豈惜終憔悴，詠言著斯章。沈約曰：豈惜終憔悴，蓋由不應憔悴而致憔悴，君子失其道也。小人計其功而通，君子道其常而塞，故致憔悴也。因乎眺望多懷，兼以羈旅無匹，而發此詠。善曰：孫卿子曰：天有常道，君子有常體；君子道其常，小人計其功。

炎暑惟茲夏，三旬將欲移。南方爲火而主夏，火性炎上，故謂夏月爲炎暑也。薛君韓詩章句曰：惟，辭也。鄭玄毛詩箋曰：炎，熱氣也。芳樹垂緑葉，清雲自逶迤。淮南子曰：志厲清雲。楚辭曰：載雲旗之逶迤。四時更代謝，日月遞差馳。孫卿子曰：日月遞照，四時代御。徘徊空堂上，忉怛莫我知。毛詩曰：勞心忉忉。又曰：勞心怛怛。楚辭曰：國無人兮莫我知。願覩卒歡好，不見悲別離。言四時代移，日月遞運，年壽將盡，而人莫己知。恐被讒邪，橫遭擯斥，故云願卒歡好，不見離別。

灼灼西隤日，餘光照我衣。楚辭曰：日杳杳而西頽。迴風吹四壁，寒鳥相因依。周周尚銜羽，蛩蛩亦念飢。韓子曰：鳥有周周者，首重而屈尾，將欲飲於河則必顛，乃銜羽而飲。今人之所有飢不足者，不可以不索其羽矣。爾雅曰：西方有比肩獸焉，與邛邛岠虛比，爲邛邛岠虛齧甘草；即有難，邛邛岠虛負而走，其名謂之蟨。郭璞曰：蟨音厥。如何當路子，磬折忘所歸？豈爲夸譽名，憔悴使心悲。沈約曰：天寒，即飛鳥走獸尚知相依，周周銜羽以免顛仆，蛩蛩負蟨以美草〔一二〕，而當路者知進趍，不念暮歸，所安爲者，惟夸譽名，故致憔悴而心悲也。善曰：孟子，公孫丑問曰：夫子當路於齊，管、晏之功，可復許乎？綦母邃曰：當仕路也。磬折，已見上文。吕氏春秋曰：古之人有不肯富貴者，由重生故也；非夸以名也，爲其實也。司馬彪莊子注曰：夸虛名也。鄭玄禮記注曰：名，令聞也。寧與燕雀翔，不隨黃鵠飛。黃鵠遊四海，中路將安歸？沈約曰：若斯人者，不念己之短翮，不隨燕雀爲侶，而欲與黃鵠比遊。黃鵠一舉沖天，翱翔四海，短翮追而不逮，將安歸乎？爲其計者，宜與燕雀相隨，不宜與黃鵠齊舉。善曰：漢書，息夫躬絶命辭曰：玄雲決鬱〔一三〕將安歸。

獨坐空堂上，誰可與歡者？出門臨永路，不見行車馬。登高望九州，悠悠分曠野。孤鳥西北飛，離獸東南下。日暮思親友，晤言用自寫。毛詩曰：彼美淑姬，可與晤言。鄭玄曰：晤，對也。

北里多奇舞，濮上有微音。史記曰：紂使師涓作新聲北里之舞。禮記曰：桑間濮上之音，亡國之音也。輕薄閑遊子，俯仰乍浮沈。漢司馬遷書曰：從俗浮沈，與時俯仰。捷徑從狹路，僶俛趣荒淫。輕薄之輩，隨俗浮沈，棄彼大道，好從狹路，不尊恬淡，競赴荒淫；言可悲甚也。焉見王子喬，乘雲翔鄧林。獨有延年術，可以慰我心。子喬離俗以輕舉，全性以保真。其人已遠，故云焉見，其法不滅，故云可慰心。楚辭云：譬若王喬之乘雲兮，載赤雲而陵太清。山海經曰：夸父與日競逐而渴死，其杖化爲鄧林。楚辭曰：延年不死兮壽何所止？方言曰：延，長也。毛詩曰：仲山父永懷，以慰其心。毛萇曰：慰，安也。

湛湛長江水，上有楓樹林。楚辭曰：湛湛江水兮，上有楓樹〔一四〕。皋蘭被徑路，青驪逝駸駸。皋蘭，已見上文。楚辭曰：青驪結駟齊千乘。毛詩曰：駕彼駟牡〔一五〕，載驟駸駸。毛萇曰：駸駸，驟貌。駸，七林切。遠望令人悲，春氣感我心。三楚多秀士，朝雲進荒淫。孟康漢書注曰：舊名江陵爲南楚，吳爲東楚，彭城爲西楚。呂氏春秋曰：舜耕於歷山，秀士從之。高唐賦曰：妾旦爲朝雲。朱華振芬芳，高蔡相追尋。一爲黃雀哀，涕下誰能禁？戰國策曰：劇辛諫楚王曰〔一六〕：郢必危矣，王獨不見黃雀，俯啄白粒，仰栖茂樹，鼓翅奮翼，自以爲與人無爭；不知夫公子王孫，左挾彈，右攝丸，以其頸爲的，晝遊茂樹，夕調酸鹹耳。黄雀其小者也，蔡聖侯因是已南遊高陂，北陵巫山，飲茹溪之流，食湘波之魚，左視幼妾，右擁嬖女，與之馳騁乎高蔡之中，而不以國家爲事；不知夫子發受命于宣王，繫己以朱絲而見之也。蔡聖侯之事其小者也，君王自因是已左州侯，從鄢陵與壽陵君，飯封禄之粟，載方府之金，與之馳乎雲夢之中，而不以天下國家爲事；不知夫穰侯方謀受命乎秦王，填澠池之塞内，投己澠池塞之外。襄王聞，顔色變，四體戰慄，於是乃執珪中授之，封以爲陽陵君。延叔堅戰國策論曰：因是已，因事已復有是也。茹谿，谿流所沃者美好也。孔叢子，賈子陽謂子思曰：吾念周室將滅，涕泣不禁。禁，止也。

文選考異

〔一〕注「江妃二女」　袁本「妃」作「斐」。案：「斐」字是也。江賦注所引正作「斐」。以吴都賦證之，善「斐」，五臣「妃」，説已見前。此詩蓋善亦作「斐」，因正文爲五臣所亂，并改此注爲「妃」，益誤。茶陵本作「妃」，誤與尤本同。

〔二〕注「伯且君子字」　何校云「且」字衍，陳同，是也。各本皆衍。

〔三〕注「安陵君所以悲魚也」　案：「以」字下有脱文。各本皆然，無可據補也。

〔四〕注「善曰東觀漢記」　袁本、茶陵本無「善曰」二字。陳云二字衍。何校於此節注首添「沈約曰」三字。今案：陳據別本，蓋是也。何以意添，非。

〔五〕春秋非有託　茶陵本云五臣作「訖」。袁本作「訖」，云善作「託」。案：各本所見皆非也。善引鄭禮記注「訖，止也」，可見亦作「訖」。沈約曰「春秋相代，若環之無端，所謂非有訖矣」，作「託」，但傳寫譌。今各本并注中亦譌「託」。考所引即禮記「祭統訖其嗜欲」注之「訖，猶止也」，不得爲「託」，明甚。

〔六〕注「至於顛沛逆天」　袁本、茶陵本「逆天」作「道夭」，是也。

〔七〕注「顔延之曰」　何校「之」改「年」。案：以前後例之，是也。各本皆譌。

〔八〕注「白露沾衣」　案：「衣」下當有「衿」字。各本皆脱。此所引七哀詩也。

〔九〕注「則音聲調」　案：「音」當作「商」。各本皆譌。

〔一〇〕注「王逸楚辭注曰小曰丘」　此九字袁本、茶陵本無。案：尤本是也。所引在七諫，沈、江二本脱去之。

〔一一〕注「追悟羨門之輕舉」　袁本、茶陵本「悟」作「悮」。案：善「悮」，五臣「悟」，二本校語有明文。善所載沈約注，自不當作「悟」，又正文何、陳皆從五臣「悟」，但未必非阮借「悮」爲「悟」。當仍其舊。

〔一二〕注「蛩蛩負蟨以美草」　案：「以」下少一字。各本皆脱，無可據補。陳云脱「求」字，但以意添耳。

〔一三〕注「玄雲泱鬱」　案：「泱」當作「泱」。各本皆譌。顔注漢書「音烏朗反」。

〔一四〕注「上有楓樹」陳云「樹」字衍，是也。各本皆衍。

〔一五〕注「駕彼駟牡」陳云「牡」當作「駱」。各本皆作「牡」。今案：毛詩作「四駱」，但恐李所據本異，未可輒改。凡注中各本既同，而引書與今所行差互疑不能明者，皆準此，不悉出。其異本尚可考，亦不悉出。唯顯知傳寫之誤，乃訂正之。

〔一六〕注「劇辛諫楚王曰」茶陵本「劇」作「莊」。案：「莊」，非也。依今本戰國策改耳。袁本作「劇」，與此同。恐善自如此，爲所據異本也。

秋懷　五言

謝惠連

平生無志意，少小嬰憂患。平生，已見上文。説文曰：嬰，繞也。如何乘苦心，矧復值秋晏。古詩曰：晨風懷苦心。淮南子曰：秋士哀也。皎皎天月明，弈弈河宿爛。古詩曰：明月何皎皎。薛君韓詩章句曰：弈弈，盛貌。毛詩曰：子興視夜，明星有爛。蕭瑟含風蟬，寥唳度雲鴈。楚辭曰：秋之爲氣也，蕭瑟兮草木搖落而變衰。寒商動清閨，孤燈曖幽幔。寒商，秋風也。楚辭曰：商風肅而害之，百草育而不長。王逸楚辭注曰：曖曖，闇昧貌。耿介繁慮積，展轉長宵半。楚辭曰：獨耿介而不隨。毛詩曰：展轉反側。夷險難豫謀，倚伏昧前筭。夷險，謂道，以喻時也。演連珠曰：才經夷險，不爲世屈。淮南子曰：接徑歷遠，直道夷險。鶡冠子曰：禍兮福之所倚，福兮禍之所伏。雖好相如達，不同長卿慢。達，謂通達不拘禮也。嵇康高士傳司馬長卿讚曰：長卿慢世，越禮自放；犢鼻居市，不恥其狀。託疾避患，蔑比卿相〔一〕。乃至仕人〔二〕，超然莫尚。頗悅鄭生偃，無取白衣宦。偃，謂偃仰不仕也。范曄後漢書曰：鄭均，字仲虞，東平任城人也，公車特徵，再遷尚書，後病乞骸骨，拜議郎告歸，因稱病篤。帝東巡過任城，乃幸均舍，勑賜尚書禄以終其身，故人號爲白衣尚書。未知古人心，且從性所翫。賓至可命觴，朋來當染翰。秋興賦序曰：染翰操紙，慨然而賦。高臺驟登踐，清淺時陵亂。爾雅曰：水正絶流曰亂。頹魄不再圓，傾義無兩旦。魄，月魄也。羲，羲和，謂日也。金石終消毁，丹青暫彫煥。張綱集曰：書功金石，圖形丹青。各勉玄髮歡，無貽白首歎。阮籍詠懷詩曰：玄髮發朱顔，睇眄有光華。嵇康有白首賦。因歌遂成賦，聊用布親串。爾雅曰：串，習也，古患切。

文選考異

〔一〕注「蔑比卿相」案：「比」當作「此」。世説新語「品藻」注引可證。各本皆譌。何、陳校改爲「彼」，誤也。

〔二〕注「乃至仕人」陳云「至仕」當作「賦大」，見世説注，是也。各本皆誤。

臨終詩 五言

歐陽堅石〔一〕王隱晉書曰：石崇外生歐陽建，渤海人也，爲馮翊太守。趙王倫之爲征西，撓亂關中，建每匡正，不從私欲，由是有隙。及乎倫篡立，勸淮南王允誅倫，未行，事覺，倫收崇、建及母妻，無少長，皆行斬刑。孫盛晉陽秋曰：建字堅石，臨刑作。

伯陽適西戎，子欲居九蠻。列仙傳曰：老子西遊，尹喜見之，與老子俱之流沙之西。魏武飲馬長城窟行曰：四時隱南山〔二〕，子欲適西戎。論語曰：子欲居九夷。苟懷四方志，所在可遊盤。左氏傳，姜氏謂晉公子曰：子有四方之志。尚書曰：乃盤遊無度。況乃遭屯蹇，顛沛遇災患平聲。周易曰：屯如邅如。又曰：往蹇來連。孔叢子，歌曰：遂邇不復，自嬰屯蹇。論語，子曰：顛沛必於是。古人達機兆，策馬遊近關。周易曰：機者動之微，吉之先見者也。左氏傳，蘧伯玉曰：瑗不得聞君之出，敢聞其入。遂行從近關出也。咨余沖且暗，抱責守微官。孔安國尚書傳曰：沖，童也。賈逵國語注曰：暗，不明也。孟子曰：吾聞有官守者，不得其職則去；有言責者，不得其言則去。潛圖密已構，成此禍福端。爾雅曰：圖，謀也。莊子曰：而子身若槁木之枝，而心若死灰，若是禍亦不至，福亦不來，禍福無有，惡有人災。枚叔上吳王書曰：福生有基，禍生有胎。傅子曰：福生有兆，禍來無端。方言曰：端，緒也。恢恢六合間，四海一何寬！天網布紘綱，投足不獲安。老子曰：天網恢恢，疎而不失。山海經曰：地之所載，六合之間。許慎淮南子注曰：紘，維也。解嘲曰：欲行者擬足而投迹。松柏隆冬悴，然後知歲寒。孫卿子曰：松柏經冬而不彫。論語，子曰：歲寒然後知松柏之後彫。不涉太行險，誰知斯路難？淮南子曰：何爲九山？曰：太行羊腸。高誘曰：太行，今上黨太行、河内野王縣。真僞因事顯，人情難豫觀。窮達有定分，慷慨復何歎平聲？孟子曰：窮則獨善其身，達則兼善天下。吕氏春秋曰：百里奚處虞而虞亡，處秦而秦霸，有其本也。其本也者，定分之謂也。上負慈母恩，痛酷摧心肝。説文曰：負，受貸不償。然受恩不報亦謂之負也。方言曰：傳云：慈母怒子，折葼以答之。下顧所憐女，惻惻中心酸。鄭玄毛詩箋曰：顧，念也。二子棄若遺，念皆遘凶殘。毛詩曰：將安將樂，棄余如遺。不惜一身死，惟此如循環。薛君韓詩章句曰：惟，念也。尚書大傳曰：三王之統，若循連環，周則復始也。執紙五情塞，揮筆涕汍瀾。文子曰：昔者中黄子曰：色有五色文章〔三〕，人有五情。漢書，息夫躬絶命辭曰：涕泣流兮萑蘭。瓚曰：萑蘭，涕泣闌干。萑與汍同。

文選考異

〔一〕歐陽堅石　案：此不得在謝惠連下，當是臨終自爲一類。尤、袁、茶陵各本皆不分，蓋傳寫有誤。又案：俗行汲古閣本反不誤，乃毛自改之耳，非别有本也。凡彼僅有是者，餘均不置論，爲舉例如此。

〔二〕注「四時隱南山」　何校「時」改「皓」，陳同。各本皆譌。

〔三〕注「色有五色文章」案：「色文」二字不當有。各本皆衍。

哀傷

幽憤詩 四言

魏氏春秋曰：康及呂安事，爲詩自責。呂安事，已見思舊賦。班固史遷述曰：幽而發憤，乃思乃精。

嵇叔夜

嗟余薄祜，少遭不造。蔡邕書曰：邕薄祜，早喪二親。毛詩曰：閔予小子，遭家不造。鄭玄曰：造，成也。不造，言家道未成也。哀煢靡識，越在繦緥。左氏傳，后成叔曰〔一〕：聞君越在他境。淮南子曰：成王幼在繦緥之中。張華博物志曰：繦，織縷爲之，廣八寸，長丈二，以約小兒於背上。韋昭漢書注曰：緥，若今時小兒腹衣。李奇曰：緥，小兒大藉也。母兄鞠育，有慈無威。嵇氏譜曰：康兄喜，字公穆，歷徐、揚州刺史，太僕，宗正卿。母孫氏。毛萇詩傳曰：鞠，養也。毛詩曰：父兮生我，母兮鞠我。恃愛肆姐，不訓不師。賈逵國語注曰：肆，恣也。説文曰：姐，嬌也。嬌與姐同耳。姐，子豫切。爰及冠帶，馮寵自放〔二〕。抗心希古，任其所尚〔三〕。廣雅曰：希，庶也。趙岐孟子章句曰：各崇所尚，則義不虧矣。説文曰：尚，庶幾也。託好老莊，賤物貴身。嵇喜謂康長好老莊之業，恬静無欲。淮南子曰：原道者，欲一言之而寤，則尊天而保真；欲再言之而通，則賤物而貴身也。莊子曰：真者，精誠之志〔四〕。志在守樸，養素全真。老子曰：見素抱樸，少私寡欲。河上公曰：抱，守也。薛綜東京賦注曰：樸，質也。莊子，盜跖謂孔子曰：子之道，非可以全真者也。又曰：真者，精誠之志也〔五〕。曰余不敏，好善闇人。謂與吕安交也。孝經曰：參不敏，何足以知之？左傳曰：吴公子札來聘，見叔孫穆子曰：子好善而不能擇人也。子玉之敗，屢增惟塵。子玉，楚大夫也。左氏傳曰：楚子將圍宋，使子文治兵於睽，終朝而畢，不戮一人。子玉復治兵於蔿，終日而畢，鞭七人，貫三人耳。國老皆賀子文，子文飲之酒，蔿賈尚幼，後至，不賀。子文問之，對曰：不知所賀。子之傳政於子玉，子玉之敗，子之舉也；舉以敗國，將何賀焉？毛詩曰：無將大車，維塵冥冥。鄭玄曰：喻大夫進舉小人，適自作憂患也。大人含弘，藏垢懷恥。周易曰：含弘光大，品物咸亨。左氏傳，伯宗謂晉侯曰：國君含垢。説文曰：懷，藏也。杜預曰：忍垢，恥也〔六〕。民之多僻，政不由己。毛詩曰：民之多僻，無自立辟。鄭玄曰：民行多邪僻者，汝君臣之過，無自謂得法度。論語曰：爲仁由己。惟此褊心，顯明臧否。褊心，康自謂也。郭璞爾雅注曰：惟，發論辭也〔七〕。毛詩曰：惟是褊心，是以爲刺。又曰：於乎小子，未知臧否。感悟思愆，怛若創痏。西京賦曰：所惡成創痏。蒼頡篇曰：痏，毆傷也。方言曰：怛，痛也。説文曰：痏，瘢也。漢書音義曰：以杖毆擊人，剥其皮膚，起青黑無創者，謂疻痏。欲寡其過，謗議沸騰。論語曰：蘧伯玉使人於孔子，孔子問焉，曰：夫子何爲？對曰：夫子欲寡其過而未能也。漢賈山曰：古者庶人謗於道，商旅議於市。毛詩曰：百川沸騰。性不傷物，頻致怨憎。莊子，仲尼謂顏回曰：聖人處物不傷者，物亦不能傷也。昔慙柳惠，今愧孫登。柳下惠，已見西征賦。魏氏春秋曰：初康采藥於中山北，見隱者孫登，康欲與之言，登默然不對。踰年將去，康曰：先生竟無言乎？登乃曰：子才多識寡，難乎免於今之世也。内負宿心，外恧良朋。鄭玄禮記注曰：負之言背也。趙壹報羊陟書曰：惟君明叡，平其宿心。爾雅曰：恧，慙也。毛詩曰：每有良朋。仰慕嚴鄭，樂道閑居。漢書曰：谷口有鄭子真，蜀有嚴君平，皆脩身保性。成帝時，元舅王鳳以禮聘子真，子真遂不詘而終。君平卜筮於成都市，以爲卜筮賤業，而可以惠衆，日閲數人，得百錢，足以自養，則閉肆下簾而授老子。年九十餘，遂以其業終。論語，子曰：貧而樂。漢書曰：司馬相如稱疾閑居。與世無營，神氣晏如。蔡邕釋誨曰：安貧樂賤，與世無營。淮南子曰：古人神氣不蕩於外。漢書曰：楊雄室亡儋石之儲，猶晏如也。咨予不淑，嬰累多虞。毛萇詩傳曰：咨，嗟也。毛詩曰：之子不淑，云如之何。左氏傳，趙孟曰：以晉國之多虞。匪降自天，寔由頑疎。毛詩曰：下民爲孽〔八〕，匪降自天。噂喈背增，職競由人。理弊患結，卒致囹圄。杜預左氏傳注曰：弊，壞也。禮記曰：仲春，省囹圄。鄭玄曰：所以守禁繫者。秦曰囹圄，漢曰獄。對答鄙訊，縶此幽阻。言己對答之辭鄙於見訊也。張晏漢書曰：訊者，三日復問，知之與前辭同不也。杜預左氏傳注曰：縶，拘執也。鄙，俚也。訊，問也。實恥訟免，時不我與。論語曰：陽貨曰：日月逝矣，歲不我與。文雖出此，而意微殊，亦不以文害意也。免或爲冤，非也。雖曰義直，神辱志沮。毛萇詩傳曰：沮，壞也，才與切。澡身滄浪，豈云能補。孟子，孺子歌曰：滄浪之水清，可以濯吾纓；滄浪之水濁，可以濯吾足。孔子曰：小子聽之：清斯濯纓，濁斯濯足，自取之也。劉歆答父書曰：誠思拾遺，冀以云補。嗈嗈鳴鴈，奮翼北遊。順時而動，得意忘憂。毛詩曰：雍雍鳴鴈。管子，桓公曰：夫鴻鵠有時而南，有時而北。又曰：鴻鵠秋南而不失時。嗟我憤歎，曾莫能儔。毛詩曰：嗟我懷人。説文曰：曾，辭之舒也。儔，等也。事與願違，遘兹淹留。淹留，謂囚縶而留也。爾雅曰：淹留，久也。窮達有命，亦又何求。王命論曰：窮達有命，吉凶由人。毛詩曰：謂我何求。古人有言，善莫近名。莊子曰：爲善莫近名，爲惡莫近刑〔九〕。司馬彪曰：勿脩名也。被褐懷玉，穢惡其身，以無陋於形也。郭象曰：忘善惡而居中，任萬物之自爲也。奉時恭默，咎悔不生。尚書曰：恭默思道。周易曰：悔吝者，憂虞之象也。曾子曰：懽欣忠信，咎故不生，可爲孝矣。萬石周慎，安親保榮。漢書曰：萬石君奮長子建爲郎中令，建老白首，萬石君尚無恙，每五日洗沐歸謁親。建爲郎中令，奏事，事下，建自讀之，驚恐曰：書馬者與尾而五，今迺四，不足一，獲譴死矣。其爲謹慎，雖他皆如此。論語摘輔像讖曰：曾子未嘗不問安親之道也。孔安國尚書注曰：周，至也。世務紛紜，祇攪予情。漢書曰：嚴安、徐樂上書言世務。毛詩曰：祇攪我心。攪，亂也。祇，適也。安樂必誡，乃終利貞。家語，金人銘曰：安樂必戒，無行所悔。王肅曰：雖處安樂，必警戒也。周易曰：乾，元亨利貞。煌煌靈芝，一年三秀。西京賦曰：擢靈芝之朱柯。楚辭曰：采三秀於山間。王逸曰：三秀，謂芝草也。予獨何爲，有志不就。楚辭曰：云有志而無謗。爾雅曰：就，成也。懲難思復，心焉内疚。潘元茂九錫文曰：懲難念功。毛詩曰：既往既來，我心永疚。疚，病也。庶勗將來，無馨無臭。爾雅曰：勗，勉也。毛詩曰：上天之載，無聲無臭。采薇山阿，散髮巖岫。采薇，已見上文。琴操，許由曰：散髮優遊，所以安己不懼也。范曄後漢書曰：袁閎散髮絕世。永嘯長吟，頤性養壽。杜篤連珠曰：能離光明之顯，長吟永嘯。爾雅曰：頤，養也。東方朔非有先生論曰：故養性受命之士莫肯進。禮記曰：百年曰期頤。鄭玄曰：頤，猶養也。

文選考異

〔一〕注「后成叔曰」　陳云「后」當作「郈」。今案：「后」即「郈」也。檀弓「后木」鄭注曰：「魯孝公子惠伯鞏之後。」正義曰：「案世本，孝公生惠伯革，其後爲厚氏。」世本云「革」，此云「鞏」，世本云「厚」，此云「后」，其字異耳。春秋名號歸一圖曰：厚成叔後改爲「郈」，皆可證。册魏公九錫文引作「厚」。

〔二〕爰及冠帶馮寵自放　袁、茶陵二本有校語云善無此二句。案：二本所見非也。此與下二句爲韻，善不容無，但傳寫脱去。又其下當有善注，爲脱去一節也。尤本有者是。然恐屬據五臣校補，尚少善注耳。

〔三〕任其所尚　袁本、茶陵本有校語云善作「上」。注「各崇所尚」，二本「尚」皆作「上」。案：善下注又云「説文曰，尚，庶幾也」。不作「上」字。尤本以此校改。然恐善注未全，或於末元有注「上」「尚」異同之語，而今失之。

〔四〕注「莊子曰真者精誠之志」　陳云此九字衍，觀下注自明，是也。各本皆衍。

〔五〕注「精誠之志也」　袁本「志」作「至」，是也。茶陵本亦誤「志」。

〔六〕注「説文曰懷藏也杜預曰忍垢恥也」　陳云「説文」下六字當在杜注下，是也。各本皆倒。

〔七〕注「發論辭也」　何校「論」改「語」，是也。各本皆誤。

〔八〕注「下民爲孽」　陳云「爲」，「之」誤。今案：各本皆然。疑李所據與今本作「之」者異。下「尊沓背增」，今本作「憎」，又「我心永疚」，今本作「使我心疚」，皆放此，餘不悉出。

〔九〕注「爲惡莫近刑」　案：「刑」當作「形」，詳下注。司馬彪本作「形」字也。各本皆誤。

七哀詩　五言

曹子建　贈答，子建在仲宣之後，而此在前，誤也。

明月照高樓，流光正徘徊。夫皎月流輝，輪無輟照，以其餘光未没，似若徘徊，前覺以爲文外傍情，斯言當矣。上有愁思婦，悲歎有餘哀。古詩曰：慷慨有餘哀。借問歎者誰？言是客子妻。君行踰十年，孤妾常獨棲。君若清路塵，妾若濁水泥。漢書，民歌曰：涇水一石，其泥數斗。浮沈各異勢，會合何時諧？爾雅曰：諧，和也。願爲西南風，長逝入君懷。古詩曰：從風入君懷，四坐莫不嘆。君懷良不開，賤妾當何依？史記，驪姬曰：以賤妾之故，廢嫡立庶。

七哀詩二首 五言

王仲宣

西京亂無象，豺虎方遘患。左氏傳，晉侯問於士弱曰：吾聞之宋災，於是乎知有天道，可必乎？對曰：國亂無象，不可知也。班固漢書張耳、陳餘述曰：據國争權，還爲豺虎。遘與構同，古字通也。道經曰：執大象，天下往。河上公注曰：執，守也。象，道也。聖人守大道，則天下萬民移心歸往也。復棄中國去，遠身適荆蠻。荆蠻，已見登樓賦。毛詩曰：蠢爾蠻荆。毛萇曰：蠻荆，荆州之蠻也。親戚對我悲，朋友相追攀。出門無所見，白骨蔽平原。路有飢婦人，抱子棄草間。顧聞號泣聲，揮涕獨不還。言迴顧雖聞其子號泣之聲，但知揮涕獨去，不復還視也。家語曰：文伯卒，敬姜曰：二三婦無揮涕。王肅曰：揮涕，不哭揮涕，以手揮之也。未知身死處，何能兩相完？此婦人之辭也。説文曰：完，全也。驅馬棄之去，不忍聽此言。南登霸陵岸，迴首望長安。漢書曰：文帝葬霸陵。悟彼下泉人，喟然傷心肝。毛詩序曰：下泉，思治也。曹人思明王賢伯也。

荆蠻非我鄉，何爲久滯淫？國語曰：底著滯淫。賈逵曰：淫，久也。方舟溯大江，日暮愁我心。爾雅曰：大夫方舟。郭璞曰：併兩舡也。爾雅曰：逆流而上曰溯流。山崗有餘暎，巖阿增重陰。通俗文曰：日陰曰暎。狐狸馳赴穴，飛鳥翔故林。皆言不忘本也。文子曰：鳥飛之鄉，依其所主也。

楚辭曰：鳥飛之故鄉，狐死必首丘。流波激清響，猴猿臨岸吟。迅風拂裳袂，白露霑衣衿。楚辭曰：擊迅風於清涼。禮記曰：孟秋之月白露降。説苑曰：孺子不覺露之沾衣。獨夜不能寐，攝衣起撫琴。漢書曰：沛公起攝衣，延酈食其也。韓子曰：師涓静坐撫琴。絲桐感人情，爲我發悲音。史記曰：騶忌以鼓琴見齊威王，王曰：夫治國家何爲絲桐之間也。羈旅無終極，憂思壯難任。羈旅，已見上文。

七哀詩二首 五言

張孟陽 臧榮緒晉書曰：張載，字孟陽，武邑人也，有才華。起家拜著作佐郎，稍遷領著作，遂稱疾，抽簪告歸。卒於家。

北芒何壘壘，高陵有四五。廣雅曰：壘，重也。古樂府詩曰：還望故鄉，鬱何壘壘。北芒，山名也。壘壘，塚相次之貌。借問誰家墳？皆云漢世主。恭文遥相望，原陵鬱膴膴。范曄後漢書曰：葬孝安皇帝于恭陵。又曰：葬靈帝于文陵。又曰：葬光武皇帝于原陵。毛萇曰：膴膴，肥美也。季世喪亂起，賊盜如豺虎。左氏傳曰：叔向曰：齊其何如？晏子曰：此季世也。韋昭國語注曰：季，末也。豺虎，已見上文。毁壤過一抔，便房啓幽户。一抔，喻少也。漢書，張釋之曰：假令愚人取長陵一抔土，何如？漢書注曰：便房，冢壙中室也。珠柙離玉體，珍寶見剽虜。魏文帝典論曰：喪亂以來，漢氏諸陵，無不發掘，至乃燒取玉柙金鏤，體骨并盡。西京雜記曰：漢帝及王侯送死，皆珠襦玉匣，玉匣形如鎧甲，連以金鏤。枚乘七發曰：太子玉體不安。説文曰：剽，劫人也。又，虜，獲也。漢書注曰：虜與鹵同。如淳曰：鹵，鈔掠也。園寢化爲墟，周墉無遺堵。漢書曰：自高祖下至宣帝，各自居陵傍立廟，又園中各有寢便殿。又曰：自貢禹建迭毁之議，遂毁惠、景廟及太上寢園，廢而爲墟。爾雅曰：牆謂之墉。毛萇詩傳曰：一丈爲板，五板爲堵。蒙籠荆棘生，蹊逕登童豎。狐兔窟其中，蕪穢不復掃。關中記曰：漢諸陵守衛掃除。廣雅曰：掃，除也。餘見下注。掃，蘇老切。頹隴並墾發，萌隸營農圃。蒼頡篇曰：墾，耕也。毛詩曰：俊發爾私。鄭玄曰：俊，疾也。發，伐也。疾耕發其私田也。司馬相如上林賦曰：地可墾闢，悉爲農郊，以贍萌隸。昔爲萬乘君，今爲丘山土。漢書曰：天子畿方千里，兵車萬乘，故稱萬乘之主。方言曰：冢大者爲丘。淮南子曰：吾死也，有一棺之土。感彼雍門言，悽愴哀往古。桓子新論曰：雍門周以琴見孟嘗君曰：臣竊悲千秋萬歲後，墳墓生荆棘，狐兔穴其中，樵兒牧豎躑躅而歌其上，行人見之悽愴；孟嘗君之尊貴，如何成此乎！孟嘗君喟然嘆息，淚下承睫。

秋風吐商氣，蕭瑟掃前林。王逸楚辭注曰：商風，西風也。秋氣起則西風急疾。鸚鵡賦曰：涼風蕭瑟。陽鳥收和響，寒蟬無餘音。陽鳥，春鳥也。禮記曰：孟秋，寒蟬應陰而鳴〔一〕，鳴則天涼，故謂之寒蟬。楚辭曰：蟬寂寞而無聲。白露中夜結，木落柯條森。吕氏春秋曰：秋氣至則草木落。朱光馳北陸，浮景忽西沈。朱光，日也。楚辭曰：陽杲杲其朱光。續漢書云：日行北陸謂之冬。杜預左氏傳注曰：陸，道也。孔安國尚書注曰：浮，行也。説文曰：景，日光也。**顧望無所見，惟覩松柏陰。**松柏，丘墓，已見上文。**肅肅高桐枝，翩翩栖孤禽。**禮記曰：草木皆肅。鄭玄曰：肅，謂枝葉縮栗也。**仰聽離鴻鳴，俯聞蜻蛚吟。**易通卦驗曰：立秋，蜻蛚鳴。蔡邕月令章句曰：蟋蟀，蟲名，俗謂之蜻蛚。蟋蟀吟，已見上文注。蜻音精。蛚音列。**哀人易感傷，觸物增悲心。**秦嘉答婦詩曰：哀人易感傷。**丘隴日已遠，纏綿彌思深。**古詩曰：相去日已遠。張升與任彦堅書曰：纏綿恩好，庶蹈高蹤。**憂來令髮白，誰云愁可任。**古詩曰：座中何人，誰不懷憂。令我白頭。登樓賦曰：誰憂思之可任。**徘徊向長風，淚下霑衣衿。**楚辭曰：遡長風以徘徊。又曰：向長風而舒情。又曰：泣歔欷而沾襟。

文選考異

〔一〕注「孟秋寒蟬應陰而鳴」案：「蟬」下當有「鳴蔡邕月令章句曰寒蟬」十字。各本皆脱。陳云月令章句見子建贈白馬王詩注也。

悼亡詩三首 五言

風俗通曰：慎終悼亡。鄭玄詩箋曰：悼，傷也。

潘安仁

荏苒冬春謝，寒暑忽流易。荏苒，猶漸也。冉冉，歲月流貌也。王逸楚辭注曰：謝，去也。列子曰：

寒暑易節。之子歸窮泉，重壤永幽隔。之子，謂妻也。毛詩曰：之子于歸，百兩御之。琴賦曰：披重壤以誕載。私懷誰克從，淹留亦何益？神女賦曰：情獨私懷，誰者可語？說文曰：懷，念思也。楚辭曰：倚躊躇以淹留。僶俛恭朝命，迴心反初役。毛詩曰：僶俛從事，不敢告勞。役，謂所任也。王充論衡曰：充罷州役。望廬思其人，入室想所歷。家語，孔子曰：思其人，愛其樹。說文曰：歷，過也。帷屏無髣髴，翰墨有餘跡。廣雅曰：帷，帳也。聲類作幃。說文曰：彷彿相似，見不諦也。歸田賦曰：揮翰墨以奮藻。流芳未及歇，遺挂猶在壁。洛神賦曰：步蘅薄而流芳。廣雅曰：挂，懸也。悵怳如或存，周遑忡驚惕。王逸楚辭注曰：怳，失意也。如彼翰林鳥，雙栖一朝隻。曹植善哉行曰：如彼翰鳥，或飛戾天。王弼周易注曰：翰，鳥飛也。曹植種葛篇曰：下有交頸禽。即雙栖禽也。如彼遊川魚，比目中路析。爾雅曰：東方有比目魚焉，不比不行。春風緣隟來，晨霤承檐滴。說文曰：霤，屋承水也。寢息何時忘，沈憂日盈積。宋玉笛賦曰：武毅發，沈憂結。庶幾有時衰，莊缶猶可擊。郭璞爾雅注曰：庶幾，徼幸也。莊子妻死，惠子吊之，方箕踞鼓盆而歌。惠子曰：與人居，長子老身，死不哭，亦足矣；又鼓盆而歌，不已甚乎？莊子曰：不然。是其始死也，我獨何能無槩？察其始而本無生；非徒無生，而本無形；非徒無形，而本無氣。人見偃然寢於巨室，而我噭噭隨而哭之，自以爲不通乎命，故止。

皎皎窗中月，照我室南端。室南端，室之南正門。清商應秋至，溽暑隨節闌。秋風爲商，已見上文。禮記曰：季夏，土潤溽暑。文穎漢書注曰：闌，希也。說文曰：溽暑，濕暑也。凛凛涼風升，始覺夏衾單。古詩曰：涼歲云暮〔一〕。毛萇詩傳曰：衾，被也。豈曰無重纊，誰與同歲寒？毛詩曰：豈曰無衣，與子同袍。孔安國尚書傳曰：纊，細綿也。歲寒無與同，朗月何朧朧。毛詩曰：叔兮伯兮，靡所與同。埤蒼曰：朣朧，欲明也。展轉眄枕席，長簟竟牀空。展轉，已見上文。牀空委清塵，室虚來悲風。莊子曰：空穴來風。司馬彪曰：門户孔空，風善從之。古詩曰：白楊多悲風。獨無李氏靈，髣髴覩爾容。桓子新論曰：武帝所幸李夫人死，方士李少君言能致其神。乃夜設燭張幄，令帝居他帳，遥見好女似夫人之狀，還帳坐也。撫衿長歎息，不覺涕霑胸。漢書，公孫玃曰：累撫衿。魏武帝苦寒行曰：延頸長歎息。魏文帝歌行曰〔二〕：不覺淚下霑衣裳。霑胸安能已？悲懷從中起。史記曰：文帝意慘悽悲懷。魏武帝短歌行曰：憂從中來。寢興目存形，遺音猶在耳。毛詩曰：言念君子，載寢載興。禮記曰：色不忘乎目。楊脩傷夭賦曰：悲體貌之潛翳兮，目常存乎遺形。左氏傳，晉穆嬴曰：今君雖終，言猶在耳。上慙東門吴，下愧蒙莊子。列子曰：魏有東門吴者，死子而不憂。莊子，蒙人，故云蒙莊子。賦詩欲言志，此志難具紀。尚書曰：詩言志。賈逵國語注曰：紀，猶録也。命也可奈何！長戚自令鄙。魚豢典略：趙岐卒，歌曰：有志無時，命也奈何！論語曰：小人長戚戚。長笛賦曰：長戚之士能閑居〔三〕。

曜靈運天機，四節代遷逝。楚辭曰：角宿未旦，曜靈焉藏？廣雅曰：曜靈，日也。陳琳柳賦曰：天機之運旋，夫何逝之速也？莊子天運篇曰：天其運乎？郭子玄曰：不運而自行也。淒淒朝露凝，烈烈夕風厲。毛詩曰：秋日淒淒。又曰：冬日烈烈，飄風發發。奈何悼淑儷，儀容永潛翳。左氏傳，施氏之婦曰：

已不能庇其伉儷。杜預曰：儷，偶也。魏太祖祭橋玄文曰：幽靈潛翳，邈哉緬矣！念此如昨日，誰知已卒歲。蒼頡篇曰：昨，隔日也。毛詩曰：無衣無褐，何以卒歲？改服從朝政，哀心寄私制。茵幬張故房，朔望臨爾祭。鄭玄禮記注曰：茵，褥也。毛詩箋曰：幬，床帳也。爾祭詎幾時，朔望忽復盡。衾裳一毀撤，千載不復引。爾雅曰：引，陳也。亹亹朞月周，戚戚彌相愍。楚辭曰：時亹亹而過中。又曰：居戚戚而不解。悲懷感物來，泣涕應情隕。感物，已見上文。毛詩曰：涕既隕之。駕言陟東阜，望墳思紆軫。毛詩曰：駕言出遊。又〔四〕，楚辭曰：鬱結紆軫兮，離愍而長鞠。徘徊墟墓間，欲去復不忍。禮記，周酆曰：墟墓之間，未施哀於民而民哀。徘徊不忍去，徙倚步踟躕。毛詩序曰：彷徨不忍去。楚辭曰：步徙倚而遥思。落葉委埏側，枯荄帶墳隅。聲類曰：埏，墓墜也。方言曰：荄，根也。孤魂獨煢煢，安知靈與無？曹子建贈白馬王彪詩曰：孤魂翔故城。楚辭曰：魂煢煢兮不遑寐。投心遵朝命，揮涕強就車。揮涕，已見上文。誰謂帝宮遠？路極悲有餘。毛詩曰：誰謂宋遠？莊子曰：知反帝宮。禮記，子路曰：吾聞諸夫子：喪禮，與其哀不足而禮有餘也，不若禮不足而哀有餘也。

文選考異

〔一〕注「涼歲云暮」案：「涼」下當有「風」字。各本皆脱。

〔二〕注「魏文帝歌行曰」案：「歌」上當有「燕」字。各本皆脱。

〔三〕注「長戚之士能閑居」案：「士」當作「不」。各本皆譌。

〔四〕注「駕言出遊又」案：「又」下當有脱，無可據補。陳云「又」字衍，非也。袁本無，乃改去耳。故於下句「楚辭」下加一「注」字以足之。茶陵本與此同，尚未經改也。

廬陵王墓下作 五言

宋武帝子義真，封廬陵王，未之藩而高祖崩。廬陵聰敏好文，常與靈運周旋。屬少帝失德，朝廷謀廢立之事，次在廬陵，言廬陵輕訬，不任主社稷。因其與少帝不協，徐羡之等奏廢廬陵爲庶人，徙新安郡。羡之使使殺廬陵也。後有讒靈運欲立廬陵王，遂遷出之。後知其無罪，追還，至曲阿，過丹陽。文帝問曰：自南行來，何所制作？對曰：過廬陵王墓下作一篇〔一〕。

謝靈運

曉月發雲陽，落日次朱方。越絶書曰：曲阿爲雲陽縣。左氏傳曰：吴伐楚，以報朱方之役。杜預曰：朱方，吴也〔二〕。吴地記曰：吴改朱方曰丹徒。含悽泛廣川，灑淚眺連崗。史記曰：春申君曰：廣川大水，山林谿谷。楚辭曰：還顧高丘泣如灑。青烏子相冢書曰：天子葬高山，諸侯葬連崗。眷言懷君子，沈痛結中腸。毛詩曰：眷言顧之。阮籍詠懷詩曰：容好結中腸。道消結憤懣，運開申悲涼。道消，少帝之日；運開，文帝之初也。沈約宋書曰：少帝諱義符，武帝長子，即位爲邢安泰所害。周易，否卦曰：小人道長，君子道消。白虎通曰：天子崩，赴諸侯何？緣臣子哀痛憤懣，無能不告諸侯者也。春秋説題辭曰：天子崩，黎庶殞涕，海内悲涼。宋均曰：涼，愁也。神期恒若在，德音初不忘。家語曰：今之言五帝、三王者，威靈若存。王肅曰：其威與明靈常若存也。毛詩曰：彼美孟姜，德音不忘。徂謝易永久，松柏森已行。尚書曰：帝乃徂落。毛詩曰：我行永久。曹植寡婦詩曰〔三〕：高墳鬱兮巍巍，松柏森兮成行。延州協心許，楚老惜蘭芳。新序曰：延陵季子將西聘晉，帶寶劍以過徐君，徐君不言而色欲之，季子爲有上國之事未獻也，然心許之矣。使於晉，顧反，則徐君死，於是以劍帶徐君墓樹而去。漢書曰：龔勝者，楚人也，字君賓。勝卒，有一老父來吊，其哭甚哀，既而曰：嗟乎！薰以香自燒，膏以明自銷；龔先生竟夭天年，非吾徒也。遂趍而出，莫知其誰。徐州先賢傳曰：楚老者，彭城之隱人也。解劍竟何及，撫墳徒自傷。解劍，已見上注。潘岳虞茂春誄曰：姨撫墳兮告辭，皆莫能兮仰視。顧愷之拜宣武墓詩曰：遠念羨昔存，撫墳哀今亡。平生疑若人，通蔽互相妨。若人，謂延州及楚老也。令德高遠，是通也；解劍撫墳，是蔽也。論語，子謂子賤曰：君子哉若人。桓子新論曰：漢高祖建立鴻基，侔功湯武。及身病，得良醫弗用，專委婦人，歸之天命，亦以誤矣！此必通人而蔽者也。理感深情慟，定非識所將。言己往日疑彼三人〔四〕，迨乎今辰，己亦復耳。斯則理感既深，情便悲慟，定非心識之所能行也。王隱晉書曰：荀粲與傅嘏善，夏侯玄亦親，常調嘏、玄曰：子等在世業間功名，玄必勝我，識減我耳。嘏難曰：能成功名者，識也，天下孰有本不足而末有餘者？粲曰：功名局之所獎，然則志自一物耳，固非識之所獨齊。我以能役子等爲貴，未能齊子所爲也。毛萇詩傳曰：將，行也。脆促良可哀，夭枉特兼常。莊子曰：其生也柔脆，其死也枯槁。趙岐孟子章句曰：良，甚。一隨往化滅，安用空名揚？莊子曰：已化而生，又化而死。孝經曰：揚名於後世。

舉聲泣已灑，長歎不成章。孟子曰：君子之志於道也，不成章不達。

文選考異

〔一〕注「宋武帝子義真」下至「作一篇」 此一節注袁本、茶陵本皆係「翰曰」下。茶陵本云善同翰注。袁本別有「善曰沈約宋書曰武帝男廬陵獻王義真初封廬陵王之任而高祖崩義真聰明愛文義與陳郡謝靈運周旋異常而少帝失德徐羨之等密謀廢立則次第應在義真義真輕訬不任主社稷因與少帝不協乃奏廢義真爲庶人徙新安近郡羨之等遣使殺義真於徙所時年十八元嘉三年誅徐羨之傅亮是日詔曰故廬陵王可追崇侍中王如故」一節注，共一百卌一字，當是。尤所見與茶陵本同而致誤，袁本爲是也。

〔二〕注「朱方吴也」 案：「也」當作「邑」。各本皆譌。

〔三〕注「曹植寡婦詩曰」 陳云「詩」，「賦」誤，是也。各本皆誤。

〔四〕注「疑彼三人」 陳云「三」，「二」誤，是也。各本皆誤。

拜陵廟作 五言

沈約宋書曰：漢儀，上陵歲以爲常。魏無定制。江左元帝崩後，諸侯始有謁陵辭陵事，蓋率情而舉，非京、洛之舊。自元嘉已來，每正月輿駕必謁初寧陵，復漢儀。

顔延年

周德恭明祀，漢道尊光靈。周書曰：各助王恭明祀。東觀漢記，上賜東平王蒼書曰：今送光烈皇后衣一篋。今魯國孔氏尚有仲尼車輿冠履。明德盛者，光靈遠也。哀敬隆祖廟，崇樹加園塋。漢書，房中歌曰：乃立祖廟，敬明尊親。如淳漢書注曰：塋，墓田也。逮事休命始，投迹階王庭。休命始，高祖之初也。禮記曰：逮事父母。尚書曰：陳于商郊，俟天休命。莊子曰：多物將往，投迹者衆。周易曰：夬揚于王庭。陪廁迴天顧，朝讌流聖情。毛詩曰：不明爾德，時無背無側；爾德不明，時無陪無卿。鄭玄毛詩箋曰：迴首曰顧。早服身義重，晚達生戒輕。服，服事也。早服，恩淺也。故以存身之義爲重也。達，宦達也。晚達恩厚，故以養生之戒爲輕也。王逸晉書曰〔一〕：孔坦上表曰：士死知遇，恩令命輕。否來王澤竭，泰往人悔形。否來泰往，少帝之時也。否、泰，易二卦名也。言王之德澤既竭，人之悔吝形見。班固西都賦序曰：王澤竭而詩不作。周易曰：悔吝者，憂虞之象也。列子曰：公孫朝不知世道之安危，人理之悔吝。周易曰：否之匪人。不利君子貞。又曰：泰，君子道長，小人道消。勑躬慙積素，復與昌運并。孝經鉤命決曰：勑躬未濟，汲汲孳孳者〔二〕。

四子講德論曰：非有積素累舊之懽。春秋孔演圖曰：帝當會昌，成封岱宗。宋均曰：應會之期耳。恩合非漸漬，榮會在逢迎。論語糾滑讖曰：漸漬以道，廢消乃行。戰國策曰：田光造燕太子，跪而逢迎，却行爲道。夙御嚴清制，朝駕守禁城。束紳入西寢，伏軫出東坰〔三〕。紳，大帶也。論語，子曰：赤也束帶立於朝。西寢，廟在西也。莊子曰：宣尼伏軫而嘆〔四〕。東坰，陵所在也。衣冠終冥漠，陵邑轉葱青。漢書曰：自高祖已下，各自君陵傍立廟〔五〕，月一遊衣冠。吊魏武文曰：悼繐帳之冥漠。漢書景帝紀曰：作陽陵〔六〕。張晏曰：景帝作壽陵，起邑。南都賦曰：章陵鬱以青葱。松風遵路急，山烟冒壠生。説文曰：冒，覆也。方言曰：秦、晉之間，塚謂之壠。皇心憑容物，民思被歌聲。皇心，謂文帝也。司馬彪續漢書曰：根車旋，載容衣，被歌聲〔七〕。班固漢書贊曰：元帝自度曲被歌。應劭曰：持新曲以爲歌聲也。然此言人之思慕，被在歌謳之聲。萬紀載絃吹，千載託旒旌。漢書，詔曰：制禮作樂各有由，歌者所以發德也。又曰：聖王已没，鍾鼓管絃之聲未衰。儀禮士喪禮曰：爲銘各以其物。鄭玄曰：銘，明旌也。以死者不可別，故以其旗識之以別貴賤，故云表德也。天子各有建也。未殊帝世遠，已同淪化萌。言帝澤被天下〔八〕，威靈若存，故未殊其遠；而已質雖存，其神已謝，故同乎淪化之萌也。幼牡困孤介〔九〕，末暮謝幽貞。漢書音義，臣瓚曰：介，特也。周易曰：幽人貞吉。發軌喪夷易，歸軫慎崎傾。以車之行喻己之仕也。發軌，弱冠也。王武子答何劭詩曰：計終收遐致，發軌將先起。封禪書曰：軌迹夷易。易，遵也。歸軫，暮年也。楚辭曰：覩軫丘兮崎傾。

文選考異

〔一〕注「王逸晉書曰」 袁本、茶陵本「逸」作「隱」，是也。

〔二〕注「汲汲孳孳者」 袁本、茶陵本無此五字。案：蓋所見不同也。

〔三〕伏軫出東坰　案：「軫」當作「軾」。茶陵本云五臣作「軾」。袁本云善作「軫」。詳善引莊子以注「伏軾」，是亦作「軾」，其作「軫」者，但傳寫誤耳。況此詩末句有「歸軫」，必不應複用矣。尤因此并改注字，益非。見下。

〔四〕注「宣尼伏軫而嘆」 袁本、茶陵本「軫」作「軾」。案：二本是也。此所引在莊子漁父云「孔子伏軾而嘆」，可證。又「宣尼」亦誤，當作「孔子」也。

〔五〕注「各自君陵傍立廟」 袁本、茶陵本「君」作「居」，是也。

〔六〕注「作陽陵」 陳云「陵」下脱「邑」字，是也。各本皆脱。

〔七〕注「被歌聲」 案：此三字不當有。各本皆衍。

〔八〕注「言帝澤被天下」 袁本、茶陵本無「澤被天下」四字。

〔九〕幼牡困孤介　案：「牡」當作「壯」。袁、茶陵二本校語云善作「牡」。「幼壯」與「末暮」偶句，不待解而自曉。故善俱無注，實非於五臣有異，校語非也。

同謝諮議銅雀臺詩　五言　集曰：謝諮議璟。魏志曰：建安十五年冬，作銅雀臺。魏武遺令曰：吾伎人皆著銅爵臺，於臺上施六尺床，繐帳，朝哺上脯糒之屬。月朝十五日，輒向帳作伎，汝等時時登銅爵臺，望吾西陵墓田。

謝玄暉

繐幃飄井幹，罇酒若平生。鄭玄禮記注曰：凡布細而疎者謂之繐。今南陽有鄧繐。淮南子曰：大構架，興宮室，有雞棲井幹。許慎曰：皆屋構飾也。司馬彪莊子注曰：幹，井欄。然井幹，臺之通稱也。鬱鬱西陵樹，詎聞歌吹聲。不敢指斥，故以樹言之也。芳襟染淚迹，嬋媛空復情。楚辭云：心嬋媛而傷懷兮。王逸曰：嬋媛，牽引也。玉座猶寂漠，況乃妾身輕！易是謀類曰：假威出坐玉床。鄭玄曰：坐玉床，處天之位也。寡婦賦曰：懼身輕而施重。

出郡傳舍哭范僕射　五言　劉璠梁典曰：天監二年，僕射范雲卒。任昉自義興貽沈約書曰：永念平生，忽爲疇昔。然此郡謂義興也。劉熙釋名曰：傳，舍也〔一〕，使人所止息而去，後人復來，轉相傳也。風俗通曰：諸有傳信，乃得舍於傳也。

任彦昇　劉璠梁典曰：任昉，字彦昇，樂安人。年四歲，誦古詩數十篇，十六舉秀才第一。辭章之美，冠絶當時。爲寧朔將軍，新安太守。卒。

平生禮數絶，式瞻在國楨。國楨，謂范雲也。左氏傳曰：名位不同，禮亦異數。女史曰〔二〕：式瞻清懿。毛詩曰：思皇多士，生此王國；王國克生，惟周之楨。毛萇詩傳曰：楨，幹也。**一朝萬化盡，猶我故人情。**莊子曰：若人之形者，萬化而未始有極也。史記，范雎謂須賈曰：戀戀有故人之意。**待時屬興運，王佐俟民英。**易曰：君子藏器於身，待時而動。班固漢書曰：劉向稱董仲舒有王佐之才也。袁子正書曰：立德蹈禮謂之英。子産、季札，人之英也。**結懽三十載，生死一交情。**左氏傳曰：楚子使椒舉如晉，曰：寡君願結懽於二三君。史記，太史公云：下邽翟公曰：一死一生，乃知交情。**攜手遁衰孽，接景事休明。**衰孽，齊東昏侯也。休明，梁武帝也。班固漢書述曰：攜手遯于秦〔三〕。鄭玄毛詩箋曰：孽，支庶也。抱朴子曰：攜手而遊，接景而處。左氏傳曰：王孫滿曰：德之休明。**運阻衡言革，時泰玉階平。**曾子曰：天下有道，則君子訢然以交同；天下無道，則衡言不革。孔安國尚書曰〔四〕：衡，平也，言平常之言也。彼言不革，此言革，言亂之甚也。長楊賦曰：玉衡正而泰階平。**濬沖得茂彦，夫子值狂生。**傅暢讚曰：王戎，字濬沖。戎爲選官時，江夏李重字茂曾，汝南李毅字茂彦，重以清尚，毅淹而通，二人操異，俱處要職。戎以識會待之，各得其用。夫子，謂范雲；狂生，昉自謂也。梁典曰：范雲爲吏部尚書。又曰：昉爲吏部侍郎。淮南子曰：臺無所鑒〔五〕，謂之狂生。高誘曰：臺，持也。所鑒者玄德，故爲狂生。臺，古握字也。漢書曰：酈食其，人皆謂之狂生。**伊人有涇渭，非余揚濁清。**伊人，謂范雲也。綜核人物，涇、渭殊流，非余狂生能揚清激濁也。毛詩曰：涇以渭濁，湜湜其沚。孫綽曰：涇、渭殊流。雅、鄭異調。曹子建贈丁儀詩曰：涇、渭揚濁清。**將乖不忍別，欲以遣離情。**言將乖之初，不忍便訣，欲留少選之頃，以遺離曠之情也。不忍一辰意，千齡萬恨生。言昔日將乖，不忍一辰之意，況今千齡永隔，萬恨俱生者乎！毛萇詩傳曰：辰，時也。應璩與許子後書曰：前別倉卒，情意不悉，追懷萬恨。已矣平生事，詠歌盈篋笥。新序，孫叔敖曰：筐篋之橐簡書。説文曰：篋，笥也。兼復相嘲謔，常與虛舟值。蒼頡篇曰：啁，調也。字書曰：嘲，亦啁也。毛詩曰：善戲謔兮。莊子曰：方舟而濟於河，有虛舟來觸舟，雖有褊心之人不怒也。何時見范侯，還敍平生意；與子別幾辰，經塗不盈旬。左氏傳曰：日月之會是謂辰，以子丑配甲乙也。經，猶歷也。弗覩朱顏改，徒想平生人。楚辭曰：美人既醉朱顏酡。又曰：容則秀雅稚朱顏〔六〕。寧知安歌日，非君撤瑟晨。楚辭曰：猶憤積而哀娛兮，翔江州而安歌。王逸曰：安意歌兮〔七〕，自寬慰也。儀禮曰：有疾病者，齊撤瑟琴。已矣余何歎，輟舂哀國均。史記，趙良謂商鞅曰：五羖大夫死，秦國男女流涕，舂者不相杵。毛詩曰：尹氏太師，維周之氐，秉國之均，四方是維。毛萇曰：均，平也。

文選考異

〔一〕注「傳舍也」　袁本、茶陵本重「傳」字。案：今釋名「傳，傳舍也」。蓋尤本刪下「舍」字而誤去「傳」字。

〔二〕注「女史曰」　何校「史」下脱「箴」字，陳同。各本皆脱。

〔三〕注「攜手遯于秦」　陳云「于」字衍，是也。各本皆衍。

〔四〕注「孔安國尚書曰」袁本、茶陵本「書」下有「傳」字，是也。

〔五〕注「臺無所鑒」陳云「臺」當作「臺」，下同，是也。各本皆譌。

〔六〕注「又曰容則秀雅稚朱顏」袁本、茶陵本無此九字。

〔七〕注「安意歌今」陳云「今」，「吟」誤，是也。各本皆誤。

贈答一

贈蔡子篤詩　四言　晉官名曰〔一〕：蔡睦，字子篤，爲尚書。

王仲宣

翼翼飛鸞，載飛載東。翼翼，飛貌也。鸞，喻子篤也。楚辭曰：高翺翔之翼翼。毛詩曰：載飛載鳴。我友云徂，言戾舊邦。蔡氏譜曰：睦，濟陽人。毛詩曰：我友敬矣。又曰：周雖舊邦。舫舟翩翩，以泝大江。楚辭曰：將舫舟而下流。舫與方同。蔚矣荒塗，時行靡通。董仲舒士不遇賦曰：懼荒塗而難踐。慨我懷慕，君子所同。毛詩曰：慨我寤歎。封禪書曰：懷而慕思也。悠悠世路，亂離多阻。毛詩曰：悠悠南行。又曰：亂離瘼矣。濟岱江行〔二〕，邈焉異處。濟岱近兗州，子篤所往；江行近荆州，仲宣所居也。風流雲散，一別如雨。鸚鵡賦曰：何今日以雨絶。陳琳檄吳將校曰：雨絶于天。然諸人同有此言，未詳其始。人生實難，願其弗與。張奂與崔子書曰：人生實難，所務非此。瞻望遐路，允企伊佇。毛詩曰：瞻望弗及，佇立以泣。又曰：跂予望之。鄭玄曰：跂足可以望見之。跂與企同。烈烈冬日，肅肅淒風。毛詩曰：冬日烈烈。左氏傳，申豐曰：春無淒風。潛鱗在淵，歸鴈載軒。魚鴈，言時候也。毛詩曰：魚潛在淵。鄭玄曰：寒則逃於淵。史記曰：楚人有好以弱弓微繳，加歸鴈之上。軒，飛貌。苟非鴻鵰，孰能飛飜？因所見而言之。毛詩曰：匪鶉匪鳶，翰飛戾天。毛萇注曰：鶉，鵰也。雖則追慕〔三〕，予思罔宣。法言曰：夫進也者，進於道，慕於德。尚書曰：予思日孜孜。瞻望東路，慘愴增歎。率彼江流，爰逝靡期。毛詩曰：率彼淮浦。君子信誓，不遷于時。毛詩曰：言笑晏晏，信誓旦旦。及子同寮，生死固之。左氏傳曰：先蔑之使也，荀林父止之曰：同官爲寮，吾嘗同寮，敢不盡心乎？何以贈行？言授斯詩。晏子春秋曰：曾子將行，晏子送曰：嬰聞贈人以財，不若以言，請以言乎。夫蘭本三年成，而湛之以酒，則君子不近；湛之麋醢，貨以匹馬，願子剋求所湛。中心孔悼，涕淚漣洏〔四〕。毛詩曰：中心是悼。周易曰：泣血漣如。杜預左氏傳注曰：而，語助也。嗟爾君子，如何勿思！毛詩曰：君子行役，如之何勿思！

文選考異

〔一〕注「晉官名曰」何校「官」上添「百」字，陳同。案：「晉」上當有「魏」字。隋書經籍志，魏晉百官名五卷，晉百官名三十卷並載，皆無撰人名。晉書蔡謨傳曰：「曾祖睦，魏尚書。」可見此所引乃魏晉百官名，而非晉百官名也。各本皆脱。陳又云「所引書名當有誤」，是矣，但失檢隋志耳。

〔二〕濟岱江行　案：「行」當作「衡」。袁本作「衡」字，顯然無疑。今各本并注譌爲「行」，絶不可通。何校云藝文類聚「行」作「衡」，亦是一證。

〔三〕雖則追慕　案：「追」當作「進」。袁本云善作「追」。茶陵本云五臣作「進」。各本所見，皆傳寫誤。善引法言以注「進慕」，是亦作「進」。若作「追慕」，不得云以此專注「慕」字也。凡此等善與五臣無異，袁、茶陵二本據誤字爲校語而失之者，於今所訂正爲一例也。

〔四〕涕泣漣洏　案：「洏」當作「而」。注引杜預左傳注「而，語助也」，善必爲「而」字無疑。贈士孫文始詩「胡不悽而」句，例正同。唯袁、茶陵二本載濟注云「洏亦淚流也」，是五臣乃作「洏」字。今各本所見，皆以五臣亂善耳。祭古冢文「縱鍤漣而」，亦善「而」五臣「洏」，彼未亂之，可爲證矣。凡此等善與五臣截然有異，袁、茶陵二本不著校語而失之者，於今所訂正，爲又一例也。

贈士孫文始 四言

三輔決録趙岐注〔一〕曰：士孫孺子名萌〔二〕，字文始，少有才學，年十五，能屬文。初，董卓之誅也，父瑞，知王允必敗，京師不可居，乃命萌將家屬至荆州依劉表。去無幾，果爲李傕等所殺。及天子都許昌，追論誅董卓之功，封萌爲澹津亭侯。與山陽王粲善，萌當就國，粲等各作詩以贈萌，于今詩猶存也。

王仲宣

天降喪亂，靡國不夷。毛詩曰：天降喪亂，滅我立王。又曰：亂生不夷，靡國不泯。廣雅曰：夷，滅也。我暨我友，自彼京師。爾雅曰：暨，與也。毛詩曰：自彼氐、羌。宗守盪失，越用遁違。杜預左氏傳注曰：越，遠也。鄭玄禮記注曰：遁，逃也。孔安國尚書傳注曰：違，避也。遷于荆楚，在漳之湄。山海經曰：荆山，漳水出焉。毛詩曰：居河之湄。在漳之湄，亦克宴處〔三〕。劉歆七略曰：宴處從容觀詩書。和通篪塤，比德車輔。毛詩曰：伯氏吹塤，仲氏吹篪。毛萇云：土曰塤，竹曰篪。鄭玄曰：其相應和如塤篪。左氏傳曰，宫之奇曰：諺所謂輔車相依，脣亡齒寒，其虞、虢之謂乎。既度禮義，卒獲笑語。毛詩曰：獻酬交錯，禮儀卒度，笑語卒獲。庶兹永日，無愆厥緒。毛詩曰：且以喜樂，且以永日。尚書曰：荒墜厥緒。雖曰無愆，時不我已。鄭玄毛詩箋曰：已，與也。同心離事，乃有逝止。張衡怨詩曰：同心離居，絶我中腸。横此大江，淹彼南汜。楚辭曰：横大江兮揚靈。王逸曰：横度大江，揚己精誠也。毛詩曰：江有汜，之子歸，不我已。我思弗及，載坐載起。毛詩曰：瞻望弗及。張衡怨詩曰：我聞其聲，載坐載起。惟彼南汜，君子居之。論語曰：君子居之，何陋之有？悠悠我心，薄言慕之。毛詩曰：青青子衿，悠悠我心。又曰：采采芣苡，薄言采之。人亦有言，靡日不思〔四〕。毛詩曰：人亦有言，靡哲不愚。又曰：有懷于衛，靡日不思。矧伊嬿婉，胡不悽而？毛詩曰：矧伊人矣。又曰：人無兄弟，胡不比焉？晨風夕逝，託與之期。毛萇詩傳注曰：晨風，鸇也。楚辭曰：因歸鳥而致詞，羌迅高而難當。瞻仰王室，慨其永歎。毛詩曰：瞻仰昊天。尚書曰：以蕃王室。毛詩曰：慨其歎矣。又曰：我思肥泉，玆之永歎。良人在外，誰佐天官？毛詩曰：維此良人，弗求弗迪。尚書曰：天工，人其代之。孔安國曰：人代天理官，不以天官私非其材。四國方阻，俾爾歸蕃。爾之歸蕃，作式下國。毛詩曰：四國于蕃。又曰：俾爾多益。尚書曰：世世享德，萬邦作式。鄭玄毛詩箋曰：式，法也。毛詩曰：命于下國。無曰蠻裔，不虔汝德。賈逵國語注曰：虔，敬也。慎爾所主，率由嘉則。毛詩曰：慎爾出話。又曰：不愆不忘，率由舊章。又曰：仲山甫之德，柔嘉維則。龍雖勿用，志亦靡忒。周易曰：潛龍勿用，陽在下也。鄭玄毛詩箋云：忒，差也。悠悠澹澧，鬱彼唐林。荆州圖曰：漢壽縣城南一百步有澹水，出縣西陽山。又曰：澧陽縣蓋即澧水爲名也，在郡西南接澧水。晉書曰：天門有零陽縣，南平郡有作唐縣。盛弘之荆州記曰：零陵東接作唐。然此三縣連延相接。唐林，即唐地之林也。雖則同域，邈其迴深。爾雅曰：迴，遠也。白駒遠志，古人所箴。允矣君子，不遐厥心。既往既來，無密爾音。毛詩曰：皎皎白駒，在彼空谷。生芻一束，其人如玉。無金玉爾音，而有遐心。又曰：允矣君子，展也大成。

文選考異

〔一〕注「三輔決録趙岐注」　陳云「趙岐」二字衍，岐著三輔決録，晉摯虞作注。下云「於今詩猶存」，即虞自謂作注之時耳。案：所校是也。各本皆誤。

〔二〕注「士孫孺子名萌」　袁本、茶陵本無「孺子名」三字。

〔三〕亦尅宴處　袁本、茶陵本「尅」作「克」，是也。

〔四〕靡日不思　茶陵本「日」作「喆」，云五臣作「哲」。袁本作「哲」，無校語。案：二本所見皆非也，此及上句皆取詩成文，善注因「人亦有言」連引「靡喆不愚」者，猶之因「靡日不思」連引「有懷於衛」耳！與正文無涉也。唯銑注云「哲，智也」，是五臣乃誤作「哲」，又以之亂善。此所見獨不誤，或尤延之知其非而校改之也。

贈文叔良　四言

王仲宣

干寶搜神記曰：文穎，字叔良，南陽人。繁欽集又云：爲荆州從事文叔良作移零陵文。而粲集又有贈叔良詩。獻帝初平中，王粲依荆州劉表，然叔良之爲從事，蓋事劉表也。詳其詩意，似聘蜀結好劉璋也。

翩翩者鴻，率彼江濱。毛詩曰：翩翩者鵻。説文曰：翩翩，飛疾皃。君子于征，爰聘西鄰。毛詩曰：之子于征。西鄰，謂蜀也。臨此洪渚，伊思梁岷。楚辭曰：伊思兮往古。爾往孔邈，如何勿勤？君子敬始，慎爾所主。老子曰：慎終如始，則無敗事。孟子曰：吾聞之，觀近臣以其所爲主，觀遠臣以其所主。趙岐曰：近臣當爲遠方來賢者爲主，遠臣而至，主於在朝臣之賢者也。謀言必賢，錯説申輔。鄭玄禮記注曰：賢，善也。所言説當申相輔也。申或爲車，非也。延陵有作，僑肹是與〔一〕。公孫僑，子産也；羊舌肹，叔向也。左氏傳曰：吳公子札聘于鄭，見子産如舊相識，與之縞帶，子産獻紵衣。適晉，説叔向。將行，謂叔向曰：吾子勉之，君侈而多良，大夫皆富，政將在家。吾子直，必思自免於難也。先民遺跡，來世之矩。毛詩曰：先民有作，温恭朝夕。尚書曰：予恐來世以台爲口實。既慎爾主，亦迪知幾。探情以華，覩著知微。華，喻貌。越絶書，子胥曰：聖人見微知著，覩始知已。視明聽聰，靡事不惟。論語，孔子曰：君子有九思，視思明，聽思聰。字林曰：惟，思也。董褐荷名，胡寧不師？國語曰：吳、晉争長，未成。吳王昏，乃戒令秣馬食士。於是晉師大駭，乃令董褐請事曰：兩君偃兵接好，日中爲期，今大國越境而造於弊邑之軍壘，敢請辭故〔二〕。吳王親對之曰：天子有令，周室既卑，約貢獻莫入，上帝鬼神而不可以之告〔三〕。孤用視聽命〔四〕於藩籬之外。董褐既致命，乃告趙鞅曰：觀吳王之色，類有大憂，小則嬖妾嫡子死，不則國有大難；大則越入吳，將毒，不可與戰，主其許之，然而不可徒許也。趙孟許諾。晉乃令董褐復命曰：曩君之言，周室既卑，諸侯失禮於天子。今君奄王東海，以淫名聞於天下，有短垣而自踰之，况蠻荆則何有於周室？夫諸侯無二君，而周無二王，君若卑天子〔五〕以干其不祥，而曰吳公，孤敢不順從君命長弟。吳王許諾。及退，就幕而會。吳公先歃，晉侯亞之。韋昭曰：董褐，晉大夫司馬寅也。毛詩曰：胡寧忍予？衆不可蓋，無尚我言。家語，金人銘曰：君子知天下之不可蓋也，故下之。廣雅曰：尚，高也。我，叔良也。梧宫致辯，齊楚構患。説苑曰：楚使使者聘於齊，齊王饗之於梧宫。使者曰：大哉梧乎！王曰：江海之魚必吞舟，大國之樹必巨圍，使者何怪焉？使者曰：然昔者燕攻齊，焚雍門，飲馬于淄、澠，定獲於琅邪。王與太后奔莒，逃於成陽之山。敢問當此之時，梧之大小何如？王命陳先生對之，陳子曰：臣不如貂勃。貂勃對曰：使者爲問植梧之始邪？昔楚無道，殺子胥之父。子胥奔吴，吴以爲相。後將兵伐楚，以復父讎。楚王奔隨，吴王入郢，子胥親射宫門，鞭平王之墳。當此之時，梧始生之年也。齊楚於是構怨，遂舉兵相伐也。成功有要，在衆思歡。尚書，帝曰：成允成功，惟汝賢。又曰：有倫有要。人之多忌，掩之實難。左氏傳，秦伯謂公孫枝曰：夷吾其定乎？對曰：今其言多忌克，難哉！瞻彼黑水，滔滔其流。尚書曰：華陽黑水惟梁州。毛詩曰：滔滔江、漢，南國之紀。江漢有卷，允來厥休。言彼二國席卷而來，信汝之美也。言江、漢之君，有席卷之志，信服而來，自是美，非汝之功也〔六〕。漢書，劉敬説高祖曰：今陛下徑往卷蜀漢，定三秦。二邦若否，職汝之由。言彼二國若懷不順，此汝之由。毛詩曰：邦國若否，仲山甫明之。毛萇詩傳曰：若，順也。否，猶臧否也，謂善惡也。左氏傳，范宣子數諸戎曰：言語漏泄，則職汝之由也。緬彼行人，鮮克弗留。少能不留，言多淹留也。賈逵國語注曰：緬，思貌也。左氏傳曰：行人，言使人也。毛詩曰：靡不有初，鮮克有終。尚哉君子，于異他仇。左氏傳，楚子木語晉范武子之德，王曰：尚矣哉，能歆神人。杜預曰：尚者，上也。毛萇詩傳注曰：仇，匹也。人誰不勤？無厚我憂。楚辭曰：惟天地之無窮，哀生民之長勤。我，粲自謂也。惟詩作贈，敢詠在舟。言爲詩以贈者，有在舟之義，憂患同也。鄧析子曰：同舟渡海，中流遇風，救患若一。

文選考異

〔一〕僑肸是與　案：「僑」當作「喬」，注同。茶陵本作「喬」，云五臣作「僑」。袁本作「僑」，用五臣而失著校語。尤所見以五臣亂善，非也。考隸釋三公山碑云喬札季文，議郎元賓碑云有喬宰鄭，皆東漢時書「喬」字無「人」旁之證。羣書亦有之，不悉數。

〔二〕注「敢請辭故」　陳云「辭」，「亂」誤，是也。各本皆譌。

〔三〕注「而不可以之告」　何校刪「之」字，陳同。各本皆衍。

〔四〕注「孤用視聽命」　何校「視」改「親」，陳同。各本皆譌。

〔五〕注「君若卑天子」　陳云「卑」上脱「無」字，是也。各本皆脱。

〔六〕注「言江漢之君」下至「非汝之功也」　袁本、茶陵本無此二十二字。何校云考六臣本即良注。陳云削去爲是。案：所校是也。

贈五官中郎將四首　五言　劉公幹

昔我從元后，整駕至南鄉。元后，謂曹操也。至南鄉，謂征劉表也。尚書曰：衆非元后何戴？張衡思玄賦曰：爰整駕而亟行。毛詩曰：維汝荆楚，居國南鄉。過彼豐沛都，與君共翺翔。豐、沛，漢高祖所居，以喻譙也。君，謂五官也。毛詩曰：將翺將翔。四節相推斥，季冬風且涼。四節，已見潘安仁悼亡詩。周易曰：寒暑相推，而歲成焉。廣雅曰：斥，推也。衆賓會廣坐，明鐙熺炎光。史記，侯嬴曰：公子自是〔一〕迎嬴羣衆廣坐之中。楚辭曰：蘭膏明燭華鐙錯。鐙與燈音義同。廣雅曰：熺，熾也。熺，大明貌，火其切。清歌製妙聲，萬舞在中堂。毛詩曰：公庭萬舞。鄭玄曰：萬舞，干舞也。金罍含甘醴〔二〕，羽觴行無方。毛詩曰：我姑酌彼金罍。楚辭曰：瑶漿密勺實羽觴。長夜忘歸來，聊且爲大康。毛詩曰：無已大康，職思其居。四牡向路馳，歡悦誠未央。四牡，謂驪駒也。漢書，王式曰：聞之於師，客歌驪駒。主人歌無庸歸。音義曰：逸詩篇名也。

余嬰沈痼疾，竄身清漳濱。禮記曰：身有痼疾。説文曰：痼，久也。漢書曰：魏郡武始縣漳水至邯鄲入漳。山海經曰：少山，清漳水出焉，東流于濁漳之水。自夏涉玄冬，彌曠十餘旬。楊雄羽獵賦曰：玄冬季月，天地隆烈。杜預左氏傳注曰：彌，遠也。蒼頡篇曰：曠，疎曠也。常恐遊岱宗，不復見故人。援神契曰：太山，天帝孫也，主召人魂。尚書曰：至于岱宗。太山爲四岳宗也。所親一何篤？步趾慰我身。左氏傳，蔿啓强曰〔三〕：今君親步玉趾。清談同日夕，情眄叙憂勤。毛詩曰：朝夕思念，至於憂勤也。便復爲別辭，遊車歸西隣。西隣，鄴都。素葉隨風起，廣路揚埃塵。逝者如流水，哀此遂離分。論語曰：子在川上曰：逝者如斯夫，不捨晝夜。追問何時會？要我以陽春。楚辭曰：無衣裘以御冬，恐死不得見乎陽春。望慕結不解，貽爾新詩文。蔡邕瞽師賦曰：詠新詩以悲歌。勉哉脩令德，北面自寵珍。左氏傳曰：忠爲令德。北面，臣位也。禮記曰：君之南鄉，答陽之義也。臣之北面，答君之義也。秋日多悲懷，感慨以長歎。毛萇詩傳曰：秋士悲也。終夜不遑寐，敍意於濡翰。毛詩曰：不遑假寐。楚辭曰：魂煢煢兮不遑寐。韋昭漢書注曰：翰，筆也。明鐙曜閨中，清風淒已寒。白露塗前庭，應門重其關。楚辭曰：白露紛以塗。毛詩曰：乃立應門。爾雅曰：正門謂之應門。四節相推斥，歲月忽欲殫。禮記曰：歲既殫矣。壯士遠出征，戎事將獨難。壯士，謂五官也。漢書，高祖曰：壯士行何畏！出征，謂在孟津也。魏志曰：建安十六年，文帝立爲五官中郎將。典略曰：建安二十二年，魏郡大疫，徐幹、劉楨等俱逝。然其間唯有鎭孟津及黎陽，而無所征伐，故疑出征謂在孟津也。以在鄴，故曰出征；以有兵衞，故曰戎事也。涕泣灑衣裳，能不懷所歡？涕泣，幹自謂也〔四〕。

涼風吹沙礫，霜氣何皚皚。易通卦驗曰：巽氣不至，則大風揚沙。礫，小石也。説文曰：皚皚，霜雪貌。劉歆遂初賦曰：漂積雪之皚皚。牛哀切。明月照緹幕，華燈散炎輝〔五〕。緹丹色也。華燈，已見上文。賦詩連篇章，極夜不知歸。論衡曰：興論立説，結連篇章者，文人鴻儒也。君侯多壯思，文雅縱横飛。漢儀注曰：列侯爲丞相，稱君侯。大戴禮曰：天子不知文雅之辭，少師之任。小臣信頑鹵，僶俛安能追？儀禮曰：小臣正辭。李尤東觀賦曰：臣雖頑鹵，慕小雅斯干歎詠之美。僶俛，已見上文。論語曰：參也魯。孔安國曰：魯，鈍也。魯與鹵同。

〔一〕注「公子自是」　案：「是」當作「起」。各本皆誤。

〔二〕金罍含甘醴　袁本、茶陵本云「甘」，善作「其」。案：據校語，五臣乃作「甘」，此作「甘」者，尤延之所改也。注無明文，而第三首云「應門重其關」句，例正同，未必非。善自作「其」字，尤改失之。

〔三〕注「蔿啓強曰」　陳云「強」，「疆」誤，是也。各本皆譌。

〔四〕注「幹自謂也」　何校「幹」改「楨」。案：所改非也。幹即公幹，善注稱人字有此例。

〔五〕華燈散炎輝　案：「燈」當作「鐙」，注同。各本皆譌。第一首、第三首袁、茶陵二本有校語，此首失著，乃誤以五臣「燈」字亂之。

贈徐幹　五言

劉公幹

誰謂相去遠？隔此西掖垣。毛詩曰：誰謂宋遠？跂予望之。洛陽故宮銘曰：洛陽宮有東掖門、西掖門。拘限清切禁，中情無由宣。史記曰：景帝居禁中。禁中者，門户有禁，非侍御不得入。楚辭曰：抒中情而爲詩。思子沈心曲，長歎不能言。毛詩曰：在其板屋，亂我心曲。古詩曰：氣結不能言。起坐失次第，一日三四遷。步出北寺門，遥望西苑園。風俗通曰：尚書、侍御、御史、謁者所止，皆曰寺也。細柳夾道生，方塘含清源。思玄賦曰：旦余沐於清源。輕葉隨風轉，飛鳥何翻翻！楚辭曰：漂翻翻其上下。乖人易感動，涕下與衿連。仰視白日光，皦皦高且懸。毛詩曰：謂余不信，有如皦日。毛萇曰：皦，白也。楚辭曰：晞白日兮皎皎。兼燭八紘内，物類無頗偏。韓子曰：朱孺對衛靈公曰：夫日兼燭天下，一物不能當也。楊雄解嘲云〔一〕：日月之經不千里，則不能燭六合，耀八紘。音義曰：八方之綱維也。尚書曰：無偏無陂，遵王之誼。我獨抱深感，不得與比焉。

文選考異

〔一〕注「楊雄解嘲曰」　案：「嘲」當作「難」。各本皆誤。

贈從弟三首　五言　　劉公幹

汎汎東流水，磷磷水中石。吕氏春秋曰：水泉東流，日夜不休。毛詩曰：楊之水，白石磷磷。毛萇傳曰：清徹也。蘋藻生其涯，華紛何擾弱？采之薦宗廟，可以羞嘉客。蘋藻，以喻從弟也。左氏傳，君子曰：苟有明信，澗谿沼沚之毛，蘋蘩蕰藻之菜，可薦於鬼神，可羞於王公。毛詩曰：所謂伊人，於焉嘉客。豈無園中葵，懿此出深澤。古詩曰：青青園中葵，朝露待日晞。爾雅曰：懿，美也。

亭亭山上松，瑟瑟谷中風。風聲一何盛！松枝一何勁！冰霜正慘愴〔一〕，終歲常端正。楚辭曰：霜露憯悽而交下。豈不羅凝寒〔二〕，松柏有本性。凝，嚴也。莊子曰：天寒既至，雪霜將降，吾是以知松柏之茂也。

鳳凰集南嶽，徘徊孤竹根。鳳生丹穴，故曰南嶽。鄭玄毛詩箋曰：鳳凰之性，非竹實不食。亦喻從弟也。於心有不厭，奮翅凌紫氛。豈不常勤苦？羞與黄雀羣。黄雀，喻俗士也。何時當來儀？將須聖明君。尚書曰：鳳凰來儀。孔安國曰：聖人受命則鳳凰至。

文選考異

〔一〕冰霜正慘愴　茶陵本「愴」作「悽」。案：「悽」字是也，注有明文。袁本作「愴」，與此同誤。

〔二〕豈不羅凝寒　何云「羅」疑作「罹」，陳同。案：各本皆作「羅」，蓋傳寫譌。

文選卷第二十四

贈答二

贈徐幹 五言

曹子建

驚風飄白日，忽然歸西山。夫日麗於天，風生乎地，而言飄者，大浮景駿奔，倏焉西邁，餘光杳杳，似若飄然。古步出夏門行曰：行行復行行，白日薄西山。圓景光未滿，衆星粲以繁。圓景，月也。論衡曰：日月之體，狀如正圓。鄭玄毛詩箋曰：景，明也。釋名曰：望，月滿之名也。論語曰：衆星共之。廣雅曰：粲，明也。志士營世業，小人亦不閑。論語，子曰：志士仁人，無求生以害人。孔叢子曰：仲尼大聖，自茲以降，世業不替。聊且夜行遊，遊彼雙闕間。文昌鬱雲興，迎風高中天。劉淵林魏都賦注曰：文昌，正殿名也。廣雅曰：欝，出也。爾雅曰：興，起也。地理書曰：迎風觀在鄴。列子曰：周穆王築臺號曰中天之臺。春鳩鳴飛棟，流猋激檽軒。爾雅曰：扶搖，謂之飆。郭璞曰：暴風從上下者。猋與飆同，古字通。説文曰：檽，梠間子也。徐幹齊都賦曰：窗檽參差景納陽。軒，長廊之有窗也。顧念蓬室士，貧賤誠足憐。蓬室士，謂徐幹也。蒼頡篇曰：顧，旋也。列子曰：北宮子庇其蓬室，若廣廈之蔭。薇藿弗充虚，皮褐猶不全。墨子曰：古之人其爲食也，足以增氣充虚而已。鄭玄周禮注曰：充，足也。淮南子曰：貧人冬則羊裘短褐，不掩形也。忼慨有悲心，興文自成篇。説文曰：忼慨，壯士不得志於心也。鄭玄考工記注曰：興，發也。寶棄怨何人？和氏有其愆。寶，以喻幹。和氏，喻知己也。韓子曰：楚人和氏得璞玉於楚山之中，奉而獻之武王，武王使玉人相之。玉人曰：石也。跀和氏左足。武王薨，成王即位，和又獻之。玉人又曰：石也。跀其右足。成王薨，文王即位，和乃抱璞而哭於楚山之下，王使玉人理其璞而得寶焉，遂名曰和氏之璧。跀音刖。孔安國尚書傳曰：愆，過也。彈冠俟知己，知己誰不然？言欲彈冠以俟知己，知己誰不同於棄寶，而能相萬乎〔一〕？漢書曰：蕭育與朱博友，往者有王陽、貢公，故長安語曰：蕭、朱結綬，王、貢彈冠。晏子春秋，越石父曰：士者申乎知己。良田無晚歲，膏澤多豐年。良田、膏澤，喻有德也。無晚歲、多豐年，喻必榮也。漢書曰：翟義請陂下良田。國語，子餘曰：君若膏澤之，使能成嘉穀。毛詩曰：豐年穰穰。亮懷璵璠美，積久德逾宣。爾雅曰：亮，信也。蒼頡篇曰：懷，抱也。左氏傳曰：季平子行東野，還未至，卒于房。陽虎將以璵璠斂。杜預曰：璵璠，美玉，君所佩也。璵音餘。璠音煩。親交義在敦，申章復何言！莊子曰：親交益疏。孔安國尚書傳曰：敦，厚也。又曰：申，重也。

文選考異

〔一〕注「而能相萬乎」 何校「萬」改「薦」，陳同。各本皆譌。

贈丁儀 五言 集云與都亭侯丁翼，今云儀，誤也。魏略曰：丁儀，字正禮。太祖辟儀爲掾。

曹子建

初秋涼氣發，庭樹微銷落。漢書，孝武傷李夫人賦曰：桂枝落而銷亡。凝霜依玉除，清風飄飛閣。楚辭曰：漱凝霜之紛紛。字書曰：凝，冰堅也。玉除，階也。説文曰：除，殿階也。西都賦曰：玉除彤庭〔一〕。又曰：脩塗飛閣。朝雲不歸山，霖雨成川澤。廣雅曰：八月浮雲不歸。左氏傳曰：凡雨自三日已往爲霖。黍稷委疇隴，農夫安所獲？王逸楚辭注曰：委，棄也。説文曰：疇，耕治之田也。毛詩曰：帥時農夫。在貴多忘賤，爲恩誰能博？言俗之常情也。狐白足禦冬，焉念無衣客？言服狐白者不念無衣，以喻處尊貴者多忘貧賤也。晏子春秋曰：景公之時，雨雪三日，公被狐白之裘，坐於堂側，謂晏子曰：雨雪三日，天下不寒，何也？晏子曰：賢君飽知人飢，温知人寒。楚辭曰：無衣裘以禦冬。毛詩曰：無衣無褐，何以卒歲？思慕延陵子，寶劍非所惜。言延陵不欺於死，而況其生者乎？故已思慕之，冀異於俗也。新序曰：延陵季子將西聘晉，帶寶劍以過徐君，徐君不言而色欲之。季爲有上國之事，未獻也，然心許之矣。致使於晉，顧反，則徐君死，於是以劍帶徐君墓樹而去。廣雅曰：惜，愛也。子其寧爾心，親交義不薄。

文選考異

〔一〕注「玉除彤庭」　案：「除」當作「階」。各本皆譌。但引以注「玉」字，其「除」即是「階」，上已注訖。不知者用正文「玉除」改之，非也。後贈何劭王濟詩注引不誤，亦可證。或又因此欲改西都賦作「除」，則益非矣。

贈王粲 五言

曹子建

端坐苦愁思，攬衣起西遊〔一〕。古詩曰：攬衣起徘徊。樹木發春華，清池激長流。中有孤鴛鴦，哀鳴求匹儔。鴛鴦，喻粲也。毛萇詩傳曰：鴛鴦，匹鳥也。楚辭曰：覽可與兮匹儔。我願執此鳥，惜哉無輕舟。言願執鳥而無輕舟，以喻己之思粲而無良會也。賈逵國語注曰：惜，痛也。戰國策，蘇代曰：水浮輕舟。欲歸忘故道，顧望但懷愁。傅毅七激曰：無物可樂，顧望懷愁。鄭玄毛詩箋曰：迴首曰顧。悲風鳴我側，羲和逝不留。楚詞曰：哀江介之悲風。又曰：吾令羲和弭節兮。王逸曰：羲和，日御也。墨子曰：時不可及，日不可留。重陰潤萬物，何懼澤不周？重陰，以喻太祖。蔡邕月令章句曰：陰者，密雲也。誰令君多念，自使懷百憂。毛詩曰：我生之後，逢此百憂。

文選考異

〔一〕攬衣起西遊　袁本「攬」下有校語云善作「攬」。茶陵本則云五臣作「攬」。案：此悉傳寫誤耳，無論善自作「攬」，即五臣亦未始作「攬」也。

又贈丁儀王粲　五言　曹子建

集云：答丁敬禮、王仲宣。翼字敬禮，今云儀，誤也。

從軍度函谷，驅馬過西京。魏志曰：建安二十年，公西征張魯。漢書，弘農縣故秦函谷關。毛詩曰：驅馬悠悠。山岑高無極，涇渭揚濁清。毛萇詩傳曰：涇、渭相入，而清濁異。壯哉帝王居，佳麗殊百城。漢書曰：高祖南過曲逆，曰：壯哉縣。高誘戰國策注曰：佳，大也。麗，美也。謝承後漢書曰：黄琬拜豫州，威邁百城。員闕出浮雲，承露槩泰清。西京賦曰：圜闕竦以造天。淮南子曰：魏闕之高，上際青雲。西都賦曰〔一〕：抗仙掌與承露〔二〕。廣雅曰：扢，摩也。槩與扢同，古字通。鶡冠子曰：上及泰清，下及太寧。皇佐揚天惠，四海無交兵。皇佐，太祖也。邊讓章華賦曰：建皇佐之高勳，飛仁聲之顯赫。左氏傳，箴尹克黄曰：君，天也。家語，孔子曰：君惠臣忠。楚漢春秋，吴廣説陳涉曰：王引兵西擊，則野無突兵。**權家雖愛勝，全國爲令名。**權家，兵家也。史記曰：吕尚其事多兵權與奇計。孫子兵法曰：用兵法，全國爲上，破國次之。左氏傳，子産曰：令名，德之輿也。鄭玄禮記注曰：名，令聞也。**君子在末位，不能歌德聲。**君子，謂丁、王也。琴操曰：古者君子在位，役不踰時。德聲，謂太祖令德之聲也。**丁生怨在朝，王子歡自營。歡怨非貞則，中和誠可經。**言歡怨雖殊，俱非忠貞之則，惟有中和樂職，誠可謂經也。漢書，王襄使王褒作中和樂職宣布詩。如淳曰：言王政中和，在官者樂其職。鄭玄周禮注曰：經，法也。

文選考異

〔一〕注「西都賦曰」　袁本、茶陵本「賦」作「賓」，是也。又後贈張華答何劭詩注皆然。

〔二〕注「抗仙掌與承露」　茶陵本「抗」作「抗」。案：涉下而誤也。袁本作「抗」，與此同，不誤。引之但注「承露」，其以下方注「槩」字，或因據此誤字反欲改西都賦，則謬矣。聊出之於尤本，無施也。「與」，賦作「以」。

贈白馬王彪　五言

魏志曰：楚王彪，字朱虎，武帝子也。初封白馬王，後徙封楚。集曰：於圈城作。又曰：黄初四年五月，白馬王、任城王與余俱朝京師，會節氣，日不陽〔一〕，任城王薨。至七月，與白馬王還國。後有司以二王歸蕃，道路宜異宿止，意毒恨之。蓋以大别在數日，是用自剖，與王辭焉，憤而成篇。

曹子建

謁帝承明廬，逝將歸舊疆。陸機洛陽記曰：承明門，後宫出入之門，吾常怪謁帝承明廬，問張公，云：魏明帝作建始殿，朝會皆由承明門。毛詩曰：逝將去汝。舊疆，鄄城也。時植雖封雍丘，仍居鄄城。清晨發皇邑，日夕過首陽。陸機洛陽記曰：首陽山在洛陽東北，去洛二十里。伊洛廣且深，欲濟川無梁。楚詞曰：道壅塞而不達，江河廣而無梁。汎舟越洪濤，怨彼東路長。國語曰：秦汎舟于河。西京賦曰：起洪濤而揚波。顧瞻戀城闕，引領情内傷。其一。毛詩曰：顧瞻周道。又曰：在城闕兮。左氏傳，穆叔謂晉侯曰：引領西望，曰庶幾乎！楚詞曰：永懷兮内傷。太谷何寥廓，山樹鬱蒼蒼。薛綜東京賦注曰：太谷在洛陽西南。風俗通曰：泰山松樹，鬱鬱蒼蒼。霖雨泥我塗，流潦浩縱横。魏志曰：黄初四年七月，大雨，伊、洛溢流。毛萇詩傳曰：行潦，流潦也。中逵絶無軌，改轍登高岡。毛詩曰：肅肅兔罝，施於中逵。廣雅曰：軌，迹也。脩坂造雲日，我馬玄以黄。其二。毛詩曰：陟彼高岡，我馬玄黄。毛萇曰：玄馬病則黄。玄黄猶能進，我思鬱以紆。楚詞曰：願假簧以舒憂，志紆鬱其難釋。王逸曰：紆，屈也。鬱，愁也。鬱紆將難進〔二〕，親愛在離居。楚詞曰：將以遺兮離居。本圖相與偕，中更不克俱。毛萇詩傳曰：偕，俱也。鴟梟鳴衡軛，豺狼當路衢。鴟梟、豺狼，以喻小人也。毛詩曰：懿厥哲婦，爲梟爲鴟。漢書，杜文謂孫寶曰：豺狼當路，不宜復問狐狸。公羊傳曰：楚莊王伐鄭，放乎路衢。何休注曰：路衢，郭内衢也。蒼蠅間白黑，讒巧令親疎。毛詩曰：營營青蠅，止於樊。鄭玄曰：蠅之爲蟲，汙白使黑，汙黑使白。喻佞人變亂善惡也。廣雅曰：間，毁也。欲還絶無蹊，攬轡止踟躕。其三。楚辭曰：攬騑轡而下節。毛詩曰：搔首踟躕。踟躕亦何留〔三〕？相思無終極。漢書，息夫躬絶命詞曰：嗟若是欲何留也。秋風發微涼，寒蟬鳴我側。蔡邕月令章句曰：寒蟬應陰而鳴，鳴則天涼，故謂之寒蟬也。原野何蕭條，白日忽西匿。楚辭曰：山蕭條而無獸。又曰：日杳杳而西頹。歸鳥赴喬林，翩翩厲羽翼。毛詩曰：翩翩者鵻。厲，疾貌。孤獸走索羣，銜草不遑食。尚書曰：不遑暇食。感物傷我懷，撫心長太息。其四。廣雅曰：感，傷也。古詩曰：感物懷所思。列子曰：師襄乃撫心高蹈。楚辭曰：長太息以掩涕。太息將何爲？天命與我違。鄭玄周易注曰：命，所受天命也。楚辭曰：屬天命而委之咸池。王逸曰：咸池，天神也。古詩曰：同袍與我違。毛萇詩傳曰：違，離也，謂不耦也。奈何念同生，一往形不歸。魏志曰：武皇帝卞皇后生任城王彰、陳思王植。左氏傳曰：鄭罕、駟、豐同生。杜預曰：罕，子皮。駟，子晳。豐，公孫段也。三家本同母兄弟也。漢書，武帝詔曰：梁王親慈同生，願以邑分弟。孤魂翔故城，魏志城作域〔四〕。靈柩寄京師。漢書，貢禹上書曰：骸骨棄捐，孤魂不歸。存者忽復過，亡没身自衰。人生處一世，去若朝露晞。漢書，李陵謂蘇武曰：人生如朝露，何久自苦如此！薤露歌曰：薤上零露何易晞！毛萇詩傳曰：晞，乾也。年在桑榆間，影響不能追。日在桑榆，以喻人之將老。東觀漢記，光武曰：失之東隅，收之桑榆。仲長子昌言曰：捷疾馳影響人間也。

自顧非金石，咄唶令心悲。其五。鄭玄毛詩箋曰：顧，念也。古詩曰：人生非金石，豈能長壽考？說文曰：咄，叱也，丁兀切。聲類曰：唶，大呼也，子夜切。言人命叱呼之間，或至大喪也。心悲動我神，棄置莫復陳。丈夫志四海，萬里猶比隣。恩愛苟不虧，在遠分日親。鄧析子曰：遠而親者，志相應也。分，猶志也。何必同衾幬，然後展慇勤。毛詩曰：抱衾與裯。毛萇曰：衾，被也。鄭玄曰：裯，床帳也。幬與裯古字同。憂思成疾疹，無乃兒女仁。毛詩曰：心之憂矣，疹如疾首。史記曰：呂公謂呂媪曰：非兒女之所知。又，韓信謂漢祖曰：項王所謂婦人之仁也。倉卒骨肉情，能不懷苦辛。其六。李陵書曰：前書倉卒。骨肉，謂兄弟也。蘇子卿詩云：骨肉緣枝葉。古詩又曰：轗軻長苦辛。苦辛何慮思？天命信可疑。虛無求列仙，松子久吾欺。班固楚辭序曰：帝閽宓妃，虛無之語。論衡曰：傳稱赤松、王喬好道爲仙，度世不死，是又虛也。魏武帝善哉行曰：痛哉世人，見欺神仙。變故在斯須，百年誰能持？漢書，谷永曰：三郡所奏，皆有變故。鄭玄周禮注曰：故，災也。禮記，君子曰：禮樂不可斯須去身。鄭玄曰：斯須，猶須臾也。古詩曰：生年不滿百。呂氏春秋曰：人之壽久不過百。離別永無會，執手將何時？蔡琰詩曰：念別無會期。毛詩曰：執子之手，與子偕老。王其愛玉體，俱享黄髮期。七發曰：太子玉體不安。東觀漢記，太子執報桓榮書曰〔五〕：君慎疾加湌，重愛玉體。杜預左氏傳注曰：享，受也。尚書曰：詢茲黄髮。收淚即長路，援筆從此辭。其七。韓詩外傳曰：孫叔敖治楚三年，而楚國霸。楚史援筆而書於策。蘇武詩曰：去去從此辭。

文選考異

〔一〕注「日不陽」 袁本、茶陵本「日不」作「到洛」，是也。

〔二〕鬱紆將難進 茶陵本云「難進」，五臣作「何念」。袁本云善作「難進」。何校云「難進」當從魏氏春秋作「何念」。案：此恐善本傳寫有誤。

〔三〕踟蹰亦何留 袁本、茶陵本云「何」善作「可」。案：二本所見非也，善自作「何」，注有明文，此不誤，或尤校改之也。

〔四〕孤魂翔故城注「魏志城作域」 袁本、茶陵本無注「魏志城作域」五字，正文皆作「域」。茶陵本有校語云善作「城」。袁本無。案：「魏志城作域」五字當是，或記於旁，尤誤取添入注，故此處修改之迹尚存也。善作「城」，無明文，恐尤及茶陵所見傳寫有誤，而袁所見爲未誤也。

〔五〕注「太子執報桓榮書曰」 案：「執」字不當有。各本皆衍。太子，漢明帝也，在范蔚宗書桓榮傳。

贈丁翼 五言 曹子建

文士傳曰：翼字敬禮，儀之弟也，爲黄門侍郎。

嘉賓填城闕，豐膳出中厨。鄭玄禮記注曰：填，滿也。毛詩曰：我有嘉賓。城闕，已見上文。吾與二三子，曲宴此城隅。論語，子曰：二三子以我爲隱乎？吾無隱乎爾。毛詩曰：俟我於城隅。秦筝發西氣，齊瑟揚東謳。楚辭曰：挾秦筝而彈徵。歌録有美女篇齊瑟行。史記，蘇秦説秦王曰：臨菑甚富，其民無不吹竽鼓瑟。説文曰：謳，齊歌也。肴來不虚歸，觴至反無餘。我豈狎異人？朋友與我俱。毛詩曰：豈伊異人？兄弟匪他。爾雅曰：狎，習也。毛詩序曰：伐木，燕朋友故舊也。大國多良材，譬海出明珠。禮斗威儀曰：其君乘金而王，則江海出大貝明珠。君子義休偫，小人德無儲。言君子之義，美而且具。小人之德，寡而無儲也。説文曰：偫，待也。一曰具也。儲，謂蓄積之以待無也。積善有餘慶，榮枯立可須。周易曰：積善之家，必有餘慶。孔安國尚書傳曰：須，待也。滔蕩固大節，世俗多所拘〔一〕。淮南子曰：使神滔蕩而不失其充。又曰：曲士不可與語至道，拘於俗而束於教。君子通大道，無願爲世儒。論衡曰：説經者爲世儒。

文選考異

〔一〕世俗多所拘　袁本、茶陵本「世」作「時」，是也。

贈秀才入軍五首 四言

集云：兄秀才公穆入軍贈詩。劉義慶集林曰：嵇熹，字公穆，舉秀才。

嵇叔夜

良馬既閑，麗服有暉。毛詩曰：良馬四之。又曰：君子之馬，既閑且馳。鄭玄曰：閑，習也。廣雅曰：麗，好也。楊雄反騷曰：素初貯厥麗服兮。左攬繁弱，右接忘歸。新序曰：楚王載繁弱之弓，忘歸之矢，以射兕於雲夢。風馳電逝，躡景追飛。四子講德論曰：風馳雨集，雜襲並至。孫該琵琶賦曰：飄風電逝，舒疾無方。七啓曰：忽躡景而輕騖。凌厲中原，顧盼生姿〔一〕。劉歆遂初賦曰：登句注以凌厲。廣雅曰：凌，馳也。厲，上也。風俗通曰：顔色厚所顧盼，若以親密也。攜我好仇，載我輕車。毛詩曰：君子好仇。南凌長阜，北厲清渠。廣雅曰：凌，乘也。王逸楚辭注曰：厲，度也。仰落驚鴻，俯引淵魚。盤于遊田，其樂只且。西京賦曰：盤于游畋，其樂只且。

輕車迅邁，息彼長林。春木載榮，布葉垂陰。習習谷風，吹我素琴。毛詩曰：習習谷風。秦嘉婦徐氏書曰：芳香既珍，素琴又好。咬咬黄鳥，顧疇弄音。毛詩曰：交交黄鳥。古歌曰：黄鳥鳴相追，咬咬弄好音。感悟馳情，思我所欽。古詩曰：馳情整中帶。心之憂矣，永嘯長吟。毛詩曰：心之憂矣，我歌且謡。杜篤連珠曰：能離光明之顯，長吟永嘯。

浩浩洪流，帶我邦畿。毛萇詩傳曰：畿，疆也。萋萋緑林，奮榮揚暉。魚龍瀺灂，山鳥羣飛。樂動聲儀曰：風雨動魚龍，仁義動君子。上林賦曰：瀺灂賈墜。劉向七言曰：山鳥羣鳴我心懷。駕言出遊，日夕忘歸。毛詩曰：駕言出遊。楚辭曰：日將暮兮悵忘歸。思我良朋，如渴如飢。毛詩曰：每有良朋。曹植責躬詩曰：遲奉聖顏，如渴如飢。願言不獲，愴矣其悲。張衡詩曰：願言不獲，終然永思。曹植責躬詩曰：心之云慕，愴矣其悲。

息徒蘭圃，秣馬華山。蘭圃，蕙圃也。毛詩曰：之子于歸，言秣其馬。毛萇詩傳曰：秣，養也。華山，山有光華也。流磻平皋，垂綸長川。説文曰：磻，以石著弋繳也。鄭玄毛詩箋曰：釣者，以絲爲之綸。目送歸鴻，手揮五絃。漢書曰：周亞夫趨出，上以目送之。歸田賦曰：彈五絃於妙指。俯仰自得，游心泰玄。楚辭曰：漠虛静以恬愉兮，澹無爲而自得。泰玄，謂道也。淮南子曰：自得者，全其身者也。全其身，則與道爲一矣。嘉彼釣叟，得魚忘筌。莊子曰：莊子釣於濮水之上。又曰：筌者，所以得魚也〔二〕，得魚而忘筌。蹄者，所以在兔也，得兔而忘蹄。言者，所以在意也，得意而忘言。吾焉得夫忘言之人而與之言哉？郢人逝矣，誰與盡言？莊子曰：莊子送葬，過惠子之墓，顧謂從者曰：郢人堊漫其鼻端，若蠅翼，使匠石斲之，匠石運斤成風，聽而斲之〔三〕，盡堊而鼻不傷，郢人立不失容。宋元君聞之，召匠石曰：嘗試爲寡人爲之。匠石曰：臣則嘗能斲之〔四〕。雖然，臣質死久矣。自夫子之死也，吾無以爲質矣，吾無與言之矣。

閑夜肅清，朗月照軒。舞賦曰：夫何皦皦之閑夜，明月列以施光。軒，已見曹子建贈徐幹詩注。微風動袿，組帳高褰。方言曰：袿謂之裾，音圭，袿或爲幃。周禮曰：幕人掌帷幕幄帟綬之事。鄭司農曰：帟，平帷也〔五〕。綬，組綬，所以繫帷也。王逸楚詞注曰：以幕組結束玉璜爲帷帳也。旨酒盈樽，莫與交歡。毛詩曰：旨酒欣欣。漢書曰：郭解入關，賢豪争交歡。鳴琴在御，誰與鼓彈？毛詩曰：琴瑟在御，莫不静好。仰慕同趣，其馨若蘭。六韜曰：同好相趣。薛綜西京賦注曰：趣，猶意也。易曰：同心之言，其臭如蘭。佳人不在，能不永歎！楚辭曰：聞佳人兮召予。毛詩曰：假寐永歎。

文選考異

〔一〕顧盼生姿　袁本、茶陵本「盼」作「眄」，注同。案：「眄」字是也。「眄」爲「眄」之別體字，不知者多改爲「盻」。茶陵改刻如此，後又誤成「盼」也。

〔二〕注「所以得魚也」　何校「得」改「在」，陳同。各本皆譌。

〔三〕注「聲而斲之」　何校「聲」改「聽」，陳同。各本皆譌。

〔四〕注「臣則當能斲之」　袁本「當」作「嘗」，是也。茶陵本亦誤「當」。

〔五〕注「帟平帷也」　何校「帷」改「帳」，是也。此節注袁、茶陵二本多脱字，不具論。

贈山濤　五言

司馬紹統

臧榮緒晉書曰：司馬彪，字紹統，少篤學，初拜騎都尉，太始中爲秘書郎，轉丞，後拜散騎侍郎，終於家。

苕苕椅桐樹，寄生於南岳。椅桐，彪自喻也。毛詩曰：其桐其椅，其實離離。馬融琴賦曰：惟椅梧之所生，在衡山之峻陂。上凌青雲霓，下臨千仞谷。蒼頡篇曰：凌，侵也。吕氏春秋曰：若決積水於千仞之谿。包咸論語注曰：七尺曰仞。處身孤且危，於何託余足？毛詩序曰：孤危將亡。漢書，賈山上書曰：不得邪徑而託足焉。昔也植朝陽，傾枝俟鸞鷟。毛詩曰：鳳凰鳴矣，于彼高岡；梧桐生矣，于彼朝陽。鄭玄曰：鳳凰之性，非梧桐不棲，非竹實不食也。説文曰：鸑鷟，鳳屬，神鳥也。今者絶世用〔一〕，倥偬見迫束。新語曰：楩梓仆則爲世用。楚辭曰：悲余生之無歡兮，愁倥偬於山陸。王逸曰：倥偬，困苦也。班匠不我顧，牙曠不我録。班匠及牙曠，皆喻執政也。墨子曰：公輸般爲雲梯。鄭玄禮記注曰：般，伎巧者也。莊子曰：匠石之齊，見櫟杜樹，匠伯不顧。司馬彪曰：匠石字伯。鄭玄毛詩箋曰：顧，視也。列子曰：伯牙善鼓琴。左氏傳曰：師曠侍於晉侯。杜預曰：師曠，晉樂太師。焉得成琴瑟，何由揚妙曲？桓子新論曰：黄門工鼓琴者，有任真卿、虞長倩，能傳其度數，妙曲遺聲。冉冉三光馳，逝者一何速！廣雅曰：冉冉，進也。淮南子曰：夫道含吐陰陽，而章三光。許慎曰：三光，日、月、星也。逝者，見下注。中夜不能寐，撫劍起躑躅。毛詩曰：耿耿不寐。左氏傳曰：子朱怒，撫劍從之。説文曰：躊躕，住足也。躑躅與躊躕同。感彼孔聖歎，哀此年命促。春秋説題辭曰：天嘗有血書魯端門作法，孔聖没，周室亡。論語曰：子在川上曰：逝者如斯！司馬遷悲士不遇賦曰：天道悠昧人理促。卞和潛幽冥，誰能證奇璞？卞和，已見上文。冀願神龍來，揚光以見燭。神龍，喻濤也。山海經曰：赤水之山有神，人面蛇身，其瞑乃晦，其視乃明，是燭九陰，是謂燭龍。

文選考異

〔一〕今者絶世用　袁本、茶陵本有校語云「用」善作「人」。案：二本所見非也。注有明文，此不誤，或亦尤校改。

答何劭二首　五言　　張茂先

吏道何其迫？窘然坐自拘。班彪與金昭卿書曰：遠在東垂，吏道迫促。鵩鳥賦曰：愚士繫俗，窘若囚拘。纓緌爲徽纆，文憲焉可踰？纓緌制人，同於徽纆。國之文憲，豈可踰乎？禮記曰：冠緌纓。鄭玄曰：緌，纓飾也。周易曰：繫用徽纆。孔安國尚書傳曰：憲，法也。恬曠苦不足，煩促每有餘。廣雅曰：恬，静也。蒼頡篇曰：曠，疏曠也。良朋貽新詩，示我以遊娱。良朋，已見上文。徐幹贈五官中郎將詩曰：

貽爾新詩。又〔一〕思玄賦曰：雖遊娱以媮樂。穆如灑清風，奂若春華敷。毛詩曰：吉父作誦，穆如清風。淮南子曰：猶條風之時灑。答賓戲曰：摛藻如春華。自昔同寮寀，於今比園廬。臧榮緒晉書曰：惠帝即位，劭爲太子太師。又曰：武帝崩，華爲太子少傅。然考乎其時，事正相接，故曰同寮也。左氏傳曰：先蔑之使也，荀林父止之曰：同官爲寮，吾嘗同寮，敢不盡心乎？爾雅曰：采，僚官也。南都賦曰：園廬，舊宅也。衰夕近辱殆，庶幾並懸輿。王逸楚辭注曰：夕以喻衰。言日夕將暮己已衰。老子曰〔二〕：知足不辱，知止不殆。漢書曰：薛廣德乞骸骨，賜安車駟馬，懸其安車，傳子傳孫也。散髮重陰下，抱杖臨清渠。鍾會遺榮賦曰：散髮抽簪。屬耳聽鶯鳴，流目翫儵魚〔三〕。毛詩曰：耳屬于垣。鄭玄曰：屬耳於壁聽之。又儀禮注曰：屬，注也。毛詩曰：鶯其鳴矣。思玄賦曰：流目眺夫衡阿。翫，猶悦也。莊子曰：儵魚出遊從容，是魚樂也。從容養餘日，取樂於桑榆。漢書，疎廣曰：此金者，聖主所以惠養老臣也；故樂與鄉黨共饗其賜，以盡吾餘日，不亦可乎？桑榆，已見上文。

洪鈞陶萬類，大塊稟羣生。洪鈞，大鈞，謂天也。大塊，謂地也。言天地陶化萬類，而羣化稟受其形也。鵩鳥賦曰：大鈞播物。廣雅曰：陶，化也。河圖曰：地有九州，以苞萬類。莊子曰：大塊載我以形，勞我以生。孔安國尚書傳曰：稟，受也。漢書，董仲舒對策曰：羣生和而萬物殖。明闇信異姿，靜躁亦殊形。劉歆遂初賦曰：非積習之生常，固明闇之所別。老子曰：重爲輕根，靜爲躁君。王弼曰：凡物輕不能載重，小不能鎮大，不行者使行，不動者制動；是以重必爲輕根，靜必爲躁君。自予及有識，志不在功名。李陵與蘇武書曰：陵自有識以來，士之立操未有如子卿者也。呂氏春秋曰：功名大立，天也。虛恬竊所好，文學少所經。楚辭曰：漠虛静以恬愉。忝荷既過任，白日已西傾。白日西傾，以喻年老也。洛神賦曰：日既西傾。道長苦智短，責重困才輕。論語，曾子曰：士不可以不弘毅，任重而道遠。仁以爲己任，不亦重乎？死而後已，不亦遠乎？呂氏春秋曰：智短則不知化，不知化者每舉必危。范曄後漢書，劉寬曰：任重責大，憂心如醉。曹植上表曰：爵重才輕。周任有遺規，其言明且清。論語，孔子云：周任有言，曰：陳力就列，不能者止。馬融曰：周任，古之良史。子思子，詩云：昔吾有先正，其言明且清。國家以寧，都邑以成。負乘爲我戒，夕惕坐自驚。周易曰：負且乘，致寇至。負也者，小人之事也；乘也者，君子之器也。小人乘君子之器，盜思奪之矣。又曰：夕惕若厲。孔安國尚書傳曰：惕，懼也。是用感嘉貺，寫心出中誠。感，猶荷也。魏文帝書曰：嘉貺益腆。發篇雖温麗，無乃違其情。西都賦曰：啓發篇章。漢書曰：司馬相如作賦，甚弘麗温雅。廣雅曰：違，背也。

文選考異

〔一〕注「貽爾新詩又」　陳云「又」，「文」誤，是也。各本皆譌。

〔二〕注「己已衰老子曰」　袁本、茶陵本「老」下有「也老」二字，是也。

〔三〕流目翫儵魚　茶陵本「儵」作「鯈」，注同。案：「鯈」字是也。考莊子釋文作「鯈」，爾雅釋文作「鯈」。陸於秋水篇引説文「直留反」，謂「魚部鯈字音」。然則「鯈」是，「儵」非也。袁本亦誤「儵」，其注作「儵」，仍不誤。

贈張華 五言

何敬祖

四時更代謝，懸象迭卷舒。孫卿子曰：日月遞照，四時代御。淮南子曰：二者代謝舛馳。周易曰：懸象著明，莫大乎日月。淮南子曰：陰陽贏縮卷舒，淪於不測。暮春忽復來，和風與節俱。論語曰：暮春者，春服既成。毛詩曰：習習谷風。毛萇傳曰：習習，和舒之貌。楊泉物理論曰：春氣臑，其風温和。俯臨清泉涌，仰觀嘉木敷。西都賦曰：嘉木樹庭。周旋我陋圃，西瞻廣武廬。臧榮緒晉書曰：吴滅，封張華廣武侯。左氏傳：太史克曰：奉以周旋。既貴不忘儉，處有能存無。毛萇詩傳曰：有謂富，無謂貧。鎮俗在簡約，樹塞焉足摹？周易曰：簡則易從。廣雅曰：約，儉也。論語曰：或問管仲知禮乎？孔子曰：邦君樹塞門，管氏亦樹塞門。在昔同班司，今者並園墟。同班司，已見張華答詩。私願偕黄髮，逍遥綜琴書。黄髮，已見上文。王肅周易注曰：綜，理事也。劉歆遂初賦曰：玩琴書以條暢。舉爵茂陰下，攜手共躊躇。韓詩曰：搔首躊躇。薛君曰：躊躇，躑躅也。奚用遺形骸？忘筌在得魚。莊子曰：申徒，兀者，謂子産曰：吾與夫子遊十有九年矣，而未曾知吾兀者也。今子與我遊於形骸之內，而子索我於形骸之外，不亦過乎？得魚忘筌，已見上文。

贈馮文羆遷斥丘令 四言

晉百官名曰：外兵郎馮文羆。集云：文羆爲太子洗馬，遷斥丘令，贈以此詩。闞駰十三州記曰：斥丘縣在魏郡東八十里。

陸士衡

於皇聖世，時文惟晉。毛詩曰：於皇時周。周禮，栗氏量銘曰：時文思索。鄭玄曰：言是文德之君，思求可以爲人立法也。受命自天，奄有黎獻。謂武帝也。毛詩曰：有命自天，命此文王。又曰：奄有四方。毛萇曰：奄，大也。尚書曰：萬邦黎獻，共惟帝臣。孔安國曰：黎，衆也。獻，賢也。閶闔既闢，承華再建。謂惠帝也。晉宮閣名曰：洛陽城閶闔門。陸機洛陽記曰：太子宮在太宮東，薄室門外，中有承華門。再建，謂立愍懷太子國儲，以對閶闔，故謂之再也。明明在上，有集惟彥。其一。毛詩曰：明明在下，赫赫在上。奕奕馮生，哲問允迪。方言曰：自關而西，凡美容謂之奕奕。尚書曰：允迪厥德，謨明弼諧。孔安國曰：迪，蹈也。言信蹈行古人之德。天保定子，靡德不鑠。毛詩曰：天保定爾，亦孔之固。劇秦美新曰：鑠德懿和之風。爾雅曰：鑠，美也。邁心玄曠，矯志崇邈。爾雅曰：邁，行也。王逸楚辭注曰：矯，舉也。爾雅曰：崇，高也。遵彼承華，其容灼灼。其二。毛詩曰：桃之夭夭，灼灼其華。嗟我人斯，戢翼江潭。毛詩曰：嗟我懷人。又曰：彼何人斯。又曰：鴛鴦在梁，戢其左翼。楚辭曰：遊於江潭。有命集止，翩飛自南。周易曰：大君有命。毛詩曰：有命既集。又曰：翩飛惟鳥。又曰：凱風自南。出自幽谷，及爾同林。謂俱爲洗馬也。臧榮緒晉書曰：楊駿誅，徵機爲太子洗馬。毛詩曰：出自幽谷，遷于喬木。雙情交映，遺物識心。其三。映，猶照也。人亦有言，交道實難。毛詩曰：人亦有言，靡哲不愚。漢書曰：蕭育與朱博後有隙，故世以交爲難也。有頍者弁，千載一彈。毛詩曰：有頍者弁，實維伊何。毛萇曰：頍，弁貌也。弁，皮弁也。彈冠，已見上文。杜預左氏傳注曰：弁，亦冠也，故通言之。頍，丘蘂切，與跬同音。今我與子，曠世齊歡。言我及子雖與王貢曠世，而實齊其歡也。范曄後漢，班固議曰：以漢興已來〔一〕，曠世歷年。廣雅曰：曠，遠也。利斷金石，氣惠秋蘭。其四。周易曰：二人同心，其利斷金。同心之言，其臭如蘭。羣黎未綏，帝用勤止。毛詩曰：羣黎百姓。長楊賦曰：羣黎爲之不康。毛詩曰：文王既勤止，我應受之。我求明德，肆于百里。毛詩，我求懿德，肆于時夏。鄭玄曰：肆，陳也，陳其功烈也。漢書曰：縣大率百里，其人稠則盛，稀則曠也。僉曰爾諧，俾民是紀。尚書：僉曰垂哉，帝曰汝諧。毛詩曰：四方是維，俾民不迷。鄭玄毛詩箋曰：以綱罟喻爲政。理之爲紀也。乃眷北徂，對揚帝祉。其五。毛詩曰：乃眷西顧。又曰：對揚王休。又曰：既受帝祉，施于孫子。疇昔之遊，好合纏綿。左氏傳，羊斟曰：疇昔之羊子爲政。毛詩曰：妻子好合。張升與任彥堅書曰：纏綿恩好，庶蹈高蹤。借曰未洽〔二〕，亦既三年。毛詩曰：借曰未知，亦既抱子。居陪華幄，出從朱輪。應璩與趙叔潛書曰：人侍華幄，出典禁闈。司馬彪續漢書曰：皇太子安車朱班輪。方驥齊鑣，比迹同塵。其六。鄭玄儀禮注曰：方，併也。南都賦曰：騄驥齊鑣。范曄後漢書，孔融薦謝該曰：該實卓然，比迹前列。老子曰：和其光，同其塵。之子既命，四牡項領。毛詩曰：駕彼四牡，四牡項領。遵塗遠蹈，騰軌高騁。四子講德論曰：未若遵塗之疾也。鄭玄考工記注曰：軌，謂轍也。慶雲扶質，清風承景。廣雅曰：質，軀也。嗟我懷人，其邁惟永。其七。毛詩曰：嗟我懷人。毛萇曰：懷，思也。否泰苟殊，窮達有違。否、泰，周易二卦名也。列子，西門子謂北宫子曰：汝造事而窮，予造事而達，此厚薄之驗與？賈逵國語注曰：違，異也。及子春華，後爾秋暉。言否、泰殊流，窮達異轍，今雖及爾春華之美，終當後爾秋暉之盛也。春華喻少年，秋暉喻老成也。蘇武詩曰：努力愛春華。逝將去我，陟彼朔垂。逝將去汝，已見上文。毛詩曰：陟彼高岡。朔垂，斥丘也。爾雅曰：朔，北方也。説文曰：垂，遠邊也。非子之念〔三〕，心孰爲悲？其八。

文選考異

〔一〕注「後漢班固議曰以漢興已來」　案：「漢」下當有「書」字，「曰」下當衍「以」字。各本皆誤。在班固傳也。

〔二〕借曰未洽　茶陵本作「給」，云五臣作「洽」。袁本作「洽」，無校語。案：二本所見皆大誤，所載翰注曰「給，猶足也」，五臣作「給」無疑。然則善作「洽」也。茶陵本例用善爲正文，當作「洽」，而著五臣作「給」。袁本例用五臣爲正文，當作「給」，而著善作「洽」。今倒錯失理。此不誤，必尤延之知其非，而校改正之。

〔三〕非子之念　袁本、茶陵本有校語云「非」善作「悲」。案：一本所見非也。注無明文，然作「悲」不可通，必善自作「非」，與五臣無異，但傳寫誤也。此不誤，蓋亦尤校改正之也。

答賈長淵　四言　并序

王隱晉書曰：魯公賈謐〔一〕，字長淵。

陸士衡

余昔爲太子洗馬，漢書曰：太子屬官有先馬。如淳曰：前驅也。先或作洗。賈長淵以散騎常侍東宮積年。高誘吕氏春秋注曰：東宮，太子所居。詩曰：東宮之妹。余出補吴王郎中令，臧榮緒晉書曰：吴王晏，字平度，武帝第二十三子，封吴。又曰：吴王出鎮淮南，以機爲郎中令。元康六年入爲尚書郎。臧榮緒晉書曰：機爲尚書中兵郎。魯公贈詩一篇，作此詩答之云爾。

伊昔有皇，肇濟黎蒸。爾雅曰：伊，惟也。郭璞曰：發語辭也。毛詩曰：有皇上帝。毛萇曰：皇，君也。封禪書曰：覺悟黎蒸。先天創物，景命是膺。周易曰：先天而天弗違。周禮曰：智者創物。毛詩曰：君子萬年，景命有僕。毛萇曰：僕，附也。毛詩曰：戎翟是膺。毛萇曰：膺，當也。降及羣后，迭毁迭興。史記，太史公曰：遞興遞廢，能者用事。小雅曰：遞，迭更也。邈矣終古，崇替有徵。其一。楚辭曰：春蘭兮秋菊，長無絶兮終古。國語，藍尹亹謂子西曰：吾聞君子唯獨居思念前世之崇替，於是乎有歎。韋昭曰：崇，終也。替，廢也。左氏傳曰：君子之言，信而有徵。在漢之季，皇綱幅裂。韋昭曰：國語注曰：季，末也。皇綱，以綱爲喻也〔二〕。答賓戲曰：廓帝紘，恢皇綱。毛萇詩傳曰：張之曰綱。魏志，崔琰曰：今天下分崩，九州幅裂。大辰匿耀，金虎習質。漢書曰：東方蒼龍房心，心爲明堂大星天王。爾雅曰：大辰，房心尾也。石氏星經曰：昴者，西方白虎之宿也。太白者，金之精。太白入昴，金虎相薄，主有兵亂。雄臣馳騖，義夫赴節。解嘲曰：世亂，則聖哲馳騖而不足。釋位揮戈，言謀王室。其二。左氏傳，王子朝告于諸侯曰：居王于彘，諸侯釋位，以間王政。說文曰：揮，奮也。左氏傳曰：會于洮，謀王室也。王室之亂，靡邦不泯。毛詩曰：亂生不夷，靡國不泯。毛萇曰：泯，滅也。如彼墜景，曾不可振。丁德禮寡婦賦曰〔三〕：日奄奄以西墜。說文曰：振，舉也。乃眷三哲，俾乂斯民。三哲，劉備、孫權、曹操也。尚書，帝曰：下民其咨，有能俾乂。孔安國曰：乂，治也。啓土雖難，改物承天。其三。尚書曰：建邦啓土。國語，王謂晉侯曰：叔父若能更姓改物，以創天下。禮記明堂陰陽録曰：王者承天統物也。爰兹有魏，即宮天邑。禮記，孔悝鼎銘曰：即宮于宗周。尚書曰：周公曰：肆予敢求爾于天邑商。吴實龍飛，劉亦岳立。東京賦曰：乃龍飛白水。干戈載揚，俎豆載戢。毛詩曰：載戢干戈。毛萇曰：戢，聚也。論語，孔子曰：俎豆之事，則嘗聞之矣。民勞師興，國玩凱入。其四。毛詩曰：民亦勞止。玩與翫同，古字通。周禮曰：師有功則愷樂。天厭霸德，黄祚告釁。左氏傳，鄭伯曰：天而既厭周德矣。干寶搜神記曰：魏惟五德之運，以土承漢。春秋保乾圖曰：漢以魏徵黄精接期，天下歸高。賈逵國語注曰：釁，兆也，言禍有兆。獄訟違魏，謳歌適晉。孟子，萬章曰：堯以天下與舜，有諸？孟子曰：否，不然，天與之。堯崩，三年之喪畢，舜讓避丹朱於南河之南。天下朝覲獄訟者，不之堯之子而之舜；謳歌者不謳歌堯之子而謳歌舜。舜曰：天也。夫而後歸中國，踐天子之位焉。陳留歸蕃，我皇登禪。魏志曰：陳留王諱奐，字景明，武帝孫，燕王宇子也。奉皇帝璽綬策禪位于晉嗣王。魏世譜曰：封帝爲陳留王。庸岷稽顙，三江改獻。其五。庸，岷，蜀境也。庸，國名也。岷，山名也。禮記，孔子曰：拜而後稽顙。三江，吴境也。尚書曰：三江既入。赫矣隆晉，奄宅率土。曹府君陳寔誄曰：赫矣陳君。毛詩曰：宅殷土芒芒。又曰：率土之濱。對揚天人，有秩斯祜。對揚，已見上文。司馬相如封禪文曰：天人之際已交。毛詩曰：嗟爾烈祖〔四〕，有秩斯祜。爾雅曰：祜，福也。惟公太宰，光翼二祖。臧榮緒晉書曰：晉太祖爲大將軍，以賈充爲司馬右長史。及世祖受禪，轉太宰。左氏傳，康王論晉范會曰：宜夫子之光輔五君。誕育洪冑，纂戎于魯。其六。臧榮緒晉書曰：謐父韓壽，河南尹。母，賈充少女也。充平生不議立後。充後妻郭槐輒以外孫韓謐爲黎民子，襲封。槐自表陳，是充遺意也。帝許之，以謐爲魯公。毛詩曰：誕彌厥月。毛萇曰：誕，大也。鄭玄曰：大矣后稷之在其母，終於人道，十月而生。毛詩曰：纘戎祖考。鄭玄曰：戎，汝也。毛詩曰：俾侯于魯。東朝既建，淑問峩峩。謂愍懷太子也。毛詩曰：淑問如皐陶。我求明德，濟同以和。我求懿德，已見上文。左氏傳，齊侯曰：唯據與我和。晏子曰：據亦同也，焉得爲和？和如羹焉，宰夫和之，濟其不及，以泄其過；君子食之，以平其心。君臣亦然。杜預曰：梁丘據也。魯公戾止，袞服委蛇。毛詩曰：魯侯戾止。爾雅曰：戾，至也。周禮曰：三公自袞冕而下。毛詩曰：退食自公，委蛇委蛇。思媚皇儲，高步承華。其七。王隱晉書曰：謐以賈后之妹子，數入宫，與愍懷處。毛詩曰：思媚周姜。又曰：媚于天子。漢書，疏廣曰：太子，國儲嗣君。承華，已見上文。昔我逮茲，時惟下僚。下僚，謂洗馬也。及子棲遲，同林異條。俱在東宮，故曰同林。而貴賤殊隔，故曰異條。毛詩曰：或棲遲偃仰。年殊志比，服舛義稠。服，章服也。尊卑殊制，故曰舛也。説文曰：稠，多也。遊跨三春，情固二秋。其八。祇承皇命，出納無違。尚書曰：祇承于帝。論語曰：樊遲問孝，子曰：無違。往踐蕃朝，來步紫微。蕃朝，吴也。紫微，至尊所居，謂爲尚書郎。升降祕閣，我服載暉。謝承後漢書曰：謝承父嬰爲尚書侍郎，每讀高祖及光武之後將相名臣策文通訓，條在南宮，祕於省閣，唯臺郎升複道取急，因得開覽。序云：入爲尚書郎作此詩。然祕閣即尚書省也。孰云匪懼？仰肅明威。其九。尚書曰：我有周佑命，將天明威。分索則易，攜手實難。鄭玄禮記注曰：索，散也。念昔良遊，茲焉永歎！劉楨黎陽山賦曰：良遊未厭，白日潛輝。毛詩曰：茲之永歎！公之云感，貽此音翰。應劭漢書注曰：云，有也。韋昭曰：翰，筆也。蔚彼高藻，如玉之闌〔五〕。其十。蔚，文貌。周易曰：君子豹變，其文蔚也。楚辭曰：文彩燿於玉石。王逸曰：言發文舒詞，爛然成章，如玉石之有文彩也。闌，力旦切，協韻力丹切。惟漢有木，曾不踰境。惟南有金，萬邦作詠。木，謂橙也。賈謐贈詩云：在南稱柑，度北則橙，故答以此。言木度北而變質，故不可以踰境。金百鍊而不銷，故萬邦作詠。賈戒之以木〔六〕，而陸自勗以金也。穀梁傳曰：婦人既嫁，不踰境。毛詩曰：大賂南金。民之胥好，狂狷厲聖。爾雅曰：胥，相也，謂相戒勗以所好尚也。論語，子曰：不得中行而與之，必也狂狷乎？狂者進取，狷者有所不爲。尚書曰：惟聖罔念作狂，惟狂克念作聖。説文曰：厲，石也。言人之自勗，若金之受厲。儀形在昔，予聞子命。其十一。毛詩曰：儀形文王，萬邦作孚。左氏傳，晉克曰〔七〕：臣聞命矣。

文選考異

〔一〕注「魯公賈謐」　袁本、茶陵本無「魯公」二字，是也。

〔二〕注「以綱爲喻也」　案：「綱」當作「網」。各本皆譌。

〔三〕注「丁德禮寡婦賦曰」　案：此有誤也。前潘安仁寡婦賦屢引丁儀妻寡婦賦，其「日杳杳而西匿」句注引此文，然則「禮」下脱「妻」字。各本皆誤。儀字正禮，疑一字德禮。奏彈王源注引丁德禮勵志賦，蓋儀作也。又赴洛道中作詩注引丁儀寡婦賦，恐亦脱「妻」字。

〔四〕注「嗟爾烈祖」　袁本、茶陵本「爾」作「嗟」，是也。

〔五〕如玉之闌　案：「闌」當作「爛」。善引王逸楚辭注「爛然」爲注，可見也。又音「爛，力旦切」，皆其證。今亦改「闌」，益非。茶陵本云善作「之闌」。袁本云善作「之蘭」。乃五臣改「爛」爲「蘭」，改「之」爲「如」，而云「如蘭之芳」，又轉轉多譌。謝靈運擬鄴中集陳琳詩「夜聽極星爛」，善引「明星有爛」爲注，五臣改「爛」作「闌」，而以爲「闌稀」。袁、茶陵二本校語具有明文，正與此略同矣。

〔六〕注「賈戒之以木」　袁本「賈」作「潘」，是也，謂安仁所作耳。見後。茶陵本亦作「賈」，與此同誤。

〔七〕注「晉克曰」何校「晉」改「里」，陳同。各本皆誤。

於承明作與士龍 五言　集云：與士龍於承明亭作。

陸士衡

牽世嬰時網，駕言遠徂征。鄒陽上書曰：豈拘於俗、牽於世。曹子建責躬詩曰：舉挂時網。毛詩曰：駕言徂東。飲餞豈異族？親戚弟與兄。毛詩曰：飲餞于禰。又曰：豈伊異人，兄弟匪他。婉孌居人思，紆鬱遊子情。方言曰：倇，歡也。倇與婉同，古字通。説文曰：孌，慕也。班固漢書述哀紀曰：婉孌董公，惟亮天工。紆鬱，已見上文。明發遺安寐，寤言涕交纓。毛詩曰：明發不寐。又曰：獨寐寤言。淮南子曰：雍門子以琴見孟嘗君，涕流霑纓。分塗長林側，揮袂萬始亭。佇眄要遐景〔一〕，傾耳玩餘聲。家語，孔子曰：傾耳而聽之，不可得而聞。杜預左氏傳注曰：翫，貪也。南歸憩永安，北邁頓承明。毛萇詩傳曰：憩，息也。頓，止舍也。永安有昨軌，承明子棄予。毛詩曰：棄予如遺。俯仰悲林薄〔二〕，慷慨含辛楚。范曄後漢書，劉瑜上書曰：竊爲辛楚，泣血連如。楚，猶痛也。懷往歡絶端，悼來憂成緒。言和悦纔往，歡已絶端，哀悼暫來，憂便成緒。毛萇詩傳曰：懷，和也。楚辭曰：欲寂漠而絶端。方言曰：悼，哀也。感别慘舒翮，思歸樂遵渚。舒翮謂鵠，遵渚謂鴻。言感别之情，慘於舒翮之飛鵠；思歸之志，樂於遵渚之征鴻也。蘇武詩曰：黄鵠一遠别。酈炎詩曰：舒吾凌霄羽。毛詩曰：鴻飛遵渚。

〔一〕佇盼要遐景　茶陵本「盼」作「眄」，是也。袁本作「盻」，亦非。説見前。

〔二〕俯仰悲林薄　案：「林」當作「外」。袁本、茶陵本云善作「外」。薄，迫也。言悲自外而來迫也。不知者以五臣亂善，尤所見非。

贈尚書郎顧彦先二首　五言　王隱晉書曰：顧榮，字彦先，吳人也，爲尚書郎。

陸士衡

大火貞朱光，積陽熙自南。爾雅曰：大火謂之大辰。郭璞曰：大火，心也，在中最明，故時候主之也。孔安國尚書傳曰：貞，正也。朱光，朱明也。爾雅曰：夏爲朱明。尚書曰：日永星火，以正仲夏。淮南子曰：積陽之熱氣生火，火氣之精者爲日。爾雅曰：熙，興也。續漢書曰：日行南陸謂之夏也。望舒離金虎，屏翳吐重陰。言月離畢，天將雨也。楚辭曰：前望舒使先驅。王逸曰：望舒，月御也。漢書曰：西方，金也。尚書考靈耀曰：西方秋虎。漢書曰：參，白虎三星。又曰：觜觿爲虎首。孔安國尚書傳曰：昴，白虎中星。然西方七星畢昴之屬，俱白虎也。毛詩曰：月離于畢，俾滂沲矣！楚辭曰：屏翳起雨〔一〕。王逸曰：□屏翳〔二〕，雨師名也。曹子建贈王粲詩曰：重陰潤萬物。淒風迕時序，苦雨遂成霖。左氏傳，申豐曰：春無淒風，秋無苦雨。杜預曰：苦雨，爲人所患苦也。小雅曰：迕，犯也。莊子曰：陰陽四時運行，各得其序。朝遊忘輕羽，夕息憶重衾。輕羽，謂扇也。傅毅有羽扇賦。衾，已見上文。感物百憂生，纏綿自相尋。百憂、纏綿，並已見上文。與子隔蕭牆，蕭牆隔且深。論語，子曰：吾恐季孫之憂，在蕭牆之内也。形影曠不接，所託聲與音。音聲日夜闊，何用慰吾心？毛詩曰：仲山甫永懷，以慰其心。

朝遊遊層城，夕息旋直廬。張晏漢書注曰：直宿曰廬也。迅雷中宵激，驚電光夜舒。論語曰：迅雷風烈必變。楚辭曰：凌驚雷軼駭電兮。玄雲拖朱閣，振風薄綺疏。說文曰：拖，曳也，徒可切。鄭玄禮記注曰：振，動也。風以動物，故謂之振。孔安國尚書傳曰：薄，迫也。李尤東觀銘曰：房闥内布，綺疏外陳，是謂東觀，書籍林淵〔二〕。豐注溢脩霤，黄潦浸階除。王逸楚辭注曰：霤，屋宇也。說文曰：潦，雨水也。又曰：除，殿階也。停陰結不解，通衢化爲渠。沈稼湮梁潁，流民泝荆徐。廣雅曰：湮，没也。梁、潁，二地名也。毛萇詩傳曰：泝，向也。荆、徐，二州名也。眷言懷桑梓，無乃將爲魚！毛詩曰：眷言顧之。又曰：惟桑與梓，必恭敬止。左氏傳曰：天王使劉定公勞趙孟，館於雒汭。劉子曰：美哉禹功，明德遠矣。微禹，吾其魚乎！

文選考異

〔一〕注「屏翳起雨」　袁本「屏翳」作「荓號」，是也。茶陵本亦誤作「屏翳」。案：天問文。

〔二〕注「王逸曰□屏翳」 袁本「曰」下有「井」字。茶陵本有「屏」字。案：袁本是也，此尤脩改而誤。

〔三〕注「書籍林淵」 袁本、茶陵本無此四字。

贈顧交阯公真 五言 晉百官名曰：交州刺史顧祕，字公真。

陸士衡

顧侯體明德，清風肅已邁。周易曰：君子體仁足以長人。鄭玄曰：體，生也。尚書曰：先王既勤用明德。胡廣書曰：建鴻德，流清風。發迹翼藩后，改授撫南裔。藩后，吴王也。顧氏譜曰：祕爲吴王郎中令。南裔，謂交阯也。解嘲曰：驃騎發迹於祈連。蔡邕陳球碑曰：遠鎮南裔，近撫侯服。鄭玄周禮注曰：撫，安也。伐鼓五嶺表，揚旌萬里外。漢書曰：秦北爲長城之役，南有五嶺之戍。裴淵廣州記五嶺云：大庾、始安、臨賀、桂陽、揭陽。漢書，劉向上疏曰：甘延壽懸旌萬里之外。遠績不辭小，立德不在大。左氏傳，劉子謂趙孟曰：子盍亦遠績禹功〔一〕，而大庇民焉。又穆叔曰：大上有立德，其次立功。高山安足淩？巨海猶縈帶。古辯異博遊曰：衆星累累如連貝，江河四海如衣帶。惆悵瞻飛駕，引領望歸旆。楚辭曰：惆悵兮而私自憐。左氏傳，穆叔謂晉侯曰：引領西望曰：庶幾乎。

文選考異

〔一〕注「子盍亦遠績禹功」　袁本、茶陵本無「禹」字，是也。案：見左傳釋文。善引自如此，尤添「禹」字耳。

贈從兄車騎 五言　集云：陸士光。

陸士衡

孤獸思故藪，離鳥悲舊林。周禮曰：藪牧，養蕃鳥獸。鄭玄曰：澤無水曰藪。翩翩遊宦子，辛苦誰爲心？漢書，薄昭與淮南王書曰：游宦事人。髣髴谷水陽，婉孌崑山陰。楚辭曰：時髣髴以遥見。陸道瞻吴地記曰：海鹽縣東北二百里有長谷，昔陸遜、陸凱居此。谷東二十里有崑山，父祖葬焉。穀梁傳曰：水北曰陽。婉孌，已見上文。營魄懷兹土，精爽若飛沈。老子曰：載營魄抱一，能無離乎？鍾會曰：載，辭也。經護爲營，形氣爲魄。謂魂魄經護其形氣，使之長存也。論語，子曰：小人懷土。左氏傳，樂祈曰：心之精爽，是謂魂魄。寤寐靡安豫，願言思所欽。東京賦曰：膺多福以安悆。毛詩曰：願言思子。嵇康贈秀才詩曰：思我所欽。感彼歸塗艱，使我怨慕深。孟子，萬章問曰：舜往于田，日號泣於旻天，何謂其號泣也？孟子曰：怨慕也。集本云：歸塗順也。安得忘歸草，言樹背與衿。韓詩曰：焉得諠草，言樹之背。然衿猶前也。斯言豈虛作，思鳥有悲音。

答張士然 五言

孫盛晉陽秋曰：張悛，字士然，少以文章與陸機友善。悛，七全切。

陸士衡

絜身躋祕閣，祕閣峻且玄。四子講德論曰：絜身脩思。弔魏武曰：機出補著作，遊乎祕閣。然祕書省亦爲祕閣。説文曰：玄，幽遠也。謂祕閣之幽遠也。終朝理文案，薄暮不遑瞑。毛詩曰：不遑假寐。瞑，古眠字。駕言巡明祀，致敬在祈年。駕言，已見上文。毛詩曰：敬祭明祀〔一〕。禮記曰：拜至所以致敬也。毛詩曰：祈年孔夙。鄭玄曰：我祈豐年甚早也。逍遥春王圃，躑躅千畝田。晉宮閣銘曰〔二〕：洛陽宮有春王園。躑躅與蹢躅同。禮記曰：天子爲籍田千畝。回渠繞曲陌，通波扶直阡。風俗通曰：南北曰阡，東西曰陌。嘉穀垂重穎，芳樹發華顛。尚書曰：農殖嘉穀。廣雅曰：顛，末也。余固水鄉士，揔轡臨清淵。水鄉，謂吴也。漢書曰：武功中水鄉人三舍墊爲池。家語，孔子曰：善御者，正身以揔轡。戚戚多遠念，行行遂成篇。楚辭曰：居戚戚而不解。

文選考異

〔一〕注「敬祭明祀」陳云當作「敬恭明神」，是也。各本皆誤。

〔二一〕注「晉宮閣銘曰」案：「銘」當作「名」。各本皆譌。

爲顧彦先贈婦二首 五言

集云：爲全彦先作，今云顧彦先，誤也。且此上篇贈婦，下篇答，而俱云贈婦，又誤也。

陸士衡

辭家遠行遊，悠悠三千里。鸚鵡賦曰：女辭家而適人。蔡琰詩曰：悠悠三千里，何時復來會。京洛多風塵，素衣化爲緇。毛萇詩傳曰：緇，黑色。脩身悼憂苦，感念同懷子。孟子曰：古之人不得志，脩身見於世。列子曰：卑辱則憂苦。隆思辭心曲，沈歡滯不起。薛君韓詩章句曰：時風又且暴，使己思益隆。毛詩曰：亂我心曲。歡沈難剋興，心亂誰爲理？願假歸鴻翼，飜飛浙江汜〔一〕。魏文帝喜霽賦曰：思寄身於鴻鸞，舉六翮而輕飛。毛詩曰：江有汜。東南有思婦，長歎充幽闥。曹子建七哀詩曰：上有愁思婦，悲歎有餘哀。西京賦曰：重閨幽闥。借問歎何爲？佳人眇天末！西京賦曰：眇天末以遠期。遊宦久不歸，山川脩且闊。遊宦，已見上文。形影參商乖，音息曠不達。左氏傳，子産曰：昔高辛氏有二子，伯曰閼伯，季曰實沈。居曠林，不相能，日尋干戈，以相征討。后帝不臧，遷閼伯于商丘，主辰。商人是因，故辰爲商星。遷實沈于大夏，主參。唐人是因，以服事夏、商；其季世曰唐叔，故參爲晉星。法言曰：吾不睹參辰之相比也。音息，音問消息也。廣雅曰：曠，久也。

離合非有常，譬彼弦與括。吕氏春秋曰：夫萬物成則毁，合則離；離則復合，合則復離。劉熙釋名曰：矢末曰括。括，會也，與弦會。願保金石軀，慰妾長飢渴！金石，已見上文。李陵贈蘇武詩曰：思得瓊樹枝，以解長飢渴。

文選考異

〔一〕翻飛浙江汜　袁本、茶陵本有校語云「游」善作「浙」。今案：各本所見皆非也。詳善但引「江有汜」爲注，而不注「浙江」，是「江汜」連文，非「浙江」連文。蓋亦作「游」，與五臣無異，傳寫誤也。

贈馮文羆　五言　　陸士衡

昔與二三子，遊息承華南。二三子及承華，已見上文。拊翼同枝條，飜飛各異尋。班固漢書曰：撫翼俱起。苟無凌風翮，徘徊守故林。莊子曰：鵲巢於高榆之巔，巢折，凌風而起〔一〕。慷慨誰爲感，願言懷所欽。所欽，已見上文。發軫清洛汭，驅馬大河陰。尚書曰：東至于洛汭。孔安國曰：水北曰汭。穀梁傳曰：水南曰陰。佇立望朔塗，悠悠迴且深。馮在斥丘，故云朔塗。毛詩曰：佇立以泣。王粲贈士孫文始詩曰：雖則同域，邈其迴深。分索古所悲，志士多苦心。古詩曰：晨風懷苦心。悲情臨川結，苦言隨風吟。張平子書曰：酸者不能不苦於言。愧無雜珮贈，良訊代兼金。毛詩曰：知子之來之，雜珮以贈之。孟子曰：齊王餽兼金一百而不受。趙岐曰：兼金，其價兼倍於惡金也。夫子茂遠猷，款誠寄惠音。尚書曰：遠爾猷。秦嘉贈婦詩曰：何用敍我心，遺思致款誠。好色賦曰：絜齋俟兮惠音聲。

文選考異

〔一〕苟無凌風翮徘徊守故林及注「莊子曰鵲巢於高榆之巔巢折凌風而起」袁本、茶陵本云善無此二句。注十六字，二本無。案：此尤延之校添，或其所見者有正文二句及注也。故林謂吴，必作於出補吴王郎中令時，故云爾。潘安仁爲賈謐作贈詩「旋反桑梓，帝弟作弼；或云國宦，清塗攸失」。亦即此意。有者，是矣。五臣向注誤，不具論。

贈弟士龍　五言

陸士衡

行矣怨路長，惄焉傷别促。論語曰：君命召，不俟駕行矣。曹子建贈白馬王詩曰：怨彼東路長。詩曰：我心憂傷，惄焉如擣。方言曰：惄，憂也。自關而西，秦晉之間，或曰惄。並奴的切。曹子建送應氏詩曰：别促會日長。指途悲有餘，臨觴歡不足。我若西流水，子爲東時岳。言己逝如西流之不息，雲止類東岳之不移也。慷慨逝言感，徘徊居情育。逝，機自謂也。居，謂雲也。言慷慨不平，逝者之言多感；徘徊興戀，居者之志彌生。安得攜手俱，契闊成騑服。毛詩曰：死生契闊，與子成説。又曰：攜手同行。毛萇曰：契闊，懃苦也。説文曰：騑，驂傍馬也。鄭玄毛詩箋曰：兩服，中央夾轅也。

爲賈謐作贈陸機 四言

潘安仁

肇自初創，二儀烟熅。周易曰：易有太極，是生兩儀。王肅曰：兩儀，天地也。易曰：天地烟熅，萬物化醇。粵有生民，伏羲始君。結繩闡化，八象成文。劇秦美新曰：爰初生民。周易曰：上古結繩而治，後世聖人易之以書契。又曰：古者包犧氏之王天下也，始作八卦，以通神明之德，以類萬物之情。包犧，即伏犧也。聲類曰：闡，大開也。芒芒九有，區域以分。其一。左氏傳，魏絳曰：虞人之箴曰：芒芒禹跡，畫爲九州。杜預云：芒芒，遠貌也。毛詩曰：方命厥后，奄有九有。毛萇曰：九有，九州也。神農更王，軒轅承紀。史紀曰：軒轅爲天子，代神農氏，是爲黄帝，順天地之紀。家語，孔子曰：古之王者易代改號，取法五行。五行更王，終始相生也。畫野離壃，爰封衆子。漢書曰：昔在黄帝，畫壄分州，得百姓之國〔一〕萬區。史紀曰：黄帝二十五子，得其姓者〔二〕十四人。夏殷既襲，宗周繼祀。楚辭曰：思堯、舜兮襲興。毛詩曰：赫赫宗周。綿綿瓜瓞，六國互峙。其二。毛詩曰：綿綿瓜瓞，民之初生，自土沮漆。六國，謂韓、燕、趙、魏、齊、楚也。強秦兼并，吞滅四隅。史記曰：秦始皇初并天下。班固漢書述曰：孝武行師，吞滅海隅。淮南子曰：經營四隅，還反於樞。高誘曰：隅，猶方也。子嬰面櫬，漢祖膺圖。子嬰、漢祖，並已見上文。左氏傳曰：楚子圍許，許僖公見楚子於武城，面縛銜璧，大夫衰絰，士輿櫬。東京賦曰：高祖膺録受圖。曹植大魏篇曰：大魏膺符。靈獻微弱，在涅則渝。范曄後漢書曰：孝靈皇帝諱宏，肅宗玄孫也。桓帝崩，無子，即皇帝位。又曰：孝獻皇帝諱協，靈帝中子也。靈帝崩，即皇帝位。曾子曰：沙在泥，與之皆黑。趙岐孟子章句曰：白沙入泥，不染自黑。爾雅曰：渝，變也。三雄鼎足，孫啓南吴。其三。三雄，即三國之主。班固漢書述曰：三雄是敗。漢書，蒯通説韓信曰：方今足下三分天下，鼎足而居。南吴伊何，僭號稱王。吴志曰：黄龍元年，權即皇帝位。春秋命曆序曰：吴、楚駒、勝僭號稱王。駒，景駒也。勝，陳勝也。字書曰：僭，假也。大晉統天，仁風遐揚。謂武帝也。周易曰：大哉乾元，萬物資始，乃統天。典引曰：仁風翔于海表。僞孫銜璧，奉土歸壃。僞孫，謂皓也。吴志曰：孫皓，字元宗，和子也。孫休薨，皓立。晉命王濬伐皓。皓致書於濬，濬受皓之降。銜璧，已見上句。婉婉長離，凌江而翔。其四。長離，喻機也。楚辭曰：駕八龍之婉婉。漢書曰：長麗前掞光耀明。臣瓚曰：長離，靈鳥也。離與麗古字通。長離云誰？咨爾陸生。毛詩曰：云誰之思。又曰：咨爾殷商。鶴鳴九皋，猶載厥聲。毛詩曰：鶴鳴九皋，聲聞于天。又曰：厥聲載路。況乃海隅，播名上京。海隅，謂吴也。尚書曰：至于海隅。范曄後漢書，沮授謂袁紹曰：將軍弱冠登朝〔三〕，播名海内。孔安國尚書傳曰：播，布也。爰應旌招，撫翼宰庭。其五。臧榮緒晉書曰：太熙末，太傅楊駿辟機爲祭酒。孟子曰：夫招士以旂，大夫以旌〔四〕。撫翼，已見上文。宰，謂駿也。宰或爲紫，非也。儲皇之選，實簡惟良。漢書，疏廣曰：太子師友，必之天下英俊〔五〕。爾雅曰：簡，擇也。尚書曰：時惟良顯哉。孔安國曰：是惟良臣，則君顯明於世。英英朱鸞，來自南岡。鸞，亦喻機也。毛萇詩傳曰：英，鮮明也。王逸楚辭序曰：虬龍鸞鳳，以託君子。毛詩曰：我來自東。曜藻崇正，玄冕丹裳。謂爲洗馬也。崇正，太子之宮也。臧榮緒晉書曰：世祖以皇太子富於春秋，初命講孝經於崇政殿。周禮曰：大夫玄冕。禮記曰：君朱韠。環濟要略曰：韠以象裳色。如彼蘭蕙，載採其芳。其六。藩岳作鎮，輔我京室。謂吴王也。班固盧綰述曰：綰自同閈，鎮我北壃。毛詩曰：大啓爾宇，爲周室輔。旋反桑梓，帝弟作弼。桑梓，已見上文。作弼，謂爲吴王郎中令也。或云國宦，清塗攸失。漢書曰：武有淮南衡山之謀，作左宦之律。應劭曰：人道尚右，今舍天子而仕諸侯，故謂之左宦。吾子洗然〔六〕，恬淡自逸。其七。莊子曰：庚桑子之始來也，吾洒然異之。鄭玄禮記注曰：洒如，肅敬也。文子曰：静漠恬淡。説文曰：淡，安也，徒敢切。毛詩曰：我不敢傚我友自逸。陳太丘碑曰：澹然自逸。廊廟惟清，俊乂是延。史記曰：賢人深謀於廊廟。爾雅曰：室有東西廂曰廟。犍爲舍人曰：殿有東西小堂也。然廊廟，君之居，臣朝覲之所，故曰俊乂是延也。尚書曰：俊乂在官。鄭玄周禮注曰：延，進也。擢應嘉舉，自國而遷。方言曰：擢，拔也。齊轡羣龍，光讚納言。謂爲尚書郎也。楊雄河東賦曰：建乾坤之貞兆兮，將悉總之以羣龍。韋昭曰：比羣賢也。尚書，帝曰：龍，命汝作納言。應劭漢書注曰：納言，如今尚書官。機爲郎，故曰光讚也。鄭玄周禮注曰：贊，佐也。優遊省闥，珥筆華軒。其八。毛詩曰：優遊爾休矣。崔駰奏記，竇憲曰：珥筆持牘，拜謁曹下。韋昭漢書注曰：檻，殿上欄軒上板。昔余與子，繾綣東朝。左氏傳，臧昭伯曰：繾綣從公，無通外内也。雖禮以賓，情同友僚。嬉娛絲竹，撫鞞舞韶。禮記曰：絲竹，樂之器也。字林曰：鞞，小鼓也。尚書曰：簫韶九成。孔安國曰：韶，舜樂名。脩日朗月，攜手逍遥。其九。自我離羣，二周于今。禮記曰：子夏曰：吾離羣索居。毛詩曰：自我不見，于今三年。雖簡其面，分著情深。孔安國尚書傳曰：簡，略也。袁紹與公孫瓚書曰：分著丹青。子其超矣，實慰我心。毛詩曰：實獲我心。發言爲詩，俟望好音。其十。毛詩序曰：在心爲志，發言爲詩。毛詩曰：誰將西歸，懷之好音。欲崇其高，必重其層。郭璞□山海經注曰〔七〕：層，重也，慈登切。立德之柄，莫匪安恒〔八〕。周易曰：謙，德之柄也。恒，德之固也。在南稱甘，度北則橙。言甘以移植而易名，恐人徙居而變節，故引以誡之。淮南子曰：江南橘，樹之江北，而化爲橙。博物志曰：橘柚類甚多，甘、橙、枳皆是。崇子鋒穎，不頹不崩。其十一。鄭玄禮記注曰：崇，猶尊也。摯伯陵答司馬遷書曰：有能者見鋒穎之秋毫。毛詩曰：如南山之壽，不騫不崩。

文選考異

〔一〕注「得百姓之國」　茶陵本「姓」作「里」，是也。袁本亦誤「姓」。

〔二〕注「得其姓者」　案：「得其」當作「其得」。各本皆倒。

〔三〕注「將軍弱冠登朝」 袁本、茶陵本無「弱冠登朝」四字，是也。

〔四〕注「夫招士以旍大夫以旌」 袁本、茶陵本作「夫招士以旌」五字。案：當是「招大夫以旌」之譌。尤所添改，未是。

〔五〕注「必之天下英俊」 袁本、茶陵本「之」作「於」，是也。

〔六〕吾子洗然 案：「洗」當作「洒」。善注中兩字皆作「洒」。唯袁、茶陵二本所載五臣銑注字乃作「洗」。然則善「洒」、五臣「洗」，各本所見亂之而失著校語。善所引禮記玉藻、莊子庚桑楚，皆本是「洒」字，釋文可證也。

〔七〕注「郭璞□山海經注曰」 袁本「璞」下衍「曰」字，茶陵本無。此亦初衍脩去。

〔八〕莫匪安恒 袁本、茶陵本云「安」善作「宣」。案：此蓋所見不同，今無考。但作「宣」不可通，當是傳寫誤也。

贈陸機出爲吴王郎中令 四言

潘正叔 文章志曰：潘尼，字正叔。少有清才，初應州辟，後以父老，歸供養。父終，乃出仕，位終大常。

東南之美，曩惟延州。爾雅曰：東南之美者，有會稽之竹箭焉。左氏傳曰：吴子使屈狐庸聘于晉，趙文子問焉，曰：延州來季子其果立乎？杜預曰：延州來，季札邑也。顯允陸生，於今尠儔。毛詩曰：顯允君子，莫不令德。振鱗南海，濯翼清流。高唐賦曰：振鱗奮翼。應德璉建章臺集詩曰：濯翼陵高梯。婆娑翰林，容與墳丘。其一。答賓戲曰：婆娑乎術藝之場。長楊賦曰：借翰林以爲主人。左氏傳，楚左史倚相趍過。王曰：是史也〔一〕，能讀三墳、五典、八索、九丘。玉以瑜潤，隨以光融。禮記，孔子曰：君子比德於玉焉，温潤而澤，仁也；瑜不揜瑕，忠也。鄭玄曰：瑜，其中間美者。隨，隨珠，已見上文。杜預左氏傳注曰：融，朗也。乃漸上京，乃儀儲宫。周易曰：鴻漸于陸，其羽可以爲儀吉。玩爾清藻，味爾芳風。玩，猶愛也。禰衡顔子碑曰：秀不實，振芳風。泳之彌廣，挹之彌沖。其二。毛詩曰：漢之廣矣，泳之游之。毛萇曰：潛行爲泳。又曰：挹，㪺也。老子曰：大滿若沖。字書曰：沖，猶虚也。崑山何有？有瑶有珉。新序，晉平公嘆曰：嗟乎，安得賢士大夫與共此樂？船人固桑對曰：夫劍産於越，珠産江、漢，玉産崑山，此三寶皆無足而致。今君苟好士，則賢士至矣。説文曰：瑶，玉美者。又曰：珉，石之美者。及爾同僚，具惟近臣。臧榮緒晉書曰：正叔，元康初拜太子舍人。機仕東宫，已見上文。毛詩曰：我雖異事，及爾同僚。東京賦曰：具惟帝臣。國語曰：近臣盡規。予涉素秋，子登青春。素秋，喻老。青春，喻少也。劉楨與臨淄侯書曰：肅以素秋則落。楚辭曰：青春爰謝。愧無老成，廁彼日新。其三。毛詩曰：雖無老成人，尚有典刑。周易曰：大畜剛健篤實，輝光日新其德。祁祁大邦，惟桑惟梓。毛詩曰：采繁祁祁。毛萇曰：祁祁，衆多也。穆穆伊人，南國之紀。毛詩曰：穆穆魯侯。又曰：所謂伊人。又曰：滔滔江、漢，南國之紀。帝曰爾諧，惟王卿士。尚書，帝曰爾諧。俯僂從命，爰恤奚喜。其四。左氏傳，孟僖子召其大夫曰：吾聞將有達者。曰：孔丘，聖人之後也。其祖弗父何始有國〔二〕，而授厲公，及正考父，佐戴武宣，三命茲恭敬〔三〕，其鼎銘曰：一命而僂，再命而傴，三命而俯，循牆而走，莫余敢侮。我車既巾，我馬既秣。周禮，巾車下大夫二人。鄭玄曰：巾，猶衣也。秣馬，已見上文。星陳夙駕，載脂載轄。尚書大傳，八伯歌曰：爛然星陳。毛詩曰：星言夙駕，説于桑田。又曰：載脂載轄，還車言邁。婉孌二宮，徘徊殿闈。醪澄莫饗，孰慰飢渴？其五。淮南子曰：酒澄而不飲。孔叢子，子思謂魯穆公曰：君若飢渴待賢也。昔子忝私，貽我蕙蘭。陸集有贈正叔詩。今子徂東，何以贈旃？徂東，謂適吴也。毛詩曰：駕言徂東。又曰：何以贈之？寸晷惟寶，豈無璵璠？淮南子曰：聖人不貴尺之璧，而重寸之陰，難得而易失也。説文曰：晷，景也。璵璠，美玉也。彼美陸生，可與晤言。其六。毛詩曰：彼美淑姬，可以晤言。鄭玄曰：晤，猶對也。

文選考異

〔一〕注「是史也」何校「史」上添「良」字，陳同。各本皆脫。

〔二〕注「其祖弗父何始有國」袁本、茶陵本無此八字。

〔三〕注「茲恭敬」何校「恭」上添「益」字，下去「敬」字，是也。各本皆誤。

贈河陽 五言

潘正叔

密生化單父，子奇莅東阿。呂氏春秋曰：密子賤治亶父，彈鳴琴，身不下堂，亶父治。巫馬期以戴星出入，日夜不居，以身親之，而亶父亦治。巫馬期以問於密子〔一〕，密子曰：我之任人，子之任力；任力者固勞，任人者固逸。說苑曰：子奇年十八，齊君使治阿，既行，齊君悔之，遣使追。使者返，曰：子奇必能矣，共載者皆白首者也。子奇至阿，鑄庫兵以爲耕器。魏聞童子爲君，庫無兵，倉無粟，乃起兵擊之。阿人父率子，兄率弟，以私兵戰，遂敗魏師。桐鄉建遺烈，武城播弦歌。漢書曰：朱邑，字仲卿，廬江人。少時爲舒桐鄉嗇夫，廉平不苛。後爲大司農。病且死，屬其子曰：我故爲桐鄉吏，其人愛我，必葬我桐鄉。後世子孫，奉我不如桐鄉人。及死，其子葬之桐鄉西郭外，人果共立爲邑，起冢〔二〕立祠祭，至今不絕。班固說東平王蒼曰：遺烈著於無窮。論語曰：子之武城，聞弦歌之聲。孔安國曰：子游爲武城宰。逸驥騰夷路，潛龍躍洪波。驥、龍，喻岳也。弱冠步鼎鉉，既立宰三河。岳早辟賈充府，出爲河陽令。禮記曰：人生二十曰弱冠。周易曰：鼎金鉉。鄭玄曰：金鉉，喻明道，能舉居之官職也〔三〕。尚書注曰：鼎，三公象也。論語曰：三十而立。漢書，東方朔曰：漢去三河之地，止霸、滻以西。流聲馥秋蘭，摛藻豔春華。家語，孔子曰：流聲後裔，非唯學之所致耶？楚詞曰：秋蘭兮青青。說文曰：摛，舒也。摛藻、春華，已見上文。徒美天姿茂，豈謂人爵多。風俗通曰：太尉掾范滂天姿聰叡。孟子曰：有天爵，有人爵。仁義忠信，樂善不倦，此天爵也。公卿大夫，此人爵也。古之人脩其天爵，而人爵從之；今之人脩天爵以要人爵，既得人爵，而棄天爵，終亦亡矣。

文選考異

〔一〕注「以問於密子」 袁本「問」下有「其故」二字。茶陵本有二字，無「以」字。尤初同茶陵而脩去。

〔二〕注「人果共立爲邑起家」 陳云「立」字衍，是也。案：漢書循吏傳「共」上有「然」字，無「立」字。各本皆誤。

〔三〕注「能舉居之官職也」 茶陵本「居」作「君」，是也。袁本亦誤「居」。

贈侍御史王元貺 五言

潘正叔

崑山積瓊玉，廣廈構衆材。崑山出玉，已見上文。慎子曰：廊廟之材，非一木之枝。遊鱗萃靈沼，撫翼希天階。遊鱗，龍也。毛萇詩傳曰：萃，集也。毛詩曰：王在靈沼。楚辭曰：攀天階而下視。膏蘭孰爲銷？濟治由賢能。漢書曰：龔遂卒，有父老來弔曰：薰以香自燒，膏以明自銷。王侯厭崇禮，迴迹清憲臺。漢書，上謂嚴助曰：君厭承明之廬。張孟陽魏都賦注曰：聽政殿左崇禮門。漢官儀曰：御史爲憲臺也。蠖屈固小往，龍翔迺大來。周易曰：尺蠖之屈，以求伸也；龍蛇之蟄，以存身也。又曰：泰，小往大來，吉。郭璞方言注曰：尺蠖，又呼爲步屈也，於縛切。協心毗聖世，畢力讃康哉！尚書曰：三后協心。毛詩曰：天子是毗。鄭玄曰：毗，輔也。吕氏春秋曰：百官有司之事，畢力竭智矣。尚書，咎繇乃歌曰：元首明哉！股肱良哉！庶事康哉！

文選卷第二十五

贈答三

贈何劭王濟 五言 并序

傅長虞 王隱晉書曰：傅咸，字長虞，北地泥陽人也。舉孝廉，拜太子洗馬，後爲司隸校尉，薨。

朗陵公何敬祖，咸之從内兄；臧榮緒晉書曰：何劭襲封朗陵郡公。國子祭酒王武子，咸從姑之外孫也。王隱晉書曰：王濟爲國子祭酒。並以明德見重於世。咸親之重之，尚書曰：先王既勤用明德。漢書曰：霍光以張安世篤行，光親重之。情猶同生，義則師友。左氏傳曰：鄭罕、駟、豐同生。孫卿子曰：人必將求賢師而事之，擇良友而友之。何公既登侍中，武子俄而亦作，臧榮緒晉書曰：何劭爲散騎常侍，遷侍中。傅暢晉諸公讚曰：王濟左遷國子祭酒，數年，入爲侍中。二賢相得甚歡，咸亦慶之。漢書曰：灌夫、竇嬰兩人相得，歡甚無厭。然自恨闇劣，雖願其繾綣，而從之末由；左氏傳，臧昭伯曰：繾綣從公，無通內外。毛詩傳曰〔一〕：遡洄從之。歷試無效，且有家艱。尚書曰：歷試諸難。毛詩曰：未堪家多難，余又集于蓼。賦詩申懷，以貽之云爾。蒼頡篇曰：懷，抱也。薛君韓詩章句曰：云，詞也。日月光太清，列宿曜紫微。鶡冠子曰：上及泰清，下及太寧。春秋合誠圖曰：北辰，其星七，在紫微之中也。赫赫大晉朝，明明闢皇闈。左氏傳，子囊曰：赫赫楚國，而君臨之。毛詩曰：明明在下，赫赫在上。張衡陳公誄曰：穆穆皇闈，公寔省之。吾兄既鳳翔，王子亦龍飛。吳質答文帝牋曰：曹烈、曹丹，加以公室枝庶，骨肉舊恩，其龍飛鳳翔，實其分也。雙鸞遊蘭渚，二離揚清暉。鸞離，喻王、何也。蘭渚，喻中書也。王逸楚詞序曰：虬龍鸞鳳，以託君子。漢書曰：長麗前掞光耀明。臣瓚曰：長離，靈鳥也。二離，日月也。攜手升玉階，並坐侍丹帷。毛詩曰：攜手同行。西都賓曰：玉階彤庭。毛詩曰：既見君子，並坐鼓瑟。曹植娛賓賦曰：丹帷曄以四張。金璫綴惠文，煌煌發令姿。董巴輿服志曰：侍中冠弁大冠，加金璫，附蟬爲文。漢書曰：昌邑王賀冠惠文冠。音義曰：今侍中所著也。服虔通俗文：耳珠曰璫。斯榮非攸庶，繾綣情所希。賈逵國語注曰：庶，冀也。廣雅曰：希，庶也。豈不企高蹤，麟趾邈難追。司馬彪莊子注曰：企，望也。蔡邕袁陽碑曰：邈矣高蹤，孰能尅茲。毛詩曰：麟之趾，振振公子。臨川靡芳餌，何爲空守坻？芳餌，以喻令德也。歸田賦曰：徒臨川以羨魚。吳越春秋，大夫種曰：深川之魚，死於芳餌。餌，魚食也。莊子曰：任公爲大鈎，犗牛以爲餌。淮南子曰：黃帝化天下也，漁者不爭坻。槁葉待風飄，逝將與君違。槁葉，自喻也。毛詩曰：蘀兮蘀兮，風其吹女。鄭玄曰：木葉槁，得風乃落。毛詩曰：逝將去汝。毛萇詩傳曰：違，離也。違君能無戀，尸素當言歸。韓詩曰：何謂素餐？素者質人，但有質朴，無治民之材，名曰素餐。尸祿者頗有所知，善惡不言，默然不語，苟欲得祿而已，譬若尸矣。毛詩曰：言旋言歸。歸身蓬蓽廬，樂道以忘飢。劉向雅琴賦曰：潛坐蓬廬之中。禮記，孔子曰：儒有蓽門圭竇。毛詩曰：泌之洋洋，可以樂飢。毛萇曰：言可以樂道忘飢。進則無云補，退則恤其私。漢書，諸葛豐曰：臣誠願之，獨恐未有云補。廣雅曰：云，有也。論語曰：退而省其私。但願隆弘美，王度日清夷。東觀漢記，陳元上疏曰：抉瑕擿釁，掩其弘美。左氏傳，右尹革曰：祈招之詩曰：思我王度，式如玉，式如金。仲長子昌言曰：警蹕清夷。

文選考異

〔一〕注「毛詩傳曰」　何校去「傳」字，陳云「傳」字衍，是也。各本皆衍。

答傅咸　五言

郭泰機　傅咸集曰：河南郭泰機，寒素後門之士，不知余無能爲益，以詩見激切，可施用之才，而況沈淪不能自拔於世，余雖心知之，而末如之何。此屈非復文辭所了，故直戲以答其詩云。

皦皦白素絲，織爲寒女衣。素絲，喻德。寒女，喻賤也。傅咸贈詩曰：素絲豈不絜，寒女難爲容。崔騆七言曰：皦皦練絲退濁汙。曹植閑居賦曰：願同衾於寒女。寒女雖妙巧，不得秉杼機。言不見用也。傅咸贈詩曰：貧寒猶手拙，操杼安能工？古詩曰：札札弄機杼。天寒知運速，況復鴈南飛。言歲之方晏，以喻年之將老也。莊子曰：天寒既至，霜雪既降。楚辭曰：鴈雍雍而南遊。衣工秉刀尺，棄我忽若遺。衣工，喻傅咸也。張衡髑髏賦曰：飛鋒曜景，秉尺持刀。毛詩曰：將安將樂，棄我如遺。人不取諸身，世士焉所希？言凡人皆不能恕己及物，取之於身，故世間之士，安可冀而相薦乎？周易曰：近取諸身。況復已朝餐，曷由知我飢？言已朝餐而忘我飢，猶居貴而遺我賤。

爲顧彦先贈婦二首　五言　集亦云爲顧彦先〔一〕，然此二篇，並是婦答，而云贈婦，誤也。

陸士龍

悠悠君行邁，煢煢妾獨止。毛詩曰：悠悠南行。又曰：行邁靡靡。又曰：獨行煢煢。山河安可踰？永路隔萬里。京室多妖冶，粲粲都人子。上林賦曰：妖冶閑都。毛詩曰：西人之子，粲粲衣服。又曰：彼都人士。鄭玄儀禮注曰：女子子者，女子也，别於男也。雅步擢纖腰，巧笑發皓齒。雅，閑雅，謂妖麗也。許慎淮南子注曰：擢，引也。毛詩曰：巧笑倩兮。楚辭曰：美人皓齒嫮以姱。佳麗良可美，衰賤焉足紀？戰國策司馬喜曰：趙，佳麗之所出。高誘曰：佳，大也。麗，美也。賈逵國語注曰：紀，猶録也。遠蒙眷顧言，銜恩非望始。毛詩曰：眷言顧之。鄭玄曰：顧，念也。左氏傳，鄭伯曰：非所敢望。魏文帝哀己賦曰：蒙君子之博愛，垂過望之渥恩。浮海難爲水，遊林難爲觀。林、海，以喻上京也。言遊上京，難爲容色也。孟子曰：觀海者難爲水。容色貴及時，朝華忌日晏。説文曰：木槿朝華暮落。皎皎彼姝子，灼灼懷春粲。古詩曰：盈盈樓上女，皎皎當牎牖。毛詩曰：彼姝者子。又曰：有女懷春。毛萇曰：懷，思也。毛詩曰：今夕何夕？見此粲者。國語曰：女三爲粲。賈逵曰：粲，亦美貌。西城善雅儛，總章饒清彈。陸機洛陽記曰：金墉城在宮之西北角，魏故宮人皆在中。崔豹古今注曰：魏文帝宮人尚衣能歌舞，一時冠絶。孫盛晉陽秋，傅隆議曰：其總章技，即古之女樂。鳴簧發丹脣，朱絃繞素腕。毛詩曰：吹笙鼓簧。神女賦曰：朱脣的其若丹。禮記曰：清廟之瑟，朱絃而疏越。洛神賦曰：攘皓腕。輕裾猶電揮，雙袂如霧散。張衡舞賦曰：裾若飛燕，袖如迴雪。徘徊相佯，瞥若電伐〔二〕。韓康伯周易注曰：揮，散也。封禪書曰：雲布霧散。華容溢藻幄，哀響入雲漢。洛神賦曰：華容阿那。杜預左氏傳注曰：幄，帳也。列子曰：薛談學謳於秦青，辭歸。青餞於郊衢，撫節悲歌，聲震林木，響遏行雲。張湛曰：二人，薛、秦之善歌者。知音世所希，非君誰能讚？古詩曰：不惜歌者苦，但傷知音稀。孔安國論語注曰：稀，少也。希與稀通。釋名曰：稱人之美曰讚也。棄置北辰星，問此玄龍焕。北辰，言不移也。玄龍，喻美女也。言棄彼北辰之心，而問此玄龍之色。譏好色而不好德。陸雲代彦先贈婦詩曰：何用結中款？仰指北辰星。石氏星讚曰：軒轅，龍體，主后姬。然此唯取衆姬，即指西城總章宮人，不論於后也。龍色多玄，故取以喻。時暮復何言，華落理必賤。毛詩序曰：華落色衰，復相棄背。

文選考異

〔一〕注「集亦云爲顧彦先」　案：「顧」當作「全」，見前卷士衡詩題下注。「亦」者，即亦彼也。不知者誤謂亦此題而改之耳。二陸同作，不得歧異，明甚。今世行二陸合集，又將士衡題一概盡改成「顧」字，則更誤中之誤也。袁、茶陵二本合并此節注入「向曰」下，文句咸失其舊，難以取證，今不復論。

〔二〕注「徘徊相佯瞥若電伐」　陳云「佯」當作「佯」，「相佯」見楚辭。「伐」，「滅」誤。案：所校是也。各本皆譌。

答兄機　五言

陸士龍　士衡前爲太子洗馬時贈别士龍，今答之。

悠遠塗可極，别促怨會長。機贈詩曰：行矣怨路長，惄焉傷别促。鄭玄禮記注曰：極，盡也。曹子建送應氏詩曰：别促會日長。銜恩戀行邁，興言在臨觴。機詩曰：指塗悲有餘，臨觴歡不足。毛詩曰：念彼恭人，興言出宿。南津有絶濟，北渚無河梁。言己心有絶濟而可旋，機行無河梁而可涉也。韋昭漢書注曰：直渡爲絶。爾雅曰：濟，渡也。機詩曰：我若西流水，子爲東跱岳。故云南北以報之。楚辭曰：江河廣而無梁。

神往同逝感，形留悲參商。言己形雖留而神實往，故曰神往同逝言之感，形留悲參商之隔。左氏傳，子產曰：高辛氏有二子，伯曰閼伯，季曰實沈，居于曠林，不相能也，日尋干戈，以相征討〔一〕。后帝不臧，遷閼伯于商丘，主辰，商人是因，故辰爲商星。遷實沈于大夏，主參，唐人是因，以服事夏、商〔二〕，其季世曰唐叔虞，故參爲晉星。法言曰：吾不見參商之相比也。衡軌若殊迹，牽牛非服箱。機詩曰：安得同攜手，契闊成騑服。故答云：衡軌若殊其迹，則類牽牛不以服箱也。毛詩曰：睆彼牽牛，不以服箱。

文選考異

〔一〕注「不相能也日尋干戈以相征討」袁本、茶陵本無「也」下九字。案：各本皆非，見下。

〔二〕注「以服事夏商」袁本、茶陵本無此五字。案：此上起「左氏傳」至末一節注，與前卷全同。依善例，但當云「參商已見上文」。蓋各本皆誤複出，尤又從而補之，皆非善之舊。

答張士然 五言

陸士龍

行邁越長川，飄颻冒風塵。新序，孔子張曰：臣犯霜露，冒塵垓。曹植出行曰〔一〕：蒙霧犯風塵。鄭玄考工記注曰：冒，蒙也。通波激枉渚，悲風薄丘榛。西都賓曰：與海通波。楚辭曰：朝發枉渚。又曰：

哀江介之悲風。高誘淮南子注曰：叢木曰榛。脩路無窮迹，井邑自相循。周禮曰：九夫爲井，四井爲邑。廣雅曰：循，從也。百城各異俗，千室非良鄰。謝承後漢書曰：黄琬拜豫州刺史，威邁百城。禮記曰：廣谷大川異制，民生其間異俗。論語，子曰：千室之邑，百乘之家。晏子春秋曰：願有良鄰，則見君子也。歡舊難假合，風土豈虚親。感念桑梓城〔二〕，髣髴眼中人。毛詩曰：惟桑與梓，必恭敬止。楚辭曰：時髣髴以遥見。魏文帝詩曰：迴頭四向望，眼中無故人。靡靡日夜遠，眷眷懷苦辛。毛詩曰：行邁靡靡。毛萇曰：靡靡，行貌也。韓詩曰：眷眷懷顧。古詩曰：轗軻長辛苦〔三〕。

文選考異

〔一〕注「曹植出行曰」　案：「出」上當有「亟」字。各本皆脱。後八公山詩注引可證。

〔二〕感念桑梓城　袁本、茶陵本有校語云「域」善作「城」。案：各本所見皆非也。「城」但傳寫誤。善亦作「域」，非與五臣有異。二本據所見誤字作校語耳。

〔三〕注「轗軻長辛苦」　袁本「辛苦」作「苦辛」，是也。茶陵本亦誤倒。

答盧諶詩并書　四言

劉越石　王隱晉書曰：劉琨，字越石，中山静王之後也。初辟太尉隴西秦王府，未就。尋爲博士，未之職。永嘉中爲并州刺史，與盧志親善。志子諶，琨先辟之，後爲從事中郎。段匹磾領幽州牧，諶求爲匹磾別駕〔一〕。諶牋詩與琨，故有此答。後琨竟爲匹磾所害也。

琨頓首：損書及詩，備辛酸之苦言，暢經通之遠旨。張平子書曰：酸者不能不苦於言。漢董仲舒對策曰：天地之常經，古今之通義。執玩反覆，不能釋手。玩，猶愛弄也。慨然以悲，歡然以喜。昔在少壯，未嘗檢括。蒼頡篇曰：檢，法度也。薛君韓詩章句曰：括，約束也。遠慕老莊之齊物，近嘉阮生之放曠，老、莊，老聃、莊周也。阮生，嗣宗也。莊子有齊物論。臧榮緒晉書曰：阮籍放誕，不拘禮教。蒼頡篇曰：曠，疎曠也。怪厚薄何從而生？哀樂何由而至？列子曰：身非愛之所能厚，身亦非輕之所能薄。愛之或不厚，輕之或不薄，此似反也。自厚自薄，或愛之而厚，或輕之而薄，此似非順也。亦自厚自薄，信命者亡壽夭，信理者亡是非，信心者亡逆順，信性者亡安危，則謂都亡所信，亡不信。真矣慤矣，奚去奚就，奚哀奚樂之謂也。自頃輈張，困於逆亂，輈張，驚懼之貌也。楊雄國三老箴曰：負乘覆餗，姦寇侏張。輈與侏古字通，張由切。國破家亡，親友彫殘。崔鴻前趙録曰：劉聰僭即位于平陽。又曰：聰遣從弟曜攻晉，破洛陽。又曰：遣子粲攻長安，陷之。家亡，見下文。負杖行吟，則百憂俱至，禮記曰：公叔禺人遇負杖者。楚辭曰：屈原行吟澤畔。毛詩曰：逢此百憂。塊然獨坐，則哀憤兩集。淮南子曰：卓然獨立，塊然獨處。時復相與舉觴，對膝破涕爲笑，排終身之積慘，求數刻之暫歡。刻，漏也。説文曰：以銅盆受水分時，晝夜百刻也。譬由疾疢彌年，而欲一丸銷之，其可得乎？毛萇詩傳曰：彌，終也。夫才生於世，世實須才。蘇武答李陵書曰：每念足下才爲世生，器爲時出。和氏之璧，焉得獨曜於郢握？夜光之珠，何得專玩於隨掌？淮南子曰：隨侯之珠，和氏之璧，得之而富，失之而貧。天下之寶，當與天下共之。孫卿子曰：和氏之璧，爲天下之寶。史記，秦王曰：和氏璧天下所共傳寶也。但分析之日，不能不悵恨耳！然後知聃、周之爲虚誕，嗣宗之爲妄作也〔二〕。孔安國尚書傳曰：誕，欺也。昔騄驥倚輈於吴坂，長鳴於良樂〔三〕，知與不知也。戰國策，楚客謂春申君曰：昔騏驥駕鹽車，上吴坂，遷延負轅而不能進，遭伯樂，仰而鳴之，知伯樂知己也。今僕屈厄日久，君獨無意使僕爲君長鳴乎？思玄賦曰：馬倚輈而徘徊。鄭玄考工記注曰：輈，轅也。古今地名曰：寘零坂在吴城之北，今謂之吴坂。良，王良也。王良無遇驥之事，因伯樂而連言之。孔融薦禰衡表曰：飛兔騕褭，良、樂之所急也。百里奚愚於虞而智於秦，遇與不遇也。漢書，韓信謂廣武君曰：僕聞百里奚居虞而虞亡，之秦而秦伯，非愚於虞而智於秦，用與不用，聽與不聽耳。漢書，楊雄曰：以爲遇不遇，命也。今君遇之矣，勗之而已！孔安國尚書傳曰：勗，勉也。不復屬意於文二十餘年矣。鄭玄儀禮注曰：屬，綴也。久廢則無次，想必欲其一反，故稱指送一篇，稱旨，稱其意旨也。稱，赤證切。適足以彰來詩之益美耳。毛萇詩傳曰：適，祇適也〔四〕。琨頓首頓首。久罹厄運，故述喪亂，多感恨之言也。

厄運初遘〔五〕，陽爻在六。言晉之遇災也。毛萇詩傳曰：遘，成也〔六〕。陽爻在六，謂乾上九也。周易曰：上九，亢龍有悔，盈不可久也。乾象棟傾，坤儀舟覆。乾坤，謂天地。左氏傳，子產謂子皮曰：子於鄭國，棟也。棟折榱崩，僑將厭焉。戰國策，或謂公叔曰：塞漏舟而輕陽侯之波，則舟覆矣。横厲糾紛，羣妖競逐。言劉聰之構逆也。横厲，從横猛厲也。糾紛，亂貌也。楚辭曰：櫂舟航以横厲。范曄後漢書，岑彭曰：四方蜂起，羣雄競逐。火燎神州，洪流華域。火燎、洪流，以喻亂也。尚書曰：若火之燎于原。河圖括地象曰：崑崙東地方千里，名曰神州。孟子曰：洪水横流，氾濫天下。彼黍離離，彼稷育育。毛詩曰：彼黍離離，彼稷之苗。毛萇詩傳曰：育，長也。哀我皇晉，痛心在目。其一。左氏傳，吕相曰：是用痛心疾首也。天地無心，萬物同塗。無心，謂無心愛育萬物，即不仁也。同塗，謂皆爲芻狗也，已見下句。禍淫莫驗，福善則虚。尚書曰：天道福善禍淫。逆有全邑，義無完都。逆，謂劉聰。義，謂晉室。英蘂夏落，毒卉冬敷。英蘂以喻晉朝，毒卉以比胡寇也。王逸離騷序曰：善馬香草〔七〕，以配忠貞。惡禽醜物，以比讒佞也。如彼龜玉，韞櫝毁諸。論語，孔子曰：虎兕出於柙，龜玉毁於櫝中，是誰之過與？又曰：有美玉於斯，韞櫝而藏諸。馬融曰：韞，藏也。芻狗之談，其最得乎？其二。老子曰：天地不仁，以萬物爲芻狗。聖人不仁，以百姓爲芻狗。結芻爲狗也，言天地不愛萬物，類祭祀之棄芻狗也。然此與談老者不同，彼美而此怨耳。咨余軟弱，弗克負荷。漢書曰：王尊之子伯，爲京兆尹，軟弱不勝任。左氏傳，鄭子産曰：古人有言，其父析薪，其子弗克負荷。軟，奴亂切。愆釁仍彰，榮寵屢加。孔安國尚書傳曰：愆，過也。杜預左氏傳注曰：釁，瑕隙也。威之不建，禍延凶播。威之不建，謂爲聰所敗，而父母遇害也。凶播，琨自謂也，言遭凶禍而遷播。協韻，補何切。聲類曰：播，散也。忠隕于國，孝愆于家。范曄後漢書，世祖誡馮勤曰：能盡忠於國。又，明帝詔曰，陰興在家仁孝。杜預左氏傳曰〔八〕：愆，失也。斯罪之積，如彼山河。言高深也。毛詩曰：如山如河。斯亹之深，終莫能磨。其三。毛詩曰：白圭之玷，尚可磨也。郁穆舊姻，嬿婉新婚。臧榮緒晉書曰：琨妻，即諶之從母也。新婚，未詳。毛詩曰：不思舊姻。又曰：嬿婉之求。又曰：覯爾新婚。裹粮攜弱〔九〕，匍匐星奔。左氏傳，晉趙穿曰：裹粮坐甲，固敵是求。毛詩曰：凡民有喪，匍匐救之。星奔，言疾也。未輟爾駕，已隳我門。二族偕覆，三孽並根。王隱晉書曰：劉聰圍晉陽，令狐泥以千餘人爲鄉導，琨求救猗盧，未至，太原太守高嶠反應聰，逐琨。琨父母年老，不堪鞍馬，步檐不免，爲泥所害。何法盛晉録曰：劉粲悉害諶父母。三孽，謂琨之兄子也。張晏漢書曰〔一〇〕：孺子爲孽。一曰謂劉聰、劉曜、劉粲也。班固漢書曰：三孽之起，本根既朽。音義曰：孽，木斬而復特生，喻魏、齊、韓滅而復更生也。何休公羊傳注曰：孽，猶樹之孽生者也。長慙舊孤，永負冤魂。其四。結上二句也。舊孤，謂三孽也。冤魂，謂二族也。王隱晉書曰：琨遣兄子演領兖州，石勒圍演於三臺，突圍得免。後演治廩丘，遂不守。兄少子及演妻息盡爲所虜也。亭亭孤幹，獨生無伴。孤幹，孤生之竹，以喻諶。宋玉笛賦曰：倚篠異幹〔一一〕。王逸楚辭注曰：伴，侣也。緑葉繁縟，柔條脩罕。説文曰：縟繁，采飾也。宋玉笛賦曰：罕節簡枝。朝採爾實，夕捋爾竿。字林曰：竿，木挺也。協韻，公旦切。竿翠豐尋，逸珠盈椀。豐尋，言節長盈尋也。説文曰：豐，滿也。應劭漢書注曰：八尺曰尋。珠，即以喻德也。逸，謂過於衆類。盈椀，言多也。寔消我憂，憂急用緩。逝將去乎？庭虛情滿。其五。去，謂之匹磾之所也。逝將，已見上文。白虎通曰：哀通憤滿。虛滿伊何，蘭桂移植〔一二〕。茂彼春林，瘁此秋棘。春林，以喻匹磾。秋棘，琨自喻也。有鳥翻飛，不遑休息。鳥謂鳳，以喻諶也。毛詩曰：肇允彼桃蟲，拚飛惟鳥。匪桐不棲，匪竹不食。鄭玄毛詩箋曰：鳳皇之性，非梧桐不棲，非竹實不食。括地圖曰：鳳皇食竹實。永戢東羽，翰撫西翼。戢，歛也。翰，高飛也。我之敬之，廢歡輟職。其六。毛詩曰：我之懷矣。又曰：敬之敬之。音以賞奏，味以殊珍。呂氏春秋曰：鍾期死，而伯牙乃破琴絶絃，以爲世無復賞音者也。淮南子曰：珍其味，人之所美也。文以明言，言以暢神。左氏傳，仲尼曰：志有之，言以足志，文以足言。家語，孔子曰：言説者，情之導也。王肅曰：所以導達其情也。之子之往，四美不臻。毛詩曰：之子于征。四美，音、味、文、言也。澄醪覆觴，絲竹生塵。謂音、味也。淮南子曰：酒澄而不飲。禮記曰：絲竹，樂之器也。素卷莫啓，幄無談賓。謂文、言也。既孤我德，又闕我鄰。其七。光光段生，出幽遷喬〔一三〕。臧榮緒晉書曰：鮮卑段匹磾，自號大將軍。楊雄侍中箴曰：光光常伯。毛詩曰：出自幽谷，遷于喬木。范曄後漢書，順帝詔曰：楊倫出幽升喬，寵以蕃傅。資忠履信，武烈文昭。閑居賦曰：資忠履信以進德。漢武帝贈故朱崖太守董廣詔曰：伐叛柔服，文昭武烈。曹植令曰：相者文德昭，將者武功烈。旍弓騂騂，輿馬翹翹。孟子曰：夫招大夫以旌〔一四〕。左氏傳，陳敬伯曰：詩曰：翹翹車乘，招我以弓。杜預云：逸詩也。翹翹，遠也。毛詩曰：騂騂角弓。毛萇曰：騂騂，調利也。乃奮長縻，是轡是鑣。廣雅曰：縻，索也。説文曰：鑣，馬勒傍鐵也。何以贈子？竭心公朝。毛詩曰：何以贈之？鸚鵡賦曰：苟竭心於所事。曹子建求親親表曰：執政不廢於公朝也。何以敍懷？引領長謡。其八。左氏傳云：穆叔謂晉侯曰：引領西望曰：庶幾乎。

文選考異

〔一〕注「段匹磾領幽州牧諶求爲匹磾别駕」　袁本、茶陵本無「州」下「牧諶」二字，及「爲」下「匹磾」二字。案：無者是也。尤誤取五臣良注衍字添耳。

〔二〕嗣宗之爲妄作也　袁本、茶陵本有校語云「妄」善作「忘」。案：二本所見非也。作「忘」不可通，必傳寫誤，而尤改正之者。

〔三〕長鳴於良樂　袁本、茶陵本無「長」字。案：此或所見不同，今無所考。

〔四〕注「適衹適也」　陳云上「適」字衍，是也。各本皆衍。

〔五〕厄運初遘　案：「遘」當作「構」。袁本注作「構成也」，見下。其五臣銑注乃云「遘，遇也」。各本所見，皆以五臣亂善而失著校語。尤因此并改注字，益非。

〔六〕注「毛萇詩傳曰遘成也」　袁本「遘」作「構」。案：「構」字是也。所引小雅四月傳文。茶陵本删去此八字，大誤。

〔七〕注「善馬香草」　何校「馬」改「鳥」，是也。各本皆誤。

〔八〕注「杜預左氏傳曰」　陳云「傳」下脱「注」字，是也。各本皆脱。

〔九〕裹粻攜弱　袁本、茶陵本此上有「不慮其敗唯義是敦」八字，云善無此二句。案：各本所見皆非也。詳詩每章十二句，傳寫共脱三處，非善自無。下二處皆經尤校改正之，唯此仍其舊，爲失於檢照也。又疑善尚有注，爲并脱一節，今注莫可考。

〔一〇〕注「張晏漢書曰」何校「書」下添「注」字，是也。各本皆脱。

〔一一〕注「倚篠異幹」何校「倚」改「奇」，是也。各本皆誤。

〔一二〕虚滿伊何蘭桂移植　袁本、茶陵本有校語云善無此二句。案：二本所見非也。傳寫誤脱，説見上。尤校改正之，其脩補之迹尚存也。又疑善亦尚有注，莫可考。

〔一三〕光光段生出幽遷喬　袁本、茶陵本有校語云善脱此二句。案：傳寫誤，尤校改正之，説見上。此二句善注各本具存，益足證非善自無也。凡袁、茶陵二本據所見爲校語，未嘗謂善真如此，讀者每誤認，觀此可曉然矣。

〔一四〕注「夫招大夫以旌」袁本、茶陵本「旌」作「旍」。案：正文作「旍」。「旍」即「旌」字。陳云上「夫」字衍，是也。各本皆衍。

重贈盧諶　五言

劉越石

臧榮緒晉書曰：琨詩託意非常，想張、陳，以激諶。素無奇略〔一〕，以常詞酬琨。

握中有懸璧，本自荆山璆。懸璧，懸黎以爲璧，以喻諶也。琴操，卞和歌曰：攸攸沂水，經荆山兮，穴山采玉，玉難爲功兮。孔安國尚書傳曰：璆，玉也。惟彼太公望，昔在渭濱叟。史記曰：太公望以漁釣奸周。西伯將出獵，果遇太公于渭之陽。六韜曰：文王卜田，史扁爲卜田于渭之陽，將大得，非龍非彲，非熊非羆，非得公侯〔一〕，天遺汝師。文王齋戒三日，田于渭陽，卒見吕尚，坐茅以漁。答賓戲曰：周望兆動於渭濱。鄧生何感激，千里來相求。東觀漢記曰：鄧禹，字仲華，南陽人也。更始既至雒陽，以世祖爲大司馬，使安集河北。禹聞之，自南陽發，北徑渡河，追至鄴，謁，上見之甚驩，謂曰：我得拜除長吏，生遠來，寧欲仕耶？禹曰：不願也。趙岐孟子章指曰：千載聞之，猶有感激。周易曰：同氣相求。白登幸曲逆，鴻門賴留侯。漢書曰：陳平從高帝擊韓信，至平城，爲匈奴所圍，七日不食，用平奇計，使單于閼氏解圍，以得開。高帝既出，南過曲逆，詔御史封平爲曲逆侯。又曰：冒頓圍高帝於白登七日。如淳曰：平城旁高之地若丘陵者也。留侯，已見謝惠連張子房詩〔二〕。重耳任五賢，小白相射鉤。左氏傳曰：晉公子重耳之及於難也，遂奔狄，從者狐偃、趙衰、顛頡、魏武子、司空季子。杜預曰：狐偃，子犯也。魏武子，魏犨也。司空季子，胥臣臼季也。此五人賢而有大功也。左氏傳，寺人披謂晉侯曰：齊桓公置射鉤，而使管仲相。杜預曰：乾時之役，管仲射桓公中鉤。苟能隆二伯，安問黨與讎？二伯，晉文、齊桓公也。黨，謂五賢。讎，謂射鉤也。中夜撫枕歎，想與數子遊。數子，謂太公已下也。言數子皆能陳謀以静亂，故己想之而共遊。吾衰久矣夫，何其不夢周？論語曰：甚矣吾衰也，久矣吾不復夢見周公。誰云聖達節，知命故不憂。毛萇詩傳曰：云，言也。左氏傳，曹子臧曰：前志有之，曰聖達節。周易曰：樂天知命，故不憂。宣尼悲獲麟，西狩涕孔丘。公羊傳曰：哀公十四年春，西狩獲麟。何以書？記異也。孔子曰：孰謂來哉！孰謂來哉！反袂拭面，涕泣沾袍。功業未及建，夕陽忽西流。家語曰：孔子云：脩事而能建業。注曰：建功業。夕陽西流，喻將老之人也。時哉不我與，去乎若雲浮。嵇康幽憤詩曰：時不我與。雲浮，言疾也。朱實隕勁風，繁英落素秋。劉楨與臨淄侯書曰：肅以素秋。狹路傾華蓋，駭駟摧雙輈。劉歆遂初賦曰：奉華蓋於帝側。説文曰：輈，轅也。何意百鍊剛，化爲繞指柔。應劭漢書注曰：説者以金取堅剛，百鍊不耗。

文選考異

〔一〕注「以激諶素無奇略」 何校「素」上添一「諶」字，是也。各本皆脱。

〔二〕注「非得公侯」 案：「非」當作「兆」。各本皆譌。

〔三〕注「已見謝惠連張子房詩」 何校「惠連」改「宣遠」，是也。袁本亦誤「惠連」。茶陵本所複出，更非。

贈劉琨并書 四書

盧子諒

故吏從事中郎盧諶死罪，死罪！傅子曰：漢武元光初，郡國舉孝廉，元封五年舉秀才，歷世相承，皆向郡國稱故吏。漢書音義，張晏曰：人臣上書，當昧犯死罪而言。諶稟性短弱，當世罕任。孔安國尚書傳曰：稟，受也。鄭玄周禮注曰：任，用也。因其自然，用安靜退。鬼谷子曰：物有自然。欒氏曰：自然，繼本名也。曾子曰：君子進則能達，退則能靜。在木闕不材之資，處鴈乏善鳴之分。莊子行於山中，見大木，枝葉盛茂，伐木者止其傍而不取也。問其故，曰：無所可用。莊子曰：此木以不材得終其天年。夫子出於山，舍故人之家。故人喜，令豎子殺鴈烹之。豎子請曰：其一能鳴，其一不能鳴，請奚殺？主人曰：殺不能鳴者。明日，弟子問於莊子曰：昨山中之木以不材得終其天年，主人之鴈以不能鳴死，先生將何處？莊子笑曰：周將處夫材與不材之間矣。材與不材之間，似之而非也，故未免乎累。晉灼漢書注曰：資材量也，分，謂己所當得也。卷異蘧子，愚殊甯生。論語，子曰：蘧伯玉邦無道可卷而懷之。又曰：甯武子邦無道則愚。匠者時眄，不免𦢊賓。言在木闕不材，故匠者時眄，在鴈乏善鳴，故不免𦢊賓也。莊子，惠子謂弟子曰：吾有大樹，人謂之樗，匠者不顧。廣雅曰：饌，進食也。饌與𦢊同，仕眷切。當自思惟，因緣運會，得蒙接事，宋衷保乾圖注曰：五運五行，用事之運。自奉清塵，于今五稔。楚辭曰：聞赤松之清塵。然行必塵起，不敢指斥尊者，故假塵以言之。言清，尊之也。左氏傳，叔向曰：所謂不及五稔者。杜預曰：稔，年也。謨明之効不著，候人之譏以彰。尚書曰：允迪厥德，謨明弼諧。毛詩序曰：候人，刺近小人也。詩曰：彼候人兮，何戈與祋。大雅含弘，量苞山藪。班固漢書贊曰：大雅卓爾不羣，河間獻王近之矣。周易曰：含弘光大，品物咸亨。左氏傳，宋伯謂晉侯曰〔一〕：川澤納汙，山藪藏疾。加以待接彌優，款眷逾昵，與去運籌之謀，廁讌私之歡。廣雅曰：

款，誠也。爾雅曰：昵，近也。漢書，高祖曰：運籌策於帷幄之中，吾不如子房。毛詩曰：諸父兄弟，備言燕私。綢繆之旨，有同骨肉，毛詩曰：綢繆束薪。毛萇曰：綢繆，纏緜也。骨肉，謂父子。呂氏春秋曰：父母之於子也，子之於父母也，此之謂骨肉之親。其爲知己，古人罔喻。晏子春秋，越石父曰：士者申乎知己。昔聶政殉嚴遂之顧，荆軻慕燕丹之義。聶政，已見別賦。荆軻，已見西征賦。意氣之間，靡軀不悔。謝承後漢書，楊喬曰：侯生爲意氣刎頸。楚辭曰：子胥諫而靡軀，比干忠而剖心。説文曰：靡，爛也。靡與糜古字通。雖微達節，謂之可庶，達節，已見上文。然苟曰有情，孰能不懷？毛萇詩傳曰：懷，思也。故委身之日，夷險已之。委身，猶委質也。左氏傳，狐突曰：策名委質，貳乃辟也。夷險，喻治亂也。淮南子曰：接徑歷遠，直道夷險。杜預左氏傳注曰：已，猶決竟也。事與願違，當忝外役，役，謂別駕也。對琨故謂之外。嵇康幽憤詩曰：事與願違，遘兹淹留。廣雅曰：違，背也。論衡曰：王充以章和二年罷州役。遂去左右，收迹府朝。蓋本同末異，楊朱興哀；始素終玄，墨翟垂涕。淮南子曰：楊子見逵路而哭之，爲其可以南，可以北。墨子見練絲而泣之，爲可以黄，可以黑。高誘曰：閔其別與化也。分乖之際，咸可歎慨；致感之途，或迫乎兹。鄭玄周禮注曰：致，猶會也。廣雅曰：迫，急也。亦奚必臨路而後長號，覩絲而後歔欷哉？楚辭曰：泣歔欷而沾衿。王逸曰：歔欷，啼貌也。是以仰惟先情，俯覽今遇，先，謂諶父也。今，謂琨也。感存念亡，觸物眷戀。尸子曰：其生也存，其死也亡。易曰：書不盡言，言不盡意。周易繫辭〔二〕。然則書非盡言之器，言非盡意之具矣。況言有不得至於盡意，書有不得至於盡言邪?不勝猥懣!謹貢詩一篇,廣雅曰:猥,衆也。王逸楚辭注曰:懣,憤也。抑不足以揄揚弘美,亦以攄其所抱而已。班固兩都賦序曰:雍容揄揚,著於後嗣。弘美,已見上文。抱,或爲抱。若公肆大惠,遂其厚恩,左氏傳,王使富辛如晉,曰:伯父若肆大惠。杜預曰:肆,展也。廣雅曰:遂,竟也。漢書,劉向曰:蒙漢厚恩。錫以咳唾之音,慰其違離之意,莊子,孔子謂漁父曰:丘竊侍於下風,幸聞咳唾之音也。則所謂咸池酬於北里,夜光報於魚目。樂動聲儀曰:黄帝樂曰咸池。史記曰:紂使師涓作新淫聲,北里之舞,靡靡之樂。雒書曰:秦失金鏡,魚目入珠。鄭玄曰:魚目亂真珠。諶之願也,非所敢望也。左氏傳,鄭伯曰:孤之願也,非所敢望也。諶死罪,死罪。

濬哲惟皇,紹熙有晉。皇,謂懷帝也。毛詩曰:濬哲維商。爾雅曰:紹,繼也。又曰:熙,興也。振厥弛維,光闡遠韻。韋昭漢書注曰:弛,廢也。蒼頡篇曰:闡,開也。韻,謂德音之和也。有來斯雍,至止伊順。毛詩曰:有來雍雍,至止肅肅。三台摛朗,四岳增峻。其一。漢書曰:北斗魁下六星,兩兩而比,曰三能也。色齊爲和,不齊爲乖。説文曰:摛,舒也。尚書,帝曰:咨四岳。春秋漢含孳曰:三公象五岳,在天法三能。台與能同也。伊陟佐商,山甫翼周。尚書曰:在太戊時,則有若伊陟,格于上帝。毛詩曰:肅肅王命,仲山父將之也。弘濟艱難,對揚王休。尚書,王曰:用敬保元子釗,弘濟于艱難。毛詩曰:虎拜稽首,對揚王休。苟非異德,曠世同流。言琨之德苟不異於昔賢,雖復與之曠世,若同一流也。班固議曰:漢興以來,曠世歷年。廣雅曰:曠,遠也。加其忠貞,宣其徽猷。其二。左氏傳,荀息曰:公家之利,知無不爲,忠也。送往事居，偶俱無猜，貞也。毛詩曰：君子有徽猷。伊諶陋宗，昔遘嘉惠。爾雅曰：遘，遇也。越絶書曰：恭承嘉惠，述暢往事。申以婚姻，著以累世。左氏傳，吕相曰：相好，戮力同心，申之以婚姻。范曄後漢書，孔融謂李膺曰：與君累世通家。義等休戚，好同興廢。孰云匪諧？如樂之契！其三。左氏傳，晉侯謂魏絳曰：八年之中，九合諸侯，如樂之和，無所不諧。爾雅曰：諧，和也。説文曰：契，大約也。王室喪師，私門播遷。喪師，謂爲劉聰所敗也。左氏傳，會于洮，謀王室也。國語曰：宣王既喪南國之師。法言曰：屈國喪師。戰國策曰：破公家而成私門。列子曰：岱輿、員嶠二山沈於大海，仙聖播遷者巨億計也。聲類曰：播，散也。望公歸之，視險忽艱。左氏傳，晉趙孟曰：望楚而歸之，視遠如邇。吴季重與曹丕書曰：雖云幽深，視險若夷。玆願不遂，中路阻顛。阻顛，謂諶父爲劉粲所害也。仰悲先意，俯思身愆。其四。大鈞載運，良辰遂往。鵩鳥賦曰：大鈞播物。孔安國尚書傳曰：載，行也。莊子曰：天道運行。楚辭曰：吉日兮良辰。鄭玄儀禮注曰：遂，猶因也。瞻彼日月，迅過俯仰。毛詩曰：瞻彼日月，悠悠我思。莊子，老聃謂崔瞿曰〔三〕：其疾也，俛仰之間。杜預左氏傳注曰：俛，俯也。感今惟昔，口存心想。借曰如昨，忽爲疇曩。其五。毛詩曰：借曰未知。蒼頡篇曰：昨，隔日也。爾雅曰：曩，久也。疇曩伊何，逝者彌疎。吕氏春秋曰：死者彌久，生者彌疎。温温恭人，慎終如初。恭人，謂琨也。毛詩曰：温温恭人，惟德之基。老子曰：慎終如始，則無敗事。覽彼遺音，恤此窮孤。譬彼樛木，蔓葛以敷。其六。遺音，謂諶父之言也。窮孤，諶自謂也。爾雅曰：恤，憂也。禮記曰：恤孤獨以逮不足。范曄後漢書曰：何敞謂宋由曰：節省浮費，賑恤窮孤。樛木，喻琨也。詩曰：南有樛木，葛藟纍之。妙哉蔓葛，得託樛木。妙，猶徽也。葉不雲布，華不星燭。封禪書曰：雲布霧散。承侔卞和，質非荆璞。薛君韓詩章句曰：承，受也，謂受恩。鄭玄周禮注曰：侔，等也。韓子曰：楚子和氏〔四〕得璞玉於楚山之中，奉而獻之武王也。眷同尤良，用乏驥騄。其七。左氏傳曰：晉趙鞅納衛太子于戚，將戰，郵無恤御簡子。杜預曰：郵無恤，王良也。尤與郵同，古字通。承亦既篤，眷亦既親；飾獎駑猥，方駕駿珍。方言曰：凡相被飾亦曰獎。禮記曰：凶年乘駑馬。廣雅曰：駑，駘也。許慎淮南子注曰：猥，摠凡也。西京賦曰：方駕授饔。鄭玄儀禮注曰：方，併也。駑以方駿，猥以方珍也。賈逵國語注曰：珍，寶也。弼諧靡成，良謀莫陳〔五〕。尚書曰：謨明弼諧。無覬狐趙，有與五臣。其八。五臣之從晉文，猶諶之事劉氏，無敢望同狐趙之立大功，有志與彼五臣俱履危厄。賈逵國語注曰：覬，望也，覊致切。五臣，已見上文。五臣奚與？契闊百罹。言五臣何故敢與？五臣契闊逢於百罹。毛詩曰：死生契闊。又曰：我生之後，逢此百離。毛萇曰：離，憂也。離，一作罹。身經險阻，足蹈幽遐。言己與五臣同也。左氏傳，楚子曰：晉侯險阻艱難，備嘗之矣。義由恩深，分隨昵加。分，猶節也。綢繆委心，自同匪他。其九。綢繆，已見上文。漢書，韓信謂廣武君曰：委心歸計，願子勿辭。毛詩云：豈伊異人，兄弟匪他。昔在暇日，妙尋通理。孟子曰：壯者以暇日，脩其孝悌忠信也。尤彼意氣，使是節士〔六〕。言己昔以意氣而殞命，皆非正道，故尤而使之。薛君韓詩章句曰：尤，非也。意氣，已見上文。謝承後漢書曰：節士鮑昂，有鴻漸浮雲之志。慎子曰：世高節士。情以體生，感以情起。言今乃知意氣節士之流思情以體信，而乃生感。趣舍罔要，窮達斯已。其十。言既感厚恩，而吉凶惟命，故云趣舍無所要求，窮達任其所止也。六韜，太公謂武王曰：夫人皆有性，趨舍不同，喜怒不等。趨，猶向也。舍，猶置也。列子，孔子曰：脩一身，任窮達，所謂樂天知命之無憂者也。吕氏春秋曰：古之得道者，窮亦樂，達志也〔七〕。道德於此〔八〕，則窮達一也。由余片言，秦人是憚。史記，秦繆公問内史瘳曰〔九〕：孤聞鄰國有聖人，敵國之憂也。今由余，寡人之害，將奈何也！日磾効忠，飛聲有漢。金日磾，已見西征賦。思玄賦曰：盍遠迹以飛聲。桓桓撫軍，古賢作冠。來牧幽都，濟厥塗炭。其十一。劉琨勸進表曰：撫軍幽州刺史臣匹磾。尚書曰：勗哉夫子，尚桓桓。漢書曰：陳遵、張竦爲後進冠。小雅曰：牧，臨也。尚書曰：有夏昏虐，民墜塗炭。塗炭既濟，寇挫民阜。周禮曰：以阜人民。鄭玄曰：阜，盛也。謬其疲隸，授之朝右。朝右，謂別駕也。張璠漢記曰：王堂爲汝南太守，教掾吏曰：其憲章朝右，委功曹陳蕃也。上懼任大，下欣施厚。漢書，武帝制曰：任大而守重。管子曰：上施厚，則民之報上亦厚也。實祇高明，敢忘所守。其十二。毛詩曰：高朗令終。鄭玄曰：有高明之譽，而以善名終也。漢書，谷永曰：有守者循其職也。相彼反哺，尚在翔禽。毛詩曰：相彼鳥矣，猶求友聲。小雅曰：純黑而反哺者謂之烏也。孰是人斯，而忍斯心？斯心，謂諶父母見害之心也。國語，國人誦共世子曰：是人斯而有是臯也。每憑山海，庶覿高深。山海，以喻琨也。李斯上書曰：太山不讓土壤，故能成其高；河海不擇細流，故能成其深。遐眺存亡，緬成飛沈。其十三。韋昭國語注曰：緬，猶邈也。長徽已纓，逝將徙舉。長徽已纓，謂被匹磾所辟，類乎徽纆之繫於己也。周易曰：繫用徽纆。説文曰：嬰，繞也。收迹西踐，銜哀東顧。鄭玄毛詩箋曰：迴首曰顧。曷云塗遼？曾不咫步。賈逵國語注曰：八寸曰咫。豈不夙夜？謂行多露。其十四。毛詩曰：豈不夙夜？謂行多露。然貞女以露多而不往，喻己懼威而不行。緜緜女蘿，施于松標。女蘿，自喻。松標，謂琨也。毛詩曰：蔦與女蘿，施于松柏。廣雅曰：標，末也，必遥切。稾澤洪幹，晞陽豐條。說文曰：幹，本也。楚辭曰：夕晞余身乎九陽。毛萇詩傳曰：晞，乾也。根淺難固，莖弱易彫；操彼纖質，承此衝飈。其十五。飈，喻亂也。鹽鐵論曰：衝風飄鹵，沙石凝積。纖質寔微，衝飈斯值，誰謂言精？致在賞意。莊子曰：可以言論者，物之粗者也；可以意致者，物之精者也。鄭玄禮記注曰：致之言至也。不見得魚，亦忘厥餌。餌，猶筌也。莊子曰：筌者，所以得魚也，得魚而忘筌。言者，所以在意也，得意而忘言。遺其形骸，寄之深識。其十六。莊子曰：申徒，兀者也，謂子産曰：吾與夫子遊十有九年矣，而未曾知吾兀者也。今與我遊於形骸之內，而子索我於形骸之外，不亦過乎？王命論曰：淵然深識。先民頤意，潛山隱机。毛詩曰：先民有作。爾雅曰：頤，養也。莊子曰：南郭子綦隱机而坐，嗒焉似喪其偶也。仰熙丹崖，俯澡綠水。說文曰：熙，燥也，謂暴燥也。無求於和，自附衆美。莊子曰：古之治道者，智與恬交相養，而和理出其性。又曰：無不亡也，無不有也，澹然無極，而衆美從之。慊慨遐蹤，有愧高旨。其十七。言心慊慨慕古賢之遠蹤，而事與願違，故有愧高旨。爰造異論，肝膽楚越。謂琨被謗也。臧榮緒晉書曰：衆人謂琨詩懷帝王大志。莊子，仲尼謂常季曰：自其異者視之，肝膽楚越也。高誘淮南子注曰：肝膽，喻近也。楚越，喻遠也。惟同大觀，萬殊一轍。同大觀，謂琨也。鶡冠子曰：達人大觀，乃見其符。文子曰：聖人由近知遠，以萬異爲一同也。淮南子曰：萬殊爲一也。死生既齊，榮辱奚别？列子，楊朱曰：生齊，死齊，賢齊，愚齊，貴齊，賤齊。王仲宣七釋曰：均同死生，混齊榮辱也。處其玄根，廓焉靡結。其十八。廣雅曰：玄，道也。張衡玄圖曰：玄者，無形之類，自然之根，作於太始，莫與爲先。廣雅曰：廓，空也。靡結，謂體道虚通，心無怨結也。福爲禍始，禍作福階。言無常也。韓詩曰：利爲用本，福爲禍先。越記曰：禍爲福先，福爲禍堂。天地盈虚，寒暑周迴。言物極必反也。周易曰：天地盈虚，與時消息。又曰：寒往則暑來，暑往則寒來。夫差不祀，釁在勝齊。以喻聽也。史記曰：吴王夫差北伐齊，敗於艾陵。越王勾踐敗吴，吴王遂自剄死。越王滅吴也。勾踐作伯，祚自會稽。其十九。以喻琨也。史記曰：勾踐已平吴，周元王使人賜勾踐胙，九命爲伯。又曰：夫差以甲兵五千人〔一〇〕，棲於會稽也。邈矣達度，唯道是杖。達度，亦謂琨也。形有未泰，神無不暢。何晏論語注曰：泰，自縱泰也。漢書音義曰：暢，通也。如川之流，如淵之量。毛詩曰：如山之苞，如川之流。家語，齊大夫子高適魯，見孔子曰：而今而後，知泰山之爲高，海淵之爲大也。上弘棟隆，下塞民望。其二十。周易曰：棟隆之吉，不橈乎下也。鄭玄禮記注曰：塞，滿也。左氏傳，師曠謂晉侯曰：夫君，神之主，而民之望也。

文選考異

〔一〕注「宋伯謂晉侯曰」何校「宋伯」改「伯宗」，是也。各本皆誤。

〔二〕注「周易繫辭」　袁本、茶陵本「辭」下有「文」字，是也。

〔三〕注「老聃謂崔曜曰」　案：「曜」當作「瞿」，見釋文。茶陵本「曜」作「瞿」，依今莊子改，未是也。袁本亦誤「曜」。

〔四〕注「楚子和氏」　案：「子」當作「人」。各本皆誤。

〔五〕良謀莫陳　袁本、茶陵本「謀」作「謨」。案：此或所見不同，今無所考。

〔六〕使是節士　袁本、茶陵本「使」作「狹」，云善作「使」。案：各本所見皆非也。善自作「狹」，注云「故尤而狹之」。傳寫并注中皆譌爲「使」，乃不可通。此即善、五臣無異，而當訂正者。

〔七〕注「達志也」　陳云「志也」當作「亦樂」，見幽通賦，是也。各本皆誤。

〔八〕注「道德於此」　何校「德」改「得」，陳同，是也。茶陵本作「得」。袁本亦誤「德」。

〔九〕注「秦繆公問内史瘳曰」　袁本、茶陵本「瘳」作「廖」，是也。

〔一〇〕注「夫差以甲兵五千人」　何校「夫差」改「勾踐」，陳同，是也。袁本亦誤。茶陵本脱此注。

贈崔温 五言　　盧子諒

集曰：與温太真、崔道儒。何法盛晉録曰：温嶠，字太真。又曰：崔悦，字道儒。

逍遥步城隅，暇日聊遊豫。毛詩曰：俟我於城隅。暇日，已見上文。曹植蟬賦曰：始遊豫乎芳林。

北眺沙漠垂，南望舊京路。說文曰：漠，北方流沙也。曹子建白馬篇曰：揚聲沙漠垂。平陸引長流，崗巒挺茂樹。中原厲迅飆，山阿起雲霧。厲，疾貌也。遊子恒悲懷，舉目增永慕。漢書，高祖曰：遊子悲故鄉。李陵書曰：舉目言笑，誰與爲懽？曹子建應詔詩曰：長懷永慕。良儔不獲偕，舒情將焉訴？楚辭曰：向長風而舒情。遠念賢士風，遂存往古務。楚辭曰：伊思兮往古。朔鄙多俠氣，豈惟地所固？爾雅曰：朔，北方也。鄭玄周禮注曰：都之所居曰鄙。漢書曰：趙地北通燕涿，高氣勢也。李牧鎮邊城，荒夷懷南懼。史記曰：李牧者，趙之北邊良將也。常居代鴈門，備匈奴。匈奴小入，佯北不勝，以數千人委之。單于聞之，大率衆來入。李牧多爲奇陣，張左右翼擊之，大破，殺匈奴十餘萬騎。單于奔走。其後十餘歲，匈奴不敢近趙邊城。說文曰：懷，念思也。趙奢正疆埸，秦人折北慮。史記曰：趙奢，趙之田部吏也。秦伐韓，令趙奢將救之，大敗秦軍。秦軍解而走，遂解閼與之圍而歸。左氏傳曰：疆埸之患，一彼一此。羈旅及寬政，委質與時遇。左氏傳，齊侯使敬仲爲卿。辭曰：羈旅之臣，幸若獲宥，及於寬政，君之惠也。又狐突曰：策名委質，貳乃辟也。恨以駑蹇姿，徒煩飛子御。王命論曰：駑蹇之乘，不騁千里之塗。史記曰：大雒生非子，非子居大丘，好馬及畜，善養息之。大丘人言之周孝王，召使主馬于汧、渭之間，馬大蕃息。非與飛古字通。亦既弛負檐，忝位宰黔庶。苟云免罪戾，何暇收民譽？左氏傳，陳公子完曰：免於罪戾，弛於負檐。又曰：晉悼公即位，公宮之長〔一〕，皆民譽也。倪寬以殿黜，終乃最衆賦。漢書曰：倪寬遷左內史，時裁闊狹，與民相假，貸以租，多不入。後有軍發，左內史以負租課殿當免，皆恐失之，大家牛車，小家擔負，輸租繦屬不絕，課更以最上。何武不赫赫，遺愛常在去。漢書曰：何武爲大司空，其所居亦無赫赫名，去後常見思。古人非所希，短弱自有素。鄭玄禮記注曰：素，猶故也。何以敷斯辭，惟以二子故。二子，謂崔、温也。

文選考異

〔一〕注「公宫之長」何校「公宫」改「六官」，陳同，是也。各本皆誤。

答魏子悌 五言

盧子諒

崇臺非一幹，珍裘非一腋。慎子曰：廊廟之材，蓋非一木之枝；狐白之裘，非一狐之皮也。治亂安危存亡榮辱之施，非一人之力。埤蒼曰：腋在肘後。多士成大業，羣賢濟弘績。班固漢書贊曰：高祖征伐定天下，縉紳之徒，騁其智辯，並成大業。遇蒙時來會，聊齊朝彦迹。言富貴榮寵，時之暫來也。漢書，蒯通曰：時乎，時乎，時不再來！顧此腹背羽，愧彼排虚翮。韓詩外傳曰：晉平公遊於河而嘆曰：安得賢士與之樂此也？船人盍胥跪而對曰：主君亦不好士耳，何患無士乎？平公曰：吾食客，門左千人，右千人，何謂不好士乎？對曰：夫鴻鵠一舉千里，所恃者六翮耳。背上之毛，腹下之毳，益一把，飛不爲加高，損一把，飛不爲加下。今君之食客，門左右各千人，亦有六翮在其中矣。將皆背上之毛，腹下之毳耶？寄身蔭四嶽，託好憑三益。四嶽，謂劉琨也。四嶽，已見上文。論語，孔子曰：益者三友，友直，友諒，友多聞，益矣。傾蓋雖終朝，大分邁疇昔。鄒陽上書曰：白頭如新，傾蓋若故。左氏傳曰：楚子文訓兵終朝而畢。李固與實卿書曰：開廓大分，綢繆恩信。左氏傳，羊斟曰：疇昔之羊，子爲政。在危每同險，處安不異易。易，夷易也。協韻，以赤切。俱涉晉昌艱，共更飛狐厄。王隱晉書曰：惠帝以敦煌土界闊遠，分立晉昌郡。又曰：晉昌護匈奴中郎將，别領户。然時段匹磾爲此職，諶在磾所，難斥言之，故曰晉昌也。晉中興書曰：石勒攻樂平，劉琨自代飛狐口奔安次也。恩由契闊生，義隨周旋積。契闊，已見上文。左氏傳，晉公子重耳謂楚子曰：晉、楚治兵，以與君周旋。豈謂鄉曲譽，謬充本州役。燕丹子曰：士無鄉曲之譽，則不可以論行。匹磾辟諶爲幽州别駕，故曰本州之役，已見上文。乖離令我感，悲欣使情惕。毛萇詩傳曰：惕惕，猶切切也〔一〕。理以精神通，匪曰形骸隔。楚辭曰：衆人莫可與論道，非精神之不通。形骸，已見上文。妙詩申篤好，清義貫幽賾。小雅曰：賾，深也。恨無隨侯珠，以酬荆文璧。隨侯珠，已見上文。荆，楚也。韓子曰：楚人卞和得璞玉於荆山之中，文王即位，乃使理其璞，得寶焉。乃命曰：和氏之璧也。傅玄豫章行曰：琅玕溢金匱，文璧世所無。

文選考異

〔一〕注「惕惕猶切切也」　陳云「切切」當作「忉忉」，是也。所引防有鵲巢二章傳文。各本皆誤。

答靈運 五言

謝宣遠

夕霽風氣涼，閑房有餘清。何敬祖雜詩曰：閑房來清氣。呂氏春秋曰：冬不用翣，清有餘也。開軒滅華燭，月露皓已盈。軒，牕也。蜀都賦曰：高軒以臨山〔一〕。秦嘉贈婦詩曰：飄飄帷帳，熒熒華燭。獨夜無物役，寢者亦云寧。孫卿子曰：是謂以己爲物役也。忽獲愁霖唱，懷勞奏所成。靈運愁霖詩序云：示從兄宣遠。歎彼行旅艱，深茲眷言情。魏文柳賦曰：行旅仰而迴眷。毛詩曰：眷言顧之。伊余雖寡慰，殷憂暫爲輕。長門賦曰：伊余志之懷慢愚〔二〕。韓詩曰：耿耿不寐，如有殷憂。牽率詶嘉藻，長揖愧吾生。左氏傳，智伯曰：牽率老夫，以至于此。文賦曰：嘉藻麗之彬彬。漢書曰：酈食其長揖不拜。陸機贈潘岳詩曰：僉曰吾生，明德惟允。

文選考異

〔一〕注「高軒以臨山」案：「高」上當有「開」字。各本皆脱。

〔二〕注「伊余志之懷慢愚」袁本、茶陵本「之」下無「懷」字，「愚」下有「兮」字，是也。又茶陵本「志」作「懷」，亦誤。

於安城答靈運〔一〕五言　謝靈運贈宣遠序曰：從兄宣遠，義熙十一年正月作守安城。其年夏贈以此詩，到其年冬有答。

謝宣遠

條繁林彌蔚，波清源愈濬。阮德猷答柬道彦詩曰：體直響正，源深流清。華宗誕吾秀，之子紹前胤。魏志，曹植上疏曰：華宗貴族，必有應斯舉者。毛萇詩傳曰：誕，大也。大矣后稷，十月而生也。廣雅曰：秀，美也。毛詩曰：之子于征。尚書曰：俾克紹前烈。孔安國尚書傳曰：胤，嗣也。綢繆結風徽，烟煴吐芳訊。綢繆，已見上文。周易曰：天地烟煴，萬物化醇。演連珠曰：肆義芳訊。鄭玄禮記注曰：訊，問也。鴻漸隨事變，雲臺與年峻。其一。鴻漸，以喻仕進，雲臺，以喻爵位也。周易曰：鴻漸于陸，其羽可以爲儀。李顒阮彦倫誄曰：累土積功，以爲雲臺。淮南子曰：雲臺之高，墮者折脊碎脛。高誘曰：臺高際於雲，故曰雲臺也。

華萼相光飾，嚶嚶悦同響〔二〕。毛詩曰：棠棣之華，萼不韡韡。鄭玄曰：興者，諭弟以敬事兄，兄以榮覆弟也。毛詩曰：伐木丁丁，鳥鳴嚶嚶。鄭玄曰：其鳴之志，似於求友也。親親子敦予，賢賢吾爾賞。禮記曰：君子賢其賢而親其親。又曰：親親故尊祖，尊祖故敬宗。論語曰：賢賢易色。比景後鮮輝，方年一日長。言比景後爾鮮煇，方年長爾一日也。説文曰：景，光也。孔安國論語曰：子路、曾皙、冉有、公西華侍坐。子曰：以吾一日長乎爾。萎葉愛榮條，涸流好河廣。其二。萎葉、涸流，自喻也。王逸楚辭注曰：枝葉早萎痛絶落。潘安仁河陽詩曰：峻巖敷榮條。文賦曰：豁若涸流。楚辭曰：江、河廣而無梁。殉業謝成操，復禮愧貧樂。司馬彪莊子注曰：殉，營也。論語，子曰：一日克己復禮，天下歸仁焉。子曰：貧而樂，富而好禮者。幸會果代耕，符守江南曲。許慎淮南子注曰：果，成也。禮記曰：諸侯之下士，視上農夫，禄足以代耕。漢書曰：初與郡守爲竹使符也。履運傷荏苒，遵塗歎緬邈。莊子曰：陰陽四時，運行各得其序。張茂先勵志詩云：日與月與，荏苒代謝。陸機贈馮文羆詩曰〔三〕：遵塗遠蹈。又擬古詩曰：緬邈若飛沈。布懷存所欽，我勞一何篤！其三。嵇康秀才詩曰：思我所欽，我勞如何！徐幹答劉楨詩曰：我思一何篤，其愁兼三春。肇允雖同規，翻飛各異概。毛詩曰：肇允彼桃蟲，翻飛惟鳥。異概，謂異量也。凡概以平量，故言概而顯量焉。楚辭曰：一概而相量也。迢遞封畿外，窈窕承明內。宣遠爲安城守，故云封畿外。靈運爲秘書監，故云承明內也。毛詩曰：京畿千里〔四〕。承明，假京洛而言之也。尋塗塗既睽，即理理已對。外內殊職，是塗睽也。賢愚異任，是理對也。絲路有恒悲，矧迺在吾愛。其四。絲路，已見上文。又，絲或爲蹊也。跬行安步武，鎩翮周數仞。漢書，公孫獲曰：吴失與而無助，跬行獨進。如淳曰：跬以一足行爲〔五〕。跬，空蘂切。鄭玄禮記注曰：武，迹也。淮南子曰：飛鳥鎩羽。許慎曰：鎩，殘羽也。莊子曰：有鳥焉，其名爲鵬，摶扶摇羊角而上者，行九萬里。斥鷃笑之曰：我騰躍而上，不過數仞而下，此亦飛之至也。包咸論語注曰：七尺曰仞。豈不識高遠，違方往有吝。阮籍詠懷詩曰：豈不識宏大，羽翼不相儀。郭象莊子注曰：亦猶鳥之自得於一方也。周易曰：君子舍之，往吝窮也。歲寒霜雪嚴，過半路愈峻。言位高而愈懼也。莊子，孔子曰：天寒既至，霜雪既降。戰國策曰：或謂秦王曰：日行百里者，半於九十。此言末路之難也。量己畏友朋，勇退不敢進。庾元規讓中書表曰：量己知弊。左氏傳，陳敬仲曰：詩云：豈不欲往，畏我友朋。晏子春秋曰：上士難進而易退也。行矣勵令猷，寫誠訓來訊。其五。孔安國尚書傳曰：勵，勉也。補亡詩曰：賓寫爾誠。曹植與吴重書曰〔六〕：得所來訊，文采委曲。

文選考異

〔一〕於安城答靈運　何校「城」改「成」，注同，陳云「城」，「成」誤，是也。各本皆譌。

〔二〕嚶嚶悦同響　袁本、茶陵本作「嚶鳴」，云善作「嚶嚶」。案：各本所見皆非也。詳詩以「嚶鳴」與上「華萼」偶句，非善獨作「嚶嚶」，乃傳寫誤。又何云五臣作「嚶鳴」。向來不知校語，但據所見，故何以「嚶鳴」專屬之五臣耳。後酬從弟惠連詩「鳴嚶已悦豫」，五臣亦作「嚶鳴」，疑彼各本所見善誤倒。

〔三〕注「陸機贈馮文熊詩曰」　案：「熊」當作「羆」。各本皆譌。

〔四〕注「京畿千里」　陳云「京」，「邦」誤。案：所校是也。正文云「封畿」，即「邦畿」耳。各本皆誤。

〔五〕注「跬以一足行爲」　袁本、茶陵本無「爲」字，是也。

〔六〕注「曹植與吴重書曰」　陳云「吴」下脱「季」字。案：非也，重即季重，例見前。

西陵遇風獻康樂　五言

沈約宋書曰：靈運襲封康樂侯。鄭玄禮記注曰：獻，猶進也。又曰：古者致物於人，尊之曰獻。

謝惠連

我行指孟春，春仲尚未發。趣途遠有期，念離情無歇。趣，向也。成裝候良辰，漾舟陶嘉月。許慎淮南子注曰：裝，飾也。良辰，已見上文。蜀都賦曰：漾輕舟。楚辭曰：陶嘉月兮總駕，搴玉英兮自脩。爾雅曰：陶，喜也。瞻塗意少悰，還顧情多闕。其一。韋昭漢書注曰：悰，樂也。哲兄感仳別，相送越坰林。兄，謂靈運也。漢書，谷永謝王鳳曰：察父哲兄，覆育子弟，誠無以加。毛詩曰：有女仳離，慨其嘆矣。毛萇曰：仳，別也，匹視切。爾雅曰：野外曰林；林外曰坰。飲餞野亭館，分袂澄湖陰。毛詩曰：飲餞于禰。范曄後漢書曰：郭伋遂止野亭。悽悽留子言，眷眷浮客心。韓詩曰：眷眷懷顧。孔安國尚書傳曰：浮，行也。迴塘隱艫栧，遠望絶形音。其二。南都賦曰：分背迴塘。説文曰：艫，船頭也。韋昭漢書注曰：栧，檝也。靡靡即長路，戚戚抱遥悲。楚辭曰：居戚戚而不解。悲遥但自弭，路長當語誰！楚辭曰：汎容與而遐舉兮，聊抑志而自弭。杜預左氏傳注曰：弭，息也。古詩曰：愁思當語誰。行行道轉遠，去去情彌遲。陸機赴洛詩曰：行行遂已遠。韓詩外傳曰：孔子之去魯，遲遲乎其行也。昨發浦陽汭，今宿浙江湄。其三。酈善長水經注曰：浦陽江水，導源烏傷縣，而經上虞縣。孔安國尚書傳曰：水北曰汭。晉灼漢書注曰：江水至會稽山陰爲浙江。郭璞山海經注曰：今錢塘有浙江，音折。屯雲蔽曾嶺，驚風涌飛流。零雨潤墳澤，落雪灑林丘。毛詩曰：零雨其濛。浮氛晦崖巘，積素惑原疇。爾雅曰：重巘，隒也。曲汜薄停旅，通川絶行舟。其四。王逸楚辭注曰：泊，止也，泊與薄古字通。韓詩外傳，阿谷之女曰：阿谷之隧隱也〔一〕。行旅，已見上文。上林賦曰：通川過於中庭。魏文帝善哉行曰：洋洋川流，中有行舟。臨津不得濟，佇檝阻風波。孔叢子，孔子歌曰：臨津不濟，還轅息鄹。爾雅曰：佇，久也。家語，孔子曰：不觀巨海，何以知風波之患也。蕭條洲渚際，氣色少諧和。西瞻興遊歎，東睇起悽歌。積憤成疢痗，無萱將如何！其五。韓詩曰：焉得萱草〔二〕，言樹之背；願言思伯，使我心痗！薛君曰：諠草，忘憂也。萱與諠通。痗音悔。

文選考異

〔一〕注「阿谷之隧隱也」　陳云「隱」下脱「曲之汜」三字，見前謝惠連泛湖詩注，是也。各本皆脱。

〔二〕注「焉得萱草」　案：「萱」當作「諠」，觀下注可見。各本皆誤。

還舊園作見顏范二中書 五言

沈約宋書曰：元嘉三年，徐羨之等誅，徵顏延之爲中書侍郎。范中書，蓋謂范泰也。

謝靈運

辭滿豈多秩，謝病不待年。偶與張邴合，久欲還東山。漢書，張良曰：今以三寸舌爲帝師，封萬户，位列侯，此布衣之極，於良足矣。願棄人間事，欲從赤松子學道輕舉。又曰：琅邪邴漢亦有清行，兄子曼容亦養志自脩，爲官不肯過六百石，輒自免去。東山，謂會稽始寧也。檀道鸞晉陽秋曰：謝安有反東山之志，每形之於言。聖靈昔迴眷，微尚不及宣。聖靈，謂高祖也。陸機弔。魏文帝柳賦曰〔一〕：行旅仰而迴眷。何意衝飇激，烈火縱炎烟。焚玉發崑峯，餘燎遂見遷。沈約宋書曰：少帝即位，權在大臣，靈運構扇異同，非毁執政，司徒徐羨之等〔二〕患之，出爲永嘉太守。衝飇，已見上文。尚書曰：火炎崑崗，玉石俱焚；天吏逸德，烈于猛火。投沙理既迫，如邛願亦愆。漢書曰：賈誼以謫居長沙，長沙卑濕，誼自傷悼，以爲壽不得長。又曰：卓文君謂司馬長卿曰：第如臨邛從昆弟假貸，猶足以爲生，何至自苦如此。相如與俱之臨邛。第，但也。長與懽愛别，永絶平生緣。緣，因緣也。浮舟千仞壑，揔轡萬尋巔。戰國策，蘇代曰：水浮輕舟。春秋繁露曰：水赴千仞之壑而不旋，似勇者。家語，孔子曰：善御者正身以揔轡。琴賦曰：青壁萬尋。流沫不足險，石林登爲艱！列子曰：孔子觀於吕梁，懸水四十仞，流沫三十里，見一丈夫遊之，以爲有苦，使弟子並水而承之，數百步出，被髮行歌，而遊於堂下，孔子從而問焉，曰：蹈水有道乎？長於水而安於水，性也。楚辭曰：焉有石林。閩中安可處，日夜念歸旋。漢書曰：故越王無諸世奉越祀，身帥閩中兵，以佐滅秦。韋昭曰：東越之别名也。閩音旻。事躓兩如直，心愜三避賢。言史魚有道無道，行俱如矢而已。有道則見召，無道則左遷，故云事躓兩如矢直而已，雖遷終無悔吝，心愜三避之賢。韋昭漢書注曰：躓，頓也，謂顛仆也。説文曰：躓，跌也。論語，子曰：直哉史魚，邦有道如矢，邦無道如矢。史記曰：孫叔敖相楚，三去相而不悔，知其非己罪也。三避，三黜也。躓音致。託身青雲上，棲巖挹飛泉。陸機詩曰：託身承華側。嵇康絶交書曰：許由之巖棲。盛明盪氛昏，貞休康屯邅。盛明、貞休，謂太祖也。言以盛明之德，而蕩氛昏之徒，又以正美之道以康屯邅之俗也。解嘲曰：遭盛明之世。周易曰：乾，元亨利貞。又曰：休否大人吉。鄭玄曰：休，美也。王弼曰：居尊位，能休否也。周易曰：迍如邅如。殊方咸成貸，微物豫采甄。沈約宋書曰：太祖登祚，徐羨之等徵靈運爲秘書監，再召不起。上使光禄大夫范泰與靈運書，敦獎之，乃出就。文子曰：殊方偏國。老子曰：夫惟道，善貸且成。説文曰：貸，施也。魏明帝豫章行曰：於斯誠微物，能不懷傷悴。鄭玄尚書緯注曰：甄，表也。感深操不固，質弱易版纏〔三〕。謂應徵也。感深，感荷情深也。楚辭曰：悲靈脩之浩蕩，何執操之不固。應璩與陰中夏書曰：體正者則檢於人，質弱者則陋於衆。版纏，猶牽引也。曾是反昔園，語往實款然。毛詩曰：曾是在位。廣雅曰：款，愛也。曩基即先築，故池不更穿。爾雅曰：曩，久也，謂久舊也。仲長子曰：築基起功。莊子曰：相造于水者，穿池而養給也。果木有舊行，壤石無遠延。劉歆甘泉賦曰：桂木雜而成行。説苑曰：楚莊王築層臺，延石千里，延壤百里。雖非休憩地，聊取永日閑。毛詩曰：且以永日。鄭玄曰：永，引也。衞生自有經，息陰謝所牽。莊子，南榮趎曰：願聞衞生之經而已矣。老子曰：衞生之經乎〔四〕，能抱一乎，能勿失乎，能與物委蛇而同其波乎，是衞生之經也。司馬彪曰：生〔五〕，謂衞護其生，全性命也。息陰，即息影也。牽，謂俗務也，已見遊南亭詩。夫子照情素，探懷授往篇。史記，蔡澤謂應侯曰：公孫鞅之事孝公也，披心腹，示情素。素，猶實也。王仲宣詩曰：探懷授所歡，願醉不顧身。

文選考異

〔一〕注「陸機弔魏文帝柳賦曰」　何校「魏」下添「武帝文曰庶聖靈之響像魏」十一字，陳同，是也。各本皆脱。

〔二〕注「徐羡之等」　何校「徐」上添「誅」字，是也。各本皆脱。

〔三〕質弱易版纏　袁本、茶陵本「版」作「板」，音百蠻。何校改「扳」。陳云「板」，「扳」誤。案：所校是也，注同。末當有善音，今脱。

〔四〕注「衞生之經乎」　茶陵本無「乎」字，是也。袁本亦衍，後脩去之。

〔五〕注「司馬彪曰生」　茶陵本「生」上有「衞」字，是也。袁本亦脱。

登臨海嶠初發彊中作與從弟惠連見羊何共和之 五言 謝靈運遊名山志曰：桂林頂，遠則嵊尖彊中。沈約宋書曰：靈運既東還，與族弟惠連、東海何長瑜、潁川荀雍、太山羊璿之文章常會〔一〕，共爲山澤之遊，時人謂之四友。

謝靈運

杪秋尋遠山，山遠行不近。楚辭曰：覩杪秋之遥夜。與了別山阿，含酸赴脩軫。軫當爲畛。説文曰：畛，井田間陌。中流袂就判，欲去情不忍。毛萇詩傳曰：判，分也。毛詩曰：彷徨不忍去。顧望脰未悁，汀曲舟已隱。何休公羊傳注曰：脰，頸也。陸彦聲詩曰：相思心既勞，相望脰亦悁。説文曰：痟，疲也。痟與悁通。文字集略曰：汀，水際平也。隱汀絶望舟，鶩棹逐驚流。海賦曰：驚浪雷奔。欲抑一生歡，并奔千里遊。言遠別已爲抑歡，千里逾加離思。列子，公孫朝曰：欲盡一生之歡，窮當年之樂。古詩曰：離家千里客，戚戚多思復。日落當棲薄，繫纜臨江樓。纜，維舟索也。吴志曰：更增舸纜。謝靈運遊名山志曰：從臨江樓步路南上二里餘，左望湖中，右傍長江也。豈惟夕情歛，憶爾共淹留。楚辭曰：攀桂枝兮聊淹留。淹留昔時歡，復增今日歎。潘岳哀永逝曰：憶舊歡兮增新悲。兹情已分慮，況迺協悲端。悲端，謂秋也。楚辭曰：悲哉秋之爲氣也。秋泉鳴北澗，哀猿響南巒。爾雅曰：巒，山墮。郭璞曰：山形長狹者，荆州謂之巒。戚戚新別心，悽悽久念攢！蒼頡篇曰：攢，聚之也〔二〕。攢念攻別心，旦發清溪陰。暝投剡中宿，明登天姥岑。楚辭曰：夕投宿於石城。漢書曰：會稽有剡縣。吴録地里志曰：剡縣有天姥岑。剡，植琰切。姥，莫古切。高高入雲霓，還期那可尋？孟子曰：太山之高，參天入雲。羊祜請伐吴表曰：高山尋雲霓。潘安仁在懷縣詩曰：感此還期淹。儻遇浮丘公，長絶子徽音。列仙傳曰：王子喬好吹笙，道人浮丘公接以上嵩山。毛詩曰：太姒嗣徽音。

文選考異

〔一〕注「文章常會」何校「常」改「賞」，陳同，是也。各本皆譌。

〔二〕注「攢聚之也」茶陵本無「之」字。陳云「之」字衍，是也。袁本亦衍。

酬從弟惠連　五言

謝靈運

寢瘵謝人徒，滅迹入雲峯。爾雅曰：瘵，病也。太玄經曰：老子行則滅迹，立則隱形。巖壑寓耳目，歡愛隔音容。永絶賞心望，長懷莫與同。潘安仁詩曰：歲寒無與同。末路值令弟，開顔披心胸。其二。鄒陽上書曰：至其晚節末路。應亨古詩曰：濟濟令弟。史記，蔡澤曰：披腹心。心胸既云披，意得咸在斯。莊子，善養曰〔一〕：余逍遥於天地之間，而心意自得也。凌澗尋我室，散帙問所知。

說文曰：帙，書衣也。悟對無厭歇，聚散成分離。其二。言事無常，故聚而必散，成有分離也。莊子曰：禍福相生，聚散以成。分離別西川，迴景歸東山。別時悲已甚，別後情更延。爾雅曰：延，長也。傾想遲嘉音，果枉濟江篇。遲，猶思也。果，猶遂也。辛勤風波事，款曲洲渚言。其三。風波，已見上文。秦嘉贈婦詩曰：思面敍款曲。洲渚既淹時，風波子行遲，務協華京想，詎存空谷期。廣雅曰：務，遠也。華京，猶京華也。郭璞遊仙詩曰：京華遊俠窟。毛詩曰：皎皎白駒，在彼空谷。猶復惠來章，秖足攪余思。毛詩曰：胡逝我梁，秖攪我心。儻若果歸言，共陶暮暮時。其四。陶，喜也，已見上文。暮春雖未交，仲春善遊遨。未交，謂暮春氣節與仲春未交也。孔安國尚書傳曰：南交，言夏與春交也。山桃發紅萼，野蕨漸紫苞。爾雅曰：榹，山桃也。毛詩曰：言采其蕨。毛詩義疏曰：蕨，山菜也，初生紫色。尚書曰：草木漸苞。孔安國曰：漸，進長。苞，叢生也。鳴嚶已悅豫，幽居猶鬱陶。鳴嚶，已見上文。禮記曰：幽居而不淫。論衡曰：幽居而靜處，恬澹自守。尚書曰：鬱陶乎予心，顏厚有忸怩。孔安國曰：鬱陶，哀思也。夢寐佇歸舟，釋我吝與勞。其五。范曄後漢書曰：陳蕃、周舉嘗相謂曰：數日之間，不見黄生，則鄙悋之萌，復存乎心。毛詩曰：豈不爾思，勞心忉忉。

文選考異

〔一〕注「善養曰」 案：「養」當作「卷」，各本皆譌。此讓王篇文也。

文選卷第二十六

贈答四　行旅上

贈答四

贈王太常　五言　蕭子顯齊書曰：王僧達除太常。

顔延年

玉水記方流，琁源載圓折。尸子曰：凡水，其方折者有玉，其圓折者有珠也。蓄寶每希聲，雖祕猶彰徹。老子曰：大音希聲。左氏傳，君子曰：若險危大人〔一〕而有名彰徹也。聆龍睽九泉，聞鳳窺丹穴。廣雅曰：聆，聽也。莊子曰：夫千金之珠，必在九重之泉，驪龍頷下。説文曰：睽，察也。山海經曰：丹穴之山有鳥焉，其狀如鶴，五采，名曰鳳鳥〔二〕。丹穴，已見東京賦。歷聽豈多工？唯然覯世哲。孔安國尚書傳曰：工，官也。舒文廣國華，敷言遠朝列。王逸楚辭注曰：發文舒詞，爛然成章。國語，季文子曰：吾聞以德榮爲國華。尚書曰：凡厥衆人，極之敷言。秋興賦曰：猥厠朝列。爾雅曰：列，業也〔三〕。德輝灼邦懋，芳風被鄉耋。禮記曰：德輝動乎内，而人莫不承聽。禰衡顔子碑曰：秀不實，振芳風。側同幽人居，郊扉常晝閉。周易曰：履道坦坦，幽人貞吉。殷仲堪誄曰：荆門晝掩，閑庭晏然。林閭時晏開，亟迴長者轍。爾雅曰：野外謂之林。鄭玄周禮注云：閭，里門也。漢書，淮南王曰：早閉晏開。又曰：陳平門外多長者車轍。庭昏見野陰，山明望松雪。静惟浹羣化，徂生入窮節。鄭玄毛詩箋曰：惟，思也。蘇林漢書注曰：浹，周也。莊子曰：已化而生，又化而死。爾雅曰：徂，往也，謂往之死也。家語，孔子曰：化於陰陽，象形而發謂之生，化窮數盡謂之死。豫往誠歡歇，悲來非樂闋。周易曰：初六，鳴豫，凶。王弼曰：樂過則淫，志窮則凶。爾雅曰：豫，樂也。淮南子曰：奏樂而喜，曲終而悲。鄭玄禮記注曰：闋，終也。屬美謝繁翰，遥懷具短札。屬，猶綴也。謝，猶慙也。説文曰：懷，念思也。又曰：札，牒也，阻黠切。

文選考異

〔一〕注「若險危大人」　袁本、茶陵本「若」作「以」，是也。

〔二〕注「山海經曰丹穴之山有鳥焉其狀如鶴五采名曰鳳鳥」　案：此二十一字不當有。下云

「丹穴已見東京賦」，彼注所引即此文，無庸複出，明甚。各本皆衍。以此推之，善注失其舊者多矣。

〔三〕注「爾雅曰列業也」　案：「爾」當作「小」，「業」當作「次」。各本皆誤。又陳云「烈，業也」，釋詁文，不當誤引以釋「列」字，蓋五臣本作「烈」，故有此注，後誤入李注，并訛「烈」爲「列」。其説非也，袁、茶陵所載五臣銑「烈，美也」之注自在，且引「爾雅曰」，亦不合其例，此爲善注無疑。必「小」譌作「尔」，乃改「次」爲「業」耳。

夏夜呈從兄散騎車長沙　五言　集曰：從兄散騎，字敬宗。車長沙，字仲遠。

顔延年

炎天方埃鬱，暑晏闃塵紛。淮南子曰：南方曰炎天。高誘曰：南方五月建午，火之中也。火性炎上，故曰炎天。廣雅曰：方，正也。毛萇詩傳曰：鬱，積也。禮記曰：仲夏，小暑至。賈逵國語注曰：晏，晚也。毛萇詩傳曰：闃，息也。杜預左氏傳注曰：紛，亂也。獨静闕偶坐，臨堂對星分。賈逵國語注曰：偶，對也。周禮曰：以星分夜。側聽風薄木，遥睇月開雲。法言曰：風薄于山。孔安國尚書傳曰：薄，迫也，亦激之意也。楚辭曰：雪紛紛而薄木。夜蟬當夏急，陰蟲先秋聞。禮記曰：仲夏之月，蟬始鳴。易通系卦曰：蟋蟀之蟲，隨陰迎陽。聖主得賢臣頌曰：蟋蟀俟秋吟。歲候初過半，荃蕙豈久芬？楚辭曰：時亹亹而過中。又曰：荃蕙化而爲茅。屏居惻物變，慕類抱情殷。漢書曰：竇嬰謝病，屏居田南山下。鵩鳥賦曰：萬物變化。楚辭曰：思慕類兮以悲。魏文帝善哉行曰：喟然以惋歎，抱情不得敍。桓玄鸚鵡賦曰：眷儔侶而情殷。殷，憂也。九逝非空思，七襄無成文。楚辭曰：惟郢路之遼遼兮，魂一夕而九逝。韓詩曰：跂彼織女，終日七襄；雖則七襄，不成報章。薛君曰：襄，反也。

直東宮答鄭尚書 五言

沈約宋書曰：鄭鮮之，字道子。高祖踐祚，遷都官尚書。

顔延年 沈約宋書曰：高祖受命，延年補太子舍人。然答詩謝舍人之日。

皇居體寰極〔一〕，設險祇天工。孔融薦禰衡表曰：帝室皇居。西京賦曰：若夫長年、神仙，宣室、玉堂，譬衆星之環極，泮赫羲以輝煌。周易曰：王公設險以守其國。尚書曰：天工，人其代之。兩闈阻通軌，對禁限清風。兩闈，謂東宮及中臺也。方言曰：軌，道也。各有禁守，謂禁中也，故曰對也。胡廣書曰：建洪德，流清風。跂予旅東館，徒歌屬南墉。毛詩曰：誰謂宋遠，跂予望之。賈逵國語注曰：旅，客也。爾雅曰：徒歌曰謡。鄭玄儀禮注曰：屬，注也，謂意注之也。尚書爲中臺，在南，故曰南墉。寢興鬱無已，起觀辰漢中。毛詩曰：言念君子，載寢載興。鄭玄考工記注曰：鬱，不舒散。辰，大辰也。爾雅，大辰，房心尾也。郭璞曰：龍星明者，以爲時候，故曰大辰。毛萇詩傳曰：漢，天河也。流雲藹青闕，皓月鑒丹宮。廣雅曰：鑒，照也。踟蹰清防密，徙倚恒漏窮。毛詩曰：搔首踟蹰。夏侯沖答潘岳詩曰：相思限清防，企佇誰與言？爾雅曰：密，靜也。楚辭曰：步徙倚而遥思。漏窮，言曉也。君子吐芳訊，感物惻余衷。演連珠曰：肆義芳訊。古詩曰：感物懷所思。惜無丘園秀，景行彼高松。賈逵國語注曰：惜，痛也。周易曰：賁于丘園，束帛戔戔。陸機演連珠曰：丘園之秀，因時則揚。毛詩曰：景行行止。高松，喻守節而不移也。論語，子曰：歲寒然後知松柏之後彫也。知言有誠貫，美價難克充。知汝之言，有誠實舊貫，美價難以克充。漢書，武帝詔書曰：九變復貫，知言之選。論語，子貢曰：有美玉於斯，韞櫝而藏諸，求善價而沽諸。何以銘嘉貺，言樹絲與桐。言樹絲桐，欲播之琴瑟也。魏文帝書曰：嘉貺益腆。爾雅曰：貺，賜也。毛詩曰：言樹之背。史記曰：騶忌以鼓琴見齊威王。王曰：夫治國家，何異絲桐之間哉〔二〕。

文選考異

〔一〕皇居體寰極　袁本、茶陵本「寰」作「環」，是也。

〔二〕注「何異絲桐之間哉」　陳云「異」，「與」誤，是也。各本皆譌。

和謝監靈運　五言　沈約宋書曰：靈運爲祕書監也。

顔延年　沈約宋書曰：少帝出顔延年爲始安太守。元嘉三年，徵爲中書侍郎。

弱植慕端操，窘步懼先迷。左氏傳，鄭子産如陳，曰：陳，亡國也，其君弱植。王逸楚辭注曰：植，志也。楚辭曰：内惟省以端操。又曰：夫唯捷徑以窘步。窘，求隕切。周易曰：先迷失道，後順得常。寡立非擇方，刻意藉窮棲。孫卿子曰：寡立而不勝，堅強而不暴。周易曰：君子以立，不易方。王弼曰：得其所久，故不易也。孔安國論語注曰：方，道也，謂常道也。莊子曰：刻意尚行，離世異俗，此山谷之士；非俗之人枯槁赴淵者之所好也。韋昭國語注曰：山處曰棲。伊昔遘多幸，秉筆侍兩閨。陸機答賈謐詩曰：伊昔有皇。左氏傳，羊舌職曰：民之多幸，國之不幸。國語，士茁謂智襄子曰：臣秉筆事君。兩閨，謂上臺及東宫也。事二宫，已見曲水詩。雖慙丹雘施，未謂玄素睽。丹雘，喻君恩也。玄素，喻别也。盧諶答劉琨書曰：始素終玄，墨翟垂涕。周易曰：睽者，乖也，苦圭切。尚書曰：惟其塗丹雘。徒遭良時詖，王道奄昏霾。謂少帝之日也。潘岳河陽縣詩曰：徒恨良時泰。蒼頡篇曰：詖，諂佞也，彼寄切。方言曰：奄，遽也。昏霾，喻世亂也。爾雅曰：風雨土爲霾。人神幽明絶，朋好雲雨乖。人神幽明絶，言時亂不獲祭享也。曾子曰：天曰明，地曰幽。張載詠懷詩曰：雲乖雨散，心乎愴而！弔屈汀洲浦，謁帝蒼山蹊。謂之始安郡也。賈誼有弔屈原文。楚辭曰：搴汀洲兮杜若。文字集略曰：汀，水際也〔一〕。曹子建贈白馬王詩曰：謁帝承明廬。禮記曰：舜葬蒼梧之野。倚巖聽緒風，攀林結留荑。楚辭曰：倚石巖以流涕。又曰：款秋冬之緒風。又曰：畦留荑與揭車。王逸曰：留荑，香草也。跂予間衡嶠，曷月瞻秦稽。跂予，已見上文。衡，山名也。爾雅曰：山鋭而高曰嶠。毛詩曰：曷月余還歸哉。孔曄會稽記曰：秦望山在州城正南。史記曰：始皇登之望南海。越絶書曰：禹救水到大越，上茅山大會計，更名茅山曰會稽。皇聖昭天德，豐澤振沈泥。皇聖，謂文帝也。孫卿子曰：變化代興，謂之天德。謝承後漢書曰：仁風豐澤，四海所宗。說文曰：振，舉也。葛龔與張略書曰：頑闇沈泥。**惜無爵雉化，何用充海淮。**國語曰：趙簡子歎曰：雀入于海爲蛤，雉入于淮爲蜃。鄭玄禮記注曰：充，足也，子喻切。**去國還故里，幽門樹蓬藜。**去國，謂去始安也。莊子曰：越之流人，去國旬月。古詩曰：思還故里閭。楚辭曰：處玄舍之幽門。陸雲答兄書曰：脩庭樹蓬。**采茨葺昔宇，翦棘開舊畦。**鄭玄周禮注曰：茨，闔苫也。廣雅曰：葺，覆也。左氏傳，戎子駒支曰：驅其狐狸，剪其荆棘。孟子曰：病于夏畦。劉熙曰：今俗以二十五畝爲小畦。**物謝時既晏，年往志不偕。**言年既日往，志意已衰，不與子俱也。王逸楚辭注曰：謝，去也。楚辭曰：年洋洋而日往。毛萇詩傳曰：偕，俱也。俱，亦齊同之意也。**親仁敷情昵，興賦究辭悽**〔一〕。親仁，謂靈運也。左氏傳，陳五父曰：親仁善鄰，國之寶也。爾雅曰：昵，近也。孫炎曰：親之近也。說文曰：興，悦也。玩，愛也。**芬馥歇蘭若，清越奪琳珪。**吴都賦曰：芬馥肸蠁。說文曰：歇，息也。一曰，氣越泄也。禮記曰：昔者君子比德於玉焉，叩之其聲清越以長。鄭玄曰：越，猶揚也。**盡言非報章，聊用布所懷。**易曰：書不盡言。報章，已見上文。莊子曰：有問而應之，盡其所懷。蒼頡篇曰：懷，抱也。

文選考異

〔一〕注「汀水際也」　案：「際」下當有「平」字。各本皆脱。前登臨海嶠詩注引有，可證。說文云「汀，平也。㲻，汀，或從平。」韻會舉要曰「謂水際平地」，是矣，不知者誤删之。

〔二〕興賦究辭棲　袁本、茶陵本「棲」作「悽」。陳云「棲」,「悽」誤,是也。又二本「賦」作「玩」,有校語云善作「賦」。案:詳善有「玩,愛也」之注,則善亦作「玩」,各本所見爲誤。又案:此注「玩,愛也」上引説文云「興,悦也」。考説文在女部,云「嬹,説也」。依善例當引作「嬹」,而下注「嬹」「興」異同。今本恐經後人竄改,致失其舊,疑不能明矣。

答顔延年　五言

王僧達　沈約宋書曰:王僧達,琅邪人。少好學,善屬文。爲始興王行軍參軍,稍遷至中書令,以屢犯上顔,於獄賜死。

長卿冠華陽,仲連擅海陰。長卿,相如字也。尚書曰:華陽黑水惟梁州。華陽國記曰:益州地稱天府,原曰華陽。史記曰:魯仲連,齊人也。穀梁傳曰:水南曰陰。珪璋既文府,精理亦道心。言珪璋之麗,既光於文府;精理之妙,亦窮於道心。文賦曰:遊文章之林府。尚書曰:道心惟微。君子聳高駕,塵軌實爲林。楚辭曰:竦余駕兮入冥。何邵詩曰:亮無風雲會,安能襲塵軌?司馬遷書曰:列於君子之林也。崇情符遠迹,清氣溢素襟。思玄賦曰:盍遠迹以飛聲。陸景典語曰:清氣漂於青雲之上。聲類曰:襟,交領也。結遊略年義,篤顧棄浮沈。莊子曰:忘年忘義,振於無境。鄭玄毛詩箋曰:顧,念也。高誘淮南子注曰:浮沈,猶盛衰也。寒榮共偃曝,春醞時獻斟。桓子新論曰:余與揚子雲奏事,坐白虎殿廊廡下,以寒故,背日曝焉。郭璞上林賦注曰：榮，屋南簷也。曹植酒賦曰：或秋藏冬發，或春醞夏開。聿來歲序暄，輕雲出東岑。毛詩曰：聿來胥宇。鄭玄曰：聿，自也。麥壟多秀色，楊園流好音。魏文帝登城賦曰：嘉麥被壟。廣雅曰：秀，美也。毛詩曰：楊園之道。又曰：睍睆黄鳥，載好其音。歡此乘日暇，忽忘逝景侵。言人壽不留，與景俱逝而壽損，侵謂之侵〔一〕。莊子，牧馬童子謂黄帝曰：有長者教予曰：若乘日之車，而遊於襄城之野。郭象曰：日出而遊，日入而息。幽衷何用慰，翰墨久謡吟。歸田賦曰：揮翰墨以奮藻。棲鳳難爲條，淑貺非所臨。鳳非梧桐不棲，故曰難爲也。誦以永周旋，匣以代兼金。左氏傳，太史克曰：奉以周旋，不敢失墜。孟子曰：齊王餽兼金一百而不受也。

文選考異

〔一〕注「侵謂之侵」　案：上「侵」字當作「故」。各本皆誤。

郡内高齋閑坐答吕法曹　五言　郡是宣城郡。

謝玄暉

結構何迢遰，曠望極高深。結構，謂結連構架以成屋宇也。魯靈光殿賦曰：觀其結構。廣雅曰：曠，遠也。高深，謂江山也。魏武帝善哉行曰〔一〕：山不厭高，海不厭深。吴都賦曰：曠瞻迢遰。牕中列遠岫，庭際俯喬林。曹子建詩曰：歸鳥赴喬林。日出衆鳥散，山暝孤猿吟。已有池上酌，復此風中琴。石崇思歸引曰：宴華池，酌玉觴。嵇康贈秀才詩曰：習習和風，吹我素琴。非君美無度，孰爲勞寸心。毛詩曰：彼己之子，美無度。又曰：勞心忉忉。列子，文摯謂叔龍曰：吾見子之心矣，方寸之地虚矣。惠而能好我，問以瑶華音。毛詩曰：惠而好我，攜手同行。毛萇曰：惠，愛也。鄭玄曰：言愛仁而又好我。毛詩曰：雜佩以問之。毛萇曰：問，遺也。楚辭曰：折疏麻兮瑶華，將以遺兮離居。若遺金門步，見就玉山岑。解嘲曰：歷金門，上玉堂。穆天子傳曰：癸巳，至羣玉之山，容氏所守，先王之謂册府。郭璞曰：即山海經玉山，西王母所居者。皇甫謐釋勸曰：排閶闔，步玉岑。

文選考異

〔一〕注「魏武帝善哉行曰」　陳云「善哉」當作「短歌」，是也。各本皆誤。

在郡卧病呈沈尚書　五言

集曰：沈尚書，約也。

謝玄暉

淮陽股肱守，高卧猶在兹。漢書曰：季布爲河東守，上召布曰：河東吾股肱郡，故時召君耳。又曰：拜汲黯爲淮陽太守，黯伏地不受印。上曰：君薄淮陽耶？顧淮陽吏人不相得，吾徒得君重？卧而治之也。況復南山曲，何異幽棲時？謝靈運南山詩曰：凝此永幽棲。連陰盛農節，籉笠聚東菑〔一〕。胡安道愁霖賦曰：冀連陰之時退，想雲物之見微。毛詩曰：彼都人士，籉笠緇撮。毛萇曰：籉，所以御雨，音臺。爾雅曰：田一歲曰菑。高閣常晝掩，荒階少諍辭。晝掩，已見上文。珍簟清夏室，輕扇動涼颸。楚辭曰：溢颸風而上征。嘉魴聊可薦，渌蟻方獨持。毛詩曰：南有嘉魚。鄭玄毛詩箋曰：聊，略也。釋名曰：酒有汎齊，浮蟻在上洗洗然〔二〕。鄭玄毛詩箋曰：方，且也。夏李沈朱實，秋藕折輕絲。魏文帝與吴質書曰：沈朱李於寒水。良辰竟何許？夙昔夢佳期。佳，謂沈也。言會面良辰，竟在何許，而令夙昔空夢佳期。阮籍詠懷詩曰：良辰在何許？凝霜沾衣襟。許，猶所也。尚書曰：夙夜浚明有家。孔安國曰：夙，早也。浚，深也。早夜思之，須明行之。楚辭曰：與佳期兮夕張。王逸曰：不敢斥尊者，故言佳也。坐嘯徒可積，爲邦歲已朞。張璠漢記曰：南陽太守弘農成瑨任功曹岑晊，時人爲之語曰：南陽太守岑公孝，弘農成瑨但坐嘯。瑨音津。晊音質。論語，子曰：善人爲邦百年，可以勝殘去殺矣。又曰：苟有用我者，期月而已可也，三年有成。絃歌終莫取，撫机令自嗤。論語曰：子游爲武城宰，聞絃歌之聲。陸機赴洛詩曰：撫机不能寐。阮籍詠懷詩曰：嗷嗷令自嗤。

文選考異

〔一〕籉笠聚東菑　袁本「籉」作「臺」，注盡同。茶陵本盡作「籉」。案：考宋本謝宣城集作「臺」，驗其集，如「撫机」作「枕風」，「雲」作「煙」之類，與五臣每合。是善「籉」，五臣「臺」，袁、茶陵不著校語者，非。又善注引毛詩「臺笠緇撮」傳「臺所以禦雨」，皆作「籉」，而於其下云「音臺」，恐亦經竄改失舊。依善例當引作「臺」，而下注「籉與臺同，音臺」也。

〔二〕注「浮蟻在上洗洗然」案：「洗洗」當作「汎汎」。各本皆誤。

暫使下都夜發新林至京邑贈西府同僚 五言

謝玄暉

蕭子顯齊書曰：謝朓爲隨王子隆文學，子隆在荆州，好辭賦，數集僚友，朓以才文尤被賞愛。長史王秀之以朓年少相動，密以啓聞。世祖勑朓可還都。朓道中爲詩，以寄西府。

大江流日夜，客心悲未央。呂氏春秋曰：水泉東流，日夜不休。毛詩曰：夜未央。廣雅曰：央，已也。徒念關山近，終知反路長。古樂府有度關山曲。王粲閑邪賦曰：關山介而阻險。顏延年秋胡詩曰：反路遵山河。秋河曙耿耿，寒渚夜蒼蒼。秋河，天漢也。耿耿，光也。毛詩曰：蒹葭蒼蒼。引顧見京室，宮雉正相望。潘岳河陽縣詩曰：引領望京室。東都賦曰：京室密清。周禮曰：王城隅之制九雉。古詩曰：兩宮遥相望。金波麗鳷鵲，玉繩低建章。漢書，歌云：月穆穆以金波。王弼周易注曰：麗，連也。張揖漢書注曰：鳷鵲觀在雲陽甘泉宮外。春秋元命包曰：玉衡北兩星爲玉繩星。漢書曰：柏梁災，於是作建章宮也。驅車鼎門外，思見昭丘陽。古詩曰：驅車策駑馬。帝王世紀曰：春秋，成王定鼎于郟鄏，其南門名定鼎門，蓋九鼎所從入也。方言曰：冢大者爲丘，丘南曰陽。荆州圖記曰：當陽東有楚昭王墓〔一〕。登樓賦曰：所謂西接昭丘也〔二〕。馳暉不可接，何況隔兩鄉。馳暉，日也。眺至尋陽詩曰：過客無留軫，馳暉有奔箭。毛萇詩傳曰：鄉，所也。風雲有鳥路，江漢限無梁。南中八志曰：交阯郡治龍編縣，自興古鳥道四百里。楚辭曰：江、河廣而無梁。常恐鷹隼擊，時菊委嚴霜。毛萇詩傳曰：古者鷹隼擊，然後罻羅設。潘岳河陽詩曰：時菊耀秋華。委，猶悴也。楚辭曰：冬又申之以嚴霜。寄言罻羅者，寥廓已高翔。喻蜀父老曰：猶鷦鵬之翔乎寥廓之宇，而羅者猶視乎藪澤。廣雅曰：寥，深也。廓，空也。

文選考異

〔一〕注「荆州圖記曰當陽東有楚昭王墓」袁本、茶陵本無「記當陽東有」五字。

〔二〕注「登樓賦曰所謂西接昭丘也」袁本、茶陵本無「西接」二字。又陳云「曰」字衍，是也。各本皆衍。案：與彼賦注可互證。

酬王晉安 五言

集曰：王晉安，德元。王隱晉書曰：晉安郡，太康三年置，即今之泉州也。

謝玄暉

梢梢枝早勁，塗塗露晚晞。爾雅曰：梢，梢櫂也。郭璞曰：謂木無枝柯，梢櫂長而殺也。楚辭曰：白露紛以塗塗。王逸曰：塗塗，厚貌也。毛萇詩傳曰：晞，乾也。南中榮橘柚，寧知鴻鴈飛？列子曰：吳、越之國，有木焉，其名曰櫾，碧樹而冬生。櫾，則柚字也。鴻鴈南棲衡陽，不至晉安之境，故曰寧知也。拂霧朝青閣，日旰坐彤闈。左氏傳，趙鞅曰：日旰矣。説文曰：旰，日晚也。悵望一塗阻，參差百慮依。蔡邕詩曰：暮宿何悵望。周易曰〔一〕：一致而百慮。仲長統詩曰：百慮何爲？至安在我。春草秋更緑，公子未西歸。言春草萋萋，故王孫樂之而不反。今春草秋而更緑，公子尚未西歸。楚辭曰：王孫遊兮不歸，春草生兮萋萋。古詩曰：秋草萋已緑。毛詩曰：誰能西歸？誰能久京洛？緇塵染素衣。陸機爲顧彦先贈婦詩曰：京洛多風塵，素衣化爲緇。

文選考異

〔一〕注「周易曰」　袁本、茶陵本「曰」上有「子」字。案：此尤删之，非。

奉答内兄希叔　五言

顧氏家譜曰：肹字希叔，邵陵王國常侍。

陸韓卿　蕭子顯齊書曰：陸厥，字韓卿，吳人。好屬文，州舉秀才。王晏少傅主簿，後至行軍參軍〔一〕。厥父被誅，坐繫尚方。尋有令赦，厥恨父不及，感慟而卒。其集云：竟陵王舉秀才，選太子太傅功曹掾〔二〕。

嘉惠承帝子，躧履奉王孫。帝子，謂竟陵也。王孫，謂太傅王晏也。越絶書曰：恭承嘉惠，述暢往事。管子曰：君有嘉惠於其臣。漢舊儀曰：帝子爲王。長門賦曰：躧履起而彷徨。魏志，蔡邕見王粲曰：此王公孫有異才。屬叨金馬署，又點銅龍門。漢書音義曰：屬，近也。叨金馬署，謂爲秀才也。兩都賦序曰：內設金馬、石渠之署。點銅龍門，謂爲太傅功曹掾也。漢書曰：上嘗急召太子，出龍樓門。張晏曰：門樓上有銅龍。出入平津邸，一見孟嘗尊。孟嘗，喻太傅也。漢書曰：封丞相公孫弘爲平津侯，於是起客館，開東閤，以延賢人，與參謀議。説苑，雍門周説孟嘗君曰：以孟嘗之尊，乃如是也。歸來翳桑柘，朝夕異涼温。其一。左太沖詠史詩曰：陳平無産業，歸來翳負郭。涼温，喻貴賤也。徂落固云是，寂蔑終始斯〔三〕。徂落，猶彫落也。羽獵賦曰：萬物徂落於外。荀組七哀詩曰：何其寂蔑！杜門清三逕，坐檻臨曲池。漢書曰：王陵杜門，竟不朝請。三輔決録曰：蔣詡，字元卿，舍中三徑。楚辭曰：坐堂伏檻臨曲池。鳧鵠嘯儔侶，荷芰始參差。蜀都賦曰：鴻儔鵠侶。雖無田田葉，及爾泛漣漪。其二。古樂府詩曰：江南可采蓮，蓮葉何田田。毛詩曰：河水清且漣漪。春華與秋實，庶子及家臣〔四〕。魏志曰：邢顒，字子昂，爲平原侯植家丞。顒防閑以禮，無所屈撓，由是不合。庶子劉楨書諫植曰：家丞邢顒，北土之彦。而楨禮遇殊特，顒反疎簡，私懼觀者將謂君侯習近不肖，禮賢不足。采庶子之春華，忘家丞之秋實。王門所以貴，自古多俊民。鄒陽上書曰：何王之門不可曳長裾乎？尚書曰：畯民用康。畯與俊同。離宮收杞梓，華屋富徐陳。離宮、華屋，皆謂太子也。卞壺議曰：太子所居宮，稱東宮，不言太子宮者，二宮以東西爲稱，明是天子之離宮，使太子居之也。左氏傳，楚聲子曰：晉大夫皆卿才也，如杞梓皮革自楚往也。吴質答曹子建書曰：塤箎激於華屋。魏志曰：文帝爲五官郎將，北海徐幹，廣陵陳琳，並見友善。平旦上林苑，日入伊水濱。其三。言晨夕侍遊，良非一所也。楚辭曰：平明發兮蒼梧。漢書曰：梁孝王入朝，侍帝遊獵上林中。論衡曰：堯時擊壤者曰：吾日入而息。列仙傳曰：王子喬，周靈王太子晉也。遊伊、雒之間。書記既翩翩，賦歌能妙絶。魏文帝與吴質書曰：公幹五言詩之善者，妙絶時人。元瑜書記翩翩，致足樂之〔五〕。相如恧温麗，子雲慙筆札。西京雜記曰：枚皐文章捷疾，長卿製作淹遲，皆一時之譽。長卿首尾温麗，枚皐時有累句，故知疾行無善迹矣。方言曰：恧，慙也。漢書曰：樓護與谷永俱爲五侯上客。長安號曰谷子雲之筆札，樓君卿之脣舌。駿足思長阪，柴車畏危轍。駿足，喻希叔；柴車，自喻也。東臺彦答杜育詩曰：矯矯駿足，繁纓朱就。韓詩外傳，齊子曰：臣賴君之賜，駑馬柴車，可得而乘也。愧兹山陽讌，空此河陽别。其四。魏氏春秋曰：嵇康寓居山陽縣，與向秀遊於竹林，號曰七賢。曹植送應氏詩曰：親昵並集送，置酒此河陽。平原十日飲，中散千里遊。平原，趙勝也。史記曰：秦昭王聞魏齊在平原君家，遺平原君好書曰：寡人聞君之高義，願與爲布衣之交。君幸過寡人，寡人願與君爲十日之飲。平原君遂入秦見昭王。干寶晉紀曰：初，吕安友嵇康，相思則命駕，千里從之。渤海方滛滯，宜城誰獻酬？言己之事竟陵，猶徐、吴之在渤海。漢書，渤海郡有南皮縣，即徐、吴遊之所也。國語曰：底著滛滯。賈逵曰：滛，久也。陳思王酒賦曰：酒有宜城濃醪，蒼梧漂清。毛詩曰：獻酬交錯。屏居南山下，臨此歲方秋。屏居南山下，已見上文。左氏傳，卜徒父曰：歲云秋矣。漢書，路博德曰：方秋，匈奴馬肥，未可與戰。廣雅曰：方，始也。惜哉時不與，日暮無輕舟。其五。言無輕舟以相從也。賈逵國語注曰：惜，痛也。劉越石贈盧諶詩曰〔六〕：時哉不我與。曹子建贈王仲宣詩曰：有彼孤鴛鴦，哀鳴無匹儔；我願執此鳥，惜哉無輕舟。

文選考異

〔一〕注「後至行軍參軍」　陳云「後」上脱「遷」字，「至」字衍。「行軍」二字當乙，是也。各本皆誤。

〔二〕注「選太子太傅功曹掾」　茶陵本「選」作「遷」，是也。袁本亦誤「選」。

〔三〕寂蔑終始斯　茶陵本有校語云「蔑」，五臣作「蔑」；「始」，五臣作「如」。袁本正如此，用五臣也。案：「蔑」即「蔑」别體字耳。「始」字義未安，或各本所見善傳寫誤，注無明文，不可考。

〔四〕庶子及家臣　何校「臣」改「丞」。陳云「臣」，「丞」誤。案：各本皆作「臣」。詳五臣良注「家丞亦家臣」也，是其本作「臣」，意取與下「民」、「陳」、「濱」爲協。然「庶子」同是「家臣」，而以「及」爲言，殊乖文義。恐此詩自通協「丞」字，善並不作「臣」，故但引「家丞」，更無申説也。各本皆以五臣亂之而失著校語。

〔五〕注「致足樂之」　何校「之」改「也」，陳同，是也。各本皆誤。

〔六〕注「贈盧諶詩曰」　陳云「諶」上脱「子」字。案：非也。此如公幹稱幹，季重稱重之例。

贈張徐州稷 五言

范彥龍

田家樵採去，薄暮方來歸。漢書，楊惲曰：田家作苦。張景陽雜詩曰：投來修岸垂〔一〕，時聞樵採音。楚辭曰：薄暮雷電。廣雅曰：薄，至也。毛詩曰：來歸自鎬。杜預左氏傳注曰：來者，自外之文也。還聞稚子說，有客款柴扉。史記曰：楚懷王稚子子蘭。呂氏春秋曰：款門而謁。高誘曰：款，叩也。柴扉，即荊扉也。鄭玄禮記注曰：蓽門，荆竹織門也。儐從皆珠玳，裘馬悉輕肥。吳都賦曰：儐從奕奕。廣雅曰：儐，導也。史記曰：趙平原君使人於春申君，春申君舍之於上舍。趙使欲夸楚，爲玳瑁簪，刀劍並以珠飾之，請春申君客。論語，子曰：赤之適齊也，乘肥馬，衣輕裘。軒蓋照墟落，傳瑞生光輝。說苑，翟璜謂田子方曰：吾禄厚，得此軒蓋。又，師曠謂晉平公曰：五鼎不當生墟落。應劭風俗通曰：諸侯及使者有傳信，乃得舍於傳耳。今刺史行部車號傳車，從事督郵。周禮曰：典瑞。鄭玄曰：瑞，節信也。疑是徐方牧，既是復疑非。阮瑀止欲賦曰：意謂是而復非。思舊昔言有，此道今已微。穀梁傳曰：叔姬歸于紀，其不言逆何也？逆之道微。范甯曰：逆者，非卿也。物情棄疵賤，何獨顧衡闈？莊子曰：人之有所不得與，皆物之情也。郭象曰：憂娱在懷，皆物情耳，非理也。爾雅曰：疵，痛也〔二〕。衡闈，衡門也。或以衡闈爲紘韋，非也。恨不具雞黍，得與故人揮。謝承後漢書曰：山陽范式，字巨卿，與汝南張元伯爲友。春別京師，以秋爲期，至九月十五日，殺雞作黍。二親笑曰：山陽去此幾千里，何必至？元伯曰：巨卿信士，不失期者。言未絶而巨卿至。韓康伯周易注曰：揮，散也。

懷情徒草草，淚下空霏霏。毛萇詩傳曰：懷，思也。毛詩曰：驕人好好，勞人草草。又曰：雨雪霏霏。寄書雲間鴈，爲我西北飛。漢書曰：帝思蘇武，使謂單于：天子射上林中得鴈，足有係帛書。西北，謂徐州也，在揚州之西北。輿地志曰：宋以鍾離置徐州，齊以荆州爲北徐州也〔三〕。

文選考異

〔一〕注「投來修岸垂」陳云「來」當作「耒」，是也。各本皆誤。

〔二〕注「疵痛也」陳云「痛」，「病」誤，是也。各本皆譌。

〔三〕注「齊以荆州爲北徐州也」陳云「荆州」二字衍。案：所校是也，謂即鍾離之徐州，而加「北」字耳。各本皆衍。

古意贈王中書 五言 集曰：覽古贈王中書融。

范彦龍

攝官青瑣闥，遥望鳳皇池。王融答詩，題云雜體報范通直雲。梁書曰：雲爲通直散騎侍郎。左氏傳，韓厥曰：敢告不敏，攝官承乏。漢舊儀曰：黄門郎暮入，對青瑣門拜。晉中興書曰：荀勗徙中書監，爲尚書令。人賀之，乃發恚云：奪我鳳皇池，卿諸人何賀我耶。**誰云相去遠？脈脈阻光儀。**劉楨贈徐幹詩曰：誰謂相去遠？古詩曰：盈盈一水間，脈脈不得語。鸚鵡賦曰：侍君子之光儀。**岱山饒靈異，沂水富英奇。**尚書曰：海岱及淮惟徐州。又曰：淮沂其乂。漢書有琅邪郡。音義曰：屬徐州。晉書，琅邪王氏之先。漢紀曰：秦遷于琅邪之臯虞〔一〕，後徙于臨沂。**逸翮凌北海，摶飛出南皮。**徐幹居北海，吳質遊南皮，二人皆蒙魏文恩幸，故言地以明之也。郭璞遊仙詩曰：逸翮思拂霄。杜預左氏傳注曰：陵，侮也，謂輕易之。莊子曰：鵬摶扶摇而上。司馬彪曰：摶，圜也，圜飛而上，若扶摇也。**遭逢聖明后，來棲桐樹枝。**孔安國尚書傳曰：聖人受命，則鳳皇至。鄭玄毛詩箋曰：鳳皇之性，非梧桐不棲。**竹花何莫莫，桐葉何離離！**鄭玄毛詩箋曰：鳳皇非竹實不食。毛詩曰：葛之覃兮，維葉莫莫。又曰：其桐其椅，其實離離。**可棲復可食，此外亦何爲？**古詩曰：賤妾擬何爲。**豈如鷦鷯者，一粒有餘貲。**鷦鷯賦曰：巢林不過一枝，每食不過數粒。蒼頡篇曰：貲，財也。

文選考異

〔一〕注「漢紀曰秦遷於琅邪之臯虞」 案：「曰」當作「由」。以十一字爲一句。王文憲集序「其先自秦至宋」注引琅邪王氏録云「其先出自周王子晉，秦有王翦、王離」云云，即所云由秦遷也。漢紀，漢世也。集序「離、翦之止殺，吉、駿之誠感」注引漢書「王吉，琅邪人」，即所云漢遷琅邪也。琅邪王氏録者，何法盛晉中興書之篇目。此注所引晉書，未稱何家，疑亦琅邪王氏録文，與集序注所引本相承接。各本皆誤，讀者尠察，今特訂正之。

贈郭桐廬出溪口見候余既未至郭仍進村維舟久之郭生方至 五言

顧野王輿地志曰：桐廬縣，吴分富陽之桐廬溪也。劉孝標集曰：郭桐廬，峙。

任彥昇

朝發富春渚，蓄意忍相思。漢書曰：會稽郡富春縣。孔安國尚書傳曰：蓄，積也。涿令行春反，冠蓋溢川坻。范曄後漢書曰：滕撫，字叔輔，北海人也。初仕州郡，稍遷爲涿令，有文武理用。太守以其能，委任郡職，兼領六縣，流愛于民。行春，兩白鹿隨車，挾轂而行。郭璞上林賦注曰：坻，岸也，坻或爲湄。望久方來萃，悲歡不自持。毛萇詩傳曰：萃，集也。滄江路窮此，湍險方自兹〔一〕。疊嶂易成響，重以夜猨悲。客心幸自弭，中道遇心期。楚辭曰：聊抑志而自弭。親好自斯絶，孤遊從此辭。謝靈運詩曰：孤遊非情款。蘇武詩曰：去去從此辭。

文選考異

〔一〕湍險方自兹　茶陵本「險」作「嶮」，云五臣作「險」。袁本作「險」。案：袁本所用五臣也，此似尤亂之。

行旅上

河陽縣作二首 五言

潘安仁 哀傷、贈答，皆潘居陸後，而此在前，疑誤也。

微身輕蟬翼，弱冠忝嘉招。岳弱冠舉秀才。曹植表曰：身輕蟬翼，恩重丘山。楚辭曰：蟬翼爲輕也。在疚妨賢路，再升上宰朝。言己在病以妨賢路也。毛詩曰：煢煢在疚。說苑，楚令尹虞丘子謂莊王曰：臣爲令尹，處士不升，妨羣賢路。上宰朝，謂司空太尉府。猥荷公叔舉，連陪廁王寮〔一〕。言以凡猥之才，而荷薦舉也。太尉舉爲郎，已見閑居賦。許慎淮南子注曰：猥，凡也。論語曰：公叔文子之臣大夫僎，與文子同昇諸公，子曰：可以爲文矣。又曰：陪臣執國命。馬融曰：陪，重也，謂家臣也。長嘯歸東山，擁耒耨時苗。岳天陵詩序曰：岳屏居天陵東山下。楚辭曰：臨深水而長嘯。說文曰：耒，手耕曲木。鄭玄周禮注曰：耨，耘耔也。幽谷茂纖葛，峻巖敷榮條。落英隕林趾，飛莖秀陵喬。杜預左氏傳注曰：趾，足也。爾雅曰：大阜曰陵。卑高亦何常，升降在一朝。二者升降，在於倏忽，以喻人之榮辱，亦在須臾，言不足歎也。徒恨良時泰，小人道遂消。李陵贈蘇武詩曰：良時不再至。禰衡書曰：衡以良時散而復合。周易泰卦曰：君子道長，小人道消。譬如野田蓬，斡流隨風飄。商君書曰：今夫飛蓬遇飄風而行千里，乘風之勢也。鶡冠子曰：斡流遷徙。如淳漢書注曰：斡，轉也。昔倦都邑游，今掌河朔傜。歸田賦曰：游都邑以永久。尚書曰：王次于河朔。登城眷南顧，凱風揚微綃。鄭玄毛詩箋曰：顧，視也。呂氏春秋曰：南方凱風。禮記曰：綃，幕也。鄭玄曰：綃，縑也，音消。洪流何浩蕩，脩芒鬱苕嶢。浩蕩或爲濟蕩，音西〔二〕。郭緣生述征記曰：北芒，城北芒嶺也。誰謂晉京遠？室邇身實遼。毛詩曰：誰謂宋遠？又曰：其室則邇，其人甚遠。誰謂邑宰輕？令名患不劭。左氏傳，子産曰：令名，德之輿也。小雅曰：劭，美也。人生天地間，百歲孰能要？古詩曰：人生天地間。又曰：人生年不滿百〔三〕。熲如槁石火，瞥若截道飇。爾雅曰：熲，光也。毛詩曰：子有鍾鼓，弗擊弗考。毛萇曰：考，亦擊也。槁與考古字通。古樂府詩曰：鑿石見火能幾時？説文曰：瞥，見也。張衡舞賦曰：瞥若電滅。古詩曰：人生寄一世，奄忽若飇塵。瞥，孚説切。齊都無遺聲，桐鄉有餘謡。論語曰：齊景公有馬千駟，死之日，人無德而稱焉。漢書曰：朱邑爲桐鄉嗇夫，廉平不苛，及死，子葬之桐鄉，邑人爲之起冢立祠也。福謙在純約，害盈猶矜驕〔四〕。周易曰：鬼神害盈而福謙。左氏傳，晉成鱄曰：在約思純。孔安國尚書傳曰：自賢曰矜。雖無君人德，視民庶不恌。毛詩曰：我有嘉賓，德音孔昭。視民不恌，君子是則是傚。毛萇詩曰〔五〕：恌，偷也。

日夕陰雲起，登城望洪河。潘元茂九錫文曰：濟師洪河。川氣冒山嶺，驚湍激巖阿。歸鴈映蘭時〔六〕，游魚動圓波。史記曰：楚以弱弓微繳，加歸鴈之上。韓詩曰：宛在水中沚。薛君曰：大渚曰沚，之以切。鳴蟬厲寒音，時菊耀秋華。禮記曰：孟秋寒蟬鳴。廣雅曰：厲，高也，謂高而急也。禮記曰：季秋，菊有黄華。引領望京室，南路在伐柯。左氏傳，穆叔曰：引領西望。毛詩曰：伐柯伐柯，其則不遠。大夏緬無覿〔七〕，崇芒鬱嵯峨。陸機洛陽記曰：大夏門，魏明帝所造，有三層，高百尺。韋昭國語注曰：緬，猶邈也。郭緣生述征記曰：北芒，去大夏門不盈一里。秦嘉詩曰：巖石鬱嵯峨。揔揔都邑人，擾擾俗化訛。楚辭曰：紛揔揔兮九州。王逸曰：揔，聚也。七發曰：擾擾若三軍之騰裝。鄭玄毛詩箋曰：訛，僞也，五戈切。依水類浮萍，寄松似懸蘿。淮南子曰：夫萍樹根於水，木樹根於土，天地性也。毛詩曰：蔦與女蘿，施于松柏。曹植雜詩曰：寄松爲女蘿，依水如浮萍。朱博糾舒慢，楚風被琅邪。漢書曰：朱博，字子元，杜陵人也。遷琅邪太守。齊部舒緩，敕功曹官屬多衰衣大祒，不中節度，自今掾吏〔八〕衣皆去地三寸。視事數年，大改其俗，掾吏禮節，皆如楚、趙。祒音紹，祒，袴也。曲蓬何以直，託身依叢麻。曾子曰：蓬生麻中，不扶自直。漢書，婁護曰：吕公託身於我。黔黎竟何常，政成在民和。史記曰：秦更名人曰黔首。左氏傳，季梁曰：民和而神降之福。位同單父邑，愧無子賤歌。吕氏春秋曰：宓子賤治單父，彈鳴琴，身不下堂而單父治。豈敢陋微官？但恐忝所荷。

文選考異

〔一〕連陪廁王寮　茶陵本云五臣作「違」。袁本云善作「連」。案：各本所見皆非也。違，去也。

去陪臣而廁王寮也。「連」字不可通，傳寫誤耳。

〔二〕注「浩蕩或爲濟蕩音西」 案：此不可通，必有譌錯。各本皆同，他無所見，難以正之矣。

〔三〕注「人生年不滿百」 案：「人」字不當有。茶陵本無。袁本有「人」字，無「年」字，非。

〔四〕害盈猶矜驕 袁本、茶陵本「猶」作「由」，是也。

〔五〕注「毛萇詩曰」 袁本、茶陵本無「詩」字，是也。

〔六〕歸鴈映蘭時 茶陵本云五臣作「洔」。袁本云善作「時」。陳云「時」當作「洔」，見前謝叔源遊西池詩注。又此注「大渚曰沚」下疑脱「洔與沚同」四字。亦見前注。案：陳校云當作「洔」，是也。考集韻六止云「沚、洔，或从寺」，又云「洔、澌，或从時」。然則必潘詩異本有作「澌」者，或用「澌」改「洔」，遂誤爲「時」耳，非善、五臣之不同也。注中二「沚」字皆當作「洔」，蓋毛詩作「沚」，訓「小渚」；韓詩作「洔」，訓「大渚」。故善引韓及薛君章句以注「洔」，不知者又誤改「洔」作「沚」，致與正文歧異。

〔七〕大夏緬無覿 茶陵本「夏」作「廈」，有校語云五臣作「夏」。案：此即傳寫誤也。善作「夏」，注有明文。袁本及尤所見皆不誤。

〔八〕注「自今掾吏」 陳云「吏」，「史」誤，下同，是也。各本皆譌。

在懷縣作二首 五言

潘安仁

南陸迎脩景，朱明送末垂。續漢書曰：日行南陸謂之夏。淮南子曰：仲夏至脩。毛詩曰：夏之日。毛萇曰：言時長也。爾雅曰：夏爲朱明。末垂，猶末也。崔駰臨洛觀賦曰：迎夏之首，末春之垂。初伏啓新節，隆暑方赫義。崔寔四民月令曰：六月初伏，薦麥瓜于祖禰。賈誼旱雲賦曰：隆暑盛其無聊。繁欽柳樹賦曰：翳炎夏之白日，救隆暑之赫義。思玄賦注曰：赫義，盛也。朝想慶雲興，夕遲白日移。遲，猶思也。揮汗辭中宇，登城臨清池。史記，蘇秦曰：揮汗成雨。賈逵國語注曰：揮，灑也。楚辭曰：夒土鶩于中宇。涼飇自遠集，輕襟隨風吹。靈圃耀華果，通衢列高椅。靈圃，猶靈囿也。東征賦曰：導通衢之大道。椅，梓屬。瓜瓞蔓長苞，薑芋紛廣畦。韓詩曰：緜緜瓜瓞。薛君曰：瓞，小瓜也。毛萇詩傳曰：苞，本也。劉熙孟子注曰：今俗以五十畝爲大畦也。稻栽肅仟仟，黍苗何離離。禮記曰：故栽者培之，凡蒔草，謂之栽也。廣雅曰：芊芊，茂也。毛詩曰：彼黍離離，彼稷之苗。虛薄乏時用，位微名日卑。朝子曰：工商游食之民少而名卑。驅役宰兩邑，政績竟無施。自我違京輦，四載迄于斯。胡廣漢官解故注曰：轂下，諭在輦轂之下，京城之中也。詩曰：以迄于今。毛詩曰：迄〔一〕，至也。器非廊廟姿，屢出固其宜。慎子曰：廊廟之材，非一木之枝。史記曰：賢人深謀於廊廟。孫卿子曰：君道行，則萬物皆得其宜也。徒懷越鳥志，眷戀想南枝。古詩曰：越鳥巢南枝。春秋代遷逝〔二〕，四運紛可喜。楚辭曰：春與秋其代序。莊子曰：黄帝曰：陰陽四時，運行各得其序。楚辭曰：緑葉素榮，紛其可喜。寵辱易不驚，戀本難爲思。老子曰：寵辱若驚。何謂寵辱？寵爲下，得之若驚，失之若驚〔三〕，是謂寵辱若驚。禮記曰：太公封於營丘，比及五世，皆反葬於周，君子樂其所自生，禮不忘其本。我來冰未泮，時暑忽隆熾。毛詩曰：我來自東。又曰：迨冰未泮。感此還期淹，歎彼年往駛。楚辭曰：年洋洋而日往。楚辭曰：忽返顧以遊目。風俗通曰：今尚書御史所止，皆曰寺也。小國寡民務，終日寂無事。老子曰：小國寡民。陸賈新語曰：君子之治也，混然無事，寂然無聲。白水過庭激，緑槐夾門植。鄭玄周禮注曰：植，根生之屬也〔四〕。信美非吾土，秖攪懷歸志。登樓賦曰：雖信美而非吾土。毛詩曰：秖攪我心。孟子曰：浩然有歸志。卷然顧鞏洛〔五〕，山川邈離異。孔叢子，歌曰：眷然顧之，慘焉心悲。鄭玄毛詩箋曰：回首曰顧。鞏洛，岳父墳塋所在也。漢書曰：潁川北近鞏洛。墳塋，已見西征賦。楚辭曰：終免獨離異。願言旋舊鄉，畏此簡書忌。毛詩曰：願言思子。又曰：豈不懷歸，畏此簡書。毛萇曰：簡書，戒命也。祇奉社稷守，恪居處職司。論語，子路使子羔爲費宰。子路曰：有民人焉，有社稷焉。左氏傳，公鉏曰：敬恭朝夕〔六〕，恪居官次。

文選考異

〔一〕注「毛詩曰迄」茶陵本「詩」作「萇」，是也。袁本亦誤「詩」。

〔二〕春秋代遷逝　何云「春秋」另一首，當提行起。陳云「春秋」以下爲一篇，是也。茶陵本不誤。袁本誤不提行，其以下仍相連，尚未誤割四句入第一首也。尤本非。

〔三〕注「何謂寵辱寵爲下得之若驚失之若驚」　袁本、茶陵本作「何謂也爲下得之若驚」九字。案：此尤據王弼注本校添，未是也。

〔四〕注「植根生之屬也」　陳云「植」下當有「物」字，是也。各本皆脱。

〔五〕卷然顧鞏洛　袁本、茶陵本「卷」作「眷」，云善作「卷」。陳云據此注亦作「眷」爲是。案：所校是也。此但傳寫誤，各本所見皆非。

〔六〕注「公鉏曰敬恭朝夕」　案：「曰」字不當有，各本皆衍。陳云「曰」當作「然之」二字，非也。善引多節耳。

迎大駕　五言　潘正叔

王隱晉書曰：東海王越從大駕討鄴，軍敗。永康二年，越率天下甲士三萬人奉迎大駕還洛。

南山鬱岑崟，洛川迅且急。青松蔭脩嶺，緑蘩被廣隰。爾雅曰：蘩，皤蒿也。朝日順長塗，夕暮無所集。毛詩曰：順彼長道。魏武帝短歌行曰：暮無所宿栖。歸雲乘幰浮，淒風尋帷入。傳毅七激曰：仰歸雲，翘遊風。説文曰：乘，覆也。帷，車飾也。子虚賦曰：張翠帷，建羽蓋。然此雖無翠羽，而蓋即同也〔一〕。道逢深識士，舉手對吾揖。王命論曰：超然遠覽，淵然深識。假爲深識之言也。國語，桓公問於史伯曰：王室多故。鄭玄周禮注曰：故，災禍也。世故尚未夷，崤函方嶮澀。孔安國尚書傳曰：夷，平也。戰國策，蘇武曰〔二〕：秦東有崤、函之固。狐貍夾兩轅，豺狼當路立。漢書，侯文謂孫寶曰：豺狼當路，不宜復問狐貍。翔鳳嬰籠檻，騏驥見維縶。翔鳳、騏驥，皆喻賢也。楚辭曰：騏驥伏匿而不見，鳳皇高飛而不下。鸚鵡賦曰：順籠檻以俯仰。毛詩曰：縶之維之。俎豆昔嘗聞，軍旅素未習。論語曰：衛靈公問陣於孔子，孔子對曰：俎豆之事，則嘗聞之矣。軍旅之事，未之學也。鄭玄喪服注曰：素，猶故也。且少停君駕，徐待干戈戢。既假爲彼人之辭，故自謂爲君也。毛詩曰：載戢干戈。

文選考異

〔一〕注「而蓋即同也」　袁本、茶陵本「蓋」上有「帷」字，是也。

〔二〕注「蘇武曰」　陳云「武」，「秦」誤，是也。各本皆誤。

赴洛二首　五言　集云：此篇赴太子洗馬時作。下篇云東宮作，而此同云赴洛，誤也。

陸士衡

希世無高符，營道無烈心。莊子，原憲謂子貢曰：夫希世而行，比周而友，憲不忍爲也。漢書音義，希世，隨世也。禮記曰：儒有合志同方，營道同術。靖端肅有命，假楫越江潭。國語，祁午見范宣子曰：若能靖端諸侯，使服聽命於晉國。周易曰：大君有命。説文曰：越，渡也。楚辭曰：游於江潭。親友贈予邁，揮淚廣川陰。家語，公父文伯卒，敬姜曰：二三婦無揮涕。王肅曰：揮涕者，淚以手揮之。撫膺解攜手，永歎結遺音。列子曰：撫膺而恨。毛詩曰：攜手同行。又曰：寤寐永歎。曹子建雜詩曰：翹思慕遠人，願欲託遺音。無迹有所匿，寂漠聲必沈。言分訣之後，形聲俱没。視之無迹，而形有所匿；聽之寂寞〔一〕，而其聲必沈也。吕氏春秋曰：作則有所匿其塗也。淮南子曰：寂寞，音之主也。迹或爲積，非也。肆目眇不及，緬然若雙潛。高誘淮南子注曰：肆，盡也。毛詩曰：瞻望不及。緬，已見上文。南望泣玄渚，北邁涉長林。西京賦曰：海若遊於玄渚。谷風拂脩薄，油雲翳高岑。王逸楚辭注曰：草木交曰薄。孟子曰：油然作雲。亹亹孤獸騁，嚶嚶思鳥吟。亹亹，走貌也。曹子建詩曰：孤獸走索羣。毛詩曰：鳥鳴嚶嚶。感物戀堂室，離思一何深！感物，已見上文。曹子建雜詩曰：離思一何深！佇立愾我歎，寤寐涕盈衿。毛詩曰：佇立以泣。又曰：慨我寤歎。惜無懷歸志，辛苦誰爲心？歸志，已見上文。

羈旅遠遊宦，託身承華側。謂爲太子洗馬也。左氏傳，陳敬仲曰：羈旅之臣。漢書，薄昭書曰：遊宦事人。范曄後漢書，王常曰：臣託身陛下。陸機洛陽記曰：太子宫有承華門。撫劍遵銅輦，振纓盡祇肅。左氏傳曰：子朱怒，撫劍從之。銅輦，太子車飾，未詳所見。漢書，匡衡曰：祇肅舊禮。銅，或爲彤。歲月一何易，寒暑忽已革。載離多悲心，感物情悽惻。毛詩曰：二月初吉，載離寒暑。慷慨遺安愈〔二〕，永歎廢餐食。東京賦曰：膺多福以安愈。永歎，已見上文。列子曰：杞國有人憂天崩，廢寢食。蔡琰詩曰：飢當食兮不能餐。思樂樂難誘，曰歸歸未克。國語，楚藍尹亹曰：飲食思禮，同宴思樂。毛詩云：曰歸曰歸，歲亦暮止。憂苦欲何爲？纏緜胸與臆。列子曰：卑辱則憂苦。張叔與任彥堅書曰〔三〕：纏緜恩好，庶蹈高蹤。登樓賦曰：氣交憤於胸臆。仰瞻陵霄鳥，羨爾歸飛翼。高誘淮南子注曰：羨，願也。毛詩曰：弁彼鸒斯，歸飛提提。

文選考異

〔一〕注「聽之寂寞」　袁本「寞」作「漠」，是也。茶陵本亦誤「寞」。下「寂寞」，各本皆同，亦當作「漠」。餘皆放此。

〔二〕慷慨遺安愈　案：「愈」當作「悆」，注同。各本皆誤。據注引東京賦訂也。五臣作「念」，即「悆」字形近之譌，可借爲證。

〔三〕注「張叔與任彥堅書曰」　陳云「叔」當作「升」。升字彥真，見范史文苑傳，是也。各本皆誤。

赴洛道中作二首 五言

陸士衡

總轡登長路，嗚咽辭密親。家語，孔子曰：善御者，正身以總轡。蔡琰詩曰：行路亦嗚咽。薛君韓詩章句曰：嗚，歎辭也。毛萇詩傳曰：咽，憂不能息也。借問子何之？世網嬰我身。江偉答軍司馬詩曰：羈縶繫世網，維進退準繩〔一〕。說文曰：嬰，繞也。永歎遵北渚，遺思結南津。永歎，已見上文。秦嘉贈婦詩曰：遺思致款誠。行行遂已遠，野途曠無人。周禮曰：野塗五軌。楚辭曰：野寂寞其無人。山澤紛紆餘，林薄杳阡眠。上林賦曰：紆餘逶迤。楚辭曰：遠望兮阡眠。虎嘯深谷底，雞鳴高樹巔。淮南子曰：虎嘯而谷風至。樂録曰：雞鳴高樹巔。哀風中夜流，孤獸更我前。悲情觸物感，沈思鬱纏緜。纏緜，已見上文。佇立望故鄉，顧影悽自憐。佇立，已見上文。丁儀寡婦賦曰：賤妾煢煢，顧影爲儔。楚辭曰：私自憐兮何極。

遠遊越山川，山川脩且廣。楚辭曰：願輕舉而遠遊。秦嘉妻徐氏答嘉書曰：高山巖巖，而君是越。振策陟崇丘，案轡遵平莽。秦嘉詩曰：過辭二親墓，振策陟長衢。漢書曰：天子案轡徐行。方言曰：草，南楚謂之莽。夕息抱影寐，朝徂銜思往。楚辭曰：廓抱影而獨倚。頓轡倚嵩巖，側聽悲風響。頓，猶舍也。爾雅曰：嵩，高也。清露墜素輝，明月一何朗！撫几不能寐，振衣獨長想。新序曰：老古振衣而起。舞賦曰：遊心無垠，遠思長想。

文選考異

〔一〕注「維進退準繩」袁本、茶陵本「維進退」作「進退惟」。案：此尤改「惟」爲「維」，而誤倒在上也。

吴王郎中時從梁陳作 五言

陸士衡

在昔蒙嘉運，矯迹入崇賢。孫放詩曰：矯迹步玄闈。東京賦曰：昭仁惠於崇賢。薛綜曰：立崇賢門於東也。假翼鳴鳳條，濯足升龍淵。應璩與劉公幹書曰：鵷鶵棲翔鳳之條，黿鼉遊升龍之川，識真者所爲憤結也。玄冕無醜士，冶服使我妍。周禮曰：大夫玄冕。輕劍拂鞶厲，長纓麗且鮮。禮記曰：男鞶革也。毛詩曰：垂帶而厲。毛萇曰：厲，帶之垂者。鄭玄曰：鞶必垂厲以爲飾。韓子曰：鄒君好長纓，左右皆服長纓也。誰謂伏事淺，契闊踰三年。周禮，大司徒頒職事十有二，口服事。鄭司農曰：服事，謂爲公家服事也。服與伏同，古字通。毛詩曰：死生契闊。薄言肅後命，改服就藩臣。毛詩曰：薄言旋歸。左氏傳曰：宰孔謂齊侯曰：且有後命，無下拜。漢書曰：吴王濞稍失藩臣禮。夙駕尋清軌，遠遊越梁陳。毛詩曰：

星言夙駕。廣雅曰：軌，道也。遠遊，已見上文。感物多遠念，慷慨懷古人。毛詩曰：我思古人，實獲我心。

始作鎮軍參軍經曲阿作 五言

臧榮緒晉書曰：宋武帝行鎮軍將軍。

陶淵明 沈約宋書曰：陶潛，字淵明，或云字元亮，潯陽人。少有高趣，爲鎮軍建威參軍。後爲彭澤令，解印綬去職，卒於家。

弱齡寄事外，委懷在琴書。晉中興書，簡文詔曰：會稽王英秀玄虛，神棲事外。鄭玄儀禮注曰：委，安也。劉歆遂初賦曰：玩琴書以條暢。被褐欣自得，屢空常晏如。家語曰：原憲衣冠弊，并日而食蔬，衎然有自得之志。論語，子曰：回也其庶乎屢空。漢書曰：楊雄家產不過十金，室無儋石之儲，晏如也。時來苟宜會，宛轡憩通衢。盧子諒答魏子悌詩曰：遇蒙時來會。宛，屈也。言屈長往之駕，息於通衢之中。通衢，喻仕路也。毛萇詩傳曰：憩，息也。通衢，已見上文。投策命晨旅，暫與園田疎。七命曰：夸父爲之投策。眇眇孤舟遊〔一〕，緜緜歸思紆。楚辭曰：安眇眇兮無所歸薄。又曰：縹緜緜之不可紆。王逸曰：緜緜，細微之思，難斷絕也。我行豈不遥，登降千里餘。目倦脩塗異，心念山澤居。仲長子昌言曰：古之隱士，或夫負妻戴，以入山澤。望雲慚高鳥，臨水愧遊魚。言魚鳥咸得其所，而己獨違其性也。文子曰：高鳥盡而良弓藏。大戴禮曰：魚遊於水，鳥飛于雲。真想初在衿，誰謂形迹拘？淮南子曰：全性保真，不虧其身。老子曰：脩之於身，其德乃真。王逸楚辭注曰：保真，守玄默也。聊且憑化遷，終反班生廬。莊子謂惠子曰：孔子行年六十化〔二〕。郭象曰：與時俱化也。班固幽通賦曰：終保己而貽則，里上仁之所廬。漢書曰：班彪與從兄嗣共遊學，家有賜書，楊子雲已下，莫不造門。

文選考異

〔一〕眇眇孤舟遊　袁本、茶陵本「遊」作「逝」，云善作「遊」。案：各本所見皆非也。善亦作「逝」。逝，往也。「遊」但傳寫誤，非善、五臣之不同。袁、茶陵據誤本爲校語耳。

〔二〕注「孔子行年六十化」　袁本、茶陵本「化」上有「而六十」三字，是也。

辛丑歲七月赴假還江陵夜行塗口　五言

沈約宋書曰：潛自以曾祖晉世宰輔，不復屈身後代，自高祖王業漸隆，不復肯仕。所著文章，皆題年月。義熙已前，則書晉氏年號；自永初已來，唯云甲子而已。江圖曰：自沙陽縣下流一百一十里，至赤圻，赤圻二十里，至塗口也。

陶淵明

閑居三十載，遂與塵事冥。漢書曰：司馬相如稱疾閑居。塵事，塵俗之事也。郭象莊子注曰：凡非真皆塵垢矣。説文曰：冥，窈也。又曰：窈，深遠也。詩書敦宿好，林園無世情。左氏傳，趙襄曰：

郄縠悦禮、樂而敦詩、書。纏子，董無心曰：無心，鄙人也，不識世情。如何舍此去，遥遥至西荆。西荆州也〔一〕。時京都在東，故謂荆州爲西也。叩栧新秋月，臨流别友生。楚辭曰：漁父鼓栧而去。王逸曰：叩船舷也。楚辭曰：臨流水而太息。毛詩曰：雖有兄弟，不如友生。涼風起將夕，夜景湛虚明。昭昭天宇闊，皛皛川上平。淮南子曰：甘瞑于大霄之宅，覺視于昭昭之宇。李顒離思篇曰：烈烈寒氣嚴，寥寥天宇清。説文曰：通白曰皛。皛，明也。懷役不遑寐，中宵尚孤征。毛詩曰：不遑假寐。商歌非吾事，依依在耦耕。淮南子曰：甯戚商歌車下，而桓公慨然而悟。許慎曰：甯戚，衛人，聞齊桓公興霸，無因自達，將車自往。商，秋聲也。莊子，卞隨曰：非吾事也。論語曰：長沮、桀溺耦而耕。投冠旋舊墟，不爲好爵縈〔二〕。周易曰：我有好爵，吾與爾縻之。養真衡茅下，庶以善自名。曹子建辯問曰：君子隱居以養真也。衡門，茅茨也。范曄後漢書，馬援曰：吾從弟少遊曰：士生一時，鄉里稱善人，斯可矣。鄭玄禮記注曰：名，令聞也。

文選考異

〔一〕注「西荆州也」　案：「荆」字當重。各本皆脱。

〔二〕不爲好爵縈　何校「縈」改「縈」，陳同。今案：此依今本陶集校也。詳五臣銑注作「縈華」解，是其本作「縈」。善注無明文，未知與五臣異同。以義求之，似當是「謍」。應劭注漢書敍傳「不謍」曰「爵禄不能謍其志」，引易「不可謍以禄」。虞翻本正如此。今本漢書改引易作「榮」。又隸釋載婁壽碑「不可營以禄」，新刻亦改「榮」，是後人多知「榮」，少知「營」故耳。集作「縈」，未可據。其詠貧士第四首「好爵吾不縈」，仍作「榮」，可見「縈」未必非又「榮」之誤者也。何、陳失之。

謝靈運

永初三年七月十六日之郡初發都 五言

沈約宋書曰：高祖永初三年五月崩。少帝即位，出靈運爲永嘉郡守。少帝猶未改元，故云永初。

述職期闌暑，理棹變金素。尚書大傳曰：古者諸侯之於天子，五年一朝，朝見其身，述其職。述其職者，述其所職也。漢書王吉傳，邵公述職，舍於棠下而聽斷焉。潘岳悼亡詩曰：溽暑隨節闌。闌，猶盡也。金素，秋也。秋爲金而色白，故曰金素也。漢書曰：西方，金也。劉楨書曰：肅以素秋則落也。秋岸澄夕陰，火旻團朝露。火，大火也。毛詩曰：七月流火。爾雅曰：秋爲旻天。毛詩曰：野有蔓草，零露團兮。辛苦誰爲情，遊子值頽暮。陸機赴洛詩曰：辛苦誰爲心。楚辭曰：歲曶曶其若頽。愛似莊念昔，久敬曾存故。言遊子多悲，觸物增戀，愛其似者，若莊生之念疇昔，久而愈敬，類曾子之存故交。莊子曰：夫越之流人，去國旬月，見所嘗見於國中喜，及期年也，見似人者而喜矣。論語曰：晏平仲善與人交，久而敬之。韓詩外傳曰：子夏過，曾子曰：入食。子夏曰：不爲公費乎？曾子曰：有三費，飲食不在其中。子夏曰：敢問三費？曾子曰：少而學，長而忘之，一費也；事君有功，輕而負之，二費也；久友交而中絶，此三費也。如何懷土心，持此謝遠度。此，謂懷土也。

言如何同彼懷土之心，持此彌慙遠度也。楚辭曰：遠度世以忘歸。思玄賦曰：願得遠度以自娛。李牧愧長袖，郤克慙躧步。言手足有疾，故或愧或慙也。戰國策曰：武安君李牧至，趙王使韓蒼數之曰：將軍戰勝，王觴將軍，將軍爲壽於前，捍匕首，當死。武安君曰：身大臂短，不能及地，起居不敬，恐獲死罪於前，故使工人爲木杖，以接手上，若弗信，請視之。說文曰：捍，兩手擊也，希買切。左氏傳曰：使郤克徵會于齊，頃公帷婦人使觀之。郤子登，婦人笑於房。杜預曰：跛而登階，故笑也。魏都賦曰：邯鄲躧步。良時不見遺，醜狀不成惡。言雖有疾，皆不見棄遺也。良時，已見上文。左氏傳曰：鬷蔑惡。杜預曰：惡，貌醜也。曰余亦支離，依方早有慕。莊子曰：支離疏者，頤隱於齊，肩高於頂，會撮指天，五管在上，兩髀爲脅。七賢音義曰：形體離，不全正也，名疏。莊子曰：子桑户、孟子反、子琴張三人相與友，子桑户死，孔子使子貢往待事，或鼓琴，相和而歌。子貢反，以告孔子。孔子曰：彼遊方之外者也，而丘遊方之内者也。子貢曰：夫子何方之依？曰：丘，天之戮民也。郭象曰：以方内爲桎梏，明所貴在方外。夫遊外者依内。司馬彪曰：方，常也，言彼遊心於常教之外也。漢書，郊祀歌曰：天地並況，惟予有慕。會音括。撮，租括切。髀，步米切。生幸休明世，親蒙英達顧。左氏傳，王孫滿曰：德之休明。英達，謂廬陵王也。空班趙氏璧，徒乖魏王瓠。言見珍同乎趙璧，爲用而乖魏瓠，言無所施也。杜預左氏傳注曰：班，次也。趙氏璧，已見盧諶覽古詩。莊子曰：惠子謂莊子曰：魏王貽我大瓠之種，我樹之成，而實五石，以盛水漿，其堅不自舉，剖之以爲瓢，則瓠落無所容。非不枵然大也，吾爲其無用掊之。莊子曰：夫子固拙於用大矣，何不能攄以爲大罇〔一〕，而浮乎江湖。司馬彪曰：瓠，布濩。落，零落也。枵然，大貌。掊，謂擊破之也。喻莊子之言大也，若巨瓠之無施也。一瓠落，大貌〔二〕。徐仙民，户郭切。枵，許喬切。掊，方部切。從來漸二紀，始得傍歸路。孔安國尚書傳曰：十二年曰紀。言欲之郡，必塗經始寧，故曰歸路。將窮山海迹，永絶賞心悟。言今遠遊，將窮山海之迹，賞心之對於此長乖。鄭玄毛詩箋曰：晤，對也。

文選考異

〔一〕注「何不能攄以爲大罇」袁本無「能」字，是也。茶陵本亦衍。

〔二〕注「一瓠落大貌」袁本無「一」字，是也。茶陵本亦衍。

過始寧墅 五言 沈約宋書曰：靈運父祖並葬始寧縣，并有故宅及墅，遂脩營舊業，極幽居之美。水經注曰：始寧縣西，本上虞之南鄉也。

謝靈運

束髮懷耿介，逐物遂推遷。韓詩外傳曰：夫人，爲父者必全其身體，及其束髮，屬授明師，以成其材。楚辭曰：獨耿介而不隨兮，願慕先聖之遺教。莊子曰：惠施之才，逐萬物而不反。尚書，王曰：惟民生厚，因物有遷。違志似如昨，二紀及兹年。廣雅曰：違，背也。楊雄解嘲曰：歷覽者兹年矣。淄磷謝清曠，疲薾慙貞堅。論語，子曰：不曰堅乎，磨而不磷；不曰白乎，涅而不淄。蒼頡篇曰：曠，疎曠也。莊子曰：薾然疲而不知所歸。司馬彪曰：薾，極貌也。薾，奴結切。拙疾相倚薄，還得静者便。拙，謂拙宦也。閑居賦曰：巧誠有之，拙亦宜然。韓康伯周易注曰：薄，謂相附也。論語曰：智者動，仁者靜。剖竹守滄海，枉帆過舊山。漢書曰：初與郡守爲使符〔一〕。説文曰：符，信。漢制以竹，分而相合。山行窮登頓，水涉盡洄沿。爾雅曰：逆流而上曰遡洄。孔安國尚書傳曰：順流而下曰沿。巖峭嶺稠疊，洲縈渚連緜。廣雅曰：峭，高也。又曰：稠，概也。三輔故事曰：連緜四百餘里。白雲抱幽石，緑篠媚清漣。清漣，已見上文。葺宇臨迴江，築觀基曾巔。洞簫賦曰：迴江流川，而溉其山。春秋運斗樞曰：山者，地基也。揮手告鄉曲，三載期歸旋。劉越石扶風歌曰：揮手長相謝。説文曰：揮，奮也。燕丹子，夏扶曰：士無鄉曲之譽，則未與論行。三載黜陟幽明，故以爲限。且爲樹枌檟，無令孤願言！左氏傳曰：初，季孫爲己樹六檟於蒲圃東門之外。杜預曰：檟，欲自爲櫬也。

文選考異

〔一〕注「初與郡守爲使符」　茶陵本「使」上有「竹」字，是也。袁本亦脱。

富春渚　五言

謝靈運

宵濟漁浦潭，旦及富春郭。吳郡記曰：富春東三十里有漁浦。定山緬雲霧，赤亭無淹薄。

吴郡緣海四縣記曰：錢唐西南五十里有定山，去富春又七十里，横出江中，濤迅邁以避山難，辰發錢唐，已達富春。赤亭，定山東十餘里。王逸楚辭注曰：泊，止也。薄，與泊同。**遡流觸驚急，臨圻阻參錯。**遡流，已見上文。埤蒼曰：碕，曲岸頭也。碕，與圻同。參錯，謂碕岸之險參差交錯也。**亮乏伯昏分，險過吕梁壑。**列子曰：列御寇爲伯昏無人射，引之盈貫，措杯水其肘上。伯昏無人曰：是射之射，非不射之射也，當與汝登高山，履危石，臨百仞之泉，若能射乎？於是無人遂登高山，履危石，臨百仞之泉，背逡巡，足二分垂在外，揖御寇而進。御寇伏地，汗流至踵。伯昏無人曰：夫至人者，上闚青天，下潛黄泉，揮斥八極，神氣不變。今汝怵然有恂目之志，爾於中殆矣夫。分，猶節也。列子曰：孔子觀於吕梁，懸水三十仞，流沫三十里，黿鼉魚鼈之不能游也。**洊至宜便習，兼山貴止託。**周易曰：水洊至習坎。王弼曰：重險懸絶，故水洊至也，不以坎爲隔絶，相仍而至，習乎坎者也。習，謂便習之也。周易曰：兼山，艮。又曰：艮其止，止其所也。**平生協幽期，淪躓困微弱。久露干禄請，始果遠遊諾。**論語曰：子張學干禄。果，猶遂也。鄭玄毛詩箋曰：諾，應辭也。然古者請於君，君許，則盡諾以報之〔一〕。**宿心漸申寫，萬事俱零落。**趙壹報羊陟書曰：惟君明叡，平斯宿心。莊子曰：致命盡情，天地樂而萬事銷亡。楚辭曰：惟草木之零落。**懷抱既昭曠，外物徒龍蠖。**莊子，苑風謂諄芒曰：願聞神人。諄芒曰：上神乘光，與形滅亡，此謂昭曠。説文曰：曠，明也。周易曰：尺蠖之屈，以求伸也；龍蛇之蟄，以存身也。

文選考異

〔一〕注「則盡諾以報之」　陳云「盡」，「畫」誤，是也。各本皆譌。

七里瀨 五言 甘州記曰：桐廬縣有七里瀨，瀨下數里至嚴陵瀨〔一〕。

謝靈運

羈心積秋晨，晨積展遊眺。爾雅曰：展，適也。郭璞曰：得自申展皆適意。**孤客傷逝湍，徒旅苦奔峭。**曹植九詠曰：何孤客之可悲！淮南子曰：岸峭者必陀。許慎曰：陀，落也，然奔亦落也。入彭蠡湖口詩曰：圻岸屢崩奔。與此同也。**石淺水潺湲，日落山照曜。**楚辭曰：觀流水兮潺湲。雜字曰：潺湲，水流貌也。毛詩曰：羔裘如膏，日出有曜。毛萇曰：日出照曜然，見其如膏也。**荒林紛沃若，哀禽相叫嘯。**毛詩曰：桑之未落，其葉沃若。海賦曰：更相叫嘯，詭色殊音。**遭物悼遷斥，存期得要妙。**廣雅曰：斥，推也。老子曰：湛兮似或存。王弼曰：和光而不汙其體，同塵而不渝其真，不亦湛兮，似或存兮。莊子曰：此之謂要妙也。**既秉上皇心，豈屑末代誚。**莊子曰：監照下土，天下載之，此謂上皇。王逸楚辭注曰：屑，顧也，先結切。劉向雅琴賦曰：末世鎖才兮〔二〕智孔寡。**目覩嚴子瀨，想屬任公釣。**後漢書曰〔三〕：嚴光，字子陵，光武除爲諫大夫，不屈，耕於富春山。後人名其釣處爲嚴陵瀨。莊子曰：任公子爲大鈎巨綸，五十犗以爲餌，蹲會稽，投竿東海，旦旦而釣，朞年不得魚，已而大魚食之，牽巨鈎，陷没而下，鶩揚而奮鬐，白波若山。任公子得若魚，離而腊之，自制河以東，蒼梧以北，莫不厭若魚也。**誰謂古今殊，異世可同調！**郭象莊子注曰：人性有變，古今不同。樂稽耀嘉曰：聖人雖生異世，其心意同如一也。調，猶運也，謂音聲之和也。

〔一〕注「甘州記曰」下至「至嚴陵瀨」　此十九字袁本無，茶陵本有。案：有者是也。又「甘」字疑當作「十」，與後新安江水詩注所引，其文似相承接也。餘引此書多譌「州」爲「洲」，皆不知者改耳。

〔二〕注「末世鎖才兮」　陳云「鎖」疑「瑣」，是也。各本皆譌。

〔三〕注「後漢書曰」　袁本、茶陵本「後」上有「范曄」二字，是也。

登江中孤嶼　五言　永嘉江也。

謝靈運

懷雜道轉迴，尋異景不延。爾雅曰：迴，遠也。又曰：延，長也。亂流趨正絶，孤嶼媚中川。爾雅曰：水正絶流曰亂。劉淵林吴都賦注曰：嶼，海中洲，上有山石。江南倦歷覽，江北曠周旋。長門賦曰：貫歷覽其中操。周旋，已見上文。雲日相輝映，空水共澄鮮。表靈物莫賞，藴真誰爲傳？鄭玄禮記注曰：表，明也，謂顯明之也。馬融論語注曰：藴，藏也。説文曰：真，仙人變形也。想像崑山姿，緬邈區中緣。楚辭曰：思舊故而想像。列仙傳曰：西王母，神人名，王母在崑崙山。司馬相如大人賦曰：

迫區中之隘陝。始信安期術，得盡養生年。列仙傳曰：安期生，琅邪阜鄉人，自言千歲。文子曰：靜漠恬淡，所以養生也。莊子養生篇曰：可以盡年。郭象曰：養生非求過分，蓋全理盡年而已。

初去郡　五言　沈約宋書曰：靈運在郡一周，稱疾去職。

謝靈運

彭薛裁知恥，貢公未遺榮。漢書曰：彭宣，字子佩，淮陽人也。遷御史大夫，轉爲大司空。王莽秉政專權，宣上書，乞骸骨歸鄉里。又曰：薛廣德，字長卿，沛郡人也。爲御史大夫，乞骸骨。班固漢書彭、薛、平、當述曰：廣德、當、宣，近於知恥。漢書，貢禹，字少卿，琅耶人也。爲光禄大夫，上書乞骸骨。鍾會有遺榮賦。或可優貪競，豈足稱達生？楚辭曰：皆競進以貪婪。莊子曰：達生之情者傀，達於知者胥。司馬彪曰：傀讀曰瑰。瑰，大也。情在故曰大也。胥，多智也。伊余秉微尚，拙訥謝浮名。禮記，孔子曰：恥名之浮於行也。廬園當棲巖，卑位代躬耕。嵇康絶交書曰：子房之巖棲〔一〕。列女傳，黔婁先生妻曰：先生安天下之卑位。禮記曰：夫禄足以代其耕。顧己雖自許，心迹猶未并。莊子曰：夫神者不自許也。無庸妨周任，有疾像長卿。論語，子曰：周任有言曰：陳力就列，不能者止。漢書曰：司馬長卿有消渴疾，常稱疾閑居，不慕官爵。畢娶類尚子，薄遊似邴生。嵇康高士傳曰：尚長，字子平，河內人。隱避不仕，爲子嫁娶畢，勑家事斷之，勿復相關，當如我死矣。嵇康書亦云尚子平。范曄後漢書曰：向長，字子平，男娶女嫁既畢，乃勑斷家事。尚、向不同，未詳孰是。班固漢書曰：邴曼容〔二〕養志自修，爲官不肯過六百石，輒白免去。恭承古人意，促裝反柴荆。越絶書曰：恭承嘉惠。思玄賦曰：簡元辰而促裝。柴荆，已見上文。牽絲及元興，解龜在景平。牽絲，初仕；解龜，去官也。臧榮緒晉書曰：安帝即位，改元曰元興。靈運初爲琅耶王大司馬行軍參軍。沈約宋書曰：少帝即位，改元曰景平。應璩詩曰：不悮牽朱絲〔三〕，三署來相尋。漢書曰：薛宣爲左馮翊，高陽令楊湛解印綬付吏。又曰：黄金印，龜鈕，文曰章。負心二十載，於今廢將迎。嵇康幽憤詩曰：内負宿心。文子曰：聖人若鏡，不將不迎。爾雅曰：將，送也。理棹遄還期，遵渚鶩脩坰。潘岳在懷縣詩曰：感此還期淹。遄，速也。陸機越洛詩曰〔四〕：永歎遵北渚。爾雅曰：林外曰坰。遡溪終水涉，登嶺始山行。野曠沙岸浄，天高秋月明。憩石挹飛泉，攀林搴落英。毛萇詩傳曰：挹，斟也。王逸楚辭注曰：搴，采取也。戰勝臞者肥，止監流歸停。戰，明貴不如義〔五〕。止鑒，明語不如嘿也。韓子，子夏曰：吾入見先王之義則榮之，出見富貴又榮之，二者戰于胸臆，故臞。今見先王之義戰勝，故肥也。爾雅注曰：臞，肉之瘦也，巨俱切。文子曰：莫監於流潦而監於止水，以其保心而不外蕩也。蒼頡篇曰：亭，定也。停與亭同，古字通。即是羲唐化，獲我擊壤聲！羲，庖羲也。唐，唐堯也。周處風土記曰：擊壤者，以木作之，前廣後鋭，長四尺三寸，其形如履。將戲，先側一壤於地，遥於三四十步，以手中壤擊之，中者爲上部。論衡曰：堯時百姓無事，有五十之民擊壤於塗，觀者曰：大哉，堯之德也！擊壤者曰：吾日出而作，日入而息，鑿井而飲，耕田而食，堯何力於我也？

文選考異

〔一〕注「子房之巖棲」　案：「子房」當作「許由」。各本皆誤。

〔二〕注「班固漢書曰邴曼容」　袁本、茶陵本無「班固漢書曰」五字，「邴」下有「生」字。案：各本皆非。依善例，當云「邴生曼容已見還舊園作」，無此下「養志自修爲官不肯過六百石輒自免去」十六字。

〔三〕注「不悮牽朱絲」　何校「悮」改「悟」，陳同。今案：此疑借「悮」爲「悟」，已見阮籍詠懷詩。

〔四〕注「陸機越洛詩曰」　案：「越」當作「赴」。各本皆譌。

〔五〕注「戰明貴不如義」　袁本、茶陵本「戰」下有「勝」字，是也。

初發石首城　五言　　謝靈運

沈約宋書曰：靈運陳疾東歸，會稽太守孟顗乃表其異志。靈運馳往京都，詣闕上表。太祖知其見誣，不罪也，不欲使東歸，以爲臨川内史。伏韜北征記曰：石頭城，建康西界臨江城也，是曰京師〔一〕。

白珪尚可磨，斯言易爲緇。毛詩曰：白珪之玷，尚可磨也；斯言之玷，不可爲也。毛萇詩傳曰：緇，黑色也。雖抱中孚爻，猶勞貝錦詩。周易曰：中孚以利貞，乃應乎天。毛詩曰：萋兮菲兮，成是貝錦。鄭玄曰：譏人集作己過，以成於罪，猶女功之集彩色，以成錦文也。寸心若不亮，微命察如絲。寸心，已見上文。亮，猶明也。楚辭曰：蜂蛾微命。東觀漢記，梁節王暢上疏曰：筋骨相連，命在絲髮。鄭玄毛詩箋曰：察，省也。日月垂光景，成貸遂兼兹。日月，喻太祖也。葛龔薦黄鳳文曰：君垂日月之光，流萬里之恩。老子曰：夫唯道，善貸且善成〔二〕。説文曰：貸，施也。出宿薄京畿，晨裝摶魯颸〔三〕。毛詩曰：出宿于濟。又曰：莊子曰：摶扶摇而上。征颸，已見上文〔四〕。重經平生别，再與朋知辭。再，謂前之永嘉，今適臨川。故山日已遠，風波豈還時。古詩曰：相去日已遠。家語，孔子曰：不觀巨海，何以知風波之患。苕苕萬里帆，茫茫終何之？毛詩曰：洪水茫茫。莊子曰：芒乎何之？忽乎何適？遊當羅浮行，息必廬霍期。羅浮山記曰：山高三千丈，長八百里。舊説浮山從會稽來，博于羅山，故稱博羅。今羅浮山上獨有東方草木。廬、霍，二山名也，已見江賦。越海凌三山，遊湘歷九嶷。東方朔集，朔對詔曰：陵山越海，窮天乃止。三山在海中，衆仙所居。九嶷山在長沙零陵，舜帝所葬也。欽聖若旦暮，懷賢亦悽其。范曄後漢書曰：朱勃謂馬援曰：欽慕聖義。莊子曰：萬代之後而一遇大聖，知其解者，是旦暮遇之也。毛萇詩傳曰：其，辭也。皎皎明發心，不爲歲寒欺。毛詩曰：明發不寐，有懷二人。説苑曰：孔子曰：義十不欺心。

文選考異

〔一〕注「是曰京師」　陳云「師」當作「畿」，因詩有「出宿薄京畿」句，故既引伏記，復云爾也。案：所校是也。各本皆誤。

〔二〕注「善貸且善成」　茶陵本無「且」下「善」字，是也。袁本亦衍。

〔三〕晨裝摶魯颸　案：「魯」當作「曾」。袁本云善作「魯」。茶陵本云五臣作「曾」。各本所見皆非，「魯」但傳寫誤。何校改「曾」，陳同，是也。

〔四〕注「又曰莊子曰摶扶搖而上征颸已見上文」　案：「又曰」下當有脱文，「征」字衍。袁本與此同誤。茶陵本删「又曰」二字，「征颸已見上文」六字作「楚辭曰溢颸風而上征」九字，乃複出前在郡卧病呈沈尚書注耳。何校全依茶陵改，非。

道路憶山中　五言

謝靈運

采菱調易急，江南歌不緩。楚辭曰：涉江採菱發揚荷。王逸曰：楚人歌曲也。古樂府江南辭曰：江南可採蓮。楚人心昔絶，越客腸今斷。楚人，屈原也。越客，自謂也。沈約宋書曰：靈運本在陳郡，父祖並葬始寧縣，並有故宅，遂籍會稽，故稱越客焉。斷絶雖殊念，俱爲歸慮款。廣雅曰：款，扣也。存鄉爾思積，憶山我憤懣。王逸楚辭注曰：言己情憤懣也。追尋棲息時，偃卧任縱誕。崔寔答陸機詩曰：棲息高丘。范曄後漢書曰：光武共嚴光偃卧，縱恣而傲誕〔一〕。得性非外求，自已爲誰纂？言得性之理，非在外求，取足自止，爲誰之所繼哉？言不爲人之所繼也。莊子，南郭子綦曰：夫吹萬不同，而使其自已也；咸其自取，怒者其誰也！司馬彪曰：已，止也，使各得其性而止也。爾雅曰：纂，繼也。不怨秋夕長，常苦夏日短。濯流激浮湍，息陰倚密竿。字林曰：竿，竹挺也，古寒切。今協韻，爲古旦切。懷故叵新歡，含悲忘春暵。言春暵當喜，爲含悲而忘之。字書曰：叵，不可也。莊子曰：煖然似春。悽悽明月吹，惻惻廣陵散。古樂府有明月皎夜光。應璩與劉孔才書曰：聽廣陵之清散。殷勤訴危柱，慷慨命促管！危柱，謂琴也。孫氏箜篌賦曰：陵危柱以頡頏。促管，謂笛也。阮籍樂論曰：琵琶箏笛，間促而聲高也。

文選考異

〔一〕注「縱恣而傲誕」　案：「縱」上當有「縱誕」二字。各本皆脱。

入彭蠡湖口　五言

謝靈運

客遊倦水宿，風潮難具論。洲島驟迴合，圻岸屢崩奔。孔安國尚書傳曰：海曲謂之島。

乘月聽哀狖，浥露馥芳蓀。乘月，猶乘日也。廣雅曰〔一〕：言乘月而遊，以聽哀狖之響；濕露而行，爲翫芳叢之馥。狖，蜼也。説文曰：浥，濕也。春晚綠野秀，巖高白雲屯。千念集日夜，萬感盈朝昏。攀崖照石鏡，牽葉入松門。張僧鑒潯陽記曰：石鏡山東，有一圓石，懸崖明浄，照人見形。顧野王輿地志曰：自入湖三百三十里，窮於松門東西四十里，青松徧於兩岸。三江事多往，九派理空存。尚書曰：三江既入。又曰：九江孔殷。江賦曰：流九派乎潯陽。露物忝珍怪〔二〕，異人祕精魂。孔安國尚書傳曰：忝，惜也。高唐賦曰：珍怪奇偉。毛萇詩傳曰：秘，閉也。江賦曰：納隱淪之列真，挺異人乎精魂。金膏滅明光，水碧綴流温。穆天子傳曰：河伯示汝黄金之膏。山海經曰：耿山多水碧。郭璞曰：碧亦玉也。流温，言水玉温潤也。徒作千里曲，絃絶念彌敦。言奏曲冀以消憂，絃絶而念逾甚，故曰徒作也。琴賦曰：千里別鶴。演連珠曰：繁會之音，生乎絶絃。

文選考異

〔一〕注「廣雅曰」　何校三字改入下「狖蜼也」上。陳云長楊賦注可據。今案：此疑中間本無「言乘月而遊」至「爲翫芳叢之馥」四句，後來添入，乃致舛錯失次也。各本皆誤。

〔二〕露物忝珍怪　案：「露」當作「靈」。袁本、茶陵本作「靈」，云善作「露」。案：各本所見皆非也。「靈物」與下「異人」偶句，非善獨作「露」，但傳寫誤。

入華子崗是麻源第三谷 五言

謝靈運山居圖曰：華子崗，麻山第三谷。故老相傳，華子期者，禄里弟子〔一〕，翔集此頂，故華子爲稱也。

謝靈運

南州實炎德，桂樹凌寒山。楚辭曰：嘉南州之炎德，麗桂樹之冬榮。銅陵映碧澗〔二〕，石磴瀉紅泉。銅陵，銅山也。楊雄蜀都賦曰：橘林銅陵。靈運山居賦曰：訊丹沙於紅泉。靈運自注云：即近山所出。然銅陵亦近山。既枉隱淪客，亦棲肥遯賢。桓子新論曰〔三〕：周易曰：肥遯無不利。險逕無測度〔四〕，天路非術阡。爾雅曰：山絶險〔五〕。家語，孔子曰：人藏其心，不可測度。仲長子昌言曰：蕩蕩乎若昇天路，而不知夫所登也。遂登羣峯首，邈若升雲烟。論衡曰：天審氣，氣如雲。曹子建述仙詩曰：遊將升雲煙〔六〕。羽人絶髣髴，丹丘徒空筌。楚辭曰：仰羽人於丹丘〔七〕，留不死之舊鄉。筌，捕魚之器，莊子以喻言也。圖牒復摩滅，碑版誰聞傳？蘇林漢書注曰：牒，譜也。孔安國論語注曰：版，邦國之圖籍也。莫辯百世後，安知千載前。且申獨往意，乘月弄潺湲。淮南王莊子略要曰：江海之士，山谷之人，輕天下，細萬物而獨往者也。司馬彪曰：獨往，任自然不復顧世也。恒充俄頃用〔八〕，豈爲古今然！言古之獨往，必輕天下，不顧於世。而已之獨往，常充俄頃之間，豈爲尊古卑今而然哉！小雅曰：充，猶備也。江賦曰：千里俄頃。何休公羊注曰：俄者，須臾之間也。司馬彪莊子注曰：常，久也。莊子曰：尊古卑今，學者之流也。郭象曰：古無所尊，今無所卑，而學者尊古卑今，失其原矣。

文選考異

〔一〕注「禄里弟子」　茶陵本「里」下有「先生」二字，何校添，陳同。案：此不當添，「禄里」即「禄里先生」矣。袁本亦無。

〔二〕銅陵映碧澗　案：「潤」當作「澗」。袁本、茶陵本作「澗」，云善作「潤」。案：各本所見皆非也。「潤」字不可通，但傳寫誤。

〔三〕注「桓子新論曰」　陳云下脱「天下神人五二曰隱淪」九字，見江賦注。今案：蓋注本云「隱淪，見江賦」，或記「桓子新論」於旁，而誤改之如此也。各本皆誤。

〔四〕險逕無測度　案：「逕」當作「陘」，注引爾雅「山絶陘」可證也。袁、茶陵二本作「徑」，其所載五臣濟注云「言山徑高險」，是五臣「徑」，善「陘」，二本以「徑」字亂善，而不著校語。尤本作「逕」，同字耳。各本又皆改去注中「陘」字，乃誤之甚者也。見下條。

〔五〕注「山絶險」　案「險」當作「陘」，各本皆誤。此所引釋山文，郭注云「連山中斷絶也。」

〔六〕注「遊將升雲煙」　陳云「遊」，「逝」誤，是也。各本皆譌。

〔七〕注「仰羽人於丹丘」　陳云「仰」，「仍」誤，是也。各本皆譌。

〔八〕恒充俄頃用　案：「恒」當作「常」，注引司馬彪莊子注曰「常，久也」，可證。前道路憶山中詩「常苦夏日短」，袁　茶陵二本亦作「恒」，有校語云善作「常」。此蓋同彼，各本失更著校語，遂以五臣亂善，而正文與注不相應矣。

文選卷第二十七

行旅下　軍戎　郊廟　樂府上

行旅下

北使洛

顔延年　沈約宋書曰：延之爲豫章世子中軍行軍參軍〔一〕。義熙十二年，高祖北伐，有宋公之授，府遣一使慶殊命，參起居，延之至洛陽，道中作詩一首，文辭藻麗，爲謝晦、傅亮所賞。集曰：時年三十二。

改服飭徒旅，首路踦險難。左氏傳曰：齊侯謂韓厥曰：服改矣。杜預曰：戎朝異服也。謝承後漢書序曰：徐俶戎車首路。毛詩曰：謂天蓋高，不敢不跼。毛萇詩傳曰：跼，曲也。鄭玄曰：跼，可畏懼之言也。振檝發吳州，秣馬陵楚山。阮籍詠懷詩曰：朱鼈躍飛泉，夜飛過吳州。毛詩曰：言秣其馬。杜預曰：粟食馬曰秣。韓子曰：楚和氏得璞玉於楚山之中。塗出梁宋郊，道由周鄭間。漢書曰：沛公乃道碭。音義曰：道由碭也。前登陽城路，日夕望三川。漢書曰：汝南郡有陽城縣。音義，應劭曰：三川，今河南郡。韋昭曰：有河、洛、伊，故曰三川也。在昔輟期運，經始闊聖賢。毛詩曰：自古在昔。魏都賦曰：應期運而光赫。蔡邕陳寔命碑曰〔二〕：應期運之數。抱朴子曰：聞之前志，聖人生，率闊五百歲。伊穀絶津濟，臺館無尺椽。伊、穀，二水名也。曹植毁故殿令曰：秦之滅也，則阿房無尺椽。鄭玄論語注曰：津濟，渡處也。宮陛多巢穴，城闕生雲煙。王猷升八表，嗟行方暮年。言王道被於八荒，余行屬於歲暮也。摯虞尚書令箴曰：補我袞闕，闡我王猷。毛詩曰：嗟行之人。又曰：歲聿云暮。陰風振涼野，飛雪瞀窮天。陸機苦寒行曰：涼野多險難。爾雅曰：霧謂之晦。郭璞曰：言昏冥也，武賦切。窮天，謂季冬之日月窮盡也。呂氏春秋曰：季冬，日窮于次，月窮于紀。臨塗未及引，置酒慘無言。引，猶進也。漢書曰：上置酒沛宮。隱憫徒御悲〔三〕，威遲良馬煩。楚辭曰：隱閔而不達，韓詩曰：周道威遲〔四〕。洛神賦曰：車殆馬煩。遊役去芳時，歸來屢徂諐。言當歸來，而更數有所往而諐本期。蓬心既已矣，飛薄殊亦然。言己有蓬心，事既已矣，而身飛薄亦復同之，自傷之辭也。莊子謂惠子曰：夫拙於用大，則夫子猶有蓬之心也夫。郭象曰：蓬非直達者。曹植吁嗟篇曰：吁嗟此轉蓬，居世亦然之〔五〕。

〔一〕注「中軍行軍參軍」　袁本、茶陵本無「行」下「軍」字，是也。

〔二〕注「蔡邕陳寔命碑曰」　陳云「命」字誤，是也。案：此不當有。碑在五十八卷，可證。各本皆衍。

〔三〕隱憫徒御悲　案：「憫」當作「閔」，此善「閔」、五臣「憫」，而各本亂之。注中字不誤，可證也。上文「吴州」五臣作「洲」，「伊穀」五臣作「瀔」。袁、茶陵二本皆以五臣亂善而失著校語。尤本不誤，此正相同，尤獨未經校正失之。

〔四〕注「韓詩曰周道威遲」　案：此有誤也。遊天台山賦、琴賦、金谷集詩皆引韓詩「周道威夷」，是「遲」當作「夷」，秋胡詩「行路正威遲」，善兩引毛、韓而云其義同。此與秋胡詩俱顔作，正文「遲」字無疑。恐善既引韓而其下别有「遲」「夷」同字之注，今失去也。

〔五〕注「居世亦然之」　陳云「亦然之」當作「何獨然」，見魏志植傳注，是也。各本皆誤。

還至梁城作　五言

顔延年

眇默軌路長，憔悴征戍勤。楚辭曰：登石巒兮遠望，路眇眇兮默默。又曰：顔色憔悴。左氏傳曰：

勤戍五年。昔邁先徂師，今來後歸軍。振策睠東路，傾側不及羣。陸機赴洛詩曰：振策陟崇丘。楚辭曰：肩傾側而不容。息徒顧將夕，極望梁陳分。嵇康贈秀才詩曰：息徒蘭圃。陸機從梁陳詩曰：遠遊越梁陳。故國多喬木，空城凝寒雲。論衡曰：觀喬木，知舊都。丘壟填郛郭，銘志滅無文。木石扃幽闥，黍苗延高墳。説文曰：扃，門之關也。惟彼雍門子，吁嗟孟嘗君。愚賤同堙滅，尊貴誰獨聞？桓子新論曰：雍門周見孟嘗君曰：臣竊悲千秋萬歲後，墳墓生荆棘，行人見之曰：孟嘗君尊貴乃如是乎！毛詩曰：吁嗟女兮。封禪書曰：堙滅而不稱。列子曰：伏羲以來，三十餘萬歲，賢愚好醜，無不消滅。曷爲久遊客？憂念坐自殷。毛詩曰：憂心殷殷。

始安郡還都與張湘州登巴陵城樓作　五言

顔延年　沈約宋書曰：延之爲員外常侍，出爲始安太守，徵爲中書侍郎。集曰：張劭。

江漢分楚望，衡巫奠南服。左氏傳曰：楚昭王曰：江、漢、睢、漳，楚之望也。衡、巫，二山名。尚書曰：奠高山大川。孔安國曰：奠，定也。三湘淪洞庭，七澤藹荆牧。盛弘之荆州記曰：湘水北流二千里，入于洞庭。子虚賦曰：臣聞楚有七澤，嘗覩其一，未見其餘。郭璞山海經注曰：巴陵縣有洞庭陂，江、湘、沅水皆共會巴陵，故號三江口也。爾雅曰：郊外曰牧。經塗延舊軌，登闉訪川陸。周禮曰：國中經塗九軌。説文曰：延，長也。又曰：闉，城曲重門也。舊軌，謂張劭也。蜀都賦曰：經途所亘。鄭玄周禮注曰：延，進也。陸機豫章行曰：川陸殊塗。水國周地嶮，河山信重復〔一〕。陸機答張士然詩曰：余固水鄉士。吕氏春秋注曰：鄉，國也。地嶮，已見上文。左傳，子犯曰：表裏山河，必無害也。却倚雲夢林，前瞻京臺囿。尚書曰：荆州，雲土夢作乂。孔安國曰：雲夢之澤在江南。西都賦曰：舍櫺檻而却倚。懷舊賦曰：前瞻太室。説苑曰：楚昭王遊於荆臺。司馬子期諫曰：荆臺左洞庭，右彭蠡。荆或爲京。囿，于有切。清氛霽岳陽〔二〕，曾暉薄瀾澳。説文曰：氛〔三〕亦氛字也。杜預左氏傳注曰：氛，氣也。毛萇詩傳曰：山南曰陽。爾雅，澳，隈也。悽矣自遠風，傷哉千里目。潘安仁在懷縣詩曰：涼飈自遠集。楚辭曰：湛湛江水兮河上有楓〔四〕，目極千里兮傷春心。萬古陳往還，百代勞起伏。起伏，即倚伏也。存没竟何人？炯介在明淑。蒼頡篇曰：炯，明也。劉熙孟子注曰：介，操也。楚辭曰：彼堯舜之耿介。王逸曰：耿，光也。介，大也。耿與炯同，古迥切。請從上世人，歸來蓺桑竹。論衡曰：上世之人，質樸易化。毛萇詩傳注曰：蓺，樹也。

文選考異

〔一〕河山信重復　袁本、茶陵本「復」作「複」。案：復複同字。史記、漢書「復道」皆讀「複」。此蓋善「復」，五臣「複」，二本失著校語。尤本所見，爲不誤也。

〔二〕清氛霽岳陽　袁本、茶陵本「氛」作「雰」。案：善引説文「雰」字爲注，其本作「雰」明甚。恐是五臣作「氛」，即資暇録所言。若李注云某字或作某字，便隨而改之者也。袁誤善爲五臣，尤誤五臣爲善。茶陵近得之而失著校語，皆非。

〔三〕注「説文曰氛」　茶陵本「氛」作「雰」，是也。此所引气部「氛」下重文「雰」字也。袁本亦作「雰」，但盡改此節其餘「氛」字爲「雰」，則誤甚。

〔四〕注「河上有楓」　何校去「河」字，陳同。各本皆衍。

還都道中作　五言　集曰：上潯陽，還都道中作。都，謂都揚州也。

鮑明遠

昨夜宿南陵，今旦入蘆洲。宣城郡圖經曰：南陵縣西南水路一百三十里。庾仲雍江圖曰：蘆洲至樊口二十里，伍子胥初所渡處也。樊口至武昌十里。然此蘆洲在下，非子胥所渡處也。客行惜日月，崩波不可留。江賦曰：駭瀾浪而相礧〔一〕。言客行既惜日月，兼崩波之上，不可少留。侵星赴早路，畢景逐前儔。鱗鱗夕雲起，獵獵曉風遒。廣雅曰：遒，急也。騰沙鬱黄霧，翻浪揚白鷗。鷗，水鳥也。登艫眺淮甸，掩泣望荆流。漢書音義，李斐曰：艫，船前頭刺櫂處也。楚辭曰：長太息而掩涕。絶目盡平原，時見遠煙浮。絶，猶盡也。倏悲坐還合，俄思甚兼秋。兼，猶三也。毛詩曰：一日不見如三秋。未嘗違户庭，安能千里遊？周易曰：不出户庭，無咎。古歌曰：離家千里客，戚戚多思復。誰令乏古節，貽此越鄉憂。思玄賦曰：慕古人之貞節。左氏傳，宋人曰：懷璧不可以越鄉。

〔一〕注「駭漰浪而相礧」陳云「漰」，「崩」誤，是也。各本皆譌。

之宣城出新林浦向版橋 五言

謝玄暉

酈善長水經注曰：江水經三山，又幽浦出焉。水上南北結浮橋渡水，故曰版橋。浦江又北經新林浦。

江路西南永，歸流東北騖。宋孝武之江州詩曰：山曲蒙幽雨，江路結流寒。尚書大傳曰：大水小水，東流歸海也。上林賦曰：東西南北，馳騖往來。天際識歸舟，雲中辨江樹。楊雄交州箴曰：交州荒裔，水與天際。應劭風俗通曰：太山巖石松樹，鬱鬱蒼蒼如雲中。旅思倦摇摇，孤遊昔已屢。毛詩曰：中心摇摇。謝靈運湖中詩曰：孤遊非情歎。既懽懷禄情，復協滄州趣。楊惲書曰：懷禄貪勢，不能自退。楊雄檄靈賦曰：世有黄公者，起於蒼州〔二〕，精神養性，與道浮遊。謝靈運遊南亭詩曰：賞心惟良知〔三〕。囂塵自茲隔，賞心於此遇。左氏傳曰：景公謂晏子曰：子之宅湫溢囂塵。雖無玄豹姿，終隱南山霧。列女傳曰：陶荅子治陶三年，名譽不興，家富三倍，其妻抱兒而泣，姑怒，以爲不祥。妻曰：妾聞南山有玄豹，隱霧而七日不食，欲以澤其衣毛，成其文章。至於犬豕，肥以取之，逢禍必矣。朞年，荅子之家，果被盜誅。

文選考異

〔一〕注「起於蒼州」陳云「蒼」當作「滄」，是也。各本皆譌。

〔二〕注「謝靈運遊南亭詩曰賞心唯良知」陳云此十三字乃下「賞心於此遇」注，誤列於此。案：當在下節注引左傳下，各本皆誤。

敬亭山詩 五言 宣城郡圖經曰：敬亭山，宣城縣北十里。

謝玄暉

茲山亘百里，合沓與雲齊。方言曰：亘，竟也。賈誼早雲賦曰〔一〕：遂積聚而合沓，相紛薄而慷慨。應劭漢書注曰：沓，合也。古詩曰：西北有高樓，上與浮雲齊。隱淪既已託，靈異俱然棲。桓子新論曰：天下神人五，二曰隱淪。海賦曰：棲百靈。上干蔽白日，下屬帶迴谿。子虛賦曰：日月蔽虧，交錯糾紛，上干青雲，罷池陂陁。七發曰：依絶區兮臨迴谿。交藤荒且蔓，樛枝聳復低。毛萇詩傳曰：木曲曰樛。獨鶴方朝唳，飢鼯此夜啼。八王故事曰：陸機歌曰〔二〕：欲聞華亭鶴唳，不可得也。鼯鼠，已見上文。渫雲已漫漫，多雨亦淒淒。魏都賦曰：窮岫渫雲，日月常翳。楚辭曰：山峻高以蔽日兮，下幽冥以多雨。我行雖紆組，兼得尋幽蹊。楊子雲解嘲曰：紆青拖紫。說文曰：紆，屈也；一曰縈也。又曰：組，綬也。幽蹊，山徑也。楚辭曰：道幽路兮九疑。緣源殊未極，歸徑窅如迷。聲類曰：窅，遠望也，於鳥切。要欲追奇趣，即此陵丹梯；丹梯，謂山也。眺鼓吹登山曲曰：暮春春服美，遊駕陵丹梯。升嶠既小魯，登巒且悵齊。謝靈運登石門最高頂詩曰：共登青雲梯。皇恩竟已矣，茲理庶無睽。西京賦曰：皇恩溥。周易曰：睽，乖也。王粲從軍行詩曰〔三〕：茲理不可違。

文選考異

〔一〕注「賈誼早雲賦曰」 案：「早」當作「旱」，各本皆譌。陸士衡從軍行注引正作「旱」。此賦古文苑載之。

〔二〕注「陸機歌曰」 何校「歌」改「歎」，陳同。各本皆譌。

〔三〕注「王粲從軍行詩曰」 案：「行」字不當有。各本皆衍。

休沐重還道中 五言

休，假也。沐，洗也。漢書張安世休沐未嘗出。如淳曰：五日得下一沐。

謝玄暉

薄遊第從告，思閑願罷歸。孫綽子曰：或問賈誼不遇漢文，將退耕於野乎？薄遊於朝乎？漢書曰：

蘇林曰：第，且也。又曰：高祖嘗告歸之田。李斐曰：休謂退之名也〔一〕。又韋賢乞骸骨罷歸。還邛歌賦似，休汝車騎非。漢書曰：司馬相如家貧，素與臨邛令相善，於是相如往舍臨邛都亭。是時卓文君新寡，好音，相如以琴心挑之。相如時從車騎，雍容閑雅甚都。文君心悦而好之，恐不得當也。范曄後漢書曰：許劭，汝南人，爲郡功曹。同郡袁紹，濮陽令〔二〕，車徒甚盛，將入界内，曰：吾輿服豈可使許子將見。遂以單車歸家。霸池不可別，伊川難重違。枚乘集有臨霸池遠訣賦。伊川，已見上文。潘岳關中記曰：霸陵，文帝陵也，上有池，有四出道以寫水。汀葭稍靡靡，江菼復依依。毛詩曰：葭菼揭揭。毛萇曰：葭，蘆也。菼，薍也。高唐賦曰：薄草靡靡。韓詩曰：楊柳依依。田鶴遠相叫，沙鴇忽争飛。雲端楚山見，林表吴岫微。枚乘樂府詩曰：美人在雲端。表，猶外也。試與征徒望，鄉淚盡沾衣。古詩曰：淚下沾衣裳。賴此盈罇酌，含景望芳菲。嵇康秀才詩曰〔三〕：旨酒盈罇。陸機曰：日出東南隅〔四〕，清川含藻景。問我勞何事？沾沐仰清徽。志狹輕軒冕，恩甚戀重闈。管子曰：先王制軒冕以著貴賤。歲華春有酒，初服偃郊扉。楚辭曰：進不入以離尤兮，退將復修吾初〔五〕。顏延之贈王太常詩曰：郊扉常晝閉。

文選考異

〔一〕注「休謂退之名也」　陳云「謂」，「謁」誤，「退」字衍，是也。各本皆誤。此即高紀注。

〔二〕注「濮陽令」　陳云「濮」上脱「去」字，「令」下脱「歸」字，是也。各本皆脱。

〔三〕注「嵇康秀才詩曰」陳云「秀」上脱「贈」字，是也。各本皆脱。

〔四〕注「陸機曰日出東南隅」陳云「曰」字衍，「隅」下脱「行」字。案：「行」下當有「曰」字。各本皆誤。

〔五〕注「退將復修吾初」何校「初」下添「服」字，陳同。各本皆脱。

晚登三山還望京邑 五言 謝玄暉

山謙之丹陽記曰：江寧縣北十二里，濱江有三山相接，即名爲三山。舊時津濟道也。

灞涘望長安〔一〕，河陽視京縣。王粲七哀詩曰：南登灞陵岸，迴首望長安。潘岳河陽縣詩曰：引領望京室，南路在伐柯。白日麗飛甍，參差皆可見。吴都賦曰：飛甍舛互。李尤洪池銘曰：漸臺中起，列館參差。餘霞散成綺，澄江静如練。喧鳥覆春洲，雜英滿芳甸。去矣方滯淫，懷哉罷歡宴。邯鄲湛贈伍處玄詩曰：行矣去言，别易會難。王粲七哀詩曰：何爲久淫滯〔二〕。毛詩曰：懷哉懷哉，曷月余旋歸哉。佳期悵何許，淚下如流霰。楚辭曰：與佳人期兮夕張。又曰：涕淫淫而若霰。有情知望鄉，誰能鬒不變？盧諶與劉琨書曰：苟曰有情，孰能不懷？廣雅曰：鬒，黑巾。古詩曰：還顧望舊鄉。張載七哀詩曰：憂來令髮白。毛萇詩傳曰：鬒，黑髮也。鬒與鬒同。

文選考異

〔一〕灞涘望長安　案：「灞」當作「霸」，注同。上篇「霸池不可別」，袁、茶陵二本作「灞」，大較善「霸」、五臣「灞」而亂之。尤本彼不誤而此未經校正。餘亦不悉出也。

〔二〕注「何爲久淫滯」　案：「淫滯」當作「滯淫」。各本皆倒。

京路夜發　五言

謝玄暉

擾擾整夜裝，肅肅戒徂兩。枚乘七發曰：擾擾若三軍之騰裝。尚書曰：戒車三百兩〔一〕。廣雅曰：擾擾，亂也。毛詩曰：肅肅宵征。許慎淮南子注曰：裝，束也。曉星正寥落，晨光復泱漭。寥落，星稀之貌也。字書曰：泱漭，不明之貌。猶霑餘露團，稍見朝霞上。毛詩曰：野有蔓草，零露團兮。故鄉邈已敻，山川脩且廣。班固燕山銘曰〔二〕：敻其邈兮亘地界。陸機赴洛詩曰：遠遊越山川，山川脩且廣。文奏方盈前，懷人去心賞。曹子建聖皇篇曰：侍臣首文奏，陛下躰仁慈。毛詩曰：嗟我懷人。鮑昭白頭吟曰：心賞猶難恃。敕躬每跼蹐，瞻恩唯震蕩。孝經鉤命決曰：敕躬未濟。毛詩曰：謂天蓋高，不敢不跼；謂地蓋厚，不敢不蹐。楚辭曰：心怵惕而震蕩。行矣倦路長，無由稅歸鞅。陸機贈弟詩曰：行矣怨路長。說文曰：鞅，頸靼也。又曰：靼，柔革也。鞅，於兩切。靼，都達切。

文選考異

〔一〕注「戒車三百兩」 袁本、茶陵本「戒」作「戎」，是也。

〔二〕注「班固燕山銘曰」 案：「燕」下當有「然」字。各本皆脫。

望荆山 五言

江文通

奉義至江漢，始知楚塞長。沈約宋書曰：建平王景素，爲右將軍、荆州刺史，江淹授景素五經。奉義，猶慕義也。江、漢，荆楚之境也。盛弘之荆州記曰：魯陽縣其地重險，楚之北塞也。南關繞桐柏，西嶽出魯陽。尚書曰：導淮自桐柏。漢書曰：南陽郡魯陽縣有魯陽山。寒郊無留影，秋日懸清光。悲風橈重林，雲霞肅川漲。周易曰：橈萬物者，莫疾于風。説文曰：橈，曲木也，奴教切。肅，寒也。江賦曰：濟江津而起漲。漲，水大之貌也。歲晏君如何？零淚沾衣裳。古詩曰：淚下沾衣裳〔一〕。楚辭曰：歲既晏兮。玉柱空掩露，金樽坐含霜。袁淑正情賦曰：解蘊麝之芳衾，陳玉柱之鳴箏。曹子建樂府詩曰：金樽玉杯，不能使薄酒更厚。楚辭曰：衣納納而掩露。一聞苦寒奏，更使豔歌傷〔二〕。沈約宋書曰：北上苦寒行，魏帝辭。又曰：羅敷豔歌行，古辭也。

文選考異

〔一〕注「淚下沾衣裳」　案：「衣裳」當作「裳衣」。各本皆誤。後燕歌行注引亦然。善注之例，但取義同，無嫌語倒，説見前。不知者順正文乙轉，非也。餘引同此，不更出。

〔二〕更使豔歌傷　茶陵本「更」作「再」，袁本作「載」，云善作「再」。案：「再」字是也。「再使」與「一聞」偶句，五臣改爲「載以」，則解之殊失作者之意。尤本作「更」，乃誤字耳。

旦發魚浦潭〔一〕五言

丘希範

漁潭霧未開，赤亭風已颺。漁潭、赤亭，已見謝靈運富春渚詩。櫂歌發中流，鳴鞞響沓障。馬融廣成頌曰：發櫂歌，縱水謳。字林曰：鞞，小鼓也。爾雅曰：山正曰障〔二〕。村童忽相聚，野老時一望。詭怪石異像，嶄絶峯殊狀。張衡七辯曰：蹊路詭怪。森森荒樹齊，析析寒沙漲。謝靈運山居賦注曰：漲者，沙始起，將成嶼也。藤垂島易陟，崖傾嶼難傍。説文曰：島，海中有山。劉淵林吴都賦注曰：嶼，海中洲，上有山石。説文曰：傍，附也。信是永幽棲，豈徒暫清曠。謝靈運方山詩曰：資此永幽棲。又田南詩曰：清曠招遠風。蒼頡篇曰：曠，疎曠也。坐嘯昔有委，卧治今可尚。坐嘯、卧治，並見謝玄暉在郡卧病詩。

文選考異

〔一〕旦發魚浦潭　袁本、茶陵本「魚」作「漁」，是也。

〔二〕注「山正曰障」　袁本、茶陵本「山」下有「上」字，是也。案：此引釋山文。彼無「山」字，善添之，如前卷引「水正絶流曰亂」，「水」字亦添。尤蓋校改刪「山」而誤去「上」字。

早發定山　五言　梁書曰：約爲東陽太守。然定山，東陽道之所經也。

沈休文

夙齡愛遠壑，晚莅見奇山。毛萇詩傳曰：莅，臨也。標峯綵虹外，置嶺白雲間。楚辭曰：建綵虹以招指。穆天子傳，西王母謠曰：白雲在天，丘陵自出。傾壁忽斜豎，絶頂復孤員。江賦曰：絶岸萬丈，壁立霞剥。謝靈運有登廬山絶頂詩。毛萇詩傳曰：山頂曰冢。歸海流漫漫，出浦水淺淺。歸海，已見上文。楚辭曰：石瀨兮淺淺。王逸曰：淺淺，流疾貌也，音俴。野棠開未落，山櫻發欲然。忘歸屬蘭杜，懷禄寄芳荃。楚辭曰：遊子憺兮忘歸。懷禄，已見上文。楚辭曰：荃不察余之中情。王逸曰：荃，香草，以喻君子。眷言採三秀，徘徊望九仙。楚辭曰：采三秀於山間。王逸曰：三秀，謂芝草也。列仙傳曰：涓子者，齊人，好餌術，至三百年乃見於齊，後授伯陽九仙法。

新安江水至清淺深見底貽京邑遊好　五言　十洲記曰〔一〕：桐廬縣，新安、東陽二水合於此，仍東流爲浙江。

沈休文

眷言訪舟客，兹川信可珍。廣雅曰：珍，重也。洞澈隨深淺，皎鏡無冬春。千仞寫喬樹，百丈見遊鱗。淮南子曰：豐水之深千仞，投金鐵焉，則形見於外。抱朴子曰：扶南金鋼，生於百丈水底。滄浪有時濁，清濟涸無津。楚辭曰：漁父歌曰：滄浪之水濁，可以濯我足。戰國策曰：蘇秦曰：齊有清濟濁河。吴越春秋曰：禹周行宇内，竭洛涸濟，瀝淮於澤。賈逵國語注曰：涸，竭也。字書曰：津，液也。涸，胡落切。豈若乘斯去，俯映石磷磷。鵩鳥賦曰：乘流則逝。毛詩曰：揚之水白石磷磷。紛吾隔囂滓，寧假濯衣巾〔二〕。囂滓，謂去京師囂塵之地以往東陽，自然隔越，亦不須濯衣巾。楚辭曰：紛吾可以濯我纓〔三〕。願以潺湲水，沾君纓上塵。雜子曰〔四〕：潺湲，水流貌也。楚詞曰：滄浪之水清，可以濯我纓。

〔一〕注「十洲記曰」　案：「洲」當作「州」。各本皆誤。説見新亭渚别范零陵詩下。

〔二〕寧假濯衣巾　袁本、茶陵本此下有校語云善作「布衣」。案：二本所見，絶不可通，必非也。此本所見不誤，或尤延之據注及五臣校改正之。

〔三〕注「紛吾可以濯吾纓」　案：「可以濯吾纓」當作「既有此内美」，涉下節而舛錯也。各本皆誤。

〔四〕注「雜子曰」　陳云「子」，「字」誤，是也。各本皆譌。七里瀨所引正作「字」，所謂周成雜字者也。

軍戎

從軍詩五首　五言

王仲宣

魏志曰：建安二十年三月，公西征張魯，魯及五子降。十二月，至自南鄭。是行也，侍中王粲作五言詩以美其事。

從軍有苦樂，但聞所從誰〔一〕？漢書曰：李廣、程不識爲名將。程不識擊刁斗，吏治軍簿至明，軍不得自便。李將軍極簡易，其士亦佚樂。然士卒多樂從廣，而苦程不識。所從神且武，焉得久勞師？班固漢書高祖紀述曰：寔天生德，聰明神武。左氏傳，蹇叔曰：勞師以襲遠，非所聞也。周易曰：古之神武不殺者夫。相公征關右，赫怒震天威。曹操爲丞相，故曰相公也。毛詩曰：王赫斯怒。陸賈新論曰〔二〕：聖人承天威，承天功，與之爭功，豈不難哉。左氏傳，齊侯對宰孔曰：天威不違顔咫尺。一舉滅獯虜，再舉服羌夷。漢書曰：獯鬻虐老獸心。服虔曰：獯鬻，堯時匈奴號也。西收邊地賊，忽若俯拾遺。漢書，梅福上書曰：高祖舉秦如鴻毛，取楚如拾遺。陳賞越丘山，酒肉踰川坻。六韜曰：賞如高山，罰如深溪。左氏傳，晉侯投壺。穆子曰：有酒如淮，有肉如坻，寡君中此，爲諸侯師。軍人多飫饒〔三〕，人馬皆溢肥。杜預左氏傳注曰：飫，猒也。說文曰：饒，飽也。徒行兼乘還，空出有餘資。論語，孔子曰：以吾從大夫之後，不可徒行也。拓地三千里，往返速若飛。虞丘壽王驃騎論功曰：拓地萬里，海內晏然。毛詩曰：王旅嘽嘽，如飛如翰。毛萇曰：疾如飛也。歌舞入鄴城，所願獲無違。漢書曰：魏郡有鄴城縣〔四〕。家語，孔子曰：無聲之樂，所願志從之〔五〕。盡日處大朝，日暮薄言歸。毛詩曰：薄言旋歸。外參時明政，內不廢家私。禽獸憚爲犧，良苗實已揮。左氏傳曰：賓孟適郊，見雄雞自斷其尾，問之侍者，曰：自憚其爲犧也。遽歸告王，且曰：雞其憚爲人用乎？異於是矣〔六〕。良苗，穀也。國語曰：秦伯將饗公子，如饗國君之禮，使子餘〔七〕，公子賦黍苗。子餘曰：重耳之仰君也，若黍苗之仰陰雨也。若君實庇蔭膏澤之，使能成嘉穀，薦在宗廟，君之力也。賈逵曰：在宗廟爲祭主也。揮當爲輝。崔駰七依曰：霈若膏雨之潤良苗。不能效沮溺〔八〕，相隨把鋤犂。論語曰：長沮、桀溺耦而耕。孰覽夫子詩，信知所言非。孔叢子曰：趙簡子使聘夫子，夫子將至，及河，聞鳴犢與竇犨之見殺，迴輿而趣，爲操曰：翱翔于衛，復我舊居，從吾所好，其樂只且。然夫子欲從所好而隱居，仲宣欲厲節而求仕，有異夫子之志，故以所言爲非也。

涼風厲秋節，司典告詳刑。禮記，孟秋之月涼風至，用始行戮。天子乃命將帥，選士厲兵，以征不義。尚書，王曰：有邦有土，告爾詳刑。魏志曰：建安二十一年，粲從征吳，作此四篇。我君順時發，桓桓東南征。穀梁傳曰：葬我君還公〔九〕。順時，應秋以征也。禮記曰：舉事必順其時。東南，謂吳也。毛詩曰：桓桓于征，逖彼東南。汎舟蓋長川，陳卒被隰坰。國語曰：秦汎舟于河。爾雅曰：林外曰坰。征夫懷親戚，誰能無戀情？拊襟倚舟檣，眷眷思鄴城。漢書，公孫玃曰：累足撫襟。埤蒼曰：檣，帆柱曰檣。韓詩曰：眷眷懷歸〔一〇〕。哀彼東山人，喟然感鸛鳴。毛詩曰：我徂東山，滔滔不歸，我來自東，零雨其濛，鸛鳴于垤，婦歎于室。毛萇曰：垤，螘冢也。鄭玄曰：鸛，水鳥也，將陰雨而鳴，行於陰雨尤苦。婦人則歎於室。垤，徒頡切。日月不安處，人誰獲常寧？國語，姜氏謂晉公子曰：日月不處，人誰獲安。昔人從公旦，一徂輒三齡。毛萇詩序曰〔一一〕：周公東征，三年而歸。今我神武師，暫往必速平。棄余親睦恩，輸力竭忠貞。左氏傳，欒盈曰：陪臣書能輸力於王室。又曰：荀息曰：公家之事，知無不爲，忠也；送往事居，偶俱無猜，貞也。懼無一夫用，報我素餐誠。毛詩曰：彼君子兮，不素餐兮。夙夜自恲性，思逝若抽縈。廣雅曰：恲，忼慨也，普耕切。將秉先登羽，豈敢聽金聲。東觀漢記曰：賈復擊青犢於射犬，被羽先登，所向皆靡。仲宣從軍詩曰：被羽在先登，甘心除國疾。秉羽、被羽，其義同也。孫卿子曰：聞鼓聲而進，聞金聲而退。從軍征遐路，討彼東南夷。方舟順廣川，薄暮未安坻。史記曰：春申君曰：廣川大水，山林谿谷。白日半西山，桑梓有餘暉。古步出夏門行曰：行行復行行，白日薄西山。桑、梓，二木名也。餘暉，言將夕也。蟋蟀夾岸鳴，孤鳥翩翩飛。毛詩曰：七月在野。鄭玄曰：謂蟋蟀也。征夫心多懷，惻愴令吾悲。禮記曰：霜露既降，君子履之，必有悽愴之心。下船登高防，草露沾我衣。說文曰：防，隄也。春秋元命苞曰：露所以潤草。說苑曰：孺子不覺露之沾衣。迴身赴牀寢，此愁當告誰？楚辭曰：居愁期誰告？古詩曰：愁思當告誰？身服干戈事，豈得念所私？孔安國尚書傳曰：戈，戟；干，盾也。所私，情所親也。即戎有授命，兹理不可違。論語，子曰：善人教民七年，亦可以即戎矣。又曰：見危授命，亦可以成人矣。

朝發鄴都橋，暮濟白馬津。漢書，酈食其曰：塞白馬之津。逍遥河堤上，左右望我軍。毛詩曰：河上乎逍遥。連舫踰萬艘，帶甲千萬人。六韜曰：武王伐紂，出於河，吕尚爲右將，以四十七艘舫踰於河。國語曰：吴王帶甲三萬人也。說文，舫，併舟也。又曰：艘，船揔名也。率彼東南路，將定一舉勳。毛詩曰：率彼曠野。戰國策，張儀謂秦王曰：一舉而伯王之名可成也。籌策運帷幄，一由我聖君。漢書，高祖曰：夫運籌策於帷幄之中，吾不如子房。范曄後漢書，光武詔曰：將軍鄧禹與朕謀謨帷幄之也。恨我無時謀，譬諸具官臣。論語，季子然問：仲由、冉求可謂大臣與？孔子對曰：今由與求也，可謂具臣矣。鞠躬中堅內，微畫無所陳。論語曰：入公門，鞠躬如也。東觀漢記曰：光武賜陳俊絳衣三百領，以衣中堅同心之士也。許歷爲完士，一言獨敗秦。史記曰：秦伐韓，趙使趙奢救之，令軍中曰：軍中有以軍事諫者死。許歷請以軍事諫，趙奢曰：內之。許歷曰：秦人不意趙師至此，其來氣盛，將軍必厚集其陳以待之，不然，必敗。趙奢曰：謹受令。許歷曰：請就鈇鑕之誅。趙奢曰：有後令，邯鄲。〔一二〕許歷請復諫曰：先據北山上者勝，後至者敗。趙奢許諾，即發萬人赴之。秦兵後至，爭山不得上。趙奢縱兵擊之，大敗秦軍。完，謂全具也，言非有奇也。論衡曰：西門豹、董安于，誠爲完具之人，能納韋絃之教也。我有素餐責，誠愧伐檀人。毛詩曰：坎坎伐檀兮，寘之河之干兮，彼君子兮，不素餐兮。漢書，平當曰：吾已負素餐責矣。雖無鉛刀用，庶幾奮薄身。東觀漢記，班超曰：冀立鉛刀一割之力。班孟堅答賓戲曰：搦朽摩鈍鉛刀〔一三〕。

悠悠涉荒路，靡靡我心愁。毛詩曰：悠悠南行。又曰：行邁靡靡，中心搖搖。四望無煙火，但見林與丘。東觀漢記曰：北夷作寇，千里無火煙。城郭生榛棘，蹊徑無所由。高誘淮南子注曰：聚木曰榛。萑蒲竟廣澤，葭葦夾長流。日夕涼風發，翩翩漂吾舟。寒蟬在樹鳴，鸛鵠摩天遊。禮記曰：孟秋寒蟬鳴。古烏生八九子歌曰：黃鵠摩天極高飛。客子多悲傷，淚下不可收。朝入譙郡界，曠然消人憂。魏志曰：武皇帝，譙人也。雞鳴達四境，黍稷盈原疇。孟子曰：齊有地矣，雞鳴狗吠相聞，而達乎四境也。說文曰：疇，耕治之田也。館宅充廛里，女士滿莊馗。韓詩曰：肅肅兔罝，施于中馗。爾雅曰：六達謂之莊。薛君曰：馗，九交之道也。自非聖賢國，誰能享斯休？孔安國尚書傳曰：享，當也。詩人美樂土，雖客猶願留。毛詩曰：逝將去汝，適彼樂土。鄭玄曰：樂土，有德之國也。

文選考異

〔一〕但聞所從誰　袁本、茶陵本「聞」作「問」，云善作「聞」。案：各本所見非也。「聞」但傳寫誤。

〔二〕注「陸賈新論曰」　案：「論」當作「語」。各本皆誤。

〔三〕軍人多飫饒　袁本、茶陵本「人」作「中」，云善作「人」。案：各本所見非也。「人」但傳寫誤。

〔四〕注「漢書曰魏郡有鄴城縣」　案：「曰」字、「城」字不當有。各本皆衍。所引地理志文也。

〔五〕注「所願志從之」　案：「之」字不當有。各本皆衍。今家語無。又「志」作「必」。

〔六〕注「異於是矣」　茶陵本「異」上有「人」字，是也。袁本自「左氏傳」下至此并善入五臣，甚誤。

〔七〕注「使子餘」　茶陵本「餘」下有「相」字，是也。袁本亦脱。

〔八〕不能效沮溺　袁本、茶陵本此上有「竊慕負鼎翁，願厲朽鈍姿」，云善無此二句。何校云五臣本多二句，陳同。今案：此恐各本所見善傳寫脱正文并注一節也。下節注「仲宣欲厲節而求仕」，蓋即指此。

〔九〕注「葬我君還公」　袁本、茶陵本「還」作「桓」，是也。

〔一〇〕注「眷眷懷歸」　案：「歸」當作「顧」。各本皆誤。前屢引可證。

〔一一〕注「毛萇詩序曰」　陳云「萇」字衍，是也。各本皆衍。

〔二〕注「有後令邯鄲」何校「有」改「胥」，陳同。各本皆誤。

〔三〕注「搦朽摩鈍鉛刀」陳云答賓戲「搦朽摩鈍，鉛刀皆能一斷」。「鈍」字絶句，「鉛刀」屬下讀，此恐脱四字。案：所校是也。各本皆脱。

郊廟

宋郊祀歌二首 四言

顔延年

夤威寶命，嚴恭帝祖。尚書曰：周公曰：嚴恭寅畏〔一〕。又曰：王無墜天之降寶命。帝，上帝；祖，先祖也。炳海表岱，系唐胄楚。尚書曰：海、岱及淮惟徐州。東京賦曰：系唐統，接漢緒。漢書曰：楚元王交，高祖同父少弟也，爲楚王，王彭城。沈約宋書曰：高祖，彭城人，楚元王之後也。彭城，徐州之境。靈監叡文，民屬叡武。曹植離友詩曰：靈鑒無私。奄受敷錫，宅中拓宇。毛詩曰：奄，大也。尚書曰：歛是五福，用敷錫厥庶民。東京賦曰：豈如宅中而圖大。范曄後漢書，虞詡曰：先帝開拓十宇。亘地稱皇，罄天作主。燕然山銘曰：敻其邈于〔二〕亘地界。曹植玄暢賦曰：罄天壤而作皇。孝經鉤命决曰：道機合者稱皇。張儼請立太子師傅表曰：陛下膺期，順乾作主。**月窟來賓，日際奉土。**甘泉賦曰：西壓月䶑，東震日域。服虔曰：音窟，兔窟，月所生也。尚書曰：明王盛德〔三〕，四夷咸賓。杜子春周禮注曰：今南陽人名穿地爲窟，充芮切。曹植玄暢賦曰：緄日際而來王。潘岳爲賈謐贈陸機詩曰：奉土歸疆。**開元首正，禮交樂舉。**張載元康頌曰：開元建號，班德布化。禮記曰：禮交動乎上，樂交應乎下，和之至也。**六典聯事，九官列序。**周禮曰：以官府之聯合邦治。一曰：祭祀之聯事。又曰：太宰之職，掌建邦之六典，以佐王治邦國，一曰治典，二曰禮典，三曰教典，四曰政典，五曰刑典，六曰事典。漢書，劉向上疏曰：舜命九官，濟濟相讓。應劭曰：尚書曰：禹作司空，棄后稷，契司徒，臯繇作士師，垂共工，益朕虞，伯夷秩宗，夔典樂，龍納言也。凡九官也。**有牷在滌，有絜在俎。**周禮曰：充人掌繫祭祀之牲。禮記曰：帝牛必在滌三月。鄭玄曰：滌，牢中所搜除處。毛詩曰：絜爾牛羊，或肆或將。鄭玄曰：有肆其骨體於俎者，或奉將而進也。**薦饗王衷，以答神祜。**杜預左氏傳注曰：薦，獻也。衷，中心也。長楊賦曰：受神人之福祜。

維聖饗帝，維孝饗親。禮記曰：唯聖人爲能饗帝，孝子爲能饗親。**皇乎備矣，有事上春。**漢書，郊祀歌曰：大孝備矣，休德昭清。左氏傳，宰孔曰：天子有事于郊。杜預曰：有祭事也。周禮，上春生穜稑之種。**禮行宗祀，敬達郊禋。**禮記曰：禮行祖廟而孝慈服焉。孝經曰：宗祀文王於明堂。又曰：郊祀后稷。孔安國尚書傳曰：精意以享謂之禋。**金枝中樹，廣樂四陳。**漢書曰：金枝秀華。應劭曰：金枝，銅鐙百二十枝。史記曰：趙簡子病，寤寐曰〔四〕：我與百神聽於鈞天廣樂矣。**陟配在京，降德在民。**毛詩曰：三后在天，陟配在京〔五〕。禮記曰：后王命冢宰，降德于兆民。**奔精昭夜，高燎煬晨。**奔精，星流也。史記曰：漢家常以正月上辛，祠甘泉，昏時夜祠，到明而終，常有流星經於祠壇。東京賦曰：颺槱燎之炎煬，致高煙於太一。**陰明浮爍，沈禜深淪。**言宋爲水德而主辰，故陰明之宿，浮爍而揚光。沈禜，所祭沈淪而沈静也。尚書考靈耀曰：氣在於冬，其紀辰星，是謂陰明。尚書大傳曰：沈四海。鄭玄曰：祭水曰沈。鄭司農周禮注曰：禜，祭名也。**告成大報，受釐元神。**禮記曰：升中于天。鄭玄曰：中，成也。燎柴祭天，告以諸侯之成功。又曰：大報天而主日也。漢書曰：上方受釐坐宣室。臣瓚曰：釐，謂祭祀餘胙也。如淳曰：釐音僖。吕安髑髏賦曰：上奏元神，下告皇祇。服虔甘泉宫賦注曰：釐，福也。**月御案節，星驅扶輪。**月御、案節，並見上文。言天神降，月御爲之案節，星驅爲之扶輪。王濟鍾夫人序德頌曰：濟蒙天假，星驅省疾。羽獵賦曰：齊桓公曾不足使扶輪。羽獵賦曰〔六〕：風詡詡其扶輪。**遥興遠駕，曜曜振振。**漢書，房中歌曰：雷震震，電曜曜。杜預左氏傳注曰：振振，盛貌。遠駕，乘駕也。

文選考異

〔一〕注「巖恭寅畏」　袁本「恭」作「龔」。案：此所見不同，茶陵本亦作「恭」；袁本「龔」字，決非後人所爲，乃善之舊。其作「恭」者，蓋依今尚書改。善引「巖龔」注「巖恭」，「寅畏」注「夤威」，其下當更有音義異同之注。各本皆删削失之，以致止文與注不相應。或欲改正文作「寅畏」以就之，亦非。

〔二〕注「夐其邈于」　陳云「于」當作「兮」，是也。各本皆譌。

〔三〕注「明王盛德」　袁本、茶陵本「盛」作「慎」，是也。

〔四〕注「寤寐曰」　陳云「寐」字衍，是也。各本皆衍。

〔五〕注「陟配在京」　陳云「陟」，「王」誤。「在」，「于」誤。案：所校是也。此但涉正文誤耳。

〔六〕注「齊桓公曾不足使扶輪羽獵賦曰」　案：「公」字不當有，「輪」當作「轂」，「羽」上當脱撰人姓名。此非楊子雲作。各本皆誤。

樂府上

漢書曰：武帝定郊祀之禮，而立樂府。

樂府三首

古辭　五言〔一〕　言古詩不知作者姓名。他皆類此。

飲馬長城窟行

酈善長水經曰：余至長城，其下往往有泉窟，可飲馬。古詩飲馬長城窟行，信不虚也。然長城蒙恬所築也，言征戍之客，至於長城而飲其馬。婦思之，故爲長城窟行。音義曰：行，曲也。

青青河邊草，緜緜思遠道。言良人行役，以春爲期，期至不來，所以增思。王逸楚辭注曰：緜緜，細微之思也。遠道不可思，夙昔夢見之。廣雅曰：昔，夜也。夢見在我傍，忽覺在佗鄉。佗鄉各異縣，輾轉不可見。字書曰：輾，亦展字也。說文曰：展，轉也。鄭玄毛詩箋曰：轉，移也。枯桑知天風，海水知天寒。枯桑無枝，尚知天風。海水廣大，尚知天寒。君子行役，豈不離風寒之患乎？入門各自媚，誰肯相爲言？但人入門咸各自媚，誰肯爲言乎？皆不能爲言也。客從遠方來，遺我雙鯉魚。呼兒烹鯉魚，中有尺素書。鄭玄禮記注曰：素，生帛也。長跪讀素書，書上竟何如〔二〕？說文曰：跪，拜也。上有加餐食，下有長相憶。

文選考異

〔一〕樂府三首注五言　案：此「古辭」下不當有「五言」二字，其三首每篇題下，當有之。茶陵本後二首正如此，前一首又誤移於上，亦非。袁本俱無，益非。

〔二〕書上竟何如　袁本、茶陵本「上」作「中」，是也。

傷歌行

昭昭素月明〔一〕，暉光燭我牀。憂人不能寐，耿耿夜何長！毛詩曰：耿耿不寐，如有隱憂。微風吹閨闥，羅帷自飄颻。毛萇詩傳曰：闥，內門也。攬衣曳長帶，屣履下高堂。長門賦曰：屣履起而彷徨。東西安所之？徘徊以彷徨。春鳥飜南飛，翩翩獨翺翔。悲聲命儔匹，哀鳴傷我腸。感物懷所思，泣涕忽沾裳。佇立吐高吟，舒憤訴穹蒼。毛詩曰：佇立以泣。谷永與王譚書曰：抑於家〔二〕不得舒憤。毛詩曰：靡有旅力，以念穹蒼。李巡爾雅注曰：仰視天形，穹隆而高，其色蒼蒼，故曰穹蒼。爾雅曰：穹蒼，蒼天也。

文選考異

〔一〕昭昭素月明　袁本、茶陵本「月明」作「明月」，是也。陳云別本作「明月」。前月賦注、後何敬祖雜詩注引皆作「明月」，可證。

〔二〕注「抑於家」　案：「抑」下當有「鬱」字。各本皆脱。此所引永傳文，漢書可證。

長歌行　崔豹古今注曰：長歌，言壽命長短定分，不妄求也。此上一篇似傷年命，而下一首直敘怨情。古詩曰：長歌正激烈。魏武帝燕歌行曰〔一〕：短歌微吟不能長。傅玄豔歌行曰：咄來長歌續短歌。然行聲有長短，非言壽命也。

青青園中葵，朝露行日晞。毛詩曰：湛湛露斯，匪陽不晞。毛萇曰：晞，乾也。陽春布德澤，萬物生光暉。楚辭曰：恐死不見乎陽春。淮南子曰：光暉萬物。常恐秋節至，焜黄華葉衰〔二〕。焜黄，色衰貌也，胡本切。百川東到海，何時復西歸？尚書大傳曰：百川赴東海。少壯不努力，老大乃傷悲。

〔一〕注「魏武帝燕歌行曰」　陳云「武」當作「文」，是也。各本皆誤。

〔二〕焜黄華蘂衰　袁本、茶陵本「蘂」作「葉」，是也。下篇注引正作「葉」字。

怨歌行　五言

歌録曰：怨歌行，古辭。然言古者有此曲，而班婕妤擬之。婕妤，帝初即位，選入後宫。始爲少使，俄而大幸，爲婕妤，居增成舍。後趙飛燕寵盛，婕妤失寵，希復進見。成帝崩，婕妤充園陵，薨。

班婕妤

新裂齊紈素，皎潔如霜雪。漢書曰：罷齊三服官。李斐曰：紈素爲冬服。范子曰：紈素出齊。荀悦曰：齊國獻紈素絹，天子爲三官服也。裁爲合歡扇，團團似明月。古詩曰：文綵雙鴛鴦，裁爲合歡被。出入君懷袖，動摇微風發。蒼頡篇曰：懷，抱也。此謂蒙恩幸之時也。常恐秋節至，涼風奪炎熱。古長歌行曰：常恐秋節至，焜黄華葉衰。炎，熱氣也。棄捐篋笥中，恩情中道絶。

樂府二首

魏武帝

魏志曰：太祖武皇帝，沛國譙人，姓曹，諱操，字孟德。少機警，有權數而任俠，舉孝廉爲郎，遷南頓令〔一〕，封魏王，文帝追謚曰武皇帝。

短歌行〔二〕

對酒當歌，人生幾何！左氏傳曰：俟河之清，人壽幾何？譬如朝露，去日苦多。漢書，李陵謂蘇武曰：人生如朝露。慨當以慷，憂思難忘。何以解憂，唯有杜康。毛詩曰：微我無酒，以遨以遊。博物志曰：杜康作酒。王著與杜康絶交書曰：康字仲寧。或云皇帝時宰人〔三〕，號酒泉太守。漢書，東方朔曰：臣聞消憂者，莫若酒也。青青子衿，悠悠我心。但爲君故，沈吟至今〔四〕。古詩曰：馳車整中帶，沈吟聊躑躅。呦呦鹿鳴，食野之苹。我有嘉賓，鼓瑟吹笙。毛詩小雅文也。苹，萍也。鹿得萍草，呦呦然而鳴，相呼而食，以興喜樂賓客，相招以盛禮也。鄭玄云：苹，藾蕭也。明明如月，何時可掇？憂從中來，不可斷絶。言月之不可掇，由憂之不可絶也。說文曰：掇，拾取也，豬劣切。越陌度阡，枉用相存。應劭風俗通曰：里語云：越陌度阡，更爲客主。長門賦曰：孔雀集而相存。契闊談讌，心念舊恩。毛詩曰：死生契闊。漢書曰：張賀思念舊恩。月明星稀，烏鵲南飛。繞樹三匝，何枝可依？月明，已見上句〔五〕。喻客子無所依託也。山不厭高，海不厭深。管子曰：海不辭水，故能成其大；山不辭土，故能成其高；明主不猒人，故能成其衆。周公吐哺，天下歸心。韓詩外傳曰：周公踐天子之位七年，成王封伯禽於魯。周公誡之曰：無以魯國驕士。吾，文王之子、武王之弟也，成王叔父也，又相天下，吾於天下亦不輕矣。然一沐三握髮，一飯三吐哺，猶恐失天下之士也。論語素王受命讖曰：河授圖，天下歸心。

文選考異

〔一〕注「遷南頓令」　陳云「南頓」當作「頓丘」。案：所校是也。魏志武帝紀及裴注俱可證。各本皆誤。蓋東郡之頓丘也。

〔二〕短歌行　茶陵本此下有「四言」二字。案：有者是也。袁本每題下盡無，皆非。

〔三〕注「皇帝時宰人」　袁本、茶陵本「皇」作「黄」，是也。

〔四〕但爲君故沈吟至今　袁本、茶陵本有校語云善無此二句。案：所見非也。此詩四句一換韻，「今」與「心」協，不容善獨無之，蓋亦脱正文共注一節，説具於前。尤延之知其誤，據五臣補正文，故此處有添改痕跡，但疑終失注耳。

〔五〕注「月明已見上句」　袁本、茶陵本「見上」作「上四」。案：各本皆有誤也。疑當作「已下」，否則「月明」衍耳。

苦寒行　五言

歌録曰：苦寒行，古辭。

北上太行山，艱哉何巍巍！羊腸坂詰屈，車輪爲之摧。吕氏春秋曰：天地之間，上有九山。

何謂九山？曰太行羊腸。高誘曰：太行山在河内野王縣北也。羊腸，其山盤紆如羊腸，在太原晉陽北。高誘注淮南子曰：羊腸坂是太行孟門之限。然則坂在太行〔一〕，山在晉陽也。樹木何蕭瑟，北風聲正悲。熊羆對我蹲，虎豹夾路啼。谿谷少人民，雪落何霏霏。毛詩曰：雨雪霏霏。延頸長歎息，遠行多所懷。吕氏春秋曰：天下莫不延頸舉踵也。我心何怫鬱，思欲一東歸。楚辭曰：怫鬱兮不陳。東歸，言望舊鄉也。水深橋梁絶，中路正徘徊。迷惑失故路，薄暮無宿栖。楊雄琴情英曰：當道獨居，暮無所宿。行行日已遠，人馬同時飢。檐囊行取薪，斧冰持作糜。莊子曰：檐囊而趨。悲彼東山詩，悠悠使我哀。毛詩曰：我徂東山，滔滔不歸。

文選考異

〔一〕注「然則坂在太行」　案：「則」字不當有。各本皆衍。凡善注之「然」，即今人之「然則」，前後例如此，不知者誤添之。

樂府二首　魏文帝

燕歌行〔一〕七言　歌録曰：燕，地名，猶楚宛之類。此不言古辭，起自此也。他皆類此。

秋風蕭瑟天氣涼，草木摇落露爲霜。楚辭曰：悲哉秋之爲氣也，蕭瑟兮草木摇落而變衰。毛詩曰：蒹葭蒼蒼，白露爲霜。羣燕辭歸鴈南翔，念君客遊思斷腸。禮記曰：仲秋之月，鴻鴈來，玄鳥歸。鄭玄曰：玄鳥，燕也。楚辭曰：燕翩翩其辭歸。又曰：鴈雍雍而南遊。慊慊思歸戀故鄉，何爲淹留寄佗方？鄭玄禮記注曰：慊，恨不滿之貌也，口簟切。賤妾煢煢守空房，煢，單也。憂來思君不敢忘，不覺淚下霑衣裳。古詩曰：淚下霑衣裳。援琴鳴絃發清商，短歌微吟不能長。宋玉風賦〔二〕曰：臣援琴而鼓之。宋玉笛賦曰：吟清商，追流徵。明月皎皎照我牀，星漢西流夜未央。古詩曰：明月何皎皎，照我羅牀帷。毛詩曰：夜如何其，夜未央。牽牛織女遥相望，爾獨何辜限河梁。史記曰：牽牛爲犧牲，其北織女。織女，天女孫也。曹植九詠注曰：牽牛爲夫，織女爲婦，織女、牽牛之星，各處一旁，七月七日得一會同矣。

文選考異

〔一〕燕歌行　袁、茶陵二本此首在善哉行之後。案：蓋善、五臣次序不同，二本所用是五臣，而失著校語耳。

〔二〕注「宋玉風賦」　案：「風」當作「諷」。各本皆譌。餘多不更出。

善哉行 四言 歌録曰：善哉行，古詞也。古出夏門行曰：善哉殊復善，絃歌樂我情。然善哉，歎美之辭也。

上山采薇，薄暮苦飢。毛詩曰：陟彼南山，言采其薇。楚辭曰：薄暮雷電歸何憂。古豔歌曰：居貧衣單薄，腸中常苦飢。谿谷多風，霜露沾衣。説苑曰：孺子不覺露之沾衣。野雉羣雊，猴猿相追。毛詩曰：雉之朝雊。還望故鄉，鬱何壘壘。廣雅曰：壘，重也。高山有崖，林木有枝。憂來無方，人莫之知。言高山之有崖，林木之有枝，愚智同知之。今憂來仍無定方，而人皆莫能知之。説苑曰：莊辛謂襄成君曰：昔越人之歌曰：山有木兮木有枝，心悦君兮君不知。人生如寄，多憂何爲。尸子曰：老萊子曰：人生天地之間，寄也。寄者，固也〔一〕。楚辭曰：傷楚國之多憂。今我不樂，歲月如馳。毛詩曰：今我不樂，日月其除。湯湯川流，中有行舟。隨波迴轉，有似客遊。策我良馬，被我輕裘。毛詩曰：良馬四之。論語，子曰：赤之適齊也，乘肥馬，衣輕裘。載馳載驅，聊以忘憂。毛詩曰：載馳載驅，歸唁衛侯。楚辭曰：聊媮娱以忘憂。又毛詩曰〔二〕：駕言出游，以寫我憂。

文選考異

〔一〕注「寄者固也」　陳云「固」下脱「歸」字，是也。各本皆脱。餘屢引可證。

〔二〕注「又毛詩曰」　茶陵本無「又」字，是也。袁本亦衍。

樂府四首 五言

曹子建

箜篌引[一] 漢書曰：塞南越，禱祠太一、后土，作坎侯。坎，聲也。應劭曰：使樂人侯調作之，取其坎坎應節也。因以其姓號名曰坎侯。蘇林曰：作箜篌。

置酒高殿上，親友從我遊。漢書曰：過沛，置酒沛宮。又曰：賢大夫有肯從我遊者，吾能尊顯也[二]。中廚辦豐膳，烹羊宰肥牛。鄭玄周禮注曰：膳之言善。今時美物曰珍。聲類曰：宰，治也。秦箏何慷慨，齊瑟和且柔。楚辭曰：挾秦箏而彈徵。史記，蘇秦説齊王曰：臨淄其民無不鼓瑟也。陽阿奏奇舞，京洛出名謳。漢書曰：孝成趙皇后，及壯屬陽阿主家，學歌舞。樂飲過三爵，緩帶傾庶羞。禮記曰：君子之飲酒也，一爵而色灑如，二爵而言言斯，三爵而油油以退。儀禮曰：上大夫庶羞二十品。主稱千金壽，賓奉萬年酬。史記曰：平原君以千金爲魯仲連壽。毛詩曰：君子萬年，永錫祚胤。久要不可忘，薄終義所尤。論語曰：久要不忘平生之言，亦可以爲成人矣。列子曰：或厚之於始，或薄之於終。謙謙君子德，磬折欲何求？周易曰：謙謙君子，卑以自牧。尚書大傳曰：諸侯來，受命周公，莫不磬折。驚風飄白日，光景馳西流。盛時不可再，百年忽我遒。生在華屋處，零落歸山丘。舞賦曰：耀華屋而熺洞房。古董逃行曰：年命冉冉，我遒零落，下歸山丘。毛萇詩傳曰：遒，終也。先民誰不死？知命亦何憂！左氏傳曰：子産曰：人誰不死。周易曰：樂天知命故不憂。

文選考異

〔一〕箜篌引　案：上「五言」二字，當在此下，茶陵本亦誤倒。後三首每題下皆當有，茶陵本不誤。

〔二〕注「吾能尊顯也」　陳云「也」，「之」誤，是也。各本皆譌。

美女篇

歌録曰：美女篇，齊瑟行也。

美女妖且閑，采桑歧路間。說文曰：閑，雅也。上林賦曰：妖冶閑都。又曰：閑，幽閑也。柔條紛冉冉，葉落何翩翩。攘袖見素手，皓腕約金環。攘袖，卷袂也。環，釧也。頭上金爵釵，腰佩翠琅玕。釋名曰：爵釵，釵頭上施爵。尚書曰：厥貢惟球琳琅玕。明珠交玉體，珊瑚間木難。南方草物狀曰〔一〕：珊瑚出大秦國，有洲在漲海中。廣雅曰：珊瑚，珠也。南越志曰：木難，金翅鳥沫所成，碧色珠也，大秦國珍之。羅衣何飄飄，輕裾隨風還。顧眄遺光采，長嘯氣若蘭。神女賦曰：吐芬芳其若蘭。行徒用息駕，休者以忘餐。慎子曰：毛廧、西施，衣以玄錫，則行者止。杜篤禊祝曰：懷秀女〔二〕使不餐。借問女安居？乃在城南端。爾雅曰：安，止也。薛綜西京賦注曰：安，猶焉也。南端，城之正南門也。青樓臨大路，高門結重關。漢書，枚叔上書曰：游曲臺，臨大路。列子曰：虞氏，梁之富人，高樓臨大路。容華耀朝日，誰不希令顔。神女賦曰：耀乎若白日初出照屋梁。韓詩曰：東方之日兮，彼姝者子，在我室兮。薛君曰：詩人言所説者顔色盛也，言美〔三〕如東方之日出也。媒氏何所營，玉帛不時安。周禮，有媒氏之職。爾雅曰：安，定也。佳人慕高義，求賢良獨難。楚辭曰：聞佳人兮召予。衆人何嗷嗷，安知彼所觀？盛年處房室，中夜起長歎。蘇武答李陵詩曰：低頭還自憐，盛年行已衰。蔡雍霖雨賦曰：中宵夜而嘆息。

文選考異

〔一〕注「南方草物狀曰」　案：「物」當作「木」。各本皆誤。此嵇含所撰。

〔二〕注「懷秀女」　案：「秀」當作「季」。各本皆譌。洛神賦注引不誤。

〔三〕注「顔色盛也言美」　案：「也言」二字不當有。各本皆衍。前神女賦、秋胡詩，後日出東南隅行引皆不誤，可證也。

白馬篇　歌録曰：白馬篇，齊瑟行也。

白馬飾金羈，連翩西北馳。古羅敷行曰：青絲繫馬尾，黄金絡馬頭。説文曰：羈，絡頭也。借問誰家子？幽并遊俠兒。幽、并，二州名。班固漢書贊曰：布衣遊俠，劇孟之徒也。少小去鄉邑，揚聲沙漠垂。幽通賦曰：雄朔野以揚聲。説文曰：漠，北方流沙也。宿昔秉良弓，楛矢何參差。墨子曰：

良弓難張，然可以及高入深。家語，孔子曰：肅慎氏貢楛矢。控絃破左的，右發摧月支。班固漢書李廣述曰：控絃貫石，威動北鄰。毛詩曰：發彼有的。的，射質也。邯鄲淳藝經曰：馬射，左邊爲月支三枚，馬蹄二枚。仰手接飛猱，俯身散馬蹄。凡物飛迎前射之曰接。猱，猨屬也。狡捷過猴猨，勇剽若豹螭。螭，猛獸也，已見西都賦。方言曰：剽，輕也。邊城多警急，胡虜數遷移。長楊賦曰：永無邊城之災。羽檄從北來，厲馬登高堤。長驅蹈匈奴，左顧凌鮮卑。漢書曰：匈奴，其先夏后氏之苗裔也。又曰：燕北有東胡山戎，或云鮮卑。蒼頡篇曰：凌，侵也。棄身鋒刃端，性命安可懷？父母且不顧，何言子與妻。鄭玄毛詩箋曰：顧，念也。名編壯士籍，不得中顧私。捐軀赴國難，視死忽如歸。呂氏春秋，管子云：平原廣城，車不結軌，士不旋踵。鼓之，三軍之士，視死若歸，臣不若王子城也〔一〕。

文選考異

〔一〕注「臣不若王子城也」　案：「也」當作「父」。各本皆誤。此所引呂氏春秋勿躬篇文。

名都篇〔一〕歌録曰：名都篇，齊瑟行也。

名都多妖女，京洛出少年。王逸荔枝賦曰：宛、洛少年。寶劍直千金，被服光且鮮。史記曰：陸賈寶劍直千金。論衡曰：世稱利劍有千金之價。鬭雞東郊道，走馬長楸間。漢書，眭弘少時好鬭雞走馬。馳馳未能半〔二〕，雙兔過我前。攬弓捷鳴鏑，長驅上南山。儀禮曰：司射搢三挾一。鄭玄曰：揷，插也〔三〕，楚甲切。漢書曰：匈奴冒頓乃作爲鳴鏑，習勒其騎射。音義曰：鏑，箭也，如今鳴箭也。左挽因右發，一縱兩禽連。鄭玄周禮注曰：凡鳥獸未孕曰禽也。毛萇詩傳曰：發矢曰縱。兩禽，雙兔也。餘巧未及展，仰手接飛鳶。毛詩曰：鳶飛戾天。鄭玄曰：鴟之屬也。觀者咸稱善，衆工歸我妍。舞賦曰：觀者稱麗。我歸宴平樂，美酒斗十千。平樂，觀名。膾鯉臇胎鰕，寒鼈炙熊蹯。毛詩曰：炰鼈膾鯉。蒼頡解詁曰：臇，少汁臛也，子兖切。鹽鐵論曰：煎魚切肝，羊淹雞寒。劉熙釋名曰：韓羊、韓雞，本出韓國所爲。然寒與韓古字通也。左氏傳曰：宰夫胹熊蹯不孰。鳴儔嘯匹旅，列坐竟長筵。連翩擊鞠壤，巧捷惟萬端。漢書曰：霍去病在塞外，尚穿域蹴鞠也。如淳曰：域，鞠室也。郭璞三蒼解詁曰：鞠，毛丸，可蹋戲。鞠，巨六切。史記曰：魏公子賓客辨士，説王萬端。白日西南馳，光景不可攀。雲散還城邑，清晨復來還。舞賦曰：駱驛而歸，雲散城邑。

文選考異

〔一〕名都篇　袁、茶陵二本此首在美女篇之後。案：蓋亦善、五臣次序不同。説見前。

〔二〕馳馳未能半　茶陵本下「馳」字作「騁」。袁本亦作「馳馳」。案：馳，行也；馳馳，猶行行耳。「騁」字蓋後人改之。

〔三〕注「揷插也」　袁本、茶陵本「插」作「捷」，是也。今儀禮釋文亦誤改「捷」爲「插」，與此正同。

王明君詞 并序 五言

石季倫 臧榮緒晉書曰：石崇，字季倫，渤海人也。早有智慧，稍遷至衛尉。初，崇與賈謐善，謐既誅，趙王倫專任孫秀。崇有妓曰緑珠，秀使人求之，崇不許，秀勸倫殺崇，遂被害〔一〕。

王明君者，本是王昭君，以觸文帝諱改焉。琴操曰：王昭君者，齊國王襄女也，年十七，獻元帝。臧榮緒晉書曰：文帝諱昭。匈奴盛，請婚於漢。元帝以後宮良家子昭君配焉。琴操曰：單于遣使請一女子，帝以昭君賜單于。漢書曰：詔采良家女也。昔公主嫁烏孫，令琵琶馬上作樂，以慰其道路之思。漢書曰：烏孫使使獻馬，願得尚公主，乃遣江都王建女爲公主，以妻烏孫焉。其送明君，亦必爾也，其造新曲，多哀怨之聲，故敍之於紙云爾。

我本漢家子，將適單于庭。漢書曰：匈奴，歲正月，諸長小會單于庭祠。辭訣未及終，前驅已抗旌。曹子建應詔曰：前驅舉燧，後乘抗旌。僕御涕流離，轅馬悲且鳴。魏文帝柳賦曰：左右僕御已多亡。長門賦曰：涕流離而縱横。李陵詩曰：轅馬顧悲鳴。哀鬱傷五内，泣淚濕朱纓。李陵詩曰：行行且自割，無令五内傷。沾纓，已見郭璞遊仙詩。行行日已遠，遂造匈奴城。魏文帝苦哉行曰〔二〕：行行日已遠，人馬同時飢。延我於穹廬，加我閼氏名。漢書曰：烏孫公主作歌曰：吾家嫁我兮天一方，遠託異國兮烏孫王，穹廬爲室兮旃爲牆。音義曰：旃，帳也。蘇林曰：閼氏，音焉支，如漢皇后。殊類非所安，雖貴非所榮。殊類，異類也。李陵答蘇武書曰：但見異類。父子見陵辱，對之慚且驚。漢書曰：呼韓邪死，子雕陶莫皐立，爲復系若鞮單于〔三〕。復妻王昭君，生二女也。殺身良不易，默默以苟生。曹子建三良詩曰：殺身誠獨難。賈誼弔屈原曰：吁嗟默默〔四〕。墨子曰：哀公迎孔子，席不端不坐，割不正不食。子路曰：何與陳、蔡異？孔子曰：曩與汝爲苟生，今與汝爲苟義也。苟生亦何聊，積思常憤盈。楚辭曰：蓄怨乎積思。王逸曰：結恨在心慮憤鬱。蔡琰詩曰：心吐思兮胸憤盈。願假飛鴻翼，乘之以遐征。魏文帝喜霽賦曰：思寄身於鴻鸞〔五〕，舉六翮而輕飛。高誘呂氏春秋曰〔六〕：征，飛也。飛鴻不我顧，佇立以屏營。毛詩曰：佇立以泣。國語，申胥曰：昔楚靈王獨行屏營。昔爲匣中玉，今爲糞上英。朝華不足歡，甘與秋草并。古詩曰：傷彼蕙蘭花，含英揚光輝。過時而不采，將隨秋草萎。說文曰：木槿，朝華暮落也。傳語後世人，遠嫁難爲情。漢書，張禹曰：有愛女遠嫁爲張掖太守蕭咸妻。

文選考異

〔一〕注「臧榮緒晉書曰」下至「遂被害」 案：此一節注非善之舊。袁、茶陵二本皆并善入「銑曰」而如此耳。今無可考。

〔二〕注「魏文帝苦哉行曰」 陳云「文」當作「武」，「哉」當作「寒」，是也。各本皆誤。

〔三〕注「爲復系若鞮單于」 案：「復」下當有「株」字，「系」當作「絫」。各本皆誤。此所引匈奴列傳文也。「蹮」作「韙」，蓋別體字。

〔四〕注「吁嗟默言」　陳云「言」當作「默」，是也。各本皆誤。

〔五〕注「思寄身於鴻鸞」　袁本「鸞」作「鷰」，是也。茶陵本亦誤「鸞」。

〔六〕注「高誘吕氏春秋曰」　陳云「秋」下脱「注」字，是也。各本皆脱。

文選卷第二十八

樂府下　挽歌　雜歌

樂府下

樂府十七首

猛虎行 雜言

陸士衡

古猛虎行曰：飢不從猛虎食，暮不從野雀棲。野雀安無巢，遊子爲誰驕？

渴不飲盜泉水，熱不息惡木陰。惡木豈無枝，志士多苦心。尸子曰：孔子至於勝母，暮矣而不宿；過於盜泉，渴矣而不飲。惡其名也。江邃文釋云：管子曰：夫士懷耿介之心，不蔭惡木之枝。惡木尚能恥之，況與惡人同處？今檢管子近亡數篇，恐是亡篇之内而邃見之。論語曰：志士仁人。古詩曰：晨風懷苦心。整駕肅時命，杖策將遠尋。思玄賦曰：爰整駕而亟行，時君之命也。杜預左氏傳注曰：策，馬檛也。廣雅曰：將，欲也。飢食猛虎窟，寒栖野雀林。日歸功未建，時往歲載陰。日，而逸切。言日以屢歸而功未立。陸賈新語曰：以義建功。神農本草曰：秋冬爲陰。崇雲臨岸駭，鳴條隨風吟。爾雅曰：崇，高也。廣雅曰：駭，起也。桓子新論，雍門周曰：秋風鳴條，則傷心矣。静言幽谷底，長嘯高山岑。毛詩曰：静言思之。又曰：出自幽谷。楚辭曰：臨深水而長嘯。爾雅曰：山小而高曰岑。急絃無懦響，亮節難爲音。侯璞箏賦曰〔一〕：急絃促柱，變調改曲。賈逵國語注曰：懦，下也。爾雅曰：亮，信也。謂有貞信之節，言必慷慨，故曰難也。人生誠未易，曷云開此衿？言人生既多難苦，誠爲未易，何爲開此行役之衿乎？王仲宣贈蔡子篤詩曰：人生實難。眷我耿介懷，俯仰愧古今。夫藴耿介之懷者，必高蹈風塵之表，今乃愧不隨慕先聖之遺教。蒼頡篇曰：懷，抱也。

文選考異

〔一〕注「侯璞箏賦曰」　案：「璞」當作「瑾」，各本皆譌。侯瑾，范史文苑有傳。隋志云集二卷。箏賦今在藝文類聚、初學記，皆可證。餘亦屢引。

君子行 五言 古君子行曰：君子防未然，不處嫌疑間。

天道夷且簡，人道嶮而難。莊子曰：有天道，有人道。無爲而尊者，天道也，有爲而累者，人道也。孔安國尚書傳曰：夷，平也。又曰：簡，略也。休咎相乘躡，翻覆若波瀾。尚書曰：休徵咎徵。杜預左氏傳注曰：乘，登也。廣雅曰：躡，履也。去疾苦不遠，疑似實生患。左氏傳，伍員曰：樹德莫如滋，去疾莫如盡。賈逵國語注曰：疾，惡也。呂氏春秋曰：使人大迷惑者，物之相似者也。人主之所患，患石似玉者。疑似之道，不可不察也。近火固宜熱，履冰豈惡寒。言當慎所習也。論衡曰：大近水則寒，近火則温，遠之纔微。何則？氣之所加，遠近有差也。火位在南，水位在北，北邊則寒，南極則熱。毛詩口：如履薄冰。掇蜂滅天道，拾塵惑孔顔。説苑曰：王國君，前母子伯奇，後母子伯封，兄弟相愛。後母欲其子爲太子，言王曰：伯奇愛妾。王上臺視之，後母取蜂除其毒，而置衣領之中〔一〕，往過伯奇，奇往視袖中殺蜂〔二〕。王見讓伯奇，伯奇出。使者就袖中〔三〕，有死蜂，使者白王。王見蜂追之，已自投河中。呂氏春秋曰：孔子窮於陳、蔡之間，藜羹不糝〔四〕，七日不嘗粒。晝寢，顔回索米，得而來，爨之幾熟。孔子望見顔回攫其甑中而飯之。少選間食熟，謁孔子而進食。孔子起曰：今者夢見先君，食絜故饋〔五〕。顔回對曰：不可，嚮者炱煤入甑中，棄食不祥，回攫而飯之。孔子笑曰：所信者目矣，目猶不可信，所恃者心矣，而心猶不足恃，弟子記之，知人固不易。夫孔子所以知人難也。高誘曰：炱煤，煙塵也。炱讀作臺。入，猶墮也。逐臣尚何有，棄友焉足歎。傅毅七激曰：闇君逐臣，頑父放子。王逸楚辭序曰：屈原放逐在沅湘之間。毛詩谷風序曰：天下俗薄，朋友道絶焉。鄭玄曰：道絶者，棄恩舊也。福鍾恒有兆，禍集非無端。言禍福之至，而皆有漸也。枚叔上書曰：福生有基，禍生有胎。傅子，銘曰：福生有兆，禍來有端。

小雅曰：鍾，聚也，言無端緒也。天損未易辭，人益猶可懽。言禍福之有端兆，故天損之至，非己所招，故安之而未辭。人益之來，非己所求，故受之可爲懽也。莊子，孔子謂顏回曰：無受天損易，無受人益難。郭象曰：無受天損易者，唯安之故易也。所在皆安，不以損爲損，斯待天而不受其損也。無受人益難者，物之儻來不可禁禦。至人則玄同天下，故天下樂推而不猒，相與社而稷之，斯無受人益之所以爲難矣。然文雖出彼，而意微殊，彼以榮辱同途，故安之甚易。此以吉凶異轍，故辭之實難。朗鑒豈遠假，取之在傾冠。荀悦申鑒曰：側弁垢顏，不鑒於明鏡矣。抱朴子曰：明鏡舉，則傾冠見矣。以其遞相祖述，故引之。近情苦自信，君子防未然。言小人近情，苦自信而遇禍；君子遠慮，防未然而蒙福。列子，蕭叔曰：皇子果於自信。鄧析子曰：慮能防於未然。

文選考異

〔一〕注「除其毒而置衣領之中」袁本作「數十衣中」四字。茶陵本并善入五臣良注，與此同。案：皆非也。「數十」當作「綴于」。尤延之不知字譌，取良注以通之，非也。琴操亦云「綴衣領」，可借證。

〔二〕注「奇往視袖中殺蜂」案：「視」當作「就」，「殺」當作「掇」。正引此以注「掇蜂」，不得作「殺」，乃良注誤言「殺」。琴操載一云「令伯奇掇之」，可借爲證。袁本亦譌。

〔三〕注「使者就袖中」案：「就」當作「視」。此與上「視」、「就」二字互易其處也。袁本亦譌。

〔四〕注「藜羹不糝」袁本「糝」作「斟」，是也。此所引呂氏春秋任數文，高誘有注，可證。

〔五〕注「食絜故饋」陳云「故」，「欲」誤。袁本亦作「故」。今呂氏春秋作「而後」二字，或善引不同耳。袁、茶陵二本所載五臣良注作「欲」，陳以之校善，未必是。

從軍行 五言

苦哉遠征人，飄飄窮四遐。南陟五嶺巔，北戍長城阿。漢書曰：秦北爲長城之役，南有五嶺之戍。史記曰：始皇以謫遣戍，謫罰獄吏不直者築長城也。深谷邈無底，崇山鬱嵯峨。列子曰：夏革曰：渤海之東有大壑焉，實惟無底之谷。秦嘉詩曰：巖石鬱嵯峨。奮臂攀喬木，振迹涉流沙。史記曰：武臣曰：陳王奮臂爲天下唱始。毛詩曰：南有喬木。尚書曰：導弱水入于流沙。隆暑固已慘，涼風嚴且苛。賈誼旱雲賦曰：隆暑盛其無聊。説文曰：慘，毒也。宋均春秋緯注曰：苛者，切也。夏條集鮮藻〔一〕，寒冰結衝波。文子曰：夏條可結。毛詩曰：誕寘之寒冰。胡馬如雲屯，越旗亦星羅。鄒陽書曰：胡馬遂進闚於邯鄲。杜篤論都賦曰：斬白蛇，屯黑雲。廣雅曰：屯，聚也。國語，越王曰：吴爲不道，敢問諸大夫，戰奚以而可？大夫種曰：審物則可以戰。韋昭曰：物，旌旗物色徽幟之屬也。羽獵賦曰：渙若天星之羅。飛鋒無絶影，鳴鏑自相和。張衡髑髏賦曰：飛鋒曜景，秉尺持刀。漢書曰：冒頓乃作爲鳴鏑。音義曰：如今鳴箭也。朝食不免冑，夕息常負戈。戰國策曰：衞行人燭過，免冑横戈而進。李陵答蘇武書曰：負戟而長歎。孔安國論語注曰：戈，戟也。苦哉遠征人，拊心悲如何！列子曰：師襄乃撫心高蹈。

文選考異

〔一〕夏條集鮮藻　案：「集」當作「焦」，袁本云善作「集」，茶陵本云五臣作「焦」。所見皆非也。「集」字於文義全乖。各本但傳寫誤，非善如此。

豫章行　五言

古豫章行曰：白楊初生時，乃在豫章山。

汎舟清川渚〔一〕，遥望高山陰。國語曰：秦汎舟于河。列子曰：伯牙遊於泰山之陰。川陸殊途軌，懿親將遠尋。廣雅曰：軌，道也。左氏傳，富辰曰：昔周公弔二叔之不咸，故封建親戚〔二〕，以蕃屏周，不廢懿親也。三荆歡同株，四鳥悲異林。古上留田行曰：出是上獨西門〔三〕，三荆同一根生。一荆斷絶不長，兄弟有兩三人，小弟塊擢獨貧。家語曰：孔子在衛，昧旦晨興，顔回侍側，聞哭者之聲甚哀。子曰：回，汝知此哭何者？曰：回以此哭之聲，非但爲死者而已矣，又爲生離别者。子曰：何以知之？對曰：回聞完山之鳥生四子焉，羽翼既成，將分乎四海，其母悲鳴而送之，哀聲有似於此，爲其往而不返，回竊以音類知之。孔子使問哭者，果曰：夫死家貧，賣子葬之，與之長決。子曰：回善於識音矣。樂會良自古，悼别豈獨今。鄭玄毛詩箋曰：悼，傷也。古詩曰：今日良宴會，歡樂難具陳。又曰：别日何易，會日何難！寄世將幾何，日昃無停陰。尸子，老萊子曰：人生於天地之間，寄也。寄者，固歸也。左氏傳曰：人壽幾何？周易曰：日昃之離，不鼓缶而歌，則大耋之嗟凶。前路既已多，後塗隨年侵。前路、後塗，喻壽命也。言前路已多而罕至，後塗隨年侵而又盡，言無幾何也。

促促薄暮景，亹亹鮮克禁。景之薄暮，喻人之將老也，流行不息，鮮能止之。孔安國尚書傳曰：薄，迫也。楚辭曰：時亹亹而過中。曷爲復以茲？曾是懷苦心。言何爲復以此暮景不留之志，而曾是重懷悲苦之心乎！毛詩曰：曾是在位。苦心，見上文。遠節嬰物淺，近情能不深。說文曰：嬰，繞也。行矣保嘉福，景絶繼以音。景，影也。言形影若絶，當繼之以惠音。

文選考異

〔一〕汎舟清川渚　茶陵本「川」作「山」，云五臣作「川」。袁本云善作「山」。案：此所見不同，蓋尤是，二本非，或校改正之。

〔二〕注「昔周公弔二叔之不咸故封建親戚」　茶陵本無「弔二叔之不咸故」七字，袁本無「弔二叔之不咸」六字。案：善引經典有節其字句之例，尤本專主增多，每非是。

〔三〕注「出是上獨西門」　案：「獨」當作「留」。袁本亦譌。茶陵本此一節并善入五臣良注，全失其真。或又據之以改善，斯大誤矣。今不具論。

苦寒行　五言　或曰北上行。

北遊幽朔城，涼野多嶮難。尚書曰：宅朔方曰幽都。毛萇詩傳曰：北方寒涼也。俯入穹谷底，仰陟高山盤。韓詩曰：在彼穹谷。王弼周易注曰：盤，山石之安也。凝冰結重澗，積雪被長巒。爾雅曰：巒，山墮也〔一〕。郭璞曰：山形長狹者，荆州謂之巒。陰雲興巖側，悲風鳴樹端。不覩白日景，但聞寒鳥喧。猛虎憑林嘯，玄猿臨岸嘆。春秋元命苞曰：猛虎嘯而谷風起。小雅曰：憑，依也。上林賦曰：玄猿素雌。夕宿喬木下，慘愴恒鮮歡。渴飲堅冰漿，飢待零露餐。周易曰：履霜堅冰至。毛詩曰：零露團兮。離思固已久，寤寐莫與言。曹子建雜詩曰：離思一何深。毛詩曰：獨寐寤言。劇哉行役人，慊慊恒苦寒。說文曰：劇，甚也。鄭玄禮記注曰：慊，恨不滿足之貌也。

文選考異

〔一〕注「山墮也」　茶陵本「墮」作「隋」，是也。袁本亦誤「墮」。

飲馬長城窟行　五言

驅馬陟陰山，山高馬不前。漢書，侯應上書曰：臣聞北邊塞有陰山。往問陰山候，勁虜在燕然。解嘲曰：西北一候。范曄後漢書曰：竇憲征北單于，登燕然山。戎車無停軌，旌旆屢徂遷。鄭玄考工記注曰：軌，轍跡也。仰憑積雪巖，俯涉堅冰川。冬來秋未反，去家邈以緜。邈，遠也。玁狁亮未夷，征人豈徒旋。玁狁，匈奴也。毛詩曰：赫赫南仲，玁狁于夷。毛萇曰：夷，平也。末德争先鳴，凶器無兩全。吴越春秋，范蠡曰：夫人君勇者，逆德也；兵者，凶器也；争者，國之末也。莊子曰：三軍五兵之運，德之末也。左氏傳，州綽謂齊侯曰：平陰之役，先二子鳴。師克薄賞行，軍没微軀捐。李陵書曰：

薄賞子以守節。將遵甘陳迹，收功單于旃。漢書曰：甘延壽，字君況，北地人也。爲郎中諫大夫，使西域，與副校尉陳湯共誅斬郅支單于，封義成侯。又曰：陳湯，字子公，山陽人也。爲西域副校尉，與甘延壽俱出，同斬單于首，賜爵關内侯。班固漢書述曰：博望仗節，收功大夏。旃，旌旗也。振旅勞歸士，受爵槀街傳。穀梁傳曰：入曰振旅。毛詩序曰：杕杜，勞還役也。南都賦曰：受爵傳觴。漢書，陳湯上疏曰：斬郅支單于首，及名王以下，宜懸頭槀街蠻夷邸間。晉灼曰：黄圖，在長安城門内。邸，謂傳舍也。

門有車馬客行 五言

門有車馬客，駕言發故鄉。毛詩曰：駕言出遊。念君久不歸，濡迹涉江湘。毛萇詩傳曰：濡，漬也。投袂赴門塗，攬衣不及裳。左氏傳曰：楚子投袂而起。古詩曰：攬衣起徘徊。毛萇詩傳曰：上曰衣，下曰裳。拊膺攜客泣，掩淚敘温涼。列子曰：撫膺而無恨。楚辭曰：長太息以掩涕。尚書曰：以殷仲春，鄭玄曰：春秋言温涼也。借問邦族間，惻愴論存亡。毛詩曰：言旋言歸，復我邦族。尸子曰：其生也存，其死也亡。親友多零落，舊齒皆彫喪。曹子建箜篌引曰：親友從我遊。孔融與曹操書曰：海内知識，零落殆盡。黄石公記曰：王聘舊齒，萬事乃理。市朝互遷易，城闕或丘荒。古出夏門行曰：市朝人易，千歲墓平。毛詩曰：在城闕兮。墳壠日月多，松柏鬱芒芒。仲長子昌言曰：古之葬，松柏梧桐以識其墳也。天道信崇替，人生安得長？國語，藍尹亹曰：君子獨居，思前世之崇替。賈逵曰：崇，終也。慷慨惟平生，俛仰獨悲傷。説文曰：慷慨，壯士不得志於心。莊子曰：俛仰之間。

君子有所思行　五言

命駕登北山，延佇望城郭。孔叢子，孔子歌曰：巾車命駕。楚辭曰：結幽蘭而延佇。廛里一何盛，街巷紛漠漠。鄭德漢書注曰：廛，謂城邑之居也。甲第崇高闥，洞房結阿閣。漢書音義曰：有甲乙次第，故曰甲第。楚辭曰：姱容脩態絚洞房。尚書中候曰：昔黄帝軒轅，鳳皇巢阿閣。鄭玄周禮注曰：四阿若今四注也。由池何湛湛，清川帶華薄。楚辭曰：坐堂伏檻臨曲池。邃宇列綺牕，蘭室接羅幕。楚辭曰：高堂邃宇檻層軒。古詩曰：交疏結綺牕。又曰：盧家蘭爲室，桂爲梁。楚辭曰：蒻阿拂壁羅幬張。淑貌色斯升，哀音承顔作。言淑貌以色斯而見升，哀音亦承顔衰而作也。論語曰：色斯舉矣。人生誠行邁，容華隨年落。楚辭曰：生天地之若過。古詩曰：人生天地間，忽如遠行客。善哉膏粱士，營生奥且博。國語，欒伯請公族大夫，公曰：夫膏粱之性難止也〔一〕。賈逵曰：膏，肉之肥者。粱，食之精者。言其食肥美者率驕放，其性難止也。韋昭漢書注曰：生，業也。廣雅曰：奥，藏也。宴安消靈根，酖毒不可恪。左氏傳，管敬仲言於齊侯曰：宴安酖毒，不可懷也。杜預曰：以宴安比之酖毒也。老子黄庭經曰：玉池清水灌靈根，靈根堅固老不衰。然靈根謂身也。左氏傳曰：卿不書，緩也，以懲不恪。爾雅曰：恪，敬也。無以肉食資，取笑葵與藿。説文曰〔二〕：晉東郭氏上書於獻公，公曰：肉食者已慮之矣。對曰：忽使肉食失計於廟堂，藿食寧得不肝腦塗地也。

〔一〕注「難止也」 案：「止」當作「正」。各本皆譌。顏氏家訓引作「整」，可借證也。下同。

〔二〕注「説文曰」 何校「文」改「苑」，陳同。各本皆誤。

齊謳行 五言

漢書禮樂志曰：齊謳員六人。

營丘負海曲，沃野爽且平。禮記曰：太公封於營丘。鄭玄曰：齊曰營丘。晁錯新書曰：齊地僻遠負海，地大人衆。鄭玄禮記注曰：負之言背也。漢書曰：沃野千里。左氏傳，齊景公欲更晏子之宅，曰：請更諸爽塏之地〔一〕。洪川控河濟，崇山入高冥。毛萇詩傳曰：控，引也。戰國策，蘇秦曰：齊有清濟濁河。傅毅洛都賦曰：弋高冥之獨鵠，連軒翥之雙鶋。崇或爲嵩，非也。東被姑尤側，南界聊攝城。左氏傳，晏子曰：聊、攝以東，姑、尤以西，其爲人也多矣。杜預曰：姑、尤，齊東界，姑水、尤水，皆在城陽郡東南入海也。聊、攝，齊西界也。平原聊縣東北有攝城。然西南不同者，其地既非正方，故各舉一隅言之也。海物錯萬類，陸産尚千名。尚書曰：海岱惟青州。禹貢，海物惟錯。河圖曰：地有九州，以苞萬類。禮記曰：恒豆之俎〔二〕，陸産之物也。加豆，陸産也。其醢，水物也。南都賦曰：百品千名。孟諸吞楚夢，百二侔秦京。子虚賦曰：齊浮渤澥，游孟諸，吞若雲夢者八九，於其胷中曾不蔕芥。漢書，田肯賀上曰：陛下得韓信，又治秦中。秦持戟百萬，秦得百二焉；齊持戟百萬，齊得十二焉。此所謂東西秦也。李斐云：持戟百萬，秦得百二焉。又曰：設有持戟百萬之衆，齊得十中之二焉。百萬十分之二，亦二十萬也。但文相避耳，故言東西秦，其勢敵也。然李斐之意，以百二謂百萬中之二也〔三〕。

字林曰：侔，齊等也。惟師恢東表，桓后定周傾。毛詩曰：惟師尚父，時維鷹揚。左氏傳曰：季札請觀於周樂，爲謌齊曰：表東海者其太公乎。又曰：公及齊侯會于首止，謀寧周也。公，魯僖公也。齊侯，桓公也。鹽鐵論曰：定傾扶危。天道有迭代，人道無久盈。孫卿子曰：日月遞照，四時代御。王符潛夫論曰：廉頗、翟公，再盈再虛。鄙哉牛山歎，未及至人情。論語，荷蕢曰：鄙哉硜硜乎！晏子春秋曰：景公遊牛首山，北臨其國，流涕曰：若何去此而死乎！艾孔、梁丘據皆泣，晏子獨笑。公收涕而問之。晏子曰：使賢者常守，則太公、桓公有之；使勇者常守，則莊公有之。吾君安得有此而爲流涕？是不仁也。見不仁之君一，諂諛之臣二，所以獨笑也。莊子曰：不離於真，謂之至人也。爽鳩苟已徂，吾子安得停？左氏傳，齊侯飲酒樂。公曰：古而無死，其樂若何？晏子對曰：古而無死，古之樂也，君何得焉。爽鳩氏始居此地，季萴因之，而逢伯凌因之，蒲姑氏因之，而太公因之，古若無死，爽鳩氏之樂，非君所願也。萴，助革切。行行將復去，長存非所營。西京賦曰：若歷世而長存。羽獵賦序曰：禁御所營。

文選考異

〔一〕注「請更諸爽塏之地」　陳云「之地」當作「者」。今案：當作「者也」，引末綴以「也」字，善每有之。各本皆誤。

〔二〕注「恒豆之俎」　案：「俎」當作「菹」。各本皆譌。

〔三〕注「謂百萬中之二也」　案：「中」當作「十」。各本皆譌。

長安有狹邪行 五言

伊洛有歧路，歧路交朱輪。爾雅曰：二達謂之歧旁。郭璞曰：歧，道旁出也。楊惲書曰：乘朱輪者十人。曹植妾薄相行曰：輜軿飛轂交輪。輕蓋承華景，騰步躡飛塵。華景，日也。漢書云：日華曜也。鳴玉豈樸儒，憑軾皆俊民。國語曰：趙簡子鳴玉以相。禮記曰：君子行則鳴佩玉。漢書儒林傳，武帝曰：吾始以尚書爲樸學。左氏傳，楚子玉曰：請與君馮軾而觀之。尚書曰：俊民用康〔一〕。烈心厲勁秋，麗服鮮芳春。厲，嚴貌也。西京賦曰：麗服颺菁。余本倦遊客，豪彦多舊親。漢書曰：司馬長卿故倦遊。傾蓋承芳訊，欲鳴當及晨。家語曰：孔子之郯，遭程子於塗，傾蓋而語。雞及晨而鳴，以喻人及時而仕也。春秋考異記曰：雞應旦明。明與鳴同，古字通也。守一不足矜，歧路良可遵。漢書，嚴安上書曰：守一而不變者，未睹治之至也。淮南子曰：楊子見逵路而哭之，爲其可以南可以北也。老子曰：聖人抱一，爲天下式。河上公曰：抱，守也。守一乃知萬事，故爲天下法式。規行無曠迹，矩步豈逮人。楊雄覈靈賦曰：二子規遊矩步。蘇子曰：行務應規，步慮投矩。廣雅曰：曠，遠也。投足緒已爾，四時不必循。言規行矩步，既無所及，故投足前緒且當止矣。猶如四時異節，不必相循。解嘲曰：欲行者擬足而投迹。爾雅曰：緒，事也。孫卿子曰：日月遞照，四時代御。將遂殊塗軌，要予同歸津〔二〕。周易曰：天下同歸而殊塗。

文選考異

〔一〕注「俊民用康」　案：此有誤也。洪範有「俊民用章，家用平康」，無「俊民用康」。餘屢引。各本亦「章」、「康」互出。蓋「章」是，「康」非也。

〔二〕要予同歸津　袁本、茶陵本「予」作「子」，是也。

長歌行　五言

逝矣經天日，悲哉帶地川。范曄後漢書曰〔一〕：上黨太守田邑與馮衍書曰：日月經天，河海帶地。寸陰無停晷，尺波豈徒旋。言日無停景，川不旋波，以喻年命流行，曾無止息也。淮南子曰：聖人不貴尺之璧，而重寸之陰，時難得而易失也。説文曰：晷，景也。年往迅勁矢，時來亮急絃。楚辭曰：年洋洋而日往。釋名曰：矢，指也，其有所指。迅，疾也。漢書，蒯通曰：時乎時不再來。急絃，已見上文。遠期鮮克及，盈數固希全。管子曰：任之重者莫如身，期之遠者莫如年。左氏傳，卜偃曰：萬，盈數也。然此之盈數謂百年也。列子，楊朱曰：人得百年之壽，千中無一，疾病哀苦居其半矣。毛詩曰：君子萬年，介爾景福。鄭玄曰：汝有萬年之壽矣，又助汝大福也。容華夙夜零，體澤坐自捐。無故自捐曰坐也。茲物苟難停，吾壽安得延？爾雅曰：延，長也。俛仰逝將過，倏忽幾何間。俛仰，已見上文。毛詩曰：逝將去汝。毛萇曰：逝，往也。楚辭曰：往來倏忽。慷慨亦焉訴，天道良自然。但恨功名薄，竹帛無所宣。四子講德論曰：節趨不立，則功名不宣。墨子曰：以其所行，書於竹帛，傳遺後子孫。迨及歲未暮，長歌承我閑。毛萇詩傳曰：迨，及也。韓詩曰：歲聿其暮。薛君曰：暮，晚也。言君之年歲已晚也。楚辭曰：願乘閑而自察〔二〕。

文選考異

〔一〕注「范曄後漢書曰」　袁本、茶陵本無此六字。案：無者是也。善例如此，引太子報桓榮書之在榮傳，谷永與王譚書之在永傳，初不稱范、班二史也，其類甚多。此亦尤延之添而未是者。

〔二〕注「願乘閑而自察」　袁本、茶陵本「乘」作「承」，是也。

悲哉行　五言　歌録曰：悲哉行，魏明帝造。

遊客芳春林，春芳傷客心。和風飛清響，鮮雲垂薄陰。蕙草饒淑氣，時鳥多好音。毛詩曰：睍睆黃鳥，載好其音。翩翩鳴鳩羽，喈喈倉庚吟〔一〕。禮記曰：季春之月，鳴鳩拂其羽。毛詩曰：倉庚喈喈。幽蘭盈通谷，長秀被高岑。幽蘭生乎通谷，而長秀被乎高岑，言有託也。楚辭曰：結幽蘭而延佇。漢書，伍被曰：通谷數行。漢武秋風辭曰：蘭有秀兮菊有芳。女蘿亦有託，蔓葛亦有尋。言女蘿、蔓葛各有尋託，而已獨無，所以增思也。毛詩曰：蔦與女蘿，施于松柏。毛萇曰：女蘿，松蘿也。詩曰：南有樛木，葛藟纍之。鄭玄曰：葛藟纍而蔓之。尋，猶緣也。傷哉遊客士，憂思一何深！言己客遊不如蘿葛，故憂思逾深也。目感隨氣草，耳悲詠時禽。寤寐多遠念，緬然若飛沈。韋昭國語注曰：緬，猶邈也。飛沈，言殊隔也。願託歸風響，寄言遺所欽。李陵答蘇武書曰：時因北風，復惠德音。嵇康贈秀才詩曰：思我所欽。

文選考異

〔一〕喈喈倉庚吟　茶陵本「吟」作「音」，云五臣作「吟」。袁本云善作「音」。案：二本非也。上云「時鳥多好音」，古人即不忌複韻。此實非其比，但傳寫誤。尤所見爲是，或校改正之也。

吳趨行　五言

崔豹古今注曰：吳趨曲，吳人以歌其地也。

楚妃且勿歎，齊娥且莫謳。楚妃，樊姬。齊娥，齊后也。歌録曰：石崇楚妃歎曰：歌辭楚妃歎，莫知其所由。楚之賢妃能立德著勳，垂名於後，唯樊姬焉。故今歎詠之聲，永世不絶。孟子，淳于髡曰：昔綿駒處高唐而齊右善歌〔一〕。方言曰：秦晉之間，美貌謂之娥。説文曰：謳，齊歌也。四坐並清聽，聽我歌吳趨。吳趨自有始，請從昌門起。吳越春秋曰：大城立昌門者，象天通閶闔風，亦名破楚門也。昌門何峨峨，飛閣跨通波。吳地記曰：昌門者，吳王闔閭所作也，名爲閶闔門，高樓閣道。西都賦曰：脩除飛閣。又曰：與海通波。重欒承游極，回軒啓曲阿。西京賦曰：跱游極於浮柱，結重欒以相承。軒，長牕也。言長牕開於屋之曲阿也。周書曰：明堂咸有四阿。鄭玄周禮注曰：四阿，若今四注也。藹藹慶雲被，泠泠祥風過〔二〕。

史記曰：若煙非煙，若雲非雲，郁郁紛紛，蕭索輪囷，是謂慶雲。風賦曰：清清泠泠。山澤多藏育，土風清且嘉。左氏傳曰：晉侯曰：鍾儀樂操土風，不忘本也。泰伯導仁風，仲雍揚其波。史記曰：吴太伯，弟仲雍，皆周太王之子，而王季歷之兄也。季歷賢，有聖子昌，太王欲立季歷以及昌，於是太伯、仲雍二人，乃奔荆蠻以避季歷。季歷果立，是爲王季，而昌爲文王。太伯之奔荆蠻，自號句吴。太伯卒，無子，弟仲雍立。典引曰：仁風翔於海表。楚辭曰：汨其泥而揚其波。穆穆延陵子，灼灼光諸華。毛萇詩傳曰：穆穆，美也。左氏傳曰：吴公子札來聘。其出聘也，通嗣君也。廣雅曰：灼灼，明也。左氏傳曰：吴，周之冑裔也，今而始大，比于諸華。王迹隤陽九，帝功興四遐。孟子曰：王者之跡息而詩亡。漢書，陽九厄曰，初入，百六，陽九。音義曰：易傳所謂陽九之厄，百六之會者也。東都賦曰：軒轅氏之所以開帝功。大皇自富春，矯手頓世羅。吴志曰：孫權，字仲謀，吴富春人也，薨，謚曰大皇帝。説文曰：矯，舉手也。頓，整也。世羅，猶皇綱也。言大皇生自富春，矯手而整天綱也。邦彦應運興，粲若春林葩。毛詩曰：彼己之子，邦之彦兮。春秋命曆序曰：五德之運，應録次相代也。屬城咸有士，吴邑最爲多。蔡邕陳留太守行縣頌曰：府君勸耕桑于屬城也。八族未足侈，四姓實名家。張勃吴録曰：八族，陳、桓、吕、竇、公孫、司馬、徐、傅也。四姓，朱、張、顧、陸也。漢書，劉敬曰：徙齊諸田豪桀名家。文德熙淳懿，武功侔山河。曹植令曰：相者文德昭，將者武功烈。爾雅曰：熙，興也，謂盛多也。謝丞後漢書曰〔三〕：朱皓德行純懿，才學優裕。漢書曰：漢興，封爵之誓曰：使黄河如帶，泰山若礪，國以永存，爰及苗裔。禮讓何濟濟，流化自滂沱。毛萇詩傳曰：濟濟，多威儀也。論語曰：泰伯三以天下讓。毛詩曰：月離于畢，俾滂沱矣。淑美難窮紀，商推爲此歌。公羊傳，宋萬曰：魯侯之淑，魯侯之美。何休曰：淑，美也。美，好也。賈逵國語注曰：紀，猶録也。廣雅曰：商，度也。許慎淮南子注曰：商推，粗略也。言商度其粗略也。

文選考異

〔一〕注「而齊右善歌」　袁本「右」作「后」，是也。上注云「齊娥，齊后也」，此作「后」，明甚。今茶陵本亦作「右」，皆後人誤改。又案：餘屢引皆作「右」，疑孟子有二本，而善兼引之，如「放踵」、「致於踵」兼引之例。

〔二〕泠泠祥風過　何校「祥」改「鮮」，云江淹擬許徵君自序詩「曲櫺激鮮飇」注中引此句作「鮮」。案：所校是也。茶陵本云五臣作「鮮」，袁本云善作「祥」，各本所見皆傳寫譌。即善、五臣并非有異，而誤著校語之例。

〔三〕注「謝丞後漢書曰」　案：「丞」當作「承」。各本皆譌。

短歌行　四言

置酒高堂，悲歌臨觴。列子曰：秦青撫節悲歌。王逸楚辭曰〔一〕：悲歌，言愁思也。人壽幾何？逝如朝霜。左氏傳曰：俟河之清，人壽幾何？曹植送應氏詩曰：人壽若朝霜。時無重至，華不再陽。論語摘輔像讖曰：時不再及。宋均曰：及，亦至也。蘋以春暉，蘭以秋芳。禮記曰：季春，萍始生。鄭玄曰：

萍華〔二〕其大者曰蘋。楚辭曰：秋蘭兮青青。來日苦短，去日苦長。曹植苦短篇曰：苦樂有餘。魏武帝短歌行曰：去日苦多。今我不樂，蟋蟀在房。毛詩曰：蟋蟀在堂，歲聿其暮。今我不樂，日月其除。樂以會興，悲以別章。豈曰無感，憂爲子忘。我酒既旨，我肴既臧。毛詩曰：爾酒既旨，爾肴既嘉。短歌有詠，長夜無荒。史記曰：紂爲長夜之飲。毛詩曰：好樂無荒。

文選考異

〔一〕注「王逸楚辭曰」案：「辭」下當有「注」字。各本皆脱。餘同者不悉出。

〔二〕注「萍華」案：「華」當作「苹」。袁本亦譌。茶陵本作「蓱」，「萍」上作「蓱始生」，與今月令合，或與尤、袁所見自不同也。

日出東南隅行〔一〕五言　或曰羅敷豔歌　崔豹古今注曰：陌上桑者，出秦氏女也。秦氏，邯鄲人，有女名羅敷，嫁爲邑人千乘王仁爲妻。王仁後爲趙王家令。羅敷出採桑於陌上，趙王登臺見而悦之，因飲酒欲奪焉。羅敷巧彈箏，乃作陌上之歌以自明焉。

扶桑升朝暉，照此高臺端。山海經曰：湯谷上有扶木。扶木者，扶桑也。十日所浴。新語曰：高臺百仞。臺端，猶室端也。高臺多妖麗〔二〕，濬房出清顔〔三〕。吕氏春秋曰：列精子高謂侍者曰：我奚若？侍者曰：公妖且麗。王逸楚辭注曰：妖，好也。琴道，雍門周曰：廣廈邃房。淑貌耀皎日，惠心清且閑。

韓詩曰：東方之日兮，彼姝者子在我室兮。薛君曰：顔色盛美，如東方之日矣。周易曰：有孚惠心。廣雅曰：閑，正也。美目揚玉澤，蛾眉象翠翰。毛詩曰：美目盼兮。楚辭曰：娥眉曼睩目騰光。王逸曰：曼，澤也。睩，視貌也。言美女之貌娥眉玉貌，曼好目曼澤〔四〕。睩音録。登徒子好色賦曰：眉如翠羽。鄭玄尚書大傳注曰：翰，毛也。鮮膚一何潤，秀色若可餐。張衡七辯曰：淑性窈窕，秀色美豔。窈窕多容儀，婉媚巧笑言。毛詩曰：窈窕淑女。又曰：巧笑倩兮。暮春春服成，粲粲綺與紈。論語，曾點曰：暮春者春服既成。毛詩曰：粲粲衣服。金雀垂藻翹，瓊珮結瑶璠。釋名曰：爵釵，釵頭及上施爵也。楚辭曰：砥室翠翹。王逸注曰：翹，羽名也。毛詩曰：珮玉瓊琚。杜預左氏傳注曰：璵璠，美玉也。方駕揚清塵，濯足洛水瀾。西京賦曰：方駕授綏。鄭玄儀禮注曰：方，併也。司馬相如諫獵書曰：犯屬車之清塵。楊雄太玄賦曰：踞弱水而濯足。藹藹風雲會，佳人一何繁。風雲，言多也。過秦論曰：天下雲會響應。南崖充羅幕，北渚盈軿軒。蒼頡篇曰：軿，衣車也。清川含藻景，高崖被華丹〔五〕。藻景，華景也。馥馥芳袖揮，泠泠纖指彈。蘇武詩曰：馥馥我蘭芳。又曰：誰爲遊子吟，泠泠一何悲。悲歌吐清響，雅舞播幽蘭。悲歌，已見上文。韓詩曰：舞則莫兮〔六〕。薛君曰：言其舞則應雅樂也。杜預左氏傳注曰：播，揚也。宋玉風賦曰：臣援琴而鼓之，爲幽蘭白雪之曲。丹脣含九秋，妍迹陵七盤。洛神賦曰：丹脣外朗。廣雅曰：陵，乘也。南都賦曰：結九秋之增傷，怨西荊之折盤。張衡舞賦曰：歷七盤而屣躡。赴曲迅驚鴻，蹈節如集鸞。卞蘭七牧曰：飜放袂而赴節，若遊鴻之翔天。邊讓章華臺賦曰：忽飄然以輕逝，似鸞飛於天漢。淮南子曰：龍興鸞集。綺態隨顏變，沈姿無乏源。乏，或爲定。俯仰紛阿那，顧步咸可懽。張衡七辯曰：蝤蠐之領，阿那宜顧。蒼頡篇曰：顧，視也。王逸楚辭注曰：步，徐行也。遺芳結飛飈，浮景映清湍。爾雅曰：扶搖謂之飈。説文曰：湍，水疾也。冶容不足詠，春遊良可歎。周易曰：慢藏誨盜，冶容誨淫。

文選考異

〔一〕日出東南隅行　袁本、茶陵本此首第十，長安有狹邪行第十一，前緩聲歌第十二，長歌行第十三，吴趨行第十四，塘上行第十五，悲哉行第十六，短歌行第十七。案：此亦善、五臣次序不同而失著校語。

〔二〕高臺多妖麗　案：「妖」當作「姣」，注同。善引吕氏春秋「公姣且麗」在達鬱，又王逸楚辭注「姣好也」在「大招姣麗施只」下，作「姣」明甚。袁、茶陵二本作「妖」，所載五臣向注云「妖，美」。必各本以五臣亂善，又盡改注中「姣」字作「妖」，而幾於莫可辨識矣。今特訂正之。

〔三〕濬房出清顔　案：詳注引「廣廈邃房」，是善正文作「邃」字。袁、茶陵二本作「濬」，所載五臣濟注云「濬，深」，恐此亦以五臣亂善。

〔四〕注「曼好目曼澤」　陳云「好」上「曼」字衍，是也。此引工逸語，後三十三卷可證。各本皆衍。

〔五〕高崖被華丹　案：「崖」當作「岸」。袁本云善作「崖」。茶陵本云五臣作「岸」。其實各本所見皆非也。「崖」字傳寫涉上而誤耳。非善如此。

〔六〕注「韓詩曰舞則莫兮」陳云「莫」，「纂」誤。案：所校是也。前舞賦注引不誤，可證。

前緩聲歌　五言

遊仙聚靈族，高會曾城阿。淮南子曰：掘崑崙墟以下，地中有層城九重，其高萬一千里一十四步二尺六寸。**長風萬里舉，慶雲鬱嵯峨。**慶雲，已見上文。**宓妃興洛浦，王韓起太華。**楚辭曰：迎宓妃於伊、洛。魏文帝詩曰：王、韓獨何人，翺翔隨天塗。神仙傳曰：衛叔卿歸華山，漢武帝令叔卿子度求之，見其父與數人博。度曰：向與博者爲誰？叔卿曰：是洪崖先生、王子晉、薛容也。又曰：劉根初學道，到華陰，見一人乘白鹿，從十餘玉女。根頓首乞一言，神人乃住曰：爾聞有韓衆不？答曰：實聞有之。神曰：即我是也。尚書曰：至于太華。**北徵瑶臺女，南要湘川娥。**爾雅曰：徵，召也。楚辭曰：望瑶臺之偃蹇兮，見有娀之佚女。西京賦曰：懷湘娥。王逸楚辭注曰：堯二女娥皇、女英，墮湘水之中，爲湘夫人也。**肅肅霄駕動，翩翩翠蓋羅。**毛詩曰：肅肅宵征。曹植飛龍篇曰：芝蓋翩翩。甘泉賦曰：咸翠蓋而鸞旗。**羽旗棲瓊鸞，玉衡吐鳴和。**琴道，雍門周曰：水嬉則建羽旗。瓊鸞，以瓊爲鸞，以施於旗上。鸞，鳥，故曰棲也。鸞旗，已見上注。楚辭曰：鳴玉鸞之啾啾。又曰：枉玉衡於炎火。王逸曰：衡，車衡也。鄭玄周禮注曰：鑾和皆以金爲鈴也。應劭漢書注曰：鑾在軾，和在衡。**太容揮高絃，洪崖發清歌。**思玄賦曰：太容吟曰：念哉！注曰：太容，黄帝樂師。廣雅曰：揮，動也。西京賦曰：洪崖立而指麾。薛綜曰：三皇時伎人也。**獻酬既已周，輕舉乘紫霞。**毛詩曰：獻酬交錯。漢書，谷永曰：遥興輕舉，登霞倒景。**揔轡扶桑枝，濯足湯谷波。**楚辭曰：飲余馬乎咸池，揔余轡乎扶桑。又曰：朝濯髮於湯谷。清輝溢天門，垂慶惠皇家。淮南子曰：馮夷，大禹之御也〔一〕。乘雲車，排閶闔，淪天門。高誘曰：天門，上帝所居，紫宮門也。蔡雍述征賦曰：皇家赫而天居，萬方徂而星集。

文選考異

〔一〕注「馮夷大禹之御也」 案：「禹」當作「丙」。各本皆誤。此所引原道訓文，高誘有注云「丙」或作「白」，不得爲「禹」明甚。後廣絶交論引作「丙」，不誤。

塘上行 五言 歌録曰：塘上行，古辭。或云甄皇后造，或云魏文帝，或云武帝。歌曰：蒲生我池中，葉何一離離。

江蘺生幽渚，微芳不足宣。張揖漢書注曰：江蘺，香草也。郭璞曰：似水薺也。被蒙風雲會，移居華池邊。周易曰：潤之以風雨。楚辭曰：鼃黽遊乎華池。發藻玉臺下，垂影滄浪泉。西京賦曰：西有玉臺，連以昆德。孟子曰：滄浪之水清。滄浪，水色也。沾潤既已渥，結根奥且堅。毛詩曰：既沾既渥。毛萇曰：渥，厚也。古詩曰：冉冉孤生竹，結根太山阿。奥，猶深也。四節逝不處，華繁難久鮮。淑氣與時殞，餘芳隨風捐。天道有遷易，人理無常全。司馬遷悲士不遇賦曰：天道悠昧，人理促兮。男懽智傾愚，女愛衰避妍。莊子曰：喜怒相疑，愚智相欺。仲長子昌言曰：彊者勝弱，智者欺愚也。不惜微軀退，但懼蒼蠅前。毛詩曰：營營青蠅，止于丘樊〔一〕。鄭玄曰：蠅之爲蟲，污白使黑，污黑使白，喻佞人變亂善惡也。願君廣末光，照妾薄暮年。封禪書曰：使獲日月之末光。暮年，喻老也。

文選考異

〔一〕注「止于丘樊」　陳云「丘」字衍，是也。各本皆誤。

樂府

會吟行　五言

謝靈運

六引緩清唱，三調佇繁音。沈約宋書曰：控揳宮引第一〔一〕，商引第二，徵引第三，羽引第四。古有六引，其宮引本第二，角引本第四也。並無歌，有絃笛，存聲不足，故闕二曲。又曰：第一平調，第二清調，第三瑟調，第四楚調，第五側調。然今三調，蓋清、平、側也。爾雅曰：佇，立也〔二〕。郭璞曰：稽，久也。列筵皆静寂，咸共聆會吟。廣雅曰：聆，聽也。會吟自有初，請從文命敷。尚書曰：若稽古大禹，曰文命敷于四海。史記曰：夏禹名曰文命。孔安國尚書傳曰：敷，陳也。敷績壺冀始，刊木至江汜。尚書曰：禹敷土，隨山刊木。孔安國曰：敷，布也。又曰：冀州既載壺口，治梁及岐。又曰：岷山導江。毛詩曰：江有汜。列宿炳天文，負海横地理。前漢書〔三〕地理志曰：吴地斗分野。論衡曰：天晏列宿炳奂。負海，已見上文。宋衷易緯注曰：天文者，謂三光；地理，謂五土也。連峯競千仞，背流各百里。上林賦曰：蕩乎八川分流，相背而異態。滮池溉粳稻，輕雲暧松杞。毛詩曰：滮池北流，浸彼稻田。毛萇曰：滮，流貌也。王逸楚辭曰：暧，闇昧貌也。兩京愧佳麗，三都豈能似？兩京，東西二京也。曹子建贈丁儀詩曰：佳麗殊百城。三都，蜀、吴、魏也。層臺指中天，高墉積崇雉。楚辭曰：層臺累榭臨高山。列子曰：周穆王築臺，號曰中天之臺。周易曰：公用射，隼于高墉之上。爾雅曰：崇，重也。王肅家語注曰：高一丈曰堵，三堵曰雉也。飛燕躍廣途，鷁首戲清沚〔四〕。西京雜記曰：文帝自代還，有良馬九匹，一名飛燕騮。淮南子曰：龍舟鷁首。毛萇詩傳曰：沚，渚也。肆呈窈窕容，路曜便娟子。周禮曰：立市爲其肆。鄭玄曰：陳物處也。毛詩曰：窈窕淑女。枚乘兔園賦曰：若採桑之女，連袖方路。磨陁長髻，便娟數顧。阮籍詠懷詩曰：路端便娟子，常恐日月傾。王逸楚辭注曰：便娟，好貌也。自來彌年代，賢達不可紀。爾雅曰：彌，終也。句踐善廢興，越叟識行止。史記曰：吴伐越，越王栖於會稽。後句踐平吴，周元王賜句踐胙命。越叟，蓋越公也。越絶書曰：子胥戰於檇李，闔閭傷馬〔五〕，軍敗而還。欲復其讎，師事越公，録其術。周易曰：時止則止，時行則行，動静不失其時，其道光明。范蠡出江湖，梅福入城市。史記曰：范蠡既雪會稽之耻，乃喟然而歎曰：計然之策七，越用其五而得意。既已施於國，吾欲用之於家。乃乘扁舟浮於江湖，變名易姓，適齊爲鴟夷子。漢書曰：梅福，字子真，九江人也。少學長安，至元始中，王莽顓政，福一朝弃妻子去九江，至今傳以爲仙。其後人見福於會稽者，變姓名爲吴市門卒。東方就旅逸，梁鴻去桑梓。列仙傳曰：東方朔者，楚人也，久在吳中爲書師。武帝時上書，拜爲郎，至宣帝初，弃郎去，以避亂政，置冠幘官舍，風飄之去。後見會稽賣藥。旅逸，謂爲客而放逸也。杜預左氏傳注曰：旅，客也。范曄後漢書曰：梁鴻，字伯鸞，扶風人也。東出關，遂至吳，依大家皋伯通，居廡下，爲人賃舂。伯通異之，乃舍之家。鴻著書十餘篇。毛詩曰：惟桑與梓，必恭敬止。牽綴書土風，辭殫意未已。左氏傳，晉侯曰：鍾儀樂操土風，不忘本也。

文選考異

〔一〕注「控（扌+侯）宮引第一」　袁本無「宮」字，是也。茶陵本亦衍。案：下云「其宮引本第二」，此不當有「宮」字甚明。

〔二〕注「佇立也」　陳云「立」當作「久」，是也。各本皆誤。

〔三〕注「前漢書」　袁本、茶陵本無「前」字，是也。有者大誤。

〔四〕鷁首戲清沚　袁本有校語云「鷁」善作「蠲」，其注中亦是「蠲」字。案：袁所見非也。茶陵本皆作「鷁」，無校語，當與尤所見俱未誤。

〔五〕注「闔閭傷馬」　陳云「馬」當作「焉」，是也。各本皆譌。

樂府八首

鮑明遠

東武吟 五言

左思齊都賦注曰：東武、太山，皆齊之土風，絃歌謳吟之曲名也。

主人且勿諠，賤子歌一言：漢書曰：王邑請召賓，邑自稱賤子。僕本寒鄉士，出身蒙漢恩。始隨張校尉，占募到河源。漢書曰：張騫，漢中人也。騫以校尉從大將軍擊匈奴，知水草處，軍得以不乏。占，謂自隱度而應募爲占募也。吴志曰：中郎將周祗，乞於鄱陽占募。班固漢書曰：自張騫使大夏之後，窮河源也。後逐李輕車，追虜窮塞垣。漢書曰：李廣從弟蔡，爲郎事武帝，元朔中，爲輕車將軍，擊右賢王有功卒〔一〕，封樂安侯。范曄後漢書曰：耿夔追虜出塞而還。蔡邕上疏曰：秦築長城〔二〕，漢起塞垣，所以別内外，異殊俗。密塗亘萬里，寧歲猶七奔。孔安國尚書傳曰：密，近也。方言曰：亘，竟也。國語曰：姜氏告於公子曰：自子之行，晉無寧歲。左氏傳曰：巫臣請使於吴，晉侯許之，乃通吴於晉。吴始伐楚，子重奔命。吴入州來，子重、子反於是乎一歲七奔命。肌力盡鞍甲，心思歷涼温。孟子曰：既竭心思焉。涼温，已見上文。將軍既下世，部曲亦罕存。列女傳曰：柳下惠妻曰：愷悌君子，永能厲兮；吁嗟惜哉，乃下世兮。司馬彪續漢書曰：大將軍營五部，校尉一人，部有曲，曲有軍候一人。時事一朝異，孤績誰復論？答客難曰：時異事異。少壯辭家去，窮老還入門。古長歌行曰：少壯不努力。漢書，婁護曰：吕公窮老，託身於我。腰鎌刈葵藿，倚杖牧雞豘〔三〕。說文曰：鎌，鍥也。鍥，古頡切。昔如鞲上鷹，今似檻中猨。東觀漢記，桓虞謂趙勒曰：善吏如良鷹矣，下鞲即中。淮南子曰：置猨檻中，則與豘同，非不巧捷也，無所肆其能也。徒結千載恨，空負百年怨。言怨在己，若何負之。弃席思君幄，疲馬戀君軒。願垂晉主惠，不愧田子魂。言己窮老而還，同夫弃席疲馬，願垂晉主之惠而不見遺，則兼愛之道斯同，故亦無愧於田子也。晉主言惠，田子言愧，互文也。然田子久謝，故謂之魂。韓子曰：文公至河，令曰：籩豆捐之，席蓐捐之，手足胼胝，面目犂黑者後之。咎犯聞之而夜哭。公曰：寡人出亡二十年，乃今得反國，咎犯聞之不喜而哭，意者不欲寡人反國邪？咎犯對曰：籩豆所以食也，而君捐之；席蓐所以卧也，而君弃之，手足胼胝，面目犂黑，有勞功者也，而君後之。今臣與在後中，不勝其哀，故哭之。文公乃止。韓詩外傳曰：昔田子方出，見老馬於道，喟然有志焉，以問於御曰：此何馬也？御曰：故公家畜也，罷而不用，故出放之。田子方曰：少盡其力，而老弃其身，仁者不爲也。束帛而贖之，窮士聞之，知所歸心矣。韓詩曰：縞衣綦巾，聊樂我魂。薛君曰：魂，神也。

文選考異

〔一〕注「有功卒」　陳云「卒」當作「中率」，是也。各本皆誤。何校去「卒」字者，非。此所引李廣傳文。

〔二〕注「秦築長安城」　袁本無「安」字，是也。茶陵本亦衍。

〔三〕倚杖牧雞豘　茶陵本云「收」五臣作「牧」。袁本云善作「收」。案：二本所見非也。「收」是傳寫誤。尤蓋校改正之也。

出自薊北門行　五言　漢書曰：薊，故燕國也。

羽檄起邊亭，烽火入咸陽。漢書，高祖曰：吾以羽檄徵天下兵。史記曰：有寇至則舉烽火。風俗通曰：文帝時，匈奴犯塞，候騎至甘泉，烽火通長安。徵騎屯廣武，分兵救朔方。臣瓚漢書注曰：律說勒兵而住曰屯。班固漢書贊曰：聚天下兵軍於廣武。又曰：太原郡有廣武縣。又酈食其曰：楚人聞則分兵救之。又有朔方郡，武帝開。嚴秋筋竿勁，虜陣精且強。漢書曰：匈奴秋馬肥，大會蹛林。周禮曰：弓人爲弓，筋也者，所以爲深也。竿，箭幹也，並公旱切。天子按劍怒，使者遥相望。説苑曰：秦帝按劍而坐。漢書曰：遣使冠蓋相望於道。鴈行緣石逕，魚貫度飛梁。漢書曰：公孫戎奴以校尉擊匈奴，至右賢王庭，爲鴈行，上石山先登。周易曰：貫魚，以宫人寵，無不利。王弼曰：駢頭相次，似貫魚也。甘泉賦曰：貫倒景而歷飛梁。簫鼓流漢思，旌甲被胡霜。疾風衝塞起，沙礫自飄揚。易通卦驗曰：大風揚沙。春秋命曆序曰：大風飄石。馬毛縮如蝟，角弓不可張。西京雜記曰：元封二年，大雪深五尺，野鳥獸皆死，牛馬踡縮如蝟。韋曜集曰：秋風揚沙塵，寒露霑衣裳，角弓持急絃，鳩鳥化爲鷹。時危見臣節，世亂識忠良。老子曰：國家昏亂，有忠臣焉。投軀報明主，身死爲國殤。國殤，爲國戰亡也。楚辭祠國殤曰：身既死兮神以靈，魂魄毅兮爲鬼雄。

結客少年場行〔一〕曹植結客篇曰：結客少年場，報怨洛北芒。范曄後漢書曰：祭遵嘗爲部吏所侵，結客報之也。

驄馬金絡頭，錦帶佩吳鉤。古日出東南行曰：黃金絡馬頭，觀者滿道傍。禮記曰：居士錦帶。吳都賦曰：吳鉤越棘也。失意杯酒間，白刃起相讎。桓範世要論曰：觴酌遲速，使用失意。淮南子曰：今有美酒嘉肴，以相賓饗，爭盈爵之間，乃反爲鬬而相傷，三族結怨。追兵一旦至，負劍遠行遊。追兵，謂捕己也。遠行，以避之也。范曄後漢書曰：世祖會追兵至。燕丹太子〔二〕，聽秦王姬人鼓琴。琴聲曰：鹿盧之劍，可負而拔。去鄉三十載，復得還舊丘。廣雅曰：丘，居也。升高臨四關，表裏望皇州。陸機洛陽記曰：洛陽有四關：東爲城皋〔三〕，南伊闕，北孟津，西函谷。表裏，猶內外也。左氏傳，子犯曰：表裏山河。九塗平若水，雙闕似雲浮。周禮曰：匠人營國傍三門，國中九經九緯。鄭玄曰：經緯，塗也。莊子曰：平者，水停之盛也，其可以爲法也。古詩曰：雙闕百餘尺。史記曰：三神山，黃金白銀爲宮闕，望之如雲。崔駰達旨曰：冠蓋雲浮。扶宮羅將相，夾道列王侯。漢書曰：宣帝登長平坂，王侯迎者夾道陳也。日中市朝滿，車馬若川流。周易曰：日中爲市，致天下之人，聚天下之貨。張協禊飲賦曰：車馬膠葛，川流波亂。擊鍾陳鼎食，方駕自相求。左氏傳曰：宋左師每食擊鍾。聞鍾聲，公曰：夫子將食。家語曰：子路南遊於楚，積粟萬鍾，列鼎而食。方駕，已見上文。古詩曰：冠帶自相索。今我獨何爲，埳壈懷百憂。嵇康幽憤詩曰：予獨何爲。楚辭曰：貧士失職而志不平。又曰：惟鬱鬱之憂獨兮，志坎壈而不違。王逸曰：坎壈，不遇貌也。毛詩曰：我生之後，逢此百憂。

文選考異

〔一〕結客少年場行　茶陵本此下有「五言」二字，以後六首同，是也。袁本全無者非。

〔二〕注「燕丹太子」　案：「太」字不當有。各本皆衍。陳云燕丹子，書名，是也，載隋志。

〔三〕注「東爲城皋」　何校「城」改「成」，陳同。各本皆譌。

東門行　歌録曰：日出東門行〔一〕，古辭也。

傷禽惡弦驚，倦客惡離聲。戰國策，魏加對春申君曰：臣少之時好射，願以射譬，可乎？春申君曰：可。異日更嬴與魏王處京臺之下，更嬴謂魏王曰：臣能虛發而下鳥。魏王曰：然則射可至此乎？更嬴曰：可。有鴻鴈從東方來〔二〕，更嬴以虛弓發而下之。王曰：射之精可至此乎？更嬴曰：此孽也。王曰：先生何以知之？對曰：其飛徐者，其創痛也；悲鳴者，久失羣也。故創未息而驚心未忘，聞弦音引而高飛，故創怯〔三〕。今臨武君常爲秦孽，不可爲拒秦之將也。離聲斷客情，賓御皆涕零。涕零心斷絶，將去復還訣。訣與決同。一息不相知，何況異鄉別。說文曰：息，喘也。遥遥征駕遠，杳杳落日晚。左氏傳，童謡曰：鸜鵒之巢，遠哉遥遥。楚辭曰：日杳杳以西頹。居人掩閨卧，行子夜中飯〔四〕。野風吹秋木，行子心腸斷。食梅常苦酸，衣葛常苦寒。淮南子曰：百梅足以爲百人酸。毛詩曰：絺兮綌兮，淒其以風。毛萇曰：淒，寒風也。絲竹徒滿坐，憂人不解顔。禮記曰：絲竹，樂之器也。列子曰：列子師老商氏，五年之後，夫子始一解顔而笑也。長歌欲自慰，彌起長恨端。鄭玄禮記注曰：彌，益也。

文選考異

〔一〕注「日出東門行」　案：「日」字不當有，各本皆衍。

〔二〕注「有鴻鴈從東方來」　案：「鴻」當作「間」。各本皆誤。今楚策「間」。「有間」連文，不知者改之。永明十一年策秀才文同誤。

〔三〕注「故創怯」　茶陵本「怯」作「隕」。袁本亦作「怯」。案：今楚策作「隕」。此「怯」當是「抎」字之譌，「抎」、「隕」同字，不知者改之。永明十一年策秀才文同誤。陳云下脱「也」字。今楚策有。

〔四〕行子夜中飯　袁本有校語云善作「飲」。案：所見非也。茶陵本作「飯」，無校語，與此皆不誤。凡此等，必詳出，以爲合并六臣本校語，皆據所見而爲之之證。知乎此，始能得善真矣。讀者詳之。

苦熱行

曹植苦熱行曰：行遊到日南，經歷交阯鄉，苦熱但曝霜〔一〕，越夷水中藏。

赤阪横西阻，火山赫南威。漢書西域傳，杜欽曰：又歷大頭痛、小頭痛山，赤土身熱之阪，令人身熱無色，頭痛嘔吐。東方朔神異經曰：南荒外有火山焉，長四十里，廣四五里，其中皆生木，晝夜火燃，雖暴風雨，火不滅。

身熱頭且痛，鳥墮魂來歸。東觀漢記：馬援謂官屬曰：吾在浪泊，仰視烏鳶，跕跕墮水中。楚辭曰：魂兮來歸，南方不可以止。雕題、黑齒，得人以祀，其骨爲醢。湯泉發雲潭，焦煙起石圻。王歆之始興記曰：雲水源泉，涌溜如沸湯，有細赤魚出游，莫有獲之者。焦烟，蓋熱氣也。南越志曰：興寧縣有熱水山焉，其下有焦石，歊蒸之熱，恒數四丈。楚辭曰：觸石碕而衡遊。埤蒼曰：碕，曲岸。碕與圻同。日月有恒昏，雨露未嘗晞。魏都賦曰：窮岫泄雲，日月恒翳。曹植感時賦曰：惟淫雨之永降，曠三旬而未晞。毛詩曰：白露未晞。毛萇曰：晞，乾也。東觀漢記，馬援曰：吾在浪泊之時，下潦上霧。丹蛇踰百尺，玄蜂盈十圍。外國圖曰：楊山，丹蛇居之，去九疑五萬里。楚辭曰：赤蟻若象，玄蜂若壺。百尺、十圍，言其長大也。含沙射流影，吹蠱痛行暉。干寶搜神記曰：有物處于江水，其名曰蜮，一曰短狐，能含沙射人，所中者頭痛發熱，劇者至死。毛詩義疏曰：蜮，短狐，一名射影。吹蠱，即飛蠱也。顧野王輿地志曰：江南數郡有畜蠱者，主人行之以殺人，行食飲中，人不覺也。其家絕滅者，則飛遊妄走，中之則斃。行暉，行旅之光暉也。鄣氣晝熏體，菵露夜沾衣。吴志，華覈表曰：蒼梧、南海，歲有癘風鄣氣。宋永初山川記曰：寧州鄣氣菵露，四時不絕。菵，草名，有毒，其上露觸之，肉即潰爛。菵音罔。飢猨莫下食，晨禽不敢飛。南越志曰：膋石縣有銅澗，泉源沸涌，謂之毒水，飛禽走獸經之者殞。膋音勞。列女傳，陶荅子妻曰：玄豹霧雨，七日不下食。曹植七哀詩曰：南方有鄣氣，晨鳥不得飛。毒涇尚多死，渡瀘寧具腓〔二〕。言秦人毒涇尚或多死，況今毒癘乎？諸葛渡瀘，寧有俱病也。左氏傳曰：諸侯之大夫從晉侯伐秦，濟涇而次，秦人毒涇上流，師人多死。諸葛亮表曰：五月渡瀘，深入不毛。毛詩曰：秋日淒淒，百卉具腓。毛萇曰：腓，病也。瀘音盧。腓音肥。生軀蹈死地，昌志登禍機。列女傳曰：楚子發之母謂子發曰：使人入於死地，而康樂於上，雖有以得勝，非其術也。曹大家曰：軍事險危，故爲死地也。莊子曰：其發若機栝，其司是非之謂也。司馬彪曰：言生以是非臧否交接，則禍敗之來，若機栝之發。班固漢書述曰：禍如發機。戈船榮既薄，伏波賞亦微。漢書曰：歸義侯嚴爲戈船將軍，出零陵，下離水。范曄後漢書曰：交阯女子徵側反，拜馬援爲伏波將軍，擊交阯，斬徵側，振軍旅還京師，朝見位次九卿。財輕君尙惜，士重安可希。韓詩外傳曰：宋燕相齊還遂〔三〕，罷歸舍，召門尉田饒等問曰：大夫誰與我赴諸侯乎？皆伏不對。宋燕曰：何士易得而難用也。田饒對曰：君紈素錦繡從風，而僰士曾不得緣衣。夫財者君所輕，死者士所重，君不能用所輕，欲使士致重乎？

文選考異

〔一〕注「苦熱但曝霜」　案：「霜」當作「露」。各本皆譌。

〔二〕渡瀘寧具腓　茶陵本「腓」作「肥」，云五臣作「腓」。袁本云善作「肥」。案：善引毛詩注「具腓」，又云「腓音肥」，正文自不作「肥」，二本所見非也。此蓋未誤，或亦尤校改正之。

〔三〕注「還遂」　案：「遂」當作「逐」，「還逐」，當謂「旋被斥逐」。今外傳作「見逐」，「逐」字是，「見」字恐非。

白頭吟　西京雜記曰：司馬相如將娉茂陵一女爲妾，文君作白頭吟以自絶，相如乃止。沈約宋書，古辭白頭吟曰：淒淒重淒淒，嫁娶不須啼。願得一心人，白頭不相離。

直如朱絲繩，清如玉壺冰。朱絲，朱絃也。禮記，清廟之瑟，朱絃而疏越。桓子新論曰：神農始削桐爲琴，繩絲爲絃。秦子曰：玉壺必求其以盛，干將必求其以斷。何慙宿昔意，猜恨坐相仍。馮衍答任武達書曰：敢不露陳宿昔之意。東觀漢記，段熲曰：張奂事勢相反，遂懷猜恨。方言曰：猜，疑也。爾雅曰：仍，因也。猜，千才切。人情賤恩舊，世議逐衰興。毛詩序曰：朋友道絶。鄭玄曰：道絶者，棄恩舊也。毫髮一爲瑕，丘山不可勝。李尤戟銘曰：山陵之禍，越于毫芒〔一〕。仲長子昌言曰：事求絲髮之釁。孫盛曰：劉琨、王浚睚眦起於絲髮，釁敗成於丘海。文子曰：禍福之至，雖丘山無由識之矣。食苗實碩鼠，玷白信蒼蠅。毛詩曰：碩鼠碩鼠，無食我苗。蒼蠅之爲蟲，汙白使黑，已見上文。鳧鵠遠成美，薪芻前見陵。韓詩外傳曰：田饒事魯哀公而不見察，謂哀公曰：夫鷄頭戴冠，文也；足有距，武也；見敵敢鬬，勇也；有食相呼，仁也；夜不失時，信也。鷄有五德，君猶日瀹而食之者，以其所從來近也。夫黄鵠一舉千里，出君園池，食君魚鼈，啄君稻粱，無此五者而貴之，以其所從來遠也。故臣將去君，黄鵠舉矣。公曰：吾書子之言。文子曰：虛無因循，常後而不先，譬若積薪燎，後者處上也。蒼頡篇曰：陵，侵也。史記曰：汲黯謂武帝曰：陛下用羣臣如積薪，後來者居上。申黜褒女進，班去趙姬昇。周王日淪惑，漢帝益嗟稱。毛詩序曰：幽王取申女以爲后，又得褒姒而黜申后。孔安國尚書傳曰：淪，没也。班婕妤失寵，已見班婕妤怨詩。心賞猶難恃，貌恭豈易憑。呂氏春秋曰：所恃者心也，而心猶不足恃。尚書曰：貌曰恭。古來共如此，非君獨撫膺。列子曰：昔人有知不死之道者，齊子欲學其道，聞言者已死，乃撫膺而歎。

文選考異

〔一〕注「越于毫芒」 案：「越」當作「起」。各本皆譌。

放歌行 歌録曰：孤子生行，古辭曰放歌行。

蓼蟲避葵堇，習苦不言非。楚辭曰：蓼蟲不從乎葵藿。王逸曰：言蓼蟲處辛辣，食苦惡，不從葵藿食甘美者也。小人自齷齪，安知曠士懷。漢書，酈食其曰：其將齷齪，好苛禮也。雞鳴洛城裏，禁門平旦開。史記曰：雞三號平明。東觀漢記，杜詩曰：伏湛出入禁門，補拾遺闕。冠蓋縱横至，車騎四方來。素帶曳長飈，華纓結遠埃。禮記曰：大夫帶素。爾雅，或爲此猋。飈與猋同，古字通也。七啓曰：華組之纓。日中安能止，鍾鳴猶未歸。日中爲市，已見上文。崔元始正論，永寧詔曰：鍾鳴漏盡，洛陽城中不得有行者。夷世不可逢，賢君信愛才。郭象注曰〔一〕：世有夷險。左氏傳曰：魏犨傷於胷，公欲殺之，而愛其才。明慮自天斷，不受外嫌猜。李尤上林苑銘曰：顯宗備禮，明慮弘深。左氏傳，箴尹克黄曰：君，天也。杜預左氏傳注曰：猜，疑也。一言分珪爵，片善辭草萊。漢書，張竦奏曰：一言之勞，皆蒙丘山之賞。解嘲曰：析人之珪，擔人之爵。莊子曰：農夫無草萊之事則不比。豈伊白璧賜，將起黄金臺。史記曰：虞卿説趙孝成王，一見賜黄金百鎰，白璧一雙。王隱晉書曰：段匹磾討石勒，進屯故安縣故燕太子丹金臺。上谷郡圖經曰：黄金臺，易水東南十八里，燕昭王置千金於臺上，以延天下之士。二説既異，故具引之。今君有何疾，臨路獨遲迴。

文選考異

〔一〕注「郭象注曰」　茶陵本「象」下有「莊子」二字，是也。袁本亦脱。

升天行

家世宅關輔，勝帶宦王城〔一〕。關，關中也。漢書曰：右扶風、左馮翊、京兆尹，是爲三輔。東京賦曰：然後以建王城。備聞十帝事，委曲兩都情。十帝、兩都，俱謂漢也。論衡曰：漢家三百歲，十帝燿德。倦見物興衰，驟覩俗屯平。周易曰：屯，難也。翩翻類迴掌，恍惚似朝榮。迴掌，言疾也。孟子曰：武丁朝諸侯有天下，猶運掌也。潘岳朝菌賦曰：柰何兮繁華，朝榮兮夕斃。窮塗悔短計，晚志重長生。春秋合誠圖曰：黄帝請問太一長生之道，太一曰：齋戒六丁，道乃可成。從師入遠岳，結友事仙靈。莊子曰：從師不囿。郭象曰：任其自聚，非囿之也。楚辭曰：與赤松結友兮，比王喬而爲偶。五圖發金記，九籥隱丹經。抱朴子曰：余聞鄭君言道書之重，莫尚於三皇文五岳真形圖也。又曰：鄭君唯見授金丹之經。又曰：仙經九轉丹金液經，皆在崑崙五城之内，藏以玉函。尚書曰：啓籥見書。鄭玄易緯注曰：齊、魯之間名門户及藏器之管曰籥，以藏經而丹有九轉，故曰九籥也。風餐委松宿，雲卧恣天行。莊子曰：藐姑射之山，有神人居焉，不食五穀，吸風飲露，乘雲氣，御飛龍。冠霞登綵閣，解玉飲椒庭。郭璞遊仙詩曰：振髪戴翠霞，解褐禮絳霄。陸機雲賦曰：似長城曲蜿，綵閣相扶。椒庭，取其芬香也。洛神賦曰：踐椒塗之郁烈。**蹔遊越萬里，近别數千齡。**神仙傳，若士謂盧敖曰：吾一舉千萬里，吾猶未之能。馬明先生别傳曰：先生隨神士還代〔二〕，見安期先生語神女曰：昔與女郎遊于安息，憶此未久，已二千年矣。**鳳臺無還駕，簫管有遺聲。**列仙傳曰：簫史者，秦繆公時人也，善吹簫。繆公有女號弄玉，好之，公遂以妻之。遂教弄玉作鳳鳴。居數十年，吹似鳳聲，鳳皇來止其屋，爲作鳳臺，夫婦止其上，不下數年，一旦皆隨鳳皇飛去。故秦氏作鳳女詞〔三〕，有簫聲。阮籍詠懷詩曰：簫管有遺音，梁王安在哉？**何時與爾曹，啄腐共吞腥。**如淳漢書注曰：曹，輩也。孔安國尚書傳曰：腥，臭也。

文選考異

〔一〕勝帶宦王城　茶陵本云「宦」，五臣作「官」。袁本云「宦」善作「官」。案：二本所見互異，尤與茶陵同，是也。袁本蓋非。

〔二〕注「先生隨神士還代」　何校「士」改「女」，是也。各本皆譌。

〔三〕注「故秦氏作鳳女詞」　案：「詞」當作「祠」。各本皆譌。

鼓吹曲 五言 集云：奉隋王教，作古入朝曲。蔡邕曰：鼓吹歌，軍樂也，謂之短簫鐃歌，黄帝、岐伯所作也。

謝玄暉

江南佳麗地，金陵帝王州。爾雅曰：江南曰揚州。佳麗，已見上文。吴録曰：張紘言於孫權曰：秣陵，楚武王所置，名爲金陵。秦始皇時，望氣者云：金陵有王者氣，故斷連崗，改名秣陵也。曹植贈王粲詩曰：壯哉帝王居，佳麗殊百城。逶迆帶淥水，迢遞起朱樓。王逸楚辭注曰：逶迆，長貌也。吴都賦曰：亘以淥水。劉逵注曰：迢遞，遠望懸絶也。馮衍顯志賦曰：伏朱樓而四望，採三秀之華英。飛甍夾馳道，垂楊蔭御溝。吴都賦曰：飛甍舛互。漢書曰：太子不敢絶馳道。應劭曰：天子道也。洛陽記曰：天淵南有石溝，御溝水也。崔豹古今注曰：長安御溝謂之楊溝，植楊於其上。凝笳翼高蓋，疊鼓送華輈。徐引聲謂之凝。小雅曰：翼，送也。老子曰：駟馬高蓋。小擊鼓謂之疊。西京賦曰：龍輈華轙。獻納雲臺表，功名良可收。兩京賦序曰〔一〕：朝夕論思，日月獻納。范曄後漢書曰：肅宗詔賈逵入講尚書南宫雲臺。解嘲曰：藺先生收功於章臺。

文選考異

〔一〕注「兩京賦序曰」 案：「京」當作「都」。各本皆誤。

挽歌

譙周法訓曰：挽歌者，高帝召田横，至尸鄉自殺，從者不敢哭，而不勝哀，故爲此歌，以寄哀音焉。

挽歌詩　五言

繆熙伯　文章志曰：繆襲，字熙伯。魏志曰：襲，東海人，有才學，多所敍述，官至尚書光禄勳。

生時遊國都，死没弃中野。歸田賦曰：遊都邑以永久。周易曰：古之葬者，厚衣之以薪，葬之中野。朝發高堂上，暮宿黄泉下。論衡曰：親之生也，生之高堂之上〔一〕；其死也，葬之黄泉之下。服虔左氏傳注曰：天玄地黄，泉在地中，故言黄泉也。白日入虞淵，懸車息駟馬。淮南子曰：日出湯谷，至于悲泉，爰息其馬，是爲懸車，至于虞淵，是謂黄昏。造化雖神明，安能復存我？淮南子曰：丈夫恬然無爲，與造化逍遥。高誘曰：造化，天地生也。存〔二〕，已見上文。形容稍歇滅，齒髮行當墮。自古皆有然，誰能離此者。穆天子傳，七萃之士曰：自古有死生。

文選考異

〔一〕注「生之高堂之上」陳云「生」，「坐」誤，是也。各本皆譌。

〔二〕注「天地生也存」何校「生也」二字乙轉，陳同。各本皆倒。

挽歌詩三首 五言

陸士衡

卜擇考休貞，嘉命咸在茲。儀禮曰：筮若不從，筮擇如初儀。又曰：卜若不從，卜擇如初儀。鄭玄曰：擇地而筮之也。鄭玄毛詩箋云：考，稽也。鄭衆周禮注曰：大貞，大卦也。廣雅曰：命，名也。夙駕驚徒御，結轡頓重基。毛詩曰：星言夙駕。又曰：徒御不驚。春秋運斗樞曰：山者，地基也。龍幰被廣柳，前驅矯輕旗。禮記曰：飾棺，君龍帷，三池，振容，黼荒。鄭玄曰：荒，蒙也。在傍曰帷，在上曰荒，皆所以衣柳。然龍荒，畫龍於荒也。被，猶衣也。史記曰：周氏置季布於廣柳車中。劉熙釋名曰：輿棺之車，其蓋曰柳。晉灼漢書曰：柳，聚也，衆飾之所聚也。禮記曰：以死者爲不可別也，故以其旗識之。賀循葬禮曰：杠，今之旐也。古以緇布爲之。絳繒，題姓名而已，不爲畫飾。幰與荒同，古字通。殯宮何嘈嘈，哀響沸中闈。釋名曰：於西壁下塗之曰殯。儀禮曰：遂適殯宮。中闈且勿讙，聽我薤露詩〔一〕。崔豹古今注曰：薤露、蒿里〔二〕，並喪歌，出田横門人。横自殺，門人傷之，爲之悲歌，言人命如薤上之露易晞滅，亦謂人死魂精歸乎蒿里。故有二章，其一曰：薤上朝露何易晞，露晞明朝更復落，人死一去何時歸。其二章曰：蒿里誰家地，聚斂魂魄無賢愚，鬼伯一何相催促，人命不得少踟蹰。至李延年乃分二章爲二曲。薤露送王公貴人，蒿里送士大夫庶人，使挽柩者歌之，世亦呼爲挽歌也。

死生各異倫，祖載當有時。范曄後漢書曰：唐姬詩曰：死生各異兮從此乖。周禮曰：喪祝掌大喪，祖，飾棺，乃載。鄭玄曰：祖爲行始也，其序載而後飾。白虎通曰：祖者，始也，始載於庭，輴車辭祖禰，故名曰祖載也。白虎通與鄭説不同，故俱引之。舍爵兩楹位，啓殯進靈輴。儀禮曰：遷于祖，用輴，正柩於兩楹間，奠設如初。又曰：請啓期。鄭玄曰：請啓殯之期也。説文曰：輴，喪車也。禮記，孔子曰：予疇昔之夜，夢坐奠於兩楹之間。鄭玄曰：是夢坐奠於兩楹之間〔三〕而見饋食，言奠者以爲凶也。飲餞觴莫舉，出宿歸無期。毛詩曰：出宿于沛，飲餞于禰。帷衽曠遺影，棟宇與子辭。鄭玄禮記注曰：衽，卧席也。孔安國尚書傳曰：曠，空也。周

親咸奔湊，友朋自遠來。尚書，王曰：雖有周親，不如仁人。孔安國曰：周，至也。王逸楚辭注曰：湊，衆也。論語，子曰：友朋自遠方來〔四〕。翼翼飛輕軒，駸駸策素騏。毛詩曰：乘其四駱〔五〕，載驟駸駸。又曰：有騂有騏。毛萇曰：蒼白曰騏也。按轡遵長薄，送子長夜臺。漢書曰：天子按轡徐行。阮瑀七哀詩曰：冥冥九泉室，漫漫長夜臺。呼子子不聞，泣子子不知。歎息重櫬側，念我疇昔時。杜預左氏傳曰：櫬，棺也，楚鎮切。左氏傳，羊斟曰：疇昔之羊子爲政。三秋猶足收，萬世安可思？毛詩曰：一日不見，如三秋兮。殉没身易亡，救子非所能。臣瓚漢書注曰：亡身從物曰殉。殉，或爲殞。含言言哽

咽，揮涕涕流離。劉表與袁譚書曰：聞之哽咽，若存若亡。長門賦曰：涕流離而從橫。

重阜何崔嵬，玄廬竄其間。曹植曹喈誄曰：痛玄廬之虛廓。旁薄立四極，穹隆放蒼天。爾雅曰：東至於泰遠，西至於邠國，南至於濮鈆，北至於祝栗，謂之四極。太玄經曰：天穹隆而周乎下，地旁薄而向乎上，故天裹地。側聽陰溝涌，臥觀天井懸。古之葬者於壙中爲天象及江河。陰溝，江河也。天井，天象也。魯靈光殿賦曰：玄醴騰涌於陰溝。史記曰：始皇治酈山，以水銀爲江河，上具天文。天官星占曰：東井，一名天井。廣霄何寥廓，大暮安可晨？張奐遺令曰：地底冥冥，長無曉期。人往有反歲，我行無歸年。呂氏春秋曰：管仲有病，桓公往問之。對曰：今臣將有遠行，胡可以問之？高誘曰：行，謂即世也。昔居四民宅，今託萬鬼鄰。管子曰：士農工商四民者，國之正民也。海水經曰〔六〕：東海中有山焉，名度索，上有大桃樹，東北瘣枝，名曰鬼門，萬鬼所聚。昔爲七尺軀，今成灰與塵。淮南子曰：吾生也有七尺之形，吾死也有一棺之土。韓子曰：死者始而灰，已而土。李尤九曲歌曰：肥骨消滅隨塵去。金玉素所佩，鴻毛今不振。漢書，郊祀歌曰：曳珂錫〔七〕，佩珠玉。鄭玄喪服注曰：素，故也。鴻毛，喻輕也。燕丹子曰：死有輕於鴻毛。豐肌饗螻蟻，妍姿永夷泯。司馬相如美人賦曰：弱骨豐肌。莊子曰：莊子將死，弟子欲厚葬之。莊子曰：吾以天地爲棺。弟子曰：恐烏鳶之食夫子也。莊子曰：在上爲烏鳶食，在下爲螻蟻食，奪彼與此，何其偏也。廣雅曰：夷，滅也。爾雅曰：泯，盡也。壽堂延螭魅，虛無自相賓。楚辭曰：蹇將澹兮壽宮，與日月兮齊光。王逸曰：壽宮，供神之處也。左氏傳曰：王孫滿對楚子曰：螭魅魍魎，莫能逢之。杜預曰：螭，山神，獸形；魅，怪物也。周禮曰：五州爲鄉，使之相賓。鄭玄曰：賓，賓客其賢者也。螻蟻爾何怨，螭魅我何親。拊心痛荼毒，永歎莫爲陳。拊心，已見上文。毛詩曰：民之貪亂，寧爲荼毒。又曰：假寐求歎。

流離親友思〔八〕，惆悵神不泰。流離，已見上文。楚辭曰：惆悵兮而私自憐。素驂佇轜軒，玄駟騖飛蓋。哀鳴興殯宮，迴遲悲野外。殯宮，已見上文。魂輿寂無響，但見冠與帶。周遷輿服志曰：禮葬有魂車。儀禮曰：薦車直東榮。鄭玄曰：進車者，象生時將行陳駕，今時謂之魂車也。備物象平生，長旐誰爲旆？禮記曰：孔子爲明器者〔九〕，備物而不可用。周禮曰：大喪供銘旌。悲風徽行軌，傾雲結流藹。爾雅曰：徽，止也，或作鼓。軌，車也。結，猶積也。文字集略曰：靄，雲雨狀也。藹與靄古字同。振策指靈丘，駕言從此逝。秦嘉詩曰：振策陟長衢。曹植感節賦曰：豈吾鄉之足顧，戀祖宗之靈丘。毛詩曰：駕言出遊。

文選考異

〔一〕聽我薤露詩　案：「薤」當作「韰」，詳袁、茶陵二本所載。五臣銑注乃作「薤」，其善注中字盡作「韰」，是善「韰」、五臣「薤」，各本皆以五臣亂善也。尤本并改注字，非。見下。

〔二〕注「薤露蒿里」　袁本、茶陵本「薤」作「韰」，是也。案：此尤誤改。觀以下此字三見，仍皆作「韰」，改而未盡，明矣。

〔三〕注「是夢坐奠於兩楹之間」　案：「奠」字不當有。各本皆衍。

〔四〕注「友朋自遠方來」　茶陵本「友」作「有」，是也。袁本亦誤「友」。論語音義「有」或作「友」，非，可證。

〔五〕注「乘其四駱」　陳云「乘其」當作「駕彼」，是也。各本皆誤。

〔六〕注「海水經曰」　何校「水」改「東」，陳同。今案：各本皆作「水」，「水」疑「外」字形近之譌。但今山海經未見此文，無以決定也。

〔七〕注「曳珂錫」　茶陵本「珂」作「阿」，是也。袁本亦誤「珂」。

〔八〕流離親友思　袁本、茶陵本此一首在「重阜何崔嵬」一首之前。案：尤所見不同，以文義訂之，當倒在上。且此句與第一首末句相承接，尤非，二本是也。

〔九〕注「孔子爲明器者」　陳云「爲」上脱「謂」字，是也。各本皆脱。

挽歌詩　五言

陶淵明

荒草何茫茫，白楊亦蕭蕭。古詩曰：四顧何茫茫，東風摇百草。又曰：白楊何蕭蕭，松柏夾廣路。楚辭曰：風颯颯兮木蕭蕭。嚴霜九月中，送我出遠郊。楚辭曰：冬又申之以嚴霜。爾雅曰：邑外曰郊。四面無人居，高墳正嶕嶢。字林曰：嶕嶢，高貌也。馬爲仰天鳴，風爲自蕭條。蔡琰詩曰：馬爲立踟躕。漢書，息夫躬絶命辭曰：秋風爲我吟。幽室一已閉，千年不復朝。千年不復朝，賢達無奈何。向來相送人，各已歸其家。親戚或餘悲，佗人亦已歌。死去何所道，託體同山阿。

雜歌

歌　并序　七言

荆軻　史記曰：荆軻，衛人，其先齊人，徙於衛，衛人謂之慶卿。之燕，燕人謂之荆卿。荆卿好讀書擊劍〔一〕。

燕太子丹使荆軻刺秦王，丹祖送於易水上。崔寔四民月令曰：祖，道神，祀以求道路之福。荆軻歌，宋如意和之，曰：

高漸離擊筑，鄧展漢書注曰：筑音竹。應劭曰：狀似琴而大，頭安絃，以竹擊之，故名曰筑也。

風蕭蕭兮易水寒，壯士一去兮不復還！

文選考異

〔一〕注「荆軻」下至「荆卿好讀書擊劍」 袁本、茶陵本此三十二字作「荆軻者衛人也好讀書擊劍之燕」十三字。案：二本是也。此尤延之增多而誤。

歌 并序 七言

漢高祖

高祖還，過沛，留。置酒沛宮〔一〕，悉召故人父老子弟佐酒，應劭漢書注曰：助行酒也。發沛中兒得百二十人，教之歌。酒酣，應劭漢書注曰：酣，洽也。上擊筑自歌曰：

大風起兮雲飛揚，威加海内兮歸故鄉，安得猛士兮守四方！風起、雲飛，以喻羣兇競逐，而天下亂也。威加四海，言已静也。夫安不忘危，故思猛士以鎮之。

文選考異

〔一〕留置酒沛宮 袁本、茶陵本無「酒」字。案：二本非也。五臣銑注云：「沛，高祖之里，故以置宮。」是五臣本乃無「酒」字也，善不注。考史記、漢書皆有「酒」字，裴、顔及諸家皆無注，蓋置酒自不煩注耳。五臣去「酒」字，造此曲説，誤之甚者，尤所見爲是。一本失著校語，讀者易惑，附辨之如此。

扶風歌 五言　集云：扶風歌九首，然以兩韻爲一首，今此合之，蓋誤。

劉越石

朝發廣莫門，莫宿丹水山。晉宮閣名曰：洛陽城廣莫門，北向。漢書曰：高都縣莞谷，丹水所出也。莞音管。左手彎繁弱，右手揮龍淵。左氏傳，衛子魚曰：分魯公以封父之繁弱。杜預曰：封父，古諸侯也。繁弱，大弓名也。戰國策，蘇秦説韓曰：韓之劍戟，龍淵、太阿，皆陸斷馬牛，水擊鴻鴈。顧瞻望宮闕，俯仰御飛軒。鄭玄毛詩箋曰：迴首曰顧。據鞍長歎息，淚下如流泉。繫馬長松下，發鞍高岳頭。烈烈悲風起，泠泠澗水流。揮手長相謝，哽咽不能言。晉灼漢書注曰：以辭相告曰謝。哽咽，已見上文。浮雲爲我結，歸鳥爲我旋。漢書，息夫躬絶命辭曰：秋風爲我吟，浮雲爲我陰。去家日已遠，安知存與亡？古詩曰：相去日已遠。韋弘嗣秋風篇曰：辭親向長路，安知存與亡。慷慨窮林中，抱膝獨摧藏。琴操，王昭君歌曰：離宮絶曠身摧藏。麋鹿遊我前，猨猴戲我側。資糧既乏盡，薇蕨安可食？史記曰：伯夷、叔齊隱於首陽山，采薇而食之。攬轡命徒侶，吟嘯絶巖中。楚辭曰：攬騑轡而下節。李陵書曰：吟嘯成羣。君子道微矣，夫子故有窮。周易曰：君子道消。穀梁傳曰：叔姬歸于紀，其不言逆何也？逆之道微矣。論語曰：夫子在陳絶糧，子路愠見曰：君子亦有窮乎？子曰：君子固窮，小人窮斯濫矣。惟昔李騫期，寄在匈奴庭。忠信反獲罪，漢武不見明。李陵降匈奴，已見恨賦。周易曰：歸妹愆期，遲歸有時。王肅曰：愆，過也。騫與愆通也。我欲競此曲〔一〕，此曲悲且長。宋子侯歌曰：吾欲競此曲，此曲愁人腸。弃置勿重陳，重陳令心傷。魏文帝雜詩曰：弃置勿復陳。

文選考異

〔一〕我欲競此曲　陳云「競」疑「竟」誤，注同。案：所校是也。袁本云善作「競」。茶陵本云五臣作「竟」。各本所見皆非。「競」即「竟」傳寫誤，非善如此。

中山王孺子妾歌

五言　漢書曰：詔賜中山靖王噲〔一〕及孺子妾并〔二〕未央才人歌詩四篇。如淳曰：孺子，幼少稱也。孺子，宫人也。

陸韓卿

如姬寢卧内，班婕坐同車。史記，侯嬴謂魏公子毋忌曰：嬴聞晉鄙之兵符，常在魏王卧内，而如姬出入王卧内，力能竊之。漢書曰：成帝遊於後庭，常欲與班婕妤同輦載。洪波陪飲帳，林光宴秦餘。韓詩外傳曰：趙簡子與諸大夫飲於洪波之臺。西都賓曰：視往昔之遺館〔三〕，獲林光於秦餘。然秦餘漢帝所幸，洪波非魏王所遊，疑陸誤也。歲暮寒飇及，秋水落芙蕖。爾雅曰：荷，芙蕖也。郭璞曰：別名芙蓉也。子瑕矯後駕，安陵泣前魚。韓子曰：昔者彌子瑕有寵於衛君。衛國之法，竊駕君車者罪跀。彌子母病，人聞夜告彌子，彌子矯駕君車以出於門。君聞賢之曰：孝哉，爲母之故犯跀罪。跀，古刖字也。說文曰：矯，擅也。戰國策曰：魏王與龍陽君共船而釣，龍陽君釣得十餘魚而弃之，泣下。王曰：有所不安乎？對曰：無。王曰：然則何爲涕出？對曰：臣始得魚甚喜，後得益多而大，欲弃前之所得也。今以臣凶惡，而得拂枕席，今爵至人君，走人於庭，避人於塗。四海之内，其美人甚多矣，聞臣之得幸於王，畢褰裳而趍王，臣亦同曩者所得魚也，亦將弃矣，得無涕出乎！王乃布令曰：敢言美人者族。然泣魚是龍陽，非安陵，疑陸誤也。賤妾終已矣，君子定焉如！楚辭曰：已矣哉。王逸曰：已矣，絶望之辭也。思玄賦曰：繆天道其焉如。

文選考異

〔一〕注「詔賜中山靖王噲」　何校「王」下添「子」字，陳同。袁本亦脱。此所引藝文志文也。茶陵本并入五臣，更非。

〔二〕注「及孺子妾并」　陳云，「并」，「冰」誤，是也。各本皆誤。

〔三〕注「西都賓曰視往昔之遺館」　案：「視」當作「覗」。各本皆譌。又案：此是西京賦，必善誤記耳。此類多不具出。

文選卷第二十九

雜詩上

古詩一十九首 五言 並云古詩，蓋不知作者，或云枚乘，疑不能明也。詩云：驅馬上東門〔一〕。又云：遊戲宛與洛。此則辭兼東都，非盡是乘明矣。昭明以失其姓氏，故編在李陵之上。

行行重行行，與君生別離。楚辭曰：悲莫悲兮生別離。相去萬餘里，各在天一涯〔二〕。廣雅曰：涯，方也。道路阻且長，會面安可知？毛詩曰：遡洄從之，道阻且長。薛綜西京賦注曰：安，焉也。胡馬依北風，越鳥巢南枝。韓詩外傳曰：詩曰：代馬依北風，飛鳥棲故巢。皆不忘本之謂也。相去日已遠，衣帶日已緩。古樂府歌曰：離家日趍遠，衣帶日趍緩。浮雲蔽白日，遊子不顧反。浮雲之蔽白日，以喻邪佞之毁忠良。故遊子之行，不顧反也。文子曰：日月欲明，浮雲蓋之。陸賈新語曰：邪臣之蔽賢，猶浮雲之鄣日月。古楊柳行曰：讒邪害公正，浮雲蔽白日。義與此同也。鄭玄毛詩箋曰：顧，念也。思君令人老，歲月忽已晚。弃捐勿復道，努力加餐飯。

青青河畔草，鬱鬱園中柳。鬱鬱，茂盛也。盈盈樓上女，皎皎當窗牖。草生河畔，柳茂園中，以喻美人當窗牖也。廣雅曰：嬴，容也。盈與嬴同，古字通。娥娥紅粉粧，纖纖出素手。方言曰：秦、晉之間，美貌謂之娥。韓詩曰：纖纖女手，可以縫裳。薛君曰：纖纖，女手之貌。毛萇曰：摻摻，猶纖纖也。昔爲倡家女，今爲蕩子婦。史記曰：趙王遷，母倡也。説文曰：倡，樂也。謂作妓者。蕩子行不歸，空牀難獨守。列子曰：有人去鄉土遊於四方而不歸者，世謂之爲狂蕩之人也。

青青陵上栢，磊磊磵中石。言長存也。莊子，仲尼曰：受命於地，唯松柏獨也，在冬夏常青青。楚詞曰：石磊磊兮葛蔓蔓。字林曰：磊磊，衆石也。人生天地間，忽如遠行客。言異松石也。尸子，老萊子曰：人生於天地之間，寄也。寄者固歸。列子曰：死人爲歸人，則生人爲行人矣。韓詩外傳曰：枯魚銜索，幾何不蠹？二親之壽，忽如過客。斗酒相娛樂，聊厚不爲薄。鄭玄毛詩箋曰：聊，粗略之辭也。驅車策駑馬，遊戲宛與洛。廣雅曰：駑，駘也，謂馬遲鈍者也。漢書，南陽郡有宛縣。洛，東都也。洛中何鬱鬱，冠帶自相索。春秋説題辭曰：齊俗，冠帶以禮相提。賈逵國語注曰：索，求也。長衢羅夾巷，王侯多第宅。魏王奏事曰：出不由里，門面大道者名曰第。兩宮遥相望，雙闕百餘尺。蔡質漢官典職曰：南宮北宮，相去七里。極宴娛心意，戚戚何所迫。楚辭曰：居戚戚而不可解。今日良宴會，歡樂難具陳。毛萇詩傳曰：良，善也。陳，猶説也。彈箏奮逸響，新聲妙入神。劉向雅琴賦曰：窮音之至入於神。令德唱高言，識曲聽其真。左氏傳，宋昭公曰：光昭先君之令德。莊子曰：是以高言不止於衆人之口。廣雅曰：高，上也，謂辭之美者。真，猶正也。齊心同所願，含意俱未申。所願，謂富貴也。人生寄一世，奄忽若飈塵。人生若寄，已見上注。方言曰：奄，遽也。爾雅曰：飄飄謂之猋〔三〕。爾雅，或爲此飈。何不策高足，先據要路津。高，上也，亦謂逸足也。無爲守窮賤，轗軻長苦辛。楚辭曰：年既過太半，然輡軻不遇也〔四〕。轗與輡同，苦闇切。軻，苦賀切。

西北有高樓，上與浮雲齊。此篇明高才之人，仕宦未達，知人者稀也。西北，乾位，君之居也。交疏結綺牕，阿閣三重階。薛綜西京賦注曰：疏，刻穿之也。説文曰：綺，文繒也。此刻鏤以象之。尚書中候曰：昔黄帝軒轅，鳳皇巢阿閣。周書曰：明堂咸有四阿，然則閣有四阿，謂之阿閣。鄭玄周禮注曰：四阿，若今四注者也。薛綜西京賦注曰：殿前三階也。上有絃歌聲，音響一何悲！論語曰：子游爲武城宰，聞絃歌之聲。説苑，應侯曰：今日之琴，一何悲也？誰能爲此曲？無乃杞梁妻。琴操曰：杞梁妻嘆者，齊邑杞梁殖之妻所作也。殖死，妻嘆曰：上則無父，中則無夫，下則無子，將何以立吾節，亦死而已。援琴而鼓之，曲終，遂自投淄水而死。清商隨風發，中曲正徘徊。宋玉長笛賦曰〔五〕：吟清商，追流徵。一彈再三歎，慷慨有餘哀。説文曰：歎，太息也。又曰：慷慨，壯士不得志於心也。不惜歌者苦，但傷知音稀。賈逵國語注曰：

惜，痛也。孔安國論語注曰：稀，少也。願爲雙鳴鶴，奮翅起高飛！楚辭曰：將奮翼兮高飛。廣雅曰：高，遠也。

涉江采芙蓉，蘭澤多芳草。采之欲遺誰？所思在遠道。楚辭曰：折芳馨兮遺所思。還顧望舊鄉，長路漫浩浩。鄭玄毛詩箋曰：回首曰顧。同心而離居，憂傷以終老。周易曰：二人同心。楚辭曰：將以遺兮離居。毛詩曰：假寐永歎，維憂用老。

明月皎夜光，促織鳴東壁。春秋考異郵曰：立秋趣織鳴。宋均曰：趣織，蟋蟀也。立秋女功急，故趣之。禮記曰：季夏，蟋蟀在壁。玉衡指孟冬，衆星何歷歷。春秋運斗樞曰：北斗七星，第五曰玉衡。淮南子曰：孟秋之月，招搖指申。然上云促織，下云秋蟬，明是漢之孟冬，非夏之孟冬矣。漢書曰：高祖十月至霸上，故以十月爲歲首。漢之孟冬，今之七月矣。白露沾野草，時節忽復易。禮記曰：孟秋之月，白露降。列子曰：寒暑易節。秋蟬鳴樹間，玄鳥逝安適。禮記曰：孟秋，寒蟬鳴。又曰：仲秋之月，玄鳥歸。鄭玄曰：玄鳥，鷰也。謂去蟄也。呂氏春秋曰：國危甚矣，若將安適？高誘曰：適，之也。復云秋蟬、玄鳥者，此明實候，故以夏正言之。昔我同門友，高舉振六翮。論語曰：有朋自遠方來，不亦樂乎？鄭玄曰：同門曰朋。韓詩外傳，蓋桑曰：夫鴻鶴一舉千里，所恃者六翮耳。不念攜手好，棄我如遺跡。毛詩曰：惠而好我，攜手同車。國語，楚鬭且語其弟曰：靈王不顧於民，一國棄之，如遺跡焉。南箕北有斗，牽牛不負軛。言有名而無實也。毛詩曰：維南有箕，不可以簸揚；維北有斗，不可以挹酒漿。睆彼牽牛，不以服箱。良無盤石固，虛名復何益？

良，信也。聲類曰：盤，大石也。

冉冉孤生竹，結根泰山阿。竹結根於山阿，喻婦人託身於君子也。風賦曰：緣太山之阿。與君爲新婚，兔絲附女蘿。毛萇詩傳曰：女蘿，松蘿也。毛詩草木疏曰：今松蘿蔓松而生，而枝正青；兔絲草蔓聯草上，黄赤如金，與松蘿殊異。此古今方俗，名草不同。然是異草，故曰附也。兔絲生有時，夫婦會有宜。蒼頡篇曰：宜得其所也。千里遠結婚，悠悠隔山陂。説文曰：陂，阪也。思君令人老，軒車來何遲？傷彼蕙蘭花，含英揚光輝。過時而不采，將隨秋草萎。楚辭曰：秋草榮其將實，微霜下而夜殞。君亮執高節，賤妾亦何爲！爾雅曰：亮，信也。

庭中有奇樹，緑葉發華滋。蔡質漢官典職曰：宫中種嘉木奇樹。攀條折其榮，將以遺所思。遺所思，已見上文。馨香盈懷袖，路遠莫致之。王逸楚辭注曰：在衣曰懷。毛詩曰：豈不爾思，遠莫致之。説文曰：致，送詣也。此物何足貢，但感别經時。賈逵國語注曰：貢，獻也。物或爲榮，貢或作貴。

迢迢牽牛星，皎皎河漢女。牽牛，已見上文。毛詩曰：維天有漢，監亦有光。跂彼織女，終日七襄。雖則七襄，不成報章。毛萇曰：河漢，天河也。纖纖擢素手，札札弄機杼。纖纖，已見上文。終日不成章，泣涕零如雨。不成章，已見上句注。毛詩曰：瞻望弗及，泣涕如雨。河漢清且淺，相去復幾許。盈盈一水間，脈脈不得語。爾雅曰：脈，相視也〔六〕。郭璞曰：脈脈，謂相視貌也。

迴車駕言邁，悠悠涉長道。毛詩曰：駕言出遊。又曰：悠悠南行，順彼長道〔七〕。四顧何茫茫，東風摇百草。莊子曰：方將四顧。王逸楚辭注曰：茫茫，草木彌遠，容貌盛也。所遇無故物，焉得不速老？盛衰各有時，立身苦不早。人生非金石，豈能長壽考？韓子曰：雖與金石相弊，兼天下，未有日也。奄忽隨物化，榮名以爲寶。化，謂變化而死也。不忍斥言其死，故言隨物而化也。莊子曰：聖人之生也天行，其死也物化。

東城高且長，逶迤自相屬。城高且長，故登之以望也。王逸楚辭注曰：逶迤，長貌也。迴風動地起，秋草萋已緑。四時更變化，歲暮一何速？周易曰：四時變化而能久成。毛詩曰：歲聿云暮。尸子曰：人生也亦少矣，而歲往之亦速矣。晨風懷苦心，蟋蟀傷局促。毛詩曰：鴥彼晨風，鬱彼北林。未見君子，憂心欽欽。蒼頡篇曰：懷，抱也。毛詩序曰：蟋蟀，刺晉僖公儉不中禮。漢書，景帝曰〔八〕：局促效轅下駒。蕩滌放情志，何爲自結束。燕趙多佳人，美者顔如玉。燕、趙，二國名也。楚辭曰：聞佳人兮召予。神女賦曰：苞温潤之玉顔。被服羅裳衣，當户理清曲。如淳漢書注曰：今樂家五日一習樂，爲理樂也。音響一何悲，絃急知柱促。馳情整中帶，沈吟聊躑躅。中帶，中衣帶。整帶將欲從之。毛萇詩傳曰：丹朱中衣。説文，躑躅，住足也。躑躅與蹢躅同。思爲雙飛鷰，銜泥巢君屋。

驅車上東門，遥望郭北墓。上東門，已見阮籍詠懷詩。應劭風俗通曰：葬於郭北。北首，求諸幽之道也。白楊何蕭蕭，松柏夾廣路。白虎通曰：庶人無墳，樹以楊柳。楚辭曰：風颯颯兮木蕭蕭。仲長子昌言曰：古之葬者，松柏梧桐，以識其墳也。下有陳死人，杳杳即長暮。莊子曰：人而無人道，是之謂陳人也。

郭象曰：陳，久也。楚辭曰：去白日之昭昭，襲長夜之悠悠。潛寐黃泉下，千載永不寤。服虔左氏傳注曰：天玄地黃，泉在地中，故言黃泉。浩浩陰陽移，年命如朝露。神農本草曰：春夏爲陽，秋冬爲陰。莊子曰：陰陽四時運行。漢書，李陵謂蘇武曰：人生如朝露。人生忽如寄，壽無金石固。如寄，已見上文。萬歲更相送，聖賢莫能度。服食求神仙，多爲藥所誤。不如飲美酒，被服紈與素。范子曰：白紈素出齊〔九〕。

去者日以疎，生者日以親。呂氏春秋曰：死者彌久，生者彌疎。出郭門直視，但見丘與墳。白虎通曰：葬於城郭外何？死生異別，終始異居。古墓犁爲田，松柏摧爲薪。白楊多悲風，蕭蕭愁殺人。楚辭曰：哀江介之悲風。又曰：秋風兮蕭蕭。思還故里閭，欲歸道無因。

生年不滿百，常懷千歲憂。孫卿子曰：人生無百歲之壽，而有千歲之信士，何也？曰：以夫千歲之法自持者，是乃千歲之信士矣。晝短苦夜長，何不秉燭遊？爲樂當及時，何能待來茲。呂氏春秋曰：今茲美禾，來茲美麥。高誘曰：茲，年。愚者愛惜費，但爲後世嗤。說文曰：嗤，笑也。仙人王子喬〔一〇〕，難可與等期。列仙傳曰：王子喬者，太子晉也，道人浮丘公接以上嵩高山。

凛凛歲云暮，螻蛄夕鳴悲。說文曰：凛，寒也。歲暮，已見上注。方言曰：南楚或謂螻蛄爲螻。廣雅曰：螻，螻蛄也。螻，力侯切。蛄，鼓胡切。涼風率已厲，遊子寒無衣。禮記曰：孟秋之月涼風至。杜預左氏傳注曰：厲，猛也。毛詩曰：無衣無褐，何以卒歲？錦衾遺洛浦，同袍與我違。毛詩曰：角枕粲兮，錦衾爛兮。又曰：豈曰無衣，與子同袍。獨宿累長夜，夢想見容輝。良人惟古懽，枉駕惠前綏。良人念昔之懽愛，故枉駕而迎己。惠以前綏，欲令升車也。故下云攜手同車。孟子曰：齊人一妻一妾而處室者，其良人出，必厭酒肉。劉熙曰：婦人稱夫曰良人。禮記曰：壻出，御婦車，而壻授綏，御輪三周。願得常巧笑，攜手同車歸。毛詩曰：巧笑倩兮，攜手同歸，見上注。既來不須臾，又不處重闈。楚辭曰：何須臾而忘反。亮無晨風翼，焉能凌風飛？爾雅曰：晨風，鸇也。莊子曰：鵠凌風而起。眄睞以適意，引領遥相睎〔一一〕。徙倚懷感傷，垂涕沾雙扉。

孟冬寒氣至，北風何慘慄？毛詩曰：二之日栗冽。毛萇曰：栗冽，寒氣也。愁多知夜長，仰觀衆星列。三五明月滿，四五詹兔缺〔一二〕。禮記曰：地秉陰竅於山川，播五行於四時，和而后月生也，是以三五而盈，三五而闕。春秋元命苞曰：月之爲言闕也。兩説以詹諸與兔。然詹與占同，古字通。客從遠方來，遺我一書札。説文曰：札，牒也。上言長相思，下言久離别。置書懷袖中，三歲字不滅。韓詩外傳曰：趙簡子少子名無恤，簡子自爲書牘使誦之。居三年，簡子坐青臺之上，問書所在，無恤出其書於左袂，令誦習焉。一心抱區區，懼君不識察。李陵與蘇武書曰：區區之心，竊慕此爾。廣雅曰：區區，愛也。

客從遠方來，遺我一端綺。綺，已見上文。相去萬餘里，故人心尚爾。鄭玄毛詩箋曰：尚，猶也。字書曰：爾，詞之終耳〔一三〕。文綵雙鴛鴦，裁爲合懽被。著以長相思，緣以結不解。鄭玄儀禮注曰：著，謂充之以絮也。著，張慮切。鄭玄禮記注曰：緣，飾邊也。緣，以絹反。以膠投漆中，誰能别離此？韓詩外傳，子夏曰：實之與實，如膠與漆，君子不可不留意也。

明月何皎皎，照我羅床幃。毛詩曰：月出皎兮。憂愁不能寐，攬衣起徘徊。毛詩曰：耿耿不寐。客行雖云樂，不如早旋歸。毛詩曰：言旋言歸。出户獨彷徨，愁思當告誰？毛詩序曰：彷徨不忍去。引領還入房，淚下沾裳衣。引領，已見上文。

文選考異

〔一〕注「驅馬上東門」　案：「馬」當作「車」。各本皆誤。

〔二〕各在天一涯　袁本、茶陵本有校語云善作「一天涯」。案：此所見不同。李陵詩云「各在天一隅」，蘇武詩云「各在天一方」，句例相似。恐「一天」誤倒，或尤校改正之也。

〔三〕注「飄飄謂之猋」　案：「飄」當作「飆」。各本皆譌。「飆飄」即「扶摇」字，釋文可證。

〔四〕注「然軺軻不遇也」　案：「軻」下當有「而留滯王逸曰軺軻」八字，此所引七諫文。又案上句「年既已過太半兮」，「已」字亦當有。各本皆誤脱，不可讀，今訂正之。

〔五〕注「宋玉長笛賦曰」　案：「長」字不當有。各本皆衍。

〔六〕注「脈相視也」　案：「視」字不當有。各本皆衍。此釋詁文，「脈」即「覛」，釋文可證。魯靈光殿賦注引「脈，相視也」，亦衍。「脈」、「覛」同字也。

〔七〕注「順彼長道」　案：「順」上當有「又曰」二字。各本皆脱。

〔八〕注「漢書景帝曰」　陳云「景」，「武」誤，是也。各本皆誤。

〔九〕注「白紈素出齊」　案：「白」字不當有。各本皆衍。前怨歌行注引無。

〔一〇〕仙人王子喬　袁本、茶陵本有校語云「仙」，善作「小」。案：此所見不同，「小」字當傳寫誤，「仙」字爲是，或尤校改正之。

〔一一〕眄睞以適意引領遥相睎　袁本有校語云善無此二句。茶陵本有而無校語。案：此尤與茶陵合，與袁不合，亦即所見不同也。但依文義恐不當有。

〔一二〕四五詹兔缺　案：「詹」當作「占」。注云「然詹與占同，古字通」。善意謂元命苞之「詹」與此詩之「占」同，而古字通也。其作「占」明甚。後七命注所引，正是「占」字。各本所見善作「詹」，皆誤用元命苞「詹」改正文「占」，而注語不可通。重刻茶陵又并改注「占」爲「蟾」，而善之「占」字幾亡矣。幸袁、尤二本注不誤，得以考正。又「詹諸」字説文及淮南子説林訓皆如此，與元命苞正同。五臣乃必改爲「蟾」字，甚矣其不通乎古也。

〔一三〕注「爾詞之終耳」　袁本、茶陵本「耳」作「也」。案：各本衍「之終」二字。後和王主簿怨情詩「故人心尚爾」句注引作「爾詞也」可證。

與蘇武三首 五言

李少卿 漢書曰：李陵，字少卿，少時爲侍中建章監。善射，愛人。降匈奴，爲右校王，病死。

良時不再至，離別往須臾。論語摘輔像讖曰：時不再及。宋均曰：及，亦至也。須臾，已見上文。屏營衢路側，執手野踟躕。國語，申胥曰：昔楚靈王獨行屏營。毛詩曰：執子之手。又曰：搔首踟躕。仰視浮雲馳，奄忽互相踰。風波一失所，各在天一隅。言浮雲之馳，奄忽相踰，飄颻不定。逮乎因風波蕩，各在天之一隅。以喻人之客遊，飛薄亦爾。長當從此別，且復立斯須。禮記，君子曰：禮樂不可斯須去身。鄭玄曰：斯須，猶須臾也。欲因晨風發，送子以賤軀。晨風，早風。言欲因風發而已乘之以送子也。楚辭曰：乘回風兮遠遊。

嘉會難再遇，三載爲千秋。琴操曰：鄒虞者，邵國之女所作也。古者役不踰時，不失嘉會。臨河濯長纓，念子悵悠悠。夫冠纓，仕子之所服，濯之以遠遊。今因遠遊而感逝川，故增別念也。遠望悲風至，對酒不能酬。行人懷往路，何以慰我愁？毛萇詩傳曰：懷，思也。獨有盈觴酒，與子結綢繆。毛詩曰：綢繆束薪。毛萇曰：綢繆，纏綿之貌也。

攜手上河梁，遊子暮何之？楚辭曰：浮雲兮容與，導予兮何之也。徘徊蹊路側，悢悢不得辭〔一〕。廣雅曰：悢悢，恨也。行人難久留，各言長相思。安知非日月，弦望自有時。劉熙釋名曰：弦，月半之名也。其形一旁曲，一旁直，若張弓弛弦也〔二〕。望，月滿之名也。月大十六日，月小十五日，日在東，月在西，遥相望也。努力崇明德，皓首以爲期。周易曰：利用安身，以崇德也。毛萇詩傳曰：崇，終也。尚書曰：先王既勤用明德。聲類曰：顥，白首貌也。皓與顥古字通。

文選考異

〔一〕恨恨不得辭　袁本、茶陵本「得」作「能」。案：此蓋所見不同，或善與五臣之異，今無以考之。

〔二〕注「若張弓弛弦也」　案：「弛」當作「施」。各本皆誤。

詩四首　五言

蘇子卿

漢書曰：蘇武，字子卿，爲栘中監。使匈奴十九年，歸拜爲典屬國，病卒。

骨肉緣枝葉，結交亦相因。骨肉，謂兄弟也。漢書，帝謂燕王旦曰：今王骨肉至親。古詩曰：結交莫羞貧。四海皆兄弟，誰爲行路人？論語，子夏謂司馬牛曰：四海之内，皆爲兄弟。君子何患乎無兄弟？家語曰：子游見行路之人，云魯司鐸火也。況我連枝樹，與子同一身。昔爲鴛與鴦，今爲參與辰。毛詩曰：鴛鴦于飛，畢之羅之。鄭玄曰：言其止則相偶，飛則爲雙。尚書大傳曰：書之論事，離離若參辰之錯行。法言曰：吾不睹參辰之相比也。宋衷曰：辰，龍星也。參，虎星也。我不見龍虎俱見。昔者常相近，邈若胡與秦。淮南子曰：肝膽胡、越。許慎曰：胡在北方，越居南方。然胡、秦之義，猶胡、越也。惟念當離别，恩情日以新。鹿鳴思野草，可以喻嘉賓。毛詩曰：呦呦鹿鳴，食野之苹。我有嘉賓，鼓瑟吹笙。我有一罇酒，欲以贈遠人。願子留斟酌，敍此平生親。

黄鵠一遠别，千里顧徘徊。韓詩外傳曰：田饒謂魯哀公曰：夫黄鵠一舉千里。胡馬失其羣，思心常依依。胡馬，已見上文。依依，思戀之貌也。何況雙飛龍，羽翼臨當乖。雙龍，喻己及朋友也。幸有絃歌曲，可以喻中懷。請爲遊子吟，泠泠一何悲！琴操曰：楚引者，楚游子龍丘高出游三年，思歸故鄉，望楚而長歎，故曰楚引。蒼頡篇曰：吟，嘆也。絲竹厲清聲，慷慨有餘哀。禮記曰：絲竹，樂之器也。王逸楚辭注曰：厲，烈也。謂清烈也。古詩曰：慷慨有餘哀。長歌正激烈，中心愴以摧。欲展清商曲，念子不能歸。清商，已見上文。俛仰内傷心，淚下不可揮。爾雅曰：揮，竭也。郭璞曰：揮，振，去水亦爲竭。莊子曰：俛仰之間。家語曰：公文伯卒〔一〕，敬姜曰：二三子無揮涕也。願爲雙黄鵠，送子俱遠飛。

結髮爲夫妻，恩愛兩不疑。結髮，始成人也。謂男年二十，女年十五時取笄冠爲義也。漢書，李廣曰：結髮而與匈奴戰也。歡娱在今夕，嬿婉及良時。孟子曰：霸者之人，歡娱如也。毛詩曰：今夕何夕。又曰：嬿婉之求。征夫懷往路，起視夜何其？毛詩曰：駪駪征夫。又曰：夜如何其，夜未央。毛萇曰：其，辭也。參辰皆已没，去去從此辭。參辰已没，言將曉也。行役在戰場，相見未有期。毛詩曰：嗟余子行役。戰國策曰：綴甲勵兵，効勝於戰場。握手一長歎，淚爲生别滋。史記，繆賢曰：燕王私握臣手。生别，已見上文。努力愛春華，莫忘歡樂時。春華，喻少時也。生當復來歸，死當長相思。

燭燭晨明月，馥馥我蘭芳。蒼頡篇曰：燭，照也。韓詩曰：馥芬孝祀。薛君曰：馥，香貌也。芬馨良夜發，隨風聞我堂。秋月既明，秋蘭又馥，遊子感時，彌增戀本也。征夫懷遠路，遊子戀故鄉。漢書，高祖曰：遊子悲故鄉。寒冬十二月，晨起踐嚴霜。漢書，武帝太初元年，改從夏正，此或改正之後也。楚辭曰：冬又申之以嚴霜。俯觀江漢流，仰視浮雲翔。良友遠離别，各在天一方。江、漢流不息，浮雲去靡依。以喻良友各在一方，播遷而無所托。楚辭曰：仰浮雲而永歎。山海隔中州，相去悠且長。楚辭曰：蹇誰留兮中州。嘉會難兩遇，懽樂殊未央。嘉會，已見上文。願君崇令德，隨時愛景光。令德，已見上文。景光，即光景也。楚辭曰：借光景以往來。

文選考異

〔一〕注「公文伯卒」　茶陵本「公」下有「父」字，是也。袁本亦脱。

四愁詩四首 并序

張平子

張衡不樂久處機密，陽嘉中，出爲河間相。時國王驕奢，不遵法度，范曄後漢書順帝紀曰：改元嘉七年〔一〕爲陽嘉元年，改陽嘉五年爲永和元年。又曰：順帝初，衡復爲太史令。陽嘉元年，造候風地動儀。永和初，出爲河間相。而此云陽嘉中，誤也。范曄後漢書曰：和帝申貴人生河間孝王開，立四十二年，順帝永建六年薨。子惠王政嗣，傲很不奉法憲。然考其年月，此是惠王也。又多豪右并兼之家。漢書曰：魏郡豪右李竟〔二〕。文類曰〔三〕：有權勢豪右大家也。漢書曰：禁兼并之塗。李奇曰：謂大家役小民，富者兼役貧民也。衡下車，治威嚴，能內察屬縣，漢書曰：班伯爲定襄太守，其下車作威，吏民竦息。姦滑行巧劫，皆密知名，下吏收捕，盡服擒。諸豪俠遊客，悉惶懼逃出境。郡中大治，争訟息，獄無繫囚。時天下漸獘，鬱鬱不得志，楚辭曰：心鬱鬱之憂思，獨永歎而增傷。鄭玄考工記注曰：鬱，不舒散也。爲四愁詩。屈原以美人爲君子〔四〕，以珍寶爲仁義，以水深雪雰爲小人。思以道術相報，貽於時君，而懼讒邪不得以通。其辭曰：

一思曰：我所思兮在太山，欲往從之梁父艱。言王者有德，功成則東封泰山，故思之。太山以喻時君，梁父以喻小人也。漢書曰：有太山郡〔五〕。又武帝登封太山之梁父。音義曰：梁父，太山下小山也。側身東望涕霑翰。楚辭曰：願側身而無所。韋昭漢書注曰：翰，筆也。美人贈我金錯刀，何以報之英瓊瑶！漢書曰：王莽鑄大錢，又造錯刀，以金錯其文。續漢書曰：佩刀，諸侯王黄金錯鐶。謝承後漢書曰：詔賜應奉金錯把刀。毛詩曰：投我以木桃，報之以瓊瑶。又曰：尚之以瓊英乎而。路遠莫致倚逍遥，何爲懷憂心煩勞？古詩曰：路遠莫致之。

二思曰：我所思兮在桂林，欲往從之湘水深。漢書曰：鬱林郡，故秦桂林郡。海南經曰：桂林八樹在番禺東。又曰：湘水出零陵。舜死蒼梧，葬九疑，故思明君。側身南望涕沾襟。楚辭曰：泣歔欷而沾襟。美人贈我金琅玕，何以報之雙玉盤！尚書禹貢曰：厥貢惟球琳琅玕。古詩曰：委身玉盤中，歷年冀見食。應劭漢官儀曰：封禪壇有白玉盤。路遠莫致倚惆悵，何爲懷憂心煩傷？楚辭曰：惆悵兮而私自憐。

三思曰：我所思兮在漢陽，欲往從之隴阪長。漢書曰：天水郡〔六〕，明帝改曰漢陽。應劭曰：天水有大坂，名曰隴阪。秦州記曰：隴坂九曲，不知高幾里。側身西望涕沾裳。古長歌行曰：泣涕忽沾裳。美人贈我貂襜褕，何以報之明月珠！蔡雍獨斷曰：侍中中常侍加貂蟬。説文曰：直裾謂之襜褕。淮南子曰：隨侯之珠。高誘曰：明月珠也。路遠莫致倚踟躕，何爲懷憂心煩紆？楚辭曰：志紆鬱其難釋。王逸曰：紆，屈也。

四思曰：我所思兮在鴈門，欲往從之雪紛紛。漢書有鴈門郡，楚辭曰：雪紛紛而薄木。側身北望涕沾巾。説文曰：佩巾也〔七〕。美人贈我錦繡段，何以報之青玉案！錦繡，有五采成文章。玉案，君所凴倚。喻大臣亦爲天子所恃。禮記曰：春服青玉。楚漢春秋，淮陰侯曰：臣去項歸漢，漢王賜臣玉案之食。路遠莫致倚增歎，何爲懷憂心煩惋？楚辭曰：吒增歎兮如雷。

文選考異

〔一〕注「改元嘉七年」　茶陵本「元嘉」作「永建」，是也。袁本亦誤「元嘉」。

〔二〕注「魏郡豪右李竟」　案：「右」字不當有。各本皆衍。此所引宣帝紀文，又見於霍光傳，俱無「右」字。善意取文穎之注以解「豪右」自在下，不知者誤并添此。

〔三〕注「文類曰」　袁本「類」作「穎」，是也。茶陵本亦誤「類」。

〔四〕屈原以美人爲君子　何校「屈」上添「依」字。茶陵本云五臣有「依」字。袁本云善無「依」字。案：各本所見，蓋傳寫脱耳。何云五臣有「依」字，就校語而云然。

〔五〕注「漢書曰有太山郡」　案：「曰」字不當有。各本皆衍。

〔六〕注「漢書曰天水郡」　何校「漢」上添「續」字，是也。各本皆脱。

〔七〕注「説文曰佩巾也」　陳云「曰」下脱「巾」字，是也。各本皆脱。

雜詩　五言　雜者，不拘流例，遇物即言，故云雜也。

王仲宣

日暮遊西園，冀寫憂思情。曲池揚素波，列樹敷丹榮。楚辭曰：坐堂伏檻臨曲池。列女傳，津吏女歌曰：水揚波兮杳冥冥。上有特棲鳥，懷春向我鳴。毛詩曰：有女懷春。褰衽欲從之，路嶮不得征。說文曰：衽，衣衿也。衿音今。徘徊不能去，佇立望爾形。毛詩曰：瞻望弗及，佇立以泣。風飈揚塵起，白日忽已冥。鄭玄毛詩箋曰：冥，夜也。迴身入空房，託夢通精誠。幽通賦曰：精誠發於宵寐。人欲天不違，何懼不合并？尚書，王曰：人之所欲，天必從之。

雜詩　五言

劉公幹

職事相填委，文墨紛消散。漢書，功臣皆曰：蕭何徒恃文墨，顧居臣上。馳翰未暇食，日昃不知晏。翰墨，已見上。尚書曰：自朝至于日昃，不遑暇食。沈迷簿領書，回回自昏亂。簿領，謂文簿而記録之。史記曰：問上林尉諸禽獸簿。司馬彪莊子注曰：領，録也。楚辭曰：腸回回兮盤紆。釋此出西城，登高且遊觀。方塘含白水，中有鳧與鴈。楚辭曰：乘白水而高鶩。毛詩曰：弋鳧與鴈。安得肅肅羽？從爾浮波瀾。毛詩曰：鴻鴈于飛，肅肅其羽。

雜詩二首 五言 集云：枹中作。下篇云：於黎陽作。

魏文帝

漫漫秋夜長，烈烈北風涼。楚辭曰：終長夜之曼曼。毛詩曰：冬日烈烈。又曰：北風其涼。展轉不能寐，披衣起彷徨。毛詩曰，展轉不寐。彷徨，已見上文。彷徨忽已久，白露沾我裳。白露，已見上文。說苑曰：孺子不覺露之沾裳。俯視清水波，仰看明月光。天漢迴西流，三五正從横。河圖括地象曰：河精上爲天漢。毛詩曰：嘒彼小星，三五在東。毛萇曰：三心五噣，四時更見也。草蟲鳴何悲，孤鴈獨南翔。毛詩曰：喓喓草蟲，趯趯阜螽。毛萇曰：草蟲，常羊也。楚辭曰：鴈雍雍而南遊。鬱鬱多悲思，緜緜思故鄉。古詩曰：緜緜思遠道。願飛安得翼，欲濟河無梁。葛龔與梁相張府君牋曰：悠悠夢想，願飛無翼。楚辭曰：江河廣而無梁。向風長歎息，斷絶我中腸。楚辭曰：向長風而舒情。

西北有浮雲，亭亭如車蓋。亭亭，迴遠無依之貌也。易通卦驗曰：太陽雲出，張如車蓋。惜哉時不遇，適與飄風會。何休公羊傳注曰：適，遇也。吹我東南行，南行至吴會〔一〕。當時實至廣陵，未至吴會。今言至者，據已入其地也。吴會非我鄉，安能久留滯？楚辭曰：然軩軻而留滯。棄置勿復陳，客子常畏人。

文選考異

〔二〕南行至吳會　袁本、茶陵本「南」作「行」，云善作「南」。案：上句言東南行，則下不得單言南行，甚明。各本所見，皆傳寫誤也。非善如此。

朔風詩　四言

曹子建

仰彼朔風，用懷魏都。願騁代馬，倏忽北徂。代馬，已見上文。凱風永至，思彼蠻方。毛萇詩傳曰：南風謂之凱風。禮記曰：南方曰蠻。毛詩曰：用逷蠻方。願隨越鳥，飜飛南翔。古詩曰：越鳥巢南枝。四氣代謝，懸景運周。爾雅曰：四氣和謂之玉燭。淮南子曰：二者代謝舛馳。周易曰：懸象著明。別如俯仰，脱若三秋。毛詩曰：一日不見，如三秋兮。昔我初遷，朱華未希。今我旋止，素雪雲飛〔一〕。毛詩曰：昔我往矣，楊柳依依。今我來思，雨雪霏霏。希與稀同，古字通也。俯降千仞，仰登天阻。莊子曰：千仞之高，不足以極其深。天阻，山也。范曄後漢書〔二〕，郭林宗論蘇不韋曰：城闕天阻，宮府幽絶。風飄蓬飛，載離寒暑。商君書曰：夫飛蓬遇飄風而行千里，乘風之勢也。毛詩曰：載離寒暑〔三〕。千仞易陟，天阻可越。昔我同袍，今永乖別。同袍，已見上文。子好芳草，豈忘爾貽？古詩曰：蘭澤多芳草。繁華將茂，秋霜悴之。方言曰：悴，傷也。君不垂眷，豈云其誠？言君雖不垂眷，己則豈得不言其誠。蒼頡篇曰：豈，冀也。秋蘭可喻，桂樹冬榮。蘭以秋馥，可以喻言。桂以冬榮，可以喻性。楚辭曰：秋蘭兮青青。又曰：麗桂樹之冬榮。絃歌蕩思，誰與消憂？言絃歌可以蕩滌悲思，誰與共奏以消憂也。臨川暮思，何爲汎舟？言臨川日暮，而又相思，何爲汎舟而不濟以相從乎？國語曰：秦汎舟乎河。豈無和樂，遊非我鄰。言豈無和樂以蕩思乎？爲遊非我鄰，故不奏也。誰忘汎舟？愧無榜人。言豈忘汎舟以相從乎？愧無榜人，所以不濟也。榜人，喻良朋也。張揖漢書注云：榜人，船長也。

文選考異

〔一〕素雪雲飛　袁本、茶陵本「雲」作「云」，云善作「雲」。案：各本所見皆傳寫誤。「素雪」與「朱華」偶句，「云飛」與「未希」偶句。假令作「雲」，殊乖文義，非善如此也。

〔二〕注「范曄後漢書」　袁本、茶陵本無此五字。案：無者是也。善有其例，説已見前。

〔三〕注「毛詩曰載離寒暑」　案：當作「寒暑已見鸚鵡賦」。袁本正如此，但誤在上節注末，而此仍複出，則非。茶陵本誤與此同。

雜詩六首 五言

此六篇並託喻傷政急，朋友道絶，賢人爲人竊勢。別京已後，在郢城思鄉而作〔一〕。

曹子建

高臺多悲風，朝日照北林。新語曰：高臺，喻京師。悲風，言教令。朝日，喻君之明。照北林，言狹，比喻小人。新序曰：高堂百仞。之子在萬里，江湖迥且深。江湖，喻小人隔蔽。毛詩曰：之子于征。爾雅曰：迥，遠也。方舟安可極？離思故難任。爾雅曰：大夫方舟。郭璞曰：併兩船也。毛萇詩傳曰：極，至也。孤鴈飛南遊，過庭長哀吟。鴈南遊，已見上文。翹思慕遠人，願欲託遺音。翹，猶懸也。形影忽不見，翩翩傷我心。

轉蓬離本根，飄颻隨長風。説苑曰：魯哀公曰：秋蓬惡其本根，美其枝葉，秋風一起，根本拔矣。何意迴飈舉，吹我入雲中。爾雅曰：扶摇謂之猋。飈與猋同。高高上無極，天路安可窮〔二〕。吕氏春秋曰：風乎其高無極也。仲長子昌言曰：蕩蕩乎若昇天路而不知其所登，子若昇天路也。類此遊客子，捐軀遠從戎。毛褐不掩形，薇藿常不充。淮南子曰：布衣掩形，鹿裘禦寒。言貧人冬則羊裘短褐，不掩形也。列女傳，曾子謂黔婁妻曰：先生在時，食不充虚，衣不蓋形。文子曰：聖人食足以充虚接氣，衣足以蓋形禦寒。去去莫復道，沈憂令人老。宋玉笛賦曰：武毅發沈憂〔三〕。古詩曰：思君令人老。

西北有織婦，綺縞何繽紛。小雅曰：繒之精者曰縞，古老切。明晨秉機杼，日昃不成文。言憂甚而志亂。太息終長夜，悲嘯入青雲。妾身守空閨，良人行從軍。良人，謂夫也。自期三年歸，今已歷九春。一歲三春，故以三年爲九春，言已過期也。纂要曰：九十日故九春。飛鳥繞樹翔，噭噭鳴索羣。楚辭曰：聲噭噭以寂寥。願爲南流景，馳光見我君。

南國有佳人，容華若桃李。楚辭曰：受命不遷生南國〔四〕。謂江南也。佳人，已見上文。毛詩曰：何彼襛矣，華如桃李。朝遊江北岸，日夕宿湘沚。毛萇詩傳曰：沚，渚也。時俗薄朱顏，誰爲發皓齒。楚辭曰：容則秀雅稚朱顏。又曰：美人皓齒嫮以姱。俛仰歲將暮，榮耀難久恃。歲暮，已見上文。邊讓章華臺賦曰：體迅輕鴻，榮耀春華。

僕夫早嚴駕，吾將遠行遊。楚辭曰：僕夫懷兮心悲。又曰：嚴車駕兮出戲遊。又曰：願輕舉兮遠遊。遠遊欲何之，吴國爲我仇。説苑，楚王謂淳于髡曰：吾有仇在吴國，子能爲吾報之乎？將騁萬里塗，東路安足由？廣雅曰：由，行也。江介多悲風，淮泗馳急流。楚辭曰：哀江介之悲風。泗，水名也。孟子曰：禹排淮、泗而注之江也。願欲一輕濟，惜哉無方舟。閑居非吾志，甘心赴國憂。漢書曰：司馬相如稱疾閑居。范曄後漢書，梁竦歎曰：閑居可以養志。毛詩曰：甘心首疾。

飛觀百餘尺，臨牖御櫺軒。古詩曰：雙闕百尺。爾雅曰：觀謂之闕。御，猶憑也。説文曰：櫺，楯欄也。韋昭漢書注曰：軒，檻上板也。遠望周千里，朝夕見平原。烈士多悲心，小人媮自閑。風俗通曰：烈士者，有不易之分。國讎亮不塞，甘心思喪元。塞，謂杜絶也。孟子曰：勇士不忘喪其元。拊劍西南望，思欲赴太山。左氏傳曰：子朱怒，撫劍從之。太山，東岳，接吴之境。西，喻蜀。責躬詩曰：願蒙矢石，建旗東岳，意與此同也。絃急悲聲發，聆我慷慨言。古詩曰：音響何太悲〔五〕，絃急知柱促。

文選考異

〔一〕注「此六篇」下至「在郢城思鄉而作」　案：此三十字於善注例不類，必亦并善於五臣而如此，其中兼多譌錯，各本盡同，無可校正。何校「郢」改「鄄」，陳同。

〔二〕天路安可窮　袁本、茶陵本有校語云「可」，善作「何」。案：二本所見非也。「何」但傳寫誤。

〔三〕注「武毅發沈憂」　案：「憂」下當有「結」字。各本皆脱。此以三句爲一句。

〔四〕注「生南國」　何校下添「兮南國」三字。案：依善例當添「王逸曰南國」五字，各本皆脱。

〔五〕注「音響何太悲」　案：「何太」當作「一何」。各本皆誤。

情詩　五言

微陰翳陽景，清風飄我衣。春秋説題辭曰：陽精爲日。楚辭曰：陽杲杲兮朱光。遊魚潛淥水，翔鳥薄天飛。言得所也。大戴禮曰：魚遊于水，鳥飛于雲。眇眇客行士，遥役不得歸。言不如魚鳥也。楚辭曰：安眇眇兮，無所歸薄。始出嚴霜結，今來白露晞。嚴霜，已見上文。毛詩曰：蒹葭淒淒，白露未晞。遊子歎黍離，處者歌式微。毛詩曰：彼黍離離，彼稷之苗；行邁靡靡，中心摇摇。又曰：式微式微，胡不歸？慷慨對嘉賓，悽愴内傷悲。毛詩曰：我有嘉賓。又曰：我心傷悲。

雜詩　四言

嵇叔夜

微風清扇，雲氣四除。漢書，張竦爲陳崇作奏曰：日不移晷，霍然四除。皎皎亮月，麗于高隅。古詩曰：明月何皎皎。亮，明也。周禮曰：城隅之制九雉。興命公子，攜手同車。攜手同車，已見上文。龍驥翼翼，揚鑣踟蹰。毛詩曰：四牡翼翼。舞賦曰：揚鑣飛沫。肅肅宵征，造我友廬。毛詩曰：肅肅宵征。光燈吐輝，華幔長舒。鸞觴酌醴，神鼎烹魚。毛詩曰：且以酌醴。又曰：誰能烹魚。絃超子野，歎過綿駒。杜預左氏傳注曰：子野，師曠字也。孟子，淳于髡曰：昔緜駒處高唐，而齊右善歌。流詠太素，俯讚玄虚。列子曰：太初，形之始。太素，質之始。老子曰：玄之又玄，衆妙之門。管子曰：虚無形〔一〕，謂之道。史記，太史公曰：老子所貴道，虚無應用，變化無方。孰克英賢，與爾剖符。言詠讚妙道，遊心恬漠，誰能以英賢之德，與爾分符而仕乎？班固漢書述曰：漢興柔遠，與爾剖符。然文雖出彼，而意微殊。東觀漢記，韋彪上議曰：二千石皆以選出京師，剖符典千里。

文選考異

〔一〕注「虚無形」案：「虚」下當有「而」字。各本皆脱。遊天台山賦注引有。

雜詩　五言

傅休奕　臧榮緒晉書曰：傅玄，字休奕，北地人，勤學善屬文，州舉秀才，稍遷至司隸校尉，卒。

志士惜日短，愁人知夜長。論語，子曰：志士仁人，無求生以害仁。古詩曰：愁多知夜長，仰觀衆星列。攝衣步前庭，仰觀南鴈翔。漢書，沛公攝衣迎酈食其。玄景隨形運，流響歸空房。清風何飄飖，微月出西方。禮記曰：月生於西。繁星依青天，列宿自成行。蟬鳴高樹間，野鳥號東箱。古詩曰：秋蟬鳴樹間。王逸楚辭注曰：牆序之東爲東箱也。纖雲時髣髴，渥露沾我裳。曹植魏德論曰：纖雲不形，陽光赫戲。劉楨詩曰：皦月垂素光，玄雲爲髣髴。露沾裳，已見上文。良時無停景，北斗忽低昂。常恐寒節至，凝氣結爲霜。曾子曰：陰氣勝則凝爲霜。落葉隨風摧，一絶如流光。

雜詩 五言

張茂先

晷度隨天運，四時互相承。説文曰：晷，景也。孫卿子曰：四時代御。東壁正昏中，固陰寒節升。禮記，仲冬之月，日昏東壁中〔一〕。左氏傳，申豐曰：深山窮谷，固陰沍寒。繁霜降當夕，悲風中夜興。毛詩曰：正月繁霜。朱火青無光，蘭膏坐自凝。古詩曰：朱火然其中，青煙颺其間。楚辭曰：蘭膏明燭華容備。王逸注曰：以蘭香煉膏也。無故自凝曰坐。重衾無暖氣，挾纊如懷冰。左氏傳曰：楚子圍蕭，申公巫臣曰：師人多寒。王巡三軍，拊而勉之。三軍之士，皆如挾纊。孔安國尚書傳曰：纊，細綿也。伏枕終遥昔，寤言莫予應。韓詩曰：寤寐無爲，展轉伏枕。廣雅曰：昔，夜也。毛詩曰：獨寐寤言。永思慮崇替，慨然獨撫膺。楚辭曰：永思兮内傷。國語，藍尹亹曰：君子獨居，思前世之崇替。列子曰：撫膺而恨。

文選考異

〔一〕注「日昏東壁中」　袁本無「日」字，是也。茶陵本亦衍。

情詩二首　五言

張茂先

清風動帷簾，晨月照幽房。佳人處遐遠，蘭室無容光。古詩曰：盧家蘭室桂爲梁。曹植離別詩曰：人遠精魂近，寤寐夢容光。襟懷擁靈景，輕衾覆空牀。擁，猶抱也。居歡惕夜促，在慼怨宵長。一云居歡惜夜促。爾雅曰：愒，貪也，苦蓋切。拊枕獨嘯歎，感慨心内傷。

遊目四野外，逍遥獨延佇。楚辭曰：忽反顧以遊目。又曰：結幽蘭而延佇。蘭蕙緣清渠，繁華蔭緑渚。佳人不在兹，取此欲誰與？巢居知風寒，穴處識陰雨。春秋漢含孳曰：穴藏先知雨，陰曀未集，魚已噞喁。巢居之鳥先知風，樹木摇，鳥已翔。韓詩曰：鸛鳴于垤，婦歎于室。薛君曰：鸛，水鳥。巢處知風，穴處知雨。天將雨而蟻出壅土，鸛鳥見之，長鳴而喜。不曾遠别離，安知慕儔侣？

園葵詩　五言

陸士衡　晉書，趙王倫篡位，遷帝於金墉城。後諸王共誅倫，復帝位。齊王冏譖機爲倫作禪文，賴成都王穎救之免〔一〕，故作此詩，以葵爲喻謝穎。

種葵北園中，葵生鬱萋萋。朝榮東北傾，夕穎西南晞。淮南子曰：聖人之於道，猶葵之與日，雖不與終始哉，其鄉之誠也。高誘曰：鄉，仰也。誠，實也。零露垂鮮澤，朗月耀其輝。毛詩曰：零露瀼瀼。時逝柔風戢，歲暮商猋飛。管子曰：東方曰春，柔風甘雨乃至。楚辭曰：商風肅而害之。曾雲無温液，嚴霜有凝威。鄭玄毛詩箋曰：曾，重也。漢書曰：孫寶曰：當從天氣以成嚴霜之威。幸蒙高墉德，玄景蔭素蕤。爾雅曰：牆謂之墉。説文曰：蕤，草木華盛貌也。豐條並春盛，落葉後秋衰。慶彼晚彫福，忘此孤生悲。

文選考異

〔一〕注「救之免」袁本、茶陵本「免」下有「死」字，是也。

思友人詩 五言

曹顔遠 臧榮緒晉書曰：曹攄，字顔遠，譙國人。篤志好學，參南國中郎將，遷高密王左司馬。流人王逌等寇掠城邑，攄與戰，軍敗而死。

密雲翳陽景，霖潦淹庭除。周易曰：密雲不雨。左氏傳曰：凡雨自三日以往爲霖。説文曰：潦，雨水也。又曰：除，殿階也。嚴霜彫翠草，寒風振纖枯。鄭玄禮記汼曰：振，動也。凜凜天氣清，落落卉木疎。古詩曰：凜凜歲云暮。杜篤首陽山賦曰：長松落落。毛萇詩傳曰：卉，草也。感時歌蟋蟀，思賢詠白駒。毛詩曰：蟋蟀在堂，歲聿其暮。又曰：皎皎白駒，食我場苗。縶之維之，以永今朝。毛萇曰：賢者有乘白駒而去。鄭玄曰：絆之縶之，欲留也。情隨玄陰滯，心與迴飈俱〔一〕。思心何所懷，懷我歐陽子。顔遠贈歐陽堅石詩曰：嗟我良友，惟彦之選。然此歐陽，即堅石也。精義測神奥，清機發妙理。周易曰：精義入神，以致用也。廣雅曰：奥，藏也。機，樞機也。自我别旬朔，微言絶于耳。論語崇爵讖曰：子夏共撰仲尼微言，以當素王。劉子駿書曰：夫子没而微言絶。禮記曰：聲不絶于耳。褰裳不足難，清陽未可俟。毛詩曰：子惠思我，褰裳涉溱。又曰：有美一人，清陽婉兮；邂逅相遇，適我願兮。毛萇曰：清陽，眉目之間也。延首出階檐，佇立增想似。阮瑀止欲賦曰：佇延首以極視兮，意謂是而復非。莊子，徐無鬼曰：夫越之流人，去國數日，見其所知而喜；去國旬月，見所嘗見於國中而喜；及期年也，見似人者而喜矣。不亦去人兹久者，思人兹深乎？

文選考異

〔一〕心與迴飈俱　茶陵本「飈」作「飄」，云五臣作「飈」。袁本云善作「飄」。案：「飄」字於義未當，恐二本所見傳寫誤，或尤校改正之也。

感舊詩　五言　此篇感故舊相輕，人情逐勢〔一〕。

曹顔遠

富貴他人合，貧賤親戚離。鶡冠子曰：家富疏族聚，居貧兄弟離。廉藺門易軌，田竇相奪移。史記曰：藺相如出，望見廉頗，相如引車避匿。於是舍人相與諫曰：臣去親戚而事君者，徒慕君之高義也。今君與廉君同列，廉君宣惡言而君畏之匿，恐懼殊甚，且庸人尚羞之，況於將相乎？臣等不肖，請辭去。漢書曰：竇太后怒，免丞相竇嬰、太尉田蚡，嬰、蚡以侯居家。蚡雖不任職，以太后故親幸，數言事，多效。士趨勢利者，皆去嬰而歸蚡也。晨風集茂林，棲鳥去枯枝。毛詩曰：鴥彼晨風，鬱彼北林。國語，優施歌曰：暇豫之吾吾，不如鳥烏。鳥皆集於苑〔二〕，己獨集于枯。黄石公兵書曰：樹杌者，鳥不棲也。今我唯困蒙，郡士所背馳〔三〕。周易曰：困蒙，吝。鄉人敦懿義，濟濟蔭光儀。春秋説題辭曰：秉懿誠之義，思至忠之功。鸚鵡賦曰：侍君子之光儀。對賓頌有客，舉觴詠露斯。毛詩曰：有客宿宿，有客信信，言授之縶，以縶其馬。又曰：湛湛露斯，匪陽不晞；厭厭夜飲，不醉無歸。今鄉人情重，皆頌詠此詩。臨樂何所歎，素絲與路岐。禮記曰：執紼不笑，臨樂不歎。淮南子曰：楊子見逵路而哭之，爲其可以南可以北。墨子見練絲而泣之，爲其可以黄可以黑。高誘曰：閔其别與化也。

文選考異

〔一〕注「此篇感故舊相輕人情逐勢」　案：此十一字不當有，乃五臣注也。袁本、茶陵本所載此上之「善曰」，「善」字誤耳。尤延之取以添入，非。

〔二〕注「鳥皆集於苑」　案：「鳥」當作「人」。各本皆誤。

〔三〕郡士所背馳　案：「郡」當作「羣」。茶陵本云五臣作「羣」。袁本云善作「郡」。各本所見皆傳寫誤。何云當從五臣作「羣」，陳同。皆就校語而云然，其實善亦作「羣」。

雜詩　五言

何敬祖　贈答，何在陸前，而此居後，誤也。

秋風乘夕起，明月照高樹。賈逵國語注曰：乘，陵也。陵，亦侵也。閑房來清氣，廣庭發暉素。暉素，月光也。古長歌行曰〔一〕：昭昭素明月，暉光燭我牀。静寂愴然歎，惆悵出遊顧。惆悵，已見上文。仰視垣上草，俯察階下露。垣草易彫，階露易隕。言可傷也。心虚體自輕，飄颻若仙步。言既悟二物，故當全形養生。列子曰：南郭子貌充心虚。張湛曰：心虚則形全。劉梁七舉曰：霍爾體輕。瞻彼陵上栢，想與神人遇。古詩曰：青青陵上栢。文子曰：天地之間，有神人真人。道深難可期，精微非所慕。魏武帝秋胡行曰：道深未可得，名山歷觀行。禮記曰：德産之緻也精微。鄭玄曰：緻，密也。勤思終遥夕，永言寫情慮。尚書曰：歌永言。

文選考異

〔一〕注「古長歌行曰」　案：「長」當作「傷」，見第二十七卷。各本皆誤。

雜詩　五言

王正長　臧榮緒晉書曰：王讚，字正長，義陽人也。博學有俊才，辟司空掾，歷散騎侍郎，卒。

朔風動秋草，邊馬有歸心。蔡琰詩曰：北風厲兮肅泠泠，胡笳動兮邊馬鳴。胡寧久分析，靡靡忽至今。毛詩曰：胡寧忍予。又曰：行邁靡靡。王事離我志，殊隔過商參。毛詩曰：王事靡盬。左氏傳，子産曰：高辛氏有二子，伯曰閼伯，季曰實沈，不相能。后帝不臧，遷閼伯于商丘，主辰，商人是因，故辰爲商星。遷實沈于大夏，主參，唐人是因，其季世曰唐叔虞，故參爲晉星。參辰更見，已見上文。昔往鶬鶊鳴，今來蟋蟀吟。毛詩曰：春日遲遲，倉庚喈喈。聖主得賢臣頌曰：蟋蟀俟秋吟。人情懷舊鄉，客鳥思故林。文子曰：鳥飛反鄉，依其所生。師涓久不奏，誰能宣我心？韓子曰：衛靈公將之晉，至濮水之上而宿，夜分而聞有鼓新聲者，而説之，召師涓而告之曰：有鼓新聲者，其狀似鬼神，子爲我聽而寫之。師涓曰：諾。因端坐撫琴而寫之。師涓明日報曰：臣得之矣。

雜詩　五言

棗道彥

今書七志曰：棗據，字道彥，潁川人。弱冠，辟大將軍府，遷尚書郎。太尉賈充爲伐吴都督，請爲從事中郎，遷中庶子，卒。

吴寇未殄滅，亂象侵邊疆。左氏傳，晉侯問於士弱曰：吾聞之宋災，於是乎知有天道可必乎〔一〕？對曰：國亂無象，不可知也。天子命上宰，作蕃于漢陽。上宰，賈充也。毛詩曰：价人爲藩〔二〕。毛萇曰：价，善也。藩，屏也。左氏傳，晉欒貞子曰：漢陽諸姬，楚實盡之。穀梁傳曰：水北曰陽。漢陽，漢水之陽也。開國建元士，玉帛聘賢良。周易曰：大君有命，開國承家，小人勿用。禮記曰：天子八十一元士。王逸楚辭注曰：天下賢人，將持玉帛聘而遺之。吕氏春秋曰：聘名士。高誘曰：聘，問之也。將與興化致治也。予非荆山璞，謬登和氏場。韓子曰：楚人和氏得璞玉於楚山之中。羊質復虎文〔三〕，燕翼假鳳翔。楊子法言曰：敢問質。曰：羊質而虎皮，見草而悦，見豺而戰也。既懼非所任，怨彼南路長。曹子建贈白馬王詩曰：怨彼東路長。千里既悠邈，路次限關梁。楚辭曰：關梁閉而不通。僕夫罷遠涉，車馬困山岡。僕夫，已見上文。深谷下無底，高巖暨穹蒼。列子，夏革曰：渤海之東，有大壑焉，實惟無底之谷。杜預左氏傳注曰：暨，至也。爾雅曰：穹蒼，天也。豐草停滋潤，霧露沾衣裳。毛詩曰：湛湛露斯，在彼豐草。露沾衣裳，已見上文。玄林結陰氣，不風自寒涼。高唐賦曰：玄木冬榮。顧瞻情感切，惻愴心哀傷。廣雅曰：感，傷也。士生則懸弧，有事在四方。禮記曰：國君太子，生三日，卜士負之，射人以桑弧蓬矢六，射天地四方。又，孔子曰：士使之射，不能則辭以疾，懸弧之義也。韓詩内傳曰：男子生，桑弓蓬矢六，射上下四方，明當有事天地四方也。安得恒逍遥，端坐守閨房。引義割外情，内感實難忘。非有先生論曰：引義以正身。

文選考異

〔一〕注「於是乎知有天道可必乎」　陳云當重「天道」二字，是也。各本皆脱。

〔二〕注「价人爲藩」　袁本「爲」作「維」。茶陵本作「惟」。案：「維」字是也。

〔三〕羊質復虎文　袁本、茶陵本「復」作「服」，是也。

雜詩　五言

左太沖　沖于時賈充徵爲記室，不就，因感人年老，故作此詩〔一〕。

秋風何冽冽，白露爲朝霜。毛詩曰：蒹葭蒼蒼，白露爲霜。柔條旦夕勁，緑葉日夜黄。明月出雲崖，皦皦流素光。劉楨詩曰：皦月垂素光。披軒臨前庭，嗷嗷晨鴈翔。軒，長廊之牕也。毛詩曰：鴻鴈于飛，哀鳴嗷嗷。高志局四海，塊然守空堂。尸子曰：八極爲局。淮南子曰：塊然獨處。壯齒不恒居，歲暮常慨慷。廣雅曰：歲，年也。

文選考異

〔一〕注「沖于時」下至「故作此詩」　案：此二十字於例不類，非善之舊，必亦并五臣也，今無以考之。

雜詩　五言

張季鷹　今書七志曰：張翰，字季鷹，吴郡人也。文藻新麗，齊王冏辟爲東曹掾，覩天下亂，東歸，卒於家。

暮春和氣應，白日照園林。青條若揔翠，黄華如散金。嘉卉亮有觀，顧此難久躭。西京賦曰：嘉卉灌叢。爾雅曰：躭，樂也。毛萇詩傳曰：躭，樂之久者也。延頸無良塗，頓足託幽深。吕氏春秋曰：天下莫不延頸舉踵。頓，猶止也。吴季重與曹丕書曰：雖云幽深，視險若夷。榮與壯俱去，賤與老相尋。歡樂不照顔，慘愴發謳吟。謳吟何嗟及，古人可慰心。毛詩曰：啜其泣矣，何嗟及矣。又曰：我思古人，實獲我心。又曰：仲山甫永懷，以慰其心。

雜詩十首 五言

張景陽

秋夜涼風起，清氣蕩暄濁。蜻蛚吟階下，飛蛾拂明燭。易通卦驗曰：立秋，蜻蛚鳴。崔豹古今注曰：飛蛾，善拂燈火也。君子從遠役，佳人守煢獨。君子，謂夫也。毛詩曰：未見君子。佳人，已見上文。離居幾何時，鑽燧忽改木。離居，已見上文。論語曰：鑽燧改火。禮含文嘉曰：燧人始鑽木取火，炮生爲熟。鄒子曰：春取榆柳之火，夏取棗杏之火，季夏取桑柘之火，秋取柞楢之火，冬取槐檀之火。房櫳無行跡，庭草萋以緑。說文曰：櫳，房室之疏也。古詩曰：秋草萋以緑。青苔依空牆，蜘蛛網四屋。淮南子曰：窮谷之汚，生以蒼苔。說文曰：鼅鼄，鼄蝥也。魏文帝詩曰：蜘蛛繞户牖，野草當階生。論衡曰：蜘蛛結絲以網飛蟲，人之用計，安能過之。感物多所懷，沈憂結心曲。古詩曰：感物懷所思。沈憂，已見上文。毛詩曰：亂我心曲。

大火流坤維，白日馳西陸。毛詩曰：七月流火。毛萇曰：火，大火也。淮南子曰：坤維在西南。又曰：斗指西南維爲立秋。續漢書曰：日行西陸謂之秋。杜預左傳注曰：陸，道也。浮陽映翠林，迴飈扇緑竹〔一〕。陽，日也。飛雨灑朝蘭，輕露棲叢菊。龍蟄暄氣凝，天高萬物肅。周易曰：龍蛇之蟄，以求伸也。禮記曰：仲秋之月，蟄蟲壞户。廣雅曰：凝，止也。楚辭曰：悲哉秋之爲氣，天高而氣清。毛詩曰：九月肅霜。毛萇曰：肅，縮也。霜降而收縮萬物也。尸子曰：西方爲秋。秋，肅也。萬物草木肅，敬禮之至也。弱條不重結，芳蕤豈再馥。文子曰：冬冰可折，夏條可結，時難得而易失。人生瀛海内，忽如鳥過目。史記，鄒衍曰：中國名赤縣中州也〔二〕。中國外如赤縣州者九，乃所謂九州也。於是有瀛海環之，人民禽獸莫能相通者，如一區中者，乃爲一州。如此者九，乃有大瀛海環之。其外天地之外也。川上之歎逝，前脩以自勗。論語，子在川上曰：逝者如斯。楚辭曰：謇吾法夫前脩兮，非世俗之所服。蔡琰詩曰：竭心自勗厲。

金風扇素節，丹霞啓陰期。西方爲秋而主金。故秋風曰金風也。河圖曰：崑崙山有五色水，赤水之氣，上蒸爲霞，陰而赫然。魏文帝芙蓉池詩曰：丹霞夾明月。騰雲似涌煙，密雨如散絲。寒花發黄采，秋草含緑滋。閑居玩萬物，離羣戀所思。閑居，已見上文。禮記，子夏曰：吾離羣索居，亦已久矣。案無蕭氏牘，庭無貢公綦。漢書曰：蕭育與朱博爲友，著聞當世，時人爲之語曰：蕭、朱結綬，王、貢彈冠。往者有王陽、貢公。説文曰：牘，書版也。班婕妤賦曰：俯視兮丹墀，思君兮履綦。晉灼曰：綦，履跡也。高尚遺王侯，道積自成基。周易曰：不事王侯，高尚其事。文子曰：積道德者，天與之，地助之。莊子曰：無爲無治〔三〕，謂之道基。至人不嬰物，餘風足染時。莊子曰：不離於真，謂之至人。又南伯子綦曰：吾與之乘天地之誠，而不以物與之相嬰。

朝霞迎白日，丹氣臨湯谷。丹氣，謂赤水之氣也。淮南子曰：日出湯谷。翳翳結繁雲，森森散雨足。毛詩曰：曀曀其陰。毛萇曰：如常陰曀然〔四〕。翳與曀古字通。論衡曰：初出爲雲，繁雲爲翳。蔡雍霖賦曰：瞻玄雲之晻晻，懸長雨之森森。輕風摧勁草，凝霜竦高木。楚辭曰：漱凝霜之紛紛。密葉日夜踈，叢林森如束。疇昔歎時遲，晚節悲年促。左氏傳，羊斟曰：疇昔之羊，子爲政。鄒陽上書曰：至其晚節末路。歲暮懷百憂，將從季主卜。史記曰：司馬季主者，楚人也，卜於長安東市，宋忠與賈誼遊於市中，謁司馬季主，請卜。

昔我資章甫，聊以適諸越。章甫，以喻明德。諸越，以喻流俗也。莊子曰：宋人資章甫而適諸越，越人敦髮文身，無所用之。司馬彪曰：敦，斷也。資，取也。章甫，冠名也。諸，於也。爾雅曰：適，往也。行行入幽荒，歐駱從祝髮〔五〕。史記曰：東海王搖者，其先越王勾踐之後也，姓騶氏。搖率越人佐漢，漢立搖爲東海王，都東甌，世俗號爲東甌王。徐廣曰：騶一作駱。穀梁傳曰：吳，夷狄之國，祝髮文身。范甯曰：祝，斷也。鄭玄毛詩曰〔六〕：從，隨也。窮年非所用，此貨將安設？冠無所設，以喻德無所效也。西京賦曰：窮年忘歸。瓴甋夸璵璠，魚目笑明月。言流俗之失也。爾雅曰：瓴甋謂之甓。左氏傳曰：季平子卒，陽虎將以璵璠斂。雒書曰：秦失金鏡，魚目入珠。明月珠，已見上文。不見郢中歌，能否居然別？陽春無和者，巴人皆下節。宋玉對問曰：客有歌於郢中者，其始曰下里巴人，國中屬而和者數千人；其爲陽春白雪，國中屬而和者不過數十人。是其曲彌高者，其和彌寡。尹文子曰：形之與名，居然別矣。楚辭曰：攬騑轡而下節。流俗多昏迷，此理誰能察！禮記曰：不從流俗。鄭玄曰：流俗，失俗也。

朝登魯陽關，狹路峭且深。庾仲雍荊州記曰：其北有四關，魯陽、伊關之屬也。流澗萬餘丈，圍木數千尋。酈元水經注曰：魯陽關水出魯陽關分頭山。說苑曰：齊王曰：大國之樹必巨圍。應劭漢書注曰：八尺曰尋。咆虎響窮山，鳴鶴聒空林。說文曰：咆，嘷也。杜預左傳注曰：聒，讙也。淒風爲我嘯，百籟坐自吟。漢書，息夫躬絶命辭曰：秋風爲我吟。莊子，子游曰：地籟則衆竅是。無故自吟曰坐也。感物多思情，在險易常心。揭來戒不虞，挺轡越飛岑。劉向七言曰：揭來歸耕永自疎。周易曰：君子以治戎器戒不虞。王陽驅九折，周文走岑崟。漢書曰：琅邪王陽爲益州刺史，行部至邛僰九折坂，嘆曰：奉先人遺體，柰何數乘此險？以病去。及王遵爲刺史〔七〕，至其坂，問吏曰：此非王陽所畏道耶？吏對曰：是。遵叱其馭曰：驅之。王陽爲孝子，王遵爲忠臣，然此言王陽驅九折，蓋驅馬而去之也。公羊傳曰：百里奚與蹇叔子送其子而戒之曰：爾即死，必殽之嶔巖，是文王之所避風雨者也。何休曰：其處阻險，故文王過之，驅馳常若避風雨也。經阻貴勿遲，此理著來今。漢書，杜業上書曰：深思往事，以戒來今。

此鄉非吾地，此郭非吾城。羈旅無定心，翩翩如懸旌。左氏傳，陳敬仲曰：羈旅之臣。戰國策，楚王曰：寡人心摇摇然如懸旌，終無所泊。出覩軍馬陣，入聞鞞鼓聲〔八〕。禮記曰：君子聽鼓鞞之聲，則思將帥之臣。陣或爲塵。周禮注曰：鞞，小鼓也。常懼羽檄飛，神武一朝征。漢書，高祖曰：吾以羽檄徵天下兵。班固漢書高紀述曰：實天生德，聰明神武。長鋏鳴鞘中，烽火列邊亭。楚辭曰：帶長鋏之陸離。王逸曰：長鋏，劍名也。曹植結客篇曰：利劍鳴手中，一擊兩尸僵。說文曰：烽燧候表，邊有警則舉也。舍我衡門依〔九〕，更被縵胡纓。毛詩曰：衡門之下，可以棲遲。莊子，趙太子悝曰：吾王所好劍士，皆蓬頭突鬢，垂纓胡之纓。疇昔懷微志，帷幕竊所經。帷，謂謀於帷帳也。兵書曰：將軍於營張幕也。何必操干戈，堂上有奇兵。呂氏春秋曰：士尹陁爲荆使於宋。司城子罕觴之。南面之牆犨於其前而不直，西家潦注於庭下而不止。問其故，子罕曰：南家，輓工也，吾徙之。其父曰：吾恃輓而食三葉矣，今徙，求輓者不知吾處，吾將不食，故不徙也。西家高，吾宫卑，潦注吾宫也今〔一〇〕，故不禁也。荆適興兵攻宋，尹陁歸諫而止。孔子聞之曰：夫修之廟堂之上，折衝千里之外，其司城子罕之謂乎？高誘曰：犨，出也。輓，履也。孫武兵法曰：奇正還相生，若環之無端也。折衝樽俎間，制勝在兩楹。晏子春秋曰：晉平公使范昭觀齊國政，景公觴之。范昭起曰：願得君之樽爲壽。公令左右酌樽以獻，晏子命徹去之。范昭不悦而起儛，顧太師曰：爲我奏成周之樂。太師曰：盲臣不習也。范昭歸，謂平公曰：齊未可并，吾欲試其君，晏子知之；吾欲犯其樂，太師知之。於是輟伐齊謀。孔子聞之曰：善哉，不出樽俎之間，而折衝千里之外，晏子之謂也。高誘呂氏春秋注曰：折衝者，衝車所以衝突也，敵之軍能陷破也；欲攻己者，折還其衝車於千里之外，不敢來也。孫子兵法曰：水因地而制行，兵因敵而制勝，李奇漢書注曰：制，折也。漢書，杜鄴説王音曰：所接雖在楹階俎豆之間，其於爲國折衝厭難，豈不遠哉！兩楹，賓主之位也。巧遲不足稱，拙速乃垂名。孫子兵法曰：兵聞拙速，不睹工久。陸賈新語曰：建大功於天下者，必垂名於萬世也。述職投邊城，羈束戎旅間。尚書大傳曰：古者諸侯之於天子，五年一朝，見其身，述其職。述其職者，述其所職也。長楊賦曰：永無邊城之患。下車如昨日，望舒四五圓。下車，已見上文。楚辭曰：前望舒使先驅。王逸曰：望舒，月御。借問此何時？胡蝶飛南園。莊子曰：莊周夢爲胡蝶，栩栩然。司馬彪曰：蝶，蛺蝶也。流波戀舊浦，行雲思故山。閩越衣文虵，胡馬願度燕。漢書曰：漢立無諸爲閩越王，王閬中。蘇武書曰：越人衣文蛇，代馬依北風。君子於其國也，悽愴傷於心。度燕，即依北風也。土風安所習？由來有固然。左氏傳，晉侯曰：鍾儀樂操土風。東京賦曰：凡人心是所學，體安所習。魯連子，譚子曰：物之必至，理固然也。

結宇窮岡曲，耦耕幽藪陰。論語曰：長沮、桀溺耦而耕。鄭玄周禮注曰：藪，大澤也。荒庭寂以閑，幽岫峭且深。淒風起東谷，有渰興南岑〔一〕。毛詩曰：有渰萋萋，興雨祁祁。毛萇曰：渰，雲興貌。渰與弇同，音奄。説文曰：山有穴曰岫。雖無箕畢期，膚寸自成霖。尚書曰：月之從星，則以風雨。孔安國曰：月□經于箕〔二〕則多風，離于畢則多雨。公羊傳曰：觸石而出，膚寸而合，不崇朝而徧天下者，唯太山雲也。何休曰：膚寸，四指爲膚。澤雉登壟雊，寒猿擁條吟。莊子曰：澤雉十步一啄，百步一飲。溪壑無人跡，荒楚鬱蕭森。長笛賦曰：人迹罕到。説文曰：森林，叢木也。投耒循岸垂，時聞樵采音。左氏傳曰：楚公子弃疾過鄭，楚芻牧〔三〕樵采不入田，不樵樹，不采蓺。杜預曰：蓺，種也。重基可擬志，迴淵可比心。春秋運斗樞曰：山者地基。顧子曰：登高使人意遐，臨深使人志清。養真尚無爲，道勝貴陸沈。曹植辨問曰：君子隱居以養真也。王逸楚辭注曰：守真，玄默也。莊子曰：天無爲以之清，地無爲以之寧，故兩無爲相合，萬物皆化，人孰得無爲哉。韓子解老子曰：所以貴無爲無思爲虚者，謂其意無所制也。慎子曰：夫道，所以使賢無奈不肖何也，所以使智無奈愚何也，若此則謂之道勝矣。又曰：道勝則名不彰。莊子曰：孔子之楚，舍於蟻丘之漿，其鄰有夫妻臣妾登極者，仲尼曰：是陸沈者也，是其市南宜僚邪！郭象曰：人中隱者，譬如無水而沈也。

遊思竹素園，寄辭翰墨林。風俗通曰：劉向爲孝成皇帝典校書籍，皆先書竹爲易刊定，可繕寫者以上素也。今東觀書，竹素也。歸田賦曰：揮翰墨以奮藻。長楊賦曰：籍翰林以爲主人。

黑蜧躍重淵，商羊舞野庭。淮南子曰：犧牛騂毛，宜於廟牲。其於致雨，不若黑蜧。高誘曰：黑蜧，黑虵也，潛於神泉，能致雲雨。家語曰：齊有一足之鳥，飛集公朝，下止於殿前，舒翅而跳。齊侯大怪之，使使聘魯，訪諸孔子。孔子曰：此名曰商羊，水祥也。昔童兒有屈其一脚，振訊兩臂而跳，且謡曰：天將大雨，商羊鼓儛。今齊有之，其應至矣。告趣治溝渠，修隄防，將有大水爲災。須臾大霖，水溢汎諸國，傷害民人，唯齊備不敗也。飛廉應南箕，豐隆迎號屏。楚辭曰：後飛廉兮使奔屬。飛廉，風伯也。楚辭曰：吾令豐隆乘雲兮。王逸曰：豐隆，雲師也。楚辭曰：屏號起雨，何以興之？王逸曰：屏，屏翳，雨師名也。號，呼也。興，起也。言雨師呼則雲起而雨下也。雲根臨八極，雨足灑四溟。淮南子曰：八紘之外有八極，八極之雲，是雨天下。高誘曰：八極，八方之極也。四溟，四海也。霖瀝過二旬，散漫亞九齡。言今滛雨霖瀝，已過二旬，水流散漫，亞乎九齡也。鄭玄詩譜曰：堯之末，洪水九年，萬國不粒。階下伏泉涌，堂上水衣生。高誘淮南子注曰：蒼苔，水衣也。洪潦浩方割，人懷昏墊情。尚書曰：湯湯洪水方割。孔安國曰：割，害也。水方爲害也。尚書，禹曰：洪水滔天，浩浩懷山襄陵，下民昏墊。孔安國曰：昏，瞀；墊，溺。皆病水災。沈液漱陳根，緑葉腐秋莖。漱，蕩也。鄭玄毛詩箋曰：陳根可拔。里無曲突煙，路無行輪聲。漢書，徐福上書曰：曲突徙薪無恩澤。環堵自頹毁，垣閭不隱形。禮記曰：儒有環堵之室。廣雅曰：墉，垣牆也。釋名曰：墉，容也。所以蔽隱形容也。

尺爐重尋桂，紅粒貴瑶瓊。説文曰：爐，薪也。戰國策曰：蘇秦之楚，三月乃得見王，談卒辭行，楚王曰：先生不遠千里而臨寡人，曾弗肯留，願聞其説。對曰：楚國食貴於玉，薪貴於桂，謁者難見於鬼，王難見於帝。今令臣食玉炊桂，因鬼見帝，其可得乎？漢書曰：太倉之粟，紅腐而不可食也。**君子守固窮，在約不爽貞。**論語曰：子路愠見曰：君子亦有窮乎？子曰：君子固窮。左氏傳，晉成鱄曰：居利思義，在約思純。爾雅曰：爽，差也。周易曰：貞，正也。**雖榮田方贈，慙爲溝壑名。**説苑曰：子思居衛，緼袍無裏，二旬九食。田子方使人遺狐白之裘，恐其不受，因謂之曰：吾假人遂忘之，吾與人如弃之。子思辭曰：伋聞忘與不如遺弃物於溝壑，伋雖貧，不忍身爲溝壑，故不敢當。卒不肯受。**取志於陵子，比足黔婁生。**孟子章句曰：陳仲子豈不誠廉士哉！居於陵，三日不食，耳無聞，目無見，井上有李實，螬食者過半矣，匍匐往，將而食之，三咽，然後耳有聞，目有見也。仲子織屨，妻辟纑以易之。劉熙曰：陳仲子，齊一介士也。螬，蟲也。李實有蟲食之過半，言仲子目無見也。仲子自織屨，妻紡纑，以易食也。緝續其麻曰辟，練絲曰纑也〔四〕。列女傳曰：黔婁先生死，曾子弔之曰：先生何以爲謚？妻曰：以康爲謚。曾子曰：先生在時，食不充虚，衣不蓋形，何樂於此，而謚爲康乎？妻曰：先生，君嘗欲授之政，以爲國相，而辭不爲，是其有餘貴也；君嘗賜之粟三十鍾，先生不受，是其有餘富也；其謚爲康不宜何也？皇甫謐高士傳曰：黔婁先生者，齊人也，修清節，不求進。

文選考異

〔一〕迴飈扇緑竹　案：「飈」當作「猋」。茶陵本云五臣作「飈」。袁本云善作「猋」。尤誤以五臣亂善也。「猋」、「飈」同字，鮑明遠放歌行注云「爾雅，或爲此猋。飈與猋同，古字通也」。古詩十九首注云「爾雅，或爲此飈」。園葵詩「歲暮商猋飛」與此，善皆不更注，因前已詳也。五臣一槩盡改「猋」爲「飈」，非。餘倣此求之。

〔二〕注「名赤縣中州也」　陳云「中」，「神」誤，是也。各本皆誤。

〔三〕注「無爲無治」　袁本下「無」字作「而」，是也。茶陵本亦誤「無」。

〔四〕注「如常陰曀然」　案：「曀」字當重。各本皆脱。

〔五〕歐駱從祝髮　案：「歐」當作「甌」。茶陵本云五臣作「甌」。袁本云善作「歐」。詳二本注中皆爲「甌」字，是善亦作「甌」。各本所見正文「歐」乃傳寫誤。考史記東越列傳作「甌」，漢書同，不得作「歐」也。

〔六〕注「鄭玄毛詩曰」　茶陵本「詩」下有「箋」字，是也。何校添，陳同。袁本亦脱。

〔七〕注「及王遵爲刺史」　陳云注中「遵」並當作「尊」。案：此依漢書校，各本皆作「遵」。漢高祖功臣頌注引王遵贊，似善不與顔同也。

〔八〕入聞鞞鼓聲　袁本、茶陵本有校語云「聞」，善作「閒」。案：「閒」字爲傳寫譌，自不待言，此必尤校改正之。

〔九〕捨我衡門依　袁本、茶陵本「依」作「衣」，云善作「依」。何校云當從五臣作「衣」。案：五臣之作「衣」，其所注有明文，而此字善不注，仍無以考之。但「依」字於義未當，恐各本所見亦傳寫譌耳。

〔一〇〕注「潦注吾宫也今」　案：「今」當作「利」。各本皆譌。此所引在呂氏春秋召類篇。

〔一一〕有湶興南岑　陳云據注「湶」與「弇」同，則詩中「湶」字當作「弇」，兼有三十一卷江文通擬張黄門詩并注參證。案：所校是也。「弇」字見釋文。又韓詩作「弇」，見外傳，王伯厚詩考中采之。雜體詩，袁、茶陵二本校語云五臣作「湶」，彼良注及此向注皆是「湶」字。必五臣因「湶與弇同」之語，改此爲「湶」。後來以之亂善，遂失著校語也。

〔一二〕注「月□經于箕」　袁本、茶陵本無空格，此初有衍字而去之。

〔一三〕注「楚芻牧」　茶陵本「楚」作「禁」，是也。袁本亦誤「楚」。

〔一四〕注「練絲曰纑也」　袁本、茶陵本「絲」作「麻」，是也。

文選卷第三十

雜詩下　雜擬上

雜詩下

時興　五言

盧子諒　諶

亹亹圓象運，悠悠方儀廓。楚辭曰：歲亹亹而過中。曾子曰：天道曰圓，地道曰方。在天成象，故曰圓象。天地曰兩儀，故曰方儀也。賈逵國語注曰：悠悠，長也。爾雅曰：廓，人也。忽忽歲云暮，游原采蕭藿。楚辭曰：歲忽忽而遒盡。毛詩曰：歲聿云暮，采蕭穫菽。毛萇曰：云，言也。又曰：蕭，蒿也。菽，藿也。北踰芒與河，南臨伊與洛。芒，山名也。河及伊、洛皆水名。凝霜霑蔓草，悲風振林薄。楚辭曰：激凝霜之紛紛。又曰：哀江介之悲風。摵摵芳葉零，橤橤芬華落。摵，已見射雉賦。字書曰：橤，垂也，如捶切。下泉激洌清，曠野增遼索。毛詩曰：洌彼下泉。毛萇曰：洌，寒也。司馬彪莊子注曰：流急曰激。毛詩曰：率彼曠野。毛萇曰：曠，空也。登高眺遐荒，極望無崖崿。文字集略曰：崿，崖也。形變隨時化，神感因物作。莊子曰：形變而有生。又曰：一龍一蛇，與時俱化。爾雅曰：感，動也。莊子曰：萬物並作〔一〕，吾以觀其復。王弼曰：作，生長也。子曰：以虚静〔二〕觀其反覆者也。澹乎至人心，恬然存玄漠。言己澹乎同彼至人，意存玄漠而已。莊子曰：澹而静乎，莫而清乎〔三〕。王逸楚辭注曰：憺，安也。憺與澹同。莊子曰：不離於真，謂之至人。又曰：至人之用心若鏡。淮南子曰：恬然則縱之。廣雅曰：恬，静也。張華勵志詩曰：大猷玄漠。廣雅曰：玄，道也。又曰：漠，泊也。説文曰：泊，無也〔四〕。

文選考異

〔一〕注「莊子曰萬物並作」　袁本、茶陵本「莊」作「老」，是也。

〔二〕注「子曰以虚静」　案：「子」當作「又」。各本皆誤。

〔三〕注「莫而清乎」　茶陵本「莫」作「漠」，是也。袁本亦誤「莫」。此引知北遊文。

〔四〕注「泊無也」　案：「無」下當有「爲」字。各本皆脱。子虚賦注引「怕無爲也」，可證。又案：「怕」，説文在心部，或此及上引廣雅皆本是「怕」字。

雜詩二首

陶淵明

結廬在人境，而無車馬喧。結，猶構也。問君何能爾？心遠地自偏。鄭玄禮記注曰：爾，助語也。琴賦曰：體清心遠邈難極。采菊東籬下，悠然望南山。山氣日夕佳，飛鳥相與還。管子曰：夫鳥之飛，必還山集谷也。此還有真意，欲辯已忘言。楚辭曰：狐死必首丘，夫人孰能反其真情。王逸注曰：真，本心也。莊子曰：言者所以在意也，得意而忘言。

秋菊有佳色，裛露掇其英。文字集略曰：裛，坌衣香也。然露坌花亦謂之裛也。毛萇詩傳曰：掇，拾也。汎此忘憂物，遠我達世情。毛詩曰：微我無酒，以遨以遊。毛萇曰：非我無酒，可以忘憂也。潘岳秋菊賦曰：汎流英於清醴，似浮萍之隨波。纏子，董無心曰：無心，鄙人也，不識世情。一觴雖獨進，杯盡壺自傾。日入羣動息，歸鳥趨林鳴。莊子，善卷曰：余日出而作，日入而息。尸子曰：晝動而夜息，天之道也。杜育詩曰：臨下覽羣動。曹子建贈白馬王彪詩曰：歸鳥赴喬林。嘯傲東軒下，聊復得此生。郭璞遊仙詩曰：嘯傲遺俗，羅得此生。劉瓛易注曰：自無出有曰生。生，得性之始也。

詠貧士詩　五言

陶淵明

萬族各有託，孤雲獨無依。孤雲，喻貧士也。陸機鼈賦曰：揔美惡而兼融，播萬族乎一區。楚辭曰：憐浮雲之相佯。王逸注曰：相佯，無依據之貌也。曖曖虛中滅，何時見餘輝。王逸楚辭注曰：曖曖，昏昧貌。陸機擬古詩曰：照之有餘輝。朝霞開宿霧，衆鳥相與飛。喻衆人也。遲遲出林翮，未夕復來歸。亦喻貧士。量力守故轍，豈不寒與飢。左氏傳，晉荀吳曰：量力而行。又向戌曰：飢寒之不恤，誰能恤楚也。知音苟不存，已矣何所悲！古詩曰：不惜歌者苦，但傷知音稀。楚辭曰：已矣，國無人兮莫我知。

讀山海經詩　五言

陶淵明

孟夏草木長，繞屋樹扶疏。上林賦曰：垂條扶疏。衆鳥欣有託，吾亦愛吾廬。既耕亦已種，且還讀我書。窮巷隔深轍，頗迴故人車。漢書曰：張負隨陳平至其家，乃負郭窮巷，以席爲門，門外多長者車轍。韓詩外傳，楚狂接輿妻曰：門外車轍何其深。歡言酌春酒，摘我園中蔬。張協歸舊賦曰：苦辭既接，歡言乃周。毛詩曰：爲此春酒。微雨從東來，好風與之俱。閑居賦曰：微雨新晴。汎覽周王傳，流觀山海圖。周王傳，穆天子傳也。山海圖，山海經也。俛仰終宇宙，不樂復何如。莊子，老聃曰：其疾也，俛仰之間，再撫四海之外。又善卷曰：余立於宇宙之中。毛詩曰：既見君子，云何不樂。

七月七日夜詠牛女 五言

齊諧記曰：桂楊城武丁，有仙道，常在人間，忽謂其弟曰：七月七日織女渡河，諸仙悉還宮，吾向以被召不得停，與爾別矣。弟問織女何事渡河？兄何當還？答曰：織女暫詣牽牛，吾去後三千年當還耳。明旦，失武丁所在。世人至今猶云七月七日，織女嫁牽牛。

謝惠連

落日隱櫚楹，升月照簾櫳。毛詩曰：如月之升。說文曰：櫳，房室之疏也。團團滿葉露，析析振條風。毛詩曰：野有蔓草，零露團兮。楚辭曰：秋風兮蕭蕭，舒芳兮振條。蹀足循廣除，瞬目矖曾穹。呂氏春秋曰：惠盎見宋康王，康王蹀足謦欬。聲類曰：蹀，躡也，徒頰切〔一〕。登樓賦曰：循階除而下降。說文曰：除，殿階也。又曰：瞬，開闔目也。蒼頡篇曰：矖，索視之貌也。穹，天也。雲漢有靈匹，彌年闕相從。毛詩曰：倬彼雲漢。曹植九詠注曰：牛、女爲夫婦〔二〕，七月七日得一會同也。毛萇詩傳曰：彌，終也。遐川阻昵愛，脩渚曠清容。曹植九詠注曰：織女牽牛之星，各處河之旁。爾雅曰：昵，近也。孫炎曰：親之近也。蒼頡篇曰：曠，疎曠也。弄杼不成藻，聳轡鶩前蹤。古詩曰：纖纖擢素手，札札弄機杼。終日不成章，泣涕零如雨。王逸楚辭注曰：蹤，軌也。昔離秋已兩，今聚夕無雙。昔離迄今會而秋已兩。今聚便別，故夕無雙也。傾河易迴斡，款顔難久悰。傾河，天漢也。陸機擬古詩曰：天漢東南傾。邊讓章華臺賦曰：天河既迴，歡樂未終。如淳漢書注曰：斡，轉也。字林曰：款，誠也，意有所欲。廣雅曰：悰，樂也。沃若靈駕旋，寂寥雲幄空。毛詩曰：我馬維駱，六轡沃若。陸機雲賦曰：藻帟高舒，長帷虹繞。留情顧華寢，遥心逐奔龍。龍，仙者所駕，故遥心以逐之。莊子曰：神人，承雲氣，御飛龍也。沈吟爲爾感，情深意彌重。古詩曰：馳情整中帶，沈吟聊躑躅。鄭玄毛詩箋曰：爾，汝也。廣雅曰：感，傷也。鄭玄儀禮注曰：彌，盡也〔三〕。

文選考異

〔一〕注「徒頰切」　袁本、茶陵本無此三字。案：二本非也。此亦善音删削僅存者。凡尤有，二本無，皆倣此。

〔二〕注「牛女爲夫婦」　袁本作「牽牛爲婦」。案：當是「爲」下脱「夫織女爲」四字。洛神賦、燕歌行注引可證，此所改非。茶陵本誤與尤同。

〔三〕注「彌盡也」　案：「盡」當作「益」，此所引「士冠」注也。各本皆譌。

擣衣 五言

謝惠連

衡紀無淹度，晷運倏如催。漢書曰：用昏建者杓，夜半建者衡。晉灼曰：衡，斗之中央也。爾雅曰：星紀斗，牽牛也。漢書音義曰：二十八舍，列在四方，日月行焉，起於星紀也。說文曰：晷，日景也。周易曰：日月運行。白露滋園菊，秋風落庭槐。肅肅莎雞羽，烈烈寒螿啼。毛詩曰：六月莎雞振羽。一名促織，一名絡緯，一名蟋蟀。論衡曰：夏末寒，蜻蛚鳴，將感陰氣也。許慎淮南子注曰：寒螿，蟬屬也，子羊切。夕陰結空幙，霄月皓中閨。美人戒裳服，端飾相招攜。楚辭曰：美人皓齒嫮以姱。左氏傳曰：招攜以禮。何休公羊傳注曰：攜，提將也。簪玉出北房，鳴金步南階。魏臺訪議曰：以玉爲笄也。古曰笄，今曰簪。繁欽定情詩曰：何以致拳拳，綰臂雙金環。櫚高砧響發，楹長杵聲哀。郭璞曰：砧，木質也，然此砧爲擣帛之質也。文字集略曰：砧，杵之質也，猪金切。爾雅曰：砧謂之虔。微芳起兩袖，輕汗染雙題。說文曰：題，額也。紈素既已成，君子行未歸。君子，謂夫也。毛詩曰：未見君子。裁用笥中刀，縫爲萬里衣。古詩曰：相去萬餘里。盈篋自余手，幽緘候君開。說文曰：篋，笥也。又曰：緘，束篋也，古咸切。腰帶準疇昔，不知今是非。左氏傳，羊斟曰：疇昔之羊，子爲政。

南樓中望所遲客　五言

謝靈運遊名山志曰：始寧又北轉一汀七里，直指舍下園南門樓，自南樓百許步，對横山。

謝靈運

杳杳日西頹，漫漫長路迫。楚辭云：日杳杳以西頹，路長遠而窘迫。王逸注曰：言道路長遠，不得復還，憂心迫窘，無所舒志也。登樓爲誰思？臨江遲來客。楚辭曰：吹參差兮誰思？遲，猶思也。與我别所期，期在三五夕。陸機贈馮文羆詩曰：問子别所期，耀靈緣扶木。三五，謂十五日也。禮記曰：月者，三五而盈也。圓景早已滿，佳人猶未適〔一〕。曹子建贈徐幹詩曰：圓景光未滿，衆星粲已繁。魏文帝秋胡行曰：朝與佳人期，日夕殊不來。杜預左氏傳注曰：適，歸也。即事怨睽攜，感物方悽戚。即事，即此離别之意也。列子，周之尹氏有老役夫，晝則呻呼即事，夜則昏憊而熟寐。周易曰：睽，乖也。賈逵國語注曰：攜，離也。古詩曰：感物懷所思。鄭玄論語注曰：方，常也。孟夏非長夜，晦明如歲隔。楚辭曰：望孟夏之短夜，何晦明兮若歲。瑶華未堪折，蘭苕已屢摘。楚辭曰：折疎麻兮瑶華，將以遺乎離居。又曰：被石蘭兮帶杜衡，折芳馨兮遺所思。路阻莫贈問，云何慰離析？楚辭曰：媒絶路阻。言不可結而贈也。毛萇詩傳曰：問，遺也。又曰：慰，安也。杜育金谷詩曰：既而慨爾，感此離析。搔首訪行人，引領冀良覿。毛詩曰：愛而不見，搔首踟躕。爾雅曰：覿，見也。良覿，謂見良人也。

〔一〕佳人猶未適　茶陵本「猶」作「殊」，有校語云五臣作「猶」。袁本作「猶」。案：袁用五臣也。尤以亂善，非。

田南樹園激流植援　五言

謝靈運

樵隱俱在山，由來事不同。臧榮緒晉書曰：何琦曰：胡孔明有言，隱者在山，樵者亦在山，在山則同，所以在山則異，豈不信乎？不同非一事，養痾亦園中。高彪與馬融書曰：公今養痾傲士。説文曰：痾，病也。中園屏氛雜，清曠招遠風。范曄後漢書，仲長統曰：欲卜居清曠，以樂其志。廣雅曰：曠，遠也。卜室倚北阜，啓扉面南江。西都賦曰：臨峻路而啓扉。激澗代汲井，插槿當列墉。羣木既羅户，衆山亦對牕。靡迤趨下田，迢遞瞰高峯。西京賦曰：澶漫靡迤。寡欲不期勞，即事罕人功。老子曰：少私寡欲。即事，即此營室之事也，已見上文。唯開蔣生逕，永懷求羊蹤。三輔決録曰：蔣詡，字元卿，隱於杜陵。舍中三逕，惟羊仲、求仲從之遊。二仲皆挫廉逃名。毛萇詩傳曰：懷，思也。賞心不可忘，妙善冀能同。莊子曰：顔成子遊謂東郭子綦曰：自吾聞子之言也，八年而不知死生，九年大妙。郭象曰：妙善同，故無往而不冥也。

齋中讀書 五言 永嘉郡齋也。

謝靈運

昔余遊京華，未嘗廢丘壑。郭璞遊仙詩曰：京華遊俠窟。漢書，班嗣書曰：夫嚴子者，漁釣於一壑，萬物不干其志，棲遲於一丘，天下不易其樂也。矧迺歸山川，心跡雙寂漠。爾雅曰：矧，况也。楚辭曰：野寂漠兮無人。虛館絶諍訟，空庭來鳥雀。張衡四愁詩序曰：靜訟息。鬻子曰：禹治天下，朝廷之間，可以羅雀也。卧疾豐暇豫，翰墨時間作。國語，優施曰：我教暇豫之事君幸之〔一〕。韋昭曰：暇，閑也。豫，樂也。歸田賦曰：揮翰墨以奮藻。兩都賦序曰：時時間作。懷抱觀古今，寢食展戲謔。文賦曰：觀古今於須臾。毛詩曰：善戲謔兮，不爲虐兮。既笑沮溺苦，又哂子雲閣。執戟亦以疲，耕稼豈云樂。論語曰：長沮、桀溺耦而耕。漢書曰：王莽既以符命自立，即位之後，欲絶其源，以神前事。而甄豐子尋、劉歆子棻復獻之。莽誅豐父子，投棻四裔。辭所連及，便收不請。時楊雄校書天禄閣上，理獄使者來，欲收雄，雄恐不能自免，乃從閣上自投，幾死。京師爲之語曰：惟寂惟漠，自投于閣。潘安仁夏侯湛誄曰：執戟疲楊。萬事難並歡，達生幸可託。莊子曰：達生之情者傀。司馬彪曰：傀，大也。情在無，故曰大。傀音瑰。

文選考異

〔一〕注「我教暇豫之事君幸之」　茶陵本「教」下有「兹」字，無「幸之」二字，是也。袁本亦誤脱衍。

石門新營所住四面高山迴溪石瀨脩竹茂林詩　五言

謝靈運

躋險築幽居，披雲卧石門。方言曰：躋，登也。論衡曰：幽居静處，恬澹自守。莊子曰：雲者風起北方，一西一東，孰居無事，而披拂是。苔滑誰能步，葛弱豈可捫？遊天台山賦曰：踐莓苔之滑石。又曰：援葛藟之飛莖。毛萇詩傳曰：捫，持也。嫋嫋秋風過，萋萋春草繁。楚辭曰：嫋嫋兮秋風。王逸注曰：嫋嫋，風摇木貌也。楚辭曰：春草生兮萋萋。美人遊不還，佳期何由敦？楚辭曰：望美人兮未來。又曰：與佳期兮夕張。方言曰：敦，信也。芳塵凝瑶席，清醑滿金樽。庾闡楊都賦曰：結芳塵於綺疏。楚辭曰：瑶席兮玉瑱。毛詩曰：飲此醑矣。埤蒼曰：滑，美貌也〔一〕。曹子建樂府詩曰：金樽玉杯，不能使薄酒更厚。洞庭空波瀾，桂枝徒攀翻。楚辭曰：洞庭波兮木葉下。又曰：攀桂枝兮聊淹留。結念屬霄漢，孤景莫與諼。言所思念，邈若霄漢，孤影獨處，莫與忘憂。蔡琰詩曰：煢煢對孤影，怛咤糜肝肺。毛萇詩傳曰：諼，忘也。

張翰詩曰：單形依孤影。俯濯石下潭，仰看條上猿。早聞夕飈急，晚見朝日暾。楚辭曰：暾將出兮東方。王逸注曰：始出，其形暾暾而盛大也。崖傾光難留，林深響易奔。感往慮有復，理來情無存。言悲感已往，而夭壽紛錯，故慮有迴復；妙理若來，而物我俱喪，故情無所存。往，謂適彼可悲之境也。庶持乘日車〔二〕，得以慰營魂。莊子，牧馬童子謂黃帝曰：有長者教予曰：若乘日之車而遊襄城之野。郭象曰：日出而遊，日入而息也。車或爲居。楚辭曰：載營魂而升霞。鍾會老子注曰：經護爲營也。匪爲衆人説，冀與智者論。司馬遷書曰：可爲智者説，難爲俗人言。

文選考異

〔一〕注「滑美貌也」　何校「滑」改「醑」，陳同。各本皆譌。案：此疑作「湑」，善仍有「湑」「醑」異同之注而未全也。「肙」，「胥」之別體字。

〔二〕庶持乘日車　茶陵本「持」作「特」，云五臣作「持」。袁本云善作「特」。又袁本、茶陵本「車」作「用」。案：此句當云「庶持乘日用」。袁、茶陵二本所見「持」傳寫誤「特」。尤校改是矣。其「用」字不誤，尤改爲「車」，則非也。「乘日」二字連文，乘日用者，乘日之用。靈運所作擬王粲詩云「豈顧乘日養」，句例正同，亦言乘日之養也。善注云「乘日已見上」。又此注云「車或爲居」者，乃説所引之莊子，非謝詩有「車」字。莊子釋文云「元嘉本作居」，最爲明證。

尤延之失考，遽改正文，大失謝及善意。又案：五臣向注，讀「日用」連文，其義雖謬，而文非譌。二本皆不云與善有異，可知所見未改，亦可借證矣。

雜詩 五言

王景玄

沈約宋書曰：王微，字景玄，少好學，無不通覽。年十六，舉秀才，除南平王鑠右軍咨議。微素無宦情，並陳疾不就。江湛舉爲吏部郎中。

思婦臨高臺，長想憑華軒。陸機爲顧彦先贈婦詩曰：東南有思婦。舞賦曰：遠思長想。登樓賦曰：憑軒檻以遥望。潘岳爲賈謐贈陸機詩曰：珥筆華軒。韋昭漢書注曰：軒，檻上板也。弄絃不成曲，哀歌送苦言。左太沖詠史詩曰：哀歌和漸離。張平子書曰：酸者不能不苦於言也。箕箒留江介，良人處鴈門。箕箒，婦人所執也。國語曰：吴王夫差伐越，越王勾踐乃命諸稽郢行成於吴，曰：勾踐請盟，一介適女執箕箒，以備姓於王宫。説文曰：箕，簸也。箒，糞也。楚辭曰：哀江介之悲風。孟子曰：齊人一妻一妾而處室者，其良人出必厭酒肉。劉渠曰〔一〕：婦人稱夫曰良人。漢書有鴈門郡。詎憶無衣苦，但知狐白温。曹植贈丁儀詩曰：狐白足禦冬，焉念無衣客？曰闇牛羊下，野雀滿空園。毛詩曰：日之夕矣，羊牛下來。古猛虎行曰：日暮不從野雀棲〔二〕。孟冬寒風起，東壁正中昏。禮記曰：仲冬之月，昏東壁中。朱火獨照人，抱景自愁怨。古詩曰：朱火然其中。楚辭曰：廓抱景而獨倚。誰知心曲亂，所思不可論。毛詩曰：亂我心曲。古詩曰：所思在遠道。

文選考異

〔一〕注「劉渠曰」何校「渠」改「熙」，陳同，是也。各本皆譌。案：餘屢引，可證。

〔二〕注「日暮不從野雀棲」案：「日」字不當有。各本皆衍。

數詩　五言

鮑明遠

一身仕關西，家族滿山東。家語，孔子曰：恭敬忠信，四者可以正國，豈特一身？漢書，王衛尉曰：蕭何守關中，搖足則關西非陛下所有。又曰：高帝問羣臣，羣臣皆山東人也。二年從車駕，齋祭甘泉宮。漢書曰：元延二年，行幸甘泉。賦曰〔一〕：正月，從上甘泉。蔡邕獨斷曰：不敢指斥天子，故但言車駕。漢書曰：武帝作甘泉宮，中爲臺，置祭具以致天神也。三朝國慶畢，休沐還舊邦。漢書，谷永上書曰：食於三朝之會。周禮曰：國有福事，即慶賀之。漢書曰：張安世休沐未嘗出。王粲贈蔡子篤詩曰：戾舊邦也〔二〕。四牡曜長路，輕蓋若飛鴻。毛詩曰：駕彼四牡。石崇還京詩曰：迅風翼華蓋，飄颻若鴻飛。五侯相餞送，高會集新豐。漢書曰：成帝悉封舅王譚、王立、王根、王逢、王商時爲列侯，五人同日封，故世謂之五侯。又曰：漢王置酒高會。三輔舊事曰：太上皇思慕鄉里，高祖徙豐、沛商人，立爲新豐也。六樂陳廣坐，組帳揚春風。周禮曰：凡六樂者，文之以五聲。鄭玄曰：此固所以存六代之樂。史記，侯嬴曰：公子自迎嬴羣衆廣坐之中。嵇康贈秀才詩曰：組帳高褰。七盤起長袖，庭下列歌鍾。張衡舞賦曰：歷七盤而屣躡〔三〕。七盤，已見陸機羅敷歌。韓子曰：長袖善舞。國語曰：鄭伯納女樂二八〔四〕。歌鍾，已見魏都賦。八珍盈彫俎，綺肴紛錯重。周禮，食醫掌和王八珍之齊。莊子曰：祝宗人説彘曰：汝奚惡死？吾將加汝肩尻乎彫俎之上。應璩與公琰書曰：繁俎綺錯，羽爵飛騰。九族共瞻遲，賓友仰徽容。尚書曰：敦敍九族。孔安國曰：九族，高祖玄孫之親也。張載送鍾參軍詩曰：善見理不拔〔五〕，闡道播徽容。十載學無就，善宦一朝通。漢書曰：張釋之事文帝，十年不得調。又曰：司馬安巧善宦，四至九卿。

文選考異

〔一〕注「行幸甘泉賦曰」　案：「甘泉」當重。各本皆脱。

〔二〕注「戾舊邦也」　陳云「戾」上當有「言」字。各本皆脱。

〔三〕注「張衡舞賦曰歷七盤而屣躡」　案：此十一字誤衍。下云「七盤已見陸機羅敷歌」，茶陵本複出之如此。尤、袁兩有者非。

〔四〕注「國語曰鄭伯納女樂二八」　案：此十字誤衍。下云「歌鍾已見魏都賦」，茶陵本複出之如此。尤、袁兩有者非。

〔五〕注「善見理不拔」　袁本、茶陵本「見」作「建」，是也。

翫月城西門解中　五言

鮑明遠

始見西南樓，纖纖如玉鈎。西京雜記，公孫乘月賦曰：值圓巖而似鈎，蔽脩堞如分鏡。王逸楚辭注曰：曲瓊，玉鈎也。末映東北墀，娟娟似蛾眉。説文曰：墀，塗地也。禮，天子赤墀。上林賦曰：長眉連娟。毛詩曰：螓首蛾眉。蛾眉蔽珠櫳，玉鈎隔瑣窗。珠櫳，以珠飾疏也。瑣窗，窗爲瑣文也。范曄後漢書曰：梁冀第舍，窗牖皆有綺疏青瑣也。三五二八時，千里與君同。二八，十六日也。釋名曰：望，滿之名。月大十六日，月小十五日。淮南子曰：道德之論，譬如日月，馳騖千里，不能改其處。夜移衡漢落，徘徊帷户中。衡，斗中央也。漢，天漢也。已見上文。曹植七哀詩曰：明月照高樓，流光正徘徊。歸華先委露，别葉早辭風。言歸華先委，爲露所墮，别葉早辭，爲風所隕。華落向本，故曰歸本〔一〕；葉下離枝，故云别葉。王逸楚辭注曰：委，弃也。翼氏風角曰：木落歸本，水流歸末。客游厭苦辛，仕子倦飄塵。陸機荅張士然詩曰：飄飄冒風塵。休澣自公日，宴慰及私辰。禮記曰：晏子澣衣以朝。字林曰：醧，私宴飲也。方言曰：慰，居也。蜀琴抽白雪，郢曲發陽春。相如工琴而處蜀，故曰蜀琴；客歌郢中，故稱郢曲也。宋玉笛賦曰：師曠將爲白雪之曲也。又對問曰：客有歌於郢中者，其爲陽春白雪，國中屬而和者不過數人。肴乾酒未缺，金壺啓夕淪〔二〕。肴雖乾而酒未止，金壺之漏，已啓夕波。杜預左氏傳注曰：肴乾而不食。爾雅曰：小波爲淪。陸機漏賦曰：伏陰蟲以承波，吞恒流其如揖。迴軒駐輕蓋，留酌待情人。

文選考異

〔一〕注「故曰歸本」案：「本」當爲「華」，各本皆誤。

〔二〕金壺啓夕淪　袁本云善作「臺」。茶陵本作「臺」，云五臣作「壺」。案：二本所見非也。尤依注校改正之矣。

始出尚書省　五言

謝玄暉　蕭子顯齊書曰：朓兼尚書殿中郎。高宗輔政，以朓爲諮議，領記室。高宗，明帝也。

惟昔逢休明，十載朝雲陛。休明，謂齊武皇帝也。左氏傳曰：王孫滿曰：德之休明。蕭子顯齊書曰：朓解褐豫章王行參軍。然王故朝也。左思七牧曰：開甲第之廣衮，建雲陛之嵯峨。既通金閨籍，復酌瓊筵醴。金閨，即金門也。解嘲曰：歷金門，上玉堂。應劭漢書注曰：籍者，爲二尺竹牒，記其年紀、名字、物色，懸之宮門，案省相應，乃得入也。袁宏夜酣賦曰：開金扉，坐瓊筵。漢書，楚元王敬禮穆生等，穆生不嗜酒，王每置酒，常爲穆生設醴也。宸景厭照臨，昏風淪繼體。宸，北辰，以喻帝位也。厭照臨，謂武帝崩也。繼體，謂鬱林王昭業也。蕭子顯齊書曰：鬱林王，文惠太子長子，武帝崩，王即位。毛詩曰：明明上天，照臨下土。尚書曰：遠耆德，比頑童，時謂亂風。廣雅曰：昏，亂也。又曰：淪，没也。公羊傳曰：繼文王之體〔一〕，守文王之法度。紛虹亂朝日，濁河穢清濟。漢書，息夫躬絶命辭曰：虹霓燿兮日微。張晏曰：虹蜺，邪陰之氣也，而有照耀以蔽日月，方讒言流行，忠良浸微也。戰國策，張儀説秦王曰：清濟濁河，足以爲阻。孔安國尚書注曰：濟水入河，並流十數里，清濁異色，混爲一流。亦喻讒邪之穢忠正也。防口猶寬政，餐荼更如薺。言防衆口，實由寬政，雖遇餐荼之苦，更同如薺之甘。時明帝輔政，故曰寬也。國語，召公諫厲王曰：防人之口，甚於防川。左氏傳，陳公子完謂齊侯曰：臣幸若獲宥，及於寬政，君之惠也。仲長子昌言曰：有軍興之大役焉，有凶荒之殺用焉，如此則清脩絜皎之士，固當食荼鹽膽，枕籍菁棘。毛詩曰：誰爲荼苦〔二〕？其甘如薺。英衮暢人謀，文明固天啓。英衮，謂明帝也。初爲尚書令，故曰英衮。蕭子顯齊書曰：明帝以太后令，廢鬱林王及海陵王而即帝位。周禮曰：三公自衮冕而下。漢書音義曰：暢，通也。周易曰：人謀鬼謀，百姓與能。又曰：見龍在田，天下文明。左氏傳曰：晉侯賜畢萬魏，卜偃曰：以是始賞，天啓之矣。青精翼紫軑，黄旗映朱邸。春秋元命苞曰：殷紂之時，五星聚房。房者，蒼神之精，周據而興。然青即蒼也。齊，木德，故蒼精翼之。孔安國尚書傳曰：翼，輔也。方言曰：韓、楚之間，輪謂之軑，徒計切。天子之車，以紫爲蓋，故曰紫軑。司馬德操與劉恭嗣書曰：黄旗紫蓋，恒見東南，終成天下者，揚州之君子。史記曰：諸侯朝天子，於天子之所立宅舍曰邸。漢書曰：代王入代邸。諸王朱户，故曰朱邸。還覩司隸章，復見東都禮。東觀漢記曰：更始欲北之雒陽，以上爲司隸校尉。三輔官府吏東迎雒陽，見更始諸將過者數十輩，皆冠幘而衣婦人之衣，大爲長安所笑；見司隸官屬，皆相指視之，極望，老吏或垂涕，粲然復見官府儀體，賢者蟻附也。

中區咸已泰，輕生諒昭洒。文賦曰：佇中區以玄覽。説文曰：洒，滌也，桑禮切。趨事辭宫闕，載筆陪旌棨。謂出殿中而爲記室也。漢書曰：朱博夜寢早起，妻希見面，趨事如是。慎子曰：趨事之有司，賤也。禮記曰：史載筆，士載言。司馬彪續漢書曰，公以下至二千石，騎吏四人，皆帶劍棨戟爲前行。韋昭漢書注曰：棨，戟也，音啓。邑里向疎蕪，寒流自清泚。鶡冠子曰：士之居邑里。賈逵國語注曰：蕪，薉也。説文曰：泚，清也，且禮切。衰柳尚沈沈，凝露方泥泥。沈沈，茂盛之貌也。毛詩曰：蓼彼蕭斯，零露泥泥。廣雅曰：方，正也。毛萇曰：泥泥，沾濡也。零落悲友朋，歡虞讌兄弟。孔融與曹操書曰：海内知識，零落殆盡。虞與娱通。毛詩序曰：常棣，燕兄弟也。既秉丹石心，寧流素絲涕。丹石，言不移也。吕氏春秋曰：石可破而不可奪其堅，丹可磨而不可奪其赤。韓子曰：上下相德，守道者皆懷金石之心。素絲隨染涕，墨子所悲也。淮南子曰：墨子見練絲而泣之，爲其可以黄可以黑。高誘曰：閔其化也。曹顔遠感時詩曰〔二〕：素絲與路歧。乘此終蕭散，垂竿深澗底。孫惠龜賦曰：汎舟於清泠之淵，垂竿於巖澗之下。如淳漢書注曰：乘，因也。

文選考異

〔一〕注「繼文王之體」　袁本、茶陵本「繼」上有「是子也」三字，無「王」字。案：當補「王」字耳。「是子也」，尤誤删。

〔二〕注「誰爲荼苦」　案：「爲」當作「謂」。各本皆誤。

〔三〕注「曹顏遠感時詩曰」陳云「時」當作「舊」。各本皆誤。

直中書省 五言

蕭子顯齊書曰：朓轉中書郎。

謝玄暉

紫殿肅陰陰，彤庭赫弘敞。紫殿，紫宮也。漢書成紀曰：神光降集紫殿。莊子曰：至陰肅肅，至陽赫赫。西都賓曰：玉階彤庭。西京賦曰：赫昈昈以弘敞。風動萬年枝，日華承露掌。晉宮闕名曰：華林園有萬年樹十四株。漢書曰：日華曜宣明。又曰：武帝作栢梁銅柱、承露盤、僊人掌也。玲瓏結綺錢，深沈映朱網。晉灼甘泉賦注曰：玲瓏，明見貌也。東宮舊事曰：窗有四面，綾綺連錢。楚辭曰：網户朱綴刻方連。王逸注曰：網，綺文縷也。綴，緣也。網與罔同而義異也。紅藥當階翻，蒼苔依砌上。淮南子曰：窮谷之污，生以蒼苔。兹言翔鳳池，鳴珮多清響。晉中興書曰：荀勗徙中書監爲尚書令，人賀之，乃發恚云：奪我鳳凰池，卿諸人何賀我邪？禮記曰：君子行則鳴佩玉。信美非吾室，中園思偃仰。登樓賦曰：雖信美而非吾土兮。毛詩曰：或棲遲偃仰。朋情以鬱陶，春物方駘蕩。尚書曰：鬱陶乎予心，顏厚有忸怩。莊子曰：惠施之材，駘蕩而不得，逐物不反。司馬彪曰：駘蕩，猶施散也。安得凌風翰，聊恣山泉賞。莊子曰：鵲巢於高榆之顛，巢折，凌風而起。毛詩曰：如飛如翰。鄭玄曰：如鳥之飛翰也。

觀朝雨 五言

謝玄暉

朔風吹飛雨，蕭條江上來。既灑百常觀，復集九成臺。張景陽七命曰：表以百常之闕。西京賦曰：通天眇以竦峙，勁百常而莖擢。薛綜曰：臺名也。爾雅曰：觀謂之闕。吕氏春秋曰：有娀氏〔一〕有二佚女，爲九成臺，飲食必以鼓。空濛如薄霧，散漫似輕埃。平明振衣坐，重門猶未開。楚辭曰：平明發兮蒼梧。新序曰：老古振衣而起。周易曰：重門擊柝。耳目暫無擾，懷古信悠哉。東京賦曰：慨長思而懷古。毛詩曰：悠哉悠哉。毛萇曰：悠，思也。戢翼希驤首，乘流畏曝鰓。成公綏慰情賦曰：惟潛龍之勿用，戢鱗翼以匿影。鄒陽上書曰：鮫龍驤首奮翼，則浮雲出流。鵩鳥賦曰：乘流則逝。三秦記曰：河津，一名龍門，兩傍有山，水陸不通，龜魚莫能上。江海大魚，薄集龍門下，上則爲龍，不得上，曝鰓水次也。動息無兼遂，歧路多徘徊。動息，猶出處，言出處之情有疑，譬臨歧路而多惑也。淮南子曰：楊子見逵路而哭之，謂其可以南可以北。方同戰勝者，去翦北山萊。言隱勝仕也。方，猶將也。韓子，子夏曰：吾入見先王之義則榮之，出見富貴又榮之，二者戰於胸臆，故臞也。今見先王之義戰勝，故肥也。毛詩曰：南山有臺，北山有萊。毛萇曰：萊，草也。

文選考異

〔一〕注「有蛾氏」何校「蛾」改「娀」，是也。各本皆譌。

郡内登望 五言 蕭子顯齊書曰：眺出爲宣城太守。

謝玄暉

借問下車日，匪直望舒圓。張景陽詩曰：下車如昨日，望舒四五圓。寒城一以眺，平楚正蒼然。毛詩曰：翹翹錯薪，言刈其楚。説文曰：楚，叢木也。鄭玄毛詩箋曰：蒹葭在衆草之中，蒼蒼然也。山積陵陽阻，溪流春穀泉。江賦曰：幽澗積阻。沈約宋書曰：宣城郡，太康中分丹陽立。陵陽子明得仙於廣陽縣山。戰國策曰：飲茹溪之流。漢書曰：丹陽郡有春穀縣。水經注曰：江連春穀縣北，又合春穀水。威紆距遥甸，巉嵒帶遠天。威紆，威夷紆餘，流長之貌也。孔安國尚書傳曰：距，至也。廣雅曰：巉嵒，高也。切切陰風暮，桑柘起寒煙。悵望心已極，惝怳魂屢遷。悵望，已見上文。楚辭曰：招惝怳而永懷。招，勑驕切。惝，況壤切。怳，況往切。結髪倦爲旅，平生早事邊。漢書，霍光結髪内侍。論語，子曰：久要不忘平生之言。誰規鼎食盛，寧要狐白鮮。家語曰：子路南遊於楚，列鼎而食。晏子春秋曰：景公被狐白之裘，坐於堂側。方棄汝南諾，言税遼東田。續漢書曰：汝南太守南陽宗資任用范滂，時人謡曰：汝南太守范孟博，南陽宗資主畫諾。魏志曰：管寧聞公孫度令行海外，遂至于遼東。皇甫謐高士傳曰：人或牛暴寧田者，寧爲牽牛著涼處，自飲食也〔一〕。

文選考異

〔一〕注「自飲食也」案：「飲」當作「飤」。各本皆譌。

和伏武昌登孫權故城 五言

徐勉伏曼容墓誌序曰：曼容爲大司馬諮議參軍，出爲武昌太守。

謝玄暉

炎靈遺劍璽，當塗駭龍戰。 炎靈，謂漢也。典引曰：蓄炎上之烈精。漢儀禮志曰〔一〕：皇太子即位，中黃門以斬蛇寶劍授。異苑曰：晉惠帝元康三年，武庫火，燒漢高斬白蛇劍。吳書曰：初，黃門張讓等作亂，劫天子出奔，尚璽投井中。春秋保乾圖曰：漢以魏徵當塗在世，名行四方。獻帝紀，太史丞許芝奏故白馬令李雲上事曰：許昌氣見於當塗高者，魏也。象魏者，兩觀闕是也。當道而高大者，魏也，當代漢。周易曰：龍戰于野，其血玄黃。**聖期缺中壤，霸功興寓縣。** 論衡曰：孟子云：五百年有王者興。五百年者，以爲天出聖期也。桓譚陳便宜曰：所謂霸功者，法度明正，百官脩治，威令流行者也。蒼頡篇曰：宇，邊也。說文曰：寓，籀文宇字也。**鵲起登**

吳山，鳳翔陵楚甸。莊子曰：鵲上城之垝，巢於高榆之顛，城壞巢折，陵風而起。故君子之居時也，得時則義行，失時則鵲起。司馬彪曰：垝，最高危限之處也。起，飛也。東都賦曰：龍飛白水，鳳翔參墟。孫氏初基武昌，後都建鄴，故云吳山楚甸也。垝，居毁切。衿帶窮巖險，帷帟盡謀選。西京賦曰：巖險周固，衿帶易守。漢書，高祖曰：運籌策於帷帳之中。左氏傳，薳啓疆曰：趙成、中行吳，皆諸侯之選也。鄭玄毛詩箋曰：選者，謂於倫等之中最上也。北拒溺驂鑣，西龕收組練。北拒，謂禦曹操；西龕，謂敗劉備也。春秋感精符曰：強傑並侵，戰兵雷合，龍門溺驂。宋均曰：龍門，魯地名也。時齊與宋鄭戰敗相殺〔二〕，血溺驂馬。尚書序曰：西伯戡黎。孔安國曰：戡，勝也。龕與戡音義同。左氏傳曰：組甲三百，被練三千。馬融曰：組甲，以組爲甲，被練爲甲裏也。江海既無波，俯仰流英盼〔三〕。禮斗威儀曰：其君乘木而王，其政象平，則江海不揚波。好色賦曰：竊視盼〔四〕。裘冕類禋郊，卜揆崇離殿。周禮曰：王祀昊天上帝，則服大裘而冕，祀五帝亦如之。又曰：兆五帝於四郊，四類亦如之。孔安國尚書傳曰：類，事類也。又曰：精意以享曰禋。毛詩曰：卜云其吉，終然允臧。毛萇曰：凡建國必卜之。毛詩曰：揆之以日，作爲楚室。毛萇曰：揆，度也。度日出日入以知西東，視定北準極〔五〕以正南北。毛萇詩傳曰：崇，立也。西都賦曰：外則離殿別寢。釣臺臨講閱，樊山開廣讌。吳志曰：孫權於武昌臨釣臺飲酒，大歡。國語，虢文公曰：一時講武。公羊傳曰：大閱者何？簡車馬也。水經曰：武昌郡治城南有袁山，即樊山也，北背大江，江上有釣臺。顏延年釋奠詩曰：即宮廣讌。文物共葳蕤，聲明且葱蒨。左氏傳，臧哀伯曰：夫德儉而有度，文物以紀之，聲明以發之。三光厭分景，書軌欲同薦。三國名臣頌曰：三光參分，宇宙暫隔。禮記，子曰：今天下車同軌，書同文。杜預左氏傳注曰：薦，獻也。參差世祀忽，寂漠市朝變。魏都賦曰：非有期乎世祀。忽，謂忽忽然而去也。古出夏北門行曰：市朝易人，千載墓平。舞館識餘基，歌梁想遺轉。蕪城賦曰：歌堂舞閣之基。西征賦曰：覓陛殿之餘基。歌有繞梁，故曰歌梁。淮南子曰：秦、楚、燕、趙之歌也，異轉而皆樂。高誘曰：轉，音聲也。故林衰木平，荒池秋草徧。雄圖悵若兹，茂宰深遐睠。茂宰，謂伏武昌也。言孫氏雄圖，悵然如此，伏氏感之而深遠睠。幽客滯江皐，從賞乖纓弁。幽客，眺自謂也。言從賞而乖纓弁遊也。楚辭曰：朝馳騁兮江皐。王逸注曰：澤曲曰皐。清巵阻獻酬，良書限聞見。良書，謂伏詩也。鄭玄禮記注曰：巵，酒器也。毛詩曰：獻酬交錯。墨子曰：墨子獻書惠王，王受而讀之，曰：良書也。幸籍芳音多〔六〕，承風采餘絢。楚辭曰：聞赤松之清塵，願承風之遺則。馬融論語注曰：絢，文貌也。于役儻有期，鄂渚同游衍。毛詩曰：君子于役，不知其期。楚辭曰：乘鄂渚而反顧兮。王逸注曰：鄂渚，地名也。毛詩曰：昊天曰旦，及爾遊衍。毛萇曰：遊，行也。衍，溢也。鄭玄曰：常與汝入往〔七〕遊溢相從也。

文選考異

〔一〕注「漢儀禮志曰」 案：「儀禮」當作「禮儀」。各本皆倒。此所引司馬彪志文。「漢」上疑尚脱「續」字。

〔二〕注「戰敗相殺」 何校「敗」改「攻」，是也，各本皆譌。

〔三〕俯仰流英盼 案：「盼」當作「眄」。袁本作「眄」，云善作「盼」。茶陵本云五臣作「眄」。各本所見皆非也，善引好色賦注「流盻」，其本不作「盼」，明甚。傳寫正文及注皆誤，校語遂謂善、五臣之異，而讀者莫察矣。「盻」即「眄」別體，凡此字多譌爲「盼」。

〔四〕注「竊視盼」　案：「視」下脱「流」字，「盼」當作「盻」，見上。各本皆誤。賦在第十九卷也。

〔五〕注「視定北準極」　陳云「視」上脱「南」字，是也。各本皆脱。

〔六〕幸籍芳音多　袁本「籍」作「藉」，是也。茶陵本亦誤「籍」。

〔七〕注「常與汝入往」　陳云「女」下脱「出」字，「往」下脱「來」字，是也。各本皆誤。

和王著作八公山　五言　謝玄暉

淮南子曰：淮南王安養士數千人，中有高才八人：蘇非、李上、左吴、陳由、伍被、雷被、毛被、晉昌，爲八公。神仙傳曰：雷被誣告安謀反，人告公曰：安可以去矣。乃與登山，即日升天。八公與安所踐石上之馬跡存焉。

二別阻漢坻，雙崤望河澳。左氏傳曰：吴子伐楚，子常乃濟漢而陣，自小別至于大別。殽有二陵，已見西征賦。爾雅曰：小沚曰泜。又曰：澳，隈也。兹嶺復巑岏，分區奠淮服。字林曰：巑岏，鋭山也。潘岳贈陸機詩曰：區域以分。孔安國尚書傳曰：奠，定也。東限琅邪臺，西距孟諸陸。山海經曰：琅邪臺在渤海間，琅邪之東。孔安國尚書傳曰：距，至也。周禮曰：正東曰青州，其藪曰孟諸。爾雅曰：宋有孟諸。郭璞曰：

今在梁國濉陽縣東北。然孟諸澤在八公山東，而云西距者，謂澤西距山，以避上文耳。謂山在澤東是也〔一〕。仟眠起雜樹，檀欒蔭脩竹。楚辭曰：遠望兮仟眠。枚乘兔園賦曰：脩竹檀欒夾池水。日隱澗凝空〔二〕，雲聚岫如複。出没眺樓雉，遠近送春目。王肅家語注曰：高丈長曰堵〔三〕，三堵曰雉。呂氏春秋曰：客出，田駢送之以目。戎州昔亂華，素景淪伊穀。亂華，謂苻堅也。左氏傳曰：衛侯登城以望見戎州，公曰：我姬姓也，何戎之有焉！又，孔子曰：裔不謀夏，夷不亂華。素景，謂晉也。干寶搜神記曰：金者，晉之行也。漢書曰：穀水出穀陽谷，東北入洛也。伊水已見上文。阽危賴宗衮，微管奇明牧。宗衮，謝安也。明牧，謝玄也。晉中興書曰：時盜賊强盛〔四〕，浸寇無已。朝議求文武良將可以鎮北方者，衛將軍謝安曰：唯兄子玄可堪此任。於是拜建武將軍，兗州刺史，領廣陵相，監江北諸軍事。漢書，賈誼上書曰：安有天下阽危者若是。臣瓚曰：臨危曰阽。或曰：阽，屋檐也。論語，子曰：微管仲，吾其被髮左衽矣。長虵固能翦，奔鯨自此曝。八公山，謝玄敗苻堅之處也。長虵，喻融；奔鯨，喻堅也。羣謝録〔五〕曰：玄領徐州，苻堅傾國大出，玄爲前鋒，射傷苻堅，陣殺苻融。左氏傳，申包胥如秦乞師，曰：吴爲封豕長虵，以荐食上國。又楚子曰：古者明王伐不敬，取其鯨鯢而封，以爲大戮。杜預曰：鯨鯢，大魚名，以喻不義之人，吞食小國也。道峻芳塵流，業遥年運儵。陸機大暮賦曰：播芳塵之馥馥。莊子，老聃曰：予年運而往矣，將何以戒我乎？平生仰令圖，吁嗟命不淑。平生，眺自謂也。左氏傳，汝叔齊曰：君子能知其過，必有令圖。令圖，天贊也。薛君韓詩章句曰：吁嗟，歎辭也。毛詩曰：子之不淑。楊泉五湖賦曰：底功定績，蓋寓令圖。不淑，已見嵇康幽憤詩。浩蕩别親知，連翩戒征軸。楚辭曰：志浩蕩而傷懷。思玄賦曰：繽連翩兮紛暗曖。再遠館娃宮，兩去河陽谷。方言曰：吴有館娃之宮。石崇思歸引序曰：肥遯於河陽別業。**風煙四時犯，霜雨朝夜沐。**曹植亟出行曰：蒙霧犯風塵。淮南子曰：禹沐滛雨，櫛疾風。高誘曰：以雨爲沐浴也，以疾風爲梳篦也。魏書，公令曰：沐浴霜露，二十餘年。**春秀良已凋，秋場庶能築。**孫子曰：秋霜被不凋其秀。毛詩曰：九月築場圃。

文選考異

〔一〕注「謂山在澤東是也」　案：此七字不可通，蓋後來駮善注之語而誤錯入耳。各本皆衍。否則當作「非謂山在澤東也」而誤。

〔二〕日隱澗凝空　案：「凝」當作「疑」。宋本謝集正作「疑」，此「疑空」與「如複」偶句。各本作「凝」，但傳寫誤耳。袁、茶陵二本所載五臣翰注云「澗暗如空也」，詳其意，亦不作「凝」。凡諸家集中異同，非可畫一，故每不稱説。此條不同其例，所謂言各有當者矣。

〔三〕注「高丈長曰堵」　茶陵本「長」下有「丈」字，是也。袁本亦脱。

〔四〕注「時盜賊強盛」　陳云「盜」，「氐」誤。案：所校最是。氐，苻秦也。不知者改之。各本皆作「盜」，其誤久矣。

〔五〕注「羣謝録」　何校「羣」改「陳郡」二字，陳同，是也。各本皆誤。述祖德詩注引可證。

和徐都曹 五言 集云：和徐都曹勉昧旦出新渚〔一〕。

謝玄暉

宛洛佳遨游，春色滿皇州。古詩曰：驅車策駑馬，游戲宛與洛。鮑昭結客少年場曰：表裏望皇州。結軫青郊路，迴瞰蒼江流。楚辭曰：結余軫於西山。周禮曰：東方謂之青。蜀都賦曰：列綺疏以瞰江。日華川上動，風光草際浮。日華，已見上文。楚辭曰：光風轉蕙汎崇蘭。王逸注曰：光風，謂日出而風，草木有光色也。桃李成蹊逕，桑榆陰道周。班固漢書贊曰：諺曰：桃李不言，下自成蹊。楚辭曰：鳴鳩棲於桑榆。毛詩曰：有杕之杜，生于道周。毛萇曰：周，曲也。東都已俶載，言歸望綠疇。毛詩曰：以我覃耜，俶載南畝。毛萇曰：覃，利也。王肅曰：俶，始也。載，事也。言用我之利〔二〕，始事於南畝也。毛詩曰：言旋言歸。賈逵國語注曰：一井爲疇。

文選考異

〔一〕注「昧旦出新渚」案：「新」下當有「亭」字。各本皆脱。謝集有。

〔二〕注「言用我之利」陳云「利」下脱「耜」字，是也。各本皆脱。

和王主簿怨情 五言　集云：王主簿，名季哲。

謝玄暉

掖庭聘絶國，長門失歡宴。漢書元紀曰：賜單于待詔掖庭王嬙爲閼氏。應劭曰：名嬙，小字昭君。娶女曰聘，據單于而言也。琴道，雍門周曰：一赴絶國。掖庭，王昭君所居也。長門，陳皇后所居也。南都賦曰：接歡宴於日夜。相逢詠蘪蕪，辭寵悲班扇。古樂府詩曰：上山採蘼蕪〔一〕，下山逢故夫。班婕妤怨詩曰：新製齊紈素，鮮絜如霜雪，裁爲合歡扇，團團似明月。花叢亂數蝶，風簾入雙燕。徒使春帶賒，坐惜紅粧變。賒，緩也。生平一顧重，宿昔千金賤。鄭玄毛詩箋曰：顧，迴首也。列女傳曰：楚成鄭子瞀者，楚成王之夫人也。初，成王登臺，子瞀不顧，王曰：顧，吾與女千金。子瞀遂行不顧。曹植詩曰：一顧千金重，何必珠玉錢？阮籍詠懷詩曰：宿昔同衾裳。故人心尚爾，故人心不見〔二〕。古樂府曰：相去萬餘里，故人心尚爾。鄭玄毛詩箋曰：尚，猶也。字書曰：爾，詞也。

文選考異

〔一〕注「上山採蘼蕪」　案：「蘼」當作「蘪」。正文「蘪」，袁、茶陵二本校語皆云善作「蘪」，可見注中自是「蘪」字也。尤、袁注作「蘼」，乃涉五臣而誤。茶陵注并入五臣，更不可別。「蘼」、

「麋」同字耳。凡善、五臣有異，雖同字亦必較，然不可混，其例有如此。

〔二〕故人心不見　案：「人心」當作「心人」。袁本、茶陵本作「心人」，云善作「人心」。各本所見皆非也。上句「故人心尚爾」，承「生平一顧重」言之，謂辭寵之未嘗易操也。此句「故心人不見」，承「宿昔千金賤」言之，謂相逢之遽已貶價也，此情之所爲怨也。傳寫下句涉上倒兩字，絶不可通，非善如此。五臣之注，其義甚謬，而文未誤，可借爲證。謝集「故心人不見」注云「一作故人心不見」，取六臣合并本文選而云然耳。

和謝宣城　五言　集云：謝宣城眺卧疾。

沈休文

王喬飛鳧舄，東方金馬門。從宦非宦侶，避世不避喧。范曄後漢書曰：王喬者，河東人也，顯宗時爲葉令。喬有神術，每月朔望自縣詣臺朝。帝怪其來數而不見車騎，密令太史伺望之。言其臨至，輒有雙鳧東南飛來。於是伺鳧至，舉羅張之，但得一雙舄焉。乃詔尚方診視，則四年中所賜尚書官屬履也。史記曰：武帝時，齊人有東方生，名朔，時坐席中，酒酣，據地歌曰：陸沈於俗，避世金馬門。揆余發皇鑒〔一〕，短翮屢飛飜。楚辭曰：皇鑒揆予于初度。丁儀周成王論曰：振短翮與鸞鳳並翔。晨趨朝建禮，晚沐卧郊園。漢書典職曰〔二〕：尚書郎晝夜更直於建禮門内。沐，休沐也。賓至下塵榻，憂來命緑樽。謝承後漢書曰：徐穉，字孺子，豫章人，屢辟公府不起。時陳蕃爲太守，以禮請署功曹，穉不免之，既謁而退，蕃在郡不接賓，唯穉來特設一榻，去則懸之。應休璉與曹長思書曰：紅塵蔽於机榻。傅玄雜詩曰：机榻委塵埃。漢書，東方朔曰：臣聞銷憂者莫若酒也。**昔賢侔時雨，今守馥蘭蓀。**字林曰：侔，齊等也。孟子曰：君子之所以教者五，有如時雨化之者。今守，即朓也。潘正叔贈河陽詩曰：流聲馥秋蘭。王逸楚辭注曰：蓀，香草名也〔三〕。**神交疲夢寐，路遠隔思存。**列子曰：夢有六候，此六者皆魂神所交也〔四〕。莊子曰：子綦曰：其寐也魂交，其覺也形開。說文曰：交，會也。毛詩曰：雖則如雲，匪我思存。**牽拙謬東汜，浮惰及西崐。**梁書曰：隆昌中，約出爲東陽太守。明帝即位，徵爲五兵尚書。以日之早晏，喻年之少老也。牽拙，牽率庸拙也。東汜，謂湯谷，日之所出也。浮惰，浮名惰懈也。西崐，謂崦嵫，日之所入也。**顧循良菲薄，何以儷璵璠。**鄭玄毛詩箋曰：顧，念也。楚辭曰：質菲薄而無由。馬融論語注曰：菲，薄也。廣雅曰：儷，偶也。左氏傳曰：季平子卒，陽虎將以璵璠斂。杜預曰：璵璠，美玉也。**將隨渤澥去，刷羽汎清源。**解嘲曰：若江湖之雀，渤澥之鳥。吴都賦曰：刷蕩漪瀾。說文曰：刷，刮也。劉公幹詩曰：方塘含清源。

文選考異

〔一〕撰余發皇鑒　何校「鑒」改「覽」，注同。案：所校是也。離騷，善作「覽」，五臣作「鑒」。袁、茶陵二本有明文，此善引彼爲注，作「覽」甚明。蓋亦五臣作「鑒」，自與其離騷同，各本以亂善又并改注，非也。西征賦「皇鑒」及注同此。

〔二〕注「漢書典職曰」　何校「書」改「官」，陳同，是也。各本皆譌。

〔三〕注「香草名也」袁本、茶陵本無「名」字，是也。

〔四〕注「皆魂神所交也」袁本無「皆魂」二字。案：無者是也。所引周穆王文。五臣向注乃有此二字，尤延之誤取耳。茶陵本注并入五臣，更不可別。

應王中丞思遠詠月 五言 蕭子顯齊書曰：王思遠爲御史中丞。

沈休文

月華臨静夜，夜静滅氛埃。魏明帝詩曰：静夜不能寐。楚辭曰：辟氛埃而清涼。方暉竟户入，圓影隙中來。淮南子曰：受光於隙，照一隅；受光於户，照室中無遺物；況受光於宇宙乎？説文曰：隙，壁際也。高樓切思婦，西園游上才。曹子建七哀詩曰：明月照高樓，流光正徘徊，上有愁思婦，悲歎有餘哀。魏文帝芙蓉池詩曰：乘輦夜行遊，逍遥步西園，丹霞夾明月，華星出雲間。網軒映珠綴〔一〕，應門照緑苔。楚辭曰：網户朱綴刻方連。下云緑苔，此當爲朱綴，今並爲珠，疑傳寫之誤。漢書曰：班婕妤自傷賦曰：潛玄宫兮幽以清，應門閉兮楚闥扃〔二〕，華殿塵兮玉陛苔〔三〕，中庭萋兮緑草生。洞房殊未曉，清光信悠哉。楚辭曰：姱容脩態亘洞房。毛萇詩傳曰：悠，遠貌也。

文選考異

〔一〕網軒映珠綴　茶陵本有校語云善作「朱」。袁本無校語。案：二本非也。善作「珠」，故云「此當爲朱綴，今並爲珠」，五臣因此改爲「朱」，故云「以網及朱綴而飾之」。茶陵本大例當作「珠」，而云五臣作「朱」。袁本大例當作「朱」，而云善作「珠」。今皆錯誤，唯尤本爲是。又案：五臣注中字袁本作「朱」，不誤。重刻茶陵者并改成「珠」，幾莫可辨矣，此更誤中之誤也。

〔二〕注「楚闥扃」　案：「楚」當作「禁」。各本皆譌。所引外戚傳文。

〔三〕注「玉陛苔」　案：「陛」當作「階」。各本皆譌。所引外戚傳文。

冬節後至丞相第詣世子車中　五言　沈休文

蕭子顯齊書曰：豫章王嶷，太祖第三子也。薨贈丞相、揚州牧。長子廉，字景藹，爲世子。蔡邕獨斷曰：諸侯適子稱世子。

廉公失權勢，門館有虛盈。史記曰：廉頗失勢之時，故客盡去，及復爲將，又復至。王符潛夫論曰：昔魏其之客，流於武安；長平之利，移於冠軍。廉頗翟公，再盈再虛。貴賤猶如此，況乃曲池平。漢書曰：

下邽翟公爲廷尉，賓客亦填門。及廢，門外可設雀羅。後爲廷尉，客欲往，翟公大署其門曰：一貴一賤，交情乃見。桓子新論，雍門周説孟嘗君曰：千秋萬歲後，高臺既已傾，曲池又以平。高車塵未滅，珠履故餘聲。漢書曰：于定國父于公，閭門壞，父老方共治之，于公謂之曰：少高大閭門，令容駟馬高蓋。説文曰：高車〔一〕，其蓋高，立載之車也。史記曰：春申君上客，皆躡珠履。賓階緑錢滿，客位紫苔生。家語曰：公自阼階，孔子由賓階升堂立侍。又曰：醮於客位，加其有成也。崔豹古今注曰：空室無人行，則生苔蘚，或青或紫，一名緑錢。禮記曰：主人就東階，客就西階。又曰：殯於客位，祖於庭。誰當九原上，鬱鬱望佳城。禮記，趙文子曰：以從先大夫於九原。鄭玄曰：晉卿大夫之墓地在九原。西京雜記曰：滕公駕至東都門，馬鳴，跼不肯前，皆以前脚跼地，久之，滕公懼，使卒掘馬所跼地，入三尺所，得石槨，有銘焉。銘曰：佳城鬱鬱，三千年，見白日，吁嗟滕公居此室。滕公曰：嗟乎，天也！吾其即安此乎！遂葬焉。漢書曰：夏侯嬰，號滕公也。

文選考異

〔一〕注「説文曰高車」 案：「説文」當作「釋名」。各本皆誤。所引在其釋車篇中也。

學省愁卧 五言　　沈休文

學省，國學也。梁書曰：齊明帝即位，約遷國子祭酒。

秋風吹廣陌，蕭瑟入南闈。廣雅曰：陌，道也。愁人掩軒卧，高牕時動扉。楚辭曰：愁人兮奈何！掩，猶閉也。軒，長廊也。虛館清陰滿，神宇曖微微。謝靈運齋中詩曰：虛館絶諍訟。曹植九詠曰：蔓葛滋兮冒神宇。王逸楚辭注曰：曖曖，暗昧貌。南都賦曰：清廟肅以微微。網蟲垂户織，夕鳥傍櫩飛。張景陽雜詩曰：蜘蛛網户屋。魏文帝詩曰：蜘蛛繞户牖。纓珮空爲忝，江海事多違。爾雅曰：忝，辱也。莊子曰：就藪澤，處閑曠，此江海之士，避世之人也。廣雅曰：違，異也，謂乖異也。山中有桂樹，歲暮可言歸。山中有桂樹，即攀桂枝而聊淹留也。韓詩曰：蟋蟀在堂，歲聿其莫。薛君曰：莫，晚也。言君之年歲已晚也。

詠湖中鴈 五言

沈休文

白水滿春塘，旅鴈每迴翔。劉公幹雜詠詩曰：方塘含白水，中有鳧與鴈。謝靈運戲馬臺集詩曰：旅鴈違霜雪。楚辭曰：孔雀兮迴翔。穀梁傳曰：掩禽旅。范甯曰：衆禽也。唼流牽弱藻，斂翮帶餘霜。楚辭曰：鳧鴈皆唼夫粱藻。應瑒建章臺集詩曰：遠行蒙霜雪。羣浮動輕浪，單汎逐孤光。上林賦曰：鴻鷫鵠鴇，浮乎其上。懸飛竟不下，亂起未成行。吕氏春秋曰：羣鳥翔而不下。白虎通曰：鴈飛則乃成行〔一〕。刷羽同摇漾，一舉還故鄉。摇漾，飛貌也。韓詩外傳，田饒曰，黄鵠一舉千里。烏孫公主歌曰：願爲黄鵠兮歸故鄉。

文選考異

〔一〕注「鴈飛則乃成行」 袁本、茶陵本無「乃」字，是也。

三月三日率爾成篇 五言

沈休文

麗日屬元巳，年芳具在斯。南都賦曰：暮春之禊，元巳之辰。開花已匝樹，流嚶復滿枝。洛陽繁華子，長安輕薄兒。阮籍詠懷詩曰：昔日繁華子，安陵與龍陽。范曄後漢書曰：李寶勸劉嘉且觀成敗，光武聞，告于鄧禹曰：孝孫素謹，當是長安輕薄兒誤之耳。嘉字孝孫。嚶，於耕切。東出千金堰，西臨鴈鶩陂。楊佺期洛陽記曰：千金堰在洛陽城西，去城三十五里，堰上有穀水塢。朱超石與兄書曰：千金堤舊堰穀水，魏時更脩，謂之千金塢。廣雅曰：堰，潛堰也，謂潛築土以壅水也，一作堨，音竭。塢，烏古切。堰，一建切。然三字義同而音則異也。漢宮殿疏曰：長安有鴈鶩陂，承昆明下流也。游絲映空轉，高楊拂地垂。緑幘文照耀，紫燕光陸離。漢書曰：董偃與母以賣珠爲事，隨母入館陶公主家，因留第中。偃謁上，緑幘傅韝。毛萇詩傳曰：日出照耀。紫燕，已見赭白馬賦。楚辭曰：玉珮兮陸離。清晨戲伊水，薄暮宿蘭池。曹子建名都篇曰：清晨復來還。楚辭曰：薄暮雷電歸何憂。廣雅曰：薄，至也。漢書曰：渭城有蘭池宮。象筵鳴寶瑟，金瓶汎羽卮。吴都賦曰：桃笙象簟，韜於筒中。漢書曰：莽何羅行觸寶瑟。瓶，酒器也。古樂府詞曰：金瓶素綆汲寒漿。羽卮，即羽觴也。楚辭曰：瑶漿密勺實羽觴。寧憶春蠶起，日暮桑欲萎。枚乘兔園賦曰：桑萎蠶飢中人望奈何！長袂屢以拂，彫胡方自炊。楚辭曰：長袂拂面善留客。宋玉諷賦曰：主人之女，爲臣炊彫胡之飯，露葵之羹，來勸臣食。鄭玄毛詩箋曰：方，且也。愛而不可見，宿昔減容儀。毛詩曰：愛而不見。且當忘情去，歎息獨何爲？公孫尼子曰：衆人役物而忘情。郭象論曰：忘情於無有之域。曹子建贈白馬王詩曰：太息將何爲？

雜擬上

擬古詩十二首

陸士衡

擬行行重行行

悠悠行邁遠，戚戚憂思深。此思亦何思，思君徽與音。音徽日夜離，緬邈若飛沈。王鮪懷河岫，晨風思北林。王鮪，已見東京賦。晨風，已見上文。遊子眇天末，還期不可尋。驚飇褰反信，歸雲難寄音。楚辭曰：願寄言於浮雲兮，遇豐隆而不將。佇立想萬里，沈憂萃我心。攬衣有餘帶，循形不盈衿。去去遺情累，安處撫清琴。

擬今日良宴會

閑夜命歡友，置酒迎風館。迎風，已見西京賦。齊僮梁甫吟，秦娥張女彈。南都賦曰：齊僮唱兮列趙女。蔡邕琴頌曰：梁甫悲吟，周公越裳。琴操曰：曾子耕泰山之下，天雨雪凍，旬月不得歸，思其父母，作梁山歌。應瑒神女賦曰：夏姬曾不足以供妾御，況秦娥與吴娃。方言曰：秦俗，美皃謂之娥。張女彈，已見笙賦。哀音繞棟宇，遺響入雲漢。列子，秦青曰：昔韓娥東之齊，鬻歌假食。既去，而餘響繞梁，三日不絶。又曰：薛談學謳於秦青，辭歸，青餞於郊衢，撫節悲歌，聲振林木，響遏行雲。張湛曰：三人，薛、秦、韓之善歌者也。四坐咸同志，羽觴不可算。高談一何綺？蔚若朝霞爛。霞或爲華。人生無幾何，爲樂常苦晏。秦嘉答婦詩曰：憂艱常早至，爲樂常苦晚。譬彼伺晨鳥，揚聲當及旦。尸子曰：使雞伺晨。春秋考異郵曰：鶴知夜半，雞應旦明。明與鳴同，古字通。曷爲恒憂苦，守此貧與賤。列子曰：卑辱則憂苦。

擬迢迢牽牛星

昭昭清漢暉，粲粲光天步。晏子春秋曰：星之昭昭，不如月之曖曖。毛萇詩傳曰：粲粲，鮮盛也。步，行也。言行止之盛，微步而光耀於天。牽牛西北迴，織女東南顧。大戴禮夏小正曰：七月初昏，織女正東而向。華容一何冶，揮手如振素。冶或爲綺，非也。怨彼河無梁，悲此年歲暮。跂彼無良緣，睆焉不得度。跂彼，已見上。毛詩曰：睆彼牽牛。引領望大川，雙涕如霑露。

擬涉江采芙蓉

上山采瓊蘂，穹谷饒芳蘭。采采不盈掬，悠悠懷所歡。毛詩曰：終朝采緑，不盈一掬。故鄉一何曠？山川阻且難。沈思鍾萬里，躑躅獨吟歎。

擬青青河畔草

靡靡江離草〔一〕，熠燿生河側。江離，已見子虛賦。皎皎彼姝女，阿那當軒織。粲粲妖容姿，灼灼美顏色。良人游不歸，偏棲獨隻翼。空房來悲風，中夜起歎息。

擬明月何皎皎

安寢北堂上，明月入我牖。照之有餘暉，攬之不盈手。淮南子曰：天地之間，巧歷不能舉其數，手微惚恍，不能攬其光也。高誘曰：天道廣大，手雖能微，其惚恍無形者，不能攬得日月之光也。涼風繞曲房，寒蟬鳴高柳。踟躕感節物，我行永已久。游宦會無成，離思難常守。

擬蘭若生朝陽

嘉樹生朝陽，凝霜封其條。執心守時信，歲寒終不彫。美人何其曠？灼灼在雲霄。枚乘樂府詩曰：美人在雲端，天路隔無期。隆想彌年月，長嘯入飛飈。引領望天末，譬彼向陽翹。

擬青青陵上柏

冉冉高陵蘋，習習隨風翰。山海經曰：崐崙之丘有草，名曰蕢，如葵。字書曰：蕢，亦蘋字也。人生當幾何？譬彼濁水瀾。言濁水之波易竭也。戚戚多滯念，置酒宴所歡。方駕振飛轡，遠遊入長安。名都一何綺？城闕鬱盤桓。史記曰：公仲謂韓王曰：不如和秦，賂以一名都。飛閣纓虹帶，曾臺冒雲冠。虹帶，已見吴都賦。虹或爲垂，非也。高門羅北闕，甲第椒與蘭。西京賦曰：北闕甲第，當道直啓。椒蘭，蓋取其嘉名，且芬香也。俠客控絶景，都人驂玉軒。列子曰：晉范氏有子曰子華，善養私名，使其俠客以鄙相攻。魏書曰：張繡降而復反，上所乘馬名絶景，爲流矢所中。都人，已見上。國語，叔向曰：絳之富商，而能金玉其車。遨遊放情願，慷慨爲誰歎？

擬東城一何高

西山何其峻？曾曲鬱崔嵬。零露彌天墜，蕙葉憑林衰。尚書五行傳曰：雲起於山，彌於天。寒暑相因襲，時逝忽如頽。三間結飛轡，大耋嗟落暉。離騷引曰：屈原者，爲三間大夫。離騷曰：飲余馬乎咸池，揔余轡於扶桑。周易曰：日昃之離，不鼓缶而歌，則大耋之嗟凶。曷爲牽世務，中心若有違？毛詩曰：行道遲遲，中心有違。京洛多妖麗，玉顔侔瓊蕤。古詩曰：燕、趙多佳人，美者顔如玉。閑夜撫鳴琴，惠音清且悲。長歌赴促節，哀響逐高徽。一唱萬夫歎，再唱梁塵飛。七略曰：漢興，魯人虞公善雅歌，發聲盡動梁上塵。思爲河曲鳥，雙游豐水湄。

擬西北有高樓

高樓一何峻？苕苕峻而安。綺窗出塵冥，飛陛躡雲端。綺窗飛陛，已見上文。佳人撫琴瑟，纖手清且閑。芳氣隨風結，哀響馥若蘭。玉容誰得顧？傾城在一彈。玉容、傾城，並已見上。佇立望日昃，躑躅再三歎；不怨佇立久，但願歌者歡。思駕歸鴻羽，比翼雙飛翰。

擬庭中有奇樹

歡友蘭時往，苕苕匿音徽。虞淵引絶景，四節逝若飛。虞淵，已見上文。芳草久已茂，佳人竟不歸。躑躅遵林渚，惠風入我懷。感物戀所歡，采此欲貽誰？

擬明月皎夜光

歲暮涼風發，昊天肅明明。招摇西北指，天漢東南傾。呂氏春秋曰：季秋之月，招摇指戌。大戴禮夏小正曰：七月漢案户。漢，天漢也。漢案户者，直户也。李陵詩曰：招摇西北馳，天漢東南流。朗月照閑房，蟋蟀吟户庭。翩翩歸鴈集，嘒嘒寒蟬鳴。歸鴈，已見鷦鷯賦。嘒嘒，已見秋興賦。寒蟬，已見上文。疇昔同宴友，翰飛戾高冥。毛詩曰：匪鶉匪鳶，翰飛戾天。高冥，已見齊謳行。服美改聲聽，居愉遺舊情。織女無機杼，大梁不架楹。言有名無實也。織女，已見上。爾雅曰：大梁，昴也。

文選考異

〔一〕靡靡江離草　茶陵本校語云五臣作「蘺」。袁本校語云善作「離」。案：尤所見與袁同。考史記、漢書、子虛賦「離」字皆不從「艹」，楚辭章句及補注亦然。必善「離」、五臣「蘺」也。前第七卷及後卅二卷諸「蘺」字，疑各本以五臣亂善矣。

擬四愁詩　七言

張孟陽

我所思兮在營州，欲往從之路阻脩。登崖遠望涕泗流，我之懷矣心傷憂。佳人遺我綠綺琴，何以贈之雙南金。傅玄琴賦序曰：齊桓公有鳴琴曰號鍾，楚莊有鳴琴曰繞梁，中世司馬相如有綠綺，蔡邕有燋尾，皆名琴也〔一〕。願因流波超重深，終然莫致增永吟。

文選考異

〔一〕注「皆名琴也」　袁本、茶陵本「琴」作「器」，是也。

擬古詩 五言

陶淵明

日暮天無雲，春風扇微和。佳人美清夜，達曙酣且歌。尚書曰：酣歌于室。歌竟長歎息，持此感人多。明明雲間月，灼灼葉中花。豈無一時好，不久當如何？

擬魏太子鄴中集詩八首 五言 并序

謝靈運

建安末，余時在鄴宮，朝遊夕讌，究歡愉之極。天下良辰美景，賞心樂事，四者難并。今昆弟友朋，二三諸彦，共盡之矣。古來此娱，書籍未見，何者？楚襄王時有宋玉、唐景，梁孝王時有鄒、枚、嚴、馬，遊者美矣，而其主不文；漢書曰：梁孝王來朝，從遊説之士：齊人鄒陽，淮陰枚乘，吴莊忌夫子之徒。司馬相如見而悦之，客遊梁。漢武帝〔一〕徐樂諸才，徐樂，已見別賦。備應對之能，而雄猜多忌，豈獲晤言之適？晤言，已見上文。不誣方將，庶必賢於今日爾。歲月如流，零落將盡，撰文懷人，感往增愴。魏文帝與吴質書曰：撰其遺文，却爲一集〔二〕。其辭曰：

魏太子

百川赴巨海，衆星環北辰。百川、北辰，已見上文。天地中横潰，家王拯生民。横潰，以水喻亂也。家王，謂魏太祖也。陳思行女哀辭曰：家王征蜀漢。司馬相如難蜀文曰：拯生民於沈溺。説文曰：出溺爲拯。區宇既滌蕩，羣英必來臻。東京賦曰：區寓乂寧。謝承後漢書曰：黄向對策爲羣英之表。忝此欽賢性，由來常懷仁。況值衆君子，傾心隆日新。論物靡浮説，析理實敷陳。莊子曰：判天地之美，析萬物之理。羅縷豈闕辭？窈窕究天人。王延壽王孫賦曰：羌難得而羅縷。羅或爲覼。天人，已見應吉甫華林園詩。澄觴滿金罍，連榻設華茵。急絃動飛聽，清歌拂梁塵。侯瑾箏賦曰：急絃促柱，變調改曲。抱朴子曰：瓠巴操琴，翔禽爲之下聽。梁塵，已見陸機擬東城一何高詩。何言相遇易，此歡信可珍。

王粲

家本秦川，貴公子孫，遭亂流寓，自傷情多。

幽厲昔崩亂，桓靈今板蕩。幽、厲，周二王也。桓、靈，後漢二帝也，已見上。毛詩曰：上帝版版。鄭玄曰：版，反也，反先王之道也。毛詩曰：蕩蕩上帝。鄭玄曰：蕩蕩，法度廢壞之貌。伊洛既燎煙，函崤没無像。曹子建送應氏詩曰：洛陽何寂寞，宫室盡燒焚。王粲七哀詩曰：西京亂無像。整裝辭秦川，秣馬赴楚壤。王粲七哀詩曰：復弃中國去，遠身適荆蠻。魏明帝自惜薄祜行曰：出身秦川，爰居伊、洛。沮漳自可美，客心非外奬。沮、漳，已見登樓賦。小雅曰：奬，勸也。常歎詩人言，式微何由往。式微，已見曹子建情詩。上宰奉皇靈，侯伯咸宗長。上宰，魏太祖也。棗道彥雜詩曰：天子命上宰。雲騎亂漢南，紀郢皆掃盪。王肅格虎賦曰：羽騎雲布，蘭車星陳。漢書曰：郢，楚別邑。紀，見下文。排霧屬盛明，披雲對清朗。盛明清朗，喻太祖也。王隱晉書曰：樂廣爲尚書令，衛瓘見而奇之，命諸子造焉，曰：每見此人，瑩然若開雲霧之覩青天。阮瑀謝太祖牋曰：一得披玄雲，望白日，唯力是視，敢有二心。慶泰欲重疊，公子特先賞。公子，謂曹植也。不謂息肩願，一旦值明兩。息肩，已見東京賦。明兩，謂文帝也。明兩，已見謝宣遠張子房詩。並載遊鄴京，方舟汎河廣。魏文帝與吳質書曰：同乘並載，以遊後園。綢繆清讌娛，寂寥梁棟響。陸機集有皇太子清宴詩。梁棟響，則歌聲繞也，已見陸機擬今日良宴會詩。既作長夜飲，豈顧乘日養！史記曰：紂爲長夜之飲。乘日，已見上。廣雅曰：養，樂也。

陳琳

袁本初書記之士，故述喪亂事多。

皇漢逢屯邅，天下遭氛慝。西都賓曰：皇漢之初經營也。屯如邅如，已見上。董氏淪關西，袁家擁河北。董卓、袁紹，並已見上文。單民易周章，窘身就羈勒。豈意事乖己，永懷戀故國。相公實勤王，信能定蝥賊。相公，魏太祖也。王仲宣從軍戎詩曰〔三〕：相公征關右。勤王，已見西征賦。左氏傳，王使富辛如晉，曰：諸侯用寧，蝥賊遠屏，晉之力也。杜預曰：蝥賊，喻災害也。食根曰蝥，食節曰賊。復覩東都輝，重見漢朝則。已見謝玄暉始出尚書省詩。餘生幸已多，矧迺值明德。愛客不告疲，飲讌遺景刻。曹子建公讌詩曰：公子敬愛客，終讌不知疲。刻，漏刻也。夜聽極星闌，朝遊窮曛黑。毛詩曰：子興視夜，明星有爛。曛，已見上。哀哇動梁埃，急觴盪幽默。法言曰：哇則鄭。李軌曰：哇，邪也。梁塵，已見上。張敏神女賦曰：既澹泊於幽默，楊覺寐而中驚〔四〕。且盡一日娛，莫知古來惑。范曄後漢書曰：楊秉嘗從容言曰：我有三不惑：酒、色、財也。

徐幹

少無宦情，有箕潁之心事，故仕世多素辭。國語，桓公問於史伯曰：王室多故，余懼及焉。

伊昔家臨淄，提攜弄齊瑟。臨淄，已見魏都賦。置酒飲膠東，淹留憩高密。漢書，膠東國，故齊高帝別爲國。又曰：高密國，故齊宣帝更爲高密國。此歡謂可終，外物始難畢〔五〕。莊子曰：外物不可必，故龍逢、比干僇焉。搖蕩箕濮情，窮年迫憂慄。箕山，許由所隱也。濮，濮水，莊周所釣也。莊子，季徹曰：搖蕩人心。又曰：憂慄乎廟堂之上。末塗幸休明，棲集建薄質〔六〕。已免負薪苦，仍游椒蘭室。禮記曰：君使士射，不能，則辭以疾。言曰：某有負薪之憂。大戴禮曰：與君子遊，苾乎如入蘭芷之室，久而不聞，則與之化矣。陸機詩曰：甲第椒與蘭。清論事究萬，美話信非一。曹植四言詩曰：高談虛論，問彼道原。話，已見秋興賦。行觴奏悲歌，永夜繫白日〔七〕。魏文帝與吳質書曰：白日既匿，繼以朗月。華屋非蓬居，時髦豈余匹？華屋，已見陸韓卿贈顧希叔詩。髦士，已見上文。中飲顧昔心，悵焉若有失。說苑曰：晉靈公欲殺趙宣孟而飲之酒，宣孟知之，中飲而出。淮南子曰：悵然有喪。漢書曰：戴良見黃憲，及歸，罔然若有失。

劉楨

卓犖偏人，而文最有氣，所得頗經奇。潘勗玄達賦曰：匪偏人之自躂，訴諸吏於來哲。

貧居晏里閈，少小長東平。漢書，泰山郡有東平縣。音義曰：泰山郡屬兗州。河兗當衝要，淪飄薄許京。謝承後漢書，李燮曰：涼州，天下要衝。廣川無逆流，招納廁羣英。管子曰：善爲君者，宜法江海，江海不逆細流，故爲百谷長。羣英，已見擬太子詩。北渡黎陽津，南登紀郢城。漢書音義，臣瓚曰：黎陽在魏郡。伏滔北征記曰：黎陽，津名也。杜預左氏傳注曰：楚國，今南郡江陵縣北紀南城也。既覽古今事，頗識治亂情。歡友相解達，敷奏究平生。解達，言相談說而進達也。方言曰：解，說也。矧荷明哲顧，知深覺命輕。王逸晉書〔八〕，孔坦表曰：士死知遇，恩令命輕。朝遊牛羊下，暮坐括揭鳴。毛詩曰：雞棲于桀，日之夕矣，牛羊下括。毛萇曰：雞棲於杙爲桀。括，至也。桀與揭音義同。終歲非一日，傳卮弄新聲。辰事既難諧，歡願如今并。唯羨肅肅翰，繽紛戾高冥。

應瑒

汝潁之士，流離世故，頗有飄薄之歎。

嗷嗷雲中鴈，舉翮自委羽。毛詩曰：鴻鴈于飛，哀鳴嗷嗷。淮南子曰：燭龍，在鴈門北，箳于委羽之山，不見日。高誘曰：第，至也。委羽，北方山名也。求涼弱水湄，違寒長沙渚。成公綏鴈賦曰：濱弱水之陰岸。弱水，已見上。列子曰：禽獸之智，違寒就温。漢書曰：長沙國，屬荆州。然則彭蠡之所在。顧我梁川時，緩步集潁許。漢書曰：汝南、潁川、許，皆魏分也。魏徙大梁，故魏一號爲梁。一旦逢世難，淪薄恒羈旅。天下昔未定，託身早得所。官度廁一卒，烏林預艱阻。魏志曰：公還軍官渡〔九〕，袁紹進臨官渡，公斬淳于瓊等，紹衆大潰。漢書音義，文穎曰：於滎陽下，引河東爲鴻溝，即今官渡水也。盛弘之荆州記曰：薄沂縣，沿江一百里，南岸名赤壁，周瑜、黄蓋此乘大艦上〔一〇〕破魏武兵於烏林。烏林赤壁其東西一百六十里。晚節值衆賢，會同庇天宇。列坐廕華榱，金樽盈清醑。馬融樗蒲賦曰：坐華榱之高殿，臨激水之清流。金樽、清醑，並已見上。始奏延露曲，繼以闌夕語。延露，已見上〔一一〕。調笑輒酬答，嘲謔無慙沮。傾軀無遺慮，在心良已敍。

阮瑀

管書記之任，有優渥之言〔一二〕。

河洲多沙塵，風悲黄雲起。繁欽述行賦曰：芒芒河濱，實多沙塵。古詩曰：白楊多悲風。淮南子曰：黄泉之埃，上爲黄雲。金羈相馳逐，聯翩何窮已。説文曰：羈，馬絡頭也。慶雲惠優渥，微薄攀多士。慶雲，喻太祖也。王逸楚辭注曰：慶雲，喻尊顯也。念昔渤海時，南皮戲清沚。漢書，渤海郡南皮縣。魏文帝與吳質書曰：每念昔日南皮之遊，誠不可忘。今復河曲游，鳴葭泛蘭汜〔一三〕。魏文帝與吳質書曰：時駕而遊，北遵河曲，從者鳴笳以啓路，文學託乘於後車。躧步陵丹梯，並坐侍君子。躧步、並坐，並已見上。丹梯，丹墀也。妍談既愉心，哀弄信睦耳。魏文帝與吳質書曰：高談娛心，哀箏順耳。傾酤係芳醑，酌言豈終始。毛詩曰：君子有酒，酌言嘗之。自從食蓱來，唯見今日美。毛詩曰：呦呦鹿鳴，食野之苹。毛萇曰：苹，萍也。

平原侯植

公子不及世事，但美遨游，然頗有憂生之嗟。

朝游登鳳閣，日暮集華沼。傾柯引弱枝，攀條摘蕙草。徙倚窮騁望，目極盡所討。楚辭曰：白蘋兮騁望。又曰：目極千里。西顧太行山，北眺邯鄲道。太行，已見上。漢書曰：文帝指慎夫人新豐道曰：此走邯鄲道也。平衢脩且直，白楊信褭褭。褭褭，風摇木貌。副君命飲宴，歡娱寫懷抱。副君，謂文帝也。漢書，疏廣曰：太子，國儲副君也。良游匪晝夜，豈云晚與早。衆賓悉精妙，清辭灑蘭藻。哀音下迴鵠，餘哇徹清昊。下迴鵠，謂師曠也。徹清昊，謂秦青也，並已見上文。中山不知醉，飲德方覺飽。中山有美酒，已見魏都賦。毛詩曰：既醉以酒，既飽以德。願以黃髮期，養生念將老。左氏傳，隱公曰：使營菟裘，吾將老焉。菟音塗。

〔一〕漢武帝　陳云「帝」下脱「時」字。今案：所説非也。袁本云善無「時」字。茶陵本云五臣有「時」。此非善傳寫脱，句例自不與上同，無煩依五臣添。

〔二〕注「却爲一集」　何校「却」改「都」，陳同，是也。各本皆譌。

〔三〕注「王仲宣從軍戎詩曰」　案：「戎」字不當有。各本皆衍。

〔四〕注「楊覺寐而中驚」　茶陵本「楊」作「揚」。袁本亦作「楊」。案：皆非也，當作「惕」。長門賦「惕寤覺而無見兮」句略相似，可借爲證。

〔五〕外物始難畢　案：「畢」當作「必」，善引莊子「外物不可必」爲注，作「必」明甚。其五臣向注云「不畢所願」，是五臣乃作「畢」，各本以亂善而失著校語。

〔六〕棲集建薄質　何校云吕周翰注中有「延及」之語，則「建」者，「逮」字之訛耳。案：此疑善「建」，五臣「逮」，而失著校語。但善既不注，無以考之。

〔七〕永夜繫白日　何校云以注觀之「繫」當爲「繼」。案：茶陵本云五臣作「繼」，袁本云善作「繫」。蓋各本皆傳寫譌，否則善當有「繫，繼也」之注，而删削不全。

〔八〕注「王逸晉書」　陳云「逸」，「隱」誤，是也。各本皆誤。

〔九〕注「公還軍官渡」　案：「渡」當作「度」，下同。各本皆譌。説詳後九錫文下。

〔一〇〕注「此乘大艦上」　何校「此」上添「於」字，是也。各本皆脱。

〔一一〕注「延露已見上」　袁本此下有「説文曰闌閑也」六字。茶陵本無。蓋并入五臣注而脱之。

〔一二〕有優渥之言　袁本、茶陵本「有」上有「故」字。案：此所見不同，今無以考之。

〔一三〕鳴葭泛蘭汜　袁本、茶陵本「葭」作「篗」。案：二本非也。善引「鳴笳」爲注，是「葭」即「笳」之假借字，或末後尚有「葭」「笳」異同之注，今刪削不全。五臣乃作「篗」，向注「篗，笛也」，別造此解，而改字從「竹」，最不足憑。二本以亂善，非。又案：西京賦校「鳴葭」，王元長曲水詩序「揚葭振木」，答蘇武書注「説文作葭」，可以彼此互證。

文選卷第三十一

雜擬下

效曹子建樂府白馬篇 五言

袁陽源 孫巖宋書曰〔一〕：袁淑，字陽源，陳郡人，少好屬文。彭城王起爲祭酒，後遷至左衛率。凶劭當行簒逆，淑諫見害。

劍騎何翩翩！長安五陵間。史記曰：游閑公子，飾冠劍，連車騎。西京賦曰：南望杜、灞，北眺五陵。秦地天下樞，八方湊才賢。戰國策，范子見秦王曰：今韓、魏天下之樞也。高誘曰：樞，要也。河圖龍文曰：鎮星光明，八方歸德。賈逵國語注曰：湊，聚也。荆魏多壯士，宛洛富少年。吕氏春秋，客有語周昭文君曰：魏氏人張儀，壯士也。王逸荔支賦曰：宛洛少年，邯鄲遊士。意氣深自負，肯事郡邑權。謝承後漢書曰：楊喬曰：侯生爲意氣刎頸。漢書曰：郭解姊子負解之勢。應劭曰：負，恃也。班固漢書游俠傳贊曰：郡國豪傑，處處各有。又，郭解曰：奈何從他縣奪人邑賢大夫權也？籍籍關外來，車徒傾國鄽。籍籍關外來，謂被徙關中也。車徒傾國鄽，從者之多也。漢書，武帝曰：事籍籍如此。鄭玄禮記注曰：鄽，市物邸舍也。今云鄽，以明市也。五侯競書幣，羣公亟爲言。漢書曰：樓護，字君卿，爲京兆史。王氏五侯，兄弟爭名；護盡入其門，咸得懽心。五侯，已見鮑明遠數詩。古人相遺幣，必書之於刺，故曰書幣。戰國策，秦王謂趙使涼毅曰：吾所使趙國者，小大皆聽吾言，則受書幣。漢書曰：郭解，河内軹人，自喜爲俠。及徙豪茂陵，衛將軍爲言解家貧不中徙。上曰：布衣權至使將軍，此其家不貧。解徙，諸公送出者千餘。義分明於霜，信行直如弦。義分，則分義也。孫卿子曰：禮樂則脩，分義則明。仲長子昌言曰：潔若清冰，嚴若秋霜。應劭風俗通曰：順帝之末，京師謠曰：直如弦，死道邊；曲如鉤，反封侯。交歡池陽下，留宴汾陰西。漢書曰：郭解入關中，賢豪爭交歡。又曰：左馮翊有池陽縣，河東郡有汾陰縣。漢書曰：酟，留飲食也。西音先，協韻也。一朝許人諾，何能坐相捐？諾，相然許之辭也。老子曰：輕諾者必寡信。廣雅曰：諾，應也。彯節去函谷，投珮出甘泉。公羊傳曰：曹子摽劍而去之。劉兆曰：摽，辟也。彯與摽字同，孚堯切。嗟此務遠圖，心爲四海懸。左氏傳，榮成伯曰：遠圖者忠也。莊子曰：心若懸於天地之間。郭象曰：所希企者高而闊也。但營身意遂，豈校耳目前？列子，楊朱曰：慎耳目之觀聽，惜身意之是非；失當年之至樂，不得自肆於一時。聲類曰：遂，從意也。嵇康養生論曰：嗜好常在耳目之前也。俠烈良有聞，古來共知然。漢書曰：楚田仲以俠聞。傅暢晉諸公贊曰：劉希彭俠烈有才用也。

〔一〕注「孫巖宋書曰」 何校「孫巖」改「沈約」，陳同。案：濟注引沈約，茶陵本并善入五臣，何、陳皆據彼改，其實非也。隋志載孫嚴宋書六十五卷，唐志亦載之，「巖」即「嚴」也。袁本與此正同。

効古 五言

袁陽源

訊此倦遊士，本家自遼東。訊，猶問也。漢書曰：司馬長卿故倦游。又曰：有遼東郡也。昔隷李將軍，十載事西戎。將軍，李廣也。西戎，匈奴也。毛詩序曰：備其兵甲，以討西戎也。結車高闕下，極望見雲中。莊子曰：車軌結於千里之外。高誘呂氏春秋注曰：結，交也。漢書曰：將軍衛青至高闕。臣瓚注曰：山名也。七發曰：極望成林。漢書有雲中郡，秦置也。四面各千里，從横起嚴風。陸機從軍行曰：涼風嚴且苛。寒燠豈如節，霜雨多異同。毛詩傳曰〔一〕：燠，煖也。夕寐北河陰，夢還甘泉宮。史記曰：秦惠王遊至北河。徐廣曰：戎地之河上。穀梁傳曰：水南曰陰。勤役未云已，壯年徒爲空。迺知古時人，所以悲轉蓬。曹植雜詩曰：轉蓬離本根，飄飄隨長風，類此客遊子，捐軀遠從戎。

文選考異

〔一〕注「毛詩傳曰」　案：「毛」下當有「萇」字。各本皆脱。

擬古二首　五言

劉休玄　沈約宋書曰：南平穆王鑠，字休玄，文帝第四子也。少好學，有文才。元兇弑立，以爲中軍將軍。世祖入討，歸世祖，進侍中司空。後以藥内食中毒殺之。

擬行行重行行

眇眇陵長道，遥遥行遠之。楚詞曰：路眇眇以默默。廣雅曰：眇眇，遠也。左氏傳，童謡曰：遠哉遥遥。迴車背京里，揮手從此辭。古詩曰：迴車駕言邁。劉越石扶風歌曰：揮手長相謝。説文曰：揮，奮也。蘇武詩曰：去去從此辭。堂上流塵生，庭中緑草滋。曹植曹仲雍誄曰：流塵飄蕩魂安歸。寒螿翔水曲，秋兔依山基。淮南子曰：兔走歸窟，寒螿翔水，各哀其所生。高誘曰：寒螿，水鳥。哀，猶愛也。芳年有華月，佳人無還期。魏文秋胡行曰〔一〕：朝與佳人期，日夕殊不來。日夕涼風起，對酒長相思。李陵贈蘇武詩曰：遠望悲風至，對酒不能酬。悲發江南調，憂委子襟詩。古樂府江南辭曰：江南可採蓮。毛詩曰：青青子襟，悠悠我心。卧覺明燈晦，坐見輕紈緇。陸機爲顧彦先贈婦詩曰：京洛多風塵，素衣化爲緇。

淚容不可飾，幽鏡難復治。曹植七哀詩曰：膏沐誰爲容？明鏡闇不治。願垂薄暮景，照妾桑榆時。陸機塘上行曰：願君廣末光，照妾薄暮年。日在桑榆，以喻人之將老。東觀漢記，光武曰：失之東隅，收之桑榆。

擬明月何皎皎

落宿半遥城，浮雲藹曾闕。鄭玄詩箋曰：曾，重也。玉宇來清風，羅帳延秋月。曹植芙蓉賦曰：退潤玉宇，進文帝庭。羅帳，羅帷也。桓子新論，雍門周説孟嘗君曰：今君下羅帳來清風。古詩曰：明月何皎皎，照我羅牀帷。結思想伊人，沈憂懷明發。毛詩曰：所謂伊人。宋玉笛賦曰：武毅發，沈憂結。毛詩曰：明發不寐。誰爲客行久，屢見流芳歇。潘岳悼亡詩曰：流芳未及歇。河廣川無梁，山高路難越。楚辭曰：江河廣而無梁。秦嘉妻徐氏答嘉書曰：高山巖巖，而君是越，斯亦難矣！

文選考異

〔一〕注「魏文秋胡行曰」案：「文」下當有「帝」字。各本皆脱。

和琅邪王依古 五言　王僧達

少年好馳俠，旅宦遊關源。既踐終古跡，聊訊興亡言。楚辭曰：長無絶兮終古。訊與信通。易乾鑿度曰：興亡殊方，各有其祥。隆周爲藪澤，皇漢成山樊。漢書，楊雄河東賦曰：眽隆周之大寧。難蜀父老曰：羅者猶視乎藪澤。西都賓曰：皇漢之初經營也。莊子曰：彭陽曰：公閱休夏，則休乎山樊者也。毛萇詩傳曰：樊，藩也。久没離宫地，安識壽陵園？甘泉賦曰：往往離宫〔一〕，般以相燭。張晏漢書注曰：景帝作壽陵也。又，元帝詔曰：徙民以奉園陵。仲秋邊風起，孤蓬卷霜根。白日無精景，黄沙千里昏。顯軌莫殊轍，幽塗豈異魂？郭象注莊子曰〔二〕：待隱謂之死，待顯謂之生。廣雅曰：軌，道也。陸機泰山吟曰：幽塗延萬鬼，神房集百靈。聖賢良已矣，抱命復何怨！桓範世要論曰：聖哲之人，知有終之命，必至之理，不可以智力避。列子曰：怨年我逝，不知命也。

文選考異

〔一〕注「往往離宫」　袁本、茶陵本「往往」作「遥遥」。案：當作「遄遄」，形近之誤，尤改未是。

〔二〕注「郭象注莊子曰」　袁本、茶陵本「注」字在「子」字下，是也。

擬古三首 五言

鮑明遠

幽并重騎射，少年好馳逐。史記曰：趙武靈王胡服以習騎射也。七發曰：馳騁角逐。氈帶佩雙韃，象弧插彫服。搜神記曰：太康中，以氊爲貊頭及帶身袴口。魏志曰：董卓有武力，雙帶兩韃，左右馳射。方言曰：所以藏箭謂之服，所以盛弓謂之韃〔一〕。毛詩曰：四牡翼翼，象弭魚服。鄭玄曰：弭，弓之末彆者，以象骨爲之。服，矢服也。韃，居言切。獸肥春草短，飛鞚越平陸。魏文帝典論曰：弓燥手柔，草淺獸肥。埤蒼曰：鞚馬勒鞚。孫子曰：平陸平處。鞚，口送切。朝遊鴈門上，暮還樓煩宿。漢書曰：鴈門郡有樓煩縣。石梁有餘勁，驚雀無全目。闞子曰：宋景公使工人爲弓，九年乃成。公曰：何其遲也？工人對曰：臣不復見君矣！臣之精盡於此弓矣！獻弓而歸，三日而死。景公登虎圈之臺，援弓東面而射之，矢踰於西霜之山，集于彭城之東，其餘力逸勁，猶飲羽于石梁。帝王世紀曰：帝羿有窮氏與吳賀北遊，賀使羿射雀，羿曰：生之乎？殺之乎？賀曰：射其左目。羿引弓射之，誤中右目。羿抑首而媿，終身不忘。故羿之善射，至今稱之。漢虜方未和，邊城屢翻覆。留我一白羽，將以分虎竹。白羽，矢名。國語曰：吳素甲白羽之矰，望之如荼。漢舊儀曰：郡國銅虎符三，竹使符五也。

魯客事楚王，懷金襲丹素。魯客，假言。楊子法言，或曰：使我紆朱懷金，其樂可量也〔二〕。李軌曰：金，金印也。司馬彪上林賦注曰：襲，服也。毛詩曰：素衣朱襮。毛萇曰：丹朱，中衣也。既荷主人恩，又蒙令尹顧。主人，謂君也。王仲宣公讌詩曰：顧我賢主人。臣瓚漢書注曰：諸侯之卿，唯楚稱令尹，其餘國稱相也。日晏罷朝歸，鞍馬塞衢路。宗黨生光華，賓僕遠傾慕。富貴人所欲，道德亦何懼〔三〕？論語曰：富與貴，是人之所欲，不以其道得之，不處也。南國有儒生，迷方獨淪誤。儒生，自謂也。漢書，叔孫通曰：弟子儒生，隨臣久矣。莊子曰：小惑易方。郭象曰：東西易方，於禮未虧。孔安國尚書傳曰：誤，謬也。沈淪謬誤也。伐木青江湄〔四〕，設罝守毚兔。毛詩曰：坎坎伐檀兮，寘之河之干兮，河水之清且漣猗兮〔五〕。又曰：肅肅兔罝，椓之丁丁。又曰：躍躍毚兔，遇犬獲之。

十五諷詩書，篇翰靡不通。論語曰：吾十有五而志於學。韋昭漢書注曰：翰，筆也。弱冠參多士，飛步遊秦宮。華覈與薛瑩詩曰：存者今惟三，飛步有匹特。側覩君子論，預見古人風。魏志，太祖謂毛玠曰：君有古人之風。兩說窮舌端，五車摧筆鋒。兩說，謂魯連說新垣衍及下聊城。史記曰：秦東圍邯鄲，魏王使新垣衍入邯鄲，説平原君尊秦昭王爲帝，秦必罷兵去。魯連聞之，乃責垣衍。新垣衍請出，不敢言帝秦。秦將聞之，爲却五十里。又曰：田單攻聊城不下，魯連乃爲書，約之矢以射聊城中。燕將得書自殺。韓詩外傳曰：避文士之筆端，避武士之鋒端，避辯士之舌端。莊子曰：惠施，其書五車，道踳駮也。羞當白璧貺，恥受聊城功。韓詩外傳曰：楚襄王遣使者持金千斤，白璧百雙，聘莊子以爲相，莊子不許。史記，田單屠聊城，歸而言魯連欲爵之，魯連逃隱於海上也。晚節從世務，乘障遠和戎。鄒陽上書曰：至其晚節末路。漢書曰：嚴安上書言世務。又曰：帝使博士狄山乘鄣。李奇曰：乘，守也。左氏傳，晉侯謂魏絳曰：子教寡人和諸戎狄。解佩襲犀渠，卷袠奉盧弓。國語曰：奉文犀之渠。尚書曰：平王錫晉文侯盧弓十。始願力不及，安知今所終？左氏傳，周子曰：孤始願不及此。莊子曰：苟爲不知其然也，孰知其所終？司馬彪曰：誰知禍之所終者也。

文選考異

〔一〕注「所以藏箭謂之服所以盛弓謂之鞬」　袁本、茶陵本「箭」下有「弩」字，「弓」上無「所以盛」三字。案：二本是也。今方言正如此，「弓謂之鞬」，蒙上「所以藏」爲文。

〔二〕注「其樂可量也」　茶陵本「可」上有「不」字，是也。袁本亦脱。

〔三〕道德亦何懼　袁本、茶陵本「德」作「得」，云善作「德」。案：各本所見皆非也。善引「不以其道得之」爲注，作「得」甚明，「德」但傳寫誤。

〔四〕伐木青江湄　袁本、茶陵本「青」作「清」，是也。

〔五〕注「河水之清且漣漪兮」　茶陵本無「之」字、「兮」字，是也。袁本亦衍。

學劉公幹體　五言

鮑明遠

胡風吹朔雪，千里度龍山。范曄後漢書，蔡琰詩曰：處所多霜雪，胡風春夏起。楚辭曰：增冰峨峨，飛雪千里。又曰：北有寒山，逴龍赩然。王逸曰：逴龍，山名。集君瑶臺裏，飛舞兩楹前。楚辭曰：望瑶臺之偃蹇兮。鄭玄禮記注曰：兩楹之間，人君聽治正坐之處。兹辰自爲美，當避豔陽年。神農本草曰：春夏爲陽。豔陽桃李節，皎潔不成妍。呂氏春秋曰：仲春之月，桃李華。

代君子有所思 五言

鮑明遠

西出登雀臺，東下望雲闕。鄴中記曰：鄴城西北立臺，名銅雀臺。劉歆甘泉賦曰：雲闕蔚之巖巖，衆星接之皚皚。層閣肅天居，馳道直如髮。王逸楚辭注曰：層，重也。蔡雍述征賦曰：皇家赫而天居。漢書曰：太子不敢絶馳道。應劭曰：天子之道。毛詩曰：彼君子女，綢直如髮。繡甍結飛霞，璇題納行月。西京賦曰：雕楹玉舄，繡栭雲楣。甘泉賦曰：珍臺閒館，琁題玉英。築山擬蓬壺，穿池類溟渤。蓬、壺，二山名。溟、渤，二海名。選色遍齊代，徵聲帀邛越。齊、代、邛、越，四地名。陳鍾陪夕讌，笙歌待明發。楚辭曰：陳鍾桉鼓造新歌。魏文帝東門行曰：朝遊高臺觀，夕宴華池陰。儀禮曰：歌魚麗，笙由庚。明發，已見上文。年貌不可還，身意會盈歇。列子，西門子謂東郭先生曰：北宮子年貌言行與子並。身意，已見上文。蟻壤漏山河，絲淚毀金骨。傅玄口銘曰：勿謂不然，變出無閫〔一〕，蟻孔潰河，溜穴傾山。絲淚，淚之微者。金骨之堅，喻親之篤者。言讒邪之人，但下如絲之淚，而金骨爲之傷毀也。張叔及論〔二〕曰：煩冤俯仰，淚如絲兮。鄒陽上書曰：衆口鑠金，積毀消骨。器惡含滿欹，物忌厚生没。家語曰：孔子觀於魯桓公之廟，有欹器焉。孔子問於守廟者曰：此爲何器？對曰：此蓋爲宥坐之器。孔子曰：吾聞宥坐之器，虚則欹，中則正，滿則覆，明君以爲至誡，故常置於坐側。顧謂弟子曰：試注水實之。中而正，滿則覆。夫子喟然而歎曰：嗚呼！夫物惡有滿而不覆者哉？老子曰：人之生生之厚，動皆之死地十有三，夫何故？以其生生之厚也。智哉衆多士，服理辯昭昧。莊子，冉求問於仲尼曰：未有天地，可知乎？夫子曰：古猶今也。昔日吾昭然，今日吾昧然，敢問何謂也？仲尼曰：昔之昭然也，神者先受之；今昧然也，且又爲不神者求耶？郭象曰：思求更致不了。

文選考異

〔一〕注「變出無聞」　案：「聞」當作「開」。各本皆譌。

〔二〕注「張叔及論」　案：「叔及」當作「升反」。各本皆譌。張升，字彦真，范蔚宗書有傳在文苑。前魏都賦，後與山巨源絶交書注皆引「反論」不誤，可證也。左傳疏所引「賓爵下革」云云，今本或作「皮」，皆「反」之譌。

効古　五言

范彦龍

寒沙四面平，飛雪千里驚。雪千里，已見上文。風斷陰山樹，霧失交河城。漢書，侯應上書曰：臣聞陰山草木茂盛。又曰：車師前國，王治交河城，河水分流繞城下，故號交河。朝馳左賢陣，夜薄休屠營。漢書，李將軍廣出右北平擊匈奴左賢王陣。又曰：驃騎將軍霍去病將萬騎出隴西，得休屠祭天金人。昔事前軍幕，今逐嫖姚兵。漢書曰：大將軍大擊匈奴，李廣數自請行，上以爲老，不許。良久，乃許之，以爲前將軍。又曰：霍去病善騎射，再從大將軍，受詔，予壯士，爲嫖姚校尉。失道刑既重，遲留法未輕。漢書曰：李廣與右將軍食其合軍出東道。或失道〔一〕，大將軍問廣失道狀。廣曰：校尉無罪，乃我者自失道〔二〕。引刀自到。又曰：宣帝命虎牙將軍田順出五原。虜去塞八百餘里，不進。上以虎牙不至期，逗留不進，下吏，自殺。音義曰：律語也，謂軍行頓止，稽留不進。遲或作逗，音豆。所賴今天子，漢道日休明。太史公自序曰：作今上本紀，其述事皆云今天子。班固漢書文紀述曰：登我漢道。左氏傳，王孫滿曰：德之休明也。

文選考異

〔一〕注「或失道」　陳云「或」，「惑」誤。是也，各本皆譌。

〔二〕注「乃我者自失道」　案：「者」字不當有，今漢書無。各本皆衍。

雜體詩三十首 五言

雜體詩序曰〔一〕：關西、鄴下，既已罕同；河外、江南，頗爲異法。今作三十首詩，斅其交體，雖不足品藻淵流，庶亦無乖商榷。

江文通

古離別

遠與君別者，乃至鴈門關。鴈門郡，已見上。以其邊塞，故曰關。黃雲蔽千里，遊子何時還？黃雲，已見謝靈運擬鄴中詩。古詩曰：浮雲蔽白日，遊子不顧反。江之此製，非直學其體，而亦兼用其文。故各自引文而爲之證，其無文者乃他說。送君如昨日，簷前露已團。張景陽雜詩曰：下車如昨日，望舒四五圓。毛詩曰：野有蔓草，零露團兮。不惜蕙草晚，所悲道里寒。古詩曰：香風難久居，空令蕙草殘。君在天一涯，妾身長別離。古詩曰：各在天一涯。又曰：與君生別離。願一見顏色，不異瓊樹枝。李陵贈蘇武詩曰：思得瓊樹枝，以解長飢渴。兔絲及水萍，所寄終不移。爾雅曰：女蘿，兔絲也。毛詩曰：蔦與女蘿，施於松柏。淮南子曰：夫萍樹根於水，木樹根於土，天地性也。曹植雜詩曰：寄松爲女蘿，依水如浮萍。

李都尉 從軍 陵

樽酒送征人，踟躕在親宴。蘇武詩曰：我有一樽酒，欲以贈遠人。日暮浮雲滋，渥手淚如霰。悠悠清川水，嘉魴得所薦。言魚處水而得所，我萬里而離鄉，歎魚之不若也。毛詩曰：河水悠悠。釋名曰：薦，藉也。而我在萬里，結髮不相見。古詩曰：相去萬餘里。蘇武詩曰：結髮爲夫妻，恩愛兩不疑。袖中有短書，願寄雙飛燕。桓子新論曰：若其小説家合叢殘小語，近取譬論，以作短書，治身理家，有可觀之辭。陳琳止欲賦曰：欲語言於玄鳥，玄鳥逝以差池。古詩曰：願爲雙飛鷰。雙或爲南。淮南子曰：燕鴈代飛。許慎曰：鷰春南而鴈北。虞義送別詩曰〔二〕：唯有一字書，寄之南飛燕。文與此同。

班婕妤　詠扇

紈扇如圓月，出自機中素。班婕妤怨詩曰：新製齊紈素，鮮潔如霜雪。裁爲合歡扇，團團似明月。畫作秦王女，乘鸞向煙霧。列仙傳曰：簫史者，秦繆公時人，善吹簫。繆公有女，字弄玉，好之，公遂以妻焉。一旦皆隨鳳皇飛去。楚辭曰：駕鸞鳳而上游。采色世所重，雖新不代故。竊愁涼風至，吹我玉階樹。班婕妤怨詩曰：常恐秋節至，涼風奪炎熱。又自傷賦曰：華殿塵兮玉階苔。君子恩未畢，零落在中路。班婕妤怨詩曰：棄捐篋笥中，恩情中道絶。

魏文帝　遊宴　曹丕

置酒坐飛閣，逍遥臨華池。曹子建詩曰：置酒高殿上。西都賓曰：脩途飛閣。魏文帝東門行曰：朝游高臺側，夕宴華池陰。神飆自遠至，左右芙蓉披。曹子建公讌詩曰：神飆接丹轂。魏文帝詩曰：蘭芷生兮芙蓉披。緑竹夾清水，秋蘭被幽涯。枚乘兔園賦曰：脩竹檀欒，夾池水，旋兔園。曹植公讌詩曰：秋蘭被長坂，朱華冒淥池。月出照園中，冠珮相追隨。曹植公讌詩曰：清夜遊西園，飛蓋相追隨。客從南楚來，爲我吹參差。古詩曰：客從遠方來。楚辭曰：望夫君兮未來，吹參差兮誰思？淵魚猶伏浦，聽者未云疲。淵魚，鱗魚也〔三〕。韓詩外傳曰：昔伯牙鼓琴，而淵魚出聽。高文一何綺，小儒安足爲？陸機今日良宴會詩曰：高談一何綺？孫卿子曰：小儒者，謂大夫士。肅肅廣殿陰，雀聲愁北林。莊子曰：至陰肅肅。衆賓還城邑，何以慰吾心？曹子建名都篇曰：雲散還城邑，清晨復來還。李陵詩曰：何以慰我心？

陳思王 贈友 曹植

君王禮英賢，不恡千金璧。孔安國尚書傳曰：恡，惜也。史記曰：虞卿説趙孝成王，一見賜金百鎰，白璧一雙。莊子曰：林回棄千金之璧，負赤子而趨。雙闕指馳道，朱宮羅第宅。古詩曰：兩宮遥相望，雙闕百餘尺。馳道，已見上文。傅玄西都賦曰：彤彤朱宮。古詩曰：長衢羅夾巷，王侯多第宅。從容冰井臺，清池映華薄。鄴中記曰：銅雀臺北則冰井臺。陸機君子有所思曰：曲池何湛湛，清川帶華薄。涼風盪芳氣，碧樹先秋落。論衡曰：物至秋而死，先榮後落。朝與佳人期，日夕望青閣。魏文帝秋胡行曰：朝與佳人期，日夕殊不來。曹子建美女篇曰：青樓臨大路。褰裳摘明珠，徙倚拾蕙若。毛詩曰：褰裳涉溱。洛神賦曰：或采明珠，或拾翠羽。謝靈運鄴中集曰：攀條摘蕙草。楚辭曰：連蕙若以爲佩。眷我二三子，辭義麗金雘。曹子建贈丁翼詩曰：吾與二三子。楊雄解嘲曰：昔人之辭，乃玉乃金。王仲宣誄曰：吾與夫子，義貫丹青。説文曰：臒，善丹也。延陵輕寶劍，季布重然諾。延陵，已見上。漢書曰：季布，楚人也。楚諺曰：得黄金百，不如得季布諾。又曰：貫高，趙國立名義，不侵爲然諾者也。處富不忘貧，有道在葵藿。何敬祖贈張華詩曰：既貴不忘儉，處有能存無。莊子，東郭子問於莊子曰：所謂道惡乎在？莊子曰：無所不在。陸機君子有所思曰：無以肉食資，取笑葵與藿。

劉文學　感遇　楨

蒼蒼中山桂，團圓霜露色。言桂霑霜露而色不渝，身經夷險而操不易也。劉楨贈徐幹詩曰：亭亭山上松，瑟瑟谷中風。霜露一何緊？桂枝生自直。劉楨贈徐幹詩曰：風聲一何盛？松枝一何勁？廣雅曰：緊，急也。橘柚在南國，因君爲羽翼。橘柚在南雖珍，須君羽翼乃貴也。楚辭曰：后皇嘉樹橘來服，受命不遷生南國。古詩曰：人儻欲我知，因君爲羽翼。謬蒙聖主私，託身文墨職。洞簫賦曰：蒙聖主之渥恩。鄭玄禮記注曰：私之猶言恩也。劉楨雜詩曰：職事相填委，文墨紛消散。丹采既已過，敢不自彫飾。古詩曰：橘柚垂華實，乃在深山側，聞君好我甘，竊獨自彫飾。華月照方池，列坐金殿側。古歌辭曰：上金殿，酌玉樽。微臣固受賜，鴻恩良未測。曹植天地篇曰：復爲時所拘，羈紲作微臣。東京賦曰：洪恩素畜，人心罔結〔四〕。

王侍中　懷德　粲

伊昔值世亂，秣馬辭帝京。王粲七哀詩曰：西京亂無象。又曰：遠身適荆蠻。既傷蔓草別，方知杕杜情。毛詩序曰：野有蔓草，思遇時也。君之澤未流〔五〕，民窮於兵革，男女失時，不期而會焉。毛詩曰：有杕之杜，其葉萋萋。王事靡盬，我心傷悲。崤函復丘墟，冀闕緬縱横。崤、函，崤谷及函谷也。吕氏春秋，燭過曰：吴爲丘墟。西征賦曰：冀闕緬其堙盡。倚棹汎涇渭，日暮山河清。方言曰：楫謂之櫂。棹與櫂同。蟋蟀依桑野，嚴風吹若莖。毛詩曰：七月在野，八月在宇。鄭玄曰：謂蟋蟀。毛詩曰：蜎蜎者蜀，蒸在桑野。賈逵國語注曰：若木晚矣。鸛鵠在幽草，客子淚已零。鸛鵠在幽草，謂鸛鳴于垤。鵠亦水鳥，故連言之。王仲宣從軍詩曰：哀彼東山人，喟然感鸛鳴。毛詩曰：有芃者狐，率彼幽草。去鄉三十載〔六〕，幸遭天下平。楚辭曰：去鄉離家來遠客。鮑昭結客少年場曰：去鄉三十載。禮記曰：國治而天下平。賢主降嘉賞，金貂服玄纓。賢主，魏太祖也。時粲爲侍中，故云金貂。漢書，谷永對詔曰：戴金貂之飾，執常伯之職。尉繚子曰：天子玄冠玄纓也。侍宴出河曲，飛蓋遊鄴城。魏文帝與吴質書曰：時駕而遊，北遵河曲。曹子建公讌詩曰：飛蓋相追隨。朝露竟幾何，忽如水上萍。漢書，李陵謂蘇武曰：人生如朝露。楚辭曰：竊哀兮浮萍，汎濫兮無根。王逸注曰：自比蘋隨水浮汎，乍東乍西。君子篤惠義，柯葉終不傾。新語曰：君子篤義於惠。禮記曰：其在人也，如竹箭之有筠，如松柏之有心。二者雖貫四時，而不改柯易葉。福履既所綏，千載垂令名。王粲公宴詩曰：古人有遺言，君子福所綏。左氏傳，子産曰：令名，德之輿也。

嵇中散 言志 康

曰余不師訓，潛志去世塵。嵇康幽憤詩曰：恃愛肆姐，不訓不師。楚辭，屈原曰：蒙世俗之塵埃。

遠想出宏域，高步超常倫。左太沖詠史詩曰：高步追許由。靈鳳振羽儀，戢景西海濱。朝食琅玕實，夕飲玉池津。莊子，老子歎曰：吾聞南方有鳥，其名爲鳳，居積石千里，河海出下，鳳皇居上。天爲生樹名瓊枝，高百二十仞，大三十圍，以琳琅爲實。周易曰：鴻漸于陸，其羽可用爲儀。阮籍詩曰：朝食琅玕實，夕宿丹山際。衡山記曰：空青崗有天津玉池。傅玄擬楚篇曰：登崑崙，漱玉池。處順故無累，養德乃入神。莊子曰：夫得者時也，失者順也，安時處順，哀樂不能入也，此古之所謂懸解也。又曰：欲勉爲形者，莫如棄世，棄世則無累。又曰：堯觀乎華，華封人請祝聖人使壽、使富、使多男子。堯曰：多男子則多懼，富則多事，壽則多辱，是三者非所養德也，故辭。周易曰：精義入神，以致用也。曠哉宇宙惠，雲羅更四陳。文子曰：四方上下謂之寓。說文曰：宙，舟輿所極覆也。鸚鵡賦曰：冠雲霓而張羅。哲人貴識義，大雅明庇身。毛詩大雅曰：既明且哲，以保其身。左氏傳曰：子反曰：信以守禮，禮以庇身也。莊生悟無爲，老氏守其真。莊子曰：夫虛静恬淡，寂寞無爲者，天地之平，而道德之至也。老子曰：見素抱璞。河上公曰：見素者當抱素。守真，不文飾也。天下皆得一，名實久相賓。老子曰：昔之得一者，天得一以清，地得一以寧，王侯得一以爲天下正。莊子曰：堯讓許由以天下，許由曰：而我猶代子，吾將爲名乎？名者實之賓也，吾將爲賓乎？咸池饗爰居，鍾鼓或愁辛。樂動聲儀曰：黄帝樂曰咸池。莊子曰：海鳥止於魯郊，魯侯觴之於廟，奏九韶以爲樂，具太牢以爲膳。鳥眩視憂悲，不敢食一臠，不飲一杯，三日而死。此以己養養鳥也。司馬彪曰：海鳥，爰居也。柳惠善直道，孫登庶知人。柳下惠，已見西征賦。孫登，已見嵇康幽憤詩。寫懷良未遠，感贈以書紳。論語曰：子張問行，子曰：言忠信，行篤敬。子張書諸紳。

阮步兵 詠懷 籍

青鳥海上遊，鸒斯蒿下飛。阮籍詠懷詩曰：雖云不可知，青鳥明我心。呂氏春秋曰：海上有人好青者，朝至海上而從青遊，青至者前後數百。其父曰：聞汝從青遊，盍取來，吾欲觀之。其子明旦至海上，羣青翔而不下。莊子曰：北溟有魚，化爲鳥，其名曰鵬。齊諧曰：鵬之徙南溟，搏扶搖而上者九萬里。蜩與鸒鳩笑之〔七〕，我決起而飛，搶榆枋而止，不至控地而已，奚以之九萬里而圖南爲？北溟有鳥焉，其名爲鵬，搏扶搖羊角而上者行九萬里。尺鷃笑之曰：彼且奚適？我騰躍而上，不過數仞，而下翱翔蓬蒿之間，此亦飛之至也，而彼且奚適也？此小大之辯也。司馬彪曰：蜩，蟬也。鸒鳩，小鳥。毛萇詩傳曰：鸒斯鵯居。鵯居，雅烏也，音豫。沈浮不相宜，羽翼各有歸。曹子建七哀詩曰：沈浮各異世。阮籍詠懷詩曰：鸒斯飛桑榆，海鳥運天池，豈不識宏大，羽翼不相宜。飄飄可終年，沆瀁安是非？阮籍詠懷詩曰：逍遥可終生。又曰：蕩漾焉可能？列子曰：信理者亡是非。莊子曰：彼一是非也，此一是非也。飄飄蒿下，沆瀁海上，逍遥一也。朝雲乘變化，光燿世所希。阮籍詠懷詩曰：三楚多秀士，朝雲進荒淫。高唐賦曰：須臾之間，變化無窮。陸雲詩曰：知音世所希。精衛銜木石，誰能測幽微？阮籍清思賦曰：女娃棨於東海之濱，而翩飄於西山之傍。山海經曰：發鳩之山有鳥，名精衛。赤帝之女娃，女娃遊於東海，溺而死，不反，化爲精衛，常取西山木石以填東海也。

張司空 離情 華

秋月照簾籠，懸光入丹墀。張華情詩曰：清風動帷簾，晨月燭幽房。班婕妤自傷賦曰：俯視兮丹墀。

佳人撫鳴琴，清夜守空帷。陸機擬古詩曰：佳人撫鳴瑟。又曰：閑夜撫鳴琴。曹子建雜詩曰：妾身守空閨。蘭逕少行迹，玉臺生網絲。楚詞曰：臯蘭被徑斯路漸。張景陽雜詩曰：房櫳無行迹。西京賦曰：西有玉臺。張景陽雜詩曰：蜘蛛網四屋。論衡曰：蜘蛛經絲以網飛蟲。庭樹發紅彩，閨草含碧滋。張景陽雜詩曰：寒花發黃彩，秋草含緑滋。延佇整綾綺，萬里贈所思。楚詞曰：結幽蘭而延佇。古詩曰：客從遠方來，遺我一端綺，相去萬餘里，故人心尚爾。又曰：欲以遺所思。願垂湛露惠，信我皎日期。毛詩曰：湛湛露斯，匪陽不晞。又曰：謂予不信，有如皎日。

潘黃門　悼亡〔八〕　岳

青春速天機，素秋馳白日。楚詩曰：青春爰謝〔九〕。潘岳悼亡詩曰：曜靈運天機，四節代遷逝。劉楨與臨淄侯書曰：肅以素秋則落也。美人歸重泉，悽愴無終畢。潘岳悼亡詩曰：之子歸窮泉，重壤永幽隔。殯宮已肅清，松柏轉蕭瑟。陸機挽歌曰：殯宮何嘈嘈。寡婦賦曰：虚坐兮肅清。仲長子昌言曰：古之葬者，松柏梧桐以識其墳。楚詞曰：蕭瑟兮草木搖落而變衰。俯仰未能弭，尋念非但一。楚詞曰：聊抑志而自弭。賈逵國語注曰：弭，忘也。魏文帝詩曰：所憂非但一。撫襟悼寂寞，怳然若有失。潘岳悼亡詩曰：撫襟長歎息。王逸楚詞注曰：怳，失意也。後漢書曰：戴良見黃憲，及歸，罔然若有失也。明月入綺窗，髣髴想蕙質。潘岳悼亡詩曰：歲寒無與同，朗月何朧朧，獨無李氏靈，髣髴覩爾容。古詩曰：交疏結綺窗，左九嬪武帝納皇后頌曰：如蘭之茂。蕙，蘭類，故變之耳。消憂非萱草，永懷寧夢寐。毛詩曰：焉得諼草，言樹之背。毛萇曰：諼草，令人忘憂。毛詩曰：終其永懷。寡婦賦曰：願假夢以通靈。夢寐復冥冥，何由覿爾形。潘岳哀永逝賦曰：既目遇兮無兆，曾寤寐兮不夢。冥冥，幽昧也。文子曰：慮患於冥冥之外。我慙北海術，爾無帝女靈。列異傳曰：北海營陵有道人，能使人與死人相見。同郡人婦死已數年，聞而往見之曰：願令我一見死人不恨。遂教其見之，於是與婦人相見，言語悲喜，恩情如生。良久，乃聞鼓聲，悢悢不能出户，掩門乃走，其裾爲户所閉，掣絶而去。後歲餘，此人死，家葬之，開見婦棺蓋下有衣裾。宋玉集云：楚襄王與宋玉遊於雲夢之野，望朝雲之館，有氣焉，須臾之間，變化無窮。王問此是何氣也？玉對曰：昔先王遊於高唐，怠而晝寢，夢見一婦人，自云我帝之季女，名曰瑶姬，未行而亡，封於巫山之臺。聞王來遊，願薦枕席。王因幸之。去，乃言妾在巫山之陽，高丘之阻，旦爲朝雲，暮爲行雨，朝朝暮暮，陽臺之下。旦而視之，果如其言。爲之立館，名曰朝雲。駕言出遠山，徘徊泣松銘。毛詩曰：駕言出遊。雨絶無還雲，華落豈留英。鸚鵡賦曰：何今日之雨絶。日月方代序，寢興何時平！潘岳悼亡詩曰：四節代遷逝。又曰：寢興自存形。

陸平原　羈宦　機

儲后降嘉命，恩紀被微身。漢書，疏廣曰：太子國儲副君。琴操，史魚曰：思竭愚志以報塞恩紀。潘岳河陽詩曰：微身輕蟬翼。明發眷桑梓，永歎懷密親。陸機贈顧彦先曰：眷言懷桑梓。又赴洛道中作詩曰：嗚咽辭密親。永歎，見下注。流念辭南澨，銜怨别西津。陸機赴洛道中詩曰：永歎遵北渚，遺思結南津。杜預左氏傳曰：澨，水涯也。馳馬遵淮泗〔一〇〕，旦夕見梁陳。毛詩曰：驅馬悠悠。陸機從梁陳詩曰：

夙駕尋清軌，遠遊越梁、陳。服義追上列，矯迹廁宮臣。楚辭曰：身服義而未沬。陸機從梁陳詩曰：在昔蒙嘉運，矯迹入崇賢。朱黻咸髦士，長纓皆俊人。毛詩曰：朱茀斯皇，室家君王。鄭玄曰：茀者，諸侯黄朱。又曰：茀，太古蔽膝之象。黻與茀古字通。毛詩曰：蒸我髦士。又曰：髦士攸宜。陸機從梁陳詩曰：長纓麗且鮮，尚書曰：俊民用章。契闊承華内，綢繆踰歲年。陸機從梁陳詩曰：契闊踰三年。又赴洛詩曰：託身承華側。李陵詩曰：與子結綢繆。日暮聊揔駕，逍遥觀洛川。陸機答張士然詩曰：余固水鄉士，揔轡臨清川。徂没多拱木，宿草淩寒煙。公羊傳曰：秦伯謂蹇叔曰：爾之年，冢上之木拱矣。禮記，曾子曰：朋友之墓，有宿草而不哭焉。遊子易感愾，躑躅還自憐。劉公幹詩曰：乖人易感慟。陸機道中詩曰：佇立望故鄉，顧影悽自憐。願言寄三鳥，離思非徒然。楚詞曰：三鳥飛以自南，覽其志而欲北，願寄言於三鳥兮，去飈疾而不得。陸機赴洛詩曰：感物戀堂室，離思一何深！

左記室思　詠史

韓公淪賣藥，梅生隱市門。范曄後漢書曰：韓康，字伯休，一名恬休，京兆人也。常采名藥賣於長安市，口不二價，三十餘年。梅生，梅福也。漢書曰：梅福一朝棄妻子去，其後人見於會稽者，變名姓爲吴市門卒。百年信荏苒，何用苦心魂？張華勵志詩曰：荏苒代謝。漢書，廣陵王胥歌曰：人生要死，何爲苦心？當學衛霍將，建功在河源。衛，衛青；霍，霍去病。陸賈新語曰：以義建功。河源，匈奴之境。山海經曰：崑崙之東北隅，實河海源也〔一一〕。珪組賢君眄，青紫明主恩。漢書，夏侯勝曰：士病不明經術，苟明，其取青紫，如俛拾地芥。終軍才始達，賈誼位方尊。漢書曰：終軍至長安上書，武帝異其文，拜爲謁者給事中。又曰：賈誼爲博士，文帝悦之，超遷，歲中至太中大夫也。金張服貂冕，許史乘華軒。左思詠史詩曰：金、張籍舊業，七葉珥漢貂。又曰：朝集金、張館，暮宿許史廬。漢書，劉向曰：王氏乘朱輪華轂。王侯貴片議，公卿重一言。太平多歡娱，飛蓋東都門。張景陽詠史詩曰：昔在西京時，朝野多歡娱。藹藹東都門，羣公祖二疎。顧念張仲蔚，蓬蒿滿中園。曹子建贈徐幹詩曰：顧念蓬室士。趙岐三輔決録注曰：張仲蔚，扶風人也。少與同郡魏景卿隱身不仕。明天官，博學，好爲詩賦。所居蓬蒿没人也。

張黄門 苦雨 協

丹霞蔽陽景，緑泉涌陰渚。曹子建情詩曰：微陰翳陽景。張景陽雜詩曰：丹霞啓陰期。又詩曰：階下伏泉涌。水鸖巢層甍，山雲潤柱礎。鄭玄毛詩箋曰：鸖，水鳥，將陰雨而鳴。巢層甍，未詳。淮南子曰：山雲蒸而柱礎潤。廣雅曰：礎，礩也，音楚。有弇興春節，愁霖貫秋序。張景陽雜詩曰：有弇興南岑。王仲宣有愁霖賦。燮燮涼葉奪，戾戾飈風舉。楚辭曰：溢飈風余上征。高談玩四時，索居慕疇侶。曹子建求通親表曰〔一二〕：高談無所與陳。禮記，子夏曰：吾離羣索居，亦已久矣。張華雜詩曰：安知慕疇侶？青苔日夜黄，芳蕤成宿楚。張景陽雜詩曰：青苔依空牆。又詩曰：密葉日夜疎。又詩曰：芳蕤豈再馥。又詩曰：荒楚鬱蕭森。説文曰：芳蕤，草木華盛貌。歲暮百慮交，無以慰延佇。仲長統詩曰：百慮何爲至？安在我延佇。

劉太尉 傷亂 琨 臧榮緒晉書曰：琨卒後贈太尉。

皇晉遘陽九，天下橫雰霧。劉琨答盧諶詩曰：厄運初遘，陽爻在六。哀我皇晉，痛心在目。班固漢書曰：陽九日〔一三〕初入，百六陽九。音義曰：易傳所謂陽九日厄會也〔一四〕。郭璞山海經注曰：橫，塞也。楚詞曰：望時風之清激，愈雰霧其如塵。秦趙值薄蝕，幽并逢虎據。薄蝕、虎據，喻羣盜也。京房易飛候占曰：凡日蝕皆於晦朔，不於晦朔蝕者名曰薄。戰國策曰：蘇秦説楚威王曰：王興師襲秦，戰於藍田，此所謂兩虎相據也。伊余荷寵靈，感激殉馳騖。劉琨勸進表曰：荷寵三世。左氏傳曰：薳啓彊曰：寵靈楚國。劉琨詩曰：鄧生何感激。解嘲曰：世亂則聖哲馳騖而不足。雖無六奇術，冀與張韓遇。漢書曰：陳平自初從至天下定後，常以護軍中尉從擊臧荼、陳豨，凡六出奇計，輒益邑封。奇計或頗祕，世莫得聞也。張，張良；韓，韓信也。甯戚扣角歌，桓公遭乃舉。淮南子曰：甯戚擊牛角而歌，桓公舉以爲大田。高誘曰：大田，官也。荀息冒險難，實以忠貞故。左氏傳曰：初，獻公使荀息傅奚齊。公疾，召之曰：其若之何？稽首而對曰：臣竭其股肱之力，加之以忠貞。其濟，君之靈也；不濟，則以死繼之。公曰：何謂忠貞？對曰：公家之利，知無不爲，忠也；送往事居，耦俱無猜，貞也。空令日月逝，愧無古人度。論語，陽虎曰：日月逝矣。盧諶贈崔温詩曰：古人非所希。飲馬出城濠，北望沙漠路。古有飲馬長城窟行。盧諶贈崔温詩曰：北眺沙漠垂，南望舊京路。千里何蕭條，白日隱寒樹。投袂既憤懣，撫枕懷百慮。左氏傳曰：楚子投袂而起。白虎通曰：天子崩，哀痛憤懣。劉琨重贈盧諶詩曰：中夜撫枕歎，想與數子遊。百慮，已見上文。功名惜未立，玄髮已改素。劉琨重贈盧諶詩曰：功業未及建，夕陽忽西流。陸機東宮詩曰：柔顏收紅藻，玄鬢吐素華。時或苟有會〔一五〕，治亂惟冥數。劉琨重贈盧諶詩曰：時哉不我與。陶淵明經曲阿詩曰：時來苟冥會。冥，幽冥也。數，歷數也。孫子兵法曰：治亂數也。范曄後漢書烏丸論曰：天之冥數，以至於是乎！

盧中郎 感交 諶

大廈須異材，廊廟非庸器。盧諶答魏子悌詩曰：崇臺非一幹，珍裘非一腋。潘岳在懷縣詩曰：器非廊廟姿。爾雅曰：庸，常也。謂非凡常之器也。英俊著世功，多士濟斯位。左氏傳，衆仲曰：官有世功，則有官族。盧諶答魏子悌詩曰：多士成大業，羣賢濟弘績。眷顧成綢繆，迺與時髦匹。毛詩曰：眷言顧之。盧諶答魏子悌詩曰：愚蒙時來會，敢齊朝彥跡？姻媾久不虛，契闊豈但一？盧諶贈劉琨詩曰：申以婚姻。又答魏子悌詩曰：恩由契闊生。但一，已見上文。逢厄既已同，處危非所恤。盧諶答魏子悌詩曰：共更飛狐厄。又曰：在厄每同險。常慕先達槩，觀古論得失。槩，志節也。馮衍顯志序曰〔一六〕：追觀往古得失之迹。馬服爲趙將，疆埸得清謐。史記曰：趙奢大破秦軍，秦軍解而走，遂解閼與圍而歸，趙惠文王賜奢號爲馬服君。左氏傳，魯公曰：疆埸之事，慎守其一而備其不虞。爾雅曰：謐，靜也。信陵佩魏印，秦兵不敢出。史記曰：魏公子毋忌爲信陵君。秦昭王進兵圍邯鄲，公子進兵擊秦軍，秦軍解去，遂救邯鄲存趙。公子留趙，十年不歸。秦聞公子在趙，日夜出軍東伐魏，魏王患之，使使請公子歸救魏，魏王以上將軍印授公子，公子遂將，破秦軍於河外，乘勝逐秦至函谷關，抑秦兵不敢出。慨無幄中策，徒慙素絲質。范曄後漢書，詔曰：前將軍鄧禹與朕謀謨帷幄，决勝千里。淮南子曰：墨子見練絲而泣之，爲其可以黄，可以黑。高誘曰：閔其化也。羇旅去舊鄉，感遇喻琴瑟。盧諶贈崔温詩曰：羇旅及寬政，委質與時遇。毛詩曰：妻子好合，如鼓琴瑟(一七)。自顧非杞梓，勉力在無逸。杞梓，已見陸韓卿贈内兄希叔詩。無逸，已見景福殿賦。更以畏友朋，濫吹乖名實。左氏傳，陳敬仲曰：詩曰：翹翹車乘，招我以弓。豈不欲往，畏我友朋。韓子曰：齊宣王使人吹竽，南郭處士請爲王吹竽，粟食與三百人等。宣王死，文王即位，一一聽之，處士乃逃。一曰：韓昭侯曰：吹竽者衆，吾無以知其善者。田嚴對曰：一一聽之，乃知濫也。名實，已見上。

郭弘農　遊仙　璞

臧榮緒晉書曰：璞卒後，贈弘農太守。

崦山多靈草，海濱饒奇石。郭璞遊仙詩曰：圓丘有奇草，鍾山出靈液。楚詞曰：吾令羲和弭節兮，望崦嵫而勿迫。王逸曰：崦嵫，山也。海濱，即海中三山也。偃蹇尋青雲，隱淪駐精魄。江賦曰：納隱淪之列真，挺異人之精魄。抱朴子曰：人無賢愚，皆知身之有魂魄。魂魄分去則人病，盡去則人死。道人讀丹經，方士鍊玉液。道人，方術之士，已見擬潘黄門述哀詩。神仙傳曰：淮南王好道術之士，於是八公乃往，遂授以丹經。漢書曰：燕、齊之方士。傅玄求仙篇曰：玉液涌出華泉。楚詞曰：吮玉液兮止渴。朱霞入窗牖，曜靈照空隙。十洲記曰：朱霞九光。廣雅曰：曜靈，日也。説文曰：隙，壁縫也。傲睨摘木芝，凌波采水碧。江賦曰：冰夷倚浪以傲睨。本草經曰：紫芝一名木芝。洛神賦曰：凌波微步。江賦曰：水碧潛瑨。山海經曰：耿山多水碧。郭璞曰：碧亦玉也。眇然萬里遊，矯掌望煙客。神仙傳曰：若士謂盧敖曰：吾一舉千里。説文曰：矯，舉也。郭璞遊仙詩曰：駕鴻乘紫煙。永得安期術，豈愁濛汜迫。列仙傳曰：安期先生自言千歲。楚辭曰：出於暘谷〔一八〕，次于濛汜。

張廷尉〔一九〕雜述　綽

太素既已分，吹萬著形兆。列子曰：太素者，質之始也。莊子，南郭子綦曰：夫吹萬不同而使自已也。司馬彪曰：言天氣吹煦，生養萬物，形氣不同。已，止也，使各得其性而止。潛夫論曰：太素之時，元氣窈冥，未有形兆也。寂動苟有源，因謂殤子夭。言大道之要，動寂無源。今誠以有源，即壽夭異轍，故以殤子爲夭也。呂氏春秋曰：一也者，至貴也，莫知其源，莫知其端，莫知其始，莫知其終，而萬物以爲宗。高誘曰：道無匹敵，故曰至貴。莊子，南郭子綦曰：莫壽乎殤子，而彭祖爲夭。道喪涉千載，津梁誰能了？莊子曰：世喪道矣，道喪世矣，世與道交相喪也。司馬彪曰：世皆異端，喪道，道不好世，故曰喪耳。思乘扶搖翰，卓然淩風矯。莊子，齊諧之言曰：鵬之徙於南溟也，水擊三千里，摶扶搖而上者九萬里。司馬彪曰：齊諧，人姓名也。摶，團也。扶搖，上行風也，圜飛而上者若扶搖也。毛詩曰：如飛如翰。鄭玄曰：如鳥之飛也。翰，其中豪俊也。廣雅曰：矯，飛也。靜觀尺棰義，理足未常少。莊子曰：一尺之棰，日取其半，萬世不竭。辯者以此與惠施相應，於身無窮〔二〇〕。司馬彪曰：若其可折〔二一〕，則常有兩；若其不可折，其一常存。故曰萬世不竭。冏冏秋月明，憑軒詠堯老。蒼頡篇曰：冏，大明也，俱永切。登樓賦曰：憑軒檻以遥望。堯、老，堯及老子，玄宗之太師，故莊生稱之。浪迹無蚩妍，然後君子道。浪，猶放也。妍蚩，猶美惡也。戴逵栖林賦曰：浪迹潁湄，棲景箕岑。文賦序曰：妍蚩，好惡也。領略歸一致，南山有綺皓。王文度贈許詢詩曰：吾生挺奇幹，領略摠玄標。鄭玄禮記注曰：領，理也。廣雅曰：略，要也。周易，子曰：一致而百慮。漢書曰：園公、綺季、夏黃公、角里先生〔二二〕，當秦之世，避而入商雒深山。范曄後漢書，孔融曰：南山四皓，潛光隱曜。交臂久變化，傳火迺薪草。莊子，仲尼謂顏回曰：吾終身與汝交一臂而失之，可不哀與？郭象曰：夫變化不可執而留也，故雖交臂相守，而不能令停。若哀死，則此亦可哀者也。今人未嘗以此爲哀，奚獨哀死邪？莊子，秦失曰：指窮於爲薪，火傳也，不知其盡。郭象曰：窮，盡也。爲薪，猶前薪也。前薪以指，指盡前薪之理，故火傳而不滅。心得納養之中，故命續而不絶，明盡生也。亹亹玄思清，胸中去機巧。許詢農里詩曰：亹亹玄思得，濯濯情累除。莊子曰：子貢南遊於楚，反於晉，過漢陰，見一丈夫〔二三〕方將爲圃畦，鑿隧而入井，抱甕而出灌，搰搰然力用甚多而見功寡。子貢曰：有械於此，一日浸百畦，用力甚寡，而見功多，夫子不欲乎？爲圃者仰而視之曰：柰何？曰：鑿木爲機，後重前輕，挈水若抽數，如泆湯，名曰桔槔。爲圃者忿然作色而笑曰：吾聞之吾師：有機械者必有機事，有機事者必有機心，機心存於胸中，則純白不備；純白不備，則神生不定；神生不定者，道之所不載。子貢俯而不對也。物我俱忘懷，可以狎鷗鳥。莊子曰：吾喪我。郭象曰：吾喪我，我自忘矣。我自忘，天下何物足識哉！又曰：海上有人好鷗鳥者，旦而之海上，從鷗鳥游，鷗鳥至者百數。其父曰：吾聞鷗從汝遊，試取來，吾從玩之。曰：諾。明旦之海上，鷗鳥舞而不下。

許徵君　自序　詢　晉中興書曰：高陽許詢，字玄度，寓居會稽，司徒蔡謨辟不起。詢有才藻，善屬文，時人皆欽愛之〔二四〕。

張子闇內機，單生蔽外像。張毅、單豹，並已見幽通賦。一時排冥筌，泠然空中賞。筌，捕魚之器。言魚之在筌，猶人之處塵俗；今既排而去之，超在埃塵之外，故泠然涉空，得中而留也。莊子曰：列子御風而行，泠然而善，旬有五日而反。司馬彪曰：泠然，涼貌也。郭象莊子注曰：天下莫不自是而相非，故一是一非，兩行無窮；唯涉空得中，曠然無懷，乘之以遊也。遣此弱喪情，資神任獨往。莊子曰：予惡乎知悦生之非惑耶？予惡乎知惡死之非惑耶？非夫弱喪而不知歸者耶？郭象曰：少失其故居爲弱喪者，遂於彼之所在而不知歸於故鄉。淮南王莊子略要曰：江海之士，山谷之人，輕天下細萬物而獨往者也。司馬彪曰：獨往，任自然，不復顧世。採藥白雲隈，聊以肆所養。隈，曲也。賈逵國語注曰：肆，恣也。丹葩耀芳蕤，緑竹蔭閑敞。廣雅曰：葩，華也。洞簫賦曰：又足樂乎其閑敞。西征賦曰：厭紫極之閑敞。苕苕寄意勝，不覺陵虛上。曲櫺激鮮飈，石室有幽響。櫺，窗間孔也。陸機吴趨行曰：泠泠鮮風過。列仙傳曰：赤松子常止西王母石室中也。去矣從所欲，得失非外獎。陸機招隱詩曰：税駕從所欲。李蕭遠運命論曰：得與失孰賢？謝靈運擬鄴中詩曰：客心非外獎。小雅曰：獎，勸也。至哉操斤客，重明固已朗。莊子曰：莊子送葬，過惠子之墓，顧謂從者曰：郢人堊漫其鼻端若蠅翼，使匠石運斤成風，聽而斲之，盡堊而鼻不傷，郢人立不失容。宋元君聞之，召匠石曰：嘗試爲寡人爲之。匠石曰：臣則嘗能斲之。雖然，臣質死久矣。自夫子之死，吾無以爲質矣！吾無與言也。五難既灑落，超迹絶塵網。向秀難嵇康養生論曰：養生有五難，名利不滅，此一難；喜怒不除，此二難；聲色不去，此三難；滋味不絶，此四難；神慮消散，此五難。

殷東陽 興矚 仲文

晨遊任所萃，悠悠藴真趣。毛萇詩傳曰：萃，集也。方言曰：藴，積也。莊子曰：道之真以持身。謝靈運登江中孤嶼詩曰：藴真誰爲傳。雲天亦遼亮，時與賞心遇。莊子曰：黄帝得之以登雲天。謝靈運田南樹園詩曰：賞心不可忘。青松挺秀萼，惠色出喬樹。廣雅曰：秀，美也。鄭玄詩箋曰：承花者曰鄂。鄂與萼同。極眺清波深，緬映石壁素。韋昭國語注曰：緬，邈也。瑩情無餘滓，拂衣釋塵務。廣雅曰：瑩，磨也。説文曰：滓，澱也。謂鄙穢。左氏傳曰：叔向拂衣從之。求仁既自我，玄風豈外慕？論語曰：求仁而得仁，又何怨乎？漢書，灌嬰曰：侯自我得之。玄風，謂道也。李充玄宗賦曰：慕玄風之遐裔，余皇祖曰伯陽。謝靈運憶山中詩曰：得性非外求。直置忘所宰，蕭散得遺慮。淮南子曰：成化象而弗宰。高誘曰：宰，主也。謝靈運越嶺溪行詩曰：觀此遺物慮，一悟得所遣。

謝僕射　遊覽　混

信矣勞物化，憂襟未能整。左氏傳，商臣曰：信矣。莊子曰：天不産而萬物化。又曰：既化而生，又化而死也。薄言遵郊衢，摠轡出臺省。毛詩曰：薄言旋歸。家語，子曰：善御者，正身摠轡也。淒淒節序高，寥寥心悟永。毛詩曰：秋日淒淒。楚詞曰：天高而氣清。莊子曰：寥已吾志。郭象曰：寥然，空虚也。聲類曰：悟，心解也。時菊耀巖阿，雲霞冠秋嶺。潘安仁河陽詩曰：時菊耀秋華。眷然惜良辰，徘徊踐落景。孔叢子，歌曰：眷然顧之。東征賦曰，撰良辰而將行。卷舒雖萬緒，動復歸有静。淮南子曰：至道無爲，盈縮卷舒，與時變化。莊子曰：虚則静，静則動者，得矣。老子曰：夫物云云，復歸其根；歸根曰静，是謂復命。王弼曰：凡有起於虚，動於静；故萬物雖並動作〔二五〕，卒復歸於虚静。各反其始，歸根則静也。曾是迫桑榆，歲暮從所秉。毛詩曰：曾是在位。桑榆，日所没，以喻人年老，已見上文。韓詩曰：歲聿其暮。薛君曰：言年歲已晚也。所秉，謂心所執也。毛詩曰：君子秉心。鄭玄曰：秉，執也。舟壑不可攀，忘懷寄匠郢。莊子曰：夫藏舟於壑，藏山於澤，謂之固矣。然而夜半有力者負之而走，昧者不知。司馬彪曰：舟，水物。山，陸居者也。藏之壑澤，非人意所求，謂之固。有力者或能取之。郢人，已見上文。

陶徵君 田居 潛

種苗在東皐，苗生滿阡陌。歸去來曰：登東皐以舒嘯。風俗通曰：南北曰阡，東西曰陌。雖有荷鉏倦，濁酒聊自適。陶潛詩曰：晨興理荒穢，帶月荷鉏歸。又曰：雖欲揮手歸，濁酒聊自持。莊子曰：智不知論極妙之言，而自適一時之利者，非埳井之蛙與？又郭象注曰：自適其志者也。日暮巾柴車，路闇光已夕。歸去來曰：或巾柴車。鄭玄周禮注曰：巾，猶衣也。歸人望煙火，稚子候簷隙。歸去來曰：稚子候門。問君亦何爲？百年會有役。莊子，盜跖曰：人上壽百歲。陶潛夜行塗口詩曰：懷役不遑寐。但願桑麻成，蠶月得紡績。陶潛詩曰：相見無雜言，但道桑麻長。毛詩曰：蠶月條桑。家語曰：公父文伯之母，紡績不懈。素心正如此，開逕望三益。方言曰：素，本也。謝靈運田南詩曰：唯開蔣生逕，永懷求羊蹤。論語曰：益者三友：友直，友諒，友多聞，益矣。

謝臨川 遊山 靈運

江海經邅迴，山嶠備盈缺。楚辭曰：入溆浦兮邅迴。爾雅曰：山鋭而高曰嶠。謝靈運登廬山詩曰：山行非前期，彌遠不能輟；但欲淹昏旦，遂復經盈缺。春秋元命包曰：月盈而缺者詘鄉尊。宋均曰：詘，還也。尊，君也。靈境信淹留，賞心非徒設。賞心，已見上文。平明登雲峯，杳與廬霍絶。楚詞曰：平明發兮蒼梧。謝靈運詶惠連詩曰：滅迹入雲峯。又初發石首城詩曰：息必廬、霍期。碧鄣長周流〔二六〕，金潭恒澄澈。碧鄣，出碧之鄣，即玉山也，已見上文。思玄賦曰：歷衆山以周流。上林賦曰：步櫩周流。臨海記曰：白石山下有金潭，金光焕然也。桐林帶晨霞，石壁映初晰。說文曰：昭晰，明也，之逝切。今協韻，以爲之舌切。乳竇既滴瀝，丹井復寥泬。謝靈運山居賦曰：訪銅乳於洞穴，訊丹砂於經泉。鮑昭過銅山詩曰：乳竇夜涓滴。說文曰：滴瀝，水下滴瀝也。抱朴子曰：武陵舞陽有丹砂井。王逸楚詞注曰：泬寥，曠蕩空虚，静也。嵒壆轉奇秀，岑崟還相蔽。說文曰：嵒，山巖也，五咸切。文字集略曰：壆，崖也。郭璞方言注曰：岑崟，峻貌。赤玉隱瑶溪，雲錦被沙汭。子虚賦曰：石則赤玉玫瑰〔二七〕。思玄賦曰：瞰瑶溪之赤岸。海賦曰：雲錦散文於沙汭之際。夜聞猩猩啼，朝見鼯鼠逝。蜀都賦曰：猩猩夜啼。郭璞爾雅注曰：鼯鼠，狀如小狐，亦謂之飛生，聲如人呼。南中氣候暖，朱華凌白雪。謝靈運入華子崗詩曰：南州實炎德，桂樹凌寒山。王逸楚詞注曰：南方冬温，草木常華。幸遊建德鄉，觀奇經禹穴。莊子，市南宜僚謂魯侯曰：南越有邑焉，名爲建德之國。其民愚朴，少私寡欲，其生可樂，其死可葬。吾願君去國捐俗，與道相輔而行。漢書曰：司馬遷南遊江淮，上會稽，探禹穴也。身名竟誰辯？圖史終磨滅。謝靈運入華子崗詩曰：莫辯百世後。又曰：圖諜復磨滅。且汎桂水潮，映月遊海澨。楚詞曰：桂水兮潺湲。謝靈運入華子崗詩曰：乘月弄潺湲。攝生貴處順，將爲智者説。謝靈運還湖中詩曰：寄言攝生客。又登石門詩曰：處順故安排。又石門詩曰：匪爲衆人説，莫與智者論〔二八〕。

顔特進 侍宴 延之

太微凝帝宇，瑶光正神縣。淮南子曰：太微者，天一之廷。孔安國尚書傳曰：凝，成也。魏都賦曰：耽耽帝宇。周禮曰：匠人建國，晝參諸日中之景，夜考之極星，以正朝夕。鄭玄曰：極星，謂北斗也。廣雅曰：北斗第七星爲瑶光。地理書曰：崑崙東南，地方五千里，名神州。史記，鄒衍曰：中國名赤縣神州，赤縣神州内自有九州，禹之所敍九州是也，不得爲州數。中國外若赤縣神州者九，所謂九州也。揆日粲書史，相都麗聞見。毛詩曰：揆之以日，作爲楚室。尚書序曰：成王在豐，欲宅洛邑，使召公先相宅。孔安國曰：欲以爲都也。列漢構仙宫，開天制寶殿。毛萇詩傳曰：漢，天河。桂棟留夏飈，蘭橑停冬霰。楚詞曰：桂棟兮蘭橑。青林結冥濛，丹巘被葱蒨。吴都賦曰：迴眺冥濛。毛萇詩傳曰：巘，小山别於大山也。山雲備卿藹，池卉具靈變。尚書大傳曰：百工相和而歌卿雲。鄭玄曰：卿當爲慶。魏文帝東閣詩曰：高山吐慶雲。西京賦曰：濯靈芝之朱柯。陳思王靈芝篇曰：靈芝生玉池。重陽集清氣〔二九〕，下輦降玄宴。楚詞曰：集重陽入帝宫兮，造旬始而觀清都。西京賦曰：恣意所幸，下輦成宴。尚書曰：玄德升聞。玄，猶聖也。鶩望分寰隧，矖目盡都甸。寰，猶畿也。穀梁傳曰：寰内諸侯。周禮有六鄉六隧。倉頡篇曰：矖，曠視之貌也。氣生川岳陰，煙滅淮海見。中坐溢朱組，步櫩簉瓊弁。魯靈光殿賦曰：中坐乘景。禮記曰：侯伯佩玄玉而朱組綬。上林賦曰：步櫚周流，長途中宿。説文曰：篷，雜字如此。左氏傳曰：楚子玉爲瓊弁玉纓，未之服也。禮登竚睿情，樂闋延皇眄。爾雅曰：登，成也。又曰：竚，久也，謂久留也。禮記曰：有司告以樂闋。鄭玄曰：闋，終也。延，引也。測恩躋踰逸〔三〇〕，沿牒懵浮賤。爾雅曰：測，深也。愉逸，耽樂縱逸也。漢書，長安令楊興説將軍史高曰：匡衡無階朝廷，隨牒在遠方。説文曰：懵，不明也。浮賤，浮名微賤也。禮記曰：恥名浮於行也。榮重餽兼金〔三一〕，巡華過盈瑱。孟子曰：齊王餽兼金一百而不受。盈瑱，盈尺之玉也。説文曰：田父得寶玉至尺。魏都賦曰：尺璧有盈。淮南子曰：崑山之玉。瑱，天見切。敢飾輿人詠，方慙綠水薦。左氏傳曰：晉侯聽輿人之誦曰：原田每每，舍其舊而新是謀。淮南子曰：手會淥水。已見上文。

謝法曹贈別　惠連

昨發赤亭渚，今宿浦陽汭。謝靈運富春渚詩曰：赤亭無淹薄。獻康樂詩曰：昨發浦陽汭，今宿浙江湄。方作雲峯異，豈伊千里別。雲峯，已見上文。芳塵未歇席，涔淚猶在袂。庾闡楊都賦曰：結芳塵於綺席。楚詞曰：泣沾襟而濡袂。停艫望極浦，弭棹阻風雪。説文曰：艫，船頭也。楚詞曰：望涔陽兮極浦。謝惠連獻康樂詩曰〔三二〕：停楫阻風波。毛萇詩傳曰：弭，止也。風雪既經時，夜永起懷思。汎灩北湖遊，岧亭南樓期〔三三〕。謝靈運詩序曰：於南山往北山，經湖中。又序曰：南樓中望所遲客。點翰詠新賞，開袠瑩所疑。謝靈運答惠連詩曰：陵澗尋我室，散帙問所知。摘芳愛氣馥，拾蕊憐色滋。色滋畏沃若，人事亦銷鑠。毛詩曰：桑之未落，其葉沃若。楚辭曰：質銷鑠以汋約。賈逵國語注曰：鑠，銷也。子襟怨勿往，谷風誚輕薄。毛詩曰：青青子襟，悠悠我心，縱我不往，子寧不嗣音？又詩序曰〔三四〕：谷風，刺幽王也。天下俗薄，朋友道絶焉。共秉延州信，無慙仲路諾。延州信，謂挂劍也，已見謝靈運廬陵墓下詩。論語，子曰：子路無宿諾。靈芝望三秀，孤筠情所託。楚詞曰：采三秀於山間。王逸云：秀，謂芝草也。竹箭之有筠，已見上注。韋昭漢書注曰：竹皮，筠也，于貧切。所託已慇懃，衹足攪懷人。謝靈運詩曰：猶復惠來章，衹足攪余思。毛詩曰：嗟我懷人。今行嶀嵊外，銜思至海濱。孔曄會稽記曰：始寧縣西南有嶀山，剡縣有嵊山。陸機赴洛道中詩曰：朝徂銜思往。尚書曰：海濱廣斥。嶀，他乎切。嵊，食證切。覿子杳未僝，款睇在何辰？孔安國尚書曰〔三五〕：僝，見也，士簡切。字林曰：款，誠也，意有所欲也。廣雅曰：睇，見也。雜珮雖可贈，疏華竟無陳。毛詩曰：知子之來之，雜珮以贈之。疏華，瑤華也，已見謝靈運越嶺溪行及南樓望所遲客詩。無陳心悁勞，旅人豈遊遨？毛詩曰：中心悁悁。幸及風雪霽，青春滿江臯。說文曰：霽，雨止也。楚詞曰：青春爰謝。又曰：馳鶩乎江臯。解纜候前侶，還望方鬱陶。謝靈運相送方山詩曰：解纜及流潮。又詶謝惠連詩曰〔三六〕：幽居復鬱陶。煙景若離遠，末響寄瓊瑤。瓊瑤，謂玉音也。

王徵君 養疾 微

窈藹瀟湘空，翠礀澹無滋。窈藹，深遠之貌。杜育荈賦曰：懷豐穰之滋潤。寂歷百草晦，欻吸鶗雞悲。寂歷，彫疎貌。說文曰：晦，盡也，謂彫盡也。一曰：毛萇詩傳曰：晦，昧也。凡草木華實榮茂謂之明，枝葉彫傷謂之晦。欻吸，疾貌。楚詞曰：鵾雞啁哳而悲鳴。清陰往來遠，月華散前墀。前墀，已見上文。鍊藥矚虚幌〔三七〕，汎瑟卧遥帷。説文曰：鍊，化金也。鍊與練古字通。又集略曰〔三八〕：幌，以帛萌窗也〔三九〕。文賦曰：同朱絃之清汎。朱絃，瑟絃也。水碧驗未黷，金膏靈詎緇。水碧，已見上文。蒼頡篇曰：黷，垢黷也。穆天子傳，河伯曰：示汝黄金之膏。毛萇詩傳曰：緇，黑色也。北渚有帝子，蕩瀁不可期。楚詞曰：帝子降兮北渚，目眇眇兮愁予。阮籍詠懷詩曰：蕩瀁焉可能。悵然山中暮，懷痾屬此詩。淮南子曰：悵然若有所亡。楚辭曰：幽獨處乎山中。又曰：抒中情而屬詩。

袁太尉　從駕　　淑

宫廟禮哀敬，枌邑道嚴玄。顔延年拜陵廟詩曰：哀敬隆祖廟。枌，枌榆社也。漢書曰：高祖禱豐枌榆社。説文曰：玄，幽遠也，謂神道幽遠也。恭絜由明祀，肅駕在祈年。毛詩曰：敬恭明祀〔四〇〕。又曰：祈年孔夙。詔徒登季月，戒鳳藻行川。孔安國尚書傳曰：登，升也。羽獵賦曰：玄冬季月。鳳皇，車名。甘泉賦曰：乃登鳳皇兮翳華芝。行川，所行之川也。行，猶道也。雲旆象漢徙，宸網擬星懸。高唐賦曰：建雲旆。宸網，天畢也。西京賦曰：天畢前驅。薛綜曰：畢，網也，象畢星。魯靈光殿賦曰：浮柱岹嵽以星懸。朱櫂麗寒渚，金鍐映秋山。朱櫂，以朱漆飾櫂也。蔡邕獨斷曰：金鍐者，馬冠也，高廣各五寸。羽衛藹流景，綵吹震沈淵。羽衛，負羽侍衛也。綵，發吹也。淮南子曰：浮吹以虞。沈川，鱗介也。辯詩測京國，履籍鑑都壥。禮記曰：天子五年一巡狩，命太師陳詩以觀民風。孫卿子曰：履天子之籍，聽天下之斷。甿謡響玉律〔四一〕，邑頌被丹絃。沈約宋書曰：調樂金石，有一定之聲。故造鍾磬者，先律調之，然後施之於箱懸。司馬彪續漢書曰：候氣之法，殿中候用玉律十二，唯二至乃候靈臺，用竹律六十。顔延年曲水詩序曰：途歌邑頌。尚書大傳曰：大琴朱絃。蔡邕琴賦曰：丹絃既張，八音既平。文軫薄桂海，聲教燭冰天。禮記曰：書同文，車同軌。尚書曰：外薄四海。孔安國曰：薄，迫也，言至海也。南海有桂，故云桂海。上林賦曰：經乎桂林之中，過乎泱漭之野。尚書曰：朔南暨聲教。蒼頡篇曰：燭，照也。淮南子曰：八紘，北方曰積冰。高誘曰：北方寒冰所積，因以爲名積冰也。和惠頒上笏，恩渥浹下筵。禮記曰：笏，諸侯以象。顔延年觀北湖田牧詩曰〔四二〕：温渥浹輿隸，和惠屬後筵。幸侍觀洛後，豈慕巡河前？尚書中候曰：天乙在亳，東觀乎雒，黄魚雙躍，出躋于壇，化爲黑玉。孝經鉤命決曰：舜即位，巡省中河，録圖授文。服義方無沬，展歌殊未宣。服義，已見上文。沬，亡貝切。廣雅曰：沬，已也。楚詞曰：展詩兮會舞。王逸曰：展，舒也。言舒展詩曲，作爲雅樂者也。

謝光禄　郊遊　莊

肅舲出郊際，徙樂逗江陰〔四三〕。楚詞曰：乘舲船余上沅兮，齊吴榜以擊汰。王逸曰：舲，船窗牖也。徙樂，行樂也。説文曰：逗，止也。翠山方藹藹，青浦正沈沈。廣雅曰：藹藹，盛貌〔四四〕。上林賦曰：沈沈隱隱。涼葉照沙嶼，秋榮冒水潯。劉淵林吴都賦注曰：嶼，海中洲，上有山石也。説文曰：潯，傍深也。風散松架險，雲鬱石道深。松枝可以爲架，故因謂之架焉。静默鏡緜野，四睇亂曾岑。莊子曰：静默可以補病。穀梁傳曰：緜地千里。氣清知鴈引，露華識猿音。雲裝信解黻，煙駕可辭金。

雲裝，雲衣也。蒼頡篇曰：紱，綬也。黻與紱通。煙駕，煙車也。金，金印也。始整丹泉術，終覿紫芳心。抱朴子曰：黃帝南到員隴，采若乾之華，飲丹巒之泉。外國圖曰：員丘有赤泉，飲之不老。紫芳，紫芝也。鄒潤甫遊仙詩曰：紫芝列紅敷，丹泉激陽濆。行光自容裔，無使弱思侵。楚辭曰：雲旗兮電騖，儵忽兮容裔。

鮑參軍　戎行　昭

豪士枉尺璧，宵人重恩光。呂氏春秋，傳曰：文王飾其辭令，幣帛以禮豪士，以璧禮賢。已見上文。淮南子曰：聖人不貴尺璧。春秋孔演圖曰：宵人之世多飢寒。宋均曰：宵，猶小也。鄭玄毛詩箋曰：爲龍爲光。言天子恩澤光曜被及者也。殉義非爲利，執羈輕去鄉。莊子曰：彼所殉仁義，則俗謂之君子。又曰：小人則以身殉利，士則以身殉名。禮記曰：執羈靮而從。靮音的。去鄉，已見上文。孟冬郊祀月，殺氣起嚴霜。禮記曰：孟冬之月，天子迎冬於北郊。又曰：仲秋之月，殺氣浸盛，陽氣日衰。楚詞曰：冬又申之以嚴霜。戎馬粟不煖，軍士冰爲漿。陸機苦寒行曰：渴飲堅冰漿。晨上成皐坂，磧礫皆羊腸。薛綜東京賦注曰：旋門坂在成皐。上林賦曰：下磧礫之坻。高誘呂氏春秋注曰：羊腸，其山盤紆似羊腸。寒陰籠白日，太谷晦蒼蒼。夏侯湛歎秋賦曰：陰籠景而下翳。曹植贈白馬王詩曰：太谷何寥廓，山樹鬱蒼蒼。爾雅曰：霧謂之晦。郭璞曰：蒼蒼〔四五〕，昏冥也。息徒税征駕，倚劍臨八荒。嵇康贈秀才詩曰：息徒蘭圃。法言曰：仲尼之駕税矣。宋玉大言賦曰：方地爲輿，員天爲蓋，長劍耿介，倚天之外。甘泉賦曰：八荒協兮萬國諧。鵷鶵不能飛，玄武伏川梁。樂緯曰：鵷鶵狀似鳳皇，身禮，戴信，嬰仁，膺智，負義。宋均曰：身禮，質赤色。思玄賦曰：

玄武縮於轂中兮，騰蛇蜿而自糾。**鎩翮由時至，感物聊自傷。**淮南子曰：飛鳥鎩羽。許慎曰：鎩，殘羽也。古詩曰：感物懷所思。**豎儒守一經，未足識行藏。**漢書，高祖曰：豎儒，幾敗乃公事。韋昭曰：豎，猶小也。論衡曰：能説一經爲儒生。論語，子謂顏淵曰：用之則行，捨之則藏，唯我與爾有是夫。

休上人 別怨〔四六〕

沈約宋書曰：沙門惠休，善屬文，徐湛之與之甚厚，世祖命使還俗。本姓湯，位至楊州從事也。

西北秋風至，楚客心悠哉。日暮碧雲合，佳人殊未來。魏文帝秋胡行曰：朝與佳人期，日夕殊不來。**露采方汎豔，月華始徘徊。**曹子建七哀詩曰：明月照高樓，流光正徘徊。**寶書爲君掩，瑶琴詎能開？**道學傳曰：夏禹撰真靈之玄要，集天官之寶書。書以南和丹繒，封以金英之函，檢以玄都之印。瑶琴，已見上文。**相思巫山渚，悵望陽雲臺**〔四七〕。高唐賦曰：妾在巫山之陽。蔡邕詩序曰：暮宿河南悵望。子虛賦曰：楚王乃登雲陽之臺。**膏鑪絶沈燎，綺席生浮埃。**鑪，熏鑪也。取其芬香，故加之膏；煙而無燄，故謂之沈。西京雜記，鄒陽酒賦曰：綃綺爲席，犀璩爲鎮。**桂水日千里，因之平生懷。**言因桂水以通情也。桂水，已見上文。李陵詩曰：浮雲日千里。洛神賦曰：託微波而通辭。鍾會懷士賦曰：記遠念於興波。

文選考異

〔一〕注「雜體詩序曰」袁本、茶陵本有「并序」二字在前「雜體詩三十首」下，無此五字，其以下全載序作正文，乃五臣從文通集取之添入耳。袁本有校語云「善序與此同，仍簡略，更不録」，可爲顯證。茶陵本不著校語，大誤。尤所見得善注之真，最是。

〔二〕注「虞義送別詩曰」 陳云「義」當作「羲」，是也。各本皆誤。

〔三〕注「淵魚鱗魚也」 袁本、茶陵本「鱗」作「鱓」，是也。

〔四〕注「人心罔結」 袁本、茶陵本「罔」作「同」。案：皆非也，當作「固」。

〔五〕注「君之澤未流」 茶陵本「未」作「不下」二字，是也。袁本亦誤「未」。

〔六〕去鄉三十載 袁本、茶陵本「三」作「二」，有校語云善作「三」。案：各本所見非也。考仲宣以初平西遷後之荆州，至建安十三年劉琮以荆州降，垂二十年，故云爾。至注所引「去鄉三十載」，但取語意相同爲證，不限「二」「三」互異也。或因此改正文作「三」，遂與仲宣去鄉年數弗符，非善如此，其五臣無説，反存詩舊，今借以正之。

〔七〕注「蜩與鷽鳩笑之」 茶陵本「鷽」作「鸒」，下同。袁本作「鷽」，與此同。案：作「鸒」者是也。莊子有兩本，一作「鷽」，音於角反；一作「鸒」，音預，俱見釋文。此引作「鸒」之本爲注，不知者以「鷽」改之。又案：下注引詠懷詩「鸒斯飛桑榆，海鳥運天池」云云，是嗣宗讀莊子從「鸒」，文通擬之亦然，無疑矣。

〔八〕潘黄門悼亡 袁本、茶陵本「悼亡」作「述哀」。案：二本是也。後擬郭璞遊仙注云「已見擬潘黄門述哀詩」，可證。此蓋尤誤改。

〔九〕注「楚詩曰青春爰謝」 何校「詩」改「詞」，陳同，是也。「爰」當作「受」。各本皆譌。

〔一〇〕馳馬遵淮泗 袁本「馳」作「驅」，云善作「馳」。茶陵本云五臣作「驅」。案：各本所見皆非也。善引「驅馬悠悠」爲注，「馳」但傳寫誤。

〔一一〕注「實河海源也」 袁本、茶陵本「河」作「唯」。何校「唯」改「河」，去「海」字。案：此尤改「海」爲「河」，而誤當「唯」字處耳。「唯」「河」當兩有。

〔一二〕注「曹子建求通親表曰」 袁本、茶陵本「通」作「親」。案：此尤添「通」字而誤改去上「親」字耳。當兩有，作「求通親親」。

〔一三〕注「陽九日」 案：「九」下當有「厄」字，「日」當作「曰」。各本皆脱誤。

〔一四〕注「易傳所謂陽九日厄會也」 袁本、茶陵本「日」作「之」，是也。「會」上當有「百六之」三字，所引即孟康注。各本皆脱。

〔一五〕時或苟有會 袁本、茶陵本「或」作「哉」，是也。

〔一六〕注「馮衍顯志序曰」 案：「志」下當有「賦」字。各本皆脱。

〔一七〕注「如鼓琴瑟」 茶陵本「琴瑟」作「瑟琴」，是也。袁本亦誤順正文。案：善注例不拘語倒，已詳前。

〔一八〕注「出於暘谷」 案：「暘」當作「湯」。各本皆譌。餘屢引可證。

〔一九〕張廷尉 案：「張」當作「孫」。茶陵本有校語云「張」五臣作「孫」。袁本亦作「張」，無校語。

考此三十首，善於其人之不見選中者，必爲之注，如許徵君、休上人是也。其劉琨、郭璞稱贈官，亦必爲之注。善例精密乃爾，倘果别有張廷尉綽，不當反不注，可見善自作「孫」，因遊天台山賦下注其「尋轉廷尉卿」訖，故不須注也。袁本所用正文，係五臣，「而」字作「張」，疑五臣乃誤爲「張」。茶陵本校語恐倒錯。何校云五臣作「孫」，是，陳同，誤認茶陵校語爲善真作「張」、五臣真作「孫」，雖知江題之作「孫」，而未得善理也。

〔二〇〕注「於身無窮」　陳云「於」，「終」誤，是也。各本皆譌。所引天下篇文。

〔二一〕注「若其可折」　案：「折」當作「析」，下同。各本皆譌。

〔二二〕注「角里先生」　袁本「角」作「甪」。案：「角」是，「甪」非也。廣韻一屋云角里先生，漢書四皓，又音覺，可見。宋時尚别無「甪」字。袁本係後改耳。茶陵本不誤，與此同，前人華子崗詩注「載山居圖」作「禄」，史記索隱引孔安國祕記亦作「禄」，「禄」、「角」古字通。今漢書索隱以及法言等每爲人改成「甪」，而王震澤刻史記未譌，隸釋「四皓神祚机」字影宋本作「角」，極其明晝，近亦改「甪」，恐讀者習見誤本，附訂之如此。

〔二三〕注「見一丈夫」　何校「夫」改「人」，是也。各本皆譌。所引天地篇文。

〔二四〕注「時人皆欽愛之」　袁本、茶陵本「人」下有「士」字，是也。

〔二五〕注「動於静故萬物離並動作」　何校於上添「起」字，「離」改「雖」，陳同，是也。各本皆脱誤。

〔二六〕碧鄣長周流　茶陵本「鄣」作「障」。袁本云善作「障」。案：此所見不同。靈運晚出西射堂詩作「鄣」，注引上正「鄣」。丘希範旦發漁浦潭詩作「障」，注同。此擬謝似宜爲「鄣」也。五臣改作「嶂」，蓋不知「鄣」、「障」皆與爾雅釋山之「章」通用。

〔二七〕注「子虛賦曰石則赤玉玫瑰」　袁本、茶陵本作「上林賦曰赤玉玫瑰也」。案：此尤延之檢本篇而改，其實善誤記，亦每有之。

〔二八〕注「莫與智者論」　案：「莫」當作「冀」。各本皆誤。

〔二九〕重陽集清氣　袁本、茶陵本「氣」作「氛」，云善作「氣」。案：詳下云「氣生川岳陰」文必相避，蓋善自作「氛」，與五臣非有異，但傳寫譌「氣」。各本所見皆非。

〔三〇〕測恩躋踰逸　袁本「踰」作「愉」，云善作「踰」。茶陵本云五臣作「愉」。案：善以「耽樂」注之，是自作「愉」，非與五臣有異，但傳寫譌「踰」。各本所見皆非。陳云「踰」，「愉」誤，得之。

〔三一〕榮重餽兼金　茶陵本云五臣作「承榮重兼金」。袁本云善作「榮重餽兼金」。案：各本所見皆非也。「承榮」與「巡華」儷，「兼金」與「盈瑱」儷，「重」、「過」同意。善不容與五臣有異，作「榮重餽兼金」，全非句例，必傳寫誤也。

〔三二〕注「獻康樂詩曰」　案：「獻」上當有「謝惠連」三字。各本皆脱。

〔三三〕岧亭南樓期　案：「岧」當作「苕」。苕亭，即西京賦所謂「狀亭亭以苕苕」，彼注云「高貌也」。蓋單言之則曰「苕亭」，重言之則曰「苕苕亭亭」，字義全同，不煩更注。又「苕苕」屢見，俱不作「岧」，但傳寫形近譌耳。袁本、茶陵本皆作「苕」，云善作「岧」，五臣於重言者多改爲「迢迢」，而此以單言不改，正與善同。各本所見皆非。

〔三四〕注「又詩序曰」 袁本、茶陵本無「詩」字，是也。

〔三五〕注「孔安國尚書曰」 案：「書」下當有「傳」字。各本皆脱。

〔三六〕注「又詶謝惠連詩曰」 袁本、茶陵本無「謝」字，是也。

〔三七〕鍊藥矚虛幌 案：「鍊」當作「練」，注云「鍊與練古字通」，謂詩之「練」與所引説文金部之「鍊」通也。若正文先已作「鍊」，無煩此注矣。必五臣改爲「鍊」，各本所見亂之，而失著校語。凡五臣每以注改正文也。又四子講德論「精練藏於鑛朴」，五臣作「鍊」，正與此同。

〔三八〕注「又集略曰」 案：「又」當作「文字」二字。各本皆誤。隋志云文字集略六卷，梁文貞處士阮孝緒撰。七命注亦引此，正作「文」字，可證。

〔三九〕注「以帛萌窗也」 陳云「萌」，「明」誤，是也。各本皆誤。案：七命注引作「明」，可證。

〔四〇〕注「敬恭明祀」 案：「祀」當作「神」。各本皆誤。

〔四一〕甿謡響玉律 案：「甿」當作「萌」。茶陵本作「萌」，云五臣作「甿」，袁本云善作「萌」。尤本以五臣亂善，失之。説已見前長楊賦「遐萌」下，可互證也。

〔四二〕注「觀北湖田牧詩曰」 何校「牧」改「收」，陳同，是也。各本皆譌。

〔四三〕徙樂逗江陰 茶陵本云「樂」五臣作「藥」。袁本作「藥」，云善作「樂」。案：各本所見皆非也。下有「丹泉術」「紫芳心」之云，此言「藥」無疑。袁本載五臣翰注云「徙藥，行藥也」，又載善注「徙樂，行樂也」。茶陵但載善「徙樂，行樂也」，五臣删此一句，當是。正文善自作「藥」，與五臣不異，其五臣之注爲全襲善語，傳寫誤善正文及注作「樂」，據之作校語者不辨，尤亦同其誤也。鮑明遠有行藥至城東橋詩，在二十二卷。

〔四四〕注「廣雅曰藹藹盛貌」　袁本、茶陵本無此七字。

〔四五〕注「郭璞曰蒼蒼」　案：「蒼蒼」二字不當有。各本皆衍。

〔四六〕休上人别怨　袁本、茶陵本「别怨」作「怨别」，是也。

〔四七〕悵望陽雲臺　陳云「陽雲」二字當乙。今案：陳所説非也。注引「楚王乃登雲陽之臺」，善例既不拘語倒，難以據改。又子虛賦茶陵本作「雲陽」，有校語云五臣作「陽雲」。袁本作「陽雲」，無校語。考史記、漢書皆作「陽雲」，恐茶陵及尤所見未必非，傳寫誤，此注亦然，其不當輒改決然矣。

〔南朝梁〕蕭統編
〔唐〕李善注

文選

第四册
第三十二卷至第四十卷

上海古籍出版社

文選第四册目録

（第三十二卷至第四十卷）

騷

七

詔

册

令

教

文

表

上書

啓

彈事

牋

奏記

文選卷第三十二

騷上

離騷經序曰：離騷經者，屈原之所作也。屈與楚同姓，仕於懷王，爲三閭大夫。同列大夫上官、靳尚妬害其能，共譖毁之。王乃流屈原。原乃作離騷經，不忍以清白久居濁世，遂赴汨淵自投而死也。

屈平　　王逸注

帝高陽之苗裔兮，苗，胤也。裔，末也。高陽，顓頊有天下之號也。帝繫曰：顓頊娶于滕隍氏女而生老僮，是楚先。其後熊繹事周成王，封爲楚子，居於丹陽。其孫武王，求尊爵於周，周不與，遂僭號稱王，始都於郢。是時生子瑕，受屈爲客卿，因胤末之子孫，恩深而義厚也。朕皇考曰伯庸。朕，我也。皇，美也。父死稱考。詩曰：

既右烈考。伯庸，字也。屈原言：我父伯庸，體有美德，以忠輔楚，世有令名，以及於己。**攝提貞于孟陬兮，**太歲在寅曰攝提。孟，始也。貞，正也。于，於也。正月爲陬。**惟庚寅吾以降。**惟，辭也。庚寅日降下也。寅爲陽正，庚爲陰正。言己以太歲在寅，正月始春，庚寅之日，下母之體。**皇覽揆余于初度兮，**皇，皇考也。覽，觀也。揆，度也。**肇錫余以嘉名。**肇，始也。錫，賜也。嘉，善也。言己美父伯庸，觀我始生年時，度其日月皆合天地正中，故始錫我以美善之名。**名余曰正則兮，**正，平也。則，法也。**字余曰靈均。**靈，神也。均，調也。言平正可法則者，莫過於天；養物均調者，莫神於地。高平曰原，故伯庸名我爲平以法天，字我曰原以法地。夫人非名不榮，非字不彰。故子生，父思善應而名字之，以表其德，觀其志也。

紛吾既有此内美兮，紛，盛貌。**又重之以脩能。**脩，遠也。言己之生，内含天地之美氣，又重有絶遠之能，與衆異也。**扈江離與辟芷兮，**扈，披也。楚人名披爲扈。江離、芷，皆香草也。辟，爲幽也〔一〕。芷，幽而香。**紉秋蘭以爲佩**〔二〕。紉，索也。蘭，香草也，秋而芳。佩，飾也，所以象德。言己脩身清潔〔三〕，乃取江離、辟芷以爲衣被，紉索秋蘭以爲佩飾，博采衆善以自約束。**汩余若將不及兮，**汩，去貌，疾若水流也。**恐年歲之不吾與。**言我念年命汩然流去，誠欲輔君，心汲汲常若不及。又恐年忽過，不與我相待而身老。**朝搴阰之木蘭兮，**搴，取也。阰，山名。**夕攬洲之宿莽。**攬，采也。水中可居者曰洲。草冬生不死者，楚人名曰宿莽。言己旦起升山采木蘭，上事太陽，承天度也。夕入洲澤采取宿莽，下奉太陰，順地數也。動以神祇，自勑誨也。木蘭去皮不死，宿莽遇冬不枯。屈原以喻讒人雖欲困己，己受天性，終不可變易。**日月忽其不淹兮，**淹，久也。春與秋其代序。代，更也。序，次也。言日月晝夜常行，忽然不久，春往秋來，以次相代。言天時易過，人年易老。惟草木之零落兮，零、落，皆墮也。草曰零，木曰落。恐美人之遲暮。遲，晚也。美人，謂懷王也。言天時運轉，春生秋殺，草木零落，歲復盡矣。而君不建立道德，舉賢用士，則年老暮晚，而功不成。不撫壯而棄穢兮，年德盛曰壯。棄，去也。穢，行之惡也，以喻讒佞。百草爲稼穡之穢，讒佞亦爲忠直之害也。何不改此度也〔四〕？改，更也。言願君務及年德盛壯之時，脩明政教，棄遠讒佞，無令害賢。改此惑誤之度，脩先王之法也。乘騏驥以馳騁兮，騏驥，駿馬也，以喻賢智。言乘駿馬，一日可致千里，以言任賢智，即可至於治也。來吾導夫先路！言己如得任用，將驅先行，願來隨我，遂爲君導入聖王之道。

昔三后之純粹兮，昔，往也。后，君也，謂湯、禹、文王也。至美曰純。齊同曰粹。固衆芳之所在。衆芳，喻羣賢也。言往古夏禹、殷湯、周王，所以能純美其德，而有聲明之稱者，皆舉用衆賢，使在顯職，故道化興而萬國寧也。雜申椒與菌桂兮，申，重也。椒，香木。其芳小，重之乃香。菌，薰也。葉曰蕙，根曰薰也。豈維紉夫蕙茝？紉，索也。蕙、茝，皆香草也，以喻賢者。言禹、湯、文王雖有聖德，猶雜用衆賢，以致於化，非獨索蕙茝，任一人也。彼堯舜之耿介兮，耿，光也。介，大也。既遵道而得路。遵，循也。路，正也。言堯、舜所以能有光明大德之稱者，以脩用天地之道〔五〕，舉賢任能，使得萬事之正也。何桀紂之昌披兮，昌披，衣不帶貌。夫唯捷徑以窘步！捷，疾也。徑，邪道。窘，急也。言桀、紂愚惑，違背大道，施行惶遽，衣不及帶，欲涉邪徑，急疾爲治，故身觸陷阱，至於滅亡。惟黨人之偷樂兮，黨，朋也。論語曰：羣而不黨。偷，苟也。路幽昧以險隘。幽昧，不明也。險隘，諭傾危也〔六〕。言己念彼讒人相與朋黨，嫉妒忠直，苟且偷樂，不知君道不明，國將傾危，以及其身。豈余身之憚殃兮，憚，難也。殃，咎也。恐皇輿之敗績。皇，君也。輿，君之所乘也。以諭國也。績，功也。言我欲諫争者，非難身之被殃咎也。但恐君國傾危，以敗先王之功。忽奔走以先後兮，及前王之踵武。踵，繼也。武，迹也。詩曰：履帝武敏歆。言己急欲奔走先後，以輔翼君者，冀及先王之德，繼續其迹，而廣其基也。奔走先後，四輔之職也。詩曰：予聿有奔走，予聿有先後。是之謂也。荃不察余之忠情兮，荃，香草也，以諭君也。人君被服芬香，故以香爲諭。惡數指斥尊者，故變言荃也。反信讒而齊怒。齊，疾也。言懷王不徐察我忠信之情，反信讒言而疾怒。余固知謇謇之爲患兮，謇謇，忠言貌也。易曰：王臣謇謇，匪躬之故。忍而不能舍也。舍，止也。言己忠言謇謇，諫君之過，必爲身患，然中心不能自止而不言也。指九天以爲正兮，指，語也。九天，謂中央八方也。正，平也。夫唯靈脩之故也。靈，神也。脩，遠也。能神明遠見者君德，故以諭君。言己將陳忠策内慮之心，上指九天，告語神明，使平正之。唯用懷王之故，欲自盡也。初既與余成言兮，後悔遁而有他。遁，隱也。言懷王始信任己，與我平議國政，後用讒言，中道悔恨，隱遁其情，而有他志。余既不難離別兮，近曰離，遠曰別。傷靈脩之數化。化，變也。言我竭忠見過，非難與君離別也；傷念君信用讒言，志數變易，無常操也。

余既滋蘭之九畹兮，滋，蒔也。十二畝爲畹。又樹蕙之百畝。樹，種也。二百四十步爲畝。言己雖見放流，猶種蒔衆香，脩行仁義，勤身自勉，朝暮不倦。畦留夷與揭車兮，留夷，香草也。揭車，亦香草，一名芰輿。五十畝爲畦。雜杜衡與芳芷。杜衡、芳芷，皆香草名也。言己積累衆善，以自絜飾，復植留夷、杜衡，雜以芳芷，芬香益暢，德行彌盛也。冀枝葉之峻茂兮，冀，幸也。峻，長也。願竢時乎吾將刈。刈，穫也。言己種植衆芳，幸其枝葉盛長，實核成熟，願待天時，吾將穫取收藏而成其功也。以言君亦宜畜養衆賢，以時進用，而待仰其治也。雖萎絶其亦何傷兮，萎，病也。絶，落也。哀衆芳之蕪穢。言己所種芳草，當刈未刈，蚤有霜雪，枝葉雖蚤萎病絶落，何能傷我乎？哀惜衆芳摧折，枝葉蕪穢而不成也。以言己脩行忠信，冀君任用，而遂斥棄，則使衆賢志士，失其行也。

衆皆競進以貪婪兮，競，並也。愛財曰貪，愛食曰婪。憑不猒乎求索。憑，滿也。楚人名滿爲憑。言在位之人，無有清絜之志，皆並進取貪婪於財利，中心雖滿，猶復求索不知猒飽。羌内恕己以量人兮，羌，楚人語詞也。以心揆心爲恕。量，度也。各興心而嫉妬。害賢爲嫉，害色爲妬。言在位之臣，心皆貪婪，内以其志恕度他人，謂與己不同，則各生嫉妬之心，推棄清絜，使不得用也。忽馳騖以追逐兮，非余心之所急。言衆人所以馳騖惶遽者，追逐權貴求財利也，故非我心之所急務。衆急於利，我獨急於義者也。老冉冉其將至兮，冉冉，行貌。恐脩名之不立。立，成也。言人年命冉冉而行，我之衰老將以速至，恐脩身建德，而功不成名不立也。朝飲木蘭之墜露兮，墜，墮也。夕飡秋菊之落英。言己旦飲香木之墮露，吸正陽之津液；暮食芳菊之落英。言呑陰陽之精蘂〔七〕，動以香浄自潤澤。苟余情其信姱苦瓜以練要兮，苟，誠也。練，簡也。長顑呼感頷亦何傷。顑頷，不飽貌也。言己飲食好美，中心簡練而合道要，雖長顑頷，飢而不飽，亦無所傷病也。

擥木根以結茝兮，擥，持也。貫薜荔之落蘂。貫，累也。薜荔，香草也。緣木而生。落，墮也。蘂，實貌。言己施行，常擥木引堅，據持根本；又貫累香草之實，執持忠信，不爲華飾之行也。矯菌桂以紉蕙兮，矯，直也。索胡繩之纚纚。胡繩，香草也。纚纚，索好貌。言己行雖據根本，猶復矯直菌桂芬芳之性，紉索胡繩，令之澤好，以善自約束，終無懈已。謇吾法夫前脩兮，非時俗之所服。言我忠信謇謇者，乃上法前代遠賢，固非今時俗之人所可服行也。雖不周於今之人兮，周，合也。願依彭咸之遺則。彭咸，殷賢大夫，諫其君不聽，自投水而死。遺，餘也。則，法也。言己所行忠信，雖不合於今之人，欲願依古之賢者彭咸餘法，以自率厲也。長太息以掩涕兮，哀人生之多艱。言己自傷施行不合於俗，將效彭咸沈身於淵。乃太息長悲，哀念萬民〔八〕，受命而生，遭遇多艱，以隕其身也。余雖好脩姱以鞿羈兮，鞿羈，以馬自喻也。韁在口曰鞿，革絡頭曰羈。言爲人所係纍也。謇朝誶而夕替。誶，諫也。詩云：誶予不顧。替，廢也。言己雖有絶遠之智，姱好之姿，然以爲讒人所鞿羈而係纍矣。故朝諫謇謇於君，夕暮而身廢棄也。既替余以蕙纕兮，纕，佩帶也。又申之以攬茝。又，復也。言君所以廢弃己者，以余帶佩衆香，行以忠正之故也。然猶復重引芳茝以自結束，執志彌篤也。亦余心之所善兮，雖九死其猶未悔。悔，恨也。言己履行忠信，執守清白，亦我心中之所美善也。雖以見過支解，九死終不悔恨也。怨靈脩之浩蕩兮，靈脩，謂懷王也。浩，猶浩浩。蕩，猶蕩蕩。無思慮貌也。終不察夫人心。言己所以怨恨於懷王者，以其用心浩蕩，驕敖放恣，無有思慮，終不見省察萬民善惡之心。故朱紫相亂，國將傾危也。衆女嫉余之娥眉兮〔九〕，衆女，謂臣衆也。娥眉，好貌。謡諑謂余以善淫。謡，謂毁也。諑音啄，猶譖也。淫，邪也。言衆女嫉妬蛾眉美好之人，譖而毁之，謂之善淫，不可信也。猶衆臣妬嫉中正，言己淫邪不可任也。固時俗之工巧兮，偭規矩而改錯。偭，背也。圓曰規，方曰矩。錯，置也。言今時之工，才知彊巧，背去規矩，更造方圓，必不堅固，敗材木也。以言佞臣巧於言語，背違先聖之法，以意妄造，必亂政化危君國也。背繩墨以追曲兮，追，隨也。繩墨所以正曲者。競周容以爲度。周，合也。度，法也。言百工不隨繩墨之直道，隨從曲木，屋必傾危而不可居也。以言人臣不脩仁義之道，背弃忠直，隨從枉佞，苟合於世，以求容媚，以爲常法，身必傾危而被刑戮。忳鬱邑余侘傺兮，忳，徒昆切，憂貌也。侘傺，失志貌也。侘，丑加切，猶堂堂立貌也。傺，丑世切，住也。楚人名住曰傺。吾獨窮困乎此時也！言我所忳忳而憂，中心鬱邑，悵然住立而失志者，以不能隨從時俗，屈求容媚，故獨爲時人所窮困也。寧溘死以流亡兮，溘，猶奄也。余不忍爲此態也！言我寧奄然而死，形體流亡，不忍以忠正之性，爲邪淫之態也。鷙鳥之不羣兮，鷙，執也。謂能執服衆鳥，鷹鸇之類也。以諭忠正。自前代而固然。言鷙鳥執志剛厲，特處不羣，以言忠正之士，亦執分守節，不隨俗人。自前代固然，非獨於今。何方圓之能周兮，夫孰異道而相安！言何所有圓鑿受方枘而能合者，誰有異道而相安邪？言忠佞不相爲謀也。屈心而抑志兮，抑，案也。忍尤而攘詬。尤，過也。攘，除也。詬，恥也。言己所以能屈案心志，含忍罪過而不去者，欲以除去恥辱，誅讒佞之人，如孔子誅少正卯也。伏清白以死直兮，固前聖之所厚。言士有伏清白之志，以死忠直之節者，固乃前代聖王所厚哀也。故武王伐紂，封比干之墓，表商容之閭也。

悔相道之不察兮〔一〇〕，悔，恨也。相，視也。察，審也。延佇乎吾將反。延，長也。佇，立貌也。詩云：佇立以泣。言己自恨視事君之道不明察，當若比干伏節死義。故長立而望，將欲還反終己之志也。迴朕車以復路兮，迴，旋也。及行迷之未遠。迷，誤也。言及旋我之車〔一一〕以反故道，反迷己誤欲去之路〔一二〕，尚未甚遠也。同姓無相去之義，故欲還也。步余馬於蘭皐兮，步，徐行也。澤曲曰皐。馳椒丘且焉止息。土高曰丘，四墮曰椒丘。言己欲還，則徐徐行，步我之馬於芳澤之中，以觀聽懷王，遂馳高丘而止息，以須君命。進不入以離尤兮，退將復脩吾初服。退，去也。言己誠欲遂進竭其忠誠，君不肯納，恐重遇禍，將復去脩吾初始清絜之服。製芰荷以爲衣兮，製，裁也。芰，蔆也。荷，扶蕖也。集芙蓉以爲裳。芙蓉，蓮華也。上曰衣，下曰裳。言己進不見納，猶復製裁芰荷，集合芙蓉，以爲衣裳。被服愈絜，脩善益明。不吾知其亦已兮，苟余情其信芳。高余冠之岌岌兮，岌岌，高貌。長余佩之陸離。陸離，參差衆貌也。言己懷德不用，復高我之冠，長我之佩，尊其威儀，整其服飾，以異於衆也。芳與澤其雜糅兮，芳，德之臭也。澤，質之潤也。玉堅而有澤。糅，雜也。唯昭質其猶未虧。唯，獨也。昭，明也。虧，歇也。言我外有芬芳之德，外有玉澤之質〔一三〕，二美雜會，兼在於己，而不得施用，故獨保明身，無有虧失而已。所謂道行則兼善天下，不用則獨善其身。忽反顧以遊目兮，將往觀乎四荒。荒，遠也。言己欲進忠信以輔事君，而不見省，故忽然反顧而去，將遊目往觀四遠之外，以求賢君也。佩繽紛其繁飾兮，繽紛，盛貌。芳菲菲其彌章。菲菲，猶勃勃也。芳，香貌也。章，明也。言己雖欲之四荒，猶整飾儀容，佩玉繽紛而衆盛，忠信勃勃而愈明，不以遠故改其行。人生各有所樂兮，余獨好脩以爲常。言萬人稟天命而生，各有所樂，或樂諂佞，或樂貪淫，我獨好脩正直以爲常行。雖體解吾猶未變兮，豈余心之可懲。懲，艾也。言己好脩忠信以爲常行，雖獲罪支解，志猶不艾也。

女嬃之嬋媛兮，女嬃，屈原姊也。嬋媛，猶牽引也。申申其詈予。申，重也。言女嬃見己施行不與衆合，以見放流，故來牽引數怒，重詈我也。曰鮌婞直以亡身兮，曰，女嬃詞也。鮌，堯臣也。帝繫曰：顓頊後五葉而生鮌。婞音脛，很也。終然夭乎羽之野。蚤死曰夭。言堯使鮌治洪水，婞很自用，不順堯命，乃殛之於羽山，死於中野。女嬃比屈原於鮌，不承君意，亦將遇害。汝何博謇而好脩兮，紛獨有此姱節？女嬃數諫屈原，言汝何爲獨博采往古，好脩謇謇姱異之節，不與衆同，而見憎惡於世。薋菉葹以盈室兮，薋，蒺蔾也。菉，王芻也。葹，枲耳也。詩曰：楚楚者薋。又曰：終朝采菉。三者皆惡草也，以喻讒佞盈滿也。判獨離而不服。判，別貌也。女嬃言衆人皆佩薋菉枲耳，爲讒佞之行，滿於朝廷，而獲富貴；汝獨服蘭蕙，守忠直，判然離別，不與衆同，故斥弃也。衆不可户説兮，孰云察余之中情！屈原外困羣佞，内被姊詈，知時莫識。言己心志所執，不可户説人告，誰當察我中情之善否？世並舉而好朋兮，夫何煢獨而不予聽！煢，孤也。詩曰：哀此煢獨。予，我也。言時俗之人，皆行佞僞，相朋黨，並相薦舉；忠直之士，孤煢特獨，何肯聽用我言而納之也。

依前聖之節中兮，節，度也。喟憑心而歷兹。歷，數也。言己所言皆依前代聖王之法，節其中和，喟然舒憤懣之心，歷前代成敗之道，而作此詞者也。濟沅湘以南征兮，沅、湘，水名也。就重華而陳詞。重華，舜名也。帝繫曰：瞽叟生重華，是爲帝舜，葬於九疑山，在於沅、湘之南。言己依聖王法，而行不容於俗，故欲度沅、湘之水南行，就舜陳詞。自説稽疑聖帝，冀聞祕要，以自開悟。啓九辯與九歌兮，啓，禹子也。九辯、九歌，禹樂也。言禹平治水土以有天下。啓能承志，續敘其業，育養品類。故九州之物，皆可辯數；九功之德，皆有次敘而可歌也。左傳曰：六府三事，謂之九功。九功之德，皆可歌也，謂之九歌。水、火、金、木、土、穀，謂之六府。正德、利用、厚生，謂之三事。夏康娱以自縱。夏康，啓子太康也。娱，樂也。縱，放也。不顧難以圖後兮，五子用失乎家巷。圖，謀也。言夏太康不遵禹、啓之樂，而更作淫聲，放縱情欲以自娱樂。不顧患難，不謀後葉，卒以失國。兄弟五人，家居閭巷，失尊位也。書序曰：太康失國，昆弟五人，須于洛汭，作五子之歌。此逸篇也。羿淫遊以佚田兮，羿，諸侯也。田，獵也。又好射夫封狐。封狐，大狐也。言羿爲諸侯，荒淫遊戲，以佚田獵，又射殺大狐。固亂流其鮮終兮，鮮，少也。浞又貪夫厥家。浞，寒浞，羿相也。厥，其也。婦謂之家。言羿因夏衰亂，代之爲政，娱樂田獵，不恤人事，信任寒浞，使爲國相。浞行媚於内，施賂於外，樹之詐慝，而專其權勢。羿田將歸，使家臣逢蒙〔一四〕射而殺之，貪取其家以爲妻也。羿以亂得政，身即滅亡，故言鮮終也。澆身被服强圉兮，澆，寒浞子也。强圉，多力也。縱欲而不忍。縱，放也。言浞取羿妻而生澆，强梁多力，縱放其情，不忍其欲，以殺夏后相也。日康娱而自忘兮，康，安也。厥首用夫顛隕。首，頭也。自上下曰顛。隕，墮也。言澆既殺夏后相，安居無憂，日作淫樂，忘其過惡，卒爲相子少康所誅，其首顛隕而墮也。論語曰：羿善射，奡盪舟，俱不得其死然。自此以上，羿、澆、寒浞事，皆見於左傳。夏桀之常違兮。乃遂焉而逢殃。殃，咎也。言夏桀上背於天道，下逆於人理，乃遂以逢殃咎，爲殷湯所誅滅。后辛之菹醢兮，辛，殷之亡王紂名也。藏菜曰菹，肉醬曰醢。殷宗用而不長。言紂爲無道，殺比干，醢梅伯。武王把黄鉞，行天罰，殷宗遂絶，不得久長也〔一五〕。湯禹嚴而祗敬兮，嚴，畏也。祗，敬也。周論道而莫差。周，周家也。差，過也。言殷湯、夏禹、周之文王，受命之君，皆畏天敬賢，論議道德，無有過差。故能獲神人之助，子孫蒙福也。舉賢而授能兮，脩繩墨而不陂〔一六〕。陂，傾也。言三王選士不遺幽陋，舉賢用能，不顧左右；循用先聖法度，無有傾失。故能綏萬國、安天下也。易曰：無平不陂。皇天無私阿兮，竊愛爲私，所祐爲阿。覽人德焉錯輔。錯，置也。輔，佐也。言皇天明神，無所私阿。觀萬民之中有道德之者〔一七〕，因置以爲君，使賢輔佐，成其志也。故桀爲無道，傳與湯；紂爲淫虐，傳與文王。夫維聖哲以茂行兮，哲，智也。茂，盛也。苟得用此下土。苟，誠也。下土，謂天下也。言天下之所立者，獨有聖明之知，盛德之行，故得用事天下，而爲萬人之主。瞻前而顧後兮，顧，視也。相觀人之計極。相，視也。計，謀也。極，窮也。言前觀禹、湯之所以興，顧視桀、紂之所以亡，足以觀察萬民忠佞之謀，窮其真僞。夫孰非義而可用兮，孰非善而可服。服，服事也。言人臣誰有行仁義而不可任用，誰有不行信義而可服事者乎？言人非義則德不立，非善則行不成。阽余身而危死兮，阽，猶危也。覽余初其猶未悔。言己正言危行，身將危亡。上觀初代伏節之士，我志所樂，終不悔恨。不量鑿而正枘兮，量，度也。正，方也。固前脩以菹醢。言工不度其鑿，而方正其枘，則物不固而木破矣。臣不量君賢愚，竭其忠信，則被罪過而身殆也。自前代脩名之人以獲菹醢，龍逢、梅伯是也。曾歔欷余鬱邑兮，曾，累也。歔欷，懼貌也。哀朕時之不當。言我累息而懼，鬱邑而憂者，自哀生不當舉賢之時，而值菹醢之日。攬茹蕙以掩涕兮，茹，柔耎也。霑余襟之浪浪。霑，濡也。衣皆謂之襟〔一八〕。浪浪，流貌也。言自傷放在山澤，心悲泣下，霑濡我衣，浪浪而流，猶引取柔耎香草以自掩拭，不以悲故失仁義也。

跪敷衽以陳詞兮，敷，布也。耿吾既得此中正。耿，明也。言己覩禹、湯、文王脩德以興天〔一九〕下，見羿、澆、桀、紂行惡以亡，中知龍逢、比干執履忠直，身以葅醢。乃長跪布衽，俛首自省念，仰訴於天，中心曉明，得此中正之道，情合真人〔二〇〕，神與化游。故得乘雲駕龍，周歷天下，以慰己情，緩憂思也。駟玉虬以乘鷖兮，有角曰龍，無角曰虬。鷖，鳳皇别名也。山海經曰：鷖，身有五采。溘埃風余上征。溘，猶奄也。埃，塵也。言我設往行游，將乘玉虬，駕鳳車，淹塵埃而上征〔二一〕，去離時俗，遠羣小也。朝發軔於蒼梧兮，軔，支輪木也。蒼梧，舜所居。夕余至乎縣圃。縣圃，神山。淮南子曰：縣圃，在崑崙閶闔之中〔二二〕，乃維上天〔二三〕。言己朝發帝舜之居，夕至縣圃之山。受道聖王，而登神明之山。欲少留此靈瑣兮，靈以喻君。瑣，門鏤也。文如連瑣，楚王之省閤也。日忽忽其將暮。言己誠欲少留於君之省閤，以須政教，日又忽去，時將欲暮，年歲且盡。言己衰老也。吾令羲和弭節兮，羲和，日御也。弭，按也。望崦嵫而勿迫。崦嵫，日所入之山也。迫，附也。言我恐日暮年老，道德不施，欲令日御按節徐行，望日所入之山，且勿附近，冀及盛時遇賢君也。路曼曼其脩遠兮〔二四〕，脩，長也。吾將上下而求索。言天地廣大，其路曼曼，遠而且長，不可卒徧。吾方上下左右以求索賢人，與己合志者也。飲余馬於咸池兮，咸池，日所浴也。總余轡乎扶桑。總，結也。扶桑，日所拂木也。淮南子言：日出暘谷〔二五〕，浴於咸池，拂于扶桑，爰始將行，是謂朏明。我乃往至東極之野，飲馬於咸池，與日俱浴，以絜己身。結我車轡於扶桑，以留日行，幸得不老延年壽。折若木以拂日兮，若木，在崐崘西極，其華照下地。拂，擊也。聊須臾以相羊。聊，且也。須臾、相羊，皆游也。言己總結日轡，恐不能制，年時卒過，故復轉之西極，折取若木，以拂擊日，使之還去。且相羊而游，以俟君命也。或謂拂，蔽也。以若木蔽日，使不得過。前望舒使先驅兮，望舒，月御也。月體光明，以喻臣清白。後飛廉使奔屬。飛廉，風伯也。風爲號令，以諭君命。言己使清白之臣，如望舒先驅求賢，使風伯奉君命於後，以告百姓。鸞皇爲余先戒兮，鸞，俊鳥也。皇，雌鳳。以喻明知之士也。雷師告余以未具。雷爲諸侯以興君。言己使仁知之士如鸞皇，先戒百官將往適道，而君怠惶，告我嚴裝未具。吾令鳳皇飛騰兮，又繼之以日夜。言我使鳳皇明知之士，飛行天下，以求同志，續以日夜，冀逢遇之。飄風屯其相離兮，回風曰飄。飄風，無常之風，以興邪惡。帥雲霓而來御。雲霓，惡氣。以喻佞人。御，迎也。言己使鳳皇往求同志之士，欲與俱共事君；反見邪惡之人相與屯聚，謀欲離己。又遇佞人相帥來迎，欲使我變節以隨之。紛總總其離合兮，總總，猶僔僔，聚貌也。班陸離其上下。班，亂貌也。陸離，分散也。言己游觀天下，但見俗人競爲讒佞，僔僔相聚，乍離乍合，上下之義，班然散亂而不可知之也。吾令帝閽開關兮，帝，謂天帝也。閽，主門者。倚閶闔而望予。閶闔，天門也。言己求賢不得，嫉惡讒佞，將上愬天帝，使閽人開關。又倚天門望而距我，使我不得入也。時曖曖其將罷兮，曖曖，昏貌。罷，極也。結幽蘭而延佇。言時世昏昧，無有明君。周行罷極，不遇賢士。故結芳草而長立，有還意也。世溷濁而不分兮，溷，亂也。濁，貪也。好蔽美而嫉妬。言時世君亂臣貪，不別善惡，好蔽美德，而嫉妬忠信。

朝吾將濟於白水兮，濟，度也。淮南子曰：白水出崑崙之源，飲之不死。登閬風而緤馬。閬風，山名，在崑崙上。緤，繫也。言我見中國溷濁，則欲度白水，登神山，屯車繫馬而留止。白水絜淨，閬風清明。言己脩絜白之行，不懈怠也。忽反顧以流涕兮，哀高丘之無女。楚有高丘之山。女以喻臣。言己雖去意不能已，猶復顧念楚國無有賢臣，心爲之悲而流涕。溘吾遊此春宮兮，溘，奄也。春宮，東方青帝舍。折瓊枝以繼佩。繼，續也。言我遊奄然至于青帝宮，觀萬物始生，皆出仁義〔二六〕，復折瓊枝以續佩，守行仁義，志彌固也。及榮華之未落兮，榮華，喻顏色也。落，墮也。相下女之可貽。相，視也。貽，遺也。言己既脩行仁義，思得同志，願及年德盛時，顏貌未老，視天下賢人，將持玉帛聘而遺之，與俱事君也。吾令豐隆乘雲兮，豐隆，雲師。求宓妃之所在。宓妃，神女也，以喻隱士。言我令雲師豐隆乘雲周行，求隱士清絜若宓妃者，欲與并力也。解佩纕以結言兮，纕，佩帶也。吾令蹇脩以爲理。蹇脩，伏羲氏之臣也。理，分理，述禮意也。言既見宓妃，則解我佩帶之玉，以結言語，使古賢蹇脩而爲媒理也。伏羲時淳朴，故使其臣。紛總總其離合兮，忽緯繣其難遷。緯繣，乖戾也，呼麥切。遷，徙也。言蹇脩既持其佩帶通言，而讒人復相聚毀敗，令其意一合一離，遂以乖戾而見距絶。言所居深僻，難遷徙也。夕歸次於窮石兮，次，舍也。再宿爲信，過信爲次。淮南曰：弱水〔二七〕出于窮石，入于流沙。朝濯髮乎洧槃。洧盤，水名也〔二八〕。禹大傳曰：洧槃之水，出崦嵫之山。言宓妃體好清絜，暮所歸舍窮石之室，朝沐洧槃之水，遁世隱居，而不肯仕。保厥美以驕傲兮，倨簡曰驕，侮慢曰傲。日康娛以淫遊。康，安也。言宓妃用志高遠，保守美德，驕傲侮慢，日自娛樂以遊戲，無事君之意也。雖信美而無禮兮，來違弃而改求。違，去也。改，更也。言宓妃雖有美德，驕傲無禮，不可與共事君；來去相弃〔二九〕，而更求賢也。覽相觀於四極兮，周流乎天余乃下。言我乃復往，觀視四極，周流求賢，然後乃來下。望瑶臺之偃蹇兮，偃蹇，高意〔三〇〕。見有娀之佚女。有娀，國名也。佚，美也。謂帝嚳之妃契母簡狄也。簡狄配聖帝，生賢子，以喻貞賢也。詩曰：有娀方將，帝立子生商。吕氏春秋曰：有娀氏有美女，爲之高臺而飲食之。言己望瑶臺高峻，睹有娀氏美女，思得與共事君也。吾令鴆爲媒兮，鴆，惡鳥也。明有毒殺人〔三一〕，以喻讒賊。鴆告余以不好。言我使鴆鳥爲媒以求簡狄，其性讒賊，不可信用。還詐告我言不好。雄鳩之鳴逝兮，逝，往也。余猶惡其佻巧。言又使雄鳩銜命而往，其性輕佻巧利，多語而無要實，復不可信也。心猶豫而狐疑兮，欲自適而不可。適，往也。言己令鴆爲媒，其心讒賊，以善爲惡。又使雄鳩，多言少實，故中心狐疑猶豫。意欲自往，禮又不可也。鳳皇既受詒兮，恐高辛之先我。高辛，嚳有天下號也。帝繫曰：高辛氏爲帝嚳，次妃有娀氏女，生契。言己既得賢智之人若鳳皇，受禮遺，將〔三二〕恐帝嚳以先我得簡狄也。欲遠集而無所止兮，聊浮遊以逍遥。言己既求簡狄，復後高辛。欲遠集他方，又無所之。故且遊戲觀望，以忘憂也。及少康之未家兮，留有虞之二姚。少康，夏后相之子也。有虞，國名也。姓姚氏，舜後也。昔寒浞使澆殺夏后相，少康逃奔有虞。虞因妻以二女，而邑於緡，有田一成，有衆一旅，能布其德以收夏衆，遂誅滅澆，復禹舊績。屈原放至遠方之外，博求衆賢，索宓妃則不肯見，求簡狄又後高辛。少康留止有虞〔三三〕而得二妃，以成顯功也。是不欲遠去貌〔三四〕。理弱而媒拙兮，拙，鈍。恐導言之不固。言己欲效少康，留而不去，又恐媒人弱鈍，達言於君，不能堅固，復使回移。時溷濁而嫉賢兮，好蔽美而稱惡。再言時溷濁者，懷、襄二世不明〔三五〕，故羣下好蔽中正之士，而舉邪惡之人。閨中既邃遠兮，小門謂之閨。邃，深也。哲王又不寤。哲，知也。寤，覺也。言君處宮殿之中，其閨邃遠，忠言難通，指語不達。自明智之王，尚不覺善惡之情，高宗殺孝己是已。何況不智之君，而以闇蔽，固其宜也。懷朕情而不發兮，余焉能忍與此終古！言我懷忠信之情，不得發用，安能久與此闇亂之君終古居乎？意欲復去也。

索瓊茅以筳篿兮，索，取也。瓊茅，靈草也。筳，小破竹也。楚人名結草折竹卜曰篿。筳音廷。篿音專。命靈氛爲余占之。靈氛，古明占吉凶者也。言己欲去則無所集，欲止則又不見用，憂懣不知所從，乃取神草竹筳結而折之，以卜去留，使明知靈氛，占其吉凶。曰：兩美其必合兮，孰信脩而慕之？靈氛言以忠臣而就明君，兩美必合。楚國誰能信明善惡，脩行忠直，欲相慕及者乎？己宜以時去之也。思九州之博大兮，豈唯是其有女？言我思念天下博大，豈獨楚國有君臣可止乎？曰：勉遠逝而無疑兮，孰求美而釋女？何所獨無芳草兮，爾何懷乎故宇？爾，女也。懷，思也。宇，居也。言何所獨無賢芳之君，何必思故居而不去也？此皆靈氛之詞。時幽昧以眩曜兮，眩曜，惑亂貌。孰云察余之美惡？屈原答靈氛曰：當時之君，皆暗昧惑亂，不知善惡。誰當察我之善情而用己乎？是難去之意。人好惡其不同兮，惟此黨人其獨異。黨，鄉黨，謂楚國也。言天下萬人之所好惡，其性不同，此楚國尤獨異也。戶服艾以盈要兮，艾，白蒿也。盈，滿也。謂幽蘭其不可佩。言楚人戶服白蒿，滿其要帶，以爲芬芳；反謂幽蘭臭惡，爲不可佩也。以言君親愛讒佞，憎遠忠直而不近也。覽察草木其獨未得兮，察，視也。豈珵美之能當？珵，美玉也。相玉書言：珵大六寸，其曜自照。言時人無能識臧否，觀視衆草尚不能別其香臭，豈當知玉之美惡乎？以爲草木易別於禽獸，禽獸易別於珠玉，珠玉易別於忠佞。知人最難。蘇糞壤以充幃兮，蘇，取也。充，滿也。壤，土也。幃謂之縢。縢，香囊也。謂申椒其不芳。言取糞土以滿香囊，佩而帶之，反謂申椒臭而不香。言近小人而遠君子也。

欲從靈氛之吉占兮，心猶豫而狐疑。言己欲從靈氛勸去之占，則心狐疑。念楚國也。巫咸將夕降兮，巫咸，古神巫也，當殷中宗之世降下也。懷椒糈而要之。椒，香物，所以降神。糈，精美〔三六〕，所以享神。言巫咸將夕從天上下來，願懷椒糈要之，使筮吉凶。百神翳其備降兮，九疑繽其並迎。翳，蔽也。繽，盛貌也。九疑，舜所葬也。言巫咸得己椒糈，則將百神蔽日來下，舜又使九疑之神紛然近我〔三七〕。知己之意〔三八〕。皇剡剡其揚靈兮，皇，皇天也。剡剡，光貌。告余以吉故。言皇天揚其光靈，使百神告我當去，尤吉善也〔三九〕。曰：勉升降以上下兮，勉，强也。上謂君，下謂臣也。求矩矱之所同。矩，法也。矱，於縛切，度也。言當自勉，上求明君，下索賢臣，與己合法度者，因與同志，共爲化也。湯禹儼而求合兮，儼，敬也。合，匹也。摯咎繇而能調。摯，伊尹名，湯臣也。咎繇，禹臣也。調，和。言湯、禹至聖，猶敬承天道，求其匹合，得伊尹、咎繇，力能調和陰陽〔四〇〕，而安天下。苟中情其好脩兮，何必用夫行媒。行媒，諭左右之臣也。言臣能中心常好善〔四一〕，則精感神明，賢君自舉用之，不必須左右薦達之。説操築於傅巖兮，説，傅説也。傅巖，地名。武丁用而不疑。武丁，殷之高宗也。言傅説抱懷道德而遇刑罰，操築作於傅巖。武丁思想賢者，夢得聖人，以其形像使求之，因得説，登以爲公，道用大興，爲殷高宗。呂望之鼓刀兮。呂，太公之氏姓也。鼓，鳴也。遭周文而得舉。言太公避紂，居東海之濱，聞文王作興，盍往歸之，至於朝歌，道窮困，自鼓刀而屠，遂西釣於渭濱。文王夢得聖人，於是出獵而遇之，遂載以歸，用爲師。甯戚之謳歌兮，甯戚，衛人。齊桓聞以該輔。該，備也。甯戚脩德不用，退而商賈，宿齊東門外。桓公夜出，甯戚方飲牛〔四二〕，叩角而歌。桓公聞之，知其賢，舉用爲卿，備輔佐也。及年歲之未晏兮，晏，晚也。時亦猶其未央。央，盡也。言己所以汲汲欲輔佐君者，冀及年未晏晚，以成德化。然年時亦未盡若三賢之遭遇也。恐鷤鴂之先鳴兮，鷤鴂，一名買鵤，常以春分鳴也。鷤，弟。鴂，桂〔四三〕。使百草爲之不芳。言我恐鷤鴂以先春分鳴，使百草華英摧落，芬芳不成。以喻讒言先，使忠直之士被罪過也。

何瓊佩之偃蹇兮，偃蹇，衆盛貌。衆薆然而蔽之。言我佩瓊玉，懷美德偃蹇，而衆人薆然而蔽之。傷不得施用也。惟此黨人之不亮兮，信，亮也。恐嫉妬而折之。言楚國之人，不尚忠信之行，恐妬我正直，欲必折挫而敗也。時繽紛其變易兮，又何可以淹留！言時俗溷濁，善惡變易，不可以久留，宜速去也。蘭芷變而不芳兮，荃蕙化而爲茅。荃、蕙，皆香草也。言蘭芷之草，變其體而不復香；荃蕙化而爲茅，失其本性也。以言君子更爲小人，忠信更爲佞僞。何昔日之芳草兮，今直爲此蕭艾也。言往昔芬芳之草，今皆直爲蕭艾而已。以言往日明智之士，今皆佯愚。豈其有他故兮，莫好脩之害也。言士人所以變直爲曲者，以上不好用忠正之人，害其善士之故。余以蘭爲可恃兮，蘭，懷王少弟司馬子蘭也。恃，怙也。羌無實而容長。實，誠也。言我以子蘭能進賢達能。可怙而進。不意内無誠信之實，但有長大之貌，浮華而已。委厥美以從俗兮，委，弃也。苟得引乎衆芳。言子蘭弃其美質正直之性，隨從諂佞，苟欲引於衆賢之位，而無進賢之心也。椒專佞以慢謟兮，椒，楚大夫子椒也。謟，淫也。樧又欲充其佩幃。樧，茱萸也，似椒而非。以喻子椒似賢而非賢也。幃，盛香之囊也。以喻親近。言子椒爲楚大夫，處蘭芷之間，而行淫慢諂諛之志。又欲援引面從不賢之類，皆使居親近，無有憂國之心。責之也。既干進而務入兮，干，求也。又何芳之能祇？祇，敬也。言子蘭、子椒苟欲求進，自入於君，身得爵禄而已，復何能敬愛賢者而舉之乎。固時俗之從流兮，又孰能無變化？言時世俗人隨從上化，若水之流。二子復以諂諛之行，衆人誰有不變節而從之者乎？疾之甚也。覽椒蘭其若茲兮，又況揭車與江蘺〔四四〕。言觀子椒、子蘭變節若此，豈況朝廷衆臣，而不爲佞媚以容其身邪。惟茲佩之可貴兮，委厥美而歷茲。歷，逢也。茲，此也。言己内行忠正，外佩衆芳，此誠可貴，茲〔四五〕不遭明君，棄其至美而逢此咎也。芳菲菲而難虧兮，虧，歇也。芬至今猶未沬。沬，已也。言己所行芬芳，誠難虧歇，至今猶未已也。和調度以自娱兮，聊浮游而求女。言我雖不見用，猶和調己之行度，執守忠貞以自娱樂，且徐浮游以求同志。及余飾之方壯兮，周流觀乎上下。上謂君，下謂臣也。言我願及年德方盛壯之時，周流四方，觀君臣之賢，欲往就之〔四六〕。靈氛既告余以吉占兮，歷吉日乎吾將行。言靈氛既告我以吉占，歷善日，吾將去君而遠行。折瓊枝以爲羞兮，羞，脯也。精瓊靡音糜以爲粻音張。精，鑿也。靡，屑也。粻，粮也。言我將行，乃折瓊枝以爲脯腊，精鑿玉屑以爲儲粮，飲食香絜，冀以延年也。爲余駕飛龍兮，雜瑤象以爲車。象，象牙也。言我駕飛龍，乘明知之獸，載象玉之車，文章雜錯。以言德似龍玉而世俗莫識也。何離心之可同兮，吾將遠逝以自疏。言賢愚異心，何可合同。知君與己殊志，故將遠去，自疏而流遁也。邅吾道夫崑崙兮，邅，轉也。楚人名轉爲邅。路脩遠以周流。言己設去楚國遠行，乃轉至崑崙神明之山。其路長遠，周流天下，以求同志。揚雲霓之晻藹兮〔四七〕，揚，披也。晻藹，蓊鬱陰貌。鳴玉鸞之啾啾。鸞，鸞鳥也。以玉作之，著於衡，和著於軾。啾啾，鳴聲。言從崑崙將遂升天，披雲霓之蓊鬱，排羣佞之黨羣，鳴玉鸞之啾啾，而有節度也。朝發軔於天津兮，天津，東極箕斗之間，漢津也。夕余至乎西極。言己朝發天之東津，萬物所生；夕至地之西極，萬物所成。動順陰陽之道，且亟疾也。鳳皇翼其乘旂兮，翼，敬也。旂，旗也。畫龍蛇爲旂。高翺翔之翼翼。翼翼，和貌也。言己動順天道，則鳳皇來隨我車。敬乘旂旗，高飛翺翔，翼翼而和。嘉忠正，懷有德也。忽吾行此流沙兮，流沙，沙流如水也。尚書曰：餘波入於流沙。遵赤水而容與。遵，循也。赤水，出崑崙。容與，遊戲貌也。言吾行忽然過此流沙，遂循赤水而游戲。雖行遠方，動以清潔自洒飾也。麾蛟龍使梁津兮，舉手曰麾。小曰蛟，大曰龍。詔西皇使涉予。詔，告也。西皇，帝少皞也。涉，渡也。言我乃麾蛟龍以橋西海，使少皞渡我，動與神獸聖王相接。言能渡萬人之厄。路脩遠以多艱兮，艱，難也。騰衆車使徑待。騰，過也。言崑崙之路險阻多難，非人所能由。故令衆車先，使從邪徑以相待也。以言己所行車，遠莫能及。路不周以左轉兮，不周，山名，在崑崙山西北。轉，行也。指西海以爲期。指，語也。期，會也。言己使語衆車，我所行之道，當過不周山而左行，俱會西海之上也。過不周者，言道不合於俗也。左轉者，言君行左乖，不與己同志也。屯余車其千乘兮，屯，陳也。齊玉軑音大而並馳。軑，轄也。言乃屯陳我車，前後千乘，齊以玉爲車轄，並馳左右，從己者衆，皆有玉德，宜輔千乘之君。駕八龍之婉婉兮，婉婉，龍貌。載雲旗之委移。言己駕八龍神智之獸，其狀婉婉；又載雲旗，委移而長也。駕八龍者，言己德如龍，可制御八方也。載雲旗者，言己德如雲雨，能潤施。抑志而弭節兮，神高馳之邈邈。邈邈，遠貌也。言己雖乘雲龍，猶自抑案，弭節徐行，高抗志行，邈邈而遠，莫能逮及。奏九歌而舞韶兮，九歌，九德之歌，禹樂也。九韶，舜樂也。尚書曰：簫韶九成。是也。聊假日以媮樂。言己德高智明，宜輔舜、禹以致太平，奏九德之歌、九韶之舞。而不遇其時，故假日游戲媮樂而已。陟升皇之赫戲平聲〔四八〕兮，皇，皇天也。赫戲，光明之貌。忽臨睨五計夫舊鄉。睨，視也。舊鄉，楚國也。言己雖陟崑崙，過不周，度西海，舞九韶，升天庭，據光曜，不足以解憂；猶復顧楚國，愁且思也。僕夫悲余馬懷兮，僕，御也。懷，思也。蜷奇員局顧而不行。蜷局，詰屈不行貌也。屈原設去時離俗，周天匝地，意不忘舊鄉。望見楚國，僕御悲感，我馬思歸，蜷局詰屈而不肯行。此終志不失，以辭自見，以義自明也。

亂曰：亂，理也，所以發理詞指，總撮行要也。屈原舒肆憤懣，極意陳詞，或去或留，文采紛華，然後結括一言，以明所趣。已矣哉！國無人莫我知兮，已矣，絶望之詞也。無人，謂無賢人也。屈原言已矣者，我懷德不見用，以楚國無有賢人知我忠信之故也。自傷之詞也。又何懷乎故都！言衆人無有知己，己復何爲思故鄉，念楚國也。既莫足與爲美政兮，吾將從彭咸之所居。言時世人君無道，不足與共行美德善政，我將自沈汨淵，從彭咸而居處也。

文選考異

〔一〕注「辟爲幽也」　案：「爲」字不當有，各本皆衍。楚辭注無。

〔二〕紉秋蘭以爲佩　袁本云逸作「紐」。茶陵本云五臣作「紉」，下「豈惟紐夫蕙茝」校語同。案：各本所見皆非也。此「紐」楚辭作「紉」，下載「舊音女陳反」，洪興祖補注「女鄰切」。又下文「矯菌桂以紉蕙兮」，各本盡作「紉」，蓋「紐」但傳寫譌耳。凡楚辭及善引逸注，不必全同。而文選今本傳寫之誤，或失文義，仍當相正。下倣此。

〔三〕注「言己脩身清潔」　案：「潔」當作「絜」，各本皆誤。注多作「絜」，必逸自用「絜」，後改之，而「絜」、「潔」錯出，非。餘不更出。

〔四〕何不改此度也　袁本、茶陵本「改」下有「其」字。案：袁用五臣也。校語云逸作「何不改此度也」，與尤正同。茶陵本以五臣亂之，非。楚辭「何不改乎此度也」，洪興祖本「何不改此度」，當各依其舊。讀者易惑，故詳出之。

〔五〕注「以脩用天地之道」　何校「脩」改「循」，陳同。楚辭注作「循」。案：上云「遵循也」，「循」字是也，「循」、「脩」二字，羣書多混。前人論之詳矣。

〔六〕注「諭傾危也」陳云「諭」，「喻」誤。又「風爲號令，以諭君命，行媒諭左右之臣也」，同。案：「喻」「諭」通用，或逸自用「諭」，下「以諭國也」，「以諭君也」，「故以香爲諭」，「故以諭君」，袁本皆作「諭」，茶陵本皆作「喻」。楚辭注亦「喻」、「諭」錯出。

〔七〕注「言吞陰陽之精蘂」案：洪興祖本楚辭注無「言」字，「陰陽」作「正陰」，是也。各本及單行楚辭注皆誤。

〔八〕注「哀念萬民」袁本、茶陵本「民」作「人」，下注「終不見省察萬民善惡之心」，又「觀萬民之中」，又「足以觀察萬民忠佞之謀」，同。案：「人」字是也。正文「人」亦善避諱改字，不得注作「民」。

〔九〕衆女嫉余之娥眉兮　袁本、茶陵本「娥」作「蛾」，注同。案：楚辭作「蛾」。

〔一〇〕悔相道之不察兮　袁本云：逸無「兮」字。茶陵本云五臣有「兮」字。案：二本非也。校語言逸本，猶其言善本，皆但據所見。楚辭有「兮」字。此尤延之校改正之。

〔一一〕注「言及旋我之車」案：「及」當依楚辭注作「乃」。各本皆譌。

〔一二〕注「反迷己誤欲去之路」案：「反迷己」當依楚辭注作「及己迷」。各本皆誤。

〔一三〕注「外有玉澤之質」袁本、茶陵本「外」作「内」。案：此尤本誤字。

〔一四〕注「使家臣衆逢蒙」案：當依楚辭注去「衆」字。各本皆衍。

〔一五〕注「殷宗遂絶不得久長也」袁本、茶陵本無「絶」字。案：楚辭注有。

〔一六〕脩繩墨而不陂　袁本、茶陵本「陂」作「頗」，注同。案：此尤延之改也，楚辭正作「頗」。洪興祖云「頗」一作「陂」，爲尤所據，謂引易曰「無平不頗」，其字宜作「陂」耳。詳逸引羣經不必與今同，改者未是。「脩」當作「循」，袁本云逸作「脩」，茶陵本云五臣作「循」，詳逸注「循用先聖法度」，各本皆同，是逸作「循」，不作「脩」，校語所見，實傳寫譌也。單行楚辭注亦譌。洪興祖本作「循」，云「循」一作「脩」。

〔一七〕注「有道德之者」　何校「之」改「人」，陳同。茶陵本作「人」，袁本作「之」，楚辭注無此字。案：疑無者是也。

〔一八〕注「衣皆謂之襟」　案：「皆」當依楚辭注作「皆」。各本皆誤。文出爾雅釋器。考釋文「皆，才細反」，又「子移反」，不得作「皆」。詩鄭風正義引作「皆」，其誤正與此同。

〔一九〕注「言己覩禹湯文王脩德以興天」　案：當依楚辭注「己」下添「上」字，「興」下去「天」字。各本皆誤。

〔二〇〕注「情合真人」　袁本、茶陵本「情」作「精」。案：此尤本誤字。

〔二一〕注「淹塵埃而上征」　袁本、茶陵本「淹」作「掩」。案：上「溘猶奄也」，各本皆同。疑此亦作「奄」，與楚辭注皆作「掩」者不同。

〔二二〕注「神山淮南子曰縣圃在崑崙閶闔之中」　袁本、茶陵本作「神山也在崑崙之上淮南言崑崙縣圃」。案：二本是也，尤延之所校改，非，楚辭注可證。「南」下彼有「子」字，非。

〔二三〕注「乃維上天」　袁本、茶陵本作「雖乃通天」。案：今楚辭注作「維絶通天」，洪興祖本作「維絶乃通天」。補注云一無「絶」字，一本乃作「絶」。尤延之據淮南天文訓云「乃維上天」以校改，不知逸所引不必與今同也。

〔二四〕路曼曼其脩遠兮　袁本、茶陵本「曼曼」作「漫漫」，注同。案：楚辭作「曼」。洪興祖云釋文「曼」作「漫」云云，此蓋善「曼」，五臣「漫」，二本所見以五臣亂善，而失著校語。

〔二五〕注「淮南子言日出暘谷」　案：「暘」當作「湯」，各本皆譌。楚辭注作「湯」，此天文訓文，史記索隱引之，以明「湯谷」之有證，淮南不作「暘」也。天問云「出自湯谷」，楚辭亦不作「暘」也。吴都賦「包湯谷之滂沛」，歎逝賦「望湯谷以企予」，文選亦不作「暘」也。唯五臣不知有「湯谷」，凡遇此字，必用古文堯典改爲「暘」，袁、茶陵二本校語可考。善注中「湯」字亦間爲所亂，猶今本淮南之爲後人改作「暘」矣。又袁本、茶陵本無「子」字，是也。楚辭注有，與此同衍。

〔二六〕注「皆出仁義」　袁本、茶陵本「仁義」作「於仁」。案：二本是也。楚辭注作「於仁義」，亦衍「義」字。

〔二七〕注「淮南曰弱水」　袁本、茶陵本「曰」作「言」。案：二本是也。以此例之，上注「淮南子曰白水」云云，「子曰」二字，亦當作「言」。各本皆誤。楚辭注二處皆作「子言」，亦衍「子」字。

〔二八〕注「洧盤水名也」　袁本、茶陵本「盤」作「槃」，是也。案：此因正文五臣作「盤」誤混善注。

楚辭作「盤」。洪興祖曰「盤」一作「槃」。

〔二九〕注「來去相弃」案：當依楚辭注「來」下有「違」字。各本皆脫。洪興祖本作「來復弃去」，殊誤。

〔三〇〕注「偃蹇高意」袁本、茶陵本「意」作「貌」。案：此尤本誤字。

〔三一〕注「鴆惡鳥也明有毒殺人」案：「惡鳥」當依楚辭注作「運日」，此因五臣向注作「惡鳥」，不知者誤混善注。又「明」當依楚辭注作「羽」，亦不知者因形近誤之。各本誤皆同。

〔三二〕注「受禮遺將」案：「將」下當依楚辭注有「行」字。各本皆脫。

〔三三〕注「少康留止有虞」案：「少」上當依楚辭注有「幸若」二字。各本皆脫。

〔三四〕注「是不欲遠去貌」案：「貌」當依楚辭注作「意」。各本皆誤。

〔三五〕注「懷襄二世不明」袁本、茶陵本「世」作「葉」。案：二本是也。此亦善避諱改字。

〔三六〕注「糈精美」袁本、茶陵本「美」作「米」。案：此尤本誤字。

〔三七〕注「紛然近我」茶陵本「近」作「迎」，是也。袁本亦誤「近」。案：楚辭注作「迎」。

〔三八〕注「知己之意」袁本、茶陵本「意」作「志」。案：此尤本誤字。

〔三九〕注「告我當去尤吉善也」何校改「尤」作「就」。陳云楚辭注作「就」爲是。各本皆譌。

〔四〇〕注「力能調和陰陽」陳云「力」，「乃」誤，是也。楚辭注作「乃」。各本皆譌。

〔四一〕注「言臣能中心常好善」袁本、茶陵本「臣」作「誠」。案：此尤本誤字。

〔四二〕注「甯戚方飲牛」　茶陵本「飲」作「飯」，是也。袁本亦誤「飲」。案：楚辭注作「飯」。

〔四三〕注「鶤弟鴂桂」　袁本、茶陵本無此四字，有「弟」、「桂」二字音在正文下。案：二本乃五臣音也，詳此篇注中諸音切。蓋善既載王注，兼載舊音，今本改易删削，多失其真，無以正之。此四字或善所有，恐當如「筳音廷」、「篿音專」之例，單行楚辭「鶤」作「鵾」，下載「舊音云，鵾，題音；鴂，決音」，文既互異，難以爲證矣。

〔四四〕又況揭車與江蘺　案：「蘺」當作「離」，上「扈江離」無「艹」，似不當歧異也。楚辭二字皆作「離」。洪興祖補注云文選「離」作「蘺」，謂五臣也。袁、茶陵二本正如此，但皆不著校語，蓋非。

〔四五〕注「此誠可貴兹」　袁本、茶陵本「兹」作「重」，是也。案：此尤本誤字。

〔四六〕注「言我願及年德方盛壯之時周流四方觀君臣之賢欲往就之」　袁本、茶陵本無此二十四字。案：此尤延之據楚辭注添之，詳文義，當是二本脱也。

〔四七〕揚雲霓之晻藹兮　茶陵本「揚」下有「志」字。校語云五臣無。袁本校語云逸有。案：二本非也，楚辭無，此尤延之校改正之。洪興祖云一本「揚」下有「志」字，即指袁、茶陵校語所見而言，實誤本也。

〔四八〕注「平聲」　袁本、茶陵本無「聲」字。案：此疑是五臣音，單行楚辭亦不載。凡音之在正文下者，均非善舊。蓋合併六家，每因正文下已有五臣删削注中之善，而善與五臣始糾錯不分。逮後單行善本，又於正文下音多所删削，於是或真善音以改易其處而被去，或非善音而删削不及則仍存，均難以一一考之矣。全書袁、茶陵音與尤每不同者，此其大概也。爲之舉例，不更悉論云。

九歌四首

序曰：九歌者，屈原之所作也。昔楚南郢之邑，其俗信鬼而好祠。其祠必作樂鼓舞，因爲作九歌之曲，託之以諷諫也。

屈　平　　王逸注

東皇太一

吉日兮辰良，日，謂甲乙；辰，謂寅卯也。穆將愉兮上皇。穆，敬也。愉，樂也。上皇，謂東皇太一也。言己將脩祭祀，必擇吉辰之日〔一〕，齊戒恭敬，以宴樂天神。撫長劍兮玉珥，撫，持也。珥，謂劍鐔也。劍者，所以威不服，衞有德，故撫持之也。璆鏘鳴兮琳琅。璆、琳琅，皆美玉名也。鏘，佩聲也。詩曰：佩玉鏘鏘。言己供神有道，乃使靈巫佩持好劍，以辟邪惡；垂衆佩，周旋而舞動，鳴五玉，鏘五音而和，且有節度。瑶席兮玉瑱，盍將把兮瓊芳？盍，何不也。把，持也。瓊，玉枝也。言己脩飾清潔，以瑶玉爲席，美玉爲瑱。靈巫何不持乎？乃把玉枝以爲香。蕙肴蒸兮蘭藉，蕙肴，以蕙草蒸肉也。藉，所以藉飯食也。易曰：藉用白茅。奠桂酒兮椒漿。桂酒，切桂以置酒中也。椒漿，以椒置漿中也。言己供待彌敬，及以蕙蒸肴，芳蘭爲藉，進桂酒椒漿，以備五味也。揚枹兮拊鼓，拊，擊也。疏緩節兮安歌，疏，希也。言膳既具，不敢寧處，親舉枹擊鼓，使靈巫緩節而舞，徐歌相和，以樂神也。陳竽瑟兮浩倡。浩，大也。言己陳列竽瑟，大倡作樂，以自竭盡也。靈偃蹇兮姣服，靈，謂巫也。偃蹇，舞貌也。姣，好也。服，飾也。芳菲菲兮滿堂。菲菲，芳貌也。言乃使姣好之巫，被服盛飾，舉足奮袂，偃蹇而舞，芬芳菲菲，盈滿堂室也。五音紛兮繁會，五音，宮、商、角、徵、羽也。紛，盛貌也。繁，衆也。君欣欣兮樂康。欣欣，喜貌。康，樂也。言己重作衆樂，合會五音，紛然盛美，神以歡欣，猒飽喜樂，則身蒙慶祐，家受多福也。屈原以爲神無形聲，難事易失。然人竭心盡禮，則歆其祀而惠降以祉，自傷履行忠誠，以事於君，不見信任，而身放逐，以危殆也。

雲中君

浴蘭湯兮沐芳，華采衣兮若英。華采，五色也。若，杜若也。言己將脩饗祭以事靈神，乃先使靈巫先浴蘭湯，沐香芷，衣五采華衣，飾以杜若之英，以自絜飾。靈連蜷巨員反兮既留，靈，巫也。楚人名巫爲靈子。連蜷，巫迎神道引貌也。既，已也。留，止也。爛昭昭兮未央。爛，光貌也。昭昭，明貌也。未央，未已也。巫執事肅敬，奉迎導引神，顔貌矜莊，形體連蜷。神則歡喜，安留見止。見其光容，爛然昭明，長無極已。蹇將憺兮壽宮，蹇，詞也。憺，安也。壽宮，供神之處也。祠祀皆欲得壽，故名爲壽宮也。言雲神既至，在於壽宮，歆饗酒食，憺然安樂，無有去意也。與日月兮齊光。齊，同也。光，明也。言雲神豐隆，爵位尊高，乃與日月同光明也。夫雲興而日月暗，雲藏而日月明，故言齊光也。龍駕兮帝服，龍駕，言雲神駕龍。帝，謂五方之帝也。服，飾也。言天尊雲神，使之乘龍。兼衣，言青黄五采之色〔一〕，與五方帝同服也。聊翺游兮周章。聊，且也。周章，猶周流也。言雲神居無常處，動則翺翔周流往來，且游且翺也。靈皇皇兮既降，靈，謂雲神也。皇皇，美貌也。降，下也。言神來下，其皇皇而美有光文也。猋遠舉兮雲中。猋，去疾貌。雲中，其所居也。言雲神往來急疾，飲食既飽，猋然遠舉，復還其處。覽冀州兮有餘，覽，望也。兩河間曰冀州。餘，猶他方也。言雲神所在高邈，乃望於冀州，尚復見他方也。横四海兮焉窮。窮，極也。言雲神出入奄忽，須臾之間，横行四海，安有窮極者也。思夫君兮太息，君，謂雲神。極勞心兮忡忡。忡忡，憂心貌也。屈原見雲一動千里，周偏四海，想得隨從，觀望四方以忘己憂。思而念之，終不可得。故太息而歎，中心煩勞而忡忡。

湘　君

君不行兮夷猶，君，謂湘君也。夷猶，猶豫也。言湘君所在，土地肥饒，又有嶮岨，故其神常安，不肯游蕩。既設祭祀，使巫請呼之，尚復猶豫。蹇誰留兮中洲？蹇，詞也。留，待也。中洲，洲中也。水中可居者爲洲。言湘君蹇然難行，誰留待於水中之洲乎？以爲堯二女妻舜，有苗不服，舜往征之，二女從而不反，道死於沅、湘之中，因爲湘夫人也。所留蓋謂此二女。美要眇兮宜脩，要眇，好貌也。脩，飾也。言二女之貌，要眇而好，又宜脩飾也。沛吾乘兮桂舟。沛，行貌也。舟，船也。吾，屈原自謂也。言己雖在湖澤之中，猶乘桂木之船，沛然而行。

令沅湘兮無波，沅、湘，水名。使江水兮安流。言己乘船常恐危殆，願君令沅、湘無波涌，使江順徑徐流，則得安也。望夫君兮歸來〔三〕，君，謂湘君。吹參差兮誰思！參差，洞簫也。言己瞻望於君而未肯來，則吹簫作樂，君當復誰思念？駕飛龍兮北征，屈原思神略垂〔四〕，意念楚國，駕飛龍北行，還亟歸故居也。邅吾道兮洞庭。邅，轉也。洞庭，太湖也。言己欲乘龍而歸，不敢隨從大道，願轉江湖之側，安委曲之徑，欲急至也。薜荔拍兮蕙綢，薜荔，香草也。拍，搏壁也。綢，縛束也。詩曰：綢繆束楚。承荃橈兮蘭旌〔五〕。荃，香草也。橈，小楫也。屈原言己居家則以薜荔搏飾四壁，蕙草縛屋；乘舟船則以荃爲楫櫂，蘭爲旌旆，動以香絜自脩飾。望涔陽兮極浦，涔陽，江碕名也。近附郢。極，遠也。浦，涯水也。横大江兮揚靈。靈，精誠也。屈原思念楚國，願乘輕舟，上望江海之遠浦，附郢之碕，以泄憂念。横度大江，揚己精誠，冀能感寤懷王，使還己也。揚靈兮未極，極，已也。女嬋媛兮爲余太息。女，謂女嬃也，屈原姊也。嬋媛，猶牽引也。言己遠揚精神，雖欲自竭盡，終無從達。故女嬃牽引責之，數爲己太息悲毒，欲使屈原改性易行，隨風俗也。横流涕兮潺湲，潺湲，流貌也。屈原感女嬃之言，亦欲變節，而意不能改，内自悲傷，涕泣横流。隱思君兮陫符沸側。君，謂懷王也。陫，陋也。言己雖見放弃，隱伏山野，猶從側陋之中，思念君也。桂櫂兮蘭枻，櫂，楫也。枻，船傍板。斲冰兮積雪。斲，斫也。言己乘船，遭天盛寒，舉其楫斲斫冰凍，紛然如積雪。言己勤苦。采薜荔兮水中，搴芙蓉兮木末。搴，手取也。芙蓉，荷華也，生水中。屈原言己執忠信之行，以事於君，其志不合，猶入池涉水而求薜荔，登山緣木而采芙蓉，固不可得。心不同兮媒勞，言婚姻所好，心意不同，則媒人疲勞而無功也。屈原自喻行與君異，終不可合，亦疲勞而已。恩不甚兮輕絶！言人交接初淺，恩不甚篤，則輕相與離絶也。言己與君同姓共祖，無離絶之義。石瀨兮淺淺音牋，瀨，湍也。淺淺，流疾貌。飛龍兮翩翩。屈原憂愁，俯視川水，見石瀨淺淺，疾流而下，將有所至。仰見飛龍翩翩而上，將有所登。自傷弃在草野，終無所登至也。交不忠兮怨長，交，友也。忠，厚也。朋友相與不厚，則長相怨恨也。言己執履忠貞，雖獲罪過，不敢怨恨於衆人。期不信兮告余以不閒。閒，暇也。言君常與己期，欲共爲治。後以讒言之故，更告我以不閒暇，遂以疏遠。朝騁騖兮江皋，朝，以喻己盛也。澤曲曰皋。言己願及朝，明己年盛時，任重馳騁，以行道德。夕弭節兮北渚。弭，安也。渚，水涯也。夕以喻衰，言日夕將暮，己已衰老，弭情安意，終於草野。鳥次兮屋上，次，舍也。過信爲次。水周兮堂下。周，旋也。言己所居在湖澤之中，衆鳥舍止我之屋上，流水周旋己之堂下。自傷與鳥獸魚鼈爲伍。捐余玦兮江中，玦，玉佩也，先王所以命臣之瑞也。故與環即還，與玦即去也。遺余佩兮澧浦。遺，離也。佩，瓊琚之屬也。言己雖見放逐，常思念君，設欲遠去，猶捐玦佩置於水涯，冀君求己，示有還意。采芳洲兮杜若，芳洲，香草叢生水中之處。將以遺兮下女。遺，與也。女，陰也，以喻臣。謂己之儔匹也。言己願於芳芬絶異之洲，采取杜若以與貞正之人，思與同志，終不更變。時不可兮再得，言日不再中，年不再盛也。聊逍遥兮容與。逍遥，游戲也。言天時不再至，人年不再盛，己既老矣，不遇於時，聊且逍遥而游，容與而戲，以待天命之至也。

湘夫人

帝子降兮北渚，帝子，謂堯女也。降，下也。言堯二女娥皇、女英，隨帝不反，墮於湘水之渚，因爲湘夫人。目眇眇兮愁予。眇眇，好貌也。予，屈原自謂也。堯二女儀德美好，眇然絶異，又配帝舜，而乃没命水中。屈原自傷，不遭值堯而遇暗君，亦將沈身湘流，故曰愁我也。嫋嫋兮秋風，嫋嫋，秋風摇木貌。洞庭波兮木葉下。言秋風疾則草木摇，湘水波而樹葉落矣。以言君政急則衆人愁而賢者傷矣。登白薠兮騁望，薠，草，秋生。騁，平也。與佳期兮夕張。佳期，謂湘夫人也。不敢指斥尊者，故言佳也。張，施也。言己願以始秋薠草初生望平之時，脩設祭具，夕早洒掃，張施帷帳，與夫人期歆饗之也。鳥萃兮蘋中〔六〕，萃，集也。罾何爲兮木上？罾，魚網也。夫鳥當集木巔而言草中，罾當在水中而言木上。以喻所願不得，失其所也。沅有芷兮澧有蘭，言沅水之中，有盛茂之芷，澧水之外，有芬芳之蘭，異於衆草。以興湘夫人美好，亦異於衆人。思公子兮未敢言。公子，謂湘夫人也。重以卑説尊，故變言公子也。言己想若舜之遇二女。二女雖死，猶思其神。所以不敢達言者，士當須介，女當須媒也。慌忽兮遠望〔七〕，觀流水兮潺湲。言神鬼荒忽，往來無形。近而視之，彷彿若存；遠而望之，但見水流潺湲也。麋何爲兮庭中，麋，獸名。蛟何爲兮水裔？蛟，龍類也。言麋當在山林而在庭中，蛟當在深淵而在水涯，以言小人當處野而升朝廷，賢者當居尊官而爲僕隸。朝馳余馬兮江皋，夕濟兮西澨。濟，渡也。澨，水涯。自傷驅馳不出湖澤之域。聞佳人兮召予，予，屈原自謂也。將騰駕兮偕逝。偕，俱也。逝，往也。屈原幽居草澤，思神念鬼，冀湘夫人有命呼己，則願騰駕而往，不待侶偶也。

築室兮水中，葺之兮以荷蓋。屈原困於世上，願築室水中，託附神明而居處也。荃壁兮紫壇，以荃草飾室壁，累紫貝爲壇。播芳椒兮成堂。布香椒於堂上。桂棟兮蘭橑，以木蘭爲榱。辛夷楣兮辛夷，香草。以作户楣。葯房。葯，白芷也。房，室也。罔薜荔兮爲帷，罔，結也。結薜荔爲帷帳。擗蕙櫋兮既張。擗，折也〔八〕。以折蕙覆櫋屋。白玉兮爲鎮，以玉鎮坐席。疏石蘭以爲芳〔九〕。石蘭，香草。疏，布陳也。芷葺兮荷屋，葺，蓋屋也。繚之兮杜衡。繚，縛束也。杜衡，香草也。合百草兮實庭，合百草之華以實庭也。建芳馨兮廡門。馨，香之遠聞者也。積之以爲門廡也。屈原生遭濁世，憂愁困極，意欲隨從鬼神，築室水中，與湘夫人比鄰而處。然猶積衆芳以爲殿堂，脩飾彌盛，行善彌高也。九嶷繽兮並迎，九嶷，山名。舜所葬也。靈之來兮如雲。言舜使九嶷之山神繽然來迎二女，則百神侍送，衆多如雲。捐余袂兮江中，袂，衣袖也。遺余褋兮澧浦。褋，襜襦也。屈原設託與湘夫人共鄰處，舜復迎之而去。窮困無所依，故欲捐棄衣物，裸身而行，將適九夷也。搴汀洲兮杜若，汀，平也。將以遺兮遠者。遠者，謂高賢隱士也。言己雖欲之九夷絶域之外，猶求高賢之士，采平洲香草以遺之，共與修道德也。時不可兮驟得，驟，數也。聊逍遥兮容與！言富貴有命，天時難值，不可數得，聊且游戲，以盡年壽也。

文選考異

〔一〕注「必擇吉辰之日」　何校「辰」改「良」。案：楚辭注作「良」，何據之，是也。各本皆譌。

〔二〕注「兼衣言青黄五采之色」　案：當依楚辭注去「言」字。各本皆衍。

〔三〕望夫君兮歸來　袁本「歸」作「未」，云逸作「歸」。茶陵本云五臣作「未」。案：各本所見皆非也。詳逸注「言己瞻望於君而未肯來」，是逸作「未」，不作「歸」，但傳寫誤耳。楚辭作「未」，洪興祖云「未」一作「歸」，亦非。

〔四〕注「屈原思神略垂」　案：「垂」當依楚辭注作「畢」，讀於「畢」字句絶。各本皆誤。少司命「悲莫悲兮」句注亦有此語，可證。

〔五〕承荃橈兮蘭旌　案：「承」，衍字也，楚辭無。洪興祖補注云諸本或云「乘荃橈」，「乘」一作「承」，或云「采」，皆後人增。其説是也。因逸注有「乘舟船」之語，誤添正文耳。後又作「承」，即此本；又作「采」，即五臣本也。袁本云逸作「承」。茶陵本云五臣作「采」。據所見爲校語，非。

〔六〕鳥萃兮蘋中　何校「萃」上添「何」字，陳同。案：楚辭有「何」字。又洪興祖云一本「萃」上有「何」字，何、陳據之也。袁、茶陵本皆無，洪興祖本楚辭亦無。此仍當各依其舊，不必添也。

〔七〕慌忽兮遠望　案：「慌」當作「荒」，詳逸注云「言神鬼荒忽」。各本皆作「荒」，是善作「荒」也。袁、茶陵二本正文作「慌」，所載五臣向注字同，是五臣作「慌」也。單行楚辭作「慌惚」，下載「舊校一作荒忽」。洪興祖本作「荒忽」，云「荒一作慌」，「忽一作惚」，「荒」、「慌」同字。

但既善「荒」，五臣「慌」，便屬分别，不因同字而可相亂也。凡善、五臣之所謂異，皆準此例矣。

〔八〕注「擗折也」　茶陵本「折」作「析」，是也。袁本亦誤「折」，下同。

〔九〕疏石蘭以爲芳　何校「以」改「兮」。案：楚辭「以」作「兮」，何據之也。袁本「兮」、「以」兩有，云逸無「兮」。茶陵本云五臣有「兮」。據所見爲校語也。洪興祖云一本「兮」下有「以」字，即五臣本。一云「疏石蘭以爲芳」，即此本。

文選卷第三十三

騷下

九歌二首

屈平　　王逸注

少司命

秋蘭兮蘪蕪，羅生兮堂下。言己供神之室，閑而清静，衆香之草，又環其堂下，羅列而生。誠司命君所宜幸集也。緑葉兮素華，芳菲菲兮襲予。襲，及也。予，我也。言芳草茂盛，吐葉垂華，芳香菲菲，上及我也。夫人自有兮美子，夫人，謂萬民也。蓀何以兮愁苦！蓀，謂司命也。言天下萬民，人人自有子孫，司命何爲主握其年命而用思愁苦？秋蘭兮青青，緑葉兮紫莖。言己事神崇敬，重種芳草，莖葉五色，香益暢也。滿堂兮美人，忽獨與余兮目成。言萬民衆多，美人並會，盛滿於堂，而司命獨與我睨而相視，成爲親親也。入不言兮出不辭，言神往來奄忽，入不語言，出不訣辭，其志難知也。乘回風兮載雲旗。言司命之去，乘風載雲，其形貌不可得見。悲莫悲兮生別離，屈原思神略畢，憂愁復出，乃長歎曰：人居世悲哀，莫痛與妻子生別離。傷己當之也。樂莫樂兮新相知。言天下之樂，莫大於男女始相知之時也。屈原言己無新相知之樂，而有生離之憂。荷衣兮蕙帶，儵而來兮忽而逝。言司命被服香浄，往來奄忽，難當值也。夕宿兮帝郊，帝，謂天帝。君誰須兮雲之際？言司命之去，暮宿於天帝之郊，誰待於雲之際乎？幸其有意而顧己。與汝遊兮九河，衝飈起兮水揚波〔一〕。與汝沐兮咸池。咸池，星名也。蓋天池。晞汝髮兮陽之阿。晞，乾也。詩云：匪陽不晞。阿，曲阿。日所行也。言己願託司命，俱沐咸池，乾髮陽阿，齋戒絜己，冀蒙天祐也。望美人兮未來，美人，謂司命也。臨風怳兮浩歌。怳，失意貌也。言己思望司命而未肯來，臨疾風而大歌，冀神聞之而來至也。孔蓋兮翠旌，言司命以孔雀之翅爲車蓋，翡翠之羽爲旌旗。言殊飾也。登九天兮撫彗星。九天，八方中央也。言司命乃昇九天之上，撫持彗星，欲掃除邪惡輔仁賢也。竦長劍兮擁幼艾，竦，執也。幼，少也。艾，長也。言司命持長劍以誅絶惡，擁護萬人，長少使各得其命。荃獨宜兮爲民正。言司命執心公方，無所阿私，善者佑之，惡者誅之。故宜爲萬民之正。

山鬼

若有人兮山之阿，有人，謂山鬼也。阿，曲隅也。被薜荔兮帶女蘿。女蘿，菟絲也。言山鬼彷彿若人，見山之阿，被薜荔之衣，以菟絲爲帶也。薜荔、菟絲，皆無根，緣物而生，山鬼亦奄忽無形，故衣之以爲飾也。既含睇兮又宜笑，睇，微眄也〔二〕。言山鬼之狀，體含妙容，美目眄然，又好口齒而宜笑。子慕予兮善窈窕。子，謂山鬼也。窈窕，好貌也。詩云：窈窕淑女。言山鬼之貌既以姱麗，亦復慕我有善行好姿，是故來見其容也。乘赤豹兮從文貍，辛夷車兮結桂旗。辛夷，香草也。言山鬼出入乘赤豹，從神貍，結桂與辛夷以爲車旗。言有香絜也。被石蘭兮帶杜衡，石蘭、杜衡，皆香草也。折芳馨兮遺所思。所思，謂清絜之士，若屈原者也。言山鬼脩飾衆香以崇其神。屈原履行清絜以厲其身。神人同好，故折香馨相遺，以同其志也。余處幽篁兮終不見天，言山鬼所處，乃在幽昧之内，終不見天地，所以來出，歸有德也。或曰：幽篁，竹林。路險難兮獨後來。言所處既深，其路阻險又難，故來晚暮，後諸神。表獨立兮山之上，表，特也。言山鬼後到，特立於山之上而自異也。雲容容兮而在下。杳冥冥兮羌晝晦，言山鬼所在至高，雲出其下，雖白晝猶冥晦。東風飄兮神靈雨。飄，風貌也。詩云：匪風飄兮。言東風飄然而起，則靈應之而雨。以言陰陽相感，風雨相和。屈原自傷獨無和也。留靈脩兮憺忘歸，靈脩，謂懷王也。歲既晏兮孰華予！晏，晚也。孰，誰也。言己宿留懷王，冀其還己，心中憺然，安而忘歸，年歲晚暮，將欲疲老，誰當復使我榮華也。采三秀兮於山間，三秀，謂芝草也。石磊磊兮葛蔓蔓。言己欲服芝草以延年命，周旋山間，采而求之，終不能得。但見山石磊磊，葛草蔓蔓。或曰：三秀，秀才之士隱處者也。言石葛者，喻所在深也。怨公子兮悵忘歸，公子，謂公子椒也。言所以怨公子椒者，以其知己忠信而不肯達。故我悵然失志而忘歸也。君思我兮不得閒。言懷王時思念我，顧不肯以閒暇之日，召己謀議。山中人兮芳杜若，山中人，屈原自謂也。飲石泉兮蔭松柏。言己雖在山中無人之處，猶取杜若以爲芬芳，飲石泉之水，蔭松柏之木。飲食居處，動以香絜自脩飾。君思我兮然疑作。言懷王有思我時，然讒言妄作，故令狐疑者也。雷填填兮雨冥冥，猨啾啾兮狖夜鳴。風颯颯兮木蕭蕭，言己在深山之中，遭雷電暴雨，猨號狖呴〔三〕，風木摇動，以言恐懼失其所也。或曰：雷爲諸侯，以興於君。雲雨冥昧，以興佞臣。猨狖善鳴，以興讒言。風以喻政，木以喻人。雷填填者，君妄怒也。雨冥冥者，羣佞聚也。猨啾啾者，讒夫弄口也。風颯颯者，政煩擾也。木蕭蕭者，民驚駭也。思公子兮徒離憂。言己怨子椒不見達，故遂憂愁。

文選考異

〔一〕與汝遊兮九河衝飇起兮水揚波　何校云洪興祖謂此二句河伯章中語，王逸無注，古本無此二句。陳同。案：其説是也。詳五臣濟有解「九河衝飇」之注，是其本有此二句，各本所見皆以五臣亂善而誤衍，又失著校語也。楚辭亦衍，或即五臣之所本，要以古本無爲是。

〔二〕注「睇微眄也」　茶陵本「眄」作「眄」，袁本作「盼」。案：楚辭作「眄」，「眄」字是也。下「美目盼然」，各本及楚辭皆作「盼」，非。洪興祖引説文「南楚謂眄曰睇，眄，眠見切」，可證。逸以「眄」注「睇」，二字俱當作「眄」，與詩「美目盼兮」無涉。洪於下又引詩者，所見已誤下「眄」爲「盼」耳。七啓「睇眄流光」注引此，亦其證。

〔三〕注「猨號狖响」 案：「號狖」當依楚辭注作「狖號」。袁、茶陵二本作「猴號」。考楚辭「狖夜鳴」。洪興祖本「狖」作「又」，云「又」一作「狖」。然則作「狖」之本，此注則云「猨狖號响」；作「又」之本，此注則云「猨猴號响」也。下注「猨狖善鳴」，亦當然。袁本正文作「又」，茶陵本正文作「狖」，蓋善「狖」、五臣「又」而不同，二本失著校語。此及下俱作「猴」，非。

九章

序曰：九章者，屈原之所作也。屈原放江南之野，故復作九章。章，著也，明也。言己所陳忠信之道甚明著也。

屈平　　王逸注

涉江

余幼好此奇服兮，奇，異也。或曰：奇服，好服也。年既老而不衰。衰，懈也。己少好奇偉之服，履忠直之行，至老不懈。帶長鋏之陸離兮，長鋏，劍名也。其所握長劍，楚人名曰長鋏也。冠切雲之崔嵬。崔嵬，高貌也。言己内修忠信之志，外帶長利之劍，戴崔嵬之冠，其高切青雲也。被明月兮佩寶璐。在背曰被。寶璐，美玉也。言己背被明月之珠，腰佩美玉，德寶兼備，行度清白。世溷濁而莫余知兮，溷，亂也。濁，貪也。吾方高馳而不顧。言時世貪亂，遭君蔽闇，無有知我之賢，然猶高行抗志，終不回曲也。駕青虯兮驂白螭，言虯螭神獸，宜於駕乘。以喻賢人清白，宜可信任也。吾與重華遊兮瑤之圃。重華，舜名也。瑶，石次玉也。圃，園也。言己想侍虞舜遊玉圃，猶言遇聖帝，升清朝也。登崑崙兮食玉英，猶言坐明堂，受爵位。與天地兮比壽，與日月兮齊光。言己年與天地相敝，名與日月同曜也。哀南夷之莫吾知兮，屈原怨毒楚俗嫉害忠貞，乃曰：可哀哉，南夷之人無知我賢者也。旦余濟兮江湘〔一〕。旦，明也。濟，度也。言己遭放棄，以明旦時始去，遂渡江、湘之水。言明旦之者〔二〕，紀時明，刺君不明也。乘鄂渚而反顧兮，乘，登也。鄂渚，地名也。欸秋冬之緒風。欸，歎也。緒，餘也。言己登鄂渚高岸，還望楚國，嚮秋冬北風，愁而長歎之，中憂思也。步余馬兮山皐，邸余車兮方林〔三〕。邸，舍也。方林，地名。言我馬壯强，行山皐，無所驅馳；我車堅牢，捨於方林〔四〕，無所載任也。以言己才德方壯，誠可任用，棄在山野，亦無所施也。乘舲船余上沅兮，舲船，船有窗牖者也。齊吴榜以擊汰。吴榜，船櫂也。汰，水波。言己始去乘窗船西上沅、湘之水，士卒齊舉大櫂而擊水波。自傷去朝堂之上，而入湖澤之中也。或曰：齊悲歌，言愁思也。船容與而不進兮，淹回水而疑滯。疑，惑也。滯，留也。言士衆雖同力引櫂，船猶不進，隨水流，使己疑惑，有意還之者也。朝發枉渚兮，枉渚，地名。夕宿辰陽。辰陽，亦地名。言己乃從枉渚，宿辰陽，自傷去日遠也。或曰：枉，曲也。渚，沚也。辰，時也。陽，明也。言己將去枉曲之俗，而處時明之鄉。苟余心其端直兮〔五〕，苟，誠也。雖僻遠之何傷！僻，左也。言我惟行正直之心，雖在遠僻之域，猶有善稱。無害疾也。故論語曰：子欲居九夷也。入漵浦余儃佪兮。漵，水名也。迷不知吾之所如。迷，惑也。如，之也。言己思念楚國，雖循水涯，意猶迷惑不知所之。深林杳以冥冥兮，草木茂盛。乃猿狖之所居。非賢士之道徑。山峻高以蔽日兮，言嶮岨危傾也。下幽晦以多雨。言暑濕泥濘也。霰雪紛其無垠兮，涉冰凍之盛寒。雲霏霏而承宇。室屋沈没，與天連也。或曰：日以喻君，山以喻臣，霰雪以喻殘賊，雲以象佞人。山竣高以蔽日者，謂臣掩君明也。下幽晦以多雨者，羣下專擅施恩惠也。霰雪紛其無垠者，殘賊之政害仁賢也。雲霏霏而承宇者，佞人並進，滿朝廷也。哀吾生之無樂兮，遭遇讒佞，失官禄也。幽獨處乎山中。遠離親戚而斥逐也。吾不能變心而從俗兮，終不易志隨枉曲也。固將愁苦而終窮。愁思無聊，身困極也。接輿髡首兮，桑扈臝行。接輿，楚狂接輿也。髡，剔也。首，頭也。自刑體〔六〕，避世不仕也。桑扈，隱士也。去衣臝袒，效夷也。言屈原不容於世，引比隱者以自慰。忠不必用兮，賢不必以。以，亦用也。伍子逢殃兮，伍子，伍子胥也。爲吴王夫差臣，諫令伐越，夫差不聽，遂賜劍而自殺。後越竟滅吴。故逢殃也。比干葅醢。比干，紂之諸父也。紂淫惑妲己，作糟丘酒池長夜之飲，斮朝涉，剖孕婦，比干正諫，紂怒，妲己曰：聖人之心有七孔。於是乃殺比干，剖其心而觀之。故言葅醢也。與前世而皆然兮，謂行忠直而遇患害，若比干、子胥也。吾又何怨乎今之人！言自古有迷亂之君，若紂、夫差，不用忠信，滅國忘身，當何爲復怨今之君乎？余將董道而不豫兮，董，正也。豫，猶豫也。言己雖見先賢執忠被害，猶正身直行，志不猶豫而有狐疑也。固將重昏而終身。昬，亂也。言己不逢明君，思慮交錯，心將重亂以終年命。

文選考異

〔一〕旦余濟兮江湘　案：「兮」當作「乎」，此尤本誤字。袁本、茶陵本、楚辭皆可證。

〔二〕注「言明旦之者」　案：當依楚辭注去「之」字。各本皆衍。

〔三〕邸余車兮方林　袁本、茶陵本「邸」作「低」。案：楚辭作「低」，洪興祖本作「邸」，云「邸一作低」，補注以爲「低」無「舍」義，非也。廣雅釋詁四「宿，次；低，弛，舍也」。洪失之未考。袁、茶陵二本無校語。善引逸是「低」字，五臣亦同，尤延之乃改「邸」耳。

〔四〕注「捨於方林」　案：「捨」當依楚辭注作「舍」。各本皆誤。

〔五〕苟余心其端直兮　袁本云逸無「心」字。茶陵本五臣有「心」字。案：楚辭有「心」字。二本所見，蓋傳寫脱。此亦初無而尤脩改添之。

〔六〕注「自刑體」　案：「體」上當依楚辭添「身」字。各本皆脱。

卜居

序曰：卜居者，屈原之所作也。原放棄，乃往太卜之家，卜己居俗，何所宜行。

屈　平　　王逸注

屈原既放三年，違去郢都，處山林也。不得復見，道路僻遠，所在深也。竭智盡忠，建造策謀，披胸心也。蔽鄣於讒。遇謟佞也。心煩意亂，意憒悶也。不知所從。迷瞀眩也。乃往見太卜鄭詹尹，稽神明也。鄭詹尹，工師姓名也。曰：「余有所疑，意惑遑也。願因先生決之。」斷吉凶也。詹尹乃端策拂龜，整儀容也。曰：「君將何以教之？」願聞其要。屈原曰：吐詞情也。「吾寧悃悃款款，志純一也。朴以忠乎？竭誠信也。將送往勞來，追俗人也。斯無窮乎？不困貧也。寧誅鋤草茅，刈蒿菅也。以力耕乎？耕稼穡也。將遊大人，事貴戚也。以成名乎？榮譽立也。寧正言不諱，諫君惡也。以危身乎？被刑戮也。將從俗富貴，食重禄也。以媮生乎？身安樂也。寧超然高舉，讓官爵也。以保真乎？守玄默也。將哫訾慄斯，承顏色也。喔咿嚅唲，强笑噱也。以事婦人乎？詘蜷局也。寧廉絜正直，志如玉也。以自清乎？脩絜白也。將突梯滑稽，轉隨俗也。如脂如韋，柔弱曲也。以潔楹乎〔一〕？順滑澤也。寧昂昂志行高也。若千里之駒乎？才絶殊也。將汜汜普愛衆也。若水中之鳧乎〔二〕？羣戲遊也。與波上下，隨衆高卑。偷以全吾軀乎？身無憂患。寧與騏驥抗軛乎？沖天驅也。將隨駑馬之迹乎？安步徐也。寧與黄鵠比翼乎？飛雲隅也。將與鷄鶩争食乎？啄糠糟也。此孰吉孰凶？誰喜憂也。何去何從？安所由也。世溷濁而不清，貨賂行也。蟬翼爲重，近讒佞也。千鈞爲輕。遠忠良也。黄鍾毁棄，賢隱藏也。瓦釜雷鳴。愚讙訟也。讒人高張，居朝堂也。賢士無名。身窮困也。吁嗟嘿嘿兮，世莫論也。誰知吾之廉貞？」不别賢也。詹尹乃釋策而謝，愚不能明。曰：「夫尺有所短，騏驥不驟中庭。寸有所長，雞鶴知時而鳴。物有所不足，地虧東南角也。智有所不明，孔子厄陳蔡也。數有所不逮，天不可計量也。神有所不通，日不能夜照也。用君之心，所念慮也。行君之意，遂本操也。龜策誠不能知此事。」不能決君之志。

文選考異

〔一〕以潔楹乎　袁本、茶陵本「潔」作「絜」，是也。案：單行楚辭正作「絜」。洪興祖本作「潔」，非。

〔二〕若水中之鳧乎　何校去「乎」字。案：洪興祖云一無「乎」字，何據之，是也。各本皆衍。

漁父　序曰：漁父者，屈原之所作。漁父避俗，時遇屈原，怪而問之，遂相應答。

屈　平　　王逸注

屈原既放，身斥逐也。遊於江潭，戲水側也。行吟澤畔，履荆棘也。顔色憔悴，皯黴黑也。皯，古旱切。黴，力遲切。形容枯槁。癯瘦瘠也。漁父見而問之，怪屈原也。曰：「子非三閭大夫歟？謂其故官。何故至於斯？」曷爲遭此患也。屈原曰：「世人皆濁衆貪鄙也。我獨清，忠絜己也。衆人皆醉惑財賄也。我獨醒，廉自守也。是以見放。」棄草野也。漁父曰：隱士言也。「聖人不凝滯於物〔一〕，不困辱其身也。而能與世推移。隨俗方圜。世皆濁，人貪婪也。何不淈其泥同其風也。而揚其波？與沈浮也。衆人皆醉，巧佞曲也。何不餔其糟從其俗也。而歠其釃？食其禄也。何故深思高舉，獨行忠直。自令放爲？」遠在他域。屈原曰：「吾聞之，受聖制也。新沐者必彈冠，拂土坌也。新浴者必振衣，去塵穢也。安能以身之察察，己清絜也。受物之汶汶者乎！蒙垢塵也。寧赴湘流，自沈淵也。葬於江魚腹中，身消爛也。安能以皓皓之白，皓皓，猶皎皎也。蒙世俗之塵埃乎！」被汙黠也。漁父莞爾而笑，笑難斷也〔二〕。鼓枻而去。叩船舷也。乃歌曰：「滄浪之水清兮，喻世昭明。可以濯我纓，沐浴陞朝。滄浪之水濁兮，喻世昏闇。可以濯我足。」宜隱遁也。遂去，不復與言。合道真也。

文選考異

〔一〕聖人不凝滯於物　茶陵本「於」下有「萬」字，云五臣無。袁本云逸有。案：楚辭無。洪興祖云一本「物」上有「萬」字。此亦初有而尤脩改去之。何、陳皆云衍，是也。史記亦無。

〔二〕注「笑難斷也」　袁本、茶陵本「難斷」作「離斷」。案：此尤本誤字。

九辯五首

序曰：九辯者，楚大夫宋玉之所作也。辯者，變也。九者，陽之數也，道之綱紀也。謂陳説道德，以變説君也。宋玉，屈原弟子。閔惜其師忠而放逐，故作九辯以述其志也。

宋玉　　王逸注

悲哉秋之爲氣也！寒氣聊戾，歲將暮也。蕭瑟兮陰令促急，風疾暴也。草木搖落華葉隕零，肥潤去也。而變衰。形體易色，枝枯槁也。自傷不遇，將與草木俱衰老也。憭慄兮思念暴戾，心自傷也。憭音了。若在遠行，遠客出去之他方也。登山臨水兮升高遠望，視江河也〔一〕。送將歸。族親別逝還故鄉〔二〕。泬寥兮泬寥，曠蕩而虛静也。或曰：泬寥，猶蕭條無雲貌也。泬音血。天高而氣清，秋天高朗，體清明也。言天高朗，照見無形，傷君昏亂，不聰明也。寂漻兮源瀆順流，漠無聲也。收潦而水清。溝無溢潦，百川静也。言川水夏濁而秋清，傷君無有清明之時也。憯悽增欷兮愴痛感動，歎息也〔三〕。薄寒之中人，傷我肌膚，變顔色也。愴怳懭悢兮中情愴惘，意不得也。去故而就新。初會鉏鋙，志未合也。坎廩兮數遭患禍，身困窮也〔四〕。貧士失職亡失財物，逢寇賊也。而志不平。心常憤懣，意未明也〔五〕。廓落兮喪志失耦，塊獨立也。羈旅而無友生。遠客寄居，孤單特也。惆悵兮後黨失輩，惘愁毒也。而私自憐。竊内念己，自閔傷也。燕翩翩其辭歸兮，將入大海，飛徊翔也。蟬寂寞而無聲。蜩蜩歛翅而伏藏也。鴈廱廱而南游兮，雄雌和樂，羣戲行也。鵾鷄啁哳而悲鳴。奮翼呼〔六〕而低昂也。夫燕、蟬遇秋寒將穴處而懷懼，候鴈、鵾鷄喜樂而逸豫，言無有候鴈、鵾鷄之喜，而有蟬、燕之憂也。獨申旦而不寐兮，夜坐視瞻而終明也。哀蟋蟀之宵征。見蜻蛪之夜行，自傷放棄，與昆蟲爲雙也。或曰：宵征，謂七月在野，八月在宇，九月在户，十月蟋蟀入我牀下。是其宵征行也。時亹亹而過中兮，年已過半，日進往也。亹亹，進貌。詩曰：亹亹文王。蹇淹留而無成。雖久壽考，無成功也。

悲憂窮慼兮脩德見過，愁懼惶也。獨處廓，孤立特止，居一方也。有美一人兮位尊服好，謂懷王也。心不繹。常念弗解，内結藏也。去鄉離家兮背違邑里，之他鄉也。來遠客，去郢南征，濟沅、湘也。超逍遥兮遠出游逝，離州域也。今焉薄？欲止無賢，皆讒賊也。專思君兮執心壹意，在胸臆也。不可化，同姓親聯，恩義篤也。君不知兮聰明淺短，志迷惑也。可柰何！頑嚚難啓，長歎息也。蓄怨兮積思，結恨在心，慮憤鬱也。心煩憺兮忘食事。思君念主，忽不食也。願一見兮道余意，舒寫忠誠，自陳列也。君之心兮與余異。方圓殊性，猶白黑也。車駕兮朅而歸，迴逝言還〔七〕，欲反國也。不得見兮心悲。自傷流離，路隔塞也。倚結軨兮太息，伏車重軨，而涕泣也。涕潺湲兮霑軾。泣下交流，濡茵席也。慷慨絶兮不得，中心恚恨，心剥切也。中瞀亂兮迷惑。思念煩惑，忘南北也。私自憐兮何極？哀禄命薄，常含戚也。心怦怦兮諒直。志行忠正，無所告也。

皇天平分四時兮，何直春生而秋殺也。爾雅曰：四時和爲通正〔八〕。竊獨悲此凛秋。微霜淒愴，寒慄烈也。白露既下降百草兮，萬物羣生將被害也。奄離披此梧楸。痛傷茂木又芟刈也。去白日之昭昭兮，違離天明而湮没也。襲長夜之悠悠。永處冥冥而覆蔽也。離芳藹之方壯兮，去己盛美之光容也。余委約而悲愁。身體疲病而憂窮也。秋既先戒以白露兮，君不弘德而嚴令也。冬又申之以嚴霜。刑罰刻峻而重深也。收恢炱之孟夏兮〔九〕，上無仁恩以養民〔一〇〕。夫天制四時，春生、夏長，人君則之，以養萬物。秋殺、冬藏，亦順其宜，而行刑罰。故君賢臣忠，政合大中，則品庶安寧，萬物豐茂，上闇下僞，用法殘虐，則貞良被害，草木枯落。故宋玉援引天時，託譬草木，以茂美樹〔一一〕，興於仁賢，早遇霜露，懷德君子，忠而被害也。然坎傺而沈藏。民無住足，竄巖藪也〔一二〕。楚人謂住曰傺。葉菸邑而無色兮，顔容變易而蒼黑也。枝煩挐而交横。柯條糺錯而崱嶷也。顔淫溢而將罷兮，形貌羸瘦，無潤澤也。柯彷彿而委黄。腹内空虛，皮乾腊也。萷櫹槮之可哀兮，華葉已落，莖獨立也。形銷鑠而瘀傷。身體燋枯，被病久也。惟其紛糅而將落兮，蓬茸傎仆，根蠹朽也。恨其失時而無當。不值聖主而年老也。覽騑轡而下節兮，安步徐馬而勿驅也。聊逍遥以相羊。且徐低佪以遊戲也。歲忽忽而遒盡兮，年歲逝往之若流也。恐余壽之弗將。懼我性命之不長也。悼余生之不時兮，傷己幼少，後三王也。逢此世之俇攘，卒遇譖讒而遽惶也。澹容與而獨倚兮，煢煢獨立，無朋黨也。蟋蟀鳴此西堂。自閔傷己與蟲並也。心怵惕而震盪兮，思慮惕動，沸若湯也。何所憂之多方。内念君父及兄弟也〔一三〕。仰明月而太息兮，上告昊天，愬神靈也。步列星而極明。周覽九天，仰觀星宿，不能卧寐，乃至明也。

竊悲夫蕙華之曾敷兮，蕙草芬芳，以興在位之賢臣也〔一四〕。紛旖旎乎都房。被服盛飾於宮殿也。旖旎，盛貌也。詩云：旖旎其華。何曾華之無實兮〔一五〕，外貌若忠而心佞也。從風雨而飛颺。隨君嗜欲而回傾也。夫風爲號令，雨爲德惠，故風動而草木搖，雨降而萬物植，故以風雨諭君政。言德惠所由出之也〔一六〕。以爲君獨服此蕙兮，體受正氣而高明也。羌無以異於衆芳。乃與佞臣之同情也。閔奇思之不通兮，傷己忠策無由入也。將去君而高翔。適彼樂土，之他域也。心閔憐之慘悽兮，內自哀念，心惻隱也〔一七〕。願一見而有明。分別忠心與僞惑也。重無怨而生離兮，身無罪過而逐放也〔一八〕。中結軫而增傷。肝膽破裂，心剖愊也。普逼切。豈不鬱陶而思君兮，憤念蓄積，盈胸臆也。君之門以九重。門闈扃閉，道路塞也。猛犬狺狺而迎吠兮，讒佞讙呼而在側也。關梁閉而不通。閽人承指，呵問急也。皇天淫溢而秋霖兮，久雨連日，澤深厚也。后土何時而得乾〔一九〕？山阜濡澤，草木茂也。塊獨守此無澤兮，不蒙恩施，獨枯槁也。仰浮雲而永歎。愬天語神，我何咎也。

何時俗之工巧兮，世人辯慧，造詐僞也。背繩墨而改錯！違廢聖典，背仁義也。夫繩墨者，工之法度也；仁義者，民之正路也。繩墨用，則曲木截；仁義進，則讒佞滅。二者殊義，不可不察也。卻騏驥而不乘兮，斥逐子胥與比干也。策駑駘而取路。言任豎刀與椒、蘭也。當世豈無騏驥兮？家有稷、契與管、晏也。誠莫之能善御。世無堯、舜及桓、文也。見執轡者非其人兮，遭值桀、紂之亂昏也。故駒跳而遠去。被髮爲奴，走横奔也。鳧鴈皆唼夫粱藻兮，羣小在位，食重禄也。鳳愈飄翔而高舉。賢者伏匿，竄山谷也。圜鑿而方枘兮，正直邪枉，行殊則也。吾固知其鉏鋙而難入。所務不同，若粉墨也。衆鳥皆有所登棲兮，羣佞並進，處官爵也。鳳獨遑遑而無所集。孔子棲棲而困厄也。願銜枚而無言兮，意欲括囊而静默也。常被君之渥洽。前蒙寵遇，錫祉福也。太公九十乃顯榮兮，吕尚耆老然後貴也。誠未遇其匹合。遭值文王功冠世也。謂騏驥兮安歸？躊躇吴坂，遇伯樂也。謂鳳皇兮安棲。集棲梧桐，食竹實也。變古易俗兮世衰，以賢爲愚，時闇惑也。今之相者兮舉肥。不量才能，視顔色也。騏驥伏匿而不見兮，仁賢幽處而隱藏也。鳳皇高飛而不下。智者遠逝之四方也。鳥獸猶知懷德兮，慕歸堯、舜之明德也〔二〇〕。何云賢士之不處？二老，太公歸文王也。驥不驟進而求服兮，干木闔門而辭相也。鳳亦不貪餧而妄食。顔闔鑿培而逃亡也。君棄遠而不察兮，介推割股而自放也。雖願忠其焉得？申生至孝而被謗也。欲寂寞而絶端兮，甯武佯愚而不言也。竊不敢忘初之厚德。常受禄惠，識舊恩也。獨悲愁其傷人兮，思念纏結，摧肺肝也。馮鬱鬱其何極。憤懣盈胸，終年歲也〔二一〕。

文選考異

〔一〕注「視江河也」　案：「江河」當作「河江」。各本皆倒。此以「江」與上「傷」「方」、下「鄉」爲韻。楚辭注亦倒。凡此篇逸注用韻，其誤有可以所協推知者，例如此。

〔二〕注「還故鄉」案：「鄉」下當依楚辭注添「也」字。各本皆脱。

〔三〕注「歎息也」案：「歎」下當依楚辭注添「累」字。各本皆脱。

〔四〕注「身困窮也」案：「窮」當依楚辭注作「極」。各本皆誤。

〔五〕注「意未明也」案：「明」當依楚辭注作「服」。各本皆誤。

〔六〕注「奮翼呼」案：「呼」上當依楚辭注添「鳴」字。各本皆脱。

〔七〕注「迴逝言還」袁本、茶陵本「還」作「邁」。案：此尤本誤字。

〔八〕注「爾雅曰四時和爲通正」袁本、茶陵本無此九字。案：無者是也。楚辭注正無，尤校添，甚非。

〔九〕收恢㚖之孟夏兮　袁本、茶陵本「㚖」作「台」。案：「台」字是也。善注舞賦「恢㚖」，引此作「台」，而云「㚖與台古字通」。可見善自作「台」，甚明。尤延之校改作「㚖」，非是。楚辭作「炱」，洪興祖本作「台」，云「台」一作「炱」，一作「㚖」。雖白有據，然不容以之改善也。

〔一〇〕注「以養民」案：「民」下當依楚辭注添「也」字。各本皆脱。

〔一一〕注「以茂美樹」案：「美」下當依楚辭注添「之」字。各本皆脱。

〔一二〕注「竄巖藪也」案：「藪」當依楚辭注作「穴」。各本皆誤。

〔一三〕注「及兄弟也」案：「兄弟」當依單行楚辭注作「弟兄」。各本及洪興祖本楚辭注皆誤倒。

〔一四〕注「以興在位之賢臣也」　案：「賢」當依楚辭注作「貴」。各本皆譌。

〔一五〕何曾華之無實兮　袁本、茶陵本校語云逸無「華」字。案：此亦初無而尤脩改添之。考楚辭有，當是傳寫誤脱，二本據所見爲校語耳。

〔一六〕注「政言德惠所由出之也」　案：當依楚辭注作「言政令德惠所由出也」。各本皆誤。

〔一七〕注「心惻隱也」　案：「惻隱」當依楚辭注作「隱惻」。各本皆倒。

〔一八〕注「而逐放也」　袁本、茶陵本「逐放」作「放逐」。案：此尤本誤倒。

〔一九〕后土何時而得乾　袁本、茶陵本「而」作「兮」。案：楚辭「而」，洪興祖云「而」一作「兮」。此或善「而」、五臣「兮」，否則尤延之校改「兮」作「而」，今無以考之。

〔二〇〕注「慕歸堯舜之明德也」　案：「明德」當依楚辭注作「聖明」。各本皆誤。

〔二一〕注「終年歲也」　案：「年歲」當作「歲年」。各本及楚辭注皆倒。

招魂

序曰：招魂者，宋玉之所作也。宋玉憐哀屈原厥命將落，作招魂，欲以復其精神，延其年壽也。

宋玉　　王逸注

朕幼清以廉絜兮，朕，我也。不求曰清。不受曰廉。不汙曰絜。身服義而未沬。沬，已也。言我少小脩清絜之行，身服仁義，未曾有懈已之時也。沬音昧。**主此盛德兮，牽於俗而蕪穢。**牽，引也。不治曰蕪。多草曰穢。言己施行常以道德爲主，以忠事君，以信結交。爲俗人所推引，德能蕪穢，無所用也。**上無所考此盛德兮，**考，校也。**長離殃而愁苦。**殃，禍也。言己履行忠信而遇闇主。上則無所考校，己盛德長遭殃禍，愁苦而已。**帝告巫陽**帝，謂天也。女曰巫，陽其名也。**曰：「有人在下，我欲輔之。**人，謂賢人也。則屈原也。宋玉上設天意，祐助貞良，故曰帝告巫陽，有賢人屈原在於下方，我欲輔成其志，以厲黎民也。**魂魄離散，汝筮予之！」**魂者，身之精。魄者，性之決也。所以經緯五藏，保守形體也。蓍曰筮。尚書曰：決之蓍龜。言天帝哀閔屈原魂魄離散，身將顛沛，使巫陽筮問求索，得而與之，使反其身。**巫陽對曰：「掌夢！**巫陽對天帝言。招魂者，本掌夢之官所主職也。**上帝其命難從！**言天帝難從掌夢之官，欲使巫陽招之也〔一〕。**若必筮予之，恐後之謝〔二〕，不能復用巫陽焉。」**謝，去也。巫陽言，如必欲先筮問求魂魄所在，然後與之，恐後世怠懈，必卜筮之法〔三〕，不能復脩用。但招之可也。**乃下招曰：**巫陽受天帝之命，因下招屈原之魂也。

魂兮來歸！還歸屈原之身。**去君之恒幹，**恒，常也。幹，體也。易曰：貞者，事之幹也。**何爲兮四方些？**言魂靈當扶人養命，何爲去君之常體，而遠之四方乎？夫人須魂而生，魂待人而榮，二者別離，命則霣零也。或曰：去君之恒閈。閈，里也。楚人名里曰閈也。**舍君之樂處，而離彼不祥些。**舍，置也。祥，善也。言何爲舍君楚國饒樂之處，陸離走不善之鄉，以觸衆惡也。**魂兮歸來！東方不可以託些。**託，寄也。論語曰：可以託六尺之孤。言東方之俗，其人無義，不可以託寄身也。長人千仞，唯魂是索些。七尺曰仞。索，求也。言東方有長人國，其高千仞，主求人魂而食之也。十日代出，代，更也。流金鑠石些。鑠，銷也。言東方有扶桑之木，十日並在其上，以次更行，其勢酷烈，金石堅剛皆爲銷釋。彼皆習之，魂往必釋些。釋，解也。言彼十日之處，自習其熱，魂行到，身必解爛也。歸來歸來！不可以託些。言魂宜急來歸，此誠不可託附而居。魂兮歸來！南方不可以止些。言南方之俗，其人無信，不可久留也。雕題黑齒，雕，畫也。題，額也。得人肉而祀〔四〕，以其骨爲醢些。醢，醬也。言南極之人雕畫其額，齒牙盡黑。常食蠃蚌〔五〕，得人之肉用祭先祖，復以其骨爲醢醬。蝮蛇蓁蓁，蝮，大蛇。蓁蓁，積聚之貌。封狐千里些。封狐，大狐也。言炎土之氣多蝮虺，積聚蓁蓁，爭欲齧人。又有大狐，健走千里求食。不可逢遇也。雄虺九首，往來倏忽，吞人以益其心些。倏忽，疾急貌也。言復有雄虺，一身九頭，往來奄忽，常喜吞人魂魄，以益其賊害之心也。歸來歸來！不可久淫些。淫，遊也。言其惡如此，不可久遊，必被害也。魂兮歸來！西方之害，流沙千里些。流沙，沙流而行也。言西方之地厥土不毛，流沙滑滑，晝夜流行，從橫千里，又無舟航者也。旋入雷淵〔六〕，旋，轉也。淵，室也。爢散而不可止些。爢，碎也。言欲涉流沙，則回入雷公之室運轉而行，身雖爢碎，尚不可得休止也。幸而得脫，其外曠宇些。曠，大也。宇，野也。言從雷淵雖得免脫，其外復有曠遠之野，無人之土也。赤蟻若象，蟻，蚍蜉也。玄蠭若壺些。壺，乾瓠也。言曠野之中有赤蟻，其大如象。又有大飛蜂，腹大如壺。皆有蠚毒〔七〕，能殺人。五穀不生，叢菅是食些。柴棘爲叢。菅，茅也。言西極之地，不生五穀。其人但食柴草，若羣牛也。

其土爛人，求水無所得些。言西方之土温暑而熱，燋爛人身肉，渴欲求水，無有源泉，不可得也。彷徉無所倚，廣大無所極些。倚，依也。言欲彷徉東西，無人可依，其野廣大，行不可極也。彷，蒲忙切。歸來歸來！恐自遺賊些。賊，害也。魂魄欲往者，自予賊害。魂兮歸來！北方不可以止些。增冰峨峨，飛雪千里些。言北方常寒，其冰重累，峩峩如山。涼風急疾，雪隨之飛行千里，乃至地也。歸來歸來！不可以久些。言其寒殺人，不可久留也。魂兮歸來！君無上天些。天不可得上也。虎豹九關，啄害下人些。啄，齧也。天門九重，使神、虎、豹執其開閉。言啄天下欲上之人〔八〕而殺之。一夫九首，拔木九千些。言有丈夫〔九〕一身九頭，强梁多力。從朝至暮，拔大木九千枚也。豺狼從目，往來侁侁些。侁侁，行聲也。詩曰：侁侁征夫，有豺狼之獸，其目皆從奔走往來，其聲侁侁，争欲啗人。懸人以嬉，投之深淵些。投，擿也。言豺狼得人不即啗食，先懸其頭，用之嬉戲，疲倦已後，乃擿於深淵之底而棄之。致命於帝，然後得瞑些。瞑，卧也。言投人已訖，上致命於天帝，然後乃得眠卧也。歸來歸來！往恐危身些。往則逢害，身危殆也。魂兮歸來！君無下此幽都些。幽都，地下，后土所治也。地下幽冥，故曰幽都。土伯九約，其角觺觺些。土伯，后土之侯伯也。約，屈也。觺觺，角利貌。言地有土伯執衛門户。其身九屈，有角觺觺觸害人也。敦脄血拇，敦，厚也。脄，背也。拇，手拇指也。逐人駓駓些。駓駓，走貌也。言土伯之狀，廣肩厚背。逐人駓駓，其走捷疾，以手中血漫污人。參目虎首，其身若牛些。言土伯之頭，其貌如虎而有三目。身又肥大，狀如牛矣。此皆甘人，歸來歸來！恐自遺災些。甘，美也。災，害也。此物食人以爲甘美，往必自害不旋踵。

魂兮歸來！入脩門些。脩門，郢城門也。宋玉設呼屈原之魂歸楚都，入郢門。欲以感激懷王，使還之也。工祝招君，背行先些。工，巧也。男巫曰祝。背，倍也。言選擇名工巧辯之巫，使招呼君，倍道先行在前，宜隨也。秦篝齊縷，篝，落也。縷，綫也。鄭緜絡些。緜，纏也。絡，縛也。言爲君魂作衣，乃使秦人織其篝落，齊人作綵縷，鄭國之工纏而縛之，堅而且好也。招具該備，永嘯呼些。該，亦備也。言撰設甘美，招魂之具靡不畢備。故長嘯大呼以招君也。夫嘯者，陰也；呼者，陽也。陰主魂，陽主魄。故必嘯呼以感之也。魂兮歸來！反故居些。反，還也。故，古也。言宜急來歸，還古昔之處。天地四方，多賊姦些。賊，害。姦，惡也。言天有虎豹，地有土伯，東有長人，西有赤蟻，南有雄虺，北有增冰，皆爲姦惡以賊害也。像設君室，像，法也。静閒安些。無聲曰静，空寬曰閒。言乃爲君造設第室，法像舊廬，所在之處，清静寬閒，可安樂之。高堂邃宇，邃，深也。宇，屋也。檻層軒些。檻，楯也。從曰檻，横曰楯。軒，樓板也。言所造之室，其堂高顯，屋宇深邃，下有檻楯，上有樓板，形容異制且鮮明也。層臺累榭，層、累，皆重也。有木謂之臺。無木謂之榭。臨高山些。言復作層重之臺，累石之榭，其顛眇眇，上乃臨於高山也。或曰：臨高山而作臺榭也。網户朱綴，網户，綺文鏤也。朱，丹也。綴，緣也。刻方連些。刻，鏤也。横木關柱爲連。言門户之楣，皆刻鏤綺文，朱丹其椽，雕鏤綺木，使方好也〔一〇〕。冬有突夏，突，複室也。夏，大屋也。詩云：於我乎夏，屋渠渠也。突，烏弔切。夏室寒些。言隆冬凍寒，則有大屋；複突温室；盛夏暑熱，則有洞達陰堂，其内寒涼也。川谷徑復，流源爲川，注谿爲谷。徑，過也。復，反也。流潺湲些。言所居之舍，激導川水，經過園庭，回通反覆，其流急疾又絜浄也。光風轉蕙，光風，謂雨已日出而風，草木有光色。轉，搖也。氾崇蘭些。氾，猶汎。汎，搖動貌也。崇，充也。言天霽日明，微風奮發，動搖草木，皆令有光，充實蘭蕙，使之芬芳而益暢。經堂入奥，西南隅謂之奥。朱塵筵些。朱，丹也。塵，承塵也。筵，席也。詩云：肆筵設机〔一一〕。言升殿過堂，入房至奥處，上則有朱畫承塵，下則有筵簟好席，可以休息也。或曰：朱塵筵，謂承塵薄壁，曼延相連接也。砥室翠翹，砥，石名也。翠，鳥名也。翹，羽也。絓曲瓊些。絓，懸也。曲瓊，玉鉤也。言内卧之室，以砥石爲壁，平而滑澤，以翠鳥之羽，雕飾玉鉤，以懸衣物也。或曰：儃室，謂儃佪曲房也。翡翠珠被，雄曰翡，雌曰翠。被，衾也。爛齊光些。齊，同也。言牀上之被，則飾以翡翠之羽，及與珠璣，刻畫衆華，其文爛然而同光明。蒻阿拂壁，蒻，蒻席也。阿，曲隅也。拂，薄也。羅幬儔張些。羅，綺屬也。張，施也。言房内則以蒻席薄牀，四壁及與曲隅施羅幬，輕且涼也。纂組綺縞，纂組，綬類也。結琦璜些。璜，玉名也。言幃帳之細，皆用綺縞。又以纂組結束玉璜，爲幃帳之飾。室中之觀，多珍怪些。金玉爲珍，詭異爲怪。言從觀房室之中，四方珍琦玩好怪物，無不畢具。蘭膏明燭，以蘭香煉膏也。華容備些。容，貌也。言日暮游宴，然香蘭之膏，張施明燭，以觀其鐙錠，雕鏤百獸，華奇好備也。錠，都定切。二八侍宿，二八，二列也。言大夫有二列之樂。左傳曰：晉悼公〔一二〕賜魏絳女樂二八，歌鍾二肆也。射遞代些。射，猒也。詩云：服之無射。遞，更也。言使好女十六，侍君宴宿，意有猒倦，則使更相代也。或曰：遞代夕暮也。九侯淑女，淑，善也。多迅衆些。迅，疾也。言復有九國諸侯好善之女，多才長意，用心齊疾，勝於衆人也。盛鬋不同制，鬋，鬢也。制，法也。實滿宮些。宮，猶室也。爾雅曰：宮謂之室。言九侯之女，工巧妍雅，裝飾兩結垂鬢下髮〔一三〕，形貌詭異，不與衆同。皆來實滿充後宮也。容態好比，態，姿也。比，親也。順彌代些。彌，久也。言美女衆多，其貌齊同，姿態好美，自相親比，承順上意，久則相代。弱顔固植，固，堅。植，志也。謇其有意些。謇，正言貌也。言美女内多廉耻，弱顔易愧，心志堅固，不可侵犯，則謇然發言中禮意者也〔一四〕。姱容脩態，姱，好貌也。脩，長也。絙洞房些。絙，竟也。房，室也。言復有美好之女，其貌姱好，多意長智，羣聚羅列，竟於洞達滿房室也。娥眉曼睩，曼，澤也。睩，視貌也。目騰光些。騰，馳也。言美女之貌，娥眉玉貌，好目曼澤，時睩睩然視，精光騰馳，驚感人心也。靡顔膩理，靡，緻也。膩，滑也。遺視矊些。遺，竊視。矊，脉也。言美女顔容脂緻，身體夷滑，中心矊脉，時竊視，安詳諦〔一五〕，志不可動也。離榭脩幕，離，别也。脩，長也。幕，大帳也。侍君之閒些。閒，静也。言願令美女於離宮别觀帳幕之中，侍君閒静而宴游。翡帷翠幬，飾高堂些。言復以翡翠之羽，雕飾幬帳之高堂〔一六〕，以樂君也。紅壁沙版，紅，赤貌也。沙，丹沙也。玄玉之梁些。玄，黑也。言堂上四壁皆堊色，令之紅白。又以丹沙盡飾軒版，承以黑玉之梁。五采分别也。仰觀刻桷，畫龍蛇些。言仰視屋之榱橑，皆刻畫龍蛇而有文章也。坐堂伏檻，檻，楯也。臨曲池些。言坐於堂上，前伏楯，下臨曲水清池，可漁釣也。芙蓉始發，芙蓉，蓮華也。雜芰荷些。芰，菱也。秦人謂之薢茩。言池中有芙蓉始發，其芰菱雜錯，羅列而生，俱盛茂也。或曰：倚荷，立生特倚也。薢，古買切。茩，古后切。紫莖屏風，屏風，水葵也。文緣波些。言復有水葵生於池中，其莖紫色，風起水動，波緣其葉而生文也。

或曰：紫莖，言荷葉紫色也。屏風，謂葉鄣風也。文異豹飾，豹，猶虎豹也。侍陂陀些。陂陀，長陛也。言侍從之人皆衣虎豹之文，異采之飾〔一七〕，侍君堂隅，衞階陛也。或曰：侍陂池，侍從於君，遊陂池之中也。軒輬既低，軒、輬，皆輕車名也。低，屯也。步騎羅些。徒行爲步，乘馬爲騎。羅，列也。言官屬之車既已屯止，步騎士衆，羅列之陳〔一八〕，竢須君命。蘭薄户樹，薄，附也。樹，種也。瓊木籬些。柴落爲籬。言所造舍，種樹蘭蕙，附於門户，外以玉木爲其籬落，守禦堅重又芬香也。魂兮歸來！何遠爲些。遠爲四方而不歸也。

室家遂宗，宗，衆也。食多方些。方，道也。言君九族室家以衆盛，人人曉味，故飲食之和多方道也。稻粢穱麥，稻，稌也。粢，稷也。穱，擇也。擇麥中先熟者。粢，子夷切。穱，側角切。挐黄粱些。挐，糅也。言飯則以稻糅稷，擇新麥糅以黄粱。和而柔濡，且香滑。大苦鹹酸，大苦，豉也。辛甘行些。辛，謂椒薑也。甘，謂飴蜜也。言取豉汁調和以椒薑鹹酢，和以飴蜜，則辛甘之味皆發而行也。肥牛之腱，腱，筋頭也。臑若芳些〔一九〕。臑若，熟爛也。言取肥牛之腱爛熟之，則䐣美也〔二〇〕。䐣，蘇本切。臑，仁珠切。和酸若苦，陳吴羹些。言吴人工作羹，和調甘酸，其味若苦而後甘者也。濡鼈炮羔，羔，羊子也。有柘漿些。柘，藷蔗也〔二一〕。言復以飴蜜濡鼈炮羔，令之爛熟，取諸蔗之汁，以爲漿飲也。鵠酸臇鳧，臇，小臛也。臇，子兗切。煎鴻鶬些。鴻，鴻鴈也〔二二〕。鶬，鶬鶴也。言復以酢醬烹鵠爲羹。小臇臛鳧，煎熬鴻鶬，令之肥美也。露雞臛蠵，露雞，露栖雞也。有菜曰羹。無菜曰臛。蠵，大龜也。蠵，以規切。厲而不爽些。厲，烈也。爽，敗也。楚人名羹曰爽〔二三〕。言乃復烹露棲之肥雞，臛蠵龜之肉，其味清烈不敗也。粔籹蜜餌，有餦餭些。餦餭，餳也。以蜜和米麪〔二四〕熬煎作粔籹，擣黍作餌，又有美餳，衆味甘具也。瑶漿蜜勺，瑶，玉也。勺，沾也。實羽觴些。實，滿也。羽，翠羽也。觴，觚也。言食已，復有玉漿以蜜沾之。滿羽觴以漱口。挫糟凍飲，挫，捉也。凍，冰也。酎清涼些。酎，醇酒也。言盛夏則爲覆蹙乾釀，捉去其糟，但取清醇，居之冰上，然後飲之。酒寒清涼，又長味好飲〔二五〕。華酌既陳，酌，酒升也。有瓊漿些。言酒尊在前，華酌陳列，復有玉漿，恣意所用者也。歸來歸來反故室，敬而無妨些。妨，害也。言若魂急來歸，還反所居故室，子孫承事恭敬，長無禍害也。肴羞未通，魚肉爲肴。羞，進也。女樂羅些。言肴膳已具，進擧在前，賓主之禮慇勤未通，則女樂列堂下。陳鍾桉鼓，桉，徐也。造新歌些。言乃奏樂作音，而撞鍾徐鼓，造爲新曲之歌，與衆絶異。涉江采菱，發揚荷些〔二六〕。楚人歌曲也。言已涉彼大江，南入湖池，采取菱芰，發揚荷葉。喻屈原背去朝堂，隱伏草澤，失其所也。美人既醉，朱顏酡些。朱，赤也。酡，著也。言美女飲啗醉飽，則面著赤色而鮮好也。娭光眇視，娭，戲也。眇，眺也。目曾波些。波，華也。言美人醉樂，顧望娭戲，身有光文，眺視曲眄，目采眇然，白黑分明，精若水波而重華也。被文服纖，文，謂綺繡也。纖，謂羅縠也。麗而不奇些。麗，美貌也。不奇，奇也。猶詩云不顯，顯也。言美女被服綺繡，曳羅縠，其容美麗，誠足怪奇也〔二七〕。長髮曼鬋，曼，澤也。豔陸離些。豔，好貌也。左氏傳曰：宋華督見孔父之妻，目逆而送之，曰：美而豔。言美人長髮工結，鬢鬋滑澤，其狀豔美，儀貌陸離而難形也。二八齊容，齊，同也。起鄭舞些。鄭舞，鄭國舞也。言二八美女，其儀容齊一，被服同飾，奮袂俱起而舞也。或曰：鄭重折屈而舞也。袿若交竿，撫案下些。撫，抵也。言舞者便旋，衣袿掉摇，回轉相拘，狀如交竹竿，以抵案而徐行者也。竽瑟狂會，狂，猶並也。搷鳴鼓些。搷，擊也。言衆樂並會，吹竽彈瑟，又搷擊鼓以進，八音爲之節也。宫庭震驚，發激楚些。激，清聲也。言衆樂並會，宫庭之内，莫不震動驚駭，復作激楚之聲，以發其音也。吴歈蔡謳，吴、蔡，國名也。歈、謳，皆歌也。奏大吕些。大吕，律名也。周官曰：舞雲門，奏大吕，言乃復使吴人歌謡，蔡人謳吟，進雅樂，奏大吕，五音六律聲和調也。士女雜坐，亂而不分些。言醉飽酣樂，合尊促席，男女雜坐，比肩齊膝，恣意調戲，亂而不分别也。放陳組纓，組，綬也。班其相紛些。紛，亂也。言男女共坐，除其威嚴，放其冠纓，舒陳印綬，班然相亂，不可整理也。鄭衛妖玩，來雜陳些。鄭、衛，國名也。妖玩，好女也。雜，廁也。陳，列也。言鄭、衛二國，復遣妖玩好女，來雜廁俱坐，而陳列之。激楚之結，激，感也。結，頭髻也。結，吉詣切。獨秀先些。秀，異也。言鄭、衛妖女，工於服飾，其結殊形，能感楚人。故秀異獨前而先進也。菎蔽象棊，菎，玉。蔽，簙箸。以玉飾之也。或言菎蕗，今之箭囊也。有六簙些。投六箸，行六棊〔二八〕，故爲六簙也。言宴樂既畢，乃設六簙。菎蕗作箸，象牙爲棊，妙且好也。分曹並進，曹，偶也。遒相迫些。遒，亦迫也。言分曹列耦，並進伎巧，投箸行棊，轉相遒迫，使不得擇行也。或曰：分曹並進者，謂並用射禮進之。成梟而牟，倍勝爲牟。呼五白些。五白，簙齒也。言己棊已梟，當成牟勝，射張食棊，下逃於窟，故呼五白以助投者也。晉制犀比，晉，國名也。制，作也。比，集者也〔二九〕。費白日些。費，光貌也。言晉國工作簙棊箸，比集犀角以爲雕飾，投之皜然如日光。鏗鍾摇簴，鏗，撞也。摇，動也。揳梓瑟些。揳，鼓也。言衆賓既集，簙以相樂。堂下復鳴大鐘，左右歌吟，鼓琴瑟。揳，古八切。娭酒不廢，娭，樂也。沈日夜些。言雖以酒相娛樂，不廢政事。晝夜沈湎以忘憂也。或曰：娭酒不發。發，旦也。詩曰：明發不寐。言歡娛日夜湛樂也。又曰：和樂且耽〔三〇〕。言晝夜以酒相樂也。蘭膏明燭，華鐙錯些。言鐙錠盡雕琢錯鏤，飾設以禽獸，有英華。結撰至思，撰，猶博也。蘭芳假些。假，至也。書曰：假于上下。言蘭芳以喻賢人〔三一〕。君能結撰博思，至心以思賢人，賢人即至也。人有所極，同心賦些。賦，誦也。言衆座之人各欲盡情，與己同心者，獨誦忠與道德。酎飲既盡，歡〔三二〕樂先故些。故，舊也。言飲酒作樂，盡己歡欣者，誠欲樂我先祖，及與故舊人。魂兮歸來！反故居些。言魂神宜急來歸還楚國，居舊故之處，安樂無憂。

亂曰：獻歲發春兮，獻，進也。汨吾南征些〔三三〕。征，行也。言歲始來進，春氣奮揚，萬物皆感氣而生。自傷放逐，獨南行也。菉蘋齊葉兮〔三四〕，爾雅曰〔三五〕：菉，王芻也。白芷生些。言屈原放時，菉蘋之草其葉適齊，白芷萌牙，方始欲生。懷所見自傷哀也〔三六〕。猶詩云：昔我往矣，楊柳依依也。路貫廬江兮，左長薄，貫，出也。廬江、長薄，地名也。言屈原行，先出廬江，過歷長薄。在江北時東行，故言左者也。倚沼畦瀛兮，沼，池也。畦，猶區也。瀛，池中也。楚人名澤中曰瀛。遥望博，遥，遠也。博，平也。言循江而行，遂入池澤。其中區瀛遠望，平博無人也。青驪結駟兮，純黑爲驪。結，連也。四馬爲駟也。齊千乘。齊，同也。言屈原嘗與君俱獵於此。官屬駕駟馬，或青或黑，連車千乘，皆同服也。懸火延起兮，玄顔蒸。懸火，懸鐙也。玄，天也。言己時從君夜獵，懸鐙林木之中，其火延起，燒於野澤，煙上蒸于天〔三七〕，使黑色也。步及驟處兮，驟，走也。處，止也。**誘騁先。**誘，導也。騁，馳也。言獵時有步行者，有乘馬走驟者，有處止者，分以圍獸，己獨馳騁，爲君先導也。**抑騖若通兮，**抑，止也。騖，馳也。若，順也。**引車右還。**還，轉也。言抑止馳騖者，順通共護，引車右轉，以遮獸也。**與王趨夢兮，課後先。**夢，澤中也。楚名澤中爲夢中。左氏傳曰：楚大夫鬬伯比與鄖公之女淫而生子，弃諸夢中。言己與懷王俱獵趍於夢澤之中。課第羣臣先至後至也。**君王親發兮，**發，射也。**憚青兕。**憚，驚也。言懷王是時親自射獸，驚青兕牛而不能制也。言嘗侍從君田獵，今乃放逐，歎而自傷閔也。**朱明承夜兮，**朱明，謂日也〔三八〕。承，續也。**時不見淹**〔三九〕。淹，淹久也。言歲月逝往，晝夜相續，年命將老，不可久處，當急來歸也。**皐蘭被徑兮，**皐，澤也。被，覆也。徑，路也。**斯路漸。**漸，没也。言澤中香草茂盛，覆被徑路，人無采取者。水卒增溢，漸没其道，將棄捐也。以言賢人久處山野，君不事用，亦將隕顛也。**湛湛江水兮，**湛湛，水貌。**上有楓。**楓，木名也。言湛湛江水，浸潤楓木，使之茂盛。傷己不蒙君惠，而身放棄，曾不如樹木得其所也。或曰：水旁林木中〔四〇〕，鳥獸所聚，不可居也。**目極千里兮，傷春心。**言湖澤博平，春時草短，望見千里，令人愁思而傷心也。或曰蕩春心。蕩，滌也。言春時平望遠，可以滌蕩愁思之心。**魂兮歸來，哀江南！**言魂魄當急來以歸，江南土地僻遠，山林嶮岨，誠可哀傷，不足處也。

文選考異

〔一〕注「欲使巫陽招之也」　袁本、茶陵本無「招之」二字。案：無者是也。單行楚辭無，洪興祖本有。尤依之添，非。

〔二〕恐後之謝　茶陵本「之謝」作「謝之」，云五臣無「之」字。袁本無「謝」，下校語云逸有「之」。案：楚辭作「之謝」，故尤延之校改，其實非也。洪興祖云一云「謝之」，即袁、茶陵所見本；一無「之」字，即五臣本也。

〔三〕注「必卜筮之法」　袁本、茶陵本「必」下有「去」字。案：此尤本脱。

〔四〕得人肉而祀　袁本、茶陵本「而」作「以」。案：楚辭作「而」，洪興祖本作「以」。或尤延之校改「以」作「而」，今亦無以考之。

〔五〕注「常食羸蚌」　袁本、茶陵本「羸」作「黿」。案：楚辭注作「羸」。此亦尤校改。

〔六〕旋入雷淵　袁本、茶陵本「淵」作「泉」，注同。案：楚辭作「淵」。案：此必尤延之校改。

〔七〕注「皆有蠱毒」　袁本、茶陵本「蠱」作「蠆」。案：皆非也，當依楚辭注作「蠚」。

〔八〕注「言啄天下欲上之人」　何校「言」改「主」，陳同。案：楚辭注作「主」，是也。各本皆誤。

〔九〕注「言有丈夫」　袁本、茶陵本無「丈」字。案：楚辭注有，尤校添之。

〔一〇〕注「雕鏤綺木使方好也」　案：「綺」當依楚辭注作「連」，各本皆誤。

〔一一〕注「詩云肆筵設机」　袁本、茶陵本「肆」作「設」。案：「設」字是也。「設筵設机」者，公劉之「俾筵俾几」也。凡叔師所引，皆非今毛詩。單行楚辭作「設」，洪興祖本誤爲「肆」。今毛詩仍無「肆筵設机」之文，尤誤取之以校改，非。

〔一二〕注「言大夫有二列之樂左傳曰晉悼公」 袁本無「有左傳曰」四字。茶陵本亦無，「樂」作「故」。案：各本皆非也，當依楚辭注作「言大夫有二列之樂故晉悼公」。

〔一三〕注「垂鬢下髮」 袁本、茶陵本作「垂髮下鬋」。案：單行楚辭注作「垂髮鬢下鬋」，洪興祖本作「垂鬢鬘下髮」，互有不同，蓋尤以意校改如此，未必是也。

〔一四〕注「發言中禮意者也」 袁本、茶陵本無「發」字。案：單行楚辭注無，洪興祖本有，尤校添之。

〔一五〕注「時竊視安詳諦」 案：當依楚辭注重「時」字，「諦」上有「審」字。各本皆脱。

〔一六〕注「飾幬帳之高堂」 陳云「帳」下當有「張」字，是也。楚辭注有。各本皆脱。

〔一七〕注「皆衣虎豹之文異采之飾」 袁本、茶陵本無「之文」二字。案：楚辭注有，尤校添之。

〔一八〕注「羅列之陳」 案：「之」當依楚辭注作「而」，各本皆誤。

〔一九〕臑若芳些 袁本作「胹」，校語云逸本作「臑」。茶陵本作「臑」，云五臣作「胹」。案：楚辭作「臑」。洪興祖云「臑」一作「胹」，一作「胹」。此注「臑仁珠切」，似善作「臑」，或袁本校語有譌。否則，音非善舊也。

〔二〇〕注「爛熟之則膜美也」 袁本、茶陵本無「爛」字。案：楚辭注有，尤校添之。

〔二一〕注「藷蔗也」 袁本、茶陵本「藷」作「謂」。案：當作「諸」，下文可證。楚辭注作「藷」，與善異本，尤校改失之。

〔一三〕注「鴻鴈也」 袁本、茶陵本「鴈」作「鸕」。案：洪興祖本作「鴈」，單行本作「鴈鸕」，蓋改「鸕」爲「鴈」而兩有。考九思悼亂云「鴻鸕兮振翅」，是作「鸕」未必非也。

〔一四〕注「楚人名羹曰爽」 案：「羹」下當依楚辭注有「敗」字。各本皆脱。

〔一五〕注「以蜜和米麴」 袁本、茶陵本「麴」作「麵」。案：此尤本誤字。

〔一六〕注「又長味好飲」 袁本、茶陵本「好飲」作「也」。案：楚辭注作「好飲也」，尤校改之。

〔一七〕發楊荷些 案：「楊」當作「揚」。注「發楊荷葉」同。袁、茶陵二本所見亦誤，楚辭俱作「揚」也。

〔一八〕注「誠足怪奇也」 袁本、茶陵本「足」作「獨」。案：單行楚辭作「獨」，洪興祖本作「足」，尤校改之。

〔一九〕注「投六箸行六棊」 袁本、茶陵本「行」下無「六」字。案：楚辭注有，尤校添之。

〔二〇〕注「比集者也」 案：當依楚辭注去「者」字。各本皆衍。

〔二一〕注「又曰和樂且耽」 案：「耽」當依楚辭注作「湛」。各本皆誤。凡逸所引，皆非今毛詩，此必不知者改。

〔二二〕注「言蘭芳以喻賢人」 袁本、茶陵本無「言」字。案：楚辭注「言」字在下句首，蓋尤校添而誤其處。

〔二三〕酎飲既盡歡 何校去「既」字。茶陵本云五臣無「既」字。袁本云逸有「既」字。案：楚辭無。洪興祖云一本「盡」上有「既」字，即此本也。此不當有，恐傳寫衍。各本所見皆誤。

〔三三〕汩吾南征些　何校去「些」字。下「白芷生些」同。案：楚辭無。各本皆衍。

〔三四〕菉蘋齊葉兮　袁本、茶陵本「蘋」作「薠」，下有「煩」音。案：此必善「蘋」，五臣「薠」也。「湘夫人登白蘋以騁望」，二本校語有明文，此正同。彼二本所見以五臣亂善而失著校語，尤所見不誤。袁本所載逸注中字作「蘋」，亦不誤。楚辭作「蘋」，即此本也。洪興祖云「蘋」一作「薠」，即五臣本也。又案：洪興祖補注於湘夫人云「薠」一作「蘋」非是。其説殊誤。逸注上云「蘋草秋生」，其下「鳥萃兮蘋中」注云「鳥當集木巔而言草中」，文自相承，二句既同一草，必同一字，不得如五臣之上一字作「薠」，下一字作「蘋」。或又謂「白蘋」與「蘋」不當一物異稱。獨不見九辯「鳳皇」與「鳳」雜錯稱之乎？逸注本無可疑，洪未達其旨，附正之於此。

〔三五〕注「爾雅曰」　袁本、茶陵本無此三字。案：無者是也，楚辭注無。

〔三六〕注「懷所見自傷哀也」　何校「懷」改「據」，陳同。案：楚辭注作「據時」二字，是也。何、陳但改「據」字，其「時」字仍不補，未詳所出。袁、茶陵二本亦作「懷」。

〔三七〕注「煙上蒸于天」　袁本、茶陵本無「于」字。案：此尤校添之，其實誤也。楚辭注亦無。

〔三八〕注「謂日也」　袁本、茶陵本無「謂」字。案：此尤校添之，其實誤也。楚辭注亦無。

〔三九〕時不見淹　袁本、茶陵本「見」作「可」。案：楚辭作「可以」，單行本舊校云一作「時不見淹」。洪興祖本云一云「時不淹」，一云「時不可淹」，一云「時不見淹」，疑善「見」、五臣「可」，二本非而尤是也，但無明文可以考之。

〔四〇〕注「水旁林木中」 袁本、茶陵本無「木」字。案：楚辭注有，尤校添之。

招隱士 序曰：招隱士者，淮南小山之所作也。小山之徒，閔傷屈原身雖沈没，名德顯聞，與隱處山澤無異。故作招隱士之賦，以彰其志也。

劉安 漢書曰：淮南王安，爲人好書，招致賓客數千人。後伍被自詣吏，具告與淮南謀反，上使宗正以符節劾王，未至，自刑殺也。

王逸注

桂樹叢生兮桂樹芬香，以興屈原之忠良也。山之幽，遠去朝廷而隱藏也。偃蹇連卷兮容貌美好，德茂盛也。枝相繚。信義枝結，條理成也。以言才德高明，宜輔賢君楨幹也〔一〕。山氣巃嵸兮岑崟嵾嵯，雲塕鬱也。塕，烏孔切。石嵯峨，嵯峨巀嶭，峻蔽日也。谿谷嶄巖兮崎嶇閜窩，險阻倔也。閜，呼雅切。窩，于軌切。倔，苦滑切。水曾波。涌躍澧沛，流迅疾也。蝯狖羣嘯兮禽獸所居，志樂佚也。狖，余救切。虎豹嘷，猛獸争食，欲相齕也。以言山谷之中，幽深險阻，非君子之所處，猿狖虎豹，非賢者之偶也。齕，下没切。攀援桂枝兮登引山木，遠望愁也。聊淹留。便旋中野，立踟躕也。王孫遊兮隱士避世，在山隅也。不歸，違背舊土，棄室家也。春草生兮萬物蠢動，抽萌芽也。萋萋。垂條吐葉，紛榮華也。歲暮兮年齒已老，壽命衰也。不自聊，中心煩亂，常含憂也。蟪蛄鳴兮蜩蟬得夏，喜呼號也。啾啾。秋節將至，悲嘹噍也。以言物盛則衰，樂極則憂，不宜久隱，失盛時也。坱兮軋，霧氣昧也。山曲岪，盤詰屈也。心淹留兮志望絶也。洞荒忽。亡妃匹也。罔兮沕，精氣失也。憭兮慄。心剥切也。虎豹岤，嵺穿岤也。嵺音料。岤音血。叢薄深林兮攢刺棘也。人上慄。恐變色也。嶔崟碕礒兮山阜巉嵑也。硱磈磳硊。崔巍嵯嵯〔二〕。樹輪相糾兮交錯扶疎。林木茇骫。枝葉盤紆。茇音跋。青莎雜樹兮草木列居。薠草靃靡。隨風披敷。白鹿麏麚兮衆禽並遊。或騰或倚。走住殊異〔三〕。狀貌崟崟兮峨峨，頭角甚殊。淒淒兮漇漇。淒淒漇漇，毛衣若濡。獼猴兮熊羆，百獸皆俱也。慕類兮以悲，哀己不遇也。從此已上，皆陳山林傾危，草木茂盛〔四〕，麋鹿所居，虎兕所聚，不宜育道德，養情性。欲屈原還歸郢也。攀援桂枝兮配託香木，誓同志也。聊淹留。踟躕徘徊，待明時也。虎豹鬬兮殘賊之獸，忽急怒也。熊羆咆，貪殺之獸，跳梁吼也。禽獸駭兮雉菟之羣，驚奔走也。亡其曹。違離鄉黨，失羣偶也。王孫兮歸來，旋反舊邑，入故宇也。山中兮不可以久留。誠多患害，難隱處也。

文選考異

〔一〕注「楨幹也」案：句首楚辭注有「爲」字。又案：「楨幹」疑當作「幹楨」，以「楨」與「盛」成韻。各本皆脱誤。

〔二〕注「崔巍嵯嵯」陳云上「嵯」疑「蹇」。案：「蹇」「嵯」雖可通，但此與上句「山阜崓嵎」不協，恐仍未是。各本皆同，楚辭注亦然，無以考之矣。

〔三〕注「走住殊異」案：「殊異」當依楚辭注作「異趨」。各本皆誤。「趨」字韻。洪興祖云「一云走跡殊也」，亦非。

〔四〕注「草木茂盛」案：「茂盛」疑當作「盛茂」，以「茂」與「聚」韻。各本及楚辭注皆誤倒。

文選卷第三十四

七上

七發八首

七發者，說七事以起發太子也。猶楚詞七諫之流。

枚叔　漢書曰：枚乘，字叔，淮陰人也。爲吳王濞郎中，善屬辭。武帝以安車徵乘，道死也〔一〕。

楚太子有疾，而吳客往問之，曰：「伏聞太子玉體不安，亦少間乎？」言玉，美之也。史記，新垣衍謂魯連曰：觀先生之玉貌。論語曰：子疾，病間。孔安國曰：少差曰間也。太子曰：「憊！謹謝客。」說文曰：謝，辭也〔二〕。客因稱曰：「今時天下安寧，四宇和平。太子方富於年，凡人之幼者，將來之歲尚多，故曰富也。意者久耽安樂，日夜無極。邪氣襲逆，中若結轖。言邪氣入內而爲逆，其堅若結也。管子曰：邪氣襲內，玉色乃衰。素問，岐伯曰：邪氣內著，絕人長命。說文曰：轖，車籍交革也。轖音色也。紛屯澹淡，噓唏煩酲。紛屯澹淡，憒耄煩悶之貌也。王逸楚辭注曰：歔欷，啼貌。方言曰：哀而不泣曰唏。噓與歔，古字通。唏，許冀切。列子曰：季梁病。矯氏曰：病由精慮煩散也。毛萇詩傳曰：病酒曰酲。惕惕怵怵，臥不得瞑。尚書曰：怵惕惟厲，中夜以興。素問，歧伯曰：不得臥者，是陽明之逆。虛中重聽，惡聞人聲。素問曰：何謂虛？答曰：精氣奪則虛。黃帝八十一問曰：陰病惡聞人聲。精神越渫，百病咸生。呂氏春秋曰：精神勞則越。高誘曰：越，散也。鄭玄毛詩箋曰：渫，發也。聰明眩曜，悅怒不平。王逸楚辭注曰：眩曜，惑亂貌也。久執不廢，大命乃傾。太子豈有是乎？」鄭玄禮記注曰：廢，止也。毛萇詩傳曰：廢，猶去也。毛詩曰：曾是莫聽，大命以傾。太子曰：「謹謝客。賴君之力，時時有之，然未至於是也。」言賴君之力，天下太平。故久耽安樂，時有此疾也。客曰：「今夫貴人之子，必宮居而閨處，內有保母，外有傅父，欲交無所。禮記曰：孔子曰：古者男子外有傅父，內有慈母。又曰：其次爲保母。鄭玄曰：保母，安其居處者也。飲食則溫淳甘膬，脭醲肥厚。溫淳，謂凡味之厚也。韓子曰：夫香美膬味，甘口病形；厚酒肥肉，曼理皓齒而損精〔三〕。說文曰：膬，腝易破也。膬，昌芮切。脭，肥肉也。池貞切。說文曰：醲，厚酒也。女龍切。衣裳則雜遝曼煖，燂爍熱暑。曼，輕細也。說文曰：燂，火熱也。詳廉切。爍亦熱也，舒灼切。雖有金石之堅，猶將銷鑠而挺解也。韓子曰：雖與金石相弊，兼天下未有日也。高誘呂氏春秋注曰：挺，猶動也。賈逵國語注曰：鑠，銷也。況其在筋骨之間乎哉？故曰：縱耳目之欲，恣支體之安者，傷血脉之和。且夫出輿入輦，命曰蹷痿之機；呂氏春秋曰：出則以車，入則以輦，務以自佚，命曰佁蹷之機。高誘曰：佁，至也。蹷機，門内之位也。乘輦于宮中，游翔至於蹷機，故曰務以佚也。枚乘引佁蹷而爲蹷痿，未詳。乘之謬爲好奇而改之。聲類曰：佁，嗣理切。蹷，渠月切。洞房清宮，命曰寒熱之媒；呂氏春秋曰：室大多陰，臺高多陽。多陰則蹷，多陽則痿。此陰陽不適之患也。高誘曰：蹷，逆寒疾也。痿，蹷不能行也。皓齒娥眉〔四〕，命曰伐性之斧；呂氏春秋曰：靡曼皓齒，鄭、衛之音，務以自樂，命曰伐性之斧。高誘曰：靡曼，細理弱肌美色也。皓齒，謂齒如瓠犀也。鄭國淫僻〔五〕，以其淫僻滅亡。故曰伐性之斧也。甘脆肥膿，命曰腐腸之藥。呂氏春秋曰：肥肉厚酒，務以相强，命曰爛腸之食。高誘注，老子云：五味實口爽傷，故謂之爛腸之食。廣雅曰：脆，弱也，清歲切。膿，厚之味也。今太子膚色靡曼，四支委隨，筋骨挺解，王逸楚詞注曰：靡，細也。曼，澤也。隨，不能屈伸也。血脉淫濯，手足墮窳；淫濯，謂過度而且大也。爾雅曰：淫，過也。又曰：濯，大也。郭璞方言注曰：墮，懈墮也。應劭漢書注曰：窳，弱也，餘乳切。越女侍前，齊姬奉後。越絶書曰：越王飾美女西施鄭巴，使大夫種獻之於吳王，曰：越王勾踐竊有天人之遺西施鄭巴，越不敢當，使獻之大王。吳王大悦。齊姬，齊女也。毛詩曰：豈其取妻，必齊之姜。如淳漢書注曰：姬，衆妾之總稱也。往來游醼，縱恣于曲房隱間之中。此甘餐毒藥，戲猛獸之爪牙也。所從來者至深遠，淹滯永久而不廢；王逸楚詞注曰：淹，久也。雖令扁鵲治内，巫咸治外，尚何及哉！史記曰：扁鵲，渤海鄭人也。姓秦氏，名越人。得長桑君禁方，視病盡見五藏。韓子曰：扁鵲謂晉桓侯曰：君有疾在腠理，猶可湯熨，若在骨髓，司命不能毉也。桓侯初不信，後病，遺召扁鵲，鵲逃之。桓侯遂死。又曰：巫咸雖善祝，不能自祓也。賈逵國語注曰：尚，且也。今如太子之病者，獨宜世之君子，博見强識，禮記曰：博聞强識而讓，謂之君子也。承閒語事，變度易意，楚詞曰：願承閒而自察也。常無離側，以爲羽翼。高誘注呂氏春秋曰：羽翼，佐也。淹沈之樂，浩唐之心，遁佚之志，其奚由至哉！」唐，猶蕩也。太子曰：「諾。病已，請事此言。」

客曰：「今太子之病，可無藥石針刺灸療而已，可以要言妙道説而去也。言可無用藥石，唯可用要言也。莊子，瞿鵲子問長梧子曰：夫子以爲孟浪之言也，而我以爲妙道之行也。不欲聞之乎？」太子曰：「僕願聞之。」

客曰：「龍門之桐，高百尺而無枝。周禮曰：龍門之琴瑟。孔安國尚書傳曰：龍門山，在河東之西界。魯連子曰：東方有松樅，高千仞而無枝也。中鬱結之輪菌，根扶疏以分離。鬱結，隆高之貌也。説文曰：扶疏，四布也。張晏漢書注曰：輪菌，委曲也。上有千仞之峯，下臨百丈之谿。包咸論語注曰：七尺曰仞。湍流遡波，又澹淡之。遡波，逆流之波也。澹淡，摇蕩之貌也。其根半死半生，冬則烈風漂霰飛雪之所激也，夏則雷霆霹靂之所感也。感，觸也。莊子曰：異鵲感周之顙也。朝則鸝黄鳱鴠鳴焉，爾雅曰：鶬鶊，黎黄。高唐賦曰：王雎鸝黄。禮記曰：仲冬曷旦不鳴。鄭玄曰：曷旦，求旦鳥也。郭璞方言注曰：鳥似雞，冬無毛，晝夜鳴。鳱與曷，並音渴。鴠音旦也。暮則羈雌迷鳥宿焉。獨鵠晨號乎其上，鵾鷄哀鳴翔乎其下。楚辭曰：鵾鷄啁哳而悲鳴。於是背秋涉冬，使琴摯斫斬以爲琴，野繭之絲以爲絃，論語曰：師摯之始，關雎之亂，洋洋乎盈耳哉。鄭玄曰：師摯，魯太師也。以其工琴，謂之琴摯，猶京房善易，謂之易京。野繭，野蠶之繭也。東觀漢記曰：光武二年，野蠶成繭被山，民收爲絮。孤子之鉤以爲隱，九寡之珥以爲約。古樂府有孤子生行。賈逵國語注曰：鉤，帶鉤也。桓子新論曰：琴隱長四十五分，隱以前長八分。列女傳曰：魯之母師，九子之寡母也。不幸早失夫，獨與九子居。蒼頡篇曰：珥，珠在耳也。珥，人志切。字書曰：約，亦的字也。都狄切。的，琴徽也。使師堂操暢，伯子牙爲之歌。師堂，樂師也。韓詩外傳曰：孔子學鼓琴於師堂子京而不進，師堂子京曰：夫子可以進。孔子曰：丘已得其曲，未得其數也。琴道曰：堯暢達則兼善天下，無不通暢，故謂之暢。列子曰：伯牙善鼓琴也。歌曰：『麥秀蔪兮〔六〕雉朝飛，宋玉笛賦曰：麥秀蔪兮鳥華翼。埤蒼曰：蔪，麥芒也，慈歛切。向虛壑兮背槁槐，說文曰：稾與槁，古字通。依絕區兮臨迴溪。』飛鳥聞之，翕翼而不能去；野獸聞之，垂耳而不能行；蚑蟜螻蟻聞之，拄喙而不能前〔七〕。周書曰：蚑行喙息。說文曰：蚑，行也。凡生類之行，皆謂之蚑。又曰：蟜，蟲也，居兆切。方言曰：南楚或謂蛄爲螻。爾雅曰：蟻，蚍蜉也。拄，陟羽切。此亦天下之至悲也，太子能强起聽之乎？」太子曰：「僕病，未能也。」

客曰：「犓牛之腴，菜以筍蒲。說文曰：犓，以芻莝養國牛也。國語曰：犓豢幾何。犓或爲㺭，未詳。說文曰：腴，腹下肥者。毛詩曰：其蔌維何，維筍及蒲也。肥狗之和，冒以山膚。楚苗之食，安胡之飰，禮記曰：士無故不殺犬豕。和，謂和羹也。鄭玄禮記注曰：芼，菜也，謂以菜調和之也。冒與芼，古字通。山膚，未詳。楚苗山出禾，可以爲食。淮南子曰：苗山之鋌。高誘曰：苗山，楚山也。安胡，未詳。一曰：安胡，彫胡也。宋玉諷賦曰：爲臣炊彫胡之飯。摶之不解，一啜而散。禮記曰：無摶飯。徒完切。説文曰：啜，嘗也，穿劣切。於是使伊尹煎熬，易牙調和。呂氏春秋曰：伊尹説湯以至味。又，白公曰：若以水投水，奚若？孔子曰：淄澠之合者，易牙嘗而知之。熊蹯之臑〔八〕，勺藥之醬。左氏傳曰：宰夫臑熊蹯不熟。方言曰：臑，熟也，音而。韋昭上林賦注曰：勺藥，和齊鹹酸美味也。薄耆之炙，鮮鯉之鱠。薄耆，未詳。一曰：薄切獸耆之肉，而以爲炙也。耆，今人謂之耆頭。毛詩曰：炰鱉鱠鯉。秋黃之蘇，白露之茹。茹，菜之總名也。蘭英之酒，酌以滌口。漢書曰：百味旨酒布蘭生。晉灼曰：布列芬芳，若蘭之生。山梁之餐，豢豹之胎。論語，子曰：山梁雌雉，時哉時哉。鄭玄曰：孔子山行，見一雌雉，食其梁粟。杜預左氏傳注曰：豢，養也，音宦。六韜曰：武王伐紂，得二大夫而問之曰：殷國將有妖乎？對曰：有。殷君陳玉杯象箸。玉杯象箸，不盛菽藿之羹，必將熊蹯豹胎。小飰大歠，如湯沃雪。説文曰：歠，飲也，昌悦切。沃雪，言易也。家語，孔子曰：人之棄惡，如湯之灌雪焉。此亦天下之至美也，太子能彊起嘗之乎？」太子曰：「僕病，未能也。」

客曰：「鍾岱之牡，齒至之車，漢書曰：趙地，鍾、岱石北，迫近胡寇。如淳曰：鍾所在未聞，石，山險之限，在上黨曲陽。呂氏春秋曰：代，故馬郡，宜馬。齒至之車，未詳。或説曰：公羊傳曰：先軫謂晉侯曰：君馬齒至也。言以齒至馬駕車也。戰國策曰：驥之齒至矣，服檻車而上太行也。前似飛鳥，後類距虛。黃子曰：駿馬有晨風、黄鵠，皆取鳥名馬。言走疾若飛也。范子曰：千里馬，必有距虛。吕氏春秋曰：距虛鼠後而兔前。穲麥服處，躁中煩外。以穲麥分劑而食馬，馬肥，故中躁而外煩也。王逸楚詞注曰：稻粢穲麥挐黄粱〔九〕。左氏傳，慶鄭謂晉侯曰：今乘異産，將與人易，張脉憤興，外强中乾。羈堅轡，附易路。易，平易也。於是伯樂相其前後〔一〇〕，王良造父爲之御，秦缺樓季爲之右。吕氏春秋曰：古之善相馬者，若趙之王良，秦之伯樂，尤盡其妙。文子曰：伯樂相之，王良御之。史記曰：周繆王使造父爲御，西巡狩。秦缺，未詳。韓子曰：夫獵，託車輿之安，用六駕之足，使王良佐轡，則身不勞而易及輕獸。今捨車輿，則雖樓季之走，無時及獸矣。許慎淮南子注曰：樓季，魏文侯之弟也。此兩人者，馬佚能止之，車覆能起之。兩人，秦缺、樓季也。家語，顔回曰：東野之御，善則善矣，其馬將必佚也。於是使射千鎰之重，争千里之逐。史記曰：田忌數與齊公子馳逐重射。孫子見其馬足不甚相遠，有上、中、下輩，於是謂田忌曰：君弟重射，臣能令君勝。忌然之，與射千金。及臨質，孫子曰：今以君之下駟，與彼上駟；取君之上駟，與彼中駟；取君中駟，與彼下駟。既馳三輩，而忌一不勝而再勝，卒得千金。賈逵國語注曰：一鎰，二十四兩。韓子曰：王子期爲趙簡子取道〔一一〕，争千里之發也。此亦天下之至駿也。太子能彊起乘之乎？」太子曰：「僕病，未能也。」

客曰：「既登景夷之臺，南望荆山，北望汝海，左江右湖，其樂無有。景夷，臺名也。孔安國尚書傳曰：荆山在荆州。郭璞山海經注曰：汝水出魯陽山東北，入淮海。汝稱海，大言之也。戰國策，魯君曰：楚王登京臺，南望獵山，左江右湖，其樂之，忘死無有，天下無有。於是使博辯之士，原本山川，極命草木，趙岐孟子注曰：命，名也。比物屬事，離辭連類。禮記，孔子曰：屬辭比事，春秋教也。韓子曰：多言繁稱，連類比物也。浮游覽觀，乃下置酒於虞懷之宮。虞懷，宮名也。連廊四注，鄭玄周禮注曰：四阿若今四注也。臺城層構，紛紜玄緑。輦道邪交，黄池紆曲。黄當爲湟。湟，城池也。溷章白鷺，孔鳥鶤鵠，鵷鶵鵁鶄，翠鬣紫纓。鬣，首毛也。纓，頸毛也。螭龍德牧，邕邕羣鳴。螭龍、德牧，並鳥，形未詳。爾雅曰：邕邕，鳴聲和也。陽魚騰躍，奮翼振鱗。曾子曰：鳥魚皆生於陰，而屬於陽。故鳥魚皆卵生，魚遊於水，鳥飛於雲。漃漻薵蓼，蔓草芳苓。言水清浄之處，生薵、蓼二草也。上林賦曰：悠遠長懷，寂漻無聲。漃與寂，音義同也。字書曰：薵，藸草也，丈尤切。藸音猪。毛萇詩傳曰：蓼，水草也，力鳥切。苓，古蓮字也。女桑河柳，素葉紫莖。毛詩曰：猗彼女桑。毛萇曰：女桑，荑桑也[一二]。爾雅曰：檉，河柳。郭璞曰：今河旁赤莖小楊也。苗松豫章，條上造天。苗松，未詳。一曰苗山之松。豫章，木名也。孔安國尚書傳曰：造，至也。梧桐并閭，極望成林。張揖上林賦注曰：并閭，椶也。衆芳芬鬱，亂於五風。遁甲開山圖曰：女媧没，大庭氏之王有天下。五風，異色也。從容猗靡，消息陽陰。消，滅也。息，生也。林木茂盛，隨風披靡，故或陽或陰也。文子曰：與陰俱閉，與陽佚開[一三]。消息，或爲須臾也。列坐縱酒，蕩樂娱心。景春佐酒，杜連理音。孟子，景春曰：公孫衍、張儀豈不誠大丈夫哉？孟子曰：是焉得爲大丈夫。劉熙曰：景春，孟子時人，爲縱横之術者。史記曰：上召子弟佐酒。如淳漢書注曰：今樂家，五日一習樂，爲理樂。杜連，未詳也。滋味雜陳，肴糅錯該。王逸楚詞注曰：該，備也。練色娱目，流聲悦耳。埤蒼曰：練，擇也。爾雅曰：流，擇也。於是乃發激楚之結風，揚鄭衛之皓樂。文穎上林賦注曰：激，衝激，急風也。結風，回風，亦急風也。楚地風氣既漂疾，然歌樂者猶復依激結之急風爲節，其樂促迅哀切也。淮南子曰：揚鄭、衞之皓樂，此齊民所以淫泆流湎也。許慎曰：鄭、衞，新聲所出國也。皓樂，善倡也。皓下或有齒字，誤。使先施徵舒陽文段干吴娃閭娵傅予之徒，皆美女也。先施，即西施也。戰國策，魯仲連謂孟嘗君曰：君後宫十妃，皆衣縞紵，食粱肉，豈毛嗇、先施哉？徵舒、段干、傅予，皆未詳。一曰：左氏傳曰：楚莊王欲納夏姬，申公巫臣曰：不可。今納夏姬，貪其色也。史記曰：夏姬，徵舒母也。淮南子曰：不待脂粉，西施、陽文也。許慎曰：陽文，楚之好人也。吴娃，已見上文。孫卿子曰：閭娵，子奢，莫之媒。韋昭漢書注曰：閭娵，梁王魏嬰之美人。雜裾垂髾，目窕心與，司馬彪子虛賦注曰：髾，燕尾也。窕當爲挑。史記曰：目挑心招。張晏漢書注曰：挑，嬈也。髾，所交切。揄流波，雜杜若，言引流波以自潔，雜杜若以爲芳。杜若，見下注。説文曰：揄，引也。蒙清塵，被蘭澤，列子曰：穆王爲中天之臺，鄭、衞之處子施芳澤，雜芷若以滿之。神女賦曰：沐蘭澤，含若芳。嬿服而御。尚書大傳曰：古者，后夫人至于房中，釋朝服，襲嬿服，入御于君也。此亦天下之靡麗皓侈廣博之樂也，太子能彊起游乎？」太子曰：「僕病，未能也。」

客曰：「將爲太子馴騏驥之馬，駕飛軨之輿，乘牡駿之乘。廣雅曰：馴，擾也。説文曰：騏，馬驪文如綦也。尚書大傳曰：未命爲士，車不得有飛軨。鄭玄曰：如今窗車也。力廷切。右夏服之勁箭，左烏號之彫弓。夏服，已見子虛賦。服，即今步叉也。烏號，已見子虛賦。又，古考史曰〔一四〕：柘樹，枝長而勁，烏集之。將飛，柘起彈烏，烏乃號呼。此枝爲弓，快而有力，因名也。游涉乎雲林，周馳乎蘭澤，弭節乎江潯。雲林，雲夢之林。楚詞曰：羲和弭節兮。字林曰：潯，水涯也。掩青蘋，游清風。方言曰：奄，息也。吕氏春秋曰：崑崙之蘋也。張揖子虚賦注曰：青蘋，似莎而大。陶陽氣，蕩春心。薛君韓詩章句曰：陶，暢也。陽氣，春也。神農本草曰：春夏爲陽。楚詞曰：目極千里傷春心。王逸曰：蕩春心。蕩，滌也。逐狡獸，集輕禽。言射而矢集於輕禽也。左氏傳曰：楚君親集矢於其目。闞子曰：矢集于彭城之東，並以所止爲集也。於是極犬馬之才，困野獸之足〔一五〕，窮相御之智巧。文子曰：無相御之勢，而致千里也。恐虎豹，慴鷙鳥。爾雅曰：慴，恐也。逐馬鳴鑣，魚跨麋角。逐馬，馳逐之馬。鳴鑣，鑾鳴於鑣也。魚跨，跨度魚也。麋角，執麋之角也。履游麕兔，蹈踐麖鹿。汗流沫墜，冤伏陵窘，陵，猶促也。說文曰：窘，迫也。無創而死者，固足充後乘矣。此校獵之至壯也。太子能彊起游乎？」李奇漢書注曰：以五校兵出獵。太子曰：「僕病，未能也。」然陽氣見於眉宇之間，侵淫而上，幾滿大宅。周書曰：民有五氣。喜氣內蓄，雖欲隱之，陽喜必見。大宅，未詳。

客見太子有悦色，遂推而進之曰：「冥火薄天，兵車雷運。鄭玄詩箋曰：冥，夜也。廣雅曰：薄，至也。王逸楚詞注曰：運，轉也，音旋。旍旗偃蹇，羽毛肅紛。馳騁角逐，慕味争先。徼墨廣博，觀望之有圻。墨，燒田也。言逐獸於燒田廣博之所，而觀望之有圻堮也。墨或爲壥也。說文曰：圻，地圻堮也，魚斤切。純粹全犧，獻之公門。」尚書，父師曰：乃攘竊神祇之犧全牲。孔安國曰：色純曰牲，體完曰全。應劭漢書注曰：粹，淳也。毛詩曰：獻豜于公。太子曰：「善，願復聞之。」

客曰：「未既。孔安國曰尚書傳曰〔一六〕：既，盡也。於是榛林深澤，煙雲闇莫，兕虎並作。莫，闇貌也。説文曰：莫，日且冥也。毅武孔猛，袒裼身薄。左氏傳曰：致果爲毅。毛萇詩傳曰：孔，甚也。毛詩曰：襢裼暴虎。毛萇曰：袒裼，肉袒也。孔安國尚書傳曰：薄，迫也。白刃磑磑，矛戟交錯。莊子，孔子曰：白刃交前，視死若生者，烈士之勇也。六韜書刀銘曰：刀刺磑磑。牛哀切。收獲掌功，賞賜金帛。鄭玄周禮注曰：掌，主也。掩蘋肆若，爲牧人席。張揖上林賦注曰：掩，覆也。毛萇詩傳曰：肆，陳也。旨酒嘉肴，羞炰膾炙，以御賓客。毛詩曰：旨酒思柔。又曰：嘉肴脾臄。又曰：炰鱉鮮魚。鄭玄曰：炰，火熟之。漢書，東方朔曰：生肉爲膾。毛詩曰：以御賓客也。涌觸並起，動心驚耳。誠必不悔，決絶以諾。言游獵歡宴，忠誠爲之，必不有悔。事之决絶，但以一諾，不俟再三。貞信之色，形于金石。毛詩序曰：貞信之教興。家語，孔子曰：夫鍾鼓之音，憂而擊之，則悲；喜而擊之，則樂。故志誠感之，通于金石，而況人乎哉。高歌陳唱，萬歲無斁。孔安國尚書傳曰：斁，厭也。此真太子之所喜也，能强起而游乎？」太子曰：「僕甚願從，直恐爲諸大夫累耳。」然而有起色矣。

客曰：「將以八月之望，孔安國尚書傳曰：十五日，日月相望。與諸侯遠方交游兄弟，並往觀濤乎廣陵之曲江。漢書，廣陵國，屬吴也。至則未見濤之形也。徒觀水力之所到，則卹然足以駭矣。卹然，驚恐貌。觀其所駕軼者，所擢拔者，所揚汩者，所温汾者，所滌汔者，小雅曰：駕，陵也。杜預左氏傳注曰：軼，突也。蒼頡篇曰：擢，抽也。孔安國尚書傳曰：汩，亂也。古没切。温汾，轉之貌也。爾雅曰：蹝，汔也。郭璞曰：謂摩近。汔，許乞切。雖有心略辭給，固未能縷形其所由然也。略，智也。縷，辭縷也〔一七〕。怳兮忽兮，聊兮慄兮，混汩汩兮，老子曰：怳兮忽兮，其中有物。聊、慄，恐懼之貌。忽兮慌兮，俶兮儻兮，廣雅曰：俶、儻，卓異也。浩瀇瀁兮，慌曠曠兮〔一八〕。秉意乎南山，通望乎東海。爾雅曰：秉，執也。虹洞兮蒼天，極慮乎崖涘。虹洞，相連貌也。莊子曰：出於厓涘。毛萇詩傳曰：涘，涯也。虹，胡洞切。流攬無窮，歸神日母。言周流觀覽而窮，然後歸神至日所出也。春秋内事云：日者，陽德之母。汩乘流而下降兮，或不知其所止。方言曰：汩，疾貌也，爲畢切。或紛紜其流折兮，忽繆往而不來。言衆浪紛紜，其流曲折，或錯繆俱往，而不迴流。臨朱汜而遠逝兮，中虛煩而益怠。朱汜，蓋地名，未詳。莫離散而發曙兮，内存心而自持。莫離散，謂精神不離散也。發曙，發夕至曙也。説文曰：曙，旦明也。於是澡概胸中，灑練五藏，毛萇詩傳曰：溉，滌也。概與溉同。練，猶汰也。莊子曰：愁其五藏也。澹澉手足〔一九〕，頮濯髮齒。澉澹，猶洗滌也。澉，湖敢切。説文，頮，洗面也。頮，呼潰切。揄棄恬怠，輸寫淟濁，方言曰：輸〔二〇〕，脱也。王逸楚詞注曰：淟，垢濁也，勑顯切。分決狐疑，發皇耳目。楚詞曰：心猶豫以狐疑。謚法曰：明者曰皇也。風賦曰：發明耳目。當是之時，雖有淹病滯疾，猶將伸傴起躄，發瞽披聾而觀望之也。廣雅曰：傴，曲也，郁禹切。淮南子曰：遺躄者，屨然躄跛，不能行也，必亦切。況直眇小煩懣，酲醲病酒之徒哉！故曰發蒙解惑，不足以言也。」素問，黃帝曰：發蒙解惑，未足以論也。太子曰：「善，然則濤何氣哉？」

客曰：「不記也。然聞於師曰，似神而非者三：疾雷聞百里；言聲似疾雷，而聞百里，一也。江水逆流，海水上潮；言能令二水逆流上潮，二也。山出内雲，日夜不止。山内雲而日夜不止，三也。衍溢漂疾，波涌而濤起。小雅曰：衍，散也。説文曰：漂，浮也。其始起也，洪淋淋焉，若白鷺之下翔。説文曰：淋，山下水也。淋或爲汧。聲類曰：汧，漂也，口怜切。其少進也，浩浩溰溰，如素車白馬帷蓋之張。浩浩，深廣之貌也。溰溰，高白之貌也。帷或爲幃，音韋。幃，帳也。其波涌而雲亂，擾擾焉如三軍之騰裝。高唐賦曰：奔揚踊而相擊，雲興聲之霈霈。雲亂也。許慎淮南子注曰：裝，束也。其旁作而奔起也，飄飄焉如輕車之勒兵。六駕蛟龍，附從太白。以蛟龍若馬而駕之，其數六也。淮南子曰：昔馮遲太白之御，入雲蜺，游微霧，騖怱荒。許慎曰：馮遲太白，河伯也。純馳浩蜺，前後駱驛。賈逵國語注曰：純，專也。浩蜺，即素蜺也。波濤之勢，若素蜺而馳，言其長也。顒顒卬卬，椐椐彊彊，莘莘將將。顒顒卬卬，波高貌也。椐椐彊彊，相隨之貌。椐，據於切。彊，渠章切。莘莘，多貌也。將將，高貌也。莘，所巾切。莘或爲萃。壁壘重堅，沓雜似軍行。太公陰符曰：并我勇力，重堅壁壘。應劭漢書注曰：沓，合也。行，户剛切。協韻也。訇隱匈礚，軋盤涌裔，原不可當。軋坱，無垠貌也。盤，謂盤礴廣大貌。涌裔，行貌也。觀其兩傍，則滂渤怫鬱，闇漠感突，上擊下律。有似勇壯之卒，律當爲硉。硉，盧骨切。突怒而無畏。蹈壁衝津，窮曲隨隈，踰岸出追。説文曰：隈，水曲也。上林賦曰：觸穹石，激堆碕。郭璞曰：沙堆也，都迴切。追亦堆字，今爲追，古字假借之也。遇者死，當者壞。初發乎或圍之津涯，荄軫谷分。或圍，蓋地名也。言涯如轉，而谷似裂也。一曰：涯如草轉也。方言曰：荄，根也。謂草之根也。一本無荄字。許慎淮南子注曰：軫，轉也。迴翔青篾，銜枚檀桓。青篾、檀桓，蓋並地名也。迴翔，水復流也。銜枚，水無聲也。周禮曰：銜枚氏。鄭玄曰：止言語囂讙也。枚，大如箸，横銜之也。弭節伍子之山，通厲骨母之場。弭節，已見上文。史記曰：吴王殺子胥，投之于江。吴人立祠於江上，因名胥母山〔二〕。王逸楚辭注曰：高厲，遠行也。越絶書曰：闔閭旦食䱉山，晝游於胥母。疑骨母字之誤也。凌赤岸，篲扶桑，横奔似雷行。赤岸，蓋地名也。曹子建表曰：南至赤岸。山謙之南徐州記曰：京江，禹貢北江。春秋分朔，輒有大濤，至江乘，北激赤岸，尤更迅猛。然並以赤岸在廣陵。而此文勢似在遠方，非廣陵也。説文曰：篲，掃竹也。山海經曰：湯谷上有扶木。扶木者，扶桑也。十日所浴之地。誠奮厥武，如振如怒。毛詩曰：王奮厥武，如震如怒。毛萇曰：震，猶威也。沌沌渾渾，狀如奔馬。沌沌渾渾，波相隨之貌也。孫子兵法曰：渾渾沌沌，形圓而不可敗也。越絶書曰：王捐子胥於大江口。勇士之執，乃有遺鄙。發憤馳騰，氣若奔馬。沌，徒本切。渾，胡本切。混混庉庉，聲如雷鼓。混混沌沌〔三〕，波浪之聲也。越絶書，越王勾踐曰：浩浩之水，聲音若雷霆。庉，徒本切。發怒庢沓，清升踰跇，言初發怒，礙止而涌沸。少選之頃，清者上升，遞相踰跇也。説文曰：庢，礙止也。庢，竹栗切。庢或爲底，古字也。杜預左氏傳曰：底，平也。埤蒼曰：沓，釜沸出也，徒答切。如淳漢書注曰：跇，超踰也。侯波奮振，合戰於藉藉之口。楚辭曰：陵陽侯之氾濫兮。王逸曰：陽侯，大波也。藉藉，蓋地名也。鳥不及飛，魚不及迴，獸不及走。高唐賦曰：飛鳥未及起，走獸未及發。紛紛翼翼，波涌雲亂。廣雅曰：紛紛，衆也。毛萇詩傳曰：翼翼，壯健貌也。蕩取南山，背擊北岸。覆虧丘陵，平夷西畔。言水之勢既蕩南山，又擊北岸。丘陵爲之顛覆，然後平夷西畔。險險戲戲，崩壞陂池，決勝乃罷。合戰決勝，而後乃罷。瀄汩潺湲，披揚流灑。瀄，泌瀄，波相楔也。汩，蜜汩，水流疾也。字書曰：潺湲，流貌也。横暴之極，魚鼈失勢，顛倒偃側，沋沋湲湲，蒲伏連延。沋沋湲湲，魚鱉顛倒之貌也。蒲伏，即匍匐也。連延，相續貌。沋，禹牛切。神物怪疑，不可勝言。直使人踣焉，洄闇悽愴焉。郭璞爾雅曰：踣，覆也〔二三〕，薄北切。洄與回同也。此天下怪異詭觀也，太子能强起觀之乎？」太子曰：「僕病，未能也。」

客曰：「將爲太子奏方術之士有資略者，孔安國論語注曰：方，道也。晉灼漢書注曰：資，材量也。若莊周魏牟楊朱墨翟便蜎詹何之倫。吕氏春秋，中山公子牟謂詹何〔二四〕：身在江海之上，心居魏闕之下。高誘曰：子牟，魏公子也。詹子，古得道者也。淮南子曰：雖有鈎鍼芳餌，加以詹何、蜎蠉之數，猶不能與罔罟争得也。高誘曰：蜎蠉，白公時人。宋玉集曰：宋玉與登徒子偕受鈞於玄淵。七略曰：蜎子，名淵，楚人也。然三文雖殊，其一人也〔二五〕。使之論天下之釋微〔二六〕，理萬物之是非。家語曰：卜商好論精微，時人無以尚也。孫卿子曰：是是非非，謂之智也。孔老覽觀，孟子持籌而筭之〔二七〕，萬不失一。漢書，張良曰：臣借前箸以籌之。音義曰：以籌度之也，直流切。史記，蒯通曰：以此參之，萬不失一。老或爲左也。此亦天下要言妙道也，太子豈欲聞之乎？」於是太子據几而起曰：「涣乎若一聽聖人辯士之言。」

涊然汗出，霍然病已。涊，汗貌也。莊子曰：泚然汗出。涊，乃顯切。霍，疾貌也。

文選考異

〔一〕注「漢書曰」下至「乘道死也」　袁本、茶陵本此一節注大異，乃并善入五臣之誤也。尤所見爲是。

〔二〕注「説文曰謝辭也」　袁本、茶陵本無此六字。案：無者是也。袁本所載五臣翰注有「謝辭也」三字，蓋別本又有「説文曰」三字，而尤誤取以增多。

〔三〕注「而損精」　案：「而」上當有「悦情」二字，此引韓子揚摧篇文，各本皆脱。

〔四〕皓齒娥眉　袁本、茶陵本「娥」作「蛾」，是也。

〔五〕注「鄭國淫僻」　茶陵本「國」作「衞」，是也。袁本亦誤「國」。

〔六〕麥秀蔪兮　袁本、茶陵本「蔪」作「⿱艹漸」。案：「⿱艹漸」字是也。廣韻作「⿱艹漸」，亦引埤蒼與集韻，皆「蔪」、「⿱艹漸」同在一紐而分別兩字，他書或用「漸」。射雉賦云「麥漸漸以擢芒」，「漸」與「⿱艹漸」古字通也。尤所見別本作「草木蔪苞」之「蔪」，非。

〔七〕拄喙而不能前　茶陵本「拄」作「柱」，注同，云五臣從「扌」。袁本作「拄」，用五臣也。案：此尤本以五臣亂善，非。

〔八〕熊蹯之臑　茶陵本「臑」作「胹」，注同，有校語云五臣作「臑」。袁本作「臑」，不著校語。

案：「臑」即「胹」之别體字，廣韻七之所載從「需」之字凡四，「臑」其一也，云「臑煮熟」下重文，但有「胹」、「烦」、「鬴」三形。集韻於廣韻偏旁用「需」之字皆從「需」。此注音「而」，其所引左傳、方言，彼皆作「胹」，是自作「臑」，不作「臑」。茶陵本尚存善舊，袁本以五臣亂之。

〔九〕注「王逸楚辭注曰稻粢穱麥挐黄粱」　陳云：案此楚辭正文，非注也，當作「穱麥麥中先熟者」。今案：此或衍「王逸注」三字，各本皆同。無以審知之也。

〔一〇〕於是伯樂相其前後　袁本云善無「後」，茶陵本云五臣有「後」。案：此本亦初無而脩改添之。蓋尤延之以爲善傳寫脱，但注不見明文，無以考也。

〔一一〕注「爲趙簡子取道」　袁本、茶陵本「子」作「王」。案：「干」字譌，當作「主」。韓非子、戰國策皆有「簡主」，所謂大夫稱主也。尤所改，似是實非。

〔一二〕注「夷桑也」　茶陵本「夷」作「荑」，是也。袁本亦誤「夷」。

〔一三〕注「與陽佚開」　袁本、茶陵本「佚」作「迭」，是也。

〔一四〕注「又古考史曰」　陳云「考史」當作「史考」，譙周所著。案：所校是也。史記司馬相如傳索隱引古史考可證。

〔一五〕困野獸之足　袁本云善無「獸」。茶陵本云五臣有「獸」。案：此亦尤延之以爲傳寫脱而添之，似是也。

〔一六〕注「孔安國曰尚書傳曰」　案：「國」下不當有「曰」字。各本皆衍。

〔一七〕注「縷辭縷也」　陳云「辭」恐「亂」誤，是也。各本皆譌。

〔一八〕慌曠曠兮　案：「慌」當作「超」。袁本云善作「慌」。茶陵本云五臣作「超」。此必欲改上文「怳兮忽兮」之「怳」爲「慌」，誤以當此處。各本校語，皆據所見而不察也。善亦作「超」，其上文之「怳」乃當作「慌」。

〔一九〕澮澉手足　案：「澮澉」當作「澉澮」。善注云「澉澮，猶洗滌也」。各本皆同。其袁、茶陵二本所載，五臣銑注則云「澮澉」。各本所見正文，蓋皆以五臣亂善。

〔二〇〕注「方言曰輸脱也」　袁本、茶陵本「輸」作「揄」，是也。亦見廣雅釋詁。

〔二一〕注「因名胥母山」　案：此有誤。史記作「因命曰胥山」，命即名也。當本云「因名曰胥山」，涉下文「胥母」而誤改。

〔二二〕注「混混沌沌」　案：「沌沌」當作「庉庉」。各本皆誤。

〔二三〕注「郭璞爾雅曰踣覆也」　袁本、茶陵本「覆」上有「前」字，是也。陳云「雅」下脱「注」字。二本亦脱。

〔二四〕注「中山公子牟謂詹何」　袁本、茶陵本「何」作「子」，是也。

〔二五〕注「其一人也」　何校「其」改「共」，是也。各本皆譌。

〔二六〕使之論天下之釋微　茶陵本云「釋」五臣作「精」。袁本云善作「釋」。案：善引「好論精微」爲注，似亦作「精」。各本所見，皆傳寫誤。

〔二七〕孟子持籌而筭之　茶陵本無「持而筭」三字，云五臣作「持籌而筭之」。袁本用五臣，云善作「孟子籌之」。案：此尤延之誤以五臣亂善。

七啓八首　并序

曹子建

昔枚乘作七發，傅毅作七激，張衡作七辯，崔駰作七依，辭各美麗。余有慕之焉，遂作七啓。并命王粲作焉。

玄微子隱居大荒之庭，玄微，幽玄精微也。山海經曰：大荒之中有山，名曰大荒之山，日月所入，是謂大荒之野中也。飛遯離俗，澄神定靈。九師道訓曰：遯而能飛，吉孰大焉。淮南子曰：單豹背世離俗，巖居谷飲也。輕禄慠貴，與物無營。莊子曰：夫輕爵禄人者之所託材。司馬彪曰：材，身也。蔡邕釋誨曰：安貧樂賤，與世無營也。耽虚好静，羨此永生。列子曰：莫如静，莫如虚。静也，虚也，得其居。獨馳思於天雲之際，無物象而能傾。舞賦曰：獨馳思乎杳冥。左氏傳，韓簡曰：物生而後有象。於是鏡機子聞而將往説焉。鏡機，鏡照機微也。駕超野之駟，乘追風之輿。超野、追風，言疾也。經迥漠，出幽墟。入乎泱漭之野，遂屆玄微子之所居。子虚賦曰：過乎泱漭之野〔一〕。其居也，左激水，右高岑。子虚賦曰：其西則激水推移。爾雅曰：山小而高曰岑也。背洞溪，對芳林。冠皮弁，被文裘。儀禮曰：皮弁服素積。鄭玄曰：皮弁者，白鹿皮爲冠，象上古也。文裘，文狐之裘也。出山岫之潛穴，倚峻崖而嬉遊。爾雅曰：山有穴爲岫。志飄飄焉，嶢嶢焉，似若狹六合而隘九州。山海經曰：地之所載，六合之間也。若將飛而未逝，若舉翼而中留。於是鏡機子攀葛藟而登，距巖而立，毛詩曰：南有樛木，葛藟纍之。孔安國尚書傳曰：距，至也。順風而稱曰：莊子曰：黃帝聞廣成子在崆峒之上，故往見之。黃帝順風膝行而進。「予聞君子不遯俗而遺名，智士不背世而滅勳。周易曰：遯世無悶。幽通賦曰：保身遺名，民之表兮。鄭玄毛詩箋曰：遺，忘也。又禮記注曰：名，令聞也。背世，已見上注。今吾子棄道藝之華，遺仁義之英。耗精神乎虛廓，廢人事之紀經。韓子曰：精神日耗。蒼頡篇曰：耗，消也。史記，太史公曰：春秋上明三王之道，下辨人事之經紀。耗，呼到切。譬若畫形於無象，造響於無聲。言像因形生，響隨聲發。今欲無聲而造響，圖像而無形，豈有得哉？孫卿子曰：下之和上，譬響之應聲，影之像形。楊雄解難曰：譬若畫者放於無形，絃者放於無聲也。未之思乎，何所規之不通也？」論語，子曰：未之思也。玄微子俯而應之曰：「譆，有是言乎！鄭玄禮記注曰：譆，悲恨之聲也。譆與嘻，古字通也。譆，欣碁切。夫太極之初，渾沌未分，萬物紛錯，與道俱隆。漢書曰：太極元氣，分三爲一〔二〕。言元氣初爲一，後爲天地人也。春秋說題辭曰：元清氣以爲天，渾沌無形體。宋均曰：言元氣之初如此也，渾沌未分也。言氣在易爲元，在老爲道。義不殊也。蓋有形必朽，有跡必窮。列子曰：形必終也。芒芒元氣，誰知其終？春秋命歷序曰：元氣正，則天地八卦孳也。名穢我身，位累我躬。莊子曰：

行名失己，非士也。又，魏文侯曰：夫魏，真爲我累耳。竊慕古人之所志，仰老莊之遺風。思玄賦曰：慕古人之貞節。毛詩序曰：有堯之遺風。如淳漢書注曰：遺，餘也。假靈龜以託喻，寧掉尾於塗中。」莊子曰：楚王使大夫往聘莊子，莊子曰：吾聞楚有神龜，死已三千歲矣，王巾笥而藏之於廟堂之上。此龜者，寧其死爲留骨而貴乎？寧其生而曳尾塗中乎？二大夫曰：寧生曳尾塗中。莊子曰：往矣，吾將曳尾於塗中也。

鏡機子曰：「夫辯言之豔，能使窮澤生流，枯木發榮。庶感靈而激神，況近在乎人情。僕將爲吾子説游觀之至娱，演聲色之妖靡。論變化之至妙，敷道德之弘麗。書，仲虺曰：惟王不邇聲色。列子，隰朋曰：妖靡盈庭，忠良滿朝也。羽獵賦曰：遊觀侈靡。小雅曰：演，廣也。尚願聞之乎？」玄微子曰：「吾子整身倦世，倦世，倦於人間之世也。探隱拯沈。小雅曰：探，取也。難蜀父老曰：拯民於沈溺。説文曰：出溺爲拯。不遠遐路，幸見光臨。將敬滌耳，以聽玉音。」尚書大傳曰：天下諸侯受命於周，莫不玉音金聲。

鏡機子曰：「芳菰精粺，霜蓄露葵。張揖上林賦注曰：彫，菰米也。宋玉諷賦曰：主人之女，爲臣炊彫胡之飯。説文曰：粺，禾别也。粺與稗古字通，薄懈切。毛詩曰：我行其野，言采其蓫。鄭玄曰：蓫，牛頽。蓫與蓄，音義通也。宋玉諷賦曰：爲臣煮露葵之羹。玄熊素膚，肥豢膿肌。鄭玄周禮注曰：犬豕曰豢。膿，肥貌也，女龍切。蟬翼之割，剖纖析微。蟬翼，言薄也。楚詞曰：蟬翼爲重也。累如疊縠，離若散雪。輕隨風飛，刃不轉切。山鵽斥鷃，珠翠之珍。鵽，已見南都賦。莊子曰：鵬摶扶搖而上，斥鷃笑之曰：彼奚適也？許慎淮南子注曰：鷃雀飛不過一尺。言劣弱也。斥與尺，古字通。珠翠，珠柱也。南方異物記曰：採珠人以珠肉作鮓也。寒芳苓之巢龜，膾西海之飛鱗。寒，今胵肉也。鹽鐵論曰：煎魚切肝，羊淹雞寒。劉熙釋名曰：韓雞，本出韓國所爲。寒與韓同。史記曰：有神龜在江南嘉林中，常巢於芳蓮之上。苓與蓮同。西海飛鱗，即文鰩也。山海經曰：泰器之山，濩水出焉。是多鰩魚，常行西海，而游於東海，夜飛而行。臛江東之潛鼉，臇漢南之鳴鶉。説文曰：臛，肉羹也。蒼頡解詁曰：臇，少汁臛也，子兗切。糅以芳酸，甘和既醇。鄭玄禮記注曰：糅，雜也。醇，已見上注。玄冥適鹹，蓐收調辛。禮記曰：北方其神玄冥。北方，水也。尚書曰：水曰潤下，潤下作鹹。禮記曰：西方，其神蓐收。西方，金也。尚書曰：金曰從革，從革作辛。紫蘭丹椒，施和必節。禮斗威儀曰：君乘金而王，其政平，則蘭常生。鄭玄曰：主給調和也。張衡七辨曰：芳以薑椒，拂以木蘭。滋味既殊，遺芳射越。上林賦曰：衆香發越。郭璞曰：香氣射散也。乃有春清縹酒，康狄所營。毛詩曰：爲此春酒。鄭玄禮記注曰：清酒，今之中山冬釀，接夏而成也。縹，緑色而微白也。博物志曰：杜康作酒。戰國策曰：梁王請爲魯君舉觚。魯君曰：昔帝女儀狄作酒而美，進之於禹，禹飲而甘之。遂疏儀狄，乃絶旨酒。應化則變，感氣而成。淮南子曰：物類之相應，故東風至而酒汎溢〔三〕。高誘曰：東風，木風也。木味酸，入酒故酢，而汎者沸。蓋非類相感也。春秋説題辭曰：黍爲酒。陽援陰乃能動，故以麥黍爲酒。宋衷曰：麥，陰也。先漬麴，黍後入，故曰陽援陰，相得而沸，是其動也。彈徵則苦發，叩宫則甘生。禮記曰：季夏之月〔四〕，其音徵，其味苦。又曰：中央土，其音宫，其味甘也。於是盛以翠樽，酌以彫觴。浮蟻鼎沸，酷烈馨香。釋名曰：酒有汎，齊浮蟻在上汎汎然。漢書曰：田延年謂霍光曰：今羣臣鼎沸。上林賦曰：酷烈淑郁也。可以和神，可以娱腸。神，人之精爽也。此肴饌之妙也，子能從我而食之乎？」玄微子曰：「予甘藜藿，未暇此食也。」韓子曰：糲粱之飯，藜藿之羹也。

鏡機子曰：「步光之劍，華藻繁縟。越絶書曰：孔子從弟子七十人往奏，勾踐乃身被賜夷之甲〔五〕，帶步光之劍。藻，文采也。説文曰：縟，繁采飾也。飾以文犀，彫以翠緑。國語曰：奉文犀之渠。綴以驪龍之珠，錯以荆山之玉。莊子曰：千金之珠在九重之淵，而驪龍頷下。韓子曰：楚人和氏得璞玉於楚山之中也。陸斷犀象，未足稱雋。隨波截鴻，水不漸刃。聖主得賢臣頌曰：巧冶鑄干將之璞，陸剸犀革。戰國策，蘇素説韓王曰：韓卒之劍，陸斷牛馬，水擊鴻鴈。廣雅曰：漸，漬也。九旒之冕，散耀垂文。劉梁七舉曰：九旒之冕，散耀垂文。周禮曰：弁師掌王之五冕，諸侯繅九就。鄭玄曰：就，成也。每繅九成，則九斿也。應劭漢官儀曰：冕，公侯九斿者也〔六〕。華組之纓，從風紛紜。禮記曰：玄冠丹組纓，諸侯之齊冠。説文曰：組，綬屬也。小者以爲冠纓。又曰：纓，冠系也。佩則結緑懸黎，寶之妙微。戰國策：應侯謂秦王曰：梁有懸黎，宋有結緑，而爲天下名器也。符采照爛，流景揚煇。劉淵林蜀都賦注曰：符采，玉之横文也。説文曰：景，光也。黼黻之服，紗縠之裳。孔安國尚書傳曰：諸侯自龍衮而下至黼黻。漢書曰：江充衣紗縠單衣也。金華之舄，動趾遺光。言以金華飾舄，故動足而有餘光也。劉欣期交州記曰：金華出珠崖。如淳漢書注曰：遺，餘也。繁飾參差，微鮮若霜。緄佩綢繆，或彫或錯。説文曰：緄，織成帶也，古本切。薰以幽若，流芳肆布。說文曰：薰，火煙上出也。若，杜若也。若稱幽若，猶蘭曰幽蘭也。擬古詩曰：屢見流芳歇〔七〕。毛萇詩傳曰：肆，陳也。雍容閑步，周旋馳燿。聖主得賢臣頌曰：雍容垂拱。左氏傳，晉公子謂楚子曰：晉、楚治兵，若不獲命，則與君周旋也。南威爲之解顏，西施爲之巧笑。戰國策曰：晉文公得南威，三日不聽朝。遂推而遠之曰：後世必有以色亡其國者。列子曰：列子師老商氏，五年之後，夫子始一解顏而笑。西施，已見上文。毛詩曰：巧笑倩兮。此容飾之妙也，子能從我而服之乎？」玄微子曰：「予好毛褐，未暇此服也。」鄭玄毛詩箋曰：褐，毛布也。

鏡機子曰：「馳騁足用蕩思，游獵可以娛情。子虛賦曰：終日馳騁，曾不下輿。又曰：游獵之地，饒樂若此者乎？歸田賦曰：聊以娛情。僕將爲吾子駕雲龍之飛駟，飾玉路之繁纓。馬有龍稱，而雲從龍，故曰雲龍也。周禮曰：凡馬八尺已上爲龍。又曰：玉路錫樊纓。鄭玄曰：樊讀如鞶，謂今之馬大帶也。纓，今馬鞅。繁與鞶，古字通。垂宛虹之長緌，抗招搖之華旍。楚詞曰：建雄虹之綵旄。禮記曰：天子殺則下大綏。鄭玄曰：綏當爲緌。緌，有虞氏之旌旗也。禮記曰：招搖在上，急繕其怒。鄭玄曰：繕讀爲勁。畫招搖星於其上〔八〕，以起居堅勁軍之威怒也。捷忘歸之矢，秉繁弱之弓。儀禮曰：司射搢三挾一箇。鄭玄曰：搢，插也〔九〕，楚甲切。新序曰：楚王載繁弱之弓，忘歸之矢，以射隨兕於夢也。忽躡景而輕騖，逸奔驥而超遺風。景，日景也。躡之言疾也。呂氏春秋，伊尹說湯曰：青龍之匹，遺風之乘。高誘曰：皆馬名也。疾若比遺風。於是磎填谷塞，榛藪平夷。緣山置罝，彌野張罘。鄭玄周禮注曰：彌，徧也。下無滿跡〔一〇〕，上無逸飛。鳥集獸屯，然後會圍。廣雅曰：屯，聚也。獠徒雲布，武騎霧散。說文曰：獠，獵也。韓子曰：雲布風動。羽獵賦曰：武騎聿皇。封禪書曰：雲布霧散。丹旗燿野，戈殳皓旰。南都賦曰：曜野暵雲。曳文狐，揜狡兔。禮斗威儀曰：其君乘土而王南海，輸以文狐。史記，李斯曰：牽黄犬，逐狡兔。方言曰：掩，覆也。捎鸛鶒，拂振鷺。鸛鶒、振鷺，皆鳥之名。當軌見藉，值足遇踐。西京賦曰：當足見蹍，值輪被轢也。飛軒電逝，獸隨輪轉。孫該琵琶賦曰：飄風電逝，舒疾無力〔一一〕。翼不暇張，足不及騰。西京賦曰：鳥不暇舉，獸不得發。動觸飛鋒，舉挂輕罿。西都賓曰：鳥驚觸絲，獸駭值鋒。罿，亦罔也。班固漢書序曰：鷹隼未擊，罿弋不施於蹊隧也。搜林索險，探薄窮阻。廣雅曰：草藂生曰薄。騰山赴壑，風厲猋舉。古詩曰：涼風率已厲。楚辭曰：猋遠舉兮雲中。王逸注云：猋，去疾貌。說文曰：猋，火華也。機不虚發，中必飲羽。孔安國尚書傳曰：機，弩牙也。子虚賦曰：弓不虚發，中必決眥。呂氏春秋曰：養由基射兕中石，矢飲羽。高誘曰：飲羽，飲矢至羽也。於是人稠網密，地逼勢脅。哮闞之獸，張牙奮鬣。毛詩曰：進厥虎臣，闞如虓虎。毛萇曰：虓闞，虎怒也。哮與虓同也。志在觸突，猛氣不慴。慴，已見上文。乃使北宮東郭之疇，孟子曰：北宮黝之養勇也，不膚撓，不目逃，思以一毫挫於人，若撻於市朝。趙岐曰：北宮，姓；黝，名也。呂氏春秋曰：齊有好勇者，一人居東郭，一人居西郭，卒然相遇於塗，曰：姑相飲乎？觴數行曰：姑求肉乎？一人曰：子肉也，我肉也。因抽刀而相噉也。生抽豹尾，分裂貙肩。爾雅曰：貙似狸。形不抗手，骨不隱拳。小雅曰：抗，禦也。服虔漢書注曰：隱，築也，於瑾切。批熊碎掌，拉虎摧斑。掌，熊蹯也。孟子曰：熊掌亦我所欲也。斑，虎文也。上林賦曰：被斑文。野無毛類，林無羽羣。積獸如陵，飛翮成雲。羽獵賦曰：創淫輪夷，丘累陵聚。於是駴鍾鳴鼓，收旌弛旆。周禮曰：鼓皆駴。鄭玄曰：雷擊鼓曰駴。駴，古駭字。杜預左氏傳注曰：弛，解也。頓綱縱網，罷獠回邁〔一二〕。頓猶捨也。說文曰：縱，緩也。駿騄齊驤，揚鑾飛沫。南都賦曰：驤騄齊鑣。舞賦曰：龍驤橫舉，揚鑣飛沫也。俯倚金較，仰撫翠蓋。東京賦曰：戴翠冒，倚金較。說文曰：較，車上曲鉤。高唐賦曰：蜺爲旌，翠爲蓋。雍容暇豫，娛志方外。國語，優施曰：我教汝暇豫之事君。韋昭曰：暇，閑也。豫，樂也。杜預左氏傳注曰：方，法也。此羽獵之妙也，子能從我而觀之乎？」高唐賦曰：傳言羽獵。玄微子曰：「予樂恬靜，未暇此觀也。」

鏡機子曰：「閑宮顯敞，雲屋皓旰。李充高安館銘曰〔一三〕：增臺顯敞。雲屋，言高若雲也。班婕好自傷賦曰：仰視兮雲屋，雙涕下兮橫流。崇景山之高基，迎清風而立觀。基若景山，言極高也。毛萇詩傳曰：崇，立也。毛詩曰：陟彼景山。地理書曰：迎風觀在鄴也。彤軒紫柱，文榱華梁。劉梁七舉曰：丹墀縹壁，紫柱紅梁也。綺井含葩，金墀玉箱。金墀，猶金戺也。西京賦曰：金戺玉階。玉箱，猶玉房也。温房則冬服絺綌，清室則中夏含霜。劉騊駼玄根頌曰：前殿冬絺。李尤函谷關賦曰：盛夏臨漂而含霜也。華閣緣雲，飛陛陵虛。魯靈光殿賦曰：飛陛揭孽，緣雲上征。頫眺流星，仰觀八隅。魯靈光殿賦曰：中坐垂景，頫視流星。頫音俯〔一四〕。升龍攀而不逮，眇天際而高居。崔駰七依曰：升龍於天者，雲也。西京賦曰：翔鶤仰而不逮。周易曰：豐其屋，天際翔也。繁巧神怪，變名異形。班輸無所措其斧斤，離婁爲之失睛。鄭玄禮記注曰：公輸若，匠師也。般、若之族多技巧者也。孟子曰：離婁之明。趙岐曰：古之明目者也。蓋黄帝時人。麗草交植，殊品詭類。緑葉朱榮，熙天曜日。熙，光也。素水盈沼，叢木成林。楚辭曰：含素水而蒙深。飛翮凌高，鱗甲隱深。於是逍遥暇豫，忽若忘歸。楚辭曰：觀者澹予忘歸也〔一五〕。乃使任子垂釣，魏氏發機。莊子曰：任子爲大鈎巨緇，五十犗以爲餌，蹲會稽，投竿東海。旦而釣，朞年不得魚。已而魚大食之〔一六〕，牽巨鈎陷没而下，鶩揚而奮鬐，白波若山。吴越春秋曰：越王欲伐吴，范蠡進善射者陳音。越王問其射所起焉。音曰：黄帝作弓以備四方。後有楚狐父以其道傳羿，羿傳逄蒙，蒙傳楚琴氏，琴氏傳大魏，大魏傳楚三侯，麋侯、翼侯、魏侯也。芳餌沈水，輕繳弋飛。吴越春秋，大夫種曰：深川之魚，死於芳餌。落翳雲之翔鳥，援九淵之靈龜。賈誼弔屈原曰：襲九淵之神龍。然後采菱華，擢水蘋。子虚賦曰：外發芙蓉菱華。許慎淮南子注曰：擢，引也。毛萇詩傳曰：蘋，大萍。弄珠蜯，戲鮫人。楊雄蜀都賦曰：蜯含珠而擘裂。劉淵林吴都賦注曰：鮫人水底居也。諷漢廣之所詠，覿游女於水濱。韓詩序曰：漢廣，悦人也。詩曰：漢有游女，不可求思。薛君曰：游女，謂漢神也。燿神景於中沚，被輕縠之纖羅。毛詩曰：宛在水中沚。子虚賦曰：雜纖羅也。遺芳烈而靖步，抗皓手而清歌。廣雅曰：抗，舉也。歌曰：望雲際兮有好仇，天路長兮往無由。楚辭曰：君誰須兮雲之際。毛詩曰：君子好仇。枚乘樂府曰：美人在雲端，天路隔無期。佩蘭蕙兮爲誰脩，宴婉絶兮〔一七〕我心愁。楚辭曰：紉秋蘭爲佩〔一八〕。王逸注曰：脩，飾也。毛詩曰：燕婉之求。毛萇曰：燕，安也。婉，順也。鄭玄曰：本求燕婉之人也。此宮館之妙也，子能從我而居之乎？」玄微子曰：「予耽巖穴，未暇此居也。」巖穴，隱者所居。黄石公記曰：主聘巖穴，事乃得實也。

鏡機子曰：「既游觀中原，逍遥閑宮，情放志蕩，淫樂未終。亦將有才人妙妓，遺世越俗。漢書曰：傅昭儀少爲才人。韋昭曰：才，伎人也。廣雅曰：遺，離也。揚北里之流聲，紹陽阿之妙曲。史記曰：紂使師涓作新淫之聲，北里之舞，靡靡之樂。淮南子曰：夫歌采菱，發陽阿，鄭人聽之，不若延靈以和〔一九〕。爾乃御文軒，臨洞庭。文，畫飾也。軒，殿檻也。洞庭，廣庭也。尸子曰：文軒無四寸之鍵則車不行。莊子曰：黄帝張咸池之樂於洞庭也。新語曰：高臺百仞，文軒彫窗也〔二〇〕。琴瑟交揮，左篪右笙。廣雅曰：揮，動也。毛萇詩傳曰：竹曰篪。鍾鼓俱振，簫管齊鳴。廣雅曰：振，動也。毛詩曰：簫管備舉。然後姣人乃被文縠之華袿，振輕綺之飄颻。毛詩曰：佼人僚兮。劉熙釋名曰：婦人上服謂之袿。戴金搖之熠燿，揚翠羽之雙翹。宋玉諷賦曰：主人之女，垂珠步搖，來排臣戶。西京雜記曰：趙飛燕爲皇后，其弟上遺黄金步搖。毛萇詩傳曰：熠燿，鮮明也。司馬彪續漢書曰：皇太后入廟，先爲花勝，上爲鳳凰，以翡翠爲毛羽。王逸楚辭注曰：翹，羽名也。揮流芳，燿飛文。韓康伯周易注曰：揮，散也。歷盤鼓，焕繽紛。張衡舞賦曰：般鼓焕以駢羅。長裾隨風，悲歌入雲。列子曰：薛談學謳於秦青，辭歸，青餞於郊，撫節悲歌，響遏行雲也。蹻捷若飛，蹈虚遠蹠。廣雅曰：趫，趨行也。今爲蹻，古字無定也。廣雅曰：蹠，履也。凌躍超驤，蜿蟬揮霍。楚辭曰：超驤推阿。西京賦曰：跳丸劍之揮霍也。翔爾鴻翥，濈然鳧没。爾雅曰：翥，舉也。濈，疾貌也。濈，側立切。縱輕體以迅赴，景追形而不逮。西京賦曰：紛縱體而迅赴。不逮，言疾也。韓子曰：形影相應而生。飛聲激塵，依違厲響。七略曰：漢興，善歌者魯人虞公，發聲動梁上塵。依違，猶徘徊也。楚辭曰：余思舊鄉心依違。才捷若神，形難爲象。舞賦曰：彷彿神動。又曰：不可爲象也。於是爲歡未渫，白日西頹。東都賦曰：士怒未渫。方言曰：渫，歇也。楚辭曰：日杳杳以西頹。散樂變飾，微步中閨。玄眉弛兮鉛華落，收亂髮兮拂蘭澤，鉛華，已見洛神賦。蘭澤，已見上文也。形婧服兮揚幽若。說文曰：婧，南楚之外謂好也。婧，湯火切。紅顔宜笑，睇眄流光。楚辭曰：既含睇兮又宜笑。王逸曰：睇，微眄貌。時與吾子，攜手同行。毛詩曰：惠而好我，攜手同行也。踐飛除，即閑房。司馬彪上林賦注曰：除，樓陛也。華燭爛，幄幙張。秦嘉贈婦詩曰：飄飄帷帳，熒熒華燭。左氏傳曰：子産以幄幙行。動朱脣，發清商。舞賦曰：動朱脣。神女賦曰：朱脣的其若丹。宋玉笛賦曰：吟清商，追流徵也。揚羅袂，振華裳。九秋之夕，爲歡未央。九秋之夕，言其長也。古樂府有歷九秋、妾薄相行。蘇武詩曰：懽樂殊未央。此聲色之妙也，子能從我而游之乎？」玄微子曰：「予願清虚，未暇此遊也。」

鏡機子曰：「予聞君子樂奮節以顯義，烈士甘危軀以成仁。張衡應問曰〔二二〕：貫高以端辭顯義。論語，子曰：志士仁人有殺身以成仁。是以雄俊之徒，交黨結倫。重氣輕命，感分遺身。西京賦曰：輕死重氣，結黨連羣。分，分義也。鄭玄禮記注曰：遺，亡也。故田光伏劍於北燕，公叔畢命於西秦。史記，燕太子丹謂田光曰：丹所言者，國大事也，願先生勿泄也。光曰：諾。退見荆軻曰：吾聞長者爲行，不使人疑己。今太子疑光，非節俠也。欲自殺以激荆卿，遂自剄。公叔，未詳。果毅輕斷，虎步谷風。左氏傳曰：殺敵爲果，致果爲毅。李陵詩曰：幸託不肖軀，且當猛虎步。春秋元命苞曰：猛虎嘯而谷風起。類相動也。威慴萬乘，華夏稱雄。」漢書曰：天子畿方千里，出兵車萬乘，故稱萬乘之主。尚書曰：華夏蠻貊也。辭未及終，而玄微子曰：「善。」

鏡機子曰：「此乃游俠之徒耳，未足稱妙也。若夫田文無忌之儔，乃上古之俊公子也。田文，孟嘗也。無忌，信陵也。皆飛仁揚義，騰躍道藝。游心無方，抗志雲際。莊子曰：乘物以游心。又曰：應物無方。晉灼漢書注曰：方，常也。楚辭曰：放志游乎雲中也。凌轢諸侯，駈馳當世。呂氏春秋曰：凌轢諸侯。説文曰：轢，車所踐也。揮袂則九野生風，慷慨則氣成虹蜺。説文曰：揮，奮也。淮南子曰：所謂一者，上通九天，下貫九野。劉邵趙郡賦曰：煦氣成虹蜺，揮袖起風塵。文與此同，未詳其本也。吾子若當此之時，能從我而友之乎？」玄微子曰：「子亮願焉。爾雅曰：亮，信也。然方於大道，有累如何？」

鏡機子曰：「世有聖宰，翼帝霸世。謂魏太祖。孔安國尚書傳曰：翼，輔也。同量乾坤，等曜日月。乾坤，天地也。張超尼父頌曰：合量乾坤，參曜日月也。玄化參神，與靈合契。蔡邕陳留太守頌曰：玄化洽矣，黔首用寧。漢書，伍被説淮南王曰：今陛下令雖未出，化馳如神。劇秦美新曰：與天剖靈符，地合神契。惠澤播於黎苗，威靈震乎無外。國語曰：少昊之衰，九黎亂德。韋昭曰：九黎，黎民九人。尚書，帝曰：禹，惟時有苗不率，汝徂征。孔安國曰：三苗之民，數干王誅。崔駰七依曰：仁臻於行葦，惠及乎黎、苗。四子講德論曰：威靈外覆。公羊傳曰：王者無外也。超隆平於殷周，踵羲皇而齊泰。東都賦曰：即土之中，有周成隆平之制焉。東京賦曰：踵二皇之遐武。薛綜曰：踵，繼也。顯朝惟清，王道遐均。民望如草，我澤如春。班固漢書文紀述曰：我德如風，民應如草。古長歌行曰：陽春布德澤，萬物生光輝也。河濱無洗耳之士，喬岳無巢居之民。洗耳，許由也。琴操曰：堯大許由之志，禪爲天子。由以其不善，乃臨河而洗耳。毛詩曰：隨山喬岳也。巢居，巢父也。皇甫謐逸士傳曰：巢父者，堯時隱人。常山居，以樹爲巢，而寢其上。時人號曰巢父也。是以俊乂來仕，觀國之光。尚書曰：俊乂在官。國語曰：秦后來仕〔二二〕。韋昭曰：仕於晉也。周易曰：觀國之光，利用賓于王。舉不遺才，進各異方。左氏傳曰：楚子囊曰：晉君舉不失選。又曰：不遺德刑。杜預曰：遺，失也。讚典禮於辟雍，講文德於明堂；左氏傳曰：隨武子曰：典禮不易。尚書曰：帝乃誕敷文德。毛詩曰：矢其文德，洽此四國。正流俗之華說，綜孔氏之舊章。流俗，已見上。華說，已見文賦。舊章，已見東都主人。王肅周易注曰：綜，理事也。左氏傳曰：舊章不可忘也〔二三〕。散樂移風，國富民康。解嘲曰：散以禮樂，風以詩書。禮記曰：樂行，移風易俗，天下皆寧。春秋說題辭曰：盡精竭思，國富民康也。神應休臻，屢獲嘉祥。尚書曰：休徵。東京賦曰：總集瑞命，備致嘉祥也。故甘靈紛而晨降，景星宵而舒光。禮斗威儀曰：其君乘土而王，其政太平，時則甘靈降〔二四〕。鶡冠子曰：聖人其德上及泰清，下及泰寧，景星光潤。史記曰：天精明時，有赤方氣與青方氣相連。赤方中有兩黃星，青方中有一黃星，凡三星合爲景星。其狀無常，出於有道之國也。觀游龍於神淵，聆鳴鳳於高岡。禮斗威儀曰：其君乘水而王，龜龍被文而見。神女賦曰：婉若游龍。周易曰：潛龍勿用。又曰：或躍在淵。樂汁圖徵曰：五音克諧，各得其倫，則鳳皇至。廣雅曰：聆，聽也。毛詩曰：鳳皇鳴矣〔二五〕。此霸道之至隆，而雍熙之盛際。漢書，宣帝曰：漢家自有制度，本霸、王道雜之。東京賦曰：上下共其雍熙。然主上猶以沈恩之未廣，懼聲教之未厲，漢書，司馬相如〔二六〕難蜀父老曰：湛恩汪濊。尚書曰：朔南暨聲教。廣雅曰：厲，高也。采英奇於仄陋，宣皇明於巖穴。邊讓章華臺賦曰：舉英奇於側陋〔二七〕。尚書曰：明明揚側陋。東都賦曰：散皇明以燭幽。巖穴，已見上文。此甯子商歌之秋，而吕望所以投綸而逝也。淮南子曰：甯戚商歌車下，而桓公慨然而悟。秋，猶時也。史記，朱亥謂魏公子曰：此是効命之秋也。尚書中候曰：王至磻溪之水，吕尚釣崖下。趨拜，尚立變名曰望。毛詩曰：之子于釣，言綸之繩。鄭玄曰：以繩爲之綸。吾子爲太和之民，不欲仕陶唐之世乎？」法言曰：或問太和曰：其在唐虞成周也。李軌曰：天下太和也。孔安國尚書傳曰：陶唐，帝堯氏也。於是玄微子攘袂而興曰：「韡哉言乎！近者吾子，所述華淫，欲以厲我，祇攪予心。杜預左氏傳注曰：勸，勵也。毛詩曰：胡逝我梁，祇攪我心。至聞天下穆清，明君莅國，史記曰：漢興已來，受命於穆清。蔡邕釋誨曰：生穆清之世，稟淳和之靈。毛萇詩傳曰：莅，臨也。覽盈虛之正義，知頑素之迷惑。周易曰：損益盈虛，與時偕行。薛君韓詩章句曰：素，質也。言人但有質朴，無治人之材也。今予廓爾，身輕若飛。劉梁七舉曰：先生昭然神悟，霍爾體輕。願反初服，從子而歸。」楚詞曰：進不入以離尤，退將復修吾初服。公羊傳，楚莊王謂司馬子反曰：吾亦從子而歸。

文選考異

〔一〕注「過乎泱漭之野」　袁本、茶陵本「漭」作「莽」。案：史記、漢書皆是「莽」字，疑前彼賦及此正文作「漭」者，善爲五臣所亂。

〔二〕注「分三爲一」　茶陵本「分」作「函」，是也。袁本亦作「分」，誤與此同。

〔三〕注「而酒氾溢」　袁本、茶陵本「氾」作「沈」，下「氾者沸」同。案：「沈」字是也。今淮南覽冥訓作「湛」，「湛」、「沈」同字。高誘注云「酒湛，清酒也，米物下湛，故曰湛。」不作「氾」明甚。

〔四〕注「季夏之月」　袁本、茶陵本「季」作「孟」，是也。

〔五〕注「勾踐乃身被賜夷之甲」　案：「賜」當作「暘」。各本皆誤。吴都賦「暘夷音以良切」，劉淵林注所引正作「暘」。今越絶書作「賜」，與此皆形近之譌也。

〔六〕注「冕公侯九斿者也」　袁本「斿」作「流」。案：「流」字是也。茶陵本作「游」，亦非。

〔七〕注「擬古詩曰屢見流芳歇」　袁本、茶陵本無此九字。

〔八〕注「畫招摇星於其上」　陳云「其」，「旗」誤，是也。各本皆譌。案：今本禮記注作「又畫招摇星於旌旗上」，蓋李節引耳。

〔九〕注「揷插也」　案：「插」當作「捷」。宋潭州本儀禮鄉射釋文「捷，初洽反」，又「士冠捷柶，初洽反」。本又作「插」，此正文作「捷」，善所引儀禮注亦作「捷」。不知者誤依今本作「插」改之，亦如通志堂刻釋文於鄉射改「捷」爲「插」也。何校正文「捷」改爲「插」，陳亦云「捷」當作「插」，皆據注之誤字。

〔一〇〕下無滿跡　案：「滿」當作「漏」。袁本云善作「滿」。茶陵本云五臣作「漏」。各本所見皆傳寫譌。七命云「外無漏迹」，善引此「下無漏迹」爲注，於文義本不得作「滿」也。

〔一一〕注「舒疾無力」　案：「力」當作「方」。各本皆譌。

〔一二〕羆獠回邁　案：「羆」當作「罷」。袁本云善作「羆」。茶陵本云五臣作「罷」。各本所見皆傳寫譌，善亦不得作「羆」。

〔一三〕注「李充高安館銘曰」　陳云「充」當作「尤」。尤字伯仁，見范史文苑傳，是也。各本皆譌。

〔一四〕注「頫音俯」　袁本、茶陵本無此三字。

〔一五〕注「觀者澹予忘歸也」　陳云「予」、「兮」誤，是也。各本皆譌。

〔一六〕注「已而魚大食之」　袁本、茶陵本「魚大」作「大魚」，是也。

〔一七〕宴婉絶兮　陳云「宴」，「燕」誤。今案陳據注引毛詩作「燕」也，西征賦「宴喜」注，亦引毛詩作「燕」。或注有删削未全耳。

〔一八〕注「紉秋蘭爲佩」　袁本、茶陵本「爲」上有「兮」字。案：「兮」當作「以」，此尤延之欲校改而誤兩去其字也。

〔一九〕注「鄭人聽之不若延靈以和」　陳云「鄭」，「鄙」誤。「靈」，「露」誤，是也。各本皆譌。

〔二〇〕注「軒殿檻也」又「新語曰高臺百仞文軒彫窗也」　陳云「文軒猶彫軒耳」。「殿檻」之釋與「新語」一條，皆屬誤贅。今案：此注與中引尸子「文軒」義乖，陳説近之。但各本盡然，未審所誤果當若何也。

〔二一〕注「張衡應問曰」　陳云「問」，「閒」誤，是也。各本皆譌。

〔二二〕注「秦后來仕」　案：「后」下當有「子」字。各本皆脱。

〔二三〕注「左氏傳曰舊章不可忘也」　案：此十字不當有。上云「舊章已見東都主人」，複出，非也。各本皆衍。

〔二四〕注「則甘靈降」　袁本、茶陵本「靈」作「露」。案：二本正文作「露」。袁有校語云善作「靈」，茶陵無。尤所見與袁同，故用正文改注。其實「靈」字未必非傳寫誤，即正文作「甘靈」，注爲「甘露」，於善例自通，改者未是。

〔二五〕注「鳳皇鳴矣」　陳云下脱「於彼高岡」四字。案：所校是也。此必連引以注「於高岡」。各本皆脱。

〔二六〕注「漢書司馬相如」　袁本、茶陵本無此六字。

〔二七〕注「舉英奇於側陋」　袁本、茶陵本「側」作「仄」，下同。案：此尤所見與二本異，各本正文皆作「仄」，袁、茶陵不著校語。考東京賦「招有道於側陋」，薛注字同，善注引「明明揚側陋」。袁、茶陵二本正文亦作「仄」，仍不著校語。思玄賦「幽獨守此仄陋兮」，袁、茶陵作「側」，其校語云善作「仄」，善注引「明明揚仄陋」，恩倖傳論「明敭幽仄」，注及正文皆作「仄」。蓋尚書自有二本，作者或用「仄」，或用「側」，善隨而引之，後人輒有所改，致令正文與注有所歧互。

文選卷第三十五

七下　詔　册

七下

七命八首　張景陽

沖漠公子，含華隱曜。沖漠，沖虚恬漠也。范曄後漢書，孔融曰：南山四皓，潛光隱耀，世嘉其高也。嘉遯龍盤，翫世高蹈〔一〕。周易曰：嘉遯貞吉。尚書大傳曰：盤龍賁信越其藏〔二〕。鄭玄曰：蟠，屈也。左氏傳，齊人歌曰：魯人之皐，使我高蹈也。游心於浩然，玩志乎衆妙。莊子曰：乘物以游心。孟子曰：我善養吾浩然之氣。敢問何謂浩然之氣？曰：難言也。其爲氣也，至大至剛，以直養而無害，則塞于天地之間。老子曰：玄之又玄，衆妙之門。絶景乎大荒之遐阻，吞響乎幽山之窮奧。山海經曰：大荒之中，有山名曰大荒之山。日月所入，是謂大荒之野。毛詩曰：幽幽南山。奥，隱處也。於是殉華大夫〔三〕聞而造焉。殉，營也。華，浮華。乃勑雲輅，駗飛黃。東京賦曰：結飛雲之袷輅。淮南子曰：黄帝治天下，於是飛黄服皁。越奔沙，輾流霜。劉劭七華曰：超重淵，越流沙。凌扶摇之風，躡堅冰之津。莊子曰：摶扶摇而上者九萬里。司馬彪曰：扶摇，上行風也。列子曰：堅冰立散。旌拂霄堮，軌出蒼垠。許慎淮南子注曰：垠堮，端崖也。天清泠而無霞，野曠朗而無塵。臨重岫而攬轡，顧石室而迴輪。仲長子昌言曰：聞上古之隱士，或伏重岫之内，窟窮皐之底。列仙傳曰：赤松子常止西王母石室中。遂適沖漠之所居。爾雅曰：適，之也。其居也，峥嶸幽藹，蕭瑟虚玄。廣雅曰：峥嶸，深冥也。説文曰：玄，幽遠也。溟海渾濩涌其後，嶰谷㟼嶆張其前。十洲記曰：東王所居處，山外有員海，員海水色正黑，謂之溟海。説文曰：渾，流聲也，後衮切。又曰：濩，霤下貌也，胡郭切。漢書曰：取竹之嶰谷。音義曰：嶰谷，崑崙北谷名。㟼嶆，深空之貌也。嶰音解。㟼音牢。嶆音曹。尋竹竦莖蔭其壑，百籟羣鳴聾其山。山海經曰：大荒之中有岳山，尋竹生焉。郭璞曰：尋竹，大竹也。莊子曰：地籟則衆竅是也。聾其山，謂衆聲既喧，山爲之聾也。蒼頡篇曰：聾，耳不聞也。衝飈發而迴日，飛礫起而灑天。鹽鐵論曰：衝風飄鹵，沙石凝積。東京賦曰：飛礫雨散。於是登絶巘，遡長風。毛萇詩傳曰：巘，小山，别大山者也。薛綜西京賦注曰：遡，向風也〔四〕。陳辯惑之辭，命公子於巖中。論語，子張曰：敢問崇德辨惑。曰：「蓋聞聖人不卷道而背時，智士不遺身而匿迹。應瑒釋賓曰：聖人不違時而遯迹，賢者不背俗而遺功。七啓曰：感分遺身。楚辭曰：聊竄端匿迹也。生必耀華名於玉牒，没則勒洪伐於金册。東觀漢記曰：封禪其玉牒文祕。説文曰：牒，札也。陳琳韋端碑曰：撰勒洪伐，式昭德音。金册，已見西京賦。今公子違世陸沈，避地獨竄。陸沈，已見張景陽雜詩。孔安國尚書傳曰：違，避也。論語，子曰：賢者避世，其次避地。有生之歡滅，資父之義廢。漢書曰：夫人有生之最靈者也。孝經曰：資於事父以事君而敬同。愁洽百年，苦溢千歲。古詩曰：人生不滿百，常懷千歲憂。何異促鱗之游汀濘，短羽之棲翳薈。張升與任彦堅書曰：今將老弱處于窮澤，漸漬汀濘，當何聊賴？汀，吐冷切。説文曰：濘，絶小水也，奴冷切。孫子兵法曰：林木翳薈也。今將榮子以天人之大寶，悦子以縱性之至娱。周易曰：天地之大德曰生，聖人之大寶曰位。列子，楊朱曰：從性而游，不逆萬物所好。七啓曰：説游觀之至娱。窮地而游，中天而居。列子曰：穆王執化人之袪，騰而上者，中天乃止。傾四海之歡，殫九州之腴。説文曰：歡，喜樂也。又曰：腴，腹下肥者。西都賓曰：華實之毛，則九州之上腴焉。鑽屈轂之瓠，解疏屬之拘，子欲之乎？」言屈轂之瓠難鑽，疏屬之拘難解。今欲以辯而鑽解之也。韓子曰：齊有居士田仲者，宋人屈轂往見之，謂仲曰：轂有巨瓠，堅如石，厚而無竅，願效之先生。田仲曰：堅如石，不可剖而斲；厚而無竅，不可以受水漿。吾無用此瓠爲也。屈轂曰：然其棄物乎？曰：然。今先生雖不恃人之食，亦無益人之國矣。猶可棄之瓠也。田仲若有所失，慙而不對。山海經曰：二負〔五〕殺猰貐，帝乃梏之疏屬之山，桎其右足，及縛兩手。公子曰：「大夫不遺，來萃荒外。毛萇詩傳曰：萃，集也。雖在不敏，敬聽嘉話。」孝經曰：參不敏。説文曰：話，會合善言也。

大夫曰：「寒山之桐，出自太冥。楚辭曰：北有寒山，卓龍赩然。北方極陰，故曰太冥。含黄鍾以吐幹，據蒼岑而孤生。禮記曰：季夏之月，中央土，律中黄鍾之宫。尚書曰：嶧陽孤桐。孔安國曰：孤特生桐，中琴也。既乃瓊巘嶒崚，金岸崥崹。瓊巘，玉山也。魯靈光殿賦曰：冑崚嶒而龍鱗〔六〕。崥崹，漸平貌也。崥，步迷切。崹，徒奚切。左當風谷，右臨雲谿。上無淩虚之巢，下無跖實之蹊。淮南子曰：鳥排虚而飛，獸蹠實而走。高誘曰：實，地也。廣雅曰：蹠，履也。跖與蹠同。揺刖峻挺，茗邈苕嶢。揺刖，危貌也。茗邈，高貌也。茗，莫冷切。晞三春之溢露，遡九秋之鳴飇〔七〕。毛萇詩傳曰：晞，乾也。班固終南山賦曰：三春之季，孟夏之初。愬與遡同。已見上文。古樂府有歷九秋、妾薄相行。零雪寫其根〔八〕，霏霜封其條。毛萇詩傳曰：霏，雪貌也。霜亦雪類，故通言之。木既繁而後緑，草未素而先彫。傅毅七激曰：陽春後榮，涉秋先彫。於是構雲梯，陟峥嶸。墨子曰：公輸般爲雲梯，必取宋。長笛賦曰：構雲梯，抗浮柱。郭璞方言注曰：峥嶸，高峻也。剪蕤賓之陽柯，剖大吕之陰莖。禮記曰：仲夏之月，律中蕤賓。又曰：季冬之月，律中大吕。蒼頡篇曰：剖，析也。周禮曰：仲冬斬陽木，仲夏斬陰木。鄭玄曰：陽木生於山南，陰木生於山北也。營匠斲其樸，伶倫均其聲。營匠，未詳。莊子曰：匠石之齊，見櫟杜樹，觀者如市，匠伯不顧。司馬彪曰：石字伯。説文曰：斲，斫也。漢書曰：黄帝使伶倫取嶰谷之竹，斷兩節，間而吹之，以爲黄鍾之宮。制十二籥，以聽鳳皇之音，以比黄鍾之宮。器舉樂奏，促調高張。禮記曰：金石絲竹，樂之器也。楊雄解嘲曰〔九〕：絃者，高張急徽。音朗號鍾，韻清繞梁。楚辭曰：操伯牙之號鍾兮〔一〇〕，挾秦筝而彈徽。尸子曰：繞梁之鳴，許史鼓之，非不樂也。墨子以爲傷義，故不聽也。追逸響於八風，采奇律於歸昌。風俗通曰：聲所以五者，繫五行也；音所以八者，繫八風也。淮南子曰：律之初牛也，寫鳳之音。韓詩外傳曰：鳳舉曰上翔，集鳴曰歸昌。啓中黄之少宮，發蓐收之變商。中黄，土色。禮斗威儀曰：少宮主政。宋均曰：聲五而已，必加少宮、少商者，以君臣任重，爲設副也。劉向雅琴賦曰：彈少宮之際天，援中徵以及泉。禮記曰：孟秋之月，其神蓐收。淮南子曰：變宮生徵。變商生羽。若乃龍火西頹，暄氣初收。漢書曰：東宮蒼龍房心，心爲火，故曰龍火也。左氏傳曰：仲尼曰：火猶西流。禮記曰：仲秋陽氣日衰。飛霜迎節，高風送秋。桓麟七説曰：飛霜厲其末，猋風激其崖。李尤七歎曰：季秋末際，高風猋厲。羇旅懷土之徒，流宕百罹之疇。左氏傳，陳敬仲曰：羇旅之臣。論語曰：小人懷土。謝忱後漢書序曰：士庶流宕，他州異境。毛詩曰：我生之後，逢此百罹。撫促柱則酸鼻，揮危絃則涕流〔一一〕。舞賦曰：若絙瑟促柱。高唐賦曰：寒心酸鼻。廣雅曰：揮，動也。鄭玄論語注曰：危，高也。侯瑾筝賦曰：急絃促柱，變調改曲。陸機前緩歌行曰：大客揮高絃。意與此同也。若乃追清哇，赴嚴節。張衡舞賦曰：含清哇而吟咏。蒼頡曰〔一二〕：哇，謳也。嚴節，急節也。漢書曰：隤銅丸以擿鼓，聲中嚴鼓之節。奏渌水，吐白雪。淮南子曰：手會渌水之趍。高誘曰：渌水，古詩也。宋玉風賦曰〔一三〕：爲幽蘭白雪之曲。激楚迴，流風結。上林賦曰：激楚結風。文穎曰：激，衝，急風也。結風，迴風，亦急風也。楚地風氣既自漂疾，然歌樂者，猶復依激結之急風爲節也。悲蕢莢之朝落，悼望舒之夕缺。王逸曰：望舒，月御也。古詩曰：四五占兔缺。田俅子曰：堯爲天子，蓂莢生於庭，爲帝成歷。鄭玄詩箋曰：悼，傷也。楚辭曰：前望舒使先驅。煢嫠爲之擗摽，孀老爲之嗚咽。左氏傳，初，莒有婦人，莒子殺其夫，已爲嫠婦。杜預曰：寡婦爲嫠。毛詩曰：寤擗有摽。毛萇曰：擗，拊心貌。淮南子曰：童子不孤，婦人不孀。高誘曰：寡婦曰孀。王子拂纓而傾耳，六馬噓天而仰秣。列仙傳曰：王子喬，周靈王太子晉也。吹笙則鳳鳴。禮記曰：傾耳而聽之。孫卿子曰：昔者瓠巴鼓瑟，而鱏魚出聽。伯牙鼓琴，而六馬仰秣。黄伯仁龍馬賦曰：或有噓天慷慨，骨騰肉飛。說文曰：噓，吹噓，音虚。秣或爲蹀也。此蓋音曲之至妙。子豈能從我而聽之乎？」舞賦曰：天下之至妙。公子曰：「余病，未能也。」

大夫曰：「蘭宫祕宇，彫堂綺櫳。楚辭曰：彷徨兮蘭宫。魯靈光殿賦曰：乃立靈光之祕殿。説文曰：櫳，房室之疏也。雲屏爛汗，瓊壁青葱。禮記曰：疏屏，天子廟飾也。鄭玄曰：屏，謂之樹，刻之爲雲氣。王褒甘泉賦云：耀照形之玉壁。應門八襲，琁臺九重。毛詩曰：乃立應門。郭璞爾雅注曰：襲，猶重也。汲古文曰〔一四〕：桀作傾宫，飾瑶臺。韓子，箕子曰：紂必爲九重高臺也。表以百常之闕，圜以萬雉之墉。表，標也。百常，高也。西京賦曰：徑百常而莖擢。西都賦曰：建金城之萬雉。毛萇詩傳曰：墉，城也。爾乃嶢榭迎風，秀出中天。方言曰：嶢，高也。郭璞爾雅注曰：榭，臺上起屋也。曹子建七啓曰：迎清風而立觀。國語曰：秀出於衆。秀，出貌也。列子曰：周穆王築臺，號曰中天之臺。翠觀岑青，彫閣霞連〔一五〕。長翼臨雲，飛陛凌山。鄭玄禮記注曰：榮，屋翼也。魯靈光殿賦曰：飛陛揭孽，緣雲上征。望玉繩而結極，承倒景而開軒。春秋元命苞曰：玉衡北兩星爲玉繩。説文曰：極，棟也。陵陽子明經曰：倒景氣去地四千里，其景皆倒在下。軒，長廊之窗也。赬素炳焕，棼栱嵯峨。毛萇詩傳曰：赬，赤也。説文曰：棼，複屋棟也。棼與枌，古字通。陰虯負檐，陽馬承阿。虯，龍也。楚辭曰：仰觀刻桷畫龍虯〔一六〕。馬融梁將軍西第賦曰：騰極受檐，陽馬承阿。周書曰：明堂咸有四阿。錯以瑶英，鏤以金華。廣雅曰：錯，廁也。范子計然曰：玉英出藍田。劉欣期交州記曰：金華出珠崖。謂金有華彩也。方疏含秀，圓井吐葩。魯靈光殿賦曰：懸棟結阿，天窗綺疏。圓淵方井，反植荷蕖。張載曰：疏，刻鏤也。秀，謂華也。重殿疊起，交綺對幌。西京賦曰：交綺豁以疏寮。文字集略曰：幌以帛明窗也。幽堂晝密，明室夜朗。焦螟飛而風生，尺蠖動而成響。晏子春秋，景公問於晏子曰：天下有極細乎？對曰：東海有蟲，名曰焦螟。巢於蚊睫，飛乳去來，而蚊不覺。周易曰：尺蠖之屈，以求伸也。若乃目厭常玩，體倦帷幄。列子曰：聲色不可常玩聞。攜公子而雙游，時娱觀於林麓。曹大家列女傳注曰：竹木曰林，山足曰麓。登翠阜，臨丹谷。華草錦繁，飛采星燭。陽葉春青，陰條秋緑。華實代新，承意恣歡。仰折神虈，俯采朝蘭。本草經曰：白芷，一名虈。許妖切。遡蕙風於衡薄〔一七〕，眷椒塗於瑶壇。邊讓章華臺賦曰：蕙風春施。洛神賦曰：踐椒塗之郁烈，步衡薄而流芳。漢書曰：偏觀此，眺瑶堂。王逸楚辭注曰：壇，猶堂也。爾乃浮三翼，戲中沚。越絶書，伍子胥水戰兵法内經曰：大翼一艘，長十丈；中翼一艘，長九丈六尺；小翼一艘，長九丈。毛詩曰：宛在水中沚。潛鰓駭，驚翰起。蘇林漢書注曰：鰓，音魚鰓。今呼魚謂之鰓，猶呼車以爲軫也。鄭玄詩箋曰：翰，鳥中豪俊者也。沈絲結，飛矰理。毛詩曰：其釣維何，維絲伊緡。毛萇曰：緡，綸也。鄭玄曰：以絲爲之綸。周禮曰：矰矢用諸弋射。鄭玄曰：結繳於矢，謂之矰也。挂歸翮於赤霄之表，出華鱗於紫淵之裏。歸翮，鴻鴈之屬也。淮南子曰：夫鴻鵠，背負蒼天，膺摩赤霄。上林賦曰：紫淵徑其北。然後縱棹隨風，弭楫乘波。杜預左氏傳曰〔一八〕：縱，放也。毛萇詩傳曰：弭，止也。吹孤竹，拊雲和。周禮曰：孤竹之管，雲和之琴瑟。鄭玄曰：孤竹，竹特生者。雲和，山名。淵客唱淮南之曲，榜人奏采菱之歌。淵客，習水者也。吴都賦，淵客慷慨而泣珠。漢書曰：淮南鼓員四人。子虚賦曰：榜人歌。張揖曰：船長也。淮南子曰：歌采菱，發陽阿也。歌曰：乘鳧舟兮爲水嬉，穆天子傳曰：天子乘鳧舟。郭璞曰：舟爲鳧形制。今吴之青雀舫，此其遺象也。琴道，雍門周曰：水嬉則舫龍舟。臨芳洲兮拔靈芝〔一九〕。楚辭曰：采芳洲兮杜若。西京賦曰：擢靈芝之朱柯。樂以忘戚，游以卒時。論語，子曰：樂以忘憂。家語，孔子歌曰：優哉游哉，聊以卒歲。窮夜爲日，畢歲爲期。此蓋宴居之浩麗，子豈能從我而處之乎？」毛詩曰：或燕燕居息。浩，猶大也。公子曰：「余病，未能也。」

大夫曰：「若乃白商素節，月既授衣。周禮曰：西方白，禮記曰：孟秋之月，其音商。劉植與臨淄侯書曰：肅以素秋則落。毛詩曰：九月授衣。天凝地閉，風厲霜飛。凝，猶結也。禮記曰：仲冬之月，塗城闕，築囹圄，助天地之閉藏也。柔條夕勁，密葉晨稀。將因氣以效殺，臨金郊而講師。禮記曰：季冬之月，天子乃教於田獵。劉向尚書五行説曰：金，西方。萬物既成，殺氣之始也。故立秋出軍，行師西方爲金，故曰金郊也。國語，虢文公曰：三時務農，一時講武。爾乃列輕武，整戎剛。輕、武、戎、剛，四車名也。司馬彪續漢書曰：輕車，古之戰車也。不巾不蓋。韓子曰：管仲之始治也〔一〇〕，桓公武車。元戎，已見上文。輕武，卒名也。戎剛，車名也。東京賦總輕武於後陳，奏嚴鼓之嘈囐〔一一〕。漢書曰：衛青令武剛車環爲營〔一二〕。張晏曰：兵車也。建雲髦，啓雄芒。雲髦，雲旆竿上施旄也。上林賦曰：連雲旆。髦與旄，古字通。子虚賦曰：建干將之雄戟。芒，鋒刃也。漢書，賈誼曰：解十二牛而芒刃不頓。駕紅陽之飛燕，驂唐公之驌驦。紅陽、飛燕，未詳。或曰：駿馬圖有含陽、侯驃，疑含即紅聲之誤也。左氏傳曰：唐成公有兩驌驦馬。馬融曰：驌驦，鴈也，馬似之。屯羽隊於外林，縱輕翼於中荒。羽隊，士負羽而爲隊也。羽獵賦曰：蒙盾負羽而羅者以萬計。翼，左右甄也。越絶書曰：子胥兵分爲兩翼，夜火相望。爾乃布飛羉，或云，飛羅〔一三〕，盧端切。張脩罠。爾雅曰：毚罟謂之羉。或作罠，音旻。夫〔一四〕然羉，罠一以爲對，恐互體。廣雅曰：罠，兔罟也〔一五〕。劉逵吴都賦注曰：罠，麋網也。然張氏之意，蓋同劉説。羉或爲羅。陵黄岑，挂青巒。爾雅曰：巒，隋也。郭璞曰：山隋長者，荆州謂之巒。畫長谿以爲限〔一六〕，帶流谿以爲關。既乃内無疏蹊，外無漏迹。廣雅曰：疏，通也。七啓曰：下無漏迹，上無逸飛。叩鉦數校〔一七〕，舉麾旌獲。周禮曰：鼓鉦鳴鐲車皆行。鄭玄曰：鐲，鉦也。散爲陣列而行也。漢書曰：大校獵。如淳曰：合軍聚衆，有幡校也。周禮曰：建大麾以田。鄭玄曰：不在九旗之中。周禮曰：服不氏，射則贊張侯，以旌居乏而待獲。鄭玄曰：待獲射者〔一八〕，舉旌以獲也。彀金機。馳鳴鏑。説文曰：彀，張弓弩。機，弩牙也，以金爲之。漢書曰：冒頓乃作爲鳴鏑。音義曰：箭，鏑也。如今鳴箭是也。

剪剛豪，落勁翮。車騎競鶩，騈武齊轍。說文曰：鶩，亂馳也。騈，並也。毛萇詩傳曰：武，迹也。杜預左氏傳注曰：轍，車迹也。翕忽揮霍，雲迴風烈〔二九〕。孫卿子曰：下之和上，譬猶響之應聲，影之隨形。舉戈林竦，揮鋒電滅。東京賦曰：戈矛若林。廣雅曰：竦，立也。仰傾雲巢，俯殫地穴。周禮，有穴氏。鄭玄曰：穴，搏蟄獸所藏者也。乃有圓文之豜，班題之豵。毛萇詩傳曰：豕一歲曰豜。又鄭玄曰：豕生三子曰豵。然此豜、豵，指諸獸，不專論豕也。鼓鬣風生，怒目電瞛。瞛，光也，七從切。口齩霜刃，足撥飛鋒。說文曰：齩，齧骨也，胡狡切。廣雅曰：撥，除也，補達切。鼿林蹶石〔三〇〕，扣跋幽叢。鼿，以鼻搖動也，五忽切。郭璞爾雅注曰：蹶，動搖之貌也，居月切。孔安國論語注曰：扣，擊也。毛萇詩傳曰：跋，躐也。扣跋，或謂却伏也。於是飛黃奮鋭，賁石逞技。史記曰：蜚廉〔三一〕以材力事殷紂。尸子，中黃伯曰：余左執太行之獶，而右搏雕虎。說苑曰：勇士孟賁，水行不避蛟龍，陸行不避虎狼。吳越春秋曰：夫差使王孫聖占夢，聖曰：占之不吉。王怒，使力士石蕃以鐵椎椎殺聖。張華博物志曰：石蕃，衞臣也。背負千二百斗沙。蹙封豨，僨馮豕。淮南子曰：伍胥曰〔三二〕：吳爲封豨脩蛇。小雅曰：封，大也。方言曰：南楚人謂豬爲豨。爾雅曰：僨，僵也，甫運切。僨或爲攢，非也。王逸楚辭注曰：馮，大也。拉甝虪，挫獬廌。爾雅曰：甝，白虎。虪，黑虎。張揖漢書注曰：獬廌，似鹿而一角也。勾爪摧，鋸牙捭。淮南子曰：勾爪、鋸牙，於是摯矣。說文曰：捭，兩手擊也，補買切。瀾漫狼藉，傾榛倒壑。說文曰：草編狼藉也。殪㱖挂山，僵踣掩澤。鄭玄周禮注曰：四足死者曰㱖。爾雅曰：僵，仆也。郭璞爾雅注曰：踣，前覆也。張揖上林賦注曰：掩，覆也。藪爲毛林，隰爲丹薄。鄭玄周禮注曰：澤無水曰藪也。廣雅曰：草叢生曰薄。於是撤圍頓罔，卷旆收鳶。鄭玄禮儀注曰〔三三〕：撤，除也。頓，猶捨也。禮記曰：前有塵埃，則載鳴鳶。虞人數獸，林衡計鮮。周禮有虞人，又有林衡。孔安國尚書傳曰：鳥獸新殺曰鮮。論最犒勤，息馬韜弦。張晏漢書注，最，功第一也。西京賦曰：犒勤賞功。杜預左氏傳注曰：犒，勞也。又曰：韜，藏也。肴駟連鑣，酒駕方軒。説文曰：鑣，馬銜也。西京賦曰：酒車酌醴，方駕授饗。千鐘電釂，萬燧星繁。孔叢子曰：堯飲千鐘。西京賦曰：升觴舉燧，既釂鳴鍾。説文曰：釂，飲酒盡也。陵阜霑流膏，谿谷厭芳煙。歡極樂殫，迴節而旋。鄭玄周禮注曰：節，信也。行者所執之信也。此亦田游之壯觀，子豈能從我而爲之乎？」封禪文曰：天下之壯觀。

公子曰：「余病，未能也。」

大夫曰：「楚之陽劍，歐冶所營。越絶書曰：楚王召風胡子而問之曰：寡人聞吴有干將，越有歐冶子，寡人願齎邦之重寶，請此二人作爲鐵劍，可乎？於是風胡子之吴，見歐冶、干將，使之作鐵劍三枚，一曰龍淵；二曰太阿；三曰工市。陽劍，見下文。邪谿之鋌，赤山之精。越絶書曰：越王勾踐有寶劍五，聞於天下。客有能相劍者，名曰薛燭，王召而問之，對曰：當造此劍之時，赤堇之山破而出錫，若耶之溪涸而出銅。許慎淮南子注曰：鋌，銅鐵璞也，徒鼎切。精，謂其中尤善者。銷踰羊頭，鏷越鍛成。淮南子曰：苗山之鋌，羊頭之銷，雖水斷龍髯，陸剸兕甲，莫之服帶。許慎曰：銷，生鐵也。高誘曰：苗山利金，所出羊頭之銷，白羊子刀也。鏷，或謂爲鏷〔三四〕。廣雅曰：鏷，鋌也。謝承後漢書曰：孝章皇帝賜諸尚書劍，手自署姓名，尚書陳寵濟南鍛成。蒼頡書曰：

鍛，椎也。乃鍊乃鑠，萬辟千灌。説文曰：煉，冶金也。賈逵國語注曰：鑠，銷也。説文曰：銷，鑠金也。辟，謂疊之。灌，謂鑄之。典論曰：魏太子丕造百辟寶劍，長四尺。王粲刀銘曰：灌辟以數，質象以呈。豐隆奮椎，飛廉扇炭。越絶書，薛燭曰：當造此劍之時，雨師灑掃，雷公擊橐，蛟龍捧爐，天帝裝炭。思玄賦注曰：豐隆，雷公也。王逸楚辭注曰：飛廉，風伯也。神器化成，陽文陰縵。吴越春秋曰：干將者，吴人。造劍二枚，一曰干將，二曰莫耶。莫耶者，干將之妻名也。干將曰：吾師之作冶也，金鐵之類不銷，夫妻俱入冶爐之中。莫耶曰：先師親爍身以成物，妾何難也。於是干將夫妻乃斷髮揃爪，投之爐中，使童女三百鼓橐裝炭，金鐵乃濡，遂以成劍。陽曰干將，而作龜文；陰曰莫耶，而漫理。干將匿其陽，出其陰而獻之闔閭。闔閭甚重之。流綺星連，浮綵豔發。綺，光色也。越絶書曰：王取純鈞。薛燭觀其釧爛如列星之行。典論曰：太子丕劍銘曰：流采色，似采虹。釧，齒掾切。光如散電，質如耀雪。莊子曰：此劍一用，如雷霆之震也〔三五〕。魏文帝大牆上蒿行曰：我帶長寶劍，光白如積雪。霜鍔水凝，冰刃露潔。典論曰：魏太子丕造素質，堅而似霜。造匕首，理似堅冰。聲類曰：鍔，刀刃也。字書曰：凝，冰之潔也。越絶書曰：王取純鈞，薛燭觀其光，如水之溢於塘；觀其文，煥煥如冰之將釋。形冠豪曹，名珍巨闕。越絶書曰：越王取豪曹，薛燭曰：豪曹非寶劍也。夫寶劍五色並見，莫能相勝，曹已擅名矣，非寶劍也。王取巨闕，曰：非寶劍也。夫寶劍者，金錫和銅而不離，今巨闕已離矣，非寶劍也。指鄭則三軍白首，麾晉則千里流血。越絶書曰：楚王作鐵劍三枚，晉、鄭聞而求之，不得。興師圍楚之城，三年不解。於是楚引太阿之劍，登城而麾之，三軍破敗，士卒迷惑，流血千里，晉、鄭之軍頭畢白也。豈徒水截蛟鴻，陸灑奔駟，韓非子曰：負長劍，赴榛薄，折兕豹，赴深淵，斷蛟龍。戰國策曰：蘇秦曰：韓卒之劍，水擊鴻鴈。越絶書曰：勾踐示薛燭巨闕曰：吾坐露壇之宫，有駟駕白鹿而過者，車奔馬騰，吾引劍而指之，駟駕上飛揚，不知其絶也。斷浮翮以爲工，絶重甲而稱利云爾而已哉！浮翮，鴻鴈也，已見上注。史記，蘇秦説韓王曰：韓卒之劍，當敵則斬堅甲。若其靈寶，則舒辟無方，奇鋒異模。説文曰：舒，申也。晉灼漢書注曰：方，常也。鄭玄毛詩箋曰：模，法也。形震薛蜀，光駭風胡。越絶書爲燭，吴越春秋爲蜀。蓋一人也。價兼三鄉，聲貴二都。越絶書：勾踐示薛燭純鈞曰：客有買之者，有市之鄉二，駿馬千匹，千户之都二，可乎？薛燭曰：雖傾城量金，珠玉滿河，猶不得此一物，況有市之鄉二，駿馬千匹，千户之都二，何足言哉！然實二鄉，而云三者，避下文也。或馳名傾秦，或夜飛去吴。越絶書曰：闔廬無道，湛盧之劍去之入水。行湊楚，楚王卧而設湛盧之劍也。秦王聞而求之，不得，興師擊楚，曰：與我湛盧之劍，還師去汝。楚王不與。是以功冠萬載，威曜無窮。揮之者無前，擁之者身雄。説文曰：揮，奮也。漢書，元后詔曰：奮無前之威。可以從服九國，横制八戎。過秦曰：秦人開關延敵，九國之師遁逃而不敢進。史記，趙良曰：五羖大夫相秦，施德諸侯，而八戎來服。爪牙景附，函夏承風。毛詩曰：祈父，予王之爪牙。崔琰大將軍夫人寇氏誄曰：英雄景附。楊雄河東賦曰：函夏之大漢。家語，孔子曰：舜之爲君，四海承風。此蓋希世之神兵，子豈能從我而服之乎？」魯靈光殿賦曰：邈希世而特出。公子曰：「余病，未能也。」

大夫曰：「天驥之駿，逸態超越。天驥，天馬也。驥或爲機。傅玄乘輿馬賦曰：九方不能測其天機。列子，伯樂曰：九方皐之所觀天機也。稟氣靈淵，受精皎月。孔安國尚書傳曰：稟，受也。遯甲開山圖曰：隴西神馬山有淵池，龍馬所生。春秋考異郵曰：地生月精爲馬。月數十二，故馬十二月而生。眸瞷黑照，玄采紺發。趙岐孟子注曰：眸，目瞳子也。説文曰：瞷，戴目也，音閑。説文曰：紺，深青而赤色。沫如揮紅，汗如振血。漢書，天馬歌曰：霑赤汗，沫流赭。應劭曰：大宛馬，汗血霑濡也。流沫如赭也。韓康伯周易注曰：揮，散也。薛君韓詩章句曰：振，猶奮也。秦青不能識其衆尺，方堙不能覩其若滅。吕氏春秋曰：古者善相馬者，管青相脣吻，秦牙相前，皆天下良士也。若趙之王良，秦之伯樂、九方堙，尤盡其妙矣。相馬經曰：夫法千里馬，有三十六尺四寸。列子，伯樂曰：天馬者，若滅若没，若亡若失。若此者，絶塵弭轍。爾乃巾雲軒，踐朝霧。鄭玄周禮注曰：巾，猶衣也。雲軒，已見上。赴春衢，整秋御。秋御，秋駕也。司馬彪莊子注曰：秋駕，法駕也。虯踊螭騰，麟超龍翥。甘泉賦曰：駟蒼螭兮六素虯。劉梁七舉曰：天馬之號，出自西域。纖阿爲右，御以術儀；攬轡舒節，凌雲先螭。尸子曰：馬有騏驎徑駿。南都賦曰：馬鹿超而龍駿。望山載奔，視林載赴。氣盛怒發，星飛電駭。李尤七嘆曰：神奔電驅，星流矢驚，則莫若益野騰駒也〔三六〕。志凌九州，勢越四海。景不及形，塵不暇起。劉廣世七興曰：駿騏之馬，影不及形，塵不暇興也。浮箭未移，再踐千里。浮箭，謂漏刻也。爾乃踰天垠，越地隔。過汗漫之所不游，躡章亥之所未迹。淮南子，若士曰：吾與汗漫，期於九垓之上。若士舉臂竦身而遂入雲中。又曰：禹乃使大章步自東極，至於西極，二億三萬三千五百里七十步；使豎亥步自北極，至於南極，二億三萬三千五百七十里。陽烏爲之頓羽，夸父爲之投策。春秋元命苞曰：陽成於三，故日中有三足烏，烏者陽精。山海經曰：夸父與日競走，渴飲河、渭，河、渭不足，北飲大澤，未至，道渴而死。弃其杖爲鄧林。斯蓋天下之雋乘，子豈能從我而御之乎〔三七〕？」公子曰：「余病，未能也。」

大夫曰：「大梁之黍，瓊山之禾，大梁黍，未詳。瓊山禾，即崑崙之山木禾。山海經曰：崑崙之上，有木禾，長五尋，大五圍。唐稷播其根，農帝嘗其華。尚書，帝曰：汝后稷，播時百穀。賈誼曰：神農嘗百草之實，教人食穀者也。爾乃六禽殊珍，四膳異肴。周禮曰：庖人掌共六禽。鄭司農注曰：鴈、鶉、鷃、雉、鳩、鴿。禮記曰：孟春食麥與羊，孟夏食菽與雞，孟秋食麻與犬，孟冬食黍與彘。窮海之錯，極陸之毛。尚書曰：海物惟錯。禮記曰：加豆，陸産也。穀梁傳曰：凡地之所生，謂之毛。伊公爨鼎，庖子揮刀。伊公，伊尹也。韋昭漢書注曰：爨，灼也。庖子，庖丁也。味重九沸，和兼勺藥。呂氏春秋，伊尹説湯曰：凡味之本，水最爲始。五味三和，九沸九變，爲火之紀。高誘曰：紀，節也。味待火然後成，故曰火爲之節也。文穎上林賦注曰：勺藥，五味之和。晨梟露鵠，霜鶂黄雀。説苑曰：魏文侯嗜晨梟。霜露降，鵠鶂美。南都賦曰：歸鴈鳴鶂。楚辭曰：煎鰿臛雀〔三八〕。王逸曰：臛，黄雀也。圜案星亂，方丈華錯。鹽鐵論曰：垂拱持案食者，不知蹠耒躬耕者之勤也。墨子曰：美食方丈，目不能偏視，口未能偏味也。列女傳曰：方丈於前，所甘不過一肉也。封熊之蹯，翰音之跖。左氏傳曰：晉靈公宰夫胹熊蹯不熟。禮記曰：雞曰翰音。呂氏春秋曰：善學者，若齊王之食雞也。食其跖數千，而後足也。鷰髀猩脣，髦殘象白。呂氏春秋，伊尹説湯曰：肉之美者，雋鷰之髀。

孫炎爾雅注曰：嶲，胡圭切。説文曰：髀，股外也，裨爾切。吕氏春秋，伊尹曰：肉之美者，猩猩之脣，髦象之約。高誘曰：髦，髦牛也，在西方。象，象獸也，在南方。取其遠方物之美也〔三九〕。髦象之肉美，貴異味也。殘、白，蓋煮肉之異名也。崔駰博徒論曰：鸛臛羊殘，炙鴈煮鳧。靈淵之龜，萊黄之鮐。七啓曰：寒方苓之巢龜〔四〇〕。鹽鐵論曰：江湖之魚，萊、黄之鮐，不可勝也。漢書，東萊郡有黄縣。説文曰：鮐，海魚也，待來切。丹穴之鷚，玄豹之胎。山海經曰：丹穴之山有鳥焉，其狀如鶴，五采，名曰鳳。説文曰：鷚，鳥大鶵鷚〔四一〕。列女傳，陶荅子妻曰：南山有玄豹。六韜曰：殷君玉杯象箸，不盛菽藿之羹，必將熊蹯豹胎也。燀以秋橙，酟以春梅。左氏傳，晏子曰：和如羹焉，水火醯醢鹽梅，以烹魚肉，燀之以薪。杜預曰：燀，炊之也。博物志曰：橙，似橘而非，若柚而有芬香。劉梁七舉曰：酟以醯醓，和以密飴。廣雅曰：沾，溢也。酟與沾同也，他兼切。尚書曰：若作和羹。爾惟鹽梅。接以商王之箸，承以帝辛之杯。商王、帝辛，皆謂紂也。史記曰：帝乙崩，子辛立，是爲帝辛，天下謂之紂。六韜曰：殷君陳玉杯象箸。韓子曰：紂爲象箸。箕子曰：象箸玉杯，不盛菽藿者也。范公之鱗，出自九溪。陶朱公養魚經曰：威王聘朱公，問之曰：公家累億金，何術乎？朱公曰：夫爲生之法五，水畜第一。所謂水畜者，魚池也。以六畝地爲池，池中有九洲，即求懷子鯉魚，以二月上旬庚日内池中。養鯉者，鯉不相食，易長又貴也。赬尾丹鰓，紫翼青鬐。毛詩曰：魴魚赬尾。丹鰓，已見上文。上林賦曰：揵鬐掉尾，振鱗奮翼。爾乃命支離，飛霜鍔。莊子曰：朱泙漫學屠龍於支離益，殫千金之家，三年技成，而無所用其巧。司馬彪曰：朱，姓也；泙漫，名也。益，人名也。泙，普彭切。霜鍔，已見上文。紅肌綺散，素膚雪落。七啓曰：玄熊素膚。又曰：離若散雪。妻子之豪不能廁其細，秋蟬之翼不足擬其薄。孟子曰：離婁者，古明目者也。能視百步之外，見秋毫之末。楚辭曰：蟬翼爲重。繁肴既闋，亦有寒羞。蒼頡篇曰：闋，訖也。周禮曰：朝事之籩。鄭司農曰：朝事，謂清朝未食，先進寒具口實之籩也。商山之果，漢皋之榛。漢書曰：四人者，秦之世，避而入商雒深山。已見西都賦。漢皋，已見南都賦。韓詩外傳曰：鄭交甫遵彼漢皋臺下〔四二〕。郭璞上林賦注曰：榛，亦橘之類也，音溱，或曰榛〔四三〕。析龍眼之房，剖椰子之殼。劉淵林吴都賦注曰：龍眼如荔枝而小，味甘。又曰：椰樹似檳榔，實大如瓠，裹有汁，美如蜜，核可作飲器，殼即核也。凡物内盛者皆謂之殼，苦角切，協韻，苦豆切。芳旨萬選，承意代奏。鄭玄周禮注曰：選，擇也。孔安國尚書傳曰：奏，進也。乃有荆南烏程，豫北竹葉。盛弘之荆州記曰：淥水出豫章康樂縣，其間烏程鄉，有酒官取水爲酒，酒極甘美，與湘東酃湖酒，年常獻之，世稱酃淥酒。吴地理志曰〔四四〕：吴興烏程縣，酒有名。張華輕薄篇曰：蒼梧竹葉清，宜城九醞酒。浮蟻星沸，飛華蓱接。南都賦曰：醪敷徑寸，浮蟻如蓱。玄石嘗其味，儀氏進其法。博物志曰：玄石從中山酒家酤酒，酒家與之千日之酒。戰國策，魯君曰：昔帝女儀狄作酒而美，進之於禹也。傾罍一朝，可以流湎千日。薛君韓詩章句曰：齊顔色，均衆寡，謂之流。閉門不出客，謂之湎。漢書，谷永曰：流湎媟嫚。千日，已見上文。單醪投川，可使三軍告捷。黄石公記曰：昔良將之用兵也，人有饋一簞之醪，投河，令衆迎流而飲之。夫一簞之醪，不味一河，而三軍思爲致死者，以滋味及之也。斯人神之所歆羨，觀聽之所煒曄也。毛詩曰：帝謂文王，無然歆羨。説文曰：歆，神食氣也。方言曰：煒，盛也。郭璞曰：暐曄，盛貌也。子豈能强起而御之乎？」公子曰：「耽口爽之饌〔四五〕，甘腊毒之味。老子曰：五味令人口爽。廣雅曰：爽，傷也。國語，單襄公謂魯成公曰：高位寔疾顛；厚味寔腊毒。賈逵曰：顛，隕也。腊，久也。言味厚者，其毒久。服腐腸之藥，御亡國之器。呂氏春秋曰：肥肉厚酒，以務相彊，命曰爛腸之食，亡國之器。象箸、玉杯，已見上文。雖子大夫之所榮，故亦吾人之所畏。余病，未能也。」

大夫曰：「蓋有晉之融皇風也，金華啓徵，大人有作。杜預左氏傳注曰：融，朗也。晉爲金德，故曰金華。周易曰：利見大人。又曰：聖人作，而萬物覩。繼明代照，配天光宅。周易曰：明兩作離，大人以繼明照于四方。毛詩序曰：思文后稷，配天也。尚書序曰：昔在帝堯，光宅天下。其基德也，隆於姬公之處岐。姬公，文王也。國語曰：太上基德，十五王而始平之。孟子曰：昔文王之治岐也，仕者世禄〔四六〕。王處岐，已見思玄賦。其垂仁也，富乎有殷之在亳。尚書，仲虺曰：惟王克寬克仁，彰信兆民。孔安國曰：言湯有寬仁之德。尚書曰〔四七〕：湯既黜夏命，復歸於亳。南箕之風，不能暢其化。離畢之雲，無以豐其澤。尚書曰：星有好風，星有好雨。春秋緯曰：月失其行，離於箕者風；離於畢者雨。皇道煥炳，帝載緝熙。景福殿賦曰：樂我皇道。尚書，舜曰：有能奮庸，熙帝之載。詩曰：維清緝熙，文王之典。導氣以樂，宣德以詩。呂氏春秋曰：陶唐氏之化，陰多滯伏，陽道壅塞，人氣鬱閼，筋骨攣縮，作舞宣導之。國語曰：王將鑄無射，問律於泠州鳩，對曰：律，所以立均度，所以宣布哲人之令德，示民軌儀也。教清於雲官之世，治穆乎鳥紀之時。左氏傳曰：郯子來朝，公與之宴。昭子問焉，曰：少皞氏鳥名，何故也？郯子曰：昔者黃帝氏以雲紀，故爲雲師而雲名。我高祖少皞摯之立也，鳳鳥適至，故以鳥紀，爲鳥師而鳥名也。王猷四塞，函夏謐寧。毛詩曰：王猶允塞。猶與猷同，已見上文。爾雅曰：謐，寧也。丹冥投烽，青徼釋警。丹，南方朱冥也。楚辭曰：歷祝融於朱冥。王逸曰：朱冥之野也。青徼，東方也。呂氏春秋曰：禹東至青羌之野，南至交阯、丹粟。范曄後漢書，遼東徼外貊人寇右北平。張揖漢書注曰：徼，塞也。以木柵水中，爲夷狄之界也。却馬於糞車之轅，銘德於昆吳之鼎。老子曰：天下有道，却走馬以糞。王弼曰：天下有道，脩於内而已。故却走馬以糞田。東京賦曰：却走馬以糞車。墨子曰：昔夏開使飛廉採金於山，以鑄鼎於昆吳。蔡邕銘論曰：吕尚作周太師而封齊，其功銘於昆吾之冶也。羣萌反素，時文載郁。素，樸素也。東京賦曰：遵節儉，尚素樸。論語，子曰：周監於二代，郁郁乎文哉。耕父推畔，魚豎讓陸。文子曰：黄帝之化天下，田者讓畔。淮南子曰：黄帝化天下，漁者不争坻。樵夫恥危冠之飾，輿臺笑短後之服。長楊賦曰：士有不談王道者，即樵夫笑之。韓非子曰：解其長劍，免其危冠。左氏傳曰：人有十等，皁臣僕，僕臣臺。莊子，魏太子謂莊周曰：吾王所見，唯劍士短後之服。王乃説之也。六合時邕，巍巍蕩蕩。吕氏春秋曰：神通乎六合。尚書曰：黎民於變時雍。論語，子曰：大哉堯之爲君，蕩蕩乎民無能名焉；巍巍乎其有成功也。玄齠巷歌，黄髮擊壤。埤蒼曰：髫，髮也。髫與齠，古字通也，大聊切。列子曰：堯理天下，乃微服游康衢，聞兒童謡曰：立找蒸民，莫匪爾極；不識不知，順帝之則。毛詩曰：黄髮台背。爾雅曰：黄髮，壽也。論衡曰：堯時天下大和，百姓無事，有五十之人擊壤於塗也。解羲皇之繩，錯陶唐之象。周易曰：上古結繩而治。尚書大傳曰：唐、虞之象刑，赭衣不純；中刑雜屨，下刑墨幪。幪音蒙也。若乃華裔之夷，流荒之貊。左氏傳，孔子曰：裔不謀夏，夷不亂華。尚書曰：五百里荒服。又曰：二百里流。孔安國曰：要服之外，五百里也。周書曰：四夷九貊。孔晁曰：貊，夷之別也。語不傳於輶軒，地不被乎正朔。風俗通曰：秦周常以八月輶軒使，採異代方言，藏之秘府。春秋説題辭曰：蠻服流遠，正朔不及，盛德則感越裳重譯至也。莫不駿奔稽顙，委質重譯。毛詩曰：駿奔走在廟。喻巴蜀曰：稽顙來享。禮記曰：拜而後稽顙。左氏傳，狐突曰：策名委質，貳乃辟也。重譯，見上文。于時昆蚑感惠，無思不擾。毛詩序曰：文王德及鳥獸昆蟲焉。説文云：蚑，行也。凡生之類，行皆蚑也。毛詩曰：無思不服。應劭漢書注曰：擾，馴也。苑戲九尾之禽，囿棲三足之烏〔四八〕。春秋元命苞曰：天命文王以九尾狐。白虎通曰：禽者何，鳥獸之總名。明爲人所禽制也。典引曰：三足軒翥於茂林。蔡邕曰：烏，反哺之鳥，至孝之應也。鳴鳳在林，夥於黄帝之園。禮瑞命記曰：黄帝服黄服，戴黄冠，齋于宮，鳳乃蔽日而來，止帝園，食竹實，棲帝梧桐，終不去。漢書曰：楚人謂多爲夥。有龍游淵，盈於孔甲之沼。左氏傳，蔡墨曰：有夏孔甲，擾于有帝，帝賜之乘龍，河漢各二，各有雌雄也。杜預曰：孔甲，少康之後，九世之君也。萬物烟熅，天地交泰。周易曰：天地絪緼，萬物化醇。又曰：天地交泰。義懷靡内，化感無外。莊子，偏謂周曰：吾知道近乎無内，遠乎無外。林無被褐，山無韋帶。老子曰：聖人被褐懷玉。漢書，賈山上疏曰：夫布衣韋帶之士，脩身於内，成名於外。皆象刻於百工，兆發乎靈蔡。尚書曰：高宗夢得説，使百工營求諸野。乃審象旁求於天下。孔安國曰：審所夢之人，刻其形象也。史記曰：呂尚年老矣，以漁釣奸周。西伯將畋，卜之曰：所獲霸王之輔。於是西伯獵，果遇太公。論語，子曰：臧文仲居蔡。鄭玄曰：蔡，謂國君之守龜也。搢紳濟濟，軒冕藹藹。封禪書曰：因雜搢紳先生之略術。毛萇詩傳曰：濟濟，多威儀也。管子曰：先王制軒冕，足以著貴賤。廣雅曰：藹藹，盛也。功與造化爭流，德與二儀比大。」淮南子曰：大丈夫無爲，與造化逍遥。周易曰：易有太極，是生兩儀。嚴君平老子指歸曰：功與造化爭流，德與天地齊光。言未終，公子蹶然而興，莊子曰：黄帝問廣成子，廣成子蹶然而起。司馬彪曰：蹶，疾起貌。曰：「鄙夫固陋，守此狂狷。鄙夫，已見西征賦。司馬遷書曰：請略陳固陋。論語，子曰：不得中行而與之，必也狂狷乎？狂者進取，狷者有所不爲也。蓋理有毁之，而爭寶之訟解；莊子曰：庚市子肩之毁玉也。淮南子莊子後解曰：庚市子，聖人無慾者也。人有爭財相鬬者，庚市子毁玉於其間，而鬬者止。言有怒之，而齊王之疾痊。呂氏春秋曰：齊閔王病痟，往宋迎文摯。文摯視王疾，謂太子曰：王病得怒當愈。愈則殺摯，如何？太子曰：臣當與母共請於王，必不殺子矣。摯往，不解屨，登牀履衣，問王之疾，王怒，叱而起，病即瘳。將生烹文摯，太子與后請不得，遂烹文摯。司馬彪莊子注曰：痊，除也。向子誘我以聾耳之樂，棲我以蔀家之屋。老子曰：五音令人耳聾。周易曰：豐其屋，蔀其家。覆曖障光之物也。既豐其屋，又覆其家，屋厚家覆，闇之甚也。田游馳蕩，利刃駿足。既老氏之攸戒，非吾人之所欲。故靡得應子〔四九〕。老子曰：馳騁田獵，令人心發狂。至聞皇風載韙，時聖道醇。杜預左氏傳注曰：韙，是也，于匪切。尚書曰：政事惟醇。孔安國曰：醇，粹也。舉實爲秋，摛藻爲春。韓詩外傳曰：魏文侯之時，子質仕而獲罪，謂簡主，吾不復樹德。簡主曰：夫春樹桃李，夏以得蔭其下，秋得食其實。今子樹其非人也。答賓戲曰：摛藻如春華。下有可封之民，上有大哉之君。尚書大傳曰：周人可比屋而封。論語，子曰：大哉堯之爲君，惟天爲大，惟堯則之。民或爲屋。余雖不敏，請尋後塵。」論語，顔回曰：回雖不敏，請事斯語。應瑗與桓元則書曰：敢不策馳，敬尋後塵。

文選考異

〔一〕翫世高蹈　何校云「翫」，晉書作「超」。案：「翫」字非也。茶陵本云五臣作「越」。袁本云善作「翫」。此必欲改下文「玩志乎衆妙」之「玩」爲「翫」，誤以當此處。各本校語，皆據所見而不察也。但善作「越」之與作「超」，無明文以決之。

〔二〕注「盤龍賁信越其藏」　袁本、茶陵本「盤」作「蟠」，「越」作「於」。案：二本是也。正文作「盤」，疑注更有「盤」、「蟠」異同之語，删削不全。三國名臣序贊「初九龍盤」注引方言「蟠龍」，亦如此。蜀都賦「潛龍蟠於沮澤」，用字不同也。晉書作「蟠」，何、陳校改正文。考此篇善未必與晉書同。下「聾其山」，彼作「籠乘鳧」；「舟」，彼作「鵜」，與注不合，最爲顯證。今各依其舊，亦不盡出。

〔三〕於是殉華大夫　袁本、茶陵本「殉」作「徇」，注同。案：此蓋尤校改爲「殉」。晉書作「殉」，但善未必同彼也。

〔四〕注「遡向風也」　袁本、茶陵本無「風」字，是也。

〔五〕注「山海經曰二負」　袁本、茶陵本「二」作「貳」，是也。

〔六〕注「㠟崚嶒而龍鱗」　袁本、茶陵本「崚嶒」作「繒綾」。案：二本是也，尤誤改之，説詳前。鍾山詩「崚嶒起青嶂」下晉書作「層陵」。

〔七〕遡九秋之鳴飇　案：「遡」當作「愬」。注云「愬」與「遡」同。若正文作「遡」，不當有此注。蓋五臣改爲「遡」，各本所見亂之。晉書上文「遡長風」及此皆作「愬」，下文「遡惠風於蘅薄」亦然，疑善皆作「愬」也。月賦「愬皓月而長歌」，西京賦「咸遡風而欲翔」，張載魏都賦注引作「愬」，皆可互證。

〔八〕零雪寫其根　茶陵本云五臣作「零」。袁本云善作「雲」。案：「雲」但傳寫誤，此尤校改也。晉書作「雰」。

〔九〕注「楊雄解嘲曰」　袁本、茶陵本「嘲」作「難」。案：「難」字是也。解難亦載本傳，與解嘲迥不相涉，不知者誤改耳。

〔一〇〕注「操伯牙之號鍾兮」　袁本、茶陵本「伯」作「百」。案：此尤校改之也。

〔一一〕揮危絃則涕流　袁本云善作「流涕」。茶陵本云五臣作「涕流」。案：「流涕」但傳寫倒，此尤校改正之也。晉書不誤。

〔一二〕注「蒼頡曰」　何校「頡」下添「篇」字，陳同。各本皆脱。

〔一三〕注「宋玉風賦曰」　案：「風」當作「諷」。各本皆譌。

〔一四〕注「汲古文曰」 案：「汲」下當有「郡」字。各本皆脱。

〔一五〕彤閣霞連 案：「彤」當作「肜」。晉書不誤。肜，赤也。故曰「霞連」，與上句「翠觀岑青」，正爲一例。此亦如侍遊曲阿後湖作之誤「肜雲」爲「彤雲」，皆失其文義，所當訂正。

〔一六〕注「畫龍蚪」 案：「蚪」當作「蛇」，誤用正文中「蚪」字改也。上注云「蚪龍也」，故復引此以申明之耳。或據此謂招魂別有作「蚪」之本，大誤。

〔一七〕迴蕙風於衡薄 袁本、茶陵本「蕙」作「惠」，「衡」作「蘅」。案：晉書同此，尤校改也。各本善注中字皆作「蕙」、「衡」，考魏都賦注及洛神賦，乃「惠」、「蘅」之誤。尤所改非。

〔一八〕注「杜預左氏傳曰」 何校「傳」下添「注」字，是也。各本皆脱。

〔一九〕拔靈芝 袁本云善作「雲」。茶陵本云五臣作「靈」。案：此尤校改也。詳善引西京賦以注「靈芝」，「靈」字似是，晉書亦作「靈」。

〔二〇〕注「管仲之始治也」 袁本、茶陵本「治」作「化」，是也。

〔二一〕注「輕武卒名也」下至「奏嚴鼓之嘈囋」 袁本、茶陵本無此二十五字。案：無者最是。此或記於旁，以駮善「輕武戎剛四車名」之解。尤延之不察，誤取以增多。

〔二二〕注「環爲營」 袁本、茶陵本「環」上有「自」字，是也。

〔二三〕注「或云飛羅」 案：此四字不當有。各本皆衍。

〔二四〕注「音旻夫」 案：「夫」當作「天」。各本皆譌。此必出郭璞音。

〔二五〕注「然纚罠一以爲對恐互體廣雅曰罠兔罟也」　袁本、茶陵本作「然兔罠也」四字。案：各本皆誤，無以考也。

〔二六〕畫長谿以爲限　袁本、茶陵本「谿」作「壑」，云善作「谿」。案：「谿」字義不可通，恐各本所見傳寫誤。晉書亦作「壑」。

〔二七〕叩鉦數校　案：晉書「數」作「散」。詳注云「散爲陳列而行」，是善自作「散」。袁、茶陵所載五臣向注云「以數立功校之法」，是五臣乃作「數」，各本皆以五臣亂善而失著校語，非。

〔二八〕注「待獲射者」　何校「射」上添「待」字，「者」下添「中」字，是也。各本皆脱。

〔二九〕雲迴風烈　袁本、茶陵本下有「聲動響飛形移景發」二句，尤本脱去，當補。晉書亦有。

〔三〇〕甗林蹶石　案：「甗」當作「鼿」。各本皆誤。詳善音五忽切，此字從「兀」明甚。集韻十一没云「鼿，獸以鼻摇動」，最可證。晉書亦誤「甗」。音義云音「瓦」。「瓦」即「兀」之誤。

〔三一〕注「史記曰蜚廉」　袁本、茶陵本「蜚」作「飛」，是也。

〔三二〕注「伍胥曰」　袁本、茶陵本「伍」下有「子」字。案：各本皆誤，當作「申包胥曰」。

〔三三〕注「鄭玄禮儀注曰」　茶陵本「禮儀」作「儀禮」，是也。袁本亦誤倒。

〔三四〕注「鏷或謂爲鏷」　案：「謂」字不當有。各本皆衍。

〔三五〕注「如雷霆之震也」　袁本、茶陵本作「而雷之震電之霍」。案：此尤延之用今本莊子説劍校改。

〔三六〕注「則莫若益野鷩駒也」袁本、茶陵本「鷩」作「騰」。案：「鷩」即「騰」別體字。

〔三七〕子豈能從我而御之乎　袁本云善無「能」字。茶陵本云五臣有。案：二本所見無者傳寫脱。此尤延之校改添之也。晉書亦有。

〔三八〕注「煎鯖臛雀」案：「鯖」當作「鰿」。各本皆誤。此所引大招文。

〔三九〕注「取其遠方物之美也」袁本、茶陵本「取其遠方物之」六字，作「紟」一字。案：二本是也。今本味篇注正如此，未悉尤增多何據也。

〔四〇〕注「寒方苓之巢龜」案：「方」當作「芳」。各本皆譌。

〔四一〕注「鸚鳥大鴝鶵」袁本、茶陵本無「鴝」字，「鶵」下有「也」字。案：二本是也。此所引「隹」部「雞」，下文善謂「鸚」即「雞」耳。

〔四二〕注「韓詩外傳曰鄭交甫遵彼漢皐臺下」案：此十四字不當有。上云「漢皐已見南都賦」，複出，非也。各本皆衍。

〔四三〕注「或曰榛」案：此下當有脱文。各本皆同，無以補之。

〔四四〕注「吴地理志曰」何校「吴」下添「録」字，陳同，是也。各本皆脱。

〔四五〕耽口爽之饌　案：「口爽」當作「爽口」。袁本云善作「口爽」。茶陵本云五臣作「爽口」。各本所見皆傳寫誤。善注引「五味令人口爽」以注「爽口」，即但取義同，不拘語倒之例。不知者泥之，改正文以順注，失之甚矣。晉書亦作「爽口」。又案：下文「誘我以聾耳之樂」，善引「五音令人耳聾」，更例之可知者也。

〔四六〕注「國語曰」下至「仕者世禄」　袁本、茶陵本無此二十八字，有「文」字，屬下「王處岐」爲句，是也。

〔四七〕注「尚書曰湯既黜夏命」　陳云「書」下脱「序」字，是也。各本皆脱。

〔四八〕囿棲三足之烏　何校「烏」改「鳥」。袁本云善作「烏」。茶陵本云五臣作「鳥」。案：「烏」字協韻，善不得作「鳥」，但傳寫誤。袁、茶陵據所見爲校語，非。晉書亦作「烏」。

〔四九〕故靡得應子　袁本、茶陵本「得」下有「而」字。案：有者是也。晉書亦有。

詔

詔

漢武帝

詔曰：蓋有非常之功，必待非常之人。故馬或奔踶而致千里，善曰：言馬不良，或奔或踶，御之以道，而致千里之塗。聲類曰：踶，躡也，杜計切。士或有負俗之累而立功名。晉灼曰：被世譏論也。善曰：越絶書曰：有高世之材者，必有負俗之累也。夫泛駕之馬，跅弛之士，亦在御之而已。

應劭曰：泛，覆也。馬有餘氣力，乃能敗駕。泛，方奉切。如淳曰：弛，廢也。士行卓異，不入俗檢，如見斥逐也。跅音拓，或曰音尺。其令州縣察吏民有茂才異等，應劭曰：舊言秀才，避光武諱，改稱茂才。異等者，越等軼羣，不與凡同也。善曰：察，觀也。察審知然後薦之也。可爲將相及使絶國者。善曰：桓子新論，雍門周曰：遠赴絶國，無相見期。

賢良詔

漢武帝

朕聞昔在唐虞，畫象而民不犯。應劭曰：二帝但畫衣冠章服，而民不敢犯也。善曰：尚書大傳曰：唐、虞象刑而民不敢犯。墨子曰：畫衣冠而民不犯。日月所燭，罔不率俾〔一〕。善曰：大戴禮，孔子曰：昔舜出入日月，罔不率俾。孔安國尚書傳曰：無不循化而使也。周之成康，刑措不用，德及鳥獸；善曰：紀年曰：成康之際，天下安寧，刑措四十年不用。毛詩序曰：文王受命，樂其有靈德以及鳥獸焉。尸子曰：湯之德及鳥獸矣。教通四海，海外肅慎。晉灼曰：東夷傳，肅慎，今挹婁地是也，在夫餘之東北千餘里，大海之濱。善曰：大戴禮，孔子曰：昔舜，西王母來獻其白玉琯，云教通于四海，海外肅慎。挹，於甲切。北發渠搜，氐羌來服。晉灼曰：北發，似國名也。應劭曰：禹貢，析支、渠搜屬雍州，在金河關之西〔二〕。善曰：北發，國名也。大戴禮，北發、渠搜，氐、羌來服。鄭玄詩箋曰：氐、羌、夷狄國别，在西方也。星辰不孛，日月不蝕，山陵不崩，川谷不塞。善曰：大戴禮曰：聖人有國，則日月不蝕，星辰不孛，川澤不竭，山不崩解，陵不絶矣。麟鳳在郊藪，河洛出圖書。善曰：禮記曰：聖王所以順，故鳳凰騏麟，皆在郊藪。周易曰：河、洛出圖書，聖人則之。嗚呼！何施而臻此乎？

今朕獲奉宗廟，夙興以求，夜寐以思，若涉淵水〔三〕，未知所濟。善曰：尚書曰：予唯小子，若涉淵水，予惟往求朕攸濟。猗歟偉歟！何行而可以彰先帝之洪業休德？如淳曰：猗詩曰猗歟那歟也。猗，美也。偉，大也。歟，辭也。言美而且大。上參堯舜，下配三王，朕之不敏〔四〕，不能遠德，此子大夫之所覩聞也。善曰：國語，越王勾踐曰：苟聞子大夫之言。賈逵曰：親而近，故曰子大夫也。賢良明於古今王事之體，受策察問，咸以書對。著之于篇，朕親覽焉。

文選考異

〔一〕罔不率俾　袁本、茶陵本「罔」作「莫」，注同。案：二本是也。漢書正作「莫」。

〔二〕注「在金河關之西」　何校「金」下添「城」字，陳同，是也。各本皆脱。

〔三〕若涉淵水未知所濟　袁本、茶陵本云善無「涉」字。案：漢書有，此尤延之校添之也。

〔四〕朕之不敏不能遠德　袁本、茶陵本云善無「不敏」二字。案：漢書有，此尤延之校添之也。

册　說文曰：册，符命也。諸侯進受於王，象其禮〔一〕，一長一短，中有二編也。

册魏公九錫文

范曄後漢書曰：曹操自爲魏公，加九錫。韓詩外傳曰：諸侯之有德，天子錫之。一錫車馬，再錫衣服，三錫虎賁，四錫樂器，五錫納陛，六錫朱户，七錫弓矢，八錫鈇鉞，九錫秬鬯，謂之九錫也。

潘元茂　文章志曰：潘勗，字元茂，獻帝時爲尚書郎，遷東海相，未發，拜尚書左丞，病卒。魏錫，勗所作。

制詔：蔡邕獨斷曰：制詔者，王之言必爲法制也。詔，猶誥也。三代無其文，秦、漢有也。使持節丞相領冀州牧武平侯：魏志曰：建安元年，天子假太祖節鉞，封武平侯。建安九年，領冀州牧也。朕以不德，少遭閔凶，越在西土，遷于唐衞。朕，謂獻帝也。左氏傳，楚子曰：不穀不德，少主社稷。又，楚少宰如晉師曰：寡君少遭閔凶。又，厚成叔弔于衞曰：聞君不撫社稷而越在佗境。尚書曰：逷矣西土之人。范曄後漢書獻帝紀曰：初平元年，遷都長安。興平二年，車駕東歸。李傕復追戰，王師敗，帝渡河，幸安邑。建安元年六月，幸聞喜。七月，車駕至洛陽。漢書，河東郡有安邑縣、聞喜縣，然自聞喜入洛，必塗經河内，河内本衞國，河東本唐堯所封，故曰唐衞也。當此之時，若綴旒然，公羊傳曰：君若贅旒然。何休曰：旒，旗旒也。贅，猶綴也。以譬者，言爲下所執持東西耳。宗廟乏祀，社稷無位，羣凶覬覦，分裂諸夏〔二〕，左氏傳，師服曰：民服事其上而下無覬覦。杜預曰：下不冀望上位也。說文曰：覬，幸也。覦，欲也。一人尺土，朕無獲焉。孟子曰：紂之去武丁未久也，尺地莫非其有也，一民莫非其臣也。即我高祖之命，將墜於地，朕用夙興假寐，震悼于厥心。論語，子貢曰：文武之道，未墜於地。毛詩曰：夙興夜寐。又曰：假寐永歎。楚辭曰：心震悼而不敢。曰：惟祖惟父，股肱先正，其孰恤朕躬。尚書曰：臣作朕股肱耳目。又曰：亦惟先正，克左右昭事厥辟。又曰：惟祖惟父，其伊恤朕躬。鄭玄曰：先正，先臣爲公卿大夫也〔三〕。乃誘天衷，誕育丞相。左氏傳，甯武與衛人盟曰：用昭乞盟于爾大神，以誘天衷。毛萇詩傳曰：誕，大也。鄭玄曰：大矣后稷之生也。保乂我皇家，弘濟于艱難，朕實賴之。尚書，周公曰：天壽平格，保乂有殷。又曰：用敬保元子釗，弘濟于難〔四〕。左氏傳，然明曰：鄭國其實賴之。今將授君典禮，其敬聽朕命：

昔者，董卓初興國難，羣后失位〔五〕，以謀王室。君則攝進，首啓戎行，此君之忠於本朝也。魏志曰：董卓廢帝爲弘農王而立獻帝，將軍袁紹等同時俱赴。卓兵彊，莫敢先進。太祖遂引兵西。左氏傳，王子朝告于諸侯曰：釋位以間王政。又曰：會于洮，謀王室也。服虔曰：諸侯釋其私政而佐王室。後及黄巾，反易天常，侵我三州，延于平民。君又討之，剪除其迹，以寧東夏，此又君之功也。魏志曰：青州黄巾，衆有百餘萬，入兗州，遂轉入東平。太祖遂進兵擊黄巾於壽張東，破之。黄巾至濟北，乞降。左氏傳，太史克曰：顓頊氏有不材子，以亂天常。尚書曰：蚩尤惟始作亂，延及平民。韓暹楊奉，專用威命，又賴君勳，克黜其難。魏志曰：韓暹、楊奉以天子還洛陽，奉别屯梁，太祖遂至洛陽，遯走〔六〕。公征奉，奉南奔袁術，遂攻其梁屯，拔之。遂建許都，造我京畿〔七〕，設官兆祀，不失舊物，天地鬼神，於是獲乂，此又君之功也。魏志曰：建安元年，洛陽殘破，太祖都許。至是宗廟社稷制度始立。周禮曰：設官分職。又曰：兆五帝於四郊。鄭玄曰：兆爲壇之營域也。左氏傳，五員曰：少康祀夏配天，不失舊物。袁術僭逆，肆于淮南，懾憚君靈，用丕顯謀，蘄陽之役，橋蕤授首，魏志曰：袁術，字公路，欲稱帝於淮南。術侵陳，公東征之。術聞公自來，弃軍走，留其將橋蕤。公擊破蕤等，斬之。左氏傳曰：肆於民上。杜預曰：肆，施也。蘄縣屬沛，在陳之東也。稜威南厲，術以殞潰，此又君之功也。魏志曰：術爲太祖所敗，欲至青州從袁譚，發病，道死。漢書，武帝報李廣曰：威稜憺乎鄰國。鄭玄論語注曰：厲，嚴整也。左氏傳曰：民逃其上曰潰。迴戈東指，吕布就戮，魏志曰：吕布，字奉先，五原人也，爲兗州牧。建安三年，公東征，大破之，布乃還固守。公遂決泗、沂水以灌城，禽布，殺之。長楊賦曰：迴戈邪指，南越相夷。乘軒將反〔八〕，張揚沮斃，眭固伏罪，張繡稽服，此又君之功也。魏志曰：張揚，字稚叔，雲中人。董卓以爲建義將軍。建安四年，公還昌邑，張揚將楊醜殺揚以應太祖，揚將眭固殺醜將其衆，欲北合袁紹。太祖遣史涣邀擊之，殺固。又曰：張繡，武威人，驃騎將軍濟族子也。濟死。繡領其衆屯宛。太祖南征，軍育水，繡等舉降。左氏傳曰：楚王告令尹，改乘轅而北之。毛萇詩傳曰：沮，壞也。袁紹逆常，謀危社稷，憑恃其衆，稱兵内侮。魏志曰：袁紹，字本初，汝南人。天子以紹爲太尉。會太祖迎天子都許，紹擇精卒十萬，騎萬匹，將攻許也。當此之時，王師寡弱，天下寒心，莫有固志。寒心，已見上文。周易曰：執用黄牛，固志也。君執大節，精貫白日，論語，曾子曰：臨大節而不可奪。戰國策，唐雎謂秦王曰：聶政之刺韓傀也，白虹貫日。奮其武怒，運諸神策，致屆官渡〔九〕，大殲醜類，魏志，建安五年，公軍官渡。袁紹遣車運穀，使淳于瓊送之。公擊瓊，斬之，紹衆大潰，紹弃軍走。毛詩曰：致天之罸〔一〇〕，屆于牧之野。鄭玄曰：致天所以罸殛紂也。爾雅曰：殲，盡也。醜，衆也。俾我國家，拯於危墜，此又君之功也。説文曰：出溺爲拯也。濟師洪河，拓定四州，青、冀、幽、并也。袁譚高幹，咸梟其首。魏志曰：紹出長子譚領青州。又曰：建安十年，公攻袁譚，破之，斬譚。又曰：袁紹以甥高幹領并州牧，公征幹，幹遂走荆州，上洛都尉王琰捕斬之。漢書音義曰：懸首於木上曰梟。海盜奔迸，黑山順軌，此又君之功也。魏志曰：公東征海賊管承至淳于，遣樂進擊破之，承走入海隝。又曰：黑山賊張燕率其衆降，封爲列侯。烏丸三種，崇亂二世，袁尚因之，逼據塞北，魏志曰：三郡烏丸，承天下亂，破幽州，略有漢民。袁紹皆立其酋豪爲單于。遼西單于蹹頓尤强，故尚兄弟歸之，數入塞爲害。尚書，周公曰：乃大降罸，崇亂有夏。孔安國云：崇，重也。束馬懸車，一征而滅，此又君之功也。魏志曰：君北征三郡烏丸〔一一〕，袁尚、袁熙與蹹頓、遼西單于樓班、右北平單于巨衹等數萬騎逆軍，公縱兵擊之，虜衆大崩，斬蹹頓，尚奔遼東〔一二〕，遼東太守公孫康即斬尚、熙等，傳其首。管子曰：桓公征孤竹之君，懸車束馬，踰太行至卑耳之山。劉表背誕，不供貢職，王師首路，威風先逝，百城八郡，交臂屈膝，此又君之功也。魏志曰：建安十三年，公南征劉表。表卒，其子琮降。左氏傳，楚伯州犁謂鄭行人揮曰：子姑憂子晳之欲背誕也。管仲曰：爾貢苞茅不入，王祭不供。廣雅曰：首，向也。戰國策，張儀曰：交臂而事齊、楚。檄蜀文曰，匈奴屈膝請和。馬超成宜，同惡相濟，濱據河潼，求逞所欲〔一三〕，殄之渭南，獻馘萬計，遂定邊城，撫和戎狄，此又君之功也。魏志曰：建安十六年，關中諸將馬超、韓遂、成宜等反，超等屯潼關，公西征，與超等夾關戰，公乃分兵結營於渭南，賊夜攻營，伏兵擊破之，斬成宜。周書，太公曰：同惡相助，同好相趨。思賢賦曰：飄飄神舉，求逞所欲〔一四〕。小雅曰：殄，盡也。毛詩曰：在泮獻馘。鄭玄曰：馘，所格者左耳也。羽獵賦曰：杖鏌鋣而羅者以萬計。長楊賦曰：永無邊城之災。左氏傳，晉侯謂魏絳曰：子教寡人和諸戎狄。鮮卑丁令，重譯而至，箄于白屋〔一五〕，請吏帥職，此又君之功也。鮮卑、丁令，二國名。重譯，已見上文。張茂先博物志曰：北方五狄：一曰匈奴，二曰穢貊，三曰密吉，四曰箄于，五曰白屋。然白屋，今之靺鞨也；箄于，今之契丹也。本並以箄于爲單于，疑字誤也。箄，音必計切。劉淵林魏都賦注曰：北羈單于白屋〔一六〕。范曄後漢書曰：單于謂耿恭曰：若降者當封爲白屋王。漢書曰：邛筰請吏，比西南夷也。又曰：滇王降請吏，然請吏，請漢爲之置吏也。君有定天下之功，重以明德，左氏傳，史趙曰：舜重以明德，宣德於遠也。班敍海內，宣美風俗，旁施勤教，恤慎刑獄。尚書曰：旁作穆穆，弗迷文、武勤教。又曰：欽哉欽哉，惟刑之恤哉。又曰：文王罔逌兼于庶獄〔一七〕。庶，慎也。吏無苛政，民不回慝，禮記曰：孔子過山側〔一八〕，有婦哭於墓者，而使子貢問之，曰：昔者吾舅死於虎，夫又死焉，吾子又死焉。夫子曰：何不去也？曰：無苛政。左氏傳，季文子曰：少皞氏有不才子，曰：靖譖庸回，邪服蒐慝。杜預曰：回〔一九〕慝，惡也。敦崇帝族，援繼絕世，舊德前功，罔不咸秩。尚書曰：敦敍九族。

鄭玄詩箋曰：崇，厚也。論語曰：繼絶世。周易曰：食舊德，貞厲終吉。尚書曰：咸秩無文。雖伊尹格于皇天，周公光于四海，方之蔑如也。尚書曰：時則有若伊尹格于皇天。孝經曰：孝悌之至，通于神明，光于四海。法言曰：俗稱東方生之盛，其遺書蔑如也。毛萇詩傳曰：蔑，無也。

朕聞先王並建明德，胙之以土，分之以民，左氏傳曰：子魚曰，昔武王選建明德，以蕃屏周。又，衆仲曰：天子建德，因生以賜姓，胙之以土，而命之氏。又，子魚曰：武王分康叔殷人七族。崇其寵章，備其禮物，所以蕃衛王室，左右厥世也。鄭玄禮記注曰：崇，猶尊也。禮記曰：以爲旗章，以別貴賤。鄭玄曰：章，識也。尚書曰：統承先王，修其禮物。又曰：率由典常，以蕃王室。又曰：予欲左右有民。其在周成，管蔡不靖，尚書曰：武王既喪，管叔及其羣弟乃流言於國。又曰：西土之人亦不靖。懲難念功，乃使邵康公錫齊太公履，東至于海，西至於河，南至于穆陵，北至于無棣，五侯九伯，實得征之。左氏傳，管仲對屈完之辭。世胙太師，以表東海。左氏傳，王使劉定公賜齊侯命曰：世胙太師，以表東海。杜預曰：表，顯也。爰及襄王，亦有楚人，不供王職。又命晉文，登爲侯伯，錫以二輅，虎賁鈇鉞，秬鬯弓矢，大啓南陽，世作盟主。左氏傳曰：晉侯及楚人戰于城濮，楚人敗績。王策命晉侯爲侯伯，賜之大輅戎輅，秬鬯一卣，虎賁三百人。又曰：晉文侯朝王，王與之陽樊攢茅之田，於是始啓南陽。又，范宣子曰：晉主夏盟。杜預曰：爲諸夏盟主也。故周室之不壞，繄二國是賴〔二〇〕。二國，齊、晉也。左氏傳，王使劉定公賜齊侯命曰：王室不壞，繄伯舅是賴。杜預曰：繄，發聲也。今君稱丕顯德，明保朕躬，奉答天命，導揚弘烈，尚書曰：王曰，公明保予冲子，稱丕顯德，以予小子，揚文武烈，奉答天命。綏爰九域，罔不率俾，尚書曰：綏爰有衆，曰亡戲怠。韓詩曰：方命厥后，奄有九域。薛君曰：九域，九州也。尚書注曰：海隅日出，罔不率俾。功高乎伊周，而賞卑乎齊晉，朕甚恧女六切焉。漢書，哀帝詔曰：惟念德報未殊，朕甚恧焉。朕以眇身，託于兆民之上，漢書，宣帝詔曰：朕以眇身，奉承宗祖〔二一〕。又曰：託於兆民之上也。永思厥艱，若涉淵水，非君攸濟，朕無任焉。尚書曰：肆予冲人，永思厥艱。又曰：已予惟小子，若涉淵水，予惟往求朕攸濟〔二二〕。今以冀州之河東河内魏郡趙國中山鉅鹿常山安平甘陵平原凡十郡，封君爲魏公，使使持節御史大夫慮，授君印綬册書，金虎符第一至第五，竹使符第一至第十，魏志曰：天子使御史大夫郗慮持節策命公爲魏公。司馬彪續漢書曰：慮字鴻豫，山陽人。應劭漢官儀曰：金銅虎符五，竹使符十。范曄後漢書〔二三〕，杜詩上書曰：舊制發兵，皆以虎符，其餘徵調竹使符。錫君玄土，苴以白茅，爰契爾龜，用建冢社。尚書緯曰：天子社，東方青，南方赤，西方白，北方黑。上冒以黄土，將封諸侯，各取方土，苴以白茅以爲社。毛詩曰：爰始爰謀，爰契我龜。毛萇曰：契，問也。鄭玄曰：契灼其龜。毛詩曰：乃立冢社〔二四〕，戎醜攸行。毛萇詩傳曰：冢土，大社也。昔在周室，畢公毛公，入爲卿佐，尚書曰：乃召畢公、毛公。孔安國曰：畢、毛，皆國名，入爲天子公卿。周邵師保，出爲二伯，尚書曰：召公爲保，周公爲師。鄭玄毛詩箋曰：召伯，姬姓也。作上公，爲二伯。外内之任，君實宜之。其以丞相領冀州牧如故。今更下傳璽，肅將朕命，以允華夏，其上故傳武平侯印綬。應劭風俗通曰：諸侯有傳信，乃得舍於傳。故既下新傳，命上故傳及印綬也。尚書曰：肅將天威。又曰：夙夜出納朕命，惟允。爾雅曰：允，信也。今又加君九錫，其敬聽後命。左氏傳，宰孔曰：且有後命。以君經緯禮律，爲民軌儀。家語，孔子曰：唐叔封於晉，以經緯其民。王肅曰：經緯，猶織以成之。國語，泠州鳩曰：爾民軌儀也〔二五〕。使安職業，無或遷志，是用錫君大輅戎輅各一，玄牡二駟。杜預左氏傳注曰：大輅，金輅；戎輅，戎車也。君勸分務本，嗇民昏作，左氏傳，臧文仲曰：貶食省用，務嗇勸分。杜預曰：勸分，有無相濟也。漢書，詔曰：農，天下之本也，而人或不務本而事末。尚書曰：惰農自安，弗昏作勞〔二六〕。粟帛滯積，大業惟興，是用錫君袞冕之服，赤舄副焉。韋昭漢書注曰：滯，積久也。易曰：富有之謂大業。韋昭漢書注曰：袞，卷龍衣，玄上纁下。冕，冠也。周禮曰：王之服屨，赤舄青絇也。君敦尚謙讓，俾民興行，杜預左氏傳曰〔二七〕：尚，上也。孝經曰：陳之以德義而民興行，先之以敬讓而民不争。少長有禮，上下咸和，左氏傳，晉侯觀師曰：少長有禮，其可用也。孝經，子曰：上下無怨。尚書曰：用咸和萬人。是用錫君軒懸之樂，六佾之舞。周禮曰：小胥掌正樂懸之位，諸侯軒懸。鄭司農曰：軒懸，去一面也。左氏傳曰：公問羽數於衆仲，衆仲對曰：諸侯用六。杜預曰：六六三十六人也。君翼宣風化，爰發四方，尚書曰：予欲左右有民，汝翼；予欲宣力四方，汝爲。毛詩曰：賦政于外，四方爰發。遠人回面，華夏充實，劇秦美新曰：海外遐方，回面内向。漢書班固昭紀贊曰：匈奴和親，百姓充實也。是用錫君朱户以居。服虔漢書注曰：朱户，天子之禮也。朱户，赤户也。潘勗集曰：制詔魏公，朱户納陛，就所治作。君研其明哲，思帝所難，鄭玄周易注曰：研，喻思慮。哲，尚書，咎繇曰：在知人。禹曰：咸若時，惟帝其難之，知人則哲，能官人。官才任賢，羣善必舉，尚書，伊尹曰：任官惟賢才。論語，子曰：舉善而教，不能則勸。是用錫君納陛以登。漢書音義，如淳注曰：刻殿基以爲陛，以有兩旁上下安也。孟康曰：謂鑿殿基際爲陛，不使露也。孟説是也，尊者不欲露而升陛，故内之霤也。君秉國之均，正色處中，毛詩曰：秉國之均，四方是維。尚書，王曰：正色率下。纖毫之惡，靡不抑退，謝承後漢書曰：李咸奏曰，春秋之義，貶纖介之惡，采毫毛之善。是用錫君虎賁之士三百人。虎賁三百人，已見上文。君糾虔天刑，章厥有罪，國語，敬姜曰：太史司載糾虔天刑。韋昭曰：糾，察也。虔，敬也。刑，法也。尚書曰：降災于夏，以章厥罪。犯關干紀，莫不誅殛，左氏傳，季孫盟臧氏曰：無或如臧孫紇干國之紀，犯門斬關。孔安國尚書傳曰：殛，誅也。是用錫君鈇鉞各一。蒼頡篇曰：鈇，椹也，質也。又曰：鉞，斧也。君龍驤虎視，旁眺八維，鄒陽上書曰：蛟龍驤首。周易曰：虎視眈眈。楚辭曰：引八維以自導也。揜討逆節，折衝四海，毛萇詩傳曰：揜，大也。漢書，主父偃説上曰：今以法割諸侯，則逆節萌起。晏子春秋，孔子曰：不出樽俎之間，而折衝千里之外，子之謂也〔二八〕。是用錫君彤弓一，彤矢百，玈弓十，玈矢千。杜預左氏傳注曰：彤，赤也。玈，黑也。弓一矢百，則矢千弓十矣。君以温恭爲基，孝友爲德，毛詩曰：温温恭人，惟德之基。又曰：張仲孝友。明允篤誠，感乎朕思，左氏傳曰：高陽氏有子，明允篤誠。是用錫君秬鬯一卣，珪瓚副焉。孔安國尚書傳曰：黑黍曰秬，釀以鬯草。卣，中樽也。以圭爲杓，謂之圭瓚。魏國置丞相以下羣卿百僚，皆如漢初諸王之制。君往欽哉！敬服朕命。

簡恤爾衆，時亮庶功，用終爾顯德，對揚我高祖之休命。尚書，王曰：簡恤爾命，用成爾顯德。又曰：惟時亮天功。又曰：敢對揚天子休命。

文選考異

〔一〕册注「象其禮」　案：「禮」當作「札」，各本皆誤。

〔二〕分裂諸夏　袁本、茶陵本作「連帶城邑」。案：魏志作「分裂諸夏」，尤延之據彼校改也。但善不必與彼同，似仍以二本爲是。

〔三〕注「爲公卿大夫也」　陳云「爲」，「謂」誤，是也。各本皆誤。

〔四〕注「弘濟于難」　袁本、茶陵本「于」下有「艱」字，是也。

〔五〕羣后失位　袁本、茶陵本「失」作「釋」，云善作「失」。案：善引左傳注「釋位」，是自作「釋」，但傳寫誤爲「失」耳。陳云「失」，「釋」誤，是矣。魏志亦作「釋」。

〔六〕注「遯走」　陳云「遯」上脱「遲」字，是也。各本皆脱。

〔七〕造我京畿　袁本、茶陵本「我」作「其」。案：魏志作「我」，尤據改。

〔八〕乘軒將反　袁本云善作「軒」。茶陵本云五臣作「轅」。陳云據注似善本亦作「轅」。案：「軒」但傳寫誤也。魏志亦作「轅」。

〔九〕致届官渡　袁本云善作「度」。茶陵本云五臣作「渡」。案：魏志作「渡」，尤據改。各本注中字皆作「渡」，恐涉五臣耳。凡善「度」、五臣「渡」，其大槩也，亦不盡出。

〔一〇〕注「致天之罰届」　陳云「罰」字衍，是也。各本皆衍。

〔一一〕注「君北征三郡烏丸」　陳云「君」，「公」誤，是也。各本皆誤。

〔一二〕注「尚奔遼東」　袁本、茶陵本無「尚」字。陳云脱「尚熙」二字，是也。

〔一三〕求遈所欲　茶陵本「遈所」作「所遈」，云五臣作「遈所」。袁本云善作「所遈」。案：善引思玄賦注「遈所欲」，是，但傳寫誤倒。魏志亦作「遈所」。

〔一四〕注「思賢賦曰飄飄神舉求遈所欲」　袁本、茶陵本「賢」作「玄」，無「求」字，是也。

〔一五〕箄于白屋　袁本、茶陵本「箄」作「單」。案：二本是也。注云「本並以箄于爲單于，疑字誤也」。可見正文作「單」，故善依博物志定爲「箄」。若先作「箄」，與注不相應矣。尤延之校改，似是實非。魏志作「單」，即善所謂「本並以爲單」者。

〔一六〕注「劉淵林魏都賦注曰北羈單于白屋」　案：此有誤也。張載注魏都，不得言劉淵林。又「單」依文當作「箄」，今彼注作「北羈單于于白屋」，蓋亦誤。

〔一七〕注「文王罔逌兼于庶獄庶慎也」　袁本、茶陵本「逌」作「攸」，是也。案：此必尤誤改。

〔一八〕注「孔子過山側」　案：「山」上當有「太」字。各本皆脱。

〔一九〕注「邪服蒐慝杜預曰回」　袁本、茶陵本「邪服」作「服讒」。案：二本是也。「回」下當有「邪」字。此尤校添而錯誤。

〔二〇〕繫二國是賴　茶陵本「是」上有「之」字，云五臣無。袁本云善有。案：魏志無，尤據改。

〔二一〕注「奉承宗祖」　袁本、茶陵本「宗祖」作「祖宗」，是也。

〔二二〕注「又曰已」下至「予惟往求朕攸濟」　袁本無此十八字，有「攸濟已見上文」六字，是也。茶陵本有，例改複出耳。

〔二三〕注「范曄後漢書」　袁本、茶陵本無此五字。案：無者是也。凡引諸文在本傳者多不冠大題，此其一耳。尤校添之，蓋未悉善例。

〔二四〕注「乃立冢社」　茶陵本「社」作「土」，是也。袁本亦誤「社」。

〔二五〕注「爾民軌儀也」　案：「爾」當作「示」。各本皆譌。

〔二六〕注「弗昬作勞」　袁本、茶陵本「昬」作「暋」。案：依二本善正文似作「暋」。魏志作「昬」，或下當有「昬」「暋」異同之注，今未全也。

〔二七〕注「杜預左氏傳曰」　何校「傳」下添「注」字，陳同。各本皆脱。

〔二八〕注「子之謂也」　陳云「子」上脱「晏」字，是也。各本皆脱。

文選卷第三十六

令　教　文

令

宣德皇后令　蕭子顯齊書曰：文安王皇后，諱寶明，琅邪臨沂人也。父曄之。齊世祖爲文惠太子納后。鬱林即位，尊爲皇太后，稱宣德宫。梁王蕭衍定京邑，迎后入宫稱制，至禪位。梁王於荆州立蕭穎胄爲帝。進梁王爲相國，封十郡爲梁公。表讓不受，詔斷表。宣德皇后勸令受封。

任彦昇

宣德皇后敬問具位：言梁武，故曰具也。夫功在不賞，故庸勳之典蓋闕，言功績既高，在乎不賞，故庸勳之典，蓋闕而不論。周書曰：平州之臣，功大弗賞，謟臣日貴。史記，蒯通説韓信曰：功蓋天下者不賞。左氏傳，富辰曰：庸勳親親，昵近尊賢。施侔造物，則謝德之途已寡也。言恩施既隆，侔於造物，則謝德之途已寡而不著。莊子曰：夫造物者爲人。司馬彪曰：造物，謂道也。魏志曰：劉廙上疏曰：物不荅施於天地，而子不謝生於父母。要不得不彊爲之名，使荃宰有寄。言德顯功高，雖無酬謝之理，要不彊爲酬謝之名〔一〕，庶使君主之情微有所寄也。老子曰：吾彊爲之名曰大。楚辭曰：荃不察余之中情。王逸曰：荃，香草，以喻君也。鄧析子曰：聖人逍遥一世間，宰匠萬物之形。晉中興書，孝武詔曰：誠存匪懈，治道有寄。公實天生德，齊聖廣淵。班固漢書，高祖述曰：寔天生德，聰明神武。尚書曰：乃祖成湯，齊聖廣淵。不改參辰而九星仰止，不易日月而二儀貞觀。陸賈新語曰：堯、舜不易日月而興，桀、紂不異星辰而亡，天道不改而人道易也。周書，王曰：余不知九星之光。周公旦曰：九星，星辰日月四時歲，是謂九星，九星九光。毛詩小雅曰：高山仰止。周易曰：易有太極，是生兩儀。王肅曰：兩儀，天地也。又曰：天地之道，貞觀者也。在昔晦明，隱鱗戢翼。周易曰：明入地中，明夷，君子以莅衆，用晦而明。王弼曰：藏明於内，乃得明也。曹植矯志詩曰：仁虎匿爪，神龍隱鱗。成公綏慰志賦曰：惟潛龍之勿用，戢鱗翼而匿景。博通羣籍，而讓齒乎一卷之師；謝承後漢書曰：范丹博通羣藝。范曄後漢書曰：馬續博觀羣籍。楊子法言曰：一卷之市，不勝異價；一卷之書，不勝異意。一卷之市，必立之平；一卷之書，必立之師。劍氣凌雲，而屈迹於萬夫之下。魏志，段灼理鄧艾曰：艾勇氣凌雲，士衆乘勢。六韜，太公曰：屈一人之下，伸萬夫之上，唯聖人能焉。辯析天口，而似不能言；七略，齊田駢好談論，故齊人爲語曰：天口駢。天口者，言田駢子不可窮，其口若事天。論語曰：孔子於鄉黨，恂恂然似不能言者。文擅彫龍，而成輒削藳。説文曰：擅，專也。七略曰：鄒赫子，齊人。齊人爲之語曰：彫龍赫。赫言鄒衍之術〔二〕，文飾之若彫鏤龍文。漢書曰：孔光時有所言，輒削草藳。如淳曰：所作起草爲藳。

爰在弱冠，首應弓旌。禮記，二十曰弱冠。漢書，制曰：褒然爲舉首。左氏傳曰：陳敬仲曰：詩云：翹翹車乘，招我以弓。孟子曰：夫招士以旃，大夫以旌。客游梁朝，則聲華籍甚；何之元梁典曰：高祖起家齊巴陵王法曹。漢書曰：梁孝王來朝，從游説之士，相如見而説之，客游梁朝。淮南子曰：聲華嘔符之樂其性者，仁也。嘔，紆武切。符，音撫。漢書曰：陸賈游漢庭公卿間，名聲籍甚。音義，或曰：狼籍，甚盛也。薦名宰府，則延譽自高。何之元梁典曰：高祖遷儀同王儉東閤祭酒。王隱晉書曰：周玘累薦名宰府。國語曰：使張老延君譽於四方。隆昌季年，勤王始著；蕭子顯齊書曰：鬱林王即位，改元曰隆昌。韋昭國語注曰：季，末也。左氏傳曰：狐偃曰：求諸侯莫如勤王。建武惟新，締構斯在。蕭子顯齊書曰：明帝即位，改元曰建武。毛詩曰：周雖舊邦，其命惟新。魏都賦曰：有魏開國之日，締構之初。功隆賞薄，嘉庸莫疇。陸機高祖功臣頌曰：帝疇爾庸，後嗣是膺。一馬之田，介山之志愈厲；言止有一馬之田，以懷讓禄之志，纔居六百之秩，以秉推功之誠。管子曰：卜者，卜凶吉利害也。民之能此者，皆一馬之田，一金之衣。左氏傳曰：晉侯賞從亡者，介之推不言禄，禄亦不及。史記曰：文公環緜上山中而封子推，號曰介山。廣雅曰：厲，高也。六百之秩，大樹之號斯存。漢書曰：琅邪邴曼容養志以自脩，爲官不肯過六百石，輒自免去。范曄後漢書曰：馮異每止舍，諸將並坐論功，異常獨屏樹下，軍中號曰大樹將軍。及擁旄司部，代馬不敢南牧；何之元梁典曰：司州刺史蕭誕被殺，高祖監司州。班固涿邪山祝文曰：杖節擁旄，鉦人伐鼓。沈約宋書曰：明帝於南豫州之義陽郡立司州。韓詩外傳曰：代馬依北風。過秦論曰：胡人不敢南下而牧馬。推轂樊鄧，胡塵罕嘗夕起。何之元梁典曰：虜主拓跋宏既退，高祖據樊城。漢書，馮唐曰：臣聞上古王者遣將也，跪而推轂，曰：閫以内，寡人制之；閫以外，將軍制之。鄒陽上書曰：今胡數涉河北，上覆飛鳥。蘇林曰：言胡來人馬之盛，揚塵上覆飛鳥。惟彼狡僮，窮凶極虐，何之元梁典曰：東昏即位，媟近羣小，誅高祖兄懿、弟暢。尚書大傳，微子歌曰：彼狡僮兮，不我好兮！鄭玄曰：狡僮，謂紂。衣冠泯絶，禮樂崩喪。袁子曰：古者命士已上，皆有冠冕，謂之冠族之家。劇秦美新曰：弛禮崩樂，塗民耳目。

既而鞠旅誓衆，言謀王室，何之元梁典曰：高祖密與呂僧珍謀爲内伐。毛詩曰：陳師鞠旅。毛萇曰：鞠，告也。尚書曰：王明誓衆士。左氏傳曰：公會齊侯于洮，謀王室也。白羽一麾，黄鳥厎定。呂氏春秋曰：武王至殷，係墮，武王左釋白羽，右釋黄鉞，免而自爲係。出師頌曰：素旄一揮。鬻子曰：武王率兵車以伐紂，紂虎旅百萬，陣于商郊，起自黄鳥，至于赤斧，三軍之士，靡不失色。武王乃命太公把旄以麾之，紂軍反走。尚書曰：震澤厎定。甲既鱗下，車亦瓦裂。尚書大傳曰：武王伐紂，戰于牧野，紂之卒輻分，紂之車瓦裂，紂之甲如鱗下，賀于武王。致天之屆，拱揖羣后，毛詩曰：致天之屆，于牧之野。典引曰：欽若上下，拱揖羣后。豐功厚利，無德而稱。王命論曰：帝王之祚，必有豐功厚利積累之業。論語，孔子曰：太伯三以天下讓，人無德而稱焉。是以祥光揔至，休氣四塞；尚書中候曰：帝堯文明，榮光出河，休氣四塞。鄭玄曰：休，美也。四塞，炫燿四方也。五老游河，飛星入昴。論語比考讖，仲尼曰：吾聞帝堯率舜等升首山，觀河渚，乃有五老游渚。五老曰：河圖將浮，龍銜玉苞，刻版題命可卷，金泥玉檢封書成，知我者重瞳黄姚。視五老飛爲流星，上入昴。注曰：入昴宿則復爲星。元功茂勳，若斯之盛。馮衍集曰：定國家之大業，成天地之元功。劉琨勸進表曰：茂勳格乎皇天。而地狹乎四履，勢卑乎九伯。左氏傳，管仲曰：昔召康公命我先君太公曰：五侯九伯，汝實征之。賜我先君履，東至于海，西至于河，南至于穆陵，北至于無棣。杜預曰：履，踐履也。帝有恧焉，輶軒萃止。帝，竇融也。輶軒萃止，謂進封梁公之使也。漢書，哀帝詔曰：惟念德報未殊，朕甚恧焉。楊雄答劉歆書曰：常聞先代輶軒之使。毛詩曰：有鴞萃止。今遣某位某甲等，率兹百辟，人致其誠。致誠，謂請無讓也。毛詩曰：百辟其刑之。長笛賦曰：致誠効志。庶匪席之旨，不遠而復。梁王固讓，同乎匪席之旨；百辟固請，庶王有不遠而復之義也〔三〕。毛詩曰：我心匪席，不可卷也。周易曰：不遠復，無祇悔。

文選考異

〔一〕注「要不彊爲酬謝之名」 案：「不」當作「必」。各本皆誤。

〔二〕注「赫言鄒衍之術」 案：「赫言鄒」當作「言赫脩」，史記集解所引别録如此，可證也。各本皆誤。

〔三〕注「庶王有不遠而復之義也」 袁本、茶陵本「王有」二字作「乎」。案：此尤校改也。

教

蔡邕獨斷曰：諸侯言曰教。

爲宋公修張良廟教

裴子野宋略曰：義熙十三年，高祖北伐，大軍次留城，令修張良廟。

傅季友　沈約宋書曰：傅亮，字季友，北地人也。博涉文史，尤善文辭。初爲建威參軍，稍遷至散騎常侍。後太祖收亮付廷尉，伏誅。

綱紀：綱紀，謂主簿也。教，主簿宣之，故曰綱紀，猶今詔書稱門下也〔一〕。虞預晉書，東平主簿王豹白事齊王曰：況豹雖陋，故大州之綱紀也。夫盛德不泯，義存祀典；左氏傳，晉侯問於史趙曰：陳其遂亡乎？對曰：未也。臣聞盛德必百世祀，虞之世數未也。禮記曰：非此族也，不在祀典也。毛萇詩傳曰：泯，滅也。微管之歎，撫事彌深。論語，子曰：管仲相桓公，霸諸侯，一匡天下，民到于今受其賜。微管仲，吾其被髮左衽矣。張子房道亞黃中，照鄰殆庶，周易曰：君子黃中通理，正位居體。又曰：顏氏之子，其殆庶幾乎！風雲玄感，蔚爲帝師，周易曰：雲從龍，風從虎，聖人作而萬物覩〔二〕。漢書曰：張良從容步游下邳圯上，有一老父出一編書，曰：讀是則爲王者師。又，良曰：以三寸舌爲王者師。河圖曰：黃石公謂張良，讀此爲劉帝師也。夷項定漢，大拯橫流，廣雅曰：夷，滅也。漢書，王追羽至陽夏，諸侯不會；用良計，諸侯皆會，圍羽垓下。羽敗自到。説文曰：出溺爲拯。孟子曰：洪水橫流，氾濫於天下。固已參軌伊望，冠德如仁。廣雅曰：軌，迹也。伊，伊尹；望，吕望也〔三〕。典引曰：以冠德卓絶者，莫崇乎陶唐。論語，子曰：桓公九合諸侯，不以兵車，管仲之力也。如其仁！如其仁！若乃交神圯上，道契商洛，答賓戲曰：齊甯激聲於康衢，漢良受書於邳圯〔四〕，皆俟命而神交，匪詞言之所信。圯上，已見謝宣遠張子房詩注。袁宏三國名臣贊序曰：體分冥固，道契不墜。班固漢書贊曰：漢興，園公、綺季、夏黄公、角里先生當秦之世，避而入商洛深山，以待天下之定也。漢書曰：上竟不易太子者，良本召此四人之力也〔五〕。顯默之際，窅然難究，淵流浩瀁，莫測其端矣。言其度量深大，不可測度也。孫綽桓玄城碑曰：俯仰顯默之際，優游可否之間。莊子，老聃曰：而知夫道窅然難言哉！吴都賦曰：泂溶沆瀁，莫測其深，莫究其廣。黄石公説序曰：張良慮若源泉，深不可測也。

塗次舊沛，佇駕留城，漢書，沛郡有留縣。又曰：張良爲留侯。爾雅曰：佇，久也，謂停久也。靈廟荒頓，遺像陳昧，范曄後漢書曰：薛苞與弟子分田廬，取其荒頓者。杜預左氏傳注曰：頓，壞也。夏侯湛東方朔畫贊序曰：徘徊露寢，見先生之遺像。廣雅曰：昧，闇也。撫事懷人，永歎寔深。毛詩曰：嗟我懷人。又曰：寤寐永歎〔六〕。過大梁者，或佇想於夷門；游九京者，亦流連於隨會。史記，魏有隱士曰侯嬴，年七十，家貧，爲大梁夷門監者。太史公過大梁之墟，求問其所謂夷門者。夷門，城之東門。禮記曰：趙文子與叔譽觀乎九京，文子曰：死者如可作也，吾誰與歸？叔譽曰：其陽處父乎！文子曰：利君不忘其身，謀身不忘其友，我則隨武子乎！鄭玄曰：武子，士會也，食邑於隨。京當爲原。擬之若人，亦足以云。論語，子曰：君子哉若人！毛萇詩傳曰：云，言也。可改構棟宇，脩飾丹青，蘋蘩行潦，以時致薦。左氏傳，君子曰：蘋蘩蘊藻之菜，潢汙行潦之水，可薦於鬼神。抒懷古之情，存不刊之烈。廣雅曰：抒，渫也。西京賦曰：慨長思而懷古。左氏傳序曰：經者，不刊之書也。主者施行。

文選考異

〔一〕注「綱紀謂主簿也」下至「猶今詔書稱門下也」　此二十三字袁本、茶陵本無。案：此卷以下尤本增多各條，似二本因并入五臣而删削，其尤所見異本爲是矣。

〔二〕注「周易曰雲從龍風從虎聖人作而萬物覩」　此十六字袁本、茶陵本無。

〔三〕注「廣雅曰軌迹也伊伊尹望呂望也」　此十三字袁本、茶陵本無。

〔四〕注「漢良受書於邳圯」　案：「圯」當作「垠」。各本皆誤。漢書作「沂」。

〔五〕注「良本召此四人之力也」　陳云「召」，「招」誤，是也。各本皆誤。

〔六〕注「寤寐永歎」　陳云「寤」，「假」誤，是也。各本皆誤。

爲宋公修楚元王墓教　宋公，楚元王後，故修治其墓。

傅季友

綱紀：夫褒賢崇德，千載彌光，禮緯曰：天子辟雍，所以崇有德，褒有行。鄭玄禮記注曰：崇，尊也。尊本敬始，義隆自遠。魏志，明帝詔曰：追本敬始，所以篤教流化。孫卿子曰：先祖者，類之本也；貴始，德之本也。楚元王積仁基德，啓藩斯境；漢書曰：楚元王交，字游，高祖同父異母少弟也。漢立交爲楚王，王彭城。賈子曰：君子積於仁，而民積於財，刑罰廢矣。國語，太子晉曰：太上基德十五王而始平之〔一〕。素風道業，作範後昆。三國名臣贊曰：素風愈鮮。習鑿齒襄陽耆舊記，龐統曰：方欲興長道業。郗正釋譏曰〔二〕：創制作範，匪時不立。尚書曰：垂裕後昆。本支之祚，實隆鄙宗；毛詩曰：本支百世。楊脩牋曰：述鄙宗之過言。遺芳餘烈，奮乎百世。抱朴子曰：嵇君道云：郭有道没，則遺芳永播。春秋元命苞曰：文王積善所閏之餘烈。孟子曰：聞伯夷之風者，貪夫廉，懦夫有立志，奮乎百世之下，莫不興起也。而丘封翳然，墳塋莫翦。晉中興書，武陵王令曰：丞相墳塋翳然，飄薄非所。感遠存往，慨然永懷。李陵書曰：能不慨然？毛詩曰：維以不永懷。夫愛人懷樹，甘棠且猶勿翦；毛詩曰：蔽芾甘棠，勿翦勿伐，召伯所茇。風俗通曰：召公出爲二伯，止甘棠樹之下，聽訟決獄。後人思其德美，愛其樹而不敢伐。追甄墟墓，信陵尚或不泯。鄭玄尚書緯注曰：甄，表也。禮記，周酆曰：墟墓之間，未施哀於民而民哀。漢書高紀，詔曰：秦始皇守冢三十家，魏公子無忌五家。況瓜瓞所興，開元自本者乎〔三〕！毛詩曰：緜緜瓜瓞。可蠲復近墓五家，長給灑掃。便可施行。郭璞方言注曰：蠲，除也。

文選考異

〔一〕注「太上基德十五王而始平之」　袁本、茶陵本無「太上」二字，「之」作「也」。案：此尤校改也。

〔二〕注「郗正釋識曰」　袁本、茶陵本「郗」作「郤」，「識」作「譏」，是也。

〔三〕開元自本者乎　袁本、茶陵本「元」作「源」。案：此似善、五臣之異，二本不載校語，無以考之。

文

永明九年策秀才文五首

王元長　蕭子顯齊書曰：王融，字元長，琅邪人。少而神明警惠，博涉有文才。晉安王版行軍參軍，遷中書郎。世祖疾，融欲立竟陵王子良，下廷尉，於獄賜死。

問秀才高第明經：朕聞神靈文思之君，聰明聖德之后，史記曰：黄帝者，生而神靈，弱而能言。尚書序曰：昔在帝堯，聰明文思。孔安國曰：言聖德之遠著也。體道而不居，見善如不及。文子曰：聖人體道，反至動而無爲。老子曰：聖人功成而弗居。論語，孔子曰：見善如不及，見不善如探湯。是以崆峒有順風之請，華封致乘雲之拜；莊子曰：黃帝聞廣成子在崆峒之山，故往見之。廣成南首而卧，黃帝順下風膝行而進，再拜稽首而問曰：治身奈何而可以長久？廣成子曰：來！吾語汝至道。又曰：堯觀乎華封，華封人曰：嘻！請祝聖人壽且富，且多男子。堯皆辭曰：多男子則多懼，富則多事，壽則多辱。封人曰：天之生人，必授之職；多男子而授之職，則何懼之有？富而使人分之，則何事之有？天下有道，則與物皆昌；天下無道，則修德就閒，千歲厭世，去而上僊，乘彼白雲，至于帝鄉，三患莫至，身常無殃，則何辱之有？封人去之，堯隨之請問，封人曰：退。然崆峒有拜，乘雲爲請，今不同者，蓋請者必拜，故互文也。或揚旌求士，或設簴待賢，求士待賢，皆謂請其言也。管子曰：舜有告善之旌。應劭漢書注曰：旌，幡也，設之五達之道。鬻子曰：昔大禹治天下，以五聲聽治。爲銘於筍簴曰：教寡人以道者擊鼓，教寡人以義者擊鍾，教寡人以事者振鐸，語寡人以憂者擊磬，語寡人以獄者揮鞀。用能敷化一時，餘烈千古。謝承後漢書序曰：陰修敷化二都，威教克平。餘烈，已見上文。朕寅奉天命，恭惟永圖，爾雅曰：寅，敬也。尚書曰：茲率厥典，奉若天命。又曰：慎乃儉德，惟懷永圖。審聽高居，載懷祗懼。六韜曰：王者之道，如龍之首，高居而遠望，徐視而審聽。尚書曰：予小子夙夜祗懼。雖言事必史，而象闕未箴，禮記曰：動則左史書之，言則右史書之。鄭玄周禮注曰：象魏闕也。范曄後漢書曰：靈帝熹平中，有何人書朱雀闕，言公卿皆尸祿，無有忠言者。寤寐嘉猷，延佇忠實。毛詩曰：窈窕淑女，寤寐求之。尚書，爾有嘉謀嘉猷。楚辭曰：結幽蘭而延佇。子大夫選名昇學〔一〕，利用賓王，國語曰：越王勾踐曰：苟聞子大夫之言。賈逵曰：親而近之，故曰子大夫也。禮記曰〔二〕：司徒論選士之秀者，升之於學曰俊士。鄭玄曰：學，大學也。周易曰：觀國之光，利用賓于王。懋陳三道之要，以光四科之首，漢書，詔策晁錯曰：大夫之行，當此三道。張晏曰：國體、人事，直言也。崔寔政論曰：詔書：故事三公辟召以四科取士：一曰德行高妙，志節清白；二曰學通行修，經中博士；三曰明曉法令，足以決疑，能按章覆問；四曰剛毅多略，遭事不惑，才任三輔劇縣令〔三〕。鹽梅之和，屬有望焉。尚書曰：若作和羹，爾惟鹽梅。

又問：昔周宣惰千畝之禮，虢公納諫；國語曰：宣王即位，不籍千畝。虢文公諫曰：夫民之大事在農。漢文缺三推之義，賈生置言。禮記曰：躬耕帝籍，天子三推。漢書曰：文帝即位，賈誼說上曰：一夫不耕，或受之飢；一女不織，或受之寒。上感誼言，始開籍田，躬耕以勸百姓。良以食爲民天〔四〕，農爲政本。漢書，酈食其說漢王曰：臣聞王者以民爲天，民以食爲天。尚書，八政：一曰食。孔安國曰：勸農業也。漢書，文帝詔曰：農，天下大本也，民所恃以生也。金湯非粟而不守，水旱有待而無遷。漢書，蒯通說武信君曰：皆爲金城湯池，不可攻也。氾勝之書曰：神農之教，雖有石城湯池，帶甲百萬，而無粟者，弗能守也。禮記曰：雖有凶旱水溢，民無菜色。朕式照前經，寳茲稼穡。范子計然曰：五穀者，萬民之命，國之重寳也。祥正而青旗肅事，土膏而朱紘戒典。祥正、土膏，並已見東京賦。禮記曰：孟春之月，天子駕蒼龍，載青旗，躬耕帝籍。又曰：昔天子爲籍田千畝，冕而朱紘，躬耕秉耒。鄭玄周禮注曰：朱紘，以朱組爲紘。一條屬兩端也。將使杏花菖葉，耕穫不愆；氾勝之書曰：杏始華榮，輒耕輕土、弱土；望杏花落，復耕之，輒藺之。此謂一耕而五穫。呂氏春秋曰：冬至五旬七日，菖始生。菖者，草之先者也。於是始耕。高誘曰：菖，菖蒲，水草也。清畎泠風，述遵無廢。吕氏春秋，后稷曰：凡耕之道，畝欲廣以平，甽欲小以清。又曰：正其行，通其風，夬必中央，師爲泠風。高誘曰：泠風，和風，所以成穀也。夬，決也。必於苗中央師師然肅泠風以揺長也。而釋耒佩牛，相沿莫反。鹽鐵論曰：儒者釋耒耜而學不驗之語。漢書曰：龔遂爲渤海太守，民有帶持刀劍者，使賣劍買牛，賣刀買犢，何爲帶牛佩犢。杜預左氏傳注曰：沿，緣也。兼貧擅富，浸以爲俗。漢書曰：兼并之塗。李奇曰：謂大家兼役小人，富者兼役貧民。説文曰：擅，專也。風俗通曰：子不以從令爲孝。後主固宜是革，浸以爲俗，豈不謬哉！若爰井開制，懼驚擾愚民，漢書曰：民爰上田夫百畝，中田夫二百畝，下田夫三百畝。歲耕種者爲不易上田，休一歲者爲一易中田，休二歲者爲再易下田，休三歲，更耕之，自爰其處。賈逵國語注曰：爰，易也。周禮曰：畝百爲夫，夫三爲屋，屋三爲井也。舄鹵可腴，恐時無史白。史記曰：史起引漳水溉田。鄴民歌之曰：決漳水兮灌鄴旁，終古舄鹵兮生稻粱。又曰：秦中大夫白公復爲秦穿涇水注渭，溉田四千餘頃，因曰白渠也。興廢之術，矢陳厥謀。尚書序曰：咎繇矢厥謨。孔安國曰：矢，陳也。

又問：議獄緩死，大易深規。周易曰：君子以議獄緩死。敬法恤刑，虞書茂典。尚書虞書曰：欽哉！欽哉！惟刑之卹哉！自萌俗澆弛，法令滋彰，莊子曰：唐、虞始爲天下，澆醇散朴。許慎淮南子注曰：澆，薄也。澆與瀇同。老子曰：法令滋章，盜賊多有也。肺石少不冤之人，棘林多夜哭之鬼。周禮曰：肺石達窮民。鄭司農曰：肺石，赤石也〔五〕。窮民，天民之窮而無告者。漢書，于定國爲廷尉，民自以爲不冤。周禮曰：外朝之法，左九棘，孤卿大夫位焉；右九棘，公侯伯子男位焉。楚辭曰：荆棘聚而成林。春秋元命苞曰：樹棘槐，聽訟於其下〔六〕。尚書旋璣鈐曰：鬼哭山鳴。鄭玄曰：鬼哭，誅無辜也。山鳴，聽不聽之異也。王隱晉書，司直劉隗奏曰：懷情抱恨，雖没不亡，故有殞霜之應，夜哭之鬼。朕所以明發動容，昃食興慮。毛詩曰：明發不寐。尚書曰：文王自朝至于日中昃，不遑暇食。傷秋荼之密網，惻夏日之嚴威。鹽鐵論曰：秦法繁於秋荼，網密於凝脂。左氏傳，酆舒問於賈季曰：趙衰、趙盾孰賢？對曰：趙衰冬日之日也，趙盾夏日之日也。杜預曰：夏日可畏，冬日可愛。永念畫冠，緬追刑厝。墨子曰：畫衣冠，異章服，謂之戮。上世用戮而民不犯。賈逵國語注曰：緬，思貌也。紀年曰：成、康之際，天下安寧，刑措四十餘年不用。徒以百鍰輕科，反行季葉；尚書呂刑曰：穆王訓夏贖刑，墨辟疑赦，其罰百鍰。孔安國曰：六兩曰鍰。鍰，黄鐵也。張孟陽七哀詩曰：季葉喪亂起。四支重罰，爰創前古。呂氏春秋曰：越王勾踐曰：孤雖首足異處，四支布裂。周禮曰：司刑掌五刑之法，以麗萬民之罪。墨罪五百，劓罪五百，宫罪五百，刵罪五百，殺罪五百。訪游禽於絶澗，作霸秦基；韓子曰：董閼于爲趙上地守，行石邑山中，深澗峭如廧，深百仞。因問其左右人曰：嘗有人入此者乎？對曰：無有。嬰兒、盲聾、狂勃有入此者乎？對曰：無有。牛馬犬彘嘗有入此者乎？對曰：無有。董閼于喟然太息曰：吾能治矣！使吾法無赦也，猶入澗之必死，則民莫敢犯，何爲不治！鄭玄周禮注曰：凡鳥獸未孕曰禽。史記曰：趙氏之先與秦共祖。然則以其共祖，故雖趙亦號曰秦。歌鷄鳴於闕下，稱仁漢牘。班固歌詩曰：三王德彌薄，惟後用肉刑。太倉令有罪，就逮長安城。自恨身無子，困急獨煢煢。小女痛父言，死者不復生。上書詣北闕，闕下歌鷄鳴。憂心摧折裂，晨風激揚聲。聖漢孝文帝，惻然感至誠。百男何憒憒，不如一緹縈！列女傳曰：緹縈歌鷄鳴、晨風之詩。然鷄鳴，齊詩，冀夫人及君早起〔七〕而視朝。晨風，秦詩，言未見君而心憂也。一途如爽，即用兼通，輕重二途，似如差爽；就其用也，彼此兼通。言俱濟時。昌言所安，朕將親覽。尚書曰：禹拜昌言。孔安國曰：昌，當也。漢書，問董仲舒曰：靡有所隱，朕將親覽焉。

又問：聚人曰財，次政曰貨，周易曰：何以守位？曰仁。何以聚人？曰財。尚書曰：八政，一曰食，二曰貨。泉流表其不匱，貿遷通其有亡。漢書曰：貨流於泉，布於布。如淳曰：流行如泉也。尚書，帝曰：貿遷有無化居。既龜貝積寢，緡繦專用，漢書曰：王莽居攝，更作金銀龜貝錢布之品。寢，猶息也。漢書曰：武帝初筭緡錢。李斐曰：緡絲以貫錢也。管子曰：凶歲糴釜千繦。孟康漢書注曰：繦，錢貫也。世代滋多，銷漏參倍。言錢之銷磨缺漏，或復三分，或至一倍也。下貧無兼辰之業，中産闕洊歲之貲。周書夏箴曰：小人無兼年之食，妻子非其妻子也。班固漢史文帝贊曰：上嘗欲作露臺，召匠計之，直百金。曰：百金，中民十家産也。左氏傳，晉洊飢。字書曰：洊，仍也。惟瘼郵隱，無捨矜嘆。毛萇詩傳曰：瘼，病也。國語，祭公謀父曰：勤恤人隱而除其害也。上帝溥臨，賜朕休寶，漢書曰：上帝溥臨，不異下防。命邛斜之谷〔八〕，開而出銅。齊春秋曰：永明八年，蜀郡太守劉悛啓上曰：南廣郡界蒙山，有銅坑，掘則得銅，其利無極。上從之。且有後命，事茲鎔範，左氏傳曰：王使宰孔賜齊侯胙，將拜，孔曰：且有後命也，無下拜。漢書曰：釋其耒耨，冶鎔炊炭。應劭曰：鎔，錢模也。禮記，孔子曰：然後範金合土。鄭玄曰：範，鑄作模器用也。充都内之金，紹圓府之職。桓子新論曰：漢宣已來，百姓賦錢，壹歲餘二十萬，藏於都内。漢書曰：太公爲周立九府圓法。李奇曰：圓即錢也。將繼太公之職事也〔九〕。但赤側深巧學之患，楡莢難輕重之權。言今欲爲錢，若赤側則奸巧學鑄，深爲可患；榆莢則輕重兼用，難可準平。漢書曰：民多姦錢，而公卿請令京師鑄官赤側，一當五。如淳曰：以赤銅爲其郭也。漢書曰：漢興，以爲秦錢重，難用，更令民鑄榆莢錢。如淳曰：如榆莢也。國語曰：周景王將鑄大錢，單穆公曰：不可。古者量貲幣，權輕重，以救民。民患輕，則爲之作重幣以行之，於是有母權子而行，民皆得焉。若不堪重，則多作輕幣而行之，亦不廢重，於是乎有子權母而行。韋昭曰：重謂母，輕謂子。權，平也。若物直千二，而母當一千，則子二百，平之也。應劭曰：權其輕重也。開塞所宜，悉心以對。淮南子曰：通乎動静之機，明乎開塞之節。開塞，猶取捨也。尹文子曰：書開塞之宜，得周通之路。詩緯曰：君子息心研慮，推變見事。

又問：治歷明時，紹遷革之運；周易曰：君子以治歷明時。毛詩曰〔一〇〕：去殷之惡，就周之德。周易曰：湯武革命。改憲勑法，審刑德之原。司馬彪續漢書，永平詔曰：春秋保乾圖云：三百年，升歷改憲。史官田太初、鄧公平術〔一一〕，有餘分一，在三百年之域，行度轉差，浸以繆錯，旋璣不正，文象不稽。冬至之日，日在斗二十二度，而歷以爲牽牛中星，先立春一日，則四分數之立春也。而以折獄、斷大刑，於氣已迕，用望平和隨時之義，蓋亦遠矣〔一二〕。今改四分，以遵於堯，以順孔聖奉天之文。宋均保乾圖注曰：三陽而陽備，備則宜改憲。憲，法也。周易曰：雷電噬嗑，先王以明罰勑法。淮南子曰：冬至爲德，夏至爲刑。分命顯於唐官，文條炳於鄒説。尚書曰：分命羲仲，宅嵎夷，曰暘谷。又曰：分命和仲，宅西，曰昧谷。鄒説未詳。及嵎夷廢職，昧谷虧方，言司歷之官廢也。嵎夷、昧谷，已見上文。漢秉素祇之徵，魏稱黄星之驗。言五德之次亡也。漢書曰：高祖夜徑澤中，前有大蛇當路，高祖乃前，拔劍斬蛇。後人來至蛇所，有一老嫗夜哭，人問嫗何哭？嫗曰：吾子，白帝子也，化爲蛇當道。今者赤帝子斬之。魏志曰：初，桓帝時，有黄星見於楚、宋之分。遼東殷馗善天文，言後五十歲，當有真人起於梁、沛之間，其鋒不可當。至是凡五十年，而太祖破袁紹，天下莫敵。紛争空軫〔一三〕，疑論無歸。方言曰：軫〔一四〕，謂相乖戾也。朕獲纂洪基，思弘至道。班固高紀述曰：纂堯之緒。爾雅曰：纂，繼也。曹植魏德頌曰：武創洪基，克光厥德。尚書序曰：恢弘至道。庶令日月休徵，風雨玉燭，尚書曰：休徵日月之行，則有冬有夏。爾雅曰：春爲青陽，夏爲朱明，秋爲白藏，冬爲玄英。四氣和謂之玉燭。克明之旨弗遠，欽若之義復還。尚書曰：克明俊德。又曰：欽若昊天〔一五〕。於子大夫何如哉？其驪翰改色，寅丑殊建，别白書之。禮記曰：夏后氏尚黑，戎事乘驪。鄭玄曰：以建寅之月爲正，物生色黑。黑馬曰驪。禮記曰：殷人尚白，戎事乘翰。鄭玄曰：以建丑之月爲正月，物生色白。翰，白色馬也〔一六〕。漢書，董仲舒對策曰：臣前所上對，辭不别白，指不分明。

文選考異

〔一〕選名昇學　袁本、茶陵本「昇」作「升」，是也。

〔二〕注「禮記曰司徒」　袁本、茶陵本「曰」下有「鄉論秀士」四字。案：此尤校删也。

〔三〕注「一曰德行高妙」下至「才任三輔劇縣令」　此五十二字袁本、茶陵本無。

〔四〕良以食爲民天　袁本、茶陵本「爲」作「惟」，是也。

〔五〕注「周禮曰肺石」下至「赤石也」　此十七字袁本、茶陵本無。

〔六〕注「春秋元命苞曰樹棘槐聽訟於其下」　此十四字袁本、茶陵本無。

〔七〕注「冀夫人及君早起」　袁本、茶陵本無「及君」二字。案：此尤校添也。

〔八〕命邛斜之谷　茶陵本云五臣無「命」字。袁本云善「賨」下有「命」字。案：二本與上節接連「命」字絶句，不屬此首。詳其文義，仍不當有，恐但傳寫誤衍也。

〔九〕注「漢書曰」下至「將繼太公之職事也」　此二十七字袁本、茶陵本無。

〔一〇〕注「毛詩曰去殷之惡」　陳云「曰」下脱「帝遷明德鄭玄箋曰天意」十字。案：所校是也，引此者注正文「遷」字。

〔一一〕注「史官田太初鄧公平術」　案：「田」當作「用」，「公」字不當有。各本皆誤。續漢志可證。

〔一二〕注「蓋亦遠矣」　袁本、茶陵本「蓋亦」作「益以」。案：此尤依續漢志校改也。

〔一三〕紛争空軫　袁本、茶陵本「争」作「静」。案：二本不著校語，無以考之。

〔一四〕注「方言曰軫」　袁本、茶陵本「軫」下有「戾」字，是也。

〔一五〕注「又曰欽若昊天」　此六字袁本、茶陵本無。

〔一六〕注「禮記曰夏后氏」下至「翰白色馬也」　此六十一字袁本、茶陵本無。

永明十一年策秀才文五首

王元長

問秀才：朕秉籙御天，握樞臨極。尚書旋璣鈐曰：河圖命紀也。圖天地帝王終始存亡之期，録代之矩。籙與録同也。周易曰：時乘六龍以御天。易通卦驗曰：遂皇氏始出握機矩。鄭玄曰：遂皇，遂人也。但持斗機運轉之法。春秋運斗樞曰：北斗七星，第一星天樞。論語素王受命讖曰：工者受命，布政易俗，以御八極。五辰空撫，九序未歌〔一〕。尚書，咎繇曰：撫于五辰，庶績其凝。孔安國曰：百官皆撫順五行之時，衆功皆成也。又曰：德惟善政，政在養民。水火金木土穀惟修，正德利用厚生惟和，九功惟序，九序惟歌。至於思政明臺，訪道宣室，管子曰：黄帝立明臺之義，上觀於賢也。漢書曰：文帝思賈誼，徵之。至，入見，上方受釐坐宣室。上因感鬼神事，而問鬼神之本。蘇林曰：宣室，未央前正室也。若墜之惻每勤，如傷之念恒軫。尚書曰：民墜塗炭。孔安國曰：若陷泥墜火。左氏傳，逢滑曰：國之興也，視人如傷。許慎淮南子注曰：軫，轉也。故邮貧緩賦，省繇慎獄。應劭曰：繇者，役也。幸四境無虞，三秋式稔。尚書曰：四方無虞，予一人以寧。秋有三月，故曰三秋。元命苞曰：陽氣數成於三，故時別三月。宋衷曰：四時皆象此類，不惟秋也。廣雅曰：年稔，秋穀熟也。而多黍多稌，不興兩穗之謡；毛詩曰：豐年多黍多稌。東觀漢記曰：張堪，字君游，爲漁陽太守，勸民耕種，以致殷富。有百姓歌曰：桑無附枝，麥穗兩歧；張君爲政，樂不可支。無褐無衣，必盈七月之歎。毛詩曰：七月流火，九月授衣；無褐無衣，何以卒歲〔二〕。豈布政未優，將罷民難業？毛詩曰：敷政優優，百禄是遒。周禮曰：以圜土教罷民。登爾於朝，是屬宏議。漢書，詔策晁錯曰：登大夫于朝，親諭朕志。難蜀文曰：必將崇論宏義〔三〕。罔弗同心，以匡厥辟。尚書曰：罔不同心，以匡乃辟〔四〕。

又問：惟王建國，惟典命官。周禮曰：惟王建國，辨方正位。尚書堯典曰：乃命羲和。上叶星象，下符川嶽。春秋漢含孳曰：故三公象五岳，九卿法河海；三公在天法三台，九卿法北斗。必待天爵具脩，人紀咸事，孟子曰：仁義忠信，樂善不倦，此天爵也；公卿大夫，此人爵也。古之人脩其天爵，而人爵從之。漢書，詔策公孫弘曰：天文地理，人事之紀也，子大夫習焉。公孫弘對曰：天地無私親，順之利起，逆之害生，此天文、地理、人事之紀也。然後沿才受職，揆務分司。爾雅曰：揆，度也。是以五正置於朱宣，下民不忒；左氏傳，郯子謂昭子曰：少皡摯之立，鳳鳥適至，故紀於鳥。鳥師而鳥名，五雉爲五工正。河圖曰：大星如虹，下流華渚，女節意，感生白帝朱宣。宋均曰：朱宣，少昊氏。鄭玄孝經注曰：忒，差也。九工開於黃序，庶績其凝。漢書，劉向上疏曰：舜命九官，濟濟相讓，和之至也。應劭：尚書〔五〕，禹作司空，棄作后稷，契作司徒，咎繇作士，垂作共工，益作虞，伯夷作秩宗，夔作典樂，龍作納言，凡九官。皇甫謐帝王世紀曰：舜始即真，改正朔，以土承火，色尚黃。尚書中候所謂建黃授正改朔。尚書，咎繇曰：庶績其凝。孔安國曰：凝，成也。周官三百，漢位兼倍，禮記曰：有虞氏之官五十，夏后官百，殷官二百，周官三百。漢書曰：秦立百官，漢因循不革。自佐史至丞相，十三萬三百八十五人。今云兼倍，略言之耳。歷兹以降，游惰寔繁。孔叢子，趙王曰：仲尼大聖，自兹以降，世業不替。禮記曰：垂緌五寸，游惰之士。鄭玄曰：惰游，罷人也。尚書曰：寔繁有徒。若閑冗畢弃〔六〕，則横議無已；荀悦申鑒曰：正貪禄，省閑冗，與時消息，昭惠恤下。文穎漢書注曰：冗，散也。孟子曰：聖王不作，諸侯放恣，處士横議。冕笏不澄，則坐談彌積。魏志，郭嘉説太祖曰：劉表坐談客耳。何則可脩？善詳其對。家語，孔子曰：欲善則詳。王肅曰：欲善其事，當詳慎之。毛萇詩傳曰：詳，審也。

又問：昔者賢牧分陝，良守共治，公羊傳曰：自陝以東，周公主之；自陝以西，召公主之。袁焕與曹植書曰：召公與周公俱受分陝之任。漢書曰：孝宣躬親萬機，勵精爲治，常稱曰：與我共治者，其唯良二千石乎！下邑必樹其風，一鄉可以爲績。論語曰：子之武城，聞絃歌之聲。鄭玄曰：武城，魯之下邑。尚書曰：章善癉惡，樹之風聲。一鄉，謂桐鄉也。漢書曰：朱邑爲桐鄉嗇夫，廉平不苛。及死，子葬之桐鄉，人爲邑起冢立祠。至有旦撫鳴琴，日置醇酒，吕氏春秋曰：宓子賤治單父，彈琴，身不下堂而單父治。漢書曰：曹參代蕭何爲相國，日夜飲酒。卿大夫以下吏及賓客，見參不事事，來者皆欲有言。至者，參輒飲以醇酒，度之欲有言，復飲，醉而後去，終莫得開説。文而無害，嚴而不殘。漢書曰：蕭何以文毋害爲沛主吏掾。音義曰：文無所枉害也。漢書曰：雋不疑爲吏，嚴而不殘。故能出人於阽危之域，躋俗於仁壽之地。阽危，已見謝朓八公山詩。漢書，王吉上疏曰：陛下毆一世之民，躋之仁壽之域，則俗何以不若成、康，壽何以不若高宗也。是以賈誼有言：天下之有惡〔七〕，吏之罪也。賈子曰：吏能爲善，則人必能爲善也；故人之不善也，吏之罪也。頃深汰珪符，妙簡銅墨；范曄後漢書曰：詔書沙汰刺史二千石，以賈琮爲冀州刺史。説文曰：汰，簡也。汰，達蓋切。周禮曰：上公之禮執桓珪，諸侯之禮執信珪，諸伯執躬珪。漢書曰：文帝初與郡守爲銅虎符、竹使符。潘安仁夏侯湛誄曰：妙簡邦良。爾雅曰：簡，擇也。漢書曰：縣令長皆秦官，秩六百石以上，皆銅印墨綬。而春雉未馴，秋螟不散。東觀漢記曰：魯恭爲中牟令，時郡國螟傷稼，犬牙緣界，不入中牟。河南尹袁安聞之，疑其不實，使仁恕掾肥親往廉之。恭隨行阡陌，俱坐桑下，有雉過，止其傍，傍有童兒。親曰：何不捕之？兒言：雉方將鶵。親曰：所以來者，欲察君之化迹爾。今蟲不犯境，此一異也；化及鳥獸，此二異也；豎子有仁心，此三異也。具以狀言安〔八〕。范曄後漢書曰：宋均遷九江，守山陽。楚、沛多蝗，其飛至九江東界者，輒東西散去。入在朕前，湊其智略；出連城守，闃爾無聞。漢書曰：吾丘壽王爲東郡尉。詔賜壽王璽書曰：子在朕前之時，智略輻湊；及至連十餘城之守，職事並廢，甚不稱在前時，何也？豈薪槱之道未弘？爲網羅之目尚簡？毛詩曰：芃芃棫樸，薪之槱之。毛萇曰：山木茂盛，萬人得而薪之；賢人衆，國家得用蕃興也。曹子建書曰：仲宣獨步於漢南，孔璋鷹揚於河朔，吾王設天網以該之。文子曰：有鳥將來，張羅而得鳥者，羅之一目也。今爲一目之羅，即無時得鳥〔九〕。孔安國尚書傳曰：簡，略也。悉意正辭，無侵執事。漢書，詔策晁錯曰：大夫其正論，毋枉執事。音義或曰：毋爲有司枉橈。

又問：朕聞上智利民，不述於禮；大賢彊國，罔圖惟舊。史記，商君說秦孝公曰：聖人苟可以彊國，不法其故；苟可以利民，不循其禮。豈非療飢不期於鼎食，拯溺無待於規行。毛詩曰：泌之洋洋，可以樂飢。鄭玄曰：泌水洋洋，然飢者見之，可飲以𤻲飢。𤻲，音義與療同。家語曰：子路南游於楚，列鼎而食。抱朴子曰：規行矩步，不可以救火拯溺也。是以三王異道而共昌，五霸殊風而並列。淮南子曰：五帝異道而德覆天下，三王殊事而名施後世。左氏傳，賓媚人曰：五伯之霸也，勤而撫之，以役王命。杜預曰：夏伯昆吾，商伯大彭、豕韋，周伯齊桓、晉文。戰國策，趙王謂趙文曰：三代不同服而王，五伯不同俗而政。今農戰不脩，文儒是競，商君書曰：國待農戰而安，君待農戰而尊。論衡曰：上書白記者，文儒也。夫文儒之力過儒生，況文史也。弃本殉末，厥弊茲多。漢書，詔曰：農，天下之大本也，而人或不務本而事末，故生不遂。李奇曰：本，農也；末，賈也。昔宋臣以禮樂爲殘賊，漢主比文章於鄭衛，宋臣，墨翟也。孫卿子曰：樂也者，和之不可變者也；禮也者，理之不可易者也。墨子非之，幾遇刑也。墨子賤禮樂而貴勇力，貪則爲盜，富則爲賤〔一〇〕，治世反是。漢書曰：宣帝數從王褒等，所幸宮觀，輒爲歌頌，議者多以爲淫靡不急。上曰：辭賦大者與詩同義，小者辯麗可嘉〔一一〕，譬如女工有綺縠，音樂有鄭、衛也。豈欲非聖無法，將以既道而權？孝經曰：非聖人者無法。論語，子曰：可與學，未可與適道；可與適道，未可與立；可與立，未可與權。公羊傳曰：權者何？權者，反於經然後有善者也。今欲專士女於耕桑，習鄉閭以弓騎；孝經鉤命決曰：耕桑得利，究年受福。史記曰：趙武靈王胡服以習騎射。五都復而事庠序，四民富而歸文學。漢書曰：王莽於五都立均官，更名雒陽、邯鄲、臨淄、宛、成都五都市長，皆爲五均司市師。又曰：平帝立學官，鄉曰庠，聚曰序。管子曰：士農工商四民者，國之石民也。其道奚若？爾無面從。尚書曰：予違汝弼，汝無面從。

又問：自晉氏不綱，關河蕩析，班固漢書述曰：秦人不綱，綱漏于楚。王隱晉書曰：石季龍死，朝廷欲遂蕩平關、河。尚書，盤庚曰：今我民用蕩析離居。宋人失馭，淮汴崩離。答賓戲曰：王塗蕪穢，周失其御。應劭漢書注曰：汴水在滎陽西南。論語，子曰：邦分崩離析而不能守也。朕思念舊民〔一二〕，永言攸濟。毛詩曰：永言孝思。尚書曰：予惟小子，若涉淵水，予惟往求朕攸濟。故選將開邊，勞來安集；漢書，嚴尤上疏曰：武帝選將練兵，深入遠戍。又班固曰：武帝廣開三邊。毛詩序曰：萬民離散，不安其居，而能勞來還定安集之。加以納款通和，布德脩禮，納其款關之誠，而通其和好之禮。漢書曰：匈奴呼韓邪單于款五原塞，名王奉獻〔一三〕，始和親。呂氏春秋曰：季春之月，天子布德和惠。孫卿子曰：管仲，爲政者也，未及脩禮。故脩禮者王，爲政者彊。歌皇華而遣使，賦膏雨而懷賓。毛詩序曰：皇皇者華，君遣使臣也。左傳曰：季武子如晉，晉侯饗之，范宣子爲賦黍苗，季武子再拜曰：小國之仰大國也，如百穀之仰膏雨焉。若常膏之，其天下集睦，豈惟弊邑〔一四〕。周禮曰：二曰教職，以安邦國，以懷賓客。所以關洛動南望之懷，獯夷遽北歸之念。王逸楚辭注曰：遽，競也。夫危葉畏風，驚禽易落，漢書，上曰：單于待命加慢，今欲攻之，如何？王恢曰：草木遭霜者，不可以風過，通方之士，不可以文亂。今擊之，單于可禽。淮南子曰：使葉落者，風之搖也。戰國策，魏謂春申君曰〔一五〕：日者更嬴謂魏王曰：臣能虛發而下鳥。有鴻鴈從東方來，更嬴以虛弓發而下之。王曰：射，爾至此乎！更嬴曰：此孽也。其飛徐者，創痛也；悲鳴者，久失羣也。故創未息，而驚心未去，聞弦音而高飛，故創怯。今臨武君嘗爲秦孽，不可爲秦之將〔一六〕。無待干戈，聊用辭辯，片言而求三輔，一説而定五州。漢書曰：內史，武帝更名京兆尹，左內史更名左馮翊，主爵中尉更名右扶風，是爲三輔。天下有十二州，齊得其七，故謂北境爲五州〔一七〕。斯路何階？人誰或可？爾雅曰：階，因也。進謀誦志，以沃朕心。言進嘉謀，當謂誦汝志，以沃帝心也。周禮曰：撢人掌誦王志，導國之政事。鄭玄曰：以王之志與政事論説諸侯。撢，音探。廣雅曰：誦，言也。然彼言王志，與此微殊，不以文害意也。尚書曰：啓乃心，沃朕心。

文選考異

〔一〕九序未歌　何校「序」改「敍」。案：何據注也，注「九功惟序，九序惟歌」，茶陵本二「序」字作「敍」，袁本并入五臣亦作「敍」。其所載五臣向曰「九序，謂六府三事也」，則二本並作「序」，恐正文爲善「敍」，五臣「序」，各本所見亂之。此本注二字作「序」，乃尤延之以正文改注，未必是也。

〔二〕注「毛詩曰」下至「何以卒歲」　此十九字袁本、茶陵本無。

〔三〕注「必將崇論宏義」　案：「義」當作「議」。各本皆誤。

〔四〕注「尚書曰罔不同心以匡乃辟」　此十一字袁本、茶陵本無。

〔五〕注「應劭尚書」　案：「劭」下當有「曰」字。各本皆脱。

〔六〕若閑冗畢弃　茶陵本「畢」作「卑」，云五臣作「畢」。袁本云善作「卑」。案：二本所見，傳寫誤也。此蓋尤延之校改正之。

〔七〕天下之有惡　茶陵本云五臣無「天」。袁本云善有「天」。案：此不當有，各本所見，皆傳寫誤衍耳。

〔八〕注「東觀漢記曰魯恭」下至「具以狀言安」　此一百二十字袁本、茶陵本無。又自此下至本節注末，茶陵有，袁無，皆并善入五臣而誤刪削也。餘不悉出。

〔九〕注「文子曰有鳥將來張羅」下至「即無時得鳥」　此二十九字袁本、茶陵本無。案：「張羅」下當有「待之」二字。袁、茶陵二本所載并入五臣翰注者有。

〔一〇〕注「貪則爲盜富則爲賤」　案：「貪」當作「貧」。何校「賤」改「賊」，陳同，是也。此所引樂論篇文。

〔一一〕注「辯麗可嘉」　何校「嘉」改「喜」，是也。各本皆誤。

〔一二〕朕思念舊民　茶陵本「念」作「命」，云五臣作「念」。袁本云善作「命」。案：二本所見，傳寫誤也。此蓋尤延之校改正之。

〔一三〕注「名王奉獻」　袁本、茶陵本「名」上有「遣」字，是也。

〔一四〕注「毛詩序曰」下至「豈惟弊邑」　此六十六字袁本、茶陵本無。

〔一五〕注「魏謂春申君曰」　陳云「魏」下脱「加」字，是也。各本皆脱。

〔一六〕注「不可爲秦之將」　案：「爲」下當有「拒」字。各本皆脱。前東門行注引有。

〔一七〕注「天下有十二州齊得其七故謂北境爲五州」　袁本無此十七字，有「五州已見顏延之侍遊曲阿後湖詩」十四字。案：袁本最是。此尤同茶陵複出而誤。

天監三年策秀才文三首 何之元梁典曰：天監，武帝年號也。

任彦昇

問秀才：朕長驅樊鄧，直指商郊，商，喻齊也。史記，樂毅書曰：輕卒鋭兵，長驅至國。漢書，朱買臣曰：發兵浮海，直指泉山。尚書曰：武王朝至于商郊。因藉時來，乘此歷運，魏志，劉廙上疏曰：臣遭乾坤之靈，值時來之運。當扆永念，猶懷慙德。禮記曰：天子當扆而立。尚書曰：成湯放桀於南巢，惟有慙德。何者？百王之弊，齊季斯甚，班固漢書贊曰：漢承百王之弊。季謂末年。衣冠禮樂，掃地無餘。言衣冠制度、禮樂軌儀皆見廢弃，故無餘也。班固漢書贊曰：秦滅六國，而上古遺烈，掃地盡矣。斲雕刓方，經綸草昧。漢書曰：漢興，破觚而爲圜，斲琱而爲樸。蘇林漢書注曰：刓音角之刓，與刓剸同〔一〕。周易曰：雲雷屯，君子以經綸。又曰：天造草昧，宜建侯而不寧。鄭玄曰：造，成也。草，草創也。昧，昧爽也。採三王之禮，冠履粗分；因六代之樂，宫判始辨。周禮曰：王宫懸，諸侯軒懸，卿大夫判懸，士植懸〔二〕。而百度草創，倉廩未實。尚書曰：百度唯貞。論語曰：裨諶草創之。管子曰：倉廩實知禮節。若終畝不税，則國用靡資；國語曰：王耕三推之，庶人終于畝。禮記曰：古者公田籍而不税。毛萇詩傳曰：資，財也。百姓不足，則惻隱深慮。論語，有若曰：百姓足，君孰與不足？百姓不足，君孰與足？孟子曰：無惻隱之心，非仁也〔三〕。惻隱者，仁之端。每時入芻藁，歲課田租，漢舊儀曰：民田租芻藁，以給經用也。尚書曰：百里納稾。愀然疚懷，如憐赤子。禮記曰：哀公敢問：人道誰爲大？孔子愀然作色而對。月賦曰：悄焉疚懷。尚書曰：若保赤子，惟民其康乂。今欲使朕無滿堂之念，民有家給之饒，說苑曰：古人於天下也，譬一堂之上。今有滿堂飲酒，有一人獨索然向隅泣，則一堂之人，皆不樂也。鄧析子曰：聖人逍遥一世之間，而家給人足，天下太平。漸登九年之畜，稍去關市之賦。禮記曰：國無九年之畜曰不足。周禮曰：以九賦斂財賄，七曰關市之賦。鄭玄曰：賦，謂口出泉；關市，謂占會百物也。子大夫當此三道，利用賓王，三道、賓王，已見上文。斯理何從？佇聞良說。顏延之策秀才文曰：廢興之要，敬俟良說。

問：朕本自諸生，弱齡有志，鍾離意別傳曰：嚴遵與光武皇帝俱爲諸生。禮記，孔子曰：大道之行也，與三代之英，丘未之逮，而有志焉。閉户自精，開卷獨得。楚國先賢傳曰：孫敬入學，閉户牖，精力過人，太學謂曰閉户生。入市，市人相語：閉户生來。不忍欺也。陶潛誡子書曰：開卷有得，便欣然忘食。九流七略，頗常觀覽；六藝百家，庶非牆面。漢書曰：九流，有儒家流、道家流、陰陽家流、法家流、名家流、墨家流、從横家流、雜家流、農家流。又曰：劉歆總羣書而奏其七略，故有輯略，有六藝略，有諸子略，有詩賦略，有兵書略，有數術略，有方技略。廣雅曰：頗，少也。周禮，保氏養國子以道，乃教之六藝：一曰五禮，二曰六樂，三曰五射，四曰五御，五曰六書，六曰九數。淮南子曰：百家異說，各有所出。論語，子謂伯魚曰：汝爲周南、召南矣乎？人而不爲周南、召南，其猶正牆面而立也與！雖一日萬機，早朝晏罷，尚書曰：兢兢業業，一日二日萬機。墨子曰：早朝晏罷，斷獄治政也。聽覽之暇，三餘靡失。上林賦曰：朕以覽聽餘閑，無事弃日。魏略曰：董遇，字季真，善左氏傳。從學者云：若渴無日〔四〕。遇言：當以三餘。或問三餘之意，遇言：冬者歲之餘，夜與陰者日之餘，雨者月之餘〔五〕。上之化下，草偃風從，論語，子曰：君子之德風，小人之德草，草上之風必偃。惟此虚寡，弗能動俗。蔡邕姜肱碑曰：至德動俗，邑中化之。昔紫衣賤服，猶化齊風；韓子曰：齊桓公好服紫，一國盡服紫，當時十素不得一紫。公患之，告管仲。管仲曰：君欲止之，何不自誡勿衣也？謂左右曰，甚惡紫臭。公曰：諾。於是郎中莫衣紫；其明日，國中莫有衣紫；三日，境内莫衣紫。長纓鄙好，且變鄒俗。韓子曰：鄒君好長纓，左右皆服長纓，甚貴。鄒君患之，問左右。左右對曰：君好服之，百姓亦多服，是故貴。鄒君因先自斷其纓而出，國中皆不服長纓。雖德慚往賢，業優前事。且夫搢紳道行，禄利然也。封禪書曰：因雜搢紳先生之略術。班固漢書贊曰：大師衆至千餘人，蓋禄利之路然也。朕傾心駿骨，非懼真龍，新序曰：郭隗謂燕王曰：古之君有以千金市千里馬者，三年不得。人請求之，三月得馬，已死矣，買其骨以五百金。君大怒之。人曰：死馬骨且市之，況生馬乎？天下必以王爲好馬矣。於是不能朞年，千里馬至者二。今王誠願致士，請從隗始。隗且見事，況賢於隗者乎？又〔六〕子張見魯哀公，哀公不禮，去曰：君之好士，有似葉公子高之好龍也。葉公好龍，室屋彫文，盡以寫龍。於是天龍聞而下之，窺頭於牖，拖尾於堂。葉公見之，弃而退走，失其魂魄，五色無主。是葉公非好真龍也，好夫似龍而非龍者也。今君之好士也，好夫似士而非士者也。輜軿青紫，如拾地芥。范曄後漢書曰：袁紹，賓客所歸，輜軿紫轂，填接街陌。説文曰：軿，車前衣，車後爲輜。漢書曰：夏侯勝每講授，常謂諸生曰：士病不明經，經術苟明，其取青紫，如俛拾地芥爾。言好學明經術，以取貴位之服，如似車載之多也；取之易也，如拾地草。而惰游廢業，十室而九，惰遊，已見上文。抱朴子曰：秦降及季杪，天下欲反，十室而九。鳴鳥蔑聞，子衿不作。言古者收教不及於道者，故天下太平而鳳凰至；學校廢，則作子衿以刺之，而人感思學。今則不然，言不如古也。尚書，周公曰：攸罔勗弗及，苟造德弗降〔七〕，我則鳴鳥不聞。毛萇詩傳曰：蔑，如也〔八〕。詩序曰：子衿，刺學廢也。兩都賦序曰：王澤竭而詩不作。弘獎之路，斯既然矣，小雅曰：獎，勸也。猶其寂寞，應有良規。魏志，明帝報王朗詔曰：欽納至言，思聞良規。

問：朕立諫鼓，設謗木，於茲三年矣。鄧析子曰：堯置欲諫之鼓，舜立誹謗之木，此聖人也。比雖輻湊闕下，多非政要；文子曰：羣臣輻湊。張湛曰：如衆輻之集於轂也。范曄後漢書曰：詔問蔡邕，宜披露得失，指陳政要。日伏青蒲，罕能切直。漢書曰：史丹直入卧內，頓首伏青蒲上。應劭曰：以青規地曰青蒲。桓子新論曰：切直忠正，則汲黯之敢諫争也。將齊季多諱，風流遂往。毛萇詩傳曰：將，且也。老子曰：天下多忌諱而民彌貧。淮南子曰：晚世風流，終敗禮廢義。上林賦曰：遂往而不反矣。將謂朕空然慕古，虛受弗弘。漢書曰：王莽好空言，慕古法，多封爵人。周易曰：君子以虛受人。然自君臨萬寓，介在民上，左氏傳，子囊曰：赫赫楚國，而君臨之。方言曰：介，特也。漢書，宣帝詔曰：朕承洪業，託於士民之上也。何嘗以一言失旨，轉徙朔方，范曄後漢書曰：蔡邕上疏，帝覽而歎息。因起更衣，曹節於後竊視之，悉宣語左右，事遂漏露。程璜遂使人飛章言邕，於是下邕洛陽獄。詔減死一等，與家屬髡鉗徙朔方，詔不得以赦令除。睚眦有違，論輸左校，漢書曰：原涉好殺〔九〕，眦睚於塵中。論輸，謂論其罪而輸作也。漢書，陳咸，字子康，年十八，以父萬年任爲郎。有異材，抗直，數言事刺譏近臣，書數十上，遷爲左曹。父嘗病，召咸教戒於牀下，語至夜半，咸睡，頭觸屏風。父大怒，欲杖之，曰：乃公教戒汝，汝反睡，不聽吾言，何也？咸叩頭謝曰：具曉所言大要，教咸讇也。父迺不復言。元帝擢咸爲御史中丞，後爲南陽太守，所居以殺伐立威，豪猾吏及大姓犯法，輒論輸府〔一〇〕。范曄後漢書曰：李膺爲河南尹，時宛陵大姓羊元羣罷北海郡，臧罪狼籍，膺表欲罪〔一一〕，元羣行賂宦豎，膺反坐，輸作左校。漢書曰：將作少府有左校令丞。**而使直臣杜口，忠讜路絶。**漢書，景帝問鄧公，鄧公曰：夫鼂錯患諸侯彊大不可制，故請削之，以尊京師，萬世之利也。計畫始行，卒受大戮〔一二〕。内杜忠臣之口，外爲諸侯報仇。聲類曰：讜，善言也。**將恐弘長之道，別有未周。**韓詩曰：將恐將懼。薛君曰：將，辭也。檀道鸞晉陽秋曰：謝安爲桓温司馬，不存小察，盡弘長之風。**悉意以陳，極言無隱。**漢書曰：哀帝使傅喜問李尋曰：間者水出地動，日月失度，星辰亂行，災異仍重〔一三〕，極言無有所諱。周書曰：慎問其故，無隱乃情。

文選考異

〔一〕注「刓音角之刓與刓剸同」袁本、茶陵本無「音」字。案：各本皆非也，當作「刓音刓角之刓，與剸同」，韓信傳注可證。

〔二〕注「士植懸」袁本、茶陵本「植」作「特」，是也。

〔三〕注「非仁也」何校「仁」改「人」，是也。

〔四〕注「若渴無日」案：「若」當作「苦」。各本皆譌。魏志王朗傳注引可證。

〔五〕注「夜與陰者日之餘雨者月之餘」袁本、茶陵本無「與陰」二字，「雨」上有「陰」字，「月」作

「時」。案：二本是也。王朗傳注引正如此。

〔六〕注「況賢於隗者乎又」袁本、茶陵本作「況賢者也莊子曰」。案：以下文今新序有，莊子無，故尤延之校改如此也。但考藝文類聚鱗介部，亦引爲莊子。困學紀聞，莊子逸篇採之。仍當依二本爲是。

〔七〕注「攸罔勗弗及荀造德弗降」袁本、茶陵本「攸」作「收」。又茶陵本「荀」作「耇」，是也。袁本作「考」，亦誤。

〔八〕注「薆如也」陳云「如」，「無」誤，是也。各本皆誤。案：此所引板傳文。

〔九〕注「原涉好殺」袁本、茶陵本無「殺」字。案：此尤校添也。

〔一〇〕注「漢書陳咸」下至「輒論輸府」袁本、茶陵本無此一百三十二字，有「漢書陳萬年傳曰論輸府下」十一字。案：此卷末葉尤脩改，乃初同二本而後添。當以二本爲是。又案：末「下」字漢書無，蓋衍也。

〔一一〕注「膺表欲罪」袁本、茶陵本「欲」下有「罰其」二字，是也。

〔一二〕注「景帝問鄧公」下至「卒受大戮」袁本、茶陵本無此四十字，有「鄧公謂景帝曰」六字。案：此亦二本是。

〔一三〕注「間者水出」下至「災異仍重」袁本、茶陵本無此十八字。案：此亦二本是。

文選卷第三十七

表上

表者，明也，標也，如物之標表。言標著事序，使之明白，以曉主上，得盡其忠，曰表。三王已前，謂之敷奏。故尚書云敷奏以言，是也。至秦并天下，改爲表。總有四品：一曰章，謝恩曰章；二曰表，陳事曰表；三曰奏，劾驗政事曰奏；四曰駮，推覆平論，有異事進之曰駮。六國及秦、漢兼謂之上書，行此五事。至漢、魏已來，都曰表。進之天子稱表，進諸侯稱上疏。魏已前天子亦得上疏。

薦禰衡表〔一〕

孔文舉　范曄後漢書曰：孔融，字文舉，魯國人也。幼有異才，性好學，舉高第，拜御史，歷官至將作大匠，遷少府。曹操既積嫌忌，奏誅之。下獄弃市。

臣聞洪水橫流，帝思俾乂，孟子曰：當堯之時，天下猶未平，洪水橫流，泛濫於天下。尚書曰：湯湯洪水方割，有能俾乂。孔安國傳曰：俾，使；乂，治也。旁求四方，以招賢俊。尚書曰：旁求天下。孔安國曰：旁，非一方也。昔世宗繼統，將弘祖業，世宗，孝武廟號也。李奇漢書注曰：統，緒也。班固漢書紀述曰：世宗曅曅，思弘祖業。疇咨熙載，羣士響臻。尚書云：帝曰：疇咨若時登庸。又曰：有能熙帝之載。班固漢書述曰：疇咨熙載，髦俊並作，響臻如應而至也。孫卿子曰：下之和上，譬響之應聲也。陛下睿聖〔一〕，纂承基緒，陛下，謂獻帝也。班固高紀述曰：纂堯之緒。爾雅曰：纂，繼也。遭遇厄運，勞謙日仄。說文曰：遇，逢也。周易曰：勞謙君子有終吉。尚書曰：文王自朝至于日中昃，弗遑暇食。維嶽降神，異人並出。毛詩曰：維嶽降神，生甫及申。

竊見處士平原禰衡，年二十四，字正平，淑質貞亮，英才卓躒。孟子曰：得天下英才而教育之。西都賓曰：卓躒諸夏。卓躒，絕異也。躒，力角反。初涉藝文，升堂覩奧，論語云：子曰：由也升堂矣，未入於室也。爾雅曰：西南隅謂之奧。目所一見，輒誦於口，耳所暫聞，不忘於心，性與道合，思若有神。淮南子曰：所謂真人者，性合于道也。弘羊潛計，安世默識，以衡準之，誠不足怪。漢書曰：桑弘羊，雒陽賈人子，以心計，年十三拜侍中。又曰：張安世，字少孺，爲郎。上行幸河東，嘗亡書三篋，詔問莫能知，唯安世識之，具作其事〔三〕。後復購得書以相校，無所遺失〔四〕。上奇其能，擢爲尚書令。忠果正直，志懷霜雪，見善若驚，疾惡若讎。國語，楚藍尹亹謂子西曰：夫闔廬聞一善言若驚，得一士若賞。謝承後漢書曰：張儉清絜中正，疾惡若讎。任座抗行，史魚厲節，殆無以過也。呂氏春秋曰：魏文侯飲，問諸大夫：寡人何如主也？任座曰：君不肖君也。克中山，不以封君之弟，而以封君之子，是以知不肖君也。文侯不悦。次及翟璜，曰：君賢君也。臣聞其主賢者其臣直，是以知君之賢也。文侯悦。文子曰：傲世賤物，士之抗行也。廣雅曰：抗，舉也。論語，子曰：直哉史魚！廣雅曰：厲，高也。

鷙鳥累百，不如一鶚。史記，趙簡子曰：鷙鳥累百，不如一鶚。使衡立朝，必有可觀。論語，子曰：赤也，束帶立于朝，可使與賓客言。又曰：必有可觀者焉。漢書，成帝詔曰：舉博士，使卓然可觀。飛辯騁辭，溢氣坌涌，坌，涌貌也。坌，步寸切。解疑釋結，臨敵有餘。七略曰：解紛釋結，反之於平安。昔賈誼求試屬國，詭係單于；漢書，賈誼曰：何不試以臣爲屬國之官，以主匈奴，行臣之計，必係單于之頸而制其命。説文曰：詭，責也。自責必係單于也。漢書曰：況自詭滅賊。終軍欲以長纓，牽致勁越。漢書曰：南越與漢和親，乃遣終軍使南越説其王，欲令入朝，比内諸侯。軍自請願受長纓，必羈南越王而致之闕下。説文曰：組綦小者爲冠纓。弱冠慷慨，前代美之。説文曰：慷慨，壯士不得志於心。賈誼、終軍皆年十八，故曰弱冠。近日路粹嚴象，亦用異才擢拜臺郎，衡宜與爲比。典略曰：路粹，字文蔚，少學於蔡邕，高才，與京兆嚴象拜尚書郎。象以兼有文武，出爲揚州刺史。粹後爲軍謀祭酒，與陳琳、阮瑀等典記室。如得龍躍天衢，振翼雲漢，李陵詩曰：策名於天衢。班固漢書述曰：攀龍附鳳，並集天衢。毛詩曰：倬彼雲漢。揚聲紫微，垂光虹蜺，春秋合誠圖曰：北辰其星七，在紫微中也。尸子曰：虹蜺爲析翳。足以昭近署之多士，增四門之穆穆。兩都賦序曰：內設金馬、石渠之署。尚書曰：賓于四門，四門穆穆。鈞天廣樂，必有奇麗之觀；史記，趙簡子曰：我之帝所，甚樂，與百神遊夫鈞天，廣樂九奏萬儛，不類三代之樂，其聲動心。帝室皇居，必畜非常之寶。應劭漢官儀曰：帝室，猶古言王室。尚書曰：所寶惟賢，則邇人安。若衡等輩不可多得。激楚陽阿，至妙之容，掌技者之所貪〔五〕；楚辭曰：宮庭震驚發激楚。王逸曰：激楚，清聲也。淮南子曰：足蹀陽阿之舞。飛兔騕烏鳥褭，絕足奔放，良樂之所急也。呂氏春秋曰：飛兔、騕褭，古之俊馬也。又曰：古善相馬者〔六〕，若趙之王良，秦之伯樂，尤盡其妙也。臣等區區，敢不以聞。李陵書曰：區區之心。廣雅曰：區區，愛也。陛下篤慎取士，必須效試，乞令衡以褐衣召見。漢書，劉敬曰：臣衣褐，衣褐見。無可觀采，臣等受面欺之罪。漢書曰：上以張湯懷詐面欺。

文選考異

〔一〕薦禰衡表　袁本、茶陵本「表」下有「一首」二字。案：有者是也。後每題下盡同，卷首所列子目亦同。下卷放此。

〔二〕陛下睿聖　茶陵本「睿」作「叡」，云五臣作「睿」。袁本云善作「叡」。案：范書作「叡」，此尤以五臣亂善。

〔三〕注「具作其事」 陳云「作」，「上」誤。今案：汪文盛刻班書是「作」字，章懷注范書引亦是「作」字，陳所説非也。

〔四〕注「無所遺失」 袁本「失」下有「也」字。茶陵本無。此初有而脩去之。

〔五〕掌技者之所貪 茶陵本「技」作「伎」，云五臣作「技」。袁本作「技」，無校語。案：袁用五臣也。范書作「臺牧」，章懷注諸本並作「臺牧」，未詳其義。融集作「堂牧」。汪文盛刻范書如此，其實「堂牧」即「掌技」之譌耳。「伎」、「技」同字，或選所據融集作「伎」也。

〔六〕注「古善相馬者」 袁本、茶陵本「古」下有「者」字，此初有而脩去之。案：「者」當作「之」，所引觀表篇文也。七發與吴季重書注作「之」，是；七命注及此作「者」，非。

出師表 蜀志曰：建興五年，亮率軍北駐漢中，臨發上疏。

諸葛孔明 蜀志云：諸葛亮，字孔明，琅邪人也。時先主屯新野，徐庶謂先主曰：諸葛孔明乃卧龍也，將軍豈欲見之乎？先主遂詣見之。及即帝位，拜爲丞相。後主即位，十二年卒〔一〕。

臣亮言：先帝創業未半，而中道崩徂〔二〕。孟子曰：君子創業垂統。今天下三分，益州罷弊，此誠危急存亡之秋也。歲以秋爲功畢，故以喻時之要也。馮衍與田邑書曰：忠臣立功之日，志士馳馬之秋。然侍衞之臣不懈於内，忠志之士亡身於外者〔三〕，蓋追先帝之遇，欲報之於陛下也。

遇，謂以恩相接也。史記，豫讓曰：以國士遇我。誠宜開張聖聽，以光先帝遺德，恢志士之氣，漢書，谷永上書曰：王法納乎聖聽。莊子，盜跖曰：此父母之遺德也。不宜妄自菲薄，引喻失義，以塞忠諫之路也。方言曰：菲，薄也。郭璞曰：微薄也。宮中府中，俱爲一體，陟罰臧否，不宜異同。毛詩曰：嗚呼小子，未知臧否。何休公羊傳注曰：否，不也。若有作姦犯科及爲忠善者，宜付有司，論其刑賞，以昭陛下平明之理，不宜偏私，使内外異法也。

侍中侍郎郭攸之費禕於宜反董允等，楚國先賢傳曰：郭攸之，南陽人，以器業知名。蜀志曰：費禕，字文偉，江夏人也。後主襲位，亮上疏曰：侍中郭攸之、費禕。然攸之與禕俱爲侍中。又曰：董允，字休昭，後主襲位，遷黄門侍郎。此皆良實，志慮忠純，是以先帝簡拔以遺陛下。愚以爲宮中之事，事無大小，悉以咨之，然後施行，必能裨補闕漏，有所廣益也。將軍向寵，蜀志曰：向寵，襄陽人也，建興元年爲中部督，典宿衞兵，遷中領軍。性行淑均，曉暢軍事，廣雅曰：暢，達也。試用於昔日，先帝稱之曰能，是以衆議舉寵爲督。愚以爲營中之事，悉以諮之，必能使行陣和穆，優劣得所也。親賢臣，遠小人，此先漢所以興隆也；親小人，遠賢士，此後漢所以傾頽也。先帝在時，每與臣論此事，未嘗不嘆息痛恨於桓靈也。桓、靈，後漢二帝，用閹豎所敗也〔四〕。侍中尚書長史參軍，此悉貞亮死節之臣也，蜀志曰：建興二年，陳震拜尚書。又曰：諸葛亮出駐漢中，張裔領留府長史。又曰：蔣琬遷參軍，統留府事。願陛下親之信之，則漢室之隆，可計日而待也。

臣本布衣，躬耕於南陽，說苑，唐且謂秦王曰：王聞布衣之士怒乎？苟全性命於亂世，不求聞達於諸侯。論語，子張曰：在邦必聞。又，孔子曰：在邦必達。先帝不以臣卑鄙，猥自枉屈，猥，猶曲也。言己曲蒙先帝自枉屈而來也。三顧臣於草廬之中，諮臣以當世之事。漢晉春秋曰：諸葛亮家于南陽之鄧縣。荆州圖副曰〔五〕：鄧城舊縣西南一里，隔沔有諸葛亮宅，是劉備三顧處。劉歆七言詩曰：結構野草起室廬。由是感激，遂許先帝以驅馳。趙岐孟子章指曰：千載聞之，猶有感激也。後值傾覆，受任於敗軍之際，奉命於危難之間，爾來二十有一年矣。裴松之蜀志注曰：案劉備以建安十三年敗，遣亮使吴，亮以建興五年抗表北伐。自傾覆至此整二十年。然則備始與亮相遇，在軍敗前一年也。先帝知臣謹慎，故臨崩寄臣以大事也。蜀志曰：先主於永安病篤，召亮成都，屬以後事，謂亮曰：君才十倍曹丕，必能安國，終定大業。若嗣子可輔，輔之；如其不才，君可自取。亮涕泣曰：臣敢竭股肱之力，效忠貞之節，繼之以死。受命以來，夙夜憂嘆，恐託付不效，以傷先帝之明。故五月度瀘，深入不毛。蜀志曰：建興元年，南中諸部並皆叛亂。三年春，亮率衆征之，其秋悉平。漢書曰：瀘水出牂柯郡句町縣。史記，鄭襄公曰：君王錫不毛之地，使復得改事君王。何休曰：墝埆不生五穀曰不毛。句，求俱切；町，庭冷切。今南方已定，兵甲已足，當獎帥三軍，北定中原。爾雅曰：獎〔六〕，勸也。庶竭駑鈍，攘除姦凶，廣雅曰：駑，駘也，謂馬遲鈍者。毛萇詩傳曰：攘，除也。興復漢室，還于舊都。此臣之所以報先帝而忠陛下之職分也。

至於斟酌損益〔七〕，進盡忠言，則攸之禕允之任也。願陛下託臣以討賊興復之效；不效，則治臣之罪，以告先帝之靈。責攸之禕允等咎，以章其慢〔八〕。蜀志載亮表云：若無興德之言，則戮允等以章其慢。今此無上六字，於義有闕，誤矣。陛下亦宜自課，以咨諏足俱善道，察納雅言，深追先帝遺詔〔九〕。王逸楚辭注曰：課，試也。毛詩曰：載馳載驅，周爰咨諏。毛萇曰：訪問於善爲咨，咨事爲諏。論語曰：子所雅言。南都賦曰：奉先帝而追孝。臣不勝受恩感激！今當遠離〔一〇〕，臨表涕泣，不知所云。

文選考異

〔一〕注「後主即位十二年卒」　茶陵本無「即位十二年卒」六字。此一節注，茶陵并五臣於善，袁并善於五臣，恐尤亦非其舊。

〔二〕而中道崩徂　袁本、茶陵本「徂」作「殂」。案：此尤改之也。二本是，蜀志正作「殂」。

〔三〕亡身於外者　袁本云善作「亡」。茶陵本云五臣作「忘」。案：各本所見皆非也，「亡」但傳寫誤。何校「亡」改「忘」。蜀志正作「忘」。

〔四〕注「桓靈後漢二帝用閹豎所敗也」　袁本無「用閹豎所敗」五字。茶陵本并善入五臣有之。尤所見同茶陵而誤衍。

〔五〕注「荆州圖副曰」　袁本、茶陵本無「副」字，是也。

〔六〕注「爾雅曰獎」　袁本、茶陵本「爾」作「小」，是也。

〔七〕至於斟酌損益　茶陵本「損」作「規」，云五臣作「損」。袁本云善作「規」。案：蜀志本傳作「損」，董允傳作「規」。尤延之依本傳改，不知乃以五臣亂善也。

〔八〕責攸之禕允等咎以章其慢　何校云董允傳所載與本傳微不同，本傳無「若無興德之言」六字，作「責攸之禕允等之慢以彰其咎」。案：袁本所見善與尤無異，較本傳但少「之」字，「彰」作「章」，「慢」、「咎」互易。其五臣則與本傳同。茶陵本輒於正文依善注所引董允傳添改，作「若無興德之言則戮允等」云云，與注不相應，大誤。且善但謂當有上六字，未嘗欲并改「責攸之禕允」以下也，更屬誤中之誤矣。

〔九〕深追先帝遺詔　袁本、茶陵本無「遺詔」二字。案：蜀志有，尤延之依以校添也。此初刻仍無，與二本同。

〔一〇〕臣不勝受恩感激今當遠離　袁本、茶陵本無「激今」二字。案：蜀志有，尤延之依以校添也。此初刻仍無。

求自試表

曹子建

魏志曰：太和二年，植還雍丘。植常自憤怨，抱利器而無所施，上疏求自試。

臣植言：臣聞士之生世，入則事父，出則事君。論語，子曰：出則事公卿，入則事父兄。事父尚於榮親，事君貴於興國。故慈父不能愛無益之子，仁君不能畜無用之臣。墨子曰：雖有賢君，不愛無功之臣；雖有慈父，不愛無益之子。夫論德而授官者，成功之君也；量能而受爵者，畢命之臣也。史記，樂毅報燕惠王書曰：察能而授官者，成功之君也。孫卿子曰：論德而定次，量能而授官，君子之所長也。尸子曰：君子量才而受爵，量功而受祿。故君無虛授，臣無虛受；王符潛夫論曰：故明王不敢以私授，忠臣不敢以虛受。虛授謂之謬舉，虛受謂之尸祿。詩之素餐，所由作也。韓詩曰：何謂素餐？素者，質也。人但有質朴而無治民之材，名曰素餐。尸祿者，頗有所知，善惡不言，默然不語，苟欲得祿而已，譬若尸矣。昔二虢不辭兩國之任，其德厚也；左氏傳，晉侯假道於虞以伐虢，宮之奇諫曰：虢仲、虢叔，王季之穆也，爲王卿士，勳在盟府。孫卿子曰：德厚者進，廉節者起。旦奭不讓燕魯之封，其功大也。史記曰：武王殺紂，封周公旦於少昊之墟曲阜，是爲魯公。又曰：周武王封召公奭於燕。

今臣蒙國重恩，三世于今矣。三世，謂文、武〔一〕、明也。正值陛下升平之際，陛下，明帝也。孝經鉤命決曰：明王用孝，升平致譽。沐浴聖澤，潛潤德教，可謂厚幸矣。史記，太史公〔二〕：成王作頌，沐浴膏澤。孝經曰：德教加于百姓。而位竊東藩，爵在上列，論語，子曰：臧文仲其竊位者與！漢書，中山靖王曰：位雖卑也，得爲東藩。身被輕煖，口厭百味，孝經援神契曰：甘肥適口，輕煖適神。墨子曰：衣服之法，冬則練帛之中，足以爲輕且煖。崔駰七依曰：雍人調膳，展選百味。目極華靡，耳倦絲竹者，爵重祿厚之所致也。鄭玄禮記注曰：致之言至也。退念古之受爵祿者，有異於此，皆以功勤濟國，輔主惠民。爾雅曰：濟，益也。今臣無德可述，無功可紀，若此終年，無益國朝，將挂風人彼己之譏。毛詩，彼己之子，不稱其服。是以上慙玄冕，俯愧朱紱〔三〕。周禮曰：王之五冕，玄冕朱裏。禮記曰：諸侯佩山玄玉而朱組綬。蒼頡篇曰：紱，綬也。

方今天下一統，九州晏如，尚書大傳曰：周公一統天下，合和四海。然一統謂其統緒也。顧西尚有違命之蜀，東有不臣之吴。使邊境未得税甲，謀士未得高枕者，爾雅曰：税，舍也。漢書，賈誼曰：陛下高枕垂統，無山東之憂。誠欲混同宇内，以致太和也。法言曰：或問太和，曰：其在唐、虞、成、周也。李軌曰：天下太和。故啓滅有扈户而夏功昭，尚書曰：啓〔四〕與有扈戰于甘之野。史記曰：啓遂滅有扈氏，天下咸朝夏。成克商奄而周德著。尚書曰：武王崩，三監及淮夷叛，周公相成王，將黜殷命。孔安國曰：三監，管、蔡、商也。淮夷，徐奄之屬。史記曰：成王東伐淮夷徐奄。今陛下以聖明統世，將欲卒文武之功，繼成康之隆。假周之令德，以喻魏之先王也。臣瓚漢書注曰：統，總覽也。毛詩序曰：文、武之功，起於后稷。春秋歷序曰〔五〕：成、康之隆，澧泉涌。簡良授能，以方叔邵虎之臣，鎮衛四境，爲國爪牙者，可謂當矣。爾雅曰：簡，擇也。毛詩曰：方叔涖止，其車三千。又曰：江、漢之滸，王命邵虎。又曰：祈父予王之爪牙。然而高鳥未挂於輕繳，淵魚未懸於鉤餌者，恐鉤射之術，或未盡也。高鳥、淵魚，喻吴、蜀二主也。昔耿弇不俟光武，亟擊張步，言不以賊遺於君父也。東觀漢記曰：耿弇討張步，陳俊謂弇曰：虜兵盛，可且閉營休士，以須上來。弇曰：乘輿且到，臣子當擊牛釃酒，以待百官，反欲以賊虜遺君父邪？及出大戰，自旦及昏，大破之。弇，古含切。故車右伏劍於鳴轂，雍門刎首於齊境，説苑曰：越甲至齊，雍門狄請死之，齊王曰：鼓鐸之聲未聞，矢石未交，長兵未接，子何務死？知爲人臣之禮邪？雍門狄對曰：臣聞之，昔王田於囿，左轂鳴，車右請死之。王曰：子何爲死？車右曰：爲其鳴吾君也。王曰：左轂鳴此者，工師之罪也〔六〕，子何爲死？車右曰：吾不見工師之乘，而見其鳴吾君也。遂刎頸而死。有之乎？齊王曰：有之。雍門狄曰：今越甲至，其鳴吾君，豈左轂之下哉？車右可以死左轂，而臣獨不可以死越甲邪？遂刎頸而死。是日越人引甲而退七十里。齊王葬雍門子以上卿。若此二子，豈惡生而尚死哉？誠忿其慢主而陵君也。

夫君之寵臣，欲以除害興利〔七〕，尸子曰：禹興利除害，爲萬民種也。臣之事君，必以殺身靜亂〔八〕，以功報主也。昔賈誼弱冠，求試屬國，請係單于之頸而制其命；終軍以妙年使越，欲得長纓占其王，羈致北闕。賈誼、終軍，已見薦禰衡表。爾雅曰：占，隱也。郭璞曰：隱度之。此二臣豈好爲夸主而耀世俗哉〔九〕？志或鬱結〔一〇〕，欲逞才力輸能於明君也。昔漢武爲霍去病治第，辭曰：「匈奴未滅，臣無以家爲！」漢書文也。固夫憂國忘家，捐軀濟難，忠臣之志也。趙岐孟子章指曰：憂國忘家。

今臣居外，非不厚也；而寢不安席，食不遑味者，伏以二方未尅爲念〔一一〕。戰國策曰：秦王告蒙驁曰：寡人一城圍，食不甘味，卧不便席。伏見先武皇帝〔一二〕武臣宿兵，年耆即世者有聞矣；左氏傳，子朝曰：太子壽早夭即世。雖賢不乏世，宿將舊卒，猶習戰也〔一三〕。史記曰：王翦宿將，始皇師之。竊不自量，志在效命，庶立毛髮之功，以報所受之恩。若使陛下出不世之詔，效臣錐刀之用，文子曰：欲治之主不世出。東觀漢記，黄香上疏曰：以錐刀小用，蒙見宿留也。使得西屬大將軍，當一校之隊，魏志曰：太和二年，遣大將軍曹真擊諸葛亮於街亭。司馬彪漢書曰：大將軍營伍部校尉一人。若東屬大司馬，統偏師之任。魏志曰：太和二年，大司馬曹休率諸軍至皖。臣瓚漢書注曰：統，由總覽也〔一四〕。必乘危蹈險，騁舟奮驪，禮記曰：夏后尚黑，戎事乘驪。鄭玄云：馬黑色曰驪。突刃觸鋒，爲士卒先。漢書，伍被曰：大將軍當敵勇，常爲士卒先。雖未能禽權馘亮，庶將虜其雄率，殲其醜類，鄭玄毛詩箋曰：馘，所獲之左耳也。爾雅曰：殲，盡也。又曰：醜，衆也。必效須臾之捷，以滅終身之愧，杜預左氏傳注曰：捷，獲也。使名挂史筆，事列朝榮〔一五〕，雖身分蜀境，首懸吴闕，猶生之年也。北征賦曰：首身分而不寤。漢武帝遣使者告單于曰：南越王頭已懸於漢北闕。傅武仲與荆文姜書曰：雖死之日，猶生之年。如微才不試，没世無聞，論語曰：君子疾没世而名不稱。徒榮其軀而豐其體，生無益於事，死無損於數，虚荷上位而忝重禄，禽息鳥視，終於白首，鄭玄周禮注曰：凡鳥獸未孕曰禽。此徒圈牢之養物，非臣之所志也。説文曰：圈，養獸閑也。鄭玄周禮注曰：牢，閑也。流聞東軍失備，師徒小衄，漢書，王音曰：失行流聞。魏志曰：休至皖，與吴將陸遜戰於石亭，敗績。衄，猶挫折也。輟食棄餐，奮袂攘衽，撫劍東顧，而心已馳於吴會矣。鄭玄周禮注曰：攘，却也，謂却扱衽也。左氏傳曰：子朱撫劍從之〔一六〕。

臣昔從先武皇帝，南極赤岸，東臨滄海，西望玉門，北出玄塞，七發曰：凌赤岸，篲扶桑。山謙之南徐州記曰：京江，禹貢北江，有大濤，濤至乘北〔一七〕激赤岸，尤更迅猛。漢書，燉煌郡龍勒縣有玉門關。玄塞，長城也。北方色黑，故曰玄。伏見所以行軍用兵之勢，可謂神妙矣。孫子曰：兵與敵變化而取勝者謂之神。故兵者不可預言，臨難而制變者也。孫卿曰：水因地而制行，兵因敵而制勝。志欲自效於明時，立功於聖世。每覽史籍，觀古忠臣義士，出一朝之命，以殉國家之難，司馬遷書曰：李陵奮不顧身，以殉國家之急。身雖屠裂，而功銘著於景鍾，名稱垂於竹帛，未嘗不拊心而歎息也。國語，晉悼公曰：昔克路之役〔一八〕，秦來圖敗晉攻〔一九〕，魏顆以其身却退秦師于輔氏，親止杜回，其勳銘於景鍾。韋昭曰：景鍾，景公鍾也。墨子曰：以其功書於竹帛，傳遺後子孫也。臣聞明主使臣，不廢有罪。故奔北敗軍之將用，秦魯以成其功；史記曰：秦繆公使百里奚子孟明視、蹇叔子西乞術及白乙丙將兵襲鄭，晉發兵遮秦兵於殽，虜秦三將以歸。後還秦三將，穆公復三人官秩，復使將兵伐晉，大敗晉人，以報殽之役。又曰：曹沫者，魯人也，以勇力事魯莊公。爲魯將，與齊戰，三敗三北〔二〇〕，魯莊公懼，乃獻遂邑之地以和，猶復以爲將。齊桓公許與魯會于柯而盟，桓公與莊公既盟於壇上，曹沫執匕首劫齊桓公，公問曰：子將何欲？曹沫曰：齊强魯弱，而大國侵魯，亦已甚矣。今魯城壞即壓境，君其圖之。桓公乃許盡還魯之侵地。曹沫三戰所亡，盡復于魯。絶纓盜馬之臣赦，楚趙以濟其難。説苑曰：楚莊王賜羣臣酒，日暮，華燭滅，有引美人衣者，美人援絶冠纓，告王知之。王曰：賜人酒醉，欲顯婦人之節，吾不取也。乃命左右勿上火，與寡人飲，不絶纓者不懽也。羣臣纓皆絶，盡懽而去。後與晉戰，引美人衣者五合五獲，以報莊王。呂氏春秋曰：昔者秦繆公乘馬右服失之，野人取之，繆公自往求之，見野人方將食之於岐山之陽。繆公笑曰：食駿馬之肉，不飲酒，余恐傷汝也。徧飲而去〔二一〕。韓原之戰，晉人已環繆公之車矣，晉梁靡已扣公左驂矣，野人嘗食馬於岐山之陽者三百有餘人，畢力爲繆公疾鬬於車下，遂大克晉，及獲惠公以歸〔二二〕。此秦而謂之趙者。史記曰：趙氏之先，與秦共祖。然則以其同祖〔二三〕，故曰趙焉。臣竊感先帝早崩，威王棄代，先帝，謂文帝也。魏志曰：任城王彰薨，謚曰威。臣獨何人，以堪長久？常恐先朝露，填溝壑，漢書，李陵謂蘇武曰：人如朝露。列女傳，梁寡婦曰：妾之夫，先犬馬填溝壑。墳土未乾，而身名並滅。漢書，霍禹曰：將軍墳土未乾。李宏武功歌曰〔二四〕：身非金石，名俱滅焉。臣聞騏驥長鳴，伯樂昭其能；戰國策，楚客謂春申君曰：昔騏驥駕車吴坂，遷延負轅而不能進，遭伯樂，仰而長鳴，知伯樂知己也。今僕屈厄日久，君獨無意使僕爲君長鳴也。盧狗悲號，韓國知其才。戰國策曰：齊欲伐魏，淳于髡謂齊王曰：韓子盧者，天下之壯犬也；東郭俊者〔二五〕，海内之狡兔也。韓子盧逐東郭俊，環山者三，騰山者五，兔極於前，犬廢於後，犬兔俱罷，各死其處，田父見之而擅其功。今齊、魏相持，臣恐强秦、大楚承其後，有田父之功。高誘曰：韓國之盧犬，古之名狗也，然悲號之義未聞也。是以效之齊楚之路，以逞千里之任，齊、楚，言遠也。孫卿子曰：夫驥一日而千里也。試之狡兔之捷，以驗搏噬之用。今臣志狗馬之微功，竊自惟度，終無伯樂韓國之舉，是以於邑而竊自痛者也。楚辭曰：長呼吸以於悒。王逸曰：於悒，啼貌。夫臨博而企竦，聞樂而竊抃者，或有賞音而識道也。説文曰：博，局戲也。大箸十二棊。又曰：企，舉踵也。竦，猶立也。説文曰：扸，附也。昔毛遂，趙之陪隸，猶假錐囊之喻，以寤主立功；史記曰：秦之圍邯鄲，趙使平原君求救合從於楚，約與食客門下有勇力武備具者二十人俱，得十九人，餘無可取者。毛遂前自讚於平原君，平原君曰：先生處勝之門下，幾年於此矣？遂曰：三年于此矣。平原君曰：夫賢士之處俗，譬若錐之處囊中，其末立見。今先生處勝之門下三年，勝未有所聞。毛遂曰：臣乃今日請處囊中耳，使遂蚤得處囊中，乃穎脱而出，非特其末見而已也。平原君竟與毛遂偕十九人。平原君與楚合從，日出而言，日中不決。毛遂按劍歷階而上曰：合從者爲楚，非爲趙也。楚王曰：唯，謹奉社稷以從。何況巍巍大魏多士之朝，而無慷慨死難之臣乎！

夫自衒玄徧自媒者，士女之醜行也；越絶書曰：范蠡其始居楚，之越，越王與言盡日，大夫石買進曰：衒女不貞，衒士不信。客歷諸侯，渡河津，無因自致，殆不真賢也。干時求進者，道家之明忌也。莊子曰：功成者隳，名成者虧，孰能去功與名，而還與衆人。而臣敢陳聞於陛下者，誠與國分形同氣，憂患共之者也。吕氏春秋曰：父母之於子也，子之於父母也，一體而分形，同氣血而異息，痛疾相救，憂思相感，生則相驩，死則相哀，此之謂骨肉之親也。冀以塵露之微，補益山海；謝承後漢書，楊喬曰：猶塵附泰山，露集滄海，雖無補益，款誠至情，猶不敢嘿也〔二六〕。螢燭末光〔二七〕，增輝日月。淮南子曰：人主之居也，如日月之明也。是以敢冒其醜而獻其忠，必知爲朝士所笑。聖主不以人廢言，論語，子曰：君子不以人廢言。伏惟陛下少垂神聽，臣則幸矣。

〔一〕注「謂文武明也」 陳云「文武」當乙，是也。各本皆倒。

〔二〕注「史記太史公」 陳云「公」下脱「曰」字，是也。各本皆脱。

〔三〕俯愧朱紱 茶陵本「愧」下校語云五臣從「忄」。袁本云善從「女」。此亦以五臣亂善。下文「以滅終身之愧」，二本所見亦當善作「媿」，失著校語，非。魏志皆作「愧」。

〔四〕注「尚書曰啓」 袁本、茶陵本「曰」上有「序」字。此初有而脩去之。案：有者是也。下「尚書曰武王崩」，各本皆脱「序」字。

〔五〕注「春秋歷序曰」 案：「歷」上當有「命」字。各本皆脱。又勸進表注所引春秋歷序，亦脱「命」字。

〔六〕注「左轂鳴此者工師之罪也」 案：「此者」當作「者此」。袁本亦誤倒。茶陵本并善入五臣，全非。裴松之注引正作「者此」。

〔七〕欲以除害興利 袁本、茶陵本「害」作「患」。案：魏志作「患」。二本是也。

〔八〕必以殺身静亂 袁本、茶陵本無「以」字。案：魏志有，蓋尤據之添也。

〔九〕而耀世俗哉 袁本云善作「燿」。茶陵本作「燿」，云五臣作「曜」。案：魏志作「燿」，尤改非。

〔一〇〕志或鬱結　袁本、茶陵本云善無「志」字。案：魏志有，二本所見或傳寫脱，尤添之，是也。

〔一一〕伏以二方未尅爲念　何校云魏志「伏」作「但」。案：今本魏志亦作「伏」，何所據者未見，存之以俟再詳。

〔一二〕伏見先武皇帝　袁本、茶陵本無「武皇」二字。案：魏志有，蓋尤據之添也。

〔一三〕猶習戰也　袁本、茶陵本「猶」作「由」。案：魏志作「猶」，蓋尤據之改也。

〔一四〕注「統由總覽也」　袁本、茶陵本「由」作「猶」，是也。

〔一五〕事列朝榮　何校云魏志「榮」作「策」。陳云作「策」爲是。各本皆形近之譌字耳。

〔一六〕注「左氏傳曰子朱撫劍從之」　袁本、茶陵本無此十字。

〔一七〕注「濤至乘北」　陳云「乘」上脱「江」字，是也。各本皆脱。案：七發注引有。

〔一八〕注「昔克路之役」　何校「路」改「潞」，陳同，是也。各本皆誤。答臨淄侯牋、褚淵碑文、頭陀寺碑文注誤與此同。

〔一九〕注「秦來圖敗晉攻」　何校「攻」改「功」，陳同，是也。各本皆譌。

〔二〇〕注「三敗三北」　茶陵本「敗」下無「三」字，是也。袁本亦衍。

〔二一〕注「偏飲而去」　袁本「去」下有「之」字，此初有而脩去之。茶陵本并善入五臣，無此字。案：所引愛士篇文，彼亦無此字。

〔二二〕注「及獲惠公以歸」　何校「及」改「反」，陳同，是也。各本皆誤。

〔二三〕注「然則以其同祖」 案：「則」字不當有。各本皆衍。

〔二四〕注「李宏武功歌曰」 陳云「宏」、「亢」誤，是也。各本皆誤。

〔二五〕注「東郭俊者」 茶陵本「俊」作「後」，袁本亦作「俊」。案：各本皆譌也，當作「逡」。下同。

〔二六〕注「猶不敢嘿也」 袁本、茶陵本重「嘿」字，是也。

〔二七〕螢燭末光 何校云「螢」一作「熒」。案：魏志作「熒」，古字通。但選文與國志非必全同，今各本則皆作「螢」也。

求通親親表 魏志曰：太和五年，植上疏求存問親戚，自因致其意也〔一〕。

曹子建

臣植言：臣聞天稱其高者，以無不覆；地稱其廣者，以無不載；日月稱其明者，以無不照；禮記，子夏問曰：何謂三無私？孔子曰：天無私覆，地無私載，日月無私照，此之謂三無私。江海稱其大者，以無不容。管子曰：海不辭水，故能成其大。墨子曰：江河不惡小谷之滿已也，故能大。故孔子曰：大哉堯之爲君，惟天爲大，惟堯則之。論語文也。夫大德之於萬物，可謂弘廣矣。蓋堯之爲教，先親後疎，自近及遠。其傳曰：克明俊德〔二〕，以親九族，九族既睦，平章百姓。孔安國曰：能明俊德之士，任用之，以睦高祖玄孫之親也。又曰：既，已也。百姓，百官也。言化九族而平和章明也。及周之文王，亦崇厥化。鄭玄禮記注曰：崇，猶尊也。其詩曰：刑于寡妻，至于兄弟，以御于家邦。毛萇曰：刑，法也。鄭玄云：御，治也。寡妻，寡有之妻。文王以禮接其妻，至於宗族，又能爲政，治於家邦。是以雍雍穆穆，風人詠之。毛詩曰：有來雍雍。又曰：天子穆穆。昔周公弔管蔡之不咸，廣封懿親，以藩屏王室〔二〕。左氏傳，富辰曰：周公弔二叔之不咸，故封建親戚，以藩屏周室。馬融曰：二叔，管、蔡也。傳曰：周之宗盟，異姓爲後。左氏傳曰：滕侯、薛侯來朝，争長，公使羽父請於薛侯曰：周之宗盟，異姓爲後。誠骨肉之恩，爽而不離；漢書，宣帝詔曰：蓋聞象有罪，舜封之，骨肉之親，粲而不殊。如淳曰：粲或爲散。爾雅曰：爽，差也。親親之義，寔在敦固；禮記曰：君子賢其賢而親其親。未有義而後其君，仁而遺其親者也。孟子曰：未有仁而遺其親者也，未有義而後其君者也。

伏惟陛下，咨帝唐欽明之德，尚書曰：放勳欽明。體文王翼翼之仁，毛詩曰：惟此文王，小心翼翼。惠洽椒房，恩昭九親，漢舊儀曰：皇后稱椒房。詩，椒聊之實，蔓延盈升，美其繁興。九親，猶九族。羣后百僚，番休遞上。列子曰：巨鼇迭爲三番。江偉上便宜曰：上下郎吏計作四五番休。執政不廢於公朝，下情得展於私室，親理之路通，慶弔之情展，誠可謂恕己治人，推惠施恩者矣。論語，子貢問曰：一言可以終身行之者乎？子曰：其恕乎！己所不欲，勿施於人。三略曰：良將恕己而治人。又曰：推惠施恩，士力日新。至於臣者，人道絶緒，禁固明時，臣竊自傷也。左氏傳曰：申公巫臣奔晉，子反請以重幣錮之。杜預曰：禁固勿仕也。錮與固通。不敢乃望交氣類，脩人事，敍人倫。謝承後漢書曰：桓礹鄙營氣類〔四〕。毛詩序曰：成孝敬，厚人倫。近且婚媾不通，兄弟永絶，吉凶之問塞，慶弔之禮廢。恩紀之違，甚於路人；蘇子卿詩曰：誰爲行路人。隔閡之異，殊於胡越。淮南子曰：自其異者視之，肝膽胡越。許慎曰：胡在北方，越在南方。今臣以一切之制，永無朝覲之望，漢書音義曰：一切，權時也。至於注心皇極，結情紫闥，神明知之矣。尚書考靈耀曰：建用皇極。宋均曰：建，立也。皇，大；極，天也。崔駰達旨曰：攀台階，闚紫闥。然天寔爲之，謂之何哉！毛詩國風文。退省諸王常有慼慼具爾之心。毛詩曰：戚戚兄弟，莫遠具爾。願陛下沛然垂詔，孟子曰：油然作雲，沛然下雨。使諸國慶問，四節得展，以敍骨肉之歡恩，全怡怡之篤義，論語，子曰：兄弟怡怡如也。妃妾之家，膏沐之遺，歲得再通，毛詩曰：豈無膏沐。齊義於貴宗，等惠於百司。如此，則古人之所歎，風雅之所詠，復存於聖世矣。

臣伏自思惟，豈無錐刀之用〔五〕。東觀漢記，黄香上疏曰：以錐刀小用，蒙見宿留〔六〕。及觀陛下之所拔授，若臣爲異姓〔七〕，竊自料度，不後於朝士矣。若得辭遠遊，戴武弁，蔡邕獨斷曰：遠遊冠者，王侯所服。傅子曰：侍中冠武弁。解朱組，佩青紱，朱組綬，已見自試表注。漢書曰：凡二千石以上銀印青綬。駙馬奉車，趣得一號，漢書曰：奉車都尉掌御乘輿車，駙馬都尉掌駙馬。説文曰：駙，近也〔八〕。安宅京室，執鞭珥筆，論語，子曰：富而可求，雖執鞭之士，吾亦爲之。范曄後漢書，岑彭謂朱鮪曰：彭往者得執鞭侍從。珥筆，戴筆也。漢書，趙邛曰：張安世持橐簪筆。張晏曰：近臣負橐簪筆從也。出從華蓋，入侍輦轂，劉歆遂初賦曰：奉華蓋於帝側。胡廣漢官解故注曰：轂下，諭在輦轂之下，京兆之中。承答聖問，拾遺左右，漢書曰：議郎掌顧問應對。又曰：蕭望之、劉更生並拾遺左右。乃臣丹情之至願，不離於夢想者也。遠慕鹿鳴君臣之宴，毛詩序曰：鹿鳴，宴羣臣嘉賓也。中詠棠棣匪他之誡，毛詩序曰：棠棣，燕兄弟也。毛詩曰：豈伊異人，兄弟匪他。下思伐木友生之義，毛詩序曰：伐木，燕朋友故舊也。詩曰：矧伊人矣，不求友生。終懷蓼莪罔極之哀。毛詩蓼莪曰：父兮生我，母兮鞠我，欲報之德，昊天罔極。每四節之會，塊然獨處，左右惟僕隸，所對惟妻子，高談無所與陳，發義無所與展，未嘗不聞樂而拊心，臨觴而歎息也。漢書曰：中山靖王勝來朝，天子置酒。勝聞樂聲而泣，對曰：臣聞悲者不可爲絫欷，思者不可爲歎息，今臣心結日久，每聞幼妙之聲，不知泣涕之横集。臣伏以爲犬馬之誠，不能動人，譬人之誠不能動天，崩城隕霜，臣初信之，以臣心況，徒虚語耳。列女傳曰：杞梁妻者，齊杞梁殖之妻也。齊莊公襲莒，殖戰死。杞梁之妻無子，内外皆無五屬之親。既無所歸，乃就其夫屍於城下而哭之，内誠動人，道路過者莫不爲之揮涕，十日而城爲之崩。淮南子曰：鄒衍盡忠於燕惠王，惠王信譖而繫之，鄒子仰天而哭，正夏而天爲之降霜也。若葵藿之傾葉，太陽雖不爲之迴光，然終向之者，誠也。〔九〕淮南子曰：聖人之於道，猶葵之與日，雖不能終始哉，其鄉之者誠也。臣竊自比葵藿，若降天地之施，垂三光之明者，寔在陛下。

臣聞文子曰：不爲福始，不爲禍先，文子曰：與道爲際，與德爲隣，不爲福始，不爲禍先。范子曰：文子者，姓辛，葵丘濮上人也。稱曰計然，南遊於越，范蠡師事。今之否隔，友于同憂，而臣獨唱言者，何也？廣雅曰：否，隔也。尚書曰：友于兄弟。竊不願於聖代使有不蒙施之物〔一〇〕，必有慘毒之懷；故柏舟有天只之怨，谷風有棄予之歎。毛詩柏舟曰：母也天只，不諒人只。毛萇曰：諒，信也。母也，天也，尚不信我也。又谷風曰：將安將樂，汝轉棄予。伊尹恥其君不爲堯舜，尚書曰：昔先正保衡作我先王，乃曰：予弗克俾厥后惟堯、舜，其心愧恥，若撻于市。孟子曰：不以舜之所以事堯事其君者，不敬其君者也。臣之愚蔽，固非虞伊。至於欲使陛下崇光被時雍之美，宣緝熙章明之德者，尚書曰：允恭克讓，光被四表，協和萬邦，黎民於變時雍。毛詩曰：維清緝熙，文王之典。章明，已見上文。尚書曰：百姓昭明。是臣慺慺之誠，竊所獨守。尚書傳曰〔一一〕：慺慺，謹慎也。寔懷鶴立企佇之心，敢復陳聞者，戰國策曰：吴人郢，樊冒勃蘇〔一二〕潛行，十日而薄秦，鶴立不轉。冀陛下儻發天聽而垂神聽也。尚書曰：天聰明。神聽，已見自試表。

文選考異

〔一〕注「自因致其意也」　袁本、茶陵本無「因」字。案：魏志有「因」無「自」，必尤延之改「自」爲「因」，乃誤兩存也。

〔二〕克明俊德　袁本「俊」下校語云善作「駿」，注中字亦作「駿」。茶陵本作「俊」，注中字亦作

「俊」，無校語。案：尤及茶陵所見以五臣亂善也。魏志作「峻」，與善、五臣無合者，恐經後人依禮記改。

〔三〕以藩屏王室　茶陵本「藩」作「蕃」，注同。校語云五臣作「藩」。袁本作「藩」，無校語。案：袁本用五臣也，此以五臣亂善。魏志作「藩」。「藩」、「蕃」通用耳。

〔四〕注「謝承後漢書曰桓礹鄙營氣類」　袁本、茶陵本無此十二字。

〔五〕臣伏自思惟豈無錐刀之用　袁本、茶陵本「思惟豈」三字作「惟省」二字。案：魏志作「惟省」。尤改添，未知何據，或所見自不同。

〔六〕注「東觀漢記」下至「蒙見宿留」　袁本此十八字作「錐刀之用已見上文」八字，是也。茶陵本複出，同此，非。

〔七〕若臣爲異姓　袁本、茶陵本「若」下有「以」字。案：魏志有「以」字，尤删，未知何據，或所見自不同。

〔八〕注「駙近也」　茶陵本「駙」作「附」，袁本作「附近」之「附」也。

〔九〕然終向之者誠也　茶陵本無「然」字，「終」下校語云五臣作「然」。袁本無「終」字，校語云善有「終」字。案：魏志有「然」無「終」，疑茶陵所見得之。

〔一〇〕有不蒙施之物　茶陵本云五臣再有「有不蒙施之物」六字。袁本再有，云善無「有不蒙施之物」六字。案：此初無，尤脩改添之。魏志再有，善亦當再有，傳寫脱去也，何校添。陳云重六字爲是。

〔一〕注「尚書傳曰」　袁本無「傳」字，茶陵本有。案：各本皆非也，説見後答魏太子牋下。

〔二〕注「樊冒勃蘇」　案：「樊」當作「棼」。各本皆譌。

讓開府表

羊叔子　臧榮緒晉書曰：羊祜，字叔子，太山人也。能屬文。爲中書郎。陳留王立，封鉅平子。世祖受禪，加散騎常侍。後以祜都督荆州諸軍事，又爲車騎將軍、開府儀同三司，祜表讓。後以祜爲征南大將軍，開府辟召儀同三司，薨。

臣祜言：臣昨出，伏聞恩詔，拔臣使同台司。昨出，爲沐浴而出在外。台司，三公也。爲台司，故言儀同三司。威儀百物，使同三司也。臣自出身已來，適十數年，受任外内，每極顯重之地，王隱晉書曰：太祖引祜爲從事中郎，遷中領軍，事兼内外。常以智力不可强進，恩寵不可久謬，夙夜戰慄，以榮爲憂。中謝。裴氏新語曰：若薦其君，將有所乞請。中謝，言臣誠惶誠恐頓首死罪。臣聞古人之言，德未爲衆所服，而受高爵，則使才臣不進；功未爲衆所歸，而荷厚禄，則使勞臣不勸。管子曰：國有德義未明於朝而處尊位者，則良臣不進；有功未見於國而有重禄者，則勞臣不勸。今臣身託外戚，事遭運會，王隱晉書曰：祜同産姊配景帝，爲弘訓太后。誠在寵過〔一〕，不患見遺，而猥超然降發中之詔，加非次之榮，猥，猶曲也。孔融答曹公書曰：來書懇切，訓誨發中。臣有何功可以堪之？何心可以安之？以身誤陛下，辱高位，傾覆亦尋而至。國語，單襄公曰：高位寔疾顛。左氏傳，呂相曰：傾覆我社稷。願復守先人弊廬，豈可得哉！莊子曰：顏闔守陋閭。左氏傳，齊侯遇杞梁之妻于郊，使弔之，辭曰：有先人之弊廬在，下妾不得與郊弔。違命誠忤天威，曲從即復若此。左氏傳，齊侯對宰孔曰：天威不違顏咫尺。蓋聞古人申於見知，晏子春秋，越石父謂晏子曰：臣聞之，士者屈於不知己，而申乎知己。大臣之節，不可則止。論語，子曰：周任有言曰：陳力就列，不能者止。臣雖小人，敢緣所蒙，念存斯義。

今天下自服化已來，方漸八年，列子曰：子產相鄭三年，善者服其化。雖側席求賢，不遺幽賤。國語曰：越王夫人側席而坐。韋昭曰：側，猶特也。禮憂者側席而坐。然臣等不能推有德〔一〕，進有功，使聖聽知勝臣者多，而未達者不少。假令有遺德於板築之下，有隱才於屠釣之間，尚書序曰：高宗夢得說，說築傅巖之野。孟子曰：傅說舉於版築之間。郭璞三蒼解詁曰：板，墻上下板。築，杵頭鐵沓也。尉繚子曰：太公屠牛朝歌。史記曰：太公望呂尚以漁釣奸周西伯。而令朝議用臣不以爲非，臣處之不以爲愧，所失豈不大哉！遺賢不薦，而謬處崇班，非直身殃，抑爲朝累。今乃朝議用臣，不以爲非，已累朝矣；處之又不以爲愧，已殃身矣。此失豈不大哉，言甚大也。

且臣忝竊雖久，未若今日兼文武之極寵，等宰輔之高位也。文武，謂車騎及開府等；宰輔，謂儀同三司。臣所見雖狹，據今光禄大夫李喜〔三〕，秉節高亮，正身在朝。晉諸公讚曰：喜字季和，上黨人。少有高行，爲僕射，年老遜位，拜光禄大夫。光禄大夫魯芝，絜身寡欲，和而不同。臧榮緒晉書曰：魯芝，字世英，扶風人也。耽思墳籍，爲鎮東將軍，徵光禄大夫。四子講德論曰：絜身修德。老子曰：少私寡欲。論語曰：和而不同。光禄大夫李胤，莅政弘簡，在公正色。王隱晉書曰：李胤，字宣伯，遼東人也。稍遷至尚書僕射，轉光禄大夫。孔安國尚書傳曰：簡，大也。尚書曰：正色率下。皆服事華髮，以禮終始。周禮曰：大司徒領職曰服事〔四〕。鄭司農曰：服事謂公家服事〔五〕。新序，閭丘卬曰：士亦華髮墮領而後用耳。雖歷内外之寵，不異寒賤之家，而猶未蒙此選，臣更越之，何以塞天下之望，少益日月。聖主得賢臣頌曰：不足以塞厚望。日月喻君，已見上求自試表。是以誓心守節，無苟進之志。左傳，季札曰：曹宣公之卒也，諸侯與曹人不義曹君，將立子臧，子臧去之，遂弗爲也，以成曹君。君子曰：能守節矣。

今道路未通，方隅多事，乞留前恩，使臣得速還屯，王隱晉書曰：太始五年，出爲都督荆州諸軍事。不爾留連，必於外虞有闕。臣不勝憂懼，謹觸冒拜表。惟陛下察匹夫之志，不可以奪。論語，子曰：匹夫不可奪志。

文選考異

〔一〕誠在寵過　袁本、茶陵本「寵過」作「過寵」。案：晉書正作「過寵」，此尤誤倒耳。

〔二〕然臣等不能推有德　何校去「等」字，云晉書無。案：所説是也。各本蓋皆衍。

〔三〕據今光禄大夫李喜　陳云「喜」，晉書作「憙」爲是。今案：「喜」、「憙」古字通，未審他家晉書有作「喜」者以否？

〔四〕注「領職曰服事」　何校「領」改「頒」，是也。各本皆譌。

〔五〕注「謂公家服事」　袁本、茶陵本「事」下有「也」字，何校改「也」作「者」。又「謂」下添「爲」字，是也。各本皆脱誤。

陳情事表〔一〕

李令伯　華陽國志曰：李密，字令伯〔二〕，父早亡，母何氏更適人。密見養於祖母，事祖母以孝聞，侍疾日夜未嘗解帶。蜀平後，晉武帝徵爲太子洗馬，詔書累下，郡縣逼迫，密上書，武帝覽其表曰：密不空有名者也。嘉其誠款，賜奴婢二人，使郡縣供其祖母奉膳。祖母卒，服終，徙尚書郎，爲河内温令，左遷漢中太守，一年去官，卒。密一名虔。

臣密言：臣以險釁，夙遭閔凶。賈逵國語注曰：釁，兆也。左氏傳，楚少宰曰：寡君少遭閔凶。生孩六月，慈父見背。孟子曰：孩提之童。趙岐曰：知孩笑可提抱也。文子曰：慈父之愛子，非求報。行年四歲，舅奪母志。莊子，田開之曰：單豹行年七十。毛詩序曰：衛世子蚤死，其妻守義，父母欲奪而嫁之。

祖母劉，愍臣孤弱，躬親撫養〔三〕。毛詩曰：父兮生我，母兮鞠我，撫我畜我，長我育我。毛萇曰：鞠，養也。臣少多疾病〔四〕，九歲不行，零丁孤苦，至于成立。李陵贈蘇武詩曰：遠處天一隅，苦困獨伶丁。國語曰：晉趙文子冠，韓獻子戒之曰：此之謂成人。論語曰：三十而立。既無伯叔，終鮮兄弟；毛詩曰：終鮮兄弟，維予與女。門衰祚薄，晚有兒息。字書曰：祚，福也。外無期功强近之親，内無應門五尺之僮；孫卿子曰：仲尼之門，五尺豎子，羞言五伯。煢煢獨一作孑〔五〕立，形影相弔。曹植責躬表曰：形影相弔，五情愧赧。而劉夙嬰疾病，常在牀蓐；臣侍湯藥，未曾廢離。

逮奉聖朝，沐浴清化。前太守臣逵察臣孝廉，後刺史臣榮舉臣秀才。臣以供養無主，辭不赴命〔六〕。詔書特下，拜臣郎中，尋蒙國恩，除臣洗馬。朱浮書曰：同被國恩。如淳漢書注曰：凡言除者，除故官就新官也。漢書曰：太子屬官有洗馬。如淳曰：前驅也。猥以微賤，當侍東宮，非臣隕首所能上報。廣雅曰：猥，頓也。漢書，谷永上書王鳳曰：齊客隕首公門，以報恩施。史記曰：孟嘗君相齊，使其舍人魏子收邑，三反而不致。孟嘗君問其故，對曰：有賢，竊假之。數年，或毁孟嘗，孟嘗乃奔。魏子所與粟賢者聞之，乃上書言孟嘗不作亂，請身盟。遂自刎宮門，以明孟嘗。臣具以表聞，辭不就職。詔書切峻，責臣逋慢。郡縣逼迫，催臣上道，州司臨門，急於星火。臣欲奉詔奔馳，則劉病日篤；欲苟順私情，則告訴不許。臣之進退，實爲狼狽。孔叢子，孔子曰：吾於狼狽見聖人之志。荀悦漢紀論曰：周勃狼狽失據，塊然囚執。

伏惟聖朝以孝治天下，凡在故老，猶蒙矜育，爾雅曰：矜，憐也。況臣孤苦，特爲尤甚。且臣少仕僞朝，歷職郎署；本圖宦達，不矜名節。鄭玄禮記注曰：矜，謂自尊大也。今臣亡國賤俘，至微至陋，賈逵國語注曰：伐國取人曰俘。過蒙拔擢，寵命優渥，毛詩曰：既優既渥。豈敢盤桓，有所希冀！周易曰：初九，盤桓利居貞。但以劉日薄西山，氣息奄奄，楊雄反騷曰：臨汨羅而自隕兮，恐日薄於西山。廣雅曰：奄，困迫也。人命危淺，朝不慮夕。左氏傳，趙孟曰：朝不謀夕，何其長也。臣無祖母，無以至今日；祖母無臣，無以終餘年。鸚鵡賦曰：匪餘年之足惜。母孫二人，更相爲命。是以區區不能廢遠。臣密今年四十有四，祖母劉今年九十有六，是臣盡節於陛下之日長，報養劉之日短也。烏鳥私情，願乞終養。葛龔喪伯父還傳記曰：烏鳥之情，誠竊傷痛。毛詩曰：蓼莪，孝子不得終養也。

臣之辛苦，非獨蜀之人士及二州牧伯所見明知，皇天后土，實所共鑒。左氏傳，晉大夫曰：皇天后土，實聞君之言。願陛下矜愍愚誠，聽臣微志，庶劉僥倖，保卒餘年。禮記曰：子曰：小人行險以僥倖。僥與徼同，古堯切。臣生當隕首，死當結草。隕首，已見上文。左氏傳曰：晉魏顆敗秦師於輔氏，獲杜回，秦之力人也。初，魏武子有嬖妾，無子。武子疾，命顆必嫁是。疾病，曰：必爲殉。顆嫁之，曰：疾病則亂，吾從其治也。及輔氏之役，魏顆見老人結草以亢杜回，杜回躓而顛，故獲之。夜夢之曰：余，而所嫁婦人之父也。臣不勝犬馬怖懼之情，謹拜表以聞。史記，丞相青翟曰：臣不勝犬馬心。

〔一〕陳情事表　袁本、茶陵本無「事」字。案：此疑善、五臣之異。二本不著校語，無以考也。

〔二〕注「字令伯」　茶陵本此下有「犍爲武陽人」五字，袁本無，與此同。案：茶陵并五臣入善。考華陽國志有，或善不備引。

〔三〕躬親撫養　袁本、茶陵本「親」下校語云：善作「見」。案：此以五臣亂善。蜀志注、晉書皆作「見」。「見」是，「親」非。

〔四〕臣少多疾病　袁本云善無「少」字。茶陵本云五臣有「少」字。案：蜀志注、晉書皆有「少」字，尤蓋據之添。

〔五〕注「一作孑」　案：此校語錯入也，即謂五臣作「孑」，觀袁、茶陵二本校語皆可見。如謝平原内史表「岐」下云一作「崎」，亦即謂五臣作「崎」也。蜀志注、晉書皆作「孑」。

〔六〕辭不赴命　袁本、茶陵本「命」作「會」，蜀志注、晉書皆作「命」。案：尤蓋據之改。

謝平原内史表

陸士衡

臧榮緒晉書曰：成都王表理機，起爲平原内史，到官上表〔一〕。

陪臣陸機言：蔡邕獨斷曰：諸侯境内，自相以下，皆爲諸侯稱臣。於朝皆稱陪臣。今月九日，魏郡太守遣兼丞張含，齎板詔書印綬，假臣爲平原内史。凡王封拜謂之板官。時成都攝政，故稱板詔。拜受祗竦，不知所裁。臣機頓首頓首，死罪死罪〔二〕。范曄後漢書，陳蕃上疏曰：臣誠悼心，不知所裁〔三〕。

臣本吴人〔四〕，出自敵國，漢書，蒯通説韓信曰：敵國破，謀臣亡。世無先臣宣力之効，才非丘園耿介之秀。尚書，舜曰：予欲宣力四方，汝爲。易曰：賁于丘園，束帛戔戔。王肅曰：隱處丘園，道德彌明，必有束帛之聘。楚辭曰：獨耿介而不隨。皇澤廣被，惠濟無遠，四子講德論曰：皇澤豐沛。尚書曰：無遠弗届。擢自羣萃，累蒙榮進。國語曰：羣萃而同處〔五〕。賈逵曰：萃，亦處也。入朝九載，歷官有六，身登三閣，官成兩宮。臧榮緒晉書曰：太熙末，太傅楊駿辟機爲祭酒。駿誅，徵爲太子洗馬。吴王出鎮淮南，以機爲郎中令，遷尚書中兵郎，轉殿中郎，又爲著作郎。晉令曰：祕書郎掌中外三閣經書。兩宮，東宮及上臺也〔六〕。服冕乘軒，仰齒貴游，左傳，衛太子謂渾良夫曰：服冕乘軒，三死無與。杜預傳注曰：齒，列也。周禮曰：師氏以三德教國子，凡國之貴游子弟學焉。振景拔迹，顧邈同列，臣瓚漢書注曰：邈，凌邈也。施重山岳，義足灰没。葛龔讓州辟文曰：恩重山岳。言君之義，我身如灰之滅，不足報也。遭國顛沛，無節可紀，雖蒙曠盪，臣獨何顔！俛首頓膝，憂愧若厲。中謝。周易曰：夕惕若厲。而横爲故齊王冏九永所見枉陷，誣臣與衆人共作禪文，王隱晉書曰：齊王冏，字景治。趙王倫簒位，冏舉兵討倫，臨陳斬之。禪文，倫受禪之文。幽執囹圄，當爲誅始。司馬遷書曰：深幽囹圄之中。臣之微誠，不負天地，倉卒之際，慮有逼迫，乃與弟雲及散騎侍郎袁瑜，王隱晉書曰：袁瑜〔七〕，字世都。中書侍郎馮熊、馮熊，字文羆。尚書右丞崔基、廷尉正顧榮、顧榮，字彦先。汝陰太守曹武，晉百官名曰：曹武，字道淵。思所以獲免，陰蒙避迴，岐一作崎嶇自列。言密自蒙蔽，避迴冏黨，岐嶇艱阻，得自申列也。廣雅曰：列，陳也。片言隻字，不關其間，事蹤筆跡，皆可推校，王隱晉書曰：機與吳王晏表曰：禪文本草，今見在中書，一字一迹，自可分別。蔡邕書曰：惟是筆跡，可以當面。而一朝翻然，更以爲罪。蕞爾之生，尚不足恡，左傳，子産曰：諺云蕞爾之國。杜預曰：蕞，小貌也。説文曰：尚，曾也。孔安國尚書傳曰：恡，惜也。區區本懷，實有可悲。李陵書曰：區區之心，切慕此爾。畏逼天威，即罪惟謹，天威，已見上讓開府表。公羊傳曰：不即罪爾。何休曰：不就罪也。漢書曰：終軍詰徐偃，請下御史徵偃即罪。論語曰：子在宗廟朝廷，便便言，惟謹爾。鉗口結舌，不敢上訴所天。莊子曰：鉗墨翟之口。慎子曰：臣下閉口，左右結舌。潛夫論曰：臣鉗口結舌而不敢言。左傳，箴尹克黄曰：君，天也。何休墨守曰：君者，臣之天也。莫大之釁，日經聖聽，孝經曰：五刑之屬三千，而罪莫大於不孝。肝血之誠，終不一聞，所以臨難慷慨，而不能不恨恨者〔八〕，惟此而已。

重蒙陛下愷悌之宥，陛下，謂成都也。毛詩曰：愷悌君子。杜預左傳注曰：宥，赦也。迴霜收電，使不隕越。威如霜，已見西征賦。荀悦申鑒曰，人主威如雷電之震。左傳，齊侯對宰孔曰：小白恐隕越于下。復得扶老攜幼，生出獄户，戰國策曰：薛人扶老攜幼，迎孟嘗君道中。懷金拖紫，退就散輩。楊子法言曰：使我紆朱懷金，其樂不可量也。解嘲曰：紆青拖紫。拖，徒我切。感恩惟咎，五情震悼，文子曰：昔中黄子曰：色有五章，人有五情。跼天蹐地，若無所容。中謝。毛詩曰：謂天蓋高，不敢不跼；謂地蓋厚，不敢不蹐。史記曰：魏公子自責似若無所容。跼，音局。蹐，精亦切。不悟日月之明，遂垂曲照，雲雨之澤，播及朽瘁。尚書，武王曰：惟我文考，若日月之照臨。范曄後漢書，鄧騭上疏曰：被雲雨之渥澤也。忘臣弱才，身無足采，哀臣零落，罪有可察。苟削丹書，得夷平民，左傳曰：斐豹隸也，著於丹書。書曰：延及平民。則塵洗天波，謗絶衆口，臣之始望，尚未至是。猥辱大命，顯授符虎，漢書文紀曰：初與郡守爲銅虎符、竹使符。使春枯之條，更與秋蘭垂芳；陸沈之羽，復與翔鴻撫翼。莊子曰：孔子之楚，其鄰有夫妻臣妾登極者，仲尼曰：是陸沈者也。班固漢書張陳述曰：攜手遂秦〔九〕，撫翼俱起。雖安國免徒，起紆青組；漢書曰：韓安國事梁孝王爲中大夫。其後安國坐法抵罪。梁内史缺。漢使使者拜安國爲梁内史，起徒中爲二千石。張敞亡命，坐致朱軒。漢書，張敞爲京兆尹，坐與楊惲厚善，不宜處位，免爲庶人。數月，冀州部中有大賊，天子思敞功，使使召敞，即裝隨使者詣公車上書。天子引敞見，拜爲冀州刺史。敞起亡命，復奉使典州。命，名也。謂所犯罪名已定，而逃亡避之，謂之亡命。青組、朱軒，並二千石之車飾〔一〇〕。方臣所荷，未足爲泰，豈臣蒙垢含忝，所宜忝竊；范曄後漢書，陳蕃曰：鄙忝之萌，復存于心。方言曰：貪而不施謂之忝。非臣毁宗夷族，所能上報。喜懼参并，悲慙哽結。拘守常憲，當便道之官，如淳漢書注曰：律，二千石以上告歸寧，不過行在所者，便道之官無問也。不得束身奔走，稽顙城闕。瞻係天衢，馳心輦轂，天衢，已見上薦禰衡表。輦轂，已見上求通親親表。臣不勝屏營延仰。謹拜表以聞。國語，申胥曰：昔楚靈王獨行屏營。

文選考異

〔一〕注「到官上表」袁本、茶陵本「表」下有「謝恩」二字。

〔二〕臣機頓首頓首死罪死罪　茶陵本無此十字，有「中謝」二字，是也。袁本并無「中謝」，非。尤用善謝開府表注所云添改，益非。

〔三〕注「范曄」下至「不知所裁」袁本、茶陵本無此十八字。

〔四〕臣本吳人　茶陵本無「吳人」，校語云五臣有「吳人」。袁本有，無校語。案：袁用五臣也，此以亂善。

〔五〕注「羣萃而同處」案：「同」當作「州」。各本皆誤。

〔六〕注「兩宮東宮及上臺也」袁本無此八字，所載五臣向注有之。茶陵本并善入五臣，尤蓋因此錯混耳。袁本是也。

〔七〕注「王隱晉書曰袁瑜」袁本、茶陵本「袁」作「爰」。案：二本是也。爰，姓，見廣韻「爰」字下。又，依此似正文善「爰」，五臣「袁」，各本亂之而失著校語。又案：二本自此至「字道淵」共爲一節，在後「曹武」下。然則「馮熊字文羆、顧榮字彥先」二句，亦王隱書，尤割裂者，非。

〔八〕而不能不恨恨者　何校「恨恨」改「悢悢」。袁本云善作「恨恨」。茶陵本云五臣作「悢悢」。案：各本所見皆傳寫誤也。與蘇武詩二本校語，五臣作「恨恨」，善作「悢悢」，與此全屬相反。彼是此非。

〔九〕注「攜手逐秦」　陳云，「逐」，「遯」誤，是也。各本皆誤。

〔一〇〕注「青組朱軒並二千石之車飾」　袁本無此十一字，所載五臣濟注有之。茶陵本并善入五臣，尤蓋因此錯混耳。袁本是也。

勸進表

何法盛晉書曰：劉琨連名勸進，中宗嘉之。晉紀曰：劉琨作勸進表，無所點竄，封印既畢，對使者流涕而遣之。

劉越石

建興五年晉書曰：建興，愍帝年號〔一〕。三月癸未朔十八日辛丑，使持節散騎常侍都督河北并冀幽三州諸軍事、領護軍匈奴中郎將、司空、并州刺史、廣武侯臣琨，使持節侍中都督冀州諸軍事、撫軍大將軍、冀州刺史、左賢王、渤海公臣磾〔二〕，頓首死罪，上書。

臣琨臣磾，頓首頓首，死罪死罪。臣聞天生蒸人，樹之以君，所以對越天地，司牧黎元。左傳，邾文公曰：天生人而樹之君，以利之也。典引曰：發祥流慶，對越天地。左傳，師曠曰：天生人而立之君，使司牧之，勿使失性。孝經鉤命決曰：天有顧盼之義，授圖于黎元〔三〕。聖帝明王鑒其若此，易緯曰：聖帝明王，所以致太平。知天地不可以乏饗，故屈其身以奉之；范曄後漢書，袁紹上疏曰：洛邑乏祀。荀悦申鑒曰：聖王屈己以申天下之樂。知黎元不可以無主，故不得已而臨之。東觀漢記，馮異曰：更始敗亡，天下無主。莊子曰：君子不得已而臨莅天下也。社稷時難，則戚藩定其傾；郊廟或替，則宗哲纂其祀。所以弘振遐風，式固萬世，牽秀衛公誄曰：仰睎遐風，重輝冠世。毛詩曰：式固爾猶。三五以降，靡不由之。史記，楚子西曰：孔丘述三、五之法，明周、召之業。

臣琨臣磾，頓首頓首，死罪死罪。伏惟高祖宣皇帝肇基景命，王隱晉書曰：宣皇帝，河内温人。今上受禪，追上尊號曰宣皇帝。尚書，武王曰：至于大王，肇基王迹。詩曰：景命有僕。毛萇曰：僕，附也。鄭玄曰：天之大命，又附著於汝。世祖武皇帝遂造區夏，世祖，武帝廟號。書曰：惟丕顯考文王，用肇造我區夏。三葉重光，四聖繼軌，三世，謂景、宣、文〔四〕；四聖，謂武帝也。書曰：昔我文王、武王宣重光。廣雅曰：軌，跡也。惠澤侔於有虞，卜年過於周氏。左傳，王孫滿曰：成王定鼎郟、鄏，卜世三十，卜年七百。自元康以來，艱禍繁興，晉書曰：惠帝即位，改元曰元康。永嘉之際，氛厲彌昏，永嘉，懷帝年號〔五〕。宸極失御，登遐醜裔，王隱晉書懷紀曰：羯賊劉曜破洛，皇帝崩於平陽。宸極，喻帝位。答賓戲曰：

周失其御。禮曰：天王崩，告喪曰天王登遐。國家之危，有若綴旒。公羊傳曰：君若贅旒然。贅，猶綴也。何休曰：旒，旗旒也。以譬者，言爲下所執持東西爾。賴先后之德，宗廟之靈，皇帝嗣建，舊物克甄，王隱晉書懷紀曰：洛陽破，大司馬南陽王保於長安立秦王爲皇太子。懷帝崩，皇太子即位。左傳，伍員曰：少康祀夏配天，不失舊物。鄭玄尚書緯注曰：甄，表也。誕授欽明，服膺聰哲，欽明，已見上求通親親表。禮曰：服膺拳拳。玉質幼彰，金聲夙振，應劭漢官儀曰：太子太傅琢磨玉質。言太子有玉之質，琢磨以道也。孟子曰：孔子之謂集大成。集大成也者，金聲而玉振之也。冢宰攝其綱，百辟輔其治，尚書曰：冢宰掌邦治，統百官。包咸論語注曰：攝，猶兼也。毛詩曰：不顯維德，百辟其刑之。四海想中興之美，羣生懷來蘇之望。毛詩序曰：宣王任賢使能，周室中興。尚書曰：徯我后，后來其蘇。不圖天不悔禍，大災荐臻，左傳，鄭伯曰：天其悔禍于許。國未忘難，寇害尋興。左傳，富辰曰：人未忘禍，王又興之。逆胡劉曜，縱逸西都，何法盛晉書胡録曰：建興四年，劉載使劉曜〔六〕寇長安。敢肆犬羊，凌虐天邑。漢名臣奏曰：太尉應劭等議〔七〕，以爲鮮卑隔在漠北，犬羊爲羣。尚書曰：肆予敢求爾于天邑商。臣等奉表使還，仍承西朝，以去年十一月不守，主上幽劫，復沈虜庭，干寶晉愍紀曰：賊入掠京都，劉粲寇于城下，天子蒙塵于平陽。傅暢諸公讚曰：葛蕃傳檄平陽，求連和迎上，上於是見害。謝承後漢書序曰：黄他求没將，投骸虜庭〔八〕。神器流離，再辱荒逆。再，謂懷、愍二帝。老子曰：天下神器不可爲，爲者敗之。韋昭曰：神器，天子璽符服御之物也。臣每覽史籍，觀之前載，小雅曰：載，事也。厄運之極，古今未有，苟在食土之毛，含氣之類，左傳，芋尹無宇謂楚子曰：食土之毛，誰非君臣。三略曰：含氣之類，咸願得志。莫不叩心絶氣，行號巷哭。新序，子貢曰：子產死，國人聞之，皆叩心流涕曰：子產已死，吾將安歸？皆巷哭。況臣等荷寵三世，位廁鼎司，三世，謂邁至琨也。王隱晉書曰：琨祖邁，相國參軍。父蕃，太子洗馬，侍御史。鼎司，謂司空也。謝承後漢書序曰：王龔幹事，遂陟鼎司。承問震惶，精爽飛越，謝承後漢書，竇武上疏曰：奉承詔命，精爽隕越。且悲且惋，五情無主，五情，已見上謝平原内史表注。莊子，葉公見龍，失其魂魄，五情無主。舉哀朔垂，上下泣血。謝承後漢書，胡母班書曰：董卓起朔垂。毛詩曰：鼠思泣血。

臣琨臣磾，頓首頓首，死罪死罪。臣聞昏明迭用，否泰相濟，昏明，謂晝夜也。文子曰：春秋之代謝，日月之晝夜。孫卿子曰：日月遞照。周易曰：泰者，通也。物不可終通，故受之以否。天命未改，歷數有歸，左氏傳，王孫滿謂楚子曰：周德雖衰，天命未改。書曰：天之歷數在爾躬。或多難以固邦國，或殷憂以啓聖明。左氏傳曰：楚使椒舉如晉求諸侯，晉侯欲勿許，司馬侯曰：不可，鄭國之難，不可虞也，或多難以固其國，啓其疆土。齊有仲孫之難而獲桓公，至今賴之；晉有里丕之難而獲文公，是以爲盟主也。韓詩曰：耿耿不寐，如有殷憂。啓聖，見下注。齊有無知之禍，而小白爲五伯之長；左傳曰：初，齊襄公立，無常，鮑叔牙曰：君使民慢，亂將作矣。奉公子小白出奔莒。亂作，管夷吾、召忽奉公子糾來奔，雍廩殺無知，公伐齊，納子糾，桓公自莒先入。晉有驪姬之難，而重耳主諸侯之盟〔九〕。左傳曰：初，晉獻公以驪姬爲夫人。夫人譖太子，太子縊于新城。遂譖二公子曰：皆知之。重耳奔蒲，夷吾奔屈。漢書，路温舒曰：齊有無知之禍；而桓公以興；晉有驪姬之難，而文公用伯。繇是觀之，禍亂之作，將以開聖人也。社稷靡安，必將有以扶其危；鹽鐵論曰：定傾扶危。黔首幾絶，必將有以繼其緒。史記曰：秦更民名曰黔首。伏惟陛下，玄德通於神明，聖姿合於兩儀，陛下，謂元帝也。書曰：玄德升聞，乃命以位。孝經援神契曰：十世升平，至德通神明。兩儀，天地也。易曰：易有太極，是生兩儀。應命代之期，紹千載之運。孟子曰：五百年必有王者興，其間必有名世者也。廣雅曰：命，名也。桓子新論曰：夫聖人乃千載一出，賢人君子，所想思而不可得見也。夫符瑞之表，天人有徵，東觀漢記，羣臣上奏世祖曰：符瑞之應，昭然著聞矣。中興之兆，圖讖垂典。自京畿隕喪，九服崩離，曹子建責躬詩曰：得會京畿。周書曰：乃辨九服之國，方千里曰王圻，其外曰侯服、甸服、男服、采服、衞服、蠻服、夷服、鎭服、蕃服。論語，子曰：邦分崩離析。天下囂然無所歸懷，班固漢書贊曰：海内囂然，喪其樂生之心。雖有夏之遘夷羿，宗姬之離犬戎，蔑以過之。左氏傳曰：魏絳對晉侯曰：昔有夏之方衰也，后羿自鉏遷于窮石，因夏人以代夏政。又曰：夷羿收之。杜預曰：夷，氏也。史記曰：幽王嬖愛褒姒，竟廢后，立褒姒爲后。廢后父申侯乃與西夷犬戎共攻幽王，遂殺幽王驪山之下。陛下撫寧江左，奄有舊吴，王隱晉書曰：元帝，琅邪共王之長子，永興元年就國。二年，加揚州諸軍事。韋孟諷諫詩曰：撫寧遐荒。江左，江東也。春秋歷序曰：東方爲左。毛詩曰：奄有龜蒙。柔服以德，伐叛以刑，左氏傳，晉隨武子曰：伐叛，刑也；柔服，德也。抗明威以攝不類，杖大順以肅宇内。尚書曰：我有周佑命，將天明威。漢書音義曰：攝，安也。禮記曰：天子以德爲車，以樂爲御；諸侯以禮相與，大夫以法相序，天下之肥也，是謂大順。純化既敷，則率土宅心；義風既暢，則遐方企踵。尚書曰：汝丕遠惟商耉成人，宅心知訓。劇秦美新曰：海外遐方，延頸企踵。百揆時敍于上，四門穆穆于下。書曰：納于百揆，百揆時敍，賓于四門，四門穆穆。昔少康之隆，夏訓以爲美談；左氏傳，伍員謂吳子曰：昔有過澆滅夏后相，后緡方娠，逃出自竇，歸于有仍，生少康焉。爲仍牧正，以收夏衆，使女艾諜澆，遂滅過戈，復禹之績。澆，五叫切。公羊傳曰：魯人至今以爲美談。宣王之興，周詩以爲休詠。毛詩序曰：烝民，尹吉甫美宣王也，任賢使能，周室中興焉。況茂勳格于皇天，清輝光于四海，尚書曰：昔成湯既受命，時則有若伊尹格于皇天。孝經曰：孝悌之至，通于神明，光于四海。蒼生顒然〔一〇〕，莫不欣戴。尹文子曰：堯德化布于四海，仁惠被于蒼生。淮南子曰：聖人呼吸陰陽之氣，而羣生莫不喁喁然仰其德以和順。國語，祭公謀父曰：商王大惡，庶人不忍，欣戴武王。聲教所加，願爲臣妾者哉！尚書曰：朔南暨聲教。史記，張良曰：百姓莫不願爲臣妾。且宣皇之胤，惟有陛下，王隱晉書曰：元皇帝，宣帝之曾孫。左傳，介之推曰：獻公之子九人，惟君在矣。億兆攸歸，曾無與二。尚書曰：受有億兆夷人。晏子春秋，晏子謂魯哀公曰：君矯魯國，化而爲一心，君曾無與二，何暇有三乎？天祚大晉，必將有主，主晉祀者，非陛下而誰？法言曰：昔在有熊、高辛、唐、虞三代，咸有顯德，故天因而祚之。左傳，介之推曰：天未絶晉，必將有主，主晉祀者，非君而誰？是以邇無異言，遠無異望，漢書曰：霍光以内外異言。左傳，叔向曰：我先君文公，人從而與之，獻無異親，民無異望矣。謳歌者無不吟詠徽猷，獄訟者無不思于聖德，孟子曰：堯崩，三年之喪畢，舜讓避丹朱於南河之南。天下朝覲訟獄者，不之堯之子而之舜，謳歌者不謳歌堯之子而謳歌舜。曰：天也。夫而後歸中國，踐天子之位焉。詩曰：君子有徽猷。答賓戲曰：用納乎聖德。天地之際既交，華裔之情允洽。封禪書曰：天人之際已交，上下之情允洽。左傳，孔子曰：裔不謀夏，夷不亂華。一角之獸，連理之木，以爲休徵者，蓋有百數；春秋感精符曰：麟一角，明海内共一主也。王者不刳胎，不剖卵，則出於郊。孝經援神契曰：德至草木，則木連理。尚書，有休徵。西都賓曰：處乎斯列者，蓋以百數。冠帶之倫，要荒之衆，冠帶，謂中國也。西蜀父老曰〔一一〕：封疆之内，冠帶之倫。尚書曰：五百里要服，五百里荒服也。不謀而同辭者，動以萬計。周書曰：不謀同辭，會於武王郊下。羽獵賦曰：杖莫邪而羅者萬計矣。是以臣等敢考天地之心，因函夏之趣，昧死以上尊號。漢書，楊雄河東賦曰：函夏之大。漢書又曰：諸侯昧死再拜，言上尊號。願陛下存舜禹至公之情，狹巢由抗矯之節，以社稷爲務，不以小行爲先，東觀漢記，羣臣上奏世祖曰：大王社稷爲計，萬姓爲心。漢書，賈誼上書曰：人主之行異布衣，布衣節小行，以自託於鄉黨，人主惟社稷固爾。以黔首爲憂，不以克讓爲事。書曰：允恭克讓。上以慰宗廟乃顧之懷，下以釋普天傾首之望〔一二〕。詩曰：乃眷西顧。又曰：溥天之下。漢書，翟義曰：天下傾首服從，莫能抗扞國難。則所謂生繁華於枯荑，育豐肌於朽骨，易曰：枯楊生稊。王弼曰：稊者楊之秀。稊與荑通。左傳，薳子馮曰：所謂生死而肉骨。神人獲安，無不幸甚。尚書，帝曰：夔，命汝典樂，神人以和。漢書，漢王曰：以韓信爲大將軍。蕭何曰：幸甚。

臣琨臣磾，頓首頓首，死罪死罪。臣聞尊位不可久虚，萬機不可久曠。史記，李斯曰：明主聖皇，所能久處尊位。東觀漢記，諸將上奏世祖曰：帝王不可以久曠。虚之一日，則尊位以殆；曠之浹辰，則萬機以亂。公羊傳曰：緣臣之心〔一三〕，不可一日無君。左氏傳，君子曰：莒恃陋，不修其城郭，浹辰之間，而楚尅其三都〔一四〕。杜預曰：浹辰，十二日也。方今鍾百王之季，當陽九之會，曹植九詠章句曰：鍾，當也。班固漢書贊曰：漢承百王之弊。左傳，叔向問晏子曰：齊其何如？晏子曰：此季世也。漢書曰：陽九之厄曰初入百六陽九。音義曰：易傳所謂陽九之厄，百六之會。狡寇窺窬，伺國瑕隙，左氏傳，師服曰：民服其上，下無覬覦〔一五〕。杜預曰：下不冀望上位也。窬與覦同。杜預左傳注曰：狡，猾也。說文曰：窺，小視也。又曰：覦，欲也。毛萇詩傳曰：瑕，猶過也。隙，間隙也。齊人波蕩，無所繫心，安可以廢而不恤哉！漢書曰：富人博戲亂齊人。如淳曰：齊民，齊等無有貴賤，故謂之齊，若今平民也。范曄後漢書，李熊說公孫述曰：方今四海波蕩，匹夫横議。谷永集曰：國家久無繼嗣，天下無所繫心。陛下雖欲逡巡，其若宗廟何，其若百姓何！公羊傳曰：齊侯逡巡而謝。范曄後漢書，馬武謂世祖曰：大王雖欲執謙退，奈宗廟社稷何！昔惠公虜秦，晉國震駭，吕郤之謀，欲立子圉。外以絶敵人之志，内以固闔境之情，故曰喪君有君，羣臣輯穆，好我者勸，惡我者懼。左傳，僖十五年，晉與秦戰于韓原，秦伯獲晉侯以歸，乃許晉平。晉侯使郤乞告瑕吕飴甥，且召之〔一六〕。吕甥曰：將若君何？衆皆曰：何爲而可？對曰：征繕以輔孺子，諸侯聞之，喪君有君，羣臣輯睦，甲兵益多，好我者勸，惡我者懼，庶有益乎！莊子曰：方二千餘里，闔四境之内。前事之不忘，後代之元龜也。戰國策，張孟談謂趙襄子曰：前事之不忘，後事之師也。吴志，魏文帝策命孫權曰：前代之懿事，後王之元龜。陛下明並日月，無幽不燭，家語，孔子曰：所謂聖者，明並日月。東都賦曰：散皇明以燭幽。深謀遠慮，出自胸懷，過秦論曰：深謀遠慮，行軍用兵之道，不及曩時之士也〔一七〕。不勝犬馬憂國之情，遲覩人神開泰之路。史記，丞相翟青曰：臣不勝犬馬心。是以陳其乃誠，布之執事。左氏傳，晉使呂相絶秦，曰：敢盡布之執事。臣等各忝守方任，職在遐外，不得陪列闕庭，共觀盛禮，踊躍之懷，南望罔極。謹上。臣琨謹遣兼左長史右司馬臣温嶠，王隱晉書曰：温嶠，字泰真，太原人也。劉琨假守左長史西臺，除司空右司馬。五年，琨使詣江南。主簿臣辟閭訓，臧榮緒晉書曰：辟閭訓，字祖明，樂安人也。没石勒，爲幽州刺史。臣磾遣散騎常侍、征虜將軍、清河太守、領右長史、高平亭侯臣榮劭，晉百官名曰：榮劭，字茂世，北平人，爲清河太守。輕車將軍關内侯臣郭穆百官名曰：郭穆，字景通，没胡中。奉表。臣琨臣磾等，頓首頓首，死罪死罪。

文選考異

〔一〕注「閔帝年號」　何校「閔」改「愍」。陳同。各本皆誤。

〔二〕臣磾　茶陵本「磾」上有「匹」字。袁本無，下同。案：此疑善、五臣之異，二本不著校語，何校添。陳云「磾」上脱「匹」字，下並同。

〔三〕注「授圖于黎元」　袁本、茶陵本「于」作「子」，是也。

〔四〕注「謂景宣文」　袁本、茶陵本「景宣」作「宣景」，是也。

〔五〕注「永嘉懷帝年號」　袁本、茶陵本無此六字。案：所載五臣向注有之。此錯混耳。

〔六〕注「劉載使劉曜」　陳云「載」，「聰」誤，是也。各本皆誤。

〔七〕注「太尉應劭等議」　陳云「尉」下脱「掾」字，是也。各本皆脱。

〔八〕注「謝承」下至「虜庭」　袁本、茶陵本無此十六字。案：尤增多，誤也。

〔九〕而重耳主諸侯之盟　茶陵本作「而重耳以主諸侯」，云五臣無「以」字，有「之盟」二字。袁本云善有「以」字，無「之盟」二字。案：此尤校改以五臣亂善也。晉書作「以主諸侯之盟」，善不必與彼全同，不可以爲證。

〔一〇〕蒼生顒然　案：「顒」當作「喁」。善引淮南子「喁喁然」爲注，是作「喁」字。袁、茶陵二本所載五臣濟注云「顒然仰德貌」，蓋各本以五臣亂善而失著校語。晉書作「顒」，不可以爲證，説見上。喻巴蜀檄曰：「延頸舉踵喁喁然，百辟勸進」，今上牋「搢紳顒顒」，用字不同，當各依其舊也。

〔一一〕注「西蜀父老曰」　案：「西」當作「難」。各本皆誤。

〔一二〕下以釋普天傾首之望　茶陵本「普」作「溥」，云五臣作「普」。袁本云善作「溥」。案：此尤校改，以五臣亂善也，晉書作「普」，不可以爲證，説見上。

〔一三〕注「公羊傳曰緣臣之心」　何校「傳」下添「注」字，「臣」下添「子」字，是也。各本皆脱。

〔一四〕注「而楚尅其二都」　茶陵本「二」作「三」，是也。袁本亦誤二。

〔一五〕注「民服其上下無覬覦」　何校「服」下添「事」字，「上」下添「而」字，是也。各本皆脱。

〔一六〕注「乃許晉平」下至「且召之」　茶陵本此十七字作「郤乞」二字。袁本并無。案：似茶陵爲是。

〔一七〕注「不及曩時之士也」　袁本、茶陵本「曩」作「嚮」，是也。漢書作「曩」，後五十一卷同。史記作「鄉」，「鄉」即「嚮」字，與此同。各有所出，不妨兩見。善例每如此。

文選卷第三十八

表下

爲吳令謝詢求爲諸孫置守冢人表

孫盛晉陽秋曰：謝詢，河東人，終於吳令。

張士然 孫盛晉陽秋曰：張悛，字士然，吳國人也。元康中，吳令謝詢表爲孫氏置守冢人，悛爲其文，詔從之。晉百官名曰：悛爲太子庶子。

臣聞成湯革夏而封杞，武王入殷而建宋。尚書曰〔一〕：乃爾先祖成湯，革夏駿命。漢書，酈生曰：昔湯放桀，封其後於杞。呂氏春秋曰：武王入殷，立成湯之後於宋。春秋征伐，則晉脩虞祀，燕祭齊廟。左氏傳曰：晉滅虢，遂襲虞，滅之。而修虞祀，歸其職貢於王。傅子曰：樂毅伐齊，遂下齊七十餘城，置吏，屬燕爲郡，而修齊之宗廟。夫一國爲一人興，先賢爲後愚廢，成湯、夏禹賢興國，後桀、紂無道而失國。誠仁聖所哀悼而不忍也。故三王敦繼絶之德，春秋貴柔服之義。論語曰：繼絶世〔二〕。柔服，已見劉琨勸進表。昔漢高受命，追存六國，凡諸絶祚，一時并祀。漢書曰：高祖撥亂，猶修祀六國。又詔曰：秦皇帝、楚隱王、魏安釐王、齊愍王、趙悼襄王皆絶亡後，其與秦始皇帝守冢三十家，趙及魏公子亡忌各五家，令視其冢，復亡與它事。親與項羽對爭存亡，逮羽之死，臨哭其喪。漢書，灌嬰斬項羽東城，漢王爲發喪，哭臨而去。將以位當侔尊，力當均勢，雖功奪其成，而恩與其敗。且暴興疾顛，禮之若舊，班固漢書項羽贊曰：舜重瞳子，項羽又重瞳子，豈其苗裔邪？何其興之暴也！國語，單襄公曰：高位寔疾顛。殘戮之尸，乃以公葬。漢書曰：初，懷王封羽爲魯公，乃以魯公禮葬羽於穀城。若使羽位承前緒，世有哲王，一朝力屈，全身從命，則楚廟不隳，有後可冀。

伏惟大晉，應天順民，武成止戈。應天順民，已見上。左氏傳：楚子謂潘黨曰：夫文止戈爲武。西戎有即序之人，京邑開吴蜀之館，書曰：織皮崐崘、析支、渠、搜，西戎即敍。洛陽故宫名曰：馬市在城東，吴、蜀二主館與相連。興滅加乎萬國，繼絶接于百世。論語，子曰：興滅國，繼絶世。雖三五弘道，商周稱仁，洋洋之義，未足以喻。是以孫氏雖家失吴祚，而族蒙晉榮，子弟量才，比肩進取，懷金侯服，佩青千里，懷金，已見上謝平原内史表。佩青，已見上求通親親表〔三〕。毛詩曰：侯服于周，天命靡常。東觀漢記，楊喬曰：臣伏念二千石典牧千里。當時受恩，多有過望。臣聞春雨潤木，自葉流根，鴟鴞恤功，愛子及室。毛詩曰：鴟鴞鴟鴞，既取我子，無毁我室。故天稱罔極之恩，聖有綢繆之惠。罔極，已見上求通親親表。毛詩曰：徹彼桑土，綢繆牖户。

追惟吴僞武烈皇帝，吴志，孫堅，字文臺，吴郡人，蓋孫武後也。權既稱尊號，謚堅曰武烈皇帝。遭漢室之弱，值亂臣之强，首唱義兵，先衆犯難，破董卓於陽人，濟神器於甄井，吴志曰：堅屯梁東，爲卓軍所攻，潰圍而出。堅復合戰於陽人，大破卓軍。漢書音義，韋昭曰：神器，天子璽符也。吴書曰：初，堅入洛，軍城南，甄官井上每旦有五色氣，舉軍驚怪莫敢汲。堅命人浚，探得漢傳國璽，文曰：受命于天，既壽永昌。方圜四寸，上紐交五龍，龍上一角缺。甄音真。威震羣狡，名顯往朝。桓王才武，弱冠承業，吴志曰：孫策，字伯符，堅子也。權稱尊號，追謚策曰長沙桓王。招百越之士，奮鷹揚之勢，漢書曰：故衡山王芮從百越之兵以佐諸侯，誅暴秦。詩曰：維師尚父，時維鷹揚。西赴許都，將迎幼主，雖元勳未終，然至忠已著。吴志曰：曹公與袁紹相距於官渡，策陰謀襲許迎漢帝，未發，爲故吴郡太守許貢客所殺。夫家積義勇之基，世傳扶危之業，進爲徇漢之臣，退爲開吴之主，而蒸嘗絶於三葉，園陵殘於薪采，爲采薪者所踐毁也。臣竊悼之。

伏見吴平之初，明詔追録先賢，欲封其墓，愚謂二君並宜應書。二君，堅、策也。故舉勞則力輸先代，論德則惠存江南，正刑則罪非晉寇，從坐則異世已輕。若列先賢之數，蒙詔書之恩，裁加表異，以寵亡靈，則人望克厭，誰不曰宜？二君私奴，多在墓側，今爲平民。乞差五人，蠲其徭役，使四時修護頹毁，掃除塋壟，永以爲常。

文選考異

〔一〕注「尚書曰」　袁本、茶陵本「書」下有「王」字。

〔二〕注「繼絶世」　袁本「世」下有「已見上文」四字，茶陵本無。案：此不當有「世」字，謂已於「三王敦繼絶之德」下引論語曰「繼絶世」也。茶陵本即複出，與此皆非。

〔三〕注「懷金已見上謝平原内史表佩青已見上求通親親表」　袁本作「懷金佩青已見上文」八字。案：袁本非也。善第一卷注自言同卷再見者，並云「已見上文」。又云其異篇再見者，並云「已見某篇」。然則凡不合此例，皆失善舊。餘不具出。茶陵本盡改複出，益非。

讓中書令表　諸晉書並云讓中書監，此云令，恐語也。

庾元規　何法盛晉書潁川庾録曰〔一〕：亮字元規，爲中書郎。肅祖欲使爲中書監，上疏，肅祖納亮言，封永昌公。後遷司馬，録尚書事，薨。

臣亮言：臣凡庸固陋，少無檢操。昔以中州多故，舊邦喪亂，中州爲洛陽〔二〕。庾氏，潁川人，近洛陽，故云中州舊邦。隨侍先臣，遠庇有道，爰客逃難，求食而已。何法盛晉書曰：亮父琛爲會稽太守，亮少隨父會稽。又曰：中宗爲鎮東將軍，鎮建鄴。論語，季康子以就有道。孔安國尚書序曰：逃難解散。不悟微時之福〔三〕，遭遇嘉運。先帝龍興，乘異常之顧〔四〕，先帝，謂中宗，元帝也。尚書序曰：漢室龍興。既眷同國士，又申之婚姻。何法盛晉書曰：中宗欽亮名德，故申婚姻。又曰：中宗娉亮妹爲皇太子妃。國士婚姻，已見懷舊賦。遂階親寵，累忝非服。弱冠濯纓，沐浴玄風，孟子曰：滄浪之水清兮，可以濯我纓。沐浴，已見上求自試表注〔五〕。頻繁省闥，出總六軍。何法盛晉書曰，王敦表亮爲中領軍。十餘年間，位超先達，無勞被遇，無與臣比。小人祿薄，福過災生，止足之分，臣所宜守。老子曰：知足不辱，知止不殆。而偷榮昧進，日爾一日，謗讟既集，上塵聖朝。始欲自聞，而先帝登遐，先帝，謂元帝也。登遐，已見上文。區區微誠，竟未上達。

陛下踐祚，聖政維新，臧榮緒晉書曰：明帝諱紹，字道畿，元帝太子也。禮曰：成王幼，不能莅祚，周公作相，踐祚而治。詩曰：周雖舊邦，其命維新。宰輔賢明，庶寮咸允，康哉之歌，實在至公。康哉之歌，已見景福殿賦。仲長子昌言曰：人主臨之以至公，行之以至仁。而國恩不已，復以臣領中書。臣領中書，則示天下以私矣。何者？臣於陛下，后之兄也。王隱晉書曰：明穆皇后庾氏，字文君，琛第二女，生成帝。孫盛晉陽秋曰：庾亮，明穆皇后之兄也。姻婭之嫌，實與骨肉中表不同。雖太上至公，聖德無私，老子曰：太上下知有之。河上公曰：太上，謂太古無名之君也。無私，已見上求通親親表注。然世之喪道，有自來矣。悠悠六合，皆私其姻者也；人皆有私，則謂天下無公矣。是以前後二漢，咸以抑后黨安，進婚族危。向使西京七族，東京六姓，西京七族，已見西京賦。

東京六姓：章德竇后、和熹鄧后、安思閻后、桓思竇后、順烈梁后〔六〕、靈思何后。皆非姻黨，各以平進，縱不悉全，決不盡敗。今之盡敗，更由姻昵。臣歷觀庶姓在世，無黨於朝，無援於時，植根之本，輕也薄也；苟無大瑕，猶或見容。至於外戚，憑託天地，勢連四時，根援扶疎，重矣大矣。而財居權寵，四海側目，漢書曰：列侯宗室見郅都，側目而視也。事有不允，罪不容誅，身既招殃，國爲之弊，其故何邪？直由婚媾之私，羣情之所不能免，故率其所嫌而嫌之於國。是以疏附則信，姻進則疑，疑積於百姓之心，則禍成重闥之內矣。此皆往代成鑒，可爲寒心者也〔七〕！

夫萬物之所不通，聖賢因而不奪，冒親以求一才之用，未若防嫌以明公道。韓詩外傳曰：公道達而私門塞。今以臣之才，兼如此之嫌，而使內處心膂〔八〕音吕〔九〕，外總兵權，尚書，穆王曰：今命汝作朕股肱心膂。賈逵國語注曰：膂，脊也。以此求治，未之聞也；以此招禍，可立待也。孫卿子曰：亂則危辱滅亡，可立而待也。雖陛下二相，明其愚款，二相，王敦、王導也。王隱晉書曰：王敦，字處仲，中宗時爲大將軍，謀逆。肅祖以爲丞相，不受。又曰：王導，字茂弘，中宗時爲侍中。肅祖即位，敦平，進太保，不拜，後爲丞相。朝士百寮，頗識其情，天下之人，何可門到户説，使皆坦然邪！孝經曰：君子之教以孝，非家至而日見之。鄭玄曰：非門到户至而見之。楚辭曰：衆不可户説兮，孰云察予之中情？尚書序曰：坦然明白。夫富貴寵榮，臣所不能忘也；刑罰貧賤，臣所不能甘也。今恭命則愈，違命則苦，臣雖不達，何事背時違上，自貽患責邪！實仰覽殷鑒，量己知弊，毛詩曰：殷鑒不遠，在夏后之世。身不足惜，爲國取悔。是以悾悾屢陳丹款，曹大家蟬賦曰：復丹款之未足，留滯恨乎天際也。而微誠淺薄，未垂察諒，憂惶屏營，不知所厝。屏營，已見上謝平原内史表。以臣今地，不可以進明矣；且違命已久，臣之罪又積矣。歸骸私門，以待刑書。漢書曰：彭宣上書，乞骸骨歸鄉里。私門，已見本篇注。尚書曰：哀矜折獄，明啓刑書。願陛下垂天地之鑒，察臣之愚，則雖死之日，猶生之年矣。

文選考異

〔一〕注「何法盛晉書潁川庾録曰」　袁本、茶陵本無「晉書」二字。

〔二〕注「中州爲洛陽」　陳云「爲」，「謂」誤，是也。各本皆誤。

〔三〕不悟儌時之福　袁本、茶陵本「儌」作「邀」。案：晉書作「儌」。此尤改之也。「邀」、「儌」古同字，恐選文自用「邀」，改之未必是。

〔四〕乘異常之顧　袁本、茶陵本「乘」作「垂」。案：尤本誤，晉書亦是「垂」字。

〔五〕注「孟子曰滄浪之水清兮」下至「已見上求自試表注」　袁本此二十四字作「濯纓及沐浴已見上文」九字。茶陵本複出。案：此各本皆失善舊。

〔六〕注「桓思竇后順烈梁后」　何校乙「順烈梁后」於「桓思竇后」上，是也。各本皆倒。

〔七〕可爲寒心者也　袁本、茶陵本云「爲」善作「謂」。案：此尤校改正之也。晉書作「謂」，誤與此同。

〔八〕而使内處心膂　袁本、茶陵本云「處」，善作「劇」。案：此尤改之也。晉書作「處」。選文往往別有所出，不必全同耳。

〔九〕注「音吕」　袁本、茶陵本作「膂音吕」三字，在注末。是也。

薦譙元彦表

孫盛晉陽秋曰：譙秀，字元彦，巴西人，譙周孫。性清〔一〕，不交於俗。李雄盜蜀，安車徵秀，秀不應，躬耕山藪。桓温平蜀反役，上表薦秀。

桓元子　何法盛晉書曰：桓温，字元子，譙國人。爲琅邪王文學，後進位大司馬，薨。

臣聞太朴既虧，則高尚之標顯；易曰：不事王侯，高尚其事。道喪時昏，則忠貞之義彰。道喪，已見江淹雜體詩。左氏傳，荀息曰：公家之利，知無不爲，忠也；送往事居，耦俱無猜，貞也〔二〕。故有洗耳投淵，以振玄邈之風；洗耳，許由也。琴操曰：堯大許由之志，禪爲天子，由以其不善，乃臨河洗耳〔三〕。莊子曰：舜以天下讓其友北人無擇，北人無擇曰：異哉，后之爲人也，欲以其辱行慢我，吾羞見之。因自投清泠之淵。亦有秉心矯迹，以敦在三之節。國語曰：晉武公伐翼，殺哀侯，止欒子曰：苟無死矣，吾令子爲上卿。辭曰：成聞之〔四〕，人生於三，事之如一：父生之，師教之，君食之。韋昭曰：三，君、父、師也。是故上代之君，莫不崇重斯軌，所以篤俗訓民，靜一流競。魏書，文帝令曰：樹德垂聲，崇化篤俗。伏惟大晉，應符御世，應符，已見上文。論語比考讖曰：聖王御世，河龍負卷舒圖。運無常通，時有屯蹇。神州丘墟，三方圮裂。神州，見吳都賦注。兔罝絶響於中林，白駒無聞於空谷。毛詩曰：肅肅兔罝，施于中林。鄭玄曰：兔罝之人能恭敬〔五〕，則是賢者衆多也。又曰：皎皎白駒，在彼空谷。生芻一束，其人如玉。斯有識之所悼心，大雅之所嘆息者也。劉歆移書曰〔六〕：有識之所歎愍。阮瑀爲曹公與孫權書曰：大雅之人，不肯爲此。

陛下聖德嗣興，方恢天緒。何法盛晉書曰：孝宗穆帝諱聃，字彭子，康帝崩，乃即位。臣昔奉役，有事西土，鯨鯢既懸，思宣大化。何法盛晉書曰：李勢盜蜀，温伐勢，勢出軍戰于笮橋，軍敗，面縛請命。鯨鯢，喻李勢也。鯨鯢，已見上文謝朓八公山詩〔七〕。訪諸故老，搜揚潛逸，庶武羅於羿浞之墟，想王蠋音蜀〔八〕於亡齊之境。左氏傳，魏絳曰：昔后羿因夏人以代夏政，棄武羅、伯因、熊髡、尨圉而用寒浞。寒浞，伯明氏之讒子弟也。虞羿于田，以取其國家。杜預曰：四子皆羿之良臣也。史記曰：燕之初入齊，聞晝邑人王蠋賢，令軍中曰：環晝邑三十里毋入，以王蠋之故。已而使人謂蠋曰：齊人多高子之義，吾以爲將，封子萬家。蠋固謝。燕人曰：子不聽，吾引三軍而屠晝邑。王蠋曰：忠臣不事二君，貞女不更二夫。齊王不聽吾諫，則退而耕於野。國既破亡，吾不能存；今又劫之以兵，爲君將，是助桀爲暴也。與其生無義，固不如亨名。遂經其頸於樹枝，自奮絶脰而死。竊聞巴西譙秀，植操貞固，易曰：貞固足以幹事。抱德肥遯，揚清渭波。文子曰：養生以經世，抱德以終年，可謂體道矣。楚辭曰：淈其泥而揚其波。渭水，已見西征賦。于時皇極遘道消之會，羣黎蹈顛沛之艱，道消顛沛，已見謝平原内史表。中華有顧瞻之哀，幽谷無遷喬之望。毛詩曰：顧瞻周道，中心怛兮。遷喬，已見劉琨答盧諶詩。凶命屢招，姦威仍逼，孫盛晉陽秋曰：李雄安車徵秀，雄叔父驤，驤子壽辟命，皆不應也。身寄虎吻，危同朝露。莊子，孔子曰：丘幾不免虎口哉。朝露，已見上求自試表。而能抗節玉立，誓不降辱，琴操，莊周歌曰：避世俟道，志潔如玉。論語，子曰：不降其志，不辱其身，伯夷、叔齊與！杜門絶迹，不面僞庭，進免龔勝亡身之禍，退無薛方詭對之譏。漢書曰：王莽既篡，遣使者奉璽書、太子師及祭酒印綬〔九〕，安車駟馬迎龔勝。勝自知不見聽，即謂門人高暉曰：吾受漢室厚恩，無以報。今老矣，旦暮入地，誼豈以一身事二姓，下見故主哉！語畢，遂不復開口飲食，積十四日死，時年七十九矣。又曰：薛方，字子容。王莽以安車迎方，方因使者辭謝曰：堯、舜在上，下有巢、許；今明主方隆唐、虞之德，亦猶小臣欲守箕山之節也。使者以聞，莽説其言，不强致。説音悦〔一〇〕。雖園綺之棲商洛，管寧之默遼海，漢書曰：園公、綺季當秦之世，避而入商洛深山〔一一〕。管寧、遼東，已見謝朓郡内登望詩。博物志，廉翻夢人謂己曰：余孤竹君之子，遼海漂吾棺椁也。方之於秀，殆無以過。于今西土，以爲美談。西土，蜀也。

夫旌德禮賢，化道之所先；崇表殊節，聖喆之上務。方今六合未康，豺豕當路，遺黎偷薄，義聲弗聞，漢書曰：偷薄之政，自是滋矣。魏志，崔琰書諫文帝曰：盤遊滋侈，義聲不聞。益宜振起道義之徒，以敦流遯之弊。若秀蒙蒲帛之徵，漢書曰：武帝初即位，使使者束帛加璧，安車以蒲輪駕駟，迎申公也。足以鎮静頽風，軌訓囂俗，魏文帝令曰：道薄於當年，風頽於百代。幽遐仰流，九服知化矣。周書曰：乃辨九服之國。

文選考異

〔一〕注「性清」袁本、茶陵本「清」作「静」，是也。

〔二〕注「左氏傳荀息曰」下至「貞也」袁本此二十六字作「忠貞已見上文」六字。茶陵本複出，非。

〔三〕注「洗耳許由也」下至「乃臨河洗耳」袁本此二十八字作「洗耳已見上文」。茶陵本複出，非。

〔四〕注「戍聞之」茶陵本「戍」作「成」，是也。袁本亦誤「戍」。

〔五〕注「兔罝之人能恭敬」袁本、茶陵本「兔罝」作「罝兔」，是也。

〔六〕注「劉歆移書曰」袁本無「書」字，是也。茶陵本亦衍。

〔七〕注「已見上文謝眺八公山詩」袁本無「文」字，是也。茶陵本複出，更非。

〔八〕注「音蜀」袁本、茶陵本作「蠋音蜀」三字，在注末，是也。

〔九〕注「太子師及祭酒印綬」陳云「及」，「友」誤，是也。各本皆誤。

〔一〇〕注「不强致説音悦」袁本、茶陵本「説音悦」三字作「之也」二字。

〔一一〕注「漢書曰」下至「深山」　袁本此十八字作「園綺已見上文」六字。茶陵本複出，非。

解尚書表　殷仲文

檀道鸞晉陽秋曰〔一〕：桓玄僭位，仲文以佐命親貴。帝初反正，抗表自解。

臣聞洪波振壑，川無恬鱗；魏略，王脩奏記曰：涓流之水，無洪波之勢。七發曰：横暴之極，魚鱉失勢，顛倒偃側也。驚飇拂野，林無靜柯。家語，吾丘曰：樹欲靜而風摇之。何者？勢弱則受制於巨力，質微則莫以自保。於理雖可得而言，於臣寔所敢喻〔二〕。昔桓玄之世，誠復驅迫者衆，至於愚臣，罪實深矣。進不能見危授命，忘身殉國；論語，子張問士，子曰：見危致命，見利思義〔三〕。司馬遷答任少卿書曰：李陵常思奮不顧身，以殉國家之急。退不能辭粟首陽，拂衣高謝。史記曰：伯夷、叔齊恥武王伐紂，義不食周粟。隱於首陽山。遂乃宴安昏寵，叨昧僞封，左傳曰：宴安酖毒，不可懷也〔四〕。錫文篡事，曾無獨固。曾無固守之節，亦從於衆也。晉中興書曰：詔加桓玄爲楚王，備九錫之禮。玄到姑熟，朝臣勸進，玄遂篡位。名義以之俱淪，情節自兹兼撓，宜其極法，以判忠邪。鎮軍臣裕，鎮軍，宋高祖也。匡復社稷，大弘善貸，馮衍與田邑書曰：左平山東，右匡社稷。老子曰：夫惟道善貸且成〔五〕。佇一戮於微命，申三驅於大信，楚辭曰：蜂蛾微命力何固。三驅，已見東都賦。既惠之以首領，復引之以縶維。左氏傳，宋公曰：若以大夫之靈，得保首領以没。縶維，已見上文。于時皇輿否隔，天人未泰，用忘進退，惟力是視。惟力是視，已見東京賦。是以僶俛從事，自同全人。毛詩曰：何有何無？僶俛求之。吕氏春秋曰：任天下而不强，此之謂全人。高誘曰：全人，全德之人，無虧闕也。今宸極反正，惟新告始，反正，已見謝靈運述祖德詩。惟新，已見庾元規讓中書令表。憲章既明，品物思舊。禮曰：仲尼憲章文武。品物，已見歎逝賦。臣亦胡顔之厚，可以顯居榮次？尚書曰：予心顔厚有忸怩。乞解所職，待罪私門。私門，已見上庾元規讓中書令表。違謝闕庭，乃心愧戀，謹拜表以聞。臣某云云。

文選考異

〔一〕注「檀道鸞晉陽秋曰」　何校「晉」上添「續」字，陳同。各本皆脱。

〔二〕於臣寔所敢喻　何校「寔」下添「非」字，云晉書有。陳云晉書爲是。案：此似選文傳寫脱。

〔三〕注「見利思義」　何校「利」改「得」，是也。各本皆誤。

〔四〕注「左傳曰」下至「不可懷也」　袁本作「宴安已見上文」。茶陵本複出，非。

〔五〕注「老子曰」下至「且成」　袁本作「善貸已見上文」。茶陵本複出，非。

爲宋公至洛陽謁五陵表

晉書曰：義熙十二年，洛陽平，裕命修晉五陵，置守備。

傅季友

臣裕言：近振旅河湄，揚旍西邁，左氏傳，季文子曰：中國不振旅，蠻夷入伐。詩曰：居河之湄。將届舊京，威懷司雍。威懷，已見潘岳關中詩。太康地記曰：司州，司隸校尉治，漢武帝初置，其界本西得梁州之地〔一〕，今以三輔爲雍州。河流遄疾，道阻且長，詩曰：遡洄從之，道阻且長。加以伊洛榛蕪，津塗久廢，蜀志，許靖與曹公書曰：袁術方命圮族，津塗四塞。伐木通逕，淹引時月。東觀漢記曰：岑彭伐樹木開道，直出黎丘。始以今月十二日，次故洛水浮橋。山川無改，城闕爲墟，宫廟隳頓，鍾簴空列，觀宇之餘，鞠爲禾黍，鞠爲茂草，已見西征賦。毛詩序曰：過故宗廟宫室，盡爲禾黍。廛里蕭條，鷄犬罕音，蕭條，已見上西征賦。東觀漢記曰：北夷寇作，無鷄鳴狗吠之聲。感舊永懷，痛心在目。劉琨答盧諶詩曰：哀我皇晉，痛心在目。以其月十五日，奉謁五陵。郭緣生述征記曰：北邙東則乾脯山，山西南晉文帝崇陽陵，陵西武帝峻陽陵，邙之東北宣帝高原陵、景帝峻平陵，邙之南則惠帝陵也。墳塋幽淪，百年荒翳，天衢開泰，情禮獲申，故老掩涕，三軍悽感，瞻拜之日，憤慨交集。行河南太守毛脩之等。沈約宋書曰：毛脩之，字敬文，滎陽人也。高祖將伐羌，爲河南、河内二郡太守，戍洛陽。既開翦荆棘，繕修毁垣，左氏傳：戎子駒支曰：驅其狐狸，翦其荆棘。西京賦曰：步毁垣而延竚。職司既備，蕃衛如舊。伏惟聖懷，遠慕兼慰，不勝下情。謹遣傳詔殿中中郎臣某奉表以聞。

文選考異

〔一〕注「其界本西得梁州之地」　案：「梁」當作「雍」。晉書地理志，司州其界西得雍州之京兆、馮翊、扶風三郡，可證。各本皆誤。

爲宋公求加贈劉前軍表

沈約宋書曰：劉穆之，字道沖，東莞人，爲前將軍，卒，追贈儀同三司。高祖又表於天子，於是重贈侍中、司徒，封南昌縣侯。

傅季友

臣聞崇賢旌善，王教所先，王隱晉書，衞瓘上言曰：崇賢舉善而教用彰。謝承後漢書曰：滕延拜京兆尹，旌善爲務。念功簡勞，義深追遠。尚書，禹曰：惟帝念功。論語曰：慎終追遠，民德歸厚矣。故司勳秉策，在勤必記，周禮曰：凡有功者，銘書於王之太常。德之休明，没而彌著。左氏傳，王孫滿曰：德之休明〔二〕。故尚書左僕射、前軍將軍臣穆之，爰自布衣，協佐義始，裴子野宋略曰：高祖潛謀匡復，署穆之主簿，委以腹心。内竭謀猷，外勤庶政，尚書曰〔三〕：爾有嘉謀嘉猷，則入告爾后于内。又曰：

庶政惟和，萬邦咸寧。密勿軍國，心力俱盡。韓詩曰：密勿同心，不宜有怒。密勿，僶俛也。及登庸朝右，尹司京畿，沈約宋書曰：穆之爲尚書左僕射。又曰：加丹陽尹。尚書曰：若時登庸。敷讚百揆，翼新大猷。尚書曰：納于百揆〔三〕。毛詩曰：匪大猷是經，惟邇言是聽。頃戎車遠役，居中作捍，沈約宋書曰：高祖北伐，轉穆之左僕射，甲仗五十人，入居東城。毛詩曰：左旋右抽，中軍作好。鄭玄曰：居軍中爲容好也。撫寧之勳，實洽朝野，識量局致，棟幹之器也。蜀志曰：文帝察黃權有局量。易曰：棟隆之吉，不橈于下也。方宣讚盛化，緝隆聖世，志績未究，遠邇悼心。皇恩褒述，班同三事，蜀志曰：偉度姓胡，爲諸葛亮主簿，故見褒述。尚書曰：三事大夫，敬爾有官。榮哀既備，寵靈已泰。論語，子貢曰：夫子其生也榮，其死也哀。寵靈，已見江淹雜體詩。

臣伏思尋：自義熙草創，艱患未弭，王隱晉書曰：義熙，安帝年號。國語，太子曰：天禍至于今未弭乎？外虞既殷，内難亦荐，沈約宋書曰：義熙五年，慕容超數爲邊患，公抗表北伐。公之北伐也，徐道覆乃有闚闔之志，勸盧循承虛而下，循從之。公羊傳曰：君子避内難，不避外難。時屯世故，靡有寧歲。周易曰：屯，剛柔始交而難生。又曰：屯，難也。潘正叔迎大駕詩曰：世故尚未夷。國語，姜氏告於公子曰：子之行，晉無寧歲。臣以寡劣，負荷國重，實賴穆之匡翼之勳。豈惟讜言嘉謀，溢于民聽。若乃忠規密謨，潛慮帷幕，造膝詭辭，莫見其際。穀梁傳曰：士造辟而言，詭辭而出。范甯曰：辟，君也。詭辭而出，不以實告人也。風俗通曰：禮諫有五，諷爲上。故入則造膝，出則詭辭。禮曰：善則稱君，過則稱己。王隱晉書曰：樂廣任誠保素，莫見其際。事隔於皇朝，功隱於視聽者，不可勝記。所以陳力一紀，遂克有成，國語，狐偃曰：畜力一紀，可以遠矣。又舅犯曰：若克有成，晉之柔嘉是甘。出征入輔，幸不辱命。微夫人之左右，未有寧濟其事者矣。左氏傳，重耳曰：微夫人力之不及此。爾雅曰：左右，助也。寧濟，已見曹植責躬詩。履謙居寡，守之彌固。易曰：九三，勞謙君子有終吉。王弼曰：履，得其位也。每議及封爵，輒深自抑絶，所以勳高當年，而茅土弗及。三輔決録曰：茂陵馬氏，代襲茅土。撫事永念，胡寧可昧？謂宜加贈正司，追甄土宇，俾忠貞之烈，不泯於身後；大賚所及，永秩於善人。論語曰：周有大賚，善人是富。

臣契闊屯夷，旋觀終始，金蘭之分，義深情感。易曰：二人同心，其利斷金；同心之言，其臭如蘭〔四〕。是以獻其乃懷，布之朝聽。所啓上，合請付外詳議。

文選考異

〔一〕注「左氏傳」下至「德之休明」　袁本作「休明已見上文」。茶陵本複出，非。

〔二〕注「尚書曰爾有嘉謀嘉猷」　袁本、茶陵本「曰」上有「王」字。

〔三〕注「尚書曰納于百揆」　袁本作「百揆已見上文」。茶陵本複出，非。

〔四〕注「易曰」下至「其臭如蘭」　袁本作「金蘭已見上文」。茶陵本複出，非。

爲齊明帝讓宣城郡公第一表

蕭子顯齊書曰：明皇帝，始安貞王道生子。初，太祖封西昌侯。廢鬱林王，海陵王封宣城郡公也。

任彦昇

臣鸞言：被臺司召，以臣爲侍中、中書監、驃騎大將軍、開府儀同三司、揚州刺史、録尚書事，封宣城郡開國公，食邑三千户，加兵五千人。臣本庸才，智力淺短。毋丘儉表曰：禹、禼之朝，不畜庸才。東觀漢記，李通上疏曰：臣經術短淺，智能空薄。太祖高皇帝篤猶子之愛，降家人之慈，蕭子顯齊書，太祖高皇帝諱道成，道生即太祖之弟也〔一〕。禮記曰：兄弟之子，猶子也，蓋引而進之。漢書曰：齊悼惠王肥，孝惠二年入朝。帝與齊王燕飲太后前，置齊王上坐，如家人禮。世祖武帝情等布衣，寄深同氣，蕭子顯齊書曰：世祖武皇帝諱賾，字宣遠，太祖長子。晉中興書，庾亮上疏曰：先帝謬顧，情同布衣。曹植求自試表曰：與國分形同氣，憂患共之。武皇大漸，實奉話言。尚書，王曰：嗚呼，疾大漸惟幾。毛詩曰：其惟哲人，告之話言。雖自見之明，庸近所蔽，韓子曰：楚莊王欲伐越，莊子曰：伐越何也？王曰：以政亂兵弱。莊子曰：臣患知之如目見百步之外，不能自見其頰，故曰自見之謂明。愚夫一至，偶識量己。劉劭人物志曰：一至謂之偏材。偏材，小雅之質也。爾雅曰：偶，遇也。郭璞曰：偶爾值也。庾元規表曰：仰覽殷鑑，量己知弊。實不忍自固於綴衣之辰，拒違於玉几之側。尚書顧命曰：出綴衣於庭，越翼日王崩。玉几，見下句。遂荷顧託，導揚末命。又曰〔二〕：后憑玉几，導揚末命。雖嗣君棄常，獲罪宣德，嗣君，謂鬱林王也，爲宣太后所廢。左傳，申繻曰：人棄常而妖興。漢書曰：太后召昌邑王賀，賀曰：我安得罪而召我哉？王室不造，職臣之由。不造，已見嵇康幽憤詩。職汝之由，已見王仲宣贈文叔良詩。何者？親則東牟，任惟博陸，漢書曰：齊悼惠王子興居爲東牟侯。又曰：武帝遺詔封博陸侯。徒懷子孟社稷之對，何救昌邑爭臣之譏？漢書，霍光奏曰：昌邑王賀不可以承天緒，當廢。皇太后詔可。王曰：聞天子有爭臣七人，雖無道，不失天下。光謝曰：王行自絶於天，臣寧負王，不負社稷。四海之議，於何逃責？且陵土未乾，訓誓在耳，曹植求自試表曰：墳土未乾，而身名並滅。左傳〔三〕，晉穆嬴曰：今君雖終，言猶在耳。家國之事，一至於斯，謂鬱林猖蹶顛躓也。孫盛晉陽春秋曰〔四〕：郤超假還東〔五〕，簡文帝謂之曰：致意尊公：家國之事，遂至於此。非臣之尤，誰任其咎？毛詩曰：發言盈庭，誰敢執其咎。將何以肅拜高寢，虔奉武園？寢廟，已見吴都賦。園陵，已見上張士然表。悼心失圖，泣血待旦。左傳，楚薳啓彊曰〔六〕：孤與二三臣悼心失圖。尚書曰：先王昧爽，坐以待旦。寧容復徼榮於家恥，宴安於國危？晉中興書曰：卞壼表曰：豈敢干禄位以徼時榮乎？宴安，已見上解尚書表。

驃騎上將之元勳，神州儀刑之列岳，漢書曰：霍去病征匈奴，有絶漢之勳，始置驃騎將軍，位在三公上。班固衛青述曰：長平桓桓，上將之元。神州，已見上薦譙元彦表。鄭氏毛詩箋曰：儀，則，刑，法也〔七〕。尚書古稱司會，中書實管王言。周禮曰：司會，中大夫二人。鄭玄曰：司會主天下之事，若今之尚書耳。沈約宋書曰：置祕書令，典尚書奏事。文帝黄初初，改爲中書令。且虛飾寵章，委成禦侮，王隱晉書曰：武帝詔山濤曰：勿復爲虛飾之煩〔八〕。詩曰：予曰有禦侮。臣知不愜，物誰謂宜？但命輕鴻毛，責重山岳，戰國策唐雎謂楚王曰：國權輕於鴻毛，而積禍重於山岳。陽泉養性賦曰：況性命之幾微，如鴻毛之漂輕。毌丘儉之遼東詩曰：憂責重山岳，誰能爲我檐。存没同歸，毁譽一貫，莊子曰：哀公曰：何謂材命？仲尼曰：存亡毁譽，是事之變。吴志，周魴與曹休書曰：志行雖微，存没一節。周易曰：殊途而同歸。書曰：爲善不同，同歸于治。莊子，老聃曰：彼以死生爲一條，以可不可爲一貫也。辭一官不減身累，增一職已黷朝經，七略曰：位累我躬。賈逵國語注曰：黷慢朝經也〔九〕。家語，孔子曰：治天下國家有九經，其所以行者一也。便當自同體國，不爲飾讓。穀梁傳曰：大夫，國體也。何休曰：君之卿佐，是謂股肱，故曰國體。孫皓詔紀陟曰：故特任使，莫復飾讓。至於功均一匡，賞同千室，論語，孔子曰：管仲相桓公，一匡天下。左傳曰：晉侯滅赤狄潞氏，晉侯賞桓子狄臣千室。光宅近甸，奄有全邦，光宅，已見吴都賦。謝承後漢書曰：周防及守近甸，嘉瑞表應。毛詩曰：奄有龜蒙。漢書，淮南王上書曰：淮南全國之時。殞越爲期，不敢聞命。左傳，齊侯對宰孔曰：小白恐殞越于下〔一〇〕。亦願曲留降鑒，即垂順許，鉅平之懇誠必固，永昌之丹慊獲申。鉅平、羊祜、永昌、庾亮，並見上表。乃知君臣之道，綽有餘裕。孟子曰：欲爲君，盡君道〔一一〕，□欲爲臣，盡臣道。又曰：吾聞之也，有官守者，不得其職則去；有言責者，不得其言則去。我無官守，我無言責，則吾進退豈不綽綽然有餘裕哉！苟曰易昭，敢守難奪。故可庶心弘議，酌己親物者矣。不勝荷懼屏營之誠，謹附某官某甲奉表以聞。臣諱誠惶誠恐。

文選考異

〔一〕注「道生即太祖之弟也」　陳云「弟」當作「兄」，是也。各本皆誤。南齊書本傳可證。

〔二〕注「又曰后憑玉几」　袁本、茶陵本「又」字作「尚書顧命」四字。

〔三〕注「左傳晉穆嬴曰」　袁本、茶陵本「左」下有「氏」字。

〔四〕注「孫盛晉陽春秋曰」　袁本無「春」字，是也。茶陵本亦衍。

〔五〕注「郤超假還東」　何校「郤」改「郗」，陳同，是也。各本皆誤。

〔六〕注「左傳楚薳啓彊曰」　案：「左」下當有「氏」字，「彊」當作「疆」。各本皆脱誤。

〔七〕注「神州已見上」下至「刑法也」　袁本此二十一字作「神州儀刑已見上文」八字。茶陵本複出，非。

〔八〕注「勿復爲虚飾之煩」　袁本、茶陵本「之煩」二字作「也」字。

〔九〕注「黷慢朝經也」　案：「朝經」二字不當有。各本皆衍。

〔一〇〕注「左傳」下至「恐殞越于下」　袁本作「殞越已見上文」。茶陵本複出，非。

〔一一〕注「盡君道□」　袁本、茶陵本「盡」上有「則」字，下句同。案：此尤校改去之耳。

爲范尚書讓吏部封侯第一表

范雲，字彥龍，與梁武同事齊竟陵王，爲八友，又與雲住處相近，更增親密。及爲天子，以爲吏部尚書，甚敬雲，嘗語其二弟曰：我昔與雲情同昆弟，汝當爲我呼雲爲兄。

任彥昇

臣雲言：被尚書召，以臣爲散騎常侍、吏部尚書，封霄城縣開國侯，食邑千户。奉命震驚，心顔無措，臣雲頓首頓首，死罪死罪〔一〕。臣素門凡流，輪翮無取，张載贈棗子琰詩曰：輶車運在輪，飛骨須六翮。進謝中庸，退慙狂狷。禮記，仲尼曰：君子中庸，小人反中庸。論語，子曰：狂者進取，狷者有所不爲也〔二〕。固嘗鑽厲求學，而一經不治；漢書曰：韋賢少子玄成，復以明經歷位至丞相。故鄒、魯諺曰：遺子黄金滿籯，不如一經。篆刻爲文，而三冬靡就。法言曰：童子彫蟲篆刻。漢書，東方朔上書曰：臣朔學書三冬，文史足用。負書燕魏，空殫菽粟；戰國策曰：蘇秦説秦王，書十上而説不納。去秦而歸，負書檐橐。孟子曰：聖人之治天下，使菽粟如水火。躡屩脚齊楚〔三〕，徒失貧賤。史記曰：虞卿躡蹻檐簦，説趙孝成王。徐廣曰：蹻，草履也。韓詩外傳曰：田子方謂魏太子曰：貧賤可以驕人矣，志不得，則受履而適秦、楚耳，安往而不得吾貧賤乎？既而分虎出守，以囊被見嗤；漢書，文紀曰：初與郡守爲銅虎符〔四〕。漢書曰：王陽父子皆好車馬衣服，其自奉養極爲鮮明。及遷徙去處，所載不過囊衣爾。持斧作牧，以薏苡興謗。漢書曰：暴勝之持斧逐捕盜賊。周禮曰：八命作牧，范曄後漢書曰：吴祐父恢，爲南海太守，欲殺青簡以寫經書。祐諫曰：今大人踰越五嶺，遠在海濱，其俗誠陋，然舊多珍怪，上爲國家所疑，下爲權戚所望。此書若成，則載之兼兩。昔馬援以薏苡興謗，王陽以衣囊徼名，嫌疑之間，誠先賢所慎也。赭衣爲虜，見獄吏之尊；漢書，賈山上書曰：秦赭衣半道，羣盜滿山。又曰：人有上書告周勃欲反，下廷尉。勃恐，不知致辭。勃以千金與獄吏，獄吏乃書牘背示之曰：以公主爲證。勃既出，曰：吾嘗將百萬軍，然安知獄吏之貴也！除名爲民，知井臼之逸。□孫盛晉陽秋曰〔五〕：劉弘顧望，除名爲民。東觀漢記曰：馮敬通廢於家，娶北地任氏女爲妻，忌，不得畜媵妾兒女，常自操井臼也。百年上壽，既曰徒然。莊子，盜跖謂孔子曰：人上壽百歲，中壽八十。如其誠説，亦以過半。亂離斯瘼〔六〕，欲以安歸。毛詩曰：亂離瘼矣，爰其適歸。薛君曰：瘼，散也。閉門荒郊，再離寒暑。閉門，已見恨賦。毛詩曰：載離寒暑。兼以東皋數畝，控帶朝夕，秋興賦曰：耕東皋之沃壤，輸黍稷之餘税。朝夕，已見江賦。關外一區，悵望鍾阜。漢書，楊僕上書曰：耻爲關外人。又曰：楊雄有宅一區。蔡邕詩序曰：暮宿河南悵望。許慎曰：鍾山北陸，無日之地〔七〕。雖室無趙女，而門多好事；楊惲與孫會宗書曰：婦，趙女也，雅善鼓瑟。漢書曰：楊雄素貧，嗜酒，人希至其門。時有好事者，載酒肴從遊學。禄微賜金，而懽同娱老。賜金娱老，謂疏廣也，已見張景陽詠史詩。折芰燔枯，此焉自足。謝承後漢書曰：鄭敬，字次都，釣魚大澤，折芰而坐，以蒲薦肉，瓠瓢盈酒，琴書自樂。焚枯，已見應璩百一詩。

陛下應期萬世，接統千祀，莊子曰：萬世之後，而遇大聖，知其解者，是旦暮遇之也。漢書，司馬談曰：今天子接千歲之統。三千景附，八百不謀。周書曰：湯放桀而歸於亳，三千諸侯大會，然後即天子之位。又曰：武王將渡河，中流，白魚入于王舟，王俯取出，涘以祭。不謀同辭，不期同時，一朝會武王於郊下者八百諸侯。臣亹等離心，功虧同德，尚書，武王曰：受有億兆夷人，離心離德，予有亂臣十人，同心同德。泥首在顏，輿棺未毀。張温表曰：臨去武昌，庶得泥首闕下。輿棺，即輿櫬也，已見潘安仁贈陸機詩。締構草昧，敢叨天功，締構，見魏都賦。易曰：天造草昧。鄭玄曰：草，草創也。昧，爽也〔八〕。左氏傳，介之推曰：竊人之財，猶謂之盜，況貪天之功，以爲己力。獄訟謳謌，示民同志。獄訟謳謌，已見劉越石勸進表。而隆器大名，一朝總集，莊子曰：語大功，立大名，此朝廷之士也。左傳，仲尼曰：惟名與器，不可以假人。顧己反躬，何以臻此？正當以接閈白水，列宅舊豐，光武居白水，已見南都賦。東觀漢記曰：吴漢，南陽人也，爲人質厚少文。上以其南陽人，故親之。漢書曰：盧綰，豐人也，與高祖同里。蕭、曹等特以事見禮，至其親幸，莫及綰也。忘捨講之尤，存諸公之費，東觀漢記曰：初，上學長安時，過朱祐〔九〕，祐嘗留上，須講竟，乃談話。及帝登位，車駕幸祐第，問：主人得無去我講乎？祐曰：不敢。又曰：上初學長安〔一〇〕，南陽大人賢者〔一一〕往來長安，爲之邸閣稽疑。資用乏，與同舍生韓子合錢買驢，令從者僦以給諸公費。俯拾青紫，豈待明經。漢書，夏侯勝曰：士病不明經，苟明，其取青紫如俛拾地芥〔一二〕。

臣雲頓首頓首，死罪死罪。夫銓衡之重，關諸隆替，陸機顧譚誄曰：遷吏部尚書，才長於銓衡而綜核人物。遠惟則哲，在帝猶難。尚書，咎繇曰：在知人。禹曰：咸若時惟帝其難之。知人則哲，能官人。漢魏已降，達識繼軌，雅俗所歸，惟稱許郭。孫綽子，或問雅俗曰：判風流，正位分，涇渭殊流，雅鄭異調，題帖分明，標榜可觀，斯謂之雅俗矣。范曄後漢書曰：郭泰，字林宗，性明知人，好獎訓士類，其獎拔士人，皆如所鑒。又曰：許劭，字子將，少峻名節，好獎人倫，多所賞識。故天下言拔士者咸稱許、郭。拔十得五，尚曰比肩。習鑿齒襄陽耆舊傳記曰〔一三〕：龐統爲郡功曹，性好人倫，每所稱述，多過其中。時人怪問之，統曰：方欲興長道業，不美其談，即聲名不足慕企〔一四〕，即爲善者少。今拔十失五，猶得其半，而可以崇邁世教，使有志自厲。不亦可乎！戰國策曰：淳于髡一日而見七人。宣王曰：寡人聞千里一士，是比肩而至也。今子一朝而見七人，不亦衆乎！其餘得失未聞，偶察童幼，天機暫發，顧無足算。魏志曰：王脩識高柔於弱冠，異王基於童幼。天機，已見文賦。論語曰：斗筲之人，何足算也。在魏則毛玠公方，居晉則山濤識量，魏志曰：毛玠，字孝先，陳留人也，爲尚書僕射，典選舉。先賢行狀曰：玠雅量公正。魏氏春秋曰：山濤爲選曹郎，遷尚書。以臣況之，一何遼落！世說，袁彥伯曰：江山遼落，居然有萬里勢。齊季陵遲，官方淆亂，毛詩序曰：禮義陵遲〔一五〕。莊子曰：是非之塗，森然淆亂。鴻都不綱，西園成市，華嶠後漢書曰：元和元年〔一六〕，置鴻都門學，其諸生皆勑州郡三公舉用辟召，或出爲刺史太守，入爲尚書侍中，乃有封侯賜爵者，士君子皆恥與爲列焉。漢記曰：靈帝即位，太后臨朝，於西園賣官，自關内侯以下入錢各有差。金章有盈笥之談，華貂深不足之歎。金章，盈笥，未詳。虞預晉録曰：趙王倫簒位，時侍中常侍〔一七〕九十七人。每朝，小人滿庭，貂蟬半座。時人謡曰：貂不足，狗尾續。草創惟始，義存改作，恭己南面，責成斯在。論語，子曰：舜夫何爲哉，恭己正南面而已。淮南子曰：人主之術，責成而不勞。豈宜妄加寵私，以乏王事，附蟬之飾，空成寵章。董巴輿服志曰：侍中、中常侍冠武弁大冠，加金璫，附蟬爲文。求之公私，授受交失。

近世侯者，功緒參差：或足食關中，或成軍河内，漢書曰：蕭何以丞相留收巴蜀，使給軍食。漢王擊楚，何守關中，後爲酇侯。范曄後漢書曰：上拜寇恂河内太守。上謂恂曰：河内完富，吾將因是而起。昔高祖留蕭何鎮關中，今吾委公以河内。後封雍奴侯。或制勝帷幄，或門人加親，漢書，高祖曰：夫運籌於帷帳之中，決勝千里之外，吾不如子房，可封留侯〔一八〕。東觀漢記曰：拜前將軍鄧禹爲大司徒，制曰：孔子曰：自吾有回也，門人日以親。封禹爲酇侯。或與時抑揚，或隱若敵國，班固漢書叔孫通述曰：叔孫奉常，與時抑揚；稅介免冑，禮義是創。通爲稷嗣君也。東觀漢記曰：吴漢自初從征伐，兵有不利，軍營不如意，漢常獨繕檠弓戟。上時令人視吴公□何爲〔一九〕，還言方作攻具，上曰：差强人意，隱若一敵國矣。封漢廣平侯。或策定禁中，或功成野戰，東觀漢記曰：殤帝崩，惟安帝宜承大統，車騎將軍鄧騭定策禁中，封騭爲上蔡侯。漢書，鄂千秋曰：曹參雖有野戰略地之功，此特一時之事。又曰：賜參爵列侯，食邑平陽。或盛德如卓茂，或師道如桓榮，東觀漢記曰：卓茂，字子容，南陽人也。漢官儀注曰：世祖中興，特擢盛德南陽卓茂爲太傅，封宣德侯。東觀漢記曰：桓榮，字春卿，沛國人也。治歐陽尚書，事九江朱文剛，窮極師道，賜榮爵關内侯。或四姓侍祠〔二〇〕，已無足紀，應劭漢官典職曰：四姓侍祠侯。顔氏家訓曰：漢明帝時，外戚有樊氏、郭氏、陰氏、馬氏，是爲四姓，謂之小侯者，或以侍祠非列侯，故曰小侯。五侯外戚，且非舊章。漢書曰：成帝昔封舅王譚、王立、王根、王逢時、王商爲列侯。五人同日封，故世謂之五侯〔二一〕。而臣之所附，惟在恩澤。漢書恩澤侯表曰：公孫弘自海瀕而登宰相，寵以列侯之爵。既義異疇庸，實榮乖儒者。陸機高祖功臣頌曰：帝疇爾庸，後嗣是膺。雖小人貪幸，豈獨無心。臣本自諸生，家承素業，東觀漢記〔二二〕，相者謂班超曰：祭酒布衣諸生耳。董仲舒不遇賦曰：若不反身於素業，莫隨世而轉輪。門無富貴，易農而仕。東方朔戒子書曰：飽食安步，以仕易農。乃祖玄平，道風秀世，晉中興書曰：范汪，字玄平，善言玄理，爲吏部郎，徙吏部尚書，徐、兗二州刺史。爰在中興，儀刑多士中興，謂元帝也〔二三〕。位裁元凱，任止牧伯。尚書，即古元凱也；刺史，即古牧伯也。左傳，太史克曰：昔高陽氏有才子八人：蒼舒、隤敳、檮戭、大臨、尨降、庭堅、仲容、叔達，謂之八凱；高辛氏有才子八人：伯奮、仲堪、叔獻、季仲、伯虎、仲熊、叔豹、季貍，謂之八元。高祖少連，夙秉高尚，王僧孺范氏譜曰：汪生少連。所富者義，所乏者時，富義謂段干木，已見魏都賦。漢書，文帝曰：惜李廣不逢時。薄宦東朝，謝病下邑。王僧孺范氏譜曰：少連，太子舍人，餘杭令。先志不忘，愚臣是庶。且去歲冬初，國學之老博士耳，今茲首夏，將亞冢司，劉璠梁典曰：齊永元初，雲爲廣州刺史，因廢家居。久之，爲國子博士。梁書曰：天監元年，雲遷散騎常侍，吏部尚書。雖千秋之一日九遷，荀爽之十旬遠至，東觀漢記，馬援與揚廣書曰：車丞相高寢郎〔二四〕，一月九遷爲丞相者，知武帝恨誅衞太子，上書訟之。然日當爲月字之誤也。范曄後漢書，荀爽，字慈明。獻帝即位，董卓輔政，徵爽，爽欲遁，吏持之急，不得去，因復就拜平原相。行至宛陵，復追爲光禄勳。視事三日，進拜司空。爽自被徵命，及登台司，九十五日。方之微臣，未爲速達。臣雖無識，惟利是視，至於虧名損實，爲國爲身，尚書，伊尹曰：臣爲上爲德，爲下爲民。知其不可，不敢妄冒。陛下不棄菅蒯，愛同絲麻。左氏傳，君子曰：詩云：雖有絲麻，無棄菅蒯；雖有姬姜，無棄憔悴。儻平生之言，猶在聽覽，宿心素志，無復貳辭，嵇康幽憤詩曰：内負宿心。王隱晉書，甄彬奏曰：不宜違人之素志。矜臣所乞，特迴寵命，則彝章載穆，微物知免〔二五〕。臣今在假，不容詣省，不任荷懼之至，謹奉表以聞。臣雲誠惶以下。

文選考異

〔一〕頓首頓首死罪死罪　袁本、茶陵本無此八字，有「中謝」二字。下文「豈待明經臣雲」下，二本同。案：二本是也，説見前謝平原内史表。

〔二〕注「論語」下至「有所不爲也」　袁本作「狂狷已見上文」。茶陵本複出，非。

〔三〕躡屩齊楚　案：「屩」當作「蹻」，善引史記及徐廣注皆是「蹻」字。袁、茶陵二本所載五臣良注乃作「屩」，蓋善「蹻」、五臣「屩」，各本亂之而失著校語。又，此「屩」下「脚」，亦五臣音耳。

〔四〕注「漢書」下至「爲銅虎符」　袁本作「分虎已見上文」。茶陵本複出，非。

〔五〕注「□孫盛晉陽秋曰」　茶陵本「陽」下衍「春」字，袁本無。此亦初衍後脩改去之。

〔六〕亂離斯瘼　陳云「瘼」當作「莫」，注同。「毛詩曰亂離瘼矣」，當作「韓詩曰亂離斯莫」，潘安仁關中詩注可證也。案：所説是也。袁、茶陵二本所載五臣向注云「瘼，病也」，必善「莫」、五臣「瘼」，各本亂之而失著校語，後又并改善注，甚非。

〔七〕注「蔡邕詩序曰」下至「北陸無日之地」 袁本作「悵望鍾阜已見上文」八字。茶陵本所複出，與此同。陳云：鍾阜，謂建康之鍾山也，注誤引許叔重語。今案：善謂「鍾阜已見上文」者，謂自於沈休文鍾山詩題下注訖也。複出者失其意，用「許慎曰」云云當之，致爲巨謬。尤專主增多，乃取以竄入。陳駮雖是，然細繹袁本，善初無斯誤也。凡複出增多，大足爲累，於此可知，餘不盡論。

〔八〕注「締構見魏都賦」下至「昧爽也」 袁本作「締構草昧並已見上文」九字。茶陵本複出，非。

〔九〕注「過朱祐」 陳云「祐」，「祜」誤，下同。各本皆譌。

〔一〇〕注「上初學長安」 袁本、茶陵本「上初」作「初上」，是也。

〔一一〕注「南陽大人賢者」 陳云「大人」當作「人與」，是也。袁本、茶陵本無「大」字，亦脱「與」。

〔一二〕注「漢書」下至「如俛拾地芥」 袁本作「明經拾青紫已見上文」九字。茶陵本複出，非。

〔一三〕注「襄陽耆舊傳記曰」 袁本、茶陵本無「記」字。

〔一四〕注「即聲名不足慕企」 袁本、茶陵本重有「不足慕企」四字。

〔一五〕注「毛詩序曰禮義陵遲」 袁本作「陵遲已見上文」。茶陵本複出，非。

〔一六〕注「元和元年」 案：上「元」字當作「光」。各本皆譌。

〔一七〕注「時侍中常侍」袁本、茶陵本無「時」字。

〔一八〕注「可封留侯」袁本作「子房封侯已見上文」。案：袁本是也。茶陵本與此同，乃并五臣入善之誤。

〔一九〕注「視吴公□何爲」袁、茶陵二本皆無空字。此初有衍而去之。

〔二〇〕或四姓侍祠　何校去「或」字。案：所校是也。各本蓋皆傳寫衍。

〔二一〕注「漢書曰成帝」下至「故世謂之五侯」袁本作「五侯王氏也已見上文」九字。茶陵本複出，非。

〔二二〕注「東觀漢記相者」袁本、茶陵本「記」下有「曰」字。此脩改去之。

〔二三〕注「謂元帝也」袁本、茶陵本無「謂」字。

〔二四〕注「車丞相高寢郎」袁本、茶陵本「高」下有「祖園」二字。此脩改去之。案：有者是也。

〔二五〕微物知免　袁本、茶陵本云「免」善作「表」。案：此或所見不同，否則尤校改之耳。

爲蕭揚州薦士表〔一〕　任彦昇

蕭子顯齊書曰：始安王遥光爲揚州刺史。劉璠梁典曰：齊建武初，有詔舉士，始安王表薦琅邪王暕及王僧孺。

臣王言：臣聞求賢暫勞，垂拱永逸，呂氏春秋曰：賢主勞於求人，而佚於治事。方之疏壤，取類導川。孟子曰：舜使禹疏九河，禹掘地而注之海。國語，太子晉曰：伯禹疏川導滯。伏惟陛下，道隱旒纊，信充符璽，老子曰：大象無形，道隱無名。河上公注曰：道潛隱，使人無能指名也。大戴禮，孔子曰：古者絻而前旒，所以蔽明也，黈絖塞耳，所以掩聽也。絻，古冕字；絖，古纊字，音義並同。莊子曰：聖人治天下，爲符璽以信之。六飛同塵，五讓高世。漢書，爰盎謂文帝曰：陛下有高世之行三：陛下從代乘六乘傳，馳不測之淵，雖賁、育之勇，不及陛下；陛下至代邸，西向讓天子者三，南向讓者再，夫許由一讓，而陛下五以天下讓，過許由四矣。又曰：今陛下騁六飛，馳不測。老子曰：和其光而同其塵〔二〕。白駒空谷，振鷺在庭，白駒，已見桓元子薦譙元彦表。毛詩曰：振鷺于飛，于彼西雍；我客戾止，亦有斯容。猶懼隱鱗卜祝，藏器屠保。司馬遷書曰：僕之先人，文史星歷，近乎卜祝之間。易曰：君子藏器於身，待時而動。鶡冠子曰：伊尹酒保，太公屠牛，海内荒亂，立爲世師。物色關下，委裘河上，列仙傳曰：關令尹喜内學，老子西遊，先見其氣，知真人當過，物色而遮之，果得老子。晏子曰：治天下若委裘，用賢委裘之實，桓公聽管仲，而趙襄子信王登，此之謂委裘。然委裘，謂用賢也。神仙傳曰：河上公，莫知其姓名也，嘗讀老子道德經，漢孝文帝駕從而詣之。非取製於一狐，諒求味於兼采。王褒講德論曰：千金之裘，非一狐之腋〔三〕。張璠易注序曰：蜜蜂以兼采爲味。五聲倦響，九工是詢，鬻子曰：昔者大禹治天下，以五聲聽治。九工，已見王元長策秀才文。寢議廟堂，借聽輿皁。説苑，晉東郭氏曰：肉食者失計於廟堂，藿食得不肝腦塗地？班固漢書匈奴贊曰：漢興，忠言嘉謀之臣，相與議事於廟堂之上。左氏傳曰：晉侯聽輿人之誦。輿皁，已見射雉賦。臣位任隆重，義兼家邦，實欲使名實不違，徽倖路絕，鄧析子曰：循名責實，君之事也；奉法宣令，臣之職也。儌倖，已見李令伯表。勢門上品，猶當格以清談；説苑，晏子曰：陂池之魚，入於勢門。謝靈運宋書序曰〔四〕：下品無高門，上品無賤族。王隱晉書曰：祖約清談平裁，老而不倦。英俊下僚，不可限以位貌。左太沖詠史詩曰：世冑躡高位，英俊沈下僚。

竊見祕書丞琅邪臣王暕，年二十一，字思晦。七葉重光，海内冠冕，梁書曰：儉子暕，字思晦。何之元梁典曰：侍中領右驍騎王騫，字思晦，太尉文憲公長子也。左僕射王暕，字思寂，文憲公次子也。王筠爲騫碑，亦云騫字思晦。據此及梁書，明梁典及碑誤也。晉中興書曰：王祥弟覽，覽生導，導生洽，洽生珣，珣生曇首。沈約宋書曰：王僧綽，曇首長子，遇害，子儉嗣也。尚書曰：宣重光。晉中興書：庾冰疏曰：臣因循家寵，冠冕當世。神清氣茂，允迪中和，淮南子曰：神清者嗜欲不能亂。蔡洪張錡狀曰：錡資氣早茂，才幹足任。尚書曰：允迪厥德。禮曰：以樂德教國子，中和祇庸孝友。叔寶理遣之談，彥輔名教之樂，臧榮緒晉書曰：衞玠，字叔寶，好言玄理，拜太子洗馬。常以人有不及，可以情恕；非意相干，可以理遣，故終身不見喜慍之容。世説曰：王平子、胡母彥國諸人，昔以放任爲達，或去衣裸體。樂廣曰：名教中自有樂地，何爲乃爾。故以暉映先達，領袖後進。孫盛晉陽秋曰：裴秀有風操，十餘歲，時人爲之語曰：後進領袖有裴秀。居無塵雜，家有賜書，韋昭吴書曰：劉基不妄交遊，門無雜賓。漢書曰：班彪幼與兄嗣共遊學，家有賜書，好古之士，自遠方至。辭賦清新，屬言玄遠，陸機陸雲别傳曰：雲亦善屬文，清新不及機，而口辯持論過之。臧榮緒晉書曰：阮籍雖放誕不拘禮教，然發言玄遠。室邇人曠，物疎道親。毛詩曰：其室則邇，其人甚遠。尹文子曰：處名位，雖不肖，不患物不親己；在貧賤〔五〕，不患物不疎己。親疎係乎勢利，不係乎不肖與仁賢也。養素丘園，台階虛位。養素，已見謝宣遠送孔令詩。庠序公朝，萬夫傾望。孟子曰：夏曰校，殷曰序，周曰庠，學則三代共之〔六〕。曹植求通親親表曰：執政不廢於公朝。豈徒荀令可想，李公不亡而已哉！臧榮緒晉書曰：荀顗，字景倩，潁陽人也，魏太尉彧之第六子。黄初末，除中郎，高祖輔政，見顗，異之，曰：顗，令君之子也；近見袁侃，亦曜卿之子也。皆有父風。范曄後漢書曰：李固，字子堅，漢中郡南鄭人，司徒郃之子。少好學，四方有志之士〔七〕，多慕其風而來學。京師咸嘆曰：是復爲李公矣。

前晉安郡候官令東海王僧孺，年三十五，字僧孺，理尚棲約，思致恬敏。劉璠梁典曰：王僧孺，字僧孺，東海郯人。六歲解屬文。梁興，除鎮軍記室，稍遷蘭陵太守，卒於諮議。既筆耕爲養，亦傭書成學。東觀漢記曰：班超家貧，爲官傭寫書，投筆嘆曰，丈夫獨不效傅介子立功絶域之地以封侯，安久筆耕乎！東觀漢記〔八〕，耕或爲研。范曄漢書曰〔九〕：班超爲官傭書以供養。吴志曰：闞澤，字德潤，會稽人。家世農夫，至澤好學，無以資，常爲人傭書，以供紙筆，所寫既畢，誦讀亦徧。至乃集螢映雪，編蒲緝柳。檀道鸞晉陽春秋曰〔一〇〕：車胤，字武子，學而不倦。貧不常得油，夏月則練囊盛數十螢火，以夜繼日焉。孫氏世録曰：孫康家貧，常映雪讀書，清介交遊不雜。漢書曰：路温舒取澤中蒲截爲牒，編用寫書。楚國先賢傳曰：孫敬到洛，在太學左右一小屋安止母，然後入學。編楊柳簡以爲經。先言往行，人物雅俗，易曰：君子多識前言往行，以畜其德。孫綽子，或問人物，曰：察虛實，審真僞，斷成敗，定終始，斯可謂之人物矣。雅俗，已見范雲讓表。甘泉遺儀，南宮故事，胡廣漢官制度曰：天子出，車駕次第，謂之鹵簿。長安時，出祠天於甘泉用之。名曰甘泉鹵簿。范曄後漢書曰：鄭弘爲尚書令，弘前後所陳，有補益，著之南宮，以爲故事。畫地成圖，抵掌可述。漢書，張安世子千秋爲中郎將，將兵擊烏桓還，謁大將軍霍光，問戰鬭方略，山川形勢，千秋口對兵事，畫地成圖，無所忘失。戰國策曰：蘇秦説趙王，抵掌而言。豈直鼮鼠有必對之辯，竹書無落簡之謬。摯虞三輔決録注曰：竇攸舉孝廉，爲郎。世祖大會靈臺，得鼠如豹文，熒熒光澤，世祖異之，以問羣臣，莫能知者。攸對曰：鼮鼠也。詔問何以知之，攸對曰：見爾雅。詔案秘書，如攸言，賜帛百匹。張騭文士傳曰：人有嵩山下得竹簡一枚，兩行科斗書，人莫能識。張華以問束晳，晳曰：此明帝顯節陵策文。驗校果然。朝廷士庶，皆服其博識。暕坐鎮雅俗，弘益已多；僧孺訪對不休，質疑斯在。班固漢書，董仲舒述曰：讜言訪對，爲世純儒。太玄經曰：爰質所疑。宋衷曰：質，問也。並東序之秘寶，瑚璉之茂器。書曰：大玉、夷玉、天球、河圖，在東序。典引曰：御東序之祕寶。論語，子貢問曰：賜也何如？子曰：汝器也。曰：何器也？曰：瑚璉也。誠言以人廢，而才實世資。論語，子曰：君子不以言舉人，不以人廢言〔二〕。解嘲曰：鄒衍頡頏而取世資。班固漢書翟方進述曰：用合時宜，器周世資。臨表悚戰，猶懼未允，不任下情。云云。

文選考異

〔一〕爲蕭揚州薦士表　袁本、茶陵本「薦」上有「作」字。案：尤本脱。

〔二〕注「老子曰和其光而同其塵」　袁本作「同塵已見上文」。茶陵本複出，非。

〔三〕注「王褒」下至「非一狐之腋」　袁本作「一狐已見上文」。茶陵本複出，非。

〔四〕注「謝靈運宋書序曰」　何校「宋」改「晉」，陳同，是也。各本皆誤。

〔五〕注「在貧賤不患物不疎己」　何校「賤」下添「雖仁賢」三字，陳同，是也。各本皆脱。

〔六〕注「孟子曰」下至「學則三代共之」　袁本作「庠序已見上文」。茶陵本複出，非。

〔七〕注「四方有志之士」　袁本、茶陵本無「有志」二字。

〔八〕注「東觀漢記耕」　袁本、茶陵本無「漢」字。

〔九〕注「范曄漢書曰」　何校「漢」上添「後」字，是也。各本皆脱。

〔一〇〕注「晉陽春秋曰」　袁本無「春」字，是也。茶陵本亦衍。何校「晉」上添「續」字，同前。

〔一一〕注「論語子曰」下至「不以人廢言」　袁本此十六字作「不以人廢言已見上文」九字。茶陵本複出，非。

爲褚諮議蓁讓代兄襲封表

蕭子顯齊書曰：褚蓁，字茂緒，爲義興太守，改封巴東郡，表讓封賁子霽，詔許之。官至前將軍，卒。然此表與集詳略不同，疑是藁本，辭多冗長。

任彦昇

臣蓁言：昨被司徒符，仰稱詔旨，許臣兄賁所請，以臣襲封南康郡公。臣門籍勳蔭，光錫土宇。臣賁世載承家，允膺長德。蕭子顯齊書曰：褚淵長子賁，字蔚先，官歷散騎常侍，上表稱疾，讓封與弟蓁。國語曰：祭公謀父曰：奕世載德。韋昭曰：載，成也。易曰：開國承家，小人勿用。左氏傳，王子朝曰：王后無嫡，則擇立長，年鈞以德，德鈞以卜。而深鑒止足，脱屣千乘。老子曰：知足不辱，知止不殆〔一〕。吴都賦曰：輕脱屣於千乘。遂乃遠謬推恩，近萃庸薄。能以國讓，弘義有歸。左氏傳，公子魚曰：能以國讓，仁孰大焉。匹夫難奪，守以勿貳。昔武始迫家臣之策，陵陽感鮑生之言。張以誠請。丁爲理屈。東觀漢記曰：張純，字伯仁，建武初先詣闕，封武始侯，子奮，字穉通，兄根，常被病。純病困，勑家丞翕：司空無功，爵不當傳嗣。純薨，大行移書問嗣，翕上書，奪詔封奮。奮上書曰：根不病，哀臣小稱病。今翕移臣。又曰：丁綝爲陵陽侯，薨。長子鴻，字季公，讓位於弟盛，逃去。鴻初與九江鮑駿友善，及鴻亡，駿遇於東海，陽狂不識駿。駿乃止讓之曰：今子以兄弟私恩，而絶父不滅之基，可謂智乎？鴻感悟垂涕，乃還就國。且先臣以大宗絶緒，命臣出纂傍統，禮記曰：繼别爲宗。鄭玄曰：别子之嫡也，族人尊之，謂之大宗，是宗子也。稟承在昔，理絶終天，天道無終，而云終天，永訣之辭也。徐廣赴謝車騎葬還詩曰：潛壙既掩扉，終天隔幽壤。潘岳哀永逝曰：今奈何兮一舉，邈終天而不反。永惟情事，觸目崩殞。若使賁高延陵之風，臣忘子臧之節，左傳曰：吴子諸樊既除喪，將立季札。辭曰：曹宣公之卒也，諸侯與曹人不義曹君，將立子臧，子臧去之，遂不爲也，以成曹君。君子曰：能守節。君義嗣也，誰敢奸君？有國，非吾節也。札雖不才，願附於子臧之節。是廢德舉，豈曰能賢？左氏傳曰：宋公疾，召大司馬孔父而屬殤公焉。對曰：羣臣願奉馮也。公曰：先君以寡人爲賢，使主社稷，若棄德不讓，是廢先君之舉，豈曰能賢？陛下察其丹款，特賜停絶。丹款，已見庾元規表。不然投身草澤，苟遂愚誠耳。謝承後漢書曰：朱寵隱身草澤。不勝丹慊之至，謹詣闕拜表以聞。臣誠惶誠恐以下。

文選考異

〔一〕注「老子曰」下至「知止不殆」袁本作「止足已見上文」。茶陵本複出，非。

爲范始興作求立太宰碑表

吴均齊春秋曰：竟陵文宣王子良薨，西昌侯以天子命假黄鉞太宰。蕭子顯齊書曰：建武中，故吏范雲上表爲子良立碑，事不行。

任彦昇

臣雲言：原夫存樹風猷，没著徽烈，尚書曰：彰善癉惡，樹之風聲。應璩與王將軍書曰：雀鼠雖愚，猶知徽烈。既絶故老之口，必資不刊之書。西征賦曰：兆惟奉明，邑號千人；訊諸故老，造自帝詢。杜預傳序曰：左丘明受經於仲尼，以爲經者，不刊之書也。而藏諸名山，則陵谷遷貿；司馬遷書曰：僕誠以著此書，藏諸名山。毛詩曰：高岸爲谷，深谷爲陵。府之延閣，則青編落簡。劉歆七略曰：孝武皇帝勅丞相公孫弘廣開獻書之路，百年之間，書積如山。故内則延閣廣内祕書之府。又曰：尚書有青絲編目録。然則配天之迹，存乎泗水之上；漢書平紀曰：郊祀高祖以配天。酈善長水經注曰：泗水南有泗水亭。漢高祖廟前有碑，延熹十年立。素王之道，紀於沂川之側。家語，南宮敬叔曰：孔子生於衰周，讚明易道以爲法，或者天將欲素王之乎？何其盛也！沂水南有孔子舊廟，漢、魏以來列七碑，二碑無字。由是崇師之義，擬迹於西河；禮記，曾子謂子夏曰：事夫子於洙、泗之間，退而老西河之上，使西河之人，疑汝於夫子。七略曰：西河、燕、趙之間。尊主之情，致之於堯禹。尊主，謂伊尹也。恥其君不如堯舜，已見曹子建通親親表。禹亦聖帝，故連言之。故精廬妄啓，必窮鐫勒之盛；東觀漢記曰：王阜年十一，辭父母欲出精廬，以尚幼不見聽。荆州圖曰：陰令劉喜，魏時宰縣，雅好博古，教學立碑。君長一城，亦盡刊刻之美。陳寔別傳曰：寔卒，蔡邑爲立碑刻銘。然寔爲太丘宰，故曰一城也。況乎甄陶周召，孕育伊顔？周公、召公、伊尹、顔回也。典引曰：孕虞育夏，甄殷陶周。

故太宰竟陵文宣王臣某，與存與亡，則義刑社稷〔一〕；漢書，文帝即位，絳侯爲丞相。爰盎進曰：丞相何如人？上曰：社稷臣。盎曰：絳侯所謂功臣，非社稷臣。社稷臣主存與存，主亡與亡。如淳曰：人主在時與共治，不以主亡而不行其政令也。嚴天配帝，則周公其人。孝經，子曰：孝莫大於嚴父，嚴父莫大於配天，則周公其人也。昔者周公郊祀后稷以配天，宗祀文王於明堂以配上帝。體國端朝，出藩入守，進思必告之道，退無苟利之專，尚書曰：爾有嘉謀嘉猷〔二〕，則入告爾后于内。公羊傳曰：大夫出境，有可以安社稷利國家者，則專之可也。左氏傳曰：子産曰：苟利社稷，死生以之。五教以倫，百揆時序。尚書，帝曰：契，汝作司徒，敬敷五教在寬〔三〕。又曰：納于百揆，百揆時序〔四〕。若夫一言一行，盛德之風；孟子曰：舜聞一善言，見一善行，若決江河，沛然莫之能禦也。易云：日新之謂盛德。琴書藝業，述作之茂，漢書曰：鄭敬，字次都，琴書自樂〔五〕。禮記曰：作者之謂聖，述者之謂明，明聖者，述作之謂也。道非兼濟，事止樂善，亦無得而稱焉。周易曰：智周萬物，而道濟天下。東觀漢記曰：上嘗問東平王蒼曰：在家何業最樂？蒼對曰：爲善最樂。上嗟嘆之。論語曰：齊景公有馬千駟，死之日，民無德而稱焉〔六〕。

人之云亡，忽移歲序，詩曰：人之云亡，邦國殄瘁。鴟鴞東徙，松檟成行。言成王未知周公之意，類鬱林之嫌子良；而周公有居攝之情，由子良有代宗之議，故假鴟鴞以喻焉。吴均齊春秋曰：鬱林王即位，子良謝疾不視事，帝嫌之。又潘敞以仗防之〔七〕。子良既有代宗議，憂懼不敢朝事，而子良薨。毛詩序曰：鴟鴞，周公救亂也。成王未知周公之志，乃作詩以遺王。名之曰鴟鴞焉。説苑曰：梟與鳩相遇，鳩曰：子安之？梟曰：我將東徙。鳩曰：何？梟曰：西方之人，皆惡我聲。鳩曰：子鳴。於是鳴。鳩曰：子改鳴則可，不改子鳴，雖東徙猶惡子也。左傳，伍子胥曰：樹吾墓檟。六府臣僚，三藩士女，蕭子顯齊書曰：子良爲輔國將軍、征虜將軍、竟陵王、鎮北將軍、征北將軍、護軍將軍，斯謂六府；子良又爲會稽太守、南徐州刺史、又南兖州刺史，斯謂之三藩也。人蓄油素，家懷鉛筆，油素，已見吴都賦。葛龔與梁相牋曰：曹褒寢懷鉛筆，行誦文書。瞻彼景山，徒然望慕。景山，謂墳也。毛詩曰：陟彼景山。劉楨贈五官中郎將詩曰：望慕結不解。昔晉氏初禁立碑，晉令曰：諸葬者不得作祠堂碑石獸。魏舒之亡，亦從班列。而阮略既泯，故首冒嚴科〔八〕，爲之者竟免刑戮，致之者反蒙嘉嘆。陳留志曰：阮略，字德規，爲齊國内史。爲政表賢黜惡，化風大行。卒於郡，齊人欲爲立碑。時官制嚴峻，自司徒魏舒已下，皆不得立。齊人思略不已，遂共冒禁樹碑，然後詣闕待罪。朝廷聞之，尤嘆其惠。至於道被如仁，功參微管，本宜在常均之外。如仁、微管，並見上傳季友修張良教〔九〕。故太宰淵、丞相嶷，親賢並軌，即爲成規。褚淵碑即王儉所制。蕭子顯齊書曰：豫章文獻王嶷，字宣儼，薨，贈丞相。南陽樂藹爲建立碑，第二子恪〔一〇〕，託沈約及孔稚珪爲文。乞依二公前例，賜許刊立。寧容使長想九原，樵蘇罔識其禁；駐驛長陵，輶軒不知所適。禮記曰：趙文子與叔譽觀乎九原，文子曰：死者如可作也，吾誰與歸〔一一〕？戰國策，顔蠋謂齊王曰〔一二〕：秦攻齊，令曰：敢有去柳下季墓五十步樵採者，罪死不赦。東觀漢記，和帝詔曰：高祖功臣，蕭、曹爲首，朕望長陵東門，見二臣之壠，感焉。

臣里閭孤賤，才無可甄，值齊網之弘，弛賓客之禁，范曄後漢書曰：建武中，禁網尚寬，諸王既長，各招引賓客。策名委質，忽焉二紀。左氏傳，狐突曰：策名委質，其二乃辟。慮先犬馬，厚恩不答。列女傳曰：梁寡高行曰：妾之夫不幸早死，先犬馬填溝壑。虞貞節曰：人受命於天而命長，犬馬受命於天而命短，妾之夫反先犬馬死矣。而弊帷毁蓋，未薦螻蟻；禮記，仲尼曰：吾聞之，弊帷不棄，爲埋馬也；弊蓋不棄，爲埋狗也。戰國策，安陵君謂楚王曰：犬馬臣願得式黄泉，蓐螻蟻。延叔堅戰國策論曰：爲王先用填黄泉，爲王作蓐，以御螻蟻。珠襦玉匣，遽飾幽泉。西京雜記曰：漢帝及諸侯王送□死，皆珠襦玉匣。匣形如鎧甲，連以金縷，皆鏤爲蛟龍〔一三〕鸞鳳龜龍之形，所謂交龍玉匣。陛下弘獎名教，不隔微物，使臣得駿奔南浦，長號北陵。南浦迎喪，北陵送葬。既曲逢前施，實仰覬後澤。儻驗杜預山頂之言，庶存馬駿必拜之感。襄陽記曰：杜元凱好爲身後名，常自言百年後必高岸爲谷，深谷爲陵。作二碑敍其平吴勳，一沈萬山下，一沈峴山下，謂參佐曰：何知後代不在山頭乎？臧榮緒晉書曰：扶風王駿，字子臧，宣帝第七子也，都督雍、涼州諸軍事。後薨，民吏樹碑讚述德範。長老見□碑〔一四〕，無不拜之。言其遺愛如此。臨表悲懼，言不自宣。臣誠惶已下。

文選考異

〔一〕則義刑社稷　袁本、茶陵本「刑」作「形」。案：尤本誤。

〔二〕注「爾有嘉謀嘉猷」　袁本、茶陵本無「嘉謀」二字。案：此尤校添也。

〔三〕注「敬敷五教在寬」　袁本重有「五教」二字。案：有者是也。殷本紀重有，孔穎達商頌正義引尚書重有。袁本後鑿去下「五教」二字，茶陵本無，與此同，皆非。

〔四〕注「又曰」下至「百揆時序」　袁本作「百揆已見上文」六字。茶陵本複出，非。

〔五〕注「漢書曰」下至「琴書自樂」　袁本作「琴書已見上文」六字。茶陵本複出，非。

〔六〕注「論語曰」下至「民無德而稱焉」　袁本作「無得而稱已見上文」。茶陵本複出，非。

〔七〕注「又潘敞以仗防之」　陳云「又」、「使」誤，是也。各本皆誤。

〔八〕故首冒嚴科　何校云「故」下疑有脱文。案：所説是也。何意謂此當云「故吏」、「故民」之類，未知所脱果何文耳。今無以補之。

〔九〕注「修張良教」何校「良」下添「廟」字，陳同，是也。袁本亦脱。茶陵本複出，非。

〔一〇〕注「第二子恪」陳云「子」字當重，是也。各本皆脱。

〔一一〕注「禮記曰」下至「吾誰與歸」袁本作「九原已見上文」。茶陵本複出，非。

〔一二〕注「顔蠋謂齊王曰」袁本、茶陵本「蠋」作「觸」。案：今齊策作「斶」，古今人表作「歜」。「歜」、「斶」同字也，疑「蠋」、「觸」皆「斶」之譌。

〔一三〕注「皆鏤爲蛟龍」袁本、茶陵本「蛟」作「交」，是也。

〔一四〕注「長老見碑」袁本、茶陵本「碑」下有「者」字。案：此脩改去之。

文選卷第三十九

上書　啓

上書

上書秦始皇

李斯　史記曰：李斯者，楚上蔡人也。西説秦，秦拜斯爲客卿。會韓使鄭國來間秦，以作漑渠，已而覺，秦室大臣皆言秦王曰：諸侯人來秦者，秖爲其主游間秦耳。請一切逐客。李斯議亦在逐中。斯乃上書。秦王乃除逐客之令，復李斯官。始皇帝以斯爲丞相。後二世〔一〕具斯五刑論，腰斬咸陽市。

臣聞吏議逐客，竊以爲過矣。昔穆公求士，西取由余於戎，史記曰：戎王使由余於秦，秦後歸由余。繆公又使人間要由余，遂去降秦。繆公以客禮禮之。東得百里奚於宛，史記曰：晉獻公以百里奚爲秦穆公夫人媵於秦。百里奚亡秦走宛，楚之鄙人執之。繆公聞百里奚，欲重贖之，恐楚子不許，以五羖羊皮贖之。楚人許，與之。繆公與議國事，大悅，授之國政。迎蹇叔於宋，史記曰：百里奚謂繆公曰：臣不及臣友蹇叔賢，而世莫知。繆公使人厚幣迎蹇叔，以爲上大夫。來邳豹公孫支於晉。左氏傳曰：晉郄芮、丕鄭、丕豹奔秦。又曰：秦伯謂公孫支曰：夷吾其定乎？對曰：今其言多忌克，難哉！杜預曰：公孫支，秦大夫子桑也。此五子者，不產於秦，穆公用之，并國二十，遂霸西戎。史記曰：秦用由余謀，伐戎王，益國十二，開地千里，遂霸西戎。孝公用商鞅之法，移風易俗，民以殷盛，國以富彊，百姓樂用，諸侯親服，史記曰：獻公卒，子孝公立。又曰：衛鞅西入秦説孝公變法修刑，内務耕稼，外勸戰死之士，賞罰三年，百姓便之，天子致胙，諸侯畢賀也。獲楚魏之師，舉地千里，至今治彊。史記曰：衛鞅將兵圍魏安邑，降之。又曰：衛鞅擊魏公子卬，封鞅爲列侯，號商君。卬，五剛切。惠王用張儀之計，拔三川之地，西并巴蜀，北收上郡，南取漢中，史記曰：孝公卒，子惠文君立。又曰：惠文君八年，張儀復相秦，攻韓宜陽，降之。云孝王〔二〕十年，納魏上郡。張儀伐蜀，滅之〔三〕。又攻楚漢中，取地六百里，置漢中郡。史記云孝王納上郡，此云惠王，疑此誤也〔四〕。又曰：武王立，張儀死。武王謂甘茂曰：寡人欲通車三川，窺周室。使甘茂伐宜陽，拔之。然通三川是武王，張儀已死，此云惠王用張儀之計拔三川，疑此誤也。三川，韓界也。宜陽，韓邑也〔五〕。包九夷，制鄢郢，九夷屬楚夷也。鄢、郢，楚二縣也。蓋秦令人據之也。東據成皐之險，割膏腴之壤，成皐，縣名，周之東境。

遂散六國之從，六國：韓、魏、燕、趙、齊、楚也。漢書音義，文穎曰：關東爲從。使之西面事秦，功施到今。史記曰：惠王卒，韓、魏、齊、楚皆賓從。昭王得范睢，廢穰侯，逐華陽，史記曰：孝王卒〔六〕，立異母弟爲昭襄王。又曰：穰侯魏冉者，秦昭王母宣太后之弟。太后二弟，其異父長弟曰穰侯，姓魏氏，名冉；同父弟曰羋戎，爲華陽君。魏冉爲相國，范睢説秦昭王，言穰侯權重諸侯。昭王乃免相國，逐華陽君關外。彊公室，杜私門，蠶食諸侯，使秦成帝業。春秋保乾圖曰：光閭害，蠶食天下。高誘淮南子注曰：蠶食無餘也。此四君者〔七〕，皆以客之功。由此觀之，客何負於秦哉！負，猶累也。向使四君却客而弗納，疎士而弗用，是使國無富利之實，而秦無彊大之名也。

今陛下致昆山之玉〔八〕，有和隨之寶，新序，固桑對晉平公曰：夫劍産於越，珠産於江南，玉産於昆山，此三寶皆無足而致。墨子曰：和氏之璧，隨侯之珠。垂明月之珠，服太阿之劍，越絶書曰：楚王召歐冶子干將作鐵劍二枚，一曰太阿。乘纖離之馬，建翠鳳之旗，樹靈鼉徒河切之鼓。孫卿曰〔九〕：纖離、蒲梢，皆馬名。鄭玄禮記注曰：鼉皮可以冒鼓。此數寶者，秦不生一焉，而陛下悦之何也〔一〇〕？必秦國之所生然後可，則夜光之璧不飾朝廷，犀象之器不爲玩好，而趙衛之女不充後庭，駿良駃决騠啼不實外廄，周書曰：正北以駃騠爲獻。廣雅曰：駃，馬屬〔一一〕。江南金錫不爲用，西蜀丹青〔一二〕不爲采。所以飾後宮充下陳下陳，猶後列也。晏子曰：有二女願得入身於下陳。娱心意悦耳目者，必出於秦然後可，則是宛於元切珠之簪，傅璣之珥，阿縞之衣，錦繡之飾，不進於前；言以宛珠飾簪，以璣傅珥也。説文曰：珥，瑱也。徐廣曰：齊之東阿縣，繒帛所出者也。此解阿義與子虚不同，各依其説而留之。舊注既少不足稱，臣以别之。他皆類此。而隨俗雅化，佳冶窈窕，趙女不立於側也。隨俗雅化，謂閑雅變化而能隨俗也。

夫擊甕叩缶，彈筝搏髀，而歌呼嗚嗚快耳者〔一三〕，真秦之聲也；説文曰：甕，汲瓶也，於貢切。説文曰：缶，瓦器，秦鼓之以節樂。缶，甫友切。鄭衛桑間韶虞武象者，異國之樂也。禮記曰：鄭、衛之音，亂世之音也。又曰：桑間、濮上，亡國之音也。樂動聲儀曰：舜樂曰簫韶。又曰：周樂伐時曰武象。宋均曰：武象，象伐時用干戈。徐廣曰：韶，一作昭。今棄叩缶擊甕〔一四〕而就鄭衛，退彈筝而取韶虞，若是者何也？快意當前，適觀而已矣。高誘吕氏春秋注曰：適，中適也。今取人則不然，不問可否，不論曲直，非秦者去，爲客者逐。然則是所重者在乎色樂珠玉〔一五〕，而所輕者在乎民人也〔一六〕。此非所以跨海内制諸侯之術也。

臣聞地廣者粟多，國大者人衆，兵彊者則士勇。是以太山不讓土壤，故能成其大；河海不擇細流，故能就其深；管子曰：海不辭水，故成其大；山不辭土石，故能成其高。王者不却衆庶，故能明其德。文子曰：聖人不讓負薪之言，以廣其名。是以地無四方，民無異國，四時充美，鬼神降福，此五帝三王之所以無敵也。今乃棄黔首以資敵國，郭象莊子注曰：資者，給齎之謂。却賓客以業諸侯，使天下之士退而不敢西向〔一七〕，裹足不入秦。此所謂藉寇兵而齎盜糧者也。戰國策，范雎說秦王曰：此所謂藉賊兵而齎盜食者也。說文曰：齎，持遺也。夫物不產於秦，可寶者多；士不產於秦，願忠者衆。今逐客以資敵國，損民以益讎，内自虚而外樹怨諸侯〔六〕，求國無危，不可得也。

文選考異

〔一〕注「後二世」　袁本、茶陵本此三字作「及二世信趙高之謟」八字。案：此節注袁并善入五臣，茶陵并五臣入善，即尤亦恐非其舊，今不具論。

〔二〕注「又曰惠文君八年張儀復相秦攻韓宜陽降之云孝王」　案：此二十一字決非善注，不知何時竄入。考張儀復相，後八年也。秦本紀、六國表、韓世家皆並無「攻韓宜陽降之」之事，善烏由爲此語。況下方引「甘茂伐宜陽」而疑書誤。若果有此語，便是無疑，彌乖刺難通矣。各本皆同，其謬已久，今特訂正。袁、茶陵二本「王」作「公」，下同。說見於下。

〔三〕注「十年納魏上郡張儀伐蜀滅之」　案：依史記當作「十年，張儀相秦，魏納上郡。八年，張儀復相秦，伐蜀，滅之」。此注全爲人所改，各本皆同，絕非善舊矣。

〔四〕注「史記云孝王納上郡此云惠王疑此誤也」　案：此十六字決非善注，不知何時竄入。考魏納上郡在惠文君十年，秦本紀、六國表、魏世家明文鑿鑿，了無異說，善何由爲此語？各本皆同，其謬已久，今特訂正。

〔五〕注「宜陽韓邑也」　袁本、茶陵本無此五字。

〔六〕注「孝王卒」　茶陵本「孝」作「武」，是也。袁本亦誤「孝」。

〔七〕此四君者　袁本、茶陵本無「者」字。案：史記有。尤添之也。

〔八〕致昆山之玉　袁本、茶陵本「昆」作「崐」。案：史記作「昆」，尤改之也。注引新序作「昆」，或善自是「昆」字。

〔九〕注「孫卿曰」　袁本「卿」下有「子」字，是也。茶陵本亦脱。

〔一〇〕而陛下悦之何也　袁本、茶陵本無「何也」二字。案：史記有。尤添之也。

〔一一〕注「駃馬屬」　案：「駃」下當有「騠」字。各本皆脱。

〔一二〕西蜀丹青　袁本、茶陵本「西蜀」作「蜀之」。案：史記作「西蜀」。尤改之也。

〔一三〕而歌呼嗚嗚快耳者　袁本、茶陵本無「呼」字。案：史記有。尤添之也。

〔一四〕今棄叩缶擊甕　袁本、茶陵本無「叩缶」二字。案：史記有，在「擊甕」下。尤添倒耳。

〔一五〕在乎色樂珠玉　袁本、茶陵本無「珠玉」二字。案：史記有。尤添之也。

〔一六〕在乎民人也　袁本、茶陵本無「也」字。案：史記有。尤添之也。

〔一七〕退而不敢西向　袁本、茶陵本無「向」字。案：史記有。尤添之也。

〔一八〕而外樹怨諸侯　袁本、茶陵本「外」下有「以」字。案：史記無。尤删之也。

上書吴王

鄒陽 漢書曰：鄒陽，齊人也。陽事吴王濞。王以太子事，陰有邪謀。陽奏書諫，爲其事尚隱，惡不指斥言〔一〕，故先引秦爲喻，因道胡、越、齊、趙之難，然後乃致其意。

臣聞秦倚曲臺之宫應劭曰：始皇帝所治處也，若漢家未央宫也。三輔黄圖曰〔二〕：未央有曲臺殿。懸衡天下，如淳曰：衡，猶稱之衡也。言其懸法度於其上。申子曰：君必有明法正義，若權衡以稱輕重，所以一羣臣也。畫地而人不犯，兵加胡越；至其晚節末路，張耳陳勝連從子容兵之，據以叩函谷，咸陽遂危。史記曰：陳勝，字涉，陽城人也。勝爲王，號爲張楚，西擊秦。又曰：張耳，大梁人也，陳勝起蘄，以耳爲校尉。廣雅曰：據，引也，言相引以爲援也。何則？列郡不相親，萬室不相救也。今胡數涉北河之外，史記曰：秦惠王遊至北河。徐廣曰：戎地之河上也。上覆飛鳥，下不見伏兔，蘇林曰：覆，盡也。言胡上射飛鳥，下盡地之伏兔。鬭城不休，救兵不至〔三〕，死者相隨，輦車相屬，轉粟流輸去，千里不絶。鄭玄禮記注曰：流，猶行也。何則？彊趙責於河間應劭曰：趙幽王爲吕后所幽死，文帝立其長子遂爲趙王，取趙之河間，立弟辟彊爲河間王，至子哀王無嗣，國除。遂欲復還得河間也。六齊望於惠后孟康曰：高后割濟南郡，爲吕王台奉邑，又割琅邪郡，封營陵侯劉澤爲琅邪王，文帝乃立悼惠王六子爲王。言六齊不保今日之恩，而追怨惠帝與吕后。漢書曰：文帝閔濟北逆亂自滅，盡封悼惠王諸子爲列侯。後齊文王薨，無子，於是分齊爲六：將閭爲齊王，惠爲濟北王，賢爲淄川王，雄渠爲膠東王，邛爲膠西王，辟光爲濟南王也。城陽顧於盧博，孟康曰：城陽王喜也。喜父章與弟興居討諸吕有功，本當盡以趙地王章，梁地王興居，文帝聞其欲立齊王，更以二郡王之。章失職，歲餘薨。興居誅死。盧博，濟北王治處，喜故顧念而怨也。二郡，謂城陽，章所封；濟北，興居所封。興居誅死，故喜顧念而恨也。泰山郡有博縣濟北縣。三淮南之心思墳墓。張晏曰：淮南厲王三子爲三王，念其父見遷殺也。漢書曰：上憐淮南王不軌，上乃立厲王三子：安爲淮南王，勃爲衡山王，賜爲廬江王。大王不憂，臣恐救兵之不專，孟康曰：不專救漢也。如淳曰：皆自私怨宿憤，不能爲吴也。若吴舉兵反，天子來討，謂四國但有意，不敢相救也。以孟康解其文，故言不專救漢；如淳解其意，故云不能爲吴。二説相成，義乃可明。胡馬遂進窺於邯鄲，越水長沙，還舟青陽。蘇林曰：青陽，水名也〔四〕。言胡、越水陸共伐漢也。善曰：此同孟康之義也。張晏曰：還舟，聚舟也。言胡爲趙難，越爲吴難，不可恃也。善曰：此微同如淳之説。秦始皇本紀曰：荆王獻青陽之田，已而背約，要擊我南郡。雖使梁并淮陽之兵，下淮東，越廣陵，以遏越人之糧；漢亦折西河而下，北守漳水以輔大國；胡亦益進，越亦益深。此臣之所爲大王患也。善曰：大國，謂趙也。陽假言吴思助漢，今胡、越俱來伐之，漢雖復使梁并淮陽之兵，以遏越人之糧，漢截西河以下，而助於趙，終無所益。故胡亦益進，越亦益深，此臣爲大王患也。然其意欲破吴計。雖使當爲乃使，越人當爲吴人，輒當爲禦〔五〕。言吴、趙欲來伐漢，漢乃使梁并淮陽之兵，以止吴人之糧，漢截西河，以禦於趙。如此則趙不得進，吴不得深。陽惡指斥，故假胡、越錯亂其辭。自此以下，乃致其意焉。

臣聞蛟龍驤首奮翼，則浮雲出流，霧雨咸集。聖王底節脩德，則游談之士，歸義思名。善曰：厎與砥同，厎，礪也。戰國策，蘇秦説趙王曰：外客游談之士，無敢自進於前。漢書王莽傳曰：遊者爲之談説。今臣盡知畢議，易精極慮，如淳曰：改易精思以謀慮之。則無國而不可奸；善曰：爾雅曰：奸，求也〔六〕。奸與干同。飾固陋之心，則何王之門不可曳長裾乎？然臣所以歷數王之朝，背淮千里而自致者，非惡臣國而樂吴民，竊高下風之行，尤悦大王之義。善曰：新序，公孫龍謂平原君曰：臣居魯則聞下風，高先生之知，悦先生之行。故願大王無忽，察聽其至。善曰：劉瓛周易注曰：至，極也，謂極言之〔七〕。

臣聞鷙鳥累百，不如一鶚。孟康曰：鶚，大鵰也。如淳曰：鷙鳥比諸侯，鶚比天子。夫全趙之時，服虔曰：全趙，趙未分之時。應劭曰：後分爲三。武力鼎士，袨服叢臺之下者，一旦成市，服虔曰：袨服〔八〕，大盛玄黄服也。臣瓚以爲鼎士，舉鼎之士；叢臺，趙王之臺。不能止幽王之湛患，韋昭曰：高帝子幽王友也，吕后殺之。湛，今沈字也。淮南連山東之俠，死士盈朝，不能還厲王之西也。善曰：漢書曰：淮南厲王長謀反，廢遷蜀。韋昭曰：徙蜀嚴道。然則計議不得〔九〕，雖諸賁不能安其位，亦明矣。善曰：左氏傳曰：吴公子光享王，鱄設諸寘劍於魚中以進，抽劍以刺王。説苑曰：勇士孟賁，水行不避蛟龍，陸行不避狼虎。故願大王審畫而已。

始孝文皇帝據關入立，寒心銷志，不明求衣。臣瓚以爲文帝入關而立，以天下多難，故乃寒心戰栗，未明而起。自立天子之後，使東牟朱虚東褒儀父之後，應劭曰：天下已定，文帝遣朱虚侯章東喻齊王，嘉其首舉兵欲誅諸呂，猶春秋褒邾儀父者也。深割嬰兒王之。應劭曰：封齊王六子爲王，其中有小嬰兒，孝文帝於骨肉厚也。壤子王梁代，益以淮陽。善曰：此言文帝之時，梁王揖、代王參、淮陽王武。後梁王揖早薨，徙武爲梁王也。然參、揖皆少，故云壤也。晉灼曰：方言，梁益之間所愛諱其肥盛曰壤也。善曰：方言云〔一〇〕：瑋其肥盛。晉書注以瑋爲諱〔一一〕。卒仆濟北，囚弟於雍者，豈非象新垣等哉！善曰：漢書曰：濟北王興居聞帝之代，乃反，棘蒲侯擊之，興居自殺。又曰：淮南王道死雍。應劭曰：二國有姦臣如新垣平等，勸王共反也。今天子新據先帝之遺業，善曰：今天子，景帝也。先帝，文帝也。左規山東，右制關中，變權易勢，大臣難知。大王弗察，臣恐周鼎復起於漢，如淳曰：新垣平詐言周鼎在泗水中，臣望東北汾陰有金寶氣，鼎在其中，弗迎則不至。爲吳計者，猶新垣平之言，周鼎終不可得也。新垣過計於朝，服虔曰：過，誤也。則我吳遺嗣，不可期於世矣。高皇帝燒棧道，灌章邯，應劭曰：章邯爲雍王，高祖以水灌其城，破之。燒棧道，言高祖涉所燒之棧道也〔一二〕。史記曰：張良說漢王燒絶棧道也。兵不留行，善曰：言攻之易，故不稽留也。收弊人之倦〔一三〕，東馳函谷，西楚大破。張晏曰：項羽自號西楚霸王。水攻則章邯以亡其城，陸擊則荆王以失其地。如淳曰：荆亦楚，謂項王敗走也。此皆國家之不幾者也。孟康曰：言國家不可庶幾得之也。願大王熟察之。

〔一〕注「惡不指斥言」何校去「不」字，陳同，是也。袁本亦衍。茶陵本下又有「欲」字，并善入五臣耳。

〔二〕注「三輔黄圖曰」袁本「三」上有「善曰」二字，是。茶陵本移每節首，非。下「申子曰」上，「漢書曰文帝閔濟北」上，「二郡謂城陽」上，「漢書曰上憐淮南王」上，「以孟康解其文」上，「湛今沈字也」上，「言高祖燒所涉之棧道也」上，同。又每節首非舊注者，亦當有也。

〔三〕救兵不至　袁本、茶陵本「至」作「止」。案：「止」字是也。漢書作「止」。此尤本誤。

〔四〕注「青陽水名也」　袁本、茶陵本無此五字。案：二本所載五臣銑注有之，尤誤取增多耳。

〔五〕注「輒當爲禦」　案：「輒」當作「輔」，謂正文「以輔大國」之「輔」也。下云「以禦於趙」，顯然可知。正文並無「輒」字。各本皆誤。

〔六〕注「爾雅曰奸求也」　案：「奸」當作「干」。各本皆誤。

〔七〕注「善曰劉瓛周易注曰至極也謂極言之」　袁本、茶陵本無此十五字。案：二本最是。正文「至」，漢書作「志」，五臣作「至」，善未必與之同。尤增多此注以實之，殊誤。

〔八〕注「服虔曰袨服」　袁本、茶陵本無「服虔曰」。案：二本連上不分節，然則「袨服」以下乃應劭注也。尤分節而以「服虔曰」加之，非。

〔九〕然則計議不得　袁本、茶陵本云「議」善作「謀」。案：此尤改之也。漢書作「議」。

〔一〇〕注「善曰方言云」　袁本「善曰」二字作「又」，茶陵本作「又曰」。案：此袁是也。

〔一一〕注「晉書注以瑋爲諱」　何校「書」改「灼」，陳同，是也。各本皆誤。

〔一二〕注「言高祖涉所燒之棧道也」　袁本、茶陵本「涉」、「燒」二字互易，是也。

〔一三〕收弊人之倦　袁本、茶陵本「弊」作「潎」，云善作「蔽」。案：此尤改之也。漢書作「弊」。

獄中上書自明〔一〕

鄒陽　漢書曰：陽以吴王不可説，去之梁，從孝王遊。羊勝、公孫詭等疾陽，惡之於孝王。孝王怒陽，下獄吏，將殺之。陽乃從獄中上書。書奏，孝王立出之，卒爲上客。

臣聞忠無不報，信不見疑，臣常以爲然，徒虚語耳！昔者荆軻慕燕丹之義，白虹貫日，太子畏之；如淳曰：白虹，兵象。日爲君。善曰：畏，畏其不成也。列士傳曰：荆軻發後，太子相氣，見白虹貫日，不徹，曰：吾事不成矣。後聞軻死〔二〕，太子曰：吾知其然也。衞先生爲秦畫長平之事，太白食昴，昭王疑之。蘇林曰：白起爲秦伐趙，破長平軍，欲遂滅趙，遣衞先生説昭王益兵糧，爲應侯所害，事用不成，其精誠上達於天，故太白爲之食昴。昴，趙分也，將有兵，故太白食。食者，干歷也〔三〕。如淳曰：太白，天之將軍也。夫精誠變天地，而信不諭兩主，豈不哀哉！今臣盡忠竭誠，畢議願知，張晏曰：盡其計議，願王知之。左右不明，卒從吏訊，爲世所疑。張晏曰：左右不明，不敢斥王也。訊，考三日問之，知與前辭同不也。是使荆軻衛先生復起，而燕秦不寤也〔四〕。願人王熟察之。

昔玉人獻寶，楚王誅之；善曰：韓子曰：楚人和氏得璞玉於楚山之下，奉而獻之武王，武王使人相之，玉人曰：石也。王刖和左足。武王薨，成王即位，和又獻之，玉人又曰：石也。刖其右足。李斯竭忠，胡亥極刑。善曰：史記曰：始皇以李斯爲丞相。始皇崩，胡亥立，斯具五刑者也。是以箕子陽狂，接輿避世，恐遭此患。善曰：史記曰：紂淫亂不止，箕子懼，乃佯狂爲奴。論語曰：楚狂接輿歌而過孔子曰：鳳兮鳳兮，何德之衰！願大王察玉人、李斯之意，而後楚王胡亥之聽，善曰：以其計謬，故令後之。毋使臣爲箕子接輿所笑。臣聞比干剖心，子胥鴟夷，善曰：史記曰：比干彊諫，紂怒曰：吾聞聖人心有七竅，剖比干觀其心。又曰：子胥自剄，王乃以子胥尸盛以鴟夷之革，浮之江中。應劭曰：取馬革爲鴟夷。鴟夷，榼形。臣始不信，乃今知之。願大王熟察，少加憐焉！

語曰：白頭如新，漢書音義曰：或初不相識相知〔五〕，至白頭不相知。傾蓋如故。文穎曰：傾蓋，猶交蓋駐車也。善曰：家語曰：孔子之郯，遭程子於塗，傾蓋而語終日，甚相悦。何則？知與不知也。故樊於期逃秦之燕，藉荆軻首以奉丹事；善曰：史記曰：荆軻見樊於期曰：今聞秦購將軍首，金千斤，邑萬家。今有言可以解燕國之患，報將軍之仇首，何如〔六〕？於期曰：爲之奈何？軻曰：願得將軍首以獻秦王，秦王必喜見臣，臣左手把其袖，右手揕其胸。於期遂自剄。徐廣曰：揕，丁鴆切。王奢去齊之魏，臨城自剄以却齊而存魏。善曰：漢書音義曰：王奢，齊臣也，自齊亡之魏。齊伐魏，奢登城謂齊將曰：今君之來，不過以奢故也。義不苟生以爲魏累。遂自剄。夫王奢樊於期非新於齊秦而故於燕魏也，所以去二國，死兩君者，行合於志，而慕義無窮也。是以蘇秦不信於天下，爲燕尾生；服虔曰：蘇秦於秦不出其信，於燕則出尾生之信也。善曰：史記，蘇秦曰：尾生與女子期於梁下，女子不來，水至不去，抱梁柱而死。白圭戰亡六城，爲魏取中山。張晏曰：白圭爲中山將，亡六城，殆欲誅之〔七〕，亡入魏。文侯厚遇之，還拔中山。何則？誠有以相知也〔八〕。蘇秦相燕，人惡之於燕王，善曰：惡，謂讒短也〔九〕。燕王按劍而怒，食以駃騠；孟康曰：敬重蘇秦，雖有讒惡，王更膳以珍奇之味也。白圭顯於中山，人惡之於魏文侯，善曰：言白圭拔中山而尊顯，而人説短於文侯。文侯投以夜光之璧。何則？兩主二臣，剖心析肝相信，豈移於浮辭哉！

故女無美惡，入宫見妬；士無賢不肖，入朝見嫉。昔者司馬喜臏鼻引脚於宋，卒相中山；善曰：戰國策曰：司馬喜三相中山。尚書呂刑曰：臏者，脱去人之臏也。郭璞三蒼解詁曰：臏，膝蓋也。范睢摺脅折齒於魏，卒爲應侯。善曰：史記曰：范睢隨魏中大夫須賈使齊，齊襄王賜范睢金十斤及牛酒。須賈以爲持魏國陰事告齊，以告魏相。魏之諸公子魏齊，使舍人笞擊范睢，折脅摺齒。睢得出，亡入秦，爲應侯。廣雅曰：摺，折也，力合切。此二人者，皆信必然之畫，捐朋黨之私，挾孤獨之交，故不能自免於嫉妬之人也。是以申徒狄蹈雍之河，服虔曰：殷之末世人也。如淳曰：莊周云：申徒狄諫而不聽，負石自投河。善曰：爾雅曰：水自河出爲雍。言狄先蹈雍而後入河也。雍，一龍切。徐衍負石入海，漢書音義曰：徐衍，周之末人也〔一〇〕，見列士傳〔一一〕。善曰：論語讖曰：徐衍負石，伐子由狸，守分亡身，握石失軀。宋均曰：狸，猶殺也，力之切。不容身於世，新語曰〔一二〕：窮澤之民，身不容於世，無紹介通之〔一三〕。義不苟取比周於朝，以移主上之心。善曰：言皆義不苟取比周朋黨在朝廷，以移主上之心，妄求合也。六韜曰：結連朋黨，比周爲權。杜預曰：比，近也；周，密也。故百里奚乞食於路，穆公委之以政；說苑，鄒子說梁王曰：百里奚乞食於路，而穆公委之以政。甯戚飯牛車下，而桓公任之以國。善曰：呂氏春秋曰：甯戚飯牛車下，望桓公而悲，擊牛角疾歌。鄒子說苑〔一四〕，鄒子說梁王曰：甯戚扣轅行歌，桓公任之以國。此二人豈素宦於朝，借譽於左右，然後二主用之哉？感於心，合於意，堅如膠漆，昆弟不能離，豈惑於衆口哉？故偏聽生姦，獨任成亂。昔魯聽季孫之說而逐孔子，善曰：論語曰：齊人饋女樂，季桓子受之，三日不朝，孔子行。宋信子冉之計囚墨翟。文子曰〔一五〕：子罕也。冉，音任。善曰：未詳。夫以孔墨之辯，不能自免於讒諛，而二國以危。何則？衆口鑠金，積毀銷骨。國語，泠州鳩曰：衆心成城。衆口鑠金。賈逵曰：鑠，消也。衆口所惡，金爲之銷亡。積毀銷骨，謂積讒〔一六〕。善曰：毀之言，骨肉之親。爲之銷滅〔一七〕。是以秦用戎人由余而霸中國，齊用越人子臧而彊威宣。善曰：言齊任子臧，故威、宣二王所以彊盛。史記曰：齊桓公卒，子威王因齊立。威王卒，子宣王辟彊立〔一八〕。張晏曰：子臧，越人也〔一九〕。此二國豈拘於俗，牽於世，繫奇偏之辭哉？公聽並觀，垂明當世。善曰：公聽，言無私也〔二〇〕。並觀，言無偏也。尸子曰：論是非者，自公心聽之，而後可知也。故意合則胡越爲昆弟，由余子臧是矣〔二一〕；不合則骨肉爲讎敵，朱象管蔡是矣〔二二〕。善曰：史記曰：舜弟象傲帝〔二三〕，常欲殺舜。丹朱，堯子。讎敵，未聞。尚書曰：周公位冢宰，羣叔流言，乃致管叔于商〔二四〕，囚蔡叔于郭鄰。今人主誠能用齊秦之明，後宋魯之聽，則五霸不足侔，三王易爲比也。

是以聖王覺悟，捐子之之心，而不悅田常之賢，善曰：史記曰：燕王噲屬國於子之，子之南面行王事，齊因伐燕。燕王噲死，子之乃亡。又曰：齊田常殺簡公而立平公，平公即位，田常爲相。五年，齊國政皆歸田常。封比干之後，修孕婦之墓，應劭曰：紂刳妊者，觀其胎產。故功業覆於天下。何則？欲善無猒也。夫晉文公親其讎而彊霸諸侯，張晏曰：寺人勃鞮也。善曰：國語曰：初，獻公使寺人勃鞮伐文公於蒲城。文公踰垣，寺人斬其袪。及入，寺人求見。於是呂郤、冀芮畏偪，悔納公，謀作亂。伯楚知之，故求見公。公遽見之，伯楚以呂郤之謀告公。韋昭曰：寺人掌內。袪，袂也。勃鞮字伯楚。齊桓公用其仇而一匡天下。善曰：左傳，寺人披謂晉侯曰：齊桓公置射鉤而使管仲相。論語曰：管仲相桓公，霸諸侯，一匡天下，民到于今受其賜〔二五〕。何則？慈仁殷勤，誠嘉於心，此不可以虛辭借也。至夫秦用商鞅之法，東弱韓魏，立彊天下，而卒車裂之。善曰：商鞅車裂，已見西征賦。越用大夫種之謀，禽勁吳而霸中國，遂誅其身。善曰：史記曰：越王勾踐舉國政屬大夫種。越平吳，以兵北渡淮，東方諸侯畢賀，稱霸王。范蠡乃去，遺大夫種書，種見，稱疾不朝。人或讒種作亂，越王乃賜種劍而自殺。是以孫叔敖三去相而不悔，善曰：史記曰：孫叔敖，楚之處士也。虞丘相進之，三月而相楚。三得相而不喜，知其材自得之也；三去相而不悔，知其非己之罪也。於陵子仲辭三公爲人灌園。善曰：列女傳曰：於陵子終賢，楚王欲以爲相，使使者往聘迎之。子終出使者〔二六〕，與其妻逃，乃爲人灌園。今人主誠能去驕傲之心，懷可報之意，善曰：言士有功可報者，思必報〔二七〕。披心腹，見情素，善曰：戰國策曰：蔡澤説應侯曰：公孫鞅事孝王〔二八〕，竭知謀，示情素。隳肝膽，施德厚，終與之窮達，無愛於士，善曰：於士所求，無所愛惜也。則桀之猗可使吠堯，而跖之客可使刺由，應劭曰：由，許由也。跖，盜跖也。韋昭曰：言恩厚無不使。善曰：戰國策，刀覊謂田單曰：跖之猗或哦堯，非其主也。哦，音吠，並同。何況因萬乘之權，假聖王之資乎！然則荆軻湛七族，要離燔妻子，豈足爲大王道哉！應劭曰：荆軻爲燕刺秦王，不成而死，其七族坐之。湛，没也。張晏曰：七族，上至高祖〔二九〕，下至曾孫。善曰：吕氏春秋曰：吴王闔閭欲殺王子慶忌。要離曰：王誠助，臣請必能。吴王曰：諾。明旦加罪焉，執其妻子，燔而揚其灰。高誘曰：吴王僞加要離罪，燒妻子，揚其灰。

臣聞明月之珠，夜光之璧，以暗投人於道，衆莫不按劍相眄者，何則？無因而至前也。蟠木根柢，輪囷離奇，張晏曰：柢，下本也。輪囷離奇，委曲盤戾也。蘇林曰：柢，音蔕。善曰：廣雅曰：蟠，曲也。囷，去倫切。離，薄棋切。奇，音衣。而爲萬乘器者，何則？以左右先爲之容也。善曰：器謂服玩之屬，容謂雕飾。杜預左氏傳注曰：容，形容也。故無因而至前，雖出隋侯之珠，夜光之璧，秖足結怨而不見德；故有人先談，則枯木朽株，樹功而不忘。善曰：談或爲游。今天下布衣窮居之士，身在貧賤，雖蒙堯舜之術，挾伊管之辯，善曰：伊尹、管仲〔三〇〕。懷龍逢比干之意，欲盡忠當世之君，而素無根柢之容，雖竭精神，欲開忠信，輔人主之治〔三一〕，則人主必襲按劍相眄之跡矣。善曰：小雅曰：開，達也。是使布衣之士，不得爲枯木朽株之資也〔三二〕。

是以聖王制世御俗，獨化於陶鈞之上，張晏曰：陶家名模下圓轉者爲鈞，以其能制器爲大小，比之於天也。善曰：論語考比讖曰：引五子以避俗，遠邦殊域，莫不向風。而不牽乎卑辭之語，不奪乎衆多之口。善曰：聖人有深謀善計而即行之〔三三〕，不爲卑辭所牽制。戰國策〔三四〕，蘇秦曰：卑辭以謝君。衆口，已見上文。故秦皇帝任中庶子蒙嘉之言，以信荆軻之説〔三五〕，而匕首竊發；善曰：戰國策曰：荆軻既至秦，持千金之資幣，厚遺秦王寵臣中庶子蒙嘉。嘉爲先言於秦王曰：燕願舉國爲内臣，如郡縣。又獻燕督亢之地圖，圖窮匕首見。秦王驚，自引而起。乃引其匕首以擿秦王〔三六〕。通俗文曰：匕首，其頭類匕，故曰匕首，短而便用。周文獵涇渭，載吕尚而歸，以王天下。六韜曰：文王田于渭陽，卒見吕尚坐茅而漁。戰國策曰：范雎謂秦王曰：臣聞吕尚遇文王，立爲太師。史記曰：西伯獵，果遇太公于渭，俱爲師也〔三七〕。秦信左右而亡，周用烏集而王。善曰：漢書音義曰：太公望塗遘卒遇共成王功，如烏鵲之暴集也。何則？以其能越拘攣之語，馳域外之義，獨觀於昭曠之道也。今人主沈諂諛之辭〔三八〕，牽於帷墻之制，善曰：漢書音義曰：言爲左右便辟侍帷墻臣妾所見牽制。説文曰：墻，垣蔽也。然帷，妾之所止；墻，臣之所居也〔三九〕。使不羈之士與牛驥同皁，漢書音義曰〔四〇〕：皁，食牛馬器，以木作，如槽。善曰：不羈，謂才行高遠，不可羈繫也〔四一〕。此鮑焦所以忿於世而不留富貴之樂也。善曰：列士傳曰：鮑焦怨世不用己，采疏於道。子貢難曰：非其世而采其疏，此焦之有哉！棄其疏，乃立枯於洛水之上。疏，即古蔬字。

臣聞盛飾入朝者，不以私汙義；砥厲名號者，不以利傷行。善曰：孔安國尚書傳曰〔四二〕：砥，磨石也。論語撰考讖〔四三〕曰：子罕言利，利傷行也〔四四〕。故里名勝母，曾子不入；邑號朝歌，墨子迴車。晉灼曰：史記樂書，紂作朝歌之音，朝歌者，不時也。善曰：淮南子曰：墨子非樂，不入朝歌。然古有此事，未詳其本〔四五〕。今欲使天下恢廓之士，誘於威重之權，脅於位勢之貴，回面汙行，以事諂諛之人，而求親近於左右，則士有伏死堀穴巖藪之中耳，安有盡忠信而趨闕下者哉！

文選考異

〔一〕獄中上書自明　袁本、茶陵本「獄中」作「於獄」。案：此疑善、五臣之異，二本不著校語，無以考也。

〔二〕注「後聞軻死」　袁本、茶陵本「死」下有「事」字。

〔三〕注「干歷也」　袁本「歷」下有「之」字，是也。漢書顏注引有，史記集解引亦有。茶陵本并入五臣無，非。

〔四〕而燕秦不寤也　袁本、茶陵本「寤」作「悟」。案：史記作「悟」，漢書作「寤」。此尤改之也。後「是以聖王覺悟」未改。史記、漢書皆作「寤」，「寤」即「悟」字。善蓋本作「寤」也。

〔五〕注「初不相識相知」　案：「不」字當在「識」字下。各本皆誤。顔注云「初相識」，即本此。節去「不相知」耳，可借爲證。

〔六〕注「報將軍之仇首何如」　案：「首」字不當有。袁、茶陵二本此節注皆并入五臣，非，仍無此字，疑尤欲補「者」字而誤之。

〔七〕注「殆欲誅之」　何校「殆」改「君」，陳同，是也。各本皆誤。漢書顔注、史記集解引皆作「君」。

〔八〕誠有以相知也　袁本、茶陵本云「誠」，善作「成」。案：此尤改之也。史記、漢書皆作「誠」。

〔九〕注「謂讒短也」　袁本、茶陵本無「短也」二字。

注「敬重蘇秦」　袁本、茶陵本無此四字。

〔一〇〕注「周之末人也」　何校「末」下添「世」字，陳同，是也。各本皆脱。漢書顔注引服虔、史記集解引列士傳正有，可借爲證。

〔一一〕注「見列士傳」　袁本「見」上有「其姓名」三字，是也。茶陵本亦脱。

〔一二〕注「新語曰」　袁本、茶陵本上有「善曰」二字，是也。下「説苑鄒子説梁王曰」上，「國語泠州鳩曰」上，同。

〔一三〕注「無紹介通之」　袁本、茶陵本無此五字。

〔一四〕注「鄒子説苑」　袁本、茶陵本無此四字。案：無者是也。不云説苑，以承上條故耳。

〔一五〕注「文子曰」　何校「子」改「穎」，陳同，是也。各本皆誤。案：漢書顔注、史記索隱俱引之。袁、茶陵二本移「善曰」在此上，非。尤校改正之矣。

〔一六〕注「積毁銷骨謂積讒」　茶陵本「骨謂積讒」四字作「國亦云銷骨」五字，袁本作「國亦云銷骨也」六字。案：此各本皆有誤，説在下。

〔一七〕注「善曰毁之言骨肉之親爲之銷滅」　茶陵本「善曰」二字作「又曰讒」三字，袁本作「故聽讒」三字。「滅」下二本有「國亦然也」四字。案：此各本皆有誤。考史記、漢書絶無作「國」者，恐其並非善注。蓋本「積毁銷骨」句别爲一節，而於下注「善曰讒毁之言骨肉之親爲之銷滅」，合并六臣，多所增竄。尤之删改，亦未爲是。

〔一八〕注「子宣王辟强立」　茶陵本「强」作「彊」，袁本與此同。何校改「疆」，陳同，是也。

〔一九〕注「子臧越人也」　案：「人」下當有「蒙字」二字，史記索隱引有，張晏據史記爲説也，不知者乃删之。各本皆誤。正文自云「越人子臧」，決不當以「子臧越人也」作注，甚明。

〔二〇〕注「言無私也」　袁本、茶陵本無「言」字，是也。下「言無偏也」，同。

〔二一〕由余子臧是矣　袁本、茶陵本「矣」作「也」，説見下。

〔二二〕朱象管蔡是矣　茶陵本云五臣作「矣」。袁本云善作「也」。案：史記、漢書皆作「矣」。此尤改之也。

〔二三〕注「舜弟象傲帝」　袁本、茶陵本無「帝」字，是也。

〔二四〕注「乃致管叔于商」　茶陵本「致」下有「辟」字，是也。袁本有「辟」無「致」，亦非。

〔二五〕注「民到于今受其賜」　袁本、茶陵本無此七字，有「此之謂也」四字。案：亦衍。

〔二六〕注「子終出使者」　袁本「出」作「辭」，茶陵本與此同。案：「出」、「辭」當兩有。今列女傳云「出謝」可證。

〔二七〕注「善曰言士有功可報者思必報」　袁本、茶陵本無此十二字。案：此亦尤增多之誤也。

〔二八〕注「公孫鞅事孝王」　陳云「王」，「公」誤，是也。各本皆誤。

〔二九〕注「上至高祖」　何校「高」改「曾」，是也。各本皆誤。案：漢書顏注引作「曾」，可證。

〔三〇〕注「善曰伊尹管仲」　袁本、茶陵本無此六字。案：此亦尤增多之誤也。以下同。

〔三一〕輔人主之治　袁本、茶陵本云「治」，善作「政」。案：史記作「治」。此尤改之也。漢書此處多異，難以相證，今不更論。

〔三二〕不得爲枯木朽株之資也　袁本、茶陵本云善無「也」字。案：史記、漢書皆有。此尤添之也。

〔三三〕注「有深謀善計而即行之」　袁本、茶陵本無此九字。

〔三四〕注「制戰國策」　袁本、茶陵本無此四字。

〔三五〕以信荆軻之説　袁本云善無「以」字。茶陵本云五臣有「以」字。案：史記、漢書皆有。此尤添之也。

〔三六〕注「又獻燕督亢之地圖」下至「以擿秦王」　袁本此二十九字作「刺秦王已見上文」七字，是也。茶陵本所複出，與此不同，皆非。

〔三七〕注「六韜曰」下至「俱爲師也」　袁本、茶陵本此五十四字作「文王遇吕尚西伯遇太公俱爲師也」十四字。案：各本皆有誤，當本是「善曰西伯遇太公立爲師已見上文」。合并六家删改既非，尤所增多更誤。

〔三八〕沈諂諛之辭　袁本、茶陵本「沈」下有「於」字，校語云善無「沈於」。案：史記有「沈於」，漢書有「沈」無「於」。此尤添之也。善不當無，乃傳寫脱。

〔三九〕注「説文曰墻」下至「臣之所居也」　袁本、茶陵本無此十九字。

〔四〇〕注「漢書音義曰」　袁本、茶陵本無此五字。下「善曰不羈謂才行高」，在「皁食牛馬器以木作如槽」上，是也。

〔四一〕注「遠不可羈繫也」　袁本、茶陵本無此六字。

〔四二〕注「孔安國尚書傳曰」　袁本、茶陵本無「孔安國」三字，「傳」作「注」。

〔四三〕注「撰考讖」　袁本、茶陵本無此三字。

〔四四〕注「利傷行也」袁本、茶陵本無此四字。

〔四五〕注「然古有此事未詳其本」袁本、茶陵本無「然此事其本」五字。

上書諫獵

司馬長卿

臣聞物有同類而殊能者，故力稱烏獲，捷言慶忌，勇期賁育。善曰：史記曰：秦武王有力士烏獲、孟説，皆至大官。呂氏春秋曰：吴王欲殺王子慶忌，謂要離曰：吾嘗以馬逐之江上而不能及。説苑曰：勇士孟賁，水行不避蛟龍，陸行不避狼虎〔一〕。戰國策，范雎曰：夏育之勇焉而死。臣之愚暗，竊以爲人誠有之，獸亦宜然。今陛下好凌岨險，射猛獸，卒然遇軼才之獸，駭不存之地，犯屬車之清塵，漢書音義曰：大駕屬車八十一乘。善曰：車塵言清，尊之意也。輿不及還轅，人不暇施功，雖有烏獲逢蒙之伎，力不得用，枯木朽株盡爲難矣。善曰：吴越春秋，陳音曰：黄帝作弓，後有楚狐父以道傳羿，羿傳逢蒙。是胡越起於轂下，而羌夷接軫也，豈不殆哉！雖萬全無患，然本非天子所宜近也。

且夫清道而後行，中路而馳，猶時有銜橛之變。張揖曰：銜，馬勤也。橛，騑馬口長銜也。善曰：家語，子曰：郊之日〔二〕，汜掃清路，行者必止。莊子，伯樂曰：我善調馬，前有飾橛，而後鞭策之威。而況乎涉豐草，騁丘墟，善曰：毛詩曰：湛湛露斯，在彼豐草。呂氏春秋，吴爲丘墟。前有利獸之樂，而内無存變之意，善曰：鄭玄禮記注曰：利，猶貪也。其爲害也，不亦難矣！夫輕萬乘之重不以爲安，而樂出萬有一危之塗以爲娱，臣竊爲陛下不取也。蓋聞明者遠見於未萌，而智者避危於無形，善曰：太公金匱曰：明者見兆於未萌，智者避危於無形。禍固多藏於隱微，而發於人所忽者也。故鄙諺曰：家累千金，坐不垂堂。張揖曰：畏櫩瓦墮中人也。此言雖小，可以喻大。臣願陛下留意幸察！

文選考異

〔一〕注「説苑曰」下至「不避狼虎」袁本作「孟賁已見上文」。茶陵本複出，非。

〔二〕注「郊之日」袁本、茶陵本無此三字。

上書諫吴王

枚叔善曰：漢書曰：枚乘，字叔，淮陰人，爲吴王濞郎中。吴王初怨望〔一〕謀爲逆也，乘奏書諫。王不納，遂去之。從梁孝王遊。後景帝拜乘弘農都尉，卒。然乘之卒在相如之前，而今在後，誤也。

臣聞得全者昌，失全者亡。善曰：史記，淳于髡説鄒忌子曰：得全全昌，失全全亡。舜無立錐之地，以有天下；禹無十户之聚，以王諸侯。湯武之土不過百里，善曰：韓子曰：舜無置錐之地，於後世而德結。史記，蘇秦説趙王曰：舜無咫尺之地，以有天下；禹無百人之聚，以王諸侯。湯、武之土不過百里，立爲天子；誠得其道也。上不絶三光之明，下不傷百姓之心者，有王術也。善曰：不絶其明，言合度也。高誘淮南子注曰：三光，日、月、星也。故父子之道，天性也。善曰：父子，喻君臣也。孝經曰：父子之道，天性也。忠臣不避重誅以直諫〔二〕，則事無遺策，功流萬世。臣乘願披腹心而効愚忠，惟大王少加意念惻怛之心於臣乘言。

夫以一縷之任係千鈞之重，上懸之無極之高，下垂之不測之淵，雖甚愚之人猶知哀其將絶也。馬方駭鼓而驚之，係方絶又重鎮之；係絶於天不可復結，墜人深淵難以復出。善曰：孔叢子曰：齊東郭亥欲攻田氏，子貢曰：今子，士也，位卑圖大，殆非子之任也。夫以一縷之任，繫千鈞之重，上懸之於無極之高，下垂於不測之深，傍人皆畏其絶，而造之者不知，其子之謂乎！馬方駭鼓而驚之，繫方絶重鎮之；馬奔車覆，六轡不禁，繫絶其高，墜入於深，其危必矣。亥曰：吾已矣。其出不出，間不容髮。蘇林曰：臣改計取福〔三〕，正在今日，言其激切甚急。善曰：曾子曰：律歷迭相治也，其間不容髮矣。能聽忠臣之言，百舉必脱。善曰：孫卿子曰：平則慮險，安則慮危，是百舉不陷也。必若所欲爲，危於累卵，難於上天；善曰：説苑曰：晉靈公造九層臺，荀息聞之求見，曰：臣能累十二博棋，加九鷄卵棋上。公曰：危哉！論語曰：天不可階而升也〔四〕。變所欲爲，易於反掌，安於泰山。善曰：反掌，言易也。孟子曰：

武丁有天下，猶反掌也。春秋保乾圖曰：安於泰山，與日合符。今欲極天命之上壽，弊無窮之極樂，善曰：弊，猶盡也。究萬乘之勢，不出反掌之易，居泰山之安，而欲乘累卵之危，走上天之難，此愚臣之所大惑也。顔師古曰〔五〕：走，趣也。走，音奏。

人性有畏其影〔六〕而惡其迹，却背而走，迹逾多，影逾疾，不如就陰而止，影滅迹絶。善曰：莊子漁父曰：人有畏影惡迹而去之走者，舉足逾數而迹疾，而影不離，自以爲尚遲，疾走不休，絶力而死。不知處陰以休影，静處以息迹，愚亦甚矣。孫卿子以爲涓蜀梁〔七〕。欲人勿聞，莫若勿言；欲人勿知，莫若勿爲。欲湯之滄〔八〕，漢書音義，或曰：滄，寒也。一人炊之，百人揚之，無益也，不如絶薪止火而已。善曰：吕氏春秋曰：夫以湯止沸，沸愈不止，去火則止矣。不絶之於彼，而救之於此，譬由抱薪而救火也。善曰：文子曰：不治其本，而救其末，無異鑿渠而止水，抱薪而救火也。養由基，楚之善射者也，去楊葉百步，百發百中。善曰：戰國策，蘇厲謂周君曰：養由基善射，去柳葉百步而射，百發百中。楊葉之大，加百中焉，可謂善射矣。然其所止，百步之内耳，比於臣乘，未知操弓持矢也。

福生有基，禍生有胎；服虔曰：基、胎，皆始也。納其基，絶其胎，禍何自來？善曰：自，從也。太山之霤力救切穿石，殫極之紌〔九〕斷幹。晉灼曰：紌，古綆字。殫，盡也，極之綆幹〔一〇〕。幹，井上四交之幹。常爲汲者所契傷也。水非石之鑽，索非木之鋸，漸靡使之然也。夫銖銖而稱之，至石必差；寸寸而度之，至丈必過。張晏曰：乘所轉四萬六千八十銖而至於石，合而稱之，必有盈縮也。石稱丈量，徑而寡失。善曰：文子曰：夫事煩難治也，法苛難行也，多求難贍也。寸而度之，至丈必差，銖而稱之，至石必過。石稱丈量，徑而寡失。故大較易爲智，曲辯難爲惠也。徑，直也。夫十圍之木，始生而蘖，足可搔而絶，手可擢而抓〔一〕，善曰：尸子曰：千丈之木始若蘖，足易去也。莊子曰：櫞樟初生〔二〕，可抓而絶。廣雅曰：搔，抓也。字林曰：搔，先牢切。抓，壯交切。據其未生，先其未形。磨礲砥礪，不見其損，有時而盡。善曰：賈逵國語注曰：礱，磨也。礱〔三〕，力公切。尚書注：砥，磨石也〔四〕。種樹畜養，不見其益，有時而大。積德累行，不知其善，有時而用；棄義背理，不知其惡，有時而亡。臣願大王熟計而身行之，此百世不易之道也。

文選考異

〔一〕注「吴王初怨望」　袁本「王」下有「之」字，是也。茶陵本亦脱。

〔二〕以直諫　茶陵本「以」下有「置」字，云五臣無。袁本云善有。案：漢書無。此尤删之也。善不當有，但傳寫衍。

〔三〕注「臣改計取福」　何校去「臣」字，陳同，是也。各本皆衍。案：漢書顔注引無。

〔四〕注「論語曰天不可階而升也」　袁本作「論語猶天之不可階而升」。茶陵本作「國語曰升天之無階也」。案：此處袁脩改，似初同茶陵，無以考也。

〔五〕注「顔師古曰」袁本、茶陵本「師古」作「監」，是也。

〔六〕人性有畏其影　袁本、茶陵本「影」作「景」，下及注皆同。案：「景」是，「影」非。漢書作「景」。尤所見誤耳。

〔七〕注「孫卿子以爲涓蜀梁」袁本、茶陵本無此八字。

〔八〕欲湯之滄　案：「滄」當依漢書作「滄」，注同。各本皆譌。

〔九〕殫極之絖　茶陵本「絖」作「絖」，注同。袁本所見與此同。案：漢書作「絖」。「絖」是，「絖」非也。

〔一〇〕注「極之綆幹」何校「極」上添「盡」字，「幹」上添「斷」字，陳同。案：漢書顔注引有。

〔一一〕手可擢而抓　案：「抓」當作「拔」。漢書作「拔」。袁本、茶陵本作「拔」。校語云「善」作「抓」。各本所見皆非也。善亦作「拔」，與五臣無異。上句「搔而絶」者，横絶之也。此句「擢而拔」者，直拔之也。擢訓引，不得言引而抓，可知也。其注末善「抓壯交切」一音，乃既引廣雅解上句之「搔」爲「抓」，而自音之，與此句無涉。不知者誤認而改二本，據所見爲校語，讀者莫察矣。善自音注中字，其字非正文所有，如此者不一而足。漢書顔此注云「搔謂抓也。搔音索高反。抓音莊交反。」亦自音注中字，而非正文所有，又其可證者也。

〔一二〕注「櫲樟初生」何校「櫲」改「豫」，陳同，是也。各本皆誤。

〔一三〕注「磨也礱」 袁本、茶陵本無此三字。

〔一四〕注「尚書注砥磨石也」 袁本作「砥礪已見上文」。茶陵本複出，非。

上書重諫吴王

枚叔 善曰：漢書曰：吴王舉兵西嚮，以誅晁錯爲名。漢聞之，斬錯以謝諸侯。乘於是復説吴王。

昔秦西舉胡戎之難，北備榆中之關，善曰：胡、戎爲難，舉兵而却也。漢書曰：金城郡有榆中縣。南距羌筰之塞，東當六國之從。善曰：漢書曰：南夷自巂東北，君長十數，筰都最大。筰，在洛切。六國，已見李斯書。六國乘信陵之籍，善曰：漢書音義曰：無忌常揔五國却秦，有地資也。明蘇秦之約，厲荆軻之威，并力一心以備秦。然秦卒禽六國，滅其社稷，而并天下，是何也？則地利不同，而民輕重不等也。今漢據全秦之地，兼六國之衆，修戎狄之義，顔師古曰：修恩義以撫戎、狄〔一〕。而南朝羌筰，此其與秦，地相什而民相百，大王之所明知也。善曰：言地多秦十倍，民多百倍。今夫讒諛之臣爲大王計者，不論骨肉之義，民之輕重，國之大小，以爲吴禍，此臣所以爲大王患也。

夫舉吴兵以訾於漢，李奇曰：訾，量也。譬猶蠅蚋之附羣牛，腐肉之齒利劍，鋒接必無事矣。善曰：説文曰：秦謂之蚋，楚謂之蚊。蚋，而鋭切。齒，猶當也。天下聞吴率失職諸侯，願責先帝之遺約，今漢親誅其三公，以謝前過，善曰：謂誅晁錯也。錯爲御史大夫，故曰三公。是大王威加於天下，而功越於湯武也。夫吴有諸侯之位，而富實於天子；有隱匿之名，而居過於中國。韋昭曰：隱匿，謂僻在東南。夫漢并二十四郡，十七諸侯，方輸錯出，張晏曰：漢時有二十四郡，十七王也。善曰：此言貢獻之多。方輸，四方更輸，錯雜而出也。軍行數千里不絶於郊，其珍怪不如山東之府〔二〕。如淳曰：山東，吴王之府藏也。善曰：錯出，張云錯互出攻〔三〕，則謂興軍遠行也。軍，一爲運錯出，謂四方更輸，交錯出獻之而行也〔四〕。轉粟西鄉，陸行不絶，水行滿河，不如海陵之倉。如淳曰：言漢京師仰須山東漕運以自給耳。臣瓚曰：海陵，縣名，有吴太倉〔五〕。脩治上林，雜以離宫，積聚玩好，圈守禽獸，不如長洲之苑。服虔曰：吴苑也。韋昭曰：長洲在吴東。游曲臺，臨上路，不如朝夕之池。張晏曰：曲臺，長安臺，臨道上也。蘇林曰：以海水朝夕爲池。深壁高壘，副以關城，不如江淮之險。此臣之所爲大王樂也。

今大王還兵疾歸，尚得十半。善曰：言王早還，冀十分之中得半安全。不然，漢知吴有吞天下之心，赫然加怒，遣羽林黄頭循江而下，蘇林曰：羽林黄頭郎，習水戰者。襲大王之都；魯東海絶吴之饟道；善曰：吴饟軍自海入河，故命魯國入東海郡以絶其道也。地理志有魯國及東海郡。梁王飾車騎，習戰射，積粟固守，以偪滎陽〔六〕，待吴之飢。大王雖欲反都，亦不得已。夫三淮南之計不負其約，晉灼曰：吴、楚反，皆守約不從也。齊王殺身以滅其迹，晉灼曰：齊孝王將間也。吳、楚反，堅守距三國不從。後欒布等聞初與三國有謀，欲伐之，王懼自殺。善曰：漢書曰：齊王聞吳、楚平，乃自殺。今乘已言之，漢書與此，必有一誤也。四國不得出兵其郡，晉灼曰：膠東、膠西、濟北、菑川，四國王也，發兵應吳、楚〔七〕。趙囚邯鄲，此不可掩，亦已明矣。應劭曰：漢將酈寄圍趙王於邯鄲，與囚無異也。善曰：杜預注左氏傳曰：掩，匿也。今大王已去千里之國，而制於十里之内矣。張晏曰：吳地方千里，梁下屯兵方十里，言王必見制於此地。張韓將北地，如淳曰：張，張羽；韓，韓安國也。善曰：將北地，謂將兵在吳軍之北也。弓高宿左右，服虔曰：弓高侯韓穨當也。如淳曰：宿軍左右。兵不得下壁，軍不得太息，臣竊哀之。願大王熟察焉！

文選考異

〔一〕注「顏師古曰修恩義以撫戎狄」　袁本、茶陵本無此十一字。

〔二〕不如山東之府　何校云漢書作「東山」。案：各本皆作「山東」，疑誤倒也。注同。

〔三〕注「張云錯互出攻」　案：「張」下當有「晏」字。各本皆脱。

〔四〕注「錯出謂四方更輸交錯出獻之而行也」　案：「錯出」二字當作「則」，「獻」當作「運」。上注「則謂興軍遠行也」，解作「軍」之本。此注「則謂」云云，解作「運」之本。各本皆誤。

〔五〕注「臣瓚曰海陵縣名有吳太倉」　袁本、茶陵本無此十一字。

〔六〕以偪滎陽　袁本、茶陵本「偪」作「備」。袁校語云善作「偪」。茶陵無校語。案：漢書作「備」，但傳寫誤爲「偪」耳。

〔七〕注「膠東膠西濟北菑川四國王也發兵應吴楚」　袁本、茶陵本「菑川四國」作「吴楚臨淄吴楚作此謀」。案：各本皆有誤，當依漢書顔注引作「膠東膠西濟南淄川王也發兵應吴楚」。

詣建平王上書

江文通　梁書曰：宋建平王景素好士，淹隨在南兖州。廣陵令郭彦文得罪，辭連淹，繫州獄中。上書，景素覽書，即出之。

昔者賤臣叩心，飛霜擊於燕地；淮南子曰：鄒衍盡忠於燕惠王，惠王信譖而繫之，鄒子仰天而哭，正夏而天爲之降霜。春秋考異郵曰：桓公殺賢，吏民含痛，流涕叩心。庶女告天，振風襲於齊臺。淮南子曰：庶女告天，雷電下擊，景公臺隕，海水大出。許慎曰：庶女，齊之少寡，無子，養姑。姑無男，有女，女利母財而殺母，以誣告寡婦。婦不能自解，故冤告天。司馬彪莊子注曰：襲，入也。下官每讀其書，未嘗不廢卷流涕。沈約書曰〔一〕：郡縣爲封國者，内史相並於國主稱臣，去任便止。世祖孝建中，始改此制爲下官。太史公曰：始齊之蒯通讀樂毅報燕書，未嘗不廢書而泣也。楊雄見屈原作離騷，悲其文，讀之流涕也。何者？士有一定之論，女有不易之行，淮南子文也。高誘曰：士有同志同德，其交接有一會而分定，故曰有一定之論也。貞女專一，亦無二心，雖有偏喪，不須更醮，故曰有不易之行。信而見疑，貞而爲戮，是以壯夫義士，伏死而不顧者此也。史記曰：屈原信而見疑，忠而被謗，能無怨乎？法言曰：壯夫不爲。左氏傳曰：義士猶或非之。又曰：君子曰：臣治煩去惑者也，是以伏死而爭。李陵與蘇武書曰：足下遭時不遇，至於伏劍不顧。下官聞仁不可恃，善不可依，謂徒虛語，乃今知之。馬遷悲士不遇賦曰〔二〕：理不可據，智不可恃。鄒陽書曰：臣常以爲然，徒虛語耳。又曰：臣始不信，今乃知之〔三〕。伏願大王暫停左右，少加憐察。鄒陽書曰：左右不明，卒從吏訊。又曰：願王熟察，少加憐焉。

下官本蓬户桑樞之人，布衣韋帶之士，淮南子曰：處窮僻之鄉，蓬户甕牖，揉桑以爲樞，此齊人所謂形植犂黑，憂悲而不得志也。高誘曰：編蓬爲户，揉桑條爲户樞。説苑，唐且謂秦王曰：大王嘗聞布衣韋帶之士怒乎？伏尸二人，流血五步。退不飾詩書以驚愚，進不買名聲於天下。淮南子曰：古之人同氣于天地，與一世而優游。及僞之生，飾智以驚愚，設詐以巧上。又曰：周室衰而王道廢，儒、墨於是博學疑聖，飾詩、書以買名譽於天下。日者，謬得升降承明之闕，出入金華之殿，漢書，帝賜嚴助書曰：君猒承明之廬。又曰：班伯少受詩於師丹。上方向學，鄭寬中、張禹朝夕入説尚書、論語於金華殿中，詔伯受焉。何常不局影凝嚴，側身扃禁者乎！詩序曰：側身脩行。班婕妤自傷賦曰：應門閉兮禁闥扃。竊慕大王之義，復爲門下之賓，備鳴盜淺術之餘，豫三五賤伎之末。史記曰：孟嘗君入秦，昭王乃囚孟嘗君，謀欲殺之。孟嘗君謀欲使人抵昭王幸姬求解。姬曰：妾願得君狐白裘。此時孟嘗君有一狐白裘，入獻之昭王，無他裘。孟嘗君患之，偏問客，莫能對。最下爲狗盜者曰：臣能得狐白裘。乃夜爲狗以入秦宮藏中，取所獻狐白裘至，以獻幸姬。姬爲言昭王，孟嘗君得出，馳去，至關。關法，雞鳴出客。孟嘗君恐追至，客之居下坐者能爲雞鳴，遂得出之。如食頃，追至關，已後，孟嘗君乃還。抱朴子軍術曰：大將軍當明案九宮，視年在宮，常就三居五，五爲死，三爲生，能知三五，横行天下。司馬遷書曰：使得奏薄伎。大王惠以恩光，顧以顏色，鄭玄詩箋曰：爲光，言天子恩澤光耀被及己也。曹植豔歌曰：長者賜顏色，泰山可動移。實佩荆卿黄金之賜，竊感豫讓國士之分矣。燕丹子曰：荆軻之燕太子東宮，臨池而觀。軻拾瓦投鼃，太子令人奉盤金轉用抵〔四〕，抵盡復進。軻曰：非爲太子愛金，但臂痛耳。史記，趙襄子數豫讓曰：子嘗事范中行氏，智伯滅之，不爲報讎，臣事智伯。死而子何獨爲報讎也，豫讓曰：中行氏衆人遇我，我故衆人報之；智伯國士遇我，我故國士報之。常欲結纓伏劍，少謝萬一，左氏傳曰：衛太子迫孔悝於廁，强盟之。子路曰：太子無勇，若燔臺半，必舍孔叔。太子聞之，懼，下石乞、盂黶敵子路，以戈擊之，斷纓。子路曰：君子死，冠不免。結纓而死。又曰：晉侯殺里克，公使謂之曰：子弑二君與一大夫，爲子君者不亦難乎！對曰：臣聞命矣〔五〕。伏劍而死。莊子曰：弇堈曰〔六〕：今於道秋毛之端，萬分未得處一焉。剖心摩踵，以報所天。鄒陽上書自明曰：剖心析肝。孟子曰：墨子兼愛，摩頂致於踵，利天下爲之。劉熙曰：致，至也。左氏傳，箴尹克黄曰：君，天也。何休曰：君者臣之天。不圖小人固陋，坐貽謗歕，楊惲書曰：言固陋之愚也〔七〕。迹墜昭憲，身恨幽圄〔八〕，陸機謝内史表曰：幽執囹圄，當爲誅始。履影弔心，酸鼻痛骨！詩曰：顧瞻周道，中心弔兮。高唐賦曰：孤子寡婦，寒心酸鼻。太子丹謂麴武曰：今秦王反戾天常，每念之痛入骨髓。下官聞虧名爲辱，虧形次之，尸子曰：衆以虧形爲辱，君子以虧義爲辱。是以每一念來〔九〕，忽若有遺。李陵答蘇武書曰：每一念至，忽然亡生〔一〇〕。加以涉旬月，迫季秋，天光沈陰，左右無色。司馬遷答任少卿書曰：今少卿抱不測之罪，涉旬月，迫季冬。呂氏春秋曰：行秋令則天多沈陰。蔡邕月令章句曰：陰者，密雲也。沈者，雲之重也。身非木石，與獄吏爲伍。司馬遷答任少卿書曰：身非木石，獨與法吏爲伍。此少卿所以仰天椎心，泣盡而繼之以血也。李陵與蘇武書曰：何圖志未立而怨已成，此陵所以仰天椎心而泣血也〔一一〕。韓子曰：卞和乃抱其璞而哭於楚山，三日三夜，泣盡繼之以血。

下官雖乏鄉曲之譽，然嘗聞君子之行矣。燕丹子，夏扶曰：士無鄉曲之譽，則未可以論行〔一二〕。其上則隱於簾肆之間，卧於巖石之下；漢書曰：谷口有鄭子真，蜀有嚴君平。君平卜筮於成都市，裁日閲數人〔一三〕，得百錢足自養，則閉肆下簾而授老子。論衡〔一四〕，谷口鄭子真耕於巖石之下，名震京師。次則結綬金馬之庭，高議雲臺之上；漢書曰：蕭育與朱博友，故長安語曰：蕭朱結綬。西都賦曰：承明、金馬，著作之庭。東觀漢記曰：建初元年，詔賈逵曰：南宮雲臺，使出左氏大義。退則虜南越之君〔一五〕，係單于之頸。漢書曰：南越與漢和親，乃遣終軍使南越。軍自請願受長纓，必羈南越王而致闕下。又賈誼曰：行臣之計，請必係單于之頸而制其命。俱啓丹册，並圖青史。漢書曰：高祖論功定封，以丹書之信〔一六〕，重以白馬之盟。又有青史子。音義曰：古史官記事。寧當争分寸之末，競錐刀之利哉？左氏傳曰：叔向詒子産書曰：錐刀之末，將盡争之。

下官聞積毁銷金，積讒磨骨，鄒陽上書曰：衆口鑠金，積毁消骨。遠則直生取疑於盜金，近則伯魚被名於不義。漢書曰：直不疑，南陽人，爲郎，事文帝。其同舍有告歸，誤持其同舍郎金。已而同舍郎覺，妄意不疑，不疑謝有之，買金償。後告歸者至而歸金，亡金郎大慙。范曄後漢書曰：第五倫，字伯魚，京兆人。舉孝廉，補淮陽醫工長〔一七〕。後從王朝京師，得會，帝戲倫〔一八〕，謂倫曰：聞卿爲吏篣婦公，不過從兄飯，寧有之耶？倫對曰：臣三娶妻，皆無父。少遭飢亂，實不妄過人食。帝大笑。彼之二子，猶或如是，況在下官，焉能自免？昔上將之恥，絳侯幽獄，名臣之羞，史遷下室，司馬遷答任少卿書曰：絳侯誅諸吕，囚於請室。又曰：而僕又茸以蠶室。至如下官，當何言哉！司馬遷書曰：如僕尚何言哉！夫魯連之智，辭禄而不返；史記曰：秦使白起圍趙，聞魯仲連責新垣衍，秦軍遂引去。平原君欲封仲連，連謝，終不肯受。接輿之賢，行歌而忘歸。楚狂接輿，已見鄒陽書。子陵閉關於東越，仲蔚杜門於西秦。亦良可知也。范曄後漢書曰：嚴光，字子陵，會稽餘姚人。少有高名，與光武同游學〔一九〕。及即位，變名姓，隱身不見。趙岐三輔決録注曰：張仲蔚，扶風人也。少與同郡魏景卿隱身不仕，所居蓬蒿沒人。若使下官事非其虛，罪得其實，亦當鉗口吞舌，伏匕首以殞身，莊子曰：鉗墨翟之口。燕丹子，荆軻曰：田光向軻吞舌而死。何以見齊魯奇節之人，燕趙悲歌之士乎？左氏傳，子方曰：事子我而有私於其讎，何以見魯衛之士？漢書，王先生謂鄒陽曰：今子欲安之乎？陽曰：齊、楚多辨智，韓、魏時有奇節，吾將歷問之。史記，荆軻之燕，高漸離悲歌擊筑，荆軻和而歌於市中。又曰：趙大夫悲歌慷慨者也。

方今聖曆欽明，天下樂業，尚書曰：放勛欽明。管子曰：天下有道，人樂其業。青雲浮雒，榮光塞河，尚書中候曰：成王觀于洛河，沈璧，禮畢，王退俟。至于日昧，榮光並出，幕河，青雲浮洛，青龍臨壇，銜玄甲之圖，吐之而去。西洎臨洮土刀切狄道，北距飛狐陽原，淮南子曰：秦之時，丁壯丈夫西至臨洮、狄道，東至會稽、浮石，南至豫章、桂林，北至飛狐、陽原。高誘曰：臨洮，隴西之縣，洮水出北。狄道，漢陽之臨洮也。飛狐，蓋在代郡飛狐山，陽原，蓋在太原。莫不浸仁沐義，照景飲醴而已〔二〇〕。楊雄覈靈賦曰：文王之始起，浸仁漸義，會賢儹智。儹音攢。論語摘輔像曰：帝率握炤景飲醴，蓂莢爲曆。宋均曰：炤景，謂景星所炤也。而下官抱痛圓門，含憤獄户，周禮曰：以圜土教罷民。鄭司農曰：圜土，獄城也。一物之微，有足悲者。家語，孔子謂哀公曰：一物失理，亂亡之端。此思憂則憂可知矣。仰惟大王，少垂明白，則梧丘之魂，不愧於沈首，鵠亭之鬼〔二一〕，無恨於灰骨。晏子春秋曰：景公田於梧丘，夜坐睡，夢見五丈夫，倚徙稱無罪。公問晏子。曰：昔先公靈公出畋，有五丈夫來，驚獸，悉斷其頭而葬之，命曰丈夫丘〔二二〕。命人掘之，五頭同穴〔二三〕。公令厚葬之，乃恩及白骨。説苑曰：景公畋於梧丘。謝承後漢書曰：蒼梧廣信女子蘇娥，行宿高安鵠巢亭，爲亭長龔壽所殺，及婢致富，取其財物，埋致樓下。交阯刺史周敞行部宿亭，覺壽姦罪，奏之，殺壽。列異傳曰：鵠奔亭。不任肝膽之切，敬因執事以聞。

文選考異

〔一〕注「沈約書曰」　何校「書」上添「宋」字，陳同，是也。各本皆脱。

〔二〕注「馬遷悲士不遇賦曰」　案：「馬」上當有「司」字。各本皆脱。

〔三〕注「今乃知之」　案：「今乃」當作「乃今」。各本皆倒。

〔四〕注「轉用抵」　案：「轉」當作「軻」。　袁、茶陵二本并此入五臣，仍作「軻」，可借證。

〔五〕注「對曰臣聞命矣」　袁本、茶陵本「曰」下有「若不有廨，君何以興？欲加之罪，其無辭乎！」案：此節注二本并五臣，未必善有也。

〔六〕注「弇堈曰」　茶陵本「堈」下有「弔」字，是也。袁本作「弇州子」，大誤。案：所引知北遊文也。

〔七〕注「言固陋之愚也」　陳云「也」，「心」誤，是也。各本皆誤。

〔八〕身恨幽圄　袁本、茶陵本「恨」作「限」，是也。梁書作「限」。

〔九〕是以每一念來　茶陵本「是以每一念」五字作「每以一念」四字，校語云五臣作「是以每一念」。袁本作「是以每一念」，無校語。案：茶陵所見非也。梁書作「是以每一念來」。

〔一〇〕注「忽然亡生」　茶陵本「亡」作「忘」，是也。袁本亦誤「亡」。

〔一一〕注「李陵與蘇武書曰」下至「而泣血也」　此二十八字袁本、茶陵本無。案：蓋因已見五臣而删削也。

〔一二〕注「則未可以論行」　袁本、茶陵本「以」作「與」，是也。

〔一三〕注「裁日閲數人」　袁本、茶陵本「裁日閲」作「一日裁」。案：此尤校改之也。

〔一四〕注「論衡谷口鄭子真」　袁本、茶陵本「衡」作「曰」，是也。

〔一五〕退則虜南越之君　何校云梁書「退」作「次」。案：所校是也。各本皆誤。

〔一六〕注「以丹書之信」　陳云「以」上脱「申」字，是也。各本皆脱。

〔一七〕注「補淮陽醫工長」　袁本、茶陵本「淮陽」作「譙國」，袁「醫」作「監」，茶陵無「工」字。案：此尤校改之也。

〔一八〕注「帝戲倫謂倫曰」　袁本「戲」下去「倫」字，是也。茶陵本亦衍。

〔一九〕注「會稽餘姚人少有高名與光武同游學」　袁本、茶陵本無「餘姚少有高名游」七字，「光武」作「世祖」。案：此尤校改之也。

〔二〇〕照景飲醴而已　袁本、茶陵本無「而已」二字，是也。梁書無。

〔二一〕鵠亭之鬼　袁本、茶陵本「鵠」下校語云善作「鴻」。案：二本所見非也，或尤校改正之。梁書作「鵠」。

〔二二〕注「命曰丈夫丘」　案：「曰」下當有「五」字。各本皆脱。

〔二三〕注「五頭同穴」　袁本「同穴」作「共孔」，是也。茶陵本作「具存」，更非。

啓

奉答勑示七夕詩啓

任昉集，詔曰：聊爲七夕詩五韻，殊未近詠歌，卿雖訥於言，辯於才，可即制付使者。

任彦昇

臣昉啓：奉勑并賜示七夕五韻。竊惟帝迹多緒，俯同不一；春秋合誠圖曰：黄帝布迹，必稽功務法。宋均曰：迹，行迹，謂功績也。春秋保乾圖曰：帝異緒。託情風什，希世罕工。毛詩題曰：關雎之什。魯靈光殿賦曰：邈希世而特出。雖漢在四世，魏稱三祖，四世，漢武帝也。三祖，謂魏武、文、明也。魏志，高貴鄉公詔曰：昔三祖神武聖德，應天受祚。寧足以繼想南風，克諧調露。家語曰：昔者舜彈五絃琴，造南風之詩。其詩曰：南風之薰兮，可以解吾民之愠兮；南風之時兮，可以阜吾民之財兮。王肅曰：薰，風至貌也。樂動聲儀曰：時元氣者，受氣於天，布之於地，以時出入物者也。四時之節，動静各有分職，不得相越，謂調露之樂也。宋均曰：調露，調和致甘露也，使物茂長之樂也。性與天道，事絶稱言，論語，子貢曰：夫子之文章，可得而聞也，夫子之言性與天道，不可得而聞也。豈其多幸，親逢旦暮。左氏傳，羊舌職曰：民之多幸，國之不幸。莊子曰：萬世之後，而一遇大聖，知其解者，是旦暮遇也。臣早奉龍潛，與賈馬而入室；易曰：潛龍勿用。法言曰：若以孔門用賦，賈誼升堂，相如入室。晚屬天飛，比嚴徐而待詔。易曰：飛龍在天，利見大人。答賓戲曰：泥蟠天飛者，應龍之神也。漢書曰：嚴安、徐樂上疏言世務，上召見，乃拜樂、安俱爲郎中。又曰：東方朔待詔金馬門。惟君知臣，見於訥言之旨；左氏傳，君子曰：古人有言曰：知臣莫若君。論語：子曰：君子欲訥於言而敏於行。取求不疵，表於辯才之戲。左氏傳曰：初，申侯有寵於楚文王，文王曰：唯我知汝，汝專利而不猒，余取余求，不汝疵瑕也。裴詭集有辯才論〔一〕。謹輒牽率庸陋，式訓天獎，拙速雖効，蚩鄙已彰。孫子兵法曰：兵聞拙速，未睹工久。陳琳牋曰：蚩鄙益著。闞纘上詩表曰：勞者歌其事，貴露蚩鄙。臨啓慚恧女六切，罔識所寘。謹啓。

文選考異

〔一〕注「裴詭集有辯才論」　袁本「詭」作「頠」，是也。茶陵本亦誤「詭」。

爲卞彬謝脩卞忠貞墓啓

蕭子顯齊書曰：卞彬，字士蔚，官至綏建太守，卒。濟陰卞録曰：壼字望之，永嘉中除著作郎。蘇峻稱兵，爲尚書令右將軍，領右衛。峻至東陵口，六軍敗績，壼乘馬被甲赴賊。二子眕、盱見父去，隨從，俱爲賊所害。贈侍中、開府。謚忠貞公。眕，音真忍切。盱，休于切。

任彦昇

臣彬啓：伏見詔書并鄭義泰宣勑，當賜修理臣亡高祖晉故驃騎大將軍建興忠貞公壼墳塋。臣門緒不昌，天道所昧，忠遘身危，孝積家禍，名教同悲，隱淪惆悵。王隱晉書述曰：壼及二子死，徵士翟湯聞而嘆曰：父爲忠臣，子爲孝子，忠孝之道，萃於一門，可謂賢哉！名教謂王隱，隱淪謂翟湯〔一〕。世説，樂廣曰：名教中自有樂地。桓子新論曰：天下神人五，二曰隱淪。而年世貿遷，孤裔淪塞。廣雅曰：貿，易也。遂使碑表蕪滅，丘樹荒毁，狐兔成穴，童牧哀歌。桓子新論曰：雍門周以琴見孟嘗君曰：臣切悲千秋萬歲後，墳墓生荆棘，狐兔穴其中，樵兒牧豎，躑躅而歌其上也。感慨自哀，日月纏迫。劉公幹贈五官中郎詩曰：感慨以長歎。

陛下弘宣教義，非求効於方今；杜預左氏傳序曰：弘宣祖業。仲長子昌言曰：引之於教義。説苑曰：聖王布德施惠，非求報於百姓也。壼餘烈不泯，固陳力於異世。春秋元命苞曰：文王積善所潤之餘烈。論語，子曰：周任有言曰：陳力就列，不能者止。但加等之渥，近闕於晉典；左氏傳曰：凡諸侯薨於朝會，加一等，死王事，加二等。樵蘇之刑，遠流於皇代。戰國策，顔觸謂齊王曰〔二〕：秦攻齊，令曰：敢有去柳下季壟五十步樵採者，罪死不赦。臣亦何人，敢謝斯幸？不任悲荷之至！謹奉啓事以聞。

謹啓。

文選考異

〔一〕注「名教謂王隱隱淪謂翟湯」　袁本、茶陵本無此十字。

〔二〕注「顔觸謂齊王曰」　案：「觸」當作「斶」。袁、茶陵二本作「蠋」，亦非。説見前。

啓蕭太傅固辭奪禮

劉璠梁典曰：昉爲尚書殿中郎，父憂去職，居喪不知鹽味，冬月單衫，廬于墓側。齊明作相，乃起爲建武將軍、驃騎記室，再三固辭。帝見其辭切，亦不能奪。

任彦昇

昉啓〔一〕：近啓歸訴，庶諒窮款，奉被還旨，未垂哀察，悼心失圖，泣血待旦。左氏傳，楚薳啓彊曰：孤與二三臣悼心失圖。毛詩曰：鼠思泣血。尚書曰：坐以待旦。君於品庶，示均鎔造，鵬鳥賦曰：品庶每生。倉頡篇曰：鎔，炭鑪，所以行銷鐵也。干禄祈榮，更爲自拔。論語曰：子張學干禄。

虧教廢禮，豈關視聽，言己之所陳，但正虧教而廢禮，豈敢關白於視聽哉！所不忍言，具陳茲啓。言事迫情切，口不忍言，故陳此啓。公羊傳曰：謂之新宮，不忍言也。

昉往從末宦，禄不代耕。晉中興書，簡文詔曰：禄不代耕，非經通之制也。飢寒無甘旨之資，限役廢晨昏之半。禮記曰：命士已上，父子皆異宮。昧爽而朝，慈以旨甘。鄭玄曰：慈愛敬進之也。又曰：凡爲人子之禮，冬温而夏凊，昏定而晨省。膝下之懽，已同過隙；孝經曰：故親生之膝下，以養父母。禮記曰：君子三年之喪，二十五月而畢，若駟之過隙，然而遂亟之〔一〕，則是無窮。几筵之慕，幾何可憑。孫卿子，孔子謂魯哀公曰：君入廟而右，登自阼階，仰視榱棟，俛見几筵，其器存，其人亡。君以此思哀，則哀將焉不至矣！左氏傳曰：人壽幾何？且奠酹不親，如在安寄。鄭玄周禮注曰：喪所薦饋曰奠。聲類曰：酹，以酒祭地也。酹，力外切。論語，子曰：吾不與祭，如不祭。又曰：祭神如神在。晨暮寂寥，闃苦覓切若無主。埤蒼曰：闃，静也。喪服傳曰：無主者，其無祭主。王隱晉書曰：傅咸遭繼母憂，上書曰：咸身無兄弟，到官之日，喪祭無主〔二〕。所守既無別理，窮咽豈及多喻。吕安答嵇康論曰：易了之理，不在多喻。

明公功格區宇，感通有塗，尚書曰：時則有若伊尹格于皇天。東京賦曰：區宇乂寧。周易曰：寂然不動，感而遂通。若霈然降臨，賜寢嚴命。孟子曰：沛然下雨。是知孝治所被，爰至無心；孝經曰：昔者明王之以孝治天下也。韓詩外傳曰：阿谷之女謂子貢曰：吾鄙野之人，僻陋無心。錫類所及，匪徒教義。毛詩曰：孝子不匱，永錫爾類。不任崩迫之情，謹奉啓事陳聞。謹啓。

文選考異

〔一〕昉啓　何校「昉」改「君」，陳同。下「君於庶品」，袁本、茶陵本「君」作「昉」，校語云善作「君」。「昉往從末宦」，校語亦云善作「君」。蓋此三字善皆作「君」，五臣改其下二字爲「昉」，唯存第一字爲「君」，故濟注有「昉家集諱其名但云君」云云，而二本於此獨無校語也。後乃并改成「昉」，不但失善舊，亦與五臣不相應，甚非。其「君於品庶」已校正，此及後仍沿各本之誤。

〔二〕注「然而遂亟之」　茶陵本無「亟」字，是也。袁本作「極」，亦衍。

〔三〕注「喪祭無主」　袁本、茶陵本「喪」作「哀」。案：此尤校改之也。

文選卷第四十

彈事　牋　奏記

彈事

奏彈曹景宗

任彦昇 梁典曰：高祖即位，昉爲吏部郎，遷中丞。

御史中丞臣任昉稽首言：臣聞將軍死綏，咫步無却；司馬法曰：將軍死綏。注曰：綏，却也。有前一尺，無却一寸。杜預左氏傳注曰：古名退軍爲綏。顧望避敵，逗橈奴教切有刑。漢書曰：廷尉王恢逗橈〔一〕當斬。音義曰：逗，曲行避敵也。橈，顧望也。至乃趙母深識，乞不爲坐；史記曰：趙王將使趙括爲將，其母上書曰：括不可使將。王曰：母置之，吾已決矣。母曰：王終遣之，即有不稱，妾得無坐乎？王許諾。魏主著令，抵罪已輕。魏志，太祖令曰：自命將征行，但賞功而不罰罪，非國典也。其諸侯將出征，敗軍者抵罪，失利者免官。是知敗軍之將，身死家戮，爰自古昔，明罰斯在。魏志，太祖令曰：將者，軍破於外，而家受罪于内也。漢書，廣武君曰：敗軍之將，不可以語勇。新序曰：臣侮其主，身死，妻子爲戮。呂氏春秋曰：民有逆天之道者，罪死家戮也。

臣昉頓首頓首，死罪死罪。竊尋玁狁侵軼，暫擾疆陲，王師薄伐，所向風靡。玁、狁，謂後魏也。魏收後魏書曰：太祖道武諱珪，改稱魏王。左氏傳曰：北戎侵鄭，鄭伯曰：彼徒我車，懼其侵軼我也。杜預曰：軼，突也。毛詩曰：於鑠王師。又曰：薄伐玁狁，至于太原。晉起居注曰：檀道濟所向風靡。是以淮徐獻捷，河兗凱歸。尚書曰：海岱及淮惟徐州。左氏傳曰：齊侯來獻戎捷。尚書曰：濟、河惟兗州。周禮曰：師有功則凱樂。東關無一戰之勞，塗中罕千金之費。吳曆曰：諸葛恪作東關，魏軍距之，恪令丁奉等兵便亂斫，遂大破北軍。歷陽郡圖經曰：東關，歷陽縣西南一百里。史記，蔡澤曰：白起一戰舉鄢、郢。吳志曰：晉命鎮東大將軍司馬伷向塗中。伏滔北征記曰：金城西沂澗〔一〕，魏步道所出也。文子曰：起師十萬，日費千金。張湛曰：日有千金之費。而司部懸隔，斜臨寇境，沈約宋書曰：宋世分郢州爲司州。故使狡虜憑陵，淹移歲月。杜預左氏傳注曰：狡，狡猾也。左氏傳，子産曰：今陳介恃楚衆，憑陵弊邑。故司州刺史蔡道恭，劉璠梁典曰：天監三年，司州刺史漢壽伯蔡道恭卒於圍。道恭少以勇力聞，及病，猶自力行城，數日，不能起，聞戰鼓聲，憤吒而卒。衆猶拒守，無有二心。攻圍二年，無有叛者。入秋，霖雨洪澍，一夜城穨，壯士猶戰不降〔二〕。及城陷，捶其餘衆，求恭屍，卒不能得。率厲義勇，奮不顧命，潘安仁汧馬督誄曰：率厲有方。司馬遷書曰：常思奮不顧身。全城守死，自冬徂秋，潘安仁汧馬督誄，大將軍疏曰：臨危奮節，保穀全城。論語，子曰：守死善道。猶有轉戰無窮〔四〕，亟摧醜虜。史記曰：驃騎將軍轉戰過烏支山。毛詩曰：鋪敦淮濆，仍執醜虜。方之居延，則陵降而恭守；比之疏勒，則耿存而蔡亡。漢書曰：武帝遣驃騎都尉李陵將兵五千人出居延北，與單于戰，陵兵敗降匈奴。范曄後漢書曰：耿恭，字伯宗，爲戊己校尉。恭以疏勒城傍有澗水可固，乃據之。匈奴復來攻，恭於城中穿井，十五丈不得水。恭仰嘆曰：聞昔貳師將軍取佩刀刺山，飛泉涌出。今漢德神明，豈有窮哉！乃整衣服向井再拜，爲吏士禱，有飛泉奔出。衆皆稱萬歲。乃令吏士揚水示虜，虜以爲神明，引去也。若使郢部救兵，微接聲援，鄒陽上書曰：臣恐救兵之不專。英雄記曰：袁術嚴兵爲吕布作聲援。則單于之首，久懸北闕，漢書，宣帝詔曰：傅介子斬樓蘭王安歸首，懸之北闕。豈直受降可築，涉安啓土而已哉！漢書曰：武帝遣因杅將軍公孫敖築塞外受降城。杅，音盂。又曰：涉安侯於單于以匈奴單于太子降。尚書曰：建邦啓土。

寔由郢州刺史臣景宗，受命致討，不時言邁，晉起居注，詔曰：檀道濟奉命致討，所向風靡。毛詩曰：旋車言邁〔五〕。故使蝟音謂結蟻聚，水草有依；漢書曰：賈誼曰：高帝王功臣，反者蝟毛而起。吴志曰：錢唐大帥种式等蟻聚爲寇。漢書曰：獫狁、獯粥，居于邊地，逐水草遷徙。方復按甲盤桓，緩救資敵，魏志曰：司馬文王征諸葛誕，六軍按甲而誕自困。廣雅曰：盤桓，不進也。李斯上書曰：今逐客以資敵。遂令孤城窮守，力屈凶威。謝承後漢書，胡爽曰：耿恭以甲兵守孤城於絶域。史記，李左車謂韓信曰：今足下情見力屈，欲戰不拔。左氏傳，晉温季曰：逃威也。杜預曰：凶賊爲害，故曰威也。雖然，猶應固守三關，更謀進取，而退師延頸，自貽虧衂，劉璠梁典曰：宣城王以冠軍將軍曹景宗爲郢州刺史。初，司州被圍，詔荆、郢發兵往援，曹景宗爲都督。及荆州援軍至三關，頓兵不進，聞司州没，即日退還延頸。敵人縱暴緣邊，景宗不能禦，遂失三關諸戍。有司奏罰罪，景宗聞之，輒去州，伏闕泥首待罪。帝一無所問。三關、延頸，二戍名也。管子曰：民無恥不可以固守。漢書曰：諸將曰：楚數進取。如淳曰：進取，多所攻也。毛詩曰：自貽伊戚。陳琳檄豫州曰：傷夷折衂。衂，折挫也。疆埸侵駭，職是之由。左氏傳曰：齊人侵魯疆，疆吏來告，公曰：疆埸之事，慎守其一。又范宣子數諸戎曰：言語漏泄，則職汝之由。不有嚴刑，誅賞安寘，景宗即主。史記曰：繁法嚴刑而天下振。西征賦曰：峻徒御以誅賞。毛萇詩傳曰：寘，置也。主謂爲主首也。王隱晉書，庾純自劾曰：醉酒荒迷，昏亂儀度即主，謹按〔六〕河南尹庾純，云云。然以主爲句，則臣當下讀也〔七〕。

臣謹案使持節都督郢司二州諸軍事、左將軍、郢州刺史、湘西縣開國侯臣景宗，擢自行間，遘兹多幸，漢書，衞青曰：臣幸得待罪行間。左氏傳，羊舌職曰：民之多幸，國之不幸也。指蹤非擬，獲獸何勤。漢書曰：上先封蕭何爲酇侯，功臣皆曰：蕭何未有汗馬勞，顧居臣等上，何也？上曰：諸君知獵乎？曰：知之。上曰：知獵狗乎？曰：知之〔八〕。上曰：夫獵，追殺者，狗也；而發蹤指示獸處者，人也。今諸公徒能走得獸者，功狗也；如蕭何發蹤指示，功人也。羣臣莫敢言。賞茂通侯，榮高列將，漢書，蘇武謂李陵曰：武父子位列將，爵通侯。應劭曰：通侯者，言其功德通於王室。張晏曰：後改爲列侯。列侯，見序列也。方言曰：列，班列也。負檐裁弛，鍾鼎遽列，左傳曰：齊侯使敬仲爲卿。辭曰：弛於負檐，君之惠也。又曰：宋左師每食擊鍾。家語曰：子路南遊楚，列鼎而食。廣雅曰：列，陳也。和戎莫効，二八已陳。左氏傳曰：鄭人賂晉侯以女樂二八。晉侯以樂之半賜魏絳，曰：子教寡人和諸戎、狄也。自頂至踵，功歸造化，孟子曰：墨子兼愛，摩頂致於踵。趙岐曰：致，至也。淮南子曰：大丈夫恬然無爲，與造化逍遥也。潤草塗原，豈獲自已。喻巴蜀曰：肝腦塗中原，膏液潤野草而不辭也。且道恭云逝，城守累旬；景宗之存，一朝棄甲。史記曰：沛令閉城守。左氏傳曰：宋華元爲植，巡功。城者謳曰：睅其目，皤其腹，棄甲而復。生曹死蔡，優劣若是，惟此人斯，有靦面目。毛詩曰：彼何人斯？居河之湄，又曰：有靦面目，視人罔極。毛萇曰：靦，姡也。鄭玄曰：汝姡然有面目也。

昔漢光命將，坐知千里；東觀漢記曰：代郡太守劉興將數百騎，攻賈覽，上狀檄至，光武知其必敗，報書曰：欲復進兵，恐失其頭首也。詔書到，興已爲覽所殺。長史得檄，以爲國家坐知千里也。魏武置法，案以從事。魏書曰：太祖自作兵書。諸將征伐，皆以新書從事。從令者克捷，違教者負敗。故能出必以律，錙銖無爽。周易曰：師出以律。鄭玄禮記注曰：八兩爲錙。漢書曰：二十四銖爲兩。伏惟聖武英挺，略不世出，漢書，蒯通説韓信曰：功無二於天下，略不世出。料敵制變，萬里無差，趙充國頌曰：料敵制勝，威謀靡亢。奉而行之，實弘廟筭。西征賦曰：彼雖衆其焉用？故制勝於廟筭。孫子曰：夫未戰而廟筭勝，得筭多也。惟此庸固，理絶言提。晉起居注，宋公表曰：臣寔庸固。毛詩曰：匪面命之，言提其耳。

自逆胡縱逸，久患諸夏。劉琨勸進表曰：逆胡劉曜，縱逸西都。漢書匈奴傳贊曰：久矣夷、狄之爲患。聖朝乃顧，將一車書。汧馬督誄曰：聖朝西顧，關右震惶。禮記曰：書同文，車同軌。愍彼司氓，致辱非所。晉起居注曰：大司馬表曰：園陵辱於非所。早朝永嘆，載懷矜惻。致兹虧喪，何所逃罪？宜正刑書，肅明典憲。左氏傳，仲尼曰：叔向，古之遺直也。邢侯之獄，言其貪也，以正刑書。臣謹以劾，請以見事免景宗所居官，下太常削爵土，收付廷尉法獄治罪。其軍佐職僚、偏裨將帥絓胡卦切諸應及咎者，別攝治書侍御史隨違續奏。臣謹奉白簡以聞云云〔九〕。

文選考異

〔一〕注「廷尉王恢逗橈」　陳云「尉」下脱「當」字，是也。各本皆脱。

〔二〕注「金城西沂澗」　袁本、茶陵本「沂」作「泝」，下有「曰塗」二字，是也。尤初有，脩誤去。

〔三〕注「壯士猶戰不降」　袁本、茶陵本無「戰」字。

〔四〕猶有轉戰無窮　案：「有」當作「其」。袁、茶陵二本校語云善有「其」字。尤所見非。

〔五〕注「毛詩曰旋車言邁」　袁本作「言邁已見潘岳金谷集詩」，是也。茶陵本複出，非。此初同袁，脩改誤依複出。

〔六〕注「即主謹按」　袁本、茶陵本「謹」上有「臣」字。案：此尤校删也。

〔七〕注「則臣當下讀也」袁本、茶陵本無「則」字。
〔八〕注「上曰知獵狗乎曰知之」袁本、茶陵本無此九字。
〔九〕云云　袁本、茶陵本無此二字，有「臣昉誠惶誠恐頓首頓首死罪死罪臣昉稽首以聞」二十字。案：此似善、五臣之異也。

奏彈劉整

沈約齊紀曰：整，宋吴興太守兄子也〔一〕。歷位持節都督交、廣、越三州也。

任彦昇

御史中丞臣任昉稽首言：臣聞馬援奉嫂，不冠不入；氾毓字孤，家無常子。東觀漢記曰：馬援事寡嫂，雖在閫内，必衣冠然後入見。王隱晉書曰：氾毓，字稚春，濟北人也，敦睦九族。青土號其家兒無常母，衣無常主也。氾，音凡。毓，音育。是以義士節夫，聞之有立，左氏傳，臧哀伯曰：武王克商，遷九鼎於洛邑，義士猶或非之。東京賦曰：貞夫懷節。班固漢書贊曰：孟子曰：聞伯夷之風，懦夫有立志。千載美談，斯爲稱首。公羊傳曰：魯人至今以爲美談。封禪書曰：永保鴻名，而常爲稱首也。

臣昉頓首頓首，死罪死罪。謹案齊故西陽内史劉寅妻范，詣臺訴列稱：出適劉氏，二十許年。劉氏喪亡，撫養孤弱，叔郎整，常欲傷害侵奪。分前奴教子、當伯，并已入衆。又以錢婢姊妹弟温，仍留奴自使伯；又奪寅息逡婢緑草，私貨得錢，并不分逡。寅第二庶息師利，去歲十月往整田上經十二日，整便責范米六㪷〔二〕哺食。米未展送，忽至户前，隔箔〔三〕攘拳大罵，突進房中，屏風上取車帷準米去。二月九日夜，婢采音偷車欄夾杖龍牽，范問失物之意，整便打息逡。整及母并奴婢等六人來至范屋中，高聲大罵，婢采音舉手查范臂。求攝檢，如訴狀。

輒攝整亡父舊使奴海蛤到臺辯問，列稱：整亡父興道，先爲零陵郡，得奴婢四人。分財〔四〕，以奴教子乞大息寅。亡寅後，第二弟整仍奪教子，云應入衆，整便留自使，婢姊及弟各准錢五千文，不分逡。其奴當伯，先是衆奴。整兄弟未分財之前〔五〕，整兄寅以當伯貼錢七千，共衆作田。寅罷西陽郡還，雖未别火食，寅以私錢七千贖當伯，仍使上廣州去。後寅喪亡，整兄弟後分奴婢，唯餘婢緑草入衆。整復云寅未分財贖當伯，又應屬衆。整意貪得當伯，推緑草與逡。整規當伯還，擬欲自取，當伯遂經七年不返。整疑已死亡不迴，更奪取婢緑草，貨得錢七千。整兄弟及姊共分此錢，又不分逡。寅妻范云，當伯是亡夫私贖，應屬息逡。當伯天監二年六月從廣州還至，整復奪取，云應充衆，准雇借上廣州四年夫直，今在整處使。

進責整婢采音，劉〔六〕整兄寅第二息師利，去年十月十二日忽往整墅停住十二日，整就兄妻范求米六斗哺食。范未得還，整怒，仍自進范所住，屏風上取車帷爲質。

范送米六斗，整即納受。范今年二月九日夜，失車欄子夾杖龍牽等，范及息逡道是采音所偷。整聞聲，仍打逡。范喚問何意打我兒〔七〕？整母子爾時便同出中庭，隔箔與范相罵。婢采音及奴教子〔八〕、楚玉、法志等四人，于時在整母子左右。整語采音：其道汝偷車校具，汝何不進裏罵之？既進争口，舉手誤查范臂。車欄夾杖龍牽，實非采音所偷。

進責寅妻范奴苟奴〔九〕，列孃去二月九日夜，失車欄夾杖龍牽，疑是整婢采音所偷。苟奴與郎逡往津陽門糴米，遇見采音〔一〇〕在津陽門賣車欄龍牽，苟奴登時欲捉取，逡語苟奴已爾不須復取。苟奴隱僻少時，伺視人買龍牽，售五千錢。苟奴仍隨逡歸宅，不見度錢。

并如采音、苟奴等列狀，粗與范訴相應。重覈當伯、教子，列孃被奪，今在整處使，悉與海蛤列不異。以事訴法，令史潘僧尚議：整若輒略兄子逡分前婢貨賣，及奴教子等私使，若無官令，輒收付近獄測治。諸所連逮絓應洗之源，委之獄官，悉以法制從事。如法所稱，整即主。昭明删此文大略，故詳引之，令與彈相應也。

臣謹案：新除中軍參軍臣劉整，閭閻闒茸，名教所絶。史記，太史公曰：李斯自閭閻歷諸侯。弔屈原曰：闒茸尊顯，讒諛得志。世説曰：王平子、胡母彦國諸人皆任放爲達，或有裸體。樂廣曰：名教中自有樂地，何爲乃爾。直以前代外戚，仕因紈袴，漢書曰：班伯出與王、許子弟爲羣，在綺襦紈袴之間，非其好也。惡積釁稔，親舊側目。左氏傳，萇弘曰：毛得必亡，是昆吾稔之日也。杜預曰：稔，熟也。惡積與桀同誅。漢書郅都傳，列侯宗室見都側目而視〔一一〕。理絶通問，而妄肆醜辭；謂大駡也。禮記曰：嫂叔不通問，諸母不漱裳。包咸論語注曰：肆，極意敢言也。詩曰：好言自口，莠言自口。毛萇曰：莠，醜也。終夕不寐，而謬加大杖。謂打逡也。謝承後漢書曰：或問第五倫曰：公有私乎？對曰：吾兄子嘗病，一夜十往，退而安寢，吾子有病，雖不省視，而竟夕不眠。若是者豈可謂無私乎？家語曰：孔子謂曾子曰：汝不聞乎？昔瞽叟有子曰舜。舜事瞽叟也，小捶則待過，大杖則逃走。故瞽叟不犯不父之罪，而舜不失烝烝之孝。薛包分財〔一二〕，取其老弱；范曄後漢書曰：汝南薛包，字孟嘗，好學篤行。弟子求分異居，包不能止，乃中分其財。奴婢引其老者，曰：與我共事久，若不能使也。田廬取其荒頽者，曰：吾少時所治，意所戀也。器物取朽敗者，曰：我素所服食，身口所安。後徵拜侍中。高鳳自穢，争訟寡嫂。東觀漢書曰〔一三〕：高鳳，字文通，南陽人也。鳳年老，聲名著聞。太守連召請，恐不得免，自言鳳本巫家，不應爲吏。又與寡嫂詐訟田，遂不仕。未見孟嘗之深心，唯斅文通之僞迹〔一四〕。顔延年詠向秀曰：深心託毫素。袁彦伯名臣頌曰：迹洿必僞。昔人睦親，衣無常主；顔延年陶徵士誄曰：睦親之行。衣無常主，已見上文。整之撫姪，食有故人。謂責米也。西京雜記曰：公孫弘起家徒步爲丞相，故人齊高賀從之，弘食以脱粟飯，覆以布被。賀怨曰：何用故人富貴爲？脱粟布被，我自有之。弘大慙。賀乃告人曰：公孫弘内廚五鼎，外饍一肴，豈可以臨天下。於是朝右疑其矯焉。弘嘆曰：寧逢惡賓，不逢故人。何其不能折契鍾庾，而襜昌占切帷交質，謂取車帷也。漢書曰：高祖從王媼、武負貰酒，兩家〔一五〕常折券棄責。左氏傳，晏子曰：釜十則鍾。杜預曰：六斛四斗也。包咸論語注曰：十六㪷爲庾。詩曰：漸車帷裳。毛萇曰：帷裳，婦人車飾。鄭玄曰：帷裳，童容也。方言曰：江、淮謂襜褕爲童容也。左氏傳曰：鄭伯怨王，王曰：無之。故周、鄭交質。人之無情，一何至此！莊子，惠子謂莊子曰：人故無情乎？莊子曰：然。惠子曰：人而無情，何謂之人？實教義所不容，紳冕所共棄。仲長子昌言曰：引之於教義。嵇康絶交書曰：世教所不容。

臣等參議，請以見事免整所除官，輒勒外收付廷尉法獄治罪。諸所連逮應洗之源，委之獄官，悉以法制從事。婢采音不款偷車龍牽，請付獄測實。其宗長及地界職司，初無糾舉，及諸連逮，請不足申盡。臣昉云云〔一六〕，誠惶誠恐以聞。

文選考異

〔一〕注「宋吴興太守兄子也」　陳云「守」下有脱字。各本皆同，無以補也。

〔二〕六㪷　袁本、茶陵本「㪷」作「斗」。案：下文仍作「斗」，疑「斗」是。

〔三〕忽至户前隔箔　袁本、茶陵本云善無「隔箔」二字。案：二本所見是也。此尤添之，以五臣亂善。

〔四〕分財　袁本、茶陵本云「財」善作「賦」。案：此尤改之。

〔五〕整兄弟未分財之前　袁本、茶陵本云善無「未」字。案：此尤添之。

〔六〕進責整婢采音劉　案：「劉」當作「列」。下文云「並如采音苟奴等列狀，粗與范訴相應」，此即「采音列」也。各本皆誤，今特訂正。

〔七〕范喚問何意打我兒　袁本、茶陵本云善無「喚」字。案：此尤添之。

〔八〕婢采音及奴教子　袁本、茶陵本云善無「婢」字。案：此尤添之。

〔九〕進責寅妻范奴苟奴列　袁本、茶陵本云善無「苟奴」字。案：此尤添之，依下文蓋當有。

〔一〇〕遇見采音　袁本、茶陵本「遇」下校語云善作「過」。案：此尤改之。

〔一一〕注「漢書郅都傳列侯宗室見都側目而視」　袁本、茶陵本「郅都傳」作「音義曰」，見下有「郅」字而視作也。案：此尤校改之也。

〔一二〕薛包分財　袁本、茶陵本云「包」善作「苞」。案：此亦以五臣亂善也。注中字二本並作「苞」，尤盡改作「包」，非。

〔一三〕注「東觀漢書曰」　陳云「書」，「記」誤，是也。各本皆誤。

〔一四〕唯斅文通之僞迹　袁本、茶陵本「斅」作「傚」。案：二本不著校語，無以考也。

〔一五〕注「高祖從王媪武負貰酒兩家」　袁本、茶陵本作「高祖每貰酒歲更而酒家」。案：此尤校改之也。

〔一六〕臣昉云云誠惶誠恐以聞　袁本、茶陵本無「云云」二字，以上有「頓首頓首死罪死罪稽首」十字。案：說已見前。

奏彈王源

沈休文　吳均齊春秋曰：永明八年，沈約爲中丞。

給事黃門侍郎兼御史中丞吳興邑中正臣沈約稽首言：臣聞齊大非偶，著乎前誥；辭霍不婚，垂稱往烈。左氏傳曰：齊侯欲以文姜妻鄭太子忽，忽辭。人問其故，太子曰：人各有偶，齊大，非吾偶也。漢書曰：雋不疑爲京兆尹，大將軍霍光欲以女妻之，不疑固辭，不肯當。班固不疑述曰：不疑膚敏，應變當理；辭霍不婚，逡巡致仕。若乃交二族之和，辨伉合之義，升降窳隆，誠非一揆。禮記曰：婚禮者，將合二姓之好，上以事宗廟，下以繼後代也。左氏傳，施氏之婦怒施氏曰：己不能庇其伉儷。尚書曰：道有升降，政繇俗革。吳都賦曰：窳隆異等。孟子曰：先聖後聖，其揆一也。固宜本其門素，不相奪倫，尚書曰：八音克諧，無相奪倫。使秦晉有匹，涇渭無舛。左氏傳曰：晉公子重耳至於秦，秦伯納女五人，懷嬴與焉。奉匜沃盥。既而揮之，怒曰：秦、晉匹也，何以卑我？孫綽子曰：或問雅俗，曰：涇、渭分流，雅鄭異調。自宋氏失御，禮教雕衰〔一〕，答賓戲曰：周失其御。衣冠之族，日失其序。范曄後漢書，霍諝奏記曰：宋光衣冠子孫。袁子正書曰：古者命士已上，皆有冠冕，故謂之冠族。左氏傳，鄭莊公曰：周之子孫，日失其序。姻婭淪雜，罔計廝音斯庶，毛詩曰：瑣瑣姻婭，則無膴仕。毛萇曰：兩壻相謂曰婭。漢書曰：有廝養卒。如淳曰：廝，賤也。販鬻祖曾，以爲賈音古道，鄭玄周禮注曰：居賣物曰賈。明目腆顔，曾無愧畏。丁德禮厲志賦曰：苟神祇之我昭，永明目而無怍。孔安國尚書傳曰：腆，厚也。毛詩曰：不愧於人，不畏於天。若夫盛德之胤，世業可懷，左氏傳，史趙曰：盛德必百世祀。幽通賦曰：違世業之可懷。欒郤之家，前徽未遠。左氏傳，叔向曰：欒、郤、胥、原，降在皁隸。杜預曰：晉舊臣之族也。既壯而室，竊貲莫非皁隸，禮記曰：三十壯有室〔二〕。鄭玄曰：有室，有妻，妻稱室也。解嘲曰：司馬長卿竊貲卓氏。左氏傳曰：人有十等，士臣皁。又曰：輿臣隸。結褵以行，箕箒咸失其所。詩曰：親結其褵，九十其儀。毛萇曰：褵，婦人之幃也。母戒女施衿結褵。國語曰：越王勾踐行成於吳，曰：一介適女，執箕箒於王宫者也。志士聞而傷心，舊老爲之歎息。論語，子曰：志士仁人，無求生以害仁也。自宸歷御寓，弘革典憲，雖除舊布新，而斯風未殄。左氏傳曰：有星孛於大辰。申須曰：彗所以除舊布新也。尚書曰：商俗靡靡，利口惟賢。餘風未殄，公其念哉！陛下所以負扆於紀切興言，思清弊俗者也。禮曰〔三〕：天子負斧扆南向而立。鄭玄曰：負之言背也。斧依，爲斧文屏風。扆與依同。詩曰：興言出宿。尚書曰：弊化奢麗，萬世同流。

臣實儒品〔四〕，謬掌天憲，范曄後漢書，劉陶上疏曰：今權臣口含天憲。雖埋輪之志，無屈權右；范曄後漢書曰：張綱，字文紀，爲侍御史。順帝遣八使詢風俗，餘人受命之部，綱獨埋其車輪於洛陽都亭，曰：豺狼當路，安問狐狸？遂奏大將軍梁冀。東觀漢記曰：皇甫嵩上言，四姓權右，咸各斂手也。而狐鼠微物，亦蠹大猷。應璩詩曰：城狐不可掘，社鼠不可熏。晏子春秋，景公問晏子曰：治國亦有常乎？對曰：讒佞之人，隱在君側，猶社鼠不熏也。去此乃治矣。范曄後漢書，虞延謂馬成曰：爾民之巨蠹，久依城社，不長熏燒。毛詩曰：秩秩大猷也。風聞東海王源，嫁女與富陽滿氏。漢書曰：尉佗曰，風聞老夫父母墓已壞削。賈逵國語注曰：風，采也，采聽商旅之言也。源雖人品庸陋，冑實參華。曾祖雅，位登八命；檀道鸞晉陽秋曰：王雅，字茂德，東海郯人，爲右僕射。周禮曰：八命作牧。鄭司農曰：一州之牧也。王之三公，亦八命也。祖少卿，内侍帷幄；父璿，升采儲闈，亦居清顯。尚書曰：亮采惠疇。孔安國注曰：采，事也。何法盛陳郡謝録曰：謝石以有大勳，遂居清顯。源頻叨諸府戎禁，豫班通徹。應劭漢書注曰：舊曰徹侯，避武帝諱，曰通侯也。而託姻結好〔五〕，唯利是求，左氏傳，晉侯使呂相絶秦，曰：秦與晉出入，秦惟利是視。玷辱流輩，莫斯爲甚。孝經鉤命訣曰：名毁行廢，玷辱先人。源人身在遠，輒攝媒人劉嗣之到臺辯問。嗣之列稱：吴郡滿璋之，相承云是高平舊族，寵奮胤冑，魏志〔六〕，滿寵，字伯寧，景初二年爲太尉，薨，子偉嗣。世説曰〔七〕：偉弟子奮，元康中至司隸校尉。荀綽冀州記曰：奮，高平人也。家計温足，見託爲息鸞覓婚。漢書，董仲舒對策曰：家温而食厚禄。王源見告窮盡，即索璋之簿閥，漢書，朱博曰：王卿憂公齎閥閲詣府。音義曰：明其等曰閥，積功曰閲也。見璋之任王國侍郎，鸞又爲王慈吴郡正閤主簿，吴均齊春秋曰：王慈，字伯寶，早有令譽，稍歷侍中，吴郡太守。源父子因共詳議，判與爲婚。璋之下錢五萬，以爲聘禮。娶妻及納徵皆曰聘。周禮曰：穀圭以聘女。源先喪婦，又以所聘餘直納妾。如其所列，則與風聞符同。

竊尋璋之姓族，士庶莫辨。滿奮身殞西朝，胤嗣殄没，武秋之後，無聞東晉，晉初都洛陽，故曰西朝；後在江東，故曰東晉。臧榮緒晉書，陳晷有譽西朝。干寶晉紀曰：苗願殺司隸校尉滿奮。荀綽冀州記曰：滿奮，字武秋。公羊傳曰：紀子伯者何，謂無聞焉爾〔八〕。其爲虚託，不言自顯。王滿連姻，寔駭物聽，漢書音義曰：連，親婣也〔九〕。尚書大傳曰：文王施政而物皆聽。潘楊之睦，有異於此。潘岳楊仲武誄曰：潘、楊之睦，有自來矣。曹子建求自試表曰：古之受爵禄者，有異於此。且買妾納媵，因聘爲資，左氏傳，鄭子産曰：故志曰：買妾不知其姓，則卜之。施衿之費，化充牀第，儀禮曰：女嫁，母施衿結帨。鄭玄曰：帨，佩巾也。左氏傳曰：趙武過鄭，伯有賦鶉之賁賁。趙孟曰：牀第之言不踰閾。杜預曰：第，簀也。鄙情贅行，造次以之。蜀志，諸葛亮表李平曰：臣知平鄙情，欲因行止之際，逼臣取利也。老子曰：自伐無功，自矜不長，其在道曰餘食贅行。王弼曰：更爲疣贅也。糾慝繩違，允兹簡裁。源即主。言其違慝，信當此簡之所貶裁。尚書曰：繩愆糾繆，格其非心。

臣謹案：南郡丞王源，忝藉世資，得參纓冕，漢書音義曰：無忌却秦，有地資也。同人者貌，異人者心，列子曰：夏桀、殷紂、魯桓、齊穆〔一〇〕，狀貌七竅皆同於人，而有禽獸之心也。以彼行媒，同之抱布。禮記曰：男女非有行媒，不相知名。詩曰：氓之蚩蚩，抱布貿絲；匪來貿絲，來即我謀。且非我族類，往哲格言；薰蕕不雜，聞之前典。左氏傳曰：公欲求成于楚而叛晉，季文子曰：史佚之志有之，非我族類，其心必異。論語考比讖曰：格言成法。家語，顏回曰：回聞薰蕕不同器而藏。汧馬督誄曰：聞之前典。豈有六卿之胄，納女於管庫之人；尚書曰：六卿分職。禮記曰：晉文〔二〕謂趙文子知人，所舉晉國管庫之士七十有餘家。鄭玄曰：管，管鍵者也。宋子河魴，同穴於輿臺之鬼。毛詩曰：豈其食魚，必河之魴；豈其娶妻，必齊之姜；豈其食魚，必河之鯉；豈其娶妻，必宋之子。又曰：穀則異室，死則同穴。左氏傳曰：皁臣輿。又曰：僕臣臺。高門降衡，雖自已作；陸雲答兄書曰：高門降衡，脩庭樹蓬〔三〕。蔑祖辱親，於事爲甚。說文，懱，輕易也。蔑與懱古字同。此風弗翦，其源遂開，點世塵家，將被比屋。尚書大傳曰：周民可比屋而封。宜寘以明科，黜之流伍。使已污之族，永愧於昔辰；方媾之黨，革心於來日。賈子曰：宋昭公革心易行。

臣等參議，請以見事免源所居官，禁錮終身，輒下禁止視事如故。言禁止其視事之法，當如故事也。源官品應黃紙，臣輒奉白簡以聞。臣約誠惶誠恐，云云。

文選考異

〔一〕禮教雕衰　袁本、茶陵本「雕」作「彫」。案：此尤本譌字。

〔二〕注「禮記曰三十壯有室」　袁本、茶陵本無此八字。案：蓋二本因已見五臣而節去，尤有，是也。

〔三〕注「禮曰天子」　袁本、茶陵本「曰」作「記」。案：此當「記」、「曰」兩有。

〔四〕臣實儒品　袁本、茶陵本「儒」作「懦」。案：此尤本譌字。

〔五〕而託姻結好　袁本無「結」字，云「好」善作「結」。茶陵本無「好」字，云「結」五臣作「好」。案：此蓋尤校改兩存。依文義，善不當無「好」字，而以「而託姻結」爲句。二本所見必有誤，校語未足據也。

〔六〕注「魏志滿寵」　袁本、茶陵本「志」下有「曰」字，是也。

〔七〕注「世説曰」　陳云「説」，「語」誤，是也。各本皆誤。

〔八〕注「謂無聞焉爾」　袁本、茶陵本無「謂」字，是也。

〔九〕注「連親婕也」　袁本、茶陵本「婕」作「姻」。案：史記集解引作「婚」，漢書南越傳顔注引孟康亦作「婚」，皆與善不同。索隱云：「連者，連姻也。」恐尤延之以彼語校改，復錯誤如此耳。

〔一〇〕注「魯桓齊穆」　何校「齊」改「楚」，陳同，是也。各本皆誤。

〔一一〕注「禮記曰晉文」　何校「文」改「人」，是也。各本皆誤。

〔一二〕注「陸雲答兄書曰高門降衡脩庭樹蓬」　何校「書」改「詩」，此十四字，茶陵有，袁無。案：無者疑脱。

牋

答臨淄侯牋

楊德祖 典略曰：楊脩，字德祖，太尉彪子，謙恭材博。自魏太子以下，並争與交好。又是時臨淄侯以才捷愛幸，秉意投脩，數與脩書，脩答牋。後曹公以脩前後漏泄言教，交關諸侯，乃收殺之。

脩死罪死罪〔一〕。不侍數日，若彌年載。毛萇詩傳曰：彌，終也。豈由愛顧之隆，使係仰之情深邪！損辱嘉命，蔚矣其文，易曰：君子豹變，其文蔚也。誦讀反覆，雖諷雅頌，不復過此。説文曰：諷，誦也。若仲宣之擅漢表，陳氏之跨冀域，徐劉之顯青豫，應生之發魏國，斯皆然矣。仲宣投劉表，寓流楚壤，故云漢表。孔璋窘身袁氏，故云冀域。偉長淹留高密，故云青也。公幹淪飄許京，故云豫。德璉時居汝、潁，汝、潁，太祖食邑，故云魏也。至於脩者，聽采風聲，仰德不暇，尚書曰：樹之風聲。自周章於省覽〔二〕，何遑高視哉？家語曰：孔子出乎四門，周章遠望。曹植書曰：足下高視於上京也。伏惟君侯，少長貴盛，體發旦之資，有聖善之教。發，武王名也；旦，周公名也。毛詩曰：凱風自南，吹彼棘心。母氏聖善，我無令人。遠近觀者，徒謂能宣昭懿德，光贊大業而已；毛詩曰：宣昭義問。又曰：人之秉彝，好是懿德。周易曰：富有之謂大業。不復謂能兼覽傳記，留思文章。今乃含王超陳，度越數子矣。漢書，桓譚曰：楊子之書，文義至深，必度越諸子矣。觀者駭視而拭目，聽者傾首而竦耳。非夫體通性達，受之自然，其孰能至於此乎？老子曰：天法道，道法自然。鍾會曰：莫知所出，故曰自然。又嘗親見執事，握牘持筆，有所造作，若成誦在心，借書於手，曾不斯須少留思慮。仲尼日月，無得踰焉，論語，子貢曰：仲尼不可毀也。仲尼日月也，無得而踰焉。脩之仰望，殆如此矣。是以對鶡而辭，作暑賦彌日而不獻，植爲鶡鳥賦，亦命脩爲之，而脩辭讓。植又作大暑賦，而脩亦作之，竟日不敢獻。見西施之容，歸增其貌者也〔三〕。越絶書曰：越王乃飾美女西施、鄭巴，使大夫種獻之於吴王。伏想執事，不知其然，猥受顧錫，教使刊定。鄭玄禮記注曰：刊，削也。春秋之成，莫能損益；呂氏淮南，字直千金。然而弟子箝口，市人拱手者，聖賢卓犖，固所以殊絶凡庸也。史記曰：孔子在位，聽訟文辭，有可與共者，弗獨有也。至於爲春秋，筆則筆，削則削，子夏之徒，不能贊一辭。桓子新論曰：秦呂不韋請迎高妙，作呂氏春秋；漢之淮南王聘天下辯通，以著篇章。書成，皆布之都市，懸置千金，以延示衆士，而莫能有變易者。乃其事約豔，體具而言微也。今之賦頌，古詩之流，不更孔公，風雅無別耳。兩都賦序曰：賦者，古詩之流也。文雖出此，而意微殊。脩家子雲，老不曉事，强著一書，悔其少作。曹植書曰：楊雄猶稱壯夫不爲。楊子法言，或問吾子少好賦，曰：然，童子彫蟲篆刻。俄而曰：壯夫不爲。少，失照切。若此仲山周旦之儔，爲皆有諐邪！毛詩序曰：七月，周公遭變，陳王業之艱難。然詩無仲山甫作者，而吉父美仲山父之德，未詳德祖何以言之。君侯忘聖賢之顯迹，述鄙宗之過言，竊以爲未之思也。楚辭曰：吾聞作忠以造怨，忽謂之過言。論語曰：未之思也。

若乃不忘經國之大美，流千載之英聲，曹植書曰：采庶官之實録，成一家之言。東京賦曰：忘經國之長基。封禪書曰：飛英聲。銘功景鍾，書名竹帛，國語，晉悼公曰：昔克路之役，秦來圖敗晉功，魏顆以其身却退秦師于輔氏，親止杜回，其勳銘于景鍾。韋昭曰：景鍾，景公鍾也。墨子曰：以其所獲書於竹帛，傳遺後世子孫也。斯自雅量，素所畜也，豈與文章相妨害哉？輒受所惠，竊備矇瞍誦詠而已，詩曰：矇瞍奏工。敢望惠施以忝莊氏？曹植書曰：其言之不慚，恃惠子之知我也。修言己豈敢望比惠施之德，以忝辱於莊周之相知乎？莊周，喻植也。惠施，莊周相知者也，故引之〔四〕。季緒璅璅，何足以云。曹植書曰：劉季緒好詆訶文章。魏志曰：劉季緒，名脩，劉表子，官至樂安太守。反答造次，不能宣備。脩死罪死罪。

文選考異

〔一〕脩死罪死罪　袁本、茶陵本不重「死罪」。案：此尤添之也。

〔二〕自周章於省覽　袁本、茶陵本「自」作「目」，是也。何校云魏志注作「目」。

〔三〕歸增其貌者也　袁本、茶陵本「增」作「憎」，是也。

〔四〕注「修言已豈敢望」下至「故引之」　袁本無此三十七字。案：無者是也。茶陵本并五臣入善，此同其誤耳。

與魏文帝牋

繁休伯　文章志曰：繁欽，字休伯，潁川人，少以文辯知名。以豫州從事，稍遷至丞相主簿，病卒。文帝集序云：上西征，余守譙，繁欽從。時薛訪車子能喉囀，與笳同音。欽牋還與余，而盛歎之。雖過其實，而其文甚麗。

正月八日壬寅，領主簿繁欽〔一〕，死罪死罪。近屢奉牋，不足自宣。頃諸鼓吹，廣求異妓，時都尉薛訪車子，年始十四，左氏傳曰：叔孫氏之車子鉏商獲麟。能喉囀引聲，與笳同音。白上呈見，果如其言。許慎淮南子注曰：果，成也。即日故共觀試，乃知天壤之所生，誠有自然之妙物也。潛氣內轉，哀音外激，大不抗越，細不幽散，廣雅曰：抗，高也。聲悲舊笳，曲美常均。樂汁圖徵曰：聖人往承天以立五均。均者，亦律調五聲之均也〔二〕。宋均曰：長八尺，施絃也。及與黃門鼓吹温胡，迭唱迭和，漢書曰：鄭聲尤集黃門〔三〕集樂之所〔四〕。漢書音義，如淳曰：今樂家五日一習樂，爲理樂〔五〕。桓譚新論曰：漢之三主，内置黄門工倡〔六〕。喉所發音，無不響應，曲折沈浮，尋變入節。自初呈試，中間二旬，胡欲慠其所不知，尚之以一曲，巧竭意匱，既已不能。左氏傳，韓宣子如楚，叔向爲介。王欲慠叔向以其所不知而不能也。而此孺子遺聲抑揚，不可勝窮，優遊轉化，餘弄未盡；曁其清激悲吟，雜以怨慕，曁，及也。詠北狄之遐征，奏胡馬之長思，古詩曰：胡馬依北風。悽入肝脾，哀感頑豔。是時日在西隅，涼風拂衽，説文曰：衽，衣衿也。背山臨谿，流泉東逝。同坐仰嘆，觀者俯聽，莫不泫泣殞涕，悲懷慷慨。自左驥史妠謇姐名倡，魏志，文帝令杜夔與左驥等〔七〕於賓客之中吹笙鼓琴。然驥與顛音同也。其史妠、謇姐，蓋亦當時之樂人。聲類曰：妠，奴紺切。説文曰：嫭字或作姐，古字假借也。姐，子也切。能識以來，耳目所見，僉曰詭異，未之聞也。李陵與蘇武書曰：陵自有識以來，士之立操，未有如子卿者也。説文曰：詭，變也。

竊惟聖體，兼愛好奇；莊子，仲尼謂老聃曰：兼愛無私也。是以因牋，先白委曲。伏想御聞，必含餘懽。冀事速訖，旋侍光塵，寓目階庭，與聽斯調，左氏傳曰：得臣與寓目焉。宴喜之樂，蓋亦無量。詩曰：吉甫宴喜。欽死罪死罪。

文選考異

〔一〕領主簿繁欽　茶陵本無「繁」字，袁本有。案：此疑善無，五臣有，二本失著校語，而尤以五臣亂善。

〔二〕注「亦律調五聲之均也」　何校「亦」改「六」，是也。各本皆誤。

〔三〕注「漢書曰鄭聲尤集黄門」　案：此有脱誤，所引必禮樂志「鄭聲尤甚，黄門名倡丙彊、景武之屬」云云，以注「黄門」也。今誤「甚」爲「集」，「黄門」下失去，全非其舊耳。

〔四〕注「集樂之所」　案：「集」上當更有「黄門」二字。

〔五〕注「漢書音義」下至「爲理樂」　袁本無此十八字，有「已見長笛賦」五字。案：袁本最是，「已見長笛賦」，即指黄門集樂之所也。茶陵本複出，非。

〔六〕注「桓譚新論曰漢之三主内置黄門工倡」　案：此十五字亦已見長笛賦，不當有也。各本皆衍。

〔七〕注「與左騏等」　案：「騏」當作「顛」，觀下注「騏與蒖同」可見也。「蒖」即「顛」字，今本魏志作「願」，乃誤字耳。

答東阿王牋

陳孔璋　文章志曰：陳琳，字孔璋，廣陵人也。避亂冀州，袁紹辟之，使典密事。紹死，魏太祖辟爲軍謀祭酒，典記室，病卒。

琳死罪死罪。昨加恩辱命，并示龜賦，披覽粲然。君侯體高世之才，秉青蓱干將之器，漢書，袁盎諫文帝曰：陛下有高世之行三。呂氏春秋曰：趙襄子遊於囿中，至於梁，馬却不肯進。青荓爲參乘，青荓進，視下，豫讓却寢，佯爲死人。叱青荓曰：去，長者且有事。青荓曰：少而與子友。子今日爲大事，而我言之，失相與之道，子賊吾君，而我不言，失爲人臣之道。如我者唯死之可也。退而自殺。青荓，豫讓之友也。張叔及論〔一〕曰：青荓砥礪於鋒鍔，庖丁剖犧於用刀。越絶書曰：楚令歐冶子干將爲鐵劍二枚。吴越春秋曰：干將者，吴人。造劍二枚〔二〕，一曰干將，二曰莫邪。拂鐘無聲，應機立斷。説苑曰：西閭過東渡河，中流而溺，船人接而出之，問曰：子何之？過曰：欲説東諸侯。船人曰：子渡河而溺，安能説東諸侯乎？過曰：獨不聞干將莫邪，拂鍾不錚，試物不知，然以之綴履，曾不如兩錢之錐。今子持檝乘扁舟，子所能也。若試與子東説諸侯王，見一國之主，子之蒙蒙然無異於未視猶也。又曰：淳于髡三稱，鄒忌三知之。髡等辭屈而去。故所以尚干將莫邪者，貴於立斷。此乃天然異稟，非鑽仰者所庶幾也。言天性自然，受於異氣也。孔安國尚書傳曰：稟，受也。論語，顔淵曰：仰之彌高，鑽之彌堅。音義既遠，清辭妙句，焱絶煥炳，説文曰：焱，火華也，鹽念切。譬猶飛兔流星，超山越海，龍驥所不敢追；況於駑馬，可得齊足？呂氏春秋曰：飛兔、騕褭，古之駿馬也。流星，言疾也。李尤七嘆曰：神奔電驅，星流矢騖，則莫若益野騰駒。楚辭曰：驢騾偃蹇而齊足。夫聽白雪之音，觀緑水之節，然後東野巴人，蚩鄙益著，宋玉諷賦曰：臣援琴而鼓之，爲幽蘭白雪之曲。淮南子曰：手會緑水之趍。高誘曰：緑水，古詩也，東野，下里之音也。宋玉對問曰：客有歌於郢中者，其始曰下里巴人也。載懽載笑，欲罷不能。詩曰：既見復關，載笑載言。論語，顔淵曰：夫子博我以文，約我以禮，欲罷不能。謹韞櫝玩耽，以爲吟頌。論語，子貢曰：有美玉於斯，韞櫝而藏諸。吟誦，謂謳吟歌誦。琳死罪死罪。

文選考異

〔一〕注「張叔及論」　案：「叔及」當作「升反」，説已詳前。各本皆誤。
〔二〕注「吴越春秋曰干將者吴人造劍二枚」　袁本、茶陵本無此十四字。

答魏太子牋

魏略曰：魏郡大疫，故太子與質書，質報之。

吴季重　魏志，吴質，字季重，濟陰人，以文才爲文帝所善，爲朝歌長，官至振威將軍。文帝爲太子時，重答此牋也。

二月八日庚寅，臣質言：奉讀手命，追亡慮存，恩哀之隆，形於文墨。日月冉冉，歲不我與〔二〕。楚辭曰：老冉冉而逾施。論語，陽貨曰：歲不我與。昔侍左右，廁坐衆賢，出有微行之遊，入有管絃之懽，漢書曰：武帝微行私出。張晏曰：騎出入市里，若微賤之所爲，故曰微行。置酒樂飲，賦詩稱壽。漢書曰：陳平厚具樂飲太尉。史記曰：武安君起爲壽。如淳曰：上酒謂稱壽也。自謂可終始相保，並騁材力，効節明主。何意數年之間，死喪略盡。臣獨何德，以堪久長？陳徐劉應，才學所著，誠如來命，惜其不遂，可爲痛切。凡此數子，於雍容侍從，實其人也。兩都賦序曰：雍容揄揚。漢書曰：嚴助侍燕從容。若乃邊境有虞，羣下鼎沸，軍書輻至，羽檄交馳，於彼諸賢，非其任也。漢書，田延年曰：羣下鼎沸，社稷將傾。又息夫躬上疏曰：軍書交馳而輻湊，羽檄重積而狎至。往者孝武之世，文章爲盛，若東方朔枚皐之徒，不能持論，即阮陳之儔也。漢書，東方朔、枚皐不根持論，上頗俳優畜之。其唯嚴助壽王，與聞政事，然皆不慎其身，善謀於國，卒以敗亡，臣竊恥之。漢書曰：唯嚴助與吾丘壽王見任用。後淮南王朝，賂遺，助竟坐棄市。壽王後坐事誅。論語曰：冉子退朝，子曰：何晏也？對曰：有政。子曰：其事也，如有政，雖不吾以，吾其與聞之。至於司馬長卿稱疾避事，以著書爲務，則徐生庶幾焉。漢書，司馬相如常稱疾避事。又長卿妻曰：長卿時時著書，人又取去。魏文書曰：偉長著中論二十餘篇。爾雅曰：尚，庶幾也。而今各逝，已爲異物矣。鵩鳥賦曰：化爲異物，又何足患。後來君子，實可畏也。魏文書曰〔二〕：後生可畏，來者難誣。

伏惟所天，左氏傳，箴尹克黄曰：君，天也。何休墨守曰：君者，臣之天也〔三〕。優游典籍之場，休息篇章之囿，班固答賓戲曰：婆娑乎藝術之場，休息乎篇籍之囿。項代曰〔四〕：場囿，講藝之處。發言抗論，窮理盡微，周易，窮理盡性。孔安國尚書傳曰：微，妙也。摛藻下筆，鸞龍之文奮矣。鸞龍，鱗羽之有五彩，設以喻焉。答賓戲曰：摛藻如春華。班固與弟超書曰：傅武仲下筆不休。雖年齊蕭王，才實百之。魏文書曰：吾德不及蕭王，年與之齊矣。東觀漢記曰：更始遣使者立光武爲蕭王。漢書，劉向上疏曰：陳湯比於貳師，功德百之。此衆議所以歸高，遠近所以同聲〔五〕。周易曰：同聲相應。然年歲若墜，今質已四十二矣，白髮生鬢，所慮日深，實不復若平日之時也。但欲保身勑行，不蹈有過之地，以爲知己之累耳。莊子曰：可以保身。孔安國尚書傳曰：勑，正也。慎子曰：久處無過之地，則世俗聽矣。遊宴之歡，難可再遇；盛年一過，實不可追。臣幸得下愚之才，值風雲之會，論語，子曰：唯上智與下愚不移。周易曰：雲從龍，風從虎。時邁齒載〔六〕徒結切，尚書曰：日月逾邁。左氏傳，宰孔謂齊侯曰：伯舅耋老。杜預曰：七十曰耋也。猶欲觸匈奮首，展其割裂之用也。不勝慺慺，尚書曰〔七〕：慺慺，謹敬也。以來命備悉，故略陳至情。質死罪死罪。

文選考異

〔一〕歲不我與　袁本、茶陵本「我與」作「與我」。案：「與我」是也。善注引「歲不我與」，而正文自作「與我」，即所謂不拘語倒之例，前已詳論矣。尤依注乙正文，非。

〔二〕注「魏文書曰」　袁本、茶陵本「魏文」作「文帝」，是也。下同。

〔三〕伏惟所天又注「左氏傳」下至「臣之天也」　袁本、茶陵本云善無「伏惟所天」。案：此不當無，傳寫脱耳。尤校添爲是。二本并無注二十二字，此所有未審何出。

〔四〕注「項代曰」　陳云「代」，「岱」誤，是也。各本皆誤。

〔五〕遠近所以同聲　袁本、茶陵本「聲」下有「也」字。何校添，陳同。是也。

〔六〕時邁齒載　案：疑此「载」當作「耋」，故注引左傳「耋老」。袁、茶陵二本所載五臣良注「载，大也」。蓋「戴」、「耋」爲善，五臣不同也。又案：漢書孔光傳「犬馬齒戴」，讀作「耋」。或季重用彼成文。然則善當有「戴」、「耋」異同之注，今删削不全。

〔七〕注「尚書曰慺慺謹敬也」袁本無「尚」字，茶陵有。案：無者疑脱「字」字耳，作「尚」非也。求通親親表注引亦誤。

在元城與魏太子牋

吳季重 魏略曰：質遷元城令，之官，過鄴辭太子，到縣與太子牋。

臣質言：前蒙延納，侍宴終日，鄭玄禮記注曰：延，進也。燿靈匿景，繼以華燈。楚辭曰：角宿未旦，燿靈焉藏？廣雅曰：燿靈，日也。楚辭曰：蘭膏明燭華燈錯。雖虞卿適趙，平原入秦，受贈千金，浮觴旬日，無以過也。史記曰：虞卿者，遊説之士也。説趙孝成王，一見賜金百鎰，再見爲上卿，故號爲虞卿。又曰：秦昭王爲書遺平原君曰：寡人聞君之高義，願與君爲布衣之交。君幸過寡人，願與爲十日之飲。平原君遂入秦見昭王。小器易盈，先取沈頓，醒寤之後，不識所言。孔安國尚書傳曰：沈，謂醉冥也。頓，猶弊也。即以五日到官。初至承前，未知深淺。言每事承前，無所改易也。深淺，猶善惡也。然觀地形，察土宜。左氏傳，賓媚人曰：先王疆理天下，物土之宜。西帶常山〔一〕，連岡平代；漢書有恒山郡〔二〕。張晏曰：恒山在西。漢書，代郡有平邑及代二縣。北鄰柏人，乃高帝之所忌也。漢書，上東擊韓信，餘寇東垣，還過趙。趙相貫高等恥上不禮其王，陰謀欲殺上。上欲宿，心動，問縣名何？曰：柏人。上曰：柏人者，迫於人也。去弗宿。重以泜水，漸漬疆宇，漢書，恆山郡元氏縣有泜水，首受中丘西山，窮泉谷，入黄河。泜音脂。喟然嘆息：思淮陰之奇譎，亮成安之失策；漢書，成安君陳餘背漢之趙〔三〕。遣張耳與韓信擊破趙井陘，斬陳餘泜水上。奇譎，謂拔趙幟立漢幟。失策，謂不用李左車之言也。南望邯鄲，想廉藺之風；廉頗、藺相如，趙國之賢將也，故想其風。邯鄲，趙所都也〔四〕。東接鉅鹿，存李齊之流。漢書，文帝問馮唐曰：吾居代時，吾尚食監高祛，數爲我言趙將李齊之賢，戰於鉅鹿下。吾每飲食，意未嘗不在鉅鹿也。都人士女，服習禮教，西都賦曰：都人士女，殊異乎五方。皆懷慷慨之節，包左車之計。漢書，廣武君李左車説成安君曰：聞漢將韓信議欲以下趙，願假臣奇兵三萬人，絶其輜重。足下深溝高壘，堅壁勿與戰。吾奇兵絶其後，兩將之首，可致戲下。成安君不聽也。而質闇弱，無以莅之。毛萇詩傳曰：莅，臨也。若乃邁德種恩，樹之風聲，尚書，咎繇邁種德。風聲，已見上。使農夫逸豫於疆畔，女工吟咏於機杼〔五〕，固非質之所能也。詩曰：爾公爾侯，逸豫無期。漢書，酈食其曰：農夫釋耒，紅女下機。工與紅同。毛詩序曰：吟咏情性。至於奉遵科教，班揚明令，爾雅曰〔六〕：科，條也。下無威福之吏，邑無豪俠之傑，尚書曰：臣無有作福作威。賦事行刑，資於故實，國語，樊穆仲曰：魯侯賦事行刑，必問於遺訓而咨於故實。抑亦懔懔有庶幾之心。孔安國尚書傳曰：懔懔，危懼貌。

往者嚴助釋承明之懽，受會稽之位；壽王去侍從之娛，統東郡之任。其後皆克復舊職，追尋前軌。今獨不然，不亦異乎？漢書曰：嚴助爲中大夫，上問所欲，對曰：願爲會稽太守。數年，賜書制詔〔七〕會稽太守：君猒承明之廬，出爲郡吏，久不聞問。助恐，上書謝，願奉三年計最。詔許，因留侍中。又曰：吾丘壽王善格五，召待詔，拜侍中，後爲東郡尉〔八〕。復徵入爲光禄大夫侍中。張敞在外，自謂無奇；陳咸憤積，思入京城。漢書曰：張敞爲膠東相，與朱邑書曰：值敞遠守劇郡，馭於繩墨，胸臆約結，固無奇矣。又曰：陳咸，字子康，爲南陽守。咸數賂遺陳湯，與書曰：即蒙子公力，得入帝城，死不恨矣。後竟入爲少府。又曰：陳湯，字子公。彼豈虛談夸論，誑燿世俗哉？斯實薄郡守之榮，顯左右之勤也。古今一揆，先後不貿，爾雅曰〔九〕：貿，易也。焉知來者之不如今？論語曰：後生可畏，焉知來者之不如今？聊以當覲，不敢多云。質死罪死罪。

文選考異

〔一〕西帶常山　袁本、茶陵本「常」作「恒」。案：此尤改之也。

〔二〕注「漢書有恒山郡」　袁本、茶陵本「恒」作「常」，是也。下漢書恒山郡元氏縣同。

〔三〕注「背漢之趙」　陳云「趙」，「楚」誤，是也。各本皆誤。

〔四〕注「趙國之賢將也」下至「趙所都也」　袁本此十六字作「俱趙將也」四字，是也。茶陵本并入五臣，非。此同其誤耳。

〔五〕女工吟咏於機杼　案：「女工」當作「工女」，以「工女」與「農夫」偶句也。酈食其傳「紅女」與景帝紀「女紅」，迥乎有別。觀善舍紀引傳，較可知矣。各本皆誤倒。

〔六〕注「爾雅曰科條也」　案：「爾」當作「廣」。各本皆譌。此所引釋言文也。

〔七〕注「賜書制詔」　袁本、茶陵本「書」下有「曰」字，是也。

〔八〕注「後爲東郡尉」　何校「尉」上添「都」字，陳同，是也。各本皆脱。

〔九〕注「爾雅曰貿易也」　案：「爾」當作「小」。各本皆譌。此所引廣詁文也。

爲鄭沖勸晉王牋

阮嗣宗　臧榮緒晉書曰：鄭沖，字文和，滎陽人也，位至太傅。又曰：魏帝封晉太祖爲晉公，太原等十郡爲邑，進位相國，備禮九錫。太祖讓不受。公卿將校皆詣府勸進，阮籍爲其辭。魏帝，高貴鄉公也。太祖，晉文帝也〔一〕。

沖等死罪。伏見嘉命顯至，竊聞明公固讓，沖等眷眷，實有愚心，以爲聖王作制，百代同風，褒德賞功，有自來矣。漢書，武帝詔曰：古者賞有功，褒有德。左氏傳，叔孫曰：叔出季處，有自來矣。昔伊尹，有莘氏之媵田證切臣耳，一佐成湯，遂荷阿衡之號；説苑，鄒子説梁王曰：伊尹，有莘之媵臣，湯立以爲三公。史記曰：伊尹欲干湯，乃爲有莘媵臣。毛詩曰：實維阿衡，實左右商王。毛萇曰：阿衡，伊尹也。周公藉已成之勢，據既安之業，光宅曲阜，奄有龜蒙；尚書曰：光宅天下。又曰：魯侯伯禽宅曲阜。毛詩曰：奄有龜蒙，遂荒大東。毛萇曰：龜山、蒙山也。呂尚磻溪之漁者，一朝指麾，乃封營丘。尚書中候曰：王即迴駕水畔，至磻溪之水，呂尚釣於崖。史記曰：西伯以呂尚爲太師。武王東伐，師尚父左仗黄鉞，右秉白旄以誓。武王以平商〔二〕，封尚父於齊營丘。魏書，荀攸勸進曰：昔周公承文武之迹，受已成之業；呂望暫把旄鉞，一時指麾。皆大啓土宇，跨州兼國。自是以來，功薄而賞厚者，不可勝數。東觀漢記，曹節上書曰：功薄賞厚，誠有踧踖也。然賢哲之士，猶以爲美談。公羊傳曰：魯人至今以爲美談〔三〕。況自先相國以來，世有明德，王隱晉書宣紀曰：天子策命上爲相國。又景紀曰：天子策上爲相國。毛詩曰：世有哲王。尚書曰：明德惟馨。翼輔魏室，以綏天下，朝無闕政，民無謗言。南都賦曰：朝無闕政，風烈昭宣。左氏傳曰：晉悼公即位，民無謗言，所以復霸也。

前者，明公西征靈州，北臨沙漠，榆中以西，望風震服，羌戎東馳，迴首内向。王隱晉書文紀曰：姜維出隴右，上帥輕兵到靈州，大破之，諸虜震服。漢北地郡有靈州縣〔四〕，金城郡有榆中縣。李陵書曰：遠聽之臣，望風馳命。爾雅曰：震，懼也。長楊賦曰：靡節西征，羌僰東馳。封禪文曰：昆蟲闓澤，回首面内。劇秦美新曰：回首内嚮，喁喁如也。東誅叛逆，全軍獨尅，禽闔閭之將，斬輕鋭之卒，以萬萬計，威加南海，名懾之涉切三越。王隱晉書文紀曰：諸葛誕反，上親臨西園〔五〕，四面並攻。須臾陷潰，斬送誕首。魏志曰：誕閉城自守，遣小子靚至吳請救。吳遣唐咨、王祚來應誕。及斬誕，唐咨、王祚皆降。吳兵萬衆，器仗軍實山積。孫子兵法曰：用兵之法，全軍爲上，破軍次之。闔閭，吳王也，以比孫權。爾雅曰：慴，懼也。郭璞曰：即慴字也。漢書有三越，謂吳越及南越、閩越也。宇内康寧，苛慝不作。過秦論曰：包舉宇内。尚書，五福，三曰康寧。左氏傳，晉叔向曰：有楚國者，其棄疾乎？君居陳、蔡，苛慝不作，盜賊伏隱也。是以殊俗畏威，東夷獻舞。范曄後漢書曰：東夷自少康以後，世服王化，獻其樂舞。

故聖上覽乃昔以來禮典舊章，開國光宅，顯兹太原。毛詩曰：率由舊章。周易曰：大君有命，開國承家。明公宜承聖旨，受兹介福，允當天人。易曰：受兹介福，以中正也。左氏傳，楚子曰：軍志云，允當即歸。元功盛勳，光光如彼；國土嘉祚，巍巍如此。内外協同，靡諐靡違。由斯征伐，則可朝服濟江，埽除吳會；國語曰：齊教大成，定三革，隱五刃，朝服以濟河，而無怵惕焉，文事勝矣。西塞江源，望祀岷山。漢書曰：江水祀蜀，塞特牲，亦牛犢。塞，謂報神恩也。禮記曰：東巡狩，望祀山川。漢書曰：秦并天下，令祠官祠瀆山。瀆山，蜀之岷山也。迴戈弭節，以麾天下，長楊賦曰：迴戈聊指〔六〕，南越相夷；靡節西征，羌、僰東馳。今以靡爲弭，誤也。遠無不服，邇無不肅。國語，祭公謀父曰：近無不聽，遠無不服。今大魏之德〔七〕，光于唐虞；明公盛勳，超於桓文。然後臨滄洲而謝支伯，登箕山而揖許由，豈不盛乎！莊子曰：舜讓天下於子州支伯，子州支伯曰：予有幽憂之病，方且治之，未暇治天下。支或爲交。呂氏春秋曰：昔堯朝許由於沛澤之中，請屬天下於夫子，許由遂之箕山之下。至公至平，誰與爲鄰？仲長子昌言曰：人主臨之以至公。莊子，魯侯曰：其道幽遠而無人，吾誰與之爲鄰〔八〕。

何必勤勤小讓也哉！沖等不通大體，敢以陳聞。

文選考異

〔一〕注「魏帝高貴鄉公也太祖晉文帝也」　袁本、茶陵本無此十三字。案：此不當無，或二本脱。

〔二〕注「武王以平商」　袁本、茶陵本「以」作「已」，是也。

〔三〕注「公羊傳曰魯人至今以爲美談」　袁本此十二字作「美談已見上文」，是也。茶陵本複出，非。

〔四〕注「漢北地郡有靈州縣」　袁本、茶陵本「漢」下有「書」字，是也。

〔五〕注「上親臨西園」　袁本「園」作「圜」，是也。茶陵本亦誤「園」。

〔六〕注「迴戈聊指」　案：「聊」當作「邪」，各本皆誤。

〔七〕今大魏之德　袁本、茶陵本無「今」字。陳云「今」晉書作「今」，爲是。案：此尤校添而復譌其字耳。

〔八〕注「吾誰與之爲鄰」　袁本、茶陵本無「之」字，是也。所引山木篇文。

拜中軍記室辭隋王牋〔一〕

謝玄暉　蕭子顯齊書曰：謝朓〔二〕爲隋王子隆府文學。世祖勑朓可還都，遷新安王中軍記室，牋辭子隆。世祖，武皇帝。

故吏文學謝朓死罪死罪。即日被尚書召，以朓補中軍新安王記室參軍。朓聞潢汙之水，願朝宗而每竭；左氏傳曰：潢汙行潦之水。尚書曰：江漢朝宗于海。駑蹇之乘，希沃若而中疲。班固王命論曰：駑蹇之乘，不騁千里之塗。王逸楚辭注曰：蹇，跛也。法言曰：希驥之馬，亦驥之乘也。李軌曰：希，望也。詩曰：我馬維駱，六轡沃若。沃若，調柔也。何則？皐壤搖落，對之惆悵；莊子，仲尼謂顔回曰：山林與，皐壤與，使我欣欣而樂。樂未畢也，哀又繼之。楚辭曰：草木搖落而變衰。又曰：惆悵予兮私自憐。歧路西東，或以歍唈烏合切。淮南子曰：楊子見歧路而哭之，爲其可以南，可以北。又曰：雍門周見於孟嘗，孟嘗君爲之嗚唈流涕。歍與嗚同。況迺服義徒擁，歸志莫從，言密服義之情也〔三〕。楚辭曰：身服義而未沬。鄭玄儀禮注曰：擁，抱也。孟子曰：予浩然有歸志。曹植應詔詩曰：朝覲莫從。邈若墜雨，翩似秋蔕。潘岳楊氏七哀詩曰：漼如葉落樹，邈然雨絶天。論衡曰：雲散水墜，成爲雨矣。郭璞遊仙詩曰：在世無千月，命如秋葉蔕。朓實庸流，行能無算。鄭玄論語注曰：算，數也。屬天地休明，山川受納，天地喻帝，山川喻王。左氏傳，王孫滿曰：德之休明。又伯宗曰：川澤納汙，山藪藏疾。褒采一介，抽揚小善，尚書，秦穆公曰：如有一介臣。周書陰符，太公曰：好用小善，不得真賢也。蔡邕玄表賦曰：庶小善之有益。故捨耒場圃，奉筆兔園。詩曰：九月築場圃。西京雜記曰：梁孝王好宫室苑圃之樂〔四〕，築兔園也。東亂三江，西浮七澤，言常從子隆也。蕭子顯齊書曰：隋王子隆爲東中郎將、會稽太守，後遷西將軍〔五〕、荆州刺史。三江，越境也。七澤，楚境也。孔安國尚書傳曰：正絶流曰亂。尚書曰：三江既入，震澤厎定。楚辭曰：過夏首而西浮。子虚賦曰：臣聞楚有七澤。契闊戎旃，從容讌語。毛詩曰：死生契闊。周禮：九旗通帛曰旃。劉向七言曰：讌處從容觀詩、書。毛詩曰：燕笑語兮，是以有譽處兮。長裾日曳，後乘載脂；鄒陽上書曰：何王之門不可曳長裾乎？魏文帝與吴質書曰：文學託乘於後車。毛詩曰：載脂載舝，還車言邁。榮立府庭，恩加顔色。曹植豔歌行曰：長者賜顔色。沐髮晞陽，未測涯涘；楚辭曰：朝濯髮於湯谷兮，夕晞余身乎九陽。撫臆論報，早誓肌骨。演連珠曰：撫臆論心。陳思王責躬表曰：抱釁歸蕃，刻肌刻骨。不悟滄溟未運，波臣自蕩；莊子曰：鯤化而爲鳥，其名曰鵬，海運則將徙於南溟。司馬彪曰：轉，運也。又曰：莊周謂監河侯曰：周顧視車轍中有鮒魚焉，曰：我東海之波臣也，君豈有升斗之水而活我哉？渤澥方春，旅翮先謝。滄溟、渤澥，皆以喻王；波臣、旅翮，皆自喻也。解嘲曰：若江湖之魚，渤澥之鳥。清切藩房，寂寥舊蓽，藩房，王府；舊蓽，眺舍也。劉楨贈徐幹詩曰：拘限清切禁，中情無由宣。左氏傳曰：蓽門圭竇之人，皆陵其上。輕舟反溯，弔影獨留。言舟反而已留也。洛神賦曰：浮輕舟而上溯。曹子建責躬表曰：形影相弔，五情愧赧。白雲在天，龍門不見，穆天子傳，西王母爲天子謡曰：白雲在天，山陵自出；道路悠遠，山川間之。將子無死，尚能復來？楚辭曰：過夏首而西浮，顧龍門而不見。王逸曰：龍門，楚東門也。去德滋永，思德滋深。莊子，徐無鬼謂女商曰：子不聞夫越之流人乎？去國數日，見其所知而喜；去國旬月，見所常見於國中而喜；及朞年也，見似人者而喜矣。不亦去人滋久者，思人滋深乎！唯待青江可望，候歸艎於春渚；冀王入朝，而已候於江渚也。杜預左氏傳注曰：艅艎，舟名也。朱邸方開，効蓬心於秋實。史記曰：諸侯朝天子，於天子之所立舍，曰邸。諸侯朱户，故曰朱邸。莊子謂惠子曰：夫子拙於用大，則夫子猶蓬之心也夫！韓詩外傳，簡王曰〔六〕：夫春樹桃李，秋得食其實也。如其簪履或存，衽席無改，韓詩外傳曰：少原之野，婦人刈蓍薪而失簪〔七〕，哭甚哀。賈子曰：楚昭王亡其踦履，已行三十步，復還取之。左右曰：何惜此？王曰：吾悲與之俱出不俱反。自是楚國無相棄者〔八〕。韓子曰：文公至河，命席褥捐之。咎犯聞之，曰：席褥所卧也，而君棄之，臣不勝其哀。鄭玄周禮注曰：衽席乃單席也〔九〕。雖復身填溝壑，猶望妻子知歸。列女傳，梁高行曰：妾夫不幸早死，先狗馬填溝壑。東觀漢記，張湛謂朱暉曰：願以妻子託朱生。攬涕告辭，悲來横集，楚辭曰：思美人兮攬涕而竚眙。又曰：涕横集而成行。漢書，中山靖王曰：不知涕泣之横集。不任犬馬之誠。史記，丞相青翟曰：臣不勝犬馬心。

文選考異

〔一〕拜中軍記室辭隋王牋　何校「隋」改「隨」。陳云「隋」，「隨」誤。袁、茶陵二本作「隨」。袁有校語云善作「隋」。茶陵無校語。案：陳、何似但據茶陵改耳。下注盡作「隋」，袁所見是矣。

〔二〕注「謝朓」何校「眺」改「朓」。陳云「眺」並當作「朓」。案：已見前。

〔三〕注「言密服義之情也」袁本、茶陵本無此七字。案：無者最是。尤誤取增多，最非。凡此類，俱顯然可知者也。

〔四〕注「好宮室苑圃之樂」何校「圃」改「囿」，是也。各本皆譌。

〔五〕注「後還西將軍」陳云「西」上脱「鎮」字，是也。袁本亦脱。茶陵本并入五臣，更非。

〔六〕注「韓詩外傳簡王曰」案：「王」當作「主」。各本皆誤。

〔七〕注「而失簪」袁本「失」作「亡」，是也。茶陵本并入五臣作「失」，非。

〔八〕注「左右曰」下至「無相棄者」袁本無此二十五字，有「衽席而甚切」五字。案：袁本是也。茶陵本并入五臣，與此同，皆非。

〔九〕注「衽席乃單席也」袁本無「乃」字，是也。茶陵本并入五臣，仍未衍。案：「衽」下「席」字，亦不當有。上善音同，蓋皆涉正文而誤添。

到大司馬記室牋

任彦昇 劉璠梁典曰：宣德太后以公爲大司馬、録尚書事。以任昉爲記室，用舊也。

記室參軍事任昉死罪死罪。伏承以今月令辰，肅膺典策。劉歆甘泉賦曰：擇吉日之令辰。德顯功高，光副四海，東觀漢記，明帝册曰：剖符封侯，或以德顯。朱浮與彭寵書曰：伯通自伐，以爲功高天下。含生之倫，庇身有地。曹植對酒行曰：含生蒙澤，草木茂延。左氏傳，子反曰：信以守禮，禮以庇身。況昉受教君子，將二十年，魏文帝令曰：況吾託士人之末列，曾受教君子哉！咳唾爲恩，眄睞成飾，莊子，孔子謂漁父曰：丘幸聞咳唾之音。古詩曰：眄睞以適意。小人懷惠，顧知死所。論語，子曰：小人懷惠。左氏傳，其友謂狼瞫曰：盍死！瞫曰：吾未獲死所。昔承嘉宴，屬有緒言，提挈苦結切之旨，形乎善謔，豈謂多幸，斯言不渝〔一〕。梁史曰：始高祖遇昉於竟陵王西邸，從容謂昉曰：我登三府，當以卿爲記室。昉亦戲高祖曰：我若登三事，當以卿爲騎兵。高祖善騎射也。至是故引昉，符昔言也。莊子，孔子謂漁父曰：曩者先生有緒言而去。漢書，廝養卒曰：兩人左提右挈，滅燕易矣。詩曰：善戲謔兮。漢書，衛青曰：臣幸得待罪行間。左氏傳，羊舌職曰：民之多幸，國之不幸〔二〕。詩曰：寔命不渝。毛萇曰：渝，變也。雖情謬先覺，而迹淪驕餌，知梁武之必貴，爲謬先覺也；猶仕齊邦，是淪驕餌也。論語，子曰：抑亦先覺者，是賢乎！漢書，桓生欲借書，班嗣報曰：不絓聖人之網，不齅驕君之餌也。湯沐具而非弔，大廈構而相賀。淮南子曰：湯沐具而蟣蝨相弔，大廈成而燕雀相賀。憂樂别也。

明公道冠二儀，勳超遂古，易曰：易有太極，是生兩儀。楚辭曰：遂古之初，誰傳道也？將使伊周奉轡，桓文扶轂，上林賦曰：孫叔奉轡。羽獵賦曰：齊桓曾不足使扶轂。神功無紀，作物何稱？言聖德幽玄，同夫二者，既無功而可紀，亦何名而可稱。莊子曰：神人無功，聖人無名。司馬彪曰：神人無功〔三〕，言脩自然不立功也；聖人無名，不立名也。莊子曰：造物者爲人。司馬彪曰：造物，謂道也。府朝初建，俊賢翹首；阮籍奏記曰：羣英翹首，俊賢抗足。惟此魚目，唐突璵璠。魚目似珠。璵璠，魯玉也。雒書曰：秦失金鏡，魚目入珠。韓詩外傳曰：白骨類象，魚目似珠。左氏傳曰：季平子卒，陽虎將以璵璠斂。孔融汝潁優劣論，陳羣曰：頗有蕪菁，唐突人參也。顧己循涯，寔知塵忝，千載一逢，再造難答；東觀漢記，太史官曰：耿況千載而一遇者也。易曰：天造草昧。言王者之恩，同於上帝，故云再造也。雖則殞越，且知非報。左氏傳，齊侯曰：小白恐隕越于下。毛詩曰：匪報也，永以爲好也。不勝荷戴屏營之情，國語，申胥曰：昔楚靈王獨行屏營。謹詣廳奉白牋謝聞，昉死罪死罪。

文選考異

〔一〕斯言不渝　袁本、茶陵本云「言」善作「其」。案：尤改之也。梁書作「言」。

〔二〕注「漢書衞青曰」下至「國之不幸」　袁本此二十七字作「多幸已見上文」六字，是也。茶陵本複出，非。

〔三〕注「聖人無名司馬彪曰神人無功」　袁本、茶陵本無此十二字。案：此尤校添之也。

百辟勸進今上牋

任彦昇　何之元梁典曰：高祖武皇帝諱衍，字叔達，姓蕭氏，本蘭陵郡縣中都里人也。劉璠梁典曰：帝詔授公梁公，加公九錫，公辭。於是左長史王瑩等勸進，公猶謙讓未之許，瑩等又牋，並任昉之辭也。帝，謂寶融也。史記曰〔一〕：司馬遷自序作今上本紀。然遷以漢武見在，故云今上也。

近以朝命藴策，冒奏丹誠，方言曰：藴，崇也。謂尊崇而加策命也。藴與韞同。奉被還命，未蒙虚受，易曰：君子以虚受人。搢紳顒顒，深所未達。司馬相如封禪書曰：因雜搢紳先生之略術。李奇曰：搢，插笏於紳。紳，大帶。薛君韓詩章句曰：萬人顒顒，仰天告愬。論語，子曰：丘未達也。蓋聞受金於府，通人之弘致；吕氏春秋曰：魯國之法，魯人爲人臣妾於諸侯，有能贖之者，取其金於府。子貢贖魯人於諸侯，來而辭不取其金。孔子曰：賜失之矣，自今以往，魯人不贖人矣。鄭玄禮記注曰：致之言至也。高蹈海隅，匹夫之小節。莊子曰：舜以天下讓其友石户之農，石户之農以舜之德爲未至，於是夫負妻戴〔二〕，攜子以入于海，終身不反。魏書，荀攸勸進曰：信匹夫細行，攸等所大懼。是以履乘石而周公不以爲疑，尸子曰：昔者武王崩，成王少，周公旦踐東宫，履乘石，假爲天子七年。周禮曰：王行先乘石。鄭司農曰：乘石，王所登上車之石也。增玉璜而太公不以爲讓。尚書中候曰：王即田雞水畔〔三〕，至磻溪之水，吕尚釣於崖。王下拜曰：切望公七年，乃今見光景于斯。尚立變名，答曰：望釣得玉璜，刻曰姬受命，吕佐旌，德合昌，來提撰；爾雒鈐，報在齊。

宋均曰：旌，理也。況世哲繼軌，先德在民；毛詩曰：世有哲王。晉中興書曰：王綏八世，德名繼軌。左氏傳，晉士鞅謂秦伯曰：欒武子之德在人，如周人思召公焉。經綸草昧，嘆深微管。易曰：雲雷屯，君子以經綸。又曰：天造草昧。論語，子曰：管仲相桓公，霸諸侯，一匡天下，民到于今受其賜。微管仲，吾其被髮左衽矣。加以朱方之役，荆河是依，劉璠梁典曰：蕭順之生高帝及兄懿，懿爲豫州刺史，鎮歷陽。護軍將軍崔慧景反，破左興衆十萬於鍾山〔四〕，宫城拒守。豫州聞難，投袂而起，戰於越，城破，慧景走，追斬之。除侍中，遷尚書令。左氏傳曰：冬，吴伐楚以報朱方之役。杜預曰：朱方，吴邑也。尚書禹貢曰：荆河惟豫州。班師振旅，大造王室。尚書曰：班師振旅。孔安國曰：班，還也。兵入曰振旅，言整衆也。左氏傳，吕相曰：我有大造于西。雖累繭救宋，重胝存楚。説文曰：䵪，黑皺也，古典切〔五〕。戰國策曰：公輸般爲楚設機械，將以攻宋。墨子聞之，百舍重繭，往見公輸般。輸般服焉，請見之王。王曰：善哉，請無攻宋。高誘曰：公輸般，魯班之子〔六〕。百舍，百里一舍也。重繭，累胝也。淮南子曰：申包胥累繭重胝，七日七夜至于秦庭，以見秦王，曰：使下臣告急。秦王乃發軍擊吴，果大破之，以存楚國。胝，竹尼切。居今觀古，曾何足云？而惑甚盜鍾，功疑不賞，吕氏春秋曰：范氏亡，有得其鍾者，欲負而走，則大鍾不可負，以椎毁之，鍾怳然有音，恐人聞之而奪，已遽掩其耳。惡聞其過，亦由此也。漢書，蒯通謂韓信曰：臣聞勇略震主者身危，功蓋天下者不賞。皇天后土，不勝其酷。左氏傳，晉大夫謂秦伯曰：君履后土而戴皇天。是以玉馬駿犇，表微子之去；金版出地，告龍逢之怨。劉璠梁典曰：東昏荒淫，歸政閹豎。尚書令懿於中書省飲鴆薨。論語比考讖曰：殷惑女妲己〔七〕，玉馬走。宋均曰：女妲己，有美色也。玉馬，喻賢臣奔去也。論語陰嬉讖曰：庚子之旦，金版剋書出地庭中，曰：臣族虐王禽。宋均曰：謂殺關龍之後，庚子旦，庭中地有此版異也。龍同姓，稱族，王虐殺我，必見禽也。明公據鞍輟哭，厲三軍之志；獨居掩涕，激義士之心。劉璠梁典曰：高祖告難於荆州行事，蕭穎胄建牙陳伐〔八〕。吴志曰：孫策亡，權悲感未視事。張昭謂權曰：方今天下鼎沸，何得寢伏哀戚，乃扶上馬，陳兵而出。范曄後漢書曰：馬援據鞍顧眄。三國名臣頌曰：輟哭止哀。東觀漢記曰：光武兄齊武王以譖遇害。上獨居，不御酒肉，坐卧枕席有涕泣處。晉中興書，劉胤謂邵續曰：莫若亢大順以激義士之心，奉忠正以厲軍民之志。故能使海若登祇，罄圖效祉；楚辭曰：使湘靈鼓瑟兮，令海若舞馮夷〔九〕。王逸曰：海若，海神名也。管子曰：登山之神有俞兒者，長尺，人物具焉。霸王之君興，登山之神見，且走馬前。走，導也。爾雅曰：罄，盡也。山戎孤竹，束馬景從。漢書郊祀志曰：齊桓公曰：寡人北伐山戎，過孤竹，束馬懸車，上辟耳之山。東都賦曰：天官景從。伐罪弔民，一匡靖亂，尚書曰：奉辭伐罪。孟子曰：湯始征自葛，誅其君，弔其民。論語，子曰：管仲相桓公，一匡天下。左氏傳，宰孔謂晉侯曰：君務靖亂，無勤於行。匪叨天功，實勤濡足。左氏傳，介之推曰：竊人之財，猶謂之盜；況貪天功〔一〇〕以爲己力？韓詩外傳曰：申徒狄非其世，將自投於河。崔嘉聞而止之，曰：聖人仁人，民之父母，今爲濡足，故不救人，可乎？且明公本自諸生，取樂名教，鍾離意别傳曰：嚴遵與光武皇帝俱爲諸生。樂廣曰：名教中自有樂地，何爲乃爾〔一一〕？道風素論，坐鎮雅俗，王隱晉書，劉琨表曰：李術以素論門望，不可與樵采同日也。孫綽子曰：或問雅俗，曰：涇、渭分流，雅、鄭異調〔一二〕。不習孫吴，遘兹神武。曹植上疏曰：不取孫、吴，而闇與之會。周易曰：古之聰明睿智，神武而不殺者夫。驅盡誅之氓〔一三〕，濟必封之俗，史記，周公曰：後嗣王紂，其民皆可誅。尚書大傳曰：周民可比屋而封也。孔安國尚書傳曰：濟，成也。王充論衡曰：堯、舜之民，比屋可封；桀、紂之民，比屋可誅也。龜玉不毀，誰之功歟？論語曰：季氏將伐顓臾，冉有、季路見於孔子，孔子曰：虎兕出於柙，龜玉毀於櫝中，是誰之過歟〔一四〕？獨爲君子，將使伊周何地？謝承後漢書，王暢誄劉表〔一五〕曰：蘧伯恥獨爲君子。何地，謂何地自處也。某等不達通變，實有愚誠，周易曰：通其變，使民不倦。不任悾款，悉心重謁。論語注曰：悾悾，誠愨也。廣雅曰：款，誠也。伏願時膺典册，式副民望。左氏傳，師曠謂晉侯曰：夫君，神之主，而民之望也。

文選考異

〔一〕注「史記曰司馬遷自序」何校去「曰」字，陳同，是也。各本皆衍。

〔二〕注「於是夫負妻戴」袁本、茶陵本無「夫」字、「戴」字。

〔三〕注「即田雞水畔」袁本、茶陵本無此五字。

〔四〕注「破左興衆十萬於鍾山」陳云「興」下當有「盛」，是也。各本皆脱。

〔五〕注「説文曰黰黑皺也古典切」袁本、茶陵本無此十字。

〔六〕注「魯班之子」案：「子」當作「号」。各本皆譌。今宋策注「號」，「号即號別體也」。

〔七〕注「殷惑女妲己」袁本、茶陵本無「女」字。

〔八〕注「建牙陳伐」案：「陳」當作「東」。各本皆譌。

〔九〕注「楚辭曰」下至「舞馮夷」袁本、茶陵本無此十五字。案：此蓋因已見五臣而節去。

〔一〇〕注「況貪天功」茶陵本「天」下有「之」字。袁本并入五臣，仍未脱。

〔一一〕注「樂廣曰」下至「何爲乃爾」袁本此十四字作「名教已見上文」。茶陵本複出，非。

〔一二〕注「孫綽子曰」下至「雅鄭異調」袁本此十七字作「雅俗已見上文」。茶陵本複出，非。

〔一三〕驅盡誅之氓　袁本、茶陵本云「氓」善作「萌」。案：此以五臣亂善，説詳前。

〔一四〕注「論語曰」下至「是誰之過歟」袁本、茶陵本無此三十六字。案：此蓋因已見五臣而節去。

〔一五〕注「王暢誅劉表」陳云當作「劉表誅王暢」。魏志劉表傳注引謝書甚詳，是也。各本皆誤。

奏記

詣蔣公

阮嗣宗

臧榮緒晉書曰：太尉蔣濟聞籍有才儁而辟之〔一〕，籍詣都亭奏記。初，濟恐籍不至，得記欣然，遣卒迎之，而籍已去，濟大怒〔二〕。於是鄉親共喻之，籍乃就吏。後謝病歸，復爲尚書郎。籍本有濟世志，屬魏、晉之際，天下多故，遂酣飲爲常。文帝初欲爲武帝求婚於籍，籍醉六十日，不得言而已〔三〕。

籍死罪死罪。伏惟明公，以含一之德，據上台之位，尚書曰：伊尹作咸有一德。泰階六符經曰：中階上星，謂諸侯三公。漢書音義曰：泰階三台。羣英翹首，俊賢抗足，易通卦驗曰：萬人聞鷄鳴皆翹首。開府之日，人人自以爲掾屬，辟書始下，下走爲首。辟，猶召也。司馬遷書曰：太史公牛馬走。應劭漢書注曰：走，僕也。子夏處西河之上，而文侯擁篲；史記曰：卜商，字子夏。禮記，曾子謂子夏曰：事夫子於洙、泗之間，退而老於西河之上。吕氏春秋，白圭曰：魏文侯師子夏。李奇漢書注曰：擁篲爲恭也。如今卒持篲也。鄒子居黍谷之陰，而昭王陪乘。劉向別録曰：鄒衍在燕，有谷寒，不生五穀，鄒子吹律而温，生黍。七略曰：方士傳言鄒子在燕，其遊，諸侯畏之，皆郊迎而擁篲。鄭玄周禮注曰：陪乘，參乘也。夫布衣窮居韋帶之士，王公大人所以屈體而下之者，爲道存也。鄒陽上書曰：布衣窮居之士，身在貧賤。説苑，唐且謂秦王曰：大王常聞布衣韋帶之士怒乎？吕氏春秋曰：王公大人從而化之，此得之於學也。莊子曰：若夫人者，目擊而道存焉。籍無鄒卜之德而有其陋，猥見採擢，無以稱當〔四〕。方將耕於東皐之陽，輸黍稷之稅，以避當塗者之路。漢書，武帝制曰：守文之君，當塗之士，欲則先王之法，以翼戴其世主者，甚衆也。負薪疲病，足力不强。孟子曰：孟子有疾，王使人問疾。孟仲子對曰：昔者有王命，有負薪之憂，不能造朝。列子曰：非足力之所及也。補吏之召〔五〕，非所克堪。乞迴謬恩，以光清舉。

文選

〔南朝梁〕蕭統 編
〔唐〕李善 注

第五册
第四十一卷至第五十卷

上海古籍出版社

文選第五册目録

（第四十一卷至第五十卷）

書

檄

對問

設論

辭

序

頌

贊

符命

史論

史述贊

文選卷第四十一

書上

答蘇武書

李少卿

子卿足下：蔡邕獨斷曰：陛下者，羣臣與至尊言，不敢指斥天子，故呼在陛下者而告之，因卑達尊之意也。及羣臣庶士相與言殿下、閤下、足下、侍者、執事之屬，皆此類也。勤宣令德，策名清時，左氏傳，僖公二十三年，狐突對晉惠公曰：策名委質，貳乃辟也。策名，謂君簡書臣之名。清時，謂昭帝之時。榮問休暢，幸甚幸甚！小雅曰：非分而得謂之幸。遠託異國，昔人所悲，桓子新論，雍門周鼓琴見孟嘗君，曰：先生鼓琴，亦能令悲乎？對曰：所能令悲者，遠赴絶國，無相見期。若此人者，但聞飛鳥之號，秋風蕭條，則心傷矣。望風懷想，能不依依！昔者不遺，遠辱還答，慰誨懃懃，有踰骨肉。陵雖不敏，孝經曰：參不敏。能不慨然！

自從初降，以至今日，身之窮困，獨坐愁苦，終日無覩，但見異類。家語，孔子曰：舜之爲君，暢於異類。王肅曰：異類，四方夷狄也。韋韝古豆切毳川芮切幙，以禦風雨。羶肉酪漿，以充飢渴。説文曰：韝，臂衣也。漢書，董君緑幘傅韝。注曰〔一〕：韝形如射韝，以縛左右手，以於事便也。毳幙，氈帳也。烏孫公主歌曰：肉爲食，酪爲漿。舉目言笑，誰與爲歡？胡地玄冰，邊土慘裂，説文曰：慘，毒也。廣雅曰：裂，分也。但聞悲風蕭條之聲。涼秋九月，塞外草衰。夜不能寐，側耳遠聽，胡笳互動，牧馬悲鳴，杜摯笳賦序曰：笳者，李伯陽入西戎所作也。傅玄笳賦序曰：吹葉爲聲。説文作葭。毛詩曰：駉駉牧馬。吟嘯成羣，邊聲四起。晨坐聽之，不覺淚下。嗟乎子卿！陵獨何心，能不悲哉！與子别後，益復無聊。賈逵國語注曰：聊，賴也。上念老母，臨年被戮；妻子無辜，並爲鯨鯢。左氏傳，楚子曰：古者明王伐不敬，取其鯨鯢而封之，以爲大戮。杜預曰：鯨鯢，大魚名，以喻不義之人吞食小國。身負國恩，爲世所悲。背恩不報，爲負恩也。鄭玄禮記注曰：負，背也。子歸受榮，我留受辱，命也如何！身出禮義之鄉，而入無知之俗，違棄君親之恩，長爲蠻夷之域，傷已！令先君之嗣，先君謂其父當户也，即廣之子。更成戎狄之族，又自悲矣！功大罪小，不蒙明察，孤負陵心，區區之意，每一念至，忽然忘生。陵不難刺七亦切心以自明，刎亡粉切頸以見志，顧國家於我已矣。王逸注離騷曰：已矣，絶望之辭也。殺身無益，適足增羞，故每攘臂忍辱〔一一〕，輒復苟活。孟子曰：馮婦善搏虎，攘臂下車，衆皆悦之。左右之人，見陵如此，以爲不入耳之歡，來相勸勉。異方之樂，秖音支令人悲，增忉怛耳。爾雅曰：忉，憂也。方言曰：怛，痛也。嗟乎子卿！人之相知，貴相知心。前書倉卒七忽，未盡所懷，故復略而言之：

昔先帝授陵步卒五千，先帝，謂武帝也。出征絶域，五將失道，陵獨遇戰。漢書武紀曰：天漢二年，將軍李廣利出酒泉，公孫敖出西河，騎都尉李陵將步卒五千出居延。時無五將，未審陵書之誤，而武紀略之。集表云：臣以天漢二年到塞外，尋被詔書，責臣不進。臣輒引師前到浚稽山。五將失道。詳此，亦不云其名。而裹萬里之糧，帥徒步之師，出天漢之外，入强胡之域。漢書，蕭何曰：語天漢，其稱甚美。臣瓚按：流俗語曰天漢，其言常以漢配天，此美名也。以五千之衆，對十萬之軍，策疲乏之兵，當新羇之馬。説文曰：羇，馬絡頭也。然猶斬將搴居展切旗，追奔逐北，史記曰：斬將搴旗之士。臣瓚按：拔取曰搴。商君書曰：戰勝逐北。服虔漢書注曰：師敗曰北。滅跡掃塵，斬其梟帥。張晏漢書注曰：驍勇也，若六博之梟。使三軍之士，視死如歸。呂氏春秋，管仲謂齊侯曰：平原廣域，車不結軌，士不旋踵，鼓之，使三軍之士，視死如歸，臣不如王子成父。陵也不才，希當大任，呂氏春秋，淳于髠曰：臣不肖，不足以當大任。意謂此時，功難堪矣。説文作戡。戡，勝也。此堪是地名，今傳俗用。匈奴既敗，舉國興師，劉兆穀梁注曰：舉，盡也。更練精兵，强踰十萬。單于臨陣，親自合圍。客主之形，既不相如而去切；步馬之勢，又甚懸絶。疲兵再戰，一以當千，然猶扶乘創初良切痛，决命争首，漢書曰：陵與單于連戰，士卒矢傷，三創者載輦，兩創者將車，一創者持兵。死傷積野，餘不滿百，而皆扶病，不任干戈。然陵振臂一呼，創病皆起，舉刃指虜，胡馬奔走；兵盡矢窮，人無尺鐵，猶復徒首奮呼火故切，徒，空也。言空首奮擊，無復甲冑。争爲先登。當此時也，天地爲陵震怒，戰士爲陵飲血。血即淚也。燕丹子曰：太子唏嘘飲淚。單于謂陵不可復得，便欲引還。而賊臣教之，遂便復戰。賊臣，謂管敢也。李陵傳云：軍候管敢爲軍旅候，被校尉笞之五十，乃亡入匈奴。于時匈奴與陵戰，至塞，恐漢有伏兵，欲引還。敢曰：漢無伏兵。匈奴因大進新兵。陵戰蘭干山，漢軍敗，弓矢並盡，陵於是遂降。故陵不免耳。

昔高皇帝以三十萬衆，困於平城，當此之時，猛將如雲，謀臣如雨，然猶七日不食，僅乃得免。史記曰：高祖自將擊韓王信，遂至平城，爲匈奴所圍，七日不得食。用陳平祕計始得免。毛詩曰：齊子歸止，其從如雲。又曰：其從如雨。何休公羊注曰：僅，纔也。況當陵者，豈易爲力哉？而執事者云云，謂漢朝執事之人也。苟怨陵以不死。然陵不死，罪也；子卿視陵，豈偷生之士，而惜死之人哉？寧有背君親，捐妻子，而反爲利者乎？然陵不死，有所爲也，故欲如前書之言，報恩於國主耳。李陵前與蘇子卿書云：陵前爲子卿死之計，所以然者，冀其駈醜虜，翻然南馳，故且屈以求伸。若將不死，功成事立，則將上報厚恩，下顯祖考之明也。誠以虛死不如立節，滅名不如報德也。琴操曰：重耳將自殺，子曰：申生虛死〔三〕，子復隨之。昔范蠡不殉會稽之恥，曹沫亡貝切不死三敗之辱，卒子律切復勾踐之讎，報魯國之羞。史記曰：吳王發精卒擊越，敗之。越王乃以餘兵五千人保棲於會稽。勾踐令大夫種行成於吳，吳王赦越。勾踐自會稽七年撫循其士民。吳王北會諸侯於黃池，范蠡曰：可矣。乃發兵伐吳。吳師敗，乃請成於越。後四年，越復伐吳，吳師敗，吳王遂自殺。又曰：曹沫者，魯人，以勇力事魯莊公。爲魯將，與齊戰，三戰三北。莊公懼，乃獻遂邑之地以和，猶復以爲將。齊桓公許與魯會于柯。桓公與莊公既盟于壇上，曹沫執匕首劫齊桓公。桓公問曰：子將何欲？曹沫曰：齊強魯弱，而大國侵魯亦已甚矣。今魯城壞壓境，君其圖之。桓公乃許盡還魯之侵地。區區之心，切慕此耳。何圖志未立而怨已成，計未從而骨肉受刑，漢書曰：公孫敖捕得生口，言陵教單于爲兵以備漢，於是陵家母弟妻子皆伏誅。此陵所以仰天椎直追切心而泣血也！

足下又云：漢與功臣不薄。子爲漢臣，安得不云爾乎？昔蕭樊囚縶，韓彭葅醢，史記曰：相國蕭何爲民請曰：長安地狹，上林中多空棄地。願令民得入田，收稾爲獸食。上大怒曰：相國多受賈人財物，乃請吾苑。遂下廷尉械繫之。又曰：高祖病，有人惡樊噲黨呂氏，即曰：上一日宮車晏駕，則噲欲以兵盡誅戚氏趙王如意之屬。高祖大怒，乃使陳平載絳侯代將，而即軍中斬噲。陳平畏呂氏，執噲詣長安。又曰：陳豨反，韓信在長安欲應之。事覺，呂后使武士縛信，斬於長安鍾室。又曰：彭越反，高祖赦之，遷處蜀道，著青衣〔四〕，行至鄭，逢呂后從長安來，越泣曰：願處故昌邑。后許諾。既至，白上曰：彭越，壯士也，今徙蜀，自遺患，不如誅之。令其舍人告越反，遂夷三族。黥布傳，薛公曰：前年醢彭越，往年殺韓信。説文曰：葅，肉醬也。鼂錯受戮，周魏見辜，鼂錯，已見西征賦。漢書曰：周勃爲丞相十餘月，上乃免丞相就國。歲餘，每河東尉守行縣至絳，絳侯勃自畏恐誅，常被甲，令家人持兵以自衛。其後人有上書告勃欲反，下廷尉捕治之。又曰：竇嬰，景帝時，吴楚反，拜嬰爲大將軍。七國破，封嬰爲魏其侯。坐灌夫罵丞相田蚡，不敬，遂論嬰棄市。其餘佐命立功之士，賈誼亞夫之徒，皆信命世之才，抱將相之具，而受小人之讒，並受禍敗之辱，卒使懷才受謗，能不得展。彼二子之遐舉，誰不爲之痛心哉！左氏傳曰：太上有立德，其次有立功。賈誼，已見鵩鳥賦。漢書曰：周亞夫諫上不用，因謝病免相。亞夫子爲父買官尚方甲楯五百，被召詣廷尉，責問曰：君侯欲反乎？亞夫曰：所買乃葬器也。何謂反乎？吏侵之，益怒〔五〕，遂入廷尉，不食五日，歐血而死。孟子曰：千年一聖，五百年一賢。賢聖未出，其中有命世者。二子，謂范蠡、曹沫也。言諸侯才能者被囚戮，不如二子之能雪恥報功也。陵先將軍，功略蓋天地，義勇冠三軍，徒失貴臣之意，剄身絶域之表。此功臣義士所以負戟而長嘆者也！何謂不薄哉？先將軍，謂李廣也。貴臣，謂衛青也。漢書曰：元狩四年，大將軍衛青擊匈奴，廣爲前將軍。出塞捕虜，知單于所居處，乃自部精兵，而令廣出東道。東道迴遠，廣辭曰：臣結髮而與匈奴戰，願居前。大將軍不聽。廣意色愠怒，引兵出東道，惑失道，後大將軍。大將軍因問失道狀，欲上書報天子。廣未對，大將軍長史急責廣。廣謂其麾下曰：結髮與匈奴大小十餘戰，今幸從大將軍出接單于兵，而大將軍令廣部行迴遠，又迷失道，豈非天哉！且廣年六十餘，終不復對刀筆之吏。遂引刀自剄。音義，鄭德曰：以刀割頸爲剄，姑鼎切。

且足下昔以單車之使，適萬乘之虜，遭時不遇，至於伏劍不顧，流離辛苦，幾巨依切死朔北之野。漢書曰：漢遣蘇武以中郎將持節送匈奴使留在漢者。匈奴方欲使送武，會匈奴緱王、長水虞常反匈奴中，常以告武副使張勝，勝許以貨物與常。一人夜亡告之，緱王等死，虞常生得。匈奴使衛律治其事。張勝以告武，武曰：事如此，必及我。衛律召武受辭，武謂惠等：屈節辱身，雖生，何面目以歸漢？引佩刀以自刺。衛律驚，自抱持武。武氣絶半日復息。乃徙武北海上無人處。丁年奉使，皓首而歸。丁年，謂丁壯之年也。漢書曰：武留匈奴凡十九歲。始以强壯出，及還，鬚髮並白。老母終堂，生妻去帷。漢書，陵謂武曰：陵來時，太夫人已不幸，陵送至陽陵。子卿婦年少，聞以更嫁。此天下所希聞，古今所未有也。蠻貊之人，尚猶嘉子之節，況爲天下之主乎？陵謂足下，當享茅土之薦，受千乘之賞。尚書緯曰：天子社東方青，南方赤，西方白，北方黑，上冒以黄土。將封諸侯，各取方土，苴以白茅，以爲社。論語曰：導千乘之國。漢書曰：兵車千乘，諸侯之大者。聞子之歸，賜不過二百萬，位不過典屬國，漢書，元始六年，武至京師，拜爲典屬國，秩中二千石，賜錢二百萬。無尺土之封，加子之勤。而妨功害能之臣，盡爲萬户侯，親戚貪佞之類，悉爲廊廟宰。子尚如此，陵復何望哉？且漢厚誅陵以不死，薄賞子以守節，欲使遠聽之臣，望風馳命，此實難矣。所以每顧而不悔者也。陵雖孤恩，漢亦負德。言陵無功以報漢爲孤恩，漢戮陵母爲負德。論語曰：德不孤，必有鄰。昔人有言：「雖忠不烈，視死如歸。」陵誠能安，言陵忠誠能安於死事。而主豈復能眷眷乎？男兒生以不成名，死則葬蠻夷中，誰復能屈身稽顙，還向北闕，使刀筆之吏，弄其文墨邪？史記，張釋之曰：秦任刀筆之吏。又功臣曰：蕭何徒持文墨，顯居臣上〔六〕。願足下勿復望陵！

嗟乎子卿！夫復何言！相去萬里，人絶路殊。生爲别世之人，死爲異域之鬼，長與足下生死辭矣！幸謝故人，故人，謂任立政、大將軍霍光、上官桀等。勉事聖君。足下胤子無恙，漢書曰：武在匈奴時，胡婦生子名通國。楚辭曰：賴皇天之厚德兮，還及君之無恙。勿以爲念，努力自愛。老子曰：聖人自愛。時因北風，復惠德音。李陵頓首。

文選考異

〔一〕注「緑幘傅鞲注曰」　袁本、茶陵本無「鞲注」二字。案：依顔注訂之，當脱「鞲韋昭」三字，尤所補未是。

〔二〕故每攘臂忍辱　袁本、茶陵本云善無「每」字。案：此尤延之校添，以五臣亂善耳。

〔三〕注「子曰申生虚死」　陳云「子」下脱「犯」字，是也。各本皆脱。

〔四〕注「遷處蜀道著青衣」　陳云：「著」字衍，是也。各本皆衍。

〔五〕注「吏侵之益怒」　茶陵本「怒」作「急」，是也。袁本亦誤「怒」。

〔六〕注「顯居臣上」　何校「顯」改「顧」，陳同，是也。各本皆誤。

報任少卿書

司馬子長　漢書曰：遷既被刑之後，爲中書令，尊寵任職。故人益州刺史任安乃與書，責以進賢之義，遷報之。遷死後，其書稍出。史記曰：任安，滎陽人，爲衛將軍〔一〕，後爲益州刺史。

太史公牛馬走 太史公，遷父談也。走，猶僕也。言己爲太史公掌牛馬之僕，自謙之辭也。司馬遷再拜言，少卿足下： 如淳曰：少卿，任安字也。 曩者辱賜書，教以順於接物，推賢進士爲務。 禮記曰：儒有推賢而進。 意氣懃懃懇懇， 懃懃懇懇，忠款之貌也。 若望僕不相師，而用流俗人之言〔二〕。 僕非敢如此也。 蘇林曰：而，猶如也。禮記曰：不從流俗。鄭玄曰：流俗，失俗也。 僕雖罷駑，亦嘗側聞長者之遺風矣。 側聞，謙辭也。列子曰：吾側聞之。禮記曰：與長者坐，必異席。 顧自以爲身殘處穢，動而見尤， 言舉動必爲人之所尤過也。 欲益反損，是以獨鬱悒而與誰語。 鬱悒，不通也。楚辭曰：獨鬱結其誰語。 諺曰：「誰爲爲之？孰令聽之？」 誰爲，猶爲誰也。言己假欲爲善，當爲誰爲之乎？復欲誰聽之乎？ 蓋鍾子期死，伯牙終身不復鼓琴。 呂氏春秋曰：伯牙鼓琴，意在太山。鍾子期曰：善哉，巍巍若太山。俄而志在流水。子期曰：善哉，湯湯乎若流水。子期死，伯牙破琴絶絃，終身不復鼓琴，以爲世無賞音者。 何則？士爲知己者用，女爲説己者容。 戰國策曰：晉陽之孫〔三〕豫讓事知伯，知伯寵之。及趙襄子殺知伯，豫讓逃山中，曰：嗟乎！士爲知己者用，女爲悦己者容，吾其報智氏矣。 若僕大質已虧缺矣，雖才懷隨和，行若由夷， 隋，隋侯珠也；和，和氏璧也。由，許由也；夷，伯夷也。 終不可以爲榮，適足以見笑而自點耳。 點，辱也。 書辭宜答， 往前與我書，書宜應答，但有事，故不獲答。 會東從上來，又迫賤事， 服虔曰：從武帝還。孟康曰：卑賤之事，若煩務也〔四〕。如淳曰：遷爲中書令，任職常知中書，時偶有賊盗之事。晉灼曰：賤事，家之私事也。 相見日淺，卒卒無須臾之間， 文穎曰：卒卒，促遽之意也。間，隙也。得竭至意〔五〕。今少卿抱不測之罪，涉旬月，迫季冬；如淳曰：平居時不肯報其書，今安有不測之罪在獄，故報往日書，欲使其恕以度己也。僕又薄從上雍，恐卒然不可爲諱。李奇曰：薄，迫也。迫當從行。善曰：難言其死，故云不可諱。是僕終已不得舒憤懣以曉左右，廣雅曰：懣，悶也。楚辭曰：惟煩悶以盈胸。則長逝者魂魄私恨無窮。謂任安恨不見報也。請略陳固陋，闕然久不報，幸勿爲過。

僕聞之：脩身者，智之符也；符，信也。愛施者，仁之端也；取與者，義之表也；恥辱者，勇之決也；勇士當於此而果決之。立名者，行之極也。凡人能立志者，行中之最極也。士有此五者，然後可以託於世，而列於君子之林矣。故禍莫憯於欲利，悲莫痛於傷心，所可憯者，惟欲之與利，爲禍之極也；所可痛者，唯傷心之事，而可爲悲也。行莫醜於辱先，詬莫大於宮刑。醜，穢也。先，謂祖也。詬音垢。應劭曰：詬，恥也。說文，詬或作訽，火逅切。禮記儒行曰：妄常以儒相詬病。左氏傳，宋元公曰：余不忍其詬。尋此二書，其訓頗同。刑餘之人，無所比數，非一世也，所從來遠矣。昔衞靈公與雍渠同載，孔子適陳；家語曰：孔子居衞月餘，靈公與夫人同車出。令宦者雍渠參乘，使孔子爲次乘，遊過市。孔子曰：吾未見好德如好色。於是恥之，去衞過曹。此言孔子適陳，未詳。商鞅因景監見，趙良寒心；史記，商君謂趙良曰：我化秦孰與五羖大夫賢？趙良曰：五羖大夫，荆之鄙人也。繆公知其賢，舉之牛口之下，加之百姓之上。今君之見秦王也，因嬖人景監以爲主，非所以爲名也。又趙高謂李斯曰：釋此不從，禍及子孫，足爲寒心也。同子參乘，袁絲變色。蘇林曰：趙談也。與遷父同諱，故曰同子。漢書曰：上朝東宮，趙談參乘。袁絲伏車前曰：臣聞天子所與共六尺輿者，皆天下豪英。今漢雖乏人，陛下獨奈何與刀鋸餘同載？於是上笑，下趙談。自古而恥之。夫以中才之人，事有關於宦豎，莫不傷氣，而況於慷慨之士乎！如今朝廷雖乏人，奈何令刀鋸之餘，薦天下豪俊哉？史記，履貂曰：臣刀鋸之餘，不敢二心。

僕賴先人緒業，廣雅曰：緒，末也。司馬彪莊子注曰：緒，餘也。得待罪輦轂下，二十餘年矣。所以自惟，上之不能納忠效信，有奇策才力之譽，自結明主；次之又不能拾遺補闕，招賢進能，顯巖穴之士；外之又不能備行伍，攻城野戰，有斬將搴旗之功；下之不能積日累勞，取尊官厚祿，以爲宗族交遊光寵。四者無一遂，苟合取容，無所短長之效，可見如此矣。上之四事無一遂，假欲苟合取容，亦無其所也。史記，蔡澤曰：吳起言不苟合，行不苟容。鄉者，僕常廁下大夫之列，陪外廷末議。臣瓚曰：太史令千石，故下大夫也。外廷，即今僕射外朝也。不以此時引維綱，盡思慮。今以虧形爲掃除之隸，在闒茸之中，闒茸，猥賤也。茸，細毛也。張揖訓詁以爲闒，獰劣也。呂忱字林曰：闒茸，不肖也。乃欲仰首伸眉，論列是非，不亦輕朝廷羞當世之士邪？嗟乎！嗟呼！如僕尚何言哉！尚何言哉！

且事本末未易明也。僕少負不羈之行，長無鄉曲之譽，不羈，言材質高遠，不可羈繫也。

燕丹子，夏扶曰：士無鄉曲之譽，未可以論行也。主上幸以先人之故，使得奏薄伎，服虔曰：薄伎，薄才也。出入周衞之中。周衞，言宿衞周密也。韋昭曰：天子有宿衞之官。僕以爲戴盆何以望天？言人戴盆則不得望天，望天則不得戴盆，事不可兼施。言己方一心營職，不假修人事也〔六〕。故絶賓客之知，亡室家之業，日夜思竭其不肖之才力，禮記曰：某之子不肖。應劭風俗通曰：生子不似父母曰不肖。務一心營職，以求親媚於主上。毛詩曰：藹藹多士，媚于天子。而事乃有大謬不然者夫。夫，語助也。論語，子曰：有是夫。

僕與李陵，俱居門下，素非能相善也。趣舍異路，太公六韜曰：夫人皆有性，趣舍不同。顏師古曰〔七〕：趣，所向也；舍，所廢也。未嘗銜盃酒，接慇懃之餘懽。然僕觀其爲人，自守奇士，事親孝，與士信，臨財廉，取與義。分別有讓，恭儉下人，常思奮不顧身，以徇國家之急。顏師古曰：徇，從也，營也〔八〕。其素所蓄積也，言其意中舊所蓄積也。僕以爲有國士之風。一國之中，推而爲士。夫人臣出萬死不顧一生之計，赴公家之難，斯以奇矣。新序，昭奚恤曰：使皆赴湯火，蹈白刃，出萬死不顧一生，司馬子反在此。今舉事一不當，而全軀保妻子之臣，隨而媒孽其短，鄭玄周禮注曰：舉，猶行也。臣瓚以爲媒謂遘合會之。孽謂生其罪釁也。僕誠私心痛之。且李陵提步卒不滿五千，有五千，言不滿者，痛之甚也。深踐戎馬之地，足歷王庭，胡地出馬，故曰戎馬。單于所居之處，號曰王庭。垂餌音二虎口，橫挑彊胡，仰億萬之師，說文曰：挑，相呼也。李奇曰：挑，身獨戰，不須衆。挑，茶弔切。臣瓚曰：挑，挑敵求戰也，古謂之致師。北地高，故曰仰。與單于連戰十有餘日，所殺過平聲半當。虜救死扶傷不給，顧野王決曰：所殺過半當，言陵軍殺已過半。給，供給也。旃裘之君長咸震怖，旃裘，謂匈奴所服也。故言旃裘之君。乃悉徵其左右賢王，舉引弓之人，漢書曰：匈奴至冒頓最强大，置左右賢王。以其善射，故曰引弓之人。一國共攻而圍之。轉鬬千里，矢盡道窮，救兵不至，士卒死傷如積子智切。然陵一呼勞，軍士無不起，躬自流涕，沫血飲泣，更張空拳，孟康曰：沫音頮。善曰：頮，古沫字，言流血在面，如盥頮也。説文曰：頮，洗面也。李登聲類云：拳或作捲。此言兵已盡，但張空拳以擊耳。桓寬鹽鐵論曰：陳勝無將帥之兵，師旅之衆，奮空捲而破百萬之軍。何晏白起故事：白起雖坑趙卒，向使預知必死，則前驅空捲，猶可畏也，況三十萬被堅執鋭乎？顔師古曰：讀爲拳者謬矣。拳則屈指，不當言張。陵時矢盡，故張弩之空弓，非手拳也。李奇曰：拳者，弩弓也〔九〕。冒白刃，北嚮争死敵者。陵未没時，使有來報，史記曰：陵至浚稽山，使麾下騎陳步樂還以聞。步樂召見，道陵將得士死力，上甚悦之。漢公卿王侯，皆奉觴上壽。後數史柱切日，陵敗書聞，主上爲之食不甘味，聽朝不怡。大臣憂懼，不知所出。僕竊不自料其卑賤，見主上慘愴怛都割切悼，誠欲効其款款之愚，款款，忠實之貌。以爲李陵素與士大夫絶甘分少，孝經援神契曰：母之於子，絶少分甘。宋均曰：少則自絶，甘則分之。能得人死力，雖古之名將，不能過也。身雖陷敗，彼觀其意，且欲得其當而報於漢。張晏曰：欲得相當也。言欲立効以當罪而報漢恩。事已無可奈何，其所摧敗，功亦足以暴蒲沃切於天下矣。謂摧破匈奴之兵，其功足暴露見於天下。僕懷欲陳之，而未有路，適會召問，即以此指推言陵之功，欲以廣主上之意，塞睚魚解切眦柴懈切之辭。言欲廣主上之意及塞羣臣睚眦之辭。未能盡明，明主不曉，以爲僕沮貳師，而爲李陵遊説，遂下於理。漢書曰：初上遣貳師李廣利出，令陵爲助兵，及陵與單于相值，而貳師少功。上以遷誣罔，欲沮貳師而爲陵遊説，下遷腐刑。鄭玄禮記注曰：理，治獄官也。拳拳之忠，終不能自列。禮記，子曰：回得一善，拳拳不失之矣。鄭玄曰：拳拳，捧持之貌。説文曰：列，分解也。因爲誣上，卒從吏議。言衆吏議以爲誣上。家貧，貨賂不足以自贖，交遊莫救；左右親近，不爲一言。身非木石，獨與法吏爲伍，深幽囹圄之中，誰可告愬者？此真少卿所親見，僕行事豈不然乎？李陵既生降，隤其家聲；蘇林曰：家世爲將有名，陵降而隤之也。顔師古曰：隤，墜也。而僕又佴之蠶室，如淳曰：佴，次也，若人相次也，人志切。今諸本作茸字。蘇林注景紀曰：作密室，廣大如蠶室，故言下蠶室。衛宏漢儀以爲置蠶宫令承〔一〇〕諸法云，詣蠶室，與罪人從事，主天下室者，屬少府。顔監云：茸，推也，人勇切。推置蠶室之中。重爲天下觀笑。悲夫！悲夫！事未易一二爲俗人言也。

僕之先，非有剖符丹書之功，漢書曰：漢初功臣剖符世爵。又曰：論功而定封訖，於是申以丹書之信，重以白馬之盟。文史星曆，近乎卜祝之間，固主上所戲弄，倡優所畜，流俗之所輕也。説文曰：倡，樂也。左氏傳曰：鮑氏之圉人爲優。杜預曰：俳優也。假令僕伏法受誅，若九牛亡一毛，與螻蟻何以異？螻，螻蛄也；蟻，蚍蜉也。皆蟲之微者，故以自喻〔一〕。而世又不與能死節者，與，如也。言時人以我之死，又不如能死節者，言死無益也。特以爲智窮罪極，不能自免，卒就死耳。何也？素所自樹立使然也。人固有一死，或重於太山，或輕於鴻毛，用之所趨異也。燕丹子，荆軻謂太子曰：烈士之節，死有重於太山，有輕於鴻毛者，但問用之所在耳。太上不辱先，其次不辱身，其次不辱理色，理，道理也；色，顔色也。其次不辱辭令，辭，謂言辭；令，謂教令。其次詘體受辱，詘體，謂被縲繫。其次易服受辱，易服，謂著赭衣。其次關木索被箠楚受辱，漢書曰：箠長五尺。説文曰：棰，以杖擊也。箠與棰同。以之笞人，同謂之箠楚。箠楚，皆杖木之名也。其次剔毛髮嬰金鐵受辱，謂髡鉗也。其次毁肌膚斷肢體受辱，謂肉刑也。最下腐刑，極矣。蘇林曰：宫刑腐臭，故曰腐刑。傳曰：「刑不上大夫。」此言士節不可不勉勵也。禮記文也。東方朔别傳，武帝問曰：刑不上大夫何？朔曰：刑者，所以止暴亂，誅不義也。大夫者，天下表儀，萬人法則，所以共承宗廟而安社稷也。猛虎在深山，百獸震恐，及在檻穽之中，摇尾而求食，積威約之漸也。周禮注曰：穿地爲塹，所以御禽獸，其或超踰，則陷焉。尚書曰：杜乃擭，斂乃穽。言威爲人制約，漸積至此。故有畫地爲牢勢不可入，削木爲吏議不可對，定計於鮮平聲也。臣瓚曰：以爲患吏刻暴，雖以木爲吏，期於不對。此疾苛吏之辭也。文穎曰：未遇刑自殺爲鮮明也。今交手足，受木索，暴肌膚，受榜箠，幽於圜牆之中。廣雅曰：榜，擊也。圜牆，獄也。周禮曰：以圜土教罷民。當此之時，見獄吏則頭槍七良切地，視徒隸則正愓息，何者？積威約之勢也。及以至是言不辱者，所謂强顔耳，曷足貴乎！且西伯，伯也，拘於羑里；史記曰：季歷卒，子昌立，是爲西伯。西伯，文王也。崇侯虎譖西伯於殷紂曰：西伯積善累德〔一二〕，諸侯皆嚮之，將不利於帝。紂乃囚西伯於羑里。王制曰：九州之長曰伯。注曰：伯，長也。李斯，相也，具于五刑；史記曰：李斯，楚上蔡人也，從荀卿學帝王之術。入秦，秦卒用其計，二十餘年，竟并天下，以斯爲丞相。二世立，以郎中趙高之譖，乃具斯五刑，腰斬咸陽。漢書刑法志曰：漢興之初，其大辟尚有夷三族之令，曰：當三族者，皆先劓，斬左右趾，笞殺之，梟其首，菹其骨肉於市。其誹謗詈詛者，又斷舌，故言具。具，謂五刑也。淮陰，王也，受械於陳；漢書曰：韓信爲楚王，都下邳。信因行縣邑，陳兵出入，人有變告信欲反〔一三〕。上聞，患之，用陳平謀，僞遊雲夢，信謁上於陳，高祖令武士縛信，載後車。信曰：果若人言，狡兔死，良狗烹。上曰：人告公反。遂械信至洛陽，赦以爲淮陰侯。陳，楚之西界也。械，謂桎梏也。彭越張敖，南面稱孤，繫獄抵罪；史記曰：高帝立彭越爲梁王。梁王稱疾，上使使掩捕梁王，囚之洛陽。漢書曰：趙王張耳，高祖五年薨，子敖嗣立，尚高祖長女魯元公主。七年，高祖從平城過趙，趙王旦暮自上食，禮甚卑〔一四〕，有子壻之禮。高祖箕踞駡詈，甚慢之。趙相貫高、趙午説敖曰：天下豪傑並起，能者先立。今王事皇帝甚恭，皇帝遇王無禮，請爲殺之。八年，上從東垣過，貫高等乃壁人柏人，要之置廁。上過欲宿，心動，問縣名爲何？曰：柏人。上曰：柏人者，迫於人。遂去。貫高怨家知其謀反，告之〔一五〕，於是逮捕趙王。諸反者趙午十餘人皆自剄。貫高獨怒駡曰：誰令公等爲之？今王實無反謀。檻車與詣長安，高下獄，曰：吾屬爲之，王不知也。絳侯誅諸吕，權傾五伯，囚於請室；史記曰：絳侯周勃與陳平謀誅諸吕，而立孝文。後勃被囚，已見李陵答蘇武書。漢書音義，如淳曰：請室，請罪之室，若今之鍾下也。

魏其，大將也，衣赭衣，關三木；三木，在項及手足也。魏其侯，已見李陵答蘇武書。周禮曰：上罪梏拲而桎。應劭漢書注曰：在手曰梏，兩手同械曰拲，在足曰桎。韋昭曰：桎，兩手合也。梏音告。拲音拱。桎，之栗切。季布爲朱家鉗奴；漢書曰：季布，楚人也，爲任俠，有名。項籍使將兵，數窘漢王。項籍滅，高祖購求布千金，敢舍匿者罪三族。布匿於濮陽周氏。周氏曰：漢求將軍急，臣敢進計。布許之。乃髡鉗布，衣褐，致廣柳車中，與其家僮數十人之魯朱家賣之。朱家心知季布也，買置田舍。乃之洛陽，見汝陰滕公，說曰：季布何罪？臣各爲其主耳。君何不從容爲上言之？滕公許諾，侍間，果言如朱家旨。上乃赦布，召見謝，拜郎中。灌夫受辱於居室。漢書，灌夫，字仲孺，潁陰人也。爲太僕時，坐與衞尉竇甫飲，輕重不得，徙爲燕相。及竇嬰失勢，兩人相爲引重。夫過丞相田蚡，蚡曰：吾欲與仲孺過魏其侯，會孺有服〔一六〕。夫曰：將軍迺肯幸臨，夫安敢以服爲解！請語魏其帳具，將軍旦日蚤臨之。蚡許諾。夫以語嬰。嬰益牛酒，夜洒掃帳具，自旦候伺。至日中，蚡不來。夫不懌。夫乃自往迎之，蚡尚卧。駕往，又徐行，夫益怒，遂以爲隙。元光四年，蚡取燕王女爲夫人，太后詔曰：列侯宗室皆往賀。嬰爲壽，夫行酒，至蚡，蚡半膝席曰：不能滿觴。夫怒，乃嘻言曰：將軍貴人也，畢之。時蚡不肯。行酒次至臨汝侯灌賢，方與程不識耳語，又不避席。夫無所發怒，乃罵賢曰：生毁程不識不直一錢，今日長者爲壽，乃効兒女曹呫囁耳語。蚡謂夫曰：今衆辱程將軍，仲孺獨不爲李將軍地乎？夫曰：今日斬頭穴胸，何知程、李乎！乃起。蚡遂怒曰：此吾驕灌夫罪也。籍福起爲謝，按夫項令謝。夫愈怒，不肯謝。蚡乃麾騎縛夫置傳舍，長史曰〔一七〕：今日召宗室，有詔。劾灌夫罵坐不敬，繫於居室。如淳曰：百官表，居室爲保宫，今守宫也。此人皆身至王侯將相，聲聞鄰國，及罪至罔加，不能引決自裁，在塵埃之中，古今一體，安在其不辱也？由此言之，勇怯，勢也；强弱，形也。審矣！何足怪乎？孫子兵法曰：治亂，數也；勇怯，勢也；强弱，形也。夫人不能早自裁繩墨之外，以稍陵遲至於鞭箠之間，乃欲引節，斯不亦遠乎？古人所以重施刑於大夫者，殆爲此也。

夫人情莫不貪生惡死，念父母，顧妻子，至激於義理者不然，乃有所不得已也。言激於義理者，則不念父母、顧妻子也。今僕不幸，早失父母，無兄弟之親，獨身孤立，少卿視僕於妻子何如哉？言己輕妻子，故反問之。且勇者不必死節，言勇烈之人，不必死於名節也，造次自裁耳。怯夫慕義，何處不勉焉！言怯夫慕義以自立名，何處不勉於死哉！言皆勉勵自殺。僕雖怯懦欲苟活，亦頗識去就之分矣。何至自沈溺縲紲之辱哉？孔安國曰：縲紲，墨索也；紲，攣也。所以拘罪人。且夫臧獲婢妾，晉灼曰：臧獲，敗敵所破虜〔一八〕爲奴隸。韋昭曰：羌人以婢爲妻〔一九〕，生子曰獲；奴以善人爲妻，生子曰臧。荆、楊、海、岱、淮、齊之間，罵奴曰獲。齊之北鄙，燕之北郊，凡人男而歸婢〔二〇〕謂之臧，女而歸奴〔二一〕謂之獲，皆異方罵奴婢之醜稱也。由能引決，況僕之不得已乎？所以隱忍苟活，幽於糞土之中而不辭者，恨私心有所不盡，鄙陋没世，而文彩不表於後世也。論語曰：君子疾没世而名不稱。

古者富貴而名摩滅，不可勝記，唯倜儻非常之人稱焉。廣雅曰：倜儻，卓異也。蓋文王拘而演周易；周易曰：易之興也，當文王與紂之事邪？又曰：作易者，其有憂患邪？史記本紀曰：崇侯譖西伯於殷紂，曰：西伯積善累德，諸侯皆向之，將有不利於帝。紂乃囚西伯於羑里。西伯演易之八卦爲六十四。地理志曰：河内湯陰有羑里城，西伯所拘。韋昭曰：羑音酉。蒼頡篇曰：演，引之也。仲尼厄而作春秋；史記，孔子曰：吾道不行矣，何以自見於後世哉！乃約魯史而作春秋。屈原放逐，乃賦離騷；史記曰：屈原，名平，楚之同姓，爲楚懷王左司徒〔二二〕。博文强志，敏於辭令，王甚任之。上官大夫與之同列，心害其能。懷王使原爲憲令，原草藁未定，上官大夫見而欲奪之，不與，因讒之曰：王使屈原爲令，衆莫不知。每令出，平伐其功，以爲非我莫爲王也〔二三〕。王怒而疏之。平病聽之不聰，作離騷經。左丘失明，厥有國語；漢書曰：國語，左丘明著。失明，未詳。孫子臏脚，兵法脩列；史記曰：孫臏與龐涓俱學兵法。涓事魏惠王，自以爲能不及臏，乃陰使人召臏。臏至，涓恐其賢於己，則以法刑斷其兩足而黥之，欲隱勿見。齊使者田忌善客待之，於是田忌進孫子於威王，威王問兵法而師之。其後魏伐趙，趙急，請救於齊。齊威王欲將臏，臏曰：刑餘之人不可。於是乃以田忌爲將，而孫子爲師，居輜重中，主爲計謀。田忌從之，魏果去邯鄲，與齊戰於桂陵，大破魏軍。不韋遷蜀，世傳吕覽；史記曰：吕不韋，大賈人也。莊襄王即位三年，薨，太子正立爲王，尊不韋爲相國，號仲父。當是時，魏有信陵，楚有春申，趙有平原，齊有孟嘗，皆下士喜賓以相傾。吕不韋以秦之强，大招士，厚遇之，乃致食客三千人。是時諸侯多辯士，如荀卿之徒，著書布於天下。不韋乃使其客人人著所聞，集論爲八覽，十二紀，二十餘萬言〔二四〕，以爲備天下之物，古今之事，號曰吕氏春秋。布咸陽市門，懸千金其上，延諸侯遊士賓客，有能增損一字，與千金。及始皇帝壯，太后通不韋，恐禍及己，私求嫪毐爲舍人，詐令以腐罪告之，遂得侍太后，與太后通。九年，人有告嫪毐實非宦者，下吏治之，得情實，事連相國。秦王恐其爲變，乃賜不韋書曰：君何功於秦，秦封君河南，食十萬户。君何親於秦，號稱仲父。後與家屬徙處蜀，飲鴆而死。韓非囚秦，説難孤憤；史記曰：韓非者，韓之公子也。見韓稍弱，以書諫王，王不能用。非心廉直，不容於邪枉之臣，觀往者得失之變，故作孤憤、五蠹、説難十餘萬言。秦王見孤憤、五蠹之書曰：嗟乎！寡人得見此人與游，死不恨矣！李斯曰：此韓非所著書。秦因急攻韓，韓乃遣非使秦。秦王悦之，未信用。李斯、姚賈毁之曰：韓非，韓之諸公子也。今王欲并諸侯，非終爲韓不爲秦，此人情也。今王不用，久留而歸之，此自遺患也，不如以過法誅之。秦王爲然。下吏治非。李斯使人遺藥使自殺。韓非欲自陳，不得見。秦王後悔之，使人赦而非已死矣。説難、孤憤，韓子之篇名也。詩三百篇，大氐聖賢發憤之所爲于僞切作也。論語曰：詩三百。孔安國曰：篇之大數也。爾雅曰：氐，致也。郭璞曰：音指。此人皆意有鬱結，不得通其道，故述往事，思來者。言故述往前行事，思令將來人知己之志。乃如左丘無目，孫子斷足，終不可用，退而論書策，以舒其憤，思垂空文以自見。空文，謂文章也。自見己情。

僕竊不遜，近自託於無能之辭，論語，子曰：唯女子與小人爲難養也，近之則不孫。網羅天下放失舊聞，略考其行事，綜其終始，稽其成敗興壞之紀，上計軒轅，下至于兹，爲十表，本紀十二，書八章，世家三十，列傳七十，凡百三十篇，亦欲以究天人之際，通古今之變，成一家之言。草創未就，會遭此禍，惜其不成，已就極刑〔三五〕而無愠色。僕誠以著此書藏諸名山，傳之其人，通邑大都，其人，謂與己同志者。則僕償前辱之責，雖萬被戮，豈有悔哉？然此可爲智者道，難爲俗人言也。

且負下未易居，下流多謗議，負累之下，未易可居。論語曰：君子惡居下流而訕上者也。僕以口語遇此禍，重爲鄉黨所笑，以汙烏卧切辱先人，亦何面目復上父母丘墓乎？雖累百世，垢彌甚耳！是以腸一日而九迴，居則忽忽若有所亡，出則不知其所往。莊子，魯哀公問仲尼曰：衛有惡人焉，曰哀駘他，去寡人而行，寡人恤焉若有亡也。庚桑子曰：吾聞至人尸居環堵之室，不知所如往。每念斯恥，汗未嘗不發背沾衣也。身直爲閨閤之臣，寧得自引於深藏岩穴邪？故且從俗浮沈，與時俯仰，以通其狂惑。鬻子曰：吾聞之於政也〔二六〕，知善不行者謂之狂，知惡不改者謂之惑。夫狂與惑者，聖人之戒也。今少卿乃教以推賢進士，無乃與僕私心剌力割切謬乎！今雖欲自雕琢〔二七〕，曼辭以自飾，如淳曰：曼，美也。戰國策，蘇秦曰：夫從人飾辯曼辭，高主之節行。曼，音萬。無益於俗不信，適足取辱耳。要之死日，然後是非乃定。書不能悉意，略陳固陋，謹再拜。

文選考異

〔一〕注「爲衛將軍」　何校「軍」下添「舍人」二字，陳同，是也。各本皆脱。

〔二〕若望僕不相師而用流俗人之言　袁本、茶陵本云「而用」善作「用而」。案：二本所見是也。「用」句絶，「而」下屬，漢書有明文。然則善自與彼同而非有誤，尤所校改以五臣亂善，失之甚矣。

〔三〕注「晉陽之孫」　案：「晉」下當有「畢」字。各本皆脱。

〔四〕注「若煩務也」　陳云「若」，「苦」誤，是也。各本皆譌。漢書顔注引作「苦」。

〔五〕得竭至意　袁本、茶陵本「至」作「志」。案：二本所載良注是「志」字，未審善何作？漢書作「指」。

〔六〕注「不假修人事也」　案：「假」當作「暇」。各本皆譌。

〔七〕注「顔師古曰」　袁本、茶陵本無「師古」二字。案：此當脱「監」字，尤所補未是。下注「師古」、「監」錯見，「監」是，師古非。

〔八〕注「顔師古曰徇從也營也」　袁本、茶陵本無此九字。

〔九〕注「李奇曰拳者弩弓也」　茶陵本「拳」作「劵」，袁本亦作「拳」。案：正文作「拳」。善注先如字解之，復引顔師古云云，乃解爲「劵」字，所以兼載異讀，此「李奇曰」即顔所引，當作「劵」，不當作「拳」，漢書注亦可證也。

〔一〇〕注「以爲置蠶宫令承」　陳云「令承」當作「令丞」，是也。各本皆誤。

〔一一〕注「皆蟲之微者故以自喻」　茶陵本「蟲之微者」作「微蟲也還」，是也。袁本并入五臣，與此同，非。凡此篇袁本多并入五臣，茶陵本及此未誤，皆不更出也。

〔一二〕注「西伯積善累德」　袁本、茶陵本無「累」字。案：下引有，尤校添也。

〔三〕注「人有變告信欲反」茶陵本「有」下有「上」字，是也。袁本亦脱。

〔四〕注「禮甚卑」茶陵本「禮」作「體」，是也。袁本亦誤。

〔五〕注「知其謀反告之」案：「反」字不當有。各本皆衍。

〔六〕注「會孺有服」何校「孺」上添「仲」字，陳同，是也。各本皆脱。

〔七〕注「長史曰」陳云「長」上脱「召」字，是也。各本皆脱。

〔八〕注「敗敵所破虜」案：「破」當作「被」，各本皆譌。漢書注引作「被」。

〔九〕注「羌人以婢爲妻」案：「羌」當作「善」，各本皆譌。

〔一〇〕注「男而歸婢」陳云「歸」當作「婿」，是也。各本皆誤。此方言文也。

〔一一〕注「女而歸奴」陳云「歸」當作「婦」，是也。各本皆譌。方言文。

〔一二〕注「爲楚懷王左司徒」陳云「司」字衍。案：各本皆同，陳據今史記校也。考集解、索隱無明文，唯正義注云云。其本無「司」字。或善讀史記有，未當輒去。

〔一三〕注「莫爲王也」陳云「爲」上脱「能」字，下衍「王」字。案：亦據今史記校也。或「王」當作「之」，而各本皆譌。

〔一四〕注「爲八覽十二紀三十餘萬言」案：「覽」下當有「六論」二字，「三」當作「二」。各本皆脱誤。

〔一五〕已就極刑　袁本、茶陵本「已」作「是以」二字，是也。漢書作「是以」。

〔一六〕注「吾聞之於政也」何校「政」改「故」，是也。各本皆譌。

〔二七〕今雖欲自雕琢　何校「琢」改「瑑」。案：漢書作「瑑」，何據之校。但選文未必全同，如上文「脩身者智之符也」，漢書作「府」；「大厎聖賢發憤之所爲作也」。漢書作「氐」。善與顏兩家所注，各有明文，判然不合。此但顏作「瑑」耳，善果何作，無以考之，不得定其當爲「瑑」也。凡何校之非，多不出其舉隅者如此。

報孫會宗書

楊子幼　漢書，楊惲，字子幼，華陰人。以才能稱譽，爲常侍騎，與太僕戴長樂相失，坐事免爲庶人。惲見已失爵位，遂即歸家閑居，自治產業，起室，以財自娛。歲餘，友人安定太守西河孫會宗與惲書誡諫之。言大臣廢退，當杜門惶懼，爲可憐之意，不當治產業，通賓客，有稱舉。惲乃作此書報之〔一〕。

惲材朽行穢，文質無所厎，論語曰：文質彬彬，然後君子。包氏曰：彬彬，文質相半之貌也。厎，致也〔二〕。幸賴先人餘業，得備宿衛。遭遇時變，以獲爵位，漢書曰：霍氏謀反，惲先聞知。霍氏伏誅，惲封爲平通侯。終非其任，卒與禍會。足下哀其愚矇，賜書教督以所不及，爾雅曰：督，正也。慇懃甚厚。然竊恨足下不深惟其終始，而猥隨俗之毀譽也。猥，猶曲也〔三〕。言鄙陋之愚心，則若逆指而文過，言逆會宗之指，自文飾己之過。論語，子曰：小人之過也必文。孔安國曰：文飾其過，不言實也。默而自守，恐違孔氏各言爾志之義。論語曰：顏淵、季路侍，子曰：盍各言爾志。故敢略陳其愚，惟君子察焉！

惲家方隆盛時，乘朱輪者十人，二千石皆得乘朱輪。位在列卿，爵爲通侯，總領從官，應劭曰：舊曰徹侯，避武帝諱，故爲通，言其功德通於王室也。從，天子侍從官也。與聞政事。曾不能以此時有所建明，以宣德化。又不能與羣僚并力〔四〕，陪輔朝廷之遺忘，已負竊位素飡之責久矣。論語，子曰：臧文仲其竊位者歟！知柳下惠之賢而不與立。毛詩曰：彼君子兮，不素飡兮。懷禄貪勢，不能自退，曾子曰：君子不安貴位，不懷厚禄。遂遭變故，横被口語，身幽北闕，妻子滿獄。口語，即戴長樂所告也。如淳漢書注曰：上章者於公車，有不如法者以付北軍尉，北軍尉以法罰之。楊惲上書，遂幽北闕，公車門所在也。當此之時，自以夷滅不足以塞責，史記，司馬欣謂章邯曰：趙高欲以法誅將軍塞責。豈得全其首領，復奉先人之丘墓乎？左氏傳，宋公曰：若以大夫之靈，得保首領以没于地。伏惟聖主之恩，不可勝量。君子遊道，樂以忘憂；史記曰：陳平遊道日廣。論語曰：樂以忘憂。小人全軀，説以忘罪。楚辭曰：與波上下，偷以全吾軀乎！竊自念過已大矣，行已虧矣，長爲農夫以没世矣。是故身率妻子，勠力耕桑〔五〕，國語曰：勠力一心。灌園治産，以給公上。蘇林漢書注曰：充縣官之賦歛。不意當復用此爲譏議也。

夫人情所不能止者，聖人弗禁。故君父至尊親，送其終也，有時而既。終，謂終没也。

既，盡也。張晏漢書注曰：喪不過三年。臣見放逐降居，三月復初。臣之得罪，已三年矣。田家作苦，歲時伏臘，漢書曰：秦繆公作伏祠。孟康曰：六月伏日也。風俗通禮傳曰：夏曰嘉平，殷曰清祀，周曰大蜡，故改爲臘。亨羊炰羔，斗酒自勞。家本秦也，能爲秦聲。婦趙女也，雅善鼓琴〔六〕，奴婢歌者數人，酒後耳熱，仰天撫缶而呼嗚嗚。應劭漢書注曰：缶，瓦器也，秦人擊之以節歌。李斯上書曰：擊甕扣缶，而呼嗚嗚快耳者，真秦聲也。其詩曰：「田彼南山，蕪穢不治；種一頃豆，落而爲萁。」張晏漢書注曰：山高在陽，人君之象也。蕪穢不治，朝廷荒亂也。一頃百畝，以喻百官也。言豆者，貞直之物，零落在野，喻己見放棄也。萁曲而不直，言朝臣皆諂諛也。臣瓚案：田彼南山，蕪穢不治，言於王朝而遇民亂也〔七〕。種一頃豆，落而爲萁，雖盡忠効節，徒勞而無獲也。人生行樂耳，須富貴何時？是日也，拂衣而喜，奮袖低昂，頓足起舞，誠淫荒無度，不知其不可也。惲幸有餘祿，方糴賤販貴，逐什一之利。什一，謂十中之一也。尚書大傳曰：王者十一而稅。此賈豎之事，汙烏卧切辱之處，惲親行之。下流之人，衆毁所歸，言處下流，爲衆惡毁所舉〔八〕。不寒而慄。雖雅知惲者，猶隨風而靡，尚何稱譽之有？楚辭曰：世從容而變化，隨風靡而成行。董生不云乎：「明明求仁義，常恐不能化民者，卿大夫之意也；明明求財利，常恐困乏者〔九〕，庶人之事也。」漢書，董仲舒對策曰：夫皇皇求財利，常恐匱乏者，庶人之意也；皇皇求仁義，常恐不能化人者，大夫之意也。故道不同不相爲謀。今子尚安得以卿大夫之制而責僕哉？論語曰：道不同不相爲謀。言今我親行賈豎之事，安得責我卿大夫之制乎？

夫西河魏土，文侯所興，有段干木田子方之遺風，史記，李克謂翟璜曰：魏成子東得子夏、田子方、段干木，此三人者，君皆師之。稟然皆有節概〔一〇〕，知去就之分，頃者足下離舊土，謂去西河。臨安定。安定山谷之間，昆夷舊壤，毛詩曰〔一一〕：文王西有昆夷之患，北有玁狁之難。鄭玄曰：昆夷，西戎也。子弟貪鄙，豈習俗之移人哉！言豈隨懷安貪鄙之俗，而移人之本性者哉！於今乃睹子之志矣。方當盛漢之隆，願勉旃，無多談。

文選考異

〔一〕注「漢書楊惲」下至「惲乃作此書報之」 案：此一節注當有誤。如本傳惲自以兄忠任爲郎，補常侍騎，則云「以才能稱譽」者，決非善引漢書矣。漢書云「家居」，此云「遂即歸家閑居」，殊不成語，必各本皆失其舊也。

〔二〕注「厎致也」 袁本、茶陵本無此三字。案：蓋因已見五臣而節去也。

〔三〕注「猥猶曲也」 袁本、茶陵本此節注并入五臣，較多不同。案：以尤爲是也。

〔四〕又不能與羣僚并力 袁本、茶陵本「并」上有「同心」二字。案：二本無校語，似善與五臣無異，但尤所見脱之也。漢書有。

〔五〕勠力耕桑　茶陵本「勠」作「戮」，注同。袁本皆作「勠」。案：「戮」即「勠」假借，或善「戮」五臣「勠」，尤校改之也。漢書作「勠」。

〔六〕雅善鼓琴　袁本云善作「琴」。茶陵本云五臣作「瑟」。案：各本所見皆傳寫譌也。漢書作「瑟」，即所謂「趙之鳴瑟」，不得作「琴」明甚。

〔七〕注「而遇民亂也」　陳云「民」，「昬」誤，是也。各本皆誤。

〔八〕注「爲衆惡毁所舉」　何校「舉」改「歸」。陳云「舉」，「歸」誤，是也。各本皆誤。

〔九〕常恐困乏者　茶陵本「恐」下有「之」字，云五臣無。袁本云善有。案：有者不可通，二本所見傳寫衍也。漢書無。

〔一〇〕稟然皆有節概　袁本、茶陵本「稟」作「凛」。案：二本所載五臣良注作「凛」，漢書作「漂」，顔音匹遥反，善不必與漢書全同，或自作「稟」歟？

〔一一〕注「毛詩曰」　陳云「詩」下當有「序」字，是也。各本皆脱。

論盛孝章書〔一〕

孔文舉　與魏太祖。虞預會稽典録曰：盛憲，字孝章，器量雅偉。舉孝廉，補尚書郎，遷吴郡太守，以疾去官。孫策平定吴、會，誅其英豪。憲素有名，策深忌之。初，憲與少府孔融善，憂其不免禍，乃與曹公書，由是徵爲都尉〔二〕。詔命未至，果爲權所害。子匡奔魏，位至征東司馬。

歲月不居，時節如流。國語，文姜曰：日月不居，人誰不安〔三〕。傅毅詩曰：徂年如流，尠茲暇日。五十之年，忽焉已至，公爲始滿，融又過二。公謂曹操。言公年始滿五十，融過於二歲也。海内知識，零落殆盡，惟有會稽盛孝章尚存。其人困於孫氏，妻孥湮没，孫氏，已見上文。毛詩曰：樂爾妻孥。孔安國尚書大傳曰：孥，子也。單孑獨立，孤危愁苦。若使憂能傷人，此子不得永年矣！春秋傳曰：「諸侯有相滅亡者，桓公不能救，則桓公恥之。」公羊傳曰：邢亡，孰亡之？蓋狄滅也。曷爲不言蓋狄滅之〔四〕？爲桓公諱也。曷爲爲桓公諱？上無天子，下無方伯，天下諸侯有相滅亡者，桓公不能救，則桓公恥之。今孝章實丈夫之雄也，天下談士，依以揚聲，而身不免於幽縶，命不期於旦夕。吾祖不當復論損益之友，而朱穆所以絶交也。論語，子曰：益者三友，損者三友。吾祖，即謂孔子也。後漢朱穆感世澆薄，莫尚敦厚，著絶交論以矯之。公誠能馳一介之使，加咫尺之書，左氏傳，晉行人子員對鄭王子伯駢曰：君有楚命，不使一介行李，告於寡君。漢書，廣武君曰：發一乘之使，奉咫尺之書。則孝章可致，友道可弘矣。

今之少年，喜謗前輩，或能譏評孝章。孝章要爲有天下大名，九牧之人，所共稱嘆。九牧，猶九州也。左氏傳，王孫滿曰：貢金九牧。孫卿子曰：文王鑒於殷紂，此其所以伐殷王〔五〕而受九牧也。燕君市駿馬之骨，非欲以騁道里，乃當以招絶足也。戰國策，郭隗謂燕昭王曰：臣聞古之人君有市千里馬者，三年而不得。於是遣使者賫千金之貨，將市於他國。未至，而千里之馬已死，使者乃以五百金買死馬之首以歸。其君大怒曰：所求者本不市死馬，何故損金市死馬乎？將誅之，使者對曰：死馬尚市之，況生者乎？天下必知君之好也，馬將至矣。於是朞年而千里馬至者三焉。惟公匡復漢室，宗社將絶，又能正之。正之術〔六〕，實須得賢。珠玉無脛胡定切而自至者，以人好之也，況賢者之有足乎？韓詩外傳曰：蓋胥謂晉平公曰：珠出於海，玉出於山，無足而至者，好之也；士有足而不至者，君不好也。昭王築臺以尊郭隗，隗雖小才而逢大遇，竟能發明主之至心，故樂毅自魏往，劇辛自趙往，鄒衍自齊往。史記曰：燕昭王於破燕之後，卑身厚幣以禮賢者。謂郭隗曰：齊因孤之國亂，而襲破燕。孤知國小力少，不足以報。然誠得賢士與共圖，以雪先王之讎也。願先生視可者，得身事之。隗曰：王必欲致士，先從隗始。況賢於隗者，豈遠千里哉！於是昭王爲隗改築宮而師事之。樂毅自魏往，鄒衍自齊往，劇辛自趙往。向使郭隗倒懸而王不解居蟹切，臨難而王不拯，孟子曰：當今之時，萬乘之國行仁政，民悦而歸之，猶解倒懸也。又曰：今燕虐其民而王征之，人以爲將拯己於水火之中也。則士亦將高翔遠引，莫有北首音獸燕路者矣。漢書，廣武君曰：牛酒以享，士大夫北首燕路。凡所稱引，自公所知，而復有云者，欲公崇篤斯義。因表不悉。

文選考異

〔一〕論盛孝章書　案：此書當在後，下與彭寵書當在前。今乃季漢之文，越居建武以上，必非善舊甚明。各本皆同，卷首子目亦然，未知其誤始自何時也。

〔二〕注「徵爲都尉」　何校「爲」下添「騎」字，是也。各本皆脱。

〔三〕注「人誰不安」　案：「不」當作「獲」，各本皆誤。

〔四〕注「曷爲不言蓋狄滅之」　袁本、茶陵本無「蓋」字，是也。

〔五〕注「此其所以伐殷王」　陳云「伐」，「代」誤，是也。各本皆譌。

〔六〕正之術　袁本、茶陵本重「之」字，云善無「之」字。案：各本所見皆非，此但傳寫脱。

爲幽州牧與彭寵書〔一〕

朱叔元

范曄後漢書曰：朱浮，字叔元，沛國蕭人也。初從世祖爲大司馬主簿，遷偏將軍，從破邯鄲後，乃爲大將軍幽州牧，守薊城。浮少有才能，頗欲厲正風迹，收士心，辟召州中涿郡王岑之屬，以爲從軍事。及王莽時，故吏二千石，皆引置幕府，乃多發諸郡倉穀，贍其妻子。漁陽太守〔二〕以爲天下未定，不宜多置官屬，以費軍食，不從其令。浮密奏：寵遣吏迎妻而不迎其母，又受貨賄，殺害友人，多聚兵穀，意計難量。寵既積怨，聞遂大怒，舉兵攻浮。浮以書責之。

蓋聞智者順時而謀，愚者逆理而動，常竊悲京城太叔以不知足而無賢輔，卒自棄於鄭也。左氏傳曰：鄭武公生莊公及共叔段。姜氏愛共叔段，欲立之，亟請於武公，公弗許。及莊公即位，爲之請制。公曰：制，巖邑也，虢叔死焉，他邑唯命。請京，使居之，謂之京城太叔。既而太叔令西鄙北鄙貳於己，公子呂曰：國不堪貳，君將若之何？公曰：不義不昵，厚將崩。太叔完聚，繕甲兵，具卒乘，將襲鄭。公聞其期，曰：可矣！命子封帥車二百乘以伐京，京叛太叔段，段入于鄢。公伐諸鄢，五月辛丑，太叔出奔共。書曰：鄭伯克段于鄢。伯通以名字典郡，有佐命之功，名字，謂聲譽遠聞也。漢書曰：陳遵、劉竦〔三〕俱著名字。佐命已見李陵書。臨民親職，愛惜倉庫，而浮秉征伐之任，欲權時救急，言朱浮所以招致賓客者，此亦權時救急也。二者皆爲國耳。即疑浮相譖，何不詣闕自陳，而爲滅族之計乎？

朝廷之於伯通，蔡邕獨斷云：朝廷者，不敢指斥君，故言朝廷。恩亦厚矣，委以大郡，任以威武，事有柱石之寄，情同子孫之親。漢書，大司農田延年謂霍光曰：將軍爲國柱石。匹夫媵母尚能致命一飡，左氏宣公二年傳曰：初，趙宣子畋于首山，見靈輒餓，問其病，對曰：不食三日矣。食之，舍其半。問之，曰：宦三年矣，未知母之存否，今近矣，請以遺。使盡之，而爲之簞食與肉。既而與爲公介。靈公比以趙盾驟諫，伏甲將攻殺之。靈輒乃倒戟以禦之。又戰國策曰：楚王伐中山，中山君亡，有二人荷戈而從之。中山君顧二人曰：子何爲者？對曰：昔臣之父嘗餓且死，君捨飡以餔臣父。臣之父且死，曰：中山君有事，汝必赴之。是以今來死君之難。中山君曰：以一杯羹而亡國，以一飡而獲二死士。媵母，未詳。豈有身帶三綬，職典大邦，而不顧恩義，生心外叛者乎！三綬者，古人兼官者，一官一綬也。范曄後漢書曰：更始使謁者韓鴻持節徇北州，承制得專拜二千石以下。鴻至薊，以寵鄉閭故人，相見大喜，拜寵偏將軍，行漁陽太守。世祖又以書招寵，寵乃發步騎三千人歸世祖。世祖承制封建忠侯，賜號大將軍。伯通與吏民語，何以爲顏？行步拜起，何以爲容？坐卧念之，何以爲心？引鏡窺景，何以施眉目？舉厝建功，何以爲人？惜乎！棄休令之嘉名，造梟鴟之逆謀，捐傳葉之慶祚，招破敗之重災，高論堯舜之道，不忍桀紂之性，生爲世笑，死爲愚鬼，不亦哀乎！

伯通與耿俠遊范曄後漢書曰：吴漢説寵從世祖，會上谷太守耿況亦使功曹寇恂詣寵，結謀共歸世祖。又曰：況字俠遊。俱起佐命，同被國恩。俠遊謙讓，屢有降挹之言，蒼頡篇曰：挹，損也。而伯通自伐，以爲功高天下。孔安國尚書傳曰：自功曰伐。往時遼東有豕，生子白頭，異而獻之。行至河東，見羣豕皆白，懷慙而還。若以子之功高論於朝廷，則爲遼東豕也。白頭豕，未詳。今乃愚妄，自比六國。張晏漢書注曰：齊、燕、楚、韓、趙、魏。六國之時，其勢各盛，廓土數千里，勝兵將百萬，故能據國相持，多歷年所。今天下幾里，列郡幾城，奈何以區區漁陽而結怨天子？區區，言小也。公羊傳曰：司馬子反謂楚王曰：以區區之宋，猶有不欺之臣。此猶河濱之民，捧土以塞孟津，多見其不知量也！論語曰：叔孫武叔毁仲尼，子貢曰：仲尼，日月也，無得而踰焉。人雖欲自絶，其何傷於日月乎？多見其不知量也。

方今天下適定，海内願安，士無賢不肖，皆樂立名於世。而伯通獨中風狂走，自捐盛時，内聽嬌婦之失計〔四〕，外信讒邪之諛言，東觀漢記曰：浮密奏寵，上徵之。寵既自疑，其妻勸寵無應徵，今漁陽大郡，兵馬衆多，奈何爲人所奏而棄此去？寵與所親信吏計議：吏皆怨浮，勸寵止不應徵。長爲羣后惡法，永爲功臣鑒戒，豈不誤哉！或本云永爲羣后惡法。今檢范曄後漢書有此一句〔五〕。然東觀漢記亦載此書，大意雖同，辭旨全別，蓋録事者取舍有詳略矣。定海内者無私讎，勿以前事自疑，願留意顧老母少弟。凡舉事無爲親厚者所痛，而爲見讎者所快。范曄後漢書曰：寵齊獨在便室，蒼頭子密等三人，因寵卧寐，共縛著牀。又以寵命呼其妻，妻入，大驚。昏夜後，解寵手，令作記，告城門將軍云：今遣子密等至子后蘭卿所，速開門出，勿稽留之。書成，即斬寵及妻頭置囊中。便持記馳出城，因以詣闕，封爲不義侯。

文選考異

〔一〕爲幽州牧與彭寵書　案：此書當在前，説見上。

〔二〕注「漁陽太守」　何校「守」下添「彭寵」二字，陳同，是也。各本皆脱。

〔三〕注「陳遵劉竦」　陳云「劉」，「張」誤，是也。各本皆誤。

〔四〕内聽嬌婦之失計　袁本、茶陵本「嬌」作「驕」，是也。後漢書亦是「驕」字。

〔五〕注「或本云永爲羣后惡法今檢范曄後漢書有此一句」　何校「云」改「無」。陳云「云」疑當作「無」。今案：何、陳所説非也。「一」當作「二」。各本皆誤。或本云「永爲羣后惡法」者，謂正文二句，本或作如此一句也。今檢范曄後漢書有此二句者，謂其與或本云者不合，而與正文合也。正文不云「永爲羣后惡法」，不得如何、陳所改作「或本無」甚明。

爲曹洪與魏文帝書

魏志曰：曹洪，字子廉，太祖從弟。

陳孔璋 陳琳集曰：琳爲曹洪與文帝牋。文帝集序曰：上平定漢中，族父都護還書與余，盛稱彼方土地形勢。觀其辭，如陳琳所敍爲也〔一〕。

十一月五日，洪白：前初破賊，情奓意奢，説事頗過其實。得九月二十日書，得文帝書。讀之喜笑，把玩無猒，亦欲令陳琳作報。琳頃多事，不能得爲。念欲遠以爲懽，故自竭老夫之思。左氏傳，趙孟曰：老夫罪戾是懼。辭多不可一一〔二〕，粗舉大綱，以當談笑。

漢中地形，實有險固，四嶽三塗，皆不及也。左氏傳，司馬侯曰：四嶽、三塗，九州之險也。杜預曰：東嶽岱，南嶽衡，西嶽華，北嶽恆；三塗，在河南陸渾縣南。彼有精甲數萬，臨高守要，一人揮戟，萬夫不得進。漢書，朱買臣曰：一人守險，千人不得上。而我軍過之，若駭鯨之決細網，奔兕之觸魯縞，漢書，韓安國曰：强弩之末，力不能穿魯縞。音義曰：縞，曲阜之地，俗善作之。既皆輕細〔三〕，故以喻之。爾雅曰：繒之細者〔四〕曰縞。未足以喻其易。雖云王者之師，有征無戰，漢書，淮南王安上書曰：臣聞天子之兵，有征無戰，言莫之敢校。不義而强，古人常有。左氏傳，叔向謂趙孟曰：不義而强，其斃必速。故唐虞之世，蠻夷猾夏；尚書舜典曰：咎繇，蠻夷猾夏，寇賊姦宄。周宣之盛，亦讎大邦。

毛詩曰：蠢爾蠻荆，大邦爲讎。詩書歎載，言其難也。斯皆憑阻恃遠，故使其然。是以察茲地勢，謂爲中才處之，殆難倉卒。司馬遷報任少卿書曰：夫中才之人，事有關於宦豎者，莫不傷氣。來命陳彼妖惑之罪，敍王師曠蕩之德，豈不信然！文帝答洪書曰：今魯包凶邪之心，肆蠱蠆之政〔五〕，天兵神拊，師徒無暴，樵牧不臨。是夏殷所以喪，苗扈所以斃；尚書，帝曰：咨禹：惟時有苗不率，汝徂征。又曰：啓與有扈戰于甘之野。我之所以克，彼之所以敗也。不然，商周何以不敵哉！左氏傳，鬬廉曰：師克在和不在衆，商、周之不敵，君之所聞也。昔鬼方聾昧，崇虎讒凶，殷辛暴虐，三者皆下科也。三科之中，此等爲下科。然高宗有三年之征，文王有退脩之軍，盟津有再駕之役，周易曰：高宗之伐鬼方，三年克之。左氏傳曰：子魚言於宋公曰：文王聞崇德亂，伐之，軍三旬而不降。退而脩德，復伐之，因壘而降。尚書曰：惟十有一年，武王克殷〔六〕。又曰：一月戊午，師渡孟津。然後殪戎勝殷，有此武功。尚書曰：天乃大命文王，殪戎殷，誕受厥命。焉有星流景集，飈奪霆擊〔七〕，長驅山河，朝至暮捷，若今者也！戰國策曰：樂毅輕卒鋭兵，長驅至齊。

由此觀之，彼固不逮下愚，彼，張魯也。下愚，指鬼方等。則中才之守，不然明矣。在中才則謂不然，若中才守之，則不可得也。而來示乃以爲彼之惡稔，雖有孫田墨氂力而切猶無所救，竊又疑焉。文帝答曹洪書曰：今魯罪兼苗、桀，惡稔厲、莽，縱使宋翟妙機械之巧，田單騁奔牛之誑，孫、吳勒八陣之變，猶無益也。何者？古之用兵，敵國雖亂，尚有賢人，則不伐也。是故三仁未去，武王還師；論語曰：微子去之，箕子爲之奴，比干諫而死。孔子曰：殷有三仁焉。史記曰：周武王東觀兵於孟津〔八〕，諸侯皆曰：紂可伐矣！武王曰：未知天命，未可也。乃還師。聞殺王子比干，囚箕子，於是曰：殷有重罪，不可不伐。宫奇在虞，晉不加戎；左氏傳曰：晉侯假道於虞以伐虢，宫之奇諫曰：虢，虞之表也。虢亡，虞必從之。諺所謂輔車相依，脣亡齒寒。其虞、虢之謂乎？弗聽。宫之奇以其族行，曰：虞不臘矣！在此行也，不再舉矣！季梁猶在，强楚挫謀。左氏傳曰：楚王侵隨，隨使少師董成。鬭伯比言於楚子曰：吾不得志於漢東也，我則使然。我張吾三軍而被吾甲兵，以武臨之。漢東之國，隨爲大，隨張必棄小國，小國離，楚之利也。請羸師以張之。熊率且比曰：季梁在，何益？注曰：季梁，隋賢臣也。暨至衆賢奔絀勑律切，三國爲墟。明其無道有人，猶可救也。且夫墨子之守，縈帶爲垣，高不可登，折箸爲械，堅不可入。墨子曰：公輸爲雲梯，必取宋。於是見公輸，九設攻城之機變，墨子九距之。公輸般之攻城械盡，子墨子之守圉有餘。公輸般出而曰：吾知所以距子矣，吾不言。子墨子亦曰：吾知子之所以距我者，吾不言之。王問其故，子墨子曰：公輸子之意，不過砍殺臣。殺臣，宋莫能守，乃可攻也。然臣之弟子禽滑釐三百人，已持守圉之器在宋城上，而待楚寇矣。雖殺臣，不能絶也。楚王曰：善，吾請無攻也。若乃距陽平，據石門，周地圖記曰：褒谷西有古陽平關。劉淵林蜀都賦注曰：石門在漢中之西。攄八陣之列，騁奔牛之權，雜兵書曰：八陣：一曰方陣，二曰圓陣，三曰牝陣，四曰牡陣，五曰衝陣，六曰輪陣，七曰浮沮陣，八曰鴈行陣。史記曰：田單爲將軍，破燕城時，以千餘牛爲絳繒衣，畫以五綵龍文，束兵刃於角，灌脂束葦於尾，燒之。鑿城數十穴，夜縱牛，壯士五千人隨其後。牛尾熱，怒而奔，燕軍夜大驚。牛尾炬火，光明炫燿，燕軍視之，皆龍文，所觸盡死傷。五千人因銜枚擊之，而城中鼓噪從之，老弱皆擊銅器爲聲，聲動天地。燕軍大駭，敗走。齊人遂夷殺其將騎劫。燕軍大亂奔走，齊人追亡逐北，所過城邑叛燕歸田單，而齊七十餘城皆復爲齊。乃迎襄王於莒。焉肯土崩魚爛哉！漢書，徐樂上書曰：臣聞天下之患，在於土崩。公羊傳曰：其言梁亡何？自亡也，魚爛而亡。何休注曰：魚爛自内發。設令守無巧拙，皆可攀附，則公輸已陵宋城，樂毅已拔即墨矣。墨翟之術何稱？田單之智何貴？老夫不敏，未之前聞。左氏傳，趙孟曰：老夫罪戾是懼〔九〕。禮記檀弓曰：我未之前聞。

蓋聞過高唐者，效王豹之謳；孟子，淳于髠曰：昔王豹處淇，而西河善謳。緜駒處高唐，而齊女善歌〔一〇〕。按：此文當過高唐者，效緜駒之歌。但文人用之誤。遊睢息惟切渙者，學藻繢之綵。陳留記曰：襄邑，渙水出其南，睢水經其北。傳云：睢、渙之間出文章，故其黼黻絺繡，日月華蟲，以奉宗廟御服焉。間自入益部，仰司馬楊王遺風，有子勝斐然之志，司馬相如、楊雄、王褒也。墨子曰：二三子復於子墨子曰：告子勝仁。子墨子曰：未必然也。告子爲仁，猶跂以爲長，偃以爲廣，不可久也。論語曰：吾黨之小子狂簡，斐然成章。故頗奮文辭，異於他日。怪乃輕其家丘，謂爲倩七靖切人，邴原别傳曰：原遊學，詣孫崧，崧曰〔一一〕：君以鄭君而舍之，以鄭君爲東家丘也。原曰：君以鄭君爲東家丘，以僕爲西家愚夫邪？是何言歟？夫緑驥垂耳於林坰〔一二〕。弔屈原曰：驥垂兩耳，服鹽車。爾雅曰：野外謂之林，林外謂之坰。鴻雀戢翼於汙池，周禮有牧田。鴻雀，鳥之通稱也。毛詩曰：鴛鴦在梁，戢其左翼。列子，楊朱謂梁王曰：鴻鴈高飛，不集汙池。褻之者固以爲園囿之凡鳥，外廄之下乘也。穀梁傳，晉荀息曰：君何不以屈産之乘借道乎？公曰：此晉國之寶也。荀息曰：取之中廏，置之外廏。及整蘭筋，相馬經云：一筋從玄中出，謂之蘭筋。玄中者，目上陷如井字。蘭筋豎者千里。揮勁翮，陵厲清浮，顧盼千里〔二〕，豈可謂其借翰於晨風，假足於六駮哉！爾雅曰：晨風，鸇也。毛詩曰：隰有六駮。毛萇曰：駮如馬，倨牙，食虎豹。恐猶未信丘言，必大噱也。洪白。孟康漢書注曰：丘，空也。此雖假孔子名，而實以空爲戲也。或無丘言二字。漢書曰：趙李諸侍中皆談笑大噱。說文曰：噱，大笑也。

文選考異

〔一〕注「如陳琳所敍爲也」 何校「如」改「知」，陳同，是也。各本皆譌。

〔二〕辭多不可一一 袁本、茶陵本下「一」作「二」。案：二本是也。此尤誤改之。

〔三〕注「既皆輕細」 茶陵本「既皆」作「尤爲」，是也。袁本作「既無」，亦非。

〔四〕注「爾雅曰繒之細者」 案：「爾」當作「小」。各本皆譌。此所引廣服文。

〔五〕注「肆蟲蠆之政」 袁本、茶陵本「蠆」作「惑」，是也。

〔六〕注「武王克殷」 陳云「克」，「伐」誤，是也。各本皆誤。

〔七〕飈奪霆擊 袁本、茶陵本「奪」作「奮」，云善作「奪」。案：各本所見皆非也，「奪」但傳寫誤。

〔八〕注「東觀兵於孟津」 袁本、茶陵本「孟」作「盟」，是也。

〔九〕注「左氏傳趙孟曰老夫罪戾是懼」 案：此十二字不當有，「老夫」，篇首已注訖矣。各本皆誤。

〔一〇〕注「而齊女善歌」　袁本、茶陵本「女」作「右」。案：「女」字非也。

〔一一〕注「詣孫嵩嵩曰」　案：二「嵩」字皆當作「崧」，國志注引作「崧」可證也。各本皆譌。

〔一二〕夫綠驥垂耳於林坰　案：「林坰」當作「坰牧」。袁本、茶陵本作「坰牧」，校語云善有「林」字，無「牧」字。案：善引周禮以注「牧」作「坰牧」，與五臣無異甚明，各本所見皆非也。尤本又割注「周禮有牧田」一句入下節，益非。二本此注通爲一節，固未誤也。

〔一三〕顧盼千里　袁本、茶陵本「盼」作「眄」，云善作「盼」。案：各本所見非也，「盼」但傳寫誤。

文選卷第四十二

書中

爲曹公作書與孫權

吳書曰：孫策初與魏武俱事漢，薨。周瑜、魯肅諫權曰：將軍承父兄餘資，兼六郡之衆，兵精糧多，何區區而受制於人也！權遂據江東，西連蜀漢，與劉備和親。故作書與權，望得來同事漢也〔一〕。

阮元瑜

魏志曰：阮瑀，字元瑜，宏才卓逸，不羣於俗。太祖爲司空，召爲軍謀祭酒，又管記室，書檄多瑀所作，又轉丞相倉曹屬，卒。文章志曰：陳留人也。

離絶以來，于今三年，無一日而忘前好。亦猶姻媾之義，恩情已深；爾雅曰：壻之父曰姻，婦之父曰婚。毛詩箋曰：重婚曰媾。吳志曰：策并江東，曹公力未能逞，且欲撫之，乃以弟女配策小弟匡，又爲子彰取貴女，皆禮辟策弟權、翊，又命楊州刺史嚴象舉茂才〔二〕。違異之恨，中間尚淺也。孤懷此心，君豈同哉！每覽古今所由改趣，因緣侵辱，或起瑕釁，心忿意危，用成大變。心既忿恨，意不自安。若韓信傷心於失楚，彭寵積望於無異，漢書曰：高祖徙信爲楚王，後以爲淮陰侯。信知漢畏其能，稱疾不朝，由此日怨。陳豨反，高祖自將往。信陰使人之豨所，而與家人謀夜詐赦諸官徒奴，欲發兵襲呂后、太子。范曄後漢書曰：光武至薊，彭寵上謁，自負功德，光武接之不能滿，以此懷不平。光武知之，以問幽州牧朱浮，浮對曰：陛下昔倚爲北道主人，寵謂至當延閤握手，交歡並坐。今既不然，所以失望也。盧綰嫌畏於已隙，英布憂迫於情漏，此事之緣也。漢書曰：上立盧綰爲燕王。初，上如邯鄲擊陳豨，燕王盧綰亦擊其東北。豨使王黃求救於匈奴，綰亦使其臣張勝於匈奴。勝至胡，燕王臧荼子衍亡在胡，見勝曰：公何不令燕且緩豨而與胡和？事寬，得長王燕。勝以爲然，迺令匈奴兵擊燕。綰疑勝與胡反，上書請族勝。勝還報，具道所以爲者。綰寤，迺詐論他人以脫勝家屬，使得爲匈奴間，而陰使范齊之豨所，欲令連兵無決。漢既斬豨，其裨將降，言燕王綰使范齊通謀豨所。上使使召綰，綰稱病，於是上曰：綰果反矣。乃遣樊噲伐燕。又曰：黥布爲淮南王。漢誅梁王彭越，盛其醢以偏賜諸侯。至淮南王，王大恐，陰令人部聚兵伺旁郡警急。賁赫爲布中大夫，上變，言布謀反有端，可先未發誅也。淮南王疑其上言國陰事，漢使又來，頗有所驗，遂族赫家，發兵反。孤與將軍，恩如骨肉，割授江南，不屬本州，豈若淮陰捐舊之恨。楊州舊屬江南，江南之地盡屬焉。今魏徙楊州於壽春，而孫權全有江南之地，故云屬本州也〔三〕。江都圖經曰：江西壽春屬魏，魏楊州刺史鎮壽春。捐舊或爲捐奪，誤也。抑遏劉馥，相厚益隆，寧放朱浮顯露之奏。魏志，劉馥，字元穎，沛國人也。太祖方有袁紹之難，謂馥可任以東南之事，遂爲楊州刺史。後漢書曰：朱浮爲幽州牧，奏漁陽守彭寵多買兵器，不迎母。寵遂反。無匿張勝貸他改切故之變，張勝有故於胡，盧綰匿之，而加恩貸也。貸或爲貳。匪有陰構賁音肥赫之告，固非燕王淮南之釁也。而忍絶王命，明棄碩交，實爲佞人所構會也。史記，蘇秦謂齊王曰：此棄仇讎而得石交者也。碩與石古字通。論語，子曰：遠佞人。夫似是之言，莫不動聽，因形設象，易爲變觀。戰國策曰：曾參殺人，人有告曾參母，母不信。又有人告之，母又不信。須臾又有人告之，母乃投杼而起。示之以禍難，激之以恥辱，大丈夫雄心，能無憤發。吴志曰：周瑜云：受制於人，豈與南面稱孤同哉！昔蘇秦説韓，羞以牛後〔四〕，韓王按劍作色而怒，雖兵折地割，猶不爲悔，人之情也。戰國策，蘇秦爲楚合從，説韓王曰：臣聞鄙諺曰：寧爲雞尸，不爲牛從。今西面交臂而臣事秦，何以異於牛從也！夫以大王之賢，挾强韓之名，臣切爲大王羞之。韓王忿然作色，攘臂按劍仰天曰：寡人雖死，其不事秦。延叔堅戰國策注曰：尸，雞中主也。從，牛子也，從或爲後，非也。仁君年壯氣盛，緒信所嬖，楚辭曰：竊悲申包胥之氣盛。宋均詩緯注曰：緒，業也。既懼患至，兼懷忿恨，不能復遠度孤心，近慮事勢，遂齎見薄之決計，秉翻然之成議。加劉備相扇揚，事結釁連，推而行之。想暢本心，不願於此也。周易曰：推而行之存乎通。

孤之薄德，位高任重，幸蒙國朝將泰之運，蕩平天下，懷集異類，家語注曰：異類，夷狄也。喜得全功，長享其福。而姻親坐離，厚援生隙，漢書，谷永曰：因而生隙。常恐海内多以相責，以爲老夫苞藏禍心，陰有鄭武取胡之詐，左氏傳，趙孟曰：老夫罪戾是懼，焉能恤遠。又曰：楚公子圍聘于鄭〔五〕，鄭使行人子羽與之言曰：大國無乃苞藏禍心以圖之。韓子曰：昔者鄭武公伐胡，先以其子妻胡君，以娛其意。因而問於羣臣曰：吾所用兵，誰可伐者？大夫關其思對曰：胡可。武公怒而戮之，曰：胡，兄弟之國也。子言伐之何？胡君聞之，以鄭親己，遂不備鄭。鄭人襲胡，取之也。乃使仁君翻然自絕。以是忿忿，懷慙反側，常思除棄小事，更申前好，小事，忿恨。前好，謂婚姻。二族俱榮，流祚後嗣，以明雅素中誠之效。抱懷數年，未得散意。昔赤壁之役，遭離疫氣，燒舡自還，以避惡地，非周瑜水軍所能抑挫也。江陵之守，物盡穀殫，無所復據，徙民還師，又非瑜之所能敗也。赤壁，地名，在荆州下。吴志曰：曹公臨荆州，權遣周瑜、程普爲左右督，各領萬人，與劉備俱進。遇於赤壁，大破曹公軍，燒其餘舡引退。士卒飢疫，死者太半。備、瑜等復追至南郡，公遂北還，留曹仁於江陵。瑜、仁相守歲餘，所殺傷甚衆，仁委城走。荆土本非己分，我盡與君，冀取其餘，言荆州之土，非我之分，今盡以與君，實冀取其餘地耳。非相侵肌膚，有所割損也。列子，孟孫陽謂禽子曰：有侵若肌膚獲萬金者，若爲之乎？曰：爲之。思計此變，無傷於孤，何必自遂於此，不復還之。言我尚冀君之餘地，何必荆州之土，不復還我哉！高帝設爵以延田横，光武指河而誓朱鮪，榮美切。君之負累，豈如二子？漢書高紀曰：初，田横攻彭越。項羽已滅，横懼誅，與賓客亡入海。上恐其久爲亂，遣使赦横，曰：横來，大者王，小者侯。謝承後漢書曰：光武攻洛陽，朱鮪守之。上令岑彭説鮪曰：赤眉已得長安，更始爲胡殷所反害，今公誰爲守乎？鮪曰：大司徒公被害，鮪與其謀，誠知罪深，不敢降耳。彭還白上，上謂彭，復往明曉之：夫建大事不忌小怨，今降，官爵可保，況誅罰乎？上指水曰：河水在此，吾不食言。是以至情，願聞德音。毛詩曰：彼美孟姜，德音不忘。往年在譙，新造舟舡，取足自載，以至九江，貴欲觀湖漅之形，定江濱之民耳，魏志曰：建安十四年二月，軍至譙，作輕舟，治水軍，自渦入淮，出肥水。吴志曰：初，曹公恐江濱郡縣爲權所略，徵令内移，轉相警備。自廬江、九江、蘄春、廣陵十餘萬，皆東渡江，江西遂虚，合肥以南，唯有皖城。裴松之吴志注曰：漅，祖了切。非有深入攻戰之計。將恐議者大爲己榮，左氏傳，楚子曰：安人之亂，以爲己榮。自謂策得，長無西患，重以此故，未肯迴情。然智者之慮，慮於未形；達者所規，規於未兆。金匱曰：明者見於未萌〔六〕，智者避危於無形。是故子胥知姑蘇之有麋鹿，輔果識智伯之爲趙禽。漢書，伍被謂淮南王曰：昔伍子胥諫吴王曰：臣今見麋鹿遊姑蘇之臺也。越絶書曰：姑蘇，臺名，夫差所造，高見三百里。戰國策曰：智伯與韓、魏圍趙於晉陽。張孟談陰見韓、魏之君，曰：智伯伐趙，趙亡則二君爲之次。二君乃與孟談陰約，夜遣人入晉陽。智果見二君，説智伯曰：二主色動而變，必背君矣，不如殺之。智伯曰：不可。智果見言之不聽，出便易姓爲輔氏。穆生謝病，以免楚難；鄒陽北遊，不同吴禍。漢書曰：穆生不嗜酒，楚王戊常設醴。後忘設焉，穆生退曰：可以逝矣。遂謝病去。後戊乃與吴王通謀，遂應吴王反。又曰：鄒陽仕吴，吴王有邪謀，陽奏書諫吴王，王不納。去之梁，從孝王遊。此四士者，豈聖人哉？徒通變思深，以微知著耳。范子計然曰：見微知著。以君之明，觀孤術數，量君所據，相計土地，豈勢少力乏，不能遠舉，割江之表，宴安而已哉？甚未然也！若恃水戰，臨江塞要，欲令王師終不得渡，亦未必也。夫水戰千里，情巧萬端。越爲三軍，吳曾不禦；漢潛夏陽，魏豹不意。江河雖廣，其長難衞也。左氏傳曰：越子伐吳，吳子禦之笠澤，夾水而陳。越子爲左右勾卒，使夜或左或右，鼓譟而進。吳師分以禦之。越子以三軍潛涉，當吳中軍而鼓之，吳師大亂，遂敗之。漢書曰：韓信爲左丞相，進擊魏王豹。魏王豹盛兵蒲坂，塞臨晉。信廼益爲疑兵，陳舡欲渡，至於臨晉，而伏兵從夏陽以木罌渡軍，襲安邑。魏王豹驚，張兵迎信〔七〕，信遂虜豹而歸。

凡事有宜，不得盡言，將修舊好而張形勢，更無以威脅重敵人。重，威重也。言以威重迫脅敵人。然有所恐，恐書無益。何則？往者軍逼而自引還，今日在遠而興慰納，辭遜意狹，謂其力盡，適以增驕〔八〕，不足相動，但明効古，當自圖之耳。昔淮南信左吳之策，漢書曰：淮南王安謀反，日夜與左吳等按輿地圖，部署兵所從出入。漢隗囂納王元之言〔九〕，范曄後漢書曰：隗囂，字季孟，天水人。更始亂，囂亡歸天水，招聚其衆，自稱西州上將軍，遣子恂詣闕。囂將王元説囂曰：天水完富，天下士馬最强，元請一丸泥東封函谷，此萬世一時也。囂心然元計，遂反。彭寵受親吏之計，彭寵，已見朱浮與彭寵書。三夫不寤，終爲世笑。梁王不受詭勝，竇融斥逐張玄，二賢既覺，福亦隨之。願君少留意焉。漢書曰：梁孝王怨袁盎，廼與羊勝公孫詭之屬，陰使人刺殺袁盎。天子意梁，逐賊，果梁使之。遣使覆案梁事，捕公孫詭羊勝，皆匿王後宮。韓安國泣諫王，王乃令出之。勝詭皆自殺。梁王使韓安國因長公主謝，上怒稍解。范曄後漢書，竇融，字周公，扶風人也，行西河五大郡大將軍事〔一〇〕。遥聞光武即位，心欲東向。隗囂使辨士張玄遊説西河，曰：今各據土宇，與隴、蜀合從，高可爲六國，下不失尉陀。融召豪傑計議，遂決策東向，奉書獻馬。光武賜融璽綬，爲涼州牧，封安豐侯，後遷大司空。若能内取子布，外擊劉備，吴志曰：張昭，字子布。以効赤心，用復前好，則江表之任，長以相付，高位重爵，坦然可觀。上令聖朝無東顧之勞，下令百姓保安全之福，君享其榮，孤受其利，豈不快哉！若忽至誠以處僥倖，婉彼二人，不忍加罪，婉，猶親愛也。二人，劉備、張昭也。所謂小人之仁，大仁之賊，大雅之人，不肯爲此也。韓子曰：行小忠，則大忠之賊也。班固漢書贊曰：大雅卓爾不羣，河間獻王近之矣。若憐子布，願言俱存，亦能傾心去恨，順君之情，更與從事，取其後善。史記曰：王温舒徙諸名禍猾吏與從事。廣雅曰：從，行也。但禽劉備，亦足爲効。開設二者，審處一焉。

聞荆楊諸將，並得降者，皆言交州爲君所執，豫章距命，不承執事，吴志曰：孫輔，字國儀，假節交州刺史，遣使與曹公相聞。事覺，權幽縶之，數歲卒。又曰：劉繇，字正禮，避亂淮浦，詔遣爲楊州刺史。繇不敢之州，遂南保豫章。疫旱並行，人兵減損，各求進軍，其言云云。孤聞此言，未以爲悦。然道路既遠，降者難信，幸人之災，君子不爲。左氏傳曰：秦飢，使乞糴于晉，晉人弗與。慶鄭曰：背施無親，幸災不仁。且又百姓國家之有，加懷區區，樂欲崇和，庶幾明德，來見昭副，不勞而定，於孤益貴。是故按兵守次，遣書致意。古者兵交，使在其中，左氏傳曰：晉欒書伐鄭，鄭使伯蠲行成，晉人殺之，非禮也。兵交，使在其間可也。願仁君及孤虚心回意，以應詩人補袞之歎，而慎周易牽復之義。毛詩曰：袞職有闕，惟仲山甫補之。周易曰：牽復吉。濯鱗清流，飛翼天衢，良時在茲，勖之而已。

文選考異

〔一〕注「吴書曰孫策」下至「望得來同事漢也」　案：此一節注恐非善舊。各本皆同，無以訂之。

〔二〕注「舉茂才」　案：「舉」下當有「權」字。各本皆脱。

〔三〕注「故云屬本州也」　袁本、茶陵本「云」作「不」，是也。

〔四〕羞以牛後　何校「後」改「從」。陳云據注則正文中「後」字當作「從」。案：何陳所校是也。袁、茶陵二本所載五臣向注作「後」，各本皆以之亂善，而失著校語。史記傳寫譌爲「後」，今本國策亦然，故五臣改「從」爲「後」耳。

〔五〕注「楚公子圍聘于鄭」　茶陵本「圍」作「圍」，是也。袁本亦誤「圍」。

〔六〕注「明者見於未萌」　案：「見」下當有「兆」字。各本皆誤。

〔七〕注「張兵迎信」　陳云「張」，「引」誤，是也。各本皆誤。

〔八〕適以增驕　案：「驕」當作「憍」。袁本、茶陵本云善從「心」。此以五臣亂善。

〔九〕漢隗囂納王元之言　案：「漢」字不當有。袁本、茶陵本云善有「漢」。所見皆非也。

〔一〇〕注「行西河五大郡大將軍事」　何校「西河」改「河西」，下同。「五」下去「大」字，陳同，是也。各本皆誤。

與朝歌令吴質書 典略曰：質爲朝歌長。大軍西征，太子南在孟津小城，與質書。漢書曰：魏郡有朝歌縣。

魏文帝

五月十八日，丕白：季重無恙。爾雅曰：恙，憂也。塗路雖局，官守有限，爾雅曰：局，近也〔一〕。孟子曰：吾聞有官守者，不得其職則去。願言之懷，良不可任。毛詩曰：願言思子。杜預左氏傳注曰：任，當也。足下所治僻左，書問致簡，益用增勞。每念昔日南皮之遊，漢書，勃海郡有南皮縣。誠不可忘。既妙思六經，逍遥百氏；莊子，孔子謂老聃曰：丘治詩、書、禮、樂、易、春秋六經，自以爲久矣。淮南子曰：百家異説，各有所出。彈棊閒設，終以六博，藝經曰：棊正彈法：二人對局，白黑棊各六枚。先列棊相當，更先控，三彈不得，各去控，一棊先補角。世説曰：彈棊出魏宫，大躰以巾角拂棊子也。高談娱心，哀箏順耳。馳騁北場，旅食南館，儀禮曰：尊士旅食于門。鄭玄注曰：旅，衆也。士衆，謂未得正禄，所謂庶人在官者。浮甘瓜於清泉，沈朱李於寒水。白日既匿，繼以朗月，同乘竝載，以遊後園，輿輪徐動，參從無聲，清風夜起，悲笳微吟，樂往哀來，愴然傷懷。列女傳，陶答子妻曰：樂極必哀。莊子，仲尼曰：樂未畢，哀又繼之。余顧而言，斯樂難常，足下之徒，咸以爲然。今果分别，各在一方。元瑜長逝，化爲異物，司馬遷答任少卿書曰：則長逝者魂魄私恨無窮。

鵩鳥賦曰：化爲異物，又何足患？莊子曰：假於異物，託於同體。郭象曰：今死生聚散，變化無方，皆異物也。每一念至，何時可言！

方今蕤賓紀時，景風扇物，禮記曰：仲夏之月，律中蕤賓。易通卦驗曰：夏至則景風至。天氣和暖，衆果具繁。時駕而遊，北遵河曲，從者鳴笳以啓路，文學託乘於後車。毛詩曰：命彼後車，謂之載之。節同時異，物是人非，我勞如何！毛詩曰：道之云遠，我勞如何。今遣騎到鄴，故使枉道相過。行矣自愛。老子曰：聖人自愛。丕白。

文選考異

〔一〕注「爾雅曰局近也」　袁本、茶陵本「爾」作「小」，是也。

與吳質書　魏文帝

典略曰：初，徐幹、劉楨、應瑒、阮瑀、陳琳、王粲等與質並見友於太子。二十二年，魏大疫，諸人多死，故太子與質書。

二月三日，丕白：歲月易得，別來行復四年。行，猶且也。三年不見，東山猶嘆其遠，況乃過之，思何可支！毛詩曰：我徂東山，滔滔不歸；自我不見，于今三年。杜預左氏傳注曰：不支，不能相支持也。雖書疏往返，未足解其勞結。

昔年疾疫，親故多離其災，徐陳應劉，一時俱逝，痛可言邪！昔日遊處，行則連輿，止則接席，何曾須臾相失。每至觴酌流行，絲竹並奏，酒酣耳熱，仰而賦詩，楊惲報孫會宗書曰：酒後耳熱，仰天撫缶。當此之時，忽然不自知樂也。謂百年己分，可長共相保。何圖數年之間，零落略盡，言之傷心！頃撰其遺文，都爲一集。廣雅曰：撰，定也。都，凡也。觀其姓名，已爲鬼録。追思昔遊，猶在心目，而此諸子，化爲糞壤，可復道哉！

觀古今文人，類不護細行，鮮能以名節自立。尚書曰：不矜細行，終累大德。而偉長獨懷文抱質，恬惔寡欲，有箕山之志，可謂彬彬君子者矣。論語，子曰：文質彬彬，然後君子。桓子新論，雍門周曰：身財高妙，懷質抱真。老子曰：少私寡欲。吕氏春秋曰：昔堯朝許由於沛澤之中，曰：請屬天下於夫子。許由遂之箕山之下。著中論二十餘篇，成一家之言，辭義典雅，足傳于後，此子爲不朽矣。文章志曰：徐幹，字偉長，北海人。太祖召以爲軍謀祭酒，轉太子文學，以道德見稱。著書二十篇，號曰中論。司馬遷書曰：通古今之變，成一家之言。德璉常斐然有述作之意，論語曰：斐然成章。又曰：述而不作。其才學足以著書，美志不遂，良可痛惜。間者歷覽諸子之文，對之抆淚，既痛逝者，行自念也。楚辭曰：孤行吟而抆淚。孔璋章表殊健，微爲繁富。公幹有逸氣，但未遒耳；其五言詩之善者，妙絶時人。言其詩之善者，時人不能逮也。元瑜書記翩翩，致足樂也。仲宣續自善於辭賦，言仲宣最少，續彼衆賢，自善於辭賦也。續或爲獨。惜其體弱，不足起其文，典論論文曰：文以氣爲主，氣之清濁有體。弱，謂之體弱也〔一〕。至於所善，古人無以遠過。昔伯牙絕絃於鍾期，仲尼覆醢於子路，痛知音之難遇，傷門人之莫逮。呂氏春秋曰：子期死，而伯牙乃破琴絕絃。禮記曰：孔子哭子路於中庭，有人弔者，而夫子拜之。既哭，進使者而問故，使者曰：醢之矣。遂命覆醢。諸子但爲未及古人，自一時之儁也。今之存者，已不逮矣。後生可畏，來者難誣，然恐吾與足下不及見也。論語，子曰：後生可畏，焉知來者之不如今？

年行已長大，所懷萬端。時有所慮，至通夜不瞑，志意何時復類昔日？已成老翁，但未白頭耳。光武言〔二〕年三十餘，在兵中十歲，所更非一，東觀漢記，光武賜隗囂書曰：吾年已三十餘，在兵中十歲，所更非一，猒浮語虛辭耳。吾德不及之，年與之齊矣。以犬羊之質，服虎豹之文，無衆星之明，假日月之光，法言曰：敢問質？曰：羊質而虎皮，見草而悅，見豺而戰。文子曰：百星之明，不如一月之光。賈子曰：主之與臣，若日月之與星也。動見瞻觀，何時易乎？恐永不復得爲昔日遊也。少壯真當努力，古詩曰：少壯不努力，老大乃傷悲。年一過往，何可攀援！莊子，北海若曰：年不可攀，時不可止，消息盈虛，終則又始。古人思炳燭夜遊〔三〕，良有以也。古詩曰：晝短苦夜長，何不秉燭遊！秉或作炳。頃何以自娛？頗復有所述造不？東望於邑，裁書敘心。楚辭曰：長呼吸以於邑。丕白。

文選考異

〔一〕注「弱謂之體弱也」 何校上「弱」上添「氣」字，陳同，是也。各本皆脱。

〔二〕光武言 袁本、茶陵本「言」上有「有」字，何校添。案：魏志注所載無，或尤依彼删耳。

〔三〕古人思炳燭夜遊 何校「炳」改「秉」。袁本、茶陵本作「秉」，云善作「炳」。案：各本所見皆非也。注引古詩爲注，而云「秉或作炳」，然則正文非「炳」明矣。魏志注所載亦是「秉」字。

與鍾大理書 魏文帝

魏志曰：鍾繇，字元常，魏國初建，爲大理。魏略曰：後太祖征漢中，太子在孟津，聞繇有玉玦，欲得之而難公索，使臨淄侯轉因人説之。繇即送之。太子與繇書。

丕白：良玉比德君子，珪璋見美詩人。禮記，孔子曰：君子比德於玉。毛詩曰：顒顒昂昂，如珪如璋。晉之垂棘，魯之璵璠，宋之結緑，楚之和璞，垂棘，見下文。左氏傳曰：季平子卒，陽虎將以璵璠斂。戰國策，應侯謂秦王曰：宋有結緑，楚有和璞，此二者而爲天下之名器也。價越萬金，貴重都城，尹文子曰：魏有田父，耕于野，得玉徑尺。不知其玉也，棄之于野。鄰人盜之以獻魏王。魏王召玉工相之，玉工賀曰：敢賀大王得天下之寶，臣所未嘗見。王問其價，玉工曰：此無價以當之，五城之都，聊可一觀。魏王立賜獻者千金，長食上大夫之禄。有稱疇昔，流聲將來。孔子家語曰：流聲後裔。是以垂棘出晉，虞虢雙禽；左氏傳曰：晉荀息請以屈産之乘與垂棘之璧假道於虞以伐虢，虞公許之。宫之奇曰：虞不臘矣！晉滅虢，虢公醜奔京師。旋館於虞，遂襲虞，滅之。和璧入秦，相如抗節。孝經援神契曰：抗節厲義，通乎至德。竊見玉書稱美玉，白如截肪，黑譬純漆，赤擬雞冠，黄侔蒸栗，王逸正部論曰〔一〕：或問玉符，曰：赤如雞冠，黄如蒸栗，白如猪肪，黑如純漆，玉之符也。通俗文曰：脂在腰曰肪，音方。側聞斯語，未覩厥狀。雖德非君子，義無詩人，高山景行，私所仰慕。毛詩曰：高山仰止，景行行止。然四寶邈焉已遠，秦漢未聞有良比也。求之曠年，不遇厥真，私願不果，飢渴未副。許慎淮南子注曰：果，成也。孔叢子，子思謂魯穆公曰：君若飢渴待賢。

近日南陽宗惠叔稱君侯昔有美玦，聞之驚喜，笑與抃會。説文曰：抃，拊手也。當自白書，恐傳言未審，未敢作書。是以令舍弟子建因荀仲茂荀氏家傳曰：荀宏字仲茂，爲太子文學〔二〕。時從容喻鄙旨。乃不忽遺，厚見周稱，周稱，謂繇書也。鄴騎既到，寶玦初至，捧匣跪發，五内震駭，繇在鄴城，太子在孟津也。李陵詩曰：行行且自割，無令五内傷。繩窮匣開，爛然滿目。延篤與李文德書曰：吾誦伏犧氏之易，焕兮爛兮其滿目。猥以蒙鄙之姿，得覩希世之寶，不煩一介之使，不損連城之價，既有秦昭章臺之觀，而無藺生詭奪之誑，史記曰：趙惠文王得和氏之璧。秦昭王聞之，使人遺趙王書，願以十五城易璧。趙王遂使相如奉璧西入秦。秦王坐章臺，見相如，相如奉璧奏王。相如視秦王無意償趙城，乃前曰：璧有瑕，請指之。王授相如，相如持璧倚柱，怒髮上衝冠，曰：觀大王無償趙城色，故臣復取璧。大王必欲急臣，臣頭與璧俱辟於柱矣！嘉貺益腆，敢不欽承。謹奉賦一篇，以讚揚麗質。丕白。

文選考異

〔一〕注「王逸正部論曰」　何校「正」改「玉」，陳同。今案：隋志子儒家，梁有王逸正部論八卷，亡。何、陳所改非也。

〔二〕注「荀宏字仲茂爲太子文學」　何校「宏」改「閎」，「學」下添「掾」字，陳同。案：據魏志荀彧傳注也。各本皆脱誤。

與楊德祖書　典略曰：臨淄侯以才捷愛幸，秉意投脩，數與脩書論諸才人優劣。

曹子建

植白：數日不見，思子爲勞，想同之也。僕少小好爲文章，迄至于今，二十有五年矣。然今世作者，可略而言也。昔仲宣獨步於漢南，孔璋鷹揚於河朔，仲宣在荆州，故曰漢南。孔璋，廣陵人。在冀州袁紹記室，故曰河朔。仲長子昌言曰：清如冰碧，潔如霜露，輕賤世俗，高立獨步，此士之次也。毛詩曰：惟師尚父，時惟鷹揚。偉長擅名於青土，公幹振藻於海隅，徐偉長居北海郡，禹貢之青州也，故云青土。公幹，東平寧陽人也，寧陽邊齊，故云海隅。呂氏春秋曰：東方爲海隅。青州，齊也。德璉發跡於此魏，足下高視於上京，德璉，南頓人也，近許都，故曰此魏。脩，太尉之子，故曰上京。當此之時，人人自謂握靈蛇之珠，家家自謂抱荆山之玉。淮南子曰：隋侯之珠。高誘曰：隋侯見大蛇傷斷，以藥傅而塗之。後蛇於大江中銜珠以報之，因曰隋侯之珠。韓子曰：楚人和氏得玉璞於楚山之中，奉而獻之。文王使玉人治其璞而得寶。吾王於是設天網以該之，頓八紘以掩之，今悉集茲國矣。吾王，謂操也。崔寔本論曰：舉彌天之網，以羅海内之雄。淮南子曰：九州之外，是有八澤；八澤之外，乃有八紘。然此數子，猶復不能飛軒絶跡，一舉千里。韓詩外傳，蓋胥曰：鴻鵠一舉千里，所恃者六翮爾。以孔璋之才，不閑於辭賦，而多自謂能與司馬長卿同風，譬畫虎不成，反爲狗也。東觀漢記曰：馬援誡子嚴書曰：効杜季良而不成，陷爲天下輕薄子，所謂畫虎不成反類狗也。前書嘲之〔一〕，反作論盛道僕讚其文。夫鍾期不失聽，于今稱之。列子曰：伯牙善鼓琴，鍾子期善聽。吾亦不能忘嘆者〔二〕，畏後世之嗤余也。

世人之著述，不能無病。僕常好人譏彈其文，有不善者，應時改定。荀子曰：有人道我善者，是吾賊也；道我惡者，是吾師也。昔丁敬禮常作小文，使僕潤飾之，論語曰：行人子羽脩飾之，東里子産潤色之。僕自以才不過古卧切若人，辭不爲也。若人，謂敬禮也。論語，子謂子賤，君子哉若人。包曰：若人，若此之人也。敬禮謂僕：卿何所疑難，文之佳惡，吾自得之，後世誰相知定吾文者邪？吾常歎此達言，以爲美談。公羊傳曰：魯人至今以爲美談。昔尼父之文辭，與人通流，至於制春秋，游夏之徒乃不能措一辭。禮記曰：魯哀公曰：嗚呼尼父！史記曰：孔子文辭有可與共者，至于春秋，子游、子夏之徒不能贊一辭。過此而言不病者，吾未之見也〔三〕。蓋有南威之容，乃可以論其淑媛〔四〕于戀切；爲劉季緒張本。戰國策曰：晉平公得南威，三日不聽朝，遂推而遠之，曰：後世必有以色亡國者。爾雅曰：美女爲媛。有龍泉之利，乃可以議其斷丁段切割。戰國策，蘇秦説韓王曰：韓之劍戟，龍淵大阿，陸斷牛馬，水擊鴻鴈。劉季緒才不能逮於作者，摯虞文章志曰：劉表子，官至樂安太守，著詩賦頌六篇。而好詆丁禮切訶呼歌切文章，掎居綺切摭之石切利病。説文曰：訶，大言也。又曰：掎，偏引也。昔田巴毁五帝，罪三王，呰紫五霸於稷下，一旦而服千人，魯連一説，使終身杜口。魯連子曰：齊之辯者曰田巴，辯於狙丘而議於稷下，毁五帝，罪三王，一日而服千人。有徐劫弟子曰魯連，謂劫曰：臣願當田子，使不敢復説。七略曰：齊有稷，城門也。齊談説之士，期會於稷下者甚衆。漢書，鄧公謂景帝曰：内杜忠臣之口。劉生之辯，未若田氏，今之仲連，求之不難，可無息乎！毛萇詩傳曰：息，止也。人各有好尚，蘭茝昌待切蓀蕙之芳，衆人所好，而海畔有逐臭之夫；喻人評文章愛好不同也。吕氏春秋曰：人有大臭者，其親戚兄弟妻妾知識無能與居者，自苦而居海上。人有悦其臭者，晝夜隨而不去〔五〕。咸池六莖之發，衆人所共樂，而墨翟有非之之論，豈可同哉！樂動聲儀曰：黄帝樂曰咸池。漢書曰：顓頊作六莖樂。墨子有非樂篇。今往僕少小所著辭賦一通相與。夫街談巷説，必有可采，擊轅之歌，有應風雅，漢書曰：小説家者，街談巷語，道聽塗説之所造也。崔駰曰：竊作頌一篇，以當野人擊轅之歌。班固集曰：擊轅相杵，亦足樂也。匹夫之思，未易輕棄也。我此一通，同匹夫之思也。辭賦小道，固未足以揄揚大義，彰示來世也。昔楊子雲先朝執戟之臣耳，猶稱壯夫不爲也。漢書曰：楊雄奏羽獵賦，爲郎。然郎皆執戟而侍也。東方朔答客難曰：官不過侍郎，位不過執戟。楊子法言曰：彫蟲篆刻，壯夫不爲也。吾雖德薄，位爲蕃侯，猶庶幾勠力上國，流惠下民，國語曰：勠力一心。四子講德論曰：質敏以流惠。建永世之業，留金石之功，尚書，王曰：與國咸休，永世無窮。吴越春秋，樂師謂越王曰：君王德可刻金石。豈徒以翰墨爲勳績，辭賦爲君子哉！若吾志未果，吾道不行，則將采庶官之實録，辯時俗之得失，班固漢書司馬遷贊曰：有良史之才，其文直，其事該〔六〕，不虚美，不隱惡，故謂之實録。應劭曰：言其實録事也。定仁義之衷，成一家之言。司馬遷書曰：通古今之變，成一家之言。雖未能藏之於名山，將以傳之於同好，司馬遷書曰：僕誠以著此書，藏之名山。尚書序曰：好古博雅君子與我同志，亦所不隱也。非要一召切之皓首〔七〕，豈今日之論乎！其言之不慙，恃惠子之知我也。張平子書曰：其言之不慙，恃鮑子之知我。明早相迎，書不盡懷。植白。

〔一〕前書嘲之　袁本、茶陵本「前」下有「有」字。案：魏志注引典略作「爲」。此尤欲依彼校改，去「有」，失添「爲」耳。

〔二〕吾亦不能忘嘆者　袁本、茶陵本「忘」作「妄」，云善作「忘」。案：各本所見皆非也，「忘」但傳寫誤。魏志注引典略亦作「妄」。

〔三〕吾未之見也　袁本、茶陵本云「未之」善作「之未」。案：魏志注引典略作「未之」，尤依彼校改正之也。

〔四〕乃可以論其淑媛　袁本、茶陵本「其」作「於」。案：此尤誤改也。下「乃可以議其斷割」，袁、茶陵二本「其」作「於」，校語善作「其」，不得并改此句。魏志注引典略二字皆作「於」。

〔五〕注「吕氏春秋曰」下至「晝夜隨而不去」　袁本、茶陵本無此四十二字。案：此蓋因已見五臣而節去也。

〔六〕注「其事該」　陳云「該」，「核」誤，是也。各本皆譌。

〔七〕非要之皓首　何校「非」改「此」，云魏志注作「此」。案：「非」或傳寫誤耳。

與吳季重書 典略曰：質出爲朝歌長，臨淄侯與質書。

曹子建

植白：季重足下。前日雖因常調，得爲密坐，曹大家欹器頌曰：侍帝王之密坐。雖燕飲彌日，其於別遠會稀，猶不盡其勞積也。毛詩曰：彌，終也〔一〕。若夫觴酌凌波於前，簫笳發音於後，足下鷹揚其體，鳳歎虎視，鷹揚，已見上文。足下，謂季重也。鳳以喻文也，虎以喻武也。歎猶歌也，取美壯之意。山海經曰：丹穴之山有鳥，名曰鳳，飲食自歌自舞。易曰：虎視眈眈。謂蕭曹不足儔，衛霍不足侔也。左顧右眄，謂若無人，豈非吾子壯志哉！史記曰：荆軻與高漸離歌於市，已而相泣，傍若無人。過屠門而大嚼，慈躍切，雖不得肉，貴且快意。桓子新論曰：人聞長安樂，則出門向西而笑；知肉味美，對屠門而大嚼。當斯之時，願舉太山以爲肉，傾東海以爲酒，伐雲夢之竹以爲笛，斬泗濱之梓以爲箏，尚書曰：雲土夢作乂。孔安國曰：雲夢之澤在江南。尚書曰：泗濱浮磬。食若填巨壑，飲若灌漏巵，莊子，淳芒謂苑風曰：夫大壑之爲物也，注焉而不滿，取之而不竭。淮南子曰：今夫霤水足以溢壺榼，而江河不能實漏巵。其樂固難量，豈非大丈夫之樂哉！然日不我與，曜靈急節，楚辭曰：角宿未旦，耀靈焉藏？廣雅曰：曜靈，日也。面有逸景之速，別有參商之闊。左氏傳，子産曰：昔高辛氏有二子，伯曰閼伯，季曰實沈，不相能。后帝不臧，遷閼伯于商丘，主辰，商人是因，故辰爲商星。遷實沈於大夏，主參，唐人是因，其季葉曰唐叔，故參爲晉星。思欲抑六龍之首，頓羲和之轡，楚辭曰：貫鴻濛以東竭兮，維六龍於扶桑。又曰：吾令羲和弭節兮。折若木之華，閉濛汜之谷。楚辭曰：折若木以拂日兮，聊逍遥以相佯。王逸曰：若木在崑崙，言折取若木以拂擊蔽日使之還却也。楚辭曰：出自陽谷〔二〕，次於濛汜。天路高邈，良久無緣，仲長子昌言曰：蕩蕩乎若昇天路而不知夫所登也。懷戀反側，如何如何！

得所來訊，文采委曲，曄若春榮，瀏若清風，答賓戲曰：摛藻如春華。毛詩曰：吉甫作頌，穆如清風。楚辭曰：秋風瀏以蕭蕭兮。申詠反覆，曠若復面。其諸賢所著文章，想還所治，復申詠之也，所治，謂朝歌也。可令憙許記切事小吏諷而誦之。周禮曰：諷誦言語。鄭玄曰：背文曰諷，以聲節之曰誦。夫文章之難，非獨今也。古之君子，猶亦病諸。論語，子曰：堯、舜其猶病諸。家有千里，驥而不珍焉；人懷盈尺，和氏無貴矣〔三〕。言驥及和氏，以希爲貴。今若家有千里，人懷盈尺，即驥及和氏，寧得珍貴乎！吕氏春秋曰：所爲貴驥者，爲其一日千里也。淮南子曰：聖人不貴尺璧而重寸陰。韓子曰：楚人和氏得玉璞於楚山之中，遂名曰和氏之璧。夫君子而知音樂，古之達論，謂之通而蔽〔四〕。墨翟不好伎，何爲過朝歌而迴車乎？足下好伎，值墨翟迴車之縣，想足下助我張目也。

又聞足下在彼，自有佳政。夫求而不得者有之矣，未有不求而得者也。法言曰：學者所以有求爲君子，求而不得者有矣，未有不求而得之者也。且改轍易行，非良樂之御；吕氏春秋曰：古之善相馬者，若趙之王良，秦之伯樂，尤盡其妙也。左氏傳曰：晉趙鞅納衛太子于戚，將戰，郵无恤御。杜預曰：郵无恤，王良也。易民而治，非楚鄭之政，戰國策曰：趙告謂趙王曰〔五〕：臣聞之聖人不易民而教，智者不變俗而勸。史記曰：循吏楚有孫叔敖，鄭有子産，而二國俱治。是不易之民也。願足下勉之而已矣。適對嘉賓，口授不悉。往來數相聞。曹植白。植集此書別題云：夫爲君子而不知音樂，古之達論，謂之通而蔽。墨翟自不好伎，何謂過朝歌而迴車乎？足下好伎，而正值墨氏迴車之縣，想足下助我張目也。今本以墨翟之好伎〔六〕置和氏無貴矣之下，蓋昭明移之，與季重之書相映耳〔七〕。

文選考異

〔一〕注「毛詩曰彌終也」　袁本、茶陵本無此六字。

〔二〕注「出自陽谷」　案：「陽」當作「湯」。各本皆譌。

〔三〕和氏無貴矣　袁本、茶陵本「氏」下有「而」字。案：此蓋尤依篇末善注删之也。

〔四〕夫君子而知音樂古之達論謂之通而蔽　茶陵本「知」上有「不」字，袁本無。又二本校語云五臣無此三句。案：詳篇末善注，「今本以墨翟不好伎置和氏無貴矣之下」云云，是其本無此三句，恐是後來取善引「植集此書別題云」者而添之耳。各本所見及校語皆非。

〔五〕注「趙告謂趙王曰」　何校「告」改「造」，是也。各本皆誤。

〔六〕注「今本以墨翟之好伎」　何校「之」改「不」，陳同，是也。各本皆誤。

〔七〕注「相映耳」　袁本、茶陵本「映」作「應」也。

答東阿王書

吴季重

質白：信到，奉所惠貺。發函伸紙，是何文采之巨麗，而慰喻之綢繆乎！夫登東嶽者，然後知衆山之邐迤也；奉至尊者，然後知百里之卑微也。法言曰：觀書者譬如觀山，升東嶽而知衆山之邐迤也〔一〕，況介丘乎？下句蓋季重自況也。自旋之初，伏念五六日，至于旬時，尚書曰：要囚服，念五六日至于旬時。精散思越，惘若有失。非敢羨寵光之休，慕猗頓之富。毛詩曰：既見君子，爲龍爲光。毛萇曰：龍，寵也。孔叢子，子産問子順曰：臣匱於財，聞猗頓善殖貨，欲學之。然先生同國也，當知其術，願以告我。答曰：然，我知之。猗頓，魯之窮士也，耕則常飢，桑則常寒，聞朱公富，往之問術焉。朱公告之曰：子欲速富，當畜五牸。於是乃適河，大畜牛羊于猗氏之南。十年之間，其滋息不可計，貲擬王公，馳名天下。以興富於猗氏，故曰猗頓。誠以身賤犬馬，德輕鴻毛，戰國策，魯連説張相國曰：鴻毛之輕也，而不能自舉。至乃歷玄闕，排金門，升玉堂，三輔舊事曰：未央宮北有玄武闕。解嘲曰：歷金門，上玉堂有日矣。伏虛檻於前殿，臨曲池而行觴。楚辭曰：坐堂伏檻臨曲池。既威儀虧替，言辭漏渫思列反，雖恃平原養士之懿，愧無毛遂燿穎之才。史記曰：秦之圍邯鄲，使平原君求救合從於楚。約與食客門下有勇士文武備具者二十人偕。得十九人，餘無可取者。毛遂自讚於平原君，平原君曰：夫賢士之處俗，譬若錐之處囊中，其末立見。今在左右，未有所稱誦，是先生無所有也。毛遂曰：臣今日請處囊中耳。使遂早得處囊中，乃穎脱而出，非特其末見而已。深蒙薛公折節之禮，而無馮諼火爰切三窟之効。漢書曰：淮南王折節下士。戰國策曰：齊人有馮諼者，貧乏不能自存，使人屬孟嘗君，願寄食門下。孟嘗君曰：諾。孟嘗問門下諸客：誰習會計，能爲文收債於薛者乎？馮諼曰：能。於是約車促裝，單衣載契而辭，問曰：收債畢，何市而反？孟嘗君曰：視吾家所寡有者。驅而之薛，矯命以債賜諸人，因燒其券，人稱萬歲。長驅到齊，孟嘗君見之曰：何市而反？曰：竊計君家所無不有〔二〕，所乏者義爾，爲君市義。孟嘗不悦。後有毁孟嘗君於湣王，孟嘗君就國于薛。未至百里，老幼迎於道中。孟嘗君顧馮諼曰：先生爲文市義，乃今見矣。馮諼曰：狡兔有三窟，免其死耳。今君有一，未得高枕而卧也。請爲君復鑿二窟。孟嘗君乃與車五十乘，金五百斤，西遊於梁。梁惠王聘孟嘗君。齊王聞之，君臣恐懼，使太傅謝孟嘗君曰：願君顧先王之宗廟，姑反國統民。馮諼謂孟嘗君：請先王之祭器，立宗廟於薛。廟成，還謂孟嘗君曰：三窟已就，請君高枕爲樂矣。屢獲信陵虚左之德，又無侯生可述之美。史記曰：魏公子置酒大會賓客，公子從車騎，虚左，自迎夷門侯生。侯生攝衣冠，直載公子上坐，不讓，欲以觀公子，公子執轡愈恭。侯生謂公子曰：今日嬴之爲公子亦足矣！市人皆以嬴爲小人，而以公子爲長者，能下士也。凡此數者，乃質之所以憤積於胸臆，懷眷而悁邑者也。

若追前宴，謂之未究，傾海爲酒，并山爲肴，伐竹雲夢，斬梓泗濱，然後極雅意，盡歡情，信公子之壯觀，非鄙人之所庶幾也。封禪書曰：天下之壯觀。周易曰：顔氏之子，其殆庶幾乎！若質之志，實在所天。左氏傳，箴尹克黄曰：君，天也。思投印釋黻，朝夕侍坐，鑽仲父之遺訓，覽老氏之要言，仲父，仲尼也。老氏，老子也。對清酤而不酌，抑嘉肴而不享，毛詩曰：既載清酤。又曰：嘉肴脾臄。使西施出帷，嫫母侍側，越絶書曰：越王乃飾美女西施，使大夫種獻之於吴王。楚辭曰：西施婉而不得見兮，嫫母勃屑而日侍。王逸曰：嫫母，醜女也〔三〕。斯盛德之所蹈，明哲之所保也。周易曰：日新之謂盛德。毛詩曰：既明且哲，以保其身。若乃近者之觀，實盪鄙心。秦箏發徽，二八迭奏。楚辭曰：挾秦箏而彈徽。又曰：二八齊容起鄭舞。塤篪激於華屋，靈鼓動於座右。舞賦曰：燿華屋而熺洞房。周禮曰：靈鼓，靈鼗也。耳嘈嘈於無聞，情踴躍於鞍馬。謂可北懾肅慎，使貢其楛矢；南震百越，使獻其白雉；家語曰：孔子之陳，陳惠公賓之。有隼集庭而死，楛矢貫之。惠公使使如孔子之館問之，孔子曰：昔武王克商，於是肅慎氏貢楛矢石砮，其長尺有咫，故銘其楛曰肅慎氏貢矢。以分太姬，配虞胡公而封諸陳。王肅曰：肅慎，北夷國名也。楛，木名也。砮，箭鏃也。太公金匱曰：武王伐殷，四夷聞，各以來貢。越裳獻白雉，重譯而至。又況權備，夫何足視乎！

還治諷采所著，觀省英瑋，實賦頌之宗，作者之師也。漢書曰：司馬相如蔚爲辭宗，賦頌之首。衆賢所述，亦各有志。昔趙武過平聲鄭，七子賦詩，春秋載列，以爲美談。左氏傳曰：趙武與諸侯大夫會，過鄭，鄭伯享趙孟於垂隴，七子從。趙孟曰：七子從君，以寵武也，請皆賦詩以卒君貺，武亦以觀七子之志。子展賦草蟲，伯有賦鶉之奔奔，子西賦黍苗之四章，子産賦隰桑，子大叔賦野有蔓草，叔段賦蟋蟀〔四〕，公孫段賦桑扈。質小人也，無以承命。又所答貺，辭醜義陋，申之再三，赧然汗下。尚書曰：

至于再，至于三。小雅曰：面慙曰赧。此邦之人，閑習辭賦，三事大夫，莫不諷誦，何但小吏之有乎！毛詩曰：三事大夫，莫肯夙夜。

重惠苦言，訓以政事，史記，衛鞅曰：苦言，藥也；甘言，疾也。惻隱之恩，形乎文墨。謝承後漢書曰：甄豐惻隱之恩，發於自然。墨子迴車，而質四年，雖無德與民，式歌且舞。淮南子曰：曾子至孝，不過勝母里；墨子非樂，不入朝歌。鄒陽上書曰：里名勝母，曾子不入；邑號朝歌，墨子迴車。毛詩曰：雖無德與女，式歌且舞。式作或者非。儒墨不同，固以久矣。然一旅之衆，不足以揚名，左氏傳，伍員曰：少康有衆一旅。杜預曰：一旅，伍百人也。步武之間，不足以騁跡，司馬法曰：六尺曰步。禮記曰：堂上接武。鄭玄注曰：武，跡也。若不改轍易御，將何以効其力哉！今處此而求大功，猶絆良驥之足，而責以千里之任；檻猨猴之勢，而望其巧捷之能者也。淮南子曰：兩絆驥而求其致千里，置猨檻中，則與豚同。非不巧捷也，無所肆其能也。不勝見恤，謹附遺白答，不敢繁辭。吴質白。

文選考異

〔一〕注「而知衆山之邐迤也」　袁本「邐迤」作「峛崺」，是也。茶陵本與此同。案：此依正文改注之誤。

〔二〕注「所無不有」　何校「所無」改「無所」。陳云「所無」當乙。今案：或衍「所」字。

〔三〕注「王逸曰嫫母醜女也」　袁本、茶陵本無此八字。

〔四〕注「叔段賦蟋蟀」　袁本「叔」作「印」，是也。茶陵本亦誤「叔」。

與滿公琰書

賈弼之山公表注曰：滿寵，子炳，字公琰，爲別部司馬。

應休璉　公琰前日曾過休璉，至明日，欲遣書謝，值公琰又伸人來召璩，璩別事不得往？故爲報。

璩白：昨者不遺，猥見照臨，雖昔侯生納顧於夷門，毛公受眷於逆旅，無以過也。夷門，侯嬴也，已見吴季重答東阿王書。史記曰：趙有處士毛公，藏於博徒，薛公藏於賣漿家。魏公子欲見之，兩人自匿不肯見。公子聞所在，乃閒步往，從此兩人遊甚歡。左氏傳，荀息曰：今號爲不道，保於逆旅。外嘉郎君謙下之德，内幸頑才見誠知己，歡欣踴躍，情有無量。是以奔騁御僕，宣命周求，陽書喻於詹何〔一〕，楊倩説於范武。説苑曰：宓子賤將適單父，陽書謂子賤曰：吾少賤，無以送子，今贈子以釣道。夫投綸錯餌，迎而吸之者，楊鱎也，其爲魚味薄而美〔二〕；若亡若存，若食若不食者魴，其爲魚味厚。子賤至單父，冠蓋逆之者交接於道。子賤曰：陽書所謂楊鱎者也。乃請耆老尊賢與之共化。列子曰：詹何楚人也。以獨繭爲綸，芒針爲鉤。荆棘爲竿，剖粒爲餌，而引盈車之魚。韓子曰：宋人有酤酒者，升概甚平，遇客甚謹，爲酒甚美，懸幟甚高，然而不售，酒酸。怪其故，問其所知閭長者楊倩，曰：汝狗猛。曰：狗猛則酒美，何故而不售？曰：人畏焉。或令孺子懷錢攜壺甕而往酤，狗迎而齕之，此酒所以酸不售也。夫國亦然，有道之士懷其術而欲以輔萬乘之主，大臣爲猛狗，迎而齕之。人主之所以蔽脅，而有道之士所以不用也。范武，未詳。故使鮮魚出於潛淵，芳旨發自幽巷，繁俎綺錯，羽爵飛騰，楚辭曰：瑤漿蜜勺，實羽觴兮。漢書音義曰：羽觴作生爵形。儀禮曰：請媵爵。鄭玄曰：今文媵多作騰。牙曠高徽，義渠哀激。列子，伯牙善鼓琴。左氏傳曰：師曠侍於晉侯。杜預曰：師曠，晉樂太師也。許慎淮南子注曰：鼓琴循絃謂之徽。戰國策曰：義渠君之魏。高誘曰：義渠，西戎國名也。其樂未聞。當此之時，仲孺不辭同產之服，孟公不顧尚書之期。漢書曰：灌夫，字仲孺。夫嘗有姊服，過丞相田蚡。蚡從容曰：吾欲與仲孺過魏其侯，會仲孺有服。夫曰：將軍乃肯幸臨魏其侯，夫安敢以服爲辭。又曰：陳遵，字孟公，嗜酒好賓客，每取客車轄投井中，雖有急，終不去。嘗有部刺史奏事過遵，值其方飲，刺史候遵霑醉時，突入見遵母，叩頭白曰：當對尚書有期會狀。母迺令刺史從後閤出去。徒恨宴樂始酣，白日傾夕，驪駒就駕，意不宣展，漢書曰：諸博士共持酒肉勞王式，江翁謂歌吹諸生曰：歌驪駒。王式曰：聞之於師，客歌驪駒，主人歌客毋庸歸。今諸君爲主人，日尚早，未可也。服虔曰：大戴禮篇，客欲去歌之。文穎曰：其辭曰：驪駒在門，僕夫具存；驪駒在路，僕夫整駕。追惟耿介，迄于明發。楚辭曰：獨耿介而不隨。毛詩曰：明發不寐。

適欲遣書，會承來命，知諸君子復有漳渠之會。夫漳渠西有伯陽之館，北有曠野之望，伯陽，即老子也。詩曰：率彼曠野。高樹翳朝雲，文禽蔽緑水，沙場夷敞，清風肅穆，是京臺之樂也，得無流而不反乎？淮南子曰：令尹子瑕請飲，莊王許諾。子瑕具於京臺，莊王不往，曰：吾聞京臺者，南望獵山，北臨方皇，左江右淮，其樂忘歸。若吾薄德之人，不可以當此樂也，恐流而不能自反。高誘曰：

京臺，高臺也。方皇，大澤也。適有事務，須自經營，何休公羊傳注曰：適，遇也。不獲侍坐，良增邑邑。邑邑，不樂也。因白不悉。璩白。

文選考異

〔一〕陽書喻於詹何　茶陵本「書」作「晝」。袁本亦作「書」，注同。案：此所引説苑政理篇文。今本作「晝」。考古人名「書」者多矣，恐茶陵本乃用今本説苑所改，「書」未必非，「晝」未必是也。

〔二〕注「味薄而美」　茶陵本「而」下有「不」字，是也。袁本亦脱。

與侍郎曹長思書

應休璉

璩白：足下去後，甚相思想。叔田有無人之歌，闉闍有匪存之思，風人之作，豈虛也哉！毛詩曰：叔于田，巷無居人。又曰：出其闉闍，有女如荼。又曰：雖則如雲，匪我思存。闉音因，闍音都。

王肅以宿德顯授，何曾以後進見拔，魏志曰：王肅，字子雍，黄初中爲散騎黄門侍郎。臧榮緒晉書曰：何曾，字穎考，陳國人也。曾弱冠累遷散騎侍郎，給事黄門郎。東觀漢記，梁商上書曰：猥復超，起宿德。論語，子曰：後進於禮樂，君子也。皆鷹揚虎視，有萬里之望。薄援助者，不能追參於高妙，復斂翼於故枝，桓子新論曰：昔顔淵有高妙次聖之才，聞一知十。塊然獨處，有離羣之志。淮南子曰：卓然獨立，塊然幽處。禮記，子夏曰：吾離羣索居，亦已久矣。汲黯樂在郎署，何武恥爲宰相，千載揆之，知其有由也。漢書，汲黯，字長孺，拜淮陽太守，黯伏地謝，不受印綬，臣願爲中郎，出入禁闥，臣之願也。又曰：何武，字君公，爲御史〔一〕、司空，多所舉奏，號爲煩碎，不稱賢公。恥義未詳。德非陳平，門無結駟之跡；漢書曰：陳平家貧，好讀書。張負隨平至其家，家負郭窮巷，以席爲門，然門外多長者車轍。學非楊雄，堂無好事之客；漢書曰：楊雄家素貧，嗜酒，人稀至其門。時有好事者載酒肴從雄遊學。才劣仲舒，無下帷之思；家貧孟公，無置酒之樂。漢書曰：董仲舒，廣川人，以學春秋，孝景時爲博士，下帷講誦。又曰：陳遵，字孟公，嗜酒。每大飲，賓客滿堂。遵過寡婦左阿君，置酒歌謳，遵起舞跳梁樂之。悲風起於閨闥，紅塵蔽於机榻。幸有袁生，時步玉趾，樵蘇不爨，清談而已，左氏傳，楚宰薳啓疆〔二〕謂魯侯曰：今君若步玉趾，辱見寡君也。漢書，廣武君李左車説成安君曰：樵蘇後爨，師不宿飽。晉灼曰：樵，取薪也；蘇，取草也。有似周黨之過平聲閔子。東觀漢記曰：太原閔貢，字仲叔，與周黨相遇，含菽飲水，無菜茹也。夫皮朽者毛落，川涸者魚逝，蔡邕正論曰：皮朽則毛落，水涸則魚逝，其勢然也。春生者繁華，秋榮者零悴，周書陰符，太公曰：春道生，萬物榮；秋道成，萬物零。自然之數，豈有恨哉！聊爲大弟陳其苦懷耳。想還在近，故不益言。璩白。

文選考異

〔一〕注「爲御史司空」何校「史」下增「大夫大」三字，陳同，是也。各本皆脱。

〔二〕注「楚宰薳啓疆」陳云「宰」上脱「太」字，是也。各本皆脱。

與廣川長岑文瑜書

廣川縣時旱，祈雨不得，作書以戲之。

應休璉

璩白：頃者炎旱，日更增甚，沙礫銷鑠，草木焦卷，呂氏春秋曰：湯時大旱七年，煎沙爛石〔一〕。山海經曰：十日所落，草木焦卷。處涼臺而有鬱蒸之煩，浴寒水而有灼爛之慘。宇宙雖廣，無陰以憩。雲漢之詩，何以過此？毛詩雲漢曰：赫赫炎炎，云我無所。鄭玄曰：言無所芘蔭而處也。土龍矯首於玄寺，泥人鶴立於闕里，淮南子曰：聖人用物，若用朱絲約芻狗，若爲土龍以求雨；芻狗待之而求福，土龍待之而得食。高誘曰：土龍致雨，雨而成穀，故待土龍之神而得穀食。玄寺，道場也。風俗通曰：尚書御史所止皆曰寺，故後代道場及祠宇皆取其稱焉。淮南子曰：西施、毛嬙，猶倛醜也。高誘曰：倛醜，請雨土人也。司馬彪續漢書，梅福上書曰：仲尼之廟，不出闕里。修之歷旬，靜無徵効，明勸教之術，非致雨之備也。

知恤下人，躬自暴露，拜起靈壇，勤亦至矣。司馬彪續漢書曰：郡國旱，各掃除社稷，公卿官長以次行雩禮求雨。昔夏禹之解陽旴，殷湯之禱桑林，淮南子曰：禹爲水，以身解於陽旴之河。湯苦旱，以身禱於桑林之祭。高誘曰：爲治水解禱，以身爲質。解讀解除之解。陽旴河蓋在秦地。桑山之林，能興雲致雨，故禱之。旴音紆。言未發而水旋流，辭未卒而澤滂沛。說苑曰：湯之時，大旱七年，使人持三足鼎而祝山川。蓋辭未已而天下大雨也。今者雲重積而復散，雨垂落而復收，得無賢聖殊品，優劣異姿，割髮宜及膚，翦爪宜侵肌乎？呂氏春秋曰：昔殷湯尅夏，而大旱五年，湯乃身禱於桑林。於是翦其髮，鄜其手，自以爲犧，用祈福於上帝。民乃甚悅，雨乃大至。鄜音酈。周征殷而年豐，衛伐邢而致雨，左氏傳，衛人伐邢，於是衛大旱。甯莊曰：昔周飢，克殷而年豐。今邢方無道，諸侯無伯，天其或者欲使衛討邢乎？從之，師興而雨。善否之應，甚於影響，未可以爲不然也。尚書曰：惠迪吉，從逆凶，惟影響。想雅思所未及，謹書起予。論語，子曰：起予者商也。應璩白。

文選考異

〔一〕注「煎沙爛石」　袁本「爛」作「鑠」，是也。茶陵本亦誤「爛」。

與從弟君苗君胄書 此書言欲歸田，故報二從弟也〔一〕。

應休璉

璩報：問者北遊，喜歡無量。登芒濟河，曠若發矇〔二〕。説文曰：芒，洛北大阜也。禮記曰：昭然若發蒙矣。如淳漢書注曰：以物蒙覆其頭而爲發去，其人欲之耳。風伯掃途，雨師灑道，韓子，師曠曰：黄帝合鬼神於太山之上，風伯進掃，雨師灑道。列仙傳曰：赤松子爲雨師。按轡清路，周望山野，亦既至止，酌彼春酒。詩曰：亦既見止。又曰：至止肅肅。又曰：爲此春酒。接武茅茨，涼過大夏；禮記曰：堂上接武。鄭玄曰：武，跡也。説文曰：屋以草蓋曰茨。淮南子曰：大夏增加，擬於崑崙。高誘曰：大夏，大屋也。涼或作椋，非也。扶寸肴脩，味踰方丈。尚書大傳曰：扶寸而合，不崇朝而雨天下。鄭玄曰：四指爲扶。扶音膚。墨子曰：美食方丈，目不能徧視，口不能徧味。逍遥陂塘之上，吟詠菀音鬱柳之下，淮南子曰：禹有陂塘之事。毛詩曰：菀彼柳斯。結春芳以崇佩，折若華以翳日，楚辭曰：紉秋蘭以爲佩。又曰：春蘭兮秋菊。毛萇詩傳曰：崇，充也。若華已見曹植與吴季重書。弋下高雲之鳥，餌出深淵之魚，蒲且子餘切讚善，便嬛一緣切稱妙，何其樂哉！列子，詹何曰：臣聞蒲且子之弋，弱弓微繳，乘風振之，連雙鶬於青雲之上，用心專也。淮南子曰：雖有鉤鍼芳餌，加以詹何、便嬛之妙，猶不能與罔罟争得也。高誘曰：便嬛，白翁時人也。七發曰：蜎蠉、詹何之倫。然便嬛即蜎蠉也。雖仲尼忘味於虞韶，楚人流遯於京臺，無以過也。論語曰：子在齊聞韶，三月不知肉味，曰：不圖爲樂之至於斯也！京臺，已見應休璉與滿公琰書。班嗣之書，信不虛矣。漢書曰：桓生欲借其書，班嗣報曰：漁釣一壑，則萬物不奸其志；栖遲一丘，則天下不易其樂。

來還京都，塊然獨處。營宅濱洛，困於囂塵，晏子春秋曰：景公欲更晏子之宅，近市湫隘，囂塵不可居。思樂汶上，發於寤寐。論語曰：季氏使閔子騫爲費宰，閔子騫曰：善爲我辭焉。如有復我者，則吾必在汶上矣。昔伊尹輟耕，郅惲投竿，思致君於有虞，濟蒸人於塗炭。孟子曰：伊尹耕於有莘之野，而樂堯、舜之道。湯使人以幣聘之，囂囂然。湯三使往聘之。既而幡然改之曰：與我處畎畝之中，是以樂堯、舜之道，吾豈若使是君爲堯、舜之君哉！吾豈若使是民爲堯、舜之民哉！吾豈若於吾身親見之哉！東觀漢記曰：郅惲，字君章，汝南人也。鄭次都隱於弋陽山中，惲即去，從次都止，漁釣甚娛。留數十日，惲喟然歎曰：天生俊士，以爲民也。鳥獸不可與同羣。子從我爲伊尹乎，將爲許、巢而去堯、舜也？次都曰：吾年耄矣，安得從子？子勉正性命，勿勞神以害生。告别而去。惲客於江夏，郡舉孝廉爲郎。尚書曰：民墜塗炭。而吾方欲秉耒耜於山陽，沈鉤緡於丹水，知其不如古人遠矣。漢書，河内郡有山陽縣。又上黨郡高都縣有莞谷，丹水所出。莞音管。然山父不貪天地之樂〔三〕，曾參不慕晉楚之富，亦其志也。山父，即巢父也。譙周古考史曰〔四〕：許由夏常居巢，故一號巢父。琴操曰：許由夏則巢居，冬則穴處。飢則仍山而食，渴則仍河而飲。堯大其志，禪爲天子。由曰：放髮優游，所以安已不懼，非以貪天下也。孟子，曾子曰：晉、楚之富，不可及也。彼以其富，我以吾仁；彼以其爵，我以吾義。吾何慊之？

前者邑人念弟無已，欲州郡崇禮，官師授邑，誠美意也。歷觀前後，來入軍府，至有皓首，猶未遇也，漢書，賈誼上疏曰：古者内有公卿大夫，外有公侯伯子男，然後有官小史〔五〕，延及庶人。徒有飢寒駿奔之勞。尚書曰：駿奔走。俟河之清，人壽幾何？左氏傳，子駟曰：周詩有之曰：俟河之清，人壽幾何？杜預曰：言人壽促而河清遲也。且宦無金張之援，遊無子孟之資，漢書金日磾贊曰：夷狄亡國，羈虜漢庭。七葉内侍，何其盛矣〔六〕！又張湯贊曰：張氏子孫相繼，自宣、元已來，爲侍中、中常侍者凡十餘人。功臣之後，唯有金氏、張氏。漢書曰：霍光，字子孟，驃騎將軍去病之弟也。而圖富貴之榮，望殊異之寵，是隴西之遊，越人之射耳。淮南子曰：夫乘舟而惑者，不知東西，見斗極則曉然而寤矣。性亦人之斗極，有自見也，則不失物之情；無以自見，則動而惑。譬若隴西之游，愈躁愈沈。又曰：越人學遠射，參天而發，適在五步之内，不易其儀。時已變矣，而守其故，譬猶越之射爾。幸賴先君之靈，免負擔之勤，左氏傳，陳公子完曰：免於罪戾，弛於負擔。追蹤丈人，畜雞種黍，論語曰：子路從而後，遇丈人以杖荷蓧。子路問曰：子見夫子乎？丈人曰：四體不勤，五穀不分，孰爲夫子？植其杖而耘。止子路宿，殺雞爲黍而食之〔七〕。漢書，鄭朗曰〔八〕：修農圃之疇，畜雞種黍。潛精墳籍，立身揚名，斯爲可矣。孝經曰：立身行道，揚名於後世。無或遊言，以增邑邑。禮記曰：大人不倡遊言。鄭玄曰：遊，浮也，不可用之言。郊牧之田，宜以爲意，爾雅曰：邑外曰郊。周禮有牧田。廣開土宇，吾將老焉。左氏傳曰：隱公使營菟裘，吾將老焉。菟音塗。劉杜二生，想數往來。朱明之期，已復至矣，爾雅曰：夏爲朱明。相見在近，故不復爲書。慎夏自愛。璩白。

文選考異

〔一〕注「此書言欲歸田故報二從弟也」 袁本、茶陵本此節注上無善及五臣名。詳語意，乃五臣而非善。凡篇内自明之旨，題下注又贅出，必皆五臣混入者。若尤定此注入善，則二本尚未全誤也。

〔二〕曠若發矇 案：「矇」當作「蒙」，善注中皆作「蒙」。又所引如淳漢書注「以物蒙覆其頭」云云，是其本作「蒙」之明證也。長楊賦作「矇」，用字不同。彼注「矇與蒙古字通」云云，蓋仍從「蒙」字解之。

〔三〕然山父不貪天地之樂 案：「地」當作「下」。袁本云善作「地」。茶陵本云五臣作「下」。各本所見皆非也。善引「非以貪天下也」爲注，作「下」甚明。地字不可通，但傳寫誤耳。

〔四〕注「譙周古考史曰」 何校「考史」作「史考」，是也。各本皆倒。

〔五〕注「然後有官小史」 案：「官」下當有「師」字，「史」當作「吏」。各本皆脱誤。

〔六〕注「何其盛矣」 袁本、茶陵本「矣」作「也」，是也。

〔七〕注「論語曰」下至「而食之」 袁本、茶陵本無此五十五字。

〔八〕注「鄭朗曰」 案：「朗」當作「朋」。各本皆誤，此引蕭望之傳文也。

文選卷第四十三

書下

與山巨源絶交書〔一〕

魏氏春秋曰：山濤爲選曹郎，舉康自代。康答書拒絶，因自説不堪流俗，而非薄湯、武。大將軍聞而惡焉。

嵇叔夜

康白：足下昔稱吾於潁川，吾常謂之知言。稱，謂説其情不願仕也，愜其素志，故謂知言也。虞預晉書曰：山嶔守潁川。嵇康文集録注曰：河内山嶔守潁川，山公族父。莊子曰：狂屈豎聞之，以黄帝爲知言。然經怪此意，尚未熟悉於足下，何從便得之也？言常怪足下，何從而便得吾之此意也？前年從河東還，顯宗阿都説足下議以吾自代，晉氏八王故事注曰：公孫崇，字顯宗，譙國人，爲尚書郎。嵇康文集録注曰：阿都，吕仲悌，東平人也。康與吕長悌絶交書曰：少知阿都志力閑華，每喜足下家復有此弟。事雖不行，知足下故不知之。言不知己之情。足下傍通，多可而少怪，言足下傍通衆藝，多有許可，少有疑怪，言寬容也。周易曰：六爻發揮，旁通情也。法言曰：或問行，曰：旁通厥德。李軌曰：應萬變而不失其正者，唯旁通乎？吾直性狹中，多所不堪，偶與足下相知耳。偶，謂偶然，非本志也。爾雅曰：偶，遇也。郭璞曰：偶，值也。間聞足下遷，惕然不喜，恐足下羞庖人之獨割，引尸祝以自助，莊子曰：庖人雖不治庖，尸祝不越樽俎而代之。手薦鸞刀，漫平聲之羶腥，毛詩曰：執其鸞刀，以啓其毛。莊子，北人無擇曰：帝欲以辱行漫我。高誘吕氏春秋注曰：漫，汙也。故具爲足下陳其可否。

吾昔讀書，得并介之人，或謂無之，今乃信其真有耳。并，謂兼善天下也；介，謂自得無悶也。趙岐孟子章句曰：伯夷、柳下惠介然必偏，中和爲貴。性有所不堪，真不可强。今空語同知有達人，無所不堪，外不殊俗，而内不失正，與一世同其波流，而悔吝不生耳。空語，猶虚説也。共知有通達之人，至於世事，無所不堪。言己不能則而行之也。太玄經曰：君子内正而外馴。莊子曰：與物委虵而同其波。周易曰：悔吝者，憂虞之象也。老子莊周，吾之師也，親居賤職；柳下惠東方朔，達人也，安乎卑位。吾豈敢短之哉！史記曰：莊子名周，嘗爲蒙漆園吏。列仙傳曰：李耳爲周柱下史，轉爲守藏史。論語曰：柳下惠爲士師。漢書曰：東方朔著論，設客難己位卑，以自慰喻。孟子曰：爲貧仕者，辭尊居卑。又曰：位卑言高，罪也。又仲尼兼愛，不羞執鞭，子文無欲卿相，而三登令尹，是乃君子思濟物之意也。莊子，仲尼謂老聃曰：兼愛無私，仁之情也。論語，子曰：富而可求，雖執鞭之士，吾亦爲之。子張問：令尹子文三仕爲令尹，無喜色；三已之，無慍色。舊令尹之政，必以告新令尹，何如？子曰：忠矣。所謂達能兼善而不渝，窮則自得而無悶。孟子曰：古之人窮則獨善其身，達則兼善天下。又曰：柳下惠遺佚而不怨，阨窮而不憫。以此觀之，故堯舜之君世，許由之巖棲，呂氏春秋曰：昔堯朝許由於霈澤之中，曰：請屬天下於夫子。許由遂之箕山之下。張升反論曰：黄、綺引身，巖棲南岳。子房之佐漢，接輿之行歌，其揆一也。漢書曰：上封良爲留侯，行太子少傅事。論語曰：楚狂接輿歌而過孔子。孟子曰：先聖後聖，其揆一也。仰瞻數君，可謂能遂其志者也。賈逵國語注曰：遂，從也。故君子百行，殊塗而同致，循性而動，各附所安。周易，子曰：天下同歸而殊塗，一致而百慮。淮南子曰：循性而行，或害或利。論語讖曰：貧而無怨，循性動也。故有處朝廷而不出，入山林而不反之論。班固漢書贊曰：山林之士，往而不能反；朝廷之士，入而不能出。二者各有所短。且延陵高子臧之風，長卿慕相如之節，志氣所託，不可奪也。左氏傳，吴子諸樊既除喪，將立季札，季札辭曰：曹宣公之卒也，諸侯與曹人不義曹公，將立子臧，子臧去之，遂弗爲也，以成曹。君子曰〔二〕：能守節。君義嗣也。誰能奸君？有國，非吾節也。札雖不才，願附於子臧，以無失節。史記曰：司馬相如，字長卿，其親名之犬子。相如既學，慕藺相如之爲人，更名相如。吾每讀尚子平臺孝威傳，慨然慕之，想其爲人。英雄記曰〔三〕：尚子平有道術，爲縣功曹，休歸。自入山擔薪，賣以供食飲。范曄後漢書曰：向子平隱居不仕，性尚中和，好通老、易。尚向不同，未詳。又曰：臺佟者，字孝威，魏郡人，隱於武安山，鑿穴爲居，采藥爲業。佟，徒冬切。史記，太史公曰：余讀孔氏書，想見其爲人。少加孤露〔四〕，母兄見驕，不涉經學。性復疏嬾，筋駑肉緩，頭面常一月十五日不洗，不大悶癢，不能沐也。每常小便，而忍不起，令胞中略轉乃起耳。又縱逸來久，情意傲散。簡與禮相背，嬾與慢相成，孔安國論語注曰：簡，略也。言性簡略，與禮相背也。而爲儕類見寬，不攻其過。又讀莊老，重增其放。放，謂放蕩。故使榮進之心日穨，任實之情轉篤。此由禽鹿少見馴育，則服從教制，長而見羈，則狂顧頓纓，赴蹈湯火，楚辭曰：狂顧南行。王逸曰：狂，猶遽也。雖飾以金鑣，饗以嘉肴，逾思長林，而志在豐草也。毛詩曰：茀厥豐草。茀，甫物切。

阮嗣宗口不論人過，吾每師之，而未能及。至性過人，與物無傷，唯飲酒過差耳。莊子，仲尼謂顏回曰：聖人處物不傷物者，物不能傷也。李尤盂銘曰：飲無求辭〔五〕，纔以相娛；荒沈過差，可不慎與！至爲禮法之士所繩，疾之如讎，幸賴大將軍保持之耳。孫盛晉陽秋曰：何曾於太祖坐謂阮籍曰：卿任性放蕩，敗禮傷教，若不革變，王憲豈得相容！謂太祖宜投之四裔，以絜王道。太祖曰：此賢素羸病，君當恕之。吾不如嗣宗之賢〔六〕，而有慢弛之闕；資，材量也。又不識人情，闇於機宜；無萬石之慎，而有好盡之累。漢書曰：萬石君石奮，長子建爲郎中令，奏事，事下，建讀之驚恐曰：書馬者與尾而五，今迺四，不足一，獲譴死矣。其爲謹慎，雖他皆如是。又曰：建奏事於上前，即有可言，屏人乃言極切。至延見，如不能言者。好盡，謂言則盡情，不知避忌。久與事接，疵釁日興，雖欲無患，其可得乎？

又人倫有禮，朝廷有法，自惟至熟，有必不堪者七，甚不可者二：臥喜晚起，而當關呼之不置，一不堪也。東觀漢記曰：汝郁再徵，載病詣公車。尚書勑郁自力受拜。郁乘輂，白衣詣止車門。臺遣兩當關扶郁，入拜郎中。抱琴行吟，弋釣草野，而吏卒守之，不得妄動，二不堪也。危坐一時，痺必寐切不得摇，管子曰：少者之事先生，出入恭敬，如有賓客；危坐向師，顔色無怍。説文曰：痺，濕病也〔七〕。性復多蝨瑟，把蒲巴搔無已，而當裹以章服，揖拜上官，三不堪也。素不便書，又不喜作書〔八〕，而人間多事，堆案盈机，不相酬答，則犯教傷義，欲自勉强，則不能久，四不堪也。不喜弔喪，而人道以此爲重，己爲未見恕者所怨，至欲見中傷者，言人於己，爲未見有矜恕之者，而纔有所怨，乃至欲見中傷，言被疾苦也。雖瞿音句然自責〔九〕，然性不可化，班固漢書惠帝贊曰：聞叔孫通之諫則瞿然〔一〇〕。欲降心順俗，則詭故不情，新序，卜偃謂晉侯曰：天子降心迎公。周書曰：飾貌者不情。亦終不能獲無咎無譽如此，五不堪也。周易曰：括囊無咎無譽。不喜俗人，而當與之共事，或賓客盈坐，鳴聲聒耳，杜預左氏傳注曰：聒，諠也。囂塵臭處，千變百伎，在人目前，六不堪也。心不耐煩，而官事鞅掌，機務纏其心，世故繁其慮，七不堪也。毛詩曰：或棲遲偃仰，或王事鞅掌。尚書曰：一日二日萬機。又每非湯武而薄周孔，在人間不止，此事會顯世教所不容，此甚不可一也。剛腸疾惡，輕肆直言，遇事便發，此甚不可二也。以促中小心之性，統此九患，不有外難，當有内病，寧可久處人間邪！又聞道士遺言，餌朮黄精，令人久壽，意甚信之；蒼頡篇曰：餌，食也。本草經曰：朮、黄精，久服輕身延年。遊山澤，觀魚鳥，心甚樂之。一行作吏，此事便廢，安能舍其所樂，而從其所懼哉！

夫人之相知，貴識其天性，因而濟之。禹不偪伯成子高，全其節也；莊子曰：堯治天下，伯成子高立爲諸侯。堯授舜，舜授禹，伯成子高辭爲諸侯而耕。禹往見之，則耕在野。禹趨就下風而問焉。子高曰：昔堯治天下，不賞而民勸，不罰而民畏。今則賞罰而民且不仁，德自此衰，刑自此立，後世之亂，自此始矣。耕而不顧。仲尼不假蓋於子夏，護其短也；家語曰：孔子將行，雨，無蓋。門人曰：商也有焉。孔子曰：商之爲人也嗇，短於財。吾聞與人交者，推其長者，違其短者，故能久也。王肅曰：短，悉；嗇，甚也。近諸葛孔明不偪元直以入蜀；蜀志曰：潁川徐庶，字元直。曹公來征，先主在楚，聞之，率其衆南行，亮與徐庶並從。爲曹公所追破，庶母見獲，庶辭先主而指其心曰：本與將軍共圖王霸之業者，以此方寸之地也。今已失老母，方寸亂矣。無益於事，請從此别。遂詣曹公。魏略曰：庶名福。華子魚不强幼安以卿相。魏志曰：華歆，字子魚，平原人也。文帝即位，拜相國。黄初中，詔公卿舉獨行君子，歆舉管寧，帝以安車徵之。又曰：管寧，字幼安，北海人也。華歆舉寧，寧遂將家屬浮海還郡。詔寧爲太中大夫，固辭不受。此可謂能相終始，真相知者也。足下見直木必不可以爲輪〔一二〕，曲者不可以爲桷，蓋不欲以枉其天才，令得其所也。故四民有業，各以得志爲樂，管子曰：士農工商四民者，國之石民也。唯達者爲能通之，此足下度内耳。不可自見好章甫，强越人以文冕也；莊子曰：宋人資章甫而適越，越人斷髮文身，無所用之。司馬彪曰：敦，斷也。章甫，冠名也。己嗜臭腐，養鴛雛以死鼠也。莊子曰：惠子相梁，莊子往見之。或謂惠子曰：莊子來，欲代子相。於是惠子恐，搜於國中，三日三夜。莊子往見之，曰：南方有鳥名鴛雛，子知之乎？夫鴛雛發南海而飛於北海，非梧桐而不止，非竹實不食，非醴泉不飲。於是鴟得腐鼠，鴛雛過之，仰天而視之曰：嚇！今子欲以子國嚇我邪！吾頃學養生之術，方外榮華，去滋味，游心於寂寞，以無爲爲貴。高誘吕氏春秋傳曰：外，猶賤也。莊子曰：夫恬淡寂寞，虚無無爲，此天地之平，而道德之篤也。縱無九患，尚不顧足下所好者，又有心悶疾，頃轉增篤，私意自試，不能堪其所不樂。言己所不樂之事，必不能堪而行之。自卜已審，若道盡塗窮則已耳。足下無事冤之，令轉於溝壑也。左氏傳曰：侍者謂楚王曰：老而無子，知擠於溝壑矣。

吾新失母兄之歡，意常悽切，女年十三，男年八歲，未及成人，況復多病，顧此悢悢力向，如何可言！王隱晉書曰：紹字延祖，十歲而孤，事母孝謹〔一三〕。國語曰：晉趙武冠，見韓獻子，獻子曰：戒之，此謂成人。鄭玄禮記注曰：女子以許嫁爲成人。廣雅曰：悢悢，悲也。今但願守陋巷，教養子孫，時與親舊敍闊，陳説平生，濁酒一盃，彈琴一曲，志願畢矣。足下若嬲嬲，擿嬈也，音義與嬈同，奴了切。之不置，不過欲爲官得人，以益時用耳。足下舊知吾潦倒麤疎，不切事情，自惟亦皆不如今日之賢能也。若以俗人皆喜榮華，獨能離之，以此爲快，此最近之，可得言耳。言俗人皆喜榮華，而己獨能離之以此爲快，此最近己之情，可得言之耳。然使長才廣度，無所不淹，而能不營，乃可貴耳。鄭玄禮記注曰：淹，復漬也。若吾多病困，欲離事自全，以保餘年，此真所乏耳，言己離於俗事，以自安全，保其餘年，此乃真性之所乏耳，非如長才廣度之士而不營之。豈可見黄門而稱貞哉！若趣平欲共登王塗，期於相致，時爲懽益，一旦迫之，必發其狂疾，自非重怨，不至於此也。

野人有快炙背而美芹子者，欲獻之至尊，列子曰：宋國有田父，常衣濕黂〔三〕。至春，自暴於日。當爾時，不知有廣夏隩室，緜纊狐貉，顧謂其妻曰：負日之暄，人莫知之，以獻吾君，將有賞也。其室告之曰：昔人有美戎菽甘枲莖與芹子，對鄉豪稱之。鄉豪取嘗之，苦於口，躁於腹，衆哂之。雖有區區之意，亦已疏矣，李陵書曰：孤負陵區區之意。願足下勿似之。其意如此，既以解足下，并以爲別。嵇康白。

文選考異

〔一〕與山巨源絶交書　袁本、茶陵本下有「一首」二字。案：有者是也。此卷各題下全無，卷首所列子目亦然，皆脱。説見前。

〔二〕注「以成曹君子曰」　何校重「君」字，陳同，是也。各本皆脱。

〔三〕注「英雄記曰」陳云王粲英雄記皆記漢末英雄事，尚子平乃建武中隱士，不應載入，當是誤也。今案：此疑英賢譜之文。各本皆譌。

〔四〕少加孤露　何云晉書作「加少」。案：「加少」是也。各本皆誤倒。

〔五〕注「飲無求辭」　案：「辭」當作「亂」，各本皆譌。

〔六〕吾不如嗣宗之賢　何校「賢」改「資」。陳云「賢」，「資」誤。案：所校是也。注云「資，材量也」。不得作「賢」甚明。晉書正作「資」。

〔七〕注「濕病也」　袁本「也」下有「俾利反」三字。茶陵本亦有，「反」作「切」。案：此真善音也，正文下「必寐切」乃五臣音。尤存彼删此，非。

〔八〕又不喜作書　袁本、茶陵本無「又」字。案：一本不著校語，晉書此在所節去中，無以考之。

〔九〕雖瞿然自責　案：「瞿」當作「懼」。袁本云善作「瞿」，茶陵本云五臣作「懼」。各本所見，皆傳寫誤也。善自作「懼」，與五臣同，故引惠帝贊「懼然」作注。今各本并注中亦誤爲「瞿」，非。「懼」、「瞿」同字耳。晉書在所節去中。

〔一〇〕注「則瞿然」　袁本、茶陵本「然」下有「晉灼曰瞿音句」六字，是也。尤誤删改作「音句」入正文下。又「瞿」皆當作「懼」，今漢書正作「懼」。師古曰：「懼讀曰瞿。」

〔一一〕必不可以爲輪　袁本云善無「必」字。茶陵本云五臣有「必」字。案：此或所見不同；否則，尤添之耳。晉書在所節去中。

〔二二〕注「王隱晉書曰紹字延祖十歲而孤事母孝謹」 袁本、茶陵本首有「晉諸公譜曰康子劭」八字。「紹」作「劭」，無「十歲而孤事母孝謹」八字。案：二本是也。此尤延之校改而誤。

〔二三〕注「常衣濕黂」 案：「濕」當作「緼」。各本皆誤。此所引楊朱文，以下多互異，義可兩通，不更詳出。

爲石仲容與孫皓書

臧榮緒晉書曰：石苞，字仲容。太祖輔政，都督楊州諸軍事，進位征東大將軍。又曰：太祖遣徐劭、孫郁至吴，將軍石苞令孫楚作書與孫皓。劭至吴，不敢爲通。

孫子荆

苞白：蓋聞見機而作，周易所貴，小不事大，春秋所誅，周易曰：君子見幾而作〔一〕，不俟終日。左氏傳曰：楚子伐鄭，子展曰：小所以事大，信也。小國無信，兵亂日至，亡無日矣。此乃吉凶之萌兆，榮辱之所由興也。是故許鄭以銜璧全國，曹譚以無禮取滅。左氏傳，楚子圍許，蔡侯將許僖公見楚子於武城，許男面縛銜璧。楚子問諸逢伯，對曰：昔武王克殷，微子啓如是，王親釋其縛，禮而命之，使復其所。楚子從之。又曰：楚子圍鄭，克之，鄭伯肉袒牽羊以逆。王曰：其君能下人。退三十里而許之平。又曰：晉公子重耳奔狄，及曹，曹共公聞其駢脅，欲觀其裸，浴，薄而觀之。及即位，晉侯圍曹。又曰：齊桓公之出也，過譚，譚不禮焉。

及其入也，諸侯皆賀，譚又不至。冬，齊師滅譚，譚無禮也。載籍既記其成敗，古今又著其愚智矣。不復廣引譬類，崇飾浮辭，鄭玄孝經注曰：引譬連類。尚書序曰：翦截浮辭。苟以夸大爲名，更喪忠告之實。論語曰：忠告而善道之，不可則止，無自辱焉。今粗論事勢，以相覺悟。

昔炎精幽昧，曆數將終，東觀漢記曰：漢以炎精布耀，或幽而光。尚書曰：天之曆數在爾躬。桓靈失德，災釁並興，孝桓、孝靈，漢二帝也。漢書詔策曰：大禹能亡失德。豺狼抗爪牙之毒，生人陷荼炭之艱。漢書杜文謂孫寶曰：豺狼當路。尚書曰：夏有昏德，民墜塗炭。荼與塗字通用〔一〕。於是九州絶貫，皇綱解紐，周禮曰：職方乃辨九州之國，使同貫利。答賓戲曰：廓帝紘，恢皇綱。四海蕭條，非復漢有。太祖承運，神武應期，春秋緯曰：五德之運，各象其類。宋均曰：運，籙運也。周易曰：古之神武不殺者夫。河圖闓苞受曰：弟感苗裔出應期。征討暴亂，克寧區夏；尚書曰：用肇造我區夏。協建靈符，天命既集，曹植大魏篇曰：大魏應靈符，天禄乃始〔二〕。毛詩曰：有命既集。遂廓洪基，奄有魏域。曹植魏德論曰：武創洪基，克光厥德。毛詩曰：奄有四方。土則神州中岳，器則九鼎猶存，河圖括地象曰：崑崙東南地方五千里，名曰神州，中有五岳地圖，帝王居之。左氏傳，王孫滿曰：成王定鼎於郟鄏。史記曰：秦取周九鼎。世載淑美，重光相襲，國語，祭公謀父曰：奕世載德。尚書，王曰：昔我君文王、武王宣重光。新序，孔子曰：聖人雖生異世，相襲若規矩。固知四隩之攸同，天下之壯觀也。尚書曰：九州攸同，四隩既宅。封禪書曰：此事天下之壯觀也。

公孫淵承籍父兄，世居東裔，魏志曰：公孫度，字叔濟，本遼東襄平人。度知中國擾攘，自立爲遼東侯。度死，子康嗣位。康死，子晃、淵等皆小，衆立兄子恭爲遼東太守。淵脅奪恭位。景初元年徵淵，淵遂發兵逆於遼東〔四〕，自立爲燕王。擁帶燕胡，馮凌險遠，左氏傳，子産曰：今陳介恃楚衆，馮凌弊邑。講武盤桓，不供職貢，國語，虢文公曰：古者三時務農，一時講武。周禮曰：制其職，各以其所能；制其貢，各以其所有。家語，孔子曰：古者分異姓以遠方之職貢，所以無忘服也。内傲帝命，外通南國，乘桴滄流〔五〕，交疇貨賄〔六〕，葛越布於朔土，貂馬延乎吴會；魏志曰：公孫淵遣使南通孫權，往來贈遺〔七〕。權使張彌、許晏等齎金玉珍寶，立爲燕王。論語，子曰：乘桴浮于海。孔安國尚書傳曰：草服葛越。魏志曰：夫餘國出名馬貂豽。自以爲控弦十萬，奔走足用，漢書匈奴傳曰：控弦之士三十餘萬。信能右折燕齊，左振扶桑，凌轢沙漠，南面稱王也。山海經曰：湯谷上有扶木。扶木者，扶桑也。史記曰：楚靈王兵强，凌轢中原。説文曰：漠，北方流沙也。漢書，李陵歌曰：經萬里兮度沙漠。周易曰：聖人南面而聽天下。宣王薄伐，猛鋭長驅。魏志曰：景初三年，遣大司馬宣王〔八〕征淵。斬淵，傳首洛陽。戰國策曰：樂毅輕卒鋭兵，長驅至齊。師次遼陽，而城池不守；漢書曰：遼東郡有遼陽縣。桴鼓一震，而元凶折首。左氏傳曰：援桴而鼓。周易曰：有嘉折首，獲非其醜。然後遠跡疆埸，列郡大荒，史記，樂毅書曰：吴王遠跡至郢。班固漢書述曰：列郡祁連。山海經有大荒。收離聚散，咸安其居，毛詩序曰：萬民離散，不安其居。民庶悦服，殊俗款附。尚書曰：萬姓悦服。過秦論曰：餘威震于殊俗。自茲遂隆，九野清泰，淮南子曰：所謂一者，上通九天，下貫九野。高誘曰：九野，八方中央也。東夷獻其樂器，肅慎貢其楛矢，范曄後漢書曰：東夷自少康已後，世服王化，獻其樂舞。魏志曰：常道鄉公景元三年，肅慎國遣使重譯來貢，弓長三尺五寸，三十張；楛矢長一尺八寸；石砮三百枚。曠世不羈，應化而至，崔寔本論曰：孝宣帝方外安静，單于稽顙來朝，百世不羈之虜也。巍巍蕩蕩，想所具聞。論語，子曰：大哉堯之爲君！蕩蕩乎民無能名焉，巍巍乎其有成功。

吴之先主，起自荆州，遭時擾攘，播潛江表；吴志曰：董卓專朝政，孫堅亦舉兵荆州，討卓。引軍還住魯陽。范曄後漢書，馮衍上疏曰：遭擾攘之時，值兵革之際。劉備震懼，亦逃巴岷。蜀志曰：益州牧劉璋迎先主入益州，至涪，璋勑諸將勿復關通。先主大怒，進圍成都。璋降，先主領益州。遂依丘陵積石之固，張載劍閣銘曰：巖巖梁山，積石峩峩。三江五湖，浩汗無涯，漢書曰：吴有三江五湖之利也。假氣游魂，迄于四紀。魏明帝善哉行曰：權實堅子〔九〕，備則亡虜，假氣游魂，鳥魚爲伍。二邦合從子容，東西唱和，漢書，合從連衡，力政争强。毛詩曰：叔兮伯兮，唱予和汝。互相扇動，距捍中國。自謂三分鼎足之勢，可與泰山共相終始。漢書曰：蒯通説韓信曰：方今足下二分天下，鼎足而居。戰國策，吕不韋曰：其寧泰山。相國晉王，輔相帝室，魏志曰：咸熙元年，進晉公爵爲王。文武桓桓，志厲秋霜，荀悦申鑒曰：人主怒如秋霜。廟勝之筭，應變無窮，孫子曰：夫未戰而廟勝，得筭多者也。又曰：善出奇正者，無窮如天地。獨見之鑒，與衆絶慮。春秋元命苞曰：明王獨見，四海歸往。主上欽明，委以萬機，魏志曰：陳留王奂，字景明，封常道鄉公。高貴鄉公卒，公卿議迎立。尚書曰：放勛欽明。萬幾，已見上文。

長轡遠御，妙略潛授，偏師同心，上下用力，稜威奮伐，罙入其阻，漢書曰：武帝報李廣曰：威稜憺乎鄰國。毛詩曰：罙入其阻，裒荆之旅。毛萇曰：罙，深也〔一〇〕。并敵一向，奪其膽氣。孫子兵法曰：併敵一向，千里殺將。又曰：三軍可奪氣，將軍可奪心。小戰江介，則成都自潰；曜兵劍閣，而姜維面縛。魏志曰：景元四年，使征西將軍鄧艾、鎮西將軍鍾會伐蜀。艾自陰平先登，至江介西，蜀衛將軍諸葛瞻列陣待艾。艾遣子惠唐亭侯忠等大破之，斬瞻。進軍到雒，劉禪遣使奉皇帝璽綬，爲箋詣艾。會統十餘萬衆，分從斜谷、駱谷入，平行至漢中。姜維守劍閣距會。維等聞瞻已破，以其衆東入巴。劉禪詣艾降，勑維等令降於會〔一一〕。維詣會降。商君書曰：小戰勝，逐北無過五里。左氏傳曰：凡民逃其上曰潰。面縛，已見上文。開地五千，列郡三十。師不踰時，梁益肅清，穀梁傳曰：伐不踰時，戰不逐奔。使竊號之雄，稽顙緤闕，禮記曰：拜而後稽顙。傅玄西都賦曰：巍巍緤闕。球琳重錦，充於府庫。左氏傳曰：齊侯歸衛侯夫人重錦三十兩。夫虢滅虞亡，韓并魏徙，左氏傳曰：晉滅虢，虢公醜奔京師。遂襲虞，滅之，執虞公。史記曰：秦始皇十七年，攻韓，得韓王安。二十三年，攻魏，其王請降。此皆前鑒之驗，後事之師也。戰國策，張孟談謂趙襄子曰：前事不忘，後事之師。又南中呂興，深覩天命，吴志曰：交阯郡吏呂興等殺太守孫諝，使使如魏請太守及兵。蟬蜕内向，願爲臣妾。淮南子曰：蟬飲而不食，三十日而蜕。孝經曰：治家者不敢失於臣妾。外失輔車脣齒之援，内有毛羽零落之漸，左氏傳，宫之奇曰：諺所謂輔車相依，脣亡齒寒。而徘徊危國，冀延日月，此猶魏武侯却指河山以自强大，殊不知物有興亡，則所美非其地也。史記曰：吳起者，衛人也。魏武侯浮西河而下，中流顧謂吳起曰：美哉山河之固！此魏之寶也。起對曰：在德不在險。若君不修德，則舟中之人，盡爲敵國也。武侯曰：善。

方今百僚濟濟，儁乂盈朝，尚書曰：百僚師師。又曰：俊乂在官。虎臣武將，折衝萬里，毛詩曰：進厥虎臣，闞如虓虎。晏子春秋，孔子曰：不出罇俎之間，而折衝千里之外，晏子之謂也。國富兵强，六軍精練。新序曰：孫叔敖相楚，國富兵强。思復翰飛，飲馬南海。毛詩曰：翰飛戾天。鄭玄曰：翰，高也。李陵與蘇武書曰：陵當爲單于畜兵養士，循先將軍之令，將飲馬河、洛，收珠南海。自頃國家，整治器械，禮記曰：聖人異器械。鄭玄曰：器械，兵甲也。修造舟楫，簡習水戰。伐樹北山，則太行木盡，高誘吕氏春秋注曰：太行山在河内野王縣北。濬决河洛，則百川通流。尚書大傳曰：百川趨於海。樓船萬艘，蘇勞，千里相望。漢書曰：江、淮以南，樓舡十萬。自刳木以來，舟車之用，未有如今日之盛者也。周易曰：黄帝、堯、舜刳木爲舟，剡木爲檝。驍勇百萬，畜力待時，役不再舉，今日之謂也〔一二〕。六韜，太公謂武王曰：聖人興兵爲天下除患去賊，非利之也，故役不再籍，一舉而畢。然主上眷眷〔一三〕，未便電邁者，以爲愛民治國，道家所尚，老子曰：愛人治國，能無知乎？崇城自卑〔一四〕，文王退舍，左氏傳，子魚言於宋公曰：文王聞崇侯德亂而伐之，軍三旬而不降；退修教而復伐之，因壘而降。故先開示大信，喻以存亡，殷勤之旨，往使所究。

若能審識安危，自求多福，毛詩曰：永言配命，自求多福。蹷然改容，祗承往告，漢書曰：陸賈說尉佗。佗於是蹷然起坐，謝賈，稱臣奉漢約。追慕南越，嬰齊入侍，漢書曰：南越王胡立，天子使嚴助往喻意，南越王胡遣其子嬰齊入侍宿衞。北面稱臣，伏聽告策，禮記曰：君之南鄉也，答陽之義也，臣之北面也，答君也。則世祚江表，永爲藩輔，左氏傳，王賜齊侯命曰：世祚太師。豐報顯賞，隆於今日矣。若侮慢不式王命〔一五〕，然後謀力雲合，指麾風從，范曄後漢書，張綱謂張嬰曰：大兵雲合，豈不危乎！雍益二州，順流而東；青徐戰士，列江而西；荆楊兗豫，爭驅八衝；征東甲卒，虎步秣陵。征東，即石苞也。李陵詩曰：幸託不肖軀，且當猛虎步。漢書，丹陽郡有秣陵縣。爾乃皇輿整駕，六師徐征，羽檄燭日，旌旗流星，羽，鳥羽也。漢書高祖曰：吾以羽檄徵天下兵。檄或爲校。遊龍曜路，歌吹盈耳，周禮曰：凡馬八尺爲龍。樂稽耀嘉曰：武王興師誅于商，萬國咸喜，前歌後舞。論語，子曰：洋洋乎盈耳哉！士卒奔邁，其會如林，尚書曰：受率其旅若林。煙塵俱起，震天駭地，渴賞之士，鋒鏑爭先，忽然一旦身首橫分，宗祀屠覆，取誡萬世，引領南望，良以寒心。左氏傳，穆叔謂晉侯曰：引領西望，曰庶幾乎！高唐賦曰：寒心酸鼻。

夫治膏肓者必進苦口之藥，決狐疑者必告逆耳之言，左氏傳曰：晉景公夢疾爲二豎子，一曰居肓之上，一曰居膏之下，若我何？史記曰：沛公入秦宮，樊噲諫，沛公不聽。張良曰：忠言逆耳利於行，良藥苦口利於病。願公聽樊噲言。楚辭曰：心猶豫而狐疑。如其迷謬，未知所投，恐俞附見其已困，扁鵲知其無功也。列子曰：楊朱之友曰季梁，得病七日，大漸，謁醫俞氏，俞氏曰：汝始則胎氣不足，乳湩有餘，疾非一朝一夕之故，其所由來者漸矣。季梁曰：良醫也，且食之。史記，虢中庶子曰：上古之時，醫病不以湯液〔六〕。又曰：扁鵲過齊，桓侯客之，入朝見曰：君有疾在腠理。不療將深。桓侯曰：寡人無疾。過五日，扁鵲復見曰：君有疾在腸胃間，不療將深。桓侯不應。後五日，扁鵲復見，望桓侯而走。桓侯使人問其故，扁鵲曰：疾其在骨髓，雖司命無奈何。今在骨髓，臣是以無請也。後五日，桓侯體痛，使人召扁鵲，扁鵲已逃去。桓侯遂死。郭璞穆天子傳注曰：湩，乳汁也。竹用切。勉思良圖，惟所去就。左氏傳，令尹子常曰：敢弗良圖。曾子曰：君子慎其所去就。石苞白。

文選考異

〔一〕注「君子見幾而作」　袁本「幾」作「機」，是也。茶陵本亦誤「幾」。正文是「機」字。

〔二〕注「荼與塗字通用」　袁本、茶陵本「塗」下有「古」字，是也。

〔三〕注「天禄乃始」　案：乃下當有「兹」字。各本皆脱。弔魏武文引有。

〔四〕注「逆於遼東」　茶陵本「東」作「隧」，是也。袁本作「遂」，亦非。

〔五〕乘桴滄流　茶陵本「流」作「海」。袁本作「流」，與此同。何校「流」改「海」。陳云「流」，「海」誤。晉書作「海」。案：袁本、茶陵本所載五臣濟注云「滄流，海也」，似五臣作「流」，二本失著校語，尤亦以之亂善也。

〔六〕交疇貨賄　袁本云善作「疇」，茶陵本云五臣作「酬」，何云晉書作「酬」。今案：「疇」疑「醻」

字之誤。

〔七〕注「往來贍遺」　何校「贍」改「賂」。陳云「贍」當作「賂」。案：所校據魏志，是也。各本皆誤。

〔八〕注「景初三年遣大司馬宣王」　案：「三」當作「二」，「大」當作「太」，下脱「尉」字。各本皆誤。此所引明帝紀文也。

〔九〕注「權實豎子」　何校「豎」改「豎」，是也。各本皆譌。

〔一〇〕注「罙深也」　袁本、茶陵本下有「音彌」二字。案：有者是也，乃真善音而誤删。

〔一一〕注「勒維等令降於會」　案：「勒」當作「勑」。各本皆誤。鍾會傳可證。

〔一二〕今日之謂也　袁本云善無「也」字，茶陵本云五臣有。案：此尤添之耳。

〔一三〕然主上眷眷　何校「上」改「相」，晉書作「相」。案：主謂魏帝，相謂晉王，似所改是也。

〔一四〕崇城自卑　案：「自」當作「遂」。茶陵本云五臣作「自」，袁本云善作「遂」。晉書作「遂」，尤以五臣亂善，非。

〔一五〕若侮慢不式王命　案：晉書「若」下有「猶」字。此當有，讀以四字爲一句。各本皆脱也。

〔一六〕注「醫病不以湯液」　陳云「醫」下脱「有俞附醫」四字。案：所校是也。此引以注正文「俞附」。各本皆脱。

與嵇茂齊書

趙景真 嵇紹集曰：趙景真與從兄茂齊書，時人誤謂吕仲悌與先君書，故具列本末。趙至，字景真，代郡人，州辟遼東從事。從兄太子舍人蕃，字茂齊，與至同年相親。至始詣遼東時，作此書與茂齊。干寶晉紀以爲吕安與嵇康書。二説不同，故題云景真，而書曰安。

安白：昔李叟入秦，及關而歎；梁生適越，登岳長謡。列子曰：楊朱南之沛，老聃西游於秦，邀於郊，至梁而過老子。老子中道仰天歎曰：始以汝爲可教，今不可教也。楊朱曰：請聞其過。老子曰：睢睢〔一〕而盱盱，而誰與居？范曄後漢書，梁鴻，字伯鸞，扶風人也。東出關，過京師，作五噫之歌，曰：陟彼北邙兮，噫！顧瞻帝京兮，噫！宫室崔嵬兮，噫！人之劬勞兮，噫！遼遼未央兮，噫！肅宗聞而非之，求鴻不得。居齊、魯之間，又去適吴。然老子之歎，不爲入秦；梁鴻長謡，不由適越。且復以至郊爲及關，升邙爲登岳，斯蓋取意而略文也。夫以嘉遯之舉，猶懷戀恨，況乎不得已者哉！周易曰：嘉遯貞吉。

惟别之後，離羣獨游，背榮宴，辭倫好，經迴路，涉沙漠。鳴雞戒旦，則飄爾晨征；燕禮曰：燕，小臣戒盥者。鄭玄曰：警戒告語焉。陳琳武軍□賦曰〔二〕：啓明戒旦，長庚告昏。日薄西山，則馬首靡託。漢書，楊雄反騷曰：恐日薄於西山。左氏傳，荀偃曰：唯余馬首是瞻。尋歷曲阻，則沈思紆結，乘高遠眺，則山川悠隔。或乃迴飇狂厲，白日寢光，踦躡交錯，陵隰相望。徘徊九皋之内，慷慨重阜之巔，毛詩曰：鶴鳴九皋。進無所依，退無所據，涉澤求蹊，披榛覓路，嘯詠溝渠，良不可度，斯亦行路之艱難，然非吾心之所懼也。

至若蘭茝傾頓，桂林移植，根萌未樹，牙淺絃急，常恐風波潛駭，危機密發，斯所以怵惕於長衢，按轡而歎息也〔三〕。喻身之危也。根萌未樹，故恐風波潛駭；牙淺絃急，故懼危機密發也。本或有於長衢之下云按轡而歎息者，非也。又北土之性，難以託根，投人夜光，鮮不按劍。鄒陽上書曰：夜光之璧，以闇投人於道，衆人莫不按劍也。今將植橘柚於玄朔，蔕華藕於脩陵，曹植橘賦曰：背江洲之氣煖，處玄朔之肅清。淮南子曰：夫以其所脩，而游不用之鄉，若樹荷山上，畜火井中也。表龍章於裸壤，奏韶舞於聾俗，固難以取貴矣。龍，衮龍之服也。章，章甫之冠也。裸壤，文身也。莊子曰：宋人資章甫適諸越，越人斷髮文身，無所用之。又肩吾曰：聾者無以與乎鍾鼓之聲。夫物不我貴，則莫之與；莫之與，則傷之者至矣。周易曰：無交而求，則人不與也；莫之與，則傷之者至矣。飄飄遠游之士，託身無人之鄉，揔轡遐路，則有前言之艱；懸罄陋宇，則有後慮之戒；前言之艱，謂經迴路，涉沙漠以下也；後慮之戒，謂北土之性，難以託根以下也。朝霞啓暉，則身疲於遄征；蔡琰詩曰：遄征日遐邁。太陽戢曜，則情劬於夕惕；正曆曰：日，太陽也。周易曰：夕惕若厲。肆目平隰，則遼廓而無覿；極聽脩原，則淹寂而無聞。吁其悲矣！心傷悴矣！然後乃知步驟之士，不足爲貴也。

若迺顧影中原，憤氣雲踊，哀物悼世，激情風烈，龍睇大野，虎嘯六合，猛氣紛紜，雄心四據，阮元瑜爲曹公與孫權書曰：大丈夫雄心，能無憤發。思躡雲梯，橫奮八極，披艱掃穢，蕩海夷岳，范曄後漢書〔四〕，田邑與馮衍書曰：欲摇太山，蕩北海。蹴崐崙使西倒，蹋太山令東覆，平滌九區，恢維宇宙，斯亦吾之鄙願也。劉騊駼郡太守箴曰：大漢遵因，化洽九區。時不我與，垂翼遠逝，周易曰，明夷于飛垂其翼，君子于行，三日不食，有攸往。鋒鉅靡加，翅翮摧屈，自非知命，誰能不憤悒者哉！周易曰：樂天知命故不憂。

吾子植根芳苑，擢秀清流，布葉華崖，飛藻雲肆，俯據潛龍之淵，仰蔭棲鳳之林，榮曜眩其前，豔色餌其後，良儔交其左，聲名馳其右，翱翔倫黨之間，弄姿帷房之裏，從容顧眄，綽有餘裕，俛仰吟嘯，自以爲得志矣，豈能與吾同大丈夫之憂樂者哉！

去矣嵇生，永離隔矣！煢煢飄寄，臨沙漠矣！悠悠三千，路難涉矣！攜手之期，邈無日矣！思心彌結，誰云釋矣！無金玉爾音，而有遐心。毛詩曰：無金玉爾音，而有遐心。身雖胡越，意存斷金。淮南子曰：自其異者視之，肝膽胡越也。周易曰：二人同心，其利斷金。各敬爾儀，敦履璞沈，毛詩曰：各敬爾儀。繁華流蕩，君子弗欽，臨書悵然，知復何云！

文選考異

〔一〕注「老子曰睢睢」陳云「曰」下脱「而」字，是也。各本皆脱。

〔二〕注「陳琳武軍□賦曰」　袁本「軍□」作「庫」，是也。茶陵本作「庫車」，衍「車」字，此亦初衍而脩去，「軍」即「庫」字誤。

〔三〕斯所以怵惕於長衢按轡而歎息也　袁本、茶陵本「也」上有「者」字。案：晉書無「按轡而歎息」。陳云據注則此五字衍，是也。必五臣因注云「本或有於『長衢』之下云『按轡而歎息』者」，故添六字，以異於善，二本失著校語也。詳此本乃脩改增多，是初刻無，而所見仍不誤，尤延之不察，輒取五字，於是善以五臣亂之矣，當加訂正。

〔四〕注「范曄後漢書」　袁本、茶陵本無此五字，是也。案：說已見前。

與陳伯之書

劉璠梁典曰：帝使呂僧珍寓書於陳伯之，丘遲之辭也。伯之歸于魏，爲通散常侍。何之元梁典云：天監五年，前平南將軍陳伯之以其衆自壽陽歸降。不書伯之，前史失之。梁史以爲丘遲與伯之書。

丘希範

遲頓首。陳將軍足下：無恙，幸甚幸甚！將軍勇冠三軍，才爲世出，李陵與蘇武書曰：陵先將軍，功略蓋天地，義勇冠三軍。蘇武答李陵書曰：每念足下，才爲世生，器爲時出。棄燕雀之小志，慕鴻鵠以高翔。史記曰：陳涉嘗爲人庸耕，輟耕壠上，悵恨久之，曰：苟富貴，無相忘。庸者笑而應之曰：若爲庸耕，何富貴也？陳涉太息曰：嗟乎！燕雀安知鴻鵠之志哉？昔因機變化，遭遇明主，劉璠梁典曰：高祖得陳虎牙幢主蘇隆，厚加禮賜，使致命江州刺史陳伯之。伯之，虎牙父也。蘇隆還，稱伯之許降，乃遣鄧元起前驅逼之。伯之聞師近，以應義師。立功立事，開國稱孤，延篤與張奐書曰：烈士殉名，立功立事。周易曰：大君有命，開國承家。老子曰：王侯自稱孤、寡、不穀。朱輪華轂，擁旄萬里，何其壯也！史記，蒯通説武信君曰：今范陽令乘朱輪華轂。班固涿邪山祝文曰：杖節擁旄，征人伐鼓〔一〕。荀悦漢記曰：今之州牧，號爲萬里。漢書，樊噲説高祖曰：始陛下定天下，何其壯也！如何一旦爲奔亡之虜，聞鳴鏑而股戰，對穹廬以屈膝，又何劣邪！漢書曰：冒頓乃作爲鳴鏑。音義曰：箭鏑也，如今鳴箭。史記曰：魏勃退立股戰。漢書，烏孫公主歌曰：穹廬爲室兮旃爲牆。音義曰：穹廬，旃帳也。喻巴蜀文曰：交臂受事，屈膝請和。漢書，樊噲曰：今天下已定，又何憊邪！

尋君去就之際，非有他故，直以不能内審諸己，外受流言，吕氏春秋曰：君子必審諸己然後任。尚書曰：管叔乃流言於國。沈迷猖獗，以至於此。劉公幹雜詩曰：沈迷領簿書〔二〕，回回自昏亂。蜀志，先主謂諸葛亮曰：孤遂用猖獗，至于今日，志猶未已。聖朝赦罪責功，棄瑕録用，鄒潤甫爲諸葛穆答晉王令曰：高世之君，赦罪責功，略小收大。吴志，陸瑁與暨豔書曰：此乃漢高棄瑕録用之時也。推赤心於天下，安反側於萬物，東觀漢記曰：上破銅馬等，封降賊渠率。諸將未能信，賊亦兩心。上勑降賊各歸營，勒兵待。上輕騎入，按行賊營。賊將曰：蕭王推赤心置人腹中，安得不効死？又曰：漢兵破邯鄲，誅王郎，收文書，得吏人謗毁公言可擊者數千章，公會諸將燒之，曰：令反側子自安。將軍之所知，不假僕一二談也。長楊賦曰：僕嘗倦談，不能一二其詳。朱鮪涉丁牒切，與喋同血於友于，張繡剸刃於愛子，漢主不以爲疑，魏君待之若舊。謝承後漢書曰〔三〕：光武攻洛陽，朱鮪守之。上令岑彭説鮪曰：赤眉已得長安，更始爲胡殷所反害，今公誰爲守乎？鮪曰：大司徒公被害，鮪與其謀，誠知罪深，不敢降耳。彭還白上，上謂彭，復往明曉之。夫建大事不忌小怨，今降官爵可保，況誅罰乎？春秋合誠圖曰：戰龍門之下，涉血相創。如淳漢書注曰：殺血滂沱爲喋血〔四〕。尚書曰：孝乎，惟孝友于兄弟。魏志曰：建安二年，公到宛，張繡降。既而悔之，復反。公與戰，軍敗，爲流矢所中，長子昂、弟子安民遇害。四年，張繡率衆降，封列侯。漢書曰：蒯通説范陽令曰：慈父孝子所不敢剸刃公之腹者，畏秦法也。李奇曰：東方之人，以物插地中皆爲剸也。況將軍無昔人之罪，而勳重於當世。夫迷塗知反，往哲是與；楚辭曰：迴朕車而復路，及迷塗之未遠〔五〕。不遠而復，先典攸高。主上屈法申恩，呑舟是漏；范曄後漢書，明帝詔曰：先帝不忍親親之恩，枉屈大法。鹽鐵論曰：明王茂其德教而緩其刑罰，網漏呑舟之魚。將軍松柏不翦，親戚安居，仲長子昌言曰：古之葬，松柏梧桐以識其墳。高臺未傾，愛妾尚在。桓子新論，雍門周説孟嘗君曰：千秋萬歲後，高臺既已傾，曲池又已平。悠悠爾心，亦何可言！毛詩曰：青青子衿，悠悠我心。

今功臣名將，鴈行有序，應劭漢官儀，典職楊喬糾羊柔曰：柔知丞郎鴈行，威儀有序。佩紫懷黃，讚帷幄之謀，魏書，荀攸勸進曰：諸將佩紫懷金，蓋以數百。史記，蔡澤曰：懷黄金之印，結紫綬於腰。東觀漢記，詔鄧禹曰：將軍深執忠孝，與朕謀謨帷幄。乘軺建節，奉疆場之任，如淳漢書注曰：二馬爲軺傳。漢書曰：終軍爲謁者，使行郡國，建節敕出關〔六〕。左氏傳曰：齊人來侵魯疆，疆吏來告，公曰：疆場之事，慎守其一。並刑馬作誓，傳之子孫。漢書曰：漢王即皇帝之位，論功而封之，申以丹書之信，重以白馬之盟。將軍獨靦顔借命，驅馳氈裘之長，寧不哀哉！毛詩曰：有靦面目。司馬遷書曰：氈裘之君長咸震懼。夫以慕容超之强，身送東市；姚泓之盛，面縛西都。沈約宋書曰：慕容超大掠淮北，宋公表請北伐，遂屠廣固。超踰城走，高胥獲之。送超京師，斬于建康。又曰：公以舟師進討，至洛陽。王鎮惡尅長安，生禽姚泓。執送泓，斬于建康市。左氏傳曰：楚子圍許，許僖公見楚子於武城，面縛銜璧。故知霜露所均，不育異類；禮記曰：天之所覆，地之所載，日月所照，霜露所墜。李陵與蘇武書曰：但見異類。姬漢舊邦，無取雜種。姬，周姓也。漢書曰：匈奴凡二十四長。呼衍氏、蘭氏，後有須卜氏，此三姓，其貴種也。北虜僭盜中原，多歷年所，魏收後魏書曰：太祖道武諱珪，改稱魏王，都平城。孝文皇帝諱宏，自平城遷都洛陽。東觀漢記曰：北虜遣使和親。尚書，周公曰：故殷陟配天〔七〕，多歷年所。惡積禍盈，理至燋爛。周易曰：惡不積不足以滅身，故惡積而不可掩。燋爛，見下文。況僞孽昏狡，自相夷戮；魏收後魏書曰：世宗宣武帝諱恪。景元三年，蕭衍廢其主寶融，自僭立稱梁。宣武即位凡一十六年。然梁武之初，當宣武之日。僞孽，蓋指宣武也。虞預晉書，西陽王羕上書曰：朱旗南指，自相夷戮。部落攜離，酋豪猜貳。晉中興書曰：胡俗以部落爲種類，屠各取豪貴〔八〕。文穎漢書注曰：羌胡名大師爲酋〔九〕。國語，伯陽父曰：國之將亡，百姓攜貳。韋昭曰：攜，離也；貳，二心也。方當繫頸蠻邸，懸首藁街。漢書曰：沛公至霸上，秦王子嬰係頸以組。又陳湯上疏曰：斬郅支首及名王以下，宜懸頭藁街蠻夷邸間。而將軍魚游於沸鼎之中，燕巢於飛幕之上，不亦惑乎！袁崧後漢書，朱穆上疏曰：養魚沸鼎之中，棲鳥烈火之上，用之不時，必也燋爛。左氏傳曰：吳季札曰：夫子之在此也，猶燕巢于幕之上。

暮春三月，江南草長，雜花生樹，羣鶯亂飛。見故國之旗鼓，感平生於疇日，撫絃登陴，婢移切，豈不愴悢！袁宏漢獻帝春秋〔一〇〕，臧洪報袁紹書曰：每登城勒兵，望主人之旗鼓，感故交之綢繆，撫弦搦矢，不覺涕流之覆面也。左氏傳曰：晉邊吏讓鄭曰：今執事撊然授兵登陴〔一一〕。所以廉公之思趙將，吳子之泣西河，史記曰：廉頗爲趙將，伐齊，大破之，拜爲上卿。趙孝成王卒，悼襄王立，使樂乘代之。頗怒，攻樂乘，遂奔魏之大梁。久之，魏王不能信用，而趙亦數困於秦兵。趙王思復得廉頗，廉頗亦思復用於趙。王以爲老，遂不召。吕氏春秋曰：吳起治西河，王錯譖之魏武侯。武侯使人召吳起。至岸門，止車而立，望西河，泣數下。其僕曰：竊觀公之志，視天下若舍屣，今去西河而泣，何也？吳起雪泣應之曰：子弗識也。君誠知我而使我畢能，秦必可亡西河〔一二〕。今君聽讒人之議，不知我，西河之爲秦不久矣！起入荆，西河果入秦。人之情也。將軍獨無情哉？司馬遷與任安書曰：夫人情莫不念父母，顧妻子。莊子，惠子曰：人故無情乎？

想早勵良規，自求多福。魏志，明帝報王朗詔曰：欽納至言，思聞良規。多福，已見上文。當今皇帝盛明，天下安樂。皇帝，梁武也。解嘲曰：遭盛明之世。漢書曰：孝惠、高后時，天下安樂。白環西獻，楛矢東來；世本曰：舜時西王母獻白環及佩。家語，孔子曰：昔武王尅商，於是肅慎氏貢楛矢石砮。夜郎滇池，解辮請職；朝鮮昌海，蹶角受化。漢書曰：夜郎、滇池皆椎結，嶲、昆明編髮。漢拜唐蒙郎中，遂見夜郎王多同。又曰：始楚威王時，使將軍莊縞〔二〕將兵略巴黔中。縞至滇池，欲歸報，會秦奪楚，黔中郡道塞不通，以其衆王滇池。又朝鮮王滿，燕人。孝惠、高后時，滿爲外臣。又曰：西域有昌蒲海，一名鹽澤，去玉門、陽關三百餘里。孟子曰：武王之伐殷也，百姓若崩厥角。趙岐曰：厥角，叩頭以額角犀厥地也。唯北狄野心，掘强沙塞之間，欲延歲月之命耳。左氏傳，令尹子文曰：諺云：狼子野心。漢書，伍被説淮南王曰：東保會稽，南通勁越，屈强江、淮之間，可以延歲月之壽耳。范曄後漢書匈奴論曰：世祖用事諸夏，未遑沙塞之事。中軍臨川殿下，何之元梁典曰：高祖即位，以宏爲臨川郡王。天監三年，以宏爲中軍將軍。明德茂親，總兹戎重，劉璠梁典曰：天監四年，詔臨川王宏北討。干寶晉紀，河間王顒表曰：成都王穎，明德茂親，功高勳重。晉中興書，桓溫檄曰：幕府不才，忝荷戎重。弔民洛汭，伐罪秦中。孟子曰：湯始征，自葛始，誅其君，弔其民。尚書曰：東至于洛汭。又曰：奉詞伐罪。漢書，田肯曰：陛下既得韓信，又治秦中。若遂不改，方思僕言。聊布往懷，君其詳之。顔延之和謝靈運詩曰：聊用布所懷。丘遲頓首。

文選考異

〔一〕注「征人伐鼓」案：「征」當作「鉦」。各本皆誤。

〔二〕注「沈迷領簿書」　陳云「領簿」當乙，是也。各本皆倒。

〔三〕注「謝承後漢書曰」　袁本、茶陵本「承」作「沈」，是也。

〔四〕注「爲喋血」　袁本、茶陵本「血」下有「涉與喋同丁牒切」七字，是也，無正文「涉」下「丁牒切與喋同」六字。案：此割裂善音之誤，説已詳前。

〔五〕注「及迷塗之未遠」　此節注後袁本有注一節云「周易曰：不遠復，無祇悔」，在正文「先典攸高」下，是也。茶陵本并入五臣而誤删削。此本誤與之同。

〔六〕注「建節敕出關」　袁本、茶陵本「敕」作「東」，是也。

〔七〕注「故殷陟配天」　陳云「陟」上脱「禮」字，是也。各本皆脱。

〔八〕注「屠各取豪貴」　陳云「取」，「最」誤，是也。各本皆誤。

〔九〕注「羌胡名大師爲酋」　案：「師」當作「帥」。各本皆譌。

〔一〇〕注「袁宏漢獻帝春秋」　何校「宏」改「曄」，陳同。各本皆誤。案：隋經籍志云「十卷，袁曄撰」，可證也。

〔一一〕注「授兵登陴」　袁本、茶陵本「陴」下有「陴婢移切」四字，無正文文「陴」下「婢移切」三字，是也。

〔一二〕注「秦必可亡西河」　袁本、茶陵本無「可」字，是也。

〔一三〕注「使將軍莊縞」　陳云「縞」，「蹻」誤，下同，是也。各本皆譌。

重答劉秣陵沼書　劉璠梁典曰：劉沼，字明信，爲秣陵令。

劉孝標　劉峻自序曰：峻字孝標，平原人也。生於秣陵縣，朞月歸故鄉。八歲，遇桑梓顛覆，身充僕圉。齊永明四年二月，逃還京師。後爲崔豫州刑獄參軍。梁天監中，詔峻東掌石渠閣，以病乞骸骨。後隱東陽金華山。

劉侯既重有斯難，值余有天倫之戚，竟未之致也。孝標集有沼難辨命論書。穀梁傳曰：兄弟，天倫也。何休曰：兄先弟後，天之倫次。尋而此君長逝，化爲異物，魏文帝與吳質書曰：元瑜長逝，化爲異物。緒言餘論，蘊而莫傳。莊子謂漁父曰：曩者先生有緒言而去。子虛賦曰：願聞先生之餘論。或有自其家得而示余者，余悲其音徽未沫，昧。而其人已亡，楚辭曰：芳菲菲而難虧兮，芳至今猶未沫〔一〕。王逸曰：沫，已也〔二〕。孫卿子曰：其器存，其人亡，以此思哀，則哀將焉不至？青簡尚新，而宿草將列，風俗通曰：劉向別録，殺青者，直治青竹作簡書之耳。禮記曰：朋友之墓，有宿草而不哭焉。泫然不知涕之無從也。禮記，門人曰：防墓崩。孔子泫然流涕。又曰：孔子之衛，遇舊館人之喪，入而哭之，遇一哀而出涕，曰：予惡夫涕之無從也。雖隙駟不留，尺波電謝，墨子曰：人之生乎地上，無幾何也，譬之猶駟而過郄也。郄，古隙字也。陸機詩曰：寸陰無停晷，尺波豈徒旋。而秋菊春蘭，英華靡絶，楚辭曰：春蘭兮秋菊，長無絶兮終古。故存其梗概，更酬其旨。東京賦曰：其梗概如此。若使墨翟之言無爽，宣室之談有徵，墨子曰：昔周宣王殺其臣杜伯而不辜。杜伯曰：吾君殺我而不辜，若以死者爲無知，則止矣；若死而有知，不出三年，必使吾君知之。期三年，周宣王合諸侯而田於圃，車數百乘，從數千人滿野。日中，杜伯乘白馬素車，朱衣冠，執朱弓，挾朱矢，追宣王，射之車上，中心，折脊，殪車中，伏弢而死。若書之説觀之，則鬼神之有，豈可疑哉？漢書曰：文帝受釐宣室，因感鬼神事，問鬼神之本。賈誼具道所以然之故。冀東平之樹，望咸陽而西靡；蓋山之泉，聞絃歌而赴節。聖賢冢墓記曰：東平思王冢在東平無鹽，人傳云：思王歸國京師〔三〕，後葬，其冢上松柏西靡。宣城記曰：臨城縣南四十里蓋山，高百許丈，有舒姑泉。昔有舒氏女與其父析薪此泉處坐，牽挽不動，乃還告家。比還，唯見清泉湛然。女母曰：吾女本好音樂。乃絃歌，泉涌迴流，有朱鯉一雙。今作樂嬉戲，泉固涌出也。文賦曰：舞者赴節以投袂。但懸劍空壠，有恨如何！劉向新序曰：延陵季子將西聘晉，帶寶劍以過徐君。徐君不言而色欲之。季子爲有上國之事，未獻也，然心許之矣。致使於晉，顧反，則徐君死。於是以劍帶徐君墓樹而去。

文選考異

〔一〕注「芳至今猶未沬」　案：「芳」當作「芬」。各本皆譌。

〔二〕注「沬已也」　袁本、茶陵本「也」下有「亡蓋反」三字。案：此真善音。正文「沬」下「昧」字，乃五臣音也。尤誤删此存彼。

〔三〕注「思王歸國京師」　陳云「思」字當在「國」字下，是也。各本皆倒。

移書讓太常博士〔一〕并序

劉子駿 漢書曰：劉歆，字子駿，向少子也。少通詩書，能屬文。爲黄門郎，至中壘校尉。王莽篡位，爲羲和、京兆尹，卒〔二〕。

歆親近，欲建立左氏春秋及毛詩逸禮古文尚書，皆列於學官。哀帝令歆與五經博士講論其議〔三〕，諸儒博士或不肯置對，言諸博士既不肯立左氏，而又不肯與歆論議相對也。歆因移書太常博士責讓之曰〔四〕：

昔唐虞既衰，而三代迭興，聖帝明王，累起相襲，其道甚著。周室既微，而禮樂不正，道之難全也如此。是故孔子憂道不行，歷國應聘，自衛反魯，然後樂正，雅頌乃得其所。論語，子曰：吾自衛反魯，然後樂正，雅、頌各得其所。修易序書，制作春秋，以記帝王之道。論語讖曰：自衛反魯，删詩、書，修春秋。春秋元命苞，孔子曰：丘作春秋，王道成。及夫子没而微言絶，七十子卒而大義乖；論語讖曰：子夏六十四人，共撰仲尼微言。重遭戰國，棄籩豆之禮，理軍旅之陣，孔氏之道抑，而孫吴之術興。論語曰：衛靈公問陳於孔子，孔子對曰：俎豆之事，則嘗聞之矣；軍旅之事，未之學也。漢書曰：孫子兵法八十二篇。又曰：吴起三十八篇。陵夷至于暴秦，焚經書，殺儒士，設挾書之法，行是古之罪，道術由此遂滅。漢書，武帝制曰：大道微缺，陵夷至于桀、紂之行作。史記，李斯曰：臣請天下敢有藏詩、書百家語者，悉詣廷尉雜燒之，以古非今者族。又盧生爲始皇求仙藥，亡去。始皇大怒，使御史按問諸生。諸生犯禁者四百六十八人，皆坑之咸陽。

漢興，去聖帝明王遐遠，仲尼之道又絶，法度無所因襲。時獨有一叔孫通，略定禮儀。漢書，叔孫通曰：臣願頗采古禮與秦儀雜就之。上曰：可。天下惟有易卜，未有他書。漢書曰：秦燔書，而易爲筮卜之事，傳者不絶。至於孝惠之世，乃除挾書之律，漢書曰：孝惠四年，除挾書律。然公卿大臣絳灌之屬，咸介冑武夫，莫以爲意。楚漢春秋曰：漢已定天下，論羣臣破敵禽將，活死不衰，絳、灌、樊噲是也。功成名立，臣爲爪牙，世世相屬，百世無邪，絳侯周勃是也。然絳灌自一人，非絳侯與灌嬰。至孝文皇帝，始使掌故晁錯，從伏生受尚書。史記曰：伏生者，濟南人也，故爲秦博士。孝文聞伏生修尚書，年九十餘，老不能行，詔太常掌故晁錯往受之。尚書初出於屋壁，朽折散絶，漢書曰：秦燔書禁學，濟南伏生獨壁藏之。漢亡失，求得二十九篇也。今其書見在，時師傳讀而已。詩始萌芽，天下衆書，往往頗出，皆諸子傳説，猶廣立於學官，爲置博士。在朝之儒，唯賈生而已。賈生，賈誼也。至孝武皇帝，然後鄒魯梁趙，頗有詩禮春秋先師，皆出於建元之間。漢書曰：建元，孝武皇帝年號也。當此之時，一人不能獨盡其經，或爲雅，或爲頌，相合而成。成一經也。泰誓後得，博士集而讀之。七略曰：孝武皇帝末，有人得泰誓書於壁中者，獻之。與博士，使讀説之，因傳以教。今泰誓篇是也。故詔書曰：禮壞樂崩，書缺簡脱〔五〕，朕甚閔焉。禮稽命徵曰：文王見禮廢樂崩，道孤而無主也。時漢興已七八十年，離於全經固以遠矣。服虔漢書注曰：漢與秦相去七八十年。韋昭曰：全經，未焚書之時也。及魯恭王壞孔子宅，欲以爲宮，而得古文於壞壁之中，逸禮有三十九篇，書十六篇，天漢之後，孔安國獻之。遭巫蠱倉卒之難，未及施行。漢書曰：武帝末，魯恭王壞孔子宅，欲以廣宮，而得古文尚書及禮、論語、孝經。孔安國者，孔子後也。悉得其書，以考二十九篇，得多十六篇。安國獻之，遭巫蠱事，未列于學官。天漢，武帝年號也。及春秋左氏丘明所脩，漢書曰：仲尼以魯周公之國，史官有法，故有左丘明觀其史記。丘明作傳。皆古文舊書，多者二十餘通，藏於祕府，伏而未發。孝成皇帝〔六〕愍學殘文缺，稍離其真，乃陳發祕藏，校理舊文，得此三事，以考學官所傳經，或脱簡，或脱編〔七〕。漢書曰：劉向以古文校歐陽、大、小夏侯三家經文，酒誥脱一簡，召誥脱二簡。博問人間，則有魯國桓公、趙國貫公、膠東庸生之遺學與此同，抑而未施。七略曰：禮家，先魯有桓生，説經頗異。論語家，近琅邪王卿，不審名，及膠東庸生皆以教。然則庸生亦未詳其名也。此乃有識者之所歎愍，士君子之所嗟痛也。

往者綴學之士，不思廢絶之闕，苟因陋就寡，分文析字，煩言碎辭，學者罷老，且不能究其一藝，信口説而背傳記，是末師而非往古。至於國家將有大事，若立辟雍封禪巡狩之儀，則幽冥而莫知其原。猶欲保殘守缺，挾恐見破之私意，而亡從善服義之公心。或懷疾妬，不考情實，雷同相從，隨聲是非，禮記曰：無雷同。抑此三學，以尚書爲不備〔八〕，謂左氏不傳春秋，豈不哀哉！臣瓚漢書注曰：當時學者謂尚書唯有二十八篇，不知本有百篇。

今聖上德通神明，繼統揚業，亦愍此文教錯亂，學士若兹，雖深照其情，猶依違謙讓，樂與士君子同之。故下明詔，試左氏可立不，遣近臣奉旨銜命，將以輔弱扶微，與二三君子比意同力，冀得廢遺。今則不然，深閉固距而不肯試，猥以不誦絶之，欲以杜塞餘道，絶滅微學。夫可與樂成，難與慮始，太公金匱曰：夫人可以樂成，難以慮始。此乃衆庶之所爲耳，非所望於士君子也。且此數家之事，皆先帝所親論，今上所考視，其爲古文舊書，皆有徵驗，内外相應，豈苟而已哉！夫禮失求之於野，古文不猶愈於野乎！漢書，班固曰：仲尼有言，禮失而求諸野。

往者博士書有歐陽，春秋公羊，易則施孟，漢書曰：歐陽生字和伯，千乘人也，事伏生。又曰：樂陵侯史高言，穀梁子本魯學，公羊氏迺齊學。又曰：施讎，字長卿，沛人也，從田王孫受易。又曰：孟喜，字長卿，東海人也，從田王孫受易。然孝宣帝〔九〕猶復廣立穀梁春秋，梁丘易，大小夏侯尚書，漢書曰：梁丘，字長翁〔一〇〕，琅邪人也，從京房受易。又曰：夏侯勝從濟南伏生受尚書。勝傳從兄子建，建又事歐陽高。由是尚書有大小夏侯之學。義雖相反，猶並置之。何則？與其過而廢之，寧過而立之。傳曰：文武之道，未墜於地，在人，賢者志其大者，不賢者志其小者。論語，子貢曰：文、武之道，未墜於地，在人，賢者識其大者，不賢者識其小者。今此數家之言，所以兼包大小之義，豈可偏絶哉？若必專己守殘，黨同門，妬道真，違明詔，失聖意，以陷於文吏之議，甚爲二三君子不取也。

文選考異

〔一〕移書讓太常博士　陳云題前脱「移」字一行，是也。各本皆脱。又卷首子目亦然。

〔二〕注「爲義和京兆尹卒」　案：「卒」字不當有，各本皆衍。漢書云後事皆在莽傳，可證也。

〔三〕講論其議　案：「議」當依漢書作「義」，各本皆誤。又案：注「論議相對」，「議」亦當作「義」也。

〔四〕責讓之曰　袁本、茶陵本此下提行另起，是也。

〔五〕書缺簡脱　袁本有校語云善作「脱簡」。案：袁所見誤也，茶陵本無校語，與此皆不誤。漢書正作「簡脱」。

〔六〕孝成皇帝　袁本云善無「皇」字，茶陵本云五臣有「皇」字。案：此尤延之校添也。漢書有「皇」字。

〔七〕或脱編　袁本作「傳或間編」，云善無「傳」字，「間」作「脱」。茶陵本云五臣有「傳」字，「脱」作「間」。何云漢書作「傳或間編」。案：此恐善與漢書同，各本所見，皆傳寫誤也。

〔八〕以尚書爲不備　案：當依漢書去「不」字。此所引臣瓚漢書注甚明。又孔叢云「唯聞尚書二十八篇，取象二十八宿」云云，然則今文尚書家有爲此説者也。

〔九〕然孝宣帝　茶陵本云五臣作「宣」。袁本云善作「皇」。何校「宣」下增「皇」字。案：漢書作「孝宣皇帝」。

〔一〇〕注「梁丘字長翁」　袁本「丘」下有「賀」字，是也。茶陵本亦脱。

北山移文

孔德璋　蕭子顯齊書曰：孔稚珪，字德璋，會稽人也。少涉學，有美譽。舉秀才，解褐宋安成王車騎法曹行參軍。稍遷至太子詹事，卒。

鍾山之英，草堂之靈。梁簡文帝草堂傳曰：汝南周顒，昔經在蜀，以蜀草堂寺林壑可懷，乃於鍾嶺雷次宗學館立寺，因名草堂，亦號山茨。馳煙驛路，勒移山庭。夫以耿介拔俗之標，蕭灑出塵之想。楚辭曰：獨耿介而不隨。孫盛晉陽秋曰：吕安志量開廣，有拔俗風氣。莊子曰：孔子彷徨塵垢之外，逍遥無爲之業。度白雪以方絜，干青雲而直上。吾方知之矣。孟子曰：白雪之白也，猶白玉之白也。子虛賦曰：上干青雲。若其亭亭物表，皎皎霞外。芥千金而不眄，屣萬乘其如脱。爾雅曰：芥，草也。史記曰：秦軍引去。平原君乃置酒。酒酣，起前，以千金爲魯連壽。魯連笑曰：所貴於天下之士者，爲人排患釋難解紛而不取也。即有取者，是商賈之事，而連不忍爲也。遂辭平原君而去。淮南子曰：堯年衰志閔，舉天下而傳之舜，猶却行而脱屣也。許慎曰：言其易也。劉熙孟子注曰：屣，草履，可履。聞鳳吹於洛浦，值薪歌於延瀨。固亦有焉。列仙傳曰：王子喬，周宣王太子晉也〔一〕。好吹笙，作鳳鳴，遊伊、雒之間。薪歌延瀨，未聞。豈期終始參差，蒼黄翻覆。淚翟子之悲，慟朱公之哭。終始參差，歧路也；蒼黄翻覆，素絲也。翟，墨翟也；朱，楊朱也。淮南子曰：楊子見歧路而哭之，爲其可以南，可以北；墨子見練絲而泣之，爲其可以黄，可以黑。高誘曰：閔其別與化也。乍迴跡以心染，或先貞而後黷。何其謬哉！蒼頡篇曰：黷，垢也。嗚呼！尚生不存，仲氏既往。山阿寂寥，千載誰賞？尚生，子平也，已見上文。范曄後漢書曰：仲長統，字公理，山陽人也。性俶儻，默語無常。每州郡命召，輒稱疾不就。

世有周子，雋俗之士。蕭子顯齊書曰：周顒，字彦倫，汝南人也。釋褐海陵國侍郎，元徽中，出爲剡令。建元中，爲長沙王後軍參軍，山陰令，稍遷國子博士，卒於官。既文既博，亦玄亦史。然而學遁東魯，習隱南郭。莊子曰：魯君聞顏闔得道人也，使人以幣先焉。顏闔守陋閭。使者至曰：此顏闔之家與？顏闔對曰：此闔之家。使者致幣，顏闔對曰：恐聽謬而遺使者罪，不若審之。使者反審之，復來求之，則不得矣。又曰：南郭子綦隱机而坐，仰天嗒然似喪其偶。郭象曰：嗒焉解體，若失其配匹也。嗒，土合切。偶吹草堂〔二〕，濫巾北岳。偶吹，即齊竽也。偶，匹對之名。巾，隱者之飾。東觀漢記曰：江革專心養母，幅巾屣屩。誘我松桂，欺我雲壑。雖假容於江皋，乃纓情於好爵。楚辭曰：將馳騖兮江皋。周易曰：我有好爵，吾與爾縻之。其始至也，將欲排巢父，拉許由。傲百氏，蔑王侯。風情張日，霜氣橫秋。或歎幽人長往，或怨王孫不遊。周易曰：幽人貞吉。西征賦曰：悁山潛之逸士，悼長往而不反。楚辭曰：王孫遊兮不歸，春草生兮萋萋。談空空於釋部，覈玄玄於道流。蕭子顯齊書曰：顚汎涉百家，長於佛理，著三宗論，兼善老、易。釋部，内典也。漢書曰：道家流者，出於史官，歷記成敗存亡禍福古今之道也。務光何足比，涓子不能儔。列仙傳曰：務光者，夏時人也。耳長七寸。好琴，服蒲韮根。殷湯伐桀，因光而謀。光曰：非吾事也。湯得天下，已而讓光，光遂負石沈窽水而自匿。列仙傳曰：涓子者，齊人也。好餌朮，隱於宕山，能風。及其鳴騶入谷，鶴書赴隴。如淳漢書注曰：騶馬，以給騶使乘之。臧榮緒晉書曰：騶六人。蕭子良古今篆隸文體曰：鶴頭書與偃波書俱詔板所用，在漢則謂之尺一簡，髣髴鵠頭，故有其稱。形馳魄散，志變神動。爾乃眉軒席次，袂聳筵上。焚芰製而裂荷衣，抗塵容而走俗狀。楚辭曰：製芰荷以爲衣，集芙蓉而爲裳。王逸曰：製，裁也。風雲悽其帶憤，石泉咽而下愴。望林巒而有失，顧草木而如喪。至其紐金章，綰墨綬。金章，銅印也。漢書曰：萬户以上爲令，秩千石至六百石。又曰：秩六百石以上皆銀印墨綬〔三〕。跨屬城之雄，冠百里之首。蔡邕陳留太守行縣頌曰：府君勸耕桑于屬縣。漢書曰：縣，大率百里。張英風於海甸，馳妙譽於浙右。阮籍詠懷詩曰：英風截雲霓。字書曰：江水東至會稽山陰爲浙右〔四〕。道帙長殯〔五〕，法筵久埋。敲扑諠囂犯其慮，牒訴倥偬裝其懷。過秦論曰：執敲扑以鞭笞天下。楚辭曰：悲余生之無歡兮，愁倥偬於山陸。王逸曰：倥偬，困苦也。琴歌既斷，酒賦無續。董仲舒集，七言琴歌二首。西京雜記，鄒陽酒賦。常綢繆於結課，每紛綸於折獄。廣雅曰：課，第也。然今考第爲課也。尚書，王曰：哀敬折獄，明啓刑書。籠張趙於往圖，架卓魯於前籙。漢書曰：張敞，字子高，稍遷至山陽太守。又曰：趙廣漢，字子都，涿郡人也。爲陽翟令，以化行尤異，遷京輔都尉。范曄後漢書曰：卓茂，字子康，南陽人也。遷密令，視人如子，吏人親愛而不忍欺。又口：魯恭，字仲康，扶風人也。拜中牟令。螟傷稼，犬牙緣界，不入中牟。希蹤三輔豪，馳聲九州牧。漢書曰：内史，武帝更名京兆尹，左内史更名左馮翊，主爵中尉更名右扶風，是爲三輔。左氏傳，王孫滿曰：夏之方有德也，貢金九牧。杜預曰：九州之牧貢金也。使我高霞孤映，明月獨舉。成公綏鷹賦曰：陵高霞而輕舉。青松落陰，白雲誰侶？磵石摧絶無與歸〔六〕，石逕荒涼徒延佇。至於還飈入幕，寫霧出楹。蕙帳空兮夜鵠怨，山人去兮曉猨驚。昔聞投簪逸海岸，今見解蘭縛塵纓。投簪，疎廣也，東海人，故曰海岸也。摯虞徵士胡昭贊曰：投簪卷帶，韜聲匿跡。蘭，蘭佩也。

於是南岳獻嘲，北壟騰笑。列壑争譏，攢峯竦誚。慨遊子之我欺，悲無人以赴弔。禮記曰：凡訃於其君之臣曰某死。鄭玄曰：訃或作赴。赴，至也。故其林慙無盡，磵愧不歇。秋桂遺風〔七〕，春蘿罷月。騁西山之逸議，馳東皋之素謁。馳騁，猶宣布也。逸議，隱逸之議也。素謁，貧素之謁也。史記，伯夷、叔齊詩曰：登彼西山兮，採其薇矣。阮籍奏記曰：將耕東皋之陽。稚珪集訓張長史詩曰：同貧清風館，共素白雲室。杜預左氏傳注曰：謁，告也。謂告語於人，亦談議之流。今又促裝下邑，浪拽翊制上京，楚辭曰：漁父鼓拽而去。王逸曰：船舷也〔八〕。浪，猶鼓也。韋昭漢書注曰：拽，楫也。雖情投於魏闕，或假步於山扃。吕氏春秋曰：中山公子牟謂詹子曰：身在江海之上，心居魏闕之下。高誘曰：魏闕，象魏也。説文曰：扃，外閉之關也。豈可使芳杜厚顔，薜荔無恥。尚書曰：余心顔厚有忸怩。碧嶺再辱，丹崖重滓。塵游躅於蕙路，汙淥池以洗耳？皇甫謐高士傳曰：巢父聞許由爲堯所讓也，以爲汙，乃臨池而洗耳。宜扃岫幌，掩雲關。斂輕霧，藏鳴湍。截來轅於谷口，杜妄轡於郊端。於是叢條瞋膽，疊穎怒魄。或飛柯以折輪，乍低枝而掃跡。請迴俗士駕，爲君謝逋客。孔安國尚書傳曰：逋，亡也。晉灼漢書注曰：以辭相告曰謝。

文選考異

〔一〕注「周宣王太子晉也」　何校「宣」改「靈」，是也。各本皆誤。

〔二〕偶吹草堂　袁本、茶陵本「偶」作「竊」。案：五臣作「竊」，善作「偶」，注皆有明文。二本不著校語，非也。唯此本爲未誤，或尤校改正之。

〔三〕注「皆銀印墨綬」　袁本、茶陵本「銀」作「銅」，是也。

〔四〕注「江水東至會稽山陰爲浙右」　陳云似不當言爲「浙右」，疑有誤也。案：陳所説最是，「右」當作「江」。考説文水部「浙」字下，與善所引字書文同，可證。「右」字必涉正文誤改也。

〔五〕道帙長殯　茶陵本云五臣作「擯」，袁本云善作「殯」。何校「殯」改「擯」。案：「長殯」與下「久埋」偶句，「殯」字是矣。何改非。

〔六〕磵石摧絶無與歸　茶陵本云五臣作「澗户」，袁本云善作「磵石」。案：此與下「石逕」偶句，文必相迴避。各本所見「石」字，必傳寫誤，恐善自作「磵户」。

〔七〕秋桂遺風　袁本、茶陵本「遺」作「遣」，是也。何校「遺」改「遣」。

〔八〕注「船舷也」　陳云「船」上脱「叩」字，是也。各本皆脱。

文選卷第四十四

檄

喻巴蜀檄

漢書曰：相如爲郎數歲，會唐蒙使略通夜郎、僰中，徵發巴蜀吏卒千人，郡又多爲發轉漕萬餘人，用軍興法，誅其渠率，巴蜀人大驚恐。上聞之，乃遣相如責唐蒙等，因喻告巴蜀人以非上之意也。

司馬長卿

告巴蜀太守：蠻夷自擅，不討之日久矣。時侵犯邊境，勞士大夫。陛下即位，存撫天下，安集中國。然後興師出兵，北征匈奴，單于怖駭，交臂受事，屈膝請和。戰國策，張儀曰：儀交臂而事齊、楚。康居西域，重譯納貢，稽顙來享。禮記王制曰：五方之人，言語不通，北方曰譯。説文曰：譯，傳也，傳四夷之語也。漢書西域傳曰：康居國去長安萬二千三百里。春秋説題辭曰：盛德則感，越裳重譯。禮記，孔子曰：拜之而後稽顙〔一〕。毛詩曰：自彼氐、羌，莫不來享〔二〕。爾雅曰：享，獻也。移師東指，閩越相誅。右弔番禺，太子入朝。文穎曰：弔，至也。番禺，南海郡縣治也〔三〕。東伐越，後至番禺，故言右也。顔師古曰：南越爲東越所伐，漢以兵救之。南越蒙天子德惠，故遣太子朝。所以云弔也，非訓至也。太子即嬰齊也〔四〕。閩越，地名也。越有三，此其一也。南夷之君，西僰之長〔五〕，言君者，大之也。僰，蒲北切。文穎曰：僰爲縣。常效貢職，不敢惰怠，論語撰考讖曰：穿胸儋耳，莫不貢職。延頸舉踵喁喁然，吕氏春秋曰：聖人南面而立，天下皆延頸舉踵矣。論語素王受命讖曰：莫不喁喁，延頸歸德。皆嚮風慕義，欲爲臣妾，論語撰考讖曰：遠都殊域，莫不嚮風。又曰：孺悲欲見，鄉黨慕義。史記，張良曰：百姓莫不嚮風慕義，願爲臣妾。道里遼遠，山川阻深，不能自致。鄭玄禮記注曰：致之言至也。夫不順者已誅，而爲善者未賞，吕氏春秋曰：先王之法，爲善者賞，爲不善者罰，古之道也。故遣中郎將往賓之，中郎將，即唐蒙也。發巴蜀之士各五百人，以奉幣帛，衛使者不然，張揖曰：不然之變也。靡有兵革之事，戰鬬之患。今聞其乃發軍興制，張揖曰：發三軍之衆也。興制，謂起軍法制，追將帥也〔六〕。驚懼子弟，憂患長老，郡又擅爲轉粟運輸，皆非陛下之意也。當行者或亡逃自賊殺，亦非人臣之節也。

夫邊郡之士，聞烽舉燧燔，張揖曰：晝舉烽，夜燔燧。皆攝弓而馳，荷兵而走，攝，謂張弓注矢而持之。攝，奴頰切。流汗相屬，唯恐居後，觸白刃，冒流矢，議不反顧，計不旋踵，人懷怒心，如報私讎。彼豈樂死惡生，非編列之民，而與巴蜀異主哉？編列，謂編户也。淮南子曰：編户齊民。計深慮遠，急國家之難，而樂盡人臣之道也。故有剖符之封，析珪而爵，如淳曰：析，中分也。白藏天子，青在諸侯。位爲通侯，處列東第。東第，甲宅也。居帝城之東，故曰東第。張揖曰：列東第在天子下方。終則遺顯號於後世，傳土地於子孫，行事甚忠敬，居位甚安逸，名聲施於無窮，功烈著而不滅〔七〕。是以賢人君子，肝腦塗中原，膏液潤野草而不辭也。春秋考異郵曰：枯骸收胲，血膏潤草。胲，古才切。今奉幣役至南夷，即自賊殺，或亡逃抵誅，抵，至也，亡逃而至於誅也。一曰，逃亡被誅而抵拒於誅也。如淳曰：抵其罪而誅戮之也。一曰，誅者亡，不肯受誅也。身死無名，謚爲至愚，無名，言無善名也。謚，猶號也。恥及父母，爲天下笑。人之度量相越，豈不遠哉！春秋合誠圖曰：君殺妻誅，爲天下笑。然此非獨行者之罪也。父兄之教不先，子弟之率不謹，寡廉鮮恥，而俗不長厚也。其被刑戮，不亦宜乎！

陛下患使者有司之若彼，悼不肖愚民之如此，故遣信使，誠信之使也。曉諭百姓以發卒之事，因數之以不忠死亡之罪，讓三老孝悌以不教誨之過。漢書，景帝詔曰：置三老孝悌以道民焉。方今田時，重煩百姓，重，難也，不欲召聚之。已親見近縣，張揖曰：檄以示巴蜀城旁近縣。恐遠所谿谷山澤之民不徧聞，檄到，亟下縣道，亟，急也。漢書曰：縣有蠻夷曰道。使咸喻陛下之意，無忽。

文選考異

〔一〕注「拜之而後稽顙」　陳云「之」字衍，是也。各本皆衍。

〔二〕注「莫不來享」　案：「莫」下當有「敢」字，各本皆脱。

〔三〕注「番禺南海郡縣治也」　案：「縣」字不當有，漢書注無，史記索隱引亦無，皆可證。

〔四〕注「太子即嬰齊也」　案：依他篇如韋孟諷諫之例，當有「善曰」在「太」字上，以分别顔注。袁、茶陵二本此篇以善與舊注相連，乃合并六家體例之不畫一者，尤仍之耳。又每節首非舊注皆當有之，尤概删去，亦與他篇例歧也。後難蜀父老、答客難等皆放此。

〔五〕西僰之長　袁本「僰」下有「犍」字，其校語云善脱「犍」字。茶陵本云五臣有「犍」字。案：「犍」，五臣妄添也，史記、漢書俱無。此注引「文穎曰犍爲縣」者，謂地理志犍爲郡之僰道縣也。説文「僰」下亦云「犍爲蠻夷也」。以犍爲縣注「僰」，非。正文别有「犍」字。袁本所著校語，更誤中之誤。

〔六〕注「興制謂起軍法制追將帥也」　袁本「追」作「誅」。茶陵本無此注，并入五臣也。案：史記索隱亦引張揖此注，「誅」字是。

〔七〕功烈著而不滅　袁本云善作「列」。茶陵本云五臣作「烈」。案：此尤延之校改正之也。史記、漢書皆作「烈」，但傳寫譌爲「列」耳。後篇「烈士立功之會」，封禪文「休烈浹洽」，二本校語同，尤皆校改。

爲袁紹檄豫州

魏氏春秋曰：袁紹伐許，乃檄州郡。

陳孔璋 魏志曰：琳避難冀州，袁本初使典文章，作此檄以告劉備，言曹公失德，不堪依附，宜歸本初也。後紹敗，琳歸曹公。曹公曰：卿昔爲本初移書，但可罪狀孤而已，惡惡止其身，何乃上及父祖邪？琳謝罪曰：矢在絃上，不可不發。曹公愛其才而不責之〔一〕。

左將軍領豫州刺史郡國相守。蜀志曰：先主歸陶謙，謙表先主爲豫州刺史。後歸曹公，曹公表爲左將軍。蓋聞明主圖危以制變，忠臣慮難以立權。是以有非常之人，然後有非常之事；有非常之事，然後立非常之功。難蜀父老曰：世必有非常之人，然後有非常之事；有非常之事，然後有非常之功。夫非常者，故非常人所擬也。

曩者彊秦弱主，趙高執柄，專制朝權，威福由己，時人迫脅，莫敢正言，終有望夷之敗，史記曰：秦二世夢白虎嚙其左驂馬，殺之。問占夢卜，涇水爲祟。二世乃齊望夷宮，欲祠涇水。使使責讓趙高以盜事。高懼，乃陰與其女婿咸陽令閻樂數二世，二世自殺。張華曰：望夷宮在長安西北長平觀故臺處，是臨涇水作之，以望北夷也。漢書曰：王氏浸盛，羣下莫敢正言。祖宗焚滅，汙辱至今，永爲世鑒。及臻吕后季年，産禄專政，内兼二軍，外統梁趙，擅斷萬機，決事省禁，下凌上替，海内寒心。漢書曰：張辟强謂丞相陳平，請拜吕台、吕産爲將，將兵居南北軍。丞相如辟强計。太后臨朝，以吕侯子台爲吕王，台弟産爲梁王，建成侯釋之子禄爲趙王。吕后崩，將軍禄、相國産顓兵秉政。韋昭國語注曰：季，末也。左氏傳，閔子騫曰〔二〕：下凌上替，能無亂乎？高唐賦曰：寒心酸鼻。於是絳侯朱虚興兵奮怒，誅夷逆暴，尊立太宗，漢書曰：産、禄因謀作亂，齊悼惠王子朱虚侯章在京師，知其謀，使人告兄齊王，令發兵，章欲與太尉勃内應，以誅諸吕。又曰：吕禄、吕産欲作亂，朱虚侯章與太尉勃等誅之。大臣乃謀迎代王。代王立，是爲孝文皇帝。故能王道興隆，光明顯融。此則大臣立權之明表也。明表，謂明白之表儀也。

司空曹操祖父中常侍騰，與左悺徐璜並作妖孽，饕餮放横，傷化虐民。司馬彪續漢書曰：曹騰，字季興，少除黄門。桓帝即位，加特進。范曄後漢書曰：左悺，河南人也，爲小黄門。徐璜，下邳人也，爲中常侍。左氏傳，史克曰：縉雲氏有不才子，天下之人謂之饕餮。山海經曰：鉤吾山有獸，羊身人面，其口腋下，虎齒人爪，其音如嬰兒，名曰狍鴞，食人。郭璞云：爲物貪婪，食人未盡，還害其身，象在禹鼎，左氏傳所謂饕餮者也。狍音咆。父嵩，乞匄攜養，因贓假位，魏志曰：曹騰養子嵩，官至太尉，莫能審其生本末。司馬彪續漢書曰：嵩字巨高。説文曰：匄，乞也，古賴切。輿金輦璧，輸貨權門，漢書曰：息夫躬交遊貴戚，趨走權門爲名。竊盜鼎司，傾覆重器。周易曰：鼎金鉉。鄭玄尚書注曰：鼎，三公象也。文子，老子曰：天下之大器也。操贅閹遺醜，本無懿德，贅，謂假相連屬也。莊子曰：附贅懸肬。然肬贅假肉也。贅，之鋭切。肬音尤。僄狡鋒協〔三〕，好亂樂禍。幕府董統鷹揚，掃除凶逆，魏志曰：大將軍何進與紹誅諸閹官。進被殺，紹遂勒兵捕諸閹人，無少長皆殺之。漢書音義曰：衛青征匈奴，大克獲，帝就拜大將軍於幕中，因曰幕府。續遇董卓侵官暴國，董卓，字仲穎，隴西人，爲相國。卓以山東豪傑並起，乃徙天子都長安，燔燒宫室。卓至西京，吕布誅卓〔四〕。左氏傳，欒鍼謂欒書曰：侵官，冒也；失官，慢也。於是提劍揮鼓，發命東夏，收羅英雄，棄瑕取用，魏志曰：董卓呼紹，欲廢帝，紹不應，因横刀長揖而出，遂奔冀州。卓因拜紹渤海太守。紹遂以渤海之衆以攻卓〔五〕。故遂與操同諮合謀，授以裨師，裨師，偏師也。漢書衛青傳曰：裨將及校尉侯者九人。謂其鷹犬之才，爪牙可任。謝承後漢書，陳龜表曰：臣累世展鷹犬搏擊之用。至乃愚佻短略，輕進易退，字書曰：佻，輕也，勑聊切。傷夷折衄，數喪師徒。幕府輒復分兵命鋭，脩完補輯，表行東郡，領兖州刺史，謝承後漢書曰：袁紹以曹操爲東郡太守，劉公山爲兖州。公山爲黄巾所殺，乃以操爲兖州刺史。被以虎文，奬蹴威柄，被以虎文，則羊質虎文也。法言曰：敢問質。曰：羊質而虎皮，見草而説，見豺而戰。魏志作奬蹴。蹴，成也〔六〕，言奬成其威柄也。冀獲秦師一尅之報。左氏傳曰：秦孟明帥師伐晉，晉侯禦之，秦師敗績。又曰：秦伯伐晉，濟河焚舟，取王官及郊，晉人不出，遂霸西戎，用孟明也。而操遂承資跋扈，肆行凶忒，謝承後漢書曰：操得兖州，兵衆强盛，内懷反紹意。毛詩曰：無然畔援。鄭玄曰：畔援，猶跋扈也。西京賦曰：睢盱跋扈。賈逵國語曰〔七〕：肆，恣也。孔安國尚書傳曰，忒，惡也。割剥元元，殘賢害善。太公金匱曰：天道無親，常與善人。今海内陸沈於殷久矣，何乃急急於元元哉！高誘戰國策注曰：元元，善也。張奂與屯留君書曰：氣厲流行〔八〕，傷賢害善。故九江太守邊讓，英才俊偉，天下知名，直言正色，論不阿諂，身首被梟懸之誅，妻孥受灰滅之咎。魏志曰〔九〕：太祖在兗州，陳留邊讓言議頗侵太祖。太祖殺讓，族其家。臣瓚漢書注曰：懸首於木曰梟。尚書曰：余則孥戮汝。自是士林憤痛，民怨彌重，林，喻多也。司馬遷書曰：列於君子之林。孔安國尚書傳曰：民咨胥怨。一夫奮臂，舉州同聲，史記，武臣曰：陳王奮臂爲天下唱始。周易曰：同聲相應。故躬破於徐方，地奪於呂布，彷徨東裔，蹈據無所。魏志曰：陶謙爲徐州刺史。太祖征謙，糧少，引軍還。又曰：太祖與呂布戰於濮陽，太祖軍不利。幕府惟强幹弱枝之義，且不登叛人之黨，叛人，謂呂布也。漢書曰：徙二千石高貲富人豪傑并兼之家於諸陵，蓋亦以强幹弱枝，非爲奉山園也。左氏傳曰：圍宋彭城，非宋地也。於是爲宋討魚石，故稱宋，且不登叛人。故復援旌擐甲，席卷起征，紹征呂布，諸史不載，蓋史略也。左氏傳曰：擐甲執兵。杜預曰：擐，貫也，胡慢切。春秋握誠圖曰：諸侯冰散席卷，各争恣妄。金鼓響振，布衆奔沮，漢書曰：膠西王叩頭漢軍壁，弓高侯執金鼓見之。拯其死亡之患，復其方伯之位。謝承後漢書曰：操圍呂布於濮陽，爲布所破，投紹。紹哀之，乃給兵五千人，還取兗州。説文曰：拯，上舉也。則幕府無德於兗土之民，而有大造於操也。左氏傳，呂相絶秦曰：秦師克還無害，則是我有大造於西也。

後會鸞駕反旆，羣虜寇攻。魏志曰：董卓徙天子都長安〔一〇〕。後韓暹以天子還雒陽。時冀州方有北鄙之警，匪遑離局，魏志曰：冀州牧韓馥以冀州讓紹，紹遂領冀州。謝承後漢書曰：公孫瓚非紹立劉伯安，斂其衆攻紹。禮記曰：各司其局。鄭玄曰：局，部分也。故使從事中郎徐勛就發遣操，使繕脩郊廟，翊衛幼主。操便放志專行，脅遷當御省禁，魏志曰：天子還洛陽，太祖遂至洛陽，衛京師。脅遷，謂迫脅天子而遷徙也。卑侮王室，敗法亂紀，家語，孔子曰：是謂壞法亂紀也。坐領三臺，專制朝政，應劭漢官儀曰〔二〕：尚書爲中臺，御史爲憲臺，謁者爲外臺。爵賞由心，刑戮在口，所愛光五宗，所惡滅三族，宗，亦族也。漢書，徐自爲曰：古有三族，而王溫舒罪至同時而五族乎！家語曰：宰予爲臨淄大夫，與田常之亂，夷三族也。羣談者受顯誅，腹議者蒙隱戮，漢書曰：上既造白鹿皮幣，令下，顏異不應，反脣。張湯奏異腹非，論死。自是之後，有腹非之法也。百寮鉗口，道路以目，莊子曰：鉗墨翟之口。史記曰：周厲王行暴虐侈傲，國人謗王，王怒，得衛巫，使監謗者，以告，則殺之。國人莫敢言，道路以目。鉗，其嚴切。尚書記朝會，公卿充員品而已。

故太尉楊彪，典歷二司，享國極位。操因緣眦睚，被以非罪，榜楚參并，五毒備至，觸情任忒，不顧憲網。范曄後漢書曰：彪字文先，代董卓爲司空，又代黄琬爲司徒。時袁術僭亂，操託彪與術婚姻，誣以欲圖廢置，奏收下獄，劾以大逆。漢書曰：王莽誅翟義，夷滅三族，皆至同坑，以五毒參并葬之。如淳曰：野葛狼毒之屬。韓詩外傳曰：不肖者觸情縱欲也。又議郎趙彦，忠諫直言，義有可納，是以聖朝含聽，改容加飾。操欲迷奪時明，杜絶言路，擅收立殺，不俟報聞。又梁孝王先帝母昆，墳陵尊顯，桑梓松柏，猶宜肅恭。而操帥將吏士，親臨發掘，破棺裸尸，掠取金寶，至令聖朝流涕，士民傷懷。漢書曰：孝文皇帝竇皇后生孝景帝、梁孝王武。曹瞞傳曰：曹操破梁孝王棺，收金寶。天子聞之哀泣。昆或爲弟。毛詩曰：維桑與梓，必恭敬止。仲長子昌言曰：古之葬者，松柏以識其墳。操又特置發丘中郎將摸金校尉，所過隳突，無骸不露。身處三公之位，而行桀虜之態，汙國虐民，毒施人鬼。加其細政苛慘，科防互設，罾繳充蹊，坑穽塞路，舉手挂網羅，動足觸機陷，是以兖豫有無聊之民，帝都有吁嗟之怨。戰國策，蘇秦曰：上下相怨，民無所聊。家語，孔子曰：今人之言惡者，比之於桀、紂，民怨其虐，莫不吁嗟。歷觀載籍，無道之臣，貪殘酷烈，於操爲甚。幕府方詰外姦，未及整訓，鄭玄禮記注曰：詰，謂問其罪也，去質切。加緒含容，冀可彌縫。左氏傳，展喜對齊侯曰：桓公是以糾合諸侯，彌縫其闕，而匡救其災。而操豺狼野心，潛包禍謀，劉向列女傳曰：羊舌叔姬者，叔向之母也。長姒産男，叔姬往觀之，曰：其聲狼也。狼子野心，非是莫滅羊舌氏乎！乃欲摧橈棟梁，孤弱漢室，周易曰：棟橈之凶，不可以有輔。除滅忠正，專爲梟雄。往者伐鼓北征公孫瓚，魏志曰：公孫瓚，字伯圭。董卓至洛陽，遷瓚奮武將軍，封薊侯。范曄後漢書曰：公孫瓚大破黄巾，威震河北，紹自將擊之。强寇桀逆，拒圍一年。操因其未破，陰交書命，外助王師，内相掩襲，左氏傳曰：凡師輕曰襲。杜預曰：掩其不備也。故引兵造河，方舟北濟。會其行人發露，瓚亦梟夷，魏志曰：紹悉軍圍瓚。瓚自知必敗，盡殺其妻子，乃自殺。故使鋒芒挫縮，厥圖不果。爾乃大軍〔一三〕過蕩西山，屠各左校，皆束手奉質，争爲前登，犬羊殘醜，消淪山谷。范曄後漢書曰：黑山賊于毒等覆鄴城，紹入朝歌鹿腸山破之，斬毒。又擊左校郭太賢等，遂及西營屠各戰於常山。晉中興書曰：胡俗，其入居塞者，有屠各種最豪貴，故得爲單于，統領諸種。於是操師震慴，晨夜逋遁，屯據敖倉，阻河爲固，魏志曰：袁紹將進軍攻許，公留于禁屯河上，公軍官度。漢書音義曰：敖，地名，在滎陽西，北上臨河，有太倉。欲以螗蜋之斧〔一三〕，禦隆車之隧。莊子，蘧伯玉謂顔闔曰：汝不知夫螗蜋乎？怒其臂以當車轍，不知其不勝任也。幕府奉漢威靈，折衝宇宙，班孟堅與陳文通書曰：奉國威靈，信志方外。晏子春秋，孔子曰：不出樽俎之間，而折衝千里之外，晏子之謂也。長戟百萬，胡騎千羣，奮中黄育獲之士，騁良弓勁弩之勢，尸子，中黄伯曰：余左執太行之獶而右搏彫虎。戰國策，范雎説秦王曰：烏獲之力焉而死，夏育之勇焉而死。文子曰：狡兔得而獵犬烹，高鳥盡而良弓藏。史記，蘇秦説韓王曰：天下之彊弓勁弩，皆從韓出。并州越太行，青州涉濟漯，魏志曰：袁紹出長子譚爲青州，外甥高翰〔一四〕爲并州。淮南子曰：何謂九山？曰：太行羊腸。高誘曰：太行直河内野王縣。尚書曰：浮于濟、漯，達于河。大軍汎黄河而角其前，荆州下宛葉而掎其後。魏志曰：劉表爲荆州刺史，北與袁紹相結。左氏傳，狄子駒支曰：譬如捕鹿，晉人角之，諸戎掎之。征伐軍有前後，猶如捕獸，一人捉角，一人戾足。説文曰：掎，戾足也。雷霆虎步，並集虜庭，李陵詩曰：幸託不肖軀，且當猛虎步。若舉炎火以焫飛蓬，覆滄海以沃熛炭，有何不滅者哉！楚辭曰：離憂患而廼瘖兮，若縱火於秋蓬。黄石公三略曰：夫以義而誅不義，若決江河而溉熒火，其尅必矣。聲類曰：焫，燒也。説文曰：熛，火飛也。

又操軍吏士，其可戰者皆自出幽冀〔一五〕，或故營部曲，咸怨曠思歸，流涕北顧。毛詩序曰：男女怨曠。其餘兖豫之民，及吕布張揚之遺衆，吕布、張揚，已見九錫文。覆亡迫脅，權時苟從，各被創夷，人爲讎敵。尚書曰：父師曰召，敵讎弗怠。若迴斾方徂，登高岡而擊鼓吹，揚素揮以啓降路，廣雅曰：徽，幡也。徽與揮古通用。必土崩瓦解，不俟血刃。漢書，徐樂上書曰：何謂土崩？秦之末葉是也。人困而主不恤，下怨而上不知，此之謂土崩。何謂瓦解？吴、楚、齊、越之兵是也。當此之時，安土樂俗之人衆，故諸侯無外境之助，此之謂瓦解。孫卿子曰：舜伐有苗，禹伐共工，湯伐有夏，文王伐崇，武王伐紂，遠方慕義，兵不血刃。

方今漢室陵遲，綱維弛絶，聖朝無一介之輔，股肱無折衝之勢，尚書，秦穆公曰：如有一介臣。尚書大傳曰：股肱，臣也。折衝，已見上文。方畿之内，簡練之臣，皆垂頭搨翼，莫所憑恃。雖有忠義之佐，脅於暴虐之臣，焉能展其節？又操持部曲精兵七百，圍守宫闕，外託宿衛，内實拘執，懼其篡逆之萌，因斯而作。説文曰：逆而奪取曰篡，叉患切。此乃忠臣肝腦塗地之秋，烈士立功之會，可不勗哉！喻巴蜀文曰：肝腦塗中原。漢書曰：一敗塗地。尚書曰：勗哉夫子！

操又矯命稱制，遣使發兵，恐邊遠州郡，過聽而給與，强寇弱主，違衆旅叛，漢書，以旅爲助〔一六〕。舉以喪名，爲天下笑，則明哲不取也。即日幽并青冀四州並進，魏志曰：紹以中子熙爲幽州。書到荆州，便勒見兵，與建忠將軍協同聲勢。魏志曰：張繡以軍功稱，遷至建忠將軍，屯宛，與劉表合。州郡各整戎馬，羅落境界，舉師揚威，並匡社稷，則非常之功，於是乎著。其得操首者，封五千户侯，賞錢五千萬。部曲偏裨將校諸吏降者，勿有所問。廣宣恩信，班揚符賞，布告天下，咸使知聖朝有拘逼之難。如律令。風俗通曰：謹按律者，法也。皋陶謨：虞云始造律。時主所制曰令。漢書，著甲令。夫吏者，始也，當先自正，然後正人。故文書下如律令，言當履繩墨，動不失律令也。

文選考異

〔一〕注「魏志曰」下至「而不責之」　袁本此一節注與所載五臣翰注略同，其「善曰」下作「魏志曰琳避難冀州袁紹使典文章袁氏敗琳歸太祖太祖曰卿昔爲本初移書但可罪狀孤而已惡惡止其身何乃上及祖父邪琳謝罪太祖愛其才而不咎」六十一字，是也。茶陵本云善同翰注，此承其誤，爲并善於五臣耳。

〔二〕注「閔子騫曰」　袁本「騫」作「馬」，是也。茶陵本亦誤「騫」。

〔三〕獷狡鋒協　何校「協」改「俠」，云魏氏春秋作「俠」。案：裴松之注魏志紹傳所引也。考後漢書紹傳載此文亦作「俠」。但二書文略同，而與此多異。善注未有明文，無以考之也。

〔四〕注「董卓字仲穎」下至「吕布誅卓」　袁本無此三十八字，有「董卓已見西征賦」七字，是也。茶陵本有，乃複出。

〔五〕注「以攻卓」　袁本作「將以誅董卓」。案：考魏志云「將以誅卓」，似袁本仍衍「董」字。茶陵本作「以攻卓」，誤與此同。

〔六〕注「魏志作獎蹴蹴成也」　陳云魏志既與文選同，似不必贅引。當云「後漢書作獎就就成也」，文義乃安。案：魏志無此文，唯裴注引魏氏春秋耳。此注必有誤，各本皆同，無以訂之。兩「蹴」字，陳所校是也。

〔七〕注「賈逵國語曰」　袁本、茶陵本「語」下有「注」字，是也。

〔八〕注「氣厲流行」　陳云「氣」，「氛」誤，是也。各本皆譌。

〔九〕注「魏志曰太祖在兖州」　袁本「志」作「書」。案：此尤校改，但未必非引王沈魏書也。茶陵本删此注，更非。

〔一〇〕注「董卓徙天子都長安」　此八字袁本、茶陵本無，蓋因五臣已有而删之也。尤所見者是矣。

〔一一〕注「應劭漢官儀曰」　袁本、茶陵本無「應劭」二字。

〔一二〕厥圖不果爾乃大軍　茶陵本「爾」作「耳」，云五臣作「爾」。袁本云善作「耳」。案：此尤校改也，詳文義，作「耳」者當句絶。魏氏春秋、後漢書此處節去，無以相證。恐尤改未必是。

〔一三〕欲以螗蜋之斧　茶陵本「螗」作「螳」，注同。袁本亦作「螗」，其所載五臣銑注字同。善注字作「螳」。案：據此似善「螳」五臣「螗」也。魏氏春秋、後漢書亦作「螳」。

〔一四〕注「外甥高翰」 袁本「翰」作「幹」，是也。茶陵本亦誤「翰」。

〔一五〕皆自出幽冀 袁本、茶陵本「自出」作「出自」，是也。案：此尤本之誤耳。

〔一六〕注「漢書以旅爲助」 案：此注亦有誤。後漢范蔚宗書所載，此處節去。未審善所稱漢書，當何指也？各本皆同，無以訂之矣。

檄吴將校部曲文

陳孔璋

年月朔日，子尚書令彧，魏志曰：荀彧，字文若，潁川人也，太祖進彧爲漢侍中，守尚書令。告江東諸將校部曲及孫權宗親中外：蓋聞禍福無門，惟人所召。左氏傳閔子騫之辭〔一〕。夫見機而作，不處凶危，上聖之明也；周易曰：君子見機而作，不俟終日。臨事制變，困而能通，智者之慮也；漢書曰：江充因變制宜。周易曰：困而不失其所亨，其唯君子乎！王弼曰：窮必通也。漸漬荒沈，往而不反，下愚之蔽也〔二〕。是以大雅君子，於安思危，以遠咎悔；班固漢書贊曰：大雅卓爾不羣，河間獻王近之矣。封禪書曰：興必慮衰，安必慮危。小人臨禍懷佚，以待死亡。二者之量，不亦殊乎！孫權小子，未辨菽麥，左氏傳曰：晉周子有兄而無慧，不能辨寂麥。要領不足以膏齊斧，名字不足以洿簡墨。漢書音義，服虔注曰：易曰：喪其齊斧。未聞其說。張晏曰：斧，鉞也，以整齊天下。應劭曰：齊，利也。虞喜志林曰：齊，側皆切。凡師出必齊戒入廟受斧，故曰齊斧也。譬猶鷇卵，始生翰毛，爾雅曰：生而自食曰雛，待哺曰鷇。郭璞曰：鳥子須母食。鄭玄尚書大傳注曰：翰毛，毛長大者。而便陸梁放肆，顧行吠主。西京賦曰：怪獸陸梁。戰國策，刁勃謂田單曰：跖之狗吠堯，非其主也。謂爲舟楫足以距皇威，江湖可以逃靈誅，不知天網設張，以在綱目，爨鑊之魚，期於消爛也。若使水而可恃，則洞庭無三苗之墟，子陽無荆門之敗，尚書，帝曰：咨禹，惟時有苗弗率，汝徂征。三旬苗民逆命，帝乃誕敷文德，七旬有苗格。孔安國曰：三苗之國，左洞庭，右彭蠡。范曄後漢書曰：公孫述，字子陽，自立爲蜀王，遣任滿據荆門。帝令征南大將軍岑彭攻之，滿大敗。朝鮮之壘不刊，南越之旍不拔。史記曰：天子拜涉何爲遼東部都尉。朝鮮襲殺何。天子遣左將軍荀彘擊朝鮮，朝鮮人殺其王右渠來降，定朝鮮爲四郡。又曰：南越呂嘉反，以主爵都尉楊僕爲樓舡將軍，下横浦，咸會番禺，南越以平，遂爲九郡。又曰：東越王餘善反，遣横海將軍韓悦出句章。越建成侯敖殺餘善，以其衆降。昔夫差承闔閭之遠跡，用申胥之訓兵，棲越會稽，可謂强矣。史記曰：吳王闔閭死，立太子夫差。又樂毅遺燕惠王書曰：昔伍子胥説聽於闔閭，而吳王逮跡至郢。韋昭國語注曰：申胥，楚大夫伍奢之子子胥也，名員。員奔吳，吳與地，故曰申胥。史記曰：吳王夫差伐越，敗之，越王勾踐乃以甲兵五千人棲於會稽。及其抗衡上國，與晉争長，都城屠於勾踐，武卒散於黄池，終於覆滅，身罄越軍。毛萇詩注曰：抗，舉也。鄭玄周禮注曰：稱上曰衡。抗衡，謂對舉以争輕重也。史記，陸賈曰：以區區之越，與天子抗衡爲敵國。又曰：吳王夫差北會諸侯於黄池，欲霸中國。吳王與晉定公争長，乃長晉定公。吳引兵歸國。又曰：吳與晉人相遇黄池之上，吳、晉争强，晉人擊之，大敗吳師。越王聞之，襲吳。吳王聞之，去晉而歸，與越戰，不勝，城門不守，遂圍王宫而殺夫差。及吳王濞驕恣屈强，猖猾始亂，漢書曰：吳王濞，高帝兄仲之子也，立濞爲吳王。孝景五年，起兵於廣陵。左氏傳曰：鄭子太叔卒，晉趙簡子曰：黄父之會，夫子語我九言，曰：無始亂，無怙富。自以兵强國富，勢陵京城。太尉帥師，甫下滎陽，則七國之軍，瓦解冰泮，漢書曰：七國反書聞，天子遣條侯周亞夫往擊楚，敗之。七國：吳王濞、楚王戊、趙王遂、膠西王卬、濟南王辟光、淄川王賢、膠東王渠。鄭玄周禮注曰：甫，始也。瓦解，已見上文。淮南子曰：冰泮而農桑起。濞之罵言未絶於口，而丹徒之刃以陷其胸。漢書曰：吳王敗，乃與戲下壯士千人夜亡，渡淮，走丹徒，保東越。漢使人以利啗東越，東越即紿吳王。吳王出勞軍，漢使人鏦殺吳王。漢書，賈誼上疏曰：適啓其口，匕首已陷其胸矣。紿，音殆。何則？天威不可當，而悖逆之罪重也。

且江湖之衆，不足恃也。自董卓作亂，以迄於今，將三十載。其間豪桀縱横，熊據虎跱，强如二袁，勇如吕布，二袁，袁紹、袁術也。魏志曰：吕布便弓馬，旅力過人，號爲飛將。跨州連郡，有威有名，十有餘輩。其餘鋒捍特起，鸇視狼顧，争爲梟雄者，不可勝數。淮南子曰：鵄視虎顧。鹽鐵論曰：無鹿駭狼顧之憂。然皆伏鈇嬰鉞，首腰分離，雲散原燎，罔有孑遺。尚書曰：若火之燎于原。毛詩曰：周餘黎民，靡有孑遺。近者關中諸將，復相合聚，續爲叛亂，魏志，張魯據漢中，遣鍾繇討之。是時關中諸將，疑繇欲自襲馬超，遂與楊秋、李湛〔三〕、宜成等反。遣曹仁討之。超等屯潼關，公勑諸將：關西兵精悍，堅壁勿與戰。阻二華，據河渭，驅率羌胡，齊鋒東向，氣高志遠，似若無敵。丞相秉鉞鷹揚，順風烈火，元戎啓行，未鼓而破，魏志曰：公西征馬超。公自潼關北度，未濟，超赴船急戰。丁斐曰：放馬〔四〕以餌賊。賊亂取馬，公乃得渡，循河爲甬而南。賊追距渭口，公乃分兵結營於渭南。賊夜攻營，伏兵擊破之，進軍渡渭。超等數挑戰，不許，公乃與尅日會戰。先以輕兵挑之，戰良久，乃縱彍騎夾擊，大破之，斬宜成、李湛等。漢書，元后詔曰：運獨見之明，奮無前之威。毛詩曰：武王載旆，有虔秉鉞，如火烈烈，則莫我敢遏。又曰：元戎十乘，以先啓行。伏尸千萬，流血漂櫓，此皆天下所共知也。戰國策，秦王謂唐且曰：天子之怒，伏尸百萬，流血千里。賈誼過秦曰：伏尸百萬，流血漂櫓。是後大軍所以臨江而不濟者，以韓約馬超逋逸迸脱，走還涼州，復欲鳴吠。魏志曰：曹公斬宜成，遂、超走涼州。典略曰：韓遂，字文約，在涼州阻兵爲亂，積三十年，建安二十年乃死。逆賊宋建，僭號河首，同惡相救，並爲脣齒。魏志曰：初，隴西宋建自稱河首平漢王，聚衆枹罕。夏侯淵討之，屠枹罕，斬建涼州。又鎮南將軍張魯，負固不恭。魏志曰：張魯，字公旗，據漢中，以鬼道教人，自號師君。長雄巴漢，垂三十年。漢末力不能征，遂就寵魯爲鎮民中郎將。漢寧〔五〕，太祖征之。周禮曰：負固不服則攻之。皆我王誅所當先加。故且觀兵旋旆，魏志曰：建安十七年，公征孫權，攻破江西營，乃引軍還。史記曰：武王東觀兵至于孟津。諸侯皆曰：帝紂可伐。武王曰：未可。乃還師。復整六師，長驅西征，致天下誅。魏志曰：建安二十年，公西征張魯。偏將涉隴，則建約梟夷，旍首萬里；魏志曰：韓遂在顯親，夏侯淵欲襲取之，遂走。後淵大破遂軍，得其旍麾。斬建及遂死，已見上文。軍入散關，則羣氏率服，王侯豪帥，奔走前驅。魏志曰：公西征張魯，自陳倉出散關至河池。氐王竇茂恃險不服，攻屠之。進臨漢中，則陽平不守，魏志曰：西征張魯，至陽平，魯使弟衛據陽平關，公乃遣高祚等乘險夜襲，大破之。十萬之師，土崩魚爛，張魯逋竄，走入巴中，懷恩悔過，委質還降；魏志曰：魯弟衛夜遯。魯潰走巴中，遣人慰喻。魯盡家屬出降。土崩，已見上文。公羊傳曰：其言梁亡何？自亡也。奈何？魚爛而亡。何休曰：魚爛從内發。左氏傳，狐突曰：策名委質。巴夷王朴胡賨邑侯杜濩，各帥種落，共舉巴郡，以奉王職。魏志曰：建安二十年，七姓巴夷王朴胡、賨邑侯杜濩舉巴夷、賨民來附。於是分巴郡，以胡爲巴東太守，濩巴西太守。孫盛曰：朴音浮。濩音護。鉦鼓一動，二方俱定，利盡西海，兵不鈍鋒。戰國策，司馬錯曰：今伐蜀，利盡西海，而諸侯不以爲貪。漢書，淮南王安上疏曰：不勞一卒，不頓一戟。又曰：不挫一兵之鋒。鈍與頓同。若此之事，皆上天威明，社稷神武，非徒人力所能立也。

聖朝寬仁覆載，允信允文，春秋考異郵曰：赤帝之精，寬仁大度。禮記曰：天無私覆，地無私載。毛詩曰：允文允武，昭假列祖。大啓爵命，以示四方。魯及胡濩皆享萬户之封，魯之五子，各受千室之邑，魏志曰：胡、濩者皆封列侯。又曰：封魯及五子皆爲列侯。胡濩子弟部曲將校爲列侯將軍已下千有餘人。百姓安堵，四民反業。漢書曰：高祖入關，吏民皆安堵如故。管子曰：士農工商四民者，國之石民。而建約之屬〔六〕，皆爲鯨鯢；左氏傳，楚子曰：古者明王伐不敬，取其鯨鯢而封，以爲大戮。超之妻孥，焚首金城，魏志曰：南安趙衢討超，梟其妻子。漢書有金城郡。父母嬰孩，覆尸許市。范曄後漢書曰：建安元年，遷都于許。非國家鍾禍於彼，降福於此也，逆順之分，不得不然。漢書，涓勳曰：甚誖逆順之理。夫鷙鳥之擊先高〔七〕，攫鷙之勢也；牧野之威，孟津之退也。此述往年未伐之意。尚書序曰：武王與受戰於牧野。又曰：惟十有一年，武王伐殷。孔安國曰：諸侯僉同，乃退以示弱。今者枳棘翦扞，戎夏以清，枳棘，以喻殘賊也。翦扞，翦除而防衛之也。杜預左氏傳注曰：扞，衛也，音捍。萬里肅齊，六師無事。故大舉天師百萬之衆，魏志曰：建安二十一年治兵，遂征孫權也。與匈奴南單于呼完廚及六郡烏桓丁令屠各，湟中羌僰，魏志曰：建安二十一年，匈奴南單于呼廚泉將其名王來朝，待以客禮。漢書曰：諸羌言願得度湟水北。然湟水左右，羌之所居。湟音皇。丁令、屠各，已見上文。霆奮席卷，自壽春而南。漢書，九江郡有壽春邑。又使征西將軍夏侯淵等，魏志曰：夏侯淵，字妙才，惇族弟也，爲征西將軍。率精甲五萬，及武都氐羌，巴漢鋭卒，南臨汶江，搤據庸蜀。魏志曰：建安二十一年，留夏侯淵〔八〕屯漢中。江夏襄陽諸軍，横截湘沅，以臨豫章，樓船横海之師，直指吴會。漢書曰：東越反，上遣横海將軍韓説、樓船將軍楊僕，入軍於越。萬里尅期，五道並入，大舉天師至壽春而南，一道也；使征西甲卒五萬，二道也；及武都至庸蜀，三道也；江夏至豫章，四道也；樓船至會稽，五道也。權之期命，於是至矣。

丞相銜奉國威，爲民除害，元惡大憝，必當梟夷。尚書，成王曰：元惡大憝。至於枝附葉從，皆非詔書所特禽疾。楊雄覈靈賦曰：枝附葉從，表立景隨。故每破滅强敵，未嘗不務在先降後誅，拔將取才，各盡其用。是以立功之士，莫不翹足引領，望風響應。新序，趙良謂商君曰：君亡可翹足而待也。左氏傳，穆叔謂晉侯曰：引領西望，曰庶幾乎！尚書曰：惟影響。孔安國曰：若影之隨形，響之應聲。昔袁術僭逆，王誅將加，則廬江太守劉勳先舉其郡，還歸國家。魏志曰：建安四年，袁術敗於陳。術病死，廬江太守劉勳率衆降，封爲列侯。呂布作亂，師臨下邳，張遼侯成，率衆出降。魏志曰：張遼，字文遠，鴈門人也，以兵屬呂布。太祖破呂布於下邳，遼將衆降，拜中郎將，爵爲關内侯。還討眭固，薛洪樛尚，開城就化。魏志曰：眭固屬袁紹，屯射犬。公進軍臨河，使史涣、曹仁渡河擊之。固使張楊故長史薛洪、河内太守樛尚留守，自將兵以迎紹求救，與涣、仁遇，交戰，大破之，斬固。公遂濟河，圍射犬。洪、尚率衆降，封爲列侯。樛音留。官渡之役〔九〕，則張郃高奂舉事立功。魏志曰：公擊淳于瓊，留曹洪守。紹使張郃、高覽攻曹洪。郃等聞瓊破，遂來降。魏志云高覽，此云奂，蓋有二名。郃，烏合切。後討袁尚，則都督將軍馬延、故豫州刺史陰夔、射聲校尉郭昭臨陣來降。魏志曰：公圍尚，營未合，尚懼，遣故豫州刺史陰夔及陳琳乞降，公不許，圍益急。尚夜遯，保岐山，追擊之，其將馬延等臨陣降，衆大潰。圍守鄴城，則將軍蘇游反爲内應，魏志曰：尚攻譚，留蘇由守鄴。公進軍到洹水，由降。游與由同。審配兄子開門入兵。魏志曰：袁尚走中山，盡獲其輜重印綬節鉞，使尚降人示其家，城中崩沮。審配兄子榮夜開所守東城門內兵，配逆戰敗，生禽配，斬之。既誅袁譚，則幽州大將焦觸攻逐袁熙，舉事來服〔一〇〕。魏志曰：建安十年，袁熙大將焦觸叛，熙、尚奔三郡烏丸，觸等舉其縣來降。凡此之輩數百人，皆忠壯果烈，有智有仁，悉與丞相參圖畫策，折衝討難，芟敵搴旗，静安海内，豈輕舉措也哉！誠乃天啓其心，計深慮遠，西京賦曰：天啓其心。司馬相如喻巴蜀文曰：計深慮遠，急國家之難。審邪正之津，明可否之分，勇不虛死，節不苟立，屈伸變化，唯道所存，故乃建丘山之功，享不訾之禄，答客難曰：所欲必得，功若丘山。賈逵國語注曰：訾，言量也。朝爲仇虜，夕爲上將，所謂臨難知變，轉禍爲福者也。説苑，孔子曰：聖人轉禍爲福，報怨以德。若夫説誘甘言，懷寶小惠，毛詩曰：盜言孔甘。論語曰：好行小惠。泥滯苟且，没而不覺，隨波漂流，與熛俱滅者，亦甚衆多。吉凶得失，豈不哀哉！昔歲軍在漢中，東西懸隔，合肥遺守，不滿五千，權親以數萬之衆，破敗奔走，今乃欲當禦雷霆，難以冀矣。魏志曰：太祖使張遼與樂進等將七千餘人屯合肥。太祖征張魯，俄而權率十萬衆圍合肥。於是遼夜募敢從之士，得八百人。明日大戰，平旦，遼被甲持戟，先登陷陣，殺千人，斬二將。權登高冢，以長戟自守。遼呼，權不敢動。權守合肥十餘日，城不可拔，乃引退。

夫天道助順，人道助信，周易曰：天之所助者順也，人之所助信也。事上之謂義，親親之謂仁。盛孝章，君也，而權誅之，吴志曰：權殺吴郡太守盛憲。會稽典録曰：憲字孝章。孫輔，兄也，而權殺之。典略曰：孫輔恐權不能守江東，因權出行東治，乃遣人齎書呼曹公。行人以告，權乃還，僞若不知，與張昭共見輔。權謂輔曰：兄厭樂耶？何爲呼他人？輔云無是。權投書與昭以示輔，輔慙無辭，乃悉斬輔親近，徙輔置東吴。賊義殘仁，莫斯爲甚。孟子，齊王曰：臣弑其君可乎？孟子曰：賊仁者謂之賊，賊義者謂之殘。殘賊之人，謂之一夫。聞誅一夫紂矣，未聞弑其君也。乃神靈之逋罪，下民所同讎。辜讎之人，謂之凶賊。是故伊摯去夏，不爲傷德；飛廉死紂，不可謂賢。尚書曰：伊尹〔一〕去亳適夏，既醜有夏，復歸于亳。孫子曰：殷之興也，伊摯在夏。魏武曰：伊摯，伊尹也。孟子曰：周公相武王，誅紂，驅飛廉於海隅而戮之。何者？去就之道，各有宜也。丞相深惟江東舊德名臣，多在載籍。近魏叔英秀出高峙，著名海内；虞文繡砥礪清節，耽學好古；周泰明當世儁彦，德行脩明。皆宜膺受多福，保乂子孫。尚書曰：永膺多福。又曰：保乂王家。而周盛門户無辜被戮，遺類流離，湮没林莽，言之可爲愴然，聞魏周榮虞仲翔各紹堂構，能負析薪。吴志曰：虞翻，字仲翔。尚書曰：若考作室，既底法，厥子乃弗肯堂，矧肯構。左氏傳，鄭子産曰：古人有言曰，其父析薪，其子弗克負荷。及吴諸顧陸舊族長者，世有高位，當報漢德，顯祖揚名。及諸將校〔二〕孫權婚親，皆我國家良寶利器，尚書曰：所寶惟賢，則邇人安。聖主得賢臣頌曰：夫賢者，國家器用也。所任賢，則趨舍省而功施普；器用利，則用力少而就効衆也。而並見驅迮，雨絶於天，有斧無柯，何以自濟？陸賈新語曰：有斧無柯，何以治之？相隨顛没，不亦哀乎！蓋鳳鳴高岡以遠罻羅，賢聖之德也。毛詩曰：鳳皇鳴矣，于彼高岡；梧桐生矣，于彼朝陽。鸋鴂之鳥巢於葦苕，苕折子破，下愚之惑也。韓詩曰：鴟鴞：既取我子，無毁我室。鴟鴞，鸋鴂，鳥名也。鴟鴞所以愛養其子者，適以病之。愛憐養其子者，謂堅固其窠巢；病之者，謂不知託於大樹茂枝，反敷之葦蔄。風至，蔄折巢覆，有子則死，有卵則破，是其病也。字林曰：鸋鴂，鴞也，上乃丁切，下古穴切。廣雅曰：鸋鴂，工雀也。荀卿子曰：南方鳥名蒙鳩，爲巢，編之以髮，繫之葦苕。苕折卵破。巢非不牢，所繫之弱也。説文曰：葦，大葭也。苕與蔄同。今江東之地，無異葦苕，諸賢處之，信亦危矣。聖朝開弘曠蕩，重惜民命，誅在一人，與衆無忌，故設非常之賞，以待非常之功。司馬長卿難蜀父老曰：有非常之事，然後有非常之功。乃霸夫烈士奮命之良時也，可不勉乎！若能翻然大舉，建立元勳，以應顯禄，福之上也。如其未能，未能如上之計。竿量大小，以存易亡，亦其次也。漢書，鄒陽上書曰：昔者鄭祭仲許宋人立公子突以活其君，非其義也。春秋記之，爲其以生易死，以存易亡。夫係蹄在足，則猛虎絶其蹯；戰國策，魏魁謂建信君曰：人有置係蹄者而得虎，虎怒，跌蹯而去〔一三〕。虎之情匪不愛其蹯也，然而不以環寸之蹯，害七尺之軀，有權也。今國家者，非直七尺之軀也，而君之身於王非環寸之蹯也，願公早圖之也。延叔堅曰：係蹄，獸絆也。蝮蛇在手，則壯士斷其節。漢書曰：項梁使使趣齊兵擊章邯，田榮曰：楚殺田假，趙殺田角、田間，乃出兵。楚不殺假，趙亦不殺角、間。齊王曰：蝮蠚手則斬手，蠚足則斬足，何者？爲害於身也。田假、田角、田間於楚、趙非手足之戚，何故不殺？蠚音釋。何則？以其所全者重，以其所棄者輕。若乃樂禍懷寧，迷而忘復，周易曰：迷復之凶，反君道也。闇大雅之所保，背先賢之去就，毛詩大雅曰：既明且哲，以保其身。忽朝陽之安，甘折苕之末，日忘一日，以至覆没，大兵一放，玉石俱碎，尚書曰：火炎崑岡，玉石俱焚。雖欲救之，亦無及已。史記，衞平謂宋王曰：後雖悔之，亦無及已。故令往購募爵賞科條如左。檄到詳思至言。如詔律令。

文選考異

〔一〕注「閔子騫之辭」 何校「騫」改「馬」，是也。各本皆誤。

〔二〕下愚之蔽也 袁本云善無「下」字。茶陵本云五臣有「下」字。案：此尤延之校添也。

〔三〕注「李湛」 何校「湛」改「堪」，下同。陳云「湛」，「堪」誤。案：據國志校也。各本皆譌。

〔四〕注「丁斐曰放馬」 陳云「曰」，「因」誤。案：據國志校也。各本皆譌。

〔五〕注「漢寧」 何校「漢」上添「領」字，「寧」下添「太守」二字，陳同。案：據國志校也。各本皆脱。

〔六〕而建約之屬 何校「之」改「支」。茶陵本云五臣作「支」，袁本云善作「之」。案：詳文義當作「支」。或各本所見，傳寫誤爲之也。

〔七〕夫鷙鳥之擊先高 茶陵本作「擊鳥先高」四字，校語云「擊」，五臣作「鷙」，有「之擊」字。袁本校語云「鷙」善作「擊」，無「之擊」字。案：二本校語是也。尤本此處脩改，乃誤取五臣以亂善。

〔八〕注「建安二十一年留夏侯淵」　袁本、茶陵本無「一」字。案：二本是也，此所引武帝紀文。

〔九〕官渡之役　茶陵本云五臣作「渡」。袁本云善作「度」。案：尤本以五臣亂善，非。擬鄴中集詩、九錫文皆可互證也。

〔一〇〕舉事來服　茶陵本「事」作「縣」，是也。袁本亦誤「事」。

〔一一〕注「尚書曰伊尹」　陳云「書」下脱「序」字，是也。各本皆脱。

〔一二〕及諸將校　袁本、茶陵本「及」作「又」，是也。

〔一三〕注「跌蹯而去」　案：「跌」當作「決」。各本皆譌。此所引趙策文。

檄蜀文 魏志曰：景元四年，令鍾會伐蜀。會至漢中，蜀大將姜維等守劍閣距會，會移檄，檄蜀將吏。

鍾士季 魏志，鍾會，字士季，潁川人。少敏慧夙成，爲秘書郎，遷鎮西將軍，後爲司徒〔一〕。謀反於蜀，爲衆兵所殺。

往者漢祚衰微，率土分崩，生民之命，幾於泯滅。我太祖武皇帝神武聖哲，撥亂反正，魏志曰：有太武皇帝〔二〕爲魏太祖。公羊傳曰：君子曷爲春秋〔三〕？撥亂世，反諸正，莫近乎春秋。拯其將墜，造我區夏。尚書曰：文王用肇，造我區夏。高祖文皇帝應天順民，受命踐祚。魏志曰：文帝爲魏高祖。周易曰：湯、武革命，順乎天而應乎人。禮記曰：成王幼，不能莅祚；周公相，踐祚而治。烈祖明皇帝奕世重光，恢拓洪業。魏志曰：明皇帝爲魏烈祖。國語，祭公謀父曰：奕世載德。尚書曰：昔我君文王、武王宣重光。漢書，武帝詔曰：何行而可以彰先帝之洪業休德。然江山之外，異政殊俗，毛詩序曰：國異政，家殊俗。率土齊民，未蒙王化，難蜀父老曰：割齊人以附夷狄。如淳曰：齊人，齊等無有貴賤，故謂之齊，若今言平人也。此三祖所以顧懷遺志也。劇秦美新曰：后土顧懷。今主上聖德欽明，紹隆前緒，主上，陳留王奂也。尚書曰：放勛欽明。宰輔忠肅明允，劬勞王室，宰輔，司馬文王也〔四〕。左氏傳，史克對魯侯曰：齊聖廣淵，明允篤誠，忠肅恭懿，宣慈惠和。布政垂惠而萬邦協和，毛詩曰：布政優優。尚書曰：百姓昭明，協和萬邦。施德百蠻而肅慎致貢。毛詩曰：因時百蠻。大戴禮，孔子曰：昔舜教通于四海之外，肅慎、北發、渠搜、氐、羌來服。悼彼巴蜀，獨爲匪民，毛詩曰：哀我征夫，獨爲匪民。愍此百姓，勞役未已。是以命授六師，龔行天罰，尚書曰：予惟龔行天之罰。征西雍州鎮西諸軍，五道並進。魏志曰：詔使征西將軍鄧艾督諸軍趨甘松、沓中，雍州刺史諸葛緒督諸軍趨武街高樓，鎮西將軍鍾會由駱谷伐蜀。古之行軍，以仁爲本，以義治之。司馬法曰：古者以仁爲本，以義治之之謂正。曹操曰：古者，五帝、三王以來也。仁者生而不名，義者成而不有。王者之師，有征無戰。孫卿子曰：王者有誅無戰。漢書，淮南王上書曰：天子之兵，有征無戰，莫敢校之。故虞舜舞干戚而服有苗，尚書曰：帝乃誕敷文德，舞干羽于兩階，七旬有苗格。周武有散財發廩表閭之義。尚書曰：式商容之閭，散鹿臺之財，發鉅橋之粟。今鎮西奉辭銜命，攝統戎車，尚書，禹曰：奉辭伐罪。漢書，孫寶曰：臣幸得銜命奉使。庶弘文告之訓，以濟元元之命，國語曰：祭公謀父曰：有征罰之備，有文告之辭。元元，已見上文。非欲窮武極戰，以快一朝之志，新序，李克對魏武侯曰：好戰窮武，未有不亡者。故略陳安危之要，其敬聽話言。毛詩曰：告之話言。

益州先主以命世英才，興兵新野〔五〕，困躓冀徐之郊，制命紹布之手，太祖拯而濟之，興隆大好〔六〕。中更背違，棄同即異。蜀志曰：先主姓劉，諱備，字玄德，涿郡人也。靈帝末，黄巾起，先主率其屬討賊有功，除安喜尉，後領徐州。吕布襲徐州，虜先主妻子，乃求和於布。後歸曹公，曹公厚遇之，以爲豫州牧。後背曹公歸袁紹。漢書，張良曰：湯、武伐桀、紂，封其後者，能制其死命也。左氏傳，子太叔曰：棄同即異，是謂離德。諸葛孔明仍規秦川，姜伯約屢出隴右，蜀志曰：姜維，字伯約。勞動我邊境，侵擾我氐羌，方國家多故，未遑脩九伐之征也。周禮曰：以九伐之法正邦國：馮弱犯寡則眚之，賊賢害民則伐之，暴内陵外則壇之，野荒民散則削之，負固不服則侵之，賊殺其親則征之，放弑其君則殘之，犯令陵政則杜之，内外亂鳥獸行則滅之。今邊境乂清，方内無事，蓄力待時，併兵一向。孫子兵法曰：併敵一向，千里殺將。而巴蜀一州之衆，分張守備，難以禦天下之師，段谷侯和沮傷之氣，難以敵堂堂之陣。魏志曰：姜維趣上邽，鄧艾與戰于段谷，大破之。又曰：姜維寇洮陽〔七〕，鄧艾拒之，破維于侯和。漢書，公乘興上書曰：王尊厲奔北之吏，起沮傷之氣。黄帝出軍決曰：始立牙之日，吉氣來應，旗幡指敵，或從風而來，金鐸之聲揚以清，鼓鞞之音婉而鳴，是謂堂堂之陣，整整之旗，此大勝之徵也。比午已來，曾無寧歲，國語，姜氏告於公子曰：自子之行，晉無寧歲。征夫勤瘁，難以當子來之民。毛詩曰：經始勿亟，庶民子來。此皆諸賢所共親見，蜀侯見禽於秦，公孫述授首於漢，史記曰：秦惠文君八年，張儀復相，伐蜀滅之。公孫述，已見吳都賦。九州之險，是非一姓：此皆諸君所備聞也〔八〕。左氏傳，司馬侯曰：九州之險也，是非一姓。明者見危於無形，智者規福於未萌。太公金匱曰：明者見危於未萌〔九〕，智者避危於無形。是以微子去商，長爲周賓；毛詩序曰：有客，微子來見祖廟也。鄭玄曰：武王既黜殷命，殺武庚。微子代殷後，既受命來朝，而見之於廟。陳平背項，立功於漢。史記曰：陳平懼項王誅，遂至脩武降漢，拜平爲都尉。豈宴安鴆毒，懷禄而不變哉？左氏傳，管敬仲曰：宴安鴆毒，不可懷也。漢書，楊惲曰：懷禄貪勢，不能自退。

今國朝隆天覆之恩，宰輔弘寬恕之德，禮記，孔子曰：天無私覆，地無私載。先惠後誅，好生惡殺。尚書大傳，成王問周公曰：舜何以也？周公曰：其政也，好生而惡殺。往者吳將孫壹舉衆内附，位爲上司，寵秩殊異。吴志曰：孫壹爲江夏太守。及孫綝誅滕胤、吕據，據、胤皆壹之妹夫也。綝遣朱異潛襲壹，異至武昌，壹知其攻己，率部曲將胤妻奔魏。魏以壹爲車騎將軍，封吴侯。文欽唐咨爲國大害，叛主讎賊，還爲戎首。咨困偪禽獲，欽二子還降，皆將軍封侯，咨豫聞國事。魏志曰：文欽，字仲若，曹爽之邑人也，與毌丘儉舉兵反。大將軍司馬文王臨淮討之，諸葛誕遂殺欽。欽子鴦〔一〇〕及虎蹴城出，自歸大將軍。大將軍表鴛、虎爲將軍，各賜爵關内侯。大將軍乃自臨圍，四面進兵，同時鼓譟登城。唐咨面縛降，拜咨安遠將軍。禮記，子思曰：無爲戎首。鄭玄曰：爲兵主曰戎首。壹等窮踧歸命，猶加上寵，況巴蜀賢智見機而作者哉！見機，已見上文。誠能深鑒成敗，邈然高蹈，投跡微子之蹤，措身陳平之軌，則福同古人，慶流來裔，百姓士民，安堵樂業，安堵，已見上文。農不易畝，市不迴肆，吕氏春秋曰：桀爲無道，湯立爲天子，夏民大悦，農不去疇，商不變肆。去累卵之危，就永安之計，豈不美與！說苑曰：晉靈公造九層臺，孫息聞之，求見曰：臣能累十二博棊，加九雞子其上。公曰：作之。孫息以棊子置下，加九雞子其上。公曰：危哉！若偷安旦夕，迷而不反，大兵一放，玉石俱碎，雖欲悔之，亦無及也。並已見上文。各具宣布，咸使知聞。

文選考異

〔一〕注「後爲司徒」　袁本無「後」字，有「伐蜀平之」四字，是也。茶陵本無此節注，乃并入五臣。尤本此處脩改，蓋初亦無，後校補也。

〔二〕注「有太武皇帝」　陳云「太」當作「司奏」二字，是也。各本皆誤。

〔三〕注「君子曷爲春秋」　案：「爲」字當「重」。各本皆脱。

〔四〕注「宰輔司馬文王也」　此七字袁本、茶陵本無。案：亦因五臣已有而删之也，尤校添是矣。

〔五〕興兵新野　袁本云善作「新」。茶陵本云五臣作「朔」。何校「新」改「朔」。案：魏志鍾會傳所載正作「朔」，「朔」謂涿郡，是也。「新」字善無注，傳寫誤耳。二本據所見爲校語，非。

〔六〕興隆大好　何校「興」改「與」。案：魏志作「與」，「與」字是也。詳袁、茶陵二本所載五臣翰注，似其本作「興」。各本所見皆以五臣亂善而失著校語。

〔七〕注「姜維寇圯陽」　何校「圯」改「洮」。案：改者是也。此所引三少帝紀文。

〔八〕此皆諸君所備聞也　袁本、茶陵本「君」作「公」，何校改「賢」。案：魏志作「賢」，此與志亦有小異。凡兩通者，宜各依其舊。何改未是，餘不悉出。

〔九〕注「見危於未萌」　袁本、茶陵本無「危」字。陳云「危」，「兆」誤，是也。

〔一〇〕注「欽子鴛」　茶陵本「鴛」作「鴦」，是也。袁本亦誤「鴛」，卜同。

難蜀父老　司馬長卿

漢書曰：武帝時，相如使蜀。長老多言通西南夷之不爲國用，大臣亦以爲然。相如業已建之，不敢諫，乃著書假蜀父老爲辭，而己以語難之，以諷天子，因宣其使指，令百姓知天子意焉。

漢興七十有八載，德茂存乎六世，六世，謂自高祖至武帝。威武紛紜，湛恩汪濊，韋昭曰：

湛音沈。張揖曰：汪濊，深貌也。善曰：汪，烏黃切。濊，烏外切。羣生霑濡，洋溢乎方外。於是乃命使西征，隨流而攘，風之所被，罔不披靡。因朝冉從駹，定筰存邛，服虔曰：冉、駹、筰、邛，皆蜀郡西部也。應劭曰：蜀郡岷江本冉、駹也。文穎曰：邛，今爲邛都縣。筰，今爲定筰縣。皆屬越巂。善曰：駹，蒙江切。筰音鑿。略斯榆，舉苞蒲，鄭玄曰〔一〕：斯音曳。張揖曰：斯俞，本俞國名也。服虔曰：苞蒲，夷種也。結軌還轅，東鄉將報，楚辭曰：結余軫于西山。王逸曰：結，旋也。至于蜀都。耆老大夫搢紳先生之徒二十有七人，儼然造焉。辭畢，進曰：「蓋聞天子之牧夷狄也，其義羈縻勿絕而已。應劭漢官儀曰：馬曰羈，牛曰縻，言西夷如牛馬之受羈縻也。今罷三郡之士，通夜郎之塗，三年於茲，而功不竟，士卒勞倦，萬民不贍。今又接之以西夷，百姓力屈，恐不能卒業，此亦使者之累也。竊爲左右患之。且夫邛筰西夷之與中國並也，歷年茲多，不可記已。孟子曰：禹之相舜，歷年茲多。仁者不以德來，强者不以力并，意者其殆不可乎！不可，猶不堪也，以其不堪爲用，故棄之也。今割齊民以附夷狄，附，謂令之親附也。齊民，已見上文。敝所恃以事無用，鄙人固陋，不識所謂。」使者曰：「烏謂此乎？必若所云，則是蜀不變服而巴不化俗也。應劭曰：巴蜀皆古蠻夷，椎結左衽之人也。僕常惡聞若說。然斯事體大，固非觀者之所覯也。余之行急，其詳不可得聞已，請爲大夫粗陳其略：孟子曰：其詳不可得聞，嘗聞其略矣。韋昭曰：粗，猶略也。徂古切。

「蓋世必有非常之人，然後有非常之事；有非常之事，然後有非常之功。夫非常者，固常人之所異也。故曰：非常之原，黎民懼焉；張揖曰：非常之事，其本難知，衆民懼也。尚書曰：黎民〔二〕於變時雍。及臻厥成，天下晏如也。昔者洪水沸出，氾濫衍溢，張揖曰：溢，溢也。郭璞三蒼解詁曰：溢，水聲也。字林云：匹寸切。古漢書爲溢，今爲衍，非也。民人升降移徙，崎嶇而不安。夏后氏慼之，乃堙洪塞源，決江疏河，張揖曰：疏，通也。灑沈澹災，張揖曰：灑，分也。韋昭曰：灑，史紙切。蘇林曰：澹，音淡。言分其沈溺搖動之災也。灑或作澌。字書曰：澌，水索也，賜移切。說文曰：澹，水搖也，徒濫切。顏師古曰：沈，深也。澹，安也。言分散其深水，以安定其災也。灑，所宜切。東歸之於海，而天下永寧。當斯之勤，豈惟民哉。心煩於慮，而身親其勞；躬腠胝無胈，膚不生毛。張晏曰：躬，體也。孟康曰：腠，腠理也。韋昭曰：胈，其中小毛也，蒲葛切。郭璞三蒼解詁曰：胝，躪也，竹施切。莊子曰：兩祖女浣於白水之上者，禹過之而趨，曰：治天下奈何？女曰：股無胈，脛不生毛，顏色烈凍，手足胼胝，何以至是也？胼，步千切。故休烈顯乎無窮，聲稱浹乎丁兹。

「且夫賢君之踐位也，豈特委瑣喔齪，拘文牽俗，應劭曰：喔齪，急促之貌也。善曰：喔音握。脩誦習傳〔三〕，當世取說云爾哉？必將崇論竑議，鄧展子曰〔四〕：字詁云：竑，今宏字。創業垂統，爲萬世規。孟子曰：君子創業垂統爲可繼。故馳騖乎兼容并包，而勤思乎參天貳地。己比德於地，是貳地也；地與己并天，是三也。且詩不云乎？『普天之下，莫非王土；率土之濱，莫非王臣』。毛詩小雅文。濱，涯也，本或作賓。是以六合之内，八方之外，浸淫衍溢，懷生之物有不浸潤於澤者，賢君耻之。今封疆之内，冠帶之倫，咸獲嘉祉，靡有闕遺矣。而夷狄殊俗之國，遼絶異黨之域，舟車不通，人跡罕至，政教未加，流風猶微。孟子曰：故家遺俗，流風善政，猶有存者。内之則時犯義侵禮於邊境，外之則邪行横作，放殺其上。君臣易位，尊卑失序，父老不辜，幼孤爲奴虜，係縲號泣，張揖曰：爲人所係。戰國策曰：韓、魏父子老弱，係虜於道路。内嚮而怨，曰：『蓋聞中國有至仁焉，德洋恩普，物靡不得其所，今獨曷爲遺己？舉踵思慕，若枯旱之望雨。』孟子曰：湯始征葛伯，民望之若大旱之望雨。戾夫爲之垂涕，況乎上聖，又焉能已？故北出師以討强胡，南馳使以誚勁越。四面風德，二方之君，鱗集仰流，論語比考讖曰：賜風德。宋均曰：賜能言語，故可使風諭以德也。二方，謂西夷、南夷也。鱗集，相次也。願得受號者以億計。故乃關沫若，漢書音義曰：以沫、若水爲關也。張揖曰：沫水出蜀西徼外〔五〕，入于江；若水出廣平徼外，出旄牛〔六〕入江。沫音妹。徼牂牁，張揖曰：徼，塞也，以木栅水，爲夷狄之界。鏤靈山，梁孫原。張揖曰：鑿通山道〔七〕，置靈道縣，屬越嶲郡。孫水出登縣〔八〕，南至會無縣入若水。李奇曰：於孫水之本作獨梁〔九〕。創道德之塗，垂仁義之統，將博恩廣施，遠撫長駕，長駕，謂所駕者遠。使疏逖不閉，曶爽闇昧，得耀乎光明，韋昭曰：曶，梅憒切〔一〇〕。言疏遠之國不被壅閉，曶爽闇昧，後得乎光明，言化之所被者遠也。郭璞三蒼解詁曰：曶，旦明也，字林音勿〔一一〕。尚書曰：甲子昧爽。孔安國曰：昧，早旦也。

爽，明也。以偃甲兵於此，而息討伐於彼。遐邇一體，中外禔福，不亦康乎？說文曰：禔，安也，音支。夫拯民於沈溺，奉至尊之休德，反衰世之陵夷，繼周氏之絶業，天子之亟務也。凌夷，即凌遲也。史記，張釋之曰：秦凌遲而至於二世，天下土崩。漢書作陵夷至於二世。百姓雖勞，又惡可以已乎哉？

「且夫王者固未有不始於憂勤，而終於逸樂者也。毛詩序曰：始於憂勤，終於逸樂。然則受命之符，合在於此。方將增太山之封，加梁父之事，鳴和鸞，揚樂頌，上減五，下登三。李奇曰：五帝之德，比漢爲減；三王之德，漢出其上。觀者未覩旨，聽者未聞音，猶鷦鵬已翔乎寥廓之宇〔一二〕，而羅者猶視乎藪澤〔一三〕，悲夫！」樂緯曰：鷦鵬狀如鳳皇。爾雅曰〔一四〕：寥，深也，空廓寥寥也〔一五〕。

於是諸大夫茫然〔一六〕喪其所懷來，失厥所以進，喟然並稱曰：「允哉漢德，此鄙人之所願聞也。百姓雖勞，請以身先之。」敞罔靡徙，遷延而辭避〔一七〕。尚書大傳曰：魏文侯問子夏，子夏乃遷延而退。

文選考異

〔一〕注「鄭玄曰」陳云「玄」當作「德」。今案：當作「氏」。各本皆誤。

〔二〕注「尚書曰黎民」袁本「尚」上有「善曰」二字，茶陵本在此節注首。案：袁本是也，説見喻巴蜀檄。下餘條依此例求之，不更出。

〔三〕脩誦習傳　何云漢書「脩」作「循」。陳云當作「循」。案：史記亦作「循」。古書二字多互誤，何、陳所校是也。袁、茶陵二本亦誤。

〔四〕注「鄧展子曰」陳云「子」字衍，是也。袁本「展子」作「子展」，茶陵本亦作「展子」，皆衍。

〔五〕注「出蜀西徼外」陳云「西」當作「廣平」，是也。各本皆誤。案：説文「沬」下作「西」。江賦注引，故或以改此。其實張揖自作「廣平」，顔注及索隱引可證。

〔六〕注「出廣平徼外出旄牛」陳云當作「出旄牛徼外」，是也。各本皆誤。顔注及索隱引可證。

〔七〕注「鑿通山道」案：「山」上當依顔注引有「靈」字。各本皆脱。

〔八〕注「出登縣」陳云「登」上當有「臺」字，是也。各本皆脱。案：顔注引可證。

〔九〕注「作獨梁」袁本、茶陵本「獨」作「橋」，是也。

〔一〇〕注「曶梅憤切」案：「憤」當作「憒」。各本皆譌。索隱曰：「曶音妹」。「梅憒」即「妹」之反語也。「憤」字不可通。

〔一一〕注「字林音勿」何校「勿」改「忽」。案：所改是也。索隱引正作「忽」，顔注亦音「忽」。

〔一二〕猶鷦鵬已翔乎寥廓之宇　袁本云善有「之宇」二字。茶陵本云五臣無。案：史記、漢書皆無，依文義不當有，恐但傳寫衍，各本所見非也。

〔一三〕而羅者猶視乎藪澤　袁本云善無「乎」。茶陵本云五臣有「乎」。案：史記、漢書有，恐但傳寫脱，尤校添，是也。

〔一四〕注「爾雅曰」　陳云「爾」、「廣」誤，是也。各本皆誤。

〔一五〕注「空廓寥寥也」　陳云當作「廓空也」，是也。各本皆誤。

〔一六〕於是諸大夫茫然　袁本云善作「芒」。茶陵本云五臣作「茫」。案：史記作「芒」，漢書作「茫」，尤蓋依漢書校改也。

〔一七〕遷延而辭避　袁本云善作「退」。茶陵本云五臣作「避」。案：史記、漢書皆作「避」，尤校改，是也。

文選卷第四十五

對問　設論　辭　序上

對問

對楚王問

宋玉

楚襄王問於宋玉曰：「先生其有遺行與？遺行，可遺棄之行也。韓詩外傳，子路謂孔子曰：夫子尚有遺行乎？奚居之隱。何士民衆庶不譽之甚也？」

宋玉對曰：「唯，然，有之。願大王寬其罪，使得畢其辭。客有歌於郢中者，其始曰下里巴人，國中屬而和者數千人；其爲陽阿薤露，國中屬而和者數百人；其爲陽春白雪，國中屬而和者不過數十人；引商刻羽，雜以流徵，國中屬而和者不過數人而已。是其曲彌高其和彌寡。故鳥有鳳而魚有鯤。曾子曰：聞諸夫子曰：羽蟲之精者曰鳳，鱗蟲之精者曰龍。淮南子曰：孟春之月其蟲鱗。許慎曰：鱗，龍之屬也。鳳皇上擊九千里，絶雲霓，負蒼天，翺翔乎杳冥之上。夫蕃籬之鷃，豈能與之料天地之高哉？鯤魚朝發崑崙之墟，爾雅曰：河出崑崙墟，色白。郭璞曰：墟，山下基也。暴鬐於碣石，暮宿於孟諸。孔安國尚書傳曰：碣石，海畔山。夫尺澤之鯢，豈能與之量江海之大哉！尺澤，言小也。故非獨鳥有鳳而魚有鯤也〔一〕，士亦有之。夫聖人瑰意琦行，超然獨處；夫世俗之民又安知臣之所爲哉！」

文選考異

〔一〕而魚有鯤也　袁本、茶陵本云「鯤」善作「鱗」。案：所見傳寫誤，尤校改正之也。

設論

答客難

東方曼倩 漢書曰：朔上書陳農戰强國之計，推意放蕩〔一〕，終不見用，因著論設客難己，用位卑以自慰諭。

客難東方朔曰：「蘇秦張儀壹當萬乘之主，而身都卿相之位，如淳曰：都，謂居也。澤及後世。今子大夫脩先王之術，慕聖人之義，諷誦詩書百家之言，不可勝記，著於竹帛，脣腐齒落，服膺而不可釋，禮記曰：回之爲人也，得一善則拳拳服膺而不失之矣。好學樂道之效，明白甚矣，自以爲智能海内無雙，則可謂博聞辯智矣。然悉力盡忠，以事聖帝，曠日持久，積數十年，官不過侍郎，位不過執戟，史記，韓信曰：臣事項王，官不過侍郎，位不過執戟。意者尚有遺行邪〔二〕？遺行，已見上文也。同胞之徒，無所容居，其故何也？」蘇林曰：音胞胎之胞，言親兄弟也。

東方先生喟然長息，仰而應之曰：「是故非子之所能備。彼一時也，此一時也，豈可同哉？孟子謂充虞曰：彼一時也，此一時也。夫蘇秦張儀之時，周室大壞，諸侯不朝，力政争權，相擒以兵〔三〕，慎子曰：昔周室之衰也，厲王擾亂天下，諸侯力政，人欲獨行以相兼。并爲十二國，未有雌雄，張晏曰：周千八百國，在者十二，謂魯、衛、齊、宋、楚、鄭、燕、趙、韓、魏、秦、中山。春秋孔演圖曰：天運三百歲，雌雄代起。得士者强，失士者亡，故説得行焉。孔叢子，子思謂曾子曰：今天下諸侯方欲力争，競招英雄以自輔翼，此乃得士則昌，失士則亡之秋也。身處尊位，珍寶充内，外有倉廩〔四〕，蔡邕月令章句曰：穀藏曰倉，米藏曰廩。澤及後世，子孫長享。今則不然。聖帝德流，天下震慴，諸侯賓服，連四海之外以爲帶，安於覆盂，韓詩外傳曰：君子之居也，晏如覆杅。盂與杅同，音于。天下平均〔五〕，合爲一家，動發舉事，猶運之掌，賢與不肖，何以異哉？列子曰：楊朱見梁惠王，言治天下猶運之掌。禮記，子曰：道之不明也，我知之矣，賢者過之，不肖者不及。遵天之道，順地之理，物無不得其所。故綏之則安，動之則苦；尊之則爲將，卑之則爲虜；抗之則在青雲之上，抑之則在深淵之下；用之則爲虎，不用則爲鼠；雖欲盡節効情，安知前後？夫天地之大，士民之衆，竭精馳説，並進輻湊者，不可勝數，文子曰：羣臣輻湊。悉力慕之，困於衣食，或失門户。言上書忤旨，或被誅戮。使蘇秦張儀與僕並生於今之世，曾不得掌故，安敢望侍郎乎！應劭漢書注曰：掌故，百石吏，主故事者。傳曰：『天下無害〔六〕，雖有聖人無所施才；上下和同，雖有賢者無所立功。』故曰時異事異。韓子曰：文王行仁義而王天下，偃王行仁義而喪其國，故曰時異則事異。

「雖然，安可以不務脩身乎哉？詩曰：『鼓鍾于宮，聲聞于外。』『鶴鳴九皋，聲聞于天。』毛詩小雅文也。毛萇曰：有諸中，必見於外也。又曰：皐，澤也。苟能脩身，何患不榮？太公體行仁義，七十有二，乃設用於文武，得信厥説，封於齊，七百歲而不絶。説苑，鄒子説梁王曰：太公年七十而相周，九十而封齊。此士所以日夜孳孳，脩學敏行而不敢怠也。孟子曰：雞鳴而起，孳孳爲善，舜之徒也。譬若鶺鴒，飛且鳴矣。毛詩曰：題彼鶺鴒，載飛載鳴。毛萇曰：題，視也。傳曰：『天不爲人之惡寒而輟其冬，地不爲人之惡險而輟其廣，君子不爲小人之匈匈而易其行。』『天有常度，地有常形，君子有常行；君子道其常，小人計其功。』詩云：『禮義之不愆，何恤人之言？』皆孫卿子文。『水至清則無魚，人至察則無徒，冕而前旒，所以蔽明；黈纊充耳，所以塞聰。』皆大戴禮孔子之辭也。薛綜東京賦注曰：黈纊，以黄緜爲丸，懸冠兩邊。當耳，不欲聞不急之言也。明有所不見，聰有所不聞，舉大德，赦小過，無求備於一人之義也。論語曰：仲弓爲季氏宰，問政。子曰：先有司，赦小過，舉賢才。尚書曰：與人弗求備，檢身若不及。枉而直之，使自得之；優而柔之，使自求之；揆而度之，使自索之。皆大戴禮孔子之辭也，家語亦同。王肅曰：雖當直枉，從容使自得也。優寬和柔之，使自求其宜也。揆度其法以開視之，使自索得也。趙岐孟子注曰：使自得其本善性也。蓋聖人之教化如此，欲其自得之；自得之，則敏且廣矣。

「今世之處士，時雖不用，塊然無徒，廓然獨居，上觀許由，下察接輿，計同范蠡，忠合子胥，史記曰：勾踐之棲會稽，范蠡令卑辭厚禮以遺吴。後欲伐吴，勾踐復問蠡，蠡曰：可矣。遂滅之。天下和平，與義相扶，寡偶少徒，固其宜也，子何疑於予哉？若夫燕之用樂毅，秦之任李斯，酈食其之下齊，史記曰：樂毅去趙適魏，聞燕昭王好賢，樂毅爲魏昭王使於燕。燕時以禮待之，遂委質爲臣下〔七〕。又曰：秦卒用李斯計謀，競并天下〔八〕，以斯爲丞相。漢書，酈食其謂上曰：臣説齊王使爲漢而稱東蕃。上曰：善。乃説齊。齊王田廣以爲然，廼罷歷下守戰之備。説行如流，曲從如環，所欲必得，功若丘山，海内定，國家安，是遇其時者也，子又何怪之邪？語曰：『以筦窺天，以蠡測海，以筳撞鍾』，豈能通其條貫，考其文理，發其音聲哉！服虔曰：筦音管〔九〕。張晏曰：蠡，瓠瓢也。文穎曰：筳音庭。莊子曰：魏牟謂公孫龍曰：乃規規而求之以察，索之以辯，是直用管窺天，用錐指地，不亦小乎？説苑，趙襄子謂子路曰：吾嘗問孔子曰，先生事七十君，無明君乎？孔子不對，何謂賢邪？子路曰：建天下之鳴鍾，撞之以筳，豈能發其音聲哉！猶是觀之，譬由鼱鼩之襲狗，孤豚之咋虎，至則靡耳，何功之有？如淳曰：鼱音精。服虔曰：鼩音劬。李巡爾雅注曰：鼱鼩，一名奚鼠。應劭風俗通曰：按方言，豚，豬子也。今人相罵曰孤豚之子是也。説文曰：靡〔一〇〕，爛也，亡皮切。靡與縻古字通也。今以下愚而非處士，雖欲勿困，固不得已。此適足以明其不知權變，而終惑於大道也。」

〔一〕注「推意放蕩」何校「推」改「指」，陳同，是也。各本皆誤。漢書可證。

〔二〕尚有遺行邪　袁本、茶陵本云「邪」善作「也」。案：今漢書亦作「邪」，尤延之據之校改。考古「也」「邪」二字同用。袁、茶陵所見自不誤，尤改爲未是。

〔三〕相擒以兵　何校「擒」改「禽」。案：所改是也。漢書作「禽」，以袁、茶陵二本餘篇校語例之，大略善「禽」、五臣「擒」，此以五臣亂善也。

〔四〕外有倉廩　案：「倉廩」當作「廩倉」。袁、茶陵二本云善作「倉廩」，與此皆所見傳寫倒也。漢書作「廩倉」，「倉」字韻。

〔五〕天下平均　茶陵本作「平均」，有校語云善作「均平」。袁本作「均平」，無校語。案：漢書無此句，注亦無明文，未審善果何作？

〔六〕傳曰天下無害　袁本、茶陵本「害」下有「菑」字。袁本有校語云善無。茶陵本無校語。案：各本所見皆有誤也。「菑」字韻，與下文「才」字協，蓋善當是作「天下無菑」也。又案：陳云「傳曰」七句，漢書無。凡他書所有之文，與此或相出入，但可借以取證，不得竟依彼校此，斯其例矣。

〔七〕注「燕時以禮待之遂委質爲臣下」　陳云「時」，「王」誤，「禮」上脫「客」字，「下」字衍，是也。

此所引樂毅傳文。

〔八〕注「競并天下」 案：「競」當作「竟」。各本皆譌。

〔九〕注「服虔曰筦音管」 此六字袁本、茶陵本無。案：二本以善音而誤删也。下「文穎曰筳音庭」，及「如淳曰鼱音精」，服虔曰：「鼩音劬」，亦然。凡善音二本誤删而此仍有者，餘不悉出。

〔一〇〕注「説文曰靡」 案：「靡」當作「縻」。各本皆誤。

解嘲 并序

楊子雲

哀帝時，丁傅董賢用事，漢書曰：定陶丁姬，哀帝母也，兄明爲大司馬。又曰：孝哀傅皇后，哀帝即位，封后父晏爲孔鄉侯。諸附離之者，起家至二千石。漢書音義，莊子曰：附離不以膠漆。時雄方草創太玄〔一〕，有以自守，泊如也。人有嘲雄以玄之尚白，服虔曰：玄當黑而尚白，將無可用。雄解之，號曰解嘲。其辭曰：

客嘲楊子曰：「吾聞上世之士，人綱人紀，不生則已，尚書曰：先王肇修人紀。孔安國曰：修爲人綱紀也。孔叢子，子魚曰：丈夫不生則已，生則有云爲於世也。生必上尊人君，下榮父母，析人之珪，儋人之爵，懷人之符，分人之禄，說文曰：儋，荷也。應劭曰：文帝始與諸王竹使符。紆青拖紫，朱丹其轂。東觀漢記曰：印綬，漢制，公侯紫綬，九卿青綬。漢書曰：吏二千石朱兩轓。今吾子幸得遭明盛之世，處不諱之朝，與羣賢同行，歷金門，上玉堂有日矣，應劭曰：待詔金馬門。晉灼曰：黄圖有大玉堂、小玉堂。曾不能畫一奇，出一策，上說人主，下談公卿。目如耀星，舌如電光，一從一橫，論者莫當，史記，秦王曰：知一從一橫，其說何？顧默而作太玄五千文，枝葉扶疎，獨說數十餘萬言〔二〕，以樹喻文也。說文曰：扶疎，四布也。深者入黄泉，高者出蒼天，大者含元氣，細者入無間。春秋命歷序曰：元氣正，則天地八卦孳。無間，言至微也。淮南子曰：出入無間。然而位不過侍郎，擢纔給事黄門。蘇林曰：擢之纔爲給事黄門，不長作。意者玄得無尚白乎？何爲官之拓落也？」拓落，猶遼落不諧偶也。

楊子笑而應之曰：「客徒朱丹吾轂〔三〕，不知一跌將赤吾之族也。廣雅曰：跌，差也。赤，謂誅滅也。往昔周網解結，羣鹿争逸，服虔曰：鹿，喻在爵位者。離爲十二，合爲六七，十二國，已見上文。張晏曰：謂齊、燕、楚、韓、趙、魏爲六，就秦爲七。四分五剖，並爲戰國。晉灼曰：此直道其分離之意耳。鄒陽傳云：濟北，四分五裂之國也。士無常君，國無定臣，得士者富，失士者貧，春秋保乾圖曰：得士則安，失士則危。矯翼厲翮，恣意所存，故士或自盛以橐，或鑿坏以遁。服虔曰：范雎入秦，藏於橐中。史記，王稽辭魏去，竊載范雎入秦，至湖見車騎，曰：爲誰？王稽曰：穰侯。范雎曰：此恐辱我，我寧匿車中。有頃，穰侯過。淮南子曰：顔闔，魯君欲相之而不肯，使人以幣先焉，鑿坏而遁之。坏，普來切。是故鄒衍以頡頏而取世資；應劭曰：齊人，著書所言多大事，故齊人號談天鄒衍〔四〕，仕齊至卿。蘇林曰：頡，音提挈之挈。頡頏，奇怪之辭也。鄒衍著書雖奇怪，尚取世以爲資，而己爲之師也。言資以避下文也。頏，苦浪切。孟軻雖連去聲蹇，猶爲萬乘師。蘇林曰：連蹇，言語不便利也。趙岐孟子章指曰：滕文公尊敬孟子，若弟子之問師。

「今大漢左東海，應劭曰：會稽東海也。右渠搜，服虔曰：連西戎國也。應劭曰：禹貢，析支、渠搜屬雍州，在金城、河間之西〔五〕。前番禺，應劭曰：南海郡。張晏曰：南越王都也。蘇林曰：番音潘。後椒塗〔六〕。應劭曰：漁陽之北界。東南一尉，如淳曰：地理志云：在會稽。西北一候。如淳曰：地理志曰：龍勒、玉門、陽關有候也。徽以糾墨，制以鑽鈇，服虔曰：制，縛束也。應劭曰：束以繩徽弩之徽。說文曰：糾，三合繩也。又曰：墨，索也。公羊傳曰：不忍加之鈇鑕。何休注曰：斬腰之刑也。音質。散以禮樂，風以詩書，曠以歲月，結以倚廬。應劭曰：漢律，以爲親行三年服〔七〕，不得選舉。結爲倚廬，以結其心。左氏傳曰：齊晏桓子卒，晏嬰麤斬衰，居倚廬。天下之士，雷動雲合，魚鱗雜襲，咸營于八區。史記，蒯通曰：天下之士，雲合霧集，魚鱗雜遝。遝，徒合切。家家自以爲稷契，人人自以爲臯陶。尚書，帝曰：俞，咨禹，汝平水土，惟時懋哉！禹讓于稷、契暨臯陶。戴縰垂纓，而談者皆擬於阿衡；鄭玄儀禮注曰：纚與縰同。縰，所氏切。詩曰：實惟阿衡，左右商王。毛萇曰：阿衡，伊尹也。五尺童子，羞比晏嬰與夷吾。孫卿子曰：仲尼之門，五尺豎子羞言五伯〔八〕。當塗者升青雲，失路者委溝渠。旦握權則爲卿相，夕失勢則爲匹夫。譬若江湖之崖，渤澥之島，乘鴈集不爲之多，雙鳧飛不爲之少。方言曰：飛鳥曰雙，四鴈曰乘。昔三仁去而殷墟，二老歸而周熾，三仁，微子、箕子、比干。孟子曰：伯夷避紂，居北海之濱，聞文王作，興曰：盍歸乎來！吾聞西伯善養老者。二老者，天下之大老也。子胥死而吴亡，種蠡存而越霸，史記曰：吴既誅子胥，遂伐齊，越王勾踐襲殺吴太子，王聞，乃歸與越平，越王勾踐遂滅吴。又曰：越王勾踐返國，奉國政屬大夫種，而使范蠡行成爲質於吴。後越大破吴也。五羖入而秦喜，樂毅出而燕懼，史記曰：百里奚亡秦走宛，秦穆公聞百里奚〔九〕，欲重贖之，恐楚不與，請以五羖皮贖之，楚人許與之。繆公與語國事，繆公大悦。又曰：樂毅伐齊，破之，燕昭王死，子立爲燕惠王，乃使騎劫代將而召毅，毅畏誅，遂西奔趙。惠王恐趙用樂毅以伐燕也。范睢以折摺而危穰侯，危穰侯，已見李斯上書。折摺，已見鄒陽上書。晉灼曰：摺，古拉字也，力答切。蔡澤以噤吟而笑唐舉。史記曰：唐舉見蔡澤，熟視而笑，曰：吾聞聖人不相，殆先生乎？韋昭曰：噤，欺稟切。吟，疑甚切。故當其有事也，非蕭曹子房平勃樊霍則不能安，當其無事也，章句之徒相與坐而守之，亦無所患。故世亂則聖哲馳騖而不足；世治則庸夫高枕而有餘。説苑曰：管仲，庸夫也，桓公得之以爲仲父。漢書，賈誼曰：陛下高枕，終無山東之憂。楚辭曰：堯、舜皆有舉任兮，故高枕而自適。

「夫上世之士，或解縛而相，或釋褐而傳；左氏傳曰：齊鮑叔帥師來言曰：子糾，親也，請君討之；管、召，讎也，請受而甘心焉。乃殺子糾于生竇，召忽死之。管仲請囚，鮑叔受之，及堂阜而脱之，歸而以告曰：管夷吾治於高傒，使相可也。公從之。墨子曰：傅説被褐帶索，庸築傅巖，武丁得之，舉以爲三公。或倚夷門而笑，應劭曰：侯嬴也。秦伐趙，趙求救於魏，無忌將百餘人往過嬴。嬴無所誡。更還見嬴，嬴笑之，以謀告無忌。韋昭曰：笑人不知己也。或横江潭而漁；服虔曰：漁父也。或七十説而不遇；應劭曰：孔丘也，已見東方朔答客難。或立談而封侯；史記曰：虞卿説趙孝成王，再見爲趙上卿，故號爲虞卿。譙周曰：食邑於虞也。或枉千乘於陋巷，吕氏春秋曰：齊桓公見小臣稷，一日三至弗得見。從者曰：萬乘之主見布衣之士，一日三至而不得見，亦可以止矣。桓公曰：不然。士慠爵禄者固輕其主，君慠霸王者亦輕其士，從夫子慠爵禄，吾庸敢慠霸王乎？或擁篲而先驅。擁篲，鄒衍也。七略曰：方士傳言鄒子在燕，其游，諸侯畏之，皆郊迎擁篲也。是以士頗得信其舌而奮其筆，窒隙蹈瑕而無所詘也。李奇曰：君臣上下，有瑕隙乖離之漸，則可抵而取之〔一〇〕。窒，竹栗切。當今縣令不請士，郡守不迎師，羣卿不揖客，將相不俛眉；言奇者見疑，行殊者得辟。言世尚同而惡異。爾雅曰：辟，罪也。行，趨步也。行，胡庚切。是以欲談者卷舌而同聲，欲步者擬足而投跡。言不敢奇異也。故欲談者卷舌不言，待彼發而同其聲，欲行者擬足不前，待彼行而投其跡也。周易曰：子曰：同聲相應。莊子曰：多物將往，投跡者衆。嚮使上世之士，處乎今世〔一一〕，策非甲科，史記曰：歲課甲科爲郎中，乙科爲太子舍人，然甲科爲第一。行非孝廉，舉非方正，獨可抗疏，時道是非，高得待詔，下觸聞罷，又安得青紫？言抗疏有所觸犯者，帝報以聞而罷之，言不任用也。

「且吾聞之，炎炎者滅，隆隆者絶；觀雷觀火，爲盈爲實；如淳曰：周易云：雷雨之動滿盈。滿，水也。雷極則爲水，火之光炎炎不可久，久亦消滅爲灰炭之實也。天收其聲，地藏其熱。高明之家，鬼瞰其室。李奇曰：鬼神害盈而福謙。攫拏者亡，默默者存；位極者高危〔二〕，自守者身全。是故知玄知默，守道之極；淮南子曰：天道玄默，無容無則。爰清爰静，游神之庭；老子曰：知清知静，爲天下正。惟寂惟漠，守德之宅。莊子曰：恬淡寂漠，虚無無爲，此道德之質也。世異事變，人道不殊，彼我易時，未知何如。李奇曰：或能勝之。今子乃以鴟梟而笑鳳皇，執蝘蜓而嘲龜龍，不亦病乎！孫卿雲賦曰：以龜龍爲蝘蜓，鴟梟爲鳳皇。説文曰：在壁曰蝘蜓，在草曰蜥蜴。蝘，烏典切。蜓，徒顯切。子之笑我玄之尚白，吾亦笑子病甚不遇俞跗與扁鵲也，悲夫！」史記，中庶子謂扁鵲曰：臣聞上古之時，醫有俞跗，醫病不以湯液。法言曰：扁鵲，盧人而善醫。跗音附。

客曰：「然則靡玄無所成名乎？論語曰：君子去仁，惡乎成名。范蔡以下，何必玄哉？」

楊子曰：「范雎，魏之亡命也，折脅摺髂，免於徽索，埤蒼曰：髂，腰骨也，口亞切。翕肩蹈背，扶服入橐，孟子曰：脅肩諂笑。劉熙曰：脅肩，悚體也。入橐，已見上文。激卬萬乘之主，介涇陽，抵穰侯而代之〔三〕，當也。如淳曰：激卬，怒也。善曰：史記曰：范雎至秦上書，因感怒昭王，昭王乃免相國，逐涇陽君於關外。又曰：秦昭王母宣太后長弟曰穰侯，姓魏名冉。昭王同母弟曰涇陽君。蘇林曰：介者，間其兄弟使疎也。說文曰：抵，側擊也，音紙。蔡澤，山東之匹夫也，顩頤折頞〔一四〕，涕唾流沫，西揖强秦之相，搤其咽而亢其氣，拊其背而奪其位，時也。韋昭曰：曲上曰顩，欺甚切。史記曰：蔡澤聞應侯內慙，乃西入秦。應侯使人召蔡澤，蔡澤入則揖應侯，應侯延入坐。數日，言於秦昭王曰：客有從山東來者曰蔡澤，其人辯士。昭王與語，悦之。應侯請歸相印，遂拜蔡澤爲相。說文曰：頞，鼻莖也，於達切。沫，洒面也，呼憒切。廣雅曰：咽，嗌也，一千切。嗌音益。天下已定，金革已平，都於洛陽，禮記，子夏曰：三年之喪卒〔一五〕，金革之事無避也，禮歟？漢書曰：高祖西都洛陽。婁敬委輅脱輓，掉三寸之舌，建不拔之策，舉中國徙之長安，適也。漢書曰：婁敬戍隴西，過洛陽，高帝在焉。敬脱輓曰：臣願見上言便宜。又說上曰：陛下都洛陽，不便，不如入關，據秦之固。是日車駕西都長安。應劭曰：輅，謂以木當胸以輓車也。論語摘輔像曰：子貢掉三寸之舌，動於四海之內。五帝垂典，三王傳禮，百世不易，叔孫通起於枹鼓之間，解甲投戈，遂作君臣之儀，得也。左氏傳曰：援枹而鼓。漢書，叔孫通曰：臣願徵魯諸生弟子，共起朝儀也。呂刑靡敝，秦法酷烈，尚書呂命序曰：穆王訓夏贖刑。禮記曰：國家靡敝。鄧展曰：靡音縻。聖漢權制，而蕭何造律，宜也。漢書曰：相國蕭何捃摭秦法，取其宜於時者，作律九章。故有造蕭何之律於唐虞之世，則悂矣。服虔曰：悂，猶繆也。悂，布迷切，悂或作繆。有作叔孫通儀於夏殷之時，則惑矣；有建婁敬之策於成周之世，則乖矣；左氏傳曰：召公〔一六〕糾合宗族于成周。有談范蔡之說於金張許史之間，則狂矣。金日磾、張安世、許廣漢、史恭、史高也。夫蕭規曹隨，留侯畫策，陳平出奇，功若泰山，嚮若阺隤〔一七〕，應劭曰：天水有大坂，名曰隴坻。其山堆傍着，崩落作聲，聞數百里，故曰坻隤。坻，丁禮切。韋昭，坻音若是理之是。字書曰：巴蜀名山堆落曰坻。韓子曰：泰山之功，長立於國家；日月之名，久著於天地。雖其人之膽智哉〔一八〕，亦會其時之可爲也。故爲可爲於可爲之時，則從；爲不可爲於不可爲之時，則凶。若夫藺生收功於章臺，晉灼曰：相如獻璧於此臺。四皓采榮於南山，四皓，已見上文。采榮，采取榮名也。公孫創業於金馬，驃騎發跡於祁連，孟康曰：公孫弘對策於金馬門。史記曰：弘至太常，對策爲第一，拜爲博士。又曰：驃騎將軍霍去病，擊匈奴至祁連山，捕首虜甚多。司馬長卿竊貲於卓氏，東方朔割炙於細君〔一九〕。史記曰：文君夜亡奔相如，卓王孫不得已，分予文君僮百人，錢百萬，爲富人居。漢書曰：伏日，詔賜從官肉。太官丞日晏不來，東方朔獨拔劍割肉，即懷肉去。太官奏之，上曰：先生起自責也。朔曰：受賜不待詔，何無禮也！拔劍割肉，一何壯也！割之不多，又何廉也！歸遺細君，又何仁也！上笑曰：使先生自責，乃反自譽。復賜酒一石，肉百斤，歸遺細君。割炙，割損其炙也。僕誠不能與此數子並，故默然獨守吾太玄。」

文選考異

〔一〕時雄方草創太玄　何校去「創」字，云漢書無。案：袁、茶陵二本所載五臣濟注云「草創」，是其本有此字，恐各本所見以之亂善，而失著校語耳。

〔二〕獨説數十餘萬言　案：漢書無「數」字，此不當有。袁、茶陵二本所載五臣向注有之，是其本誤衍，後又以之亂善。

〔三〕客徒朱丹吾轂　何校「徒」下添「欲」字。袁本、茶陵本云善無「欲」字。案：漢書有。此傳寫脱，校語非。

〔四〕注「故齊人號談天鄒衍」　案：「鄒」字不當有，各本皆衍。顏注引無，可證也。

〔五〕注「在金城河間之西」　何校「間」改「關」，陳同，是也。各本皆誤。

〔六〕後椒塗　袁本、茶陵本「椒」作「陶」，云善作「椒」。何校云「椒」漢書作「陶」。師古曰：「有作椒者，乃流俗所改。」陳同。今案：何、陳所校非也，顏本作「陶」，具見彼注。善此引「應劭曰：在漁陽之北界」，與顏義迥别，蓋應氏漢書作「椒」，顏所不取，而善意從之也。若以顏改善，是所未安。凡選中諸文，謂與他書必異亦非，必同亦非，其爲例也如此。

〔七〕注「以爲親行三年服」　茶陵本「以」作「不」，是也。袁本亦作「以」。漢書注引「以」「不」兩有，皆非。

〔八〕注「孫卿子曰仲尼之門五尺豎子羞言五伯」　袁本無此十六字，有「五尺童子已見李令伯表」十字，是也。茶陵本複出，非。

〔九〕注「秦穆公聞百里奚」　陳云「奚」下脱「賢」字，是也。各本皆脱。

〔一〇〕注「則可抵而取之」　袁本此下有「善曰爾雅曰窒塞也」八字，是也。茶陵本無，亦脱。

〔一〕處乎今世　案：漢書無「世」字。此不當有，各本皆衍。

〔二〕位極者高危　何校「高」改「宗」。袁本云善作「高」。茶陵本云五臣作「宗」。案：漢書作「宗」，「宗」字是也。「高」字傳寫誤。

〔三〕抵穰侯而代之　案：「抵」當作「抵」，注引説文曰：「抵，側擊也，音紙。」是善字作「抵」。又顏注引蘇林曰：「抵音紙。」亦當作「抵」。今本漢書作「抵」，與此同誤。又上文引李奇注「則可抵而取之」。各本皆作「抵」，此二字多混也。

〔四〕顩頤折頞　案：「顩」漢書作「頷」。師古曰：「頷，曲頤也，音欽。」善引韋昭曰：「曲上曰顩，欽甚切。」疑正文及注二「顩」字皆當作「頷」。「頷」、「頷」同字，故顏音「欽」，韋音「欺甚」也。袁、茶陵二本正文下音「綺險」，乃五臣作「顩」之證，各本以之亂善。其實依韋讀當從「金」，不作「顩」。又諸字書多「頷」、「頷」、「顩」並收，蓋漢書別有作「顩」之本，故五臣用以改善耳。

〔五〕注「三年之喪卒」　案：「卒」下當有「哭」字，各本皆脱。

〔六〕注「左氏傳曰召公」　何校「召」下添「穆」字，是也。各本皆脱。

〔七〕響若坻隤　案：「坻」當作「坁」，應劭本漢書作「坁」，音「丁禮反」。韋昭本漢書作「坻」，音「是」。善意從韋，故又引字書「巴蜀名山堆落曰坻也」。各本正文從應，注中亦一概盡作「坁」，皆誤，當訂正。顏注漢書作「阺」，云「阺音氏，巴蜀人名山旁堆欲墮落曰阺」。應劭以爲天水隴氏，失之矣。氏音丁禮反，所言更顯然易知。説文「氏」下云云，即字書所本，引此作「氏」，韋昭本與之合。吴都賦劉淵林注引此作「坻」，與應劭本合。彼此不可互證，實讀古書之通例矣。

〔一八〕雖其人之膽智哉　袁本、茶陵本「膽」作「贍」，云善作「膽」。陳云漢書作「贍」。又東方朔贊「贍智宏才」，善注仍引此文，則「膽」字乃傳寫譌。案：所校是也。又馬汧督誄「才博智贍」，注引同，亦可證。

〔一九〕東方朔割炙於細君　案：「炙」當作「名」。注「割名，割損其名也」。今二「名」字亦誤「炙」。漢書作「名」，顔注云：「割，損也。言以肉歸遺細君，是損割其名。」蓋唯朔傳言「割肉」，而雄謂之「割名」，故須此注。若如今本作「割炙」，而注云「割炙，割損其炙」，殊非注體。袁、茶陵二本所載五臣良注云「炙，亦肉也」，是其本作「炙」，又附會爲「亦肉」之解，各本皆以之亂善而失著校語，後并注中字改爲「炙」，而讀者不知善自作名矣。今特訂正之。

答賓戲 并序

班孟堅

永平中爲郎，典校祕書，專篤志於儒學，以著述爲業。或譏以無功，項岱曰：或有譏班固雖篤志博學，無功勞於時，仕不富貴也。又感東方朔楊雄自喻，以不遭蘇張范蔡之時，曾不折之以正道，明君子之所守，故聊復應焉。其辭曰：

賓戲主人曰：「蓋聞聖人有一定之論，烈士有不易之分，項岱曰：謂庖羲、堯、舜、文王、周公、孔子也。論，論道化也。一定五經，垂之萬世，後人不能改也。分，決也，謂許由、巢父、伯成子高、夷、齊、吴札志自然之決，不可變易也。善曰：淮南子曰：士有一定之論，女有不易之行。亦云名而已矣。如淳曰：唯貴得名耳。故太上有立德，其次有立功。左氏傳，叔孫豹之辭也。夫德不得後身而特盛，功不得背時而獨彰。言德以潤身，而功以濟世，故德不得後其身而特盛，功不得背其時而獨彰。言貴及身與時也。是以聖哲之治，棲棲遑遑，言貴及時，故不避棲遑之弊也。棲遑，不安居之意也。孔席不暖，墨突不黔。韋昭曰：暖，温也，言坐不暖席也。文子曰：墨子無黔突，孔子無煖席，非以貪禄慕位，欲起天下之利，除萬民之害也。小雅曰：黔，黑也，巨炎切。由此言之，取舍者昔人之上務，著作者前列之餘事耳。劉德曰：取者，施行道德也；舍者，守静無爲也。今吾子幸遊帝王之世，躬帶紱冕之服〔一〕，師古曰：帶，大帶；冕，冠也。項岱曰〔二〕：冕服，三公卿大夫之服也。浮英華，湛道德，英華，草木之美，故以喻帝德也。浮沈，言其洋溢可游泳也。禮斗威儀曰：帝者德其英華。湛，古沈字，字或爲耽，於義雖同，非古文也。矕龍虎之文，舊矣。孟康曰：矕，被也。蘇林曰：謂被龍虎之衣也。易曰：大人虎變，其文炳。言文章之盛久也。矕，莫版切。卒不能攄首尾，奮翼鱗，項岱曰：攄，舒也。翼鱗，皆謂飛龍〔三〕。振拔洿塗，跨騰風雲，説文曰：洿，濁水不流也。塗，泥也。使見之者影駭，聞之者響震。言見之者雖影而必駭，聞之者雖響而必震。言驚懼之甚，不俟形聲也。蒼頡篇曰：駭，驚也。爾雅曰：震，懼也。徒樂枕經籍書〔四〕，紆體衡門，上無所蔕，下無所根。韋昭曰：蔕，都計切。獨攄意乎宇宙之外，鋭思於毫芒之内，項岱曰：毫，毛也。芒，毛之顛杪也。潛神默記，絙以年歲。如淳曰：絙，音亘竟之亘。方言曰：絙，竟也，古鄧切。晉灼曰：以亘爲絙〔五〕。然而器不賈於當己，用不効於一世，劉德曰：賈，讎也。賈音古。雖馳辯如濤波，如淳曰：潮水之激者爲濤波。摛藻如春華，韋昭曰：摛，布也，勑施切。藻，水草之有文者。鹽鐵論曰：文學繁於春華。猶無益於殿最也。漢書音義曰：上功曰最，下功曰殿。意者，且運朝夕之策，定合會之計，使存有顯號，亡有美謚，不亦優乎？」

主人逌爾而笑曰：項岱曰：逌，寬舒顔色之貌也，讀作攸〔六〕。「若賓之言，所謂見世利之華，闇道德之實，守窔奧之熒燭，未仰天庭而覩白日也。應劭曰：爾雅曰：西南隅謂之奧，東南隅謂之窔。字林曰：窔，一弔切。熒，小光也。曩者王塗蕪穢，周失其馭，項岱曰：周王失牧御之化也。侯伯方軌，戰國橫騖，項岱曰：方，併也。軌，轍也。東西交馳謂之騖，七國争彊，車既併轍，騎復橫騖。於是七雄虓闞，分裂諸夏，龍戰虎争。晉灼曰：詩云：闞如虓虎。項岱曰：龍以喻人君。周易曰：龍戰于野，其血玄黄。虎，以喻猛力争不以任也。遊説之徒，風颮電激，並起而救之，其餘猋飛景附，霅煜其間者，蓋不可勝載。韋昭曰：颮，風之聚猥者也，音庖。晉灼曰：霅，音曅爾之曅。説文，熛，火飛也。猋與熛古字通，並必遥切。霅煜，光明之貌也。霅，炎輒切。煜，弋叔切。當此之時，搦朽摩鈍，鉛刀皆能一斷，韋昭曰：搦，摩也，女握切。韓詩外傳，陳饒謂宋燕曰：鉛刀畜之，而干將用之，不亦難乎！是故魯連飛一矢而蹶千金，魯連，已見上文。李奇曰：蹶，蹋也。虞卿以顧眄而捐相印。史記曰：秦昭王遺趙王書，持魏齊頭來。魏齊亡，出見趙相虞卿，虞卿度趙王終不可說，乃解其印，與魏齊間行。夫啾發投曲，感耳之聲，項岱曰：啾，口吟也。投曲，投合歌曲也。合之律度，淫䵷而不可聽者，非韶夏之樂也。李奇曰：淫䵷，不正也。因勢合變，遇時之容，項岱曰：容，宜也。或因際會之勢，合變譎之事，遇時獨蹔得容也。本遇多爲偶，容多爲會。風移俗易，乖迕而不可通者，非君子之法也。及至從人合之，衡人散之，韋昭曰：從人合之，助六國者；衡人散之，佐秦者也。亡命漂說，羈旅騁辭，項岱曰：委君之徒，謂之亡命，謂亡君命也。善曰：左傳，陳敬仲曰：羈旅之臣。杜預曰：羈，寄也。旅，客也。商鞅挾三術以鑽孝公，服虔曰：王霸、富國、强兵，爲三術。李斯奮時務而要始皇，項岱曰：奮，發也。時務，謂六國更相攻伐，争爲雄伯之務。彼皆躡風塵之會，履顛沛之勢，項岱曰：彼，謂商鞅、李斯輩也。風發於天，以喻君上；塵從下起，以喻斯等。據徼乘邪，以求一日之富貴，言據徼幸而乘邪僻也。朝爲榮華，夕爲顦顇，福不盈眥，禍溢於世，李奇曰：當富貴之間，視之不滿目。凶人且以自悔，況吉士而是賴乎？項岱曰：凶人，謂商鞅之輩。臨死敗皆悔恨之言。吉士，班固以自託也。尚書曰：其惟吉士。且功不可以虛成，名不可以僞立，韓設辨以激君，吕行詐以賈國。服虔曰：韓，韓非，設辨於始皇。韋昭曰：吕不韋立子楚，以市秦利。說難既遒，其身乃囚；應劭曰：遒，好也。項岱曰：韓非作說難之書，欲以爲天下法式，上書既終，而爲李斯所疾〔七〕，乃囚而死。秦貨既貴，厥宗亦墜〔八〕。史記曰：秦昭王子子楚質於趙。吕不韋賈邯鄲，見曰：此奇貨可居。乃以五百金與子楚，復以五百金買奇物玩好而遊秦，獻華陽夫人，立子楚爲嫡嗣。秦王薨，謚爲孝文。子楚代立，爲莊襄王，以吕不韋爲丞相，竟飲酖而死。故云厥宗亦墜〔九〕。尚書曰：弗德罔大，墜厥宗。是以仲尼抗浮雲之志，孟軻養浩然之氣〔一〇〕，孔叢子，子思曰：抗志則不愧於道。論語，子曰：不義而富且貴，於我如浮雲。孟子曰：我善養吾浩然之氣。敢問何謂浩然之氣？曰：難言也。其爲氣也，至大至剛，以直養而無害，則塞乎天地之間。項岱曰：皓，白也，如天之氣皓然也。彼豈樂爲迂闊哉？道不可以貳也。項岱曰：迂，遠也。貳，二也。君子履端於始，歸成於終，擬聖人之道，豈可二行如斯、鞅、韓非、不韋之徒也。善曰：説文曰：迂，羽夫切。方今大漢洒埽羣穢，夷險芟荒，晉灼曰：發，開也。今諸本皆作芟字。善曰：埽，即今掃字也。廓帝紘，恢皇綱，項岱曰：紘，張也〔一一〕。皇，君也。善曰：許慎淮南子注曰：紘，維也。基隆於羲農，規廣於黄唐；其君天下也，炎之如日，威之如神，函之如海，養之如春。説文曰：炎，火也，謂光照也。史記曰：帝堯，其仁如天，其智如神，就之如日，望之如雲。朝錯新書曰：臣聞帝王之道，包之如海，養之如春。是以六合之内，莫不同源共流，韋昭曰：六合，天地四方也。沐浴玄德，稟仰太龢，史記，太公曰〔一二〕：沐浴膏澤。尚書曰：玄德升聞。法言曰：或問太和，曰：其在唐、虞、成周也。龢，古和字。枝附葉著，譬猶草木之植山林，鳥魚之毓川澤，得氣者蕃滋，失時者零落，項岱曰：蕃，盛也。零，凋病也。言遇仕者昌盛，不遇者凋病，如萬物於天地之間也。參天地而施化，豈云人事之厚薄哉？項岱曰：參，三也。言漢家之施化布德，周參天地，豈人所能論耶？今吾子處皇代而論戰國，曜所聞而疑所覿，欲從堥敦而度高乎泰山，懷氿濫而測深乎重淵，亦未至也。」服虔曰：敦音頓，頓丘也。應劭曰：爾雅曰：前高堥丘如覆敦者。敦，丘也。爾雅曰：氿泉穴出。穴出，仄出也。濫泉正出。正出，湧出也。服虔曰：氿音軌。韋昭曰：濫音檻。堥音旄。郭璞爾雅注曰：敦，盂也，都回切。

賓曰：「若夫鞅斯之倫，衰周之凶人，既聞命矣。項岱曰：周衰，王霸起，鞅、斯説得行，故言衰周凶人也。敢問上古之士，處身行道，輔世成名，可述於後者，默而已乎？」

主人曰：「何爲其然也！昔者咎繇謨虞，箕子訪周，尚書曰：咎繇矢厥謨。又曰：武王勝殷，以箕子歸。又曰：王訪于箕子。言通帝王，謀合神聖〔一三〕；殷説夢發於傅巖，周望兆動於渭濱，尚書曰：高宗夢得説，使百工營求諸傅巖。史記曰：太公望以漁釣奸周，西伯將出，占之，曰：所獲非龍非虎，非熊非羆；所獲霸王之輔。西伯果遇太公渭濱。齊甯激聲於康衢，漢良受書於邳垠，説苑，陳子説梁王曰：甯戚飯牛康衢，擊車輻而歌，桓公得之而霸也。爾雅曰：五達曰康，四達曰衢。漢書曰：張良從容步遊下邳，圯上有一老父，出一編書，曰：讀是則爲王者師。晉灼曰：垠，涯也，邳水之涯也。皆竢命而神交，匪詞言之所信，故能建必然之策，展無窮之勳也。近者陸子優游，新語以興；董生下帷，發藻儒林；鄭玄曰：優游〔一四〕，不仕也。史記，高帝拜陸賈爲太中大夫，謂賈曰：試爲我著秦所以失天下，我所以得之者何？陸生乃祖述存亡之徵〔一五〕，凡著十二篇，號其書曰新語。又曰：董仲舒以治春秋爲博士，下帷講誦，弟子或莫見其面。劉向司籍，辨章舊聞；揚雄譚思〔一六〕，法言太玄。項岱曰：司，主也。籍，書籍也。善曰：漢書曰：光祿大夫劉向校經傳諸子詩賦，每一卷書已，向輒條其篇目，撮其旨意，錄而奏之。又曰：揚雄譚思渾天，又譔十二卷，象論語，號曰法言。渾天，即太玄經也。皆及時君之門闈，究先聖之壼奧，應劭曰：爾雅曰：宮中巷謂之壼，苦本切。婆娑乎術藝之場，項岱曰：婆娑，偃息也。場圃，講經藝之處也。休息乎篇籍之囿，以全其質而發其文，用納乎聖德，烈炳乎後人，斯非亞與！項岱曰：聖德，明君知賢而納用之也。烈，業也。後人，著書傳之後世。若乃伯夷抗行於首陽，柳惠降志於辱仕〔一七〕，顏潛樂於簞瓢〔一八〕，孔終篇於西狩，論語，子曰：賢哉回也。一簞食，一瓢飲，在陋巷，人不堪其憂，回也不改其樂。左氏傳曰：哀公十四年春，西狩獲麟。春秋元命包曰：孔子曰：丘作春秋，始於元，終於麟，王道成也。聲盈塞於天淵，真吾徒之師表也。項岱曰：言若此之榮名，上達皇天，下洞重泉也。且吾聞之：一陰一陽，天地之方；周易曰：一陰一陽之謂道。孔安國論語注曰：方，猶常也。乃文乃質，王道之綱；項岱曰：或施質道，或施文道，此王者所以爲綱維也。善曰：春秋元命包曰：一質一文，據天地之道，天質而地文。曰：正朔三〔一九〕而改，文質再而復。有同有異，聖哲之常。項岱曰：有同，仕遇而進，有異，不合而退，此聖人之常道。故曰：慎脩所志，守爾天符，委命供己〔二〇〕，味道之腴，項岱曰：符，相命也。腴，道之美者也。善曰：文子曰：不言之師，不道之道，若或通焉，謂之天符。桓譚答楊雄書曰：子雲勤味道腴者也。神之聽之〔二一〕，名其舍諸！項岱曰：有賢智君子，行之如此，神豈舍之乎？將必福祿之。善曰：毛詩曰：神之聽之，式穀與汝〔二二〕。賓又不聞和氏之璧，韞於荆石，隋侯之珠，藏於蚌蛤乎？歷世莫眡，不知其將含景曜，吐英精，曠千載而流光也。韓子曰：楚人和氏得璞玉於楚山之中，奉而獻之，成王使玉人理其璞而得寶焉，遂名曰和氏之璧。淮南子曰：隋侯之珠，和氏之璧，得之者富，失之者貧。高誘曰：隋侯見大蛇傷斷，以藥傅而塗之，後蛇於江中銜大珠以報之，因名曰隋侯之珠。應龍潛於潢汙，魚黿媟之，項岱曰：天有九龍，應龍有翼。服虔曰：左氏傳注曰〔二三〕：蓄小水謂之潢，不洩謂之汙。不覩其能奮靈德，合風雲，超忽荒而躆昊蒼也。項岱曰：忽荒，天上也。昊、蒼，皆天名也。徐廣史記注，躆音戟，躆與據同，謂之足戟持之〔二四〕，並京逆切。故夫泥蟠而天飛者，應龍之神也；先賤而後貴者，和隋之珍也；時暗而久章者，君子之真也。項岱曰：時暗，未顯用時也。久，舊也。章，明也。言君子懷德，雖初時未見顯用，後亦終自明達，如應龍蟠屈而升天，隋和先賤而後貴也。如此是比君子道德之真，言屈伸如一，無變也。善曰：淮南子曰：君子之道，久而章，遠而隆也。若乃牙曠清耳於管絃，離婁眇目於毫分；項岱曰：牙，伯牙也。曠，師曠也。管，鍾律之管；絃，琴瑟之調也。毫分，秋毫之末分也。善曰：纏子，董無心曰：離婁之目，察秋毫之末於百步之外，可謂明矣。逢蒙絶技於弧矢，般輸摧巧於斧斤；吳越春秋，陳章曰〔二五〕：黄帝作弓，後有楚狐父以其道傳羿，羿傳逢蒙。項岱曰：公輸若之族名班。韋昭曰：摧，猶專也。良樂軼能於相馭，烏獲抗力於千鈞；項岱曰：良，王良，晉人也。樂，伯樂，秦穆公時人也。軼，過也。王良善御馬，伯樂工相馬。抗力，力抗也。三十斤曰鈞，千鈞者三萬斤。善曰：吕氏春秋，薄疑説衛嗣君曰：烏獲舉千鈞，又況一斤乎？和鵲發精於鍼石，研桑心計於無垠。左氏傳曰：晉侯求醫於秦，秦伯使醫和視之。史記曰：扁鵲使弟子子陽厲鍼砥石。又曰：越王勾踐困於會稽之上，乃用范蠡、計然。韋昭曰：研，范蠡之師，計然之名也。漢書曰：桑弘羊，雒陽賈人子，以心計爲侍中也。走亦不任廁技於彼列，故密爾自娱於斯文。服虔曰：走，孟堅自謂也。爾雅曰：密，静也。

文選考異

〔一〕躬帶紱冕之服　案：漢書無「紱」字，詳善注亦不及「紱」，必各本皆傳寫誤衍也。

〔二〕注「師古曰帶大帶冕冠也項岱曰」　袁本、茶陵本此十二字作「項岱曰帶大帶也」七字，是也。尤誤用今本顔注校改耳。又案：凡引顔注以長楊賦注證之，善自稱「顔監」。今他篇作「顔師古」者，經後人改之。此作「師古」，益誤中之誤矣。

〔三〕注「翼鱗皆謂飛龍」　袁本「翼」上有「善曰」二字，是也，説已詳前。茶陵本删此節注，非。

〔四〕徒樂枕經籍書　案：「籍」當依漢書作「藉」。各本皆譌。

〔五〕注「晉灼曰以亘爲絙」　陳云「曰」字衍，是也。各本皆衍。又案：據此似正文當作「亘」，上注當作「亘音亘竟之亘」。今皆作「絙」者，依晉灼改之而誤。茶陵本校語云五臣作「亘」。袁本云善作「絙」。其實善亦作「亘」也。西都賦「亘長樂」，孟堅用「亘」字之證。漢書及顔引如淳作「恒」。「恒」、「亘」同字，或師古讀彼賦亦爲「恒」字歟？

〔六〕注「讀作攸」　袁本、茶陵本「作」作「若」，是也。

〔七〕注「上書既終而爲李斯所疾」　袁本無「上書既終」四字，「而」作「然」。案：袁本最是，四字乃五臣向注。五臣解「遒」作「終」，故云爾。善引應劭解作「好」，不得有也。茶陵本并善於五臣，此仍之而誤衍。

〔八〕秦貨既貴厥宗亦墜　袁本有校語云「既」，善作「其」；「亦」，善作「乃」。茶陵本無校語。案：此所見異本也，漢書作「既」、作「亦」。

〔九〕注「故云厥宗亦墜」　袁本無此六字。案：無者是也。茶陵本并五臣於善，此仍之而誤衍。

〔一〇〕孟軻養浩然之氣　案：「浩」當作「皓」。善引項岱注「皓，白也，如天之氣皓然」，是善作「皓」不作「浩」甚明。其五臣作「浩」，袁、茶陵二本所載良注云「浩然自放逸」，其證也。各本所見，皆以之亂善而失著校語，非。又善所引孟子二「浩」字，亦當作「皓」，乃與項岱注爲相應。蓋孟子别本如此，故雪賦「縱心皓然」，亦引之以爲注也。顔注漢書字作「浩」，與五臣合，與善不合，乃異本之難以相證者。凡異本之例，如上文「風颮」，「颮」字於顔則爲「颺」字，是爲明徵矣。

〔一一〕注「紘張也」　陳云「紘」，「恢」誤，是也。各本皆誤。

〔一二〕注「史記太公曰」　陳云「公」上脱「史」字，是也。各本皆脱。

〔一三〕謀合神聖　案：「神聖」，漢書作「聖神」，詳此「神」字韻與下「濱」、「垠」等字協，不得倒轉。

疑善自作「聖神」，唯五臣銑注先解「神」後解「聖」，是其本作「神聖」，各本亦以五臣亂善耳。

〔一四〕注「鄭玄曰優游」　案：「玄」當作「氏」，各本皆誤。漢書注正作「氏」。

〔一五〕注「陸生乃祖述存亡之徵」　陳云「祖」，「粗」誤，是也。各本皆譌。

〔一六〕楊雄譚思　何校「譚」改「覃」。陳云「潭」誤。案：各本皆是「譚」字，善果何作，無以考也。漢書作「覃」。

〔一七〕柳惠降志於辱仕　袁本、茶陵本「於」作「而」。案：漢書作「於」，尤校改也。又案：袁本此下有注云「項岱曰柳下惠」六字，最是。據此，善正文亦當作「夷抗行」，無「伯」字；「惠降志」，無「柳」字。與五臣及漢書不異，上句尚有注而不全也。各本傳寫誤添正文，非。茶陵本及尤本并脱去此句注，益非。

〔一八〕顏潛樂於簞瓢　茶陵本「潛」作「淵」，云五臣作「潛」。袁本云善作「淵」。案：此尤延之用五臣校改也。漢書作「耽」。

〔一九〕注「曰正朔三」　茶陵本「曰」上有「又」字，是也。袁本亦脱。

〔二〇〕委命供己　案：「供」，漢書作「共」。顏注讀曰「恭」。袁、茶陵二本所載五臣向注曰「供猶全也」，是其本作「供」，但所解難通。善無明文，恐未必同向。或自作「共」，失著校語耳。

〔二一〕神之聽之　袁本有校語云「聽」善作「聖」。案：所見非也。茶陵本無校語，與此皆不誤。

〔二〕注「式穀與汝」 茶陵本「與」作「以」，是也。袁本亦誤「與」。

〔三〕注「服虔曰左氏傳注曰」 陳云「虔」下衍「曰」字，是也。各本皆衍。

〔四〕注「謂之足戟持之」 陳云上「之」，「以」誤，是也。各本皆誤。

〔五〕注「陳章曰」 案：「章」當作「音」。各本皆譌。

辭

秋風辭 并序

漢武帝

上行幸河東，祠后土，顧視帝京欣然，中流與羣臣飲燕，上歡甚，乃自作秋風辭曰：

秋風起兮白雲飛，草木黄落兮鴈南歸。禮記曰：季秋之月，草木黄落，鴻鴈來賓。蘭有秀兮菊有芳，攜佳人兮不能忘。泛樓舡兮濟汾河，應劭漢書注曰：作大舡，上施樓，故號曰樓舡。横中流兮揚素波。列女傳，津吏女歌曰：水揚波兮杳冥冥。簫鼓鳴兮發棹歌，棹歌，引棹而歌。歡樂極兮哀情多。列女傳，陶答子妻曰：樂極必哀來。少壯幾時兮奈老何！古長歌行曰：少壯不努力，老大乃悲傷。

歸去來　并序

陶淵明

序曰〔一〕：余家貧，又心憚遠役，彭澤縣去家百里，故便求之。及少日，眷然有歸與之情，自免去職。因事順心，命篇曰歸去來。

歸去來兮，田園將蕪胡不歸！毛詩曰：式微式微，胡不歸！既自以心爲形役，奚惆悵而獨悲。淮南子曰：是皆形神俱役者也。楚辭曰：惆悵兮而私自憐。悟已往之不諫，知來者之可追。論語，楚狂接輿歌曰：往者不可諫，來者猶可追。寔迷途其未遠，覺今是而昨非。迷途，已見丘遲與陳伯之書。莊子謂惠子曰：孔子行年六十而化，始時所是，卒而非之，未知今之所謂是之非五十九非也。舟遥遥以輕颺，風飄飄而吹衣。問征夫以前路，恨晨光之熹微。毛詩曰：駪駪征夫。聲類曰：熹，亦熙字也。熙，光明也。乃瞻衡宇，載欣載奔。毛詩曰：衡門之下，可以棲遲。僮僕歡迎，稚子候門。周易曰：得僮僕，貞。史記曰：楚懷王稚子子蘭。三逕就荒，松菊猶存。三輔決録曰：蔣詡，字元卿，舍中三逕，唯羊仲、求仲從之遊，皆挫廉逃名不出。攜幼入室，有酒盈罇。戰國策曰：扶老攜幼，迎孟嘗君。嵇康贈秀才詩曰：旨酒盈樽。引壺觴以自酌，眄庭柯以怡顔。陸機高祖功臣頌曰：怡顔高覽。倚南窗以寄傲，審容膝之易安。韓詩外傳，北郭先生妻曰：今結駟列騎，所安不過容膝；食方丈於前，所甘不過一肉。園日涉以成趣〔二〕，門雖設而常關。爾雅曰：堂上謂之行，堂下謂之步，門外謂之趨，中庭謂之走。郭璞曰：此皆人行步趨走之處，因以名。趨，避聲也，七喻切。策扶老以流憩，時矯首而遐觀。易林曰：鳩杖扶老，衣食百口。王逸楚辭注曰：矯，舉也。雲無心以出岫，鳥倦飛而知還。景翳翳以將入，撫孤松而盤桓。丁儀妻寡婦賦曰：時翳翳而稍陰，日亹亹以西墜。爾雅曰：盤桓，不進也。

歸去來兮，請息交以絶游。列子曰：公孫穆屏親昵，絶交游。世與我而相遺，復駕言兮焉求？桓子新論曰：凡人性，難極也，難知也。故其絶異者，常爲世俗所遺失焉。毛詩曰：駕言出遊。又曰：知我者謂我心憂，不知我者謂我何求。悦親戚之情話，樂琴書以消憂。説文曰：話，會合爲善言也。劉歆遂初賦曰：玩琴書以滌暢〔三〕。農人告余以春兮〔四〕，將有事乎西疇。賈逵國語注曰：一井爲疇。或命巾車，或棹孤舟。孔叢子，孔子歌曰：巾車命駕，將適唐都。鄭玄周禮注曰：巾，猶衣也。既窈窕以尋壑，亦崎嶇而經丘。曹攄贈石荆州詩曰：窈窕山道深。埤蒼曰：崎嶇，不安之貌。木欣欣以向榮，泉涓涓而始流。毛萇詩傳曰：欣欣，樂也。家語，金人銘曰：涓涓不壅，爲江爲河。善萬物之得時，感吾生之行休！大戴禮曰：君道當，則萬物皆得其宜。郭璞遊仙詩曰：吾生獨不化。莊子曰：其生若浮，其死若休。已矣乎！寓形宇内復幾時，曷不委心任去留！尸子，老萊子曰：人生於天地之間，寄也。琴賦曰：委性命兮任去留。胡爲遑遑欲何之？孟子曰：傳云：孔子三月無君，則遑遑如也。孔叢子，孔子歌曰：天下如一欲何之？富貴非吾願，帝鄉不可期。大戴禮，孔子曰：所謂賢人者，躬爲匹夫，而不願富貴。

莊子，華封人謂堯曰：乘彼白雲，至于帝鄉。懷良辰以孤往，或植杖而耘耔。東征賦曰：選良辰而將行。淮南子要略曰：山谷之人，輕天下，細萬物，而獨往者也。司馬彪曰：獨往，任自然，不復顧世。論語曰：植其杖而耘。毛詩曰：或耘或耔。登東皋以舒嘯，臨清流而賦詩。阮籍奏記曰：將耕東皋之陽。毛萇詩傳曰：舒，緩也。琴賦曰：臨清流而賦新詩。聊乘化以歸盡，樂夫天命復奚疑！家語，孔子曰：化於陰陽，象形而發，謂之生；化窮數盡，謂之死。莊子曰：生有所乎萌，死有所乎歸。周易曰：樂天知命，故不憂。

文選考異

〔一〕注「序曰」　袁本「序」上有「歸去來」三字，茶陵本無。

〔二〕園日涉以成趣　案：「趣」當作「趨」，善引爾雅「謂之趨」爲注，又云「趨，避聲也，七喻切。」是其本作「趨」甚明。倘作「趣」，此一節注全無附麗矣。五臣良注云「自成佳趣」，乃作「趣」也。各本皆以五臣亂善而失著校語。

〔三〕注「玩琴書以滌暢」　陳云「滌」，「條」誤，是也。各本皆誤。

〔四〕農人告余以春兮　袁本、茶陵本無「兮」字。案：此尤校添也。

序上

毛詩序

卜子夏　家語曰：卜商，字子夏，衛人也。　鄭氏箋

關雎，后妃之德也，風之始也，所以風天下〔一〕而正夫婦也。故用之鄉人焉，用之邦國焉。風，風也，教也。風以動之，教以化之。詩者，志之所之也。在心爲志，發言爲詩。情動於中而形於言，言之不足，故嗟歎之；嗟歎之不足，故永歌之；永歌之不足，不知手之舞之、足之蹈之也。情發於聲，聲成文謂之音。發，猶見也。聲，謂宮商角徵羽也。聲成文者，宮商上下相應也。治世之音安以樂，其政和；亂世之音怨以怒，其政乖；亡國之音哀以思，其民困。故正得失，動天地，感鬼神，莫近於詩。先王以是經夫婦，成孝敬，厚人倫〔二〕，美教化，移風俗。故詩有六義焉：一曰風，二曰賦，三曰比，四曰興，五曰雅，六曰頌。上以風化下，下以風刺上，主文而譎諫，言之者無罪，聞之者足以戒〔三〕，故曰風。風化、風刺，皆謂譬喻，不斥言也。主文，主與樂宮商相應也。譎諫，詠歌依違，不直諫也。至于王道衰，禮義

廢，政教失，國異政，家殊俗，而變風變雅作矣。國史明乎得失之迹，傷人倫之廢，哀刑政之苛，吟詠情性，以風其上，達於事變，而懷其舊俗者也。故變風發乎情，止乎禮義。發乎情，民之性也；止乎禮義，先王之澤也。是以一國之事，繫一人之本，謂之風；言天下之事，形四方之風，謂之雅。雅者，正也，言王政之所由廢興也。政有小大，故有小雅焉，有大雅焉。頌者，美盛德之形容，以其成功告於神明者也。是謂四始，詩之志也〔四〕。始者，謂王道興衰之所由也。

然則關雎麟趾之化，王者之風，故繫之周公。南，言化自北而南也。鵲巢騶虞之德，諸侯之風也，先王之所以教，故繫之召公。自，從也。從北而南，謂其化從岐周被江、漢之域。先王，斥太王、王季、文王也〔五〕。周南召南，正始之道，王化之基。是以關雎樂得淑女以配君子，憂在進賢，不淫其色，哀窈窕，思賢才，而無傷善之心焉，是關雎之義也。哀，蓋字之誤也。哀當爲衷，謂中心念恕之也〔六〕，無傷善之心，謂好仇也。

文選考異

〔一〕所以風天下　茶陵本「風」下有「化」字，袁本無。案：茶陵所用善本也，袁所用五臣本也，此一有一無，舊已兩行，見於正義，必善與正義所謂俗本者同，五臣以定本去之。尤依今序校删，而五臣亂善，二本皆失著校語，亦非。

〔二〕厚人倫　案：「厚」當作「序」。袁本有校語云「厚」善作「序」。茶陵本作「厚」，無校語。考釋文云「厚音后」，本或作「序」，非。此亦兩行，善自作「序」，唯袁所見得之。又案：求通親親表「敍人倫」引此，當亦是「序」。今作「厚」，非。王元長曲水詩序「厚倫」注引此，則作「厚」。乃所謂與文選不同，各隨所用而引之之例也。

〔三〕聞之者足以戒　袁本、茶陵本「以」下有「自」字。案：此亦兩行之見正義者，尤依今序校删，似是實非。

〔四〕詩之志也　袁本云善作「志」。茶陵本作「至」，無校語。案：此無可考，但當各仍其舊。茶陵非也。

〔五〕注「斥太王王季文王也」　案：「文王也」三字，今箋無。詳其義不當有，此或傳寫衍也。

〔六〕注「謂中心念恕之也」　陳云案釋文云「恕」本又作「念」，則「念」下不當復有「恕」字，是也。各本皆衍。案：此蓋或校「念」爲「恕」，因誤兩存耳。

尚書序

孔安國　漢書曰：孔安國以治尚書爲武帝博士，臨淮太守。

古者伏犧氏之王天下也，始畫八卦，造書契，以代結繩之政，由是文籍生焉。伏羲神農黄帝之書，謂之三墳，言大道也。少昊顓頊高辛唐虞之書，謂之五典，言常道也。至于夏商周之書，雖設教不倫，雅誥奥義，其歸一揆。是故歷代寶之，以爲大訓。八卦之説，謂之八索，求其義也。九州之志，謂之九丘。丘，聚也。言九州所有，土地所生，風氣所宜，皆聚此書也。春秋左氏傳曰：楚左史倚相能讀三墳五典八索九丘，即謂上世帝王遺書也。

先君孔子，生於周末，覩史籍之煩文，懼覽之者不一〔一〕，遂乃定禮樂，明舊章，删詩爲三百篇，約史記而修春秋，讚易道以黜八索，述職方以除九丘。討論墳典，斷自唐虞以下訖於周，芟夷煩亂，翦截浮辭，舉其宏綱，撮其機要，足以垂世立教。典謨訓誥誓命之文，凡百篇，所以恢弘至道，示人主以軌範也。帝王之制，坦然明白，可舉而行。三千之徒，並受其義。及秦始皇滅先代典籍，焚書坑儒，天下學士，逃難解散。我先人用藏其家書于屋壁。

漢室龍興，開設學校，旁求儒雅，以闡大猷。濟南伏生，年過九十，失其本經，口以傳授，裁二十餘篇，以其上古之書，謂之尚書。百篇之義，世莫得聞。至魯共王好治宫室，壞孔子舊宅，以廣其居，於壁中得先人所藏古文虞夏商周之書，及傳論語孝經，皆科斗文字。王又升孔子堂，聞金石絲竹之音，乃不壞宅，悉以書還孔氏。科斗書廢已久，時人無能知者，以所聞伏生之書，考論文義，定其可知者，爲隸古定；更以竹簡寫之，增多伏生二十五篇。伏生又以舜典合於堯典，益稷合於皋陶謨，盤庚三篇合爲一，康王之誥合於顧命。復出此篇并序，凡五十九篇，爲四十六卷。其餘錯亂摩滅，不可復知，悉上送官，藏之書府，以待能者。

承詔爲五十九篇作傳，於是遂研精覃思，博考經籍，採摭羣言，以立訓傳，約文申義，敷暢厥旨，庶幾有補於將來。書序，序所以爲作者之意，昭然義見，宜相附近，故引之各冠其篇首。定五十八篇既畢，會國有巫蠱事，經籍道息，用不復以聞，傳之子孫，以貽後世。若好古博雅君子，與我同志，亦所不隱也。

文選考異

〔一〕懼覽之者不一　何校云匡謬正俗云晉、宋時書皆云「覽者之不一」。案：各本皆作「之者」，未詳善與顏所説同否也。

春秋左氏傳序

杜預〔一〕臧榮緒晉書曰：杜預，字元凱，京兆人也。起家拜尚書郎，稍遷至鎮南大將軍，都督荆州諸軍事，平吳，加位特進，薨。

春秋者，魯史記之名也。記事者，以事繫日，以日繫月，以月繫時，以時繫年，所以紀遠近，別同異也。故史之所記，必表年以首事；年有四時，故錯舉以爲所記之名也。周禮有史官，掌邦國四方之事，達四方之志。諸侯亦各有國史，大事書之於策，小事簡牘而已。孟子曰：「楚謂之檮杌，晉謂之乘，而魯謂之春秋，其實一也。」韓宣子適魯，見易象與魯春秋，曰：「周禮盡在魯矣。吾乃今知周公之德，與周之所以王也。」韓子所見，蓋周之舊典禮經也。

周德既衰，官失其守，上之人不能使春秋昭明，赴告策書，諸所記注，多違舊章。仲尼因魯史策書成文，考其真僞，而志其典禮，上以遵周公之遺制，下以明將來之法。其教之所存，文之所害，則刊而正之，以示勸誡。其餘皆即用舊史，史有文質，辭有詳略，不必改也。故傳曰：「其善志。」又曰：「非聖人孰能修之。」蓋周公之志，仲尼從而明之。左丘明受經於仲尼，以爲經者不刊之書也。故傳或先經以始事，或後經以終義，或依經以辨理，或錯經以合異，隨義而發其例之所重。舊史遺文，略不盡舉，非聖人所修之要故也。身爲國史，躬覽載籍，必廣記而備言之。其文緩，其旨遠，將令學者原始要終，尋其枝葉，究其所窮，優而柔之，使自求之；饜而飫之，使自趨之。若江海之浸，膏澤之潤，涣然冰釋，怡然理順，然後爲得也。其發凡以言例，皆經國之常制，周公之垂法，史書之舊章，仲尼從而脩之，以成一經之通體。其微顯闡幽，裁成義類者，皆據舊例而發義，指行事以正褒貶。諸稱書、不書、先書、故書、不言、不稱、書曰之類，皆所以起新舊，發大義，謂之變例。然亦有史所不書，即以爲義者，此蓋春秋新意，故傳不言凡，曲而暢之也。其經無義例，因行事而言，則傳直言其歸趣而已，非例也。故發傳之體有三，而爲例之情有五。一曰微而顯，文見於此而義起在彼，稱族尊君命，舍族尊夫人，梁亡、城緣陵之類是也。二曰志而晦，約言示制，推以知例，參會不地，與謀曰及之類是也。三曰婉而成章，曲從義訓，以示大順，諸所諱避〔二〕，璧假許田之類是也。四曰盡而不汙，直書其事，具文見意，丹楹、刻桷、天王求車、齊侯獻捷之類是也。五曰懲惡而勸善，求名而亡，欲蓋而章，書齊豹盜、三叛人名之類是也。推此五體以尋經、傳，觸類而長之，附于二百四十二年行事，王道之正，人倫之紀備矣。

或曰：春秋以錯文見義，若如所論〔三〕，則經當有事同文異而無其義也。先儒所傳，皆不其然。答曰：春秋雖以一字爲褒貶，然皆須數句以成言，非如八卦之爻，可錯綜爲六十四也，固當依傳以爲斷。古今言左氏春秋者多矣，今其遺文可見者十數家，大體轉相祖述，進不成爲錯綜經文以盡其變，退不守丘明之傳；於丘明之傳，有所不通〔四〕，皆没而不説，而更膚引公羊穀梁，適足自亂。預今所以爲異，專脩丘明之傳以釋經，經之條貫，必出於傳，傳之義例，總歸諸凡。推變例以正褒貶，簡二傳而去異端，蓋丘明之志也。其有疑錯，則備論而闕之，以俟後賢。然劉子駿創通大義，賈景伯父子、許惠卿，皆先儒之美者也。末有潁子嚴者，雖淺近亦復名家。故特舉劉賈許潁之違，以見同異，分經之年與傳之年相附，比其義類，各隨而解之，名曰經傳集解。又别集諸例，及地名、譜第、歷數，相與爲部，凡四十部，十五卷，皆顯其異同，從而釋之，名曰釋例，將令學者觀其所聚異同之説，釋例詳之也。

或曰：春秋之作，左傳及穀梁無明文，説者以爲仲尼自衞反魯，修春秋，立素王，丘明爲素臣。言公羊者亦云黜周而王魯，危行言遜，以避當時之害，故微其文，隱其義。公羊經止獲麟，而左氏經終孔丘卒，敢問所安？答曰：異乎余所聞。仲尼曰：「文王既没，文不在兹乎？」此制作之本意也。歎曰：「鳳鳥不至，河不出圖，吾已矣夫！」蓋傷時王之政也。麟鳳五靈，王者之嘉瑞也，今麟出非其時，虚其應而失其歸，此聖人所以爲感也。絶筆于獲麟之一句者，所感而起，固所以爲終也。

曰：然春秋何始於魯隱公？答曰：周平王，東周之始王也；隱公，讓國之賢君也。考乎其時則相接，言乎其位則列國，本乎其始則周公之祚胤也。若平王能祈天永命，紹開中興，隱公能弘宣祖業，光啓王室，則西周之美可尋，文武之跡不墜。是故因其歷數，附其行事，采周之舊，以會成王義，垂法將來。所書之王，即平王也；所用之歷，即周正也；所稱之公，即魯隱也。安在其黜周而王魯乎？子曰：「如有用我者，吾其爲東周乎！」此其義也。若夫制作之文，所以彰往考來，情見乎辭，言高則旨遠，辭約則義微，此理之常，非隱之也。聖人包周身之防，既作之後，方復隱諱以避患，非所聞也。子路使門人爲臣，孔子以爲欺天，而云仲尼素王，丘明素臣，又非通論也。先儒以爲制作三年，文成致麟，既已妖妄，又引經以至仲尼卒，亦又近誣。據公羊經止獲麟，而左氏「小邾射」不在三叛之數，故余以爲感麟而作，作起獲麟，則文止於所起，爲得其實，至於反袂拭面，稱「吾道窮」，亦無取焉。

文選考異

〔一〕杜預　袁本、茶陵本作「杜元凱」，是也。

〔二〕諸所諱避　袁本、茶陵本云善作「避諱」。案：今本左傳作「諱避」，尤校改耳。下二條同。

〔三〕若如所論　袁本、茶陵本云「如」善作「此」。

〔四〕有所不通　袁本、茶陵本云「有」善作「其」。

三都賦序

臧榮緒晉書曰：左思作三都賦，世人未重。皇甫謐有高名於世，思乃造而示之，謐稱善，爲其賦序也。

皇甫士安

臧榮緒晉書曰：皇甫謐，字士安，安定朝那人。年二十，始受書，得風痺疾，猶手不輟卷。舉孝廉，不行，又辟著作，不應，卒於家。

玄晏先生曰：謐自序曰：始志乎學，而自號玄晏先生。玄，静也。晏，安也。先生，學人之通稱也。古人稱不歌而頌謂之賦。漢書曰：傳云：不歌而頌謂之賦。然則賦也者，所以因物造端，敷弘體理，欲人不能加也。漢書曰：登高能賦，可以爲大夫。言感物造端，材智深美，可以列爲大夫也。釋名曰：賦，敷也，敷布其義謂之賦。引而申之，故文必極美；觸類而長之，故辭必盡麗。周易曰：引而申之，觸類而長之，天下之能事畢矣。然則美麗之文，賦之作也。法言曰：詩人之賦麗以則。昔之爲文者，非苟尚辭而已，法言曰：或曰：君子尚辭乎？曰：君子事之爲尚。將以紐之王教，本乎勸戒也。說文曰：紐，系也，女九切。自夏殷以前，其文隱没，靡得而詳焉。夏有五子之歌，殷有湯頌。周監二代，文質之體，百世可知。論語，子曰：周監於二代，郁郁乎文哉，吾從周。又，子曰：其或繼周者，雖百世，可知也。故孔子采萬國之風，正雅頌之名，集而謂之詩。漢書曰：古有采詩之官，王者所以觀風俗，知得失，自考正也。孔子純取周詩。詩人之作，雜有賦體。子夏序詩曰：一曰風，二曰賦。故知賦者，古詩之流也。兩都賦序曰：賦者，古詩之流也。

至于戰國，王道陵遲，風雅寖頓，於是賢人失志，辭賦作焉。漢書曰：春秋之後，周道寖壞，而賢人失志之賦作矣。是以孫卿屈原之屬，遺文炳然，辭義可觀。西都賦序曰（一）：文章炳焉。論語曰：必有可觀者焉。存其所感，咸有古詩之意，皆因文以寄其心，託理以全其制，賦之首也。漢書曰：大儒孫卿及楚臣屈原，離讒憂國，皆作賦以風喻，咸有惻隱古詩之義。班固漢書述曰：蔚爲辭宗，賦頌之首。及宋玉之徒，淫文放發，言過于實，誇競之興，體失之漸，風雅之則，於是乎乖。漢書曰：其後宋玉、唐勒競爲侈麗宏衍之詞，没其風諭之義。法言曰：辭人之賦麗以淫。逮漢賈誼，頗節之以禮。自時厥後，綴文之士，不率典言，並務恢張，其文博誕空類。孔安國尚書大傳曰（二）：誕，大也。大者罩天地之表，細者入毫纖之内，雖充車聯駟，不足以載；廣夏接榱，不容以居也。其中高者，至如相如上林，楊雄甘泉，班固兩都，張衡二京，馬融廣成，王生靈光，范曄後漢書曰：馬融爲校書郎，時鄧太后臨朝，遂寢蒐狩之禮，故猾賊縱橫。融以爲文、武之道，聖賢不墜，上廣成頌以諷諫。初極宏侈之辭，終以約簡之制，焕乎有文，蔚爾鱗集，皆近代辭賦之偉也。論語，子曰：大哉堯之爲君，焕乎其有文章也。周易曰：君子豹變，其文蔚也。難蜀父老曰：鱗集仰流。若夫土有常產，俗有舊風，方以類聚，物以羣分；周易曰：方以類聚，物以羣分，吉凶生矣。而長卿之儔，過以非方之物，寄以中域，虛張異類，託有於無。祖構之士，雷同影附，流宕忘反，非一時也。徐廣史記注曰：祖者，宗習之謂也。蔡邕郭有道碑曰：望形表而影附。謝承後漢書序曰〔三〕：士庶流宕，他州異境。

曩者漢室內潰，四海圮裂。孫劉二氏，割有交益；魏武撥亂，擁據函夏。公羊傳曰：撥亂反正。函夏，已見赭白馬賦。故作者先爲吳蜀二客，盛稱其本土險阻瓌琦，可以偏王，埤蒼曰：瓌瑋，珍琦也。而却爲魏主述其都畿，弘敞豐麗，奄有諸華之意。言吳蜀以擒滅〔四〕比亡國，而魏以交禪比唐虞，既已著逆順，且以爲鑒戒。漢書曰：甚誘逆之理〔五〕。西京賦曰：鑒戒唐詩。蓋蜀包梁岷之資，吳割荆南之富，魏跨中區之衍，考分次之多少，計殖物之衆寡，星之分次，物之生殖也。周禮曰：以星土辨九州之地所封域。又曰：動物宜毛，植物宜皁。比風俗之清濁，課士人之優劣，亦不可同年而語矣。過秦論曰〔六〕：則不可同年而語矣。二國之士，各沐浴所聞，史記曰：太史公曰：成王作頌，沐浴膏澤。家自以爲我土樂，人自以爲我民良，皆非通方之論也。作者又因客主之辭，正之以魏都，折之以王道，其物土所出，可得披圖而校。左氏傳，賓媚人曰：疆理天下物土之宜。杜預曰：播殖之物，各從土宜。體國經制，可得按記而驗，豈誣也哉！周禮曰：惟王建國，體國經野。鄭玄曰：體，猶分也。

文選考異

〔一〕注「西都賦序曰」 案：「西」當作「兩」。各本皆譌。

〔二〕注「孔安國尚書大傳曰」 案：「大」字不當有。各本皆衍。

〔三〕註「謝承後漢書序曰」 袁本、茶陵本「承」作「沈」，是也。

〔四〕言吴蜀以擒滅 案：「擒」當作「禽」。茶陵本云五臣作「禽」，袁本云善作「擒」，所見皆非。

〔五〕注「甚誘逆之理」 陳云「誘」，「誖」誤。又「逆」下脱「順」字，是也。各本皆誤。

〔六〕注「過秦論曰」 袁本、茶陵本無「論」字，是也。

思歸引序

石季倫

余少有大志，夸邁流俗，弱冠登朝，臧榮緒晉書曰：崇早有智慧，年二十餘，爲修武令，有能名。范曄後漢書，馬援曰：吾從弟少遊，哀吾慷慨多大志。禮記曰：不從流俗。班固漢書述曰：矯矯賈生，弱冠登朝。歷位二十五年，五十以事去官。臧榮緒晉書曰：崇爲大司農，坐未被書擅去官免。晚節更樂放逸，篤好林藪；魏太祖祭喬玄文曰：非至親之篤好，胡肯爲此辭哉！遂肥遁於河陽別業。周易曰：肥遁無不利。其制宅也，却阻長堤，前臨清渠，百木幾於萬株〔一〕，流水周於舍下。楚辭曰：水周兮堂下。有觀閣池沼，多養魚鳥〔二〕。家素習技，頗有秦趙之聲。班固漢書〔三〕，楊惲報孫會宗書曰：家本秦人，能爲秦聲。婦，趙女也，雅善鼓瑟。出則以游目弋釣爲事，入則有琴書之娛。楚辭曰：忽反顧以游目。劉歆遂初賦曰：玩琴書以條暢。又好服食咽氣，志在不朽，古詩曰：服食求神仙。慠然有凌雲之操。漢書曰：司馬相如既奏大人賦，天子曰：飄飄有凌雲之氣。仲長子昌言曰：節操凌高雲。欻許勿復見牽羈，婆娑於九列；臧榮緒晉書曰：崇後爲太僕。困於人間煩黷，常思歸而永歎。賈逵國語注曰：黷，媟也。毛詩曰：兹之永歎。尋覽樂篇，有思歸引，琴操、思歸者，衞女之所作也。欲歸不得，心悲憂傷，援琴而歌，作思歸引。儻古人之情，有同於今，故制此曲。此曲有絃無歌，今爲作歌辭，以述余懷。恨時無知音者，令造新聲而播於絲竹也。周禮曰：播之以八音。

文選考異

〔一〕百木幾於萬株　袁本、茶陵本「百」作「柏」。案：此必善「百」、五臣「柏」，二本失著校語，尤所見獨未誤也。詳文義，「百」是，「柏」非。

〔二〕多養魚鳥　袁本、茶陵本「魚鳥」作「鳥魚」。案：此疑亦善、五臣之異。

〔三〕注「班固漢書」　袁本、茶陵本無此四字。案：無者是也，説已見前。此類今各本多非其舊，未能盡出。

文選卷第四十六

序下

豪士賦序

陸士衡　臧榮緒晉書曰：機惡齊王冏矜功自伐，受爵不讓，及齊亡，作豪士賦。呂氏春秋曰：老聃、孔子、墨翟、關尹子、列子、陳駢、楊朱、孫臏、王廖、兒良，此十人者，皆天下之豪士也。然機猶假美號以名賦也。

夫立德之基有常，而建功之路不一。左氏傳，穆叔曰：太上有立德，其次有立功。何則？循心以爲量者存乎我，言立德必循於心，故存乎我。因物以成務者繫乎彼。言建功必因於物，故繫乎彼。存夫我者，隆殺止乎其域；繫乎物者，豐約唯所遭遇。言德有常量，至域便止；功無常則，因遇乃成。域謂身也。落葉俟微風以隕〔一〕，而風之力蓋寡；漢書，王恢謂韓安國曰：夫草木遭霜者，不可以遇風。孟嘗遭雍門而泣，而琴之感以末。桓子新論曰：雍門周以琴見孟嘗君，孟嘗君曰：先生鼓琴亦能令文悲乎？對曰：臣竊爲足下有所悲，千秋萬歲後，墳墓生荆棘，游童牧豎，躑躅其足，而歌其上，曰孟嘗君之尊貴，亦猶若是乎！於是孟嘗喟然太息，涕承睫而未下，雍門周引琴而鼓之，徐動宮徵，揮角羽，初終而成曲。孟嘗君遂歔欷而就之。是琴之感以末也。何者？欲隕之葉，無所假烈風；將墜之泣，不足繁哀響也〔二〕。是故苟時啓於天，理盡於民，時既啓之於天，理又盡於人事，言立功易也。庸夫可以濟聖賢之功，斗筲可以定烈士之業。説苑曰：管仲，庸夫也，桓公得之以爲仲父。論語，子貢曰：今之從政者何如？子曰：噫！斗筲之人，何足算也！故曰才不半古，而功已倍之，蓋得之於時勢也。孟子曰：當今之時，萬乘之國行仁政，民之悦之，猶解倒懸也。故事半，古之人功必倍之，唯此時爲然。歷觀古今，徼一時之功，而居伊周之位者有矣。孟子曰：彼一時，此一時。夫我之自我，智士猶嬰其累；物之相物，昆蟲皆有此情。孟子曰：爾爲爾，我爲我。文子曰：譬吾處於天下，亦爲一物也。然則我亦物也，而物亦物也，物之與我也，有何以相物也。禮記曰：昆蟲未蟄。鄭玄曰：昆，明也。明蟲者，陽而生，陰而藏。夫以自我之量，而挾非常之勳，神器暉其顧眄，萬物隨其俯仰，老子曰：天下神器，不可爲也；爲者敗之。心玩居常之安，耳飽從諛之説，史記，汲黯曰：上置公卿，寧令從諛承意，陷主於不義乎？豈識乎功在身外，任出才表者哉！

且好榮惡辱，有生之所大期；孫卿子曰：好榮惡辱，好利惡害，是君子小人之所同。忌盈害上，鬼神猶且不免；周易曰：鬼神害盈而福謙。左氏傳，狼瞫曰：周志有之，勇則害上，不登於明堂。人主操其常柄，天下服其大節，韓子曰：操生殺之柄，此人主之勢也。左氏傳，仲尼曰：唯器與名不可以假人，君之所司也，政之大節也。故曰天可讎乎？左氏傳曰：楚子入于雲中，鄖公辛之弟懷將殺王，辛曰：君討臣，誰敢讎之？君命，天也。若死天命，將誰讎乎〔三〕？而時有袨服荷戟，立丁廟門之下，援旗誓衆，奮於阡陌之上。漢書曰：宣帝祠孝昭廟，先敺旄頭劍挺墮地，首垂泥土中，刃嚮乘輿〔四〕車，馬驚，於是召梁丘賀筮之，有兵謀，不吉。上還，使有司侍祠。時霍氏外孫代郡太守任宣坐謀反誅，宣子章爲公車丞，亡在渭城界，中夜袨服入廟，居郎間，執戟立廟門，待上至，欲爲逆，發覺，伏誅。蘇林曰：袨服，黑服也。過秦論曰：陳涉躡足行伍之間，而俛起阡陌之中，斬木爲兵，揭竿爲旗。援，于元切。況乎代主制命，自下財物者哉！后以財成而臣爲之，故云自下。尸子曰：天生萬物，聖人財之。廣樹恩不足以敵怨，勤興利不足以補害，故曰代大匠斲者，必傷其手。老子曰：夫代大匠斲，希有不傷其手。且夫政由甯氏，忠臣所爲慷慨；祭則寡人，人主所不久堪。左氏傳曰：衛獻公使與甯喜言曰：苟反國，政由甯氏，祭則寡人。是以君奭鞅鞅於亮，不悦公旦之舉；高平師師，側目博陸之勢。尚書序曰：召公爲保，周公爲師，相成王爲左右，召公不悦。漢書，景帝目送周亞夫曰：此之鞅鞅，非少主臣也。又曰：魏相，字弱翁，遷御史〔五〕，四歲代韋賢爲丞相，封高平侯。班固述魏相曰：高平師師，惟辟作威，圖黜凶害，天子是毗。韋昭曰：師師，相尊法也。漢書曰：列侯宗室見郅都側目。又曰：霍光爲博陸侯。而成王不遺嫌吝於懷，宣帝若負芒刺於背，非其然者與？尚書曰：武王既喪，管叔及羣弟流言於國曰：公將不利於孺子。孔安國曰：成王信流言而疑周公。漢書曰：宣帝始立，謁見高廟，大將軍霍光從參乘，上内嚴憚之，若有芒刺在背。嗟乎！光于四表，德莫富焉；王曰叔父，親莫昵焉。尚書曰：光被四表。毛詩曰：王曰叔父。毛萇曰：叔父，謂周公也。登帝大位〔六〕，功莫厚焉；守節没齒，忠莫至焉。漢書，昭帝崩，霍光上奏曰：太宗亡嗣，孝武皇帝曾孫病已可以嗣孝昭皇帝。太后詔可。尚書，伊尹曰：天位艱哉！李陵與蘇武書曰：薄賞子以守節。論語，或問管仲曰：奪伯氏駢邑三百，飯疏食，没齒無怨言。而傾側顛沛，僅而自全，則伊生抱明允以嬰戮，文子懷忠敬而齒劍，固其所也。尚書曰：太甲既立，不明，伊尹放諸桐。左氏傳曰：高陽氏有才子，明允篤誠。紀年曰：太甲潛出自桐，殺伊尹。吴越春秋曰：文種者，本楚南郢人也，姓文，字少禽。禮記，孔子曰：儒有懷忠信以待舉。史記曰：勾踐平吴，人或讒大夫種且作亂，越王乃賜種劍曰：子教寡人伐吴七術，寡人用其三而敗吴，其四在子，子爲我從先王試之。種遂自殺。枚叔上書諫吴王曰：腐肉之齒利劍也。

因斯以言，夫以篤聖穆親，如彼之懿，謂周公也。大德至忠，如此之盛，謂霍光也。尚不能取信於人主之懷，止謗於衆多之口，鄒陽於獄上書曰：不奪乎衆多之口。過此以往，惡烏覩其可！安危之理，斷可識矣。又況乎饕土高大名以冒道家之忌，運短才而易聖哲所難者哉！穀梁傳曰：君不尸小事，臣不專大名。老子曰：富貴而驕，自遺其咎。莊子曰：功成者隳，名成者虧，孰能去功與名，而還與衆人？身危由於勢過，而不知去勢以求安；禍積起於寵盛，而不知辭寵以招福。見百姓之謀己，則申宮警守，以崇不畜之威；左氏傳曰：公待於壞隤，申宮警備，設守而後行。杜預曰：申整宮備也。懼萬民之不服，則嚴刑峻制，以賈古傷心之怨。新序曰：商鞅爲嚴刑峻法，易古三代之制。杜預左氏傳注曰：賈，賣也。尚書曰：民罔不盡傷心。然後威窮乎震主，而怨行乎上下，漢書，蒯通説韓信曰：臣聞勇略震主者身危，功蓋天下者不賞。衆心日陊亘氏，危機將發，而方偃仰瞪直孕眄，謂足以夸世，毛詩曰：或棲遲偃仰。魯靈光殿賦曰：齊首目以瞪眄。埤蒼曰：瞪，直視也。笑古人之未工，亡己事之已拙〔七〕，知曩勳之可矜，暗成敗之有會。是以事窮運盡，必於顛仆音赴；風起塵合，而禍至常酷也。答賓戲曰：彼皆躡風塵之會，履顛沛之勢。項岱曰：彼，謂李斯輩也。風發於天，以諭君上，塵從下起，以諭斯等。聖人忌功名之過己，惡寵禄之踰量，蓋爲此也。

夫惡欲之大端，賢愚所共有，禮記曰：飲食男女，人之大欲存焉；死亡貧苦，人之大惡存焉。故惡欲者，心之大端也。而游子殉高位於生前，志士思垂名於身後，受生之分，唯此而已。夫蓋世之業，名莫大焉；漢書曰：項羽歌曰：力拔山兮氣蓋世。震主之勢，位莫盛焉；震主，已見上文。率意無違，欲莫順焉。借使伊人頗覽天道，知盡不可益，盈難久持，周易曰：天道虧盈而益謙。毛詩序曰：太平之君子，能持盈守成。超然自引，高揖而退，司馬遷報任少卿書曰：寧得自引深藏巖穴耶？則巍巍之盛，仰邈前賢，洋洋之風，俯冠來籍，而大欲不乏於身，至樂無愆乎舊，節彌效而德彌廣，身逾逸而名逾劭。爾雅注曰：劭〔八〕，美也。此之不爲，彼之必昧，然後河海之跡堙爲窮流，一簣之釁積成山岳，論語曰：譬如爲山，未成一簣，止吾止也。名編凶頑之條，身罹荼毒之痛，豈不謬哉！毛詩曰：人之貪亂，寧爲荼毒！故聊賦焉，庶使百世少有寤云。

文選考異

〔一〕落葉俟微風以隕　何校「風」改「飇」。袁本云善作「風」。茶陵本云五臣作「飇」。案：晉書作「飇」，或「風」是傳寫誤。

〔二〕不足繁哀響也　何校「繁」改「煩」，云晉書作「煩」。陳云作「煩」爲是。案：「繁」與「煩」音義甚近，或善自與晉書有異也。

〔三〕注「左氏傳曰」下至「將誰讎乎」　袁本、茶陵本無此一節注。案：二本脱也。

〔四〕注「首垂泥土中刃響乘輿」　何校去「土」字，「響」改「鄉」，陳同，是也。各本皆誤。

〔五〕注「遷御史」　陳云下脱「大夫」二字，是也。各本皆脱。

〔六〕登帝大位　袁本、茶陵本「大」作「天」。袁有校語云善作「大」，茶陵無。案：注引「天位艱哉」，善自作「天」，與五臣無異，不作「大」也。茶陵本所見爲是，袁校語及此非。晉書亦是「天」字。

〔七〕亡已事之已拙　袁本、茶陵本「亡」作「忘」，云善作「亡」。案：各本所見皆非也。「亡」字但傳寫誤，晉書亦是「忘」字。

〔八〕注「爾雅注曰劭」 袁本「爾」作「小」，無「注」字，是也。茶陵本亦誤衍。

三月三日曲水詩序

風俗通曰：周禮，女巫掌歲時祓除疾病。禊者絜也，於水上盥絜也。巳者祉也，邪疾已去，祈介祉也。韓詩曰：三月桃花水之時，鄭國之俗，三月上巳於溱、洧兩水之上，執蘭招魂，祓除不祥也。續齊諧記曰：晉武帝問尚書摯虞曰〔一〕：三月曲水〔二〕，其義何？答曰：漢章帝時，平原徐肇以三月初生三女，至三日而俱亡，一村以爲怪，乃招攜至水濱盥洗，遂因水以泛觴。曲水之義起於此。帝曰：若所談，非好事。尚書郎束晳曰：仲治小生，不足以知，臣請說其始。昔周公成洛邑，因流水以泛酒，故逸詩曰：羽觴隨流波。又秦昭王三日置酒河曲，見有金人出，奉水心劍曰，令君制有西夏，乃因其處，立爲曲水。二漢相沿，皆爲盛集。帝曰：善。賜金五十斤，左遷仲治爲陽城令。裴子野宋略曰：文帝元嘉十一年三月丙申，禊飲於樂遊苑，且祖道江夏王義恭、衡陽王義季，有詔會者咸作詩，詔太子中庶子顏延年作序。

顏延年

夫方策既載，皇王之迹已殊；鍾石畢陳，舞詠之情不一。禮記，哀公問政。子曰：文、武之道，布在方册。春秋說題辭曰：尚書者，二帝之跡，三王之義，所推期運，明受命之際。郭象莊子注曰：皇王殊跡，隨世爲名。漢書曰：石曰磬，金曰鍾。毛詩序曰：永歌之不足，不知手之舞之。雖淵流遂往，詳略異聞，上林賦曰：恐後代靡麗，遂往而不反。春秋序曰：史有文質，辭有詳略。然其宅天衷，立民極，莫不崇尚其道，神明其位，東京賦曰：豈如宅中而圖大。呂氏春秋曰：古之王者，擇天之中而立國，擇國之中而立宮。周禮曰：設官分職，以爲民極。周易曰：聖人以神明其德。拓土洛世貽統，固萬葉而爲量者也。魏志，高堂隆上疏曰：拓跡垂統，必俟聖賢。晉中興書，詔桓玄曰：蕃衛王家，垂固萬葉。

有宋函夏，帝圖弘遠。楊雄河東賦曰：函夏之大。漢書，服虔曰：函夏，諸夏也。孝經鉤命決曰：丘乃授帝圖，掇秘文。高祖以聖武定鼎，規同造物；宋高祖也。左氏傳，王孫滿謂楚子曰：成王定鼎于郟鄏。莊子，孔子曰：夫造物者爲人。司馬彪曰：造物者爲道。皇上以叡文承歷，景屬宸居。皇上，宋文帝也。尚書曰：叡哲文明（三）。又曰：天之歷數在爾躬。景，光景連屬也（四）。典引曰：高光二聖，宸居其域。蔡邕曰：如北辰居其所而衆星拱之。隆周之卜既永，宗漢之兆在焉。楊雄河東賦曰：眽隆周之大寧。左氏傳，王孫滿曰：成王定鼎於郟鄏，卜世三十，卜年七百。漢書文紀曰：兆得大横。占曰：大横庚庚，余爲天王。正體毓德於少陽，王宰宣哲於元輔。正體，太子也。喪服傳曰：父爲長子三年。傳曰：何以三年，長子正體於上。周易曰：蠱，君子以振民毓德。少陽，東宫也。鄭玄禮記注曰：東郊少陽，諸侯象也。王宰，已見曲水詩。毛詩曰：宣哲維人，文、武惟后。班固涿邪山文曰：晄晄將軍，大漢元輔。晷緯昭應，山瀆效靈。説文曰：晷，日影也。緯，五星也。易乾鑿度曰：五緯順軌，四時和栗。山，五嶽也。瀆，四瀆也。效靈，山出器車，瀆出圖書之類。五方雜遝徒合，四隩來暨。漢書曰：京師五方雜錯。尚書曰：九州攸同，四隩既澤〔五〕。吴都賦曰：都輦殷而四隩來暨。選賢建戚，則宅之於茂典〔六〕；施命發號，必酌之於故實。左氏傳，士會曰：楚君之舉也，内姓選於親，外姓選於舊。又曰：蔿敖爲宰，擇楚國之令典。尚書，武王曰〔七〕：發號施令，罔有不臧。毛詩序曰：能酌先祖之道，以養天下。國語，楚穆仲〔八〕謂宣王曰：魯侯賦事行刑，必問於遺訓，而資於故實。大予協樂，上庠肆教。東觀漢記，孝明詔曰：正大樂官曰大予樂官。禮記曰：有虞氏養國老於上庠。章程明密，品式周備。漢書曰：高祖命張蒼定章程。謝承後漢書曰：魏朗爲河内太守，明密法令。漢書曰：宣帝樞機周密，品式備具。國容眂令而動，軍政象物而具。司馬法曰：國容不入軍，軍容不入國。左氏傳曰：士會曰：蔿敖爲宰，百官象物而動，軍政不戒而備。箴闕記言，校文講藝之官，采遺於内；輶車朱軒，懷荒振遠之使，論德于外。左氏傳，魏絳曰：昔周辛甲之爲太史也，命百官箴王闕。禮記曰：言則右史書之。西都賓曰：啓發篇章，校理秘文，講論于六藝，稽古於同異〔九〕。楊雄答劉歆書曰：嘗聞先代輶軒之使。風俗通曰：周、秦常以八月輶軒，使采異代方言。辨亡論曰：輶軒騁於南荒。尚書大傳曰：未命爲士，不得朱軒。西征賦曰：銜命則蘇屬國，震遠則張博望。赬莖素毳昌鋭，并柯共穗之瑞，史不絶書；棧山航海，踰沙軼漠之貢，府無虚月。赬莖，朱草也。素毳，白虎也。并柯，連理也。共穗，嘉禾也。左氏傳，晉司馬叔侯曰：魯之於晉也，職貢不乏，史不絶書，府無虚月，如是可矣。楊雄交州箴曰：航海三萬，束牽其犀。軼，余日切。烈燧千城〔一〇〕，通驛萬里。穹居之君，内首稾朔；卉服之酋，回面受吏。穹居之君，匈奴也。魏都賦曰：思稟正朔。尚書曰：島夷卉服。劇秦美新曰：海外遐方，回首内嚮。漢書曰：卬、筰之君長，欲願爲内臣妾，請吏北面。是以異人慕響，俊民間出；班固漢書贊曰：羣士慕嚮，異人並出。尚書曰：俊民用章。漢書曰：漢興，詩、書往往間出。警蹕清夷，表裏悦穆。仲長子昌言曰：姦慝既弭，警蹕清夷。將徙縣中宇，張樂岱郊。言將徙都洛邑，封禪泰山也。莊子曰：北門成問於黄帝曰：帝張咸池之樂於洞庭之野。增類帝之宫，飭禮神之館，塗歌邑誦，以望屬車之塵者久矣。禮記曰：天子將出征，類于上帝。類，祭也。西都賦曰：禮神祇，懷百靈。司馬相如諫獵曰：犯屬車之清塵。

日躔直連胃維，月軌青陸。漢書曰：日月初躔星之紀。韋昭曰：躔，處也。禮記曰：季春之月日在胃。王仲宣思征賦曰〔一二〕：在建安之二八，星步次於箕維。漢書天文志曰：月順入軌道。河圖帝覽嬉曰：立春春分，月從東青道。杜預左氏傳注曰：陸，道也。皇祇發生之始，后王布和之辰，皇，天神也。祇，地神也。周禮曰：大宗伯掌天神地祇之禮。曹植九詠曰：皇祇降兮潛靈舞。爾雅曰：春爲發生。禮記曰：后王命冢宰，降德于衆兆人。又曰：孟春之月，命相布德和令。思對上靈之心，以惠庶萌之願。加以二王于邁，出餞戒告，二王，已見上文。毛詩曰：從公于邁。韓詩章句曰：送行飲酒曰餞。燕禮曰：小臣戒盥者。鄭玄曰：君以宴禮勞使臣，則警戒告語焉。有詔掌故，爰命司歷，封禪書曰：宜命掌故。左氏傳，仲尼曰：今火猶西流，司歷過也。獻洛飲之禮，具上巳之儀。洛飲、上巳，並已見上注。南除輦道，北清禁林，左關巖隥都鄧，右梁潮源。略亭臯，跨芝廛，苑太液，懷曾山。上林賦曰：輦道纚屬，西都賓曰：集禁林而屯聚。難西蜀父老曰：闕沫若，梁孫原。穆天子傳曰：天子東升于三道隥。郭璞曰：隥，阪也。上林賦曰：亭皐千里，靡不被築。洛神賦曰：稅駕乎衡皐，秣駟乎芝田。漢書有太液池。松石峻垝古毀，葱翠陰煙，游泳之所攢萃，翔驟之所往還。於是離宮設衛，別殿周徼音叫，西都賓曰：離宮別觀，三十六所，周以鉤陳之位，衛以嚴更之署，周廬千列，徼道綺錯。旌門洞立，延帷接枑，周禮曰：王之會同，爲帷宮，設旌門。楊雄蜀都賦曰：延帷揚幕，接帳連岡。又周禮曰：王之會同之舍，設梐枑再重。杜子春曰：梐枑，行馬也。閱水環階，引池分席。歎逝賦曰：閱水以成川〔一二〕。春官聯事，蒼靈奉塗。然後昇秘駕，胤緹徒兮騎，摇玉鸞，發流吹，言春官聯事以供職，蒼靈奉塗以衛行也。周禮有春官宗伯。又曰：以官府之六，聯合邦治。二曰賓客之聯事。蒼靈，青帝也。尚書帝命驗曰：帝者承天立五府。蒼曰靈府。鄭玄曰：蒼帝靈威仰之府。續漢書曰：緹騎二百人，屬執金吾。楚辭曰：鳴玉鸞之啾啾兮。淮南子曰：龍舟鷁首，浮吹以虞。天動神移，淵旋雲被，以降于行所，禮也。羽獵賦曰：天動地岋。淮南子曰：藏志九旋之淵。蔡邕獨斷曰：天子以天下爲家，自謂所居爲行在所。

既而帝暉臨幄，百司定列，鳳蓋俄軫，虹旗委旆。俄軫、委旆，不行也。東都主人曰：鳳蓋棽纚。楚辭曰：回朕車俾西引，搴虹旗於玉門。肴蔌芬藉，觴醳亦泛浮。毛詩曰：其肴維何，炰鼈及魚〔一三〕；其蔌維何，維筍及蒲。鄭玄禮記注曰：醳，旨酒也。妍歌妙舞之容，銜組樹羽之器。古妍歌篇曰：妍歌展妙聲，發曲吐令辭。邊讓章華賦曰：妙舞麗於陽阿。阮諶三禮圖曰：筍虡，兩頭並爲龍以銜組。曹植九詠曰：雲龍兮衡組，流羽兮交橫。毛詩曰：設業設簴，崇牙樹羽。三奏四上之調，六莖九成之曲。競氣繁聲，合變争節。韓子曰：師曠奏清徵，一奏有玄鶴二八來集，再奏而列，三奏延頸而鳴，攄翼而舞。馬融琴賦曰：師曠三奏而神物下。楚辭曰：四上競氣極聲變。王逸曰：四上，謂代奏鄭、衛也。漢書曰：顓頊作六莖。尚書曰：簫韶九成，鳳皇來儀。龍文飾轡，青翰侍御。班固西域傳贊曰：蒲梢龍文魚目，汗血之馬也。説苑，莊辛謂襄城君曰：鄂君乘青翰之舟，汎新波之中。華裔殷至，觀聽鶩集。揚袂風山，舉袖陰澤。靚莊藻野，袨服縟川。籍田賦曰：居靡都鄙，民無華裔。蜀都賦曰：觀聽之所踊躍。法言曰：雷震揚天〔一四〕，風薄于山。上林賦曰：靚莊刻飾。鄒陽上書曰：袨服叢臺之下者，一旦成市。説文曰：縟，繁彩色也。故以殷隱賑外區，煥衍都内者矣。西京賦曰：鄉邑殷賑。張載劍閣銘曰：矧兹狹隘，王之外區。王粲羽獵賦曰：叢華雜沓，焕衍陸離。上膺萬壽，下禔氏移百福。毛詩曰：報以介福，萬壽無疆。司馬相如難蜀文曰：中外禔福。毛詩曰：介爾百福〔一五〕。市筵稟和，闔堂依德。情盤景遽，歡洽日斜。金駕總駟，聖儀載佇。悵鈞臺之未臨，慨酆宮之不縣。左氏傳曰：楚子合諸侯於申，椒舉言於楚子曰：夏啓有鈞臺之享，康王有酆宮之朝。方且排鳳闕以高遊，開爵園而廣宴。關中記曰：建章圓闕臨北道，銅鳳在上，故號鳳闕。鄴中記曰：銅爵臺西有爵園。並命在位，展詩發志。楚辭曰：展詩兮會舞。王逸曰：展，舒也。周易曰：有孚發若，信以發志也。則夫誦美有章，陳信無愧者歟？毛詩序曰：頌者，美盛德之形容。左傳曰：楚子木問趙孟曰：范武子之德何如？對曰：祝史陳信於鬼神無愧辭。

〔一〕注「晉武帝問尚書摯虞曰」 陳云「書」下脱「郎」字，是也。各本皆脱。藝文類聚、初學記引有。

〔二〕注「三月曲水」 案：「月」當作「日」。各本皆譌。藝文類聚、初學記引作「日」，晉書束皙傳亦然。

〔三〕注「叡哲文明」 茶陵本「叡」作「濬」。袁本作「叡」，與此同。案：依茶陵本似善正文作「濬」，魯靈光殿賦「濬哲欽明」，善注引「濬哲文明」。王元長序「睿哲在躬」，東京賦「睿哲元覽」，善注皆引「睿作聖，明作哲」。然則「睿」、「濬」較有區别，恐是五臣改「濬」爲「叡」也，銑注云「叡聖」。

〔四〕注「景光景連屬也」 陳云「光」上有脱文。案：當有「屬」字也。各本皆脱。

〔五〕注「四隩既澤」 袁本、茶陵本「澤」作「宅」，是也。

〔六〕則宅之於茂典 袁本、茶陵本「宅」作「擇」，是也。

〔七〕注「尚書武王曰」 茶陵本「武」作「穆」，是也。袁本亦誤「武」。

〔八〕注「國語楚穆仲」 案：「楚」當作「樊」。各本皆譌。

〔九〕注「稽古於同異」 案：「古」當作「合」。各本皆譌。

〔一〇〕烈燧千城　案：「烈」當作「列」。各本皆譌。蓋此二字多致混也。袁、茶陵二本餘篇校語可證。

〔一一〕注「王仲宣思征賦曰」　案：「思征」當作「征思」。各本皆倒。

〔一二〕注「閱水以成川」　案：「閱」上當有「川」字。各本皆脫。

〔一三〕注「鰋鼈及魚」　袁本、茶陵本「及」作「鮮」，是也。

〔一四〕注「雷震揚天」　袁本、茶陵本「揚」作「于」，是也。

〔一五〕注「介爾百福」　茶陵本「介」作「卜」，是也。袁本亦誤「介」。

三月三日曲水詩序

王元長　蕭子顯齊書曰：武帝永明九年三月三日，幸芳林園，禊飲朝臣，勑王融爲序，文藻富麗，當代稱之。

臣聞出豫爲象，鈞天之樂張焉；時乘既位，御氣之駕翔焉。周易豫卦曰：先王作樂，殷薦上帝。史記曰：趙簡子病，二日而悟，曰：我之帝所甚樂，與百神遊于鈞天，廣樂九奏萬舞。莊子曰：北門成問於黃帝曰：帝張咸池之樂於洞庭之野〔一〕。莊子曰：乘天地之正，而御六氣之辨。穆天子傳曰：天子命駕八駿之乘，遂東南翔行，馳千里。郭璞曰：行如飛翔也。是以得一奉宸，逍遥襄城之域；體元則大，悵望姑射之阿。然窅眇寂寥，其獨適者已。老子曰：王侯得一而天下正。尚書曰：惟辟奉天。宸與辰同，已

見上文。莊子曰：黄帝將見大隗于具茨之山，至襄城之野。東都主人曰：體元立制，繼天而作。論語，子曰：唯天爲
大，唯堯則之。莊子曰：堯治天下之民，平海内之政，往見四子藐姑射之山，汾水之陽，窅然喪其天下焉。家語，孔子
曰：聖人舉事，可施於百姓，非獨適一身之行。至如夏后兩龍，載驅璿臺之上；穆滿八駿，如舞瑶
水之陰；亦有饗云，固不與萬民共也。山海經曰：大樂之野，夏后啓於此舞九代馬，乘兩龍。毛詩
曰：載馳載驅，周爰咨諏。易歸藏曰：昔者夏后啓筮，享神於晉之墟，作爲璿臺於水之陽。穆滿八駿，已見江賦。又
穆天子傳曰：天子北升太山之上，以望四野。乙丑，天子觴西王母於瑶池之上。毛詩曰：執轡如組，兩驂如舞。孟子
曰：今王田獵於此，百姓聞王車馬之音，與羽毛之美，父子不相見，兄弟妻子離散，此無佗，不與民同樂也。
我大齊之握機創歷，誕命建家，接禮貳宮，考庸太室。蕭子顯齊書曰：齊太祖高皇帝，諱道
成，字紹伯，受宋禪。尚書曰：我文考文王，誕膺天命。又曰：永建乃家。孟子曰：舜尚見帝，帝館甥於貳室，亦饗
舜，迭爲賓主，是天子而友匹夫也。趙岐曰：尚，上也，舜在畎畝之時，堯友禮之。舜上見堯，堯舍之於副宮。堯亦就
饗舜之所設，更爲賓主。尚書大傳曰：維十月五祀〔二〕，舜爲賓客，禹爲主人，樂正進贊曰：尚考太室之義，唐爲虞
賓。鄭玄曰：舜既使禹攝天下之事，於祭祀避之，居賓客之位，獻酒則爲亞獻。尚考，猶言往時也。太室，明堂之中央
室也。義當爲儀，儀，禮儀也。謂祭太室之禮，堯爲舜賓也。幽明獻期，雷風通饗，昭華之珍既徙，延
喜之玉攸歸。曾子，夫子曰：天道曰圓，地道曰方，方曰幽，圓曰明。禮記曰：明則有禮樂〔三〕，幽則有鬼神。太
公伏符陰謀曰：武王伐紂，四海神、河伯皆曰：天伐殷立周，謹來受命，願獻時雨。論語讖曰：仲尼云：吾聞堯率舜
等遊首山，觀河渚，一老曰：河圖將來告帝期。尚書曰，納于大麓，烈風雷雨不迷。尚書大傳曰：舜將禪禹，八風循

通。又曰：堯得舜，推而尊之，贈以昭華之玉。尚書璇璣玉鈐曰〔四〕：玄圭出，刻曰延喜之玉。革宋受天，保生萬國，度時洛邑靜鹿丘之歎，遷鼎息大坰之慙。周書，武王曰：膺受大命革殷，受天明命。又曰：我聞古商先王成湯，保生商人。又度邑篇曰：維王克殷。乃永歎曰：嗚呼不淑，充天之對，自鹿至于丘中，具明不寢。帝王世紀曰：湯即天子位，遂遷九鼎于亳，至大坰，而有慙德。周書丘或爲苑。紹清和於帝猷，聯顯懿於王表。駿發開其遠祥，定爾固其洪業。言以清和之德，繼於大道。楊子雲劇秦美新曰：鏡淳粹之至精，聆清和之正聲。蔡邕月令論曰：出北闈，視帝猷。法言曰：昔在有熊、高辛、唐、虞三代，咸有顯懿，故天因而瑞之，爲神明主。河圖曰：成帝德者堯，開王表者禹。毛詩曰：濬哲維商，長發其祥。又曰：駿發爾私。又曰：天保定爾，亦孔之固。劇秦美新曰：制作六經洪業〔五〕。皇帝體膺上聖，運鍾下武，冠五行之秀氣，邁三代之英風。昭章雲漢，暉麗日月，牢籠天地，彈壓山川。設神理以景俗，敷文化以柔遠。澤普汜而無私，法含弘而不殺。蕭子顯齊書曰：世祖武皇帝諱賾，字宣遠，以太子即位。墨子曰：上聖立爲天子，其次立爲三公。毛詩序曰：下武，嗣文也。禮記曰：人者五行之秀。又孔子曰：大道之行也，三代之英。丘未之逮，而有志焉。毛詩曰：倬彼雲漢，爲章于天。譬猶天子爲法度於天下也。周易曰：聖人與日月合其明。淮南子曰：帝者體太一，牢籠天地，彈壓山川。神理，猶神道也。周易曰：聖人以神道設教，而天下服。劉義恭丹徒宮集曰：昭化景俗，玄教凝神。廣雅曰：景，炤也。尚書曰：帝乃誕敷文德。録圖曰：女聞偃兵建文化。尚書曰：柔遠能邇。淮南子曰：覆露昭道，普汜而無私。周易曰：含弘光大，品物咸亨。又曰：古之聰明叡智，神武而不殺者夫。潛夫論曰：簡刑薄威，不殺不誅，此德之上也。猶且具明廢寢，昃晷忘餐。念負重於春冰，懷御奔於秋駕。具明，已見上文。尚書曰：文王自朝至于日中昃，弗皇暇食。鄧析子曰：明君之御民，若乘奔而無轡，履冰而負重也。尚書曰：若蹈虎尾，涉於春冰。莊子曰：尹儒學御，三年而無所得，夜夢受秋駕，明日往朝師。師曰：今將教子以秋駕。司馬彪曰：秋駕，法駕也。可謂巍巍弗與，蕩蕩誰名，秉靈圖而非泰，涉孟門其何嶮。論語，子曰：巍巍乎舜、禹之有天下而不與焉。又曰：大哉堯之爲君，蕩蕩乎民無能名焉。春秋漢含孳曰：天子南面秉圖書。成公綏大河賦曰：靈圖授録於羲皇。孟子曰：以其道，舜受堯之天下，不以爲泰。呂氏春秋曰：舜修德而苗服。孔子聞之曰：通乎德之情，則孟門、太行不爲嶮矣。儲后睿哲在躬，妙善居質，内積和順，外發英華，斧藻至德，琢磨令範，言炳丹青，道潤金璧。出龍樓而問豎，入虎闈而齒胄。愛敬盡於一人，光耀究於四海。蕭子顯齊書曰：世祖立皇太子長楙〔六〕。漢書，疏廣曰：太子，國儲副君。尚書曰：睿作聖，明作哲。禮記曰：清明在躬。桓子新論曰：聖賢之材不世，而妙善之技不傳。禮記曰：和順積中，而英華外發。法言曰：吾未見斧藻其德，若斧藻其楶者。應劭漢官儀曰：太子太傅，日就月將，琢磨玉質。言太子有玉之質，琢磨以道也。法言，或問聖人之言，炳若丹青，有諸？曰：丹青初則炳，久則渝，渝乎哉！淮南子曰：夫道潤乎草木，浸乎金石。毛詩曰：如金如錫，如珪如璧。漢書成紀曰：上嘗召太子出龍樓門。禮記曰：文王之爲太子，朝於王季日三。雞初鳴，至寢門外，問内豎曰：今日安不？何如？周禮曰：師氏以三德教國子，居虎門之左。蔡邕明堂月令論曰：周官有闈門之學。禮記曰：行一物而三善皆得者，惟世子而已。其齒於學之謂也。尚書曰：夔典樂，教胄子。孝經曰：愛敬盡於事親。毛詩曰：夙夜匪懈，以事一人。呂氏春秋曰：愛敬盡於事親，光耀加於百姓，究於四海，此天子之孝也。若夫族茂麟趾，宗固盤石，跨掩昌姬〔七〕，韜軼炎漢。毛詩曰：麟之趾，振振公子。漢書，宋昌曰：帝王子弟〔八〕，犬牙相制，所謂盤石之宗。春秋録圖曰：倉精萌，姬、稷之後昌。東觀漢記序曰：漢以炎精布耀，或幽而光。元宰比肩於尚父，中鉉繼踵乎周南，分陝流勿翦之懽，來仕允克施之譽，莫不如珪如璋，令聞令望，朱芾斯皇，室家君王者也。元宰，冢宰也。中鉉，司徒也。説苑，晏子謂楚王曰：齊之臨淄，比肩繼踵。毛詩曰：惟師尚父。周易曰：鼎金鉉。鄭玄曰：金鉉，喻明道能舉君之官職也。鄭玄尚書注曰：鼎，三公象也。毛詩序曰：周南言化自北而南，故繫之周公。公羊傳曰：自陝以西，召公主之。毛詩曰：蔽芾甘棠，勿翦勿伐，召伯所茇。國語曰：秦后太子來仕〔九〕，其車千乘。韋昭曰：王仕於晉也〔一〇〕。班固漢書貢禹贊曰：禹既黄髮，以德來仕。尚書曰：君陳克施有政。毛詩曰：如珪如璋，令問令望。又曰：朱芾斯皇，室家君王。

本枝之盛如此，稽古之政如彼，用能免羣生於湯火，納百姓於休和，草萊樂業，守屏稱事。毛詩曰：文王孫子，本枝百世。尚書曰：若稽古帝堯〔一一〕。史記曰：文帝時，會天下新去湯火，人人樂業。左氏傳，君子曰：一人刑善，百姓休和。莊子曰：農夫無草萊之事則不比。禮記，諸侯曰：某土之守臣，其在邊邑曰某屏。尸子曰：能官者必稱事。引鏡皆明目，臨池無洗耳。沈冥之怨既缺，薖軸之疾已消。譙周考史曰〔一二〕：公孫述竊位於蜀，蜀人任永乃託目盲。及述誅，永澡盥，引鏡自照曰：時清則目明也。皇甫謐高士傳曰：堯致天下讓許由，巢父聞之以爲汙，乃臨池水而洗耳。漢書曰：蜀嚴沈冥。侯巴曰：嚴君平常病不事，沈冥而死，亦絜矣。毛詩曰：考槃在陸，碩人之軸；考槃在阿，碩人之薖。鄭玄曰：薖，飢意〔一三〕。軸，病也。謂賢人隱居而離困病也。薖，苦和切。興廉舉孝，歲時於外府；署行議年，日夕于中甸。漢書曰：詔執事興廉舉孝。又詔曰：有懿稱明德者，遣詣相國府，署行議年。蘇林曰：行狀年紀也。尚書曰：五百里甸服。協律揔章之司，厚倫正俗；崇文成均之職，導德齊禮。漢書曰：李延年爲協律都尉。魏志曰：明帝立揔章觀。荀氏傳曰：勗爲光禄大夫，公以爲魏杜夔所制律吕，檢校大樂揔章，鼓吹八音，與律吕乖。毛詩序曰：先王以是厚人倫，美教化，移風俗。風俗通曰：爲政之要，辨風正俗，最其上也。魏志曰：明帝置崇文觀，徵善文者以充之。周禮曰：大司樂掌成均之法，以教建國之學政，而合國之子弟焉。論語，子曰：導之以德，齊之以禮。挈壺宣夜，辯氣朔於靈臺；書笏珥彤，紀言事於仙室。周禮夏官曰：挈壺氏掌懸壺。蔡邕天文志曰：言天體者有三家，其一曰宣夜。鄭玄毛詩箋曰：天子有靈臺者，所以觀祲象，察氣之妖祥。左氏傳曰：公既視朔，遂登觀臺以望，而書雲物。禮記曰：造受命於君，則書於笏。潘岳賈武公誄曰：惟帝以公，通揚祖宗，延登東序，服袞珥彤。史記曰：秦文公初有史以紀事。禮記曰：動則左史書之。華嶠後漢書曰：學者稱東觀爲老氏藏室，道家蓬萊，今故言仙室。褰帷斷裳，危冠空履之吏；彯摇武猛，扛鼎揭旗之士。後漢賈琮爲冀州刺史，車垂赤帷而行，及至州，自言曰〔一四〕：刺史當遠視廣聽，糾察美惡，何反垂帷裳〔一五〕以自掩塞乎？乃命御者褰之。百城聞風，自然震悚。漢書曰：蓋寬饒初拜爲司馬，未出殿，斷其單衣，令短離地。説苑曰：楚人長劍危冠，而有子西。漢書曰：唐遵以明經飾行，顯名於世，衣弊履穿。又曰：霍去病每從大將軍受詔，與壯士爲嫖姚校尉〔一六〕。華嶠後漢書曰：丁白爲武猛校尉〔一七〕。法言曰：或問力能扛鴻鼎，揭華旗，知德亦有之乎？曰：百人也。勤恤民隱，糾逖王慝。射集隼於高墉，繳大風於長隧，不仁者遠，惟道斯行。國語，祭公謀父曰：勤恤民隱，而除其害。左氏傳曰：王謂晉文侯曰：以綏四方，糾逖王慝。周易曰：公用射隼于高墉之上。淮南子曰：堯之時，大風爲害。堯命羿繳大風於青丘之澤。許慎曰：大風，風伯也。毛詩曰：大風有隧。論語，子夏曰：舜有天下，選於衆，舉皐陶，不仁者遠矣。禮記曰：大道之行也。讒莠蔑聞，攘爭掩息，稀鳴桴於砥路，鞠茂草於圜扉。毛詩曰：好言自口，莠言自口。尚書曰：無或攘敚。説文曰：桴，鼓柄也。漢書曰：張敞爲京兆尹，桴鼓稀鳴，市無偷盜。毛詩曰：周道如砥，其直如矢。又曰：踧踧周道，鞫爲茂草。周禮曰：以圜土教罷民。耆年闕市井之游，稚齒豐車馬之好；宮鄰昭泰，荒憬九永清夷。史記，太史公曰：文帝時，百姓皆安〔一八〕，自年六七十翁，未嘗至市井，遊遨嬉戲如小兒狀。閑居賦曰：昆弟班白，兒童稚齒。杜氏幽求子曰：年五歲聞有鳩車之樂，七歲有竹馬之歡〔一九〕。應劭漢官儀曰：不制之臣，相與比周。比周者，宮鄰金虎。宮鄰金虎者，言小人在位，比周相進，與君爲鄰，堅若金，讒言人，惡若虎。毛詩曰：憬彼淮夷，來獻其琛。仲長子昌言曰：警蹕清夷。侮食來王，左言入侍，離身反踵之君，髽側麻首貫胸之長，屈膝厥角，請受纓縻。漢書匈奴傳曰：壯者食肥美，老者食其餘；貴壯健，賤老弱也。古本作晦食。周書曰：東越侮食〔二〇〕。尚書曰：四夷來王。楊雄蜀王本紀曰：蜀之先名曰蠶叢、柏濩、魚鳧、開明，是時人民椎髻左言。漢書曰：南越王太子嬰齊入侍。周書曰：離身染齒之國，以龍角神龜爲獻。爾雅曰：北方有比肩人焉，迭食而迭望。郭璞曰：此即半體之人。人各有一目、一鼻孔、一臂、一脚，亦猶魚鼠之相合爾。呂氏春秋曰：舜登爲天子，大人反踵，皆被其澤。高誘淮南子注曰：反踵，國名，其人南行，迹北向也。淮南子曰：三苗髽首。山海經曰：有貫胸國，其人胸有竅。括地圖曰：禹平天下，會于會稽之野，又南經防風之神，弩射之，有迅雷，二神恐，以刃自貫其心。禹哀之，乃拔刃療以不死之草，皆生，是爲貫胸之民。喻巴蜀文曰：交臂受事，屈膝請和。孟子曰：武王之伐殷，百姓若崩厥角。趙岐曰：厥角，叩頭以額角犀搣地也。漢書，終軍曰：願受長纓，必羈南越王，致之闕下。難蜀父老曰：蓋聞天子之收夷、狄也〔二一〕，其義羈縻勿絶而已。越。杜篤展武論曰：文越水震，鄉風仰流。徐廣晉紀曰：鮮卑以碧石爲寶。王沈魏書曰：東夷矢用楛，青石爲鏃。一曰鉞當爲

文鉞碧砮之琛，奇幹善芳之賦，紈牛露犬之玩，乘黄兹白之駟，文鉞，未詳。孔安國尚書傳曰：砮中矢鏃也。家語，孔子曰：昔武王克商，於是肅慎氏貢楛矢石砮，其長尺有咫。周書曰：成王時，貢奇幹善芳者，頭若雄雞，佩之，令人不昧。孔晁曰：奇幹，亦北狄。善芳者，鳥名。不昧，不忘也。周書曰：卜盧國獻紈牛。紈牛，小牛也。又曰：渠搜獻鼩犬。鼩犬，露犬也，能飛，食虎豹。又曰：白民乘黄。乘黄者，似狐，其背有兩角。又曰：西方正北曰義渠，獻兹白。兹白者若馬，鋸齒，食虎豹。

盈衍儲邸，充仞郊虞；匭牘相尋〔二二〕，鞮譯無曠。儲邸，猶府藏也。郊虞，掌山澤之官也。尚書曰：苞匭菁茆。匭音軌。聘禮曰：賈人啓櫝取圭，垂繅而受宰。晉中興書，王禹上言曰：貢篚相尋，連舟載路。周官曰：鞮鞻氏掌四夷之樂。禮記曰：西方曰狄鞮，北方曰譯。尚書大傳曰：成王時，越裳氏重九譯而獻白雉。

一尉候於西東，合車書於南北。暢轂埋轔轔之轍，綏而惟旍卷悠悠之旆。楊雄解嘲曰：東南一尉，西北一候。禮記曰：書同文，車同軌。毛詩曰：文茵暢轂。范曄後漢書曰：張綱埋其車輪於洛陽都亭。毛詩曰：有車轔轔。禮記曰：武車綏旌。魏都賦曰：虹旌攝麾以就卷。毛詩曰：悠悠旆旌。

四方無拂，五戎不距，偃革辭軒，銷金罷刃。周書曰：四方無拂，奄有天下。又曰：五戎不距，加用師旅。漢書，張良曰：昔武王伐殷紂，事已畢，偃革爲軒。陳琳應機曰：治刃銷鋒，偃武行德。

天瑞降，地符升，澤馬來，器車出；紫脱華，朱英秀；佞枝植，歷草孳。詩緯曰：天下和同，天瑞降，地符升。孝經援神契曰：德至山陵，則澤出神馬。禮記曰：山出器車。禮斗威儀曰：人君

乘土而王，其政太平，而遠方神獻其朱英紫脱。宋均注曰：紫脱，北方之物，上值紫宫。凡言常生者，不死也，死則主當之。尚書大傳曰：德先地序，則朱草生。瑞應圖曰：朱草，亦曰朱英。田俅子曰：黄帝時，有草生於帝庭階，若佞臣入朝，則草指之，名曰屈軼，是以佞人不敢進也。又曰：堯爲天子，蓂莢生於庭，爲帝成歷。尚書帝命驗曰：舜受命，蓂莢孳。雲潤星暉，風揚月至；江海呈象，龜龍載文。京房易飛候曰：青雲潤澤，蔽日在西北，爲舉賢良。禮斗威儀曰：君乘土，其政平，則鎮星黄而多暉。禮含文嘉曰：朋友有舊，内外有差，則箕爲之直，月至風揚。宋均曰：月至，月行以度至也。禮斗威儀曰：其君乘水而王，江海著其象，龜龍被文而見。宋均曰：龜龍，水物也。文，青、黄、白、赤、黑也。具有此色，見於水，故曰被。方握河沈璧，封山紀石，邁三五而不追，踐八九之遥迹。帝王世紀曰：堯與羣臣沈璧於河，乃爲握河記，今尚書候是也。孝經鈎命決曰：封于太山，考績燔柴，禪于梁父，刻石紀號。禮記逸禮曰〔二三〕：三皇禪云云，五帝禪亭亭。史記，楚子西曰：孔子丘述三〔二四〕、五之法，明周、召之業，八九，謂七十二君。曹植魏德論曰：越八九於往素，踵黄帝之靈矩。功既成矣，世既貞矣，信可以優游暇豫，作樂崇德者歟？禮記曰：王者功成作樂。老子曰：王侯得一以爲天下貞。曹植魏德論曰：帝猷成矣，股肱貞矣。尚書大傳曰：周公作樂，優游三年。孫子兵法曰：人效死而上能用之，雖優游暇譽，令猶行也。譽猶豫，古字通〔二五〕。周易曰：先王作樂崇德。

于時青鳥司開，條風發歲，粤上斯巳，惟暮之春。左氏傳，郯子曰：青鳥氏司啓者也。易通卦驗曰：立春條風至。楚辭曰：獻歲發春，汩吾南行。上巳，已見上文。毛詩曰：嗟嗟保介，惟暮之春。同律克和，樹草自樂。禊飲之日在兹，風舞之情咸蕩；去肅表乎時訓，行慶動於天矚。周禮曰：太師掌六律六同，以合陰陽之聲。鄭玄曰：同，陰律也。尚書曰：八音克諧。孔安國曰：諧，和也。漢書，文帝詔曰：方春和時，草木羣生之物，皆有以自樂。禮傳曰：禊者，絜也。仲春之時，於水上釁絜也。論語曰：風乎舞雩，詠而歸。蔡邕月令章句曰：秋冬肅急之後，故布生德，和政令，去肅急。禮記曰：孟春之月，命相布德和令，行慶施惠。

載懷平圃，乃睠芳林。芳林園者，福地奥區之湊，丹陵若水之舊。殷殷上均乎姚澤，膴膴尚於周原。狹豐邑之未宏，陋譙居之猶褊。山海經曰：槐江之山，實惟帝之平圃，南望崑崙。十洲記曰〔二六〕：芳林園在青溪菰首橋東，齊高帝舊宅。齊有天子〔二七〕，爲舊宮，宮東築山鑿池，號曰芳林園。遁甲開山圖曰：驪山之西原有阜，名曰風涼〔二八〕，雍州之福地。西京賦曰：寔惟地之奥區神皋。帝王世紀曰：堯生於丹陵。吕氏春秋曰：顓頊生於若水，乃登爲帝。又曰：舜陶於河濱，釣於雷澤，登爲天子，賢士歸之，萬人譽之，陳陳殷殷，無不戴悦。高誘曰：殷，盛也。吕氏春秋曰：舜爲天子，輒輒啟啟，莫不戴悦。高誘曰：啟啟，動而喜貌也。殷殷，或爲啟啟，故兩引之。輒，知葉切。啟，仕勤切。帝王世紀曰：瞽叟之妻曰握登，生舜於姚墟，故姓姚氏。堯求賢而四嶽薦舜，堯乃命于順澤之陽。毛詩曰：周原膴膴，堇荼如飴。漢高祖，豐人。魏太祖，譙人。

求中和而經處，揆景緯以裁基。飛觀神行，虚檐鹽雲構。周禮曰：以土圭之法正日影，日至之影，尺有五寸，謂之地中，陰陽之所和，故曰中和也。景，日也。緯，星也〔二九〕。毛詩曰：定之方中，作爲楚宫。揆之以日，作爲楚室。東京賦曰：飛閣神行，莫我能形。劉公幹詩曰：大夏雲構。

離房乍設，層樓間起，負朝陽而抗殿，跨靈沼而浮榮，鏡文虹於綺疏，浸蘭泉於玉砌。蜀都賦曰：百室離房。李尤平樂館銘曰：層樓通閣，禁闈洞房。爾雅曰：山東曰朝陽。西京賦曰：疏龍首以抗殿，狀巍峩以岌嶪。毛詩曰：王在靈沼。鄭玄禮記注曰：榮，屋翼也。傅玄陽春賦曰：丹霞播景，文虹竟天。李尤東觀銘曰：房闥内布，綺疏外陳。張衡七辨曰：迴颷拂其寮，蘭泉注其庭。劉楨魯都賦曰：金陛玉砌，玄栢雲阿。幽幽叢薄，秩秩斯干〔三〇〕，曲拂邅迴，潺湲徑復。楚辭曰：叢薄深林人上慓。毛詩曰：秩秩斯干，幽幽南山。淮南子曰：曲拂邅迴，以像偶語。高誘曰：拂，戾。邅迴，水流也。楚辭曰：川谷徑復流潺湲。新荓泛沚，華桐發岫，雜夭采於柔荑，亂嚶聲於緜羽。禮記月令曰：季春之月，桐始華，荓始生。爾雅曰：小洲曰沚，山有穴爲岫。毛詩曰：桃之夭夭，灼灼其華。又曰：手如柔荑。又曰：鳥鳴嚶嚶。又曰：緜蠻黄鳥。薛君注曰：緜蠻，文貌。禁軒承幸，清宫俟宴。緹帷宿置，帟幕宵懸。如淳漢書注曰：省中本爲禁中，然乘輿之物，通呼曰禁。漢書曰：太僕先清宫。南都賦曰：朱帷連綱。鄭司農周禮注曰：在旁曰帷，在上曰幕。鄭玄曰：帟在幕，若幄中坐上承塵也，皆以繒爲之。既而滅宿澄霞，登光辨色，式道執殳，展軨効駕，徐鑾警節，明鍾暢音。宿，列宿也。張平子東京賦曰：以須消啓明，掃朝霞，登天光於扶桑。禮記曰：朝辨色始入。漢書曰：式道，左右中候也。毛詩曰：伯也執殳。禮記曰：君車已駕，則僕展軨效駕。鄭玄曰：展軨，具視也。效駕，白已駕也。淳于髡斗酒説曰：明鍾擊磬，調歌紼舞。七萃連鑣，九斿由齊軌，建旗拂霓，揚葭振木。周穆王傳曰：天子賜七萃之士。郭璞曰：萃，聚也。猶傳有七輿大夫。張景陽七命曰：駟馬連鑣。文穎曰：甘泉鹵簿，天子出，道車五乘，斿車九乘。蔡邕釋誨曰：羣車方奔于險路，安能與之齊軌？東京賦曰：龍輅充庭，雲旗拂霓。列子曰：秦青撫節悲歌，聲振林木。魚甲煙聚，貝胄星羅。重英曲瑵側絞之飾，絶景遺風之騎。昭灼甄部，駔祖朗駿函列，虎視龍超，雷駭電逝，轟轟隱隱，紛紛軫軫，羌難得而稱計。孫卿子曰：楚鮫革犀兕以爲甲，堅如金石。毛詩曰：公徒三萬，貝冑朱綅。又曰：二矛重英。西京賦曰：葩瑤曲莖。魏書曰：上所乘馬名絶景，爲矢所中。吕氏春秋曰：故須青龍之匹，遺風之乘。孫子兵法曰：長陳爲甄。魏都賦曰：冀馬填廐而駔駿。周易曰：虎視眈眈。南都賦曰：馬鹿超而龍驤。潘岳閑居賦曰：礟石雷駭。嵇康贈秀才詩曰：風馳電逝。説文曰：轟轟，羣車聲也。羽獵賦曰：隱隱軫軫，被陵緣坂，莫莫紛紛，山谷爲之風飈。左思吴都賦曰：羌難得而覼縷。

爾乃迴輿駐罕，嶽鎮淵渟，睟邃容有穆，賓儀式序。授几肆筵，因流波而成次；蕙肴芳醴，任激水而推移。東觀漢記曰：天子行有畢罕。孫子兵法曰：其鎮如山，其渟如淵。石崇楚妃歎曰：矯矯莊王，淵渟嶽峙。孟子曰：君子所性，仁義禮智根於心，其生色也，睟然見於面。趙岐曰：睟，潤澤貌也。毛詩曰：天子穆穆。又曰：序賓以賢。又曰：式序在位。又曰：或肆之筵，或授之几。古逸詩云：羽觴隨流波。楚辭曰：蕙肴蒸兮蘭藉。子虚賦曰：涌泉清池，激水推移。葆佾陳階，金匏在席〔三一〕，戚奏翿舞，籥動邠詩〔三二〕。張晏漢書注曰：以翠羽爲葆也。佾，舞行列也。毛詩曰：我姑酌彼金罍。禮記曰：器用陶匏。司馬彪續漢書曰：執干戚，舞雲翿。周禮曰：籥章掌土鼓豳籥。又曰：仲春擊土鼓，歌豳詩，以迎暑也。召鳴鳥于弇菴州，追伶倫於嶰谷；發參差於王子，傳妙靡於帝江。山海經曰：弇州之山，五采之鳥，名曰鳴鳥，爰有百樂歌舞之風。漢書，黄帝使伶倫自大夏之西，崑崙之陰，取竹嶰谷〔三三〕，斷兩節間而吹之，以爲黄鍾之宮。孟康曰：解，脱也。谷，竹溝也。取竹之脱無溝節者。楚辭曰：望夫君兮未來，吹參差兮誰思？列仙傳曰：王子喬好吹笙，作鳳鳴。山海經曰：天山有神鳥，其狀如黄囊，其文丹，六足四翼，渾沌無面目，是識歌舞，寔惟帝江。正歌有闋，羽觴無筭。上陳景福之賜，下獻南山之壽；信凱讌之在藻，知和樂於食苹。桑榆之陰不居，草露之滋方渥。儀禮曰：工告于樂正曰：正歌備。禮記曰：有司告以樂闋。鄭玄曰：闋，終也。楚辭曰：瑶漿蜜勺實羽觴。燕禮曰：無筭之爵。毛詩曰：君子萬年，介爾景福。又曰：如南山之壽，不騫不崩。又曰：魚在在藻，有莘其尾。王在在鎬，飲酒樂愷。毛詩序曰：鹿鳴廢則和樂缺。詩曰：呦呦鹿鳴，食野之苹。桑榆，日所入也。東觀漢記，光武曰：失之東隅，收之桑榆。毛詩曰：湛湛露斯，在彼豐草。有詔曰：今日嘉會，咸可賦詩。周易曰：嘉會足以合禮。楊雄蜀都賦曰：吉日嘉會。凡四十有五人，其辭云爾。

文選考異

〔一〕注「莊子曰北門成問於黄帝曰帝張咸池之樂於洞庭之野」　袁本作「張樂已見上文周易曰時乘六龍以御天」十六字，是也。茶陵本誤與此同。

〔二〕注「維十月五祀」　茶陵本「月」作「有」，是也。袁本亦誤「月」。

〔三〕注「明則有禮樂」　袁本、茶陵本無此五字。案：此尤校補也。

〔四〕注「尚書璇璣玉鈐曰」　案：「玉」字不當有。各本皆衍。

〔五〕注「制作六經洪業」　陳云下脱「也」字，是也。各本皆脱。

〔六〕注「世祖立皇太子長楸」　何校「楸」改「懋」，陳同。各本皆誤。

〔七〕跨掩昌姬　袁本、茶陵本「掩」作「踬」。案：善注無明文可考，二本不著校語，或同五臣作「踬」，但必當有音，今蓋注不全也。二本「踬」下有「女展」。

〔八〕注「帝王子弟」　案：「帝」上當有「高」字。各本皆脱。
〔九〕注「秦后太子來仕」　何校云「太」字衍，陳同。各本皆衍。
〔一〇〕注「王仕於晉也」　何校「王」改「來」，陳同，是也。各本皆誤。
〔一一〕注「若稽古帝堯」　案：「若」上當有「粤」字。各本皆誤。
〔一二〕注「譙周考史曰」　陳云「考史」當作「古史考」，是也。各本皆誤。
〔一三〕注「藹飢意」　袁本、茶陵本無此三字。案：此尤校添也。
〔一四〕注「後漢賈琮爲冀州刺史車垂赤帷而行及至州自言曰」　袁本作「范曄後漢書曰賈琮爲冀州刺史琮之部升車言曰」，是也。茶陵本并入五臣，與此同，皆非。
〔一五〕注「何反垂帷裳」　袁本「何」下有「有」字，是也。茶陵本與此同，非。
〔一六〕注「爲嫖姚校尉」　案：此有誤也。正文作「影摇」，與注不相應。考史記作「剽姚」，漢書作「票姚」，服虔音「飄摇」，師古曰「荀悦漢紀作票鷂」，字皆不作「嫖」。疑此注善引漢書自作「票姚」，其下或并引服音，且有「影摇」與「票姚」異同之注而不全。
〔一七〕注「丁白爲武猛校尉」　何校「白」改「原」，陳同，是也。各本皆誤。范蔚宗書何進傳有，其證矣。
〔一八〕注「百姓皆安」　袁本、茶陵本皆作「遂」，是也。
〔一九〕注「杜氏幽求子曰」下至「有竹馬之歡」　袁本、茶陵本無此二十二字。案：二本因善同五臣而節去也，有者是。

〔二〇〕注「東越侮食」　袁本「侮」作「海」。案：「海」字當是也。詳注意，上句當云「古本作海食」，而引此以解之。其上作「晦」，下作「侮」，不相應，皆譌字，唯袁此一字未誤也。至於「侮食」，在「古本」之上已解訖矣。茶陵本作「侮」，誤與此同。今本周書亦作「侮食」，又非善所見。困學紀聞譏元長用之，皆就今本文選、今本周書而言，似未深得其理。

〔二一〕注「蓋聞天子之收夷狄也」　袁本、茶陵本「收」作「牧」，是也。

〔二二〕甿牘相尋　陳云據注「牘」當作「櫝」。案：各本所見皆誤。

〔二三〕注「禮記逸禮曰」　袁本無下「禮」字，茶陵本有。案：此似當作「逸禮記曰」。各本皆誤。

〔二四〕注「孔子丘述三五之法」　案：「子」字不當有，各本皆衍。

〔二五〕注「譽猶豫古字通」　案：「猶」當作「與」。各本皆誤。

〔二六〕注「十洲記曰」　何云「十洲記」或是「丹陽記」。陳云書名疑有誤。案：何、陳所校皆未是也，「洲」當作「州」，説已見前。

〔二七〕注「齊有天子」　案：「子」當作「下」。各本皆誤。

〔二八〕注「名曰風涼」　案：「風涼」當作「涼風」。各本皆誤。「涼風」見淮南地形訓，即離騷之「閬風」。史記「惠王閬」，索隱云「系本名毌涼」，是「涼」、「閬」通用也。

〔二九〕注「周禮曰以土圭之法」下至「緯星也」　茶陵本無此三十九字，袁本此節注并入五臣，皆非也。尤所見是。

〔三〇〕秩秩斯干　袁本「斯干」下有校語，善作「清千」。茶陵本無校語。案：袁所見誤也。

〔三一〕金虺在席　袁本、茶陵本「虺」作「虵」。案：善引禮記爲注，「虵」字是也。「虺」雖「虵」之別體，但元長用此，未見其證。

〔三二〕籥動郊詩　何校「郊」改「豳」。案：所改未是也。善引周禮爲注字作「豳」，故何據之。考北征賦「息郇郊之邑鄉」，善引漢書「豳鄉」而云「豳」與「郊」同。西征賦「化流岐豳」，善注引史記「立國於郊」而云「郊」與「豳」同。此注或未全，袁、茶陵二本正文「郊」下有「豳」字，未必非割裂善注而爲之也。

〔三三〕注「取竹嶰谷」　案：此有誤也。下引孟康「解脱也」，不得此作「嶰」，與之不相應。考漢書作「解」，顔引孟注而云「一説昆侖之北谷名也」。晉灼曰：「谷名是也。」元長以之與「弇州」偶句，正從谷名之説，與孟迥別。廣雅釋山曰：「嶰，谷也。」劉淵林吴都賦注曰：「嶰谷，崑崙北谷也。」字皆作「嶰」。此正文亦必然。由是推之，善注此作「解」，引孟注，未當并引一説，且有「解」、「嶰」異同之注，乃爲可通。今各本皆脱誤。無以訂之矣。

王文憲集序

任彦昇

公諱儉，字仲寶，琅邪臨沂魚依人也。蕭子顯齊書曰：王儉，字仲寶。其先自秦至宋，國史家諜待協詳焉。琅邪王氏録曰：王氏之先出自周王子晉。秦有王翦、王離，世爲名將。七略曰：子雲家諜，言以甘露元年生也。晉中興以來，六世名德，海内冠冕。晉中興書曰：王祥弟覽生導，導生洽，洽生珣，珣生曇首。沈約宋書曰：王僧綽，曇首長子，遇害，子儉嗣。晉中興書，庾冰疏曰：臣因家寵，冠冕當世。古語云：「仁人之利，天道運行。」左氏傳，君子曰：仁人之言，其利博哉！莊子曰：天道運行，而無所積，故萬物成。故吕虔歸其佩刀，郭璞誓以淮水。晉中興書曰：魏徐州刺史任城吕虔有刀，工相之，爲三公可服此刀。虔謂别駕王祥曰：苟非其人，乃或爲害。卿有公輔之量，故以此相與。及祥死之日，以刀授弟覽曰：吾兒凡，汝後必興之，足稱此刀，故以相與。王氏家譜曰：初王導渡淮，使郭璞筮之，卦成，璞曰：吉無不利。淮水絶，王氏滅。若離翦之止殺，吉駿之誠感，蓋有助焉。史記曰：王翦者，頻陽人也〔一〕。事秦，始皇使翦將兵而攻趙閼與，破之，後遂拔趙。陳勝之反秦，秦使王翦之孫王離擊趙王。孔安國尚書傳曰：以殺止殺，終無犯者。漢書曰：王吉，字子陽，琅邪人也，爲諫議大夫。子駿，亦爲諫議大夫，超遷御史大夫。吉居長安，其東家有大棗樹，垂吉庭中，吉婦取棗以啖吉。吉後知之，乃去婦。東家聞而欲伐其樹，鄰里固請吉令還婦。子駿，元帝時爲御史大夫，妻死不復娶。漢書張賀贊曰：賀之陰德，亦有助云。

公之生也，誕授命世，體三才之茂，踐得二之機。周易曰：有天道焉，有地道焉，兼三才而兩之。又，子曰：知幾其神乎〔二〕？顔氏之子，其殆庶幾乎？有不善未嘗不知，知而未嘗復行。韓康伯曰：在理則昧，造形則悟，顔子之分也。失之於幾，故有不善，得之於二，不遠而復，故知之未嘗復行也。信乃昴宿垂芒，德精降祉，春秋佐助期曰：漢相蕭何，昴星精。垂芒，謂發秀也。精，星也〔三〕。異苑曰：汝南陳仲弓從諸息姪詣潁川荀季和父子，于時德星爲之聚。太史奏，五百里内必有賢人集焉。有一于此，蔚爲帝師。漢書曰：張良從容步游下邳圯上，有一老父出一編書曰：讀是則爲王者師。況乃淵角殊祥，山庭異表；論語撰考讖曰：顔回有角額似月形。淵，水也。月是水積，故名淵。摘輔像曰：子貢山庭斗繞口，謂面有三庭，言山在中鼻高有異相也。故子貢至孝，顔回至仁也。望衢罕窺其術，觀海莫際其瀾。孟子曰：觀海有術，必觀其瀾。趙岐曰：瀾，水中大波也。宏覽載籍，博游才義。若乃金版玉匱之書，海上名山之旨；七略曰：太公金版玉匱，雖近世之文，然多善者。抱朴子曰：鄭君有玉匱記、金版經。范曄後漢書曰：荀爽遭黨錮，隱於海上，又遁漢濱以著述爲事，題爲新書，凡百餘篇。司馬遷書曰：僕誠著此書，藏諸名山。沈鬱澹雅之思，離堅合異之談。楊雄爲方言。劉歆與雄書曰：非子雲澹雅之才，沈鬱之志，不能成此書。莊子，公孫龍問於魏牟曰：龍少學先王之道，長明仁義之行，合同異，離堅白。呂氏春秋曰：相劍者曰：白所以爲堅也，黄所以爲紉也，黄白雜，則堅且紉，良劍也。難者曰：黄白雜，則不堅且不紉，又柔則錈，堅則折，劍折且錈，焉得爲利劍也？莫不總制清衷，遞爲心極。斯固通人之所包，非虚明之絶境，不可窮者，其唯神用者乎？言金版玉匱之書，無不制在情衷〔四〕，爲心之極。斯故通人君子，或能兼而包之，故非王公之絶境也。然其不可窮而盡者，其唯有神用乎？言難測也。衷，中心也。虚明，亦心也。然檢鏡所歸，人倫以表，雲屋天構，匠者何〔五〕？自咸洛不守，憲章中輟。劉琨勸進表曰：仍承西朝不守。禮記曰：仲尼憲章文、武。賀生達禮之宗，蔡公儒林之亞，晉中興書曰：贺循，字彦先，博覽羣書，尤明三禮，爲江東儒宗，徵拜博士。又曰：諸葛恢，字道明，時潁川荀顗〔六〕，字道明，陳留蔡謨，字道明，俱有名譽，號曰中興三明。時人爲之歌曰：京都三明各有名，蔡氏儒雅荀、葛清。闕典未補，大備兹日。劇秦美新曰：帝典闕而不補。至若齒危髮秀之老，含經味道之生，鄭玄禮記注曰：危，高也。然齒危，謂高年也。髮秀，猶秀眉也。東觀漢記，杜詩謂功曹郭丹曰：今功曹稽古含經，可謂至德。桓譚答楊雄書曰：子雲勤味道腴。莫不北面人宗，自同資敬。漢書曰：于定國爲廷尉，乃迎學春秋，身執經，北面備弟子禮。孝經曰：資於事父以事母，而敬同〔七〕。性託夷遠，少屏塵雜，自非可以弘奬風流，增益標勝，未嘗留心。習鑿齒晉陽秋曰：王夷甫、樂廣，俱以宅心事外，名重於時。故天下之言風流者，稱王、樂焉。

朞歲而孤，叔父司空簡穆公，早所器異。蕭子顯齊書曰：王僧虔兄僧綽之子儉。又曰：世祖即位，遷僧虔爲侍中，薨，贈司空，侍中如故，謚簡穆公。年始志學，家門禮訓，皆折衷丁仲於公。論語，子曰：吾十有五而志于學。羽獵賦序曰：不折衷于泉臺。孝友之性，豈伊橋梓；夷雅之體，無待韋弦。毛詩曰：張仲孝友。尚書大傳曰：伯禽與康叔朝於成王。見于周公，三見而三笞之。康叔有駭色，乃與伯禽問於商子曰：吾二子見於周公，三見而三笞，何也？商子曰：南山之陽，有木名橋，北山之陰，有木名梓，二子蓋往觀焉〔八〕。於是二子如其言而往觀之，見橋木高而仰，見梓木實而俯，反以告商子。商子曰：橋者，父道也；梓者，子道也。二子明日復見，入門而趨，登堂而跪，周公迎拂其首而勞之曰：汝安見君子乎？二子以實對。公曰：君子哉，商子也！言王公有孝友之性，自天而成，豈惟見橋梓而知也。夷，平也。體，性也。韋，皮繩，喻緩也。弦，弓弦，喻急也〔九〕。孫子曰：由禮則雅，不由禮則夷。韓子曰：西門豹之性急，故佩韋以自緩；董安于之心緩〔一〇〕，故佩弦以自急。言王公平雅之性；無待此韋弦以成也，蓋自天性得中也〔一一〕。汝郁之幼挺淳至，黄琬之早標聰察，曾何足尚？東觀漢記曰：汝郁，字幼異，陳國人。年五歲，母被病不能飲食，郁常抱持啼泣，亦不肯飲食。母憐之，强爲餐飯，欺言已愈。郁察母顔色不平，輒復不食。宗親共奇異之，因字幼異。挺，拔也。淳至，謂淳孝之甚至也〔一二〕。范曄後漢書曰：黄琬，字公琰，少失父母而辨慧，祖父瓊育之。瓊初爲魏郡太守〔一三〕，建和元年正月，日蝕，京師不見，而瓊以狀聞。梁太后詔問所蝕多少，瓊思其對而未知所出。琬年七歲，在傍曰：何不言日蝕之餘，如月之初。瓊大驚，即以其言應詔。標，立也。言此二子淳孝聰察，比之王公，則二子曾何足尚也〔一四〕。年六歲，襲封豫寧侯，拜日，家人以公尚幼，弗之先告。既襲珪組，對揚王命，因便感咽，若不自勝。蕭子顯齊書曰：儉數歲襲爵豫寧侯，拜受茅土，流涕嗚咽。江表傳曰：潘濬見孫權，涕泣交横，哀咽不能自勝。初，宋明帝居蕃，與公母武康公主素不協。及即位，有詔廢毁舊塋，投棄棺柩。公以死固請，誓不遵奉，表啓酸切，義感人神。太宗聞而悲之，遂無以奪也。太宗，宋明帝也。蕭子顯齊書曰：宋明帝以儉嫡母武康公主同太初巫蠱事，不可以爲婦姑，欲開冢離塋，儉因人自陳，密以死請，故事不行。初拜秘書郎，遷太子舍人，以選尚公主〔一五〕，拜駙馬都尉。吴均齊春秋曰：宋明帝太始中，儉尚陽羨公主，拜駙馬都尉，爲秘書郎，太子舍人。元徽初，遷秘書丞。沈約宋書曰：蒼梧王改年曰元徽。吴均齊春秋曰：儉超遷秘書丞。於是采公曾之中經，刊弘度之四部；蕭子顯齊書曰：儉又撰定元徽四部書目。王隱晉書曰：荀勗，字公曾，領秘書監，與中書令張華依劉向别録整理錯亂，又得汲冢竹書，身自撰次，以爲中經。臧榮緒晉書曰：李充，字弘度，爲著作郎。于時典籍混亂，删除煩重〔一六〕，以類相從，分爲四部，甚有條貫，秘閣以爲永制，五經爲甲部，史記爲乙部，諸子爲丙部，詩賦爲丁部。依劉歆七略，更撰七志。蕭子顯齊書曰：秘書丞上表求校墳籍，撰七志四十卷，上表獻之。漢書曰：劉歆總羣書而奏其七略，故有輯略，有六藝略，有諸子略，有詩賦略，有兵書略，有術數略，有方技略。蓋嘗賦詩云：稷契匡虞夏，伊吕翼商周。自是始有應務之跡，生民屬心矣！時司徒袁粲，有高世之度，脱落塵俗。沈約宋書曰：袁粲，字景倩，順帝即位，遷中書監，司徒，侍中。袁喬與褚左軍解交書曰：雖欲虚詠濠肆，脱落儀制，其能得乎？見公弱齡，便望風推服，歎曰：衣冠禮樂在是矣！吴均齊春秋曰：儉精神秀徹，體識聰異，司徒袁粲見之，歎曰：宰相之門也。栝栢豫章雖小，已有棟梁之氣矣。時粲位亞台司，公年始弱冠，春秋漢含孳曰：三公象五嶽，在天法三能。台與能同。禮記曰：人生二十曰弱冠。年勢不侔，公與之抗禮。漢書，婁敬曰：今欲比隆成、康之時，臣竊以不侔矣。又曰：將軍衛青位既益尊，然汲黯與抗禮。因贈粲詩，要以歲暮之期，申以止足之戒〔一七〕。韓詩曰：蟋蟀在堂，歲聿其暮。薛君曰：暮，晚也。言君之年歲已晚也。老子曰：知足不辱，知止不殆。粲答詩曰：老夫亦何寄？之子照清襟。

服闋，拜司徒右長史。儉遭所生母憂服闋也。司徒，袁粲也。出爲義興太守，風化之美，奏課爲最。漢書曰：倪寬爲司農都尉，大司農奏課聯最。韋昭曰：聯得第一也。還除給事黄門侍郎，旬日，遷尚書吏部郎參選。昔毛玠之公清，李重之識會，兼之者公也。魏志曰：毛玠，字孝先，陳留人也。少爲縣吏，以公清稱。魏國初建，以玠爲尚書僕射，復典選舉。傅暢晉諸公讚曰：王戎爲選官，時李重、李毅二人操異，俱處要職，戎以識會待之，各得其所。玠音介。俄遷侍中，以愍侯始終之職，固辭不拜。蕭子顯齊書曰：升明二年，儉遷長史兼侍中，以父終此職固讓。沈約宋書曰：王僧綽遷侍中，二凶巫蠱事泄，上召僧綽具言之。劭於宮夜饗將士，僧綽密以啓聞，頃之，劭亂，檢太祖巾箱，得僧綽所啓饗士并廢諸王事，乃收害焉。世祖贈散騎常侍金紫，謚愍侯。補太尉右長史。蕭子顯齊書曰：進太祖太尉也。時聖武定業，肇基王命，聖武，謂齊高帝也。干寶晉武革命論曰：高、光争伐，定功業也。尚書曰：至于太王，肇基王迹。寤寐風雲，實資人傑。毛詩曰：寤寐思服。毛萇曰：服，思之也。周易曰：雲從龍，風從虎，聖人作而萬物覩。漢書，高祖曰：夫運籌於帷幄之中，決勝千里之外，吾不如子房。鎮國家，撫百姓，給餉饋，不絶糧道，吾不如蕭何。連百萬之衆，戰必勝，攻必取，吾不如韓信。三者皆人傑，吾能用之。是以宸居膺列宿之表，圖緯著王佐之符。若漢高祖之膺五星，李通之著赤伏。宸居，已見上文。班固漢書贊曰：劉向稱董仲舒有王佐之才。俄遷左長史。齊臺初建，蕭子顯齊書曰：進太祖位相國爲齊公也。以公爲尚書右僕射，領吏部，時年二十八。宋末艱虞，百王澆季。班固漢書贊曰：漢承百王之弊。禮紊舊宗，樂傾恒軌，自朝章國紀，典彝備物，奏議符策，文辭表記，素意所不蓄，前古所未行，皆取定俄頃，神無滯用。

太祖受命，太祖，謂齊高祖也〔一八〕。以佐命之功，封南昌縣開國公，食邑二千户。建元二年，遷尚書左僕射，領選如故。自營部分司〔一九〕，盧欽兼掌，譽望所歸，允集兹日。應劭漢官儀曰：獻帝建始四年〔二〇〕，始置左右僕射，以執金吾營部爲左僕射，衞臻爲右僕射。今以策劭爲營部，誤也。營，役瓊切。部，烏合切。虞預晉書曰：盧欽少好學，爲尚書僕射，領吏部，欽清實選舉，稱爲廉平。尋表解選，詔加侍中，又授太子詹事，侍中僕射如故。固辭侍中，改授散騎常侍，餘如故。太祖崩，遺詔以公爲侍中尚書令鎮國將軍。永明元年，進號衞將軍。二年，以本官領丹陽尹。本官，謂侍中尚書令。六輔殊風，五方異俗。漢書曰：兒寬遷左内史，表奏開六輔渠。韋昭注曰：六輔，謂京兆、馮翊、扶風、河東、河南、河内。五方，已見上文。公不謀聲訓，而楚夏移情。楊雄與桓譚書曰：望風最附，聲訓自結。史記曰：淮南、沛、陳、汝南郡，此西楚也。潁川、南陽，夏人之居也，故至今謂之夏。故能使解劍拜仇，歸田息訟。謝承後漢書曰：許荆，字子張，吴郡人。兄子世，嘗報讎殺人，其讎操兵〔二一〕欲殺世，荆與相遇，乃解劍長跪曰：今願身代世死。仇讎者曰〔二二〕：許掾，郡中稱君爲賢，何敢相侵。遂解劍而去〔二三〕。漢書曰：韓延壽爲東郡太守，春因行縣至高陵，人有昆弟相與訟田，延壽乃自悔責，閉閤不出〔二四〕。於是訟者宗族傳相責讓，此兩昆弟深自悔，皆自髡肉袒謝，願以田相移，終不敢復爭。延壽乃起聽事。前郡尹温太真劉真長，或功銘鼎彝，或德標素尚，王隱晉書曰：温嶠，字太真，太原人也。爲郡尹，後平蘇峻之亂。臧榮緒晉書曰：劉惔，字真長，沛國人也。爲丹陽尹，性重莊、老。禮記曰：鼎有銘。銘者，論譔其先祖之德，美功烈勳勞而酌之祭器。左氏傳，臧武仲曰：大伐小，取其所得，以作彝器，銘其功以示子孫。孔欣猛虎行曰：飢不食邪蒿菜，倦不息無終里，邪蒿乖素尚，無終喪若始。臭味風雲，千載無爽。言其感應，千載不差也。左氏傳，季武子謂晉范宣子曰：今譬於草木，寡君之臭味也。楚辭曰：虎嘯而谷風至，龍舉而景雲從。言物類之相感也。王逸曰：虎，陽物也。谷風，陽氣也。言虎悲嘯而吟，則谷風至而應其類。龍，介蟲，陰物也。景雲，亦陰也。言神龍將舉升天，則景雲覆而扶之，輔其類也。親加弔祭，表薦孤遺，遠協神期，用彰世祀。左氏傳，史趙曰：盛德必百世祀。時簡穆公薨，以撫養之恩，特深恒慕，表求解職，有詔不許。蕭子顯齊書曰：儉父僧綽遇害，爲叔父僧虔所養。

國學初興，華夷慕義，經師人表，允資望實。漢書，平帝詔曰：校書置經師一人。任昉雜傳，魏德公謂郭林宗曰：經師易獲，人師難遭。何法盛晉中興書曰：王安期爲東海王越記室參軍。勑子毗曰：王參軍人倫之表，汝其師之。復以本官領國子祭酒，三年，解丹陽尹，領太子少傅，餘悉如故。挂服捐駒，前良取則，臥轍棄子，後予胥怨。挂服，未詳。王隱晉書曰：王遜，字劭伯，爲上洛太守。遜在郡有私馬生駒，私牛生犢，悉留以付郡。云是爲郡所産，以還官也。三輔決録曰：長安劉氏，唯有孟公，談者取則。范曄後漢書曰：侯霸，字君仲，爲臨淮太守。王莽敗，霸卒全一郡。更始元年，遣使徵霸，百姓號哭遮使者車，或當道而臥，皆曰：願乞侯君復留朞年，百姓乃戒其乳婦，棄其孩子〔二五〕，侯君當去，必不能全也。尚書曰：湯初征自葛，東征西夷怨，南征北狄怨，曰：奚獨後予。言儉解丹陽尹，百姓亦如此戀之〔二六〕。皇太子不矜天姿，俯同人範，師友之義，穆若金蘭。蜀志曰：諸葛亮與杜微書曰〔二七〕：今年始十八〔二八〕，天姿仁敏，愛德下士。説苑曰：燕昭王問於郭隗曰：寡人地狹人寡，齊人削取八城，宗廟恐危，社稷存之有道乎？郭隗曰：帝者之臣，其實師也；王者之臣，其實友也。王誠能與隗，請爲天下之士開路。周易曰：二人同心，其利斷金；同心之言，其臭如蘭。又領本州大中正，頃之解職。四年，以本號開府儀同三司，餘悉如故。本號，衛將軍也。謙光愈遠，大典未申。謂辭儀同三司也。周易曰：謙尊而光，卑而不可踰，君子之終也。六年，又申前命，儀同三司之命。七年，固辭選任，帝所重違，選任，尚書令也。謝承後漢書曰：楊賜讓還侯爵，朝廷重違其志也。詔加中書監，猶參掌選事。長輿追專車之恨，公曾甘鳳池之失。言昔者任非其人，或專車而獨坐，或發志於見奪〔二九〕，今儉有德，故專車者追恨，失之者甘心。臧榮緒晉書曰：和嶠爲黄門侍郎，遷中書令，舊監令共車入朝。及嶠爲令，荀勗爲監，嶠不禮勗，常以意氣加之，每同乘，高抗專車而坐，乃使監令異車，自嶠始也。晉中興書曰：荀勗，字公曾，從中書監爲尚書令，人賀之，乃發恚云：奪我鳳皇池，卿諸人賀我邪？夫奔競之塗，有自來矣。晉諸公讚曰：傅宣定九品未訖，劉疇代之，悉改宣法。於是人人望品，求者奔競。以難知之性，協易失之情，桓子新論曰：凡人性難極也，難知也，故其絶異者，常爲世俗所遺失焉。必使無訟，事深弘誘。論語，子曰：聽訟，吾猶人也，必也使無訟乎？公提衡惟允，一紀于兹，漢書曰：衡，平也，所以平輕重也。言選曹以材授官，似衡之平物，故取以喻焉。韓子曰：貴賤不相踰，愚智提衡而立。孫綽王蒙誄曰〔三〇〕：提衡左府，舉直閑邪。孔安國尚書傳曰：十二年曰紀。拔奇取異，興微繼絶。王隱晉書，羊祜曰：吾不能取異於屠釣，拔奇於版築，豈不愧知人之難哉！興微，即興滅也。論語，子曰：興滅國，繼絶世。望側階而容賢，候景風而式典。燕丹太子曰〔三一〕：田光見太子，太子側階而迎。家語，孔子謂魯哀公曰：衛有士曰慶足者，國有大事，則必赴而治之；國無事，則退而容賢。靈公悦而敬之。王肅曰：言其所以退，欲以容賢於朝也。

淮南子曰：景風至，施爵禄，賞有功。春秋三十有八，七年五月三日，薨于建康官舍。皇朝軫慟，儲鉉傷情。漢書，疎廣曰：太子，國儲副君。周易曰：鼎，金鉉。鄭玄尚書注曰：鼎，三公象也。有識銜悲，行路掩泣。說苑，雍門周説孟嘗君曰：有識之士，莫不爲足下寒心酸鼻。論衡曰：行路之人，皆能論之。豈直舂者不相，工女寢機而已哉！史記，趙良謂商鞅曰：五羖大夫死，秦國男女流涕，童子不歌謠，舂者不相杵。劉綰聖賢本紀曰：子産治鄭二十年，卒，國人哭於巷，婦人哭於機。故以痛深衣冠，悲纏教義，豈非功深砥礪，道邁舟航？尚書，高宗曰：若金，用汝作礪，若濟巨川，用汝作舟檝。没世遺愛，古之益友。左氏傳曰：子産卒，仲尼聞之出涕，曰：古之遺愛也。班固漢書贊曰：劉向指明梓柱，以推廢興，豈非直諒多聞，古之益友與？追贈太尉，侍中中書監如故。給節，加羽葆鼓吹，增班劍六十人，漢官儀曰：班劍者，以虎皮飾之。謚曰文憲，禮也。謚法曰：忠信接禮曰文，博文多能曰憲。

公在物斯厚，居身以約。玩好絶於耳目，布素表於造次。齊春秋曰〔三二〕：儉不好聲色，未嘗遊宴，衣裘服用，自周而已。周禮曰：凡式貢之餘財，以供玩好之用。尚書曰：弗役耳目，則百度惟貞。論語，子曰：造次必於是。室無姬姜，門多長者。左氏傳，君子曰：詩曰：雖有姬姜，無棄憔悴。漢書曰：陳平少時家貧，然門外多長者車轍。立言必雅，未嘗顯其所長；孝經援神契曰：矜莊嚴栗，出言必雅。孫資别傳曰：朝臣會議，資奏是非，擇善者推而成之，終不顯己之德。持論從容，未嘗言人所短。風俗通曰：太尉范滂〔三三〕辨於持論。謝承後漢書曰：夏勤從容議論。吴志曰：是儀時時有所進，未嘗言人之短。弘長風流，許與氣類；檀道鸞晉陽秋曰〔三四〕：謝安爲桓温司馬，不存小察，盡弘長之風。風流，已見上文。謝承後漢書曰：桓礹邴嘗氣類經緯士人。雖單門後進，必加善誘；三輔決録曰：王豹出自單門。論語曰：夫子善誘人。勗以丹霄之價，弘以青冥之期。鍾會集言，程盛曰：丹霄之鳳，青冥之龍。公銓品人倫，各盡其用，廣雅曰：稱謂之銓。聲類曰：銓，所以稱物也。居厚者不矜其多，處薄者不怨其少。老子曰：前識者，道之華而愚之始，是以大丈夫處厚不處薄。窮涯而反，盈量知歸。莊子，市南子曰：君涉於江南，而浮於四海，望之而不見其涯。愈往而不知其所窮，送君者皆自涯而反。皇朝以治定制禮，功成作樂，禮記曰：王者功成作樂，治定制禮。思我民譽，緝熙帝圖。左氏傳曰：晉悼公即位，六官之長，皆民譽也。毛詩曰：維清緝熙，文王之典。帝圖，已見上文。雖張曹爭論於漢朝，荀摯至競爽於晉世，東觀漢記曰：張酺拜太尉。章帝詔射聲校尉曹褒，案漢舊儀制漢禮。酺以爲褒制禮，非禎祥之特達，有似異端之術，上疏曰：褒不被刑誅，無以絶毁實亂道之路。臧榮緒晉書曰：太尉荀顗，先受太祖勑，述新禮。太康初，尚書僕射朱整奏付尚書郎摯虞討論之，虞表所宜增損條目，改正禮新昔異狀，凡十五事。左氏傳，晏子曰：二惠競爽猶可。無以仰摸淵旨，取則後昆。尚書曰：以義制事，以禮制心，垂裕後昆。每荒服請罪，遠夷慕義，宣威授指，寔寄宏略。理積則神無忤往；事感則悦情斯來。無是己之心，事隔於容諂；罕愛憎之情，理絶於毁譽。造理常若可干，臨事每不可奪；約己不以廉物，弘量不以容非。魏文帝典論曰：君子謹乎約己，弘乎接物。魏志，孟康薦崔林曰：體高雅之弘量。謝承後漢書，郎顗章曰：陛下寬不容非。攻乎異端，歸之正義。論語曰：攻乎異端，斯害也已。

公生自華宗，世務簡隔，魏志，曹植上疏曰：華宗貴族，必應斯舉。漢書曰：嚴安、徐樂上書言世務。至於軍國遠圖，刑政大典，既道在廊廟，則理擅民宗。若乃明練庶務，鑒達治體，潘尼潘岳碣曰：君深達治體，垂化三宰。懸然天得，不謀成心。求之載籍，翰牘所未紀；訊之遺老，耳目所不接。至若文案自環，主者百數，皆深文爲吏，積習成奸，漢書曰：張湯務在深文，拘守職之吏。應劭風俗通曰：積習而成，不敢獨否。蓄筆削之刑，懷輕重之意。漢書曰：今有司請定法，削即削，筆即筆。服虔曰：言隨君意也。又曰：嚴延年爲涿郡太守，掾趙繡按高氏，即爲兩劾，欲先白其輕者。觀延年意焉，怒乃出其重劾。公乘理照物，動必研機。晉中興書，謝安石上疏曰〔三五〕：王恭超登清任，當虛心乘理。周易曰：夫易所以極深研幾〔三六〕。當時嗟服，若有神道。周易曰：聖人以神道設教，而天下服矣。豈非希世之儁民，瑚璉之宏器？汝南先賢傳曰：謝子微高才遠見，許劭年十八時，乃歎息曰：此希世之偉人也。論語，子貢問曰：賜也何如？子曰：汝器也。曰：何器也？曰：瑚璉也。

昉行無異操，才無異能，得奉名節，迄將一紀。魏志，董昭謂太祖曰：明公樂保名節，而無大責。一言之譽，東陵侔於西山；一眄之榮，鄭璞踰於周寶〔三七〕。路粹爲曹公與孔融書曰：邀一言之譽者，計有餘矣。莊子曰：伯夷死名於首陽之下，盜跖死利於東陵之上。彼所殉仁義也，則俗謂之君子；其所殉貨財也，則俗謂之小人。其所殉，一也。司馬彪曰：東陵，陵名，今屬濟南也。法言曰：夷齊無仲尼，則西山餓夫。列子曰：吾師老商氏，三年之後，始得夫子一眄而已。戰國策，應侯曰：鄭人謂玉之未理者爲璞，周人謂鼠之未腊者爲璞。周人懷璞過鄭，問賈曰：欲買璞乎？鄭賈曰：欲之。出其璞示之，乃鼠也，因謝而不取。高誘曰：理，治也。鼠未燥腊者號之爲璞。尚書曰：弘璧琬琰，在西序。孔安國曰：皆歷代傳寶。士感知己，懷此何極！曹植祭橋玄文曰〔三八〕：士死知己，懷此無忘。出入禮闈，朝夕舊館，十州記曰：崇禮闈〔三九〕，即尚書上省門；崇禮東建禮門，即尚書下舍門。然尚書省二門名禮，故曰禮闈也。瞻棟宇而興慕，撫身名而悼恩。孫卿子，孔子謂哀公曰：吾入廟〔四〇〕仰視榱棟，俛見几筵，君以此思哀，則哀將焉而不至矣。公自幼及長，述作不倦。仲長子昌言曰：子長、班固，述作之士。固以理窮言行，事該軍國，豈直彫章縟采而已哉？説文曰：縟，繁也，彩色也。若乃統體必善，綴賞無地，王彪之賦曰：於是乎統體而詠之。雖楚趙羣才，漢魏衆作，曾何足云！曾何足云！楚有屈原，趙有荀卿，漢則司馬、楊雄，魏則陳思、王粲。昉嘗以筆札見知，思以薄技效德，陸機表詣吳王曰：臣本以筆札見知。淮南子曰：齊伐楚，市偷進，謂楚將子發曰：臣有薄技，願而行之〔四一〕。是用綴緝遺文，永貽世範。袁宏三國名臣贊序曰：風軌德音，爲世作範。爲如干秩〔四二〕，如干卷。所撰古今集記今書七志，爲一家言，不列于集。集録如左。

文選考異

〔一〕注「潁陽人也」　陳云「潁」，「頻」誤，是也。各本皆譌。

〔二〕注「知幾其神乎」　案：「幾」當作「機」，及下文「動必研機」，注同正文。袁本皆有校語，云善從木。此注各本皆作「幾」，必并五臣於善而誤也。考善「機」，五臣「幾」，袁、茶陵二本於爲石仲容與孫皓書、檄蜀文已有校語可證。周易繫辭上「研幾」釋文云「幾如字，本或作機」。鄭云「機當作幾，幾，微也」。依善所引下繫，本或作「知機」、「見機」、「庶機」，但不盡見釋文也。茶陵本此及下正文作「幾」，無校語，以五臣亂善甚明，不獨此注誤其字矣。

〔三〕注「垂芒謂發秀也精星也」　袁本無此九字，有「生於豐通於制度」七字，是也。茶陵本脱此節注，非。又案：二本此九字在五臣銑注，尤錯入善注中，大誤，當訂正。

〔四〕注「無不制在情衷」　案：正文「情」作「清」，與此不相應。各本盡同，無以訂之。

〔五〕匠者何　袁本、茶陵本下有「工」字，云善無。何校添「工」字。陳云下脱「工」字。案：此疑各本所見傳寫脱也。

〔六〕注「潁川荀顗」　陳云「顗」當作「闓」，是也。各本皆誤。今晉書諸葛恢傳所載正作「闓」字。

〔七〕注「以事母而敬同」　茶陵本「母」作「君」，是也。袁本亦誤「母」。

〔八〕注「二子蓋往觀焉」　袁本「蓋」作「盍」，是也。茶陵本此節注并善於五臣，非。

〔九〕注「言王公有孝友之性」下至「喻急也」　袁本無此三十八字。案：無者最是，乃五臣向注錯入。茶陵本所并正有此，非。下各條皆同。

〔一〇〕注「董安于之心緩」　何校「心」改「性」，陳同，是也。各本皆誤。

〔一一〕注「言王公」下至「蓋自天性得中也」　袁本無此二十二字。案：無者最是，説見上。

〔一二〕注「挺拔也淳至謂淳孝之甚至也」　袁本無此十二字。案：無者最是，説見上。

〔一三〕注「祖父瓊育之瓊初爲魏郡太守」　袁本無「育之瓊」三字。

〔一四〕注「標立也」下至「則二子曾何足尚也」　袁本無此二十三字。案：無者最是，説見上。

〔一五〕以選尚公主　袁本、茶陵本「選」下有校語云善作「遷」。案：二本所見非。

〔一六〕注「刪除煩重」　陳云「頗」，「煩」誤，是也。各本皆誤。

〔一七〕申以止足之戒　袁本、茶陵本「戒」下有校語云善本從「言」。案：此所見不同也。

〔一八〕注「太祖謂齊高祖也」　袁本下「祖」字作「帝」，是也。茶陵本脱此節注，非。

〔一九〕自營部分司　案：「營部」當作「策劭」，注引漢官儀「營部」，而云今以「策劭」爲「營部」誤也者，因正文作「策劭」，據應而決其誤也。又云「營，役瓊切；部，烏合切」者，爲漢官儀作音，以明其不得作「策劭」也。袁本、茶陵本作「營部」，又「營」下有「役瓊」，「部」下有「烏合」，乃五臣依善注改正文而移其音於下，合并六家，遂致兩音複沓。茶陵本可覆審。袁刪善存五臣，益非。又皆於善「策劭」、五臣「營部」之不同，失著校語，讀者久不復察。唯陳云據此注正文中「營部」似當作「策劭」者，最是。但亦未知今本乃以五臣亂善耳。陳又云注中「策劭」當作「榮邵」。後漢書百官志及魏志賈詡傳注皆可證，而晉書採應語亦作「營部」。又廣韻「營」、「榮」二字下有「營部」無「榮邵」亦一證云云。其言「策劭」又爲「榮邵」之譌，亦頗近之，附出於此，餘所論誤者不録。

〔一〇〕注「建始四年」　陳云「始」、「安」誤，是也。各本皆誤。

〔一一〕注「其讎操兵」　袁本「其讎」作「怨家日」。案：袁本是也。茶陵本并善入五臣與此同，非。下各條放此。

〔一二〕注「今願身代世死仇讎者曰」　袁本「死仇讎者」作「怨家」，是也。見上。

〔一三〕注「遂解劍而去」　袁本「解劍而」作「委」，是也。見上。

〔一四〕注「延壽乃自悔責閉閤不出」　袁本「乃自悔責」作「大傷之又不出作思過」，是也。見上。

〔一五〕注「棄其孩子」　袁本「棄其孩」作「勿得舉」，是也。茶陵本并善入五臣，與此同，非。

〔一六〕注「言儉解丹陽尹百姓亦如此戀之」　袁本無此十三字。案：無者是也。乃五臣翰注錯入，茶陵本所并正有此，非。

〔一七〕注「與杜徽書曰」　何校「徽」改「微」，陳同，是也。各本皆譌。

〔一八〕注「今年始十八」　袁本、茶陵本「今年始」作「朝廷年」，是也。

〔一九〕注「或發志於見奪」　案：「志」當作「恚」。袁本亦誤。茶陵本脱此注。

〔二〇〕注「孫綽王蒙誄曰」　陳云「蒙」、「濛」誤，是也。各本皆誤。

〔二一〕注「燕丹太子曰」　案：「太」字不當有。各本皆衍。

〔二二〕注「齊春秋曰」　何校「齊」上添「吴均」二字，是也。各本皆脱。

〔三三〕注「太尉范滂」陳云「尉」下脱「掾」字，「太尉，黄瓊也」，是也。各本皆脱。

〔三四〕注「檀道鸞晉陽秋曰」陳云「晉」上脱「續」字，是也。袁本亦脱。茶陵本「秋」上衍「春」字。

〔三五〕注「謝安石上疏曰」陳云「安」字衍，是也。各本皆衍。

〔三六〕注「所以極深研幾」袁本「幾」作「機」，是也。茶陵本亦作「幾」，與此同誤。案：説詳前「踐得二之機」下。

〔三七〕鄭璞踰於周寶　案：「璞」當作「樸」。各本皆誤。注所引戰國策亦必全爲「樸」字。「物之質謂之曰樸」，「玉樸」亦然，故説文玉部並無「璞」字，而「鼠樸」得與之同名異實也。後人習見「璞」字，輒有所改。今本戰國策「樸」、「璞」錯出，此注全爲「璞」字，皆非也。又「樸」誤爲「璞」，後卷聖主得賢臣頌有其證。

〔三八〕注「曹植祭橋玄文曰」陳云祭橋玄文乃魏武事，在建安七年，子建時方十歲。案：蓋本作「魏太祖」，不知者改作「曹植」耳。

〔三九〕注「十州記曰崇禮闈」陳云「十州記」三字疑誤，「闈」當作「門」。案：「十州記」非誤也，見前。

〔四〇〕注「吾入廟」陳云「吾」，「君」誤，是也。各本皆譌。

〔四一〕注「顧而行之」陳云「而」，「爲」誤。案：所引道應訓文，今本作「爲君」二字。各本皆誤。

〔四二〕爲如干秩　何校「秩」改「帙」。案：此當作「袟」，各本皆誤也。

文選卷第四十七

頌　贊

頌

聖主得賢臣頌　善曰：漢書曰：王褒既爲益州刺史王襄作中和、樂職、宣布詩，王襄因奏言褒有軼才。上乃徵褒。既至，詔爲聖主得賢臣頌。

王子淵

夫荷旃被毳者，難與道純緜之麗密；應劭曰：不知純緜之麗密也。瓚以爲純絲。羹藜唅糗者，不足與論太牢之滋味。服虔曰：唅音含。糗，乾食也。今臣僻在西蜀，生於窮巷之中，長於蓬茨之下，戰國策，張儀曰：蜀，西僻之國，而戎、翟之長也。風賦曰：起於窮巷之間。列子曰：北宮子庇其蓬室，若廣廈之蔭。廣雅曰：茨，覆也。無有游觀廣覽之知，顧有至愚極陋之累，不足以塞厚望，應明旨。雖然，敢不略陳愚心，而杼情素〔一〕！戰國策，蔡澤說應侯曰：公孫鞅事孝公，竭知謀，示情素。

記曰：恭惟春秋法五始之要，在乎審己正統而已。服虔曰：恭，敬也。胡廣曰〔二〕：五始：一曰元，二曰春，三曰王，四曰正月，五曰公即位。夫賢者，國家之器用也。所任賢，則趨舍省而功施普；器用利，則用力少而就效衆。故工人之用鈍器也，勞筋苦骨，終日矻矻。如淳曰：矻矻，健作貌，苦骨切。及至巧冶鑄干將之璞〔三〕，清水淬其鋒，越砥斂其鍔，應劭曰：傳曰：得一寶劍，不如一甌冶。甌冶，即巧冶也。越絕書曰：楚王召風胡子而問之曰：寡人聞吴有干將，越有甌冶，願請此二人爲鐵劍。吴越春秋曰：干將者，吴人，造劍二枚，一曰干將，二曰莫耶。郭璞三蒼解詁曰：焠，作刀鋻也。焠，子妹切。鋻，工練切。說文云：鍔，劍刃也。晉灼曰：砥石出南昌，故曰越砥。水斷蛟龍，陸剸犀革，胡非子曰：負長劍，赴榛薄，析兕豹，赴深淵，斷蛟龍。字林曰：剸，截也。漢書音義曰：剸，章兖切。忽若篲氾畫塗〔四〕。如淳曰：若以篲掃於氾灑之處也。篲音遂。塗，路也。如此則使離婁督繩，公輸削墨，雖崇臺五層，延袤百丈而不溷者，工用相得也。孟子曰：離婁之明。趙岐曰：古之明目者也，黄帝時人。鄭玄禮記注曰：公輸若，匠師也，般、若之族，多伎巧者也。史記曰：蒙恬築長城，延袤萬餘里。王逸楚辭注曰：溷，亂也，胡困切。庸人之御駑馬，亦傷吻弊筴而不進於行，胸喘膚汗，人極馬倦。及至駕齧膝，驂乘旦，應劭曰：馬怒有餘氣，常齧膝而行也。張晏曰：齧膝、乘旦，皆良馬名也。駕則旦至，故以爲名。王良執靶，韓哀附輿，張晏曰：王良，郵無卹也。世本云：韓哀侯作御也〔五〕。時已有御，此復言之〔六〕，加其精巧也。音義或曰：靶音霸，謂轡也。縱騁馳騖，忽如影靡，過都越國，蹶如歷塊；追奔電，逐遺風，遺風，風之疾者也。周流八極，萬里一息。何其遼哉！人馬相得也。故服絺綌之涼者，不苦盛暑之鬱燠；論語曰：當暑袗絺綌。孔安國曰：絺綌，葛也。襲狐貉之煖者，不憂至寒之淒愴。論語曰：狐貉之厚以居。何則？有其具者易其備。賢人君子，亦聖王之所以易海内也。是以嘔一侯切喻受之，應劭曰：嘔喻，和悦貌。開寬裕之路，以延天下之英俊也。夫竭智附賢者，必建仁策；索人求士者，必樹伯迹。昔周公躬吐握之勞，故有圄空之隆；韓詩外傳曰：成王封伯禽於魯，周公誡之曰：無以魯國驕士。吾一沐三握髮，一飯三吐哺，猶恐失天下之士也。文子曰：法寬刑緩，囹圄空虚。齊桓設庭燎之禮，故有匡合之功。韓詩外傳曰：齊桓公設庭燎，爲士之欲造見者，朞年而士不至。於是東野人有以九九見者，桓公使戲之曰：九九足以見乎？鄙人曰：臣不以九九足以見也。臣聞君設庭燎以待士，朞年而士不至。夫士之所以不至者：君，天下之賢君也，四方之士皆自以爲不及君，故不至也。夫九九薄能，而君猶禮之，況賢於九九者乎！桓公曰：善。乃禮之。朞月，四方之士相選而並至矣〔七〕。論語，子曰：管仲相桓公，一匡天下，民到于今受其賜。又，子曰：桓公九合諸侯，不以兵車，管仲之力也。由此觀之，君人者勤於求賢而逸於得人。呂氏春秋曰：賢主勞於求賢，而逸於治事。人臣亦然。昔賢者之未遭遇也，圖事揆策，則君不用其謀；陳見悃誠，則上不然其信。郭璞三蒼解詁曰：悃，誠信也，苦本切。進仕不得施效，斥逐又非其愆。是故伊尹勤於鼎俎，太公困於鼓刀，魯連子曰：伊尹負鼎佩刀以干湯，得意故尊宰舍。尉繚子曰：太公屠牛朝歌。文子曰：伊尹負鼎而干湯，呂望鼓刀而入周。百里自鬻，甯戚飯牛，離此患也。孟子，萬章問曰：或曰百里奚自鬻於秦要秦穆公，信乎？孟子曰：不然，好事者爲之也。甯戚飯牛，已見鄒陽上書〔八〕。及其遇明君、遭聖主也，運籌合上意，諫諍則見聽，進退得關其忠，任職得行其術，去卑辱奧渫而升本朝，離蔬釋蹻而享膏粱，張晏曰：奧，幽也。渫，狎也。辱，汙也。如淳曰：奧音郁。應劭曰：離此蔬食，釋此木屩。瓚案：屩，以繩爲屨也。國語，欒伯請公族大夫，膏粱之性〔九〕難正也。賈逵曰：膏，肉之肥者。粱，食之精者。言其食肥美者，率驕放其性難正也。剖符錫壤，而光祖考，傳之子孫，以資說士。故世必有聖智之君，而後有賢明之臣。虎嘯而谷風冽，龍興而致雲氣，周易曰：雲從龍，風從虎。管輅別傳曰：龍者陽精，以潛于陰，幽靈上通，和氣感神，二物相扶，故能興雲。虎者陰精，而居于陽，依木長嘯，動於巽林，二數相感，故能運風。蟋蟀俟秋吟，蜉蝣出以陰。易通卦驗曰：立秋蜻蛚鳴。蔡邕月令章句曰：蟋蟀，蟲名，世謂之蜻蛚也。毛詩傳曰：蜉蝣，渠略也。又蟲魚疏曰：渠略甲下有翅，能飛，夏月陰時出地中。易曰：「飛龍在天，利見大人。」乾卦之辭也。龍以喻大人。言龍飛在天，喻聖人之德顯，故天下萬物而利見之。王肅曰：大人在位之日也。詩曰：「思皇多士，生此王國。」毛詩大雅文也。毛萇曰：皇，天也。鄭玄曰：思，願也。願天多生賢人於邦。故世平主聖，俊乂將自至，若堯舜禹湯文武之君，獲稷契皋陶伊尹呂望之臣，明明在朝，穆穆列布，尚書曰：厥后惟明明。又曰：則以穆穆在乃位。聚精會神，相得益章。雖伯牙操遞鐘，蓬門子彎烏號，猶未足以喻其意也。晉灼曰：遞音迭遞之遞。二十四鍾，各有節奏，聲之不常〔一〇〕，故曰遞鍾。瓚以爲楚辭曰：奏伯牙之號鍾。馬融長笛賦曰：號鍾高調。號鍾，琴名也。謂伯牙以善鼓琴，不説能擊鍾也。且漢書多借假，或以遞爲號，不得便以迭遞判其音也。善曰：孫卿子曰：羿、蠭門，善服射者也。吴越春秋，陳音曰：黄帝作弓，後有楚狐父以其道傳羿，羿傳蓬蒙。漢書曰：黄帝鼎成，龍迎黄帝。黄帝上騎，小臣持龍髯，拔墮〔一一〕，墮黄帝之弓，百姓仰望黄帝龍髯號，故名其弓曰烏號。

故聖主必待賢臣而弘功業，俊士亦俟明主以顯其德。上下俱欲，懽然交欣，千載一會，論説無疑。翼乎如鴻毛遇順風，沛乎若巨魚縱大壑。春秋保乾圖曰：神明之應，疾於倍風吹鴻毛。其得意如此，則胡禁不止，曷令不行？化溢四表，横被無窮，遐夷貢獻，萬祥必臻。是以聖主不徧窺望而視已明，不殫傾耳而聽已聰。恩從祥風翺，德與和氣游，太平之責塞，優游之望得。爲君之道，冀太平而優游。今已太平，是責塞也；今已優游，是望得也。史記，泄公曰〔一二〕：今王已出，吾責塞。尚書大傳曰：周公作樂，優游三年。遵游自然之勢，恬淡無爲之場。莊子曰：夫恬淡寂寞，虚無無爲，此天地之平，而道德之至。休徵自至，壽考無疆，雍容垂拱，永永萬年。尚書曰：垂拱而天下治。何必偃仰詘信若彭祖，呴噓呼吸如喬松，眇然絶俗離世哉！莊子曰：吹呴呼吸，吐故納新，熊經鳥伸，爲壽而已矣。彭祖，壽考者之所好也。列仙傳曰：王子喬好吹笙，道人浮丘公接以上嵩山。又曰：赤松子者，神農時雨師也，至崑崙山上，常止西王母石室中。詩曰：「濟濟多士，文王以寧。」蓋信乎其以寧也！

文選考異

〔一〕而杍情素　何云漢書「杍」作「抒」，注「抒猶泄也」。案：「抒」是也。凡「木」「扌」二旁多互混。

〔二〕注「胡廣曰」　袁本「胡」上有「善曰漢官解詁」六字，是也。茶陵本此節注多脱誤。又案：篇中「善曰」二字多删削，説已詳前。

〔三〕鑄干將之璞　何校「璞」改「樸」。茶陵本云五臣作「樸」。袁本云善作「璞」。案：漢書作「樸」，是也。各本所見「璞」字皆傳寫譌。

〔四〕忽若篲氾畫塗　袁本「畫」下有校語云善作「盡」。案：袁所見誤也。漢書作「畫」。茶陵本無校語，與此皆未誤。

〔五〕注「世本曰韓哀侯作御也」　何云世本無「侯」字。宋衷云：「韓哀，韓文侯也。」案：所校據漢書注引，是也。各本皆衍。

〔六〕注「此復言之」　案：「之」當依漢書注引作「作」，即宋衷注也。各本皆誤。

〔七〕注「相選而並至矣」　袁本、茶陵本「選」作「遝」，是也。

〔八〕注「已見鄒陽上書」　袁本、茶陵本作吕氏春秋云云，皆複出之誤。

〔九〕注「膏粱之性」　茶陵本「膏」上有「晉悼公曰夫」五字，是也。袁本亦脱。

〔一〇〕注「聲之不常」　何校「聲」改「擊」。案：所校據漢書注作「擊」，是也。各本皆誤。

〔一一〕注「小臣持龍髯拔墮」　袁本、茶陵本重「龍髯」二字，是也。

〔一二〕注「史記泄公曰」　陳云「泄公」當作「貫高」。案：所校未是也。此「泄」上有脱文耳。

趙充國頌

漢書曰：成帝時，西羌常有警。上思將帥之臣，追美充國，乃召黄門郎楊雄，即充國圖畫而頌之。

楊子雲

明靈惟宣，戎有先零。漢書曰：諸羌，先零豪。然先零，羌別號。先零猖狂，侵漢西疆。漢書，宣紀曰：元鳳元年，西羌反。漢命虎臣，惟後將軍。毛詩曰：進厥虎臣，闞如虓虎。漢書曰：昭帝時，擢充國爲後將軍。整我六師，是討是震。漢書曰：遣後將軍趙充國擊西羌。毛詩曰：整我六師，以脩我戎。又曰：徐方震驚。既臨其域，諭以威德。漢書曰：充國至西部都尉府，欲以威信招降罕、幵，乃上疏曰：因田論語讖曰：重耳反譎，伐德矜功。**有守矜功，謂之弗克。**應劭曰：酒泉太守辛武賢言充國屯田之便〔一〕，不如擊之。**請奮其旅，于罕之羌。**韋昭曰：罕，羌名也。蘇林曰：在金城南。武賢言，但擊罕羌，先零自降也。**天子命我，從之鮮陽。**應劭曰：宣帝使充國共討罕、幵於鮮水陽。**營平守節，屢奏封章。**漢書曰：充國封營平侯，屢奏封章，言屯田之便，不從武賢之策。**料敵制勝，威謀靡亢。**制勝，已見張景陽雜詩。**遂克西戎，還師于京。**漢書曰：充國奏言：凡斬首七千六百級，降者三萬一千二百，請罷屯兵。奏可。充國振旅而還。**鬼方賓服，罔有不庭。**毛詩曰：内奰于中國，覃及鬼方。毛萇曰：鬼方，遠方也。世本注曰：鬼方，於漢則先零戎是也。尚書曰：惟周王四征弗庭。**昔周之宣，有方有虎。詩人歌功，乃列于雅。**詩小雅曰：方叔莅止，其車三千。又大雅曰：江、漢之滸，王命召虎。**在漢中興，充國作武。赳赳桓桓，亦紹厥後。**毛詩曰：赳赳武夫，公侯干城。尚書曰：武王曰：勗哉夫子尚桓桓。

文選考異

〔一〕注「言充國屯田之便」　茶陵本「之」作「非」，是也。袁本亦誤之。

出師頌

范曄後漢書曰：鄧騭，字昭伯，女弟爲和熹皇后。安帝立，騭爲虎賁中郎將，封上蔡侯。涼部叛羌，摇蕩西州，詔騭將兵擊之，車駕幸平樂觀餞送。騭西屯漢陽，征西校尉任尚與羌戰，大敗之〔一〕。遣中郎將迎拜騭爲大將軍。既至，大會羣臣，賜以束帛乘馬。

史孝山

范曄後漢書曰：王莽末，沛國史岑，字孝山〔二〕，以文章顯。文章志及集林、今書七志並同，皆載岑出師頌，而流別集及集林又載岑和熹鄧后頌并序。計莽之末，以訖和熹，百有餘年。又東觀漢記，東平王蒼上光武中興頌，明帝問校書郎此與誰等，對云前世史岑之比。斯則莽末之史岑，明帝之時已云前世，不得爲和熹之頌明矣。然蓋有二史岑，字子孝者仕王莽之末，字孝山者當和熹之際，但書典散亡，未詳孝山爵里，諸家遂以孝山之文，載於子孝之集，非也。騭則鄧后之兄，元舅則騭也。

茫茫上天，降祚有漢。兆基開業，人神攸贊。五曜霄映，素靈夜歎。皇運來授，萬寶增焕。漢書曰：元年冬十月，五星聚于東井，沛公至霸上。應劭曰：五星所在，其下以義取天下也。又曰：高祖夜經澤中，有大蛇當徑，拔劍斬蛇，蛇分爲兩。後人至蛇所，有一嫗夜哭，人問嫗，嫗曰：吾子白帝子，化爲蛇當道，今者赤帝子斬之也。歷紀十二，天命中易。漢書曰：漢起元高祖，終于孝平王莽之誅，十有二世也。西零不順，東夷遘逆。西零，即先零也。乃命上將，授以雄戟。子虚賦曰：建干將之雄戟。桓桓上將，寔天所啓。桓桓，已見上文。左氏傳，晉侯賜畢萬魏，卜偃曰：以是始賞，天啓之矣。允文允武，明詩悦禮。毛詩曰：允文允武，昭格烈祖。左氏傳，趙衰曰：郤穀説禮、樂而敦詩、書。憲章百揆，爲世作楷。禮記曰：仲尼憲章文、武。尚書曰：納于百揆。禮記曰：今世行之，後世以爲楷。昔在孟津，惟師尚父。尚書曰：武王伐殷，師渡孟津。毛詩曰：維師尚父，時惟鷹揚，諒彼武王。素旄一麾，渾一區宇。鬻子曰：武王伐紂，乃命太公把旄以麾之，紂軍反走。尚書曰：王右秉白旄以麾。蒼生更始，朔風變楚〔三〕。蒼生，猶黔首也。尚書曰：至于海隅蒼生。朔，北方也。楚，南方也。史記，子貢問樂曰：舜彈五絃之琴，歌南風之詩，而天下治。紂爲朝歌北鄙之音，身死國亡，何也？夫南風之詩者，生長之音，舜樂好之，故天下治也。夫北者，敗也。鄙者，陋也。紂樂好之，故身死國亡。薄伐獫狁，至于太原。毛詩小雅文也。鄭玄曰：薄伐，言逐出之而已。詩人歌之，猶歎其艱。況我將軍，窮城極邊。鼓無停響，旗不蹔褰。澤霑遐荒，功銘鼎鉉。禮記曰：夫鼎者有銘。銘者，論譔其先祖之德，美功烈勳勞而酌之祭器，自成其名焉。周易曰：鼎，金鉉。我出我師，于彼西疆。毛詩曰：我出我車，于彼牧矣。天子餞我，路車乘黄。言念伯舅，恩深渭陽。毛詩序曰：渭陽，康公念母也。我見舅氏，如母存焉。又曰：我送舅氏，曰至渭陽。何以贈之，路車乘黄。介珪既削，列壤酬勳。毛詩曰：錫爾介珪，以作爾寶。今我將軍，啓土上郡。尚書曰：建邦啓土也。傳子傳孫，顯顯令問。毛詩曰：假樂君子，顯顯令德。又曰：令問令望。

文選考異

〔一〕注「大敗之」　案：「之」字不當有。各本皆衍。又案：此下何、陳校皆依後漢書，多有所添，其實善未必備引，今仍其舊。

〔二〕注「沛國史岑字孝山」　陳云「孝山」當作「子孝」，是也。各本皆誤。

〔三〕朔風變楚　茶陵本「楚」作「律」，云五臣作「楚」。袁本云善作「律」。案：二本所見「律」字傳寫誤，此尤延之校改正之也。

酒德頌

劉伯倫　臧榮緒晉書曰：劉伶〔一〕，字伯倫，沛國人也。志氣曠放，以宇宙爲狹。著酒德頌。爲建威參軍。卒以壽終。

有大人先生，以天地爲一朝，萬期爲須臾。日月爲扃牖，八荒爲庭衢。行無轍迹，居無室廬。老子曰：善行無轍迹。馬融琴賦曰：游閑公子，中道失志，居無室廬，罔所自置。幕天席地，縱意所如。止則操卮執觚，動則挈榼提壺。說文曰：榼，酒器也，苦闔切。唯酒是務，焉知其餘。有貴介公子，搢紳處士。左氏傳曰：伯州黎謂鄭皇頡曰：夫子爲王子圍，寡君之貴介弟也。司馬相如封禪書曰：因雜搢紳先生之略術〔二〕。臣瓚曰：縉，赤白色。紳，大帶。應劭風俗通曰：處士者，隱居放言。聞吾風聲，議其所以。乃奮袂攘襟，怒目切齒。北征賦曰：遂奮袂而北征。戰國策，張儀説魏王曰：天下遊士，莫不瞋目切齒。陳説禮法，是非鋒起。春秋感精符曰：禍亂鋒起，君若贅旒。先生於是方捧甖承槽，銜杯漱醪。劉熙孟子注曰：槽者〔三〕，齊俗名之如酒槽也。奮髯踑踞，枕麴藉糟。漢書曰：朱博遷琅邪。齊部舒緩。博奮髯抵几曰：觀齊兒欲以爲俗耶？又曰：尉佗魋結箕倨。無思無慮，其樂陶陶。兀然而醉，豁爾而醒。靜聽不聞雷霆之聲，熟視不覩泰山之形。不覺寒暑之切肌，利欲之感情。莊子曰：知反於帝宮，見黄帝而問焉。曰：何思何慮則知道。黄帝曰：無思無慮始知道。毛詩曰：君子陶陶。俯觀萬物，擾擾焉如江漢之載浮萍。廣雅曰：擾擾，亂也。焉如，猶何如也。二豪侍側，焉如蜾蠃之與螟蛉。二豪，公子、處士也。隨己而化，類蜾蠃之變螟蛉也。法言曰：螟蛉之子，蜾蠃祝之曰：類我，類我。久則肖之矣。速哉，七十子之化仲尼也。李軌曰：螟蛉，桑蟲也。蜾蠃，蜂蟲也。肖，類也。蜂蟲無子，取桑蟲蔽而殪之，幽而養之，祝曰：類我。久則化而成蜂蟲矣。速疾哉，二三子受學仲尼之化疾也。

文選考異

〔一〕注「劉伶」　袁本、茶陵本「伶」作「靈」，是也。

〔二〕注「因雜搢紳先生之略術」　案：此有誤也。下引「如淳曰：縉，赤白色」，不得此作「搢」，與之不相應。疑正文自爲「縉」，故不取「搢插」爲義。否則當有「搢」、「縉」異同之注而未全，各本皆同，無以訂之。

〔三〕注「劉熙孟子注曰槽者」　案：「槽」當作「螬」。各本皆誤。此所引乃「螬食實者」之注，但取下文之「酒槽」，與此「螬」字不相涉。不知者并改爲「槽」，誤之甚矣。

漢高祖功臣頌

陸士衡

相國酇文終侯沛蕭何，相國平陽懿侯沛曹參，太子少傅留文成侯韓張良，丞相曲逆獻侯陽武陳平，楚王淮陰韓信，梁王昌邑彭越，淮南王六黥布，趙景王大梁張耳，韓王韓信，燕王豐盧綰，長沙文王吴芮，荊王沛劉賈，太傅安國懿侯王陵，左丞相絳武侯沛周勃，相國舞陽侯沛樊噲，右丞相曲周景侯高陽酈商，太僕汝陰文侯沛夏侯嬰，丞相潁陰懿侯睢陽灌嬰，代丞相陽陵景侯魏傅寬，車騎將軍信武肅侯靳歙，大行廣野君高陽酈食其，中郎建信侯齊劉敬，太中大夫楚陸賈，太子太傅稷嗣君薛叔孫通，魏無知，護軍中尉隨何，新成三老董公〔一〕、轅生，將軍紀信，御史大夫沛周苛，平國君侯公，右三十一人，與定天下安社稷者也。頌曰：

芒芒宇宙，上墋下黷。天以清爲常，地以静爲本，今上墋下黷，言亂常也。墋，不清澄之貌也，楚錦切。國語，觀射父曰：民神異業，敬而不黷。賈逵曰：黷，媟也。波振四海，塵飛五岳。波振、塵飛，以喻亂也。九服徘徊，三靈改卜。周書曰：乃辨九服之國。春秋元命苞曰：造起天地，鑄演人君，通三靈之貺，交錯同端。赫矣高祖，肇載天禄。尚書曰：天禄永終。沈跡中鄉，飛名帝録。中鄉，即中陽里也。漢書曰：高祖，中陽里人。尚書璇璣鈐，孔子曰：五帝出，受録圖。慶雲應輝，皇階授木。漢書，范增謂項羽曰：吾使人望沛公，其氣皆爲龍，成五色，此天子氣，急擊之勿失。春秋孔演圖曰：天子皆五帝精，必有諸神扶助，使開階立遂。宋均曰：遂，道也。春秋保乾圖曰：黑帝治八百歲，運極而授木。蒼帝七百二十歲而授火。言漢之歷運，爲周木德所授也。龍興泗濱，虎嘯豐谷。尚書序曰：漢室龍興。漢書曰：高祖爲泗上亭長。淮南子曰：虎嘯而谷風至。漢書曰：高祖居沛、豐。彤雲晝聚，素靈夜哭。漢書曰：高祖隱於芒、碭山澤間，吕后求常得之。高祖怪問吕后，后曰：季所居上常有雲氣，故從往常求得季。彤，丹色也。素靈夜哭，已見上文。金精仍頹，朱光以渥。漢書郊祀志曰：秦襄公自以居西，主少昊之神，作西畤，祠白帝。至獻公時，櫟陽雨金以爲瑞，又作畦畤，祠白帝。少昊，金德也。朱光，謂漢也。殺之者，明漢當滅秦也。萬邦宅心，駿民效足〔二〕。尚書曰：宅心知訓。又曰：俊民用章。曹植與陳琳書曰：驥騄不常一步，應良御而効足。

堂堂蕭公，王迹是因。蕭何爲丞相，故曰公。論語，曾子曰：堂堂乎張也，難與並爲仁矣。綢繆叡后，無競維人。毛詩曰：無競維人，四方其訓之。外濟六師，内撫三秦。漢書曰：漢王與諸侯擊楚，何守關中。漢王數失軍，何常與關中卒〔三〕輒補缺。應劭曰：章邯爲雍王，司馬欣爲塞王，董翳爲翟王，分王秦地，故曰三秦。拔奇夷難，邁德振民。漢書曰：何進韓信，漢王以爲大將軍。黥布反，上自將擊之，使使問相國何爲？曰：爲上在軍，拊循百姓。尚書曰：咎繇邁種德。周易曰：君子以振民毓德。體國垂制，上穆下親。周禮曰：惟王建國，體國經野。班固蕭何述曰：營都立宮，定制修文，然重威則上穆，刑約則下親。名蓋羣后，是謂宗臣。班固漢書贊曰：蕭何、曹參，位冠羣后，聲施後世，爲一代之宗臣。張晏曰：宗臣，國所宗也。

平陽樂道，在變則通。論語曰：貧而樂。周易曰：易窮則變，變則通。爰淵爰嘿，有此武功。莊子曰：君子淵默而雷聲。毛詩曰：文王受命，有此武功。長驅河朔，電擊壤東。漢書曰：秦將王離圍鉅鹿，參擊王離軍成陽南，大破之。又擊三秦軍壤東，破之。文穎曰：壤東，地名也。班固漢書述曰：長驅大舉，電擊雷震。協策淮陰，亞迹蕭公。漢書曰：魏王豹反，參以假丞相別與韓信東攻魏將孫遫，大破之。又從韓信擊趙，大破之。又從韓信擊龍且，大破之。又曰：謁者鄂秋曰：位次，蕭何第一，曹參次之。

文成作師，通幽洞冥。漢書，張良終，謚曰文成侯。又曰：張良從容步游下邳圯上，有老父出一編書曰：讀是則爲王者師。永言配命，因心則靈。毛詩曰：永言配命，自求多福。又曰：維此王季，因心則友。窮神觀化，望影揣情。周易曰：窮神知化，德之盛也。史記，太史公曰：虞卿斷事揣情，爲趙畫策。鬼谷子曰：測深揣情。鬼無隱謀，物無遯形。武關是闢，鴻門是寧。漢書曰：漢王與良西入武關。良曰：臣聞秦將屠者賈豎，易動以利，今持重寶啗秦將。秦將果欲連和，沛公欲聽之。良曰：此其將欲叛，士卒恐不如因其解擊之。沛公乃擊秦軍，大破之。又曰：項羽至鴻門，欲擊沛公。良因要項伯見沛公，沛公令伯具言沛公不敢背項王。項羽意乃解。周易曰：人謀鬼謀，百姓與能。隨難滎陽，即謀下邑。隨難滎陽，見下文。漢書曰：漢王兵還至下邑。漢王曰：吾欲捐關以東，誰可與共功者？良曰：九江王英布，楚梟將；彭越反梁地，此兩人可急使。韓信可屬大事，當一面。即欲捐之此三人〔四〕，楚可破也。銷印惎忌廢，推齊勸立。漢書曰：項羽急圍漢王滎陽，酈食其曰：誠復立六國後，楚必斂衽而朝。漢王曰：善。趣刻印，先生行佩之。良曰：誰爲陛下畫此計者？陛下大事去矣。且楚唯無彊，六國復撓而從之，陛下焉得而臣之？漢王曰：趨銷印。後韓信破齊，欲自立爲齊王，漢王怒。良勸漢王因封之。班固漢書述張良曰：推齊銷印，驅致越、信。運籌固陵，定策東襲。三王從風，五侯允集。漢書曰：漢王與齊王信、魏相國彭越期會擊楚，至固陵，不會。漢王謂張良曰：諸侯不從，奈何？良曰：今能取睢陽以北至穀城，以王彭越；從陳以東傅海與齊王信，則楚易敗也。於是韓信、彭越皆引兵來，黥布隨劉賈皆會。項羽敗，自刎。淮南子曰：施于寡妻，至于兄弟，天下從風。漢書曰：漢王用良計，諸侯皆至。史記曰：漢部五諸侯兵東伐楚。又，蘇秦曰：梁從風而動。霸楚寔喪，皇漢凱入。周禮曰：師有功，則愷樂。怡顏高覽，彌翼鳳戢。託迹黃老，辭世却粒。史記，良曰：願棄人間事，從赤松子游耳。乃學辟穀，導引輕身。

曲逆宏達，好謀能深。西都賦曰：大雅宏達。論語，子曰：好謀而成。遊精杳漠，神迹是尋。重玄匪奧，九地匪沈。重玄，天也〔五〕。鄧析子曰：九地之下，重天之巔。伐謀先兆，擠響于音。言將伐其謀，先其未兆；欲墜其響，在於爲音。然兆爲謀始，響爲音初也。孫子曰：上兵伐謀，其次伐交。鶡冠子曰：音者，所以調聲也，未聞音出而響過其聲者也。奇謀六奮，嘉慮四迴〔六〕。漢書曰：陳平凡六出奇計，或頗秘之，世莫得聞。宋仲子法言注曰：張良爲高祖畫策六，陳平出奇策四，皆權謀，非正也。然機之此言，有符仲子之説，未詳。相承而誤，或别有所憑也。規主於足〔七〕，離項于懷。格人乃謝，楚翼寔摧。漢書曰：淮陰侯破齊王，使使來言漢王。漢王怒而駡，平躡漢王，漢王寤，乃厚遇齊使。音義曰：躡，謂平躡漢王足也。漢書，陳平曰：項羽骨鯁之臣，亞父、鍾離沫〔八〕、龍且、周殷之屬，不過數人。大王捐數萬金，行反間，間其君臣，破楚必矣。漢王以爲然。反間既行，羽果疑亞父。亞父去，發病死。尚書曰：格人元龜，罔敢知吉。韓王窘執，胡馬洞開。漢書曰：人有上書告楚王韓信反。陳平曰：陛下第出，僞遊雲夢，信聞天子以好遊出〔九〕，其勢必郊迎謁，陛下因禽之，此特萬世之事也〔一〇〕。高祖以爲然。信果郊迎，即執縛之。毛萇詩傳曰：窘，困也。漢書曰：上至平城，爲匈奴所圍。高祖用平奇計，使單于、閼氏解圍以得出。迎文以謀，哭高以哀。漢書曰：吕太后崩，平與太尉勃合謀誅諸吕，立文帝。平本謀也。又曰：高帝崩，平馳至宫，哭殊悲。

灼灼淮陰，靈武冠世。策出無方，思入神契。孔安國尚書傳曰：神妙無方。蔡邕李咸碑曰：明略兼洞，與神合契。奮臂雲興，騰迹虎噬。凌險必夷，摧剛則脆。吕氏春秋曰：凡兵之用也，攻亂則脆。肇謀漢濱，還定渭表。漢書，蕭何謂高祖曰：必長王漢中，無所事信；必欲争天下，非信無可與計事者。漢王乃拜信大將軍。信説漢王曰：今王舉兵而東，三秦可傳檄而定也。漢王喜，遂聽信計，舉兵出陳倉，定三秦。京索既扼，引師北討。漢書曰：漢擊楚彭城，漢兵敗散而還。信復發兵，與漢王會滎陽，復擊破楚京、索間。齊、趙、魏皆反，與楚和，以信爲左丞相，擊魏。濟河夷魏，登山滅趙。漢書曰：信遂進擊魏，魏盛兵蒲坂，塞臨晉。信乃益爲疑兵，陳船欲渡臨晉，而伏兵從夏陽以木罌缶渡軍，襲安邑，虜魏王豹。信請北舉燕、趙，選輕騎二千人，人持一赤幟，從間道登山而望趙軍，戒曰：趙見我走，必空壁逐我，若疾入，拔趙幟，立漢幟。後趙空壁爭漢鼓旗，奇兵馳入趙壁，皆拔趙幟，立漢赤幟。趙卒見之，大驚，遂亂走。禽趙王歇。威亮火烈〔一〕，勢踰風掃。孫子曰：兵以詐立，以利動，以分合而爲變者也。故其疾如風，侵掠如火，則彼三軍可奪氣，將軍可奪心，此用兵之法也。拾代如遺，偃齊猶草。漢書曰：信進擊代，禽夏說閼與。李奇曰：代相也。孟康曰：音焉預，邑名也。漢書曰：信發趙兵未發者擊齊。信引兵東，遂渡河，襲齊歷下軍，至臨菑。齊王走高密。又，梅福上書曰：高祖取楚如拾遺。論語曰：草上之風必偃。二州肅清，四邦咸舉。據禹貢九州之屬，魏、趙屬冀州，齊、代屬青州〔二〕。四邦，魏、代、趙、齊也。乃眷北燕，遂表東海。漢書曰：信用廣武君策，發使使燕，燕從風而靡。又曰：信平齊，使人言于漢王，齊夸詐多變，反覆之國，不爲假王以鎮之，其勢不定，請自立爲假王。漢王乃遣張良立信爲齊王。表東海，已見九錫文。克滅龍且，爰取其旅。漢書曰：齊王走高密，使使于楚。楚使龍且救齊，與信夾濰水陣。信乃夜令人爲萬餘囊盛沙，以壅水上流，引軍半渡，擊龍且。佯不勝，還走。龍且果喜曰：固知信怯。遂追渡水。信使人決壅囊，水大至。龍且軍太半不得渡，即急擊，殺龍且。楚卒皆降之。劉項懸命，人謀是與。漢書，蒯通說信曰：當今之時，兩主縣命於足下。足下爲漢則漢勝，與楚則楚勝。人謀，已見上文。念功惟德，辭通絶楚。漢書曰：項王使盱眙人武涉往說信曰：足下何不與楚連和，三分天下而王齊？信辭曰：人信親我，背之不祥。蒯通知天下權在信，深說以三分天下之計。信自以功大，漢不奪我齊，遂不聽。尚書曰：惟帝念功。彭越觀時，弢韜迹匿光。人具爾瞻，翼爾鷹揚。杜預左氏傳注曰：韜，藏。弢與韜，古字通也。毛詩曰：赫赫師尹，人具爾瞻。又曰：維師尚父，時維鷹揚。威凌楚域，質委漢王。靖難河濟，即宮舊梁。漢書曰：漢使人賜越將軍印綬，使下濟陰以擊楚，大敗楚軍，拜越爲魏相國。漢敗彭城，越皆亡其所下城，獨將其兵北居河上，往來爲漢王游兵擊楚，絶其糧於梁地。項籍死，封越爲梁王，都定陶。禮記，孔悝爲鼎銘曰：即宮於宗周。烈烈黥布，眈眈其眄。漢書曰：黥布，姓英氏。項梁定會稽，布以兵屬之。周易曰：虎視眈眈。名冠彊楚，鋒猶駭電。漢書曰：楚兵常勝，功冠諸侯者，以布數以少敗衆。覩幾蟬蛻，悟主革面。漢書曰：漢王使隨何説布，布間行與何歸漢。淮南子曰：蟬飲不食，三十日而蛻。周易曰：小人革面以從君也。肇彼梟風，翻爲我扇。漢書曰：上立布爲淮南王，與擊項籍。天命方輯，王在東夏。東夏，即陽夏也。漢書曰：漢王追項羽至陽夏南。矯矯三雄，至于垓下。三雄：韓信、彭越、英布。漢書曰：漢王發使使韓信、彭越至，皆引兵來。黥布隨劉賈皆會，圍羽垓下。毛詩曰：矯矯虎臣也〔一三〕。元凶既夷，寵禄來假。元凶，謂項羽。班固漢書張湯述曰：既成寵禄，亦罹咎慝。保大全祚，非德孰可？左氏傳，楚子曰：保大定功。班固漢書張湯述曰：子孫遵業，全祚保國。謀之不臧，舍福取禍。毛詩曰：謀之不臧，則具是依。左氏傳，劉子曰：能者養之以福，不能者敗以取禍。

張耳之賢，有聲梁魏。漢書曰：張耳，大梁人也，少時及魏公子毋忌爲客。毛詩曰：文王有聲。士也罔極，自詒伊愧。漢書曰：張耳、陳餘相與爲刎頸交。耳與趙王歇走入鉅鹿，王離圍之。餘自度兵少，不敢前。後耳得出鉅鹿，責餘，餘怒，脱印綬與耳，耳佩其印綬。後餘以兵襲耳，耳敗走。毛詩曰：士也罔極，二三其德。

又曰：心之憂矣，自詒伊慼。詒音怡。俯思舊恩，仰察五緯。漢書，耳曰：漢王與我有故，而項王强，立我，我欲之楚。甘公曰：漢王之入關，五星聚東井，先至必王。耳走漢。易乾鑿度曰：五緯順軌，四時和肅。脱迹違難，披榛來洎。改策西秦，報辱北冀。漢書曰：漢定三秦，方圍章邯廢丘。耳謁漢王。又曰：漢遣張耳與韓信擊破趙井陘，斬餘泜水上，追殺趙王歇於襄國。泜音祗。悴葉更輝，枯條以肆。以木爲喻也。漢書曰：漢立耳爲趙王。毛萇詩傳曰：斬而復生曰肆。

王信韓孽，宅土開疆。我圖爾才，越遷晉陽。漢書曰：韓王信，故韓襄王孽孫也。漢立信爲韓王。上以信壯武，乃更以太原郡爲韓國，徙信以備胡，都晉陽。毛萇詩曰〔一四〕：我圖爾居。盧綰自微，婉孌我皇。漢書曰：高祖與綰壯學書，又相愛也。班固漢書述哀紀曰：婉孌董公，惟亮天工。跨功踰德，祚爾輝章。漢書曰：羣臣知上欲王綰，皆曰：綰可王。上乃立綰爲燕王。章，印章也。人之貪禍，寧爲亂亡。漢書曰：高祖崩，綰遂將其衆亡入匈奴，死胡中。毛詩曰：民之貪亂，寧爲荼毒。鄭玄曰：天下之民，苦王之政，欲其亂亡也。

吴芮之王，祚由梅鋗。功微勢弱，世載忠賢。漢書曰：天下之初叛秦，吴芮率越人舉兵以應諸侯。沛公攻南陽，遇芮之將梅鋗，與偕攻析、酈。上以鋗有功武關，故德芮，徙爲長沙王。高祖賢之，詔御史：長沙王忠，其著之甲令。音義曰：鋗，呼玄切。酈，持益切。

肅肅荆王，董我三軍。漢書，劉賈將貳萬人，騎數百，擊楚。孔安國尚書傳曰：董，督也。我圖四方，殷薦其勳。漢書曰：漢王追項籍至固陵，賈使人間招楚大司馬周殷，周殷反楚佐賈。庸親作勞，舊楚是分。往踐厥宇，大啓淮壙。漢書曰：高祖子弟弱〔一五〕，昆弟少，欲王同姓以鎮天下，詔立賈爲荆王，王淮東。毛詩曰：鋪敦淮壙。

安國違親，悠悠我思。依依哲母，既明且慈。引身伏劍，永言固之。漢書曰：王陵以兵屬漢。項羽取陵母寘軍中。陵使至，則東鄉坐陵母，欲以招陵。陵母私送使者，泣曰：爲老妾語陵，善事漢王。漢王長者也，無以老妾故持二心。妾以死送使者。遂伏劍而死。毛詩曰：青青子佩，悠悠我思。淑人君子，實邦之基。毛詩曰：淑人君子，其儀不忒。又曰：樂只君子，邦家之基。義形於色，憤發于辭。漢書曰：陵爲人少文任氣，好直言。高后欲立諸呂爲王，問陵。陵曰：高皇帝刑白馬而盟曰：非劉氏而王者，天下共擊之。今王呂氏，非約也。公羊傳曰：孔父可謂義形於色矣。主亡與亡，末命是期。主亡與亡，已見任昉爲范雲立太宰碑表。

絳侯質木，多略寡言。漢書曰：周勃爲人木强敦厚。論語摘輔曰〔一六〕：子然公順多略。曾是忠勇，惟帝攸歎。漢書曰：始呂后問宰相，高祖曰：安劉氏者，必勃也。雲鶩靈丘，景逸上蘭。平代禽豨，奄有燕韓。漢書曰：陳豨反，勃復擊豨靈丘，破之，斬豨，定代郡九縣。燕王盧綰反，勃破綰軍上蘭，定上谷、右北平、遼西、遼東。寧亂以武，斃呂以權。漢書曰：高后崩，呂産秉權，欲危劉氏。勃與丞相平誅諸呂。左傳，樂桓子謂范宣子曰：夫尅亂在權。滌穢紫宮，徵帝太原。漢書曰：勃已滅諸呂，遂共迎立代王，是爲孝文皇帝。勃曰：臣無功〔一七〕，請得除宮。乃與太僕滕公入宮，載少帝出，乃奉天子法駕迎皇帝代邸。張衡羽獵賦曰：開閶闔兮坐紫宮。實惟太尉，劉宗以安。漢書曰：惠帝以勃爲太尉。安劉氏，已見上文。挾功震主，自古所難。漢書，蒯通説韓信曰：功略震主者身危。勳耀上代，身終下藩。漢書，上曰：丞相朕所重，其爲朕率列侯之國。乃免丞相就國，薨。

舞陽道迎，延帝幽藪。漢書曰：陳勝初起，蕭何、曹參使噲求高祖，迎立爲沛公。范曄後漢書，順帝詔曰：張揖竄迹幽藪。宣力王室，匪惟厥武。揔干鴻門，披闥帝宇。聳顔誚項，掩淚悟主〔一八〕。漢書曰：項羽在鴻門，亞父謀欲殺沛公。樊噲聞事急，乃持楯入，曰：沛公先入定咸陽，以待大王。大王聽小人之言，與沛公有隙，臣恐天下解心疑大王也。項羽默然。高祖嘗病，惡見人，臥禁中，詔户者無得入羣臣。噲乃排闥直入，流涕曰：始陛下與臣等起豐沛，定天下，何其壯也！今天下已定，又何憊也。高帝笑而起。尚書，帝曰：余欲宣力。禮記，子曰：揔干而山立，武王事也。班固漢書贊曰：金日磾以篤敬悟主，忠信自著。

曲周之進，于其哲兄。俾率爾徒，從王于征。漢書曰：酈食其進其弟商，使將數千人從沛公略地。漢書，谷永謝王鳳曰：察父哲兄，覆育子弟，誠無以加。振威龍蜕，攄武庸城。六師寔因，克荼禽黥。漢書曰：燕王荼反，商以將軍從擊荼，戰龍蜕，破荼軍。音義，或曰：龍脱，地名也。音奪。漢書曰：商又從擊黥布，兩陳以破布軍。又曰：布軍與上兵遇蘄西，上乃壁庸城。鄧展曰：地名也。

猗歟汝陰，綽綽有裕。毛詩曰：猗與那與。又曰：此令兄弟，綽綽有裕。戎軒肇迹，荷策來附。漢書曰：上降沛爲沛公，以嬰爲太僕，常奉車。馬煩轡殆，不釋擁樹。皇儲時乂，平城有謀。

漢書曰：嬰從擊項籍，漢王不利，馳去。見孝惠、魯元，載之。漢王急，馬罷，取兩兒棄之〔一九〕，嬰常收載行，面擁樹馳。晉灼曰：今京師謂抱小兒爲擁樹。漢書曰：平城之難，冒頓乃開一角。高帝出欲馳，嬰固請徐行，弩皆持滿外鄉，卒以得脱。

潁陰鋭敏，屢爲軍鋒。奮戈東城，禽項定功。漢書曰：項籍敗垓下去，嬰追籍至東城，破之，所將卒斬籍。乘風藉響，高步長江。收吴引淮，光啓于東。漢書曰：嬰渡江定吴，還定淮北。吕氏春秋曰：順風而呼，聲乃加疾，所因便也。左氏傳，宋向戌曰：光啓寡君，羣臣安矣。

陽陵之勳，元帥是承。漢書曰：傅寬屬淮陰，擊破齊歷下軍。屬丞相參，殘博。信武薄伐，揚節江陵。夷王殄國，俾亂作懲。漢書曰：靳歙别定江陵，身得江陵王，致雒陽。上林賦曰：揚節上浮。毛詩曰：戎、狄是膺，荆、舒是懲。

恢恢廣野，誕節令圖。進謁嘉謀，退守名都。東窺白馬〔二〇〕，北距飛狐。即倉敖庾，據險三塗。漢書曰：漢王數困滎陽、成皋，計欲捐成皋以東，屯鞏、雒以距楚。酈食其曰：願足下急進兵，收取滎陽，據敖庾之粟，塞成皋之險，杜太行之道，距飛狐之口，守白馬之津，以示諸侯形制之勢，則天下歸矣。老子曰：天網恢恢。班固漢書述曰：陳湯誕節，救在三哲。尚書曰：爾有嘉謀嘉猷。杜預左氏傳注曰：三塗，在河南陸渾縣南。輶軒東踐，漢風載徂。漢書曰：燕、趙已定，唯齊未下。上使酈食其説齊。齊王田廣以爲然，罷歷下兵守備。身死于齊，非説之辜。漢書曰：韓信聞食其下齊，乃襲齊王。齊王田廣聞漢兵至，以爲食其賣己，乃烹食其。我皇寔念，言祚爾孤。漢書曰：高祖舉功臣，思食其，封其子爲高梁侯。

建信委輅，被褐獻寶。漢書，婁敬脱輅見虞將軍曰：臣願見上，言便宜事。虞將軍欲與鮮衣。敬曰：臣衣帛，衣帛見；衣褐，衣褐見，不敢易衣。虞將軍入言於上，上召見。指明周漢，銓時論道。移帝伊洛，定都酆鎬。漢書，婁敬謂上曰：陛下取天下與周異。而都雒陽不便，不如入關，據秦之固。是日車駕西都長安。班固漢書婁敬述曰：敬繇役夫，還京定都。聲類曰：銓，所以稱物也。柔遠鎮邇，寔敬攸考。毛詩曰：柔遠能邇，以定我王。爾雅曰：考，成也。

抑抑陸生，知言之貫。毛詩曰：抑抑威儀，維德之隅。漢書〔二〕，武詔曰：詩云：九變復貫，知言之選。應劭曰：言變政復禮，合於先王舊貫。選，善也。往制勁越，來訪皇漢。漢書曰：中國初定，尉他平南越，因王之。高祖使賈賜佗印爲南越王。賈卒拜佗爲南越王，令稱臣奉漢約。歸報，高帝大悦。爾雅曰：訪，謀也。附會平勃，夷凶翦亂。漢書曰：諸吕欲危劉氏，陳平患之。賈説平曰：天下安，注意於相；危，注意於將。將相和，天下雖有變，權不分。君何不交懽太尉，深相結？平乃以五百金爲絳侯壽，太尉勃亦報如之，則吕氏謀益壞。及誅吕氏，賈頗有力焉。所謂伊人，邦家之彦。毛詩曰：所謂伊人，於焉逍遥。又曰：彼己之子，邦之彦兮。班固漢書王遵贊曰：遵賓赳赳，邦家之彦。

百王之極，舊章靡存。班固漢書贊曰：漢承百王之弊。典引曰：彝倫斁而舊章缺。漢德雖朗，朝儀則昏。稷嗣制禮，下肅上尊。穆穆帝典，焕其盈門。風睎三代，憲流後昆。漢書，叔孫通曰：臣願徵魯諸生，與臣弟子共起朝儀。高帝曰：得無難乎？通曰：臣願采古禮與秦儀雜就之。上曰：可。其儀就。皇帝輦出房，諸侯王以下莫不震恐肅敬。高帝曰：今日知爲皇帝之貴也。劇秦美新曰：帝典闕而不補。毛詩曰：韓侯顧之，爛其盈門。包咸論語注云：三代，夏、殷、周也。尚書曰：垂裕後昆。無知叡敏，獨昭奇迹。察倅蕭相，貺同師錫。蕭何進韓信，無知進陳平，故曰倅也。漢書曰：陳平降漢，因魏無知求見漢王。後上封平，平曰：非魏無知臣安得進？上乃賞魏無知。尚書，師錫帝曰：有鰥在下曰虞舜。隨何辯達，因資於敵。紓漢披楚，唯生之績。漢書，漢王曰：孰爲我使淮南，使之發兵背楚，項王必留，留數月，漢之取天下可萬全。隨何曰：臣請使之。往説布，布歸漢。毛詩曰：豐水東注，惟禹之績。皤皤董叟，謀我平陰。三軍縞素，天下歸心。漢書曰：漢王南渡平陰津，至洛陽，新城三老董公遮説漢王曰：項王無道，放殺其主。三軍之衆，爲之素服東伐，四海之内，莫不仰德，此三王之舉也。漢王曰：善。於是爲義帝發喪，兵皆縞素，擊楚之殺義帝者。論語素王受命讖曰：河受圖，天下歸心。袁生秀朗〔二二〕，沈心善照。漢旆南振，楚威自撓，大略淵回，元功響効。邈哉惟人，何識之妙。漢書曰：袁生説漢王曰：願軍出武關，項王必引兵南走，王深壁，令滎陽、成皋間且得休。王乃復走滎陽。如此則楚所備者多，力分。漢得休，復與之戰，破楚必矣。漢王從其計，出軍宛、葉間。羽乃聞漢王在宛，果引兵南。漢書司馬遷述曰：大略孔明。史記，太史公曰：惟祖元功，輔臣股肱。紀信誑項，軺軒是乘。攝齊赴節〔二三〕，用死孰懲。身與煙消，名與風興。漢書曰：項羽圍漢王滎陽，將軍紀信曰：事急矣！臣請誑楚，可以間出。紀信乃乘王車，黄屋左纛，曰：食盡，漢王降。楚皆之城東觀，以故漢王得遯。羽見紀信，問漢王安在？曰：已出去矣。羽燒殺信。論語曰：攝齊升堂。周苛慷慨〔二四〕，心若懷冰。應劭風俗通曰：言人清高，如冰之潔。刑可以暴，志不可凌。漢書曰：楚圍漢王滎陽急，漢王出去，而使苛守滎陽。楚破滎陽，欲令將。苛罵曰：若趣降漢王，不然，今爲虜矣。項王怒，烹苛。貞軌偕没，亮迹雙升。謝承後漢書，黄向對策曰：雷陳義重，出則霎升〔三五〕。帝疇爾庸，後嗣是膺。漢書曰：苛子成，以父死王事，封爲高景侯。又曰：襄平侯紀通尚符節。張晏曰：紀信子也。晉灼曰：紀信焚死，不見其後。功臣表曰：襄平侯紀通，父成，以將軍從定三秦，死王事，子侯。然則通非信子也。機之此言，與晏同誤也。

天地雖順，王心有違。毛詩曰：行道遲遲，中心有違。懷親望楚，永言長悲。侯公伏軾，皇媪來歸。是謂平國，寵命有輝。漢書曰：漢遣陸賈説羽，請太公，羽弗聽。漢復使侯公説羽，羽歸太公、媪。漢書項羽傳曰：歸漢王父母妻子。漢書音義曰：媪，母别名也，烏老切。楚漢春秋曰：上欲封侯公，匿不肯復見。曰：此天下之辨士，所居傾國，故號平國君。

震風過物，清濁効響。文子曰：昔堯之治天下也，舜爲司徒，契爲司馬，禹爲司空，后稷爲田疇，奚仲爲工師。是以離叛者寡，聽從者衆，若風之過簫，忽然感之，各以清濁應物也。大人于興，利在攸往。周易曰：巽，小亨，利有攸往，利見大人。弘海者川，崇山惟壤。管子曰：海不辭水，故能成其大；山不辭土，故能成其高；明主不厭人，故能成其衆。韶護錯音，袞龍比象。漢書曰：舜作韶，湯作護。周禮，王之吉服，享先王，即袞龍衣也。左傳曰：臧哀伯曰：五色比象，昭其物也。明明衆哲，同濟天網。毛詩曰：明明魯侯。崔寔本論曰：舉彌天之網，以羅海内之雄。劍宣其利，鑒獻其朗。廣雅曰：鑒，炤也，鑑謂之鏡。文武四充，漢祚克廣，尚書曰：光被四表。孔安國曰：光，充也，充溢四外也。毛詩曰：克廣德心。悠悠遐風，千載是仰。

文選考異

〔一〕新成三老董公　何校「成」改「城」，是也。各本皆誤。

〔二〕駿民效足　案：「駿」當作「俊」。善引「俊民用章」爲注，是其本作「俊」也。袁、茶陵二本所載五臣翰注乃云「羣賢如駿馬足」，是其本作「駿」。各本所見，皆以五臣亂善，又失著校語。考士衡長安有狹邪行云「憑軾皆俊民」，左太沖擬士衡云「長纓皆俊人」，可見陸自用「俊」字，與此同。彼二注善皆引尚書，亦與此同，決不得作「駿」甚明。或言「駿」字與「足」生義，不當云「俊」，更大不然。上偶句云「萬邦宅心」，「萬」字不與「心」生義。五臣之意，固緣「足」字改「俊」爲「駿」，而殊非陸旨也。又尚書本作「畯」，善屢引爲「俊」者，「畯」與「俊」同，已具奉答内兄希叔詩，無妨其引作「俊」也。凡善引書有如此者，不能以畫一求之，爲附舉其例云。

〔三〕注「何常與關中卒」　何校「與」改「興」，陳同，是也。各本皆譌。

〔四〕注「即欲捐之此三人」　陳云「捐之」下當重有「捐之」二字。各本皆脱。

〔五〕注「重玄天也」　袁本、茶陵本無此四字。

〔六〕嘉慮四迴　袁本、茶陵本「慮」作「聲」。案：此所見不同，無以考之。

〔七〕規主於足　袁本、茶陵本「於」作「以」。案：此亦所見不同。

〔八〕注「鍾離沬」　何校「沬」改「昧」，陳同。案：據漢書及史記校也。各本皆譌。

〔九〕注「以好遊出」　陳云「遊出」二字當乙。案：據漢書及史記校也。各本皆倒。

〔一〇〕注「此特萬世之事也」　「萬世」當作「一力士」三字。各本皆譌。漢書、史記可證。

〔一一〕威亮火烈　茶陵本云五臣作「烈」。袁本云善作「列」。案：二本非也。此尤延之校改正之，說見前，可互證。

〔一二〕注「魏趙屬冀州齊代屬青州」　陳云代非青境，亦當云「屬冀」乃合。又張耳贊曰「報辱北冀」，即指平趙、代事，尤易曉也。案：陳所說是也。「代」字當在「魏」字下。各本皆誤。下文「四邦，魏、代、趙、齊也」，可證。「代」在「齊」字下者，後來所改也。

〔一三〕注「矯矯虎臣也」　袁本、茶陵本「虎」作「武」，是也。案：凡善諱屢經回改如此。

〔一四〕注「毛萇詩曰我圖爾居」　何校去「萇」字，陳同，是也。各本皆衍。

〔一五〕注「高祖子弟弱」　案：「弟」字不當有。各本皆衍。

〔一六〕注「論語摘輔曰」　茶陵本「輔」下有「象」字，是也。袁本亦脫。

〔一七〕注「勃曰臣無功」　陳云案周勃傳「臣無功」二句乃東平侯興居語，勃無此言；自「與太僕滕公」以下，皆敍興居事，與勃無涉云云。今案：「勃曰」，「勃」字疑「又」字之誤耳。

〔一八〕掩淚悟主　袁本、茶陵本「悟」作「寤」。案：此所見不同，「寤」字是也。後封禪文「覺悟黎蒸」，史、漢皆作「寤」。其各本作「悟」者，後人改。

〔一九〕注「取兩兒棄之」　茶陵本「取」作「蹳」，是也。袁本作「蹶」，亦非。

〔二〇〕東窺白馬　袁本、茶陵本「窺」作「規」。案：此所見不同，似「規」字是也。

〔二一〕注「漢書武詔曰」　袁本、茶陵本「書」作「孝」，是也。

〔二二〕袁生秀朗　案：「袁」當作「轅」，注同。前序中作「轅」，注引漢書，必與今漢書作「轅」者合。蓋善自作「轅」，史記作「袁」，故五臣改「轅」爲「袁」，而各本所見亂之。其序則五臣所無，尚存善舊也。

〔二三〕攝齊赴節　茶陵本「齊」作「齋」，云五臣作「齌」。袁本校語云善作「齋」，其善注中字亦然。案：此尤延之校改也。但「齋」疑是「齌」之譌，或善與五臣本無異耳。

〔二四〕周苛慷慨　案：「慨」當作「愾」。袁本云善作「愾」。茶陵本云五臣作「慨」。此以五臣亂善也。

〔二五〕注「出則霎升」　袁本、茶陵本「霎」作「雙」。案：正文作「雙」。二本是也。

贊

東方朔畫贊　并序

夏侯孝若　臧榮緒晉書曰：夏侯湛，字孝若，譙國人也。美容儀，才華富盛，早有名譽，與潘岳友善，時人謂之連璧，爲散騎常侍。此贊爲當時所重〔一〕。

大夫諱朔，字曼倩，平原厭次人也。漢書曰：朔爲太中大夫。又曰：朔字曼倩，平原厭次人。漢書地理志無厭次縣，而功臣表有厭次侯爰類，疑地理誤也。魏建安中范曄後漢書曰：獻帝改興平三年爲建安元年，今云魏，疑誤也。分厭次以爲樂陵郡，故又爲郡人焉。漢書，平原郡有樂陵縣也。事漢武帝，漢書具載其事。

先生瓌瑋博達，思周變通，家語，孔子曰：老聃博古而達今。王肅曰：博達古今而好道。周易曰：化而裁之謂之變，推而行之謂之通。又曰：變通者，趨時者也。以爲濁世不可以富貴也，故薄遊以取位；王逸楚辭序曰：不忍以清白久居濁世。苟出不可以直道也，故頡頏以傲世。論語曰：直道而事人。解嘲曰：鄒衍以頡頏而取世資。傲世不可以垂訓也，故正諫以明節。家語，南宮叔曰：孔子作春秋，垂訓後嗣。班固漢書贊曰：朔正諫似直。明節不可以久安也，故詼諧以取容。班固漢書贊曰：朔詼諧逢占，其事浮淺。字書曰：詼，啁也，口回切。孔安國尚書傳曰：諧，和也。史記太史公曰：王翦偷合取容。潔其道而穢其迹，班固漢書贊曰：朔穢德似隱。清其質而濁其文。弛張而不爲邪，進退而不離羣。禮記，孔子曰：一張一弛，文、武之道。鄭玄曰：張弛，以弓弩喻人也。班固漢書東方朔述曰：弛張沈浮。周易曰：上下無常，非爲邪也；進退無常，非離羣也。若乃遠心曠度，贍智宏材。楊子雲解嘲曰：雖其人之贍智。倜儻博物，觸類多能。史記曰：魯仲連好奇偉倜儻之畫策。左氏傳，晉侯聞子産之言，曰：博物君子也。周易曰：觸類而長之。論語，太宰曰：夫子聖者與？何其多能也！合變以明筭，幽贊以知來。周易曰：夫爻者何也？言乎變者也。又曰：幽贊於神明而生蓍。又曰：神以知來，智以藏往。自三墳五典八索九丘，左氏傳曰：左史倚相趍過，王曰：是良史也，能讀三墳、五典、八索、九丘。陰陽圖緯之學，百家衆流之論，漢書曰：陰陽家流者，蓋出於羲和之官。圖，河圖也。緯，五緯也。謝承後漢書曰：尤明圖緯。百家衆流，已見任昉策秀才文。周給敏捷之辯，支離覆逆之數。莊子曰：支離疏鼓策播糈，足以食十人。糈音所。漢書曰：上嘗使諸數家射覆，不能中；使朔射之，連中，輒賜帛。逆，逆刺也。經脈藥石之藝，射御書計之術。漢書曰：醫經者，原人血脈經絡，而用度箴石湯火之所施，調百藥齊和之所宜。周禮曰：六藝，禮、樂、射、御、書、數也。乃研精而究其理，不習而盡其功，孔安國尚書序曰：研精覃思。易曰：不習無不利。經目而諷於口，過耳而闇於心。孔融薦禰衡表曰：目所一見，輒誦於口；耳暫聞〔二〕，不忘於心。夫其明濟開豁，包含弘大，凌轢卿相，嘲哂豪桀，籠罩靡前，跆籍貴勢，漢書曰：張楚並興，兵相跆籍。蘇林曰：跆音臺。鄧展曰：蹋也。出不休顯，賤不憂戚，戲萬乘若寮友，視儔列如草芥。十洲記曰：朔弄萬乘，傲王公。孟子曰：天下大悦而將歸己，視之如草芥。雄節邁倫，高氣蓋世，漢書，項羽歌曰：力拔山兮氣蓋世。可謂拔乎其萃，遊方之外者已。孟子曰：聖人之於人，亦類也。出於其類，拔於其萃，自生民以來，未有盛於孔子也。莊子曰：子桑户、孟子反、子琴張三人相與友。子桑户死，未葬，孔子聞之，使子貢往侍事焉。或編曲，或鼓琴，相和而歌。子貢趍而進曰：敢問臨尸而歌，禮乎？二人相視而笑，曰：是惡乎知禮意。子貢反，以告孔子。孔子曰：彼遊方之外者也，而丘也，遊方之内者也。司馬彪曰：方，常也，言彼遊心於常教之外也。

談者又以先生噓吸冲和，吐故納新；蟬蜕龍變，棄俗登仙；莊子曰：吹呴呼吸，吐故納新，此導引之士，養形之人也。淮南子曰：至人蟬蜕蛇遊，忽然入冥。史記，趙高曰：聖人龍變而從之。列仙傳曰：東方朔，武帝時爲郎，宣帝時棄去，後見會稽。神交造化，靈爲星辰。淮南子曰：大丈夫恬然無爲，與造化逍遥。高誘曰：造化，天地也。應劭風俗通曰：東方朔是太白星精，黄帝時爲風后，堯時爲務成子，周時爲老聃，在越爲范蠡，齊爲鴟夷子。言其變化無常也。此又奇怪惚恍，不可備論者也。

大人來守此國，此國，謂樂陵也。其父爲樂陵郡守，史傳不載，難得而知也。僕自京都言歸定省，京都，洛陽也。毛詩曰：言告言歸。禮記曰：凡爲人子之禮，昏定而晨省。覩先生之縣邑，想先生之高風；徘徊路寢，見先生之遺像；楚辭曰：馮翼遺像，何以識之。逍遥城郭，觀先生之祠宇。

慨然有懷，乃作頌焉。其辭曰：

矯矯先生，肥遯居貞。矯矯，輕舉之貌也。毛詩曰：矯矯武臣。周易曰：肥遯無不利。又曰：居貞之吉，順以從上也。退不終否，進亦避榮。周易曰：物不可以終否，故受之以同人。臨世濯足，希古振纓。楚辭，漁父歌曰：滄浪之水清，可以濯我纓，滄浪之水濁，可以濯我足。涅而無滓，既濁能清。論語，子曰：涅而不緇。老子曰：孰能濁以靜之徐清？淮南子曰：濁而徐清，冲而徐盈。無滓伊何，高明克柔。尚書曰：沈潛剛克，高明柔克。能清伊何，視汙若浮。班固東方朔述曰：懷肉汙殿，弛張浮沈〔三〕。樂在必行，處淪罔憂〔四〕。周易曰：樂則行之，憂則違之。跨世凌時，遠蹈獨游。瞻望往代，爰想遐蹤。邈邈先生，其道猶龍。莊子曰：孔子見老聃，而弟子問曰：夫子見老聃亦何規哉？孔子曰：吾乃於是乎見龍合而成體，散而成章，乘乎雲氣，而養乎陰陽，余口張而不能嚕，予有何規於老聃哉？染迹朝隱，和而不同。史記，東方朔曰：如朔所謂避俗於朝廷間也。論語，子曰：君子和而不同。棲遲下位，聊以從容。毛詩曰：或棲遲偃仰。孟子曰：居下位而不獲於上，不可得而治也。尚書曰：寬而有制，從容以和。

我來自東，言適兹邑。兹邑，謂樂陵也。毛詩曰：我來自東，零雨其濛。爾雅曰：適，往也。敬問墟墳，企佇原隰。王仲宣贈蔡子篤詩曰：允企伊佇。墟墓徒存，精靈永戢。民思其軌，祠宇斯立。俳佪寺寢，遺像在圖。周旋祠宇，庭序荒蕪。爾雅曰：東西牆謂之序。榱棟傾落，草萊弗除。吕氏春秋曰：農夫弗除。肅肅先生，豈焉是居？是居弗形，悠悠我情。悠悠，已見上文。昔在有德，罔不遺靈。天秩有禮，神監孔明。尚書，咎繇曰：天秩有禮，自我五禮五庸哉〔五〕！毛詩曰：祀事孔明。彷彿風塵，用垂頌聲。

文選考異

〔一〕注「臧榮緒晉書曰」下至「此贊爲當時所重」　袁本此五十字在「五臣銑曰」下。其「善曰」下作「臧榮緒晉書曰夏侯湛字孝若譙國人才章富盛早有名譽爲散騎常侍卒」二十九字。案：袁本是也。茶陵本并善入五臣，誤與此同。

〔二〕注「耳暫聞」　袁本、茶陵本「耳」下有「所」字，是也。

〔三〕注「弛張浮沈」　袁本、茶陵本「浮沈」作「沈浮」，是也。

〔四〕處淪罔憂　茶陵本「淪」作「儉」，云五臣作「淪」。袁本云善作「倫」。何校云魯公書作「儉」。案：善注無明文，袁、茶陵所見及此俱不同，無以考之。顔魯公所書，未必全與善合，難據以相訂也。唯五臣銑注云「在沈淪時」云云，其本必作「淪」無疑，尤蓋以五臣亂善。

〔五〕注「自我五禮五庸哉」　袁本下「五」作「有」。茶陵本作「五」，與此同。案：釋文云「有庸」，馬本作「五庸」。袁依東晉古文誤「有」，所改附正之。

三國名臣序贊

袁彦伯　檀道鸞晉陽春秋曰〔一〕：袁宏，字彦伯，陳郡人。爲大司馬府記室參軍，稍遷至吏部郎，出爲東陽郡守，卒。

夫百姓不能自治，故立君以治之；漢書，成帝詔曰：天生衆民，不能相治，爲之立君以統理之。明君不能獨治，則爲臣以佐之。墨子曰：古者同天之義，是故選擇賢者立爲天子；天子以其知力爲未足獨治天下，是以選擇其次，立爲三公。然則三五迭隆，歷世承基，史記，楚子西曰：孔丘述三、五之法，明周、召之業。西京賦曰：若歷世而長存。又曰：繼體承基。揖讓之與干戈，文德之與武功，孔叢子，曾子謂子思曰：舜、禹揖讓，湯、武用師，非相詭，乃時也。尚書，武王曰：稱爾戈，比爾干。宋均樂動聲儀注曰：武象，象伐時用干戈也。莫不宗匠陶鈞而羣才緝熙，鄧析子曰：聖人逍遥一世間，宰匠萬物之形。漢書，鄒陽上書曰：聖王制世御俗，獨化於陶鈞之上。音義曰：陶家名模下圓轉爲鈞。毛詩曰：維清緝熙。元首經略而股肱肆力。尚書，咎繇歌曰：元首明哉！股肱良哉！遭離不同，迹有優劣。王命論曰：遭遇異時，禪伐不同〔二〕。孝經鉤命決曰：俱在隆平，優劣殊迹。至於體分冥固，道契不墜；言至於君臣之體分，既固於冥兆，上下之契，亦存而不墜。風美所扇，訓革千載，其揆一也。蒼頡篇曰：革，戒也。孟子曰：先聖後聖，其揆一也。故二八升而唐朝盛，伊吕用而湯武寧，舜舉八元八愷，用之於堯時也。成湯得伊尹，武王得呂望，而社稷安也〔三〕。三賢進而小白興，五臣顯而重耳霸。三賢，管仲、鮑叔牙、隰朋也。五臣，狐偃、趙衰、顛頡、魏武子、司空季子。中古凌遲，斯道替矣。居上者不以至公理物，爲下者必以私路期榮；御圓者不以信誠率衆，執方者必以權謀自顯。呂氏春秋曰：天道圓，地道方，聖人之所以立上下；主執圓，臣處方，方圓不易，國乃昌。高誘曰：上，君也。下，臣也。於是君臣離而名教薄，世多亂而時不治。故蘧甯以之卷舒，柳下以之三黜，論語，子曰：君子哉，蘧伯玉！邦有道則仕，邦無道則可卷而懷之。又曰：甯武子，邦有道則智，邦無道則愚。又曰：柳下惠爲士師，三黜之〔四〕。接輿以之行歌，魯連以之赴海。論語，楚狂接輿，歌而過孔子。史記曰：魯連子下聊城，田單歸而欲爵之，魯連逃隱於海上。衰世之中，保持名節，君臣相體，若合符契。則燕昭樂毅，古之流也。魏志，董昭謂太祖曰：明公樂保名節。論語比考讖曰：君子上達，與天合符。劇秦美新曰：地合靈契。史記曰：樂毅賢，好兵，爲魏昭王使於燕。燕昭王以客禮待之，樂毅遂委質爲臣，燕王以爲亞卿。夫未遇伯樂，則千載無一驥。戰國策，楚客謂春申君曰：昔者騏驥駕鹽車，上吳坂，遷延負轅而不能進；見伯樂，仰而鳴之，知伯樂知己也。時值龍顏，則當年控三傑。漢書曰：高祖隆準而龍顏。應劭曰：顏，額顙也。漢書，上曰：夫運策於帷幄之中，決勝於千里之外，吾不如子房；鎮國家，撫百姓，給饋餉，不絶糧道，吾不如蕭何；連百萬之軍，戰必勝，攻必取，吾不如韓信：三者，皆人傑也。漢之得材，於斯爲貴。高祖雖不以道勝御物，羣下得盡其忠；蕭曹雖不以三代事主，百姓不失其業。靜亂庇人，抑亦其次。左氏傳，宰孔謂晉侯曰：君務靜亂，無懃於行。又，劉子謂趙孟曰：盍遠續禹功〔五〕，而大庇民。論語，子曰：抑亦可以爲次也。

夫時方顛沛，則顯不如隱；萬物思治，則默不如語。毛詩序曰：下泉，思治也。周易曰：君子或默或語。是以古之君子，不患弘道難；遭時難，遭時匪難〔六〕，遇君難。論語，子曰：人能弘道，非道弘人。莊子謂魏王曰：士有道德而衣弊履穿，此所謂非遭時者也。文子，老子曰：欲治之主不世出，可與之臣不萬一；以不世出求不萬一，此至化所以千載不一也。故有道無時，孟子所以咨嗟；有時無君，賈生所以垂泣。孟子曰：齊人有言，雖有智慧，不如乘勢；雖有鎡基，不如待時。漢書，賈誼上疏曰：臣竊惟事勢，可爲流涕者二。夫萬歲一期，有生之通塗；桓子新論曰：夫聖人乃千載一出。然此文云萬歲一期，蓋甚言之，以避下文也。莊子曰：萬世之後，而遇大聖，知其解者，是旦暮遇之也。千載一遇，賢智之嘉會。東觀漢記，太史官曰：耿況、彭寵俱遭際會，順時承風，列爲蕃輔，忠孝之策，千載一遇也。博弈論曰：誠千載之嘉會，百世之良遇也。周易曰：亨者，嘉之會也。遇之不能無欣，喪之何能無慨？古人之言，信有情哉！余以暇日，常覽國志，考其君臣，比其行事，雖道謝先代，亦異世一時也。

文若懷獨見之明，而有救世之心，文子曰：必有獨見之明，然後能擅道而行。左氏傳，子產曰：吾以救世。論時則民方塗炭，計能則莫出魏武。尚書曰：有夏昬德，民墜塗炭。故委面霸朝，豫議世事。舉才不以標鑒，故久之而後顯；籌畫不以要功，故事至而後定。雖亡身明順，識亦高矣！

董卓之亂，神器遷逼，老子曰：天下神器，不可爲也，爲者敗之。公達慨然，志在致命。論語，子張曰：士見危致命。由斯而談，故以大存名節。至如身爲漢隸，而迹入魏幕，源流趣舍，其亦文若之謂。所以存亡殊致，始終不同，將以文若既明，名教有寄乎？言文若殞身，既明仁義之道，且寄迹於名教之地也。夫仁義不可不明，則時宗舉其致；莊子曰：仁義已明，而分守次之。生理不可不全，故達識攝其契。鷦鷯賦曰：生生之理足矣。相與弘道，豈不遠哉！弘道，已見上文。

崔生高朗，折而不撓，管子曰：夫玉温潤以澤，仁也；折而不撓〔七〕，勇也。所以策名魏武，執笏霸朝者，蓋以漢主當陽，魏后北面者哉！鍾會與吳主書曰：執笏之心，載在名策。左傳，甯武子曰：諸侯朝正於王，王宴樂之，於是乎賦湛露，則天子當陽，諸侯用命也。禮記曰：君之南鄉，答陽之義也。臣之北面，答君也。若乃一旦進璽，君臣易位，漢書曰：羣臣謹奉天子璽符，代王遂即天子位。則崔子所不與，魏武所不容。夫江湖所以濟舟，亦所以覆舟；孫卿子，孔子曰：君者，舟也；人者，水也。水則載舟，亦能覆舟。仁義所以全身，亦所以亡身。然而先賢玉摧於前，來哲攘袂於後，仁義，已見上文。漢書，公孫玃曰：攘袂而正議者，獨大王耳。豈非天懷發中，而名教束物者乎？

孔明盤桓，俟時而動，遐想管樂，遠明風流。蜀志曰：諸葛亮每自比於管仲、樂毅，時人莫之許也。唯博陵崔叔平、潁川徐元直與亮友善，謂爲信然。周易曰：君子藏器於身，待時而動。琴賦曰：體制風流，莫不相襄。治國以禮，民無怨聲，論語曰：爲國以禮。孝經援神契曰：得萬國之懽心，人説喜，無怨聲。刑罰不濫，没有餘泣。蜀志曰：廖立爲長水校尉，誹謗先帝，於是廢立爲庶人，徙汶山郡。聞諸葛亮卒，垂泣曰：吾終爲左衽矣。左傳，聲子曰：善爲國者，賞不僭，而刑不濫。雖古之遺愛，何以加兹！左氏傳曰：子産卒，仲尼聞之出涕，曰：古之遺愛也。及其臨終顧託，受遺作相，劉后授之無疑心，武侯處之無懼色，繼體納之無貳情，百姓信之無異辭，君臣之際，良可詠矣！蜀志曰：先主於永安病篤，召亮成都，屬以後事，謂亮曰：若嗣子可輔，輔之，如其不才，君可自取。亮涕泣曰：臣敢竭股肱之力，繼之以死。又勑後主：汝與丞相從事，事之如父。尚書曰：成王將崩〔八〕，作顧命。班固漢書述曰：博陸堂堂，受遺武皇。春秋元命苞曰：繼體守文之君，不害聖人之王。公瑾卓爾，逸志不羣。總角料主，則素契於伯符；吴志曰：孫策字伯符。江表傳，策令曰：周公瑾與孤有總角之好，骨肉之分。毛詩曰：總角丱兮。晚節曜奇，則叁分於赤壁。吴志曰：曹公入荆州，權遂遣周瑜與備并力逆曹公，遇於赤壁，初一交戰，公軍披退。惜其齡促，志未可量。吴志曰：瑜還江陵，於道疾卒，時年三十六。

子布佐策，致延譽之美，國語曰：使張老延君譽于四方。輟哭止哀，有翼戴之功。吴志曰：策薨，以事授權。權哭未及息，張昭謂權曰：孝廉，此寧哭時耶？乃扶權上馬，使出巡軍士。左氏傳，叔向謂宣子曰：文之伯也，翼戴天子。神情所涉，豈徒蹇愕而已哉！周易曰：王臣蹇蹇，匪躬之故。史記，趙良謂商君曰：千人諾諾，不如一士之愕愕。東觀漢記，戴馮謝上曰：臣無蹇愕之節，而有狂瞽之言。字書曰：愕，直言也。然而杜門不用，登壇受譏。吴志曰：權以公孫淵稱蕃，遣張彌至遼東，拜淵爲燕王，昭諫，權不聽。昭忿言不用，稱疾不朝。權恨之，土塞其門，昭又於内以土封之。江表傳曰：權既即尊位，請會百官，歸功周瑜。昭舉笏欲褒贊功德，未及言，權曰：如長公計，今已乞食矣。昭大慙，伏地流汗。然而登壇即位之時也。夫一人之身，所照未異，而用舍之間，俄有不同，論語，子曰：用之則行，舍之則藏。況沈迹溝壑，遇與不遇者乎？漢書，高祖功臣頌曰〔九〕：沈迹中鄉。孟子曰：志士不忘在溝壑。漢書曰：楊雄以爲遇不遇，命也。

夫詩頌之作，有自來矣。家語，孔子曰：諸侯之有冠禮，有自來矣。或以吟詠情性，或以述德顯功，子夏毛詩序曰：國史明乎得失之迹，吟詠情性，以風其上。頌者，美盛德之形容，以其成功，告於神明者也。雖大旨同歸，所託或乖，若夫出處有道，名體不滯，風軌德音，爲世作範，不可廢也。故復撰序所懷，以爲之讚云。

魏志九人〔一〇〕，蜀志四人，吴志七人。荀彧字文若，諸葛亮字孔明，周瑜字公瑾，荀攸字公達，龐統字士元，張昭字子布，袁焕字曜卿〔一一〕，蔣琬字公琰，魯肅字子敬，崔琰字季珪，黄權字公衡，諸葛瑾字子瑜，徐邈字景山，陸遜字伯言，陳羣字長文，顧雍字元歎，夏侯玄字泰初，虞翻字仲翔，王經字承宗，陳泰字玄伯。

火德既微，運纏大過。火德，謂漢也。班固漢書高紀贊曰：旗幟尚赤，協于火德。周易曰：大過，大者過也。洪飈扇海，二溟揚波。揚波，喻亂也。虯虎雖驚，風雲未和。周易曰：雲從龍，風從虎。潛魚擇淵，高鳥候柯。周書曰：美爲士者，飛鳥歸之蔽於天，魚鼈歸之沸於淵。左氏傳曰：仲尼曰：鳥則擇木，木豈能擇鳥？赫赫三雄，並迴乾軸。潘岳爲賈謐贈陸機詩曰：三雄鼎足。競收杞梓，争采松竹。國語，聲子謂子木曰：若杞梓皮革，楚實遺之。韋昭曰：杞，良才也〔一二〕。孫子曰：真人在冬，則松竹也。鳳不及棲，龍不暇伏。谷無幽蘭，嶺無亭菊。香草、善鳥，皆喻賢也。

英英文若，靈鑒洞照。應變知微，探賾賞要。周易曰：君子知微知章。又曰：探賾索隱，鉤深致遠。日月在躬，隱之彌曜。莊子曰：孔子圍於陳、蔡之間，太公往弔之，曰〔一三〕：子甚者〔一四〕脩身以明汙，昭昭乎如揭日月而行，故不免也。文明映心，鑽之愈妙。孫卿子曰：君子通則文而明，窮則約而詳。論語，顔淵曰：鑽之彌堅。滄海横流，玉石同碎。孟子曰：當堯之時，洪水横流〔一五〕。尚書曰：火炎崑崗，玉石俱焚。達人兼善，廢己存愛。孟子曰：古人窮則獨善其身，達則兼善天下。謀解時紛，功濟宇内。老子曰：解其紛。始救生人，終明風槩。魏志曰：太祖進彧爲漢侍中，守尚書令。董昭等謂太祖宜進爵國公，九錫備物，以彰殊勳，密以咨彧，彧以爲太祖本興義兵，以匡朝寧國，君子愛人以德，不宜如此。太祖軍至濡須，彧病，留壽春。魏氏春秋曰：太祖饋彧食，發之，乃空器也，於是飲藥而卒。

公達潛朗，思同蓍蔡。法言曰：樗里之智也，使知國若葬，吾以疾爲蓍蔡也〔一六〕。運用無方，動攝羣會。爰初發迹，遘此顛沛。神情玄定，處之彌泰。魏志曰：荀攸與議郎何顒等謀殺卓，垂就而覺，收顒、攸繫獄，顒憂懼自殺，攸言語飲食自若。會卓死，得免。班固漢書述曰：子明光光，發迹西疆。蔡邕楊復碑曰：景命不延，遘此顛沛。愔愔幕裏，筭無不經。魏志，荀攸自從太祖征伐，常謀謨幃幄，時人及子弟，莫知其所言。左氏傳，右尹革曰〔一七〕：祈昭之愔愔。亹亹通韻，迹不暫停。雖懷尺璧，顧哂連城。史記，趙惠文王得和氏璧，秦昭王聞之，使人遺趙王書，願以十五城易璧。知能拯物，愚足全生。魏志曰：魏國初建，攸爲尚書令，從征孫權，薨。太祖每稱公達外愚内智，外怯内勇，外弱内强；不伐善，無施勞，知可及，愚不可及。新序，温斯子曰：古者有愚以全身。莊子曰：可以全生。

郎中温雅，器識純素。魏志曰：魏國初建，渙爲郎中令。莊子曰：聖人貴純素之道，唯神是守。素也者，謂其無所雜也；純也者，謂其不虧其神也。能體純素，謂之真人。貞而不諒，通而能固。論語，子曰：君子貞而不諒。恂恂德心，汪汪軌度。論語曰：孔子於鄉黨，恂恂如也。毛詩曰：濟濟多士，克廣德心。范曄後漢書，郭林宗曰：黄叔度汪汪若萬頃之陂。志成弱冠，道敷歲暮。禮記曰：人生二十曰弱冠。韓詩曰：蟋蟀在堂，歲聿其暮。薛君曰：言君之年歲已晚也。仁者必勇，德亦有言。論語，子曰：有德者必有言，仁者必有勇。雖遇履虎，神氣恬然。魏志曰：吕布擊袁術於阜陵，渙往從之，遂復爲布所拘留。布初與劉備和親，後離隙。布欲使渙作書罵辱備，渙不可，再三强之，不許。布大怒，以兵脅渙曰：爲之則生，不爲則死。渙顔色不變，笑而應之曰：渙聞唯德可以辱人，不聞以罵。使彼固君子耶，且不耻將軍之言；彼誠小人耶，將復將軍之意，則辱在此，不在於彼。且渙佗日之事劉將軍，猶今日之事將軍也。如一旦一去此〔一八〕，復罵將軍，可乎？布慙而止。周易曰：履虎尾，不咥人，亨。列子曰：至人者，神氣不變。行不脩飾，名迹無愆。班固漢書贊曰：雋不疑遂立名迹，終始可述。操不激切，素風愈鮮。

邈哉崔生，體正心直。天骨疎朗，牆宇高嶷。蔡邕度侯碑曰：朗鑒出於自然，英風發於天骨。論語，子貢曰：夫子之牆數仞。忠存軌迹，義形風色。義形於色，已見上文。思樹芳蘭，剪除荆棘。芳蘭，以喻君子；荆棘，以喻小人。人惡其上，時不容哲。左氏傳曰：伯宗之妻曰：盜憎主人，民惡其上。琅琅先生，雅杖名節。雖遇塵霧，猶振霜雪。孔融薦禰衡表曰：忠果正直，志懷霜雪。運極道消，碎此明月。魏志曰：琰爲中尉，太祖爲魏王，楊訓發表褒述盛德。琰取訓表草視之，與訓書。有白琰此書傲世怨謗者，太祖怒，於是罰琰爲徒隸，使人視之，辭色無撓。太祖遂賜琰死。周易曰：小人道長，君子道消。

景山恢誕，韻與道合。桓子新論曰：老子其心玄遠，而與道合。形器不存，方寸海納。周易曰：形乃謂之器。王輔嗣曰：成形曰器。列子，文摯謂叔龍曰：吾見子之心矣，方寸之地虚矣。和而不同，通而不雜。和而不同，已見上文。莊子曰：純粹而不雜。遇醉忘辭，在醒貽答。魏志曰：太祖時科禁斷酒，而徐邈私飲，至於沈醉。校事趙達問以曹事，邈曰：中聖人。達白太祖，甚怒。度遼將軍鮮于輔進曰：平日醉客，謂酒清者爲聖人，濁者爲賢人，邈性循慎，偶醉言耳。竟坐免刑〔一九〕。文帝踐祚，歷潁川典農中郎將。車駕幸許昌，問邈曰：頗復中聖人不？邈對曰：昔子反斃於穀陽，御叔罰於飲酒，臣嗜同二子，不能自懲，時復中之。然宿瘤以醜見傳，臣以醉見識。帝大笑，顧左右曰：名不虚立。後爲光禄大夫，薨。

長文通雅，義格終始。思戴元首，擬伊同恥。尚書曰：昔先正保衡，作我先王。乃曰：予弗克俾厥后惟堯、舜，其心愧恥，若撻于市。民未知德，懼若在己。嘉謀肆庭，讜言盈耳。魏書曰：羣前後數陳得失。羣爲司空，録尚書事，薨。尚書曰：爾有嘉謀。漢書，成帝曰：久不見班生，今日復聞讜言。論語，子曰：洋洋乎盈耳哉。玉生雖麗，光不踰把。德積雖微，道映天下。言德喻王。

淵哉泰初，宇量高雅。器範自然，標准無假。全身由直，迹洿必僞。處死匪難，理存則易。魏志曰：曹爽見誅，徵夏侯玄爲大鴻臚，數年徙太常。中書令李豐謀欲以玄輔政，誅大將軍以玄代之。大將軍微聞，事下廷尉。玄臨斬東市，顔色不變，舉動自若。班固漢書楊雄述曰：淵哉若人，實好斯文。史記，太史公曰：非死者難，處死者難。萬物波蕩，孰任其累？六合徒廣，容身靡寄。范曄後漢書，李熊説公孫述曰：方今四海波蕩，匹夫横議。荀悦漢紀論曰：以六合之大，一身之微，而匹夫無所容，豈不哀哉！君親自然，匪由名教。敬授既同〔二〇〕，情禮兼到。孝經曰：資於事父以事母，而愛同；資於事父以事君，而敬同。烈烈王生，知死不撓。求仁不遠，期在忠孝。漢魏春秋曰：魏帝見威權日去，不勝其忿，乃召侍中王沈、尚書王經、散騎常侍王素〔二一〕謂曰：司馬昭之心，路人所知也。吾不能坐受廢辱，今日當與卿自出討之。世語曰：王沈、王業馳告文王，尚書王經以正直不出，遂被文王殺之。魏志曰：清河王經，甘露中爲尚書，坐高貴鄉公事誅。裴松之曰：經字彦緯，今云承宗，蓋有二字也。班固漢書述曰：樂昌篤實，不橈不詘。論語，子曰：仁遠乎哉？我欲仁，斯仁至矣。玄伯剛簡，大存名體。志在高構，增堂及陛。漢書，賈誼上書曰：人主之尊譬如堂，羣臣如陛。故陛九級上，廉遠地則堂高；陛亡級，廉近地則堂卑。高者難攀，卑者易凌，理勢然也。端委虎門，正言彌啓。臨危致命，盡其心禮。干寶晉紀曰：高貴鄉公之弒，司馬文王會朝臣謀其故。太常陳泰垂涕入，文王待之曲室，謂曰：玄伯，卿何以處我？對曰：誅賈充以謝天下。文王曰：爲吾更思其次。泰言唯有進於此，不知其次。文王乃久不言。爲侍中，轉左僕射，薨。左氏傳曰：晏平仲端委立於虎門之外。見危致命，已見上文。

堂堂孔明，基宇宏邈。堂堂，已見上文。器同生民，獨稟先覺。孟子曰：伊尹曰：天之生斯人，使先覺覺後覺也。予，天民之先覺者也。標牓風流，遠明管樂。孫綽子曰：聖賢極其標牓，有大力矣。管、樂，已見序也。初九龍盤，雅志彌確。周易曰：初九，潛龍勿用。何謂也？子曰：龍德而隱者也；確乎其不可拔，潛龍也。方言曰：未升天之龍，謂之蟠龍。百六道喪，干戈迭用。漢書，陽九厄曰初入百六陽九。音義曰：易傳所謂陽九之厄，百六之會者也。苟非命世，孰掃雰雺？孟子曰：五百年必有王者興，其間必有名世者。廣雅曰：命，名也。爾雅曰：天氣下，地氣不應曰雺。孔安國尚書傳曰：雺，陰氣也，武功切。今協韻，音夢。宗子思寧，薄言解控。蜀志曰：劉備，漢景帝子中山靖王後也，故曰宗子也。解控，謂彼有急而控告於己，己能解之也。左氏傳，王子伯駢曰：無所控告。杜預曰：控，引也。釋褐中林，鬱爲時棟。亮爲丞相，故曰時棟。袁崧後漢書，郭林宗與陳留盛仲明書曰：足下諸人，爲時棟梁。

士元弘長，雅性内融。謝承後漢書曰：嚴遵雅性高厲。崇善愛物，觀始知終。孟子曰：親親而仁民，仁民而愛物。六韜曰：聖人見其所始，則知其所終。周易曰：終以知始，始以知終。喪亂備矣，勝塗未隆。先生標之，振起清風。胡廣書曰：建洪德，流清風。綢繆哲后，無妄惟時。毛詩曰：綢繆束薪。毛萇曰：綢繆，猶纏緜也。周易曰：無妄之行，窮之災也。夙夜匪懈，義在緝熙。毛詩曰：夙夜匪懈，以事一人。緝熙，已見上文。三略既陳，霸業已基。蜀志曰：劉璋既還成都，先主當爲璋北征漢中，統説曰：陰選精兵，晝夜兼道，徑襲成都；璋既不武，素無備豫，大軍卒至，一舉便定，此上計也。楊懷、高沛，璋之名將，各仗强兵，據守關頭，聞數有牋諫璋，使發遣將軍還荆州。將軍未去，遣與相聞，説荆州有急，欲還救之，並使裝束，外作歸形；此二子既服將軍英名，又喜將軍之去，必乘輕騎來見，將軍因此執之，進取其兵，乃向成都，此中計也。退還白帝，連引荆州，徐還圖之，此下計也。若沈吟不去，將致大困，不可久矣。先主然其中計，即斬懷、沛，還向成都，所過輒尅。爲軍中郎將，卒〔二二〕。

公琰殖根，不忘中正。豈曰摸擬，實在雅性。亦既羈勒，負荷時命。推賢恭己，久而可敬。蜀志曰：琬爲大將軍，録尚書事，卒。司馬遷書曰：推賢進士爲務。論語，子曰：君子其行己也恭。又曰：晏平仲善與人交，久而敬之。

公衡仲達〔二三〕，秉心淵塞。毛詩曰：秉心塞淵。媚茲一人，臨難不惑。毛詩曰：媚茲一人，應侯順德。疇昔不造，假翮鄰國。蜀志，先主將東伐吴，權諫曰：吴人悍戰，又水戰順流，進易退難，臣請爲先驅以當寇，陛下宜爲後鎮。先主不從，以權爲鎮北將軍，督江北軍，先主自在江南。吴將陸議乘虛斷圍，南軍敗績。先主引退而道隔，權不得還，故率將所領降于魏，拜鎮南將軍。進能徽音，退不失德。蜀志曰：魏文帝謂權曰：君舍逆効順，欲追蹤陳、韓耶？權對曰：臣過受劉氏殊遇，降吴不可，還蜀無路，是以歸命。且敗軍之將，獲免爲幸，何古人之可慕！先主薨問至魏，羣臣咸賀，權獨否。後爲車騎將軍，卒。六合紛紜，民心將變。鳥擇高梧，臣須顧眄。鳥擇木，已見上文。

公瑾英達，朗心獨見。披草求君，定交一面。崔寔本論曰：且觀世人之相論也，徒以一面之交，定臧否之決。桓桓魏武，外託霸迹。志掩衡霍，恃戰忘敵。衡、霍，二山，在吴之境。卓卓若人，曜奇赤壁。三光參分，宇宙暫隔。淮南子曰：夫道，紘宇宙而章三光。高誘曰：三光，日月星也。

子布擅名，遭世方擾。撫翼桑梓，息肩江表。吴志曰：張昭，彭城人也。漢末大亂，徐方士民，多避難楊土，昭南渡江。孫策創業，命昭爲良史〔二四〕，撫軍中郎將，升堂拜母，如比肩之舊，文武之事，一以委昭。班固漢書述曰：攜手遯秦，撫翼俱起。毛詩曰：惟桑與梓，必恭敬止。左氏傳，鄭成公，子駟曰：請息肩于晉。王略威夷，吴魏同寶。應瑒釋賓曰：九有威夷，始失其政。遂獻宏謨，匡此霸道。史記，商鞅曰：吾説孝公以霸道，其意欲之。桓王之薨，大業未純。把臂託孤，惟賢與親。吴志曰：孫策臨亡，弟權託昭〔二五〕。昭率羣寮立而輔之。東觀漢記，張堪把朱暉臂曰：欲以妻子託朱生。輟哭止哀，臨難忘身。成此南面，寔由老臣。吴志，張昭謂權曰：昔太后、桓王不以老臣屬陛下，而以陛下屬老臣。才爲世出，世亦須才。蘇武答李陵書曰：每念足下，才爲世生，器爲時出。得而能任，貴在無猜。

昂昂子敬，拔迹草萊。荷檐吐奇，乃構雲臺。吴志曰：初肅見權，説權曰：爲將軍計，惟有鼎足江東，以觀天下之釁，然後建號帝王，以圖天下。陸機謝平原表曰：振影拔迹。莊子曰：農夫無草萊之事。淮南子曰：雲臺之高。高誘曰：高際於雲，故曰雲臺。

子瑜都長，體性純懿。諫而不犯，正而不毅。都長，謂體貌都閑而雅性長厚也。謝承後漢書曰：朱皓德行純懿。禮記曰：事親有隱而無犯。鄭玄曰：無犯顏色諫也。論語曰：事父母幾諫。將命公庭，退忘私位。吴志曰：建安二十年，權遣使蜀通好劉備，與弟亮但公會相見，無私面。論語曰：將命者出。毛詩曰：公庭萬舞。豈無鶺鴒，固慎名器。毛詩曰：鶺鴒在原，兄弟急難。左氏傳，仲尼曰：惟器與名，不可以假人。

伯言蹇蹇，以道佐世。蹇蹇，已見上文。出能勤功，入能獻替。國語，史黯謂趙簡子曰：夫事君者諫過而賞善，薦可而替不，獻能而進賢。謀寧社稷，解紛挫鋭。老子曰：挫其鋭，解其紛。正以招疑，忠而獲戾。吴志曰：遜爲丞相，太子有不安之議。遜上疏陳太子正統，宜有盤石之固，魯王藩臣，當使寵秩有差，彼此得所，上下獲安，謹叩頭流血以聞。書三四上。太傅吴粲坐數與遜交書，下獄死。權累遣中使責讓遜，孫憤恚致卒。

元歎穆遠，神和形檢。如彼白珪，質無塵玷。毛詩曰：白圭之玷，尚可磨也；斯言之玷，不可爲也。東觀漢記，杜詩薦伏湛曰：自行束脩，訖無毀玷。立上以恒〔二六〕，匡上以漸。吴志曰：雍訪及政職所宜，輒密以聞。若見納用，則歸之上；不用，終不宣渫。周易曰：君子以言有物，而行有恒。清不增潔，濁不加染。言得清濁之宜也。清濁，已見上文。

仲翔高亮，性不和物。吴志曰：翻性不協俗，多見毀謗。好是不羣，折而不屈。屢摧逆鱗，直道受黜。吴志曰：翻數犯顔諫諍，權不能悦。權與張昭論及神仙，翻指昭曰：彼皆死人而語神仙，俗豈有仙人也？權積怒非一，遂徙翻交州。班固漢書贊曰：大雅卓爾不羣。韓子曰：龍之爲蟲也，擾柔可狎而騎，然其喉下有逆鱗，徑寸之處，若嬰之，則殺人。人主有逆鱗，説者嬰之，則不幾矣。論語，柳下惠曰：直道而事人，焉往而不三黜？嘆過孫陽，放同賈屈。楚辭曰：驥躊躇於弊輂兮，遇孫陽而得代。王逸曰：孫陽，伯樂姓名也。孔叢子，子高對魏王曰：駑驥同轅，伯樂爲之咨嗟；玉石相糅，和氏爲之歎息。漢書曰：天子以賈誼任公卿之位，絳、灌之屬害之，乃毁誼，天子亦疎之，以誼爲長沙王太傅。誼既適去，意不自得，及度湘水，爲賦以弔屈原。屈原，楚賢臣也，被讒放逐，作離騷。誼追傷之，因以自諭。

詵詵衆賢，千載一遇。毛萇詩傳曰：詵詵，衆多也，使陳切。千載一遇，已見上文。整轡高衢，驤首天路。鸎鵡賦曰：蓐收整轡。登樓賦曰：假高衢而騁力。鄒陽上書曰：蛟龍驤首奮翼。枚乘樂府詩曰：天路隔無期。仰挹玄流，俯弘時務。毛萇詩傳曰：挹，㪺也。名節殊塗，雅致同趣。周易曰：殊塗同歸。嵇康贈秀才詩曰：仰慕同趣〔三七〕。日月麗天，瞻之不墜。周易曰：日月麗乎天。禮記曰：夫日月星辰，所以瞻仰也。非此族也，不在祀典。吕氏春秋曰：德行昭美，比於日月，不可息也。仁義在躬，用之不匱。論語比考讖曰：仁義在身，行之可强。毛詩曰：孝子不匱。毛萇曰：匱，竭也。尚想重暉，載挹載味。羊秀衞公誄曰：仰晞遐風，重暉冠世。後生擊節，懦夫增氣。魏略，王朗答太祖曰：承旨之日，撫掌擊節。孟子曰：聞伯夷之風者，貪夫廉，懦夫有立志。

文選考異

〔一〕注「檀道鸞晉陽春秋曰」　何校「晉」上添「續」字，陳同。袁本無「春」字，是也。茶陵本并五臣，衍。

〔二〕注「禪伐不同」　袁本「伐」作「代」，是也。茶陵本作「伐」，與此同誤。

〔三〕注「舜舉八元八愷用之於堯時也成湯得伊尹武王得吕望而社稷安也」　袁本此二十七字在五臣銑注下，其「善曰」下作「二八謂八元八凱也伊伊尹也吕吕望也」十六字。案：袁本最是。茶陵本并善於五臣，誤與此同。

〔四〕注「三黜之」　陳云「之」字衍，是也。各本皆衍。

〔五〕注「盍遠續禹功」　案：「續」當作「績」。各本皆誤。又案：「禹」字不當有，見前，疑不知者添之也。

〔六〕遭時匪難　袁本、茶陵本「匪」作「不」。案：此所見不同也。

〔七〕注「折而不橈」　袁本、茶陵本「橈」作「撓」。又後贊注中「不橈不屈」同。案：據此疑善「橈」，二本非也。今正文「撓」字，或五臣「撓」而亂之。「橈」雖通作「撓」，凡善、五臣即同字而有别。但「扌」「木」多相混耳。

〔八〕注「尚書曰成王將崩」　陳云「書」下脱「序」字，是也。各本皆脱。

〔九〕注「漢書高祖功臣頌曰」 案：「書」字不當有。各本皆衍。

〔一〇〕魏志九人 袁本、茶陵本「魏志」提行另起，是也。

〔一一〕袁焕字曜卿 茶陵本「焕」作「涣」。袁本作「焕」，與此同。又袁後贊注中首一字作「涣」，餘皆作「焕」。案：今魏志作「涣」，茶陵「涣」、「焕」錯出，此本盡作「涣」，似當以「涣」爲是。

〔一二〕注「杞良才也」 案：「杞」下當有「梓」字。各本皆脱。

〔一三〕注「太公往弔之曰」 案：「往」當作「任」。各本皆誤。此所引山木篇文。

〔一四〕注「子甚者」 茶陵本「甚」作「其意」二字，是也。袁本亦誤。

〔一五〕注「洪水横流」 袁本、茶陵本「洪」作「鴻」，是也。案：此尤用今孟子改耳。

〔一六〕注「吾以疾爲著蔡也」 袁本「蔡」作「龜」，是也。茶陵本亦作「蔡」。案：此蓋因正文而改。

〔一七〕注「右尹革曰」 陳云「尹」下脱「子」字，是也。各本皆脱。

〔一八〕注「如一旦一去此」 袁本、茶陵本「去」上無「一」字，是也。案：魏志無。

〔一九〕注「竟坐免刑」 袁本、茶陵本「免」作「得」。案：今魏志「得」、「免」兩有，蓋因尤添「免」字而誤去「得」字也。

〔二〇〕敬授既同 何校「授」改「愛」，云從晉書。案：袁本云善作「授」。茶陵本云五臣作「愛」。蓋各本所見皆非，善亦作「愛」。

〔二一〕注「散騎常侍王素」 何校「素」改「業」，陳同，是也。各本皆譌。

〔二二〕注「爲軍中郎將卒」　何校「軍」下脱「師」字，陳同，是也。各本皆脱。

〔二三〕公衡仲達　袁本云善作「仲」。茶陵本云五臣作「沖」。案：各本所見皆非也。「仲」字不可通，必傳寫誤。善亦作「沖」也。

〔二四〕注「命昭爲良史」　何校「良」改「長」，陳同，是也。各本皆譌。

〔二五〕注「弟權託昭」　袁本、茶陵本「弟」上有「以」字，是也。

〔二六〕立上以恒　何校「上」改「行」，云從晉書改，注固引易也。案：袁本云善作「上」，茶陵本云五臣作「行」，蓋各本所見皆非，善亦作「行」。

〔二七〕注「仰募同趣」　茶陵本「募」作「慕」，是也。袁本亦誤。

文選卷第四十八

符命

封禪文

司馬長卿 史記曰：長卿病甚，武帝使所忠往求其書，及至，長卿已卒。其妻曰：長卿未死時，爲一卷書，曰有使來求書，奏之。其遺札書言封禪事，所忠奏言。

伊上古之初肇，自昊穹兮生民〔一〕。張揖曰：昊穹，春夏天名。郭璞爾雅注曰：伊，發語辭也。歷選列辟，以迄於秦。文穎曰：選，數也。辟，君也。率邇者踵武，逖聽者風聲。漢書音義曰：率，循也。邇，近也。踵，蹈也。武，迹也。逖，遠也。近者蹈其迹，遠者聽其風聲。紛綸威蕤，湮滅而不稱者，不可勝數。張揖曰：紛綸，亂貌。善曰：湮，没也。勝，盡也。繼韶夏〔二〕，崇號謚，略可道者七十有二君。文穎曰：韶，明也。夏，大也。德明大相繼，封禪於泰山者，七十有二人也。管子曰：封太山〔三〕，禪梁父者，七十有二家。罔若淑而不昌，疇逆失而能存？應劭曰：罔，無也。若，順也。淑，善也。疇，誰也。服虔曰：無有始善而後不昌者，又無逆失而能存之者。罔，與罓同。軒轅之前，遐哉邈乎，其詳不可得聞已。五三六經載籍之傳，維風可觀也。漢書音義曰：五，五帝也。三，三王也。經籍所載，善惡可知也。書曰：「元首明哉！股肱良哉！」尚書益稷之文也。因斯以談，君莫盛於唐堯，臣莫賢於后稷。后稷創業於唐堯〔四〕，漢書音義曰：唐堯之世，播殖百穀。公劉發迹於西戎，漢書音義曰：公劉，后稷曾孫。文王改制，爰周郅隆，大行越成，文穎曰：郅，至也。行，道也。文王始開王業，改正朔，易服色，太平之道於是成也。如淳曰：越，於也。而後陵遲衰微，千載亡聲，鄭氏曰：無聲，無有惡聲也。豈不善始善終哉！漢書音義曰：美周家終始相副若一也。莊子曰：善始善終，人猶効之。然無異端，慎所由於前，謹遺教於後耳。言周之先王，創制垂業，既慎其規模，又謹其遺教也。故軌迹夷易，易遵也；夷、易，皆平也。言周之軌迹平易，易可遵奉也。二易，並盈豉切。湛恩厖鴻，易豐也；湛，深也。厖、鴻，皆大也。言湛恩廣大，易可豐厚也。湛，音沈。厖，莫江切。憲度著明，易則也；垂統理順，易繼也。張揖曰：垂，懸也。統，緒也。理，通也。文王重易六爻，窮理盡性，懸於後世。其道和順，易續而明，孔子得錯其象，而象其辭。是以業隆於繦緥而崇冠於二后。孟康曰：繦緥，謂成王也。二后，謂文、武也。周公輔成王以致太平，功德冠於文、武者，遵法易故。揆厥所元，終都攸卒，張揖曰：都，於也。卒，終也。爾雅曰：元，始也。未有殊尤絶迹可考於今者也。然猶躡梁父〔五〕，登泰山，建顯號，施尊名。顯號、尊名，謂封禪也。大漢之德，逢涌原泉，沕潏曼羨，張揖曰：逢，遇也。喻其德盛，若遇原泉之涌出也。服虔曰：潏，泉貌。徐廣曰：沕，没也，亡必切。音義，或曰：曼羨，廣散也。旁魄四塞，雲布霧散，張揖曰：旁魄，布衍也。魄音薄。上暢九垓，下泝八埏。孟康曰：暢，達也。垓，重也。泝，流也。埏，若瓮埏，地之八際也。言其德上達於九重之天，流於地之八際。懷生之類，沾濡浸潤，懷生氣之類，皆被恩澤。協氣横流，武節猋逝，協氣，和氣也。横流，多也。猋逝，遠也。邇陿遊原，遐闊泳末，孟康曰：邇，近也。原，本也。遐，遠也。闊，廣也。泳，浮也。恩德比之於水，近者游其原，遠者浮其末。首惡鬱没，晻昧昭晰，孟康曰：始爲惡者皆湮滅。晻昧，喻夷狄皆化之也。穀梁傳曰：諸侯不首惡。昆蟲闓澤，迴首面内。文穎曰：闓、澤，皆樂也。韋昭曰：面，向也。闓，音愷。澤，音驛。然後囿騶虞之珍羣，言騶虞之羣，在於苑囿之中。毛萇詩傳曰：騶虞，義獸，有至信之德則應也。徼麋鹿之怪獸，漢書音義曰：徼，遮也。遮麋鹿得其奇怪者，謂獲白麟也。導一莖六穗於庖，鄭玄曰：導〔六〕，擇也。一莖六穗，謂嘉禾之米於庖廚以供祭祀。犧雙觡共柢之獸，服虔曰：犧，牲也。觡，角也。柢，本也。武帝獲白麟，角共一本〔七〕，用以爲牲。獲周餘珍放龜于岐，文穎曰：周放畜餘龜於沼池之中，至漢得之於岐山之旁。龜能吐故納新，千歲不死。招翠黄乘龍於沼。漢書音義曰：翠黄，乘黄也，龍翼馬身，黄帝乘之而仙。言見乘黄而招呼之也。禮樂志曰：訾黄其何不來下。余吾渥洼水中出神馬，故言乘龍於沼。鬼神接靈圉，賓於閒館。文穎曰：是時上求神仙之人，得上郡之巫長陵女子，能與鬼神交接，療病輒愈，置於上林苑中，號曰神君。有似於古靈圉，禮待之於閒館舍中。奇物譎詭，俶儻窮變。漢書音義，或曰：俶儻，卓異也。奇偉之物，譎詭非常，卓然絶異，窮極事變。欽哉，符瑞臻兹，猶以爲德薄，不敢道封禪。蓋周躍魚隕航，休之以燎。應劭曰：航，舟也。休，美也。尚書旋機鈐曰：武得兵鈐，謀東觀，白魚入舟，俯取魚以燎也。微夫此之爲符也，以登介丘，不亦恧乎！服虔曰：介，大丘也〔八〕。言周以白魚爲瑞，登泰山封禪，不以慙乎！小雅曰：心慙曰恧，女六切。進讓之道，何其爽歟？張揖曰：進，周也。讓，漢也。爽，差也。言周未可封禪爲進，漢可封禪而不爲爲讓。

於是大司馬進曰：「陛下仁育羣生，義征不憓，音惠。文穎曰：大司馬，上公也，故先進議。憓，順也〔九〕。諸夏樂貢，百蠻執贄，德侔往初，功無與二，休烈浹洽，符瑞衆變，期應紹至，不特創見。文穎曰：不獨一物造見也。創，初創也。意泰山梁甫設壇場望幸，蓋號以況榮，漢書音義曰：意者言太山、梁甫設壇場，望帝封禪紀號，以表榮名也。望幸，望帝之臨幸也。蓋者，發語之辭也。陛下謙讓而弗發〔一〇〕。文穎曰：弗發往意。挈三神之歡，缺王道之儀，應劭曰：挈，絶也。李奇曰：缺，闕也。韋昭曰：三神，上帝、太山、梁父也。羣臣恧焉。或曰且天爲質闇，示珍符固不可辭；孟康曰：天道質昧，以符瑞見意，不可辭讓。若然辭之，是泰山靡記而梁甫罔幾也。漢書音義曰：泰山之上，無所表記，梁父壇場，無所庶幾。亦各並時而榮，咸濟厥世而屈，説者尚何稱於後，而云七十二君哉？」應劭曰：屈，絶也。言古帝王若但作一時之榮，畢世而絶者，則説無從顯稱於後世也〔一一〕。夫修德以錫符，奉命以行事，不爲進越也。文穎曰：越，踰也。不爲苟進而踰禮也。故聖王不替，而修禮地祇，謁款天神，漢書音義曰：謁，告也。款，誠也。言不廢脩禮地祇，告誠天神之義也。勒功中嶽，以章至尊，張揖曰：蓋先禮中嶽，而幸泰山。舒盛德，發號榮，受厚福，以浸黎元。黎元，已見上文。皇皇哉此天下之壯觀，王者之卒業，不可貶也。皇皇，美也。卒，終也。貶，損也。卒或爲本。願陛下全之。張揖曰：願以封禪全其終。而後因雜搢紳先生之略術，使獲燿日月之末光絶炎，以展寀錯事。漢書音義曰：寀，官也。使諸儒記功著業，得覩日月末光殊絶之明，以展其官職，設錯事業也。錯，千故切。猶兼正列其義，祓弗飾厥文，作春秋一藝。孟康曰：猶，因也。春秋者，正天時，別人事。諸儒既得展事業，因兼正天時，別人事，敍述大義爲一經也。將襲舊六爲七，攄之亡窮，服虔曰：舊爲六經，漢欲七經。孔安國尚書傳曰：襲，因也。俾萬世得激清流，揚微波，蜚英聲，騰茂實。蜚，古飛字也。前聖所以永保鴻名而常爲稱首者用此。宜命掌故悉奏其儀而覽焉。」漢書音義曰：掌故，太史官屬〔一二〕，主故事者也。

於是天子俙然改容，曰：「俞乎，朕其試哉！」張揖曰：俙，感動之意也，許皆切。俙或爲沛。乃遷思迴慮，總公卿之議，詢封禪之事，詩大澤之博，廣符瑞之富。漢書音義曰：詩，歌詠功德，下四章之頌也。大澤之博，謂自我天覆，雲之油油。廣，博也。符瑞之富，謂班班之獸以下三章，言符應廣大之富饒也〔一三〕。遂作頌曰：

自我天覆，雲之油油。漢書音義曰：油油，雲行貌。孟子曰：天油然作雲。甘露時雨，厥壤可遊。遊，遨也。言祥瑞屢臻，故可遊遨也。滋液滲漉，鹿。何生不育！説文曰：滲，下漉也。又曰：漉，水下貌。韋昭曰：滲，疏禁切〔一四〕。嘉穀六穗，我穡曷蓄？李奇曰：我之稼穡，何等不蓄積。

非惟雨之，又潤澤之。非惟偏之我〔一五〕，汜布護之。萬物熙熙，懷而慕思。周書，王子晉曰：萬物熙熙，非舜而誰。名山顯位，望君之來。韋昭曰：名山，泰山也。顯位，封禪之事也。君乎君乎，侯不邁哉！李奇曰：侯，何也。言君何不行封禪。

般般之獸，樂我君囿〔一六〕。謂騶虞也。春秋考異郵曰：虎班文者，陰陽雜也。白質黑章，其儀可嘉〔一七〕。毛萇詩傳曰：騶虞，白虎黑文。旼旼穆穆，君子之態。漢書音義曰：旼旼，和也。穆穆，敬也。言容態和且敬，有似君子也。張揖曰：旼，音旻〔一八〕。態，他代切。蓋聞其聲，今親其來。親見其來。厥塗靡從。天瑞之徵。文穎曰：其道何從乎？此乃天瑞之應。兹亦於舜，虞氏以興。文穎曰：百獸率舞，則騶虞在其中。

濯濯之麟，遊彼靈畤。漢書音義曰：武帝祠五時，獲白麟，故言遊靈畤也。毛詩曰：麀鹿濯濯。孟冬十月，君徂郊祀。馳我君輿〔一九〕，帝用享祉。帝，天帝也。白麟馳我君車之前，因取燎祭於天，天用歆享之，答以祉福也。三代之前，蓋未嘗有。

宛宛黄龍，興德而升。文穎曰：起至德而見也。楚辭曰：駕八龍之宛宛。采色炫耀，焕炳煇煌。正陽顯見，覺悟黎蒸。文穎曰：陽，明也。於傳載之，云受命所乘。如淳曰：書傳撰其比類，或以漢土德，則宜有黄龍之應於成紀是也。故言受命者所乘。厥之有章，不必諄諄。漢書音義曰：天之所命，表以符瑞，章明其德，不必諄諄然有語言也。孟子，萬章曰：舜之有天下也，孰與之？孟子曰：天與之。天與之者，諄諄然命之乎？曰：否。諄，之純切。依類託寓，喻以封巒。漢書音義曰：寓，寄也。巒，山也。言依事類託寄，以喻封禪。

披藝觀之，天人之際已交，上下相發允答。聖王之德，兢兢翼翼。尚書曰：兢兢業業。毛詩曰：小心翼翼。爾雅曰：翼翼，敬也。故曰於興必慮衰，安必思危。太公陰謀機之書曰：安不忘危。存不忘亡。是以湯武至尊嚴，不失肅祗，舜在假典，顧省闕遺〔二〇〕，此之謂也。徐廣曰：假，大也。湯、武雖居至尊嚴之位，而猶不失肅祗之道。舜所以在於大典，謂能顧省其遺失。言漢亦當不失恭敬而自省也。祭天，是不忘敬也。不封禪，是遺失也。毛詩曰：湯降不遲，上帝是祇。

文選考異

〔一〕伊上古之初肇自昊穹兮生民　茶陵本無「兮」字，云五臣有「之」字。袁本「兮」作「之」，云善無「之」字。案：二本所見是也。漢書正無，善與之同。今史記有「兮」字，尤延之取以脩改添入，未是。

〔二〕繼韶夏　案：「韶」當作「昭」，注同。漢書作「昭」，顔引文穎注亦作「昭」，詳注云：「昭，明也。夏，大也。德明大相繼。」不當作「韶」字可知。茶陵本云五臣作「昭」，袁本云善作「韶」，各本所見皆非也。善自作「昭」，或因下連「夏」而誤改爲「韶」耳。今史記作「韶」，但集解仍引漢書音義「昭，明也」云云，恐是與此同誤。

〔三〕注「管子曰封太山」　袁本「管」上有「善曰」二字，是也。後注「莊子曰善始善終」上，「爾雅曰元始也」上，「魄音薄」上，「穀梁傳曰諸侯不首惡」上，「闓音愷」上，「小雅曰心慙曰恧」上，「創初創也」上，「望幸望帝之臨幸也」上，「言不廢脩禮地祇」上，「錯千故切」上，「孔安國尚書傳曰襲因也」上，「俙或爲沛」上，「毛詩曰麀鹿濯濯」上，「楚辭曰駕八龍之宛宛」上，「孟子萬章曰」上，「湯武雖居至尊嚴之位」上，皆同。茶陵本在每節注首，非。尤本删去，亦非。又凡非舊注，袁本、茶陵本每節首並有「善曰」，尤亦删去。今不盡出，可以例求之。

〔四〕后稷創業於唐堯　案：「堯」字衍，尤延之脩改添入也。茶陵本無，而校語云五臣有「堯」字。袁本亦無，其下并無校語，是袁所見五臣尚無「堯」字，茶陵及尤所見乃衍也。凡二本校語，皆據所見著之，即五臣仍非真如此，是其例矣。史記、漢書俱無，尤取誤本五臣以改善，失之甚者也。

〔五〕然猶躡梁父　案：「父」當作「甫」，下文「意泰山梁甫」，袁、茶陵二本校語善「甫」、五臣

「父」。又「而梁甫罔幾也」，尤本亦作「甫」。此一字歧互，或各本所見以五臣亂善。漢書「甫」，善與之同。史記「父」，五臣用以改善也。

〔六〕注「鄭玄曰導」陳云「玄」，「氏」誤，見漢書注，是也。各本皆誤。案：索隱云「鄭德」。

〔七〕注「角共一本」案：「角」上當有「兩」字。各本皆脱。漢書注引可證，史記集解亦有。

〔八〕注「介大丘也」案：「丘」下當有「山」字。各本皆脱。漢書注引可證，史記集解引漢書音義亦有。

〔九〕注「譓順也」袁本此下有「善曰譓音惠」五字，無正文下「音惠」二字，是也。茶陵本誤與此同。

〔一〇〕陛下謙讓而弗發　袁本、茶陵本此節上有「上帝垂恩儲祉將以慶成」十字，校語云善無此二句。案：漢書有，史記亦有，「慶」作「薦」，索隱云漢書作「慶」，義亦通。何校據添。下注「三神」引「韋昭曰上帝」云云，「上帝」即指此，蓋傳寫脱。各本所見皆非。又案：疑尚有注，爲脱去一節也。

〔一一〕注「則説無從顯稱於後世也」何校「説」下添「者」字。各本皆脱。案：漢書注有。

〔一二〕注「太史官屬」陳云「史」，「常」誤，是也。各本皆誤。案：漢書注作「常」。

〔一三〕注「言符應廣大之富饒也」陳云「之」字衍，是也。各本皆衍。案：史記集解引無，漢書注引孟康亦無。

〔一四〕注「韋昭曰滲疏禁切」袁本、茶陵本「曰」下有「漉音鹿」三字，無「滲疏禁切」四字。案：此疑當兩有，而「漉音鹿」在下也。

〔一五〕非惟偏之我　案：「偏」當作「徧」，「之」字不當有，讀以四字爲一句，漢書正如此也。史記索隱引「胡廣曰：言雨澤非偏於我」，最爲明晰，是史記亦作「徧我」，與漢書同。今有誤，當據索隱訂也。又案：觀袁、茶陵二本所載向注，似五臣誤「徧」爲「偏」，仍未有「之」。各本衍者，更誤中之誤。

〔一六〕樂我君圃　何校「圃」改「囿」，陳同。袁本云善作「圃」。茶陵本云五臣作「囿」。案：史記、漢書皆作「囿」，此協韻，何、陳是也。各本所見皆非。蓋善自作「囿」，傳寫誤作「圃」耳。

〔一七〕其儀可嘉　何校「嘉」改「喜」，陳同。案：漢書作「喜」，史記作「嘉」，以韻求之，「喜」與「囿」爲協，何、陳從漢書，是也。史記「嘉」，亦有誤。

〔一八〕注「張揖曰旼音旻」　袁本、茶陵本無此六字。案：二本非也。漢書注亦引。

〔一九〕馳我君輿　茶陵本「輿」作「與」，云五臣作「輿」。袁本云善作「與」。案：此尤校改正之。史記、漢書俱作「輿」，但傳寫誤爲「與」也。又案：袁本此節注末有「文穎曰馳我車之前也」九字，漢書注亦引。又「我」下有「君」字，茶陵本及此本無，蓋係此句之下爲脱一節注也。

〔二〇〕顧省闕遺　案：「闕」當作「厥」。史記、漢書俱作「厥」。善注云「謂能顧省其遺失」，以其解「厥」，是作「厥」字無疑。袁、茶陵二本所載五臣濟注云「恐政治有所闕遺」，蓋其本乃作「闕」。各本所見皆以五臣亂善而失著校語。

劇秦美新

李充翰林論曰：楊子論秦之劇，稱新之美，此乃計其勝負，比其優劣之義。漢書，王莽下書曰：定有天下之號曰新。

楊子雲

王莽潛移龜鼎，子雲進不能辟戟丹墀，亢辭鯁議；退不能草玄虚室，頤性全真；而反露才以耽寵，詭情以懷禄，素餐所刺，何以加焉！抱朴方之仲尼，斯爲過矣。

諸吏漢書曰：左右曹諸吏皆加官，所加或列侯、將軍、卿大夫。中散大夫臣雄，稽首再拜上封事皇帝陛下：臣雄經術淺薄，行能無異，數蒙渥恩，拔擢倫比，與羣賢並，媿無以稱職。臣伏惟陛下以至聖之德，龍興登庸，欽明尚古，登庸、欽明，已見上文。作民父母，爲天下主。尚書曰：天子作民父母。又曰：爲天下君。執粹清之道，鏡照四海，聽聆風俗，博覽廣包，參天貳地，兼並神明，難蜀父老曰：勤思乎參天貳地。神明，已見顔延年曲水詩序。配五帝，冠三王，開闢以來，未之聞也。開闢，已見西征賦。臣誠樂昭著新德，光之罔極，往時司馬相如作封禪一篇，以彰漢氏之休。臣常有顛眴病，賈逵國語注曰：眩，惑也。眴與眩古字通。恐一旦先犬馬，填溝壑，先犬馬，已見曹子建責躬詩。所懷不章，長恨黄泉，左氏傳，鄭伯曰：不及黄泉，無相見也。服虔曰：天玄地黄，泉在地中，故言黄泉。敢竭肝膽，寫腹心，作劇秦美新一篇，雖未究萬分之一，亦臣之極思也。萬分處一，已見江文通詣建平王上書。臣雄稽首再拜以聞，曰：

權輿〔一〕天地未祛，睢睢盱盱，言混沌之始，天地未開，萬物睢盱而不定也。爾雅曰：權輿，始也。睢盱，已見景福殿賦。睢，許惟切。盱音吁。或玄而萌，或黄而牙。言天地方開，故玄黄異色而生萌牙也。易曰：玄黄者，天地之雜色也。玄黄剖判，上下相嘔。言天地既開，玄黄分判，故天地上下，相與嘔養萬物也。易曰：天玄而地黄。禮記曰：煦嫗覆育萬物。鄭玄曰：以氣曰煦。煦與嘔同，況俱切。爰初生民，帝王始存。言初有生民之時，帝王之義始存也。易曰：有天地，然後有萬物；有萬物，然後有男女；有男女，然後有父子；有父子，然後有君臣。在乎混混茫茫之時，㬪聞罕漫而不昭察，世莫得而云也。混混茫茫，天地未分。㬪聞罕漫，不明之貌也。言天地肇開，君臣始樹，善惡罕漫而不昭察，故世莫得而言之也。莊子曰：古之人在混茫之中，與一時而得澹漠焉。厥有云者：上罔顯於羲皇，罔，無也。顯，明也。伏羲爲三皇，故曰羲皇。中莫盛於唐虞，邇靡著於成周。左氏傳，召公曰：糾合宗族于成周。仲尼不遭用，春秋因斯發〔二〕。司馬遷書曰：仲尼厄而作春秋。言神明所祚，兆民所託，罔不云道德仁義禮智。言有斯四德，乃爲神明所祚，兆民所託。獨秦屈起西戎，邠荒岐雍之疆，史記曰：秦自非子爲附庸之邑秦〔三〕，號曰秦嬴。因襄文宣靈之僭迹，史記曰：秦莊公卒，襄公立，卒。文公立，卒。德公立，卒。宣公立。又曰：懷公卒，懷公太子靈公立。立基孝公，茂惠文，奮昭莊，孝公、惠文君、襄王，並已見李斯上書〔四〕。史記曰：文王卒，子莊襄王立。至政破縱擅衡，并吞六國，遂稱乎始皇。史記曰：莊襄卒，子政立，初并天下，號始皇帝。從横，已見上。盛從鞅儀韋斯之邪政，商鞅、張儀、呂不韋、李斯皆秦相。馳騖起翦恬賁之用兵，史記曰：白起攻楚，拔鄢郢。又曰：王翦攻趙，拔之。翦子賁，破定燕、齊地。又曰：蒙恬攻齊，大破之。剗滅古文，刮語燒書，史記，李斯曰：請非博士官所職，天下敢有藏書詩百家語者，詣守尉雜燒之。弛禮崩樂，塗民耳目。崩樂，已見劉歆移太常博士書。六韜曰：先塗民耳目。遂欲流唐漂虞，滌殷蕩周，流漂滌蕩，謂除之也。爇除仲尼之篇籍，自勒功業〔五〕，爇，古然字。改制度軌量，咸稽之於秦紀。稽，考也。紀，本紀也。言考校而著之秦紀。是以耆儒碩老，抱其書而遠遜；禮官博士，卷其舌而不談。來儀之鳥，肉角之獸，狙獷而不臻。來儀，鳳也。肉角，麟也。説文曰：狙，犬暫齧人〔六〕，且餘切。又曰：獷，犬不可親附也，古猛切。甘露嘉醴，景曜浸潭之瑞潛；嘉醴，醴泉也。景曜，景星有光曜也。浸潭，謂滋液浸潤，能生萬物也。潛，藏也。大茀經貫，巨狄鬼信之妖發。茀，彗星也。穀梁傳曰：星孛入北斗。孛之爲言猶茀也，步内切。茀，步忽切。史記始皇本紀曰：彗星光見東方北方。漢書音義曰：經，謂星出東入西，出西入東也。史記始皇本紀曰：有墜星下東郡，至地爲石。漢書曰：始皇時，有大人身長五丈，夷狄之患見臨洮〔七〕。鬼信，謂告祖龍死也。已見西征賦。神歇靈繹，海水羣飛。繹，猶緒也。言神靈歇其舊緒，不福祐之。繹，或爲液。海水，喻萬民。羣飛，言亂。二世而亡，何其劇與！二世，胡亥也，爲趙高所弒。劇，甚也。言促甚也。帝王之道，兢兢乎不可離已。尚書曰：兢兢業業。夫能貞而明之者窮祥瑞，貞，正也。言既正且明，故祥瑞咸格。回而昧之者極妖愆。回，邪也。言既邪且闇，故妖愆競集也。昧或爲蔑。上覽古在昔，有憑應而尚缺。焉壞徹而能全？言古帝干之興，有憑依瑞應而尚毀缺，焉有行壞徹之道而全立者乎？言無也。故若古者稱堯舜，尚書曰：若稽古帝堯。又云：若稽古帝舜。威侮者陷桀紂，夏桀、殷紂也。尚書曰：威侮五行。況盡汛掃前聖數千載功業，專用己之私而能享祐者哉？況，況始皇也。私，私所爲也。而能享祐，言不能也。毛詩曰：洒掃庭内。毛萇曰：洒，灑也。洒與汛同，所買切。

會漢祖龍騰豐沛，奮迅宛葉，漢高祖發迹在於豐沛，滅秦道自宛葉。自武關與項羽戮力咸陽，武關，已見陸機高祖功臣頌。漢書，沛公謝羽曰：與將軍戮力攻秦，不自意先入關。創業蜀漢，發迹三秦，漢書曰：項羽立沛公爲漢王，王巴蜀、漢中。又曰：韓信因陳三秦易并之計，漢王聽信策。剋項山東，而帝天下。漢書曰：灌嬰追斬羽東城。漢王即皇帝位于汜水之陽。摘秦政慘酷尤煩者，應時而蠲。蠲，除也。漢書，沛公召秦豪桀曰：父老苦秦苛法久矣，與父老約法三章，餘悉除秦法。如儒林、刑辟、歷紀、圖典之用稍增焉。歷紀，歷數綱紀也。秦餘制度，項氏爵號，雖違古而猶襲之。其秦政制度及項羽爵號，雖知違古而猶襲之也。孔安國尚書傳曰：襲，猶因也。是以帝典闕而不補，王綱弛而未張，爲襲秦、項，故闕者不補，弛者未張也。道極數殫，闇忽不還。言天道既極，歷數又殫，故闇忽而滅，不能自還也。逮至大新受命，大新，王莽也，已見西征賦。上帝還資，后土顧懷，言上帝迴還而資助，后土顧眷而懷歸。言天地福祐之也。玄符靈契，黄瑞涌出，玄符，天符也。靈契，地契也。黄瑞，謂王莽承黄、虞之後，黄氣之瑞也。漢書，王莽曰：予前在攝，黄氣薰蒸，以著黄、虞之烈焉，涌出而瑞之。渾渟沕潏，川流海渟，雲動風偃，霧集雨散，言衆瑞之多也。誕彌八圻，上陳天庭，八圻，猶八埏。言下終八圻，上列天庭。震聲曰景，言威聲如雷，光景若日也。易曰：震爲雷。炎光飛響，盈塞天淵之間，炎光，日景也。飛響，震聲也。塞乎天淵，所及遠也。天淵，已見答賓戲。必有不可辭讓云爾。言難辭也。於是乃奉若天命，窮寵極崇，尚書曰：明王奉若天命〔八〕。與天剖神符，地合靈契，分天之符，合地之契，言應録而王也。創億兆，規萬世，創業經乎億兆，規模至於萬世也。奇偉倜儻譎詭，天祭地事。言衆瑞所以咸臻者，由能祭天事地。其異物殊怪，存乎五威將帥，班乎天下者，四十有八章。漢書曰：莽遣五威將王奇等班符命四十二篇於天下。登假皇穹，鋪衍下土，假，至也。言衆瑞升至於皇天，鋪衍於下土。非新家其疇離之。離，應也。卓哉煌煌，真天子之表也。表，儀也。若夫白鳩丹烏，素魚斷蛇，方斯蔑矣。吴録曰：孫策使張紘與袁紹書曰〔九〕：殷湯有白鳩之祥。然古者此事〔一〇〕，未詳其本。尚書帝驗曰〔一一〕：太子發渡河中流，火流爲烏，其色赤。素魚，白魚也。已見封禪書。漢書曰：高祖夜經澤中，有大蛇當徑，高祖杖劍斬蛇，分爲兩，道開也。受命甚易，格來甚勤。格，至也。言莽德盛，故受天命甚易，令衆瑞咸至甚勤也。昔帝纘皇，王纘帝，隨前踵古，或無爲而治，或損益而亡〔一二〕。論語，子曰：無爲而治者，其舜也與？又曰：殷因於夏禮，所損益可知也。豈知新室委心積意，儲思垂務，委，亦積也。旁作穆穆，明旦不寐，勤勤懇懇者，非秦之爲與？言新室所以旁作穆穆勤勤懇懇者，以秦之所爲爲非，故欲勤修德政也。尚書曰：勤施於四方，旁作穆穆。司馬遷書曰：勤勤懇懇。夫不勤勤，則前人不當；不懇懇，則覺德不愷。言不勤勤，則不能當先王之意；不懇懇，則覺德不和也。尚書曰：篤前人成烈。毛詩曰：有覺德行。左氏傳注曰：愷，和也。是以發祕府，覽書林，遥集乎文雅之囿，翱翔乎禮樂之場，言以文雅爲園囿，以禮樂爲場圃。胤殷周之失業，紹唐虞之絶風，胤，續也。紹，繼也。懿律嘉量，金科玉條，律，六律也。嘉量，斗斛也。金科玉條，謂法令也。言金玉貴之也。神卦靈兆，古文畢發，著曰卦，龜曰兆。神靈，尊之也。古文，先王之典籍也。焕炳照曜，靡不宣臻。宣，徧也。臻，至也。式軨軒旂旗以示之，式，用也。漢書曰：莽立大夫、卿車服黻冕各有差。軨軒，皆車也。尚書大傳曰：未命爲士，車不得有飛軨。鄭玄曰：如今窗車也。周禮曰：交龍爲旂，熊虎爲旗。揚和鸞肆夏以節之，大戴禮曰：行以和鸞，趣中肆夏。鄭玄周禮注曰：鸞和皆金鈴也。漢書音義曰：肆夏，詩樂也。步則歌之以中節。施黼黻衮冕以昭之，言制服有差，亦明貴賤也。尚書曰：黼黻絺繡。周禮曰：公之服，自衮冕而下。正嫁娶送終以尊之，漢書曰：莽請考論五經，定娶禮。親九族淑賢以穆之。漢書，莽詔曰：姚、嬀、陳、田、王，予之同族也。尚書曰：惇序九族，五姓世世復，無有所與。

夫改定神祇，上儀也。漢書曰：莽奏定南郊。欽修百祀，咸秩也。漢書曰：莽奏定羣神之禮。尚書召誥曰：祀于新邑，咸秩無文。明堂雍臺，壯觀也。漢書曰：莽奏起明堂辟雍。九廟長壽，極孝也。九廟，已見西征賦。漢書曰：王莽隳壞孝元廟，獨置孝元廟故殿，以爲文母篹食堂〔一三〕，既成，名曰長壽宫。制成六經，洪業也。漢書曰：莽奏立樂經，然經有五，而又立樂，故云六經也。北懷單于，廣德也。漢書曰：莽重賂匈奴，使上書慕從聖制，以誑曜太后。若復五爵，度三壤，晉灼漢書注曰：若，預及之辭。漢書曰：莽奏曰：周爵五等，地四等。臣請受爵者爵五等，地四等。尚書曰：列爵惟五，分土惟三。經井田，漢書曰：莽令天下公田口井；其男口不盈八而田過一井者，分餘田與九族。周禮曰：九夫爲井。免人役，漢書曰：莽令更名天下奴婢曰私屬，皆不得賣之。方甫刑，漢書曰：莽分移律令儀法。尚書曰〔一四〕：穆王作呂刑。孔安國曰：後爲甫侯。匡馬法，馬法，司馬穰苴之法也。謂成出革車一乘，教戎備也。穰苴，已見左太冲詠史詩。恢崇祗庸爍德懿和之風，周禮曰：以樂德教國子，中和祗庸孝友。爾雅曰：懿、爍，美也。廣彼搢紳講習言諫箴誦之塗，搢紳，已見封禪書。漢書，賈山上疏曰：古者工誦箴諫，鼓誦詩〔一五〕，士傳言，諫過也。振鷺之聲充庭，鴻鸞之黨漸階。振鷺、鴻鸞，喻賢也。毛詩〔一六〕，振鷺于飛，于彼西雍。我客戾止，亦有斯容。易曰：鴻漸于陸。俾前聖之緒，布濩流衍而不韞韣，韞韣，已見上文。櫝與韣古字通，音讀。郁郁乎煥哉！論語曰：郁郁乎文哉！又曰：煥乎其有文章。天人之事盛矣，鬼神之望允塞。言有聖德，信能允塞鬼神之望。羣公先正，罔不夷儀；尚書曰：羣公既皆聽命。又曰：亦惟先正夷儀。言有常儀也。姦宄寇賊，罔不振威。尚書曰：蠻夷猾夏，寇賊姦宄。紹少典之苗，著黃虞之裔。史記曰：黃帝者，少典之子，姓公孫。河圖著命曰：握登見大虹，意生黃帝。漢書曰：予惟黃帝、舜帝，咸有聖德，營求其後，將祚厥祀。於是封姚恂爲初睦侯，奉黃帝後，嬀昌爲始睦侯，奉虞帝後。帝典闕者已補，王綱弛者已張，炳炳麟麟，豈不懿哉！麟麟，光明也。麟與燐古字同用。厥被風濡化者，京師沈潛，甸內匝洽，侯衛厲揭，要荒濯沐，言風化所被，近者逾深，遠者稍淺，故京師沈潛，而要荒濯沐也。厲揭，已見上文。而術前典，巡四民，迄四嶽，言法術前典，而巡四民，至於四嶽也。管子曰：士、農、工、商四民者，國之石民也。尚書曰：二月東巡狩，至于岱宗，柴。五月南巡狩，至于南嶽。八月西巡狩，至于西嶽。十有一月朔巡狩，至于北嶽。增封泰山，禪梁父〔一七〕，斯受命者之典業也。典，常也。言封禪之事，王者常業也。管子曰：昔封泰山、禪梁甫者，七十有二家。漢書音義，項岱曰：梁父者，泰山下小山也。

蓋受命日不暇給，或不受命，然猶有事矣。受命，謂高祖也。言高祖受命，而不封禪；始皇不受命，猶有事乎泰山。言俱失也。史記曰：始皇之上泰山，中阪遇暴風雨。況堂堂有新，正丁厥時，崇嶽渟海通瀆之神，咸設壇場，望受命之臻焉。言莽既受命，故嶽瀆之神皆設壇場，而望來祭也。堂堂，盛也。晏子景公春秋曰〔一八〕：將去此堂堂國者而死乎？海外遐方，信延頸企踵，回面內嚮，喁喁如也。吕氏春秋曰：聖人南面而立，天下延頸舉踵矣。論語素王受命讖曰：莫不喁喁延頸歸德。帝者雖勤，惡可以已乎？何休公羊傳注，惡，猶於何也，音烏。宜命賢哲作帝典一篇，舊三爲一襲，以示來人，摛之罔極。言宜命賢智作帝典一篇，足舊二典而成三典也。謂堯典、舜典。令萬世常戴巍巍，履栗栗，巍巍，高大也，已見上文。尚書曰：栗栗危懼。臭馨香，含甘實，言明德比於馨香甘實，故臭而含之。鏡純粹之至精，聆清和之正聲，易曰：剛健中正，純粹精也。則百工伊凝，庶績咸喜。尚書曰：允釐百工，庶績咸熙。又曰：庶績其凝。喜與古熙字通〔一九〕。荷天衢，提地釐，孔安國尚書傳曰：釐，理也。上荷天道，而下提地理，言則而効之。斯天下之上則已，庶可試哉！

〔一〕權輿　袁本、茶陵本提行另起，是也。

〔二〕春秋困斯發　袁本、茶陵本「困」作「因」。案：此所見不同也。

〔三〕注「之邑秦」　陳云「之邑」二字當乙，是也。各本皆倒。

〔四〕注「襄王並已見李斯上書」　案：「襄」上當有「昭」字。袁本亦脱。茶陵本此注複出，非。

〔五〕自勒功業　袁本云善作「公」。茶陵本云五臣作「功」。案：尤延之所校改也。

〔六〕注「犬暫齧人」　袁本、茶陵本無「暫」字，「人」下有「也」字。案：此尤校改之也。

〔七〕注「夷狄之患見臨洮」　袁本、茶陵本「之患見」作「服出於」，是也。

〔八〕注「明王奉若天命」　袁本、茶陵本「命」作「道」，是也。

〔九〕注「孫策使張紘與袁紹書曰」　何校「紹」改「術」，陳同。案：所校依吴志，是也。各本皆誤。

〔一〇〕注「然古者此事」　何校「者」改「有」，是也。各本皆誤。

〔一一〕注「尚書帝驗曰」　何校「帝」下添「命」字，陳同，是也。各本皆脱。

〔一二〕或損益而亡　何校云「亡」當從五臣本作「已」。袁本云善作「亡」。茶陵本云五臣作「已」。何據二本校語。今案：善注無明文，二本所載向注於此云「其後紂乃亡之」，是五臣仍作「亡」，其作「已」者，後人以意改，未可從也。

〔一三〕注「以爲文母篹食堂」　茶陵本「篹」作「籑」，注末有「籑士卷切與饌同」七字。案：有者是也，袁本與此同，亦脱誤。考今元后傳作「篹」，蓋善引不與顏同，校者依漢書改且删之。

〔一四〕注「尚書曰穆王作呂刑」　陳云「書」下脱「序」字，是也。各本皆脱。

〔一五〕注「鼓誦詩」　袁本「鼓」作「瞽」，是也。茶陵本亦誤。

〔一六〕注「振鷺鴻鸞喻賢也毛詩」　袁本「賢」下有「人」字，詩下有「曰」字，是也。茶陵本無「振鷺」以下八字，有「曰」字。此初同茶陵，後脩改而又誤脱「人曰」二字。

〔一七〕禪梁父　袁本、茶陵本「父」作「甫」，是也。注中兩見，一作「甫」，一作「父」，「父」亦「甫」之誤也。

〔一八〕注「晏子景公春秋曰」　袁本、茶陵本「景」上有「齊」字，無「春秋」二字。此尤改「齊」字作「春秋」，而又誤倒在下。

〔一九〕注「喜與古熙字通」　案：「古熙」當作「熙古」。各本皆倒。

典引一首〔一〕

蔡邕曰：典引者，篇名也。典者，常也，法也。引者，伸也，長也。尚書疏，堯之常法，謂之堯典。漢紹其緒，伸而長之也。范曄後漢書曰：班固，字孟堅，亦云注典引〔二〕。

班孟堅　　蔡邕注

臣固言：永平十七年，臣與賈逵、傅毅、杜矩、展隆、郗萌等，善曰：後漢書曰〔三〕：賈逵，字景伯，爲侍中。七略曰：尚書郎中北海展隆〔四〕。然七略之作，雖在哀、平之際，展隆壽或至永平之中。召詣雲龍門，小黃門趙宣持秦始皇帝本紀問臣等曰：「太史遷下贊語中，寧有非耶？」臣對：「此贊賈誼過秦篇云，向使子嬰有庸主之才，僅得中佐，秦之社稷未宜絕也。此言非是。」即召臣入，問：「本聞此論非耶？將見問意開寤耶？」臣具對素聞知狀。詔因曰：「司馬遷著書成一家之言〔五〕，揚名後世，善曰：司馬遷書曰：通古今之變，成一家之言。孝經曰：揚名於後世。至以身陷刑之故，反微文刺譏，貶損當世，非誼士也。司馬相如洿行無節，但有浮華之辭，不周於用，至於疾病而遺忠，主上求取其書，竟得頌述功德，言封禪事，忠臣效也。至是賢遷遠矣。」臣固常伏刻誦聖論，昭明好惡，不遺微細，緣事斷誼，動有規矩，雖仲尼之因史見意，亦無以加。臣固被學最舊，受恩浸深，誠思畢力竭情，昊天罔極！臣固頓首頓首。伏惟相如封禪，靡而不典；楊雄美新，典而亡實。然皆游揚後世，垂爲舊式。臣固才朽不及前人，蓋詠雲門者難爲音，觀隋和者難爲珍。不勝區區，竊作典引一篇，雖不足雍容明盛萬分之一，猶啓發憤滿，覺悟童蒙，光揚大漢，軼聲前代，然後退入溝壑，死而不朽。臣固愚戇，頓首頓首，曰：

太極之元，易曰：太極〔六〕，是生兩儀。兩儀始分，烟烟熅熅，有沈而奧，有浮而清。烟烟熅熅，陰陽和一相扶貌也。奧，濁也。言兩儀始分之時，其氣和同；沈而濁者爲地，浮而清者爲天。沈浮交錯，庶類混成。地體沈而氣昇，天道浮而氣降，升降交錯，則衆類同矣。善曰：國語曰：夏禹能平水土，以品處庶類者也。老子曰：有物混成，先天地生。肇命民主，五德初始，民主者，天子也。尚書曰：成湯簡代夏作民主。五德，五行之德。自伏羲已下，帝王相代，各據其一行，始於木，終於水，則復始也。同於草昧，易曰：天造草昧。玄混之中。混，猶溷濁。踰繩越契，寂寥而亡詔者，系不得而綴也。言結繩書契已往，其道寂漠亡聲，莫能以相告，故易系不得綴連也。綴，知鋭切。厥有氏號，所依爲氏也。號，功之表也。號太昊曰伏羲，炎帝曰神農，黄帝曰軒轅，少昊曰金天，顓頊曰高陽，帝嚳曰高辛，堯曰陶唐，舜曰有虞。紹天闡繹，宗紹天地，開道人事。莫不開元於太昊皇初之首，上哉夐乎，其書猶得而修也。亞斯之代，通變神化，函光而未曜。

若夫上稽乾則，降承龍翼，善曰：翼，法也。言陶唐上能考天之則，下能承龍之法也。龍法，龍圖也。而炳諸典謨，以冠德卓絶者，莫崇乎陶唐。善曰：春秋合誠圖曰：黄帝德冠帝位。陶唐舍胤而禪有虞，有虞亦命夏后，稷契熙載，越成湯武。股肱既周，天迺歸功元首，將授漢劉。天有五行之序，堯與四臣各據其一行，而堯爲之正。四臣已偏，故歸功元首之子孫而授漢劉也。高祖始於沛公，起兵入關，後爲漢王，以即尊位，故遂曰漢也。春秋左氏傳曰：陶唐氏既衰，其後劉累者，在夏爲御龍氏，在商爲豕韋氏，在周爲唐杜氏。成王滅唐，宣王殺杜伯，杜伯之子隰叔奔晉，其後士會奔秦而復歸，其子留秦者爲劉氏，以是明之，漢爲堯後。善曰：尚書曰：熙帝之載，元首股肱，已見上文。俾其承三季之荒末，值亢龍之災孽，善曰：國語，郭偃曰：夫三季王之亡，宜也。韋昭曰：季，末也。三季王，桀、紂、幽王也。易曰：亢龍有悔，窮之災也。懸象闇而恒文乖，彝倫斁而舊章缺。善曰：易曰：懸象著明，莫大乎日月。尚書曰：帝乃震怒，弗俾洪範九疇〔七〕，彝倫攸斁。左氏傳曰：季桓子命藏象魏曰：舊章不可亡也。故先命玄聖，使綴學立制，善曰：玄聖，孔子也。莊子曰：夫虛静恬淡，玄聖素王之道也。春秋孔演圖曰：玄丘制命，帝卯行也。宏亮洪業，表相祖宗，贊揚迪喆，相，助也。始受命爲祖，繼中爲宗，皆不毁廟之稱也。言仲尼之作，亦顯助祖宗，揚明其蹈喆之德。備哉粲爛，真神明之式也。雖皋夔衡旦密勿之輔，比兹褊矣〔八〕。兹，孔子也。善曰：謂皋陶、后夔、阿衡、周旦也。密勿，已見傳季友求贈劉前軍表。是以高光二聖，宸居其域，言高祖、光武如北辰居其所，而衆星拱之。時至氣動，乃龍見淵躍。善曰：易曰：見龍在田。或躍在淵。拊翼而未舉，則威靈紛紜，海内雲蒸，雷動電熛，胡縊莽分，尚不莅其誅。言二祖即位，胡亥、王莽皆先已誅，天之所爲先除也。善曰：史記曰：始皇崩，趙高立子胡亥爲太子，襲位爲二世皇帝。後陳勝等反，趙高乃使閻樂誅二世。二世自殺。漢書曰：王莽地黄四年〔九〕十月，漢兵從宣平城門入城中，少年朱弟等恐見虜掠，私燒其室門〔一〇〕，呼曰：虜王莽〔一一〕，何不出來降！莽避火之漸臺，衆兵上臺，商人杜吴殺莽，軍人裂莽尸。然後欽若上下，恭揖羣后，正位度宗，度，居也。宗，尊也。言二主既除亂，諸侯推而尊之，然後敬順天地，恭揖諸侯，正位居尊也。善曰：易曰：君子正位凝命。有于德不台淵穆之讓，淵穆，深美之辭也。善曰：尚書曰：舜讓于德不嗣。漢書音義，韋昭曰：古文台爲嗣。靡號師矢敦奮撝之容。矢，陳也。敦，勉也。毛詩曰：矢于牧野。善曰：言漢取天下，無名號，師衆陳兵，誥誓勸勉，秉旄奮麾之容。撝與麾音義同。蓋以膺當天之正統，受克讓之歸運，善曰：尚書曰：誕膺天命。又曰：允恭克讓。蓄炎上之烈精，謂火，漢之德也。蓄，聚也。善曰：尚書曰：火曰炎上。蘊孔佐之弘陳云爾。善曰：孔佐，即孔子也。能表相祖宗，故曰佐。

洋洋乎若德，帝者之上儀，誥誓所不及已。本事曰誥。戎事曰誓。鋪觀二代洪纖之度，洪，大也。纖，細也。其賾可探也。善曰：探賾，見文賦。並開迹於一匱，同受侯甸之服，奕世勤民，以方伯統牧。善曰：言殷、周二代，初皆微，開迹於一匱，並受夏、殷侯甸之服，勤勞治人，或爲方伯，或爲統牧也。論語曰：雖覆一簣〔一二〕。桓子新論曰：湯、武則久居諸侯方伯之位，德惠加於百姓。紀年曰：武乙即位，周王季命爲殷牧師也。乘其命賜彤弧黄鉞之威，用討韋顧黎崇之不恪。韋，豕韋，顧，己姓之國，皆夏諸侯也。黎、崇，殷諸侯也。四國爲不敬湯，文王誅之。毛詩曰：韋顧既伐。又曰：既伐于崇，作邑於豐。書曰：西伯既戡黎〔一三〕。善曰：乘，因也。言因其命賜以彤弓、黄鉞，乃始征伐也。至于參五華夏，京還鎬亳，善曰：參五，謂參五分之也。言殷、周參五而分華夏之地，然後乃始京還於鎬、亳也。論語曰：參分天下有其二，以服事殷。解嘲曰：四分五割，並爲戰國。毛詩曰：考卜維王，宅是鎬京。毛萇曰：武王作邑於鎬京。尚書湯誥曰：王歸自夏〔一四〕，至于亳。孔安國傳曰：湯還於亳。遂自北面，虎螭其師，革滅天邑。天邑，天子邑也。善曰：北面，臣位也。虎螭，如虎如螭也。史記，武王曰：勉哉夫子，如虎如羆，如豺如離。徐廣曰：此音義訓並與螭字同。尚書曰：肆予敢求爾于天邑商。是故誼士華而不敦，武稱未盡，護有慙德，不其然歟？武，周樂也。護，殷樂也。孔子曰：韶盡美矣，又盡善也。謂武盡美矣，未盡善也。舜禪而周伐，故未盡善也。延陵季子聘魯，觀樂，見舞大護者曰：聖人之弘也，而猶有慚德。恥於始伐也，豈不然乎？左氏傳〔一五〕，臧哀伯曰：武王克商，遷九鼎于洛邑，義士猶或非之。亦猶於穆猗那，翕純皦繹，周頌曰：於穆清廟。商頌曰：猗歟那歟。孔子曰：始作翕如也，從之純如也，皦如也，繹如也。以崇嚴祖考，殷薦宗配帝，善曰：周易曰：先王作樂崇德，殷薦之上帝，以配祖考。發祥流慶，對越天地者，對，答也。善曰：毛詩曰：對越在天。鄭玄曰：越，於也。舄奕乎千載。舄奕，光曜流行貌。豈不克自神明哉！善曰：言二代以臣伐君，尚能作樂配天，豈不能自神明其道哉！周易曰：聖人以此齋戒，以神明其德。誕略有常，審言行於篇籍，光藻朗而不渝耳。善曰：言二代神明其道，大略有常，但審言行於篇籍，光藻明而不變。言無殊功也。

矧夫赫赫聖漢，巍巍唐基，泝測其源，乃先孕虞育夏，甄殷陶周，言測度漢本至唐，乃任舜育禹，化契成稷，皆爲之父母模範也。甄陶，已見上文。然後宣二祖之重光，襲四宗之緝熙。宣，徧也。襲，因也。高祖、光武爲二祖。孝文曰太宗，孝武曰世宗，孝宣曰中宗，孝明曰顯宗。二祖重光天下，四宗盛美相因而起也。善曰：尚書，王曰：昔君文王、武王宣重光。緝熙，已見上文。神靈日照，光被六幽，六幽，謂上下四方也。尚書曰：光被四表，格于上下。仁風翔乎海表，威靈行乎鬼區，鬼區，絶遠之區也。善曰：尚書曰：方行天下，至于海表。鬼區，即鬼方也。毛詩曰：覃及鬼方。毛萇傳曰：鬼方，遠方也。匿亡回而不泯〔一六〕，微胡瑣而不頤〔一七〕。善曰：頤，養也。何細而不養，言皆養也。故夫顯定三才昭登之績，匪堯不興，言明定天地人之道，明登天之功，非堯莫能興也。尚書曰：昭登于上。善曰：周易曰：易有天道焉，有地道焉，兼三才而兩之。鋪聞遺策在下之訓，匪漢不弘厥道。善曰：言布聞古之遺策聖德在下之訓，非漢不能弘道。毛詩曰：明明在下。毛萇傳曰：文王之德，明明在天。下，謂天之下也。至於經緯乾坤，出入三光，言使日月星辰出以其節，入以其期，亡朒朓側匿盈縮之異也。善曰：言漢之道，能經緯天地，出入三光也。淮南子曰：覆天載地，紘宇宙而章三光也。外運渾元，内沾豪芒，言漢道外則運行於渾元，内則沾潤於豪芒，言巨細咸被也。性類循理，品物咸亨，其已久矣。易曰：品物咸亨。

盛哉！皇家帝世，德臣列辟，功君百王，言漢之德，能臣古之列辟，其功又爲百王之君也。榮鏡宇宙，四表曰宇，往古來今曰宙。尊亡與亢。乃始虔鞏勞謙，鞏，亦勞也。易曰：勞謙君子有終吉。兢兢業業，貶成抑定，不敢論制作。尚書曰：兢兢業業，一日二日萬機。禮記曰：王者功成作樂，治定制禮。至令遷正黜色賓監之事〔一八〕，渙揚寓内，漢承周後，當就夏正，以十二月爲年首〔一九〕，而秦以十月爲年首，高祖又以十月至霸上，因而不改。至武帝太初始改焉。賈誼、公孫臣等議以漢土德，服色尚黄。至光武中，乃黜黄而尚赤，立殷後曰紹嘉公，周後曰承休公，以賓而監二代矣。於四者宣揚海内，制作之事，由未章也〔二〇〕。禮記曰：聖人南面而治天下也，改正朔，易服色。而禮官儒林屯用篤誨之士〔二一〕，不傳祖宗之髣髴，雖云優慎，無乃葸與！慎而無禮則葸。優，謂優游也。尚書大傳曰：周公作樂，優游三年。

於是三事嶽牧之寮，僉爾而進曰：三事嶽牧，已見上。陛下仰監唐典，中述祖則，俯蹈宗軌。躬奉天經，惇睦辨章之化洽。孝經曰：夫孝，天之經也。尚書曰：惇敍九族。九族既睦，平章百姓。辨與平古字通也。巡靖黎蒸，懷保鰥寡之惠浹。懷，安也。保，養也。巡靖，巡狩而安之也。毛詩曰：日靖四方。尚書，周公曰：懷保小民，惠鮮鰥寡。燔瘞縣沈，肅祗羣神之禮備。爾雅曰：祭天曰燔柴，祭地曰瘞埋，祭山曰庪懸，祭川曰浮沈。是以來儀集羽族於觀魏，貌恭體仁，則鳳皇來儀。尚書曰：鳳皇來儀。家語，子夏曰：商聞山書曰：羽蟲三百有六十，而鳳爲之長。肉角馴毛宗於外囿，視明禮修，則麒麟來應。廣雅曰：麒麟，狼題肉角。家語，子夏曰：毛蟲三百有六十，而麟爲之長。擾緇文皓質於郊，思睿信立，則白虎擾。騶虞也。升黃輝采鱗於沼，聽德知正則黃龍見〔二二〕。禮記曰：龜龍在宮沼。甘露宵零於豐草，德至天，則甘露降。毛詩曰：湛湛露斯，在彼豐草。三足軒翥於茂樹。烏，反哺之鳥，至孝之應也。楚辭曰：鸞鳥軒翥而翔飛。若乃嘉穀靈草，奇獸神禽，應圖合諜，窮祥極瑞者，朝夕坰牧，天子寰内也。日月邦畿，卓犖乎方州〔二三〕，洋溢乎要荒。昔姬有素雉、朱烏、玄秬、黃麰之事耳，素雉，白雉也，已見東都主人。朱烏，火流爲烏也。毛詩曰：誕降嘉種，惟秬惟秠。爾雅曰：秬，黑黍也。韓詩外傳曰：貽我嘉麰。薛君曰：麰，大麥也，音莫侯切。君臣動色，左右相趣，濟濟翼翼，峨峨如也。濟濟翼翼，已見上。毛詩曰：奉璋峨峨。蓋用昭明寅畏，承聿懷之福。毛詩曰：昭事上帝，聿懷多福。尚書曰：嚴恭寅畏〔二四〕。亦以寵靈文武，貽燕後昆，覆以懿鑠，左氏傳，薳啓疆曰：辱見寡君，寵靈楚國。毛詩曰：貽厥孫謀，以燕翼子。尚書曰：垂裕後昆。豈其爲身而有顓辭也？若然受之，亦宜勲恁旅力，恁，思也。旅，陳也。恁，如深切。以充厥道，啓恭館之金縢，恭館，宗廟金縢之所在。御東序之秘寶，以流其占。東序，牆也。尚書曰：顓頊河圖、雒書在東序。流，演也。雒書，皆存亡之事，尚覽之以演禍福之驗也。

夫圖書亮章，天哲也；亮，信也。章，明也。言河圖、洛書至信至明，而出天賜之，使視而行之。孔猷先命〔二五〕，聖孚也；繇，道也。言孔子先定道，誠至信也。體行德本，正性也；體行正性，習堯所履，今天子復蹈之。逢吉丁辰，景命也。言逢此吉，當此時者，皇天之大命也。順命以創制，易曰：湯、武革命，順乎天，應乎人。因定以和神，治定作樂，以和人神。答三靈之蕃祉，展放唐之明文，善曰：三靈，天、地、人也。已見陸機高祖功臣頌。尚書旋機鈐曰：平制禮樂，放唐之文〔二六〕。兹事體大，而允寤寐次於心〔二七〕。瞻前顧後〔二八〕，善曰：允，信也。次，止也〔二九〕。言此事體大式弘大〔三〇〕，信能寤寐常止於聖心，不可忘也〔三一〕。大戴禮曰：神明自得，聖心備矣。前，謂前代帝王。後，謂子孫也〔三二〕。豈蔑清廟憚勑天命也？蔑，輕也。憚，難也。勑，正也。言封禪之事，皆述祖宗之德，今乃推讓，豈輕清廟而難正天命乎〔三三〕？善曰：毛詩序曰：清廟，祀文王也。尚書曰：勑天之命。伊考自遂古，乃降戾爰兹，伊，維也。遂古，遠古也〔三四〕。戾，至也。言自遠古以來，至於此也〔三五〕。楚辭曰：遂古之初，誰傳道之？作者七十有四人，善曰：古封禪者七十二君，今又加之二漢。有不俾而假素，罔光度而遺章，言前封禪之君有天下使之〔三六〕，而尚假竹素，未有告之以光明之度，而遺其篇章。今其如台而獨闕也！尚書曰：夏罪其如台。孔安國傳曰：台，我也。

是時聖上固以垂精遊神，苞舉藝文，屢訪羣儒，諭咨故老，與之斟酌道德之淵源，肴覈仁誼之林藪，以望元符之臻焉。斟酌，飲也。肴覈，食也。肉曰肴，骨曰覈。水深曰淵，水本曰源。叢木曰林，澤無水曰藪。言六藝者道德之深本，而仁義之叢藪也。天子與羣儒故老，斟酌肴覈而行，以天應之至也。詩云：洞酌彼行潦。又曰：肴覈惟旅。既感羣后之讜辭，又悉經五繇之碩慮矣。讜，直言也〔三七〕。經，常也。繇，占也。王者巡狩，預卜五年，歲習其祥，習則行，不則修德而改卜。言天下已舉五卜之占而習吉也。將絣萬嗣，揚洪輝，奮景炎，揚、奮，皆振布之意也。絣，使也。絣與栟〔三八〕古字通也。扇遺風，播芳烈，久而愈新，用而不竭，汪汪乎丕天之大律，其疇能亘之哉？唐哉皇哉，皇哉唐哉！言誰能竟此道，惟唐堯與漢，漢與唐堯而已。

文選考異

〔一〕典引一首　袁本、茶陵本此下有「并序」二字，是也。

〔二〕注「范曄後漢書曰班固字孟堅亦云注典引」　袁本、茶陵本無此十六字，是也。

〔三〕注「後漢書曰」　袁本、茶陵本「後」上有「范曄」二字，是也。

〔四〕注「尚書郎中北海展隆」　袁本、茶陵本無「中」字，是也。

〔五〕成一家之言　袁本、茶陵本無「之」字。案：無者是也。此尤誤依注添正文。

〔六〕注「易曰太極」　袁本、茶陵本「易」上有「蔡邕曰」三字，下無「曰」字。案：以下二本所有「蔡邕曰」此本皆無，詳前後之例。凡舊注所冠姓名，皆尤删也。「易」下「曰」字當作「有」。
〔七〕注「弗俾洪範九疇」　袁本、茶陵本「俾」作「畀」，是也。
〔八〕比兹褊矣　袁本云善無「兹」字。茶陵本云五臣有。案：二本所見非也。蔡注云「兹，孔子也」，善不得無，必傳寫脱，尤校改正之，是矣。後漢書固傳載此文有。
〔九〕注「地黄四年」　陳云「黄」，「皇」誤，是也。各本皆誤。
〔一〇〕注「燒其室門」　袁本「其」作「作」，是也。茶陵本亦誤「其」。
〔一一〕注「虜王莽」　何校「虜」上添「反」字，陳同，是也。各本皆脱。
〔一二〕注「雖覆一簣」　袁本、茶陵本「簣」作「匱」，是也。後漢書所載并注引此，亦皆是「匱」字。
〔一三〕注「西伯既戡黎」　袁本「戡」作「龕」，是也。茶陵本亦誤「戡」。
〔一四〕注「王歸自夏」　陳云「夏」上脱「克」字，是也。各本皆脱。
〔一五〕注「左氏傳臧哀伯曰」　袁本、茶陵本「左」上有「善曰」二字，是也。後注「甄陶已見上文」上，「言漢道外則運行於渾元」上，「易曰品物咸亨」上，「言漢之德能臣古之列辟」上，「易曰勞謙」上，連下「尚書曰」至「治定制禮」爲一節，「禮記曰聖人南面而治天下也」上，「優謂優游也」上，「孝經曰夫孝」上，「巡靖巡狩而安之也」上，「爾雅曰祭天」上，「尚書曰鳳皇來儀」上，「廣雅曰麒麟」上，「騶虞也」上，「禮記曰龜龍在宫沼」上，「毛詩曰湛湛露斯」上，「楚辭曰鸞鳥」上，「素雉白雉也」上，「濟濟翼翼」上，「尚書曰嚴恭寅畏」上，「左氏傳蓫啓疆曰」上，「楚辭曰遂古之初」上，「言前封禪之君」上，「尚書曰夏罪」上，「絣使也」上，皆同。又「四表曰宇往古來今曰宙」一節注，袁本連「善曰」下，非。茶陵本别爲節，係「蔡邕曰」者是。

〔一六〕匿亡回而不泯　袁本云善作「匿」。茶陵本云五臣作「慝」。案：注無明文，但「匿」字不可通，疑各本所見皆傳寫誤。後漢書所載作「慝無迴而不泯」。五臣「迴」作「回」，見濟注。善亦無明文。

〔一七〕微胡瑣而不頣　茶陵本「瑣」作「璅」，云五臣作「瑣」。袁本云善作「璅」。案：此尤延之校改正之也。後漢書所載亦作「瑣」。

〔一八〕至令遷正黜色賓監之事　袁本、茶陵本「令」作「於」。案：此尤校改也，後漢書所載作「令」，「令」蓋「今」之譌。

〔一九〕注「以十二月爲年首」　案：「二」當作「三」。各本皆誤，説見前上林賦下。

〔二〇〕注「由未章也」　袁本、茶陵本「由」作「猶」，是也。

〔二一〕而禮官儒林屯用篤誨之士　何云後漢書「用」作「朋」。案：注無明文，但「用」字不可通，疑傳寫誤也。章懷注云「屯，衆也。朋，羣也」，或善與之無異。

〔二二〕注「聽德知正則黄龍見」　陳云「德」似當作「聽」。案：所校最是。各本皆誤。蔡説與周南正義引服虔左氏注全同，可證也。

〔二三〕卓犖乎方州　袁本、茶陵本無「乎」字。案：此尤脩改添之也。後漢書所載有。

〔二四〕注「嚴恭寅畏」　袁本「恭」作「龔」，是也。茶陵本亦誤「恭」。

〔二五〕孔猷先命　袁本、茶陵本「猷」作「繇」，是也。案：此尤改之。後漢書所載作「猷」，但此自作「繇」，尤於蔡注仍未改也。

〔二六〕注「平制禮樂放唐之文」　袁本、茶陵本「平制禮樂」作「述堯治世」。案：二本是也。後漢書章懷注引作「平制禮樂」，尤用彼改耳。

〔二七〕而允寤寐次於心　案：「心」上脱「聖」字。袁本、茶陵本有。

〔二八〕瞻前顧後　袁本云善無此一句。茶陵本云五臣有此一句。案：此尤延之添之也。後漢書所載有此一句，章懷注「前謂前代帝王，後謂子孫」也。尤并取以增多，其實未必是。

〔二九〕注「次止也」　袁本、茶陵本無此三字，是也。尤取章懷注添。

〔三〇〕注「言此事體大式宏大」　陳云「體」下衍「大」字，是也。各本皆衍。

〔三一〕注「常止於聖心不可忘也」　袁本、茶陵本作「次於聖上之心也」，是也。尤取章懷注改。

〔三二〕注「前謂前代帝王後謂子孫也」　袁本、茶陵本無此十一字，是也。説詳上。

〔三三〕注「憚難也」下至「而難正天命乎」　袁本、茶陵本無此三十一字，是也。尤取章懷注添。

〔三四〕注「伊維也遂古遠古也」　袁本、茶陵本無此八字，是也。尤取章懷注添。

〔三五〕注「言自遠古以來至於此也」　袁本、茶陵本無此十字，是也。尤取章懷注添。以上各條，皆未必是。

〔三六〕注「有天下使之」　陳云「下」，「不」誤，是也。各本皆誤。

〔三七〕注「讜直言也」　袁本、茶陵本「直言」二字作「當」。案：二本是也。章懷注作「直言」，尤用彼改耳。

〔三八〕注「絣與栟」　案：「栟」當作「拼」。各本皆譌。

文選卷第四十九

史論上

公孫弘傳贊

班孟堅

贊曰：公孫弘卜式倪寬，皆以鴻漸之翼，困於燕雀，李奇漢書注云：漸，進也。鴻一舉而進千里者，羽翼之材也。弘等言皆以大材〔一〕初困，爲俗所薄，若燕雀不知鴻鵠之志。遠迹羊豕之間，非遇其時，焉能致此位乎？漢書曰：公孫弘少時家貧，牧豕海上。年四十餘，乃學春秋。武帝初即位，召賢良文學士，是時弘年六十，徵賢良文學，對策拜博士，遷丞相。又曰：卜式以田畜爲事。式以入山牧羊十餘年，羊致千餘頭。上拜爲中郎，遷御史大夫。韋昭漢書注曰：遠迹，謂耕牧在遠方也。是時漢興六十餘載，海内乂安，府庫充實，而四夷未賓，制度多闕。上方欲用文武，求之如弗及，始以蒲輪迎枚生，見主父而歎息。漢書曰：武帝爲太子，聞枚乘名，及即位，乘已年老，迺以安車蒲輪徵乘。又曰：主父偃，齊國臨淄人。武帝時言九事，其八事爲律令，上書闕下。朝奏，暮召入見。謂曰：公安在？何相見之晚也！羣士慕嚮，異人並出。卜式拔於芻牧，弘羊擢於賈古豎，漢書曰：桑弘羊，洛陽賈人子。衞青奮於奴僕，日磾出於降虜，漢書曰：衞青，其父鄭季與陽信長公主家僮衞媼通，生青。青姊子入宮〔二〕，幸，上召青爲建章監侍中。又曰：金日磾，本匈奴休屠王子，王降漢，後悔，昆邪王殺之，將其衆降。日磾以父不降，没入官，輸黃門養馬。馬肥好，上拜爲馬監。斯亦曩時版築飯牛之明已〔三〕。尚書序曰：高宗夢得説，使百工營求諸野，得諸傅巖。孟子曰：傅説舉於版築之閒。吕氏春秋曰：甯戚飯牛，居車下，望桓公悲擊牛角而疾歌矣。

漢之得人，於茲爲盛，儒雅則公孫弘董仲舒倪寬，漢書曰：倪寬治尚書，爲侍御史。上問尚書一篇，擢爲中大夫。篤行則石建石慶，漢書曰：石奮長子建，次子慶，皆以馴行孝謹，官至二千石。質直則汲黯卜式，汲黯，已見西征賦。漢書曰：卜式言，郡國不便鹽鐵，船有筭，可罷。推賢則韓安國鄭當時，漢書曰：韓安國所推舉，皆廉士賢於己者，於梁舉壺遂、臧固，至此皆天下名士〔四〕。鄭當時，已見西征賦。定令則趙禹張湯，漢書曰：張湯遷太中大夫。與趙禹共定諸律令。又曰：趙禹，斄人，至中大天。斄音邰。文章則司馬遷相如，滑稽則東方朔枚皋，楚辭曰：突梯滑稽，如脂如韋。王逸曰：轉免隨俗也。漢書曰：枚皋，字少孺，不通經術，談笑類俳倡，以故得媟黷。應對則嚴助朱買臣，漢書曰：嚴助爲中大夫，與朱買臣並在左右。歷數則唐都落下閎，漢書曰：造漢太初歷，方士唐都、巴郡落下閎與焉。益部耆舊傳曰：閎字長公，巴郡閬中人也。明曉天文地理，隱於落亭。武帝時，友人同縣譙隆薦閎，待詔太史，更作太初歷，拜侍中，辭不受。風俗通曰：姓有落下，漢有落下閎。協律則李延年，漢書曰：李延年，中山人，坐法腐刑，善歌新聲，爲協律都尉。運籌則桑弘羊，漢書曰：桑弘羊以心計爲侍中。奉使則張騫蘇武，張騫、蘇武，已見西征賦。將帥則衛青霍去病，衛青、霍去病，已見長楊賦。受遺則霍光金日磾，漢書曰：武帝病篤。霍光曰：如有不諱，誰當嗣者？上曰：立少子。君行周公之事。光讓日磾，日磾亦曰：臣不如光。並受遺詔，輔少主。其餘不可勝紀。是以興造功業，制度遺文，後世莫及。

孝宣承統，纂修洪業，國語曰：祭公謀父曰：時序其德，纂修其緒。亦講論六藝，招選茂異，六藝，六經也。漢書，武帝詔曰：察吏民茂才異等。而蕭望之梁丘賀夏侯勝韋玄成嚴彭祖尹更始以儒術進，漢書曰：蕭望之修齊詩，事同縣后倉。又曰：梁丘賀，字長公，從京房受易，賀入説，上善之，以賀爲郎，至少府。又曰：夏侯勝從濟南伏生受尚書，至長信少府。又曰：韋賢修詩，傳子玄成，至丞相。又曰：嚴彭祖，字次公，與顏安樂俱事眭孟。公羊春秋有顏、嚴之學。爲太子太傅。又曰：穀梁學有尹更始，爲諫議大夫。劉向王襃以文章顯，將相則張安世趙充國魏相邴吉于定國杜延年，漢書曰：張安世，字少孺，宣帝即位，爲大司馬車騎將軍。又曰：杜延年，字幼公，爲太僕給事中，宣帝任信之，即奉駕入給事中。趙充國、于定國，已見西征賦。治民則黃霸王成龔遂鄭弘召信臣韓延壽尹翁歸趙廣漢嚴延年張敞之屬，漢書曰：黃霸，字次公，爲揚州刺史。宣帝以爲潁川太守。又曰：王成爲膠東相，政甚有聲，宣帝最先褒之。又曰：龔遂，字少卿，宣帝以爲渤海太守。人皆富實，獄訟止息。又曰：鄭弘，字穉卿，爲淮陽相，以高第入爲右扶風。又曰：召信臣，字翁卿，爲南陽太守。吏民親愛，號之曰召父。又曰：韓延壽，字長公，爲東郡太守，吏民敬畏趨嚮之，斷獄大減，爲天下最。又曰：尹翁歸，字子況，拜東海太守，東海大治。又曰：嚴延年，字次卿，爲涿郡太守，道不拾遺。趙、張已見西征賦。皆有功迹見述於後世。參其名臣，亦其次也。

文選考異

〔一〕注「弘等言皆以大材」　茶陵本無「言」字，是也。袁本亦衍。案：漢書注無。

〔二〕注「青姊子入宮幸」　案：「子」下當有「夫」字。袁本亦脱。茶陵本并脱「子」字。

〔三〕斯亦曩時板築飯牛之明已　何云「明」漢書作「朋」。陳云「明」，「朋」誤，是也。各本皆誤。

〔四〕注「至此皆天下名士」　袁本「此」作「他」，是也。茶陵本亦誤。

晉紀論晉武帝革命

干令升　何法盛晉書曰：干寶，字令升，新蔡人。始以尚書郎領國史，遷散騎常侍，卒。撰晉紀，起宣帝迄愍，五十三年，評論切中，咸稱善之。

史臣曰：帝王之興，必俟天命，尚書曰：俟天休命。苟有代謝，非人事也。淮南子曰：二者代謝舛馳。高誘曰：代，更也。謝，次也。文質異時，興建不同，春秋元命苞曰：王者一質一文，據天地之道也。天質而地文。又曰：正朔三而改，文質再而復。故古之有天下者，柏皇栗陸以前，爲而不有，應而不求，執大象也。莊子曰：獨不知至德之時乎？昔者柏皇氏、栗陸氏，若此之時則至治也。淮南子曰：天地大矣，成而弗有。老子曰：執大象，天下往。鴻黄世及，以一民也。父子相承，以一民之心也。左氏傳，史克曰：昔帝鴻氏有不材子。杜預曰：帝鴻，黄帝也。禮記曰：大人世及以爲禮。堯舜内禪，體文德也。漢魏外禪，順大名也。謝靈運晉書禪位表曰：夫唐、虞内禪，無兵戈之事，故曰文德。漢、晉外禪，有翦伐之事，故曰順名。以名而言，安得不僭稱以爲禪代邪？靈運之言，似出于此，文既詳悉，故具引之。湯武革命，應天人也。周易曰：湯武革命，順乎天而應乎人。高光争伐，定功業也。漢高祖及光武也。仲長子昌言曰：高、光二祖之神武，遇際會而不能得。管子曰：禹平治天下，及桀而亂之，湯放桀以定禹功也。湯平治天下，及紂而亂之，武王伐紂，以定湯功也。各因其運而天下隨時，隨時之義大矣哉！周易曰：隨，元亨。隨時之義大矣哉！古者敬其事則命以始，今帝王受命而用其終，尚書曰：月正元日，舜格于文祖。孔安國曰：將即政，故至文祖廟告也。魏志曰：陳留王咸熙二年十二月，禪位于晉嗣王。左氏傳曰：晉侯使太子申生伐東山皐落氏，狐突歎曰：時，事之徵也。故敬其事則命以始，今命以時卒，閟其事也。豈人事乎？其天意乎？

晉紀總論

干令升

史臣曰：昔高祖宣皇帝以雄才碩量，應運而仕，范曄後漢書曰：陶謙奏記於朱儁曰：將軍既文且武，應運而出。值魏太祖創基之初，籌畫軍國，嘉謀屢中，干寶晉紀曰：魏武帝爲丞相，命高祖爲文學掾，每與謀，策畫多善。遂服輿軫，驅馳三世。干寶晉紀曰：魏文帝即王位，爲丞相長史，明帝即位，遷驃騎大將軍。性深阻有如城府，而能寬綽以容納，行任數以御物，而知人善采拔。管子曰：聖君任法不任智，任數不任説。尚書，禹曰：知人則哲，能官人。故賢愚咸懷，小大畢力，尚書，穆王曰：小大之臣，咸懷忠良。東觀漢記，太史官曰：明主勞神，忠臣畢力。爾乃取鄧艾於農隙〔一〕，引州泰於行役，委以文武，各善其事。魏志曰：鄧艾，字士林，義陽人也。典農綱紀，上計吏，因使見太尉司馬宣王。宣王奇之，辟以爲掾，遷尚書郎。郭頒世語曰：初，荆州刺史裴潛，以州泰爲從事，司馬宣王鎮宛，潛數遣詣宣王，由此爲宣王所知，歷兗、豫州刺史。故能西禽孟達，東舉公孫淵，干寶晉紀曰：新城太守孟達反，高祖親征之，屠其城，斬達。魏志曰：公孫淵爲遼東太守，景初元年徵淵，遂發兵逆於遼隧，自立爲燕王。三年，遣司馬宣王征淵，斬淵，傳首洛陽。内夷曹爽，外襲王陵〔二〕，干寶晉紀曰：高祖與曹爽俱受遺輔政。爽横恣日甚，高祖乃奏事永寧宮，廢爽兄弟，以侯歸第。有司奏黄門張當辭道爽反狀，遂夷三族。又曰：高祖東襲太尉王陵于壽春。初，陵以魏主非明帝親生，且不明也，謀更立楚王彪。陵聞軍至，面縛請降。高祖解縛，反服見之，送之京都，飲藥而死。神略獨斷，征伐四克。楊雄連珠曰：兼聽獨斷，聖王之法也。法言曰：湯、武桓桓，征伐四克。維御羣后，大權在己。春秋孔演圖曰：天子執圖，諸侯得之，大權成。屢拒諸葛亮節制之兵，而東支吳人輔車之勢。漢書曰：齊桓、晉文之兵，可謂入其域而有節制矣。左氏傳，宮之奇曰：諺所謂輔車相依，脣亡齒寒。世宗承基，太祖繼業〔三〕，干寶晉紀曰：世宗景皇〔四〕，高祖崩，以撫軍大將軍輔政。又曰：太祖，文皇帝母弟也〔五〕。世宗崩，進位大將軍，録尚書事，輔政。軍旅屢動，邊鄙無虧，於是百姓與能，大象始構矣。周易曰：人謀鬼謀，百姓與能。大象，已見上文。玄豐亂內，欽誕寇外，干寶晉紀曰：中書令李豐推太常夏侯玄謀廢大將軍。世宗聞之，乃遣王羨迎豐至，世宗責之。豐知禍及，遂肆惡言，勇士築殺之，皆夷三族。又曰：楊州刺史文欽，自曹爽死後，陰懷異志，乃矯太后令，罪狀世宗。世宗自帥中軍討之。欽敗，得入吳。又曰：鎮東大將軍諸葛誕貳于我，太祖親率六軍東征，拔之，斬誕首，夷三族也。潛謀雖密，而在幾必兆。淮浦再擾，而許洛不震，咸黜異圖，用融前烈。左氏傳曰：咸黜不端。尚書，王曰：公劉克篤前烈。然後推轂鍾鄧，長驅庸蜀，干寶晉紀曰：景元四年，大舉伐蜀。太祖部分諸軍，指授方略，使征西將軍鄧艾自狄道攻姜維於沓中，使鎮西將軍鍾會自駱谷襲漢中。漢書，馮唐曰：上古王者遣將也，跪而推轂曰：閫以內寡人制之，閫以外將軍制之。戰國策曰：樂毅輕卒鋭兵，長驅至齊。尚書曰：及庸、蜀人。三關電掃，劉禪入臣，吳志，賀邵曰：劉氏據三關之險，守重山之固。張瑩漢南記曰：蜀有陽平、江關、白水關，此爲三關。干寶晉紀曰：鄧艾進軍城北，蜀主劉禪面縛輿櫬，詣壘門。范曄後漢書，閻忠説車騎將軍皇甫嵩曰：旬月之間，神兵電掃。天符人事〔六〕，於是信矣。東觀漢記，耿純説上曰：天時人事，已可知矣。始當非常之禮，終受備物之錫，干寶晉紀曰：天子命太祖爲晉公，九錫之禮，又進公爵爲王。左氏傳，子魚曰：備物典策。名器崇於周公，權制嚴於伊尹。至於世祖，遂享皇極。世祖，武帝也。尚書考靈耀曰：建用皇極。宋均曰：建，立也。皇極，大中也。正位居體，重言慎法，周易曰：君子正位居體也。法言曰：重言重行，言重則有法，行重則有德。仁以厚下，儉以足用；周易曰：山附於地，剥，上以厚下安宅。毛詩序曰：儉以足用，寬以愛民。和而不弛，寬而能斷。論語曰：君子和而不同。韋昭國語注曰：弛，廢也。尚書曰：寬而栗。斷，猶決也。故民詠惟新。四海悦勸矣。毛詩曰：周雖舊邦，其命惟新。周易曰：説以先民，民忘其勞；説以犯難，民忘其死。説之大，民勸矣哉！聿修祖宗之志，思輯戰國之苦，毛詩曰：無念爾祖，聿修厥德。腹心不同，公卿異議，而獨納羊祜之策，以從善爲衆。干寶晉紀曰：征南大將軍羊祜來朝，上疏云：以國家之盛强，臨吴之危弊，軍不踰時，尅可必也。上納之而未宣。左氏傳，欒武子曰：善鈞從衆。夫善，衆之主也。從之，不亦可乎？故至於咸寧之末，遂排羣議〔七〕而杖王杜之決，干寶晉紀曰：咸寧五年，龍驤將軍王濬上疏曰：吴王荒淫〔八〕，且觀時運宜征伐。上將許之，賈充、荀勗等陳諫〔九〕，以爲不可。張華固勸之，杜預亦上疏。上先納羊祜之謀，重以濬、預之决，乃發詔諸方大舉。汎舟三峽，介馬桂陽，左氏傳，晉饑，秦輸之粟，命之曰汎舟之役。劉淵林蜀都賦注曰：三峽，巴東永安縣有高山相對，民謂之峽。左氏傳曰：晉郤克與齊侯戰于鞍，齊侯不俟介馬而馳之。漢書曰：有桂陽郡，高帝置之。役不二時，江湘來同。干寶晉紀曰：咸寧五年十一月，命安東將軍王渾、龍驤將軍王濬帥巴、蜀之卒，浮江而下。太康元年四月，王濬鼓譟入于石頭，吴主孫皓面縛輿櫬降于濬。毛詩曰：淮夷來同也。夷吴蜀之壘垣，通二方之險塞，掩唐虞之舊域，班正朔於八荒。漢書曰：賈捐之曰：堯、舜之盛也，地方不過數千里。論語比考讖曰：正朔所加，莫不歸義。甘泉賦曰：八荒協兮萬國諧。太康之中，天下書同文，車同軌。禮記，子曰：今天下書同文，車同軌。牛馬被野，餘糧棲畝，行旅草舍，外閭不閉。東觀漢記曰：建武十七年，商賈重寶，單車露宿，牛馬放牧，道無拾遺。淮南子曰：昔容成之時，置餘糧於畝首。蔡邕胡廣碑曰：餘糧棲乎畎畝。毛詩曰：召伯所茇。毛萇曰：茇，草舍也。禮記曰：外户不閉，謂之大同。民相遇者如親，其匱乏者，取資於道路，禮記，孔子曰：昔者大道之行也，人不獨親其親，不獨子其子。故于時有天下無窮人之諺。莊子，孔子曰：當堯、舜而天下無窮人，非知得也；當桀、紂而天下無通人，非知失也。雖太平未洽，亦足以明吏奉其法，民樂其生，百代之一時矣。東觀漢記，詔曰：吏安其職，民樂其業。孝經援神契曰：天下歸往，人人樂生。論語曰：百世可知。言喻遠也。武皇既崩，山陵未乾，漢書，霍禹曰：將軍墳墓未乾。楊駿被誅，母后廢黜，干寶晉紀曰：永平元年，誅太傅楊駿，遷太后楊氏于永寧宮，策廢爲庶人，居於金墉城。朝士舊臣，夷滅者數十族。尋以二公楚王之變，干寶晉紀曰：太子太傅孟觀知中宮旨，因譖二公欲行廢立之事。楚王瑋殺太宰汝南王亮、太保衛瓘。張華以二公既亡，楚必專權，使董猛言於后，遣謁者李雲宣詔免瑋付廷尉。瑋以矯詔伏誅。宗子無維城之助，而閼伯實沈之郤歲構；毛詩曰：懷德維寧，宗子維城。左氏傳，子産曰：昔高辛氏有二子，伯曰閼伯，季曰實沈，居曠壄，不相能〔一〇〕，日尋干戈，以相征討。閼伯、實沈，則參商也。師尹無具瞻之貴，而顛墜戮辱之禍日有。毛詩曰：赫赫師尹，民具爾瞻。至乃易天子以太上之號，而有免官之謡，臧榮緒晉書曰：惠帝永寧二年〔一一〕，禪位于趙王倫，倫以兵留守衛，上號曰太上皇，改金墉曰永昌宫。中書令繆播云：太史案星變事，當有免官天子。民不見德，唯亂是聞，左氏傳，卜偃曰：民不見德，唯戮是聞。朝爲伊周，夕爲桀跖，莊子曰：施不及三王，天下大駭矣。下有盜跖，上有曾史。善惡陷於成敗，毀譽脅於勢利。於是輕薄干紀之士，役姦智以投之，如夜蟲之赴火。范曄後漢書曰：李寶勸劉嘉且觀成敗，光武聞，告鄧禹曰：當是長安輕薄兒誤之耳。左氏傳，季孫盟臧氏曰：無或如臧孫紇干國之紀。吕氏春秋曰：人主有能明其德者，天下之士歸之，若蟬之赴明火也。内外混淆，庶官失才，鄭玄毛詩箋曰：内，謂諸夏也。外，謂夷狄也。尚書曰：推賢讓能，庶官乃和。名實反錯，天網解紐。管子曰：循名而案實。案：實而定名，名實相爲情。國政迭移於亂人，禁兵外散於四方，方岳無鈞石之鎮，關門無結草之固。漢書，十六兩爲斤，三十斤爲鈞，四鈞爲石。左氏傳曰：晉輔氏之役，魏顆見老人結草以亢杜回，回躓而顛仆。李辰石冰，傾之於荆揚，干寶晉惠紀曰：蜀賊李流攻益州，發武勇以西赴益州。兵不樂西征，李辰因之誑曜百姓，以山都民丘沈爲主。石冰應之。石冰略揚州，揚州刺史蘇峻降。劉淵王彌，撓之於青冀，干寶晉紀曰：劉淵遷離石，遂謀亂。淵在西河離石，攻破諸郡縣，自稱王。又曰：王彌攻東莞、東安二郡，復攻青州。二十餘年而河洛爲墟。

戎羯稱制，二帝失尊，山陵無所。干寶晉懷紀曰：賊劉曜入京都，百官失守，天子蒙塵於平陽。又愍紀曰：劉曜寇長安，劉粲寇於城下，天子蒙塵於平陽矣。何哉？樹立失權，託付非才，四維不張，而苟且之政多也。管子曰：不供祖舊，則孝悌不備，四維不張，國乃滅亡。四維，一曰禮，二曰義，三曰廉，四曰恥。漢書，王嘉上疏曰：上下相望，莫有苟且之意。夫作法於治，其弊猶亂；作法於亂，誰能救之？左氏傳曰：渾罕曰：君子作法於涼，其弊猶貪；作法於貪，弊將若之何？故于時天下非暫弱也，軍旅非無素也。彼劉淵者，離石之將兵都尉；王彌者，青州之散吏也。干寶晉武紀曰：太康八年，詔淵領北部都尉。蓋皆弓馬之士，驅走之人，凡庸之才，非有吳先主諸葛孔明之能也。新起之寇，烏合之衆，非吳蜀之敵也。曾子曰：烏合之衆，初雖相歡，後必相咋。脫耒爲兵，裂裳爲旗，非戰國之器也。賈誼過秦論曰：斬木爲兵，揭竿爲旗。自下逆上，非鄰國之勢也。然而成敗異效，擾天下如驅羣羊，舉二都如拾遺。孔安國尚書傳曰：擾，亂也。淮南子曰：兵略者，乘勢以爲資，清净以爲常，避實就虚，若驅羣羊，此所以言兵者也。漢書，梅福上書曰：高祖舉秦如鴻毛，取楚如拾遺。將相侯王，連頭受戮，乞爲奴僕而猶不獲。干寶晉紀曰：劉曜入京都，殺大將軍吳王晏、光禄大夫竟陵王，其餘官僚，僵尸塗地，百不遺一。后嬪妃主，虜辱於戎卒，豈不哀哉！孫盛晉陽秋曰：劉曜入于京都，六宮幽辱，征西將軍南陽王模出降，以模妃劉氏賜胡張平爲妻。夫天下，大器也；羣生，重畜也。文子，老子曰：天下，大器也，不可執也，不可爲也。爲者敗之，執者失之。漢名臣奏，陳風對問曰：民如六畜，在牧養者耳。愛惡相攻，利害相奪，周易曰：愛惡相攻而吉凶生，情僞相感而利害生。六韜曰：利害相臻，猶循環之無端。其勢常也；若積水于防，燎火於原，未嘗暫静也。周禮曰：以防止水。鄭玄曰：偃瀦畜流水之陂。尚書曰：若火之燎于原。器大者不可以小道治，勢動者不可以争競擾，古先哲王，知其然也。是以扞其大患而不有其功，禦其大災而不尸其利。禮記曰：聖王之制祭祀也，能禦大災則祀之，能扞大患則祀之。百姓皆知上德之生己，而不謂浚己以生也。左氏傳，子産寓書於子西以告宣子曰：毋寧使人謂子，子實生我，而謂子浚我以生乎？杜預曰：浚，取也。是以感而應之，悦而歸之，如晨風之鬱北林，龍魚之趣淵澤也。毛詩曰：鴥彼晨風。鬱彼北林。孫卿子曰：川淵深而魚鼈歸之，刑政平而百姓歸之。川淵者，龍魚之居也；國家者，士人之居也。順乎天而享其運，應乎人而和其義，然後設禮文以治之，斷刑罰以威之，孝經曰：安上治民，莫善於禮。毛詩序曰：君臣上下，動無禮文。左氏傳，叔向詒子産書曰：嚴斷刑罰，以威其淫。謹好惡以示之，審禍福以喻之，孝經曰：示之以好惡而民知禁。謝承後漢書曰：朱儁宣國威靈，審示禍福。求明察以官之，篤慈愛以固之，故衆知向方，左氏傳，叔向曰：猶求聖哲之主，明察之官，忠信之長，慈惠之師。禮記曰：樂行而人向方。皆樂其生而哀其死，鶡冠子〔一二〕，所謂人者，惡死樂生。悦其教而安其俗，孟子曰：萬乘之國行仁政，民悦之，猶解倒懸也。老子曰：安其居，樂其俗。君子勤禮，小人盡力，趙岐孟子章指曰：治身勤禮，君子所能。家語曰：子路治蒲，孔子曰：此其恭敬以信，故其人盡力。廉恥篤於家閭，邪僻銷於胸懷。廉恥，已見上注。禮記曰：惰慢邪僻之氣，不設於身體。故其民有見危以授命，而不求生以害義，論語，子張曰：士見危致命。又，子曰：志士仁人，無求生以害仁。又況可奮臂大呼，聚之以干紀作亂之事乎？漢書，淮南王安上疏曰：陳勝、吳廣奮臂大呼，天下響應。基廣則難傾，根深則難拔，文子曰：人主之有民，猶城之有基，木之有根，根深則本固，基厚則上安。理節則不亂，膠結則不遷。是以昔之有天下者，所以長久也。夫豈無僻主，賴道德典刑以維持之也。左氏傳，韓厥曰：三代之令王，皆數百年保天之祿。夫豈無辟王，賴前哲以免也。毛詩曰：雖無老成人，尚有典刑。故延陵季子聽樂以知諸侯存亡之數，短長之期者，蓋民情風教，國家安危之本也。左氏傳曰：吳公子札來聘，請觀於周樂，使工爲之歌鄭，曰：其細已甚，民不堪也，是其先亡乎？爲之歌齊，曰：表東海者，其太公乎？國未可量也！

昔周之興也，后稷生於姜嫄，而天命昭顯，文武之功，起於后稷。毛詩序曰：后稷生於姜嫄，文武之功，起於后稷。故其詩曰：「思文后稷，克配彼天。」又曰：「立我蒸民，莫匪爾極。」毛詩周頌文也。鄭玄曰：周公思先祖之有文德者，后稷之功能配天。又播殖百穀，蒸民乃粒，天下無不於汝得其中者，言反其性。又曰：「實穎實栗，即有邰胎家室。」毛詩大雅文也。毛萇曰：穎，垂穎也。鄭玄曰：栗，成熟也。后稷教世種黍稷，堯改封於邰，就其家室，無變更也。至十公劉遭狄人之亂，去邰之豳，身服厥勞。故其詩曰：「乃裹餱糧，于橐託于囊。」毛詩大雅文。毛萇曰：小曰橐，大曰囊〔一三〕。鄭玄曰：爲狄人所迫逐，不忍鬭其民，裹糧食囊之中，棄其餘而去。「陟則在巘，復降在原，以處其民。」毛詩大雅文也。毛萇曰：巘，小山，別於大山者也。鄭玄曰：由原而升巘，復下在原，言反覆之重民居。以至于太王爲戎翟所逼，而不忍百姓之命，杖策而去之。莊子曰：太王亶父居豳，狄人攻之。太王曰：與人之兄居而殺其弟，與人之父居而殺其子，吾不忍也。子皆免居矣。因杖策而去。故其詩曰：「來朝走馬，帥西水滸，至于岐下。」毛詩大雅文。鄭玄曰：來朝走馬，言其避惡早且疾也。循西水涯，漆、沮側也。謂亶父避狄循漆、沮之水而至岐下。周民從而思之，曰：「仁人不可失也」，故從之如歸市。毛萇詩傳曰：古公處豳，狄人侵之，乃屬其耆老而告之曰：吾聞之，君子不以其養人而害人，二三子何患無君。去之，踰梁山，邑於岐山之下。豳人曰：仁人之君不可失也。從之如歸市。居之一年成邑，二年成都，三年五倍其初。新序曰：太王亶父止於岐下，百姓扶老攜幼隨而歸之，一年成邑，二年成都，三年五倍其初。每勞來而安集之。毛詩序曰：萬民離散，不安其居，而能勞來安集之。故其詩曰：「乃慰乃止，乃左乃右，乃疆乃理，乃宣乃畝。」毛詩大雅文也。毛萇曰：慰，安也。人心定，乃安隱其居，乃左右而處之，乃疆理其經界，乃時耕其田畝者。鄭玄曰：時耕曰宣。以至于王季，能貊其德音。毛詩曰：維此王季，帝度其心，貊其德音。毛萇曰：心能制義曰度。貊，靜也。鄭玄曰：德政應和曰貊。故其詩曰：「克明克類，克長克君，載錫之光〔一四〕。」毛詩大雅文也。左傳曰：勤施無私曰類，教誨不倦曰長，慶賞刑威曰君。毛萇曰：光，大也。鄭玄曰：載，始也。始使之顯著也。至于文王，備修舊德，而惟新其命。毛詩曰：周雖舊邦，其命惟新。鄭玄曰：太王國於周，至文王而受命。言新者，美之也。故其詩曰：「惟此文王，小心翼翼，昭事上帝，聿懷多福。」毛詩大雅文也。鄭玄曰：小心翼翼，恭順之貌也。昭，明也。聿，述也。懷，思也。謂能明事上天，又能述思多福。由此觀之，周家世積忠厚，仁及草木，内睦九族，外尊事黄耇，養老乞言，以成其福禄者也。毛詩行葦序文。而其妃后躬行四教，禮記曰：古婦人教以婦德、婦言、婦容、婦功。鄭玄毛詩箋曰：法度莫大於四教。尊敬師傅，服澣濯之衣，脩煩辱之事，化天下以婦道。毛詩葛覃序也。詩曰：葛之覃兮。毛萇曰：葛所以爲絺綌，女功之事煩辱者也。故其詩曰：「刑于寡妻，至于兄弟，以御于家邦。」毛詩大雅文也。毛萇曰：刑，法也。鄭玄曰：御，治也。文王以禮法接其妻，至于宗族，又能爲正治於家邦。是以漢濱之女，守絜白之志；中林之士，有純一之德。毛詩曰：漢有游女，不可求思。鄭玄曰：女雖出游漢水之上，人無欲求犯禮者，亦由貞絜使之然也。毛詩曰：肅肅兔罝，施于中林，赳赳武夫，公侯腹心。鄭玄曰：亦言賢。故曰：「文武自天保以上治内，采薇以下治外，始於憂勤，終於逸樂。」毛詩六月序也。鄭玄曰：内，謂諸夏也。外，謂夷狄也。於是天下三分有二，猶以服事殷，諸侯不期而會者八百，猶曰天命未至。論語，孔子曰：三分天下有其二，以服事殷，周之德，其可謂至德已矣。周書曰：武王將渡河，不期同時一朝會於武王郊祀下者八百諸侯。史記曰：武王至於孟津，諸侯皆曰：帝紂可伐。武王曰：天命未至也。以三聖之智，伐獨夫之紂，猶正其名教曰「逆取順守，保大定功，安民和衆」。琴操曰：崇侯譖文王於紂曰：西伯昌，聖人也。長子發，中子旦，皆聖。三聖合謀，將不利於君。尚書，武王曰：獨夫受洪惟作威。孔安國尚書傳曰：湯順天應人，逆取順守。左氏傳，楚子曰：夫武禁暴戢兵，保大定功，安民和衆豐財。猶著大武之容曰「未盡善也」。論語，孔子曰：謂武盡美矣，未盡善也。及周公遭變，陳后稷先公風化之所由，致王業之艱難者，則皆農夫女工衣食之事也。毛詩七月序也。故自后稷之始基靜民，十五王而文始平之，十六王而武始居之，十八王而康克安之，國語曰：靈王十二年〔一五〕，穀洛鬬，王欲壅之，太子晉諫曰：后稷始基靜民，十五王而文始平之，十八王而康克安之，其難也如是。韋昭曰：基，始也。靜，安也。自后稷播百穀，以始安民，凡十五王，世脩其德，至文王乃平民受命也。十五王，謂后稷、不窋、鞠陶、公劉、慶節、皇僕、差弗、毀俞、公非、高圉、亞圉、公組、太王、王季、文王也。十八者，加武王、成王、康王，并上十五。故其積基樹本，經緯禮俗，節理人情，恤隱民事，如此之纏緜也。潘元茂九錫文曰：經緯禮律。王肅家語注曰：經緯，猶織以成之也。國語，祭公謀父曰：勤恤民隱。爰及上代，雖文質異時，功業不同，文質，已見上文。及其安民立政者，其揆一也。安民，已見上文。尚書有立政篇。孟子曰：先聖後聖，其揆一也。

今晉之興也，功烈於百王，事捷於三代，蓋有爲以爲之矣。禮記，孔子曰：昔者魯公伯禽有爲爲之。宣景遭多難之時，務伐英雄，誅庶桀以便事〔一六〕，左氏傳，司馬侯曰：或乃多難。尸子曰：便事以立官也，以固其國〔一七〕。不及脩公劉太王之仁也。受遺輔政，屢遇廢置，故齊王不明，不獲思庸於亳；魏志曰：齊王芳，字蘭卿，明帝崩，即皇帝位。大將軍司馬景王廢帝，以太后令遺芳歸藩于齊。尚書曰：太甲既立，弗明，伊尹放諸桐宮，三年，復歸于亳，思庸也。高貴沖人，不得復子明辟；魏志曰：高貴鄉公諱髦，字士彥，齊王廢，即皇帝位。魏氏春秋曰：帝自出討，文王擊戰鼓，出雲龍門。賈充自外入，帝師潰。騎督成倅弟濟以矛進，帝崩于師。尚書曰：惟予沖人弗及知。又，周公曰：朕復子明辟。二祖逼禪代之期，不暇待參分八百之會也。二祖，景、文。是其創基立本，異於先代者也。景福殿賦曰：武創元基。又加之以朝寡純德之士，鄉乏不二之老。尚書曰：昔君文武，則有不二心之臣。風俗淫僻，恥尚失所，學者以莊老爲宗，而黜六經，干寶晉紀，劉弘教曰：太康以來〔一八〕，天下共尚無爲，貴談莊、老，少有説事。談者以虛薄爲辯，而賤名儉〔一九〕，王隱晉書曰：王衍不治經史，唯以莊、老虛談惑衆。劉謙晉紀，應瞻表曰：元康以來，以儒術清儉爲羣俗。行身者以放濁爲通，而狹節信，劉謙晉紀，應瞻表曰：以宏放爲夷達〔二〇〕。王隱晉書曰：貴遊子弟，多祖述於阮籍，同禽獸爲通。又傅玄上疏曰：魏文慕通達，而天下賤守節也。進仕者以苟得爲貴，而鄙居正，鄭玄毛詩箋曰：禄仕者苟得禄而已。公羊傳曰：君子大居正。當官者以望空爲高，而笑勤恪。劉謙晉紀，應瞻表曰：元康以來，望白署空，顯以台衡之量，尋文謹案，目以蘭薰之器。是以目三公以蕭杌之稱，標上議以虛談之名，干寶晉紀云：言君上之議虛談也。蕭杌，未詳。劉頌屢言治道，傅咸每糾邪正，皆謂之俗吏。干寶晉紀曰：劉頌在朝忠正，才經政事。武帝重之，訪以治道，悉心陳奏，多所施行。又曰：尚書郭啓出赴妹葬，疢病不辭，左丞傅咸糾之，尚書弗過。王隱晉書，傅玄曰：論經禮者，謂之俗生，説法理者，名爲俗吏。其倚杖虛曠，依阿無心者，皆名重海內。若夫文王日昃不暇食，仲山甫夙夜匪懈者，尚書曰：文王自朝至于日中側，弗皇暇食。毛詩曰：肅肅王命，仲山甫將之，夙夜匪懈，以事一人。蓋共嗤點以爲灰塵，而相詬火候反病矣。鄭玄毛詩箋曰：言時人骨肉無相詬病也。説文曰：詬，恥也。由是毀譽亂於善惡之實，情慝奔於貨欲之塗，選者爲人擇官，官者爲身擇利。謝承後漢書，吕强上疏曰：苟寵所愛，私擢所幸，不復爲官擇人，反爲人擇官也。而秉鈞當軸之士，身兼官以十數。毛詩曰：秉國之鈞，四方是維。桓寬鹽鐵論曰：車丞相當軸處中，括囊不言。大極其尊，小録其要，機事之失，十恒八九。漢書解故曰〔三〕：機事所揔，號令攸發。胡廣曰：機密之事。而世族貴戚之子弟，陵邁超越，不拘資次，崇讓論曰：非勢家之子，率多因資次而進之。悠悠風塵，皆奔競之士，孔安國論語注曰：悠悠，周流之貌。風塵，以喻汙辱也。晉諸公讚曰：人人望品，求者奔競。列官千百，無讓賢之舉。孫卿子曰：天子千官，諸侯百官。史記曰：司馬季主曰：試官不讓賢。子真著崇讓而莫之省，干寶晉紀曰：時禮讓未興，賢者壅滯，少府劉寔著崇讓論。孫盛晉陽秋曰：劉寔，字子真，平原人。子雅制九班而不得用，王隱晉書曰：劉頌，字子雅，轉吏部尚書，爲九班之制，裴頠有所駮。長虞數直筆而不能糾。孫盛晉陽秋曰：司隸校尉傅咸勁直正厲，果於從政，先後彈奏百寮，王戎多不見從。其婦女莊櫛織紝女金反，皆取成於婢僕，禮記曰：婦事舅姑，如事父母，鷄初鳴，咸盥漱櫛縰笄。織紝，見下句。未嘗知女工絲枲胥里反之業，中饋酒食之事也。禮記曰：女子十年不出，執麻枲，治絲繭，織紝組紃。周易曰：在中饋，無攸遂。毛詩曰：乃生女子，無非無儀，酒食是議。先時而婚，任情而動，故皆不恥淫逸之過，不拘妬忌之惡。有逆于舅姑，有反易剛柔，有殺戮妾媵，有黷亂上下，爾雅曰：婦稱夫之父曰舅，稱夫之母曰姑。禮記曰：婦將有事，大小必請於舅姑。又曰：男子親迎，男先於女，剛柔之義也。公羊傳曰：媵者何，諸侯娶一國，則二國往媵之以姪娣。禮記曰：婚禮者，上以事宗廟，而下以繼後世也。尚書説命曰：黷于祭祀，時謂弗欽。父兄弗之罪也，天下莫之非也。又況責之聞四教於古，修貞順於今，以輔佐君子者哉！四教，已見上文。列女傳，宋鮑女宗曰：貞順，婦人之至行也。毛詩序曰：后妃又當輔佐君子，求賢審官。禮法刑政，於此大壞，如室斯構而去其鑿契，如水斯積而決其隄防，呂氏春秋曰：若積大水，而失其壅隄矣。如火斯畜而離其薪燎也。國之將亡，本必先顛，其此之謂乎！左氏傳，齊仲孫謂齊侯曰：臣聞國之將亡，本必先顛，而後枝葉從之。

故觀阮籍之行，而覺禮教崩弛之所由；干寶晉紀曰：阮籍宏逸曠遠，居喪不帥常檢。察庾純賈充之事〔二〕，而見師尹之多僻。干寶晉紀曰：賈充饗衆官，庾純後至。充曰：君行常居人前，今何以在後？純曰：有小市井事不了，是以後。世俗言純乃祖爲五伯。又曰：充之先爲市魁，故以戲答。考平吳之功，知將帥之不讓〔三〕；干寶晉紀曰：王渾愧久造江而王濬先之，乃表濬違詔，不受已節度。濬上書自陳曰：惡直醜正，實繁有徒，欲構南箕，成此貝錦。思郭欽之謀，而悟戎狄之有釁。干寶晉紀，御史大夫郭欽上書曰：戎狄强獷，歷古爲患，今西北郡皆與戎居，若百年之後，有風塵之警，胡騎自平陽、上黨不三日至盟津。及平吳之盛，出北地西河、安定，復上郡，置馮翊、平陽，帝弗聽。覽傅玄劉毅之言，而得百官之邪；干寶晉紀，傅玄上書曰：昔魏氏虚無放誕之論，盈於朝野，使天下無復清議，而亡秦之病復發於今。又上顧謂劉毅曰：朕方漢何主？對曰：桓、靈。帝曰：吾雖不及古賢，猶尅己爲治，方之桓、靈，不亦甚乎？對曰：桓、靈賣官，錢入於官，陛下賣官，錢入私門，以此言，殆不若也。核傅咸之奏，錢神之論，而覩寵賂之彰。干寶晉紀，司隸校尉傅咸上書曰：臣以貨賂流行，所宜深絶。又曰：魯褒，字元道，南陽人，作錢神論。左氏傳曰：取郜大鼎于宋，臧哀伯諫曰：官之失德，寵賂彰也。民風國勢如此，雖以中庸之才，守文之主治之，賈誼過秦篇曰：陳涉材能不及中庸。論語曰：中庸之爲德也，其至矣乎？民鮮久矣！何晏曰：庸，常也。中和，可常行之德也。公羊傳曰：繼文王之體，守文王之法度。何休曰：引文王者，文王始受命制度也。辛有必見之於祭祀，季札必得之於聲樂，左氏傳曰：初，平王之東遷也，辛有適伊川，見被髮而祭於野者，曰：不及百年，此其戎乎！其禮先亡矣。又曰：季札來聘，請觀樂，使工爲之歌陳，曰：國無主，其能久乎？范燮必爲之請死，賈誼必爲之痛哭。左氏傳曰：范燮反自鄢陵之役，使其祝宗祈死，曰：君無禮而克敵，天益其疾矣。愛我者唯祝使我速死，無及於難，范氏之福也。漢書，賈誼上疏曰：可爲痛哭者，一也。又況我惠帝以蕩蕩之德臨之哉！惠帝，已見西征賦。毛詩曰：蕩蕩上帝，下民之辟。故賈后肆虐於六宮，韓午助亂於外内，其所由來者漸矣，豈特繫一婦人之惡乎？干寶晉紀曰：賈庶人賜死。初，武帝爲太子取后，在宮不恭遜而甚妬忌，有孕者輒殺子，或以手戟擿之，子隨刃墜。又曰：韓壽妻賈午，寔始助亂。懷帝承亂之後得位（二四），羈於彊臣。干寶晉懷紀曰：太傅東海王越總兵輔政。愍帝奔播之後，徒廁其虚名。干寶晉紀曰：洛京傾覆，秦王業避難密南，趣許潁，豫州刺史閻鼎，以天下無主，有輔立之計。天下之政，既已去矣，非命世之雄，不能取之矣。孟子曰：五百年必有王者興，其間必有名世者。廣雅曰：命，名也。然懷帝初載，嘉禾生于南昌。徐廣晉紀曰：太康五年八月，嘉禾生南昌，九月，懷帝生。毛詩曰：文王初載，天作之合。載，猶生也。望氣者又云豫章有天子氣。干寶晉紀曰：初，望氣者言豫章、廣陵有天子氣。及國家多難，宗室迭興，毛詩曰：維予小子，未堪家多難。史記，太史公曰：遞興遞廢，能者用事。以愍懷之正，淮南之壯，成都之功，長沙之權，皆卒於傾覆。王隱晉書曰：愍懷太子遹，立爲皇太子。賈后無子，妬害滋甚，廢太子爲庶人，送太子于許昌宮之別坊，矯詔使小黄門孫慮害太子。趙王倫酖殺賈后，帝詔謚遹爲愍懷皇太子。又曰：武皇帝男允，字欽度，封淮南王，領中護軍。孫秀既害石崇等以懼允，允遂進圍相府，相國趙王倫閉門，允兵四勝，陷破無前。倫息度，僞云有詔助淮南王。王下車受詔，遂害允。又曰：穎字章度，封成都王，拜越屯騎校尉。趙王倫篡位，穎謀舉義兵迎天子。倫死後，廢太子覃，立穎爲皇太弟。張方廢穎歸蕃，遣田徽殺之於鄴。又曰：乂字士度，封長沙王，拜步兵校尉。齊王冏相攻，冏敗，縛至上前，乂叱左右斬之。河間王顒欲廢太子，立成都王，欲先誅乂，出征，連戰敗走，遂誅之。而懷帝以豫章王登天位，干寶晉惠紀曰：詔豫章王熾爲皇太弟，皇帝崩，太弟即位。崩，謚曰孝懷皇帝。尚書曰：天位艱哉！劉向之讖云，滅亡之後，有少如水名者得之，起事者據秦川，西南乃得其朋。案愍帝，蓋秦王之子也，得位於長安，長安，固秦地也，干寶晉懷紀曰：關中建秦王業爲皇太子，本吴孝王之子，出爲秦獻王後。皇帝崩，太子即位于長安，崩，謚曰愍皇帝。而西以南陽王爲右丞相，東以琅邪王爲左丞相。干寶晉紀，愍帝詔琅邪王叡曰：今以王爲侍中左丞相，督陝東諸軍事，右丞相南陽王督陝右諸軍事。臧榮緒晉書曰：南陽王保，字景度，太尉模世子，或以南陽王爲秦王，非也。上諱業，故改鄴爲臨漳。漳，水名也。由此推之，亦有徵祥，而皇極不建，禍辱及身。皇極，已見上文。豈上帝臨我而貳其心，毛詩曰：上帝臨汝，無貳爾心。將由人能弘道，非道弘人者乎？淳耀之烈未渝，故大命重集于中宗元皇帝。晉中興曰〔二五〕：中宗元皇帝，諱睿，字景文，嗣爲琅邪王。愍帝崩于平陽，陟皇帝位。國語，史伯曰：黎爲高辛氏火正，以淳耀敦大，光照四海。夫成天地之大功者，其子孫未嘗不章。韋昭曰：淳，大也。耀，明也。

文選考異

〔一〕爾乃取鄧艾於農隙　案：晉書懷愍帝紀所載「隙」作「瑣」。蓋各本以傳寫譌爲「隙」，與典引「微何瑣」相類。

〔二〕外襄王陵　陳云「陵」，「淩」誤，注並同，是也。各本皆誤。晉書所載作「淩」。

〔三〕世宗承基太祖繼業　袁本、茶陵本此二句在「大象始構矣」下。袁有校語云善在「軍旅屢動」上。茶陵失著校語，詳注中次序，所見與袁、尤無異。何校乙轉，陳同。案：依文義是也。各本所見，蓋并注誤倒一節。晉書所載正在下。

〔四〕注「世宗景皇」　案：「皇」下當有「帝」字。各本皆脫。

〔五〕注「太祖文皇帝母弟也」　案：「母」上當有「景皇帝」三字。各本皆脫。

〔六〕天符人事　袁本、茶陵本云「符」，善作「府」。案：此尤延之校改正之也。晉書所載作「符」。

〔七〕遂排羣議　袁本、茶陵本云「排」善作「非」。案：此尤延之校改正之也。晉書不載此句。

〔八〕注「吴王荒淫」　案：「王」當作「主」。各本皆譌。

〔九〕注「賈充荀勖等陳諫」　袁本、茶陵本「陳」作「畢」，是也。

〔一〇〕注「居曠塈不相能」　陳云「塈」，「林」誤，是也。各本皆誤。案：「居」下本有「于」字，「能」下本有「也」字，蓋不備引也。

〔一一〕注「惠帝永寧二年」　袁本、茶陵本「寧」作「康」。案：二本是也。考晉書惠帝紀，永康以元年正月朔改元，其次年正月趙王倫簒，其四月乘輿反正，於是改元乃始爲永寧。然則事在未改永寧以前，正永康二年之正月。故臧榮緒書據當日所稱，校者誤改之耳。

〔一二〕注「鶡冠子」　案：「子」下當有「曰」字。各本皆脱。

〔一三〕注「小曰橐大曰囊」　袁本、茶陵本無「曰」字、「大」字。案：此尤校改正之也。

〔一四〕載錫之光　袁本此下校語云善有「也」字。又「以御于家邦」下校語同。茶陵本皆無校語。案：袁所見非也。

〔一五〕注「靈王十二年」　袁本、茶陵本「十二」作「二十」。案：各本皆非也，當作「二十二」。韋昭有注可證也。

〔一六〕誅庶桀以便事　何云晉書「桀」作「孽」。陳云作「孽」爲是。案：善注未有明文。五臣作

「桀」，濟注「桀，傲也」。今無以考之。

〔一七〕注「以固其國」　何校此四字改在上文「或乃多難」之下，陳同，是也。各本皆誤。

〔一八〕注「太康以來」　何校「太」改「元」，是也。各本皆誤。

〔一九〕而賤名儉　袁本、茶陵本「儉」作「檢」，云善作「儉」。何云晉書「儉」作「檢」。案：「檢」字是也。各本所見「儉」字，傳寫誤耳。注「應贍表」，「儉」字亦「檢」之譌。其表以「清檢」對「容放」言之，義無取於「儉」，而今晉書應傳作「儉」字，恐非也。又善引劉謙紀，自不必與彼同。

〔二〇〕注「以宏放爲夷達」　袁本、茶陵本「宏」作「容」。案：「容」字是也。今晉書應傳作「宏」，尤依之改。但善自不必與彼同。

〔二一〕注「漢書解故曰」　案：「書」當作「官」，各本皆誤。

〔二二〕察庾純賈充之事　何校「事」改「争」。茶陵本云五臣作「争」。袁本云善作「事」。案：晉書所載作「争」。

〔二三〕知將帥之不讓　何校「知」上添「而」字。袁本、茶陵本云善無「而」字。案：晉書所載有「而」字。

〔二四〕懷帝承亂之後得位　茶陵本云五臣無「之後」。袁本云善有「之後」。今案：有者傳寫衍也。晉書所載無。

〔二五〕注「晉中興曰」　陳云「興」下脱「書」字，是也。各本皆脱。

後漢書皇后紀論

范蔚宗

夏殷以上，后妃之制，其文略矣。周禮，王者立后，三夫人，九嬪，二十七世婦，八十一女御，以備内職焉。后正位宮闈，同體天王。夫人坐論婦禮，九嬪掌教四德，世婦主知喪、祭、賓客，女御序于王之燕寢。頒官分務，各有典司。禮記曰：舜葬於蒼梧之野，蓋三妃未之從也。鄭玄曰：帝嚳立四妃，以〔一〕象后妃四星，其一明者爲正妃，餘三小者次妃也。帝堯因焉。至舜，不告而娶，不立正妃，但立三妃而已。夏后氏增以三三而九。合十二人。春秋説云：天子娶十二，即夏制也。以虞、夏及周制差之，則殷人又增以三九二十七，合三十九人。周人上法帝嚳，立正九妃，又三九二十七〔二〕，爲八十一以增之，合百二十一人。其位，后也，夫人也，婦也，嬪也〔三〕，女御也，五者相參，以定尊卑。周禮曰：九嬪掌婦學之法，教九御婦德、婦言、婦容、婦功，各帥其屬，而以時御，敍于王所。世婦掌祭祀、賓客、喪紀之事。女御，書敍于王之燕寢〔四〕，以歲時獻功事。女史，掌王后之禮，職掌内治之貳，以詔后治内政也。女史彤管，記功書過。毛詩曰：静女其孌，貽我彤管。毛萇曰：古者，后夫人必有女史彤管之法。女史不記其過，其罪殺之。居有保阿之訓，動有環珮之響。列女傳曰：齊孝孟姬者，華氏之長女，齊孝公之夫人也。孝公遊於琅邪，華姬從。後車奔，姬墮車碎，孝公使駟馬載姬以歸。姬曰：妾聞妃后踰閾，必乘安車輜軿，下堂必從傅母保阿，進退則鳴玉珮環。今立車無軿，非敢受命也。曹大家曰：玉環珮，珮玉有環。進賢才以輔佐君子，哀窈窕而不淫其色。毛詩序曰：關雎，樂得淑女以配君子，憂在進賢，不淫其色，哀窈窕，思賢才。所以能述宣陰化，脩成內則，魏文帝典論曰：欲納二女，充備六宮，佐宣陰教，聿脩古義。又禮記有內則篇。閨房肅雍，險謁不行者也。毛詩序曰：王姬猶執婦道，以成肅雍之德。又曰：后妃內有進賢之志，而無險詖私謁之心。故康王晚朝，關雎作諷；宣后晏起，姜氏請愆。列女傳曰：曲沃負謂其子如耳曰：周之康王晏出朝，關雎預見。虞貞節曰：其夫人晏出，故作關雎之歌以感誨之。列女傳曰：姜后者，齊侯之女，宣王之后也。宣王嘗夜卧而晏起，后夫人不出於房。姜后既出，乃脱簪珥，待罪於永巷，曰：妾不才，妾之淫心見矣，至使君王失禮而晏朝。及周室東遷，禮序凋缺。諸侯僭縱，軌制無章。史記曰：平王東徙雒邑，周室微，諸侯以强并弱。齊桓有如夫人者六人，左氏傳曰：齊侯之夫人三，王姬、徐嬴、蔡姬皆無子。齊侯好內多寵〔五〕，內嬖如夫人者六人：長衛姬，生武孟；少衛姬，生惠公；鄭姬生孝公；葛嬴生昭公；密姬生懿公；宋華子生公子雍。公與管仲屬孝公於宋襄公，以爲太子。雍巫有寵於衛恭姬，因寺人貂以薦羞於公，亦有寵也，公許之立武孟。管仲卒，五公子皆求立。齊桓公卒，易牙入，與貂因寵〔六〕以殺羣吏，而立公子無虧，孝公奔宋。晉獻升戎女爲元妃，左氏傳曰：初，晉侯欲以驪姬爲夫人，卜之不吉，筮之吉。公曰：從筮。立之，生奚齊。其娣生卓子。及將立奚齊，既與中大夫成謀，姬謂太子曰：君夢齊姜，必速祭之。太子祭於曲沃，歸胙于公。公田，姬寘諸宮六日，公至，毒而獻之。公祭之地，地墳；與犬，犬斃；與小臣，小臣亦斃。姬泣曰：賊由太子。太子奔新城，自縊而死。終於五子作亂，冢嗣遘屯。五子，齊武孟等。冢嗣，晉太子也。爰逮戰國，風憲愈薄，適情任欲，顛倒衣裳，毛詩曰：緑兮衣兮，緑衣黃裳。鄭玄曰：今衣黑而黃裳，諭亂嫡妾之禮也。以至破國亡身，不可勝數。斯固輕禮弛防，先色後德者也。

秦并天下，多自驕大，宫備七國，爵列八品。當秦之時，凡有七國，秦并其六國。故内職皆備置之，而爵列八品焉。漢書曰：漢興，因秦之稱號，正嫡稱皇后，妾皆稱夫人，又有美人、良人、八子〔七〕、長使、少使之號焉。漢興，因循其號，而婦制莫釐。孔安國尚書傳曰：釐，理也，力之切。高祖帷薄不修，孝文衽席無辨。漢書曰：高祖得戚姬，愛幸，常從。吕后年長，常留守，希見。大戴禮曰：古者大臣坐污穢淫亂、男女亡别者，不曰污穢，曰帷薄不修。漢書，孝文竇皇后，景帝母也。上幸上林，皇后、慎夫人從。其在禁中，常同坐。桓子新論曰：文帝慎夫人與皇后同席，以亂尊卑。鄭玄周禮注曰：衽席，單席。然而選納尚簡，飾玩華少〔八〕。自武元之後，世增淫費，至乃掖庭三千，增級十四。班固漢書贊曰：漢興，因秦之稱號，至武帝制婕妤，元帝加昭儀之號，凡十四等。妖倖毁政之符，外姻亂邦之迹，前史載之詳矣。

及光武中興，斲雕爲朴，漢書，班固曰：漢興，破觚爲圜，斲雕爲朴。六宫稱號，惟皇后貴人，金印紫綬〔九〕，俸不過粟數十斛。又置美人宫人采女三等，並無爵秩，歲時賞賜充給而已。漢法常因八月筭民，遣中大夫與掖庭丞及相工，於洛陽鄉中閲視良家童女，年十三以上，二十以下，姿色端麗，合法相者，載還後宫，擇視可否，乃用登御。所以明慎聘納，詳求淑哲。應劭風俗通曰：采女。案：采者，擇也。以歲八月，雒陽民〔一〇〕，遣中大夫與掖庭丞、相工閱視童女，年十三以上，二十以下，長壯妖絜〔一一〕有法相者，載入後宮。明帝聿遵先旨，宮教頗修，登建嬪后，必先令德，内無出閫之言，權無私溺之授，可謂矯其弊矣。禮記曰：外言不入於閫，内言不出於閫。向使因設外戚之禁，編著甲令，如淳漢書注曰：甲令者，前帝第一令。改正后妃之制，貽厥方來，豈不休哉！毛詩曰：詒厥孫謀。雖御己有度，而防閑未篤，毛詩序曰：魯桓公不能防閑文姜。故孝章以下，漸用色授，范曄後漢書曰：肅宗孝章皇帝諱炟，顯宗第五子也。炟，丁達反。恩隆好合，遂忘淄蠹。

自古雖主幼時艱，王家多釁，委成冢宰，簡求忠貞，未有專任婦人，斷割重器。重器，神器也。唯秦芈太后始攝政事，故穰侯權重於昭王，家富於嬴國。史記曰：秦武王取魏女爲后，無子，立異母弟爲昭襄王。襄王母楚人，姓芈氏，號宣太后。又曰：穰侯之富，富於王家。魏人范雎説秦昭王，言穰侯擅權於諸侯。漢仍其謬，知患莫改。東京皇統屢絶，權歸女主，外立者四帝，臨朝者六后，范曄後漢書曰：孝安皇帝諱祜，父清河孝王慶。殤帝崩，鄧太后與兄騭定策禁中，立之。又曰：安帝崩，閻太后與兄顯立濟北惠王子北鄉侯懿。又曰：桓帝諱志，父蠡吾侯。質帝崩，梁太后與兄冀立之。又曰：靈帝諱宏，父萇解瀆亭侯。桓帝崩，竇太后與父武立之。又曰：章德竇皇后，和帝即位，太后臨朝。和熹鄧皇后立殤帝，太后臨朝。安思閻皇后立少帝，太后臨朝。順烈梁皇后立沖帝，太后臨朝。桓思竇皇后立靈帝，太后臨朝。曹節等遷太后於南宮雲臺，家屬徙北景〔一二〕。又曰：靈思何皇后，帝崩，皇子辯即位，太后臨朝，董卓遷於永安宮。莫不定策帷帟，委事父兄，貪孩童以久其政，抑明賢以專其威，任重道悠，利深禍速，身犯霧露於雲臺之上，家纓縲紲於圄犴岸之下。范曄後漢書，謝弼上封事曰：竇太后幽隔空宮，如有霧露之疾，陛下何面目以見天下。論語，子曰：公冶長可妻也，雖在縲紲之中，非其罪也。毛詩曰：宜犴宜獄。湮滅連踵，傾輈繼路。運命論曰：前鑒不遠，覆車繼軌。王隱晉書曰：劉胤商貨繼路。而赴蹈不息，燋爛爲期，嵇康與山巨源書曰：禽鹿長而見羈，則赴蹈湯火。袁崧後漢書，朱穆上疏曰：養魚沸鼎之中，棲鳥烈火之上，用之不時，必見燋爛也。終於陵夷大運，淪亡神寶。漢書，張釋之曰：秦陵夷至于二世，天下土崩。史記作陵遲。漢書，哀帝詔曰：尚書曰：考終命，言大運一終也。詩書所歎，略同一揆。毛詩口：赫赫宗周，褒姒威之。毛萇曰：威，滅也。尚書曰：古人有言，牝雞之晨，惟家之索。故考列行迹，以爲皇后本紀。雖成敗事異，而同居正號者，並列于篇。其以恩私追尊，非當世所奉者，則隨他事附出。親屬別事，各依列傳。其餘無所見，則係之此紀，以纘西京外戚云爾。私恩，謂桓、順外立即位，以私恩尊其母后。似此者，則隨他事附出，不同此篇。

文選考異

〔一〕注「帝嚳立四妃以」 袁本、茶陵本「以」作「矣」。案：二本是也。「矣」，句絶。

〔二〕注「立正九妃又三九二十七」 案：「正」下、「三」下兩「九」字俱不當有。各本皆衍。讀以

「立正妃」爲一句，又「三二十七」爲一句也。

〔三〕注「婦也嬪也」　案：當作「嬪也，世婦也」。各本皆誤。

〔四〕注「女御書敍於王之燕寢」　案：「書」當作「掌御」二字。各本皆誤。

〔五〕注「齊侯好内多寵」　案：「多」下當有「内」字。各本皆脱。

〔六〕注「與貂因寵」　何校「因」下添「内」字，陳同。各本皆脱。

〔七〕注「又有美人良人八子」　案：「子」下當有「七子」二字。各本皆脱。此外戚傳文可證，章懷注所引亦可證。

〔八〕飾玩華少　何云「華少」後漢書作「少華」。袁本云善作「華少」。茶陵本云五臣作「少華」。案：各本所見蓋皆傳寫倒。

〔九〕唯皇后貴人金印紫綬　何云後漢書複出「貴人」二字。陳云複出爲是。案：所校是也。各本蓋皆脱。皇后自同乘輿耳。又考輿服志「天子貴人赤綬同諸侯王」，與此不合。或光武時紫綬，以後乃赤綬也。

〔一〇〕注「以歲八月雒陽民」　陳云「月」下脱「筭」字，是也。各本皆脱。

〔一一〕注「長壯妖絜」　案：「妖」當作「姣」。各本皆譌。

〔一二〕注「家屬徙北景」　案：「北」當作「比」，各本皆譌。范書皇后紀、續漢書郡國志、前書地理志俱可證。

文選卷第五十

史論下　史述贊

史論下

後漢書二十八將傳論

范蔚宗

論曰：中興二十八將，前世以爲上應二十八宿，未之詳也。中興，謂漢有王莽簒位，後光武復興，爲中興也。天有二十八宿，將以輔君洽化者也。然咸能感會風雲，奮其智勇，周易曰：雲從龍，風從虎。史記，太史公曰：相如其處智勇，可謂兼之。稱爲佐命，亦各志能之士也。李陵書曰：其餘佐命立功之士。

議者多非光武不以功臣任職，至使英姿茂績，委而勿用。謝承後漢書序曰：申徒蟠英姿磊落。潘岳楊肇誄曰：茂績惟嘉。然原夫深圖遠筭，固將有以爲爾〔一〕。若乃王道既衰，降及霸德，猶能授受惟庸，勳賢兼序〔二〕，如管隰之迭升桓世，先趙之同列文朝，可謂兼通矣。左氏傳，寺人披曰：齊桓公置射鉤而使管仲相。又曰：齊桓，衞姬之子，有寵於僖公，有鮑叔牙、隰朋以爲輔佐。又曰：晉蒐于被廬，命趙衰爲卿，讓於先軫。杜預曰：先軫，晉下軍之佐原軫也。降自秦漢，世資戰力，至於翼扶王室，皆武人屈起。亦有鬻繒盜狗輕猾之徒，漢書曰：灌嬰，睢陽販繒者也。高祖爲沛公，以中涓從，後剖符食潁陰，至丞相。又曰：樊噲，沛人也，以屠狗爲事。高祖爲沛公，以舍人從，後封舞陽侯。或崇以連城之賞，或任以阿衡之地，班固漢書贊曰：藩國大者，跨州兼郡，連城數十。毛詩曰：實惟阿衡，左右商王。毛萇曰：阿衡，伊尹也。故勢疑則隙生，力侔則亂起。蕭樊且猶縲紲，信越終見葅戮，不其然乎！李陵書曰：昔蕭樊囚執，韓彭葅醢。自兹以降，訖于孝武，宰輔五世，莫非公侯。遂使縉紳道塞，賢能蔽壅，司馬相如封禪書曰：因雜縉紳先生之略術。臣瓚曰：縉，赤色〔三〕；紳，大帶也。朝有世及之私，下多抱關之怨。禮記曰：大人世及以爲禮。漢書曰：蕭望之，署小苑東門候，王仲翁謂望之曰：不肯録録，反抱關爲？其懷道無聞，委身草莽者，亦何可勝言。論語，陽貨謂孔子曰：懷其寶而迷其邦。淮南子曰：今至人生於亂世，含德懷道而死者衆，天下莫知，貴其不言也。故光武鑒前事之違，存矯枉之志，班固漢書贊曰：漢興，懲强秦之敗，大啓九國，可謂矯枉過其正也。雖寇鄧之高勳，耿賈之鴻烈，分土不過大縣數四，所加特進朝請而已。范曄後漢書曰：寇恂，字子翼，封雍奴侯。邑萬户，爲執金吾。鄧禹，字仲華，爲大司徒，封高密侯，食邑四縣。耿弇，字伯昭，封好時侯，食二縣，以列侯奉朝請。賈復，字君文，封膠東侯，食六縣，以列侯加位特進。蔡邕獨斷曰：諸侯功德優盛，朝廷所異者，賜位特進，位在三公下。孟康漢書注曰：律，春曰朝，秋曰請。觀其治平臨政，課職責咎，將所謂導之以法，齊之以刑者乎！論語，子曰：導之以政，齊之以刑，民免而無恥。

若格之功臣，其傷已甚。何者？直繩則虧喪恩舊，撓情則違廢禁典，范曄後漢書，第五倫上疏曰：臣愚以爲貴戚可封侯以富之，不當職事以任之。何者？繩以法則傷恩，私以親則違憲。選德則功不必厚，舉勞則人或未賢，參任則羣心難塞，並列則其弊未遠。言選德棄功，參差雜用，即怨望必多，故云難塞。若論功棄德，並列於朝，即葅戮相仍，故云未遠。不得不校其勝否，即事相權〔四〕。言尊功而不尊德，此功權於德；任德而不任功，此德權於功。漢書曰：量資弊，權輕重，於是有母權子而行，有子權母而行。韋昭曰：重爲母，輕爲子。衡，平也〔五〕。故高秩厚禮，允答元功，峻文深憲，責成吏職。漢書曰：翟方進爲相，峻文深詆，中傷者尤多。建武之世，建武，光武年號。侯者百數，若夫數公者，則與參國議，分均休咎，其餘並優以寬科，完其封禄，莫不終以功名，延慶于後。范曄後漢書，郎顗上疏曰：攘災延慶，號令天下。昔留侯以爲高祖悉用蕭曹故人，郭伋亦議南陽多顯，鄭興又戒功臣專任。漢書曰：上望見諸將往往數人偶語，上曰：此何語？張良曰：此謀反耳。陛下起布衣，與此屬取天下，已爲天子，而所封皆蕭、曹故人，所誅者皆平生仇怨，故相聚謀反耳。范曄後漢書曰：光武以郭伋爲并州牧，過京師謝恩，帝即引見。伋因言：選補衆職，當簡天下賢俊，不宜專用南陽人。帝納之。又曰：鄭興，字少贛，河南人。徵爲太中大夫，上疏曰：道路流言，咸曰朝廷欲用功臣，功臣用，則人位謬矣。夫崇恩偏授，易啓私溺之失，至公均被，必廣招賢之路，意者不其然乎！班固漢書引曰：崇恩德以撫海内。仲長子昌言曰：人主臨之以至公。

永平中，顯宗追感前世功臣，顯宗，明帝。乃圖畫二十八將於南宫雲臺，其外又有王常、李通、竇融、卓茂，范曄後漢書曰：王常，字顔卿，潁川人，封山桑侯，拜爲横野大將軍，位次與諸將絶席。又曰：李通，字次元，南陽人，封固始侯，拜大司空。又曰：竇融，字周公，扶風人，封安豐侯，爲衛尉。又曰：卓茂，字子康，南陽人，爲密令。世祖即位，以茂爲太傅。合三十二人。故依本第，係之篇末，以志功次云爾。

文選考異

〔一〕固將有以爲爾　茶陵本「爲」作「焉」。袁本作「爲」，與此同。案：今范書作「焉」，何校改「焉」。

〔二〕勳賢兼序　茶陵本「兼」作「皆」。袁本作「兼」，與此同。案：今范書作「皆」，疑善「皆」、五臣「兼」，二本失著校語，而此以五臣亂善也。下文可謂兼通矣。善同范書有「兼」，五臣無

「兼」，殆改此爲「兼」，而删之以相避歟？

〔三〕注「緇赤色」　案：「赤」下當有「白」字。各本及章懷注皆脱。酒德頌注引有者是也。

〔四〕即事相權　茶陵本「即」下有「以」字，袁本無。案：今范書有，二本不著校語，無以考之。

〔五〕注「衡平也」　案：「衡」上當有「權」字。各本皆脱。此韋漢志注以解「權輕重」之「權」，言衡平者，謂衡用權而平也。其注周語云「權，稱也」，義亦同。又韋齊語注云「權，平也」，或此「衡」爲「權」字之誤。

宦者傳論

宦者，養也，養閹人使其看宫人。此是小臣，後漢用之尊重，故集爲傳論。

范蔚宗

易曰：「天垂象，聖人則之。」宦者四星，在皇位之側，仲長子昌言曰：天文，宦者四星，在帝座傍，而周禮有其官職。故周禮置官，亦備其數。閽者守中門之禁，周禮曰：閽人掌守王宫中之門禁〔一〕。鄭玄曰：中門，於外内爲中。寺侍人掌女宫之戒。周禮曰：寺人掌王之内人及女宫之戒令。又云：「王之正内者五人〔二〕。」周禮曰：寺人，王之正内五人。鄭玄曰：正内，路寢也。月令：「仲冬，閹尹審門閭，謹房室。」禮記文也。鄭玄曰：閹尹，主領閹竪之官也。於周則爲内宰，掌治王之内政、宫令，誡出入及關閉之屬也。重閉外内門。詩之小雅，亦有巷伯刺讒之篇。毛詩小雅曰：巷伯，刺幽王也。寺人傷於讒，而作是詩也。毛萇曰：巷伯，内小臣也。然宦人之在王朝者，其來舊矣。將以其體非全氣，情志專良，通關中人，易以役養乎？老子曰：未知牝牡之合而全作。王弼曰：作，長也。無物以損其身，故全長也。漢書曰：元帝以石顯久典事，中人無外黨，精專可信任，遂委以政。應劭漢官儀曰：掖庭，後宮所處。中宮，謂諸中人。然而後世因之，才任稍廣。其能者，則勃貂管蘇有功於楚晉，左氏傳曰：吕郤畏偪，焚公宮而殺晉侯。寺人披請見，公見之，以難告。又曰：晉侯問原守於寺人勃鞮，對曰：昔趙衰以壺飱從徑，餒而弗食，故使處原。杜預曰：勃鞮，披也。史記以勃鞮爲履貂上〔三〕。新序曰：楚恭王有疾，告諸大夫曰：管蘇犯我以義，違我以禮，與處不安，不見不思，然而有德焉，吾死之後，爵之於朝。申侯順吾所欲，行吾所樂，與處則安，不見則思，然未嘗有得焉，必速遣之。景監繆賢著庸於秦趙。史記曰：商鞅入秦，因孝公寵臣景監以求見。又曰：藺相如爲趙宦者令繆賢舍人，趙求人使報秦者，未得，宦者令繆賢曰：臣舍人藺相如可使。及其弊也，豎刁亂齊，伊戾禍宋。左氏傳曰：齊桓公卒，易牙入，與寺人貂因内寵以殺羣吏，而立公子無虧，孝公奔宋。杜預曰：寺人，内閹官豎刁也〔四〕。史記曰：豎貂爲豎刁〔五〕，並音凋。左氏傳曰：楚客聘於晉，過宋，太子知之，請野享之，公使往。伊戾請從。至則爲坎用牲，加書徵之，而騁告平公曰：太子將爲亂，既與楚客盟矣。公使視之，則信有焉。太子死，公徐聞其罪〔六〕，乃烹伊戾。

漢興，仍襲秦制，置中常侍官。然亦引用士人，以參其選，皆銀璫左貂，給事殿省。范曄後漢書，朱穆曰：案漢故事，中常侍或用士人。建武以後，乃悉用宦者，假貂璫之飾，任常伯之職。及高后稱制，乃以張卿爲大謁者，出入臥内，受宣詔令。漢書高后紀曰：太后臨朝稱制。蔡邕曰：天子命令之别，一曰制書，然制非皇后所行，故曰稱也。漢書劉澤傳，田生求事吕氏所幸大謁者張釋卿。如淳曰：奄人也。吕后紀云張釋，劉澤傳又曰張卿。然則張釋字子卿。今漢書或爲釋卿，誤也。仲長子昌言曰：宦豎傅近房卧之内，交錯婦人之間。文帝時，有趙談、北宫伯子，頗見親幸。漢書曰：孝文時宦者，則趙談、北宫伯子。至於孝武，亦愛李延年。漢書曰：孝武時，宦者李延年。帝數宴後庭，或潛遊離館，故請奏機事，多以宦人主之。漢書曰：蕭望之以武帝遊燕後庭，故用宦者，非國舊制。仲長子昌言曰：至於武皇遊燕後庭，置中書之官，領受軍事。漢官解故曰：機事所總，號令攸發。胡廣曰：機密之事。元帝之世，史游爲黄門令，勤心納忠，有所補益。漢書曰：急就一篇，元帝黄門令史游作。董巴輿服志曰：禁門曰黄闥，中人主之。其後弘恭、石顯以佞險自進，卒有蕭周之禍，損穢帝德焉。漢書曰：前將軍蕭望之及光禄大夫周堪建議，以爲宜罷中書宦官，應古不近刑人，由是大與石顯忤，後皆害焉。望之自殺，堪廢錮，不得復進用。

中興之初，宦官悉用閹人，不復雜調他士。如淳漢書注曰：調，選也。至永平中，始置員數，中常侍四人，小黄門十人。和帝即祚幼弱，而竇憲兄弟專總權威，范曄後漢書曰：孝和皇帝諱肇，肅宗子也，年十歲。竇太后詔曰：竇憲，朕之元兄，當以舊典輔斯職焉。内外臣僚，莫由親接，所與居者，惟閹官而已〔七〕。故鄭衆得專謀禁中，終除大憝徒對反，史記曰：景帝居禁中。如淳漢書注曰：省中，本爲禁中。蔡邕曰：禁中者，門户有禁，非侍御不得入，故曰禁中。尚書曰：元惡大憝。遂享分土之封，超登宫卿之位。於是中官始盛焉。范曄後漢書曰：鄭衆，字季産，南陽人。和帝初，竇憲圖作不軌，衆遂首謀誅之，以功遷大長秋。封鄛鄉侯。

自明帝以後，迄乎延平，范曄後漢書曰：安帝年號延平〔八〕。委用漸大，而其資稍增，中常侍至有十人，小黄門亦二十人〔九〕，改以金璫右貂，兼領卿署之職。鄧后以女主臨政，而萬機殷遠，和熹鄧后，已見皇后紀論。朝臣圖議〔一〇〕，無由參斷帷幄，稱制下令，不出房闈之間，不得不委用刑人，寄之國命。范曄後漢書，朱穆曰：自和熹太后以女主稱制，不接公卿，乃以閹人爲常侍、小黄門通命兩宫。手握王爵，口含天憲，范曄後漢書，諫議大夫劉陶上疏訟朱穆曰：今權宦傾擅朝室，手握王爵，口含天憲，非所以崇尊顯之高業，守和平之隆祚。非復掖庭永巷之職，閨牖房闈之任也。漢書曰：掖庭八丞。又曰：永巷官皆取其領事之號，或曰永巷，則曰永巷僕射。其後孫程定立順之功，曹騰參建桓之策，范曄後漢書曰：孫程，字稚卿，涿郡人。安帝時爲中黄門。時江京等廢皇太子爲濟陰王，明年帝崩，立北鄉侯爲天子。十月，北鄉侯疾篤。程謂濟陰王謁者長興渠曰：王以嫡統，遂至廢黜。若北鄉不起，共斬江京，事乃可成。渠然之。北鄉薨，程與十八人謀於西鍾下，皆截衣爲誓，斬江京，迎濟陰王立之，是爲順帝，封程浮陽侯。又曰：順帝諱保，安帝之子。又曰：曹騰遷中常侍，桓帝立，騰以定策封費亭侯、大長秋。續以五侯合謀，梁冀受鉞，范曄後漢書曰：單超，河南人；徐璜，下邳人；具瑗，魏郡人；左悺，河南人；唐衡，潁川人。桓帝呼超、悺入室，謂曰：梁將軍兄弟專國，今欲誅之，於常侍意如何？超等對曰：誠國姦賊，當誅日久。五人遂定其議。帝囓超臂出血爲盟，於是詔收冀，悉誅之。超封新豐侯；璜，武原侯；瑗，東武侯；悺，上蔡侯；衡，汝陽侯。五人同日封，故俗謂之五侯。迹因公正，恩固主心，故中外服從，上下屏氣。屏氣，言恐懼也。論語曰：屏氣似不息者。范曄後漢書曰：陽球既誅王甫，權門聞之，莫不屏氣。或稱伊霍之勳，無謝於往載；或謂良平之畫，復興於當今。伊尹、霍光；張良、陳平。雖時有忠公，而競見排斥。舉動迴山海，呼吸變霜露。阿旨曲求，則寵光三族；直情忤意，則參夷五宗。漢之綱紀大亂矣。陳琳檄曰：所愛光五宗，所惡滅三族。

若夫高冠長劍，紆朱懷金者，布滿宮闈；枚乘兔園賦曰：高冠扁焉，長劍閑焉。法言曰：或問使我紆朱懷金，其樂不可量也。李軌曰：朱，紱也。苴子余茅分虎，南面臣民者，蓋以十數。尚書緯曰：天子社，東方青，南方赤，西方白，北方黑，上冒以黃土，封諸侯各取方土。苴以白茅以爲社。漢舊儀曰：郡分銅虎符三〔一一〕。府署第館，基列於都鄙〔一二〕；子弟支附，過半於州國。南金、和寶、冰紈、霧縠之積，盈牣刃珍藏〔一三〕；毛詩曰：元龜象齒，大賂南金。韓子曰：楚人和氏得玉璞於楚山之中，奉而獻之王，使玉人理其璞而得寶焉。漢書曰：齊地織作冰紈。臣瓚曰：紈之細密，如堅冰也。子虛賦，雜纖羅，垂霧縠。嬙媛、侍兒、歌童、舞女之玩，充備綺室。左氏傳，子西曰：今聞夫差宿有妃嬙嬪御焉。杜預曰：妃嬙，貴者也。嬙音牆。漢書曰：初，袁盎爲吳相時，從史盜私盎侍兒。文穎曰：婢也。仲長子昌言曰：爲音樂則歌兒舞女，千曹而迭起。左氏傳，晏子謂齊侯曰：高臺深池，撞鍾舞女。狗馬飾彫文，土木被緹繡。漢書，東方朔曰：土木衣綺繡，狗馬被繢罽。佞倖傳曰：董賢起大第闕下，土木之功，窮極伎巧，杜檻衣以綈錦。皆剥割萌黎，競恣奢欲。搆害明賢，專樹黨類。其有更相援引，希附權彊者，皆腐身薰子，以自衒達。班固漢書曰〔一四〕：司馬遷述曰：嗚呼史遷薰骨以行刑〔一五〕！韋昭曰：古者腐刑必薰合之。同弊相濟，故其徒有繁，潘元茂九錫文曰：同惡相濟。尚書曰：簡賢附勢，實繁有徒。敗國蠹政之事，不可殫書。所以海内嗟毒，志士窮棲，韋昭國語注曰：山居曰棲。寇劇緣間，摇亂區夏。劉騊駼與李子堅書曰〔一六〕：下車負乘，劇賊未禽。韓詩曰：讒言緣間而起。雖忠良懷憤，時或奮發，而言出禍從，旋見孥戮。尚書曰：予則孥戮汝。因復大考鉤黨，轉相誣染。東觀漢記曰：靈帝時，故太僕杜密、故長樂少府李膺各爲鉤黨。尚書曰：下本州考治〔一七〕。時上年十三，問諸常侍曰：何鉤黨？諸常侍對曰：鉤黨人即黨人也。即可其奏。凡稱善士，莫不罹被災毒。桓子新論曰：居家循理，鄉里和順，出入恭敬，言語謹遜，謂之善士。竇武何進，位崇戚近，乘九服之囂怨，協羣英之勢力，周書曰：乃辨九服之國。謝承後漢書曰：黄向對策，以爲羣英之表。而以疑留不斷，至於殄敗。斯亦運之極乎！范曄後漢書曰：竇武，字游平，扶風人也。女立爲皇后，武爲大將軍，謀誅中官。曹節等矯詔將兵誅武。又曰：何進，字遂高，南陽人也。女弟立爲皇后，爲大將軍。靈帝崩，袁紹説進令誅中官，謀泄。張讓、趙忠等〔一八〕因進入省，共殺進。應劭風俗通曰：秦因愚弱之極運。雖袁紹龔行，芟夷無餘，范曄後漢書曰：袁紹勒兵斬趙忠，捕宦官，無少長悉斬之。張讓投河而死。尚書曰：今予恭行天之罰〔一九〕。左氏傳，君子曰：周任有言，爲國家者，見惡如農夫之務去草焉。芟夷蘊崇之，絶其本根，勿使能殖。然以暴易亂，亦何云及！史記，伯夷歌曰：登彼西山兮，言采其薇。以暴易亂兮，不知其非。自曹騰説梁冀，竟立昏弱。曹騰、梁冀，已見上文。昏弱，謂桓帝也。魏武因之，遂遷龜鼎。魏武，曹操也。龜鼎，國之守器，以喻帝位也。尚書曰：寧王遺我大寶龜，紹天明即命。左氏傳，王孫滿曰：桀有昏德，鼎遷於商。商紂暴虐，鼎遷於周。所謂「君以此始，必以此終」，信乎其然矣！左氏傳曰：晉荀林父及楚子戰於邲，楚子見左廣，將從之乘。屈蕩尸之曰〔二〇〕：君以此始，必以此終。

文選考異

〔一〕注「掌守王宮中之門禁」　茶陵本「之門」作「門之」，章懷注同，是也。袁本亦誤倒。

〔二〕王之正内者五人　何校去「者」字。陳云「者」字衍。案：皆據周禮序官校也。今范書亦有，恐此是蔚宗自爲文，不全同所引也。

〔三〕注「史記以勃鞮爲履貂上」　何校「貂上」二字改「鞮」字，陳同。案：所校非也，此當衍「上」字。答任少卿書引史記「履貂曰」可證。又何改正文「貂」爲「鞮」，更非。范書亦作「貂」。章懷注：「勃貂即寺人披也，一名勃鞮，字伯楚。」是蔚宗自作「貂」。

〔四〕注「寺人内閹官豎刁也」　案：「刁」當作「貂」。各本皆誤。此所引「僖二年齊寺人貂」之注也。

〔五〕注「史記曰豎貂爲豎刁」　案：「曰」當作「以」，各本皆誤。

〔六〕注「公徐聞其罪」　陳云「其」下脱「無」字，是也。各本皆脱。

〔七〕惟閹官而已　茶陵本「官」作「宦」。袁本作「官」，與此同。案：今范書作「宦」，似「宦」字是也。

〔八〕注「安帝年號延平」　何校「安」改「殤」，是也。各本皆誤。

〔九〕小黄門亦二十人　茶陵本無「亦」字，云五臣有。袁本有，用五臣也。案：今范書無，此以五臣亂善。袁不著校語，亦非。

〔一〇〕朝臣圖議　茶陵本「圖」作「國」。袁本作「圖」，與此同。案：今范書作「國」，疑善「國」、五臣「圖」，二本失著校語，而此以五臣亂善也。

〔一一〕注「郡分銅虎符三」　袁本、茶陵本「分」作「國」，是也。

〔一二〕基列於都鄙　袁本云善作「基」。茶陵本云五臣作「棊」。今范書作「棊」，章懷有注。何校依之改。陳云作「棊」爲是。案：此各本所見傳寫誤，善亦不作「基」也。

〔一三〕盈牣珍藏　茶陵本「牣」作「仞」，云五臣作「牣」。袁本作「牣」，用五臣也。案：今范書作「仞」，此以五臣亂善。袁不著校語，亦非。

〔一四〕注「班固漢書曰」　陳云「曰」字衍，是也。各本皆衍。

〔一五〕注「薰骨以行刑」　何校「骨」改「胥」，陳同。又云「行」字衍，是也。各本皆誤。

〔一六〕注「與李子豎書曰」　茶陵本「豎」作「竪」，是也。袁本亦誤「豎」。

〔一七〕注「尚書曰下本州考治」　陳云「曰」，「白」誤，是也。各本皆譌。

〔一八〕注「張驤趙忠等」 何校「驤」改「讓」，陳同。又下節注中袁、茶陵二本亦作「驤」，尤改作「讓」。案：今范書作「讓」。「讓」字是也。

〔一九〕注「今予恭行天之罰」 案：「予」下當有「惟」字，「恭」當作「龔」。各本皆誤。檄蜀文引「予惟龔行天之罰」，亦非，當互訂。又案：後述高紀「恭行天罰」注「恭行已見上文」，依今班書，亦當是「龔」之誤也。

〔二〇〕注「屈蕩尸之曰」 袁本「尸」作「户」，是也。茶陵本亦誤「尸」。案：開成石經是「户」字。

逸民傳論 何晏論語注曰：逸民，言節行超逸。

范蔚宗

易稱「遯之時義大矣哉」。易曰：艮下乾上，遯。彖曰：遯之時義大矣哉。孔子曰：遯，逃也。謂去代不求利，是其大也。又曰：「不事王侯，高尚其事。」周易蠱卦上九爻辭。是以堯稱則天，而不屈潁陽之高；論語，子曰：唯天爲大，唯堯則之。呂氏春秋曰：昔堯朝許由於沛澤之中，請屬天下於夫子。許由遂之潁水之陽。武盡美矣，終全孤竹之絜。論語曰：子謂武盡美矣。未盡善也。史記，伯夷、叔齊，孤竹君之子也。武王已平殷亂，天下宗周，而伯夷、叔齊恥之，義不食周粟，隱於首陽山。自兹以降，風流彌繁，琴賦曰：體制風流，莫不相襲。長往之軌未殊，而感致之數匪一。西征賦曰：悟山潛之逸士，卓長往而不返。或隱居以求其志，或迴避以全其道，論語，孔子曰：隱居以求其志，行義以達其道。又曰：賢者避世，其次避地。或静己以鎮其躁，或去危以圖其安，言或静默隱居，以鎮心之躁競；或去彼危難，以謀己之安全也。或垢俗以動其槩，或疵物以激其清。言或垢穢時俗以動其槩，或疵點萬物以發其清。槩，猶操也。然觀其甘心畎畝之中，憔悴江海之上，莊子曰：舜以天下讓其友北人無擇。北人無擇曰：異哉，后之爲人也，居於畎畝之中，而遊堯、舜之門〔一〕，不若是而已。又曰：就藪澤，處閑曠，此江海之士，避世之人也〔二〕，閑暇者之所好也。豈必親魚鳥樂林草哉，亦云介性所至而已。世説，簡文入華林園，顧謂左右曰：覺鳥獸禽魚，自來親人爾。故蒙恥之賓，屢黜不去其國；列女傳曰：柳下惠死，妻誄之曰：蒙恥救民，德彌大兮。雖遇三黜，終不弊兮。蹈海之節，千乘莫移其情。史記曰：魯仲連謂新垣衍曰：秦即爲帝，則連蹈東海死耳。又曰：魯連下聊城，田單歸而欲爵之，魯連逃隱於海上。適使矯易去就，則不能相爲矣。論語曰：長沮、桀溺耦而耕，孔子過之，使子路問津焉。桀溺曰：與從避人之士，豈若從避世之士哉。子路行以告。夫子曰：天下有道，丘不與易也。漢書，賈誼上書曰：胡、越之人雖死不相爲者，教習然也。彼雖硜硜有類沽名者，論語曰：子擊磬於衛，有荷蕢而過孔氏之門者。曰：有心哉！擊磬乎？既而曰：鄙哉！硜硜乎，莫己知也已。又，子貢曰：有美玉於斯，韞櫝而藏諸？求善價而沽諸？孔子曰：沽之哉！沽之哉！我待價者也。然而蟬蛻税囂埃之中，自致寰區之外，淮南子曰：蟬飲而不食，三十日而蛻。異夫飾智巧以逐浮利者乎！淮南子曰：古之人同氣于天地，與一世而優遊。及僞之生，飾智以驚愚，設詐以巧上。荀卿有言曰「志意修則驕富貴，道義重則輕王公」也。荀卿子曰：志意修則驕富貴矣，道義重則輕王公矣，內省則外物輕矣。

漢室中微，王莽篡位，士之蘊藉慈夜義憤甚矣。東觀漢記曰：桓榮温恭有蘊藉，明經義。文穎曰：謂寬博有餘也。是時裂冠毀冕，相攜持而去之者，蓋不可勝數。范曄後漢書曰：胡剛清高有志節，值王莽居攝，解其衣冠，縣府門而去，遂亡命交趾，隱於屠肆之間。左氏傳，王使詹桓伯辭於晉侯曰：伯父若裂冠毀冕，拔本塞源。毛詩序曰：百姓莫不相攜持而去焉。揚雄曰：「鴻飛冥冥，弋人何篡焉〔三〕。」言其違患之遠也。法言曰：鴻飛冥冥，弋人何篡焉。宋衷曰：篡，取也。鴻高飛，冥冥薄天，雖有弋人執矰繳，何所施巧而取焉。喻賢者深居，亦不罹暴亂之害。今篡或爲慕，誤也。光武側席幽人，求之若不及，國語，越王夫人去笄側席而坐。韋昭曰：側猶特也。禮，憂者側席而坐。班固漢書公孫弘贊曰：上方欲用文武，求之如不及。旌帛蒲車之所徵賁彼義，相望於巖中矣。言招士或旌以帛也。漢書曰：武帝以枚乘年老，乃以安車蒲輪徵乘。周易曰：賁于丘園，束帛戔戔。若薛方逢步江萌聘而不肯至，漢書曰：薛方，字子容，王莽以安車迎方，方因使者辭謝曰：堯、舜在上，下有巢、許。今明主方隆唐、虞之德，亦猶小臣欲守箕山之節也。使者以聞。莽説其言，不强致也。世祖即位，徵方，於道病卒。范曄後漢書曰：逢萌，字子康，北海人也。王莽殺其子宇，萌將家屬入海，客於遼東。光武即位，徵萌，託以老耄，迷路東西，語使者曰：朝廷所以徵我者，以其有益於政，尚不知方面所在，安能濟時乎？即便駕歸。連徵不起，以壽終。嚴光周黨王霸至而不能屈。范曄後漢書曰：嚴光，一名遵，會稽人。與光武同遊學。及光武即位，聘之三反而後至。舍於北軍，車駕即日幸其館。光卧不起，帝即其卧所，撫光腹曰：咄咄子陵，不可相助爲政邪？又眠不應，良久，乃張目熟視曰：昔唐堯著德，巢父洗耳。士故有志，何至相迫乎！又曰：周黨，字伯況，太原人。建武中，徵爲議郎，以病去職，遂將妻子居于澠池。後復徵，不得已，乃著短布單衣，穀皮綃頭巾〔四〕，待見尚書。及光武引見，黨伏而不謁，自陳願守所志，帝乃許焉。又曰：王霸，字仲儒，太原人。建武中，徵到尚書，拜，稱名不稱臣。有司問其故，霸曰：天子有所不臣，諸侯有所不友。以病歸。隱居守志。羣方咸遂，志士懷仁，郭象莊子注曰：一方得而羣方失。論語，子曰：志士仁人，無求生以害仁。禮記曰：君子有禮，故物無不懷仁。斯固所謂擧逸人則天下歸心者乎？論語，子曰：擧逸人，天下之人歸心焉。肅宗亦禮鄭均而徵高鳳，以成其節。范曄後漢書曰：肅宗孝章皇帝諱炟，顯宗第五子。又曰：鄭均，字仲虞，東平任城人。建初六年，公車特徵，再遷尚書，數納忠言，肅宗敬重之，以疾乞骸骨。又曰：高鳳，字文通，南陽人。建初中，將作大匠任隗擧鳳直言，到公車，託病逃歸，隱身漁釣，終於家。自後帝德稍衰，邪孽當朝，處子耿介，與卿相等列〔五〕，東廣微補亡詩曰：堂堂處子。楚辭曰：獨耿介而不隨俗〔六〕。至乃抗憤而不顧，多失其中行焉。論語，子曰：不得中行而與之，必也狂狷乎！蓋録其絶塵不及，同夫作者，列之此篇。莊子，顔回問於仲尼曰：夫子步亦步，夫子趨亦趨，夫子馳亦馳，奔逸絶塵，而瞠乎若後耳。司馬彪曰：言不可及也。論語，子曰：作者七人。包咸曰：七人，謂長沮、桀溺、丈人、石門、荷蕢、儀封人、楚狂接輿。

文選考異

〔一〕注「而遊堯舜之門」　案：「舜」字不當有。各本皆衍。章懷注無。

〔二〕注「避世之人也」　案：「也」字不當有。各本皆衍。章懷注無。

〔三〕弋人何篡焉　袁本、茶陵本「人」作「者」。案：今范書亦作「者」，「者」字是也。尤蓋依所見法言改耳。此注引法言，袁、茶陵仍作「者」，其宋衷注乃云「弋人」，「弋人」不出正文，蔚宗及善與尤所見自不同，改之非是。

〔四〕注「穀皮綃頭巾」　案：「穀」當作「穀」，巾字不當有。各本皆誤。章懷注「以穀樹皮爲綃頭」也。

〔五〕與卿相等列　袁本「與」上有「羞」字，云善無。茶陵本云五臣有。案：今范書有。依文義，似各本所見皆傳寫誤脱之也。

〔六〕注「獨耿介而不隨俗」　案：「俗」字不當有。各本皆衍。此所引九辨文也。元文「隨」下有「兮」，善引在句末者多節去。

宋書謝靈運傳論　沈休文修宋書百卷，見靈運是乂士，遂于傳下作此書，説文之利害，辭之是非。

沈休文

史臣曰：民稟天地之靈，含五常之德，剛柔迭用，喜慍分情。漢書曰：夫人肖天地之貌，懷五常之性，聰明精粹〔一〕，有生之最靈者也。應劭曰：肖，類也。頭圓象天，足方象地〔二〕。又曰：凡民函五常之性，而剛柔不同。史記曰：況懷五常，含好惡。鄭玄禮記注曰：五常，五行也。孔安國尚書傳曰：五行之德，王者相承以取法。禮記曰：何謂七情？喜、怒、哀、懼、愛、惡、欲。夫志動於中，則歌詠外發，毛詩序曰：情動於中，而形於言，嗟嘆之不足，故永歌之。又曰：情發於聲，聲成文，謂之音。六義所因，四始攸繫，升降謳謠，紛披風什。毛詩序曰：詩有六義焉：一曰風，二曰賦，三曰比，四曰興，五曰雅，六曰頌。又曰：是謂四始，詩之至也。毛詩題曰：鹿鳴之什。説者云：詩每十篇同卷，故曰什也。雖虞夏以前，遺文不覩，虞書有帝庸作歌，夏書有五子之歌，已前不見歌文。稟氣懷靈，理或無異。古猛虎行曰：稟氣有豐約，受形有短長。然則歌詠所興，宜自生民始也。

周室既衰，風流彌著，幽、厲之時，多有諷刺，在下祖習，如風之散，如水之流，故曰彌著。屈平宋玉導清源於前，賈誼相如振芳塵於後，孫卿子曰：君子養源，源清則流清。陸機大暑賦曰：播芳塵之馥馥。英辭潤金石，高義薄雲天。仲長子昌言曰：英辭雨下。吳越春秋，樂師謂越王曰：君王德可刻之於金石。淮南子曰：夫道潤乎草木，浸乎金石。法言曰：或問屈原、相如之賦孰愈？曰：原也過以浮，如也過以虛。過浮者蹈雲天，過虛者華無根。然原上援稽古，下引鳥獸，其著意，子雲、長卿亮不可及。自兹以降，情志愈廣。王褒劉向楊班崔蔡之徒，范曄後漢書曰：崔駰年十三，能通百家言，善屬文，與班固、傅毅同時齊名。又曰：蔡邕少博學，好辭章。楊，楊子雲。班，班孟堅。異軌同奔，遞相師祖。禮記曰：仲尼祖述堯、舜。然清辭麗曲，時發乎篇，而蕪音累氣，固亦多矣。賈逵國語注曰：蕪，穢也。累，猶負也。若夫平子豔發，文以情變，絕唱高蹤，久無嗣響。平子，張衡字也。至于建安，曹氏基命，三祖陳王，咸蓄盛藻，續晉陽秋曰：及至建安，而詩章大盛。尚書曰：王如不敢及天基命定命。建安，獻帝年號。魏志曰：明帝青龍四年，有司奏武皇帝爲魏太祖，文皇帝爲魏高祖，明皇帝爲魏列祖也〔三〕。甫乃以情緯文〔四〕，以文被質。鄭玄周禮注曰：甫，始也。言始將情意以緯於文。

自漢至魏，四百餘年，辭人才子，文體三變。相如工爲形似之言，二班長於情理之說，二班，叔皮、孟堅也。子建仲宣以氣質爲體，並摽能擅美，獨映當時。是以一世之士，各相慕習，源其飆流所始〔五〕，莫不同祖風騷。續晉陽秋曰：自司馬相如、王褒、揚雄諸賢代尚詩賦，皆體則風騷，詩揔百家之言〔六〕。飆流即風流，已見上文。廣雅曰：祖，法也。徒以賞好異情，故意製相詭。說文曰：詭，變也。

降及元康，潘陸特秀，元康，晉惠帝年號也。續晉陽秋曰：逮乎西朝之末，潘、陸之徒，有文質〔七〕而宗師不異。律異班賈，體變曹王，縟旨星稠，繁文綺合。論衡曰：德彌盛者文彌縟。又曰：或能陳得失，奏便宜，應經傳，文如星月，若谷子雲、唐子高者，並爲高第。漢書，宣帝曰：辭賦譬如女工有綺縠也。綴平臺之逸響，采南皮之高韻，漢書曰：梁孝王廣治睢陽城爲複道，自宮連屬於平臺三十餘里，招延四方豪傑。逸響，謂司馬相如之文。南皮，魏文帝所遊也。高韻，謂應、徐之文也。遺風餘烈，事極江右。史記曰：宣王法文武遺風。春秋元命苞曰：文王積善所潤之餘烈。江右，西晉也。在晉中興，玄風獨扇，爲學窮於柱下，博物止乎七篇。續晉陽秋曰：正始中，王弼、何晏好莊子玄勝之談〔八〕，而俗遂貴焉。老子爲柱下史。莊子内篇其數有七。馳騁文辭，義殫乎此。自建武暨于義熙，歷載將百，建武，晉愍帝年號。義熙，晉安帝年號。雖比響聯辭，波屬雲委，答賓戲曰：馳辨如濤波。仲長統昌言曰：妙句雲布。孝經鉤命決曰：雲委霧散，殊錯沈浮。莫不寄言上德，託意玄珠，孫綽子曰：莊子多寄言，渾沌得宗，罔象得珠。老子德經曰：上德不德，是以有德。莊子曰：黄帝遊乎赤水之北，登乎崑崙之丘，而南還歸，遺其玄珠。郭象曰：此明得真之所由。遒麗之辭，無聞焉爾。孫綽集序曰：綽文藻遒麗。公羊傳曰：紀子伯者何，無聞焉爾。仲文始革孫許之風，叔源大變太元之氣。仲文，殷仲文也。續晉陽秋曰：許詢有才藻，善屬文，詢及太原孫綽，轉相祖尚，又加以三世之辭，而風、騷之體盡矣。詢、綽並爲一時文宗，自此作者悉化之。至義熙中，謝混始改之〔九〕。叔源，混字也。太元，晉武帝年號〔一〇〕。

爰逮宋氏，顏謝騰聲，靈運之興會摽舉，延年之體裁明密，興會，情興所會也。鄭玄周禮注曰：興者，託事於物也。體裁，制也。謝承後漢書曰：魏朗爲河内太守，明密法令也。並方軌前秀，垂範後昆。尚書曰：垂裕後昆。若夫敷衽論心，商摧前藻，楚辭曰：跪敷衽以陳辭。陸機樂府篇曰：商搉爲此歌。工拙之數，如有可言。夫五色相宣，八音協暢，文賦曰：暨音聲之迭代，若五色之相宣。由乎玄黄律吕，各適物宜。周易曰：象其物宜，是故謂之象。欲使宫羽相變，低昂舛節，若前有浮聲，則後須切響。一簡之内，音韻盡殊；兩句之中，輕重悉異。妙達此旨，始可言文。至於先士茂製，諷高歷賞，言諷詠之者，咸以爲高，歷載辭人，所共傳賞。子建函京之作，仲宣霸岸之篇〔二〕，曹子建贈丁儀王粲詩曰：從軍度函谷，驅馬過西京。王仲宣七哀詩云：南登霸陵岸，回首望長安。子荆零雨之章，正長朔風之句，孫子荆陟陽候詩曰：晨風飄岐路，零雨被秋草。王正長雜詩曰：朔風動秋草，邊馬有歸心。並直舉胸情，非傍詩史，正以音律調韻，取高前式。自靈均以來，多歷年代，靈均，屈原字也〔三〕。尚書，周公曰：殷禮陟配天，多歷年所。雖文體稍精，而此秘未覩。至於高言妙句，音韻天成，皆暗與理合，匪由思至。張蔡曹王，曾無先覺，論語曰：抑亦先覺者是賢乎？潘陸顔謝，去之彌遠。世之知音者，有以得之，此言非謬。如曰不然，請待來哲。西征賦曰：如其禮樂，以俟來哲。

文選考異

〔一〕注「懷五常之性聰明精粹」　袁本、茶陵本無此九字。

〔二〕注「應劭曰肖類也頭圓象天足方象地」　袁本、茶陵本無此十四字。

〔三〕注「明皇帝爲魏列祖也」　茶陵本「列」作「烈」，是也。袁本亦誤。

〔四〕甫乃以情緯文　茶陵本無「文」字，云五臣有「物」字。袁本有「物」字，云善無。案：此尤延之所校添也。今宋書是「文」字。

〔五〕源其飈流所始　袁本云善作「源」。茶陵本云五臣作「原」。何云疑作「原」。今宋書是「原」字。

〔六〕注「詩總百家之言」　陳云「詩總」當作「傍綜」，見世説注，是也。

〔七〕注「潘陸之徒有文質」　陳云「有文質」當作「雖時有質文」，是也。各本皆誤。案：亦據世説文學篇注也。

〔八〕注「好莊子玄勝之談」　陳云「子」當從世説注作「老」，是也。各本皆誤。

〔九〕注「謝混始改之」　案：「之」字不當有。世説注無。各本皆衍。

〔一〇〕注「太元晉武帝年號」　何校「武」上添「孝」字，是也。袁本亦脱。茶陵本并入五臣亦脱。

〔一一〕仲宣灞岸之篇　案：「灞」當作「霸」，詳袁本所載濟注，乃善「霸」、五臣「灞」，各本所見以五臣亂善。前七哀詩及此注俱爲「霸」字，不誤。又今宋書亦是「霸」字。

〔一二〕注「靈均屈原字也」　袁本、茶陵本無此六字，所載五臣濟注有之。案：此尤誤取增多也。

恩倖傳論　沈休文

約言當時遇幸會者，即得好官。又以晉、宋之間，皆取門户，不任才能，故作此論。

夫君子小人，類物之通稱。蹈道則爲君子，違之則爲小人。莊子曰：天下盡殉也。彼其所殉仁義也，則俗謂之君子；其所殉貨財也，則俗謂之小人。屠釣，卑事也；板築，賤役也。太公起爲周師，傅説去爲殷相。尉繚子曰：太公屠牛朝歌。史記曰：太公望呂尚以漁釣奸周西伯。戰國策，范雎謂秦王曰：呂尚之遇文王，立爲太師。尚書曰：高宗夢得説，乃審厥象，俾以形旁求於天下。説築傅巖之野，惟肖，爰立作相。非論公侯之世，鼎食之資，家語曰：子路南遊於楚，列鼎而食。明敭幽仄，唯才是與。尚書曰：明明敭仄陋。

逮于二漢，兹道未革，胡廣累世農夫，伯始致位公相；黄憲牛毉之子，叔度名動京師。范曄後漢書曰：胡廣，字伯始，南陽人。六世祖剛，值王莽居攝，亡命交趾，莽敗乃歸鄉里。廣少孤貧，法雄察廣孝廉，試以章奏爲天下第一，旬月拜尚書郎。凡一履司空，再作司徒，三登太尉。又曰：黄憲，字叔度，南陽人。世貧賤，父爲牛毉。同郡陳蕃臨朝而歎曰：叔度若在，吾不敢先佩印綬。漢書曰：鄭子真名震乎京師。且士子居朝〔一〕，咸有職業，雖七葉珥貂，見崇西漢，左太沖詠史詩曰：金、張藉舊業，七葉珥漢貂。而侍中身奉奏事，又分掌御服，應劭漢書注曰：入侍天子，故曰侍中。晉令曰：侍中除書表奏皆掌署之。應劭漢官儀曰：侍中出則佩璽抱劍。東方朔爲黄門侍郎，執戟殿下。漢書曰：東方朔初爲常侍郎，後奏泰階之事，拜爲太中大夫、給事中。嘗醉，小遺殿上，詔免爲庶人。復爲中郎。百官表，郎中令屬官中有郎，比六百石〔二〕；侍郎，比四百石。又黄門有給事黄門。漢官儀云：給事黄門侍郎，位次侍中、給事中，故曰給事黄門。然侍郎、黄門侍郎二官全别，沈以爲同，悮也。答客難曰：官不過侍郎，位不過執戟，非黄門侍郎，明矣。郡縣掾吏〔三〕，並出豪家，負戈宿衛，皆由勢族，掾吏，卑位。負戈，賤役。豪家世族，咸亦爲之。言無貴賤之異也。子虛賦曰：幸得宿衛，十有餘年。非若晚代分爲二塗者也。二塗，謂士庶也。言仕子不居賤職，庶族不涉清階。

漢末喪亂，魏武始基，國語曰：后稷始基靖民。尚書曰：太王肇基王迹。軍中倉卒，權立九品，蓋以論人才優劣，非謂世族高卑。列子曰：子華之門徒，皆世族也。因此相沿，遂爲成法。自魏至晉，莫之能改，言魏、晉二朝，咸遵魏武之法。州都郡正，以才品人，傅子曰：魏司空陳羣始立九品之制，郡置中正，平人才之高下，各爲輩目；州置州都，而揔其義。而舉世人才，升降蓋寡。徒以憑籍世資，用相陵駕，人才不甚懸殊，故因世資以成貴也。都正俗士，斟酌時宜，品目少多，隨事俯仰，言法壞之漸也。都正既皆俗士，不能校其材藝，乃隨時斟酌，定其品差。劉毅所云下品無高門，上品無賤族者也。臧榮緒晉書曰：劉毅爲尚書左僕射，上疏陳九品之弊，曰：上品無寒門，下品無勢族。言勢族之人，不居下品；寒門之子，不居上班。歲月遷訛，斯風漸篤，凡厥衣冠，莫非二品，言衣冠之族，皆居二品之中。自此以還，遂成卑庶。衣冠以外，皆同下科。周漢之道，以智役愚，臺隸參差，用成等級。左氏傳曰：人有十等，輿臣隸，隸臣僚，僚臣僕，僕臣臺。魏晉以來，以貴役賤，士庶之科，較然有辨。太玄經曰：君子之道，較然見矣。夫人君南面，九重奧烏到絶，楚詞曰：豈不鬱陶而思君兮，君之門以九重。陪奉朝夕，義隔卿士，階闥之任，宜有司存。論語，曾子曰：籩豆之事，則有司存。既而恩以狎生，信由恩固，爾雅曰：狎，習也。無可憚之姿，有易親之色。孝建泰始，主威獨運，沈約宋書曰：孝建，武帝年號；泰始，明帝年號。空置百司，權不外假，而刑政糾雜，理難遍通，耳目所寄，事歸近習。禮記月令曰：仲冬省婦事，無得淫，雖有貴戚近習，無有不禁。鄭玄曰：貴戚，姑姊妹也。近習，天子所親幸也。賞罰之要，是謂國權，出納王命，由其掌握，於是方塗結軌，輻湊同奔。莊子曰：車軌結乎千里之外。文子曰：羣臣輻湊。張湛曰：如衆輻之集於轂。人主謂其身卑位薄，以爲權不得重。曾不知鼠憑社貴，狐藉虎威，晏子春秋，景公問晏子曰：理國亦有常乎？對曰：讒佞之人，隱在君側，猶社鼠不熏也，去此乃治矣。戰國策，荆宣王問羣臣曰：吾聞北方之畏昭奚恤也，何如？羣臣莫對。江乙對曰：虎求百獸而食之，得狐。狐曰：子無敢食我。天帝命我長百獸，今子食我，是逆天命。子以我爲不信，吾爲子先行，子隨我後，觀百獸之畏我。虎不知百獸之畏己而走也，以爲畏狐也。今王之地，方五千里，帶甲百萬，而專屬之於昭奚恤。故北方之畏昭奚恤，其實畏王之甲兵也，猶百獸之畏虎。外無逼主之嫌，內有專用之功，勢傾天下，未之或悟〔四〕，挾朋樹黨，政以賄成，左氏傳曰：襄十年，王朝卿士王叔陳生與伯輿爭政。大夫瑕禽曰：今自王叔之相也，政以賄成。鈇鉞瘡痏，搆於牀第側里之曲，西京賦曰：所惡成瘡痏。左氏傳，趙孟曰：牀第之言不踰閾。杜預曰：第，簀也。服冕乘軒，出於言笑之下，左氏傳，衞太子謂渾良夫曰：服冕乘軒，三死無與。南金北毳，來悉方艚徂刀，素縑丹魄，至皆兼兩音亮，北毳，獋貂之屬。艚，船也。丹魄，虎魄也。色赤，故曰丹。孔安國尚書傳曰：車稱兩。西京許史，蓋不足云，晉朝王石，未或能比。漢書，孝宣許皇后，元帝母，元帝封外祖父廣漢爲平恩侯。又曰：史良娣，宣帝祖母也。兄恭。宣帝立，恭已死，封恭長子高爲樂陵侯。王隱晉書曰：王愷，字君夫，世祖舅，自以外戚，晉氏政寬，又性至豪險。又曰：石崇貪而好利，富擬王者。及太宗晚運，慮經盛衰，沈約宋書曰：明帝廟號太宗。法言曰：聖人之法，未嘗不關盛衰焉。權倖之徒，慴憚丁達宗戚，欲使幼主孤立，永竊國權，六代論曰：君孤立於上，臣弄權於下。搆造同異，興樹禍隙，帝弟宗王，相繼屠勦。尚書曰：天用勦絶其命。孔安國曰：勦，截也。截絶，謂滅之也。民忘宋德，雖非一塗，寶祚夙傾，實由於此。寶祚，猶寶命也。嗚呼！漢書有恩澤侯表，又有佞倖傳。今采其名，列以爲恩倖篇云。

文選考異

〔一〕且士子居朝　袁本「士」作「仕」，云善作「士」。茶陵本云五臣作「仕」。何校「士」改「任」。陳云今宋書作「任」，爲是。案：所校是也。「士」、「仕」皆傳寫誤。下注云「言仕子不居賤職」，可見善並非作「士」，蓋初誤作「仕」，後又誤作「士」。

〔二〕注「中有郎比六百石」　案：「中有」當作「有中」。各本皆倒。

〔三〕郡縣掾吏　何校「吏」改「史」。陳云今宋書作「史」。案：所校是也。「吏」，傳寫誤。

〔四〕未之或悟　袁本云善作「悟」。茶陵本云五臣作「寤」。案：今宋書是「悟」字。但「寤」即

「悟」，不知者每改之，未必善與五臣異。王命論「悟戍卒之言」，「英雄誠知覺寤」，一改一未改，最爲可證也。

史述贊

史述贊三首　述高紀第一〔一〕

班孟堅

皇矣漢祖，纂堯之緒。漢書曰：劉向頌高祖云：漢帝本系，出自唐帝，降及于周，在秦作劉。爾雅曰：纂，繼也。寔天生德，聰明神武。項岱曰：聽於無聞曰聰，照臨四方曰明，以內知外曰神，尅定禍亂，闢土斥疆曰武。論語，子曰〔二〕：天生德於予。周易曰：古之聰明叡智，神武而不殺者夫。秦人不綱，網漏于楚。項岱曰：秦重斂殘人，天下叛之，故貶言人耳。綱，以喻綱，綱無綱，無所成，故漏也。言秦人不能整其綱維，令網目漏也。于楚，謂陳涉反而不能誅，故高祖因而起。爰茲發迹，斷蛇奮旅。神母告符，朱旗乃舉。漢書曰：高祖夜經澤中，有大蛇當徑，拔劍斬蛇，蛇分爲兩，後人來至蛇所，有一嫗夜哭曰：吾子白帝子，化爲蛇，今者赤帝子斬之。又曰：高祖立爲沛公，旗幟皆赤。粤于厥蹈秦郊，嬰來稽首。元年冬十月，沛公至霸上，秦王子嬰素軍白馬，降于軹道。革命創制，三章是紀。周易曰：湯、武革命，順乎天而應乎人。漢書曰：高祖謂秦父老曰：與父老約法三章耳。殺人者死，傷人及盜抵罪。應劭曰：抵，至也。除秦酷政，但至於罪。應天順民，五星同晷。晷，光景也。應劭曰：東井，秦之分野，五星所在，其下以義取天下之象也。項氏畔換，黜我巴漢，漢書曰：項羽背約，更立沛公爲漢王，王巴蜀、漢中。韋昭曰：畔換，跋扈也。西土宅心，戰士憤怨。尚書曰：逷矣西土之人。又曰：惟克厥宅心。郭璞三蒼解詁曰：西土，謂長安也。乘釁而運，席卷三秦。左氏傳，士會謂晉侯曰：會聞用師，觀釁而動。春秋握誠圖曰：諸侯冰散席卷，各爭恣志〔三〕。漢書曰：韓信陳三秦易并之計。應劭曰：章邯爲雍王，司馬欣爲塞王，董翳爲翟王，分王秦地，故曰三秦。割據河山，保此懷民。保，安也。懷，歸也。言漢據河山之固，民懷歸者能保乂之。漢書，田肯賀上曰：秦帶河阻山，懸隔千里。尚書曰：黎民懷之。股肱蕭曹，社稷是經。蕭何、曹參也。禮記，衛獻公曰：有柳莊者，非寡人之臣，社稷之臣。爪牙信布，腹心良平，韓信、英布、張良、陳平也。毛詩曰：予王之爪牙。又曰：赳赳武夫，公侯腹心。恭行天罰，赫赫明明。恭行，已見上文。毛詩曰：赫赫明明，王命卿士。

述成紀第十

孝成皇皇，臨朝有光。項岱曰：皇皇，華色盛也。威儀之盛，如珪如璋。項岱曰：珪璋，玉之妙好雕鏤者。毛詩曰：顒顒昂昂，如珪如璋。閫闈恣趙，朝政在王。閫闈，閫門之内也。門内恣趙昭儀姊妹，以元舅侍中封陽平侯王鳳爲大將軍，領尚書事。炎炎燎火，光允不陽〔四〕。項岱曰：允，信也。内損於飛鷩，外見壅於王鳳等，信不得陽也。張晏曰：天子之威，盛若燎火之陽，今委政王氏，不亦熾乎〔五〕！

述韓英彭盧吳傳第四

信惟餓隸，布實黥徒。漢書曰：韓信家貧，從下鄉南昌亭長寄食，亭長苦之，乃晨炊蓐食，食時往，不爲具食。信知之，自絕去。又曰：黥布姓英。少時，客相之，當刑而王。及坐法黥，欣然笑曰：人相我當刑而王，幾是乎？越亦狗盜，芮尹江湖。漢書曰：彭越嘗漁鉅野澤中，爲盜。沛公攻昌邑，越助之。說苑曰：管仲，故城陰之狗盜。漢書曰：吳芮，秦時鄱陽令也。甚得江湖間心，號曰鄱君。音義曰：尹，正也。雲起龍驤，化爲侯王。割有齊楚，跨制淮梁。韓信初爲齊王，後楚王。黥布爲淮南王。彭越爲梁王。綰自同閈胡旦，鎮我北疆。應劭曰：閈音扞。南楚汝沛名里門曰閈。綰爲燕王，故曰北疆。德薄位尊，非祚惟殃。周易曰：德薄而位尊，智小而謀大。左氏傳，舟之僑曰：無德而祿，殃也。吳克忠信，胤嗣乃長。漢書曰：芮爲長沙王，薨，子忠嗣，自芮後傳位五世，無子，國除。

文選考異

〔一〕述高紀第一　袁本、茶陵本校語云善本如此，五臣本列在後。案：各本所見皆非也。此連述贊爲文，非用爲標題，善亦不得在前，蓋傳寫誤移之，而五臣尚未經移耳。後二首同。

〔二〕注「論語子曰」　袁本「論」上有「善曰」二字，是也。後「言秦人不能整其綱維」上，「毛詩曰禺禺昂昂」上同。茶陵本在每節首，非。

〔三〕注「各爭恣志」　袁本「志」作「忘」。茶陵本亦作「志」，與此同。案：皆非也，當作「妄」。過秦論注引作「妄」。

〔四〕光允不陽　袁本「光」作「亦」，云善作「光」。茶陵本云五臣作「亦」。案：今班書作「亦」，「亦」字是也。「光」傳寫誤。

〔五〕注「不亦熾乎」　案：當作「不炎熾矣」。各本皆誤，顏注所引可證。

後漢書光武紀贊

范蔚宗

贊曰：炎政中微，大盜移國。東觀漢記序曰：漢以炎精布曜。中微，謂平世衰也〔一〕。魯靈光殿賦序曰：遭漢中微，盜賊奔突。九縣飈迴，三精霧塞。三精，日、月、星也。孝經援神契曰：天地至貴，精不兩明。宋均曰：天精爲日，地精爲月。河圖曰：巛德布精，上爲衆星。民厭淫詐，神思反德。世祖誕命，靈貺自甄。尚書曰：我文考誕膺天命。春秋元命苞曰：通三靈之貺，交錯同端。鄭玄尚書緯注曰：甄，表也。沈機先物〔二〕，深略緯文〔三〕。說文曰：機，主發之機也。周書曰：經緯天地曰文矣。尋邑百萬，貔虎爲羣。長轂雷野，高旗彗蘇没雲。漢書曰：劉聖公爲天子，以光武爲偏將軍，徇昆陽。光武令王常留守，光武出收兵。王莽遣大司徒王尋、大司空王邑將兵百萬，旌旗輜車〔四〕千里不絶，又驅諸猛獸虎豹犀象之屬以助威武，圍城數重。光武遂進。尋、邑亦遣兵合戰，光武奔之，斬首數千級。光武乃與敢死士三千人衝中堅，尋、邑陣亂，遂殺王尋。鬻子曰：紂虎旅百萬。穀梁傳曰：長轂五百乘。范甯曰：長轂，兵車也。東都主人曰：戈鋋彗雲。英威既振，新都自焚。漢書曰：莽封爲新都侯。又曰：更始兵到，城中少年子弟自燒室門〔五〕，呼曰：反虜王莽，何不出降？莽避火宣室，火輒隨之。虔劉庸代，紛紜梁趙。范曄後漢書曰：梁王劉永擅命睢陽。又曰：公孫述稱王，王巴蜀。又曰：卜者王郎爲天子，都邯鄲。又曰：彭寵自立爲燕王。代，即燕也。三河未澄，四關重擾。三河，洛陽也。四關，長安也。范曄後漢書曰：赤眉賊入函谷關，敗更始，光武乃遣鄧禹引兵西，乘更始、赤眉之亂。時更始大司馬朱鮪等屯洛陽，光武令馮異守孟津以拒之。神旌乃顧，遞行天討。金湯失險，車書共道。鹽鐵論曰：秦金城千里。汜勝之書曰：神農之教，雖石城湯池，無粟者不能守也。禮記，子曰：今天下車同軌，書同文。靈慶既啓，人謀咸贊。靈慶，謂天符也。易繫辭曰：人謀鬼謀，百姓與能。王弼曰：人謀，謂衆議。西都賓曰：天啓之心，人惎之謀。明明廟謀，赳赳雄斷。廟謀，廟筭也。楊雄連珠曰：兼聰獨斷〔六〕，聖王之法也。於烏赫有命，系我皇漢。毛詩曰：有命自天。蔡邕獨斷曰：光武以再命復漢之祚。

文選考異

〔一〕注「中微謂平世衰也」 袁本、茶陵本無此七字。

〔二〕沈機先物 茶陵本「先」作「生」，云五臣作「先」。袁本云善作「生」。案：今范書作「先」，「先」字是也，善亦不得作「生」。各本所見皆傳寫誤。

〔三〕深略緯文 袁本「文」作「天」。茶陵本作「文」，與此同。何云兩漢刊誤補遺云「文選作天」云云。今案：袁本正與所稱同，下無校語，蓋善、五臣皆是「天」字，茶陵及此作「文」者，後來轉依今范書誤改之耳。茶陵亦無校語也。「天」與「甄」協，最是。

〔四〕注「旌旗輜車」 陳云「車」，「重」誤，是也。各本皆誤。

〔五〕注「城中少年子弟自燒室門」 案：「子」當作「朱」，「自燒」當作「燒作」。各本皆誤。

〔六〕注「兼聰獨斷」 案：「聰」當作「聽」。各本皆誤。

〔南朝梁〕蕭　統　編
〔唐〕李　善　注

文選

第　六　册

第五十一卷至第六十卷

上海古籍出版社

文選第六册目録

（第五十一卷至第六十卷）

哀下

碑文上

碑文下

墓誌

行狀

弔文

祭文

文選卷第五十一

論一

過秦論

漢書，應劭曰〔一〕：賈誼書第一篇名也，言秦之過〔二〕。

賈誼

秦孝公據殽函之固，擁雍州之地，韋昭曰：崤謂二殽〔三〕。函，函谷關也。史記，張良曰：關中左殽、函，右隴、蜀。君臣固守，以窺周室，有席卷天下，包舉宇内〔四〕，春秋握誠圖曰：諸侯冰散席卷，各争恣妄。囊括四海之意，并吞八荒之心。張晏曰：括，結囊也，言能苞含天下也。周易曰：括囊無咎無譽。當是時也，商君佐之，内立法度，務耕織，修守戰之具，外連衡而鬬諸侯。戰國策，蘇秦説秦王曰：始將連横。高誘曰：合關東從通之於秦，故曰連横。文穎曰：關西爲横。衡音横。於是秦人拱手而取西河之外。李斯上書曰：孝公用商鞅之法，獲楚、魏之師，舉地千里。孝公既没，惠文武昭，史記曰：孝公卒，子惠文王立，卒，子武王立，卒，立異母弟，是曰昭襄王也。蒙故業，因遺策，南取漢中，西舉巴蜀，東割膏腴之地，收要害之郡。李斯上書曰：惠王用張儀之計，西并巴蜀，南取漢中，東據成皋之險，割膏腴之壤。諸侯恐懼，會盟而謀弱秦，不愛珍器重寶肥饒之地，以致天下之士，合從締交，相與爲一。文穎曰：關東爲從。張晏曰：締，連結也，徒帝切。當此之時，齊有孟嘗，趙有平原，楚有春申，魏有信陵，史記曰：平原君趙勝者，趙之諸公子也。又曰：孟嘗君者，名文，姓田氏。又曰：春申君者，楚人也，名歇，姓黄氏。又曰：魏公子無忌者，魏安釐王弟也，爲信陵君。此四君者，皆明智而忠信，寬厚而愛人，尊賢而重士，約從離横，言諸侯結約爲從，欲以分離秦横也。兼韓魏燕趙宋衛中山之衆。於是六國之士，有甯越徐尚蘇秦杜赫之屬爲之謀，吕氏春秋曰：齊攻廩丘，趙使孔青將而救之，與齊人戰，大敗齊人，得尸三萬，以爲二京。甯越謂孔青曰：惜矣！不如歸尸以内攻之。彼得尸而府庫盡於塟，此之謂内攻之。甯越，趙人也〔五〕。徐尚，未詳。蘇秦，已見上文。吕氏春秋曰：杜赫以安天下説周昭文君，昭文君謂杜赫曰：願學所以安周。高誘曰：杜赫，周人也。齊明周最陳軫召滑樓緩翟亭的景蘇厲樂毅之徒通其意，戰國策，東周〔六〕齊明謂東周君曰：臣恐西周之與楚、韓寶，令之爲己求地於東周也。高誘曰：齊明，東周臣也。戰國策曰：齊令周最使鄭，立韓擾而廢公叔，周最患之。高誘曰：周最，周君之子也，仕於齊，故齊使之也。字林曰：最，才勾切〔七〕。戰國策，秦王謂陳軫曰：吾聞子欲去秦而之楚，信乎？軫曰：然。高誘曰：陳軫，夏人，仕秦，亦仕楚也。韓子，于象謂楚王曰：前時王使召滑之越，五年而能成之。史記，范蠉對楚王曰：王前嘗用召滑而郡江東。召音劭。滑音依字。戰國策曰：秦王伐楚，魏王不欲。樓緩謂魏王曰：不與秦攻楚，楚且與秦攻王。王不如令秦、楚戰，王交制之。高誘曰：樓緩，魏相也。翟景，未詳。史記曰：蘇秦之弟厲，因燕子而求見齊王，齊王怨蘇秦，欲因蘇厲，燕子爲謝，遂委質爲齊臣。又曰：樂毅賢而好兵，爲魏昭王使於燕，燕昭王以客禮待之，樂毅遂委質爲臣，燕昭王以爲亞卿也。吴起孫臏帶佗兒良王廖田忌廉頗趙奢之倫制其兵。史記曰：吴起，衛人也。聞魏文侯賢，事魏文侯以爲將。又曰：孫臏，生阿、甄之間，臏亦孫武之後也。田忌進孫子於齊威王。帶佗，未詳。佗，徒何切。吕氏春秋曰：王廖貴先，兒良貴後，此二人者，皆天下之豪士也。兒，五兮切。廖，力彫切。戰國策曰：韓、魏之君朝田侯，鄒忌爲齊相，田忌爲將。使田忌伐魏，三戰三勝。高誘曰：田侯，宣王也。史記曰：廉頗，趙之良將也。趙惠文王〔八〕廉頗爲趙將，伐齊，大破之。又曰：趙奢者，趙之田部吏也。秦伐韓，趙王令趙奢將而救之。嘗以十倍之地，百萬之衆，叩關而攻秦。孔安國論語注曰：叩，擊也。叩或爲仰，言秦地高，故曰仰攻之。秦人開關而延敵，九國之師遁逃而不敢進。九國，謂齊、楚、韓、魏、燕、趙、宋、衛、中山也。史記曰：逡巡，遁逃〔九〕。秦無亡矢遺鏃之費，而天下諸侯已困矣。李巡爾雅注曰：鏃，以金爲箭鏃也〔一〇〕。於是從散約解，争割地而賂秦。秦有餘力而制其弊，追亡逐北，伏尸百萬，流血漂櫓音魯。韋昭曰：大楯曰櫓。左氏傳曰：狄虒彌建大車之輪以爲櫓。因利乘便，宰割天下，分裂河山，彊國請伏，弱國入朝。施及孝文王莊襄王，享國之日淺，國家無事〔一一〕。史記曰：昭襄王卒，子孝文王立，卒，子莊襄王立。公羊傳曰：桓公之享國也長。何休曰：享，食也。

及至始皇，奮六世之餘烈，張晏曰：孝公、惠文王、武王、昭王、孝文王、莊襄王。振長策而御宇内，吞二周而亡諸侯，以馬喻也。説文曰：振，舉也。史記曰：始皇滅二周，置三川郡。履至尊而制六合，執敲扑浦木以鞭笞天下，臣瓚以爲短曰敲，長曰扑。説文曰：敲，擊也，枯交切。威振四海。南取百越之地，以爲桂林象郡。漢書音義曰：百越非一種，若今言百蠻也。史記曰：始皇略取陸梁地爲桂林、象郡。韋昭曰：桂林，今鬱林；象郡，今日南也。百越之君，俛首係計頸〔一二〕，委命下吏。乃使蒙恬北築長城而守藩籬，却匈奴七百餘里，胡人不敢南下而牧馬，士不敢彎弓而報怨。於是廢先王之道，燔百家之言，以愚黔首。史記，李斯曰：請廢博士官所職，天下敢有藏詩、書百家語者，詣守尉雜燒之。又曰：秦更名民曰黔首。隳名城，殺豪俊，應劭曰：壞城恐復阻以爲己害。收天下之兵聚之咸陽，銷鋒鍉鑄以爲金人十二〔一三〕，以弱天下之民。如淳曰：鍉，箭足也。鄧展曰：鍉，是扞頭鐵也。史記曰：始皇收天下兵，聚之咸陽，以銷鋒鍉爲鍾鐻，金人十二〔一四〕，重各千石，置宫庭中。鍉音的，鍉或爲提。鐻音巨。然後踐華爲城，因河爲池，服虔曰：斷華山爲城，美大之也。晉灼曰：踐，登也。據億丈之城，臨不測之谿以爲固；良將勁弩，守要害之處，信臣精卒，陳利兵而誰何？誰何，問之也。漢書有誰何卒？如淳曰：何謂何官也。廣雅曰：何，問也〔一五〕。天下已定，始皇之心，自以爲關中之固，金城千里，金城，言堅也。史記，張良曰：關中，所謂金城千里，天府之國也。子孫帝王，萬世之業。史記，秦始皇曰：朕爲始皇帝，後世以計數，二世、三世，至于萬世，傳之無窮。

始皇既没，餘威震于殊俗。然而陳涉，甕牖繩樞之子，陳涉，已見鄒陽上書。禮記曰：儒有蓬户甕牖。韋昭曰：繩樞，以繩扃户爲樞也。甿隸之人，如淳曰：甿，古氓字，氓人也〔一六〕。而遷徙之徒也，材能不及中庸，方言曰：庸，賤稱也，言不及中等庸人也。非有仲尼墨翟之賢，陶朱猗頓之富，史記曰：范蠡之陶，爲朱公，以爲陶天下之中，皆諸侯四通，貨物所交易也。乃治産積十九年之間，三致千金。孔叢子曰：猗頓，魯之窮士也，耕則常飢，桑則常寒，聞朱公富，往而問術焉。公告之曰：子欲速富，當畜五牸。乃適河東，大畜牛羊于猗氏之南，其滋息不可計。以興富猗氏，故曰猗頓也。躡足行伍之間，俛起阡陌之中，如淳曰：躡音疊。音義曰：俛音免。如淳曰：時皆卑屈在阡陌之中。率罷散之卒〔一七〕，將數百之衆，轉而攻秦，斬木爲兵，揭竿爲旗，埤蒼曰：揭，高舉也，巨列切。莊子曰：揭竿求諸海也。天下雲集而響應〔一八〕，贏糧而景從，莊子曰：今使民曰：某所有賢者贏糧而趣之。方言曰：贏，擔也，音盈。山東豪俊，遂並起而亡秦族矣。

且夫天下非小弱也，雍州之地，殽函之固自若也。陳涉之位，非尊於齊楚燕趙韓魏宋衛中山之君也〔一九〕；鉏耰棘矜巨巾，非銛息鹽於鉤戟長鎩所介也；孟康曰：耰，鉏柄也，張晏曰：矜音槿。爾雅曰：棘，戟也，言鉏柄及戟槿也。耰音憂。槿，巨巾切。如淳曰：鉤戟，似矛刃，下有鐵横上鉤曲也。説文曰：鎩，鈹有鐔也。讁戍之衆，非抗於九國之師也；通俗文曰：罰罪曰讁，丈厄切。深謀遠慮，行軍用兵之道，非及曩時之士也。史記曰：賢人深謀於廊廟。論語曰：人無遠慮，必有近憂。然而成敗異變，功業相反。試使山東之國與陳涉度長絜大，比權量力，則不可同年而語矣。莊子曰：大樹其絜百圍。司馬彪曰：絜，帀也，丁結切。然秦以區區之地，致萬乘之權，招八州而朝同列，百有餘年矣。鄧展曰：招，猶舉也。蘇林曰：招音翹。然後以六合爲家，殽函爲宮，一夫作難而七廟隳，身死人手，爲天下笑者，何也？春秋考異郵曰：君殺妻誅，爲天下笑。仁義不施，而攻守之勢異也。

文選考異

〔一〕注「漢書應劭曰」袁本、茶陵本無「漢書」二字。案：二本是也。以下所引諸家皆陳涉傳注。凡如此者，例不云漢書。

〔二〕注「言秦之過」袁本「言」上有「善曰」二字。案：此四字亦應注，顔師古引者可證，袁本非也。又案：以此驗之，凡各本所有「善曰」字多非其舊，的然無疑矣。

〔三〕注「韋昭曰崤謂二殽」案：「崤」、「殽」二字當互易。各本皆誤。

〔四〕包舉宇内　袁本、茶陵本「包」作「苞」。案：此尤延之所改也。史記、漢書、賈子俱是「包」字。但古「包」、「苞」同用，未必善不爲「苞」也。

〔五〕注「甯越趙人也」袁本、茶陵本「甯」上有「然」字。案：二本是也。「然」即今「然則」，善全書皆如此。「甯越，趙人」，非有明出，據上引決之。
〔六〕注「戰國策東周」 袁本、茶陵本無「東周」二字，是也。
〔七〕注「最才勾切」 陳云「勾」，「句」誤，是也。各本皆譌。案：周本紀索隱曰「最，詞喻反」，與此正同，皆讀「最」爲「聚」也。
〔八〕注「趙惠文王」 案：此下當依史記有「十六年」三字。各本皆脱。
〔九〕注「史記曰逡巡遁逃」 袁本、茶陵本作「遁逃，史記作逡巡」。案：二本是也。「遁逃」複舉正文「史記曰逡巡」五字爲一句，善所見史記作「逡巡」，而今本作「逡巡遁逃」，後人妄添二字，尤反依之改，轉誤之甚者也。賈子作「逡巡」，正與善所見史記同。又案：正文作「遁逃」，西征賦注引作「遯逃」，必善讀漢書陳涉傳如此，故載史記之異，意謂兩文俱通。考賈子下篇，亦言「百萬之徒逃北而遂壞」，然則作「遁逃」自無不可，未見潘安仁必誤如匡謬正俗所譏也。師古漢書專主「逡遁」，即其所謂「遁」者，蓋取盾之聲，以爲「巡」字當音詳遵反。學者既不知「遁」爲「巡」字，遂改爲「遁逃」者，與善全異，不可用以校此，讀者多所不憭。又，今本漢書作「遁巡」，注同，更譌舛，非顔之舊觀。匡謬正俗所説自明，茲不訂彼。
〔一〇〕注「以金爲箭鏃也」 袁本、茶陵本「鏃」作「鏑」，是也。
〔一一〕國家無事 袁本云善無「家」字。茶陵本云五臣有。案：此尤校添之也。史記、漢書、賈子俱有。

〔一二〕俛首係頸　茶陵本「頸」作「頭」，云五臣作「頸」。袁本云善作「頭」。案：此尤校改之也。史記、漢書、賈子俱作「頸」。

〔一三〕銷鋒鍉鑄以爲金人十二　袁本、茶陵本云「鍉鑄」善作「鑄鍉」。案：此尤校改之也。漢書作「鍉鑄」，賈子作「鏑鑄」，「鏑」即「鍉」也，「鍉」，句絶；「鑄」下屬。史記作「銷鋒鑄鐻」，似四字連文，「鐻」「鍉」亦異，未審善果何作？

〔一四〕注「以銷鋒鍉爲鍾鐻金人十二」　案：「以銷」當作「銷以」，「鋒鍉」二字衍。各本皆誤。所引始皇紀文。

〔一五〕注「廣雅曰何問也」　案：「何」上當有「誰」字。各本皆脱。

〔一六〕注「甿古氓字氓人也」　袁本、茶陵本「氓」字作「文氓」。案：顏注引作「甿」，古文萌字。萌，民也。蓋善引無「字」字，又諱「民」作「人」。集解引作「甿古氓字。氓，民也」。尤依之校改耳。

〔一七〕率罷散之卒　袁本云善作「罷弊」。茶陵本云五臣作「疲散」。案：此尤校改之也。史記、漢書俱作「罷散」。善所見或爲「弊」字也，賈子作「疲弊」，可證。

〔一八〕天下雲集而響應　袁本、茶陵本「集」作「會」。案：此尤校改之也。史記作「集」，漢書、賈子作「合」，或皆不與此同。

〔一九〕非尊於齊楚燕趙韓魏宋衛中山之君也　袁本、茶陵本「非」作「不」，下「非銛」之「非」亦作

「不」。案：此尤校改之也。史記、賈子作「非」，漢書作「不」。

非有先生論

東方曼倩〔一〕班固漢書，東方朔，字曼倩，平原厭次人。武帝即位，言得失〔二〕。又設非有先生論。

非有先生仕於吳，進不能稱往古以廣主意，退不能揚君美以顯其功，默然無言者三年矣。吳王怪而問之，曰：「寡人獲先人之功，寄于衆賢之上，夙興夜寐，未嘗敢怠也。今先生率然高舉，遠集吳地，率然，輕舉之貌。將以輔治寡人，誠竊嘉之，體不安席，食不甘味，目不視靡曼之色，耳不聽鐘鼓之音，虛心定志，欲聞流議者三年於茲矣。呂氏春秋曰：越王欲致必死於吳，身不安枕席，口不甘厚味，目不視靡曼，耳不聽鐘鼓，三年苦身勞力。高誘曰：靡曼，好色也。流議，猶餘論也。今先生進無以輔治，退不揚主譽，竊爲先生不取也。蓋懷能而不見，是不忠也，見而不行，主不明也。意者寡人殆不明乎？」非有先生伏而唯唯。吳王曰：「可以談矣，寡人將竦意而聽焉〔三〕。」先生曰：「於戲！可乎哉？可乎哉？於戲，歎辭也。於音烏。戲音呼。可乎哉，言不可也。談何容易！言談説之道，何容輕易乎？夫談者有悖蒲忽。於目而佛於耳〔四〕，謬於心而便於身者，韓子曰：聖人之救危國，以忠佛耳。字書曰：佛，違也。佛，扶勿切。或有説於目、順於耳、快於心而毀於行者，非有明王聖主，孰能聽之矣？」吳王曰：「何爲其然也？『中人以上可以語上也』，論語，孔子曰：中人以上可以語上也，中人以下不可以語上也。先生試言，寡人將覽焉〔五〕。」

先生對曰：「昔關龍逢深諫於桀，而王子比干直言於紂，尸子曰：義必利，雖桀殺關龍逢，紂殺王子比干，猶謂之必利也。此二臣者，皆極慮盡忠，閔主澤不下流，而萬民騷動，故直言其失，切諫其邪者，將以爲君之榮，除主之禍也。今則不然，反以爲誹方未謗君之行，無人臣之禮，如淳曰：漢書注曰〔六〕：誹，非上所行也。果紛然傷於身，蒙不辜之名，戮及先人，爲天下笑，鄭玄禮記注曰：戮，猶辱也。故曰談何容易！是以輔弼之臣瓦解，而邪諂之人並進，春秋考異郵曰：瓦解土崩。遂及飛廉、惡來革等。史記曰：中潏生蜚廉，蜚廉生惡來，惡來父子俱以材力事殷紂。說苑，子石曰：費仲、惡來革長鼻決目，崇侯虎順紂之心，欲以合於意，武王伐紂，四子身死牧之野。三人皆詐僞〔七〕，巧言利口，以進其身，論語，子曰：巧言令色，鮮矣仁。又曰：惡利口之覆邦家。陰奉彫瑑刻鏤之好，以納其心，務快耳目之欲，以苟容爲度，遂往不戒，身没被戮，宗廟崩弛，國家爲墟，殺戮賢臣，親近讒夫。詩不云乎？『讒人罔極，交亂四國』，此之謂也。毛詩小雅文也。鄭玄曰：極，猶已也。故卑身賤體，說色微辭，愉愉逾呴呴况于終無益於主上之治〔八〕，即志士仁人不忍爲也。愉愉呴呴，和說之貌也。孝經鉤命決曰：驩忻慎懼，嘔嘔喻喻。呴與嘔同，音吁。論語，子曰：志士仁人，無求生以害仁也。將儼然作矜莊之色，深言直諫，上以拂人主之邪，下以損百姓之害，拂與弼同。則忤於邪主之心，歷於衰世之法。故養壽命之士莫肯進也，遂居深山之間，積土爲室，編蓬爲户，彈琴其中，以詠先王之風，亦可以樂而忘死矣。尚書大傳曰：子夏曰：弟子所授書於夫子者，不敢忘，雖退而窮居河、濟之間，深山之中，作壤室，編蓬户，尚彈琴瑟其中，以歌先王之風，則可以發憤矣。是以伯夷叔齊避周，餓于首陽之下，後世稱其仁。論語，子曰：伯夷、叔齊餓於首陽之下，人到于今稱之。如是，邪主之行固足畏也，故曰談何容易！」

於是吴王懼然易容〔九〕，懼，敬貌也，居具切。捐薦去几，危坐而聽。捐薦去几，自貶損也。管子曰：少者之事先生，危坐向師，顔色無怍。先生曰：「接輿避世，箕子被髮佯狂，此二子者，皆避濁世以全其身者也。論語曰：楚狂接輿歌而過孔子。尸子曰：箕子胥餘漆體而爲厲，被髮佯狂，以此免也。使遇明王聖主，得賜清讌之閑，寬和之色，發憤畢誠，圖畫安危，揆度得失，上以安主體，下以便萬民，則五帝三王之道可幾而見也。故伊尹蒙恥辱、負鼎俎、和五味以干湯，太公釣於渭之陽以見文王。魯連子曰：伊尹負鼎佩刀，以干湯，得意，故尊宰舍。六韜曰：文王卜田，史扁爲卜曰：于渭之陽，將大得焉。非熊非羆，非虎非狼〔一〇〕，兆得公侯，大遺女師。文王齋戒三日，田于渭陽，卒見吕望坐茅以漁。心合意同，謀無不成，計無不從，誠得其君也。深念遠慮，引義以正其身，推恩以廣其下，孟子曰：推恩足以保四海。本仁祖誼，戰國策，蘇代説齊王曰：祖仁者王，立義者霸。褒有德，禄賢能，誅惡亂，揔遠方，壹統類，美風俗，此帝王所由昌也。上不變天性，下不奪人倫，則天地和洽，遠方懷之，故號聖王。臣子之職既加矣，於是裂地定封，爵爲公侯，傳國子孫，名顯後世，民到于今稱之，以遇湯與文王也。太公伊尹以如此，龍逢比干獨如彼，豈不哀哉！故曰談何容易！」

於是吴王穆然，俛而深惟，仰而泣下交頤，穆，猶默，静思貌也。孫子兵法曰：令發之日，士寢者涕交頤。曰：「嗟乎！余國之不亡也，綿綿連連，殆哉，世之不絶也！」說文曰：綿，聯微也。爾雅曰：殆，危也。於是正明堂之朝，齊君臣之位，舉賢才，布德惠，施仁義，賞有功；躬親節儉〔一一〕，減後宫之費，損車馬之用；放鄭聲，遠佞人，論語，顔回問爲邦，子曰：放鄭聲，遠佞人。鄭聲淫，佞人殆。省庖廚，去侈靡，卑宫館，壞苑囿，填池塹，以與貧民無産業者；開内藏，振貧窮，存耆老，恤孤獨，薄賦斂，省刑罰。行此三年，海内晏然，天下大洽〔一二〕，陰陽和調，萬物咸得其宜；孫卿子曰：萬物得宜，事變得應。國無災害之變，民無飢寒之色，家給人足，畜積有餘，囹圄空虚；文子曰：法寛刑緩，囹圄空虚。鳳皇來集，麒麟在郊，禮記曰：鳳皇麒麟，皆在郊藪。甘露既降，朱草萌芽，禮記曰：天降膏露。鄭玄曰：膏，猶甘也。尚書大傳曰：德光地序，則朱草生。遠方異俗之人，嚮風慕義，各奉其職而來朝賀。故治亂之道，存亡之端，若此易見，吕氏春秋曰：治亂存亡，如可見，如不可見。而君人者莫肯爲也，臣愚竊以爲過。故詩曰「王國克生，惟周之貞〔一三〕，濟濟多士，文王以寧」，此之謂也。毛詩小雅文也。

〔一〕東方曼倩　袁本、茶陵本云善作「蒨」。案：此尤校改正之也。前作「蒨」，自不得有異，但所見傳寫誤。

〔二〕注「班固漢書東方朔字曼倩平原厭次人武帝即位言得失」　袁本、茶陵本無此二十二字，有「漢書曰朔」四字，是也。「朔」見於畫贊注，其答客難下亦不復出，或記於旁，尤誤取以增多耳。

〔三〕寡人將竦意而聽焉　袁本、茶陵本「聽」作「覽」。案：二本是也。下文「寡人將覽焉」，漢書作「聽」。尤延之欲校改彼字，而誤以當此處耳。凡宋以來刊板脩改，往往有如此者。

〔四〕而佛於耳　案：「而」字不當有。漢書無。各本皆衍。又案：下「順於耳」句，袁、茶陵二本校語云善無而五臣有。然則此以五臣亂善。

〔五〕寡人將覽焉　何校「覽」改「聽」。案：依漢書也。詳此句與上文「孰能聽之矣」相承接，作「聽」爲是。袁、茶陵二本亦作「覽」，皆涉「寡人將竦意而覽焉」句之誤。尤本改上「覽」字爲「聽」，致與漢書互易，益非。

〔六〕注「如淳曰漢書注曰」　陳云「淳」下衍「曰」字，是也。各本皆衍。

〔七〕三人皆詐僞　袁本、茶陵本「三」作「二」。案：袁、茶陵二本所載五臣良注云「其子惡來革多力」，是五臣以飛廉爲一人，惡來革爲一人，而其本作「二」也。善引說苑，以革爲一人，而其本作「三」。尤改正之，是矣。又案：今本漢書亦作「二」，似有誤。顔注未有明文，無以相訂。

〔八〕終無益於主上之治　茶陵本云五臣作「治」。袁本云善作「理」。案：此亦尤校改之也。漢書「治」，但善避諱，尤改非也。

〔九〕於是吴王懼然易容　袁本「懼」作「懼」，音句，云善作「懼」。茶陵本作「懼」，音句，云五臣作「懼」。善注中皆無「居具切」三字。今案：此各本所見蓋皆非也。「懼」不得音句，亦不得「居具切」。漢書作「懼」，顔注「居具反」，善音與之同，是亦作「懼」。其「居具」之音，與五臣句複，故袁、茶陵删之耳。

〔一〇〕注「非虎非狼」　案：「狼」當作「貔」。各本皆誤。重贈盧諶引作「非龍非彲」，句在「非熊非羆」上。今六韜同「彲」，蓋即「貔」字，與「羆」、「師」協韻也。運命論注引作「狼」，亦誤。

〔一一〕躬親節儉　茶陵本無「躬」字，「親」下校語云五臣作「躬」。袁本「躬」下校語云善有「親」字。此初刻同茶陵所見，後用袁所見脩改添之也。漢書作「躬節儉」，與五臣同。

〔一二〕天下大洽　案：「洽」當依漢書作「治」。各本皆譌。

〔一三〕惟周之貞　何校「貞」改「楨」。袁本云善作「貞」。茶陵本云五臣作「楨」。案：漢書作「楨」，未審善果何作？

四子講德論 并序

王子淵

褒既爲益州刺史王襄作中和樂職宣布之詩，又作傳，漢書曰：益州刺史王襄欲宣風化於衆庶，聞王褒有俊才，使褒作中和、樂職、宣布詩，選好事者令依鹿鳴之聲習而歌之。褒既爲刺史作頌，又作傳。如淳曰：言王政中和，在官者樂其職，國語所謂宣布哲人之令德也。名曰四子講德，以明其意焉。

微斯文學問於虚儀夫子曰：「蓋聞國有道，貧且賤焉，恥也。論語，子曰：邦有道，貧且賤焉，恥也。今夫子閉門距躍，專精趨學有日矣。距躍，不行也。應劭風俗通曰：涉始於足〔一〕，足率長十寸，十寸則尺，一躍三尺〔二〕，法天地人，再躍則涉。幸遭聖主平世，而久懷寶，論語，陽貨謂孔子曰：懷其寶而迷其邦，可謂仁乎？是伯牙去鍾期，而舜、禹遁帝堯也。廣雅曰：遁，逃也〔三〕。於是欲顯名號，建功業，不亦難乎？」

夫子曰：「然，有是言也。夫蟁蝱終日經營，不能越階序，説文曰：蟁蝱，齧人飛蟲也。莊子曰：蚉䖟噆膚。蟁，亡云切。蝱，莫衡切。爾雅曰：東西牆謂之序。附驥尾則涉千里，攀鴻翮則翔四海。文子曰：䖟與驥致千里而不飛。僕雖嚚頑，願從足下。雖然，何由而自達哉？」

文學曰：「陳懇誠於本朝之上，行話談於公卿之門。」春秋説題辭曰：秉懿誠之義，思至忠之功。高誘淮南子注曰：本朝，國朝也。

夫子曰：「無介紹之道，安從行乎公卿？」禮記曰：介紹而傳命。

文學曰：「何爲其然也？昔甯戚商歌以干齊桓，呂氏春秋曰：甯戚飯牛車下，望桓公而悲，擊牛角疾歌。淮南子曰：甯越商歌車下，而桓公慨然而悟。許慎曰：商，秋聲也。越石負芻而寤晏嬰，晏子春秋曰：晏子之晉，至於中牟，睹弊冠皮裘負芻〔四〕息於途側者。晏子曰：吾子何爲者？對曰：我越石父者也。晏子曰：何爲此？曰：吾爲人臣僕於中牟，見使將歸。晏子曰：何爲爲僕？對曰：吾身不免凍餓之地，吾是以爲僕也。晏子曰：可得而贖乎？對曰：可。遂解左驂而贖之，因載而與之俱歸，至舍，不辭而入。越石父立而請絶，晏子使人應之：子何絶我之暴也？越石父對曰：臣聞之，士者詘乎不知己，而申乎知己。吾三年爲人臣而莫吾知也。今子贖我，吾以子爲知我矣，今不辭而入，是與臣僕者同矣。晏子出見之，曰：嚮也見客之容，而今也見客之意。非有積素累舊之歡，皆塗覯卒遇，而以爲親者也。故毛嬙西施，善毀者不能蔽其好；慎子曰：毛嬙、先施，天下之姣也。衣之以皮倛，則見之者皆走，易之玄錫，則行者皆止。先施，西施一也。嫫謩姆母倭傀，善譽者不能掩其醜。孫卿子曰：閭娵子奢〔五〕，莫之媒也。嫫姆力父，是之喜也。倭傀，醜女，未詳所見。倭，於爲切。傀，古回切。苟有至道，何必介紹？」

夫子曰：「咨，夫特達而相知者，千載之一遇也。招賢而處友者，衆士之常路也。是以空柯無刃，公輸不能以斲；但懸曼矰，蒲苴不能以射。聲類曰：但，徒也。薛君韓詩章句曰：曼，長也。鄭玄周禮注曰：結繳於矢謂之矰。矰，高也。列子曰：蒲苴子弋，弱弓纖繳，乘風而振之，連雙鶬於青雲。故膺騰撇波而濟水，不如乘舟之逸也；說文曰：撆，擊也。撆與撇同也，疋設切。衝蒙涉田而能致遠，未若遵塗之疾也。才蔽於無人，行衰於寡黨，此古今之患，唯文學慮之。」

文學曰：「唯唯，敬聞命矣。」

於是相與結侶，攜手俱遊，求賢索友，歷于西州。有二人焉，乘輅而歌。倚輗五雞而聽之：輅，車也。白虎通曰：名車爲輅者何，言所以步之於路也。包咸論語注曰：輗者，轅端横木，以縛軛也。詠歎中雅，轉運中律，嘽闡緩舒繹，曲折不失節。禮記曰：嘽諧慢易繁文簡節之音作，而民康樂。問歌者爲誰？則所謂浮遊先生陳丘子者也。於是以士相見之禮友焉。儀禮曰：士相見之禮，贄冬用雉，夏用腒，左頭奉之。

禮文既集，韓子曰：禮有文。禮者，義之文。文學、夫子降席而稱曰：「俚力紀人不識，寡見尠聞，劉德漢書注曰：俚，鄙也。曩從末路，望聽玉音，竊動心焉。尚書大傳曰：天下諸侯，莫不玉音金聲。敢問所歌何詩？請聞其說。」浮遊先生陳丘子曰：「所謂中和樂職宣布之詩，益州刺史之所作也。刺史見太上聖明，股肱竭力，如淳漢書注曰：太上，天子也。尚書大傳曰：股肱，臣也。德澤洪茂，黎庶和睦，天人並應，屢降瑞福，故作三篇之詩以歌詠之也。」

文學曰：「君子動作有應，從容得度，南容三復白珪，孔子睹其慎戒；論語曰：南容三復白珪，孔子以其兄之子妻之。太子擊誦晨風，文侯諭其指意。韓詩外傳曰：魏文侯有子曰擊，次曰訢，訢少而立之以爲嗣，封擊中山，三年莫往來。其傅趙倉唐諫曰：何不遣使乎？則臣請使。擊曰：諾。於是遂求北犬晨鴈，齎行，倉唐至，曰：北藩中山之君，再拜獻之。文侯曰：嘻！擊知吾好北犬嗜晨鴈也。即見使者。文侯曰：中山之君亦何好乎？對曰：好詩。文侯曰：於詩何好？曰：好晨風。文侯曰：晨風謂何？對曰：詩云：鴥彼晨風，鬱彼北林，未見君子，憂心欽欽。如何如何，忘我實多。此自以忘我者也。於是文侯大悦曰：欲知其君，視其所使。中山君不賢，惡能得賢傅？遂廢太子訢，召中山君以爲嗣。今吾子何樂此詩而詠之也？」

先生曰：「夫樂者感人密深，而風移俗易。禮記曰：樂者，聖人所作也，其感人深。又曰：樂者，所以移風易俗也。吾所以詠歌之者，美其君術明而臣道得也。君者中心，臣者外體。外體作，然後知心之好惡；臣下動，然後知君之節趨。子思子曰：民以君爲心，君以民爲體，心正則體修，心肅則身敬也。好惡不形，則是非不分；節趨不立，則功名不宣。故美玉藴於碔武砆〔六〕夫，凡人視之怢焉，馬融論語注曰：藴，藏也。戰國策曰：白骨疑象，武夫類玉。張揖漢書注曰：武夫，石之次玉者。廣蒼曰：怢，忽忘也。怢，他没切。良工砥之，然後知其和寶也。精練藏於鑛朴，庸人視之忽焉，精，練金也。金百練不耗，故曰精練也。説文曰：鑛，銅鐵璞也〔七〕。礦與鑛同，瓜并切。巧冶鑄之，然後知其幹也。況乎聖德巍巍蕩蕩，民氓所不能命哉！論語，子曰：大哉！堯之爲君也，蕩蕩乎民無能名焉！巍巍乎其有成功！廣雅曰：命，名也。是以刺史推而詠之，揚君德美，深乎洋洋，罔不覆載，紛紜天地，寂寥宇宙〔八〕。言所覆者廣也。紛紜，衆多之貌也。寂寥，曠遠之貌也。明君之惠顯，忠臣之節究。爾雅曰：究，窮也。郭璞曰：謂窮盡也。皇唐之世，何以加兹！是以每歌之，不知老之將至也。」論語，子曰：發憤忘食，樂以忘憂，不知老之將至也。

文學曰：「書云：迪一人使四方若卜筮。尚書曰：故一人〔九〕有事四方，若卜筮，無不是孚。孔安國曰：迪，道也。孚，信也。夫忠賢之臣，導主志，承君惠，攄盛德而化洪，天下安瀾，比屋可封，瀾，水波。安瀾，以喻太平也。尚書大傳曰：周民可比屋而封。何必歌詠詩賦可以揚君哉？愚竊惑焉。」

浮遊先生色勃眥溢，曰：「是何言與？論語，子曰：君召使擯，色勃如也。孝經，子曰：是何言與！昔周公詠文王之德而作清廟，建爲頌首；吉甫歎宣王穆如清風，列于大雅。毛詩周頌曰〔一〇〕：清廟，祀文王也。周公既成雒邑，朝諸侯，率以祀文王焉。毛詩大雅序曰：蒸民，尹吉甫美宣王也。詩曰：吉甫作誦，穆如清風。夫世衰道微，僞臣虛稱者，殆也。世平道明，臣子不宣者，鄙也。鄙殆之累，傷乎王道。故自刺史之來也，宣布詔書，勞來不怠，令百姓徧曉聖德，莫不霑濡。厖邈江眉耆耇之老，厖，雜也。謂眉有白黑雜色。咸愛惜朝夕，願濟須臾，且觀大化之淳流〔一一〕。於是皇澤豐沛，主恩滿溢，百姓歡欣，中和感發，是以作歌而詠之也。感發，謂情感於中，發言爲詩也。傳曰：『詩人感而後思，思而後積，積而後滿，滿而後作，言之不足，故嗟歎之，嗟歎之不足，故詠歌之，詠歌之不厭，不知手之舞之足之蹈之也。』樂動聲儀文也。此臣子於君父之常義，古今一也。今子執分寸而罔億度，億度之言無限也。韓子曰：有尺寸而無億度。又曰：前識無緣，而妄億度也。馬融論語注曰：罔，誣也。處把握而却寥廓，乃欲圖大人之樞機。道方伯之失得，不亦遠乎？」大人，謂天子也。周易曰：利見大人。又曰：言行君子之樞機。

陳丘子見先生言切，恐二客慙，膝步而前曰：「先生詳之：戰國策曰：荆軻見太子，太子再拜而跽，膝行流涕。行潦老暴集，江海不以爲多；左氏傳曰：君子曰：潢汙行潦之水。杜預曰：行潦，流潦也。莊子，海若曰：天下之水，莫大於海，百川歸之而不盈。鰌鱓並逃，九罭域不以爲虛。爾雅曰：鰼，鰌。郭璞曰：今泥鰌也。鰼，似立切。鰌，且由切。郭璞山海經注曰：鱓，魚，似蛇，時闡切。毛詩曰：九罭之魚鱒魴。爾雅曰：九罭，魚網也。是以許由匿堯而深隱，唐氏不以衰；呂氏春秋曰：昔堯朝許由於沛澤之中，請屬天下於夫子。許由遂之箕山之下。夷齊恥周而遠餓，文武不以卑。夷、齊，已見上文。夫青蠅不能穢垂棘，毛詩曰：營營青蠅，止於樊。鄭玄曰：蠅之爲蟲，汙白使黑，汙黑使白。左氏傳曰：晉荀息請以垂棘之璧，假道於虞以伐虢。邪論不能惑孔墨。今刺史質敏以流惠，舒化以揚名，采詩以顯至德，歌詠以董其文，爾雅曰：董，正也。受命如絲，明之如緡，禮記曰：王言如絲，其出如綸；王言如綸，其出如綍。音弗。鄭玄曰：言出彌大也。甘棠之風，可倚而俟也。毛詩序曰：甘棠，美召伯也。召伯之教，明於南國。二客雖窒計沮孳與議，何傷？」言二客雖於計窒塞，於議沮敗，何傷於理乎？言未傷也。爾雅曰：窒，塞也。顧謂文學夫子曰：「先生微矜於談道，又不讓乎當仁，論語，子曰：當仁不讓於師。亦未巨過也。願二子措意焉。」

夫子曰：「否。夫雷霆必發，而潛底震動，呂氏春秋曰：開春始雷，則蟄蟲動矣。枹孚鼓鏗鏘七羊，而介士奮竦。左氏傳曰：郤克援枹而鼓。鄭玄周禮注曰：介，被甲也。故物不震不發，士不激不勇。今文學之言，欲以議愚感敵，舒先生之憤，願二生亦勿疑。」言議前敵之愚，以感動之。於是文繹復集，乃始講德。馬融論語注曰：繹，尋繹也。

文學夫子曰：「昔成康之世，君之德與？臣之力也？」韓子曰：晉平公問叔向曰：齊桓公九合諸侯，臣之力邪？君之力邪？與音余。

先生曰：「非有聖智之君，惡烏有甘棠之臣？故虎嘯而風寥戾，龍起而致雲氣，周易曰：雲從龍，風從虎，聖人作而萬物覩。蟋蟀俟秋吟，蜉浮蝣由出以陰。易通卦驗曰：立秋蜻蛚鳴。蔡邕月令章句曰：蟋蟀，蟲也。謂之蜻蛚也。易曰：飛龍在天，利見大人。鳴聲相應，仇偶相從。周易曰：同聲相應，同氣相求，水流濕，火就燥。人由意合，物以類同。是以聖主不偏窺望而視以明，不殫傾耳而聽以聰。何則？淑人君子，人就者衆也。毛詩曰：淑人君子，其儀不忒。故千金之裘，非一狐之腋亦；大廈之材〔三〕，非一丘之木；太平之功，非一人之略也。慎子曰：廊廟之材，蓋非一木之枝；狐白之裘，非一狐之皮也；治亂、安危、存亡、榮辱之施，非一人之力也。

「蓋君爲元首，臣爲股肱，明其一體，相待而成。有君而無臣，春秋刺焉。公羊傳曰：宋公與楚人期戰于泓之陽，宋師大敗。故君子大其不鼓不成列，臨大事而不忘大禮，有君而無臣，以爲難，雖文王之戰，亦不過此也。何休曰：惜其有王德，而無王佐也。三代以上，皆有師傅；五伯以下，各自取友。說苑，郭隗曰：帝者之臣，其名臣也，其實師也。王者之臣，其名臣也，其實友也。伯者之臣，其名臣也，其實僕也。齊桓有管鮑隰甯，九合諸侯，一匡天下。左氏傳曰：鮑叔牙奉公子小白。又曰：齊桓，衛姬之子，有鮑叔牙、隰朋以爲輔佐。說苑，鄒子曰：甯戚叩轅行歌，桓公任之以國政。論語，子曰：桓公九合諸侯，不以兵車，管仲之力也。又曰：管仲相桓公，一匡天下，民到于今受其賜。晉文公有咎犯趙衰，取威定霸，以尊天子。左氏傳曰：晉公子重耳奔狄，從者狐偃、趙衰、顛頡、魏武子、司空季子。杜預曰：狐偃，子犯也。司空季子，胥臣臼季也。左氏傳曰：先軫謂晉侯曰：報施救患，取威定霸，於是乎在矣。秦穆有王由五羖，攘却西戎，始開帝緒。韓詩外傳曰：昔戎將由余使秦，秦繆公問得失之要〔一三〕。對曰：古之有國者，未嘗不以恭儉也；失國者，未嘗不以驕奢也。繆公然之，於是告内史王廖曰：隣國有聖人，敵國之憂也。由余，聖人也，將奈之何？王廖曰：君其遺之女樂，以婬其志，然後可圖。繆公曰：善。乃使王廖以其女樂二列遺戎王。史記曰：百里奚亡秦走宛，秦繆公聞百里奚，故重贖之〔一四〕。恐楚不予，請以五羖羊皮贖之，楚人曰：予之〔一五〕。繆公與語國事，大悅。又曰：秦用由余謀伐戎王，并國十二，遂霸西戎。春秋保乾圖曰：五帝異緒。宋衷曰：緒，業也。楚莊有叔孫子反〔一六〕，兼定江淮，威震諸夏。韓詩外傳曰：沈令尹進孫叔敖於莊王。叔敖治楚，三年而楚國霸。左氏傳曰：楚子圍鄭，子反將右。晉師救鄭，及楚師戰于邲，晉師敗績。邲，步必切。勾踐有種蠡渫庸〔一七〕，剋滅彊吳，雪會稽之恥。漢書曰：江都王問董仲舒曰：越王勾踐與大夫渫庸、種、蠡謀伐吳，遂滅之。孔子稱殷有三仁，寡人亦以爲越有三仁。史記曰：吳王夫差伐越，敗之。越王勾踐乃以甲兵五千人，棲於會稽。又曰：勾踐自會稽歸，拊循其士民，伐吳，大破之，吳王自殺也。魏文有段干田翟，秦人寢兵，折衝萬里。呂氏春秋曰：孟嘗君問白圭曰：魏文侯名過桓公，而功不及五伯，何也？白圭對曰：文侯師子夏，友田子方，敬段干木，此名之所以過桓公也，而名號顯榮者，三士羽翼之也。史記，魏文侯謂李克曰：寡人之相，非成則璜。璜，翟璜也。成，魏文侯弟名也。呂氏春秋曰：段干木者，魏文敬之，過其廬而軾。秦欲攻魏，而司馬康諫曰：段干木賢者，而魏禮之，天下皆聞，無乃不可加兵乎？秦君以爲然，乃止。燕昭有郭隗樂毅，夷破彊齊，困閔於莒。史記曰：燕昭王以子之之亂，而齊大破燕。燕昭王怨齊，於是詘身下士，先禮郭隗，以招賢者。樂毅爲魏使於燕，燕昭王以爲亞卿，使樂毅伐齊，破之，追至于臨菑。齊湣王走保於莒。湣與閔同。夫以諸侯之細，功名猶尚若此，而況帝王選於四海，羽翼百姓哉！高誘呂氏春秋注曰：羽翼，輔佐也。

「故有賢聖之君，必有明智之臣。欲以積德，則天下不足平也。欲以立威，則百蠻不足攘也。毛萇詩傳曰：攘，除也。今聖主冠道德，履純仁，被六藝，佩禮文，屢下明詔，舉賢良，求術士，招異倫，拔俊茂。是以海內歡慕，莫不風馳雨集，襲雜並至，填庭溢闕。含淳詠德之聲盈耳，登降揖讓之禮極目，進者樂其條暢，怠者欲罷不能。條，猶理也。漢書音義曰：暢，通也。偃息匍匐乎詩書之門，遊觀乎道德之域，咸絜身修思，吐情素而披心腹，各悉精鋭以貢忠誠，允願推主上，弘風俗而騁太平，濟濟乎多士，文王所以寧也。濟濟多士，已見上文。

「若乃美政所施，洪恩所潤，不可究陳。舉孝以篤行，崇能以招賢，去煩蠲苛以綏百姓，禄勤增奉以厲貞廉。漢書宣紀曰：律令有可蠲除以安百姓，條奏。又曰：吏不廉平則治道衰，今小吏皆勤事禄薄，其益吏奉什五也。減膳食，卑宫觀，宣紀曰：令太官損膳省宰。又曰：郡國宫觀，勿復修理。省田官〔八〕，損諸苑，宣紀曰：池籞未御幸者，假與貧人。疏繇役，振乏困，宣紀曰：流人還歸，勿筭繇事。又曰：遣使者振貸乏困。恤民災害，不遑遊宴。宣紀曰：今天下頗被疾疫之災，朕甚愍之。閔耄老之逢辜，憐縗絰之服事，宣紀曰：朕惟耆老之人，髮齒墮落，亦無暴虐之心，諸年八十以上，非誣告人、殺傷人，他皆勿坐。又曰：百姓遭縗絰凶災，而吏繇事，傷孝子之心。自今有大父母、父母喪者，勿繇事。惻隱身死之腐人，悽愴子弟之縲匿。宣紀曰：今繫者或以掠辜，若飢寒死獄中，朕甚痛之。又曰：自今子首匿父母，孫匿大父母，皆勿坐。恩及飛鳥，惠加走獸，胎卵得以成育，草木遂其零茂。尸子曰：湯之德及鳥獸矣。莊子曰：至德之世，禽獸成羣，草木遂長。愷悌君子，民之父母，豈不然哉？毛詩大雅文。

「先生獨不聞秦之時耶？違三王，背五帝，滅詩書，壞禮義；信任羣小，憎惡仁智，詐僞者進達，佞諂者容入。宰相刻峭，大理峻法。廣雅曰：峭，急也，謂嚴急也。峻與峭同。

處位而任政者，皆短於仁義，長於酷虐，狼摯虎攫，懷殘秉賊。孟子曰：賊仁者謂之賊，賊義者謂之殘。其所臨莅，莫不肌栗慴伏〔一九〕，吹毛求疵，並施螫毒。百姓征忪，無所措其手足。韓子曰：古之人君大體者，不吹毛而求小疵，不洒垢而察難知。方言曰：征忪，惶遽也。論語，子曰：刑罰不中，則民無所措手足。忪，章容切。嗷嗷愁怨，遂亡秦族。是以養雞者不畜貍，牧獸者不育豺，樹木者憂其蠹，保民者除其賊。文子曰：乳犬噬虎，伏雞搏貍。又曰：所爲立君者，以禁暴亂也。夫養禽獸者，必除豺狼，又況牧民乎？又曰：木林生蠹，還自食，人生事，因自賊。故大漢之爲政也，崇簡易，尚寬柔，進淳仁，舉賢才，上下無怨，民用和睦。孝經曰：民用和睦，上下無怨。

「今海内樂業，朝廷淑清。天符既章，人瑞又明。品物咸亨，山川降靈。周易曰：雲行雨施，品物咸亨。神光燿暉，洪洞朗天。宣紀曰：薦鬯之夕，神光交錯，或降于天，或登于地。鳳皇來儀，翼翼邕邕。羣鳥並從，舞德垂容。宣紀曰：鳳皇集魯，羣鳥從之。尚書曰：鳳皇來儀。爾雅曰：翼翼，恭也。邕邕，和也。又曰：邕邕者聲和也〔二〇〕。山海經曰：鳳首文曰德。神雀仍集，麒麟自至。宣紀，神雀仍集，九真獻奇獸。甘露滋液，嘉禾櫛比。宣紀曰：甘露降未央宮。又曰：嘉穀玄稷，降于郡國。大化隆洽，男女條暢。家給年豐，咸則三壤。豈不盛哉！尚書曰：咸則三壤，成賦中邦。昔文王應九尾狐而東夷歸周，春秋元命苞曰：天命文王以九尾狐。武王獲白魚而諸侯同辭，尚書琁璣鈐曰：武王得兵鈐，謀東觀，白魚入舟，俯取以燎。八百諸侯順同不謀。魚者，視用無足翼從，欲紂如魚，乃誅。周公受秬鬯而鬼方臣，周公受秬鬯，未詳。鄭玄詩箋曰：鬼方，遠方也。宣王得白狼而夷狄賓。史記曰：穆王征犬戎，得四白狼以歸。今云宣王，未詳。夫名自正而事自定也。論語曰：名不正則言不順，言不順則事不成。今南郡獲白虎，亦偃武興文之應也。獲之者張武，武張而猛服也。是以北狄賓洽〔二一〕，邊不恤寇，甲士寢而旌旗仆也〔二二〕。」

文學夫子曰：「天符既聞命矣，敢問人瑞。」

先生曰：「夫匈奴者〔二三〕，百蠻之最彊者也。毛詩曰：因時百蠻。天性憍蹇，習俗傑暴，左氏傳曰：彼皆偃蹇。杜預曰：偃蹇，憍傲也。賤老貴壯，氣力相高。史記曰：匈奴貴壯健，賤老弱也。業在攻伐，事在獵射，史記曰：匈奴因射獵爲生業，習戰攻以侵伐。兒能騎羊，走箭飛鏃，史記曰：匈奴兒能騎羊，引弓射鳥鼠也。逐水隨畜，都無常處。史記曰：匈奴逐水草遷徙，無城郭常處。鳥集獸散，往來馳騖，周流曠野，以濟嗜欲。其耒耜則弓矢鞍馬，播種則扞弦掌拊，禮記曰：左佩決扞。鄭玄曰：扞，拾也，言所以拾弦也，何旦切。鄭玄禮記注曰：拊，弓把也，音夫。收秋則奔狐馳兔，穫胡郭刈則顛倒殪伊計仆。史記曰：匈奴射狐兔，用爲食。追之則奔遁，釋之則爲寇。史記曰：匈奴利則進，不利則退，不羞遁走。是以三王不能懷，五伯不能綏，鷙邊抏士〔二四〕，屢犯芻蕘，詩人所歌，自古患之。毛詩曰：六月棲棲，戎車既飭，四牡騤騤，載是常服。玁狁孔熾，我是用急。今聖德隆盛，威靈外覆，日逐舉國而歸德，單于稱臣而朝賀。宣紀曰：日逐王先賢撣將人衆來降。鄭氏曰：撣，音纏束之纏。又曰：單于稱臣，使弟奉珍朝賀正月。乾坤之所開，陰陽之所接，編蒲典結計沮顏，燋齒梟瞯閑，翦髮鯨首，文身裸力果袒徒旦之國，編結，即編髮也。漢書，終軍曰：解辮髮，削左衽。又曰：匈奴有罪，小者軋。音義曰：刀刻其面〔二五〕，蓋沮顏也。燋齒，未詳。又曰：大宛，深目多鬚，蓋梟瞯也。鯨首，蓋雕題也。山海經曰：雕題國在鬱林南。靡不奔走貢獻，懽忻來附，婆娑嘔吟，鼓掖而笑。夫鴻均之世，何物不樂？孔安國尚書傳曰：洪，大也。鴻與洪古字通。毛萇詩傳曰：均，平也。飛鳥翕翼，泉魚奮躍。毛詩曰：鴛鴦在梁，戢其左翼。鄭玄曰：明王之時，人不驚駭也。韓詩曰：鳶飛戾天，魚躍于泉。薛君曰：魚喜樂，則踴躍於泉中。是以刺史感懣莫本舒音，而詠至德。鄙人黭淺，不能究識，黭，不明也，烏感切。敬遵所聞，未剋殫焉〔二六〕。

於是二客醉于仁義，飽于盛德，毛詩曰：既醉以酒，既飽以德。終日仰歎，怡懌而悦服。

文選考異

〔一〕注「涉始於足」　案：「涉」當作「步」，下同。各本皆譌。

〔二〕注「一單三尺」　袁本、茶陵本「單」作「躍」，是也。

〔三〕注「遁逃也」　袁本、茶陵本「逃」作「避」，是也。

〔四〕注「皮裘負芻」　袁本并入五臣，「皮」作「反」，是也。茶陵本亦誤「皮」。

〔五〕注「閶嫽子奢」　案：「嫽」當作「娵」。各本皆譌。今荀子賦篇及七發注引皆是「娵」字。

〔六〕故美玉蘊於碔砆　案：「碔砆」當作「武夫」。注引戰國策及張揖漢書注皆不從「石」，袁、茶陵二本所載五臣翰注乃作「碔砆」。是善「武夫」，五臣「碔砆」，音以「武夫」，各本所見亂之而失著校語。此誤入五臣音皆非也。又案：引「張揖曰」者，子虛賦注也。史記、漢書正作「武夫」。今彼正文及善注引張揖、國策盡爲「碔砆」，恐亦爲五臣所亂而并注中改之也。

〔七〕注「説文曰鑛銅鐵璞也」　案：「鑛」當作「礦」，「璞」當作「樸」。各本皆譌。「礦」即「磺」字也。又案：依此，正文「朴」字當作「樸」，二字羣書中頗有相混者，五臣并正文改爲「璞」，誤甚。

〔八〕寂寥宇宙　茶陵本「寥」作「聊」，云五臣作「寥」。袁本云善作「聊」。案：此尤以五臣本改之也。袁、茶陵注中作「聊」。尤改恐未必是。

〔九〕注「尚書曰故一人」　袁本、茶陵本「故」作「迪」，是也。

〔一〇〕注「毛詩周頌曰」　陳云「頌」下脱「序」字，是也。各本皆脱。

〔一一〕且觀大化之淳流　袁本、茶陵本無「且」字。案：二本不著校語，無以考之。陳云「且」字衍，恐未必然，當各依其舊。

〔一二〕大廈之材　茶陵本「廈」作「夏」，云五臣作「廈」。袁本云善作「夏」。案：尤本以五臣亂善，非也。凡此字「夏」、「廈」錯見者，疑皆善「夏」，五臣「廈」，餘以此求之。

〔一三〕注「秦繆公問得失之要」　袁本、茶陵本「問」下有「之」字，是也。

〔一四〕注「秦繆公聞百里奚故重賸之」　何校「奚」下添「賢」字，「故」改「欲」，陳同，是也。各本皆誤。

〔一五〕注「楚人曰予之」　袁本、茶陵本「曰」作「許」，是也。

〔一六〕楚莊有叔孫子反　袁本、茶陵本「叔孫」作「孫叔」，是也。

〔一七〕勾踐有種蠡渫庸　袁本校語云「蠡」善作「蠡」。茶陵本無校語。案：此所見不同也。

〔一八〕省田官　何校「田官」改「官田」。案：依文義是也。各本皆作「田官」，蓋誤倒。考宣紀地節元年假郡國貧民田；三年詔曰：「前下詔假公田貸種食。」公田即官田。疑此句當有善注，今失去，無可補。

〔一九〕莫不肌栗慴伏　袁本、茶陵本云「肌」善作「飢」。案：「飢」，傳寫誤，尤校改正之也。

〔二〇〕注「邕邕者聲和也」　案：「者」當作「音」。各本皆譌。

〔二一〕是以北狄賓洽　茶陵本云五臣作「洽」。袁本云善作「合」。案：此尤以五臣本改之也。注不見明文，無以考之。

〔二二〕而旌旗仆也　茶陵本云五臣作「旌」。袁本云善作「旍」。案：此尤以五臣本改之也。「旍」即「旌」字，前已屢見，當各依其舊。

〔二三〕先生曰夫匈奴者　茶陵本「先生曰夫」作「先生夫子曰」，云五臣作「先生曰夫」。袁本云善作「先生夫子曰」。案：此尤校改正之也。「先生夫子曰」乃傳寫之誤。

〔二四〕驚邊抏士　袁本、茶陵本「抏」作「杌」。何云能改齋漫録作「抏」。案：何校是也。善不音注者，已見上林賦「抏士卒之精」下也。又此字見於史記、漢書、鹽鐵論者甚多，其訓損也，耗也，其音五官反。袁、茶陵二本所載銑注云「杌，動也」，而不著校語，以五臣亂善，致爲乖謬。尤作「抏」，亦非。

〔二五〕注「刀刻其面」　茶陵本「刀」作「刃」。袁本亦作「刀」，與此同。何校改「刃」，陳同。案：考史記集解引音義作「刃」，漢書顔注引如淳同，「刃」字是也。

〔二六〕未尅殫焉　袁本云善作「尅」。茶陵本云五臣作「克」。案：各本所見皆非也。當作「克」，但傳寫誤爲「尅」，非善、五臣有異。

文選卷第五十二

論二

王命論 善曰：王命，帝王受命也。漢書曰：彪遭王莽敗，光武即位於冀州。時隗囂據隴擁衆。囂問彪曰：往者周亡，戰國並争，天下分裂，意者從横之事，復起於今乎〔一〕？

班叔皮

昔在帝堯之禪曰：「咨爾舜，天之歷數在爾躬。」舜亦以命禹。善曰：論語文也。尚書，帝曰：來，禹。予懋乃德，嘉乃丕績，天之歷數在汝躬，汝終陟元后。孔安國曰：歷數，謂天道也。元后，天子也。爾雅曰：命，告也。暨于稷契，咸佐唐虞，光濟四海，奕世載德。至于湯武，而有天下。善曰：稷，武王之祖也。契，成湯之祖也。杜預左氏傳注曰：暨，至也。國語，祭公謀父曰：奕世載德。孔安國尚書傳曰：載，行也。雖其遭遇異時，禪代不同，至于應天順人，其揆一焉。善曰：周易曰：湯、武革命，順乎天，應乎人。孟子曰：先聖後聖，其揆一也。是故劉氏承堯之祚，氏族之世，著于春秋。善曰：漢書贊曰：春秋晉史蔡墨有言，陶唐氏既衰，其後有劉累，范氏其後也。范氏爲晉士師，魯文公世，出奔秦，後歸于晉，其處者爲劉氏。唐據火德，而漢紹之。善曰：帝系曰：帝堯封于唐，爲火德。漢書贊曰：漢承堯運，德祚已盛。斷蛇著符，旗幟尚赤，協于火德，自然之應，得天統矣。始起沛澤，則神母夜號，以彰赤帝之符。善曰：漢書曰：高祖夜徑澤中，有大蛇當徑，高祖乃拔劍斬蛇。後人來至蛇所，有一老嫗夜哭曰：吾子，白帝子也，化爲蛇，當道，今者赤帝子斬之。又曰：高祖立爲沛公，旗幟皆赤，由是知所殺蛇，白帝子；殺者，赤帝子故也。由是言之，帝王之祚，必有明聖顯懿之德，善曰：春秋河圖揆命篇曰：倉、戲、農、黃，三陽翼天德聖明〔二〕。法言曰：昔在有熊、高陽、高辛、唐、虞、三代咸有顯懿，故天因而祚之。豐功厚利積累之業，善曰：史記，崇侯虎曰：西伯積善累德，諸侯皆嚮之。然後精誠通于神明，流澤加於生民。善曰：孝經，子曰：孝悌之至，通於神明。尚書，周公曰：道洽政治，澤潤生民。故能爲鬼神所福饗，天下所歸往。善曰：孟子，萬章曰：堯薦舜如何？曰：使之主祭，百神享之；使之主事，事治而百姓安之。易乾鑿度曰：王者，天下所歸。韓詩外傳曰：王者，往也；天下往之，謂之王也。未見運世無本，功德不紀，而得倔起在此位者也。善曰：世運〔三〕，五行更運相次之世也。不紀，不爲人所記也。春秋元命苞曰：五德之運，應録次相代。埤蒼曰：崛，特起也。崛與倔同。世俗見高祖興於布衣，不達其故，善曰：漢書曰，高祖曰：吾以布衣取天下。家語，孔子曰：舜起布衣，而終以帝也。以爲適遭暴亂，得奮其劍，善曰：適，猶遇也。漢書，高祖曰：吾提三尺劍取天下。遊説之士，至比天下於逐鹿，幸捷而得之。善曰：漢書，隗囂曰：秦失其鹿，劉季逐而掎之，時人復知漢乎？太公六韜曰：取天下若逐野鹿，得鹿，天下共分其肉。不知神器有命，不可以智力求。韋昭曰：神器，天子璽符服御之物。善曰：老子曰：天下神器，不可爲也，爲者敗之也。悲夫！此世之所以多亂臣賊子者也。善曰：孟子曰：孔子成春秋而亂臣賊子懼。若然者，豈徒闇於天道哉？又不覩之於人事矣！

夫餓饉流隸，飢寒道路，善曰：説文曰：餓，飢也。穀梁傳曰：五穀不升，謂之饉。流隸，流移賤隸也。左氏傳曰：人有十等，輿臣隸也。饉或爲殣。荀悦曰：道瘞，謂之殣也。思有短褐之褻，檐石之蓄〔四〕，韋昭曰：短爲裋〔五〕，裋，襦也。毛布曰褐。善曰：裋，丁管切〔六〕。説文曰：褻，重衣也。字林曰：褻，大篋也。晉灼曰：無一檐與一斛之餘。所願不過一金，終於轉死溝壑。韋昭曰：一斤爲一金。善曰：孟子謂滕文公曰：爲人父母，使老稚轉乎溝壑，惡在爲人父母也。何則？貧窮亦有命也。善曰：墨子曰：貧富治亂，固有天命，不可損益也。況乎天子之貴，四海之富，神明之祚，可得而妄處哉？善曰：禮記，孔子曰：舜其大孝也，與尊爲天子，富有四海之内，宗廟饗之，子孫保之。法言曰：天因祚之，爲神明主也。故雖遭罹厄會，竊其權柄，勇如信布，強如梁籍，成如王莽，然卒潤鑊伏鑕，烹醢分裂，善曰：史記曰：項籍，其季父項梁。陳勝等起，梁爲楚上柱國，軍下邳，自號武信君。北至定陶，再破秦軍。後秦大破之，項梁死。又況么麼不及數子，而欲闇干天位者也。善曰：鶡冠子曰：無道之君，任用么麼，動則煩濁。有道之君，任用俊雄，動則明白。通俗文曰：不長曰么，細小曰麼，莫可切。爾雅曰：干，求也。是故駑蹇之乘，不騁千里之塗；善曰：廣雅曰：駑，駘也。今謂馬之下者爲駑。王逸楚辭注曰：蹇，跛也。呂氏春秋曰：所爲貴驥者，爲其一日千里也。鷰雀之疇，不奮六翮之用；善曰：史記，陳涉曰：鷰雀安知鴻鵠之志哉？韓詩外傳，蓋賁曰：夫鴻鵠一舉千里，所恃者六翮耳。楶棁之材不荷棟梁之任；應劭曰：爾雅曰：栭謂之楶。棁，朱儒柱。善曰：説文曰：栭，枅上標。周易曰：棟隆之吉，不撓乎下也。楶，音節。棁，之劣切。斗筲之子，不秉帝王之重。音義曰：筲，竹筥也，受一斗。善曰：論語，子曰：斗筲之人，何足筭也。易曰：「鼎折足，覆公餗。」不勝其任也。善曰：周易鼎卦之辭也。説文曰：鬻，鼎實也〔七〕。鬻與餗同，音速。

當秦之末，豪桀共推陳嬰而王之。嬰母止之曰：「自吾爲子家婦，而世貧賤，卒富貴，不祥。不如以兵屬人，事成，少受其利。不成，禍有所歸。」嬰從其言，而陳氏以寧。善曰：史記文。王陵之母，亦見項氏之必亡，而劉氏之將興也。是時，陵爲漢將，而母獲於楚。有漢使來，陵母見之，謂曰：「願告吾子，漢王長者，必得天下，子謹事之，無有二心。」遂對漢使伏劍而死，以固勉陵。某後，果定於漢。陵爲宰相，封侯。善曰：史記文。夫以匹婦之明，猶能推事理之致，探禍福之機，善曰：白虎通曰：庶人稱匹夫何？言其夫妻爲偶也。鄭玄周禮注曰：致，猶會也。全宗祀於無窮，垂册書於春秋，而況大丈夫之事乎？張晏曰：册書，史記也。晉灼曰：至周名春秋，考紀也。善曰：孟子曰：富貴不能淫，貧賤不能移，此之謂大丈夫也。是故窮達有命，吉凶由人。善曰：吕氏春秋曰：道德於此〔八〕，窮達一也。左氏傳，周内史叔興曰：吉凶由人。嬰母知廢，陵母知興，審此二者，帝王之分決矣。

蓋在高祖，其興也有五：一曰帝堯之苗裔，二曰體貌多奇異，善曰：漢書曰，高祖爲人隆準而龍顔，美鬚髯，左股有七十二黑子。三曰神武有徵應，善曰：徵應，謂下衆瑞也。四曰寬明而仁恕，善曰：漢書曰：高祖寬仁愛人，意豁如也。五曰知人善任使。善曰：高祖任張良以運籌，委蕭何以關内是也。加之以信誠好謀，達於聽受，見善如不及，用人如由己，善曰：論語，子曰：見善如不及。從諫如順流，趣時如響起。善曰：左氏傳，叔向曰：齊桓公從善如流。周易曰：變通者，趣時者也。當食吐哺，納子房之策；善曰：漢書，酈食其欲立六國後，漢王以問張良，良發八難，漢王輟食吐哺曰：豎儒，幾敗乃公事。拔足揮洗，揖酈生之説；善曰：漢書曰：酈食其求見，沛公方踞牀，使兩女子洗足。酈生不拜，長揖曰：足下必欲誅無道秦，不宜踞見長者。沛公起，攝衣謝之，延上坐。食其説沛公襲陳留。悟戍卒之言，斷懷土之情；善曰：漢書曰：高祖西都洛陽，戍卒婁敬説上曰：陛下都洛陽，不便。不如入關據秦之固。是日車駕西，都長安。高四皓之名，割肌膚之愛；善曰：漢書曰：上欲廢太子，立戚夫人子趙王如意。吕后不知所爲。張良曰：顧上有所不能致四人。令太子爲書，卑辭安車，請以爲客，令上見之，則一助也。於是太子迎四人至。上破黥布歸，愈欲易太子。及置酒，太子侍，四人者從。上乃驚曰：吾求公，公逃避我。今公何自從吾兒遊？煩公幸卒調護太子。竟不易太子者，良本招此四人之力也。舉韓信於行陣，收陳平於亡命。善曰：漢書曰：蕭何薦韓信於漢王，於是漢王齋戒設壇場，拜信爲大將軍。又曰：陳平亡楚來降。漢王與語，説之。使驂乘，監諸將。英雄陳力，羣策畢舉，此高祖之大略，所以成帝業也。善曰：莊子，許由曰：我爲汝言其大略。廣雅曰：略，法也。若乃靈瑞符應，又可略聞矣。善曰：略，粗略也。初劉媼妊高祖，而夢與神遇，震電晦冥，有龍蚰之怪。善曰：漢書曰：高祖母媼，嘗息大澤之陂，夢與神遇。是時雷電晦冥，父往視，則見蛟龍於其上[九]。已而有娠，遂産高祖。説文曰：妊，孕也，如蔭切。及長而多靈，有異於衆。是以王武感物而折契，吕公覩形而進女；善曰：漢書曰：高祖常從王媼、武負貰酒，時飲醉卧，武負、王媼見其上常有怪。歲竟，此兩家常折券棄債。貰，食夜切。又曰：吕公見高祖曰：臣少好相人，相人多矣，無如季相。臣有息女，願爲箕箒妾也。秦皇東遊以厭其氣，吕后望雲而知所處；善曰：漢書，秦始皇帝曰：東南有天子氣。於是東遊以厭當之。高祖隱於芒碭山澤間。吕后與人俱求，常得之。高祖怪問，吕后曰：季所居，上常有雲氣，故從往，常得季。説文曰：厭，塞也，於冉切。始受命則白蛇分，西入關則五星聚。善曰：白蛇分，已見上文。漢書曰：元年，冬十月，五星聚於東井，沛公至霸上也。故淮陰留侯謂之天授，非人力也。善曰：漢書，韓信謂高祖曰：且陛下天授，非人力也。又曰：張良數以太公兵法説沛公，沛公喜，常用其策。爲他人言，皆不省。良曰：沛公殆天授。故遂從之。

歷古今之得失，驗行事之成敗，稽帝王之世運，考五者之所謂，取舍不厭斯位，符瑞不同斯度，韋昭曰：厭，合也。善曰：一豔切。而苟昧權利，越次妄據，外不量力，內不知命，善曰：左氏傳曰：息侯伐鄭，君子曰：不量力。論語，孔子曰：不知命，無以爲君子。則必喪保家之主，失天年之壽，善曰：左氏傳曰：趙孟過鄭，印段賦蟋蟀。趙孟曰：保家之主也。莊子，弟子問於莊子曰：山中之木，以不材，得終其天年也。遇折足之凶，伏斧鉞之誅。英雄誠知覺寤，畏若禍戒，超然遠覽，淵然深識，收陵嬰之明分，絶信布之覬覦，善曰：左氏傳，師服曰：下無覬覦。杜預曰：下不敢望上位也。説文曰：覬，幸也。覦，欲也。距逐鹿之瞽説，審神器之有授，貪不可冀，無爲二母之所笑〔一〇〕，韋昭曰：幾，望也。今本作冀。則福祚流于子孫，天禄其永終矣。善曰：尚書曰：四海困窮，天禄永終。

文選考異

〔一〕注「復起於今乎」　案：此下有脱文，必并引「既感嚚言」，以及「迺著王命論」等語。各本皆脱。善例不全同本書，無以補也。

〔二〕注「三陽翼天德聖明」　袁本、茶陵本「聖」作「清」。案：此尤校改之也。

〔三〕注「善曰世運」　案：「世運」當作「運世」。各本皆倒。

〔四〕檐石之蓄　袁本、茶陵本「檐」作「擔」，注同。案：此所見不同也。漢書作「儋」，「擔」即

「儋」字，或從木作「檐」，見毛詩傳釋文；又羣經音辨之木部可證。苦寒行「檐囊行取薪」，亦用之。

〔五〕注「韋昭曰短爲裋」　案：「曰」當作「以」，各本皆誤。

〔六〕注「善曰裋丁管切」　袁本、茶陵本「裋」作「短」。案：「短」字是也。

〔七〕注「鬻鼎實也」　案：「鬻」當作「鬵」，下同。各本皆譌。

〔八〕注「道德於此」　何校「德」改「得」，陳同。各本皆誤。

〔九〕注「則見蛟龍於其上」　袁本、茶陵本「於」作「據」。案：此尤校改之也。

〔一〇〕貪不可冀無爲二母之所笑　何校「貪」上添「毋」字，「爲」上去「無」字。案：依漢書校，蓋是也。各本皆傳寫誤。

典論論文

魏文帝

文人相輕，自古而然。傅毅之於班固，伯仲之間耳，而固小之，與弟超書曰：「武仲以能屬文爲蘭臺令史，下筆不能自休。」伯仲，喻兄弟之次也。言勝負在兄弟之間，不甚相踰也。范曄後漢書曰：班超，字仲升，徐令彪之少子也。夫人善於自見，而文非一體，鮮能備善。是以各以所長，相輕所短。里語曰：「家有弊帚，享之千金〔一〕。」斯不自見之患也。東觀漢記曰：吳漢入蜀都，縱兵大掠。上詔讓漢曰：城降，孩兒老母口萬數。一旦放兵縱火，聞之可爲酸鼻。家有弊帚，享之千金。禹宗室子孫，故嘗更職〔二〕，何忍行此。杜預左氏傳注曰：亨，通也。亨或爲享。

今之文人，魯國孔融文舉，廣陵陳琳孔璋，山陽王粲仲宣，北海徐幹偉長，陳留阮瑀元瑜，汝南應瑒德璉，東平劉楨公幹：斯七子者，於學無所遺，於辭無所假，咸以自騁驥騄於千里〔三〕，仰齊足而並馳。以此相服，亦良難矣。千里，已見上文。毛萇詩傳曰：田獵齊足尚疾也。蓋君子審己以度人，故能免於斯累，呂氏春秋曰：君子必審諸己，然後任人。楚辭曰：羌內恕己以量人。王逸曰：量，度也。而作論文。

王粲長於辭賦，徐幹時有齊氣，然粲之匹也。言齊俗文體舒緩，而徐幹亦有斯累。漢書地理志曰：故齊詩曰：子之還兮，遭我乎猺之間兮〔四〕。此亦舒緩之體也。如粲之初征登樓槐賦征思，幹之玄猿漏卮圓扇橘賦，雖張蔡不過也。然於他文未能稱是。琳瑀之章表書記，今之雋也。應瑒和而不壯。劉楨壯而不密。孔融體氣高妙，有過人者，然不能持論，理不勝詞，漢書，東方朔、枚皐不根持論〔五〕。孔叢子，平原君謂公孫龍曰：公無復與孔子高辯事也，其理勝於辭，公辭勝於理。以至乎雜以嘲戲〔六〕，及其所善，揚班儔也。

常人貴遠賤近，向聲背實，又患闇於自見，謂己爲賢。夫文，本同而末異。蓋奏議宜雅，書論宜理，銘誄尚實，詩賦欲麗。此四科不同，故能之者偏也；唯通才能備其體。

文以氣爲主，氣之清濁有體，不可力強而致。譬諸音樂，曲度雖均，節奏同檢；蒼頡篇曰：檢，法度也。至於引氣不齊，巧拙有素，雖在父兄，不能以移子弟。桓子新論曰：惟人心之所獨曉，父不能以禪子，兄不能以教弟也。

蓋文章經國之大業，不朽之盛事。年壽有時而盡，榮樂止乎其身。二者必至之常期，未若文章之無窮。是以古之作者，寄身於翰墨，見意於篇籍，不假良史之辭〔七〕，不託飛馳之勢，而聲名自傳於後。故西伯幽而演易，周旦顯而制禮，司馬遷書曰：西伯拘而演周易。不以隱約而弗務，不以康樂而加思。周易曰：隱約者，觀其不懾懼。夫然，則古人賤尺璧而重寸陰，懼乎時之過已。淮南子曰：聖人不貴尺之璧，而重寸之陰，時難得而易失。孔叢子，孔子曰：不讀易，則不知聖人之心。必不使時過已也。而人多不強力，貧賤則懾於飢寒，富貴則流於逸樂，鄭玄禮記注曰：懾，恐懼也。賈逵國語注曰：流，放也。遂營目前之務，而遺千載之功。日月逝於上〔八〕，體貌衰於下，忽然與萬物遷化，斯志士之大痛也！古詩曰：奄忽隨物化，榮名以爲寶。融等已逝，唯幹著論，成一家言。

〔一〕亨之千金　案：「亨」當作「享」。善引左傳注「亨，通也」，而云「亨或爲享」，正文是「亨」字甚明。後來以「享」改「亨」，各本皆然，與注不相應，非也。

〔二〕注「故嘗更職」　何校「更」下添「吏」字，陳同。今案：范蔚宗書公孫述傳作「嘗更吏職」，但各本皆無，仍未當輒補。

〔三〕咸以自騁驥騄於千里　陳云「以自」國志注引作「自以」。案：依文義，「自以」是也。各本皆倒耳。

〔四〕注「遭我乎猺之間兮」　袁本「猺」作「嶩」，是也。茶陵本亦誤「猺」。

〔五〕注「不根持論」　袁本、茶陵本「根」作「長」。案：此尤校改之也。

〔六〕以至乎雜以嘲戲　袁本、茶陵本無上「以」字，「乎」作「於」。案：此所見不同也。魏志王粲傳注引此無「以」字，「乎」作「于」。蓋二本是矣。

〔七〕不假良史之辭　袁本云善無「不」字。茶陵本云五臣有「不」字。案：此尤校脩改添之也。初亦同二本，所見皆傳寫脱。

〔八〕日月逝於上　茶陵本「逝」作「遊」，云五臣作「逝」。袁本云善作「遊」。案：此尤校改正之也。「遊」字不可通，必傳寫誤也。

六代論 論夏、殷、周、秦、漢、魏也。

曹元首 魏氏春秋曰：曹冏，字元首，少帝族祖也。是時，天子幼稚，冏冀以此論感悟曹爽，爽不能納，爲弘農太守。少帝，齊王芳也。

昔夏殷周之歷世數十，而秦二世而亡。紀年曰：凡夏自禹以至于桀，十七王。殷自成湯滅夏以至于受，二十九王。大戴禮曰：殷爲天子二十餘世，而周受之。周爲天子三十餘世，而秦受之。秦爲天子，二世而亡，何？殷周有道而長，秦無道而暴也。何則？三代之君與天下共其民，故天下同其憂；秦王獨制其民，故傾危而莫救。夫與人共其樂者，人必憂其憂；與人同其安者，人必拯其危。先王知獨治之不能久也，故與人共治之；班固漢書贊曰：孝宣帝稱曰：與我共此者，其唯良二千石乎？知獨守之不能固也，故與人共守之。班固漢書贊曰：昔周盛，則周、召相，其治致刑措，衰則五伯扶其弱，與共守之。兼親疎而兩用，參同異而並進。是以輕重足以相鎮，親疎足以相衛，并兼路塞，逆節不生。賈誼過秦曰：秦并兼諸侯山東三十郡。漢書，主父偃説上曰：今以法割削諸侯，則逆節萌起。及其衰也，桓文帥禮；齊桓，晉文。苞茅不貢，齊師伐楚；宋不城周，晉戮其宰。左氏傳曰：齊侯伐楚，楚子使與師言曰：不虞君之涉吾地，何故？管仲對曰：爾貢苞茅不入，王祭不共，無以縮酒，寡人是徵。又曰：晉魏舒合諸侯之大夫于翟泉，將以城成周，宋仲幾不受功，曰：滕、薛、郳，吾役也，爲宋役亦職也。士伯怒曰：必以仲幾爲戮。乃執仲幾歸諸京師。王綱弛而復張，諸侯傲而復肅。二霸之後，寖以陵遲。漢書曰：二霸之後，寖以陵遲。吴楚憑江，負固方城，雖心希九鼎，而畏迫宗姬，左氏傳，屈完對齊侯曰：楚國方城以爲城，漢水以爲池。又曰：楚子觀兵于周疆，問鼎之大小輕重焉，王孫滿對曰：周德雖衰，天命未改，鼎之輕重，未可問也。姦情散於胸懷，逆謀消於脣吻亡粉反，斯豈非信重親戚，任用賢能，枝葉碩茂，本根賴之與？班固漢書述曰：公族蕃滋，枝葉碩茂。自此之後，轉相攻伐。吴并於越，晉分爲三，魯滅於楚，鄭兼於韓。史記曰：越王勾踐自會稽歸，拊循其士民伐吴，大破之，吴王自殺。又曰：魏武侯、韓哀侯、趙敬侯滅晉後，而三分其地。又曰：楚考烈王伐滅魯。又曰：韓哀滅鄭，并其國〔一〕。暨乎戰國，諸姬微矣，唯燕衛獨存。然皆弱小，西迫強秦，南畏齊、楚，救於滅亡，匪遑相卹。至於王赧匿簡，降爲庶人，猶枝幹相持，得居虛位。海内無主，四十餘年〔二〕。班固漢書贊曰：暨于王赧，降爲庶人，用天年終，號位已絶於天下，尚猶枝葉相持，莫得居其虛位。海内無主，四十餘年也。秦據勢勝之地，騁譎詐之術，征伐關東，蠶食九國。班固漢書贊曰：秦據勢勝之地，騁狙詐之兵，蠶食山東，一切取勝。賈誼過秦曰：九國之師遁逃而不敢進。至於始皇，乃定天位。尚書曰：天位艱哉。曠日若彼，用力若此，班固漢書贊曰：至始皇乃并天下。以德若彼，用力如此，其艱難也。豈非深根固蔕，不拔之道乎？老子曰：有國之母，可以長久，是謂深根固蔕，長生久視之道。班固漢書贊曰：所以親親賢賢，襃表功德，深根固本，爲不可拔者也。易曰：「其亡其亡，繫于苞桑。」周德其可謂當之矣。周易否卦之辭也。鄭玄曰：苞，植也。否世之人，不知聖人有命，咸云其將亡矣，其將亡矣，而聖乃自繫於植桑，不亡也。王弼曰：心存將危，乃得固也。

秦觀周之弊，將以爲以弱見奪，於是廢五等之爵，立郡縣之官，班固漢書贊曰：秦既稱帝，患周之敗，以爲諸侯力爭，四夷交侵，以弱見奪。於是削去五等。史記，李斯奏曰：置諸侯不便。始皇於是分天下以爲三十六郡，置守尉監也。棄禮樂之教，任苛刻之政。子弟無尺寸之封，功臣無立錐之土，內無宗子以自毗輔，外無諸侯以爲蕃衛。班固漢書贊曰：秦竊自號謂皇帝〔三〕，而子弟爲匹夫。內亡骨肉本根之輔，外亡尺土蕃翼之衛。莊子曰：堯、舜有天下，子孫無置錐之地。仁心不加於親戚，惠澤不流於枝葉，譬猶芟刈股肱，獨任胸腹；浮舟江海，捐棄楫櫂。法言曰：灝灝之海，濟樓航之力也。航人無楫，如航何？通俗文：櫂，謂檝也。觀者爲之寒心，而始皇晏然，自以爲關中之固，金城千里，子孫帝王萬世之業也。豈不悖哉！賈誼過秦曰：天下已定，始皇之心，以爲關中之固，金城千里，子孫帝王萬世之業也。是時，淳于越諫曰：「臣聞殷、周之王，封子弟功臣，千有餘歲〔四〕。今陛下君有海內，而子弟爲匹夫，卒有田常六卿之臣，而無輔弼，何以相救？事不師古而能長久者，非所聞也。」史記曰：齊簡公立田常、監止爲左右相。田氏殺監止，簡公出奔。田氏執簡公于徐州，遂殺之。又曰：晉昭公卒，六卿強，公室卑。六卿謂：范氏、中行氏、智氏及趙、韓、魏也。論語，糺滑讖曰：陳滅齊，六卿分晉。尚書曰：事不師古，以克永代，匪説攸聞。始皇聽李斯偏説而絀其義。至身死之日，無所寄付，委天下之重於凡夫之手，託廢立之命於姦臣之口，史記曰：始皇崩，趙高乃與胡亥、丞相李斯陰破去始皇所封書賜公子扶蘇者，而更詐爲丞相受始皇遺詔，立子胡亥爲太子。更爲書賜公子扶蘇死。至令趙高之徒，誅鋤宗室。史記曰：二世尊用趙高，申法令，乃行誅大臣及諸公子。春秋合誠圖曰：誅鋤民害。胡亥少習刻薄之教〔五〕，長遵凶父之業，史記曰：趙高故常教胡亥書，及獄律令法事。史記，太史公曰：商君，其天資刻薄人也。不能改制易法，寵任兄弟，而乃師謨申商，諮謀趙高，自幽深宮，委政讒賊，史記，李斯上書二世曰：能明申、韓之術，而修商君之法，法修術明而天下亂者，未之聞也。應劭漢書注曰：申不害，韓昭侯相。衛公孫鞅，秦孝公相。李奇曰：法皆深刻無恩。史記曰：二世常居禁中，與趙高決事，事無大小，輒決於高。蒼頡篇曰：委，任之也。身殘望夷，求爲黔首，豈可得哉？史記曰：二世齋望夷宮，欲祠涇，使使責讓趙高以盜事，高懼，乃陰與其女壻咸陽令閻樂謀易上。樂前，即謂二世曰：足下其自爲計。二世曰：願得妻子爲黔首。閻樂麾其兵進，二世自殺也。遂乃郡國離心，衆庶潰叛，尚書曰：受有億兆夷人，離心離德。左氏傳曰：人逃其上曰潰。勝廣唱之於前，劉項斃之於後。史記曰：吴廣爲假王，擊秦。班固漢書贊曰：秦竊自號謂皇帝，而子弟爲匹夫，吴、陳奮其白挺，劉、項隨而斃之。向使始皇納淳于之策，抑李斯之論，割裂州國，分王子弟，封三代之後，報功臣之勞，土有常君〔六〕，民有定主，枝葉相扶，首尾爲用，雖使子孫有失道之行，時人無湯武之賢，姦謀未發，而身已屠戮，何區區之陳項，而復得措其手足哉？故漢祖奮三尺之劍，驅烏集之衆，曾子曰：烏合之衆，初雖相歡，後必相咋也。五年之中，而成帝業。漢書曰：高祖五年斬羽東城，即皇帝位於汜水之陽。自開闢以來，其興功立勳，未有若漢祖之易者也。夫伐深根者難爲功，摧枯朽者易爲力，理勢然也。班固漢書贊曰：漢無尺土之階，繇一劍之任，五年而成帝業，書傳所未嘗有焉。何則？古代相革皆承聖王之烈，今漢獨收孤秦之斃。鐫金石者難爲功，摧枯朽者易爲力，其勢然也。

漢鑒秦之失，封植子弟。及諸吕擅權，圖危劉氏，漢書，太后崩，上將軍吕禄、相國吕産專兵秉政，謀作亂。賈逵國語注曰：權，秉，即柄字也〔七〕。而天下所以不能傾動〔八〕，百姓所以不易心者，徒以諸侯强大，盤石膠固，漢書，宋昌曰：高帝王子弟，所謂盤石之宗也。莊子曰：待膠漆而固者，是侵其德者也。范曄後漢書曰：鄭泰曰，以膠固之衆，當解合之勢。東牟朱虚授命於内，齊代吴楚作衛於外故也。漢書，宋昌曰：諸吕擅權專制，太尉卒以滅之。内有朱虚、東牟之親，外畏吴、楚、齊、代之强。又曰：齊悼惠王肥，高祖六年立。又曰：齊悼惠王子章，高后封爲朱虚侯。章弟興居爲東牟侯。向使高祖踵亡秦之法，王逸楚辭注曰：踵，繼也。忽先王之制，則天下已傳，非劉氏有也。然高祖封建，地過古制，大者跨州兼域，小者連城數十，上下無别，權侔京室，故有吴楚七國之患。班固漢書贊曰：漢興，懲戒亡秦孤立之敗，於是封王子弟，大者跨州兼郡，小者連城數十，宫室百官，制同京師。賈誼曰：「諸侯强盛，長亂起姦。夫欲天下之治安，莫若衆建諸侯而少其力。令海内之勢，若身之使臂，臂之使指，則下無背叛之心，上無誅伐之事。」文帝不從。漢書賈誼上疏之文。

至於孝景，猥用朝錯之計，削黜諸侯。親者怨恨，疏者震恐，吴楚唱謀，五國從風。兆發高祖，釁成文景，由寬之過制，急之不漸故也。漢書曰：朝錯數言吴過可削，文帝寬不忍罰。及景帝即位，錯曰：高帝初定天下，諸子弱，故大封同姓。今吴謀作亂逆，削之亦反，不削亦反。於是方議削吴。吴王恐，因欲發謀舉事。諸侯既新削罰，震恐，多怨錯。及吴先起兵，膠西、膠東、淄川、濟南、楚、趙亦皆反。猥，曲也。所謂末大必折，尾大難掉。左氏傳，楚子問於申無宇曰：國有大城，何如？對曰：末大必折，尾大不掉，君所知也。杜預曰：折，折其本也。尾同於體，猶或不從，况乎非體之尾，其可掉哉？

武帝從主父之策，下推恩之命。自是之後，齊分爲七，趙分爲六，淮南三割，梁代五分，漢書，主父偃説上曰：今諸侯或連城數十，願陛下令諸侯，得推恩分子弟，以地侯之，彼人人喜得所願，上以德施，實分其國，必稍自銷弱矣。上從其計。又，班固贊曰：武帝施主父之策，下推恩之令，使諸侯得分户邑以封子弟，不行黜陟而國自析。自是齊分爲七，趙分爲六，梁分爲五，淮南分爲三也。遂以陵遲，子孫微弱，衣食租税，不豫政事，班固漢書贊曰：景帝遭七國之難，抑損諸侯，諸侯唯得衣食租税，不與政事。或以酎金免削，或以無後國除。漢書曰：列侯坐獻黄金酎祭宗廟，不如法奪爵者百六人。漢儀注，王子爲侯，侯歲以户口酎黄金於漢廟，皇帝臨受獻金助祭。大祀曰飲酎，飲酎受金，小不如斤兩色惡者，王削縣，侯免國。漢書曰：趙哀王福薨，無子，國除。至於成帝，王氏擅朝。劉向諫曰：「臣聞公族者，國之枝葉。枝葉落，則本根無所庇廕。方今同姓疏遠，母黨專政，排擯宗室，孤弱公族，非所以保守社稷，安固國嗣也。」漢書劉向上疏之文。其言深切，多所稱引。成帝雖悲傷歎息而不能用。漢書曰：成帝即位，向數上疏，言得失，陳法戒。書數十上，以助觀覽，補遺闕。上雖不能盡用，然嘉其言，常嗟嘆之。至乎哀平，異姓秉權，假周公之事，而爲田常之亂。高拱而竊天位，一朝而臣四海，漢宗室王侯，解印釋綬，貢奉社稷，猶懼不得爲臣妾，或乃爲之符命，頌莽恩德，豈不哀哉！班固漢書贊曰：至哀、平之際，王莽知中外殫微，因母后之權，假伊、周之稱，詐謀既成，遂據南面之尊。漢諸侯王厥角稽首，奉上璽韍，唯恐在後，或乃稱美頌德，以求容媚，豈不哀哉！田常篡齊，已見上文。漢書曰：王莽廢漢藩王。廣陵王嘉獻符命，封扶策侯。又曰：郚鄉侯閔以莽篡位，獻神書言莽，得封列侯。郚音吾。由斯言之，非宗子獨忠孝於惠文之間，而叛逆於哀平之際也〔九〕，徒以權輕勢弱，不能有定耳。

賴光武皇帝挺不世之姿，杜篤論都賦曰：于時聖帝，兼不世之姿。禽王莽於已成，紹漢祀於既絶，斯豈非宗子之力耶？而曾不鑒秦之失策，襲周之舊制，踵亡國之法，而僥倖無疆之期。至於桓靈，奄豎執衡，范曄後漢書曰：桓帝立，曹騰以定策功，遷大長秋。又曰：靈帝時，大將軍竇武謀誅中官，曹節矯詔誅武等。鄭玄尚書注曰：稱上曰衡。朝無死難之臣，外無同憂之國，君孤立於上，臣弄權於下，班固漢書序曰：漢興，懲戒亡秦孤立之敗。本末不能相御，身手不能相使。由是天下鼎沸，姦凶並爭，張超牋曰：中外雲擾，萬夫鼎沸。宗廟焚爲灰燼，宮室變爲蓁藪。杜預左氏傳注曰：燼，火餘木也。居九州之地，而身無所安處，悲夫！

魏太祖武皇帝，躬聖明之資，兼神武之略，晉灼漢書注曰：資，材量也。耻王綱之廢絶，愍漢室之傾覆，龍飛譙沛，鳳翔兗豫，魏志曰：太祖武皇帝，沛國譙人，爲兗州牧。後太祖遷都於許。許屬豫州。東京賦曰：龍飛白水，鳳翔參墟。埽除凶逆，剪滅鯨鯢。左氏傳曰：楚子曰：古者明王伐不敬，取其鯨鯢而封以爲大戮。杜預曰：鯨鯢，大魚。以喻不義之人也。迎帝西京，定都潁邑。魏志曰：天子東還，敗於曹陽，太祖乃遣曹洪將兵，西迎天子還雒。董昭勸太祖都許。漢書，潁川郡有許縣。德動天地，義感人神。漢氏奉天，禪位大魏。大魏之興，于今二十有四年矣。觀五代之存亡，而不用其長策；覩前車之傾覆，而不改其轍迹。晏子曰：諺曰：前車覆，後車戒也。子弟王空虚之地，君有不使之民；宗室竄於閭閻，不聞邦國之政。權均匹夫，勢齊凡庶，内無深根不拔之固，外無盤石宗盟之助，非所以安社稷爲萬代之業也。左氏傳曰：周之宗盟，異姓爲後。且今之州牧、郡守，古之方伯、諸侯，皆跨有千里之土，兼軍武之任，或比國數人，或兄弟並據。而宗室子弟，曾無一人間廁其間，與相維持，非所以強榦弱枝，備萬一之慮也。班固漢書贊曰：徙吏二千石於諸陵，蓋亦強榦弱枝也。今之用賢，或超爲名都之主，或爲偏師之帥。而宗室有文者必限以小縣之宰，有武者必置於百人之上，使夫廉高之士，畢志於衡軛之内，衡軛，車之衡軛也。言王者之御羣臣，猶人之御牛馬，故以衡軛喻焉。畢志其内，未得騁其駿足也。才能之人，耻與非類爲伍，非所以勸進賢能，襃異宗族之禮也。

夫泉竭則流涸，根朽則葉枯。枝繁者蔭根，條落者本孤。故語曰：「百足之蟲。至死不僵，扶之者衆也。」魯連子曰：百足之蟲，至斷不蹶者，持之者衆也。此言雖小，可以譬大。文子曰：人主之有人，猶城之有基，木之有根，根深即本固，基厚即上安也。司馬相如諫獵書曰：此言雖小，可以喻大。且墉基不可倉卒而成，威名不可一朝而立。皆爲之有漸，建之有素。譬之種樹，久則深固其根本，茂盛其枝葉。若造次徙於山林之中，植於宮闕之下，雖壅之以黑墳，暖之以春日，尚書曰：厥土惟黑墳。孔安國曰：色黑而墳起也。猶不救於枯槁，何暇繁育哉？夫樹猶親戚，土猶士民，建置不久，則輕下慢上，平居猶懼其離叛，危急將如之何？是聖王安而不逸〔一〇〕，以慮危也；存而設備，以懼亡也。故疾風卒至，而無摧拔之憂；天下有變，而無傾危之患矣。

文選考異

〔一〕注「韓哀滅鄭并其國」　案：「哀」下當有「侯」字。各本皆脱。所引鄭世家文也。

〔二〕四十餘年　何校「四」改「三」，注同。魏志注作「四」，陳云「四」當作「三」。案：魏志注在武文世王公傳下，蓋誤耳。善引漢書諸侯王表爲注，彼文作「三」。師古曰「三十五年」。今此各本并依正文改之，更誤。何、陳所校是也。

〔三〕注「秦竊自號謂皇帝」　何校「謂」改「爲」，後所引同，是也。各本皆誤。

〔四〕千有餘歲　何校「歲」改「城」，陳同。魏志注作「城」。今案：「城」字誤也。元首此文出於史記秦始皇本紀，彼作「歲」，可證。又，孝文本紀「古者殷、周有國，治安皆千餘歲」，漢書作「皆且千歲」，然則當時語自如此矣。魏志注必不知者所改，何、陳誤據之也。袁、茶陵二本校語云善作「歲」，五臣作「人」。五臣正謂「歲」字不安，與改魏志注者字有異而意相同，皆非。

〔五〕胡亥少習尅薄之教　袁本云善作「尅」。茶陵本云五臣作「刻」。案：各本所見皆傳寫誤也。善注引商君傳，自作「刻」，不作「尅」。魏志注亦是「刻」字。

〔六〕土有常君　袁本、茶陵本「土」作「士」，是也。魏志注亦是「士」字。

〔七〕注「權秉即柄字也」　陳云「秉」下脱「也秉」二字，是也。各本皆脱。

〔八〕而天下所以不能傾動　何校去「能」字。魏志注無。袁本云善有「能」。茶陵本云五臣無。案：此疑各本所見傳寫衍也。

〔九〕而叛逆於哀平之際也　茶陵本云五臣作「叛」。袁本云善作「畔」。案：此所見不同也。魏志注亦是「叛」字，下文「平居猶懼其離叛」。各本皆不作「畔」，似此未必善與五臣有異。

〔一〇〕是聖王安而不逸　袁本、茶陵本「是」下有「以」字，云善本無。案：此疑各本所見傳寫脱也，魏志注有。

博弈論

系本曰：烏曹作博。許慎説文曰：博，局戲也。六箸十二棊也。楊雄方言曰：圍棊，自關而東，齊、魯之間謂之弈。

韋弘嗣　吴志曰：韋曜，字弘嗣，吴郡人。爲太子中庶子。時蔡潁亦在東宫，性好博弈，太子和以爲無益，令曜論之。後爲中書僕射。孫皓誅之。裴松之曰：曜本名昭，史爲晉諱改之也。

蓋君子恥當年而功不立，疾没世而名不稱，論語，子曰：君子疾没世而名不稱焉。故曰「學如不及，猶恐失之」。論語孔子之辭。是以古之志士，悼年齒之流邁，而懼名稱之不建也。勉精厲操，晨興夜寐，不遑寧息。經之以歲月，累之以日力。若甯越之勤，董生之篤，漸漬德義之淵，棲遲道藝之域。吕氏春秋曰：甯越，中牟之鄙人也。苦耕稼之勞，謂其友曰：何爲而可以免此苦耕也？其友曰：莫如學。學三十歲則可達矣。甯越曰：請以十五歲。人將休，吾將不休；人將卧，吾將不敢卧。十五歲而周威王師之。漢書曰：董仲舒修春秋，三年不窺園圃，其精如此。且以西伯之聖，姬公之才，猶有日昃待旦之勞，尚書，周公曰：文王自朝至於日中昃，不遑暇食用，咸和萬民。孟子曰：周公思兼三王，其有不合者，仰而思之，夜以繼日，幸而得之，坐以待旦。故能隆興周道，垂名億載。況在臣庶，而可以已乎？

歷觀古今功名之士，皆有積累殊異之迹，勞神苦體，契闊勤思，平居不惰其業，窮困不易其素。是以卜式立志於耕牧，而黃霸受道於囹圄，終有榮顯之福，以成不朽之名。漢書曰：卜式，河南人。以田畜爲事，入山牧羊，十餘年，羊致千餘頭。又曰：黃霸，字次公，淮陽人，遷丞相長史。宣帝欲褒先帝，夏侯勝曰：武帝不宜爲立廟樂。勝坐非議詔書，霸坐阿縱勝不舉劾，皆下獄。勝、霸既久繫，霸欲從勝受經，勝辭以罪死，霸曰：朝聞道，夕死可矣。勝賢其言，遂授之。繫更再冬，講論不怠。故山甫勤於夙夜，而吳漢不離公門，豈有遊惰哉？毛詩曰：肅肅王命，仲山甫將之，夙夜匪懈，以事一人。東觀漢記曰：吳漢，字子顏，南陽人。鄧禹及諸將多漢舉者〔一〕，再三召見。其後勤勤不離公門。上亦以其南陽人，漸親之。

今世之人，多不務經術，好翫博弈，廢事棄業，忘寢與食，窮日盡明，繼以脂燭。當其臨局交爭，雌雄未決，專精鋭意，神迷體倦，人事曠而不脩，賓旅闕而不接，雖有太牢之饌，韶夏之樂，不暇存也。至或賭及衣物，徙棊易行，埤蒼：賭，⿰貝爲也。賭，丁古切。⿰貝爲，記被切。廉恥之意弛，而忿戾之色發。然其所志不出一枰之上，所務不過方罫古買之間；方言曰：投博謂之枰，皮兵切。桓譚新論曰：俗有圍棊，或言是兵法之類也。及爲之上者，張置疏遠，多得道而爲勝；中者，務相絶遮要，以爭便利；下者，守邊趍作罫，自生於小地，猶薛公之言黥布反也。上計取吳、楚，廣道者也；中計塞城皋〔二〕，遮要爭利者也；下計據長沙以臨越，此守邊隅趍作罫者也。更始帝將相不能防衛，而令罫中死棊皆生。勝敵無封爵之賞，獲地無兼土之實。技非六藝，用非經國。立身者不階其術，徵選者不由其道。廣雅曰：階，因也。求之於戰陣〔三〕，則非孫吳之倫也；劉向圍棊賦曰：略觀圍棊，法於用兵，怯者無功，貪者先亡。漢書曰：孫子兵法八十二篇。吴起三十八篇。考之於道藝，則非孔氏之門也；以變詐爲務，則非忠信之事也；以劫殺爲名，則非仁者之意也。尹文子曰：以智力求者喻如弈。弈，進退取與，攻劫殺舍，在我者也。而空妨日廢業，終無補益。是何異設木而擊之，置石而投之哉！且君子之居室也，勤身以致養；其在朝也，竭命以納忠；臨事且猶旰食，而何暇博弈之足耽？左氏傳，伍奢曰：楚君大夫其旰食乎？班固漢書述曰：媚茲一人，日旰忘食。夫然，故孝友之行立，貞純之名章也。

方今大吴受命，海内未平，聖朝乾乾，務在得人；周易曰：君子終日乾乾。班固公孫弘贊曰：漢之得人，於茲爲盛。勇略之士，則受熊虎之任；儒雅之徒，則處龍鳳之署。熊虎猛捷，故以譬武。龍鳳五彩，故以喻文。尚書曰：如虎如貔，如熊如羆于商郊。蘇武答李陵書曰：其於學人，皆如鳳如龍。百行兼苞，文武並騖。孝經鈎命決曰：引興摘暴，一字管百行〔四〕。博選良才，旌簡髦俊。賈逵國語注曰：旌，表也。設程試之科，垂金爵之賞。說文曰：程，品也。廣雅曰：科，條也。誠千載之嘉會，百世之良遇也。桓子新論曰：夫聖人乃千載一出。周易曰：亨者，嘉之會也。當世之士，宜勉思至道，愛功惜力，以佐明時。廣雅曰：惜，愛也。使名書史籍，勳在盟府。左氏傳，宫之奇曰：虢叔爲文王卿士，勳在王室，藏於盟府。乃君子之上務，當今之先急也。

夫一木之枰，孰與方國之封；枯棊三百，孰與萬人之將。邯鄲淳藝經曰：棊局，縱横各十七道，合二百八十九道。白黑棊子，各一百五十枚。袞龍之服，金石之樂，足以兼棊局而貿博弈矣。周禮曰：三公自袞冕而下。鄭玄曰：袞龍，九章衣也。東都賦曰：修袞龍之法服。左氏傳曰：晉侯以樂之半賜魏絳，始有金石之樂。廣雅曰：貿，易之也〔五〕。假令世士，移博弈之力用之於詩書，是有顏閔之志也；用之於智計，是有良平之思也；用之於資貨，是有猗頓之富也；猗頓，已見賈誼過秦論。用之於射御，是有將帥之備也。如此，則功名立而鄙賤遠矣。

文選考異

〔一〕注「多漢舉者」 袁本、茶陵本「漢」作「薦」，是也。

〔二〕注「中計塞城皋」 案：「城」當作「成」。各本皆誤。

〔三〕求之於戰陣 袁本云善無「於」字。茶陵本云五臣有。案：此尤校添之也。吴志有「於」字。二本所見，蓋傳寫脱。

〔四〕注「一字管百行」 袁本、茶陵本「一」字作「學」，是也。

〔五〕注「貿易之也」 案：「之」字不當有。各本皆衍。

文選卷第五十三

論三

養生論　嵇喜爲康傳曰：康性好服食，常采御上藥。以爲神仙稟之自然，非積學所致。至於導養得理，以盡性命，若安期、彭祖之倫，可以善求而得也。著養生篇。

嵇叔夜

世或有謂神仙可以學得，不死可以力致者；王逸楚辭注曰：謂，說也。鄭玄禮記注曰：致之，猶言至也。或云上壽百二十，古今所同，過此以往，莫非妖妄者。養生經，黃帝問天老曰：人生上壽一百二十年，中壽百年，下壽八十年，而竟不然者，皆夭耳。此皆兩失其情，請試粗論之。鄭玄禮記注曰：粗，麤也。說文曰：粗，疏也。徂古切〔一〕。

夫神仙雖不目見，然記籍所載，前史所傳，較角而論之，其有必矣。廣雅曰：較，明也。似特受異氣，稟之自然，非積學所能致也。孔安國尚書傳曰：稟，受也。夫自然者，不知其然而然。老子曰：道法自然。至於導養得理，以盡性命，上獲千餘歲，下可數百年，可有之耳。天老養生經，老子曰：人生大期，以百二十年爲限，節度護之，可至千歲。而世皆不精，故莫能得之。何以言之？夫服藥求汗，或有弗獲；而愧情一集，渙然流離。漢書曰：上問右丞相周勃曰：天下一歲決獄幾何？勃謝不知。問天下錢穀，一歲出幾何？勃又謝不知。汗出洽背，媿不能對。顏師古曰：洽，霑也〔一〕。周易曰：渙汗其大號。終朝未餐，則囂然思食；而曾子銜哀，七日不飢。毛詩曰：終朝，謂從旦至食時。囂然，飢意也。禮記，曾子謂子思曰：伋，吾執親之喪也，水漿不入於口者七日。夜分而坐，則低迷思寢；内懷殷憂，則達旦不瞑古眠字。韓子曰：衛靈公至濮水之上，夜分而聞有鼓新聲者。韓詩曰：耿耿不寐，如有殷憂。漢書，劉向曰〔二〕：夜觀星宿，或不寐達旦。勁刷理鬢，醇醴發顔，僅乃得之；通俗文曰：所以理髮謂之刷也。何休公羊傳注曰：僅，劣也。壯士之怒，赫然殊觀，植髮衝冠。淮南子曰：荆軻爲燕太子丹刺秦王，高漸離、宋如意爲擊筑而歌於易水之上，荆軻瞋目裂眥，髮植衝冠。由此言之，精神之於形骸，猶國之有君也。神躁於中，而形喪於外，猶君昏於上，國亂於下也。

夫爲稼於湯之世，偏有一漑之功者，雖終歸燋爛，必一漑者後枯。然則一漑之益，固不可誣也。種曰稼，言種穀於湯之世，值七年之旱，終歸是死，而彼一溉之苗，則在後枯。亦猶人處於俗，同皆有死，能攝生者則後終也。孫卿子曰：禹十年水，湯七年旱。説文曰：溉，灌也。而世常謂一怒不足以侵性，一哀不足以傷身，輕而肆之，淮南子曰：大怒破陰，大喜墜陽。養生要，彭祖曰：憂恚悲哀，傷人；喜樂過差，傷人。賈逵國語注曰：肆，恣也。是猶不識一溉之益，而望嘉穀於旱苗者也。國語，子餘謂秦伯曰：使能成嘉穀，君之力也。是以君子知形恃神以立，神須形以存，悟生理之易失，知一過之害生。淮南子曰：形者，生之舍也；氣者，生之元也；神者，生之制也。一失位，則二者傷矣。故脩性以保神，安心以全身，愛憎不棲於情，憂喜不留於意，泊然無感，而體氣和平。老子曰：我獨泊然而未兆。説文曰：泊，無爲也。禮記曰：樂行血氣和平。又呼吸吐納，服食養身，使形神相親，表裏俱濟也。莊子曰：吹呴呼吸，吐故納新，爲壽而已矣。古詩曰：服食求神仙。

夫田種者，一畝十斛，謂之良田，此天下之通稱也。不知區種可百餘斛〔四〕。氾勝之田農書曰：上農區田，大區方深各六寸，相去七寸，一畝三千七百區；丁男女治十畝，至秋收區三升粟，畝得百斛也。區，音鄔侯切。一曰謂區隴而種，非漫田也。田種一也，至於樹養不同，則功收相懸。謂商無十倍之價，農無百斛之望，此守常而不變者也。且豆令人重，榆令人瞑，經方小品，倉公對黃帝曰：大豆多食，令人身重。博物志云：食豆三年，則身重，行止難。又曰：啖榆則瞑不欲覺也。合歡蠲忿，萱草忘憂，愚智所共知也。神農本草曰：合歡蠲忿，萱草忘憂。崔豹古今注曰：合歡樹似梧桐，枝葉繁，互相交結，每一風來，輒自相離，了不相牽，綴樹之堦庭，使人不忿。毛詩曰：焉得萱草，言樹之背。毛萇詩傳曰：萱草令人忘憂。名醫別録曰：萱草，是今之鹿葱也。薰辛害目，豚魚不養，常世所識也。養生要曰：大蒜勿食〔五〕，葷辛害目。又，神農曰：豬肉虛人，不可久食。又曰：豘肉損人。與豬同。說文曰：蒜，葷菜也。薰與葷同。豚魚無血，食之皆不利人也。蝨處頭而黑，麝食柏而香；抱朴子曰：今頭蝨著身，皆稍變而白；身蝨處頭，皆漸化而黑。則是玄素果無定質，移易存乎所漸。本草名醫云：麝香形似麞，常食柏葉，五月得香，又夏月食蛇多，至寒香滿。入春，患急痛，以脚剔去，著矢溺中，覆之皆有常處。人有遇得，乃勝殺取。頸處險而癭於井，齒居晉而黃。淮南子曰：險阻之氣多癭。謂人居於山險，樹木瘤臨其水上，飲此水則患癭。齒黃，未詳。推此而言，凡所食之氣，蒸性染身，莫不相應。豈惟蒸之使重而無使輕，害之使闇而無使明，薰之使黃而無使堅，芬之使香而無使延哉？方言曰：延，年長也。故神農曰「上藥養命，中藥養性」者，本草曰：上藥一百二十種，爲君，主養命以應天，無毒，久服不傷人，輕身益氣，不老延年。中藥一百二十種，爲臣，主養性以應人。養生經曰：上藥養命，五石練形，六芝延年。中藥養性，合歡蠲忿，萱草忘憂也。誠知性命之理，因輔養以通也。而世人不察，惟五穀是見，聲色是耽。目惑玄黃，耳務淫哇。法言曰：哇則鄭。李軌曰：哇，邪也。周禮鄭玄注曰：五穀，麻、黍、稷、麥、豆也。滋味煎其府藏，醴醪鬻其腸胃。莊子曰：聲色滋味之於人心，不待學而樂之。漢書曰：五藏六腑。周禮曰：凡齊事鬻鹽以待戒令。鄭玄曰：鬻鹽，謂練化之。鬻，今之煑字也。香芳腐其骨髓，喜怒悖其正氣。廣雅曰：悖，亂也。文子曰：循理而動者正氣。思慮銷其精神，哀樂殃其平粹。文子曰：人之性欲平。又曰：真人純粹。應劭漢書注曰：粹，淳也。

夫以蕞爾之軀，攻之者非一塗，左氏傳，子産曰：蕞爾小國。杜預注曰：蕞爾，小貌也。易竭之身，而外内受敵〔六〕，身非木石，其能久乎？其自用甚者，飲食不節，以生百病；好色不倦，以致乏絶；素問，黄帝曰：有病心腹滿，此何病？岐伯曰：此飲食不節，故時病。七發曰：百病咸生。漢書，杜欽上疏曰：佩玉晏鳴，關雎歎之，知好色之伐性短年也。風寒所災，百毒所傷，中道夭於衆難，莊子曰：終天年，不中道夭者，是智之盛。世皆知笑悼，謂之不善持生也。方言曰：悼，哀也。笑悼，謂笑其不善養生，而又哀其促齡也。至于措身失理，亡之於微，積微成損，積損成衰，從衰得白，從白得老，從老得終，悶若無端。莊子曰：藏乎無端之紀。中智以下，謂之自然。穀梁傳，荀息曰：中智以上，乃能慮之。臣料虞君，中智以下也。縱少覺悟，咸歎恨於所遇之初，而不知慎衆險於未兆。老子曰：未兆易謀。是由桓侯抱將死之疾，而怒扁鵲之先見，以覺痛之日，爲受病之始也〔七〕。韓子曰：扁鵲謂桓侯曰：君有疾在腠理，猶可湯熨。桓侯不信。後病，迎扁鵲，鵲逃之。桓侯遂死。史記曰：扁鵲療簡子，東過齊，見桓侯。東晳曰：齊桓在簡子前且二百歲。小白後無齊桓侯。田和子有桓公午，去簡子首末相距二百八年。史記自爲舛錯。韋昭曰：魏無桓侯。臣瓚曰：魏桓侯〔八〕。新序曰：扁鵲見晉桓侯。然此桓侯，竟不知何國也。害成於微而救之於著，故有無功之治；馳騁常人之域，故有一切之壽。仰觀俯察，莫不皆然。以多自證，以同自慰，謂天地之理盡此而已矣。縱聞養生之事〔九〕，則斷以所見，謂之不然。其次狐疑，雖少庶幾，莫知所由。其次，自力服藥，半年一年，勞而未驗，志以厭衰，中路復廢。或益之以畎古犬澮古外，而泄之以尾閭。尚書曰：濬畎澮距川。孔安國曰：一畝之間，廣尺深尺曰畎。廣二尋深二仞曰澮。畎澮深之，亦入海也。莊子，海若曰：天下之水，莫大於海，萬川歸之，不知何時止而不盈；尾閭泄之，不知何時已而不虛。司馬彪曰：尾閭，水之從海水出者也。一名沃燋，在東大海之中。尾者，在百川之下，故稱尾。閭者聚也，水聚族之處，故稱閭也。在扶桑之東，有一石，方圓四萬里，厚四萬里，海水注者，無不燋盡，故名沃燋。欲坐望顯報者，或抑情忍欲，割棄榮願，而嗜好常在耳目之前，所希在數十年之後，說文云：希，望也。穀梁傳，荀息曰：夫人玩好在耳目之前，而患在一國之後。又恐兩失，內懷猶豫，楚辭曰：心猶豫而狐疑。尸子曰：五尺大犬爲豫。說文云：隴西謂犬子爲猶。顏師古以爲人將犬行，豫在人前，待人不得，又來迎侯，如此往還至于終日，斯乃豫之所以爲未定也，故稱猶豫。或以爾雅云：猶如麂〔一〇〕，善登木。猶，獸名。聞人聲乃猶豫緣木，如此上下，故稱猶豫。心戰於內，物誘於外，交賒相傾，如此復敗者。

夫至物微妙，可以理知，難以目識，譬猶豫章，生七年然後可覺耳。淮南子曰：豫章之生，七年可知。延叔堅曰：豫章與枕木相似，須七年乃可別耳。枕音尤。今以躁競之心，涉希靜之塗，老子道經曰：聽之不聞，名曰希。王逸楚辭注曰：無聲曰靜。意速而事遲，望近而應遠，故莫能相終。

夫悠悠者既以未效不求，論語，桀溺曰：滔滔者〔一〕天下皆是也。而求者以不専喪業，偏恃者以不兼無功，追術者以小道自溺，凡若此類，故欲之者萬無一能成也。善養生者則不然矣。清虚静泰，少私寡欲。莊子曰：廣成子謂黄帝曰：必静必清，無勞汝形，無摇汝精，乃可以長生。老子曰：少私寡欲。知名位之傷德，故忽而不營，非欲而彊禁也。左氏傳曰：名位不同，禮亦異數。識厚味之害性，故棄而弗顧，非貪而後抑也。國語，單襄公曰：厚味實腊毒也。外物以累心不存，神氣以醇白獨著，慎子曰：夫德精微而不見，聰明而不發，是故外物不累其内。莊子曰：外物不可必。司馬彪曰：物，事也。忠孝，内也。而外事咸不信受也。淮南子曰：古之人，神氣不蕩乎外。莊子曰：虚室生白。向秀曰：虚其心，則純白獨著。曠然無憂患，寂然無思慮。莊子曰：聖人平易恬淡，則憂患不能入也，邪氣不能襲也，故其德全而神不虧矣。故曰聖人不思慮，不預謀也。又守之以一，養之以和，和理日濟，同乎大順。老子曰：聖人抱一，爲天下式。河上公曰：抱，守也。守一，乃知萬事，故能爲天下法式〔二〕。王弼曰：一，少之極也。式，猶則也。文子曰：古之爲道者，養以和，持以適。莊子曰：古之治道者，以恬養知；知生，而無以知爲也，謂之以知養恬。知與恬交相養，而和理出其性。老子曰：玄德深矣，遠矣，與物反矣，乃至大順。河上公曰：大順者，天理也〔三〕。鍾會曰：反俗以入道，然乃至於大順也。然後蒸以靈芝，潤以醴泉，白虎通曰：醴泉者，美泉也，狀如醴酒也。晞以朝陽，綏以五絃，毛萇詩傳曰：晞，乾也。無爲自得，體妙心玄，莊子曰：天無爲以之清，地無爲以之寧，故兩無爲相合，萬物皆化之也，孰能得無爲哉？老子曰：玄之又玄，衆妙之門。

忘歡而後樂足，遺生而後身存。莊子曰：天下有至樂無有哉？曰：至樂無樂。郭象曰：忘歡而後樂足，樂足而後身存。莊子曰：棄事則形不勞，遺生則精不虧，夫形全精復，與天爲一。若此以往，恕可與羨門比壽，王喬争年，何爲其無有哉？聲類曰：恕，人心度物也。史記曰：始皇之碣石，使燕人盧生求羨門。韋昭曰：羨門，古仙人也。列仙傳曰：王子喬者，周靈王太子晉也。道人浮丘公接以上嵩高山。

文選考異

〔一〕注「説文曰粗疏也徂古切」　袁本、茶陵本無此九字。

〔二〕注「顔師古曰洽霑也」　袁本、茶陵本無此七字。

〔三〕注「漢書劉向曰」　袁本、茶陵本「書」下有「曰」字。案：二本是也。「向」下不當有「曰」字，二本皆衍。

〔四〕可百餘斛　茶陵本此下有「也」字，云五臣無。袁本云善有。案：此所見不同，或尤删之也。

〔五〕注「大蒜勿食」　袁本、茶陵本「勿」作「多」，是也。

〔六〕而外内受敵　袁本云善作「内外」。茶陵本云五臣作「外内」。案：此疑尤以五臣改之也。

〔七〕爲受病之始也　袁本云善無「受」字。茶陵本云五臣有。案：此疑尤以五臣添之也。

〔八〕注「臣瓚曰魏桓侯」　袁本、茶陵本無此六字。

〔九〕縱聞養生之事　茶陵本「生」作「性」，云五臣作「生」。袁本云善作「性」。案：此尤以五臣改之也。

〔一〇〕注「猶如麀」　陳云「麀」，「麃」誤，是也。各本皆譌。

〔一一〕注「桀溺曰滔滔者」　袁本「滔滔」作「悠悠」。案：「悠悠」是也。茶陵本亦誤與此同。陳云陸氏釋文「滔滔」，鄭本作「悠悠」。注自據鄭康成本，與他本不同也。

〔一二〕注「河上公曰抱」下至「故能爲天下法式」　袁本、茶陵本無此二十字。

〔一三〕注「河上公曰大順者天理也」　袁本、茶陵本無此十字。

運命論

運謂五德更運，帝王所稟以生也。春秋元命苞曰：五德之運，各象其類；興亡之名，應籙以次相代。宋均曰：運，籙運也。春秋元命苞曰：命者，天下之命也。

李蕭遠

集林曰：李康，字蕭遠，中山人也。性介立，不能和俗。著遊山九吟，魏明帝異其文，遂起家爲尋陽長。政有美績。病卒。

夫治亂，運也；窮達，命也；貴賤，時也。墨子曰：貧富治亂，固有天命，不可損益。王命論曰：窮達有命，吉凶由人。莊子，北海若曰：貴賤有時，未可以爲常也。故運之將隆，必生聖明之君。春秋河圖揆命篇曰：倉、戲、農、黄，三陽翼天德聖明〔一〕。聖明之君，必有忠賢之臣。其所以相遇也，不求而自合；其所以相親也，不介而自親。介，紹介也。禮記曰：介紹而傳命。唱之而必和，謀之而必從，道德玄同，曲折合符，老子曰：知者不言，言者不知，是爲玄同。論語比考讖曰：君子上達，與天合符。得失不能疑其志，讒構不能離其交，然後得成功也。其所以得然者，豈徒人事哉？授之者天也，告之者神也，成之者運也。

夫黄河清而聖人生，里社鳴而聖人出，易乾鑿度曰：聖人受命，瑞應先見於河，河水先清，清變白，白變赤，赤變黑，黑變黄，各三日。春秋潛潭巴曰：里社明，此里有聖人出。其呴，百姓歸，天辟亡。宋均曰：里社之君鳴，則教令行，教令明，惟聖人能之也。呴，鳴之怒者。聖人怒則天辟亡矣。湯起放桀時，蓋此祥也。明與鳴古字通。羣龍見而聖人用。易曰：見羣龍無首，吉。又曰：聖人作而萬物覩。故伊尹，有莘氏之媵臣也，而阿衡於商。説苑，鄒子説梁王曰：伊尹，有莘氏之媵臣，湯立以爲三公。毛詩曰：實維阿衡，左右商王。毛萇傳曰：阿衡，伊尹也。太公，渭濱之賤老也，而尚父於周。史記曰：太公望以漁釣干周西伯。六韜曰：文王卜田，史扁爲卜曰：于渭之陽，將大得焉。非熊非羆，非虎非狼，兆得公侯，天遺汝師。王乃齋戒三日，田于渭陽，卒見吕尚坐茅以漁。毛詩大雅曰：維師尚父，時維鷹揚。諒彼武王，肆伐大商。百里奚在虞而虞亡，在秦而秦霸，非不才於虞而才於秦也。吕氏春秋曰：凡亂也者，必始乎近而後及遠，始乎本而後及末，亦然〔二〕。故百里奚處乎虞而虞亡，處乎秦而秦霸。百里奚之處乎虞，知非遇也〔三〕。其處於秦，非加益也〔四〕，有其本也。其本也者，定分之謂也。張良受黄石之符，誦三略之説，黄石公記序曰：黄石者，神人也。有上略，中略，下略。河圖曰：黃石公謂張良曰：讀此，爲劉帝師。以遊於羣雄，其言也，如以水投石，莫之受也；及其遭漢祖，其言也，如以石投水，莫之逆也〔五〕。漢書曰：張良以兵法説沛公，沛公喜，常用其策。爲它人言，皆不省〔六〕。非張良之拙説於陳項，而巧言於沛公也。漢書，張良乃説項梁立韓成爲韓王。而漢書，張良無説陳涉。今此言之，未詳其本也。然則張良之言一也，不識其所以合離？合離之由，神明之道也。故彼四賢者，名載於籙圖，事應乎天人，其可格之賢愚哉？春秋考異郵曰：稽之籙圖，參於泰古。易坤靈圖曰：湯臣伊尹振鳥陵。春秋命歷序曰：文王受丹書，呂望佐昌，發。春秋保乾圖曰：漢之一師爲張良，生韓之陂，漢以興。春秋感精記曰：西秦東闕，謀襲鄭伯，晉、戎同心，遮之殽谷，反呼老人，百里子哭，語之不知，泣血何益。蒼頡篇曰：格，量度之也。孔子曰：「清明在躬，氣志如神。嗜慾將至，有開必先。天降時雨，山川出雲。」禮記文也。鄭玄曰：清明在躬，氣志如神，謂聖人也。嗜慾將至，謂其王天下之期將至也。神有以開之，必先爲之生賢智之輔佐。若天將降時雨，山川爲之出雲也。詩云：「惟嶽降神，生甫及申；惟申及甫，惟周之翰。」運命之謂也。詩大雅文也。箋云：申，申伯。甫，甫侯也。毛萇傳曰：翰，幹也。言周道將興，五嶽爲之生佐。仲山甫及申伯，爲周之幹臣也。豈惟興主，亂亡者亦如之焉。呂氏春秋曰：世有興主之士也。幽王之惑褒女也，祆始於夏庭。史記曰：昔夏后氏之衰也，有神龍二，止於夏帝之庭而言曰：余褒之二君也。夏帝卜殺之與去之與止之，莫吉。卜請其漦而藏之，乃吉。於是布幣而策告之，龍亡而漦在。夏氏乃櫝而去之〔七〕。比三代，莫之敢發。至厲王之末，發而觀之。

漦流於庭，不可除。厲王使婦人裸而譟之。漦化爲玄黿，以入王後宮。後宮童妾，既齔遭之，既笄而孕，無夫而生一女子，懼而棄之。宣王之時，童謠：檿弧箕服，實亡周國。於是宣王聞之。有夫婦賣是器者，宣王使執而戮之於道。而鄉者後宮妾所棄妖子出於路者，聞其夜啼，哀而收之，夫婦遂奔於褒。褒人有罪，請入棄子以贖罪。棄子出於褒，是爲褒姒。幽王廢申后，立褒姒爲后。后父申侯怒攻幽王，遂殺幽王酈山下。漦，仕淄切。曹伯陽之獲公孫彊也，徵發於社宮。左氏傳曰：初，曹人或夢衆君子立於社宮，而謀亡曹。曹叔振鐸請待公孫彊，許之，旦而求之曹，無之，戒其子曰：我死，爾聞公孫彊爲政，必去之。及曹伯陽即位，好畋弋。曹鄙人公孫彊好弋，且言畋弋之説，悦之。因訪政事，説於曹伯，從之。乃背晉而奸宋，宋人伐之，執曹伯陽以歸，殺之。叔孫豹之暱豎牛也，禍成於庚宗。左氏傳曰：初，穆子去叔孫氏，及庚宗，過婦人〔八〕，使私爲食而宿焉。魯人召之，所宿庚宗之婦人獻以雉。問其姓，對：余子長矣。召而見之，遂使爲豎，有寵，長使爲政。田於蒲丘，遂遇疾焉。豎牛曰：夫子疾病，不欲見人。使寘饋于介而退，弗進，則置虚器命徹，叔孫不食，卒。吉凶成敗，各以數至。春秋考異郵曰：吉凶有效，存亡出象。王命論曰：驗行事之成敗。數，歷數也。孔安國尚書傳曰：歷數，謂天道也。咸皆不求而自合，不介而自親矣。

昔者，聖人受命河洛曰：以文命者，七九而衰；以武興者，六八而謀。河、洛謂河圖、洛書也。文謂文德，即文王也。武謂武功，即武王也。言以文德受命者，或七世、九世而漸衰微；以武功興起者，或六世、八世而謀也。及成王定鼎於郟鄏，卜世三十，卜年七百，天所命也。左氏傳王孫滿之辭也。其世之多少，年之短長，皆天所命也。七九、六八，即卜世數也。杜預注曰：郟鄏，今河南也。武王遷之，成王定之。故自幽厲之間，周道大壞，言自成王至于厲王，凡有八世，即應七而衰也。毛詩序曰：蕩，召，穆公傷周室大壞也。二霸之後，禮樂陵遲。二霸，齊桓、晉文也。自厲王至于二霸之卒，凡有九世，即應九而衰也。毛詩序曰：禮義陵遲，男女淫奔也。文薄之弊，漸於靈景；自二霸之卒，至于景王，凡有六世，即應六而謀也。尚書大傳曰：周人之教以文，上教以文君子，其失也小人薄。鄭玄曰：文，謂尊卑之差制也。習文法，無悃誠也。靈、景，周之王末者也〔九〕。辯詐之僞，成於七國。言文薄既弊，詐僞乃成也。七國，謂韓、魏、齊、趙、燕、楚、秦也。自景王至于七國，凡有八世，即應八而謀也。酷烈之極，積於亡秦；言詐僞既成，故加之以酷烈也。解嘲曰：吕刑靡弊，秦法酷烈也。文章之貴，棄於漢祖。言周人之教以文，故漢承之以貴也。漢書曰：陸賈爲太中大夫，賈時上前説稱詩、書，高帝罵之曰：迺公以馬上得之，安事詩、書也？仲長子昌言曰：漢祖輕文學而簡禮義。雖仲尼至聖，顔冉大賢，家語，冉有曰：孔子者，大聖兼該，文武並通。又曰：顔回，字子淵，以德行著名，孔子稱其賢。又曰：冉求，字子有，以政事著名，性多謙退。揖讓於規矩之内，誾誾於洙、泗之上，不能遏其端；論語曰：孔子朝與上大夫言，誾誾如也。孔安國曰：誾誾，中正之貌。禮記，曾子謂子夏曰：吾與汝事夫子於洙、泗之間。鄭玄曰：洙、泗，魯水名也。史記曰：甚哉，魯之衰也，洙、泗之間，誾誾如也。桓子新論曰：遏絶其端，其命在天。孟軻、孫卿體二希聖，從容正道，不能維其末，周易，子曰：君子知幾其神乎。顔氏之子其殆庶幾乎。有不善，未嘗不知；知之，未嘗復行。韓康伯曰：在理則昧，造形而悟。顔氏子之分也，失之於幾，故有不善，得之於二，不遠而復。故知之，未嘗復行也。法言曰：睎驥之馬〔一〇〕，亦驥之乘，睎顔之人，亦顏之徒也。顏嘗睎夫子矣。李軌曰：希，望也。言顏回嘗望孔子也。禮含文嘉曰：從容中道，陰陽度行也。天下卒至于溺而不可援。言小人之失在薄。故孔孟所不能援也。孟子曰：天下溺，則援之以道。夫以仲尼之才也，而器不周於魯衛；以仲尼之辯也，而言不行於定哀；史記曰：魯定公以孔子爲司寇，季桓子受齊女樂，不聽政，孔子遂行。適衛，衛靈公置粟六萬，居頃之，或譖孔子於靈公。孔子恐獲罪，去衛也。以仲尼之謙也，而見忌於子西；史記曰：楚昭王興師迎孔子，將以書社地七百里封孔子。楚令尹子西曰：王之使使諸侯有如子貢者乎？曰：無有。王之將帥有如子路者乎？曰：無有。王之官尹有如宰予者乎？曰：無有。且楚之祖封於周，爲子男五十里。今孔丘述三、五之法，明周、召之業，王若用之，則楚國安得世世土方數千里乎？文王在豐，武王在鎬，卒王天下。今孔丘得據土壤，賢弟子爲佐，非楚之福也。昭王乃止。以仲尼之仁也，而取讎於桓魋；史記曰：孔子適宋，與弟子習禮大樹下。宋司馬桓魋欲殺孔子，拔其樹。孔子弟子曰：可以速行矣。孔子曰：天生德於予，桓魋其如予何？以仲尼之智也，而屈厄於陳蔡；家語曰：楚昭王聘孔子，孔子往拜禮焉。路出乎陳、蔡。陳、蔡大夫相與謀曰：孔子賢聖，其刺譏皆中諸侯之病。若用於楚，則陳、蔡危矣。遂使徒兵距孔子。孔子不得行，絶糧七日，外無所通，藜羹不充。以仲尼之行也，而招毁於叔孫。論語曰：叔孫武叔毁仲尼。子貢曰：無以爲也。仲尼不可毁也。他人之賢者，丘陵也，猶可踰也；仲尼，日月也，無得而踰焉。人雖自絶也，其何傷於日月乎？多見其不知量也。夫道足以濟天下，而不得貴於人；周易曰：智周萬物，而道濟天下。言足以經萬世，而不見信於時；文子曰：養生以經世。莊子曰：未嘗聞任氏之風俗，其不可與經於世亦遠矣。行足以應神明，而不能彌綸於俗；孝經曰：孝悌之至，通於神明。周易曰：故能彌綸天地之道。應聘七十國，而不一獲其主；説苑，趙襄子謂子路曰：吾嘗問孔子曰：先生事七十君，無明君乎？孔子不對。何謂賢也？驅驟於蠻夏之域，屈辱於公卿之門，蠻，謂蔡、楚也。毛詩曰：蠢爾蠻荆。夏，謂宋、衛也。公，謂魯侯也，卿，謂季氏也。列子，楊朱曰：孔子屈於季氏，見辱於陽虎也。其不遇也如此。及其孫子思，希聖備體，而未之至，史記曰：伯魚生伋，字子思。孟子曰：子夏、子游、子張，皆有聖人之一體。冉伯牛、閔子、顔回則具體而微。劉熙曰：體者，四支股脚也。具體者，皆微者也，皆具聖人之體，微小耳。體以喻德也。封己養高，勢動人主。國語，叔向曰：引黨以封己。韋昭曰：封，厚也。魏志，高柔上疏曰：三事不使知政，遂各偃息養高〔一〕。其所遊歷諸侯，莫不結駟而造門；雖造門猶有不得賓者焉〔二〕。其徒子夏，升堂而未入於室者也。退老於家，魏文侯師之，西河之人肅然歸德，比之於夫子而莫敢間其言。論語，子曰：由也，升堂矣，未入於室也。家語曰：卜子夏，孔子卒後，教於西河之上。魏文侯師事之，而咨問國政焉。禮記，曾子謂子夏曰：吾與汝事夫子於洙、泗之間，退而老於西河之上，使西河之人疑汝於夫子。陳羣論語注曰：不得有非間之言也。故曰：治亂，運也；窮達，命也；貴賤，時也。而後之君子，區區於一主，歎息於一朝。屈原以之沈湘，賈誼以之發憤，不亦過乎！楚辭曰：臨沅湘之玄淵兮，遂自忍而沈流。漢書曰：天子以賈誼任公卿之位。絳、灌之屬盡害之，乃毁誼。於是天子亦疏之，以誼爲長沙王太傅。誼既以謫去，意不自得，及渡湘水，爲賦以弔屈原。原，楚賢臣也，被讒，遂投江而死。誼追傷之，因以自諭。揚雄反騷曰：欽弔楚之湘纍。音義曰：屈原赴湘，故曰湘纍。

然則聖人所以爲聖者，蓋在乎樂天知命矣。周易曰：樂天知命，故不憂。故遇之而不怨，居之而不疑也。其身可抑，而道不可屈；漢書，孫寶曰：道不可詘，身詘何傷。其位可排，而名不可奪。譬如水也，通之斯爲川焉，塞之斯爲淵焉，管子曰：水有大小，出之溝，流於大水及海者，命之曰川；出於地而不流，命曰淵水。升之於雲則雨施，沈之於地則土潤。淮南子曰：夫水者，大不可極，深不可測，上天爲雨露，下地爲潤澤。無公無私，水之德也。周易文言曰：雲行雨施，天下平也。禮記月令曰：季夏之月，土潤，溽暑。鄭玄云：土潤，謂塗濕也。體清以洗物，不亂於濁；受濁以濟物，不傷於清。晏子春秋，景公問晏子曰：廉正而長久，其行何也？晏子對曰：其行水也。美哉水乎清，其濁無不寀塗，其清無不灑除，是以長久也。管子曰：夫水淖溺以清，好灑人之惡，仁也。寀，式甚切。是以聖人處窮達如一也。吕氏春秋曰：古之得道者，窮亦樂，達亦樂，所樂非窮達也。道得於此，則窮達一也。夫忠直之迕於主，獨立之負於俗，理勢然也。小雅曰：迕，犯也。鄭玄禮記注曰：負，背也。故木秀於林，風必摧之；堆出於岸，流必湍之；廣雅曰：秀，出也。論衡曰：風衝之物，不得育；水湍之岸，不得峭。行高於人，衆必非之。史記曰：商君説秦孝公曰：夫有高人之行者，固見非於世。前監不遠，覆車繼軌。毛詩曰：殷鑒不遠。晏子春秋，諺曰：前車覆，後車戒。然而志士仁人〔一三〕，猶蹈之而弗悔，操之而弗失，何哉？將以遂志而成名也。史記，司馬遷曰：詩、書隱約者，欲遂其志之思也〔一四〕。班固漢書贊曰：雖其陷於刑辟，自與殺身成名也。求遂其志，而冒風波於險塗；家語曰：不觀巨海，何以知風波之患也。求成其名，而歷謗議於當時。司馬遷書曰：下流多謗議。彼所以處之，蓋有筭矣。蒼頡篇曰：筭，計也。子夏曰：「死生有命，富貴在天。」論語，子夏曰：商聞之，死生有命，富貴在天。故道之將行也，命之將貴也，論語，子曰：道之將行也與？命也。則伊尹呂尚之興於商周，百里子房之用於秦漢，不求而自得，不徼而自遇矣〔一五〕。論衡曰：命吉，不求自得富貴之命。西京賦曰：不徼自遇。道之將廢也，命之將賤也，論語，子曰：道之將廢也與？命也。豈獨君子恥之而弗爲乎？蓋亦知爲之而弗得矣。凡希世苟合之士，蘧蒢戚施之人，莊子曰：原憲謂子貢曰：夫希世而行，比周而友，憲不忍爲也。司馬遷報任安書曰：苟合取容。毛詩云：燕婉之求，蘧蒢不鮮。又曰：燕婉之求，得此戚施。俛仰尊貴之顔，逶迆勢利之間，杜預左氏傳注曰：俛仰，伏也。鄭玄毛詩箋曰：蘧蒢觀人顔色而爲辭，故不能俯。又曰：戚施下人以色，故不能仰。史記曰：蘇秦嫂逶迆而謝曰：見季子位高金多也。意無是非，讚之如流；言無可否，應之如響。毛詩曰：巧言如流。史記，淳于髡曰：鄒忌其應我，若響之應聲也。以闚看爲精神，以向背爲變通。周易曰：變通者，趣時者也。勢之所集，從之如歸市；勢之所去，棄之如脱遺。孟子曰：太王居豳，狄人侵之，乃踰梁山，邑于岐山下，從者如歸市焉。廣雅曰：脱，誤也。毛詩曰：弃予如遺。鄭玄曰：如人遺忘，忽然不省存也。其言曰：名與身孰親也？得與失孰賢也？榮與辱孰珍也？老子曰：名與身孰親？得與亡孰病也？家語，子貢曰：與其俱失，二者孰賢？鄭玄儀禮注曰：賢，猶勝也。故遂絜其衣服，矜其車徒，冒其貨賄，淫其聲色，杜預左氏傳注曰：冒，貪也。脈脈然自以爲得矣。爾雅曰：脈，相視也〔一六〕。郭璞曰：脈脈，謂相視貌也。蓋見龍逢比干之亡其身，而不惟飛廉惡來之滅其族也。尸子曰：義必利，雖桀殺關龍逢，紂殺王子比干，猶謂義之必利也。史記曰：中潏生蜚廉，蜚廉生惡來，父子俱以材力事殷紂。說苑，子石曰：費仲、惡來革去鼻決目，崇侯虎順紂之心，欲以合於意。武王伐紂，四子死牧之野。蓋知伍子胥之屬音燭鏤力俱於吳〔一七〕，而不戒費無忌之誅夷於楚也。左傳曰：吳將伐齊〔一八〕，越子率其屬以朝焉。王及列士皆饋賂〔一九〕，吳人皆喜，惟子胥懼曰：是豢吳也〔二〇〕。使於齊，屬其子於鮑氏爲王孫氏，反役〔二一〕，王聞之，使賜之屬鏤以死。杜預曰：改姓爲王孫，欲以辟吳禍〔二二〕。屬鏤，劍名。又左傳曰：沈尹戌言於子常曰：夫無極，楚之讒人也。去朝吳，出蔡侯朱，喪太子建，殺連尹奢，子而弗圖，將焉用之？子常曰：是瓦之罪也。乃殺費無極、鄢將師，盡滅其族，以說其國。蓋譏汲黯之白首於主爵，而不懲張湯牛車之禍也。漢書曰：汲黯爲東海太守，東海大治，召爲主爵都尉。又曰：上以張湯爲懷詐面欺，使使簿責湯，湯自殺。諸子欲厚葬，湯母曰〔二三〕：湯爲天子大臣，被惡言而死，何厚葬爲？載以牛車，有棺而無槨。蓋笑蕭望之跋蒲末躓竹利於前〔二四〕，而不懼石顯之絞縊於後也。漢書曰：前將軍蕭望之及光祿大夫周堪建白，以爲宜罷中書宦官，應古不近刑人。由是大與石顯忤。後皆害焉。望之自殺。毛詩曰：狼跋其胡，載躓其尾。漢書曰：成帝立，丞相奏顯舊惡，免官，徙歸故郡，憂懣不食，道病死〔二五〕。

故夫達者之筭也，亦各有盡矣。曰：凡人之所以奔競於富貴，何爲者哉？若夫立德必須貴乎？則幽厲之爲天子，不如仲尼之爲陪臣也。左氏傳，王饗管仲，管仲曰：陪臣敢辭。杜預注曰：諸侯之臣曰陪臣。必須勢乎？則王莽董賢之爲三公，不如楊雄仲舒之閴其門也。漢書曰：拜王莽爲大司馬。又曰：董賢代丁明爲大司馬。楊雄自序曰：雄家代素貧，嗜酒，人希至其門。又曰：董仲舒爲博士，下帷講誦，弟子傳以文，次相授業，或莫見其面。必須富乎？則齊景之千駟，不如顏回原憲之約其身也。論語，子曰：齊景公有馬千駟，死之日，民無得而稱焉。又曰：顏淵問仁。子曰：克己復禮爲仁。馬融曰：克己，約身也。家語曰：原憲，宋人，字子思。清約守節，貧而樂道。其爲實乎？則執杓而飲河者，不過滿腹；棄室而灑雨者，不過濡身；過此以往，弗能受也。桓公新論曰〔二六〕：子貢對齊景公曰：臣事仲尼，譬如渴而操杯器，就江海飲，滿腹而去，又焉知江海之深也。其爲名乎？則善惡書于史册，毁譽流於千載；淮南子曰：三代之善，千歲之積譽也。桀、紂之惡，千載之積毁也。賞罰懸於天道，吉凶灼乎鬼神，固可畏也。廣雅曰：灼，明也。將以娱耳目、樂心意乎？南都賦曰：遊觀之好，耳目之娱。譬命駕而遊五都之市，則天下之貨畢陳矣。孔叢子，孔子歌曰：巾車命駕。漢書曰：王莽於五都立均官，更名雒陽、邯鄲、臨淄、宛、成都市長，皆爲五均司市師也。褰裳而涉汶問陽之丘，則天下之稼如雲矣。毛詩曰：子惠思我，褰裳涉溱。公羊傳曰：莊公會諸侯，盟于柯。曹子曰：願請汶陽之田。如雲，言多也。椎直追紒而守敖庾海陵之倉，則山坻之積在前矣。漢書曰：尉佗魋結。服虔曰：魋音椎。今兵士椎頭結。張揖上林賦注曰：紒，鬟後垂也。紒即髻字也。于子正文引此而爲髻字。漢書曰：築甬道屬河，以取敖倉粟。又枚乘上書曰：夫漢轉粟西向，不如海陵之倉。毛詩曰：曾孫之庾，如坻如京。

毛萇詩傳曰：京，丘也。鄭玄曰：庾，露積穀也。扱衽而登鍾山藍田之上，則夜光璵余璠煩之珍可觀矣。爾雅曰：扱衽曰擷。廣雅曰：扱，插也。並初洽切。淮南子曰：鍾山之玉。范子計然曰：玉英出藍田。許慎淮南子注曰：夜光之珠，有似明月，故曰明月也。左氏傳曰：季平子卒，陽虎將以璵璠斂。杜預曰：璵璠，美玉也。夫如是也，爲物甚衆，爲己甚寡，不愛其身，而嗇其神。吕氏春秋曰：凡事之本，必理身嗇其大寶。高誘曰：嗇，愛也。寶，身也。風驚塵起，散而不止。風驚塵起，喻惡積而釁生。塵散而不止，喻釁生而不滅。六疾待其前，五刑隨其後。左氏傳曰：昭元年，晉侯求醫於秦。秦使醫和視之。和曰：是謂近女室。公曰：女不可近乎？對曰：天有六氣，淫生六疾。六氣曰陰、陽、風、雨、晦、明，過則爲災。陰淫，寒疾；陽淫，熱疾；風淫，末疾；雨淫，腹疾；晦淫，惑疾；明淫，心疾。今君不節，能無及此乎？書曰：惟敬五刑，以成三德。利害生其左，攻奪出其右，而自以爲見身名之親疏，分榮辱之客主哉。言奔競之倫，禍敗若此，而乃尚自以爲審見身名親疏之理，妙分榮辱客主之義哉。言惑之甚也。天地之大德曰生，聖人之大寶曰位，何以守位曰仁，何以正人曰義。周易曰：天地之大德曰生。聖人之大寶曰位。何以守位曰仁。何以聚人曰財。理財正辭、禁人爲非曰義。故古之王者，蓋以一人治天下，不以天下奉一人也。淮南子曰：古之立帝王者，非以奉養其欲也，爲天下掩衆暴寡，故立天子以齊一之也。古之仕者，蓋以官行其義，不以利冒其官也。論語，子曰：君子之仕，行其義也。杜預左氏傳注曰：冒，貪也〔二七〕。古之君子，蓋恥得之而弗能治也，不恥能治而弗得也。原乎天人之性，核胡革乎邪正之分，吕氏春秋曰：衆正之所積，其福無不及；衆邪之所積，其禍無不違。權乎禍福之門，終乎榮辱之筭，其昭然矣。爾雅曰：權，輿，始也。尸子曰：聖人權福則取重，權禍則取輕。吕氏春秋曰：少多治亂，不可不察，此禍福之門也。管子曰：爲善者有福，爲不善者有禍。孟子曰：仁則榮，不仁則辱。孫卿子曰：先義後利者榮，先利後義者辱。故君子舍彼取此。言舍欲利而取仁義也。老子曰：故去彼取此。若夫出處不違其時，默語不失其人，周易曰：君子之道，或出或處，或默或語。天動星迴而辰極猶居其所，言君子之性，語默出處，雖從其時，而中心常不改其操。似天動星迴，而北辰常居其所而不改也。論語，子曰：爲政以德，譬如北辰，居其所而衆星拱之。鄭玄曰：北極謂之北辰。璣旋輪轉〔二八〕，而衡軸猶執其中，尚書曰：琁璣玉衡，以齊七政。孔安國曰：璣衡，王者正天文之器，可運轉者。馬融曰：琁璣，渾天儀，可轉旋。鄭玄曰：轉運者爲機，持正者爲衡。莊子曰：軸不運而輪致千里。既明且哲，以保其身，貽厥孫謀，以燕翼子者，毛詩大雅文也。毛萇傳曰：燕，安也。翼，敬也。箋云：貽，猶傳也。孫，順也。言傳其所順以天下之謀〔二九〕，以安其敬事之子孫，謂使行之也。昔吾先友，嘗從事於斯矣。論語，曾子曰：以能問於不能，昔者，吾友嘗從事於斯矣。

文選考異

〔一〕注「春秋河圖」下至「聖明」袁本此十九字作「聖明已見王命論」七字，是也。茶陵本複出與此同，非。

〔二〕注「亦然」 案：「亦」上當有「治」字，各本皆脱，此所引處方篇文也。

〔三〕注「知非遇也」 案：「遇」當作「愚」，各本皆誤。

〔四〕注「非加益也」 案：「非」上當有「知」字，各本皆脱。

〔五〕以遊於羣雄下至莫之逆也 袁本、茶陵本校語云善無此一段。説詳下。

〔六〕注「漢書曰」下至「皆不省」 袁本、茶陵本無此一節注。案：二本所見傳寫脱去正文及注一節也。後石闕銘「計如投水」引此論「張良及其遭漢祖，其言也，如以石投水，莫之逆也」爲注，然則善有可知。尤所見本蓋爲未誤。

〔七〕注「夏氏乃櫝而去之」 袁本、茶陵本無「夏氏乃」三字，是也。

〔八〕注「過婦人」 陳云「過」，「遇」誤，是也。各本皆譌。

〔九〕注「靈景周之王末者也」 袁本「末」上有「者」字。案：疑「弊」字之誤，尤删非也。茶陵本删去此一句，更非。

〔一〇〕注「睎驥之馬」 袁本「睎」作「希」，下同。茶陵本亦作「睎」，與此同。案：正文作「希」，注「希，望也」，亦仍作「希」，似「睎」字依法言改之也。

〔一一〕注「三事不使知政遂各偃息養高」 袁本、茶陵本無「不使知政遂各」六字。案：此尤添之也。

〔一二〕雖造門猶有不得賓者焉 袁本此下有善注；或無「雖造門」三字一句。茶陵本無。案：無者蓋脱。

〔三〕然而志士仁人　茶陵本無「然」字，云五臣作「然」。袁本無「而」字，云善作「而」。案：此依五臣改善，又誤兩存其字，非。

〔四〕注「欲遂其志之思也」　袁本、茶陵本無「之思」二字。

〔五〕不徼而自遇矣　袁本、茶陵本「徼」作「邀」。案：二本無校語，恐非善、五臣之異。善引西京賦「不徼自遇」，彼賦今爲「邀」字。此注尤及袁作「徼」，非也。茶陵本作「邀」，是也。尤延之蓋依所見之注改正文而誤。

〔六〕注「脉相視也」　案：「視」字不當有，各本皆衍，説見古詩十九首内。

〔七〕蓋知伍子胥之屬鏤於吴　袁本、茶陵本「屬」作「钃」。案：注引左傳字作「屬」，或五臣作「钃」，二本失著校語耳。尤所見是也。

〔八〕注「吴將伐齊」　袁本、茶陵本無「將」字。

〔九〕注「王及列士皆饋賂」　袁本、茶陵本無此七字。

〔一〇〕注「是豢吴也」　袁本、茶陵本「也」下有「夫」字。案：有者是也，尤誤删之。

〔一一〕注「反役」　袁本、茶陵本無此二字。

〔一二〕注「改姓爲王孫欲以辟吴禍」　袁本、茶陵本無此十字。案：此節注皆尤用左傳增多，其實非也。

〔二三〕注「諸子欲厚葬湯母曰」　袁本、茶陵本重「湯」字，是也。案：漢書重。

〔二四〕蓋笑蕭望之跋躓於前　案：「之」下當更有「之」字，各本皆脱也。

〔二五〕注「道病死」　案：此下脱，尚當有善論石顯病死而言絞縊未詳之注。袁、茶陵二本皆并善於五臣，遂致失去，今無以補之。

〔二六〕注「桓公新論曰」　何校「公」改「譚」，陳同。各本皆誤。

〔二七〕注「杜預左氏傳注曰冒貪也」　袁本、茶陵本無此十字。

〔二八〕璣旋輪轉　案：「璣」當作「機」，注同。注中所引鄭尚書注「轉運者爲機」，未誤，可見善自作「機」，不作「璣」，蓋五臣作「璣」，而各本亂之。宋文元皇后哀策「仰陟天機」，茶陵本作「機」，袁本作「璣」，皆失著校語。彼注文證益明。但各本彼及此注中多改「機」爲「璣」，故讀者鮮察其實，必是善、五臣之異。如「旋」，五臣作「琁」，二本仍無校語，亦失著也。

〔二九〕注「言傳其所順以天下之謀」　案：「順以」當作「以順」，各本皆倒。

辯亡論上下二首　孫盛曰：陸機著辯亡論，言吳之所以亡也。

陸士衡

昔漢氏失御，姦臣竊命，姦臣，謂董卓也。答賓戲曰：王塗蕪穢，周失其御。法言曰：上失其政，姦臣竊國命。禍基京畿，毒徧宇内，皇綱弛紊，王室遂卑。答賓戲曰：廓帝紘，恢皇綱。劇秦美新曰：皇綱弛而未張。尚書傳曰：紊，亂也。新序曰：及定王，王室遂卑矣。於是羣雄蜂駭，義兵四合。廣雅曰：駭，起也。漢高祖曰：吾以義兵誅殘賊。又魏相曰：救亂誅暴，謂之義兵。吴武烈皇帝慷慨下國，電發荆南，吴志曰：漢以孫堅爲長沙太守。董卓專權，諸州郡並興義兵，欲以討卓，堅亦舉兵荆州。刺史王叡，素遇堅無禮，堅過，殺之。北至南陽〔一〕，衆數萬人。楚辭曰：雷動電發。權略紛紜，忠勇伯世，公羊傳曰：權者，反於經，而後有善者也。威稜則夷羿震盪，兵交則醜虜授馘，漢書曰：武帝報李廣書曰：威稜憺乎鄰國。李奇曰：神靈之威曰稜。左氏傳，魏莊子謂晉侯曰：寒浞，伯明氏之讒子弟也。夷羿收之，以爲己相。杜預曰：夷，氏也，羿善射。左氏傳曰：兵交，使在其間。毛詩曰：仍執醜虜。箋云：馘，所格者之左耳也。遂掃清宗祊，補肓，蒸禋皇祖。毛詩曰：祝祭于祊。毛萇傳曰：祊，廟門内之祭也。爾雅曰：冬祭曰蒸。尚書孔氏傳曰：精意以饗謂之禋。皇祖，謂漢祖也。吴書曰：堅入洛，掃除漢宗廟，祠以太牢。于時雲興之將帶州，飆起之師跨邑；哮呼交闞之羣風驅，熊羆之衆霧集。毛詩曰：進厥武臣，闞如虓虎。尚書，武王曰：勖哉夫子，尚桓桓，如虎如貔，如熊如羆。雖兵以義合，同盟勠力，左氏傳曰：諸侯同盟於亳。國語曰：戮力一心。賈逵曰：勠力，并力也。然皆苞藏禍心，阻兵怙亂。左氏傳曰：楚公子圍聘于鄭。鄭使行人子羽與之言曰：大國無乃苞藏禍心以圖之。又，衆仲曰：夫州吁阻兵而安忍。杜預曰：阻，恃也。又，君子曰：史佚所謂無怙亂也。或師無謀律，喪威稔寇，言出師之法，必以律齊之。今則不然，各恃兵怙亂，而出師無律也。稔寇，言喪其威權，令資熟於寇也。周易曰：師出以律，否臧凶。左氏傳，萇弘曰：毛得必亡，是昆吾稔之日。杜預曰：稔，熟也。

忠規武節，未有如此其著者也。漢書，武帝詔曰：躬秉武節。武烈既没，長沙桓王逸才命世，弱冠秀發。吳志曰：權稱尊號，追謚策曰長沙王。言桓王挺英逸之才，命世而出也。禮記曰：人生二十曰弱冠。招攬遺老，與之述業。神兵東驅，奮寡犯衆。范曄後漢書，陳忠曰〔一〕：旬月之間，神兵電埽。攻無堅城之將，戰無交鋒之虜。誅叛柔服，而江外底定；左氏傳，隨武子曰：君討鄭，怒其貳而哀其卑，叛而伐之，服而赦之。伐叛，刑也；柔服，德也，二者立矣。尚書曰：震澤底定。飾法脩師〔二〕，則威德翕赫。周易曰：先王明罰飭法。趙充國頌曰：諭以威德。賓禮名賢，而張昭爲之雄；吳志曰：策以彭城張昭爲謀主。班固漢書曰：班伯諸所賓禮，皆名豪。又述曰：賓禮故老。交御豪俊，而周瑜爲之傑。吳志曰：策徙居舒，與周瑜相友，收合士大夫江、淮間，人咸向之。彼二君子，皆弘敏而多奇，雅達而聰哲。故同方者以類附，等契者以氣集，而江東蓋多士矣。周易曰：方以類聚，物以羣分。又曰：同聲相應，同氣相求。將北伐諸華，誅鉏干紀。左氏傳曰：吳，周之胄裔也。今而始大，比于諸華。又，季孫盟臧氏曰：無或如臧孫紇干國之紀，犯門斬關。春秋合誠圖曰：誅鉏民害。旋皇輿於夷庚，反帝座乎紫闥。吳志曰：曹公與袁紹相拒於官渡，策陰謀襲許，迎漢帝。繁欽辨惑曰：吳人者，以船檝爲輿馬，以巨海爲夷庚。臧榮緒晉書，司徒王謐議曰：夷庚未入，乘輿旅館。然夷庚者，藏車之所。崔駰達旨曰：攀台階，闚紫闥。挾天子以令諸侯，清天步而歸舊物。戰國策，張儀謂秦惠王曰：挾天子以令天下，此王業也。毛詩曰：天步艱難，之子不猶。左氏傳，伍員曰：少康祀夏配天，不失舊物。戎車既次，羣凶側目，大業未就，中世而殞。漢書曰：列侯宗室，見郅都側目。范曄後漢書，陳蕃上疏曰：羣凶側目，禍不旋踵。周易曰：富有之謂大業。用集我大皇帝吴志曰：權薨，謚曰大皇帝。以奇蹤襲於逸軌，叡心因於令圖。從政咨於故實，播憲稽乎遺風。國語，樊穆仲對宣王曰：魯侯賦事行刑，必問於遺訓，而諮於故實。史記曰：宣王即位，脩政法文、武、成、康遺風。諸侯復宗周室也。而加之以篤固，申之以節儉。疇咨俊茂，好謀善斷。尚書，帝曰：疇咨若時登庸。班固王命論曰〔四〕：信誠好謀。束帛旅於丘園，旌命交於塗巷。周易曰：賁于丘園，束帛戔戔。孟子曰：夫招士以弓，大夫以旌。謝承後漢書曰：鄧道不應，州郡旌命。故豪彦尋聲而響臻，志士希光而景騖。異人輻湊，猛士如林。班固公孫弘贊曰：異人並出。文子曰：羣臣輻湊。張湛曰：如衆輻之集轂也。漢高祖歌曰：安得猛士守四方。毛詩曰：其會如林。於是張昭爲師傅，吴志曰：權待張昭以師傅之禮。周瑜陸公魯肅吕蒙之儔，入爲腹心，出作股肱；吴志曰：吕蒙，字子明，汝南人也。爲武威將軍、南郡太守。餘並已見三國名臣頌。毛詩曰：赳赳武夫，公侯腹心。尚書曰：命汝予翼，作股肱心膂。甘寧凌統程普賀齊朱桓朱然之徒，奮其威；吴志曰：甘寧，字興霸，巴郡臨江人也。少有氣力，好游俠，拜西陵太守。又曰：凌統，字公績，吴郡人也。拜偏將軍。又曰：程普，字德謀，右北平人也。領江夏太守，遷盪寇將軍。又曰：賀齊，字公苗，會稽人也。爲蘄春太守。又曰：朱桓，字休穆，吴郡人也。拜前將軍，領青州牧。又曰：朱然，字義封，朱治姊子也，姓施氏。初，治未有子，然年十三，乃啓策乞以爲嗣。爲左大司馬右軍帥。韓當潘璋黄蓋蔣欽周泰之屬宣其力。吴志曰：

韓當，字義公，遼西人也。遷昭武將軍，又加都督之號。又曰：潘璋，字文珪，東郡人也。拜平北將軍、襄陽太守。又曰：黄蓋，字公覆，零陵人也。拜武鋒中郎將，加偏將軍。又曰：蔣欽，字公奕，九江人也。拜右護軍。又曰：周泰，字幼平，九江人也。拜漢中太守、奮威將軍。尚書曰：予欲宣力四方，汝爲。**風雅則諸葛瑾張承步騭，以名聲光國；**諸葛瑾，已見三國名臣頌。吴志曰：張昭長子承，字仲嗣，少以才學知名。爲濡須督奮威將軍。又曰：步騭，字子山，臨淮人也。孫權爲討虜將軍，召騭爲主記。權稱尊號，代陸遜爲丞相。誨育門生，手不釋卷。蔡邕陳太丘碑曰：紆佩金紫，光國垂勳。**政事則顧雍潘濬吕範吕岱，以器任幹職；**吴志曰：顧雍代孫劭爲丞相，平尚書事。其所選用文武將吏，隨能所任，心無適莫。又曰：潘濬，字承明，武陵人也。弱冠從宋仲子受學。權稱尊號，拜爲少府，遷太常。又曰：吕範，字子衡，汝南人也。權拜裨將軍。亮即位，遷揚州牧，又遷大司馬。又曰：吕岱，字定公，廣陵人也。權拜上將軍。亮即位，拜大司馬。岱清身奉公，所在可述。許慎淮南子注曰：幹，彊也。**奇偉則虞翻陸績張温張惇，以諷議舉正；**虞翻，已見三國名臣頌。吴志曰：虞翻，性不協俗〔五〕，數犯顔諫争。又曰：陸績，字公紀，吴郡人也。孫權統事，辟爲奏曹掾。又曰：張温，字惠恕，吴郡人也。權拜議郎，徙太子太傅，甚見信重。吴録曰：張惇，字叔方，吴郡人也。德量淵懿，清虚淡泊，又善文辭。孫權以爲車騎將軍〔六〕，出補海昏令。毛詩曰：出入諷議。**奉使則趙咨沈珩，以敏達延譽；**吴志曰：權遣都尉趙咨使魏。魏帝問吴王何等主也？咨對曰：聰明仁智，雄略之主也。帝問其狀，對曰：納魯肅於凡品，是其聰也；拔吕蒙於行陣，是其明也；獲于禁而不害，是其仁也；取荆州兵不血刃，是其智也；據三州，虎視於天下，是其雄也；屈身於陛下，是其略也。吴書曰：咨字德度，南陽人。拜騎都尉。又曰：沈珩，字仲山，吴郡人也。權以珩有智謀，能專對，乃使至魏。魏文帝問曰：吴嫌魏東向乎？珩曰：不嫌也。曰：何以知？曰：信恃舊盟，言歸于好，是以不嫌。若魏渝盟，自有備豫。文帝善之。以奉使有稱，封永安鄉侯。官至少府。國語曰：使張老延君譽于四方。術數則吴範趙達，以機祥協德。韋昭漢書注曰：歷數，占術也。吴志曰：吴範，字文則，會稽人也。以治歷數，知風氣，聞於郡中。權以範爲騎都尉，領太史令。又曰：趙達，河南人也。治九宫一筭之術，究其微旨。孫權行師征伐，每令達有所推步，皆如其言。吕忱字林曰：機，祅祥也，居衣切。天文志曰：臣主共憂患，其察機祥。如淳曰：吕氏春秋曰：荆人鬼，而越人機。今之巫祝禱祀之比也。晉灼曰：機，音珠璣之璣。董襲陳武，殺身以衛主；吴志曰：董襲，字元世，會稽人也。爲偏將軍。曹公出濡須口，襲從權赴之。襲督五樓船，往濡須口〔七〕。夜卒暴風，樓船傾覆，左右散走，遠舸乞使，襲出怒曰：受將軍任，在此備賊，何等委去也，敢復言此者，斬。於是莫敢干，其夜船敗，襲死。權改服臨殯。又曰：陳武，字子烈，廬江人也。累有功勞，進位偏將軍。建安二十年，從擊合肥，奮命戰死。權哀之，自臨其喪。駱統劉基，彊諫以補過。吴志曰：駱統，字公緒，會稽人也。權召爲功曹。志在補察，苟所聞見，夕不待旦。又曰：劉繇長子基，字敬輿。權爲吴王，基爲大司農。權嘗宴飲，騎都尉虞翻醉酒犯忤，權欲殺之，威怒甚盛。由基諫争，翻以得免。左氏傳，士季謂晉侯曰：詩云：衮職有闕，惟仲山甫補之。能補過也。謀無遺諝，舉不失策。廣雅曰：諝，智也，思與切。東觀漢記，魯恭上疏曰：舉無遺策，動不失其中。故遂割據山川，跨制荆吴，而與天下争衡矣。争衡，謂角其輕重也。漢書，公孫獲曰〔八〕：吴、楚之王，西與天子争衡。鄭玄周禮注曰：稱上曰衡。魏氏嘗藉戰勝之威，率百萬之師，漢書，晁錯曰：戰勝之威，民氣百倍。浮鄧塞去之舟，下漢陰之衆，孔安國尚書傳曰：順流曰浮。酈元水經注曰：鄧塞者，即鄧城東北小山也，先後因之以爲鄧塞。漢陰，漢水之南也。莊子曰：子貢南遊於楚，過漢陰。羽檝萬計，龍躍順流，羽檝，言疾也。羽獵曰：杖鏌邪而羅者以萬計。周易曰：見龍在田，或躍在淵。鋭騎千旅，虎步原隰，李陵詩曰：幸託不肖軀，且當猛虎步。謨臣盈室，武將連衡，包咸論語注曰：衡，軛也。戎車，武將所駕。故以連衡喻多也。喟然有吞江滸之志，一宇宙之氣。毛萇詩傳曰：水涯曰滸。而周瑜驅我偏師，黜之赤壁，吴志曰：曹公入荆州。權遂遣瑜與備并力逆曹公，遇於赤壁。初一交戰，公軍破退。喪旗亂轍，僅而獲免，收迹遠遁。左氏傳，曹劌曰：吾視其轍亂，望其旗靡。鄭玄禮記注曰：遁，逃也。漢王亦憑帝王之號，帥巴漢之民，乘危騁變，結壘千里，志報關羽之敗，圖收湘西之地。而陸公亦挫之西陵，覆師敗績，困而後濟，絶命永安。蜀志曰：孫權襲殺關羽，取荆州。先主忿孫權之襲關羽，遂乃伐吴。吴將陸遜大破先主軍。遂棄船還魚復，改縣曰永安。先主徂于永安宫〔九〕。吴志曰：備升馬鞍山，陸遜促諸軍四面蹙之，土崩瓦解。馬鞍山，在西陵之西。續以濡須之寇，臨川摧鋭；吴歷曰：曹公出濡須，作油船，夜渡洲上。權以水軍圍取，得三千餘人，其没溺者數千人。蓬籠之戰，孑輪不反。魏志曰：張遼之討陳蘭，别遣臧霸至皖討吴。吴將韓當遣兵逆霸，與戰于蓬籠。楚辭曰：登蓬籠而下隕兮。王逸曰：蓬籠，山名也。公羊傳曰：晉敗秦於殽，匹馬隻輪無反者。由是二邦之將，喪氣挫鋒，勢衂奴六財匱，而吴莞然〔一〇〕坐乘其弊。論語曰：子之武城，聞絃歌之聲，莞爾而笑。何晏曰：莞爾，小笑貌。故魏人請好，漢氏乞盟，左氏傳曰：隱公攝位，而欲求好於邾。又曰：鄭伯乞盟請服。遂躋天號，鼎跱而立。方言曰：躋，登也。漢書，蒯通説韓信曰：今爲足下之計，莫若三分天下，鼎足而立，其勢莫敢先動。西屠庸益之郊，北裂淮漢之涘，王逸楚辭注曰：屠，裂也。東包百越之地，南括羣蠻之表。賈誼過秦曰：南取百越之地。薛君韓詩章句曰：括，約束也。於是講八代之禮，蒐三王之樂。八代，三皇、五帝也。杜預左氏傳注曰：蒐，閱也。蒐與搜古字通。三王，夏、殷、周也。告類上帝，拱揖羣后，尚書曰：肆類于上帝。孔安國曰：類，謂攝位事類，遂以攝告天及五帝也。尚書曰：班瑞于羣后。典引曰：欽若上下，恭揖羣后。虎臣毅卒，循江而守，毛詩曰：進厥虎臣。左氏傳，君子曰：殺敵爲果，致果爲毅。漢書，伍被曰：彊弩臨江而守。長棘勁鎩，望飇而奮。爾雅曰：棘，戟也。説文曰：鎩，鈹有鐔也，亦曰長刃矛，刀之類也，山列切。庶尹盡規於上，四民展業于下。尚書曰：庶尹允諧。孔安國傳曰：尹，正也。衆官之長。國語，召康公曰：天子聽政，近臣盡規。又曰，內史過曰：庶人、工、商，各守其業，以供其上。化協殊裔，風衍遐圻。左氏傳曰：天子之地一圻。杜預曰：一圻，方千里。圻，界也。言風教及遠。乃俾一介行人，撫巡外域。左氏傳曰：晉人使子貢〔一一〕對鄭使曰：君有楚命，亦不使一介行李告于寡君。杜預曰：一介，獨使也。巨象逸駿，擾於外閑；周禮曰：天子十有二閑，馬六種。鄭玄曰：每廐爲一閑。明珠瑋寶，耀於內府。周禮曰：玉府掌王之金玉玩好。珍塊重迹而至，奇玩應響而赴。漢書，息夫躬曰：羽檄重積而狎至〔一二〕。輶由軒騁於南荒，衝輣息於朔野。楊雄答劉歆書曰：嘗聞先代輶軒之使。班固漢書述曰：戎車七征，衝輣閑閑。字略作轒樓也〔一三〕。音義曰：輣，兵車名也，薄萠切。齊民免干戈之患，戎馬無晨服之虞。而帝業固矣。漢書，難蜀父老曰：今割齊民以附夷、狄。如淳曰：齊等無有貴賤，故謂之齊民。老子曰：天下無道，戎馬生郊。爾雅曰：虞，度也。大皇既歿，幼主莅朝。幼主，孫亮也。吳志曰：孫亮，字子明，權少子也。立爲太子。權薨，即尊號。姦回肆虐，景皇聿興，尚書曰：崇信姦回。南都賦曰：犲狼肆虐。吳志曰：孫休，字子烈，權第六子也。亮廢，孫綝使宗正孫楷迎休即位。薨，謚曰景帝。毛萇詩傳曰：聿，遂也。虔修遺憲，政無大闕，守文之良主也。南都賦曰：朝無闕政。公羊傳曰：繼文王之體，守文王之法度也。降及歸命之初，吳志曰：孫皓降晉，晉賜號歸命侯。典刑未滅，故老猶存。尚書曰：尚有典刑[一四]。毛詩曰：召彼故老。大司馬陸公以文武熙朝，左丞相陸凱以謇諤盡規，吳志曰：孫皓即位，拜陸抗大司馬、荆州牧。又曰：陸凱，字敬風，吳郡人也。孫皓遷爲左丞相。凱上表疏，皆指事，不飾忠懇[一五]。孔安國尚書傳曰：熙，廣也。周易曰：王臣謇謇，匪躬之故。史記，趙簡子曰：諸大夫在朝，徒聞唯唯，不聞周舍之諤諤[一六]。盡規，已見上文。而施績范慎以威重顯，吳志曰：施績，字公緒，遷將軍，督領盜賊事，持法不傾，拜左大司馬。吳録曰：范慎，字孝敬，廣陵人也。竭忠知己之君，纏緜三益之友，時人榮之。孫皓以爲太尉。丁奉離斐以武毅稱，吳志曰：丁奉，字承淵，廬江人也。少以驍勇爲小將。亮即位，爲冠軍將軍。魏將諸葛誕據壽春降。魏人圍之，使奉與黎斐解圍。奉爲先登，黎斐力戰，有功，拜左將軍。黎與離音相近，是一人，但字不同。孟宗丁固之徒爲公卿，吳志曰：孫皓以左右御史大夫丁固、孟仁爲司徒、司空。吳録曰：初，固爲尚書，夢松樹生腹上，謂人曰：松字十八公也，後十八歲當爲三公乎？卒如夢焉。又曰：孟仁，字恭武，江夏人也。本名宗，避皓字，易焉。楚國先賢傳曰：累遷光禄勳，遂至三公。

樓玄賀劭之屬掌機事，吳志曰：樓玄，字承先，沛郡人也。孫皓遂用玄爲宮下録事〔一七〕禁中侯，主殿中事。又曰：賀劭，字興伯，會稽人也。皓時爲中書令。漢官解故曰：機事所揔，號令攸發。元首雖病，股肱猶存。尚書大傳曰：元首，君也。股肱，臣也。爰及末葉，羣公既喪，然後黔首有瓦解之志，皇家有土崩之舋。黔首，已見過秦論。漢書，徐樂上書曰：何謂瓦解？吳、楚、齊、趙之兵是也。當是之時，安土樂俗之民衆，故諸侯無境外助，此之謂瓦解。又曰：何謂土崩，秦之末葉是也。人困而主不恤，下怨而上不知，此之謂土崩也。歷命應化而微，王師躡運而發。歷命，歷數天命也。王師，謂晉師也。言躡其運數而發也。干寶晉紀曰：咸寧五年十一月，命安東將軍王渾向揚州，龍驤將軍王濬帥巴、蜀之卒，浮江而下。卒散於陣，民奔于邑；城池無藩籬之固，山川無溝阜之勢。過秦論曰：楚師深入鴻門，曾無藩籬之難。非有工輸雲梯之械〔一八〕，智伯灌激之害，墨子曰：公輸班爲雲梯，必取宋。史記曰：晉智伯攻晉陽歲餘，引汾水灌其城，不没者三版。城中懸釜而炊，易子而食。楚子築室之圍，燕人濟西之隊，左氏傳曰：楚子圍宋，將去之，申叔時曰：築室反耕者，宋必聽命。王從之。宋人乃懼，遂及楚平。史記曰：燕昭王使樂毅爲上將軍，伐齊，破之濟西。軍未浹辰，而社稷夷矣。左氏傳，君子曰：莒恃其陋，浹辰之間，而楚剋其三都。杜預曰：浹辰，十二日也。浹，祖牒切。干寶晉紀曰：太康元年四月，王濬鼓入于石頭〔一九〕。吳主孫皓面縛輿櫬降于濬。雖忠臣孤憤，烈士死節，將奚救哉？襄陽記曰：張悌，字臣先〔二〇〕，襄陽人。晉伐吳，悌逆之，吳軍大敗。諸葛靚退走，使過迎悌。悌不肯去，靚自牽之，悌垂泣曰：今日是我死日也。靚遂放之，爲晉軍所殺。韓子有孤憤篇。司馬遷書曰：世又不與能死節者也。

夫曹劉之將，非一世所選；向時之師，無曩日之衆。向時，謂太康之役也。曩日，謂昔日之曹、劉也。戰守之道，抑有前符；符，猶法也。險阻之利，俄然未改。而成敗貿理，古今詭趣，何哉？廣雅曰：貿，易也。説文曰：詭，變也〔二〕。詭與恑同。彼此之化殊，授任之才異也。

文選考異

〔一〕注「北至南陽」茶陵本「北」作「比」，是也。袁本亦誤「北」。

〔二〕注「陳忠曰」何校「陳」改「閻」，陳同，是也。各本皆誤。

〔三〕飾法脩師　案：「飾」當作「飭」。注引易作「飭」。各本正文皆傳寫譌也。晉書作「飭」，吳志注作「飾」，羣書中二字多錯互。今易作「勑」，則「飾」字非矣。

〔四〕注「班固王命論曰」何校「固」改「彪」，陳同，是也。各本皆誤。

〔五〕注「虞翻性不協俗」袁本無「性不協俗」四字，是也。茶陵本此上下複出者更非。

〔六〕注「孫權以爲車騎將軍」陳云「將軍」下脱「主簿」二字，是也。各本皆脱。

〔七〕注「往濡須口」陳云「往」，「住」誤，是也。各本皆譌。

〔八〕注「公孫獲曰」陳云「獲」，「玃」誤，是也。各本皆譌。

〔九〕注「先主徂于永安宮」袁本「徂」作「殂」，是也。茶陵本此注并善於五臣，文句全非。

〔一〇〕而吴莞然　茶陵本「莞」作「莧」，注同。校語云五臣作「莞」。袁本校語云善作「莧」，其注中亦皆作「莧」。考論語釋文「莧爾」字如此，尤因今論語作「莞」，定從校改，遂以五臣亂善，非。晉書作「莞」，吴志注作「藐」，即「莧」之誤也。

〔一一〕注「晉人使子貢」　何校「貢」改「員」，陳同，是也。各本皆譌。

〔一二〕注「羽檄重積而狎至」　何校「積」改「迹」，陳同，是也。各本皆誤。

〔一三〕注「字略作轒樓也」　案：「樓」下當有「車」字，各本皆脱。

〔一四〕注「尚書曰尚有典刑」　何校改「尚書」作「毛詩」，下文「毛詩」改「又」，陳同，是也。各本皆誤。

〔一五〕注「皆指事不飾忠懇」　何云案吴志「忠懇」下有「内發」二字，此脱，當增入。案：所校是也。各本皆脱。

〔一六〕注「子不聞周舍之謬謬」　案：「子」字不當有。各本皆衍。

〔一七〕注「孫皓遂用玄爲宫下録事」　袁本、茶陵本無「遂」字。案：此尤添之也。又陳云「録事」當作「鎮」，是也。各本皆誤。

〔一八〕非有工輸雲梯之械　何校「工」改「公」。陳云「工」，「公」誤。今案：晉書、吴志注皆是「工」字，疑士衡謂之「工輸」未當，輒改也。

〔一九〕注「王濬鼓入于石頭」　陳云「鼓」下脱「譟」字，是也。各本皆脱。

〔二〇〕注「張悌字臣先」何校「臣」改「巨」，陳同，是也。各本皆誤。

〔二一〕注「説文曰詭變也」案：「詭」當作「恑」。此所引心部文。又觀下注，可見袁本亦誤「詭」。茶陵本删此注，更非。

辯亡論下

昔三方之王也，魏人據中夏，漢氏有岷益，吴制荆楊而奄交廣。東都賦曰：自中夏以布德。毛萇詩傳曰：奄，覆也。曹氏雖功濟諸華，虐亦深矣，其民怨矣。左氏傳曰：吴，周之胄裔也。今而始大，比于諸華〔一〕。毛詩序曰：亡國之音哀以思，其民怨。劉公因險以飾智，功已薄矣，其俗陋矣。淮南子曰：僞之生，飾智以驚愚。范曄後漢書，吴祐曰：遠在海濱，其俗誠陋也。夫吴，桓王基之以武，太祖成之以德，聰明叡達，懿度弘遠矣。周易曰：古之聰明叡智神武而不殺者夫。莊子，許由曰：齧缺之爲人也，聰明叡智〔二〕。其求賢如不及，卹民如稚子。論語曰：子曰：見善如不及。謝承後漢書曰：延篤遷京兆尹，卹民如子。接士盡盛德之容，親仁罄丹府之愛。拔呂蒙於戎行，識潘濬於係虜。吴志曰：呂蒙年十五六，隨鄧當擊賊，策見而奇之，引置左右。張昭薦蒙，拜别部司馬。又曰：潘濬，字承明，武陵人也。江表傳曰：權剋荆州，將吏悉皆歸附，而濬獨稱疾不見。權遣人以牀就家輿致之。濬伏面著席不起，涕泣交横，哀哽不能自勝。權慰勞與語，呼其字曰：承明，昔觀丁父，鄀俘也，武王以爲軍帥。彭仲爽，申俘也，文王以爲令尹。此二人，卿荆國之先賢也。初雖見囚，後皆擢用，爲楚名臣。卿獨不然，未肯降，意將以孤異古人之量邪？使親近以巾拭面〔三〕，濬起，下地拜謝，即以爲治中，荆州諸軍事一以咨之。毛萇詩傳曰：識，用也。推誠信士，不恤人之我欺；量能授器，不患權之我逼。執鞭鞠躬，以重陸公之威；悉委武衛，以濟周瑜之師。吳志，陸機爲遜銘曰：魏大司馬曹休侵我北鄙，乃假公黄鉞，統御六師及中軍禁衛，而攝行王事。主上執鞭，百司屈膝。江表傳曰：曹公入荆州，周瑜夜請見權曰：諸人徒見操書言水步八十萬，而各恐懼，不復斷其事實。今以實較之，不過十五六萬，軍已久疲。得精兵五萬，自足制之。權曰：五萬兵難卒合，已選三萬人，船載糧具俱辦〔四〕。卿與子敬便在前發，孤當增發人衆，多載資糧，爲軍後援也〔五〕。卑宫菲食〔六〕，以豐功臣之賞〔七〕；披懷虚己，以納謨士之筭。論語曰：禹菲飲食，而致孝乎鬼神；卑宫室，而盡力乎溝洫。馬融曰：菲，薄也。漢書李尋傳曰：王根輔政，數虚己問尋。故魯肅一面而自託，士燮蒙險而致命。吳志曰：魯肅，字子敬，臨淮人也。周瑜薦肅才宜佐時，當廣求其比，以成功業，不可令去也。權即召肅與語，甚説之。衆賓罷退，獨引肅還，合榻對飲。又曰：士燮，字威彦，蒼梧人也。漢時，燮爲綏南中郎將，董督七郡，領交阯太守。孫權遣步騭爲交州刺史，燮率兄弟奉承節度。權加燮爲左將軍，燮遣子廞入質。高張公之德，而省遊田之娱；賢諸葛之言，而割情欲之歡。吳志曰：張昭爲軍師。權每出獵，常乘馬射虎，虎嘗突前攀持馬鞍。昭變色而前曰：將軍何有當爾？夫爲人君者，謂能駕御英雄，驅使羣賢，豈謂馳逐於原野，校勇於猛獸者乎？如有一日之患，奈天下笑何？權謝昭曰：年少慮事不遠，慙君。然猶不能已。諸葛瑾事未詳。感陸公之規，而除刑法之煩；奇劉基之議，而作三爵之誓。吳志曰：陸遜陳便宜，勸以施德緩刑，寬賦息調。權報曰：君以爲太重，孤亦何利焉，但不得已而爲之爾。於是令有司盡寫科條，使郎中褚逢齎以就遜，意所不安，令損益之。權既爲吳王，歡宴之末，自起行酒。虞翻伏地陽醉，不持。權去，翻起坐。權於是大怒，手劍欲擊之。侍坐者莫不惶遽，惟大司農劉基起抱權，諫曰：大王三爵後殺善士，雖翻有罪，天下孰知之？翻由是得免。權因勑左右，自今酒後言殺，皆不得殺。

屏氣跼局蹐脊，以伺子明之疾；分滋損甘，以育凌統之孤。論語曰：屏氣似不息者。毛詩曰：謂天蓋高，不敢不跼；謂地蓋厚，不敢不蹐。吳志曰：呂子明疾發，權時在公安，迎置內殿，所以治護者萬方，募封內有能愈蒙者，賜千金。欲數見其顏色，又恐其勞動，常穿鑿壁瞻之，見其小能下食則喜，顧左右言笑，不然則咄唶，夜不能寐。病小瘳，爲下赦令，羣臣畢賀。後更增篤，自親臨視。凌統卒，權爲之數日減膳，言及流涕。乃列封統二子，年各數歲，權內養於宮，愛待與諸子同，賓客進見，呼示之曰：此吾虎子也。

登壇慷慨，歸魯子之功；削投惡言，信子瑜之節。吳志曰：權既稱尊號，臨壇顧謂公卿曰：昔魯子敬，嘗道此，可謂明於事勢矣。時或言諸葛瑾別遣親人與備相聞。權曰：孤與子瑜有死生不易之誓，子瑜之不負孤，猶孤不負子瑜也。

是以忠臣競盡其謨，志士咸得肆力。孔安國尚書傳曰：謨，謀也。又曰：肆，陳也。

洪規遠略，固不猒夫區區者也。言其規略宏遠，不安茲小國也。左氏傳曰：初，楚靈王卜曰：余尚得天下，不吉。投龜詬天而呼曰：是區區者而不余畀。方言曰：猒，安也，於豔切。

故百官苟合，庶務未遑。論語曰：子謂衛公子荊善居室，始有，曰苟合矣。少有，曰苟完矣。

初都建業，羣臣請備禮秩，天子辭而不許曰：「天下其謂朕何？」宮室輿服蓋慊口簟如也。漢書，文帝曰：豫建太子，謂天下何？賈逵國語注曰：謂，告也。言何以告天下也〔八〕。劉兆穀梁傳注曰：慊，不足也〔九〕。爰及中葉，天人之分既定，百度之缺粗脩〔一〇〕，抯，古粗字〔一一〕。韋昭漢書注曰：粗，略也，才古切。雖醲化懿綱〔一二〕，未齒乎上代，杜預左氏傳注曰：齒，列也。抑其體國經邦之具〔一三〕，亦足以爲政矣。周禮曰：惟王建國，體國經野。地方幾萬里，杜預左氏傳注曰：幾音其，近也〔一四〕。帶甲將百萬，其野沃，其兵練，韋昭國語注曰：沃，肥善也。其器利，其財豐。東負滄海，西阻險塞，長江制其區宇，峻山帶其封域。國家之利，未巨有弘於兹者矣。借使中才守之以道，善人御之有術，陳琳爲曹洪與文帝書曰：謂爲中才處之，殆難倉卒。論語，子張問善人之道。子曰：不踐跡，亦不入於室也。敦率遺典，勤民謹政，循定策，守常險，則可以長世永年，未有危亡之患也。左氏傳，北宮文子曰：有其國家，令問長世。尚書曰：降年有永，有不永。

或曰：吴蜀脣齒之國，左氏傳，宫之奇曰：諺所謂輔車相依，脣亡齒寒。蜀滅則吴亡，理則然矣。夫蜀，蓋藩援之與國，而非吴人之存亡也。漢書，項梁曰：田假，與國之王也。如淳曰：相與友善爲與國，黨與也。何則？其郊境之接，重山積險，陸無長轂之徑；穀梁傳曰：長轂五百乘。范甯曰：長轂，兵車也。川阨流迅，水有驚波之艱。雖有鋭師百萬，啓行不過千夫；詩曰：元戎十乘，以先啓行。舳艫千里，前驅不過百艦，胡減切。漢書曰：自尋陽浮江，舳艫千里。李斐曰：舳，船後持柂處也。艫，船前頭刺櫂處也。言其船多，前後相銜，千里不絶。故劉氏之伐，陸公喻之長蛇，其勢然也。蛇鬭，以首尾救，故鋭師百萬，而無所施也。昔蜀之初亡，朝臣異謀，或欲積石以險其流，或欲機械以御其變。戰國策曰：公輸班爲攻宋機械。天子總羣議〔一五〕而諮之大司馬陸公，公以四瀆天地之所以節宣其氣，固無可遏之理，國語，太子晉曰：夫天地成而聚於高，歸物於下，疏爲川谷，以道其氣。韋昭曰：聚，聚物也。高，山陵也。下，藪澤也。疏，通也。而機械則彼我之所共，彼若棄長技以就所屈，即荆楊而争舟楫之用，是天贊我也。漢書，晁錯曰：匈奴之長技三，中國之長技五。左氏傳，子魚曰：勍敵之人，隘而不成列，天贊我也。將謹守峽口，以待禽耳。逮步闡之亂，憑寶城以延強寇〔一六〕，重資幣以誘羣蠻。國語，單穆公曰：量資幣。戰國策曰：荆軻至秦，持千金之幣。厚遺中庶子蒙嘉。于時大邦之衆，雲翔電發，雲翔，言衆也。戰國策，頓子説秦王曰：今楚、魏之兵雲翔而不敢拔。然此雲翔與戰國微異，不以文害意也。懸旍江介，築壘遵渚，毛詩曰：鴻飛遵渚。毛萇傳曰：遵，循也。襟帶要害，以止吴人之西。而巴漢舟師沿江東下。陸公以偏師三萬，北據東阬，東阬，在西陵步闡城東北，長十餘里。陸抗所築之城，在東阬上，而當闡城之北，其迹並存。深溝高壘，案甲養威。反虜踠於遠跡待戮，而不敢北窺生路，彊寇敗績宵遁，喪師太半。分命鋭師五千，西御水軍，東西同捷，獻俘萬計。吴志曰：西陵督步闡據城以叛，遣使降晉。陸抗聞之，因部分諸軍吴彦等〔一七〕徑赴西陵，勑軍營更築嚴圍，自赤谿至故市，内以圍闡，外以禦寇。圍備始合，晉巴東監軍徐胤率水軍詣建平，荆州刺史楊肇至西陵。抗令張咸固守其城。公安督留慮距胤，身率三軍，憑圍對肇。肇攻至月餘，計屈夜遁。抗使輕騎躡之，肇大破敗，胤等引還。抗遂陷西陵城，誅夷闡族。左氏傳曰：僖二十年，晉侯敗楚師于城濮。還師歸國，獻俘授馘。杜預曰：獻楚俘于廟。俘即囚也。信哉，賢人之謀，豈欺我哉！孟子，公明儀曰：文王我師也，周公豈欺我哉！自是烽燧罕警，封域寡虞。言少有虞度之事也。陸公殁而潛謀兆，吴釁深而六師駭。蒼頡篇曰：駭，驚也。夫太康之役，衆未盛乎曩日之師；廣州之亂，禍有愈乎向時之難。吴志曰：孫皓天紀三年，郭馬反，攻殺廣州都督虞授。馬自號都督交、廣二州諸軍事，安南將軍。曩日、向時，皆謂曹、劉之世。而邦家顛覆，宗廟爲墟。嗚呼！人之云亡，邦國殄瘁，不其然與？詩大雅文也。易曰：「湯武革命，順乎天。」周易革卦之辭也。玄曰：「亂不極則治不形。」太玄經曰：陰不極則陽不生，亂不極則德不形。言帝王之因天時也。古人有言曰：「天時不如地利。」孟子曰：天時不如地利，地利不如人和。趙岐曰：天時，支干五行王相孤虚之屬。易曰：「王侯設險，以守其國。」言爲國之恃險也。周易坎卦之辭也。又曰：「地利不如人和。」「在德不在險。」言守險之由人也。史記，魏武侯曰：山河之固，此魏國之寶也。吴起對曰：在德不在險。吴之興也，參而由焉，孫卿所謂合其參者也。孫卿子曰：天有其時，地有其財，人有其治，夫是之謂能參合。所以參而顛覆，所參則惑矣。及其亡也，恃險而已，又孫卿所謂舍其參者也。

夫四州之萌非無衆也，大江之南非乏俊也，山川之險易守也，勁利之器易用也，先政之策易循也。功不興而禍遘者，何哉？所以用之者失也。是故先王達經國之長規，審存亡之至數；謙己以安百姓，敦惠以致人和；寛沖以誘俊乂之謀〔一八〕，慈和以結士民之愛。是以其安也，則黎元與之同慶；孝經鉤命決曰：天有顧眄之義，授圖子黎元也。及其危也，則兆庶與之共患。安與衆同慶，則其危不可得也；危與下共患，則其難不足恤也。夫然，故能保其社稷，而固其土宇，麥秀無悲殷之思，黍離無愍周之感矣。尚書大傳曰：微子將朝周，過殷之故墟，見麥秀之蔪蔪，曰：此父母之國，宗廟社稷之所立也。志動心悲，欲哭則朝周，俯泣則婦人，推而廣之，作雅聲。毛詩序曰：黍離，閔宗周也。周大夫行役過故宗廟宮室，盡爲禾黍，故爲黍離之詩。

文選考異

〔一〕注「左氏傳曰」下至「比于諸華」　袁本此十八字作「諸華已見上文」六字，最是。茶陵本複出，非。

〔二〕注「莊子許由曰齧缺之爲人也聰明叡智」　袁本、茶陵本無此十五字。

〔三〕注「使親近以巾拭面」　袁本、茶陵本「使」作「便」，無「近」字，「拭」下有「其」字。案：此尤延之以吴志注所引校改之也。陳云當時左右給使之人謂之親近，屢見國志，或二本譌耳。

〔四〕注「船載糧具俱辦」　陳云「載」字衍，「糧」下脱「戰」字，是也。各本皆誤。

〔五〕注「爲軍後援也」　陳云「軍」，「卿」誤，是也。各本皆誤。

〔六〕卑宮菲食　袁本、茶陵本此下校語云善有「貪」字。案：二本所見傳寫衍。

〔七〕以豐功臣之賞　袁本、茶陵本無「以」字，下「以納謨士之筭」同。案：晉書無，吴志注有，此尤延之依吴志注添之也。

〔八〕注「賈逵國語注曰謂告也言何以告天下也」 袁本、茶陵本無此十六字。

〔九〕注「慊不足也」 袁本此下有「口簟切」三字，是也。尤改入正文下，非。茶陵本正文下載五臣「苦簟」音而删此，更非。

〔一〇〕百度之缺粗脩 袁本云善作「粗」。茶陵本云五臣作「粗」。案：注云「粗，古粗字」，似二本所見是也。但晉書、吴志注皆作「粗」，他書既未見有借「柤」爲「粗」者，士衡他文用字亦少此類，無以考之。

〔一一〕注「抯古粗字」 袁本、茶陵本「抯」作「粗」。案：此未審，説見上。

〔一二〕雖醲化懿綱 袁本、茶陵本「綱」作「網」。案：此尤校改之也。晉書「綱」，吴志注「網」，尋文義以「綱」爲是。二本所載五臣翰注云「以網羅天下」，然則五臣「網」，或失著校語。善無注可證，其實未必同五臣也。

〔一三〕抑其體國經邦之具 袁本、茶陵本「邦」作「民」。案：晉書「邦」，吴志注「民」，此亦尤校改之也，文義兩通。未知善果何作？

〔一四〕注「幾音其近也」 袁本、茶陵本「其」作「基」，是也。又案：「近也」當在「音基」上。各本皆倒。

〔一五〕天子總羣議 袁本云五臣作「議」，茶陵本云善作「誼」。案：此亦尤校改之也。晉書、吴志注皆作「議」，二本所見未必是。

〔一六〕憑賓城以延強寇　案：「賓」，吴志注作「保」。晉書亦作「賓」，與此同。詳「保城」與「資幣」偶句，蓋「保」即今之「堡」字。「保」是，「賓」非也。袁、茶陵二本所載五臣翰注云「賓猶堅也」，文義殊爲不安。善未必同五臣，或失著校語。

〔一七〕注「因部分諸軍吴彦等」　何校「吴」改「吾」，陳同，是也。各本皆誤。

〔一八〕寬沖以誘俊乂之謀　茶陵本云五臣作「乂」。袁本云善作「人」。案：晉書、吴志注皆作「乂」，二本所見非。

文選卷第五十四

論四

五等論

五等，公侯伯子男也。言古者聖王立五等以治天下，至漢封樹，不依古制，乃作此論。

陸士衡

夫體國經野〔一〕，先王所慎；周禮曰：惟王建國，體國經野。鄭玄曰：體猶分也。漢書，王嘉曰：王者代天爵人，尤宜慎之。創制垂基，思隆後葉。典引曰：順命以創制。論語比考讖曰：以俟後聖垂基也。然而經略不同，長世異術，左氏傳，楚芋尹無宇曰：天子有經略，古之制也。又，北宮文子曰：有其國家，令聞長世。五等之制，始於黄唐。郡縣之治，創自秦漢。漢書曰：周爵五等，蓋千八百國。而太昊、黄帝後唐、虞侯、伯猶存。至秦遂并四海，分天下爲郡縣，前聖苗裔，靡有孑遺者矣。漢興，因秦制度，以撫海内。班固漢書述曰：自昔黄、唐，經略萬國，三代損益。降及秦、漢，革剗五等，制立郡縣。得失成敗，備在典謨，王命論曰：歷古今之得失，驗行事之成敗。書序曰：典謨訓誥。是以其詳，可得而言。

夫先王知帝業至重，天下至曠。楊雄長楊賦曰：恢帝業。孫卿子曰：國者，天下之大器也。重，任也。廣雅曰：曠，遠也。曠不可以偏制，重不可以獨任；任重必於借即力，制曠終乎因人。故設官分職，所以輕其任也；周禮曰：設官分職，以爲民極。並建五長，所以弘其制也。尚書曰：外薄四海，咸建五長。於是乎立其封疆之典，財其親疏之宜，賈逵國語注曰：裁，制也，裁與財古字通。使萬國相維，以成盤石之固，周禮曰：凡邦國小大相維。漢書，宋昌曰：漢所謂盤石之宗也。宗庶雜居，而定維城之業。毛詩曰：宗子維城，無俾城壞，而獨斯畏〔一〕。又有以見綏世之長御，識人情之大方；大方，法也。呂氏春秋曰：凡耕之大方，力者欲柔。知其爲人不如厚己，利物不如圖身；周易曰：利物足以和義。莊子曰：愛人利物之謂仁。左氏傳，欒武子曰：季孫圖其身，不忘其君。安上在於悦下，爲己在乎利人。孝經曰：安上治民，莫善於禮。左氏傳，邾子曰：天生民而樹之君，以利之也，民既利矣，孤必與焉。故易曰：「説以使民，民忘其勞。」周易兑卦之辭也。孫卿曰：「不利而利之，不如利而後利之之利也〔二〕。」孫卿子曰：不利而利之，不如利而後利之之利也。不愛而用之，不如愛而後用之之功也。利而後利，不如利而不利者之利也。愛而後用之，不如愛而弗用者之功也。利而不利，愛而不用者，取天下者也。利而後利之，愛而後用之者，保社稷者也。不利而利之，不愛而用之者，危國家者也。是以分天下以厚樂，而己得與之同憂；饗天下以豐利，而我得與之共害。孟子謂齊宣王曰：樂以天下，憂以天下，然而不王者，未之有也。趙岐曰：古賢君樂則以己之樂與天下同之，憂則以天下之憂與己共之。如是，未有不王者也。鄭玄儀禮注曰：饗，勸強之也。利博則恩篤，樂遠則憂深。呂氏春秋曰：衆封建，非以私賢也，所以博利、博義也。利博、義博，則無敵也。毛詩序曰：憂深思遠。故諸侯享食土之實，萬國受世及之祚矣。杜預左氏傳注曰：享，受也。禮記曰：大人世及以爲禮。鄭玄曰：大人，諸侯之謂也。夫然，則南面之君，各務其治；論語，子曰：雍也，可使南面也。包氏曰：可使南面，言王諸侯治之也〔四〕。九服之民，知有定主。周書曰：乃辨九服之國也。上之子愛於是乎生，周書，文王曰：周視民如子愛也。禮記曰：子庶民則百姓勸。鄭玄曰：子猶愛也。下之體信於是乎結。禮記曰：先王能脩禮以達義，體信以達順。鄭玄注曰：體猶親也。世治足以敦風，道衰足以御暴。故強毅之國，不能擅一時之勢；孟子曰：彼一時也，此一時也。雄俊之士，無所寄霸王之志。漢書，宣帝曰：漢家本以霸王道雜之。然後國安由萬邦之思治，主尊賴羣后之圖身。毛詩序曰：下泉思治也。譬猶衆目營方，則天網自䌹；目，網目也，以喻諸侯。天網，以喻王室也。營，布居也。老子曰：天網恢恢，疏而不失。呂氏春秋曰：一引其網，萬目皆張。廣雅曰：䌹，通也。四體辭難，而心膂獲乂。四體亦喻諸侯，心膂亦喻王室也。論語，丈人曰：四體不勤。尚書，穆王曰：作股肱心膂。三代所以直道，四王所以垂業也。論語，子曰：三代之所以直道而行也。包氏曰：三代，夏、商、周也。禮記曰：三王、四代唯其師。鄭玄曰：四代，謂虞、夏、商、周也。漢書，武帝策詔曰：屬統垂業，廢興何如？

夫盛衰隆弊，理所固有；教之廢興，繫乎其人。漢書，韓安國曰：夫盛之有衰，猶朝之必暮。禮記，哀公問政，子曰：文、武之政，布在方策。其人存，則其政舉；其人亡，則其政息。**愿法期於必涼，明道有時而闇。**言法不可常愿，故期在於必薄；道不可常明，故有時而或闇。以諭盛衰廢興，抑唯常理也。孔安國尚書傳曰：愿，愨也，娛萬切。左氏傳，渾罕曰：君子作法於涼，其弊猶貪。杜預曰：涼，薄也。**故世及之制，弊於彊禦；**言諸侯世及而盛彊，其弊在於彊禦而難制也。毛詩曰：曾是彊禦。**厚下之典，漏於末折。**言封建踰禮而爲害，其漏在於末大而本折也。周易曰：剥上以厚下安宅。左氏傳，楚子問申無宇曰：國有大城何如？對曰：鄭京櫟實殺曼伯，宋蕭亳實殺子游。由是觀之，則害於國末大必折，尾大不掉。杜預曰：折，折其本也。**侵弱之釁，遘自三季；**言諸侯秉權而王室侵弱，斯乃遘自三季也。班固異姓諸侯王表序曰：秦患周之敗，以爲四夷交侵，以弱見奪，於是削去五等。杜預左氏傳注曰：釁，瑕隙也。國語，郭偃曰：三季王之亡，宜也。韋昭曰：季，末也。三季王，桀、紂、幽王也。**陵夷之禍，終于七雄。**言七雄力政，而王道因之陵夷。漢書，張釋之曰：秦陵夷至于二世，天下土崩。東京賦曰：七雄並爭。**昔者成湯親照夏后之鑒，公旦目涉商人之戒，**夏后之鑒，即殷鑒也。毛詩曰：殷鑒不遠，在夏后之世。尚書曰：爾唯舊人，爾丕克遠，省爾知寧，王若勤哉。孔安國傳曰：目所親見，法之又明之也。**文質相濟，損益有物。**春秋元命苞曰：王者一質一文，據天地之道，天質而地文。論語，子曰：殷因於夏禮，所損益可知也；周因於殷禮，所損益可知也。物，禮物也。故五等之禮，不革于時，封畛之制，有隆焉爾者，呂氏春秋曰：等步畝封畛，所以一之也。小雅曰：封畛，界疆也。豈玩二王之禍，而闇經世之筭乎？二王，謂夏、殷也。經世，已見李蕭遠運命論。固知百世非可懸御，善制不能無弊，而侵弱之辱，愈於殄祀，土崩之困，痛於陵夷也。家語，孔子曰：文、武之祀，無乃殄乎？漢書，徐樂上書曰：何謂土崩？秦之末葉是也。人困而主不恤，下怨而上不知，此之謂土崩〔五〕。是以經始權其多福，慮終取其少禍。毛詩曰：經始靈臺。吳越春秋曰：大夫種善圖始，范蠡善慮終。賈逵國語注曰：權，秉也。尸子曰：聖人權福則取重，權禍則取輕。非謂侯伯無可亂之符，郡縣非致治之具也。故國憂賴其釋位，主弱憑其翼戴。左氏傳，王子朝告于諸侯曰：王居于彘，諸侯釋位〔六〕，以間王政。又叔向語宣子曰：文之伯也，翼戴天子，加之以恭。及承微積弊，王室遂卑，新序曰：及定王，王室遂卑。猶保名位，祚垂後嗣，左氏傳曰：名位不同。班固漢書序曰：後嗣承序，以廣親親。皇統幽而不輟，神器否而必存者，豈非置勢使之然與？東京賦曰：怨皇統之見替。鄭玄論語注曰：輟，止也。老子曰：天下神器，不可爲也，爲者敗之。

降及亡秦，棄道任術，史記曰：商鞅見秦孝公，謂景監曰：吾説君以帝王之道，君曰：吾不能待。吾以彊國之術説君，君大悦。懲周之失，自矜其得。言懲周以弱見奪，自矜以力滅周也。尋斧始於所庇，制國昧於弱下，弱下之術，前王所棄，秦以爲是，故謂之昧焉。左氏傳，宋昭公將去羣公子，樂豫曰：不可，公族，公室之枝葉也，若去之，則本根無所庇蔭矣。葛藟猶能庇其本根，故君子以爲比，況國君乎？此所謂庇焉而縱尋斧也。賈逵國語注曰：尋，用也。國慶獨饗其利〔七〕，主憂莫與共害。國語曰：晉國有慶，未嘗不怡。史記，范睢曰：主憂臣辱。雖速亡趨亂，不必一道；毛萇詩傳曰：速，召也。顛沛之釁，實由孤立。毛詩曰：人亦有言，顛沛之揭。毛萇曰：顛，仆也；沛，拔也。揭，見根貌也。漢書曰：漢興，懲戒亡秦孤立之敗也。是蓋思五等之小怨，忘萬國之大德，毛詩曰：忘我大德，思我小怨。知陵夷之可患，闇土崩之爲痛也。周之不競，有自來矣。左氏傳，鄭石臭謂子囊曰：今楚實不競，行人何罪？又，叔孫曰：叔出季處，有自來矣。國乏令主，十有餘世，左氏傳，冶區夫曰：爲乏令主。楊雄連珠曰：古之令主，所以統天者不遠焉。爾雅曰：令，善也。然片言勤王，諸侯必應，論語，子曰：片言可以折獄。左氏傳，狐偃言於晉侯曰：求諸侯莫如勤王也。一朝振矜，遠國先叛。公羊傳，葵丘之會，齊桓公震而矜之，叛者九國。震之者何？猶曰振振然。矜之者何？猶莫若我也。何休曰：震矜，色自美之貌。故彊晉收其請隧之圖，暴楚頓其觀鼎之志，左氏傳，晉侯朝王，王享醴，命之宥，請隧，弗許。曰：王章也，未有代德而有二王，叔父之所惡也。又曰：楚子伐陸渾之戎，遂至于雒，定王使王孫滿勞楚子，問鼎之大小輕重焉。杜預曰：示欲逼周取天下也。豈劉項之能闚關，勝廣之敢號澤哉？漢書，沛公自武關入秦。又曰：羽至函谷關，使當陽君擊關，羽入至戲。又曰：勝廣爲屯長，行至蘄西大澤鄉，勝自立爲將軍，廣爲都尉。借使秦人因循周制，雖則無道，有與共弊，覆滅之禍，豈在曩日！曩日，謂土崩之禍也。

漢矯秦枉，大啓侯王。班固漢書表曰〔八〕：藩國大者，夸州兼郡，可謂矯枉過其正矣。毛詩曰：大啓爾宇，爲周室輔。境土踰溢，不遵舊典。東京賦曰：規摹踰溢。尚書曰：舊典時式。故賈生憂其危，朝錯痛其亂。漢書，賈誼曰：夫樹國固必相疑之勢，下數被其殃，上數爽其憂，甚非所以安上而全下也。又，朝錯曰：請諸侯之罪過，削其支郡，不如此，宗廟不安也。是以諸侯阻其國家之富，憑其士民之力，阻，恃也。勢足者反疾，土狹者逆遲。六臣犯其弱綱，七子衢其漏網。漢書，賈誼曰：大抵彊者先反。及淮陰王楚最彊，則先反；韓信倚胡，則又反；及貫高因趙資，則又反；陳狶兵精，則又反；彭越用梁，則又反；黥布用淮南，則又反；盧綰最弱，最後反。然誼言八而機言六者，貫高非五等，盧綰亡入匈奴，故不數之。漢書曰：景帝即位，朝錯説上，令削吴，及書至，吴王起兵誅漢吏二千石以下。膠西、膠東、淄川、濟南、楚、趙亦皆反也。皇祖夷於黥徒〔九〕，西京病於東帝。皇祖，高祖也。南都賦曰：皇祖止焉。史記曰：淮南王黥布反，高祖自往擊之，布走。高祖時爲流矢所中，行道病。史記曰：荆王劉賈者，不知何屬。高祖立賈爲荆王。淮南王黥布反，東擊荆。賈與戰，不勝，走富陵，爲布軍所殺。漢書曰：賈稱從兄，而機以爲皇祖，蓋別有所見〔一〇〕。杜預左氏傳注曰：夷，傷也。楚漢春秋曰：下蔡亭長詈淮南王曰：封汝爵爲千乘，東南盡日所出，尚未足黔徒羣盜所邪〔一一〕！而反，何也？，然黥當爲黔〔一二〕。漢書曰：吴王濞反，削吴會稽、豫章郡，書至，起兵反。以袁盎爲太常，使吴，吴王聞盎來，知其欲説，笑而應曰：我已爲東帝，尚誰拜？不肯見盎。是蓋過正之災，而非建侯之累也。矯枉過其正，已見上文。周易曰：利用建侯行師。然吕氏之難，朝士外顧；宋昌策漢，必稱諸侯。漢書曰：吕產、吕禄自知背高皇帝約，因作亂。朱虚侯使人告兄齊王，令發兵西，太尉勃、丞相平爲内應，以誅諸吕，齊王遂發兵。又曰：呂后崩，大臣迎立代王。郎中令張武曰：以迎大王爲名，實不可往。宋昌曰：羣臣議非也。内有朱虛、東牟之親，外畏吴、楚、淮南、琅邪、齊、代之強，故迎大王，大王勿疑也。逮至中葉，忌其失節，割削宗子，有名無實，天下曠然，復襲亡秦之軌矣。漢書曰：諸侯小者淫荒越法，大者睽孤横逆，以害身喪國。故文帝采賈生之議分齊、趙，景帝用朝錯之計削吴、楚。是以五侯作威，不忌萬邦；新都襲漢，易於拾遺也。五侯，已見鮑明遠數詩。尚書曰：臣作福作威，害于而家，凶于而國。漢書曰：封王莽爲新都侯。襲，猶取也。漢書，梅福上書曰：昔高祖舉秦如鴻毛，取楚如拾遺。光武中興，纂隆皇統，而猶遵覆車之遺轍，養喪家之宿疾。言光武猶遵師前漢之失也。晏子春秋，諺曰：前車覆，後車戒也。尚書曰：卿士有一於身，家必喪。僅及數世，姦軌充斥，尚書曰：寇賊姦宄。軌與宄古字通。左氏傳，士文伯讓子産曰：以政刑之不修，寇盜充斥。卒有彊臣專朝，則天下風靡，彊臣，謂梁冀之屬也。楚辭曰：世從俗而變化，隨風靡而成行。一夫縱衡，則城池自夷，豈不危哉！一夫，謂董卓也。漢書曰：縱〔一三〕，恣意。衡，古横字。

在周之衰，難興王室，放命者七臣，干位者三子。左氏傳曰：初，王姚嬖于莊王，生子頹，子頹有寵〔一四〕，蔿國爲之師。及惠王即位，取蔿國之圃以爲囿。邊伯之宫近於王宫，王取之。王奪子禽、祝跪與詹父田，而收膳夫之秩。故蔿國、邊伯、石速、詹父、子禽、祝跪作亂，因蘇氏。秋，五大夫奉子頹以伐王，不克，出奔温。蘇子奉子頹以奔衛。衛師、燕師伐周。冬，立子頹。杜預曰：石速，士也，不在五大夫之數。又曰：初，甘昭公有寵於惠后，惠后將立之，未及而卒。昭公奔齊，襄王復之。又通於隗氏，王替隗氏。頹叔桃子曰：我實能使狄〔一五〕。遂奉太叔以狄師伐周，大敗周師。王出適鄭，處于汜。杜預曰：甘昭公，王子太叔帶也。又曰：王子朝、賓起有寵於景王，王崩，子朝因舊官百工之喪職秩者，與靈、景之族以作亂。單子逆悼王于莊宮以歸。杜預曰：子朝，景王之長庶子；悼王，子猛也。班固漢書述曰：孝景莅政，諸侯方命。韋昭曰：方，放命，不承天子之制。七臣，蔿國、邊伯、詹父、子禽、祝跪及頹叔、桃子、賓起也。王命論曰：闇干天位。爾雅曰：干，求也。三子，子頹、叔帶、子朝。嗣王委其九鼎，凶族據其天邑，嗣王，惠、襄、悼也。凶族，三子也。史記曰：秦取周九鼎寶器。尚書曰：肆予敢求爾于天邑商。鉦征鼙震於閫宇，鋒鏑流乎絳闕。傅玄正都賦曰：巍巍絳闕。然禍止畿甸，害不覃及，毛詩曰：覃及鬼方。毛萇曰：覃，延也。天下晏然，以治待亂。漢書，難蜀父老曰：及臻厥成，天下晏如也。淮南子曰：静以合躁，治以待亂。是以宣王興於共和，襄惠振於晉鄭。史記曰：周人相與畔襲厲王，王出奔于彘。召公、周公二相行政，號曰共和。共和十四年〔一六〕，厲王死於彘，二相乃共立宣王。又曰：惠王即位，衛師、燕師伐周，立子頹。鄭伯見虢叔曰：盍納王乎？虢公曰：寡人之願也。同伐王城，鄭伯將王自圉門入，虢叔自北門入〔一七〕，殺王子頹及五大夫。又曰：天王出居于鄭，避母弟之難也。晉侯辭秦師而下次于陽樊〔一八〕，右師圍温，左師逆王。王入於王城。取太叔于温，殺之。杜預曰：叔帶，襄王同母弟也。豈若二漢，階闥蹔擾，而四海已沸，階闥蹔擾，謂王莽也。孽臣朝入，而九服夕亂哉！孽臣，董卓也。范曄後漢書曰：何進私呼卓入朝以脅太后。卓至，遂廢少帝爲弘農王。

遠惟王莽篡逆之事，近覽董卓擅權之際，億兆悼心，愚智同痛。左氏傳，薳啓彊曰：孤與二三臣悼心失圖。然周以之存，漢以之亡，夫何故哉？豈世乏曩時之臣，士無匡合之志歟？聖主得賢臣頌曰：齊侯設庭燎之禮，故有匡合之功。論語，子曰：管仲相桓公，一匡天下。又曰：桓公九合諸侯。蓋遠績屈於時異，雄心挫於卑勢耳。左氏傳，劉子謂趙孟曰：子蓋亦遠績禹功而大庇民乎？阮瑀與孫權書曰：大丈夫雄心能無憤發。故烈士扼腕，終委寇讎之手；漢書曰：燕齊之間，方士瞋目扼腕。中人變節，以助虐國之桀。漢書，張博書曰：公卿變節。史記，王歜謂燕將曰：今爲君將，是助桀爲暴也。雖復時有鳩合同志，以謀王室，漢書曰：王莽居攝，翟義心惡之，遂與劉宇、劉璜結謀舉義兵。范曄後漢書曰：董卓以尚書韓馥爲冀州刺史，侍中劉岱爲兗州刺史。馥等到官，各舉義兵討卓。然上非奥主，下皆市人，漢書曰：翟義立劉信爲天子。左氏傳曰：蔡公召子干、子晳，將納之。子干歸，韓宣子問於叔向曰：子干其濟乎？對曰：難。恭王有寵子〔一九〕，國有奥主。吕氏春秋曰：驅市人而戰之，可以勝人之教卒也。師旅無先定之班，君臣無相保之志。是以義兵雲合，無救劫弑之禍；范曄後漢書曰：卓聞劉馥等兵起，乃鴆殺弘農王。文子曰：用兵有五，誅暴救弱謂之義。漢書，班彪曰：假號雲合。民望未改，而已見大漢之滅矣。漢書曰：莽聞翟義起兵，乃拜王邑爲虎牙將軍，以擊義，破之。於是莽自謂大得天人之助，遂即真矣。漢書，陳涉詐稱公子扶蘇，從民望也。或以諸侯世位，不必常全，公羊傳曰：諸侯世位，故國君爲一體也。全或爲今，非。昏主暴君，有時比迹，故五等所以多亂。唐子曰：暴主闇君，不可生殺。范曄後漢書，孔融薦謝該曰：該實卓然，比迹前列。今之牧守，皆以官方庸能，雖或失之，其得固多，故郡縣易以爲治。夫德之休明，黜陟日用，左氏傳，王孫滿曰：德之休明。尚書曰：三載考績，三考，黜陟幽明。長率連屬，咸述其職，禮記曰：千里之外，設方伯，五國以爲屬，屬有長。十國以爲連，連有帥。尚書大傳曰：古者諸侯之於天子，五年一朝，謂之述職。述其職者，述其所職也。而淫昏之君，無所容過，左氏傳，宋子魚曰：又用諸淫昏之鬼。何則其不治哉？故先代有以之興矣。苟或衰陵，百度自悖，尚書曰：不役耳目，百度惟貞。鬻官之吏，以貨準才，則貪殘之萌，皆如羣后也。安在其不亂哉？故後王有以之廢矣。且要而言之，五等之君，爲己思治；民安己受其利，故曰爲己。郡縣之長，爲利圖物。物能利己，乃始圖之，故云爲利。何以徵之？蓋企及進取，仕子之常志；企及進取，奔競以招譽。禮記曰：不至焉者，企而及之。史記，蘇秦説燕王曰：忠信者，所以自爲也。進取者，所以爲人也。修己安民，良士之所希及〔二〇〕。修己安民，積德以厚下。論語，子曰：修己以安百姓。尚書，咎繇曰：在安民。孔安國論語注曰：希，少也。夫進取之情鋭，而安民之譽遲。鄭玄禮記注曰：情，實也。鋭，猶疾也。是故侵百姓以利己者，在位所不憚；安民譽遲，不若侵之以利己。鄭玄論語注曰：憚，難也。損實事以養名者，官長所夙夜也。進取名速，故損實事以求之。列子曰：范氏有子曰子華，善養私名。君無卒歲之圖，臣挾一時之志。五等則不然，知國爲己土，衆皆我民，民安己受其利，國傷家嬰其病。説文曰：嬰，繞也。故前人欲以垂後，後嗣思其堂構，尚書曰：若考作室，子乃弗肯堂，矧肯構。爲上無苟且之心，羣下知膠固之義。漢書，王嘉上疏曰：孝文時，吏居官者或長子孫，然後上下相望，莫有苟且之意。莊子曰：待膠漆而固者，是侵其德者也。范曄後漢書，鄭泰曰：以膠固之衆，當解合之勢。

使其並賢居治，則功有厚薄；言八代同建五等，而廢興殊迹者，譬並賢居治，而功有優劣也。兩愚處亂，則過有深淺。言秦、漢同立郡縣而脩短異期者，譬兩愚居亂而過有輕重也。然則八代之制，幾可以一理貫；八代，謂五帝、三王也。然此八代，異於辯亡，各觀文立義也。崔寔政論曰：今既不能純法八代，故宜參以霸政。論語曰：吾道一以貫之。秦漢之典，殆可以一言蔽矣。論語，子曰：詩三百，一言以蔽之，曰：思無邪。孔安國尚書傳曰：蔽，斷也。

文選考異

〔一〕夫體國經野　袁本、茶陵本「經野」作「營治」。案：二本是也。晉書作「經野」，尤依之改，非。

〔二〕注「而獨斯畏」　何校「而」改「無」，陳同，是也。各本皆誤。

〔三〕不如利而後利之之利也　袁本云善無「也」字。茶陵云五臣有。案：此蓋所見不同，或尤校改之也。晉書有。又案：五臣、晉書不重「之」字，非也。今荀子富國篇亦未誤。凡五臣雖同晉書，仍善是彼非者，今不悉出。

〔四〕注「言王諸侯治之也」　袁本、茶陵本「王」作「任」，是也。案：「治之」當作「之治」，各本皆倒。

〔五〕注「漢書徐樂上書曰」下至「此之謂土崩」　袁本、茶陵本此在「家語孔子曰云云」之前。案：

依善例當云「土崩已見上文」，蓋後來改爲複出而又誤倒之耳。尤順正文乙轉，仍未得善舊也。

〔六〕注「告于諸侯曰王居于𣶒諸侯釋位」　袁本、茶陵本無「曰王居于𣶒諸侯」七字。

〔七〕國慶獨饗其利　袁本「獨」下有校語云善作「猶」。茶陵本無校語。案：二本所載五臣良注云「言秦獨饗天下之利」，是其本作「獨」也。尤及茶陵蓋以五臣亂善。晉書「獨」。又本篇「忘萬國之大德」，袁本「萬」作「經」，云善作「萬」；茶陵作「經」，仍失著校語。又「愿法期於必涼」，袁、茶陵二本「涼」作「諒」，其實善「涼」，五臣「諒」，一本失著校語。彼尤本皆校改正之矣。

〔八〕注「班固漢書表曰」　袁本、茶陵本「表」作「贊」。案：此尤校改之也。

〔九〕皇祖夷於黥徒　案：「黥」當作「黔」，晉書正作「黔」，最爲不誤。此注云「然黔當爲黥」，唯正文用「黔首」字爲「黥布」字，故善云爾也。必五臣因此注改「黔」爲「黥」，後來各本以之亂善而失著校語。又此注亦多誤，見下。

〔一〇〕注「史記曰荆王劉賈者」下至「蓋別有所見」　袁本、茶陵本無此五十九字。案：二本最是。此不知何人駮善注之語，必別本有記於旁者，而尤誤取以增多也。

〔一一〕注「尚未足黔徒羣盜所耶」　案：「黔」當作「黥」，各本皆誤，説見下。

〔一二〕注「然黥當爲黔」　案：「黥」、「黔」二字當互易。此因正文既改作「黥」，與注不相應，復改注以就之也。考史記、漢書「黥布」，不得云「當爲黔」甚明。他書不更見有作「黔」者，上條楚漢春秋亦誤改無疑。

〔一三〕注「縱恣意」　陳云「縱」下脱「横」字，是也。各本皆脱。

〔一四〕注「生子頹子頹有寵」　袁本、茶陵本不重「子頹」二字。

〔一五〕注「我實能使狄」　案：「能」字不當有。各本皆衍。

〔一六〕注「號曰共和共和十四年」　袁本、茶陵本不重「共和」二字。

〔一七〕注「鄭伯將王自圉門入號叔自北門入」　袁本、茶陵本無此十四字。

〔一八〕注「次于陽樊」　袁本、茶陵本無此四字。

〔一九〕注「恭王有寵子」　袁本、茶陵本無「王」字，是也。

〔二〇〕良士之所希及　案：當依晉書去「之」字。各本皆衍。

辯命論　并序

劉璠梁典曰：峻字孝標。辯命論蓋以自喻云〔一〕。

劉孝標

孝標植根淄右，流寓魏庭，冒履艱危，僅至江左。負材矜地，自謂坐致雲霄。豈圖逡巡十稔，而榮塹一命。因兹著論，故辭多憤激，雖義越典謨，而足杜浮競也。

主上嘗與諸名賢言及管輅，主上，謂梁武帝也。魏志曰：管輅，字公明，平原人也。舉秀才。弟辰謂輅曰：大將軍待君意厚，冀當富貴乎？輅長嘆曰：然天與我才，明不與我年壽，恐四十七、八間不見女嫁男娶婦也。

是歲八月，爲少府丞。明年二月卒，年四十八。歎其有奇才而位不達。時有在赤墀之下豫聞斯議，歸以告余。漢書，梅福上書曰：願涉赤墀之塗。説文曰：墀，塗地也。禮，天子赤墀。余謂士之窮通，無非命也。莊子，孔子謂子路曰：聖人知窮之有命，知通之有時，臨大難而不懼，聖人之勇也。故謹述天旨，因言其致云。鄭玄禮記注曰：致之言至也。

臣觀管輅，天才英偉，珪璋特秀，郭璞曰：孫子荆〔一〕上品狀王武子曰：天才英博，亮拔不羣。抱朴子曰：故侍郎周生恭遠，英偉名儒。禮記曰：珪璋特達。抱朴子曰：陸士龍、士衡，曠世特秀，超古邈今。實海内之名傑，豈日者卜祝之流乎？墨子曰：墨子北之齊，過日者，日者曰：帝今日殺黑龍於北方，先生之色黑，不可以北。墨子不聽。史記有日者列傳。然則占候時日〔二〕，謂之日者。司馬遷書曰：僕之先人，文史星歷，近乎卜祝之間。而官止少府丞，年終四十八，天之報施，何其寡與？史記曰：司馬遷曰：天之報施善人何如哉？然則高才而無貴仕，饕餮而居大位，自古所歎，焉獨公明而已哉！左氏傳，楚叔伯曰：夫有大功而無貴仕，其人能靖者與有幾？又曰：縉雲氏有不才子，貪于飲食，冒于貨賄，天下之人以比三凶，謂之饕餮。故性命之道，窮通之數，夭閼烏葛紛綸，莫知其辯。家語，魯哀公問於孔子曰：人之命與性何謂？孔子對曰：分於道謂之命，形於一謂之性。王肅曰：分於道，始得爲人也；人各受陰陽剛柔之性，故曰形於一也。莊子曰：風之積也不厚，則其負大翼也無力，故九萬里則風斯在下矣，而後乃今培風，背負青天而莫之夭閼者。司馬彪曰：夭，折也；閼，止也。言無有折止使不通者也。封禪書曰：紛綸葳蕤。鄭玄儀禮注曰：辨，別也。

仲任蔽其源，子長闡其惑。范曄後漢書曰：王充，字仲任。鄭玄論語注曰：蔽，塞也。論衡曰：凡人有生死壽夭之命，亦有貴賤貧富之命。命當貧賤，雖富貴之，猶涉患禍，失其富貴；命當富貴，雖貧賤之，猶逢福善，離其貧賤。今言隨操行而至，此命在末不在本也。司馬遷，字子長。蒼頡篇曰：闡，開也。史記，或曰：天道無親，常與善人。伯夷、叔齊可謂善人，而餓死。七十子之徒，仲尼獨薦顔淵爲好學，然蚤夭。盜跖日殺不辜，肝人之肉，竟以壽終。此其大較者也〔四〕，余甚惑焉。至於鶡冠甕牖，必以懸天有期；鼎貴高門，則曰唯人所召。七略，鶡冠子者，蓋楚人也。常居深山，以鶡爲冠，故曰鶡冠。禮記，孔子曰：儒者蓬户甕牖。論衡曰：夫命懸於天，吉凶在乎時。吴都賦曰：高門鼎貴。漢書，賈捐之曰：石顯方鼎貴。又，于公曰：少高大門，令容駟馬高蓋車。左傳，閔子騫曰〔五〕：禍福無門，惟人所召。譊譊讙咋，異端斯起。蜀志曰：孟光好公羊春秋，而譏呵左氏，每與來敏争此二義，常譊譊讙咋。裴松之曰：譊，音奴交切。讙，音詡袁切。咋，音祖格切。論語，子曰：攻乎異端。蕭遠論其本而不暢其流，子玄語其流而未詳其本。李蕭遠作運命論，言治亂在天，故曰論其本。郭子玄作致命由己論，言吉凶由己，故曰語其流。嘗試言之曰：莊子曰：請嘗試言之，天無爲以之清，地無爲以之寧。杜預左氏傳曰：嘗，試之也。夫通生萬物〔六〕，則謂之道；生而無主，謂之自然。老子曰：大道氾兮，萬物得之以生而不辭，功成而不有，愛養萬物而不爲之主。王弼曰：萬物皆得道而生。管子曰：萬物以生，萬物以成，命之曰道。老子曰：天法道，道法自然。自然者，物見其然，不知所以然；同焉皆得，不知所以得。莊子曰：孔子觀於吕梁，見一丈夫，謂孔子曰：吾長於水，而安於水，性也；不知吾所以然，命也。張湛曰：固然之理，不可以智知，知其不可知，故謂之命也。莊子曰：天下誘然皆生，而不知其所以生；同焉皆得，而不知其所以得也。鼓動陶鑄而不爲功，庶類混成而非其力。周易曰：鼓天下之動者，存乎辭。韓康伯曰：爻辭也。爻以鼓動，效天下之動也。莊子，肩吾謂連叔曰：藐姑射之山，有神人居焉，猶陶鑄堯、舜也〔七〕，孰肯以物爲事。典引曰：沈浮交錯，庶類混成。生之無亭毒之心，死之豈虔劉之志。老子曰：亭之毒之，蓋之覆之。王弼曰：亭，謂品其形；毒，謂成其質。左氏傳，呂相曰：芟夷我農功，虔劉我邊陲。言殺也〔八〕。墜之淵泉非其怒，升之霄漢非其悅。墜之淵泉，鱗屬也。升之霄漢，羽族也。言稟性不同，非天之有悅怒也。淮南子曰：鳥魚生於陰，屬於陽，故魚游於水，鳥飛於雲。夫鳥排虛而飛，獸蹠實而走，蛟龍水居，虎豹山處，天地之性也。蕩乎大乎，萬寶以之化；確乎純乎，一化而不易。莊子曰：形非道不生，生非德不明，蕩蕩乎忽然出，勃然動，萬物從之乎。又曰：夫道，覆載萬物者也，洋洋乎大哉。庚桑楚曰：夫春氣發而百草生，正得秋而萬寶成。又楚狂接輿謂肩吾曰：夫聖人之治也，治外乎正而後行，確乎能其事者而已矣。司馬彪曰：確乎不移易。又曰：道流而不明，純純常常，乃比於狂。又曰：吾一受其成形，而不化以待盡也。又曰：性不可易，命不可變。化而不易，則謂之命。命也者，自天之命也。呂氏春秋曰：若命之不可易。春秋元命苞曰：命者，天之命也，所受於帝，行正不過，得壽命也。定於冥兆，終然不變。祖台之論命曰：存亡壽夭，咸定冥初。魏文帝典論曰：夫生之必死，天地所不能變。鬼神莫能預，聖哲不能謀。西征賦曰：生有脩短之命，位有通塞之遇，鬼神莫之要，聖哲弗能預。觸山之力無以抗，倒日之誠弗能感。淮南子曰：昔共工之力，怒皐不周之山，使地東南傾，與高辛争爲帝。許慎曰：昔共工，古諸侯之強者也；不周之山，西北之山也。陸機弔魏武文曰：

夫以迴天倒日之力，而不能振形骸之内。短則不可緩之於寸陰，長則不可急之於箭漏。淮南子曰：聖人不貴尺之璧，而重寸之陰。漢書曰：漏刻以百二十爲度。韋昭曰：舊漏晝夜共百刻，哀帝有短祚之期，故欲增之。至德未能踰，上智所不免。孝經曰：先王有至德要道。論語，子曰：唯上智與下愚不移。魏文帝典論曰：夫生之必死，賢聖所不能免。是以放勛之世，浩浩襄陵；天乙之時，焦金流石。尚書曰：放勛欽明。又，帝曰：湯湯洪水方割，蕩蕩懷山襄陵，浩浩滔天。史記，天乙立，是爲成湯。吕氏春秋曰：成湯之旱，煎沙爛石。楚辭曰：十日並出，流金鑠石。文公躓其尾，宣尼絶其糧。傅子曰：周文王子公旦有聖德，謚曰文。毛詩曰：狼跋，美周公也。狼跋其胡，載疐其尾。毛萇曰：疐〔九〕，跆也。躓音致。漢書平紀曰：追謚孔子曰宣尼公。論語曰：子在陳絶糧，從者病，莫能興。顔回敗其叢蘭，冉耕歌其芣苢。家語曰：顔回年二十九而髮白，三十二而早死。文子曰：日月欲明，浮雲蓋之；叢蘭欲茂，秋風敗之。家語曰：冉耕，魯人，字伯牛，以德行著名，有惡疾。韓詩曰：采苢，傷夫有惡疾也。詩曰：采采芣苢，薄言采之〔一〇〕。薛君曰：芣苢，澤寫也。芣苢，臭惡之菜，詩人傷其君子有惡疾，人道不通，求己不得，發憤而作，以事興芣苢，雖臭惡乎，我猶采采而不已者，以興君子雖有惡疾，我猶守而不離去也。夷叔斃淑媛之言，子輿困臧倉之訴。崔瑋七蠲曰：三王行化，夷、叔隱己。古史考曰：伯夷、叔齊者，殷之末世，孤竹君之二子也，隱於首陽山，采薇而食之。野有婦人謂之曰：子義不食周粟，此亦周之草木也。於是餓死。曹植與楊脩書曰：有南威之容，乃可以論於淑媛。傅子曰：昔仲尼既殁，仲弓之徒追論夫子言〔一一〕，謂之論語。其後，鄒之君子孟子輿擬其體著七篇，謂之孟子。然子輿，孟子之字也。孟子曰：魯平公將出，嬖人臧倉曰：有司未知所之，敢請。公曰：將見孟子。曰：何哉？孟子之後喪踰前喪，君無見。公曰：諾。

樂正子春見孟子曰〔一二〕：克告於君，君將來見也。嬖人有臧倉者沮君，君是以不果來。孟子曰：吾之不遇魯侯，天也。臧氏之子，焉能使予不遇哉？聖賢且猶若此，而況庸庸者乎？大戴禮，孔子曰：所謂庸人者，口不能道善言，而志不邑邑，此可謂庸人也。馮衍顯志賦曰：獨慷慨以遠覽兮，非庸庸之所識。至乃伍員浮尸於江流，三閭沈骸於湘渚。史記曰：子胥自剄死，王乃取子胥尸，盛以鴟夷之革，浮之於江中。楚辭，漁父見屈原曰：子非三閭大夫與？漢書曰：賈誼渡湘水，爲賦以弔屈原。楊雄反騷曰：欽弔楚之湘纍。音義曰：諸不以罪死曰纍。屈原赴湘死，故曰纍也。賈大夫沮志於長沙，馮都尉皓髮於郎署。漢書曰：賈誼爲長沙王太傅，誼既以謫去，意不自得。又曰：馮唐以孝著，爲郎中署長，事文帝，帝輦過問曰：父老何自爲郎？君山鴻漸，鎩殺羽儀於高雲；敬通鳳起，摧迅翮於風穴。此豈才不足而行有遺哉？東觀漢記曰：桓譚，字君山，少好學，徧治五經。光武即位，拜議郎。詔會議雲臺，上問譚曰：吾以讖決之，何如？譚不應，良久對曰：臣生不讀讖。問其故，譚頗有所非是。上怒曰：桓譚非法，將去斬之。譚叩頭流血，乃貰。由是失旨，遂不復轉遷。出補六安太守丞，之官，意不樂，道病卒。周易曰：鴻漸于陸，其羽可用爲儀。許慎淮南子注曰：鎩羽，殘羽也。應璩與從弟書曰：弋下高雲之鳥。東觀漢記曰：馮敬通，少有倜儻之志，明帝以爲衍材過其實，抑而不用，遂埳壈失志，以壽終於家。淮南子曰：鳳皇之翔，至德也，濯羽弱水，暮宿風穴。許慎曰：風穴，風所從出。韓詩外傳曰：子路謂孔子曰：夫子尚有遺行乎？奚居之隱也。近世有沛國劉瓛，瓛桓弟璡津，並一時之秀士也。蕭子顯齊書曰：劉瓛，字子珪，沛國人。宋大明四年舉秀才，少篤學，博通五經，爲安成王撫軍，行參軍公事，免，自此不復仕。永明初，遇疾卒。瓛弟璡，字子璥，方軌正直。文惠太子召璡入侍東宮，每上事，輒削草，尋署射聲校尉，卒官。吕氏春秋曰：舜耕於歷山，秀士從之。璥，君影切。瓛則關西孔子，通涉六經，循循善誘，服膺儒行。范曄後漢書曰：楊震，字伯起，經明博覽，無不窮究。諸儒爲之語曰：關西孔子楊伯起。論語，顏淵曰：夫子循循然善誘人。禮記曰：回之爲人也，得一善則拳拳服膺而不失之矣。又禮記有儒行篇。璡則志烈秋霜，心貞崑玉，亭亭高竦，不雜風塵。范曄後漢書孔融論曰：凛凛焉，皜皜焉，其與秋霜崑玉比質可也。西京賦曰：狀亭亭以岧岧〔三〕。郭璞遊仙詩曰：高蹈風塵外。皆毓德於衡門，並馳聲於天地。周易曰：君子以振民毓德。毛詩曰：衡門之下，可以棲遲。而官有微於侍郎，位不登於執戟，相次殂落，宗祀無饗。答客難曰：官不過侍郎，位不過執戟。尚書曰：帝乃殂落。孔安國曰：殂落，死也。因斯兩賢以言古，則昔之玉質金相，英髦秀達，毛詩曰：追琢其章，金玉其相。毛萇曰：相，質也。又曰：髦，俊也。皆擯斥於當年，韞奇才而莫用，司馬彪莊子注曰：擯，弃也。馬融論語注曰：韞，藏也。徼草木以共彫〔四〕，與麋鹿而同死，楚辭曰：願徼幸而有待兮，宿莽與欉草同死。王逸曰：將與百草俱殂落也。論衡曰：身與草木俱朽。楚辭曰：死日將至兮，與麋鹿同坑。膏塗平原，骨填川谷，湮滅而無聞者，豈可勝道哉！檄蜀文曰：肝腦塗中原，膏液潤野草。封禪書曰：湮滅而不稱者，不可勝數。此則宰衡之與皁隸，容彭之與殤子，尚書曰：冢宰掌邦治。毛詩曰：實維阿衡，左右商王。左氏傳曰：人有十等，士臣皁，皁臣輿，輿臣隸。列仙傳曰：容成公者，自稱黃帝師，見於周穆王，能善補導之事，髮白復黑，齒落復生，事與老子同，亦云老子師。又曰：彭祖，殷賢大夫，歷夏至商末，號年七百。莊子，南郭子綦曰：天下莫大于秋毫之末，而太山爲之小；莫壽于殤子，而彭祖爲之夭。猗頓之與黔婁，陽文之與敦洽。猗頓，已見過秦論。皇甫謐高士傳曰：黔婁先生〔一五〕修清節，不求進於諸侯，及終，曾參來弔曰：何以爲謚？妻曰：以康爲謚。曾子曰：先生存時，食不充虛，衣不蓋形，死則手足不斂，傍無酒肉，何樂於此而謚爲康哉？淮南子曰：不待脂粉，西施、陽文也。許慎曰：楚之好人也。呂氏春秋曰：陳有惡人焉，曰敦洽讎麋，椎顙廣顔，色如漆赭，垂髮臨鼻，長肘而盭〔一六〕，陳侯見而甚悦之。高誘曰：醜而有德也。咸得之於自然，不假道於才智。抱朴子曰：聖人體天，皆得之於自然。莊子曰：古之至人，假道於仁，託宿於義。故曰「死生有命，富貴在天」，其斯之謂矣。論語，子夏曰：死生有命，富貴在天。

然命體周流，變化非一，或先號後笑，或始吉終凶，或不召自來，或因人以濟。周易曰：同人先號咷而後笑。老子曰：不召而自來。傅子曰：昔人知下相接之易，故因人以致人。交錯糾紛，迴還倚伏，非可以一理徵，非可以一途驗。而其道密微，寂寥忽慌，無形可以見，無聲可以聞。子虚賦曰：交錯糾紛。鶡冠子曰：禍兮福之所倚，福兮禍之所伏。思玄賦曰：北叟頗識其倚伏。抱朴子曰：鶩鋭不可以一塗驗，箏琴不可以膠柱調也。鬼谷子曰：即欲闔之貴密，密之貴微。西征賦曰：寥廓忽怳。文子曰：道以無有爲體，視之不見其形，聽之不聞其聲，謂之幽冥。呂氏春秋曰：道也者，視之弗見，聽之弗聞，不可爲壯〔一七〕。管子曰：視之不見其形，聽之不聞其聲，而序其成，謂之道。必御物以效靈，亦憑人而成象；譬天王之冕旒，任百官以司職。言性命之道，雖係于天，然其來也，必憑人而御物。譬如天王冕旒而執契，必因百官司職以立政。文子曰：德、仁、義、禮四者，聖人之所以御萬物也。而或者覩湯武之龍躍，謂龕亂在神功；聞孔墨之挺生，謂英睿擅奇響；成湯、武王也。周易曰：見龍在田。又曰：或躍在淵。墨子曰：夏桀時，天乃命湯於鑣宮，有神來告曰：夏德大亂，往攻之，予必使汝大戡之。商王紂時，周武王見三神曰：予既沈漬殷紂於酒德，往攻之，予必使汝大戡之。孔，孔子；墨，墨翟。蔡邕陳太丘碑曰：元方、季方，皆命世挺生，膺期特授。視彭韓之豹變，謂鷙猛致人爵；見張桓之朱紱，謂明經拾青紫。彭，彭越，韓，韓信〔一八〕。易曰：君子豹變，其文蔚。禮記曰：鷙蟲攫搏，不程其勇者。鄭玄曰：鷙蟲，猛獸也。孟子曰：有天爵，有人爵。仁、義、忠、信，樂善不倦，此天爵也。公卿大夫，此人爵也。漢書曰：張禹，字子文，善説論語。令禹授太子，遷光禄大夫，賜關内侯。范曄後漢書曰：桓榮治歐陽尚書，授太子，爲太子少傅，封關内侯。禮記曰：諸侯佩山玄玉而朱組綬。蒼頡篇曰：綬，紱也。漢書，夏侯勝曰：士病不明經，經術苟明，取青紫如俛拾地芥。豈知有力者運之而趨乎？莊子曰：夫藏舟於壑，藏山於澤，謂之固矣。然而夜半有力者負之而走，昧者不知。故言而非命，有六蔽焉爾。論語，子曰：由汝聞六言六蔽矣乎。然文雖出此，蔽義則殊。請陳其梗槩：東京賦：其梗槩如此。

夫靡顏膩理，哆噅許爲顣子六頞烏割形之異也。楚辭曰：靡顏膩理，遺視矊些。王逸曰：靡，緻也；膩，滑也。淮南子曰：哆噅，蘧蒢戚施，醜也〔一九〕。説文曰：哆，張口也，音侈。通俗文曰：噅，口不正也，去皮切。史記，唐舉見蔡澤曰：先生魋顏蹙齃。朝秀晨終，龜鵠千歲，年之殊也。淮南子曰：朝秀不知晦朔。許慎曰：朝生暮死蟲也，生水上，似蠶蛾。養生要曰：龜鵠壽千百之數，性壽之物也。聞言如響，智昏菽麥，神之辨也。史記曰：淳于髡説鄒忌畢，趨出，曰：是人者，吾語之微言五，其應我若響之應聲，是人必封不久矣。

左氏傳曰：程滑殺厲公，荀罃、士魴逆周子于京師而立之。周子有兄而無惠，不能辨菽麥，故不可立。杜預曰：菽，大豆也。豆麥殊形，易別，故以之爲癡者之候也。同知三者定乎造化榮辱之境，獨曰由人，是知二五而未識於十。其蔽一也。淮南子曰：大丈夫恬然無爲，與造化逍遥。高誘曰：造化，天地也。莊子曰：定乎内外之分，辨乎榮辱之境。左氏傳，叔興曰：吉凶由人。史記，齊威王使人説越曰：晉、楚鬭，越兵不起，知二五而不知十也。

龍犀日角，帝王之表；朱建平相書曰：額有龍犀入髮，左角日，右角月，王天下也。河目龜文，公侯之相。孔叢子曰：夫子適周，見萇弘，萇弘語劉文公曰：孔子仲尼有聖人之表，河目而隆顙，是黄帝之形貌也。王肅家語注曰：河目，上下匡平而長也。范曄後漢書曰：李固貌狀有奇表，鼎角匿犀，足履龜文。後爲太尉。撫鏡知其將刑，壓紐顯其膺録。蜀志曰：蜀郡張裕曉相術，每舉鏡視面，自知刑死，未嘗不撲之於地。左氏傳曰：初，楚恭王無冢適，有寵子五人，無適立焉。乃大有事於羣望而祈曰：請神擇五人主社稷。乃徧以璧見於羣望曰：當璧而拜者，神所立也。與巴姬密埋璧於太室之庭，使五人拜。康王跨之，靈王肘加焉，子干、子晳皆遠之。平王弱，抱而入，再拜，皆壓紐。星虹樞電，昭聖德之符；夜哭聚雲，鬱興王之瑞。春秋元命苞曰：大星如虹，下流華渚，女節夢意，感生朱宣。宋均曰：華渚，渚名也。朱宣，少昊氏。詩含神務曰：大電繞樞，照郊野，感符寶，生黄帝。漢高祖功臣頌曰：彤雲晝聚，素靈夜哭。國語曰：興王賞諫臣。皆兆發於前期，涣汗於後葉。周易曰：涣汗其大號。涣，散也[二〇]。若謂驅貔虎，奮尺劍。入紫微，升帝道，則未達窅冥之情，未測神明之數。其蔽二也。尚書，武王曰：如虎如貔，如熊如羆，于商郊。孔安國曰：貔，摯夷〔二一〕，虎屬也。史記，高祖曰：吾提三尺劍取天下，此非天命乎？薛綜西京賦注曰：天有紫微宮，王者象之，曰紫微宮。淮南子曰：源道者，測窅冥之深。呂氏春秋曰：窅乎冥，莫知其情。王命論曰：神明之祚，可得而妄處哉！

空桑之里，變成洪川；歷陽之都，化爲魚鼈。呂氏春秋曰：有莘氏女子採桑，得嬰兒于空桑之中，獻之其君。令烰人養之，察其所以然。曰：其母居伊水之上，孕，夢有神告之曰：臼出水而東走，毋顧。明日，視臼水出，告其鄰，東走十里，而顧其邑，盡爲水，身因化爲空桑。故命之曰伊尹。淮南子曰：歷陽〔二二〕，淮南之縣名，今屬九江郡。歷陽中有老嫗，常行仁義，有兩諸生告過之，謂曰〔二三〕：此國當没爲湖，嫗視東城門閫有血，便走上山，勿反顧也。自此嫗數往視門，門吏問之，嫗對如其言。東門吏殺雞以血塗門，明日嫗早往視門有血，便走上山，國没爲湖。楚師屠漢卒，睢息惟河鯁其流；秦人坑趙士，沸聲若雷震。漢書曰：項羽晨擊漢，大戰彭城靈辟東睢水上，大破漢軍，多殺士卒，睢水爲不流。戰國策，蔡澤謂應侯曰：白起率數萬之師，越韓、魏而敗彊趙，北坑馬服，屠四十餘萬衆，流血成川，沸聲如雷。使秦業帝，白起之勢也。論衡曰：言有命者曰：夫天下之大，人民之衆，一歷陽之都，一長平之坑，同命俱死，未可怪也。命當溺死，故相聚於歷陽。命當壓死，故相積於長平。火炎崑嶽，礫石與琬琰俱焚；嚴霜夜零，蕭艾與芝蘭共盡。尚書曰：火炎崑岡，玉石俱焚。又曰：弘璧琬琰在西序。傅玄鷹兔賦曰：秋霜一下，蘭艾俱落。毛萇詩傳曰：蕭，蒿也。雖游夏之英才，伊顔之殆庶，焉能抗之哉？其蔽三也。史記曰：言偃，吴人，字子游。夏，子夏也。伊，伊尹也。顔，顔回也。孟子曰：得天下之英才而教育之。易曰：顔氏之子其殆庶幾乎。王弼曰：庶幾於知幾者也。

或曰明月之珠，不能無纇；夏后之璜，不能無考。淮南子曰：夏后氏之璜，不能無考；明月之珠，不能無纇。高誘曰：考，不平也。纇，瑕也。故亭伯死於縣長，相如卒於園令。范曄後漢書曰：崔駰，字亭伯。竇憲爲車騎將軍，辟駰爲掾，察駰高第，出爲長岑長。駰自以遠去，不得意，遂不之官而歸，卒于家。漢書曰：相如拜爲孝文園令，既病免，家居茂陵而死。才非不傑也，主非不明也，而碎結緑之鴻輝，殘懸黎之夜色，抑尺之量有短哉？戰國策，應侯謂秦王曰：梁有懸黎，宋有結緑，而爲天下名器。楚辭，鄭詹尹曰：尺有所短，寸有所長。若然者，主父偃、公孫弘對策不升第，歷説而不入，牧豕淄原，見棄州部。設令忽如過隙，溘苦合死霜露，其爲詬恥，豈崔馬之流乎？及至開東閤，列五鼎，電照風行，聲馳海外，寧前愚而後智，先非而終是？漢書，主父偃，齊國臨淄人也，學長短縱横術。家貧，假貸無所得，北遊燕、趙、中山，皆莫能厚客。甚困，乃上書闕下，拜爲郎，至中大夫。偃曰：大丈夫生不五鼎食，死則五鼎烹耳。又曰：公孫弘，淄川人也。家貧，牧豕海上。太常上對諸儒。太常奏弘第居下策〔二四〕。天子擢弘對爲第一，後至丞相。於是起客館，開東閤，以延賢士。莊子曰：賓放於鄉里，逐於州部。又曰：人生天地之間，若白駒之過隙。楚辭曰：寧溘死以流亡兮，余不忍爲此態也。漢書，詔曰：公孫弘不幸罹霜露之疾。説文曰：詬，恥也。范曄後漢書，吳漢謂臧宮曰：將軍嚮者經虜城下，震揚威靈，風行電照，九州春秋。閻忠説皇甫嵩曰：今將軍威德震本朝，風聲馳海外。將榮悴有定數，天命有至極，而謬生妍蚩。其蔽四也。應璩與曹元長書曰：春生者繁華，秋榮者零悴，自然之數，豈有恨哉！孫子荆陟陽侯詩曰：三命皆有極。

夫虎嘯風馳，龍興雲屬，淮南子曰：虎嘯而谷風至，龍舉而景雲屬。四子講德論曰：風馳雨集。故重華立而元凱升，辛受生而飛廉進。史記曰：虞舜名曰重華。左氏傳，季孫行父曰：昔高陽氏有才子八人：蒼舒、隤敳、檮戭、大臨、尨降、庭堅、仲容、叔達，天下之民謂之八愷。高辛氏有才子八人：伯奮、仲堪、叔獻、季仲、伯虎、仲熊、叔豹、季狸，天下之民謂之八元。舜臣堯，舉八愷使主后土，舉八元使布五教于四方。史記曰：帝乙崩，子辛立，是爲帝辛，天下謂之紂。尚書曰：祖伊恐，奔告于受。孔安國曰：受，紂也，音相亂。史記曰：仲喬生蜚廉，蜚廉生惡來，父子俱以材力事殷紂。然則天下善人少，惡人多，闇主衆，明君寡。莊子曰：天下之善人少，而不善人多。法言曰：聖君少，庸君多。杜篤弔比干文曰：闇主之在上，豈忠諫之是謀。而薰蕕不同器，梟鸞不接翼，家語，顔回曰：聞薰蕕不同器而藏，堯、桀不共國而治，以其類異也。孫盛晉陽秋，王夷甫論曰：夫芝蘭之不與茨棘俱植，鸞鳳之不與梟鴟同棲，天理固然，易在曉晤。西都賦曰：接翼側足。是使渾胡本敦徒本檮桃杌兀踵武於雲臺之上，仲容庭堅耕耘於巖石之下。左氏傳，太史克曰：昔帝鴻氏有不才子，掩義隱賊，好行凶德，醜類惡物，頑嚚不友，是與比周，天下之人謂之渾敦。顓頊氏有不才子，不可教訓，不知話言，告之則頑，舍之則嚚，傲狠明德，以亂天常，天下之人謂之檮杌。楚辭曰：忽奔走以先後，及前王之踵武。東觀漢記曰：詔賈逵入講南宮雲臺，使出左氏大義。仲容、庭堅，八愷之二，已見上注。法言曰：谷口鄭子真，不詘其節，而耕於巖石之下。橫去謂廢興在我，無繫於天。其蔽五也。漢書，董仲舒對策曰：治亂廢興，在於己，非天降命，不可得反。

彼戎狄者，人面獸心，宴安鴆毒，戎狄，謂魏也。班固漢書贊曰：夷狄之人，被髮左衽，人面獸心。左氏傳，管敬仲曰：宴安鴆毒，不可懷也。以誅殺爲道德，以蒸報爲仁義，漢書曰：匈奴，其俗寬則隨畜田獵禽獸爲生業，急則人習戰攻以侵伐，其天性也。父死，妻其後母，兄弟死，皆取其妻妻之。小雅曰：上淫曰蒸，下淫曰報。雖大風立於青丘，鑿齒奮於華野，比於狼戾，曾何足喻？淮南子曰：堯之時，猰貐、鑿齒、九嬰、大風、封狶、修虵〔二五〕皆爲害，堯乃使羿誅鑿齒於疇華之澤，殺九嬰於凶水之上，繳大風於青丘之野，上射十日而下殺窫窳，斷修蛇於洞庭，禽封豕於桑林。高誘曰：疇華，南方地。九嬰，水火爲人害者，北狄之地有凶水。大風，鷙鳥。青丘，東方。封豕，大彘。桑林，湯禱旱地。戰國策，張儀曰：趙王狠戾無親。自金行不競，天地板蕩，左帶沸脣，乘間電發，金行，謂晉也。干寶搜神記曰：程猗説石圖曰：金者晉之行也。左氏傳，師曠曰：吾驟歌北風，又歌南風，南風不競。毛詩曰：上帝板板。毛萇曰：杯晚切〔二六〕。又曰：蕩蕩上帝。鄭玄曰：蕩蕩，法度廢壞之貌。左帶，左衽也。尚書曰：四夷左衽，罔弗咸賴。王元長勸給虜書啓曰：息沸脣於桑墟。然齊、梁之間，通以虜爲沸脣也。魏志，詔曰：劉備、孫權乘間作禍。辨亡論曰：電發荆南。遂覆瀍洛，傾五都，東京賦曰：泝洛背河，左伊右瀍。干寶晉紀，愍帝詔曰：羣邪作逆，傾盪五都。居先王之桑梓，竊名號於中縣，毛詩曰：維桑與梓，必恭敬止。漢書高紀，詔曰：秦徙中縣之人，南方三郡。與三皇競其萌黎，五帝角其區宇，韋昭漢書注曰：萌，民也。孔安國尚書傳曰：黎，衆也。東京賦曰：區宇乂寧。種落繁熾，充仞神州。范曄後漢書曰：梁商上表曰：匈奴種類繁熾，不可殫盡。子虚賦曰：充仞其中，不可勝記。河圖曰：崑崙東南，地方千里，名曰神州。嗚呼！福善禍淫，徒虚言耳！尚書，湯曰：天道福善禍淫，降災于夏，以彰厥罪。豈非否泰相傾，盈縮遞運，而汩骨之以人？其蔽六也。周易曰：泰者通也，物不可以終通，故受之以否。老子曰：高下相傾。淮南子曰：孟春始贏，孟秋始縮。高誘曰：贏，長也；縮，短也。孔安國尚書傳曰：汩，亂也。

然所謂命者，死生焉，貴賤焉，貧富焉，治亂焉，禍福焉。此十者，天之所賦也。死生有命，已見上文。論衡曰：凡人有死生夭壽之命，亦有貴賤貧富之命。墨子曰：貧富治亂，固有天命，不可損益。吕氏春秋曰：禍福之所自來，衆人以爲命，焉知其所由之也。愚智善惡，此四者，人之所行也。桓範世要論曰：遇不遇，命也。善不善，人也。夫神非舜禹，心異朱均，才絓中庸，在於所習。舜、禹，二帝也。淮南子曰：性命可説，不待學問而合於道，堯、舜、文王也；不可教以道，不可喻以德者，丹朱、商均也。夫上不及堯、舜，下不若商、均，此教訓之所喻也。高誘曰：丹朱，堯子也；商均，舜子也。廣雅曰：絓，止也，胡卦切。賈誼過秦曰：陳涉材能不及中庸。論衡曰：中人之性在所習，習善爲善，習惡爲惡。是以素絲無恒，玄黄代起，鮑魚芳蘭，入而自變。言在所習也。淮南子曰：墨子見練絲而泣之，爲其可以黄，可以黑。高誘曰：閔其化也。大戴禮曰：與君子游，苾乎如入蘭芷之室，久而不聞，則與之化矣；與小人游，臭乎如入鮑魚之肆，久而不聞，則與之化矣。是故君子慎其所去就也。故季路學於仲尼，厲風霜之節；尸子曰：子路，東鄙之野人，孔子教之爲賢士。王隱晉書曰：應瞻爲太守，人歌之曰：威若風霜，恩如父母。楚穆謀於潘崇，成殺逆之禍。左氏傳曰：楚子欲立王子職而黜太子商臣，商臣聞之，告其師潘崇曰：能事諸乎？曰：不能。能行大事乎？曰：能。以宫甲圍成王，王縊，穆王立。潘崇，太子師。而商臣之惡，盛業光於後嗣；仲田之善，不能息其結纓。楚之後業皆商臣之子孫。周易曰：盛德大業，至矣哉！尚書曰：在今後嗣王。左氏傳曰：衛渾良夫與太子入舍於孔氏之外圃，欲劫孔悝而納太子。季子曰：太子無勇，若燔臺半，必舍孔叔。太子聞之，懼，下召石乞、盂黶敵子路，以戈擊之，斷纓。子路曰：君子死，冠不免，結纓而死。杜預曰：季子，子路是也。斯則邪正由於人，吉凶在乎命。

或以鬼神害盈，皇天輔德。周易曰：鬼神害盈而福謙。尚書曰：皇天無親，惟德是輔。故宋公一言，法星三徙，呂氏春秋曰：宋景公有疾，司馬子韋曰〔二七〕：熒惑守心，心，宋分野也，君當移於相。公曰：相，股肱也，除心腹之疾而置之股肱，可乎？曰：可移於民。公曰：民，所以爲國，無民，何以爲君？曰：可移於歲。公曰：歲所以養民，歲不登，何以畜民？子韋曰：君善言三，熒惑必退三舍，延君命二十一年。視之信。廣雅曰：熒惑謂之罰星，或謂之執法。殷帝自翦，千里來雲。呂氏春秋曰：湯克夏，四年，天大旱，湯乃以身禱於桑林，於是翦其髮，磨其手〔二八〕，自以爲犧，用祈福於上帝，雨乃大至。淮南子曰：湯之時，旱，七年，以身禱於桑林之祭，而四海之雲湊，千里之雨至。若使善惡無徵，未洽斯義。因此而言，則害盈輔德，其由影響，若以善惡猶命〔二九〕，故未洽乎斯義。毛萇詩傳曰：洽，合也。且于公高門以待封〔三〇〕，嚴母掃墓以望喪，漢書曰：于定國父于公，其閭門壞，父老方共修之，于公謂之曰：少高大閭門，令容駟馬高蓋車。我理獄多陰德，未嘗有所冤，子孫必有興者。至定國爲丞相，封侯傳世。又曰：嚴延年遷河南太守，其母從東海來，欲從延年臘，到雒陽，適見報囚，母大驚。畢正臘已，謂延年曰：天道神明，人不可獨殺。我不自意當老見壯子被刑戮也，行矣！去女東歸掃除墓地耳。後歲餘果敗。此君子所以自彊不息也。言善惡有徵，故君子庶幾自彊而不息也。周易，象曰：天行健，君子以自彊不息。如使仁而無報，奚爲修善立名乎？斯徑廷定之辭也。若必爲仁而無報，何故修善而立名乎？是不由命明矣。或爲茲説者，斯乃徑廷之言耳。莊子，肩吾問于連叔曰：大有徑廷，不近人情。司馬彪曰：徑廷，激過之辭也〔三二〕。夫聖人之言顯而晦，微而婉，幽遠而難聞，河漢而不測。此釋聖人之言，顯晦難測也。左氏傳，君子曰：春秋之稱，微而顯，志而晦，婉而成章。莊子，市南宜僚見魯侯曰：南越有邑焉，名建德之國，君曰，彼其道幽遠而無人。又，肩吾問于連叔曰：吾聞言於接輿，大而無當，往而不反。吾驚怖其言，猶河漢而無極。司馬彪曰：極，崖也。言廣若河漢，無有崖也。或立教以進庸怠，或言命以窮性靈，此釋不同之所由也。積善餘慶，立教也；鳳鳥不至，言命也。周易曰：積善之家，必有餘慶。徐幹中論曰：北海孫翱云：積善餘慶，誘民於善路耳。論語，子曰：鳳鳥不至，河不出圖，吾已矣夫！今以其片言辯其要趣，何異乎夕死之類而論春秋之變哉。毛萇詩傳曰：蜉蝣，渠略也，朝生夕死。莊子曰：蟪蛄不知春秋也。且荆昭德音，丹雲不卷；周宣祈雨，珪璧斯罄；左氏傳曰：有雲如衆赤鳥，夾日飛三日，楚子使問周太史，太史曰：其當王身乎？若禜之，可移於令尹司馬。王曰：除腹心之疾而寘諸股肱，何益？不穀不有大過，天其夭諸？有罪受罰，又焉移之！遂弗禜。毛詩序曰：雲漢，仍叔美宣王也。毛詩曰：圭璧既卒，寧莫我聽。于叟種德，不逮勛華之高；延年殘獷，未甚東陵之酷。勛華，已見上文。説文曰：獷，不可附也，古猛切。莊子曰：伯夷叔齊死名於首陽之下，盜跖死利於東陵之上。爲善一，爲惡均，而禍福異其流，廢興殊其迹，蕩蕩上帝，豈如是乎？毛詩曰：蕩蕩上帝，下民之辟。詩云：「風雨如晦，鷄鳴不已。」此釋君子所以自彊也。毛詩鄭風也。鄭玄箋曰：喻君子雖居亂世，不變改其節度也。故善人爲善，焉有息哉？尚書曰：吉人爲善，惟日不足。家語，孔子曰：事君之難也，焉可以息哉？

夫食稻粱，進芻豢，衣狐貉，襲冰紈，觀窈眇之奇儛，聽雲和之琴瑟，此生人之所急，非有求而爲也。論語，子曰：食夫稻。韓詩外傳，田饒謂魯哀公曰：黄鵠啄君稻粱〔三二〕。國語曰：芻豢幾何。論語，子曰：狐貉之厚以居。漢書曰：齊地織作冰紈。長楊賦曰：憎聞鄭、衛窈眇之聲。阮籍詠懷詩曰：北里多奇儛。周禮曰：孤竹之管，雲和之琴瑟。修道德，習仁義，敦孝悌，立忠貞，漸禮樂之腴潤，蹈先王之盛則，此君子之所急，非有求而爲也。然則君子居正體道，樂天知命，公羊傳曰：君子大居正。莊子，弇堈弔曰：夫體道者，天下之君子也。郭象曰：言體道者人之宗主也。周易曰：樂天知命，故不憂。明其無可奈何，識其不由智力，莊子曰：知不可奈何而安之若命，唯有德者能之。王命論曰：不知神器有命，不可以智力求。逝而不召，來而不距，生而不喜，死而不慼。莊子曰：予惡乎知說生之或非邪〔三三〕？予惡乎知惡死之非弱喪而不知歸者邪〔三四〕？瑶臺夏屋，不能悦其神；尸子曰：人之言君天下者，瑶臺九累，而堯白屋。楚辭曰：冬有大夏。王逸曰：夏，大屋也。毛詩曰：於我乎夏屋渠渠。土室編蓬，未足憂其慮。土室編蓬，已見非有先生論。不充詘於富貴，不遑遑於所欲。禮記，孔子曰：儒有不隕穫於貧賤，不充詘於富貴。皇甫謐高士傳，黔婁先生妻謂曾子曰：先生不慼慼於貧賤，不遑遑於富貴。論語曰：富與貴，是人之所欲也。豈有史公董相不遇之文乎？司馬遷爲太史公，故曰史公。遷集有悲不遇賦。法言曰：災異董相。李軌曰：董相，江都相董仲舒也。仲舒集有士不遇賦。

文選考異

〔一〕注「峻字孝標辨命論」 袁本、茶陵本無「峻字」二字。案：無者是也。下五字爲一句。

〔二〕注「郭璞曰孫子荆」 案：此有誤也。「璞」，疑當作「子」。郭子三卷，在隋志小説。

〔三〕注「然則占候時日」 案：「則」字不當有。各本皆衍。善例無此也。

〔四〕注「此其大較者也」 袁本、茶陵本「大」下有「彰」字。

〔五〕注「閔子騫曰」 案：「騫」當作「馬」。各本皆誤。

〔六〕夫通生萬物 茶陵本「通」作「道」。袁本無「夫通」二字。案：二本不著校語，無以知善果何作？梁書作「夫通」。考選文與本傳向不齊一，但可資其借證，難以指爲專據，何校於此篇多所更改，皆選文未必非，本傳未必是，今均不採。

〔七〕注「猶陶鑄堯舜也」 袁本、茶陵本「猶」上有「將」字。

〔八〕注「言殺也」 袁本、茶陵本無此三字。

〔九〕注「載疐其尾毛萇曰疐」 袁本二「疐」字作「蹪」。茶陵本作「疐」。案：「蹪」字是也。正文善作「蹪」，梁書同，故破「疐」爲「蹪」而引之。

〔一〇〕注「家語曰顔回」下至「薄言采之」 袁本、茶陵本此七十六字并於五臣，非也。尤所見未誤。

〔一一〕注「追論夫子言」 袁本、茶陵本「言」上有「之」字。

〔一二〕注「樂正子春見孟子曰」 袁本、茶陵本無「春」字。案：有者非。

〔一三〕注「狀亭亭以岧岧」 案：「岧岧」當作「苕苕」。各本皆誤。

〔一四〕徽草木以共彫 袁本、茶陵本「徽」作「候」，是也。梁書作「候」。

〔一五〕注「黥婁先生」 袁本、茶陵本「黥」作「黔」，是也。

〔一六〕注「垂髮臨鼻長肘而盭」 袁本、茶陵本「髮」作「眼」，「盭」下有「股」字。案：今呂氏春秋作「眼」，其「盭」下仍無「股」字，或尤刪之也。

〔一七〕注「呂氏春秋曰道也者」下至「不可爲壯」 袁本、茶陵本無此二十字。

〔一八〕注「彭彭越韓韓信」 袁本、茶陵本無此六字。案：此因同五臣翰注而刪之。尤所見是也。

〔一九〕注「淮南子曰哆噅蘧蒢戚施醜也」 案：此有誤也。所引脩務訓文，「哆」上有「啳睽」二字，無「醜也」二字。高誘注云「啳睽哆噅，蘧蒢戚施，皆醜貌也」，或許慎云「醜也」耳。未審善兼引正文及注，或但引注，無以補正。

〔二〇〕注「渙散也」 袁本、茶陵本無此三字。

〔二一〕註「貔摯夷」 何校「摯」改「執」，陳同，是也。各本皆譌。

〔二二〕注「淮南子曰歷陽」 案：此有誤也。以下至「國没爲湖」皆注文，不得云「淮南子曰」，未審所脱。

〔二三〕注「有兩諸生告過之謂曰」 何校去「告」字，是也。各本皆衍。

〔二四〕注「太常上對諸儒太常奏弘第居下策」　何校「策」下添「奏」字，陳同。案：此有誤也。考漢書云「弘至太常上策詔諸儒」，又云「太常奏弘第居下策奏」，必善連引此二處耳。

〔二五〕注「猰貐鑿齒九嬰大風封豨修蚺」　袁本、茶陵本「猰貐」作「窫窳」，「豨」作「豕」，「鑿齒」二字在「修蚺」上。案：此尤校改之也。下高注仍作「窫窳」「豕」，所改未是。

〔二六〕注「毛萇曰杯晚切」　陳云「曰」下脱「板板反也」四字，是也。各本皆脱。

〔二七〕注「司馬子韋曰」　案：「馬」當作「星」，思玄賦注可證。又案：袁、茶陵二本此一節注并入五臣，非也。尤所見未誤。

〔二八〕注「磨其手」　案：「磨」當作「磨」。各本皆譌。與廣川長岑文瑜書引作「酈」，云「酈音酈」，可證。考呂氏春秋亦作「酈」，「酈」、「磨」同字，「磨」譌而爲「磨」，猶顏氏家訓所謂「容成造磨」爲碓磨之磨耳，故「酈」今亦譌而爲「酈」也。皆當訂正。

〔二九〕注「若以善惡猶命」　袁本、茶陵本「猶命」二字作「之理無徵」四字，是也。

〔三〇〕且于公高門以待封　袁本云善作「門高」。茶陵本云五臣作「高門」。案：二本所見傳寫誤倒，非也。此亦尤校改正之。梁書作「高門」。

〔三一〕注「激遏之辭也」　袁本「遏」作「過」，是也。茶陵本亦誤「遏」。莊子釋文李云「謂激過也」，可借證。

〔三二〕注「黄鵠啄君稻粱」　案：「粱」當作「粱」，各本皆誤。

〔三三〕注「予惡乎知説生之或非邪」 案：「或非」當作「非惑」。各本皆倒誤。

〔三四〕注「予惡乎知惡死之非弱喪而不知歸者邪」 袁本、茶陵本「非弱喪而不知歸者邪」九字作「或是邪」三字。案：此尤校改正之者。

文選卷第五十五

論五　連珠

論五

廣絶交論　劉璠梁典曰〔一〕：劉峻見任昉諸子西華兄弟等流離不能自振，生平舊交，莫有收卹。西華冬月著葛布帔練裙，路逢峻。峻泫然矜之，乃廣朱公叔絶交論。到溉見其論，抵几於地，終身恨之。

劉孝標

客問主人曰：「朱公叔絶交論，爲是乎？爲非乎？」此假言也，爲是爲非，疑而問之也。范曄後漢書曰：朱穆，字公叔，爲侍御史。感俗澆薄，慕尚敦篤〔二〕，著絶交論以矯之。稍遷至尚書，卒贈益州刺史。主人曰：「客奚此之問？」奚，何也，何故有此問也。未詳其意，故審覆之也。客曰：「夫草蟲鳴則阜螽躍，雕虎嘯而清風起。欲明交道不可絶，故陳四事以喻之。毛詩曰：喓喓草蟲，趯趯阜螽。鄭玄曰：草蟲鳴則阜螽跳躍而從之，異類相應也。雕虎，已見思玄賦。淮南子曰：虎嘯而谷風至，龍舉而景雲屬。許慎曰：虎，陰中陽獸，與風同類也。故絪緼相感，霧涌雲蒸；嚶鳴相召，星流電激。元氣相感，霧涌雲蒸以相應；鳥鳴相召，星流電激以相從。言感應之遠也。周易曰：天地絪緼，萬物化醇。淮南子曰：山雲蒸而柱礎潤。毛詩曰：伐木丁丁，鳥鳴嚶嚶。鄭玄云：其鳴之志，似於友道然。曹植辯問曰：游説之士，星流電耀。答賓戲曰：游説之徒，風颺電激。是以王陽登則貢公喜，罕生逝而國子悲。此明良朋也。良朋之道，情同休戚，故貢禹喜王陽之登朝，子産悲子皮之永逝也。漢書曰：王吉與貢禹爲友，世稱王陽在位，貢禹彈冠，言其趣舍同也。罕生，子皮；國子，子産也。左氏傳曰：子産聞子皮卒，哭且曰：吾以無爲爲善，唯夫子知我也。且心同琴瑟，言鬱郁於蘭茝齒；道叶膠漆，志婉孌於塤篪。心和琴瑟，則言香蘭茝；道合膠漆，則志順塤篪。言和順之甚也。毛詩曰：妻子好合，如鼓瑟琴。曹子建王仲宣誄曰：好和琴瑟。鬱郁，香也。上林賦曰：芳芳漚鬱〔三〕，酷烈淑郁。楚辭曰：蘭茝幽而獨芳。周易曰：同心之言，其臭如蘭。范曄後漢書曰：陳重字景公，雷義字仲預。重少與義友，鄉里爲之語曰：膠漆自謂堅，不如雷與陳。班固漢書贊曰〔四〕：婉孌董公。塤篪，已見鸚鵡賦。聖賢以此鏤金版而鐫盤盂，書玉牒而刻鍾鼎。聖賢以良朋之道，故著簡策而傳之。太公金匱曰：屈一人之下，申萬人之上。武王曰：請著金版。墨子曰：琢之盤盂，銘於鍾鼎，傳於後世。玉牒，已見上。若乃匠人輟成風之妙巧，伯子息流波之雅引。此言良朋之難遇也。莊子曰：莊子送葬，過惠子之墓，謂從者曰：郢人堊墁其鼻端若蠅翼，使匠石斲之。匠石運斤成風，斲之，盡堊而鼻不傷，郢人立不失容。宋元君聞之，召匠石曰：嘗試爲寡人爲之。匠石曰：臣則嘗能斲之。雖然，臣質死久矣。自夫子之死也，吾無以爲質矣，吾無與言也。伯牙及雅引，已見上文。范張款款於下泉，尹班陶陶於永夕。范曄後漢書曰：范式字巨卿，少與張劭爲友。劭字元伯。元伯卒，式忽夢見元伯呼曰：巨卿，吾以某日死，當以某時葬，永歸黃泉。子未我忘，豈能相及？式怳然覺悟，便服朋友之服，數其葬日，馳往赴之。既至壙，將窆而柩不進，其母撫之曰：元伯豈有望邪？遂停柩。移時乃見素車白馬號哭而來，其母望之，必范巨卿。既至，叩喪言曰：行矣元伯！死生各異，永從此辭。式執引，柩乃前。式遂留冢次，修墳種樹，然後乃去。司馬遷書曰：試欲効其款款之愚〔五〕。王仲宣七哀詩曰：悟彼下泉人。東觀漢記曰：尹敏與班彪相厚，每相與談，常晏暮不食，晝即至冥，夜徹旦。彪曰：相與久語，爲俗人所怪。然鍾子期死，伯牙破琴，曷爲陶陶哉！駱驛縱橫，煙霏雨散，巧歷所不知，心計莫能測。駱驛縱橫，不絶也。煙霏雨散，衆多也。魯靈光殿賦曰：縱橫駱驛，各有所趣。陸機列仙賦曰：騰煙霧之霏霏。劇秦美新曰：霧集雨散。莊子曰：巧歷不能得，而況凡乎？漢書曰：桑弘羊，雒陽賈人子，以心計年十三〔六〕侍中。而朱益州汩彝敍，粵謨訓，捶直切，絶交游。比黔首以鷹鸇，媲人靈於豺虎。蒙有猜焉，請辨其惑。」言朋友之義，備在典謨，公叔亂常道而絶之，故以爲疑也。尚書曰：彝倫攸敍。又曰：聖有謨訓。家語，孔子曰：祁奚對平公云，羊舌大夫信而好直其切也。王肅曰：言其切直也。爾雅曰：丁丁嚶嚶，□相切直也〔七〕。列子曰：公孫穆屏親昵，絶交游。司馬遷書曰：交遊莫救，視鷹鸇豺虎，貪殘而無親也。黔首，已見過秦論。左氏傳，太史克曰：見無禮於其君者，誅之，如鷹鸇之逐鳥雀。爾雅曰：媲，妃也。尚書曰：惟人萬物之靈。杜庚幽求子曰：不仁之人，心懷豺虎。長楊賦曰：蒙切惑焉。論語，子張曰：敢問崇德辨惑〔八〕。

主人听魚謹然而笑曰：「客所謂撫絃徽音，未達燥濕變響；張羅沮澤，不覩鴻鴈雲飛。言朋友之道，隨時盛衰，醇則志叶斷金，醨則昌言交絶。今以絶交爲惑，是未達隨時之義，猶撫絃者未知變響，張羅者不覩雲飛，謬之甚也。上林賦曰：亡是公听然而笑。鄭玄禮記注曰：撫，以手按之也。許慎淮南子注曰：鼓琴循絃，謂之徽也。韓詩外傳曰：趙遣使於楚，臨去，趙王謂之曰：必如吾言辭。時趙王方鼓琴，使者因跪曰：大王鼓琴，未有如今日之悲也。請記其處，後將法焉。王曰：不可。夫時有燥濕，絃有緩急，徽柱推移，不可記也。使者曰：臣愚，謂借此以譬之，何者？楚之去趙二千餘里，變改萬端，亦猶絃不可記也。難蜀父老曰：鷦鵬已翔乎寥廓之宇，而羅者猶視乎藪澤，悲夫！沮澤，已見蜀都賦。吴都賦曰：雲飛水宿。蓋聖人握金鏡，闡風烈，龍驤蠖屈，從道汙隆。言聖人懷明道而闡風教，如龍蠖之驤屈，蓋從道之汙隆也。春秋孔録法曰：有人卯金刀，握天鏡。雒書曰：秦失金鏡。鄭玄曰：金鏡，喻明道也。春秋考異郵曰：後雖殊世，風烈猶合於持方。宋均曰：持方，受命者名也。班固漢書韓彭述曰：雲起龍驤，化爲侯王。蠖屈，已見潘正叔贈王元況詩。禮記，子思曰：道隆則從而隆，道汙則從而汙。鄭玄曰：汙，猶殺也。日月聯璧，贊亹亹之弘致；雲飛電薄，顯棣華之微旨。若五音之變化，濟九成之妙曲。此朱生得玄珠於赤水，謨神睿而爲言。日月聯璧，謂太平也；雲飛電薄，謂衰亂也。王者設教，從道汙隆，太平則明亹亹微妙之弘致，道衰則顯棣華權道之微旨。然則隨時之義，理非一塗也。若五音之變化，乃濟九成之妙曲。今朱公叔絶交，是得矯時之義，此猶得玄珠於赤水，謨神睿而爲言，謂窮妙理之極也。易坤靈圖曰：至德之萌，日月若聯璧。周易曰：定天下之吉凶，成天下之亹亹者，莫善於蓍龜。

王弼曰：亹亹，微妙之意也。鄭玄周禮注曰：致，至也。漢書，高祖歌曰：大風起兮雲飛揚。淮南子曰：陰陽相薄爲雷，激而爲電。論語曰：棠棣之華，偏其反而。何晏曰：逸詩也。棠棣之華〔九〕，反而後合。賦此詩以言權反而後至於大順也。長笛賦曰：五音代轉。尚書曰：簫韶九成，鳳皇來儀。莊子曰：黄帝遊於赤水之北，遺其玄珠，乃使象罔求而得之。司馬彪曰：赤水，水假名。玄珠，喻道也。孔安國尚書傳曰：謨，謀也。睿，聖也。至夫組織仁義，琢磨道德，驩其愉樂，恤其陵夷。此言良友每事相成，道德資以琢磨，仁義因之組織，居憂共戚，處樂同驩。仲長統昌言曰：道德仁義，天性也。織之以成其物，練之以成其情。禮記曰：如切如瑳，道學也，如琢如磨，自修也。白虎通曰：朋友之交，樂則思之，患則死之。陵夷，已見五等論。寄通靈臺之下，遺迹江湖之上，風雨急而不輟其音，霜雪零而不渝其色，斯賢達之素交，歷萬古而一遇。良朋款誠，終始若一，故寄通神於心府之下，遺迹相忘於江湖之上也。莊子曰：萬惡不可内於靈臺。司馬彪曰：心爲神靈之臺也。李陵書曰：人之相知，貴相知心。莊子曰：魚相忘於江湖，人相忘於道術。郭象曰：各自足，故相忘也。今引江湖，唯取相忘之義也。不輟其音，已見辨命論。莊子曰：天寒既至，霜雪既降，吾是以知松柏之茂也。素，雅素也。萬古一遇，難逢之甚也。逮叔世民訛，狙詐飈起，谿谷不能踰其險，鬼神無以究其變，競毛羽之輕，趨錐刀之末。上明良朋，此明損友也。左氏傳，叔向曰：三辟之興，皆叔世也。毛詩曰：民之訛言。鄭玄曰：訛，僞也。漢書曰：狙詐之兵。音義曰：狙，伺人之閒隙也。答賓戲曰：游説之徒，風颮電激，並起而救之。莊子，孔子曰：凡人之心，險於山川，難知於天。董仲舒士不遇賦曰：生不丁三代之盛隆兮，丁三季之末俗。鬼神不能正人事之變戾，聖賢亦不能開愚夫之違惑。葛龔集曰：龔以毛羽之身，戴丘山之施。左氏傳，叔向曰：錐刀之末，將盡爭之。於是素交盡，利交興，天下蚩蚩，鳥驚雷駭。毛詩曰：氓之蚩蚩。廣雅曰：蚩，亂也。崔寔正論曰：秦時赭衣塞路，百姓鳥驚無所歸。淮南子曰：月行日動，電奔雷駭也。然則利交同源〔一〇〕，派流則異，較角言其略，有五術焉：廣雅曰：較，明也。韓詩曰：報我不術，薛君曰：術，法也。

「若其寵鈞董石，權壓梁竇，董賢、石顯，已見西京賦。權，猶勢也。范曄後漢書曰：梁冀，字伯卓，爲大將軍，專擅威柄，凶恣日積。竇憲，已見范曄宦者論。雕刻百工，鑪捶朱靡萬物。吐漱興雲雨，呼噏下霜露。九域聳其風塵，四海疊其燻灼。雕刻鑪捶，喻造物也〔一一〕。覆載天地，刻雕衆形，而不爲巧。尚書曰：百工惟時。莊子曰：黄帝之忘其智，皆在鑪捶之間。聲類曰：爐，火所居也。李頤莊子音義曰：捶，排口鐵以灼火也〔一二〕。范曄後漢書曰：舉動迴山海，呼吸變霜露。九域，已見潘元茂九錫文。爾雅曰：聳，懼也。夏侯湛東方朔畫贊曰：彷佛風塵，用垂頌聲。毛萇詩傳曰：疊，懼也。西征賦曰：當恭、顯之任勢也。燻灼四方，震燿都鄙。靡不望影星奔，藉響川鶩，雞人始唱，鶴蓋成陰，高門旦開，流水接軫。蔡伯喈郭林宗碑曰：于時紳佩之士，望形表而影附，聆嘉聲而響和者，猶百川之歸巨海，鱗介之宗龜龍也。周禮曰：雞人，凡國事爲期，則告之時。鄭玄曰：象雞知時也。劉楨魯都賦曰：蓋如飛鶴，馬似遊魚。高門，已見辨命論。范曄後漢書，明德馬后曰：前過濯龍門上，見外家問起居者，車如流水馬如龍也。皆願摩頂至踵，隳膽抽腸，約同要離焚妻子，誓殉荆卿湛沈七族。是曰勢交，其流一也。孟子曰：墨子兼愛，摩頂放踵。趙岐曰：放，至也。鄒陽上書曰：見情素，隳肝膽。李顒詩曰：焦肺枯肝，抽陽裂膈。鄒陽上書曰：荆軻沈七族，要離焚妻子，豈足爲大王道哉！

「富埒陶白，貲巨程羅，山擅銅陵，家藏金穴，出平原而聯騎，居里閈而鳴鍾。陶朱公，已見過秦論。程鄭，已見蜀都賦。漢書曰：白圭，周人也。樂觀時變，天下言治生者祖白圭。又曰：成都羅裒，貲至鉅萬。又曰：鄧通，蜀郡人也。文帝賜通蜀嚴道銅山，得鑄錢。鄧氏錢布天下。楊雄蜀都賦曰：西有鹽泉鐵冶，橘林銅陵。范曄後漢書曰：光武帝郭皇后弟況，爲大鴻臚，數賞賜金錢，京師號況家爲金穴。連騎、鳴鍾，已見西京賦。應劭漢書注曰：里門曰閈。則有窮巷之賓，繩樞之士，冀宵燭之末光，邀潤屋之微澤；魚貫鳧躍，颯沓鱗萃，分鴈鶩之稻粱，霑玉斝之餘瀝。漢書曰：陳平家貧，負郭窮巷，以席爲門。過秦論曰：陳涉甕牖繩樞之子。戰國策曰：甘茂去秦，且之齊。出關，遇蘇子，曰：君聞夫江上之處女乎？夫江上之處女，有家貧而無燭者，處女相與語，欲去之。家貧無燭者將去矣，謂處女曰：妾以無燭之故，常先掃室布席，何愛餘明之照四壁者？處女以爲然，留之。今臣弃逐於秦，出關，願爲足下掃室布席，幸無我逐也。賈逵國語注曰：邀，求也。禮記曰：富潤屋，德潤身。貫魚，已見鮑昭出自薊北門行。潘岳哀辭曰：望歸瞥見，鳧藻踴躍。張衡羽獵賦曰：輕車颮沓。西京賦曰：鳥集鱗萃。魯連子曰：君鴈鶩有餘粟。韓詩外傳，田饒謂魯哀公曰：黄鵠止君園池，啄君稻粱。說文曰：斝，玉爵也。史記，淳于髡曰：親有嚴客，持酒於前，時賜餘瀝。銜恩遇，進款誠，援青松以示心，指白水而旌信。是曰賄交，其流二也。陸士龍爲顧彦先贈婦詩曰：銜恩非望始。遇，謂以恩相接也，秦嘉婦詩曰〔一三〕：何用敍我心？惟思致款誠〔一四〕。禮記曰：其在人也，如松栢之有心。周松執友論曰：推誠歲寒，功標松竹。左氏傳，晉公子曰：所不與舅氏同心者，有如白水。

「陸大夫宴喜西都，郭有道人倫東國，公卿貴其籍甚，搢紳羡其登仙。漢書曰：高祖拜陸賈爲太中大夫；陳平以錢五百萬遺賈爲食飲費。賈以此遊公卿間，名聲籍甚。音義曰：狼籍，甚盛也。西征賦曰：陸賈之優游宴喜。范曄後漢書曰：郭泰字林宗，博通墳籍，善談論。游洛陽，後歸鄉，諸儒送之，與李膺同舟而濟，衆賓望之，以爲神仙。舉有道，不應。林宗雖善人倫，不爲危言覈論。東國，洛陽也。加以顩羌錦頤蹙頞，涕唾流沫，騁黃馬之劇談，縱碧鷄之雄辯，解嘲曰：蔡澤顩頤折頞〔一五〕，涕唾流沫，西揖強秦之相而奪其位，時也。莊子曰：惠施其言黃馬驪牛三，辯者以此與惠施相應，終身無窮。司馬彪曰：牛馬以二爲三，兼與別也。曰馬曰牛，形之三也；曰黃曰驪，色之三也；曰黃馬曰驪牛，形與色之三也。蜀都賦曰：劇談戲論，扼腕抵掌。馮衍與鄧禹書曰：衍以爲寫神輸意，則聊城之説，碧雞之辯，不足難也。王褒碧雞頌曰：持節使者敬移金精神馬，剽剽碧雞，歸來歸來，漢德無疆。黃龍見兮白虎仁，歸來歸來，可以爲倫。歸來翔兮，何事南荒也。敍温郁則寒谷成暄，論嚴苦則春叢零葉，飛沈出其顧指，榮辱定其一言。毛萇詩傳曰：燠，煖也。郁與燠古字通也。寒谷，已見顏延年秋胡詩。王逸楚辭注曰：嚴，壯也，風霜壯謂之嚴。説文曰：苦，猶急也。張升反論曰：噓枯則冬榮，吹生則夏落。荀爽與李膺書曰：任其飛沈，與時抑揚。莊子曰：手撓顧指，四方之民，莫不俱至。周易曰：樞機之發，榮辱之主。於是有弱冠王孫，綺紈公子，道不挂於通人，聲未遒於雲閣，攀其鱗翼，丐其餘論，附駔子朗驥之旄端，軼歸鴻於碣石。是曰談交，其流三也。弱冠，已見辯亡論。漢書，漂母謂韓信曰：吾哀王孫而進食。又曰：班伯與王、許子弟爲羣，在於綺襦紈袴之間。論衡曰：夫能該一經者爲儒生，博覽古今者爲通人。應劭漢書注曰：遒，好也。應瑒釋賓曰：子猶不能騰雲閣，攀天衢。楊子法言曰：攀龍鱗，附鳳翼。子虛賦曰：願聞先生之餘論。説文曰：駔，壯馬也。張敞集曰：蒼蠅之飛，不過十步；託驥之尾，乃騰千里之路。何休公羊傳注曰：軼，過也。淮南子曰：馮遲，大丙之御也，過歸鴻於碣石也。「陽舒陰慘，生民大情；憂合驩離，品物恆性。西京賦曰：人在陽時則舒，在陰時則慘。莊子曰：藏天下於天下而不得所遯，是恆物之大情也。相呴以沫，憂合也；相忘江湖，驩離也。周易曰：品物咸亨。故魚以泉涸而呴沫，鳥因將死而鳴哀。莊子曰：泉涸，魚相與處於陸，相呴以濕，相濡以沫。論語，曾子曰：鳥之將死，其鳴也哀〔一六〕。同病相憐，綴河上之悲曲；恐懼置懷，昭谷風之盛典。吳越春秋曰：伯嚭來奔於吳，子胥請以爲大夫。吳大夫被離承宴問子胥曰：何見而信伯嚭乎？子胥曰：吾之怨與嚭同。子聞河上之歌者乎？同病相憐，同憂相救，驚翔之鳥，相隨而集；瀨下之水，回復俱流。誰不愛其所近，悲其所思者乎？詩谷風曰：將恐將懼，寘予于懷〔一七〕。斯則斷金由於湫隘，刎頸起於苫蓋。周易曰：二人同心，其利斷金。左氏傳曰：景公欲更晏子之宅，曰：子之宅湫隘囂塵。漢書曰：張耳、陳餘相與爲刎頸之交。左氏傳，范宣子數戎子駒支曰：乃祖吾離被苫蓋。是以伍員濯溉於宰嚭，張王撫翼於陳相。是曰窮交，其流四也。言宰嚭由伍員濯溉而榮顯，嚭既貴而譖員；陳餘因張耳撫翼而奮飛，餘既尊而襲耳。故曰窮交也。毛詩曰：可以濯溉。説文曰：濯，浣也。毛萇詩曰〔一八〕：溉，灌也。在於貧賤，類乎泥滓，縻之好爵，同於濯溉。史記曰：伍子胥者，楚人，名員。楚王誅員父奢，子胥往吳。闔廬既立，得志，以子胥爲行人。楚又誅大臣伯州犁，州犁之孫亡奔吳，亦以嚭爲大夫。吳越春秋曰：帛否來奔於吳王，闔廬問伍子胥：帛否何如人也？伍子胥對：帛否者，楚州犁孫。楚平王誅州犁，否因懼出奔，聞臣在吳而來。吳王因子胥請帛否以爲大夫，與之謀於國事。史記曰：闔廬死，夫差既立，以伯嚭爲太宰〔一九〕。吳敗越於會稽，大夫種厚幣遺吳太宰請和，將許之，子胥諫不聽。太宰既與子胥有隙，因讒子胥。王乃使賜子胥屬鏤之劍，乃自刎〔二〇〕。左氏傳曰：哀公會吳槖睪，吳子使太宰嚭請尋盟。然本或作伯喜，或作帛否，或作太宰嚭，字雖不同，其人一也。班固漢書述曰：張、陳之交，好如父子，攜手遯秦，撫翼俱起。

「馳騖之俗，澆薄之倫，無不操權衡，秉纖纊。衡所以揣其輕重，纊所以屬其鼻息。若衡不能舉，纊不能飛，雖顏冉龍翰鳳雛，曾史蘭薰雪白，阮子政論曰：交遊之黨，爲馳騖之所廢。淮南子曰：澆天下之淳。許慎曰：澆，薄也。漢書曰：衡，平也。權，重也。衡所以任權而鈞物平輕重也。鄭衆考工注曰：稱錘曰權。鄭玄尚書注曰：稱上曰衡。尚書曰：厥篚纖纊〔二一〕。説文曰：揣，量也。儀禮曰：屬纊以候氣〔二二〕。運命論曰：顏、冉大賢。魏志，崔琰曰：邴原、張範，所謂龍翰鳳翼。習鑿齒襄陽記曰：舊目諸葛孔明爲卧龍，龐士元爲鳳雛。曾，曾參；史，史魚也。莊子曰：削曾、史之行，鉗楊、墨之口。魏都賦曰：信陵之名蘭芬也〔二三〕。葛龔薦郝彦文曰：雪白冰折，皦然曜世也。舒向金玉淵海，卿雲黼黻河漢，言舒、向之辭同於淵海也。論衡曰：儒，世之金玉。又曰：劉子駿，漢朝之智囊，筆墨之淵海。言卿、雲之文，類於河、漢也。論衡曰：繡之未刺，錦之未織，恆絲庸帛，何以異哉！加五綵之巧，施針縷之飾，文章玄耀，黼黻華蟲。學士有文章，猶絲帛之有五色之巧也。又曰：漢諸儒作書者，以司馬長卿、楊子雲河漢也，其餘涇渭也。視若游塵，遇同土梗，莫肯費其半菽，罕有落其一毛。游塵土梗，喻輕賤也。左太沖詠史詩曰：視之若埃塵。嵇含司馬誄曰：命危朝露，身輕游塵。莊子，魏文侯曰：吾所學者，真土梗耳。司馬彪曰：梗，土之榛梗也。漢書，項羽曰：歲飢人貧，卒食半菽。孟子曰：楊氏爲我，拔一毛而利天下不爲也。若衡重錙銖，纊微彯飄撇匹滅，雖共工之蒐慝，驩兜之掩義，南荆之跋扈，東陵之巨猾，錙銖，已見任彦升彈曹景宗文。侯瑾箏賦曰：微風彯撆，泠氣輕浮。左氏傳，季孫行父曰：少昊氏有子，靖譖庸回，伏讒蒐慝。杜預曰：謂共工也。蒐，隱；慝，惡也。左氏傳，季孫行父曰：帝鴻氏有子，掩義隱賊，好行凶德。杜預曰：謂驩兜也。南荆，謂楚也。演連珠曰：南荆有寡和之歌。韓子，莊周子謂楚莊王曰：莊蹻爲盜於境内，吏不能禁。西京賦曰：睢盱跋扈。東陵，盜跖也。已見任昉王儉集序。東京賦曰：巨猾間釁。蹻，其略切。皆爲匍匐逶迤，折枝舐痔，金膏翠羽將其意，脂韋便辟婢亦導其誠。說文曰：逶迤，邪行去也。史記曰：蘇秦笑謂嫂：何前踞而後恭？嫂逶迤蒲服而謝曰：見季子位高金多也。孟子曰：爲長者折枝，語人曰：吾不能。是不爲也，非不能也。趙岐曰：折枝，案摩折手節解罷枝也。莊子謂宋人曹商曰：秦王有病召醫，破癰潰痤者得車一乘，舐痔者得車五乘，子豈療其痔邪？金膏，已見江賦。漢書曰：繇王閩侯亦遺江都王建犀甲翠羽。毛詩序曰：又實幣帛以將其厚意。鄭玄曰：將，助也。楚辭曰：如脂如韋。王逸曰：柔弱曲也。論語，孔子曰：損者三友：友便僻，損矣。故輪蓋所游，必非夷惠之室；苞苴所入，實行張霍之家。謀而後動，毫芒寡忒。是曰量交，其流五也。禮記曰：苞苴，簞笥問人者。鄭玄曰：苞苴，裹魚肉者也。或以葦，或以茅。張，張安世；霍，霍光也。答賓戲曰：鋭思毫芒之内。

「凡斯五交，義同賈古鬻，故桓譚譬之於闤闠，林回喻之於甘醴。杜預左氏傳注曰：賈，買也。鄭衆周禮注曰：鬻，賣也。譚集及新論並無以市喻交之文。戰國策，譚拾子謂孟嘗君曰：得無怨齊士大夫乎？孟嘗君曰：然。譚拾子曰：富貴則就之，貧賤則去之。請以市喻：市朝則滿，夕則虛。非朝愛市而夕憎之也。求存故往，亡故去，願君勿怨。然此以市喻交，疑拾誤爲桓，遂居譚上耳。莊子，林回曰：君子之交淡若水，小人之交甘如醴。司馬彪曰：林回，人姓名也。夫寒暑遞進，盛衰相襲，或前榮而後悴，或始富而終貧，或初存而末亡，或古約而今泰，循環翻覆，迅若波瀾。周易曰：寒往則暑來，暑往則寒來。盛衰，已見琴賦。說文曰：襲，因也。說苑，雍門周對孟嘗君曰：臣之能令悲者，先貴而後賤，古富而今貧。笙賦曰：有始泰終約，前榮後悴。尚書大傳曰：三王之統。若循連環，周則復始，窮則反本。陸機樂府詩曰：休咎相乘躡，翻覆若波瀾。此則殉利之情未嘗異，變化之道不得一。由是觀之，張陳所以凶終，蕭朱所以隙末，斷焉可知矣。言貪利情同，譎詐殊道也。范曄後漢書，王丹曰：交道之難，未易言也。張、陳凶其終，蕭、朱隙其末，故知全之者鮮矣。漢書，蕭育字次君，朱博字子元，育少與博爲友，故長安語曰：蕭、朱結綬，王、貢彈冠，言相薦達也。後育爲九卿，博先至丞相，與博有隙也。而翟公方規規然勒門以箴客，何所見之晚乎？莊子曰：規規然自失也。漢書曰：下邽翟公爲廷尉，賓客亦復填門。及廢，門外可設爵羅。後復爲廷尉，賓客欲往，翟公大署其門曰：一死一生，乃知交情；一貧一富，乃知交態；一貴一賤，交情乃見。穀梁傳曰：至城下，然後知，何知之晚也！

「因此五交，是生三釁：杜預左氏傳注曰：釁，瑕隙也。敗德殄義，禽獸相若，一釁也。尚書曰：侮慢自賢，反道敗德。史記，衛平曰：天有五色，以辨白黑，人民莫知辨也，與禽獸相若也。難固易攜，讎訟所聚，二釁也。杜預左氏傳注曰：攜，離也。名陷饕餮，貞介所羞，三釁也。饕餮，已見上。漢書贊曰：勢利之交，古人羞之。古人知三釁之爲梗，懼五交之速尤。毛萇詩傳曰：梗，病也。又曰：速，召也。故王丹威子以檟楚，朱穆昌言而示絕，有旨哉！有旨哉！有梁之初，淳風已喪，俗多馳競，人尚浮華，故敍叔世之交情，刺當時之輕薄。朱生示絶，良會其宜。重言之者，歎美之至。范曄後漢書曰：王丹，字仲回。其子有同門生喪親，家在中山，白丹欲奔慰，丹怒而撻之，令寄縑以祠焉。禮記曰：夏楚二物，收其威也。鄭玄曰：夏，槄也；楚，荆也。夏與檟古今字也。昌言，已見王元長策秀才文。孫綽子曰：莊多寄言，渾沌得宗，罔象得珠，旨哉言乎！

「近世有樂安任昉，海内髦傑，早綰銀黄，夙昭民譽。漢書，上以書勑責楊僕曰：懷銀黄，垂三組，夸鄉里。左氏傳曰：晉悼公即位，六官之長，皆民譽也。遒文麗藻，方駕曹王；英跱俊邁，聯横許郭。類田文之愛客，同鄭莊之好賢。孫綽集序曰：綽文藻遒麗。方駕，已見西京賦。曹、王，子建、仲宣也。魏志曰：崔琰謂司馬朗：子之弟，剛斷英跱。裴松之案：跱或作特。竊謂英特爲是。辯亡論曰：武將連衡。范曄後漢書曰：許劭少峻名節，好人倫，多所賞識，故天下言拔士者咸稱許、郭。史記曰：孟嘗君名文，姓田氏。在薛招致諸侯賓客，食客數千人。漢書曰：鄭當時字莊，爲大司農。每朝候上問説，未嘗不言天下長者。班固述曰：莊之推賢，於兹爲德〔二四〕。見一善則盱衡扼腕，遇一才則揚眉抵掌。雌黄出其脣吻，朱紫由其月旦。孟子曰：舜聞一善言，見一善行，若決江河，沛然莫之能禦。盱衡，已見魏都賦。扼腕，已見蜀都賦。大戴禮曰：孔子愀然揚眉。戰國策曰：蘇秦説趙王，抵掌而言。孫盛晉陽秋曰：王衍，字夷甫，能言，於意有不安者，輒更易之，時號口中雌黄。東觀漢記曰：汝南太守宗資等任用善士，朱紫區別。范曄後漢書曰：許子將與從兄靖俱有高名，好共覈論鄉黨人物，月旦輒更品題，故汝南俗有月旦評焉。於是冠蓋輻湊，衣裳雲合，輜軿擊轊爲歲，坐客恒滿。蹈其閫閾，若升闕里之堂；入其隩隅，謂登龍門之阪。西都賓曰：冠蓋如雲。漢書曰：郡國輻湊，浮食者多。解嘲曰：天下之士，雷動雲合。范曄後漢書曰：袁紹賓客所歸，輜軿比轂，填接街陌。説文曰：軿，車前衣。車後爲輜。史記，蘇秦曰：臨菑之塗，車轂相擊。説文曰：輜〔二五〕，車軸端。范曄後漢書，孔融曰：座上客恆滿。鄭玄禮記注曰：閫、閾，皆門限也。闕里，孔子所居也。升堂入隩，已見孔融薦禰衡表。范曄後漢書曰：李膺，字元禮，獨持風裁，士有被其容接者，名爲登龍門。至於顧眄增其倍價，剪拂使其長鳴，彯組雲臺者摩肩，趍走丹墀者疊迹。戰國策，蘇代説淳于髡曰：客有謂伯樂曰：臣有駿馬欲賣之，比三旦而立於市，人莫與言。願子還而視之，去而顧之，臣請獻一朝之費。伯樂乃旋視之，去而顧之，一旦而馬價十倍。又汗明説春申君曰：夫驥服鹽車，上太行，中坂遷延，負轅不能上。伯樂遭之，下車攀而哭之。驥於是迎而鳴者〔二六〕，何也？彼見伯樂之知己。今僕居鄙俗之日久矣，君獨無湔拔僕也。湔拔、剪拂，音義同也。長鳴，已見劉琨答盧諶詩。雲臺，已見辯命論。史記，蘇秦説齊王曰：臨菑之塗，人肩相摩。漢典職儀曰：以丹漆地，故稱丹墀。吴都賦曰：躍馬疊跡。莫不締恩狎，結綢繆，想惠莊之清塵，庶羊左之徽烈。過秦論曰：合從締交。禮記曰：賢者狎而敬之。鄭玄曰：狎，習也，近也。李陵詩曰：獨有盈觴酒，與子結綢繆。淮南子曰：惠施死而莊子寢説。言世莫可爲語也。楚辭曰：日聞赤松之清塵。列士傳曰〔二七〕：陽角哀〔二八〕、左伯桃爲死友，聞楚王賢，往尋之。道遇雨雪，計不俱全，乃并衣糧與角哀，入樹中死。應璩與王將軍書曰：雀鼠雖愚，猶知徽烈。及瞑目東粤，歸骸洛浦。繐帳猶懸，門罕漬酒之彦；墳未宿草，野絶動輪之賓。東粤，謂新安，昉死所也。洛浦，謂歸葬揚州也。莊子曰：夫差瞑目東粤。楚詞曰：歸骸舊邦莫誰語。魏武遺令曰：於臺堂上施六尺牀，繐帳。謝承後漢書曰：徐穉，字孺子，前後州郡選舉，諸公所辟，雖不就，有死喪負笈赴弔。常於家預炙雞一隻，一兩綿漬酒，日中曝乾以裹雞，徑到所赴冢隧外，以水漬之，使有酒氣。升米飯，白茅藉，以雞置前。醊酒畢，留謁即去，不見喪主。禮記曰：朋友之墓，有宿草而不哭焉。動輪，范式也，已見上文。藐爾諸孤，朝不謀夕，流離大海之南，寄命嶂癘之地〔二九〕。諸孤，昉子也。劉璠梁典曰：昉有子東里、西華、南客、北叟，並無術學，墜其家業。左氏傳，晉獻公曰：以是藐諸孤。又，趙孟曰：朝不謀夕，何可長也。李陵與蘇武書曰：流離辛苦，幾死朔北之野。范曄後漢書，朱勃上書曰：士人飢困，寄命漏刻。蔣子萬機論曰：許文休東渡江，乃在嶂氣之南。梁典不言昉子遠之交、桂，今言大海之南者，蓋言流離之甚也。自昔把臂之英，金蘭之友，曾無羊舌下泣之仁，寧慕郈成分宅之德。此謂到溉兄弟也。劉孝標與諸弟書曰〔三〇〕：任既假以吹噓，各登清貫。任云亡未幾，子姪漂流溝渠，洽等視之，攸然不相存贍〔三一〕。平原劉峻疾其苟且，乃廣朱公叔絶交論焉。東觀漢記曰：朱暉同縣張堪有名德，每與相見，常接以友道。暉以堪宿成名德，未敢安也。堪至把暉臂曰：欲以妻子託朱生。堪後物故，南陽餓，暉聞堪妻子貧窮，乃自往候視。見其困厄，分所有以賑給之，歲送穀五十斛，帛五疋，以爲常。羊舌氏，叔向也。春秋外傳曰：叔向見司馬侯之子，撫而泣之曰：自此父之死也，吾蔑與比事君也。昔者此其父始之，我終之；我始之，夫子終之。孔叢子曰：郈成子自魯聘晉，過于衛，右宰轂臣止而觴之，陳樂而不作，酣畢而送以璧，成子不辭。其僕曰：不辭，何也？成子曰：夫止而觴我，親我也；陳樂不作，告我哀也；送我以璧，託我也。由此觀之，衛其亂矣。行三十里而聞衛亂作，右宰轂臣死之。成子於是迎其妻子，還其璧，隔宅而居之。

「嗚呼！世路險巇許宜，一至於此！太行孟門，豈云嶄絶。盧諶詩曰：山居是所樂，世路非我欲。楚詞曰：何周道之平易兮，然蕪穢而險巇。王逸曰：險巇，猶顛危也。孟門、太行，二山名也。史記曰：殷紂之國，左孟門，右太行也。是以耿介之士，疾其若斯，裂裳裹足，棄之長騖。獨立高山之頂，歡與麋鹿同羣，皦皦然絶其雰濁，誠恥之也，誠畏之也。」耿介之士，峻自謂也。韓子曰：耿介之士寡，而商賈之人多。墨子曰：公輸欲以楚攻宋，墨子聞之，自魯往，裂裳裹足，十日至郢。曹植應詔詩曰：弭節長騖。郭象莊子注曰：亢然獨立高山之頂。楚詞曰：高山崔巍兮水湯湯，死日將至兮與麋鹿同坑。論語，子曰：鳥獸不可與同羣。孔安國曰：隱居山林，是同羣也。范曄後漢書曰：皦皦者易汙。楚詞曰：吸精氣而吐雰濁兮。説文曰：雰亦氛字。

文選考異

〔一〕注「劉璠梁典曰」　袁本、茶陵本無此五字。案：此節注袁并善入五臣，茶陵并五臣入善，皆非。

〔二〕注「慕尚敦篤」　袁本、茶陵本「慕」作「莫」，是也。

〔三〕注「芳芳漚鬱」　袁本、茶陵本下「芳」字作「香」，是也。

〔四〕注「班固漢書贊曰」　陳云「贊」，「述」誤，是也。各本皆誤。

〔五〕注「試欲効其款款之愚」　陳云「試」，「誠」誤，是也。各本皆譌。

〔六〕注「年十三」　袁本、茶陵本無此三字。

〔七〕注「□相切直也」　袁本、茶陵無空格，是也。此初有衍字，後脩去之。

〔八〕注「論語子張曰敢問崇德辨惑」　袁本「論」上有「已見七命」四字，茶陵本無。案：依善例當作「辨惑已見七命」六字，不複出「論語」以下云云。各本皆非。

〔九〕注「棠棣之華」 茶陵本「棠」作「唐」，下同，是也。袁本亦誤「棠」，何、陳校改「唐」。

〔一〇〕然則利交同源 袁本云善有「則」字。茶陵本云五臣無「則」字。案：各本所見皆非也，「則」不當有，但傳寫衍。梁書任昉傳所載亦無「則」字。

〔一一〕注「雕刻鑪捶喻造物也」 袁本、茶陵本無此八字。

〔一二〕注「以灼火也」 袁本、茶陵本「也」下有「之瑞切」三字。案：真善音也。正文下「朱靡」二字，乃五臣音。尤去此存彼，非。

〔一三〕注「秦嘉婦詩曰」 案：「婦」上當有「贈」字。各本皆脫。

〔一四〕注「惟思致款誠」 袁本、茶陵本「惟」作「遺」，是也。

〔一五〕注「蔡澤顩頤折頞」 袁本「顩」作「頷」。茶陵本與此同。案：依袁本疑善正文亦作「頷」。今各本皆作「顩」，蓋五臣亂之。梁書亦作「顩」。善與彼多異，如「論嚴苦」，彼作「枯」；「有旨哉有旨哉」，彼不重；「英跱俊邁」，彼作「特」。善注明文俱相乖互，難以爲證。

〔一六〕注「論語曾子曰鳥之將死其鳴也哀」 袁本、茶陵本無此十三字。案：此因已見五臣而節去。

〔一七〕注「詩谷風曰將恐將懼寘予于懷」 袁本、茶陵本無此十二字。案：此因已見五臣而節去。

〔一八〕注「毛萇詩曰溉」 何校「詩」下添「傳」字，陳同。各本皆脫。

〔一九〕注「以伯嚭爲太宰」　袁本、茶陵本「嚭」作「喜」。案：二本是也。下注所謂「或作伯喜」，即指此。考史記伍子胥列傳索隱有「喜音嚭」之語，是善引與小司馬正合，不如今本史記作「嚭」也。上注所引亦以嚭爲大夫嚭，必本作「喜」。各本皆誤，當依此訂正。

〔二〇〕注「乃自刎」　袁本、茶陵本「刎」作「剄」，是也。

〔二一〕注「厥篚織纊」　何校「織」改「纖」，陳同，是也。各本皆誤。

〔二二〕注「屬纊以候氣」　案：「候」當作「俟」，下當有「絶」字。各本皆脱誤。

〔二三〕注「信陵之名蘭芬也」　何校「蘭」上添「若」字，陳同，是也。各本皆脱。

〔二四〕注「班固述曰莊之推賢於兹爲德」　袁本、茶陵本作「班固贊曰鄭當時之推賢也」。案：二本是也。此引本傳贊，尤校改，甚非。

〔二五〕注「説文曰輜車軸端」　案：「輜」當作「轊」。各本皆譌。

〔二六〕注「驥於是迎而鳴者」　袁本、茶陵本「迎」作「仰」，是也。

〔二七〕注「烈士傳曰」　袁本「烈」作「列」，是也。茶陵本亦誤「烈」。

〔二八〕注「陽角哀」　茶陵本「陽」作「羊」，袁本與此同。案：「陽」字是也。古「陽」、「羊」通用。蓋正文善「陽」、五臣「羊」，各本亂之。茶陵并改注者，非。梁書作「羊」，彼固多異也。

〔二九〕寄命嶂癘之地　袁本、茶陵本「嶂」作「鄣」。案：袁、茶陵二本所載五臣向注字作「鄣」，其善注仍作「嶂」字。然則善「嶂」、五臣「鄣」也，二本失著校語。梁書作「瘴俗」。何云三國志皆用「嶂」。

〔三〇〕注「劉孝標與諸弟書曰」　案：「標」當作「綽」，各本皆誤。本傳云：孝綽諸弟時隨藩皆在荆、雍，乃與書論共洽不平者十事，其辭皆鄙到氏云云。此所引即其一事也。孝綽，彭城人。故下稱孝標云「平原劉峻」，不知者妄改，絶無可通。今特訂正。

〔三一〕注「攸然不相存贍」　袁本、茶陵本「攸」作「悠」，是也。

連珠

傅玄敍連珠曰：所謂連珠者，興於漢章之世，班固、賈逵、傅毅三子受詔作之。其文體辭麗而言約，不指説事情，必假喻以達其旨，而覽者微悟，合於古詩諷興之義。欲使歷歷如貫珠，易看而可悦，故謂之連珠。

演連珠五十首

陸士衡

劉孝標注

臣聞日薄星迴，穹天所以紀物；山盈川沖，后土所以播氣。天地所以施生〔一〕，日薄於天，星迴於漢，穹蒼所以紀陰陽之節；在山則實，在地則化〔二〕，所以散剛柔之氣也。善曰：禮記曰：季冬之月，日窮于次，月窮於紀，星迴於天，數將幾終，歲且更始。國語，太子晉曰：山，土之聚也；川，氣之通也。天地成而聚於高，歸物於下，疏爲川谷，以導其氣也〔三〕。字書曰：沖，虚也。鄭玄考工記注曰：播，散也。五行錯而致用，四時違而成歲。夫五行四時，佐天地造物者也。然水火相殘〔四〕，金木相代，而共成陶鈞之致；春秋異候，寒暑繼節，而俱濟一歲之功也。善曰：莊子曰：四時殊氣，天不私，故歲成；五官殊職，君不私，故國治也。是以百官恪居，以赴八音之離；明君執契，以要克諧之會。三才理通，趣舍不異，天地既然，人理得不効之哉！所以臣敬治其職，膺金石之別響；君執契居中，納鏗鏘之合韻。善曰：左氏傳，閔子騫曰〔五〕：敬恭朝夕，恪居官次。老子曰：聖人執左契而不責於人，有德司契，無德司徹。尚書曰：八音克諧。吕氏春秋曰：宫、徵、商、羽、角，各處其處，音皆調均而不可以相違〔六〕，此所以無不受也。賢主之立官，有似於此。百官各處其職，治其事以待主，主無不安矣。

臣聞任重於力，才盡則困；用廣其器，應博則凶。是以物勝權而衡殆，形過鏡則照窮。夫錙銖之衡，懸千斤之重；徑尺之鏡，照尋丈之形。用過其力，傷其本性，故在權則衡危，於鏡則照暗也。善曰：勝或爲稱。爾雅曰：稱，舉也。一曰：稱亦勝也。吴録，子胥曰：越未能與我争稱負也。故明主程才以効業，貞臣底力而辭豐。由衡危鏡凶，哲人所以爲戒。故主則程其才而授官，臣則辭其豐而致力，此唐、虞所以緝熙，稷契所以垂美也。善曰：説文曰：程，品也。廣雅曰：効，驗也。王肅尚書注曰：底，致也。

臣聞髦俊之才，世所希乏；丘園之秀，因時則揚。是以大人基命，不擢才於后土；明主聿興，不降佐於昊蒼。此章言賢人雖希，而無世不有。故亡殷三仁辭職，隆周十亂入朝。故明主之興，非天地特爲生賢才，在引而用之爲貴爾。善曰：毛萇詩傳曰：髦，俊也。周易曰：六五，賁于丘園，束帛戔戔。王肅曰：失位無應，隱處丘園。蓋象衡門之人，道德彌明，必有束帛之聘。戔戔，委積之貌也。鄭玄曰：秀，士有德行道藝者也。尚書曰：王如不敢及天基命定命。

臣聞世之所遺，未爲非寶；主之所珍，不必適治。是以俊乂之藪，希蒙翹車之招；金碧之巖，必辱鳳舉之使。言末代闇主，崇神弃賢，故俊乂無翹車之徵，金碧有鳳舉之使也。善曰：毛萇詩傳曰：適，之也。陳敬仲曰〔七〕：翹翹車乘，招我以弓，豈不欲往，畏我友朋。漢書曰：或言益州有金馬、碧雞之神，可醮而致。於是遣諫大夫王褒使持節而求之。班固功德論曰：朱軒之使，鳳舉於龍堆之表。

臣聞禄放於寵，非隆家之舉；官私於親，非興邦之選。是以三卿世及，東國多衰弊之政；五侯並軌，西京有陵夷之運。寵，謂五侯；親，謂三卿。言三桓專魯，而哀公見逐；五侯用權，而漢氏以亡。善曰：孔安國論語注曰：放，依也。論語，孔子曰：政逮大夫四世，夫三桓子孫微矣。孔安國曰：三桓，謂仲孫、叔孫、季孫也。東國，謂魯也。法言曰：夷、惠無仲尼，西山之餓夫，東國之黜臣。漢書曰：成帝悉封舅王譚、王商、王立、王根、王逢時列侯，五人同日封，故世謂之五侯〔八〕。廣雅曰：軌，迹也。陵夷，已見上文。春秋命歷敘曰：五德之運，應録次相代也。

臣聞靈輝朝覯，稱物納照；時風夕灑，程形賦音。是以至道之行，萬類取足於世；大化既洽，百姓無匱於心。言□至道均被〔九〕，萬物取而咸足，淳化普洽，百姓用而不匱。猶靈耀覯而品物納光，清風流而百籟含響也。善曰：淮南子曰：猶條風之時灑。許慎曰：灑，猶汎也。

臣聞頓網探淵，不能招龍；振綱羅雲，不必招鳳。是以巢箕之叟，不盻丘園之幣；洗渭之民，不發傅巖之夢。古之隱人結巢以居，故曰巢父，或言即許由也。洗耳，一說巢父也。記籍不同，未能詳孰是。又傅說築於傅巖，而精通武丁。言巢、許冥心長往，故無發夢之符。善曰：頓，猶整也。說文曰：振，舉也。陸云洗渭，而劉之意云洗耳。據劉之意，則以洗渭爲洗耳乎？呂氏春秋曰：昔者堯朝許由於沛澤之中，曰：請屬天下於夫子。許由遂之箕山之下，潁水之陽。琴操曰：堯大許由之志，禪爲天子。由以其言不善，乃臨河而洗耳。李陵詩曰：許由不洗耳，後世有何徵？魏子曰：昔者許由之立身也，恬然守志存己，不甘祿位，洗耳不受帝堯之讓，謙退之高也。益部耆舊傳，秦密對王商曰：昔堯優許由，非不弘也。洗其兩耳。皇甫謐逸士傳曰：巢父者，堯時隱人也。及堯讓位乎許由也，由以告巢父焉，巢父責由曰：汝何不隱汝光？何故見若身、揚若名令聞？若汝，非友也。乃擊其膺而下之。由悵然不自得，乃過清泠之水洗其耳。皇甫謐高士傳云：巢父聞許由之爲堯所讓也，以爲污，乃臨池水而洗耳。譙周古史考曰：許由，堯時人也，隱箕山，恬泊養性，無欲於世。堯禮待之，終不肯就。時人高其無欲，遂崇大之，曰：堯將以天下讓許由，由恥聞之，乃洗其耳。或曰：又有巢父與許由同志。或曰：許由夏常居巢，故一號巢父。不可知也。凡書傳言許由則多，言巢父者少矣。范曄後漢書，嚴子陵謂光武曰：昔唐堯著德，巢父洗耳。士故有志，何至相迫乎？然書傳之說洗耳，參差不同。陸既以巢箕爲許由，洗耳爲巢父，且復水名不一，或亦洗於渭乎？

臣聞鑑之積也無厚，而照有重淵之深；目之察也有畔，而眡視周天壤之際。何則？應事以精不以形，造物以神不以器。是以萬邦凱樂，非悅鍾鼓之娛；天下歸仁，非感玉帛之惠。鏡質薄而能照，目形小而能視，以其精明也。故聖人以至精感人，至神應物，爲樂不假鍾鼓之音，爲禮不待玉帛之惠，此所感之至也。善曰：廣雅曰：鑑謂之鏡。莊子曰：千金之珠，在九重之淵。又曰：壺子曰：吾示之以天壤。司馬彪曰：壤，地也。論語，子曰：禮云禮云，玉帛云乎哉！樂云樂云，鍾鼓云乎哉！

臣聞積實雖微，必動於物；崇虛雖廣，不能移心。是以都人冶容，不悅西施之影；乘馬班如，不輟太山之陰。美女之影，不惑荒婬之人；高山之陰，不止不進之馬：虛實之驗在茲也。善曰：冶容，已見陸機樂府詩。潛夫論曰：夫圖西施、毛嬙，可說於心，而不若醜妻陋妾而可御於前也〔一○〕。周易曰：乘馬班如。王肅曰：班如，盤桓不進也。呂氏春秋曰：審堂下之陰，而知日月之行。高誘曰：陰，晷影之候也〔一一〕。

臣聞應物有方，居難則易；藏器在身，所乏者時。是以充堂之芳，非幽蘭所難；繞梁之音，實縈絃所思。此章言賢明有才，不遇知者，所以自古爲難。芬芳之氣罕有，而幽蘭豐其氣；才明之術所希，而賢人懷其術。然則縈曲之絃，無繞梁以盡妙；不世之姿，寡明時以取窮。善曰：劉云縈曲之絃，謂絃被縈曲而不申者也。言縈曲之絃，思繞梁以盡妙，以喻藏器之士，候明時以効績〔一二〕。鄭玄論語注曰：方，常也。何休公羊傳曰〔一三〕：充，滿也。周易曰：君子藏器於身。尸子曰：繞梁之鳴，許史鼓之，非不樂也；墨子以爲傷義，是弗聽也〔一四〕。

臣聞智周通塞，不爲時窮；才經夷險，不爲世屈。是以淩飈之羽，不求反風；耀夜之目，不思倒日。鳶鵲能飛，不假風力，鵄鴞夜見，豈藉還曜。此與聖人通塞而不窮，夷險而不屈，何以異哉？善曰：莊子曰：鵲巢於高榆之顛，巢折，淩風而起。淮南子曰：鵄鵂夜撮蚤察毫末，晝出，瞑目〔一五〕而不見丘山。

言殊性也。高誘曰：鴟鵂謂之老菟。鵂音休。蚤音爪。

臣聞忠臣率志，不謀其報；貞士發憤，期在明賢。是以柳莊黜殯，非貪瓜衍之賞；禽息碎首，豈要先茅之田！夫黜尸以明諫，觸車以進賢，並發之於忠誠，豈有求而然哉？善曰：韓詩外傳曰：昔衛大夫史魚病且死，謂其子曰：我數言蘧伯玉之賢而不能進，彌子瑕不肖而不能退，死不當居喪正堂，殯我於室足矣。衛君問其故，子以父言聞於君，乃召蘧伯玉〔一六〕而貴之，彌子瑕退之，徙殯於正堂，成禮而後去。可謂生以身諫〔一七〕，死以尸諫。然經籍唯有史魚黜殯，非是柳莊，豈爲書典散亡，而或陸氏謬也？左氏傳曰：晉侯賞桓子狄臣千室，亦賞士伯以瓜衍之縣，曰：吾獲狄土，子之功；微子，吾喪伯氏矣。韓詩外傳曰：禽息，秦人，知百里奚之賢，薦之於穆公〔一八〕，爲私而加刑焉。公後知百里之賢，乃召禽息謝之。禽息對曰：臣聞忠臣進賢不私顯，烈士愛國不喪志。奚陷刑，臣之罪也。乃對使者以首觸楹而死。以上卿之禮葬之。論衡曰：傳言禽息薦百里奚，繆公出，當門仆頭碎首以達其友。應劭漢書注曰：繆公出，當車，以頭擊門。而劉云觸車，未詳其旨。左氏傳曰：襄公以再命，命先茅之縣賞胥臣，曰：舉郤缺，子之功也。杜預曰：先茅絕後，故取其縣以賞胥臣也。

臣聞利眼臨雲，不能垂照；朗璞蒙垢，不能吐輝。是以明哲之君，時有蔽壅之累；俊乂之臣，屢抱後時之悲。言讒人在朝，君臣否隔。明君時有蔽壅，喻利眼臨雲而息照；俊乂後時而屢歎，喻朗玉蒙垢而掩輝。善曰：論衡曰：日月猶人之有目。任子云：日月，天下眼目，而人不知德。抱朴子云：日月之蝕，乃至於盡。天何爲當故壞其眼目，以行譴人乎？尸子曰：鄭人謂玉未理者爲璞。

臣聞郁烈之芳，出於委灰；繁會之音，生於絕絃。是以貞女要名於沒世，烈士赴節於當年。香以燔質而發芳，絃以特絶而流響，喻貞女没身而譽立，烈士効節而名彰也。善曰：上林賦曰：酷烈淑郁。王逸楚辭注曰：委，棄也。楚辭曰：五音紛其繁會。

臣聞良宰謀朝，不必借威；貞臣衛主，脩身則足。是以三晉之強，屈於齊堂之俎；千乘之勢，弱於陽門之哭。晏嬰立威於樽俎，子罕慟哭於介大，終使晉人輟謀，齊、宋不撓，良宰貞臣有効於斯者也。善曰：晏子春秋曰：晉平公使范昭觀齊國政。景公觴之。范昭起曰：願得君之樽爲壽。公命左右酌樽以獻，晏子命撤去之。范昭不悦而起舞，顧太師曰：爲我奏成周之樂。太師曰：盲臣不習也。范昭歸，謂平公曰：齊未可并。吾欲試其君，晏子知之；吾欲犯其樂，太師知之。於是輟伐齊謀。孔子聞曰：善。不出樽俎之間，而折衝千里之外，晏子之謂也〔一九〕。禮記曰：晉人之覘宋者反報於晉侯曰：陽門之介夫死，而子罕哭之哀，而人說。殆不可伐也。孔子聞之曰：善哉，覘國乎！史記曰：韓哀侯、魏武侯、趙敬侯共滅晉，叁分其地，故曰三晉。陸氏從後通言爾，非謂平公之日，已有三晉之名也。

臣聞赴曲之音，洪細入韻；蹈節之容，俯仰依詠。是以言苟適事，精麤可施；士苟適道，修短可命。此言取其正事而已，豈復係門閥乎？婁敬一言，漢以遷都；醜女暫説，齊以爲后。亦猶鼓缶而會時，摇頭而韻曲也。善曰：高誘吕氏春秋注曰：適，中適也。

臣聞因雲灑潤，則芬澤易流；乘風載響，則音徽自遠。是以德教俟物而濟，榮名緣時而顯。此言物有因而易彰也。善曰：乘，猶因也。孔安國尚書傳曰：載，行也。孫卿曰〔二〇〕：吾嘗順風而呼，聲非加疾，而聞者彰。君子生非異也，善假於物也。

臣聞覽影偶質，不能解獨；指迹慕遠，無救於遲。是以循虛器者，非應物之具；翫空言者，非致治之機。此言爲事非虛，立功須實。故三章設而漢隆，玄言流而晉滅，此其驗也。

臣聞鑽燧吐火，以續湯谷之晷；揮翮生風，而繼飛廉之功。是以物有微而毗著，事有瑣而助洪。物有小而益大，不可忽也。若緹縈獻書而除肉刑，此其例也。善曰：論語，宰予曰：鑽燧改火。楚辭曰：後飛廉使奔屬。王逸曰：飛廉，風伯也。

臣聞春風朝煦，蕭艾蒙其温；秋霜宵墜，芝蕙被其涼。是故威以齊物爲肅，德以普濟爲弘。春秋不以善惡殊其彫榮，人君不以貴賤革其賞罰。故詩云：柔亦不茹，剛亦不吐也。善曰：薛君韓詩章句曰：煦，暖也。

臣聞巧盡於器，習數則貫；道繫於神，人亡則滅。是以輪匠肆目，不乏奚仲之妙；瞽叟清耳〔二〕，而無伶倫之察。此言事在外則易致，妙在內則難精。奚仲巧見於器，故輪工能繼其致也；伶倫妙在其神，故樂人不傳其術也。善曰：杜預左氏傳注曰：肆，極也。世本曰：奚仲作車。尸子曰：造車者，奚仲也。伶倫，已見上文。

臣聞性之所期，貴賤同量；理之所極，卑高一歸。是以准月稟水，不能加涼；晞日引火，不必增輝。言物雖貴賤殊流，高卑異級，至其極也，殊塗共歸。雖方諸稟水於月，而不加於水之涼；陽燧取火於日，不加於火之輝也。善曰：周禮曰：司烜氏掌以夫遂取明火於日，以鑒取明水於月，以共祭祀之明齍明燭共明水。鄭玄曰：夫遂，陽燧也。鑒，鏡屬也。取水者，世謂之方諸。鄭司農曰：夫，發聲也。明齍，謂以明水滫滌粢盛黍稷〔二二〕。烜音燬。

臣聞絶節高唱，非凡耳所悲；肆義芳訊，非庸聽所善。是以南荆有寡和之歌，東野有不釋之辯。商鞅言帝王之術，而孝公以之睡。此其義也。善曰：孔安國尚書傳曰：肆，陳也。宋玉集，楚襄王問於宋玉曰：先生有遺行歟？宋玉對曰：唯，然，有之。客有歌於郢中者，其始曰下俚巴人，國中屬而和者數千人；既而陽春白雪，含商吐角，絶節赴曲，國中唱而和之者彌寡。吕氏春秋曰：孔子行於東野，馬逸，食野人稼，野人留其馬。子貢説而請之，野人終不聽。於是鄙人馬圉乃復往説曰：子耕東海至於西海，吾馬何得不食子苗？野人大悦，解馬還之。

臣聞尋煙染芬，薰息猶芳；徵音録響，操終則絶。何則？垂於世者可繼，止乎身者難結。是以玄晏之風恆存，動神之化已滅。周孔以禮樂訓世，故其迹可尋；倪惠以堅白爲辭，故其辯難繼。是以唐虞遠而淳風流存，蘇張近而解環易絶也。善曰：字書曰：薰，火煙上出也。曹植魏德論曰：玄晏之化，豐洽之政。尚書，益曰：至誠感神。

臣聞託闇藏形，不爲巧密；倚智隱情，不足自匿。是以重光發藻，尋虛捕景；大人貞觀，探心昭忒。善曰〔二三〕：日月發輝，既尋虛而捕影，欲藏形而託暗，豈得施其巧密乎？以喻聖人正見，既探心而明惑，欲隱情而倚智，豈足自匿其事乎？善曰：鄧析子曰：藏形匿影。鬼谷子曰：藏形其有欲也，不能隱其情。重光，日也。尚書五行傳曰：明王踐位，則日儷其精，重光以見吉祥。説文曰：捕，取也。思玄賦曰：朝貞觀而夕化。應劭曰：貞，正也。易曰：天地之道，貞觀者也。仲長子昌言曰：探心測意，世加甚焉。

臣聞披雲看霄，則天文清；澄風觀水，則川流平。是以四族放而唐劭，二臣誅而楚寧。凶邪亂正，亦由浮雲蔽天，疾風激水。故舜流四凶而朝穆穆，楚戮費鄢而王道洽也。善曰：尚書，舜流共工于幽州，放驩兜于崇山，竄三苗於三危，殛鯀于羽山，四罪而天下咸服。小雅曰：劭，美也。二臣，費無極與鄢將師也，已見李蕭遠運命論。

臣聞音以比耳爲美，色以悅目爲歡。是以衆聽所傾，非假百里之操〔二四〕；萬夫婉孌，非俟西子之顔。故聖人隨世以擢佐，明主因時而命官。物之企競，由乎不足；政之不治，才不合時故也。心苟自足，不假美女之麗；用會其朝，不勞稷契之賢矣。善曰：楊雄答客難曰：工聲調於比耳。張衡舞賦曰：既娱心以悅目。孟子曰：西子蒙不潔，則人皆掩鼻而過之。趙岐曰：西子，古好女西施也。

臣聞出乎身者，非假物所隆；牽乎時者，非克己所勗。是以利盡萬物，不能叡童昏之心；德表生民，不能救棲遑之辱。善曰〔二五〕：下愚由性，非假物所移；弊俗係時，非克己能正。是以放勛化被四表，不革丹朱之心；仲尼德冠生人，不救棲遑之辱。善曰：漢劉向上疏曰：雖有堯、舜之聖，不能化丹朱。答賓戲曰：聖哲之治，棲棲遑遑，孔席不煖，墨突不黔。

臣聞動循定檢，天有可察；應無常節，身或難照。是以望景揆日，盈數可期；撫臆論心，有時而謬。檢，謂定檢，不瀾漫也。此言晷景有節，尺圭可以知其數；深情難測，淵識不能知其心。故光武蔽於龐萌，魏武失之張邈。善曰：趙岐孟子章指曰：言循性守故，天道可知；妄改常心，乖性命之指。蒼頡篇曰：檢，法度也。

臣聞傾耳求音，眡優聽苦；澄心徇物，形逸神勞。是以天殊其數，雖同方不能分其感；理塞其通，則並質不能共其休。耳之與目，同在於身，而苦樂有殊，不能相救；良由造化隔其通，七竅理其用也。善曰：莊子曰：棄生以徇物。又曰：譬如耳目鼻口，皆有所明，不能相通。猶百官衆技，皆有所長，時有所用也。

臣聞遯世之士，非受匏瓜之性；幽居之女，非無懷春之情。是以名勝欲，故偶影之操矜；窮愈達，故凌霄之節厲。名則傳之不朽，窮則身居萬全，故謂之勝。所以烈士貞女，棄彼而取此也。善曰：周易曰：遯世無悶。王逸楚辭注曰：遯，隱也。論語，子曰：吾豈匏瓜也哉？焉能繫而不食！禮記曰：幽居而不淫。漢書，蒯通曰：婦人有幽居守寡者。毛詩曰：有女懷春，吉士誘之。廣雅曰：矜，急也。厲，高也。

臣聞聽極於音，不慕鈞天之樂；身足於蔭，無假垂天之雲。是以蒲密之黎，遺時雍之世；豐沛之士，忘桓撥之君。搖頭鼓缶，秦之樂也。秦人樂之，此故不願天帝之音。故子路之惠政，卓茂之仁恕，豐、沛之甄復，三者自足其樂矣，豈復思時雍桓撥之治哉！善曰：身蔭既足，故無假垂天之雲。垂天，言雲之大也。莊子曰：北溟有魚，名之曰鯤。化爲鵬，怒而飛，翼若垂天之雲。家語曰：子路爲蒲宰，夫子入其境而歎。子貢執轡而問曰：夫子未見由而三稱善，何也？曰：吾入其境，田疇甚易，草萊甚辟，此恭敬以信，故其人盡力也；入其邑，墉屋甚嚴，樹木甚茂，此忠信以寬，故其民不偷也；至其庭甚閑，此明察以斷，其民不擾也。密令卓茂，已見孔德璋北山移文。尚書堯典曰：黎民於變時雍。豐、沛謂漢也。桓撥謂殷也。毛詩曰：玄王桓撥。毛萇曰：玄王，契也。

或者以密爲宓子賤。但子賤爲政，雖則有聞，以邑對姓，恐文非體也。

臣聞飛轡西頓，則離朱與矇瞍收察；懸景東秀，則夜光與武夫匿耀。是以才換世則俱困，功偶時而並劭。運若時來，則賢明易興；數逢澆季，則愚聖一揆。故堯在朝而舜登庸，哀公居位而仲尼逐也。善曰：飛轡、懸景，皆謂日也。日有御，故云轡也。頓，猶舍也。西頓，謂已夕也。東秀，謂旦明也。廣雅曰：秀，出也。慎子曰：離朱之明。韓詩曰：矇瞍奏公。薛君曰：無珠子曰矇，珠子具而無見曰瞍。大戴禮云：日歸于西，起明于東；月歸于東，起明于西。鄒陽上書曰：夜光之璧。戰國策曰：白骨疑象，碔砆類玉〔二六〕。

臣聞示應於近，遠有可察；託驗於顯，微或可包。是以寸管下傃，天地不能以氣欺；尺表逆立，日月不能以形逃。寸管，黃鍾九寸之律，以灰飛，所以辨天地之數，即示近之義也。以夏至立丈二表於陽城，表觀其晷影，以知日月之度，斯所謂託驗於顯者也。善曰：司馬彪續漢書曰：候氣之法，爲室三重，户閉，塗釁必周，密布緹幔。室中以木爲案，每律各一，内庳外高，從其方位，加律上，以葭灰抑其内端，案歷而候之。氣至者灰去。其氣所動者其灰散，人及風所動者其灰聚。鄭玄禮記注曰：傃，猶向也。周禮曰：土圭之法，測土深，正日景，以求地中。日至之景，尺有五寸，謂之地中，四時之所交也，風雨之所會也，陰陽之所和也。

臣聞絃有常音，故曲終則改；鏡無畜影，故觸形則照。是以虛己應物，必究千變之容；挾情適事，不觀萬殊之妙。常音，謂君臣宫商之音。夫絃節有恒，清濁之聲難越；對物有恒，則應化之功不廣。然明鏡無心，物來斯照；聖人玄同，感至皆應。是以滯有之與懷豁，道難得而校也。善曰：文子曰：事猶琴瑟，每終改調。淮南子曰：鏡不設形，故能形也。高誘曰：鏡不豫設人形貌，清明以待人形，形見則見之。鵬鳥賦曰：千變萬化，未始有極。淮南子曰：隔而不通，分爲萬殊。

臣聞柷敔希聲，以諧金石之和；鼙鼓疏擊，以節繁絃之契。是以經治必宣其通，圖物恆審其會。夫道上環中，理貴特會。希發而節樂者，繫一柷之功也〔二七〕；一契而御衆者，聖人之能也。善曰：廣雅曰：疎，遲也。

臣聞目無嘗音之察，耳無照景之神。故在乎我者，不誅之於己；存乎物者，不求備於人。言爲政之道〔二八〕，恕己及物也。耳目在身，施之異務，不以通塞之故而誅之於己，是以存乎物者豈求其備哉？善曰：杜預左氏傳注曰：嘗，試也。論語，周公曰：無求備於一人。孔安國尚書傳曰：誅，猶痛責之甚也〔二九〕。

臣聞放身而居，體逸則安；肆口而食，屬厭則充。是以王鮪登俎，不假吞波之魚；蘭膏停室，不思銜燭之龍。此欲令各當其所，而無企羨之心，抑亦在鵬鷃之義也。善曰：杜預左氏傳注曰：肆，放也。左氏傳，閻没汝寬曰：及饋之畢，願以小人之腹，而爲君子之心，屬厭而已。鄭玄周禮注曰：充，猶足也。周禮曰：春獻王鮪。劉邵趙都賦曰：巨鼇冠山，陵魚吞舟，吸潦吐波，氣成雲霧，楚辭曰：蘭膏明燭華容備。王逸曰：以蘭香練膏也。楚辭曰：日安不到，燭龍何照？王逸曰：言天西北有幽冥無日之國，有龍銜燭而照之也。

臣聞衝波安流，則龍舟不能以漂；善曰：楚辭曰：衝風起兮横波〔三〇〕。王逸曰：衝，隧也。言及遇隧風，大波涌起。楚辭曰：使江水兮安流。淮南子曰：龍舟鷁首，天子之乘。廣雅曰：漂，激也。震風洞發，則夏屋有時而傾。善曰：法言曰：吾不見震風能動聾聵也。洞，疾貌也。楚辭曰：夏屋廣大沙堂秀。莊子云：風謂蛇曰：折大木，飛大屋，唯我也。何則？牽乎動則静凝，言舟牽乎水，波静而舟定，故曰静凝也。善曰：屋雖靜，而爲動之所牽，則靜止而爲動也。鄭玄儀禮注曰：凝，止也，自定之貌也。係乎靜則動貞。言屋係乎地，風動而屋傾，是動貞也。善曰：舟雖動，而爲靜之所係，則動正而爲靜也。周易曰：貞，正也。然此文勢與上句稍殊，不可以文而害意也。是以淫風大行，貞女蒙冶容之悔；淳化殷流，盜跖挾曾史之情。此謂物無常性，惟化所珍〔三一〕。故水本驚蕩，風靜則安；屋本貞堅，風來則傾。亦由貞專之女，值淫奔之俗，或有桑中之心；凶虐之人，被淳風之化，當挾賢士之義。善曰：言舟本搖蕩，流靜則安。流爲水及風〔三二〕，誤也。悔當爲誨。曾，曾參；史，史魚〔三三〕。

臣聞達之所服，貴有或遺；窮之所接，賤而必尋。是以江漢之君，悲其墜屨；少原之婦，哭其亡簪。言人居窮則志篤，處達則恩輕。是以楚君施轡，激三軍之澆俗；少原流慟，誚輕薄之頹風。善曰：賈子曰：楚昭王與吳人戰，軍敗走，昭王亡其踦屨，已行三十步，後還取之。左右曰：大王何惜於此？昭王曰：楚國雖貧，豈無此一踦屨哉？吾悲與之偕出而不與之偕反。於是楚俗無相棄者。韓詩外傳曰：孔子出遊少原之野，有婦人中澤而哭，甚哀。孔子怪之，使弟子問焉。婦人對曰：向者刈著薪而亡吾簪，是以哀。孔子曰：刈著薪而亡著簪，有何悲也？婦人曰：非傷亡簪，吾所以悲者，不忘故也。

臣聞觸非其類，雖疾弗應；感以其方，雖微則順。是以商飇漂山，不興盈尺之雲；谷風乘條，必降彌天之潤。故暗於治者，唱繁而和寡；審乎物者，力約而功峻。商風漂蕩，本無興雲之候；暗君政亂，不能懷百姓之心。至谷風習習，必陰必雨；明主在上，則天下自安也。善曰：毛詩曰：習習谷風，維風及雨。毛萇詩傳曰：乘，升也。洪範五行傳曰：雲起於山而彌於天。鄭玄周禮注曰：彌，徧也。

臣聞煙出於火，非火之和；情生於性，非性之適。故火壯則煙微，性充則情約。是以殷墟有感物之悲，周京無佇立之跡。殷墟，謂紂也。周京，幽王也。棄性逐欲，遂令身死，國家爲墟。故微子視麥秀而悲殷，周大夫見禾黍而悲感者也〔三四〕。善曰：夫性者生之質，情者性之欲。故性充則國興，情侈則國亂。二王皆棄性而縱欲，所以滅亡也。或者以詩序云〔三五〕彷徨不忍去，而疑佇立之跡。然序又云盡爲禾黍，豈得佇立哉？

臣聞適物之技，俯仰異用；應事之器，通塞異任。是以鳥栖雲而繳飛，魚藏淵而網沈。賁鼓密而含響，朗笛疎而吐音。賢聖之道，動合物宜，隨俗汚隆，用行其正，取其濟物而已。由求鳥必高其繳，須魚必沈其網也。善曰：爾雅曰：大鼓謂之鼖。賁與鼖古字同。鄭玄禮記注曰：密之言閉也。説文曰：疎，通也。

臣聞理之所守，勢所常奪；道之所閉，權所必開。是以生重於利，故據圖無揮劍之痛；義貴於身，故臨川有投迹之哀。善曰〔三六〕：性命之道，含靈所惜。以利方生，則生重利，不以利喪生，是理之所守，道之所閉也；以身方義，則義貴身，而以義棄身，是勢之所奪，權所必開也。是以據圖無揮劍之痛，以利輕於生；臨川有投迹之哀，以身輕於義。文子曰〔三七〕：左手據天下之圖，而右手刎其喉，愚者不爲，身貴乎天下也。死君之難者視死若歸，義重於身故也。天下，大利也，比身則小；身，所重也，比義則輕。臨川自投，謂北人無擇也，已見桓温薦譙元彦表。

臣聞通於變者，用約而利博；明其要者，器淺而應玄。是以天地之賾，該於六位；萬殊之曲，窮於五絃。事得其要，雖寡而用博。易之六爻，該綜萬象；琴之五絃，備括衆聲。善曰：廣雅曰：玄，遠也。小雅曰：賾，深也。周易曰：大明終始，六位時乘。五絃，琴也。蔡邕琴操曰：伏羲氏作琴，絃有五，象五行〔三八〕。

臣聞圖形於影，未盡纖麗之容；察火於灰，不覩洪赫之烈。是以問道存乎其人，觀物必造其質。此言令人尋本而棄末也。善曰：法言曰：或問經難易，曰：其人存則易，亡則難。

臣聞情見於物，雖遠猶疎；神藏於形，雖近則密。是以儀天步晷，而脩短可量；臨淵揆水，而淺深難察。天布列象物，所以知其度，此即遠猶疎；淵之積水，人所不能測，此即藏於器也。善曰：儀，猶法象也。鄭玄尚書大傳注曰：步，推也。説文曰：晷，日景也。愼子曰：離朱之明，察毫末於百步之外；下於水尺而不能見淺深。非目不明也，其勢難覩也。

臣聞虐暑熏天，不減堅冰之寒；涸陰凝地，無累陵火之熱。是以呑縱之強，不能反蹈海之志；漂鹵之威，不能降西山之節。言勢有極也。虐暑、涸陰之隆，不能易火、冰之性；呑縱、漂鹵之威，不能移貞介之節。善曰：淮南子曰：夫寒之與煖相反，寒地坼水凝，火弗爲衰，其勢暴也。見下文。呑縱，謂秦也。六國爲縱，而秦滅之，故曰呑縱。過秦曰：秦有并呑八荒之心。史記曰：魏將軍新垣衍説趙，使尊秦爲帝。魯連曰：彼秦者，棄禮義而上首功之國也。即肆然而爲帝，則連有蹈東海而死耳，吾不忍爲之民。尚書序曰：武王伐殷。尚書曰：前徒倒戈，攻于後，以北，血流漂杵。過秦曰：伏尸百萬，流血漂櫓。説文曰：漂，浮也。史記曰：武王伐紂，伯夷、叔齊叩馬諫曰：以臣伐君，可謂仁乎？左右欲兵之，太公曰：此義人也。扶而去之。武王以平殷亂，伯夷、叔齊恥之，隱於首陽山。及餓且死，作歌，其辭曰：登彼西山兮採其薇。

臣聞理之所開，力所常達；數之所塞，威有必窮。是以烈火流金，不能焚景；沈寒凝海，不能結風。金爲火所流，海爲寒所凝，此是理開而常達也。然則能流金而不能焚景，能凝海而不能結風，此理閉而所窮也。善曰：高誘呂氏春秋注曰：數，術也。

臣聞足於性者，天損不能入；貞於期者，時累不能淫。是以迅風陵雨，不謬晨禽之察；勁陰殺節，不凋寒木之心。夫冒霜雪而松柏不凋，此由是堅實之性也。天雖損，無害也。雞善伺晨，雖陰晦而不輟其鳴，此謂時累不能滛也。善曰：莊子曰：孔子謂顏回曰：無受天損易，無受人益難。滛，猶侵也。法言曰：震風陵雨，然後知夏屋帡幪。李軌曰：陵雨，暴雨也。帡，莫經切。幪，莫公切。

文選考異

〔一〕注「天地所以施生」 案：「生」當作「化」。各本皆誤。

〔二〕注「在地則化」 案：「地」當作「川」，「化」當作「虛」。各本皆誤。

〔三〕注「以導其氣也」 袁本、茶陵本「導」作「通」，無「其」字。案：此蓋尤校改之也。

〔四〕注「然水火相殘」 袁本、茶陵本「殘」作「踐」，是也。

〔五〕注「閔子騫曰」 案：「騫」當作「馬」。袁本亦誤。茶陵本改爲「公鉏然之」，大謬。

〔六〕注「而不可以相違」 袁本、茶陵本「違」作「爲」，是也。

〔七〕注「陳敬仲曰」 袁本、茶陵本作「毛詩曰」。案：此尤校改之也。

〔八〕注「漢書曰成帝」下至「故世謂之五侯」 袁本此三十二字作「五侯已見鮑明遠數詩」，是也。茶陵本複出，非。

〔九〕注「言□至道均被」 袁本、茶陵本「言□」作「善曰」。案：尤改「善曰」入下而誤衍「言」字。下注「首空」二字者三處，皆尤改。此亦當同彼矣。

〔一〇〕注「而可御於前也」 何校去「而」字，陳同。各本皆衍。

〔一一〕注「陰晷影之候也」 袁本、茶陵本無「之候」二字，是也。

〔一二〕注「候明時以効績」 袁本、茶陵本「候」作「願」，是也。

〔一三〕注「何休公羊傳曰」 案：「傳」下當有「注」字。各本皆脱。

〔一四〕注「尸子曰」下至「是弗聽也」 袁本此二十五字作「繞梁已見張景陽七命」是也。茶陵本複出，非。

〔一五〕注「晝出瞑目」 陳云「瞑」，「瞋」誤，是也。各本皆譌。

〔一六〕注「子以父言聞於君乃召蘧伯玉」 袁本、茶陵本無「於」字、「乃」字。

〔一七〕注「可謂生以身諫」 袁本、茶陵本無「可謂」二字。

〔一八〕注「薦之於穆公」 袁本、茶陵本無「於」字。

〔一九〕注「晏子春秋曰」下至「晏子之謂也」袁本此一百二十八字作「齊堂之俎已見張景陽雜詩」，是也。茶陵本複出，非。

〔二〇〕注「孫卿曰」案：「卿」下當有「子」字。各本皆脱。

〔二一〕瞽叟清耳　袁本、茶陵本「叟」作「史」。案：此尤誤改也。

〔二二〕注「謂以明水滫瀡粢盛黍稷」袁本、茶陵本二「滫」字作「瀡」。案：此當作「滫瀡」，尤校補「滫」而誤并改「瀡」耳。

〔二三〕注「善曰日月發輝」案：「善曰」二字不當有。袁、茶陵二本誤在注首，尤移入下而仍衍此，非。

〔二四〕非假百里之操　案：五臣「百」作「北」。袁、茶陵二本校語云「善」作「百」，五臣作「北」。「百里」不可通，此必有誤。疑「里」當作「牙」。劉及善無注，以「百牙」自不煩注耳。

〔二五〕注「善曰下愚由性」案：「善曰」二字不當有，説已見前。

〔二六〕注「戰國策曰白骨疑象碔砆類玉」袁本此十二字作「武夫已見上文」是也。茶陵本複出，非。

〔二七〕注「繫一柷之功也」案：「繫」當作「擊」，「一」字不當有。各本皆誤衍。

〔二八〕注「言爲政之道恕已及物也」袁本、茶陵本無「道」字。

〔二九〕注「誅猶痛責之甚也」袁本、茶陵本無「猶痛之甚」四字。

〔三〇〕注「衝風起兮橫波」　案：「橫」上當有「水」字。各本皆脱。

〔三一〕注「惟化所珍」　陳云「珍」疑「甄」。今案：當作「移」。各本皆誤。

〔三二〕注「流爲水及風」　案：「流」字不當有。各本皆衍。

〔三三〕注「史史魚」　袁本「魚」下有「並已見上文」五字，是也。茶陵本複出，非。尤删削，益非。

〔三四〕注「而悲感者也」　案：「悲」字不當有，「者」當作「周」。各本皆誤。此以「感周」與上句「悲殷」對文。

〔三五〕注「或者以詩序云」　袁本、茶陵本無「或者以」三字。案：此注各本皆有誤，無以正之。

〔三六〕注「善曰性命之道」　何校去「善曰」二字，是也。各本皆誤。

〔三七〕注「文子曰」　何校「文」上添「善曰」二字，陳同，是也。各本皆誤。

〔三八〕注「蔡邕琴操曰」下至「象五行」　袁本此十六字作「已見上文」，是也。茶陵本所複出云云，皆非。

文選卷第五十六

箴　銘　誄上

箴

女史箴

曹嘉之晉紀曰：張華懼后族之盛，作女史箴。

張茂先

茫茫造化，二儀既分。淮南子曰：大丈夫恬然無爲，與造化逍遥。高誘曰：造化，天地。周易曰：易有太極，是生兩儀。散氣流形，既陶既甄。家語，孔子曰：地載神氣，流形庶物，無非教也。漢書，董仲舒曰：泥之在鈞，唯甄者之所爲。如淳曰：陶人作瓦器謂之甄。在帝庖義，肇經天人。周易曰：庖犧氏之王天下也，始作八卦，以通神明之德，以類萬物之情也。爰始夫婦，以及君臣。周易曰：有天地然後有萬物，有萬物然後有男女，有男女然後有夫婦，有夫婦然後有父子，有父子然後有君臣。家道以正，王猷有倫〔一〕。周易曰：家道正而天下定。毛詩曰：王猷允塞〔二〕。猷與猶古字通。婦德尚柔，含章貞吉。周易曰：坤至柔而動也剛，妻道也。又曰：含章貞吉，以時發也。婉嫕淑慎，正位居室。漢書曰：孝平王皇后爲人婉嫕有節操。服虔曰：嫕，音翳桑之翳。曹大家列女傳注：婉，柔和；嫕，深邃也。毛詩曰：淑慎爾止。周易曰：女正位乎內。施衿結褵〔三〕，虔恭中饋。儀禮曰：女嫁，母施衿結帨，曰：勉之敬之，夙夜無違父母之誡。毛詩曰：親結其褵，九十其儀。毛萇曰：褵，婦人之幃也。褵與離古字通也。周易曰：在中饋，無攸遂。肅慎爾儀，式瞻清懿。毛詩曰：敬慎威儀。又曰：各敬爾儀。樊姬感莊，不食鮮禽。衛女矯桓，耳忘和音。志厲義高，而二主易心。列女傳曰：楚莊樊姬者，楚莊王之夫人。莊王初即位，好狩獵畢弋，樊姬諫不止，乃不食禽獸之肉。三年王改。又曰：齊侯衛姬者，衛侯之女，齊桓公之夫人。桓公好淫樂，衛姬爲不聽鄭、衛之聲。曹大家曰：衛國作淫泆之音，衛姬疾桓公之好，是故不聽，以厲桓公也。玄熊攀檻，馮媛趍進。夫豈無畏？知死不恡！漢書曰：孝元馮昭儀，上幸虎圈鬬獸，熊佚出圈，攀檻欲上殿，左右貴人、傅昭儀皆走，馮婕妤直前當熊而立。左右格殺熊。上問何故當熊？婕妤曰：猛獸得人而止，妾恐至御座，故身當之。帝嗟嘆，以此倍敬重焉。班妾有辭，割驩同輦。夫豈不懷？防微慮遠！漢書曰：成帝遊於後庭，欲與班婕妤同輦載，婕妤辭曰：妾觀古圖畫，賢聖之君，皆有名臣在側；三代末主，乃有嬖女。今欲同輦，得無近似乎！

道罔隆而不殺，物無盛而不衰。長楊賦曰：事罔隆而不殺，物靡盛而不虧。日中則昃，月滿則微。周易曰：日中則昃，月盈則蝕。毛詩曰：彼月而微，此日而微。鄭玄曰：謂不明也。崇猶塵積，替若駭機。人咸知飾其容，而莫知飾其性。蔡邕女誡曰：夫心猶首面，一旦不脩飾，則塵垢穢之；人心不修善，則邪惡入之。人盛飾其面而莫脩其心，惑矣。家語，孔子曰：容不可不飾也。性之不飾，或愆禮正。斧之藻之，克念作聖。法言曰：吾未見斧藻其德若斧藻其粢者。尚書曰：惟狂克念作聖。出其言善，千里應之。周易，子曰：君子居其室，出其言善，則千里之外應之，況其邇者乎？居其室，出其言不善，則千里之外違之，況其邇者乎？苟違斯義，則同衾以疑。徐幹中論曰〔四〕：苟失其心，同衾爲遠。夫出言如微，而榮辱由茲。周易曰：言行君子之樞機，樞機之發，榮辱之主。勿謂幽昧，靈監無象。勿謂玄漠，神聽無響。無矜爾榮，天道惡盈。周易曰：鬼神害盈而福謙。無恃爾貴，隆隆者墜。楊雄解嘲曰：炎炎者滅，隆隆者絶。鑒于小星，戒彼攸遂。毛詩序曰：小星，恵及下也。詩曰：嘒彼小星，三五在東。周易曰：無攸遂。王弼曰：盡婦人之正義，無所必遂也。比心螽斯，則繁爾類。毛詩曰：螽斯羽，詵詵兮！宜爾子孫，振振兮！驩不可以黷，寵不可以專。國語，司空季子謂文公曰：男女不相及，畏黷敬也。黷則生怨，怨亂毓災，災毓滅性。韋昭曰：畏褻黷其類也。漢書曰：孝成趙皇后入宮，寵少衰，而女弟絶幸。姊弟專寵十餘年，卒皆無子也。專實生慢，愛極則遷。致盈必損，理有固然。文子，老子曰：天道極即反，盈即損，日月是也。魯連子，譚子曰：物之必至，理固然也。美者自美，翩以取尤。列子曰：楊朱過宋，東之於逆旅。

逆旅人有妾二人，其一美，其一惡，惡者貴而美者賤。楊子問其故，逆旅小子對曰：其美者自美，吾不知其美也；其惡者自惡，吾不知其惡也。冶容求好，君子所讎。周易曰：慢藏誨盜，冶容誨淫。結恩而絶，職此之由。漢書曰：王立與諸劉結恩。左氏傳，范宣子數諸戎曰：言語漏洩，職汝之由。故曰：翼翼矜矜，福所以興。太公金匱，師尚父謂武王曰：舜之居人上，矜矜乎如履薄冰；湯之居人上，翼翼乎懼不敢息。靖恭自思，榮顯所期。毛詩曰：靖恭爾位，好是正直。女史司箴，敢告庶姬。毛萇詩傳曰：古者后夫人必有女史彤管之法，女史不記其過，其罪殺。

文選考異

〔一〕王猷有倫　茶陵本「王」上有「而」字，云五臣無。袁本云善有。案：此尤誤去之也。

〔二〕注「王猷允塞」　袁本、茶陵本「猷」作「猶」，是也。

〔三〕施衿結褵　陳云：「褵」據注當作「離」。案：所校是也。袁、茶陵二本所載五臣翰注中字作「褵」。是其本乃作「褵」，各本以之亂善而失著校語，正文與注遂不相應，甚非。

〔四〕注「徐幹中論曰」　袁本「徐」上有「同衾夫婦也」五字，茶陵本無。

銘

封燕然山銘　并序

范曄後漢書曰：齊殤王子都鄉侯暢來弔國憂，竇憲遣客刺殺暢。發覺，憲懼誅，自求擊匈奴以贖死。會南單于請兵北伐，乃拜憲車騎將軍，以執金吾耿秉爲副。大破單于，遂登燕然山，刻石勒功，紀漢威德，令班固作銘。

班孟堅

惟永元元年秋七月，有漢元舅曰車騎將軍竇憲，范曄後漢書曰：孝和皇帝母梁貴人，爲竇皇后所譖，憂卒。竇后養帝以爲己子。即位，改年曰永元。又曰：竇憲，字伯度。女弟立爲皇后，竇憲稍遷侍中。和帝即位，太后臨朝。寅亮聖皇，登翼王室，尚書曰：三孤，寅亮天地，弼予一人。登翼，謂登用輔翼〔一〕。納于大麓，惟清緝熙。尚書曰：納于大麓，烈風雷雨弗迷。毛詩曰：維清緝熙，文王之典。乃與執金吾耿秉，述職巡禦，治兵于朔方。范曄後漢書曰：耿秉，字伯初，爲執金吾。與竇憲北擊匈奴，大破之。左氏傳，臧僖伯曰：三年而治兵。杜預曰：三年而大習，出曰訓兵。鷹揚之校，螭虎之士，爰該六師，毛詩曰：惟師尚父，時惟鷹揚。史記曰：武王乃作泰誓曰：勗哉夫子，尚桓桓，如虎如貔，如熊如羆〔二〕。徐廣曰：此音訓並與上同也〔三〕。毛詩曰：整我六師。暨南單于東胡烏桓西戎氐羌侯王君長之羣，驍騎十萬。范曄後漢書曰：南單于休蘭尸逐侯鞮單于屯屠河立。時北虜大亂，南單于將討并北庭，上言願發國中諸部胡會虜北，竇太后從之。元戎輕武，長轂四分，毛詩曰：元戎十乘，以先啓行。司馬彪續漢書曰：輕車，古之戰車。孫吴兵法曰：有巾有蓋，謂之武剛車者先驅。穀梁傳曰：長轂五百乘。范甯曰：長轂，兵車也。雷輜蔽路，萬有三千餘乘。漢書，楊雄河東賦曰：奮電鞭，驂雷輜。勒以八陣，莅以威神，雜兵書，八陣者：一曰方陣，二曰圓陣，三曰牝陣，四曰牡陣，五曰衝陣，六曰輪陣，七曰浮沮陣，八曰鴈行陣。玄甲耀日，朱旗絳天。漢書曰：發屬玄甲。李陵與蘇武書曰：雷鼓動天，朱旗翳日。遂凌高闕，下雞鹿，漢書曰：遣將軍衛青出雲中，至高闕。臣瓚曰：山名也。范曄後漢書曰：竇憲與南匈奴萬騎出朔方雞鹿塞。經磧鹵，絶大漠，説文曰：鹵，西方鹹地也。漢書曰：衛青復將六將軍絶漠。臣瓚曰：沙土曰漠，直度曰絶也。斬温禺以釁鼓，血尸逐以染鍔。范曄後漢書曰：匈奴其大臣次左右日逐王，次左右温禺鞮王，皆單于子弟，次第當爲單于者也。其異姓大臣左右骨都侯，次左右尸逐骨都侯。左傳，智罃曰：不以釁鼓也。然後四校橫徂〔四〕，星流彗掃，蕭條萬里，野無遺寇。

於是域滅區殫，反旆而旋，考傳驗圖，窮覽其山川。遂踰涿邪，跨安侯，乘燕然，范曄後漢書曰：度遼將軍鄧鴻與後諸軍皆會涿邪山。又曰：南單于上言，北單于創刈南兵，遯逃遠去，依安侯河西。躡冒頓之區落，焚老上之龍庭。漢書曰：頭曼單于有太子曰冒頓。冒頓以鳴鏑射殺頭曼，遂自立爲單于。

冒頓死，子稽粥立〔五〕，號曰老上單于。又曰：匈奴正月諸長小會單于庭祠，五月大會蘢城，祭其先、天地、鬼神。蘢音龍。將上以攄高文之宿憤，光祖宗之玄靈；祖，高祖也。宗，太宗文帝也。史記曰：高祖自將擊韓王信，遂至平城，爲匈奴所圍七日。又文紀曰：匈奴攻朝那塞，殺北都尉〔六〕。徐廣曰：姓孫也。下以安固後嗣，恢拓境宇，振大漢之天聲。甘泉賦曰：天聲起兮勇士厲。茲可謂一勞而久逸，暫費而永寧也。漢書，楊雄上疏曰：以爲不一勞者不久佚，不暫費者不永寧。乃遂封山刊石，昭銘盛德。其辭曰：刊石，削石，即謂立銘也。

鑠王師兮征荒裔，毛詩曰：於鑠王師，遵養時晦。勦凶虐兮截海外，毛詩曰：相土烈烈，海外有截。夐其邈兮亘地界，封神丘兮建隆嵑，說文曰：碣，立石也。嵑與碣同〔七〕。熙帝載兮振萬世。尚書曰：有能奮庸，熙帝之載。

文選考異

〔一〕注「謂登用輔翼」袁本、茶陵本無「用」字，「翼」下有「也」字。案：此尤校改之也。

〔二〕注「如虎如貔如熊如羆」案：當作「如虎如羆如豺如離」，不知者改之耳。各本皆誤，後漢書章懷注引亦可證。

〔三〕注「此音訓並與上同也」案：「此」下當有「離」字，「並」字不當有，「上」當作「螭」，各本皆誤。

〔四〕然後四校横徂　袁本、茶陵本云善作「狙」。案：「狙」，傳寫誤，尤校改正之也。

〔五〕注「子稽弼立」　何校「弼」改「粥」，是也。各本皆譌。

〔六〕注「殺北都尉」　何校「北」下添「地」字，「尉」下添「印」字，陳同，是也。各本皆脱。

〔七〕注「與碣同」　袁本、茶陵本「同」下有「音義曰渠烈切」六字。案：二本最是，尤誤去。

座右銘

崔子玉　范曄後漢書曰：崔瑗，字子玉，涿郡人也。早孤，鋭志好學，盡能傳其父業。舉茂才，爲汲令，遷濟北相，疾卒。

無道人之短，無説己之長。施人慎勿念，受施慎勿忘。戰國策，唐雎謂信陵君曰：人之有德於我，不可忘也；吾之有德於人，不可不忘也。世譽不足慕，唯仁爲紀綱。隱心而後動，謗議庸何傷？劉熙孟子注曰：隱，度也。周易曰：君子安其身而後動，易其心而後語。吕氏春秋曰：内反於心不慙，然後動也。無使名過實，守愚聖所臧。越絶書，范子曰：名過實者滅，聖人不使名過實。家語，孔子曰：聰明睿智，守之以愚；功被天下，守之以讓。在涅貴不淄，曖曖内含光。論語，子曰：不曰堅乎？磨而不磷；不曰白乎？涅而不淄。晏子春秋，仲尼曰：星之昭昭，不如月之曖曖。周易曰：含弘光大，品物咸亨。柔弱生之徒，老氏誡剛強。老子曰：人生也柔弱，其死也堅強；萬物草木生也柔脆，其死也枯槁。故堅強者死之徒，柔弱者生之徒也。又曰：柔弱勝剛強。河上公曰：柔弱者久長，剛強者先亡也。行行鄙夫志，悠悠故難量。論語曰：閔子侍側，誾誾如也。子路，行行如也。子曰：若由也不得其死然。鄭玄曰：行行，剛強貌〔一〕。愼言節飲食，知足勝不祥。周易曰：君子以愼言語，節飲食。老子曰：知足不辱。行之苟有恆，久久自芬芳。郭璞三蒼曰〔二〕：苟，誠也。

文選考異

〔一〕注「行行剛強貌」袁本、茶陵本「貌」下有「論語曰長沮桀溺耦而耕孔子使子路問津焉桀溺曰悠悠者天下皆是也而誰與易也」三十四字。案：二本是也。此尤誤删。

〔二〕注「郭璞三蒼曰」袁本、茶陵本無「郭璞」二字。

劍閣銘

張孟陽　臧榮緒晉書曰：張載父收爲蜀郡太守，載隨父入蜀，作劍閣銘。益州刺史張敏見而奇之，乃表上其文。世祖遣使鐫石記焉。

巖巖梁山，積石峩峩。楊雄益州箴曰：巖巖岷山，古曰梁州。毛萇詩傳曰：巖巖，積石貌也。遠屬荆衡，近綴岷嶓。尚書曰：荆及衡陽惟荆州。孔安國曰：北據荆山，南及衡山之陽也。尚書曰：岷嶓既藝。孔安國曰：岷山、嶓冢，皆山名也。南通邛僰蒲北，北達褒斜。漢書音義，服虔曰：邛，蜀都西部也。僰，夷名也。梁州記曰：萬石城泝漢上七里，有褒谷口，南口曰褒，北口曰斜。狹過彭碣，高踰嵩華。劉淵林蜀都賦注曰：岷山都安縣有兩山相對立如闕，號曰彭門。孔安國尚書注曰：碣石，海畔山也。惟蜀之門，作固作鎮。是曰劍閣，壁立千仞。酈元水經注曰：小劍戍北去大劍三十里，連山絶險，飛閣相通，故謂之劍閣也。窮地之險，極路之峻。周易曰：地險，山川丘陵也。西都賦曰：臨峻路而啓扉。世濁則逆，道清斯順。閉由往漢，開自有晉。閉由劉備，故曰往漢；開自鍾會，故曰有晉也。鍾會之伐蜀雖在魏朝，政由晉王，故歸功於晉也。秦得百二，并吞諸侯。齊得十二，田生獻籌。漢書，田肯賀上曰：陛下得韓信，又治秦中，持戟百萬，齊得十二，此所謂東、西秦也。矧茲狹隘，土之外區。一人荷戟，萬夫趑趄。陳琳爲曹洪荅文帝書曰：一夫揮戟，萬人不得進。廣雅曰：趑趄，難行也。形勝之地，匪親勿居。漢書，田肯曰：秦，形勝之國也。齊有琅邪之饒，非親子弟，莫可使王齊也。昔在武侯，中流而喜。山河之固，見屈吳起。興實在德，險亦難恃。洞庭孟門，二國不祀。史記曰：魏武侯浮西河而下，中流顧而謂吳起，笑曰：美哉乎河山之固！此魏國之寶也。吳起對曰：在德不在險。昔三苗氏，左洞庭而右彭蠡，恃此險也，德義不修，禹滅之。夏桀之居，左河濟，右太華，伊闕在其南，羊腸在其北，修政不仁，湯放之。殷紂之國，左孟門，右太行，常山在其北，大河經其南，修政不德，武王殺之。由此觀之，在德不在險。若君不修德，舟中之人，盡爲敵國。武侯曰：善。自古迄今，天命匪易。尚書曰：爾亦弗知，天命不易。憑阻作昏，鮮不敗績。左氏傳曰：凡師大崩曰敗績。杜預曰：喪其功績也。公孫既滅，劉氏銜璧。范曄後漢書曰：公孫述爲導江卒正，假稱蜀都太守〔一〕，自立爲天子。漢使吴漢伐之，述死，吴漢盡滅公孫氏。蜀志曰：後主諱禪，先主子也。魏使鄧艾伐之，後主輿櫬自縛詣壘門。左氏傳曰：楚子圍許，僖公面縛銜璧。覆車之軌，無或重跡。晏子春秋，諺曰：前車覆，後車戒。范曄後漢書，陳忠上疏曰：覆車之軌，其迹不遠。勒銘山阿，敢告梁益。

文選考異

〔一〕注「假稱蜀都太守」 陳云「都」，「郡」誤，是也。各本皆譌。

石闕銘

陸佐公 劉璠梁典曰：陸倕，字佐公，吴郡人。少篤學，善屬文。起家議曹從事，遷太子中舍人，後仕至太常卿。詔使爲漏刻、石闕二銘，冠絶當世，賜以束帛，朝野榮之。

昔在舜格文祖，禹至神宗；周變商俗，湯黜夏政。尚書，帝曰：舜！汝陟帝位。正月上日，受終於文祖。又，帝曰：禹！惟汝諧。正月朔旦，受命于神宗。墨子曰：紂之亂，武王理之。當此之時，時不渝而人不易，上變政而人改俗。尚書曰〔一〕：湯既黜夏命，復歸于亳。雖革命殊乎因襲，揖讓異於干戈，而晷緯冥合，天人啓惎巨吏，克明俊德，大庇生民，其揆一也。舜、禹揖讓也，湯、武干戈也。言揖讓、干戈之道雖殊，而用賢愛仁之義爲一也。周易曰：湯、武革命，順乎天而應乎人。論衡曰：漢力勝周多矣！舜以司徒受堯禪，文王百里爲西伯，武王襲文王，皆有因緣，力易爲也。孔叢子，曾子謂孔子曰：舜、禹揖讓，湯、武用師，非相詭，此乃時也。三國名臣序贊曰：揖讓之與干戈。説文曰：晷，日影也；緯，五星也。易乾鑿度曰：五緯順軌，四時和粟。西都賦曰：天啓之心，人惎之謀。尚書曰：克明俊德，以親九族。左傳，鄭子駟曰：以待強者而庇民焉。孟子曰：先聖後聖，其揆一也。

在齊之季，昏虐君臨，威侮五行，怠棄三正，吳均齊春秋曰：東昏侯蕭寶卷，高宗子。高宗崩，太子即位。左傳，子囊曰：赫赫楚國，而君臨之。書曰：有扈氏威侮五行，怠棄三正〔二〕。刑酷然炭〔三〕，暴踰膏柱，民怨神怒，衆叛親離，躋地無歸，瞻烏靡託。六韜曰：紂患刑輕，乃更爲銅柱，以膏塗之，加於然炭之上，使有罪者緣焉，滑跌墮火中，紂與妲己笑以爲樂，名曰炮烙之刑。鄭玄尚書五行傳注曰：民怨神怒。左氏傳，衆仲曰：州吁阻兵而安忍，衆叛親離，難以濟矣。毛詩曰：謂天蓋高，不敢不跼；謂地蓋厚，不敢不蹐。又曰：瞻烏爰止，于誰之屋？於是我皇帝拯之，乃操斗極，把鉤陳，翼百神，禔是支萬福。我皇，梁武帝也。斗極，天下之所取法；鉤陳，兵衛之象；故王者把操焉。長楊賦曰：高祖順斗極，運天關。樂汁圖曰：鉤陳，後宮也。服虔漢書音義曰：紫宮外營陳星。毛萇詩傳曰：翼，敬也。禮記曰：禮行於郊，百神受職焉。漢書曰：司馬相如難蜀父老曰：遐邇一體，中外禔福。毛詩曰：樂只君子，萬福攸同。龍飛黑水，虎步西河，雷動風驅，天行地止。謂舉義旗以伐齊也。何之元梁典曰：齊明帝崩，遺詔授高祖雍州刺史。永元二年十一月，高祖擁南康王寶融以主號令，以高祖督前鋒。三年十二月〔四〕，義旗發自襄陽；己酉，檄京師。東都賦曰：龍飛白水。陳孔璋爲袁紹檄豫州曰：雷震虎步，並集虜庭。尚書曰：黑水、西河惟雍州。沈約宋書曰：元嘉中，割荆州之襄陽爲雍州。西京賦曰：千乘雷動，萬騎龍趨。楊修許昌宮賦曰：晻曖低佪，天行地止。命旅致屯雲之應，登壇有降火之祥，龜筮協從，人祇響附。命旅，誓衆也。登壇，祭天也。杜篤論都賦曰：大漢開基，高祖有勳，斬白蛇，屯黑雲。尚書帝命驗曰：太子發渡河，中流，火流爲烏，其色赤。鄭玄曰：以魚燎於天，有火自上復于下，至于王屋，流爲烏。尚書曰：詢謀僉同，鬼神其依，龜筮叶從。吴質魏都賦曰：英雄響附。穿胸露頂之豪，箕坐椎髻之長，莫不援旗請奮，執鋭争先。博物志曰：昔禹平天下，會諸侯於會稽之野。防風後至，殺之。夏德盛，二龍降之，使范成克御之，以行域外。既周南經，防風之神見禹使，怒而射之，有迅雷，二龍升去。二臣恐，以刃自貫其心死。禹哀之，乃拔其刃，療以不死之草，皆生，是爲穿胸人。去會稽萬五千里。范曄後漢書西域傳論曰：自兵威之所肅服，財賂之所懷誘，莫不露頂肘行，東向而朝。漢書曰：高祖使陸賈賜尉佗印，爲南越王。賈至，尉佗魋結箕踞見賈。豪士賦序曰：援旗誓衆，奮於阡陌之上。趙充國頌：請奮其旅，于罕之羌。漢書，陳餘説陳涉曰：將軍被堅執鋭，以誅暴秦。楚辭曰：矢之墜兮士争先。夏首憑固，庸岷負阻，協彼離心，抗兹同德。楚辭曰：過夏首而西浮。王逸曰：夏首，水口也。孔安國尚書傳曰：庸，國名也；岷，山名也。尚書曰：受有億兆夷人，離心離德；予有亂臣十人，同心同德。帝赫斯怒，秣馬訓兵，嚴鼓未通，兇渠泥首。毛詩曰：王赫斯怒，爰整其旅。左氏傳，子重曰：秣馬利兵。又，趙宣子曰：訓卒利兵。軍戰令曰：嚴鼓一通，步騎士悉嚴然。鼓一曲爲一通。尚書曰：殲厥渠魁。張温表曰：臨去武昌，庶得泥首闕下。弘舸連軸，巨艦接艫，鐵馬千羣，朱旗萬里。吴都賦曰：弘舸連軸，巨檻接艫。鐵馬，鐵甲之馬。范曄後漢書，公孫瓚與子書曰：厲五千鐵騎於北隰之中。陳琳爲袁紹檄豫州曰：胡馬之千羣〔五〕。朱旗，已見上文。折簡而禽廬九，傳檄以下湘羅。兵不血刃，士無遺鏃，而樊鄧威懷，巴黔厎定。魏略，王陵〔六〕密欲立楚王彪，司馬宣王自討之。陵自縛歸罪，遥謂太傅曰：卿直以折簡召我，我不當至邪！太傅曰：以卿非肯遂折簡者也〔七〕。廬，廬江；九，九江。二郡名也。伏滔正淮曰：廬、九之間，流溺兵死者十而七八焉。漢書，韓信曰：三秦可傳檄而定。湘、羅，二水名也。孫卿子曰：舜伐有苗，禹伐共工，湯伐有夏，文王伐崇，武王伐紂，遠方慕義，兵不血刃。過秦論曰：秦無亡矢遺鏃之費，而天下諸侯已困矣。尚書曰：大邦畏其力，小邦懷其德。尚書曰：震澤厎定。

於是流湯之黨，握炭之徒，守似藩籬，戰同枯朽。六韜曰：紂之卒，握炭流湯者十八人，以牛爲禮〔八〕。過秦論曰：蒙恬北築長城而守藩籬。班固漢書贊曰：漢獨收孤秦之弊，鐫金石者難爲功，摧枯朽者易爲力，其勢然也。革車近次，師營商牧。華夷士女，冠蓋相望，扶老攜幼，一旦雲集，壺漿塞野，簞食盈塗。鄭玄周禮注曰：兵車，革路也。左氏傳曰：凡師過信爲次。尚書曰：王至于商郊牧野。左氏傳曰：孔子曰：夷不亂華。尚書曰：惟其士女，篚厥玄黄，昭我周王。漢書曰：天子遣使，冠蓋相望於道，覆案梁事。又，淮南王上書曰：越必攜幼扶老，以歸聖德。西都賦曰：雲集霧散。孟子曰：葛伯不祀，湯往征之。其君子實玄黄于篚以迎君子，小人簞食壺漿以迎小人也。似夏民之附成湯，殷士之窺周武。安老懷少，伐罪弔民〔九〕，農不遷業，市無易賈。尚書中候曰：天乙在薄，夏桀迷惑，諸鄰國襁負歸湯。帝王世紀曰：商容及殷人觀周軍之入，見武王至，殷人曰：是吾新君也。容曰：然。聖人爲海内討惡，見惡不怒，見利不喜，顔色相副，是以知之。論語曰：老者安之，少者懷之。尚書曰：奉辭伐罪。孟子曰：湯始征，□自葛〔一○〕。誅其君，弔其民。吕氏春秋曰：日桀爲無道〔一一〕，湯立爲天子，夏人大悦，農不去疇，商不變肆。八方入計，四隩奉圖，羽檄交馳，軍書狎至。一日二日，非止萬機。河圖龍文曰：鎮星光明，八方歸德。漢書曰：張蒼領主郡國上計者。又曰：嚴助願奉三年計。如淳曰：助自欲入奉之也。尚書曰：四隩既宅。范曄後漢書曰：光武平河北，吴漢與諸將奉圖書上尊號。漢書，息夫躬曰：軍書交馳而輻湊，羽檄重迹而狎至。尚書曰：兢兢業業，一日二日萬機。而尊嚴之度，不嘗於師旅；淵默之容，無改於行陣。計如投水，思若轉規；策定帷幄，謀成几案；曾未浹辰，獨夫授首。班固漢書贊曰：成帝臨朝，淵默尊嚴若神，可謂穆穆天子之容矣。李康運命論〔一二〕，張良及其遭漢祖，其言也，如以石投水，莫之逆也。范曄後漢書曰：朱勃上疏訴馬援冤曰：謀如涌泉，勢如轉規。又光武詔曰：將軍鄧禹，與朕謀謨帷幄，決勝千里。仲長子昌言曰：運籌於几案之前，而所制者乃百代之後。左氏傳，君子曰：莒恃其陋，不修其城郭，浹辰之間，而楚克其三都。杜預曰：浹辰，十二日也。梁典曰：永元三年十二月丙寅，張齊殺東昏于含德殿。其夜，以黄油裹首縋而下。尚書曰：獨夫受洪惟作威。鍾士季檄蜀文曰：蜀侯見禽於秦，公孫述授首於漢。乃焚其綺席，棄彼寶衣，歸琁臺之珠，反諸侯之玉。六韜曰：紂時，婦人以文綺爲席，衣以綾紈者三千人。又曰：武王伐紂，蒙寶衣投火而死。帝王世紀曰：王命歸琁臺之珠玉。説苑曰：武王大敗殷人，上堂見玉，曰：誰之玉？曰：諸侯之玉。即取而歸於諸侯。天下聞之曰：王廉於財。指麾而四海隆平，下車而天下大定。拯兹塗炭，救此横流，功均天地，明並日月。新序，劉向曰：先王之所以指麾而四海賓服者，誠德之至也。孝經鉤命決曰：俱在隆平，優劣殊流。禮記曰：下車而封夏后之後於杞，封殷之後於宋。尚書曰：一戎衣天下大定。□又曰〔一三〕：有夏昏德，民墜塗炭。孟子曰：當堯之時，鴻水橫流，汎濫於天下。漢書曰：德配天地，明並日月。

於是仰叶三靈，俯從億兆，受昭華之玉，納龍敍之圖。春秋元命苞曰：造起天地，鑄演人君，通靈之貺，交錯同瑞。劉琨勸進表曰：億兆攸歸，曾無與二。尚書大傳曰：堯得舜，推而尊之，贈以昭華之玉。春秋元命苞曰：堯游河渚，赤龍負圖以出，圖赤如綈狀，龍沒圖在。楊雄覈靈賦曰：大易之始，河序龍馬，雒貢龜書。類帝禋宗，光有神器。升中以祀羣望，攝袂而朝諸夏。尚書曰：肆類于上帝。又曰：禋于六宗。國語，富辰謂王曰：光有天下，而和寧百姓。老子曰：天下神器，不可爲也，爲者敗之。禮記曰：升于中天〔一四〕，而鳳凰降。左氏傳曰：乃大有事于羣望。漢書，徐樂上書曰：南面負扆，攝袂而揖王公，陛下之所服也。論語，子曰：夷狄之有君，不如諸夏之亡也。布教都畿，班政方外。謀協上策，刑從中典。周禮曰：正月之吉始和，布教於邦國都鄙。袁淑謝中丞章曰：懸法象闕，班政甸衞。東觀漢記，段熲上疏曰：先零東羌，討之難破，降爲上策，戰爲下計。周禮曰：大司寇掌三典以佐王，二曰刑平國用中典也。南服緩耳，西羈反舌。劍騎穹廬之國，同川共穴之人。杜篤論都賦曰：連緩耳，瑣雕題。呂氏春秋曰：善爲君者，蠻夷反舌，皆服德厚也。高誘曰：夷狄語言，與中國相反，因謂反舌。一説南方有反舌國，舌本在前，末到向喉，故曰反舌也。漢書曰：匈奴力能彎弓，盡爲甲騎。其長兵則弓矢，短兵則刀鋋。漢書，烏孫公主歌曰：穹廬爲室兮旃爲墻。杜篤論都賦曰：同穴裘褐之域，共川鼻飲之國。莫不屈膝交臂，厥角稽顙。鑿空萬里，攘地千都；幕南罷鄣，河西無警。喻巴蜀文曰：交臂受事，屈膝請和。孟子曰：武王之伐殷也，百姓若崩厥角。趙岐曰：厥角，叩頭以額阜厥地。

禮記，孔子曰：拜而後稽顙。漢書曰：通西北國，張騫鑿空。蘇林曰：鑿，開；空，通也。戰國策，蔡澤謂應侯曰：公孫鞅爲秦攘地千里。漢書曰：驃騎封於狼居胥山，匈奴遠逃，而漠南無王庭。漢書，武帝謂狄山曰：使居一障間。蒼頡曰[一五]：障，小城也。漢書，晉文公攘戎狄，居於西河圁、洛之間。圁音銀。謝承後漢書曰：祝良爲梁州刺史[一六]，歷年無警。

於是治定功成，邇安遠肅，忘兹鹿駭，息此狼顧。禮記曰：王者功成作樂，治定制禮。尚書曰：柔遠能邇。鹽鐵論曰：以賢人爲兵，聖人爲守，則中國無狗吠之警，而邊境無鹿駭狼顧之憂也。乃正六樂，治五禮，改章程，創法律。周禮曰：保氏掌諫王，而養國子以道，乃教之六樂。鄭玄曰：六樂，雲門、大咸、大韶、大夏、大護、大武。尚書曰：修五禮。孔安國：五禮，吉、凶、軍、賓、嘉也。漢書曰：高祖令張蒼定章程。又曰：蕭何次律令，韓信申軍法。置博士之職，而著録之生若雲；開集雅之館，而款關之學如市。漢書曰：武帝初置五經博士。范曄後漢書曰：張興稍遷至博士，弟子自遠至者，著録且萬人。司馬彪續漢書曰：負書來學，雲集京師。劇秦美新曰：遥集乎文雅之囿，翱翔乎禮樂之場。史記曰：由余款關請見。三輔黄圖曰：元始中，起明堂，列槐樹數百行。朔望，諸生持經書及當郡所出物於此賣買，號槐市。興建庠序，啓設郊丘。一介之才必記，無文之典咸秩。漢書曰：平帝立學官，鄉曰庠，聚曰序。禮記曰：立春之日，天子迎春於東郊。周禮曰：冬至於地上之圜丘，若樂六變，天神皆降。尚書，秦穆公曰：如有一介臣。又曰：稱秩元祀，咸秩無文。

於是天下學士，靡然向風，人識廉隅，家知禮讓。班固漢書贊曰：公孫弘以治春秋爲丞相，封侯。天下學士靡然鄉風矣。禮記曰：儒有砥礪廉隅。論語，子曰：能以禮讓爲國乎，何有？教臻侍子，化洽期門。區宇乂安，方面靜息。役休務簡，歲阜民和。漢書曰：呼韓邪遣子右賢王銖婁渠堂入侍。漢書曰：武帝與北地良家子期諸殿門，故有期門之號。范曄後漢書曰：樊準上疏曰：明帝即位，自期門羽林介胄之士，悉令通孝經。匈奴遣伊秩訾王來入就學。東京賦曰：區宇乂寧，思和求中。方面，四方面也。仲長子昌言曰：五位以正方面。孫楚客主言曰：晉主聖明，方面割地。長楊賦曰：休力役。賈逵國語注曰：阜，厚也。左氏傳，季梁曰：民和而神降之福。歷代規謩，前王典故，莫不芟夷翦截，允執厥中。史記曰：高祖雖日不暇給，規謩弘遠矣。東觀漢記，東平王蒼上疏曰：事過典故。孔安國尚書序曰：芟夷煩亂，翦截浮辭。尚書，帝曰：允執厥中。以爲象闕之制，其來已遠。春秋設舊章之教，經禮垂布憲之文，左氏傳曰：司鐸火，季桓子命藏象魏，曰：舊章不可忘也。禮記曰：經禮三百，曲禮三千。鄭玄曰：禮經〔一七〕，謂周禮也。周禮曰：太宰以正月之吉，懸治象之法於象魏，使萬民觀治象。鄭玄曰：吉，朔日也。象魏，闕也。周禮曰：布憲中士二人。戴記顯游觀之言，周史書樹闕之夢。禮記，戴聖所傳，故號戴記。曰：昔者仲尼與於蜡賓，事畢，出遊於觀之上，喟然而嘆。周書曰：文王至自商，至程，太姒夢見商之庭生棘，太子發取周庭之梓，樹之於闕間，化爲松柏。北荒明月，西極流精；神異經曰：西北荒中有二金闕，高百丈。金闕銀盤圓五十丈。二闕相去百丈。上有明月珠，徑三丈，光照千里。十洲記曰：崑崙山有三角，其角一正東〔一八〕有墉城，有流精之闕，西王母所治也。海岳黄金，河庭紫貝；史記曰：三神山傳在海中，黄金白銀爲宫闕。楚辭曰：魚鱗屋兮龍堂，紫貝闕兮珠宫。王逸曰：言河伯所居，以紫貝作闕也。蒼龍玄武之製，銅雀鐵鳳之工；三輔舊事曰：未央宫東有蒼龍闕，北有玄武闕。魏文帝歌曰：長安城西有雙圓闕，上有一雙銅爵。一鳴五穀生，再鳴五穀熟。薛綜西京賦注曰：圓闕上作鐵鳳凰，令張兩翼，舉頭敷尾。或以聽窮省冤，或以布化懸法〔一九〕，李尤闕銘曰：悉心聽省，乃無窮冤。布化懸法，已見上文。或以表正王居，或以光崇帝里。尚書，王曰：表正萬邦。周易曰：王居無咎，正位也。桓子新論曰：昔周公光崇周道，澤被四表。蜀都賦曰：嶓、函有帝皇之宅，河、洛爲王者之里也。晉氏浸弱，宋歷威夷，禮經舊典，寂寥無記，鴻規盛烈，湮没罕稱。乃假天闕於牛頭，託遠圖於博望，有欺耳目，無補憲章。漢書曰：浸弱微滅也。韓詩曰：周道威夷。左氏傳曰：以繼好息民，謂之禮經。東都主人曰：唯子頗識舊典。司馬相如美人賦曰：上宮閑館，寂寥至虛。封禪書曰：湮滅而不稱，不可勝數。山謙之丹陽記曰：大興中，議者皆言漢司徒義興許彧墓二闕高壯，可徙施之。王茂弘弗欲。後陪乘出宣陽門，南望牛頭山兩峯，即曰：此天闕也，豈煩改作？帝從之。今出宣陽望此山，良似闕。沈約宋書曰：孝武大明七年，博望梁山立雙闕。禮記曰：仲尼祖述堯舜，憲章文武。興復表門，草創華闕。周禮曰：或審曲面勢。乃命審曲之官，選明中之士，陳圭置臬魚列，瞻星揆地，明中，謂四時昏明各有中星也。尚書考靈耀曰：冬至日，月在牽牛一度。求昏中者，取六項，加三旁蠡順除之。鄭玄曰：盡行十二項，中正而分之，左右各六項也。蠡，猶羅也。昏中在日前，故言順數也；明中在日後，故言却也。周禮曰：土圭之法，測土深，正日影，以求地中。又曰：匠人建國求地中，置槷以懸視其影。鄭玄曰：槷，古文臬，假借字也。周禮曰：晝參諸日中之影，夜考之極星，以正朝夕。東觀漢記，博士等議曰：陛下除殘去賊，興復祖宗。西京賦曰：正紫宮於未央，表嶢闕於閶闔。論語曰：裨諶草創之。西都賦曰：樹中天之華闕，封冠山之朱堂。

於是歲次天紀，月旅太簇，天紀，星紀也。左氏傳梓慎曰：歲在星紀，而淫於玄枵。杜預曰：歲星也。星紀，斗牛之次也。漢書曰：太簇位在於寅，正月也。皇帝御天下之七載也。構茲盛則，興此崇麗。方且趨以表敬，觀而知法，劉璠梁典曰：天監七年正月戊戌，詔曰：昔晉氏青蓋南移，日不暇給，而兩觀莫築，懸法無所。今禮盛化光，役務簡便，可營建象闕，以表舊章。於是選匠量功，鐫石爲闕，窮極壯麗，冠絶古今，奇禽異羽，莫不畢備。漢書曰：萬石君過宮門闕，必下車趨。列女傳，衛靈公夫人曰：妾聞禮下公門，式路馬，所以廣敬也。物覩雙碣之容，人識百重之典，周易曰：聖人作而萬物覩。西京賦曰：圓闕竦以造天，若雙碣之相望。徐幹七喻曰：豐屋廣夏，崇闕百重。作範垂訓，赫矣壯乎！郄正釋譏曰：創制作範，匪時不立。家語，南宮敬叔曰：孔子作春秋，垂訓後嗣。曹府君陳寔誄曰：赫矣陳君。爰命下臣，式銘盤石。其辭曰：

惟帝建國，正位辨方。周營洛涘，漢啓岐梁。此言建國立都，不恆一所，故洛涘岐、梁，咸爲帝宅也。周禮曰：惟王建國，辨方正位。周，周成王也。尚書序曰：召公既相宅，周公往營成周，作洛誥。蔡邕祝禊文曰：自求多福，在洛之涘。漢，漢高祖也。西京賦曰：岐、梁、汧、雍，陳寶鳴雞在焉。居因業盛，文以化光。爰有象闕，是惟舊章。帝王所居，因功業而後盛；禮文之德，由政化而益光也。周易曰：後得主而有常，含萬物而化光。青蓋南洎，黄旗東指。懸法無聞，藏書弗紀。言帝祚南遷，王綱弛紊，懸法藏書，咸皆廢紀。青蓋，晉也。虞預晉書，王導上言曰：迴青蓋以反上京。司馬彪續漢書曰：皇子皆朱班輪青蓋。黄旗，謂吴也。司馬德操與劉恭嗣書曰：黄旗紫氣，恆見東南，終成天下者，揚州之君子。臧榮緒晉書曰：孫氏無闕，大晉南都，亦不暇立門，闕遂廢矣。藏書則浹日斂而藏之，見下句。大人造物，龍德休否。建此百常，興兹雙起。周易曰：飛龍在天，大人造也。莊子，孔子曰：夫造物者爲人。司馬彪曰：造物，謂道也。周易曰：龍德而正中者也。又否卦曰：九五休否。王弼曰：居尊位能休否道者也。張景陽七命曰：表以百常之闕。雙起，猶雙立也。魯靈光殿賦曰：崇墉岡連以嶺屬，朱闕巖巖以雙立。偉哉偃蹇，壯矣巍巍！旁映重疊，上連翠微。王逸楚辭注曰：偃蹇，高貌也。何晏論語注曰：巍巍者，高大之稱也。重疊，宮觀之多者也。七命曰：重殿疊起，交綺對幌。蜀都賦曰：鬱氛氳以翠微。布教方顯，浹日初輝。懸書有附，委篋知歸。布教，已見上文。周禮曰：正月乃懸治象之法于象魏，使萬民觀治象，浹日而斂之。懸書則懸法也，委篋則藏書也，重用之，故變文耳。鬱崫魚勿重軒，穹隆反宇。形聳飛棟，勢超浮柱。甘泉賦曰：洪臺崫其獨出。西都賦曰：重軒三階。穹隆，見下句。西京賦曰：反宇業業。何禎許都賦曰：景福鬱抗以雲起，飛棟鳥企而翼舒。甘泉賦曰：抗浮柱之飛榱兮，神莫莫而扶傾。色法上圓〔二〇〕，製模下矩。周望原隰，俛臨煙雨。上圓，天也；下矩，地也。繁欽建章鳳闕賦曰：上規圓以穹隆，下矩地而繩直。望原隰，臨煙雲〔二一〕，言其高也。前賓四會，却背九房。北通二轍，南湊五方。王逸楚辭注曰：賓，列也。陸機洛陽記曰：有銅駝二枚，在宮之南四會道頭。鄭玄禮記注曰：却，返也。東京賦曰：復廟重屋，八達九房，則明堂之制也。鄭玄禮記注曰：天子廟及路寢皆如明堂制也。然路寢在門北，故云却背也〔二二〕。暑來寒往，地久天長。神哉華觀！永配無疆。周易曰：寒往則暑來，暑往則寒來。老子曰：天長地久。毛詩曰：申錫無疆。集云，盤石鬱崫重軒穹隆色法上圓製模十四字，是至尊所改也。

文選考異

〔一〕注「尚書曰湯既黜夏命」　陳云「書」下脱「序」字，是也。各本皆脱。

〔二〕注「書曰有扈氏威侮五行怠棄三正」　袁本、茶陵本無此十三字。案：此尤校添之也。

〔三〕刑酷然炭　何校「然」改「爇」。今案：所改非也。廣韻一仙「爇」字下引此「刑酷爇炭」，故何據之。考廣韻所引，如十姥之「抱土含䖐」、二十陌之「嘆嘆不得語」之類，與今本選文迥異，皆别有所出，不容相證。何未得其理耳。兹均無取焉。

〔四〕注「三年十二月」　陳云「三」、「二」誤，是也。各本皆譌。

〔五〕注「胡馬之千羣」　案：「之」字不當有。各本皆衍。

〔六〕注「魏略王陵」　陳云「陵」當作「凌」，下同，是也。各本皆譌。

〔七〕注「以卿非肯遂折簡者也」　陳云「遂」，「逐」誤，是也。各本皆譌。

〔八〕注「以牛爲禮」　茶陵本「禮」作「礼」，袁本與此同。案：當作「札」。各本皆誤。

〔九〕伐罪弔民　袁本、茶陵本云「民」，善作「人」，是也。注「弔其民」，二本作「人」。此皆誤改。

〔一〇〕注「湯始征□自葛」　袁本、茶陵本無空格，是也。

〔一一〕注「日桀爲無道」　袁本、茶陵本無「日」字，是也。

〔一二〕注「李康運命論」　袁本、茶陵本無「李康」二字，「論」下有「曰」字，是也。

〔一三〕注「□又曰」袁本、茶陵本「□又」作「尚書」。案：此尤校改正之也。前「樊鄧威懷巴黔底定」注，亦連有兩「尚書曰」，尤仍未改，必本在每句下，故如此耳。

〔一四〕注「升于中天」袁本、茶陵本「于中」作「中于」，是也。

〔一五〕注「蒼頡曰」何校「頡」下添「篇」字，陳同，是也。各本皆脱。

〔一六〕注「祝良爲梁州刺史」陳云「梁」疑當作「涼」，祝良刺涼州，見范史陳龜傳。案：所校是也。各本皆誤。

〔一七〕注「禮經謂周禮也」案：「禮經」當作「經禮」。各本皆倒。

〔一八〕注「其角一正東」袁本、茶陵本無「其角」二字。

〔一九〕或以布化懸法　袁本、茶陵本「化」作「治」。何校改「治」。今案：非也。此諱「治」爲「化」，五臣迴改，二本失著校語，尤所見爲是矣。凡餘於諱字，不可悉出，但讀者當知其多失舊耳。

〔二〇〕色法上圓　袁本、茶陵本校語云「圓」善作「員」。案：二本此注字乃作「圓」，篇末注則作「員」，今盡作「圓」，蓋皆尤所改，其實非也。「員」、「圓」古同字，下篇「金筒方員之制」二本有校語，正文及注皆作「員」，是也。又「圓流内襲」，各本皆以五臣亂善，非。

〔二一〕注「臨煙雲」陳云「雲」，「雨」誤，是也。各本皆誤。

〔二二〕注「故云却背也」袁本「也」下有「後注同」三字。案：袁本凡云「後注同」者，皆并善入五臣。然則此後當有「周禮曰應門二轍漢書曰秦地五方雜錯然此五方謂吴之五方也」二十六字，今在其所載向注中也。茶陵本亦并入五臣，失著餘同向注。尤所見蓋與之同誤。

新刻漏銘 并序

陸佐公 劉璠梁典曰：天監六年，帝以舊漏乖舛，乃勑員外郎祖暅治之。漏刻成，太子中舍人陸倕爲文。司馬彪續漢書曰：孔壺爲漏，浮箭爲刻。下漏數刻，以考中星昏明星焉。

夫自天觀象，昏旦之刻未分；治歷明時，盈縮之度無準。周易曰：古者庖犧氏之王天下也，仰則觀象於天，俯則觀法於地。五經要義曰：昏，闇也；旦，明也。日入後漏三刻爲昏，日出前漏三刻爲明。周易曰：君子以治歷明時。淮南子曰：孟春始贏〔一〕，孟秋始縮。高誘曰：贏，長也；縮，短也。挈壺命氏，遠哉義用，周禮曰：挈壺氏下士六人。鄭玄曰：壺，盛水器也，挈壺水以爲漏也。揆景測辰，徼叫宫戒井，守以水火，分兹日夜。揆景測辰，謂晝夜漏也。徼宫，謂徼巡其宫也。衛宏漢舊儀曰：晝漏盡，夜漏起，宫中衛宫城門擊刀斗，周廬擊木柝。周禮曰：挈壺氏掌壺以令軍井〔二〕，凡喪事懸壺以哭〔三〕，皆以水火守之，分以日夜。鄭司農曰：挈壺以令軍井，謂爲軍穿井，井成，挈壺懸其上，令軍中衆〔四〕皆望見，知此下有井也。壺所以盛飲，故以壺表井也。鄭玄曰：以水守壺者，爲沃漏也；以火守壺者，夜視刻數也。分以日夜者，異晝夜漏也〔五〕。而司歷亡官，疇人廢業，孟陬殄滅，攝提無紀。左氏傳，仲尼曰：今火猶西流，司歷過也。漢書曰：三代既没，五霸之末，史官喪紀，疇人子弟分散。如淳曰：家業世世相傳爲疇。漢書曰：孟陬殄滅，攝提失方。音義曰：正月爲孟陬。歷紀廢絶，閏餘乖錯，不與正歲相值，謂之殄滅。攝提，星名，隨斗杓所指建十二月。若歷誤，春三月當指辰，而乃指巳，是爲失方。衛宏載傳呼之節，較而未詳；霍融敍分至之差，詳而不密。衛宏漢舊儀曰：夜漏起，宮中宮城門傳五伯官直符，行衛士，周廬擊木柝，讙呼備火。司馬彪續漢書曰：太史令霍融上言：漏刻率九日增減一等，不與天相應，或時差至二刻半，不如夏歷密也。陸機之賦，虚握靈珠；孫綽之銘，空擅崑玉。陸機、孫綽皆有漏刻銘。曹子建與楊德祖書曰：人人自謂握靈蛇之珠，家家自謂抱荆山之玉。新序，固乘曰〔六〕：珠産江、漢，玉産崑山。弘度遺篇，承天垂旨。王隱晉書曰：李充，字弘度，集有漏刻銘。沈約宋書曰：宋太祖頗好歷數，太子率更令何承天私撰新法。元嘉二十年上表，詔付外詳之。有司奏承天歷術令施行。布在方册〔七〕，無彰器用。禮記，哀公問政，子曰：文、武之道，布在方册〔八〕。左氏傳，臧僖伯曰：山林川澤之實，器用之資。譬彼春華，同夫海棗。春華言其文麗，海棗譬其無實。答賓戲曰：摛藻如春華。晏子春秋曰：齊景公謂晏子曰：東海之中有水赤，其中〔九〕有棗，華而不實，何也？晏子曰：昔者秦穆公乘舟理天下，黄布裹蒸棗，至海而掾其布破。黄布故水赤，蒸棗故華不實。公曰：吾佯問子。對曰：嬰聞佯問者佯對也。寧可以軌物字民，作範垂訓者乎？左氏傳曰：隱公將如棠觀魚，臧僖伯諫曰：君將納民於軌物者也。講事以度軌量，謂之軌；取材以章物采，謂之物。不軌不物，謂之亂政。周書，成王曰：朕不知字民之道，敬問伯父。作範垂訓，已見上文。且今之官漏，出自會稽，蕭子雲東宮雜記曰：天監六年，上造新漏，以臺舊漏給宮，漏銘云咸和七年會稽山陰令魏丕造。即會稽内史王舒所獻漏也。積水違方，導流乖則，陸機刻漏賦曰：積水不過一鍾，導流不過一筐也。六日無辨，五夜不分，淮南子曰：冬至子午，夏至卯酉。冬至加三日，則夏至之日也。歲還六日，終而復始。高誘曰：還六日，今年以子冬至，後年以午冬至。衛宏漢舊儀曰：晝夜漏起〔一〇〕，省中用火，中黄門持五夜，甲夜、乙夜、丙夜、丁夜、戊夜也。歲躔閹茂，月次姑洗。爾雅曰：太歲在戌曰閹茂。禮記曰：季春之月，律中姑洗。皇帝有天下之五載也，樂還夏諺，禮變商俗，孟子，夏諺曰：吾王不游，吾何以休？尚書曰：商俗靡靡，利口惟賢。業類補天，功均柱地。列子曰：昔女媧氏煉五色之石以補其闕，斷鼇之足以立四極。其後共工氏與顓頊争爲帝，怒而觸不周之山，折天柱，絶地維也。河海夷晏，風雲律吕。禮斗威儀曰：君乘土而王，其政太平，則河溓海夷〔一一〕。十洲記曰：天漢三年，西國王使獻靈膠四兩，吉光毛裘，受以付庫。使者曰：常占東風入律，十旬不休；青雲干吕，連月不散。意者閻浮有好道之君，我王故搜奇藴而貢神香，步天材而請猛獸，乘毛車以濟弱水，于今十三年矣。坐朝晏罷，每旦晨興，吕氏春秋曰：上稱三皇、五帝之業，以諭其意，蚤朝晏罷，以告制兵者也。尚書大傳曰：帝猶反側晨興，辟四門，來仁賢。屬傳漏之音，聽雞人之響。周禮曰：雞人掌大祭祀，夜呼旦以叫百官〔一二〕。集云：雞人二字，是沈約所改作也。以爲星火謬中，金水違用，左氏傳，張趯曰：火中，寒暑乃退。鄭玄毛詩箋曰：火星中，寒暑退。陸機漏刻銘曰：寤蟾蜍之栖月，識金水之相緣。時乖啓閉，箭異錙銖。左氏傳曰：凡分、至、啓、閉，必書雲物，爲備故也。鄭玄禮記注曰：八兩爲錙。漢書曰：二十四銖爲兩也。爰命日官，草創新器。左氏傳曰：天子有日官，諸侯有日御〔一三〕。

於是俯察旁羅，登臺升庫。周易曰：仰則觀於天文，俯以察於地理。史記曰：黃帝順天地之紀，旁羅日月星辰。左氏傳曰：公既視朔，遂登觀臺以望。而書，禮也。又曰：宋、衛、陳、鄭皆火。梓慎登大庭之庫〔一四〕以望之，曰：宋、衛、陳、鄭也。則于地四，參以天一。言壺用金而漏用水也。漢書曰：天以得一生水，地以得四生金也。建武遺蠹，咸和餘舛，司馬彪續漢書，霍融曰：四分施於建武。咸和漏刻，即上魏丕所造也。金筒方員之制，飛流吐納之規，金則壺也，而形方；筒則引水者，而形員。孫綽漏刻銘曰：乃制妙器，挈壺氏銓。累筒三階，積水成川。陸機漏刻銘曰：口納胸吐，水無滯咽。變律改經，一皆懲革。蔡邕律歷志曰：凡歷所革，以變律呂，相生至六十也。天監六年，太歲丁亥，十月丁亥朔，十六日壬寅，漏成進御。以考辰正晷，測表候陰，陸機集志議曰：考正三辰，審其所司，是談天紀綱也。測表候陰，謂土圭也〔一五〕。不謬圭撮，無乖黍累。漢書曰：夫推歷生律制器，量多少者不失圭撮，權輕重者不失黍累。應劭曰：圭，自然之形，陰陽之始也。四圭曰撮。十黍一累，十累一銖〔一六〕。又可以校運筭之睽合，辨分天之邪正，漢書曰：造漢太初歷，治歷者方士唐都、巴郡落下閎與焉〔一七〕。都分天部，而閎運算轉歷也。察四氣之盈虛，課六歷之疎密。爾雅曰：春爲發生，夏爲長嬴，秋爲收成，冬爲安寧，四氣和爲通正。漢書曰：史記有黃帝、顓頊、夏、商、周及魯歷。漢興，張蒼用顓頊歷，比於六歷，疎闊中最爲微近。又曰：淳于陵渠覆太初歷晦朔弦望，皆最密也。永世貽則，傳之無窮。赫矣煥乎，無得而稱也〔一八〕。

昔嘉量微物，盤盂小器，猶其昭德記功，載在銘典。周禮，㮚氏爲量，其銘曰：嘉量既成，以觀四國。永啓厥後，茲器惟則。七略曰：盤盂書者，其傳言孔甲爲之。孔甲，黄帝之史也，書盤盂中爲誡法，或於鼎，名曰銘。蔡邕銘論曰：德非此族，不在銘典。況入神之制，與造化合符；孫綽子曰：藝妙者以入神。造化，已見上文。論語比考讖曰：君子上達，與天合符。成物之能，與坤元等契；周易曰：乾知太始，坤作成物。又曰：至哉坤元，萬物資生。勳倍楹席，事百巾机。蔡邕銘論曰：武王踐阼，咨于太師，而作席机楹杖雜銘。又曰：黄帝有巾机之法，孔甲有盤盂之戒〔一九〕。寧可使多謝曾水，有陋昆吾，郭象莊子注曰：不可多謝堯、舜，而推之爲兄也。蔡邕銘論曰：昔召公作誥，先王賜朕鼎，出于武當曾水。呂尚作周太師而封于齊，其功銘于昆吾之野。西都賓序曰：有陋洛邑之義。金字不傳，銀書未勒者哉？崔玄山瀨鄉記曰：老子母碑：老子把持仙籙，玉簡金字，編以白銀，紀善綴惡〔二〇〕。劉人本觀書賦曰：玉牒石記，銀書金字。奥矣不窮〔二一〕，邈乎昭備。乃詔小臣爲其銘曰：集曰：銘一字至尊所改。勑書辭曰故當云銘。

一暑一寒，有明有晦。周易曰：日月運行，一寒一暑。莊子曰：消息滿虚，一晦一明，日改月化也。神道無跡，天工罕代。莊子，老聃謂孔子曰：夫神生於道，其來無迹，其去無方。尚書曰：無曠庶官，天工人其代之。乃置挈壺，是惟熙載。氣均衡石，晷正權概。呂氏春秋曰〔二二〕：仲春日夜分，鈞衡石，角斗桶，正權概。高誘曰：角平、升桶〔二三〕、權概，皆令均等也。世道交喪，禮術銷亡。莊子曰：世喪道矣，道喪世矣。世與道交相喪也。毛詩序曰：禮義消亡〔二四〕。遽遷水火，争倒衣裳。水火，已見上文。毛詩曰：東方未明，顛倒衣裳。擊刀舛次〔二五〕，聚木乖方〔二六〕。漢書曰：李廣行無部曲，不擊刁斗自衛。孟康曰：以銅作鐎，受一斗，晝炊飯食，挈持行夜。周禮挈壺氏曰：凡軍事懸壺，以序聚㰐。鄭玄曰：謂擊㰐，兩木相敲，行夜時也。爰究爰度，時惟我皇。毛詩曰：維彼四國，爰究爰度。方壺外次，圓流内襲。洪殺殊等，高卑異級。陸機漏刻賦曰：擬洪殺於漏鍾，順卑高而爲級。靈虬承注，陰蟲吐噏。孫綽漏刻銘曰：靈虬吐注，陰蟲承瀉。倏往忽來，鬼出神入。吕氏春秋曰：倏忽往來而莫知其方。淮南子曰：並應無窮，鬼出神入。微若抽繭，逝如激電。陸機漏刻賦曰：形微獨繭之絲，逝若垂天之電。耳不輟音，眼無留眄。銅史司刻，金徒抱箭。張衡漏水轉渾天儀制曰：蓋上又鑄金銅仙人，居左壺，爲胥徒居右壺，皆以左手抱箭，右手指刻，以別天時早晚。履薄非兢，臨深罔戰。授受靡僁，登降弗爽。毛詩曰：戰戰兢兢，如臨深淵，如履薄冰。衛宏漢舊儀曰：夜漏起，中黄門持五夜，相傳授。籍田賦曰：挈壺掌升降之節。惟精惟一，可法可象。尚書曰：惟精惟一，允執厥中。孝經曰：作事可法。左氏傳，北宫文子謂衛侯曰：有儀可象謂之儀。月不遁來〔二七〕，日無藏往。分以符契，至猶影響。周易曰：月往則日來。杜預左氏傳注曰：分，春秋分也；至，冬夏至也。袁彦伯三國名臣序贊曰：若合符契。尚書曰：惠迪吉，從逆凶，惟影響。合昏暮卷，蓂莢晨生。周處風土記曰：合昏，槿也，葉晨舒而昏合。田俅子曰：堯爲天子，蓂莢生於庭，爲帝成歷也。尚辨天意，猶測地情。詩汜歷樞曰：靈臺參天意。周易曰：聖人觀其所感，而天地萬物之情可見矣。況我神造，通幽洞靈。陸機漏刻賦曰：來象神造，猶鬼之變。配皇等極，爲世作程。吕氏春秋曰：後世以爲法程。高誘曰：程，度也。曹植列女傳頌曰：尚卑貴禮，來世作程。

文選考異

〔一〕注「孟春始嬴」　袁本「嬴」作「贏」，下同。案：「嬴」字是也。茶陵本亦誤「贏」，正文作「盈」，疑尚有「盈」、「嬴」異同之注而未全。

〔二〕注「掌壺以令軍井」　茶陵本「掌」下有「挈」字，是也。袁本亦脱。

〔三〕注「懸壺以哭」　案：「哭」上當有「代」字，下當有「者」字。各本皆脱。

〔四〕注「令軍中衆」　何校「衆」上添「士」字，是也。各本皆脱。

〔五〕注「鄭玄曰」下至「異晝夜漏也」　此三十二字袁本、茶陵本無。案：因已見五臣而節去，二本非，尤是也。

〔六〕注「新序固乘曰」　袁本、茶陵本無「固乘」二字。

〔七〕布在方册　袁本云善作「布在方册」。茶陵本云五臣作「有布方册」。案：各本所見皆非也。此以「有布」與下「無彰」偶句，非取禮記成文。善亦作「有布」。陟注文而傳寫誤。

〔八〕注「布在方册」　袁本、茶陵本「册」作「策」。案：此尤順正文改耳。蓋二本是而尚有「册」、「策」異同之注，否則善正文自作「策」也。

〔九〕注「有水赤其中」　袁本、茶陵本無此五字。

〔一〇〕注「晝夜漏起」　案：「晝」字不當有。各本皆衍。

〔一一〕注「則河漾海夷」袁本、茶陵本作「則河海夷晏」。案：此尤校改之也。

〔一二〕注「周禮曰」下至「以叫百官」　此十六字袁本、茶陵本無。案：因已見五臣而節去。

〔一三〕注「諸侯有日御」　袁本「御」下有「草創已見上文」六字，是也。茶陵本複出，非。尤删削，益非。

〔一四〕注「登大庭之庫」　何校「庭」下添「氏」字，是也。各本皆脱。

〔一五〕注「謂土圭也」　袁本「也」下有「已見上文」四字，是也。茶陵本複出，非。

〔一六〕注「十累一銖」　袁本、茶陵本「銖」下有「撮蠡括切」四字，是也。案：此善音，尤誤去。

〔一七〕注「巴郡落下閎與焉」　袁本、茶陵本無「巴郡」二字。

〔一八〕無得而稱也　案：「得」當作「德」。茶陵本云五臣作「得」。袁本云善作「德」。此以五臣亂善。

〔一九〕注「孔甲有盤盂之戒」　袁本、茶陵本「戒」下有「言也」二字。案：此尤校删之也。

〔二〇〕注「紀善綴惡」　袁本、茶陵本「綴」作「掇」是也。

〔二一〕注「奧矣不窮」　袁本、茶陵本「奧」作「焕」，是也。

〔二二〕注「吕氏春秋曰」　袁本「吕」上有「熙載已見上文」六字，是也。茶陵本複出，非。尤删削，益非。

〔二三〕注「角平升桶權概」　案：「升」當作「斗」。各本皆譌。

〔二四〕注「禮義消亡」　袁本、茶陵本「禮」上有「齊宣公之時」五字。案：當衍「齊」字耳。何、陳校皆改「齊」爲「衛」。

〔二五〕擊刀舛次　袁本、茶陵本「刀」作「刁」。案：注中字各本皆作「刁」。又上注引漢舊儀「擊刀斗」，袁、茶陵二本亦作「刁」。考此字本作「刀」，後人作「刁」以别之，蓋已久矣。其錯出作「刀」者，轉因譌而偶合於古耳。餘放此，不具出。

〔二六〕聚木乖方　袁本、茶陵本「聚」作「叢」。案：善引周禮「以序聚欜」爲注，是其本作「聚」。二本所載銑注則云「叢木」，是其本作「叢」。二本失著校語也。當以尤爲是矣。

〔二七〕月不遁來　茶陵本云五臣作「遁」。袁本云善作「知」。案：此尤校改也。「知」字不可通，必有誤。或亦作「遁」，與五臣無異，而尤改爲得之。或善自作「知」，而「不」字有誤。今無以考也。

誄上

王仲宣誄　并序

曹子建

建安二十二年正月二十四日戊申，魏故侍中關内侯王君卒。嗚呼哀哉！皇穹神察，喆人是恃。如何靈祇，殲我吉士？毛詩曰：彼蒼者天，殲我良人。誰謂不庸〔一〕？早世即冥。范曄後漢書，桓帝詔曰：遭家不造〔二〕，先帝早世。誰謂不傷？華繁中零。史記，華陽夫人姊説夫人曰：不以繁華時樹本。存亡分流，夭遂同期。莊子曰：雖有夭壽，相去幾何？又曰：聖也者，遂於命也。朝聞夕没，先民所思。論語曰：朝聞道，夕死可也。毛詩曰：先民有作。何用誄德？表之素旗。鄭司農周禮注曰：誄謂積累生時德行。儀禮士喪禮曰：爲銘各以其物。鄭玄曰：銘，明旌也。雜帛爲物，大夫士之所建也。以死者不可别，故以其旃旗識之。楊雄元后誄曰：著德太常，注諸旒旍。何以贈終？哀以送之。孝經曰：哀以送之。遂作誄曰：

猗歟侍中，遠祖彌芳。公高建業，佐武伐商。史記曰：魏之先畢公高，與周同姓。武王伐紂，而高封於畢也。爵同齊魯，邦祀絶亡。流裔畢萬，勳績惟光。晉獻賜封，于魏之疆。天開之祚，末胄稱王。史記曰：公高苗裔曰畢萬，事晉獻公。滅魏，封畢萬爲大夫。卜偃曰：萬，滿數也；魏，大名也。以是始賞，天開之矣。國稱陳留風俗記曰〔三〕：浚儀縣，魏之都也。魏滅〔四〕，晉獻公以魏封大夫畢萬。後世文侯初盛，至子孫稱王，是爲惠王。然以稱王，因氏焉。楚詞曰：伊伯庸之末胄也。厥姓斯氏，條分葉散。世滋芳烈，揚聲秦漢。會遭陽九，炎光中矇。漢書曰：陽九厄，日初入百六陽九。音義曰：易稱所謂陽九之厄〔五〕，百六之會者也。典引曰：蓄炎上之烈精。蔡邕曰：謂大漢之盛德也。中矇，謂遭王莽之亂也。説文曰：矇，不明也。世祖撥亂，爰建時雍。世祖，謂光武皇帝也。公羊傳曰：撥亂反正，莫近於春秋。尚書曰：黎民於變時雍。三台樹位，履道是鍾。春秋漢含孳曰：三公象五嶽，在天法三能。台、能同。周易曰：履道坦坦。寵爵之加，匪惠惟恭。自君二祖，爲光爲龍。張璠漢紀曰：王龔，字伯宗，有高名於天下，順帝時爲太尉。暢字叔茂，名在八俊，靈帝時爲司空。魏志曰：粲曾祖父龔，祖父暢，皆爲漢三公。毛詩曰：既見君子，爲龍爲光〔六〕。毛萇曰：龍，寵也。僉曰休哉，宜翼漢邦。或統太尉，或掌司空。百揆惟敍，五典克從。尚書曰：納于百揆，百揆時敍。又曰：愼徽五典，五典克從。天靜人和，皇教遐通。伊君顯考，奕葉佐時。魏志曰：粲父謙，爲大將軍何進長史。入管機密，朝政以治。張衡四愁詩序曰：久處機密。出臨朔岱，庶績咸熙。粲父無傳，其官未詳。尚書曰：庶績咸熙。

君以淑懿，繼此洪基。既有令德，材技廣宣。強記洽聞，幽讚微言。孔叢子，萇弘曰：仲尼洽聞強記，博物不窮。周易曰：幽贊於神明〔七〕而生著。論語讖曰：子夏六十人共撰仲尼微言也。文若春華，思若涌泉。春華，已見上文。東觀漢記，朱教理馬援曰：謀如涌泉，勢如轉圜。發言可詠，下筆成篇。魏志，粲善屬文，舉筆便成，無所改定，時人常以爲宿構。何道不洽？何藝不閑？棊局逞巧〔八〕，博弈惟賢。魏志曰：粲觀人圍棊，局壞，粲爲復之。棊者不信，以帊蓋局，使更以他局爲之，用相比，不誤一道。其強記默識如此。論語，子曰：不有博弈者乎？爲之猶賢乎己。皇家不造，京室隕顛。毛詩曰：閔予小子，遭家不造。宰臣專制，帝用西遷。宰臣，董卓也。帝，獻帝也。魏志曰：董卓以山東豪傑並起，恐懼不寧。初平元年二月，乃徙天子都長安。君乃羈旅，離此阻艱。翕然鳳舉，遠竄荆蠻。魏志曰：粲以西京擾亂，乃之荆州，依劉表。左氏春秋，陳敬仲曰：羇旅之臣。杜預注曰：羇，寄也；旅，客也。崔瑋七綱曰：飜然鳳舉，軒爾龍騰。毛詩曰：蠢爾蠻荆。身窮志達，居鄙行鮮。振冠南嶽，濯纓清川。盛弘之荆州記曰：襄陽城西南有徐元直宅，其西北八里方山，山北際河水，山下有王仲宣宅。故東阿王誄云：振冠南嶽，濯纓清川。集本清或爲淯，誤也。潛處蓬室，不干勢權。列子曰：北宫子庇其蓬室，若廣廈之蔭也。

我公奮鉞，耀威南楚。我公，魏太祖也。荆人或違，陳戎講武。禮記曰：乃命將帥講武習射御。君乃義發，筭我師旅。魏志曰：劉表卒，粲勸表子琮令降太祖。高尚霸功，投身帝宇。桓譚陳便宜曰：所謂霸功者，法度明正，百官修治，威令流行者也。傅幹後漢王命敘曰：世祖攘亂復帝宇。斯言既發，謀夫是與。斯言，謂琮降也。毛詩曰：謀夫孔多，是用不售〔九〕。是與伊何？響我明德。投戈編鄀若，稽顙漢北。漢書，南郡有編鄀縣〔一〇〕。我公實嘉，表揚京國。金龜紫綬，以彰勳則。魏志曰：太祖辟粲爲丞相掾，賜爵關内侯。漢舊儀曰：列侯黄金龜鈕。又曰：金印紫綬。勳則伊何？勞謙靡已。周易曰：勞謙君子有終吉。憂世忘家，殊略卓峙。史記，穰苴曰：將命之日〔一一〕，則忘其家。趙岐孟子章指曰：憂國忘家。乃署祭酒，與君行止〔一二〕。魏志曰：後遷軍謀祭酒。周易曰：時止則止，時行則行。筭無遺策，畫無失理。孟子曰：計及下者無遺策。東觀漢記，魯恭上疏曰：舉無遺策，動不失其中。

我王建國，百司雋乂。周禮曰：維王建國。尚書曰：俊乂在官。君以顯舉，秉機省闥。戴蟬珥貂，朱衣皓帶。魏志曰：魏國建，拜粲侍中。蔡邕獨斷曰：侍中常侍皆冠惠文，加貂附蟬也。入侍帷幄，出擁華蓋。劉歆遂初賦曰：奉華蓋於帝側。榮曜當世，芳風晻藹。漢書曰：韋玄成繼父相位，封侯，榮當世焉。禰衡顔子碑曰：秀不實，振芳風也。嗟彼東夷，東夷謂吳。憑江阻湖。騷擾邊境，勞我師徒。光光戎路，霆駭風徂。君侍華轂，輝輝王塗。漢書，劉向上封事曰：今王氏一姓，乘朱輪華轂者二十三人。蔡邕劉寬碑曰：統艾三事，以清王塗也。思榮懷附，望彼來威。言仲宣思念寵榮，志在懷附異類，望彼吳國畏威而來也。漢書曰：王尊懷來徼外，蠻夷歸附其威信也。如何不濟，運極命衰，寢疾彌留，吉往凶歸。嗚呼哀哉！魏志曰：建安二十一年，從征吳。二十二年春，道病卒。尚書，王曰：病日臻，既彌留。翩翩孤嗣，號慟崩摧。蔡邕袁成碑曰：呱呱孤嗣，含哀長慟。發軫北魏，遠迄南淮。經歷山河，泣涕如頹。楚辭曰：登山長望中心悲，怨彼青青泣如頹。哀風興感，行雲徘徊。游魚失浪，歸鳥忘栖。嗚呼哀哉！

吾與夫子，義貫丹青。丹、青，二色名，言不渝也。好和琴瑟，分過友生。毛詩曰：妻子好合，如鼓瑟琴。又曰：矧伊人矣，不求友生。庶幾遐年，攜手同征。如何奄忽，棄我夙零！感昔宴會，志各高厲。予戲夫子，金石難弊。人命靡常，吉凶異制。毛詩曰：天命靡常。春秋保乾圖曰：利害同門，吉凶異域。此驩之人，孰先殞越？左氏傳，齊侯曰：小白恐殞越于下。何寤夫子，果乃先逝！又論死生，存亡數度。春秋考異郵曰：吉凶有數，存亡有象。子猶懷疑，求之明據。儻獨有靈，游魂泰素。列子曰：泰素者，質之始也。我將假翼，飄颻高舉。超登景雲，要子天路。孝經援神契曰：德至山陵則景雲出。西京賦曰：美往昔之喬、松，要羨門乎天路。

喪柩既臻，將反魏京。靈轜迴軌，白驥悲鳴。說文曰：轜，喪車也。李陵詩曰：轅馬顧悲鳴，五步一彷徨。虛廓無見，藏景蔽形。孰云仲宣，不聞其聲？梁商誄曰：孰云忠侯，不聞其音？延首歎息，雨泣交頸。嗟乎夫子！永安幽冥。人誰不没？達士徇名。莊子曰：小人徇財，君子徇名〔三〕，天下皆然，不獨一人也。生榮死哀，亦孔之榮。嗚呼哀哉！論語，子貢曰：夫子其生也榮，其死也哀。

文選考異

〔一〕誰謂不庸　何校「庸」改「痛」。陳云「庸」，「痛」誤。袁本、茶陵本作「痛」，云善作「庸」。案：「庸」字不可通，蓋各本所見皆傳寫誤。

〔二〕注「遭家不造」　袁本、茶陵本「遭家」作「少遭」。案：此尤所校改也。

〔三〕注「國稱陳留風俗記曰」　何校「國」改「圈」，陳同，是也。各本皆譌。

〔四〕注「魏滅」　袁本、茶陵本無此二字。

〔五〕注「易稱所謂陽九之厄」　案：「稱」當作「傳」。各本皆誤。

〔六〕注「魏志曰粲」下至「爲龍爲光」　此二十七字袁本、茶陵本無。案：因已見五臣而節去。

〔七〕注「幽贊於神明」　袁本、茶陵本「贊」作「讚」，是也。

〔八〕綦局逞巧　案：「綦」當作「碁」，注中字可證。五臣作「棋」。袁、茶陵二本正文及其所載銑注如此。尤改「棋」爲「碁」而誤成「綦」字。

〔九〕注「是用不售」　案：「售」當作「集」。各本皆譌。

〔一〇〕注「南郡有編鄀縣」　袁本、茶陵本「縣」下有「音義曰編音鞭鄀音若」九字。案：此真善音，正文下「若」字五臣音也。尤誤删此存彼。

〔一一〕注「將命之日」　袁本、茶陵本「將」下有「受」字，是也。

〔一二〕與君行止　袁本、茶陵本「君」作「軍」，是也。此尤本誤字。

〔一三〕注「小人徇財君子徇名」　袁本作「胥士之徇名小人之徇財」，茶陵本與此同。案：此尤改也。

楊荆州誄　并序

潘安仁

維咸寧元年，王隱晉書：咸寧，武帝年號。夏四月乙丑，晉故折衝將軍荆州刺史東武戴侯滎陽楊史君〔一〕薨。嗚呼哀哉！楊肇，已見懷舊賦。夫天子建國，諸侯立家。左氏傳，師服曰：吾聞國家之立也，天子建國，諸侯立家。是以人服事其上，而下無覬覦也。選賢與能，政是以和。禮記曰：選賢與能，講信修睦。周賴尚父，殷憑太阿。太阿，阿衡，謂伊尹也。毛詩曰：惟師尚父，時惟鷹揚。又曰：實維阿衡，實左右商王〔二〕。矯矯楊侯，晉之爪牙。毛詩曰：矯矯武臣。又曰：予王之爪牙。忠節克明，茂績惟嘉。尚書曰：予懋乃德，嘉乃丕績。將宏王略，肅清荒遐。降年不永，玄首未華。尚書曰：降年有永有不永。范曄後漢書，樊准上疏曰：故朝多皤皤之良，華首之老。銜恨沒世，命也奈何。嗚呼哀哉！范曄後漢書，東海王彊上疏曰：銜恨黃泉。論語，子曰：君子疾沒世而名不稱焉。自古在昔，有生必死。法言曰：有生者必有死，有始者必有終，自然之道也。身沒名垂，先哲所韙。東征賦曰：唯令德爲不朽，身既沒而名猶存也。行以號彰，德以述美。周禮曰：謚者〔三〕行之迹，號者功之表也。蔡邕郭有道碑曰：德音猶存，亦賴之見述也。敢託旒旗，爰作斯誄。旒旗，已見上文。其辭曰：

邈矣遠祖，系自有周。昭穆繁昌，枝庶分流。族始伯喬，氏出楊侯。漢書曰：楊雄其先出自有周伯喬者，以支庶食菜於晉之楊，因氏焉。不知伯喬與周何别也。楊在河、汾之間。周衰而楊氏或稱侯，號曰楊侯。奕世丕顯，允迪大猷。尚書曰：公稱丕顯德。毛詩曰：秩秩大猷，聖人莫之。天猒漢德，龍戰未分。左氏傳曰：天而既猒周德矣。周易曰：龍戰于野，其血玄黃。伊君祖考，方事之殷。左氏傳曰：鄢陵之戰，楚子使工尹襄問郤至以弓，曰：方事之殷，有韎韋而跗注者〔四〕，君子也。杜預云：殷，盛也。鳥則擇木，臣亦簡君。左氏傳，仲尼曰：鳥則擇木。家語，孔子曰：君擇臣而任之，臣亦擇君而事之。投心魏朝〔五〕，策名委身。左氏傳，狐突曰：策名委質，貳乃辟也。奮躍淵塗，跨騰風雲。答賓戲曰：振拔洿塗，跨騰風雲。或統驍騎，或據領軍。潘岳楊肇碑序曰：肇驍騎府君之嫡孫，領軍肅侯之嗣子。賈弼之山公表注曰：楊恪，字仲義，驍騎將軍。生暨，字休先，領軍將軍。

篤生戴侯，茂德繼期。纂戎洪緒，克構堂基。毛詩曰：纂戎祖考。尚書曰：若考作室，子弗肯堂，矧肯構。弱冠味道，無競惟時。弱冠，已見上文。桓譚答楊雄書曰：子雲勤味道腴。毛詩曰：無競惟烈。孝實蒸蒸，友亦怡怡。尚書曰：克諧以孝，蒸蒸乂，弗格姦。怡怡，已見上文。多才豐藝，強記洽聞。尚書，周公曰：不若旦多才多藝。洽聞強記，已見上文。目睇毫末，心筭無垠。慎子曰：離朱之明，察秋毫之末。答賓戲曰：研、桑心計於無垠。草隸兼善，尺牘必珍。漢書曰：陳遵善書，與人尺牘，主皆藏去，以爲榮也。足不輟行，手不釋文。翰動若飛，紙落如雲。學優則仕，乃從王政。論語，子夏曰：仕而優則學，學而優則仕。左氏傳，子產謂子皮曰：僑聞學而後入政，未聞以政學者也。散璞發輝，臨軹止作令。肇碑曰：嘉平初除軹令。漢書，河內郡有軹縣。化行邑里，惠洽百姓。越登司官，肅我朝命。肇碑曰：肇遷治書侍御史。惟此大理，國之憲章。肇碑曰：肇兼統大理之任。漢書曰：廷尉，秦官，掌刑辟。景帝中六年，更名大理。君莅其任，視民如傷。左氏傳，逢滑曰：國之興也，視人如傷。庶獄明慎，刑辟端詳。尚書，周公曰：庶獄庶慎。聽參皋呂，稱侔于張。尚書，帝曰：咎繇，蠻夷猾夏，寇賊姦宄，汝作士，惟明克允。又，序曰：呂命穆王訓夏贖刑，作呂刑。漢書曰：于定國爲廷尉，其決疑平法，務在哀鰥寡，罪從輕，朝廷稱之。又曰：張釋之爲廷尉，周亞夫見釋之持議平，乃結爲親友。繇此天下稱之。改授農政，于彼野王。肇碑曰：除野王典農中郎將。魏略曰：典農中郎將，太祖置，秩比二千石。漢書，河内郡野王縣。倉盈庾億，國富兵彊。毛詩曰：我倉既盈，我庾惟億。新序曰：孫叔敖相楚，國富兵彊。

煌煌文后，鴻漸晉室。君以兼資，參戎作弼。肇碑曰：文后歷數在躬爲參軍。周易曰：鴻漸于陸，其羽可用爲儀。漢書，華陰守丞嘉上疏曰：朱雲兼資文武。用錫土宇，膺兹顯秩。青社白茅，亦朱其紱。肇碑曰：五等初建，封東武子。毛詩曰：錫爾土宇歸章〔六〕。尚書緯曰：天子社，東方青，南方赤，西方白，北方黑，上冒以黄土。將封諸侯，各取方土，苴以白茅，以爲社。毛萇詩傳曰：諸侯赤黻。黻與紱古今字，同。魏氏順天，聖皇受終。魏志曰：陳留王奉皇帝璽綬策，禪位于晉嗣王。周易曰：湯、武革命，順乎天。尚書曰：正月上日，受終于文祖。烈烈楊侯，實統禁戎。肇碑曰：皇祖之始，典戎武衛。司管閶闔，清我帝宫。晉宫閣銘曰〔七〕：洛陽城閶闔門。漢書曰：東牟侯興居先清宫。應劭曰：天子行幸所至，先案行清静殿中，以虞非常。苛慝不作，穆如和風。國語，内史過曰：神亦往焉，觀其苛慝〔八〕。毛詩曰：穆如清風。謂督勤勞，班命彌崇。肇碑曰：以清宫勳勞，進封東武伯。説文曰：督，察也。

茫茫海岱，玄化未周。毛詩曰：洪水茫茫。尚書曰：海、岱及淮惟徐州。蔡邕陳留太守頌曰：玄化洽矣。滔滔江漢，疆埸分流。毛詩曰：滔滔江、漢，南國之紀。尚書曰：江、漢朝宗于海。孔安國曰：二水經此州而入海也。秉文兼武，時惟楊侯。既守東莞官，乃牧荆州。肇碑曰：領東莞相，荆州刺史。漢書：琅邪有東莞，屬徐州也。折衝萬里，對揚王休。肇碑曰：加折衝將軍。晏子春秋，孔子曰：不出樽俎之間，而折衝千里之外，晏子之謂也。毛詩曰：虎拜稽首，對揚王休。聞善若驚，疾惡如讎。國語，楚藍尹亹謂子西曰：夫闔廬聞一善言若驚，得一士若賞。謝承後漢書曰：張儉清絜中正，疾惡若讎。示威示德，以伐以柔。左氏傳，倉葛曰：德以柔中國，刑以威四夷。又曰：伐叛，刑也；柔服，德也。二者立矣。吳夷凶侈，僞師畏逼〔九〕。將乘讎釁，席卷南極。班固高紀述，乘釁而運，席卷三秦。繼褰糧盡，神謀不忒。楊肇伐吳而敗，已見辨亡論下。君子之過，引曲推直。如彼日月，有時則食。左氏傳曰：晉師歸，桓子請死，晉侯欲許之。士貞子諫曰：夫其敗也，如日月之食焉，何損於明。負執其咎，功讓其力。毛詩曰：誰敢執其咎。亦既旋斾，爲法受黜。左氏傳，孔子曰：趙宣子，古之良大夫也，爲法受惡。退守丘塋，杜門不出。漢書曰：王陵杜門不朝請。游目典墳，縱心儒術。祁祁搢紳，升堂入室。毛詩曰：采蘩祁祁。封禪書曰：雜搢紳先王之略術。論語，子曰：由也升堂矣，未入於室也。靡事不咨，無疑不質。毛萇詩傳曰：訪問於善爲咨，咨事爲諏。漢書曰：張竦居貧，好事者從之質疑問事。位貶道行，身窮志逸。毛詩曰：我位孔貶。毛萇傳曰：貶，墜也。論語，子曰：道之將行也與？命也。弗慮弗圖，乃寢乃疾。毛詩曰：昊天疾威，弗慮弗圖。楚辭曰：寢疾而日愁。昊天不弔，景命其卒。嗚呼哀哉！毛詩曰：不弔昊天。蔡邕楊公誄曰：功成化洽，景命有順〔一〇〕。

子囊佐楚，遺言城郢。史魚諫衛，以尸顯政。左氏傳曰：楚子囊還自吳，卒。將死，遺言謂子庚，必城郢。君子謂：子囊忠，君薨不忘增其名，將死不忘衛社稷，可不謂忠乎！韓詩外傳曰：昔衛大夫史魚病且死，謂其子曰：我數言蘧伯玉之賢而不能進，彌子瑕不肖而不能退，死不當居喪正堂，殯我於室足矣。衛君問其故，子以父言聞。君召蘧伯玉而貴之，子瑕退之，徙殯於正堂也。伊君臨終，不忘忠敬。寢伏牀蓐，念在朝廷。朝達厥辭，夕殞其命。聖王嗟悼〔一〕，寵贈衮襚。誄德策勳，考終定謚。肇碑曰：肇薨，天子愍焉，遣謁者祠以少牢，謚曰戴侯。漢書曰：列侯薨，大行奏謚誄策。應劭曰：賜與謚及哀策誄文也。羣辟慟懷，邦族揮淚。孤嗣在疚，寮屬含悴。毛詩曰：煢煢在疚。赴者同哀，路人增欷。嗚呼哀哉！

余以頑蔽，覆露重陰。國語，張老謂趙文子曰：先王覆露子也〔二〕。韋昭曰：露，潤也。仰追先考，執友之心。禮記曰：見父之執，不謂之進不敢進，不謂之退不敢退。俯感知己，識達之深。晏子春秋，越石父曰：士者，申乎知己也。承諱怮怛，涕淚霑襟。楚辭曰：泣歔欷而沾襟。豈忘載奔，憂病是沈。在疚不省，於亡不臨。舉聲增慟，哀有餘音。嗚呼哀哉！

文選考異

〔一〕滎陽楊史君　袁本、茶陵本「史」作「使」。案：此似善「史」、五臣「使」不同。二本失著校語也。

〔二〕注「實左右商王」　袁本、茶陵本無「實」字。案：此尤所校添也。二十八將論、運命論，褚淵碑文注引皆無，不與今毛詩同，添之未是。
〔三〕注「周禮曰謚者」　袁本、茶陵本「禮」作「書」，是也。
〔四〕注「有靺韋而跗注者」　何校「而」改「之」，去「者」字，是也。各本皆誤。
〔五〕投心魏朝　茶陵本「魏」作「外」，云五臣作「魏」。袁本云善作「外」。案：此尤校改，以五臣亂善。
〔六〕注「錫爾土宇歸章」　案：「錫」字不當有，「歸」當作「昄」。各本皆誤。
〔七〕注「晉宮閣銘曰」　案：「銘」當作「名」。各本皆誤。後宣貴妃誄引同。
〔八〕注「神亦往焉觀其苛慝」　袁本、茶陵本「亦往焉」作「人」。案：此尤校改之也。
〔九〕僞師畏逼　何校「師」改「帥」。陳云此謂步闡也。「帥」乃廟諱，似不應用。案：所説是也。「帥」字別體作「帥」，因致譌耳。他書亦往往相混。
〔一〇〕注「景命有順」　何校「順」改「傾」，陳同，是也。各本皆譌。
〔一一〕聖王嗟悼　袁本云善作「王」。茶陵本云五臣作「主」。陳云作「主」爲是。案：「王」蓋傳寫誤。
〔一二〕注「先王覆露子也」　陳云「王」，「主」誤，是也。各本皆譌。

楊仲武誄 并序

潘安仁

楊綏〔一〕，字仲武，滎陽宛陵人也。中領軍肅侯之曾孫，荆州刺史戴侯之孫，肅侯，楊暨也。戴侯，楊肇也。並已見上文。東武康侯之子也。康侯，楊潭也。八歲喪父。其母鄭氏，光禄勳密陵成侯之元女，賈弼之山公表注曰：鄭袤爲司空、密陵元侯，生默。爲光禄勳密陵成侯。默女適滎陽楊潭，潭生仲武。成侯或爲元侯，誤也。漢書音義，服虔曰：元，長也。操行甚高，恤養幼孤，以保乂夫家，而免諸艱難。尚書，周公曰：巫咸保乂王家。戴侯康侯多所論著，又善草隸之藝。子以妙年之秀，曹子建自試表曰：終軍以妙年使越。固能綜覽義旨，而軌式模範矣。雖舅氏隆盛，而孤貧守約，心安陋巷，體服菲薄，余甚奇之。論語，子曰：回也在陋巷，人不堪其憂。又曰：禹菲飲食。馬融曰：菲，薄也。若乃清才儁茂，盛德日新，周易曰：日新之謂盛德。吾見其進，未見其已也。論語，子謂顔淵曰：吾見其進也，未見其止也。既藉三葉世親之恩，而子之姑，余之伉儷焉。左氏傳曰：已不能庇其伉儷而亡之，又不能字人之孤而殺之，將何以終？遂誓施氏〔二〕。往歲卒於德宫里。陸機洛陽記曰：德宫，里名也。喪服同次〔三〕，綢繆累月，苟人必有心，此亦款誠之至也。不幸短命，論語，孔子對哀公曰：有顔回者，不幸短命死矣。春秋二十九，元康九年夏五月己亥卒。嗚呼哀哉！乃作誄曰：

伊子之先，奕葉熙隆。惟祖惟曾，載揚休風。顯考康侯，無禄早終。左氏傳，子産曰：公孫段無禄早世，不獲久享君德。名器雖光，勳業未融。篤生吾子，誕茂淑姿。克岐克嶷，知章知微。毛詩曰：克岐克嶷，以就口食。周易曰：君子知微知章。鉤深探賾，味道研機。周易曰：探賾索隱，鉤深致遠。又曰：夫易，聖人之所以極深而研機也。匪直也人，邦家之輝。毛詩曰：匪直也人，秉心塞淵。又曰：樂只君子，邦家之光。子之遘閔，曾未齔髫。鄭玄周禮注曰：齔，毁齒也。埤蒼曰：髫，髦也。如彼危根，當此衝猋〔四〕。德之休明，靡幽不喬。言德之休明，無有處幽而不遷喬也。左氏傳，王孫滿曰：德之休明。毛詩曰：出自幽谷，遷于喬木。弱冠流芳，儁聲清劭。爾舅惟榮，爾宗惟瘁。幼秉殊操，違豐安匱。撰録先訓，俾無隕墜。舊文新藝，罔不必肄。潘楊之穆，有自來矣。矧乃今日，慎終如始。老子曰：慎終如始，則無敗事。爾休爾戚，如實在己。新序曰：晉襄公之孫周，爲晉國休戚，不倍本也。視予猶父，不得猶子。論語曰：顏回死，門人欲厚葬之。子曰：回也視予猶父也，予不得視猶子也。敬亦既篤，愛亦既深。雖殊其年，實同厥心。日昃景西，望子朝陰。如何短折，背世湮沈。嗚呼哀哉！尚書曰：六極一曰凶短折。孔安國曰：短未六十，折未三十也。

寢疾彌留，守兹孝友。彌留，已見上文。毛詩傳曰：善父母爲孝，善兄弟爲友。臨命忘身，顧戀慈母。哀哀慈母，痛心疾首。毛詩曰：哀哀父母，生我劬勞。左氏傳，吕相絶秦曰：諸侯痛心疾首，暱就寡人。嗷嗷同生，悽悽諸舅。莊子曰：我嗷嗷隨而哭之。春蘭擢莖，方茂其華。荆寶挺璞，將剖于和。含芳委耀，毁璧摧柯。言德業之美，類於蘭玉。始含芳而積耀，遽毁璧而摧柯，言早夭也。太玄經曰：破璧毁珪，逢不幸也。嗚呼仲武，痛哉奈何！德宫之艱，同次外寢。惟我與爾，對筵接枕。自時迄今，曾未盈稔。姑姪繼隕，何痛斯甚。嗚呼哀哉！

披帙散書，屢覩遺文。有造有寫，或草或真。執玩周復，想見其人。紙勞于手，涕沾于巾。張衡四愁詩曰：側身北望涕沾巾。龜筮既襲，埏隧既開。尚書曰：乃卜三龜，一習吉。又曰：卜不襲吉。孔安國曰：襲，因也。聲類曰：埏，墓隧也。痛矣楊子！與世長乖。朝濟洛川，夕次山隈。歸鳥頡頏，行雲徘徊。毛詩曰：燕燕于飛，頡之頏之。臨穴永訣，撫櫬盡哀。毛詩曰：臨其穴，惴惴其慄。杜預左氏傳注曰：櫬，棺也。遺形莫紹，增慟余懷。魂兮往矣，梁木實摧。嗚呼哀哉！往矣，已見上文。禮記曰：孔子早作，負手曳杖，逍遥於門，歌曰：泰山其頽乎！梁木其壞乎！鄭玄曰：太山，衆山所仰；梁木，衆木所放也。

文選考異

〔一〕楊綏　袁本、茶陵本「綏」作「經」，是也。此尤本誤字，何、陳校皆改「經」。

〔二〕注「將何以終遂誓施氏」　袁本、茶陵本無此八字。

〔三〕喪服同次　茶陵本「同」作「周」，云五臣作「同」。袁本云善作「周」。案：此尤校改，以五臣亂善。

〔四〕當此衝焱　案：「焱」當作「猋」。各本所見皆非。

文選卷第五十七

誄下　哀上

誄下

夏侯常侍誄　并序

潘安仁

夏侯湛，字孝若，譙人也〔一〕。少知名，弱冠辟太尉府〔二〕，臧榮緒晉書曰：湛早有名譽，爲太尉掾。賢良方正徵，仍爲太子舍人〔三〕，尚書郎，野王令，臧榮緒晉書曰：湛舉賢良，對策，拜郎中，進補太子舍人，轉尚書郎，出宰野王令。漢書曰：何武賢良方正徵也。中書郎，南陽相。臧榮緒晉書曰：

湛除中書侍郎，出補南陽相。又曰：秦王柬，武帝第三子也，初封南陽王，後徙封秦王。家艱乞還。毛詩曰：未堪家多難，余又集于蓼。頃之，選爲太子僕，未就命而世祖崩。世祖，武皇帝也。穀梁傳曰：高曰崩，厚曰崩，尊曰崩。天子之崩以尊也。其崩何？以在人上，故曰崩。天子以爲散騎常侍，從班列也。天子，惠帝也。春秋四十有九，元康元年夏五月壬辰，寢疾卒于延喜里第。嗚呼哀哉！乃作誄曰：

禹錫玄珪，實曰文命。尚書曰：禹錫玄圭，告厥成功。又曰：文命敷于四海。史記曰：夏禹名曰文命。克明克聖，光啓夏政。尚書曰：居上克明。又曰：克齊聖廣淵。左氏傳，宋向戌曰：以偪陽光啓寡君。其在于漢，邁勳惟嬰。漢書曰：夏侯嬰爲太僕，常奉車從擊項籍。思弘儒業，小大雙名。班固漢書述曰：世宗曄曄，思弘祖業。漢書曰：夏侯勝，字長公，少好學，從夏侯始昌受尚書。又曰：勝從父兄子建，字長卿，自師事勝。又曰：由是尚書有大、小夏侯之學。顯祖曜德，牧兖及荆。王隱晉書曰：夏侯威，字季權，歷荆、兖二州刺史。史記，祭公謀父曰：先王曜德不觀兵。父守淮岱，治亦有聲。王隱晉書曰：威次子莊，淮南太守。毛詩曰：文王有聲。英英夫子，灼灼其儁。飛辯摛藻，華繁玉振。孔融薦禰衡表曰：飛辯騁辭。班固答賓戲曰：摛藻如春華。孟子曰：集大成也者，金聲而玉振。如彼隨和，發彩流潤。淮南子曰：隨侯之珠，和氏之璧，得之而富，失之而貧。禮記，孔子曰：夫玉温潤而澤仁也。如彼錦績，列素點絢。論語，子夏問曰：巧笑倩兮，美目盼兮，素以爲絢兮。何謂也？子曰：繢事後素。鄭玄曰，繢，畫文也。人見其表，莫測其裏。尚書大傳，孔子謂子夏曰：子見其表，未見其裏。法言曰：或問聖人表裏，曰：威儀文辭，表也；德行忠信，裏也。徒謂吾生，文勝則史。論語，子曰：文勝質則史。心照神交，唯我與子。莊子，子綦曰：其寐也魂交。論語，子謂顔回曰：唯我與爾有是夫！且歷少長，逮觀終始。孝經曰：夫孝始於事親，中於事君，終於立身。子之承親，孝齊閔參。漢書，武帝詔曰：孝子順孫，願自竭以承其親。論語，子曰：孝哉閔子騫！禮記，公明儀問曾子曰：夫子可以爲孝乎？曾子曰：君子之所謂孝者，先意承志，諭父母於道。參直養者，安能爲孝乎？子之友悌，和如瑟琴。毛詩曰：妻子好合，如鼓瑟琴。事君直道，與朋信心。論語，柳下惠曰：直道而事人。又，子夏曰：與朋友交，言而有信。雖實唱高，猶賞爾音。宋玉對問曰：曲彌高者，其和彌寡。曹植求自試表曰：或有賞音而識道。

弱冠厲翼，羽儀初升。禮記曰：人生二十曰弱冠〔四〕。吕氏春秋曰：征鳥厲疾。周易曰：鴻漸于陸，其羽可用爲儀。公弓既招，皇輿乃徵。左氏傳，陳敬仲曰：詩曰，翹翹車乘，招我以弓。范曄後漢書曰：侯瑾州郡累召公車，有道徵也。内贊兩宫，外宰黎蒸。典引曰：巡靖黎蒸。忠節允著，清風載興。胡廣書曰：建鴻德，流清風。泱央彼樂都，寵子惟王。左氏傳，延陵季子曰：泱泱乎大風也哉！南都賦曰：於顯樂都。設官建輔，妙簡邦良。用取喉舌，相爾南陽。尚書，帝曰：龍，命汝作納言。孔安國曰：納言，喉舌之官。毛詩曰：出納王命，王之喉舌。惠訓不倦，視民如傷。左氏傳，祁奚曰：惠訓不倦，叔向有焉。又，逢滑曰：國之興也，視之如傷〔五〕。乃眷北顧，辭禄延喜。孟子注，德厚受禄，德薄辭禄也。余亦偃息，無事明時。吕氏春秋，田贊曰：偃息之義，則未之識。疇昔之遊，二紀于兹。左氏傳，羊斟曰：疇昔之羊，子爲政。孔安國尚書傳曰：十二年曰紀。班白攜手，何歡如之！禮記曰：班白者不提挈。毛詩曰：惠而好我，攜手同行。居吾語汝，衆寶勝寡。論語，子曰：由，居，吾語汝。慎子曰：衆之勝寡，必也。人惡雋異，俗疵文雅。孔安國尚書傳曰：疵，病也。大戴禮曰：天子不知文雅之辭，少師之任。執戟疲楊，長沙投賈。曹子建楊德祖書曰〔六〕：楊子雲，先朝執戟之臣耳。漢書曰：賈誼爲長沙王太傅。誼既以謫去，意不自得。無謂爾高，恥居物下。子乃洗然，變色易容。史記曰：觀范雎之見王者，羣臣莫不洒然變色易容者。慨焉嘆曰：道固不同。論語，子曰：道不同，不相爲謀。爲仁由己，匪我求蒙。論語，顔淵問仁，孔子曰：克己復禮爲仁。爲仁由己，而由人乎哉？周易曰：童蒙求我，匪我求童蒙。誰毁誰譽？何去何從？論語，孔子曰：吾之於人，誰毁誰譽？楚辭曰：此孰吉孰凶？何去何從？莫涅匪緇〔七〕，莫磨匪磷。論語，子曰：不曰堅乎？磨而不磷；不曰白乎？涅而不淄。予獨正色，居屈志申。尚書曰：正色率下。雖不爾以，猶致其身。論語，周公謂魯公曰：不使大臣，怨乎不以。又，子夏曰：事君能致其身。獻替盡規，媚兹一人。國語，史黯謂趙簡子曰：夫事君者：諫過而賞善，薦可而替否，獻能而進賢。毛詩曰：媚兹一人，應侯順德。讜言忠謀，世祖是嘉。漢書，成帝曰：久不見班生，今日復聞讜言。聲類曰：讜，善言也。將僕儲皇，奉轡承華。漢書曰：太子家有僕。上林賦曰：孫叔奉轡。漢舊儀有承華廄。先朝末命，聖列顯加。尚書曰：道揚末命。入侍帝闈〔八〕，出光厥家。我聞積善，神降之吉。周易曰：積善之家，必有餘慶。左氏傳，季梁曰：於是乎民和而神降之福。宜享遐紀，長保天秩。尚書曰：天秩有禮，自我五禮，有庸哉！如何斯人，而有斯疾。論語，伯牛有疾，子曰：斯人也，而有斯疾也。曾未知命，中年隕卒。嗚呼哀哉！論語，子曰：五十而知天命。中年，猶中身也。尚書曰：文王受命惟中身。

唯爾之存，匪爵而貴。孫卿子曰：君子無爵而貴，無禄而富。甘食美服，重珍兼味。臧榮緒晉書曰：湛族爲盛門，性頗豪侈，甘食美服，窮滋極珍。臨終遺誓，永錫爾類。毛詩曰：孝子不匱，永錫爾類。斂以時襲，殯不簡器。臧榮緒晉書曰：湛將没，遺命小棺薄斂，不修封樹。禮記曰：延陵季子適齊，長子死，其斂以時服。漢書曰：衣襌複爲襲。誰能拔俗，生盡其養？孰是養生，而薄其葬？漢書曰：楊王孫家業千金，厚自奉，養生亡所不致。及病且終，曰：吾欲臝葬。淮南子曰：節財薄葬，簡服生焉。淵哉若人！縱心條暢。班固楊雄述曰：淵哉若人！實好斯文。傑操明達，困而彌亮。柩輅既祖，容體長歸。周禮，小喪供柩輅。鄭玄曰：柩輅，載柩車也。周禮曰：喪祝掌大喪，祖，飾棺，乃載。鄭玄曰：祖爲行始也。家語曰：顓孫師有容體資質。存亡永訣，逝者不追。鄭玄毛詩箋云：往㫖，訣别之辭。論語，子在川上曰：逝者如斯夫！望子舊車，覽爾遺衣。愊抑失聲，迸涕交揮。禮記曰：内人行哭失聲。家語，公父文伯卒，敬姜曰：二三婦，無揮涕。蔡邕陳仲弓碑曰：巖藪知名，失聲揮涕。非子爲慟，吾慟爲誰？嗚呼哀哉！論語曰：顔淵死，子哭之慟。從者曰：子慟矣！子曰：非夫人之爲慟而誰爲〔九〕？

日往月來，暑退寒襲。周易曰：日往則月來，月往則日來；寒往則暑來，暑往則寒來。左氏傳，張趯曰：火中，寒暑乃退。孔安國尚書傳曰：襲，因也。零露沾凝，勁風凄急。慘爾其傷，念我良執。禮記曰：見父之執，不謂之進不敢進，不謂之退不敢退。適子素館，撫孤相泣。毛詩曰：適子之館兮。撫孤，羊舌氏叔向也，已見廣絶交論。前思未弭，後感仍集。賈逵國語注曰：弭，忘也。積悲滿懷，逝矣安及！嗚呼哀哉！

文選考異

〔一〕譙人也　袁本、茶陵本「譙」下有「國譙」二字，是也。此尤本脱。

〔二〕辟太尉府　何校「府」下添「掾」字，陳同。案：此非也。袁本云善無「掾」字。茶陵本失著校語，何、陳誤依之。

〔三〕仍爲太子舍人　袁本、茶陵本無「仍」字，是也。此尤本衍。

〔四〕注「禮記曰人生二十曰弱冠」　袁本、茶陵本無此十字。案：此即尤誤取增多者。

〔五〕注「視之如傷」　袁本「之」作「民」，是也。茶陵本亦誤「之」。

〔六〕注「曹子建楊德祖書曰」　何校「楊」上添「與」字，陳同，是也。各本皆脱。

〔七〕莫涅匪緇　案：「緇」當作「淄」，注引論語作「淄」，可證。後漢書皇后紀論「遂忘淄蠹」，章懷注云「淄，黑也」。座右銘「在涅貴不淄」注亦引「涅而不淄」，「淄」、「緇」同字耳，不知者誤改之也。袁本并善注改爲「緇」字，大誤。

〔八〕入侍帝闈　袁本、茶陵本「闈」作「闥」。案：此無以考也。

〔九〕注「而誰爲」　袁本、茶陵本「爲」下有「慟乎」二字。案：此尤校删之也。

馬汧督誄 并序

臧榮緒晉書曰：汧督馬敦，立功孤城，爲州司所枉，死於囹圄，岳誄之。

潘安仁

惟元康七年秋九月十五日，晉故督守關中侯扶風馬君卒。嗚呼哀哉！初，雍部之内屬，羌反未弭，而編户之氏又肆逆焉。傅暢晉諸公讃曰：惠帝元康五年，武庫火。北地盧水胡、蘭羌〔一〕因此爲亂，推齊萬年爲主。杜預左氏傳注曰：弭，息也。漢書，呂后曰：諸將與帝爲編户民。雖王旅致討，終於殄滅，毛詩曰：王旅嘽嘽。而蜂蠆有毒，驟失小利，左氏傳，臧文仲曰：君無謂邾小。蜂蠆有毒，況國乎？俾百姓流亡，頻於塗炭。毛詩曰：人卒流亡。尚書曰：有夏昏德，民墜塗炭。建威喪元於好畤，州伯宵遁乎大谿。王隱晉書曰：解系爲雍州刺史。又曰：朝廷以周處忠烈，欲遣討氐，乃拜爲建威將軍。又曰：周處、解系與賊戰于六陌，軍敗，周處死之。孟子曰：勇士不忘喪其元。左氏傳曰：秦師夜遁。若夫偏師裨將之殞首覆軍者，蓋以十數；左氏傳，韓子曰：彘以偏師陷〔二〕，子罪大矣！漢書曰：大將軍霍去病裨將侯者九人。漢書，谷永上書曰：齊客隕首公門，以報恩施。史記，齊使人説越曰：韓之攻楚，覆其軍，殺其將。剖符專城，紆青拖墨之司，奔走失其守者，相望於境。東觀漢記，韋彪上議曰：二千石皆以選出京師，剖符典千里。古樂府日出東南隅曰〔三〕：三十侍中郎，四十專城居。解嘲曰：紆青拖紫，朱丹其轂。漢書，比六百石以上，銅印墨綬。云剖符專城，則青墨是也。墨或爲紫，非。秦隴之僭，鞏更爲魁，鞏，姓也，更，名也。漢書曰：羌煎鞏降。東觀漢記曰：羌什長鞏便。然更蓋其種也〔四〕。尚書曰：殲厥渠魁。既已襲汧而館其縣。左氏傳曰：凡師輕曰襲。杜預曰：掩其不備。子以眇爾之身，介乎重圍之裏；率寡弱之衆，據十雉之城。十雉，言小也。羣氐如蝟毛而起，四面雨射城中。城中鑿穴而處，負户而汲。漢書，賈誼曰：高帝功臣，反者如蝟毛而起。東觀漢記曰：上入昆陽，二公環昆陽城積弩射城，矢如雨下，城中負户而汲。木石將盡，樵蘇乏竭，芻蕘罄絶。漢書，李左車曰：樵蘇後爨，師不宿飽。晉灼曰：樵，取薪也；蘇，取草也。毛詩曰：詢于芻蕘。毛萇曰：芻蕘，薪采者也。於是乎發梁棟而用之，罥的以鐵鏁機關，既縱礌而又升焉。言以鐵鏁繫木爲機關，既縱之以礌敵，而又收上焉。漢書曰：匈奴乘隅下礌石〔五〕。又曰：高城深塹具藺石。如淳曰：藺石，城上礌石也〔六〕。杜篤論都賦曰：一卒舉礌，千夫沈滯。然礌與礨並同〔七〕，力對切。爨陳焦之麥，柿孚廢梠呂桷角之松。説文曰：柿，削柿也。梠，楣也〔八〕。桷，榱也。用能薪芻不匱，人畜取給，青煙傍起，歷馬長鳴。古詩曰：朱火然其中，青煙颺其間。司馬彪莊子注曰：皂，歷也。凶醜駭而疑懼，乃闕掘地而攻。子命穴浚塹，寘壺鐳雷瓶甀武以偵恥令之。

墨子曰：若城外穿地來攻者，宜於城内掘井以薄城，幕甖内井〔九〕，使聰耳者伏罌而聽，審知穴處，鑿内迎之。東觀漢記曰：使先登偵之，言虜欲去。然偵，廉視也。方言曰：甒，罌也。將穿，響作，内焚穬古猛火薰之，潛氏殲焉。崔寔四民月令曰：四月可糴穬。注曰：大麥之無皮毛者曰穬。潛氏，謂潛攻之氐也。久之，安西之救至，竟免虎口之厄，王隱晉書曰：齊萬年帥羌胡圍涇陽。遣安西將軍夏侯駿西討氐、羌。莊子，孔子曰：丘幾不免虎口哉。全數百萬石之積，文契書於幕府。漢書音義曰：衛青征匈奴，大克獲，帝就拜大將軍於幕中府〔一〇〕，因曰幕府。

聖朝疇咨，進以顯秩，殊以幢蓋之制。幢蓋，將軍刺史之儀也。兵書曰：軍主長服赤幢。東觀漢記曰：段熲爲并州刺史，曲蓋朱旗。而州之有司，乃以私隸數口，穀十斛，考訊吏兵，以檟楚之辭連之。禮記曰：夏楚二物，以收其威。鄭玄曰：夏，槄也；楚，荆也。夏與檟古今字通。大將軍屢抗其疏，干寶晉紀曰：梁王肜〔一一〕爲征西大將軍。曰：「敦固守孤城，獨當羣寇，管子曰：民無恥，不可以固守。以少禦衆，載離寒暑，莊子曰：晉之善戰者牛丑，以寡擊衆。臨危奮節，保穀全城。而雍州從事，忌敦勳効，極推小疵，周易曰：悔吝者，言乎其小疵也。非所以褒獎元功。宜解敦禁劾何戴〔一二〕假授。」言請解禁劾而假授之以官也。説文曰：劾，法有罪也。詔書遽許，而子固已下獄發憤而卒也。朝廷聞而傷之，策書曰：「皇帝咨故督守關中侯馬敦，忠勇果毅，率厲有方，固守孤城，危逼獲濟。寵秩未加，不幸喪亡，朕用悼焉。今追贈牙門將軍印綬，祠以少牢。」王隱晉書，贈馬敦詔曰：今追贈牙門將軍印綬，祠以少牢。魂而有靈，嘉茲寵榮。范曄後漢書曰：和帝追謚梁竦詔曰：魂而有靈，嘉斯寵榮。然絜士之聞穢，其庸致思乎？言絜士之聞已穢，其庸致思以求生乎？家語曰：孔子登於豐山而嘆曰：於斯致思，無不至矣。若乃下吏之肆其噤害，則皆妬之徒也。楚辭曰：口噤閉而不言。然則口不言〔一三〕，心害之爲噤害也。廣雅曰：妬，害也。嗟乎！妬之欺善，抑亦貿首之讎也。言嫉妬之徒，欺此善士，抑亦同彼貿首之讎也。戰國策，甘茂謂楚王曰：魏氏聽〔一四〕甘茂與樗里疾貿首之讎也。語曰：「或戒其子，慎無爲善。」言固可以若是，悲夫！淮南子曰：人有嫁其子而教之曰：爾行矣！慎無爲善。曰：不爲善，將爲不善邪？應之曰：善且猶弗爲，況不善乎？此全其天器者也。高誘曰：器，猶性也。

昔乘丘之戰，縣玄賁奔父甫御魯莊公，馬驚敗績。賁父曰：「他日未嘗敗績，而今敗績，是無勇也。」遂死之。圉人浴馬，有流矢在白肉。公曰：「非其罪也。」乃誅之。禮記曰：魯莊公及宋人戰于乘丘，縣賁父御。馬驚敗績，公墜。縣賁父曰：他日不敗績，而今敗績，是無勇也。遂死之。圉人浴馬，有流矢在白肉。公曰：非其罪也。遂誅之。士之有誄，自此始也。鄭玄曰：白肉，股裏。漢明帝時，有司馬叔持者，白日於都市手劍父讎，視死如歸。亦命史臣班固而爲之誄。公羊傳曰：仇牧聞宋萬殺君，手劍而叱之。何休曰：手劍，持拔劍也。呂氏春秋，管子曰：三軍之士，視死如歸。然則忠孝義烈之流，慷慨非命而死者，綴辭之士，未之或遺也。班固漢書贊曰：自孔子後，綴文之士衆矣。天子既已策而贈之，微臣託乎舊史之末，敢闕其文哉？乃作誄曰：

知人未易，人未易知。史記曰：侯嬴曰：人固未易知，知人亦未易。嗟兹馬生，位末名卑。西戎猾夏，乃奮其奇。尚書曰：蠻夷猾夏。孔安國曰：猾，亂也。保此汧城，救我邊危。彼邊奚危？城小粟富。子以眇身，而裁其守。兵無加衛，墉不增築。婪婪羣狄，豺虎競逐。左氏傳，富辰諫王曰：狄固貪惏，王又啓之。說文曰：杜林說卜者黨相詐驗爲婪，力南切。漢書張耳陳餘述曰：據國争權，還爲豺虎。又曰：魏其、武安之屬，競逐於京師。翬更恣睢，潛跱官寺。吕氏春秋曰：在上無道，倨傲荒惡，恣睢自用也。楚辭曰：意恣睢以指摘。史記，李斯曰：獨行恣睢之心〔一五〕。漢書，任横攻官寺。東觀漢記曰：象林蠻夷攻燔官寺。齊萬虓呼交闞呼檻，震驚台司。毛詩曰：進厥虎臣，闞如虓虎。又曰：震驚徐方。春秋漢含孳曰：三公在天法三台。聲勢沸騰，種落煽扇熾。謝承後漢書曰：匈奴詣張奂降，聲勢猛烈。毛詩曰：百川沸騰。風俗通曰：諸羌種落熾盛，大爲邊害。旍旗電舒，戈矛林植。彤珠星流，飛矢雨集。彤珠星流，謂冶鐵以灌敵。司馬兵法曰〔一六〕：火攻有五，斯爲一焉。漢書曰：鑪中鐵銷，散如流星。矢如雨，見上文。惴惴士女，號天以泣。爾雅曰：惴惴，懼也。尚書曰：號泣於旻天。爨麥而炊，負户以汲。累卵之危，倒懸之急。說苑曰：晉靈公造九層臺，孫息聞之，求見曰：臣能累十二博棊，加九雞子其上。公曰：子作之。孫息以棊子置下，加九雞子其上。公曰：危哉！孟子曰：當今之時，萬乘之國行仁政，人悦之，猶解倒懸。馬生爰發，在險彌亮。毛詩曰：賦政于外，四方爰發。精冠白日〔一七〕，猛烈秋霜。戰國策，康睢曰〔一八〕：聶政之刺韓傀也，白虹貫日。申鑒曰：人主怒如秋霜。稜威可厲，懦夫克壯。漢書，武帝報李廣曰：威稜憺乎隣國。孟子曰：聞伯夷之風者，懦夫有立志。毛詩曰：克壯其猷。霑恩撫循，寒士挾纊。左氏傳曰：楚子伐蕭，申公巫臣曰：師人多寒，王巡三軍，拊而勉之，三軍之士，皆如挾纊。蠢蠢犬羊，阻衆陵寡。漢名臣奏曰：太尉應劭等議〔一九〕，以爲鮮卑隔在漢北，犬羊爲羣。韓詩外傳曰：強不陵弱，衆不暴寡。潛隧密攻，九地之下。司馬兵法曰：善守者藏於九地之下，善攻者動於九天之上。愜愜窮城，氣若無假。王逸楚辭曰〔二〇〕：愜愜小息，畏罹患禍者也。魏明帝善哉行曰：假氣游魂，鳥魚爲伍。昔命懸天，今也惟馬。論衡曰：夫命懸於天，吉凶存於時。惟此馬生，才博智贍。解嘲曰：雖其人之贍智哉。字書曰：贍，足也。偵恥命以瓶壺，剜靈結以長壍。徐爰射雉賦注曰：剜，割也。説文曰：壍，坑也，七豔切。銛未見鋒，火以起焰。薰尸滿窟，棓穴以斂〔二一〕。廣雅曰：棓，棰也〔二二〕，蒲溝切。木石匱竭，其稈空虛。瞯然馬生，傲若有餘。左氏傳，晉邊吏讓鄭曰：今執事撊然，授兵登埤。杜預曰：撊然，勁忿貌也。撊與瞯同，下板切。孔融薦禰衡表曰：臨敵有餘。罵的梁爲礧，柿廢松爲芻。守不乏械，歷有鳴駒。哀哀建威，身伏斧質。鄭玄周禮注曰：質，木椹也。悠悠烈將〔二三〕，覆軍喪器。戎釋我徒，顯誅我帥。以生易死，疇克不二。漢書，公孫玃説梁王曰：昔宋人立公子突以活其君，非義也。春秋記之，爲其以生易死，以存易亡。聖朝西顧，關右震惶。分我汧庾，化爲寇糧。實賴夫子，思謩模〔二四〕彌長。蔡邕趙歷碑曰：加以思謀深長，達於從政。孔安國尚書傳曰：謩，謀也。咸使有勇，致命知方。論語，子路曰：千乘之國，攝乎大國之間，加之以師旅，因之以饑饉，由也爲之，比及三年，可使有勇，且知方也。又，子張曰：士見危致命。

我雖末學，聞之前典。莊子曰：末學，古之人有之。東京賦曰：所謂末學膚受。十世宥能，表墓旌善。左氏傳曰：宣子囚叔向，祁奚聞之而見宣子曰：夫謀而鮮過，叔向有焉，社稷之固也。猶將十世宥之，以勸能者。今一不免其身，以棄社稷，不亦惑乎！尚書曰：封比干之墓。賈逵國語注曰：旌，表也。思人愛樹，甘棠不翦〔二五〕。左氏傳，君子曰：詩云：蔽芾甘棠，勿翦勿伐，召伯所茇。思其人，猶愛其樹也。矧乃吾子，功深疑淺。兩造未具，儲隸蓋鮮。尚書曰：兩造具備，師聽五辭。孔安國曰：兩，謂囚證也。造，至也。兩至具備，衆聽其入五刑之辭。孰是勳庸，而不獲免？猾哉部司，其心反側。斲善害能，醜正惡直。鄭玄毛詩箋曰：惡直醜正。牧人逶迤，自公退食。國語，里革曰：且夫君也者，將牧人而正其邪。毛詩曰：逶迤逶迤，自公退食。毛萇詩傳曰：逶迤，行可蹤迹也。聞穢鷹揚，曾不戢翼。言聞穢必殞，若鷹之揚，若不戢翼而少留也〔二六〕。毛詩曰：惟師尚父，時惟鷹揚。又曰：鴛鴦在梁，戢其左翼。忘爾大勞，猜爾小利。方言曰：猜，恨也。苟莫開懷，于何不至？言人不開懷以相容，則瑕釁于何而不至？慨慨馬生，琅琅高致〔二七〕。説文曰：慷慨，壯士不得志也。廣雅曰：琅琅，堅也〔二八〕。發憤囹圄，没而猶眡。嗚呼哀哉！左氏傳曰：荀偃伐齊，卒，視不可唅。欒懷曰：主苟終，所不嗣事于齊，有如河。乃瞑受唅。安平出奇，破齊克完。史記曰：田單者，齊諸田疏屬也。燕破齊，田單東保即墨。燕引兵圍即墨。田單乃收城中得千餘牛，爲絳繒衣，畫以五采龍文，束兵刃其角，而灌脂束葦於尾，燒其端。鑿城數十穴。夜縱牛，壯士五千人隨其後。牛尾熱，怒而奔燕。燕軍夜大驚。尾炬火光明炫燿，燕軍視之，皆龍文，所觸盡死傷。五千人因銜枚擊之，燕軍大敗駭走。齊人遂夷殺其將騎劫。而齊七十餘城皆復爲齊。襄王封田單，號曰安平君。太史公曰：兵善者出奇無窮。張孟運籌，危趙獲安。戰國策曰：智伯從韓、魏兵以攻趙，圍晉陽，決晉水以灌之。襄子謂張孟談曰：士大夫病，吾不能守矣。孟談於是陰見韓、魏之君曰：今智伯率二君而伐趙，趙亡則君次之。二君曰：我知其然。即與張孟談陰約三軍與之期曰：夜遣人入晉陽。趙氏殺守隄之吏，而决水灌智伯，智伯軍救水而亂，韓、魏翼而擊之，襄子將卒犯其前，大敗智氏軍而擒智伯。智伯身死國亡，地分爲三。漢書，高祖曰：運籌策於帷幄之中。汧人賴子，猶彼談單。如何吝嫉，搖之筆端？吝嫉，謂有司貪吝嫉妬也。論衡曰：文吏搖筆，考跡民事。韓詩外傳曰：避文士之筆端。傾倉可賞，矧云私粟？狄隸可頒，況曰家僕？周禮有蠻隸、夷隸。鄭玄曰：征蠻夷所獲也。頒，賦也。頒與班古字通。剔子雙龜，貫以三木。爲督守及關中侯，故雙龜也。司馬遷答任少卿書曰：魏其，大將也，衣赭關三木。功存汧城，身死汧獄。凡爾同圍，心焉摧剥。扶老攜幼，街號巷哭。嗚呼哀哉！戰國策曰：薛人扶老攜幼迎孟嘗君。劉縚聖賢本紀曰：子産卒，國人哭於巷，婦人泣於機。

明明天子，旌以殊恩。毛詩曰：明明天子，令聞不已。光光寵贈，乃牙其門。司勳頒爵，亦兆後昆。周禮曰：凡有功者，祭于大烝，司勳詔之。尚書曰：垂裕後昆。死而有靈，庶慰冤魂。嗚呼哀哉！

文選考異

〔一〕注「蘭羌」 案：「蘭」上當有「馬」字。關中詩注引有。各本皆脱。今晉書惠帝紀亦可證也。

〔二〕注「彘以偏師陷」 案：「彘」下當有「子」字。各本皆脱。

〔三〕注「日出東南隅曰」 陳云「隅」下脱「行」字，是也。各本皆脱。

〔四〕注「羌什長鞏便然更蓋其種也」 案：「便」當作「俀」，「更」當作「叟」。各本皆誤。善意謂「叟」即「俀」字也，或尚有「俀」、「叟」異同之語而不全。若作「便」、「更」則不相通。又案：以此推之，正文及上注二「更」字皆「叟」之誤。後誄「鞏更恣睢」亦然。

〔五〕注「下礌石」 茶陵本「礌」作「壘」。袁本作「礧」。案：「壘」字是也。此所引李陵傳文。

〔六〕注「城上礌石也」 袁本、茶陵本「礌」作「礧」。案：各本皆非，當作「雷」。此所引晁錯傳注文。

〔七〕注「然礌與礧並同」 案：「礧」當作「壘雷」二字。各本皆誤。

〔八〕注「梠楣也」 袁本「梠」上有「孚廢切又曰」五字，「也」下有「又曰」二字，是也。茶陵本與此同，非。

〔九〕注「幕罳内井」 袁本、茶陵本無此四字。

〔一〇〕注「於幕中府」 袁本、茶陵本無「府」字，是也。

〔一一〕注「梁王彤」 陳云「彤」，「肜」誤，是也。各本皆譌。又案：關中詩注與此同，亦譌也。

〔一二〕注「何戴」 袁本、茶陵本作「何戴切」三字，在注末，是也。

〔一三〕注「然則口不言」 案：「則」字不當有。各本皆衍。

〔一四〕注「甘茂謂楚王曰魏氏聽」 袁本、茶陵本無此九字。

〔一五〕注「獨行怨睢之心」 案：「怨」當作「恣」。各本皆譌。

〔一六〕注「司馬兵法曰」 陳云「曰」字衍，是也。各本皆衍。

〔一七〕精冠白日 袁本、茶陵本「冠」作「貫」，是也。此尤本誤字。

〔一八〕注「康睢曰」 陳云「康」，「唐」誤，是也。各本皆譌。

〔一九〕注「太尉應劭等議」 何校「尉」下增「掾」字。陳云脱「掾」字，見後安陸昭王碑，是也。各本皆脱。

〔二〇〕注「王逸楚辭曰」 陳云「辭」下脱「注」字，是也。各本皆脱。

〔二一〕棓穴以斂 袁本、茶陵本「棓」作「掊」，注同，是也。此尤本誤字。

〔二二〕注「棰也」 袁本、茶陵本「棰」作「捶」，是也。

〔二三〕悠悠烈將 何校「烈」改「列」，陳同。各本皆非。

〔二四〕注「模」 袁本、茶陵本作「音模」二字，在注末，是也。

〔二五〕甘棠不翦　袁本、茶陵本「不」作「勿」。案：此無以考之。

〔二六〕注「若不戢翼而少留也」　案：「若」字不當有。各本皆衍。

〔二七〕琅琅高致　袁本、茶陵本作「硠硠」，注同，是也。此尤本誤。

〔二八〕注「堅也」　袁本、茶陵本「也」下有「力唐切」三字，是也。

陽給事誄　并序

沈約宋書曰：永初三年，索虜嗣白率衆至方城。虜悉力攻滑臺，城東北崩壞，王景度出奔，景度司馬陽瓚堅守不動，衆潰，抗節不降，爲虜所殺。少帝追贈給事中。尚書令傅亮議瓚家在彭城，宜即以入臺絹一百匹，粟三百斛賜給。文士顏延年〔一〕爲之誄焉。

顏延年

惟永初三年十一月十一日，宋故寧遠司馬、濮陽太守彭城陽君卒。嗚呼哀哉！沈約宋書曰：高祖即位，改元曰永初。郡國記有東郡、濮陽郡。 瓚少稟志節，資性忠果，奉上以誠，率下有方。朝嘉其能，故授以邊事。永初之末，佐守滑臺。東郡圖經曰：滑臺城，即鄭之廩延。 值國禍荐臻，王略中否。潘岳陽肇誄曰：將宏王略。 獯虜間釁，劘摩〔二〕剥司兖；沈約宋書曰：司州，漢之司隸校尉也。武帝北平關、洛，置司州，居虎牢。又曰：兖州，後漢居山陽，武帝平河南，居滑臺。 幽并騎弩，屯逼鞏洛。物理論曰：幽州之騎，冀州之弓，勁悍之上。列營緣戍，相望屠潰。關中詩曰：列營基跱〔三〕。屠，謂誅殺其人也。漢書曰：攻潁川，屠之。左氏傳曰：凡民逃其上曰潰。瓚奮其猛鋭，志不違難，立乎將卒之間，以緝華裔之衆。緝，會聚也。左氏傳，孔子曰：裔不謀夏，夷不亂華。罷困相保，堅守四旬，上下力屈，受陷勍寇。史記，李左車謂韓信曰：情見力屈，欲戰不拔。左氏傳，公子魚曰：勍敵之人，隘而不成列。杜預曰：勍，强也。士師奔擾，棄軍争免。而瓚誓命沈城，佻達彫身飛鏃，毛詩曰：佻佻公子。毛萇傳曰：獨行貌也。兵盡器竭，斃于旗下。非夫貞壯之氣，勇烈之志，豈能臨敵引義，以死徇節者哉！非有先生論曰：引義以正身。景平之元，朝廷聞而傷之，有詔曰：「故寧遠司馬、濮陽太守陽瓚，滑臺之逼，厲誠固守，投命徇節，在危無撓，左氏傳曰：師徒撓敗。杜預曰：撓，敗也〔四〕。古之烈士，無以加之。可贈給事中，振卹遺孤，以慰存亡。」鄭玄禮記注曰：振，收也。追寵既彰，人知慕節，河汴之間，有義風矣。逮元嘉廓祚，聖神紀物，光昭茂緒，旌録舊勳，苟有概於貞孝者，實事感於仁明。東觀漢記曰：章帝壯而仁明。末臣蒙固，側聞至訓，敢詢諸前典，而爲之誄。其辭曰：

貞不常祐，義有必甄。鄭玄尚書緯注曰：甄，表也。處父勤君，怨在登賢。左氏傳曰：晉蒐于夷，舍二軍，使狐射姑將中軍，趙盾佐之。陽處父至自温，改蒐于董，易中軍。陽子，成季之屬也，故黨于趙氏，且謂趙盾能，曰：使能，國之利也。賈季怨陽子之易其班。杜預曰：本中軍帥，易以爲佐也。使續鞫居殺陽處父〔五〕。穀梁傳曰：晉將與狄戰，使狐夜姑爲中軍將，盾佐之〔六〕。陽處父曰：不可，古者君之使臣也，使仁者佐賢者，不使賢者佐仁者。今盾賢，夜姑仁，其不可。襄公曰：諾。公謂夜姑曰：吾使汝佐盾矣。處父主境上之事，夜姑使人殺之。苫夷致果，題子行間。左氏傳曰：苫越生子，將待事而名之。陽州之役獲焉，名之曰陽州。杜預曰：苫夷也〔七〕。說文曰：題，名也。漢書，衛青曰：非臣待罪行間之意。忠壯之烈，宜自爾先。舊勳雖廢〔八〕，邑氏遂傳。左氏傳，呂相絶秦曰：我襄公未忘君之舊勳。又，衆仲曰：胙之以土而命之氏，邑亦如之。杜預曰：取其舊邑之稱以爲族也。公羊傳曰：其稱劉何？以邑氏。惟邑及氏，自温徂陽。左氏傳，劉子、單子謂晉郤至曰：襄王勞文公而賜之温，狐氏、陽氏先處之。狐續既降，晉族弗昌。言狐射姑、續鞫居誅處父之後，在晉之族不復昌盛也。左氏傳曰：賈季使續鞫居殺陽處父。杜預曰：狐射姑，賈季也。之子之生，立績宋皇。毛詩曰：之子于征。拳猛沈毅，温敏肅良。管子曰：子之鄉有拳勇秀出者。毛萇詩傳曰：拳，力也。戰國策，鞠武曰：田光先生者，其知深，其慮沈〔九〕。如彼竹栢，負雪懷霜。孫子曰：貞人在冬則松竹，在火則玉英。如彼騑駟，配服驂衡。服，服馬也；衡，車衡也〔一〇〕。言翼贊宋朝，如彼騑之爲駟。乃配服而參衡也。服謂中央兩馬，夾轅者在服之左曰驂，右曰騑，四馬曰駟。

邊兵喪律，王略未恢。周易曰：師出以律，失律凶也。廣雅曰：略，法也。函陝堙阻，瀍洛蒿萊。朔馬東騖，胡風南埃。毌丘儉在幽州詩曰：芒山邈悠悠，但見胡地埃。路無歸轊，野有委骸。漢書，王恢曰：轊車相望。又，高祖令曰：士卒從軍死者，爲櫘，歸其縣。應劭曰：櫘，小棺也。服虔曰：轊與槽古字通。司馬彪續漢書，順帝詔曰：死則委尸原野。帝圖斯艱，簡兵授才。寔命陽子，佐師危臺。憬彼危臺，在滑之垌。周衛是交；鄭翟是争。交，黨與也。毛詩曰：憬彼淮夷。史記，鄭入滑，滑聽命，已而反與衛，於是鄭伐滑。周襄王使伯犕請滑，鄭文公不聽襄王請而囚伯犕。王怒，與翟伐鄭，不尅。昔惟華國，今實邊亭。憑巘結關，負河縈城。金柝夜擊，和門晝扃。金，謂刁斗也。衛宏漢舊儀曰：晝漏盡，夜漏起，城門擊刁斗，周廬擊木柝。周禮曰：大閲以旌爲左右和之門。范曄後漢書，章帝詔〔一〕：永平之末，城門晝閉。説文曰：扃，外閉之關也。料敵厭難，時惟陽生。楊子雲趙充國頌曰：料敵制勝。唐子曰：將要於折衝猒難決勝而已。

涼冬氣勁，塞外草衰。李陵答蘇武書云：涼秋九月，塞外草衰。逷矣獯虜，乘障犯威。尚書，王曰：逷矣西土之人。漢書曰：上遣狄山乘障。蒼頡曰〔二〕：障，小城也。鳴驥横厲，霜鏑高翬。漢書曰：息夫躬絶命辭曰：鷹隼横厲。又曰：冒頓乃作爲鳴鏑。音義曰：箭鏑也。西京賦曰：游鷮高翬。薛綜曰：翬，猶飛也。軼我河縣，俘我洛畿。左氏傳，吕相曰：迭我殽地，入我河縣，俘我王官。迭與軼古字通。攢鋒成林，投鞍爲圍。東京賦曰：戈矛若林。漢書，韓安國曰：高皇帝圍於平城，匈奴至者投鞍，高如城者數所。翳翳窮壘，噭噭羣悲。師老變形，地孤援闊。左氏傳，晉軍吏曰：楚師老矣。卒無半菽，馬實拑巨炎秣。漢書，項羽曰：歲飢民貧，卒食半菽。公羊傳曰：楚莊王圍宋，子反窺宋城，見華元。華元曰：易子而食，析骸而炊。子反曰：吾聞圍者拑馬而秣之，使肥者應客，何子之情？何休曰：以木銜其口。守未焚衝，攻已濡褐。左氏傳曰：公侵齊，攻廩丘之郛，主人焚衝，或濡馬褐以救之。烈烈陽子，在困彌達。周易曰：困窮而通。勉慰痍傷，拊巡饑渴。左氏傳曰：子反令軍吏察夷傷。杜預曰：夷，亦傷也。力雖可窮，氣不可奪。禮記曰：儒者身可危也，而志不可奪也。孫子兵法曰：三軍可奪氣，將軍可奪心。義立邊疆，身終鋒栝。嗚呼哀哉！劉熙釋名曰：矢末曰栝。

賁父殞節，魯人是志。汧督効貞，晉策攸記。賁父、汧督，已見上文。皇上嘉悼，思存寵異。于以贈之，言登給事。毛詩曰：何以贈之？路車乘黃。疏爵紀庸，恤孤表嗣。漢書，滕公謂楚令尹曰：黥布上疏，爵而貴之。疏，分也〔三〕。嗟爾義士，没有餘喜。嗚呼哀哉！

文選考異

〔一〕注「文士顔延年」 袁本「文」上有「後文帝立命」五字，茶陵本無。案：此節注袁并善入五臣，茶陵并五臣入善，皆非其舊。

〔二〕注「摩」 袁本、茶陵本無此字，注末有「劘與摩音義同」六字。案：有者是也。尤删移，非。

〔三〕注「列營基跱」 案：「基」當作「棊」，各本皆譌。

〔四〕注「撓敗也」 案：「敗」當作「曲」，各本皆誤。所引在成二年。

〔五〕注「左氏傳曰」下至「殺陽處父」 袁本、茶陵本無此八十八字，何校去。陳云别本無之爲是。

案：此即尤誤取增多者。

〔六〕注「盾佐之」　袁本、茶陵本「盾」上有「趙」字，是也。

〔七〕注「苦夷也」　袁本、茶陵本「苦」下有「越苦」二字，是也。

〔八〕舊勳雖廢　茶陵本「廢」作「發」，云五臣作「廢」。袁本云善作「發」。案：此尤校改正之也。「發」但傳寫誤。

〔九〕注「其知深其慮沈」　袁本、茶陵本此六字作「其勇沈也」四字。

〔一〇〕注「服服馬也衡車衡也」　袁本、茶陵本無此八字。案：無者最是。此尤誤取增多。

〔一一〕注「章帝詔」　袁本、茶陵本「詔」下有「曰」字，是也。

〔一二〕注「蒼頡曰」　何校「頡」下添「篇」字，陳同。各本皆脱。

〔一三〕注「疏分也」　袁本、茶陵本無此三字。

陶徵士誄　并序

顔延年

何法盛晉中興書曰：延之爲始安郡，道經尋陽，常飲淵明舍，自晨達昏。及淵明卒，延之爲誄，極其思致。

夫璿玉致美，不爲池隍之寶；山海經曰：升山，黄酸之水出焉，其中多琁玉。説文曰：璇〔一〕，亦璿字。桂椒信芳，而非園林之實。春秋運斗樞曰：椒桂連，名士起。宋均曰：桂椒芬香，美物也。山海經曰：招摇之山多桂。又曰：琴鼓之山多椒。豈其深而好遠哉？蓋云殊性而已。故無足而至者，物之藉也；言物以希爲貴也。藉，資藉也。韓詩外傳曰：晉平公游於河而樂，曰：安得賢士與之樂此也？舡人蓋胥跪而對曰：夫珠出於江海，玉出於崑山，無足而至者，由主君之好也。上有足而不至者，蓋君主無好士之意也。何患無士乎〔一〕！隨踵而立者，人之薄也。言人以衆爲賤也。薄，賤薄也。戰國策，齊宣王曰：百世一聖，若隨踵而生也。此亦不以文而害意。若乃巢高之抗行，夷皓之峻節，皇甫謐逸士傳曰：巢父者，堯時隱人也。莊子曰：堯治天下，伯成子高立爲諸侯。堯授舜，舜授禹，伯成子高棄爲諸侯而耕。史記曰：伯夷、叔齊，孤竹君之子也，隱於首陽山。三輔三代舊事曰：四皓，秦時爲博士，辟於上洛熊耳山西。禰衡書曰：訓夷、皓之風。故已父老堯禹，錙銖周漢，范曄後漢書曰：郅惲謂鄭敬曰：子從我爲伊、吕乎？將爲巢、許乎？而父老堯、舜乎？禮記，孔子曰：儒有上不臣天子，下不事諸侯，雖分國如錙銖，有如此者。鄭玄曰：雖分國以禄之，視之輕如錙銖矣。而緜世浸遠，光靈不屬，東觀漢記曰：上賜東平王蒼書曰：歲月騖過，山陵浸遠。今魯國孔氏尚有仲尼車輿冠履，明德盛者光靈遠也。至使菁華隱没，芳流歇絶，不其惜乎！雖今之作者，人自爲量，論語，子曰：作者七人。而首路同塵，輟塗殊軌者多矣。老子曰：和其光而同其塵。陸機俠邪行曰：將遂殊塗軌，要子同歸津。豈所以昭末景，汎餘波！陸機詩曰：惆悵懷平素，豈樂于兹同；豈宴棲末景〔二〕，游豫躡餘蹤。尚書曰：餘波入于流沙。

有晉徵士尋陽陶淵明，南岳之幽居者也。禮記曰：儒有幽居而不淫。弱不好弄，長實素心。左氏傳，郤芮對秦伯曰：夷吾弱不好弄，長亦不改。禮記曰：有哀素之心。鄭玄曰：凡物無飾曰素。學非稱師，文取指達。在衆不失其寡，處言愈見其默。少而貧病，居無僕妾。范曄後漢書曰：黄香家貧，内無僕妾。井臼弗任，藜菽不給。列女傳曰：周南大夫之妻謂其夫曰：親探井臼〔四〕，不擇妻而娶。母老子幼，就養勤匱。禮記曰：事親左右，就養無方。遠惟田生致親之議，追悟毛子捧檄之懷。韓詩外傳曰：齊宣王謂田過曰：吾聞儒者親喪三年，君之與父孰重？田過對曰：殆不如父重。王忿曰：則曷爲去親而事君？田對曰〔五〕：非君之土地，無以處吾親；非君之禄，無以養吾親；非君之爵，無以尊顯吾親；受之於君，致之於親。凡事君者亦爲親也〔六〕。宣王悒然無以應之。范曄後漢書曰：廬江毛義，字少卿。家貧，以孝稱。南陽人張奉慕其名，往候之。坐定而府檄適到，以義守令。義捧檄而入，喜動顔色。奉者志尚之士，心賤之，自恨來，固辭而去。及義母死，去官行服。數辟公府，爲縣令，進退必以禮。後舉賢良，公車徵，遂不至。張奉歎曰：賢者固不可測，往日之喜，爲親屈也。初辭州府三命，後爲彭澤令。道不偶物，棄官從好。孫盛晉陽秋曰：嵇康性不偶俗。論語，子曰：從吾所好。遂乃解體世紛，結志區外，左氏傳，季文子曰：四方諸侯，其誰不解體！嵇康幽憤詩曰：世務紛紜。蔡伯喈郭林宗碑曰：翔區外以舒翼。定迹深棲，於是乎遠。灌畦鬻蔬，爲供魚菽之祭；閑居賦曰：灌園鬻蔬，供朝夕之膳。公羊傳，齊大夫陳乞曰：常之母有魚菽之祭。織絢劭〔七〕緯蕭，以充糧粒之費。穀梁傳曰：甯喜出奔晉，織絢邯鄲，終身不言衛。鄭玄儀禮注曰：絢，狀如刀，衣履頭也。莊子曰：河上有家貧恃緯蕭而食者。司馬彪曰：蕭，蒿也。織蒿爲薄。心好異書，性樂酒德，劉劭集有酒德頌〔八〕。簡棄煩促，就成省曠。張茂先答何劭詩曰：恬曠苦不足，煩促每有餘。殆所謂國爵屏貴，家人忘貧者與？莊子曰：夫孝悌仁義，忠信貞廉，此皆自勉以役其德者也，不足多也。故曰：至貴，國爵屏焉；至富，國財屏焉。是以道不渝。郭象曰：屏者，除棄之謂也。夫貴在其身猶忘之，況國爵乎！斯貴之至也。莊子曰：故聖人，其窮也使家人忘貧；其達也使王公忘爵禄而化卑。郭象曰：淡然無欲，家人不識貧可苦。有詔徵爲著作郎，稱疾不到。春秋若干，元嘉四年月日，卒于尋陽縣之某里。近識悲悼，遠士傷情。冥默福應，嗚呼淑貞！張衡靈憲圖注曰：寂寞冥默，不可爲象。

夫實以誄華，名由謚高，苟允德義，貴賤何筭焉？若其寬樂令終之美，好廉克己之操，有合謚典，無愆前志。故詢諸友好，宜謚曰靖節徵士。謚法曰：寬樂令終曰靖，好廉自克曰節。其辭曰：

物尚孤生，人固介立。漢書音義，臣瓚曰：介，特也。豈伊時遘，曷云世及？嗟乎若士！望古遥集。韜此洪族，蔑彼名級。葛龔遂初賦曰：承豢龍之洪族，貺高陽之休基。史記曰：賜爵一級。説文曰：級，次弟也。睦親之行，至自非敦。周禮，二曰六行：孝、友、睦、姻、任、恤。鄭玄曰：睦親於九族。然諾之信，重於布言。漢書曰：季布，楚人也。諺曰：得黄金百斤〔九〕，不如得季布一諾。廉深簡絜，貞夷粹温。和而能峻，博而不繁。論語，子曰：和而不同。家語，子貢曰：博而不舉，是曾參之行。依世尚同，詭時則異。有一於此，兩非默置。豈若夫子，因心違事？言爲人之道，依俗而行，必譏之以尚同；詭違於時，必譏之以好異；有一於身，必被譏論，非爲默置。豈若夫子因心而能違於世事乎？言不同不異也。莊子曰：列士懷植散羣〔一〇〕，則尚同也。郭象曰：所謂和其光同其塵。班固漢書贊曰：東方朔戒其子以上容。首陽爲拙，柱下爲工。飽食安步，以仕易農。依隱玩世，詭時不逢。毛詩曰：因心則友。畏榮好古，薄身厚志。論語，子曰：信而好古。世霸虛禮，州壤推風。世霸，謂當世而霸者也。蔡伯喈郭有道碑曰：州郡聞德，虛己備禮。推風，推挹其風也。孝惟義養，道必懷邦。范曄後漢書曰：論〔一一〕言以義養，則仲由之菽甘於東鄰之牲。論語比考讖曰：文德以懷邦。人之秉彝，不隘不恭。毛詩曰：民之秉彝，好是懿德。孟子曰：伯夷隘，柳下惠不恭，隘與不恭，君子不由也〔一二〕。綦毋邃曰：隘，謂疾惡太甚，無所容也；不恭，謂禽獸畜人，是不敬。然此不爲褊隘，不爲不恭。爵同下士，禄等上農。禮記曰：諸侯之下士，視上農夫，禄足以代其耕。度量難鈞，進退可限。孝經，容止可觀，進退可度。長卿棄官，稚賓自免。漢書曰：司馬長卿病免，客游梁，得與諸侯游士居。又曰：清居之士，太原則郇相，字稚賓，舉州郡茂才，數病去官。子之悟之，何悟之辯？賦詩歸來，高蹈獨善。歸來，歸去來也。左氏傳，齊人歌曰：魯人之皐，使我高蹈。孟子曰：古之人窮則獨善其身，達則兼善天下。亦既超曠，無適非心。吕氏春秋曰：夫樂有道，心亦適。莊子曰：知忘是非，心之適也。汲流舊巘，葺宇家林。廣雅曰：葺，覆也。晨烟暮藹，春煦秋陰。陳書輟卷，置酒絃琴。居備勤儉，躬兼貧病。尚書曰：克勤于邦，克儉于家。史記，原憲曰：若憲，貧也，非病也。人否其憂，子然其命。論語，子曰：賢哉回也！一簞食，一瓢飲，在陋巷，人不堪其憂，回也不改其樂。墨子曰：貧富固有天命，不可損益。隱約就閑，遷延辭聘。周書曰：隱約者，觀其不懾懼。登徒子好色賦曰：因遷延而辭避。非直也明，是惟道性。毛詩曰：匪直也人，秉心塞淵。高誘淮南子注曰：道性無欲。糾纆斡流，冥漠報施。鵩鳥賦曰：斡流而遷，或推而還。夫禍之與福，何異糾纆？弔魏武文曰：悼繐帷之冥漠。史記司馬遷曰：天之報施善人何如哉？孰云與仁？實疑明智。言誰云天道常與仁人，而我聞之，實疑於明智。此說明智，謂老子也。老子曰：天道無親，常與善人。楚辭曰：招賢良與明智。謂天蓋高，胡諐斯義？言天高聽卑而報施無爽，何故爽於斯義而不與仁乎？毛詩曰：謂天蓋高，不敢不蹐。史記，子韋曰：天高聽卑。履信曷憑？思順何寘？周易曰：履信思乎順。毛萇詩傳曰：寘，置也。年在中身，疢維痁疾。尚書曰：文王受命惟中身。左氏傳曰：齊侯疥，遂痁。杜預曰：痁，瘧疾也。視死如歸，臨凶若吉。呂氏春秋曰：遺生行義，視死如歸。藥劑弗嘗，禱祀非恤。魏都賦曰：藥劑有司。論語，子曰：丘之禱久矣！傃幽告終，懷和長畢。嗚呼哀哉！傃，向也。禮記曰：幽則有鬼神。孫卿子曰：死，人之終也。

敬述靖節〔一三〕，式尊遺占。漢書曰：陳遵口占作書。占，謂口隱度其事，令人書也。存不願豐，没無求贍。省訃却賻，輕哀薄斂。禮記曰：凡訃於其君，云某臣死。鄭玄曰：訃，或作赴〔一四〕，至也。臣死，使人至君所告之也。周禮曰：喪則令賻補之。鄭玄曰：謂賻喪家補助不足。遭壤以穿，旋葬而窆。嗚呼哀哉！河圖考鉤曰：有壞者可穿。禮記，孔子曰：斂手足形〔一五〕，還葬而無椁，稱其財，斯之謂禮。説文曰：窆，葬下棺也。

深心追往，遠情逐化。莊子曰：既化而生，又化而死。自爾介居，及我多暇。漢書，陳餘説武臣曰：將軍獨介居河北。孫卿子曰：其爲人也多暇日者，其出入不遠。伊好之洽，接閻鄰舍。宵盤晝憩，非舟非駕。毛萇詩傳曰：憩，息也。念昔宴私，舉觴相誨。毛詩曰：諸父兄弟，備言燕私。獨正者危，至方則礙〔一六〕。孫卿子曰：方則止，圓則行。哲人卷舒，布在前載。西征賦曰：蘧與國而卷舒。西京賦曰：多識前世之載。取鑒不遠，吾規子佩。毛詩曰：殷鑒不遠。爾實愀然，中言而發。禮記曰：孔子愀然作色而對。違衆速尤，迕風先蹷。班固漢書述曰：疑殆匪闕，違衆忤世，淺爲尤悔，深作敦害。韓詩外傳曰：草木根荄淺，未必橛也〔一七〕；飄風與〔一八〕暴雨墜，則橛必先矣。身才非實，榮聲有歇。言身及才不足爲實，榮華聲名有時而滅。恐己恃才以傲物，憑寵以陵人，故以相誡也。叡音永矣，誰箴余闕？嗚呼哀哉！爾雅曰：永，遠也。左氏傳，魏絳曰：百官箴王闕〔一九〕。仁焉而終，智焉而斃。應劭風俗通曰：傳云：五帝聖焉死，三王仁焉死，五伯智焉死。黔婁既没，展禽亦逝。皇甫謐高士傳曰：黔婁先生死，曾參與門人來弔。曾參曰：先生終，何以爲謚？妻曰：以康爲謚。曾子曰：先生存時，食不充虚，衣不蓋形；死則手足不斂，傍無酒肉。生不得其美，死不得其榮，何樂於此而謚爲康哉？妻曰：昔先〔二〇〕君嘗欲授之國相，辭而不爲，是所以有餘貴也；君嘗賜之粟三十鍾，先生辭不受，是其有餘富也。彼先生者，甘天下之淡味，安天下之卑位，不戚戚於貧賤，不遑遑於富貴，求仁而得仁，求義而得義，其謚爲康，不亦宜乎也！展禽，柳下惠也。論語，柳下惠爲士師。鄭玄曰：柳下惠，魯大夫也。展禽食采柳下，謚曰惠。其在先生，同塵往世。同塵，已見上文。旌此靖節，加彼康惠。嗚呼哀哉！康，黔婁；惠，柳下惠也。

文選考異

〔一〕注「説文曰璇」 袁本、茶陵本「璇」作「琁」，是也。

〔二〕注「韓詩外傳曰」下至「何患無士乎」 袁本無此注，茶陵本有。案：疑茶陵複出，尤所見與之同耳。蓋本是「無足而至已見上文」，袁因已見五臣而删削此句。

〔三〕注「豈宴棲末景」 袁本、茶陵本「豈」作「堂」。案：「堂」亦非也，當作「賞」。

〔四〕注「親探井臼」 茶陵本「探」作「操」，是也。袁本亦譌。

〔五〕注「田對曰」 案：「田」字不當有。各本皆衍。

〔六〕注「亦爲親也」 袁本、茶陵本「亦」作「以」，是也。

〔七〕注「劬」 袁本、茶陵本作「音劬」二字，在注中「履頭也」下，是也。

〔八〕注「劉劭集有酒德頌」 何校「劭」改「靈」。陳云「劭」，「伶」誤。案：「靈」是也，説見前。又褚淵碑文作「伶」，亦非。

〔九〕注「得黄金百斤」 案：「斤」字不當有，「百」與「諾」協韻。茶陵本作「兩」，亦衍。袁本此節注并入五臣，亦作「兩」。然則五臣妄增之也。漢書無，今史記衍「斤」字，尤依之改，非。又案：袁本錯「善注同」三字在「貞夷粹温」句五臣注下，更爲誤中之誤。

〔一〇〕注「列士懷植散羣」　袁本「懷」作「壞」，是也。茶陵本亦誤「懷」。此所引田子方文。

〔一一〕注「范曄後漢書曰論」　袁本「曰論」作「論曰」，是也。茶陵本亦誤倒。

〔一二〕注「孟子曰」下至「君子不由也」　袁本、茶陵本無此二十字。案：此因已見五臣而節去，尤添之爲是。

〔一三〕敬述靖節　案：「靖」當作「清」。袁本云善作「靖」。茶陵本云五臣作「清」。各本所見皆傳寫誤。此下八句敍述薄葬，必是「清節」無疑。至末「旌此靖節」方説其謚，相涉致譌，並非善如此。

〔一四〕注「訃或作赴」　袁本、茶陵本「或」下有「皆」字。案：有者是也。此所引雜記上注文，尤誤删。

〔一五〕注「斂手足形」　袁本、茶陵本「手」作「首」，是也。案：尤誤改。

〔一六〕至方則礙　袁本、茶陵本「礙」作「閡」。案：此蓋尤改之，未必是也。

〔一七〕注「未必㦿也」　袁本「㦿」作「撅」，下同，是也。茶陵本亦誤「㦿」。案：正文作「蹷」，或尚有「蹷」、「撅」異同之注。

〔一八〕注「飄風與」　案：「與」當作「興」。各本皆譌。

〔一九〕注「百官箴王闕」　何校重「官」字，是也。各本皆脱。

〔二〇〕注「妻曰昔先」　袁本、茶陵本「先」下有「生」字，是也。

宋孝武宣貴妃誄　并序　

沈約宋書曰：孝武殷淑儀薨，追進爲貴妃，班亞皇后，謚曰宣。謝莊爲誄。

謝希逸

惟大明六年夏四月壬子，宣貴妃薨。律谷罷煖，龍鄉輟曉。律谷，黍谷也。吹律以暖之，故曰律谷。劉向別録曰：鄒衍在燕，有谷寒，不生五穀。鄒衍吹律而温之至，生黍〔一〕。陳留風俗傳曰：允吾縣者，宋、陳、楚地，故梁國寧陵種龍鄉也，出鳴雞。照車去魏，聯城辭趙。史記曰：齊威王與魏惠王會田于郊。魏王問曰：王亦有寶乎？威王曰：無有。魏王曰：若寡人，小國也，尚有徑寸之珠，照車前後十二乘者十枚。奈何以萬乘之國而無寶乎？又曰：趙惠文王得和氏璧。秦王聞之，使遺趙王書曰：願以十五城易璧。趙王遂使相如奉璧西入秦。魏文帝與鍾大理書曰：不損連城之價。皇帝痛掖殿之既閴，悼泉途之已宫。埤蒼曰：閴，靖也。風俗通曰：梓宫者，存時所居，緣生事亡，因以爲名也。巡步檐而臨蕙路，集重陽而望椒風。嗚呼哀哉！上林賦曰：步檐周流，長途中宿。西都賦曰：後宫則有蘭林蕙草。楚辭曰：集重陽入帝宫兮，造旬始而觀清都。桓子新論曰：董賢女弟爲昭儀，居舍號曰椒風。天寵方降〔二〕，王姬下姻。沈約宋書曰：淑儀生第二皇女。周易曰：在師中吉，承天寵也。毛詩序曰：王姬亦下嫁於諸侯。肅雍揆景，陟屺爰臻。言王姬將降至，而貴妃遽霣。毛詩曰：曷不肅雝？王姬之車。又曰：陟彼屺兮，瞻望母兮。國軫喪淑之傷，家凝霣庇之怨。穆天子傳曰：天子爲盛姬謚曰哀淑人。潘岳秦氏從姊誄曰：家失慈覆，世喪母儀。鄭玄禮記注曰：庇，覆也。庇或爲妣，非也。敢撰德於旂旒，芳庶圖於鍾萬。周易曰：雜物撰德。楊雄元后誄曰：著德太常，注諸旒旌。曹植卞太后誄曰：敢揚厚德，表之旐旌〔三〕。國語，晉悼公曰：昔克潞之役，秦來圖敗晉功，魏顆以其身却退秦師于輔氏，親止杜回。其勳銘于景鍾。左氏傳曰：九月，考仲子之宫，將萬焉。公問羽數於衆仲，對曰：天子用八，諸侯用六。公從之。於是初獻六羽，始用六佾。其辭曰：

玄丘烟因熅，瑶臺降芬。列女傳曰：契母簡狄者，有娀氏之長女也。當堯之時，與其妹娣浴於玄丘之水。有玄鳥銜卵過而墜之，五色甚好。簡狄得含之，誤而吞之，遂生契焉。楚辭曰：望瑶臺之偃蹇兮，見有娀之佚女。高唐渫雨，巫山鬱雲。高唐賦曰：昔先王游於高唐，夢見一婦人，曰：妾在巫山之陽，高丘之阻，旦爲朝雲，暮爲行雨。誕發蘭儀，光啓玉度。楊修荀爽述讚曰：其德克明，誕發幼齡。左九嬪武帝納皇后頌曰：如蘭之茂，如玉之瑩。光啓，已見上文。望月方娥，瞻星比婺。易歸藏曰：昔常娥以不死之藥犇月。漢書曰：北宮有婺女。星占曰：婺女爲既嫁之女也。毓德素里，栖景宸軒。周易曰：君子以振民毓德。劉梁季南碑曰：栖景曜於衡門。處麗絺綌〔四〕，出懋蘋蘩。毛詩曰：葛之覃兮，施于中谷。是刈是濩，爲絺爲綌。又曰：于以采蘋，南澗之濱。又曰：于以采蘩，于沼于沚。脩詩賁道，稱圖照言。廣雅曰：賁，美也。世本曰：史皇作圖。宋忠曰：史皇，黄帝臣也。圖，謂畫物象也。翼訓姒幄，贊軌堯門。列女傳曰：塗山氏之女，夏禹娶以爲妃。既生啓，塗山獨明教訓，而致其化焉。史記曰：禹，姒爲姓。漢書曰：孝武鉤弋趙婕妤，昭帝母也。妊身十四月乃生。上曰：昔聞堯十四月而生；今鉤弋亦然，乃命所生門曰堯母門。綢繆史館，容與經闈。史，三史；經，六經。陳風緝藻，臨彖分徽，風，國風；彖，易彖。游藝殫數，撫律窮機。藝，六藝；律，六律。躊躇冬愛，怊悵秋暉。楚辭曰：蹇淹留而躊躇。左氏傳曰：酆舒問於賈季曰：趙衰、趙盾孰賢？對曰：趙衰冬日之日，趙盾夏日之日。杜預曰：冬日可愛，夏日可畏。楚辭曰：心怊悵以永思。展如之華，寔邦之媛。毛詩曰：展如之人兮，邦之媛也。敬勤顯陽，肅恭崇憲。沈約宋書曰：文帝路淑媛生孝武皇帝。即位，奉尊號皇太后，宫曰崇憲，太后居顯陽殿。奉榮維約，承慈以遜。逮下延和，臨朋違怨。祚靈集祉，慶藹迎祥。毛詩曰：既受帝祉，施于孫子。鄭玄禮記注曰：高辛氏之世，玄鳥遺卵，娀女簡狄吞而生契。後王以爲媒官嘉祥而立其祠焉。潘尼上巳日會天淵池詩曰：外迎休祥，内和天人。皇胤璿式，帝女金相。式，法也。言皇之胤嗣，如玉之有法也。沈約宋書曰：淑儀生始平王子鸞、晉陵王子雲。帝女，已見上文。左氏傳，祈招之詩云：式如玉，式如金。毛詩曰：追琢其章，金玉其相。毛萇曰：相，質也。聯跗齊潁，接蕚均芳。毛詩曰：棠棣之華，蕚不韡韡。鄭玄曰：承華者蕚，不當作跗。蕚，足也。以蕃以牧，燭代輝梁。漢書曰：文帝立武爲代王，參爲梁王。視朔書氛〔五〕，觀臺告祲。左氏傳曰：公既視朔，遂登觀臺以望而書，禮也。周禮曰：眡祲掌十煇之法。鄭玄曰：陰陽氣相侵漸以成災也。八頌肩和，六祈輟滲。周禮曰：占人掌占龜，以八筮占八頌，以視吉凶。鄭玄曰：以八筮占八頌，謂將卜八事先以筮筮之。言頌者，同於龜占。周禮曰：太祝掌六祈，以同鬼神示：一曰類，二曰造，三曰禬，四曰禜，五曰攻，六曰説。滲，謂滲漉，喻祉福也。衡緫減容，翬翟毀袿。包咸論語注曰：衡，軛也。周禮曰：王后之五路，重翟錫面朱緫，厭翟勒面繢緫，安車彫面鷖緫，皆有容蓋。鄭司農曰：緫著馬勒，直兩耳與兩鑣。容，謂幨車也。周禮曰：司服掌王后之六服：褘服、褕狄、闕狄、鞠衣、展衣、褖衣。鄭玄曰：狄當爲翟。翟，雉名也。褘，衣畫翬者也。説文曰：袿，衣衿也。掩綵瑶光，收華紫禁。嗚呼哀哉！宋孝武傷宣貴妃擬漢武李夫人賦曰：閟瑶光之密陛，宫虚梁之餘陰。又袁伯文美人賦曰：居瑶光之嚴奥，御象席之瓊珍。並以瑶光爲殿名。蓋貴妃之所處也。王者之宫，以象紫微，故謂宫中爲紫禁〔六〕。帷軒夕改，輧輅晨遷。劉熙釋名曰：容車，婦人所載小車也，其蓋施帷，所以隱蔽其形容也。列女傳，齊孝孟姬曰：妾聞妃后踰閾，必乘安車輜輧。蒼頡篇曰：輧，衣車也。離宫天邃，别殿雲懸。西都賦曰：徇以離宫别寢〔七〕。靈衣虚襲，組帳空煙。寡婦賦曰：瞻靈衣之披披。鄭玄禮記注曰：襲，重衣也。長門賦曰：張羅綺之幔帷，垂楚組之連綱。巾見餘軸，匣有遺絃。嗚呼哀哉！巾，巾箱也。匣，琴匣也。

移氣朔兮變羅紈，白露凝兮歲將闌。闌，猶晚也。庭樹驚兮中帷響，金釭曖兮玉座寒。夏侯湛有金釭燈賦。曖，不明也。易是類謀曰：假威出座玉床。純孝擗其俱毀，共氣摧其同欒。純孝、共氣，謂皇子也。左氏傳，君子曰：潁考叔，純孝也。孝經曰：擗踊哭泣，哀以送之。鄭玄孝經注曰：毀瘠羸瘦，孝子有之。吕氏春秋曰：父母之於子也，子之於父母也，一體而分形，同血氣而異息。毛詩曰：庶見素冠兮，棘人欒欒兮。仰昊天之莫報，怨凱風之徒攀。毛詩曰：欲報之德，昊天罔極。毛詩曰〔八〕：凱風，美孝子也。

茫昧與善，寂寥餘慶。淮南子曰：茫茫昧昧，從天之道。與善，已見上文。周易曰：積善之家，必有餘慶。喪過乎哀，棘實滅性。喪過，見上文。孝經曰：毁不滅性。世覆沖華，國虛淵令。嗚呼哀哉！牽秀四言詩曰：坤德尚沖。毛詩曰：秉心塞淵。

題湊既肅，龜筮既辰。呂氏春秋曰：題湊之室，棺槨數襲。漢書音義，韋昭曰：題，頭也。頭湊，以頭内向，所以爲固。階撤兩奠，庭引雙輴。儀禮曰：屬引徹奠乃祖。鄭玄曰：屬，著也。引，所以引柩車也。在輴曰紼。又，禮記注曰：輴，殯車也。維慕維愛，曰子曰身。沈約宋書曰：孝武大明六年，淑儀薨。又曰：大明六年，子雲薨。潘岳妹哀辭曰：庭祖兩柩，路引雙輀。爾身爾子，永與世辭。慟皇情於容物，崩列辟於上旻。司馬彪漢書曰〔九〕：根車旋載容衣。崇徽章而出寰甸，照殊策而去城闉。嗚呼哀哉！鄭玄禮記注曰：徽，旌旗也。又曰：旌，葬乘車所建也。毛萇詩傳曰：章，旒也。蔡邕獨斷曰：以策書誄其行而賜之也。穀梁傳曰：寰内諸侯，非天子之命不得出會。尚書曰：五百里甸服。孔安國曰：規方千里之内，謂之甸服。說文曰：闉，城曲重門也。

經建春而右轉，循閶闔而逕渡〔一〇〕。河南郡境界簿曰：洛陽縣東城第一建春門。楚辭曰：歷太皓以右轉。晉宫閣銘曰：洛陽城閶闔門。楚辭曰：凌天池而徑渡。旌委鬱於飛飛，龍逶遲於步步。毛詩曰：周道逶遲。鏘楚挽於槐風，喝邊簫於松霧。鏘，鳴聲也；楚，辛楚也。廣雅曰：喝，嘶喝也。邊簫，簫聲遠也。涉姑繇而環迴，望樂池而顧慕。嗚呼哀哉！穆天子傳曰：天子西征至玄池之上，乃奏樂三日而終〔一〕，是曰樂池。盛姬亡，天子乃殯姬於穀丘之廟，葬於樂池之南。天子乃周姑繇之水，以圜喪車。郭璞曰：繇音姚。晨輼於昆解鳳，曉蓋俄金。葬訖，故車解鳳飾。蓋，斜金爪也。漢書曰：載霍光尸以輼輬車。如淳曰：輼輬車形廣大，有羽飾。甘泉賦曰：乃登夫鳳凰。然羽飾則鳳凰也。杜延年奏曰：載霍光柩以輬車，以輼車爲倅也。臣瓚曰：秦始皇崩，祕其喪，載以輼輬車，百官奏事如故。此不得是轜車類也。然輼車吉儀，瓚説是也〔二〕。桓譚新論曰：乘輿鳳凰蓋，飾以金玉。蔡邕獨斷曰：凡乘輿皆羽蓋，金華爪。鄭玄詩箋曰：俄，傾也。山庭寢日，隧路抽陰。黄圖曰：陵冢爲山。鄭玄周禮注曰：隧，墓道也。重扃閟兮燈已黯，中泉寂兮此夜深。哀永逝曰：户闔兮燈滅，夜何時兮復曉！銷神躬于壤末，散靈魄於天潯。許慎淮南子注曰：潯，涯也。嚮乘氣兮蘭馭風，德有遠兮聲無窮。言惠問乘四氣而靡窮，其芳譽馭六風而彌遠。嗚呼哀哉！

文選考異

〔一〕注「而温之至生黍」　案：「之」字不當有。各本皆衍。

〔二〕天寵方降　袁本、茶陵本「降」作「隆」，是也。何校改「隆」。案：此尤本誤字。

〔三〕注「敢揚厚德表之旐旌」　袁本、茶陵本「厚」作「后」，「旐」作「旒」。案：此尤校改之也。

〔四〕處麗絺綌　茶陵本云五臣作「綌」。袁本云善作「紶」。案「紶」即「綌」別體字。此及注皆尤所改耳。

〔五〕視朔書氛　茶陵本云五臣作「氛」。袁本云善作「氣」。案：此亦尤所改。

〔六〕注「爲紫禁」　袁本、茶陵本「禁」下有「禁密奥又謂之巖奥」八字。案：此尤校删之也。

〔七〕注「徇以離宫别寢」　袁本、茶陵本無「别寢」二字。案：此尤校添之也。

〔八〕注「毛詩曰凱風」　陳云「詩」下脱「序」字，是也。各本皆脱。

〔九〕注「司馬彪漢書曰」　袁本、茶陵本「漢」上有「續」字，是也。

〔一〇〕循閶闔而逕渡　案：「渡」當作「度」，注同。袁本云善作「渡」。茶陵本云五臣作「度」。各本所見皆傳寫誤。

〔一一〕注「乃奏樂三日而終」　袁本、茶陵本無「而」字。

〔一二〕注「瓚説是也」　袁本、茶陵本「也」下有「輬力強切」四字，是也。

哀上

哀永逝文

潘安仁

啓夕兮宵興，悲絶緒兮莫承。啓夕，將啓殯之前夕也。儀禮曰：既夕哭，請啓期，告于殯，宿興。緒，胤緒也。思玄賦曰：王肆侈於漢庭，卒銜卹而絶緒。俄龍輴兮門側，嗟俟時兮將升。儀禮曰：遷于祖，用軸。鄭玄曰：軸，輁軸也。天子畫之以龍。說文曰：輴〔一〕，喪車也。嫂姪兮憧惶〔二〕，慈姑兮垂矜。爾雅曰：婦稱夫之母曰姑。聞鳴雞兮戒朝，咸驚號兮撫膺。陳琳武軍賦曰〔三〕：啓明戒旦，長庚告昏。列子曰：撫膺而恨。逝日長兮生年淺，憂患衆兮歡樂尠。彼遥思兮離居，歎河廣兮宋遠。毛詩序曰：河廣，宋襄公母歸于衛，思而不止，故作此詩也。詩曰：誰謂河廣？一葦杭之；誰謂宋遠？跂予望之。今奈何兮一舉，邈終天兮不反！天地之道，理無終極。今云終天不反，長逝之辭。

盡余哀兮祖之晨，揚明燎兮援靈輴。祖及輴車，並已見上文。儀禮曰：宵設燎于門内之右。鄭玄曰：爲哭者爲明。徹房帷兮席庭筵，舉酹觴兮告永遷。禮記曰：士殯帷之。儀禮曰：商祝御柩，乃祖。布席，乃奠。禮記曰：祖於庭。說文曰：酹，餟祭也。字林曰：以酒沃地曰酹。悽切兮增欷，俯仰兮揮淚。想孤魂兮眷舊宇，視倏忽兮若髣髴。徒髣髴兮在慮，靡耳目兮一遇。停駕兮淹留，徘徊兮故處。周求兮何獲？引身兮當去。

去華輦兮初邁，馬迴首兮旋旆。風泠泠兮入帷，雲霏霏兮承蓋。班婕妤自傷賦曰：廣室陰兮帷幄暗，房櫳虚兮風泠泠。楚辭曰：雲霏霏兮承宇。鳥俛翼兮忘林，魚仰沫兮失瀨。悵悵兮遲遲，遵吉路兮凶歸。思其人兮已滅，覽餘跡兮未夷。毛萇詩傳曰：夷，滅也。昔同塗兮今異世，憶舊歡兮增新悲。謂原隰兮無畔，謂川流兮無岸。望山兮寥廓，臨水兮浩汗。視天日兮蒼茫，面邑里兮蕭散。匪外物兮或改，固歡哀兮情換。嗟潛隧兮既敞，將送形兮長往。隧，已見上文。委蘭房兮繁華，襲窮泉兮朽壤。賈逵國語注曰：襲，還也。中慕叫兮擗摽，之子降兮宅兆。擗摽，已見上文。孝經曰：卜其宅兆而安厝之。撫靈櫬兮訣幽房，棺冥冥兮埏窈窕。杜預左氏傳注曰：櫬，親身之棺。聲類曰：埏，墓隧也。户闔兮燈滅，夜何時兮復曉？司馬彪續漢書，張奂遺令曰：地底冥冥，長無曉期。歸反哭兮殯宫，聲有止兮哀無終。左氏傳曰：不反哭于寢，故不曰薨。杜預注曰：自墓反虞于正寢，所謂反哭于寢也。釋名曰：於西壁下塗之曰寢〔四〕。儀禮曰：遂適殯宫。是乎非乎何皇〔五〕？趣一遇兮目中。漢書曰：孝武李夫人卒，悲感作詩曰：是邪？非邪？立而望之，偏何姗姗其來遲！鄭玄毛詩箋曰：皇之言暀也。又曰：暀，往也。東觀漢記，世祖曰：虜在吾目中。既遇目兮無兆，曾寤寐兮弗夢。既顧瞻兮家道，長寄心兮爾躬。周易曰：夫夫婦婦而家道正。

重曰：已矣！此蓋新哀之情然耳。渠懷之其幾何？庶無愧兮莊子。莊子曰：莊子妻死，惠子弔之，則方箕踞鼓盆而歌。惠子曰：與人居長，子老身死，不哭亦足矣。又鼓盆而歌，不已甚乎？莊子曰：不然，是其始死也，我獨而能無概〔六〕。然察其始，而本無生；非徒無生，而本無形；非徒無形，而本無氣。人且偃然寢於巨室，而我嗷嗷隨而哭之，自以爲不通乎命，故止。

文選考異

〔一〕注「説文曰轜」 案：「轜」當作「轜」。各本皆譌。此在車部作「輀」，「轜」即「輀」別體字。

袁本正文作「輀」，蓋五臣改，失著校語。茶陵本作「轜」，亦「轜」之譌耳。

〔二〕嫂姪兮憧惶　茶陵本「憧惶」作「章偟」，云五臣作「憧惶」。袁本云善作「章偟」。案：此以五臣亂善，非。

〔三〕注「陳琳武軍賦曰」　何校「軍」改「庫」，是也。各本皆譌。

〔四〕注「於西壁下塗之曰寢」　袁本、茶陵本「寢」作「殯」，是也。

〔五〕是乎非乎何皇　袁本、茶陵本「皇」作「遑」。案：此善「皇」、五臣「遑」，失著校語。

〔六〕注「我獨而能無概然」　袁本、茶陵本「而」作「何」，是也。

文選卷第五十八

哀下　碑文上

哀下

宋文皇帝元皇后哀策文〔一〕沈約宋書曰：文帝袁皇后諱齊嬀，陳郡人，左光禄大夫敬公湛之庶女也。適太祖，生太子劭。上待后禮甚篤。及崩于顯陽殿，詔前永嘉太守顔延年〔二〕爲哀策文〔三〕。

顔延年

惟元嘉十七年七月二十六日，大行皇后崩于顯陽殿，周書曰：謚者行之迹，是以大行受大名，細行受細名。風俗通曰：皇帝新崩，未有定謚，故揔其名曰大行皇帝。行，下孟切。粤九月二十六日，將遷座于長寧陵，禮也。龍輁邛〔四〕纚離紼，容翟結驂。龍輁，凶飾也。容翟，吉儀也。儀禮曰：遷于祖，用軸。鄭玄曰：遷徙于祖廟也。軸，輁軸也。軸狀如轉轔，刻兩頭爲軹。輁，狀如長牀，穿桯前後著金而關軸焉，天子畫之以龍也。桯，餘征切。韓詩：纚〔五〕，繫也。鄭玄儀禮注曰：引棺在輴車曰紼，甫物切。劉熙釋名曰：容車，婦人所載小車也，其蓋施帷，所以隱蔽其形容。曹植宣后誄表曰：容車飾駕，以合北辰〔六〕。周禮曰：王后之五路，重翟鍚面朱總，厭翟勒面繢總，皆有容蓋。鄭司農云：容，謂幨車也。鄭玄曰：蓋，如今小車蓋也。王逸楚辭注曰：結，連也。連驂，言將行也。鄭玄詩箋曰：驂，兩騑。皇塗昭列，神路幽嚴。皇塗，古制，故曰昭列。神路，凶飾，故曰幽嚴。皇帝親臨祖饋，躬瞻宵載。周禮曰：喪祝掌大喪，祖飾棺乃載。鄭玄曰：祖，爲行始也。其序載而后飾。白虎通曰：始載於庭，輴車辭祖禰也。飾遺儀於組旒，淪徂音乎珩行〔七〕珮。毛詩曰：素絲組之。鄭玄曰：以素絲爲縷，縫之旌旗，以爲文飾。旌旗以銘功也〔八〕。楊雄元后誄曰：著德太常，注諸旒旌。尚書大傳曰：太師奏雞鳴，后夫人鳴佩玉于房中，告去。毛詩：雜佩以贈之。毛萇詩傳曰：珮有珩璜琚瑀。琚音居。瑀音禹。悲黼筵之移御，痛翬褕以招之重晦。周禮曰：大朝覲，王設次席黼純。又，內司服掌王后之六服，褘衣褕狄。鄭玄曰：褘，衣畫翬者也；褕，畫鷂者也。褕與鷂，並以招切。降輿客位，撤奠殯階。降輿，謂祖載之時柩降於車也。儀禮曰：主人入祖乃載。鄭玄曰：舉柩却下而載之。禮記曰：殯於客位，祖於庭。儀禮曰：屬引徹奠乃祖。鄭玄曰：屬，著也。引，柩車也。禮記曰：周人殯於西階之上，則猶賓之。乃命史臣，累德述懷。鄭司農周禮注曰：誄，謂積累生時德行，賜之命，爲其辭也。其辭曰：

倫昭儷昇，有物有憑。言天地未分之前，已明倫匹之義，又昇伉儷之道，皆有物象，有所依憑。毛詩曰：天生蒸民，有物有則。鄭玄曰：有物象也。左氏傳曰：石言於晉魏榆。師曠曰：石不能言，或憑焉〔九〕。劇秦美新曰：上覽古在昔，有憑應而尚缺。圓精初鑠，方祇始凝。言天地始分也。吕氏春秋曰：天道圓，地道方。何以説天道之圓也〔一〇〕？精氣一上一下，圜周復雜，無所稽留，故曰天道圓。何以説地道之方也？萬物殊類形，皆有分職，不能相爲，故曰地道方。郭璞方言注云：鑠，言光明也。淮南子曰：清陽薄靡而爲天，重濁凝滯而爲地。昭哉世族，祥發慶膺。祥發，猶發祥也。毛詩曰：長發其祥。慶膺，猶膺慶也。幽通賦曰：王者膺慶於所感〔一一〕。祕儀景胄，圖光玉繩。祕其令儀而生景胄，圖其容光而升玉繩也。廣雅曰：圖，度也。沈約宋書曰：宋有玉繩殿。昌暉在陰，柔明將進。尚書曰：邦乃其昌。孔安國曰：昌，盛也。周易曰：坤，陰物也。又曰：坤，妻道也。又曰：順而麗乎大明，柔進而上行。率禮蹈和，稱詩納順。南都賦曰：率禮無違。論語曰：禮之用，和爲貴。史記曰：陸賈時稱詩、書。毛詩曰：于以采蘋。又曰：于以采藻〔一二〕。鄭玄毛詩箋曰：蘋之言賓，藻之言澡〔一三〕。婦人之行，尚柔順，自潔清，故取名以爲戒〔一四〕。禮記曰：婦順者，順於舅姑，和於室人，而后當於夫也。爰自待年，金聲夙振。左氏傳曰：叔姬歸于紀。杜預曰：至是歸者，待年於父母國也。孟子曰：孔子之謂集大成也者，金聲而玉振。亦既有行，素章增絢。毛詩曰：女子有行，遠父母兄弟。論語曰：子夏問曰：巧笑倩兮，美目盼兮，素以爲絢兮，何謂也？子曰：繪事後素。曰：禮後乎？馬融曰：絢，文貌也。象服是加，言觀維則。毛詩曰：象服是宜。又曰：言觀其旂。又曰：柔嘉維則。俾我王風，始基嬪德。毛詩曰：覆俾我悖。尚書曰：釐降二女于嬀汭，嬪于虞。惠問川流，芳猷淵塞。蔡邕袁公夫人碑曰：義方之訓，如川之流。毛詩曰：仲氏任只，其心塞淵。**方江泳漢**〔一五〕**，載謡南國。**毛詩序曰：文王之道，被于南國，江、漢之域，無思犯禮。毛詩曰：漢之廣矣，不可泳思；江之永矣，不可方思。毛萇曰：方，泭也。**伊昔不造，鴻化中微。**謂少帝之時。陸機詩曰：伊昔有皇。毛詩曰：閔予小子，遭家不造。東都賦曰〔一六〕：鴻化惟神。魯靈光殿賦曰：遭漢中微。**用集寶命，仰陟天機。**謂文帝即位也。尚書曰：用集大命。又曰：無墜天之降寶命。天機，喻帝位也。尚書考靈耀曰：璿璣玉衡，以齊七政。尚書爲此璣。曹植秋胡行曰：歌以永言，大魏承天璣。然璣與機同也。**釋位公宮，登曜紫闈。**左氏傳，子朝曰：諸侯釋位，以間王室。禮記曰：古者婦人先嫁三月，祖廟未毁，教于公宮。魏明帝苦寒行曰：修德乎紫闈，八月自懷柔。**欽若皇姑，允迪前徽。**尚書曰：欽若昊天。爾雅曰：婦稱夫之母曰姑。尚書曰：允迪厥德。**孝達寧親，敬行宗祀。**毛詩曰：歸寧父母。毛萇曰：父母在，則有時歸寧。毛詩序曰：夫人可以奉祭祀，則不失職矣。**進思才淑，傍綜圖史。**毛詩序曰：關雎樂得淑女，思進賢才。王肅周易注曰：綜，理事也。班婕妤自傷賦曰：陳女圖以鏡鑒，顧女史而問詩〔一七〕。**發音在詠，動容成紀。**國語，伶州鳩曰：詠之以中音。孟子曰：動容周旋中禮者，盛德之至也。成紀，見下注。**壼政穆宣，房樂韶理。**爾雅曰：宮中巷謂之壼。禮記曰：古者天子后立於宮，以聽天下之内治。方言曰：穆，信也。儀禮曰：有房中之樂。鄭玄曰：絃歌周南、召南之詩。房中者，后夫人諷誦以事君子。禮記曰：韶，繼也。如淳漢書注曰：今樂家五日一習樂，爲理樂也。**坤則順成，星軒潤飾。**韓詩曰：淑女奉順坤德，成其紀綱。周易曰：坤，順也。漢書曰：軒轅，黄龍體。前大星，女主象也。**德之所届，惟深必測。**尚書曰：惟德動天，無遠弗屆。卞蘭太子頌表曰：道無深而不測，術無細而不敷。下節震騰，上清朓側。言后道得宜，即地安静而月合度也。漢書，李尋曰：月者，衆陰之長，妃后之象。春秋感精符曰：月者，陰之精，地之理也。國語曰：幽王二年，三川皆震。毛詩曰：百川沸騰，山冢崒崩。尚書五行傳曰：晦日而月見西方，謂之朓；朔而月見東方，謂之側匿。鄭玄曰：朓，猶條達也。條達，行疾貌。側匿，猶縮懦，行遲貌。有來斯雍，無思不極。毛詩曰：有來雍雍。又曰：無思不服。孔安國尚書傳曰：極，中也。謂道輔仁，司化莫晣之逝切〔一八〕。牽秀四言詩曰：乾道輔仁，坤德尚沖。思玄賦曰：死生錯而不齊，雖司命其不晣。説文曰：昭晣，明也。象物方臻，眂祲告沴零細切〔一九〕。周禮曰：凡樂六變而致象物。鄭玄曰：象物，有象在天，所謂四靈也，非德之和，則不至也。周禮曰：眡祲。鄭玄曰：祲，陰陽氣相祲漸成祥也。漢書曰：氣相傷謂之沴，臨莅不和意也。太和既融，收華委世。太和，謂太平也。法言曰：或問太和，曰：其在唐、虞、成周也。李軌曰：天下太和。蔡邕釋誨曰：皇道惟融，帝猷丕顯。廣雅曰：融，朗也。委世，棄世也。蘭殿長陰，椒塗弛衛。嗚呼哀哉！漢武故事曰：帝以七月七日旦生於猗蘭殿。漢書儀曰〔二〇〕：皇后稱椒房，椒塗室，亦取温煖除惡氣也。

戒涼在肂弋二，杪秋即穸夕。國語，單襄公曰：火見而清風戒寒。賈逵曰：戒人爲寒備也。儀禮曰：死三日而肂，三月而葬。説文曰：肂，瘞也。楚辭曰：靚杪秋之遥夜。禮記曰：冢宰制國用，必於歲之杪〔二一〕。左氏傳，楚子曰：唯是春秋窀穸之事。杜預曰：窀，厚也；穸，夜也。厚夜，長夜，謂葬埋也。窀，之倫切。霜夜流唱，曉月升魄。流唱，挽歌也。升魄，祖載也。禮記，子曰：氣也者，神之盛也；魄也者，鬼之盛也。八神警引，五輅遷迹。甘泉賦曰：八神奔而警蹕兮，振殷轔而軍裝。周禮曰：巾車掌王后之五輅。嗷嗷儲嗣，哀哀列辟。嗷嗷，已見上文。毛詩曰：哀哀父母，生我劬勞。灑零玉墀，雨泗丹掖。劉騊駼玄根賦曰：致垂棘以爲墀。撫存悼亡，感今懷昔。嗚呼哀哉！沈約宋書曰：哀策既奏，上自益此八字，以致其意焉。潘岳祭庾新婦文曰：伏膺飲淚，感今惟昔。

南背國門，北首山園。楚辭曰：出國門而軫懷。廣雅曰：首，向也。漢書曰：後徙吏二千石之家於諸陵，非獨爲奉山園。僕人按節，服馬顧轅。楚辭曰：僕人慌悴，散若流兮。子虛賦曰：按節未舒。鄭玄毛詩箋曰：服，中央夾轅也。李陵詩曰：轅馬顧悲鳴，五步一彷徨。遥酸紫蓋，眇泣素軒。傅玄乘輿馬賦曰：紫蓋漂以連翩。素軒，猶素車也。滅綵清都，夷體壽原。楚辭曰：造旬始，觀清都。漢書曰：作陽陵邑。張晏曰：景帝作壽陵，起邑。漢書音義曰：天子未死呼壽原。邑野淪藹，戎夏悲讙。京邑朝野，淪其明盛，戎狄華夏，悲以競讙。廣雅曰：藹藹，盛也。國語，史蘇曰：戎夏交捽也。來芳可述，往駕弗援。嗚呼哀哉！

文選考異

〔一〕宋文皇帝元皇后哀策文　袁本無「皇帝元」三字，茶陵本有。案：此蓋善有、五臣無而失著校語。

〔二〕注「詔前永嘉太守顔延年」　袁本「年」作「之」，是也。茶陵本亦誤「年」。

〔三〕注「爲哀策文」　茶陵本「文」下有「謚曰元」三字，袁本無。案：有者是也。

〔四〕注「邛」　袁本、茶陵本作「耕音邛」三字，在注中「桯餘征切」上，是也。

〔五〕注「韓詩纚繫也」　袁本「纚」上有「曰」字，是也。茶陵本亦脱。何校「詩」下添「章句」二字，陳同。案：各本蓋皆脱，下注「韓詩曰淑女」同。

〔六〕注「劉熙釋名曰容車」下至「以合北辰」　袁本、茶陵本無此四十字。

〔七〕注「行」　袁本、茶陵本作「珩音行」三字，在注中「琚音居」上，是也。

〔八〕注「旌旗以銘功也」　袁本、茶陵本無此六字。

〔九〕注「左氏傳曰」下至「或憑焉」　袁本、茶陵本無此二十字。案：無者最是。

〔一〇〕注「吕氏春秋曰天道圓地道方何以説天道之圓也」　袁本、茶陵本無「曰天道圓地道方何以」九字。案：此校添之也。

〔一一〕注「王者膺慶於所感」　案：「者」字不當有，「感」當作「慼」。各本皆誤。

〔一二〕注「毛詩曰」下至「于以采藻」　袁本、茶陵本無此十三字。

〔一三〕注「蘋之言賓藻之言澡」　袁本、茶陵本無此八字。

〔一四〕注「故取名以爲戒」　袁本、茶陵本無此六字。

〔一五〕方江泳漢　茶陵本「泳」作「詠」，云五臣作「泳」。袁本無校語。案：茶陵所見非也。

〔一六〕注「東都賦曰」　袁本、茶陵本「賦」作「主人」，是也。

〔一七〕注「陳女圖以鏡鑒顧女史而問詩」　袁本、茶陵本此十二字作「陳列國史以鏡鑒也」八字。案：此尤校改之也。

〔一八〕注「之逝切」　袁本、茶陵本此在注末，是也。

〔一九〕注「零細切」　袁本作「眡音視沴零細切」七字，在注中「漢書曰」上，是也。茶陵本移「零細切」在注首，非。尤删「眡音視」，益非。

〔二〇〕注「漢書儀曰」　何校「書」改「舊」，陳同，是也。各本皆誤。

〔二一〕注「禮記曰」下至「必於歲之杪」　袁本、茶陵本無此十三字。案：無者最是。

齊敬皇后哀策文

謝玄暉

蕭子顯齊書，明帝敬劉皇后諱惠端，彭城人也，光禄大夫道弘女。太祖高皇帝爲高宗納之。武帝永明七年卒，葬江乘縣張山。高宗即位，追尊爲敬皇后〔一〕。高宗崩，改葬，祔于興安陵。高宗，即明帝也。

惟永泰元年。蕭子顯齊書，明帝改年爲永泰，其年七月，帝崩，東昏即位。秋九月朔日，敬皇后梓宫啓自先塋，將祔于某陵。風俗通曰：梓宫者，禮：天子斂以梓器。宫者，存時所居，緣生事亡，因以爲名。

凡人呼棺，亦爲宮也。説文曰：塋，墓地。禮記，孔子曰：魯人之祔也，合之。鄭玄曰：祔，謂合葬也。其日，至尊親奉奠某皇帝，至尊，東昏侯寶卷〔二〕。鄭玄周禮注曰：奠，獻也。饋奠明帝。崩，未謚，故曰某。乃使兼太尉某設祖于行宮，禮也。司馬彪續漢書，太尉公一人，凡大喪則告謚南郊。祖，已見上文。翠帟舒皁，玄堂啓扉。張協禊賦曰：翠幕蜺連。張衡吕司徒誄曰：去此寧寓，歸于幽堂。玄室冥冥，脩夜彌長。俎徹三獻，筵卷六衣。杜預左氏傳注曰：撤，去也。禮，祭必三獻。周禮，内司服掌王后之六服：禕衣、褕狄、闕狄、鞠衣、展衣、褖衣。哀子嗣皇帝，懷蜃衛而延首，想鸞輅而撫心。周禮曰：遂人〔三〕，大喪，使帥其屬以蜃車之役衛〔四〕。鄭玄曰：蜃車，柩路，柩載柳四輪〔五〕，迫地而行，有似蜃，因取名焉。阮瑀正欲賦曰〔六〕：佇延首以極視。周禮曰：安車雕面鷖總。列子曰：師襄乃撫心高蹈。痛椒塗之先廓，哀長信之莫臨。椒塗，已見上文。應劭漢官儀曰：帝祖母爲太皇太后，其所居曰長信宮也。身隔兩赴，時無二展。爾雅曰：赴，至也。禮記，顔淵謂子路曰：反其國不哭，展墓而入。鄭玄曰：展，省視也。旋詔左言，光敷聖善。鄭玄禮記注曰：旋，便也。漢書曰：左史記言，右史記事。干寶晉紀，魏帝詔曰：三后咸用光敷聖德。毛詩曰：母氏聖善，我無令人。其辭曰：

帝唐遠胄，御龍遥緒。班固漢書贊曰：范宣子曰：祖自虞已上爲陶唐氏，在夏爲御龍氏，晉主夏盟，爲范氏。在秦作劉，在漢開楚。班固漢書贊曰：范氏爲晉士師，魯文公世奔秦，後歸于晉。其處者爲劉氏。漢書曰：楚元王交，高祖同父少弟也，爲楚王。沈約宋書曰：高祖，楚元王交之後也。肇惟淑聖，克柔克令。

克柔，已見上文。毛詩曰：令妻壽母。清漢表靈，曾沙膺慶。韓詩曰：漢有遊女。薛君曰：遊女，謂漢神。謝靈運登江中孤嶼詩曰：表靈物莫賞。漢書元后傳，元城建公曰：昔春秋沙麓崩，晉史卜之，曰：後六百四十五年，宜有聖女興。其齊田乎！今王翁鄭孺〔七〕徙，正直其地，日月當之。元城東有五麓之虛，即沙麓地。後八十年，當有貴女興天下。膺慶，已見上文。爰定厥祥，徽音允穆。毛詩曰：文定厥祥。又曰：太姒嗣徽音，則百斯男。光華沼沚，榮曜中谷。毛詩序曰：采蘩，夫人不失職也。詩曰：于以采蘩，于沼于沚。又詩序曰：葛覃，后妃之本也。詩曰：葛之覃兮，施于中谷。敬始紘綖，教先穜稑。列女傳，敬姜曰：皇后親蠶玄紞，公侯夫人加之以紘綖。周禮曰：上春，詔王后帥六宮之人，出穜稑之種，而獻於王。睿問川流，神襟蘭郁。川流，已見上文。楊雄書曰：賢女馨〔八〕芬於蘭茝。

先德韜光，君道方被。先德，謂明帝也。韜光，謂封西昌侯之時也。廣雅曰：韜，藏也。吳志，賀劭上疏曰：陛下昔韜藏神光，潛德東夏。干寶晉紀，文帝遺吳主書曰：韜神光福德，久勞于外。毛詩序曰：文王之道，被於南國〔九〕。于佐求賢，在謁無詖。毛詩序曰：卷耳，后妃之志也。又，當輔佐君子，求賢審官，內有進賢之志，而無險詖私謁之心。顧史弘式，陳詩展義。班婕妤自傷賦曰：顧女史而問詩。厚下曰仁，藏往伊智。周易曰：山附於地，剥，上以厚下安宅。干寶晉紀捴論曰：仁以厚下。易曰：蓍之德，圓而神；卦之德，方以智。神以知來，智以藏往。十亂斯倈，四教罔忒。論語，武王曰：予有亂臣十人。孔子曰：才難，不其然乎！唐、虞之際，於斯爲盛，有婦人焉，九人而已。馬融曰：其一人謂文母也。禮記曰：古者婦人教以婦德、婦容、婦言、婦功。鄭玄詩箋云：法度莫大於四教。廣雅曰：忒，差也。思媚諸姑，貽我嬪則。毛詩曰：思媚周姜。又曰：問我諸姑。又曰：貽我來牟。孔安國傳曰〔一〇〕：嬪，婦也。毛詩序曰：后妃化天下以婦道也。化自公宮，遠被南國。公宮、南國，並已見上文。軒曜懷光，素舒佇德。光、德，皆謂后也。言軒曜思大明以增耀，素舒佇聖德而分彩也。淮南子曰：軒轅者，帝妃之舍。高誘曰〔一一〕：軒轅，星也〔一二〕。劉歆有曜歷。楚辭曰：前望舒使先驅。王逸曰：望舒，月御也。

閔予不祐，慈訓早違。毛詩曰：閔予小子。周易曰：天命不祐。晉中興書曰：肅祖太妃荀氏薨，顯宗詔曰：朕少遭閔凶，慈訓無稟。廣雅曰：違，背也。方年沖藐，懷袖靡依。尚書曰：肆予沖人弗及知。左氏傳，晉獻公曰：以是藐諸孤。毛詩曰：母兮鞠我，出入腹我。鄭玄曰：腹，懷抱也。家臻寶業，身嗣昌暉。周易曰：聖人之大寶曰位。元皇后哀策文曰：昌輝在陰。壽宮寂遠，清廟虛歸。嗚呼哀哉！楚辭曰：蹇將澹兮壽宮。王逸曰：壽宮，供神之處也。毛詩曰〔一三〕：清廟，祀文王也。

帝遷明命，民神胥悅。謂明帝即位也。毛詩曰：帝遷明德，串夷載路。國語，祭公謀父曰：至于文、武，事神保民，莫不欣喜。又，王孫圉曰：又能上下悅于鬼神。乾景外臨，陰儀內缺。周易曰：乾爲君，爲父。禮記曰：后治陰德也。空悲故劍，徒嗟金穴。漢書曰：宣帝許皇后，元帝母也，字平君。曾孫立爲帝，平君爲婕妤。是時公卿議更立皇后，亦未有言，上乃詔求微時故劍，大臣知指，白立許婕妤爲皇后。范曄後漢書曰：光武郭皇后弟況爲大鴻臚，數賞賜金錢，京師號況家爲金穴。璋瓚奚獻，禕褕罔設。嗚呼哀哉！禮記曰：君致齊於外，夫人致齊於內。君執圭瓚祼尸。大宗執璋瓚亞祼。鄭玄曰：大宗亞祼，容夫人有故攝焉。璋瓚，夫人所執〔一四〕。又，周禮注曰：祼，謂以圭瓚酌鬱鬯始獻尸也。后於是以璋瓚酌亞祼。禕褕，已見上文。馮相告祲，宸居長往〔一五〕。謂明帝崩也。周禮曰：馮相氏，中士。鄭玄曰：馮，乘也。相，視也。東京賦曰：馮相觀祲。典引曰：宸居其域。蔡邕曰：如北辰居其所也。貽厥遠圖，末命是獎。謂顧命令祔也。毛詩曰：貽厥孫謀。左氏傳，榮成伯曰：遠圖者，忠也。尚書曰：道揚末命。方言曰：秦、晉之間，相勸曰獎。懷豐沛之綢繆兮，背神京之弘敞。豐、沛，喻帝鄉也。漢書曰：高祖沛豐邑。毛詩曰：綢繆束薪。毛萇曰：綢繆，猶纏綿也。風俗通曰：秦政并吞六國，苞宇宙之弘敞。陋蒼梧之不從兮，遵鮒隅以同壤。嗚呼哀哉！禮記曰：□〔一六〕舜葬于蒼梧之野，蓋二妃不從。山海經曰：大荒之中，河水之間，鮒隅之山，帝顓頊與九嬪葬焉。

陳象設於園寢兮，映輿鍐亡犯於松楸〔一七〕。楚辭曰：象設君室靜閑安。漢書曰：自高祖下至宣帝，各自居陵傍立廟。又園中各有寢。蔡邕獨斷曰：金鍐者，馬冠也，如玉華形，在馬髦前。望承明而不入兮，度清洛而南遊。陸機洛陽記曰：承明門，後宮出入之門。藉田賦曰：清洛濁渠。繼池綍於通軌兮，接龍帷於造舟。禮記曰：飾棺，君三池。鄭玄曰：懸池於荒之爪端，若今承霤然。又禮記曰：飾棺，君龍帷，振容，黼荒。鄭玄曰：荒，蒙也。在旁曰帷，在上曰荒，皆所以衣柳。毛詩曰：造舟爲梁。迴塘寂其已暮兮，東川澮而不流。嗚呼哀哉！南都賦曰：分背迴塘。呂氏春秋曰：水泉東流。説文曰：澮，水搖也。

籍閟宫之遠烈兮〔一八〕，聞纘女之遐慶。毛詩，閟宫曰：赫赫姜嫄，其德不回。是生后稷，降之百福。又曰：纘女維莘，長子維行。始協德於蘋蘩兮，終配祇而表命〔一九〕。晉中興書，策明穆皇后曰：正位閨房，以著協德之義。辨亡論曰：趙達以機祥協德〔二〇〕。采蘋、采蘩，已見上文。漢書曰：天地合祭，先祖配天，先妣配地。命，爵號也。慕方纏於賜衣兮，哀日隆於撫鏡。東觀漢記，上賜東平王蒼書曰：嚮衛南宫，皇太后因過按行閲視舊時衣物。今以光烈皇后假結帛巾各一枚〔二一〕，衣一篋遺王，可瞻視〔二二〕，以慰凱風寒泉之思。西京雜記曰：宣帝被收繫郡邸獄，臂上猶帶史良娣合綵婉轉絲繩係身毒寶鏡一枚。舊傳此鏡照見妖魅，得佩之者爲天神所福，故宣帝從危獲濟。及即大位，每持此鏡，感咽移辰。宣帝崩後，不知所在。思寒泉之罔極兮，託彤管於遺詠。嗚呼哀哉！毛詩曰：爰有寒泉，在浚之下。有子七人，母氏勞苦。又曰：欲報之德，昊天罔極。毛詩曰：静女其孌，詒我彤管。毛萇曰：古者后夫人必有女史彤管之法。

文選考異

〔一〕注「追尊爲敬皇后」袁本、茶陵本無「敬」字。案：此尤校添之也。

〔二〕注「東昏侯寶卷」袁本、茶陵本「侯寶卷」作「也」，是也。

〔三〕注「周禮曰遂人」案：「人」當作「師」。各本皆誤。

〔四〕注「以蜃車之役衛」案：「以」當作「共」，「衛」字不當有。各本皆誤。

〔五〕注「柩載柳四輪」何校「柩」下添「路」字，陳同，是也。各本皆脱。

〔六〕注「阮瑀正欲賦曰」 案：「正」當作「止」。各本皆譌。

〔七〕注「今王翁鄭孺」 陳云「鄭」字衍，是也。各本皆衍。

〔八〕注「賢女馨」 袁本、茶陵本「馨」下有「香」字，是也。

〔九〕注「毛詩序曰」下至「被於南國」 袁本、茶陵本無此十二字。

〔一〇〕注「孔安國傳曰」 何校「傳」上添「尚書」二字，陳同，是也。各本皆脱。

〔一一〕注「淮南子曰」下至「高誘曰」 袁本、茶陵本無此十四字。

〔一二〕注「軒轅星也」 袁本、茶陵本「也」作「名」。又袁本此下有「已見上文曜星也」七字，茶陵本有「曜星也」三字。案：袁本是也。茶陵本删非，尤改益非。

〔一三〕注「毛詩曰清廟」 陳云「詩」下脱「序」字，是也。各本皆脱。

〔一四〕注「璋瓚夫人所執」 袁本、茶陵本無此六字。

〔一五〕宸居長往 袁本、茶陵本「居」作「駕」。案：此尤改之，蓋二本是。

〔一六〕注「禮記曰□」 袁本、茶陵本無空格，是也。

〔一七〕映輿鍐於松楸 袁本、茶陵本「鍐」作「鋄」，是也。注同。

〔一八〕籍閟宫之遠烈兮 袁本、茶陵本「籍」作「藉」，是也。

〔一九〕終配祇而表命 袁本、茶陵本「祇」作「祀」。案：此尤改之，蓋二本是。

〔二〇〕注「趙達以機祥協德」 案：「機」當作「禨」。各本皆譌。

〔二〕注「假結帛巾各一枚」袁本、茶陵本無「枚」字。案：無者是也。范書光武十王傳所載亦無此字，可借爲證。

〔三〕注「可瞻視」袁本、茶陵本「瞻視」作「視瞻」，是也。

碑文上

郭有道碑文〔一〕并序

蔡伯喈 范曄後漢書曰：蔡邕，字伯喈，陳留人也。辟橋玄府，稍遷至郎中。後董卓辟邕，遷尚書。及卓被誅，王允收邕付廷尉，遂死獄中。

先生諱泰，字林宗，太原界休人也。漢書，太原郡有界休縣。其先出自有周王季之穆，有虢叔者，寔有懿德，文王咨焉。左氏傳曰：晉侯假道於虞以伐虢，宫之奇諫曰：虢亡，虞必從之。公曰：晉，吾宗也，豈害我哉？對曰：虢叔，王季之穆，爲文王卿士。將虢是滅，何愛於虞？毛詩曰：我求懿德。國語，胥臣曰：文王即位而咨于二虢。韋昭曰：咨，謀也。建國命氏，或謂之郭，即其後也。左氏傳，師服曰：天子建國。又衆仲曰：天子建德，因生以賜姓，胙之土而命之氏。公羊傳，晉獻公謂荀息曰：吾欲攻郭則虞救之，攻虞則郭救之，如何？高誘戰國策注曰：郭，古文虢字也。先生誕應天衷，聰睿明哲，孝友温恭，仁篤慈惠。夫其器量弘深，姿度廣大，浩浩焉，汪汪焉，奥乎不可測已。黄石公記序曰：張良慮若源泉，深不可測。若乃砥節厲行，直道正辭，孔叢子曰：魯人有儀公潛者〔二〕，砥節厲行，樂道好古。仲長子昌言曰：直道正辭，貞亮之節。貞固足以幹事，隱括足以矯時。周易曰：貞固足以幹事。韓詩外傳曰：設於隱括之中，直己不直人，蘧伯玉之行也。孫卿子曰：拘木必將待隱括然後直。劉熙孟子注曰：隱，度也。括，猶量也。蒼頡篇曰：矯，正也。遂考覽六經，探綜圖緯。六經，五經及樂經也。圖，河圖也。緯，六經及孝經皆有緯也。周流華夏，隨集帝學。收文武之將墜，拯微言之未絶。論語，子貢曰：文武之道，未墜於地。論語讖曰：子夏六十四人共撰仲尼微言。于時纓緌之徒，紳佩之士，禮記曰：子事父母，冠緌纓。鄭玄曰：緌，纓飾也。孔安國論語注曰：紳，大帶也。禮記曰：凡帶必有佩玉。望形表而影附，聆嘉聲而響和者，楊雄覈靈賦曰：支附葉從，表立景隨。莊子曰：大人之教，若形之於影，聲之於響也。猶百川之歸巨海，鱗介之宗龜龍也。尚書大傳曰：百川趍於東海。曾子曰：介蟲之精者曰龜，鱗蟲之精者曰龍。爾乃潛隱衡門，收朋勤誨，毛萇詩傳曰：衡門，横木爲門，言淺陋也。論語，子曰：誨人不倦，何有於我哉！童蒙賴焉，用祛其蔽。周易曰：匪我求童蒙。祛，猶去也。州郡聞德，虚己備禮，莫之能致。漢書李尋傳曰：王根輔政，數虚己問尋。羣公休之，遂辟司徒掾，又舉有道，皆以疾辭。辟，猶召也。將蹈鴻涯之遐迹〔三〕，紹巢許之絶軌，西京賦曰：洪涯立而指麾。神仙傳曰：衛叔卿與數人博，其子度曰：向與博者爲誰？叔卿曰：是洪涯先生。皇甫謐逸士傳曰：巢父者，堯時隱人也。及堯之讓位于許由也，由以告巢父焉〔四〕，巢父責由曰：汝何不隱汝光，何故見若身也？翔區外以舒翼，超天衢以高峙。李陵書曰：策名於天衢。稟命不融，享年四十有二，毛萇詩傳曰：融，長也。以建寧二年正月乙亥卒。范曄後漢書曰：建寧，靈帝年號也。

凡我四方同好之人，永懷哀悼，靡所寘念。毛詩曰：終其永懷。毛萇詩傳曰：寘，置也。乃相與惟先生之德，以謀不朽之事。左氏傳，穆叔曰：太上有立德，此之謂不朽。僉以爲先民既没，而德音猶存者，亦賴之於見述也。毛詩曰：先民有作。又曰：德音不忘。今其如何而闕斯禮！於是樹碑表墓，昭銘景行，毛詩曰：高山仰止，景行行止。俾芳烈奮于百世，令問顯於無窮。典引曰：扇遺風，播芳烈。孟子曰：聞伯夷之風者，貪夫廉，懦夫有立志，奮乎百世之上，百世之下莫不興起。毛詩曰：顯顯令問〔五〕。其辭曰：

於休先生，明德通玄。言其明德而通於玄。廣雅曰：玄，道也。純懿淑靈，受之自天。毛詩曰：有命自天。崇壯幽浚，如山如淵。家語，齊大夫子與適魯，見孔子曰：乃今而後，知泰山之爲高，海淵之爲大。禮樂是悦，詩書是敦。左氏傳曰：晉謀元帥，趙衰曰：郤縠可，臣亟聞其言矣，悦禮、樂而敦詩、書，君其試之〔六〕。匪惟摭華，乃尋厥根。法言，或曰：亦有疾乎？曰：摭我華而不食我實。宮牆重仞，允得其門。論語，子貢謂叔孫武叔曰：夫子之牆數仞，不得其門而入，不見宗廟之美，百官之富；得其門者或寡矣。懿乎其純，確乎其操。周易曰：龍德而隱者也，確乎其不可拔，潛龍也。洋洋搢紳，言觀其高音告。

封禪書曰：因雜搢紳先生之略術。棲遲泌丘，善誘能教。毛詩曰：衡門之下，可以棲遲；泌之洋洋，可以療飢。論語，顏淵曰：夫子循循然善誘人。赫赫三事，幾行其招。毛詩曰：三事大夫，莫肯夙夜。招，猶召也。委辭召貢，保此清妙。言有召貢者，委棄而辭之。范曄後漢書曰：司徒黄瓊辟泰太常，趙典舉泰有道，並不應。召或爲台。降年不永，民斯悲悼。尚書，祖乙曰〔七〕：降年有永有不永。爰勒兹銘，摛其光耀。韋昭漢書注曰：摛，布也。嗟爾來世，是則是效。尚書曰：予恐來世。班固刑法志述曰：五刑之作，是則是效。

文選考異

〔一〕郭有道碑文　茶陵本此上有「碑文上」三字，另爲一行，是也。袁本亦脱。

〔二〕注「魯人有儀公潛者」　案：「儀公」當作「公儀」。各本皆倒。此所引公儀第九文也。

〔三〕將蹈鴻涯之遐迹　案：「鴻」當作「洪」，注引西京賦、神仙傳皆是「洪」字，可證。袁、茶陵二本所載五臣翰注字作「鴻」，蓋各本亂之而失著校語。又案：蔡中郎集亦作「洪」。

〔四〕注「由以告巢父焉」　袁本、茶陵本無「巢父焉」三字。

〔五〕注「毛詩曰顯顯令問」　案：「曰」下當有「令問令望出師頌曰」八字。各本皆脱。陳改「毛詩」二字作「史孝山出師頌」六字，未是也。

〔六〕注「君其試之」袁本、茶陵本無此四字。

〔七〕注「尚書祖乙曰」案：「乙」當作「己」。各本皆譌。

陳太丘碑文 并序

蔡伯喈

先生諱寔，字仲弓，潁川許人也。范曄後漢書曰：寔，潁川許人。漢書，潁川郡有許縣。魏志曰：文帝黄初二年，改許縣爲許昌縣。然蔡邕之時，惟有許縣，或云許昌，非也。含元精之和，應期運之數。易通卦驗曰：大皇之先興，耀含元精。論衡曰：天稟元氣，人受元精。孟子謂充虞曰：五百年必有王者興，其間必有名世者。由周而來，七百有餘歲矣。當今之世，舍我而誰？兼資九德，揔脩百行。尚書，皋陶曰：都亦行有九德。禹曰：何？皋陶曰：寬而栗，柔而立，愿而恭，亂而敬，擾而毅，直而温，簡而廉，剛而塞，強而義。孔臧與從弟書曰：學者，所以飾百行也。於鄉黨則恂恂焉，彬彬焉，善誘善導，仁而愛人，論語曰：孔子於鄉黨，恂恂如也。又曰：文質彬彬，然後君子。善誘，已見上文。論語曰：樊遲問仁。子曰：愛人。使夫少長咸安懷之。論語曰：老者安之，少者懷之。其爲道也，用行舍藏，進退可度，論語，子謂顔淵曰：用之則行，舍之則藏。孝經曰：進退可度。不徼訐以干時，不遷貳以臨下。論語，子貢曰：惡徼以爲智者，惡訐以爲直者。又，哀公問弟子孰爲好學？孔子對曰：有顔回者好學，不遷怒，不貳過。四爲郡功曹，五辟豫州，六辟三府，再辟大將軍，宰聞喜半歲，太丘一年。德務中庸，教敦不肅。論語，子曰：中庸之爲德，其至矣乎！民鮮久矣！孝經，子曰：其教不肅而成。政以禮成，化行有謐。左氏傳，晉郤至謂子反曰：政以禮成，民是以息。爾雅曰：謐，静也。會遭黨事，禁固二十年，樂天知命，澹然自逸。周易曰：樂天知命故不憂。莊子曰：澹然無極，衆美從之，此天地之道，聖人之德也。毛詩曰：我不敢傚，我友自逸。交不諂上，愛不瀆下。周易曰：君子上交不諂，下交不瀆。見機而作，不俟終日。周易曰：君子見機而作，不俟終日。及文書赦宥，時年已七十，遂隱丘山，懸車告老，漢書曰：薛廣德乞骸骨，賜安車駟馬。懸其車傳子孫。左氏傳曰：晉韓獻子告老。杜預曰：告老，致仕者也。四門備禮，閑心静居。尚書曰：賓于四門，四門穆穆。大將軍何公，司徒袁公，范曄後漢書，大將軍何進，司徒袁隗遣人敦寔，欲特授以不次之位，寔謝使者。前後招辟，使人曉喻，云欲特表，便可入踐常伯，超補三事，應劭漢官儀曰：侍中，周官號曰常伯，選於諸伯，言其道德可常尊也。環濟要略曰：侍中，古官。或曰：風后爲黄帝侍中，周時號曰常伯，秦始復故。三事，已見上文。紆佩金紫，光國垂勳。漢書曰：大司徒、大司馬、大司空皆金印紫綬。先生曰：「絶望已久，飾巾待期而已。」皆遂不至。列子，林類曰：吾老無妻子，死期將至。弘農楊公，東海陳公，范曄後漢書曰：太尉楊賜，司徒陳耽，每拜公卿，羣寮畢賀，賜等常歎寔大位未登，愧於先之也。每在衮職，羣寮賀之，衮職，謂三公也〔一〕。周禮曰：三公自衮冕而下。皆舉手曰：「潁川陳君，絶世超倫，大位未躋，方言曰：躋，登也。慙於臧文竊位之負〔二〕。」論語曰：臧文仲其竊位者歟？知柳下惠之賢而不與立也。故時人高其德，重乎公相之位也。

年八十有三，中平三年范曄後漢書，中平，靈帝年號也。八月丙午，遭疾而終。臨没顧命，留葬所卒，孔安國尚書傳曰：臨終之命曰顧命。時服素棺，槨財周櫬，喪事惟約，用過乎儉。周易曰：用過乎儉。羣公百寮，莫不咨嗟；巖藪知名，失聲揮涕。禮記曰：内人行哭失聲。家語曰：公父文伯卒，敬姜曰：無揮涕。王肅曰：揮涕，涕流以手揮之也。大将軍弔祠，錫以嘉謚，范曄後漢書曰：何進遣使弔祭。曰：「徵士陳君，稟嶽瀆之精，苞靈曜之純。孝經援神契曰：五嶽之精雄聖，四瀆之精仁明〔三〕。又鉤命決曰：五嶽吐精。宋均曰：吐精，生聖人也。靈曜，謂天也。尚書緯有考靈曜。天不憖遺老，俾屏我王，左氏傳，孔丘卒，公誄之曰：旻天不弔，不憖遺一老，俾屏予一人以在位。梁崩哲萎，于時靡憲。禮記曰：孔子早作，負手曳杖，逍遥於門，歌曰：泰山其頹乎！梁木其壞乎！搢紳儒林，論德謀跡，謚曰文範先生。」漢書有儒林傳。傳曰：「郁郁乎文哉。」論語文也。書曰：「洪範九疇，彝倫攸敘。」尚書，箕子謂武王曰：天乃錫禹洪範九疇，彝倫攸敘。文爲德表，範爲士則，存誨没號，不亦宜乎！三公遺令史祭以中牢。刺史敬弔。太守南陽曹府君命官作誄曰：「赫矣陳君，命世是生。廣雅曰：命，名也。李陵書曰：信命世之才。含光醇德，爲士作程。孔安國尚書傳曰：醇，粹也。毛萇詩傳曰：程，法也。資始既正，守終又令。周易曰：萬物資始。史記，祭公謀父曰：犬戎率舊德而守終純固。奉禮終没，休矣清聲！」遺官屬掾吏〔四〕，前後赴會，刊石作銘。

府丞與比縣會葬。荀慈明、韓元長等五百餘人，范曄後漢書曰：荀爽，字慈明，獻帝拜爲司空。又曰：韓融，字元長，獻帝初，官至太僕。緦麻設位，哀以送之。喪服傳曰：緦麻十五升布。鄭玄曰：謂之緦者，縷細如絲也，音思。孝經曰：哀以送之。遠近會葬，千人已上。河南尹种府君臨郡，謝承後漢書曰：劉翊，潁川人。河南尹种拂嘗來臨郡，翊爲主簿迎之。到官，深敬待之。然种府君即拂也。追歎功德，述録高行，以爲遠近鮮能及之，重直用〔五〕部大掾，以時成銘〔六〕。斯可謂存榮没哀，死而不朽者已。論語，子貢曰：夫子其生也榮，其死也哀。不朽，已見上文。乃作銘曰：

峩峩崇嶽，吐符降神；上林賦曰：南山峩峩。毛詩曰：維嶽降神，生甫及申。於皇先生，抱寶懷珍。如何昊穹，既喪斯文。論語，子曰：文王既没，文不在茲乎！天之將喪斯文也，後死者不得與於斯文也。微言圮絶，來者曷聞。微言，已見上文。幽通賦曰：將圮絶而罔階。論語曰：焉知來者之不如今也。交交黄鳥，爰集于棘。毛詩國風文。喻仕於亂時也。命不可贖，哀何有極！毛詩曰：如可贖兮，人百其身。

文選考異

〔一〕注「哀職謂三公也」　袁本無此六字，是也。茶陵本有，其此節注與五臣錯互而誤衍。

〔二〕塹於臧文竊位之負　袁本、茶陵本「臧文」作「文仲」。案：此無以考之，集亦作「文仲」。

〔三〕注「孝經援神契曰」下至「仁明」此十八字袁本、茶陵本無。案：因已見五臣而節去，尤添，是也。

〔四〕遺官屬掾吏　何校「吏」改「史」，是也。各本皆傳寫譌。集亦作「史」，譌與此同。

〔五〕注「直用」　袁本、茶陵本作「重直用切」四字，在正文「以成時銘」下，是也。

〔六〕以時成銘　袁本、茶陵本「時成」作「成時」。案：此無以考之也，集亦作「成時」。

褚淵碑文并序

王仲寶　蕭子顯齊書曰：王儉，字仲寶，琅邪人。幼專心篤學，手不釋卷。爲中書監，薨。

夫太上有立德，其次有立功，此之謂不朽。左氏傳曰：穆叔如晉，范宣子逆之，問焉，曰：古人有言曰，死而不朽，何謂也？穆叔對曰：豹聞之，太上有立德，其次有立功，其次有立言，雖久不廢，此之謂不朽也。所以子產云亡，宣尼泣其遺愛；左氏傳曰：子產卒，仲尼聞之出涕，曰：古之遺愛也。毛詩曰：人之云亡。隨武既沒，趙文懷其餘風。於文簡公見之矣。禮記曰：趙文子與叔譽觀乎九原，文子曰：死者如可作也，吾誰與歸？叔譽曰：其陽處父乎！文子曰：我則隨武子乎！利君不忘其身，謀身不遺其友。鄭玄曰：武子，士會也，食邑於隨。蔡邕郭林宗碑曰：先生既沒。魏志，太祖曰：孤到此州，嘉其餘風也。公諱淵，字彥回，河南陽翟人也。微子以至仁開基，宋段以功高命氏。史記曰：微子開者，殷帝乙之首子，紂之庶兄。武王崩，成王幼，武庚作亂，成王命誅武庚，乃命微子開代殷，國於宋。微子以故而仁賢，及代武庚，故殷餘民甚欣戴之而愛焉。左氏傳曰：魯季武子如宋，褚師段逆之。杜預曰：段，共公子子石也；褚師，官也。命氏，已見上文。爰逮兩漢，儒雅繼及；漢書曰：褚大通五經，爲博士。謝承後漢書曰：褚禧，字叔齊，陳留尉氏人，博聞廣見，聰明智達也。魏晉以降，奕世重暉。乃祖太傅元穆公，魏代褚氏未聞。晉中興書曰：褚裒，字季野，侍中、衛將軍，薨，贈太傅元穆侯。德合當時，行比州壤。魏書曰：陳寔德冠當時。莊子曰：行比一鄉。深識臧否，不以毁譽形言；王命論曰：淵然深識。毛詩曰：於予小子〔一〕，未知臧否。論語曰：吾之於人，誰毁誰譽？如有所譽者，其有所試矣。毛詩序曰：情動於中，而形於言。亮采王室，每懷沖虚之道。尚書曰：亮采惠疇。老子曰：大滿若沖。字林曰：沖，猶虚也。可謂婉而成章，志而晦者矣。左氏傳，君子曰：春秋之稱，微而顯，志而晦，婉而成章。

自兹厥後，無替前規，建官惟賢，軒冕相襲。尚書曰：建官惟賢。管子曰：先王制軒冕，足以著貴賤。劉歆移太常博士曰：聖帝明王，累起相襲。公稟川嶽之靈暉，含珪璋而挺曜，川嶽之靈，已見上文。禮記曰：珪璋特達。廣雅曰：挺，出也。和順内凝，英華外發。禮記曰：和順積中，而英華外發。神茂初學，業隆弱冠。弱冠，已見上文。是以仁經義緯，敦穆於閨庭；張叶白鳩頌曰：經仁緯義。王隱晉書曰：氾勝之穆敦九族。蔡邕何休碑曰：孝友盡於閨庭。金聲玉振，寥亮於區寓。金聲玉振，已見上文。鄭玄禮記注曰：振，猶動也。東京賦曰：區寓乂寧。孝敬淳深，率由斯至；毛詩序曰：成孝敬。

袁宏竹林名士傳曰：山濤淳深慎嘿。尚書曰：率由典常。盡歡朝夕，人無間言。禮記，孔子曰：啜菽飲水盡其歡，斯之謂孝。論語，子曰：孝哉閔子騫，人不間於其父母昆弟之言。逍遥乎文雅之囿，翺翔乎禮樂之場。劇秦美新曰：逍遥乎文雅之囿，翺翔乎禮樂之場。風儀與秋月齊明，音徽與春雲等潤。音徽，即徽音也。毛詩曰：太姒嗣徽音。韻宇弘深，喜愠莫見其際；晉中興書曰：衛玠終身不見其愠喜。袁宏竹林名士傳曰：山濤莫見其際。心明通亮，用人言必由於己〔二〕。王命論曰：見善如不及，用人如用己。汪汪焉，洋洋焉，可謂澄之不清，撓之不濁。范曄後漢書曰：郭林宗少遊汝南，先過袁宏〔三〕，不宿而退；往從黄憲，累日方還。或問林宗，林宗曰：奉高之器，譬諸汎濫〔四〕。雖清而易挹。叔度汪汪若萬頃之陂，澄之不清，撓之不濁，不可量也。袁陽源才氣高奇，綜覈精裁；沈約宋書曰：袁淑，字陽源，少有風氣，遷尚書吏部郎。臧榮緒晉書曰：吕安才氣高奇。又曰：荀顗綜覈名實，風俗澄一。范曄後漢，書左朱零曰〔五〕：范滂精裁，猶以利刃斷腐朽。宋文帝端明臨朝，鑒賞無昧。鶡冠子曰：所謂命者，靡不在君也；君也者，端神明者也；神明者，以人爲本者也。班固成帝贊曰：臨朝淵默。袁既延譽於遐邇，文亦定婚於皇家。國語曰：使張老延君譽于四方。蔡邕述行賦曰：皇家赫而天居。選尚餘姚公主，拜駙馬都尉。蕭子顯齊書曰：淵少有世譽，復尚公主。漢結叔高，晉姻武子，方斯蔑如也。三輔决録曰：平陵竇叔高以經術稱。摯虞曰：叔高名玄，以明經爲郡上計吏。朝會數百人，叔高儀狀絶衆，天子異其貌，以公主妻之。出朝，同輩嘲笑焉。叔高時以自有妻，不敢以聞，方欲迎妻與決，未發，而詔叔高就第成婚。王隱晉書曰：王武子少知名，有俊才，尚武帝姊常山公主。毛萇詩傳曰：蔑，無也。

釋褐著作佐郎，轉太子舍人。濯纓登朝，冠冕當世；楚辭曰：滄浪之水清，可以濯我纓。晉中興書，庾冰疏曰：臣因循家寵，冠冕當世。升降兩宫，實惟時寶。陸機謝内史表曰：官成兩宫。尚書曰：所寶惟賢。具瞻之範既著，台衡之望斯集。毛詩曰：赫赫師尹，民具爾瞻。春秋漢含孳曰：三公在天法三能。台與能同。毛詩曰：實惟阿衡，左右商王。出參太宰軍事，入爲太子洗馬，俄遷祕書丞。贊道槐庭，司文天閣；周禮曰：面三槐，三公位焉。晉令曰：祕書郎掌三閣經書。三輔故事曰：天禄閣在大殿北，以藏秘書。光昭諸侯，風流籍甚。韓詩外傳曰：爲人君者，則願以爲臣，名昭諸侯，天下願焉。習鑿齒晉陽秋曰：王夷甫、樂廣俱宅心事外，言風流者，稱王、樂焉。漢書曰：陸賈遊漢庭公卿間，名聲籍甚。以父憂去職，蕭子顯齊書曰：淵父湛之，驃騎將軍。喪過乎哀，幾將毁滅。周易曰：喪過乎哀。孝經曰：毁不滅性。有識留感，行路傷情。桓譚新論，雍門周説孟嘗君曰：有識之士莫不爲足下寒心酸鼻。論衡曰：行路之人，皆能論之。家語曰：子游見行路之人云魯司鐸火。

服闋，除中書侍郎。鄭玄禮記曰〔六〕：闋，終也。王言如絲，其出如綸。禮記曰：王言如絲，其出如綸。恪居官次，智効惟穆。左氏傳曰：閔子騫曰〔七〕：敬恭朝夕，恪居官次。莊子曰：智効一官。于時新安王寵冠列蕃，越敷邦教，毗佐之選，妙盡國華。沈約宋書曰：始平孝敬王子鸞，字孝羽，孝武帝第八子也，初封新安王。母殷叔儀，寵傾後宫，子鸞愛冠諸子，凡爲上所盼遇者，莫不入子鸞府國。子鸞兼司徒，進號撫軍將軍。尚書曰：司徒掌邦教，敷五典。國語，季文子曰：吾以德榮爲國華。韋昭曰：以德榮顯者，可以爲國之光華也。出爲司徒右長史，轉尚書吏部郎。執銓以平，韋昭漢書注曰：銓，稱錘。聲類曰：銓，所以稱物。晉起居注曰：太康四年，詔曰：選曹銓管人材。御煩以簡，裴楷清通，王戎簡要，復存於兹。臧榮緒晉書曰：裴楷，字叔則，河東人也，爲尚書郎。吏部郎闕，太祖問其人於鍾會，會曰：裴楷清通，王戎簡要，皆其選也。是以楷爲吏部郎。泰始之初，入爲侍中。裴子野宋略曰：壽寂之前刃少帝，延湘東王升御坐，立爲明帝。又曰：明皇帝年號泰始。曾不移朔，遷吏部尚書。是時天步初夷，王途尚阻，天步初夷，謂弒少帝也。裴子野宋略曰：江州刺史晉安王子勛作亂。蕭子顯齊書曰：建安王休仁南討賊，屯鵲尾洲，遣淵詣軍，選將帥以下勳階。毛詩曰：天步艱難。蔡邕劉寬碑曰：統艾三軍，以清王塗。答賓戲曰：王途蕪穢，周失其馭。元戎啓行，衣冠未緝。元戎啓行，謂建安出征也。毛詩曰：元戎十乘，以先啓行。衣冠，謂朝士也。范曄後漢書，霍諝奏記曰：宋光衣冠子孫。爾雅曰：輯，和也。緝與輯同。内贊謀謨，外康流品。東觀漢記，世祖策曰：前將軍鄧禹與朕謀謨帷幄。李重集曰：爲選部尚書，其箴曰：銓管人流，品藻清濁。制勝既遠，涇渭斯明。孫子兵法曰：水因地而制行，兵因敵而制勝。孫綽子曰：或問雅俗，曰：涇、渭殊流，雅、鄭異調。賞不失勞，舉無失德。左氏傳，隨武子曰：楚君舉不失德，賞不失勞。績簡帝心，聲敷物聽。崔駰武賦曰：假皇天乎簡帝心。尚書大傳曰：文王施政而物皆聽。事寧，領太子右衛率，固讓不拜。尋領驍騎將軍。以帷幄之功，膺庸祇之秩，帷幄，已見上文。尚書，王曰：惟乃文考，庸庸祗祗，威威顯民。孔安國曰：用可用，敬可敬。封雩都縣開國伯，食邑五百户。漢書有豫章郡雩都縣〔八〕。既秉辭梁之分〔九〕，又懷寢丘之志，國語曰：惠王以梁予魯陽文子，辭曰：梁險而在遠，懼子孫之有貳者。縱臣而得全其首領以没，懼子孫之以梁乏臣之祀也。乃與魯陽。賈逵曰：惠王，楚昭王子。梁，楚北境。魯陽文子，楚平王之孫，司馬子期之子魯陽公。列子曰：孫叔敖疾，將死，戒其子曰：王亟封我矣，吾不受也。我死，王則封汝，汝必無受利地。楚、越之間有寢丘者，此地不利而名甚惡，楚人鬼之，越人機之〔一〇〕，可長有者惟此也。孫叔敖死，王果以美地封其子，辭而不受，請寢丘，與之，至今不失。所受田邑，不盈百井。周禮曰：畝百爲夫，夫三爲屋，屋三爲井。漢書曰：井方一里。

久之，重爲侍中，領右衛將軍。盡規獻替，均山甫之庸；國語，召康公曰：天子聽政，近臣盡規。又，史黯謂趙簡子曰：夫事君者，諫過而後賞善〔一一〕，薦可而替否，獻能而進賢。毛詩曰：袞職有闕，惟仲山甫補之。緝熙王旅，兼方叔之望。毛詩曰：維清緝熙，文王之典。又曰：王旅嘽嘽，如飛如翰。又曰：方叔莅止，其車三千。丹陽京輔〔一二〕，遠近攸則；漢書曰：右内史武帝更名京兆尹，左内史更名左馮翊，主爵中都尉更名右扶風，是爲三輔。又百官表有京輔都尉。毛詩曰：商邑翼翼，四方之極。鄭玄曰：商邑之禮俗翼翼然可則効，乃四方之中正也。吴興襟帶，實惟股肱；李尤有函谷關銘曰〔一三〕：襟帶咽喉。漢書曰：季布爲河東守，上召布曰：河東吾股肱郡，故時召君耳。頻作二守，並加蟬冕。蕭子顯齊書曰：尋遷散騎常侍，丹陽尹；出爲吴興太守，常侍如故。蔡邕獨斷曰：侍中、中常侍加貂附蟬。政以禮成，民是以息。左氏傳郤至之辭，已見上文。明皇不豫，儲后幼沖，沈約宋書曰：太宗明皇帝諱彧。又曰：後廢帝昱字德融，明帝長子也。泰始七年，立爲皇太子。太宗崩，太子即位。尚書曰：武王有疾弗豫。謝承後漢書曰：孝靈帝崩，皇太子即位，主上幼沖。貽厥之奇，允屬時望。毛詩曰：貽厥孫謀，以燕翼子。徵爲吏部尚書，領衛尉，固讓不拜。改授尚書右僕射。端流平衡，外寬内直。賈子曰：視有四則，朝廷之視，端流平衡。韓詩外傳曰：外寬内直，蘧伯玉之行也。弘二八之高譽，宣由庚而垂詠。二八，八元、八愷也。毛詩序曰：由庚，萬物得由其道也。太宗即世，遺命以公爲散騎常侍、中書令、護軍將軍。送往事居，忠貞允亮。太宗，明帝〔一四〕。左傳，荀息謂晉獻公曰：公家之利，知無不爲，忠也；送往事居，耦俱無猜，貞也。秉國之均，四方是維。毛詩小雅文也。百官象物而動，軍政不戒而備。左氏傳曰：隨武子曰：蔿敖爲太宰，百官象物而動，軍政不戒而備。公之登太階而尹天下，君子以爲美談，孔融張儉碑曰：惜乎不登太階以尹天下，致皇代於隆熙。公羊傳曰：魯人至今以爲美談。亦猶孟軻致欣於樂正，羊職悦賞於士伯者也。孟軻曰〔一五〕：魯欲使樂正子爲政，孟子喜而不寐。公孫丑曰：奚喜？曰：其爲人也好善。劉熙曰：樂正，姓也；子，通稱也。名克。左氏傳曰：晉侯賞桓子狄臣千室，亦賞士伯以瓜衍之縣。羊舌職悦之，以爲當也。丁所生母憂，謝職。毀疾之重，因心則至。蕭子顯齊書曰：淵遭庶母郭氏喪，葬畢，起爲中軍將軍，本官如故。毛詩曰：因心則友。朝議以有爲爲之，魯侯垂式，禮記，子夏問曰：三年之喪卒哭，金革之事無避也。禮歟？孔子曰：吾聞諸老聃曰：昔有魯伯禽〔一六〕有爲爲之。今以三年之喪從利者，吾弗知也。存公忘私，方進明準。漢書曰：翟方進，字子威，汝南人也，爲丞相。及母既終，葬，三十六日除服，起視事，以爲身備漢相，不敢踰國家之制也。爰降詔書，敦還攝任。固請移歲，表奏相望。事不我與，屈己弘化。沈約宋書曰：褚淵以母憂去職，詔攝本任。爾雅曰：敦，勉也。嵇康幽憤詩曰：時不我與。荀悦申鑒曰：聖王屈己以申天下之樂。尚書曰：三孤貳公弘化。屬值三季在辰，戚蕃内侮；國語，郭偃曰：三季王之亡也，宜哉！韋昭曰：三季，桀、紂、幽王也。潘元茂九錫文曰：稱兵内侮。桂陽失圖，窺窬神器。沈約宋書曰：桂陽王休範，文帝子也，封爲桂陽王，後爲江州刺史。及太宗晏駕，主幼時屯，遂舉兵反。休範已至新林，朝廷震動。平南將軍齊王出次新亭，中軍將軍褚淵入衛殿省。休範自於新林步上，越騎校尉張苟兒直前斬休範首持還。休範自新林分遣同黨杜墨蠡等，直入朱雀門。休範雖死，不相知聞。墨蠡至杜姥宅，宫省怖擾。於是城内分遣諸軍東西奮擊，諸賊一時奔散，斬墨蠡等。劉琨勸進表曰：狡寇窺窬。左氏傳，師服曰：民服其上，下無覬覦。杜預曰：下不冀望上位也。窬與覦同。鼓棹則滄波振蕩，建旗則日月蔽虧。湛方生詩曰：鼓棹行遊矚。吴都賦曰：振蕩汪流。曹子建責躬詩曰：建旗東岳。子虚賦曰：岑崟參差，日月蔽虧。出江派而風翔，入京師而雷動。典引曰：仁風翔于海表。曹植任城王誄曰：矯矯元戎，雷動雲徂。楚辭曰：雷動電發。鳴控弦於宗稷，流鋒鏃於象魏。班固漢書李廣述曰：控弦貫石，威動北鄰。宗，宗社也。蔡邕獨斷曰：天子立宗社曰泰。社稷，宗社之稷。周禮曰：太宰縣治象之法于象魏。五等論曰：鋒鏑流乎絳闕。雖英宰臨戎，元渠時殄；英宰，謂齊王也。元渠，謂休範也。晉中興書，穆帝詔曰：實賴英宰淵謀。尚書曰：殲厥渠魁。而餘黨寔繁，宫廟憂逼。餘黨，謂杜墨蠡也。公乃揔熊羆之士，不貳心之臣〔一七〕，尚書曰：先君文、武，則亦有熊羆之士，不貳心之臣。戮力盡規，克寧禍亂。國語曰：戮力一心。賈逵曰：戮力，并力也。盡規，已見上文。康國祚於綴旒，拯王維於已墜。公羊傳曰：君若贅旒。然贅猶綴也。何休曰：旒，旗旒也。誠由太祖之威風，抑亦仁公之翼佐。太祖，齊王也。可謂德刑詳，禮義信，戰之器也。左氏傳曰：楚子救鄭，軍過申，子反入見申叔時曰：師其何如？對曰：德刑詳，禮義信，戰之器也。杜預曰：器，猶用也。以靜難之功，進爵爲侯，兼授尚書令、中軍將軍，給班劍二十人。功成弗有，固秉撝挹。老子曰：功成而弗居。周易曰：無不利撝謙。韓詩外傳曰：孔子曰：持滿之道，挹而損之。晉起居注，安帝詔曰：灑落成勳，固秉謙挹。改授侍中、中書監，護軍如故。又以居母艱去官。蕭子顯齊書曰：淵後嫡母吴郡公主薨，毁瘠如初。雖事緣義感，而情均天屬。莊子曰：桑雩謂孔子曰：子獨不聞假人之亡與？林回棄千金之璧，負赤子而趨，何與？林回曰：彼以利合，此以天屬者也。司馬彪曰：假，國名也。屬，連也。顔丁之合禮，二連之善喪，亦曷以踰！禮記曰：顔丁善居喪，始死，皇皇焉如有求而弗得；及殯，望望焉如有從而弗及。鄭玄曰：顔丁，魯人也，居喪合禮。禮記，孔子曰：少連、大連善居喪，三日不怠，三月不解。

天厭宋德，水運告謝。左氏傳，鄭伯曰：天而既厭周德矣。水運，宋也。射雉賦曰：青陽告謝。王逸楚辭注曰：謝，去也。嗣王荒怠於天位〔一八〕，沈約宋書曰：後廢帝，明帝長子，諱昱，即位，淫亂。尚書曰：商王受荒怠弗敬。又伊尹曰：天位艱哉！彊臣憑陵於荆楚。沈約宋書曰：荆州刺史沈攸之便有異志。左氏傳，鄭王子伯駢曰：今楚憑陵我城郭。廢昏繼統之功，龕亂寧民之德，廢昏，謂廢帝爲蒼梧王也。繼統，謂立順帝也。蕭子顯齊書曰：蒼梧暴虐稍甚。及廢，羣公集議，袁粲、劉秉既不受，淵曰：非蕭公無以了此。手取筆授太祖。太祖曰：相與不肯，我安得辭？事乃定。順帝立，檄太常曰〔一九〕：繼統揚業。墨子曰：夏桀時，天乃命湯於鑣宮，有神來告曰：夏德大亂，往攻之，予必使汝大戡之。崔寔正論曰：及其出也，足以濟世寧民也。公實仰贊宏規，參聞神筭。潘岳賈充誄曰：使夫疑廟定於神筭。雖無受脤出車之庸，亦有甘寢秉羽之績。左氏傳，劉子曰：國之大事，在祀與戎；祀有執膰，戎有受脤。毛詩曰：我出我車，于彼牧矣。莊子，仲尼謂楚王曰：孫叔敖甘寢秉羽而郢人投兵。慎子注曰：甘寢，安寢也。乃作司空，山川攸序；禮記曰：司空執度，度地居民。山川，沮澤也。兼授衛軍，戎政輯睦。牽秀皇甫陶碑曰：帝命既允，戎政以閑。左氏傳，隨武子曰：楚卒乘輯睦，事不奸矣。

既而齊德龍興，順皇高禪。沈約宋書曰：順帝諱准，字仲謀，明帝第三子。廢帝殞，奉迎入居朝堂。即位後，四年，禪位于齊，帝遜位于東邸。孔安國尚書序曰：漢室龍興。深達先天之運，匡贊奉時之業。周易曰：大人者，與天地合其德，先天而天弗違，後天而奉天時。弼諧允正，徽猷弘遠，尚書曰：允迪厥德，謨明弼諧。毛詩曰：君子徽猷〔二〇〕，小人與屬。樹之風聲，著之話言，左氏傳，君子曰：古之王者，並建聖哲，樹之風聲，著之話言。亦猶稷契之臣虞夏，荀裴之奉魏晉。魏志曰：太祖封荀攸亭侯，轉爲中軍師。魏國初建，爲尚書令。臧榮緒晉書曰：裴秀，字季彥，河東人也。常道鄉公立，與議定策，遷尚書僕射。及世祖受禪，進左光禄大夫。自非坦懷至公，永鑒崇替，國語，藍尹亹謂子西曰：吾聞君子惟獨居思念前世之崇替，於是乎有歎。韋昭曰：崇，終也；替，廢也。孰能光輔五君，寅亮二代者哉！左氏傳曰：楚屈建語康王晉范會之德。康王曰：神人無怨，宜夫子之光輔五君，以爲諸侯主也。五君：宋文、明、順、齊高、武。然此武猶未立，蓋終言之。寅亮，已見班孟堅封燕然山銘。大啓南康，爰登中鉉；時膺土宇，固辭邦教。蕭子顯齊書曰：建元元年，進位司徒，侍中、中書監如故，改封南康郡公，邑三千户。淵固讓司徒。毛詩曰：大啓爾宇。毛萇曰：宇，居也。東京賦曰：廣啓土宇。周易曰：鼎金鉉。鄭玄曰：金鉉，喻明道能舉君之官職也。鄭玄尚書注曰：鼎，三公象也。今之尚書令，古之冢宰，蕭子顯齊書曰：淵尋加尚書令，本官如故。周禮曰：乃立天官冢宰而掌邦治。鄭玄曰：爾雅曰：冢，大也。冢宰，大宰。雖秩輕於衮司，而任隆於百辟。衮司，三公也。毛詩曰：百辟其刑之。暫遂沖旨，改授朝端。晉起居注曰：帝詔曰〔二一〕：若不少順沖旨，降損盛制。晉中興書，謝石上疏曰：尸素朝端，忽焉五載。邇無異言，遠無異望。劉琨勸進表曰：是以邇無異言，遠無異望。帝嘉茂庸，重申前册。執五禮以正民，簡八刑而罕用。蕭子顯齊書曰：二年，重申前命爲司徒。周禮曰：掌邦禮以佐王和邦國。鄭玄曰：禮謂典禮五：吉、凶、軍、賓、嘉也。孔安國尚書傳曰：簡，略也。周禮，大司徒職曰以八刑糾萬民：一曰不孝之刑，二曰不義之刑，三曰不媚之刑，四曰不悌之刑，五曰不任之刑，六曰不恤之刑，七曰造言之刑，八曰亂民之刑。媚音因〔二二〕。故能騁績康衢，延慈哲后。登樓賦曰：假高衢而騁力。鄧耽郊祀賦曰：伊皇母以延慈。義在資敬，情同布衣；孝經曰：資於事父以事君而敬同。晉中興書，庾亮上疏曰：先帝謬顧，情同布衣。出陪鑾蹕，入奉帷殿。仰南風之高詠，餐東野之祕寶〔二三〕。家語曰：

舜彈五絃之琴，造南風之詩。王隱晉書，庾峻曰：知足如疎廣，雖去列位〔二四〕而居東野。東野，未詳。又曰〔二五〕：雒書零准聽曰：顧命云：天球河圖在東序。天球，寶器也。河圖本紀〔二六〕，圖帝王終始存亡之期。典引曰：御東序之祕寶。然野當爲杼，古序字也。以是圖緯，故曰餐。餐，美也。雅議於聽政之晨，披文於宴私之夕。禮記曰：君日出視朝，退適路寢聽政。王廙思逸民賦曰：左披文以遘話，講六藝之宏敷。毛詩曰：諸父兄弟，備言燕私。參以酒德，間以琴心。晉書，劉伶〔二七〕有酒德頌。列仙傳曰：涓子作琴心三篇。曖有餘暉，遥然留想。曖，温貌。莊子曰：曖然似春，遥然流想，所慮者深也。君垂冬日之温，臣盡秋霜之戒，言君垂恩有如冬日，而臣戒懼常若秋霜。鄧析子曰：爲君者若冬日之陽，夏日之陰。荀悦申鑒曰：主怒如秋霜。肅肅焉，穆穆焉。爾雅曰：穆穆、肅肅，敬也。於是見君親之同致，知在三之如一。國語，武公伐翼，殺哀侯，止欒共子曰：苟無死，吾以見之，令子爲上卿。辭曰：成聞之，人生於三，事之如一。父生之，師教之，君食之。非食不長，非教不智，生之族也，故一事之。惟其所在，則致死矣。太祖升遐，綢繆遺寄。蕭子顯齊書曰：太祖崩，遺詔以淵録尚書事。禮記曰：天子崩，告喪曰：天王登遐。西征賦曰：武皇忽其升遐。以侍中、司徒録尚書事。稟玉几之顧，奉綴衣之禮。尚書顧命曰：皇后憑玉几，道揚末命。又曰：出綴衣于庭，越翼日，王崩。擇皇齊之令典，致聲化於雍熙。左氏傳，隨武子曰：蔿敖爲太宰，擇楚國之令典。東京賦曰：上下共其雍熙。內平外成，實昭舊職。左氏傳，太史克曰：舜舉八元，布五教於四方，內平外成。又，展禽曰：桓公糾合諸侯，實昭舊職。增給班劍三十人，晉公卿禮秩曰：諸公給虎賁三十人〔二八〕，持劍焉。物有其容，徽章斯允。左氏傳，膳夫屠蒯曰：事有其物，物有其容。禮記曰：殊徽號。鄭玄曰：徽，旌旗之名也。又曰：以爲旗章，以别貴賤。鄭玄曰：章，幟也。位尊而禮卑，居高而思降。自夏徂秋，以疾陳退。朝廷重違謙光之旨，用申超世之尚，周易曰：謙尊而光，卑而不可踰。晉起居注，安帝詔曰：今權順所請，以申超世之美。改授司空，領驃騎大將軍，侍中録尚書如故。蕭子顯齊書曰：淵寢疾，上相星連有變，淵憂之，表遜位，乃改受司空，領驃騎將軍，侍中録尚書如故。

景命不永，大漸彌留。蔡邕楊公誄曰：功成化洽，景命有傾。尚書曰：降年有永有不永。又曰：疾大漸惟幾，病日臻，既彌留。建元四年八月二十一日薨于私第，春秋四十有八。昔柳莊疾棘，衛君當祭而輟禮；禮記曰：衛有太史曰柳莊，寢疾，公曰：若疾革，雖當祭必告也。公再拜稽首請於尸曰：臣有柳莊也，非寡人之臣，社稷之臣。聞之死，請往。不釋服而往，遂以襚之。晏嬰既往，齊君趍車而行哭。晏子曰：齊景公遊於菑。晏子死，公繁駔而馳〔二九〕。自以爲遲；下車而趍，知不如車之駃〔三〇〕，則又乘之。比至國，四下而趍，至則伏尸而哭曰：百姓誰復告我惡邪？韓詩外傳曰：趍車，馳馬也。公之云亡，聖朝震悼於上，羣后恇動於下〔三一〕，鄭玄禮記注曰：恇，恐也。豈唯哀纏一國，痛深一主而已哉！言萬國同戚，豈如柳莊、晏嬰事止一國一主而已哉！李蕭遠運命論曰：區區於一主，歎息於一朝。追贈太宰，侍中録尚書如故，給節羽葆鼓吹班劍爲六十人，謚曰文簡，禮也。

夫乘德而處，萬物不能害其貞；莊子曰：夫乘道德而浮遊則不然，無譽無訾，浮遊乎萬物之祖，物物而不物於物，則胡可得而累邪！虛己以遊，當世不能攖其度。莊子曰：方舟而濟於河，有虛船來觸舟，雖有惼心之人不能怒。人虛己以遊於世，其孰能害之。均貴賤於條風，忘榮辱於彼我。淮南子曰：夫貴賤之於身也，猶條風之時麗也；毀譽之於己，猶蚊虻之一過也。莊子，肩吾問於孫叔敖曰：子三爲令尹而不榮華，三去之而無憂色，何也？孫叔敖曰：不知其在彼乎，其在我乎？其在彼邪亡乎我，其在我邪亡乎彼，何暇至乎人貴人賤哉！然後可兼善天下，聊以卒歲。孟子曰：古之人窮則獨善其身，達則兼善天下者也。家語，孔子歌曰：優哉游哉，聊以卒歲。經始圖終，式免祗悔。潘岳家風詩曰：經始復圖終，葺宇營丘園。周易曰：無祗悔。誰云克備，公實有焉。是以義結君子，惠霑庶類。國語曰：夏禹能平水土，以品處庶類者也。言象所未形，述詠所不盡。謝慶緒答郄敬書曰〔三二〕：至理深玄，非言象所喻也。故吏某甲等，感逝川之無捨，哀清暉之眇默。論語，子在川上曰：逝者如斯夫！不捨晝夜。傅咸贈何劭王濟詩曰：二離揚清暉。眇默，遠貌也。楚辭曰：路眇眇兮默默。餐輿誦於丘里，瞻雅詠於京國。左氏傳曰：子產爲政，輿人誦之曰：子產若死，其誰嗣之？思衛鼎之垂文，想晉鍾之遺則。禮記，衛孔悝鼎銘曰：公曰叔舅，予與汝銘，若纂乃考服。國語，晉悼公曰：昔克路之役，秦來圖敗晉功。魏顆以其身却退秦師于輔氏，親止杜回。其勳銘于景鍾。韋昭曰：景鍾，景公鍾也。方高山而仰止，刊玄石以表德。其辭曰：毛詩曰：高山仰止。禰衡顏子碑曰：乃刊玄石而旌之。

辰精感運，昴靈發祥。爾雅曰：大辰，房心尾也。王逸楚辭注曰：辰星，房星也。春秋元命苞曰：殷紂之時，五星聚房者〔三三〕，蒼神之精，同據而興〔三四〕。齊水德，故曰辰精。春秋佐助期曰：漢將蕭何，昴星精，生於豐，通於制度。發祥，已見上文。元首惟明，股肱惟良。言君感辰精而王，故曰惟明；臣感昴宿以生，故良也〔三五〕。尚書大傳曰：元首明哉！股肱良哉！元首，君也；股肱，臣也。天鑒璿曜〔三六〕，踵武前王。言君能鑒照璇璣七曜之道，踵武前王而受禪也。毛詩曰：天鑒在下，有命既集。尚書曰：在璿璣玉衡以齊七政。璇與璿同。七政，七曜。楚辭曰：及前王之踵武。欽若元輔，體微知章。言臣能敬順元輔大臣之義，體微知章而匡贊之也。尚書曰：欽若昊天。班固涿邪山文曰：晄晄將軍，大漢元輔。周易曰：君子知微知章。永言必孝，因心則友。毛詩曰：永言孝思，孝思惟則。因心則友，已見上文。仁洽兼濟，愛深善誘。莊子，仲尼謂老聃曰：兼愛無私，此仁之情也。善誘，已見上文。觀海齊量，登嶽均厚。班彪覽海賦曰：觀滄海於茫茫。海賦曰：爾其大量也。莊子曰：淵淵其若海也。郭象曰：容悠無量也。法言曰：登東嶽而知衆山之邐迤。莊子，老聃曰：至人若地之自厚。家語，齊大夫子與適魯，見孔子曰：乃今而後知泰山之爲高，海淵之爲大。五臣茲六，八元斯九。呂氏春秋曰：武王之佐五人。高誘曰：周公旦、召公奭、太公望、畢公高、蘇公忿生也。潘岳魯武公誄曰：昂昂公侯，實天誕育；八元斯九，五臣茲六。內謨帷幄〔三七〕，外曜台階。帷幄，已見上文。黃帝泰階六符經曰：泰階者，天之三階也。上階爲天子，中階爲諸侯公卿大夫，下階爲元士庶人。漢書音義，三階，三台也。范曄後漢書，郎顗曰：三公上應三台。遠無不肅，邇無不懷。國語，祭公謀父曰：近無不聽，遠無不服。阮嗣宗勸晉王牋曰：遠無不服，邇無不肅。如風之偃，如樂之諧。論語曰：草上之風必偃。左氏傳曰：晉侯以樂之半賜魏絳，曰：子教寡人和諸戎狄，以正諸華，八年之中，九合諸侯，如樂之和，無所不諧，請與子樂之。光我帝典，緝彼民黎。劇秦美新曰：帝典闕而不補。率禮蹈謙，諒實身幹。南都賦曰：率禮無違。周易曰：履道坦坦，幽人貞吉。王弼曰：履道尚謙而二，以陽處陰，履於謙也。左氏傳曰：晉侯使郤錡來乞師，將事不敬，孟獻子曰：郤氏其亡乎！禮，身之幹也；敬，身之基也。跡屈朱軒，志隆衡館。尚書大傳曰：未命爲士，不得乘朱軒。衡館，衡門之館也。眇眇玄宗，萋萋辭翰。義既川流，文亦霧散。蔡邕何休碑曰：辭述川流，文章雲浮。孝經鉤命决曰：雲委霧散。嵩構云頹，梁陰載缺。並見上文。德猷靡嗣，儀形長遰音逝〔三八〕。德猷，令德徽猷也；儀形，容儀形體也。鄭玄春秋緯注曰：遰，去也。怊悵餘徽，鏘洋遺烈。楚辭曰：心怊悵以永思。久而彌新，用而不竭。典引曰：扇遺風，播芳烈，久而愈新，用而不竭。

文選考異

〔一〕注「於予小子」　案：「予」當作「乎」。各本皆譌。

〔二〕用人言必由於己　袁本云善有「人」字。茶陵本云五臣無。案：各本所見皆非也。蓋涉注引「用人如用己」而誤衍，非善與五臣有異。何校去「言」字，亦誤。

〔三〕注「先過袁宏」　袁本、茶陵本「宏」作「閎」，是也。

〔四〕注「譬諸汎濫」　案：「汎」當作「氿」。各本皆譌。氿濫，氿泉、濫泉也。答賓戲云：「懷氿濫。」何、陳校改「氿」者非。

〔五〕注「范曄後漢書左朱零曰」　案：「書」字當重，「左」當作「佐」。各本皆脱誤。何、陳校去「左」字者非。

〔六〕注「鄭玄禮記曰」　袁本、茶陵本「記」下有「注」字，是也。

〔七〕注「閔子騫曰」　案：「騫」當作「馬」。各本皆譌。

〔八〕注「有豫章郡雩都縣」　袁本、茶陵本無「有」字。陳云當在「雩」字上，是也。尤校添而誤其處。

〔九〕既秉辭梁之分　陳云「分」五臣作「介」，爲是。案：陳所説非也。「分」字去聲，謂其辭過分之賞，由能秉執己分，合觀下句自明。五臣誤讀爲「介」而云「孤介之節」，全失文意。此善與五臣截然有異，不容亂之者。

〔一〇〕注「楚人鬼之越人機之」　茶陵本上「之」作「而」，無下「之」字，是也。袁本誤與此同。又案：「機」當作「禨」。各本皆譌。

〔一一〕注「諫過而後賞善」　案：「後」字不當有。各本皆衍。

〔一二〕丹陽京輔　何校「陽」改「楊」，陳同，是也。下注同。案：二字多相混。此亦不具出。

〔一三〕注「李尤有函谷關銘曰」　袁本、茶陵本無「有」字，是也。

〔一四〕注「太宗明帝」　袁本、茶陵本無此四字。案：無者最是。

〔一五〕注「孟軻曰」　茶陵本「軻」作「子」，是也。袁本亦誤「軻」。

〔一六〕注「昔有魯伯禽」　陳云有者誤。何校「魯」下添「公」字，是也。各本皆誤脱。

〔一七〕不貳心之臣　茶陵本「不」上有「率」字，云五臣無。袁本校語云善無「率」。案：尤所見與袁同，是也。茶陵校語有誤。

〔一八〕嗣王荒怠於天位　袁本、茶陵本「王」作「主」，是也。

〔一九〕注「檄太常曰」　何校「檄」改「移」，陳同，是也。各本皆誤。

〔二〇〕注「君子徽猷」　陳云「子」下脱「有」字，是也。各本皆脱。

〔二一〕注「晉起居注曰帝詔曰」　陳云上「曰」字「安」誤，是也。各本皆誤。

〔二二〕注「周禮大司徒職曰」下至「媚音因」　袁本、茶陵本無此六十四字。

〔二三〕餐東野之祕寶　茶陵本「野」作「杼」，云五臣作「野」，亦作「序」。袁本作「野」，無校語。案：善注「東野未詳」，又注「然野當爲杼，古序字。」袁、茶陵二本所載五臣翰注云「野」當爲「序」云云。然則「杼」、「序」皆後人改，茶陵校語全非。

〔二四〕注「雖去列位」　袁本、茶陵本「雖去」作「在」，是也。

〔二五〕注「又曰雒書」　袁本、茶陵本「又」作「一」，是也。

〔二六〕注「河圖本紀」　袁本、茶陵本「本」作「今」。陳云據王元長策秀才文注引璇璣鈐，「本」，「命」誤，「紀」下脱「也」字，是也。

〔二七〕注「晉書劉伶」　袁本、茶陵本無「晉書」二字，「伶」作「劭」。案：尤所校改，亦非，「劭」當作

「靈」，説見前。

〔二八〕注「諸公給虎賁三十人」　袁本「三」作「二」，是也。茶陵本亦誤「三」。

〔二九〕注「公繁騆而馳」　袁本、茶陵本「繁」作「擊」。案：此尤校改之也。後齊故安陸昭王碑文注引作「繁騆」，不誤，亦可證。

〔三〇〕注「知不如車之駃」　陳云「駃」，「駛」誤，是也。各本皆譌。齊故安陸昭王碑文亦譌「駃」。

〔三一〕羣后恇動於下　袁本、茶陵本「動」作「慟」。案：此無以考之也。

〔三二〕注「謝慶緒答郄敬書曰」　袁本「郄」作「郗」，是也。茶陵本亦誤「郄」。又案：「敬」下當有「輿」字。各本皆脱。前遊天台山賦注引可證。其「郄」字彼亦誤，當互訂也。

〔三三〕注「五星聚房者」　陳云當重有「房」字，是也。各本皆脱。

〔三四〕注「同據而興」　陳云「同」，「周」誤，是也。各本皆譌。

〔三五〕注「故良也」　袁本、茶陵本「故」下有「曰惟」二字。

〔三六〕天鑒璿曜　何校「璿」改「琁」。陳云據注「璿」當作「琁」。案：袁、茶陵二本所載五臣良注字作「璿」。此必善「琁」、五臣「璿」，各本亂之而失著校語。

〔三七〕内謨帷幄　袁本、茶陵本「謨」作「謩」。案：上文「内贊謀謨」作「謨」，「宏二八之高謩」作「謩」。善果何作？無以考之也。

〔三八〕注「音逝」　袁本、茶陵本此二字在注末，是也。

文選卷第五十九

碑文下　墓誌

碑文下

頭陁寺碑文

天竺言頭陁，此言斗藪。斗藪煩惱，故曰頭陁。

王簡棲　姓氏英賢録曰：王巾〔一〕，字簡棲，琅邪臨沂人也。有學業。爲頭陁寺碑，文詞巧麗，爲世所重。起家郢州從事，征南記室。天監四年卒。碑在鄂州，題云：齊國録事參軍琅邪王巾製。

蓋聞挹朝夕之池者，無以測其淺深；家語曰：孔子觀於魯桓公之廟，有欹器焉，使弟子挹之水。毛萇詩傳曰：挹，㪺也。漢書〔二〕，枚乘上書吴王曰：游曲臺，臨上路，不如挹朝夕之池。桓子新論，子貢謂齊景公曰：臣之事仲尼，譬如渴而操杯就江海飲，飲滿而去，又焉知江海之深乎？挹，於入切。蚪，勾愚切。仰蒼蒼之色者，不足知其遠近。莊子曰：天之蒼蒼，其正色耶？其遠而無所至極邪？韓詩外傳，子貢謂景公曰：臣終身戴天，不能知其高。況視聽之外，若存若亡；心行之表，不生不滅者哉！僧肇涅盤論曰：視聽之所不暨，四空之所昏昧。管子曰：聖人之道，若存若亡；援而用之，没代不忘。竺道生曰：心行，心所行之行也。維摩經曰：畢竟不生不滅，是無常義也。法華經曰：寂滅，無言也。是以掩室摩竭，用啓息言之津；華嚴經曰：佛在摩竭提國寂滅道場，始成正覺。僧肇論曰：釋迦掩室於摩竭。鄭玄論語注曰：津，濟渡水之處。杜口毗邪，以通得意之路。至理幽微，非言説之所及。掩室摩竭，示寂滅以息言；杜口毗邪，現默然而得意。維摩經曰：佛在毗邪離菴羅樹園。佛告文殊師利，汝行詣維摩詰問疾。文殊師利問維摩詰：何等是菩薩入不二法門？時維摩詰嘿然無言。文殊師利嘆曰：善哉善哉！乃至無有文字語言，是真入不二法門。僧肇論曰：净名杜口於毗邪。莊子曰：言者所以在意也，得意而忘言也。然語彝倫者，必求宗於九疇；談陰陽者，亦研幾於六位。真諦無言，俗諦借言，以明理故。此明言之用也。尚書，武王訪于箕子曰：我不知彝倫攸敘。周易曰：夫易所以極深研幾也。又曰：分陰分陽，迭用柔剛。故易六位而成章。王弼曰：六位，爻之文也。是故三才既辨，識妙物之功；萬象已陳，悟太極之致。此顯言之功也。周易曰：易有天道焉，有人道焉，有地道焉，兼三才而兩之，故六。又曰：神者，妙萬物而爲言者也。孝經鉤命决曰：地以舒形，萬象咸載。聲類曰：悟心曰解。周易曰：易有太極，是生兩儀。言之不可以已，其在兹乎！言所以識物悟太極者，皆藉言明之，不可止者，其在此乎！左氏傳，叔向謂鬷蔑曰：子若無言，吾幾失子矣！言之不可以已也如是。然爻繫所筌，窮於此域；爻，六爻也；繫，繫辭也。因爻以立辭，亦因辭以明理也。故爻繫之所明，窮生死於此域也。莊子曰：筌所以得魚，得魚而忘筌。筌，捕魚之笱，莊子以之喻言。大智度論曰：二乘以生死爲此岸。則稱去聲謂所絶，形乎彼岸矣。至如涅盤妙旨，非言説之所能明，故稱謂所絶，現於涅盤之彼岸矣。僧肇論曰：玄極無名，稱謂絶焉。鄭玄禮記注曰：稱，猶言也。王逸楚辭注曰：謂，説也。涅盤經曰：心無退轉，即便前進。既前進已得到彼岸，登大高山，離諸恐怖，多受安樂。彼岸山者，喻於如來；受安樂者，喻於常住。大高山者，喻大涅盤也。大智度論曰〔三〕：亦以涅盤爲彼岸也。彼岸者引之於有，則高謝四流；推之於無，則俯弘六度。彼岸絶乎稱謂者，若引之而入有，則去四流而現無；若推之而入無，則弘六度以明有。僧釋肇維摩經注曰：不可得而有，不可得而無者，其唯大乘乎！何則？欲言其有，無相無名。欲言其無，方德斯行。故雖無而有。無相無名，故雖有而無。然則言有不乖無，言無不乖有也。魏都賦曰：高謝萬邦。大智度論曰：欲流，有流，無明流，有見流。三國名臣頌曰：俯弘時務。瑞應經曰：行六度無極，布施、持戒、忍辱、精進、一心、智慧。諸經以一心爲禪也。名言不得其性相，隨迎不見其終始，法離有無，豈名言之所得；法無形象，豈隨迎之可見。維摩經，維摩詰曰：法無名字，言語斷故；法無形相，如虚空故；法同法性，入諸法故。法相如是，豈可説乎？竺道生曰：法性者，法之本分也。法相者，事之貌也。老子曰：隨之不見其後，迎之不見其首。不可以學地知，不可以意生及，其涅盤之藴也。妙法蓮華經曰：昔住學地，佛常教化。言我法能離生老病死，究竟涅盤。勝鬘經曰：音生身無漏業生，依無明住。學地，謂三果；意生，謂菩薩。言能變化生死，隨意往生。法華經曰：諸佛弟子衆，皆如舍利佛，盡思共度，量不能測，佛智不退，諸菩薩亦復如是，不能知。周易曰：乾坤其易之藴邪！韓康伯注曰：藴，淵奧也。

夫幽谷無私，有至斯響；洪鍾虚受，無來不應。周易曰：入于幽谷。幽，不明也。尚書大傳，孔子曰：夫山生材用，而無私爲焉；四方皆伐，無私與焉。論衡曰：呼於坑谷之中，響立應。禮記曰：善待問者如撞鍾，叩之以小者則小鳴，叩之以大者則大鳴。劉熙釋名曰：鍾，空也。内空受氣多，故聲大也。文子曰：虚無不受，静無不持。牽秀相風賦曰：故無來而不應兮，何適莫之足嬰！況法身圓對，規矩冥立；圓對，謂有感斯對而無不周也。勝鬘經曰：涅盤界者，即是如來法身。僧肇論曰：法身無像，應物以形；千難殊對，而不干其慮。禮記曰：古之君子，周旋中規，折旋中矩。僧肇維摩經序曰：冥權無謀，而動與事會。一音稱物，宫商潛運。維摩經曰：佛以一音演説法，衆生隨類，各得解脱。周易曰：稱物平施。漢書曰：聲者，宫、商、角、祉〔四〕、羽也。是以如來利見迦維，託生王室。如來，佛號。謝靈運金剛般若經注曰：諸法性空，理無乖異，謂之爲如會如解，故名如來。竺道生維摩經注曰：如者，謂如與如冥，無復有如之理，從此中來，故曰如來。瑞應經曰：菩薩下當世作佛，託生天竺迦維羅衛國。父王名曰静，夫人曰妙。迦維羅衛者，天地之中央。周易曰：利見大人。左氏傳曰：會于洮，謀王室也。憑五衍之軾，拯溺逝川；僧肇論曰：騁六通之神驥，乘五衍之安車。五衍，五乘。天竺言衍，此言乘。五乘：一人，二天，三聲聞，四辟支佛，五菩薩。今碑本以爲憑四衢之軾，蓋梁代諱衍，故改焉。左氏傳曰：楚子玉使鬭勃謂晉侯曰：請與君之士戲，君憑軾而觀之。説文曰：出溺爲拯。論語曰：子在川上曰：逝者如斯。開八正之門，大庇交喪。維摩經曰：雖行八正道，而樂行無量佛道，是菩薩行。僧肇論曰：啓八正之平路，坦衆聖之夷塗。大品經説八正曰：正見，正思惟，正語，正業，正命，正精進，正念，正定。爾雅曰：庇，廕也。莊子曰：世喪道矣，道喪世矣，世與道交相喪也。於是玄關幽揵〔五〕，感而遂通；玄關幽揵，喻法藏也。謝靈運金剛般若經注曰：玄關難啓，善揵易開。戴逵棲林賦曰：幽關忽其離揵，玄風暖以雲頹。字林曰：揵，門距。周易曰：寂然不動，感而遂通天下之故，非天下之至神，孰能與於此！遥源濬波，酌而不竭。遥源濬波，喻法海也。文子曰：取焉而不損，酌焉而不竭，莫知其所由也。行不捨之檀，而施去聲洽羣有；夫心愛衆生而行捨者，捨則增愛，非爲實捨。故大士之捨，見不施之捨者，及於衆生，斯爲不捨。以兹而施，故羣有俱洽。大品經曰：不施不慳，是名檀波羅蜜。僧肇論曰：賢劫稱無捨之檀，成具美不爲之爲也。天竺言檀，此言布施；波羅蜜，此言到彼岸也。羣有，謂有色無色，有想無想，以其不一，故曰羣有。僧肇維摩經注曰：鏡羣有以通玄，而物我俱一。唱無緣之慈，而澤周萬物；夫行慈者以衆生爲緣，衆生爲緣，則慈無所寄。故大士之慈，離於衆相。離相行慈，名爲無緣；無緣生慈，是爲真實。以斯而唱，則物無不周。涅盤經曰：得諸菩薩無緣之慈。僧肇論曰：禪典唱無緣之慈，思益演不知之知。泥洹經曰：無緣者，不住法相，反衆生相。釋道安曰：解從緣散。周易曰：智周萬物，而道濟天下。演勿照之明，而鑒窮沙界；夫以明照物，明盡則照窮。而勿照之明，猶無得之得。無得而得，斯爲真得。故勿照之明，斯爲真明矣。演真明而廣照，何止鑒窮沙界乎！僧肇論口：至人虚心實照，理無不統，而靈鑒有餘。金剛般若經曰：諸恒河所有沙數佛世界，如是寧爲多不？導亡機之權，而功濟塵劫。機，謂機心也。權，方便也。夫以機心導物，物所以機心應之〔六〕。物有機心，則結累斯起。故誘以無機之智，何止功濟塵劫乎！僧肇論曰：至人灰心滅智，内無機照之勤。辨亡論曰：魏氏功濟諸華。法華經曰：如人以力磨三千大千土，復盡末爲塵，一塵爲一劫，此諸微塵數，其劫復過是。時義遠矣！能事畢矣！周易曰：天下隨時。隨時之義大矣哉！

又曰：四營而成易，十有八變而成卦，天下之能事畢矣。然後拂衣雙樹，脱屣金沙。左氏傳曰：叔向拂衣從之。涅盤經曰：佛在拘尸那國力士生地阿利羅拔提河邊娑羅雙樹間，爾時世尊臨涅盤。史記，武帝曰：嗟乎！吾誠得如黄帝，吾視去妻子如脱屣耳。拔河，一名金沙河也。惟怳惟惚，不皦不昧，莫繫於去來，復歸於無物。老子曰：道之爲物，惟怳惟惚。王弼曰：怳惚，無形不繫之貌也。又曰：一者，其上不皦，其下不昧，繩繩不可言，復歸於無物。鍾會曰：光而不耀，濁而不昧，繩繩兮其無繫，汜汜乎其無薄也。微妙難名，終歸於無物。維摩經曰：法無去來，常不住故。僧肇曰：法若住，則從未到現在，從現在未過去。遥三世，則有去來也，以法不常住故也。因斯而談，則棲遑大千，無爲之寂不撓；焚燎堅林，不盡之靈無歇。大矣哉！答賓戲曰：聖哲治之棲遑。大千者，謂一三千界。下至阿毗地獄，上非想天，爲一世界；千三界爲小千世界；千小世界爲中千世界；至千中千世界爲大千世界。維摩經曰：夫出家者，爲無爲法。瑞應經曰：吾虚心樂静，無爲無欲。僧肇維摩經注曰：寂謂寂滅常静之道。廣雅曰：撓，亂也〔七〕。涅盤經曰：佛以千疊纏裹其身，積衆香木，以火焚之。僧祇律曰：如大涅盤經説，世尊向熙連禪河力士生地堅固林雙樹間般涅盤，於天冠塔邊闍維。僧肇維摩經注曰：無實相，無法常住，故盡。法華經曰：方便見涅盤，而實不滅度，常住此説法也。

正法既没，象教陵夷。曇無羅讖曰：釋迦佛正法住世五百年，像法一千年，末法一萬年。論語曰：文王既没。陵夷，已見上文。穿鑿異端者，以違方爲得一；孔安國論語注曰：妄作穿鑿，以成文章，不知所以裁製。論語，子曰：攻乎異端，斯害也已！謝宣遠贈靈運詩曰：違方往有忝。杜預左氏傳注曰：方，法也。云得一者，鍾會曰：一，亦道也。順非辯僞者，比微言於目論。禮記曰：言僞而辯，順非而澤。維摩經曰：於衆言中微妙第一。僧肇論曰：采微言於聽表。史記曰：齊威王使説越王。齊使曰：幸也越之不亡也！吾不貴其用知之如目見毫毛，而不自見其睫也。今王知晉失計，而不自知越之過，是目論也。於是馬鳴幽讚，龍樹虚求，摩訶摩耶經曰：正法衰微，六百歲已，九十六種諸外道等邪見競興，破滅佛法。有一比丘，名曰馬鳴，善説法要，降伏一切諸外道輩。七百歲已，有一比丘，名曰龍樹，善説法要，滅邪見幢，燃正法炬。周易曰：幽贊於神明而生蓍。王弼曰：幽，深；贊，明也。並振頹綱，俱維絶紐。陸機大將軍宴會詩曰：頹綱既振。謝莊爲沈慶之答劉義宣書曰：皇綱絶而復紐，區夏墜而更維。説文曰：紐，系也。蔭法雲於真際，則火宅晨涼；華嚴經曰：不壞法雲，徧覆一切。劉虯法華經注曰：雲譬應身，則殊形並現，順機不偏。此則彌布偏覆之義也。維摩經曰：同真際，等法性，不可量。僧肇曰：真際，實際也。法華經曰：三界無安，猶如火宅，衆苦所燒，我皆拔濟之。曜慧日於康衢，則重昏夜曉。劉虯曰：菩薩圓净〔八〕，照均明兩，故曰慧日。又曰：諸子安穩得出，皆於四衢露坐。爾雅曰：四達謂之衢，五達謂之康。頭陀經，心王菩薩曰：我見覆蔽，飲雜毒酒，重昏長寢，云何得悟？慈心示語，使得開解。故能使三十七品有樽俎之師；言義徒精鋭，有樽俎之深謀。維摩經曰：於諸見不動而修行三十七品，是爲宴坐。僧肇曰：諸見，六十二諸見，妄也。竺道生曰：正觀則三十七品也。羅什曰：三十七品二乘通。大品經説三十七道品曰：四念處，四勤正，四如意足，五根，五力，七覺分，八正道分。樽俎之師，已見上文。九十六種無藩籬之固。邪黨分崩，無藩籬以自固。羅什維摩經注曰：摩訶，秦言無大，亦言勝大。能勝九十六種論議。辯亡論曰：城池無藩籬之固。既而方廣東被，教肆南移。華嚴經題云大方廣佛華嚴經。孔安國尚書傳曰：被，及也。周易曰：君子以教思無窮。周魯二莊，親昭夜景之鑒；漢晉兩明，並勒丹青之飾。顧微吴縣記曰：佛法詳其始，而典籍亦無聞焉。魯莊七年，夜明，佛生之日也。左氏傳曰：莊公七年四月辛卯夜，恒星不見，夜明也。史記曰：周桓王崩，子莊王陀立〔九〕。十五年，莊王崩。左氏傳，莊公三年，葬桓王。然則周莊王、魯莊公爲同時也。瑞應經曰：到四月八日夜明星出時，佛從右脅墮地，即行七步。牟子曰：漢明帝夢見神人，身有日光，飛在殿前。以問羣臣，傅毅對曰：天竺有佛，將其神也？後得其形像。何法盛晉書曰：彭城王紘以肅祖明皇帝好佛，手書形像，經歷寇難，而此堂猶在，宜成作頌。蔡謨云：今發王命，稱先帝好佛，於義有疑。張綱集曰：盡功金石〔一〇〕，圖形丹青。然後遺文間出，列刹相望，遺文，謂經也。史記曰：天下遺文，靡不畢集。太史公曰：漢興，詩、書往往間出。孔安國尚書傳曰：三山言相望也。澄什結轍於山西，林遠肩隨乎江左矣。高僧傳曰：天竺佛圖澄，西域人，本姓帛。少出家西域，咸得道。以晉懷帝永嘉四年來適洛陽。以麻油雜茵支塗掌，千里外事皆澈見掌中，如對面焉。後澄死之月，人見在流沙。又曰：鳩摩羅什，天竺人，七歲出家，什既道流西域，名被東川〔一一〕。符堅遣吕光西伐，破龜兹，乃將什至涼州。姚萇已殺符堅，光遂王彼。至萇子興破涼州，始將什至長安。後卒長安。漢書，文帝詔曰：使者冠蓋相望，結轍於道。班固漢書贊曰：秦、漢以來，山東出相，山西出將。高僧傳曰：支遁，字道林，本姓關，陳留人。初至京師，王濛甚重之。年二十五出家，師釋道安符丕。後還吴〔一二〕，入剡，王羲之遂與披襟解帶，留連不能已。又曰：釋惠遠，本姓賈氏，鴈門人。遊許、洛，出家，師釋道安符丕。後還吴，入襄陽，南達荆州，欲往羅浮。届尋陽，見廬峯，遂居焉。三十餘年，影不出山，迹不入俗。晉義熙十二年終。禮記曰：十年以長，則兄事之；五年以長，則肩隨之。晉中興書，元帝詔曰：朕應天符，創基江左。春秋命歷序曰：東方爲左，西方爲右。

頭陀寺者，沙門釋慧宗之所立也。瑞應經曰：太子出北城門，天帝復化作沙門。太子曰：何謂沙門？對曰：沙門之爲道，舍妻子，捐棄愛欲也。釋僧肇維摩經注曰：沙門，秦言，義訓勤行趍涅盤也。南則大川浩汗，雲霞之所沃蕩。周易曰：利涉大川。海賦曰：膠濭浩汗。又曰：濯汫濩渭，蕩雲沃日。北則層峯削成，日月之所迴薄。山海經曰：泰華之山削成而四方。蜀都賦曰：陽烏迴翼於高標。楊雄反離騷曰：恐日薄於西山。西眺城邑，百雉紆餘。左氏傳，祭仲曰：都城過百雉，國之害也。鍾會懷土賦曰：望東城之紆餘。東望平皋，千里超忽。楚辭曰：出不入兮往不反，平原忽兮路超遠。信楚都之勝地也。宗法師行絜珪璧，擁錫來遊。毛詩曰：有斐君子，如珪如璧。東觀漢記，馮衍説鮑永曰〔一三〕：衍珪璧其行，東脩其心。錫，錫杖也。大智論曰：菩薩常用錫杖、經傳、佛像。莊子曰：神農擁杖而起。以爲宅生者緣，業空則緣廢；言身從緣生，緣亦斯廢也〔一四〕。維摩經曰：如影從身，業緣生見。僧肇曰：身，衆緣所成，緣合則起，緣散則離。金光明經曰：所謂無明緣行，行緣識，識緣名，名緣色，色緣六入，六入緣觸，觸緣受，受緣愛，愛緣取，取緣有，有緣生，生緣老死憂悲苦惱滅聚。釋僧肇維摩經注曰：諸法之生，本乎三業；既無三業，誰作諸法？存軀者惑，理勝則惑亡。惑，煩惚也〔一五〕。言萬法雖廣解，惑則起相受生，解者身心寂滅。涅盤經曰：要因煩惱而得有身。竺道生維摩經注曰：戀生者愛身情也。苟曰無常，豈可愛戀？若能悟不惑，而惑自亡矣，惑者無復存身也。遂欲捨百齡於中身，殉肌膚於猛鷙，禮記曰：古者謂年爲齡，齒亦齡也。范曄後漢〔一六〕，田邑報馮衍書曰：百齡之期，未有能至。尚書曰：文王受命唯中身。列子曰：藐姑射之山，有神人居焉，肌膚若冰雪。漢書臣瓚注曰：亡身從物曰殉。李尤七難曰〔一七〕：猛鷙陸嬉，龍鼉水處。班荆蔭松者久之。左氏傳曰：伍舉奔晉，聲子將如晉，遇之於鄭郊，班荆相與食。楚辭曰：山中人兮芳杜若，飲石泉兮蔭松柏。宋大明五年，始立方丈茅茨，以庇經像。沈約宋書，孝武皇帝即位，改元曰大明。淮南子曰：聖人處環堵之室，茨之以生茅。高誘曰：堵，長一丈，高一丈，面環一堵爲方丈，故曰環堵。言其小也。説文曰：茨，蓋也。爾雅曰：庇，廕也。後軍長史江夏内史會稽孔府君諱覬，沈約宋書曰：孔覬，字思遠，會稽人也。初舉揚州秀才，補主簿，後除冠軍長史，江夏内史，隨府轉後軍長史。覬音冀。爲之薙草開林，置經行之室。周禮曰：薙氏下士二人。鄭玄曰：薙，翦草也。法華經曰：經行林中，勤求佛道。安西將軍郢州刺史江安伯濟陽蔡使君諱興宗，沈約宋書曰：蔡興宗，濟陽人也。爲使持節都督郢州諸軍事，安西將軍，郢州刺史。復爲崇基表刹，立禪誦之堂焉。維摩經曰：佛言諸佛滅後，以全身舍利起七寶塔，表刹莊嚴而供養也。以法師景行大迦葉，故以頭陀爲稱首。毛詩曰：高山仰止，景行行止。彌勒成佛經曰：彌勒佛讚言，大迦葉比丘是釋迦牟尼佛大弟子，釋迦牟尼佛於大衆中常所讚歎頭陀第一，通達禪定，解脱三昧。封禪書曰：前聖所以永保鴻名而常爲稱首者，用此者也。後有僧勤法師，貞節苦心，求仁養志，楚辭曰：原生受命于貞節。曹植擬九詠曰：徒勤躬兮苦心。論語，子曰：求仁而得仁。莊子曰：養志者忘形也。纂脩堂宇，未就而没。國語，祭公謀父曰：時序其德，纂脩其緒。高軌難追，藏舟易遠。魏太祖祭橋玄文曰：懿德高軌，汎愛博容。莊子曰：夫藏舟於壑，藏山於澤，謂之固矣。然而夜半有力者負之而趨，昧者不知。郭象曰：方言死生變化之不可逃。僧徒閴其無人，榱椽毁而莫構。周易曰：闚其户，閴其無人。高誘淮南子注曰：椽，榱也；榱，棟也。可爲長太息矣！漢書，賈誼曰：可長太息者此也。

惟齊繼五帝洪名，紐三王絶業。蕭子顯齊書曰：高帝太祖諱道成，字紹伯，蕭何二十四世孫，受宋禪。史記曰：惟漢繼五帝末流，接三代絶業。封禪書曰：前聖所以永保鴻名。祖武宗文之德，昭升嚴配；禮記曰：周人祖文王而宗武王。尚書曰：丕顯文、武，昭升于上。孝經曰：嚴父莫大於配天。格天光表之功，弘啓興服〔一八〕。尚書曰：成湯時，則有若伊尹格于皇天。又曰：光被四表，格于上下。毛詩曰：建爾元子，俾侯于魯；大啓爾宇，爲周室輔。東觀漢記，博士議曰：除殘去賊，興復祖宗。是以惟新舊物，康濟多難；毛詩曰：周雖舊邦，其命惟新。左氏傳，伍員曰：不失舊物。尚書曰：康濟小民。禮記，晉太子申生使人辭於狐突曰：君老矣，國家多難。步中雅頌，驟合韶護；禮記曰〔一九〕：步中武、象，驟中韶、護，所以養耳。鄭玄曰：韶，舜樂；護，湯樂也。炎區九譯，沙場一候。十洲記曰：炎洲，南海中萬二千里。韓詩外傳曰：成王之時，越裳氏重九譯而獻白雉於周公。尚書曰：西被于流沙。解嘲曰：東南一尉，西北一候。粤在於建武焉。蕭子顯齊書曰：明皇帝即位，改爲建武。乃詔西中郎將郢州刺史江夏王觀政藩維，樹風江漢，蕭子顯齊書曰：江夏王寶玄，字智深，明帝第三子也。封江夏郡王，仍爲持節都督郢、司二州諸軍事，西中郎將，郢州刺史。尚書曰：以爾友邦冢君，觀政于商。又曰：彰善癉惡，樹之風聲。擇方城之令典，酌龜蒙之故實。左氏傳，屈完曰：楚國方城以爲城。又隨武子曰：蔿敖爲宰，擇楚國之令典。毛詩曰：奄有龜、蒙，遂荒大東。國語，樊穆仲曰：魯侯孝王曰：何以知之？對曰：賦事行刑，而咨於故實。政肅刑清，於是乎在。孝經曰：其教不肅而成。周易曰：聖人以順動則刑罰清。左氏傳，先軫曰：取威定霸，於是乎在。寧遠將軍長史江夏内史行事彭城劉府君諱諠〔二〇〕，蕭子顯齊書，劉諠，字士穆，爲江夏王郢州行事者〔二一〕，謂王年幼，内史代之以行州府事，故稱行事也。智刃所遊，日新月故；莊子曰：庖丁爲文惠君解牛，曰：今臣之刀十九年矣，所解千牛，而刀刃若新發於硎。彼節者有間，而刀刃者無厚；以無厚入有間，恢恢乎其於遊刃必有餘地矣。論語，子夏曰：日知其所亡，月無忘其所能。道勝之韻，虛往實歸。瑞應經曰：迦葉二弟問迦葉曰：今乃捨梵志道，學沙門法，豈獨大其道勝乎？迦葉答曰：言佛道最勝。莊子曰：常季問於仲尼曰：王駘，兀者也，與夫子中分魯。立不教，坐不議，虛而往，實而歸。以此寺業廢於已安，功墜於幾立，慨深覆簣，悲同棄井。論語曰：譬如爲山，雖覆一簣，進，吾往也。孟子曰：有爲者，譬若掘井，掘井九仞而不及泉，猶爲棄井也。因百姓之有餘，間天下之無事，孫卿子曰：春耕夏耘，秋收冬藏，四者不失時，故五穀不絶，而百姓有餘食；斬伐長養不失時，故山林不童，而百姓有餘材。西都賦序曰：海内清平，朝廷無事。庀匹婢〔二二〕徒揆日，各有司存。左氏傳，宋災，使華閱討右官，官庀其司。杜預注曰：庀，具也。毛詩曰：揆之以日，作爲楚室。論語，曾子曰：籩豆之事，則有司存。

於是民以悦來，工以心競。周易曰：悦以使民，民忘其勞。莊子曰：舜之治天下，使民心競。王隱晉書，荀勗議曰：君子心競而不力争。亘丘被陵，因高就遠。層軒延袤，上出雲霓。楚辭曰：高堂邃宇檻層軒。王逸曰：軒，樓板也。聖主得賢臣頌曰：雖崇臺五層，延袤百丈。説文曰：南北曰袤，東西曰廣。司馬紹贈山濤詩曰〔二三〕：上陵青雲霓。飛閣逶迤，下臨無地。西都賦曰：脩除飛閣。楚辭曰：載雲旗兮逶移。王逸曰：逶移而長。移與迤音義同。楚辭曰：下峥嶸而無地，上寥廓而無天。夕露爲珠網，朝霞爲丹臒。九衢之草千計，四照之花萬品。山海經曰：少室之山，其上有木焉，名曰帝休，葉茂，狀如楊，其枝五衢，黄花黑實，服者不怒。郭璞曰：言樹枝交錯，相重五出，有象衢路也。故離騷云：靡華九衢〔二四〕。仲長子昌言曰：百夫之豪，州以千計。山海經曰：南山之首山曰鵲山，有木焉，其狀如穀而黑，其華四照，其名曰迷穀，佩之不迷。郭璞曰：言有光炎。若木華赤，其光照下地，亦此類也。仲長子昌言曰：以一人之好惡，裁萬品之不同。崖谷共清，風泉相涣。周易曰：風行水上涣。金資寶相〔二五〕，永藉閑安；金光明經曰：如來之身，金色微妙，其明照耀，如金山王。又曰：光明熾盛，無量無邊，猶如無數珍寶大聚。楚辭曰：像設居室静閑安。息心了義，終焉遊集。大灌頂經曰：息心達本源，是故名沙門。勝鬘經曰：是故世尊依於了義，一向記説。班固終南山賦曰：固仙靈之所遊集。法師釋曇珍業行淳脩，理懷淵遠，今屈知寺任，永奉神居。夫民勞事功，既鏤文於鍾鼎；周禮曰：民功曰庸，事功曰勞。凡有功者，銘書於王之太常。國語曰：昔克路之役，秦來圖敗晉功。魏顆以其身却退秦師于輔氏，親止杜回，其勳銘於景鍾。韋昭曰：景公鍾。禮記曰：夫鼎有銘。銘者，論譔其先祖之德，美功烈勳勞，而酌之祭器，自成其名焉。言時稱伐，亦樹碑於宗廟。左氏傳曰：季武子以所得齊之兵作林鍾而銘魯功焉。臧武仲謂季孫曰：非禮也。夫銘，天子令德，諸侯言時計功，大夫稱伐。蔡邕銘論曰：碑在宗廟兩階之間，近代以來，咸銘于碑也。世彌積而功宣，身逾遠而名劭。法言曰：年彌高而德彌劭者，孔子之徒與？小雅曰：劭，美也。敢寓言於彫篆，庶髣髴於衆妙〔二六〕。法言曰：吾子少而好賦。曰：然，童子彫蟲篆刻。老子曰：玄之又玄，衆妙之門。其辭曰：

質判玄黄，氣分清濁。周易曰：玄黄，天地之雜也。天玄而地黄。列子曰：清輕者上爲天，重濁者下爲地。涉器千名，含靈萬族。周易曰：形而下者謂之器。器，謂品物也。南都賦曰：百種千名。春秋元命苞曰：跂行喙息，蠕動蜎蜚，根生浮著，含靈盛壯。陸機鼈賦曰：摠美惡而融融，播萬族乎一區。淳源上派，澆風下黷。莊子曰：德又下衰，及唐、虞，澆淳散朴。淮南子以澆爲澆，音義同。說文曰：派，水别流也。字林曰：黷，垢也，杜木切。愛流成海，情塵爲岳。瑞應經曰：感傷世間，没於愛欲之海。百法論曰：情塵之意合，故知生也。言人皆沈於愛河，則妻子財帛也。言積之多如海，情塵之積爲岳。爲善日積亦見多，爲惡日積亦多也。皇矣能仁，撫期命世。毛詩曰：皇矣上帝，臨下有赫。天竺言釋迦牟尼，此言能仁。不退轉法經，佗方菩薩曰：能仁如來，興此三道之教。法華經曰：我釋迦牟尼。劉虬曰：能仁哀此忍立，俯來拯拔，故曰能仁。瑞應經曰：期運之至，當下作佛。孟子曰：五百年必有王者興，其間必有名世者。廣雅曰：命，名也。乃睠中土，聿來迦衛。毛詩曰：乃睠西顧。又曰：聿來胥宇。迦衛，已見上文。奄有大千，遂荒三界。毛詩曰：奄有龜、蒙，遂荒大東。法華經曰：其佛以恒河沙等三千大千世界爲一佛土。又曰：如來以智慧方便，於三界火宅，拔濟衆生。殷鑒四門，幽求六歲。毛詩曰：殷鑒不遠。瑞應經曰：太子至十四，啓王出游。始出城東門，天帝化作病人。即迴車，悲念人生俱有此患。太子出城南門，天帝化作老人。迴車而還，愍念人生丁壯不久。太子出城西門，天帝化作死人。迴車而還，愍念天下有此三苦。太子出城北門，天帝化作沙門。太子曰：善哉！唯是爲快。即迴車還，念道清浄，不宜在家。又曰：佛既歷深山，到幽閑處，菩薩即拾藁草以布地，正箕坐，月食一麻一麥，端坐六年。亦既成德，妙盡無爲。勝鬘經曰：唯有如來，化就一切功德。無爲，已見上文。帝獻方石，天開淥池。瑞應經曰：佛還樹下，道見棄衣，取欲浣之。天帝知佛意，即頞那山上取四方成理澤好石，來置池邊，白佛言：可用浣衣。又曰：明日食時，佛持鉢到迦葉家受飯而還，於屏處食已，欲澡漱。天帝知佛意，即下以手指地，水出成池，令佛得用，名爲指地池。祥河輟水，寶樹低枝。瑞應經曰：時尼連河水流甚疾，佛以自然神通，斷水涌起，高出人頭，令底揚塵，佛在其中。法華經曰：諸雜寶樹，華菓光茂。瑞應經曰：佛後日入指地池澡浴畢，欲出，無所攀。池上素有樹，名迦和，絶大脩好，其樹自然曲枝下就佛，佛牽而出。通莊九折，安步三危。爾雅曰：六達謂之莊。漢書曰：王陽爲益州刺史，行部至邛郲九折坂，歎曰：奉先人遺體，奈何數乘此險！漢書，東方朔誡子曰：飽食安步，以仕易農。尚書曰：竄三苗於三危。川静波澄，龍翔雲起。頭陀經曰：令身調善，震大法鼓，摧伏異學外道邪師，入佛性海，煩惱風息，波浪不生。周易曰：雲從龍，風從虎，聖人作而萬物覩。耆山廣運，給園多士。法華經曰：佛住王舍城耆闍崛山中，與大比丘衆萬二千人俱。尚書曰：帝德廣運。金剛般若經曰：佛在舍衛國祇樹給孤獨園，與大比丘衆千二百五十人俱。毛詩曰：濟濟多士。金粟來儀，文殊戾止。發迹經曰：浄名大士是往古金粟如來。尚書曰：鳳凰來儀。文殊，已見上文。毛詩曰：魯侯戾止。應乾動寂，順民終始。春秋元命苞曰：乾動川静〔二七〕。周易曰：湯武革命，應乎天，順乎人。孫卿子曰：生，人之始也；死，人之終也。法本不然，今則無滅。維摩經曰：法本不然，今則無是，寂滅之義。僧肇曰：小乘以三界熾然，故滅之以求無爲。大乘觀法，本自不然，今何以滅，乃真寂滅。象正雖闌，希夷未缺。象法、正法，已見上文。史記曰：酒闌。漢書音義，文穎曰：闌，言希也。老子曰：視之不見，名之曰夷；聽之不聞，名之曰希。王弼曰：無象，無聲，無響，無所不通，無所不往。於昭有齊，式揚洪烈〔二八〕。毛詩曰：文王在上，於昭于天。班固漢書述曰：爰著目録，略序洪烈。揚雄解嘲曰：不足以揚洪烈。釋網更維，玄津重柮。僧叡師十二法門序曰：奏希聲於宇宙，濟溺喪於玄津。漢書音義，韋昭曰：柮，檝也，音裔，翊泄切，叶韻。惟此名區，禪慧攸託。禪慧，禪定、智慧也。即六度之二行也。倚據崇巖，臨睨通壑。楚辭曰：忽臨睨夫舊鄉。說文曰：睨，邪視也。溝池湘漢，堆阜衡霍。言崇巖之高，通壑之大，故以湘、漢爲溝池，衡、霍爲堆阜也。史記曰：屈完曰：方城以爲城，江、漢以爲池。膴膴武亭皋，幽幽林薄。毛詩曰：周原膴膴，堇荼如飴。上林賦曰：亭皋千里，靡不被築。毛詩曰：秩秩斯干，幽幽南山。鄭玄周禮注曰：竹木曰林。高誘淮南子注曰：深草曰薄。

媚兹邦后，法流是挹。毛詩曰：媚兹一人。氣茂三明，情超六入。維摩經曰：佛身即法身也，從六通生，從三明生。僧肇曰：天眼、宿命、漏盡，爲三明。維摩經曰：六入無積，眼耳鼻舌身心已過。眷言靈宇，載懷興葺。毛詩曰：眷言顧之。楚辭曰：葺之兮荷蓋。王逸注曰：葺，蓋屋也。丹刻翬飛，輪奐離立。左氏傳曰：丹桓宮楹。又曰：刻桓宮桷。杜預曰：刻，鏤也。毛詩曰：如翬斯飛，君子攸躋。鄭玄曰：翬者，鳥之奇異者也。禮記曰：晉獻文子成室，晉大夫發焉，張老曰：美哉輪焉！美哉奂焉！潘岳關中記曰：未央殿東有鳳凰殿。春秋元命苞曰：火離爲鳳。劉邵魏文帝誄曰：鳳凰立翥。象設既闢，睟容已安。楚辭曰：象設居室静閑安。孟子曰：君子仁義禮智信根於心，色晬然見於面。趙岐曰：晬，潤澤之貌。桂深冬燠，松疎夏寒。楚辭曰：何所冬燠？何所夏寒？爾雅曰：燠，煖也。神足遊息，靈心往還。瑞應經曰：佛已神足適鬱單日界。勝幡西振，貞石南刊。維摩經曰：降服四種魔，勝幡建道場。禰衡顏子碑曰：乃刊玄石而旌之。

文選考異

〔一〕注「王巾」　何校「巾」改「中」，下同。陳云「巾」，「中」誤。案：説文通釋「王中音徹，俗作巾，非。」何、陳所據也。各本皆作「巾」。

〔二〕注「漢書枚乘上書吴王曰」　袁本、茶陵本無「漢書」二字。

〔三〕注「大智度論曰亦以涅盤爲彼岸也」　陳云衍「曰」字，是也。各本皆衍。

〔四〕注「宮商角祉羽也」　袁本、茶陵本「祉」作「徵」。案：此尤因諱改字耳。

〔五〕於是玄關幽揵　袁本、茶陵本「揵」作「鍵」。袁校語云善本作「扌」，注字皆作「揵」。茶陵本無校語，注字皆作「鍵」。案：茶陵以五臣亂善，非。

〔六〕注「物所以機心應之」　袁本、茶陵本「所」作「斯」，是也。

〔七〕注「廣雅曰撓亂也」　袁本、茶陵本此下有「乃飽切」三字，是也。

〔八〕注「劉虯曰菩薩圓浄」　袁本「劉」上有「法華經曰慧日大聖尊久乃説是法」十四字，是也。茶陵本亦脱。

〔九〕注「子莊王陀立」　袁本「陀」作「佗」，是也。茶陵本亦誤「陀」。

〔一〇〕注「盡功金石」　案：「盡」當作「書」。各本皆譌。

〔一一〕注「名被東川」　陳云「川」疑「州」誤，是也。各本皆譌。

〔一二〕注「年二十五出家師釋道安符丕後還吴」　案：此有誤。劉孝標世説新語「言語」注引高逸沙門傳云「年二十五始釋形入道」，恐此本與彼大意相同，並不云「出家師釋道安符丕」云云，今誤涉下惠遠傳文而如此也。何、陳校皆云「符丕」下有脱，未是。

〔一三〕注「馮衍説鮑叔永曰」　袁本、茶陵本無「叔」字，是也。

〔一四〕注「緣亦斯廢也」　陳云「亦」當作「空」，是也。各本皆誤。

〔一五〕注「惑煩惚也」　案：「惚」當作「惱」。各本皆誤。

〔一六〕注「范曄後漢」　袁本、茶陵本無此四字。

〔一七〕注「李尤七難曰」　案：「難」當作「款」。各本皆誤。

〔一八〕弘啓興服　袁本、茶陵本「服」作「復」，是也。

〔一九〕注「禮記曰步中武象」　案：「記」當作「書」。各本皆誤。此引史記禮書也。下引鄭氏曰云云，即裴駰集解。何校以爲今禮記佚文，大誤。

〔二〇〕諱諠　何云南史作「喧」。陳云「諠」，「喧」誤，注同。案：此所引南齊書江祏傳文。今本亦作「喧」，蓋傳寫譌「諠」也。

〔二一〕注「爲江夏王郢州行事者」 陳云「行事」下當重有「行事」二字。行事之名，後漢已有之，如西域長史索班稱行事，是也。見西域傳。案：所校是也。各本皆脱。

〔二二〕注「匹婢」 袁本、茶陵本作「芳婢切」三字，在注中「庀具也」下，是也。

〔二三〕注「司馬紹贈山濤詩曰」 案：「紹」下當有「統」字。各本皆脱。

〔二四〕注「靡華九衢」 案：「華」當作「蓱」。各本皆誤。

〔二五〕金資寶相 袁本、茶陵本「資」作「姿」，是也。

〔二六〕庶髣髴於衆妙 袁本、茶陵本「於」作「乎」，是也。

〔二七〕注「乾動川静」 何校「川」改「巛」。陳云「川」、「巛」誤，是也。各本皆譌。

〔二八〕式揚洪烈 茶陵本「式」作「戒」，云五臣作「式」。袁本云善作「戒」。案：此尤校改正之也。「戒」但傳寫誤耳。

齊故安陸昭王碑文

沈休文

公諱緬，字景業，南蘭陵人也。蕭子顯齊書曰：安陸昭王緬，字景業。又曰：蕭氏之先蕭何居沛。至孫侍中彪，居東海蘭陵縣東都鄉中都里。晉分東海爲東蘭陵郡。中朝亂，淮陰令整過江，居晉陵武進縣，僑置本土，加以南名，於是爲南蘭陵人。稷契身佐唐虞，有大功於天地。商武姬文，所以膺圖受籙。

王命論曰：暨于稷、契，咸佐唐虞，光濟四海，奕世載德，至于湯、武，而有天下。國語，史伯曰：夫成天地之大功者，其子孫未嘗不章。毛詩商頌曰：武王載旆。毛萇曰：武王，湯也。春秋命歷序曰：五德之運，同徵符合，膺籙次相代。尚書璇璣鈐，孔子曰：五帝出受圖籙〔一〕。蕭曹扶翼漢祖，滅秦項以寧亂。魏氏乘時於前〔二〕，皇齊握符於後。國語，太子晉曰：自后稷以來寧亂，及文、武、成、康〔三〕，僅克安民。周易曰：時乘六龍以御天。孝經鉤命決曰：帝受命握符出也。靈源與積石爭流；神基與極天比峻。尚書曰：導河積石，至于龍門。毛詩曰：崧高惟岳，峻極于天。祖宣皇帝，雄才盛烈，名蓋當時。蕭子顯齊書曰：太祖皇考諱承之，字嗣伯。少有大志，才力過人，爲冠軍將軍。太祖即位，追尊曰宣皇帝。班固漢書贊曰：武帝雄才大略。晉中興書曰：諸葛誕名蓋海内。又曰：鄧遐氣蓋當時。考景皇帝，含道居貞，卷懷前代。蕭子顯齊書曰：高帝即位，追封兄道生爲始安貞王。明帝即位，追尊始安貞王爲景皇帝。周易曰：居貞之吉，順以從上也。論語讖曰：仲尼居鄉黨，卷懷道美。宋均曰：懷，藏也。公含辰象之秀德，體河岳之上靈，周易曰：在天成象。王弼曰：象，謂日月星辰。孝經援神契曰：五嶽之精雄聖，四瀆之精仁明。氣蘊風雲，身負日月。論衡曰：谷子雲、唐子高章奏百上，筆有餘力。然則賢者有風雲之智，故吐文萬牒。莊子曰：孔子圍於陳、蔡之間，太公任弔之，曰：子其意者脩身以明汙，昭昭若揭日月而行。司馬彪曰：揭，擔也。立行可模，置言成範。仲長子昌言曰：規矩可模者，師傅之德也。曹植學宮頌曰：言爲世範，行爲時矩。英華外發，清明内昭。禮記曰：和順積中而英華外發。又曰：清明在躬，氣志如神。天經地義之德，因心必盡；孝經曰：夫孝，天之經，地之義，民之行也。毛詩曰：因心則友。簡久遠大之方，率由斯至。周易曰：乾以易知，坤以簡能。易則易知，簡則易從。易知則有親，易從則有功。有親則可久，有功則可大。可久則賢人之德，可大則賢人之業。毛詩曰：率由舊章。挹其源者游泳而莫測，懷其道者日用而不知。毛詩曰：泳之遊之。周易曰：百姓日用而不知。昭昭若三辰之麗于天，滔滔猶四瀆之紀于地。傅子曰：二漢之臣，爛如三辰之附長天。又曰：道教者，昭昭然猶日月麗乎天。春秋漢含孳曰：九卿法河海。毛詩曰：滔滔江、漢，南國之紀。六幽允洽，一德無爽。典引曰：神靈日照，光被六幽。尚書曰：德惟一，動罔不吉。萬物仰之而彌高，千里不言而斯應。論語，顏回曰：仰之彌高。周易曰：默而成之，不言而信，存乎德行。又曰：君子居其室，出其言善，則千里之外應之，況其邇者乎！若夫彈冠出仕之日，登庸莅事之年，漢書曰：王陽與貢禹爲友，世稱王陽在位，貢禹彈冠。言其取舍同也。尚書，帝曰：疇咨，若時登庸。又曰：莅事惟能。軍麾命服之序，監督方部之數，斯固國史之所詳，今可得略也。周禮曰：建大麾以田。然麾，旌旗之名，州將之所執也。命服，爵命之服也。方部，四方州部也。漢書，武帝南置交趾，北置朔方之州，凡十三部，置刺史。數，謂等差也。賈逵國語注曰：簡，略也〔四〕。

水德方衰，天命未改。水德，謂宋也。左氏傳，王孫滿曰：今周德雖衰，天命未改。太祖龍躍俟時，作鎮淮泗。蕭子顯齊書曰：宋明帝以淮南孤弱，以太祖假冠軍將軍，鎮淮陰。周易曰：見龍在田，時舍也；或躍在淵，自試也。孫卿子曰：君子博學深謀，脩身端行，以俟其時。潘岳金谷會詩曰：遂擁朱旄，作鎮淮、泗。如仁夕惕之志，中夜九迴；論語，子曰：桓公九合諸侯，不以兵車，管仲之力也。如其仁！如其仁！周易曰：君子夕惕若厲。司馬遷書曰：腸一日而九迴。龕枯戡〔五〕世拯亂之情，獨用懷抱。廣雅曰：龕，取也。深圖密慮，衆莫能窺。漢書，劉向上疏曰：智不可不深圖也。公陪奉朝夕，從容左右，蓋同王子洛濱之歲，實惟辟彊内侍之年。周書曰：晉平公使叔譽於周，見太子，與之言，五稱而三窮。歸告公曰：太子晉行年十五，而臣不能與言。列仙傳曰：王子喬者，周靈王太子晉也，好吹笙作鳳鳴，遊伊、洛之間。漢書，留侯子張辟彊爲侍中，年十五也。起予聖懷，發言中旨。晉中興書，王敦上疏曰：導動静顧問，起予聖懷。始以文學遊梁，俄而入掌綸誥。蕭子顯齊書曰：緬爲宋劭陵王文學〔六〕，中書郎。遊梁，謂相如也。漢書曰：梁孝王來朝，從遊説之士，相如見而説之，客遊梁。禮記曰：王言如絲，其出如綸。蘭桂有芬，清暉自遠。魏都賦曰：信陵之名，若蘭芬也。楚辭曰：椒桂罹以顛覆。王逸注曰：言已見先賢，若椒桂之人。劉琨勸進表曰：茂勳格于皇天，清暉光于四海。帝出于震，日衣青光。言齊之興也。周易曰：帝出于震。震，東方也。春秋元命苞曰：孔子曰：扶桑者，日所出，房所立，其耀盛。蒼神用事，精感姜原，卦得震，震者動而光，故知周蒼，代殷者爲姬昌。人形龍顔，長大精翼，日衣青光。宋衷曰：爲日精所羽翼，故以爲名，木神以其方色衣之。方軌茅社，俾侯安陸；蕭子顯齊書曰：齊受禪，緬封安陸侯。漢書曰：江夏郡有安陸縣。尚書緯曰：天子社，東方青，南方赤，西方白，北方黑，上冒以黄土。將封諸侯，各取方土，苴以白茅，以爲社。毛詩曰：俾侯于魯。受瑞析珪，遂荒雲野。周禮曰：典瑞掌玉瑞。鄭玄曰：人執曰瑞。瑞，猶符信也。楊子雲解嘲曰：析人之珪，儋人之爵。

遂荒，已見上文。雲野，雲夢之野。式掌儲命，帝難其人，漢書，疎廣曰：太子國儲，副君也。尚書，禹曰：惟帝其難之。孔安國曰：言堯帝亦以知人爲難。公以宗室羽儀，允膺嘉選。蕭子顯齊書曰：緬轉太子中庶子。周易曰：鴻漸于陸，其羽可用爲儀。協隆三善，仰敷四德。晉中興書，烈宗詔曰：桓沖協隆治道。禮記曰：行一物而三善皆得者，唯世子而已，其齒於學之謂也。故世子齒於學，其一曰：而衆知父子之道矣；其二曰：而衆知君臣之義矣；其三曰：而衆知長幼之節矣。周易曰：君子體仁足以長人，嘉會足以合禮，利物足以和義，貞固足以幹事。君子行此四德者，故曰：乾，元亨利貞。博望之苑載暉，龍樓之門以峻。漢書曰：武帝戾太子及冠，就宮，上爲立博望苑，使通賓客。從其所好，故多異端進者。漢書成紀曰：上嘗召太子出龍樓門。獻替帷扆，實掌喉脣。國語，史黯謂趙簡子曰：夫事君者，諫過而賞善，薦可而替否，獻能而進賢。帷扆，帝座也。禮記曰：天子負斧扆。孔融張儉碑曰：聖王克亮，命作喉脣。奉待漏之書，銜如絲之旨。東觀漢記曰：樊梵，字文高，每當直事，常晨駐車待漏。如絲，已見上文。前暉後光，非止恒受。周書，孔子曰：文王得四臣，丘亦得四友。自吾得師也，前有光，後有暉，是非先後邪！公以密戚上賢，俄而奉職，蕭子顯齊書曰：緬遷侍中。越絶書曰：吴王書闔廬〔七〕始得子胥，以爲上賢，無異乎聖人也。出納惟允，劍璽增華。尚書，帝曰：龍，命汝作納言，夙夜出納朕命，惟允。應劭漢官儀曰：侍中殿上稱制，出則陪乘，佩璽把劍。增華，謂自庶子而益其榮華也。伊昔帝唐，九官咸事，熊豹臨戭，納言是司。漢書，劉向上疏曰：舜命九官，濟濟相讓。應劭曰：尚書曰：禹作司空，棄后稷，契司徒，咎繇作士師，垂共工，益朕虞，伯夷秩宗，夔典樂，龍納言：凡九官。左氏傳曰：昔高陽氏有才子八人：檮戭、大臨。高辛氏有才子八人：仲熊、叔豹。自此迄今，其任無爽。爰自近侍，式贊權衡。蕭子顯齊書曰：世祖即位，緬遷五兵尚書。淮南子曰：准繩連體，權衡合德，百工繇焉，以定法式，輔弼執玉，以翼天子也。而皇情眷眷，慮深求瘼。毛詩曰：皇矣上帝，臨下有赫；鑒觀四方，求民之瘼〔八〕。班固漢書引詩而爲此瘼。爾雅曰：瘼，病也。

姑蘇奥壤，任切關河，奥壤，猶奥區也。韓康伯王述碑曰：述遷會稽太守，淮、海惟揚，皇基所託，此蓋關河之重，泱泱大邦。都會殷負，提封百萬。史記曰：夫吴有海鹽之饒，章山之銅，三江五湖之利，亦江東一都會也。西京賦曰：百物殷阜。薛綜注曰：殷，盛；阜，大也。今爲此負。漢書曰：天子畿方千里，提封百萬井。臣瓚案：舊説云：提，最凡。言大舉頃畝也。李奇曰：提，舉也。舉四方爲内也。章昭曰：積土爲封限。全趙之袨服叢臺，方此爲劣；鄒陽上書曰：夫全趙之時，武力鼎士，袨服叢臺之下者，一旦成市也。臨淄之揮汗成雨，曾何足稱。戰國策，蘇秦説齊宣王曰：臨淄之塗，人肩相摩，舉袂成幕，揮汗成雨。高誘曰：揮，振也。乃鴻騫舊吴，作守東楚。蕭子顯齊書曰：緬出爲吴郡太守。吴質魏都賦曰：我太公鴻飛兖、豫〔九〕。劉琨勸進奏曰〔一〇〕：奄有舊吴。牽秀祖孫楚詩曰：受兹明命，作守西疆。漢書音義，孟康曰：舊名吴爲東楚也。弘義讓以朂君子，振平惠以字小人。論語讖曰：伯夷、叔齊，義讓龍舉。干寶晉紀曰：丁固父覽，以義讓稱。尚書，武王曰：朂哉夫子！周書，成王曰：朕不知字民之道，敬問伯父。尚書，王曰：無或敢伏小人之攸箴。撫同上德，綏用中典。老子曰：上德不德，是以有德。鍾會曰：體神妙以存化者，上德也。周禮曰：刑平國，用中典。疑獄得情而弗喜，宿訟兩讓而同歸。漢書曰：張湯以倪寬爲獄讞掾，以古法義決疑獄。論語，曾子曰：上失其道，民散久矣。如得其情，則哀矜而勿喜。東觀漢記曰：魯恭爲中牟令。宿訟許伯等争陂澤田，積年州郡不決。恭平理曲直，各退自相責讓。雖春申之大啓封疆，鄧攸之緝熙萌庶〔一一〕，不能尚也。史記曰：楚考烈王立，以黄歇爲相，號春申君。請封於江東，王許之。因城吴故墟以自爲都邑。國語，史伯謂鄭桓公曰：加之以德，可以大啓。王隱晉書曰：鄧攸，字伯道，爲吴郡太守。吴人餓死。攸到，表振貸，臺不時聽，攸乃輒出倉米，一郡蒙濟。不受禄俸，唯飲吴水。毛詩曰：緝熙文王之典。夏首藩要，任重推轂，楚辭曰：過夏首而西浮。王逸注曰：夏首，水口也。漢書，馮唐曰：臣聞上古王者遣將也，跪而推轂曰：閫以内，寡人制之，閫以外，將軍制之。衿帶中流，地殷江漢。李尤函谷關銘曰：函谷險要，衿帶喉咽〔一二〕。尚書曰：九江孔殷。南接衡巫，風雲之路千里；衡、巫，三江名。吴都賦曰：徑路絶，風雲通。西通鄾鄧，水陸之塗三七。左氏傳曰：鄧南鄾人〔一三〕。杜預曰：鄾，今鄧鄉縣南，江水之北也。鄧，今潁川邵陵縣西南有鄧城。蜀都賦曰：水陸所湊。是惟形勝，閫外莫先。漢書，田肯曰：秦形勝之國也。閫外，已見上文〔一四〕。鄭玄禮記注曰：閫，門限也〔一五〕。建麾作牧，明德攸在。蕭子顯齊書曰：緬轉郢州刺史。周禮曰：建大麾以封藩國。又曰：八命作牧。尚書，王曰：文王克明德慎罰。乃暴以秋陽，威以夏日。孟子曰：江、漢以濯之，秋陽以暴之。綦母邃曰：周之秋，於夏爲盛陽也。左氏傳曰：酆舒問於賈季曰：趙衰、趙盾孰賢？對曰：趙衰冬之日，趙盾夏之日。杜預曰：夏日可畏。澤無不漸，螻蟻之穴靡遺；西征賦曰：澤靡不漸，恩無不逮。尸子曰：舜之行其猶河海乎！千仞之漢〔一六〕亦滿之，螻蟻之穴亦滿之。明無不察，容光之微必照。孟子曰：日月有明，容光必照焉。趙岐曰：容光，小隙也。言大明照幽微。由近而被遠，自己而及物。史記，皐陶曰：邇可遠在兹。鄭玄曰：此政由近可以及遠。惠與八風俱翔，德與五才並運〔一七〕。聖主得賢臣頌曰：恩從祥風翺。淮南子曰：天有八風。典引曰：仁風翔于海表。左氏傳，子罕曰：天生五才，民並用之，廢一不可。遠無不懷，邇無不肅。阮嗣宗勸晉王牋曰：遠無不服，邇無不肅。邑居不聞夜吠之犬，牧人不覩晨飲之羊。司馬彪續漢書曰：劉寵，字榮祖，遷會稽太守，徵入爲將作大匠。山陰縣民去郡數十里，有若耶山，中有五六老公，年皆七八十，聞寵遷，相率共送寵，人賫百錢。寵見，勞來曰：父老何乃自苦遠來？皆對曰：山谷鄙老，生未嘗到郡縣。佗時吏徵發不去民間，或夜不絶狗吠，竟夕民不得安。自明府下車以來，狗不夜吠，吏希至民間。年老遭値聖化，聞當棄去，故戮力來送。寵謝之，爲選受一大錢。故寵在會稽，號爲一錢。其清如是。家語曰：孔子爲大司寇。初，魯之販羊者沈猶氏常朝飲其羊，以詐市人。及孔子之爲政也，則沈猶氏不敢朝飲其羊也。譽表六條，功最萬里。漢書音義曰：舊刺史所察有六條：察民疾苦冤失職者，察墨綬長吏以上居官政狀，察盜賊爲民之害及大姧猾者，察犯田律四時禁者，察民有孝悌廉潔行脩正茂才異等者，察吏不簿入錢穀放散者，所察不得過此。漢書曰：倪寬爲郡内史〔一八〕，課殿當免，民恐失之，輸租繦屬不絶，課更以最。楊雄爲益州刺史作節度曰：刺史居深門之中，總萬里之統者也。還居近侍，兼饗戎秩。蕭子顯齊鲁曰：緬還爲侍中，領驍騎將軍。候府寄隆，儲端任顯，魏略曰：中領軍，延康置，故漢北軍中候之官也。漢書曰：詹事，秦官，掌皇太子家。東西兩晉，兹選特難。羊琇願言而匪獲，謝琰功高而後至。晉諸公讚曰：羊琇，字稚舒，泰山人。通濟才術。與世祖同年相善，謂世祖曰：後富貴時見用作領護軍太子詹事。世祖即位，累遷左將軍，中護軍，特進。何法盛晉中興書陳郡謝録曰：琰字瑗度，安少子也。爲輔國將軍，距氐，進號征虜左僕射，領詹事。升降二宮，令績斯俟；蕭子顯齊書曰：緬遷中領軍，太子詹事。禁旅尊嚴，主器彌固。蔡邕袁逢碑曰：乃撫京邑，揔齊禁旅。周易曰：主器者莫若長子。禹穴神皐，地埒分陝，漢書，司馬遷南遊江、淮，上會稽，探禹穴。西京賦曰：寔惟地之奥區神皐。袁煥與曹植書曰：召公與周公受分陝之任也。江左已來，常遞斯任。東渚鉅海，南望秦稽。子虚賦曰：齊東渚鉅海，南有琅耶。孔皐會稽記曰：秦望山在州城正南。史記曰：始皇登之，不望南海。越絶書曰：禹救水，到大越，上茅山，大會計吏，更名茅山曰會稽。淵藪胥萃，萑蒲攸在。尚書曰：今商王受爲天下逋逃主，萃淵藪。在氏傳曰：子叔爲政，不忍猛而寬。鄭國多盜，聚人於萑蒲之澤〔一九〕。貨殖之民，千金比屋；漢書，千乘之國，必有千金之賈者，利有所并也。郛鄽之内，雲屋萬家。徐幹陳情詩曰：踟躕雲屋下，嘯歌倚華楹。屋或爲甍。刑政繁舛，舊難詳一。南山羣盜，未足云多；漢書曰：王遵爲高陵令。會南山羣盜傰宗數百人爲吏民害，於是王鳳薦遵，徵爲諫議大夫，守京輔都尉，行京兆尹事。旬月間盜賊肅清。蘇林曰：傰音朋。渤海亂繩，方斯易理。漢書曰：上以龔遂爲渤海太守，問曰：渤海廢亂，朕甚憂之。卿欲何以息其盜賊？遂曰：臣聞治亂民猶治亂繩，不可急也，唯緩之然後可理。臣願一切以便宜從事。上許焉。公下車敷化，風動神行，蕭子顯齊書曰：緬出爲會稽太守。漢書曰：班伯爲定襄太守，其下車作威，吏民悚息。謝承後漢書曰：陰脩敷化二郡，威教克平。太玄經曰：風動雷興。謝承後漢書曰：威令神行，征艾朔土〔二〇〕。誠恕既孚，鉤距靡用。

杜預左氏傳注曰：孚，大信也。漢書曰：趙廣漢守京兆尹。廣漢善爲鉤距以得事情。鉤距者，欲知馬價，則先問狗，已問羊，又問牛，然後及馬，參伍其價，以類相推，則知馬之賤貴，不失實矣。晉灼曰：鉤，致也，距，閉也。設欲知馬價，先問狗，又問羊，然後及馬，使對者無疑以知馬價，示若不問而自知，以閉其術爲距也。不待赭汙之權，而姦渠必翦；漢書曰：張敞守京兆尹，召見諸偷酋長數人，因貰罪，把其宿負，令致諸偷以自贖。偷長曰：今一旦召詣府，恐諸偷驚駭，願一切受署。敞皆以爲吏，遣歸休。置酒，小偷悉來賀，飲醉，偷長以赭汙其衣，吏坐里閭，閱出者，汙赭輒收縛之，一日捕得數百人，盡行法罰。尚書曰：殲厥渠魁。孔安國曰：渠，大也。無假里端之籍，而惡子咸誅。歌録曰〔三〕：鴈門太守行曰：外行猛政，内懷慈仁。文武備具，課民不貧。移惡子姓，偏著里端。被以哀矜，孚以信順。哀矜，已見上文。南陽葦杖，未足比其仁；范曄後漢書曰：劉寬，字文饒，弘農人也。遷南陽太守。吏民有過，但用蒲鞭罰之，示辱而已，然終不加苦。韓詩外傳，孔子曰：水之精爲土，老蒲爲葦，願無怪之。曹植對酒歌曰：蒲鞭葦杖示有刑。潁川時雨，無以豐其澤。趙岐三輔決録曰：茂陵郭伋爲潁川，化如時雨。摯虞曰：伋字細侯，光武拜潁川太守。公攬轡升車，牧州典郡，范曄後漢書曰：范滂爲詔使，登車攬轡，有澄清天下之志。蔡邕橋玄碑曰：牧一州、典五郡也。感達民祇，非待期月。論語，子曰：苟有用我者，期月而已可也，三年有成。老安少懷，塗歌里詠，論語，子曰：老者安之，少者懷之。莫不懽若親戚，芬若椒蘭。孫卿子曰：夫暴國之君，將誰與至哉？其所與至，必其民也。而其民之親我若父母，其好我芬若椒蘭。漢書刑法志曰：鄰國望我，懽若親戚，芬若椒蘭。麾旆每反，行悲道泣。攀車卧轍之戀，争塗忘遠；東觀漢記曰：秦彭，字國平，爲開陽城門候。後拜潁川太守，老弱攀車，啼號填道。又曰：侯霸，字君房。王莽敗，霸保守臨淮。更始元年，遣謁者侯盛齎璽書徵霸。百姓號呼哭泣遮使者，或當道卧，皆曰：願復留霸期年。去思一借之情，愈久彌結。漢書曰：何武爲兗州刺史，徙京兆尹。其所居亦無赫赫名，去後常見思。東觀漢記曰：寇恂爲河内太守，徵入爲金吾。潁川盜賊羣起，車駕南征，恂從至潁川，盜賊悉降。百姓遮道曰：願從陛下復借寇君一年。上乃留恂。

方城漢池，南顧莫重。左氏傳，屈完曰：方城以爲城，漢水以爲池。北指崤潼，平塗不過七百；崤，二崤也。雍州圖經曰：潼水，華陰縣界。伏滔正淮論曰：壽春北接梁、宋，平塗不過七百。西接嶢武，關路曾不盈千。漢書音義，應劭曰：嶢山之關也。李奇曰：在上洛北。文潁曰：武關在析西。王隱晉書，庾翼表曰：襄陽北去河、洛，不盈千里。蠻陬夷徼，重山萬里。魏都賦曰：蠻陬夷落。張揖漢書注曰，徼，塞也。以木柵水爲夷狄界也。魏都賦曰：由重山之東阸。小則俘民略畜，大則攻城剽邑。賈逵國語注曰：伐國取人曰俘。漢書，晁錯上兵事曰：胡虜小入則小利，大入則大利，攻城屠邑，驅略畜産。史記曰：盜賊滋起，大羣至數千人，攻城剽邑；小羣盜以百數，掠鹵鄉里。方言曰：略，強取也。晉宋迄今，有切民患，烽鼓相望，歲時不息。椎埋穿掘之黨，阡陌成羣；史記曰：攻剽、椎埋、掘冢，皆爲財用耳。徐廣曰：椎殺人而埋之，或謂發冢也。慠法侮吏之人，曾莫禁禦。累藩咸受其弊，歷政所不能裁。賈逵國語注曰：裁，制也。加以戎羯窺窬，伺我邊隙。朱鳳晉書曰：前後徙河北諸郡縣居山間，謂之羯胡。劉琨勸進表曰：狡寇窺窬，伺國瑕隙。北風未起，馬首便以南向；魏志，臧洪答陳琳書曰：秋風揚塵，伯珪馬首南向。塞草未衰，嚴城於焉早閉。李陵與蘇武書曰：涼秋九月，塞外草衰。抱朴子，鮑生曰：人君恐姦釁之不虞，故嚴城以備之。戰國策，子楚謂秦王曰：臣恐邊境早閉晚開也。永明八載，疆埸大駭。吴均齊春秋曰：永明八年，匈奴寇昫山。左氏傳，沈尹戌曰：吴新有疆埸之駭。國語曰：晉師大駭。揚雄集，上書曰：候騎至甘泉，京師大駭。天子乃心北眷，聽朝不怡。司馬遷書曰：主上食不甘味，聽朝不怡。揚旆漢南，非公莫可。蕭子顯齊書曰：緬還雍州刺史。籍田賦曰：九旗揚旆。吕氏春秋曰：漢南之國，聞湯之德，歸之。於是驅馬原隰，卷甲遄征。毛詩曰：驅馬悠悠。又曰：于彼原隰。孫子兵法曰：卷甲趨利，日夜不處。曹植詩曰：指日遄征。威令首塗，仁風載路。李尤武功歌曰：恩普洽，威令行。首塗，猶首路也。謝承後漢書序曰：徐淑戎車首路。續晉陽秋曰：謝安賞袁宏爲機對辯速。宏爲東郡〔二二〕，安取一扇授之，聊以贈行。宏應聲曰：輒當奉揚仁風，慰彼黎庶。毛詩曰：厥聲載路。軌躅清晏，車徒不擾。漢書音義曰：躅，迹也。牛酒日至，壺漿塞陌。漢書，廣武君謂韓信曰：不如按甲休兵，百里之内，牛酒日至，以饗士大夫。孟子曰：葛伯不祀，湯征之。其君子實玄黄于篚以迎君子，小人簞食壺漿以迎小人〔二三〕。失義犬羊，其來久矣，漢書名臣奏曰〔二四〕：太尉掾應劭等議，以爲鮮卑隔在漢北〔二五〕，犬羊爲羣。徵賦嚴切，唯利是求；左氏傳，晉吕相告秦曰：秦雖與晉出入，秦惟利是視。又曰：惟好是求。首鼠疆界，災蠹彌廣。漢書，田蚡謂韓安國曰：與長孺共一禿翁，何爲首鼠兩端！音義曰：首鼠，一前一却也。説文曰：蠹，木蟲也。以喻殘賊。公扇以廉風，孚以誠德，盡任棠置水之情，弘郭伋待期之信。東觀漢記曰：龐參，字仲達，拜漢陽太守。郡民任棠者，有奇節，參到先候之。棠不與言，但以韰一本，水一杯，置户屏前，自抱孫兒伏於户下。參思其微意，良久曰：棠是欲曉太守也。水者，欲吾清也；拔大本韰，欲吾擊強宗也；抱兒當户，欲吾開門恤孤也。於是歎息而還。參在職，果能抑豪助弱，以惠政得民。司馬彪續漢書曰：郭伋拜并州牧，行部西河，到美稷，數百小兒各騎竹馬逢迎，伋問曰：兒曹何自遠來？對曰：聞使君到，喜，故來迎。伋謝曰：辛苦諸童。小兒復送至郭門外，問使君何日當還？伋謂别駕計日告之。行部還入美稷，先期一日。伋念負諸兒，即止野亭，須期乃往。伋重信得人心，皆此類也。金如粟而弗覩，馬如羊而靡入。范曄後漢書曰：張奂，字然明，燉煌人也。遷安定屬國都尉。羌戎豪帥感奂恩德〔二六〕，上馬二十匹，先零酋長又遺金鐻八枚，奂並受之，而召主簿於諸羌前，以酒酹地曰：使馬如羊，不以入廐；使金如粟，不以入懷。悉以金馬還之。雛雉必懷，豚魚不爽。東觀漢記曰：魯恭爲中牟令。時郡國螟傷稼，犬牙緣界，不入中牟。河南尹袁安聞之，疑其不實，使仁恕掾肥親往察之。恭隨行阡陌，俱坐桑下，有雉過止其傍，傍有兒童，親曰：何不捕之？兒言雉方將雛。親曰：所以來者，欲察君之化迹耳。蟲不犯境，此一異也；化及鳥獸，此二異也；豎子有仁心，此三異也。具以狀言〔二七〕。周易曰：信及豚魚。由是傾巢舉落，望德如歸；廣雅曰：落，謂村居也。左氏傳曰：衛遷邢于夷儀，邢遷如歸也。椎髻髽首，日拜門闕；漢書曰：尉佗魋髻箕踞。淮南子曰：三苗髽首。卉服滿塗，夷歌成韻。尚書曰：島夷卉服。蜀都賦曰：夷歌成章。范曄後漢書曰：益州刺史朱輔上疏曰：白狼王唐菆等慕化歸義，作詩三章也。禮義既敷，威刑具舉，公羊傳曰：既者何？盡也。毛萇詩傳曰：具，俱也。強民獷俗，反志遷情。韓詩曰：獷彼淮夷。薛君曰：獷，覺寤之貌。劉騊駼與李子堅書曰：吏民強獷，比屋爲賊。獷，古並切。風塵不起，囹圄寂寞。東觀漢記曰：蔡彤爲遼東太守〔二八〕，野無風塵。魏都賦曰：囹圄寂寞〔二九〕。富商野次，宿秉停菑。國語，叔向曰：絳之富商韋藩以過於朝。范曄後漢書曰：王渙，字稚子，廣漢人，除温令。境内清夷，商人露宿於道。毛詩曰：彼有遺秉，此有滯穗。又曰：于彼菑畝。毛萇曰：田一歲曰菑。蝝蝗弗起，豺虎遠迹。范曄後漢書曰：宋均，字叔庠〔三〇〕，南陽人也。遷九江太守。郡多虎暴，數爲民患，常設檻穽，而猶多傷害。均到，下記屬縣，可一去檻穽，除削課制。其後傳言虎相與東渡江。後山陽、楚、沛多蝗，其飛至九江東界者，輒東西散去。北狄懼威，關塞謐静。偵諜不敢東窺，駝馬不敢南牧。偵，伺也。鄭玄周禮注曰：諜賊，反間爲國賊者〔三一〕。范曄後漢書曰：鮮卑寇遼東，蔡彤擊之，虜大奔，不敢復闚塞。過秦論曰：胡人不敢南下而牧馬。方欲振策燕趙，席卷秦代，過秦論曰：振長筴而御宇内。又曰：有席卷天下之意。陪龍駕於伊洛，侍紫蓋於咸陽。楚辭曰：龍駕兮帝服，聊翺翔兮周章。傅玄乘輿馬賦曰：紫蓋漂以連翩。而遘疾彌留，欻焉大漸。尚書曰：疾大漸惟幾，病日臻既彌留。耕夫釋耒，桑婦下機。曹植荀侯誄曰：機女投杼，農夫輟耕也。參請門衢，並走羣望。左氏傳曰：乃大有事于羣望。維永明九年夏五月三十日辛酉薨，春秋三十有七。城府颮然，庶寮如霣。颮然，吹木葉落貌。男女老幼，大臨街衢，潘勗荀彧碑曰：男女老幼，里號巷哭。接響傳聲，不踰時而達于四境。臧榮緒晉書曰：羊祜薨，於是街衢塗巷，傳哭接音，邑里相達。夷羣戎落，幽遠必至，望城拊膺，震動郛邑，並求入奉靈櫬，藩司抑而不許。雖鄧訓致劈面之哀，羊公深罷市之慕，范曄後漢書曰：鄧訓，字平叔，遷護烏桓校尉，病卒官。吏民羌胡愛惜，旦夕臨者數千人。戎俗，父母死，恥悲泣，皆騎馬歌呼。至聞訓卒，莫不號咷，或以刀自割，又刺殺其犬馬牛羊，曰：鄧使君已死，我曹亦俱死耳！晉諸公讚曰：羊祜薨，贈太傅。南州以市日聞喪，即號哭罷市〔三二〕。對而爲言，遠有慚德。尚書曰：惟有慚德。神駕東還，號送踰境。蕭子顯齊書曰：緬喪還，百姓沿沔水悲泣。奉觴奠以望靈，仰蒼天而自訴。蕭子顯齊書曰：百姓設祭於峴山。鄭玄周禮注曰：喪所薦饋曰奠。韓詩曰〔三三〕：萬人顒顒，仰天告訴。震響成雷，盈塗咽水。周易曰：震，動也。漢中山靖王曰：聚蚊成雷。江衛與荀仲茂牋曰：舉國顒顒，歎慕盈塗。

公臨危審正，載惟話言〔三四〕。説文曰：話，會合善言也。楚襄之情，惟幾而彌固；左傳曰：楚子囊還自吴，卒。將死，遺言謂子庚：必城郢。君子謂子囊忠君，薨不忘增其名，將死不忘衛社稷，可不謂忠乎！尚書曰：疾大漸惟幾。孔安國曰：幾，危殆。衛魚之心，身亡而意結。韓詩外傳，昔衛大夫史魚病且死，謂其子曰：我數言蘧伯玉之賢而不能進，彌子瑕不肖而不能退，死不當居喪正堂，殯我於室足矣。衛君問其故，子以父言聞。君召伯玉而貴之，彌子瑕退之，徙殯於正堂。一宫軫慟，遐邇同哀。追贈侍中領衛將軍，給鼓吹一部，謚曰昭侯。時皇上納麓在辰，登庸伊始，皇上，明帝也。尚書曰：納于大麓，烈風雷雨弗迷。孔安國曰：麓，録也。堯納舜，使大録萬機之政。尚書曰：若時登庸。允副朝端，兼掌屯衛。蕭子顯齊書曰：明帝初爲右僕射，加領衛尉。晉中興書，謝安石上疏曰：尸素朝端，忽焉五載。漢書曰：城門校尉掌京師城門屯兵。聞凶哀震，感絶移時。因遘沈痾，緜留氣序。世祖日夜憂懷，備盡寬譬。世祖，武帝。臧榮緒晉書，賀循牋曰：日夜憂懷，慷慨發憤。寬譬，見下文。勉膳禁哭，中使相望。東觀漢記曰：樊脩至孝，母終，上遣中黄門朝暮餐食。吴志曰：朱然寢疾，孫權夜爲不寐，中使醫藥口食之物，相望於道。上雖外順皇旨，内殷私痛，獨居不御酒肉，坐卧泣涕霑衣。毛萇詩傳曰：殷，憂也。東觀漢記曰：齊武王以譖愬遇害，上與衆會，飲食笑語如平常。馮異侍從親近，見上獨居不御酒肉，坐卧枕席有泣涕處，異獨入叩頭，寬解上意。若此移年，癯瘠改貌。爾雅曰：臞，瘠也，與癯同，渠俱切。天倫之愛，振古莫儔。穀梁傳曰：兄弟，天倫也。何休曰：兄弟先後〔三五〕，天之倫次也。毛詩曰：匪今斯今，振古如兹。毛萇曰：振，自也。及俯膺天眷，入纂絶業，蕭子顯齊書明紀曰：太后廢海陵王，以上入纂太祖。爾雅曰：纂，繼也。漢書，司馬遷曰：惟漢接三代絶業。分命懿親，台牧並建。尚書曰：分命羲叔。左氏傳，富辰曰：兄弟雖有小忿，不廢懿親。春秋漢含孳曰：三公在天法三能。牧，見上文。對繁弱以流涕，望曲阜而含悲。左氏傳，子魚曰：周公相王室以尹天下，於周爲睦，分魯公以大路、大旂，夏后氏之璜，封父之繁弱。尚書曰〔三六〕：魯侯伯禽宅曲阜。改贈司徒，因謚爲郡王，禮也。

惟公少而英明，長而弘潤。風標秀舉，清暉映世。學徧書部，特善玄言。鞶帨之麗，篆籀之則。法言曰：今之學者，非獨爲之華藻也，又從而繡其鞶帨。李軌曰：鞶，帶；帨，巾也。喻今之文字多〔三七〕非獨華藻也，巾帶皆文之如綉也。漢書，史籀。音義曰：周宣王太史，作大篆。窮六義於懷抱，究八體於毫端。毛詩序曰：詩有六義焉：一曰風，二曰賦，三曰比，四曰興，五曰雅，六曰頌。漢書，八體六技。韋昭曰：一曰大篆，二曰小篆，三曰刻符，四曰蟲書，五曰摹印，六曰署書，七曰殳書，八曰隸書。弈思之微，秋儲無以競巧；孟子曰：弈秋，通國之善弈者也。儲，謂儲蓄精思也。馬融廣成頌曰：儲積山藪〔三八〕，廣思河澤。取睽之妙，流睇未足稱奇。周易曰：弦木爲弧，剡木爲矢。弧矢之利，以威天下，蓋取諸睽。幽通賦曰：養流睇而猿號，李虎發而石開。至公以奉上，鳴謙以接下。周易曰：鳴謙貞吉，中心得也。尚書曰：奉先思孝，接下思恭。撫僚庶盡盛德之容，交士林忘公侯之貴。辨亡論曰：接士盡盛德之容。吴志，魯肅曰：不失下曹，從事交遊士林。虚懷博約〔三九〕，幽關洞開。鄒潤甫爲諸葛穆答晉王命曰：雖曰博納，虚懷下開。幽關，已見上文。西征賦曰：胸中豁其洞開。宴語談笑，情瀾不竭。毛詩曰：燕笑語兮，是以有譽處兮。世説曰：王太尉云：郭子玄語議如懸河寫水，注而不竭。譽滿天下，德冠生民。孝經曰：言滿天下無口過。干寶晉紀，武帝詔曰：蓋德冠生民，必饗不泯之榮。蓋百代之儀表，千年之領袖。荀氏家傳曰：荀彧德行周備，名重天下，莫不以爲儀表。王隱晉書曰：魏舒爲相國參軍，晉王特加器敬，每朝會罷，坐而目送之，曰：魏舒堂堂，實曰人之領袖也。曾不慭留，梁摧奄及。左氏傳，孔丘卒，公誄之曰：旻天不弔，不慭遺一老。禮記曰：孔子早起，負手曳杖，逍遥於門，歌曰：太山其頽乎！梁木其壞乎！豈唯僑終蹇謝，興謡輟相而已哉！僑，子産也。左氏傳曰：産從政一年，輿人誦之曰：取我衣冠而褚之，取我田疇而伍之。孰殺子産，吾其與之！及三年，又誦之曰：我有子弟，子産誨之；我有田疇，子産殖之。子産而死，誰其嗣之？潘岳賈充誄曰：秦亡蹇叔，春者不相杵。史記，趙良曰：五羖大夫死，春者不相杵。史記以爲五羖，而云蹇叔，未詳潘、沈之旨。凡我僚舊，均哀共戚。怨天德之無厚，痛棠陰之不留。周易曰：用九，天德不可爲首也。鄧析子曰：天於人無厚也。

何足以言之？天不能令夭折之人更生，爲善之民必壽，此於民無厚也。淮南子曰：日朝發扶桑，入于落棠。高誘曰：扶桑，日所出；落棠山，日所入也。思所以克播遺塵，弊之穹壤，魏都賦曰：列聖之遺塵。曹植露盤頌曰：弊之天壤，以顯元功。乃刊石圖徽，寄情銘頌。其辭曰：

天命玄鳥，降而生商。毛詩商頌文也。是開金運，祚始玉筐。金，謂殷。鄒子曰：五德從所不勝，虞土，夏木，殷金，周火。呂氏春秋曰：有娀氏有二佚女，爲九成之臺，飲食以鼓。帝命燕往視之，鳴若嗌嗌，二女愛而爭搏之，覆以玉筐。少選，發而視之，燕遺卵而北飛，遂不反。高誘曰：帝，天也，天命鷰降卵于有娀氏女，吞之生契。三仁去國，五曜入房。論語曰：微子去之，箕子爲之奴，比干諫而死。孔子曰：殷有三仁焉。春秋元命苞曰：殷紂之時，五星聚房。房者，蒼神之精，周據而興。亦白其馬，侯服周王。毛詩序曰：有客，微子來見祖廟。詩云：有客有客，亦白其馬。又曰：侯服于周，天命靡常。本枝派別，因菜命氏。微子之後食邑於蕭，因氏焉。毛詩曰：文王孫子，本枝百世。吳都賦曰：百川派別。漢書曰：楊雄之先，初食菜於晉之楊，因氏焉。左氏傳，羽父曰：胙之土而命之氏。涉徐而東，義均梁徙。謂徙蘭陵也。王隱晉書曰：徐州部東海郡蘭凌縣。班固高紀贊，劉向曰：戰國時，劉氏自秦獲於魏。秦滅魏，遷大梁，都豐。故周市説雍齒曰：豐故梁徙也。頌高祖云：涉魏而東，遂爲豐公。自兹以降，懷青拕紫。解嘲曰：紆青拕紫，朱丹其轂。崇基巖巖，長瀾瀰瀰。毛詩曰：節彼南山，維石巖巖。又曰：新臺有泚，河水瀰瀰。惟聖造物，龍飛天步。莊子，孔子曰：夫造物者爲人。司馬彪曰：造物，謂道也。周易曰：飛龍在天，利見大人。毛詩曰：天步艱難，之子不猶。載鼎載革，有除有布。鼎、革，二卦名也。周易曰：井道不可不革，故受之以革；革物者莫若鼎，故受之以鼎。漢書音義，文穎曰：孛星多爲除舊布新，改易君上也。高皇赫矣，仰膺乾顧。曹府君陳寔誄曰：赫矣陳君。毛詩曰：乃眷西顧，此維與宅。景皇蒸哉，實啓洪祚。毛詩曰：文王蒸哉！潘岳羊夫人謚策文曰：光啓洪祚，慶流萬國。

喬嶽峻峙，命世興賢。毛詩：崧高維嶽，峻極于天；維岳降神，生甫及申。鄭玄曰：福祚興於子孫。命世，已見上文。膺期誕德，絶後光前。膺五百歲之期也。曹植上文帝誄表曰：階青雲而誕德。晉起居注，安帝詔曰：元功盛德，超前絶後。幾以成務〔四〇〕，覺在民先。周易曰：夫幾者動之微。又曰：夫易，開物成務。孟子，伊尹曰：天之生斯人，使先覺覺後覺也。予，天民之先覺者也。位非大寶，爵乃上天。周易曰：天地之大德曰生，聖人之大寶曰位。孟子：有天爵，有人爵。仁義忠信，樂善不倦，此天爵也；公卿大夫，此人爵也。

爰始濯纓，清猷浚發〔四一〕。楚辭曰：滄浪之水清，可以濯吾纓。毛詩曰：濬哲維商，長發其祥。升降文陛，逶迤魏闕。漢書，梅福上疏曰：願一登文石之陛，涉赤墀之塗。夏侯稚〔四二〕景福殿賦曰：乃陟乎文陛，以登華殿。吕氏春秋，中山公子牟謂詹子曰：身在江海之上，心居乎魏闕之下。高誘曰：魏闕，象魏之闕也。惠露沾吴，仁風扇越。陸機謝成都王牋曰：慶雲惠露，止於落葉。涉夏踰漢，政成期月。楚辭曰：江與夏之不可涉。夏，水名也。尚書曰：逾于漢。期月，已見上文。

用簡必從，日新爲盛。周易曰：簡則易從。又曰：日新之謂盛德。在上哀矜，臨下莊敬。哀矜，已見上文。論語曰：季康子問使民以敬，如之何？子曰：臨之以莊則敬。草木不夭，昆蟲得性。毛詩序曰：周家忠厚，仁及草木。又曰：民樂其有靈德，以及鳥獸昆蟲焉。我有芳蘭，民胥攸詠。芳蘭，即上芳若椒蘭也。

羣夷蠢蠢，巖別嶂分。爾雅曰：蠢，動也。傾山盡落，其從如雲。毛詩曰：齊子歸止，其從如雲。挈妻荷子，負戴成羣。莊子曰：邠人謂邠王曰：挈吾妻子以從王乎〔四三〕！又曰：石戶之農夫，負妻戴子入海也。迴首請吏，曾何足云！封禪書曰：昆蟲闓澤，迴首面內。漢書曰：邛、笮之君長，聞南夷與漢通，請吏比南夷。

昔聞天道，仁罔不遂。老子曰：天道無親，常與善人。論語，子曰：仁者壽。莊子曰：聖也者，遂於命者也。彼蒼如何，興山止簣？毛詩曰：彼蒼者天，殲我良人。止簣，已見上文。四牡方馳，六龍頓轡。毛詩曰：駕彼四牡，四牡項領。頓轡，喻死也。楚辭曰：貫鴻濛以東揭兮，維六龍於扶桑。王逸注曰：結我車轡於扶桑以留日行，幸得延年壽也。頓，猶舍也。斯民曷仰，邦國殄瘁。毛詩曰：人之云亡，邦國殄瘁！

齊碩晏平，行哭致禮。晏子曰：齊景公遊於淄。晏子死，公繁驅而馳，自以爲遲，下車而趨，知不如車之駃，則又乘之。比至國，四下而趨，至則伏尸而哭曰：百姓誰復告我惡邪？趙徂昌國，列邦揮涕。史記曰：樂毅爲燕伐齊，破之。封樂毅於昌國。昭王卒，燕惠王疑毅，毅降趙，號曰望諸君，而卒於趙。潘岳太宰魯公碑曰：趙喪望諸，列國同傷。家語，敬姜曰：無揮涕。涕以手揮之也〔四四〕。況我君斯，皇之介弟。左氏傳，伯州犂謂皇頡曰：夫子爲王子圍，寡君之貴介弟也。哀感徒庶，慟興雲陛。左思七略曰：闔甲第之廣袤，建雲陛之崖峩。

階毀留攢，川汎歸軸。禮記曰：君殯用輴，攢至于上。鄭玄曰：攢，猶叢也。殯君棺以龍輴，叢不題湊象椁。儀禮曰：遷于祖，用軸。鄭玄曰：軸，輁也。競羞野奠，爭攀夫轂。毛詩曰：鴻飛遵渚。范曄後漢書曰：祭遵喪至河南，車駕臨之，望哭哀慟。無絕終古，惟蘭與菊。楚辭曰：春蘭兮秋菊，長無絕兮終古。

塗由帝渚，朱軒靡駕。楚辭曰：帝子降兮北渚。尚書大傳曰：未命爲士，不得乘朱軒。東首塋園，即宮長夜。廣雅曰：首，向也。漢書音義，如淳曰：塋，冢田也。禮記曰：孔悝鼎銘曰：即宮于宗周。李陵詩曰：嚴父潛長夜，慈母去中堂。逝川無待，黃金難化。逝川，已見上文。史記，少君言上曰：祠竈則致物，而丹砂可爲黃金。黃金成以爲飲食器，則益壽。鍾石徒刊，芳猷永謝。吳越春秋，樂師謂越王曰：君王德可以刻之金石。王逸楚辭注曰：謝，去也。

文選考異

〔一〕注「五帝出受圖籙」　袁本、茶陵本「圖籙」作「籙圖」，是也。

〔二〕魏氏乘時於前　案：「乘時」當作「時乘」。茶陵本校語云五臣作「乘時」，是也。袁本校語云善作「乘時」，非也。善「時乘」，五臣「乘時」，於注皆有明文。袁互换正文耳。尤以五臣亂善，所見誤與袁同。陳云二字當乙，最是。

〔三〕注「及文武成康」　袁本、茶陵本無「成」字。

〔四〕注「簡略也」　袁本、茶陵本「簡略」作「略簡」，是也。恨賦「脱略公卿」注引此，可證。

〔五〕注「枯耽」　袁本、茶陵本作「枯耽切」三字，在注末，是也。

〔六〕注「緬爲宋劭陵王文學」　何校「劭」改「邵」，陳同，是也。各本皆譌。

〔七〕注「吴王書闔廬」　陳云「書」字衍，是也。各本皆衍。

〔八〕注「求民之瘼」　案：「瘼」當作「莫」。各本皆誤。觀下注可見。

〔九〕注「我太公鴻飛兗豫」　何校「公」改「祖」，陳同，是也。各本皆誤。

〔一〇〕注「劉琨勸進奏曰」　袁本、茶陵本「奏」作「表」，是也。

〔一一〕鄧攸之緝熙萌庶　袁本、茶陵本「萌」作「氓」。案：二本以五臣亂善而失著校語，尤所見獨未誤也。

〔一二〕注「衿帶喉咽」　袁本、茶陵本「喉咽」作「咽喉」，是也。

〔一三〕注「鄧南鄒人」　陳云「南」下脱「鄒」字，是也。各本皆脱。

〔一四〕注「闔外已見上文」　袁本、茶陵本複出云云，非。

〔一五〕注「門限也」　袁本、茶陵本「也」下有「苦本切」三字，是也。

〔一六〕注「千仞之漢」 案：「漢」當作「溪」。各本皆誤。

〔一七〕德與五才並運 袁本、茶陵本「才」作「材」。袁校語云善作「才」，注亦作「才」。茶陵無校語，注亦作「材」。案：此蓋善「材」、五臣「才」，袁誤互换，尤所見與袁同，茶陵爲得之也。與前江賦「五才」可相證。

〔一八〕注「倪寬爲郡内史」 何校「郡」改「左」，陳同，是也。各本皆誤。

〔一九〕注「聚人於雚蒲之澤」 陳云：「聚」，「取」誤，是也。各本皆誤。

〔二〇〕注「征艾朔士」 何校「士」改「土」，是也。各本皆譌。

〔二一〕注「歌録曰鴈門太守行曰」 陳云「録」下「曰」字衍，是也。茶陵本與此同，袁并入五臣，無可借證。

〔二二〕注「宏爲東郡」 陳校「東」下添「陽」字，云世説注引續晉陽秋可證。東陽，今浙東金華也。若「東郡」在晉爲濮陽之地，當彦伯時已久陷北境，安得往莅之？案：所説最是，前三國名臣序贊題下注所引亦有「陽」字，又其一證也。

〔二三〕注「漢書廣武君」下至「以迎小人」 此節注袁本、茶陵本并善入五臣，與尤全異，或尤别據他本，今無以訂之。

〔二四〕注「漢書名臣奏曰」 陳云「書」字衍，是也。各本皆衍。

〔二五〕注「隔在漢北」 何校「漢」改「漠」，陳同，是也。各本皆譌。

〔二六〕注「羌戎豪帥感免恩德」　茶陵本「羌戎」作「破奠鞬」，無「德」字。袁本與此同。案：似茶陵是。

〔二七〕注「具以狀言」　袁本、茶陵本「言」下有「安」字，是也。

〔二八〕注「蔡彤爲遼東太守」　茶陵本「蔡」作「祭」，是也。袁本亦誤「蔡」，下同。

〔二九〕注「囹圄寂寞」　袁本、茶陵本「寞」作「寥」，是也。

〔三〇〕注「字叔庠」　袁本、茶陵本「庠」作「平」。案：今范書作「庠」，尤依以校改也。

〔三一〕注「爲國賊者」　袁本、茶陵本「者」下有「徒煩切」三字，是也。

〔三二〕注「晉諸公讚曰」下至「即號哭罷市」　此注袁本、茶陵本并善入五臣，全異，或尤别據他本也。

〔三三〕注「韓詩曰」　陳云「詩」下當有「章句」二字，見任彦昇勸進牋注，是也。各本皆脱。

〔三四〕載惟話言　袁本、茶陵本「惟」作「貽」，是也。

〔三五〕注「兄弟先後」　袁本、茶陵本「兄弟」作「弟兄」。何校「弟先」改「先弟」。陳云「弟先」二字當乙。案：齊竟陵文宣王行狀引正作「兄先弟後」。

〔三六〕注「尚書曰魯侯伯禽」　陳云「書」下脱「序」字，是也。各本皆脱。

〔三七〕注「喻今之文字多」　袁本、茶陵本「多」上有「煩」字，是也。

〔三八〕注「儲積山藪」　陳云「積」，「精」誤，是也。各本皆誤。

〔三九〕虚懷博約　袁本、茶陵本「約」作「納」。袁校語云善作「約」，茶陵無校語。案：詳注意，

「約」但傳寫誤，尤所見與袁同，非也。茶陵爲得之。

〔四〇〕幾以成務　袁本、茶陵本「幾」作「機」。案：此蓋善「機」、五臣「幾」，二本失著校語。又注中「幾」、「機」互換，非。尤改善作「幾」，亦非。

〔四一〕清猷浚發　袁本、茶陵本「浚」作「濬」，是也。

〔四二〕注「夏侯稚」　何校「稚」下添「權」字。陳云「稚」下當脱「權」字。魏夏侯稚權以才學稱，見荀勗文章敍録。案：所校是也，説已見前。各本皆脱。

〔四三〕注「以從王乎」　袁本、茶陵本「乎」下有「此」字，是也。

〔四四〕注「涕以手揮之也」　陳云「涕」下脱「流」字。各本皆脱。

墓誌

吳均齊春秋，王儉曰：石誌不出禮典，起宋元嘉顔延之爲王琳石誌。

劉先生夫人墓誌

蕭子顯齊書曰：太祖爲劉瓛娶王氏女。瓛卒，天監元年，下詔爲瓛立碑，號曰貞簡先生。王僧孺劉氏譜曰：瓛娶王法施女也。

任彦升

既稱萊歸，亦曰鴻妻；列女傳曰：老萊子逃世，耕於蒙山之陽。或言之楚王，楚王遂駕車至老萊之門。

楚王曰：守國之孤，願變先生。老萊曰：諾。妻曰：妾聞之，居亂世爲人所制，此能免於患乎？妾不能爲人所制者。投其畚而去。老萊乃隨之。又曰：梁鴻妻者，同郡孟氏之女也。德行甚脩。鴻納之，共逃遁霸陵山中。後復相將至會稽，賃舂爲事。雖雜傭保之中，妻每進食，常舉案齊眉，不敢正視。以禮脩身，所在敬而慕之。復有令德，一與之齊。曹植王仲宣誄曰：既有令德，材技廣宣。禮記曰：信，婦德也，一與之齊，終身不改。實佐君子，簪蒿杖藜；毛詩序曰：又當輔佐君子，求賢審官。東觀漢記曰：梁統與杜林書曰：君非隗囂，不降志辱身，至簪蒿席草，不食其粟。莊子曰：子貢見原憲，原憲杖藜應門。欣欣負載〔一〕，在冀之畦音攜〔二〕。漢書曰：朱買臣常刈樵，其妻亦負載相隨。左氏傳曰：初，臼季過冀，見冀缺耨，其妻饁之，敬，相待如賓。

居室有行，亟聞義讓。言初居室及於有行，俱聞義讓，故曰亟也。列女傳，鮑蘇妻曰：如不教吾以居室之行。毛詩曰：女子有行。左氏傳，趙衰曰：臣亟聞其言矣。稟訓丹陽，弘風丞相。蕭子顯齊書曰：瓛，晉丹陽尹惔六葉孫也。然其妻王氏，丞相導之後也〔三〕。籍甚二門，風流遠尚。漢書曰：陸賈遊漢庭公卿間，名聲籍甚。習鑿齒晉陽秋曰：王夷甫、樂廣俱宅心事外，言風流者稱王、樂焉。肇允才淑，閫德斯諒。毛詩曰：肇允彼桃蟲。又曰：窈窕淑女。禮記曰：內言不出於閫。鄭玄曰：閫，門限也。毛萇詩傳曰：諒，信也。

蕪没鄭鄉，寂寞楊冢〔四〕。范曄後漢書曰：鄭玄，字康成，北海人也。國相孔融深敬玄，屣履造門，告高密縣爲玄特立一鄉，曰：齊置士鄉，越有君子軍，皆異賢之意也。今鄭君鄉宜曰鄭公鄉。七略曰：楊雄卒，弟子侯芭負土作墳，號曰玄冢。參差孔樹，毫末成拱。皇覽聖賢冢墓誌注曰：孔子冢在魯城北泗水南。冢塋中樹以百數，皆異種。人傳言孔子弟子異國，人各持其國樹來種之。其樹柞枌雒離五味欓檀之樹，魯人莫之識。老子曰：合抱之木，生於毫末。公羊傳曰：秦伯謂蹇叔曰：爾之年老，冢上之木拱矣。暫啓荒埏，長扃幽隴。蕭子顯齊書曰：王氏被出，今云合葬，蓋瓛卒之後，王氏宗合之。夫貴妻尊，匪爵而重。喪服傳曰：夫尊於朝，妻貴於室。潘岳夏侯湛誄曰：惟爾之存，匪爵而貴。

文選考異

〔一〕欣欣負載　何校「載」改「戴」。陳云「載」，「戴」誤，注同，是也。案：二字多相混，此亦不具出。

〔二〕注「音攜」　袁本、茶陵本作「畦音攜」三字，在注末，是也。

〔三〕注「丞相遵之後也」　何校「遵」改「導」，陳同，是也。各本皆譌。

〔四〕寂寞楊冢　袁本、茶陵本「寞」作「寥」。案：此疑二本是也。

文選卷第六十

行狀　弔文　祭文

行狀

齊竟陵文宣王行狀

任彦昇〔一〕

祖太祖高皇帝　父世祖武皇帝

南徐州南蘭陵郡縣都鄉〔二〕中都里蕭公年三十五行狀。

公道亞生知，照隣幾庶。論語，孔子曰：生而知之者上也，學而知之者次也。傅季友脩張良廟教曰：

道亞黄中，照隣殆庶。孝始人倫，忠爲令德，毛詩曰：成孝敬，厚人倫。左氏傳，君子曰：忠爲令德。公實體之，非毁譽所至。論語，子曰：吾之於人，誰毁誰譽？如有所譽。高誘吕氏春秋注曰：體，行也。莊子曰：舉世譽之而不加勸，舉世非之而不加沮。天才博贍，學綜該明。郭子曰：孫子荆上品狀王武子曰：天才英博，亮拔不羣。潘岳任府君畫讚曰：學綜羣籍，智周萬物。至若曲臺之禮，九師之易。七略曰：宣皇帝時行射禮，博士后倉爲之辭，至今記之，曰曲臺記。又曰：易傳淮南九師道訓者，淮南王安所造也。漢書音義曰：淮南王安聘明易者九人，號九師説。樂分龍趙，詩析齊韓。漢書曰：雅琴趙氏七篇。名定，渤海人，宣帝時丞相魏相所表。又曰：雅琴龍氏九十九篇。名德，梁人也。又曰：詩，魯、齊、韓三家。應劭漢書注曰〔三〕：申公作魯詩，韓嬰作韓詩，后倉作齊詩也〔四〕。陳農所未究，河間所未輯。漢書曰：成帝時，以書頗散亡，使謁者陳農求遺書於天下。又曰：河間獻王德從民得善書，必爲好寫與之，留其真，加金帛賜以招之。由是或有先祖舊書，多奉以奏獻王者，故得書多與漢朝等。有一於此，罔不兼綜者與！謝承後漢書曰：劉靚方筴所載，靡不必綜。昔沛獻訪對於雲臺，東平齊聲於楊史，東觀漢記曰：沛獻王輔。永平五年秋，京師少雨。上御雲臺，召尚席取卦具自卦，以周易卦林占之，其繇曰：蟻封穴户，大雨將集。明日大雨，上即以詔書問輔曰：道豈有是邪？輔上書曰：案易卦震之蹇：蟻封穴户，大雨將集。蹇，艮下坎上，艮爲山，坎爲水，出雲爲雨，蟻穴居而知雨，將雲雨，蟻封穴者，故以蟻爲興文。詔報曰：善哉，王次序之！又曰：上以所自作光武皇帝本紀示東平憲王蒼，蒼因上世祖受命中興頌，上甚善之，以問校書郎，此與誰等？皆言類相如、楊雄，前代史岑比之〔五〕。淮南取貴於食時，陳思見稱於七步，方斯蔑如也。漢書，淮南王安，上使爲離騷傳，旦受詔，日食時上。世説曰：魏文帝令陳思王七步成詩，詩曰：其在竈下然，豆在釜中泣。本是同根生，相煎何太急！

初，沈攸之跋扈上流，稱亂陝服。沈約宋書曰：沈攸之，字仲達，爲荆州刺史。順帝即位，攸之帥武義至夏口反。毛詩傳曰：無畔換〔六〕，猶跋扈也。西京賦曰：睢盱跋扈。尚書曰：非台小子，敢行稱亂。臧榮緒晉書曰：武陵王令曰：荆州勢據上流，將軍休之，委以分陝之重。宋鎮西晉熙王、南中郎邵陵王，並鎮盆口。沈約宋書曰：明帝第六子燮，字仲綏，封晉熙王，進號鎮西。沈攸之舉兵，鎮尋陽之盆城。又曰：邵陵殤王友，字仲賢，明帝第七子也。年五歲出爲南中郎將，江州刺史，邵陵王。世祖毗贊兩藩，而任揔西伐。沈約宋書曰：齊王太子奉晉熙王燮鎮尋陽之盆城。公時從在軍，鎮西府版寧朔將軍軍主，南中郎版補行參軍署法曹。沈約宋書曰：除拜則爲參軍事，府版則爲行參軍。于時景燭雲火，風馳羽檄；言雲火之多，如景之照；羽檄之疾，若風之馳。太公六韜曰：雲火萬炬以防夜。四子講德論曰：風馳雨集。漢書，高祖曰：以羽檄徵天下兵。謀出股肱，任切書記。魏文帝與吳質書曰：元瑜書記翩翩。遷左軍邵陵王主簿記室參軍。既允焚林之求，實兼儀形之寄。刀筆不足宣功，風體所以弘益。文士傳曰：太祖雅聞阮瑀名，辟之不應。連見逼促，乃逃入山中。太祖使人焚山，得瑀，送至，召入。太祖時在長安，大延賓客，怒不與語，使就伎人列。瑀善解音，能鼓琴，遂撫絃而歌，因造歌曲曰：奕奕天門開，大魏應期運。青蓋巡九州，在西東人怨。士爲知己死，女爲悦己玩。恩義苟潛暢，他人焉能亂！爲曲既捷，音聲殊妙，當時冠坐。太祖大悦，署爲記室。何法盛晉中興書曰：王永，字安期〔七〕，司空東海王越以爲記室參軍，雅相敬重，勑子毗曰：夫學之所益者淺，體之所安者深。閑習禮度，不如式瞻儀形；諷味遺言，不如親承音旨。王參軍人倫之表，汝其師之。史記，張釋之曰：

秦任刀筆之吏。除邵陵王友，又爲安南邵陵王長史。東夏形勝，關河重複，東夏，會稽也〔八〕。尚書，王曰：爰建爾于上公，尹茲東夏。漢書，田肯曰：秦形勝之國也。韓康伯王述碑曰：述遷會稽太守。此蓋關、河之重複，泱泱大邦。選衆而舉，敦悦斯在。論語，子夏曰：舜有天下，選於衆，舉皋陶，不仁者遠矣。左氏傳曰：晉蒐於被廬，謀元帥。趙衰曰：郤穀可，臣亟聞其言矣，説禮、樂而敦詩、書，君其試之。除使持節、都督會稽東陽臨海永嘉新安五郡諸軍事、輔國將軍、會稽太守。

太祖受命，廣樹藩屏。左氏傳，富辰曰：昔周公故封建親戚，以藩屏周室。公以高昭武穆，惟戚惟賢，漢書，韋玄成曰：父爲昭，子爲穆，孫復爲昭也〔九〕。漢書，文帝詔曰：右賢左戚。封聞喜縣開國公，食邑千户。又奏課連最，進號冠軍將軍。漢書曰：兒寬爲農都尉，大司農奏課最連〔一〇〕。韋昭曰：最連，得第一也。越人之巫，覩正風而化俗；范曄後漢書曰：第五倫，字伯魚，京兆人也，拜會稽太守。會稽俗多淫祀，好卜筮，民常以牛祭神，百姓財産以之困匱。倫到官，移書屬縣，曉告百姓。其筮祝有依託鬼神詐怖愚民，皆案論之。有妄屠，吏輒行罰。於後遂斷絶，百姓以安。篁竹之酋，感義讓而失險。漢書，淮南王上書曰：臣聞越處谿谷之間，篁竹之中。范曄光武紀贊曰：金湯失險。邪叟忘其西昃，龍丘狹其東皐。范曄後漢書曰：劉寵〔一一〕拜會稽太守，徵爲將作大匠。山陰有五六老叟，自若邪山谷出送寵，曰：聞當見棄，故自扶奉送。潘安仁楊經誄云：日昃景西，望子朝陰。范曄後漢書曰：任延，字長孫，南陽人，拜會稽都尉，年十九。吴有龍丘萇者，隱居，志不降辱，四輔三公，連辟不到。掾史白請召之，延曰：龍丘先生躬德履義，有原憲、伯夷之節，都尉洒掃其門，猶懼辱焉，召之不可。使功曹奉謁，修書記，致醫藥，吏使相望於道。積一歲，莀乃乘輦詣府門，願得先死備録。延辭讓再三，遂署議曹祭酒。阮籍奏記曰：將耕東皋之陽，輸黍稷之税。會武穆皇后崩，公星言奔波，泣血千里，蕭子顯齊書曰：武穆裴皇后，諱惠昭，河東人，父璣之。后生子良。禮記曰：惟父母之喪，見星而行，夜見星而舍。毛詩曰：星言夙駕。仲長子昌言曰：救患赴急，跋涉奔波者，憂樂之盡也。禮記曰：高子皐執親之喪，泣血三年，未嘗見齒，君子以爲難。水漿不入於口者，至自禹穴。禮記，曾子謂子思伋曰〔一二〕：吾執親之喪，水漿不入於口七日。漢書曰：司馬遷南遊江、淮，上會稽，探禹穴。逮衣裳外除，心哀内疚，禮記曰：親喪外除。鄭玄曰：日月已竟，哀不忘也。嵇康幽憤詩曰：心焉内疚。爾雅曰：疚，疾也。禮屈於厭降，事迫於權奪，禮記曰：有從有服而無服，公子於其妻之父母。鄭玄曰：凡公子厭於君，降其私親，女君之子不降也。晉起居注，宋公表曰：情由權奪也。而茹戚肌膚〔一三〕，沈痛瘡距〔一四〕。廣雅曰：茹，食也。禮記曰：創鉅者其日久，痛甚者其愈遲。三年者，稱情而立文，所以爲至痛極。故知鍾鼓非樂云之本，縗麤非隆殺之要。論語，子曰：樂云樂云，鍾鼓云乎哉！馬融曰：樂之所貴者，移風易俗也，非謂鍾鼓而已。左氏傳曰：齊晏桓子卒，晏嬰麤衰斬，寢苫枕草。孫卿子曰：喪三年，何也？曰：加隆焉。故三年以爲隆，緦小功以爲殺。鄭玄禮記注曰：有隆有殺，進退如禮。莊子曰：本在於上，末在於下，要在於主，詳在於臣。鍾鼓之音，羽旄之容，樂之末；哭泣縗絰，隆殺之服，哀之末。改授征虜將軍、丹陽尹。良家入徙，戚里内屬。三輔黄圖曰：宣帝爲杜陵，徙良家五千户居於陵。漢書曰：萬石君傳曰〔一五〕：徙其家長安中戚里，以姊爲美人故也。政非一軌，俗備五方。漢書曰：秦地五方雜錯。公内樹寬明，外施簡惠，范曄後漢書〔一六〕，馮衍説鮑永曰：幸逢寬明之日，將值危言之時〔一七〕。臧榮緒晉書，吴隱之爲晉陵太守，布政簡惠。神皐載穆，轂下以清。西京賦曰：寔惟地之奥區神皐。漢書，谷永上疏曰：薛宣爲御史中丞，執憲轂下。胡廣漢官解故注曰：轂下，喻在輦轂之下，京城之中也。范曄後漢書曰：楊璉爲零陵太守，郡境以清。

武皇帝嗣位〔一八〕，進封竟陵郡王，食邑加千户〔一九〕。復授使持節、都督南徐兗二州諸軍事、鎮北將軍、南徐州刺史。遷使持節侍中、都督南兗徐北兗青冀五州諸軍事、征北將軍、南兗州刺史。兗徐接壤，素漸河潤，漢書，武帝詔曰：淮南、衡山，兩國接壤。東觀漢記曰：拜郭伋潁川太守，召見辭謁。帝勞之曰：賢能太守，去帝城不遠，河潤九里，冀京師并蒙福也。未及下車，仁聲先洽。漢書曰：班伯爲定襄太守，其下車作威，吏民竦息。玉關靖柝，北門寢扃。漢書曰：龍勒有玉門關。周禮曰：凡軍事聚欜，鄭玄曰：擊欜，兩木相敲，行夜時也。欜與柝同。史記曰：齊威王曰：吾吏有黔夫者，使守徐州，則燕人祭北門。裴駰曰：齊之北門。説文曰：扃，外關門之關。朝旨以董司岳牧，敷興邦教，晉起居注，宋公表曰：董司乖方，過寔引罰。孔安國尚書傳曰：董，督也。潘岳關中詩曰：岳牧慮殊。禮記，司徒明七教以興民德。尚書曰：司徒掌邦教。方任雖重，比此爲輕。山濤啓事曰：方任雖重，比此爲輕。徵護軍將軍、兼司徒，侍中如故。又授車騎將軍、兼司徒，侍中如故。即授司徒，侍中又如故。上穆三能，下敷五典。漢書曰：三能色齊君臣和。蘇林曰：能音台。尚書，帝曰：契，汝作司徒，敬敷五教，在寬。又曰：五典克從。孔安國曰：五典，五常之教。闢玄闈以闡化，寢鳴鍾以體國。玄，謂道也。太玄經曰：玄門混沌難知。孫放數詩曰：一往縱神懷，矯跡步玄闈。范曄後漢書曰：桓榮爲五更。贊曰：待問應若鳴鍾。翼亮孝治，緝熙中教。孝經曰：昔者明王之以孝治天下也，不敢遺小國之臣。司徒故曰中教。奪金恥訟，蹊田自嘿。呂氏春秋曰：齊人有欲得金者，清旦，衣冠之鬻金者之所，見人操金，攫而奪之。吏捕而束縛之，問曰：人皆在焉，子攫人之金何故？對吏曰：殊不見人，徒見金耳。左氏傳，申叔時謂楚子曰：牽牛以蹊人之田，而奪之牛。牽牛以蹊者，信有罪矣；而奪之牛，罰以重矣。不雕其朴，用晦其明。呂氏春秋曰：賢不肖各反其質，行其情，不雕其素。高誘曰：素，樸也。周易曰：明入地中，明夷。君子以莅衆，用晦而明。王弼曰：藏明於內，乃得明。聲化之有倫，繄公是賴。潘元茂九錫文曰：故周室之不壞，繄二國是賴。庠序肇興，儀形國胄〔二〇〕；師氏之選，允師人範〔二一〕。禮記曰：有虞氏養國老於上庠，夏后氏養國老於東序。鄭玄曰：皆學名也。毛詩曰：儀刑文王。袁山松後漢書曰：李膺風格儀刑，皆可師範。尚書曰：夔，命汝典樂，教胄子。周禮曰：師氏中大夫〔二二〕，以三德教國子。法言曰：務學不如務求師。師者，人之模範也。以本官領國子祭酒，固辭不拜。八座初啓，以公補尚書令。陳壽魏志評曰：八座尚書，即古六卿之任也。晉百官名曰：尚書令、尚書僕射、六尚書，古爲八座尚書。式是敷奏，百揆時序。尚書曰：敷奏以言。又曰：納于百揆，百揆時敍。王隱晉書，詔曰：今之尚書令，皆古之百揆之任也。夫國家之道，互爲公私；君親之義，遞爲隱犯。禮記曰：事親有隱而無犯，事君有犯而無隱，有諫諍之義〔二三〕。公二極一致，愛敬同歸，國語，欒共子曰：臣聞之，人生於三，事之如一。父母生之〔二四〕，師教之，君食之。非父不生，非食不長，非教不智，生之族也。故一事之。唯其所在，則致死焉。孝經曰：資於事父以事母而愛同，資於事父以事君而敬同。亮誠盡規，謀猷弘遠矣。國語，召康公曰：天子聽政，近臣盡規。晉中興書，册陶侃曰：公經德秉哲，謀猷弘遠。又授使持節、都督揚州諸軍事〔二五〕、揚州刺史，本官悉如故。舊惟淮海，今則神牧，尚書曰：淮、海惟揚州。地理書曰：崑崙東南，地萬五千里，名曰神州。編户殷阜，萌俗繁滋〔二六〕，漢書，吕后曰：諸將故與帝爲編户。不言之化，若門到户説矣。周易曰：不言而信，存乎德行。孝經曰：君子之教以孝，非家至而日見之。鄭玄曰：非門到户至而日見也。楚辭曰：衆不可户説兮，孰云察余之中情？頃之，解尚書令，改授中書監，餘悉如故。獻納樞機，絲綸允緝。兩都賦序曰：日月獻納。周易曰：言行君子之樞機。禮記曰：王言如絲，其出如綸。武皇晏駕，寄深負圖。應劭風俗通曰：宫車晏駕。謹按史記曰：王稽謂范雎曰：夫事有不可知者，有不可奈何者。一日宫車晏駕，是事不可知也；君雖恨於臣，是無可奈何。謂秦昭王以天下終也。昔周康王一旦晏起，侍人以爲深刺。天子當夜寢早作，身省萬機，如今崩殞，則爲晏駕矣。家語，孔子觀於明堂，覩四門之墉，有周公相成王，抱之負斧扆南面以朝諸侯之圖焉。公仰惟國典，俛遵遺託，俯擗天倫，踴絶于地。居處之節，復如居武穆之憂。穀梁傳曰：兄弟，天倫也。何休曰：兄先弟後，天之倫次也。禮記曰：婦人擊心爵踴。鄭玄曰：爵踴，足不絶地也。

聖主嗣興，地居旦奭。蕭子顯齊書曰：鬱林王昭業，文惠太子長子。世祖崩，太孫即位。有詔策授太傅，領司徒，餘悉如故。坐而論道，動以觀德；周禮曰：坐而論道，謂之三公。禮記曰：樂行而民向方，可以觀德矣。地尊禮絶，親賢莫貳。晉中興書，恭帝詔曰：大司馬地隆任重，親賢莫貳。班固諸侯王表序曰：親親賢賢，褒功表德。又詔加公入朝不趨，讚拜不名，劍履上殿。蕭傅之賢，曹馬之親，兼之者公也。漢書曰：上賜蕭何帶劍履上殿，入朝不趨。又曰：上欲自行擊陳豨，周綜泣曰：始秦攻破天下，未曾自行；今上常自行，是無人可使者乎！上以爲愛我，賜入殿門不趨。而綜與傅寬同傳，寬無不趨之言，疑任公誤也。魏志曰：曹真，字子丹，太祖族子也。明帝即位，遷大司馬，賜劍履上殿，入朝不趨。晉公卿禮秩曰：汝南王亮、秦王柬、吴王晏、梁王肜皆劍履上殿，入朝不趨。復以中威重道，增崇德統，進督南徐州諸軍事，餘悉如故。並奏疏累上，身殁讓存。王隱晉書曰：武帝贈羊祜詔曰：身殁讓存，遺操益厲。天不憖遺，梁岳頹峻，左氏傳曰：孔丘卒，公誄之：昊天不弔，不憖遺一老。禮記曰：孔子蚤作，負手曳杖，逍遥於門，歌曰：太山其頹乎！梁木其壞乎！某年某月日薨，春秋三十有五。詔給温明秘器，斂以衮章，備九命之禮，遣大鴻臚監護喪事，朝夕奠祭，太官供給，禮也。漢書曰：大將軍霍光薨，賜東園温明秘器。服虔曰：東園處，此器象如桶，開一端，漆畫，懸鏡其中，置尸上，斂并蓋之。周禮曰：三公自衮冕而下。又曰：上公九命。故以慟極津門，感充長樂，東觀漢記曰：東海王彊薨，上發魯相所上檄，下牀伏地，舉聲盡哀，至長樂宫白太后。因出幸津門亭發喪。豈徒春人不相，傾壥罷肆而已哉！史記曰：趙良謂商鞅曰：五羖大夫死，秦國男女莫不流涕，童子不歌謡，春者不相杵。劉緄聖賢本紀曰：子産治鄭二十年，卒，國人哭于巷，商賈哭于市，農夫號于野〔二七〕。乃下詔曰：「褒崇庸德，前王之令典，追遠尊戚，沿情之所隆。禮記曰：禮樂之情同，故明王相沿也。鄭玄注曰：沿，猶因述也。故使持節都督揚州諸軍事、中書監、太傅、領司徒、揚州刺史、竟陵王、新除進督南徐州，體睿履正，神監淵邈。道冠民宗，具瞻惟允。毛詩曰：民具爾瞻。肇自弱齡，孝友光備。毛詩曰：張仲孝友。爰及贊契，協升景業。燮和台曜，五教克宣。台曜及五教，並已見上文。敷奏朝端，百揆惟穆。尚書曰：敷奏以言。晉中興書，謝石上疏曰：尸素朝端，忽焉五載。尚書曰：百揆時敘。寄重先顧，任均負圖。先顧，則顧命也。尚書曰：成王將崩，命召公、畢公相康王，作顧命。負圖，已見上文。諒以齊徽二南，同規往哲。毛詩序曰：關雎、麟趾之化，王者之風也，故繫之周公。鵲巢、騶虞之德，諸侯之風也，故繫之召公。周南、召南，正始之道，王化之基。方憑保祐，永翼雍熙。東京賦曰：上下共其雍熙。天不憖遺，奄見薨落。憖遺，已見上文。方言曰：奄，遽也。尚書曰：帝乃殂落。哀慕抽割，震動于厥心。今先遠戒期，龜謀襲吉。禮記曰：喪事先遠日。尚書曰：謀及卜筮。孔安國曰：龜曰卜。又曰：乃卜三龜，一習吉。襲與習通。茂崇嘉制，式弘風猷。可追崇假黃鉞、尚書曰：王左杖黃鉞。孔安國曰：鉞，以黃金飾斧。侍中、都督中外諸軍事、太宰、領大將軍、揚州牧，緑綟麗綬，具九錫服命之禮。魏晉官品曰：相國、丞相，緑綟綬。九錫，已見潘勗九錫文。使持節、中書監、王如故。給九旒鑾輅〔二八〕，甘泉鹵簿曰：游車九乘。禮記曰：乘鑾輅，駕蒼龍〔二九〕。黃屋左纛導〔三〇〕，輼輬車，漢書曰：紀信乘王車，黃屋左纛。李斐曰：黃屋，天子車，以黄繒爲蓋裏。纛，毛羽幢，在乘輿衡左方上注之。漢書曰：載霍光尸以轀輬車。文穎曰：如今喪轜車〔三一〕。前後部羽葆鼓吹，挽歌二部，虎賁班劍百人，漢書，韓延壽給羽葆〔三二〕，鼓車歌車。張晏曰：羽葆，幢也。服虔曰：如今鼓吹歌車也。晉公卿禮秩曰：諸公及開府位從公者，給虎賁二十人，持班劍焉。葬禮一依晉安平獻王孚故事。王隱晉書曰：孚字叔達，宣帝次弟也，封安平王，薨謚曰獻。詔喪事一依漢東平獻王蒼故事。

公道識虚遠，表裏融通，淵然萬頃，直上千仞。范曄後漢書，郭林宗曰：黄叔度汪汪如萬頃之陂。魯連子曰：東山有松，千仞無枝，非爲正直，無枉自然。僕妾不覩其喜愠，近侍莫見其傾弛。晉中興書曰：衛玠終身不見其愠喜。王隱晉書曰：王邵爲丹陽尹，善禮儀操，人近習，未嘗見其憧替。他人之善，若己有之。尚書，穆公曰：人之有伎，若己有之。民之不臧，公實貽恥。尸子曰：見人有過則如己有過，虞氏之盛德也。誘接恂恂，降以顔色，論語曰：孔子於鄉黨，恂恂如也，似不能言者。王肅曰：恂恂，温恭之貌。方於事上，好下規己，魏志，劉寔曰：王肅方於事上，而好下接己〔三三〕，此一反也。而廉於殖財，施人不倦。左傳，叔方曰：齊桓施舍不倦，求善不厭。帝子儲季，令行禁止，文子曰：夫抱順効誠者，令行禁止。國綱天憲，寘諸掌握。范曄後漢書，劉陶曰：今權宦手握王爵，口含天憲。淮南子曰：執節於掌握之間。寘，致也〔三四〕。未嘗鞠人於輕刑，錮人於重議。東觀漢記曰：袁安爲尹十餘年，政令公平，未嘗以贓罪鞠人。常歎曰：凡士之學，高欲望宰相，下及牧守。錮人於聖代，尹不忍爲也。人有不及，内恕諸己。非意相干，每爲理屈。晉中興書曰：衛玠常以人有不及，可以情恕。非意相干，可以理遣。任天下之重，體生民之俊。孟子曰：伊尹其自任以天下之重也如此。東觀漢記，郅鄆曰〔三五〕：天生俊士，以爲民也。華袞與緼緒張呂同歸，山藻與蓬茨俱逸。潘岳密陵侯鄭公碑曰：公雖違華袞，猶朱其紱。韓詩，子路曰：曾子褐衣，緼緒未嘗完。論語曰：臧文仲山節藻棁。包咸曰：節者，栭刻鏤爲山。棁者，梁上楹。畫以藻文。聖主得賢臣頌曰：長於蓬茨之下。良田廣宅，符仲長之言；范曄後漢書曰：仲長統，字公理，山陽人也。少好學，博涉書記。每州郡召命，輒稱疾不就。欲卜居清曠，以樂其志。嘗論之曰：使居有良田廣宅，背山臨流，溝池環匝，竹木周布，足以息四體之役。邙山洛水，協應叟之志。應璩與程文信書曰：故求遠田，在關之西。南臨洛水，北據邙山。託崇岫以爲宅，因茂林以爲蔭。丘園東國，錙銖軒冕。以東國若丘園，輕軒冕猶錙銖者。鄭玄曰〔三六〕：言君分國以禄之，視之輕如錙銖矣。乃依林構宇，傍巖拓架。清猨與壺人爭旦，緹幕與素瀨交輝。劉公幹贈五官中郎將詩曰：明月照緹幕。楚辭曰：戲疾瀨之素水。置之虛室，人野何辨。莊子曰：虛室生白。孟子曰：舜之居深山之中，所以異於深山之野人者幾希！劉熙曰：當此之時，舜與野人相去豈遠哉！殷仲文入剡詩曰：野人雖云隔〔三七〕，超悟必有比。高人何點，躡屩於鍾阿；徵士劉虯，獻書於衛岳。贈以古人之服，弘以度外之禮，蕭子顯齊書曰：何點，字子晳，廬江人也。隱居東離門卞忠貞墓側〔三八〕。豫章王命駕造門，點後門逃去。竟陵王子良聞之曰：豫章王命尚不屈，非吾所議。遺點嵇叔夜酒杯、徐景山酒鎗以通意。虞孝敬高士傳曰：何點常躡草屩，時乘柴車。蕭子顯齊書又曰：劉虯，字靈豫，南陽人也。豫章王爲荆州牧，辟虯爲别駕，遣書禮請，虯脩牋答不應命。子良致書通意，虯答書。後以江陵沙洲人遠〔三九〕，乃徙居之。魏志曰：太祖賜毛玠素屏風、素凴几，曰：君有古人之風，故賜以古人之服。干寶晉紀，何曾謂太祖曰：阮籍如此，何以訓世？太祖曰：度外人也，宜共容之。屈以好事之風〔四〇〕，申其趨王之意。戰國策曰：先生王叔〔四一〕造門，欲見於齊宣王，宣王使謁者迎入〔四二〕。王叔曰：叔趨見王爲好勢，王趨見叔爲好士，於王何如？使者復還報，宣王曰：先生徐入，寡人請從。宣王因趨而迎之於門。乃知大春屈己於五王〔四三〕，君大降節於憲后，致之有由也。范曄後漢書，井丹，字大春，扶風人。建武末，沛王輔等五王居北宫，皆好賓客，更遣請丹，不能致。信陽侯陰就，光烈皇后弟也，以外戚貴盛，乃詭五王，求錢千萬，約能致丹，别使人要劫之。丹不得已，既至，就故爲設麥飯葱菜之食，丹推去之，曰：以君侯能供甘旨，故來相過，何其薄乎！更致盛饌，乃食。東觀漢記曰：苟恁，字君大，雁門人也。永平中，驃騎將軍東平憲王蒼辟恁署祭酒，敬禮焉。後朝會，上戲之曰：先帝徵君不至，驃騎辟而來，何也？對曰：先帝秉德惠下，臣故不來；驃騎將軍執法檢下，臣故不敢不來。其卉木之奇，泉石之美，公所製山居四時序，言之已詳。

文皇帝養德東朝，同符作者。蕭子顯齊書曰：文惠太子懋〔四四〕，字雲喬，世祖長子。昭業即皇帝位，追尊爲文皇帝。山濤啓事曰：保傅不可不高天下之選。羊祜秉德義，克己復禮，東宫少事，養德而已。論衡曰：治國之道，一曰養德。養德者，養名高尚之人，亦能敬賢。禮記曰：作者之謂聖，述者之謂明。明聖者，述作之謂也。爰造九言，實該百行。竟陵王集有皇太子九言：言德、言賢、言親、言生、言静、言昭、言真、言節、言義。孔藏與從弟書曰〔四五〕：學者，所以飾百行也。導衿褵於未萌，申炯戒於兹日。衿褵，於衿結褵也〔四六〕。儀禮曰：

女嫁，母施衿結帨，曰：勉之敬之。毛詩曰：親結其縭〔四七〕，九十其儀。毛萇曰：離，婦人之幃也。幽通賦曰：既訊爾以吉象，又申之以炯戒。非直旦暮千載，故乃萬世一時也。莊子曰：萬世之後而一遇大聖，知其解者，是旦暮遇之也。命公注解，竟陵王集有皇太子九言注解。衛將軍王儉綴而序之。竟陵王集云：衛將軍王儉爲九言序贊。山宇初構，超然獨往，淮南子莊子略要曰：江海之士，山谷之人也，輕天下細萬物而獨往者也。司馬彪注曰：獨往自然，不復顧世。顧而言曰：死者可歸，誰與入室？國語曰：趙文子與叔向〔四八〕觀乎九原，曰：死者若可作，吾誰與歸？尚想前良，俾若神對。思玄賦曰：尚前良之遺風。王隱晉書，劉琨曰：神爽忽然，若己之侍對也。乃命畫工，圖之軒牖。既而緬屬賢英，傍思才淑，賈逵國語注曰：緬，思貌。匹婦之操，亦有取焉。有客游梁朝者，從容而進曰：未見好德，愚竊惑焉。論語，孔子曰：吾未見好德如好色者。即命刊削，投杖不暇。禮記曰：子夏喪其子而喪其明，弟子弔之〔四九〕。子夏曰：天乎！予之無罪！曾子怒曰：喪爾親，使人未有聞。喪爾子，喪爾明，汝何無罪？子夏投其杖而拜之。公以爲出言自口，驥騄不追；鄧析書曰：一言而非，駟馬不能追；一言而急，駟馬不能及。聽受一謬，差以千里。易乾鑿度曰：正其本而萬物理，失之毫釐，差之千里。所造箴銘，積成卷軸，門階户席，寓物垂訓。李尤集序曰：尤好爲銘讚，門階户席，莫不有述。家語，南宮敬叔曰：孔子作春秋，垂訓後嗣。先是震于外寢，左氏傳曰：震夷伯廟，罪之。匠者以爲不祥，將加治葺。弔屈原曰：逢時不祥。杜預左氏傳注曰：葺，覆也。公曰：此天譴也，無所改修，以記吾過，且令戒懼不怠。左氏傳曰：晉侯求介之推不獲，以緜上爲之田，曰：以志吾過，且旌善人。從諫如順流，虚己若不足。王命論曰：從諫如順流。莊子曰：人能虚己以游於世，其孰能害之？老子曰：大白若辱，廣德若不足。至於言窮藥石，若味滋旨，左氏傳曰：孟孫卒，臧孫入哭甚哀，曰：孟孫之惡我，藥石也。信必由中，貌無外悦。左氏傳曰：周、鄭交惡。君子曰：信不由中，質無益也。貴而好禮，怡寄典墳。論語，子曰：未若貧而樂，富而好禮者也。左氏傳，楚子曰：左史倚相，能讀三墳、五典。雖牽以物役，孜孜無怠。孫卿子曰：是謂以己爲物役矣。尚書曰：禹〔五〇〕予思日孜孜。又曰：無怠無荒。乃撰四部要略、浄住子，浄住序云：遺教經云：波羅提木叉是女大師，若住於世，無異我也。又云：波羅提木叉住，則我法住；波羅提木叉滅，則我法滅。是故衆僧於望晦再説禁戒，謂之布薩。外國云布薩，此云浄住，亦名長養，亦名增進。所謂浄住，身口意身絜意如戒而住，故曰浄住。子者，紹繼爲義，以沙門浄身口七支，不起諸惡，長養增進菩提善根，如是脩習成佛無差，則能紹續三世佛種，是佛之子，故云浄住子。並勒成一家，懸諸日月。漢書曰：太史公書，序略，以拾遺補闕藝〔五一〕，成一家言。楊雄方言曰：雄以此篇目煩，示其成者張伯松，伯松曰：是懸諸日月，不刊之書也。弘洙泗之風，闡迦維之化。禮記，曾子謂子夏曰：吾與汝事夫子於洙、泗之間。鄭玄曰：洙、泗，魯水名也。瑞應經曰：菩薩下當作佛，託生天竺迦維羅衛國。大漸彌留，話言盈耳，尚書曰：疾大漸，惟幾，病日臻，既彌留。説文曰：話，會合善言也。論語，子曰：師摯之始，關雎之亂，洋洋乎盈耳哉！黜殯之請，至誠懇惻。黜殯，已見演連珠注。豈古人所謂立言於世，没而不朽者歟！左氏傳曰：穆叔如晉，范宣子逆之問焉，曰：古人有言曰，死而不朽，何謂也？

穆叔對曰：豹聞之，太上有立德，其次有立功，其次有立言，雖久不廢，此之謂不朽也。易名之典，請遵前烈。

謹狀。禮記曰：公叔文子卒，其子戍請謚於君，曰：日月有時，將葬矣，請所以易其名者。

文選考異

〔一〕任彦昇　案：此三字當在上「齊竟陵文宣王行狀」下。各本皆錯誤在此。

〔二〕南蘭陵郡縣都鄉　何校「都」上添「中」字，據南齊書高帝紀文校。陳云疑當作「東」，見前安陸昭王碑文注。案：彼注即引南齊書，「東」、「中」乖異，未必非「東」誤也。又案：「縣」上當有「蘭陵」二字。此歷説州郡縣鄉里，不應祇云縣而不云何縣。

〔三〕注「應劭漢書注曰」　袁本、茶陵本無「漢書注」三字。案：無者是也。

〔四〕注「后倉作齊詩也」　袁本、茶陵本「后倉」二字作「臣瓚曰韓固」五字。案：二本是也。「韓」乃「轅」之譌，儒林傳可證。尤據顔注藝文志所引改之，非。

〔五〕注「前代史岑比之」　何校「比之」改「之比」，是也。各本皆倒。

〔六〕注「毛詩傳曰無畔换」　案：「無」字不當有。又「换」詩作「援」。畔援猶跋扈也，在鄭箋。此各本皆有誤。

〔七〕注「王永字安期」　茶陵本「永」作「承」，是也。袁本亦誤「永」，晉書本傳可證。

〔八〕注「東夏會稽也」　袁本、茶陵本無此五字。案：二本在五臣銑注，此蓋誤入。

〔九〕注「孫復爲昭也」　袁本、茶陵本「也」下有「音韶」二字，是也。

〔一〇〕注「倪寬爲農都尉大司農奏課最連」　陳云「爲」下脱「司」字，又「最連」當乙，是也。各本皆誤。

〔一一〕注「范曄後漢書曰劉寵」　袁本「范曄後」作「華嶠」。案：袁本是也，但「嶠」下仍當有「後」字。此初同袁，脩改者非。茶陵并入五臣，更非。

〔一二〕注「曾子謂子思伋曰」　陳云「伋曰」二字當乙，是也。各本皆倒。

〔一三〕而茹戚肌膚　袁本、茶陵本「戚」作「慼」，是也。

〔一四〕沈痛瘡鉅　案：「瘡」當作「創」，善引禮記「創鉅者」爲注，可證。袁、茶陵二本所載五臣向注字作「瘡」。然則善「創」、五臣「瘡」，各本亂之，非。

〔一五〕注「漢書曰萬石君傳曰」　袁本、茶陵本「書」下無「曰」字，是也。

〔一六〕注「范曄後漢書」　袁本、茶陵本無此五字。

〔一七〕注「幸逢寬明之日將值危言之時」　袁本、茶陵本作「幸蒙危言之世，遭寬明之時」。案：此所引恐據馮衍集，尤校改全依范書，未必是也。

〔一八〕武皇帝嗣位　茶陵本無「皇」字，「帝」下校語云五臣作「皇」。袁本「皇」下校語云善有「帝」字。案：尤所見與袁同。

〔一九〕食邑加千户　袁本、茶陵本「加千」作「如干」。案：考南齊書云「二千户」，上文云「食邑千户」，故此云「食邑加千户」，即二千户也。善無注者，本不須注耳。五臣濟注乃云「如干猶若干，無定户故也」，可謂妄説。二本不著校語，以之亂善，甚非。尤所見獨未誤。

〔二〇〕儀形國胄　案：「形」當作「刑」，注引毛詩、袁山松後漢書俱是「刑」字。茶陵本亦然。袁本注中盡作「形」，非也。上文「寔兼儀形之寄」，注別引晉中興書，可知此不得與彼同。各本皆作「形」，或五臣如此。藉田賦「儀刑孚于萬國」，五臣作「形」，其證也。

〔二一〕允師人範　袁本云善作「師」。茶陵本云五臣作「歸」。案：各本所見皆非，「師」但傳寫誤。

〔二二〕注「中大夫」　袁本、茶陵本作「掌以皦詔王」五字。案：此尤改之也。

〔二三〕注「有諫諍之義」　茶陵本并五臣入善，有此句。袁本并善入五臣，無。今無以訂之也。

〔二四〕注「父母生之」　案：「母」字不當有。各本皆衍。

〔二五〕使持節都督楊州諸軍事　茶陵本「楊」作「揚」，袁本亦作「楊」。案：「揚」字是也。下及注盡倣此。

〔二六〕萌俗繁滋　袁本、茶陵本「繁滋」作「滋繁」。案：二本所載五臣良注云「滋繁，言多也」，未審善果何作？或不與五臣同，而尤所見爲是。

〔二七〕注「劉紹聖賢本紀曰」下至「農夫號于野」　袁本、茶陵本無此三十字。案：或別據他本也。

〔二八〕九旒鑾輅　案：「旒」當作「游」。善引「甘泉鹵簿游車九乘」爲注，作「游」不作「旒」，甚明。袁、茶陵二本所載五臣濟注乃云「九旒，旗也」，是「旒」字爲五臣本亦甚明。各本所見，皆以之亂善而失著校語。讀者罕辨，今特訂正之。

〔二九〕注「駕蒼龍」袁本、茶陵本「龍」下有「輅音路」三字，是也。

〔三〇〕注「導」袁本、茶陵本作「纛音導」三字，在注中「左方上注之」下，是也。

〔三一〕注「如今喪轜車」袁本「轜」作「輀」，是也。茶陵本亦誤「轜」。

〔三二〕注「韓延壽給羽葆」何校「給」改「植」，陳同，是也。各本皆誤。

〔三三〕注「而好下接己」何校「接」改「佞」，陳同，是也。各本皆誤。

〔三四〕注「寘致也」袁本、茶陵本無此三字。案：一本在五臣良注，此蓋誤入。

〔三五〕注「郅鄆曰」袁本、茶陵本「鄆」作「惲」，是也。

〔三六〕注「鄭玄曰」案：「玄」下當有「禮記注」三字。各本皆脱。

〔三七〕注「野人雖云隱」袁本、茶陵本「隱」作「隔」。案：「隔」字是也。又案：「野人」當作「人野」，各本皆倒。上文「舜與野人」，袁、茶陵作「人野」，蓋本是此作「人野」而誤其處。

〔三八〕注「下忠貞墓側」袁本、茶陵本「忠貞」作「望之」，是也。

〔三九〕注「後以江陵沙洲人遠」何校「沙」上添「西」字，「人」上添「去」字，是也。各本皆脱。

〔四〇〕屈以好事之風 袁本、茶陵本「事」作「士」，是也。何、陳校皆改「士」。

〔四一〕注「先生王叔」何校「叔」改「升」，下同，云今國策作「斗」，形相近之誤。吴師道曰：一本標文樞鏡要作「王升」。案：所校是也。古今人表亦作「升」，又其一證。

〔四二〕注「宣王使謁者迎入」 何校「迎」改「延」，是也。各本皆譌。

〔四三〕乃知大春屈己於五王 袁本、茶陵本無「於」字。案：二本下句校語云善有「於」，五臣無「於」。蓋尤并校添此句也。

〔四四〕注「文惠太子懋」 案：「子」下當有「長」字。各本皆脱。何校添「子」字，蓋誤。

〔四五〕注「孔藏與從弟書曰」 陳云「藏」，「臧」誤，是也。各本皆譌。

〔四六〕注「於衿結褵也」 何校「於」改「施」，陳同，是也。各本皆譌。

〔四七〕注「親結其縭」 袁本「縭」作「離」。案：「離」字是也，觀下注可見。茶陵本亦誤「縭」。又案：依此，正文疑善作「離」，今作「褵」，其誤與前女史箴同。否則善尚有「離」、「褵」異同之注，今删削不全也。

〔四八〕注「趙文子與叔向」 袁本、茶陵本「向」作「譽」，是也。

〔四九〕注「弟子弔之」 何校「弟」改「曾」，陳同，是也。各本皆誤。

〔五〇〕注「尚書曰禹」 案：「曰禹」當作「禹曰」。各本皆倒。

〔五一〕注「以拾遺補闕藝」 袁本、茶陵本無「藝」字。案：此尤依漢書改「闕」爲「藝」，因誤兩存也。

弔文

弔屈原文〔一〕并序

賈誼

誼爲長沙王太傅，既以謫去，意不自得，韋昭曰：謫，譴也。字林曰：丈厄切。及渡湘水，爲賦以弔屈原。屈原，楚賢臣也，被讒放逐，作離騷賦，其終篇曰：「已矣哉！國無人兮，莫我知也。」遂自投汨羅而死。誼追傷之，因自喻。其辭曰：應劭風俗通曰：賈誼與鄧通俱侍中，同位，數廷譏之，因是文帝遷爲長沙太傅。及渡湘水，投弔書曰闒茸尊顯，佞諛得意，以哀屈原離讒邪之咎，亦因自傷爲鄧通等所愬也。

恭承嘉惠兮，俟罪長沙。張晏曰：恭，敬也。越絶書曰〔二〕：恭承嘉惠，述暢往事。琴操伍子胥歌曰：俟罪斯國，志願得兮。側聞屈原兮，自沈汨〔三〕羅。韋昭曰：皆水名。羅今爲縣，屬長沙，汨水在焉。列子曰：吾側聞之。造託湘流兮，敬弔先生。言至湘水，託流而弔。遭世罔極兮，乃殞厥身〔四〕。張晏曰：讒言罔極。罔極，言無中正。周書，文王曰：惟世罔極，汝尚助予。嗚呼哀哉！逢時不祥！鸞鳳伏竄兮，鴟梟翶翔。闒茸尊顯兮，讒諛得志。胡廣曰：闒茸不才之人，無六翮翱翔之用，而反尊顯，爲諂諛得志於世也。字林曰：闒茸，不肖也。賢聖逆曳兮，方正倒植。胡廣曰：逆曳，不可順道而行也〔五〕。倒植者，賢不肖顛倒易位也。植，史記作值〔六〕。世謂隨夷爲溷胡困兮，服虔曰：殷之賢士卞隨也。韋昭曰：夷，伯夷也。溷，濁也。史記隨字作伯。謂跖蹻爲廉。李奇曰：跖，魯之盜跖；蹻，楚之莊蹻。莫邪爲鈍兮，吳越春秋曰：干將者，與歐冶同師，俱作劍。闔閭得而寶之，以故使干將造劍二枚，一曰干將，二曰莫邪。莫邪，干將妻之名也。鉛刀爲銛。漢書音義曰：銛徹謂利也，息鹽切。吁嗟默默〔七〕，生之無故兮！應劭曰：默默，不得意也。臣瓚曰：先生，謂屈原。鄧展曰：言屈原無故遇此禍也。毛詩曰：吁嗟鳩兮！斡棄周鼎，寶康瓠兮。如淳曰：斡，轉也。史記音烏活切。爾雅曰：康瓠謂之甈。李巡曰：大瓠，瓢也。甈，丘列切。騰駕罷牛，驂蹇驢兮。驥垂兩耳，服鹽車兮。戰國策，汗明曰：大驥〔八〕服鹽車上太行，中坂遷延，負轅不能上。章甫薦履，漸不可久兮。冠當加首，而以薦履，到上爲下，故漸不可久也。儀禮曰：士冠章甫，殷道也。嗟苦先生〔九〕，獨離此咎兮！應劭曰：嗟，咨嗟。苦〔一〇〕，勞苦。屈原遇此難也。

訊曰：已矣！國其莫我知兮，張晏曰：訊，離騷下竟亂辭也〔一一〕。獨壹鬱其誰語？鳳漂漂其高逝兮，固自引而遠去。史記音漂，匹遥切。襲九淵之神龍兮，沕深潛以自珍。音義曰：襲，覆也，猶言察也。莊子，千金之珠，必九重之淵而驪龍頷下。張晏曰：沕，潛藏也。鄧展曰：音昧。偭蟂獺以隱處兮，夫豈從蝦與蛭螾？應劭曰：蟂獺，水蟲害魚者。偭，背也。蘇林曰：偭音面。服虔曰：蟂音梟。韋昭曰：蝦，蝦蟇。蛭，水蟲，食人者也。螾，丘螾也。偭然自絶於蟂獺，況從蝦與蛭螾也？蝦音遐。蛭，之一切。螾音引〔一二〕。所貴聖人之神德兮，遠濁世而自藏。莊子曰：宣尼見蛾丘之將，是聖人僕也，是自埋於民，自藏於畔。郭象曰：進不榮華，退不枯槁也。使騏驥可得係而羈兮，豈云異夫犬羊？般紛紛其離此尤兮，亦夫子之故也！李奇曰：般，久也。紛，亂也。應劭曰：般音班。或曰：般桓，不去；紛紛，構讒意也。犍爲舍人爾雅注曰：尤，怨大也。李奇曰：亦夫子不如麟鳳不逝之故〔一三〕罹此咎。善曰：言般桓不去，離此愆尤，亦夫子自爲之故，不可尤人也。歷九州而相其君兮，何必懷此都也？言知時之亂，當歷九州，相賢君而事之，何必思此都而遭放逐。鳳凰翔于千仞兮，覽德輝而下之。見細德之險徵兮，遥曾擊而去之。如淳曰：鳳凰曾擊九千里，絶雲氣。遥，遠也。曾，高高上飛意也。鄭玄曰〔一四〕：擊，音攻擊之擊。李奇曰：遥，遠也；曾，益也。史記擊字作翮。文子曰：鳳凰飛千仞，莫之能致也。禮記曰：德輝動乎内。險徵，謂輕爲徵祥也。彼尋常之汙瀆兮，豈能容夫呑舟之巨魚？應劭曰：八尺曰尋，倍尋曰常。善曰：莊子曰：弟子謂庚桑楚曰：夫尋常之溝，巨魚無所還其體，而鯢鰌爲之制也。橫江湖之鱣鯨兮，固將制於螻蟻〔一五〕。晉灼曰：小水不容大魚，而橫鱣鯨於洿瀆，必爲螻蟻所見制。以況小朝主闇，不容受忠迕之言；亦謂讒賊小人所見害也〔一六〕。鱣或作鱏。史記，鱣，張連切；鱏音尋〔一七〕。莊子，庚桑楚謂弟子曰：呑舟之魚碭而失水，則螻蟻能苦之。戰國策，齊人説靖郭君曰：君不聞海大魚乎？蕩而失水，則螻蟻得意焉。

文選考異

〔一〕弔屈原文　茶陵本此上有「弔文」二字，另爲一行，是也。袁本亦脱。

〔二〕注「越絶書曰」　袁本「越」上有「善曰」二字，是也。下「列子曰」上，「罔極言無中正」上，「字林曰闒茸」上，「毛詩曰」上，「莊子千金之珠」上，「蝦音遐」上，「文子曰鳳凰飛千仞」上，「莊子庚桑楚」上，同。茶陵本移每節首，非。

〔三〕注「覓」　袁本、茶陵本作「汨音覓」，在注中「汨水在焉」下，是也。

〔四〕乃殞厥身　袁本、茶陵本「殞」作「隕」。案：史記、漢書皆是「隕」字。

〔五〕注「不可順道而行也」　袁本、茶陵本「可」作「得」，是也。案：史記索隱引正作「得」。

〔六〕注「植史記作值」　袁本、茶陵本「作」作「音」，是也。

〔七〕吁嗟默默　袁本、茶陵本「吁」作「于」。案：史記、漢書皆是「于」字，此注中「吁」亦當作「于」也。

〔八〕注「汗明曰大驥」　案：「大」當作「夫」，各本皆譌。

〔九〕嗟苦先生　茶陵本校語云「苦」五臣作「若」。袁本作「苦」，無校語，非。何云漢書作「若」。陳云「苦」當從漢書作「若」，更有顔延年祭屈原文可以互證云云。案：所説是也。「苦」字但傳寫誤，蓋誤認注中「勞苦屈原」，以爲正文有「苦」字耳。今史記亦作「苦」，誤與此同。

〔一〇〕注「應劭曰嗟咨嗟苦」陳云「苦」漢書注作「也」。案：「也」字是也。各本皆誤。史記集解所引無此字，又其一證。

〔一一〕注「離騷下竟亂辭也」陳云「竟」，「章」誤，是也。各本皆誤。案：漢書顔注及單行索隱引皆作「章」。

〔一二〕注「鄧展曰音昧」又注「蘇林曰偭音面服虔曰蟂音梟」又注「蛭之一切螾音引」此所音袁本、茶陵本俱無，尤蓋别據他本，今無以考之也。

〔一三〕注「亦夫子不如麟鳳不逝之故」袁本、茶陵本下「不」字作「翔」，是也。案：史記索隱引正作「翔」。

〔一四〕注「鄭玄曰」陳云「玄」當作「氏」，是也。各本皆誤。

〔一五〕固將制於螻蟻 袁本云善作「螻蟻」。茶陵本云五臣作「蟻螻」。案：「螻」與「魚」韻較協。各本所見，蓋傳寫倒，善未必不與五臣同也。今史記、漢書皆作「螻蟻」，而單行索隱正文仍作「蟻螻」，可見亦未必史漢不本皆爲「蟻螻」，今誤與此同也。注中「螻蟻」凡三見，則不拘語倒之例耳。

〔一六〕注「亦謂讒賊小人所見害也」何校「謂」改「爲」，陳同，是也。各本皆誤。

〔一七〕注「鱏音尋」袁本、茶陵本此三字在注末，是也。

弔魏武帝文 并序

陸士衡

元康八年，機始以臺郎出補著作，遊乎祕閣，而見魏武帝遺令，愾然歎息，傷懷者久之。毛詩曰：嘯歌傷懷。

客曰：夫始終者，萬物之大歸；死生者，性命之區域。家語，孔子曰：命者，性之始也。死者，生之終也。有始必有終矣。尸子，老萊子曰：人生於天地之間，寄也，寄者同歸也。是以臨喪殯而後悲，覩陳根而絕哭。國語曰：楚子西歎於朝，藍尹亹曰：吾聞君子思前世之崇替與哀殯喪，於是有歎，其餘則否。禮記曰：朋友之墓，有宿草而不哭焉。鄭玄曰：宿草，謂陳根也。今乃傷心百年之際，興哀無情之地，意者無乃知哀之可有，而未識情之可無乎？

機答之曰：夫日食由乎交分，山崩起於朽壤，亦云數而已矣。左氏傳曰：秋七月壬午朔，日有蝕之。公問於梓愼曰：是何物也？禍福何爲？對曰：二至二分，日有蝕之，不爲災。日月之行也，分同道，至相遇也。其他日則爲災，陽不克也。國語曰：梁山崩，伯宗問絳人曰：若何？對曰：山有朽壤而崩，將若何！然百姓怪焉者，豈不以資高明之質，而不免卑濁之累；尚書曰：高明柔克。高明，謂日月也。居常安之勢，而終嬰傾離之患故乎？穀梁傳曰：沙麓崩，林屬於山爲麓。沙，山名。無崩壞之道而云崩，故志之也。夫以迴天倒日之力，而不能振形骸之內；范曄後漢書曰：左迴天，貝獨坐。謂中官左悺、貝瑗也〔一〕。淮南子曰：魯陽公與韓遘戰酣，日暮，援戈而麾之，日爲之反三舍。莊子曰：申徒，兀者也，謂子産曰：今子與我遊於形骸之內，而子索我於形骸之外。濟世夷難之智，而受困魏闕之下。崔寔政論曰：及其出也，足以濟世寧民。呂氏春秋，公子牟曰：心居魏闕之下。許慎淮南子注曰：魏闕，王之闕也。已而格乎上下者，藏於區區之木；尚書曰：格于上下。左氏傳，楚靈王曰：是區區者，而不畀余也〔二〕。光于四表者，翳乎蕞祖外爾之土。尚書曰：光被四表。左氏傳，子産曰：諺曰：曰〔三〕蕞爾之國。杜預注曰：蕞爾，小貌也。雄心摧於弱情，壯圖終於哀志。長筭屈於短日，遠迹頓於促路。筭，計謀也。迹，功業也。思玄賦曰：盍遠迹以飛聲。嗚呼！豈特瞽史之異闕景，黔黎之怪頹岸乎？觀其所以顧命冢嗣，貽謀四子，顧命，已見上文。爾雅曰：冢，大也。左氏傳，里克曰：太子奉冢祀社稷之粢盛，故曰冢子。謂文帝也。毛詩曰：貽厥孫謀。經國之略既遠，隆家之訓亦弘。又云：「吾在軍中，持法是也。至小忿怒，大過失，不當効也。」善乎達人之讜言矣！聲類曰：讜，善言也。持姬女而指季豹以示四子曰：「以累汝！」因泣下。魏略曰：太祖杜夫人生沛王豹及高城公主。四子即文帝已下四王也。太祖崩，文帝受禪，封母弟彰爲中牟王，植爲雍丘王，庶弟彪爲白馬王，又封支弟豹爲侯。然太祖子在者尚有十一人，今唯四子者，蓋太祖崩時，四子在側。史記不言〔四〕，難以定其名位矣。傷哉！曩以天下自任，今以愛子託人。自任，已見上文。列子，相室謂東門吾曰：公之愛子也。同乎盡者無餘，而得乎亡者無存。言人命盡而神無餘，身亡而識無存，今太祖同而得之，故可悲傷也。鄭玄禮記注曰：死，言精神盡也。然而婉孌房闥之内，綢繆家人之務，則幾乎密與！班固漢書哀紀述曰：婉孌董公。力婉切。毛詩曰：綢繆束薪。毛萇曰：綢繆，猶纏緜也。杜預左氏傳注曰：幾，近也。又曰：「吾婕妤妓人，皆著銅爵臺。魏志曰：建安十五年冬，作銅爵臺。於臺堂上施八尺牀，繐帳，鄭玄禮記注曰：凡布細而疎者謂之繐。朝晡上脯糒之屬。漢書，東方朔曰：乾肉爲脯。方武切。説文曰：糒，乾飯也，蒲秘切。月朝十五，輒向帳作妓。汝等時時登銅爵臺，望吾西陵墓田。」又云：「餘香可分與諸夫人。諸舍中無所爲，學作履組賣也。舍中，謂衆妾。衆妾既無所爲，可學作履組賣之。晏子春秋曰：景公爲履，黄金之綦，飾以組，連以珠。吾歷官所得綬，皆著藏中。吾餘衣裘，可別爲一藏。不能者兄弟可共分之。」既而竟分焉。亡者可以勿求，存者可以勿違，求與違不其兩傷乎？令衣裘別爲一藏，是亡者有求也。既而竟分焉，是存者有違也。求爲吝而虧廉，違爲貪而害義，故曰兩傷。悲夫！愛有大而必失，惡有甚而必得；智惠不能去其惡，威力不能全其愛。言愛是情之所厚，故雖大而必失之；惡是行之所穢，故雖甚而必得之。故智惠不能去其惡，威力不能用其愛，故可悲也。尸子，曾子曰：父母愛之，喜而不忘；父母惡之，懼而無咎。然則愛與惡，其於成孝也無擇。令人雖未得愛，不得惡矣。故前識所不用心，而聖人罕言焉。老子曰：前識者道之華。論語，子曰：飽食終日，無所用心。又曰：子罕言利。若乃繫情累於外物，留曲念於閨房，亦賢俊之所宜廢乎？慎子曰：德精微而不見，是故物不累於內。於是遂憤懣而獻弔云爾。白虎通曰：天子崩，臣子哀痛憤懣。接皇漢之末緒，值王途之多違。東都賦曰：系唐統，接漢緒。答賓戲曰：王途蕪穢，周失其馭。蔡邕釋誨曰：王途壞，人極弛。漢書，元帝詔曰：政令多違。佇重淵以育鱗，撫慶雲而遐飛。以龍喻太祖也。重淵，九重之淵也。楊雄釋愁曰：懿神龍之淵潛，竢慶雲而將舉。史記曰：若煙非煙，若雲非雲，郁郁紛紛，蕭索輪囷，是謂慶雲。運神道以載德，乘靈風而扇威。周易曰：聖人以神道設教。國語曰：祭公謀父曰：奕世載德。載，猶行也。摧羣雄而電擊，舉勍敵其如遺。左氏傳，子魚曰：君未知戰。勍敵之人，隘而不成列，天贊我也。杜預曰：勍，強也。漢書，梅福上書曰：高祖取楚如拾遺。指八極以遠略，必翦焉而後綏。淮南子曰：八紘之外，乃有八極也。釐三才之闕典，啓天地之禁闈。三才，已見頭陀寺碑文。范曄後漢書曰：梁太后詔曰：周舉在禁闈，有密靜之風。舉脩網之絕紀，紐大音之解徽。老子曰：大音希聲。許慎淮南子注曰：鼓琴循絃謂之徽。掃雲物以貞觀，要萬途而來歸。雲物，喻羣凶也。左氏傳曰：分至啓閉，必書雲物。周易曰：天地之道，貞觀者也。來歸，歸之於己也。丕大德以宏覆，援日月而齊暉。周易曰：天地之大德曰生。禮記曰：天無私覆。淮南子曰：爲帝異道，而德覆天下。楚辭曰：與天地兮比壽，與日月兮齊光。宏，普也。濟元功於九有，固舉世之所推。史記，太史公曰：惟祖元功，輔臣股肱。毛詩曰：奄有九有。老子曰：天下樂推而不猒。彼人事之大造，夫何往而不臻。左氏傳，呂相曰：我有大造乎西也。杜預注曰：造，成也。將覆簣於浚谷，擠爲山乎九天。論語，孔子曰：譬如平地，雖覆一簣，進，吾往也。孔安國尚書傳曰：擠，墜也。

司馬兵法曰：善攻者動於九天之上。苟理窮而性盡，豈長筭之所研。周易曰：窮理盡性，以至於命。鄭玄曰：言窮其義理，盡人之情性，以至於命，吉凶所定。又曰：研，喻思慮也。悟臨川之有悲，固梁木其必顛。論語，子在川上曰：逝者如斯夫！梁木，已見上文。當建安之三八，實大命之所艱。大命，謂天命也。尚書曰：天監厥德，用集大命。雖光昭於曩載，將稅駕於此年。史記，李斯曰：當今可謂富貴極矣，吾未知所稅駕也。法言曰：仲尼之駕稅矣。李範曰：稅〔五〕，舍也。

惟降神之繇邈，眇千載而遠期。降神，謂生聖智也。千載一出，故曰遠期也。毛詩曰：惟嶽降神。桓子新論曰：夫聖人乃千載一出，賢人君子所想思而不可得見者也。信斯武之未喪，膺靈符而在茲。茲，此也。此，太祖也。論語曰：子畏於匡，曰：文王既没，文不在茲乎？天之未喪斯文也，匡人其如予何？曹植大魏篇曰：大魏膺靈符，天禄方茲始。春秋孔演圖曰：靈符滋液，以類相感。雖龍飛於文昌，非王心之所怡。周易曰：飛龍在天，大人造也。東京賦曰：龍飛白水。漢書，文昌宮〔六〕，一曰上將，二曰次將，三曰貴相。憤西夏以鞠旅，泝秦川而舉旗。魏志曰：建安二十四年三月，王自長安出斜谷，劉備固險距守。五月，引軍還長安。陳思王述征賦曰〔七〕：恨西夏之不綱。毛詩曰：陳師鞠旅。魏明帝自惜薄祐行曰：出身秦川，爰居伊陽。踰鎬京而不豫，臨渭濱而有疑。冀翌日之云瘳，彌四旬而成災。毛詩曰：宅是鎬京。答賓戲曰：周望兆動於渭濱〔八〕。尚書曰：既克商二年，王有疾不豫，公乃告太王、王季、文王。公歸，王翌日乃瘳。孔安國曰：翌日，明日也。瘳，差也。詠歸途以反旆，登崤澠而朅來。魏志曰：建安二十四年十月，還洛陽。東京賦曰：乃反旆而回復。漢書曰：王莽册命王奇曰：崤、澠之險，東當鄭、衛。新序，大臣曰：洛陽西有崤、澠。思玄賦曰：迴志朅來從玄謀。次洛汭而大漸，指六軍曰念哉。魏志曰：建安二十五年正月，至洛陽。庚子，王崩。尚書曰：東至於洛汭。大漸，已見上文。尚書曰：帝念哉。

伊君王之赫奕，寔終古之所難。楚辭曰：長無絶兮終古。威先天而蓋世，力盪海而拔山。周易曰：先天而天弗違。漢書，項羽歌曰：力拔山兮氣蓋世，時不利兮騅不逝。田邑與馮衍書曰：欲摇太山而盪北海。厄奚險而弗濟，敵何彊而不殘。每因禍以禔福，亦踐危而必安。難蜀父老曰：遐邇一體，中外禔福。説文曰：禔，安也，時移切。迄在兹而蒙昧，慮噤閉而無端。楚辭曰：口噤閉而不言。噤，巨蔭切。委軀命以待難，痛没世而永言。鶡冠子曰：從祀委命。鵩鳥賦曰：縱軀委命。論語，子曰：君子疾没世而名不稱焉。撫四子以深念，循膚體而頹歎。迨營魄之未離，假餘息乎音翰。楚辭曰：我營魄而登遐〔九〕。老子曰：抱一〔一〇〕能無離乎？鍾會曰：經護爲營，形氣爲魄。執姬女以嚬瘁，指季豹而漼焉。孟子曰：嚬蹙而言。嚬蹙，謂人頻眉蹙頞，憂貌也。漼，泣涕垂貌。氣衝襟以嗚咽，涕垂睫而汍瀾。蔡琰詩曰：行路亦嗚咽。桓子新論曰：雍門周以琴見孟嘗君，孟嘗君淚承睫，涕出。漢書，息夫躬絶命辭曰：涕泣流兮萑蘭。臣瓚曰：萑蘭，涕泣闌干也。萑與汍古今字同。

違率土以靖寐，戢彌天乎一棺。毛詩曰：率土之濱。古詩口：潛寐黄泉下。毛萇詩傳曰：戢，聚也。彌天，喻志高遠也。尚書五行傳曰：雲起於山，彌於天。淮南子曰：吾死也朽，有一棺之土。咨宏度之峻邈，壯大業之允昌。周易曰：富有之謂大業。思居終而卹始，命臨没而肇揚。穀梁傳曰：先君有正終，後君有正始也。援貞咎以惎悔〔一一〕，雖在我而不臧。言爲履組及分香，令藏衣裘，是引貞吝之道，教爲可悔之行也。周易曰：自邑告命，貞吝。毛詩曰：何用不臧。惜内顧之纏緜，恨末命之微詳。西京賦曰：嗟内顧之所觀。張堅與任彦昇書曰〔一二〕：纏緜惠好，庶蹋高蹤。尚書曰：道揚末命也。紆廣念於履組，塵清慮於餘香。結遺情之婉孌，何命促而意長！陳法服於帷座，陪窈窕於玉房。孝經曰：非先王之法服不敢服。毛詩曰：窈窕淑女。漢書，郊祀歌曰：神之出，排玉房。宣備物於虚器，發哀音於舊倡。禮記曰：孔子謂盟器者〔一三〕，備物而不可用。説文曰：倡，樂也。謂作伎人也。矯慼容以赴節，掩零淚而薦觴。家語曰：子貢問居父母之喪，子曰：慼容稱其服。楚辭曰：長太息以掩涕。物無微而不存，體無惠而不亡。言服玩雖微而必存，儀形無善而必逝。言物在而人亡也。家語，孔子謂哀公曰：君入廟，仰視榱桷，俯察机筵，其器皆存而不覩人，君以此思哀，則意可知矣。庶聖靈之響像，想幽神之復光。響像，音影之異名。魯靈光殿賦曰：忽縹緲以響像〔一四〕。孫卿子曰：下和上譬響之應聲，影之像形。苟形聲之翳没，雖音景其必藏。音以應聲，景以隨形；形聲咸已翳没，影響故亦必藏也。鶡冠子曰：景則隨形，響則應聲也。徽清絃而獨奏，進脯糒而誰嘗？悼繐帳之冥漠，怨西陵之茫茫。毛詩曰：宅殷土茫茫。登爵臺而羣悲，眝美目其何望〔一五〕？字林曰：眝，長眙也。博雅曰：眝，視也。眝與貯同。毛詩曰：美目盼兮。既晞古以遺累，信簡禮而薄葬。禮繁則易亂，厚葬則傷生，能遵簡薄，所以遺累。詩緯曰：齊數好道，廢義簡禮。宋均曰：簡，猶闕也。漢書，劉向曰：賢臣孝子，亦命順意而薄葬。史記曰：因其俗，簡其禮也。彼裘紱於何有，貽塵謗於後王。言裘紱輕微何所有，而空貽塵謗而及後王。嗟大戀之所存，故雖哲而不忘。言情苟存乎大戀，雖復上聖亦不能忘，故可嗟也。覽見遺籍以慷慨，獻兹文而悽傷。

文選考異

〔一〕注「貝獨坐謂中官左帽貝瑗也」　袁本、茶陵本「貝」作「唐」，「貝瑗」作「唐衡」。案：此尤校改之也。

〔二〕注「而不畀余也」　何校「畀余」改「余畀」，陳同，是也。各本皆倒。

〔三〕注「諺曰曰」　袁本、茶陵本不重「曰」字，是也。

〔四〕注「史記不言」　何校「記」改「既」，是也。各本皆誤。

〔五〕注「李範曰稅」　陳云「範」，「軌」誤，是也。各本皆誤。

〔六〕注「漢書文昌宮」　袁本、茶陵本「書」下有「曰」字，是也。

〔七〕往「陳思王述征賦曰」　袁本、茶陵本「征」作「行」，是也。

〔八〕注「周望兆動於渭濱」　陳云「動」，「勳」誤，是也。各本皆譌。

〔九〕注「我營魄而登遐」　案：「我」當作「載」。各本皆譌。

〔一〇〕注「老子曰抱一」　案：「抱」上當有「載營魄」三字。各本皆脱。

〔二〕援貞咎以基悔　袁本「咎」作「吝」，云善作「咎」。茶陵本作「吝」，無校語。案：尤所見與袁同，非也。茶陵所見是也。注「貞吝」有明文，「咎」但傳寫誤。

〔三〕注「張堅與任彥昇書曰」　陳云「堅」，「昇」誤，「昇」，「堅」誤，是也。各本皆誤。

〔三〕注「孔子謂盟器者」　何校「盟」改「明」，是也。各本皆誤。

〔四〕注「忽縹緲以響像」　袁本、茶陵本「緲」作「眇」，是也。

〔五〕眝美目其何望　案：「眝」當作「貯」。注云「眝與貯同」，謂所引字林、博雅之「眝」與正文之「貯」同也。若作「眝」，於注不相應。蓋五臣因此注乃改「貯」爲「眝」。各本所見皆以之亂善而失著校語。

祭文

祭古冢文　并序

謝惠連　沈約宋書曰：元嘉七年，惠連爲司徒彭城王義康法曹參軍。義康脩東府城，城塹中得古冢，爲之改葬，使惠連爲祭文，留信待成也。

東府掘城北塹，入丈餘，丹陽記曰：東府城西則簡文會稽王時第，東則孝文王道子府。道子領楊州，仍住先舍，故俗稱東府。得古冢，上無封域，不用塼甓。毛萇詩傳曰：甓，瓴甋也，今謂之塼。以木爲槨，中有二棺，正方，兩頭無和。呂氏春秋，惠公説魏太子曰：昔王季歷葬渦山之尾，欒水齧其墓，見棺之前和。高誘曰：棺題曰和〔一〕。明器之屬，材瓦銅漆，有數十種，禮記曰：孔子曰：明器者，神明之器也。多異形，不可盡識。刻木爲人，長三尺，可有二十餘頭，初開見，悉是人形，以物棖撥之，應手灰滅。説文曰：棖，杖也，宅庚切。然南人以物觸物爲棖也。廣雅曰：撥，除也，補達切。棺上有五銖錢百餘枚，漢書曰：武帝罷半兩錢，行五銖錢也。水中有甘蔗節及梅李核瓜瓣，皆浮出不甚爛壞。爾雅曰：瓠犀瓣。説文曰：瓣，瓜中實也，白莧切，一作辯字，音練。瓣與練字通。銘誌不存，世代不可得而知也。公命城者改埋於東岡，祭之以豚酒。既不知其名字遠近，故假爲之號曰冥漠君云爾。

元嘉七年九月十四日，司徒御屬領直兵令史、統作城録事、臨漳令亭侯朱林，具豚醪之祭，敬薦冥漠君之靈：

忝揔徒旅，板築是司。窮泉爲塹，聚壤成基。一槨既啓，雙棺在兹。捨畚悽愴，縱鍤漣而。左氏傳曰：宋災，陳畚挶。杜預曰：畚，簣籠也。畚音本。挶，居局切。爾雅曰：鍬謂之鍤。周易曰：泣血漣如。杜預左傳注曰：而，助語也〔二〕。芻靈已毀，塗車既摧。禮記曰：塗車芻靈，自古有之也。几筵糜腐，俎豆傾低。盤或梅李，盎或醢醯。爾雅曰：盎謂之缶。又曰：肉謂之醢。郭璞曰：肉醬也，音海。説文曰：醯，酸也。醯，呼蹄切。蔗傳餘節，瓜表遺犀。犀，已見上文。追惟夫子，生自何代？曜質幾年？潛靈幾載？寡婦賦曰：潛靈邈其不反。爲壽爲夭？寧顯寧晦？銘誌湮滅，姓字不傳。今誰子後？曩誰子先？功名美惡，如何蔑然？

百堵皆作，十仞斯齊。毛詩曰：百堵皆興。墉不可轉，塹不可迴。黄腸既毁，便房已頽。循題興念，撫俑增哀。漢書曰：霍光薨，賜便房、黄腸、題湊各一具。蘇林曰：以柏木黄心致累棺外，故曰黄腸；木頭皆内向，故曰題湊。如淳曰：便房，冢壙中室也。埤蒼曰：俑，木送人葬也，餘腫切。俑或爲偶。偶，刻木以像人形，五苟切。射聲垂仁，廣漢流渥。范曄後漢書曰：曹褒遷射聲校尉。射聲營舍有停棺不葬百餘所，褒親履行，問其意，故吏對曰：此等多是建武以來絶無後者，故不得埋掩。褒爲買空地，悉葬其無主者，設祭以祀之。東觀漢記曰：陳寵，字昭公，沛國人也。轉廣漢太守。先是雒陽城南〔三〕，每陰，常有哭聲，聞於府中。寵使案行，昔歲倉卒時，骸骨不葬者多。寵乃勑縣葬埋，由是即絶也。祠骸府阿，掩骼格〔四〕城曲。禮記曰：孟春之月，掩骼埋胔。鄭玄曰：骨枯曰骼。仰羡古風，爲君改卜。孝經曰：卜其宅兆而安厝之。輪移北隍，窀穸東麓。説文曰：城池無水曰隍，音皇。左氏傳，楚子曰：窀穸之事。杜預曰：窀，厚也；穸，夜也。厚夜，長夜，葬爲埋也〔五〕。説文曰：穸，葬下棺也。穀梁傳曰：林屬於山爲麓。壙即新營，棺仍舊木。鄭玄周禮注曰：壙，謂冢中也。棺或爲隧，非也。合葬非古，周公所存。禮記，武子曰：合葬非古，自周公已來，未之有也〔六〕。敬遵昔義，還祔雙魂。禮記，孔子曰：魯人之祔也，合之。鄭玄曰：祔，謂合葬也。酒以兩壺，牲以特豚。幽靈髣髴，歆我犠樽。嗚呼哀哉！魏太祖祭橋玄文曰：幽靈潛翳。李康髑髏賦曰：幽魂髣髴，忽有人形。禮記曰：祀周公於太廟，牲用白牲〔七〕，尊用犧象也。許宜切。

文選考異

〔一〕注「高誘曰棺題曰和」　袁本、茶陵本無此七字。案：或尤别據他本也。

〔二〕注「而助語也」　袁本、茶陵本「助語」作「語助」，是也。

〔三〕注「先是雒陽城南」　何校引徐云「廣漢治雒縣」，此「陽」字衍文，是也。各本皆衍。

〔四〕注「格」　茶陵本作「音格」二字，在注末，是也。袁本亦誤。

〔五〕注「葬爲埋也」　何校「葬爲」改「謂葬」，陳同，是也。各本皆誤。

〔六〕注「未之有也」　何校「有」下添「改」字，陳同，是也。各本皆脱。

〔七〕注「牲用白牲」　案：下「牲」當作「牡」。各本皆譌。

祭屈原文

沈約宋書曰：少帝即位，出延之爲始平太守。之郡，道經汨潭，爲湘州刺史張邵作祭屈原文，以致其意。

顔延年

惟有宋五年月日，湘州刺史吴郡張邵，沈約宋書曰：張邵，字茂宗，吴郡人也。恭承帝命，建旗舊楚。賈誼弔屈原曰：恭承嘉惠兮，俟罪長沙。周禮曰：州里建旟。鄭玄毛詩箋曰：謂州長之屬。陸機高祖功臣頌曰：舊楚是分。訪懷沙之淵，得捐珮之浦。楚辭曰：懷沙礫而自沈兮，不忍見之蔽壅。又曰：捐余玦兮江中，遺余珮兮澧浦。弭節羅潭，艤舟汨渚。楚辭曰：路漫漫其悠遠，夕弭節而高厲。漢書曰：烏江亭長艤舡待。如淳曰：南方人謂整舡向岸曰艤。乃遣户曹掾某，敬祭故楚三閭大夫屈君之靈：王逸楚辭序曰：屈原與楚同姓，仕於懷王，爲三閭大夫。

蘭薰而摧，玉縝則折。語林曰：毛伯成負其才氣，常稱寧爲蘭摧玉折，不作蒲芬艾榮。管子曰：夫玉折而不撓，勇也。禮記，孔子曰：君子比德於玉焉，縝密以栗，智也。鄭玄曰：縝，緻也。物忌堅芳，人諱明潔。堅芳，即玉及蘭。劉熙孟子注曰：白玉之性堅。蔡邕度尚碑曰：明潔鮮白珪。曰若先生，逢辰之缺。賈誼弔屈原文曰〔一〕：嗟若先生，獨離此咎。楚辭曰：悼余生之不辰，逢此世之匡攘。温風怠時，飛霜急節。温風長物，飛霜殺物也。周書曰：小暑之日温風至。京房占曰：三月建辰風衰怠。桓麟七説曰：飛霜厲其末，飈風激其崖。

嬴羋遘紛，昭懷不端；嬴，秦姓；羋，楚姓。王逸楚辭序曰：是時秦昭王使張儀譎詐懷王，令絶齊交。又使誘懷王請與俱會武關，遂脅與俱歸，拘留不遣，卒客死於秦。大戴禮曰：太子處位不端，受業不敬，此屬太保之任也。謀折儀尚，貞蔑椒蘭。史記曰：楚懷王既絀屈平，秦乃令張儀事楚。秦昭王欲與懷王會，欲行，屈平曰：秦不可信。王問子蘭，蘭勸王行。秦因留懷王。王逸楚辭序曰：同列大夫上官靳尚妬害其能，共譖毁之。楚辭曰：椒專佞以慢諂兮，極又欲充夫佩緯〔二〕。王逸曰：椒，大夫子椒也。楚辭曰：余以蘭爲可恃兮，羌無實而害長〔三〕。王逸曰：蘭，懷王之少弟，司馬子蘭也。**身絶郢闕，迹遍湘干。**郢，楚都也。毛萇詩傳曰：干，崖也。**比物荃蓀，連類龍鸞。**韓子曰：連類比物，見者以爲虚而無用。荃蓀，香草也。王逸楚辭序曰：善鳥香草，以配忠貞；虯龍鸞鳳，以託君子。

聲溢金石，志華日月。金石，樂也。金曰鍾，石曰磬。吴越春秋，樂師曰：君王之德，可刻之於金石。史記太史公曰：屈原蟬蛻於濁穢，以浮游塵埃之外。推此志也，與日月争光可也。**如彼樹芳，實穎實發。**毛詩曰：實發實秀，實穎實粟。**望汨心欷，瞻羅思越。**吴質答東阿王書曰：精散思越。**藉用可塵，昭忠難闕。**周易曰：藉用白茅，何咎之有？夫茅之爲物薄，而用可重也。左氏傳，君子曰：風有采蘩、采蘋，雅有行葦、洞酌，昭忠信也。

文選考異

〔一〕注「賈誼弔屈原文曰」 袁本、茶陵本無「文」字，是也。上引亦無此字。

〔二〕注「極又欲充夫佩緯」 陳云「極」，「榝」誤，是也。「緯」當作「幃」。各本皆誤。

〔三〕注「羌無實而害長」 案：「害」當作「容」。各本皆誤。

祭顏光禄文

顏光禄，即顏延年也。

王僧達

維宋孝建三年。沈約宋書曰：孝建，孝武年號也。九月癸丑朔十九日辛未，王君以山羞野酌，敬祭顏君之靈：

嗚呼哀哉！夫德以道樹，禮以仁清。尚書曰：樹德務滋。孔安國曰：樹，立也。清，明也。惟君之懿，早歲飛聲。思玄賦曰：盍遠迹以飛聲。義窮機象，文蔽班楊。機象，謂周易。班，班固；楊，楊雄也〔一〕。郭璞三倉解詁曰：楊音盈，協韻。性婞剛潔，志度淵英。楚辭曰：鯀婞直以亡身兮。婞，猶直也。登朝光國，實宋之華。班固漢書述曰：弱冠登朝。蔡邕陳太丘碑曰：紆珮金紫，光國垂勳。國語，季文子曰：吾聞以德榮爲國華。韋昭曰：爲國光華。才通漢魏，譽浹龜沙。漢書曰：龜兹國王治延城，去長安七千四百八十里。尚書曰：被于流沙。漢書，李陵歌曰：經萬里，度沙漠。説文曰：北方流沙。服爵帝典，棲志雲阿。言服爵雖依帝典，而棲志實在雲阿，言高遠也。管子曰：將立朝廷者，則爵服不可貴也。張華勵志詩曰：棲志浮雲。清交素友，比景共波。共波，猶連波，以喻多。氣高叔夜，嚴方仲舉。叔夜，嵇康字也〔二〕。司馬彪續後漢書曰：陳蕃，字仲舉，汝南人也。出爲豫章太守，性方峻，不接賓客。逸翮獨翔，孤風絶侶。郭璞遊仙詩曰：逸翮思拂霄。廣雅曰：風，聲也。流連酒德，嘯歌琴緒。漢書，班伯曰：式號式謼，大雅所流連。劉靈有酒德頌。毛詩曰：嘯歌傷懷。琴緒，緒，引緒也〔三〕。遊顧移年，契闊燕處。何敬祖雜詩曰：惆悵出遊顧。毛詩曰：死生契闊。春風首時，爰談爰賦。秋露未凝，歸神太素。列子曰：太素者質之始。明發晨駕，瞻廬望路。毛詩曰：明發不寐。心悽目泫，情條雲互。李陵詩曰：仰視浮雲馳，奄忽互相踰〔四〕。涼陰掩軒，娥月寢耀。姮娥掩月，故曰娥月。周易，歸藏曰：昔常娥以西王母不死之藥服之，遂奔月，爲月精。微燈動光，几牘誰炤？衾衽長塵，絲竹罷調。擥悲蘭宇，屑涕松嶠。楚辭曰：涕漸漸其如屑。古來共盡，牛山有淚。晏子春秋曰：景公遊於牛山，北臨其國，流涕曰：若何去此而死乎！艾孔、梁丘據皆泣，唯晏子獨笑。公收淚而問之〔五〕，晏子曰：使賢者常守，則太公、桓公有之；使勇者常守，則莊公有之。吾君安得此泣而爲流涕？是曰不仁也。見不仁之君一，諂諛之臣二，所以獨笑也。非獨昊天，殲我明懿。毛詩曰：彼蒼者天，殲我良人。以此忍哀，敬陳奠饋。蒼頡篇曰：饋，祭名也。中酌長懷，顧望歔欷。嗚呼哀哉！范曄後漢書曰：劉陶上疏曰：喟爾長懷，中篇而歎。

文選考異

〔一〕注「機象謂周易班班固楊楊雄也」　袁本、茶陵本此注并入五臣，恐尤亦非善舊。

〔二〕注「叔夜嵇康字也」　袁本、茶陵本此注并入五臣，恐尤亦非善舊。

〔三〕注「琴緒緒引緒也」案：此有誤。各本皆同，無可考也。

〔四〕注「仰視浮雲馳奄忽互相踰」袁本、茶陵本「浮」作「驚」，「馳奄忽」作「逝紛紛」。案：此尤校改之也。

〔五〕注「公收淚而問之」袁本、茶陵本「淚」作「涕」，是也。

附

案：陸貽典嘗據尤本校汲古閣本。其尤跋後又有跋曰：「説友到郡之初，倉使尤公方議鋟文選板以實故事，念費差廣而力未給。説友言曰：『是固此邦闕文也。願略他費以佐其用可乎？』廼相與規度費出。閲一歲有半而後成，則所以敬事於神者厚矣。江東歲比旱，説友日與池人禱之神焉。蓋有禱輒應。歲既弗登，獨池之歉猶十四也。顧神貺昭答如此，亦有以哉！文選以李善本爲勝，尤公博極羣書，今親爲讐校有補云云。」「補」字下損失。今本無此跋，必脱去也。説友，袁説友，即尤跋之袁史君。此跋末言尤之讐校，語雖未竟，而其有所改易，顯然已見，今録附於後，以資詳考。

《中國古典文學叢書》已出書目

詩經今注	高亨注
楚辭集注	[宋]朱熹撰　黄靈庚點校
楚辭今注	湯炳正、李大明、李誠、熊良智注
司馬相如集校注	[漢]司馬相如著　金國永校注
揚雄集校注	[漢]揚雄著　張震澤校注
張衡詩文集校注	[漢]張衡著　張震澤校注
阮籍集	[魏]阮籍著　李志鈞等校點
陸機集校箋	[晉]陸機著　楊明校箋
陶淵明集校箋(修訂本)	[晉]陶潛著　龔斌校箋
世説新語箋疏(修訂本)	[南朝宋]劉義慶撰　余嘉錫箋疏　周祖謨等整理
世説新語校釋(增訂本)	[南朝宋]劉義慶撰　[南朝梁]劉孝標注　龔斌校釋
鮑參軍集注	[南朝宋]鮑照著　錢仲聯增補集説校
謝宣城集校注	[南朝齊]謝朓著　曹融南校注集説
江文通集校注	[南朝梁]江淹著　丁福林、楊勝朋校注
文心雕龍義證	[南朝梁]劉勰著　詹鍈義證
詩品集注(增訂本)	[梁]鍾嶸著　曹旭集注
文選	[梁]蕭統編　[唐]李善注

蕭繹集校注	[南朝梁]蕭繹著　陳志平、熊清元校注
玉臺新咏彙校	吴冠文、談蓓芳、章培恒彙校
王績集會校	[唐]王績著　韓理洲校點
王梵志詩校注(增訂本)	[唐]王梵志著　項楚校注
盧照鄰集箋注	[唐]盧照鄰著　祝尚書箋注
駱臨海集箋注	[唐]駱賓王著　[清]陳熙晉箋注
王子安集注	[唐]王勃著　[清]蔣清翊注
陳子昂集(修訂本)	[唐]陳子昂撰　徐鵬校點
孟浩然詩集箋注(增訂本)	[唐]孟浩然著　佟培基箋注
王右丞集箋注	[唐]王維著　[清]趙殿成箋注
李白集校注	[唐]李白著　瞿蜕園、朱金城校注
高適集校注(修訂本)	[唐]高適著　孫欽善校注
杜詩趙次公先後解輯校	[唐]杜甫著　[宋]趙次公注　林繼中輯校
新刊校定集注杜詩	[唐]杜甫著　[宋]郭知達輯注　聶巧平點校
新定杜工部草堂詩箋斠證	[唐]杜甫著　[宋]魯訔編　[宋]蔡夢弼會箋　曾祥波新定斠證
杜詩鏡銓	[唐]杜甫著　[清]楊倫箋注
錢注杜詩	[唐]杜甫著　[清]錢謙益箋注
杜甫集校注	[唐]杜甫著　謝思煒校注
岑參集校注	[唐]岑參著　陳鐵民、侯忠義校注
戴叔倫詩集校注	[唐]戴叔倫著　蔣寅校注
韋應物集校注(增訂本)	[唐]韋應物著　陶敏、王友勝校注
權德輿詩文集	[唐]權德輿撰　郭廣偉校點
王建詩集校注	[唐]王建著　尹占華校注
韓昌黎詩繫年集釋	[唐]韓愈著　錢仲聯集釋

韓昌黎文集校注	[唐]韓愈著　馬其昶校注 馬茂元整理
劉禹錫集箋證	[唐]劉禹錫著　瞿蜕園箋證
白居易集箋校	[唐]白居易著　朱金城箋校
柳宗元詩箋釋	[唐]柳宗元著　王國安箋釋
柳河東集	[唐]柳宗元著　[宋]廖瑩中輯注
元稹集校注	[唐]元稹著　周相録校注
長江集新校	[唐]賈島著　李嘉言新校
張祜詩集校注	[唐]張祜著　尹占華校注
三家評注李長吉歌詩	[唐]李賀著　[清]王琦等評注 蔣凡校點
樊川文集	[唐]杜牧著　陳允吉校點
樊川詩集注	[唐]杜牧著　[清]馮集梧注
温飛卿詩集箋注	[唐]温庭筠著　[清]曾益等箋注
玉谿生詩集箋注	[唐]李商隱著　[清]馮浩箋注 蔣凡校點
樊南文集	[唐]李商隱著　[清]馮浩詳注 錢振倫、錢振常箋注
皮子文藪	[唐]皮日休著　蕭滌非、鄭慶篤整理
鄭谷詩集箋注	[唐]鄭谷著 嚴壽澂、黄明、趙昌平箋注
韋莊集箋注	[五代]韋莊著　聶安福箋注
李璟李煜詞校注	[南唐]李璟、李煜著　詹安泰校注
張先集編年校注	[宋]張先著　吴熊和、沈松勤校注
二晏詞箋注	[宋]晏殊、晏幾道著　張草紉箋注
樂章集校箋	[宋]柳永著　陶然、姚逸超校箋
梅堯臣集編年校注	[宋]梅堯臣著　朱東潤編年校注
歐陽修詩文集校箋	[宋]歐陽修著　洪本健校箋

歐陽修詞校注	[宋]歐陽修著　胡可先、徐邁校注
蘇舜欽集	[宋]蘇舜欽著　沈文倬校點
嘉祐集箋注	[宋]蘇洵著　曾棗莊、金成禮箋注
王荆文公詩箋注(修訂版)	[宋]王安石著　[宋]李壁箋注　高克勤點校
王令集	[宋]王令著　沈文倬校點
蘇軾詩集合注	[宋]蘇軾著　[清]馮應榴注　黄任軻、朱懷春校點
東坡樂府箋	[宋]蘇軾著　[清]朱孝臧編年　龍榆生校箋
東坡詞傅幹注校證	[宋]蘇軾著　[宋]傅幹注　劉尚榮校證
欒城集	[宋]蘇轍著　曾棗莊、馬德富校點
山谷詩集注	[宋]黄庭堅著　[宋]任淵、史容、史季温注　黄寶華點校
山谷詩注續補	[宋]黄庭堅著　陳永正、何澤棠注
山谷詞校注	[宋]黄庭堅著　馬興榮、祝振玉校注
淮海集箋注	[宋]秦觀撰　徐培均箋注
淮海居士長短句箋注	[宋]秦觀著　徐培均箋注
清真集箋注	[宋]周邦彦著　羅忼烈箋注
石門文字禪校注	[宋]釋惠洪撰　周裕鍇校注
石林詞箋注	[宋]葉夢得著　蔣哲倫箋注
樵歌校注	[宋]朱敦儒著　鄧子勉校注
李清照集箋注(修訂本)	[宋]李清照著　徐培均箋注
吕本中詩集箋注	[宋]吕本中著　祝尚書箋注
陳與義集校箋	[宋]陳與義著　白敦仁校箋
蘆川詞箋注	[宋]張元幹著　曹濟平箋注
劍南詩稿校注	[宋]陸游著　錢仲聯校注

放翁詞編年箋注(增訂本)	[宋]陸游著　夏承燾、吴熊和箋注 陶然訂補
渭南文集箋校	[宋]陸游著　朱迎平箋校
范石湖集	[宋]范成大撰　富壽蓀標校
范成大集校箋	[宋]范成大撰　吴企明校箋
于湖居士文集	[宋]張孝祥著　徐鵬校點
稼軒詞編年箋注(定本)	[宋]辛棄疾撰　鄧廣銘箋注
辛棄疾詞校箋	[宋]辛棄疾著　吴企明校箋
姜白石詞編年箋校	[宋]姜夔著　夏承燾箋校
後村詞箋注	[宋]劉克莊著　錢仲聯箋注
瀛奎律髓彙評	[元]方回選評　李慶甲集評校點
雁門集	[元]薩都拉著 殷孟倫、朱廣祁校點
揭傒斯全集	[元]揭傒斯著　李夢生標校
高青丘集	[明]高啓著　[清]金檀注 徐澄宇、沈北宗校點
唐寅集	[明]唐寅著　周道振、張月尊輯校
文徵明集(增訂本)	[明]文徵明著　周道振輯校
震川先生集	[明]歸有光著　周本淳校點
海浮山堂詞稿	[明]馮惟敏著 凌景埏、謝伯陽標校
滄溟先生集	[明]李攀龍著　包敬第標校
梁辰魚集	[明]梁辰魚著　吴書蔭編集校點
沈璟集	[明]沈璟著　徐朔方輯校
湯顯祖詩文集	[明]湯顯祖著　徐朔方箋校
湯顯祖戲曲集	[明]湯顯祖著　錢南揚校點
白蘇齋類集	[明]袁宗道著　錢伯城校點

袁宏道集箋校	［明］袁宏道著　錢伯城箋校
珂雪齋集	［明］袁中道著　錢伯城點校
隱秀軒集	［明］鍾惺著　李先耕、崔重慶標校
譚元春集	［明］譚元春著　陳杏珍標校
張岱詩文集（增訂本）	［明］張岱著　夏咸淳輯校
陳子龍詩集	［明］陳子龍著　施蟄存、馬祖熙標校
夏完淳集箋校（修訂本）	［明］夏完淳著　白堅箋校
牧齋初學集	［清］錢謙益著　［清］錢曾箋注　錢仲聯標校
牧齋有學集	［清］錢謙益著　［清］錢曾箋注　錢仲聯標校
牧齋雜著	［清］錢謙益著　［清］錢曾箋注　錢仲聯標校
牧齋初學集詩注彙校	［清］錢謙益著　［清］錢曾箋注　卿朝暉輯校
李玉戲曲集	［清］李玉著　陳古虞、陳多、馬聖貴點校
吳梅村全集	［清］吳偉業著　李學穎集評標校
歸莊集	［清］歸莊著
顧亭林詩集彙注	［清］顧炎武著　王蘧常輯注　吳丕績標校
安雅堂全集	［清］宋琬著　馬祖熙標校
吳嘉紀詩箋校	［清］吳嘉紀著　楊積慶箋校
陳維崧集	［清］陳維崧著　陳振鵬標點　李學穎校補
屈大均詩詞編年校箋	［清］屈大均著　陳永正等校箋

秋笳集	[清]吴兆騫撰　麻守中校點
漁洋精華録集釋	[清]王士禛著 李毓芙、牟通、李茂肅整理
聊齋志異會校會注會評本	[清]蒲松齡著　張友鶴輯校
敬業堂詩集	[清]查慎行著　周劭標點
納蘭詞箋注	[清]納蘭性德著　張草紉箋注
方苞集	[清]方苞著　劉季高校點
樊榭山房集	[清]厲鶚著　[清]董兆熊注 陳九思標校
劉大櫆集	[清]劉大櫆著　吴孟復標點
儒林外史彙校彙評(增訂版)	[清]吴敬梓著　李漢秋輯校
小倉山房詩文集	[清]袁枚著　周本淳標校
忠雅堂集校箋	[清]蔣士銓著　邵海清校 李夢生箋
甌北集	[清]趙翼著　李學穎、曹光甫校點
惜抱軒詩文集	[清]姚鼐著　劉季高標校
兩當軒集	[清]黄景仁著　李國章校點
惲敬集	[清]惲敬著　萬陸、謝珊珊、林振岳 標校　林振岳集評
茗柯文編	[清]張惠言著　黄立新校點
瓶水齋詩集	[清]舒位著　曹光甫點校
龔自珍全集	[清]龔自珍著　王佩諍校點
龔自珍詩集編年校注	[清]龔自珍著　劉逸生、周錫韍校注
水雲樓詩詞箋注	[清]蔣春霖著　劉勇剛箋注
人境廬詩草箋注	[清]黄遵憲著　錢仲聯箋注
嶺雲海日樓詩鈔	[清]丘逢甲著　丘鑄昌標點

《文選》篇目及著者索引

説　　明

一、篇目索引及著者索引均依首字筆畫爲序。首字相同，依第二字筆畫爲序。以下同。同一筆畫的字，依起筆的一丨丿、乛爲序。

二、篇目索引

1. 本書卷首所列總目，文字與正文篇目間有出入，索引以正文爲據。《文選考異》中所校正的文字，索引亦不據以改易。

2. 一題數首而無小題者均作一條；其中除陸機《演連珠五十首》、江淹《雜體詩三十首》情況特殊外，均不加首數。

3. 總題下如有小題，據小題。如卷一"《兩都賦》二首"，下分《兩都賦序》、《西都賦》、《東都賦》三題，索引即據此分列。

4. "樂府"部分以《樂府》爲題而下有小題者，據小題。如卷二十七曹操"《樂府》二首"，其小題爲《短歌行》、《苦寒行》，索引即據此分列。

5. "史論"、"史述贊"部分，收録同一作者作品兩篇以上，如卷五十沈約"《宋書謝靈運傳論》一首"、"《恩倖傳論》一首"，索引仍按原篇篇名分作二條。

6. 索引中每篇篇題下加注著者姓名。《文選》原書於著者每署字號或謚號，爲查檢方便，一律據李善注著者小傳，改從本名。

三、著者索引

1. 著者姓名從本名，於括號内加注《文選》原書所署字號、謚號。首字不同者，索引分列本名及謚號以爲互見，如劉邦（漢高帝）、漢高帝（見劉邦）；班昭（曹大家）、曹大家（見班昭）。

2. 佚名者别爲一類，列於最後。

3. 索引中每一著者下列其作品篇目，文字同篇目索引。

四、篇目索引及著者索引每條下的數字，斜綫前爲卷數，斜綫後爲頁數。

篇目索引

二畫

三畫

四　畫

五　畫

六　畫

七　畫

八　畫

九　畫

十　畫

十一畫

十二畫

十三畫

十四畫

十五畫

十六畫

十七畫

十八畫

十九畫

二十畫

二十一畫

著者索引

七　畫

八　畫

九　畫

十二畫

十三畫

十四畫

十五畫

十六畫

十七畫

十八畫

十九畫

二十畫